D1726486

OR
Art. 1–529

KURZKOMMENTAR

OR
Art. 1–529

Herausgeber
Heinrich Honsell

Helbing Lichtenhahn Verlag

Bibliografische Information der Deutschen Nationalbibliothek

Die Deutsche Nationalbibliothek verzeichnet diese Publikation
in der Deutschen Nationalbibliografie; detaillierte bibliografische Daten
sind im Internet über http://dnb.d-nb.de abrufbar.

Zitiervorschlag: KUKO OR-Bearbeiter/in, Art. 29 N 4

© 2008 Helbing Lichtenhahn Verlag, Basel

ISBN 978-3-7190-2530-4

www.helbing.ch

Vorwort

Der neue Kurzkommentar zu Art. 1–529 OR ermöglicht einen schnellen Zugriff auf die Fragen des Obligationenrechts. In knapper und übersichtlicher Darstellung werden die wesentlichen Probleme analysiert und die wichtigsten Argumente und Gegenargumente zu zahlreichen Streitfragen verfügbar gemacht. So dient der Kommentar nicht nur der Orientierung in Rechtsfragen, sondern auch als Argumentationshilfe für den jeweiligen Standpunkt. Der Schwerpunkt liegt auf einer sorgfältigen Auswahl und Analyse der Rechtsprechung des Bundesgerichts. Zitiert werden nicht alle Entscheide zu einem Thema, sondern nur die grundlegende und die neuere Judikatur. Das Schrifttum wird zurückhaltend grundsätzlich nur dort herangezogen, wo es zur Vervollständigung der Argumentation notwendig ist, oder wo die Judikatur noch nicht gefestigt erscheint. Der Kurzkommentar hat ein handliches Format, das in jede Aktentasche passt, ein Kommentar zum Mitnehmen zu Verhandlungen, Gerichtsterminen usw. Die Autoren sind 35 Wissenschaftler und Praktiker, insbes. Professoren und Anwälte. In der nächsten Auflage wird das Werk um das Gesellschaftsrecht erweitert.

Autoren, Herausgeber und Verlag hoffen, den Praktikern ein nützliches Hilfsmittel zu bieten und sind für Anregungen und Kritik dankbar.

Zürich, Ostern 2008 Heinrich Honsell

Autorenverzeichnis

Dr. iur. Christian E. Benz
Rechtsanwalt in Zürich
Art. 439, 440, 443, 447, 448, 452,
455–457

Dr. iur. Maja Blumer, Fürsprecherin
Universität Bern
Art. 23–31, 275–304

Dr. iur. Robert K. Däppen, LL.M.
Rechtsanwalt in Chur
Art. 60, 67, 127–142

Prof. Dr. iur. Wolfgang Ernst
Professor an der Universität Zürich
Art. 211–221, 222–238, 492–512

Dr. iur. Balz Gross
Rechtsanwalt in Zürich
Art. 68–96

Dr. iur. Nicolas Herzog, LL.M.
Rechtsanwalt in Zürich
Art. 19–22, 516–529

Prof. Dr. iur. Reto M. Hilty
ord. Professor an der Universität Zürich,
Direktor am Max-Planck-Institut für
Geistiges Eigentum, München
Art. 380–393

Prof. Dr. iur. Heinrich Honsell
em. Professor an der Universität Zürich
Art. 151–157, 192–210

Dr. iur. Christoph Hurni
Universität Bern
Art. 11–17

Prof. Dr. iur. Peter Jung
Professor an der Universität Basel
Art. 32–40, 110, 143–150,
458–465

lic. iur. Christina Keller
Rechtsanwältin und Solicitor
(England & Wales), Zollikon
Art. 120–126

lic. iur. Martin A. Kessler
Kreisgericht St. Gallen
Art. 40a–40f

Dr. iur. Michael Kikinis
Rechtsanwalt in Zürich
Art. 184–191

Prof. Dr. iur. Alfred Koller
Professor an der Universität St. Gallen
Art. 513–515a

Inhaltsverzeichnis

Abkürzungsverzeichnis

a. A.	anderer Ansicht; am Anfang
a. a. O.	am angegebenen Ort
ABGB	Allgemeines Bürgerliches Gesetzbuch für Österreich vom 1. Juni 1811
ABl	Amtsblatt
Abs.	Absatz
AcP	Archiv für die civilistische Praxis (Tübingen)
a. E.	am Ende
a. F.	alte Fassung; alte Folge
AFG	Bundesgesetz vom 18. März 1994 über die Anlagefonds (Anlagefondsgesetz; SR 951.31) aufgehoben durch das KAG per 1.1.2007
AG	Aktiengesellschaft; Aargau
AGB	Allgemeine Geschäftsbedingungen
AGVE	Aargauische Gerichts- und Verwaltungsentscheide (Aarau)
AJP	Aktuelle Juristische Praxis (St. Gallen)
allg.	allgemein
a. M.	anderer Meinung; am Main
AmtlBull	Amtliches Bulletin
AmtsGer	Amtsgericht

Anm.	Anmerkung(en)
aOR	altes Bundesgesetz über das Obligationenrecht vom 14. Juni 1881
AppG	Appellationsgericht
AppH	Appellationshof
ArbR	Mitteilungen des Instituts für Schweizerisches Arbeitsrecht (Zürich)
ArG	Bundesgesetz vom 13. März 1964 über die Arbeit in Industrie, Gewerbe und Handel (Arbeitsgesetz; SR 822.11)
arg.	argumentum
ArGGer	Arbeitsgericht
Art.	Artikel
ARV	Zeitschrift für Arbeitsrecht und Arbeitslosenversicherung (Zürich)
AS	Amtliche Sammlung der Bundesgesetze und Verordnungen (Eidgenössische Gesetzessammlung)
AT	Allgemeiner Teil
ATSG	Bundesgesetz vom 6. Oktober 2000 über den Allgemeinen Teil des Sozialversicherungsrechts (ATSG; SR 830.1)
Aufl.	Auflage
ausf.	ausführlich
AVB	Allgemeine Versicherungsbedingungen
AVEG	Bundesgesetz vom 28. September 1956 über die Allgemeinverbindlicherklärung von Gesamtarbeitsverträgen (SR 221.215. 311)
AVG	Bundesgesetz vom 6. Oktober 1989 über die Arbeitsvermittlung und den Personalverleih (Arbeitsvermittlungsgesetz; SR 823.11)
AVV	Verordnung vom 16. Januar 1991 über die Arbeitsvermittlung und den Personalverleih (Arbeitsvermittlungsverordnung; SR 823.11)
BankG	Bundesgesetz vom 8. November 1934 über die Banken und Sparkassen (Bankengesetz; SR 952.0)

BB	Bundesbeschluss; in Zusammenhang mit Zitaten: Der Betriebs-Berater (Heidelberg)
BBG	Bundesgesetz vom 13. Dezember 2002 über die Berufsbildung (Berufsbildungsgesetz; SR 412.10)
BBl	Bundesblatt
BBT	Berner Bankrechtstag
BBV	Verordnung vom 19. November 2003 über die Berufsbildung (Berufsbildungsverordnung) (SR 412.101)
Bd.	Band
BE	Bern
BEHG	Bundesgesetz vom 24. März 1995 über die Börsen und den Effektenhandel (Börsengesetz; SR 954.1)
BEHV	Verordnung vom 2. Dezember 1996 über die Börsen und den Effektenhandel (Börsenverordnung; SR 954.11)
Bem.	Bemerkung(en)
Best.	Bestimmung
betr.	betreffend
BewG	Bundesgesetz vom 16. Dezember 1983 über den Erwerb von Grundstücken durch Personen im Ausland (SR 211.412.41)
bez.	bezüglich
BezGer	Bezirksgericht
BG	Bundesgesetz
BGB	Bürgerliches Gesetzbuch für das Deutsche Reich vom 18. August 1896
BGBB	Bundesgesetz vom 4. Oktober 1991 über das bäuerliche Bodenrecht (SR 211.412.11)
BGE	Entscheidungen des schweizerischen Bundesgerichtes, amtliche Sammlung
BGer	Schweizerisches Bundesgericht
BGG	Bundesgesetz vom 17. Juni 2005 über das Bundesgericht (Bundesgerichtsgesetz; SR 173.110)
BGH	(deutscher) Bundesgerichtshof

BGHZ	Entscheidungen des deutschen Bundesgerichtshofes in Zivilsachen, amtliche Sammlung
BJM	Basler Juristische Mitteilungen (Basel)
BK	Berner Kommentar, s. Literaturverzeichnis
BlSchK	Blätter für Schuldbetreibung und Konkurs (Basel)
BMM	Bundesbeschluss vom 30. Juni 1972 über Massnahmen gegen Missbräuche im Mietwesen; aufgehoben
BN	Der bernische Notar (Bern)
BR	Bundesrat/Bundesrätin; in Zusammenhang mit Zitaten: Baurecht, Mitteilungen zum privaten und öffentlichen Baurecht (Fribourg)
BS	Basel Stadt
BSG	Bundesgesetz vom 3. Oktober 1975 über die Binnenschifffahrt (BSG; SR 747.201)
BSK	Basler Kommentar
Bsp.	Beispiel
Bst.	Buchstabe
BT	Besonderer Teil
BTJP	Berner Tage für die juristische Praxis
BV	Bundesverfassung der Schweizerischen Eidgenossenschaft vom 18. April 1999 (SR 101)
BZP	Bundesgesetz vom 4. Dezember 1947 über den Bundeszivilprozess (Bundeszivilprozess; SR 273)
bzw.	beziehungsweise
CAPH	Cour d'appel des Prud'hommes
CC fr.	(französischer) Code civil vom 21. März 1804
CC it.	(italienischer) Codice civile vom 16. März 1942
c. i. c.	culpa in contrahendo
CIF	Cost, Insurance, Freight (INCOTERM-Klausel)
CIM	Einheitliche Rechtsvorschriften vom 9. Mai 1980 für den Vertrag über die internationale Eisenbahnbeförderung von Gütern; in Anhang B zu COTIF (s. dort)

CISG	Convention on Contracts for the International Sale of Goods (= WKR, s. dort)
CMR	Übereinkommen vom 19. Mai 1956 über den Beförderungsvertrag im internationalen Strassengüterverkehr (SR 0.741.611)
CR	Commentaire romand (Basel); Computer und Recht (Köln)
CO	Code des obligations suisse = OR
COTIF	Übereinkommen vom 9. Mai 1980 über den internationalen Eisenbahnverkehr (SR 0.742.403.1)
dAGBG	(deutsches) Gesetz zur Regelung des Rechts der Allgemeinen Geschäftsbedingungen vom 9. Dezember 1976
DB	Der Betrieb (Düsseldorf/Frankfurt a.M.)
ders.	derselbe (Autor)
DesG	Bundesgesetz vom 5. Oktober 2001 über den Schutz von Design (Designgesetz; SR 232.12)
dgl.	dergleichen
dGmbHG	(deutsches) Gesetz betretreffend die Gesellschaften mit beschränkter Haftung vom 20. Februar 1898
d. h.	das heisst
dies.	dieselbe (Autorin), dieselben (Autoren)
diff.	differenzierend
Dig.	Digesten
Diss.	Dissertation
DJZ	Deutsche Juristenzeitung (Tübingen)
dKO	deutsche Konkursordnung vom 20. Mai 1898
DSG	Bundesgesetz vom 19. Juni 1992 über den Datenschutz (Datenschutzgesetz; SR 235.1)
dt.	deutsch
E	Entwurf
E.	Erwägung
EBK	Eidgenössische Bankenkommission
ecolex	Ecolex Spezial (Wien)

EFTA	Europäische Freihandelsassoziation
EG	Europäische Gemeinschaft
EGBGB	Einführungsgesetz zum Bürgerlichen Gesetzbuch vom 18. August 1896
EGV	Entscheide der Gerichts- und Verwaltungsbehörden (Schwyz)
EG ZGB	Kantonales Einführungsgesetz zum Schweizerischen Zivilgesetzbuch
EHG	Bundesgesetz vom 28. März 1905 betreffend die Haftpflicht der Eisenbahn- und Dampfschifffahrtsunternehmungen und der Post (SR 221.112.745)
Einl.	Einleitung
EIZ	Europa Institut (Zürich)
EKG	Einheitliches Gesetz vom 17. Juli 1973 über den Abschluss von internationalen Kaufverträgen über bewegliche Sachen
EMRK	Konvention vom 4. November 1950 zum Schutze der Menschenrechte und Grundfreiheiten (SR 0.101)
EntsG	Bundesgesetzes vom 8. Oktober 19992 über die in die Schweiz entsandten Arbeitnehmerinnen und Arbeiter (SR 823.20)
EntsV	Verordnung vom 21. Mai 20033 über die in die Schweiz entsandten Arbeitnehmerinnen und Arbeitnehmer (SR 823.201)
EOG	Bundesgesetz vom 25. September 1952 über den Erwerbsersatz für Dienstleistende und bei Mutterschaft (Erwerbsersatzgesetz; SR 834.1)
etc.	et cetera = usw.
EU	Europäische Union
EuGH	Europäischer Gerichtshof in Luxemburg
EuZW	Europäische Zeitschrift für Wirtschaftsrecht (München/Frankfurt a. M.)
evtl.	eventuell
EWG	Europäische Wirtschaftsgemeinschaft
EWR	Europäischer Wirtschaftsraum
EwiR	Entscheidungen zum Wirtschaftsrecht (Köln)
EWVG	Entwurf zu einem Wertpapierverwahrungsgesetz

f./ff.	folgende
FG	Festgabe
FN	Fussnote
FR	Fribourg
franz.	französisch
Frhr.	Freiherr
FS	Festschrift
FusG	Bundesgesetz vom 3. Oktober 2003 über Fusion, Spaltung, Umwandlung und Vermögensübertragung (Fusionsgesetz; SR 221.301)
GAV	Gesamtarbeitsvertrag
GBV	Verordnung vom 22. Februar 1910 betreffend das Grundbuch (SR 211.432.1)
GE	Genf
GesKR	Zeitschrift für Gesellschafts- und Kapitalmarktrecht (Zürich)
GestG	Bundesgesetz vom 24. März 2000 über den Gerichtsstand in Zivilsachen (Gerichtsstandsgesetz; SR 272)
ggf.	gegebenenfalls
gl.A.	gleicher Ansicht
gl.M.	gleicher Meinung
GlG	Bundesgesetz vom 24. März 1995 über die Gleichstellung von Frau und Mann (Gleichstellungsgesetz; SR 151.1)
GmbH	Gesellschaft mit beschränkter Haftung
GoA	Geschäftsführung ohne Auftrag
GR	Graubünden
GS	Gedächtnisschrift; Gesetzliche Sammlung
GSchG	Bundesgesetz vom 24. Januar 1991 über den Schutz der Gewässer (Gewässerschutzgesetz; SR 814.20)
GUMG	Bundesgesetz vom 8. Oktober 2004 über genetische Untersuchungen beim Menschen (GUMG; SR 810.12)
GV	Generalversammlung

GVG	Gerichtsverfassungsgesetz
HArG	Bundesgesetz vom 20. März 1981 über die Heimarbeit (Heimarbeitsgesetz; SR 822.31)
HArGV	Heimarbeitsverordnung vom 20. Dezember 1982 (SR 822.31)
HGB	Handelsgesetzbuch für das Deutsche Reich vom 10. Mai 1897
Hger	Handelsgericht
h. A.	herrschende Ansicht
h. L.	herrschende Lehre
h. M.	herrschende Meinung
Halbs.	Halbsatz
HAVE	Haftung und Versicherung (Zürich)
Hb.	Halbband
Hger	Handelsgericht
HR	Internationales Übereinkommen vom 25. August 1924 zur einheitlichen Feststellung einzelner Regeln über die Konnossemente («Haager Regeln»; SR 0.747.354.11)
HregV	Handelsregisterverordnung vom 7. Juni 1937 (SR 221.411)
Hrsg.	Herausgeber
hrsg.	herausgegeben
Hs.	Halbsatz
HVR	Protokoll vom 23. Februar 1968 zur Änderung des am 25. August 1924 in Brüssel unterzeichneten Internationalen Übereinkommens zur einheitlichen Feststellung einzelner Regeln über die Konnossemente; («Haager-Visby Regeln»; SR 0.747.354.11)
i. A.	im Allgemeinen
ibid.	ibidem = daselbst, am gleichen Ort, an gleicher Stelle
i. c.	in casu
i. d. F.	in der Fassung
i. d. R.	in der Regel
i. E.	im Ergebnis

i. e.	id est = das heisst
i. f.	in fine
inkl.	inklusive
insb.	insbesondere
IHK	Internationale Handelskammer
IPR	Internationales Privatrecht
Iprax	Praxis des Internationalen Privat- und Verfahrensrechts (Bielefeld)
IPRG	Bundesgesetz vom 18. Dezember 1987 über das internationale Privatrecht (SR 291)
i. S.	im Sinne; in Sachen
i. S. d.	im Sinne des
ISO	International Standardization Organisation
i. S. v.	im Sinne von
it.	italienisch
i. V. m.	in Verbindung mit
i. w. S.	im weiteren Sinne
JA	Juristische Arbeitsblätter (Frankfurt a. M.)
JAR	Jahrbuch des Schweizerischen Arbeitsrechts (Bern)
Jbl.	Juristische Blätter (Wien)
JdT	Journal des Tribunaux (Lausanne)
JKR	Jahrbuch des Schweizerischen Konsumentenrechts (Bern)
jur. Praxis	juristische Praxis
Jura	Juristische Ausbildung (Berlin)
JuS	Juristische Schulung (München)
JW	Juristische Wochenschrift (München); ab 1947 NJW
JZ	(deutsche) Juristenzeitung (Tübingen)
KAG	Bundesgesetz vom 23. Juni 2006 über die kollektiven Kapitalanlagen (Kollektivanlagengesetz; SR 951.31)
Kap.	Kapitel

KassGer   Kassationsgericht

KG   Bundesgesetz vom 6. Oktober 1995 über Kartelle und andere
       Wettbewerbsbeschränkungen (Kartellgesetz; SR 251)

KGE   Kantonsgerichtsentscheid (gefolgt von der amtlichen Abkür-
       zung des Kantons [Bsp.: KGE GR])

Kger   Kantonsgericht (gefolgt von der amtlichen Abkürzung des Kan-
        tons [Bsp.: Kger GR])

KHG   Kernenergiehaftpflichtgesetz vom 18. März 1983 (SR 732.44)

KKG   Bundesgesetz vom 23. März 2001 über den Konsumkredit (SR
       221.214.1)

KGTG   Bundesgesetz vom 20. Juni 2003 über den internationalen Kul-
        turgütertransfer (Kulturgütertransfergesetz; SR 444.1)

Komm.   Kommentar

krit.   kritisch

KritV   Kritische Vierteljahresschrift für Gesetzgebung und Rechtswis-
         senschaft (München)

K&R   Kommunikation und Recht (Heidelberg)

l.c.   loco citato = am angeführten Ort

LFG   Bundesgesetz vom 21. Dezember 1948 über die Luftfahrt (Luft-
       fahrtgesetz; SR 748.0)

LG   Landgericht

LGVE   Luzerner Gerichts- und Verwaltungsentscheide (Luzern)

lit.   litera = Buchstabe

Lit.   Literatur

LJZ   Liechtensteinische Juristen-Zeitung (Vaduz)

LPG   Bundesgesetz vom 4. Oktober 1985 über die landwirtschaft-
       liche Pacht (SR 221.213.2)

LTR   Lufttransportreglement vom 3. Oktober 1952, aufgehoben
       durch das LTrV

LTrV   Verordnung vom 17. August 2005 über den Lufttransport (SR
        748.411)

LU   Luzern

LugÜ	(Lugano) Übereinkommen vom 16. September 1988 über die gerichtliche Zuständigkeit und die Vollstreckung gerichtlicher Entscheidungen in Zivil- und Handelssachen (SR 0.275.11)
m. a. W.	mit anderen Worten
MDR	Monatsschrift für Deutsches Recht (Hamburg)
m. E.	meines Erachtens
Mél.	Mélanges
m. Hw.	mit Hinweis(en)
MHG	(deutsches) Gesetz zur Regelung der Miethöhe vom 18. Dezember 1974
Mio	Million
MMR	MultiMedia und Recht (München)
m. Nw.	mit Nachweis(en)
mp	mietrechtspraxis, Zeitschrift für schweizerisches Mietrecht (Basel)
MRA	Mietrecht aktuell (Basel)
MSchG	Bundesgesetz vom 28. August 1992 über den Schutz von Marken und Herkunftsangaben (Markenschutzgesetz; SR 232.11)
MÜ	Protokoll vom 28. Mai 1999 zur Vereinheitlichung bestimmter Vorschriften über die Beförderung im internationalen Luftverkehr («Montreal Übereinkommen»; SR 0.748.411)
m. Nw.	mit Nachweisen
m. V.	mit Verweisung(en)
m. w. Nw.	mit weiteren Nachweisen
N	Note(n); Randnote(n)
n. Chr.	nach Christi Geburt
NAV	Normalarbeitsvertrag
NJW	Neue Juristische Wochenschrift (München)
NJW-RR	NJW-Rechtsprechungs-Report, Zivilrecht (München/Frankfurt a.M.)
Nr.	Nummer
NR	Nationalrat

NZZ	Neue Zürcher Zeitung (Zürich)
o.	oben
o. Ä.	oder Ähnliches
o. e.	oben erwähnt
op. cit.	opus citatum = das angegebene Werk
OG	Bundesgesetz vom 16. Dezember 1943 über die Organisation der Bundesrechtspflege (SR 173.110)
OGE	Obergerichtsentscheid (gefolgt von der amtlichen Abkürzung des Kantons [Bsp.: OGE ZH])
OGer	Obergericht (gefolgt von der amtlichen Abkürzung des Kantons [Bsp.: OGer ZH])
OGH	österreichischer Oberster Gerichtshof
ÖJZ	Österreichische Juristen-Zeitung (Wien)
OLG	Oberlandesgericht
OR	Bundesgesetz vom 30. März 1911 betreffend die Ergänzung des Schweizerischen Zivilgesetzbuches (Fünfter Teil: Obligationenrecht; SR 220)
ORE	Obligationenrecht, Entwurf
österr.	österreichisch
p. a.	per annum
PartG	Bundesgesetz vom 18. Juni 2004 über die eingetragene Partnerschaft gleichgeschlechtlicher Paare (Partnerschaftsgesetz; SR 211.231)
PatG	Bundesgesetz vom 25. Juni 1954 betreffend die Erfindungspatente (Patentgesetz; SR 232.14)
PBV	Verordnung vom 11. Dezember 1978 über die Bekanntgabe von Preisen (SR 942.211)
PGB	Zürcherisches Privatrechtliches Gesetzbuch von 1854/56
PHi	Produkt- und Umwelthaftpflicht international (Köln)
PKG	Die Praxis des Kantonsgerichtes von Graubünden (Chur)
pl./plädoyer	plädoyer, Das Magazin für Recht und Politik (Zürich)
p. M.	pro Monat

Pra	Die Praxis des Bundesgerichtes (Basel)
PRG	Bundesgesetz über Pauschalreisen vom 18. Juni 1993 (SR 944.3)
PrHG	Bundesgesetz vom 18. Juni 1993 über die Produktehaftpflicht (Produktehaftpflichtgesetz; SR 221.112.944)
PüG	Preisüberwachungsgesetz vom 20. Dezember 1985 (SR 942. 20)
RabelsZ	Zeitschrift für ausländisches und internationales Privatrecht, begründet von Ernst Rabel (Berlin/Tübingen)
RB	Rechenschaftsbericht (gefolgt von der amtlichen Abkürzung des Kantons [Bsp.: RB ZH])
RBOG	Rechenschaftsbericht des Obergerichts des Kantons Thurgau (Frauenfeld)
RDC	Rivista di diritto civile (Padova)
RdW	(österreichisches) Recht der Wirtschaft (Wien)
recht	recht, Zeitschrift für juristische Ausbildung und Praxis (Bern)
Rep.	Repertorio di Giurisprudenza Patria (Bellinzona)
rev.	revidiert
RG	Reichsgericht
RGG	Bundesgesetz vom 23. März 2001 über das Gewerbe der Reisenden (SR 943.1)
RGW	Rat für Gegenseitige Wirtschaftshilfe
RGZ	Entscheidungen des deutschen Reichsgerichts in Zivilsachen (Leipzig)
RIW	Recht der internationalen Wirtschaft (Heidelberg)
RJN	Recueil de jurisprudence neuchâteloise
RL	Richtlinie
Rn	Randnummer
Röm	Römisches
Rsp.	Rechtsprechung
RVJ	Revue valaisanne de jurisprudence
Rz	Randziffer(n)

s.	siehe
S.	Seite(n); Satz
s. a.	siehe auch
SAG	Schweizerische Aktiengesellschaft (Zürich; seit 1990: SZW)
sc.	scilicet = das heisst, nämlich
ScheckG	(deutsches) Scheckgesetz vom 14. August 1933
SchKG	Bundesgesetz vom 11. April 1889 über Schuldbetreibung und Konkurs in der Fassung vom 16. Dezember 1994 (SR 281.1)
SchlB	Schlussbestimmung(en)
SchlT	Schlusstitel
schweiz.	schweizerisch
seco	Staatssekretariat für Wirtschaft (ehem. BIGA)
SemJud	La semaine judiciaire (Genf)
SG	St. Gallen
SIA	Schweizerischer Ingenieur- und Architektenverein
sic!	Zeitschrift für Immaterialgüter-, Informations- und Wettbewerbsrecht
SJ	La Semaine Judiciaire (Genf)
SJK	Schweizerische Juristische Kartothek (Genf)
SJZ	Schweizerische Juristen-Zeitung (Zürich)
s. o.	siehe oben
sog.	so genannt(e/s)
SOG	Solothurnische Gerichtspraxis
SPR	Schweizerisches Privatrecht (Basel)
SR	Systematische Sammlung des Bundesrechts (Systematische Rechtssammlung)
SSG	Bundesgesetz vom 23. September 1953 über die Seeschifffahrt unter der Schweizer Flagge (Seeschifffahrtsgesetz; SR 747.30)
SSHW	Schweizerische Schriften zum Handels- und Wirtschaftsrecht (Zürich)
ST	Der Schweizer Treuhänder (Zürich)

StenBull	Stenographisches Bulletin der Bundesversammlung (seit 1967 Amtliches Bulletin)
StGB	Schweizerisches Strafgesetzbuch vom 21. Dezember 1937 (SR 311.0)
StR	Ständerat
str.	strittig
st. Rsp.	ständige Rechtsprechung
s. u.	siehe unten (unter)
SVG	Bundesgesetz vom 19. Dezember 1958 über den Strassenverkehr (SR 741.01)
SVZ	Schweizerische Versicherungs-Zeitschrift (Bern)
syst.	systematisch
SZ	Schwyz
SZIER	Schweizerische Zeitschrift für internationales und europäisches Recht (Zürich)
SZW	Schweizerische Zeitschrift für Wirtschaftsrecht (Zürich; bis 1989: SAG)
TC	Tribunal cantonal
tlw.	teilweise
TREX	Der Treuhandexperte (Zürich)
u.	und
u. a.	und andere(s); unter anderem/n
u. a. m.	und andere(s) mehr
u. Ä./u. ä.	und Ähnliche(s)
u. E.	unseres Erachtens
umstr.	Umstritten
UN	United Nations
UNCITRAL	United Nations Commission on International Trade Law
UNIDROIT	Institut International pour l'Unification du Droit Privé (Rom)
URG	Bundesgesetz vom 9. Oktober 1992 über das Urheberrecht und verwandte Schutzrechte (Urheberrechtsgesetz; SR 231.1)

usw.	und so weiter
u. U.	unter Umständen
UWG	Bundesgesetz vom 19. Dezember 1986 gegen den unlauteren Wettbewerb (SR 241)
v.	von, vom
v. a.	vor allem
VAG	Bundesgesetz vom 23. Juni 1978 betreffend die Aufsicht über die privaten Versicherungseinrichtungen (Versicherungsaufsichtsgesetz; SR 961.01)
VD	Vaud
VersR	Versicherungsrecht, Juristische Rundschau für die Individualversicherung (Karlsruhe)
VerwGer	Verwaltungsgericht
vgl.	vergleiche
VMWG	Verordnung vom 9. Mai 1990 über die Miete und Pacht von Wohn- und Geschäftsräumen (SR 221.213.11)
VO	Verordnung
VOIP	Voice over Internet Protocol)
Vorbem.	Vorbemerkung(en)
VR	Verwaltungsrat
VV	Vollziehungsverordnung; Vollzugsverordnung
VVG	Bundesgesetz vom 2. April 1908 über den Versicherungsvertrag (Versicherungsvertragsgesetz; SR 221.229.1)
VwGer	Verwaltungsgericht
Wbl	Wirtschaftsrechtliche Blätter (Wien)
WKR	Übereinkommen der Vereinten Nationen vom 11. April 1980 über Verträge über den internationalen Warenkauf (Wiener Kaufrecht; United Nations Convention on Contracts for the International Sale of Goods; SR 0.221.211.1)
WM	Wertpapier-Mitteilungen (Frankfurt a.M.)
w. Nw.	weitere Nachweise

WuR	Die Wirtschaft und das Recht (Zürich)
WZG	Bundesgesetz vom 22. Dezember 1999 über die Währung und die Zahlungsmittel (SR 941.0)
z. B.	zum Beispiel
ZH	Zürich
ZBGR	Schweizerische Zeitschrift für Beurkundungs- und Grundbuchrecht (Wädenswil)
ZBJV	Zeitschrift des Bernischen Juristenvereins (Bern)
ZertES	Bundesgesetz vom 19. Dezember 2003 über Zertifizierungsdienste im Bereich der elektronischen Signatur (Bundesgesetz über die elektronische Signatur; SR 943.03)
ZeuP	Zeitschrift für Europäisches Privatrecht (München)
ZG	Zug
ZGB	Schweizerisches Zivilgesetzbuch vom 10. Dezember 1907 (SR 210)
Ziff.	Ziffer(n)
zit.	zitiert
ZIP	Zeitschrift für Wirtschaftsrecht und Insolvenzpraxis (Köln)
ZivGer	Zivilgericht
ZK	Zürcher Kommentar
ZMP	Zürcher Mietrechtspraxis
ZPO	Zivilprozessordnung
ZR	Blätter für Zürcherische Rechtsprechung (Zürich)
ZSR	Zeitschrift für Schweizerisches Recht (Basel)
z. T.	zum Teil
zust.	zustimmend
ZvglRw	Zeitschrift für vergleichende Rechtswissenschaft (Heidelberg)
zzt.	zurzeit
ZZP	Zeitschrift für Zivilprozess (Köln)

Literaturverzeichnis

Schweizerische Literatur

BK-Bearbeiter/in   Berner Kommentar zum Schweizerischen Privatrecht, Hrsg.: H. Hausheer, unterschiedliche Auflagen, Bern ab 1910

BSK IPRG-Bearbeiter/in   Kommentar zum Schweizerischen Privatrecht, Internationales Privatrecht, Hrsg.: Heinrich Honsell/Nedim P. Vogt/Anton K. Schnyder, Basel/Frankfurt a. M. 1996

BSK OR I-Bearbeiter/in   Kommentar zum Schweizerischen Privatrecht, Obligationenrecht I, Hrsg.: Heinrich Honsell/Nedim P. Vogt/Rolf Watter, 3. Aufl. Basel/Frankfurt a.M. 2003

BSK OR II-Bearbeiter/in   Kommentar zum Schweizerischen Privatrecht, Obligationenrecht II, Hrsg.: Heinrich Honsell/Nedim P. Vogt/Rolf Watter, 2. Aufl. Basel/Frankfurt a.M. 2002

BSK ZGB I-Bearbeiter/in   Kommentar zum Schweizerischen Privatrecht, Zivilgesetzbuch I, Hrsg.: Heinrich Honsell/Nedim P. Vogt/Thomas Geiser, 3. Aufl. Basel/Frankfurt a.M. 2006

BSK ZGB II-Bearbeiter/in   Kommentar zum Schweizerischen Privatrecht, Zivilgesetzbuch II, Hrsg.: Heinrich Hon-

	sell/Nedim P. Vogt/Thomas Geiser, 2. Aufl. Basel/Frankfurt a.M. 2003
BUCHER, OR AT	Eugen Bucher, Schweizerisches Obligationenrecht, Allgemeiner Teil ohne Deliktsrecht, 2. Aufl. Zürich 1988, www.eugenbucher.ch
BUCHER, OR BT	Eugen Bucher, Schweizerisches Obligationenrecht, Besonderer Teil, 3. Aufl. Zürich 1988
BUCHER/WIEGAND	Eugen Bucher/Wolfgang Wiegand, Übungen im Obligationenrecht – Fallsammlung mit Lösungsvorschlägen, 3. Aufl. Zürich 2001
VON BÜREN, OR AT	Bruno von Büren, Schweizerisches Obligationenrecht, Allgemeiner Teil, Zürich 1964
VON BÜREN, OR BT	Bruno von Büren, Schweizerisches Obligationenrecht, Besonderer Teil, Zürich 1972
CR CO-BEARBEITER/IN	Commentaire Romand, Code des obligations I, Hrsg. Luc Thévenoz/Franz Werro, Genf/Basel/München 2003
DESCHENAUX/TERCIER	Henri/Deschenaux/Pierre Tercier, La responsabilité civile, 2. Aufl. Bern 1982
ENGEL, contrats	Pierre Engel, Contrats de droit suisse, 2. Aufl. Bern 2000
ENGEL, obligations	Pierre Engel, Traité des obligations en droit suisse, 2. Aufl. Bern 1997
FASEL	Urs Fasel, Handels- und obligationenrechtliche Materialien, Bern/Stuttgart/Wien 2000
FUNK	Fritz Funk, Kommentar des Obligationenrechts, Bd. II, Aarau 1951
GAUCH	Peter Gauch, Der Werkvertrag, 4. Aufl. Zürich 1996
GAUCH/AEPLI/STÖCKLI	Peter Gauch/Viktor Aepli/Hubert Stöckli, Präjudizienbuch zum OR, Rechtsprechung des Bundesgerichts, 5. Aufl. Zürich 2002
GAUCH/SCHLUEP/SCHMID/REY	Peter Gauch/Walter R. Schluep/Jörg Schmid/Heinz Rey, Schweizerisches Obligationenrecht, Allgemeiner Teil, 2 Bde., 8. Aufl. Zürich 2003

Gross	Christophe Gross, Grundzüge des Haftpflicht-rechts, Zürich 1991
Guggenheim	Daniel Guggenheim, Le droit suisse des con-trats, Bd. I, La Conclusion des contrats, Genf 1991
Guhl/Koller	Theo Guhl, Das Schweizerische Obligationen-recht,
Guhl/Schnyder	9. Aufl., bearbeitet von Alfred Koller, Anton K. Schnyder
Guhl/Druey	und Jean Nicolas Druey, Zürich 2000
Guldener	Max Guldener, Schweizerisches Zivilprozess-recht, 3. Aufl. Zürich 1979
HANDKOMM-Bearbeiter	OR Handkommentar zum Schweizerischen Obligationenrecht, Hrsg.: Jolanta Kren Kost-kiewicz, Urs Bertschinger, Peter Breitschmid, Ivo Schwander, Zürich 2002
Honsell, Haftpflichtrecht	Heinrich Honsell, Schweizerisches Haftpflicht-recht, 4. Aufl. Zürich 2005
Honsell, OR BT	Heinrich Honsell, Schweizerisches Obligatio-nenrecht, Besonderer Teil, 8. Aufl. Bern 2006
Huguenin, OR AT	Claire Huguenin, Schweizerisches Obligatio-nenrecht, Allgemeiner Teil, 2. Aufl. Zürich 2006
Huguenin, OR BT	Claire Huguenin, Schweizerisches Obligatio-nenrecht, Besonderer Teil, 2. Aufl. Zürich 2004
IPRG-Kommentar-Bearbeiter/in	Kommentar zum Bundesgesetz über das In-ternationale Privatrecht (IPRG) vom 1. Januar 1989, Hrsg.: Anton Heini/Max Keller/Kurt Siehr/Frank Vischer/Paul Volken, Zürich 1993
Jaeger/Walder SchKG	Jaeger/Walder/Kull/Kottmann, Bundesgesetz über Schuldbetreibung und Konkurs, Band I. u. II, 4. Aufl., Zürich 1997/9
Keller I	Alfred Keller, Haftpflicht im Privatrecht, Bd. I, 6. Aufl. Bern 2002
Keller II	Alfred Keller, Haftpflicht im Privatrecht, Bd. II, 2. Aufl. Bern 1998

KELLER/SCHÖBI I — Max Keller/Christian Schöbi, Das Schweizerische Schuldrecht. Band I, 3. Aufl., Basel 1988

KELLER/GABI II — Max Keller/Sonja Gabi, Das Schweizerische Schuldrecht. Band II, 2. Aufl., Basel 1988

KELLER/SCHAUFEL-BERGER III — Max Keller/Peter C. Schaufelberger, Das Schweizerische Schuldrecht. Band III, 3. Aufl., Basel 1990

KELLER/SCHÖBI IV — Das Schweizerische Schuldrecht, Band IV, 3. Aufl., Basel 1990

KELLERHALS/BERGER — Kellerhals/Berger, Internationale und interne Schiedsgerichtsbarkeit in der Schweiz, Bern 2006

KOLLER, OR AT I — Alfred Koller, Schweizerisches Obligationenrecht, Allgemeiner Teil, Bd. I, 2. Aufl. Bern 2006

KOLLER, OR AT II — Alfred Koller, Schweizerisches Obligationenrecht, Allgemeiner Teil, Bd. II, Bern 2006

MEIER-HAYOZ/FORSTMOSER — Arthur Meier-Hayoz/Peter Forstmoser, Grundriss des schweizerischen Gesellschaftsrechts, 9. Aufl. Bern 2004

MERZ, SPR VI/1 — Hans Merz, Obligationenrecht, Allgemeiner Teil: Einleitung (Entstehung und allgemeine Charakterisierung); Die Obligation, Schweizerisches Privatrecht (SPR), Bd. VI/1, Basel/Frankfurt a. M. 1984

MERZ, Vertrag — Hans Merz, Vertrag und Vertragschluss, 2. Aufl. Freiburg i. Ü. 1992

OFTINGER/STARK I — Karl Oftinger/Emil W. Stark, Schweizerisches Haftpflichtrecht, Bd. I, Allgemeiner Teil, 5. Aufl. Zürich 1995

OFTINGER/STARK II/1 — Karl Oftinger/Emil W. Stark, Schweizerisches Haftpflichtrecht, Bd. II/1, Besonderer Teil, 4. Aufl. Zürich 1987

OFTINGER/STARK II/2 — Karl Oftinger/Emil W. Stark, Schweizerisches Haftpflichtrecht, Bd. II/2, Besonderer Teil, 4. Aufl. Zürich 1989

OFTINGER/STARK II/3	Karl Oftinger/Emil W. Stark, Schweizerisches Haftpflichtrecht, Bd. II/3, Besonderer Teil, 4. Aufl. Zürich 1991
PORTMANN/REY	Wolfgang Portmann/Heinz Rey, Ausservertragliches Haftpflichtrecht: Ein Kompendium in Form von erläuterten Begriffen, Zürich 2005
REY	Heinz Rey, Ausservertragliches Haftpflichtrecht, 3. Aufl. Zürich 2005
ROBERTO, Haftpflichtrecht	Vito Roberto, Schweizerisches Haftpflichtrecht, Zürich 2002
RÜEDE/HADENFELDT	Schweizerisches Schiedsgerichtsrecht nach Konkordat und IPRG, 2. Aufl. Zürich 1999
SCHNYDER/LIATOWITSCH	Anton K. Schnyder/Manuel Liatowitsch, Internationales Privat- und Zivilverfahrensrecht, Zürich 2000
SCHULIN/VOGT, AT	Hermann Schulin/Nedim P. Vogt, Tafeln zum Schweizerischen Obligationenrecht I, Allgemeiner Teil ohne Deliktsrecht, 1998
SCHULIN/VOGT, BT	Hermann Schulin/Nedim P. Vogt, Tafeln zum Schweizerischen Obligationenrecht II, Besonderer Teil ohne Arbeitsrecht, Zürich 1983
SCHWENZER, OR AT	Ingeborg Schwenzer, Schweizerisches Obligationenrecht, Allgemeiner Teil, 4. Aufl. Bern 2006
Schwenzer/Müller-Chen	Ingeborg Schwenzer/Markus Müller-Chen, Rechtsvergleichung, Fälle und Materialien, Tübingen 1996
TERCIER, obligations	Pierre Tercier, Le droit des obligations, 3. Aufl. Zürich 2004
TERCIER, contrats spéciaux	Pierre Tercier, Les contrats spéciaux, 3. Aufl. Zürich 2003
TUOR/SCHNYDER/ SCHMID/RUMO-JUNGO	Peter Tuor/Bernard Schnyder/Jörg Schmid/ Alexandra Rumo-Jungo, Das Schweizerische Zivilgesetzbuch, 12. Aufl. Zürich 2002
VON TUHR/PETER, OR AT	Andreas von Tuhr/Hans Peter/Hermann Schulin, Allgemeiner Teil des Schweizerischen Obligationenrechts, Bd. 1, 3. Aufl. Zürich 1979

VON TUHR/ESCHER, OR AT	Andreas von Tuhr/Arnold Escher, Allgemeiner Teil des Schweizerischen Obligationenrechts, Bd. 2, 3. Aufl. Zürich 1974
VOGEL/SPÜHLER	Oskar Vogel/Karl Spühler, Grundriss des Zivilprozessrechts und des internationalen Zivilprozessrechts der Schweiz, 8. Aufl. Bern 2006
WERRO	Franz Werro, La responsabilité civile, Bern 2005
ZK-BEARBEITER/IN	Zürcher Kommentar zum Schweizerischen Zivilgesetzbuch, Zürich ab 1909, unterschiedliche Auflagen, die Nachweise beziehen sich auf die laufende Auflage, Zürich ab 1909
ZWEIGERT/KÖTZ	Konrad Zweigert/Hein Kötz, Einführung in die Rechtsvergleichung auf dem Gebiete des Privatrechts, 3. Aufl. Tübingen 1996

Ausländische Literatur

BAMBERGER/ROTH	Kommentar zum Bürgerlichen Gesetzbuch, 2. Aufl. München 2006
ERMAN/WESTERMANN	Handkommentar zum Bürgerlichen Gesetzbuch, 2 Bde.,
ERMAN-BEARBEITER/IN	Hrsg.: Walter Ermann/Hermann Peter Westermann, 11. Aufl. Münster 2004
HK-BGB/BEARBEITER	Handkommentar zum Bürgerlichen Gesetzbuch, Hrsg.: Heinrich Dörner (u. a.), 4. Aufl. Baden-Baden 2005
MK-BEARBEITER/IN	Münchner Kommentar zum Bürgerlichen Gesetzbuch, Hrsg.: Kurt Rebmann/Franz J. Säcker/Roland Rixecker, 4. Aufl. München ab 2000
PALANDT-BEARBEITER/IN	Bürgerliches Gesetzbuch, 65. Aufl. München 2006
RUMMEL-BEARBEITER/IN	Kommentar zum Allgemeinen Bürgerlichen Gesetzbuch, 2 Bde., Hrsg.: Peter Rummel, 3. Aufl. Wien 2000

SCHLECHTRIEM-
BEARBEITER/IN

Kommentar zum Einheitlichen UN-Kaufrecht-CISG, Hrsg.: Peter Schlechtriem, 4. Aufl. München 2004

SCHWIMANN-
BEARBEITER/IN

ABGB Praxiskommentar, 7 Bde., Hrsg.: Michael Schwimann, 3. Aufl. Wien 2004–2006

SOERGEL-BEARBEITER/IN

Bürgerliches Gesetzbuch mit Einführungsgesetz und Nebengesetzen, Hrsg.: Wolfgang Siebert, 13. Aufl. Stuttgart ab 1999

VON STAUDINGER-
BEARBEITER/IN

Kommentar zum Bürgerlichen Gesetzbuch mit Einführungsgesetz und Nebengesetzen, 13. Aufl. Berlin ab 1993

Allgemeine Bestimmungen

Die Entstehung der Obligationen

Erster Abschnitt: Die Entstehung durch Vertrag

Einleitung zu Art. 1–40 *g*

Literatur

BUCHER, «Schuldverhältnis» des BGB: ein Terminus – drei Begriffe, FS Wiegand (Bern 2005), 93 ff.; H. P. WALTER, Auf dem Weg zum Schuldverhältnis – wo weiter?, recht 2005, 71 ff.; WIEGAND, Von der Obligation zum Schuldverhältnis, recht 1997, 85 ff.; DERS., Die Canaris Rezeption in der Schweiz – Vertrauenshaftung und «einheitliches gesetzliches Schutzverhältnis» im Schweizer Recht, FS Claus-Wilhelm Canaris (München 2007), 881 ff.

I. Obligation und Schuldverhältnis

1. Obligation

1 Der Erste Abschnitt handelt von der Entstehung von *Obligationen aus Vertrag, Delikt und Bereicherung.* Im Mittelpunkt steht dabei die Obligation als zentrales Element, während der Vertrag nur als eine Entstehungsform der Obligation erscheint. Das Gesetz definiert den Begriff nicht, verwendet ihn im Titel und in Abschnittsüberschriften, setzt seinen Inhalt als bekannt voraus: Obligation ist ein Rechtsverhältnis zwischen zwei Personen, in dem die eine (Gläubiger) eine Leistung verlangen kann, zu deren Erbringung die andere (Schuldner) verpflichtet ist. Die Leistung kann in einem Tun oder in einem Unterlassen, allgemeiner in einem Verhalten, bestehen. Dieses Rechtsverhältnis wird «verdeutscht» als Schuldverhältnis bezeichnet. Auch dieser Begriff kommt im OR vor, wobei die Bedeutung (z. B. Art. 176 ff.) nicht

immer klar ist. In Literatur und Rechtsprechung wird er häufig benutzt, jedoch je nach Kontext in unterschiedlichen Bedeutungen.

2. Schuldverhältnis im engeren Sinne

In einem engeren Sinn bezeichnet man die *reine Recht-Pflicht-Beziehung*   2
zwischen Gläubiger und Schuldner im eben dargelegten Sinn als Schuldverhältnis. Für diese verwendet das Gesetz wechselnde Termini, etwa Anspruch (Art. 35 Abs. 3) oder vor allem Forderung (Art. 114 ff. [Erlöschen von Forderungen], 127 ff. [Verjährung von Forderungen]) auf der Gläubigerseite und Verbindlichkeit (Art. 97 [Nichterfüllung]) oder Verpflichtung (Art. 180 [Schuldübernahme]). Solche Schuldverhältnisse entstehen vor allem kraft Gesetzes; beispielhaft sind die *Deliktsobligation* (Art. 41 ff.) und die *Bereicherungsobligation* (Art. 62 ff.). Diese Schuldverhältnisse beschränken sich auf das Recht, die Leistung zu verlangen und die Pflicht, sie zu erbringen; sie sind gewissermassen «einschichtig». Die Mehrzahl der Schuldverhältnisse umfasst jedoch eine Vielzahl von Rechten und Pflichten.

3. Schuldverhältnis im weiteren Sinn

In einem weiteren Sinne umfasst der Begriff Schuldverhältnis das *komplexe*   3
System von Recht-Pflicht-Beziehungen zwischen Gläubiger und Schuldner, das sich aus *rechtsgeschäftlichem Kontakt* ergibt. Dieses Schuldverhältnis wird heute als ein sich permanent entwickelndes Gebilde («Organismus») verstanden, in dem jede Partei ein Bündel von Rechten und Pflichten hat. Es tritt heute in zwei Erscheinungsformen auf:

a) Der Vertrag als Schuldverhältnis

Durch den Abschluss des Vertrages entstehen nicht nur die (i. d. R. wechsel-   4
seitigen) vertraglichen Leistungspflichten, sondern auch leistungsbegleitende Nebenpflichten und (in jedem Fall wechselseitige) allgemeine Verhaltenspflichten. Das so begründete komplexe Schuldverhältnis endet nicht schon mit der Erfüllung der Leistungspflichten, sondern erst mit dem Erlöschen sämtlicher wechselseitiger Verpflichtungen. Während darüber weitgehend Einigkeit herrscht, sind dogmatische Konzeption, Tragweite und Terminologie umstritten. Zwar wird übereinstimmend angenommen, dass die allgemeinen Verhaltenspflichten aus dem Prinzip von Treu und Glauben abzuleiten und damit ihren Rechtsgrund in Art. 2 ZGB haben, ihr Geltungsgrund wird jedoch letztlich im rechtsgeschäftlichen Parteiwillen gesehen (dazu v. a. H. P. WALTER, recht 2005, 73 ff.). Demgegenüber betrachten andere die Verhaltenspflichten als Ausfluss eines kraft Gesetzes aus rechtsgeschäftlichem Kontakt entstehenden Schuldverhältnisses (dazu WIEGAND, recht 1997, 85, 88). Dieses bildet, sofern es zum wirksamen Vertragsschluss kommt, einen Teil des Vertrages, ist aber von dessen Existenz unabhängig.

b)   Einheitliches gesetzliches Schuldverhältnis

5   Ungeachtet der verschiedenen dogmatischen Ansätze (und der gelegentlich gegen den Begriff erhobenen Einwände) ist davon auszugehen, dass das Bundesgericht in nunmehr gefestigter Rechtsprechung von einem «einheitlichen gesetzlichen Schuldverhältnis» ausgeht (dazu m. Nw. WIEGAND, FS Canaris, 881, 889 ff.). Daraus leitet es die Vertrauenshaftung ab und dort siedelt es die c. i. c. an, die es nur als einen Unterfall einer einheitlichen Rechtsfigur betrachtet (dazu Art. 1 N 28 ff.). Dieses gesetzliche Schuldverhältnis umfasst wechselseitige Loyalitäts-, Schutz- und Informationspflichten, die je nach Falllage von unterschiedlicher Intensität sein können. Es beginnt vor einem allfälligen Vertragsschluss mit Aufnahme rechtsgeschäftlichen Kontakts, besteht neben dem oder als Teil des Vertrages, es kann jedoch auch ganz ohne Vertragspflichten existieren.

II.   Rechtsgeschäft und Vertrag

1.   Das Rechtsgeschäft

6   Das OR verwendet den Begriff **Rechtsgeschäft** (z. B. Art. 33–35), definiert ihn aber ebensowenig wie das Schuldverhältnis, er ist jedoch für das Verständnis des OR unentbehrlich. Wie der Begriff Schuldverhältnis umfasst auch der Terminus Rechtsgeschäft eine Reihe verschiedener Erscheinungen. Als Rechtsgeschäft bezeichnet man jede auf Veränderung der Rechtslage gerichtete Erklärung. Die *Willenserklärung (dazu Art. 1 N 4 ff.) ist der Urtyp des Rechtsgeschäfts* und zugleich notwendiger Teil eines jeden Rechtsgeschäfts.

7   Je nach deren Wirkung kann man *verpflichtende* (Vertrag), *verfügende* (Zession) und *gestaltende* (Kündigung/Rücktritt/Anfechtung) Rechtsgeschäfte, nach der Erscheinungsform *einseitige* (alle rechtsgestaltenden), *zweiseitige* oder *mehrseitige* Rechtsgeschäfte unterscheiden. Die letzte Unterscheidung deckt sich mit derjenigen beim Vertrag anzutreffenden Einteilung: Alle Verträge sind (zwei- oder mehrseitige) Rechtsgeschäfte (dazu unten N 9).

8   **Einseitige Rechtsgeschäfte** sind etwa die Auslobung (dazu Art. 8 N 2) oder die Errichtung eines Testaments. Ein besonders bedeutsames einseitiges Rechtsgeschäft ist die **Ausübung von Gestaltungsrechten**. Sie erfolgt durch eine empfangsbedürftige Willenerklärung, mit deren Zugang die Rechtsfolge ausgelöst wird. Diese kann *rechtsbegründend* (Option), *rechtsändernd* (Wahlrechte nach Art. 107 Abs. 2) oder *rechtsaufhebend* (Rücktritt/Kündigung oder Anfechtung) sein.

9   **Mehrseitige Rechtsgeschäfte** sind alle Vertragsverhältnisse, die Vereinsgründung oder ein Beschluss. Der Beschluss ist ein Rechtsgeschäft, das aus mehreren parallelen Willenserklärungen besteht. *Der Prototyp dieser mehr-*

seitigen Rechtsgeschäfte ist der Vertrag. Dabei ist nicht die einzelne Willenserklärung, die zu seiner Begründung führt, sondern der Vertrag als Ganzes das Rechtsgeschäft.

Das ist von grosser praktischer Bedeutung, weil die Regeln im Allgemeinen Teil des OR auf Verträge zugeschnitten sind und ausdrücklich immer nur von Verträgen handeln. Diese Vorschriften müssen, sofern keine besonderen Bestimmungen getroffen worden sind, *selbstverständlich auf alle Rechtsgeschäfte in sachgerechter Analogie angewandt werden* (BUCHER, OR AT, 41). Deshalb sind alle einseitigen Rechtsgeschäfte durch den Erklärenden unter den Voraussetzungen der Art. 23 ff. anfechtbar, die Stellvertretung gemäss den Art. 32 ff. bei allen Rechtsgeschäften zulässig, soweit sie nicht vertretungsfeindlich sind, und Willenserklärungen können unter Bedingungen (Art. 151 ff.) abgegeben werden. 10

2. Der Vertrag

Der **Vertrag** wird wie die vorher genannten Grundbegriffe im Gesetz nicht definiert und deshalb ganz unterschiedlich verstanden, etwa als ein aus mindestens zwei übereinstimmenden, aufeinander bezogenen Willenserklärungen bestehendes Rechtsgeschäft (SCHWENZER, OR AT, N 3.139 oder BUCHER, OR AT, 40). Damit ist der Vertrag als Rechtsgeschäft gekennzeichnet. Inhaltlich und für die Rechtsanwendung massgeblich ist die folgende Umschreibung: *Der Vertrag ist eine Vereinbarung zwischen mindestens zwei Parteien, durch die mindestens eine Partei zu einer Leistung verpflichtet oder durch die eine Rechtsänderung zugunsten der anderen Partei bewirkt wird.* Dementsprechend sind Verpflichtungs- und Verfügungsverträge zu unterscheiden. 11

a) Verpflichtungsverträge

Verpflichtungsverträge sind solche, durch die eine Leistung oder ein Verhalten versprochen wird. Daraus ergeben sich zunächst zwei Kategorien: *Einseitig und zweiseitig verpflichtende Verträge.* **Einseitig verpflichtend** sind Verträge, bei denen nur eine Partei ein Leistungsversprechen abgibt (Schulbeispiele sind die Schenkung oder die Bürgschaft). Zu beachten ist, dass auch in diesen Fällen ein Schuldverhältnis im dargelegten Sinne (oben N 4 f.) entsteht, aus dem auch dem Leistungsempfänger (Beschenkter, Bürgschaftsgläubiger) Pflichten (aber keine Leistungspflichten) entstehen. 12

Demgegenüber sind bei den **zweiseitigen Verträgen** beide Parteien leistungspflichtig. Man unterscheidet jedoch nach der Art der Leistungspflicht *vollkommen und unvollkommen zweiseitige Verträge:* **Vollkommen zweiseitig** sind solche Verträge, bei denen Leistung und Gegenleistung einander bedingen oder lateinisch auf dem *do ut des* (ich gebe, 13

damit du gibst) Gedanken beruhen. Sie werden in Anknüpfung an ein entsprechendes griechisches Wort «synallagmatische Verträge» genannt. Dies
trifft für alle Austauschverträge zu, seien sie im Besonderen Teil des OR geregelt oder im Geschäftsverkehr (wie etwa Leasing) entwickelt worden. Das
Gesetz verwendet gelegentlich zur Kennzeichnung dieser Rechtsverhältnisse nur den Terminus «zweiseitiger Vertrag» (z. B. Art. 107 Abs. 1).

Unvollkommen zweiseitig nennt man solche Verträge, bei denen beide
Parteien zu Leistungen verpflichtet sind, die jedoch nicht in einem «*do ut
des*»-Verhältnis stehen. Schulbeispiel war hier lange Zeit das verzinsliche
Darlehen, bei dem die Zinspflicht nicht als synallagmatische Verpflichtung
des Darlehensschuldners angesehen wurde (BGE 93 II 189; heute von der
Rechtsprechung des BGer aufgegeben, BGE 128 III 428).

b)   Verfügungsverträge

14   Das OR kennt keinen eigentlichen Verfügungsbegriff, der i. d. R. (nach einer
berühmten von VON TUHR entwickelten Formel) als ein Rechtsgeschäft verstanden wird, durch das Rechte begründet, übertragen oder aufgehoben
werden (etwa SCHWENZER, OR AT, N 3.33). Ein Verfügungsvertrag liegt
dann vor, wenn eines dieser Rechtsgeschäfte einen Vertrag erfordert. Schulbeispiel ist die Übertragung einer Forderung durch den Abtretungsvertrag
(Art. 165 Abs. 1). Gleiches gilt nach richtiger Auffassung für die Eigentumsübertragung und andere sachenrechtliche Geschäfte. Der wesentliche Unterschied zum Verpflichtungsvertrag liegt darin, dass keine Verpflichtungen
begründet, sondern solche durch die Verfügung erfüllt werden.

c)   Dauerverträge (Dauerschuldverhältnisse)

15   Die im Allgemeinen Teil des OR aufgestellten Regeln sind auf solche Verträge zugeschnitten, die durch einmaligen Leistungsaustausch erfüllt werden. Im Besonderen Teil des OR finden sich jedoch Vertragsformen, die auf
Dauer angelegt sind und durch periodische Erfüllung nicht enden (etwa
Miete/Pacht/Darlehen). In der Praxis haben sich zahlreiche weitere derartige Verträge durchgesetzt (Leasing/Franchising/Dienstleistungsverträge).
Rechtsprechung und Literatur haben für die Behandlung dieser **Dauerverträge** (vielfach auch **Dauerschuldverhältnisse** genannt) Sonderregelungen
entwickelt, die teilweise im Gesetz vorgezeichnet sind, teilweise darüber
hinausführen.

16   In einem auf Dauer angelegten Rechtsverhältnis kommt dem gegenseitigen
Vertrauen erhöhte Bedeutung zu, deshalb bestehen besonders intensive
Treue und Loyalitätspflichten (BK-KRAMER, Einl. OR N 164). Dem entsprechen zahlreiche gesetzliche Regeln, die bei einer Störung der Beziehung
eine ausserordentliche Beendigung zulassen (Art. 266 g [Miete]; Art. 297
[Pacht]; Art. 337 f. [Arbeitsvertrag]; Art. 545 [Gesellschaftsvertrag]). Daraus
haben Literatur und Rechtsprechung den Grundsatz abgeleitet, dass *Dauer-*

verträge jederzeit aus wichtigem Grund gekündigt werden können (zuletzt BGE 128 III 428; 129 III 320).

Eine solche vorzeitige Auflösung lässt das Vertragverhältnis, soweit es ab- 17 gewickelt ist, unberührt und hat nur *Wirkungen für die Zukunft*. Diese **ex nunc Wirkung** nimmt die Rechtsprechung nun auch dann an, wenn ein von Anfang an mangelbehafteter Vertrag bereits vollzogen wurde (BGE 129 III 320, dazu Art. 1 N 31).

Art. 1

A. Abschluss
des Vertrages

I. Übereinstim-
mende Willens-
äusserung

1. Im Allgemeinen

[1] **Zum Abschlusse eines Vertrages ist die übereinstimmende gegenseitige Willensäusserung der Parteien erforderlich.**

[2] **Sie kann eine ausdrückliche oder stillschweigende sein.**

Literatur

BUCHER, Der Ausschluss dispositiven Gesetzesrechts durch vertragliche Absprachen, FG Deschenaux, 1977, 249–269; FEHLMANN, Vertrauenshaftung – Vertrauen als alleinige Haftungsgrundlage, Diss. St. Gallen 2002; GAUCH/SCHLUEP, SJZ 1982, 230–232; WIEGAND, Geschäftsverbindung im E-Banking; BBT Bd. 8, Bern 2002, 93 ff.; ZINDEL, Reiner Auslegungsstreit und Konsensfrage, SJZ 1982, 356–361.

I. Normzweck und Anwendungsbereich

Art. 1 legt die Voraussetzungen fest, die zum Abschluss eines Vertrages er- 1 forderlich sind. Nach dem Wortlaut des Gesetzes sind dies *zwei aufeinander bezogene Erklärungen*, die im Ergebnis übereinstimmen. Diese Übereinstimmung, der **Konsens der Parteien**, ist das den Vertrag konstituierende Element. Der Gesetzgeber geht davon aus, dass dieser Konsens i. d. R. durch den Austausch der «Willensäusserungen der Parteien» zustande kommt, die in den folgenden Artikeln als Angebot und Annahme bezeichnet werden. Diese Kategorisierung entspricht zumindest heute in einer Vielzahl der Fälle nicht der Realität: So z. B. beim Aushandeln eines Vertrages, an dessen Ende ein gemeinsamer Text steht. Oft ist auch nicht klar, welche Erklärung als Angebot und welche als Annahme zu qualifizieren ist. Deshalb ist für die *Vertragsentstehung entscheidend, dass die Parteien einen Konsens erzielt* haben, der auf ihren Willensäusserungen beruht (dazu unten N 16). Da die Literatur und Rechtsprechung wie auch die neueren Kodifikationen und internationale Projekte (Unidroit Principles und PECL) dem traditionellen Modell von Einigung durch Angebot und Annahme folgen, wird diese Terminologie im Folgenden beibehalten.

2   Art. 1 stellt keine eigentlichen Wirksamkeitsvoraussetzungen auf. Er setzt diese ebenso voraus wie den Begriff der Willensäusserung und die Kriterien für deren wirksame Abgabe und ihr Wirksamwerden. Rechtsprechung und Doktrin haben diese Elemente auf der Basis der gemeinrechtlichen Theorie entwickelt. Sie finden auf alle privatrechtlichen Willenerklärungen Anwendung und werden deshalb (unten II) zusammenhängend dargestellt.

3   Art. 1 findet auf *alle Verträge des Privatrechts* Anwendung, die aufgrund privatautonomer Gestaltungsfreiheit geschlossen werden, dies gilt insbesondere für die Verträge des Sachen-, Familien- und Erbrechts (vgl. Art. 7 ZGB). Direkte oder analoge Anwendung kommt ausserhalb des eigentlichen Privatrechts dort in Betracht, wo ein solcher Gestaltungsspielraum besteht, etwa bei öffentlich-rechtlichen Verträgen. Die in Art. 1 genannte Willensäusserung ist zudem das zentrale Element aller Rechtsgeschäfte (dazu Einl. N 6).

II.   Tatbestandselemente

1.   Willensäusserung/Willenserklärung

a)   Begriff, Einteilungen und Abgrenzungen

4   Unter dem vom Gesetzgeber nicht definierten Begriff **Willensäusserung** (und dem Synonym **Willenserklärung**) versteht man eine *an einen oder mehrere bestimmte oder noch unbestimmte Adressaten gerichtete Erklärung, die zur Auslösung von Rechtsfolgen bestimmt ist.* Innerhalb dieser allgemeinen Umschreibung werden **zahlreiche Erscheinungsformen** unterschieden, die – je nach dem relevanten Kontext – durch hinzutretende Merkmale charakterisiert sind. Eine dieser Differenzierungen enthält Art. 1 selbst in **Abs. 2**, der *ausdrückliche und stillschweigende Willensäusserungen* gegenüberstellt.

5   **Ausdrückliche** sind solche Erklärungen bei denen der Erklärende seinen Willen schriftlich oder mündlich äussert; sie sollen auch durch vereinbarte oder allgemeinverständliche Zeichen (Kopfnicken) möglich sein. Letztere liegen allerdings schon auf der Grenze zu den **stillschweigenden** Erklärungen, bei denen der Wille sich in einem schlüssigen Verhalten äussert. Solche **konkludenten Willenserklärungen** können jedoch nur angenommen werden, wenn genügend sichere Anhaltspunkte für einen hinter dem Verhalten stehenden Willen vorliegen. Infolgedessen kann *blosses Schweigen* oder *passives Verhalten* nicht als konkludente Willenserklärung gedeutet werden (zum Sondertatbestand des kaufmännischen Bestätigungsschreibens unten Art. 6 N 10 ff.).

Weiter unterscheidet man *empfangsbedürftige* und *nichtempfangsbedürf-* 6
tige Willensäusserungen. Diese praktisch bedeutsame Differenzierung stellt
auf die unterschiedliche Wirkungsweise ab: **Empfangsbedürftige** Erklärungen lösen die beabsichtigten Rechtsfolgen erst und nur dann aus, wenn
sie dem Adressaten in geeigneter Weise zur Kenntnis gebracht werden
(zu diesem sog. Zugang der Erklärung unten N 13). Empfangsbedürftig
in diesem Sinne sind alle Willensäusserungen zur Begründung von Verpflichtungen sowie Gestaltungserklärungen (z.B. Kündigung, Anfechtung;
ausführlich auch zum Folgenden BK-KRAMER, Art. 1 N 27 ff.). **Nichtemp-
fangsbedürftig** sind dagegen solche Willenserklärungen, die bereits mit der
Äusserung des Willens abgeschlossen sind. Zwar sind auch sie letztendlich
für einen Empfänger bestimmt (Plastisch: «eine Erklärung an niemanden
gibt es nicht» [ZK-SCHÖNENBERGER/JÄGGI, Art. 1 N 129]), aber nicht an diesen gerichtet. Sie betreffen viel mehr noch nicht feststehende Personen
oder einen unbestimmten Adressatenkreis (Auslobung, dazu unten Art. 8;
Testament).

Keine Willenserklärungen sind die rechtsgeschäftsähnlichen und die Tat- 7
handlungen. Die **rechtsgeschäftsähnlichen Handlungen** sollen sich von
den Willenserklärungen dadurch unterscheiden, dass sich der Wille des Erklärenden nicht auf die kraft Gesetzes eintretenden Rechtsfolgen beziehen
muss (SCHWENZER, OR AT, 27.06). In der Schweizer Praxis hat diese in
Deutschland entwickelte Figur keine Bedeutung erlangt. Jedenfalls finden
auf die als Beispiele angeführten Erscheinungen (Mahnung, Mängelrüge)
die für Willenserklärungen geltenden Grundsätze Anwendung; sie sind insbesondere *empfangsbedürftig* und in der Sache Willensäusserungen (so zu
Recht für die Mängelrüge BSK-OR I-HONSELL, Art. 201 N 10). Dagegen unterscheiden sich **Tathandlungen** von den Willenserklärungen in grundsätzlicher Weise. Bei diesen **Realakten** löst eine bestimmte Handlung von Gesetzes wegen Rechtsfolgen aus, die weder vom Willen des Handelnden
erfasst noch ihm bewusst gewesen sein müssen (Schulbeispiel: Verarbeitung nach Art. 726 ZGB).

*b) Der Vorgang der Willensäusserung und Wirksamkeits-
voraussetzungen*

Die Willensäusserung erfolgt durch die Abgabe einer Erklärung. Diese be- 8
steht aus mehreren Elementen, deren Bezeichnung und Bedeutung im Einzelnen umstritten sind (zum Ganzen BK-KRAMER, Art. 1 N 30 ff.; BSK OR I-
BUCHER, Art. 1 N 15 ff., 29 ff.): Selbstverständliche Voraussetzung ist das
Handlungsbewusstsein, das etwa bei Schockzuständen fehlt. Liegt der Wille
zu handeln vor, so unterscheidet man den Willen, eine bestimmte Rechtsfolge herbeizuführen *(Geschäftswille)* und den Willen, dies nach aussen
kundzutun *(Erklärungswille).*

9   Der **Geschäftswille** ist der Wille, in einer für den Erklärenden verbindlichen Weise eine Rechtsfolge zu bewirken, etwa ein Recht zu zedieren, eine Schuld zu begründen oder einen Vertrag zu schliessen. Deshalb spricht man auch vom *Rechtsfolge-* bzw. *Verpflichtungswillen*. Das BGer stellt auf den *«Bindungswillen»* ab, um die **Gefälligkeit** von der vertraglichen Verpflichtung abzugrenzen (BGE 116 II 696; 129 III 181, 186). Mit der Abgabe (unten N 12) der Erklärung gibt der Erklärende seinen Geschäftswillen bekannt und bekundet seine Bereitschaft, sich dabei behaften zu lassen. Man spricht deshalb vom *Erklärungswillen* oder besser vom **Geltungswillen**.

10   **Fehlen** Geschäfts- oder Erklärungswillen, so liegt keine wirksame Willensäusserung vor. Das ist im deutschen Recht für einen Teil dieser Fälle ausdrücklich geregelt (Mentalreservation, Scheingeschäft und Scherzerklärung, §§ 116–118 BGB). Für die Simulation ergibt sich diese Rechtsfolge aus Art. 18 (dazu Art. 18 N 42 ff.), im Übrigen ist sie generell anerkannt. Das heisst jedoch nicht, dass die Abgabe einer solchen Erklärung keinerlei Rechtsfolgen hat. Sie können Haftungsfolgen (c. i. c., dazu N 29) oder Einstandspflichten (Rechtsscheinentsprechung, dazu Art. 18 N 97) auslösen.

11   Um überhaupt rechtsgeschäftlich relevante Äusserungen abgeben zu können, muss der Erklärende *rechts- und handlungsfähig* sein. Die Erklärungen von oder für **nicht rechtsfähige** Gebilde sind nichtig oder sie entfalten (nur) Wirkung für die abgebende Person. Bei der Handlungsfähigkeit ist anhand der in Art. 19 ZGB aufgestellten Kriterien zu differenzieren. Die dementsprechend abgestufte **Geschäftsfähigkeit** ist Voraussetzung für die Wirksamkeit der abgegebenen Erklärung (BSK OR I-Bucher, Art. 1 N 32).

12   Damit die Willenserklärung Wirkungen entfalten kann, muss der Erklärende sie kundtun. Dieser als **Abgabe** bezeichnete Vorgang fällt bei *mündlichen Erklärungen* mit der Äusserung zusammen, auch wenn diese per Telefon, Voice over Internet Protocol (VOIP) oder andere unmittelbar vom Empfänger akustisch wahrnehmbare Medien erfolgt. Bei *schriftlichen* Erklärungen muss diese in der Absicht, sie anderen zur Kenntnis zu bringen, in den Verkehr gebracht werden (etwa bei der Auslobung durch Anschlag am «Schwarzen Brett», Aushändigung oder Absendung der Offerte, bei *elektronischer Post* entspricht dem die Eingabe «senden»). Der Zeitpunkt der Abgabe ist massgeblich für die Beurteilung der Wirksamkeitsvoraussetzungen (etwa Konkurseröffnung nach Absendung der Zessionsurkunde), aber auch für die Wahrung bestimmter Fristen.

13   Bei empfangsbedürftigen Erklärungen ist zudem der **Zugang** an den Adressaten erforderlich (oben N 6, ausführlich zum Folgenden BK-Kramer, Art. 1 N 87 ff., dort auch zu den älteren Konzepten der *Entäusserungs-* und

der *Vernehmungstheorie*). Das ist der Fall bei tatsächlicher Kenntnisnahme oder der ihr gleichgestellten Möglichkeit, Kenntnis zu nehmen. Die *mündliche* Erklärung geht demnach immer im Moment ihrer Abgabe zu, selbst wenn auf Seiten des Empfängers ein Verständigungsproblem besteht. *Schriftliche* Erklärungen gehen in dem Moment zu, in dem sie in den *Herrschaftsbereich des Empfängers* gelangen. Unter Anwesenden ist das der Moment der Aushändigung des Schriftstückes, unter Abwesenden hängt der genaue Zeitpunkt von der Kommunikationsform ab. Traditionell versandte Briefe gehen zu, wenn sie in den *Briefkasten* des Empfängers eingeworfen werden (BGE 118 II 44; A. KOLLER, ZBJV 1999, 136 ff.). Das Gleiche gilt im Prinzip für alle neueren Übermittlungsformen. Beim *Telefaxgerät* ist der Zeitpunkt des Empfangs der Nachricht, nicht deren manipulierbarer Ausdruck massgebend. Bei elektronischer Übermittlung *(E-Mail)* tritt die Zugangswirkung ein, sobald die Nachricht vom Server abgerufen werden kann (WIEGAND, Geschäftsverbindung, 116 f.). Massgeblich ist in allen Fällen der Zeitpunkt, zu dem mit der Kenntnisnahme vernünftigerweise gerechnet werden kann. Eine *Obliegenheit*, Posteingänge zu überprüfen, entsteht bei allen Medien aus der Teilnahme am Rechts- und Geschäftsverkehr (Aufstellen des Briefkastens, Bekanntgabe von Telefaxnummer oder E-Mail-Adresse, vgl. dazu auch § 312 e BGB).

Die für Abgabe und Zugang von Willenserklärungen entwickelten Regeln   14
beruhen auf einer **Abgrenzung der Risikosphären**: Das Transport- und Übermittlungsrisiko trägt der Erklärende, das Empfangsrisiko der Adressat. Hieraus folgt, dass *Zugangshindernisse* und insbesondere die Zugangsvereitelung dem Absender nicht angelastet werden können. Vielmehr kann er die Erklärung fristwahrend wiederholen, sofern deren Zugang nicht fingiert wird (so bei grundloser Annahmeverweigerung, BGE 90 III 8, 10).

Die angestrebte Rechtsfolge kann die Willenserklärung nur auslösen, wenn   15
ihr Inhalt hinreichend bestimmt und klar ist. Ob das der Fall ist, wird durch Auslegung ermittelt. Die bisher dargestellten **Regeln gelten für alle Willenserklärungen**. Ziel und Methode der Auslegung hängen jedoch von der Art der Willenserklärung ab, weshalb differenziert werden muss. Beim Vertrag geht es darum, ob die Willenserklärungen zur Willensübereinstimmung geführt haben; deshalb beschränkt sich die folgende Darstellung darauf.

2. Konsens

a)   Bedeutung und Feststellung oder Scheitern des Konsenses

Das zweite Tatbestandselement von Art. 1 hat das BGer folgendermassen   16
umschrieben: «Konsens wird durch tatsächlich übereinstimmend verstandene oder nach dem Vertrauensprinzip übereinstimmend zu verstehende Willenserklärungen bewirkt» (BGE 129 III 320, 329). Damit ist die Feststel-

lung des Konsenses durch Auslegung zutreffend und in meisterhafter Kürze beschrieben. Konsens erfordert nicht nur die Übereinstimmung der Willenserklärungen, er muss vielmehr auch alle vertragswesentlichen Elemente umfassen (dazu unten N 21). Fehlt es daran oder an der Übereinstimmung der Erklärungen, scheitert der Vertragsschluss.

17   In einem ersten Schritt ist zu ermitteln, ob zwischen den Parteien Übereinstimmung im Verständnis ihrer wechselseitigen Erklärungen bestand. Das ist dann der Fall, wenn jede Partei die Erklärung der anderen so verstanden hat, wie diese sie gemeint hat. Liegt dieser sog. **natürliche** oder **tatsächliche Konsens** vor, so ist keine weitere Auslegung mehr erforderlich, da der geäusserte und der wirkliche Wille übereinstimmen (BGE 118 II 696; 123 III 39). Die Feststellung dieser Übereinstimmung ist Tatfrage. Kann eine solche Feststellung nicht getroffen werden, so führt die Auslegung entweder zum *normativen Konsens* oder zum *Dissens*.

18   **Normativer Konsens** liegt dann vor, wenn im Wege der Auslegung ein *künstlicher* oder *rechtlicher* Konsens hergestellt wird. Dabei wird darauf abgestellt, wie der Empfänger die Erklärung vernünftiger- und redlicherweise verstehen durfte. Diese objektivierende oder *normative Auslegung* knüpft an den geäusserten Willen an und folgt damit der sog. *Erklärungstheorie,* die in ihrer schweizerischen Ausprägung als **Vertrauenstheorie** bezeichnet wird (allg. Meinung, BSK OR I-BUCHER, Art. 1 N 6 m. Nw. und ständige Rechtsprechung BGE 105 II 18; 117 II 278). Die dabei anzuwendende Methode und die Mittel stimmen mit den bei der Auslegung von Verträgen dargestellten (Art. 18 N 5 ff.) weitgehend überein. Das Ziel der Auslegung ist jedoch ein anderes: Hier geht es um die Ermittlung des Konsenses, bei Art. 18 um die Feststellung des vereinbarten Inhalts. Beides greift ineinander, weshalb nahezu alle Urteile des BGer beide Aspekte betreffen und häufig vermischen (vgl. Art. 18 N 10 ff.). Die (richtige) Anwendung der Vertrauenstheorie ist ebenfalls – wie bei Art. 18 – eine vom BGer zu überprüfende *Rechtsfrage*.

19   Die *Vertrauenstheorie* wird *teils eingeschränkt, teils ausgedehnt:* Der Empfänger soll nicht nur in seinem Verständnis der Erklärung geschützt werden, sondern auch dann, wenn er ein nicht so gemeintes Verhalten der anderen Partei als rechtsgeschäftliche Erklärung verstehen durfte (Fehlen des Erklärungswillens [o. N 9] und sogar des Erklärungsbewusstseins, «Trierer Weinversteigerung», zum Ganzen BK-KRAMER, Art. 1 N 46 f., GAUCH/SCHLUEP/SCHMID/REY, N 221). Gleiches gilt bei irrtümlicher oder fehlerhafter Übermittlung. Andererseits wird der Empfänger nicht geschützt, wenn er die vom Erklärenden gemeinte Bedeutung erkannt hat oder bei entsprechender Sorgfalt hätte erkennen können (SCHWENZER, OR AT, N 27.39). Diese Verpflichtung (beider Parteien) ergibt sich aus dem mit Aufnahme von Vertragsbeziehungen entstehenden, aus Art. 2 ZGB abgeleiteten gesetzlichen Schuld-

verhältnis (Einl. N 5). Dadurch wird die Anwendung der Vertrauenstheorie modifiziert (Zusammenstellung der Rsp. BSK OR I-BUCHER, Art. 1 N 12 ff.).

Führt die Auslegung zum *normativen Konsens,* wird die Erklärung einer 20 Partei notwendigerweise anders interpretiert, als sie gemeint war. Diese Partei kann deshalb, sofern die sonstigen Voraussetzungen der Art. 23 ff. vorliegen, den **Vertrag anfechten.** Lässt sich trotz normativer Auslegung kein Konsens ermitteln, ist der Vertragschluss infolge *Dissens* (unten N 22) gescheitert.

b) Inhalt des Konsens und Dissens

Der durch Übereinstimmung der Willensäusserungen erzielte Konsens 21 muss **alle wesentlichen Vertragspunkte** umfassen (BGE 68 II 233; 97 II 55). Gewöhnlich wird dies dadurch erreicht, dass die Offerte diese Punkte mit hinreichender Deutlichkeit umschreibt (dazu Art. 3 N 5). Bei ausgehandelten Verträgen muss der gemeinsam verabschiedete Inhalt diesen Anforderungen entsprechen. Unstreitig ist, dass darunter alle *objektiv wesentlichen Punkte* fallen. Die h. M. versteht darunter die «essentialia negotii», das sind die den jeweiligen Vertragstyp bestimmenden, bei den Nominatkontrakten im Gesetz geregelten begriffsnotwendigen Elemente (SCHWENZER, OR AT, N 29.03). Bei Innominatkontrakten soll es genügen, wenn der Zweck der Vereinbarung und die zu erbringenden Leistungen hinreichend bestimmt sind (BSK OR I-BUCHER, Art. 1 N 23 f.). Dies entspricht der von der Mindermeinung für alle Verträge vertretenen Auffassung, dass eine Einigung über den *Geschäftskern* genüge (GAUCH/SCHLUEP/SCHMID/REY, N 332). Der Konsens muss zudem die *subjektiv wesentlichen Punkte* umfassen. Darunter sind solche zu verstehen, ohne die zumindest eine Partei den Vertrag nicht oder nicht so geschlossen hätte (vgl. aber Art. 2 N 2).

Liegen diese Voraussetzungen vor, so kommt der Vertrag auch dann zustande, wenn Nebenpunkte offen geblieben oder vom Konsens nicht gedeckt sind. Dann greift Art. 2 ein (dazu Art. 2 N 1 ff.). Führen die Erklärungen oder die Verhandlungen nicht zum Konsens über die wesentlichen Punkte, liegt ein **Dissens** vor. Ist dies den Parteien bewusst, spricht man von *offenem Dissens.* Scheitert der Konsens jedoch am Fehlen der Willensübereinstimmung im zuvor dargelegten Sinne, so handelt es sich um einen von den Parteien nicht bemerkten, deshalb «*versteckten*» *(latenten) Dissens.* Der Tatbestand des Dissens hat als solcher keine Rechtsfolgen, es können sich aber Rechtsfolgen daraus ergeben: Da kein Vertrag zustande gekommen ist, sind eventuell ausgetauschte Leistungen (nach noch h. M.) nach Bereicherungsrecht zurückzugewähren. Hat eine der Parteien das Scheitern des Vertragsschlusses zu verantworten, so kommt eine Haftung aus *culpa in contrahendo* in Betracht (dazu unten N 28 ff.).

III. Vertragsschluss unter Verwendung von AGB

Literatur

FORSTMOSER, Die rechtliche Behandlung von Allgemeinen Geschäftsbedingungen im schweizerischen und im deutschen Recht, in: FS Kummer, 1980, 99 ff.; DERS., Gesetzgebung und Gerichtspraxis zu den Allgemeinen Geschäftsbedingungen in der Schweiz, in: Allgemeine Geschäftsbedingungen in Doktrin und Praxis, 1982, 23 ff.; GAUCH, Die Vertragshaftung der Banken und ihre AVB, recht 2006, 77 ff.; KRAMER, Allgemeine Geschäftsbedingungen: Status quo, Zukunftsperspektiven, SJZ 1985, 17, 33 ff.; TH. KOLLER, Fragen zum Recht der Allgemeinen Geschäftsbedingungen, recht 1999, 43 ff.; THOMANN, Sicherheit und Haftungsbeschränkungen im Internet Banking, recht 1998, 160 ff.; WIEGAND, Die Rechtsbeziehung Bank-Kunde in der Schweiz unter bes. Berücksichtigung der AGB-Problematik, BTJP 1993, Bern 1994, 129 ff.

22   Ein grosser Teil der wirtschaftlich bedeutsameren Verträge und die überwiegende Zahl der Verträge mit Verbrauchern werden heute unter Verwendung von vorformulierten Vertragsbedingungen geschlossen, für die sich die Bezeichnung **Allgemeine Geschäftsbedingungen (AGB)** eingebürgert hat. Sie können vom Verwender selbst oder von Dritten (Verbänden, Handelskammern etc.) aufgestellt worden sein. Ihr Gebrauch ist im Massengeschäft unverzichtbar, er dient der Rationalisierung, birgt aber auch die Gefahr in sich, dass der Verwender sie zu seinem Vorteil nutzt. Deshalb stellen sich zwei Fragen: Sind die AGB überhaupt Vertragsinhalt geworden und, wenn ja, in welchem Umfang und mit welchem durch Auslegung zu ermittelnden Inhalt?

1.   Einbeziehung in den Vertrag (Geltungskontrolle)

23   Nach heute nicht mehr bestrittener Auffassung sind **AGB vertraglicher Natur**, wenngleich sie normative Züge aufweisen (etwa bei der Auslegung, unten N 26). Deshalb müssen sie, um in den Vertrag inkorporiert zu werden, vom Konsens erfasst und gedeckt werden. Im gewöhnlichen Geschäftsverkehr setzt dies einen entsprechenden Hinweis des Verwenders *vor Vertragsschluss* und die Möglichkeit der einfachen Kenntnisnahme voraus. Nach heutigem Verständnis genügt dafür nicht ein einfacher Aushang, erforderlich ist vielmehr eine Aushändigung, oder etwa im *elektronischen Geschäftsverkehr,* eine Möglichkeit, die AGB zu lesen und auszudrucken (dazu WIEGAND, Geschäftsverkehr, 132 ff.; THOMANN, recht 1998, 160 ff.). In der Geschäftspraxis der Schweiz werden diese Voraussetzungen, auch wenn sie nicht gesetzlich fixiert sind, von den Anbietern (Banken, Versicherungen, Grossverteilern, aber auch KMU und Gewerbe) i. d. R. schon aus Eigeninteresse an der Geltung der AGB erfüllt. Dabei dominiert die sog. *Globalübernahme,* bei der die AGB ohne Kenntnisnahme des Inhalts im Einzelnen als Ganzes akzeptiert werden.

Die auf diese Weise zum Vertragsbestandteil gewordenen AGB-Klauseln un- 24
terliegen nach Schweizer Recht **keiner speziellen Inhaltskontrolle**. Die Anwendung der allgemeinen Regeln Art. 19–21 ist selbstverständlich, aber in
der von der Rechtsprechung angewandten Form wenig effizient (dazu ausführlich BSK OR I-HUEGENIN, Art. 19/20 N 25 ff., auch mit Hinweisen zur
Rechtslage in der EU). Der Gesetzgeber ist dem Beispiel anderer Länder (inbes. der EU-Richtlinie über missbräuchliche Klauseln in Verbraucherver-
trägen, dazu HUEGENIN, recht 1995, 85 ff.) nicht gefolgt und hat keine gesetzliche Sonderregelung geschaffen, sondern sich auf punktuelle Ansätze
(Art. 8 UWG und Art. 256 Abs. 2 OR für Mietverträge) beschränkt. Diese sind
im Wesentlichen wirkungslos geblieben. Immerhin sieht der Entwurf der
Expertenkommission für ein neues VVG die Einführung einer allg. Inhaltskontrolle in einem neuen Art. 20a vor. Einstweilen aber erfolgt die allseits
als notwendig empfundene Kontrolle nur mittelbar durch die Restriktion
der Einbeziehung (sog. **Geltungskontrolle**), insbesondere mittels der *Ungewöhnlichkeitsregel* und auf dem Wege der Auslegung *(Unklarheitenregel)*.

Nach der **Ungewöhnlichkeitsregel** werden solche Klauseln nicht Bestand- 25
teil des Vertrages, mit denen der Vertragspartner vernünftigerweise
nicht rechnen konnte (BGE 109 II 456 ff.; 119 II 456 ff.; BGer 4C.282/2003;
SCHWENZER, OR AT, N 45.07). In der Sache handelt es sich dabei um eine
auf die AGB zugeschnittene Anwendung der Vertrauenstheorie (oben N 18);
das dem EU-Recht entlehnte «Transparenzgebot» beruht auf dem gleichen
Ansatz). Deshalb ist prinzipiell auf den individuellen Empfänger (z. B. seine
Geschäftserfahrenheit) abzustellen, so dass allgemeine Kriterien für die
Ungewöhnlichkeit nicht aufgestellt werden können. Immerhin werden üblicherweise solche Klauseln als ungewöhnlich angesehen, die einen «ge-
schäftsfremden» Charakter haben und deshalb vom typischen Vertragscharakter abweichen. Aus den gleichen Gründen werden *versteckte, schwer
lesbare oder sonst überraschende* Klauseln als nicht wirksam vereinbart
angesehen. Das Kriterium der Ungewöhnlichkeit ist weitgehend manipu-
lierbar und wird deshalb von der Rechtsprechung faktisch zur *verdeckten
Inhaltskontrolle* verwendet (dazu GAUCH, recht 2006, 77, 83 f.).

2. Auslegung und Rechtsfolgen

Grundsätzlich gelten für die Auslegung der zum Vertragsinhalt gewordenen 26
Klauseln die allgemeinen Regeln (Art. 18 N 47, mit den dort erläuterten Besonderheiten). Besonderes Gewicht hat dabei die **Unklarheitenregel** (zu deren Bedeutung allgemein Art. 18 N 41, 55) erlangt. Danach ist eine nicht
eindeutige Vertragsbestimmung im Zweifel zum Nachteil dessen auszulegen, der sie formuliert hat *(in dubio contra stipulatorem)*. Die Rechtsprechung wendet diesen Grundsatz auf unklare ABG-Klauseln an und
legt sie «gegen» den Verwender aus (BGer 5C.222/2005; BGE 126 III 391;

124 III 158). Auch hier geht es in der Sache darum, einseitige Benachteiligungen zu vermeiden.

27   Wird eine Klausel infolge Geltungs- oder (seltener echter) Inhaltskontrolle nicht Vertragsinhalt, so ist nicht der ganze Vertrag, wohl aber nach h. M. die ganze Klausel unwirksam (sog. Verbot der geltungserhaltenden Reduktion). Die entstandene Vertragslücke hat der Richter zu schliessen (SCHWENZER, OR AT, 46.09).

IV. Scheitern des Vertragsschlusses – Folgeprobleme

28   Aufgrund von Fehlverhalten bei Vertragsschluss, Enttäuschung von Erwartungen oder Vollzug (unbemerkt) unwirksamer Verträge ergeben sich Ausgleichs- und Haftungsprobleme: Judikatur und Literatur wenden hier im Gesetz nicht geregelte Rechtsinstitute an, die im Folgenden kurz dargestellt werden.

1.   Culpa in contrahendo (c. i. c.)

29   Der Tatbestand der **culpa in contrahendo** ist in einzelnen Vorschriften des OR geregelt, ohne als solcher bezeichnet zu werden (Art. 26 und 39). Heute ist die Rechtsfigur der c. i. c. allgemein anerkannt (vgl. zum Folgenden ausführlich BSK OR I-BUCHER, Art. 1 N 78 ff.). Ihre Rechtsgrundlage wird in Art. 2 ZGB gesehen, aus dem auch die Verhaltens- und Loyalitätspflichten der Parteien abgeleitet werden. Diese entstehen bereits vor Vertragsschluss und dauern während seiner Erfüllung und darüber hinaus an (WIEGAND, recht 1997, 85 ff.). Die Verletzung dieser Nebenpflichten im sog. *vorvertraglichen Verhandlungsverhältnis* löst einen Schadensersatzanspruch aus, dessen Umfang und Rechtsnatur allerdings umstritten sind. Nach überkommener Auffassung ist nur das negative Interesse (wie in Art. 109; auch *Vertrauensinteresse* genannt) zu ersetzen, d. h. der Verletzte ist so zu stellen, wie wenn keine vorvertraglichen Beziehungen aufgenommen worden wären. Das wird deshalb vielfach als unbefriedigend angesehen, weil die Kategorien des Erfüllungs- und des Vertrauensinteresses auf diese Konstellation nicht zugeschnitten sind. Das ist umso mehr zutreffend, als es sich nach nunmehr wohl h. M. um einen Unterfall der Vertrauenshaftung handelt (dazu unten N 31).

30   Immer noch umstritten ist, nach welchen Rechtsregeln die culpa in contrahendo abzuwickeln ist. Vereinzelt geht man davon aus, dass es sich zwar um vertragsähnliche Pflichten handelt, die Verletzungsfolgen sich jedoch nach Deliktsrecht richten sollen. Der überwiegende Teil der Literatur und das BGer in der Mehrheit der neueren Urteile nehmen jedoch zu Recht an, dass die vertragsrechtlichen Regeln auf die culpa in contrahendo entsprechend anzuwenden sind. Dies gilt insb. für die *Verjährung* des Schadenersatzanspruchs, auf die Art. 127 und nicht Art. 60 Anwendung finden muss

(vgl. BGE 90 II 458; 77 II 137; Bucher, OR AT, 287; Walter, ZBJV 1996, 281; a. a. zuletzt: BGer 4C.354/2004, dazu Lüchinger, SJZ 2006 197 ff.), sowie für die *Gehilfenhaftung*, die nach Art. 101 und nicht nach Art. 55 zu beurteilen ist (vgl. BGE 108 II 422; Gauch/Schluep/Schmid/Rey, N 973 f.). Das BGer hat nunmehr eindeutig dahingehend Stellung genommen, dass die c. i. c. als «Erscheinungsform einer allgemeineren Rechtsfigur» zu betrachten sei (BGE 120 II 331, 336) und es sich damit im Ergebnis um einen Fall der Vertrauenshaftung handelt (Schwenzer, OR AT, N 48.02).

2. Vertrauenshaftung

Anknüpfend an die c. i. c. hat das BGer (im soeben erwähnten BGE 120   31
II 331, 336) die allgemeine **Vertrauenshaftung** als einen Haftungstatbestand eigener Art entwickelt (allgemeine Beschreibung Wiegand, recht 1997, 86 f.) und seither mehrmals bestätigt (BGer 4C.47/2004; 4C.134/2004; BGE 130 III 345 m. Nw.; 121 III 355 ff.; 123 III 231; 124 III 303 ff. und Moser/Berger, AJP 1999, 542 ff.; vgl auch Leuenberger, ZBJV 1998, 578 ff.). Die teilweise Ablehnung (Wick, AJP 1995, 1270 ff.; C. Widmer, 114 ff.; Werro, recht 2003, 12 ff.) oder Zurückhaltung (vgl. etwa CR CO I-Thévenoz, Intro. Art. 97 – 109 N 8) hat die rasche Ausbreitung und Anerkennung nicht aufhalten können (grundlegende Analyse der Rechtsfigur bei Bucher, FS H.P. Walter 231 ff. und Zusammenfassung BSK-OR I-Bucher, Art. 1 N 69 a ff.). Die Vertrauenshaftung dient der Herstellung einer Haftungsgrundlage für **reine Vermögensschäden** in Situationen, in denen einerseits kein Vertrag besteht und andererseits die ausservertragliche Haftung nicht greift. Damit ist nicht nur ein erneuter Schritt zur Haftungsausweitung, sondern auch eine Ausdehnung des Anwendungsbereichs des vertraglichen Leistungsstörungsrechts eingeleitet worden. Denn ungeachtet der Diskussionen über die Rechtsnatur dieser Haftung wird die Vertrauenshaftung letzten Endes nur aus einem durch Vertrauen ausgelösten Schuldverhältnis zu erklären sein (so auch BGE 120 II 336 [«Swissair»], bestätigt und weitergeführt in BGE 121 III 350 ff. [«Grossen»]; vgl. auch Walter, ZBJV 1996, 277 ff., 295 und Roberto, AJP 1999, 513). Damit aber hat sich die (bundesgerichtliche) Rechtsprechung nun wohl endgültig für die Konzeption vom *einheitlichen gesetzlichen Schuldverhältnis aus (rechts)geschäftlichem Kontakt* ausgesprochen (dazu BK-Kramer, Allg. Einl. OR N 142 ff.; Wiegand, recht 1997, 85 ff.; BK-Weber, N 47; a. M. CR CO I-Thévenoz, Intro. Art. 97 – 109 N 7; krit. auch Chappuis, AJP 2005, 653, der [zu Unrecht] eine dadurch ausgelöste Haftungsausweitung befürchtet – Haftungsausweitungen haben niemals dogmatische, sondern immer gesellschaftliche und rechtspolitische Gründe, die durch die Dogmatik reflektiert und umgesetzt werden, s. o. N 5).

3. Abwicklung gescheiterter Verträge

Literatur

HARTMANN, Die Rückabwicklung von Schuldverträgen, Zürich 2005; WIE-
GAND, Zur Rückabwicklung gescheiterter Verträge, FS Peter Gauch, Zürich
2004, 709 ff.

32   Werden unwirksame Verträge erfüllt, ist die Rückabwicklung nach Bereicherungsrecht (oder Vindikation) problematisch. Die seit längerem zu be-
obachtende Tendenz, solche Verträge nur ex nunc als unwirksam zu behandeln, setzt sich zunehmend durch. So hat sich das Bundesgericht bei
anfechtbaren Verträgen für eine ex nunc Beendigung entschieden (BGE 129
III 320, ausführlich dazu WIEGAND, Rückabwicklung, 709 ff.).
In den übrigen Fällen wird mit dem gleichen Resultat ein **faktisches Vertragsverhältnis** angenommen (etwa BGE 110 II 244 ff.). Das BGer hält trotz
der in der Literatur geäusserten Bedenken grundsätzlich daran fest, dass
es faktische Vertragsverhältnisse gibt (BGE 129 III 320, zum Ganzen ausführlich BSK OR I-BUCHER, Art. 1 N 70 ff.).

Art. 2

2. Betreffende Nebenpunkte	¹ **Haben sich die Parteien über alle wesentlichen Punkte geeinigt, so wird vermutet, dass der Vorbehalt von Nebenpunkten die Verbindlichkeit des Vertrages nicht hindern solle.** ² **Kommt über die vorbehaltenen Nebenpunkte eine Vereinbarung nicht zustande, so hat der Richter über diese nach der Natur des Geschäftes zu entscheiden.** ³ **Vorbehalten bleiben die Bestimmungen über die Form der Verträge.**

I.   Normzweck und Anwendungsbereich

1   Art. 2 enthält eine **widerlegbare Vermutung** für die Verbindlichkeit eines
unvollständigen Vertrages. Die Vorschrift bestätigt, dass prinzipiell eine
Einigung über die wesentlichen Punkte für den Konsens genügt (Art. 1 N 21).
Sie greift ein, wenn nur Nebenpunkte vorbehalten oder sonst offen geblie-
ben sind. Der Vertrag kann dann durch die Parteien selbst oder durch den
Richter ergänzt werde. Die Anwendungsvoraussetzungen sind umstritten.

II. Voraussetzungen

Unstreitig ist, dass die erzielte Einigung **alle objektiv wesentlichen Vertragspunkte** umfassen muss. Die h. L. will das als Voraussetzung genügen lassen (BK-KRAMER, Art. 2 N 10 ff.; SCHWENZER, OR AT, N 29.04, GAUCH/SCHLUEP/SCHMID/REY, N 993 ff.). Das BGer und ein Teil der Literatur wollen das (zu Recht) für die **subjektive wesentlichen Vertragspunkte** nicht gelten lassen (BGE 110 II 287, 291), weil dann die Basis für eine wirksame Verpflichtung fehlt (s. auch oben Art. 1 N 21). Die Auffassungen führen zu einer unterschiedlichen Verteilung der Beweislast (s. unten N 5).

2

Unterschiedlich ist auch die Interpretation des Begriffes «Vorbehalt». Verschiedentlich wird ein *ausdrücklicher Vorbehalt* verlangt (BK-KRAMER Art. 2 N 15). Es genügt jedoch nach zutreffender Auffassung (vgl. BSK OR I-BUCHER, Art. 2 N 6), dass der Punkt verhandelt und nicht ausdrücklich fallen gelassen wurde.

3

III. Rechtsfolgen

Kommt die Vermutung zum Tragen, sind die Parteien an das Vereinbarte gebunden und nach Abs. 2 aufgefordert, die fehlenden Punkte zu ergänzen. Gelingt dies nicht, hat der *Richter die Vertragslücke* zu schliessen. Er soll sich dabei an der Natur des Geschäftes orientieren. Diese **Vertragsergänzung** erfolgt nach den zu Art. 18 entwickelten Kriterien (s. unten Art. 18 N 52 ff., zum Kriterium der Geschäftsnatur N 57).

4

Wer die Vermutung widerlegen will, muss dartun, dass er den Vertrag ohne den offen gebliebenen Punkt nicht oder nicht so geschlossen hätte. Dies gilt nach der (oben N 2) dargelegten h. L. auch für die subjektiv wesentlichen Punkte. Nach der Auffassung des BGer, welcher der Vorzug zu geben ist, darf die *Beweislast in diesem Punkt* nicht bei dem liegen, der den Konsens bestreitet.

5

Art. 3

II.	**Antrag und Annahme**	[1] **Wer einem andern den Antrag zum Abschlusse eines Vertrages stellt und für die Annahme eine Frist setzt, bleibt bis zu deren Ablauf an den Antrag gebunden.**
1.	**Antrag mit Annahmefrist**	[2] **Er wird wieder frei, wenn eine Annahmeerklärung nicht vor Ablauf dieser Frist bei ihm eingetroffen ist.**

I. Normzweck und Anwendungsbereich

1   Art. 3 und die folgenden Vorschriften regeln in detaillierter Weise die verschiedenen Formen, in denen eine Partei einer anderen ein **Angebot zum
Vertragsschluss** macht und wie es angenommen werden kann. Diese Vorschriften basieren auf dem traditionellen Konzept von Angebot und Annahme, das in weiten Teilen des Rechtsverkehrs nicht (mehr) der Realität
entspricht. Deshalb ist nochmals (s. oben Art. 1 N 1) zu betonen, dass ein
verbindlicher Vertrag dann vorliegt, wenn die Parteien Konsens erzielen,
ohne dass die Art des Zustandekommens eine Rolle spielt. Die praktische
Relevanz der folgenden Artikel darf deshalb nicht überschätzt werden, sie
haben jedoch durch die Zunahme des elektronischen Geschäftsverkehrs
und dessen dogmatischer Erfassung wieder an Bedeutung gewonnen.

II. Der Tatbestand

2   Ein **Antrag** (Offerte) ist das verbindliche Angebot an eine (oder mehrere)
bestimmte Personen, miteinander einen Vertrag zu schliessen. Der Begriff
und die Voraussetzungen der Wirksamkeit sind für alle Offerten gleich; der
besondere Regelungszweck von Art. 3 besteht darin, die Bindungswirkung
eines befristeten Angebots festzulegen.

3   Bindungswirkung bedeutet in diesem Zusammenhang die Gebundenheit
des Offerenten (nicht den Verpflichtungswillen, s. unten N 4). Sie tritt ein,
wenn dem Antrag eine **Frist zur Annahme** beigefügt wird. Dies wird regelmässig durch Setzen eines Datums/Uhrzeit geschehen, kann sich aber auch
aus den Umständen ergeben, sofern diese eindeutig sind. In der Bestimmung der Frist ist der Antragende vollkommen frei, er kann allein über
die Dauer seiner Bindung entscheiden und sich den Widerruf vorbehalten.
Dieser muss vor Absendung der Annahmeerklärung zugehen (BSK OR I-
Bucher, Art. 3 N 5/8; **a. M.** BK-Schmidlin, Art. 3 N 15), andernfalls bleibt
die Annahmefähigkeit bis zum Ablauf der Frist bestehen. Die Annahmeerklärung muss vor diesem Zeitpunkt zugehen (Abs. 2). Die Offerte muss
annahmefähig sein, d. h. sie muss (für Art. 3, aber auch für Art. 4 und 5) alle
Voraussetzungen eines wirksamen Angebots erfüllen.

4   Die Offerte ist eine **empfangsbedürftige Willensäusserung.** Der Erklärende muss deshalb einen Verpflichtungswillen (dieser ist vom Willen, an
die Offerte gebunden zu sein, zu unterscheiden, o. N 3) und Geltungswillen
haben, sowie die sonstigen Voraussetzungen erfüllen (Art. 1 N 9 ff.). Keine
Offerte ist deshalb ein Antrag mit dem Zusatz «freibleibend». Ebenfalls
keine Offerte ist die Einladung zur Offertstellung, weil alle Voraussetzungen
für die Annahme fehlen (dazu Art. 7 N 1).

5   *Annahmefähigkeit* ist gegeben, wenn die Offerte alles enthält, was für einen
Konsens notwendig ist (nach der hier vertretenen Auffassung alle subjektiv

und objektiv wesentlichen Punkte, Art. 1 N 21 und Art. 2 N 3, 5). Nur dann kann der Vertrag durch schlichte Zustimmung zum Angebot («ein einfaches Ja») geschlossen werden. Möglich ist auch ein Angebot, bei dem der Erklärende alternative Möglichkeiten einräumt. Dann muss der Annehmende die gewählte mitteilen, so dass die Annahme über ein einfaches Ja hinausgeht.

III. Rechtsfolgen

Die **Annahme** ist wie das Angebot eine empfangsbedürftige Willenserklärung, mit deren Zugang der Vertrag zustande kommt. Deswegen wird sie von manchen als Ausübung eines Gestaltungsrechts qualifiziert, was jedoch keinerlei praktische Relevanz hat (krit. GAUCH/SCHLUEP/SCHMID/REY, N 395 m. Nw.). Schweigt der Empfänger oder lehnt er die Offerte ab, so erlischt diese. Einer Ablehnung gleich kommt die Annahme unter Modifikationen des Antrags. Sie ist jedoch als Offerte (besser als Gegenofferte) zu qualifizieren und kann vom Anbietenden angenommen werden. 6

Geht die Annahmeerklärung dem Offerenten verspätet zu und kann er deren rechtzeitige Absendung erkennen, so hat er die Pflicht, den Absender zu informieren. Andernfalls wird der Vertrag aufgrund analoger Anwendung von Art. 5 Abs. 3 wirksam (BK-KRAMER, Art. 2 N 87, dazu Art. 5 N 4 ff.). 7

Art. 4

2.	Antrag ohne Annahmefrist	¹ **Wird der Antrag ohne Bestimmung einer Frist an einen Anwesenden gestellt und nicht sogleich angenommen, so ist der Antragsteller nicht weiter gebunden.**
a.	Unter Anwesenden	² **Wenn die Vertragschliessenden oder ihre Bevollmächtigten sich persönlich des Telefons bedienen, so gilt der Vertrag als unter Anwesenden abgeschlossen.**

I. Normzweck und Anwendungsbereich

Abs. 2 hat vor allem im Hinblick auf moderne Kommunikationstechnik erhebliche praktische Bedeutung (s. u. N 4). Dagegen enthält Abs. 1 an sich nur eine eher selbstverständliche Klarstellung: Unter Anwesenden ist die Offerte nur annahmefähig, solange die beiderseitige Anwesenheit dauert. 1

Das ergibt sich ohne Weiteres aus Art. 3: Sobald eine Annahmefrist gesetzt wird, ob unter Anwesenden oder Abwesenden, kommt nur noch Art. 3 zur Anwendung.

II. Voraussetzungen und Konsequenzen

2   Die Vorschrift findet Anwendung, wenn die Parteien oder ihre zum Vertragsschluss ermächtigten Vertreter bei *gleichzeitiger Anwesenheit Vertragsverhandlungen* führen (Verhandlungen unter nicht zum Abschluss Bevollmächtigten sind solche unter nicht anwesenden Parteien). Wird von einer Partei ein Angebot gemacht, so kann dies nur während der Dauer der Verhandlungen angenommen werden. Die nach den oben angeführten Kriterien zu beurteilende Annahme führt zum sofortigen Vertragsschluss.

3   **Enden die Verhandlungen**, ohne dass das Angebot angenommen wurde, so erlischt es, es sei denn, der Offerent erhält es ausdrücklich aufrecht. Setzt er dabei eine Frist, kommt Art. 3 und ohne eine solche Art. 5 zur Anwendung. Das Gleiche gilt, wenn *unter Anwesenden eine schriftliche Offerte* übergeben, aber nicht gelesen wird. Wird sie sofort gelesen, gilt Art. 4. Alle weiteren in diesem Zusammenhang erörterten Punkte (Kaffeepause während der Verhandlung etc., vgl. BSK OR I-Bucher, Art. 4 N 5 f.) können nicht abstrakt, sondern nur nach den konkreten Umständen beurteilt werden und spielen in der Realität keine Rolle.

III. Moderne Kommunikationsmittel

4   Das Gesetz stellt die Kommunikation über das **Telefon** der persönlichen Anwesenheit gleich. Diese Regel beruht auf der Identität der Sachlage. Deshalb muss der Rechtsgedanke erweitert und auf den Austausch über alle Medien ausgedehnt werden, die der Empfänger unmittelbar akustisch wahrnehmen kann. Zur Zeit gilt dies etwa für VOIP, Videokonferenzen, Internetkommunikationsforen, es können aber neue Formen hinzukommen. Ein entsprechender Text (Art. 4 Abs. 2) war im Entwurf des Gesetzes über den elektronischen Geschäftsverkehr vorgesehen (dazu Wiegand, Geschäftsverbindung, 117 f.).

5   Kommt es zur Unterbrechung der Verbindung, so ist auch hier von Fall zu Fall zu entscheiden. Gelingt es, in kurzer Zeit die Sprech-Verbindung wiederherzustellen (typisch für Skype), so findet Art. 4 Abs. 1 weiterhin Anwendung.

Art. 5

b. **Unter Abwesenden**

[1] **Wird der Antrag ohne Bestimmung einer Frist an einen Abwesenden gestellt, so bleibt der Antragsteller bis zu dem Zeitpunkte gebunden, wo er den Eingang der Antwort bei ihrer ordnungsmässigen und rechtzeitigen Absendung erwarten darf.**
[2] **Er darf dabei voraussetzen, dass sein Antrag rechtzeitig angekommen sei.**
[3] **Trifft die rechtzeitig abgesandte Annahmeerklärung erst nach jenem Zeitpunkte bei dem Antragsteller ein, so ist dieser, wenn er nicht gebunden sein will, verpflichtet, ohne Verzug hievon Anzeige zu machen.**

I.   Normzweck und Anwendungsbereich

Die Vorschrift legt den Zeitraum fest, in dem der Offerent, der selbst keine   1
Annahmefrist im Sinne von Art. 3 gesetzt hat, kraft Gesetzes gebunden
bleibt. In dem Bemühen, eine den Interessen beider Parteien gerecht werdende Lösung zu finden, ist eine äusserst komplizierte Regel entstanden. In
Abs. 3 wird zudem eine Folgekonstellation (verspäteter Eingang der Annahme) in einer verallgemeinerungsfähigen Weise geregelt.

II.   Voraussetzungen

Der Offerent hat ohne Fristbestimmung einen annahmefähigen Antrag   2
unterbreitet. Die Annahmefrist richtet sich zunächst nach dem, was der
Antragsteller «erwarten darf». Das Gesetz gibt ihm dafür Anhaltspunkte:
Er kann voraussetzen, dass der Antrag in der normalerweise zu erwartenden
Zeit (der Begriff «rechtzeitig» in Abs. 2 ist irreführend) beim Empfänger
eingetroffen sei. Dem Empfänger ist eine angemessene Überlegungsfrist zuzugestehen, nach deren Ausschöpfen er die Annahmeerklärung ordnungsgemäss absendet. Es liegt auf der Hand, dass die so zu berechnende Frist
keinerlei Rechtssicherheit gewährleisten kann, denn sie setzt sich aus variablen und schwer zu bestimmenden Elementen zusammen. Üblicherweise
wird sie folgendermassen bestimmt: Zustellung der Offerte mit A-Post in
der Schweiz (1 Tag) – Überlegungsfrist nach Art des Geschäftes (i. d. R. willkürliche Schätzung) – nach deren Ende sofortige Rücksendung (A-Post). Es
verwundert nicht, dass es kaum eine Rechtsprechung zu dieser Vorschrift
gibt. In jedem Falle ist auf die konkrete Situation abzustellen (berühmtes
Beispiel BGE 98 II 109 ff.).

3   Angesichts dieser Gesetzeslage verbieten sich Verallgemeinerungen. In der
Literatur sind einige Hinweise zur Klarstellung gemacht worden: Eine *Verlängerung der Gesamtfrist* tritt nicht ein, wenn die Offerte – entgegen der
Hypothese von Abs. 2 – verspätet eintrifft. Es ist prinzipiell anzunehmen,
dass der Empfänger die gleiche Beförderungsart wählt wie der Offerent
(BSK OR I-Bucher, Art. 5 N 16, Gauch/Schluep/Schmid/Rey, N 411). Bei
der Verwendung **moderner Kommunikationsmittel** haben sich Anwen-
dungsprobleme ergeben, weil die Konstellationen nicht ohne Weiteres in
die gesetzlichen Modelle passen (Übersicht bei Gauch/Schluep/Schmid/
Rey, N 412 a). Grundsätzlich bleibt es aber dabei, dass der Austausch über
Telefax oder E-Mail als unter «Abwesenden» zu qualifizieren ist.

III. Die Regel des Abs. 3

4   Wird die Annahmefrist nicht eingehalten, erlischt das Angebot. Abs. 3 macht
davon eine Ausnahme, wenn eine «rechtzeitig» abgesandte Annahmerklärung verspätet beim Offerenten eintrifft. In diesem Falle trifft den Offerenten eine Informationspflicht. Diese entsteht freilich nur dann, wenn die
Annahmerklärung nach den oben beschriebenen Kriterien «rechtzeitig» erfolgte und das für den Offerenten erkennbar war. Unter diesen Voraussetzungen ergibt sich die Verpflichtung zur Information aus dem zwischen den
Parteien bestehenden Verhandlungsverhältnis (gesetzliches Schuldverhältnis, s. o. Einl. N 5) und bedürfte an sich keiner gesetzlichen Regelung. Diese
ist aber deshalb notwendig, weil Art. 5 Abs. 3 eine spezifische Rechtsfolge
vorsieht, die von den Folgen der Pflichtverletzung im Verhandlungsverhältnis abweicht. Als Folge der Unterlassung der Information wird nämlich der
Vertrag wirksam, weshalb manche Autoren von einer Obliegenheit des Offerenten sprechen.

5   Daraus folgt, dass Abs. 3 nur die Ausprägung eines allgemeineren Prinzips
darstellt und deshalb analogiefähig ist. Zu Recht wird angenommen, dass
auch beim verspäteten Eintreffen einer Annahme nach Art. 3 Abs. 2 den Offerenten eine Informationspflicht trifft, bei deren Nichtbeachtung der Vertrag zustande kommt (vgl. Art. 3 N 7). Darüber hinaus wird eine solche Verpflichtung auch dann bejaht, wenn die Rechtzeitigkeit des Zugangs der
Annahmeerklärung ungewiss und die Wirksamkeit des Vertrages zweifelhaft ist (BSK OR I-Bucher, Art. 5 N 23). Art. 6 knüpft an diese Regelung
an.

Art. 6

3. **Stillschweigende Annahme** Ist wegen der besonderen Natur des Geschäftes oder nach den Umständen eine ausdrückliche Annahme nicht zu erwarten, so gilt der Vertrag als abgeschlossen, wenn der Antrag nicht binnen angemessener Frist abgelehnt wird.

Literatur

E. BUCHER, Grundprobleme des Kontokorrentrechts, recht 1994, 168–188; VON DER CRONE/SIBBERN, Genehmigungsfiktion und Nebenpflichten der Bankkunden, SZW 2006, 70 ff.; GAUCH, Von der konstitutiven Wirkung des kaufmännischen Bestätigungsschreibens, SZW 1991, 177 ff.; A. KOLLER, Vertragsschluss durch Schweigen auf einen Antrag? Bemerkungen zum Begriff der Vertragsfiktion, recht 1996, 70 ff.; KRAMER, Schweigen auf kaufmännische Bestätigungsschreiben und rechtsgeschäftlicher Vertrauensgrundsatz, recht 1990, 99 ff.; YUNG, L'acceptation d'une offre de contracter, in: Mélanges Roger Secritan, 1964, 339 ff.

I. Normzweck und Anwendungsbereich

Die Vorschrift knüpft an den in Art. 5 Abs. 3 enthaltenen Grundgedanken an und dehnt ihn auf eine weitere Fallgruppe aus: Unter bestimmten Voraussetzungen hat das Schweigen auf die Zusendung einer Offerte vertragsbegründende Wirkung. Ob dies die Folge einer vom Gesetz fingierte Annahmerklärung (SCHWENZER, OR AT, N 27.38) oder eines nach dem Vertrauensprinzip zurechenbaren Annahmewillens (BK-SCHMIDLIN, Art. 6 N 14 f.; BSK OR I-BUCHER, Art. 6 N 2) ist, spielt für die Rechtsanwendung keine Rolle. Entscheidend ist vielmehr, dass eine Situation vorliegt, die den Schutz des Offerenten rechtfertigt. An diesen **Vertrauensschutzgedanken** in Art. 6 knüpft die Lehre vom *Bestätigungsschreiben* an (s. unten V.). 1

II. Voraussetzungen

Grundsätzlich gilt *Schweigen nicht als Zustimmung*. Bei Zusendung eines Antrags muss der Offerent deshalb von der Ablehnung ausgehen, wenn der Empfänger nicht reagiert. Art. 6 kehrt dies um, wenn eine Reihe von Voraussetzungen gegeben sind: Die Ablehnungsfrist muss abgelaufen sein und mit einer ausdrücklichen Annahme musste nicht gerechnet werden. 2

3   Art. 6 geht davon aus, dass erst nach Ablauf einer «angemessenen Frist» aus dem Schweigen Schlüsse gezogen werden können. Die Angemessenheit dieser **Ablehnungsfrist** ist nach den allerdings grosszügig zu handhabenden Kriterien des Art. 5 Abs. 1 und 2 zu bemessen und in Zweifelsfällen vom Richter zu bestimmen (BK-SCHMIDLIN, Art. 6 N 59 f.). Hat der Offerent eine Frist gesetzt, so wird sie zur Ablehnungsfrist.

4   Weitere Voraussetzung ist, dass eine ausdrückliche Annahme nicht zu erwarten war. Dieser Schutz des Offerenten greift nur dann ein, wenn er aufgrund der besonderen Situation geboten ist. Das Gesetz benennt zwei derartige Konstellationen: Die besondere *Natur des Geschäftes* oder ganz generell die *Umstände*, die jedoch nur beispielhaften Charakter haben. Entscheidend ist, dass der Offerent das Schweigen im Sinne der Vertrauenstheorie als Annahme verstehen durfte.

5   Aus der **Natur des Geschäfts** ergibt sich eine solche Erwartung bei solchen, die dem Empfänger ausschliesslich Vorteile bringen (Schenkung oder Reduktion der Miete; BGE 110 II 161; 124 III 69). Gleiches gilt für die Auftragsverhältnisse, bei denen Art. 395 zur Anwendung kommt. Nach den **Umständen** ist eine Annahmeerklärung bei bestehender *Geschäftsbeziehung* (z. B. einem Rahmenvertrag), aufgrund vorausgehender *Vertragsverhandlung* (insbes. einer Einladung zur Offertstellung, die dann tatsächlich erfolgt) oder in vergleichbaren Situationen nicht zu erwarten. So wird die «Genehmigungsfiktion» bei der Zustellung von Kontoauszügen im Bankverkehr nach Art. 6 behandelt (BGer 4C.175/2006, dazu VON DER CRONE/SIBBERN, SZW 2006, 70).

6   **Kein Anwendungsfall** von Art. 6 liegt vor, wenn der Empfänger seinen Willen konkludent äussert (etwa durch Erbringen oder Annahme einer Leistung). Dieses *aktiv konkludente Verhalten* bringt einen rechtsgeschäftlichen Willen zum Ausdruck, dagegen wird in Art. 6 das *passiv konkludente Verhalten* als Willenserklärung zugerechnet, auch wenn ein solcher Wille nicht bestand.

III. Rechtsfolgen

7   Gibt der Empfänger überhaupt keine Ablehnungserklärung ab oder trifft diese nach Ablauf der Ablehnungsfrist ein, kommt der Vertrag zustande, vorausgesetzt, die sonstigen Voraussetzungen (z. B. Geschäftsfähigkeit) lagen vor. Bei verspätetem Eintreffen ist allerdings der Offerent in analoger Anwendung von Art. 5 Abs. 3 gehalten, den Empfänger sofort darauf hinzuweisen, dass er die Ablehnung nicht akzeptiert (BK-SCHMIDLIN, Art. 6 N 61; zur Begründung Art. 5 N 5).

IV. Prozessuales

Im Prozess muss derjenige das Vorliegen der Tatbestandsvoraussetzungen 8
von Art. 6 beweisen, welcher behauptet, dass ein Vertrag ohne ausdrückliche Annahmeerklärung zustande gekommen sei (Yung, 18; BK-Schmidlin, N 65). Auch muss nachgewiesen werden, dass der Partner im Zeitpunkt des Vertragsschlusses von den Umständen wusste, welche eine stillschweigende Annahme zuliessen (BSK OR I-Bucher, Art. 6 N 6). War sich der Empfänger der Wirkung seines Verhaltens nicht bewusst, so kommt wie bei allen normativen Zurechnungen eine Irrtumsanfechtung in Betracht.

V. Bestätigungsschreiben

Literatur

Ebenroth, Das kaufmännische Bestätigungsschreiben im internationalen Handelsverkehr, ZVglRWiss 1978, 161 ff.; Kramer, Schweigen auf kaufmännische Bestätigungsschreiben und rechtsgeschäftlicher Vertrauensgrundsatz, recht 1990, 99 ff.; Mathys, Bestätigungsschreiben und Vertragsfiktionen, 1999; K. Schmidt, Die Praxis zum sog. kaufmännischen Bestätigungsschreiben: ein Zankapfel der Vertragsrechtsdogmatik, FS Honsell 2002, 99 ff.

Ein im Anschluss an Vertragsverhandlungen zugesandtes Schreiben, das 9
den Inhalt der Vereinbarung wiedergibt, wird – da v. a. im kaufmännischen Verkehr üblich – als **kaufmännisches Bestätigungsschreiben** bezeichnet. Sofern es den Inhalt der vorausgegangenen Verhandlung richtig wiedergibt, hat es rein *deklaratorische* und allenfalls beweisrechtliche Bedeutung (Kramer, recht 1990, 100; BGer 4C.303/2001, E. 2 b). Diese wird darin gesehen, dass der *Empfänger die Beweislast* für eine behauptete Unrichtigkeit (sei es den Inhalt oder den Konsens betreffend) trägt (Schwenzer, OR AT, N 28. 45). Nur wenn dieser Beweis gelingt, stellt sich die Frage nach der materiellrechtlichen Bedeutung des Schweigens.

Das Schweigen auf ein *unrichtiges Bestätigungsschreiben* hat nach h. L. 10
und ständiger Rechtsprechung **konstitutive Wirkung**, die mit analoger Anwendung des Art. 6 begründet wird. Die vom Vereinbarten abweichende Bestätigung wird als Offerte verstanden, deren Zugang nach den Art. 5 Abs. 3 und Art. 6 zugrunde liegenden Prinzipien eine Reaktion erfordert. Diese ist dann geboten, wenn der Absender des Bestätigungsschreibens andernfalls das Schweigen als Zustimmung verstehen musste und durfte. Das ist dann nicht der Fall, wenn der Inhalt der Bestätigung «vom Verhandlungsergebnis derart abweicht, dass nach Treu und Glauben nicht mehr mit einem Einverständnis des Empfängers gerechnet werden darf» (Grundsatzentscheid BGE 114 II 250, 251, mit Analyse der Rechtsprechung Kramer, recht 1990, 99 ff.). Es handelt sich – wie die Formulierung des

BGer deutlich macht – um eine Anwendung des Vertrauensprinzips (h. L. etwa BSK OR I-Bucher, Art. 6 N 23; BGer 4C.303/2001, E. 2b und 4C.382/2001, E. 3b); a. A. Gauch/Schluep/Schmid/Rey, N 1175).

11 Die dargelegten Grundsätze sollen auf den *kaufmännischen Verkehr* beschränkt bleiben und auch dort zurückhaltend angewandt werden (Kramer, recht 1990, 99 ff.). Sie finden keine Anwendung auf die unrichtige *Auftragsbestätigung*, wobei in der Praxis die Begriffe häufig synonym verwendet werden. Diese ist eine Annahmerklärung und bei Abweichung als Gegenofferte zu verstehen, so dass im Ergebnis Art. 5 Abs. 3 und Art. 6 zur Anwendung kommen können, und zwar auch ausserhalb des kaufmännischen Verkehrs.

Art. 6a

3 a. **Zusendung**
unbestellter
Sachen

¹ **Die Zusendung einer unbestellten Sache ist kein Antrag.**

² **Der Empfänger ist nicht verpflichtet, die Sache zurückzusenden oder aufzubewahren.**

³ **Ist eine unbestellte Sache offensichtlich irrtümlich zugesandt worden, so muss der Empfänger den Absender benachrichtigen.**

Literatur

Honsell, OR – Novelle zum Konsumentenschutz, AJP 1992, 66–68; Honsel/Pietruszak, Der Vernehmlassungsentwurf zum Bundesgesetz über den elektronischen Geschäftsverkehr, AJP 2001, 771; Laim, Die «vermutete Dereliktion» bei Zusendung unbestellter Sachen im Sinne von Art. 6a OR, recht 1995, 188–199; D. Piotet, Le statut réel des marchandises envoyées sans commande, SJZ 1993, 149–152.

I.   Normzweck und Anwendungsbereich

1 Die Norm wurde im Rahmen des Konsumentenschutzauftrags der Verfassung eingeführt und sollte die Stellung des Verbrauchers bei nicht von ihm veranlasster Zusendung von Waren stärken. In der Sache hat die Reglung kaum Änderungen gegenüber der zuvor schon allgemein anerkannten Rechtslage gebracht, die dadurch allenfalls etwas mehr ins allgemeine Bewusstsein gerufen wurden. Inhaltlich gibt die Norm zu einigen Zweifeln Anlass, die jedoch nur von theoretischem Interesse sind, weil Art. 6a keinerlei praktische Bedeutung erlangt hat.

II. Anwendungsprobleme

Gemäss Abs. 1 stellt die Zusendung keinen Antrag dar. Das soll auch dann   2
gelten, wenn ein solcher Antrag ausdrücklich oder konkludent gestellt wird.
Das widerspricht nicht nur allen anerkannten Regeln über den Vertragsschluss, es kompliziert diesen (zusammen mit Abs. 2) in absurder Weise:
Der Empfänger muss an den Absender eine Offerte richten, obwohl dieser
nach dem Konzept der «vermuteten Dereliktion» (so die Botschaft zu
Art. 6a, dazu LAIM, recht 1995, 189f.) gar keine Verfügungsbefugnis mehr
hat. Der Vertrag wäre zudem nach Art. 20 nichtig, da der Empfänger durch
Aneignung bereits Eigentum erworben hätte. Zu den weiteren Ungereimtheiten HONSELL, AJP 1992, 66f.; BSK OR I-BUCHER, Art. 6a N 2f.

Aus Art. 6 Abs. 2, der den Empfänger von der (selbstverständlich nicht be-   3
stehenden) Verpflichtung zur Aufbewahrung und Rücksendung befreit,
wird deshalb zu Recht der weitergehende Schluss gezogen, dass dieser beliebig mit der Sache verfahren und sie auch verbrauchen kann, ohne in irgendeiner Weise ersatzpflichtig zu werden (GAUCH/SCHLUEP/SCHMID/REY,
N 430; dogmatisch als gesetzliche Behaltenscausa qualifiziert, HONSELL/PI-
ETRUSZAK, AJP 2001, 773).

Von praktischer Bedeutung ist lediglich Abs. 3, der eine Benachrich-   4
tigungspflicht bei offensichtlich irrtümlich zugesandten Waren statuiert.
Deren Verletzung kann Schadensersatzfolgen auslösen, die deliktischer Natur sind (so zu Recht SCHWENZER, OR AT, 28.14; a.A. BSK OR I-BUCHER,
Art. 6a N 2 für c.i.c., was deshalb ausscheidet, da der Empfänger nicht in
ein Verhandlungsverhältnis gezwungen werden kann).

Art. 7

4.	Antrag ohne Verbindlichkeit, Auskündung, Auslage	[1] Der Antragsteller wird nicht gebunden, wenn er dem Antrage eine die Behaftung ablehnende Erklärung beifügt oder wenn ein solcher Vorbehalt sich aus der Natur des Geschäftes oder aus den Umständen ergibt.
		[2] Die Versendung von Tarifen, Preislisten u. dgl. bedeutet an sich keinen Antrag.
		[3] Dagegen gilt die Auslage von Waren mit Angabe des Preises in der Regel als Antrag.

Literatur

WEBER, E-Commerce und Recht, 2001; HONSELL/PIETRUSZAK (zit. vor Art. 6 a); WIEGAND, Die Geschäftsverbindung im E-Banking (zit. vor Art. 1).

I. Normzweck und Anwendungsbereich

1   Die Bestimmung hat im Wesentlichen klarstellende Funktion, sie dient der Abgrenzung bindender Offerten (i. S. v. Art. 3 – 5), die infolge des fehlenden Bindungswillens nicht «annahmefähig» sind, sonst aber alle inhaltlichen Voraussetzungen erfüllen. Damit fallen von vornherein Anträge, die diesen Voraussetzungen nicht genügen (z. B. infolge mangelnder Bestimmtheit, fehlender Geschäftsfähigkeit), nicht in den Anwendungsbereich von Art. 7. Die Abs. 2 und 3 stellen für besondere Konstellationen Auslegungsregeln auf. Sie wiederholen im Wesentlichen Selbstverständliches und hatten deshalb nur begrenzte Bedeutung erlangt. Mit der Zunahme des elektronischen Geschäftsverkehrs beginnt die Vorschrift an Bedeutung zu gewinnen.

II. Voraussetzungen

2   Abs. 1 hält die Selbstverständlichkeit fest, dass ein Antragsteller nicht gebunden ist, wenn er ebendiese **Bindung ausdrücklich** ausschliesst. Beispiele hier für sind Klauseln wie «ohne obligo» oder «freibleibend». Davon zu unterscheiden ist der Zusatz «Widerruf vorbehalten», mit dem sich der Anbietende die Möglichkeit offen hält, das bindende Angebot (vor der Absendung der Annahmeerklärung, dazu Art. 3 N 3) zu widerrufen.

3   Der Ausschluss des Bindungswillens kann sich aber auch aus der **Natur des Geschäftes** oder den **Umständen** ergeben. In der Literatur werden hierfür Zeitungsanzeigen (BSK OR I-BUCHER, Art. 7 N 6) oder die Einladung zur Submission (GAUCH/SCHLUEP/SCHMID/REY, N 369, 1057) genannt. Aus der Rechtsprechung ist kein Fall bekannt, was nicht verwundert, denn auch diese Varianten hätten keiner gesetzlichen Regelung bedurft. Letztlich entscheidend ist die Auslegung der Offerte im Einzelfall. Dafür enthält die Vorschrift in den Abs. 2 und 3 *Auslegungsregeln*.

4   Nach **Abs. 2** ist die Versendung von **Tarifen oder Preislisten** («Auskündung») *an sich* kein Antrag. Im Prinzip gilt also die Vermutung, dass der Anbieter sich die Entscheidung vorbehalten wollte. Die Formulierung dieser Auslegungsregel indiziert aber bereits, dass dies im Einzelfall anders sein kann. Das ist dann der Fall, wenn der Empfänger in guten Treuen davon ausgehen kann, dass der Offerent Bindungswillen hatte. Nach diesen Kriterien ist auch bei allen Formen des modernen **Handels über die elektronischen Medien** zu entscheiden. Bei *Tele- oder Internetshopping* gibt

Art. 7 Abs. 2 keine wirkliche Hilfestellung. Vielmehr entscheiden Art und genauer Inhalt der Angebote darüber, ob eine annahmefähige Offerte vorliegt (WEBER, E-Commerce, 314 ff. und u. N 6).

In die entgegengesetzte Richtung geht die Auslegungsregel des **Abs. 3**: Auslagen von Waren mit Preisangaben sollen i. d. R. als Antrag gelten. Auslagen sind Schaufenster, aber auch Vitrinen oder Regale im jeweiligen Laden. Die Waren müssen gekauft und sofort geliefert werden können (BSK OR I-BUCHER, Art. 7 N 10). Auch hier unterstreicht die Formulierung, dass es letztlich auf den Einzelfall ankommt. Die Vermutungswirkung ist jedoch stärker, weil eine verbindliche Preisangabe vorgeschrieben ist, um Lockvogelangebote zu verhindern (Art. 16 UWG und Preisbekanntgabeverordnung). Infolgedessen kann die Offerte gegenüber kaufwilligen Kunden nicht mehr rückgängig gemacht werden. Ob der Anbieter seine Offerte anfechten kann, ist zweifelhaft; in BGE 105 II 23 ff. hat das BGer die Anfechtung zugelassen.   5

Im elektronischen Geschäftsverkehr gelten die gleichen Grundsätze. Deshalb müssen Internetseiten, auf denen Waren hinreichend spezifiziert und mit Preisen versehen angeboten werden, nach Art. 7 Abs. 3 behandelt werden (WIEGAND, Geschäftsverbindung, 117 f.). Dies hatte auch der Entwurf zum Gesetz über den elektronischen Geschäftsverkehr in einem neu formulierten Art. 7 Abs. 3 vorgesehen. Die h. L. nimmt jedoch an, dass es sich eher um eine Einladung zur Offertstellung handele (GAUCH/SCHLUEP/SCHMID/REY, N 374 ff.; HONSELL/PIETRUSZAK, 374; WEBER, E-Commerce, 314 f., aber differenzierend). Der Realität des heute praktizierten Internetshoppings wird das nicht gerecht. Diese geht von unmittelbar annehmbaren Angeboten aus.   6

III. Rechtsfolgen

Sofern die Bindungswirkung bejaht wird, kommt der Vertrag durch Annahme zustande. Liegt sie nicht vor, so handelt es sich in allen Fällen um eine **Einladung zur Offertstellung** *(invitatio ad offerendum)*. Diese bleibt trotz fehlender Verbindlichkeit nicht ohne Rechtswirkungen. Zum einen wird durch die i. d. R. erfolgende Bezugnahme darauf der Vertragsinhalt bestimmt (WIEGAND, Geschäftsverbindung, 123 ff.). Zum anderen entsteht eine Art. 6 vergleichbare Situation. Wenn der Empfänger der *invitatio* in angemessener Frist eine Offerte macht, muss der zur Offertstellung Einladende diese unverzüglich zurückweisen, wenn er nicht gebunden sein will (noch weitergehend BSK OR I-BUCHER, Art. 7 N 7, der unter bestimmten Voraussetzungen ein antizipiertes Akzept annimmt).   7

Art. 8

5. Preisaus-
schreiben und
Auslobung

¹ Wer durch Preisausschreiben oder Auslobung für
eine Leistung eine Belohnung aussetzt, hat diese
seiner Auskündung gemäss zu entrichten.
² Tritt er zurück, bevor die Leistung erfolgt ist, so
hat er denjenigen, die auf Grund der Auskündung
in guten Treuen Aufwendungen gemacht haben,
hierfür bis höchstens zum Betrag der ausgesetzten
Belohnung Ersatz zu leisten, sofern er nicht beweist, dass ihnen die Leistung doch nicht gelungen wäre.

I. Normzweck und Anwendungsbereich

1   Die Vorschrift betrifft die Rechtsfolgen eines an die Öffentlichkeit gerichteten Leistungsversprechens *(Belohnung)*. Dieses einseitige Versprechen ist
bedingt und löst einen Anspruch auf Belohnung aus, wenn eine beliebige
Person die vorausgesetzte Bedingung (Leistung) erfüllt. Das Preisausschreiben ist eine besondere Erscheinungsform der Auslobung.

2   Die Rechtsnatur der Auslobung ist umstritten. Die historischen Grundlagen
und die dogmatischen Aspekte sind eingehend dargestellt bei BSK OR I-
BUCHER, Art. 8 N 2 ff. Die h. L. in der Schweiz geht nunmehr davon aus, dass
es sich um ein **einseitiges Rechtsgeschäft** handelt (SCHWENZER, OR AT,
N 28 57), durch das bei Bedingungseintritt eine Obligation entsteht.

II. Voraussetzungen

3   Es muss eine Belohnung ausgesetzt werden, die in einem beliebigen materiellen (Prämie) oder immateriellen Vorteil (Auszeichnung) bestehen kann.
Diese «Auslobung» muss für eine bestimmte Leistung (der Begriff Leistung
ist an sich zu eng und zudem mit der Erfüllung vertraglicher Pflichten verbunden) versprochen sein. In Betracht kommt *jede nicht rechts- und sittenwidrige Verhaltensweise* einer unbestimmten Vielzahl von Personen. Nicht
notwendig ist dagegen, dass die Auslobung an jedermann adressiert ist
(GAUCH/SCHLUEP/SCHMID/REY, N 1042).

III. Rechtsfolgen

4   Wer die Bedingung erfüllt, löst den Anspruch aus. Aus dem dargelegten
Konzept ergibt sich, dass dazu keine Annahmeerklärung (so die überholte

Vertragstheorie; MERZ, Vertrag, N 267) und auch keine Geschäftsfähigkeit des «Belohnten» erforderlich ist. Selbst derjenige, der die Bedingung erfüllt ohne von der Auslobung Kenntnis zu haben, erlangt den Anspruch (BGE 39 II 597 ff.).

Bis zum Zeitpunkt des Bedingungseintritts ist das Leistungsversprechen *frei*   5
widerruflich. Hat jedoch jemand im Vertrauen auf die Auslobung Aufwendungen gemacht, die sich dann als nutzlos erweisen, ist er zu entschädigen. Es handelt sich um einen gesetzlichen Fall der **Vertrauenshaftung** (dazu u. N 7), weshalb der Anspruch üblicherweise auf das Vertrauensinteresse beschränkt wird (h. L.; weitergehend wohl SCHWENZER, AT OR, N 28.54). Allerdings steht dem Auslobenden der Beweis offen, dass die Leistung keinesfalls gelungen wäre.

IV. Preisausschreiben

Das Gesagte gilt in gleicher Weise für Preisausschreiben, die sich nur   6
dadurch vom Normalfall unterscheiden, dass die Belohnung im Rahmen eines Wettbewerbs versprochen wird, dessen Veranstalter der Auslobende ist. Deshalb setzt der Anspruch hier einen zusätzlichen Entscheid des Veranstalters voraus, der den Belohnten (Sieger/Preisträger) bestimmt. Dabei müssen die im Voraus bekannt gegebenen Bedingungen (etwa Auswahl bei mehreren durch Los) eingehalten werden.

Die Vorschrift muss wohl auch auf die **Ausschreibung sportlicher Wettbe-**   7
werbe angewandt werden. Wer die Qualifikation erfüllt muss zugelassen und bei nicht Nichtberücksichtigung entschädigt werden. So hat das BGer im sog. Ringerentscheid (Qualifikation für Olympische Spiele) gestützt auf die Vertrauenshaftung zu Recht entschieden, die in Art. 8 nur eine besondere Ausprägung erfahren hat (BGE 121 III 350, dazu WIEGAND, ZBJV 1997, 114 ff.).

Art. 9

6.	**Widerruf des Antrages und der Annahme**	[1] **Trifft der Widerruf bei dem anderen Teile vor oder mit dem Antrage ein, oder wird er bei späterem Eintreffen dem andern zur Kenntnis gebracht, bevor dieser vom Antrag Kenntnis genommen hat, so ist der Antrag als nicht geschehen zu betrachten.**
		[2] **Dasselbe gilt für den Widerruf der Annahme.**

I. Normzweck und Anwendungsbereich

1   Die Vorschrift zieht die Konsequenz aus der Widerrufbarkeit der Offerte und des Akzepts, bevor diese durch Zugang wirksam geworden sind (Art. 3 N 3). Trifft der Widerruf vor diesem Zeitpunkt ein, so entfaltet die widerrufene Erklärung keine Rechtswirkungen. Diese sich aus dem Konzept der Willenserklärung ohne Weiteres ergebende Folgerung wird durch das Bemühen des Gesetzgebers um Perfektion kompliziert (s. unten N 4 f.), was vor allem im elektronischen Geschäftsverkehr die Handhabung erschwert.

2   In der Sache regelt die Vorschrift eine Frage, die sich bei allen Willenserklärungen stellt, und die gesetzliche Lösung beruht auf dem generellen Konzept der Willenserklärung. Deshalb findet Art. 9 auf **alle zugangsbedürftigen rechtsgeschäftlichen Erklärungen** (zumindest analog) Anwendung. Dies ist vor allem für die *Ausübung von Gestaltungsrechten* (Anfechtung, Kündigung oder Rücktritt) von Bedeutung (BSK OR I-BUCHER, Art. 9 N 3).

II. Voraussetzungen

3   Die Regel knüpft zunächst daran an, dass *nicht die Abgabe, sondern der Empfang* der Willenserklärung für deren Wirksamwerden ausschlaggebend ist. Infolgedessen kann eine abgegebene durch eine spätere «überholt» werden, sofern letztere eher beim Empfänger eintrifft. Es handelt sich um selbstverständliche Konsequenzen aus der dem OR zugrunde liegenden Konzeption der Willenserklärung und der Zugangstheorie, die dann jedoch schrittweise relativiert wird. Dies geschieht in zwei Schritten, die (vermutlich) der Perfektionierung des Interessenausgleichs dienen sollten.

4   Bei **gleichzeitigem Eintreffen** hat der *Widerruf Vorrang* vor dem Antrag. Dabei ging man stillschweigend davon aus, dass beide Erklärungen praktisch gleichzeitig wahrgenommen werden. Selbst bei **späterem Eintreffen** des Widerrufs soll dieser Vorrang haben, wenn er dem Empfänger vor dem Antrag «zur Kenntnis gebracht» wird. Damit wendet der Gesetzgeber für diese spezielle Konstellation die Vernehmungstheorie (dazu Art. 1 N 13) an, bei der (erst) die tatsächliche Kenntnisnahme die Wirkung der Willenserklärung auslöst. Praktische Bedeutung hat diese Regel nie erlangt, was sich schon daraus ergibt, dass der Widerrufende die spätere Kenntnisnahme des Antrags beweisen muss (zum Ganzen BSK-OR I-BUCHER Art. 9 N 4 ff. und 12).

5   Im **elektronischen Geschäftsverkehr** könnte Art. 9 jedoch eine gewisse Bedeutung erlangen. Denn aufgrund der genau nachweisbaren Zugangszeiten gibt es keinerlei Beweisprobleme mehr. Das «Überholen» des Antrags durch den Widerruf kommt praktisch nicht mehr in Betracht. Schwierig ist die Frage, wann Gleichzeitigkeit vorliegt. Man muss sich darüber verständigen,

welcher Zeitpunkt massgeblich ist (Eingang auf dem Server, Zeitpunkt des Abrufs, tatsächliche Kenntnisnahme [Lesebestätigung] oder Erscheinen der Nachricht auf dem Computer). Solange und soweit keine gesetzliche Regelung erfolgt (in der Schweiz nach Scheitern des Gesetzesentwurfs für den elektronischen Geschäftsverkehr nicht absehbar), lassen sich keine allgemeinen Regeln entwickeln (dazu insgesamt WIEGAND, Geschäftsverbindung 121 ff., WEBER, E-Commerce, 318).

An den **Inhalt der Widerrufserklärung** sind keine hohen Anforderungen zu   6 stellen. Der Widerrufende muss eindeutig klar machen, dass er an sein Angebot überhaupt oder zum Teil nicht aufrechterhält. Ob er in diesem Zusammenhang eine veränderte Offerte (s. unten N 7) unterbreitet, ist für die Wirksamkeit des Widerrufs ohne Bedeutung.

III. Rechtsfolgen

Bei rechtzeitigem Eintreffen des Widerrufs (gemäss N 3–5) wird der Antrag   7 gegenstandslos. Enthält der Widerruf des Antrags ein modifiziertes oder gänzlich neues Angebot, löst das grundsätzlich keine Pflicht zur Reaktion aus. Eine analoge Anwendung von Art. 5 Abs. 3 oder gar Art. 6 ist nicht geboten, sofern nicht besondere Umstände bestehen.

Trifft der *Widerruf verspätet* ein, kann der Empfänger den Antrag annehmen oder den Widerruf akzeptieren. In beiden Fällen wird der Absender durch die entsprechende Annahme informiert, die erst mit Zugang wirksam wird. Eine entsprechende Anwendung von Art. 6 kommt nicht in Betracht (differenzierend BSK OR I-BUCHER, Art. 9 N 13). Das Gesagte gilt für den Widerruf der Annahme entsprechend (**Abs. 2**).

Art. 10

III. | Beginn der Wirkungen eines unter Abwesenden geschlossenen Vertrages

[1] **Ist ein Vertrag unter Abwesenden zustande gekommen, so beginnen seine Wirkungen mit dem Zeitpunkte, wo die Erklärung der Annahme zur Absendung abgegeben wurde.**

[2] **Wenn eine ausdrückliche Annahme nicht erforderlich ist, so beginnen die Wirkungen des Vertrages mit dem Empfange des Antrages.**

Literatur

THÉVENOZ, La rétroactivité des effets du contrat entre absents et le transfert des risques, SemJud 1983, 481 ff.

I. Normzweck und Anwendungsbereich

1   Die Vorschrift hat zwar historische Vorläufer, sie ist aber singulär und systemwidrig; denn sie knüpft die Wirkungen des Vertrages an die Äusserung des Annahmewillens (im Sinne der Entäusserungstheorie, Art. 1 N 13). Die praktische Bedeutung der Vorschrift ist (glücklicherweise) gering geblieben. Anwendung kann Art. 10 nur dann finden, wenn *unter Abwesenden* nach dem Modell der Art. 3–9 Angebot und Annahme ausgetauscht werden.

II. Voraussetzungen

2   Der *Vertrag muss zustande gekommen* sein. Art. 10 findet demnach nur Anwendung, wenn die Annahmeerklärung, ohne dass sie rechtzeitig widerrufen worden wäre, dem Offerenten zugegangen ist. Dann ist auf den Zeitpunkt der **Abgabe der Annahmeerklärung** abzustellen (zum Begriff Abgabe Art. 1 N 12; die antiquierte Formulierung des Art. 10 erfasst nicht mehr alle relevanten Kommunikationsformen). Liegt ein Fall von Art. 6 vor, so kommt der Vertrag erst nach Ablauf der Ablehnungsfrist (s. oben Art. 6 N 3) zustande. Gemäss des **Abs. 2** ist dann der **Empfang des Antrags** der massgebliche Zeitpunkt.

3   Auf den so festgelegten Zeitpunkt treten die **materiellen Vertragswirkungen** ein. Die h. L. betrachtet das als eine «rückbezügliche Gestaltungswirkung» (BGE 99 II 301; BK-SCHMIDLIN, Art. 10 N 16 ff.; erläuternd dazu und ausdrücklich dagegen BSK OR I-BUCHER, Art. 10 N 2). Mit Hilfe dieses Begriffes versucht sie die teilweise fatalen Konsequenzen der Rückwirkung abzumildern (s. unten N 5).

III. Rechtsfolgen

4   Die Rückwirkung hat zur Folge, dass sich eine ganze Reihe von Fragen nach dem durch Art. 10 bestimmten Zeitpunkt beurteilen (umfassende Liste bei BSK OR I-BUCHER, Art. 10 N 6 ff. und BK-SCHMIDLIN, Art. 10 N 16 ff.). Praktisch bedeutsam sind vor allem folgende Punkte: Die materiellen Wirksamkeitsvoraussetzungen (Art. 20 ff.), *Fälligkeit* der Leistungspflichten, Wirksamkeit einer Verfügung.

5   Anlass zu Kontroversen hat die Frage der *Kaufpreisgefahr* gegeben: Nach einer überwiegenden, allerdings in sich widersprüchlichen Auffassung (THÉVENOZ, Art. 10 N 31; BK-KRAMER, Art. 19/20 N 249; BK-SCHMIDLIN, Art. 10 N 31) soll Art. 185 nicht rückwirkend anzuwenden sein (a. A. VON TUHR/PETER, OR AT, 191; BSK OR I-BUCHER, Art. 10 N 8), was nur im Hinblick auf das erwünschte Ergebnis vertretbar erscheint.

Art. 11

B.   **Form der Verträge**

I.   **Erfordernis und Bedeutung im Allgemeinen**

[1] **Verträge bedürfen zu ihrer Gültigkeit nur dann einer besonderen Form, wenn das Gesetz eine solche vorschreibt.**

[2] **Ist über Bedeutung und Wirkung einer gesetzlich vorgeschriebenen Form nicht etwas anderes bestimmt, so hängt von deren Beobachtung die Gültigkeit des Vertrages ab.**

Materialien

Botschaft zum Bundesgesetz über Zertifizierungsdienste im Bereich der elektronischen Signatur (ZertES) vom 3. Juli 2001, BBl 2001 5679 (zit. Botschaft ZertES)

Literatur

BREITLING, Bedeutung und Wirkung von Schriftformklauseln, Diss. Freiburg i. Br. 1993; BRUNNER, UN-Kaufrecht – CISG, Kommentar zum Übereinkommen der Vereinten Nationen über Verträge über den internationalen Warenkauf von 1980, Bern 2004; GAUCH, Vom Formzwang des Grundstückkaufes und seinem Umfang, BR 1986, 80 ff.; DERS., Von den wesentlichen Vertragspunkten, recht 1991, 45 ff.; E. HUBER, Zehn Vorträge über ausgewählte Gebiete des neuen Rechts, Dritter Vortrag, Formen im schweizerischen Privatrecht, Bern 1911; H. HUBER, Die öffentliche Beurkundung als Begriff des Bundesrechts, ZBGR 1988, 228 ff.; KELLERHALS, Simulation im Grundstückkauf, Diss. Bern 1950 (zit.: Simulation); DERS., Grundstückkauf mit Schwarzgeld, ZBJV 1990, 121 ff.; A. KOLLER, Vom Formmangel und seinen Folgen, in: A. Koller (Hrsg.), Der Grundstückkauf, 2. Aufl., Bern 2001, 77 ff.; MERZ, Die vertraglich vorbehaltene Form (Art. 16), in: Travaux de la 5ème semaine juridique turco-suisse, 1975, 169 ff.; REBER, Der Umfang des Formzwangs beim Grundstückkauf, in: Jusletter 9. Mai 2005; ROSENTHAL, Digitale Signaturen: Von Missverständnissen und gesetzlichen Tücken, in: Jusletter 29. Januar 2001; SCHLAURI, Elektronische Signaturen, Zürich/Basel/Genf 2002; DERS., Die Digitale Signatur: Basistechnologie des elektronischen Geschäftsverkehrs, in: Arter/Jörg (Hrsg.), Internet-Recht und Electronic Commerce Law, Lachen 2001, 55 ff.; SCHÖBI, Zivilrechtliche Aspekte des Internets, in: Jusletter 1. März 2004; WIEGAND, Formungültigkeit und Vertrauenshaftung – Bemerkungen zu einem bemerkenswerten Urteil des Bundesgerichts, recht 1999, 225 ff.; DERS., Zur Rückabwicklung gescheiterter Verträge, in: FS Gauch, Zürich 2004, 709 ff.; WIEGAND/BRUNNER,

Vom Umfang des Formzwanges und damit zusammenhängende Fragen des Grundstückkaufvertrages, recht 1993, 1 ff.; WILLE, Vertragsabschluss im Internet, TREX 2006, 34–36.

I. Normzweck und Anwendungsbereich

1   Das **Prinzip der Formfreiheit der Rechtsgeschäfte** ist ein wesentliches Element der Vertragsfreiheit, es wird als Ausfluss der Privatautonomie verstanden. Zwar spricht der Wortlaut des Art. 11 Abs. 1 nur von der Formfreiheit der Verträge, jedoch gilt dieses Prinzip aufgrund der Verweisungsnorm des Art. 7 ZGB für alle Rechtsgeschäfte des Privatrechts (BGE 116 II 117 E. 7b [Testament]; 121 III 31 E. c [einseitiges Rechtsgeschäft]). Gesetzliche Formvorschriften können nur *Bundesgesetze* aufstellen. Die Kantone dürfen für ein Rechtsgeschäft, dessen Abschluss nach Bundesrecht keiner besonderen Form bedarf, weder ein Formerfordernis einführen (BGE 85 I 17 E. 12) noch für dessen Beweisbarkeit eine Form vorschreiben (Art. 10 ZGB).

2   Mit einer Formvorschrift verfolgt das Gesetz rechtspolitische Zwecke (zum Ganzen BK-SCHMIDLIN, Art. 11 N 8 ff.; SCHWENZER, OR AT, N 31.02): Formvorschriften dienen dem Schutz vor übereiltem Abschluss wichtiger Geschäfte (**Warnfunktion**), der Schaffung klarer Verhältnisse durch Fixierung der Willenserklärungen in Schriftform (**Klarstellungsfunktion**) oder der erhöhten Transparenz, indem das Rechtsgeschäft in einer äusseren Form verkörpert, sinnlich wahrnehmbar und für Dritte (namentlich für Registerbehörden) sichtbar wird (**Transparenzfunktion**; vgl. BGE 82 II 48 E. 1 zum Schriftformerfordernis der Zession, das dazu diene, dass Dritte «anhand eines deutlich kund gewordenen Vorganges feststellen können, wem die Forderung zusteht»).

3   Eine Formvorschrift kann einem oder mehreren dieser Zwecke dienen (SCHWENZER, OR AT, N 31.03; KOLLER, OR AT I, § 12 N 11 ff.). Sie gilt, wo angeordnet, generell. Das Gericht kann nicht prüfen, ob im Einzelfall der Formzweck obsolet ist und deshalb die Anwendung des Formerfordernisses entfällt (BGE 87 II 28 E. 4c). Andererseits sind die gesetzlichen Formvorschriften gestützt auf das Prinzip des *favor negotii* **eng auszulegen** (BGE 113 II 402 E. c; 112 II 23 E. 4). Das ändert indes nichts daran, dass Formvorschriften **zwingendes Recht** sind und nicht der Parteidisposition unterliegen. Die Parteien können immerhin eine strengere Form vereinbaren, als gesetzlich vorgesehen ist (BSK OR I-SCHWENZER, Art. 11 N 30).

II. Arten gesetzlicher Formvorschriften

4   Drei Arten von Formvorschriften werden unterschieden: einfache Schriftlichkeit, qualifizierte Schriftlichkeit und öffentliche Beurkundung.

a) **Einfache Schriftlichkeit** erfordert, dass die rechtsgeschäftlichen Willenserklärungen in *schriftliche Form* gefasst und von der sich verpflichtenden Partei eigenhändig oder qualifiziert elektronisch *unterzeichnet* werden. Die einfache Schriftlichkeit ist die mildeste Ausprägung des gesetzlichen Formzwangs, kann aber alle drei Formfunktionen wahrnehmen (oben N 2).

b) Bei der **qualifizierten Schriftlichkeit** kommen zusätzliche Anforderungen hinzu, wie z. B. Eigenhändigkeit des gesamten Textes (so beim Testament [Art. 505 Abs. 1 ZGB] und bei der Einsetzung des Haftungsbetrags in der Bürgschaftsurkunde [Art. 493 Abs. 2 OR]), die Verwendung eines bestimmten Formulars (Kündigung der Wohn- oder Geschäftsraummiete [Art. 266 l Abs. 2 OR]) etc. (vgl. die Zusammenstellung bei BK-SCHMIDLIN, Art. 11 N 65 ff.).

c) Bei der **öffentliche Beurkundung** wird die rechtsgeschäftliche Erklärung durch eine vom Staat mit dieser Aufgabe betrauten Person, in der geforderten Form und in dem dafür vorgesehenen Verfahren in einer Urkunde festgehalten (BGE 99 II 159 E. 2a). Sie findet immer dann Anwendung, wo das Rechtsgeschäft Grundlage für die Eintragung in öffentliche Register ist. Als Ergebnis eines *notariellen Prozesses* hat sie augenfällige Warnfunktion.

Der Begriff der öffentlichen Beurkundung ist **bundesrechtlicher Natur** 5 (BGE 113 II 402 E. 2a; 106 II 146 E. 1). Nach Art. 55 Abs. 1 SchlT bestimmen indes die Kantone das Beurkundungsverfahren. Dieses muss einerseits den sich aus Begriff und Zweck der öffentlichen Beurkundung ergebenden Mindestanforderungen genügen, darf aber andererseits die Wirksamkeit des Bundesprivatrechts weder verunmöglichen noch beeinträchtigen. Zu den **Mindestanforderungen** gehört, dass die Urkundsperson die Äusserungen der Parteien wahrheitsgetreu und vollständig in der öffentlichen Urkunde festhält, den Text den Parteien persönlich zur Kenntnis bringt und dessen Genehmigung durch sie entgegennimmt (SCHWENZER, OR AT, N 31.18). Die Beurkundung wird mit der Siegelung und Unterzeichnung der mit Ort und Datum versehenen Urkunde vollzogen (vgl. zum Ganzen eingehend BK-SCHMIDLIN, Art. 11 N 68 ff.).

Keine öffentliche Beurkundung ist die **amtliche Beglaubigung**, dass ein 6 Authentifizierungszeichen von einer bestimmten Person stammt (so etwa bei der Blindenunterschrift [Art. 14 Abs. 3], dem Handzeichen des Schreibunfähigen [Art. 16] etc.; vgl. SCHWENZER, OR AT, N 31.19).

III. Umfang des Formzwangs

Die Frage nach dem **Umfang des Formzwangs** beurteilt sich nach Bundes- 7 recht. Teilweise zählt das Gesetz selbst die formbedürftigen Teile eines

Rechtsgeschäfts auf (so bei der Bürgschaft [Art. 493] oder beim Konsumkredit [Art. 9 ff. KKG]). Problematischer sind jene Fälle, wo nur die Formbedürftigkeit an sich, nicht aber der Formumfang geregelt ist.

8   Unterliegt ein ganzer Vertrag einer Formvorschrift, gilt als Grundsatz, dass nur die **wesentlichen Punkte** vom Formzwang erfasst werden (vgl. REBER, Rz 6). Das bedeutet, dass Vertragspunkte, die weder objektiv noch subjektiv wesentlich sind, dem Formzwang grundsätzlich nicht unterliegen (zu den Ausnahmen GAUCH/SCHLUEP/SCHMID/REY, N 544). Während vereinzelt nur die Formbedürftigkeit der objektiv wesentlichen Punkte angenommen wird, sind nach der Rechtsprechung die **objektiv** und die **subjektiv wesentlichen Punkte**, sofern diese **vertragstypisch** sind, vom Formzwang erfasst (vgl. BGE 113 II 402 E. 2a und KOLLER, OR AT I, § 12 N 80).

9   Die weitaus wichtigste Rolle spielt die Frage nach dem Umfang des Formzwangs beim **Grundstückkauf.** Auch hier verlangt das Bundesgericht (siehe soeben N 8) die öffentliche Beurkundung sowohl der **objektiv** als auch **subjektiv wesentlichen Vertragspunkte** (wegleitend BGE 113 II 402 E. 2a). Nebenabreden stellen jedoch nur unter zwei kumulativen Voraussetzungen beurkundungsbedürftige Vertragspunkte dar: Einerseits muss die eingegangene Verpflichtung ihren Rechtsgrund in einem Anspruch haben, der nicht ausserhalb des natürlichen Inhalts der Vereinbarung liegt; andererseits muss die Verpflichtung in den Rahmen des Kaufvertrags fallen, die rechtliche Situation der Kaufsache beeinflussen und unmittelbar den Geschäftsinhalt treffen (vgl. die Zusammenstellung der Abgrenzungsformeln bei REBER, Rz 60 ff.).

IV. Rechtsfolgen bei Formmangel

10   Ist die Form gesetzlich vorgesehen, bildet sie konstitutives Tatbestandselement des entsprechenden Geschäftstatbestands. Fehlt sie, ist das Rechtsgeschäft **ungültig** (Art. 11 Abs. 2), ausser das Gesetz ordne im Einzelfall etwas anderes an. Formvorschriften sind somit im Zweifelsfall *Gültigkeits-,* nicht blosse *Ordnungsvorschriften* (SCHWENZER, OR AT, N 31.26).

11   Das Bundesgericht versteht unter Ungültigkeit mangels Einhaltung der Formvorschrift **absolute Nichtigkeit,** die von Amtes wegen zu berücksichtigen ist und auf die sich auch am Vertrag nicht beteiligte Dritte berufen können (BGE 112 II 330 E. 2b; 106 II 146 E. 3; teilweise offen gelassen in 112 II 330 E. 2a, b). Sind nur einzelne Bestimmungen eines Vertrages formbedürftig, so ist in analoger Anwendung von Art. 20 Abs. 2 **Teilnichtigkeit** zu vermuten, wenn nicht anzunehmen ist, dass die Parteien den Vertrag ohne den nichtigen Teil überhaupt nicht geschlossen hätten (BGE 60 II 98 f.; BGer 4C.175/2003, E. 5).

Die Nichtigkeitsfolge wird durch das **Rechtsmissbrauchsverbot** teilweise   12
modifiziert (BGE 112 II 330 E. 3a, b; 112 II 107 E. 3a, b). Wer einen Vertrag wegen Formmangels nicht gelten lassen will, missbraucht den Nichtigkeitseinwand, wenn er wegen besonderer Umstände gegen Treu und
Glauben verstösst (BGE 84 II 636 E. 2). Wird der formungültige Vertrag
nach Massgabe des übereinstimmenden Parteiwillens *beidseitig freiwillig*,
irrtumsfrei und *vollständig* erfüllt, so ist die Berufung auf den Formmangel
rechtsmissbräuchlich, wenn nicht die Würdigung aller übrigen Umstände,
wie namentlich das Verhalten der Parteien bei und nach Vertragsschluss,
eindeutig zum gegenteiligen Ergebnis führt (BGE 112 II 330 E. 2a). Auch
schon bei Erfüllung (nur) zur *Hauptsache* kann die Berufung auf den Formmangel rechtsmissbräuchlich sein (BGE 116 II 700 E. 3b). Bleibt der formungültige Vertrag gänzlich unerfüllt, ist der Nichtigkeitseinwand nicht
rechtsmissbräuchlich, denn Art. 2 ZGB begründet grundsätzlich keinen
Erfüllungsanspruch (BGE 104 II 99 E. 3). Wenn aber der Vertrag noch nicht
vollständig erfüllt ist, leitet das Bundesgericht aus dem Rechtsmissbrauchs-
einwand auch einen Erfüllungsanspruch ab (BGE 116 II 700 E. 3).

Im sog. **Monte-Rosa-Entscheid** (BGer 4C.299/1998) nahm das Bundesge-   13
richt im Zusammenhang mit einem formnichtigen Grundstückkaufvertrag
eine Schadenersatzpflicht des sich rechtsmissbräuchlich auf Nichtigkeit
berufenden Käufers aus **Vertrauenshaftung** an, was bei noch ausstehender
Geldleistung im Ergebnis auf einen Erfüllungsanspruch hinausläuft (dazu
krit. WIEGAND, 225 ff.). Wer bei Erfüllung eines formnichtigen Vertrags den
Formmangel *nicht kennt*, handelt bei Erhebung des Nichtigkeitseinwands
nicht rechtsmissbräuchlich (BGE 112 II 330 E. 2b; BGer 4C.175/2003, E. 3.2).
Rechtsmissbrauch kommt in Betracht, wenn der Formmangel von der Partei, die sich auf ihn beruft, arglistig herbeigeführt wurde, sie ihn beim Abschluss des Vertrags bewusst in Kauf genommen oder zum eigenen Vorteil
sogar gewollt hat (BGE 90 II 21 E. 2c). Die Darlegung eines *schutzwürdigen
Interesses* durch die den Mangel geltend machende Partei ist grundsätzlich
nicht erforderlich (BGE 90 II 21 E. 2a, b).

Weist ein formungültiges Rechtsgeschäft alle Tatbestandselemente eines   14
formfrei gültigen auf, kann es im Einzelfall in ein solches *umgedeutet* werden. Zweck dieser sog. **Konversion** (dazu Art. 18 N 63) ist, dem von den
Parteien angestrebten wirtschaftlichen Erfolg auch dann zum Durchbruch
zu verhelfen, wenn das rechtliche Mittel, das sie gewählt haben, unzulässig ist, jedoch ein anderer rechtlicher Weg zur Verfügung steht, der zum
annähernd gleichen wirtschaftlichen Ergebnis führt (SCHWENZER, OR AT,
N 31.39; BGE 93 II 439 E. 5; 124 III 112 E. 2bb) Das Bundesgericht verlangt,
dass das **Ersatzgeschäft** inhaltlich im formungültigen Geschäft enthalten
ist, nicht aber weiter reicht als das von den Parteien beabsichtigte und keiner Partei strengere Verpflichtungen auferlegt als das nichtige (BGE 80 II

82 E. 3). Die Frage nach der Absicht der Parteien im Fall der Kenntnis der Nichtigkeit ist *Rechtsfrage*, da es dabei nicht um die Erforschung eines tatsächlichen, sondern eines hypothetischen Parteiwillens geht (BGE 103 II 176 E. 4; 124 III 112 E. 2bb).

15   Auf einen formungültigen, nicht konvertierbaren und nicht gestützt auf Art. 2 ZGB aufrecht erhaltenen Vertrag erbrachte Leistungen sind **zurückzugewähren**: Sachleistungen nach (noch) h. M. mittels **Vindikation** oder **Grundstücksberichtigungsklage**, mittels **Kondiktion** die übrigen Leistungen, sofern keine spezialgesetzlichen Regeln bestehen (vgl. etwa Art. 15 KKG). Bei Leistung in Kenntnis der Formungültigkeit (z. B. Kauf mit Schwarzgeldabrede) greift die Kondiktionssperre von Art. 63 Abs. 1 nicht, da die Leistung nicht auf eine Nichtschuld, sondern im Zweifel zum Zwecke der Erlangung der Gegenleistung erfolgt ist (BK-SCHMIDLIN, Art. 11 N 145; SCHWENZER, OR AT, N 31.41). Ob sich diese Konzeption einer auf ausservertragliche Instrumente gestützten Rückabwicklung allerdings halten wird, ist vor dem Hintergrund des **Klärschlamm-Entscheids** (BGE 129 III 329, insb. E. 7) fraglich. Noch mehr als bei einem irrtumsbehafteten Vertrag kann bei einem (nur) formungültigen Vertrag die Tatsache des (formalen) Vertragskonsenses nicht ohne Bedeutung sein. Würde sich dereinst eine einheitliche Konzeption der Rückabwicklung gescheiterter Verträge gestützt auf ein **Rückabwicklungsschuldverhältnis** durchsetzen (dazu ausführlich WIEGAND, Rückabwicklung, 710 ff.) wäre es systemkonform, auch die auf einen formungültigen Vertrag erbrachten Leistungen nach **vertraglichen Grundsätzen** zurückzugewähren.

16   Bei Formungültigkeit kommt unter gewissen Umständen eine **Haftung** aus **culpa in contrahendo** in Betracht (dazu BK-SCHMIDLIN, Art. 11 N 183 ff.). Das gilt etwa, wenn eine Partei die andere arglistig über die Formbedürftigkeit getäuscht hat oder das Formerfordernis kannte oder aufgrund ihrer beruflichen und geschäftlichen Stellung hätte kennen müssen und die andere Partei darüber nicht aufgeklärt hat (SCHWENZER, OR AT, N 31.42). Ein Anspruch aus culpa in contrahendo ist jedoch ausgeschlossen, wenn die Ungültigkeit eines Vertrages infolge Formmangels gleichermassen auf die **Nachlässigkeit** der einen wie der andern Vertragspartei zurückzuführen ist (BGE 106 II 36 E. 5) bzw. wenn sich beide Parteien bewusst über das Formerfordernis hinweggesetzt haben (BK-SCHMIDLIN, Art. 11 N 189; SCHWENZER, OR AT, N 31.42). Die cic-Haftung geht grundsätzlich auf das **negative Interesse**. Soweit ein Erfüllungsanspruch nicht in Betracht kommt, wird man bei Arglist jedoch auf das **positive Interesse** erkennen müssen, falls der Getäuschte nachweislich den ungültigen Vertrag auch formgültig abgeschlossen hätte (so zu Recht BK-SCHMIDLIN, Art. 11 N 195; BSK OR I-SCHWENZER, Art. 11 N 29).

V. Prozessuales

Wer aus einem formbedürftigen Rechtsgeschäft Rechte ableitet, trägt für 17
den Nachweis der Formeinhaltung die Beweislast. Allerdings regelt Art. 11
Abs. 2 nur die **Gültigkeitsform**, nicht die **Beweisform**: Für den Nachweis
der Formbeachtung ist nicht erforderlich, dass dem Gericht die formgerechte Urkunde produziert wird (BGE 101 II 211 E. 4b).

VI. IPR/Rechtsvergleichung

Nach Art. 124 IPRG erfüllt ein Vertrag dann das Formerfordernis, wenn 18
er dem **Recht am Abschlussort** oder dem **auf den Vertrag anwendbaren Recht** genügt (*alternative Anknüpfung*; vgl. auch BGE 117 II 490 E. 3).
Nach Art. 119 Abs. 3 Satz 2 IPRG hat die Form von Verträgen über Grundstücke in der Schweiz *zwingend* schweizerischem Recht zu entsprechen.
Rechtsgeschäfte über Grundstücke, die im Ausland liegen, richten sich nach
Art. 119 Abs. 3 Satz 1 IPRG, ausser gemäss diesem Recht sei die Anwendung eines anderen Rechts möglich (vgl. ZK-KELLER/GIRSBERGER, Art. 119
Abs. 3 IPRG N 55 ff.).

Nach Art. 11 CISG bedürfen **grenzüberschreitende Warenkaufverträge** 19
keiner besonderen Form (weder im Sinne einer Gültigkeits- noch einer Beweisform). Art. 11 verdrängt alle nationalen Formvorschriften, auch solche
verwaltungsrechtlicher oder prozessualer Art (BRUNNER, Art. 11 N 1). Ausnahmen können gelten, wenn sich eine Partei in einem Vertragsstaat nie-
dergelassen hat, welcher bezüglich der Formfreiheit einen Vorbehalt gemäss Art. 96 CISG eingelegt hat (dazu BRUNNER, Art. 96 N 1 ff.). Auch die
Unidroit-Principles sehen das Prinzip der Formfreiheit vor (Art. 1.2).

Das Prinzip der Formfreiheit hat sich in den meisten ausländischen Rechten 20
durchgesetzt. Das deutsche BGB entspricht in den § 125 ff. weitgehend den
schweizerischen Regelungen, jedoch wird der Formmangel durch Erfüllung
prinzipiell geheilt. Das französische Recht unterscheidet zwischen Solemnitätsform, Beweisform und Publizitätsform, wobei nur der Verstoss gegen
die Solemnitätsform zur Nichtigkeit führt; durch Erfüllung kann der Formmangel nicht geheilt werden. Das italienische Recht sieht für einen Form-
verstoss im Grundsatz die Nichtigkeit vor (Art. 1350 CC it).

Art. 12

Ist für einen Vertrag die schriftliche Form gesetzlich vorgeschrieben, so gilt diese Vorschrift auch für jede Abänderung, mit Ausnahme von ergänzenden Nebenbestimmungen, die mit der Urkunde nicht im Widerspruche stehen.

I.   Normzweck und Anwendungsbereich

1   Art. 12 ergänzt Art. 11 inhaltlich, indem die dort geregelte gesetzliche Formbindung der Verträge auch auf deren **Abänderung** erweitert wird (vgl. BK-Schmidlin, Art. 12 N 1). Er gilt entgegen der Marginalie nicht nur für Fälle der Schriftlichkeit, sondern auch für die Fälle **öffentlicher Beurkundung** (BGE 95 II 419 E. 2b; 95 II 523 E. 4; 111 II 143 E. 4a; 118 II 291 E. 3b; 123 III 97 E. 2).

2   **Spezielle Regelungen** gehen Art. 12 vor (BGE 103 II 127 E. 2 [stillschweigende Verlängerung eines zwingend in der Schriftform abgeschlossenen Lehrvertrages nach Art. 355 bzw. Art. 335 Abs. 2]). Weiter ist Schriftlichkeit nicht notwendig bei der Abänderung von Verträgen, für welche die Schriftform **vertraglich** vereinbart wurde (BGE 40 II 614 E. 1), denn der vertragliche Formvorbehalt kann jederzeit formfrei aufgehoben werden (s. Art. 16 N 8).

II.   Formbindung der Abänderungsvereinbarung

3   Die Abänderung eines geltenden und noch nicht gänzlich erfüllten formbedürftigen Vertrages bedarf einer Vereinbarung in der vorgeschriebenen Form, denn andernfalls könnte der Formzwang beliebig **umgangen werden**, der Formzweck erfasst auch das neu Vereinbarte (so zu Recht BK-Schmidlin, Art. 12 N 3). Abändern bedeutet **Modifizieren bestehender Abmachungen** oder **Ergänzungen des Vertrags** durch Anfügung zusätzlicher Bestimmungen, ohne den bestehenden Inhalt zu verändern (BK-Schmidlin, Art. 12 N 4). Auf welche Art und Weise die Modifikationen oder Ergänzungen vorgenommen werden müssen, bestimmt sich nach den allgemeinen Regeln (dazu die Kommentierung zu Art. 13 N 4 ff.). Abänderungen in einfacher Schriftform können durch Ausfertigung einer neuen Urkunde erfolgen oder auch einfach durch Streichungen, Korrekturen, Einschübe oder Zusätze (BK-Schmidlin, Art. 12 N 5; zu den Besonderheiten der Unterzeichnung vgl. unten Art. 13 N 7 ff.).

Ergänzende Nebenbestimmungen bedürfen keiner besonderen Form. 4
Nach den Vorstellungen des Gesetzgebers soll im Interesse der Billigkeit
und der guten Treue die schlichte Vervollständigung in Nebenpunkten eine
bereits formgerecht eingegangenen Vereinbarung nicht behindern (BK-
SCHMIDLIN, Art. 12 N 14). Dazu gehören Nebenbestimmungen, die selbst
keinem Formzwang unterliegen. Weiter gilt dies – entgegen des Wortlauts
des Art. 12 – auch für Vertragsänderungen, die zwar mit der ursprünglichen Urkunde in Widerspruch stehen, aber nur objektiv und subjektiv unwesentliche Punkt betreffen, weil diese als solche nicht formbedürftig sind
(BGE 123 III 97 E. 2; BK-SCHMIDLIN, Art. 12 N 17; BSK OR I-SCHWENZER,
Art. 12 N 5).

Nach **Art. 115** kann eine Forderung auch dann **formfrei aufgehoben** wer- 5
den, wenn zu ihrer Begründung eine Form erforderlich war. Zwar wird
durch die gänzliche oder teilweise Aufhebung eines vertraglichen Anspruches die Gegenforderung nicht unmittelbar verändert. Nach dem Wortlaut von Art. 115 müsste dann deren Erlass auch zulässig sein. Damit würde
indes der Normzweck von Art. 12 unterlaufen, denn bei synallagmatischen
Verträgen stehen die sich gegenüberstehenden Forderungen in einem Austauschverhältnis. Wird die eine ganz oder teilweise aufgehoben, bedeutet
dies eine Erschwerung der anderen: Die einseitige Veränderung wirkt sich
auf das Vertragsverhältnis als Ganzes aus; dieses ist aber dem Schutz des
Art. 12 unterstellt (so BK-SCHMIDLIN, Art. 12 N 11; zustimmend BSK OR I-
SCHWENZER, Art. 12 N 6).

III. Rechtsfolgen

Verletzen Abänderungen oder Ergänzungen die Formvorschriften, so sind 6
sie **ungültig**. Grundsätzlich gilt somit das ursprünglich Vereinbarte. Allerdings ist der bestehende Vertrag unter dem Gesichtspunkt der **Teilungültigkeit** zu prüfen (Art. 20 Abs. 2): Messen die Parteien der Abänderung so
grosse Bedeutung bei, dass sie ohne sie den alten Vertrag nicht mehr aufrecht erhalten wollen, so ist mit der Ungültigkeit der Abänderungen auch
dieser konkludent aufgehoben (so zu Recht BK-SCHMIDLIN, Art. 12 N 6;
a. M. BSK OR I-SCHWENZER, Art. 12 N 7). Das ergibt sich aus dem Prinzip
der Privatautonomie.

IV. Rechtsvergleichung

Nach Art. 29 CISG kann ein grenzüberschreitender Warenkaufvertrag form- 7
frei abgeändert werden, ausser die eine Partei habe ihren Sitz in einem Vorbehaltsstaat nach Art. 96 CISG.

Art. 13

b.   Erfordernisse   ¹ Ein Vertrag, für den die schriftliche Form gesetzlich
vorgeschrieben ist, muss die Unterschriften aller
Personen tragen, die durch ihn verpflichtet werden
sollen.

² ...

I.   Normzweck und Anwendungsbereich

1   Anders als man aus dem Gesamtzusammenhang der Marginalien schliessen könnte, regelt Art. 13 nicht alle Erfordernisse der einfachen Schriftlichkeit, sondern nur die Frage, wer die Vertragsurkunde zu **unterzeichnen**
hat. In der früheren Fassung des Normtexts wurden in einem zweiten
Absatz noch die Sonderformen des Briefs und Telegramms geregelt. Diese
Regelungen sind insofern obsolet geworden, als es einerseits keine Inland-
telegramme mehr gibt, andererseits die Regelung bezüglich des Briefwech-
sels seit je bereits durch Absatz 1 abgedeckt war (so die Botschaft ZertES,
5707). Der vormalige Absatz 2 wurde durch das Bundesgesetz vom 19. Dezember 2003 über die elektronische Signatur (ZertES) mit Wirkung seit
1. Januar 2007 aufgehoben.

2   Art. 13 gilt für **alle Rechtsgeschäfte**, die der Schriftform bedürfen (BGE 101
III 65 E. 3; BSK OR I-Schwenzer, Art. 13 N 2). Als *«principe juridique de
valeur générale»* (so BGE 101 III 65 E. 3) ist er entsprechend auf die öffentliche Beurkundung (BK-Schmidlin, Art. 13 N 2) und auch im öffentlichen
Recht anwendbar.

3   Grundsätzlich nicht formbedürftig ist (nach allerdings fragwürdiger h. M.)
die **Vollmacht** zur Vornahme eines formbedürftigen Rechtsgeschäfts (BGE
112 II 330 E. 1a, b; BSK OR I-Schwenzer, N 12), ausser Spezialregeln sä-
hen etwas anderes vor (so etwa Art. 493 Abs. 2).

II.   Einfache Schriftform

4   Der Begriff der **Schriftlichkeit** wird von Art. 13 vorausgesetzt. Schriftlichkeit setzt die Aufzeichnung des Erklärungsinhalts in **Schriftzeichen**
auf einem *beständigen, veränderungsresistenten* **Erklärungsträger** voraus
(vgl. auch CR CO I-Guggenheim, Art. 13 N 3). Unter Schrift wird ein Zeichen mit Sinngehalt verstanden. Der Text kann auch in codierten, fremden oder antiken Sprachen etc. verfasst sein (CR CO I-Guggenheim, Art. 13
N 3).

Schriftlichkeit bedeutet nicht Eigenhändigkeit des Texts, aber grundsätz-   5
lich **Eigenhändigkeit der Unterschrift.** Für die Vertragserklärung als solche vermag dem Schriftformerfordernis jede Schreibtechnik zu genügen
(KOLLER, OR AT I, § 12 N 45). Wird der Erklärungsträger nicht eigenhändig, sondern elektronisch signiert, kommt als Erklärungsträger nur ein
elektronisches Dokument in Frage (dazu unten Art. 14/15 N 6 ff.). Mit der
elektronischen Signatur steht ein technisches Verfahren zur Verfügung, das
es erlaubt, die Authentizität und Integrität eines elektronischen Dokuments
zu überprüfen. Die elektronische Signatur kann damit zwar die Beständigkeit und Veränderungsresistenz eines elektronischen Dokuments nicht direkt, aber immerhin indirekt garantieren. In der Lehre wird diskutiert, ob
auch ausserhalb des Anwendungsbereichs der elektronischen Form **elektronische Datenträger** als Erklärungsträger in Frage kommen (BSK OR I-
SCHWENZER, Art. 13 N 3; CR CO I-GUGGENHEIM, Art. 13 N 4). Sofern diese
die Erfordernisse der *Beständigkeit* und *Veränderungsresistenz* aufweisen, steht einer Anerkennung als den Formerfordernissen genügender Erklärungsträger nichts entgegen (gl. M. BSK OR I-SCHWENZER, Art. 13 N 3;
CR CO I-GUGGENHEIM, Art. 13 N 4). Bezüglich der Unterschrift muss indessen grundsätzlich ein Anwendungsfall von Art. 14 Abs. 2 gegeben, d. h. eine
Faksimileunterschrift verkehrsüblich sein. Ob ein elektronisches Dokument
eigenhändig unterzeichnet werden kann, ist fraglich. Denkbar ist immerhin, dass mittels beständiger Filzschrift direkt die *Oberfläche einer Daten-
CD-R* oder *DVD-R* unterzeichnet wird.

Eine **Aufweichung der Schriftform** ist in den neueren Verfahrensgesetzen   6
zu beobachten: Art. 9 Abs. 2 GestG verlangt für die Gerichtsstandsvereinbarung Schriftlichkeit, nach lit. a des nämlichen Absatzes sind indes Formen
der Übermittlung, die den Nachweis durch Text ermöglichen (namentlich
Telex, Telefax und E-Mail), einer schriftlichen Vereinbarung gleichgestellt.
Die gleiche Regelung sieht Art. 235 E ZPO für die Schiedsvereinbarung für
Binnenschiedsverfahren vor.

Die Anbringung der **eigenhändigen Unterschrift** bezweckt, den Erklären-   7
den zu **identifizieren** und den festgehaltenen Erklärungsinhalt auf einem
dauerhaften Erklärungsträger **anzuerkennen** (BGE 119 III 4 E. 3; BGer
4C.110/2003, E. 3.3). Aus der Unterschrift muss die Identität des Erklärenden erkennbar sein; sofern aus den Umständen die Identität ersichtlich ist,
genügt eine wie auch immer geartete Symbolik (vgl. auch BGE 45 II 124
E. 1). Unterzeichnet ein **Vertreter,** muss das Vertretungsverhältnis angegeben werden (BGE 102 II 197 E. 2b). Die Datierung des Schriftstücks ist nicht
erforderlich (BGE 101 II 222 E. 6c).

Die Formulierung von Art. 13 suggeriert, dass sich die Unterschrift bei zwei-   8
oder mehrseitigen Verträgen auf dem gleichen Erklärungsträger befinden
muss. Das ist zwar bei wichtigen Verträgen üblich, aber nicht erforderlich

(CR CO I-Guggenheim, Art. 13 N 6). Bei Verwendung mehrerer Dokumente genügt der Austausch der signierten Erklärungsträger (BGE 50 II 267 E. 2; so nun auch die Botschaft ZertES, 5707). Die Unterschrift muss den Inhalt der Urkunde räumlich decken und daher in der Schriftrichtung **dem Text nachfolgen** (BGE 106 II 146 E. 2a; 103 II 145 E. a; BSK OR I-Schwenzer, Art. 13 N 7). Sie kann auch auf einem gesonderten Dokument erfolgen, sofern der Bezug zur Urkunde sichergestellt ist. Ergänzungen, Änderungen und Streichungen müssen mindestens mit den Initialen des Erklärenden versehen sein (vgl. BGE 25 II 458 E. 4; BSK OR I-Schwenzer, Art. 13 N 8). Zeitlich braucht die Unterschrift der Anfertigung des Textes indes nicht nachzugehen: Auch das nachträglich vervollständigte **Blankett** wahrt die Schriftform (BSK OR I-Schwenzer, Art. 13 N 8).

9   Die Urkunde muss von allen Parteien unterzeichnet werden, die sich durch das Rechtsgeschäft **verpflichten**. Der Verpflichtung wird über den Wortlaut hinaus die **Verfügung** gleichgestellt. Verpflichtet sich oder verfügt nur eine Partei, genügt deren Unterschrift (so bei der Zession, der Schenkung oder der Bürgschaft; dazu BK-Schmidlin, Art. 11 N 58). Wer durch den Vertrag nur berechtigt wird, muss nicht unterzeichnen (BGE 101 II 222 E. 6b aa). Das gleiche gilt für die Zustimmung oder Genehmigung Dritter, wenn sie dadurch selbst nicht verpflichtet werden (BSK OR I-Schwenzer, Art. 13 N 9). Bei **Vertragsdoppeln** genügt es, dass jede Partei das für die andere bestimmte Doppel unterzeichnet (BK-Schmidlin, Art. 13 N 25 ff.)

10   Das Bundesgericht hält bezüglich des Verfahrensrechts strikt daran fest, dass, wo immer eine Willenserklärung schriftlich zu erfolgen hat, sie zu ihrer Wirksamkeit samt Unterschrift zugestellt werden muss. Es stellte sich hinter ein Eidgenössisches Departement, das auf eine Beschwerde deshalb nicht eintrat, weil ihm diese als Fax übermittelt worden war (BGE 121 II 252 E. 2). Ebenso wenig war das Bundesgericht bereit, auf eine Rechtsschrift einzutreten, auf der sich die Unterschrift nur in Fotokopie befand (BGE 112 Ia 173 E. 1). Schwerer zu fassen ist der Standpunkt des Höchstgerichts hinsichtlich des materiellen Rechts. In BGE 112 II 326 E. 3a sprach es **Telexerklärungen** den Schriftformcharakter kategorisch ab. Umgekehrt zitierte es in BGE 121 II 252 E. 3 in einem *obiter dictum* in zustimmendem Sinn die Lehre, die auch ein **Telefax** als schriftlich gelten lassen will (BGE 121 II 252 E. 3). Dem ist zuzustimmen. Bei mittels Telefax übermittelten Dokumenten existiert notwendigerweise ein originalsigniertes Exemplar, weshalb hier die Einhaltung des Schriftformerfordernisses nicht verneint werden sollte (so auch CR CO I-Guggenheim, Art. 13 N 11; BSK OR I-Schwenzer, Art. 13 N 14; BK-Schmidlin, Art. 13 N 32; a. M. jetzt Koller, OR AT I, § 12 N 46).

III. Ersatz der Schriftform durch öffentliche Beurkundung

Wählen die Parteien anstelle der einfachen Schriftform die **öffentliche Beurkundung**, ist dies Form genug, jedenfalls soweit die Urkunde unterschrieben ist (BGE 81 II 502 E. 2; BSK OR I-SCHWENZER, Art. 13 N 15; CR CO I-GUGGENHEIM, Art. 13 N 17).   11

IV. Amtliche Beglaubigung

Durch die amtliche Beglaubigung (Legalisation) wird die **Urheberschaft** einer Unterschrift bestätigt. Über die Kenntnis des Unterzeichnenden vom Urkundentext sagt die Legalisation hingegen nichts aus (BSK OR I-SCHWENZER, Art. 13 N 16).   12

V. Rechtsvergleichung

Nach Art. 13 CISG ist Schriftlichkeit auch durch Mitteilungen mittels **Telegramm** oder **Telex** gewahrt. Das gilt sowohl bei vertraglich vorbehaltener Schriftlichkeit als auch bei Verträgen mit Parteien, die ihren Sitz in einem Vorbehaltsstaat nach Art. 96 CISG haben (BSK OR I-SCHWENZER, Art. 13 N 18).   13

Nach Art. 2705 f. CC it genügt die Erklärung in **Telegrammen** dem Schriftlichkeitserfordernis; nach deutschem Recht und französischem Recht jedoch grundsätzlich nicht (vgl. § 126 BGB; Art. 1322 ff. CC fr). Das BGB regelt in § 126 Abs. 4 ausdrücklich, dass die **notarielle Beurkundung** die Schriftform **substituiert**. Nach österreichischem Recht ist die Nachbildung einer Unterschrift zulässig, wo sie im Geschäftsverkehr üblich ist (§ 886 Satz 3 ABGB).   14

Art. 14

c. **Unterschrift**   ¹ **Die Unterschrift ist eigenhändig zu schreiben.**

² **Eine Nachbildung der eigenhändigen Schrift auf mechanischem Wege wird nur da als genügend anerkannt, wo deren Gebrauch im Verkehr üblich ist, insbesondere wo es sich um die Unterschrift auf Wertpapieren handelt, die in grosser Zahl ausgegeben werden.**

²ᵇⁱˢ Der eigenhändigen Unterschrift gleichgestellt ist die qualifizierte elektronische Signatur, die auf einem qualifizierten Zertifikat einer anerkannten Anbieterin von Zertifizierungsdiensten im Sinne des Bundesgesetzes vom 19. Dezember 2003 über die elektronische Signatur beruht. Abweichende gesetzliche oder vertragliche Regelungen bleiben vorbehalten.

³ Für den Blinden ist die Unterschrift nur dann verbindlich, wenn sie beglaubigt ist, oder wenn nachgewiesen wird, dass er zur Zeit der Unterzeichnung den Inhalt der Urkunde gekannt hat.

Art. 15

d. Ersatz der Unterschrift

Kann eine Person nicht unterschreiben, so ist es, mit Vorbehalt der Bestimmungen über den Wechsel, gestattet, die Unterschrift durch ein beglaubigtes Handzeichen zu ersetzen oder durch eine öffentliche Beurkundung ersetzen zu lassen.

I. Normzweck und Anwendungsbereich

1 Die Art. 14 und 15 regeln das **Unterschriftsrecht**. Art. 14 Abs. 1 statuiert als Grundsatz das Erfordernis der **Eigenhändigkeit** der Unterschrift. Art. 14 Abs. 2 und Abs. 3 sowie Art. 15 sehen Ausnahmen von diesem Prinzip vor. Keine blosse Ausnahmeregelung ist hingegen Art. 14 Abs. 2ᵇⁱˢ, wonach die **qualifizierte elektronische Signatur** der eigenhändigen Unterschrift **gleichgestellt** ist.

2 Art. 14 f. gelten auch für die **vertraglich vereinbarte Schriftform** sowie im öffentlichen Recht, namentlich im Verfahrensrecht (BGE 112 Ia 173 E. 1; BSK OR I-SCHWENZER, Art. 14/15 N 2; CR CO I-GUGGENHEIM, Art. 14/15 N 2).

II. Begriff der Eigenhändigkeit

3 Eigenhändigkeit bedeutet, dass die Unterschrift vom Erklärenden **handschriftlich** auf die Urkunde gesetzt werden muss. Wo das Gesetz Eigenhändigkeit verlangt, ist somit die Unterzeichnung durch einen Dritten ausgeschlossen (CR CO I-GUGGENHEIM, Art. 14/15 N 3; zur Frage der Unterzeichnung durch einen Vertreter vgl. oben Art. 13 N 7).

Auf die Schreibtechnik kommt es nicht an, sofern die Schriftzeichen der Unterschrift mit eigener Hand und ohne **dynamisch-mechanische** oder **technische** Hilfen unmittelbar auf die Urkunde gesetzt werden. Das gilt selbst dann, wenn die mechanisch-technische Unterzeichnung vom Erklärenden persönlich ausgeführt wird (vgl. BGE 86 III 3 f.). Die blosse Gewährung von **Schreibhilfe** steht der Eigenhändigkeit indes nicht entgegen, solange der Schriftzug vom Willen des Erklärenden *abhängig* bleibt. Sobald indessen die Mitwirkung des Dritten so weit geht, dass der Erklärende beim Schreiben nicht mehr aktiv mitmacht, sondern der Dritte die Hand des Erklärenden als Werkzeug benützt, liegt keine Eigenhändigkeit mehr vor (BGE 98 II 73 E. 3a). Die Unterschrift braucht **nicht leserlich** zu sein, sofern sie nur den Anerkennungswillen des Erklärenden zum Ausdruck bringt und dessen Identität erkennbar macht.

III. Ausnahmen vom Grundsatz der Eigenhändigkeit

Eine **Faksimileunterschrift**, d.h. eine *mechanische Nachbildung* der eigenhändigen Unterschrift (z.B. durch Stempel, Druck oder Kopie), genügt dem Erfordernis der Eigenhändigkeit, sofern der Gebrauch **verkehrsüblich** ist (Art. 14 Abs. 2). Das ist namentlich bei in grosser Zahl ausgegebenen Wertpapieren der Fall.

Art. 14 Abs. 3 gilt nur für **Sehbehinderte**, die in der Lage sind, eigenhändig zu unterschreiben (CR CO I-GUGGENHEIM, Art. 14/15 N 9). Deren Unterschrift ist nur wirksam, wenn sie amtlich beglaubigt oder wenn nachgewiesen ist, dass der Erklärende den Inhalt der Urkunde gekannt hat (zu den Folgen der Nichtbeachtung dieser Vorschrift vgl. BK-SCHMIDLIN, Art. 14/15 N 18 ff.).

Nach Art. 15 steht das **beglaubigte Handzeichen** oder die **öffentliche Beurkundung** der eigenhändigen Unterschrift gleich, wenn jemand aufgrund von Unkenntnis der Schrift (Analphabetismus) oder körperlicher Unfähigkeit nicht unterschreiben kann (dazu BK-SCHMIDLIN, Art. 14/15 N 24 ff.). Die Beglaubigung des Handzeichens muss sich auf die **Identität** des Erklärenden sowie auf die **Authentizität** des Handzeichens erstrecken (vgl. BSK OR I-SCHWENZER, Art. 14/15 N 8; CR CO I-GUGGENHEIM, Art. 14/15 N 10). Bei Ersatz der Unterschrift durch öffentliche Beurkundung bedarf es der Erklärung, dass der Urkundeninhalt dem Willen des Erklärenden entspricht, sowie der Feststellung, der Erklärende könne nicht unterschreiben (BSK OR I-SCHWENZER, Art. 14/15 N 8; CR CO I-GUGGENHEIM, Art. 14/15 N 10). Art. 15 findet keine Anwendung bei Wechsel und Check (Art. 1086, 1143). Bei der Errichtung eines Testaments geht Art. 502 ZGB Art. 15 vor (BGE 45 II 135 E. 2).

IV. Elektronische Form

8   Nach Art. 14 Abs. 2bis ist die **qualifizierte elektronische Signatur** im Sinne des Art. 2 lit. c ZertES der eigenhändigen Unterschrift nach Art. 14 Abs. 1 gleichgestellt. Mittels elektronischer Signatur lässt sich eine **elektronische Erklärung** (z. B. eine E-Mail oder als Anhang einer E-Mail versandte Dokumente) unterzeichnen; sie ist eine Art **elektronisches Siegel**, eine fälschungssichere Zuordnung eines Datenschlüssels zu einem elektronischen Dokument (vgl. VON STAUDINGER/HERTEL, § 126a BGB N 4). Die elektronische Signatur bildet zusammen mit dem signierten elektronischen Dokument die **elektronische Form**. Sie muss auf den Namen einer **natürlichen Person** lauten (Botschaft ZertES, 5707). Eine juristische Person kann sich auch bei Verwendung der elektronischen Signatur nur mittels seiner Organe verpflichten.

9   Die **elektronische Form** kann die einfache Schriftform nur dann ersetzen, wenn der Erklärungsempfänger damit einverstanden ist (so wohl auch SCHÖBI, Rz 21, und die h. M. in Deutschland [vgl. VON STAUDINGER/HERTEL, § 126 BGB N 167]). Infolgedessen kann die elektronische Signatur in Fällen **vereinbarter Schriftlichkeit** nach Art. 16 Abs. 2 die Eigenhändigkeit nicht ohne Einverständnis der Parteien ersetzen. Verlangt das Gesetz eine **qualifizierte Schriftform**, z. B. eigenschriftliche Angaben wie die Angabe des Haftungsbetrags bei der Bürgschaft (Art. 493 Abs. 2) oder die eigenhändige Verfassung des gesamten Schriftstücks (z. B. Art. 505 ZGB für das eigenhändige Testament), genügt die elektronische Form nicht (Botschaft ZertES, 5707). Sie genügt nur da, wo das Gesetz **einfache Schriftform** verlangt.

10   Anders als die eigene Hand kann der Signaturschlüssel in **fremde Hände** geraten. Kommt dem Inhaber der Signaturschlüssel abhanden, kann freilich derjenige, in dessen Hände er geraten ist, den Inhaber nicht wirksam verpflichten; ein abhanden gekommener Signaturschlüssel schafft grundsätzlich *keine Anscheinsvollmacht* (so auch SCHÖBI, Rz 33).

11   Die qualifizierte elektronische Signatur ersetzt nur die papiergebundene eigenhändige Unterschrift. Unberührt davon bleibt die Formvorschrift der öffentlichen Beurkundung (Art. 55 SchlT ZGB). Aus dem Begriff und der Natur der Sache folgt, dass auch das **Wertpapierrecht** auf Forderungen zugeschnitten ist, die in einem Papier verkörpert sind (Art. 965 ff.). Es findet deshalb auf Forderungen, zu denen sich der Schuldner mittels elektronischer Signatur bekennt, keine Anwendung (Botschaft ZertES, 5687). Hingegen kann eine in elektronische Form gefasste Schuldanerkennung einen **provisorischen Rechtsöffnungstitel** konstituieren (vgl. Botschaft ZertES, 5688).

V. Rechtsvergleichung

Die **Signaturrichtlinie** (RL 1999/93/EG des Europäischen Parlaments und   12
des Rates vom 13.12.1999 über gemeinschaftliche Rahmenbedingungen
für elektronische Signaturen) hat die EU-Mitgliedstaaten verpflichtet, die
elektronische Signatur in das nationale Recht zu übernehmen. Zudem muss
nach Art. 9 Abs. 1 der Art. E-Commerce-Richtlinie (RL 2000/31/EG des Europäischen Parlaments und des Rates vom 8.6.2000 über bestimmte Aspekte
der Dienste der Informationsgesellschaft, insbesondere des elektronischen
Geschäftsverkehrs im Binnenmarkt) der **elektronische Vertragsschluss** zugelassen werden. § 126a BGB entspricht im Wesentlichen Art. 14 Abs. 2bis
OR. Anders als in der Schweiz ist jedoch in Deutschland die elektronische
Form insbesondere beim Verbraucherdarlehensvertrag, bei der Kündigung
oder Aufhebung eines Arbeitsverhältnisses und der Bürgschaftserklärung,
kurz: im Bereich des **sozialen Privatrechts,** ausgeschlossen. Hier hielt der
deutsche Gesetzgeber die Warnfunktion der elektronischen Form nicht für
ausreichend (vgl. VON STAUDINGER/HERTEL, § 126a BGB N 30). Ausserdem
hat das deutsche Recht eine weitere Form unterhalb der eigentlichen
Schriftform eingeführt. Diese sog. «Textform» nach § 126b BGB ist wenig
hilfreich und sollte nicht übernommen werden.

Art. 16

2.   **Vertraglich vorbehaltene Form**

¹ **Ist für einen Vertrag, der vom Gesetze an keine Form gebunden ist, die Anwendung einer solchen vorbehalten worden, so wird vermutet, dass die Parteien vor Erfüllung der Form nicht verpflichtet sein wollen.**

² **Geht eine solche Abrede auf schriftliche Form ohne nähere Bezeichnung, so gelten für deren Erfüllung die Erfordernisse der gesetzlich vorgeschriebenen Schriftlichkeit.**

I. Normzweck und Anwendungsbereich

Art. 16 regelt einen weiteren Ausfluss der **Formfreiheit**: Die Parteien kön-   1
nen auch da, wo das Gesetz keine besondere Form anordnet, eine solche
vereinbaren (sowohl einfache Schriftlichkeit als auch öffentliche Beurkundung). Wo indes das Gesetz selbst eine Form vorsieht, darf die Parteiabrede
diese nicht abschwächen, sondern nur ergänzen oder verstärken (BSK OR I
SCHWENZER, Art. 16 N 1). Die gewillkürte Form dient in aller Regel der **Beweissicherung** (namentlich wenn die Schriftform erst nach der Einigung

über den Vertragsinhalt verabredet worden ist: BGE 105 II 75 E. 1; BGer 4C.57/1999, E. 3b), kann aber selbstverständlich auch zu anderen Zwecken vereinbart werden. Vom Zweck hängt die Wirksamkeit nicht ab.

2   Art. 16 ist auch auf **einseitige Rechtsgeschäfte** (BGE 128 II 212 E. 2b) anwendbar. Bei einseitigen Erklärungen, die bei der Abwicklung des Vertrages unmittelbar Rechte begründen, verändern oder aufheben, ist die vereinbarte Form grundsätzlich strikte einzuhalten (z. B. Kündigung, Rücktritt, Ausübung eines Kauf- oder Wahlrechts, Abruf einer Teillieferung). Demgegenüber hat die vereinbarte Form nur **Beweisfunktion** bei Erklärungen, die keine Änderung der rechtlichen Lage bewirken (rechtswahrende und -konkretisierende Erklärungen), z. B. bei der Mahnung (Art. 102), Abmahnung i. S. von Art. 369 (dazu BGE 95 II 43 E. 2) oder Mängelrüge (Art. 201, 367, 370). Ob solche vorliegen, muss je nach Auslegung des Grundvertrages entschieden werden, mit dem diese einseitigen Erklärungen verbunden sind (BGE 128 III 212 E. 2b).

II.   Vertraglich vorbehaltene Form

3   Der Formvorbehalt ist Gegenstand des **Konsenses** und als solcher **Teil des Vertrags.** Er muss spätestens mit der Einigung über das Leistungsprogramm verabredet worden sein (BGE 105 II 75 E. 1; 100 II 21 E. 2; 54 II 300 E. 2). Ein nach Vertragsabschluss vereinbarter Formvorbehalt hat auf die Wirksamkeit des bereits Vereinbarten keinen Einfluss mehr, er dient lediglich Beweiszwecken (BSK OR I-SCHWENZER, Art. 16 N 4). Darin kann freilich ein Indiz gesehen werden, dass sich die Parteien vorher noch nicht binden wollten (vgl. BGE 105 II 75 E. 1; 54 II 300 E. 2).

4   Ob ein Konsens über den Formvorbehalt zustande gekommen ist, beurteilt sich nach den allgemeinen Regeln von Art. 1 und 18 (BGer 4C.85/2000, E. 3b). Er bedarf seinerseits keiner Form, kann also sowohl mündlich als auch stillschweigend erfolgen (BGE 23 771 E. 4). Werden Vertragsdoppel versendet, spricht eine **tatsächliche Vermutung** dafür, dass sich die Parteien nur unter Einhaltung der Schriftform verpflichten wollen (BGer 4C.1/2000, E. 3a). Hingegen vermag der blosse Umstand, dass bei bedeutenden Verträgen die Schriftlichkeit üblich ist, den Vorbehalt dieser Form nicht zu begründen (BGE 57 II 307 E. 2; vgl. auch CR CO I-GUGGENHEIM, Art. 16 N 3), ein komplexer Vertragsinhalt kann aber immerhin Indiz für einen Formvorbehalt sein (BGE 106 II 356).

III.   Wirkungen des Formvorbehalts

5   Steht die Vereinbarung eines Formvorbehalts fest, so wird gesetzlich **vermutet**, dass die Einhaltung der Form von den Parteien als Gültigkeitserfordernis und nicht lediglich zu Beweiszwecken gewollt war (Art. 16 Abs. 1;

BGE 100 II 18 E. 2). Gegen diese Vermutungsfolge steht der Beweis des Gegenteils offen. Dieser gelingt durch den Nachweis, dass die Parteien eine blosse Beweisform vereinbart haben (BGE 112 II 326 E. 3). Wird bewiesen, dass sie in einem späteren Zeitpunkt auf das Formerfordernis ausdrücklich oder konkludent verzichtet haben, entfällt die Vermutungsbasis (vgl. BGer 4C.57/1999, E. 3b).

Wird eine Formvorbehalt ohne Bezugnahme auf eine bestimmte Formart vereinbart, wird vermutet, dass die Parteien einfache Schriftform vereinbart haben (Art. 16 Abs. 2). Abs. 2 gilt für alle Formabreden, gleichgültig, ob es sich um Gültigkeits- oder Beweiserfordernisse handelt (BSK OR I-SCHWENZER, Art. 16 N 7). Art. 16 Abs. 2 verweist auf die Regeln der Art. 13 bis 15, *nicht jedoch auf Art. 12*. Damit gilt die Vermutung der Nichtbindung vor Erfüllung der besonderen Form für spätere Vertragsänderungen nicht (so im Ergebnis BGer 4C.189/1999, E. 2b).

6

IV. Rechtsfolgen bei Nichteinhalten der vertraglich vereinbarten Form

Bei Nichteinhaltung der vertraglich vorbehaltenen Form treten grundsätzlich die gleichen Rechtsfolgen ein wie beim Verstoss gegen eine gesetzliche Formvorschrift (BSK OR I-SCHWENZER, Art. 16 N 9).

7

V. Modifikation und Aufhebung des Formvorbehalts

Der Formvorbehalt kann jederzeit **formfrei aufgehoben** oder **abgeändert** werden (vgl. BGE 125 III 268 E. c). Ein nachträglicher Verzicht auf eine vertraglich vorbehaltene Form ist namentlich dann anzunehmen, wenn die Leistungen trotz Nichteinhaltung der Form vorbehaltlos erbracht und entgegengenommen werden (BGE 105 II 75 E. 1). Die Parteien können jedoch auch die Abänderung oder Aufhebung des Formvorbehalts einer Form unterstellen. Zwar könnte auch diese formfrei aufgehoben werden, was aber nicht leichthin anzunehmen ist (BSK OR I-SCHWENZER, Art. 16 N 11).

8

VI. Prozessuales

Der **Beweis** für den vertraglichen Formvorbehalt obliegt jener Partei, die sich auf die Unwirksamkeit des mündlich Vereinbarten beruft, während bei feststehendem Formvorbehalt die **Beweislast** für die Umstossung der gesetzlichen Vermutung diejenige Partei trifft, die trotz Nichteinhaltung der Form die Gültigkeit des mündlich Vereinbarten behauptet (vgl. BGer 4C.92/2002, E. 2.2; 4C.290/2003, E. 3.4).

9

VII. Rechtsvergleichung

10   Ist die Schriftform vorbehalten worden, sind **Vertragsänderungen** nach Art. 29 Abs. 2 CISG nur schriftlich möglich. Einer Partei kann es jedoch aufgrund ihres Verhaltens verwehrt sein, sich darauf zu berufen, soweit die andere Partei sich auf dieses Verhalten verlassen hat (Satz 2).

Art. 17

C.   Verpflich-
tungsgrund

Ein Schuldbekenntnis ist gültig auch ohne die Angabe eines Verpflichtungsgrundes.

Literatur

BASSANI/MINCKE, Europa sine causa?, ZEuP 1997, 599 ff.; EHMANN, Zur Causa-Lehre, JZ 2003, 702 ff.; HUBER, Zum schweizerischen Sachenrecht, Bern 1914; HURNI, Kreditkartenrecht – Übersicht und neuere Entwicklungen, in: Jusletter 13. 10. 2003; KRAUSKOPF, Die Schuldanerkennung im schweizerischen Obligationenrecht, Diss. Fribourg 2003; MAYER-MALY, Fragmente zur causa, in: FS Walter Wilburg, Graz 1975, 4 ff., 243 ff.; MUSTER, La reconnaissance de dette abstraite, Diss. Lausanne 2003.

I.   Gesetzgebungsgeschichte

1   Art. 17 ist die Antwort des Gesetzgebers auf den im 19. Jahrhundert geführten Streit, ob die blosse Einigung über das Bestehen einer Schuld auch dann eine **klagbare Obligation** hervorbringt *(actio)*, wenn die Parteien nicht gleichzeitig deren **Geschäftszweck** *(causa, Verpflichtungsgrund)* vereinbaren (befürwortend BÄHR, Die Anerkennung als Verpflichtungsgrund [1855] und das Referat von JHERING auf dem deutschen Juristentag von 1869). Die wörtlich identische Vorgängernorm des Art. 17 im aOR von 1881, Art. 15, orientierte sich indessen ausweislich der Materialien nicht an der deutschen Diskussion, sondern an Art. 1132 des französischen Code civil. Nach diesem bewirkt ein Rechtsgeschäft ohne *Angabe* eines Verpflichtungsgrunds lediglich die Umkehr der Beweislast für das Vorliegen einer causa, welche entsprechend dem Grundprinzip von Art. 1131 Tatbestandsvoraussetzung jeden obligationsbegründenden Rechtsgeschäfts ist (sog. **Beweisabstraktheit**). Bei der Überarbeitung des OR im Rahmen der Anpassung an das neu erlassene ZGB wurde die Dogmatik des Art. 17 indes von der französischen auf die pandektistische Grundlage überführt, was sich aus dem gleichzeitig erlassenen Art. 67 Abs. 2 ergibt (vgl. BSK OR I-HUWILER, Art. 67 N 13).

Diese nachgeschobene Norm ergibt nur Sinn, wenn man sie als inhaltliche Konkretisierung und funktionelle Ergänzung des Art. 17 liest und zwar insofern, als Art. 17 die objektivrechtliche Grundlage der nunmehr **materiell abstrakten Obligation** bildet, wobei Art. 67 Abs. 2 OR klarstellt, dass eine Forderung, der keine causa zugrunde liegt, eine Bereicherung konstituiert (BSK OR I-HUWILER, Art. 67 N 13, in Übereinstimmung mit VON TUHR/PETER, 270; a. M. die wohl nach wie vor h. L. und das Bundesgericht [BGE 131 III 268 E. 3.2; BGer 4C.214/2006 E. 4.3.2]).

II. Zur Funktion der causa im Allgemeinen

Die Begriffe «Kausalität» und «Abstraktheit» werden in der Doktrin mehrdeutig verwendet, was Begriffsverwirrungen, vor allem aber Verständnisschwierigkeiten zur Folge hat. Bei der Rechtsnachfolge bedeutet Kausalität Abhängigkeit vom **Erwerbstitel** *(titulus acquirendi)*. Ist eine Rechtsübertragung «kausal», ist ein Erwerbstitel, meist eine *dare*-Obligation, notwendiges Element des Sukzessionstatbestandes. **Causa** im Sinne des Art. 17 bedeutet demgegenüber etwas anderes als der Erwerbstitel des Übertragungsrechts (dazu BASSANI/MINCKE, 606; MAYER-MALY, 245). Sie bezeichnet den Geschäftszweck, der im **Austausch** von Leistungen (causa acquirendi, genetisches Synallagma), **Liberalität** (causa donandi) oder **Erfüllung** (causa solvendi, Abwicklungszweck) bestehen kann (zum Ganzen einlässlich EHMANN, 703). Der causa-Begriff des Art. 17 ist identisch mit jenem des Art. 62 OR. Daraus erhellt auch der Zusammenhang der abstrakten Obligation mit dem Erwerbstitel: Ist ein Übertragungsgeschäft wie etwa die Eigentumsübertragung an Grundstücken «kausal», bedeutet dies, dass die Sukzession als solche an einen Erwerbstitel gebunden ist. Dieser kann aber seinerseits inhaltlich abstrakt sein und so eine Güterverschiebung bewirken, die nicht kondiktionsbeständig ist (so anschaulich HUBER, 119 FN 1).

2

III. Normzweck und Anwendungsbereich

Der praktische Zweck des Schuldversprechens nach Art. 17 ist die **Verschärfung** einer Schuld zwecks **Erleichterung der Rechtsverfolgung** durch den Gläubiger (so AGVE 1981, 41), Klarstellung von zweifelhaften Forderungen und damit **Sicherheit des Rechtsverkehrs** (vgl. für das deutsche Recht JAUERNIG/JAUERNIG, § 780 BGB N 5). Namentlich im *Recht des bargeldlosen Zahlungsverkehrs* hat das abstrakte Schuldbekenntnis an Bedeutung gewonnen (dazu HURNI, Rz 36 ff.).

3

Art. 17 regelt nur den **abstrakten, einseitig verpflichtenden Schuldvertrag**. Ein sog. **kausales Schuldversprechen**, das den Verpflichtungsgrund selbst nennt, ist nicht Regelungsgegenstand des Art. 17. Auch das sog. **einredeabstrakte Schuldbekenntnis** wird nicht von Art. 17 geregelt: Der Ver-

4

zicht auf Einreden gegenüber einer bestehenden Obligation wird nicht durch ein selbstständiges Schuldversprechen, sondern vielmehr mittels eines *Vergleiches* bzw. einer *Novation* erreicht (so zutreffend BUCHER, OR AT, 58).

IV. Voraussetzungen

5   Das Schuldbekenntnis (Schuldversprechen, Schuldanerkennung) ist ein **einseitig verpflichtender, formfreier Vertrag,** durch den der Schuldner dem Gläubiger gegenüber unabhängig vom Verpflichtungsgrund (causa) eine Leistung verspricht (BUCHER, OR AT, 60; BK-SCHMIDLIN, N 35; BSK OR I-SCHWENZER, N 3). Es ist ein **zweiseitiges,** nicht einseitiges Rechtsgeschäft (so aber BGer 4C.326/2004 E.3.2.1; GAUCH/SCHLUEP/SCHMID/REY, N 1178).

6   Die vertragliche Einigung der Parteien muss auf die **Begründung einer Verpflichtungslage** gerichtet sein (vgl. JAUERNIG/JAUERNIG, § 781 BGB N 7). Eine blosse **Erklärung ohne Geschäftswillen** von Beteiligten nach einem bestimmten Schadensereignis stellt nur einen faktischen Vorgang dar und kann als Beweismittel in den Prozess eingebracht werden, vermag aber keine Anspruchsgrundlage zu bilden (so BK-SCHMIDLIN, N 42; BSK OR I-SCHWENZER, N 4; **a.M.** ZK-JÄGGI, N 8/11; CR CO I-TEVINI DU PASQUIER, N 3).

V. Rechtsfolgen

7   Die **schuldbegründende** (konstitutive) **Wirkung** besteht in der Schaffung einer vom Verpflichtungsgrund gelösten selbstständigen Verpflichtung (neue Anspruchsgrundlage). Ist das Versprechen zur **Schuldverstärkung** gegeben, was dem Regelfall entspricht, tritt die neue Obligation zusätzlich **neben** die (gesicherte) Forderung aus dem Grundverhältnis (vgl. JAUERNIG/JAUERNIG, § 781 BGB N 10; BUCHER, OR AT, 57, 59 f., welcher diese Rechtsfolgen schlicht aus der Vertragsfreiheit ableitet; BSK OR I-HUWILER, Art. 67 N 13). Die neue Obligation unterliegt selbstständiger Verjährung; gleichzeitig wird die Verjährung der alten nach Art. 135 Ziff. 1 OR kraft Anerkennung unterbrochen (dazu ausführlich KRAUSKOPF, N 276 ff.; CR CO I-TEVINI DU PASQUIER, N 12).

8   Ist die Schuldanerkennung ohne Nennung der causa in einer **Beweisurkunde** niedergelegt, dient sie dem Gläubiger als Beweismittel, das den Bestand **sämtlicher rechtsbegründender Tatbestandselemente** (Art. 8 ZGB) eines wirksamen Anspruchs ausweist (insoweit zutreffend BGer 4C.214/2006 E.4.3.1, wonach der Gläubiger mit dem Nachweis der Schuldanerkennung «den ihm obliegenden Hauptbeweis für die Existenz seiner Forderung» erbringt). Will der Schuldner die Leistung verweigern, muss er das

Vorliegen einer rechtsvernichtenden oder -hindernden Tatsache nachweisen. Ist die aus dem Schuldbekenntnis entstandene Forderung durch keine causa aus einem Grundgeschäft gerechtfertigt, kann der Schuldner die **Einrede des fehlenden Rechtsgrundes** (Bereicherungseinrede, *exceptio indebiti*), welche ihre objektivrechtliche Grundlage in Art. 67 Abs. 2 OR hat, vorbringen, indem er den **Nichtbestand einer wirksamen causa** beweist (z. B. indem er Einreden oder Einwendungen dagegen vorbringt und dartut; dazu BSK OR I-Huwiler, Art. 67 N 13; vgl. auch Jauernig/Jauernig, § 781 BGB N 14). Der Nachweis der fehlenden causa ist mittels eines **Hauptbeweises** zu erbringen. Das abstrakte Schuldversprechen bewirkt somit im Ergebnis eine **Verschiebung der Beweislast** bezüglich des Bestands der causa vom Gläubiger auf den Schuldner.

VI. Prozessuales

Das abstrakte Schuldversprechen in einer vom Schuldner eigenhändig unterzeichneten Urkunde ist ein **provisorischer Rechtsöffnungstitel** nach Art. 82 Abs. 1 SchKG (Amonn/Walther, § 29 N 68). Der Schuldner kann schon im Rechtsöffnungsverfahren die **Rechtsgrundeinrede** erheben, muss das Fehlen der causa aber mit **Urkunden** glaubhaft dartun (Art. 82 Abs. 2 SchKG). Gelingt ihm dies, steht dem Gläubiger die Anerkennungsklage offen (Art. 79 Abs. 1 SchKG); gelingt es ihm nicht, steht dem Schuldner die Aberkennungsklage nach Art. 83 Abs. 2 SchKG als Verteidigungsmittel zur Verfügung (vgl. von Tuhr/Peter, 272 f.). Erst in den hierdurch in Gang gesetzten ordentlichen Verfahren gilt das **Regelbeweismass**.   9

VII. IPR/Rechtsvergleichung

Die kraft eines Schuldbekenntnisses entstehende Obligation wird als Ausfluss der Abstraktheit **unabhängig** nach den allgemeinen vertragsrechtlichen Kollisionsnormen gemäss Art. 116 ff. IPRG angeknüpft.   10

Das deutsche Recht regelt in den §§ 780 und 781 das Schuldversprechen und die Schuldanerkenntnis, wobei die Doktrin nur Unterschiede in der «äusseren Form», nicht aber «in der Sache selbst» ausmacht (MK-Hüffer, § 780 BGB N 3). Abgesehen vom Schriftformerfordernis bestehen keine Unterschiede zur schweizerischen Regelung. Das französische und italienische Recht kennen nur das beweisabstrakte, nicht aber das materiell abstrakte Schuldbekenntnis (Art. 1132 CC fr und Art. 1988 CC it).   11

Art. 18

D. **Auslegung der Verträge, Simulation**

¹ Bei der Beurteilung eines Vertrages sowohl nach Form als nach Inhalt ist der übereinstimmende wirkliche Wille und nicht die unrichtige Bezeichnung oder Ausdrucksweise zu beachten, die von den Parteien aus Irrtum oder in der Absicht gebraucht wird, die wahre Beschaffenheit des Vertrages zu verbergen.

² Dem Dritten, der die Forderung im Vertrauen auf ein schriftliches Schuldbekenntnis erworben hat, kann der Schuldner die Einrede der Simulation nicht entgegensetzen.

Literatur

BICKEL, Die Methoden der Auslegung rechtsgeschäftlicher Erklärungen, 1976; BUCHER, Der Ausschluss dispositiven Gesetzesrechts durch vertragliche Absprachen, in: FG Deschenaux, Freiburg i. Ü. 1977, 249 ff.; BURCKHARDT, Die Auslegung der Verträge, ZBJV 1935, 425 ff.; CAYTAS, Der unerfüllbare Vertrag. Anfängliche und nachträgliche Leistungshindernisse und Entlastungsgründe, Diss. St. Gallen 1984; EGGER, Grundsätze der Vertragsauslegung, in: Ausgewählte Schriften und Abhandlungen II, 1957, 103 ff.; GAUCH, Auslegung, Ergänzung und Anpassung schuldrechtlicher Verträge, in: Gauch/Schmid (Hrsg.), Die Rechtsentwicklung an der Schwelle zum 21. Jahrhundert, 209 ff. (zit. Auslegung, Ergänzung und Anpassung); GAUCH/SCHLUEP, Zum «Reinen Auslegungsstreit» – Eine Klarstellung, SJZ 1982, 230 ff.; JÄGGI, Vertrauensprinzip und Gesetz, in: FG Simonius (1955), 145 ff., Wiederabdruck in: Jäggi, Privatrecht und Staat, 1976, 149 ff.; HONSELL, Willenstheorie oder Erklärungstheorie, FS Walter, 2004, 335 ff.; KELLER, Die Auslegung obligationenrechtlicher Verträge, SJZ 1961, 313 ff., DERS., Die Theorie des sog. «Reinen Auslegungsstreites», SJZ 1982, 126 ff.; A. KOLLER, Der gute und der böse Glaube im allgemeinen Schuldrecht, 1985; KRAMER, Grundfragen der vertraglichen Einigung, 1972 (zit. Grundfragen); DERS., Juristische Methodenlehre, 2. Aufl., 2005, 127 ff.; MEIER-HAYOZ, Das Vertrauensprinzip beim Vertragsabschluss, 1948; DERS., Zur Gesetzes- und Vertragsauslegung, SJZ 1956, 173 ff.; MERZ, Vertrag und Vertragsabschluss, 1992; MOECKE, Kausale Zession und gutgläubiger Forderungserwerb, Diss. Freiburg i. Ü. 1962; OFTINGER, Einige grundsätzliche Betrachtungen über die Auslegung und Ergänzung der Verkehrsgeschäfte, ZSR 1939, 178 ff., DERS., Überblick über die Problematik und einige Hauptpunkte der Interpretation, SJZ 1967, 353 ff.; OTT, Die Interpretation von Verträgen und Statuten, 2000; VOLLMER, Auslegung und Auslegungsregeln,

1990; WIDMER, Der richterliche Eingriff in den Vertrag, Diss. Zürich 1971;
WIEGAND, Die Auslegung von autonom nachvollzogenem Recht der Europäischen Gemeinschaft, 1999; DERS., Die Auslegung allgemeiner Geschäftsbedingungen (AGB), in: FS Kramer (2004), 331 ff.; ZELLER, Treu und Glauben
und Rechtsmissbrauchsverbot, 1981; DERS., Auslegung von Gesetz und Vertrag, 1989; ZINDEL, Reiner Auslegungsstreit und Konsensfrage, SJZ 1982,
356 ff.

I. Anwendungsbereich und Bedeutung

Art. 18 enthält eine für das schweizerische Privatrecht zentrale Regel. Bei   1
Nichtübereinstimmung von Vertragstext und Vertragswillen soll bei der Beurteilung des Vertrages auf den wirklichen Willen der Parteien abgestellt
werden. Dieser Grundsatz betrifft nach der Marginalie nur die Auslegung
von Verträgen. Seine wirkliche Bedeutung geht weit darüber hinaus. *Art. 18
enthält den primären und prinzipiellen Ansatz für die Auslegung von Willenserklärungen im schweizerischen Recht* (so auch CR CO I-WINIGER, N 3
und 12). Bei jeder rechtsgeschäftlichen Erklärung ist demnach zunächst
und in erster Linie auf den wirklichen Willen des Erklärenden abzustellen.
Diese Auffassung basiert auf der **Willenstheorie**. Erst wenn der wirkliche
Wille ermittelt ist oder aber wenn er sich als nicht feststellbar erweist, greift
auf einer zweiten Stufe als Korrektiv die Vertrauenstheorie ein (zum Ganzen
BK-KRAMER, N 8 ff. m. Nw.; grundsätzlich anders jetzt HONSELL, 335 ff., der
die Verallgemeinerung der Vorschrift sowie das generelle Abstellen auf den
wirklichen Willen ablehnt und die Anwendung der «Erklärungstheorie»
[Vertrauenstheorie] befürwortet).

Trotz der über den Wortlaut hinausgehenden Bedeutung der Vorschrift   2
liegt ihr Hauptanwendungsbereich in der **Feststellung des Vertragsinhalts**
(dazu insb. BUCHER, OR AT, 179 ff. und u. N 7 ff.). Das Gesetz geht offenkundig davon aus, dass unter den Parteien Einverständnis darüber besteht,
dass zwischen ihnen ein Vertrag zustande gekommen ist (BGE 29 II 124 f.;
ZR 1989, 312 ff.). Art. 18 betrifft also die Auslegung eines von den Parteien
geschlossenen und für wirksam gehaltenen Vertrages. Mit Hilfe der Auslegung soll allein ermittelt werden, welchen Inhalt dieser Vertrag hat. Dennoch betrifft Art. 18 ungeachtet des vom Gesetzgeber vorausgesetzten Konsens im Grunde die Frage, ob zwischen den Parteien Übereinstimmung des
wirklichen Willens bestand und was dann Inhalt dieses Konsens war.

Art. 18 regelt allerdings nicht, wie vorzugehen ist, wenn aufgrund der Aus-   3
legung feststeht, dass kein oder nur ein unvollständiger Konsens zustande
gekommen ist. Hier muss je nach Sachlage entweder das Scheitern der Einigung festgestellt oder eine Korrektur mit Hilfe des Vertrauensprinzips
vorgenommen werden (N 36). Erweist sich die Einigung als lückenhaft oder

der Vertrag sonst als unvollkommen, kommt dessen Ergänzung oder Anpassung (N 49 ff.) in Betracht (BGE 29 II 124 f.; zum Ganzen ZK-JÄGGI/
GAUCH, N 324 ff.; BUCHER, OR AT, 186 ff.).

4   Aus dem Gesagten ergibt der Aufbau und der *Inhalt der Kommentierung*:
Neben der im Vordergrund stehenden Auslegung von Verträgen, sowie von
Willensäusserungen und Rechtsgeschäften aller Art sind Vertragsergänzung
und -anpassung darzustellen (N 49 ff.). Daneben sind die beiden im Gesetz
ausdrücklich geregelten Fälle der irrtümlichen oder absichtlichen Falschbezeichnung (s. u. N 39) und im Zusammenhang damit die fiduziarischen
Rechtsgeschäfte zu behandeln. Abs. 2 des Artikels, der keinen sachlichen
Zusammenhang mit der Regelung von Abs. 1 hat, betrifft einen Sondertatbestand, der einerseits der Rechtsscheinslehre angehört und andererseits
zusammen mit Art. 164 Abs. 2 rudimentäre Ansätze eines Wertpapierrechts
enthält (dazu u. N 93 ff.).

II.   Ziel und Arten der Auslegung

1.   Auslegungsziel

5   Art. 18 Abs. 1 enthält die Anweisung an den Rechtsanwender, den **wirklichen Parteiwillen zu ermitteln**. Literatur und Rechtsprechung haben für
die Vorgehensweise bei der Auslegung Methoden und Mittel entwickelt
(dazu u. N 15 ff.). Wenn der Gesetzgeber dem Richter die Ermittlung des
wirklichen Willens zur Aufgabe macht, so bedeutet dies weiter, dass er voraussetzt, dass der wirkliche Wille für den Vertragsinhalt massgebend ist.
Diese Prämisse ist nicht nur, aber vor allem für das Vertragsrecht von Bedeutung; denn sie besagt nichts anderes, als dass die Frage des Konsens
zwischen den Parteien primär nach dem wirklichen Willen zu bestimmen
ist. Die Aussage des Art. 18 hat also sowohl *für den Konsensbegriff wie für
die Vertragsauslegung zentrale Bedeutung.*

6   Sofern sich die Parteien bezüglich des zu vereinbarenden Vertragsinhalts
tatsächlich einig waren, bezeichnet man das als «natürlichen Konsens»
(BK-KRAMER, Art. 1 N 122 ff.; BUCHER, OR AT, 122; gelegentlich wird auch
von *tatsächlichem Konsens* gesprochen (z. B. BGE 123 III 39; 120 II 334;
119 II 176; 116 II 696; von «consensus de fait» spricht nun auch CR CO I-WI
NIGER, N 18). Ergibt sich, dass ein solcher natürlicher Konsens in Wahrheit
nicht bestand, so ist es immer noch möglich, dass zwischen den Parteien
ein sogenannter *normativer* (oder *rechtlicher*) Konsens zustande gekommen ist (BK-KRAMER, Art. 1 N 126 ff.; BUCHER, OR AT, 122; z. B. BGE 123
III 39 f.; 119 II 176; 116 II 696). Das ist dann der Fall, wenn eine Partei die
Erklärung der anderen zwar falsch verstanden hat, in diesem fehlerhaften
Verständnis aber aufgrund des Vertrauensprinzips geschützt werden muss.
Diesen Fall regelt Art. 18 nicht (vgl. auch u. N 35 und Art. 1 N 18).

2. Ausgangslage

Art. 18 geht davon aus, dass die Parteien einen Vertrag geschlossen haben 7
und dessen Wirksamkeit grundsätzlich nicht in Zweifel ziehen. Streit besteht
vielmehr über den Inhalt der erzielten Einigung. Man spricht deshalb vom
reinen Auslegungsstreit (ZR 1989, 312; vgl. schon BGE 29 II 125; BK-KRA-
MER, N 250). Ein allein auf die Auslegung des Inhalts beschränkter Streit
ist in der Praxis selten. Er kommt vor allem dann vor, wenn die Parteien auf
jeden Fall am Vertrag festhalten wollen, sich aber über die Bedeutung einzelner Punkte nicht einig sind (BGE 89 II 130, Auslegung eines in seiner Geltung unbestrittenen Konkurrenzverbots; Bsp.: Bedeutung der Klausel «erforderliche Rückstellungen»). Strittig ist, inwieweit der Richter in diesem
Falle an das begrenzte Begehren der Parteien gebunden ist (für diese Begrenzung GAUCH/SCHLUEP, SJZ 1982, 230 ff.; BUCHER, OR AT, 180; ZINDEL,
SJZ 1982, 356 ff.; abl. KELLER, SJZ 1982, 126 ff.; vgl. zum Ganzen z. B. BGE
121 III 118 ff.; 118 II 342 ff. = Pra 1993, 801 ff.; 117 II 620 ff.; 113 II 49 ff.;
109 II 24 f.).

Zu einer besonderen Konstellation kommt es dann, wenn ein **Dritter** sich 8
gegenüber einer oder beiden Vertragsparteien auf den Vertrag beruft und
dessen Inhalt streitig ist. Die Besonderheit dieses sog. *externen Auslegungs-
streits* (ZK-JÄGGI/GAUCH, N 44 ff.) liegt darin, dass der Dritte zur Ermittlung
des wirklichen Willens der Parteien nichts beitragen kann und sich deshalb
in aller Regel ausschliesslich auf den Wortlaut berufen wird. Die im Folgenden beschriebene Methode der Auslegung ist bezüglich des Dritten weitgehend unanwendbar, da der Dritte nicht Adressat der abgegebenen Erklärungen war und auch selbst keine Erklärungen abgegeben hat. Zu dieser
Situation kommt es etwa, wenn ein Dritter anstelle der bisherigen Vertragspartei kraft Vereinbarung (z. B. Vertrags- oder Schuldübernahme) oder
kraft Gesetzes in den Vertrag eintritt, aber auch bei Subrogation oder Zession.

3. Gegenstand der Auslegung

Gegenstand der Auslegung ist in jedem Fall der **Wortlaut der getroffenen** 9
Vereinbarung, sei diese schriftlich (Regelfall: BGE 128 III 212; 121 III 118 ff.)
oder auch mündlich (z. B. BGE 76 II 154 ff. «Garagenmiete»). Bei genauerer
Betrachtung zeigt sich, dass in allen Fällen letzten Endes auf die *Willenserklärung jedes einzelnen Vertragspartners* abzustellen ist, um festzustellen,
ob überhaupt Konsens erzielt wurde. Dabei kommt dem Wortlaut zugleich
die Funktion eines Auslegungsmittels zu (u. N 19).

4. Die Arten der Auslegung

Bei der Ermittlung des wirklichen Willens unterscheidet man zwischen der 10
empirischen (oder *subjektiven*) Auslegung und der **normativen** *(objektivierten*, eigentlich genauer *objektivierenden) **Auslegung** (ständige Rsp., zu-

letzt BGE 132 III 28; 127 III 444; BK-Kramer, N 17, 67 ff.; ZK-Jäggi/Gauch,
N 342; CR CO I-Winiger, N 20). Diese Unterscheidung beruht auf der Vorstellung, dass es das primäre Ziel der Auslegung sei, den tatsächlich vorhandenen Willen der Parteien festzustellen (s. o. N 1), dass es aber auch Fälle
gibt, in denen das nicht möglich ist (z. B. BGE 95 II 553 f.; ZR 1986, 31; 1982,
121). Dann soll mit Hilfe einer Auslegung des Vertrages nach Treu und Glauben der mutmassliche Wille der Parteien festgestellt werden (so zuletzt eingehend BGE 126 III 379 f.; 125 III 308; 121 III 118 ff.; 118 II 365 f.). Diese
Betrachtungsweise bedarf der Relativierung und Präzisierung:

11   Der *Wille ist eine innere Tatsache*, die direkt überhaupt nicht bewiesen
      werden kann. Vielmehr kann nur aus bestimmten Indizien auf das Vorhan-
      densein eines solchen Willens geschlossen werden. Insofern geht es bei der
      Ermittlung des Parteiwillens immer um einen im weiteren Sinne mutmass-
      lichen Willen. Wenn also von **empirischer Auslegung** gesprochen werden
      kann, so in dem Sinne, dass hinreichende Anhaltspunkte bestehen, um
      einen Schluss auf den Willen der Partei bei Abgabe der Erklärung zu er-
      möglichen (zur Kognitionsbefugnis des BGer s. u. N 14).

12   Bei der **objektivierenden Betrachtungsweise** wird darauf abgestellt, was
      vernünftige Parteien unter den gegebenen Umständen unter dem vor-
      liegenden Wortlaut bzw. den abgegebenen Erklärungen wohl verstanden
      hätten. Es «sind zur Ermittlung des mutmasslichen Parteiwillens die Er-
      klärungen der Parteien aufgrund des Vertrauensprinzips so auszulegen,
      wie sie nach ihrem Wortlaut und Zusammenhang sowie den gesamten
      Umständen verstanden werden durften und mussten» (BGer 4C. 107/2004,
      E. 2; ausserdem BGE 129 III 118; 128 III 265; 127 III 444; ZK-Jäggi/Gauch,
      N 332).

13   Betrachtet man die Dinge von einem rein theoretischen Standpunkt aus, so
      ist die **Abgrenzung** *zwischen empirischer Ermittlung des wirklichen Willens
      und der objektivierten Auslegung kaum möglich*. In Wahrheit sind die Über-
      gänge fliessend, wie sich aus zahlreichen Entscheidungen ergibt. Kon-
      sequenterweise werden die unten (N 17 ff.) erläuterten Auslegungsmittel
      denn auch bei beiden Auslegungsmethoden, wenn auch nicht in vollkom-
      men gleicher Funktion, herangezogen (exemplarisch BGer 5C.87/2002).
      Ebenso schwierig ist die Abgrenzung dieser objektivierten Auslegung des
      geschlossenen Vertrages von den Fällen des *normativen Konsens* (dazu
      Art. 1 N 18).

14   Die *Unterscheidung zwischen empirischer und objektivierter* Auslegung des
      Vertrages wird im Folgenden aber dennoch zugrunde gelegt, weil sie in der
      Rechtsprechung fest verankert ist und deshalb erhebliche praktische Kon-
      sequenzen hat: Nach der Rechtsprechung des BGer ist die Ermittlung des
      wirklichen Willens im Wege der empirischen Auslegung als Tatfrage zu

betrachten. Das BGer ist insoweit nach Art. 97 Abs. 1 BGG (bislang Art. 63 Abs. 2 OG) an die vorinstanzlichen Feststellungen gebunden (vgl. etwa BGer 4C.108/2004, E. 2; BGE 126 III 29, 59 und 379). Die objektivierte Auslegung nach Treu und Glauben gilt dagegen als Rechtsfrage und ist vom BGer überprüfbar (ausser den genannten Entscheiden BGE 129 III 707; 125 III 266; vgl. im Übrigen u. N 41).

III. Der Vorgang der Auslegung

1. Streitlage, Behauptungs- und Beweislast

Ein Auslegungsstreit (oben N 7) beruht auf unterschiedlichen Vorstellun-   15
gen über die Bedeutung des Vertragstextes. Dabei ist es i. d. R. so, dass eine Partei sich auf die «normale» Bedeutung des Vertragstextes stützt, während die Gegenpartei einen vom Wortlaut abweichenden Sinn des Vertrages behauptet. Dies ist die in Art. 18 Abs. 1 für den Fall der falsa demonstratio und der Simulation (dazu u. N 92ff.) getroffene Regelung, die verallgemeinert wird: Wer sich auf den abweichenden Sinn beruft, hat die Beweislast (BGE 97 II 208; 72 II 158f.; BK-Kramer, N 13, 102 und 196ff.; CR CO I-Winiger, N 24). Das gilt auch im Fall des sog. externen Auslegungsstreites zwischen einem Dritten und einer oder beiden Vertragsparteien (dazu o. N 8).

Behaupten beide Parteien eine unterschiedliche Deutung des Vertrages oder bestehen ausschliesslich Zweifel über die Bedeutung eines bestimmten Wortes, die nicht ausgeräumt werden können (z. B. BGE 115 II 344ff. «unentgeltlich»; BGer 5C.87/2002 «Fehlen»), kann über die Beweislast nur anhand der konkreten Streitlage entschieden werden (BGE 117 II 418).

Für das Vorgehen enthält das Gesetz keine Vorgaben. Das BGer spricht je-   16
doch in zahlreichen Urteilen von «allgemeinen Grundsätzen der Vertragsauslegung» (BGE 89 II 130). Gemeint ist damit die anerkannte Methode der Auslegung von Verträgen, die vom Wortlaut ausgehend über weitere Indizien zur Ermittlung des wirklichen Willens schreitet. Die dabei einzusetzenden Erkenntnisquellen werden üblicherweise als *Mittel der Auslegung* bezeichnet. Die bei deren Interpretation anzuwendenden Grundsätze bezeichnet man als *Regeln der Auslegung*. Die Kommentierung folgt diesem Schema, wobei auch hier darauf hinzuweisen ist, dass es sich um eine Einteilung handelt, bei der die Übergänge fliessend sind.

2. Auslegungsmittel

Bei der Ermittlung des wirklichen Willens sind alle Tatsachen und Fak-   17
toren zu berücksichtigen, aus denen auf die Willenslage bei Abgabe der Vertragserklärung geschlossen werden kann. Infolgedessen gibt es *keine eigentliche Hierarchie der* **Auslegungsmittel**, sondern allenfalls eine Rei-

henfolge, die in den Schlagworten *primäre* und *ergänzende* Auslegungsmittel zum Ausdruck kommt (ZK-JÄGGI/GAUCH, N 344; CR CO I-WINIGER,
N 25 ff.). In diesem Sinne kann man den Wortlaut als das «primäre Willens-
indiz» (BK-KRAMER, N 22) bezeichnen, dem (nur dann) gegenüber den
sonstigen Auslegungsmitteln ein Vorrang zukommt, wenn diese keinen sicheren Schluss auf einen anderen Sinn nahelegen (ZK-JÄGGI/GAUCH, N 369;
typisch etwa BGer 5C.87/2002, E. 2.4.1 sowie BGE 117 II 622). Die im Folgenden behandelten Mittel der Auslegung werden praktisch alle auch bei
der objektivierenden Auslegung herangezogen, sie dienen dann der Bestimmung des mutmasslichen Willens.

a)   Der Wortlaut

18   Grundlage der Auslegung ist der **Wortlaut**, der jedoch in erster Linie der
Gegenstand der Auslegung ist (so zu Recht HONSELL, 348). Auslegungsmittel
ist der Wortlaut nur insofern als er Rückschlüsse auf den tatsächlichen
(oder mutmasslichen siehe o. N 14) Willen ermöglicht. Bei der Interpretation von Texten ist zunächst auf den **allgemeinen Sprachgebrauch** abzustellen. Die Rechtsprechung verwendet Begriffe wie «Alltags- und Um-
gangssprache» oder etwa «populärer Sinn» (so etwa BGer 5C.87/2002, E. 2.3;
«Bei der Auslegung nach dem Wortlaut kommt dem Sinngehalt des Wortes,
den ihm der allgemeine Sprachgebrauch zulegt, entscheidende Bedeutung
zu,» vgl. Beispiele: 104 II 283, «Schlägerei bzw. Raufhandel»; 101 II 342 ff.,
«Bronchitis, Lumbago»; Übersicht bei BSK-OR I-WIEGAND, N 19; CR CO I-
WINIGER, N 26). Massgeblich ist das Verständnis zur Zeit des Vertragsschlusses (BGE 99 II 304; 97 II 74). Zur Feststellung des Wortsinns können
auch Hilfsmittel wie Lexika herangezogen werden (z. B. BGE 116 II 190,
«Drogen»).

19   Ein **individueller** oder **spezieller Sprachgebrauch** kann jedoch unter Umständen *Vorrang* vor dem allgemeinen haben, so etwa wenn alle Vertrags-
beteiligten einem spezifischen **Berufs- oder Lebenskreis** angehören und
fachspezifische oder *technische Ausdrücke* verwenden (z. B. SJZ 1995, 54 f.,
«unbezahlter Check»). Das Gleiche gilt prinzipiell für die Verwendung **juristischer Fachausdrücke**. Sind diese jedoch von vornherein nicht eindeutig, so müssen sie wiederum mit Hilfe anderer Auslegungsmittel präzisiert
werden (z. B. BGE 132 III 24 und 126 III 119 «Akontozahlung», dazu WIE-
GAND, ZBJV 2002, 317). Das Bundesgericht misst juristischen Begriffen keine grosse Bedeutung zu (BGer 4C.436/1997, E. 2; insbesondere dann, wenn
ausländische Parteien schweizerische Rechtsbegriffe verwenden, BGE 125
III 308 ff., dazu WIEGAND, ZBJV 2001, 110 ff.). Dieser **Vorrang der Fach-
sprache** kommt jedoch nur in Betracht, man von deren richtigen Verständnis ausgehen kann. Ist dies nicht der Fall, so ist der allgemeine Sprachgebrauch massgebend, so dass sich sehr häufig ein übereinstimmender

wirklicher Wille nicht ermitteln lässt (BGE 113 II 437; BK-Merz, Art. 2 ZGB N 151).

Wichtiger als diese einzelnen Interpretationsmaximen ist folgender Grund-   **20** satz: Massgeblich für die Bedeutung eines Wortes ist weniger dessen unmittelbarer Wortsinn als seine Stellung im Kontext und wiederum dessen Stellung im Gesamtkonzept des Vertrages. Man spricht in diesem Zusammenhang auch vom **systematischen Element** der Auslegung (dazu auch N 32; sowie BGer 4C.283/2003 und BGE 122 III 122; BK-Kramer, N 26; Gauch/ Schluep/Schmid/Rey, N 1210).

Der **Wortlaut bildet die Grundlage, aber nicht die Grenze der Auslegung,**   **21** d. h., dass selbst bei einem eindeutigen Auslegungsergebnis zu prüfen ist, ob der ermittelte Wortsinn nicht durch andere Indizien in Frage gestellt oder ausgeschlossen wird. Das gilt selbst dann, wenn ein sog. klarer Wortlaut vorliegt. Das BGer lehnt nunmehr die *Eindeutigkeitsregel* (*sens clair*-Doktrin, vgl. BGE 111 II 287) ab. Der klare Wortsinn allein ist für die Vertragsauslegung nicht massgebend, da eine reine Buchstabenauslegung (vgl. unten N 31) nicht statthaft sei (BGE 128 III 212; BGer 5C.87/2002, E. 2.2; vgl. auch BK-Kramer, N 47; ZK-Jäggi/Gauch, N 368). Umgekehrt kann das Ergebnis der Wortlautauslegung dazu führen, dass ein klares Resultat nicht ermittelt werden kann. In beiden Fällen ist deshalb auf *weitere Auslegungsmittel* zurückzugreifen.

Als **weiteres** oder **ergänzendes Mittel zur Auslegung** von Verträgen gilt   **22** alles, was geeignet ist, zur Feststellung des wirklichen Willens der Parteien bei Vertragsabschluss beizutragen (BGE 126 III 120; 125 III 437). Die im Folgenden angeführten weiteren Auslegungsmittel sind deshalb nur als eine *beispielhafte Aufzählung* zu betrachten (vgl. umfassende Übersicht BK-Kramer, N 27 ff.; ZK-Jäggi/Gauch, N 355 ff.; BSK-OR I Wiegand, N 26 ff.).

Entstehungsgeschichte des Vertrages: Die dem Vertrag vorausgehenden   **23** Verhandlungen und dabei entstandene Materialien (Entwürfe etc.), die **Begleitumstände** (Ort und Zeit) sowie das **Verhalten der Parteien** bilden ein wichtiges Erkenntnismittel für die Deutung des später geschlossenen Vertrages. Diese «historische Auslegung» ist eine der wichtigsten Erkenntnisquellen (BGE 126 III 59 und 375), wobei zu beachten ist, dass die Parteien ihre Meinung bis zum Vertragsschluss geändert haben könnten.

Das **Verhalten nach Vertragsschluss** kann Rückschlüsse auf die Willens-   **24** lage bei Vertragsschluss zulassen; solche Indizwirkung können Erfüllungshandlungen sowie die gesamte Art und Weise der Vertragsabwicklung haben (BGer 4C.100/2003, E. 2.2; BGE 117 II 265). Dabei ist freilich zu beachten, dass dieses Verhalten auch auf einem seit Vertragsschluss andauernden Missverständnis beruhen kann.

25   Dem **Vertragszweck** kommt entscheidende Bedeutung zu. Er entspricht der teleologischen Interpretation von Gesetzen und muss oft selbst erst durch Auslegung ermittelt werden. Dies geschieht v. a. durch Rückgriff auf die *Interessenlage der Parteien* und sonst erkennbare Motive, die für den Abschluss des Vertrages massgebend waren (eingehend ZK-Jäggi/Gauch, N 370 ff.; z. B. BGE 119 II 373; 118 II 162). Der Richter muss mit Hilfe dieser und aller vorerwähnten Auslegungsmittel versuchen, den von den Parteien verfolgten Zweck zu ermitteln (BGE 114 II 267).

26   **Verkehrssitte und Usanzen:** Sofern das Gesetz oder die Parteien selbst auf Usanzen, Handelsbräuche oder Verkehrssitten verweisen, werden diese Vertragsinhalt. Andernfalls kommt ihnen nur die Funktion eines Auslegungsmittels zu (so ausdrücklich BGE 91 II 358 f.; vgl. auch BGE 115 II 64 «Usanzen, können... bei der Bestimmung des Sorgfaltsmasses herangezogen werden.»). Es besteht eine gewisse Vermutung dafür, dass branchenkundige Parteien verwendete Begriffe oder gar Handelsklauseln im branchenüblichen Sinne verstanden haben (Bsp. bei BK-Kramer, N 31 ff.; vgl. auch CR CO I-Winiger, N 36 mit dem allerdings problematischen Hinweis auf die Richtlinien der Schweizerischen Bankiervereinigung, die nicht ohne Weiteres als Ausdruck der Verkehrssitte verstanden werden sollten).

3.   Auslegungsregeln

27   Unter dem Schlagwort **Auslegungsregeln** werden Grundsätze zusammengefasst, die dem Richter bei der Ermittlung des Parteiwillens helfen sollen. Zum einen enthält das Gesetz selbst Regeln, die auf bestimmte Situationen zugeschnitten sind. Als Auslegungsregeln werden aber auch Grundsätze verstanden, die sich aufgrund historischer Tradition, Erfahrung und konstanter Rechtsprechung entwickelt haben. Das ausländische Recht enthält z. T. auch ausdrückliche Bestimmungen, die diesen im Folgenden dargestellten Regeln entsprechen (so etwa §§ 133 und 157 BGB, §§ 914–916 ABGB, art. 1156 ff. CC fr. und art. 1362 ff. CC it.). Die meisten dieser Regeln basieren auf den grundlegenden Auslegungsprinzipien des römischen Rechts (vgl. auch u. N 104).

a)   Gesetzliche Auslegungsregeln

28   Für bestimmte Konstellationen stellt der *Gesetzgeber* Auslegungsregeln auf (Art. 76, 189 Abs. 1; Art. 16 Abs. 1, 77, 170 Abs. 3, 220, 543 Abs. 3, Art. 481 Abs. 2). Diese Regeln kommen zur Anwendung, wenn sich nicht ermitteln lässt, welche Vorstellungen die Parteien hatten. Die herrschende Auffassung betrachtet sie als Vermutungen (Nw. bei ZK-Jäggi/Gauch, N 412; dagegen zu Recht BK-Kummer, Art. 8 ZGB N 341). In der Sache handelt es sich um eine gesetzlich angeordnete objektivierende Auslegung.

b) Generelle Auslegungsregeln

Daneben haben *Rechtsprechung und Literatur* eine Reihe von Interpreta- 29
tionsregeln entwickelt, die von historisch vorgeformter Erfahrung geprägt
worden sind. Als solche Regeln werden üblicherweise genannt:

Auslegung nach Treu und Glauben: Als wichtigster Grundsatz der Ver- 30
tragsauslegung wird die Interpretation des Vertrages nach dem *Prinzip von
Treu und Glauben* genannt (BGE 116 II 347 = Pra 1991, 967; 111 II 293;
BK-MERZ, Art. 2 ZGB N 119 ff.; BUCHER, OR AT, 186; GAUCH/SCHLUEP/
SCHMID/REY, N 1224 ff.; vgl. auch § 157 BGB: «Verträge sind so auszulegen,
wie Treu und Glauben mit Rücksicht auf die Verkehrssitte es erfordern.»).
Diese Auslegung ist nicht identisch mit derjenigen der Willenserklärungen
nach dem Vertrauensprinzip (s. o. N 13 und Art. 1 N 18), überschneidet sich
aber mit dieser (BGE 127 III 444 f.; 126 III 120). Daraus ergibt sich das **Verbot der Buchstabenauslegung**: Der Richter darf nicht beim Wortlaut stehen bleiben und insbesondere Worte *nicht formalistisch oder rein gramma-
tikalisch* interpretieren (vgl. BGE 127 III 445; BK-MERZ, Art. 2 ZGB N 122).

Der Grundsatz der **systematischen Auslegung** (s. schon o. N 20) verlangt, 31
dass bei der Interpretation einzelner Worte oder Sätze immer die *Gesamtheit der vertraglichen Regelungen* berücksichtigt werden muss (z. B. BGE
128 III 267, «Den wahren Sinn einer Vertragsklausel erschliesst zudem
erst der Gesamtzusammenhang, in dem sie steht»; 123 III 168; ZK-JÄGGI/
GAUCH, N 351, 430 ff.). Führt diese Auslegung zu einem Widerspruch zwischen einzelnen Vertragsbestimmungen (*Perplexität*, zu diesem in Begriff
BK-KRAMER, N 42 sowie BGHZ 20, 109 f.), folgt daraus nicht notwendig die
Unwirksamkeit der Klausel oder gar des Vertrages. Eine Unwirksamkeit
der sich widersprechenden Willenserklärungen kommt nur in Betracht,
wenn die Widersprüche nicht durch eine harmonisierende Auslegung beseitigt werden können (ZK-JÄGGI/GAUCH, N 433). Das Postulat der ganz-
heitlichen Auslegung bezieht sich nicht nur auf Widersprüchlichkeit einzelner Bestimmungen, sondern auch auf Wertungswidersprüche.

Gesetzeskonforme Auslegung: Hierunter versteht man den Grundsatz, 32
dass vom *dispositiven Recht* abweichende Bestimmungen *restriktiv* auszulegen sind (BGE 115 II 268). Will eine Partei von dispositiven Normen abweichen, so hat sie dies mit hinreichender Deutlichkeit zum Ausdruck zu
bringen (BGer 5C.87/2002, E. 2.2; 5C.36/2001, E. 2.4; BK-KRAMER, N 48).

Nur wenn die primären und ergänzenden Auslegungsmittel zu keinem ein- 33
deutigen Ergebnis führen, finden die folgenden **Regeln für Zweifelsfälle**
Anwendung:
– *favor negotii*: Bei mehreren vertretbaren Auslegungsvarianten ist diejenige massgebend, die den Vertrag nicht ungültig oder unvernünftig

macht (BGE 120 II 40). Haben die Parteien aber unzweifelhaft einen ungültigen oder unvernünftigen Vertrag geschlossen, so darf er nicht mittels Auslegung «korrigiert» werden.

– *in dubio contra stipulatorem (Unklarheitenregel)*: Hat eine Vertragspartei (bzw. ihre Hilfsperson oder ihr Vertreter) eine unklare Vertragsbestimmung verfasst, so hat sie die für sie ungünstigere hinzunehmen (z. B. BGE 115 II 479, 268 m. Nw.). Diese Regel findet hauptsächlich im Bereich der vorformulierten Vertragsbestimmungen Anwendung (siehe auch unten N 46 und Art. 1 N 26; ferner CR CO I-WINIGER, N 50).

– *in dubio mitius; favor debitoris*: Die Regel, wonach im Zweifelsfall die für den Schuldner weniger belastende Auslegung gelten soll, ist umstritten (befürwortend ZK-JÄGGI/GAUCH, N 448 ff.; abl. BK-KRAMER, N 48 m. Nw.).

IV. Auslegungsresultat und prozessuale Konsequenzen

34 Wird im Wege der *empirischen Auslegung* der *wirkliche Wille* festgestellt (s. o. N 6), so beruht nach konstanter Rechtsprechung des BGer diese Ermittlung auf Beweiswürdigung und enthält eine **Tatsachenfeststellung**, an die das Bundesgericht gebunden ist (zuletzt etwa BGE 132 III 28; BGer 4C.108/2004, E. 2.; 4C.103/2004, E. 2.2).

Wird im Wege der objektivierten Auslegung der *mutmassliche Wille* der Parteien festgestellt, so betrachtet das BGer diese Form der Interpretation als **Rechtsfrage**, die im zivilrechtlichen Beschwerdeverfahren der freien Überprüfung unterliegt (BGE 126 III 379 f. m. Nw.).

35 Führt die Auslegung zu dem Resultat, dass ein **übereinstimmender Wille nicht bestand**, so ergeben sich wiederum zwei Möglichkeiten: Die Auslegung der Willenserklärung nach dem Vertrauensprinzip kann dazu führen, dass zwischen den Parteien ein sogenannter *rechtlicher* oder *normativer Konsens* bestand (dazu o. N 6; Art. 18 bezieht sich nicht auf diesen Fall) oder aber ein *Dissens* vorlag. Bezüglich der prozessualen Behandlung ergibt sich wiederum die gleiche Situation: Die Ermittlung des normativen Konsens nach dem Vertrauensprinzip ist eine Rechtsfrage. Die Feststellung des Dissens wird wie diejenige der wirklichen Willensübereinstimmung als Tatfrage betrachtet.

V. Die in Art. 18 Abs. 1 ausdrücklich geregelten Fälle

1. Gemeinsame Voraussetzungen

36 Abs. 1 betrifft zwei Fälle, bei denen eine *Diskrepanz zwischen dem Wortlaut der Erklärungen und dem wirklichen Willen der Vertragsparteien* vorliegt (vgl. schon o. N 1). Diese Nichtübereinstimmung, im Rechtssprichwort «falsa demonstratio non nocet» (dazu WIELING, AcP 1972, 298 ff. und JZ

1983, 760 ff.) zusammengefasst, bleibt unbeachtlich, wenn der wirkliche
Wille der Parteien übereinstimmt. Traditionellerweise werden zwei Fallge-
staltungen unterschieden: Beruht die Inkongruenz von Wille und Erklärung
auf einem gemeinsamen Missverständnis der Parteien, so spricht man im
engeren Sinne von einer *falsa demonstratio* (N 36 ff.). Haben die Parteien
die falsche Bezeichnung bewusst gebraucht, so ordnet man diese Fälle, obwohl es sich ebenfalls um eine falsa demonstratio handelt, unter den Begriff
der *Simulation*. Art. 18 Abs. 1 behandelt allerdings nur einen Spezialfall der
Simulation, nämlich jenen, in dem neben dem simulierten auch ein dissimu-
liertes Rechtsgeschäft vorliegt (N 41 ff.).

a) Die Voraussetzungen sind infolgedessen in beiden Fällen weitgehend
identisch:

Es muss ein **wirklich übereinstimmender Wille** der Parteien vorgelegen   37
haben, was nach den oben dargelegten Grundsätzen der Auslegung festgestellt werden muss. Zwischen diesem und dem in der Erklärung zum Ausdruck gekommenen Willen muss eine **Diskrepanz** bestehen. Diese Diskrepanz ergibt sich daraus, dass die Parteien eine «unrichtige Bezeichnung
oder Ausdrucksweise» gewählt haben. Damit ist gemeint, dass sie Begriffe
verwenden, die allgemein anders verstanden werden, wobei die Abgrenzung zwischen irrtümlich und absichtlich falsch gewählten Bezeichnungen
nur schwer möglich ist. Das hat jedoch hinsichtlich der in Abs. 1 ausgesprochenen Rechtsfolge keinerlei Konsequenzen.

2. Gemeinsames Missverständnis der Parteien (falsa demonstratio)

a)   Tatbestand

Die Nichtübereinstimmung von Bezeichnung und Willen kann auf einem **ge-**   38
meinsamen Missverständnis der Parteien beruhen, das gelegentlich auch
als «Irrtum» bezeichnet wird. Diese *Falschbezeichnung* ist kein Irrtum im
technischen Sinne, denn die Parteien sind sich über die angestrebten
Rechtsfolgen einig.

Typisch sind folgende Konstellationen: Die Parteien *versprechen oder ver-*   39
schreiben sich in gleicher Weise oder sie verwenden Ausdrucksweisen, die
objektiv betrachtet einen ganz anderen Sinn haben, die sie aber in gleicher
Weise «falsch» verstehen. (vgl. hier den in der Lehre viel zitierten Fall in
RGZ 99, 147 ff.: beide Parteien sind sich einig über den Kauf einer Schiffsla-
dung Walfischfleisch, nennen im Vertrag aber das Wort «Haakjöringsköd»,
was Haifischfleisch bedeutet). Abs. 1 gilt auch für den Fall, dass sich *nur*
eine Partei falscher Worte bedient und der Vertragspartner diesen Irrtum
zwar erkennt, den Vertrag aber, ohne den Kontrahenten darauf aufmerksam zu machen, in dessen Sinne abschliesst und so gelten lässt.

b)   Beweislast und Rechtsfolge

40   Wer den vom objektiven Verständnis – insbesondere vom Wortlaut – abweichenden («unrichtigen»), aber übereinstimmenden Willen der Parteien behauptet, hat ihn zu beweisen (BGE 121 III 123 f.; 131 III 109). Ist der tatsächliche übereinstimmende Wille bewiesen, so bleibt der davon abweichende objektive Sinngehalt unbeachtlich (BGE 105 II 18 f.; 83 II 280; vgl. auch ZK-JÄGGI/GAUCH, N 36 ff.).

3.   Simulation

41   Das BGer hat den in Art. 18 nicht definierten *Begriff eines simulierten Rechtsgeschäftes* so umschrieben: «Ein solches Geschäft liegt vor, wenn beide Parteien darüber einig sind, dass die gegenseitigen Erklärungen nicht ihrem Willen entsprechende Rechtswirkungen haben sollen, weil sie entweder ein Vertragsverhältnis vortäuschen oder mit dem Scheingeschäft einen wirklich beabsichtigten Vertrag verdecken wollen.» (BGE 112 II 343; ausserdem 123 IV 68).

Dabei unterscheidet man *drei Formen der Simulation*, die sog. **absolute** oder **reine Simulation**, bei der die Parteien sich darauf beschränken, ein Rechtsgeschäft vorzutäuschen; einen solchen Fall enthält Abs. 2 (s. u. N 92 ff.). Wollen die Parteien durch das vorgetäuschte ein anderes Rechtsgeschäft decken, so nennt man dieses das dissimulierte Rechtsgeschäft, und den Tatbestand bezeichnet man auch als **Dissimulation**. Diese kann in zwei Formen vorkommen, der sog. **Vollsimulation** (z. B. BGE 97 IV 212, vorgetäuschter Kaufvertrag) oder in der Form der **Teilsimulation** (so BGE 117 II 382), bei der nur eine oder einzelne Vertragsbestimmungen vorgetäuscht sind (Schulbeispiel: falsche Angaben über die vereinbarten Zinsen beim Darlehensvertrag zur Umgehung von Höchstzinsvorschriften).

42   Art. 18 Abs. 1 betrifft nur die Dissimulation und bestimmt, dass auch in diesem Falle auf den wirklichen Willen der Parteien abzustellen ist. Dies besagt zweierlei: Das dissimulierte Rechtsgeschäft ist nicht deshalb ungültig, weil die Parteien ein anderes vorgetäuscht haben. Es ist jedoch zu prüfen, ob beim dissimulierten, wirklich gewollten Rechtsgeschäft alle Wirksamkeitsvoraussetzungen bestanden. Im Einzelnen gilt Folgendes: Beide Parteien müssen sich über den Scheincharakter der abgegebenen Erklärungen einig sein (anders bei der *Mentalreservation*, dem sog. *geheimen Vorbehalt* und der *Scherzerklärung*, vgl. dazu o. Art. 1 N 10 sowie §§ 116 und 118 BGB). Dieses Einverständnis über den Scheincharakter der abgegebenen Erklärung nennt man die (ausdrücklich oder auch stillschweigend mögliche) **Simulationsabrede**. Mit ihr ist notwendigerweise eine Täuschungsabsicht verbunden (so zu Recht BK-KRAMER, N 110).

43   Die eigentlichen Probleme der in Art. 18 Abs. 1 geregelten Simulation betreffen nicht die Unwirksamkeit des simulierten, sondern die **Behandlung**

des dissimulierten Rechtsgeschäfts sowie Abgrenzungsfragen. Dazu ist im Einzelnen folgendes zu bemerken:

– *Qualifizieren die Parteien einen Vertrag bewusst falsch*, um dessen wahre Rechtsnatur zu verbergen, z. B. als Auftrag statt als Arbeitsvertrag, als Miete statt als Pachtvertrag, so gilt das dissimulierte Rechtsgeschäft, sofern und soweit das Vereinbarte mit den Vorschriften des wirklich gewollten Vertragsverhältnisses vereinbar ist. Darüber entscheidet der Richter von Amtes wegen (ZK-JÄGGI/GAUCH, N 213 ff.).

– Als besonders problematisch hat sich vielfach die Frage der *Gültigkeit des dissimulierten Geschäftes* bei *Grundstückkaufverträgen* erwiesen, in denen ein falscher Preis angegeben wurde. Prinzipiell müssen bei Formbedürftigkeit des dissimulierten Rechtsgeschäfts die entsprechenden Vorschriften eingehalten sein.

– Bei der sog. **Parteisimulation** wird das Geschäft zum Schein mit einer in Wahrheit nicht gewollten Partei abgeschlossen. Liegen bei der «verdeckten Partei» die sonstigen Vertragsvoraussetzungen vor, so ist das dissimulierte Geschäft mit dieser Partei wirksam (Einzelheiten dazu ZK-JÄGGI/GAUCH, N 160 ff.). Davon zu unterscheiden ist das Geschäft mit einem Strohmann, der wirklich Vertragspartei wird, aber fiduziarisch für einen anderen handelt.

VI. Einzelfragen

1. Einseitige Willenserklärungen

Auf **einseitige empfangsbedürftige** (z. B. Gestaltungsrechte wie Kündigung und Rücktritt) und **nicht empfangsbedürftige Willenserklärungen** ist Art. 18 analog anwendbar (BGE 115 II 329; 54 II 313). Auch für das **Testament** gilt nunmehr die *primär willenstheoretische Auslegung* (h. M. in der Literatur). Das BGer tendiert, wenn auch vorsichtig, in diese Richtung (zuletzt BGE 131 III 107; BK-KRAMER, N 53; siehe auch RASELLI, Erklärter oder wirklicher Wille des Erblassers?, AJP 1999, 1262 ff.). 44

2. Formbedürftige Verträge

Bezüglich Auslegung besteht grundsätzlich kein Unterschied zwischen formfreien und **formbedürftigen Rechtsgeschäften**: Die in Art. 18 Abs. 1 verankerte Auslegung nach dem Willensprinzip gilt uneingeschränkt auch für formbedürftige Verträge. Die vor allem in Deutschland – und in der Schweiz teilweise bei der Testamentsauslegung – verbreitete *Andeutungstheorie*, wonach die Auslegung formbedürftiger Erklärungen eingeschränkt wird, ist für schweizerische Verhältnisse generell abzulehnen (ZK-JÄGGI/GAUCH, N 479 f.; BUCHER, OR AT, 183 f.; vgl. aber BGE 127 III 531 [dazu unten N 61], in dem die Frage ausdrücklich offen gelassen wird). 45

3. Allgemeine Geschäftsbedingungen (AGB)

46   Auch AGB müssen individuell unter Berücksichtigung aller Umstände des
Einzelfalls ausgelegt werden; dabei gelten im Prinzip die hier dargelegten
Regeln. Der v. a. in Deutschland verbreitete Grundsatz *einheitlicher Auslegung* wird im schweizerischen Recht überwiegend abgelehnt (BK-KRAMER,
Art. 1 N 218). Das Bundesgericht folgt nur grundsätzlich diesem Ansatz,
den es ausdrücklich betont (zuletzt BGE 126 III 388, 391 f. zur Auslegung
der SIA Norm 102; BGer 5C.222/2005). In der Sache behandelt das Bundesgericht jedoch zumindest die SIA Normen nicht wie echte Vertragsbestimmungen, sondern weitgehend wie Normen (so insb. BGE 123 III 183 und
126 III 388). Im Ergebnis nähert sich das Bundesgericht damit der deutschen Konzeption der einheitlichen Auslegung von AGB an (zur Problematik dieses Konzepts WIEGAND, AGB, 337 ff.). Davon zu unterscheiden ist die
Frage, ob die AGB überhaupt Vertragsinhalt geworden sind. Auch das ist
durch Auslegung festzustellen (dazu Art. 1 N 23 ff.).

4.   Geltung über das Vertragsrecht hinaus

47   Kraft Art. 7 ZGB gilt die willensorientierte Auslegung auch für andere zivilrechtliche Verhältnisse. Ist der wirkliche übereinstimmende Parteiwille bekannt, so ist der Vertrauensgrundsatz auch bei *Erbverträgen* und *Erbtei-
lungsverträgen* ausgeschlossen (BGE 97 II 207; 72 II 155 ff.). Zur Auslegung
von *Stiftungsgeschäften, wechselrechtlichen Erklärungen, Personalvorsor-
geverträgen, Gesamtarbeitsverträgen, verwaltungsrechtlichen* und *völker-
rechtlichen Verträgen* vgl. BK-KRAMER, N 54 ff.

VII. Vertragsergänzung und -anpassung

Literatur

Vgl. auch die Literaturhinweise vor N 1 und vor N 126.

BAUR, Vertragliche Anpassungsregelungen, 1983; BESSON, La force obliga-
toire du contrat et le changement dans les circonstances, Diss. Lausanne
1955; BISCHOFF, Vertragsrisiko und clausula rebus sic stantibus, Diss. Zürich 1983; E. BUCHER, Der Ausschluss dispositiven Gesetzesrechts durch
vertragliche Absprachen, in: FG Deschenaux, 1977, 249 ff.; BÜHLER, Die
clausula rebus sic stantibus als Mittel der Zukunftsbewältigung, in: FS
Giger, 1989, 35 ff.; BURKHARDT, Vertragsanpassung bei veränderten Umständen in der Praxis des schweizerischen Privatrechts, Diss. Sankt Gallen
1996; DESCHENAUX, La révision des contrats par le juge, ZSR 1942, 509a ff.;
EGGER, Richterliche Aufhebung oder Änderung eines Werkvertrages, in:
Ausgewählte Schriften und Abhandlungen II, 1957, 169 ff.; GIGER, Grundsätzliches zum richterlichen Eingriff in den Vertrag, ZBJV 1969, 309 ff.;
GRÄTZER, Die clausula rebus sic stantibus beim öffentlich-rechtlichen Vertrag, Diss. Zürich 1953; LANZI, Die Verkehrssitte und ihre zivilprozessuale

Behandlung, Diss. Zürich 1982; MERZ, Die Revision der Verträge durch den
Richter, ZSR 1942, 393a ff.; OFTINGER, Die krisenbedingte Veränderung der
Grundlagen bestehender Verträge. Von der sog. clausula rebus sic stanti-
bus, SJZ 1939/40, 229 ff., 245 ff.; DERS., Einige grundsätzliche Betrachtungen über die Auslegung und Ergänzung der Verkehrsgeschäfte, ZSR 1939,
178 ff.; PIOTET, Le complètement judiciaire du contrat, ZSR 1961, 367 ff.;
SCHLUEP, Innominatverträge, SPR VII/2, 1979; SCHÖLL, Die Konversion des
Rechtsgeschäfts, Diss. Basel 2004; SCHÖNLE, L'imprévision des faits futurs
lors de la conclusion d'un contrat générateur d'obligations, in: Hundert
Jahre Schweizerisches Obligationenrecht, 1982, 413 ff.; TERCIER, La «clausula rebus sic stantibus» en droit suisse des obligations, JdT 1979, 194 ff.;
WIDMER, Der richterliche Eingriff in den Vertrag, Diss. Zürich 1971; WIE-
GAND, Clausula rebus sic stantibus – Bemerkungen zu den Voraussetzungen
ihrer Anwendung (Clausula), in: FS für H. P. Walter, 443; WIEGAND/BERGER,
Die Einführung des Euro, 2. Aufl. 2002; YUNG, L'interprétation supplétive
des contrats, ZBJV 1961, 41 ff.

1. Allgemeines

Auch bei eindeutiger Feststellung des Vertragsinhalts kann eine zwischen   48
den Parteien streitige Frage häufig nicht entschieden werden: Einmal weil
der Vertrag für einen oder mehrere regelungsbedürftige Punkte keine
Regelung enthält. Dann spricht man von «Lücken» im Vertrag, welche
durch *Vertragsergänzung* zu schliessen sind (s. u. N 51 ff.). Es können sich
aber auch die getroffenen Regelungen als unangemessen erweisen. Dann
stellt sich die Frage, ob unter diesen Voraussetzungen den veränderten
Bedingungen durch *Vertragsanpassung* Rechnung getragen werden soll
(s. u. N 66 ff.).

Bei Vertragsergänzung und Vertragsanpassung handelt es sich nur um *un-*   49
terschiedliche Erscheinungsformen desselben Phänomens. Bei der **Ver-**
tragsergänzung weist eine von den Parteien geschlossene vertragliche
Regelung von Anfang an Lücken auf, die geschlossen werden müssen, damit der Vertrag anwendbar bleibt. Bei der **Vertragsanpassung** geht es
ebenfalls darum, die Anwendbarkeit des Vertrages sicherzustellen. Hier besteht die «Lücke» darin, dass sich die ursprünglich getroffene Regelung als
unpraktikabel erweist. In der Methodendiskussion ist deshalb seit langem
anerkannt, dass Vertragsanpassung und Vertragsergänzung sich strukturell nicht unterscheiden, sondern dass es vielmehr «im Falle der richterlichen Vertragsanpassung eben um ein *Spezialproblem richterlicher Ver-*
tragsergänzung» geht (BK-KRAMER, N 275).

Ähnliches gilt für das Verhältnis zur *Vertragsauslegung*. Der Übergang von   50
der Auslegung zur Vertragsergänzung ist ebenfalls nur graduell (BK-KRA-
MER, N 220 ff.; SCHWENZER, OR AT N 33.01). Die Vertragsauslegung knüpft

an den im Text sichtbar gewordenen Willen an, während die Vertragsergänzung diesen darüber hinaus verlängert. Es ist ganz offenkundig, dass
bei der Auslegung des Vertrages – zumal bei der objektivierten – der Vorgang ein und derselbe ist. In der schweizerischen Literatur und Judikatur
wird traditionell trotz der aufgezeigten Überlagerungen im Grundsatz
daran festgehalten, dass *Vertragsauslegung, -ergänzung* und *-anpassung*
voneinander zu trennen sind.

2.   Vertragsergänzung

51   Die *Vertragsergänzung* soll dann stattfinden, wenn zwischen zwei Vertragsparteien ein Punkt, der vertraglicher Regelung bedurft hätte, in dem von
ihnen geschlossenen Vertrag *nicht geregelt* ist. In Anlehnung an die vergleichbare Situation bei der Anwendung von Gesetzen spricht man hier von
einer **Vertragslücke** (BGer 4C.128/2005, E. 2.2; BGE 115 II 487 f.). Diese
entsteht entweder dadurch, dass die Parteien die nunmehr entscheidungs-
erhebliche Frage *nicht gesehen* oder dadurch, dass sie *erst durch Zeitablauf relevant* oder später festgestellt worden ist (z. B. gemäss Art. 20 Abs. 2).
In all diesen Fällen ist der Richter genötigt, die von ihm durch Auslegung
ermittelte Lücke zu füllen. Diese Verpflichtung ergibt sich aus der generellen Verpflichtung des Richters zur Streitentscheidung (BK-MEIER-HAYOZ,
Art. 1 ZGB N 314).

52   Auch wenn die Auslegung zur Feststellung einer Lücke führt, bedeutet dies
noch nicht notwendigerweise, dass sie auch durch Ergänzung geschlossen
werden muss. Eine Ergänzung ist vielmehr nur dort angebracht, wo die
Lücke auf einer planwidrigen Unvollständigkeit beruht. Dies ist dann nicht
der Fall, wenn die Parteien bewusst keine Regel getroffen haben (vgl. z. B.
BGE 93 II 275 f.). Ob ein solches *«qualifiziertes» Schweigen* vorliegt, ist
ebenfalls durch Auslegung festzustellen (DESCHENAUX, SPR II, 171). Eine
Vertragslücke liegt auch dann nicht vor, wenn der strittige Punkt durch
zwingendes gesetzliches Recht geregelt ist. Dabei spielt es keine Rolle, ob
die Parteien überhaupt keine Regelung vorgesehen haben oder ob diese
wegen eines Verstosses gegen das zwingende Recht nichtig ist.

3.   Das Vorgehen

53   Über das Vorgehen bei der Vertragsergänzung herrschen unterschiedliche
Vorstellungen, die teils auf terminologischen Differenzen, zum Teil aber
auch auf unterschiedlichen Konzeptionen beruhen. Zu den darüber geführten Kontroversen wird auf die Darstellung in BSK-OR I WIEGAND,
N 67 ff. verwiesen.

a)   Die Mittel der Vertragsergänzung

54   Es geht bei der Vertragsergänzung darum, den Willen der Parteien fortzu-
schreiben. Deshalb bildet der Parteiwille den ersten Anhaltspunkt. Infolge-

dessen ist zunächst auf den **hypothetischen Parteiwillen** abzustellen (BK-KRAMER, N 238; ZK-JÄGGI/GAUCH, N 498). Die Rechtsprechung verwendet diesen Begriff permanent (z.B. BGE 116 II687; 115 II 488). Dabei darf jedoch keine Gleichsetzung von *hypothetischem* mit *mutmasslichem Willen* erfolgen (so richtig ZK-JÄGGI/GAUCH, N 498ff.). Es geht eben gerade nicht um den Willen, den die Parteien möglicherweise gehabt haben, sondern um den Willen, den sie gehabt hätten, falls sie die regelungsbedürftige Frage gesehen hätten.

Bei der Ermittlung des hypothetischen Parteiwillens hat der Richter sich   55
«am Denken und Handeln vernünftiger und redlicher Vertragspartner sowie an Wesen und Zweck des Vertrages zu orientieren» (BGE 115 II 488; zuletzt BGer 4C.376/2005, E. 3.2). Auch dabei hat der Parteiwille insofern Vorrang, als bei der Vertragsergänzung *auf die Eigenheit und die Individualität der Parteien Rücksicht zu nehmen* ist, so dass sich als hypothetischer Parteiwille auch eine objektiv betrachtet unvernünftige Lösung ergeben kann. Nur wenn Anknüpfungspunkte für eine derartige Verlängerung des Parteiwillens fehlen, kann an seine Stelle der *Wille vernünftig handelnder Vertragsparteien* gesetzt werden.

Dem hypothetischen Parteiwillen nahe steht die Ergänzung des Vertrages,   56
die sich an der **Natur des Geschäftes** orientiert (vgl. Art. 2 Abs. 2 OR) Der lückenfüllende Richter soll die von den Parteien gesetzte Ordnung fortführen und den Vertrag dementsprechend ergänzen müssen (BGE 72 II 37). Die gleiche Funktion hat auch die Bezugnahme auf den **Vertragszweck**. Wie überhaupt generell festzuhalten ist, dass all diejenigen *Kriterien, die zur Auslegung des Vertrages und zur Ermittlung des Vertragsinhalts herangezogen werden, auch bei der Vertragsergänzung zu berücksichtigen sind.*

Der Richter kann zur Lückenfüllung auch auf **dispositives Gesetzesrecht**   57
zurückgreifen. Nach der traditionellen Auffassung in der Literatur und einer konstanten Praxis ist dies der Weg, der zunächst einzuschlagen ist, ehe man auf den hypothetischen Parteiwillen und sonstige Ergänzungsmittel zurückgreifen darf (so ausdrücklich zuletzt BGer 4C.376/2005, E. 3.2 mit Verweis auf BGE 115 II 488; «so hat der Richter – falls dispositive Gesetzesbestimmungen fehlen – zu ermitteln, was die Parteien nach dem Grundsatz von Treu und Glauben vereinbart hätten»). Nach der hier *vertretenen Auffassung* gilt dies nur dann, wenn davon ausgegangen werden kann, dass das dispositive Gesetzesrecht wirklich geeignet ist, die privatautonome Regelung der Parteien sinnvoll zu ergänzen (BSK OR I-WIEGAND, N 81).

Verkehrsanschauungen, Sitte, Brauchtum und **Usanzen** haben quasi-nor-   58
mativen Charakter und können ähnlich wie das dispositive Gesetzesrecht zur Ergänzung des Vertrages herangezogen werden. Voraussetzung ist auch hier, dass sie geeignet sind, die vorhandene Lücke zu schliessen, und

eine Schliessung der Lücke in diesem Sinne sich mit dem Parteiwillen, soweit auf diesen geschlossen werden kann, vereinbaren lässt.

59   Wenn keines der vorliegenden Ergänzungsmittel in Betracht kommt, hat der **Richter selbst** eine Regelung zu entwerfen (dazu und zum Folgenden BK-KRAMER, N 227 ff.; ZK-JÄGGI/GAUCH, 526 ff.). Bei dieser Regelbildung ist wiederum wie bei der Heranziehung dispositiven Rechts zu unterscheiden, ob es sich um einen eher typischen Vertrag handelt. Ist dies der Fall, so soll nach allgemeiner Auffassung der Richter *modo legislatoris handeln und eine generelle Regel aufstellen.* Weist der Vertrag dagegen starke individuelle und atypische Züge auf, so soll der Richter eine *individuelle fallbezogene Regelung* zur Ergänzung dieses konkreten Vertrages bilden.

b)   Einzelfragen und Abgrenzungen

60   Ob eine Vertragsergänzung auch dann in Betracht kommt, wenn die Parteien sich über wesentliche Vertragspunkte nicht geeinigt haben, ist streitig. Handelt es sich tatsächlich um einen *objektiv wesentlichen* Punkt, so ist der Vertrag mangels Konsens nicht zustande gekommen. Handelt es sich nur um subjektiv wesentliche Punkte, so geben die Parteien dadurch, dass sie auf jeden Fall am Vertrag festhalten wollen, eben gerade zu erkennen, dass es sich zumindest jetzt nicht mehr um die für sie wirklich wesentlichen Punkte handelt (dazu insb. ZINDEL, SJZ 1982, 356 ff.).

61   Enthält ein **formbedürftiger Vertrag** eine Lücke und sind die formbedürftigen Vertragselemente *nicht in der erforderlichen Form erfasst*, so kommt eine Vertragsergänzung nicht in Betracht. Führt die Vertragslücke nicht zur Formungültigkeit, so soll praktisch uneingeschränkte Ergänzung möglich sein (GAUCH/SCHLUEP/SCHMID/REY, N 1278 und dem folgend jetzt BGE 127 III 531 f.).

62   Der Vertragsergänzung nahe steht der Vorgang der *Umdeutung eines nichtigen Rechtsgeschäfts in ein gültiges.* Dass eine derartige **Konversion** zulässig und möglich ist, ist auch für das schweizerische Recht unbestritten (BGE 93 II 452; vgl. ausserdem 126 III 184; BK-KRAMER, N 267 m. Nw. auch zur deutschen Literatur). Der Vorgang der Umdeutung (vgl. § 140 BGB) ist dennoch von der Auslegung von Verträgen und der Vertragsergänzung strikt zu unterscheiden (ausführlich dazu BK-KRAMER, N 268 ff.; zum Ganzen SCHÖLL, Konversion).

63   Bei **teilweiser Nichtigkeit** (vgl. z. B. BGer 4C.343/2005, E. 2; BGE 116 II 687) enthält das Gesetz in Art. 20 Abs. 2 eine Regelung, die gewissermassen automatisch zur Lückenschliessung führt. Sie basiert auf der Ermittlung des hypothetischen Parteiwillens und weist damit einen deutlichen Bezug zur Vertragsergänzung auf.

Vielfach wollen die Parteien jedoch die Frage der Fortsetzung des Vertrages 64
nicht der immer problematischen Ermittlung des hypothetischen Parteiwillens überlassen und treffen deshalb für die Lückenhaftigkeit des Vertrages
Vorsorge, indem sie eine sog. **salvatorische Klausel** vereinbaren. Sie lauten
etwa: «Sollten einzelne Bestimmungen dieses Vertrages teilweise oder ganz
unzulässig oder unwirksam sein oder werden, bleibt der Vertrag im Übrigen gültig». Es handelt sich um Regeln zur Vertragsergänzung, an die der
Richter – da sie den Parteiwillen reflektieren – bei der Vertragsergänzung
gebunden ist.

Vertragsergänzung ist in der Praxis eher selten: Die **Rechtsprechung** 65
ist (zu Recht) zurückhaltend: Vertragergänzung wurde **bejaht** in *BGE 130
II 70f.* und *BGE 115 II 487ff.*, **verneint** in: *BGE 119 II 347f.; BGE 93 II 275f.*
Vgl. die Übersicht bei BSK OR I-WIEGAND, N 93f.

4. Vertragsanpassung (clausula rebus sic stantibus)

a) Zulässigkeit und Ziel

Die **Vertragsanpassung aufgrund der Veränderung der Verhältnisse** ist 66
ein in Rechtsprechung und Lehre anerkanntes Rechtsinstitut, das in einigen
Spezialregelungen des Gesetzes (Art. 373 Abs. 2) sichtbar ist, seine Grundlage und Rechtfertigung aber vor allem in dem in Art. 2 ZGB verankerten
Prinzip von Treu und Glauben findet (BSK ZGB I-HONSELL, Art. 2 N 19). Voraussetzung für die Anpassung ist, dass die Erfüllung des Vertrages, so wie
er geschlossen ist, zumindest für eine Partei **nicht mehr zumutbar** erscheint. Das kann aufgrund wirtschaftlicher Faktoren (unten N 73f.), aber
auch infolge nichtwirtschaftlicher Aspekte der Fall sein (unten N 75).

In der Sache handelt es sich um eine Durchbrechung des Grundsatzes 67
pacta sunt servanda. Davon werden nur in beschränktem Umfang **Ausnahmen** zugelassen, sie alle beruhen auf dem *gemeinsamen Grundgedanken*, der sich so zusammenfassen lässt: *Die Bindung der Parteien an den
geschlossenen Vertrag findet ihre Grenze immer dann und überall dort, wo
sie vom bei Vertragsschluss vorhandenen Willen nicht mehr gedeckt ist.*
Ausdruck findet dieser Gedanke in einer Reihe verwandter, sich teilweise
überschneidender Rechtsinstitute, die unter dem Sammelbegriff *Wegfall
der Geschäftsgrundlage* fallen (dazu jetzt § 313 BGB): *Anfechtung wegen
Grundlagenirrtums* gemäss Art. 24 Abs. 2 Ziff. 4, *Kündigung aus wichtigem
Grund* und *Vertragsanpassung wegen veränderter Verhältnisse*. Die neuere Rechtsprechung des Bundesgerichts hat zumindest die Rechtsfolgen
der einzelnen Rechtsbehelfe weitgehend angenähert (BGE 129 III 320 und
128 III 431, dazu WIEGAND, Clausula, 447ff.).

Ziel der Anpassung ist es, das *Vertragsverhältnis so umzugestalten, dass es* 68
den veränderten Verhältnissen entspricht. Dabei steht traditionellerweise

die Äquivalenzstörung im Vordergrund. Es können aber auch sonstige Vertragspflichten abgeändert werden, und es kann die einzige Lösung darin bestehen, den Vertrag vorzeitig zu beenden.

b)   Anwendungsbereich und Voraussetzungen

69   Grundvoraussetzung für die Vertragsanpassung ist eine **Veränderung der Verhältnisse**, die seit Vertragsabschluss eingetreten sein muss. Daraus folgt zweierlei: *Fehlvorstellungen der Parteien vor oder bei Vertragsschluss* können allenfalls unter dem Aspekt des Grundlagenirrtums gemäss Art. 24 Abs. 2 Ziff. 4 berücksichtigt werden, und es muss ein *Zeitraum für eine Veränderung der Verhältnisse* vorhanden sein. Deshalb kommt die Anpassung grundsätzlich nicht in Betracht bei sog. Einmalschuldverhältnissen (BSK ZGB I-HONSELL, Art. 2 N 19). Typischerweise spielen die Umstände oder Rahmenbedingungen bei langfristigen Verträgen eine grosse Rolle, jedoch müssen «die Parteien bei langfristigen Verträgen damit rechnen, dass sich die zur Zeit des Vertragsabschlusses bestehenden Verhältnisse später ändern» (so zu Recht BGE 127 III 305). Die Anpassung kommt deshalb auch bei kurzfristig zu erfüllenden Verträgen in Betracht, sofern sie überhaupt für eine relevante Änderung der Verhältnisse Raum lassen. Entscheidend ist allein, ob eine solche Veränderung vorhersehbar war.

70   Die **Vorhersehbarkeit** wird in Literatur und Rechtsprechung deshalb zu Recht für das entscheidende Kriterium gehalten (BGer 4C.49/2004, E. 2.2; BGE 100 II 349; BK-MERZ, Art. 2 ZGB N 224ff. m. Nw.; ZK-BAUMANN, Art. 2 ZGB N 455; CR CO I-WINIGER, N 199ff.). Hierfür können naturgemäss keine generellen Kriterien entwickelt werden. Es handelt sich vielmehr um eine Frage, die der Richter durch *wertende Beurteilung* entscheiden muss.

71   *Vorhersehbar* in diesem Sinne sind *normale Inflationsraten* (etwa BGE 101 II 21) und Konjunkturschwankungen aller Art. Als eindeutig *unvorhersehbar* wurden etwa die wirtschaftlichen Umwälzungen nach dem ersten Weltkrieg betrachtet (BGE 48 II 252; 47 II 457, 317) oder Folgen der Inflation in Deutschland in den zwanziger Jahren.

72   Mit *Änderungen der Gesetzeslage* muss man grundsätzlich rechnen (BGE 127 III 305, dazu WIEGAND ZBJV 2003, 806f.). Ob und inwieweit dies auch für *Veränderungen der Rechtsprechung* gilt, ist problematisch. Als generell vorhersehbar gelten dagegen *Naturereignisse* aller Art, weil mit ihnen immer gerechnet werden muss. Jedenfalls von vornherein ausgeschlossen ist eine Berufung auf veränderte Verhältnisse bei allen *spekulativen Geschäften* (BGE 59 II 380).

73   Voraussetzung ist schliesslich, dass durch die Veränderung der Verhältnisse eine **schwerwiegende Störung des Vertragsverhältnisses** ausgelöst wird.

Bei *vermögenswerten Leistungen* muss eine **gravierende Äquivalenzstörung**, d. h. ein grobes Missverhältnis zwischen Leistung und Gegenleistung eingetreten sein (vgl. BGE 104 II 317; 101 II 19; BK-KRAMER, N 346; ZK-JÄGGI/GAUCH, N 679 ff.; ZK-BAUMANN, Art. 2 ZGB N 455; ausführlich BISCHOFF, 190 ff.).

Auch im **nicht-wirtschaftlichen Bereich** muss die Störung auf einer Änderung der Verhältnisse beruhen, die zur Unzumutbarkeit der Erfüllung führt. Dies wird v. a. bei personenbezogenen Verträgen wie Gesellschafts- oder Dienstverträgen vorkommen. Das Bundesgericht hat im Uriella-Entscheid (BGE 128 III 431) derartige Konstellationen Art. 27 ZGB (Kündigung aus wichtigem Grund siehe u. N 83) zuordnen und von der Anwendung der clausula rebus sic stantibus ausschliessen wollen, die sich dann auf Äquivalenzstörungen beschränkt (krit. zu diesem nicht überzeugenden Ansatz WIEGAND, ZBJV 2003, 835 ff.). 74

Aus diesen Beispielen ergibt sich schliesslich ein letzter Gesichtspunkt: Für die Anwendbarkeit der clausula rebus sic stantibus ist es **nicht erforderlich**, dass die *Vertragsstörung auf überindividuellen Gründen oder gar einer «Sozialkatastrophe»* beruht (in diesem Sinne aber BISCHOFF, 184 ff. m. Nw.; vgl. auch BGE 96 II 310). Das Gleiche gilt für Schlagworte wie «Ausserordentlichkeit der Ereignisse». Derartige Floskeln, wie auch die vom Reichsgericht verwendete von einer «grundstürzenden Änderung der Verhältnisse», sind nur blumige Ausdrucksweisen für die Unvorhersehbarkeit der Ereignisse. Als solche sind sie durchaus bei der Wertung zu berücksichtigen, diese selbst hat aber immer auf die Beziehung zwischen den Parteien und den individuellen Vertrag abzustellen, nicht aber auf eine irgendwie geartete gesamt(wirtschaftlich)e Betrachtung (zum Ganzen BK-KRAMER, N 335 ff.; ZK-JÄGGI/GAUCH, N 661 ff.). 75

c) Anpassungsregeln

Erweist sich ein Vertrag als anpassungsbedürftig, so hat die Anpassung nach bestimmten Regeln zu geschehen. Dabei sind *drei Gruppen* zu unterscheiden:
Vertragliche Anpassungsregeln sind solche, die *die Parteien* (in weiser Voraussicht) in den Vertrag eingefügt haben. Daneben enthält *das Gesetz* Regeln, mit denen die Anpassung des Vertrags ermöglicht werden soll; fehlen beide, so hat *der Richter* selber entsprechende Regeln zu kreieren. Im ersten Fall handelt es sich um sog. *Eigennormen* der Parteien, während die übrigen Anpassungsregeln als *Fremdnormen* bezeichnet werden (zu dieser Terminologie ZK-JÄGGI/GAUCH, N 276). 76

Vertragliche Anpassungsregeln: Die vertraglichen Anpassungsregeln werden einem Vorschlag von JÄGGI/GAUCH folgend in *positive* und *negative* ein- 77 geteilt (ZK-JÄGGI/GAUCH, N 576; BK-KRAMER, N 276 und BISCHOFF, 91 ff., ausführliche Zusammenstellung BSK OR I-WIEGAND, N 108 ff.).

78   **Positive Anpassungsregeln** sind Vertragsklauseln, in denen die Parteien eine Anpassung des Vertrages an die veränderten Verhältnisse *anordnen* (BGE 99 II 290 ff.). Derartig positive Anpassungsklauseln formulieren die Voraussetzung i. d. R. in Form einer Bedingung und ordnen die entsprechende Anpassungsfolge an. Typische Beispiele sind etwa *Wertsicherungsklauseln* (z. B. BGE 117 II 40 ff.; 116 III 62 ff.; 99 II 298; 94 III 10 f.; 72 II 34).

79   **Negative Anpassungsklauseln** sind solche, in denen die Parteien eine Anpassung *ausschliessen* (SJZ 1989, 231 = LGVE 1987 I 28). Negative Anpassungsklauseln finden sich z. B. in der SIA-Norm 118 (Ausgabe 1977 Neudruck mit redaktionellen Präzisierungen 1991 in den Art. 60 und 61).

80   **Konkludente Anpassungsklauseln:** Beide Formen der Anpassungsregelung können auch als *stillschweigend vereinbart* angesehen werden. Dies ist dann der Fall, wenn der Richter durch Auslegung des Vertrages zu dem Resultat gelangt, dass es dem Willen der Parteien entsprach, eine Anpassung auszuschliessen oder vorzusehen. Dabei ist jedoch Zurückhaltung geboten, v. a. in Bezug auf die Annahme einer stillschweigenden Anpassungsklausel. Die Rechtsprechung ist zu Recht äusserst vorsichtig bei der Annahme stillschweigend vereinbarter Anpassungsklauseln (etwa BGE 88 II 203; SJZ 1989, 231 = LGVE 1987 I 28).

81   *Gesetzliche Anpassungsregeln:* Das OR und die gesamten Privatrechtsgesetze enthalten eine Fülle von Anpassungsregeln, auf die zum Teil bereits hingewiesen wurde. So sind etwa die Vorschriften über die *Übervorteilung (Art. 21)* oder den *Grundlagenirrtum (Art. 24 Abs. 1 Ziff. 4)* in diesem Zusammenhang zu nennen. Dabei handelt es sich allerdings nicht um Vorschriften, die nachträglich eine Anpassung des Vertrages an veränderte Verhältnisse bewirken, sondern dessen Entstehung verhindern, weil die Parteien bewusst (Art. 21) oder unbewusst ein von Anfang an gestörtes Vertragsverhältnis begründet haben (bei der Übervorteilung nimmt das Bundesgericht vereinzelt auch eine Vertragsanpassung vor; BGE 123 III 292, zustimmend GAUCH, recht 1998, 55 und KRAMER, AJP 1997, 1556; krit. WIEGAND, ZBJV 1998, 683). Bei dem in diesem Zusammenhang häufig erwähnten Art. 119, der die *nachträgliche Unmöglichkeit* betrifft, geht es schlicht um die Liquidation des Vertrages. Die Verbindung zu der clausula rebus sic stantibus besteht allenfalls darin, dass gelegentlich die Unzumutbarkeit der Leistung oder auch die sog. Unerschwinglichkeit für den Schuldner der Unmöglichkeit gleichgestellt wird (dazu im Einzelnen BSK OR I-WIEGAND, Art. 97 N 14 m. Nw. und Art. 119 N 5). Neben den allgemeinen Rechtsbehelfen enthält der Besondere Teil des OR eine Reihe von Tatbe-

ständen, die man als **gesetzliche Anpassungsregeln** bezeichnen kann. Die
weitaus wichtigste ist die bereits erwähnte Regelung des Art. 373 Abs. 2.
Hinzu kommen eine Reihe von Bestimmungen, die auf eine *nachträgliche
Verschlechterung der Vermögensverhältnisse oder den Tod eines Vertragspartners* abstellen (z. B. Art. 250 Abs. 1 Ziff. 2, 266g, 270, 295 Abs. 1, 297,
316 Abs. 1, 337a, 418s Abs. 1; vgl. auch BK-KRAMER, N 315).

Bei all diesen Vorschriften kann allein fraglich sein, ob daraus ein **allge**   82
meines Prinzip abgeleitet werden kann. Das ist zu bejahen, denn Art. 373
Abs. 2 formuliert auf exemplarische Weise die Voraussetzungen, unter denen jeder Vertrag angepasst werden könnte. Dies gilt zumindest für Äquivalenzstörungen. Für Störungen des vertraglichen Vertrauensverhältnisses
findet sich ein ähnlicher Ansatz in den Vorschriften über die **Kündigung
aus wichtigem Grund** (z. B. Art. 266g, 297, 337, 418r, 527, 545 Abs. 2). Auf
ihre Ableitung aus dem Grundgedanken der clausula rebus sic stantibus ist
(o. N 67) schon hingewiesen worden. Für Art. 337 hat das Bundesgericht
das jetzt ausdrücklich festgehalten («Die ausserordentliche Vertragsauflösung nach Art. 337 konkretisiert damit die clausula rebus sic stantibus.»
BGE 129 III 383). Auch dieser Ansatz ist verallgemeinerungsfähig und
kann deshalb als Basis für eine Analogie bei all denjenigen Verträgen herangezogen werden, in denen die persönliche Beziehung zwischen den Parteien in grundlegender Weise erschüttert worden ist (in diesem Sinne wohl
schon BK-KRAMER, N 321; zustimmend jetzt auch CR CO I-WINIGER, N 209).
Das Bundesgericht hat im erwähnten Uriella-Entscheid eine solche Verallgemeinerung vorgenommen und diese zugleich mit Art. 27 Abs. 2 ZGB verknüpft (BGE 128 III 429 «Ausdruck eines allgemeinen Prinzips», vgl. dazu
o. N 74).

Richterliche Anpassungsregeln: Findet sich keine der genannten Anpas   83
sungsregeln, hat der **Richter** *die verbleibende Lücke im Vertrag zu schliessen.* Dies gilt auch dann, wenn die vertragliche Anpassungsregel oder die
herangezogene gesetzliche Regel unvollständig ist. Schliesst der Richter
eine sog. Anpassungslücke, so gleicht seine Tätigkeit derjenigen der richterlichen Vertragsergänzung (Einzelheiten dazu bei BK-KRAMER, N 322 ff.
und ZK-JÄGGI/GAUCH, N 639 ff.).

Akzeptiert man diesen Ausgangspunkt, so ist es klar, dass die Vertrags   84
anpassung nicht auf den *Rechtsmissbrauchsgedanken* abgestützt werden
muss. Dieser würde in jedem Falle nur der Ausübung des konkreten Rechts
entgegenstehen, nicht aber zu einer wirklichen Lückenschliessung führen.
Das kann heute als allgemeine Auffassung bezeichnet werden (ZK-JÄGGI/
GAUCH, N 646; BK-MERZ, Art. 2 ZGB N 220 und BK-KRAMER, N 327 und
332). Die *Rechtsprechung* betrachtet dagegen die Vertragsanpassung ganz
überwiegend unter dem *Aspekt des Rechtsmissbrauchs* (zuletzt BGer 4C.49/
2004, E. 2.2; BGE 113 II 209; 107 II 348). Ein Rückgriff auf Art. 2 Abs. 2 ZGB

ist jedoch nur dann erforderlich, wenn der Vertrag eine Anpassung nicht erlaubt, die Berufung auf die vertragliche Regelung sich aber dennoch als missbräuchlich erweist (zum Ganzen BK-KRAMER, N 332 und ZK-JÄGGI/ GAUCH, N 645 ff., beide m. Nw.).

d) Die Entscheidung des Richters und die Anpassungsfolgen

85   Gelangt der Richter zu dem Schluss, dass eine Anpassung erforderlich ist, so ist selbstverständlich *zunächst auf die vertragliche Regelung und die gesetzlichen Anpassungsvorschriften zurückzugreifen.* Bei einer wirklichen Anpassungslücke kann auch hier der *hypothetische Parteiwille* herangezogen werden (ZK-JÄGGI/GAUCH, N 651 m. Nw.). Ziel der richterlichen Ergänzung des Vertrages muss beim Vorliegen einer Anpassungslücke sein, den Vertrag wieder funktionsfähig zu machen oder ihn zu beenden: Konkret bedeutet das, dass die *Äquivalenzstörung beseitigt* werden muss. Als weitere Möglichkeit kommt eine *Verlängerung oder Verkürzung der Vertragsdauer* in Betracht oder aber, was bei weitem die häufigste Folge sein wird, eine *ex nunc wirkende Auflösung* des unter den geänderten Verhältnissen nicht mehr durchführbaren Vertrages (Einzelheiten BK-KRAMER, N 353 ff.; ausserdem ZK-JÄGGI/GAUCH, N 573 f. und BISCHOFF, 229 ff.; ausführlich jetzt BGE 127 III 307 f.). Gemeinsam ist allen Varianten, dass sie keine Rückwirkung haben. *Massgebender Zeitpunkt* für die Gestaltungswirkung ist die Geltendmachung gegenüber der anderen Vertragspartei.

e) Einzelfragen

86   *Nichteintritt einer Verhältnisänderung:* Haben die Parteien mit einer Verhältnisänderung gerechnet und den Vertrag darauf angelegt und tritt diese Änderung dann nicht ein, so ist der Fall unter umgekehrten Vorzeichen so zu beurteilen, wie wenn eine unerwartete Verhältnisänderung eingetreten ist. Die Anpassung des Vertrages ist hier in gleicher Weise vorzunehmen (GAUCH/SCHLUEP/SCHMID/REY, N 1302).

87   *Loyalitätsklauseln:* In neueren Verträgen finden sich häufig Loyalitätsklauseln. Sie sind verwandt oder überschneiden sich mit den oben (N 64 f.) bereits erwähnten salvatorischen Klauseln. Die Parteien vereinbaren durch derartige Bestimmungen, dass ein Scheitern des Vertrages auf alle Fälle vermieden werden soll. Sie sehen deshalb i. d. R. vor, dass *eventuelle Vertragslücken zu schliessen sind und veränderten Verhältnissen durch neue Bestimmungen Rechnung zu tragen ist.* Solche Klauseln können in allgemeiner Form abgefasst werden, dann begründen sie die Befugnis des Richters, den Vertrag entsprechend zu ergänzen.

88   Vielfach handelt es sich jedoch um *spezifische Vereinbarungen,* die den Zweck haben, veränderten Verhältnissen Rechnung zu tragen, die meist mit einer **Verhandlungsklausel** verbunden sind. Derartige Verhandlungsklau-

seln, gelegentlich auch **Neuverhandlungsklauseln** (dazu ausführlich Horn, AcP 1981, 257 ff. und diese strikt ablehnend Martinek, AcP 1998, 329 ff.), zielen darauf ab, die Verpflichtung der Parteien zur Aufnahme von Verhandlungen zu begründen (vgl. zum Ganzen auch BK-Kramer, N 286 und BSK OR I-Wiegand, N 120 ff.).

f)   *Übersicht über die Rechtsprechung zur Vertragsanpassung*

Das BGer hat Vertragsanpassung geprüft und **vorgenommen** in: BGE 127 III 300 ff.; 113 II 209 ff.; 111 II 260 ff.; 107 II 144 ff.; Vertragsanpassung geprüft und **abgelehnt** hat das BGer in: BGer 4C.49/2004 vom 30. März 2004; BGE 131 II 324; 128 III 432; 122 III 97 ff.; 116 II 512 ff.   89

Das BGer hat die Vertragsanpassung **offengelassen** in: *BGE 103 Ia 37 und BGE 97 II 50 ff.* (Abweisung einer «promesse de vente»); BGE 93 II 108 f. (ausführliche Zusammenstellung in BSK OR I-Wiegand, N 123 ff.).   90

VIII. Simulation und Rechtsschein

Literatur

Berger, Zur Unterscheidung zwischen Rechtsscheinhaftung und Vertrauenshaftung, recht 2002, 201 ff.; Bergmaier, Die Sicherungszession im Schweizerischen Recht, Diss. Zürich 1945; Blass, Die Sicherungsübereignung im schweizerischen Recht, Diss. Zürich 1983; Canaris, Die Vertrauenshaftung im deutschen Privatrecht, 1971; Chappuis, Le faux intellectuel et la simulation, Diss. Lausanne 1950; Ehrenzeller, Die Simulation von Verträgen nach schweizerischem Recht mit besonderer Berücksichtigung der bundesgerichtlichen Rechtsprechung, Diss. Bern 1951; Favre, Die Berechtigung von Depotkunden an auslandverwahrten Effekten, Zürich 2003; Gautschi, Eigentumsverhältnisse am Treuhandvermögen, SJZ 1967, 5 ff.; ders., Die Causa fiduziarischer Rechtsübertragungen, SJZ 1958, 245 ff. und 268 ff.; Gubler, Besteht in der Schweiz ein Bedürfnis nach Einführung des Instituts der angelsächsischen Treuhand (trust)?, ZSR 1954, 215 a ff.; Iberg, Formmangel beim Grundstückkauf, ZBJV 1974, 330 ff.; Kellerhals, Simulation im Grundstückkauf, Diss. Bern 1952; A. Koller, Der gute und der böse Glaube im allgemeinen Schuldrecht, 1985; Paoletto, Die Falschbeurkundung beim Grundstückkauf, Diss. Zürich 1973; Reymond, Le trust et le droit suisse, ZSR 1954, 119 a ff.; ders., Acte fiduciaire ou acte simulé, SJ 1989, 649 ff.; Spiro, Die unrichtige Beurkundung des Preises beim Grundstückkauf, Basler Studien zur Rechtswissenschaft, Heft 70, Basel 1964; Thévenoz, La fiducie, cendrillon du droit suisse, ZSR 1995 II 253 ff.; Vollenweider, Die Sicherungsübereignung von Schuldbriefen als Sicherungsmittel der Bank, Diss. Freiburg i. Ü. 1994; Wälli, Das reine fiduziarische Rechtsgeschäft, Diss. Zürich 1969; Watter, Die Treuhand im Schweizer

Recht, ZSR 1995 II 179 ff.; WIEGAND, Fiduziarische Sicherungsgeschäfte, ZBJV 1980, 564 ff.; DERS., Trau, schau wem – Bemerkungen zur Entwicklung des Treuhandrechts in der Schweiz und in Deutschland, in: FS Coing, 1982, 565 ff.; DERS., Eigentumsvorbehalt, Sicherungsübereignung und Fahrnispfand, in: Mobiliarsicherheiten, BBT, Bd. 5, 1998, 75 ff.; DERS., Die Canaris-Rezeption in der Schweiz, in FS für Claus-Wilhelm Canaris (München 200), 881 ff.; WIEGAND/BRUNNER, Vom Umfang des Formzwangs und damit zusammenhängende Fragen des Grundstückkaufvertrages, recht 1993, 1 ff.; YUNG, Simulation, fiducie et fraude à la loi, in: Mélanges Sauser-Hall, Neuchâtel/Paris 1952, 139 ff., ZOBL, Das schweizerische Bankprivatrecht 2003–2004, SZW 2004, 338 f.

91   Die Rechtsfolge der **Simulation** wird in Abs. 1 als selbstverständlich vorausgesetzt: Sie besteht darin, dass das *Scheingeschäft nichtig* ist (und stattdessen das verdeckte Geschäft gilt). Damit ist aber nur die Rechtsfolge zwischen den Parteien festgelegt. Zwischen diesen ist die Nichtigkeit eine angemessene Sanktion, da beide die Erklärung einverständlich nur zum Schein abgegeben haben. Da solche Simulationen i.d.R. zur Täuschung Dritter vorgenommen werden, bleibt die Frage zu beantworten, ob und in welchem Umfang die Dritten zu schützen sind. Das Gesetz schützt sie, wenn sie dem von den Parteien veranlassten Rechtsschein vertraut haben, mit der Regelung des Abs. 2 für einen speziellen Fall. In der Literatur wird darüber hinaus zu Recht erörtert, ob sich daran anknüpfend nicht eine weitergehende Haftung rechtfertigt, die als Erscheinungsform der allgemeinen Rechtsscheinhaftung oder des Vertrauensschutzes zu betrachten sei (vgl. dazu eingehend ZK-JÄGGI/GAUCH, N 252 ff.; BK-KRAMER, N 156 ff. und A. KOLLER, N 594 ff.; WIEGAND, FS Canaris, 884, 895).

1.   Art. 18 Abs. 2

a)   Ausgangslage

92   Die **Nichtigkeit des Scheingeschäfts** wirkt prinzipiell für und gegen Dritte, die sich ohne Weiteres auf die Unwirksamkeit des zum Schein vorgenommenen Geschäftes berufen können (heute unbestritten, ZK-JÄGGI/GAUCH, N 131; BK-KRAMER, N 164). Umgekehrt können aber auch die am Scheingeschäft Beteiligten dessen Unwirksamkeit Dritten entgegenhalten (BGE 106 II 145). Da das schweizerische Recht *keinen generellen Gutglaubensschutz* kennt, muss dieser (vgl. Art. 3 ZGB) prinzipiell vom Gesetzgeber angeordnet werden. Eine solche ausdrückliche Anordnung enthält Art. 18 Abs. 2.

b)   Der Tatbestand

93   Die Einwendung (nicht Einrede), dass eine Forderung nicht entstanden sei, wird gemäss Abs. 2 demjenigen Schuldner verwehrt, der ein schriftliches

Schuldbekenntnis zum Schein abgegeben hat, wenn ein Dritter (Zessionar) im Vertrauen auf dieses Schuldbekenntnis die Forderung erworben hat. Die Anwendung setzt im Einzelnen voraus:

aa) Es muss ein **schriftliches Schuldbekenntnis** vorliegen. Dabei ist das 94 Merkmal der *Schriftlichkeit* wesentlich. Dafür genügt es auch, wenn eine solche Verpflichtung aus einer simulierten Vertragsurkunde hervorgeht. Entscheidend ist, dass durch die Erklärung der Anschein der Existenz einer Forderung erweckt wird. Deshalb kann «auch das gegenseitige Schuldversprechen eines synallagmatischen Vertrages ein schriftliches Schuldbekenntnis nach Abs. 2» sein (so zutreffend ZK-JÄGGI/GAUCH, N 241; BK-KRAMER, N 171). Aus all dem ergibt sich, dass es auf die *schriftliche Bestätigung einer in Wahrheit nicht existierenden Verpflichtung* ankommt. Dies gilt selbstverständlich auch dann, wenn die verurkundete Forderung nur teilweise simuliert, der Betrag also höher ist als die wirkliche Forderung.

bb) Der Dritte muss die Forderung **im Vertrauen auf das Schuldbekennt-** 95 **nis** erworben haben. Das kommt nur bei *rechtsgeschäftlicher Übertragung* in Betracht, denn nur dort kann der Erwerber überhaupt Vertrauen entfalten. Abs. 2 findet deshalb bei gesetzlichem Forderungsübergang (etwa Erbgang) ebenso wenig Anwendung wie bei richterlicher Forderungszusprechung.

Der durch die Urkunde begründete Rechtsschein muss die Grundlage des Vertrauens gewesen sein, d. h. der Erwerber muss vor der erfolgten Abtretung die Urkunde gesehen haben, und er muss des Weiteren bis zum Vollzug der Abtretung gutgläubig geblieben sein. Ob der Erwerber gutgläubig war, ist nach den *allgemeinen Kriterien gemäss Art. 3 ZGB* zu bestimmen. Insbesondere ist zu prüfen, ob der Erwerber Anlass zu begründeten Zweifeln an der Existenz der Forderung hatte (dazu eingehend A. KOLLER, N 620 ff. und ZK-JÄGGI/GAUCH, N 246 ff.).

c) *Rechtsfolge*

Rechtsscheinhaftung: Der geschützte *Dritte erwirbt die nichtexistierende* 96 *Forderung* kraft des vom simulierenden Schuldner veranlassten Rechtsscheins und aufgrund des dadurch ausgelösten Vertrauens. (vgl. auch BERGER, recht 2002, 209). Daraus ergibt sich zweierlei: Der gutgläubige Erwerb heilt nur diejenigen Mängel, auf die der gute Glaube sich bezieht. Im Falle des Abs. 2 ist dies die Simulation. Besteht deshalb die Forderung aus anderen Gründen nicht, so wird sie auch vom Zessionar nicht erworben. Auf der anderen Seite führt der gutgläubige Erwerb dazu, dass in der Hand des Zessionars die Forderung wirklich entsteht, und zwar in dem Zustand und Umfang, wie sie sich in der Urkunde präsentiert, auf deren Rechtsschein er vertraut hat (A. KOLLER, N 636 ff.; ZK-JÄGGI/GAUCH, N 252). Daraus ergibt sich, dass bei einer Weiterzession der Rechtsnachfolger die Forderung auch dann erwirbt, wenn ihm die Simulation des Schuldners bekannt ist. Die beschriebenen Rechtsfolgen sind heute nicht mehr bestritten und im Prinzip auch von der Rechtsprechung anerkannt (vgl. BGE 96 II 390 in casu abgelehnt; VON TUHR/PETER, OR AT, 295; vgl. auch § 405 BGB und grundlegend CANARIS, 87, «Einstandspflicht für die wissentliche Schaffung eines Rechtsscheins»; dem weitgehend folgend ZK-JÄGGI/GAUCH, N 255 und BK-KRAMER, N 167 ff.).

2.   Analoge Anwendung des Abs. 2

a)   Die Zulässigkeit der Analogie

97   Die Zulässigkeit einer analogen Anwendung wird in der Literatur in zahlreichen Fällen befürwortet und ist in einzelnen Fällen auch bereits von der Rechtsprechung vorgenommen worden (zum Folgenden ZK-JÄGGI/GAUCH, N 258 ff.; BK-KRAMER, N 177 ff.; A. KOLLER, N 639 ff.; CR CO I-WINIGER, N 127 ff.; BSK OR I-WIEGAND, N 135 ff.).

b)   Einzelfälle

98   – Begründung eines **dinglichen Rechts** an einer vermeintlichen Forderung (Pfandrecht oder Nutzniessung);
  – gutgläubiger Erwerb, wenn der Erwerber einer *mündlichen Erklärung* des Schuldners vertraut hat, durch die dieser bestätigt, dass die abgetretene Forderung besteht (so ZK-JÄGGI/GAUCH, N 261, gestützt auf CANARIS, 90 ff.; zustimmend BK-KRAMER, N 178);
  – Ausdehnung auf ein nicht simuliertes, aber vom Schuldner *blanko unterschriebenes Schuldanerkenntnis*, das vom Gläubiger missbraucht worden war (BGE 88 II 428; zustimmend BK-KRAMER, N 180; ZK-JÄGGI/ GAUCH, N 264);
  – Anwendung auf andere nicht simulierte, aber *auf andere Weise unrichtige oder unvollständige* Verpflichtungserklärungen.

3.   Abs. 2 als Grundlage allgemeiner Rechtsscheinhaftung

99   Die schrittweise Übertragung auf vergleichbare Tatbestände führt im Ergebnis zu einer **Haftung für veranlassten Rechtsschein als ein allgemeines Prinzip**, das in jeder vergleichbaren Interessenlage angewandt und dahingehend zusammengefasst werden kann, dass *derjenige, der in zurechenbarer Weise einen Rechtsschein veranlasst, dem ein anderer zu Recht, d. h. gutgläubig im Sinne des Art. 3 ZGB, vertraut hat, dafür einstehen muss.* Diese **Einstandspflicht ist keine Schadenersatzpflicht**, sondern bedeutet, dass der *Vertrauende so zu stellen ist, wie wenn das vermeintliche Recht tatsächlich bestünde* (sog. *Vertrauensentsprechung*, dazu grundlegend CANARIS, 9 ff. sowie WIEGAND, Die Rechtsableitung vom Nichtberechtigten,

JuS 1978, 145 ff.). Damit korrespondiert die Entwicklung bei der Rechtsscheinhaftung dem Ausbau der Vertrauenshaftung (dazu Art 1 N 28 ff.).

IX. Fiduziarische Rechtsübertragung

1. Die Merkmale einer fiduziarischen Rechtsübertragung

Aus der Vielzahl von Rechtsverhältnissen, die fiduziarischen Charakter haben, spielt im Rahmen von Art. 18 von vornherein nur der fiduziarische Rechtserwerb eine Rolle, weil dabei aus historischen Gründen ein Zusammenhang mit der Simulation und dadurch mit Art. 18 besteht (zu den fiduziarischen Rechtsgeschäften insgesamt vgl. BSK OR I-WIEGAND, N 140 ff.) 100

Von einer **fiduziarischen Rechtsübertragung** spricht man dann, wenn der bisherige Rechtsinhaber (Fiduziant oder Treugeber) sein Recht auf einen Treuhänder oder Fiduziar *überträgt* und dabei mit diesem *verabredet*, dass das übertragene Recht vom Fiduziar nach Massgabe vertraglicher Abmachungen ausgeübt werden soll. Die dadurch eingetretene Situation wird durch verschiedene Schlagworte gekennzeichnet: Man spricht etwa davon, dass dem Fiduziar eine *«überschiessende Rechtsmacht»* eingeräumt wird. Damit soll zum Ausdruck gebracht werden, dass die Übertragung des vollen Rechts begrenzt und dessen Ausübung dadurch beschränkt wird. 101

Aus dieser Situation ist verschiedentlich der Schluss gezogen worden, die Rechtsübertragung sei eigentlich nicht gewollt, und deshalb seien alle fiduziarischen Rechtsgeschäfte letztendlich simuliert. Diese Auffassung hat vielfältige Gründe, die teils historischer Natur sind, teils mit dem Übereignungssystem und dem Eigentumsbegriff zusammenhängen (dazu ausführlich WIEGAND, FS Coing, 565 ff. m. Nw.). Die Simulationstheorie wird heute allgemein abgelehnt. 102

2. Die Theorie vom vollen Rechtserwerb

Die heute allgemeine Meinung folgt der Theorie vom **vollen Rechtserwerb** des Treuhänders (so zuletzt BGE 117 II 464; grundlegend 78 II 451; Einzelheiten zur Entwicklung der bundesgerichtlichen Rechtsprechung WIEGAND, FS Coing, mit umfassenden Nw.; BK-KRAMER, N 128; CR CO I-WINIGER, N 97 ff.). Ein Zusammenhang mit der Simulation besteht deshalb heute nicht mehr. 103

X. Rechtsvergleichung

1. In fast allen europäischen Zivilrechtskodifikationen ist die Vertragsauslegung – der romanistischen Tradition folgend – ähnlich geregelt wie im OR. Richtungsweisend für die zukünftige Entwicklung werden insb. die Definitionen in den PECL und den UNIDROIT PRINCIPLES (Chapter 4, das besonders gut gelungen ist) sein. 104

2. Die clausula rebus sic stantibus ist nunmehr im BGB (§ 313) durch das Schuldrechtsmodernisierungsgesetz kodifiziert, wobei die dort getroffene Regelung des sog. Wegfalls der Geschäftsgrundlage weitergreift und auch die in der Schweiz als Grundlagenirrtum zu qualifizierenden Fälle umfasst (vgl. oben N 68). Es zeichnet sich aber bereits jetzt ab, dass die Kodifizierung die Problematik nicht gelöst und auch nicht wirklich vereinfacht hat (dazu und zu den Vorschlägen in den PECL und den UNIDROIT PRINCIPLES vgl. WIEGAND, Clausula, m.Nw.).

3. Gemäss Art. 116 ff. IPRG erfolgt die Auslegung und Ergänzung von Verträgen nach dem anwendbaren materiellen Recht. In Hinblick auf die fiduziarischen Rechtsgeschäfte wird die nunmehr erfolgte Ratifizierung des Haager Übereinkommens über das auf Trusts anzuwendende Recht und über ihre Anerkennung (vgl. Botschaft BBl 2006, 551) durch die Schweiz z.T. Veränderungen für das Verständnis von fiduziarischen Rechtsübertragungen mit sich bringen (dazu MEIER, recht 2007, 64 ff.).

Art. 19

E.	Inhalt des Vertrages	[1] Der Inhalt des Vertrages kann innerhalb der Schranken des Gesetzes beliebig festgestellt werden.
I.	Bestimmung des Inhaltes	[2] Von den gesetzlichen Vorschriften abweichende Vereinbarungen sind nur zulässig, wo das Gesetz nicht eine unabänderliche Vorschrift aufstellt oder die Abweichung nicht einen Verstoss gegen die öffentliche Ordnung, gegen die guten Sitten oder gegen das Recht der Persönlichkeit in sich schliesst.

Literatur

ABT, Probleme um die unentgeltlichen lebzeitigen Zuwendungen an Vertrauenspersonen, AJP 2004, 1225 ff.; ARNET, Freiheit und Zwang beim Vertragsabschluss, Bern 2008; BELSER, Freiheit und Gerechtigkeit im Vertragsrecht, Diss. Freiburg 2000; BUCHER, Nicht «Kontrahierungspflicht» – schon eher Schutz vor Boykott, recht 2003, 101 ff.; ENNECCERUS/NIPPERDEY, Lehrbuch des Bürgerlichen Rechts, Allgemeiner Teil des Bürgerlichen Rechts, 15. Aufl., Tübingen 1960; GAUCH, Die Vertragshaftung der Banken und ihre AVB, recht 2006, 77 ff.; GÖKSU, Gedanken zur Kontrahierungspflicht anlässlich von BGE 129 III 35, ZBJV 2004, 35 ff.; GROLIMUND, Aufsichtsrechtliche und vertragsrechtliche Grundlagen für die Überprüfung Allgemeiner Versicherungsbedingungen, HAVE 2007, 145 ff.; HERZOG, Bemerkungen zum Problem der höchstzulässigen Dauer von Schuldverträgen, recht 2001, 201 ff.; Honsell, Die Zukunft des Privatrechts, ZSR 2007 I 219 ff.; Hürlimann, Prostitution – ihre Regelung im schweizerischen Recht und die Frage der Sittenwidrigkeit, Diss. Freiburg 2004; Klett, Vertragsfreiheit und Kontrahierungszwang, BJM 2005, 161 ff.; Kramer, Persönlichkeitsverletzung bei einem über Jahrzehnte immer wieder erneuerten Kaufsrecht mit einem heute wirtschaftlich obsoleten Preisansatz?, recht 2004, 27 ff.; Ogorek, Alte Römer und neue Sittlichkeit – Rechtsvergleichendes zur Gültigkeit von Telefonsexverträgen, in: FS Wiegand, Bern 2005, 573 ff.; Rouiller, Droit suisse des obligations et Principes du droit européen des contrats, Lausanne 2007; Schott, Insichgeschäft und Interessenkonflikt, Diss. Zürich 2002; Wiegand, Die privatrechtliche Rechtsprechung des Bundesgerichts im Jahre 1997, ZBJV 1998, 677 ff.; ders., Die privatrechtliche Rechtsprechung des Bundesgerichts im Jahre 2003, ZBJV 2004, 828 ff.; Wyss/von der Crone, Bestechung beim Vertragsschluss, SZW 2003, 35 ff.

I. Vertragsfreiheit als Grundprinzip

Die das Privatrecht kennzeichnende Privatautonomie (dazu jüngst Arnet, N 173 ff.; Honsell, ZSR 2007 I 220 ff.) manifestiert sich im Schuldrecht als **Vertragsfreiheit** (BGE 122 III 308, 311). Diese wiederum lässt sich in weitere Teilfreiheiten aufgliedern. So fixiert Art. 19 Abs. 1 explizit das Grundprinzip der vertragsrechtlichen **Inhalts- oder Gestaltungsfreiheit**. Danach können die Parteien den Inhalt eines Vertrages grundsätzlich beliebig festlegen (BGE 132 III 226, 234; 133 III 61, 70 f.). Das privatautonom Vereinbarte ist freilich nur wirksam, sofern es nicht gegen die in Art. 19 Abs. 2 und Art. 20 Abs. 1 genannten Inhaltsschranken verstösst (vgl. dazu unten N 4 ff.). Eine wichtige Konsequenz der Inhaltsfreiheit ist es, dass den Parteien unbenommen ist, Abreden zu treffen, die nicht einem gesetzlich vordefinierten Vertragstypus entsprechen. Sie können i. S. v. Typenfreiheit Elemente bestehender Typen miteinander mischen (vgl. BGE 131 III 528, 531 ff.) oder neuartige Vertragstypen kreieren. Letztere pflegt man auch als Innominatverträge zu bezeichnen (Honsell, OR BT, 418 f.; BGE 129 III 604, 609). **1**

Die vom Gesetz in Art. 19 Abs. 1 erwähnte Inhaltsfreiheit stellt wie gesagt nur einen Teilgehalt der Vertragsfreiheit dar. Die **Partnerwahlfreiheit** berechtigt ein Rechtssubjekt, Verträge mit frei gewählten anderen Rechtssubjekten einzugehen. Sie entspricht letztlich der **Abschlussfreiheit**, die zuweilen durch einen privatautonom (vgl. Art. 22) oder gesetzlich geschaffenen **Kontrahierungszwang** eingeschränkt wird (BGE 129 III 35, 42). Zahlreiche gesetzliche Bestimmungen auferlegen bestimmten Güter- oder Dienstleistungsanbietern, mit der interessierten Gegenpartei zu kontrahieren (vgl. den Überblick bei Klett, BJM 2005, 163 ff.). Umstritten ist, ob sich ein Kontrahierungszwang auch aus dem Persönlichkeitsrecht (Art. 28 **2**

ZGB) ergeben kann (bejahend ARNET, N 367ff.; GAUCH/SCHLUEP/SCHMID/
REY, N 1111ff.; GÖKSU, ZBJV 2004, 50ff.; verneinend KLETT, BJM 2005,
175ff.). Die Rechtsprechung bejaht sodann eine Kontrahierungspflicht für
Güter und Dienstleistungen des Normalbedarfes gestützt auf das Verbot sittenwidrigen Handelns, wenn dem Nachfrager eine zumutbare Ausweich-
möglichkeit zur Befriedigung seines Normalbedarfs abgeht und keine sachliche Rechtfertigung für die Verweigerung des Vertragsschlusses vorliegt
(BGE 129 III 35, 45f.; dazu ARNET, N 566ff.; BUCHER, recht 2003, 103ff.).

3   Die **Formfreiheit** (Art. 11 Abs. 1) besagt, dass Verträge im Prinzip formlos
abgeschlossen werden können und einem Formerfordernis nur dann zu
genügen haben, wenn das Gesetz ein solches aufstellt. Mit dem Begriff der
Beendigungs- oder Aufhebungsfreiheit bezeichnet man schliesslich die
Befugnis, mit dem Vertragspartner selber über die Beendigung eines Vertragsverhältnisses zu bestimmen, sofern kein zwingendes Recht entgegensteht.

II.   Die Schranken der Vertragsfreiheit

4   Art. 19 Abs. 2 umschreibt, unter welchen Umständen ein Vertrag aufgrund
seines Inhalts oder der blossen Tatsache seines Abschlusses mit den von der
Rechtsordnung gesetzten Grenzen in Konflikt gerät. Art. 20 Abs. 1 statuiert
den Tatbestand der anfänglichen objektiven Unmöglichkeit als zusätzliche
Inhaltsschranke und befasst sich daneben mit der Rechtsfolge eines Schrankenverstosses.

1.   Die unabänderlichen Vorschriften (zwingendes Recht) –
   Rechtswidrigkeit

5   Art. 19 Abs. 2 spricht die Selbstverständlichkeit aus, dass «unabänder-
liche», das heisst zwingende, nicht zur Disposition der Parteien stehende
gesetzliche Vorschriften die Vertragsfreiheit begrenzen. Die Hierarchiestufe
einer solcherart zwingenden Norm spielt keine Rolle; es kann sich um
schweizerisches Verordnungs-, Gesetzes- oder Verfassungsrecht handeln
(CR CO I-GUILLOD/STEFFEN, Art. 19/20 N 60). Ebensowenig macht es einen
Unterschied, ob die in Frage stehende zwingende Norm privat- oder öffentlichrechtlicher Natur ist oder dem Bundesrecht oder kantonalen Recht ent-
stammt (BSK OR I-HUGUENIN, Art. 19/20 N 15; BGE 119 II 222, 224).

6   Zuweilen ordnet eine Norm an, ob und für welche Vertragpartei sie zwingend ist (z. B. Art. 362). Unterbleibt dies, so ist mit den herkömmlichen Auslegungsmitteln zu ermitteln, ob nachgiebiges oder zwingendes Recht vorliegt (KOLLER, OR AT I, § 13 N 108; beispielhaft etwa BGE 132 III 226 zu
Art. 141 Abs. 1). Werden blosse Ordnungsvorschriften verletzt, liegt zwar
ein Rechtsverstoss vor, der indes nicht zur Nichtigkeit des Rechtsgeschäfts
führt (Art. 20 N 11).

Ein Verstoss eines dem schweizerischen Sachrecht unterstehenden Vertrages gegen **ausländisches zwingendes Recht** kann im Einzelfall unter dem Gesichtspunkt von Art. 19/20 insoweit relevant sein, als der Tatbestand der **Sittenwidrigkeit** i. S. v. Art. 19 Abs. 2 erfüllt sein kann (BSK OR I-HUGUENIN, Art. 19/20 N 19; zu Recht verneinend für deutsche Devisenvorschriften BGE 80 II 49, 51 f.). Vorausgesetzt ist, dass die in Frage stehende ausländische Norm dem Schutz von allgemein anerkannten fundamentalen und lebenswichtigen Rechtsgütern dient, deren Bedeutung eine Beschränkung der inländischen Vertragsfreiheit rechtfertigt. Die Duldung der Verletzung der ausländischen Norm muss geeignet erscheinen, auch die hiesige öffentliche Ordnung zu stören (BGer 4C.172/2000, E. 5d = Pra 2001 Nr. 136). Der letztgenannte Entscheid bejahte – bei fehlendem Inlandbezug – die Sittenwidrigkeit für Kriegsmateriallieferungen in ein Kriegsgebiet in Anlehnung an das UN-Waffenembargo. Inwieweit zwingende ausländische Normen unmittelbar auf einen dem schweizerischen Recht unterstehenden Vertrag anzuwenden sind, beurteilt sich nach den in Art. 19 IPRG enthaltenen Kriterien (dazu BGE 130 III 620, 624 ff.; 131 III 418, 426 f.).   7

Widerrechtlichkeit oder Rechtswidrigkeit im Sinne eines Verstosses gegen zwingendes Recht liegt vor, wenn die vereinbarte **Vertragsleistung** (z. B. der illegale Handel mit Drogen [vgl. BGE 117 IV 139, 144 ff.]; gemäss BGE 121 IV 365, 371 soll das Fehlen der nach dem Kriegsmaterialgesetz erforderlichen Grundbewilligung nicht zur Nichtigkeit von Waffenkauf-Verträgen führen) oder der **Abschluss des Vertrages mit dem vereinbarten Inhalt** (vgl. z. B. Art. 314 Abs. 3) normwidrig ist (BK-KRAMER, Art. 19–20 N 136; BGer 4A_275/2007, E. 1.1; BGE 119 II 222, 224). Besteht der von **beiden Parteien** verfolgte **mittelbare Zweck des Vertrages** darin, einen verbotenen Erfolg herbeizuführen, wie beispielsweise die Errichtung und Betreibung einer rechtmässigen Gesellschaftsstruktur zur Verschleierung der Herkunft von aus einem Verbrechen stammender Vermögenswerte (Art. 305bis StGB), so liegt ebenfalls Rechtswidrigkeit vor (BGE 119 II 222, 224; BGer 4C.305/1999, E. 4a; ROUILLER, 794). Das Erfordernis des von beiden Parteien angestrebten verpönten Zwecks macht deutlich, dass die Motivlage lediglich einer Vertragspartei keine Widerrechtlichkeit zu begründen vermag (BSK OR I-HUGUENIN, Art. 19/20 N 17), also etwa der Kauf einer Waffe in einem Waffengeschäft zur Durchführung einer Straftat.   8

Fehlt einem **Kontrahenten** eine **gesetzlich geforderte Eigenschaft** (z. B. die Inhaberschaft einer Bewilligung), so heisst dies noch nicht, dass die Vereinbarung als solche rechtswidrig ist. Die Nichtigkeit kann sich indessen aus der ausdrücklichen Anordnung oder dem Zweck der Verbotsnorm ergeben (BGE 117 II 286, 288 f. – in casu verneint für einen Grundstückmakler, dem die erforderliche Berufsbewilligung fehlte). Dasselbe gilt im Falle, dass die Verbotsnorm sich gegen die Beteiligung nur eines Kontrahenten richtet   9

(BGE 117 II 286, 287; BK-KRAMER, Art. 19–20 N 138 ff.). Praktisch bedeutsam ist etwa, dass Arbeitsverträge mit Arbeitnehmern ohne erforderliche
Arbeitsbewilligung nicht rechtswidrig sind (BGE 122 III 110, 116), weil der
Zweck der ausländerrechtlichen Vorschriften nicht die Unwirksamkeit des
zivilrechtlichen Geschäftes verlangt (vgl. Art. 20 N 11).

2. Die öffentliche Ordnung

10   Die im Normtext eigens erwähnte **öffentliche Ordnung** – die nicht mit dem
internationalprivatrechtlichen Ordre public (Art. 17 IPRG) verwechselt werden darf – vermag nach einem Teil der Lehre als selbständiges, der Rechtsordnung immanentes Prinzip die Vertragsfreiheit im Einzelfall begrenzen
(BELSER, 391 f.; abl. GAUCH/SCHLUEP/SCHMID/REY, N 648 m. Nw. zum Meinungsstand). Dies namentlich dann, wenn dadurch ein Exzess der Vertragsfreiheit korrigiert werden soll, der nicht über zwingendes positives Recht
oder die Kontrollfunktion der guten Sitten zu bewältigen ist. Öffentliche
Ordnung als Begrenzungsprinzip meint die Durchsetzung von «offenbar
rechtsimmanenten Ordnungsgedanken». Gegen die öffentliche Ordnung
verstösst etwa eine dem Prinzip der Vereinsautonomie zuwiderlaufende Abrede (BK-KRAMER, Art. 19–20 N 157 m. w. Bsp.); desgleichen die Abrede,
wonach sich ein Kontrahent verpflichtet, eine unerlaubte, indes noch nicht
strafbare Handlung zu begehen oder zu fördern (BK-BECKER, Art. 19 N 26).
Die Vereinbarung, wonach ein Dritter sich verpflichtet, die öffentlichrechtliche Busse eines Gebüssten zu bezahlen, ist aufgrund des höchstpersönlichen Charakters der Busse nichtig i. S. v. Art. 20 Abs. 1 OR. Ein Steuerbe-
rater kann somit nicht verpflichtet werden, Schadenersatz zu leisten für
eine Steuerbusse, die seinem Klienten als Folge dessen eigenen Verschuldens auferlegt wurde (BGer 4C.3/2007, E .2.3.2, 2.4).

11   Hervorzuheben ist, dass mit Hilfe des Kriteriums der öffentlichen Ordnung
insbesondere der offenen Inhaltskontrolle von Allgemeinen Geschäftsbedingungen das Wort geredet wird (BK-KRAMER, Art. 19–20 N 290 ff.; BSK OR I-
HUGUENIN, Art. 19/20 N 24, 28; BELSER, 405 ff.). Es ist eine Banalität, dass
auch AGB-Klauseln den Inhaltsschranken von Art. 19 und Art. 20 unterstehen. Fraglich ist indessen, ob das relativ blasse Kriterium der öffentlichen
Ordnung geeignet ist, einer vom dispositiven Recht abweichenden Verteilung von Rechten und Pflichten als berechenbares Korrektiv entgegenzutreten (vgl. MERZ, Vertrag, N 95 f.; s. auch GAUCH, recht 2006, 90). In diesem
Zusammenhang ist darauf hinzuweisen, dass der Vorentwurf zur Gesamtrevision des Bundesgesetzes über den Versicherungsvertrag vom 31. Juli
2006 einen neuen Art. 20a OR enthält, wonach vorformulierte Vertragsbedingungen missbräuchlich und unwirksam sind, wenn sie die andere
Partei unangemessen benachteiligen. Eine solche Benachteiligung soll vorliegen, wenn die vorformulierte Klausel mit wesentlichen Grundsätzen der

gesetzlichen Regelung, von der abgewichen wird, nicht zu vereinbaren ist
(vgl. dazu GROLIMUND, HAVE 2007, 146, 157 ff.).

3. Die guten Sitten

Der Verweis des Gesetzes auf den **ausfüllungsbedürftigen Rechtsbegriff**   12
der guten Sitten ist das Einfalltor für die Begrenzung der Vertragsfreiheit
durch allgemein anerkannte «Sozialnormen» (BSK OR I-HUGUENIN, Art. 19/
20 N 33). Die Generalklausel der guten Sitten gibt dem Rechtsanwender
auf, die herrschende Moral, oder anders ausgedrückt, das allgemeine Anstandsgefühl aller billig und gerecht Denkenden (zur Herkunft dieser Formel s. ENNECCERUS/NIPPERDEY, 1165) als Inhaltsschranke zu berücksichtigen. Das BGer behilft sich daneben zusätzlich mit der Formel, ob der
Vertragsinhalt gegen *«die der Gesamtrechtsordnung immanenten ethischen
Prinzipien und Wertmassstäbe»* verstösst (BGE 123 III 101, 102; 129 III 604,
617, 133 III 167, 173). Insoweit überschneiden sich nach dieser Judikatur
die Kontrollkriterien der öffentlichen Ordnung und der guten Sitten, was
praktisch folgenlos ist. Die dem Sittenbegriff inhärente Wandelbarkeit darf
im verfassungsmässigen Rechtsstaat nur soweit auf den unbestimmten
Rechtsbegriff durchschlagen, als der jeweils geltende Sittenbegriff nicht gegen ein ethisches Minimum verstossen darf (vgl. BK-KRAMER, Art. 19–20
N 174, der auf die konsensfähige Konventionalethik verweist).

Nicht entscheidend ist in diesem Zusammenhang wiederum das blosse Mo-   13
tiv einer Vertragspartei oder ihre Gesinnung (BSK OR I-HUGUENIN, Art. 19/
20 N 36). Vielmehr muss der **Vertragsinhalt** (BGE 95 II 55, 58), das heisst
eine vereinbarte **Vertragsleistung** oder der von **beiden Parteien** angestrebte **mittelbare Zweck** als sittenwidrig bewertet werden, um die Nichtigkeitssanktion von Art. 20 auszulösen (BGE 129 III 604, 617; BK-KRAMER,
Art. 19–20 N 176 f.). Unbedenklich unter dem Gesichtspunkt von Art. 19
Abs. 2 sind deshalb sittlich bedenkliche Machenschaften im Vorfeld des Vertragsschlusses (BGE 129 III 320, 324 m. Nw.), weil sie vom Vertragsinhalt
abgrenzbar sind.

Wie der Begriff der öffentlichen Ordnung ist das Konzept der guten Sitten in   14
hohem Masse konkretisierungsbedürftig, zeitabhängig und einzelfallbezogen. Es ist deshalb hilfreich, mit thematisch gegliederten Fallgruppen zu
arbeiten. Sittenwidrig können beispielsweise im Einzelfall sein:

– **Verträge mit einem Bezug zur Sexualität.** Die herrschende Meinung   15
 geht immer noch davon aus, Verträge über die Erbringung von (nicht
 rechtswidrigen) sexuellen Leistungen seien sittenwidrig (BGE 129 III
 604, 617; SCHWENZER, OR AT, N 32.28). Mit beachtenswerten Argumen-
 ten wird indes vertreten, ein Vertrag über die entgeltliche Vornahme einer sexuellen Handlung sei nicht per se sittenwidrig (HÜRLIMANN, 219 ff.

m. Hw. auf das deutsche Gesetz zur Regelung der Rechtsverhältnisse der Prostituierten vom 20. Dezember 2001). Nach der Rechtsprechung nicht sittenwidrig sind dagegen Verträge zwischen einem Endabnehmer und dem Erbringer von Telefonsex-Dienstleistungen (BGE 129 III 604, 617 = Pra 2004 Nr. 100; im Ergebnis sicherlich richtig, doch ist die Begründung «atemberaubend institutionengläubig» [OGOREK, FS Wiegand, 581, 603], zumal die Sittenwidrigkeit mit dem Argument verneint wird, das Bundesamt für Kommunikation habe die zum Dienstleistungsbezug vorausgesetzten Telefonnummern zugewiesen). Im heutigen Umfeld nicht per se sittenwidrig sind sodann Verträge über die Herstellung und den Handel mit strafrechtlich nicht verbotenem pornographischem Material (MK-ARMBRÜSTER, § 138 BGB N 62 unter Hinweis auf die «Minimalerfordernisse der gesellschaftlichen Erträglichkeit»).

16   – **Die Kommerzialisierung einer notwendig unentgeltlichen Leistung.** Sittenwidrig ist der entgeltliche Handel mit Teilen des menschlichen Körpers (Art. 7 Abs. 1 des Vorentwurfs des BG über die Forschung am Menschen verankert explizit den Grundsatz, dass zu Forschungszwecken keine Körperteile veräussert werden dürfen). Verpönt ist weiter der Abkauf einer bloss formellen Rechtsposition. Solches liegt vor, wenn mit dem «Abkauf» des dem Nachbarn zustehenden Rechtsmittels lediglich der Verzögerungsschaden des Bauwilligen vermindert werden soll. Der rechtsmittelberechtigte Nachbar konnte nach Ansicht des BGer keine schutzwürdigen Interessen geltend machen (BGE 123 III 101, 105 f.; BGer 4 C.309/2003, E.2.1; 6 P.5/2006, E.7.2; OGer ZH, ZR 2005 Nr. 53). Dagegen ist es nicht sittenwidrig, sich für den Rückzug von nicht aussichtslosen Baurekursen eine Vergütung bezahlen zu lassen (BGE 115 II 232, 235 f.). Die Problematik dieser Rechtsprechung liegt freilich darin, dass Zivilgerichte vorfrageweise über die Begründetheit von öffentlichrechtlichen Rechtsmitteln zu entscheiden haben (WIEGAND, ZBJV 1998, 680 f.; vgl. auch BSK ZGB I-HONSELL, Art. 2 ZGB N 61). Wird mit einer Vergütung das Schweigen des durch eine Straftat Geschädigten erkauft, liegt eine sittenwidrige Schweigegeldabrede vor (BGE 123 III 101, 105).

17   – **Schmiergeldverträge.** Die Vereinbarung, wonach jemand ein Entgelt erhält, um im Gegenzug seine Vertragspflichten gegenüber einem Dritten zu verletzen, ist sittenwidrig (BK-KRAMER, Art. 19–20 N 200; BGE 119 II 380, 384). Weil der Gesetzgeber in Art. 4a UWG nun auch die aktive und passive Bestechung im nichtstaatlichen Bereich explizit als strafbare unlautere Handlungen (Art. 23 UWG) klassiert, ist die Schmiergeldabrede im privaten Sektor nunmehr zugleich auch gesetzeswidrig (N 5). Dagegen ist der durch die Bestechung erlangte Vertrag grundsätzlich rechtsbeständig, es sei denn, die betroffene Strafnorm beziehe sich auch auf

dessen Vertragsinhalt (BGE 129 III 320, 324 f.; zustimmend WIEGAND, ZBJV 2004, 834 f.; WYSS/VON DER CRONE, SZW 2003, 38).

– **Wettbewerbsverfälschende Abreden**. Abreden, die das Ergebnis einer   18
Versteigerung verfälschen sollen, sind sittenwidrig, also die entgeltliche Abrede von Mitbietenden, vom Bieten Abstand zu nehmen (pactum de non licitando; BGE 112 II 337, 346). Umgekehrt ist es auch verpönt, wenn der Versteigerer und ein Bieter vereinbaren, der Zuschlag verpflichte diesen nicht (pactum de licitando, BGE 109 II 123, 126). Sittenwidrigkeit ist deshalb insbesondere das Mitbieten des Einlieferers, wenn die übrigen Auktionsteilnehmer über diese Tatsache nicht informiert wurden (BGE 109 II 123, 126).

– **Kollusion zwischen Vertreter und Vertragspartner**. Der aufgrund der   19
Kollusion zwischen dem Vertreter und dem Vertragspartner zum Nachteil des Prinzipals abgeschlossene Vertrag ist sittenwidrig und entfaltet deshalb keine Wirkungen (Art. 20 Abs. 1; BSK ZGB I-HONSELL, Art. 2 ZGB N 53; SCHOTT, 39; BK-ZÄCH, Art. 38 N 18; BGE 77 II 138, 142 unter Hinweis auf Art. 2 ZGB).

– **Eingriffe in Forderungsrechte Dritter**. Im Regelfall begründet die Verletzung   20
obligatorischer Rechte Dritter keine Sittenwidrigkeit. Wird gegen einen bestehenden Kaufvertrag verstossen, indem der bereits verkaufte Vermögenswert einem Dritten veräussert wird, ist der zweite Kaufvertrag nicht sittenwidrig. Nur wenn Umstände vorliegen, welche die Pflichtverletzung als besonders anstössig erscheinen lassen, kann es sich anders verhalten (BGE 102 II 339, 340; 74 II 158, 166 erwähnt die systematische Anstiftung von Arbeitnehmern durch den Arbeitgeber zur Untreue gegenüber ihrem Verband). So ist der Kaufvertrag mit dem Zweiterwerber sittenwidrig, wenn er primär mit dem gemeinsamen Zweck geschlossen wurde, die Erfüllung des Erstvertrages zu vereiteln (BGer 4C.273/2002, E. 3.3). Unter Umständen sind ausserdem beim Verleiten zum Vertragsbruch lauterkeitsrechtliche Bestimmungen des UWG verletzt (Art. 4 lit. a, c–d, Art. 4a UWG; BGE 114 II 91, 99 ff.). Gemäss dem BGer soll der Verstoss gegen autonomes Recht, sofern alle Beteiligten diesem Recht unterstehen, «parteiinterne Unwirksamkeit» zur Folge haben (BGE 114 II 329, 334). Man kann dies damit begründen, dass es den Parteien freisteht, die Folgen des Verstosses gegen privatautonom gesetzte Regeln in Ausübung der Inhaltsfreiheit selber zu regeln. Eine Nichtigkeit i. S. v. Art. 20 Abs. 1 liegt dabei indessen nicht vor.

Nicht über die Sittenwidrigkeit zu lösen ist das Problem, wenn ein Vertragsverhältnis   21
an einer gravierenden **Wertdisparität der Vertragsleistungen** leidet, die nicht gegen eine Verbotsnorm verstösst. Richtigerweise ist in einem solchen Zusammenhang ausschliesslich die Spezialbestim-

mung von Art. 21 anzuwenden (wie hier BGer 5C.91/2000, E. 3 = Pra 2000 Nr. 171; BGE 115 II 232, 236; Gauch/Schluep/Schmid/Rey, N 676; Koller, OR AT I, § 13 N 175; a.M. BK-Kramer, Art. 19–20 N 205; Schwenzer, OR AT, N 32.32; BGE 93 II 189, 191 f.). Die Gegenmeinung führt zu einer Ausblendung der gemäss Art. 21 erforderlichen Schwächelagen und damit letztlich zu einer voraussetzungslosen richterlichen Adäquanzkontrolle. Nimmt beispielsweise eine Unternehmung einen Kredit zu einem exorbitanten Zinssatz auf, wird es dies tun, weil es sich in einer wirtschaftlichen Notlage oder andersgearteten Zwangslage befindet. Unter solchen Umständen kann die Moderation über Art. 21 erfolgen. Ohne Schwächelage i. S. v. Art. 21 ist es den Parteien aber unbenommen, ein «beliebiges Ungleichgewicht der Leistungen zu vereinbaren», wie das BGer treffend festhält (BGE 115 II 232, 237; BGer 4C.81/2004, E. 4). Deshalb ist es auch folgerichtig, dass Schenkungen an Personen, die durch ihre berufliche Stellung eine Vertrauensstellung gegenüber dem Schenker gewonnen haben, nicht per se sittenwidrig sind. Unter qualifizierten Umständen kann allerdings Sittenwidrigkeit vorliegen, so wenn eine unlautere Beeinflussung des Schenkers vorliegt oder die Schenkung in Verletzung von Standesregeln erfolgte, die gerade Interessenkonflikte und unerwünschte Beeinflussungen des Schenkers verhindern sollen (BGE 132 III 455, 459, wo die Schenkung einer Liegenschaft an den Liegenschaftenverwalter des Schenkers zu Recht nicht beanstandet wurde. Problematischer ist es dagegen, wenn der Beschenkte z. B. als Arzt oder Anwalt des Schenkers tätig war; dazu Abt, AJP 2004, 1230 ff.).

4.   Das Persönlichkeitsrecht

22   Als letztes Begrenzungskriterium nennt Art. 19 Abs. 2 das Recht der Persönlichkeit. Damit stellt das Gesetz einen Bezug zu Art. 27 ZGB her. Soweit eine Vereinbarung mit dieser Norm in Widerspruch steht, liegt aber im Grunde ein Verstoss gegen zwingendes Recht vor (BK-Kramer, Art. 19–20 N 128).

23   Der unbestimmte Begriff des Persönlichkeitsrechts ist wie jener der Sittenwidrigkeit in hohem Masse ausfüllungsbedürftig. Anhaltspunkte zu geben, wann ein nicht mehr tolerierbarer Verstoss gegen diese Inhaltsschranke vorliegt, vermag wiederum die Kasuistik (dazu jüngst umfassend BSK ZGB I-Huguenin, Art. 27 ZGB N 11 ff.):

24   –   So verstossen Verträge gegen das Persönlichkeitsrecht, die einen **höchstpersönlichen Bereich** regulieren, der gänzlich bindungsfrei bleiben muss. Unwirksam ist beispielsweise die Verpflichtung, einer bestimmten Ordensgemeinschaft anzugehören (BGE 128 III 428, 434), einen Erbvertrag abzuschliessen (BGE 108 II 405, 408), die Abrede, einen Schenkungsvertrag nicht zu widerrufen (Art. 249 f., BGE 113 II 252, 258 = Pra

1988 Nr. 39 bezeichnet eine derartige Vereinbarung als zweifelhaft) oder Abreden über die Verwendung von Kontrazpetiva (KOLLER, OR AT I, § 13 N 114). Desgleichen ist ein Haftungsausschluss für Körperschäden, auch bei nur leichter Fahrlässigkeit des Schädigers, angesichts der Bedeutung des Rechtsgutes der körperlichen Integrität unwirksam (SCHWENZER, OR AT, N 24.14; BK-KRAMER, Art. 19–20 N 212). So können Probanden medizinischer Forschung nicht wirksam darauf verzichten, Schadenersatzansprüche zu stellen (vgl. auch den Erläuternden Bericht zum Vorentwurf über das BG über die Forschung am Menschen [Februar 2006, 86], wo zur Haftungsbestimmung [E Art. 15] gesagt wird, haftungsbeschränkende Vereinbarungen seien nichtig). Vgl. BSK ZGB I-HUGUENIN, Art. 27 ZGB N 12 f. m. w. Bsp.

– Das Persönlichkeitsrecht gewährleistet auch den Schutz vor **übermäs-**   25
 siger Vertragsbindung. Hierzu zählt das Problem von ewigen (dazu BGE 131 I 321, 329; 127 II 69, 77; BGer 4A_141/2007, E. 4.1) oder zeitlich extrem langen Vertragsbindungen. Wo die Grenze im Einzelfall zu ziehen ist, kann nicht allgemein gesagt werden, zumal nach der Judikatur die Intensität der Bindung und die Gegenleistung mitzuberücksichtigen sind (BGer 4C.346/2000, E. 2a; BGE 114 II 159, 162; krit. zum Ganzen HERZOG, recht 2001, 201 ff. m. Nw.). Auch knebelnde Verträge, die einen Kontrahenten der Willkür des anderen ausliefern, seine wirtschaftliche Freiheit aufheben (wie z.B. übermässige Konkurrenzverbote, vgl. BK-BUCHER, Art. 27 ZGB N 417 ff.) oder die Grundlagen seiner wirtschaftlichen Existenz gefährden, sind persönlichkeitsrechtswidrig (BGE 123 III 337, 339). So ist ein Managementvertrag, mit der sich eine Schlagersängerin im künstlerischen Bereich und in Fragen der Lebensführung ihrer eigenen Entscheidungsbefugnis begibt, knebelnd (BGE 104 II 108, 117). Zu weit geht auch eine zeitlich und gegenständlich unbeschränkte Abtretung aller gegenwärtigen und künftigen Forderungen (BGE 112 II 433, 436). Allerdings gilt es im Auge zu behalten, dass es unbedenklich ist, wenn sich ein Rechtssubjekt über seine finanziellen Kräfte hinaus verpflichtet (BGE 95 II 55, 58). Zu Recht entschied das BGer bezüglich einer juristischen Person, die im Nebenbetrieb eine Gaststätte betrieb, eine zwanzigjährige Getränkebezugsverpflichtung beschränke weder die wirtschaftliche Freiheit wesentlich, noch gefährde sie die Grundlagen der wirtschaftlichen Existenz (BGE 114 II 159, 164).

Eine **übermässige Vertragsbindung** wird von der Rechtsprechung auf der   26
 Rechtsfolgenebene nicht mehr mit der traditionellen, für beide Parteien geltenden Nichtigkeitsfolge belegt (vgl. dazu Art. 20 N 13). Unter Vorbehalt der «im Rahmen der im öffentlichen Interesse zu wahrenden guten Sitten» steht nur dem aus einer übermässigen Bindung verpflichteten Rechtssubjekt zu, die Vertragserfüllung zu verweigern oder auf diesen Schutz

zu verzichten und den Vertrag zu erfüllen. Diese Befugnis ist unvererb-
lich (BGE 129 III 209, 214; BK-BUCHER, Art. 27 ZGB N 168 f.). Betrifft die
Vertragsbindung dagegen den «höchstpersönlichen Kernbereich», der gänzlich bindungsfrei bleiben muss, tritt weiterhin von Amtes wegen zu beachtende Nichtigkeit des Vertrages ein (BGE 129 III 209, 213 f.; zustimmend
KRAMER, recht 2004, 30 f.; BK-KRAMER, Art. 19–20 N 371).

5. Gemeinsame Fragen

27   Massgebender Zeitpunkt zur Prüfung, ob ein Vertrag gegen eine der vorgenannten Schranken verstösst, ist der **Zeitpunkt des Vertragsschlusses**
(BK-KRAMER, Art. 19–20 N 144, 182). Entsteht erst nachträglich eine Kolli-
sion des Vertrages mit einer Inhaltsschranke, bleibt er deshalb grundsätzlich wirksam. Anders verhält es sich nur, wenn die nachträglich entstandene
Schranke im Sinne einer public policy-Norm um der öffentlichen Ordnung
und Sittlichkeit willen (Art. 2 Abs. 1 SchlT ZGB, BGE 100 II 105, 112) aufgestellt wurde (BK-KRAMER, Art. 19–20 N 145). Entfällt umgekehrt eine
beim Vertragsschluss bestehende Schranke nachträglich und besteht der
Wille der Parteien, das Rechtsgeschäft aufrechtzuerhalten weiterhin fort, so
lebt der Vertrag im Zeitpunkt des Schrankenwegfalls auf (BK-KRAMER,
Art. 19–20 N 145, 182; BSK OR I-HUGUENIN, Art. 19/20 N 16, 35 m. Nw.).

28   Die Parteien können versucht sein, einer Inhaltsschranke durch eine geschickte Vertragsgestaltung auszuweichen. Man spricht insoweit von **Gesetzesumgehung** (KOLLER, OR AT I, § 13 N 189). Erheischt der Zweck der
umgangenen Norm, dass sie auch auf das Umgehungsgeschäft Anwendung
finden soll, unterfällt auch dieses den entsprechenden Sanktionsfolgen
(BSK ZGB I-HONSELL, Art. 2 ZGB N 31; BGE 125 III 257, 262; BGer 4C.163/
2002, E. 1.1). Dabei kommt es nicht auf die Absicht der Parteien an (VON
TUHR/PETER, OR AT, 255). Umgekehrt kann ein nichtiges Geschäft im Sinne
der **Konversion** umgedeutet werden, wenn sich der von den Parteien erstrebte zulässige Erfolg mittels eines anderen, wirksamen Ersatzgeschäfts
herbeiführen lässt, das nichtige Geschäft die Voraussetzungen des Ersatzgeschäfts erfüllt und dieses in seinen Wirkungen nicht über das nichtige
hinausgeht (BGE 126 III 182, 184, in casu Ablehnung der Umdeutung eines
nichtigen Kaufs auf Rückkauf in eine Faustpfandbestellung; vgl. BGE 133 III
311, 319 als Beispiel einer wirksamen Konversion).

Art. 20

II. Nichtigkeit

¹ **Ein Vertrag, der einen unmöglichen oder wider-**
rechtlichen Inhalt hat oder gegen die guten Sitten
verstösst, ist nichtig.

² **Betrifft aber der Mangel bloss einzelne Teile des**
Vertrages, so sind nur diese nichtig, sobald nicht
anzunehmen ist, dass er ohne den nichtigen Teil
überhaupt nicht geschlossen worden wäre.

Literatur

ABEGG, Die zwingenden Inhaltsnormen des Schuldvertragsrechts, Diss. Freiburg 2004; ACOCELLA, Nichtigkeitsbegriff und Konzept einer einheitlichen vertragsrechtlichen Rückabwicklung gescheiterter Verträge, SJZ 2003, 494 ff.; BELSER, Freiheit und Gerechtigkeit im Vertragsrecht, Diss. Freiburg 2000; CAYTAS, Der unerfüllbare Vertrag, Diss. St. Gallen 1984; LEU/VON DER CRONE, Übermässige Bindung und die guten Sitten, SZW 2003, 221 ff.; PETITPIERRE, Une proposition de lecture systématique des Art. 19 et 20 CO, SemJud 2001 II 73 ff.; PICHONNAZ, Impossibilité et exorbitance, Diss. Freiburg 1997; ROUILLER, Der widerrechtliche Vertrag: die verbotsdurchsetzende Nichtigkeit, Diss. Basel, Bern 2002; SCHMIDT-GABAIN, Verkaufen verboten! Bemerkungen zu den zivilrechtlichen Folgen des Art. 16 Abs. 1 KGTG, AJP 2007, 575 ff.; WIEGAND, Die Leistungsstörungen, recht 1983, 1 ff.; ZIEGLER, Die anfängliche Unmöglichkeit der Leistung, Diss. St. Gallen, Bern 1992.

I. Unmöglichkeit

Art. 20 Abs. 1 ergänzt die in Art. 19 Abs. 2 genannten Schranken mit dem Grundsatz, dass auch auch ein Vertrag mit einem **unmöglichen Inhalt** nichtig ist *(impossibilium nulla obligatio)*. Nicht jede Unmöglichkeit führt indes zur Nichtigkeit des Vertragsverhältnisses. Nur wenn die Unmöglichkeit qualifizierte Voraussetzungen erfüllt, ist diese einschneidende Rechtsfolge angezeigt.   **1**

So muss eine **anfängliche Unmöglichkeit** vorliegen (BGE 96 II 18, 21), das heisst bei Vertragsschluss bestehend sein (PICHONNAZ, N 268). Ist die von der anfänglichen Unmöglichkeit betroffene Vertragsleistung erst in einem späteren Zeitpunkt zu leisten und entfällt die Unmöglichkeit nachträglich, besteht kein Grund mehr für die Nichtigkeitsfolge. Der Vertrag wird gültig (VON TUHR/PETER, OR AT, 264). Den Parteien ist es selbstverständlich   **2** auch freigestellt, den Vertrag explizit unter der suspensiven Bedingung zu schliessen, dass die bei Vertragsschluss bestehende Unmöglichkeit wegfällt (BK-Kramer, Art. 19–20 N 247). Ebenso wirksam sind Abreden über zukünftige Sachen (Caytas, 67) und der Hoffnungskauf (*emptio spei*; Honsell, OR BT, 37).

3   Sodann muss es sich um eine **objektive Unmöglichkeit** handeln, die nicht nur temporär, sondern **dauernd** zu sein hat. Ist bei Vertragsschluss voraussehbar, dass die objektiv unmögliche Vertragsleistung im Zeitpunkt der Fälligkeit zu erbringen sein wird, liegt deshalb keine Unmöglichkeit i. S. v. Art. 20 Abs. 1 vor (Pichonnaz, N 269).

4   Die **objektive Unmöglichkeit** grenzt sich von der bloss **subjektiven** dadurch ab, dass niemand imstande ist, die kontrahierte Vertragsleistung zu erbringen (z. B. die Lieferung einer bei Vertragsschluss nicht existenten [BK-Kramer, Art. 19–20 N 250] oder vor Vertragsschluss behördlich beschlagnahmten Speziessache [MK-Ernst, § 275 BGB N 44]). Demgegenüber ist bei der **subjektiven Unmöglichkeit** bloss der betreffende Schuldner ausserstande zu leisten, etwa weil ihm die finanziellen Mittel oder Fertigkeiten fehlen oder er gar nicht über die verkaufte Sache verfügt und sie nicht beschaffen kann (BGE 96 II 18, 21), weil sie z. B. ohne sein Wissen vor Vertragsschluss gestohlen wurde (Ziegler, 59; anders Wiegand, recht 1983, 7). Objektive Unmöglichkeit liegt demgegenüber vor, wenn der Schuldner eine höchstpersönliche Leistung zu erbringen hat (etwa die Portraitierung durch einen berühmten Maler) und dazu unfähig ist (BSK OR I-Huguenin, Art. 19/20 N 46 m. Nw.). Anfängliche subjektive Unmöglichkeit führt nicht wie die objektive zur Nichtigkeit des Vertrages, sondern lässt den Schuldner nach Massgabe von Art. 97 schadenersatzpflichtig werden (BSK OR I-Wiegand, Art. 97 N 12 f. m. Hw. auf abweichende Meinungen).

5   Einerlei ist, ob die objektive Unmöglichkeit auf tatsächliche oder rechtliche Gründe zurückzuführen ist (BGE 96 II 18, 21; 111 II 134, 141; 133 III 311, 318 f.; BGer 4C.275/2005, E. 3.2). Rechtliche Unmöglichkeit liegt etwa vor beim Verkauf einer Sache, von welcher der Käufer bereits Eigentümer ist oder beim Verstoss gegen den sachenrechtlichen oder gesellschaftsrechtlichen numerus clausus (Ziegler, 132 m. Nw., 141 ff.; vgl. auch BGE 116 II 191, 195 betreffend die Lizenzierung eines nichtigen Schutzrechts, wo die Frage der Nichtigkeit indes offengelassen wird; Ziegler, 123 ff.).

6   Ist die Erbringung der Vertragsleistung mit der Eingehung von unverhältnismässig hohen, objektiv unzumutbaren wirtschaftlichen Opfern verbunden, so dass die Kosten der Erfüllung nicht mehr in einem vernünftigen Verhältnis zum Wert der Leistung stehen, spricht man von **Unerschwinglichkeit** (BSK OR I-Wiegand, Art. 97 N 14; Schwenzer, OR AT, N 63.06). Wenn eine solche anfängliche Unerschwinglichkeit jeden beliebigen Leistungsschuld-

ner betreffen würde, spricht nichts dagegen, sie der objektiven Unmöglichkeit gleichzustellen (VON TUHR/PETER, OR AT, 263; BK-BECKER, Art. 20 N 3; **a.M.** GAUCH/SCHLUEP/SCHMID/REY, N 635; BK-KRAMER, Art. 19–20 N 256).

Abzugrenzen ist die objektive Unmöglichkeit auch vom **Garantievertrag**, mit dem durchaus der Eintritt eines unmöglichen Ereignisses garantiert werden kann (VON TUHR/PETER, OR AT, 262 FN 67; CAYTAS, 57 ff.; BGE 111 II 455, 456 f.). Schliesslich ist ein Vertrag auch dann wirksam, wenn eine vom Schuldner zu liefernde Sache oder das zu übertragende Recht mit Mängeln behaftet ist. Es greifen dann die Regeln der Sach- und Rechtsgewährleistung ein (BGE 110 II 239, 242 f. betreffend den Kauf eines nichtigen Patents; GAUCH/SCHLUEP/SCHMID/REY, N 719; vgl. auch Art. 171 Abs. 1).

7

Teilunmöglichkeit liegt vor, wenn die Leistungserbringung nur bezüglich eines Teils des kontrahierten Leistungsgegenstandes unmöglich ist. Ist der Leistungsgegenstand ohne Wertverlust teilbar und ist anzunehmen, dass die Parteien den Vertrag auch mit dem reduzierten Inhalt geschlossen hätten (Art. 20 Abs. 2), so hat der Leistungsschuldner gegen eine entsprechend reduzierte Gegenleistung die mögliche Teilleistung zu erbringen (PICHONNAZ, N 587 ff.; vgl. dazu unten N 14 ff.).

8

II. Rechtsfolge der Unmöglichkeit und des Verstosses gegen die in Art. 19 Abs. 2 erwähnten Inhaltsschranken

Art. 19 Abs. 2 umschreibt, unter welchen Umständen ein Vertrag aufgrund seines Inhalts oder der blossen Tatsache seines Abschlusses mit den von der Rechtsordnung gesetzten Grenzen in Konflikt gerät. Art. 20 befasst sich sodann mit der Rechtsfolge eines derartigen Schrankenverstosses.

9

1. Nichtigkeit des Vertrages

Die in Art. 20 Abs. 1 angeordnete Rechtsfolge ist nach h. L. und Praxis grundsätzlich die **ex tunc** und allseits wirkende **Nichtigkeit** des Vertrages (BGE 129 III 209, 213; GAUCH/SCHLUEP/SCHMID/REY, N 681). Dem nichtigen Vertrag kommen keinerlei rechtsgeschäftliche Wirkungen zu, weshalb keine Erfüllungsansprüche bestehen. Jede Partei kann sich jederzeit auf die Nichtigkeit berufen und so die künftige Vertragserfüllung verhindern (s. auch N 20).

10

Ob die Nichtigkeitsfolge eintritt, hängt entscheidend davon ab, wogegen verstossen wurde. So ist bei Unmöglichkeit des Vertragsinhaltes, Sittenwidrigkeit oder Verstoss gegen die öffentliche Ordnung der Vertrag regelmässig nichtig. Demgegenüber kommt es beim Verstoss gegen **zwingende Normen** darauf an, ob die verletzte Norm ausdrücklich oder nach ihrem **Sinn und Zweck** die Nichtigkeitsfolge verlangt (BGer 4A_415/2007, E. 3.2.1; BGE 129

11

III 209, 213; 127 V 439, 442; 123 III 292, 299; BSK OR I-Huguenin, Art. 19/
20 N 54 m. Nw.; beispielhaft etwa Art. 15 Abs. 1 KKG oder Art. 16 Abs. 1
KGTG [dazu unten N 13]. Ein Verstoss gegen Art. 164 StGB hat angesichts
der dem Gläubiger zur Verfügung stehenden zwangsvollstreckungsrechtlichen Gläubigerschutzbestimmungen [Art. 285 ff. SchKG] nicht die zivilrechtliche Nichtigkeit des gläubigerschädigenden Rechtsgeschäfts zur Folge
[BGer 4A_275/2007, E. 1.3.4]). Die Verletzung von **Ordnungsvorschriften**
mag wohl straf- oder verwaltungsrechtliche Sanktionen auslösen, indessen
zieht sie keine zivilrechtliche Nichtigkeit des Rechtsgeschäfts nach sich,
weil dies regelmässig eine unverhältnismässige Rechtsfolge wäre (BGE 111
II 52, 54; Rouiller, 95 ff.).

12   Die Nichtigkeit des Vertrages führt dazu, dass bereits erfolgte Leistungen nach h. M. mittels **Vindikation** oder **Kondiktion** rückabzuwickeln sind
(BK-Kramer, Art. 19–20 N 312; a. M. Acocella, SJZ 2003, 495 f., der für
ein vertragliches Rückabwicklungsverhältnis plädiert). Im Einzelfall kann
freilich die Kondiktion ausgeschlossen sein (Art. 63, 66), insbesondere wenn
die Parteien gemeinsam einen strafrechtlich verbotenen Erfolg anstrebten.
Art. 66 sollte allerdings dort nicht angewendet werden, wo der Zweck der
verletzten Verbotsnorm die in Frage stehende Vermögensverschiebung unterbinden will (BK-Kramer, Art. 19–20 N 401; Rouiller, 257 ff. m. w. Nw.).
Bei vollzogenen **Dauerschuldverhältnissen** (insbesondere über die Erbringung von Dienstleistungen) ist eine vollständige Rückabwicklung gar nicht
durchführbar (vgl. BGE 132 III 242, 245). Die Nichtigkeit wirkt hier deshalb
im Effekt **ex nunc** (vgl. BGE 129 III 320, 324, 328 f., der für den Bereich der
Willensmängel mit einer analogen Anwendung von Art. 320 Abs. 3 argumentiert; BK-Kramer, Art. 19–20 N 313), es sei denn, die Verbotsnorm
verlange eine rückwirkende Anpassung des Äquivalenzverhältnisses. Das
Synallagma wirkt auch bei der Rückabwicklung fort, weshalb diese Zug um
Zug zu erfolgen hat (BGE 129 III 320, 328; 111 II 195, 197).

13   Ist Art. 27 Abs. 2 ZGB verletzt, findet nach der Rechtsprechung nicht mehr
der herkömmliche Nichtigkeitsbegriff Anwendung. Im Sinne einer persona-
len **Relativierung der Nichtigkeit** kann sich bei einem aufgrund einer übermässigen Vertragsbindung persönlichkeitswidrigen Vertrag nur noch die
von Art. 27 Abs. 2 ZGB geschützte Partei darauf berufen, die Vertragserfüllung zu verweigern (BGE 129 III 209, 214; Leu/von der Crone, SZW 2003,
226; Art. 19 N 26). Ein Teil der Lehre begrüsst diese Flexibilisierung des
Nichtigkeitsbegriffs und befürwortet, sie über den Bereich von Art. 27 ZGB
auszudehnen (BSK OR I-Huguenin, Art. 19/20 N 55 ff.; BSK ZGB I-Huguenin, Art. 27 ZGB N 18 ff.; Schwenzer, OR AT, N 32.38; Belser, 441 ff.). So
wird beispielsweise auch bezüglich der Rechtsfolge eines Verstosses gegen
Art. 16 Abs. 1 KGTG vertreten, nur der Käufer, nicht aber der abklärungs-
pflichtige Verkäufer dürfe sich bei einem ohne Beachtung der vorgeschrie-

benen Sorgfaltspflichten abgeschlossenen Kulturgüterkaufvertrag auf die Nichtigkeit berufen (SCHMIDT-GABAIN, AJP 2007, 577 ff.).

Gegen eine allgemeine Relativierung des Nichtigkeitsbegriffs ist allerdings einzuwenden, dass sich diese mit dem Wortlaut des Art. 20 Abs. 1 nur schwer vereinbaren lässt. Des Weiteren bleibt letztlich unklar, wo die Grenze zu ziehen wäre und Nichtigkeit weiterhin für jedermann ein rechtliches Nichts bedeuten würde. Insbesondere gilt es zu bedenken, dass bestimmte Inhaltsschranken (namentlich die Sittenwidrigkeit und öffentliche Ordnung) mit einer Abschwächung auf der Rechtsfolgenebene nicht ohne weiteres kompatibel sind. Die Korrektur sollte daher bei einer engeren Umschreibung dessen, was zur Nichtigkeit führt, ansetzen (vgl. BGE 132 III 455, 459), will man den in Art. 20 Abs. 1 verankerten Nichtigkeitsbegriff nicht zugunsten einer konturlosen Konzeption aufgeben.

2. Teilnichtigkeit

Art. 20 Abs. 2 enthält im Sinne des *favor negotii* den verallgemeinerungsfä- 14
higen Grundsatz, dass der Vertrag aufrechterhalten wird *(utile per inutile non vitiatur)*, wenn er ohne den nichtigen Teil geschlossen worden wäre. Ein allgemeines Prinzip verkörpernd, ist Art. 20 Abs. 2 auch ausserhalb des eigentlichen Nichtigkeitstatbestandes i. S. v. Art. 20 anwendbar, beispielsweise bei Willensmängeln (BGE 130 III 49, 56; 125 III 353, 356), Übervorteilung (BGE 123 III 292, 300) und Formungültigkeit (117 II 382, 386).

In objektiver Hinsicht ist vorausgesetzt, dass der Inhaltsmangel nur einen 15
Teil des Vertrages betrifft, der prinzipiell auch ein objektiv wesentlicher Punkt i. S. v. Art. 2 Abs. 1 sein kann (BGE 120 II 35, 41; 107 II 216, 218; BK-KRAMER, Art. 19–20 N 342 f.). Ebenso kann der Teilmangel aus einem subjektiv wesentlichen Vertragspunkt bestehen, wenn folgende Voraussetzung erfüllt ist: Die Parteien, insbesondere jene, welche auf dem für sie subjektiv wesentlichen Punkt beharrte, hätten bei Kenntnis des Teilmangels den Vertrag dennoch abgeschlossen (BELSER, 449; GAUCH/SCHLUEP/SCHMID/REY, N 701). Kann dies nicht tatsächlich nachgewiesen werden, ist auf den hypothetischen Parteiwillen abzustellen (vgl. N 16). Der Teilmangel kann sich auch auf lediglich einen Teil einer einzelnen Vertragsklausel beziehen (BELSER, 447 f.; **a. M.** GAUCH/SCHLUEP/SCHMID/REY, N 692).

In subjektiver Hinsicht ist erforderlich, dass die Parteien den Vertrag auch 16
ohne den nichtigen Teil geschlossen hätten. Steht fest, dass eine Partei den Vertrag ohne nichtigen Teil nicht geschlossen hätte, braucht der (nicht empirische) **hypothetische Parteiwille** nicht bemüht zu werden (BGer 4C.156/2006, E. 3.1; BK-KRAMER, Art. 19–20 N 338; vgl. aber N 17). In allen anderen Fällen muss ermittelt werden, was die Parteien unter den konkreten Umständen in Kenntnis des Mangels bei Vertragsschluss vereinbart hätten

(BGE 124 III 57, 60). Ist dies nicht möglich, kann auf einen **objektivierten** hypothetischen Parteiwillen ausgewichen werden, der in Anwendung des Vertrauensprinzips danach fragt, was vernünftige und redliche Parteien gewollt hätten (BGer 4C.156/2006, E. 3.1; BK-Kramer, Art. 19–20 N 366; anders Gauch/Schluep/Schmid/Rey, N 700, die von vornherein auf einen normativen hypothetischen Parteiwillen abstellen wollen). Massgebend zur Ermittlung des hypothetischen Parteiwillens ist der Zeitpunkt des Vertragsschlusses (BGE 124 III 57, 61).

17 Bisweilen wird von einer **modifizierten Teilnichtigkeit** gesprochen (Gauch/Schluep/Schmid/Rey, N 712). Danach bleibt der Vertrag aufrechterhalten, und es wird der nichtige Vertragsteil vom Zeitpunkt des Vertragsschlusses an mit der einschlägigen gesetzlichen Regelung ersetzt (Abegg, 215). Ist dies eine **zwingende Norm**, die auf den Vertrag angewendet werden muss (wie beispielsweise Art. 100 Abs. 1, 163 Abs. 3), bleibt der hypothetische Parteiwille ohne Belang (vgl. BGE 125 III 358, 359; Abegg, 203 f., der allerdings konstruktiv von der Nichtanwendbarkeit von Art. 20 Abs. 2 bei Verstössen gegen zwingende Normen ausgeht; Petitpierre, SemJud 2001 II 77).

18 Anders verhält es sich, wenn die Ersatzregel **dispositiver Natur ist**. In einem solchen Fall ist wiederum nach Massgabe des hypothetischen Parteiwillens zu entscheiden, ob die Parteien den Vertrag mit der gesetzlichen Ersatzregel geschlossen hätten (vgl. BGE 131 III 467, 470 f., wonach bei Teilnichtigkeit der Vertrag möglichst *«nahe am Willen der Parteien aufrecht zu erhalten»* ist; BK-Kramer, Art. 19–20 N 355; CR CO I-Guillod/Steffen, Art. 19/20 N 105; **a. M.** Gauch/Schluep/Schmid/Rey, N 709, 712a). Ist dies zu verneinen oder fehlt eine gesetzliche Regelung, kann gegebenenfalls eine Ersatzregel nach Massgabe des hypothetischen Parteiwillens hinzugefügt werden (vgl. BGE 107 II 216, 219 f.; Belser, 453 f.). Lässt sich aufgrund des objektivierten hypothetischen Parteiwillens nicht ermitteln, welche Ersatzregel die Parteien anstelle des nichtigen Teils verwendet hätten, soll der Vertrag ganznichtig sein (BGer 4C.156/2006, E. 3.4). Dieser Schluss ist allerdings nicht allgemeingültig; es ist durchaus denkbar, dass selbst bei Unschlüssigkeit über die Ersatzregel der Bestand des Restvertrages ohne Ersatzregel dem tatsächlichen oder objektivierten mutmasslichen Willen der Kontrahenten besser entspricht.

19 Die **geltungserhaltende Reduktion** hat sich in der Rechtsprechung zu einem eigenständigen Topos entwickelt. Im Vordergrund stehen quantitative Exzesse, die auf das erlaubte Mass zu reduzieren sind (Petitpierre, SemJud 2001 II 76). Die Teilunwirksamkeit folgt aus einer teleologischen Reduktion der Verbotsnorm selbst und wird deshalb von der Judikatur unabhängig davon angewendet, ob ein entsprechender hypothetischer Parteiwille vorliegt (krit. BK-Kramer, Art. 19–20 N 360). Dieser hat nur noch

bei der Bestimmung der Ersatzordnung Bedeutung, was bei qualitativer Vertragsgestaltung, nicht aber der blossen Übermassreduktion zutrifft (BGE 123 III 292, 298 f., 300; anders BGE 114 II 159, 163 f.). Weil die Verbotsnorm, welche die Übermassreduktion anordnet, regelmässig zwingendes Recht ist, ist dies folgerichtig (N 17). So ist der unzulässige Ausschluss jeglicher Haftung (Art. 100 Abs. 1) auf einen Haftungsausschluss für leichte Fahrlässigkeit zu reduzieren (BSK OR I-WIEGAND, Art. 100 N 4; a. M. SCHWENZER, OR AT, N 24.08), ohne dass es auf den hypothetischen Parteiwillen ankäme (diff. BK-WEBER, Art. 100 N 160).

3. Verschiedenes

Die Nichtigkeit ist **von Amtes wegen** zu beachten (BGE 129 III 209, 213) und kann jederzeit von jedermann, also auch von Dritten, geltend gemacht werden (BGer 4C.305/1999, E. 4a). Gerichtsstand- und Schiedsgerichtsklauseln (Art. 178 Abs. 3 IPRG) überleben auch die Ganznichtigkeit, weil nicht anzunehmen ist, die Parteien wollten einen Streit um die Nichtigkeit dem spezifisch gewählten Spruchkörper entziehen (BSK OR I-HUGUENIN, Art. 19/20 N 69; GAUCH/SCHLUEP/SCHMID/REY, N 701).   20

Weil Art. 20 Abs. 2 vom Regelfall der Teilnichtigkeit ausgeht, ist die Partei, die sich auf Ganznichtigkeit beruft, dafür beweispflichtig, dass die Kontrahenten den Vertrag ohne den nichtigen Teil nicht geschlossen hätten (BGer 4C.156/2006, E. 3.2; BK-KRAMER, Art. 19–20 N 329).   21
Art. 20 Abs. 2 ist **dispositives Recht.** Demnach können die Parteien im Rahmen zwingenden Rechts vereinbaren, wie zu verfahren ist, wenn ein Vertragsteil nichtig ist. Vielfach wird in salvatorischen Klauseln vorgesehen, der Vertrag solle mit einer Ersatzregel ergänzt werden, die dem wirtschaftlichen Erfolg des nichtigen Teils möglichst nahekommt. Umgekehrt können die Parteien vorsehen, bei Nichtigkeit eines Teils solle der gesamte Vertrag dahinfallen (GAUCH/SCHLUEP/SCHMID/REY, N 695).

Eine **Konversion** (Umdeutung) des nichtigen Rechtsgeschäfts ist möglich, wenn die Kontrahenten bei Kenntnis der Nichtigkeit der ursprünglichen Abrede das zulässige Ersatzgeschäft gewollt hätten und dieses keine Umgehung der Verbotsnorm darstellt (BK-KRAMER, Art. 19–20 N 387; vgl. auch Art. 19 N 28).   22

Eine Partei, die den Vertrag in Kenntnis des Nichtigkeitsgrundes schliesst – oder ihn zumindest hätte kennen müssen – wird der anderen aus **culpa in contrahendo** für das negative Interesse ersatzpflichtig, sofern nicht der Zweck der Verbotsnorm einer solchen Haftung entgegensteht (SCHWENZER, OR AT, N 32.47).   23

Art. 21

III.   Übervorteilung

¹ **Wird ein offenbares Missverhältnis zwischen der Leistung und der Gegenleistung durch einen Vertrag begründet, dessen Abschluss von dem einen Teil durch Ausbeutung der Notlage, der Unerfahrenheit oder des Leichtsinns des andern herbeigeführt worden ist, so kann der Verletzte innerhalb Jahresfrist erklären, dass er den Vertrag nicht halte, und das schon Geleistete zurückverlangen.**

² **Die Jahresfrist beginnt mit dem Abschluss des Vertrages.**

Literatur

BELSER, Freiheit und Gerechtigkeit im Vertragsrecht, Diss. Freiburg 2000; BERTOSSA, Lésion et usure: Un couple bien étrange. Quelques réflexions sur les relations entre les articles 21 CO et 157 CP, in: FS à l'occasion du 125ᵉ anniversaire de la Semaine Judiciaire, Bern 2004, 125 ff.; GAUCH, Der Fussballclub und sein Mietvertrag: Ein markanter Entscheid zur Übervorteilung, recht 1998, 55 ff.; HONSELL, Die Abwicklung sittenwidriger Darlehensverträge in rechtsvergleichender Sicht, in: FS Giger, Bern 1989, 287 ff.; KLETT, Vom Beruf alte Fragen neu zu stellen – zur vertraglichen Äquivalenz, in: FS Walter, Bern 2005, 351 ff.; KRAMER, Geltungserhaltende Reduktion bei Übervorteilung, AJP 1997, 1556 ff.; WIEGAND, Die privatrechtliche Rechtsprechung des Bundesgerichts im Jahre 1997, ZBJV 1998, 677 ff.

I.   Normzweck und Anwendungsbereich

1   Diese Bestimmung befasst sich mit **materialer Vertragsgerechtigkeit**, einem Aspekt der im klassischen Vertragsrecht (also insbesondere abgesehen von den sozialpolitisch motivierten Regelungen wie z. B. neuerdings Art. 406h) in den Schranken von Art. 19 Abs. 2 im Prinzip der Privatautonomie der Parteien zugewiesen ist (anders BGE 123 III 292, 298, wo pauschal von einer zunehmenden Materialisierung des Vertragsrechts die Rede ist; vgl. dazu KLETT, FS Walter, 362 ff.). Hiervon macht nun Art. 21 eine Ausnahme, indem bei bestimmten pathologischen Tatbeständen des Vertragsschlusses die **Unangemessenheit des Äquivalenzverhältnisses** die beschwerte Partei berechtigt, den Vertrag zu invalidieren. Die Rechtsprechung betont allerdings auch, in einem System der Privatautonomie dürfe der Berufung auf Art. 21 nur ausnahmsweise stattgegeben werden (BGer 4C.238/2004, E. 2.1).

Art. 21 findet auf synallagmatische Verträge Anwendung, also beispiels- 2
weise auch auf einen aussergerichtlichen Vergleichsvertrag (BGer 4C.254/
2004, E. 3.2 – 3.3). Daneben ist im Schrifttum anerkannt, dass Art. 21 auch
auf andere Verträge als synallagmatische angewendet werden kann (GAUCH/
SCHLUEP/SCHMID/REY, N 735; BSK OR I-HUGUENIN, Art. 21 N 3 m. Nw.). Auch
juristische Personen können sich auf diese Norm berufen (BGE 123 III 292,
301).

Gemäss bundesgerichtlicher Praxis regelt Art. 21 **abschliessend** die Rechts- 3
folgen eines **Missverhältnisses der Vertragsleistungen**. Demnach führt
auch eine noch so gravierende Inadäquanz nicht zur Sittenwidrigkeit i. S. v.
Art. 19 Abs. 2 (s. Art. 19 N 21). Ebensowenig kann alleine mit einem Äquiva-
lenzmissverhältnis die Persönlichkeitsrechtswidrigkeit (Art. 27 Abs. 2 ZGB)
des betreffenden Vertrages begründet werden, zumal niemandem unbenommen ist, sich über seine finanziellen Kräfte hinaus zu verpflichten
(s. Art. 19 N 25).

II. Voraussetzungen

1. Das objektive Leistungsmissverhältnis

Gemäss dem Normtext muss zwischen der vereinbarten Leistung und 4
Gegenleistung ein **offenbares Missverhältnis** bestehen. Die vom Gesetz geforderte Offensichtlichkeit der Leistungsdisparität spricht dafür, nur ein
in die Augen springendes, geradezu unerträgliches Missverhältnis vorauszusetzen (VON BÜREN, OR AT, 227; HANDKOMM-DASSER, Art. 21 N 3;
a. M. GAUCH/SCHLUEP/SCHMID/REY, N 734). Zur Feststellung des Missverhältnisses sind sämtliche vereinbarten Rechte und Pflichten in die Betrachtung miteinzubeziehen (BK-KRAMER, Art. 21 N 18). Die vereinbarte Bewertung des vertraglichen Leistungsprogramms ist dem **objektiven Wert** der
entsprechenden oder vergleichbaren Leistung im Zeitpunkt des Vertragsschlusses gegenüberzustellen (BELSER, 550). Eine objektive Messlatte bieten Markt- und Börsenpreise (BSK OR I-HUGUENIN, Art. 21 N 6). Sind solche
nicht vorhanden, hat das Gericht auf andere etablierte Bewertungsmetho-
den abzustellen (BGE 123 III 292, 303). Der Bewertung ist die dem Vertrag
zugrundegelegte Nutzung zugrundezulegen, wobei selbstverständlich der
jeweils relevante sachliche und räumliche Markt für das spezifische Gut
oder Dienstleistung massgebend ist. Demnach ist bei Miete einer Wiese als
Fussballplatz das vereinbarte Entgelt mit marktüblichen Mieten für Fuss-
ballplätze in vergleichbarer Lage zu vergleichen (BGE 123 III 292, 303 f.).
Versagt der existierende Referenzpreis aufgrund fehlenden Wettbewerbs
als Vergleichswert, muss das Gericht für die Leistungsbewertung den mutmasslichen Marktpreis eruieren, der in einem funktionieren Markt gälte
(BELSER, 561 f.). Ein überhöhtes Preisniveau aufgrund von Wettbewerbsbe-
einträchtigungen reicht aber im Allgemeinen für sich alleine noch nicht aus,

um das offenbare Leistungsmissverhältnis zu begründen (a.M. BELSER, 562).

5   Letztlich ist die Frage, ob ein offenbares Missverhältnis vorliegt, ein **Ermessensentscheid** (Art. 4 ZGB) unter Berücksichtigung der Einzelfallumstände (vgl. die Kasuistik bei BSK OR I-HUGUENIN, Art. 21 N 8 f.). In der neueren bundesgerichtlichen Rechtsprechung wurde etwa ein offenbares Missverhältnis bei einem 80 % über dem Marktwert liegenden Kaufpreis für eine Gaststätte bejaht (BGer 4C.238/2004, E. 2.2), desgleichen bei einem Kaufpreis für einen Lastwagen, der den Marktwert um 78 % überstieg (BGer 4C.368/2000, E. 5b).

2.   Die Schwächelage des Übervorteilten

6   Die übervorteilte Partei muss sich beim Vertragsschluss in einer **Schwächelage** befunden haben. Das Gesetz nennt in nicht abschliessender Aufzählung Notlage, Unerfahrenheit und Leichtsinn (GAUCH/SCHLUEP/SCHMID/REY, N 738). Zu weit geht die Subjektivierung der Schwächelage, wenn gesagt wird, es genüge auch eine lediglich eingebildete Notlage (GAUCH, recht 1998, 63; BK-KRAMER, Art. 21 N 37 m. Nw.). Dadurch wird nur die besonders ängstliche Partei bevorzugt (differenzierend BELSER, 576 f.). Dagegen schadet es grundsätzlich nicht, wenn die Schwächelage selbstverschuldet ist, wie das Kriterium des Leichtsinns deutlich macht (VON TUHR/PETER, OR AT, 344).

7   Eine **Notlage** ist gegeben, wenn sich die betroffene Partei beim Vertragsschluss in einer Zwangslage befindet, die wirtschaftlicher, familiärer, politischer oder anderer Natur sein kann (BELSER, 574). Eine Notlage liegt auch vor, wenn der Schwache die Mittel hat, das Übermass zu leisten (123 III 292, 302). Lehre und Rechtsprechung betonen, der Abschluss des ungünstigen Vertrages habe vom Übervorteilten bei objektiver Betrachtung als das kleinere Übel betrachtet werden dürfen (BGE 123 III 292, 301 m. Nw.). Entscheidend ist stets, dass die beim Vertragsschluss existierende Notlage die eine Partei zwingt, den Vertrag zu den ungünstigen Konditionen einzugehen. Dagegen genügt es nicht, dass eine Partei nach dem Vertragsschluss einwendet, der Vertrag bringe sie in eine Notlage (BGer 4C.226/2001, E. 4).

8   **Unerfahrenheit** ist einem Vertragsschliessenden zu attestieren, wenn ihm die erforderlichen Kenntnisse fehlen (und objektiv betrachtet fehlen durften, womit Selbstverschulden nach hier vertretener Ansicht in diesem Zusammenhang relevant ist), um den in Frage stehenden Vertrag sachgerecht zu würdigen und das Äquivalenzverhältnis kompetent zu bewerten (BGE 92 II 168, 176; BGer 4C.238/2004, E. 2.4; BSK OR I-HUGUENIN, Art. 21 N 12). Der praktisch wohl wenig relevante **Leichtsinn** besteht darin, dass der betroffene Kontrahent beim Vertragsschluss nicht die gebotene Vorsicht und Besonnenheit walten lässt (GAUCH/SCHLUEP/SCHMID/REY, N 737).

3. Ausbeutung des Übervorteilten durch den Übervorteiler

Das Vorliegen eines evidenten Leistungsmissverhältnisses und einer Schwä- 9
chelage genügen noch nicht, um den Tatbestand von Art. 21 Abs. 1 zu erfüllen. Zusätzlich verlangt das Gesetz, dass der aus dem Vertrag Begünstigte die Schwächelage des anderen **ausbeutet**. Der Übervorteilende muss
demzufolge die Schwächelage kennen und bewusst ausnützen, um dadurch
den Vertrag mit dem gekannten Leistungsmissverhältnis abzuschliessen
(BGE 123 III 292, 305). Zu Recht wird gesagt, der Übervorteiler müsse den
Vertrag in Ausnutzung der Schwächelage herbeiführen (BUCHER, OR AT,
233), während die Initiative zum Vertragsschluss indessen nicht vom Übervorteiler zu kommen braucht (BGE 123 III 292, 305 BK-KRAMER, Art. 21
N 33).

III. Rechtsfolgen

Sind die objektiven und subjektiven Voraussetzungen von Art. 21 Abs. 1 er- 10
füllt, eröffnet sich dem Übervorteilten das Recht, sich auf die **Ungültigkeit**
des Vertrages zu berufen. Anders als Art. 20 führt Übervorteilung demnach
nicht zur amtswegig zu beachtenden Nichtigkeit. Der Übervorteilte hat
es vielmehr in der Hand, die Unverbindlichkeit des Vertrages geltend zu
machen. Wie bei den Willensmängeln folgen Lehre und Rechtsprechung der
ex tunc wirkenden **Ungültigkeitstheorie**. Erklärt der Übervorteilte binnen
Jahresfrist, nicht an den Vertrag gebunden zu sein, wird er somit ex tunc
ungültig (BSK OR I-HUGUENIN, Art. 21 N 15).

Dem Übervorteilten steht es frei, im Sinne einer **geltungserhaltenden Re-** 11
duktion lediglich **Teilunverbindlichkeit** geltend zu machen, ohne dass es
auf den hypothetischen Parteiwillen des Übervorteilers ankommt (BGE 123
III 292, 300; ebenso BK-KRAMER, Art. 21 N 53; **a. M.** WIEGAND, ZBJV 1998,
688 f.; KOLLER, OR AT, § 14 N 259). Das BGer liess offen, ob der Übervorteiler sich auf die partielle Unwirksamkeit berufen und dadurch den Vertrag aufrechterhalten kann, wenn der Übervorteilte die volle Unwirksamkeit begehrt (BGE 123 III 292, 300; verneinend GAUCH, recht 1998, 60;
SCHWENZER, OR AT, N 32.55; vgl. auch BGE 125 III 353, 357 bezüglich der
Drohung). Für diese «Rettungsbefugnis» des Übervorteilers spricht, dass
Art. 21 – wie für das Zivilrecht typisch – keinerlei Straffunktion wahrnimmt
und deshalb nichts entgegensteht, den Vertrag mit dem korrigierten Äquivalenzverhältnis bestehen zu lassen (BELSER, 636).

Ebenso brauchte das BGer noch nicht zu entscheiden, ob die Wertdisparität 12
mit einer Reduktion korrigiert werde, die wertmässig auf das gerade noch
Zulässige oder auf das marktübliche Niveau abstellt (BGE 123 III 292, 305).
In Anbetracht dessen, dass der hypothetische Parteiwille des Übervorteil-
lers bei einer geltungserhaltenden Reduktion im Rahmen von Art. 21 kein

Entscheidungskriterium ist, und das Gericht das Marktpreisniveau zudem einfacher und präziser ermitteln kann, erscheint letztere Ansicht als vorzugswürdig (KRAMER, AJP 1997, 1562; BSK OR I-HUGUENIN, Art. 21 N 16; SCHWENZER, OR AT, N 32.55). Man kann dies auch damit begründen, dass der Übervorteiler die Grenzen der Privatautonomie auf eigenes Risiko überschreitet (HONSELL, FS Giger, 296).

13   Die **Jahresfrist**, binnen welcher die volle oder teilweise Ungültigkeit des Vertrages geltend gemacht werden muss, ist eine **Verwirkungsfrist** (CR CO I-SCHMIDLIN, Art. 21 N 26) und läuft gemäss Art. 21 Abs. 2 ab dem Zeitpunkt des Vertragsschlusses. Es genügt, wenn der Übervorteilte mindestens konkludent seinen Willen kundtut, den Vertrag ganz oder teilweise nicht gelten lassen zu wollen (BK-KRAMER, Art. 21 N 55).

14   Für die **Rückabwicklung** gelten die bei der Nichtigkeit dargestellten Grundsätze (Art. 20 N 12), wobei selbstredend auch der Übervorteiler rückabwicklungsberechtigt ist (BGE 92 II 168, 179 f.). Wird ein vollzogenes Dauerschuldverhältnis angefochten, so kann der Übervorteilte zum einen für die Zukunft eine Herabsetzung der wucherischen Leistungspflicht verlangen, wenn er am Vertrag festhalten möchte. Zum anderen kann er bezüglich des in der Vergangenheit liegenden Leistungsaustausches in jedem Fall jenen Teil seiner Gegenleistung zurückverlangen, der über dem objektiven Wert liegt (vgl. BGE 129 III 320, 329 f.).

15   Der Übervorteiler haftet dem Übervorteilten ausserdem aus **culpa in contrahendo** für das negative Interesse, und zwar in Analogie zu Art. 31 Abs. 3 auch dann, wenn der Vertrag nicht invalidiert wird (CR CO I-SCHMIDLIN, Art. 21 N 16 mit FN 23; BELSER, 639 f.).

IV. Verschiedenes

16   Art. 21 ist **zwingendes Recht**, so dass auf die Anfechtungsbefugnis nicht wirksam verzichtet werden kann (BK-KRAMER, Art. 21 N 15). Die Beweislast für das Leistungsmissverhältnis sowie die Ausbeutung einer Schwächelage trägt der Übervorteilte (Art. 8 ZGB). Liegt ein offenbares Missverhältnis vor, ist es sachgerecht, angesichts der mit dem Beweis der Ausbeutung verbundenen Beweisschwierigkeiten dem Übervorteilten zu gestatten, diesbezüglich eine tatsächliche Vermutung zu beanspruchen (GAUCH/SCHLUEP/SCHMID/REY, N 744). Die Geltendmachung der Teilunverbindlichkeit ist die Ausübung eines Gestaltungsrechts, das unmittelbar die Rechtslage verändert; es bedarf deshalb keiner Erhebung einer Gestaltungsklage (GAUCH, recht 1998, 58).

17   Ein Verstoss gegen den strafrechtlichen Wuchertatbestand (Art. 157 StGB) zieht Widerrechtlichkeit i. S. v. Art. 19 Abs. 2 und damit Nichtigkeit gemäss Art. 20 nach sich. Soll Art. 21 neben Art. 20 eine eigenständige Bedeutung

zukommen, wird man richtigerweise auch bei Vorliegen strafrechtlichen Wuchers exklusiv die in Art. 21 OR enthaltene speziellere Bestimmung anzuwenden haben, weil andernfalls der schuldrechtliche Übervorteilungstatbestand praktisch toter Buchstabe bliebe (BK-Kramer, Art. 21 N 64; BSK OR I-Huguenin, Art. 21 N 19; BGer 4A_275/2007, E.1.3.3; a.M. Gauch/Schluep/Schmid/Rey, N 757; Bertossa, FS Semaine Judiciaire, 130 ff.).

Art. 22

| IV. Vorvertrag | [1] Durch Vertrag kann die Verpflichtung zum Abschluss eines künftigen Vertrages begründet werden. |
| | [2] Wo das Gesetz zum Schutze der Vertragschliessenden für die Gültigkeit des künftigen Vertrages eine Form vorschreibt, gilt diese auch für den Vorvertrag. |

Literatur

Arnet, Freiheit und Zwang beim Vertragsabschluss, Bern 2008; Dasser, Vertragstypenrecht im Wandel: Konsequenzen mangelnder Abgrenzbarkeit der Typen, Zürich 2000; Herzog, Der Vorvertrag im schweizerischen und deutschen Schuldrecht, Diss. Zürich 1999; Jahn, Der Letter of Intent, Frankfurt a.M. 2000; Kuonen, La responsabilité précontractuelle, Diss. Freiburg 2007; Peyer, Vollstreckung unvertretbarer Handlungen und Unterlassungen, Diss. Zürich 2005.

I. Definition und Abgrenzung des Vorvertrages

Vorverträge werden vielfach aus praktischen oder psychologischen Gründen geschlossen. Zum einen erlauben sie den Parteien insbesondere bei komplexen Sachverhalten, in einer ersten Stufe ein Rechtsgeschäft zu schliessen, welches das Leistungsprogramm erst in den Grundzügen regelt. Die detaillierte schriftliche Fixierung sämtlicher Einzelheiten ist dann für den späteren Hauptvertragsschluss vorbehalten. Zum anderen mag zuweilen auch ein psychologisches Bedürfnis bestehen, noch nicht den Hauptvertrag einzugehen. Weiter erlaubt der Vorvertrag, vertragsfremde Dritte zu begünstigen oder einer Vertragspartei ein einseitiges Recht auf Abschluss des Hauptvertrages einzuräumen. 1

Art. 22 Abs. 1 hätte nicht ins Gesetz aufgenommen werden müssen. Die Möglichkeit Vorverträge abzuschliessen, ergibt sich bereits aus der Inhalts- 2 freiheit (Art. 19 Abs. 1). Die lediglich deklaratorische Formvorschrift Art. 22 Abs. 2 besagt, dass **gesetzliche Gültigkeitsformen** auch für Vorverträge gelten, sofern der Formzweck darin besteht, die Parteien vor **Übereilung** zu schützen (vgl. Art. 216 Abs. 2 und Art. 493 Abs. 6). Demzufolge gibt Art. 22 Abs. 2 nur wieder, was bereits aus einer teleologischen Auslegung der jeweils betroffenen Formvorschriften folgt (**a. M.** BSK OR I-Bucher, Art. 22 N 5).

3   Ein Vorvertrag ist ein schuldrechtlicher Vertrag, der eine oder beide Kontrahenten verpflichtet, einen forderungsbegründend wirkenden Vertrag zwischen ihnen oder mit einem Dritten abzuschliessen (Herzog, N 90; Gauch/Schluep/Schmid/Rey, N 1076; BGer 4C.60/2004, E. 5.2.1). Entscheidendes Merkmal ist somit die Vereinbarung einer **Kontrahierungspflicht**. Man unterscheidet vom **zweiseitig** verpflichtenden **einseitig** verpflichtende Vorverträge, die nur eine Vertragspartei verpflichten, den Hauptvertrag abzuschliessen. Die berechtigte Vorvertragspartei ist befugt, vom Vertragspartner den Hauptvertragsschluss zu verlangen. Bei Vorverträgen **zugunsten Dritter** steht die Abschlussberechtigung einem vertragsfremden Dritten zu (Art. 112 Abs. 2). Namentlich Grundstückkaufverträge enthalten solche drittbegünstigenden Vorverträge in Gestalt von Architekten- und Unternehmerklauseln (zu deren Zulässigkeit Gauch/Schluep/Schmid/Rey, N 1091 ff.). Sie verpflichten den Grundstückerwerber, die Arbeiten einem bestimmten Architekten oder Unternehmer zu übertragen.

4   Falls keine anderslautende Rechtswahl besteht, untersteht der Vorvertrag dem auf den Hauptvertrag anwendbaren Recht (Herzog, N 405). Für Grundstückkaufvorverträge gilt die lex rei sitae nach Art. 119 Abs. 3 IPRG.

5   Kein Vorvertrag ist demgegenüber die blosse **Verhandlungspflicht** und **Vertragsnachverhandlungspflicht**, deren Verletzung eine Haftung nach den Grundsätzen der culpa in contrahendo auslösen kann. Ob ein sog. *Memorandum of Understanding* oder ein *Letter of Intent* bereits eine Kontrahierungspflicht enthält, muss im Einzelfall durch Auslegung ermittelt werden. Relevant ist etwa, ob eine explizite «non-binding»-Klausel vorliegt. Stets ist entscheidend, ob sich ein entsprechender Bindungswille der Parteien bereits manifestiert hat (Jahn, 153 ff.; BGer 4C.409/2005, E. 2.3.1; 4C.36/2001, E. 5a).

6   Anders als der Vorvertrag räumt der **Optionsvertrag** der begünstigten Partei ein **Gestaltungsrecht** ein, durch dessen Ausübung einseitig eine bestimmte Rechtswirkung herbeigeführt werden kann (BGE 122 III 10, 15; BGer 4C.22/2006, E. 7.2.2). Eine Option ist beispielsweise das Kaufs- und Rückkaufsrecht (Art. 216 Abs. 2). Der **Vorrechtsvertrag** vermittelt dem Begünstigten eine Vorzugsposition für den Fall, dass der Belastete sich zum Abschluss eines weiteren Vertrages entschliesst. Dazu zählen das Vorkaufs-

recht (Art. 216 Abs. 3) und das Vormietrecht. Der Begünstigte bringt im Vorkaufs- oder Vormietfall, also wenn der Belastete sich zum Vertragsschluss entscheidet, durch eine einseitige Gestaltungserklärung ein Rechtsverhältnis mit dem Vorrechtsgeber zustande; im Unterschied zum Vorvertrag besteht keine Kontrahierungspflicht. Mit der sog. **Vorhand** bezeichnet man die Pflicht des Vorrechtgebers, bei beabsichtigter Veräusserung oder anderweitiger rechtsgeschäftlicher Begebung des Vertragsgegenstands dem Vorhandberechtigten den Vorrang vor anderen Interessenten einzuräumen. Je nach Ausgestaltung im Einzelfall kann das **Vorhandrecht** ein bedingter, den Vorhandgeber einseitig verpflichtender Vorvertrag sein (HERZOG, N 174).

Rahmenverträge regeln im Hinblick auf künftige Einzelverträge einen verbindlichen Grundbestand an Regelungen und legen dadurch den Inhalt der Einzelverträge ganz oder teilweise fest (HERZOG, N 188 m. Nw.). Typischerweise enthalten sie keine Kontrahierungspflichten und sind deshalb insoweit keine Vorverträge. — 7

Die bei Grundstückgeschäften zuweilen anzutreffende **Reservierungsabrede**, verbunden mit der Zahlung einer Reservierungsgebühr, die bei Nichtabschluss des intendierten Vertrages der Gegenpartei verfällt, kann eine zu einem formbedürftigen Vorvertrag hinzutretende, von der Formpflicht miterfasste Sicherungsabrede *(arrha pacto imperfecto data)* sein, sofern tatsächlich eine Kontrahierungspflicht vereinbart wurde (GAUCH/SCHLUEP/SCHMID/REY, N 4081; BGer 4C.399/2005, E. 4.4.3; illustrativ BGer 4C.271/2003, E. 2). Liegt keine explizite Kontrahierungspflicht vor, kann ein mittelbarer Abschlusszwang aus der Höhe der Strafzahlung folgen, wenn aufgrund ihrer Höhe ein Nichtabschluss vernünftigerweise nicht hingenommen werden kann (HERZOG, N 205). Auch unter solchen Umständen ist die Formpflichtigkeit der Reservierungsabrede zu bejahen. — 8

II. Inhaltliches Bestimmtheitserfordernis

Gemäss Rechtsprechung und h. L. gilt für den Vorvertrag unverändert **das für Hauptverträge geltende Bestimmtheitserfordernis** (BGE 118 II 32, 33; CR CO I-DESSEMONTET, Art. 22 N 10; GAUCH/SCHLUEP/SCHMID/REY, N 1084; KOLLER, OR AT I, § 22 N 19). Danach haben die Parteien (neben den subjektiv essentiellen als conditio sine qua non für den Abschlusswillen) zumindest die objektiv wesentlichen Vertragspunkte zu regeln (SCHWENZER, OR AT, N 28.05 ff.; **a. M.** DASSER, N 183 ff., 604 ff.; HERZOG, N 240 ff.). — 9

Eine abweichende Auffassung will das für Vorverträge geltende Bestimmtheitserfordernis nach Massgabe dessen bestimmen, ob Realerfüllung des Vorvertrages oder Schadenersatz verlangt wird (BSK OR I- BUCHER, Art. 22 N 38, 40). Diese Differenzierung ist indessen keine zwingende Besonderheit des Vorvertrages, sondern gilt für alle Verträge, also auch für Hauptver- — 10 träge. Das Erfüllungsinteresse eines jeden Vertrages kann zugesprochen werden, sobald es aufgrund des kontrahierten Leistungsprogramms berechenbar ist, ohne dass es auf die Realerfüllungsmöglichkeit ankommt (krit. auch KUONEN, N 868 ff.).

III. Rechtsfolgen

11   Die **Leistungspflicht** aus dem Vorvertrag besteht darin, beim **Abschluss des geplanten Hauptvertrages mitzuwirken.** Dies geschieht durch Abgabe der hierzu erforderlichen Willenserklärungen. Der Abschluss eines ausformulierten, alle wesentlichen Punkte regelnden Vorvertrages stellt einen Umstand i. S. v. Art. 6 dar, der den Offerenten berechtigt, das Schweigen der Gegenpartei auf seinen vorvertragskonformen Antrag auf Abschluss des Hauptvertrages als Annahmeerklärung zu deuten (HERZOG, N 95). Beim einseitigen Vorvertrag gilt dies allerdings nur für die aus dem Vorvertrag begünstigte Partei. Den Vorvertragsparteien obliegt weiter, im Vorvertrag offengelassene Nebenpunkte nachzuverhandeln (HERZOG, N 101). Bleibt eine Einigung darüber aus, wird der Hauptvertrag insoweit richterlich ergänzt (Art. 2 Abs. 2).

12   Gemäss der Rechtsprechung und h. L. wird ein **inhaltlich genügend bestimmter Vorvertrag** auf Abschluss eines Hauptvertrages **zwischen denselben Parteien** in einen **Hauptvertrag** umgedeutet, so dass nicht auf Abschluss des Hauptvertrages geklagt zu werden braucht (BGE 129 III 264, 267; BGer 4C.280/2006, E.3; 4C.170/2003, E.4.2; HUGUENIN, OR AT, N 145; KOLLER, OR AT I, § 22 N 24). Unklar bleibt nach dieser Rechtsprechung, wie mit einem durchsetzungsfähigen Vorvertrag zu verfahren ist, der mit einem Dritten abzuschliessen ist. Richtig wäre es, in Anerkennung der Inhaltsfreiheit das von den Parteien kontrahierte zweistufige Vorgehen zu honorieren, das heisst die Wirkung des Vorvertrages auf die Kontrahierungspflicht zu beschränken. Selbst im Bereich gesetzlicher Kontrahierungspflichten kann nach h. M. nicht unmittelbar auf Leistungsvornahme geklagt werden (ARNET, N 267 f., 418; HERZOG, N 334 f. m. Nw.). Demgemäss ist nach hier vertretener Ansicht auf Abschluss des Hauptvertrages zu klagen, wobei diese Klage mit der Leistungsklage aus dem Hauptvertrag verbunden werden kann (GAUCH/SCHLUEP/SCHMID/REY, N 1088 f.; HERZOG, N 331 ff.; vgl. auch BGH, Urteil vom 12. Mai 2006, V ZR 97/05). Weigert sich der Vorvertragsschuldner die zum Abschluss des Hauptvertrages erforderliche Willenserklärung abzugeben, wird sie durch das rechtskräftige Sachurteil ersetzt (vgl. PEYER, 185 ff.).

13   Wird der Vorvertragsschuldner wegen eines ihm zu vertretenden Umstandes schadenersatzpflichtig, hat er das **positive Vertragsinteresse** zu ersetzen, also das Interesse am vorvertragsmässigen Abschluss des Hauptvertrages (BGE 111 II 156, 159 ff.). Dieses entspricht dem Interesse an der

Erfüllung des Hauptvertrages, weil der Schadenersatz begehrende Gläubiger andernfalls genötigt wäre, auf Abschluss des Hauptvertrages zu klagen, was ein unnützer Umweg ist, wenn von vornherein nur Schadenersatz und nicht Realerfüllung des Hauptvertrages verlangt wird (HERZOG, N 355).

Beruft sich eine Partei auf ein hauptvertragliches **Kündigungsrecht** oder ist die Erbringung einer hauptvertraglichen Leistung **unmöglich**, so schlägt dies auf den Vorvertrag durch: Die Kontrahierungspflicht fällt dahin, weil der Hauptvertragsschluss unter diesen Umständen ein blosser Formalismus wäre (BGE 98 II 305, 312; HERZOG, N 348 f.) bzw. der Abschluss eines Hauptvertrages, dessen Erfüllung unmöglich ist, nicht gefordert werden kann (HERZOG, N 373 ff.). **14**

Sofern nichts Gegenteiliges vereinbart wurde, ist eine aus dem Vorvertrag entspringende Forderung nicht abtretbar, weil dem Vorvertragsschuldner nicht zuzumuten ist, mit einem beliebigen Dritten einen Hauptvertrag einzugehen (Art. 164 Abs. 1). Aus demselben Grund ist eine vorvertragliche Forderung ohne anderslautende Abrede auch nicht vererbbar (HERZOG, N 391 ff.). **15**

Die aus dem Vorvertrag entstehende Forderung auf Abschluss des Hauptvertrages untersteht der **zehnjährigen Regelverjährungsfrist** (Art. 127). Anders kann es sich mit der Schadenersatzforderung verhalten, auf welche die Verjährungsfrist des Hauptvertrages anwendbar ist (HERZOG, N 399 ff.). **16**

Art. 23

F.	Mängel des Vertragsabschlusses	Der Vertrag ist für denjenigen unverbindlich, der sich beim Abschluss in einem wesentlichen Irrtum befunden hat.
I.	Irrtum	
1.	Wirkung	

Literatur

BAUDENBACHER/SPIEGEL, Die Rechtsprechung des schweizerischen Bundesgerichts zum Verhältnis von Sachmängelgewährleistung und allgemeinen Rechtsbehelfen des Käufers – Ein Musterbeispiel angewandter Rechtsvergleichung?, FS Pedrazzini, Bern 1990, 229 ff.; BAUMANN, Die Folgen von Willensmängeln in Versicherungsverträgen, HAVE 2002, 92 ff.; BÖCKLI, Gewährleistungen und Garantien in Unternehmenskaufverträgen, in: Tschäni, Mergers & Acquisitions, Zürich 1998; GAUCH, Sachgewährleistung und Willensmängel beim Kauf einer mangelhaften Sache – Alternativität der Rechtsbehelfe und Genehmigung des Vertrages (BGE 127 III 83 ff.), recht 2001, 184 ff.; DERS., Das Kündigungsrecht des Versicherers bei verletzter Anzeigepflicht des Antragstellers, ZBJV 2006, 361 ff.; GLAUS, Irrtumsanfechtung und Auslegung beim Testament, Diss. Zürich 1982; GMÜNDER, Teilanfechtung aus Irrtum bei der Unternehmensübernahme, Diss. St. Gallen 1992; HARTMANN, Die Rückabwicklung von Schuldverträgen, Zürich 2005; KELLER/SCHMIED-SYZ, Analyse der Willensmängel, Basel 1995; KLAUSBERGER, Die Willensmängel im schweizerischen Vertragsrecht, Diss. Zürich 1989; KOLLER/PLOTKE, Picasso und van Gogh im Spiegelbild – Überlegungen zum Grundlagenirrtum im Kunstrecht, FS Huwiler, Bern 2007, 363 ff.; KRAMER, Der Irrtum beim Vertragsschluss: eine weltweit rechtsvergleichende Bestandesaufnahme, Zürich 1998; DERS. Bausteine für einen «Common Frame of Reference» des europäischen Irrtumsrechts, ZEuP 2007, 247 ff.; PELLEGRINI, Die Anfechtung des Arbeitsvertrages wegen Willensmängeln, Diss. Bern 1983; SIEHR, Ist ein Carracci ein schlechter Poussin?, FS Hanisch, München 1994, 247 ff.; STEINER, Die Anwendbarkeit von Bestimmungen des OR im Rahmen von Versicherungsverträgen, insbesondere bei Anzeigepflichtverletzung (BGE 126 III 82), HAVE 2002, 45 ff.; VISCHER, Sachgewährleistung bei Unternehmenskäufen, SJZ 2001, 361 ff.; WIEGAND, Zur Rückabwicklung gescheiterter Verträge, FS Gauch, Zürich 2004, 709 ff.; ZEHNDER, Begriffsmerkmale der Wesentlichkeit im schweizerischen Irrtumsrecht, Diss. Zürich 1993.

I.   Normzweck und Anwendungsbereich der Art. 23 ff.

1.   Normzweck: Der Begriff des Willensmangels und das Verhältnis zum Vertrauensprinzip

1   Der in der Marginalie von Art. 23 für die Tatbestände des Irrtums (Art. 24 ff.), der Täuschung (Art. 28) und der Furchterregung (Art. 29 f.) verwendete Begriff der «Mängel des Vertragsschlusses» wird in der Lehre und Rechtsprechung gemeinhin durch den Terminus «Willensmängel» ersetzt. Damit wird zum Ausdruck gebracht, dass nicht die Mängel gemeint sind, die den Vertragsschluss im technischen Sinne betreffen, sondern die Mängel der Willensbildung und Willenskundgabe durch eine Partei. Der Wortlaut der Art. 23 ff. gleicht einem delphischen Orakel. So ist keine Rede von Eckbegriffen wie «objektiver» und «subjektiver Wesentlichkeit», kein Hinweis auf «Erklärungsirrtum» oder «Grundlagenirrtum», keine Definition des Motivirrtums zu finden und das Gesetz schweigt sich über das Verhältnis zu anderen Vorschriften, etwa zur Sachgewährleistung, aus.

2   Eine fehlerhafte Willensbildung oder -kundgabe verhindert den **Konsens** beim Vertragsschluss nicht. Wirksamer Dissens und Willensmangel schliessen sich gegenseitig aus. Stimmen beim Vertragsschluss die Willenserklä-

rungen objektiv und subjektiv überein, oder verstehen beide Parteien bei objektiv divergierenden Erklärungen subjektiv das Gleiche, besteht kein Raum für einen Willensmangel, massgeblich ist hier das gemeinsam Gewollte. Hingegen ist regelmässig zu prüfen, ob ein (Erklärungs-)Irrtum vorliegt, wenn nur ein normativer und kein tatsächlicher Konsens besteht (BGE 129 III 320 E. 6.2).

Mittels der Bestimmungen zu den Willensmängeln kann dem Willen der erklärenden Partei zum Durchbruch verholfen werden, was dem der schweizerischen Gesetzeskonzeption zugrunde liegenden Prinzip der **Privatautonomie**, der freien Selbstbestimmung, dient. Gleichzeitig stehen die Art. 23 ff. aber in einem Spannungsverhältnis zum **Vertrauensprinzip**, denn der Vertragspartner des Irrenden wird regelmässig in seinem Vertrauen auf die abgegebene Erklärung enttäuscht, wenn die Willenserklärung wegen Irrtums für unverbindlich erklärt wird.

2. Anwendungsbereich

Die Art. 23 bis 31 **gelten allgemein** für alle Rechtsgeschäfte und rechtsgeschäftsähnlichen Handlungen sowohl des OR wie auch (über Art. 7 ZGB) für andere zivilrechtliche Verhältnisse. In einigen Gebieten bestehen allerdings Sondervorschriften – namentlich im Ehe-, Familien-, Erb- und Versicherungsvertragsrecht. Unter Umständen kann auch die ratio legis einer Anfechtung wegen Willensmängeln entgegenstehen. Im Prozessrecht sowie im öffentlichen Recht kommen die Bestimmungen über die Willensmängel verbreitet ebenfalls zur Anwendung.

Die Bestimmungen über die Willensmängel können insbesondere beim **Unternehmenskauf** bedeutsam sein. Eine Berufung auf Art. 23 ff. ist allerdings ausgeschlossen, wenn der Irrtum bzw. die Täuschung einen Umstand betrifft, der nach Art. 197 Abs. 1 weder vorausgesetzt werden darf noch zugesichert wurde, oder wenn die Sachgewährleistung wegbedungen ist (VISCHER, 366). Die Berufung auf Willensmängel kann beim Unternehmenskauf namentlich dann von Interesse sein, wenn nicht die einzelnen Aktiven und Passiven erworben werden («Asset Deal»), sondern die Aktien bzw. Anteilscheine der Gesellschaft («Share Deal»). Im zweiten Falle ist eine Berufung auf die Sachgewährleistungsvorschriften (Art. 197 ff.) hinsichtlich von Mängeln, die sich auf das Unternehmen selbst beziehen, nach der Rechtsprechung ausgeschlossen, es sei denn, es seien besondere Zusicherungen abgegeben worden. Auch wenn die Sachgewährleistungsvorschriften nicht zum Zuge kommen, besteht immer noch die Möglichkeit, sich auf Irrtum zu berufen (BGE 107 II 419 E. 3). Keine Anwendung können die Bestimmungen über die Willensmängel im Bereich der Aktienzeichnung finden, da sonst das Verbot der Einlagenrückgewähr (Art. 680 Abs. 2) unterlaufen würde (BGE 102 Ib 21 E. 2).

6   Im **Familienrecht** kommen die Art. 23 ff. nur insoweit zur Anwendung, als keine Spezialgesetze bestehen. Derer gibt es viele. Im Eherecht sind die dem Irrtum und der Furchterregung entsprechenden Tatbestände in Art. 107 ff. ZGB geregelt, wobei im Gegensatz zu den Bestimmungen des OR für die Ungültigkeitsklage eine absolute Verjährungsfrist von fünf Jahren seit Eheschliessung besteht. Hinsichtlich Scheidungsurteil und Scheidungskonvention sind insbesondere die Art. 148 bzw. 149 ZGB zu beachten. Für die Feststellung der Vaterschaft sind die Art. 256 ff. ZGB einschlägig. Wenn sich herausstellt, dass der Ehemann bzw. der Anerkennende nicht der biologische Vater ist, gehen bei Irrtum und Drohung die Spezialbestimmungen des ZGB vor, namentlich bestehen absolute und relative Verjährungsfristen (Art. 256c und 260c ZGB). Für die Adoption gelten die Art. 269a ff. ZGB.

7   Auch hinsichtlich **Verfügungen von Todes wegen** bestehen Spezialvorschriften für die Fälle von Irrtum, Täuschung, Drohung und Zwang (Art. 469 ZGB). Obwohl die Definition des Irrtums mit jener des Obligationenrechts weitgehend identisch ist, ist seine Behandlung im Erbrecht doch in einigen Punkten eine andere (GLAUS, 6 ff. und 30 ff.).

8   Im **Versicherungsvertragsrecht** gelten für die Anzeigepflichtverletzung durch den Versicherungsnehmer die Art. 6 ff. VVG. Für Fälle, in denen die Police nicht mit dem Vereinbarten übereinstimmt, ist Art. 12 VVG zu beachten. Im Übrigen sind gestützt auf Art. 100 Abs. 1 VVG die Art. 23 ff. anwendbar. Eine Rückforderung der Versicherungsprämie durch den Versicherten ist allerdings unter Umständen ausgeschlossen (BGE 126 III 82; BAUMANN, 93 ff.; STEINER, 45 ff.).

9   Für den (gerichtlichen wie aussergerichtlichen) **Vergleich** gilt der Grundsatz, dass die Vereinbarung dann nicht angefochten werden kann, wenn der Irrtum einen Punkt betrifft, der umstritten war und durch den Vergleich beseitigt werden sollte (caput controversum). Hingegen ist eine Anfechtung wegen Grundlagenirrtums denkbar, wenn die Parteien den Vergleich gestützt auf einen falschen Sachverhalt abgeschlossen haben (BGE 130 III 49 E. 1). Beim gerichtlichen Vergleich sind überdies die im kantonalen Prozessrecht vorgesehen Formen und Fristen für Rechtsmittel zu beachten. Bei der gerichtlich genehmigten Scheidungskonvention handelt es sich, anders als beim gewöhnlichen gerichtlichen Vergleich, nicht um eine privatrechtliche Vereinbarung; sie wird vielmehr zum vollwertigen Bestandteil des Scheidungsurteils und kann nur nach den für dieses geltenden Regeln angefochten werden. Für Vereinbarungen über die Festsetzung von Entschädigungen bei Strassenverkehrsunfällen kommt Art. 87 Abs. 2 SVG zur Anwendung, wonach Vereinbarungen, die «offensichtlich unzulängliche Entschädigungen festsetzen», binnen Jahresfrist angefochten werden können. Grundsätzlich ist die Berufung auf Willensmängel auch bei **Schiedsgutachten** möglich, massgeblich ist aber nicht der Vergleich des

Gutachtens mit einem zweiten, das einen anderen Wert ergibt, sondern der Vergleich mit dem objektiv ermittelten Sachverhalt (BGE 129 III 535 E. 2).

Im **öffentlichen Recht** sind die Bestimmungen von Art. 23 ff. nur insoweit anwendbar, als sie als Ausdruck allgemeiner Rechtsgrundsätze angesehen werden können und sachgerechte Lösungen bieten. Dies gilt namentlich für öffentlich-rechtliche Verträge (BGE 105 Ia 207 E. 2c) sowie das öffentliche Dienstrecht (BGE 132 II 161 E. 3). 10

II. Voraussetzungen

Hinsichtlich der **Arten** von Willensmängeln unterschieden werden erstens die Fälle, in denen die Erklärung, wie sie vom Empfänger verstanden wird und verstanden werden darf, nicht dem fehlerfrei gebildeten Willen des Erklärenden entspricht (Erklärungsirrtum), und zweitens diejenigen, in denen bereits die Willensbildung fehlerhaft verlaufen ist, sei es aufgrund eines Fehlers des Erklärenden (Motiv- und Grundlagenirrtum) oder aufgrund einer Einwirkung der Vertragspartei oder eines Dritten (Täuschung und Drohung). Grundsätzlich ist die Anfechtbarkeit wegen Irrtums auf Fälle des wesentlichen Irrtums beschränkt; der blosse Motivirrtum ist unbeachtlich. Nicht wesentlich braucht der Irrtum im Falle der Täuschung zu sein. Es gibt keine Überschneidungen zwischen Motivirrtum (bzw. dem Grundlagenirrtum als qualifiziertem Motivirrtum) und Erklärungsirrtum, ersterer entsteht stets in der Phase der Willensbildung, letzterer wirkt sich immer erst bei der Kundgabe des Willens aus. 11

Ein **Irrtum** liegt vor, wenn eine falsche Vorstellung über einen Sachverhalt besteht; gleich behandelt wird der Fall, wo eine solche Vorstellung gänzlich fehlt (ignorantia). Bei Zweifeln an der Richtigkeit der eigenen Vorstellung oder bei bewusstem Nichtwissen ist die Berufung auf Irrtum demgegenüber ausgeschlossen. Der Irrtum kann sich sowohl auf den Vertragsinhalt beziehen wie auch andere vertragswesentliche Umstände betreffen. 12

Ein Irrtum über die **eigene Leistungsfähigkeit** kann den Schuldner nicht zur Anfechtung des Vertrages berechtigen, hier kommt zum Schutz der Persönlichkeit vor übermässiger Bindung allenfalls Art. 27 ZGB zur Anwendung. Bei Vertragsschluss durch einen **Vertreter** kommt es sowohl bei der direkten wie bei der indirekten Stellvertretung allein auf die Willensbildung und -kundgabe des Vertreters an; ein Irrtum des Vertretenen ist unbeachtlich (BGE 105 II 16 E. 5). **Unerheblich ist, ob der Irrtum entschuldbar** ist oder nicht. Ein fahrlässiger Irrtum kann aber nach Art. 26 zu einer Schadenersatzpflicht führen. 13

Anfechtbar ist die Willenserklärung, wenn der Irrtum ein «wesentlicher» ist, d. h. wenn der Irrende bei Kenntnis des wahren Sachverhalts die Erklärung nicht oder nicht mit diesem Inhalt abgegeben hätte; bei der Täuschung 14 ist die Wesentlichkeit allerdings nicht erforderlich. Es wird eine objektive und eine subjektive Komponente unterschieden: Nur wenn die Bindung an die Erklärung sowohl nach allgemeiner Verkehrsanschauung wie auch aus der Sicht des Erklärenden unzumutbar erscheint, ist Wesentlichkeit zu bejahen. Die Formen von wesentlichen Irrtümern werden in Art. 24 Abs. 1 (Erklärungs- sowie Grundlagenirrtum) bzw. Art. 27 (unrichtige Übermittlung) de facto abschliessend aufgezählt. Nicht wesentlich ist der vom Grundlagenirrtum abzugrenzende einfache Motivirrtum (Art. 24 Abs. 2). Abgesehen davon fehlt es aber an einem Massstab für die rechtliche Relevanz der Willensmängel. Was wesentlich sei und was nicht, ist vor allem nach der Kausuistik zu beurteilen, wobei die adäquate Risikoverteilung bzw. die Interessenlage der Parteien zu berücksichtigen ist (KLAUSBERGER, 48 ff.; SIEHR, 255; ZEHNDER, 11 ff.).

15   Voraussetzung für die Anfechtung des Vertrages ist, dass der Irrtum für die Abgabe der Willenserklärung **kausal** war. Hätte der Irrende den Vertrag auch bei Kenntnis der wahren Umstände geschlossen, kommt eine Berufung auf Willensmängel nicht in Betracht.

16   Die Irrtumsregeln gemäss Art. 23 und 24 sind dispositiver Natur, so dass einer Vereinbarung der Parteien, deren Anwendung auszuschliessen, grundsätzlich nichts entgegensteht. Die Wegbedingung der Gewährleistung beim Kauf verbietet es dem Käufer, das Vorhandensein von Sacheigenschaften, für die keine Haftung übernommen wurde, als notwendige Grundlage des Vertrages zu betrachten (BGE 126 III 59).

III. Rechtsfolgen

17   Als Rechtsfolge statuiert Art. 23 die **Unverbindlichkeit** des Vertrages für diejenige Vertragspartei, die irrt. Was unter Unverbindlichkeit zu verstehen sei, ist in der Lehre umstritten: Gemäss der **Ungültigkeitstheorie** ist der Vertrag von Beginn weg ungültig und entfaltet daher überhaupt keine Wirkungen, es sei denn, das Rechtsgeschäft werde nachträglich vom Irrenden genehmigt. Der **Anfechtungstheorie** zufolge ist der Vertrag hingegen gültig, kann jedoch durch den Irrenden aufgelöst werden, ist also resolutiv bedingt. Nach der Theorie von der **geteilten Ungültigkeit** ist der Vertrag für die irrende Partei vorbehältlich Genehmigung von Anfang an ungültig, für die Gegenpartei jedoch von Anfang an gültig; aus der Sicht des Irrenden wäre der Vertrag demnach suspensiv, aus der Sicht des Vertragsgegners resolutiv bedingt. Das Bundesgericht sprach sich in BGE 114 II 131 E. 3 für die Ungültigkeitstheorie aus, wobei unklar ist, ob dies im Sinne der vollen oder der geteilten Ungültigkeit zu verstehen sei. Der Theorienstreit ist insofern von Bedeutung, als es um die Qualifikation des Bereicherungsanspruchs (Art. 62 f.) geht. Folgt man der Ungültigkeitstheorie, handelt es sich um die Rückforderung wegen Leistung einer Nichtschuld, nach der Anfech-

tungstheorie um eine solche wegen nachträglich weggefallenem Grund, und nach der Theorie der geteilten Ungültigkeit kann der Irrende die Rückforderung wegen Leistung einer Nichtschuld, der Vertragsgegner wegen nachträglich weggefallenem Grund geltend machen. Im Ergebnis bleibt der Streit allerdings ohne Auswirkungen, da der Rechtsgrund im einen wie im anderen Fall rückwirkend entfällt.

Die erfolgreiche Anfechtung des Vertrages wegen Willensmangels hat dessen Unverbindlichkeit, konkret die Auflösung der vertraglichen Bindung mit Wirkung ex tunc und die Rückerstattung bereits erbrachter Leistungen zur **Folge**. Noch vorhandene Sachleistungen können nach Art. 641 Abs. 2 ZGB vindiziert werden, für alle anderen Leistungen ist die Kondiktion nach Art. 62 ff. möglich. Dem unverjährbaren Vindikationsanspruch kann allerdings die Ersitzung (Art. 728 ZGB) entgegenstehen, sofern ihre Voraussetzungen gegeben sind. Eine an gutgläubige Dritte weiterveräusserte Sache kann ebenfalls nicht wiedererlangt werden (Art. 714 Abs. 2 i. V. m. 933 ZGB bzw. Art. 973 ZGB; BK-SCHMIDLIN, Art. 31 N 91 f.). Ist die Vindikation ausgeschlossen, stellt sich die Frage, ob im Falle der Anfechtung wegen Willensmängeln ein Kondiktionsanspruch an deren Stelle trete (bejahend HUWILER, Zum Bereicherungsanspruch gegen den Fahrniseigentümer kraft Ersitzung: eine rechtsvergleichende Fallstudie, in: Die Schweizerische Rechtsordnung in ihren internationalen Bezügen, Bern 1988, 99 ff., 129; im Ergebnis gl. M. REY, Sachenrecht, N 2015 ff.; **a. M.** BSK ZGB II-SCHWANDER, Art. 729 N 12 m. w. Nw.). Eine Ausnahme vom Grundsatz, dass die gegenseitigen Leistungen zurückzuerstatten sind, bilden Dauerschuldverhältnisse (unten, N 19). In der Lehre wird dafür gehalten, dass anstelle von Kondiktion und Vindikation generell die vertraglichen Rückabwicklungsregeln gelten sollten (BK-SCHMIDLIN, Art. 31 N 97 ff.; HARTMANN, Rz 18 m. w. Nw.; WIEGAND, 714 ff.).

18

Wurden beidseitig Leistungen erbracht, erfolgt unter Fortwirkung des Synallagmas eine Rückabwicklung Zug um Zug (BGE 83 II 18 E. 7). Wenige Probleme bieten sich in der Praxis bei zweiseitigen Verträgen mit **punktueller Erfüllung**. Hingegen würden bei **Dauerschuldverhältnissen** eine Unverbindlichkeit ex tunc und die Rückabwicklung von über Jahre hinweg erbrachten Leistungen zu stossenden Resultaten führen oder gar unmöglich sein. In BGE 129 III 320 («Zürcher Klärschlammaffäre») entschied das Bundesgericht in Anlehnung an die herrschende Lehre, dass die Anfechtung solcher teilweise bereits abgewickelter Dauerschuldverhältnisse als ausserordentliche Kündigung ex nunc zu behandeln ist und der bereits abgewickelte Teil des Vertrages als gültig erachtet wird, die für die abgelaufene Vertragsdauer im Synallagma begründeten Ansprüche also unberührt gelassen werden. Ein Vorbehalt besteht dann, wenn der Willensmangel sich im Synallagma selbst auswirkt; dann muss der Vertrag hinsichtlich der be-

19

reits erbrachten Leistungen i. S. v. Art. 20 OR modifiziert werden. Diese vom Bundesgericht allgemein für Dauerschuldverhältnisse statuierte Lösung orientiert sich an den Bestimmungen zum **Arbeitsvertrag**: Gemäss Art. 320 Abs. 3 haben beide Parteien die Pflichten aus dem Arbeitsverhältnis wie bei einem gültigen Vertrag zu erfüllen, bis dieses wegen Ungültigkeit von der einen oder anderen Partei aufgehoben wird, sofern der Arbeitnehmer seine Arbeit in gutem Glauben an die Gültigkeit des Arbeitsvertrages geleistet hat.

20   Wenn der Willensmangel nur einen Teil des Vertrages betrifft, ist in analoger Anwendung von Art. 20 Abs. 2 die Rechtsfolge der Anfechtung blosse **Teilnichtigkeit (geltungserhaltende Reduktion)**, es sei denn, der Vertrag wäre entsprechend dem aus objektiver Sicht zu ermittelnden hypothetischen Parteiwillen ohne den vom Willensmangel betroffenen Teil des Vertrages nicht abgeschlossen worden.

IV. Prozessuales und Konkurrenzen

21   Bevor **im Prozess** die Frage geprüft wird, ob ein Irrtum vorliege, muss feststehen, dass überhaupt Konsens bestand und der Vertrag damit zustande gekommen ist (BGE 130 III 417 E. 3.2). Wer sich auf Irrtum beruft, trägt die Beweislast für das Bestehen eines Irrtums, dessen Wesentlichkeit und dessen Kausalität. Ob ein Irrtum vorliegt, ist im Rahmen der gerichtlichen Beurteilung eine Tatfrage, Rechtsfrage ist hingegen, ob der Irrtum ein wesentlicher sei (BGE 113 II 25 E. 1).

22   Die Wirksamkeit der **Anfechtungserklärung** setzt das Bestehen eines Willensmangels voraus. Mit der Erklärung, einen Vertrag wegen Irrtums oder Täuschung nicht halten zu wollen, wird ein rechtsaufhebendes Gestaltungsrecht ausgeübt. Grundsätzlich ist eine wirksame Anfechtungserklärung unwiderruflich. Eine Anfechtungserklärung kann aber analog Art. 9 zurückgenommen werden, wegen Verstosses gegen Treu und Glauben keine Wirkung entfalten oder ihrerseits wegen eines Willensmangels ungültig sein. Zudem ist ein Zurückkommen auf die Anfechtungserklärung zulässig, wenn der Erklärungsgegner das Gestaltungsrecht oder dessen wirksame Ausübung bestreitet (BGE 128 III 70 E. 2). Im Übrigen sei auf die Kommentierung zu Art. 31 verwiesen.

23   Im Verhältnis zur **kaufrechtlichen Sachgewährleistung** besteht gemäss bundesgerichtlicher Rechtsprechung (statt vieler: BGE 127 III 83 E. 1b) die Möglichkeit, sich alternativ entweder auf Irrtum oder auf Gewährleistung zu berufen (Ausnahme: Viehkauf, vgl. BGE 111 II 67 E. 3). Die besonderen Voraussetzungen des Gewährleistungsrechts, wie Mängelrüge gemäss Art. 201 und Erhebung des Anspruchs innert der kurzen Verjährungsfrist von einem Jahr nach Ablieferung (Art. 210), müssen nicht erfüllt sein. Beruft sich der Irrende allerdings auf die kaufrechtliche Sachgewährleistung,

gilt der Vertrag als genehmigt. Die Alternativität der Rechtsbehelfe wird in der Lehre kritisiert, mit der Begründung, die Sachgewährleistung bilde eine ausschliessliche Sonderregelung, die im Interesse der Rechts- und Verkehrssicherheit nicht durchbrochen werden dürfe.

Bei internationalen Warenkaufverträgen, die dem **CISG** unterliegen, ist eine   24
Anfechtung wegen Grundlagenirrtums neben den Sachgewährleistungsansprüchen ausgeschlossen. Im Übrigen ist eine Anfechtung gestützt auf Art. 23 ff. möglich, denn das CISG enthält selbst keine Bestimmungen zu den Willensmängeln (BSK OR I-Schwenzer, Vorbem. zu Art. 23 N 13).

Liegt ein **Werkvertrag** vor, ist eine Anfechtung wegen eines Irrtums über   25
Umstände, die die Fertigstellung hindern oder übermässig erschweren, durch Art. 373 Abs. 2 ausgeschlossen (BGE 109 II 333 E. 2), ebenso bei Über- oder Unterschreitung des Kostenansatzes (Art. 373 Abs. 3 und 375). Im Rahmen der Sachgewährleistung schliessen die Art. 367 ff. die Anfechtung wegen Irrtums aus, weil sonst das dem Unternehmer zustehende Nachbesserungsrecht vereitelt würde.

Art. 24

2.	Fälle des Irrtums	

¹ **Der Irrtum ist namentlich in folgenden Fällen ein wesentlicher:**

1. **wenn der Irrende einen anderen Vertrag eingehen wollte als denjenigen, für den er seine Zustimmung erklärt hat;**
2. **wenn der Wille des Irrenden auf eine andere Sache oder, wo der Vertrag mit Rücksicht auf eine bestimmte Person abgeschlossen wurde, auf eine andere Person gerichtet war, als er erklärt hat;**
3. **wenn der Irrende eine Leistung von erheblich grösserem Umfange versprochen hat oder eine Gegenleistung von erheblich geringerem Umfange sich hat versprechen lassen, als es sein Wille war;**
4. **wenn der Irrtum einen bestimmten Sachverhalt betraf, der vom Irrenden nach Treu und Glauben im Geschäftsverkehr als eine notwendige Grundlage des Vertrages betrachtet wurde.**

² **Bezieht sich dagegen der Irrtum nur auf den Beweggrund zum Vertragsabschlusse, so ist er nicht wesentlich.**

³ **Blosse Rechnungsfehler hindern die Verbindlichkeit des Vertrages nicht, sind aber zu berichtigen.**

Literatur

HEIZ, Grundlagenirrtum, Diss. Zürich 1985; KOLLY, Der Grundlagenirrtum nach Art. 24 OR: Rechtsprechung des Bundesgerichts, Diss. Zürich 1978; vgl. im Übrigen die Literaturhinweise bei Art. 23.

I.   Normzweck und Anwendungsbereich

1   Art. 24 Abs. 1 umschreibt de facto abschliessend die Fälle, in denen der Irrtum ein Wesentlicher i. S. v. Art. 23 ist. Unterschieden werden dabei **Erklärungsirrtum** (Art. 24 Abs. 1 Ziff. 1–3) und **Grundlagenirrtum** (Art. 24 Abs. 1 Ziff. 4). Der Erklärungsirrtum lässt sich kurz dahingehend charakterisieren, dass der Erklärende etwas sagt, was er nicht sagen will. Er geht typischerweise mit einem normativen Konsens einher. Auf einen Nenner gebracht liegt der Grundlagenirrtum darin, dass der Erklärende etwas erklärt, was er erklären will, aber nicht wollte, wenn er alles wüsste.

2   Die **Rechtsfolge** des Erklärungs- und des Grundlagenirrtums ist in **Art. 23** geregelt. Der Motivirrtum i. S. v. Art. 24 Abs. 2 ist unbeachtlich. Rechnungsfehler sind gemäss Art. 24 Abs. 3 zu berichtigen.

II.   Voraussetzungen

1.   Erklärungsirrtum im Allgemeinen

3   Ein Erklärungsirrtum liegt vor, wenn eine Partei unbewusst **etwas anderes ausdrückt, als sie will**, weil sie entweder den Wortlaut der Erklärung nicht gewollt oder der Erklärung eine andere Bedeutung beigemessen hat; beispielsweise indem der Erklärende «sich verspricht», «sich verschreibt» oder sich über die Bedeutung eines Zeichens irrt, z. B. meint, das Zeichen £ bedeute US-Dollars. Subjektive und objektive Erklärungsbedeutung fallen damit auseinander. Voraussetzung ist, dass sich die Gegenpartei entsprechend dem Grundsatz von Treu und Glauben auf das Erklärte verlassen darf. Darf sie dies nicht, so liegt kein Erklärungsirrtum auf Seiten des Erklärenden vor, sondern ein Missverständnis auf Seiten des Empfängers. Die Willenserklärung muss mithin **zuerst ausgelegt** werden. Wenn bereits die Auslegung nach dem Vertrauensprinzip zu keiner Bindung an das Erklärte führt oder sogar das Gewollte gilt, bedarf es keiner Anfechtung. Die Frage der Beachtlichkeit etwaiger Willensmängel stellt sich mit anderen Worten immer erst, wenn aufgrund der Auslegung nach dem Vertrauensprinzip feststeht, dass der Erklärende auf einer Erklärung behaftet wird, die er nicht wollte. Der Erklärungsirrtum geht daher regelmässig mit einem normativen Konsens einher.

4   Die im Gesetz genannten Fälle des Erklärungsirrtums (Art. 24 Abs. 1 Ziff. 1–3) sind stets als **wesentlich** anzusehen. Je nachdem, wie man die

Sachverhalte qualifiziert, sind noch weitere Fälle unter den Erklärungsirrtum subsumierbar (Beispiele bei Klausberger, 136 f.).

Fraglich ist, wie Fälle, wo eine Diskrepanz zwischen der Erklärung, wie sie   5
nach Treu und Glauben zu verstehen war, und dem völlig anders gelagerten oder **fehlenden Erklärungswillen** besteht, zu behandeln seien. Diese Situation wird auch als formeller Erklärungsirrtum bezeichnet. Schulbuchbeispiel ist die «Trierer Weinversteigerung», bei der ein Ortsfremder einen Weinkeller betritt, in dem gerade eine Versteigerung stattfindet, und sein Winken, das einem Freund galt, als Gebot interpretiert wird. Ähnlich gelagert ist die Situation des Blankettmissbrauchs. Es wird teilweise dafür gehalten, hier die Regeln des Erklärungsirrtums anzuwenden (Klausberger, 138 ff.). Wie bei einem gewöhnlichen Erklärungsirrtum liegt nämlich eine Willenserklärung vor, die vom Empfänger nach Treu und Glauben verstanden werden darf, wie er sie verstanden hat, die aber nicht gewollt war.

Im Gegensatz zur **Simulation**, zur **Scherzerklärung** und zur **Mentalre-**   6
servation erfolgt der Erklärungsfehler beim Erklärungsirrtum unbewusst. Simulation und Scherzerklärung stellen ohnehin keinen Willensmangel dar, die Mentalreservation könnte zwar als solcher betrachtet werden, ist aber nach der Intention des Gesetzgebers unbeachtlich (Klausberger, 69 ff., 96 f.; **a. M.** wohl BSK OR I-Schwenzer, N 10 f., wo die Scherzerklärung als error in negotio, d. h. als Erklärungsirrtum qualifiziert wird).

2.   Gesetzliche Beispiele für den Erklärungsirrtum (Art. 24 Abs. 1 Ziff. 1–3)

Ein Erklärungsirrtum kann zunächst einmal als **error in negotio** in Er-   7
scheinung treten (Art. 24 Abs. 1 Ziff. 1), indem der gewollte Vertrag seinem gesamten Inhalt nach wesentlich anders zu qualifizieren ist, als der geschlossene. Wurde der Vertrag bloss falsch bezeichnet, handelt es sich nicht um einen Erklärungsirrtum (Art. 18). Ein Motiv- oder Grundlagenirrtum liegt vor, wenn die Beweggründe für den Abschluss eines bestimmten Vertragstypus verfehlt waren.

Eine zweite Form des Erklärungsirrtums ist der **error in obiecto vel in per-**   8
sona (Art. 24 Abs. 1 Ziff. 2). Ein solcher tritt ein, wenn der Erklärende sich über den Vertragsgegenstand, namentlich die Identität einer Person oder Sache irrt, typischerweise bei Verwechslungen. Kein Erklärungsirrtum, sondern einen Motiv- oder Grundlagenirrtum ist gegeben, wenn der Erklärende über Eigenschaften der Person oder Sache irrt.

Ein **error in quantitate** (Art. 24 Abs. 1 Ziff. 3) liegt schliesslich vor, wenn   9
eine erhebliche Differenz zwischen gewollter und tatsächlich vereinbarter Leistung auftritt. Nicht auf Erklärungsirrtum, sondern gegebenenfalls auf Grundlagenirrtum (Eigenschaftsirrtum) kann sich berufen, wer über den Wert der Leistung irrt. Der Kalkulationsirrtum ist kein Erklärungsirrtum,

sondern stellt entweder einen Motiv- bzw. Grundlagenirrtum dar oder ist allenfalls als Rechnungsfehler (Art. 24 Abs. 3) zu berichtigen.

3.   Grundlagenirrtum (Art. 24 Abs. 1 Ziff. 4)

10   Der **Motivirrtum** besteht in einer fehlenden oder falschen Vorstellung von einer Tatsache, die den Entschluss zu einem Rechtsgeschäft beeinflusst hat. Im Gegensatz zum Erklärungsirrtum liegt nicht ein Mangel in der Willenskundgebung, sondern in der Willensbildung vor.

11   Auf einen **Grundlagenirrtum als qualifizierten Motivirrtum** kann sich die Partei berufen, die sich über einen bestimmten Sachverhalt geirrt hat, der für sie notwendige Vertragsgrundlage war. Weiter ist erforderlich, dass der zugrunde gelegte Sachverhalt auch objektiv, vom Standpunkt und nach den Anforderungen des loyalen Geschäftsverkehrs, als notwendige Grundlage des Vertrages erscheint. Der Irrtum kann innerhalb oder ausserhalb des Vertrages liegende Umstände betreffen und sich auf gegenwärtige oder vergangene, tatsächliche oder rechtliche (BGE 127 V 301 E. 3c) Sachverhalte beziehen.

12   Bei Fehlprognosen über **künftige Sachverhalte** kann ein Grundlagenirrtum bejaht werden, wenn sich der Irrtum auf eine bestimmte, voraussehbare Tatsache bezogen hat, deren Eintritt von beiden Parteien beim Abschluss des Vertrages als sicher angesehen worden war. Blosse Hoffnungen, übertriebene Erwartungen oder Spekulationen sind demgegenüber nicht ausreichend (BGE 118 II 297 E. 2b).

13   Tatbestandsvoraussetzung des Grundlagenirrtums ist zunächst einmal **Kausalität**, was bedeutet, dass der Irrtum sich auf die Gestaltung des Vertrages ausgewirkt hat oder für dessen Abschluss motivierend wirkte. Kausalität ist dann gegeben, wenn der Irrende in Kenntnis des wirklichen Sachverhalts gar keine Erklärung (error causam dans) oder eine andere Willenserklärung (error incidens) abgegeben hätte. In vielen Fällen lässt schon die allgemeine Lebenserfahrung die Kausalität vermuten (typische oder abstrakte Kausalität), beispielsweise kann beim Kauf eines gefälschten Bildes angenommen werden, dass der Irrende das Kunstwerk nicht oder nicht zu dem Preis gekauft hätte, wenn er um die Fälschung gewusst hätte.

14   Weiteres Tatbestandselement des Grundlagenirrtums ist die **subjektive und objektive Wesentlichkeit**. Objektiv wesentlich ist der Irrtum, wenn sich der irrtümlich vorgestellte Sachverhalt auch vom Standpunkt und nach den Anforderungen des loyalen Geschäftsverkehrs als von solcher Wichtigkeit erweist, dass der Vertrag seinen Sinn verliert, weil der Sachverhalt nicht zutrifft (KLAUSBERGER, 54 ff.). Sachverhalte, die für die streitige Vertragsart typisch sind oder schon mit Rücksicht auf die allgemeine Natur des Geschäfts unerlässlich erscheinen, sind immer objektiv wesentlich; die Ein-

schätzung von Gewinn- und Verlustchancen dagegen nie (KOLLY, 45 f.). Subjektiv wesentlich ist der irrtumsbehaftete Sachverhalt dann, wenn die irrige Vorstellung darüber für den Erklärenden eine conditio sine qua non für seine Willensbildung war. Die objektive Wesentlichkeit indiziert im Allgemeinen die subjektive. Die Beurteilung der Wesentlichkeit bedingt eine Wertung, die entsprechend der Art der involvierten Interessen und je nach Rechtsgebiet anders gefärbt sein kann (ZEHNDER, 11 ff.).

In Lehre und Rechtsprechung wird als weitere Tatbestandsvoraussetzung   15
die **Erkennbarkeit** des vom Irrenden fälschlicherweise angenommenen Sachverhalts für den Erklärungsgegner statuiert (BGer 4C.37/2004, E. 3.2 m. w. Nw.; BK-SCHMIDLIN, Art. 23/24 N 75 ff.; BSK OR I-SCHWENZER, N 23), wobei dieses Kriterium als Instrumentarium zur Risikoverteilung herangezogen wurde, nachdem das Erfordernis, dass der fälschlicherweise angenommene Sachverhalt zum Vertragsinhalt gehören musste, weggefallen war (KLAUSBERGER, 64). Ein solches Kriterium lässt sich weder aus dem Wortlaut noch aus Sinn und Zweck von Art. 24 Abs. 1 Ziff. 4 herauslesen, die Bestimmung ist vielmehr auf den einseitigen Irrtum gemünzt; es ist auch nicht ersichtlich, inwieweit die Motive zum Vertragsschluss die Gegenpartei interessieren sollten (KLAUSBERGER, 64 ff.; kritisch auch HEIZ, 100 ff.). Die Frage der Erkennbarkeit ist vielmehr im Stadium der Vertragsauslegung, bei der Feststellung des Konsenses, zu prüfen (KLAUSBERGER, 129 f.).

4.   Motivirrtum (Art. 24 Abs. 2)

Wird der Geschäfts- oder Erklärungswille aufgrund einer falschen oder feh-   16
lenden Vorstellung mangelhaft gebildet, fehlt es aber an der objektiven oder subjektiven Wesentlichkeit, liegt ein Motivirrtum i. S. v. Art. 24 Abs. 2 vor, ein Irrtum, der sich «nur auf den Beweggrund zum Vertragsabschlusse» bezieht. Mangels Wesentlichkeit ist der Motivirrtum unbeachtlich (Art. 23).

5.   Rechnungsfehler (Art. 24 Abs. 3)

Liegt ein «blosser Rechnungsfehler» i. S. v. Art. 24 Abs. 3 vor, ist dieser zu   17
berichtigen, wobei an der Geltung des Vertrages deswegen nicht zu rütteln ist. Der Anwendungsbereich dieser Bestimmung beschränkt sich auf den **offenen Kalkulationsirrtum.** Ein solcher liegt vor, wenn die Parteien die einzelnen Berechnungselemente zum Gegenstand ihrer Vereinbarung gemacht haben und das Resultat auf einem rechnerischen Fehler beruht. Beim internen, versteckten Kalkulationsirrtum kommt allenfalls ein Grundlagenirrtum in Betracht, ansonsten handelt es sich um einen Motivirrtum.

III. Kasuistik

Error in negotio: Abschluss eines entgeltlichen anstatt unentgeltlichen Ver-   18
trags (BGE 64 II 13). Unerheblich ist, wie die Vertragspartei selbst den Ver-

trag rechtlich qualifiziert und ob sie sich über dessen Sekundärfolgen wie etwa eine Konventionalstrafe irrt (BGE 103 II 129 E. 1). **Error in obiecto vel in persona**: In einem Fall bejaht, in dem der hundertmal teurere chemisch reine Kalisalpeter für pharmazeutische Zwecke statt Kalisalpeter für die Verwendung als Dünger bestellt wurde (BGE 45 II 433). **Error in quantitate**: Ring dessen Preis mit Fr. 1380.– statt mit Fr. 13 800.– angegeben war (BGE 105 II 23 E. 2). **Rechnungsfehler**: Falschbuchungen als Rechnungsfehler (BGE 116 II 685 E. 2). **Grundlagenirrtum**: Der Irrtum über die künftige Öffentlicherklärung einer Erschliessungsstrasse stellte einen Grundlagenirrtum über einen zukünftigen Sachverhalt dar (BGE 109 II 105 E. 4). Irrtum über die Echtheit eines Bildes stellt einen Grundlagenirrtum dar, wobei Irrtumsvorschriften neben dem Gewährleistungsrecht alternativ anwendbar sind, was für den Irrenden insbesondere in Hinblick auf die Verjährungsfristen vorteilhaft ist (BGE 114 II 131 E. 2, «Picasso-Fall»). **Blosser Motivirrtum**: Der Irrtum von Aktionären über die Besteuerung von Gratisaktien als Einkommen betrifft nur den Beweggrund (BGE 102 Ib 21 E. 4). Ebenso der Irrtum einer schwangeren Angestellten, die in Unkenntnis des bezahlten Mutterschaftsurlaubs die Kündigung einreicht (BGE 118 II 58 E. 3). Der Irrtum über die Eignung einer Person als Geschäftsführer stellt bloss eine auf Hoffnung gründende spekulative Erwartung dar (BGE 118 II 297 E. 2). Der Wertirrtum ist nur beachtlich, wenn er sich auf eine konkrete Eigenschaft bezieht, ansonsten würde der Wuchertatbestand ausgehöhlt, der Irrtum über den Wert der Leistung ist im Allgemeinen ein blosser Motivirrtum (BGE 41 II 571 E. 5; 110 II 293 E. 5b).

Art. 25

3. Geltendmachung gegen Treu und Glauben

¹ Die Berufung auf Irrtum ist unstatthaft, wenn sie Treu und Glauben widerspricht.

² Insbesondere muss der Irrende den Vertrag gelten lassen, wie er ihn verstanden hat, sobald der andere sich hierzu bereit erklärt.

1 Art. 25 wiederholt, was sich schon aus Art. 2 Abs. 2 ZGB ergibt, nämlich dass treuwidriges Verhalten, insbesondere die unnütze oder im krassen Missverhältnis zu den Interessen ausgeübte Geltendmachung von Rechten, unstatthaft ist (BGE 123 III 200 E. 2b). Beim Grundlagenirrtum werden die Wertungen, die bei Art. 25 zu treffen sind, bereits in die Prüfung der Frage der Wesentlichkeit einfliessen. Unklar ist, ob Art. 25 nur für die Geltendmachung des Irrtums nach Art. 23 und 24 zur Anwendung kommt, wofür

seine systematische Stellung sprechen würde (BSK OR I-SCHWENZER, N 2), oder ob die Bestimmung – als Ausfluss eines allgemeinen Prinzips – auch für die Fälle von Täuschung und Drohung gilt. Dort fehlt es i. d. R. aber ohnehin an der Schutzwürdigkeit des Vertragspartners.

Treuwidrig kann insbesondere die **verspätete Anfechtung** sein, namentlich wenn sie in spekulativer Absicht erfolgt oder wenn der Vertragsgegenstand inzwischen untergegangen ist. Allerdings geht es nicht an, die Anfechtung mit der Begründung zurückzuweisen, die einseitige Unverbindlichkeit sei unter den gegebenen Umständen keine angemessene Rechtsfolge, sofern ein Grundlagenirrtum als gegeben angesehen wird (BGE 123 III 200 E. 2). Die Geltendmachung des Irrtums verstösst nur dann gegen Treu und Glauben, wenn es sich um unnütze Rechtsausübung handelt oder ein krasses Missverhältnis der Interessen besteht. Bei einer Geldleistung – darum wird es in aller Regel gehen – ist zudem kaum ersichtlich, warum die Geltendmachung nutzlos sein sollte (BGE 123 III 200 E. 2). Dass den Irrenden ein Verschulden am Irrtum trifft, hindert die Berufung darauf nicht; hier steht allenfalls eine Schadenersatzpflicht gemäss Art. 26 zur Diskussion. | 2

Rechtsfolge der Treuwidrigkeit i. S. v. Art. 25 ist, dass die Berufung auf Irrtum und damit die Rückgängigmachung des Rechtsgeschäfts ausgeschlossen wird. Möglich bleibt unter Umständen eine Teilanfechtung. Für den Erklärungsirrtum statuiert Art. 25 Abs. 2 die Möglichkeit einer Konversion. Unklar ist, ob eine solche Möglichkeit auch für den Grundlagenirrtum bestehen soll. | 3

Wird die Äquivalenzstörung bei einem **wucherischen Vertrag** geltungserhaltend behoben, kann sich der Wucherer nicht auf die totale Unwirksamkeit des Vertrages infolge Irrtums berufen (BGE 123 III 292 E. 3). | 4

Art. 26

Fahrlässiger Irrtum

[1] Hat der Irrende, der den Vertrag nicht gegen sich gelten lässt, seinen Irrtum der eigenen Fahrlässigkeit zuzuschreiben, so ist er zum Ersatze des aus dem Dahinfallen des Vertrages erwachsenen Schadens verpflichtet, es sei denn, dass der andere den Irrtum gekannt habe oder hätte kennen sollen.

[2] Wo es der Billigkeit entspricht, kann der Richter auf Ersatz weiteren Schadens erkennen.

1   In Art. 26 findet sich ein gesetzlich statuierter Fall von Haftung aus **culpa in contrahendo**. Der fahrlässig Irrende hat der anderen Vertragspartei, die Vertrauen in den Bestand des Vertrages hatte und haben durfte, den aus dem Dahinfallen des Vertrages entstandenen Schaden, d. h. das negative Interesse, zu ersetzen. Keine Anwendung findet Art. 26 bei Täuschung und Drohung.

2   Faktisch beschränkt sich der Anwendungsbereich von Art. 26 auf den durch die Gegenpartei nicht erkennbaren **Erklärungsirrtum** i. S. v. Art. 24 Abs. 1 Ziff. 1–3. Hier wird Fahrlässigkeit des Irrenden fast immer zu bejahen sein (z. B. BGE 105 II 23 E. 3). Die Vertrauenshaftung bildet das Korrelat zur Vertrauensbindung, die durch die Irrtumsanfechtung durchbrochen wird.

3   Beim **Grundlagenirrtum** wird es im Falle eines «fahrlässigen» Irrtums in aller Regel schon an der objektiven Wesentlichkeit des irrigerweise angenommenen Sachverhalts mangeln, denn nach Treu und Glauben im Geschäftsverkehr kann kein schützenswertes Vertrauen in einen Umstand bestehen, der sich bei gehöriger Abklärung völlig anders darstellen würde. Mangels Wesentlichkeit wird damit ein Grundlagenirrtum in solchen Fällen regelmässig zu verneinen sein.

4   Für den Begriff der **Fahrlässigkeit** gilt die allgemeine Definition der pflichtwidrigen Unsorgfalt. Der Erklärende haftet nicht nur für sein eigenes Verschulden, sondern auch für dasjenige seiner Verhandlungsgehilfen, d. h. seine Stellvertreter, Übermittlungspersonen (dazu unten zu Art. 27) oder Angestellten (BGE 105 II 23 E. 3); dies ergibt sich ohne weiteres aus Art. 101.

5   Eine Schadenersatzpflicht des Irrenden entfällt, wenn dessen Vertragspartner den Irrtum kannte oder fahrlässigerweise verkannte. Allerdings fehlt es hinsichtlich des **erkennbaren Erklärungsirrtums** i. d. R. schon am (normativen) Konsens. Umstritten ist, ob bei Kenntnis des Irrtums oder fahrlässiger Unkenntnis auch eine blosse Herabsetzung des der Gegenpartei zustehenden Schadenersatzes i. S. v. Art. 44 in Frage kommt. Diese Möglichkeit wurde in BGE 69 II 239 abgelehnt, dürfte aber bei grober Fahrlässigkeit des Irrenden und lediglich leichter Fahrlässigkeit der Gegenpartei nicht auszuschliessen sein (BSK OR I-Schwenzer, N 6 m. w. Nw.).

6   Geschuldet ist der Ersatz des «aus dem Dahinfallen des Vertrages erwachsenen Schadens», d. h. das **negative Interesse**. Der Irrende hat den Vertragspartner so zu stellen, wie wenn dieser sich nie auf Vertragsverhandlungen eingelassen hätte. Sollte das negative Interesse das Erfüllungsinteresse (positives Interesse) übersteigen, ist eine Reduktion des Schadenersatzes i. S. v. Art. 43 in Betracht zu ziehen. Umgekehrt kann das Gericht gemäss Art. 26 Abs. 2 Schadenersatz bis zur Höhe des Erfüllungsinteresses zusprechen, wo es der Billigkeit entspricht.

Nach der Rechtsprechung des Bundesgerichts ist für die Haftung aus culpa 7
in contrahendo und damit auch für diejenige nach Art. 26 hinsichtlich der
Verjährung die einjährige Frist gemäss Art. 60 massgeblich (BGE 101
II 266 E. 4c). Die Frist beginnt mit der Geltendmachung des Irrtums zu
laufen.

Wer gestützt auf Art. 26 Ansprüche erhebt, muss **beweisen**, dass ihm aus 8
dem Dahinfallen des Vertrages ein Schaden entstanden ist und dass der andere seinem Irrtum fahrlässig unterlegen ist. Dem Irrenden obliegt der Beweis, dass die Gegenpartei den Irrtum kannte oder hätte kennen müssen.

Art. 27

5. Unrichtige Übermittlung

**Wird beim Vertragsabschluss Antrag oder Annahme
durch einen Boten oder auf andere Weise unrichtig
übermittelt, so finden die Vorschriften über den Irrtum entsprechende Anwendung.**

Eine unrichtig übermittelte Willenserklärung erlangt zunächst einmal auf- 1
grund des Vertrauensprinzips Geltung, denn das Verhalten des Boten ist der
Risikosphäre des Erklärenden zuzurechnen. Aber wie beim Erklärungsirrtum kann sich der Irrende auf Unwirksamkeit berufen. Die Regelung ist im
Grunde genommen unnötig, weil sich bereits aus den allgemeinen Regeln
zum Vertragsabschluss ergibt, dass das, was der Bote als blosses «Sprach-
rohr» des Erklärenden übermittelt, dem Absender voll zugerechnet wird.

Voraussetzung ist einmal, dass die Erklärung durch eine Übermittlungs- 2
person fehlerhaft übermittelt wird. Unbestritten ist, dass Art. 27 auf den **Er-
klärungsboten**, d.h. die zur Übermittlung der Erklärung vom Erklärenden
eingesetzte Person, Anwendung findet. Beispielsweise kann es sich bei
dieser Person um einen Boten, Dolmetscher, Mäkler, Agenten oder um
eine Post oder Fernmeldeanstalt handeln. Umstritten ist demgegenüber, ob
die Bestimmung auch für den **Empfangsboten** anwendbar ist (bejahend
BK-Schmidlin, N 10 m. w. Nw.; a. M. BSK OR I-Schwenzer, N 3). Keine Anwendung findet Art. 27 auf den Stellvertreter, denn dieser übermittelt keine
fremde Willenserklärung, sondern gibt eine eigene ab. Uneinigkeit besteht
in der Lehre weiter darüber, ob Art. 27 nur bei fahrlässiger (h. M., vgl.
BK-Schmidlin, N 16 ff. m. w. Nw.) oder auch bei **absichtlicher Falschüber-
mittlung** (Schwenzer, OR AT, Rz 37.08) durch den Boten gilt.

3   Eine Anfechtung nach Art. 27 setzt wie beim Erklärungsirrtum voraus, dass der Fehler bei der unrichtigen Übermittlung **wesentlich** ist, sich namentlich auf den Inhalt der Erklärung, den Leistungsumfang oder auf die Person des Adressaten auswirkt.

4   **Rechtsfolge** ist, dass der Erklärende die Unwirksamkeit der falsch übermittelten Erklärung geltend machen kann. Für eigenes Verschulden (etwa bei Wahl einer ungeeigneten Mittelsperson oder ungenügender Instruktion) wie für dasjenige des Boten haftet er nach Art. 26. Die Haftung des Boten wird durch Art. 27 nicht geregelt.

Art. 28

II.   Absichtliche Täuschung

¹ **Ist ein Vertragschliessender durch absichtliche Täuschung seitens des andern zu dem Vertragsabschlusse verleitet worden, so ist der Vertrag für ihn auch dann nicht verbindlich, wenn der erregte Irrtum kein wesentlicher war.**

² **Die von einem Dritten verübte absichtliche Täuschung hindert die Verbindlichkeit für den Getäuschten nur, wenn der andere zur Zeit des Vertragsabschlusses die Täuschung gekannt hat oder hätte kennen sollen.**

Literatur

GILOMEN, Absichtliche Täuschung beim Abschluss von Verträgen nach schweizerischem Obligationenrecht, Diss. Bern 1950; HÜRLIMANN-KAUP, Art. 28 OR und kaufrechtliche Sachgewährleistung bei absichtlicher Täuschung des Käufers, ZBJV 2002, 137 ff.; HONSELL, Arglistiges Verschweigen in Rechtsgeschichte und Rechtsvergleichung, FS Gauch, Zürich 2004, 101 ff.; HUGUENIN, Die absichtliche Täuschung durch Dritte: Art. 28 Abs. 2 OR, SJZ 1999, 261 ff.; KLAUSBERGER, Die Willensmängel im schweizerischen Vertragsrecht, Diss. Zürich 1989.

I.   Normzweck und Anwendungsbereich

1   Durch Art. 28 wird die Willensfreiheit geschützt, unabhängig davon, ob dem Getäuschten ein Vermögensnachteil entstanden ist und zu wessen Wohle die Täuschung erfolgt ist (BSK OR I-SCHWENZER, N 1). Die in der vorliegenden Bestimmung verwendeten Begriffe entsprechen teilweise denjeni-

gen, die im Rahmen von Art. 146 StGB (Betrug) zur Anwendung kommen.
Zum Anwendungsbereich gilt im Übrigen das zu Art. 23 Gesagte.

Die **Rechtsfolge** der Täuschung ist wiederum die **Anfechtbarkeit** des Ver-   2
trages durch den Irrenden. In analoger Anwendung von Art. 20 Abs. 2
kommt eine Teilnichtigkeit des Vertrags in Betracht, hätte ihn der Getäuschte bei Kenntnis der wahren Sachlage zu anderen Bedingungen geschlossen. Den Getäuschten trifft **keine Schadenersatzpflicht** i. S. v. Art. 26
(BSK OR I-SCHWENZER, N 18 ff.). Auch der Ausschluss der Anfechtung wegen Treuwidrigkeit gemäss Art. 25 gelangt im Falle der Täuschung nicht
zur Anwendung. Fraglich ist, ob damit der regelmässig bei der Täuschung
vorhandenen «Opfermitverantwortung» genügend Rechnung getragen worden ist.

II. Voraussetzungen

Tatbestandsvoraussetzungen von Art. 28 Abs. 1 sind ein täuschendes Ver-   3
halten, Täuschungsabsicht, Widerrechtlichkeit, Irrtum des Getäuschten sowie Kausalität.

Täuschendes Verhalten ist darauf gerichtet, beim anderen eine von der   4
Wirklichkeit abweichende Vorstellung hervorzurufen, indem falsche Tatsachen vorgespiegelt oder vorhandene Tatsachen verschwiegen werden.
Täuschungsmittel können die Sprache (z. B. mündliche oder schriftliche
Behauptungen), physisches Agieren (z. B. Gesten, Manipulation des Tacho-
meters, Übermalen von Roststellen), konkludentes Verhalten (z. B. durch
die Preisgestaltung) oder Schweigen entgegen einer Aufklärungspflicht darstellen. Massgebend ist jeweils, was der Empfänger nach Treu und Glauben im Geschäftsverkehr verstehen und erwarten durfte. Die Täuschung
muss sich auf Tatsachen der Vergangenheit oder Gegenwart beziehen.
Keine Tatsachen sind reine Werturteile, Prognosen, Meinungsäusserungen
und Wahrsagungen. Die Voraussetzungen von Prognose und Werturteil
bzw. das beim Erklärenden vorhandene Wissen darüber können sich demgegenüber auf eine Tatsache beziehen. Tatsachen können sowohl äussere
(z. B. die Beschaffenheit des Vertragsgegenstands) als auch innere Umstände sein (z. B. Zahlungswilligkeit des Vertragspartners). Bei Täuschung
durch Schweigen stellt sich die Frage, ob den Täuschenden eine Aufklärungspflicht traf. Eine solche kann sich aus Gesetz, Vertrag oder aus dem
Grundsatz von Treu und Glauben ergeben. Ein höheres Mass an Aufklärungspflichten trifft denjenigen, der sich in einem besonderen Vertrauensverhältnis (z. B. aufgrund eines Auftrags oder eines Gesellschaftsvertrags)
oder in einem Dauerschuldverhältnis zur Gegenpartei befindet, insbesondere wenn zwischen den Parteien ein Macht- und Informationsgefälle besteht. Geringere Aufklärungspflichten bestehen bei reinen Austauschverträgen wie dem Kauf (BGer 4C. 26/2000, E. 2a/bb).

5   Nur die **absichtliche** (d. h. vorsätzliche oder eventualvorsätzliche) Täuschung führt zur Anfechtbarkeit nach Art. 28. Bei fahrlässigen Falschangaben ist eine Haftung aus culpa in contrahendo in Betracht zu ziehen.

6   Dass die absichtliche Täuschung **widerrechtlich** sei, wird vom Gesetzgeber stillschweigend vorausgesetzt. Täuschendes Verhalten kann aber unter Umständen gerechtfertigt sein, etwa wenn beim Abschluss eines Arbeitsvertrages wahrheitswidrige Angaben gemacht werden, um persönlichkeitsverletzenden Fragen zu begegnen.

7   Die Täuschung muss beim Getäuschten einen **Irrtum**, d. h. eine von der Wirklichkeit abweichende Vorstellung hervorrufen. Dabei wird es sich regelmässig um einen Motivirrtum handeln. Der Irrtum braucht anders als bei Art. 24 Abs. 1 Ziff. 4 (Grundlagenirrtum) nicht wesentlich zu sein.

8   Die Täuschung muss für die Abgabe der Willenserklärung **kausal** gewesen sein, d. h. der Getäuschte hätte die Willenserklärung sonst gar nicht (dolus causam dans) oder nicht in dieser Weise (dolus incidens) abgegeben. An der Kausalität fehlt es, wenn der Getäuschte den wahren Sachverhalt erkannt hat oder wenn er die Willenserklärung auch in Kenntnis der tatsächlichen Lage abgegeben hätte.

9   Auch wenn die Täuschung nicht durch den Vertragspartner, sondern **durch Dritte** erfolgt, ist gemäss Art. 28 Abs. 2 eine Anfechtung wegen Täuschung möglich, aber nur dann, wenn der Vertragspartner die Täuschung kannte oder hätte kennen sollen. Dabei genügt es nach dem Gesetzeswortlaut schon, wenn die Gegenpartei die durch den Dritten verübte Täuschung fahrlässigerweise verkannte. Es wird allerdings dafür gehalten, den Anwendungsbereich von Art. 28 Abs. 2 auf dem Wege der teleologischen Reduktion auf Fälle zu beschränken, in denen der Vertragspartner von der Täuschung durch den Dritten wusste – es wäre widersprüchlich, bei der Täuschung nach Art. 28 Abs. 1 Vorsatz zu verlangen, bei der Täuschung durch Dritte aber Fahrlässigkeit des Vertragspartners genügen zu lassen (Huguenin, 263 ff.). Dritte i. S. v. Art. 28 sind Personen, die nicht wirtschaftlich identisch mit dem Vertragspartner sind, etwa Angestellte oder Vertreter des Getäuschten. Keine Dritten im Sinne der Bestimmung sind Organe, Stellvertreter, Boten, Mäkler, Handelsreisende und Agenten – deren Verhalten wird dem (durch deren Vermittlung) täuschenden Vertragspartner wie ein eigenes Verhalten zugerechnet.

III. Kasuistik

10   **Aufklärungspflicht**: Täuschung in einem Fall bejaht, in dem es die Verkäuferin von Rechten an einer Produktelinie unterliess, die Käuferin darüber aufzuklären, dass im Ausland eingetragene Warenzeichen Dritter dem Verkauf des Produktes ausserhalb der Schweiz entgegenstanden

(BGE 4C.26/2000). Keine Aufklärungspflicht trifft den Übervorteilten, auch wenn er bereits im Zeitpunkt des Abschlusses des wucherischen Vertrages dessen Anfechtung in Aussicht nimmt (BGE 123 III 292 E. 3). Ein fast drei Jahre altes Fahrzeug kann nicht als «fabrikneu/neu» bezeichnet werden (BGE 116 II 431 E. 3). Eine Pflicht zur Aufklärung über die eigenen Vermögensverhältnisse besteht nur unter ganz besonderen Umständen, etwa im Scheidungsverfahren (BGE 117 II 218 E. 6). **Täuschungsabsicht**: Ohne Eventualvorsatz handelt der Auktionator, der unwissentlich eine nicht fabrikneue Swatch-Uhr versteigert und in seinem Katalog die Haftung für die Zustandsbeschreibung abbedungen hat (BGE 123 III 165 E. 3b). **Täuschung durch eine Drittperson**: Dem Vertretenen ist das Wissen des bösgläubigen Vertreters nicht zuzurechnen, wenn dieser mit dem täuschenden Vertragspartner wirtschaftlich identisch ist (BGE 112 II 503 E. 3, «Timberlease»). **Arbeitsvertrag**: Selbst eine Täuschung durch den Arbeitnehmer, der ein gefälschtes Arbeitszeugnis vorgelegt hat, beseitigt dessen Gutgläubigkeit als Voraussetzung für ein faktisches Arbeitsverhältnis (Art. 320 Abs. 3) nicht (BGE 132 III 242 E. 4).

Art. 29

III.	Furcht-erregung	¹ Ist ein Vertragschliessender von dem anderen oder von einem Dritten widerrechtlich durch Erregung gegründeter Furcht zur Eingehung eines Vertrages bestimmt worden, so ist der Vertrag für den Bedrohten unverbindlich.
1.	Abschluss des Vertrages	

² Ist die Drohung von einem Dritten ausgegangen, so hat, wo es der Billigkeit entspricht, der Bedrohte, der den Vertrag nicht halten will, dem anderen, wenn dieser die Drohung weder gekannt hat noch hätte kennen sollen, Entschädigung zu leisten.

Literatur

BURKART, Teilungültigkeit bei Drohung? Art. 20 Abs. 2, 25, 30 Abs. 2 OR, AJP 2000, 112 ff.; RUSCH, Drohung und arglistige Täuschung bei Verkehrsgeschäften, Diss. Zürich 1948; vgl. im Übrigen die Literaturhinweise bei Art. 23.

I. Normzweck und Anwendungsbereich

Wie die vorhergehende Bestimmung schützt Art. 29 die Willensfreiheit beim Vertragsschluss. Im Unterschied zu Art. 28 ist es nicht notwendig, | 1 dass der Vertragspartner des Bedrohten von einer Drohung durch einen Dritten weiss. Zum Begriff der Drohung im Strafrecht vgl. Art. 180 f. StGB. Art. 29 ist auf öffentlich-rechtliche Verträge analog anwendbar (BGE 105 Ia 207 E. 2c).

2   Wie bei den anderen Willensmängeln macht die Drohung den Vertrag für den Bedrohten unverbindlich, d. h. **anfechtbar**. Eine teilweise Unverbindlichkeit in analoger Anwendung von Art. 20 Abs. 2 ist allerdings denkbar, wenn der Bedrohte den Vertrag ohne die Bedrohung mit einem anderen Inhalt geschlossen hätte, wobei nur der Bedrohte, nicht aber der Drohende, berechtigt ist, sich auf die Teilnichtigkeit zu berufen (BGE 125 III 353 E. 3).

3   Gemäss Art. 29 Abs. 2 kommt eine **Billigkeitshaftung** des Bedrohten in Frage, wenn die Drohung von einem Dritten ausgegangen ist und der Vertragspartner nichts davon wusste und auch nichts wissen konnte.

II.   Voraussetzungen

4   Unter **Drohung** versteht man das ausdrückliche oder konkludente Inaussichtstellen eines Übels, für den Fall, dass der Bedrohte die gewünschte Willenserklärung nicht abgebe. Der Eintritt dieses Übels hängt jedenfalls nach der beim Bedrohten geweckten Vorstellung vom Willen des Täters ab. Beim Täter muss Drohungsabsicht bestehen, eine fahrlässige Furchterregung genügt nicht. Ob eine Drohung vorliegt, beurteilt sich dabei subjektiv aus der Sicht des Bedrohten und nicht vom objektiven Standpunkt einer vernünftigen Person; deshalb sind z. B. Lebensstellung, Alter und Bildungsgrad zu berücksichtigen. Es ist keine Absicht des Drohenden erforderlich, die Drohung wahrzumachen, der Bedrohte muss sie bloss ernst nehmen. Erforderlich ist zudem, dass der Betroffene die Drohung nach den gesamten Umständen ernst nehmen durfte. Eine Drohung kann nur in psychischem Zwang (vis compulsiva) bestehen, nicht aber in eigentlicher physischer Gewalt (vis absoluta), denn bei Anwendung physischen Zwangs fehlt es an einer rechtlich relevanten Willenserklärung. Fraglich ist, ob und inwieweit die Drohung in der Ankündigung einer Unterlassung gesehen werden kann. Keine Drohung liegt dann vor, wenn eine bereits vorhandene Zwangslage ausgenutzt wird. Hier greift ausschliesslich der Tatbestand der Übervorteilung (Art. 21).

5   Nur die **widerrechtliche** Drohung führt zur Unverbindlichkeit des Vertrags. Besteht die Drohung in der Geltendmachung eines Rechts, kommt Widerrechtlichkeit entsprechend Art. 30 Abs. 2 nur in Betracht, wenn dadurch die Einräumung übermässiger Vorteile abgenötigt wird (unten, Art. 30 N 3). In Anlehnung an die strafrechtliche Rechtsprechung des Bundesgerichts kann eine Drohung als widerrechtlich betrachtet werden, wenn entweder das Mittel oder der Zweck unerlaubt ist, wenn das Mittel zum erstrebten Zweck

nicht im richtigen Verhältnis steht oder wenn die Verknüpfung zwischen einem an sich zulässigen Mittel und einem erlaubten Zweck sittenwidrig oder rechtsmissbräuchlich erscheint (BGE 120 IV 17 E. 2a). Ein widerrechtliches Mittel liegt dann vor, wenn das in Aussicht gestellte Übel widerrechtlich ist, wie bei der Bedrohung von Leben und Gesundheit oder der Androhung einer anderen Straftat. Fraglich ist, ob eine Drohung mit der Nichterfüllung eines Vertrages den Tatbestand von Art. 29 f. erfüllen kann. Grundsätzlich wird dies in der Lehre bejaht (KLAUSBERGER, 42 f.). Das Zurückhalten der Leistung während schwebender Vergleichsverhandlungen ist allerdings jedenfalls dann nicht widerrechtlich, wenn dem Gegner nicht der Ruin oder Totalverlust droht (BGE 111 II 349 E. 2b). Die Drohung mit dem Abbruch der Vertragsverhandlungen ist nicht widerrechtlich i. S. v. Art. 29. Das angekündigte Übel kann auch in einer Unterlassung bestehen, sofern eine Pflicht zu aktivem Handeln besteht. Von einer widerrechtlichen Drohung wäre beispielsweise auszugehen, wenn ein Bergführer einem in Not geratenen Bergsteiger eine Schuldanerkennung abverlangen und dabei in Aussicht stellen würde, er werde ihm sonst nicht helfen (KLAUSBERGER, 42 FN 191).

Durch die Drohung entsteht beim Bedrohten eine **«gegründete Furcht»**   6
oder eine solche wird verstärkt bzw. aufrechterhalten. Damit liegt der Willensmangel, anders als bei der Täuschung, nicht in einem Irrtum, sondern eben in der Furcht, die zum Motiv der unfreiwilligen Willensbildung wird. Wann eine «gegründete Furcht» vorliegt, wird in Art. 30 verdeutlicht.

Durch die Furcht wird der Bedrohte **«zum Abschluss des Vertrages bestimmt»**, d. h. der Bedrohte hätte entweder keinen oder einen anderen Geschäfts- oder Erklärungswillen gebildet. Der Willensmangel ist bei der Drohung per se wesentlich.   7

Die Drohung muss **kausal** für die Furcht sein und die Furcht muss conditio   8
sine qua non für den Abschluss des Vertrages darstellen.

III. Prozessuales und Konkurrenzen

Die **Beweislast** für die Drohung, deren Widerrechtlichkeit und die Kausali-   9
tät liegt beim Bedrohten, der den Vertrag anficht.

Wenn die Tatbestände von **Art. 29** (Drohung) und **Art. 21** (Übervorteilung)   10
gleichermassen verwirklicht werden, was häufig zutrifft, steht es dem Bedrohten frei, zu entscheiden, auf welche Bestimmung er sich berufen will. Da der Beginn des Fristenlaufs unterschiedlich geregelt ist (Art. 21 Abs. 2 bzw. Art. 31 Abs. 2) ist es i. d. R. günstiger, sich auf Art. 29 zu berufen.

Art. 30

2.   **Gegründete**
      Furcht

[1] Die Furcht ist für denjenigen eine gegründete, der nach den Umständen annehmen muss, dass er oder eine ihm nahe verbundene Person an Leib und Leben, Ehre oder Vermögen mit einer nahen und erheblichen Gefahr bedroht sei.

[2] Die Furcht vor der Geltendmachung eines Rechtes wird nur dann berücksichtigt, wenn die Notlage des Bedrohten benutzt worden ist, um ihm die Einräumung übermässiger Vorteile abzunötigen.

1   Art. 30 präzisiert Art. 29, indem einerseits – nicht abschliessend – Beispiele aufgezählt werden, in denen eine «gegründete Furcht» zur Anfechtbarkeit wegen Drohung führt (Art. 30 Abs. 1) und indem andererseits die Berufung auf die Unverbindlichkeit des Vertrages in Fällen eingeschränkt wird, in denen das gewählte Mittel kein verbotenes war (Art. 30 Abs. 2).

2   In Art. 30 Abs. 1 werden die Rechtsgüter aufgezählt, deren Bedrohung zu «gegründeter Furcht» i. S. v. Art. 29 führt, was die Drohung als widerrechtlich erscheinen lässt. Dabei handelt es sich um Leib, Leben, Ehre oder Vermögen, wobei die Aufzählung nicht abschliessend ist. In Betracht zu ziehen sind auch noch Freiheit, Gesundheit, Geheimsphäre und weitere persönliche Rechtsgüter.

Träger des bedrohten Rechtsgutes muss aber jedenfalls der Vertragspartner oder eine ihm nahe stehende Person sein.

3   Ein Recht geltend zu machen ist grundsätzlich ein erlaubtes Druckmittel. **Widerrechtlich** und damit zur Drohung i. S. v. Art. 29 (vgl. Art. 29 N 5) wird die **Geltendmachung eines Rechts** gemäss Art. 30 Abs. 2 dann, wenn es zur Erlangung übermässiger Vorteile ausgenutzt wird. Die Drohung mit einer Strafanzeige ist dann widerrechtlich, wenn kein innerer Zusammenhang zum angestrebten Zweck besteht. Hinsichtlich der Drohung mit Boykott ist Art. 7 Abs. 2 lit. KG zu berücksichtigen, wonach die Verweigerung einer Geschäftsbeziehung, wie z. B. eine Liefer- oder Bezugssperre durch ein marktbeherrschendes Unternehmen, schon per se widerrechtlich ist. Wird der Boykott unter mehreren Marktteilnehmern abgesprochen, ist darin i. d. R. eine unzulässige Wettbewerbsabrede i. S. v. Art. 5 Abs. 1 KG zu sehen (vgl. ZÄCH, Schweizerisches Kartellrecht, 2. Aufl., Bern 2005, N 379).

Bejaht wurde die Widerrechtlichkeit bei Geltendmachung eines Rechts in einem Fall, in dem durch die Drohung mit Betreibung dem Schuldner eine

Schuldanerkennung für ein nicht bestehendes Darlehen abgenötigt wurde
(BGE 84 II 621 E. 2); nicht aber dann, wenn die Schuld tatsächlich besteht
(BGE 110 II 132 E. 4). Die Drohung mit einer Anzeige wegen Steuerhinter-
ziehung zum Zwecke des Abschlusses eines Kaufvertrages ist widerrechtlich, weil kein innerer Zusammenhang zwischen der angedrohten Geltendmachung eines Rechts und dem angestrebten Ziel besteht (BGE 125
III 353 E. 2).

Art. 31

IV.	Aufhebung des Mangels durch Genehmigung des Vertrages	[1] **Wenn der durch Irrtum, Täuschung oder Furcht beeinflusste Teil binnen Jahresfrist weder dem anderen eröffnet, dass er den Vertrag nicht halte, noch eine schon erfolgte Leistung zurückfordert, so gilt der Vertrag als genehmigt.**
		[2] **Die Frist beginnt in den Fällen des Irrtums und der Täuschung mit der Entdeckung, in den Fällen der Furcht mit deren Beseitigung.**
		[3] **Die Genehmigung eines wegen Täuschung oder Furcht unverbindlichen Vertrages schliesst den Anspruch auf Schadenersatz nicht ohne weiteres aus.**

Art. 31 regelt die Frage der Ausübung des **Aufhebungsrechts** (Legitimation   1
und Anfechtungserklärung), des Fristenlaufs, der Folgen der Anfechtung
und der Genehmigung für Irrtum, Täuschung und Drohung grundsätzlich
einheitlich.

Berechtigt, den Vertrag wegen Willensmangels anzufechten, ist nur der   2
dem Willensmangel Unterliegende, nicht aber der Vertragsgegner. Die
Wirksamkeit der Anfechtungserklärung setzt das Bestehen des behaupteten Willensmangels voraus (BGE 128 III 70 E. 1). Bei der **Zession** ist umstritten, ob das Anfechtungsrecht beim Zedenten verbleibt oder ob es
an den Zessionar übergeht. Für das Verbleiben des Rechts beim Zedenten
wird ins Feld geführt, von der Anfechtung werde nicht nur die Forderung
sondern das ganze Schuldverhältnis erfasst (BGE 84 II 355 E. 3; Urteil des
HGer ZH vom 27. 9. 1996, ZR 1999, 147; BUCHER, OR AT, 571 f.; BK-SCHMID-
LIN, N 76). Andernorts wird die Auffassung vertreten, es sei auf den Zweck
der Zession abzustellen und demjenigen das Anfechtungsrecht einzuräumen, der aus wirtschaftlicher Sicht als Herr über das Schuldverhältnis
erscheine – bei der Inkasso- oder Sicherungszession der Zedent, im Übrigen

jedoch i.d.R. der Zessionar (BSK OR I-Schwenzer, N 2). Erben müssen sich jedoch als Universalsukzessoren so oder so auf einen Grundlagenirrtum des Erblassers berufen können.

3   Die Geltendmachung der Unverbindlichkeit des Vertrages erfolgt nach Art. 31 Abs. 1 durch formfreie, ausdrückliche oder konkludente **Anfechtungserklärung**. Letztere kann insbesondere darin gesehen werden, dass schon erbrachte Leistungen zurückgefordert werden oder die Annahme der Gegenleistung verweigert wird. Unter gewissen Umständen kann auch das Begehren einer Vertragsänderung die Anfechtungserklärung einschliessen (BSK OR I-Schwenzer, N 3; Bucher, OR AT, 211). Der Willensmangel, der geltend gemacht wird, braucht in der Anfechtungserklärung nicht genannt zu werden, und eine anfängliche Berufung auf Irrtum schliesst die spätere Geltendmachung einer Täuschung nicht aus (BGE 106 II 346 E. 3). Die Anfechtungserklärung ist **empfangsbedürftig**; finden sich auf der Gegenseite mehrere Vertragspartner, muss die Anfechtung gegenüber jedem einzelnen erklärt werden. Unklar ist, an wen die Anfechtung bei der Zession zu richten ist; hier muss man wohl zum Schutz des Schuldners die Anfechtung beim Zedenten oder beim Zessionar genügen lassen (BSK OR-Schwenzer, N 10). Eine gerichtliche Klage ist nicht notwendig. Der Grundsatz der Formfreiheit der Anfechtung gilt zwar auch für formbedürftige Verträge (Bucher, OR AT, 211), nicht aber für den gerichtlichen Vergleich, wo nach Massgabe des kantonalen Prozessrechts Willensmängel allenfalls im Rahmen eines Rechtsmittels geltend zu machen sind (BGE 110 II 44 E. 4c).

4   Die Anfechtung ist als Gestaltungserklärung **bedingungsfeindlich und unwiderruflich** (BGE 128 III 70 E. 2). Möglich ist jedoch eine Eventualanfechtung für den Fall, dass das Gericht den Vertrag nicht aus anderen Gründen für unverbindlich erklärt oder ihm nicht den vom Anfechtenden verstandenen Sinn beimisst (Bucher, OR AT, 212 FN 59). Ausnahmen von der Unwiderruflichkeit gibt es deren drei (vgl. BGE 128 III 70 E. 2.): Möglich ist es, den Vertrag nach Abgabe der Anfechtungserklärung zu genehmigen, wenn der andere am Vertrag festhalten will, er insbesondere einen Willensmangel bestreitet. Zweitens ist der Widerruf in Anwendung von Art. 9 möglich, wenn dieser vor Kenntnisnahme der Anfechtungserklärung durch die Gegenpartei erfolgt. Drittens kann die Anfechtungserklärung ihrerseits wegen Willensmangels oder wegen eines Verstosses gegen Treu und Glauben (Art. 25, Art. 2 ZGB) unwirksam sein. Die Beweislast für die rechtzeitige Geltendmachung des Willensmangels liegt beim Anfechtenden.

5   Art. 31 Abs. 1 statuiert eine relative **Verwirkungsfrist** von einem Jahr. Der Beginn dieser Frist ist in Art. 31 Abs. 2 geregelt: für Irrtum und Täuschung beginnt der Fristenlauf mit der Entdeckung, in den Fällen der Drohung mit deren Beseitigung. Im Gegensatz zu vielen anderen Bestimmungen wie Art. 60 Abs. 1 und 67 Abs. 1 besteht für die Anfechtung wegen Willensmän-

geln keine absolute Verjährungsfrist (BGE 114 II 131 E. 2b). Einzige Korrekturmöglichkeit besteht in der Anwendung des Rechtsmissbrauchsverbots (Art. 25, Art. 2 ZGB). Dagegen unterliegt die Bereicherungsforderung der absoluten Verjährung nach Art. 67, die mit der Leistung zu laufen beginnt (BGE 114 II 131 E. 3b, «Picasso-Entscheid», **str.**), und kann die Vindikation einer grundlos übereigneten Sache am Eigentumserwerb durch Ersitzung scheitern. Wird dadurch die Durchsetzung nur eines der beiden Ansprüche ausgeschlossen, steht gegen den andern eine Einrede analog Art. 82 zur Verfügung.

Die **Folge** der Anfechtung ist das Dahinfallen des Vertrages mit Wirkung ex tunc, d. h. rückwirkend auf den Entstehungszeitpunkt, und dessen Rückabwicklung, vgl. oben Art. 23 N 17 ff.   6

Eine **Genehmigung** durch formfreie ausdrückliche Erklärung oder konkludentes Verhalten ist ohne weiteres möglich. Stillschweigende Genehmigung ist – sichere Kenntnis des Willensmangels bzw. der Anfechtbarkeit vorausgesetzt – anzunehmen, wenn die empfangene Sache verbraucht oder veräussert, die gegnerische Leistung gefordert oder vorbehaltlos angenommen, die eigene Leistung vorbehaltlos und freiwillig erbracht oder der bekannte Willensmangel im hängigen Prozess nicht geltend gemacht wird. Vor allem aber führt die Geltendmachung kaufrechtlicher Gewährleistungsansprüche zur Genehmigung des Vertrages, da die Sachmängelgewährleistungsansprüche einen gültigen Vertrag voraussetzen (BGE 127 III 83 E. 1b; kritisch GAUCH, recht 2001, 186 ff.).   7

Eine Genehmigungswirkung tritt auch dann ein, wenn die **Jahresfrist zur Anfechtung verstrichen** ist (Art. 31 Abs. 1). Die Fiktion der Genehmigung eines vom Betroffenen noch nicht erfüllten Vertrages mit Ablauf eines Jahres setzt jedoch voraus, dass der Willensmangel nicht durch eine unerlaubte Handlung begründet worden ist, d. h. keine Täuschung oder Drohung vorliegt; dies ergibt sich aus Art. 60 Abs. 3, wonach die Einrede gegen eine Forderung, die durch unerlaubte Handlung begründet wurde, unverjährbar ist. Die Einrede kann aber auch in diesem Fall verwirkt sein, wenn der Betroffene den Vertrag ausdrücklich oder sinngemäss durch sein Verhalten genehmigt hat (BGE 129 III 18 E. 2.3; 127 III 83 E. 1a).   8

Rechtsfolge der Genehmigung ist die Konvaleszenz des Vertrages. Dies gilt – mit der Ausnahme von Fällen, in denen Art. 60 Abs. 3 zur Anwendung kommt – auch, wenn der Willensmangel einredeweise geltend gemacht wird. Die **Beweislast** für die Genehmigung trifft die Gegenpartei des Anfechtenden (BGE 108 II 102 E. 2a).   9

Art. 31 Abs. 3 hält fest, dass die Genehmigung des Vertrages trotz Täuschung oder Drohung einen **Schadenersatzanspruch** nicht ausschliesst. Diese Bestimmung ist keine eigenständige Haftungsgrundlage, die entspre-   10 chenden Schadenersatzansprüche leiten sich vielmehr aus Delikt oder culpa in contrahendo ab. Im Allgemeinen wird es sich um das negative Interesse handeln, jedenfalls darf aber das durch die Genehmigung und die Schadenersatzforderung erzielte Ergebnis das positive Vertragsinteresse nicht überschreiten, denn der Genehmigende soll sich durch sein Vorgehen keinen zusätzlichen Gewinn verschaffen können (BK-SCHMIDLIN, N 153; KOLLER, OR AT, § 14 Rz 196 f.).

Art. 32

G.	Stellvertretung	
I.	Mit Ermächtigung	
1.	Im Allgemeinen	
a.	Wirkung der Vertretung	

[1] Wenn jemand, der zur Vertretung eines andern ermächtigt ist, in dessen Namen einen Vertrag abschliesst, so wird der Vertretene und nicht der Vertreter berechtigt und verpflichtet.

[2] Hat der Vertreter bei dem Vertragsabschlusse sich nicht als solcher zu erkennen gegeben, so wird der Vertretene nur dann unmittelbar berechtigt oder verpflichtet, wenn der andere aus den Umständen auf das Vertretungsverhältnis schliessen musste, oder wenn es ihm gleichgültig war, mit wem er den Vertrag schliesse.

[3] Ist dies nicht der Fall, so bedarf es einer Abtretung der Forderung oder einer Schuldübernahme nach den hierfür geltenden Grundsätzen.

Literatur

Siehe auch die Hinweise zu Art. 33 und Art. 458; BLOCHER, Das Handeln für den es angeht, Basel 1937; DROIN, La représentation indirecte en droit Suisse, Genf 1956; FELBER, Fehlende Vollmacht als lässliche Sünde, in: Jusletter vom 24. Februar 2003; DERS., Wenn der Anwalt mehr weiss als sein Klient, in: Jusletter vom 29. November 2004; GILLIARD, La représentation directe dans le Code des Obligations: un chef-d'œuvre d'incohérence, in: FS Keller Zürich 1989, 161 ff.; GONTERSWEILER-LÜCHINGER, Die Wahrung höchstpersönlicher Rechte handlungsunfähiger und beschränkt handlungsunfähiger Personen, Winterthur 1955; HOFSTETTER, Direkte Wirkungen indirekter Stellvertretung, in: Mélanges Felix Wubbe, Freiburg 1993, 161 ff.; KEICHER, Das Selbstkontrahieren des Stellvertreters, Bern 1940; KÜNZLE, Der direkte Anwendungsbereich des Stellvertretungsrechts, Bern 1986; NÄF, Die Prozessvollmacht des gewillkürten und des nach Privatrecht bestellten Vertreters im zürcherischen Zivilprozess, Zürich 1952; NEUMAYER,

Vertragsschluss unter fremdem Namen, in: Mélanges Engel, Lausanne 1989, 221 ff.; Ott, Stellvertretung ohne Vollmacht versus Geschäftsführung ohne Auftrag – Normenkollision oder Normenkomplementarität?, in: FS Heini, Zürich 1995, 285 ff.; Pestalozzi, Die indirekte Stellvertretung, Zürich 1927; Portmann, Das Selbstkontrahieren des Vertreters, 1941; Reber, «Wer einem Dritten eine Grube gräbt…», in: Jusletter vom 7. Januar 2002; Schärer, Die Vertretung der Aktiengesellschaft durch ihre Organe, Winterthur 1981; Schott, Insichgeschäft und Interessenkonflikt, Zürich 2002; Schwager, Der Architekt als Vertreter des Bauherrn, BR 1980, 19 ff.; ders., Der Umfang der Architektenvollmacht, BR 1980, 36 ff.; Stäheli, Das rechtsgeschäftliche Handeln für denjenigen, den es angeht, Bern 1938; Stierli, Die Architektenvollmacht, Freiburg 1988; Traub, Zulässigkeit, Bedeutung und Grenzen des Selbstkontrahierens im deutschen und schweizerischen Recht, Basel 1960; Watter, Die Verpflichtung der AG durch rechtsgeschäftliches Handeln ihrer Stellvertreter, Prokuristen und Organe speziell bei sog. «Missbrauch der Vertretungsmacht», Zürich 1985; Weber, Martin, Vertretung im Verwaltungsrat, 1994; Zobl, Probleme der organschaftlichen Vertretungsmacht, ZBJV 125 (1989), 289 ff.

I.   Normzweck und Überblick

Art. 32 Abs. 1 ist eine die sog. **direkte Stellvertretung** betreffende **Zurech-**   1
nungsnorm, unter deren Voraussetzungen dem offenkundig Vertretenen eine Erklärung seines rechtsgeschäftlichen, gesetzlichen oder organschaftlichen Vertreters zugerechnet wird. Aufgrund der Zurechnung treffen nicht den direkten Stellvertreter, sondern den Vertretenen die positiven und negativen Wirkungen der vom Stellvertreter abgegebenen (sog. aktive Stellvertretung) oder entgegengenommenen (sog. passive Stellvertretung) Erklärung. Art. 32 Abs. 2 präzisiert das für die direkte Stellvertretung nach Art. 32 Abs. 1 charakteristische Erfordernis eines Handelns im Namen des Vertretenen (sog. Offenkundigkeitsprinzip; s. N 10 ff.). Sofern es an der Offenkundigkeit i. S. v. Art. 32 Abs. 1 und Abs. 2 fehlt, handelt es sich um ein Eigengeschäft, dessen Wirkungen der Erklärende allenfalls als (irreführend) **sog. indirekter oder mittelbarer Stellvertreter** wirtschaftlich auf einen Dritten übertragen kann (z. B. Kommissionäre, Spediteure, Treuhänder, Strohmänner). Hierfür verweist Art. 32 Abs. 3 lediglich klarstellend und zu eng auf die Möglichkeiten der Abtretung von Forderungen und die Schuldübernahme (s. N 24 f.).

II.   Anwendungsbereich der direkten Stellvertretung

Der Anwendungsbereich von Art. 32 und des gesamten allgemeinen   2
Stellvertretungsrechts (zu dessen internationalem Anwendungsbereich s. Art. 126 IPRG) reicht deutlich weiter als dies der enge Wortlaut («Vertrag

abschliesst», «berechtigt und verpflichtet») sowie die systematische Stellung der Vorschrift im Vertragsabschlussrecht nahe legen (näher KÜNZLE, Anwendungsbereich). Die Vorschrift gilt generell (zumindest analog) für die aktive und passive **Zurechnung von Erklärungen** und nicht nur für aktive Willenserklärungen bei Vertragsschluss. Zu den von Art. 32 ff. erfassten Erklärungen gehören zunächst die Willenserklärungen als Bestandteile von einseitigen (z. B. Art. 8, 466, Ausübung eines Gestaltungsrechts, Art. 718 ZGB) oder mehrseitigen (z. B. Offerte zum Abschluss eines Verpflichtungsgeschäfts oder – vgl. Art. 7 ZGB – eines dinglichen Vertrags, Stimmabgabe bei Beschlussfassung) Rechtsgeschäften. Analoge Anwendung finden die Stellvertretungsregelungen aber auch auf Erklärungen im Zusammenhang mit **rechtsgeschäftsähnlichen** (z. B. Art. 17, 33 Abs. 3, 38 Abs. 2, 88, 102 Abs. 2, 107 Abs. 1, 192 Abs. 2, 197 Abs. 1 Alt. 1, 201, 258, 467 Abs. 3) und **prozessualen** (z. B. Klageerhebung, Strafantrag, Rekurs- und Beschwerdeeinlegung im Verwaltungsverfahren; vgl. auch Art. 396 Abs. 3, 462 Abs. 2) Handlungen, wobei im zweiten Fall auch verfahrensrechtliche Sonderregelungen (z. B. Art. 27, 64 ff. SchKG, Art. 58 Abs. 2 VZG, Art. 30 StGB; näher BK-ZÄCH, Vorbem. zu Art. 32–40 N 81 ff.) zu beachten sind. Auf die Stimmrechtsausübung im eigenen Namen aufgrund einer sog. Legitimationszession (Art. 689a Abs. 1) sind Art. 32 ff. analog anwendbar. Erfasst wird schliesslich noch die sog. **passive** Stellvertretung, so dass eine Willenserklärung dem Vertretenen mit Zugang beim Vertreter zugeht und es für die Auslegung einer gegenüber einem Vertreter abgegebenen Erklärung nach dem Vertrauensgrundsatz auf den objektivierten Vorstellungshorizont des Vertreters ankommt.

Zumindest analoge Anwendung finden die Regelungen der Art. 32 ff. auch auf die **gesetzliche** Vertretung von natürlichen Personen und die **organschaftliche** Vertretung von juristischen Personen, da Art. 32 Abs. 1 allgemein von Ermächtigung und damit jeder Art von Vertretungsmacht und nicht nur von der erst in Art. 33 Abs. 2 geregelten Bevollmächtigung (Ermächtigung durch Rechtsgeschäft) spricht. Zu beachten sind lediglich gewisse durch Art. 40 ausdrücklich vorbehaltene Sonderregelungen (s. Art. 40 N 1 f.).

3   Problematisch ist allein die Anwendung der Art. 32 ff. im Bereich der Vertretung von **Rechtsgemeinschaften** bzw. der ihnen angehörenden natürlichen oder juristischen Personen. Denn die Rechtsgemeinschaft besteht nach der gesetzlichen Konzeption (Art. 646 ff., 712a ff. ZGB, Art. 530 ff.) als solche nicht und kann daher nur dann vertreten werden, wenn sie als Personenhandelsgesellschaft unter ihrer Firma (Art. 562, 602) bzw. als Stockwerkeigentümergemeinschaft unter ihrem Namen (Art. 712 l ZGB) im Rechtsverkehr verselbständigt ist. Insoweit kann sie dann aber nicht nur durch ihre vertretungsbefugten Gesellschafter (Art. 567 Abs. 1, 603), son-

dern auch durch rechtsgeschäftliche (z. B. Art. 458 ff.) und gesetzliche (z. B. Art. 237 Abs. 2 SchKG, Art. 712t ZGB) Vertreter im rechtsgeschäftlichen und rechtsgeschäftsähnlichen Verkehr vertreten werden, wobei neben Sonderregelungen (Art. 567 Abs. 1 und 2, 603, Art. 712t ZGB) auch die Art. 32 ff. unmittelbar zur Anwendung gelangen. Bei der einfachen Gesellschaft (Art. 543 Abs. 2) und bei den Bruchteilsgemeinschaften kommt hingegen nur eine Vertretung der Mitglieder in Betracht. Sofern hier ein Nichtmitglied im Namen aller Mitglieder handelt, sind Art. 32 ff. unmittelbar anwendbar. Eine analoge Anwendung ist nur dann erforderlich und unbestritten geboten (vgl. auch Art. 543 Abs. 2), wenn ein Nichtmitglied im Namen der Rechtsgemeinschaft oder wenn ein Mitglied im Namen aller Mitglieder bzw. der Rechtsgemeinschaft gehandelt hat, da im ersten Fall die Offenkundigkeit fehlt (gehandelt wurde im Namen der Rechtsgemeinschaft, vertreten werden aber die Mitglieder) und im zweiten Fall sich das handelnde und vertretungsbefugte Mitglied als Teil der Rechtsgemeinschaft immer zugleich auch selbst vertritt, was eigentlich ausgeschlossen ist.

Keine Anwendung finden die Art. 32 ff. auf Realakte. Dies gilt unbestritten   4
für **deliktische** Handlungen. Dort sorgen nicht die Stellvertretungsregeln, sondern allenfalls andere Vorschriften (z. B. Art. 55 Abs. 2 ZGB, Art. 50, 567 Abs. 3, 722) für eine Verhaltenszurechnung. Auch die teilweise befürwortete Anwendung der hierauf nicht zugeschnittenen Stellvertretungsregeln auf ein **tatsächliches Handeln mit (quasi-)rechtsgeschäftlichen Wirkungen** ist abzulehnen (**a. A.** BSK OR I-WATTER, N 6). In den massgeblichen Fällen sind entweder konkludente Erklärungen gegeben (z. B. ausnahmsweiser Erklärungswert eines Schweigens), andere Zurechnungsnormen einschlägig (z. B. Besitzerwerb über einen Besitzdiener oder einen Besitzmittler, der allerdings in Art. 923 ZGB unzutreffend als Stellvertreter bezeichnet wird) oder Zurechnungen überhaupt entbehrlich (z. B. tatsächliche Zuwendung an einen «Stellvertreter», die aufgrund einer nach dem Vertrauensgrundsatz auszulegenden Leistungszweckbestimmung rechtlich ohnehin als Zuwendung an den «Vertretenen» gilt). Bei der sog. Fremdspezifikation (vgl. Art. 726 ZGB) sollte der Eigentumserwerb des Geschäftsherrn bzw. des Vorbehaltseigentümers an der neuen Sache nicht über Art. 32 ff., sondern mit Hilfe eines weiten Verarbeiterbegriffs gelöst werden (näher ZK-HAAB/ZOBL, Art. 726 N 47 ff. ZGB).

Fraglich ist die analoge Anwendung von Art. 32 ff. im Bereich der bedeut-   5
samen und gesetzlich nicht geregelten **Zurechnung von Wissen** bei juristischen Personen (näher ABEGGLEN, Wissenszurechnung bei der juristischen Person und im Konzern, bei Banken und Versicherungen, Bern 2004; WALTER, Die Wissenszurechnung im schweizerischen Privatrecht, Bern 2005). Nach der schematisch verfahrenden und auf der Theorie der realen Verbandspersönlichkeit beruhenden sog. Organtheorie ist das Wissen des (Exe-

kutiv-)Organs einer juristischen Person nach Art. 55 ZGB analog unabhängig davon zuzurechnen, ob das Organmitglied das Wissen in dieser Eigenschaft erlangt, es an dem konkreten Rechtsgeschäft mitgewirkt bzw. von diesem Kenntnis gehabt und ob es die Organstellung inzwischen wieder verloren hat. Nach dem sog. **kommunikationstheoretischen** Ansatz erstreckt sich die Wissenszurechnung auf alle wissenden Personen (nicht nur Organmitglieder), die eine Pflicht zur Weiterleitung der für andere erkennbar relevanten Informationen trifft, sofern eine Pflicht zur Speicherung dieses Wissens und eine Informationsabfragepflicht des Handelnden bestehen (Zurechnung des sog. Aktenwissens; in diese Richtung BGer 4C.335/1999 E.5). Lediglich nach der auf der Fiktionstheorie beruhenden sog. Vertretertheorie kommt es auch im Bereich der Wissenszurechnung zu einer analogen Anwendung von Art. 32 ff., so dass einer juristischen Person nach Stellvertretungsgrundsätzen nur das Wissen von Personen zugerechnet werden könnte, die an dem konkreten Rechtsgeschäft mitgewirkt oder von diesem zumindest gewusst haben. Da die Fiktionstheorie und damit auch die Vertretertheorie im schweizerischen Recht keinen Niederschlag gefunden hat (vgl. Art. 55 ZGB) und die Organtheorie zu schematisch verfährt, sollte die Wissenszurechnung nach dem kommunikationstheoretischen Ansatz beurteilt werden.

III. Wirksamkeitsvoraussetzungen der direkten Stellvertretung

6   Eine wirksame direkte Stellvertretung setzt neben der Zulässigkeit der Stellvertretung (N 7) voraus, dass der Stellvertreter eine eigene Willenserklärung (N 8 f.) im Namen des Vertretenen (N 10 ff.) mit Vertretungsmacht (N 15 ff.) abgibt. Keine eigenständige Wirksamkeitsvoraussetzung ist die Handlungsfähigkeit des Vertretenen, der lediglich als natürliche (ggf. gesamthänderisch gebunden; ggf. als nasciturus i. S. v. Art. 31 Abs. 2 ZGB) oder juristische Person rechtsfähig sein muss (BK-Bucher, Art. 19 N 327 ff. ZGB; a. A. BSK OR I-Watter, N 21; HANDKOMM-Schöbi N 4; zur Vertretung bei Rechtsnachfolge Art. 35 N 5 ff.; zu den Rechtsfolgen bei Nichtexistenz des Vertretenen Art. 39 N 1), da der Vertretene im Verhältnis zu dem Dritten keine Willenserklärung abgibt und bei der gesetzlichen Vertretung eine Handlungsfähigkeit vielfach auch gar nicht denkbar ist. Die Handlungsunfähigkeit des Vertretenen kann allenfalls nach Art. 12 ff. ZGB zu einer Unwirksamkeit der rechtsgeschäftlich erteilten Vertretungsmacht und damit mittelbar zu einer Unwirksamkeit der rechtsgeschäftlichen Stellvertretung führen.

1.   Zulässigkeit der Stellvertretung

7   In ihrem Anwendungsbereich (N 2 ff.) ist die Stellvertretung **grundsätzlich zulässig**. Ausgeschlossen (bzw. eingeschränkt) ist sie nur bei absolut (bzw.

relativ) **höchstpersönlichen Geschäften** (Art. 19 Abs. 2 ZGB) wie der Heirat (Art. 102 ZGB), der Ehescheidung (Art. 111 ff. ZGB), der Errichtung einer letztwilligen Verfügung (Art. 498 ff. ZGB), dem Erbvertrag (BGE 108 II 405, 408), der Prokura (Art. 458 Abs. 1) und der Rechnungslegung (Art. 961), wobei in den beiden zuletzt genannten Fällen bei Gesellschaften die Zulassung einer Vertretung durch die Gesellschafter bzw. Organe unvermeidlich ist. Die Kündigung einer Krankenversicherung ist kein höchstpersönliches Rechtsgeschäft (BGE 132 V 166, 176 f.). Das nach kantonalen Vorschriften bestehende Erfordernis der persönlichen Anwesenheit bei Beurkundungen begründet ebenfalls keine Höchstpersönlichkeit und kann daher auch durch die persönliche Anwesenheit von Vertretern erfüllt werden. Die Möglichkeit der Stellvertretung kann allerdings auch durch **Parteivereinbarung** abbedungen werden (sog. gewillkürte Höchstpersönlichkeit). Das Recht eines Aktionärs, sich in der Generalversammlung vertreten zu lassen (Art. 689 Abs. 2), kann allerdings durch statutarische Bestimmung lediglich beschränkt (Art. 627 Ziff. 10), nicht jedoch ausgeschlossen werden (s. bei Art. 689).

2. Abgabe einer eigenen Willenserklärung durch den Stellvertreter

Der Stellvertreter muss zudem im Zusammenhang mit dem massgeblichen Rechtsgeschäft bzw. der massgeblichen rechtsgeschäftsähnlichen Handlung aus der objektivierten Sicht des Erklärungsempfängers eine **eigene Willenserklärung** abgeben bzw. eine solche eigenständig entgegennehmen. Dies unterscheidet den Stellvertreter zum einen von einem Erklärungs- bzw. Empfangsboten, der lediglich eine fremde Willenserklärung übermittelt bzw. eine solche aufgrund entsprechender Weisungen unselbständig entgegennimmt (vgl. Art. 27). Zum anderen wird die Stellvertretung auf diese Weise von der Mäklerei und der Vermittlungsagentur abgegrenzt, die auf den Nachweis der Gelegenheit zum Abschluss eines zwischen dem Auftraggeber und einem Dritten zu schliessenden Hauptvertrages oder auf dessen Vermittlung gerichtet ist (Art. 412 Abs. 1, 418a Abs. 1 Alt. 1). 8

Von der Abgabe einer eigenen Willenserklärung kann nur dann die Rede sein, wenn der Erklärende mit einem gewissen **Entscheidungsspielraum** gehandelt und den Erklärungsinhalt eigenverantwortlich beeinflusst hat. Einzelne Weisungen des Geschäftsherrn stehen dabei der Eigenverantwortlichkeit nicht entgegen. Die Eigenverantwortlichkeit setzt allerdings voraus, dass der Stellvertreter **urteilsfähig** ist. Eine Handlungsfähigkeit des Stellvertreters ist hingegen nicht erforderlich (BSK-WATTER OR-I, N 21; a.A. GUHL/KOLLER, § 18 N 13), da einerseits der Vertretene entweder nicht schutzwürdig ist (Vollmachtserteilung) oder anderweitig geschützt wird (gesetzliche Vertretung; z.B. Art. 296 Abs. 2, 379 Abs. 1 ZGB) und zum anderen die Wirkungen der direkten Stellvertretung nicht den Stellvertreter, sondern nur den Vertretenen treffen und die Stellvertretung für den Stell- 9 vertreter mithin keine Verpflichtungen begründet (rechtlich neutrales Geschäft; vgl. Art. 19 ZGB). Der Umstand, dass der Stellvertreter eine eigene Willenserklärung abgibt, führt dazu, dass es im Hinblick auf Willensmängel und die Kenntnis bzw. das Kennenmüssen grundsätzlich auf seine Person ankommt (näher N 21 f.).

3. Offenkundigkeit der Stellvertretung

10 Die Stellvertretung muss ausserdem für den Dritten **grundsätzlich offenkundig** sein (sog. Offenkundigkeitsprinzip). Anderenfalls liegt regelmässig ein Eigengeschäft vor, das der Stellvertreter für eigene (dann Wirkungen des Eigengeschäfts für Dritte allenfalls nach Art. 112 oder Art. 466 ff.) oder fremde (dann sog. indirekte Stellvertretung; vgl. Abs. 3 und N 24 f.) Rechnung tätigt.

11 Die von dem sich jeweils auf die Stellvertretungswirkungen (N 18 ff.) Berufenden zu beweisende Voraussetzung der Offenkundigkeit ist zunächst erfüllt, wenn der Stellvertreter die Erklärung **ausdrücklich** (z. B. Unterzeichnung mit «i. V.», «i. A.» oder «ppa.») oder **konkludent** (z. B. Verwendung von Geschäftspapier) im Namen des Vertretenen abgibt (Abs. 1). Ein Unterbevollmächtigter (Art. 33 N 12) muss ausdrücklich oder konkludent im Namen des Hauptvollmachtgebers handeln, da er ansonsten weder diesen (insoweit keine Offenkundigkeit) noch den Hauptbevollmächtigten (insoweit keine Vollmacht) wirksam vertreten kann. Die Untervollmacht als solche braucht hingegen nicht offen gelegt zu werden.

12 Das Vertretungsverhältnis kann sich aber auch rein objektiv aus den **Umständen** ergeben (Abs. 2 Alt. 1). Sonderfälle eines sich aus den Umständen ergebenden Vertreterhandelns sind das unternehmensbezogene (z. B. Ladenangestellter, Lagerarbeiter, Telefonist) und das berufsbezogene (z. B. Anwalt, Architekt – BGer SemJud 1988, 26 f., Hausverwalter – LGVE 1988 I 23) Handeln. Beim unternehmensbezogenen Handeln wird der jeweilige Unternehmensträger (z. B. Einzelkaufmann, Gesamthandsgemeinschaft, AG) und beim berufsbezogenen Handeln der jeweilige Auftraggeber (z. B. Bauherr, Mandant) berechtigt und verpflichtet. Nach dem Vertrauensprinzip kommt es nicht auf den tatsächlichen Vertretungswillen des Vertreters, sondern auf dessen objektives Verhalten an (Offenkundigkeit bejahend BGE 120 II 197, 200; BGE 90 II 285, 289 f.; KG SG BZ 2006, 96 bzw. verneinend BGE 100 II 200, 211 ff.; unklar BGE 126 III 59, 64 mit Anm. ARNET in: AJP 2000, 1162 ff.). Die beidseitig irrtümliche Falschbezeichnung des Vertretenen schadet nicht (Art. 18 Abs. 1; vgl. auch BGE 130 III 633, 635 f.). Die Mitteilung, in fremdem Namen zu handeln, bedarf nur dann der für die Willenserklärung des Stellvertreters vorgeschriebenen **Form**, wenn es zu den Zwecken der betreffenden Formvorschrift gehört, auch Klarheit über die Vertragsparteien herzustellen (z. B. Art. 657 Abs. 1 ZGB, Art. 216; dazu

BGE 112 II 330, 332). Das Handeln in fremdem Namen muss derjenige darlegen und **beweisen**, der sich darauf beruft, da ansonsten die Vermutung für ein Eigengeschäft streitet (BGE 100 II 200, 211 und 120 II 197 f.).

Nach Art. 32 Abs. 2 Alt. 2 sind aber auch **Ausnahmen** vom Offenkundigkeitsgrundsatz möglich, wenn beim Erklärenden ein tatsächlicher Vertretungswille vorhanden ist (HANDKOMM-SCHÖBI, N 10) und es dem Erklärungsgegner **gleichgültig** gewesen ist, wen die Erklärungswirkungen treffen. Dies ist zum einen dann der Fall, wenn der Stellvertreter den konkret Vertretenen zwar nicht nennt, das Vertretungsverhältnis als solches aber durchaus zu erkennen gibt, und sich der Erklärungsgegner hierauf dennoch ausdrücklich oder stillschweigend einlässt (sog. offenes Handeln für den, den es angeht; obiter BGE 84 II 13, 20 f.; zum Handeln für einen noch zu bestimmenden Dritten BGer 4C.356/2001 E.2a/aa). Auf die Offenkundigkeit kann auch verzichtet werden, wenn das Vertretungsverhältnis überhaupt nicht offen gelegt wird, es dem Erklärungsgegner aber dennoch entweder generell oder zumindest hinsichtlich der in Betracht kommenden Personen (BGE 117 II 387, 390 ff.) gleichgültig gewesen ist, wen die Erklärungswirkungen treffen (sog. verdecktes Handeln für den, den es angeht). Dies ist namentlich bei den sog. Bargeschäften des täglichen Lebens der Fall (z. B. kleinerer Barkauf einer vertretbaren Sache; ATC VS RVJ 1989, 185, 187; OGer ZH ZR 1981, 5; verneint hingegen für das Bankenclearing durch BGE 121 III 310, 313).   **13**

An der Offenkundigkeit fehlt es beim sog. **Handeln unter fremdem Namen** (dazu BGE 120 II 197, 200; BGer 4C.389/2002 E.3.1). Aber auch ein Eigengeschäft des Handelnden kann nur dann angenommen werden, wenn es dem Erklärungsgegner generell gleichgültig war, wen die Wirkungen der Erklärung treffen, oder wenn es ihm nur auf die handelnde Person und nicht auch deren Identität mit dem Namensträger ankam (blosse sog. Namenstäuschung). Kam es dem Erklärungsgegner hingegen auf die Identität mit dem Namensträger an (z. B. berühmte Person, ständiger Geschäftspartner), liegt weder ein Eigengeschäft noch mangels Offenkundigkeit Stellvertretung vor. Die planwidrige Regelungslücke ist durch eine analoge Anwendung von Art. 38 f. zu schliessen.   **14**

4. Vertretungsmacht

Die Wirksamkeit der Stellvertretung ist schliesslich abhängig vom Vorhandensein einer Vertretungsmacht bei Abgabe der Vertretererklärung. Die Vertretungsmacht betrifft das **rechtliche Können** des Stellvertreters, im Aussenverhältnis gegenüber dem Erklärungsgegner mit Wirkung für und gegen den Vertretenen zu handeln. Sie ist trotz einer uneinheitlichen Terminologie im Gesetz von der sog. Vertretungsbefugnis, d. h. dem rechtlichen Dürfen des Vertreterhandelns im Innenverhältnis zum Vertretenen zu un-   **15** terscheiden (krit. zu dieser Unterscheidung BSK OR I-Watter, Art. 33 N 4, 13). Namentlich bei den gesetzlich zum Schutz von Gutgläubigen in ihrem Umfang nach aussen zwingend festgelegten Ermächtigungen (z. B. Art. 459 f., 564 und 718a) hat diese Unterscheidung zwischen Können und Dürfen eine Bedeutung (zum Missbrauch der Vertretungsmacht Art. 33 N 9). Sofern jemand ohne Vertretungsmacht in fremdem Namen eine eigene Willenserklärung abgibt (sog. falsus procurator), gelten die Regelungen von Art. 38 f. (s. dort).

16   Die Vertretungsmacht kann sich zunächst aus einem **öffentlich-rechtlichen Verhältnis** (Art. 33 Abs. 1; s. dort N 2) ergeben. **Kraft Privatrechts** kann sie auf einer rechtsgeschäftlichen Erteilung des Vertretenen (Vollmacht i. S. v. Art. 33 Abs. 2; näher Art. 33 N 3 ff.), einer gesetzlichen Regelung (z. B. Art. 166, 304 Abs. 1, 405 Abs. 2, 418, 419 Abs. 1 ZGB), einer behördlichen bzw. gerichtlichen Bestellung (z. B. Art. 385, 392, 54 Abs. 2, 595 ZGB, Art. 237 Abs. 2 SchKG) oder einer gesellschaftsrechtlich begründeten Gesellschafter-Geschäftsführer- oder Organstellung (z. B. Art. 543 Abs. 3, 563, 718 ff. OR, Art. 55 Abs. 2 ZGB; nach BGE 127 III 332 f. Sonderfall der gesetzlichen Vertretungsmacht; a. A. BSK OR I-Watter, N 11, CR OR I-Chappuis, N 18 und Gauch/Schluep/Schmid/Rey, OR AT, N 1324 f. – rechtsgeschäftliche bzw. eigenständige organschaftliche Vertretungsmacht) beruhen. Schliesslich können die Stellvertretungswirkungen aufgrund Vertrauensschutzes eintreten (z. B. Art. 33 Abs. 3, 34 Abs. 3, 37 Abs. 1 und 2; näher und insbesondere auch zur Duldungs- und Anscheinsvollmacht bei Art. 33 N 14 ff., Art. 34 N 4 f. und Art. 37 N 1 ff.). Die Vertretungsmacht wird dabei bisweilen zum Schutz von gutgläubigen Dritten gesetzlich zwingend festgelegt (z. B. Art. 166 Abs. 1, 304 ZGB, Art. 459 f., 564 und 718a OR). Nähere Erläuterungen zur Entstehung und Reichweite der jeweiligen Vertretungsmacht finden sich bei den genannten Vorschriften.

17   Im Falle von **Insichgeschäften** deckt die Vertretungsmacht das Vertreterhandeln nur dann, wenn der Vertretene ausnahmsweise nicht schutzbedürftig ist. Insichgeschäfte sind das Selbstkontrahieren (Vertretung des Vertretenen bei einem Geschäft mit dem Stellvertreter), die Doppelvertretung in unmittelbarer (Vertretung beider Seiten durch den Stellvertreter; z. B. BGE 93 II 461, 480 ff.; zur Doppelvertretung durch einen Mehrfachverwaltungsrat Kissling, Der Mehrfachverwaltungsrat, N 221 ff.) oder mittelbarer (Einschaltung eines Unterbevollmächtigten auf der Gegenseite) Form. Wie Insichgeschäfte sollten zudem Drittgeschäfte mit vergleichbaren und dem Dritten erkennbaren Interessenkonflikten behandelt werden (z. B. BGE 126 III 361, 363 f. – Abschluss eines Bürgschaftsvertrages durch den Stellvertreter zur Sicherung einer eigenen Verbindlichkeit; a. A. und mit weiteren Beispielen Schott, Insichgeschäft, 86 ff.). Die Schutzbedürftigkeit fehlt bei einer besonderen ausdrücklichen oder konkludenten Ermächtigung

(BGE 127 III 332, 333 f.; für eine konkludente Ermächtigung des Alleingesellschafters zum Insichgeschäft etwa ZK-VON STEIGER, Art. 775 OR N 9), bei Unmöglichkeit eines Interessenkonflikts aufgrund bestehender Willenseinheit (so für Insichgeschäfte des Alleingesellschafters BGE 126 III 361, 365 ff. und SCHOTT, Insichgeschäft, 245 ff.), bei lediglich rechtlicher Vorteilhaftigkeit (z. B. Schenkung der Eltern an ihre unmündigen Kinder), bei Erfüllung einer rechtlichen Verbindlichkeit (z. B. Lohnauszahlung an den Vertreter) oder beim Abschluss eines Vertrages zum Markt- bzw. Börsenpreis (BGE 126 III 361, 363 f.; BGE 98 II 211, 219; BGE 93 II 461, 481 f.). Ansonsten kann der Vertretene das Vertreterhandeln ohne Vertretungsmacht allenfalls nachträglich genehmigen (BGE 89 II 321, 325; für eine konkludente Genehmigung BGer 4C.148/2002 E. 3.1; dazu Art. 38 N 4 ff.). Die Regelungen zum Schutz gutgläubiger Dritter (Art. 33 N 14 ff.) bleiben zudem vorbehalten (s. auch BGE 120 II 5, 9 f.)

IV. Rechtsfolgen der direkten Stellvertretung

Die Rechtsfolgen der direkten Stellvertretung beruhen auf ihrer Zurechnungswirkung für und gegen den Vertretenen, auf dem Umstand, dass der Stellvertreter eine eigene Willenserklärung abgibt, und auf der Tatsache, dass der Stellvertreter im Lager des Vertretenen steht.   **18**

So treten zunächst nicht nur die in Art. 32 Abs. 1 ausdrücklich genannten Berechtigungen und Verpflichtungen, sondern **alle Wirkungen** der von Art. 32 Abs. 1 erfassten Erklärungen (dazu N 2) ausschliesslich und unmittelbar **für bzw. gegen den Vertretenen** ein (z. B. Entstehung eines Forderungsrechts, Gestaltungswirkung der Kündigung, Eigentumsverlust oder -belastung aufgrund eines dinglichen Vertrags). Dies ist auch der Grund, warum es im Zusammenhang mit rechtlichen **Statusfragen** (z. B. Kaufmanns-, Konsumenten- oder Ausländereigenschaft) grundsätzlich (Ausnahme: Aufklärungspflichten) auf die Eigenschaften des Vertretenen und nicht auf diejenigen des Stellvertreters ankommt.   **19**

Da der Stellvertreter eine eigene Willenserklärung abgibt, muss er dies in der ggf. dafür erforderlichen **Form** (Art. 11 ff.) tun (zur Formbedürftigkeit der Vollmacht Art. 33 N 5). Aufgrund der eigenständigen Entgegennahme durch den passiven Stellvertreter kommt es nach dem Vertrauensgrundsatz auf dessen objektivierten Vorstellungshorizont an und eine Willenserklärung wird bereits mit dem **Zugang** beim Stellvertreter wirksam. Hinsichtlich der **Handlungsfähigkeit** genügen die Urteilsfähigkeit des Stellvertreters und die Rechtsfähigkeit des Vertretenen (beides **str.**; näher N 6 und 9).   **20**

Für **Willensmängel** (Art. 21, 23 ff.) kommt es grundsätzlich auf die Person des Stellvertreters an (BGE 56 II 96, 105; CR CO I-CHAPPUIS, N 21). Auf   **21** den Vertretenen als den wahren Urheber der Erklärung ist nur dann abzustellen, wenn der Vertretene den Vertreter zu dem konkreten Geschäft veranlasst bzw. dieses nicht verhindert hat oder wenn der Vertretene dem Vertreter Weisungen im irrtumsrelevanten Bereich erteilt hat. Der Vertretene kann sich dann ausnahmsweise auf einen eigenen Willensmangel trotz fehlenden Willensmangels beim Vertreter berufen. Umgekehrt kann sich in diesen Ausnahmefällen auch der Erklärungsempfänger auf das Fehlen eines Willensmangels beim Vertretenen trotz Willensmangels beim Vertreter und damit unter den übrigen Voraussetzungen auf die Wirksamkeit des Vertretungsgeschäfts berufen. **Anfechtungsberechtigt** ist allerdings stets nur der Vertretene als die von den Erklärungswirkungen betroffene Person (s. auch noch zur Anfechtung der Vollmacht Art. 33 N 6). Ggf. führt der Irrtum des Stellvertreters auch dazu, dass dieser seine Vertretungsmacht überschreitet (dann Art. 38 f.).

22   Schliesslich kommt es auch für das Vorhandensein (z. B. KGE RVJ 1990, 158, 162 – Fachkenntnisse) oder das – beim Kennenmüssen nicht auf Fahrlässigkeit beruhende – Fehlen (z. B. Art. 714 Abs. 2 ZGB, Art. 9, 37 Abs. 2, 39 Abs. 1, 63, 164 Abs. 2, 200 OR) von **Kenntnissen** auf das Wissen (die Gutgläubigkeit) des Stellvertreters an, sofern der Vertretene nicht wiederum konkrete Weisungen erteilt hat oder er dem Stellvertreter eigene bzw. dritte Kenntnisse hätte mitteilen müssen. Nach dem sog. kommunikationstheoretischen Ansatz (N 5) gilt dies für das in Akten festzuhaltende und aus diesen abzurufende Wissen. Andernfalls würde der Vertretene (namentlich juristische Personen) ungerechtfertigt zulasten des Erklärungsgegners von einer Arbeitsteilung profitieren.

23   Der Stellvertreter steht «im Lager» des Vertretenen. Er ist daher **kein Dritter** i. S. v. Art. 28 Abs. 2, sondern sein Verhalten ist dem Vertretenen zuzurechnen (BGE 108 II 419, 421 f.; BSK OR I-Schwenzer, Art. 28 N 16). War der Stellvertreter aufgrund eines schuldrechtlichen Verhältnisses zur Vertretung verpflichtet, kommt dem Vertreterhandeln insoweit Erfüllungswirkung zu (vgl. Art. 114 Abs. 1). Hinsichtlich von vorvertraglichen Aufklärungs- und Schutzpflichten ist der Stellvertreter eine Hilfsperson des Vertretenen i. S. v. **Art. 101** i. V. m. den Grundsätzen der culpa in contrahendo oder der Vertrauenshaftung. Den Vertretenen kann zudem eine Haftung nach **Art. 55 Abs. 1** für seinen Stellvertreter als Verrichtungsgehilfen treffen. Nach den Grundsätzen der sog. **Sachwalterhaftung** kann den Stellvertreter daneben auch eine eigene Haftung aus culpa in contrahendo oder Vertrauenshaftung treffen, wenn er bei dem Erklärungsgegner ein besonderes persönliches Vertrauen hervorgerufen oder ein besonderes wirtschaftliches Eigeninteresse (z. B. Abwendung einer eigenen Inanspruchnahme; blosses Provisionsinteresse nicht ausreichend) an den Erklärungswirkungen hat.

V. Indirekte Stellvertretung (Abs. 3)

Wird das (wirtschaftlich) gewollte Handeln für einen anderen nicht durch 24
ein nach dem Vertrauensprinzip für den Erklärungsgegner hinreichend erkennbares Handeln in fremdem Namen offenbar und ist dies auch nicht
ausnahmsweise entbehrlich (näher N 10 ff.), ist zunächst der Erklärende
von allen Wirkungen seiner als **Eigengeschäft** getätigten Erklärung betroffen (allenfalls Anfechtbarkeit der Erklärung bei lediglich irrtümlich fehlender Offenkundigkeit). Sofern den Erklärenden aber letztlich nur die
rechtlichen und nicht auch die wirtschaftlichen Folgen der Erklärung treffen sollen (Handeln **für fremde Rechnung**), spricht man (irreführend) von
sog. indirekter oder mittelbarer Stellvertretung (näher PESTALOZZI, a. a. O.;
zur Abgrenzung von der direkten Stellvertretung eingehend BGer
4C.134/2005 E.2). Die indirekte Stellvertretung steht zwischen Eigengeschäft (rechtlich) und Fremdgeschäft (wirtschaftlich). Sie hat dort eine
praktische Bedeutung, wo der indirekt Vertretene das Geschäft selbst oder
durch einen Vertreter gar nicht tätigen kann (z. B. Effektenkommission)
oder will (z. B. Diskretion; BGE 109 III 112, 120). Im Hinblick auf Statusfragen, die Handlungsfähigkeit, Willensmängel und Kenntnisse (s. N 19 ff.) ist
bei der indirekten Stellvertretung auf das jeweilige Geschäft und die daran
Beteiligten abzustellen. Ausnahmen können sich nur aus Art. 2 Abs. 2 ZGB
(«Strohmanngeschäfte») ergeben (BK-ZÄCH, N 177).

Aus dem Grundverhältnis zwischen indirektem Stellvertreter und indirekt 25
Vertretenem (z. B. Art. 425 ff., 439) ergibt sich, dass dieser die **wirtschaftlichen Wirkungen** des Geschäfts auf jenen **zu übertragen** hat (z. B. Art. 400
Abs. 1, 402 Abs. 1, 425 Abs. 2). Die Erfüllung dieser Verpflichtungen vollzieht sich dann nach Art. 32 Abs. 3 i. V. m. mit den einschlägigen Vorschriften
zur Übertragung von Sachen (z. B. Art. 714 i. V. m. 922 ff. ZGB) und Rechten
(z. B. Art. 164 ff.) sowie von Verbindlichkeiten (z. B. Art. 176 ff.). Dabei wird
der indirekt Vertretene z. T. durch gesetzliche Übertragungsregelungen
(Art. 401) und z. T. durch Art. 32 Abs. 2 (Vornahme des dinglichen Geschäfts
für den, den es angeht; dazu N 13) geschützt.

Art. 33

| b. | Umfang der Ermächtigung | [1] Soweit die Ermächtigung, im Namen eines andern Rechtshandlungen vorzunehmen, aus Verhältnissen des öffentlichen Rechtes hervorgeht, ist sie nach den Vorschriften des öffentlichen Rechtes des Bundes und der Kantone zu beurteilen. |

> ² Ist die Ermächtigung durch Rechtsgeschäft ein-
> geräumt, so beurteilt sich ihr Umfang nach dessen
> Inhalt.
>
> ³ Wird die Ermächtigung vom Vollmachtgeber einem
> Dritten mitgeteilt, so beurteilt sich ihr Umfang die-
> sem gegenüber nach Massgabe der erfolgten Kund-
> gebung.

Literatur

Siehe auch die Hinweise zu Art. 32, 35, 38 und 458; BERGER, Das Statut der Vollmacht im schweizerischen IPR, Zürich 1974; BUTSCHER-SCHWARZ, Die Bedeutung des Innenverhältnisses für die Auslegung der Vollmacht, Basel 1954; CHAPPUIS/DÄTWYLER, Titre de procuration: La protection de la bonne foi selon les Art. 33, 34 et 36 CO, SemJud 1987, 241 ff.; DANUSER, Die Anscheinsvollmacht: Gutglaubensschutz im Vollmachtsrecht, Bern 1975; EGGER, Missbrauch der Vertretungsmacht, in: FG Carl Wieland, Basel 1934, 47 ff.; ERB, Die Bankvollmacht, Zürich 1974; JOSI, Vollmacht vor Schlaganfall, in: Jusletter vom 18. Juli 2005; GIGER, Vollmachtsmitteilung nach Art. 33 Abs. 3 OR – Voraussetzungen für den Vertrauensschutz, recht 1995, 28 ff.; KOLLER A., Der gute und der böse Glaube im allgemeinen Schuldrecht, Freiburg 1984; KUHN, Die undatierte Blankovollmacht, SJZ 1981, 77 f.; REINHART, Die unwiderrufliche Vollmacht, ihre Stellung in der allgemeinen Rechtslehre und in ausgewählten positiven Rechtsordnungen, Zürich 1981; SCHNURRENBERGER, Vollmacht und Grundverhältnis nach schweizerischem und deutschem Recht sowie nach internationalem Privatrecht, Basel 1969; SCHWAGER, Die Vertretung des Gemeinwesens beim Abschluss privatrechtlicher Verträge, Freiburg 1974; STIERLI, Die Architektenvollmacht, Freiburg 1988; WATTER, Die Verpflichtung der AG durch rechtsgeschäftliches Handeln ihrer Stellvertreter, Prokuristen und Organe speziell bei sog. Missbrauch der Vertretungsmacht, Zürich 1985; DERS., Die Vertretung des Gemeinwesens im Privatrecht, in: Gauch/Schmid (Hrsg.), Die Rechtsentwicklung an der Schwelle zum 21. Jahrhundert, Zürich 2001, 245 ff.; WEBER, Die Duldungs- und Anscheinsvollmacht im schweizerischen Vertragsrecht mit Blick auf Deutschland, Basel 2000; WERKMÜLLER, Formnichtige Schenkung unter Lebenden und postmortale Bankvollmacht, Wiehl 1999; ZIKOS, Die Vollmacht nach schweizerischem und griechischem Recht, Zürich 1966.

I. Normzweck und Überblick

1   Art. 33 trifft allgemeine Regelungen (zu privatrechtlichen Sonderregelungen s. Art. 40 N 1 f.) zur **Vertretungsmacht** kraft öffentlich-rechtlichen Verhältnisses (Abs. 1), kraft rechtsgeschäftlicher Erteilung (Abs. 2) und kraft Kund-

gabe (Abs. 3). Die nach ihrem Wortlaut sämtlich nur auf den Umfang (Wie) bezogenen Regelungen können entsprechend auf die Erteilung (Ob) übertragen werden. Die Vertretungsmacht ist eine Voraussetzung der direkten Stellvertretung (s. Art. 32 N 15 ff.). Handelt der Stellvertreter ohne eine Vertretungsmacht i. S. v. Art. 33, weil diese überhaupt fehlt oder das konkrete Geschäft nicht (mehr) deckt, dann können die Vertretungswirkungen (s. Art. 32 N 18 ff.) nur nach Art. 37 (Fiktion des Fortbestands zum Schutz des gutgläubigen Vertreters) oder Art. 38 (Genehmigung) eintreten (s. jeweils dort).

II. Öffentlich-rechtliche Vertretungsmacht (Abs. 1)

Der Bestand und der Umfang einer öffentlich-rechtlichen Vertretungsmacht 2 (Vertretene ist eine Körperschaft, Anstalt oder Stiftung des öffentlichen Rechts) richten sich auch im Zusammenhang mit privatrechtlichen Erklärungen vorrangig nach den jeweils einschlägigen organisationsrechtlichen Normen für das zugrunde liegende öffentlich-rechtliche Verhältnis (Art. 33 Abs. 1; vgl. für juristische Personen des öffentlichen Rechts auch die allgemeine Regelung in Art. 59 Abs. 1 ZGB). Diese Normen, die sich nicht nur im klassischen Staats- und Verwaltungsrecht, sondern gerade auch in privatrechtliche Materien betreffenden Erlassen (z. B. GBV, HRV, SchKG) finden, enthalten insbesondere unmittelbare Ermächtigungen, Regelungen über die Zuständigkeit zur Ermächtigung durch Beschluss, Formvorschriften sowie Regelungen über den Umfang und das Erlöschen der Ermächtigung. Art. 33 ff. kommen nur ergänzend und unter Berücksichtigung der öffentlich-rechtlichen Besonderheiten zur Anwendung (BGE 132 V 166, 176; näher BK-Zäch, N 12 ff.). Beispiele aus der Rechtsprechung bilden BGE 124 III 418 ff. (Anwendbarkeit von Art. 33 Abs. 3), BGE 110 II 196, 198 (keine wirksame Vertretung einer Gemeinde in der Generalversammlung einer Müllverbrennungs-AG mangels erforderlicher Einwilligung der nach Gemeinderecht zuständigen Organe), BGE 70 II 31, 43 f. (Massgeblichkeit des übereinstimmenden Willens zweier Gemeindevertreter) und BGE 43 II 124, 129 (Auftreten des Vertreters des Vorstandes eines «Rechtsbüros» der SBB als Partei).

III. Rechtsgeschäftliche Vertretungsmacht (Vollmacht, Abs. 2)

1. Rechtsnatur der Vollmacht

Die Bevollmächtigung, mit der der zu vertretende Vollmachtgeber den Stell- 3 vertreter rechtsgeschäftlich zur Vertretung ermächtigt, ist ein **einseitiges empfangbedürftiges Rechtsgeschäft** und kein der Annahme durch den Vertreter bedürfender Vertrag. Die Vollmacht begründet lediglich ein Recht des Vertreters und keine Pflichten der Parteien. Es handelt sich um ein von dem zugrunde liegenden Rechtsgeschäft (auch sog. Veranlassungsgeschäft; z. B. Auftrag, Arbeitsvertrag) zu trennendes und in seinen Rechtswirkungen unabhängiges Rechtsgeschäft (**Trennungs- und Abstraktionsprinzip**; BGE 78 II 369, 372; CR CO I-Chappuis, N 7). So ist etwa bei der Beauftragung eines Handlungsunfähigen mit einem Vertretungsgeschäft der zweiseitige Auftrag unwirksam, die einseitige Bevollmächtigung jedoch wirksam. Wegen seiner systematischen Stellung betrifft Art. 406 trotz seines missverständlichen Wortlauts nur den Auftrag als Grundverhältnis. Gewisse Durchbrechungen des Trennungs- und Abstraktionsprinzips (auch sog. Akzessorietät) ergeben sich aber daraus, dass in einem sog. Rechtshandlungsauftrag zumindest stillschweigend auch eine entsprechende Vollmacht enthalten ist (Art. 396 Abs. 2), eine Vertretungsbefugnis von Gesellschafter-Geschäftsführern der einfachen Gesellschaft vermutet wird (Art. 543 Abs. 3), die Kundgabe eines auf Rechtshandlungen gerichteten Grundverhältnisses gegenüber dem Dritten der Kundgabe einer Vollmacht i. S. v. Art. 33 Abs. 3 und 34 Abs. 3 gleichgestellt wird (N 17), mit der Auflösung des Grundverhältnisses regelmässig auch die Vollmacht aufgrund entsprechender stillschweigender Abrede erlischt (allerdings nicht umgekehrt; vgl. Art. 34 Abs. 1, 35 Abs. 3) und dass die Kündigung des Grundverhältnisses grundsätzlich zugleich als stillschweigender Widerruf der Vollmacht angesehen wird (BK-Zäch, Art. 34 N 15).

2. Erteilung der Vollmacht

4   Die Vollmacht wird vorbehaltlich besonderer Formerfordernisse (N 5) ausdrücklich durch Worte oder vereinbarte bzw. allgemein bekannte Zeichen (zwingend erforderlich nach Art. 459 Abs. 2 und 462 Abs. 2) oder konkludent (vgl. insbesondere Art. 396 Abs. 2; BGE 101 Ia 39, 43; BGE 99 II 39, 41; zur konkludenten Bevollmächtigung des wirtschaftlich Berechtigten einer Stiftung HG ZH SJZ 103 (2007) 258; zur Duldungsvollmacht N 15) durch eine empfangsbedürftige Willenserklärung des handlungsfähigen oder gesetzlich vertretenen Geschäftsherrn erteilt. Nach h. M. kann die Vollmacht nur gegenüber dem zu Bevollmächtigenden (sog. **Innenvollmacht**) und nicht auch gegenüber dem Dritten (sog. Aussenvollmacht) erteilt werden (von Tuhr/Siegwart, OR AT I, § 42 I; offen gelassen in BGE 101 II 117, 119). Die Innenvollmacht kann lediglich nach aussen hin kundgetan werden, was besondere Vertrauensschutzregelungen (zu Art. 33 Abs. 3 N 17; zu Art. 34 Abs. 3 s. dort N 4 f. und zu Art. 36 s. dort N 4 ff.) auf den Plan ruft, aber keine Wirksamkeitsvoraussetzung darstellt (BGE 99 II 39, 41 f.). Diese Regelungen gelten dann nicht nur für den Umfang, sondern zum Schutze Dritter auch für die Tatsache der Erteilung überhaupt. Ausserdem kann in den fraglichen Fällen der sog. Aussenvollmacht der Dritte die Bevollmächtigung als Vertreter oder Bote dem Vertreter gegenüber erklären bzw. an den Vertreter weiterleiten. Die Bevollmächtigung ist aber in jedem Fall eine empfangsbedürf-

tige Willenserklärung und wird daher erst mit ihrem Zugang (nach h.M. beim Vertreter) wirksam (BGE 101 II 117, 119; BGE 99 II 39, 42). Bei der Erteilung ist grundsätzlich eine sog. **Unterbevollmächtigung** durch einen zumindest urteilsfähigen (dazu Art. 32 N 9) Stellvertreter möglich (Ausnahme: höchstpersönliche Erteilung der Prokura nach Art. 458 Abs. 1).

Die Erteilung der Vollmacht ist grundsätzlich an keine **Form** gebunden (vgl.   5
Art. 11 Abs. 1). Ausnahmen gelten nur, wenn für die Vollmachterteilung eine besondere Form vereinbart wurde (vgl. Art. 16) oder gesetzlich vorgeschrieben ist (Art. 348b Abs. 1, 493 Abs. 6, 689a Abs. 1, 689b Abs. 2, 1168 Abs. 1). Umstritten ist, ob darüber hinaus auch die Formbedürftigkeit des abzuschliessenden Hauptgeschäfts (z. B. Art. 216 Abs. 1, 243 Abs. 2) zu einer entsprechenden Formbedürftigkeit der Vollmachterteilung führt. Das BGer hat dies verneint, sofern nicht gesetzliche Sonderregelungen (z. B. Art. 493 Abs. 6) etwas anderes geböten (BGE 99 II 39, 41; BGE 112 II 330, 332). In dieser Frage sollte es jedoch massgeblich darauf ankommen, dass die jeweiligen Zwecke der Formvorschrift gewahrt werden und nicht aufgrund der Stellvertretung leer laufen. So ist ein vom Gesetz gewollter Übereilungsschutz (vgl. Art. 493 Abs. 6, der insoweit einen allg. Rechtsgedanken enthält) in den Bereich der Vollmachterteilung zumindest durch ein Schriftformerfordernis vorzuverlagern (BK-ZÄCH, N 57; BSK OR I-WATTER, N 14). Bei Grundstücksgeschäften verlangt die Notariatspraxis die Schriftlichkeit der Vollmacht (vgl. auch Art. 16 Abs. 1 GBV) und ggf. die Beglaubigung der Unterschrift des Vollmachtgebers (z. B. § 15 NotariatsVO-ZH).

Im Falle eines **Willensmangels** des Vollmachtgebers bei der Erteilung der   6
Vollmacht gelten Art. 23 ff. Eine Anfechtung ist allerdings nur dann erforderlich, wenn der Vertreter bereits aufgrund der Vollmacht ein wirksames Geschäft getätigt hat, da die Vollmacht ansonsten ohne besondere Voraussetzungen jederzeit nach Art. 34 Abs. 1 widerrufen werden kann. Die Anfechtung ist nicht nur gegenüber dem Bevollmächtigten, sondern wegen der mittelbaren Betroffenheit des Vertretergeschäfts auch gegenüber dem Dritten zu erklären. Beide Betroffenen sind ggf. zum Ersatz des Vertrauensschadens nach Art. 26 bzw. 29 Abs. 2 berechtigt.

3.   Umfang der Vollmacht

Der Umfang der Vollmacht wird nach Art. 33 Abs. 2 grundsätzlich vom **Voll-**   7
machtgeber bestimmt (zur Blankovollmacht N 11). Beschränkungen der Vertretungsmacht können sich auch konkludent und insbesondere aus dem Grundverhältnis ergeben. Es handelt sich um eine Frage der Auslegung nach dem Vertrauensprinzip. Zusätzliche Beschränkungen können sich aus dem grundsätzlichen Verbot von Insichgeschäften ergeben (dazu Art. 32 N 17). Der Umfang der Vollmacht gilt grundsätzlich gleichermassen für die aktive wie die passive Stellvertretung (Ausnahme z. B. Art. 418e Abs. 1). Der

Vollmachtgeber kann die Vollmacht in **sachlicher** Hinsicht für ein einzelnes Geschäft oder einzelnes Bündel von Geschäften (sog. Spezialvollmacht), eine bestimmte Art von Geschäften (sog. Gattungsvollmacht; z. B. Inkassovollmacht) oder generell (sog. Generalvollmacht; vgl. auch Art. 459 Abs. 1, 462 Abs. 1; BGE 99 II 39, 43 ff. und BGE 101 II 154, 161 ff.) erteilen. Einen Sonderfall der sachlichen Eingrenzung bildet die Beschränkung auf den Geschäftskreis einer Zweigniederlassung (z. B. Art. 460 Abs. 1). Bestimmte (aussergewöhnliche) Geschäfte bedürfen nach vereinzelten Sonderregelungen einer ausdrücklichen Spezialvollmacht und werden im Übrigen auch von einer Generalvollmacht nicht gedeckt (z. B. Art. 348b Abs. 3, 396 Abs. 3, 462 Abs. 2). In **zeitlicher** Hinsicht kann die Vollmacht jedoch durch einen Anfangs- und/oder einen Endtermin befristet oder unbefristet bestehen. In **persönlicher** Hinsicht kann die Vollmacht gegenüber jedermann oder nur gegenüber bestimmten Geschäftspartnern Wirkungen entfalten. Unter **funktionalen** Aspekten kann sie einem einzigen Vertreter (Einzelvollmacht) mit oder ohne Möglichkeit der Unterbevollmächtigung (N 12), mehreren Vertretern einzeln (sog. Solidarvollmacht) oder gemeinsam (sog. Kollektivvollmacht) erteilt werden (näher N 13). Der Vollmachtgeber kann die Wirksamkeit der Vollmacht zu seinem Schutz an eine bestimmte **Form** des Vertretergeschäfts knüpfen.

8   **Ausnahmen** vom Grundsatz der freien Beschränkbarkeit der Vollmacht finden sich zum Schutz Dritter bei den Handlungsvollmachten (Art. 459 f., 462) sowie der Vertretungsmacht von Personengesellschaften (Art. 564 und Art. 603; zu der in der Reichweite vielfach umstrittenen Vermutung von Art. 543 Abs. 3 näher CHK-JUNG, Art. 543 OR N 10 ff.) und von Organen juristischer Personen (z. B. Art. 718a, 814 Abs. 4, 899 Abs. 1 und 2). Insoweit haben Beschränkungen, die der zwingenden gesetzlichen Typisierung widersprechen, gegenüber Gutgläubigen keine Wirkung und beschränken lediglich im Innenverhältnis die Vertretungsbefugnis (näher und insbesondere auch zu den Voraussetzungen der Gutgläubigkeit bei den jeweiligen Vorschriften). Interne Beschränkungen der Vertretungsbefugnis haben auch dann keine Wirkung im Aussenverhältnis, wenn sich der gutgläubige Erklärungsgegner auf einen besonderen Vertrauenstatbestand (Art. 33 Abs. 3, Art. 34 Abs. 3, Art. 37) stützen kann.

9   In den Fällen eines Auseinanderfallens von gesetzlich typisierter oder im Einzelfall aus Vertrauensschutzgründen bestehender Vertretungsmacht (Können im Aussenverhältnis; zur Abgrenzung vom Überschreiten der Vertretungsmacht näher BK-ZÄCH, Art. 38 N 22 ff.) und Vertretungsbefugnis (Dürfen im Innenverhältnis) kommt es zu einem sog. **Missbrauch der Vertretungsmacht** (generell krit. zu dieser Figur BSK OR I-WATTER, N 13), wenn der Vertreter unter Ausnutzung seiner Vertretungsmacht bewusst oder (insoweit irritiert der eingeführte Begriff des Missbrauchs) unbewusst

die Vertretungsbefugnis überschreitet (den Missbrauchsbegriff enger fassend und zwischen eigennützigem Missbrauch und blosser Übertretung der Vertretungsbefugnis differenzierend BGE 119 II 23). Eine Berufung des Erklärungsgegners auf den grösseren Umfang der Vertretungsmacht ist dann ausnahmsweise als rechtsmissbräuchlich (Art. 2 Abs. 2 ZGB) ausgeschlossen, wenn der Dritte mit dem Vertreter bewusst zum Nachteil des Vertretenen zusammengewirkt hat (sog. **Kollusion**; BGer 4C.243/2004; im Fall der Kollusion sogar für ein Fehlen der auf ein sittenwidriges Geschäft gerichteten Vertretungsmacht BK-Zäch, Art. 38 N 18) oder wenn der Dritte die Beschränkung der Vertretungsbefugnis kannte bzw. aufgrund von Fahrlässigkeit nicht kannte (Art. 3 ZGB; bejahend BGE 52 II 358, 360 f.; verneinend BGE 77 II 138, 147 f.). In den Fällen der gesetzlich typisierten Vertretungsmacht sind für das Kennenmüssen allerdings offensichtliche Verdachtsmomente erforderlich (sog. **Offenkundigkeit** oder Evidenz des Missbrauchs), da ansonsten der durch die gesetzlich festgelegte Reichweite der Vertretungsmacht bezweckte Verkehrsschutz zu sehr unterlaufen werden würde (wie hier Egger, FG Wieland, 47, 64; weniger streng BK-Zäch, Art. 38 N 20 und für den Fall des eigennützigen Missbrauchs im Handelsverkehr auch BGE 119 II 23; offen gelassen im Rahmen von Art. 33 Abs. 3 in BGE 131 III 511, 519 f.). In allen Missbrauchsfällen ist eine (analoge) Anwendung von Art. 39 ausgeschlossen, da die bestehende Vertretungsmacht dem Vertretenen entweder entgegengehalten werden kann oder der Dritte bösgläubig ist.

4. Erlöschen der Vollmacht

Die Vollmacht erlischt ex nunc und definitiv (BGE 46 II 411, 412) nicht nur im Falle des Widerrufs nach **Art. 34** (s. dort) und bei Eintritt der in **Art. 35** genannten gesetzlichen Erlöschensgründe (s. dort), sondern auch in einigen weiteren gesetzlich **nicht geregelten Fällen**. So erlischt die Spezialvollmacht mit der endgültigen Erledigung oder Undurchführbarkeit des entsprechenden Geschäfts. Die befristeten oder bedingten Vollmachten enden mit dem betreffenden Termin bzw. dem Eintritt der Bedingung. Die zum Zwecke der Erfüllung eines Grundgeschäfts erteilte Vollmacht ist regelmässig ausdrücklich oder stillschweigend auf die Beendigung des Grundverhältnisses bedingt erteilt (BK-Zäch, Art. 34 N 15). Auch die durch einseitige, empfangsbedürftige Verzichtserklärung des Vertreters erfolgende Niederlegung der Vollmacht bildet als Ausfluss der negativen Handlungsfreiheit einen Beendigungsgrund. Der Bevollmächtigte kann auf das Niederlegungsrecht verzichten oder sich zum Niederlegungsverzicht verpflichten (anders beim Widerrufsrecht des Vollmachtgebers; s. dazu Art. 34 N 2). Schliesslich kann eine Vollmacht nach Art. 2 ZGB aufgrund langer Untätigkeit wegen Verwirkung oder aufgrund veränderter Umstände wegen Wegfalls der Geschäftsgrundlage erlöschen (in casu verneinend BGE 77 II 138, 147 f.).

10

5.   Sonderfälle der rechtsgeschäftlichen Vollmacht

11   Die **Blankovollmacht** ist eine schriftlich erteilte Vollmacht, bei der entweder die Person des Bevollmächtigten oder der Umfang der Vollmacht noch offen gelassen wird (BGE 78 II 369, 372 f.; BGE 45 II 73, 79). Ein dem gutgläubigen Dritten nicht erkennbares weisungswidriges Ausfüllen des Blanketts begründet unter Rechtsscheingesichtspunkten eine Vertretungsmacht des Vertreters analog Art. 33 Abs. 3 (so BGE 88 II 422, 428) bzw. analog Art. 36 Abs. 2 (so BK-Zäch, Art. 36 N 9).

12   Die (echte) **Untervollmacht** (auch Substitutionsvollmacht) ist von der grundsätzlich unzulässigen Übertragung (auch Abtretung) der Vollmacht sowie von der Vollmachterteilung (auch sog. unechte Untervollmacht) durch einen indirekten Stellvertreter (zu diesem Art. 32 N 24 f.) zu unterscheiden. Ihre durch den Hauptbevollmächtigten erfolgende Erteilung ist nur dann möglich, wenn der Hauptvollmachtgeber dies ausdrücklich zugelassen hat oder sich dies aufgrund einer Auslegung der Hauptvollmacht nach dem Vertrauensprinzip ergibt. Dies ist insbesondere der Fall, wenn der Hauptvollmachtgeber wie etwa bei einfachen Geschäften kein Interesse an einer persönlichen Wahrnehmung der Vertretung durch den Hauptbevollmächtigten hat (vgl. auch für das Veranlassungsgeschäft Art. 398 Abs. 3 sowie generell Art. 68), eine Notwendigkeit zur Untervertretung besteht (z. B. bei Krankheit des Hauptvertreters) oder die Untervertretung üblich ist (z. B. Untervollmacht durch Generalbevollmächtigten; BGE 85 I 39, 45: Prozessführung durch Korrespondenzanwalt). Die echte Untervollmacht ist eine eigene, in ihrem Bestand und Umfang von der Hauptvollmacht abhängige Vollmacht (a. A. BSK OR I-Watter, N 20). Der Unterbevollmächtigte ist Vertreter des Hauptvollmachtgebers und nicht des Hauptbevollmächtigten, so dass er auch ausdrücklich oder konkludent in dessen Namen auftreten muss, wobei er den Umstand der Unterbevollmächtigung allerdings nicht offen zu legen braucht (Art. 32 N 11). Auch für die Erlöschensgründe nach Art. 35 kommt es auf den Hauptvollmachtgeber und nicht den Untervollmachtgeber an. Ein Widerruf kann vorbehaltlich besonderer Regelung von beiden Vollmachtgebern vorgenommen werden.

13   Durch die **Kollektivvollmacht** wird ein Vertreter nur berechtigt, gemeinsam mit einem oder mehreren beliebigen anderen aus dem Kreis der Vertreter (Kollektivvollmacht i. e. S.) bzw. allen anderen Vertretern (sog. Gesamtvollmacht) für den Vertretenen zu handeln. Möglich ist nicht nur die Bindung an die Mitwirkung eines anderen rechtsgeschäftlichen Vertreters (vgl. Art. 460 Abs. 2), sondern auch (dann sog. **gemischte** oder unechte Kollektivvertretung) die Bindung an einen organschaftlichen Vertreter (BGE 60 I 55, 58 f.) oder Personengesellschafter (vgl. Art. 555). Der Umfang der Kollektivvollmacht bestimmt sich dann nach der weiterreichenden Vertretungsmacht. Die Kollektivvollmacht kann sachlich auf bestimmte Bereiche

und persönlich auf einzelne Vertreter (sog. **halbseitige** Kollektivvertretung; BGE 60 I 386, 392 ff.) beschränkt werden. Das Mitwirkungserfordernis kann auch für ein bestimmtes Geschäft aufgrund einer Spezialvollmacht entfallen. Die Kollektivvollmacht kann zudem ausdrücklich oder stillschweigend (allerdings nicht bei blossem Ausscheiden eines Kollektivvertreters) sowie durch Duldung (BGE 66 II 249, 254 f.) oder zurechenbaren Rechtsschein (vgl. N 16) in eine Einzelvollmacht umgewandelt werden. Bei der Bevollmächtigung mehrerer ist durch **Auslegung** der Vollmacht bzw. anhand der Handelsregistereintragung zu ermitteln, ob es sich um mehrere Einzelvollmachten (bei gemeinsamer Erteilung auch sog. Solidarvollmacht), Kollektivvollmachten i. e. S. (verbreitet im kaufmännischen Verkehr) oder Gesamtvollmachten handelt. Im Zweifel werden nur gesondert bevollmächtigte Personen, denen der Vollmachtgeber in besonderer Weise vertraut, über eine Einzelvollmacht zur aktiven Stellvertretung verfügen (BK-Zäch, N 67). Für die passive Stellvertretung gilt zum Schutz des Rechtsverkehrs hingegen im Zweifel Einzelvertretung (von Tuhr/Peter, OR AT, § 42 X). Eine das Stellvertretungsrecht betreffende Auslegungsregel enthält zudem Art. 403 Abs. 2. Zur **Ausübung** der Kollektivvertretung sind identische und bei der Auslegung gemeinsam zu berücksichtigende Willenserklärungen der Vertreter (BGE 70 II 31, 43) oder die (vorherige bzw. nachträgliche und auf ein oder mehrere bestimmte voraussehbare Geschäfte bezogene, nicht generelle) Zustimmung des einen zur Willenserklärung des anderen (BGE 84 III 72, 74 f.; BGE 58 II 157, 160 f.; BGE 35 II 608, 614 – Schweigen nicht ausreichend) erforderlich. Bei der Zurechnung von Willensmängeln und von Wissen (Art. 32 N 21 f.) kommt es auf jeden einzelnen Vertreter an (Zikos, Vollmacht, 71 f.). Auch das **Erlöschen** der Kollektivvollmacht beurteilt sich für jedes Vollmachtsverhältnis gesondert (BK-Zäch, Art. 35 N 96).

IV. «Vollmachten» kraft Vertrauensschutzes

Die «Vollmachten» kraft Vertrauensschutzes entstehen nicht durch Erteilung des Vertretenen nach Art. 33 Abs. 2, sondern zum Schutz des gutgläubigen Dritten unabhängig von einem Bevollmächtigungswillen des Vollmachtgebers durch Duldung des Vertretenen (N 15) sowie aufgrund eines vom Vertreter (N 16) oder dem Vertretenen (N 17) zurechenbar erzeugten Rechtsscheins. Streng genommen handelt es sich weder um Fälle der rechtsgeschäftlichen (Art. 33 Abs. 2) noch der gesetzlichen Vertretungsmacht, sondern um ein **Handeln ohne Vertretungsmacht**, dem dennoch aus Gründen des Vertrauensschutzes die Stellvertretungswirkungen beigemessen werden (so auch für Art. 33 Abs. 3 Koller, OR AT I, § 18 N 16 und BK-Zäch, N 128 ff.). Reicht der Tatbestand der Duldung bzw. des Rechtsscheins weniger weit als eine tatsächlich bestehende Vollmacht (z. B. Kundgabe eines geringeren als in Wirklichkeit bestehenden Vertretungsum-

14

fangs), wird hierdurch die tatsächlich bestehende Vollmacht nach Art. 33 Abs. 2 grundsätzlich nicht beschränkt (OSER/SCHÖNENBERGER, N 17).

15   Eine **Duldungsvollmacht** liegt vor, wenn der Vertretene das Vertreterhandeln (insbesondere bei vergleichbaren Geschäften in der Vergangenheit) zwar kennt (bei Unkenntnis allenfalls Anscheinsvollmacht, N 16) und dagegen trotz Handlungsmöglichkeit nicht einschreitet (insbesondere vergleichbare Geschäfte früher genehmigt hat), der Vertretene jedoch keinen Willen zur Vollmachterteilung hatte (ansonsten ggf. konkludente Vollmachterteilung, N 4 f.) und dieser fehlende Bevollmächtigungswillen vom Dritten (a. A. BK-ZÄCH, N 48, der auf die Gutgläubigkeit des Vertreters abstellt) weder erkannt wurde noch hätte erkannt werden können (vgl. BGer 4C.293/ 2006, E. 2; BGE 120 II 197, 201; BGE 101 Ia 39, 43 ff.; BGE 96 II 439, 442 f.; BGE 76 I 338, 351). Der gutgläubige Dritte darf die Duldung als Bevollmächtigung auffassen. Die Duldungsvollmacht ist zu unterscheiden von der willentlich und lediglich konkludent erteilten Vollmacht (a. A. BSK OR I-WATTER, N 16).

16   Eine (externe) **Anscheinsvollmacht** liegt in Anlehnung an die allg. Grundsätze der Rechtsscheinhaftung vor, wenn der Vertretene zwar keinen Willen zur Vollmachterteilung und (anders als bei der Duldungsvollmacht) auch keine Kenntnis vom Vertreterhandeln hat, aber der Vertreter gegenüber einem gutgläubig auf die Vertretungsmacht vertrauenden und daher das Geschäft tätigenden Dritten den Anschein seiner Vertretungsmacht erweckt, wobei der Vertretene dies bei pflichtgemässer Sorgfalt hätte erkennen und unterbinden können (vgl. BGer 4C.293/2006, E. 2.1; BGE 120 II 197, 201 f.; in casu jeweils ablehnend BGer 4C.12/2002 E.3.2 und BGE 131 III 606, 612). Die dogmatische Begründung der (externen) Anscheinsvollmacht bereitet Schwierigkeiten, da die durch sie herbeigeführte Rechtsfolge der Vertragsbindung aufgrund pflichtwidrigen Verhaltens nicht nur allgemeinen Grundsätzen (bei ausservertraglichen Pflichtverletzungen allenfalls Vertrauenshaftung oder deliktische Haftung), sondern auch der in Art. 36 Abs. 2 getroffenen Sonderregelung widerspricht (ablehnend daher etwa HAND-KOMM-SCHÖBI, N 16). Da die Vertretungsmacht letztlich eine Frage des rechtlichen Könnens im Aussenverhältnis ist und es daher nur auf den Schutz des Dritten durch das Institut der Anscheinsvollmacht ankommt (der gutgläubige Vertreter wird nur zusammen mit dem Dritten nach Art. 37 und im Innenverhältnis geschützt), ist jedenfalls die Rechtsfigur der sog. internen Anscheinsvollmacht abzulehnen, wonach es statt auf die Gutgläubigkeit des Dritten auf diejenige des Vertreters ankommen soll (so aber BK-ZÄCH, N 52; beide Varianten der Anscheinsvollmacht anerkennend BGer 4C.287/2002 E.4).

17   Schliesslich besteht eine Vollmacht zum Schutz gutgläubiger Dritter nach **Art. 33 Abs. 3** jedenfalls insoweit, als sie der **Vertretene** (ggf. auch durch

den Vertreter als Bote, insbesondere durch Vorlage einer Vollmachtsurkunde; BGE 120 II 197, 202 f.) **kundgegeben** hat, auch wenn sie in Wirklichkeit nicht im kundgegebenen Umfang oder sogar (analoge Anwendung von Art. 33 Abs. 3) überhaupt nicht besteht (BGE 99 II 39, 41 ff.). Der gute Glaube (zu diesem in Abs. 3 nicht ausdrücklich erwähnten Erfordernis BGE 131 III 511, 517 ff.; BGer 4C.299/2005 E.4.1), d. h. die (nicht auf Fahrlässigkeit beruhende) Unkenntnis des Dritten, heilt den Vollmachtsmangel (KOLLER, OR AT I, § 19 N 5). Durch Art. 33 Abs. 3 werden nur die vom Vertretenen hierzu bestimmten unmittelbaren Empfänger der Vollmachtsmitteilung geschützt. Die Kundgabe kann allerdings auch gegenüber der Allgemeinheit (Publikation) oder auch nur konkludent (z. B. Mitteilung eines herkömmlich auf entsprechende Rechtshandlungen gerichteten Grundverhältnisses; BGE 120 II 197, 204; BGE 62 II 151, 154) erfolgen. Die Kundgabe ist als blosse Wissensmitteilung eine rechtsgeschäftsähnliche Handlung, wobei die Regeln über Auslegung und Willensmängel analoge Anwendung finden (BGer 4C.377/2000 E.1a).

Art. 34

2. **Auf Grund von Rechtsgeschäft**

a. **Beschränkung und Widerruf**

[1] Eine durch Rechtsgeschäft erteilte Ermächtigung kann vom Vollmachtgeber jederzeit beschränkt oder widerrufen werden, unbeschadet der Rechte, die sich aus einem unter den Beteiligten bestehenden anderen Rechtsverhältnis, wie Einzelarbeitsvertrag, Gesellschaftsvertrag, Auftrag, ergeben können.

[2] Ein vom Vollmachtgeber zum voraus erklärter Verzicht auf dieses Recht ist ungültig.

[3] Hat der Vertretene die Vollmacht ausdrücklich oder tatsächlich kundgegeben, so kann er deren gänzlichen oder teilweisen Widerruf gutgläubigen Dritten nur dann entgegensetzen, wenn er ihnen auch diesen Widerruf mitgeteilt hat.

Literatur

Siehe auch die Hinweise zu Art. 32; KOLLER A., Der gute und der böse Glaube im allgemeinen Schuldrecht, Freiburg 1984; PIOTET, Un des héritiers ou autres communistes peut-il révoquer la procuration donnée par tous?, SJZ 90 (1994), 1 ff.; REINHART, Die unwiderrufliche Vollmacht, ihre Stellung in der allgemeinen Rechtslehre und in ausgewählten positiven Rechtsordnungen, Zürich 1981.

1   Die durch Rechtsgeschäft erteilte Vertretungsmacht (Vollmacht; s. Art. 33
     N 3 ff.) kann vom Vollmachtgeber jederzeit durch eine einseitige, empfangs-
     bedürftige und an den Bevollmächtigten gerichtete ausdrückliche oder still-
     schweigende (z. b. Beendigung des Grundverhältnisses; BGE 112 II 450,
     457 f.: Bevollmächtigung eines anderen) Erklärung ex nunc **beschränkt**
     oder widerrufen werden (Gestaltungsrecht nach Abs. 1; zum Schutz Dritter
     s N 4 f. und Art. 36; zum Schutz des Bevollmächtigten Art. 37). Der Widerruf
     ist auch dann formfrei möglich, wenn die Bevollmächtigung formbedürftig
     war (BK-ZÄCH, N 5). Eine gemeinschaftlich erteilte Vollmacht kann auch
     von einem Vertretenen allein beschränkt oder widerrufen werden, da die
     gemeinschaftliche Vollmacht für ihren Fortbestand auf den nicht mehr
     gegebenen gemeinsamen Ermächtigungswillen angewiesen ist und nur so
     der Schutz jedes einzelnen Vertretenen gewährleistet ist (s. auch PIOTET,
     a. a. O.). Kollektivvollmachten können allen, mehreren oder einzelnen Be-
     vollmächtigten entzogen werden (Auslegungsfrage). Untervollmachten
     kann der Hauptvollmachtgeber nicht nur indirekt über einen Entzug oder
     eine Beschränkung der Hauptvollmacht (Erstreckung auf die Untervoll-
     macht ist dann Auslegungsfrage) widerrufen, sondern auch direkt entzie-
     hen oder beschränken.

2   Das Recht zur Beschränkung und zum Widerruf ist **unverzichtbar** (Abs. 2).
     Dies gilt nach jeweils h. M. auch für den Verzicht nach Vollmachterteilung
     (BK-ZÄCH OR 34 N 25), für den Teilverzicht in Form von sachlichen oder
     zeitlichen Beschränkungen des Beschränkungs- und Widerrufsrechts (BK-
     ZÄCH OR 34 N 20 ff.), für Erschwerungen durch gewillkürte Formerforder-
     nisse (OGer ZH ZR 18 Nr. 154, 298 f.; **a. A.** ERB, Bankvollmacht, 49) und
     für entsprechende im Rahmen des Grundverhältnisses begründete Unter-
     lassungspflichten (BGE 98 II 305, 309 f.; **a. A.** VON TUHR/PETER, OR AT, § 42
     VI 4). Inwieweit die Unwirksamkeit der Verzichtsvereinbarungen die Wirk-
     samkeit der Vollmachterteilung bzw. des Grundverhältnisses insgesamt be-
     rührt, richtet sich nach Art. 20 Abs. 2.

3   Beschränkung und Widerruf der abstrakten (s. Art. 33 N 3) Vollmacht haben
     grundsätzlich keine **Auswirkung auf das Grundverhältnis** (Abs. 1; zur Ver-
     einbarung einer entsprechenden auflösenden Bedingung BGE 127 III 515,
     518). In besonders gelagerten Fällen können sie den Bevollmächtigten al-
     lenfalls zur Kündigung des Grundverhältnisses aus wichtigem Grund und
     zum Schadenersatz nach Art. 28 ZGB berechtigen oder zur nachträglichen
     Unmöglichkeit einer nur durch wirksame Vertretung erfüllbaren Verpflich-
     tung aus dem Grundverhältnis führen (BK-ZÄCH, N 12).

4   Bei ausdrücklicher oder tatsächlicher **Kundgabe** der Vollmacht (Art. 33
     N 17) können die Beschränkung oder der Widerruf gutgläubigen Dritten
     (Art. 3 ZGB), die die Kundgabe vernommen haben, nur dann entgegenge-
     halten werden, wenn sie diesen gegenüber mitgeteilt wurden (**Vertrauens-**

schutz nach Abs. 3). Im Falle der Kundgabe durch Vollmachtsurkunde geht Art. 34 Abs. 3 als im Tatbestand speziellere und auf der Rechtsfolgenseite weiter reichende Norm der in Art. 36 Abs. 2 getroffenen Regelung vor. Dies gilt unabhängig davon, ob der Widerruf vor oder nach der Vorlage der Urkunde erfolgte (BK-ZÄCH, Art. 36 N 66, 69; **a. A.** BSK OR I-WATTER, Art. 36 N 8). Art. 34 Abs. 3 ist nach seinem Wortlaut aber nur im Falle des Widerrufs und nicht auch bei Eintritt anderer Erlöschensgründe (v. a. Art. 35) anwendbar. Eine analoge Anwendung dürfte insoweit nur selten in Betracht kommen, da bei Eintritt gesetzlicher Erlöschensgründe keine Vertretungswirkungen eintreten sollen und dem Vollmachtgeber eine Mitteilung vielfach gar nicht möglich sein wird (BK-ZÄCH, Art. 35 N 94). Bei einer Kundgabe durch Vollmachtsurkunde greift zudem Art. 36 Abs. 2 ein, so dass es insoweit an einer Regelungslücke fehlt. Im Übrigen wird bei einigen gesetzlichen Erlöschensgründen infolge ihrer Publikation (Art. 375, 397 ZGB, Art. 933 Abs. 1 OR, Art. 175 SchKG i. V. m. Art. 933 Abs. 1 OR) ein Kennenmüssen den Gutglaubensschutz nach Art. 34 Abs. 3 analog ausschliessen. Auch bei der Bezahlung von Wertpapierschulden an eine die Urkunde nicht vorweisende und nicht mehr vertretungsberechtigte Person kommt Art. 34 Abs. 3 nicht zur Anwendung (BGE 117 II 166, 168 f.).

Die **Mitteilung** kann in beliebiger und nicht nur in einer der Kundgabe ent-   5
sprechenden Form erfolgen (BK-ZÄCH, N 57 f.; **a. A.** OSER/SCHÖNENBERGER, N 9). Fraglich ist, ob für die Mitteilung deren Zugang genügt, was dem Wortlaut von Abs. 3 und den allgemeinen Grundsätzen der Rechtsgeschäftslehre entspräche (KOLLER, Der gute und der böse Glaube im allgemeinen Schuldrecht, 1984, N 305 f.; HANDKOMM-SCHÖBI, N 7), oder hierfür zumindest ein Kennenmüssen des Dritten erforderlich ist, was der Ratio von Abs. 3 als Vertrauensschutznorm besser Rechnung trüge (BK-ZÄCH, N 43 ff.). Die zufällige Kenntnisnahme und grundsätzlich (zu handelsrechtlichen Ausnahmen s. Art. 460) auch die fahrlässige Unkenntnis (Art. 3 Abs. 2 ZGB) schliessen jedenfalls eine Berufung des Dritten auf Abs. 3 aus. Für die Kenntnis von Organen, Hilfspersonen etc. gelten die Grundsätze der Wissenszurechnung (s. Art. 32 N 5).

Art. 35

b.   **Einfluss von**   [1] **Die durch Rechtsgeschäft erteilte Ermächtigung**
       Tod, Handlungs-   **erlischt, sofern nicht das Gegenteil vereinbart ist**
       unfähigkeit u. a.   **oder aus der Natur des Geschäftes hervorgeht, mit**
                           dem Tod, der Verschollenerklärung, dem Verluste
                           der Handlungsfähigkeit oder dem Konkurs des
                           Vollmachtgebers oder des Bevollmächtigten.

² **Die nämliche Wirkung hat die Auflösung einer juristischen Person oder einer in das Handelsregister eingetragenen Gesellschaft.**

³ **Die gegenseitigen persönlichen Ansprüche werden hievon nicht berührt.**

Literatur

Siehe auch die Hinweise zu Art. 32; AUBERT, Procuration encore valable après décès, mandat post mortem, donation pour cause de mort et responsabilité de la banque après décès du client à l'égard des héritiers, SJ 1991, 285 ff.; ERB, Die Bankvollmacht, Zürich 1974; GUGGENHEIM, Die Verträge der schweizerischen Bankpraxis, 3. Aufl. Zürich 1986; KOLLER, Der gute und der böse Glaube im allgemeinen Schuldrecht, Freiburg 1984; MOTTIEZ, Des devoirs juridiques du tuteur après le décès du pupille, ZVW 2005, 235 ff. (dt. Fassung abgedruckt in ZVW 2006, 267 ff.); NUSSBAUM, Beiträge zum Notariats- und Grundbuchrecht, ZBGR 33 (1952), 101 ff.; RYCHNER, Die Vollmacht über den Tod hinaus, SJZ 1956, 222 ff.; PLOTKE, Weitergeltung einer Vollmacht trotz Verlust der Handlungsfähigkeit des Vollmachtgebers?, recht 2005, 151 f.; SCHULTZ-MEISTER, Die Vollmacht über den Tod hinaus nach deutschem und schweizerischem Recht, Basel 1960.

1   In Art. 35 werden in dispositiver Form (N 5 ff.) einige Gründe normiert, die neben dem Widerruf (Art. 34) und weiteren gesetzlich nicht geregelten Fällen (s. dazu Art. 33 N 10) ex nunc und definitiv (BGE 46 II 411, 412) zum **Erlöschen der Vollmacht** führen. Das Grundverhältnis bleibt hiervon wegen der Abstraktheit der Vollmacht grundsätzlich unberührt (Abs. 3; s. auch Art. 34 N 3), wobei zu beachten ist, dass die in Art. 35 genannten Gründe vielfach auch zur Beendigung des Grundverhältnisses führen werden (vgl. Art. 337a, 338, 338a, 405, 545 Abs. 1 Ziff. 2 und 3, 574, 619). Eine Art. 34 Abs. 3 entsprechende Vorschrift zum **Schutz Dritter**, die gutgläubig auf den Fortbestand der kundgegebenen Vollmacht vertrauen, enthält Art. 35 nicht. Auch eine analoge Anwendung von Art. 34 Abs. 3 dürfte kaum in Betracht kommen (s. Art. 34 N 4). Einen Vertrauensschutz gewähren lediglich Art. 36 Abs. 2 (Vertrauensschadenersatz bei Kundgabe durch Vollmachturkunde) und mittelbar Art. 37 (s. jeweils dort).

2   Nach Abs. 1 bringt zunächst der **Tod** (Art. 31 ff. ZGB; zur medizinischen Bestimmung des Todeszeitpunkts BGE 98 Ia 508, 512 f.) des Vollmachtgebers oder des Bevollmächtigten die Vollmacht zum Erlöschen. Dem Tod steht die **Verschollenerklärung** (Art. 35 ff. ZGB) gleich. Bei den juristischen Personen und den im Handelsregister eingetragenen Personengesellschaften bildet nach Abs. 2 die **Auflösung** (bei der Stiftung: Aufhebung), d. h. bereits der Eintritt in das Liquidationsstadium, den entsprechenden Erlöschensgrund.

Die ansonsten dem Tod natürlicher Personen gleichstehende Beendigung
mit Abschluss der äusseren und inneren Auseinandersetzung (z. B. Art. 739
Abs. 1 a.e.; Handelsregisterlöschung lediglich deklaratorisch) bildet allerdings ebenfalls einen gesetzlich nicht geregelten und wiederum dispositiven
Erlöschensgrund für die im Liquidationsstadium erteilten oder ausnahmsweise über die Auflösung hinaus fortdauernden Vollmachten.

Ein weiterer in Abs. 1 genannter Beendigungsgrund ist der Eintritt der   3
(nicht nur vorübergehenden) **Handlungsunfähigkeit** von natürlichen Personen im rechtlichen (nicht tatsächlichen) Sinne (Art. 17 i. V. m. 14, 16,
369 ff., 395 ZGB), sofern die Vollmacht nach dem Willen des Erteilenden
nicht auch in diesem Fall fortbestehen sollte (BGE 132 III 222, 224 f.;
Plotke, recht 2005, 151 f.; **a. A.** und für eine zwingende Natur von Art. 35
Abs. 1, BK-Zäch, N 16, 83). Bei den juristischen Personen und den Personenhandelsgesellschaften besteht die Handlungsunfähigkeit entweder nur
vorübergehend (dann Fortbestand der Vollmachten nach BGer 4C.399/2001,
E. 2.3; offen gelassen in BGE 78 II 369, 372 f.) oder sie führt zur Auflösung,
so dass sie keinen eigenen Beendigungsgrund bildet (z. T. **a. A.** BSK OR I-
Watter, N 5).

Das Gesetz nennt schliesslich noch den **Konkurs** (Art. 39, 191 SchKG) als   4
Beendigungsgrund. Massgeblicher Zeitpunkt ist die Konkurseröffnung. Bei
den Gesellschaften bildet der Konkurs zugleich einen Auflösungsgrund
(Art. 574 Abs. 1, 619 Abs. 1, 736 Ziff. 3, 770 Abs. 1, 820 Abs. 1 Ziff. 3, 911
Ziff. 3 OR und Art. 77 ZGB).

Art. 35 ist ausdrücklich **dispositiv**. Die genannten Gründe führen nur dann   5
zum Erlöschen der Vollmacht, sofern sich nicht aus der Natur des Geschäfts
(Gebot der Wahrung von Interessen des Vollmachtgebers oder seiner
Rechtsnachfolger; vgl. auch Art. 405 Abs. 2) oder aus einer ausdrücklichen
bzw. stillschweigenden «Vereinbarung» (gemeint ist eine einseitige Anordnung des Vollmachtgebers) etwas anderes ergibt. Auch die Handlungsunfähigkeit oder der Konkurs des Vollmachtgebers führen nicht zwingend zur
Beendigung der Vollmacht (BSK OR I-Watter, N 4, 6; CR OR I-Chappuis,
N11; **a. A.** BK-Zäch, N 16, 32, 83). Für die Handlungsvollmachten gilt die
gesetzliche Ausnahmeregelung von Art. 465 Abs. 2 (s. dort).

Einen Sonderfall der kraft der Natur des Geschäfts oder gegenteiliger   6
Anordnung fortbestehenden Vollmachten bilden die **postmortalen Vollmachten**, die entweder bereits zu Lebzeiten des Vollmachtgebers bestanden
(grundsätzlich formfreie Vollmacht über den Tod hinaus; vgl. Abs. 1) oder
erst mit dem Tod des Vollmachtgebers wirksam werden sollen (Vollmacht
auf den Todesfall). Vollmachten auf den Todesfall sind heute zwar grds.
anerkannt (zur Ablehnung durch die Bankpraxis freilich Emch/Renz/
Arpagaus, Das Schweizerische Bankgeschäft, 6. Aufl., N 702), jedoch wer-

den sie nach h. M. den Vorschriften über letztwillige Verfügungen unterworfen (Druey, Grundriss des Erbrechts, § 8 N 37, 43). Im Grundbuchverkehr ist die Zulässigkeit postmortaler Vollmachten fraglich (für Unzulässigkeit z. B. KGer SZ SJZ 1983, Nr. 43, 246 f. und BSK OR I-Watter, N.9; für Zulässigkeit z. b. Albrecht, ZBGR 1932, 163; offen gelassen in BGE 111 II 39, 40). Postmortale Vollmachten erlöschen im Übrigen aufgrund der allgemeinen Beendigungsgründe (näher BK-Zäch, N 71 ff.). Mit der Beauftragung eines Willensvollstreckers nach Art. 517 f. ZGB ist nach richtiger Ansicht nicht die Erteilung einer postmortalen Vollmacht verbunden (zum Meinungsstand Tuor/Schnyder, ZGB, 12. Aufl., 625 f. und BGE 90 II 380).

7   Der Stellvertreter, der aufgrund einer ausnahmsweise über den Tod, die Verschollenerklärung oder die Beendigung (nicht Auflösung) hinausreichenden Vollmacht ein Vertretungsgeschäft vornimmt, **vertritt** den oder die **Rechtsnachfolger** (Guggenheim, 205 f.), da die Vertretung einer nicht (mehr) rechtsfähigen Person ebenso ausgeschlossen ist wie die postmortale etc. Übertragung der Stellvertretungswirkungen auf die Rechtsnachfolger kraft der einmalig auf den Todeszeitpunkt etc. beschränkten Universalsukzession (**a. A.** BK-Zäch, N 45). Die Wirkungen des Rechtsgeschäfts treten für und gegen die Rechtsnachfolger ein (BGE 99 II 159, 163; vgl. auch Art. 37; zu Schutzpflichten der Bank gegenüber den von einem Dritten vertretenen ahnungslosen Erben BGer 4C.234/1999 E.3d). Diesen steht zu ihrem Schutz das einzeln, durch Vertreter und den Willensvollstrecker ausübbare Recht zu Weisungen und zum jederzeitigen Widerruf nach Art. 34 zur Verfügung (OGer ZH ZR 59, 282). Der Stellvertreter hat zudem vorrangig die Interessen der von ihm vertretenen Rechtsnachfolger zu wahren (BK-Zäch, N 59 f.; unklar BSK OR I-Watter, N 10 f.) und die ihm bekannten Rechtsnachfolger über den Fortbestand der Vollmacht zu informieren sowie ggf. Weisungen einzuholen (Erb, Bankvollmacht, 278 f.; Guggenheim, Bankpraxis, 205 f.; **a. A.** BK-Zäch, N 62). Sofern es dem Erklärungsempfänger ausnahmsweise einmal nicht gleichgültig sein sollte, ob er mit dem Vollmachtgeber oder dessen in die Vermögensposition einrückenden Rechtsnachfolgern kontrahiert, muss der Vertreter grundsätzlich zumindest aus den Umständen erkennbar im Namen der Rechtsnachfolger handeln (vgl. Art. 32 N 10 ff.; Nussbaum, ZBGR 1952, 101, 109 f.; **a. A.** und für eine alternative Handlungsmöglichkeit BK-Zäch, N 45). Etwas anderes gilt lediglich für den vorrangig zu schützenden gutgläubigen Stellvertreter, wie sich a maiore ad minus aus Art. 37 ergibt.

Art. 36

<table>
<tr>
<td>c.</td>
<td>Rückgabe der
Vollmachts-
urkunde</td>
<td>

¹ **Ist dem Bevollmächtigten eine Vollmachtsurkunde ausgestellt worden, so ist er nach dem Erlöschen der Vollmacht zur Rückgabe oder gerichtlichen Hinterlegung der Urkunde verpflichtet.**

² **Wird er von dem Vollmachtgeber oder seinen Rechtsnachfolgern hierzu nicht angehalten, so sind diese den gutgläubigen Dritten für den Schaden verantwortlich.**
</td>
</tr>
</table>

Literatur

Siehe auch die Hinweise zu Art. 32; KOLLER A., Der gute und der böse Glaube im allgemeinen Schuldrecht, Freiburg 1984; ZIKOS, Die Vollmacht nach schweizerischem und griechischem Recht, Zürich 1966.

Die Vorlage einer nach Erlöschen der Vollmacht gegenstandslos gewordenen (analog: wegen Unwirksamkeit der Vollmacht von Anfang an gegenstandslosen) Vollmachtsurkunde schafft einen Rechtsscheintatbestand, auf den gutgläubige Dritte vertrauen können. Abs. 1 gewährt dem Vollmachtgeber daher einen dispositiven Anspruch auf Herausgabe oder gerichtliche Hinterlegung der gegenstandslos gewordenen Vollmachtsurkunde (N 3). Versäumt der Vollmachtgeber hingegen die Zerstörung des Rechtsscheins durch Einziehung der Vollmachtsurkunde (N 4), haftet er zwingend gegenüber gutgläubigen Dritten nach Abs. 2 für den daraus entstehenden Vertrauensschaden (N 5). Die dem **Vertrauensschutz** dienende Regelung kann als Argument gegen die Anerkennung von Anscheinsvollmachten im schweizerischen Recht angeführt werden, da der Vertrauensschutz nicht durch einen fingierten Fortbestand der Vertretungsmacht (mit der regelmässigen Folge von Erfüllungsansprüchen), sondern lediglich durch einen Anspruch auf Ersatz des negativen Interesses (N 5) gewährleistet wird. 1

Die **Vollmachtsurkunde** ist ein Schriftstück i. S. v. Art. 13–15, aus dem (ggf. nur u. a.) die Bevollmächtigung einer oder mehrerer anderer (ggf. noch nicht namentlich Benannter; s. Art. 33 N 11) Personen hervorgeht. Vollmachtsurkunden i. S. v. Art. 36 sind nur das echte Original und vom Vollmachtgeber persönlich autorisierte Abschriften und Kopien (auch Telefax), da die Haftung für die Nichteinziehung von Urkunden nach Abs. 2 nur bei einem Wissen um ihre Existenz gerechtfertigt ist (enger BK-ZÄCH, N 5). Die Vollmachtsurkunde ist dem Bevollmächtigten **auszustellen**, d. h. zu erstellen und zu übergeben, wobei auch die unbefugte Besitzergreifung durch 2 den Bevollmächtigten als Übergabe anzusehen ist, wenn sie durch ein fahrlässiges Verhalten des Vollmachtgebers ermöglicht wurde (zum Blankettmissbrauch Art. 33 N 11).

3   **Bei Erlöschen** (Art. 33 N 10) aller in der Urkunde enthaltenen Vollmachten oder auf Verlangen des Vollmachtgebers (gilt als Widerruf i. S. v. Art. 34 und damit als Erlöschensgrund) haben der Bevollmächtigte (ggf. seine Rechtsnachfolger oder gesetzlichen Vertreter) oder ein in den Besitz der Urkunde gelangter Dritter (BK-ZÄCH, N 15) alle gegenstandslos gewordenen (analog: wegen Unwirksamkeit der Vollmacht von Anfang an gegenstandslosen) Vollmachtsurkunden an den Vollmachtgeber (ggf. seine Rechtsnachfolger oder gesetzlichen Vertreter) **unverzüglich** nach Kenntniserlangung oder Kenntnisnahmemöglichkeit **zurückzugeben** oder (Wahlschuld) gerichtlich zu **hinterlegen** (Abs. 1). Die Pflicht besteht auch dann, wenn das Erlöschen wie z. B. bei Befristung aus der Urkunde selbst hervorgeht (BK-ZÄCH, N 24). Der Bevollmächtigte hat wegen des bezweckten Verkehrsschutzes auch im Falle durchsetzbarer Gegenforderungen kein Retentionsrecht (Art. 896 Abs. 2 ZGB). Die Möglichkeit zur Hinterlegung nach dem jeweiligen kantonalen Recht und auf eigene Kosten dient dem Interesse des Bevollmächtigten an der Beweissicherung. Kostengünstiger kann die Beweissicherung aber auch durch eine schriftliche Bestätigung des Bestehens der Vollmacht während eines bestimmten Zeitraums durch den Vollmachtgeber erfolgen. Die in Art. 36 nicht genannte **Annullierung** der Vollmachtsurkunde mittels Durchstreichens kann die dauerhafte Rückgabe oder Hinterlegung nur dann ersetzen, wenn der Bevollmächtigte ein berechtigtes Interesse am weiteren Besitz der Urkunde hat, weil diese noch andere Erklärungen (z. B. auch Vollmachten von anderen und an andere) enthält. Auch in diesem Fall ist die Urkunde allerdings vorübergehend zur Vornahme oder Kontrolle der Annullierung an den Vollmachtgeber herauszugeben (VON TUHR/PETER, OR AT, § 42 VII). Kann die gegenstandslos gewordene Urkunde nicht aufgefunden werden, kann der gute Glaube Dritter allenfalls durch Mitteilung oder **Publikation** des Erlöschens zerstört werden.

4   **Abs. 2** verpflichtet den Vollmachtgeber (ggf. seine Rechtsnachfolger oder gesetzlichen Vertreter) zunächst dazu, den Bevollmächtigten (ggf. seine Rechtsnachfolger oder andere Besitzer) unverzüglich nach Kenntniserlangung oder Möglichkeit der Kenntnisnahme zielstrebig (notfalls auch gerichtlich) zur Rückgabe der Vollmachtsurkunde **anzuhalten**. Die lediglich von sich aus erklärte Bereitschaft des Bevollmächtigten zur Rückgabe ist noch kein Anhalten. Bei unbekanntem Aufenthalt des Besitzers hat das Anhalten durch öffentliche Bekanntmachung zu erfolgen (VON TUHR/PETER, OR AT, § 42 FN 97).

5   Die **Schadenersatzhaftung** nach Abs. 2 setzt neben dem Gegenstandsloswerden durch Erlöschen (analog: Gegenstandslosigkeit wegen Unwirksam-

keit) einer ausgestellten Vollmachtsurkunde (N 2f.) und dem Unterlassen eines zielstrebigen Anhaltens zur Rückgabe (N 4) zunächst voraus, dass der Vertreter mit Hilfe der Urkunde vor oder nach dem Erlöschen der Vollmacht bei einem gutgläubigen Dritten den Eindruck seiner (fortbestehenden) Bevollmächtigung hervorgerufen hat. Hierzu **muss der Dritte** die vom Vollmachtgeber autorisierte Urkunde vor oder bei Vertragsschluss zumindest einmal unmittelbar sinnlich **wahrgenommen** haben. Die Bezugnahme auf eine dem Dritten bekannte Urkunde genügt. Der Dritte muss zudem **gutgläubig** sein, d. h. er darf das Erlöschen (analog: Unwirksamkeit) der Vollmacht bis zum Zustandekommen des Geschäfts nicht gekannt haben und auch nicht infolge von (ggf. nur leichter) Fahrlässigkeit unwissend gewesen sein (Art. 3 ZGB). Ein Kennenmüssen ist insbesondere in den Fällen einer amtlichen Publikation des Erlöschensgrundes (Art. 375, 397 ZGB, Art. 933 Abs. 1 OR, Art. 175 SchKG i. V. m. Art. 933 Abs. 1 OR) und dann gegeben, wenn das Erlöschen aus der Urkunde selbst hervorgeht. Eine Nachforschungspflicht besteht nur bei begründetem Verdacht (z. B. Kenntnis von der Auflösung des Grundverhältnisses). Der Dritte muss zudem aufgrund der entgegen seinen Erwartungen fehlenden Vertretungswirkung (i. d. R. fehlender Vertragsschluss) einen adäquat **kausalen Vertrauensschaden** erlitten haben. Der Ersatz weiterer Schäden ist in Abs. 2 im Gegensatz zu Art. 26 Abs. 2 und Art. 39 Abs. 2 nicht vorgesehen, was für ein qualifiziertes Schweigen des Gesetzgebers spricht (a. A. BK-ZÄCH, N 59). Kein Schaden entsteht dem Dritten, wenn ein Vertrauenstatbestand gegeben ist, der zum Eintritt der Vertretungswirkungen führt (zur Konkurrenz mit Art. 33 Abs. 3, 34 Abs. 3, und 37 s. N 6), oder wenn der vollmachtlos Vertretene das Geschäft nach Art. 38 genehmigt (hierzu ist dem Vertretenen nach Art. 38 Abs. 2 eine angemessene Frist zu setzen). Da Abs. 2 keine bloss an die Zurechenbarkeit geknüpfte Rechtsscheinhaftung statuiert, sondern einen Unterfall der Vertrauenshaftung bildet, ist schliesslich noch ein (vermutetes) **Verschulden des Vertretenen** (bzw. seiner Rechtsnachfolger oder gesetzlichen Vertreter) erforderlich (vgl. dazu auch den frz. Text: «négligent»). Insbesondere sind eine Kenntnis oder ein Kennenmüssen vom Erlöschen der Vollmacht und von der Existenz der betreffenden Vollmachtsurkunde erforderlich (BK-ZÄCH, N 52 **a. A.** CR CO I-CHAPPUIS, N 12).

Der Schadenersatzanspruch nach Abs. 2 steht in **Konkurrenz zu anderen**   6
Vertrauensschutztatbeständen. Neben Abs. 2 können auch Art. 33 Abs. 3 und 34 Abs. 3 eingreifen, sofern im Einzelfall in der Vorlage der Vollmachtsurkunde durch den Vertreter zugleich eine Vollmachtsmitteilung durch den Vertretenen mittels Botenerklärung liegt (KOLLER, OR AT I, § 19 N 11). In derartigen Fällen ist zu differenzieren: ist die Vollmacht aufgrund Gesetzes erloschen, greift allein Art. 36 Abs. 2 ein, da insoweit weder nach Art. 33 Abs. 3 noch nach Art. 34 Abs. 3 Vertretungswirkungen eintreten sollen (KOL-

LER, Der gute und der böse Glaube im allgemeinen Schuldrecht, 1984,
N 329 f.). Im Falle des Widerrufs geht hingegen Art. 34 Abs. 3 der Regelung
von Art. 36 Abs. 2 vor (s. Art. 34 N 4). Mangels Schadens ist die Haftung
nach Art. 36 Abs. 2 ausgeschlossen, wenn die Vertretungswirkungen zum
Schutz des gutgläubigen Vertreters bei gleichzeitiger Gutgläubigkeit des
Dritten nach Art. 37 eintreten (N 5 und Art. 37 N 1 ff.).

7   Der Anspruch aus Abs. 2 gegen den Vertretenen und der Anspruch aus
Art. 39 gegen den Vertreter bestehen aus Gründen des Verkehrsschutzes
und mangels gegenteiliger Regelung nebeneinander in Form unechter Solidarität i. S. v. Art. 51. Der Dritte kann nach seiner Wahl den einen oder anderen belangen. Im Innenverhältnis gilt Art. 51 Abs. 2, so dass der nach Abs. 2
in Anspruch genommene Vertretene bei dem die Vollmacht missbrauchen-
den Vertreter vollen Regress nehmen kann.

Art. 37

d. **Zeitpunkt der Wirkung des Erlöschens der Vollmacht**

[1] **Solange das Erlöschen der Vollmacht dem Bevollmächtigten nicht bekannt geworden ist, berechtigt
und verpflichtet er den Vollmachtgeber oder dessen
Rechtsnachfolger, wie wenn die Vollmacht noch bestehen würde.**

[2] **Ausgenommen sind die Fälle, in denen der Dritte
vom Erlöschen der Vollmacht Kenntnis hatte.**

Literatur

Siehe auch die Hinweise zu Art. 32; KOLLER A., Der gute und der böse
Glaube im allgemeinen Schuldrecht, Freiburg 1984.

1   Nach Art. 37 treten trotz Erlöschens der Vertretungsmacht die Vertretungswirkungen zum **Schutz des gutgläubigen Vertreters** vor den Haftungsfolgen gemäss Art. 39 ein, sofern auch der Dritte gutgläubig war. Überwiegend
wird von einer gesetzlich fingierten Vertretungsmacht ausgegangen (BSK
OR I-WATTER, N 1). Für das Fortbestehen wichtiger Grundverhältnisse bestehen entsprechende Regelungen (Art. 406, 547). Aus dem Grundverhältnis kann sich zudem ein ergänzender Schutz des Bevollmächtigten durch
Schadenersatzansprüche ergeben (z. B. Art. 402 Abs. 2, 404 Abs. 2).

2   **Anwendbar** ist Art. 37 nicht nur bei einem Erlöschen nach Art. 35, sondern
auch im Falle von Art. 34, wobei der Widerruf den Vertreter nur dann nicht

bösgläubig werden lässt, wenn dieser zwar zugegangen, vom Vertreter aber schuldlos noch nicht zur Kenntnis genommen wurde. Auch im Falle eines gesetzlich nicht geregelten Erlöschens (Art. 33 N 10) ist Art. 37 zwar anwendbar, der Vertreter jedoch i. d. R. nicht gutgläubig (BK-Zäch, N 5 f.). Im Grundbuchverfahren kommt die Vorschrift wegen des Vorrangs der sachenrechtlichen Regelungen (vgl. Art. 965 ZGB) nicht zum Tragen (BGE 111 II 39, 41 f.). Eine analoge Anwendung von Art. 37 kommt nur insoweit in Betracht, als eine Vollmacht von Gesetzes wegen schon von Anfang an nicht wirksam ist (für die Fälle von Art. 35 auch BK-Zäch, N 18). In allen anderen Fällen einer gutgläubig fehlenden Vertretungsmacht bleibt es bei den Rechtsfolgen nach Art. 38, 39 Abs. 1 und 3.

Die **Gutgläubigkeit des Vertreters** muss bis zum Abschluss der betreffenden Rechtshandlung bestehen (z. B. Art. 10). Entgegen dem ungenauen Wortlaut von Abs. 1 schadet dem Vertreter nicht nur die Kenntnis, sondern auch ein Kennenmüssen i. S. v. Art. 3 Abs. 2 ZGB. Das Erfordernis der Unkenntnis bzw. des fehlenden Kennenmüssens bezieht sich aus Gründen der Nachweisbarkeit auch nicht auf das Erlöschen der Vollmacht, sondern auf den Erlöschensgrund, der dem Vertreter insbesondere beim Eintritt in der eigenen Person oder bei Bekanntmachung (Art. 375, 397 ZGB, Art. 933 Abs. 1 OR, Art. 175 SchKG i. V. m. Art. 933 Abs. 1 OR) zumindest bekannt sein muss (näher BK-Zäch, N 7 f.). 3

Ein Bedürfnis nach Schutz des Vertreters besteht nur, wenn **auch der Dritte gutgläubig** ist, da es anderenfalls nicht zu einer Haftung des Vertreters nach Art. 39 (s. dort N 4) kommen kann. Entgegen dem ungenauen Wortlaut von Abs. 2 schadet hier dem Vertreter ebenfalls nicht nur die Kenntnis, sondern auch ein Kennenmüssen i. S. v. Art. 3 Abs. 2 ZGB, wobei sich der gute Glaube wiederum auf den Erlöschensgrund und nicht das Erlöschen beziehen muss (vgl. N 3). 4

Art. 38

II.	Ohne Ermächtigung	¹ Hat jemand, ohne dazu ermächtigt zu sein, als Stellvertreter einen Vertrag abgeschlossen, so wird der Vertretene nur dann Gläubiger oder Schuldner, wenn er den Vertrag genehmigt.
1.	Genehmigung	² Der andere ist berechtigt, von dem Vertretenen innerhalb einer angemessenen Frist eine Erklärung über die Genehmigung zu verlangen und ist nicht mehr gebunden, wenn der Vertretene nicht binnen dieser Frist die Genehmigung erklärt.

Literatur

Siehe auch die Hinweise zu Art. 32; GUTZWILLER, Einzelhandlungen eines Kollektivvertreters, SAG 1983, 19 ff.; KOZIOL, Risikoverteilung bei auftragswidrigem Handeln des Bevollmächtigten, in: FS Rey, Zürich 2003, 427 ff.; LANDTWING, Der Falsus procurator im Schweizerischen Obligationenrecht, Bern 1929; LEWIN, Das Handeln des Anwalts ohne Vollmacht, SJZ 1923/24, 37 ff.; OTT, Stellvertretung ohne Vollmacht versus Geschäftsführung ohne Auftrag, in: Rechtskollisionen, FS für Anton Heini, 1995, 285 ff.; DE SAUSSURE, L'acte juridique fait sans pouvoirs de représentation, Lausanne 1945; VIOLAND, Die Stellvertretung ohne Ermächtigung (Art. 38 und 39 OR), Bern/Stuttgart 1988; VOGT N.P., Die Zustimmung des Dritten zum Rechtsgeschäft, Zürich 1982.

I.   Anwendungsbereich

1   **Direkt** kommt Art. 38 zur Anwendung, wenn eine Person (Vertreter) offenkundig (Art. 32 N 10 ff.) für einen anderen (Vertretenen) gegenüber einem Erklärungsempfänger (Dritter) eine eigene Willenserklärung abgibt, ohne hierfür über eine rechtsgeschäftliche, gesetzliche bzw. organschaftliche Vertretungsmacht zu verfügen (Art. 32 N 15 ff., Art. 33 N 1 ff.) oder die entsprechenden Vertretungswirkungen zumindest mit Hilfe eines Vertrauensschutztatbestands herbeiführen zu können (Art. 33 Abs. 3, Art. 34 Abs. 3, Art. 37). Die Vorschrift gilt nicht nur für Verträge, sondern auch für einseitige Rechtsgeschäfte, wobei (bei Empfangsbedürftigkeit) dem Dritten gegenüber dem Vertreter ohne Vertretungsmacht vorrangig ein sofort auszuübendes Rückweisungsrecht zusteht, so dass Art. 38 nur bei dessen Nichtausübung zum Tragen kommt (OSER/SCHÖNENBERGER, Art. 32 N 24).

2   **Nicht** einschlägig ist Art. 38 bei indirekter Stellvertretung mangels Handelns in fremdem Namen (Art. 32 N 24 f.), bei endgültiger Nichtexistenz des Vertretenen mangels Genehmigungsmöglichkeit (Art. 39 N 1), bei blosser Überschreitung der (internen) Vertretungsbefugnis (sog. Missbrauch der Vertretungsmacht; s. Art. 33 N 9), in der Zwangsversteigerung (BGE 117 III 39, 42 f.) und im Falle der generellen Unzulässigkeit der Stellvertretung bei höchstpersönlichen Geschäften (s. Art. 32 N 7).

3   **Analog** findet die Vorschrift Anwendung auf die Genehmigung einer nach einem zunächst (schwebend) unwirksamen Eigengeschäft (wieder) handlungsfähig gewordenen Person (BGE 75 II 337, 340 ff.) und auf das Handeln unter fremdem Namen, wenn es dem Dritten auf die Identität des Handelnden mit dem Namensträger ankam (s. Art. 32 N 14). Hingegen scheint in den Fällen, in denen der Vertreter zwar über eine Vertretungsmacht verfügt, das Geschäft aber dennoch unter dem Vorbehalt der Genehmigung durch den Vertretenen abschliesst, angesichts der zum selben Ergebnis führen-

den Regelungen der allgemeinen Rechtsgeschäftslehre (Art. 1 ff., Art. 2 ZGB)
sowie der Möglichkeit, die Vollmacht (insbesondere bei der passiven Stellvertretung) niederzulegen (dann Fehlen der Vollmacht und direkte Anwendung der Art. 38 f.), eine Analogie entbehrlich (**a. A.** BK-Zäch, N 10). Der
internationale Anwendungsbereich wird durch Art. 126 Abs. 2 und 3 IPRG
bestimmt.

Für das **Fehlen der Vollmacht** kommt es auf den **Zeitpunkt** der Abgabe der   4
Vertretererklärung an. Die **Gründe** für eine fehlende Vertretungsmacht
sind vielfältig: Nichterteilung (BGE 110 II 196, 198; BGE 101 II 222, 229 f.;
BGE 58 III 9, 11; 41 II 387, 390 ff.; 41 II 369, 372 ff.), Simulation (Art. 18;
noch zu beachten: Art. 33 Abs. 3), Unwirksamkeit der Erteilung (z. B. Handlungsunfähigkeit, Unzulässigkeit nach Art. 19 f., Anfechtung wegen Willensmangels), schwebende Unwirksamkeit (z. B. beschränkte Handlungsunfähigkeit, Gebrauch vor Bedingungseintritt), Erlöschen (s. Art. 33 N 10; noch
zu beachten: Art. 33 Abs. 3, Art. 34 Abs. 3, Art. 37) und geringere Reichweite
der Vertretungsmacht (s. Art. 33 N 1 ff.; noch zu beachten: Art. 33 Abs. 3,
Art. 34 Abs. 3; Fälle: BGE 35 II 608, 612 ff.; BGE 25 II 1009, 1116 ff.; HGer
BE ZBJV 1953, 39, 41 ff.) einschliesslich des Sonderfalls von Interessenkollisionen (Art. 32 N 17). Das Überschreiten der Vertretungsmacht (Missachtung der Grenzen der Vertretungsmacht) ist von ihrem Missbrauch (Missachtung der Grenzen der Vertretungsbefugnis; s. Art. 33 N 9) abzugrenzen.
Bei einem Überschreiten der Vertretungsmacht ist zusätzlich zu prüfen, ob
das Geschäft teilbar, hinsichtlich eines Teils noch von der Vertretungsmacht
gedeckt und damit insoweit wirksam bzw. nur hinsichtlich des nicht mehr
gedeckten Teils unter Art. 38 f. (schwebende Unwirksamkeit) fällt (Art. 20
Abs. 2 analog).

Art. 38 ist nur anwendbar, wenn die Voraussetzungen für eine **im Übrigen**   5
wirksame Willenserklärung des Vertreters vorliegen: generelle Zulässigkeit der Stellvertretung (Art. 32 N 7), Handlungsfähigkeit oder beschränkte
Handlungsunfähigkeit des Vertreters (Art. 32 N 9), Rechtsfähigkeit des Vertretenen (Art. 32 N 6), keine Unwirksamkeit nach Art. 11 Abs. 2, Art. 19 f.
oder 23 ff., Konsens bei Vertragsschluss, kein Widerruf nach Art. 40a ff.
etc.

II. Rechtsfolgen

Das vom falsus procurator vorgenommene Rechtsgeschäft ist, sofern der   6
Dritte es nicht sofort zurückweist (N 1), vorübergehend (einseitig) unverbindlich (**Schwebezustand**). Der Dritte ist, sofern er sich nicht ein Rücktrittsrecht vorbehalten hat, unabhängig von der Natur des angestrebten
Rechtsgeschäfts (z. B. Fixgeschäft) und seiner Gutgläubigkeit gebunden
(BK-Zäch, N 33 ff.; **a. A.** Oser/Schönenberger, N 8 – Möglichkeit der Anfechtung wegen Grundlagenirrtums – und Bucher, OR AT, § 33 III 2d – ge-

setzliches Rücktrittsrecht). Von dieser Bindung kann ihn nur der Vertretene, nicht jedoch der Vertreter, der seine Haftung nach Art. 39 abwenden möchte, befreien.

7   Der Schwebezustand endet mit der **(Nicht-)Genehmigung** (unwiderrufliches und grds. bedingungsfeindliches Gestaltungsrecht; BGE 101 II 230) und dem damit verbundenen endgültigen Unwirksamwerden bzw. ex-tunc-Wirksamwerden des Rechtsgeschäfts (zur Teilunwirksamkeit N 4). Bei Verfügungen eines Nichtberechtigten ohne Vertretungsmacht und Verfügungsbefugnis kann die Verfügung auch durch nachträgliche Erlangung der Berechtigung durch Rechtsnachfolge wirksam werden (sog. Konvaleszenz; VON TUHR/PETER, OR AT, § 45 II a. E.).

8   Die (Nicht-)Genehmigung der Stellvertretung (Aussenverhältnis) schlägt grds. auch auf das **Grundverhältnis** (Innenverhältnis) durch und umgekehrt (z. B. Art. 424). Es ist jedoch nicht widersprüchlich, wenn der Vertretene nur das eine Geschäft ohne das andere genehmigt (OTT, FS Heini, 285, 289 ff.; BK-ZÄCH, N 62 ff., 78 ff.). Weder der Vertreter (auch nicht aus dem Grundverhältnis; für «seltene» Fälle a. A. BSK OR I-WATTER, N 7; zum Anspruch auf Befreiung von der Schadenersatzpflicht Art. 39 N 8) noch der Dritte haben einen Anspruch auf Genehmigung (BK-ZÄCH, N 65 ff.).

9   Die (Nicht-)Genehmigung ist **vom Vertretenen** selbst (bei Mehrheit von allen; vgl. aber auch zur stillschweigenden Genehmigung der anderen bei Genehmigung durch einen von ihnen BGE 50 II 168, 184 f.) bzw. seinen Rechtsnachfolgern (ggf. ist dies auch der Vertreter), durch einen Boten, durch den nunmehr gerade (auch) hinsichtlich der Genehmigung (BK-ZÄCH, N 47; weiter – Vollmacht für derartige Geschäfte ausreichend – BSK OR I-WATTER, N 5) bevollmächtigten Vertreter oder durch einen anderen Vertreter (BGE 128 III 129, 136) **zu erklären**. Sie kann nach h. M. auch **gegenüber** dem Vertreter erfolgen (BGE 93 II 302, 307; BGE 41 II 268, 273; **a. A.** VIOLAND, 133), sofern der Dritte den Vertretenen nicht nach Abs. 2 zur Erklärung über die Genehmigung (dann grundsätzlich auch nur ihm gegenüber) aufgefordert hat (BK-ZÄCH, N 57 ff.).

10   Die (Nicht-)Genehmigung ist **grundsätzlich formlos** möglich (Ausnahme bei Formbedürftigkeit der Vollmacht – dazu Art. 33 N 5 –; BGE 75 II 337, 342, BGE 41 II 370, 372 f.; BGer 4C.148/2002 E.3.1) und kann daher auch konkludent, z. B. durch Vertragsdurchführung (BGE 43 II 293, 300 f.) oder die Berufung auf Rechtsfolgen des Geschäfts, v. a. durch Klage (BGE 101 II 222, 230) erfolgen. **Schweigen** bedeutet jedoch im Zweifel (BGer 4C.293/2006 E. 3.2; BGE 93 II 302, 307 f.) und jedenfalls bei Fristsetzung nach Abs. 2 Nichtgenehmigung. In Ausnahmefällen (z. B. kaufmännischer Verkehr, dauerhafte Geschäftsverbindung, geringfügige Überschreitung der Vertretungsmacht) kann dem Schweigen wegen einer nach Treu und Glauben ggf. be-

stehenden Pflicht zum Widerspruch (vgl. auch Art. 6) der Erklärungswert einer Genehmigung entnommen werden (BGE 124 III 355, 361; BGE 93 II 302, 307 f.; BGer SemJud 1962, 129 ff.).

Die Genehmigung, die **inhaltlich** nur die nachträgliche Gutheissung eines   11
bestimmten Geschäfts betrifft, ist weder eine nachgeholte Vollmacht noch eine Neuvornahme des Geschäfts. Die Genehmigung kann zwar nicht von der Modifikation der vom Vertreter akzeptierten Vertragsbedingungen (BGE 93 II 302, 307: auch bei Nebenpunkten neuer Antrag), sehr wohl aber innerhalb der Genehmigungsfrist (dann noch kein Bedürfnis nach Schutz des Dritten) von einer Bedingung abhängig gemacht werden (BK-ZÄCH, N 51). Sie muss, sofern es sich nicht um eine Kombination selbständiger Verträge handelt, das ganze Geschäft betreffen (ansonsten neuer Antrag; BGer 4C.147/2000, E.2a.aa; BGE 93 II 302, 307).

Die Genehmigung ist entweder in der mit dem Dritten vereinbarten **Frist**,   12
der vom Dritten angesetzten angemessenen Frist (Abs. 2) oder spätestens vor Verwirkung des Genehmigungsrechts (BGE 107 III 49, 51; zu schematisch BK-ZÄCH, N 42: Ungültigwerden spätestens nach einem Jahr) zu erklären. Wenn für die betreffende Willenserklärung eine Frist gesetzt wurde (z. B. Art. 3), müssen im Zweifel sowohl die Erklärung des Vertreters wie die Genehmigungserklärung innerhalb dieser Frist erfolgen (BK-ZÄCH, N 61). Die **Fristsetzung durch den Dritten** ist unabhängig von dessen Gut- oder Bösgläubigkeit durch formlose, einseitige und empfangsbedürftige Willenserklärung gegenüber dem Vertretenen (nicht dem Vertreter) möglich. In der Übersendung einer Rechnung mit Zahlungsfrist ist keine stillschweigende Setzung einer Genehmigungsfrist zu sehen. Die Frist ist angemessen, wenn sie den erforderlichen Kommunikationszeiten und einer hinreichenden Überlegungsfrist unter Berücksichtigung aller Umstände des Einzelfalls (z. B. Art der Kommunikation, Art, Umfang und Bedeutung des Geschäfts, Beratungsbedarf, Person des Vertretenen, Konsequenzen für den Dritten) Rechnung trägt (vgl. dazu Art. 5 mit dort grundsätzlich kürzeren Fristen und § 177 Abs. 1 BGB mit seiner gesetzlichen Frist von zwei Wochen). Die Frist kann einvernehmlich verlängert werden (s. aber noch Art. 39 N 7). Der **Dritte wird frei**, wenn ihm die Genehmigung des Vertretenen nicht vor Fristablauf zugegangen ist (Abs. 2 i. V. m. Art. 3 Abs. 2 analog).

Art. 39

2.	Nichtgeneh-migung

¹ **Wird die Genehmigung ausdrücklich oder still-schweigend abgelehnt, so kann derjenige, der als Stellvertreter gehandelt hat, auf Ersatz des aus dem Dahinfallen des Vertrages erwachsenen Schadens belangt werden, sofern er nicht nachweist, dass der andere den Mangel der Vollmacht kannte oder hätte kennen sollen.**

² **Bei Verschulden des Vertreters kann der Richter, wo es der Billigkeit entspricht, auf Ersatz weitern Schadens erkennen.**

³ **In allen Fällen bleibt die Forderung aus ungerecht-fertigter Bereicherung vorbehalten.**

Literatur

Siehe auch die Hinweise zu Art. 32 und 38; LAMPRECHT, Die Haftung des Namensträgers bei Wechselfälschungen, Zürich 1978.

1   Art. 39 regelt im direkten und analogen Anwendungsbereich von Art. 38 (s. dort N 1 ff.) sowie bei endgültiger Nichtexistenz eines rechtsfähigen Vertretenen (dann analog; BGer SemJud 1988, 27, 28; BGE 51 II 212, 219 f.) die **Haftung des Vertreters ohne Vertretungsmacht** (zum internationalen Anwendungsbereich s. Art. 126 Abs. 4 IPRG) auf Ersatz des negativen Interesses (Abs. 1) sowie eines weiteren Schadens (Abs. 2) und behält im Übrigen einen allfälligen Bereicherungsausgleich ausdrücklich vor (Abs. 3). Die Geltendmachung eines Schadens bestimmter Art durch den Dritten stellt entgegen verbreiteter Ansicht keine Wahl zwischen Abs. 1 und Abs. 2 mit bindender Gestaltungswirkung, sondern einen den jeweiligen Zahlungsanspruch stützenden und vom Richter unter Art. 39 zu subsumierenden Tatsachenvortrag dar (a. A. BK-ZÄCH, N 60; wie hier zumindest gegen eine Bindungswirkung BSK OR I-WATTER, N 9).

2   Art. 39 ist ein gesetzlich geregelter **Sonderfall der** Haftung wegen **culpa in contrahendo** (BGE 104 II 94), deren umstrittene Grundsätze hinsichtlich *Haftungsfähigkeit* (**str.**, ob Handlungsfähigkeit nach Art. 19 Abs. 1 ZGB – so z. B. mit Ausnahme des bewussten Verleitens des Dritten BK-ZÄCH, N 37 ff. – oder blosse Urteilsfähigkeit nach Art. 19 Abs. 3 ZGB – so z. B. A. KOLLER, Der gute und der böse Glaube im allgemeinen Schuldrecht, 1984, N 392 ff. und beschränkt auf Art. 39 Abs. 2 auch VIOLAND, 170 f. – erforderlich), *Beweislast* (**str.**, ob auf das Verschulden nach Art. 39 Abs. 2 die

Vermutung von Art. 97 Abs. 1 anwendbar ist – so z. B. generell BK-KRAMER, Allg. Best., N 141 – oder nicht – so z. B. BK-ZÄCH, N 49 ff.), *Verjährung* (**str.**, ob nach Art. 60 – so z. B. BGE 104 II 94 f. – oder nach Art. 127 ff. – so z. B. BK-ZÄCH OR 39 N 42 ff.) und der *Haftung für Hilfspersonen* (nach ganz h. M. Anwendbarkeit von Art. 101; s. dazu generell BK-KRAMER, Allg. Best., N 141) ergänzend heranzuziehen sind. Ausserdem kommen unstreitig **Art. 42–44 und 50 f.** (zur solidarischen Haftung von Haupt- und Untervertretern BK-ZÄCH, N. 65 ff.) zur Anwendung.

Nach **Abs. 1** hat der ohne Vertretungsmacht handelnde Vertreter (s. Art. 32 N 15 ff. und Art. 38 N 4) einen dem gutgläubigen Dritten entstandenen **Vertrauensschaden** (negatives Interesse) zu ersetzen, wenn die Genehmigung und damit die ex-tunc-Wirksamkeit des Geschäfts aufgrund der fehlenden Vertretungsmacht (ggf. auch nur z. T.) ausbleiben (s. Art. 38 N 6 ff.). Vertrauensschäden (vgl. auch etwa Art. 26 Abs. 1, Art. 109 Abs. 2) sind insbesondere die Kosten für den Vertragsschluss, für begonnene Erfüllungshandlungen und für einen Prozess (BGE 46 II 411, 412) sowie entgangener Gewinn bzw. entgangene Einsparungen aus anderenfalls sicher durchgeführten Geschäften (BGE 44 II 500, 508 f. – in casu verneint). An der **Kausalität** des Schadens fehlt es jedoch insbesondere, wenn das Geschäft noch aus anderen Gründen unwirksam (s. Art. 38 N 5) oder wirtschaftlich (z. B. wegen Konkurses des Vertretenen) nicht in der gewünschten Form durchzuführen gewesen wäre (BK-ZÄCH, N 25). Ein Verschulden des Vertreters (Kenntnis oder fahrlässige Unkenntnis vom Fehlen der Vertretungsmacht) ist insoweit ebenso wenig erforderlich (argumentum e Abs. 2; BGE 51 II 212, 219) wie ein über die Vornahme der Vertretungshandlung hinausgehendes Vorspiegeln der Vollmacht. **3**

Die Haftung des Vertreters ist nach dem Wortlaut von Abs. 1 **ausgeschlossen**, wenn der Dritte bei Wirksamwerden des Geschäfts das Fehlen der Vollmacht (v. a. aufgrund eines Hinweises des Vertreters) kannte oder fahrlässig nicht kannte (Abs. 1 a. E. i. V. m. Art. 3 ZGB; zur Wissenszurechnung generell Art. 32 N 5 und für den konkreten Fall BGE 25 II 848, 854: keine Zurechnung der Kenntnis des Notars). Leichte Fahrlässigkeit des Dritten genügt (BK-ZÄCH, N 20 a. E.; **a. A.** BSK OR I-WATTER, N 4). Eine Pflicht zu (zumutbaren) Nachforschungen besteht für den Dritten aber nur bei begründetem Verdacht (gerade auch wenn der Vertreter bereits selbst Zweifel an seiner Vertretungsmacht äussert) sowie ggf. bei besonderer Bedeutung des Geschäfts und bei Verkehrsüblichkeit (BGE 99 II 39, 42; BGE 37 II 37, 40). Nach verbreiteter, aber gleichwohl fragwürdiger Ansicht ist die in Abs. 1 getroffene Regelung entsprechend allgemeinen schadensrechtlichen Grundsätzen dahingehend zu korrigieren, dass das Kennenmüssen des Erklärungsgegners lediglich einen Herabsetzungsgrund i. S. v. Art. 44 bildet (BGE 116 II 689, 693 f.). Dem kann wegen des eindeutigen Wortlauts **4** von Abs. 1 indes nur im Rahmen von Abs. 2 gefolgt werden, wo eine unein-geschränkte und weiter reichende Haftung des falsus procurator angeordnet und wegen dessen Verschuldens auch geboten ist (so differenzierend auch Schwenzer, OR-AT 4. Aufl. N 43.09).

5   Nach **Abs. 2** kommt der **Ersatz weiterer Schäden** (sog. positives Interesse; insbesondere zusätzliche Kosten für einen Deckungskauf und entgangener Gewinn aus Weiterverkauf) nur in Betracht, wenn den Vertreter ein (vermutetes; **str. s.** N 2) Verschulden (Kenntnis oder Kennenmüssen vom gänzlichen Fehlen oder Überschreiten der Vertretungsmacht) trifft und der Ersatz unter Berücksichtigung aller wesentlichen Umstände der Billigkeit (näher BK-Meier-Hayoz, Art. 4 N 11 ff., 46 ff. ZGB) entspricht (BGE 106 II 131, 132 f.). Neben Art. 39 Abs. 2 kommt bei Arglist eine Haftung des Vertreters nach **Art. 41 Abs. 2** in Betracht.

6   Eine **Erfüllungshaftung** wurde in Art. 39 bewusst nicht vorgesehen (AGer BS BJM 1989, 40 ff.). Eine abweichende Sonderregelung findet sich in Art. 998 für das Eingehen von Wechselverbindlichkeiten. Auch der ohne Vertretungsmacht handelnde Personengesellschafter, der sich als Gesamthänder immer auch selbst vertritt, haftet persönlich auf Erfüllung (BSK OR II-Pestalozzi/Wettenschwiler, Art. 568 N 16 ff.). Eine Erfüllungshaftung des falsus procurator kann sich ferner aus Garantievereinbarung ergeben (BK-Zäch, N 86 f.). Auch die den Art. 38 f. vorgehenden Vorschriften zur Vertretung der werdenden juristischen Person sehen eine Erfüllungshaftung der Handelnden vor (Art. 645 Abs. 1, Art. 779a Abs. 1 und Art. 838 Abs. 2).

7   Für den Schaden, der dem Dritten trotz Genehmigung nach Art. 38 aufgrund des verzögerten Wirksamwerdens des Rechtsgeschäfts entsteht (sog. **Verzögerungsschaden**), gilt Art. 39 wegen der erfolgten Genehmigung nicht. Bei (vermutetem; **str. s.** N 2) Verschulden trifft den Vertreter allerdings auch insoweit eine Haftung aus culpa in contrahendo, wobei sich der Dritte eine von ihm mit zu verantwortende Verzögerung (z. B. keine, zu lange oder nochmals verlängerte Genehmigungsfrist i. S. v. Art. 38 Abs. 2) als Mitverschulden anrechnen lassen muss (BK-Zäch, Art. 38 N 77).

8   Der **Vertretene haftet** gegenüber **dem Dritten** allenfalls aus culpa in contrahendo (zu den umstr. Grundsätzen auch dieser Haftung vgl. N 2) für eigenes Verschulden (keine Geschäftsherrenhaftung nach Art. 55 und keine Zurechnung des Vertreterverhaltens nach Art. 101; BK-Zäch, N 68, 73; **a. A.** BSK OR I-Watter, N 12), wenn er das Auftreten des Vertreters als Vertreter mit Vertretungsmacht hätte verhindern können (dann aber zumeist Duldungs- oder Anscheinsvollmacht; s. dazu Art. 33 N 15 f.), wenn er das vollmachtlose Handeln des Vertreters z. B. durch eine ungenaue Formulierung der Vollmacht begünstigt hat oder wenn er das geweckte Vertrauen des Dritten in die Genehmigung enttäuscht (näher BK-Zäch, N 68 ff.). Gesetzlich geregelte Sonderfälle dieser Haftung sind Art. 36 Abs. 2 bei Aus-

stellung einer Vollmachtsurkunde (s. dort N 5) und Art. 26 bei Anfechtung der gebrauchten Vollmacht (s. Art. 33 N 6 und Art. 38 N 4). Gegenüber **dem Vertreter** kann sich aus dem Grundverhältnis eine Pflicht zur Befreiung von der Haftung nach Art. 39 (z. B. Art. 321e) oder zum Schadenersatz (z. B. Art. 422 Abs. 1; dazu auch LISCHER, Geschäftsführung ohne Auftrag, 125) ergeben. Umgekehrt kann auch der Vertretene aus dem Grundverhältnis (nicht aus Art. 39) Schadenersatzansprüche gegen den Vertreter herleiten.

Für die Rückabwicklung von Zuwendungen, die der Dritte im Vertrauen auf das Zustandekommen des Vertrages gegenüber dem Vertreter oder (wie zumeist) dem Vertretenen rechtsgrundlos gemacht hat und die nicht (z. B. bei Vermischung oder Verbrauch) nach Art. 641 Abs. 2 Alt. 1 oder Art. 975 ZGB rückgängig gemacht werden können, bleiben nach Abs. 3 **Bereicherungsansprüche** ausdrücklich vorbehalten (BGE 97 II 66, 71).   9

Bereicherungsansprüche können auch dann bestehen, wenn die Haftung nach Art. 39 wegen Kenntnis oder Kennenmüssens des Dritten ausgeschlossen ist (BGE 90 II 404, 414; BGE 116 II 689, 691; s. allerdings noch Art. 63). Soweit sich die Ansprüche inhaltlich decken, sind sie aufeinander anzurechnen. Zu beachten ist noch der Einwand der Entreicherung nach Art. 64.

Art. 40

III. Vorbehalt besonderer Vorschriften

In Bezug auf die Vollmacht der Vertreter und Organe von Gesellschaften, der Prokuristen und anderer Handlungsbevollmächtigter bleiben die besonderen Vorschriften vorbehalten.

Art. 40 enthält einen lediglich **klarstellenden Vorbehalt** zugunsten derjenigen Vorschriften, die als leges speciales vorrangig auf die vertretungsbefugten Gesellschafter und Organe von **Gesellschaften** (einfache Gesellschaft: Art. 543f. mit Rückverweis in Art. 543 Abs. 2; Kollektivgesellschaft: Art. 554 Abs. 2 Ziff. 4, Art. 555, Art. 563–567, Art. 583, Art. 585; Kommanditgesellschaft: Art. 596 Abs. 2 Ziff. 5, Art. 603, Art. 619 Abs. 1; Aktiengesellschaft: Art. 626 Ziff. 6, Art. 627 Ziff. 12, Art. 698 Abs. 2 Ziff. 2, Art. 717–721, Art. 726, Art. 739 Abs. 2 und 740; Kommanditaktiengesellschaft: Art. 765, Art. 767, Art. 770 Abs. 2; GmbH: Art. 776a Abs. 1 Ziff. 12 und Abs. 2 Ziff. 7, Art. 804 Abs. 3, Art. 814 f., Art. 821a Abs. 1; Genossenschaft: Art. 832 Ziff. 4, Art. 833 Ziff. 6, Art. 879 Abs. 2 Ziff. 2, Art. 890, Art. 894, Art. 897–901, Art. 905 Abs. 1 und 2, Art. 913 Abs. 1) sowie die **Handlungsvollmachten** (Art. 348b, Art. 458–462, Art. 464f.) anwendbar sind.   1

2 Der zu enge Wortlaut der Vorschrift bedeutet nicht, dass nicht ein entsprechender Vorbehalt auch zugunsten der Sonderregelungen über die organschaftliche Vertretung der **sonstigen juristischen Personen** (Art. 55 Abs. 2, Art. 65, Art. 69, Art. 83 Abs. 1 und 2 ZGB) und die Vertretung von rechtlich verselbständigten Bruchteilsgemeinschaften (Art. 712t ZGB; dazu FREI, Zum Aussenverhältnis der Gemeinschaft der Stockwerkeigentümer, 1970, 106 ff.) sowie der Vorschriften zur **gesetzlichen Vertretungsmacht** (z. B. Art. 166, Art. 174, Art. 304, Art. 367 Abs. 1 und 2, Art. 518 ZGB, Art. 237 Abs. 2, Art. 240 SchKG) zu machen ist.

Art. 40 *a*

H. **Widerruf bei Haustürgeschäften und ähnlichen Verträgen**

I. **Geltungsbereich**

[1] Die nachfolgenden Bestimmungen sind auf Verträge über bewegliche Sachen und Dienstleistungen, die für den persönlichen oder familiären Gebrauch des Kunden bestimmt sind, anwendbar, wenn:

a. der Anbieter der Güter oder Dienstleistungen im Rahmen einer beruflichen oder gewerblichen Tätigkeit gehandelt hat und

b. die Leistung des Kunden 100 Franken übersteigt.

[2] Die Bestimmungen gelten nicht für Versicherungsverträge.

[3] Bei wesentlicher Veränderung der Kaufkraft des Geldes passt der Bundesrat den in Absatz 1 Buchstabe b genannten Betrag entsprechend an.

Literatur

Botschaft zu einem BG über die Änderung des Obligationenrechts, BBl 1986 II 354 ff.; Zusatzbotschaft I, BBl 1992 V 388 ff.; BRINER, Verträge und Haftung im Internet, Zürich 2002; DORNIER, Das Widerrufsrecht bei Haustürgeschäften und ähnlichen Verträgen (Art. 40a–g OR), Diss. Freiburg 1994; GILLES, Das Gesetz über den Widerruf von Haustürgeschäften und ähnlichen Geschäften, NJW 1986, 1131 ff.; HOEREN, Verbraucherschutz im Internet, in: Internet-Recht und Electronic Commerce Law, Bern 2003, 221 ff.; HONSELL, OR-Novelle zum Konsumentenschutz, AJP 1992, 66 ff.; DERS., Kaufrecht und elektronischer Geschäftsverkehr, in: Internet-Recht und Electronic Commerce Law, Bern 2003, 211 ff.; HUGUENIN, Direktvertrieb und Widerrufsrecht, AJP 1994, 691 ff.; JÖRG/ARTER, Bundesgesetz über den elektronischen Geschäftsverkehr, AJP 2002, 165 ff.; KOLLER-TUMLER, Kon-

sumentenschutz im OR, recht 1992, 40 ff.; DIES., Der Konsumentenvertrag
im schweizerischen Recht, Diss. Bern 1995; KRESSE, Verbraucherausstellun-
gen: Freizeitveranstaltungen im Sinne des Haustürwiderrufgesetzes?, WRP
2000, 479 ff.; KUHN, Konsumenteninformation und Vertragswiderruf –
Neueste Entwicklungen, SVZ 1986, 333 ff.; NEUMANN, Bedenkzeit vor und
nach Vertragsabschluss: Verbraucherschutz durch Widerrufsrecht und verwandte Instrumente im deutschen und im französischen Recht, Tübingen
2005; PROBST, La jurisprudence de la Cour de justice de la Communauté
européenne: un *nouveau défi* pour la pratique juridique en droit privé
suisse, RJN 2004, 13 ff.; SCHMELZER, Der Konsumentenvertrag, Diss.
St. Gallen 1995; SCHÖBI, Ein Vertragsrecht für das digitale Zeitalter?, in:
Aktuelle Rechtsfragen des E-Commerce, Zürich 2001, 47 ff.; THÉVENOZ,
Droit de la consommation: liber amicorum Bernd Stauder, Genf 2006;
VIGNERON, L'information des consommateurs en droit européen et en droit
suisse de la consommation, Zürich 2005.

I. Normzweck

Die Art. 40 a ff. bezwecken den Kunden in seiner **rechtsgeschäftlichen Ent-**   1
scheidungsfreiheit v. a. vor Überrumpelung und Übereilung zu schützen, indem er seine Willenserklärung bei Haustürgeschäften und ähnlichen Verträgen widerrufen kann (Botschaft, 386 ff.; BSK OR I-GONZENBACH, Vorbem.
zu Art. 40 a – 40 f N 1). Im Mittelpunkt steht daher nicht der Vertragstyp, sondern die *Art und Weise seines Zustandekommens* (vgl. Art. 40 b und 40 c). In
Ergänzung dazu hält Art. 40 a den **persönlichen** und **sachlichen Geltungs-**
bereich fest. Die diesbezügliche *Beweislast* trifft den Kunden.

II. Persönlicher Geltungsbereich

In persönlicher Hinsicht knüpft das Widerrufsrecht an den **Kunden-**   2
eigenschaften und den professionellen **Anbietereigenschaften** an. Verträge
unter seinesgleichen können nicht widerrufen werden (krit. zum beidseitigen Privatgeschäft BSK OR I-GONZENBACH, Vorbem. zu Art. 40 a – 40 f N 5).
Obwohl nach dem Wortlaut des Gesetzes die Waren oder Dienstleistungen
für den privaten Gebrauch *bestimmt* sein müssen und die Anbieterstellung
für den beruflich oder gewerblich Tätigen reserviert ist (vgl. Art. 40 a), findet entsprechend dem Schutzzweck des Gesetzes das Widerrufsrecht auch
Anwendung, wenn der «Kunde» Waren und Dienstleistungen anbietet und
der gesetzlich genannte «Anbieter» als Abnehmer auftritt, wie z. B. bei An-
kaufsverträgen über Gebrauchtwagen oder Antiquitäten (BSK OR I-GON-
ZENBACH, N 4; DORNIER, N 165 ff.).

Beim **Kunden** ist vorauszusetzen, dass die vertragliche Leistung unmittel-   3
bar **persönlichen oder familiären Zwecken** dient (Art. 40 a Abs. 1; DOR-

NIER, N 144 ff.; KOLLER, OR AT I, §7 N 73; SCHWENZER, OR AT, N 28.65). Geschützt ist die *natürliche Person* als *Endverbraucher* (BSK OR I-GON-ZENBACH, N 3 m. Nw.; CR CO I-STAUDER, N 13; DORNIER, N 95 ff.). Bei Geschäften über Sachen oder Dienstleistungen, die der Kunde zum Weiterverkauf oder in Ausübung einer beruflichen oder gewerblichen Tätigkeit abschliesst, wird davon ausgegangen, dass er den besonderen Situationen der Haustürgeschäfte gewachsen ist. Bei *Mischfällen*, d. h. für den privaten sowie den geschäftlichen Gebrauch bestimmten Vertragsinhalten, ist die überwiegende Zweckbestimmung ausschlaggebend (ERMAN-SAENGER, § 312 N 5).

Durch einen **Vertreter** abgegebene Willenserklärungen können von der vertretenen Person widerrufen werden, sofern letztere dem geschützten Personenkreis angehört. Dies gilt auch, wenn der Vertreter als Kaufmann tätig ist (zur situativen Voraussetzung, vgl. Art. 40b N 3).

4   Der Anbieter muss demgegenüber in Ausübung einer beruflichen oder gewerblichen Tätigkeit handeln, was eine *planmässige und dauernde Tätigkeit* voraussetzt (BSK OR I-GONZENBACH, N 4). Nach zutreffender Ansicht ist *eine Gewinnerzielung* nicht erforderlich (CR CO I-STAUDER, N 17; DORNIER, N 272 m. Nw.). Irrelevant ist überdies die Rechtsnatur des Anbieters (natürliche oder juristische Person) und auch, ob er in selbständiger oder unselbständiger Stellung auftritt. Keine Rolle spielt ferner, ob der Anbieter als haupt- oder nebenberuflich Tätiger zu qualifizieren ist (BSK OR I-GONZENBACH, N 3; DORNIER, N 273).

Freilich kann der Anbieter die entsprechenden Geschäfte auch durch **Vertreter** abschliessen lassen, selbst wenn dieser eine dem Kunden nahestehende Person ist (sog. Freundschafts- oder Kollegenwerbung, vgl. MK-ULMER, § 312 N 30, 53). Handlungen von nicht bevollmächtigten Dritten werden dem Anbieter im Rahmen des Vertrauensschutzes zugerechnet.

III. Sachlicher Geltungsbereich

1.   Grundsatz

5   Nach einem Teil der Lehre setzt das Widerrufsrecht in sachlicher Hinsicht einen **Austauschvertrag** voraus. Auf Gleichwertigkeit der Leistungen soll es nicht ankommen (BSK OR I-GONZENBACH, N 3; DORNIER, N 170 ff.). Mit Rücksicht auf den Schutzzweck ist nach zutreffender Ansicht und entgegen dem zu eng geratenen Wortlaut des Art. 40a Abs. 1 die Anwendung des Widerrufsrechts auch auf **unvollkommen zweiseitige** und selbst **einseitige**, den *Kunden verpflichtende* **Verträge** geboten, wie etwa bei Auftrag, Schenkung, Verzichtserklärung oder Schuldanerkennung (CR CO I-STAUDER, N 9; HUGUENIN, AJP 1994, 695 f.; zum dt. Recht ERMAN-SAENGER, § 312 N 19 f.). Kann der Kunden widerrufen, wenn er für seine Verpflichtung eine Gegenleistung erhält, muss dies umso mehr für einseitige Ver-

pflichtungen gelten. Nicht erfasst wird aber die Bürgschaft, ist der Kunde doch bereits durch die gesetzlichen Formvorschriften gem. Art. 493 Abs. 2 und 494 Abs. 1 geschützt (BSK OR I-GONZENBACH, N 3 m. Nw.; **a. A.** die Rechtsprechung des EuGH, vgl. dazu CR CO I-STAUDER, N 6). Ebenfalls vom Widerrufsrecht *ausgenommen* sind *einseitige, den Anbieter verpflichtende* Verträge.

Nach Art. 40a kann, mit Ausnahme von Geschäften über Immobilien (vgl.   6
N 8), grundsätzlich jede **Sache** oder **Dienstleistung** Gegenstand des Vertrages bilden (zum Begriff der beweglichen Sache, vgl. CR CO I-STAUDER, N 3; DORNIER, N 117 ff.). So unterliegen bspw. neben Kauf-, Werk- und Mietverträgen auch Änderungsverträge und die Novationen dem Widerrufsrecht (Botschaft, 391; CR CO I-STAUDER, N 11; GILLES, NJW 1986, 1139 mit Bsp.). Bei **gemischten Verträgen** kann der den Art. 40a ff. unterliegende Vertragsteil widerrufen werden, während der andere Teil nach Art. 20 analog zu beurteilen ist (BSK OR I-GONZENBACH, N 2; DORNIER, N 135). Ein *Vereinsbeitritt* kannn nur dann widerrufen werden, wenn der Vereinsbeitrag hauptsächlich Gegenleistung für bestimmte, vom Verein zu erbringende Leistungen darstellt (so z. B. bei einer CD-Club-Mitgliedschaft; Botschaft, 391; BSK OR I-GONZENBACH, N 2; DORNIER, N 140; HONSELL, AJP 1992, 67). Dasselbe gilt für die Rechtsbeziehung zu einer *Gesellschaft* (CR CO I-STAUDER, N 7). Demgegenüber ist die *Art des Vertrages* unerheblich (Dauerschuldverhältnis, Sukzessivlieferungsvertrag, einfaches Schuldverhältnis usw.; vgl. BSK OR I-GONZENBACH, N 2; BGE 121 III 342).

2.   Ausnahmen

Als Haustürgeschäfte i. S. v. Art. 40a ff. gelten nur Verträge von einer gewis-   7
sen finanziellen Tragweite, d. h. Verträge, die eine Leistung des Kunden über *100 Franken* zum Gegenstand haben (Art. 40a Abs. 1 lit. b). Bei *Teillieferungen* sowie mehreren *rechtlich wie auch wirtschaftlich getrennten Verträgen* ist die Gesamtbestellung relevant (BSK OR I-GONZENBACH, N 5; MK-ULMER, § 312 N 83). Andernfalls wäre es ein Leichtes, die gesetzlichen Bestimmungen durch einzelne Teillieferungen von unter 100 Franken zu umgehen. Bei *Dauerschuldverhältnissen* ist der Wert der Leistung während der Mindestdauer, d. h. der Mindestlaufzeit oder der Zeit bis zum frühestmöglichen Kündigungstermin, ausschlaggebend (Botschaft, 392; BSK OR I-GONZENBACH, N 5).

Die Begrenzung entspricht dem Gedanken, dass es *unverhältnismässig* wäre, für Geschäfte von unter 100 Franken ein Widerrufsrecht vorzusehen, zumal die wirtschaftlichen Vorteile die Belastung des Kunden durch die Rückabwicklung, z. B. im Kostenrisiko eines Rechtsstreits bestehend, i. d. R. nicht übersteigen. Darüber hinaus bedarf der Kunde aufgrund des **Bagatellcharakters** auch keines Schutzes (SCHWENZER, OR AT, N 28.65).

8 Ebenfalls vom Widerrufsrecht ausgenommen sind gem. Art. 40a Verträge über **unbewegliche Sachen**, wie z. B. Kauf, Miete, Bau oder andere Verträge über Rechte an Immobilien (BSK OR I-GONZENBACH, N 2; krit. HONSELL, AJP 1992, 67). Insbesondere der Grundstückskauf bedarf der öffentlichen Beurkundung (Art. 216), welche u. a. bereits den Schutz vor Übereilung bezweckt und dem Kunden trotz Vorliegens einer Haustürsituation i. S. v. Art. 40b genügend Zeit lässt, das Geschäft nochmals zu überdenken (BSK OR I-GONZENBACH, Vorbem. zu Art. 40a–40f N 4).

9 Vom Geltungsbereich ausgenommen sind nach Art. 40a Abs. 2 auch **Versicherungsverträge**. Dies ist, trotz gleichlautender Regelung in der EU und einzelnen, anderslautender Widerrufsbestimmungen im VVG (Art. 89, 89a VVG), wenig verständlich und wird daher auch in der Lehre kritisiert (vgl. BSK OR I-GONZENBACH, N 6; CR CO I-STAUDER, N 25 m. Nw.; DORNIER, N 667 ff.; GAUCH/SCHLUEP/SCHMID/REY, N 477; HONSELL, AJP 1992, 67; KOLLER, OR AT I, § 7 N 73).

Art. 40 *b*

II. Grundsatz

Der Kunde kann seinen Antrag zum Vertragsabschluss oder seine Annahmeerklärung widerrufen, wenn ihm das Angebot gemacht wurde:

a. **an seinem Arbeitsplatz, in Wohnräumen oder in deren unmittelbaren Umgebung;**

b. **in öffentlichen Verkehrsmitteln oder auf öffentlichen Strassen und Plätzen;**

c. **an einer Werbeveranstaltung, die mit einer Ausflugsfahrt oder einem ähnlichen Anlass verbunden war.**

I. Normzweck und Anwendungsbereich

1 Den in Art. 40b aufgeführten **Verhandlungssituationen** haftet die Gefahr an, dass sich der Kunde unter Ausnutzung einer besonderen *psychologischen Lage* oder des *Überraschungsmoments* veranlasst sieht, einen unerwünschten Vertrag einzugehen (HONSELL, AJP 1992, 67; KOLLER, OR AT I, § 7 N 71; SCHWENZER, OR AT, N 28.67). Der Situationskatalog ist abschliessend (BSK OR I-GONZENBACH, N 1; HUGUENIN, AJP 1994, 694; **a. A.** DORNIER, N 704; CR CO I-STAUDER, N 8). Neben dem eigentlichen **Haustürgeschäft** (lit. a) führt er auch weitere, nach der Lebenserfahrung **typische Überrumpelungssituationen** auf, in welchen der Kunde jeweils nicht mit einem werbemässigen Ansprechen rechnet bzw. rechnen muss und daher

bei Abgabe der Willenserklärung in seiner freien Entscheidungsfindung beeinträchtigt ist.

Der Kunde kann seinen Antrag zum Vertragsschluss oder seine Annahmeerklärung widerrufen, wenn ihm das **Angebot** bzw. das *werbemässige Ansprechen* (vgl. den französischen Gesetzestext und dazu CR CO I-STAUDER, N 3) in einer enumerativ aufgezählten Situation gemacht wurde (vgl. Art. 40b). Massgebend ist also nicht der Ort des Vertragsschlusses, sondern der des werbemässigen Ansprechens durch den Anbieter; m. a. W. der **Ort des ersten Kontakts** (BSK OR I-GONZENBACH, N 2 m. Nw.). Daher kann der Kunde selbst dann widerrufen, wenn er in einer Situation i. S. v. Art. 40b angesprochen wurde, aber seine Erklärung erst in den Geschäftsräumlichkeiten des Anbieters abgibt, sofern ein gewisser Zusammenhang gegeben ist (vgl. N 11; MK-ULMER, § 312 N 35). Vom **situativen Geltungsbereich** *ausgeschlossen* ist jedoch die *kundeninitiierte Kontaktaufnahme* sowie die Erklärungsabgabe an einem *Markt- oder Messestand* (vgl. Art. 40c).

Lässt sich der Kunde vertreten, fällt die Person des tatsächlich in der Entscheidungsfreiheit beeinträchtigten Vertreters und die des wirtschaftlich Betroffenen auseinander, da der **Vertreter** durch seine Handlungen den vertretenen Kunden verpflichtet. Die *wirtschaftlichen Folgen* wirken sich also bei letzterem aus. Daher knüpfen die situativen Voraussetzungen – anders als die persönlichen (vgl. Art. 40a N 3 f.) – am Vertreter an (ERMANSAENGER, § 312 N 10).

II. Situativer Geltungsbereich

1. Arbeitsplatz, Wohnraum dessen unmittelbare Umgebung

Der Kunde kann seine Willenserklärung widerrufen, wenn ihm das Angebot an seinem **Arbeitsplatz** gemacht wurde (Art. 40b lit. a). Nach dem Wortlaut des Gesetzes ist, im Gegensatz zu den Wohnräumen, die *unmittelbare Umgebung* des Arbeitsplatzes *nicht erfasst*. Dem Schutzzweck folgend ist der Bereich des Arbeitsortes jedoch *weit auszulegen* (CR CO I-STAUDER, N 9; zur mietrechtlichen Auslegung, vgl. BGE 118 II 41 f.). Neben dem Ort der tatsächlichen Arbeitsverrichtung wird die *berufliche Sphäre* generell erfasst, d. h. sämtliche Räumlichkeiten, in welchen sich der Kunde im Rahmen seiner beruflichen Tätigkeit gelegentlich aufhält, wie bspw. die Kantine, Parkplätze, Räumlichkeiten von Mitarbeitern sowie betriebliche Sport- und Freizeitanlagen (BSK OR I-GONZENBACH, N 4; DORNIER, N 208 ff.; ERMANSAENGER, § 312 N 40). Gleiches soll für das Geschäftsauto des Kunden gelten (BSK OR I-GONZENBACH, N 4). Irrelevant ist demgegenüber, ob die Kontaktaufnahme innerhalb oder ausserhalb der Arbeitszeiten erfolgt (CR CO I-STAUDER, N 9; DORNIER, N 190).

Ferner spricht Art. 40b lit. a von «**seinem**» Arbeitsplatz. Nicht erfasst ist daher der Arbeitsplatz eines Dritten, der zur beruflichen Sphäre des Kunden keinen Zusammenhang aufweist. Dasselbe gilt für die Geschäftsräumlichkeiten des Anbieters (BSK OR I-Gonzenbach, N 4; Dornier, N 193 ff.). Mangels Überraschungseffekts bzw. Schutzbedürftigkeit kann sich auch der Abnehmer, dem am Arbeitsort von seinem Arbeitgeber ein Angebot im Zusammenhang mit dem Arbeitsverhältnis gemacht wird, nicht auf das Widerrufsrecht berufen (MK-Ulmer, § 312 N 38 m. Nw.).

5   Der Begriff des **Wohnraums** und der **unmittelbaren Umgebung** umfasst zunächst den Bereich des *dauerhaften Aufenthalts*, dann aber auch weitere, der *privaten Sphäre* zuzuordnende Örtlichkeiten, wie etwa den Hausflur, den Garten, die Strasse vor dem Haus sowie Garagen, Keller und Privatparkplätze. Gleiches gilt für Hotelzimmer, Spitalzimmer, Wohnwagen, Pflege-, Alten- und andere Wohnheime sowie Privaträume des Anbieters, die mangels ständiger Geschäftsabschlüsse noch nicht als Geschäftsräume qualifiziert werden können (BSK OR I-Gonzenbach, N 5; Erman-Saenger, § 312 N 41 m. Nw.). Nicht dazu zählen demgegenüber etwa Restaurants, Konferenzräume in Hotels, Bars, Tagungszentren sowie Seminarveranstaltungen (BSK OR I-Gonzenbach, N 5; MK-Ulmer, § 312 N 36; vgl. aber hinten N 8). Beim Wohnraum ist im Gegensatz zum Arbeitsplatz nicht erforderlich, dass es sich um Räumlichkeiten des Kunden handelt. Auch *Wohnungen Dritter* sind erfasst, wie z. B. oft bei Tupperware-Partykäufen (MK-Ulmer, § 312 N 54; Schwenzer, OR AT, N 28.67). Dies gilt auch, wenn der Kunde von der Bestellung des Unternehmers in die Wohnräumlichkeiten des Dritten gewusst hat (Erman-Saenger, § 312 N 41).

6   Zum **werbemässigen Ansprechen** in den Wohnräumen oder am Arbeitsplatz zählt nach h. L. auch die *anbieterinitiierte Telefonwerbung* (BSK OR I-Gonzenbach, N 8; Dornier, N 339 ff.; Huguenin, AJP 1994, 694). Gleiches muss auch für das sog. *Teleshopping*, d. h. die Bestellung von Waren durch den Kunden bezüglich einer Werbesendung im Fernsehen gelten (so auch MK-Ulmer, § 312 N 58; **a. A.** BSK OR I-Gonzenbach, N 9; CR CO I-Stauder, N 15). Zwar besteht kein *unmittelbarer* persönlicher Kontakt zwischen Anbieter und Kunde, trotzdem wird letzterer in seiner rechtsgeschäftlichen Entscheidungsfreiheit beeinträchtigt, da diese Werbesendungen von ihrem Konzept her i. d. R. auf einen sofortigen Vertragsschluss zielen. Willenserklärungen aufgrund an der Haustüre *ausgehändigter Verkaufskataloge* können dann nicht widerrufen werden, wenn sich der Haustürkontakt lediglich auf die Übergabe des Kataloges beschränkt. Dies gilt, mit Ausnahme eingeschalteter Sammelbesteller (dazu BSK OR I-Gonzenbach, N 9), umso mehr für den rein *schriftlichen Versandhandel*. Ebenfalls kein Widerrufsrecht besteht bei *schriftlicher Vertragsanbahnung* per *Telefax* oder auf dem Korrespondenzweg (BSK OR I-Gonzenbach, N 9). Auch bei *Vertragsanbahnungen per Internet* fehlt es i. d. R. an einer Übereilungssituation. Selbst wenn der Kunde bspw. per Werbesendungen über E-Mail zu einer Vertrags-

anbahnung verleitet wird, hat er im Gegensatz zu den typischen Haustürsituationen ausreichend Zeit, sich die Abgabe seiner Willenserklärung zu überlegen (BSK OR I-Gonzenbach, N 9a; CR CO I-Stauder, N 21; Jörg/ Arter, AJP 2002, 173).

2. Öffentliche Verkehrsmittel, Strassen und Plätze

Widerrufen werden kann auch die Willenserklärung, welche anlässlich   7
eines Angebots in einem **öffentlichen Verkehrsmittel** oder auf **öffentlichen Strassen und Plätzen** abgegeben wurde (Art. 40b lit. c). Auslegungsbedürftig ist der Begriff der Öffentlichkeit. Nach *teleologischer Auslegungsmethode* müssen alle dem Publikumsverkehr *frei oder leicht zugänglichen Örtlichkeiten* erfasst sein, bei welchen die Gefahr einer überraschenden, d. h. nicht bereits mit dem Zutritt zu erwartenden, Konfrontation mit dem werbemässigen Ansprechen besteht; selbst wenn der Zugang nur gegen Entgelt gewährt wird (BSK OR I-Gonzenbach, N 6; Erman-Saenger, § 312 N 59; MK-Ulmer, § 312 N 47, 52).

Nebst Überrumpelung und Übereilung löst das individuelle Ansprechen auf   8
öffentlichen Strassen und Plätzen bei vielen Passanten ein *Unbehagen* aus, wodurch sie in ihrer rechtsgeschäftlichen Entscheidungsfreiheit beeinträchtigt werden und oft nur in den Vertragsabschluss einwilligen, um dem zuweilen *zudringlichen Verhalten* des Anbieters zu entgehen (Erman-Saenger, § 312 N 57 m. Nw.). Demgegenüber kann sich der Kunde nicht auf das Widerrufsrecht berufen, wenn er von vornherein erkennbar erwarten muss, individuell angesprochen zu werden, wie z. B. bei Markt oder Messen auf öffentlichem Boden (vgl. auch Art. 40c lit. b), in Kaufhäusern oder auf Festwiesen (BSK OR I-Gonzenbach, N 6). Als öffentliche Strassen und Plätze gelten etwa Bahnhöfe, Flughäfen, Kinos, Theater- und Konzertsäle, Schwimmbäder, Strassencafés und Hotelhallen etc., aber auch allgemein zugängliche Privatwege (CR CO I-Stauder, N 15 m. Nw.; MK-Ulmer, § 312 N 47). Ausgenommen sind demgegenüber nicht der Allgemeinheit zugängliche Grundstücke, wie etwa private Freizeitanlagen, Camping- oder Parkplätze (BSK OR I-Gonzenbach, N 6; krit. Dornier, N 682 ff.).

Als **öffentliche Verkehrsmittel** i. S. v. Art. 40b lit. b gelten sämtliche Beförderungsmittel im Personenverkehr, die der Öffentlichkeit zugänglich sind wie   9
Bahn, Schiff, Bus und Flugzeug. Nicht dazu zählen die bloss einem beschränkten Personenkreis zugänglichen Transportmittel, wie etwa private Reisebusse, und die Verkehrmittel des Individualverkehrs (BSK OR I-Gonzenbach, N 6; MK-Ulmer, § 312 N 46). Ist aber das *Anbieten* von Waren und Dienstleistungen im Rahmen des jeweiligen öffentlichen Personentransports *üblich*, wie z. B. Duty-free-Verkauf in Flugzeugen, Verkauf von Esswaren zum Sofortverzehr auf Schiff- und Bahnreisen, *entfällt das Widerrufsrecht* mangels Schutzbedürftigkeit (BSK OR I-Gonzenbach, N 6;

ENGEL, obligations, 311; MK-ULMER, § 312 N 46; a.a. CR CO I-STAUDER, N 14; DORNIER, N 221).

3. Werbefahrten und Werbeanlässe

10   Ebenfalls zum Widerruf berechtigt ist der Kunde, welcher anlässlich einer **Werbeveranstaltung** – verbunden mit einer meist stark verbilligten **Ausflugsfahrt** oder einem ähnlichen Anlass, wie z.B. einer Show, einem Konzert oder einem Abendessen – seinen Antrag oder seine Annahmeerklärung abgegeben hat (Art. 40b lit. c). In diesen Situationen hat der Kunde nur in *beschränktem* Masse *Zeit für Überlegungen*, steht aufgrund der Beteiligung am Anlass oft unter *psychologischem Kaufdruck* und kann sich i.d.R. auch *nicht ungehindert entfernen*. Darüber hinaus beabsichtigt der Veranstalter über die Attraktivität der Veranstaltung und die freizeitähnliche Stimmung den *Geschäftszweck zu relativeren* bzw. davon abzulenken (BSK OR I-GONZENBACH, N 7; MK-ULMER, § 312 N 40). Ferner wird dem Kunden ein *Preis- und Qualitätsvergleich* mit anderen gleichwertigen Produkten praktisch *verunmöglicht* (ERMAN-SAENGER, § 312 N 44). Insoweit wird er in seiner rechtsgeschäftlichen Entscheidungsfreiheit beeinträchtig und kann selbst dann widerrufen, wenn die Werbeveranstaltung an sich angekündigt war (CR CO I-STAUDER, N 17; DORNIER, N 241 f.; MK-ULMER, § 312 N 42; krit. BSK OR I-GONZENBACH, N 7). Nicht erforderlich ist, dass die Werbeveranstaltung ausserhalb der Geschäftsräume des Anbieters stattfindet (CR CO I-STAUDER, N 18 m. Nw.). Werden *Dritte für und im Interesse des Anbieters* tätig, ist ein entsprechendes Wissen und Dulden des Anbieters notwendig (ERMAN-SAENGER, § 312 N 54). *Indizien* dafür sind z.B. Kostenzuschüsse an die Ausflugsfahrt oder den Anlass, Umsatzbeteiligung des Veranstalters am Verkauf sowie die zeitliche Koordinierung des Anlasses oder der Ausflugsfahrt mit der Werbeveranstaltung (BSK OR I-GONZENBACH, N 7; MK-ULMER, § 312 N 41).

Zu den *Werbeveranstaltungen* zählen u.a. die sog. «Kaffeefahrten», Einkaufs- und Werbeflüge mit verbilligtem Flugpreis sowie Werbeveranstaltungen anlässlich von Sportanlässen (MK-ULMER, § 312 N 39). Auch Willenserklärungen, die im Rahmen von im *Internet* angebotenen, üblicherweise mit Preisausschreiben verbundenen Spielen abgegeben werden, können unter Art. 40b lit. c subsumiert und widerrufen werden (BRINER, 66; a.a. CR CO I-STAUDER, N 6; vgl. aber zum Online-Shopping hinter Art. 40c N 2). *Nicht unter Art. 40b lit. c* fallen mangels Schutzbedürftigkeit solche Veranstaltungen, die *eindeutig* von der Verkaufsabsicht des Veranstalters beherrscht werden und bei welchen der Ausflugsfahrt bzw. dem Anlass dabei nur eine untergeordnete Bedeutung zukommt, wie bspw. bei Flugreisen, die nur der Besichtigung der angebotenen Sache dienen (ERMAN-SAENGER, § 312 N 47; MK-ULMER, § 312 N 43). Ebenfalls kein Widerrufsrecht steht dem Kunden zu, der seine Erklärung im Rahmen einer Reise an einer vergleichsweise völlig nebensächlichen Werbeveranstaltung abgibt (BSK OR I-GONZENBACH, N 7). Jahrmärkte und ähnlichen Veranstaltungen gelten trotz der im Vordergrund stehenden Erlebniserwartung nur dann als Werbeveranstaltung, wenn der Kunde die angebotene Ware oder Dienstleistung nicht erwarten musste (vgl. MK-ULMER, § 312 N 44).

III. Kausalzusammenhang

Erforderlich ist ein *sachlicher, räumlicher und zeitlicher Bezug* zwischen der   11
Haustürsituation und dem Antrag oder der Annahmeerklärung (BSK OR I-GONZENBACH, N 3; a. A. CR CO I-STAUDER, N 8; DORNIER, N 661 ff.). Das Erfordernis der **Kausalität** ist zwar nicht im Gesetzestext enthalten, folgt aber der *teleologischen Auslegung*: Das Gesetz strebt den Schutz der rechtsgeschäftlichen Entscheidungsfreiheit des Kunden an. Wesentlich ist also, dass er ohne die situationsbedingte Einwirkung seine Willenserklärung nicht oder nicht mit dem entsprechenden Inhalt abgegeben hätte (BSK OR I-GONZENBACH, N 3; ERMAN-SAENGER, § 312 N 32). Für ein generelles Eingreifen des Widerrufrechts bei blossem äusserlichem Zusammenfallen von Haustürsituation und Erklärung gibt es keine hinreichenden Gründe.

IV. Prozessuales

Die **Haustürsituation** hat der sich auf das Widerrufsrecht berufende **Kunde**   12
zu beweisen (CR CO I-STAUDER, Intro. Art. 40a–40f N 13). Dabei ist es aber nach der allgemeinen Lebenserfahrung bezüglich der in Art. 40b aufgeführten Situationen typisch, dass der Kunde in seiner Entscheidungsfreiheit beeinträchtigt wird (vgl. N 1). Demzufolge kann die vom Kunden nachzuweisende **Kausalität vermutet** bzw. der *Anscheinsbeweis* als ausreichend betrachtet werden. Dies muss zumindest dann gelten, wenn zwischen dem werbemässigen Ansprechen und der Erklärungsabgabe ein unerheblicher Zeitraum liegt. Die *Vermutung ausschliessen* wird zumindest eine zeitliche Differenz von mehr als sieben Tagen, beschränkt doch der Gesetzgeber auch die Bedenkzeit als solche im gleichen Masse (zum dt. Recht, vgl. MK-ULMER, § 312 N 32).

Art. 40 *c*

.	**Ausnahmen**	**Der Kunde hat kein Widerrufsrecht, wenn er:**
		a. **die Vertragsverhandlungen ausdrücklich gewünscht hat;**
		b. **seine Erklärung an einem Markt- oder Messestand abgegeben hat.**

I. Normzweck

1   Der einseitig zwingende Art. 40c **schränkt den situativen Geltungsbereich des Widerrufrechts ein**. Der Kunde kann nicht widerrufen, wenn er die *Vertragsverhandlungen ausdrücklich gewünscht* oder seine *Willenserklärung an einem Markt- oder Messestand* abgegeben hat, selbst wenn die Verträge auf missbilligende Weise gem. Art. 40b angebahnt wurden. In beiden Situationen wird seine Entscheidungsfreiheit grundsätzlich nicht beeinträchtigt. Daher ist er mangels Schutzwürdigkeit vom Widerrufsrecht ausgeschlossen (Botschaft, 392; KOLLER, OR AT I, § 7 N 70). Das Vorliegen der **Ausnahmesituation** ist vom *Anbieter zu beweisen*.

II. Kundeninitiierter Verhandlungswunsch

2   Hat der Kunde die **Vertragsverhandlungen** vorhergehend ausdrücklich **gewünscht**, kann er das Haustürgeschäft nicht widerrufen (Art. 40c lit. a). Dies gilt für neu anzubahnende Vertragsverhältnisse und Geschäftsverbindungen in gleichem Masse wie für bestehende (BSK OR I-GONZENBACH, N 3 mit Bsp.; CR CO I-STAUDER, N 7; zu den Ausnahmen, vgl. DORNIER, N 370, 373). Bei diesen **kundeninitiierten Kontaktaufnahmen** fehlt es an einer Überrumpelungs- oder Übereilungsgefahr bzw. der Schutzwürdigkeit des Kunden, da von ihm eine entsprechende *Vorbereitung erwartet werden kann* (BSK OR I-GONZENBACH, N 1; CR CO I-STAUDER, N 2; KOLLER, OR AT I, § 7 N 70). Auf einer solchen Initiative des Kunden beruht auch das Angebot oder die Annahme nach dem Aufsuchen einer entsprechenden *Website im Internet* (sog. Online-Shopping; JÖRG/ARTER, AJP 2002, 173). Vorauszusetzen ist jedoch, dass der Verhandlungswunsch des Kunden zeitlich so weit vor den Verhandlung liegt, dass er noch ausreichend Zeit hat, um sich auf die Verhandlungen vorbereiten zu können (BSK OR I-GONZENBACH, N 2; ERMAN-SAENGER, § 312 N 71). Er hat also dem Erscheinen des Anbieters zeitlich vorauszugehen und darf nicht erst auf diesem beruhen (MK-ULMER, § 312 N 79).

3   Art. 40c lit. a setzt ferner das Vorliegen eines **ausdrücklichen Verhandlungswunsches** voraus. Damit beabsichtigt der Gesetzgeber der Gefahr zu begegnen, dass der Anbieter den Kunden zum Verhandlungswunsch veranlassen und derart dessen Widerrufsrecht unterlaufen könnte. **Provozierte Verhandlungswünsche**, wie bspw. die vom Anbieter mit *Werbegeschenken* beeinflusste Absendung einer Bestellkarte zum Wohnungsbesuch (CR CO I-STAUDER, N 5) oder die Veranlassung zum Verhandlungswunsch mittels *Telefongesprächen* (HONSELL, AJP 1992, 67), erfüllen den Ausnahmetatbestand demnach nicht. Entscheidend für die **Abgrenzung** zwischen *ausdrücklichem* und *provoziertem* Verhandlungswunsch ist jeweils, dass der Kunde bei letzterem von den Vertragsverhandlungen überrascht wird

(BSK OR I-Gonzenbach, N 2; Schwenzer, OR AT, N 28.68; BGer vom 25. April 2000, 4C.120/1999). Diesbezüglich ist zu fordern, dass das Vorliegen einer kundeninitiierten Handlung nicht leichthin angenommen werden darf und der *Inhalt des Verhandlungswunsches* genügend zu *konkretisieren* ist. *Ungenügend* ist bspw. die blosse Bestellung zu einem Informationsbesuch zwecks Angebotsvergleichs, zu einer unverbindlichen Beratung oder einer Warenpräsentation, zur Erstellung eines Kostenvoranschlages sowie die Äusserung eines allgemeinen Interesses (vgl. Dornier N 332; Erman-Saenger, § 312 N 81). Geht aber aus dem Wunsch einwandfrei das Interesse am Besuch des Anbieters hervor, um über eine *bestimmte Art* von Sachen und Dienstleistungen zu verhandeln, bleibt dem Kunden das Widerrufsrecht verwehrt. Eine genaue Spezifikation des Verhandlungsinhalts ist dabei aber nicht erforderlich (MK-Ulmer, § 312 N 76). Ebenfalls müssen *Ort und Zeit der Verhandlungen* noch nicht genau festgelegt sein (BSK OR I-Gonzenbach, N 2 **a. A.** CR CO I-Stauder, N 3). Jedoch darf der tatsächliche Vertrags- bzw. Verhandlungsinhalt nicht wesentlich vom erwarteten und gewünschten abweichen (z. B. Kaufvertrag statt Mietvertrag, Telekommunikation anstelle von Haushaltsprodukten; vgl. auch BSK OR I-Gonzenbach, N 2). Darüber hinaus hat das Erfordernis des ausdrücklichen Verhandlungswunsches zur Folge, dass **konkludentes Handeln** des Kunden i. d. R. *nicht ausreicht*.

III. Erklärungen an Markt- und Messeständen

Ebenfalls nicht widerrufen, kann der Besucher eines **Markt- oder eines**   4
Messestandes (Art. 40c lit. b). Dem liegt die Überlegung zugrunde, dass er sich auf die Verkaufsbemühungen der Anbieter einzustellen vermag und daher *nicht* in eine *unzumutbare Entscheidungssituation* versetzt bzw. in seiner Entscheidungsfreiheit beeinträchtigt wird. Vorausgesetzt ist aber, dass die konkret angebotenen *Sachen und Dienstleistungen üblicherweise* auch auf einem solchen Markt oder auf einer solchen Messe *angeboten* werden (Schwenzer, OR AT, N 28.69; krit. Dornier, N 689 ff.). Darüber hinaus stellen Markt- oder Messestände im Grunde *Erweiterungen der Geschäftsräumlichkeiten* des Anbieters dar und werden daher vom situativen Geltungsbereich nicht erfasst (BSK OR I-Gonzenbach, N 4).

Im Einzelfall kann die **Abgrenzung** zu einer *Werbeveranstaltung* i. S. v.   5
Art. 40b lit. c schwierig sein. Während bei *Messen und Märkten* i. d. R. die Überrumpelungssituation fehlt, versuchen Werbeveranstaltungen mit nicht-sachbezogenen Elementen von den tatsächlichen Verkaufsabsichten des Veranstalters abzulenken und den unvorbereiteten Kunden zu unüberlegten Geschäftsabschlüssen zu verleiten (vgl. Art. 40b N 10). Der Kunde besucht die Messe also aus Interesse am Warenangebot und die Werbeveranstaltung aufgrund des Unterhaltungswerts. Schwierig kann im Einzel-

fall auch die Abgrenzung zu den *öffentlichen Strassen und Plätzen* gem.
Art. 40b lit. b sein. Je dauernder ein Messestand errichtet und betrieben
wird, desto mehr ist von einer Ausnahmesituation gem. Art. 40c auszugehen (CR CO I-STAUDER, N 8; DORNIER, 692).

Art. 40 *d*

IV. Orientierungs-
pflicht des
Anbieters

¹ **Der Anbieter muss den Kunden schriftlich über**
das Widerrufsrecht sowie über Form und Frist des
Widerrufs unterrichten und ihm seine Adresse
bekannt geben.

² **Diese Angaben müssen datiert sein und die Identifi-**
zierung des Vertrags ermöglichen.

³ **Sie sind dem Kunden so zu übergeben, dass er sie**
kennt, wenn er den Vertrag beantragt oder annimmt.

I. Normzweck und Anwendungsbereich

1   Liegt ein Haustürgeschäft oder ein ähnlicher Vertrag vor, kann der Kunde
seine Willenserklärung innerhalb von sieben Tagen widerrufen (vgl. dazu
Art. 40e). Die *Widerrufsfrist* bezweckt dem Kunden eine nachträgliche Bedenkzeit einzuräumen, innerhalb welcher er frei von Überrumpelung und
Übereilung nochmals seinen Antrag oder seine Annahme überdenken kann
(CR CO I-STAUDER, Intro. Art. 40a–40f N 4). Dies ist aber nur möglich, wenn
der Kunde auch *Kenntnis von der Bedenkzeit und vom* **Widerrufsrecht** hat.
Daher normiert der zwingende Art. 40d eine entsprechende, dem Anbieter
obliegende **Orientierungspflicht**. Erlangt der Kunde *anderweitig Kenntnis*
der Angaben, ist eine *Verwirkung* des Widerrufsrechts nicht ausgeschlossen
(MK-ULMER, § 312 N 16; **a. A.** wohl CR CO I-STAUDER, N 11). Die diesbezügliche *Beweislast* trägt jedoch der Anbieter.

2   Die Orientierungspflicht stellt eine blosse **Obliegenheit** dar. Verletzt sie der
Anbieter, bleibt die *Verbindlichkeit* des Vertrages *unberührt*; lediglich der
Fristenlauf für den Widerruf wird *aufgeschoben* (BSK OR I-GONZENBACH,
N 4 m. Nw.; CR CO I-STAUDER, N 14). Die Verletzung der Orientierungs-
pflicht stellt jedoch oft einen gleichzeitigen Lauterkeitsverstoss in analoger
Anwendung von Art. 3 lit. m UWG dar (BSK OR I-GONZENBACH, N 4. Zum
Verhältnis zu PRG und KKG, vgl. DERS., Vorbem. zu Art. 40a–40f N 9).

II. Inhalt und Form

Der Anbieter hat gem. Art. 40d den Kunden über das Widerrufsrecht, seine   3
Anschrift sowie das Erfordernis der Schriftlichkeit des Widerrufs und die
siebentätige Widerrufsfrist zu **orientieren**. Der blosse Verweis auf die gesetzlichen Bestimmungen genügt nicht (CR CO I-Stauder, N 3). Die **Beweislast** dieser, für den Fristbeginn massgebenden Orientierung, trifft den
Anbieter (zum Beweis des Zeitpunkts vgl. Art. 40e Abs. 3).

Der Anbieter hat spätestens im **Zeitpunkt** der *Abgabe der Willenserklärung*   4
des Kunden derart zu orientieren, dass letzterer die Angaben **tatsächlich
kennt**. Nach dem Wortlaut von Art. 40d Abs. 3 genügt es nicht, dass der
Kunde die entsprechenden Informationen bloss hätte kennen müssen
(CR CO I-Stauder, N 11; krit. BSK OR I-Gonzenbach, N 3). Dies setzt auch
voraus, dass die Orientierung **inhaltlich** *klar und verständlich* abgefasst,
und ebenso in *formeller Hinsicht*, z. B. bezüglich «Kleingedrucktem», *transparent* ist (CR CO I-Stauder, N 10; Dornier, N 459). Eine einheitliche, den
Vertragsinhalt sowie die Belehrung über das Widerrufsrecht festhaltende
Urkunde reicht jedoch aus. Demgegenüber genügt die blosse Aufführung in
den *Allgemeinen Geschäftsbedingungen* den gesetzlichen Anforderungen
nicht (BSK OR I-Gonzenbach, N 3; Dornier N 461; Tribunal Cantonal de
l'Etat de Fribourg, 14. 9. 2005, E. 3b. = RFJ 2005, 334).

Zusätzliches Erfordernis ist die **Datierung der Information** (Art. 40d Abs. 2).   5
Damit soll eine *klare Berechnung des Fristenlaufs* ermöglicht werden, wobei der Anbieter aber *nicht* verpflichtet ist, auch Angaben über *Beginn und
Ende der Frist* zu machen (BSK OR I-Gonzenbach, N 2). Mit der Pflicht zur
Bekanntgabe der Anschrift des Anbieters wird die Bestimmung des Adres-
saten der Widerrufserklärung bezweckt (CR CO I-Stauder, N 5). Zu guter
Letzt muss der **Vertrag** anhand der zu offenbarenden Angaben **identifizier-
bar** sein (Art. 40d Abs. 2), um von vornherein Unklarheiten bezüglich der zu
widerrufenden Willenserklärungen vorzubeugen (BSK OR I-Gonzenbach,
N 2).

Die **Belehrung** des Kunden hat *unabhängig der Formbedürftigkeit* des Ver-   6
trags **schriftlich** zu erfolgen (Art. 40d Abs. 1; CR CO I-Stauder, N 9). Damit
wird bezweckt, die *Informationen* für den Kunden *klar festzuhalten* und sie
ihm *dauernd zugänglich zu machen*. Daher kann vom Erfordernis der eigenhändigen Unterschriften der sich verpflichtenden Parteien gem. Art. 13
und 14 OR grundsätzlich abgesehen werden (vgl. auch Briner, 68 f.; **a. A.**
bezüglich des Anbieters CR CO I-Stauder, N 9; Tribunal Cantonal de l'Etat
de Fribourg, 14. 9. 2005, E. 3b. = RFJ 2005, 334). Da den Anbieter aber die
Beweislast für die Kenntnisnahme der Angaben und den Zeitpunkt deren
Kundgabe trifft (CR CO I-Stauder, Intro. Art. 40a–40f N 13), ist die Signatur
praktisch unverzichtbar (Dornier, N 449). Die Unterzeichnung der Beleh-

rung durch den Kunden muss dann aber auch als *Indiz* genügen, dass er den Inhalt *kennt und verstanden* hat (BSK OR I-GONZENBACH, N 3; zur tatsächlichen Kenntnisnahme vorne N 4).

III. Verletzung der Orientierungspflicht

7   **Verletzt** der Anbieter seine **Orientierungspflicht**, z. B. bei Einräumung einer bloss fünftägigen Widerrufsfrist auf dem Bestellformular, wird der Beginn des **Fristenlaufs aufgeschoben** und das Recht des Kunden zu widerrufen bleibt erhalten. Insofern steht dem nicht oder mangelhaft orientierten Kunden ein *zeitlich unbefristetes Widerrufsrecht* zu. Einzuhalten bleibt aber die **absolute Verjährungsfrist** von zehn Jahren (CR CO I-STAUDER, N 9; DORNIER, N 474 ff.; BezGer SG, 12. 12. 1997, E. 3 b/cc [nicht publ.]). Freilich kann der Anbieter die Belehrung zu einem *späteren Zeitpunkt nachholen oder vervollständigen* (BSK OR I-GONZENBACH, N 4).

Art. 40 *e*

V.	**Widerruf**	¹ **Der Kunde muss dem Anbieter den Widerruf schriftlich erklären.**
1.	**Form und Frist**	² **Die Widerrufsfrist beträgt sieben Tage und beginnt, sobald der Kunde:**

² **Die Widerrufsfrist beträgt sieben Tage und beginnt, sobald der Kunde:**
  a. den Vertrag beantragt oder angenommen hat; und
  b. von den Angaben nach Artikel 40d Kenntnis erhalten hat.
³ **Der Beweis des Zeitpunkts, in dem der Kunde von den Angaben nach Artikel 40d Kenntnis erhalten hat, obliegt dem Anbieter.**
⁴ **Die Frist ist eingehalten, wenn die Widerrufserklärung am siebenten Tag der Post übergeben wird.**

I.   Normzweck und Anwendungsbereich

1   Das befristete **Widerrufsrecht bezweckt** den Kunden mittels Einräumung einer *nachträglichen Bedenkzeit* vor Gefahren zu schützen, die sich aus einer Haustürsituation i. S. v. Art. 40b ergeben. Wie Art. 40d für die Orientierungspflicht, hält der einseitig zwingende Art. 40e v. a. im Interesse der *beweisrechtlichen Klarheit* und der *Rechtssicherheit* Anforderungen an die Form des Widerrufs und Angaben über den Beginn der Widerrufsfrist fest (BSK OR I-GONZENBACH, N 1; DORNIER, N 438 f.).

Beim Widerruf selbst handelt es sich um ein *bedingungsfeindliches, verschuldensunabhängiges* **Gestaltungsrecht** (BSK OR I-Gonzenbach, Art. 40b N 11). Er lässt grundsätzlich die Berufung auf **andere Rechtsbehelfe**, wie etwa jene der arglistigen Täuschung, des Irrtums oder eines vertraglichen Rücktrittsrechts, unberührt (BSK OR I-Gonzenbach, Vorbem. zu Art. 40a – 40f N 6; CR CO I-Stauder, Intro. Art. 40a – 40f N 9 m. Nw.).

II. Formvorschrift und Widerrufsfrist

Der Widerruf hat dem **Formerfordernis** der **Schriftlichkeit** zu genügen. 2
Entgegen Wortlaut und h. L. muss aber auch der **mündliche** oder sogar **konkludent** zum Ausdruck gebrachte Widerruf genügen, würde doch die Abhängigkeit der Gültigkeit des Widerrufs von der Schriftform, dem Schutzzweck des Gesetzes entgegenstehen (CR CO I-Stauder, N 2; Tribunal Cantonal de l'Etat de Fribourg, 14.9.2005, E. 3b. = RFJ 2005, 335; Rücksendung kosmetischer Produkte KGer GR, 16.8.2005 [nicht publ.]; a.A. BSK OR I-Gonzenbach, N 2; Dornier, N 434 ff.).
Der Widerruf bedarf **keiner Begründung** und muss auch *nicht als solcher bezeichnet* werden. Die zu widerrufende Erklärung und der dahingehende Wille des Kunden brauchten aber erkennbar zu sein (BSK OR I-Gonzenbach, N 2; CR CO I-Stauder, N 3).

Die **Widerrufsfrist** beträgt *sieben Tage* und beginnt mit Antrag oder An- 3
nahme des Kunden (Art. 40e Abs. 2 lit. a). Von ihr kann nur zugunsten des Kunden abgewichen werden (CR CO I-Stauder, Intro. Art. 40a – 40f N 8).
Der **Fristbeginn** verzögert sich, wenn der Anbieter seine *Orientierungspflicht* i. S. v. Art. 40d gegenüber dem Kunden *verletzt* (BSK OR I-Gonzenbach, N 3; zur Kenntnisnahme, vgl. Art. 40d N 4). Die *Beweislast* bezüglich des *Zeitpunkts der Orientierung* trifft dabei den Anbieter (Art. 40e Abs. 3).
Die **Frist ist gewahrt**, wenn der Widerruf am *siebten Tag der Post übergeben* wird (Art. 40e Abs. 4; dazu Dornier, N 482 ff.). Handelt es sich dabei um einen *Sonn- oder Feiertag*, ist der nächste Werktag massgebend (Art. 78 Abs. 1; BSK OR I-Gonzenbach, N 3). Dadurch soll dem Kunden die *gesamte Frist als Bedenkzeit* eingeräumt werden (BSK OR I-Gonzenbach, N 3; Schwenzer, OR AT, N 28.63). Die *Wirkungen* der einseitigen empfangsbedürftigen Willenserklärung treten erst mit Zugang beim Anbieter ein, unabhängig davon, ob dieser nach Fristablauf erfolgt (Koller, OR AT I, § 7 N 77). Demzufolge stellt Art. 40e Abs. 4 keine Ausnahme vom *Zugangsprinzip*, sondern eine *blosse Regelung der Fristenwahrung* dar (CR CO I-Stauder, N 8 m. Nw.; Koller, OR AT I, § 7 N 77; a.A. Gauch/Schluep/Schmid/Rey, N 476).

Art. 40 *f*

<table>
<tr><td>2.   Folgen</td><td>

[1] **Hat der Kunde widerrufen, so müssen die Parteien bereits empfangene Leistungen zurückerstatten.**

[2] **Hat der Kunde eine Sache bereits gebraucht, so schuldet er dem Anbieter einen angemessenen Mietzins.**

[3] **Hat der Anbieter eine Dienstleistung erbracht, so muss ihm der Kunde Auslagen und Verwendungen nach den Bestimmungen über den Auftrag (Art. 402) ersetzen.**

[4] **Der Kunde schuldet dem Anbieter keine weitere Entschädigung.**

</td></tr>
</table>

I.   Normzweck und Anwendungsbereich

1   Art. 40f regelt die **Rechtsfolgen** nach erfolgter Ausübung des **Widerrufrechts**, falls die Parteien ihre Leistungen bereits ganz oder teilweise erbracht haben. Ferner bezweckt das in Abs. 3 normierte **Verbot weiterer Entschädigungen**, die Entscheidungsfreiheit des Kunden bezüglich seines Widerrufrechts aufrecht zu erhalten (BSK OR I-GONZENBACH, N 1; ENGEL, obligations, 313). Da das *Haustürgeschäft* aber *zunächst wirksam* ist, darf der Kunde die Gegenleistung nicht bis zum Ende der Widerrufsfrist verweigern (ERMAN-SAENGER, § 355 N 4).

II.   Rückerstattung

2   Widerruft der Kunde seine Willenserklärung fristgerecht, wird das bis anhin voll wirksame **Rechtsgeschäft** nach h. L. **ex tunc aufgelöst** (Botschaft, 394; BSK OR I-GONZENBACH, Art. 40b N 11; DORNIER, N 507; SCHWENZER, OR AT, N 28.73; krit. HONSELL, AJP 1992, 67). Anstelle der Leistungspflichten treten nun im Rahmen eines **Rückabwicklungsverhältnisses** die sog. Rückabwicklungspflichten.

Die **Rechtsnatur** dieser Rückabwicklungsansprüche ist umstritten. Befürworter der *Umwandlungstheorie* vertreten die Rückabwicklung nach vertraglichen Grundsätzen (CR CO I-STAUDER, N 3; DORNIER, N 499; GAUCH/SCHLUEP/SCHMID/REY, N 477a). Nach zutreffender Ansicht folgt die *Rückabwicklung* aber *sachen- und bereicherungsrechtlichen Ansprüchen*, wobei es sich beim Anspruch nach Art. 40f Abs. 3 um einen gesetzlichen Anspruch sui generis handelt (KOLLER, OR AT I, § 7 N 83; SCHWENZER, OR AT, N 28.73). Denn die Rückabwicklungsansprüche beziehen sich nicht auf die Umgestal-

tung des bisher unbestrittenen Vertrages, wie z. B. beim Rücktritt gem.
Art. 109 Abs. 1 oder bei der kaufrechtlichen Wandelung, sondern sind Folge des ex tunc wirkenden Widerrufs eines herbeigeführten, ungewollten
Rechtsverhältnisses. Sie basieren also nicht auf einem an sich unbestrittenen Vertragsschluss sowie dem nun aufzulösenden Vertragsverhältnis, sondern beziehen sich auf die Situation, wie wenn der Vertag nie bestanden
hätte (vgl. auch KOLLER, OR AT I, § 7 N 83).

Die **Leistungen** der beteiligten Parteien sind **Zug um Zug** rückzuerstatten   3
(DORNIER, N 501 ff.; zum Erfüllungsort BSK OR I-GONZENBACH, N 6). Dasselbe gilt auch für *Geldleistungen*. Die Rückleistung hat infolge Vermischung i. d. R. aber wertmässig zu erfolgen (KOLLER, OR AT I, § 7 N 79).
Ist die **Sache** *nicht mehr vorhanden* und die Rückgabe daher nicht mehr *in
natura* möglich, hat der *Ausgleich wertmässig* zu erfolgen (BSK OR I-GON-
ZENBACH, N 3; DORNIER, N 501 ff.). Liegt erst ein Angebot des Kunden vor,
führt der Widerruf zur Befreiung von der Bindung (BSK OR I-GONZENBACH,
N 2). Dem Kunden steht neben dem Anspruch auf seine Leistung auch *Ersatz für notwendige Aufwendungen* betreffend Unterhalt und Substanzer-
haltung der Sache zu. Eine *Verzinsung* der Kundenleistung durch den Anbieter ist aber grundsätzlich ausgeschlossen (BSK OR I-GONZENBACH, N 5;
CR CO I-STAUDER, N 12). Handelt es sich um eine Kaufsache, hat der Käufer
ferner ein *Retentionsrecht*, bis ihm der Verkäufer den Kaufpreis rückerstattet (Art. 895 ZGB; Botschaft, 394).
Hat der Anbieter gemäss Vertrag eine **Dienstleistung** erbracht, scheidet
die Rückgabe grundsätzlich aus. *Auslagen und Verwendungen*, wie z. B.
Materialkosten und Gehälter werden nach den Bestimmungen über den
Auftrag ersetzt (Art. 402; CR CO I-STAUDER, N 8). Die in Anspruch genommene *Dienstleistung* ist dabei *wertmässig zu ersetzen*, wobei sich der Umfang an der üblichen Vergütung zu orientieren hat (KOLLER, OR AT I,
§ 7 N 82). Sofern dem Kunden kein Zinsertrag angefallen ist, entfällt eine
Verzinsung. Ebenfalls kein Ersatz ist für *Honorar oder Gewinn* geschuldet (BSK OR I-GONZENBACH, N 3; CR CO I-STAUDER, N 9; DORNIER, N 523 ff.;
a. A. KOLLER, OR AT I, § 7 N 82).

III. Entschädigungen

Beim Haustürgeschäft über **bewegliche Sachen** schuldet der Kunde einen   4
angemessenen Mietzins, falls er die Sache *bereits in Gebrauch* genommen
hat (Art. 40f Abs. 2). Dementsprechend schliesst der vormalige Gebrauch
die Berufung auf das Widerrufsrecht nicht aus. Mit Mietzins meint der
Gesetzgeber das **Entgelt für den Gebrauch**, hätte der Kunde die Sache gemietet (KOLLER, OR AT I, § 7 N 80). Die *Höhe* richtet sich nach dem üblichen
Entgelt. Mangels eines solchen wird er richterlich bestimmt; unter mög-

licher *Berücksichtigung* einer allfälligen *versäumten Orientierung* über das Widerrufsrecht (Botschaft, 394; BSK OR I-Gonzenbach, N 3; CR CO I-Stauder, N 7).

Weitere **Entschädigungen** sind nach Art. 40f Abs. 4 und den Grundsätzen des Bereichungsrechts bei **verletzter Orientierungspflicht** des Anbieters grundsätzlich *ausgeschlossen* (Botschaft, 395; Honsell, AJP 1992, 68). Bei **ordnungsgemässer Orientierung** i. S. d. Art. 40d, schuldet der Kunde jedoch nach Art. 97 ff. *Ersatz* für die *Wertverminderung bei übermässigem Gebrauch* oder den *Untergang* der Sache, sofern er mit der Rückerstattung rechnen musste (BSK OR I-Gonzenbach, N 3; eingehend CR CO I-Stauder, N 5 m. Nw.; Honsell, AJP 1992, 68; Schwenzer, OR AT, N 28.73).

Weitergehende Entschädigungen sind zwingend **ausgeschlossen**, was insbesondere durch den Widerruf verursachte *Schadenersatzansprüche* sowie vereinbarte *Konventionalstrafen* betrifft (Botschaft, 395; BSK OR I-Gonzenbach, N 4; Dornier, N 514).

Art. 40 *g*

aufgehoben

Zweiter Abschnitt: Die Entstehung durch unerlaubte Handlungen

Vorbemerkungen zu Art. 41–61

Literatur

Brüggemeier, Grundlagen der Haftung nach dem schweizerischen Gesetz zur Reform des Haftpflichtrechts, in: Foëx/Werro (Hrsg.), La réforme du droit de la responsabilité civile, Zürich 2004, 49 ff.; Bühler, Ist die Schadensprävention kein Thema für das schweizerische Haftpflichtrecht?, FS Rey, Zürich 2003, 197 ff.; Bussani, Les relations entre la responsabilité contractuelle et la responsabilité délictuelle, in: Foëx/Werro (Hrsg.), La réforme du droit de la responsabilité civile, Zürich 2004, 109 ff.; Chappuis/Werro, La responsabilité civile: à la croisée des chemins, ZSR 2003 II, 237 ff.; Foëx/

Werro (Hrsg.), La réforme du droit de la responsabilité civile, Zürich 2004; GAUCH, Der Schätzer und die Dritten: Methodisches zu BGE 130 III 345 ff., zur Deliktshaftung und zu den Haftungsfiguren der vertraglichen Drittschutzwirkung, der Culpa- und der Vertrauenshaftung, FS Wiegand, Bern 2005, 823 ff.; HONSELL, Reformbestrebungen im schweizerischen Haftpflichtrecht, FS Schlechtriem, Tübingen 2003, 743 ff.; KRAMER, «Reine Vermögensschäden» als Folge von Stromkabelbeschädigungen, recht 1984, 128 ff.; LORANDI, Haftung für reinen Vermögensschaden, recht 1990, 19 ff.; LOSER, Kritische Überlegungen zur Reform des privaten Haftpflichtrechts – Haftung aus Treu und Glauben, Verursachung und Verjährung, ZSR 2003 II, 127 ff.; DERS., Vertrauenshaftung im schweizerischen Schuldrecht: Grundlagen, Erscheinungsformen und Ausgestaltung im geltenden Recht vor dem Hindergrund europäischer Rechtsentwicklung, Bern 2006; DERS., Die Vertrauenshaftung in der Praxis, in: Jung (Hrsg.), Aktuelle Entwicklungen im Haftungsrecht, Zürich/Basel/Genf 2007, 23 ff.; MÜLLER-CHEN, Haftpflichtrecht in der Krise?, BJM 2002, 289 ff.; PORTMANN, Revision und Vereinheitlichung des Haftpflichtrechts – Eine Auseinandersetzung mit dem geplanten Bundesgesetz, ZSR 2001 I, 327 ff.; ROBERTO, Verschuldenshaftung und einfache Kausalhaftungen: eine überholte Unterscheidung?, AJP 2005, 1323 ff.; SCHÖBI, Revision und Vereinheitlichung des Haftpflichtrechts – Ergebnisse der Vernehmlassung und weiteres Vorgehen, in: Weber/Fuhrer (Hrsg.), HAVE, Retouchen oder Reformen?, Zürich 2004, 9 ff.; SCHÖNENBERGER, Generalklausel für die Gefährdungshaftung – ein sinnvolles Reformvorhaben?, in: Festgabe Schweizerischer Juristentag 2004, Basel/Bern 2004, 171 ff.; SEILER, Gedanken aus risikorechtlicher Sicht zur Gesamtrevision des Haftpflichtrechts, ZBJV 1995, 398 ff.; WICK, Die Vertrauenshaftung im schweizerischen Recht, AJP 1995, 1270 ff.; WIDMER, Vertrauenshaftung – Von der Gefährlichkeit des Überflüssigen, ZSR 2001 I, 101 ff.; WINIGER, L'architecture de l'avant-projet de la loi sur la responsabilité civile, ZSR 2001 I, 299 ff. Vgl. weitere Literatur zur Vertrauenshaftung vor Art. 97.

I.   Begriff, Funktion und Quellen des Haftpflichtrechts

Die Art. 41–61 (zweiter Abschnitt des ersten Titels der ersten Abteilung) sind mit **«Die Entstehung durch unerlaubte Handlungen»** betitelt. Damit behandelt der zweite Abschnitt die **unerlaubten Handlungen** als zweiten Entstehungsgrund einer Obligation, nach dem Vertrag im ersten Abschnitt und vor der ungerechtfertigten Bereicherung im dritten Abschnitt (vgl. nur ZK-OSER/SCHÖNENBERGER, N 1). Nach heutiger Sprachregelung sind die Begriffe **ausservertragliches Haftpflichtrecht** oder **Deliktsrecht (a. A.** REY, N 11) Synonyme zum Begriff des Rechts der **unerlaubten Handlung.** In der Schweiz wird der Begriff Haftpflichtrecht *(responsabilité civile)* in der Regel als **ausservertragliches Haftpflichtrecht** verstanden (vgl. ausdrücklich

      1

DESCHENAUX/TERCIER, § 1 N 10; i.d.S. nun z.B. ROBERTO, N 9; HONSELL, § 1 N 2).

2 Das Haftpflichtrecht regelt die Ansprüche, die infolge einer Rechtsgutsverletzung entstehen, ohne dass zwischen dem Verletzer und dem Verletzten vor der Verletzungshandlung eine Rechtsbeziehung bestehen muss. Inhalt einer derart entstandenen Obligation ist ein Wiedergutmachungsanspruch gegenüber dem Verletzer (so die Terminologie bei REY, N 2; KELLER/GABI, 1 ff.). Dieser Wiedergutmachungsanspruch besteht seinerseits in einem **Schadenersatzanspruch** oder einem Anspruch auf **Ersatz für immaterielle Unbill** (Genugtuung). Das Haftpflichtrecht regelt damit nicht nur den Schadensausgleich (so aber die h.L., vgl. z.B. Honsell, § 1 N 4; Schwenzer, N 49.01), sondern regelt ebenfalls Ansprüche für den Ausgleich nicht ersatzfähiger Schädigungen (immaterielle Unbill). Bei genauer Betrachtung kann eine unerlaubte Handlung neben diesen Ersatzforderungen auch weitere Ansprüche, wie diejenigen auf Beseitigung einer Störung oder auf Unterlassung weiterer Störungen, auslösen (i.d.S. von Tuhr/Peter, OR AT, 407). Damit sind insbes. alle Ansprüche aus **Persönlichkeitsverletzung** Teil des ausservertraglichen Haftpflichtrechts (i.d.S. Roberto, passim). Der Schadensausgleich und der damit verbundene Schadenersatzanspruch stellt aber zweifelsohne die praktisch bedeutendste Rechtsfolge im Rahmen des Haftpflichtrechts dar. Die Entstehung einer solchen Obligation aus Deliktsrecht bedingt nicht, dass vor der Verletzungshandlung zwischen den Parteien ein Rechtsverhältnis besteht (i.d.S. Rey, N 3). Umgekehrt verhindert das Bestehen einer solchen Rechtsbeziehung – insbes. eines Vertragsverhältnisses – die Entstehung einer deliktsrechtlichen Obligation nicht (vgl. zu den Konkurrenzen N 11). Vorbestehende Rechtsbeziehungen zwischen den Parteien sind damit zwar nicht Voraussetzung, gleichfalls aber auch nicht hinderlich für eine ausservertragliche Haftung (i.d.S. Schwenzer, N 49.01).

3 Entsprechend der vorerwähnten Bedeutung des Schadenersatzanspruches wird die primäre Funktion des Haftpflichtrechts von der h.L. nach wie vor im **Schadensausgleich** (Ausgleichsfunktion) gesehen (vgl. REY, N 12; CR CO I-WERRO, N 2). Demnach bezweckt das Haftpflichtrecht den Ausgleich der durch eine Rechtsgutsverletzung entstandenen ökonomischen Nachteile. Damit einher geht das Bereicherungsverbot, wonach der Geschädigte nicht mehr ersetzt erhalten soll als den durch das schädigende Ereignis eingetretenen ökonomischen Schaden. Diese Ausgleichsfunktion des Haftpflichtrechts wird heute auch durch kollektive Schadensabnahmesysteme (insbes. Versicherungen) wahrgenommen.

4 Die neuere Lehre betont nun die stärkere Bedeutung der **Präventionsfunktion** des Haftpflichtrechts (vgl. m.w.Nw. SCHWENZER, N 49.04). Das Haftpflichtrecht soll demnach auch die Aufgabe haben, einen Anreiz dafür

zu schaffen, dass Dritte aufgrund eines Verhaltens nicht geschädigt werden. Dabei ist zu unterscheiden zwischen der Verhinderung von Rechtsgutsverletzungen (Schädigungen) und der Verhinderung ökonomischer Nachteile (Schäden). Das Ziel der Verhinderung von Schäden ist sicherlich eine tatsächliche Folge des Haftpflichtrechts, da potenzielle Schadenszufügungen regelmässig in eine betriebliche Kostenrechnung einfliessen und durch Haftpflichtversicherungen abgedeckt werden (vgl. m. Nw. auch SCHÖNENBERGER, FS Juristentag, 172). Die Verhinderung von Rechtsgutsverletzungen (z. B. Körperverletzungen) ist wohl schwieriger zu erreichen. Diese Funktion spielt aber sicherlich im Bereich der Persönlichkeitsverletzungen oder bei der Verhinderung von Verletzungen von Immaterialgüterrechten eine Rolle. Allerdings betrachtet die h. L. die Prävention nach wie vor als lediglich sekundäre Funktion des Haftpflichtrechts (vgl. REY, N 14 m. w. Nw.).

Nach einhelliger Auffassung in der Lehre kommt dem Haftpflichtrecht hingegen **keine Straffunktion** zu (vgl. SCHWENZER, N 49.04; Rey, N 17 m. w. Nw.). Aufgrund dieses fehlenden pönalen Charakters des Haftpflichtrechts ist in der Schweiz die Zusprechung von Strafschadenersatz (nach dem Muster der US-amerikanischen *punitive damages*) nicht zulässig (vgl. ROBERTO, N 24; CR CO I-WERRO, N 2). Teilweise wird in diesem Zusammenhang in der Lehre kritisch bemerkt, dass die Möglichkeit der Reduktion des Schadenersatzbetrages bei geringem Verschulden inkonsequent ist (vgl. ROBERTO, N 24; **a. A.** ZK-OSER/SCHÖNENBERGER, Art. 43 N 2; diff. REY, N 17; vgl. hierzu Art. 43 N 9 f.).   5

Gesetzlich geregelt ist das Haftpflichtrecht einerseits in den Artikeln 41–61, andererseits im ZGB (z. B. Art. 333, 679 ZGB) sowie häufig in Spezialgesetzen (wie z. B. SVG, EHG, ElG, PrHG). Letztere spielen insbes. im Zusammenhang mit Gefährdungshaftungen eine wichtige Rolle. Auch andere Gesetze können vereinzelte Haftpflichtbestimmungen enthalten (vgl. z. B. Art. 273 SchKG).   6

II.   Arten ausservertraglicher Haftung

Das Haftpflichtrecht unterscheidet traditionellerweise zwischen zwei Arten von Haftungen, der **Verschuldenshaftung** und der verschuldensunabhängigen **Kausalhaftung** (vgl. nur HONSELL, § 1 N 8; KELLER/GABI, 4; ROBERTO, N 34). Während bei der Verschuldenshaftung ein Anspruch nur entstehen kann, wenn der Verletzer (Schädiger) vorsätzlich oder fahrlässig handelt, wird bei Kausalhaftungen auf das Verschuldenserfordernis verzichtet (krit. zum Begriff der Kausalhaftung SCHWENZER, N 49.09; vgl. zum Verschuldensbegriff Art. 41 N 29 ff.). Die Verschuldenshaftung wird nach schweizerischer Auffassung immer noch als die Regel betrachtet, wohingegen die   7

Kausalhaftung die Ausnahme darstellt (vgl. HONSELL, § 1 N 9, 13; REY, N 24; krit. SCHWENZER, N 49.08). Die Kausalhaftungen werden ihrerseits unterteilt in sog. **einfache** (gewöhnliche, milde) **Kausalhaftungen** und **Gefährdungshaftungen** (auch strenge, scharfe Kausalhaftungen genannt). Demnach kann auch von drei Haftungsarten gesprochen werden (i. d. S. REY, N 58; CR CO I-WERRO, N 3). Als weitere Unterkategorie der Kausalhaftungen werden teilweise die sog. kausalen Freistellungshaftungen als besondere Art der Staatshaftung erwähnt (vgl. REY, N 58, 97 ff.; OFTINGER/STARK I, § 1 N 42, 115 ff.).

8   Die **Verschuldenshaftung** geht vom Prinzip aus, dass eine Haftungsbegründung nur dann möglich ist, wenn dem Verletzer (Schädiger) ein Verschulden in Form von Vorsatz oder Fahrlässigkeit vorgeworfen werden kann. Wie die übrigen Haftungsvoraussetzungen (vgl. hierzu Art. 41) ist das Vorliegen des Verschuldens von der geschädigten Partei gemäss Art. 8 ZGB zu beweisen. Dieses Haftungsprinzip der Verschuldenshaftung ist insbes. in der deliktsrechtlichen Grundnorm von Art. 41 Abs. 1 verwirklicht. Die Verschuldenshaftung geht auf die römischrechtliche *Lex Aquilia* zurück; dementsprechend nennt die französische Rechtssprache die Verschuldenshaftung *responsabilité aquilienne*. Im Übrigen findet sich das Verschuldensprinzip auch in den jeweiligen deliktischen Grundnormen der anderen europäischen Privatrechtskodifikationen, wie z. B. Art. 1382 Code civil, § 1295 ABGB oder § 823 BGB. Das Verschuldensprinzip ist heute im Rahmen der *tort of negligence* auch im *common law* verwirklicht, wobei dies hier rechtshistorisch nicht der Fall gewesen ist (vgl. m. Nw. SCHÖNENBERGER, Risiko und Recht, 173).

9   **Einfache** (gewöhnliche, milde) **Kausalhaftungen** knüpfen zur Haftungsbegründung nach h. L. zwar nicht an ein Verschulden, wohl aber an eine Ordnungswidrigkeit oder an eine Unregelmässigkeit an. Dabei kann es sich um eine Sorgfaltsverletzung, einen Werk- oder Sachmangel oder um eine Eigentumsüberschreitung handeln (so ausdrücklich REY, N 77). Die h. L. betrachtet denn die einfachen Kausalhaftungen als **verschuldensunabhängige Haftungen** (vgl. nur REY, N 880; KELLER/GABI, 7; DESCHENAUX/TERCIER, § 2 N 35 f.). Zu den einfachen Kausalhaftungen zählen namentlich die Geschäftsherrenhaftung (Art. 55 Abs. 1), die Tierhalterhaftung (Art. 56 Abs. 1), die Werkeigentümerhaftung (Art. 58 Abs. 1), die Haftung für Signaturschlüssel (Art. 59a) sowie die Haftung des Urteilsunfähigen (Art. 54). Des Weiteren sind auch die Haftung des Familienhauptes (Art. 333 ZGB) sowie die Grundeigentümerhaftpflicht (Art. 679 ZGB) dazu zu zählen. Dasselbe gilt für die Produktehaftpflicht gemäss PrHG (vgl. SCHWENZER, N 53.01) sowie Art. 273 SchKG (i. d. S. REY, N 77). Bei den meisten dieser einfachen Kausalhaftungen kann sich der Schädiger durch einen Sorgfaltsbeweis von seiner Haftung befreien, namentlich bei Art. 55 Abs. 1, Art. 56 Abs. 1, Art. 59a

Abs. 2 sowie Art. 333 ZGB. Dementsprechend handelt es sich bei den einfachen Kausalhaftungen im Grunde genommen um **Verschuldenshaftungen**
mit umgekehrter Beweislast (so die neuere Lehre, vgl. SCHWENZER, N 49.09,
HONSELL, § 1 Nr. 23, ROBERTO, N 35; ders., AJP 2005, 1323, 1329; SCHÖNEN-
BERGER, Risiko und Recht, 174; a. A. REY, N 881). Diese Qualifikation gilt
auch für die Normen, die keinen Entlastungsbeweis vorsehen, wie Art. 58,
Art. 679 ZGB oder Art. 273 SchKG. Auch in diesen Fällen knüpft die Haftung
nämlich an eine gewisse Sorgfaltspflichtverletzung an, sei es in Form der
Mangelhaftigkeit des Werkes, sei es in der Überschreitung des Grundeigen-
tumsrechts, sei es durch eine Sorgfaltsverletzung bei der Abklärung der
dem Schädiger zukommenden Rechtsposition im Rahmen von Art. 273
SchKG (i. d. S. REY, N 77). Daher handelt es sich auch in diesen Fällen um
eine **eingeschränkte Verschuldenshaftung** (i. d. S. HONSELL, § 1 N 23), da
der Kanon der möglichen als Verschulden zu wertenden Sorgfaltspflichtverletzungen jeweils beschränkt ist. Das Bundesgericht betrachtet diese Qualifikationsfrage als von lediglich dogmatischer, nicht aber praktischer Bedeutung (BGE 131 III 115 E. 2.1).

Als eigentliche verschuldensunabhängige Haftungen setzen **Gefährdungs-**   10
haftungen weder ein Verschulden noch sonst eine Ordnungswidrigkeit oder
Unregelmässigkeit voraus (vgl. nur DESCHENAUX/TERCIER, § 2 N 38; jedoch
krit. zu Entlastungsmöglichkeiten des Schädigers SCHWENZER, N 49.09).
Gefährdungshaftungen knüpfen an die besondere Gefährlichkeit einer Anlage, eines Betriebes oder einer Tätigkeit an (vgl. z. B. ROBERTO, N 34). Bei
solchen gefahrenträchtigen Aktivitäten besteht regelmässig die Gefährdung, dass dadurch häufige und / oder sehr schwere Schädigungen hervorgerufen werden können (vgl. REY, N 1243, SCHÖNENBERGER, Risiko und
Recht, 176, jeweils m. w. Nw.). Damit erweist sich die Auferlegung einer Gefährdungshaftung quasi als Ausgleich für die Duldung dieser zwar gefährlichen, gesamtwirtschaftlich betrachtet aber wünschenswerten Aktivitäten.
In der Schweiz finden sich Gefährdungshaftungstatbestände ausschliesslich
in Sondergesetzen. Im Gegensatz zur allgemeinen Verschuldenshaftung von
Art. 41 Abs. 1 fehlt im schweizerischen Recht eine allgemeine Generalklausel für die Gefährdungshaftung. Eine solche sieht nun der Vorentwurf zur
Revision des Haftpflichtrechts in Art. 50 VE vor (vgl. hierzu krit. SCHÖNEN-
BERGER, Risiko und Recht, 171 ff.). Zu den wichtigsten Gefährdungshaftungen zählen die Haftpflicht des Motorfahrzeughalters (Art. 58 ff. SVG),
die Haftpflicht der Eisenbahnunternehmung (Art. 1 ff. EHG), die Haftpflicht
des Luftfahrzeughalters (Art. 64 ff. LFG), die Haftpflicht der Inhaber einer
Kernanlage (Art. 3 ff. KHG) sowie die Umwelthaftung (Art. 59a, 59b USG;
vgl. die Aufzählung weiterer Gefährdungshaftungen z. B. bei REY, N 1250 ff.;
SCHWENZER, N 54.19). Diese einzelgesetzlich angeordneten Gefährdungshaftungen knüpfen grossmehrheitlich an verkörperte Gefahrenquellen an;

lediglich die Haftpflicht des Jägers (Art. 15 JSG) sowie die Haftungen nach dem Militär- bzw. Zivilschutzgesetz (Art. 137 MG; Art. 58 ff. ZSG) knüpfen die Gefährdungshaftung an eine gefährliche Tätigkeit an (vgl. m. Nw. SCHÖNENBERGER, Risiko und Recht, 183).

III. Konkurrenzen

11   Besteht zwischen den beiden Parteien schon ausnahmsweise vor dem schädigenden Ereignis eine Rechtsbeziehung in Form eines Vertrages, so können Ansprüche sowohl nach Vertrags- als auch nach Deliktsrecht geltend gemacht werden. Es besteht zwischen vertraglichen und deliktischen Ansprüchen daher **Anspruchskonkurrenz** (vgl. BGE 120 II 58 E. 3a; SCHWENZER, N 5.03; BSK OR I-SCHNYDER, Art. 41 N 2). Diese Anspruchskonkurrenz besteht zweifelsohne zwischen der Vertragshaftung auf der einen und der Verschuldenshaftung aus Art. 41 Abs. 1 sowie den einfachen Kausalhaftungstatbeständen auf der anderen Seite (vgl. m. w. Nw. REY, N 39). Anspruchskonkurrenz hat aber auch zwischen der vertraglichen Haftung und den Gefährdungshaftungen zu bestehen (so nun die h. L., vgl. nur SCHWENZER, N 54.04; REY, N 44, 1248; OFTINGER/STARK I, § 13 N 44). Die praktische Bedeutung der Anspruchskonkurrenz kann sich aus verschiedenen Haftungsmodalitäten zwischen Vertrags- und Deliktshaftung ergeben, wie z. B. hinsichtlich des Verschuldenserfordernisses, der Beweislast für das Verschulden oder der Verjährung (vgl. hierzu z. B. REY, N 41 ff.; SCHWENZER, N 5.04). Die Anspruchskonkurrenz zwischen Vertrags- und Deliktshaftung ist keine Selbstverständlichkeit, so geht beispielsweise das französische Recht von einer Exklusivität des Vertragsanspruchs aus (Prinzip des *non cumul*).

12   Im Rahmen der Anspruchskonkurrenz zwischen Vertrags- und Deliktsanspruch gibt es keine Einwirkungen deliktischer Modalitäten auf einen Vertragsanspruch (vgl. z. B. zur Nichtübertragung der relativen Verjährungsfrist gemäss Art. 60 Abs. 1 auf einen konkurrierenden Vertragsanspruch BGE 87 II 155 E. 3a). Demgegenüber ist eine Veränderung des Deliktsanspruchs durch das konkurrierende Vertragsrecht in Einzelfällen möglich (vgl. hierzu inbes. OFTINGER/STARK I, § 13 N 59 ff.; SCHWENZER, N 5.05). Dies betrifft zum einen gewisse **Haftungsmilderungen** für bestimmte Vertragstypen, wie die Beschränkung einer Haftung auf grobe Fahrlässigkeit und Absicht (so z. B. Haftung des Schenkers, Art. 248 Abs. 1; vgl. weitere Beispiele bei OFTINGER/STARK I, § 13 N 61). Zum anderen kann dies bei **vertraglich vereinbarten Haftungsausschlüssen bzw. -beschränkungen** der Fall sein. Ob eine derartige haftungsbeschränkende bzw. -reduzierende Vertragsklausel auch auf einen konkurrierenden Deliktsanspruch durchschlägt, ist eine Frage der Auslegung des Vertragskonsenses (bejaht in BGE 120 II 58 E. 3a; noch offen gelassen in BGE 111 II 471 E. 11; SCHWENZER, N 5.05;

CR CO I-Werro, N 10). Im Zweifelsfall bezüglich des Vertragswillens ist keine Ausdehnung der vertraglichen Haftungsbeschränkung auf das Deliktsrecht anzunehmen (i. d. S. CR CO I-Werro, N 10).

Erfüllt ein Sachverhalt die Voraussetzungen mehrerer ausservertraglicher Haftungstatbestände, so wird zwischen verschiedenen (einfachen oder strengen) Kausalhaftungen Anspruchskonkurrenz angenommen (vgl. BGE 115 II 237 E. 2a; diff. Oftinger/Stark I, § 13 N 20 ff.). Nach bundesgerichtlicher Rechtsprechung gilt dies jedoch nicht im Verhältnis **zwischen Kausalhaftungstatbeständen und der allgemeinen Verschuldenshaftung** gemäss Art. 41 ff.; in diesem Bereich gilt nach dieser Auffassung **Exklusivität der Kausalhaftungen** (vgl. BGE 115 II 237 E. 2a). Nach h. L. gilt der Grundsatz der Exklusivität der Gefährdungshaftung auch im Verhältnis zu anderen einfachen Kausalhaftungen (vgl. Rey, N 1247; Keller/Gabi, 159). Diese vom Bundesgericht befürwortete Exklusivität der Gefährdungshaftung stellt insbes. dann ein Problem dar, wenn der Schutzbereich der Gefährdungshaftung geringer ist als derjenige der allgemeinen Verschuldenshaftung, beispielsweise durch Ausschluss gewisser Schadensarten im Rahmen der Gefährdungshaftung (vgl. so im Zusammenhang mit Art. 58 Abs. 1 SVG BGE 106 II 75). In diesen Fällen ist zusammen mit der neueren Lehre daher Anspruchskonkurrenz zwischen Gefährdungshaftungen und allgemeiner Verschuldenshaftung anzunehmen (i. d. S. Schwenzer, N 49.12, 54.04; ebenso bereits Deschenaux/Tercier, § 32 N 13 f.; Kramer, recht 1984, 128, 129 ff.; Lorandi, recht 1990, 19, 20 f.). Dies ist im Übrigen auch die nun in Art. 11 Abs. 2 PrHG festgelegte Lösung.

IV. Haftungsfiguren zwischen Vertrag und Delikt

In neuerer Zeit werden hauptsächlich in der Lehre vermehrt Haftungsfiguren zwischen Vertrag und Delikt diskutiert und teilweise auch in der Rechtsprechung angewandt. Hierbei geht es um Rechtsfiguren wie den **Vertrag mit Schutzwirkung zu Gunsten Dritter**, die **Sachwalterhaftung** und die **Vertrauenshaftung** (vgl. nur Roberto, N 275 ff.; Gauch, FS Wiegand, 823 ff.); bei genauer Betrachtung gehört auch die Haftung aus *culpa in contrahendo* dazu (i. d. S. Gauch, a. a. O.). In der Sache geht es bei all diesen Rechtsfiguren hauptsächlich um die Begründung von Haftungen für reine Vermögensschäden (i. d. S. Gauch, a. a. O., 837; ebenso z. B. Schwenzer, N 52.03). Neben der Haftung aus *culpa in contrahendo* hat sich in der schweizerischen Rechtspraxis nur die Vertrauenshaftung durchgesetzt (vgl. z. B. die ablehnende Haltung zum Vertrag mit Schutzwirkungen zu Gunsten Dritter in BGE 130 III 345 E. 1). Allerdings ist die Vertrauenshaftung und ihre grundsätzliche Notwendigkeit in der Lehre auch stark kritisiert worden (vgl. insbes. Schwenzer, N 52.01 ff.; Honsell, § 4 N 22; Roberto, N 280 ff., 285; Widmer, ZSR 2001 I, 101 ff.; ebenso Gauch, a. a. O.). In der Tat ist die

13

14

Rechtsfigur der Vertrauenshaftung (sowie anderer Haftungstatbestände zwischen Vertrag und Delikt) durch eine Rückbesinnung auf den tatsächlichen Charakter der deliktischen Grundnorm von Art. 41 Abs. 1 und dabei insbes. auf die Frage der anwendbaren Widerrechtlichkeitsdefinition (vgl. dazu Art. 41 N 20ff.) verzichtbar. Vgl. im Übrigen zur Vertrauenshaftung die Kommentierung vor Art. 97 ff.

V.   Revision des Haftpflichtrechts

15   Im Jahre 1988 wurde durch das Eidgenössische Justiz- und Polizeidepartement eine Studienkommission für die Totalrevision des Haftpflichtrechts eingesetzt. Diese lieferte im Jahre 1991 ihren Bericht ab. Auf dieser Basis erarbeiteten die Professoren Pierre Widmer und Pierre Wessner einen Vorentwurf für die Revision des Haftpflichtrechtes. Dieser Vorentwurf wurde im Jahre 2000 bis Ende April 2001 in die Vernehmlassung gegeben. Die Vorschläge sind teilweise auf massive Kritik gestossen (vgl. nur ROBERTO, N 14ff.; HONSELL, § 1 N 101ff. jeweils mit zahlreichen Nw.); die Revision scheint zumindest vorderhand ad acta gelegt worden zu sein (so ausdr. HONSELL, § 1 N 101). Im Folgenden wird auf die geplante Haftpflichtrechtsrevision nicht gesondert eingegangen; allenfalls erfolgen vereinzelte Erwähnungen geplanter Regelungen (vgl. zu den einzelnen Punkten des Vorentwurfs zusammenfassend CR CO I-WERRO, N 12ff.; KELLER I, 37ff.; HONSELL, § 1 N 102ff.; ROBERTO, N 16ff.).

Art. 41

A.   Haftung im Allgemeinen

I.   Voraussetzungen der Haftung

[1] Wer einem andern widerrechtlich Schaden zufügt, sei es mit Absicht, sei es aus Fahrlässigkeit, wird ihm zum Ersatze verpflichtet.

[2] Ebenso ist zum Ersatze verpflichtet, wer einem andern in einer gegen die guten Sitten verstossenden Weise absichtlich Schaden zufügt.

Literatur

ACKERMANN, Adäquanz und Vorsehbarkeitsregel, Diss. Bern 2001; BERGER, Der Geschädigte hat ein Anrecht auf Ersatz seiner Anwaltskosten – Die Anwaltskosten im Haftpflichtprozess unter besonderer Berücksichtigung der Problematik des Überklagens, HAVE 2003, 131ff.; BIERI, La faute au sens de l'article 41 CO, SJZ 2007, 289ff.; BOSSHARD, Neuere Tendenzen in der Lehre zum Begriff der Widerrechtlichkeit nach Art. 41 OR, Zürich

1988; BRÜCKNER, Die Rechtfertigung des ärztlichen Eingriffs in die körperliche Integrität gemäss Art. 28 Abs. 2 ZGB, ZSR 2000 I, 451 ff.; BRULHART, L'influence de la prédisposition constitutionelle sur l'obligation de réparation du responsable, in: Werro (Hrsg.), La fixation de l'indemnité, Bern 2004, 89 ff.; CAMPRUBI, Kontrahierungszwang gemäss BGE 129 III 35, ein Verstoss gegen die Wirtschaftsfreiheit, AJP 2004, 384 ff.; CHAPPUIS G., Le préjudice ménager: encore et toujours ou les errances du dommage normatif, HAVE 2004, 282 ff.; CHAPPUIS/WERRO, La responsabilité civile: à la croisée des chemins, ZSR 2003 II, 237 ff.; CHAPPUIS/WINIGER (Hrsg.), Le préjudice, une notion en devenir, Zürich 2005, CHAUDET/KOCH, Responsabilité pour les dommages réputés purement économiques, in Etudes en l'honneur de B. Rusconi, Lausanne 2000, 59 ff.; CONTI, Die Malaise der ärztlichen Aufklärung, AJP 2000, 615 ff.; DELCÒ, Die Bedeutung des Grundsatzes von Treu und Glauben beim Ersatz reiner Vermögensschäden, Zürich 2000; DUPONT, Dommage, vers une nouvelle définition, SemJud 2003 II, 471 ff.; DIES., Le dommage écologique, Bern 2005; ELSIG/DUC, Causalité adéquate ou inadéquate à la responsabilité civile?, HAVE 2007, 217 ff.; FELLMANN, Neuere Entwicklungen im Haftpflichtrecht, AJP 1995, 878 ff.; DERS., Normativierung des Personenschadens – der Richter als Gesetzgeber? in HAVE, Personen-Schaden-Forum 2005, Zürich, 13 ff.; FISCHER, Ausservertragliche Haftung für Schockschäden Dritter, Zürich 1988; DERS., Dritthaftung für falsche freiwillige Auskünfte, ZVglRWiss 1984, 1 ff.; FLÜHMANN, Haftung aus Prüfung und Berichterstattung gegenüber Dritten, Bern 2004; FRIEDRICH, La responsabilité du sportif dans ses rapports avec d'autres sportifs: thèmes choisis selon le droit actuel et selon l'avant-projet de révision du droit de la responsabilité civile, in: Foëx/Werro (Hrsg.), La réforme du droit de la responsabilité civile, Zürich 2004, 219 ff.; GABRIEL, Die Widerrechtlichkeit in Art. 41 Abs. 1 OR unter Berücksichtigung des Ersatzes reiner Vermögensschäden, Diss. Freiburg i. Ue. 1987; GALLI, Kausalität bei psychischen Störungen im Deliktsrecht, Basel 2007; GASSER, Kausalität und Zurechnung von Information als Rechtsproblem, Diss. St. Gallen 2001; GATTIKER, Die Verletzung der Aufklärungspflicht und ihre Folgen, in: Fellmann/Poledna (Hrsg.), Die Haftung des Arztes und des Spitals, Zürich 2003, 111 ff.; DIES., Die Widerrechtlichkeit des ärztlichen Eingriffs nach schweizerischem Zivilrecht, Zürich 1999; GAUCH, Grundbegriffe des ausservertraglichen Haftpflichtrechts, recht 1996, 225 ff.; DERS., Der Deliktsanspruch des Geschädigten auf Ersatz seiner Anwaltskosten, recht 1994, 189 ff.; GAUCH/SWEET, Deliktshaftung für reinen Vermögensschaden, FS Keller, Zürich 1989, 117 ff.; GHIRINGHELLI, Risarcibilità delle vacanze impedite o rovinate, Collezione Assista, Genf 1998, 174 ff.; GIGER, Berührungspunkte zwischen Widerrechtlichkeit und Verschulden, Jubiläumsschrift «100 Jahre Schweizerisches Obligationenrecht», Freiburg i. Ue. 1982, 369 ff.; DERS., Analyse der Adäquanzproblematik im Haftpflichtrecht, FS Keller, Zürich 1989,

141 ff.; GIOVANNONI, Le dommage indirect en droit suisse de la responsabilité civile, ZSR 1977 II, 31 ff.; GIRSBERGER, Behandlung von Schäden aus Risikosportarten, in: Rechtsschutz im Privatrecht, Symposium für Richard Frank, Zürich 2003, 53 ff.; GÖKSU, Gedanken zur Kontrahierungspflicht anlässlich von BGE 129 III 35, ZBJV 2004, 35 ff.; GUILLOD, Responsabilité médicale de la faute objectivée à l'absence de faute, in: Chappuis/Winiger (Hrsg.), Responsabilités objectives, Journée de la résponsabilité civile 2002, Zürich 2003, 155 ff.; HAUSHEER, Neuere Entwicklungen beim Schadensausgleich im Bereiche der Familie, insbesondere zum Haushalt- und «Scheidungsschaden», FS Widmer, Wien 2003, 113 ff.; DERS., Unsorgfältige Behandlung, in: Münch/Geiser (Hrsg.), Schaden – Haftung – Versicherung, Basel/Genf/München 1999, 719 ff.; HERZOG-ZWITTER, Haushaltschaden, normativer Schadensbegriff und der allgemeine Rechtsgrundsatz der Schadensminderungspflicht im Haftpflichtrecht, HAVE 2005, 275 ff.; HOFSTETTER, Gutachterhaftung gegenüber Dritten im schweizerischen Recht, AJP 1998, 261 ff.; HONSELL, Die Haftung für Auskunft und Gutachten, insbesondere gegenüber Dritten, FS Nobel, Bern 2005, 939 ff.; DERS., Die Haftung für Auskunft und Gutachten, insbesondere gegenüber Dritten, in: Koller (Hrsg.), Haftpflicht und Versicherungsrechtstagung, St. Gallen 2005, 169 ff.; HÜRLIMANN, Die Haftung des Liegenschaftsschätzers gegenüber einem vertragsfremden Dritten, BR 2004, 105 ff.; HÜRLIMANN/SIEGENTHALER, Die Vertrauenshaftung aus der Sicht eines praktizierenden Anwalts, in: Koller (Hrsg.), Haftpflicht- und Versicherungsrechtstagung 2005, St. Gallen 2005, 199 ff.; JÄGGI, Gutachten zur Frage der Entschädigung eines invaliden Ordensbruders, HAVE 2004, 245 ff.; JANIS, Hypothetische Einwilligung und Aufklärung über Operationsrisiken, HAVE 2003, 145 ff.; KELLER A., Das unerwünschte Kind als Schaden?, HAVE 2006, 414 f.; KELLER M., Ist eine Treu und Glauben verletzende Schädigung widerrechtlich?, recht 1987, 136 f.; KISSLING, Dogmatische Begründung des Haushaltschadens, Diss. Bern 2006; KLETT, Vertragsfreiheit und Kontrahierungszwang, BJM 2005, 161 ff.; KOLLER, Dritthaftung einer Vertragspartei – Vertragliche und ausservertragliche Haftung im Überblick, in: Neue und alte Fragen zum privaten Baurecht, St. Galler Baurechtstagung 2004, 1 ff.; KRAMER, «Reine Vermögensschäden» als Folge von Stromkabelbeschädigungen, recht 1984, 128 ff.; DERS., Die Kausalität im Haftpflichtrecht: Neue Tendenzen in Theorie und Praxis, ZBJV 1987, 289, 306 ff.; DERS., Schleudertrauma: Das Kausalitätsproblem im Haftpflicht- und Sozialversicherungsrecht, BJM 2001, 153 ff.; KUHN, Die Haftung aus falscher Auskunft und falscher Raterteilung, SJZ 1986, 345 ff.; LANDOLT, Der Pflegeschaden, in: HAVE, Personen-Schaden-Forum 2003, Zürich 2003, 67 ff.; DERS., Grundlagen des Impfrechts, AJP 2004, 280 ff.; DERS., Ausservertragliche Haftung einer Vertragspartei für die Verletzung absolut geschützter Rechtsgüter, in Koller (Hrsg.), Haftpflicht- und Versicherungsrechtstagung, St. Gallen 2005, 23 ff.; LORANDI, Haftung für

reinen Vermögensschaden, recht 1990, 19 ff.; LOSER, Kausalitätsprobleme
bei der Haftung für Umweltschäden, Bern/Stuttgart 1994; DERS., Schadenersatz für wahrscheinliche Kausalität, AJP 1994, 954 ff.; DERS., Ausservertragliche Haftung einer Vertragspartei für reine Vermögensschäden, in:
Koller (Hrsg.), Haftpflicht- und Versicherungstagung, St. Gallen 2005,
111 ff.; LÜCHINGER, Schadenersatz im Vertragsrecht, Freiburg i. Ue. 1999
(Nachdruck 2006); MANAÏ, Le devoir d'information du médecin en procès,
SemJud 2000 II, 341 ff.; MANNSDORFER, Pränatale Schädigung, Ausservertragliche Ansprüche pränatal geschädigter Personen; unter Berücksichtigung der Rechtslage im Ausland, insbesondere in Deutschland und den Vereinigten Staaten von Amerika, Freiburg 2000; DERS., Haftung für pränatale
Schädigung des Kindes, ZBJV 2001, 605 ff.; MEIER-SCHATZ, Über die privatrechtliche Haftung für Rat und Anlagerat, FS Piotet, Bern 1990, 151 ff.;
MEIERHANS, Der immer noch nicht bewältigte Reflexschaden, recht 1994,
202 ff.; MERZ, Die Widerrechtlichkeit gemäss Art. 41 OR als Rechtsquellen-
problem, Berner Festgabe für den Schweizerischen Juristenverein, Bern
1955, 301 ff.; MISTELI, La responsabilité pour le dommage purement économique, Zürich 1999; MOSER, Die Haftung gegenüber vertragsfremden
Dritten, Bern 1998; MÜLLER CHR., Die ärztliche Haftpflicht für die Geburt
eines unerwünschten behinderten Kindes, AJP 2003, 522 ff.; DERS., La perte
d'une chance, Bern 2002; DERS., Schadenersatz für verlorene Chancen –
Ei des Kolumbus oder Trojanisches Pferd?, AJP 2002, 389 ff.; DERS., La
perte d'une chance, in: Foëx/Werro (Hrsg.), La réforme du droit de la
responsabilité civile, Zürich 2004, 143 ff.; MÜLLER-CHEN, Haftpflichtrecht
in der Krise?, BJM 2002, 289 ff.; NICOD, Le concept de l'illicéité civile à
la lumière des doctrines françaises et suisses, Diss. Lausanne 1987; PER-
GOLIS/DÜRR BRUNNER, Ungereimtheiten beim Haushaltschaden, HAVE
2005, 202 ff., PERREN, Zur Daseinsberechtigung der Drittschadensliquidation, ZBJV 2004, 58 ff.; PETITPIERRE, Le préjudice patrimonial et le tort
moral: vers de nouvelles frontières?, in: Chappuis/Winiger (Hrsg.), Le Préjudice, Zürich 2004, 63 ff.; PEYER, Zur Ersatzfähigkeit reiner Vermögensschäden, recht 2002, 99 ff.; POLEDNA, Arzt- und Spitalhaftung vor neueren
Entwicklungen – ein Überblick, in: Fellmann/Poledna (Hrsg.), Die Haftung
des Arztes und des Spitals, Zürich 2003, 111 ff.; PORTMANN, Erfolgsunrecht
oder Verhaltensunrecht? Zugleich ein Beitrag zur Abgrenzung von Widerrechtlichkeit und Verschulden im Haftpflichtrecht, SJZ 1997, 273 ff.; PRIB-
NOW/WIDMER/SOUSA-POZA/GEISER, Die Bestimmung des Haushaltschadens
auf der Basis der SAKE, HAVE 2002, 24 ff.; RASCHEIN, Die Widerrechtlichkeit im System des schweizerischen Haftpflichtrechts, Diss. Bern 1985;
REY, Deliktsrechtliche Ersatzfähigkeit reiner Nutzungsbeeinträchtigungen
an Sachen – Ein künftiges Diskussionsthema in der Schweiz?, FS Widmer,
Wien 2003, 283 ff.; ROBERTO, Schadenersatz wegen verdorbener Ferien,
recht 1990, 79 ff.; DERS., Schadensrecht, Basel 1997; DERS., Zur Ersatzfä-

higkeit verdorbener Ferien, recht 1997, 108ff.; DERS., Deliktsrechtlicher
Schutz des Vermögens, AJP 1999, 511ff.; DERS., Verschulden statt Adäquanz – oder sollte es gar die Rechtswidrigkeit sein, recht 2002, 145ff.;
ROGGO, Aufklärung des Patienten: eine ärztliche Informationspflicht, Bern
2002; RONCORONI/SCHÖBI, «Volenti non fit iniuria», FS Widmer, Wien 2003,
319ff.; RÜETSCHI, Haftung für fehlgeschlagene Sterilisation, AJP 1999,
1359ff.; SCHMID, Natürliche und adäquate Kausalität im Haftpflicht- und
Sozialversicherungsrecht, in: Koller (Hrsg.), Haftpflicht- und Versicherungsrechtstagung 1997, St. Gallen 1997, 183 ff,; SCHÖNENBERGER, Haftung für
Rat und Auskunft gegenüber Dritten, Basel 1999; DERS., Die dritte Widerrechtlichkeitstheorie, HAVE 2004, 3ff.; SCHWENZER, Rezeption deutschen
Rechtsdenkens im schweizerischen Obligationenrecht, in: Schwenzer
(Hrsg.), Schuldrecht, Rechtsvergleichung und Rechtsvereinheitlichung an
der Schwelle zum 21. Jahrhundert, Tübingen 1999, 59ff.; SCHWENZER/
SCHÖNENBERGER, Civil Liability for Purely Economic Loss in Switzerland, in:
Swiss reports presented at the XVth International Congress of Comparative
Law, Zürich 1998, 353ff.; STARK, Zur Frage der Schädigungen ohne Vermö-
gensnachteile, FS Keller, Zürich 1989, 311ff.; STEINER, Das «Kind als Scha-
den» – ein Lösungsvorschlag, ZBJV 2001, 646ff.; TERCIER, De la distinc-
tion entre dommage corporel, dommage matériel et autres dommages, FS
Assista, Genève 1979, 247ff.; VERMOT, La causalité, HAVE 2006, 83ff.;
WERRO, Die Sorgfaltspflichtverletzung als Haftungsgrund nach Art.41 OR:
Plädoyer für ein modifiziertes Verständnis von Widerrechtlichkeit und Verschulden in der Haftpflicht, ZSR 1997 I, 343ff.; DERS., Tort Liability for Pure
Economic Loss: A Critique of Current Trends in Swiss Law, in: Banakas
(Hrsg.), Civil Liability für Pure Economic Loss, London/The Hague/Boston
1996, 181ff.; DERS., Haftung für fehlerhafte Auskunft und Beratung –
braucht es die Rechtsfigur der Vertrauenshaftung, recht 2003, 12ff.; DERS.,
Du dommage ménager au dommage monacal ou de la relativisation du
dommage normatif, HAVE 2004, Zürich 2004, 247ff.; DERS., Le préjudice:
une notion dans la mouvance des conceptions, in: Chappuis/Winiger (Hrsg.),
Le préjudice, Zürich 2004, 125ff.; WIDMER C. Vertrauenshaftung – Von der
Gefährlichkeit des Überflüssigen, ZSR 2001 I, 101ff.; WIDMER P., Die Ver-
einheitlichung des schweizerischen Haftpflichtrechts – Brennpunkte eines
Projektes, ZBJV 1994, 385ff.; WYSS, Kausalitätsfragen unter besonderer
Berücksichtigung der hypothetischen Kausalität, SJZ 1997, 313ff.; ZEDER,
Haftungsbefreiung durch Einwilligung des Geschädigten, Diss. Basel 1999.
Vgl. Literatur zu Rechtfertigungsgründen bei Art. 52.

I. Allgemeine Verschuldenshaftung (Abs. 1)

1. Charakter der Norm

Art. 41 Abs. 1 enthält die **Grundnorm** der ausservertraglichen Ver- 1
schuldenshaftung. Der schweizerische Gesetzgeber hat sich damit für die
Form einer **Generalklausel** entschieden. Dies offenbart sich insbes. in der
fehlenden Definition des Begriffs der Widerrechtlichkeit (vgl. SCHWENZER,
N 50.02; ROBERTO, N 291; vgl. zur Widerrechtlichkeit nachfolgend N 21 ff.).
Die Form der Generalklausel entspricht dem Vorbild von Art. 1382 code civil (vgl. ZK-OSER/SCHÖNENBERGER, N 1). Demgegenüber ist die deliktsrechtliche Grundnorm von § 823 des deutschen BGB nicht als Generalklausel formuliert; dies zeigt sich insbesondere in der expliziten Aufzählung der
geschützten Rechtsgüter in § 823 Abs. 1 BGB (vgl. auch ROBERTO, N 37 f.).
Auch wenn das *common law* ursprünglich auf deliktsrechtlichen Einzeltat-
beständen beruhte, ist auch dort im Rahmen der *tort of negligence* nun das
Prinzip der Generalklausel verwirklicht (i. d. S. ZWEIGERT/KÖTZ, 627; ebenso
SCHWENZER/MÜLLER-CHEN, 188; SCHÖNENBERGER, 85).

2. (Haftungs-)Voraussetzungen

Die h. L. geht im Rahmen von Art. 41 Abs. 1 von vier Haftungsvorausset- 2
zungen aus: **Schaden, Kausalität, Widerrechtlichkeit** und **Verschulden**
(vgl. nur CR CO I-WERRO, N 7; SCHWENZER, N 50.01; KELLER I, 132; ebenso
die Darstellungen bei BSK OR I-SCHNYDER, N 3 ff.; REY, N 149 ff.). Eine Mindermeinung, die an Stelle des Schadens eine Rechtsgutsverletzung als Haftungsvoraussetzung sieht und das Element des Schadens nur auf der Rechtsfolgenseite diskutiert (i. d. S. ROBERTO, N 39 f.), hat sich bis heute nicht
durchgesetzt. Im Rahmen des zu Schadenersatz verpflichtenden Art. 41
Abs. 1 ist diese (bei genauer Betrachtung korrekte) Sichtweise verzichtbar.
Allerdings spielt die Rechtsgutsverletzung als Haftungsvoraussetzung insbesondere dann eine Rolle, wenn nicht Schadenersatz (in Geld) als Rechtsfolge
vorgesehen ist (z. B. Art. 47, 49). Das Element der Rechtsgutsverletzung
spielt des Weiteren im Rahmen der Diskussion der Kausalität (vgl. N 13) sowie bei der Einteilung der Schadensarten (vgl. N 10 f.) eine Rolle. Dieser
Theorienstreit wird jedoch dadurch abgemildert, dass im Einklang mit den
ältesten Kommentierungen (ZK-OSER/SCHÖNENBERGER, N 2; BK-BECKER,
N 1) nicht von vier, sondern von fünf Haftungsvoraussetzungen auszugehen
ist. Zusätzlich zu den vorgenannten Voraussetzungen ist an erster Stelle
eine **schädigende Handlung** erforderlich.

Erste Voraussetzung ist eine **schädigende Handlung,** die einerseits in einer 3
positiven Handlung oder andererseits in einer Unterlassung bestehen kann.
Diese Unterscheidung ist v. a. im Zusammenhang mit der Kausalität von Bedeutung (vgl. hierzu nachfolgend, N 13). Es kann jedoch vorweggenommen

werden, dass eine Unterlassung nur dann als schädigende Handlung gewertet werden kann, wenn eine Rechtspflicht zu einem bestimmten Handeln besteht (vgl. nur BK-BECKER, N 2). Von einer schädigenden Handlung
kann im Zusammenhang mit dem Haftpflichtrecht nur dann gesprochen
werden, wenn diese zu einer **Rechtsgutsverletzung** führt (ähnl. ROBERTO,
N 99 ff.). Zu den Rechtsgütern zählen vorerst die sog. **absolut geschützten Rechtsgüter,** die eine Ausschluss- und Abwehrwirkung gegenüber jedermann entfalten (vgl. SCHWENZER, N 50.05). Hierzu zählen persönliche
Rechtsgüter (Leben, Gesundheit, körperliche und psychische Unversehrtheit, Freiheit, Persönlichkeitsrechte), dingliche Rechte (Eigentum und beschränkte dingliche Rechte) sowie Immaterialgüterrechte. Andererseits
stellt auch das **Vermögen an sich** ein Rechtsgut dar, wenn auch kein absolut geschütztes (unrichtig daher BGE 118 Ib 473 E. 2b: *Das Vermögen als
solches ist kein Rechtsgut ...*). Daher kann eine Rechtsgutsverletzung ebenso
in einer Verminderung des Vermögens bestehen. Die Art der Rechtsgutsverletzung spielt bei der Einteilung der verschiedenen Schadensarten (vgl.
N 10 f.) sowie insbes. im Zusammenhang mit der Frage der Widerrechtlichkeit (vgl. N 21 ff.) eine Rolle.

4   Im Gegensatz zum normalen Sprachgebrauch stellt die vorgenannte Rechtsgutsverletzung für sich alleine keinen Schaden im Rechtssinn dar (vgl. nur
OFTINGER/STARK I, § 2 N 1; SCHWENZER, N 14.03). Der **Schaden** im Rechtssinn entspricht nämlich stets einer ungewollten Vermögensverminderung
(Verminderung des Reinvermögens), die in einer Verminderung der Aktiven, einer Vermehrung der Passiven *(damnum emergens)* oder in entgangenem Gewinn *(lucrum cessans)* bestehen kann. Nach der sog. **Differenztheorie** (Differenzmethode) entspricht der Schaden damit der Differenz
zwischen dem gegenwärtigen Vermögensstand und dem Stand, den das
Vermögen ohne das schädigende Ereignis hätte (vgl. BGE 132 III 321
E. 2.2.1). Nicht in Geld messbare Beeinträchtigungen (Nichtvermögensschä-
den) sind nach dieser Schadensdefinition daher grundsätzlich nicht ersatzfähig; dies betrifft insbesondere die so genannte immaterielle Unbill *(tort
moral)*, aber auch die Beeinträchtigung des Affektionsinteresses (vgl. zur
Ausnahme bei Tieren, Art. 43 N 14), Einbusse an Freizeit oder entgangener
Feriengenuss (BGE 115 II 474 E. 3a). Immaterielle Unbill kann allenfalls
einen Anspruch auf Genugtuung auslösen (Art. 47, 49).

5   Nach der neuesten bundesgerichtlichen Rechtsprechung (BGE 132 III 359,
mit zahlreichen Nw. zur Lehre) stellen die **Unterhaltskosten für ein un-
erwünschtes Kind** zweifelsfrei einen ersatzfähigen Schaden im Rechtssinne dar (vgl. hierzu insbes. CR CO I-WERRO, N 26 ff.; SCHWENZER, N 14.04;
RÜETSCHI, AJP 1999, 1365 ff.; vgl. w. Nw. in BGE 132 III 359 E. 3.3; vgl. zum
Ganzen auch die Beiträge in HAVE 2006, Forum, 414 ff.).

Grundsätzlich gelten auch **Anwaltskosten** als Schadensposten. Als ersatz- 6
fähig gelten sie hingegen nur, soweit sie gerechtfertigt, notwendig und angemessen gewesen sind (vgl. BGE 117 II 101 E. 6b; 97 II 259 E. III. 5; zum
OHG: BGE 131 II 121 E. 2.1). Für den Bereich der prozessualen Anwaltskosten wird das private Haftpflichtrecht durch das Zivilprozessrecht aber weitgehend verdrängt (so BK-Brehm, N 88). Vgl. zum Ganzen und insbes. den
vorprozessualen Anwaltskosten BK-Brehm, N 87 ff.

Der Verlust einer blossen Chance, einen Gewinn zu erzielen oder einen Ver- 7
lust zu vermeiden *(perte d'une chance)* kann nach neuester bundesgerichtlicher Rechtsprechung nicht als Vermögensschaden anerkannt werden (BG
E 133 III 462 E. 4.4.3, m. w. Nw. zur Literatur insbes. E. 4.2). Damit wird i. E.
auch eine Haftung nach Wahrscheinlichkeitsgrad abgelehnt (BGE 133 III 4
62 E. 4.2/4.4.3).

Unter dem Begriff des **normativen Schadens** wird in der neueren Lehre 8
versucht, die Differenztheorie wertend zu konkretisieren bzw. zu korrigieren (vgl. Rey, N 176), so dass Nachteile auch dann als ersatzfähig zu gelten
haben, wenn keine eigentliche Vermögensverminderung vorliegt (vgl.
CR CO I-Werro, N 21 ff.; Rey, N 173 ff.; Schwenzer, N 14.05 ff.). Erscheinungsformen des normativen Schadensbegriffs sind der Kommerzialisie-
rungsschaden, der Frustrationsschaden sowie der ökonomisch strukturierte Schadensbegriff (vgl. Fellmann, Personen-Schaden-Forum 2005,
17 ff.). Während der Kommerzialisierungsgedanke gewisse Nutzungsmöglichkeiten einer Sache (unabhängig von seiner tatsächlichen Nutzung) kom-
merzialisiert, zielt der Frustrationsgedanke auf die Ersatzfähigkeit von Aufwendungen, die sich im Nachhinein als nutzlos erweisen, da ein erhoffter
Genuss ausbleibt. Der ökonomisch strukturierte Schadensbegriff stellt eine
Kombination der beiden anderen Theorien dar und bezweckt Schadenersatz im Falle der Beeinträchtigung einer abstrakten Gebrauchsmöglichkeit
(vgl. Schwenzer, N 14.08). In der Schweiz stossen diese Relativierungen des traditionellen Schadensbegriffs weitgehend auf Ablehnung. Eine
Ausnahme stellen hingegen der so genannte **Haushaltsschaden** sowie der
Pflege- und Betreuungsschaden dar (vgl. hierzu Schwenzer, N 14.10;
Fellmann, Personen-Schaden-Forum 2005, 21 ff. jeweils m. w. Nw.; ausf.
zum Haushaltschaden ZK-Landolt, Art. 46 OR, N 889 ff.). So anerkennt das
Bundesgericht einen ersatzfähigen Schaden auch dann, wenn beim Ausfall einer Hausfrau die anfallenden Arbeiten nicht durch eine bezahlte
Haushaltshilfe, sondern durch Mehrarbeit der anderen Familienangehöri-
gen geleistet wird (BGE 127 III 403). Dasselbe gilt nun im Falle des Pflegeschadens, wenn eine geschädigte Person zu Hause unentgeltlich von Familienangehörigen gepflegt wird (BGer 4C.276/2001). Eine weitergehende
Anerkennung von abstrakten Nutzungsbeeinträchtigungen wird in der
Schweiz zumindest im ausservertraglichen Haftpflichtrecht weitgehend ab-

gelehnt (vgl. hierzu m.w.Nw. SCHWENZER, N 14.11; ebenso FELLMANN, a.a.O., 34).

9 Schäden können nach unterschiedlichen Kriterien in verschiedene **Arten** eingeteilt werden. Im ausservertraglichen Haftpflichtrecht spielen die Einteilung in Personen-, Sach- und reine Vermögensschäden auf der einen und die Unterscheidung zwischen direkten und indirekten Schäden auf der anderen Seite eine Rolle. Die Einteilung in **unmittelbare und mittelbare Schäden,** welche die entstandenen Schäden je nach der Länge der sie verursachenden Kausalkette unterscheidet, hat im Deliktsrecht hingegen keine Bedeutung (vgl. SCHWENZER, N 14.27 f.; BSK OR I-SCHNYDER, N 7; diff. nun ZK-LANDOLT, Vorb. zu Art. 45/46 OR, N 95 ff.).

10 Die Einteilung von Schäden kann an die Frage anknüpfen, welches Rechtsgut durch die schädigende Handlung verletzt wurde und somit zu einer Vermögensverminderung geführt hat. Ein **Personenschaden** (Körperschaden) ist demnach diejenige Vermögenseinbusse, die auf die Tötung oder Verletzung eines Menschen zurückzuführen ist. Ein **Sachschaden** liegt dann vor, wenn der Grund in der Beschädigung, Zerstörung oder dem Verlust einer Sache liegt. Der **reine Vermögensschaden** besteht in der Vermögensverminderung, die weder als Personen- noch als Sachschaden qualifiziert werden kann. Es handelt sich somit um denjenigen Schaden, der weder auf der Tötung oder Körperverletzung eines Menschen noch auf der Beschädigung, Zerstörung oder dem Verlust einer Sache beruht (vgl. BGE 133 III 323 E. 5.1). Beim reinen Vermögensschaden fallen die Rechtsgutsverletzung und der Schaden damit zusammen (ausdr. ROBERTO, N 139). Die Einteilung in Personen-, Sach- und reine Vermögensschäden ist vorerst im Zusammenhang mit der Begründung der Widerrechtlichkeit von Bedeutung (vgl. N 21). Im Übrigen spielt die Unterscheidung bei gewissen Spezialhaftungen eine Rolle, welche ihren Anwendungsbereich teilweise von vornherein auf gewisse Schadenskategorien begrenzen (vgl. z.B. den Ausschluss reiner Vermögensschäden im Rahmen von Art. 58 Abs. 1 SVG).

11 Bei der Unterscheidung zwischen **direkten und indirekten Schäden** geht es um die Frage der Person des Geschädigten. Direkt Geschädigter ist derjenige, der wegen der primären Einwirkung auf seine Rechtsgüter einen Schaden erlitten hat. Von einem indirekten Schaden (sog. **Reflexschaden;** Drittschaden) ist dann die Rede, wenn eine Vermögensverminderung deshalb entsteht, weil eine andere Person primär eine Rechtsgutsverletzung erlitten hat (vgl. REY, N 350 ff.; SCHWENZER, N 14.19 ff.). Im Interesse der Klarheit sollte auf eine synonyme Verwendung des Begriffspaars mittelbarer/unmittelbarer Schaden verzichtet werden (i.d.S. auch BSK OR I-SCHNYDER, N 8; KELLER I, 71; so aber BGE 131 III 306 E. 3.1.1). Nach der herrschenden Auffassung ist für Reflexschaden grundsätzlich **kein Schadenersatz** zu leisten

(vgl. m. w. Nw. Rey, N 356; BGE 131 III 306 E. 3.1.1; BGer 4C.413/2006 E. 4). Dies wird allgemein damit begründet, dass der Gesetzgeber in Art. 45 Abs. 3 für den Versorgerschaden ausnahmsweise eine Ersatzpflicht angeordnet habe (vgl. BGE 112 II 118 E. 5b; 127 III 403 E. 4 b/aa; Rey, N 357 f.). Dieser Grundsatz wurde aber in der Rechtsprechung teilweise durchbrochen. So wurden namentlich **Schockschäden**, d. h. solche Schäden, die deshalb entstehen, weil eine psychische Beeinträchtigung durch die Tötung oder Verletzung eines nahen Angehörigen entsteht, entgegen der tatsächlichen Ausgangslage als direkte und damit ersatzfähige Schäden qualifiziert (vgl. BGE 112 II 118 E. 5a–e; 112 II 220 E. 2a; Schwenzer, N 14.21). Eine weitere Ausnahme hat das Bundesgericht dann gemacht, wenn durch das schädigende Verhalten eine Rechtsnorm verletzt wird, die auch den indirekt Geschädigten in seinen Rechtsgütern schützt. In diesen Fällen betrachtet das Bundesgericht einen Reflexgeschädigten ebenfalls im Ergebnis als direkt Geschädigten (vgl. BGE 102 II 85 E. 6c). Damit werden die Fragen der Widerrechtlichkeit und des (direkten) Schadens jedoch unnötigerweise vermischt. Es wäre zu begrüssen, das **Dogma der Nichtersatzfähigkeit von Reflexschäden** aufzugeben. Eine Begrenzung der Ersatzpflicht für Reflexschäden ergibt sich schon genügend aus der Tatsache, dass es sich i. d. R. um reine Vermögensschäden handelt (ähnl. Rey, N 356). Im Ergebnis geht es somit um die Frage der Begründung der Widerrechtlichkeit (krit. auch Schwenzer, N 14.22).

Im Rahmen der Theorie der **Drittschadensliquidation** geht es um die Frage, **12** ob jemand ausnahmsweise den bei einer anderen Person eingetretenen Schaden geltend machen (liquidieren) kann (vgl. hierzu Schwenzer, N 14.24; Rey, N 363 ff.). Die Frage stellt sich insbesondere dann, wenn aufgrund besonderer Umstände ein Schaden notwendigerweise gar nicht bei der Person eintreten kann, die einen Anspruch gegen den Schädiger hat, sondern zwangsläufig bei einem Dritten eintritt (Beispiel nach Schwenzer, N 14.24: Ein vom Erblasser einem Dritten vermachter Gegenstand wird beim Erben zerstört). Diese Theorie ist bisher in der Schweiz auf wenig Resonanz gestossen; bei genauer Betrachtung kann ihr Anwendungsbereich ohnehin nur in wenigen Fällen relevant werden (vgl. Schwenzer, N 14.26; Rey, N 369 f., jeweils m. w. Nw.).

Als weitere Voraussetzung muss ein **Kausalzusammenhang** zwischen der **13** schädigenden Handlung und dem Schaden bestehen. Ein Teil der Lehre unterscheidet hierbei noch genauer zwischen dem Kausalzusammenhang von schädigender Handlung und Rechtsgutsverletzung (haftungsbegründende Kausalität) und dem Kausalzusammenhang von Rechtsgutsverletzung und eingetretenem Schaden (haftungsausfüllende Kausalität; vgl. Oftinger/ Stark I, § 3 N 20; BK-Brehm, N 103; Schwenzer, N 19.01; ablehnend Rey, N 522a). Nach der hier vertretenen Auffassung ist die haftungsbegründende Kausalität bereits Teil des Elements der schädigenden Handlung (vgl. vorne N 3). Die Prüfung des Kausalitätserfordernisses geschieht nach der herrschenden Auffassung in zwei Etappen: Nach der Prüfung der sog. **natürlichen Kausalität** ist die Frage des sog. **adäquaten Kausalzusammenhangs** zu beantworten (vgl. nur BK-Brehm, N 104).

14   **Natürliche Kausalität** liegt dann vor, wenn die schädigende Handlung eine notwendige Bedingung für den eingetretenen Schaden darstellt. Nach der so genannten *conditio sine qua non*-Formel kann somit die schädigende Handlung nicht hinweggedacht werden, ohne dass der eingetretene Erfolg (Schaden) entfiele (vgl. BGE 119 V 335 E. 1; Rey, N 518 m. w. Nw.). Gemäss der allgemeinen Beweisregel von Art. 8 ZGB ist die Existenz des natürlichen Kausalzusammenhangs vom Geschädigten zu beweisen. Obwohl sich der natürliche Kausalzusammenhang grundsätzlich nach naturgesetzlichen Kriterien beurteilt, sind an den Beweis keine allzu strengen Anforderungen zu stellen; es genügt der Beweis der **überwiegenden Wahrscheinlichkeit** (BGE 128 III 271 E. 2b/aa; 107 II 269 E. 1b; vgl. zur Prospekthaftung BGE 132 III 715 E. 3.2). Die Feststellung des natürlichen Kausalzusammenhangs ist eine vom Bundesgericht nicht überprüfbare Tatfrage (BGE 131 III 306 E. 3.2.1; BGer 4C.402/2006 E. 3; w. Nw. bei BK-Brehm, N 110). Abgelehnt wird eine Haftung nach Wahrscheinlichkeitsgrad entsprechend der Rechtsfigur der *perte d'une chance* vgl. oben N 7.

15   Da eine blosse Ursachenzuordnung nach Massgabe der natürlichen Kausalität uferlos wäre (vgl. z. B. Honsell, § 3 N 3), bedarf es einer Beschränkung der haftungsrelevanten Ursachen nach Wertungskriterien (vgl. Schwenzer, N 19.02). Dies geschieht in erster Linie mittels der **Adäquanztheorie.** Demnach liegt ein adäquater Kausalzusammenhang dann vor, wenn die Ursache nach dem gewöhnlichen Lauf der Dinge und der allgemeinen Lebenserfahrung geeignet ist, einen Erfolg von der Art des eingetretenen herbeizuführen, der Eintritt des Erfolges also durch die Ursache als allgemein begünstigt erscheint (vgl. BGE 123 III 110 E. 3a; w. Nw. bei BK-Brehm, N 121). Bei der Adäquanztheorie geht es hauptsächlich um eine **Begrenzung der Haftung** (vgl. m. Nw. BK-Brehm, N 120). Die Beurteilung der Adäquanz ist im Haftpflichtrecht weniger streng als im Sozialversicherungsrecht (BGE 123 I II 110 E. 3a–c; BGer 4C.50/2006 E. 4; Rey, N 528a). Adäquate Kausalität kann im Haftpflichtrecht sogar dann angenommen werden, wenn diese sozialversicherungsrechtlich verneint wird (ausdr. Keller I, 83). Die Frage der adäquaten Kausalität ist eine vom Bundesgericht überprüfbare Rechtsfrage (BGE 132 III 715 E. 2.2; 123 III 110 E. 2; BK-Brehm, N 122 m. w. Nw.). Demgemäss kommen die Beweislastvorschriften von Art. 8 ZGB auf den adäquaten Kausalzusammenhang nicht zur Anwendung. Als Rechtsfrage ist die Adäquanz keinem Beweis zugänglich (vgl. m. Nw. auch zur abweichenden Praxis und Lehre BK-Brehm, N 122). Die Adäquanztheorie stösst

in jüngerer Zeit vermehrt auf Kritik (vgl. m. Nw. REY, N 545; diff. BK-BREHM, N 150 ff., insbes. 163). An ihrer Stelle soll daher nach der **Schutzzweck-theorie** (Normzwecktheorie, Lehre vom Rechtswidrigkeitszusammenhang) durch Auslegung der verletzten Norm bestimmt werden, für welche Rechts-gutsverletzungen bzw. Schäden ein Schädiger einzustehen hat (vgl. m. Nw. REY, N 547). In der Tat geht es bei beiden Theorien um die Frage des Aus-masses der verletzten Schutzpflicht; nach der hier vertretenen Auffassung geht es damit i. E. um eine Frage der Widerrechtlichkeit (vgl. N 21; eben-so ROBERTO, 65 ff., 203 ff.; SCHWENZER, N 19.08; allerdings zu Recht diff. BK-BREHM, N 163).

Nach der h. L. und Rechtsprechung kann ein an und für sich adäquater Kau-salzusammenhang durch eine neue Ursache **unterbrochen** werden. Die neue Ursache weist eine derartige Intensität auf, dass die ursprünglich ad-äquate Ursache in den Hintergrund gedrängt wird und die neue Ursache die bisherige rechtlich ablöst (vgl. BK-BREHM, N 136; ROBERTO, N 182; REY, N 552 m. w. Nw.). Als **Unterbrechungsgründe** kommen höhere Gewalt, gro-bes Selbstverschulden des Geschädigten und grobes Drittverschulden in Frage. Höhere Gewalt ist ein unvorhersehbares, aussergewöhnliches Ereig-nis, das mit unabwendbarer Gewalt von aussen hereinbricht (BGE 102 Ib 257 E. 5; 111 II 429 E. 1b). Dieser Unterbrechungsgrund hat in der Recht-sprechung nur geringe Bedeutung (vgl. m. Nw. ROBERTO, N 183). Im Übrigen ist dieser Einwand bei einer Verschuldenshaftung ohnehin bedeutungslos, da in einem solchen Fall kein Verschulden vorliegt; allenfalls geht es um ein Problem der überholenden Kausalität (vgl. BK-BREHM, N 143). Das Selbst-verschulden des Geschädigten oder ein Drittverschulden muss jeweils eine erhebliche Intensität aufweisen, dass ein adäquater Kausalzusammenhang unterbrochen werden kann. Beide Fallgruppen spielen i. d. R. nur bei Kau-salhaftungen eine Rolle (vgl. die Nw. bei BK-BREHM, N 139 ff.; ROBERTO, N 184 f.; zum EHG vgl. BGer 5C.213/2004 E. 5.2/5.3). Beim Selbstverschul-den kommt anstelle einer Unterbrechung des Kausalzusammenhangs auch eine Reduktion des Schadenersatzes nach Art. 44 Abs. 1 in Frage. Die Lehre von der Unterbrechung des Kausalzusammenhangs wird in der jüngeren Lehre kritisiert (vgl. HONSELL, § 3 N 37; SCHWENZER, N 20.03 ff.). In der Tat ist die Unterbrechung eines an und für sich adäquaten Kausalzusammen-hangs widersprüchlich, denn entweder liegt rechtlich adäquate Kausalität vor oder nicht (vgl. schon BGE 86 IV 153 E. 1). Im Ergebnis geht es auch in diesen Fällen um das nach der Schutzzwecktheorie zu eruierende Mass der Haftung, so dass rechtspolitisch auszulegen ist, für welche Rechtsgutsver-letzungen bzw. Schäden einzustehen ist. Dies zeigt sich insbesondere im Bereich der Gefährdungshaftungen, die ihren Schutzbereich beispielsweise für den Fall höherer Gewalt oder groben Drittverschuldens selbst definie-ren (vgl. zu Art. 27 Abs. 2 SprstG im Gegensatz zu Art. 5 Abs. 1 KHG SCHWEN-

16

ZER, N 20.04; vgl. auch zu Art. 58 Abs. 1 HONSELL, § 3 N 43; SCHWENZER, a. a. O.).

17 Besondere Fragen im Zusammenhang mit der Kausalität stellen sich dann, wenn mehrere Schadensursachen vorhanden sind. Diese Problematik zeigt sich zum einen bei der sog. **alternativen Kausalität,** wenn mehrere Ursachen für eine Schadenszufügung kausal sein können, im konkreten Fall aber nur eine tatsächlich kausal geworden ist. Heute aktuelle Fälle aus dem Bereich der alternativen Kausalität zeigen sich insbesondere im Bereich der Umwelt- oder Produktehaftpflicht (i. d. S. SCHWENZER, N 21.03). Nach der traditionellen, streng an die Beweisvorschrift von Art. 8 ZGB anknüpfenden Meinung kann in diesen Fällen schon mangels Beweis der Verursachung keine Haftung begründet werden (vgl. ZK-OSER/SCHÖNENBERGER, N 87; BK-BREHM, N 145). Eine Ausnahme von diesem Grundsatz wurde schon nach der älteren Lehre in Fällen bewussten Zusammenwirkens der möglichen Schadensverursacher gemacht (z. B. beim Raufhandel, vgl. BGE 57 II 417 E. 2), wo Solidarität nach Art. 50 Abs. 1 angenommen wurde (vgl. m. Nw. BSK OR I-SCHNYDER, N 25). Die neuere Lehre will nun auch in den Fällen ohne bewusstes Zusammenwirken neue Lösungsansätze finden. Vorschläge gehen von einer solidarischen Haftung aller möglichen Schadensverursacher in Analogie zu Art. 51 Abs. 1 (vgl. HONSELL, § 3 N 67), über eine Haftung nach wahrscheinlicher Verursacherquote (vgl. REY, N 624), über eine Umkehr der Beweislast in Bezug auf die kausale Verursachung (i. d. S. wohl ROBERTO, N 173) bis hin zur anteilsmässigen Haftung entsprechend dem Marktanteil (market share liability; vgl. CR CO I-WERRO, N 50; ROBERTO, N 174; vgl. auch zu Art. 56d Abs. 2 VE-HPG CR CO I-WERRO, N 50; WERRO, N 203).

18 Bei der sog. **kumulativen Kausalität** setzen mehrere Schädiger unabhängig voneinander Schadensursachen, wobei jede Ursache den Schadenseintritt alleine hätte bewirken können (vgl. ROBERTO, N 163; SCHWENZER, N 21.01; REY, N 614 ff.; diff. HONSELL, § 3 N 69). Nach einhelliger Auffassung in der Lehre kann in diesem Fall jeder Verursacher für den ganzen Schaden haftbar gemacht werden (vgl. m. Nw. REY, N 616). Insofern wird bei der kumulativen Kausalität von der strengen Anwendung der *conditio sine qua non*-Formel Abstand genommen.

19 Bei der sog. **überholenden** bzw. **hypothetischen Kausalität** (differenzierende Begriffsverwendung bei REY, N 607 ff.; BSK OR I-SCHNYDER, N 26 f.; BK-BREHM, N 147 ff.) entfaltet eine Ursache, die zu einer Rechtsgutsverletzung bzw. zu einem Schaden führen würde, ihre Wirkung nur deshalb nicht, weil die gleiche Rechtsgutsverletzung (bzw. Schaden) **zuvor** durch eine zweite adäquate Ursache bewirkt wird. Die sich in Gang befindliche Kausalkette wird daher durch eine zweite überholt. Die damit nicht wirksam gewordene Ursache wird damit bloss zur **Reserveursache** und ist grund-

sätzlich haftpflichtrechtlich nicht relevant (BK-BREHM, N 147a; BSK OR I-SCHNYDER, N 26 m.w.Nw.). Das Bundesgericht will die hypothetische Kausalität jedoch aufgrund wertender Gesichtspunkte berücksichtigen (BGE 115 II 440 E. 4b). Nach der neueren Lehre ist die Problematik der überholenden Kausalität ein Problem der **Schadensberechnung** (vgl. SCHWENZER, N 21.05; so schon OFTINGER/STARK I, § 6 N 11). Dem entspricht insbesondere auch die Rechtsprechung des Bundesgerichts zur Frage der **konstitutionellen Prädisposition,** sofern sich die vorbestehende Gesundheitsschädigung auch ohne das schädigende Ereignis ausgewirkt hätte (vgl. BGE 131 III 12 E. 4; 113 II 86 E. 1b; BGer 4C.49/2007 E. 5.1.1; 4C.402/2006 E. 5.1; vgl. ZK-LANDOLT, Art. 46 OR, N 874 ff.). Eine ähnliche Konstellation liegt beim sog. **rechtmässigen Alternativverhalten** vor (vgl. REY, N 644 ff.; ROBERTO, N 169 ff.; SCHWENZER, N 21.07). Hierbei wird eine Rechtsgutsverletzung bzw. ein Schaden durch rechts- bzw. vertragswidriges Verhalten adäquat kausal verursacht. Der Schädiger will sich aber darauf berufen, dass der Schaden auch dann eingetreten wäre, wenn er sich rechtmässig verhalten hätte (vgl. hierzu BGE 122 III 229 E. a/aa). Im ausservertraglichen Haftpflichtrecht zeigt sich diese Problematik hauptsächlich bei der Aufklärungspflicht im Bereich der Arzthaftung (i. d. S. WERRO, N 194). Hierbei zeigt sich, dass es im Wesentlichen um ein Problem der Beweislast geht, wird die Beweislast für den behaupteten Schadenseintritt trotz genügender Aufklärung durch den Arzt in der bundesgerichtlichen Rechtsprechung doch umgekehrt (vgl. WERRO, a. a. O.; ROBERTO, N 170; BGE 117 Ib 197 E. 5a–c; 108 II 59 E. 3).

Wird dem Schädiger eine **Unterlassung** vorgeworfen, so kann diese streng naturwissenschaftlich betrachtet nie kausal sein (vgl. REY, N 592; ROBERTO, N 157). Rechtlich kann eine Unterlassung aber dann als kausal für eine Rechtsgutsverletzung (bzw. einen Schaden) betrachtet werden, wenn eine Pflicht zum Handeln bestanden hätte. Die massgebliche Kausalitätsformel lautet bei Unterlassungen, ob durch pflichtgemässes Handeln die Rechtsgutsverletzung bzw. der Schaden hätte vermieden werden können (vgl. HONSELL, § 3 N 35; BGE 124 III 155 E. 3d). Die Kausalitätsprüfung geschieht daher in zwei Schritten. Zuerst ist zu prüfen, ob eine Pflicht zum schadensverhindernden Handeln besteht; danach ist zu fragen, ob die Rechtsgutsverletzung bzw. der Schaden bei Vornahme dieser gebotenen Handlung hätte verhindert werden können (vgl. REY, N 593 m. w. Nw.). Eine eigentliche Trennung zwischen natürlicher und (wertender) adäquater Kausalität kann bei Unterlassungen daher nicht gemacht werden (i. d. S. REY, N 599). Als Beweismass ist auch bei Unterlassungen die überwiegende Wahrscheinlichkeit ausreichend (BGE 124 III 155 E. 3d). Bei der zentralen Frage der Pflicht zum Handeln geht es im Wesentlichen nicht um eine Frage der Kausalität, sondern um die Begründung der Widerrechtlichkeit (ebenso

20

ROBERTO, N 157; vgl. auch zum sog. Gefahrensatz SCHWENZER, N 50.32 f. m. w. Nw.).

21 Die **Widerrechtlichkeit** (Rechtswidrigkeit) hat die Funktion der Haftungsbegrenzung, indem sie haftungsbegründendes (d. h. i. d. R. zu Schadenersatz verpflichtendes) Unrecht von hinzunehmenden Nachteilen unterscheidet (vgl. SCHWENZER, N 50.04; REY, N 666 ff.). Der schweizerische Gesetzgeber hat auf eine Legaldefinition der Widerrechtlichkeit verzichtet (vgl. GAUCH, FS Wiegand, 838; GIGER, 377 f.). Bis etwa Mitte der Neunzigerjahre des letzten Jahrhunderts fanden sich hauptsächlich zwei Theorien zur Definition der Widerrechtlichkeit. Es waren dies die sog. subjektive Widerrechtlichkeitstheorie und die sog. objektive Widerrechtlichkeitstheorie. In jüngerer Zeit beginnt nun auch eine dritte Widerrechtlichkeitstheorie an Bedeutung zu gewinnen.

22 Die **subjektive Widerrechtlichkeitstheorie** geht von der grundsätzlichen Widerrechtlichkeit jeder Schadenszufügung aus, es sei denn, der Schädiger verfüge über eine besondere subjektive Berechtigung. Diese Theorie stützt sich hauptsächlich auf den französischen Wortlaut der entsprechenden Norm des Obligationenrechts in der Fassung von 1881 (Art. 50 aOR: *quiconque cause sans droit un dommage ...*). Im Haftpflichtrecht gilt diese Definition der Widerrechtlichkeit heute allgemein als überholt (vgl. BGE 115 II 15 E. 3a; Rey, N 677 ff. m. w. Nw.; **a. A.** GABRIEL, N 898 ff.). Hingegen hat sie im Rahmen von Art. 28 Abs. 2 ZGB nach wie vor Gültigkeit (vgl. BSK ZGB I-MEILI, Art. 28 ZGB N 45).

23 Die h. L. und Rechtsprechung vertritt die **objektive Widerrechtlichkeitstheorie** (vgl. BGE 133 III 323 E. 5.1; 123 II 577 E. 4b; 123 III 306 E. 4a; 122 III 176 E. 7b; 119 II 127 E. 3; 115 II E. 3a; REY, N 670 ff. m. w. Nw.). Nach dieser Theorie ist eine Schadenszufügung widerrechtlich, wenn sie gegen eine allgemeine gesetzliche Pflicht verstösst, indem entweder ein absolutes Recht des Geschädigten beeinträchtigt oder eine reine Vermögensschädigung durch Verstoss gegen eine Norm bewirkt wird, die nach ihrem Zweck vor derartigen Schäden schützen soll. Verkürzt gesagt liegt Widerrechtlichkeit demnach bei der Verletzung absoluter Rechte oder beim Verstoss gegen eine das Vermögen schützende Norm vor (vgl. SCHÖNENBERGER, HAVE 2004, 3). Bei der Verletzung absoluter Rechte besteht die Widerrechtlichkeit daher in einem sog. Erfolgsunrecht; in diesem Fall ist eine schädigende Handlung automatisch als widerrechtlich zu qualifizieren, gleichgültig wie sich der Schädiger dabei verhalten hat bzw. ob er dabei gegen eine Rechtsnorm verstossen hat. Dieses sog. Handlungsunrecht bedarf es zur Begründung der Widerrechtlichkeit nur dann, wenn durch die schädigende Handlung lediglich das Vermögen betroffen wurde. Hierbei besteht die Widerrechtlichkeit im Verstoss gegen eine das Vermögen schützende Norm (vgl. m. Nw. SCHÖNENBERGER, HAVE 2004, 4; SCHWENZER, N 50.28). Damit

ist die Qualifikation des Schadens von entscheidender Bedeutung, da Körper- und Sachschäden wegen Verstosses gegen ein absolutes Recht regelmässig rechtswidrig sind. Bei reinen Vermögensschäden ist demgegenüber im Grundsatz keine Widerrechtlichkeit gegeben, es sei denn, es liege ein Verstoss gegen eine Schutznorm vor (vgl. REY, N 705 m. w. Nw.). Solche vermögensschützenden Normen finden sich vor allem im Strafrecht (Betrugstatbestände, Art. 146 ff. StGB; bei Vorsatztatbeständen muss das Vorsatzelement erfüllt sein, vgl. zu Art. 305bis StGB: BGE 133 III 323 E. 5.2 m. w. Nw., insbes. 5.2.3) sowie insbes. im Wettbewerbsrecht (UWG, KG). Keine Schutznorm stellt der Grundsatz von Treu und Glauben gemäss Art. 2 Abs. 1 ZGB dar (BGE 121 III 350 E. 6b; 108 II 305 E. 2b; vgl. m. Nw. zu Mindermeinungen SCHWENZER, N 50.22).

Im Bereich der Haftung für **unrichtige Rat- und Auskunftserteilung** hat   24
das Bundesgericht die Widerrechtlichkeit im Rahmen von Art. 41 Abs. 1 bejaht, obwohl genau genommen keine Schutznorm verletzt wurde, kennt das Schweizer Recht doch keine allgemeine Wahrheitspflicht oder ein Gebot wahrheitsgetreuer Aufklärung (vgl. m. Nw. SCHÖNENBERGER, HAVE 2004, 5). Es hat dabei den Grundsatz entwickelt, dass schadenersatzpflichtig wird, wer aufgrund seines Fachwissens in Anspruch genommen wird, wunschgemäss Auskünfte erteilt und dabei wider besseres Wissen oder leichtfertig unrichtige Angaben macht, von denen er sich sagen muss, dass ihre Kenntnis den in Frage stehenden Entschluss beeinflussen könnten (BGE 116 II 695 E. 4; vgl. auch BGE 111 II 471 E. 3). Bei genauer Betrachtung hat das Bundesgericht damit die Schutznormtheorie bereits verlassen und die Widerrechtlichkeit an situationsspezifische Pflichten zum Schutze des Vermögens angeknüpft (i. d. S. SCHÖNENBERGER, HAVE 2004, 6). Die h. L. sieht in diesem Prinzip aber immer noch den Verstoss gegen eine ungeschriebene Verhaltensnorm (vgl. REY, N 723).

In der neueren Lehre wird die Lehre vom Erfolgsunrecht nunmehr abge-   25
lehnt (vgl. SCHWENZER, N 50.31; ROBERTO, N 262 ff., WERRO, N 326 ff.; REY, N 702a; SCHÖNENBERGER, HAVE 2004, 6 ff.). Widerrechtlichkeit wird dabei unabhängig von der Art des verletzten Rechtsguts – d. h. auch bei der Verletzung absoluter Rechte – als Verletzung einer Verhaltenspflicht definiert. Damit können reine Vermögensschäden im Grundsatz gleich behandelt werden wie Körper- und Sachschäden. Entscheidend ist vielmehr die Frage nach dem Ausmass der verletzten Schutzpflicht als Widerrechtlichkeitsbegründung (i. d. S. WERRO, a. a. O.; SCHWENZER, N 50.04, 50.31).

Im Ergebnis resultiert daraus die sog. **dritte Widerrechtlichkeitstheorie.**   26
Diese definiert die Widerrechtlichkeit als Verletzung einer gegenüber dem Geschädigten bestehenden Sorgfalts- oder Schutzpflicht (i. d. S. insbes. CR CO I-WERRO, N 68; WERRO, ZSR 1997 I, 343 ff.; ROBERTO, N 48 ff.; SCHÖNENBERGER, HAVE 2004, 3 ff.; SCHWENZER, N 50.04, 50.31). Diese Theorie

hat den Vorteil, dass reine Vermögensschäden – entsprechend dem Gesetzestext – nicht von vornherein diskriminiert werden. Andererseits entfällt auch der Automatismus der Widerrechtlichkeit bei der Verletzung absoluter Rechtsgüter (vgl. SCHÖNENBERGER, HAVE 2004, 7 ff.; ROBERTO, N 261; WERRO, N 328 f.). Die genaue Definition der dritten Widerrechtlichkeitstheorie ist noch nicht einheitlich. Es finden sich insbesondere zwei leicht unterschiedliche Ansätze (vgl. SCHÖNENBERGER, HAVE 2004, 9 ff.). Währenddem ein Teil der Lehre Widerrechtlichkeit als Verletzung einer Sorgfaltspflicht definiert (insbes. WERRO, a.a.O.; ROBERTO, N 48 ff.; WIDMER, ZSR 2001 I, 101, 111), definiert ein anderer Teil der Lehre die Widerrechtlichkeit leicht differenzierend als Verletzung einer Schutzpflicht (so SCHÖNENBERGER, 107; DERS., HAVE 2004, 11 f.; SCHWENZER, N 50.04; HOFSTETTER, AJP 1998, 261 ff., 266). Bei der Definition als Sorgfaltspflichtverletzung ergibt sich daraus eine Verschmelzung der Widerrechtlichkeit mit der objektiven Seite des Verschuldens. Diese Sichtweise ist nicht nur aus gesetzessystematischen Gründen abzulehnen (vgl. BK-BREHM, N 52a ff. m.w.Nw.), sondern sie ist auch im Hinblick auf das Notwehr- und Nothilferecht sowie in Bezug auf das Widerrechtlichkeitserfordernis bei Gefährdungshaftungen problematisch (vgl. SCHÖNENBERGER, HAVE 2004, 11 f.; ungenau BK-BREHM, N 52c). Damit ist diejenige Definition der dritten Widerrechtlichkeitstheorie vorzuziehen, welche Widerrechtlichkeit als Verletzung einer gegenüber dem Geschädigten bestehenden **Schutzpflicht** definiert (vgl. SCHÖNENBERGER, HAVE 2004, 12). Diese Schutzpflichten sind fallgruppenweise herauszuarbeiten (vgl. beispielsweise zur ausservertraglichen Auskunftshaftung SCHÖNENBERGER, 153 ff., 177). Die dritte Widerrechtlichkeitstheorie hat sich bis heute in der bundesgerichtlichen Rechtsprechung nicht durchgesetzt (vgl. GAUCH, FS Wiegand, 838; kritisch z.B. HÜRLIMANN/SIEGENTHALER, 199 ff., 212 ff.). Stattdessen sucht die Rechtsprechung, insbes. für die Haftung für reine Vermögensschäden, den Weg über Rechtsfiguren zwischen Vertrag und Delikt (vgl. Vorbem. zu Art. 41–61 N 14), wie beispielsweise die Vertrauenshaftung.

27   Widerrechtlichkeit ist ausgeschlossen, wenn **Rechtfertigungsgründe** vorliegen (vgl. nur REY, N 757 ff.; HONSELL, § 5; BK-BREHM, N 60 ff.). Als Rechtfertigungsgründe kommen in Frage: Notwehr, Notstand und Selbsthilfe gemäss Art. 52 (vgl. hierzu Art. 52), besondere privatrechtliche Befugnisse, die Ausübung öffentlicher Gewalt sowie die Einwilligung. Eingriffe in Rechtsgüter im Rahmen der Ausübung öffentlicher Gewalt (z.B. Betreibungsbeamte, Polizisten bei der Verhaftung) sind dann gerechtfertigt, wenn die Amtshandlung in rechtmässiger Ausübung hoheitlicher Gewalt erfolgt und in der Kompetenz des betreffenden Beamten liegt. Hierbei obliegen dem Beamten die Achtung des pflichtgemässen Ermessens und die Einhaltung des Grundsatzes der Verhältnismässigkeit (vgl. m.Nw. REY, N 758; BK-BREHM, N 61).

Zu den die Widerrechtlichkeit ausschliessenden besonderen privatrechtlichen Befugnissen zählen insbes. Art. 301 ZGB, Art. 701 ZGB sowie Art. 926
ZGB. Des Weiteren zählen auch private Pfändungs- bzw. Retentionsrechte
dazu (vgl. Beispiele bei BK-BREHM, N 62).

Der wichtigste Rechtfertigungsgrund ist die **Einwilligung.** Diese setzt zu ih-   28
rer Gültigkeit vorerst die Urteilsfähigkeit des einwilligenden Verletzten voraus, wobei die Schranken von Art. 20 Abs. 1 OR bzw. Art. 27 Abs. 2 ZGB zu
beachten sind (vgl. hierzu BK-BREHM, N 63 ff.; REY, N 762 ff.; SCHWENZER,
N 50.36 ff.). Eine unwirksame Einwilligung kann allenfalls als Herabsetzungsgrund entsprechend Art. 44 Abs. 1 berücksichtigt werden (vgl. m. Nw.
REY, N 763). Im Bereich des Arzthaftungsrechts bedingt die gültige Einwilligung in den Eingriff in die körperliche Integrität eine ordnungsgemässe
Aufklärung durch den Arzt. Erforderlich ist dabei eine Information über
die Risiken des Eingriffs (vgl. BGE 133 III 121 E. 4.1; 119 II 456 E. 2a; 108 II
59 E. 2). Eine weitere Bedeutung hat die Einwilligung bei Sportverletzun-
gen. Sind gewisse regelkonforme Beeinträchtigungen der körperlichen Integrität (insbes. bei Kampfsportarten) nicht gerade Ziel der Sportart, so
kann i. d. R. nicht von einer Einwilligung in Körperverletzungen ausgegangen werden (i. d. S. m. Nw. BK-BREHM, N 63c; SCHWENZER, N 50.39). Immerhin ist hierbei aber eine Haftungsreduktion gemäss Art. 44 Abs. 1 möglich (vgl. SCHWENZER, N 16.11; Art. 44 N 3).

Als weitere Haftungsvoraussetzung verlangt der Gesetzestext, dass die   29
Schadenszufügung mit Absicht oder aus Fahrlässigkeit verursacht wurde
(«…sei es mit Absicht, sei es aus Fahrlässigkeit…»). Den Haftpflichtigen
muss somit ein **Verschulden** treffen. Verschulden ist die rechtliche Tadelns-
würdigkeit eines Verhaltens (Tun oder Unterlassen; vgl. KELLER I, 115).
Dem Haftpflichtigen muss daher ein persönlicher Vorwurf für die Verursachung des Schadens gemacht werden können (vgl. SCHWENZER, N 22.01).
Das Verschulden spielt in erster Linie eine Rolle als Haftungsvoraussetzung
bei der deliktischen und vertraglichen Verschuldenshaftung. Des Weiteren
ist es auch im Rahmen der Schadenersatzbemessung (Art. 43/44) von Bedeutung (vgl. BK-BREHM, N 167; SCHWENZER, N 22.02). Das Verschulden
weist eine subjektive und eine objektive Komponente auf. Währenddem es
bei der subjektiven Seite um die Frage der Urteilsfähigkeit der handelnden
Person geht, hat die objektive Seite die Abweichung von einem unter den
gegebenen Umständen angebrachten Durchschnittsverhalten zum Thema
(vgl. nur HONSELL, § 6 N 4).

Urteilsfähigkeit ist die Fähigkeit, vernunftgemäss zu handeln (Art. 16 ZGB).   30
Die handelnde Person muss somit in der Lage sein, das Unrecht ihres Verhaltens zu erkennen und entsprechend dieser Einsicht zu handeln (vgl.
SCHWENZER, N 22.04). Die Urteilsfähigkeit als grundsätzliche Haftungsvoraussetzung ergibt sich aus Art. 18 ZGB. Bei fehlender Urteilsfähigkeit

kommt eine Haftung allenfalls aufgrund Art. 54 Abs. 1 in Betracht (vgl. zur vorübergehenden Urteilsfähigkeit Art. 54 Abs. 2, Art. 54 N 2 ff.). Allerdings wird die Urteilsfähigkeit **vermutet** (vgl. BSK ZGB I-BIGLER-EGGENBERGER, Art. 16 ZGB N 47, m. w. Nw.). Die Urteilsfähigkeit wird je im Zeitpunkt des in Frage stehenden Verhaltens nach den konkreten Umständen beurteilt. Es gilt die Relativität der Urteilsfähigkeit. Diese gilt einerseits zeitlich, so dass sie zum einen Zeitpunkt gegeben sein kann, zum anderen hingegen nicht (z. B. nicht während dem Zustand der Trunkenheit). Des Weiteren beurteilt sich die Relativität auch in Bezug auf das in Frage stehende Geschäft bzw. die in Frage stehende Handlung (vgl. hierzu nur BSK ZGB I-BIGLER-EGGEN-BERGER, Art. 16 ZGB N 34 ff.). Im Schweizer Recht gibt es für die Beurteilung der Urteilsfähigkeit von Kindern keine feste Altersgrenze (vgl. hierzu m. Nw. BK-BREHM, N 173 ff.). In der Lehre ist es umstritten, ob es verschiedene Abstufungen der Urteilsfähigkeit gibt (vgl. BK-BREHM, N 172 ff.; SCHWENZER, N 22.09). Diesem Streit kommt im Haftpflichtrecht jedoch kaum praktische Bedeutung zu (vgl. BK-BREHM, N 172b; SCHWENZER, a. a. O.).

31   Die objektive Seite des Verschuldens kann in zwei Formen auftreten: **Vorsatz** und **Fahrlässigkeit**. Im Gegensatz zum Strafrecht ist im Zivilrecht (und damit im Haftpflichtrecht) die Unterscheidung zwischen Vorsatz und Fahrlässigkeit nicht von grosser Bedeutung; vielmehr wird teilweise zwischen Vorsatz und grober Fahrlässigkeit auf der einen Seite und leichter Fahrlässigkeit auf der anderen Seite unterschieden (vgl. z. B. Art. 100 Abs. 1; SCHWENZER, N 22.11).

32   **Vorsatz** bedeutet Wissen und Wollen des Erfolges, d. h. der Rechtsgutsverletzung. Eventualvorsatz, d. h. billigendes Inkaufnehmen eines Erfolges, wird im Rahmen der Haftungsbegründung gleich gewertet wie direkter Vorsatz (vgl. Schwenzer, N 22.12; Rey, N 836 m. w. Nw.). Zivilrechtlich ist Absicht als Synonym zum Vorsatz zu betrachten (vgl. SCHWENZER, N 22.13; ROBERTO, N 235; diff. m. w. Nw. REY, N 837 ff.).

33   **Fahrlässigkeit** definiert sich als Ausserachtlassen der im Verkehr erforderlichen Sorgfalt (vgl. SCHWENZER, N 22.14). Im Zivilrecht gilt ein objektivierter Fahrlässigkeitsmassstab (vgl. BGE 116 Ia 162 E. 2c). Abzustellen ist dementsprechend nicht auf die individuellen Fähigkeiten des Schädigers, sondern auf die typischen Fähigkeiten, welche ein vernünftiger Angehöriger (*«reasonable person»*) einer bestimmten Berufsgruppe bzw. eines bestimmten Verkehrskreises hat (anders nun aber Art. 48a Abs. 2 VE-HPG, kritisch hierzu WERRO, N 248 m. w. Nw.).

34   Das Gesetz unterscheidet teilweise zwischen grober und leichter Fahrlässigkeit (vgl. z. B. Art. 100, ebenso Art. 44 Abs. 2). Dieser Zweiteilung folgt im Allgemeinen auch die Lehre (vgl. nur KELLER I, 119; BSK OR I-SCHNYDER,

N 49 f.; Roberto, N 236). Teilweise wird allerdings auch von einer Dreiteilung ausgegangen (vgl. BGE 100 II 332 E. 3a; BK-Brehm, N 197 ff.; Honsell, § 6 N 24 ff.; CR CO I-Werro, N 97 f.). In der Tat ist dieser Streit im Bereich der Haftungsbegründung dogmatischer Natur; ist für die Haftungsbegründung ausnahmsweise ein qualifiziertes Verschulden vorausgesetzt, ist i. d. R. doch zumindest das Mass der Grobfahrlässigkeit erforderlich (vgl. z. B. Art. 248 Abs. 1; vgl. hierzu insbes. Oftinger/Stark I, § 5 N 105 FN 120). Bei der Schadenersatzbemessung kann eine weitere Abstufung allenfalls wünschbar sein, wobei in diesem Falle aber alle Stufen denkbar sind (vgl. Oftinger/Stark I, § 5 N 105). **Grobe Fahrlässigkeit** liegt vor, wenn jemand jene elementarsten Vorsichtsgebote unbeachtet lässt, die jeder verständige Mensch in der gleichen Lage und unter den gleichen Umständen befolgt hätte (BGE 118 V 305 E. 2a; 119 II 443 E. 2a; BGer 4C.92/2007 E. 3.2). **Leichte Fahrlässigkeit** bedeutet zwar immer noch eine Abweichung von der objektiv gebotenen Sorgfalt, jedoch ohne Verletzung der elementarsten Vorsichtsgebote (vgl. z. B. BSK OR I-Schnyder, N 50; Schwenzer, N 22.22). Währenddem einfache Fahrlässigkeit daher noch einigermassen verständlich ist («Das kann passieren.», Wortlaut Obergericht Zürich: «Er hät scho sölle.»; zitiert nach Keller I, 127), ist die grobe Fahrlässigkeit schlechthin unverständlich («Das darf nicht passieren.», nach dem Wortlaut des Obergerichts Zürich: «Wie hät er nu chönne?», zitiert nach Keller I, a. a. O.).

Zum Verhältnis zwischen Verschulden und Widerrechtlichkeit vgl. oben N 26.   35

3. Rechtsfolgen

Sind die Voraussetzungen der schädigenden Handlung, des Schadens, des Kausalzusammenhangs, der Widerrechtlichkeit sowie des Verschuldens erfüllt, so sieht Art. 41 Abs. 1 als Rechtsfolge die **Verpflichtung zu Schadenersatz** vor. Zur Berechnung des Schadenersatzes vgl. Art. 42; zu Art und Umfang des Schadenersatzes vgl. Art. 43. Es ist zu beachten, dass Schadenersatzpflicht nicht automatisch bedeutet, dass der volle Schaden ersetzt werden muss (vgl. BK-Brehm, N 222c); so sind insbes. die Herabsetzungsgründe gemäss Art. 44 (vgl. hierzu nachfolgend Art. 44) zu beachten, vgl. für den Fall mehrerer Schädiger Art. 50 und 51 (BK-Brehm, N 227 f.; BSK OR I-Schnyder, N 54).   36

II. Vorsätzlich sittenwidrige Schädigung (Abs. 2)

1. Charakter der Norm

Art. 41 Abs. 2 enthält eine Anspruchsnorm für **sittenwidrige Schädigungen.** Aufgrund des Verzichts auf das Element der Widerrechtlichkeit eignet sich diese Norm vor allem für eine Haftungsausdehnung auf solche Fälle,   37 wo zwar keine Widerrechtlichkeit vorliegt, das Rechtsgefühl aber dennoch eine Ersatzpflicht verlangt (vgl. BGE 108 II 305 E. 2c). Wegen des Wegfalls des Erfordernisses der Widerrechtlichkeit hat diese Norm insbes. Bedeutung für die Ersatzpflicht für reine Vermögensschäden (vgl. Schwenzer, N 51.01). Der praktische Stellenwert dieser Bestimmung ist gering geblieben, so soll sie denn auch nur ausnahmsweise und mit grösster Zurückhaltung angewendet werden (vgl. BGE 124 III 297 E. 5e). Demgemäss ist die grundsätzliche Daseinsberechtigung dieser Norm in der Lehre umstritten (vgl. die Nw. bei BK-Brehm, N 235 ff.). In der Tat ist ein spezieller deliktsrechtlicher Vorsatztatbestand in einem System mit Generalklausel ein eigentlicher Fremdkörper (so auch Widmer, ZBJV 1994, 400). Zudem nimmt die Bedeutung dieses Spezialtatbestandes heute durch eine Ausdehnung des Widerrechtlichkeitsbegriffes oder die Annahme neuer Haftungsgrundlagen (z. B. Vertrauenshaftung) weiter ab (i. d. S. Schwenzer, N 51.01). Rechtshistorisch geht diese Haftungsfigur auf die *actio doli* des römischen Rechts zurück; sie findet sich ebenso in § 826 BGB, wobei ihre praktische Bedeutung im deutschen Recht weit grösser ist. Im *common law* erfüllt die *tort of deceit* die gleiche Aufgabe.

2.   (Haftungs-)Voraussetzungen

38   Die Haftungsvoraussetzungen gemäss Abs. 2 sind teilweise identisch mit denjenigen von Abs. 1 (vgl. BK-Brehm, N 238). Dies betrifft insbes. die Voraussetzungen der schädigenden Handlung, des Schadens sowie der Kausalität. Anstelle der Widerrechtlichkeit ist **Sittenwidrigkeit** (Verstoss gegen die guten Sitten) erforderlich. Zudem verlangt der Gesetzestext **Absicht**.

39   Der Begriff des Verstosses gegen die guten Sitten bzw. der **Sittenwidrigkeit** ist schwierig zu definieren, da schon der Begriff der Sitten an und für sich dem Wandel der Zeit unterworfen ist (vgl. nur BK-Brehm, N 241). Der Begriff entspricht demjenigen von Art. 20 Abs. 1 sowie Art. 519 Abs. 1 Ziff. 3 ZGB (vgl. Honsell, § 7 N 4; Schwenzer, N 51.03). Im Einklang mit einer alten Formulierung des Deutschen Reichsgerichts ist aber davon auszugehen, dass gegen die guten Sitten verstösst, wer das «Anstandsgefühl aller billig und gerecht Denkenden» verletzt (vgl. den Nw. bei BK-Kramer, Art. 19/20 N 170; ähnlich auch BGE 132 III 455 E. 4.1). Die Generalklausel der Sittenwidrigkeit muss vor allem durch die Bildung von Fallgruppen konkretisiert werden (so ausdr. Schwenzer, N 51.03).

40   In subjektiver Hinsicht verlangt Art. 41 Abs. 2 eine absichtliche Schadenszufügung. Die h. L. geht davon aus, dass nicht Absicht im qualifizierten Sinn gemeint ist, sondern auch direkter **Vorsatz** und Eventualvorsatz ausreichen (vgl. m. Nw. Rey, N 798; **a. A.** BK-Brehm, N 243; vgl. schon oben N 32). Damit bildet Art. 41 Abs. 2 eine **Vorsatzhaftung**.

In der Literatur wurden insbes. vier **Fallgruppen** herausgearbeitet (so   41
Schwenzer, N 51.05 ff.). Es sind dies die Verleitung zum Vertragsbruch
(BGE 114 II 91 E. 4a/aa), unlautere Einwirkungen auf das Ergebnis von Versteigerungen (*pactum de licitando bzw. non licitando*; BGE 109 II 123 E. 2b),
grundlose Ablehnungen eines Vertragsschlusses im Falle einer Monopol-
oder marktbeherrschenden Stellung (BGE 80 II 26 E. 4c) und der Missbrauch einer formalen Rechtsstellung (vgl. Schwenzer, N 51.09). Hingegen
fällt der Boykott nicht mehr unter den Anwendungsbereich von Art. 41 Abs. 2,
da mit dem Kartellgesetz eine vermögensschützende Norm besteht, welche
die Widerrechtlichkeit im Sinne von Art. 41 Abs. 1 begründen kann.

3. Rechtsfolgen

Im Einklang mit Art. 41 Abs. 1 ist auch im Falle der vorsätzlich sittenwid-   42
rigen Schädigung **Schadenersatz** als Rechtsfolge geschuldet. Im Falle der
grundlosen Ablehnung eines Vertragsschlusses durch eine Anbieterin einer
Monopol- oder marktbeherrschenden Stellung kann die Rechtsfolge auch
in einem Kontrahierungszwang bestehen (BGE 129 III 35 E. 6.3).

Art. 42

II.   Festsetzung
     des Schadens

[1] **Wer Schadenersatz beansprucht, hat den Schaden zu beweisen.**

[2] **Der nicht ziffermässig nachweisbare Schaden ist nach Ermessen des Richters mit Rücksicht auf den gewöhnlichen Lauf der Dinge und auf die vom Geschädigten getroffenen Massnahmen abzuschätzen.**

[3] **Bei Tieren, die im häuslichen Bereich und nicht zu Vermögens- oder Erwerbszwecken gehalten werden, können die Heilungskosten auch dann angemessen als Schaden geltend gemacht werden, wenn sie den Wert des Tieres übersteigen.**

Literatur

Brehm, Les nouveaux droits du détenteur en cas de lésion subie par son
animal, HAVE 2003, 119 ff.; Chaix, La fixation du dommage par le juge
(Art. 42 al. 2 CO), in: Chappuis/Winiger (Hrsg.), Le préjudice, Journée de la
responsabilité civile 2004, Zürich 2004, 39 ff.; Chappuis B. Le moment de
la fixation du dommage, in: Werro (Hrsg.), Le temps dans la responsabilité

civile, Berne 2007, 1 ff.; CHAPPUIS G., Les nouveaux droits du détenteur de l'animal tué ou blessé, HAVE 2004, 92 ff.; FELLMANN, Substanziierung und Beweis unter besonderer Berücksichtigung von Art. 42 Abs. 1 und 2 OR, in: Fellmann/Weber (Hrsg.), Haftpflichtprozess 2007, Zürich/Basel/Genf 2007, 35 ff.; KUHN, Die Anrechnung von Vorteilen im Haftpflichtrecht, Bern/Stuttgart 1987; LUTERBACHER, Die Schadensminderungspflicht – Unter besonderer Berücksichtigung der aktienrechtlichen Verantwortlichkeit, Diss. Zürich 2005; PERINI, Richterliches Ermessen bei der Schadensberechnung, unter besonderer Berücksichtigung von Art. 42 Abs. 2 OR, Zürich 1994; PRIBNOW/WIDMER/SOUSA-POZA/GEISER, Die Bestimmung des Haushaltschadens auf der Basis der SAKE, HAVE 2002, 24 ff.; SCHAETZLE, Tücken der Schadensberechnung, HAVE 2004, 112 ff.; SIDLER, Der Nachweis des Schadens und die Bestimmung des Ersatzwertes nach Art. 42 OR, in: HAVE, Personen-Schaden-Forum 2004, Zürich 2004, 87 ff.; DERS., Schadenschätzung und Gerechtigkeitsgebot – oder: die Beweismechanik bei ziffernmässig nicht nachweisbaren Schäden, AJP 2005, 535 ff.; STEIN, Die Vorteilsanrechnung, insbesondere bei Versicherungsleistungen, SVZ 1986, 241 ff., 269 ff.; SÜSSKIND, Nachweis des Personenschadens, in HAVE Personen-Schaden-Forum, Zürich 2004, 111 ff.; WEBER/SCHAETZLE, Zeit ist Geld oder der unterschätzte Einfluss des Rechnungstages auf die Schadensberechnung, HAVE 2004, 97 ff.

I.   Allgemeines

1   Art. 42 Abs. 1 wiederholt die Regel von Art. 8 ZGB, wonach die Klagpartei den Schaden zu beweisen hat. Dies bedeutet, dass der Geschädigte dem Gericht grundsätzlich eine **Schadensberechnung** vorzulegen hat (OFTINGER/STARK I, § 6 N 26). Hierbei geht es um die Bezifferung des Schadens, d. h. um die zahlenmässige Bestimmung der Höhe eines Schadens in Geld (vgl. KELLER/GABI, 72; OFTINGER/STARK I, § 6 N 1). Da viele Haftpflichtforderungen nicht durchsetzbar wären, wenn am Grundsatz der eindeutigen Bezifferbarkeit festgehalten würde, sieht Abs. 2 bei nicht genau nachweisbarem Schaden eine Beweiserleichterung durch Schätzung durch das Gericht vor. Art. 42 enthält keine eigentlichen Regeln über die Methoden der Schadensberechnung (ähnl. BK-BREHM, N 10), vielmehr gelten diesbezüglich allgemeine Prinzipien. Für Personenschäden hat der Gesetzgeber in Art. 45 und 46 Spezialbestimmungen für die Schadensberechnung aufgestellt. Die allgemeinen Prinzipien der Schadensberechnungen sind aber auch bei Personenschäden zu berücksichtigen (vgl. BK-BREHM, Vorbem. zu Art. 45 und 46, N 4). Für die Berechnung von Sachschäden finden sich keine Spezialbestimmungen. Eine Ausnahme bildet nun Art. 42 Abs. 3, welcher den Sonderfall der Heilungskosten für Haustiere regelt. Voraussetzung für die Schadensberechnung ist vorerst, dass überhaupt ein ersatzfähiger Scha-

den im Sinne des Schadensbegriffs (vgl. Art. 41 N 4 ff.) vorliegt (i. d. S.
OFTINGER/STARK I, § 6 N 1; vgl. aber zum Beweismass bezüglich des Schadens gemäss Art. 42 Abs. 2: BGE 122 III 219 E. 3a und N 2 f.). Die Schadensberechnung ist ihrerseits Grundlage für die Schadenersatzbemessung
(Art. 43/44). So stellt die aufgrund der Schadensberechnung bezifferte Scha-
denssumme die Höchstgrenze des Schadenersatzes dar, währenddem es bei
der Schadenersatzbemessung darum geht, welchen Teil des errechneten
Schadens der Schädiger zu tragen hat (vgl. KELLER/GABI, 72; OFTINGER/
STARK I, § 6 N 1). Art. 42 ist auch im Vertragsrecht anwendbar (Art. 99 Abs. 3;
in Bezug auf Abs. 2 ausdr. BGer 4C.244/2006, E. 3.1).

II. Beweislast

Entsprechend Art. 8 ZGB auferlegt Abs. 1 der Klagpartei die Beweislast für   2
den Schaden. Nach der h. L. umfasst die Beweispflicht sowohl die Existenz
des Schadens als auch die ziffernmässige Höhe (vgl. BK-BREHM, N 9;
WERRO, N 957; CR CO I-WERRO, N 3; BGE 98 II 34 E. 2). Die Tragweite der
Unterscheidung zwischen Existenz und Höhe des Schadens bleibt jedoch
unklar (kritisch auch OFTINGER/STARK I, § 6 N 26, FN 36). Demgegenüber
stellt die Bestimmung von Abs. 2, wonach der nicht ziffernmässig nachweisbare Schaden nach Ermessen des Gerichts zu schätzen ist, eine **Ausnahme-
regel** dar (vgl. m. Nw. BK-BREHM, N 46).

Voraussetzung für die richterliche Schadensschätzung gemäss Abs. 2 ist   3
nach dem Gesetzestext die Unmöglichkeit des ziffernmässigen Nachweises
des Schadens. Dies betrifft in vielen Fällen den entgangenen Gewinn sowie stets einen auf Hypothesen beruhenden Zukunftsschaden; dasselbe gilt
im Falle von Kreditschädigungen, unlauterem Wettbewerb oder bei Persönlichkeitsverletzungen (vgl. OFTINGER/STARK I, § 6 N 31; vgl. zu letzterem
BGE 133 III 153 E. 3.5). In Ausweitung des Wortlautes von Abs. 2 findet
die Schadensschätzung auch dann Anwendung, wenn die genaue Beweisführung mit im Verhältnis zum eingetretenen Schaden unvernünftig hohen Kosten verbunden wäre oder aus anderen Gründen unzumutbar ist
(OFTINGER/STARK I, § 6 N 32; vgl. zu letzterem BGE 133 III 153 E. 3.5). Wie
Abs. 1 bezieht sich auch diese Bestimmung sowohl auf das Vorhandensein
wie auf die Höhe des Schadens (BGE 132 III 379 E. 3.1; BK-BREHM, N 48;
WERRO, N 959, jeweils m. w. Nw.). Auch hier erweist sich diese Regel jedoch
als Leerformel, ist sich die Lehre doch einig, dass sich Art. 42 und insbes.
die Beweiserleichterung von Abs. 2 nicht etwa auf das Element der schädigenden Handlung (so ausdr. BK-BECKER, N 1; ebenso HONSELL, § 8 N 31)
oder anderer Haftungsvoraussetzungen (vgl. BK-BREHM, N 48; BSK OR I-
SCHNYDER, N 11; ZK-OSER/SCHÖNENBERGER, N 4) bezieht. Auch kann damit
nicht etwa die Frage des Vorhandenseins eines ersatzfähigen Schadens an

und für sich gemeint sein, handelt es sich hierbei doch um eine Rechtsfrage, die als solche dem Beweis ohnehin entzogen ist.

4   Art. 42 Abs. 2 bezweckt eine **Beweiserleichterung** für die Klagpartei, nicht aber eine generelle Beweisabnahme. Der Klagpartei soll nicht die Möglichkeit eröffnet werden, ohne nähere Angaben Schadenersatzforderungen in beliebiger Höhe zu stellen (BGE 122 III 219 E. 3a). Die geschädigte Partei trifft damit stets noch ihre **Substanziierungsobliegenheit** (BGE 122 III 219 E. 3a; HANDKOMM-SCHOOP, N 9). Die Klagpartei hat daher nicht nur glaubhaft zu machen, dass die Voraussetzung der Unmöglichkeit oder Unzumutbarkeit der Schadensbezifferung gegeben ist, sondern sie hat auch alle Umstände, die für den Eintritt eines Schadens sprechen und dessen Abschätzung erlauben oder erleichtern, soweit möglich und zumutbar, zu behaupten und zu beweisen (BGE 128 III 271 E. 2b/aa; BGer 4C.350/2006 E. 2.3.2). Diese Umstände müssen geeignet sein, das Gericht zu überzeugen, dass der Eintritt des geltend gemachten Schadens nicht bloss im Bereich des Möglichen liegt, sondern als annähernd sicher erscheint (BGE 122 III 219 E. 3a; BK-BREHM, N 52; OFTINGER/STARK I, § 6 N 33). Entsprechend kann Art. 42 Abs. 2 OR nicht auf den Fall des Verlusts einer Chance *(perte d'une chance)* übertragen werden (BGE 133 III 462 E. 4.4.3; vgl. Art. 41 N 7).

5   Auch zukünftiger Schaden kann in den Anwendungsbereich von Art. 42 Abs. 2 fallen (vgl. OFTINGER/STARK I, § 6 N 6; BSK OR I-SCHNYDER, N 6). Auch diesbezüglich muss aber eine genügend grosse Wahrscheinlichkeit für die Zusprechung von Schadenersatz gegeben sein. Bei Fehlen dieses Wahrscheinlichkeitsgrades sieht das Gesetz ausschliesslich für auf Körperverletzung zurückzuführende Schäden die Möglichkeit eines **Rektifikationsvorbehaltes** vor (Art. 46 Abs. 2; vgl. hierzu Art. 46 N 13). Für den Fall der Tötung oder bei Sachschäden muss die Möglichkeit eines **Nachklagevorbehalts** gegeben sein (vgl. HONSELL, § 8 N 23, 78). Für den Fall, dass keinerlei genügende Angaben für die Erhebung einer Leistungsklage vorhanden sind, muss eine **Feststellungsklage** möglich sein (vgl. HONSELL, § 8 N 24f.; OFTINGER/STARK, § 6 N 14ff.). Die Praxis zur Zulässigkeit der Feststellungsklage ist jedoch sehr restriktiv (vgl. die Nw. a. a. O.).

6   Bestand und Höhe des Schadens sind **Tatfragen,** die grundsätzlich vom Bundesgericht nicht überprüft werden können. Hingegen ist der Rechtsbegriff des Schadens gleich wie die Rechtsgrundsätze der Schadensberechnung eine überprüfbare **Rechtsfrage.** Auch im Anwendungsbereich von Abs. 2 ist die ermessensweise Schadensschätzung nicht überprüfbar (BGer 4C 406/2006 E. 3; 4C.244/2006 E. 4.1). Rechtsfragen sind hingegen das Vorliegen der Voraussetzungen und der erforderliche Wahrscheinlichkeitsgrad für die Anwendung von Art. 42 Abs. 2 sowie die Frage der rechtsgenügenden Substanziierung durch die Klagpartei (BGer 4C.244/2006,

E. 3.1; BGE 122 III 219 E. 3b; vgl. auch BK-Brehm, N 65 f.). Zur Frage der
Zulässigkeit eines unbezifferten Rechtsbegehrens vgl. BGE 131 III 243
E. 5.1.

III. Grundsätze der Schadensberechnung

Ausgangspunkt der Schadensberechnung ist der Schadensbegriff und die 7
hierbei gültige **Differenzmethode** (vgl. Art. 41 N 4). Demnach entspricht
der Schaden der Differenz zwischen dem gegenwärtigen Vermögensstand
und dem Stand, den das Vermögen ohne das schädigende Ereignis hätte
(vgl. BGE 132 III 321 E. 2.2.1; krit. zum Gesamtvermögensvergleich Roberto, N 593 ff.). Verglichen werden die beiden Vermögensmassen des Geschädigten, so dass daraus eine **konkrete** (subjektive) Methode der **Schadensberechnung** resultiert. Es wird somit die subjektive, individuelle Einwirkung
auf das Vermögen des Betroffenen berücksichtigt und berechnet (vgl.
BK-Brehm, N 6a, 14 ff.; Werro, N 928 ff.). Demgegenüber berücksichtigt
die objektive Berechnungsmethode den Schaden losgelöst von der konkret
betroffenen Person und ihrer speziellen Interessen. Diese Methode findet
sich ausnahmsweise in speziellen Haftpflichtbestimmungen (Art. 12 EHG,
27 Abs. 2 EleG; vgl. BK-Brehm, N 13).

In der praktischen Handhabung wird die konkrete Schadensberechnung 8
jedoch relativiert. So wird bei normativen Schäden (insbes. beim Haushaltsschaden; vgl. Art. 41 N 8), die Schadensberechnung pauschalisiert vorgenommen (BGE 132 III 321 E. 3.2, m. Hw. auf die Tabellen bei Pribnow/Wid-
mer/Sousa-Poza/Geiser, HAVE 2002, 24 ff.; ausf. ZK-Landolt, Art. 46 OR,
N 982 ff.). Bei anderen Schadensfällen geschieht die Schadensberechnung
über weite Strecken standardisiert mittels Tabellen (vgl. Werro, N 931).
Eine klare Begrenzung der subjektiven Methode besteht des Weiteren in der
Nichtanerkennung des reinen Affektionsinteresses (vgl. BK-Brehm, N 15;
Schwenzer, N 18.04; Art. 41 N 4; vgl. zur Ausnahme von Art. 43 Abs. 1bis:
Art. 43 N 14).

Die Anwendung der konkreten (subjektiven) Methode bedingt, dass die 9
überholende Kausalität sowie die **konstitutionelle Prädisposition** bereits
bei der Schadensberechnung zu berücksichtigen sind (vgl. m. Nw. Art. 41
N 19).

Ein schädigendes Ereignis kann nicht nur Nachteile, sondern auch Vorteile 10
mit sich bringen. Aufgrund der subjektiven Berechnungsmethode und des
Bereicherungsverbots (vgl. Vorbemerkungen zu Art. 41–61 N 3) hat bei der
Schadensberechnung grundsätzlich eine **Vorteilsanrechnung** stattzufinden (vgl. jeweils m. Nw. BK-Brehm, N 27 ff.; Schwenzer, N 15.11 ff.; Oftin-
ger/Stark I, § 6 N 49 ff.). Voraussetzung für eine Anrechnung ist vorerst,
dass der erlangte Vorteil adäquat kausal verursacht worden ist (kritisch
zu diesem Begriff Rey, N 214; Roberto, N 787). Es muss ein *innerer Zu-*

sammenhang zwischen dem schädigenden Ereignis und dem erlangten Vorteil bestehen, so dass zufällig im Zusammenhang mit der Schädigung stehende Vorteile von vornherein nicht angerechnet werden (z. B. Gewinn beim Lotto, an dem aus Langeweile während des Spitalaufenthalts teilgenommen wurde).

11   **Leistungen Dritter** sind dann nicht in Abzug zu bringen, wenn dies durch Parteiwille oder Gesetz ausgeschlossen ist (vgl. hierzu SCHWENZER, N 15.14; REY, N 215 jeweils m. Nw.). Dies gilt für freiwillige Leistungen Dritter (Geschenke, Einladung zu einer Erholungsreise), welche regelmässig nicht den Schädiger begünstigen sollen. Dasselbe gilt auch aufgrund der ausdrücklichen Anordnung der Kumulation von Versicherungsleistung und Schadenersatzanspruch bei Summenversicherungen (Art. 96 VVG). Im Falle der gesetzlichen Subrogation kann schon aus praktischen Gründen keine Anrechnung stattfinden (vgl. SCHWENZER, N 15.14; Art. 72 Abs. 1 ATSG, Art. 72 Abs. 1 VVG, Art. 34b BVG, Art. 17 OHG). Leistungen aufgrund gesetzlicher Verpflichtungen wie die Lohnfortzahlungspflicht des Arbeitgebers gemäss Art. 324a bzw. die Leistungen der Eltern im Rahmen der Unterhaltspflicht gemäss Art. 276 ZGB sind ebenfalls nicht anzurechnen (vgl. SCHWENZER, a. a. O.). Im Grunde genommen handelt es sich bei diesen Positionen jedoch gar nicht um Vorteile, stehen diese Leistungen dem Geschädigten doch unabhängig von einem schädigenden Ereignis zu.

12   Einzelfallmässig wurden des Weiteren folgende Prinzipien entwickelt: Kostenersparnis während eines Spitalaufenthalts (eingesparte Verpflegungskosten) sind in Abzug zu bringen (vgl. die Nw. bei BK-BREHM, N 31). Bei der Geltendmachung eines Versorgerschadens gemäss Art. 45 Abs. 3 ist der Wegfall von Unterhalts-, Erziehungs- und Ausbildungskosten anzurechnen (BGE 112 II 118 E. 3; 108 II 434 E. 2b, BK-BREHM, N 35).

13   Bei der Frage der **Anrechnung** einer früher zugefallenen **Erbschaft** besteht Einigkeit, dass der Stamm der Erbschaft, der später ohnehin zugefallen wäre, nicht anzurechnen ist. Der Vermögensertrag bis zum mutmasslichen Todeszeitpunkt wird nach der bundesgerichtlichen Rechtsprechung hingegen angerechnet, insofern diese Erträge für den Unterhalt der Klagpartei verwendet worden wären (BGE 95 II 411 E. 1b; 99 II 207 E. 7; i. d. S. BK-BREHM, 36; SCHWENZER, N 15.19; ROBERTO, N 792).

14   Zuzüglich zum berechneten Schadenersatzanspruch hat der Geschädigte Anspruch auf **Verzinsung** dieser kapitalisierten Summe. Der Zinssatz beträgt 5 % (vgl. Art. 73 Abs. 1). Er ist von dem Moment an geschuldet, da das schädigende Ereignis sich finanziell ausgewirkt hat bis zur Zahlung des Schadenersatzes (vgl. OFTINGER/STARK I, § 6 N 23). Dieser Schadenszins ist kein Verzugszins, weshalb es für dessen Fälligkeit weder der Mahnung noch der Nachfristansetzung gemäss Art. 102 Abs. 1 bedarf. Eine Kumula-

tion mit einem ab Urteilsdatum fälligen Verzugszins ist ausgeschlossen (vgl. BGE 131 III 12 E. 9; vgl. auch WERRO, N 938 ff.).

IV. Berechnung von Sachschäden

Bei Zerstörung oder Verlust einer Sache ist der **Verkehrswert**, d. h. derje-   15
nige Wert, der auf dem Markt für die Anschaffung einer gleichwertigen Sache bezahlt werden müsste, zu ersetzen (vgl. SCHWENZER, N 18.02; WERRO,
N 972). Bei wertbeständigen Sachen entspricht dies dem Anschaffungspreis
des gleichen Gegenstandes; bei nicht wertbeständigen Sachen ist der sog.
Zeitwert zu entschädigen, wobei vom Anschaffungspreis ein Abzug für Gebrauch und Abnützung der Sache bis zum Schädigungszeitpunkt zu machen
ist (vgl. m. Nw. BK-BREHM, N 26). Ist die Anschaffung einer gebrauchten
Sache nicht möglich oder unzumutbar (z. B. Kleider), ist der Neupreis zu
erstatten, unter Anrechnung eines Abzugs des Mehrwerts wegen längerer
Lebensdauer (Prinzip «neu für alt»). Hat eine Sache keinen Marktwert, ist
eine Schadensschätzung nach Abs. 2 vorzunehmen (BGer 4C.244/2006
E. 3.2, Zobelmantel).

Bei Beschädigung einer Sache sind grundsätzlich die **Reparaturkosten** zu   16
ersetzen. Hinzu kommt der Ersatz für die Wertverminderung, da eine repa-
rierte Sache einen geringeren Verkehrswert aufweist (vgl. WERRO, N 973).
Nach h. L. sind die Reparaturkosten selbst dann geschuldet, wenn die Sache
nicht repariert wird (vgl. REY, N 328; WERRO, N 973; BK-BREHM, N 24; a. A.
HONSELL, § 8 N 50; ROBERTO, N 714; krit. SCHWENZER, N 18.06).

Übersteigen die Reparaturkosten den aktuellen Verkehrswert der beschä-   17
digten Sache, liegt ein sog. **wirtschaftlicher Totalschaden** vor. In diesem
Fall hat der Geschädigte lediglich Anspruch auf Ersatz der Kosten für eine
Neuanschaffung. Eine Ausnahme sieht Art. 42 Abs. 3 für **Haustiere** vor, wonach Heilungskosten auch geltend gemacht werden können, wenn sie den
Wert des Tieres übertreffen (vgl. hierzu ausf. BK-BREHM, N 68 ff.). Dieselbe
Ausnahme ist analog für andere Güter mit einem objektiv (z. B. denkmalge-
schützte Häuser, Bäume) oder subjektiv (selbstbewohntes Haus, Familien-
andenken) besonderen Wert anzuwenden (vgl. ROBERTO, N 680).

Neben den Reparatur- bzw. Ersatzanschaffungskosten hat der Geschädigte   18
auch Anspruch auf Ersatz des **Nutzungsausfalls** (vgl. OFTINGER/STARK I,
§ 6 N 371 ff.; SCHWENZER, N 18.09 ff.). Dieser Nutzungsausfall muss sich
aber tatsächlich im Vermögen niederschlagen, so dass der Ersatz einer abstrakten Nutzungsbeeinträchtigung im schweizerischen Recht abzulehnen ist (vgl. nur SCHWENZER, N 18.09). Beim Ausfall eines Motorfahrzeuges
sind die tatsächlich angefallenen Kosten für einen Ersatzmietwagen dann
ersatzfähig, wenn das Fahrzeug gewerblich oder beruflich genutzt wird
oder bei Unzumutbarkeit der Benutzung öffentlicher Verkehrsmittel. Bei

privater Nutzung werden die Kosten für die Miete eines Ersatzfahrzeuges grundsätzlich nicht ersetzt (vgl. Schwenzer, N 18.10 f.; ausf. BK-Brehm, Art. 41 N 80 ff.).

Art. 43

| III. | Bestimmung des Ersatzes |

[1] Art und Grösse des Ersatzes für den eingetretenen Schaden bestimmt der Richter, der hiebei sowohl die Umstände als die Grösse des Verschuldens zu würdigen hat.

[1bis] Im Falle der Verletzung oder Tötung eines Tieres, das im häuslichen Bereich und nicht zu Vermögens- oder Erwerbszwecken gehalten wird, kann er dem Affektionswert, den dieses für seinen Halter oder dessen Angehörige hatte, angemessen Rechnung tragen.

[2] Wird Schadenersatz in Gestalt einer Rente zugesprochen, so ist der Schuldner gleichzeitig zur Sicherheitsleistung anzuhalten.

Literatur

Brehm, Les nouveaux droits du détenteur en cas de lésion subie par son animal, HAVE 2003, 119 ff.; Ders., L'étendue des dommages-intérêts (dans le cadre des art. 43 al. 1 et 44 al. 2 CO), in: Die Verantwortlichkeit im Recht, Zürich 1981, 499 ff.; Brulhart, L'influence de la prédisposition constitutionelle sur l'obligation de réparation du responsable, in: Werro (Hrsg.), La fixation de l'indemnité, Bern 2004, 89 ff.; Chappuis Ch., La faute concomitante de la victime, in: Werro (Hrsg.), La fixation de l'indemnité, Bern 2004, 29 ff.; Chappuis G., Les nouveaux droits du détenteur de l'animal tué ou blessé, HAVE 2004, 92 ff.; Gressly, Schadenersatz in Form einer indexierten Rente?, Collezione Assista, Genf 1998, 242 ff.; Keel/Müller, Wahlmöglichkeit zwischen indexierter Rente und Kapitalabfindung, AJP 1999, 1476 f.; Leemann, Die Rente als Art des Schadenersatzes im Haftpflichtrecht, Diss. Zürich 2002; Luterbacher, Die Schadenminderungspflicht – unter besonderer Berücksichtigung der aktienrechtlichen Verantwortlichkeit, Zürich 2005; Pichonnaz, Le devoir du lésé de diminuer son dommage, in: Werro (Hrsg.), La fixation de l'indemnité, Bern 2004, 109 ff.; Schaetzle, Der Geschädigte hat die Wahl: indexierte Rente oder Kapital? AJP 1999, 1162 ff.; Tercier, La fixation de l'indemnité: quelques remarques finales, in: Werro (Hrsg.), La fixation de l'indemnité, Bern 2004, 191 ff.;

THALER, Sportregeln und zivilrechtliche Haftung, in: Arter (Hrsg.), Sport und Recht, Bern 2004, 129 ff.; DERS., Haftung zwischen Wettkampfsportlern – insbesondere beim Sportunfall und Dopingmissbrauch, Diss. Zürich 2002; WERRO, La fixation de l'indemnité: une synthèse, in: Werro (Hrsg.), La fixation de l'indemnité, Bern 2004, 201 ff.; WINIGER, La gravité de la faute du responsable, in: Werro (Hrsg.), La fixation de l'indemnité, Bern 2004, 15 ff.; ZEDER, Haftungsbefreiung durch Einwilligung des Geschädigten, Diss. Basel 1999.

I. Allgemeines

Sowohl Art. 43 als auch Art. 44 haben die **Schadenersatzbemessung** zum Thema. Hierbei geht es darum festzulegen, welchen Teil des im Rahmen von Art. 42 errechneten Schadens der Schädiger zu tragen hat, wobei der errechnete Schadensbetrag die Höchstgrenze des Schadenersatzes darstellt (vgl. nur WERRO, N 1103; s. auch Art. 42 N 1). In Bezug auf die Schadenersatzbemessung sind die Art. 43 und 44 als einheitlicher Tatbestand zu verstehen (vgl. zur entsprechenden Praxis BK-BREHM, N 31, krit. hingegen N 36). Art. 43 Abs. 1 auferlegt dem Gericht vorerst noch, dass es die **Art des Ersatzes** festlegt. Grundsätzlich sind die Art. 43 und 44 auch im Vertragsrecht anwendbar (Art. 99 Abs. 3). Kürzungen des Schadenersatzes sind bei entgeltlichen Verträgen jedoch nur mit Zurückhaltung anzunehmen, da das Entgelt oftmals einen Anspruch auf volle Schadloshaltung umfasst (vgl. m. w. Nw. BK-BREHM, N 38 ff.).   1

II. Arten des Schadenersatzes

Grundsätzlich sind zwei **Arten** des Schadenersatzes möglich, nämlich Natural- oder Geldersatz (vgl. hierzu nur BK-BREHM, N 4 ff.; SCHWENZER, N 15.01 ff.; WERRO, N 1105 ff.). Der Gesetzgeber gibt keiner der beiden Möglichkeiten einen Vorzug, sondern überlässt die Entscheidung dem richterlichen Ermessen (BGE 107 II 134 E. 4; BGer 4C.471/2004 E. 3.3.1; anders § 249 Abs. 1 BGB). Die beiden Arten stellen auch keinen Fall der Wahlobligation i. S. v. Art. 72 OR dar. Das Gericht kann auch eine Kombination von Natural- und Geldersatz anordnen (vgl. m. Nw. WERRO, N 1105). In der Rechtspraxis ist die Schadenersatzleistung in Geld allerdings der Normalfall (vgl. SCHWENZER, N 15.04; WERRO, N 1106; BK-BREHM, N 5, 22; OFTINGER/STARK I, § 2 N 96).   2

Im Falle von **Naturalersatz** (Naturalrestitution, Realersatz) hat der Schädiger den Zustand herzustellen, der bestehen würde, wenn das schädigende Ereignis nicht eingetreten wäre (vgl. SCHWENZER, N 15.01). Aus praktischen Gründen muss auch indirekter Realersatz, d. h. die Schadensbehebung durch einen Dritten im Auftrag und auf Rechnung des Schädigers, möglich   3 sein (i.d.S. BK-Brehm, N 20; **a.A.** Oftinger/Stark I, § 2 N 96). Naturalersatz kann auch dann gefordert werden, wenn kein Vermögensschaden nach der Differenztheorie vorliegt (vgl. BGE 129 III 331 E. 2.2; Lüchinger, N 69 ff.). Im Falle der Naturalrestitution ist daher lediglich eine Rechtsgutsverletzung, nicht aber ein Schaden erforderlich. Nach h.L. kann im Fall der Naturalrestitution keine Reduktion des Schadenersatzes stattfinden (vgl. Oftinger/Stark I, § 2 N 97; BK-Brehm, N 19). Anwendungsfälle des Realersatzes finden sich insbes. im sachenrechtlichen Bereich (deliktsrechtliche Eigentumsherausgabe, BGE 110 II 183 E. 3; Wiederherstellung eines Grundstücks, BGE 107 II 134 E. 4) sowie bei Persönlichkeitsverletzungen, wobei das Gegendarstellungsrecht gemäss Art. 28 g ff. ZGB eine Form des Realersatzes darstellt (vgl. z.B. Schwenzer, N 15.02).

4   Im Normalfall ist die Schadenersatzleistung in Form einer **Geldzahlung** zu leisten (vgl. ausf. BK-Brehm, N 5 ff.). Es sind somit die Kosten für die Wiederherstellung in den Zustand zu ersetzen, der ohne das schädigende Ereignis vorhanden wäre, wie z.B. Reparatur-, Wiederbeschaffungs- oder Heilungskosten. Grundlage bildet der nach Art. 42 (bzw. der Differenztheorie) bezifferte Schaden (vgl. Schwenzer, N 15.04).

5   Schadenersatz in Geld kann entweder in einer einmaligen **Kapitalleistung** oder in einer periodisch zu entrichtenden **Rente** bestehen. Die Rente spielt v.a. bei Dauerschäden (Invalidität oder Versorgerschaden im Sinne von Art. 45 Abs. 3) eine Rolle. In diesem Fall hat der Geschädigte ein Wahlrecht zwischen einer Rente und einer Kapitalzahlung (BGE 125 III 312 E. 6c; anders noch BGE 117 II 609 E. 10c). Bei Sachschäden kommt eine Rente hingegen kaum in Betracht (vgl. Schwenzer, N 15.05).

6   Der Schuldner einer Rentenzahlung ist gemäss Art. 43 Abs. 2 zur **Sicherheitsleistung** verpflichtet (vgl. hierzu BK-Brehm, N 90 ff.). Zur Absicherung gegen die Geldentwertung ist eine Rente gemäss herrschender Praxis zu indexieren (vgl. hierzu BK-Brehm, N 17a ff.).

III. Bemessungsgrundsätze – Reduktionsgründe

7   Grundsätzlich hat ein Schädiger den ganzen nach Art. 42 bezifferten Schaden zu tragen. Das Gericht kann die Haftungsquote jedoch reduzieren, wenn ein **Reduktionsgrund** gegeben ist. Diese finden sich in den Art. 43 Abs. 1 und 44 sowie in Sondergesetzen (vgl. Werro, N 1118). Nach Art. 43 Abs. 1 hat das Gericht bei der Schadenersatzbemessung die Grösse des Verschuldens des Haftpflichtigen zu würdigen. Damit stellt ein geringes Verschulden einen Reduktionsgrund dar. Des Weiteren hat das Gericht die Umstände zu berücksichtigen. Lehre und Rechtsprechung haben diese dahingehend konkretisiert, dass aus ihnen Fallgruppen von Reduktionsgründen hervorgehen. Es sind dies das ungewöhnlich hohe Einkommen des Ge-

schädigten, unentgeltliche Gefälligkeitshandlungen und der mitwirkende Zufall (vgl. WERRO, N 1121). Ebenfalls dazuzuzählen ist der Fall, dass der fahrlässig Handelnde selbst Schaden erlitten hat (vgl. BK-BECKER, N 10). Unter Art. 44 fallen die Reduktionsgründe der Einwilligung sowie des Mitverschuldens (Abs. 1) und die Notlage des Haftpflichtigen (Abs. 2).

Im Gegensatz zu Art. 44 sieht der Gesetzestext von Art. 43 lediglich eine Reduktion des Schadenersatzes, nicht aber eine vollständige Verneinung der Schadenersatzpflicht vor. Ein Teil der Lehre möchte die vollständige Kürzung der Ersatzpflicht auch im Rahmen von Art. 43 zulassen (so insbes. WERRO, N 1124; CR CO I-WERRO, N 15). Allerdings ist diese Frage wohl rein theoretischer Natur (i. d. S. auch BK-BREHM, N 49).　　8

Die Berücksichtigung des Verschuldensgrades des Haftpflichtigen versucht eine Proportionalität zwischen Verschulden und Haftpflicht zu bewirken (vgl. OFTINGER/STARK I, § 7 N 11). Das **Verschulden** ist der bedeutendste Faktor für die Bemessung der Entschädigung (BK-BREHM, N 72; vgl. zur Kritik der Berücksichtigung des Verschuldensmasses die Nw. in Vor Art. 41–61 N 5). Bei leichtem Verschulden ist eine Reduktion nach Art. 43 Abs. 1 stets möglich. Das Gericht ist aber nicht zu einer Reduktion verpflichtet (vgl. BK-BREHM, N 76 m. Kasuistik in N 77 ff.). Bei schwerem Verschulden sind sich Lehre und Rechtsprechung einig, dass eine Herabsetzung grundsätzlich nicht in Betracht kommt (vgl. nur BGE 92 II 234 E. 3b; BK-BREHM, N 73 ff. m. w. Nw. zur Rechtsprechung). Bei mittelschwerem Verschulden wird eine Reduktion nach neuester Rechtsprechung nun bejaht (vgl. BGer 4C.103/2005, E. 6). Es ist nicht einsichtig, warum in diesem Fall eine geringfügige Reduktion nicht möglich sein sollte (ebenso BK-BREHM, N 79, m. w. Nw. zur geteilten Meinung; **a. A.** SCHWENZER, N 16.03).　　9

Bei verschuldensunabhängigen Gefährdungshaftungen kommt eine Berücksichtigung des Verschuldensmasses als Reduktionsgrund nicht in Betracht. Bei einfachen Kausalhaftungen hat das Bundesgericht eine Reduktion in der Regel ebenfalls abgelehnt, doch findet sich hierbei eine teilweise abweichende Praxis (vgl. BK-BREHM, N 41a). Versteht man diese Haftungstatbestände nicht als verschuldensunabhängige Haftungen (vgl. Vor Art. 41–61, N 9), ist eine Berücksichtigung des Verschuldens hierbei nicht zu beanstanden.　　10

Teilweise wird angeführt, dass eine Reduktion des Schadenersatzes dann nicht in Frage komme, wenn hinter dem Schädiger eine **Haftpflichtversicherung** steht (i. d. S. SCHWENZER, N 16.02; nun auch BK-BREHM, N 67, anders noch die Vorauflage). Auf theoretischer Ebene kann dagegen eingewendet werden, dass die Haftpflichtversicherung nur denjenigen Betrag zu übernehmen hat, für den der Haftpflichtige selbst verantwortlich ist (i. d. S. noch BK-BREHM, Vorauflage, a. a. O.). Aus praktischer Sicht kann eingewen-　　11 det werden, dass das Gericht in vielen Fällen gar nicht darüber informiert ist, ob der Schädiger haftpflichtversichert ist oder nicht. Im Ergebnis läuft die Berücksichtigung der Haftpflichtversicherung auf eine Ungleichbehandlung von Geschädigten hinaus, da im Falle des Fehlens einer Haftpflichtdeckung auf Seiten des Schädigers eine Reduktion möglich wäre. Daher ist die Berücksichtigung der Haftpflichtversicherung als eine die Reduktion ausschliessende Tatsache abzulehnen, auch wenn die Gerichte dies unbewusst sicherlich tun.

12   Als weitere Reduktionsgründe kommen der **mitwirkende Zufall** (vgl. krit. BSK OR I-Schnyder, 16; Schwenzer, N 16.21) sowie ein **ungewöhnlich hohes Einkommen** der getöteten oder verletzten Person (vgl. Schwenzer, N 16.26; Keller I, 149; a.A. BK-Brehm, N 63) in Frage. Zur **konstitutionellen Prädisposition** vgl. Art. 44 N 6.

13   Kein Reduktionsgrund stellt mitwirkendes **Drittverschulden** dar (vgl. m. Nw. Schwenzer, N 16.23). Vielfach werden **unentgeltliche Geschäfte** bzw. **Gefälligkeitshandlungen** ebenfalls als Reduktionsgrund angeführt (vgl. BGE 127 II 446 E. 4b/bb). Bei unentgeltlichen Geschäften bzw. Gefälligkeitshandlungen entsteht eine Haftung jedoch in der Regel erst bei Vorliegen grober Fahrlässigkeit (vgl. z. B. Art. 248 Abs. 1; vorne Art. 41 N 34), so dass leichte Fahrlässigkeit hierbei überhaupt nicht zur Haftung führt. Eine Reduktion wegen leichter Fahrlässigkeit kommt daher kaum mehr in Frage (i. d. S. Schwenzer, N 16.27).

14   Gem. Art. 43 Abs. 1bis kann im Falle der Verletzung oder Tötung eines nicht zu Vermögens- oder Erwerbszwecken dienenden **Haustieres** der **Affektionswert** berücksichtigt werden (vgl. insbes. BK-Brehm, N 88c ff.). Diese Bestimmung ist gesetzessystematisch am falschen Ort geregelt; vielmehr gehört sie zur Schadenersatzberechnung (krit. BK-Brehm, N 88g, der sich für eine Regelung im Rahmen der Art. 47/49 ausspricht).

Art. 44

IV.   Herabsetzungs-
gründe

[1] Hat der Geschädigte in die schädigende Handlung eingewilligt, oder haben Umstände, für die er einstehen muss, auf die Entstehung oder Verschlimmerung des Schadens eingewirkt oder die Stellung des Ersatzpflichtigen sonst erschwert, so kann der Richter die Ersatzpflicht ermässigen oder gänzlich von ihr entbinden.

[2] **Würde ein Ersatzpflichtiger, der den Schaden weder absichtlich noch grobfahrlässig verursacht hat, durch Leistung des Ersatzes in eine Notlage versetzt, so kann der Richter auch aus diesem Grunde die Ersatzpflicht ermässigen.**

Literatur

Vgl. die Literaturhinweise zu Art. 43.

Auch Art. 44 beschäftigt sich mit der **Schadenersatzbemessung** (zum Verhältnis zwischen Art. 43 und 44 vgl. Art. 43 N 1). Dieser Artikel regelt die Reduktionsgründe der Einwilligung, des Mitverschuldens und der konstitutionellen Prädisposition in Abs. 1 sowie die Notlage des Haftpflichtigen in Abs. 2 (vgl. Art. 43 N 7). Im Rahmen von Art. 44 geht bereits aus dem Gesetzeswortlaut hervor, dass der Schadenersatz nicht nur reduziert, sondern vollständig gestrichen werden kann (vgl. CR CO I-WERRO, N 2).   1

Bei der **Einwilligung** kann es sich nie um eine Einwilligung im technischen Sinne handeln, da diese die Widerrechtlichkeit im Sinne von Art. 41 Abs. 1 aufhebt (vgl. Art. 41 N 27), so dass überhaupt keine Haftung besteht. Im Rahmen von Art. 44 Abs. 1 kommen daher nur gesetzes- oder sittenwidrige (Art. 20 Abs. 1) Einwilligungen sowie die unechte Einwilligung in Betracht (vgl. SCHWENZER, N 16.10). Bei letzterer stellt das «Handeln auf eigene Gefahr» *(«acceptation du risque»)* den wichtigsten Anwendungsfall dar (vgl. SCHWENZER, N 16.11). Hinzuzuzählen ist auch noch die Einwilligung in nicht vorgesehene Handlungen, d. h. Einwilligungen, die den nicht vorauszusehenden Schaden nicht abdecken und somit die Rechtswidrigkeit ebenfalls nicht aufheben (vgl. hierzu BK-BREHM, N 8).   2

Beim **Handeln auf eigene Gefahr** geht es darum, dass derjenige, der sich bewusst einer besonderen Gefahr aussetzt, keinen vollen Schadenersatz beanspruchen kann (vgl. SCHWENZER, N 16.11). Diese Rechtsfigur spielt insbes. bei Sportunfällen sowie bei der Mitfahrt mit einem wegen Trunkenheit oder Übermüdung fahruntauglichen Fahrer eine Rolle. Auch wenn ein Sportler nicht auf seine körperliche Unversehrtheit verzichtet (vgl. Art. 41 N 28 m. w. Nw.), kommen gewisse Körperverletzungen regelmässig vor und sind daher absehbar. Für Körperverletzungen, die durch regelkonformes Verhalten eines anderen Sportlers verursacht werden, ist grundsätzlich kein Ersatz zu leisten (vgl. SCHWENZER, N 16.11). In diesem Fall trifft den anderen Spieler mangels Verletzung einer Sorgfaltspflicht nämlich kein Verschulden (vgl. m. Nw. BK-BREHM, N 12). Da leichte Regelverstösse jedoch ebenfalls absehbar sind, kann in diesem Bereich ein Handeln auf eigene Gefahr *(«acceptation du risque»)* angenommen werden, sodass eine   3

Haftungsreduktion gemäss Art. 44 Abs. 1 möglich ist (vgl. BK-Brehm, N 13). Bei groben Regelverstössen ist eine Haftungsreduktion hingegen ausgeschlossen, da hierfür kein Risiko übernommen wird (vgl. zum Ganzen BGE 117 II 547 E. 3–5). Zur Mitfahrt bei einem angetrunkenen oder übermüdeten Lenker vgl. BGE 91 II 218 E. 2b.

4   Ein **Selbstverschulden** (Mitverschulden; krit. zum Begriff BK-Brehm, N 18) kann sowohl für die Schadensentstehung mitursächlich sein als auch zu einer Erhöhung des Schadens beitragen. Im Falle des Selbstverschuldens bei der Schadensentstehung hat das Gericht die Verursacherquoten von Schädiger und mitschuldigem Geschädigten festzulegen und die Haftung entsprechend zu verteilen bzw. zu reduzieren (vgl. Schwenzer, N 16.19; BK-Brehm, N 20 ff., mit Kasuistik in N 21; Oftinger/Stark I, § 7 N 21 ff., mit Kasuistik in N 32). Die Festlegung dieser Verursacherbeiträge basiert allerdings auf einem Werturteil (vgl. ausdr. BK-Brehm, N 20). Bei ungefähr gleich grossen Verursachungsbeiträgen dürfte der Geschädigte etwa die Hälfte seines Schadens ersetzt erhalten (BK-Brehm, a. a. O.; Schwenzer, a. a. O.). Die Berücksichtigung der Mitverursachungsquote bzw. des Selbstverschuldens des Geschädigten erfolgt allerdings nicht linear-mathematisch, sodass eine Selbstverschuldensquote von zirka 10 % unberücksichtigt bleibt (i. d. S. BGE 132 III 249 E. 3.5). Bei der Haftpflicht des Schädigers aus einer einfachen Kausalhaftung (vgl. Vor Art. 41–61 N 9) führt das allfällige Selbstverschulden des Geschädigten zu einer geringeren Kürzung des Schadenersatzanspruches. Damit wird dem Willen des Gesetzgebers Rechnung getragen, wonach im Anwendungsbereich der einfachen Kausalhaftung (d. h. durch Auferlegung einer Haftung mit Präsumption einer Sorgfaltspflichtverletzung, so ausdr. BGE 130 III 182 E. 4) eine strengere Haftung gelten soll (vgl. nur BK-Brehm, N 27, mit Kasuistik in N 27a ff.; vgl. auch die Kasuistik bei Oftinger/Stark I, § 7 N 32). Noch geringer sollte die Reduktion der Haftung wegen mitwirkenden Verschuldens bei Gefährdungshaftungen sein (so BK-Brehm, N 32; **a. A.** Roberto, N 888). In der (seltenen) Praxis scheint dieses Prinzip jedoch nicht verfolgt zu werden (vgl. Roberto, a. a. O.). In eine andere Richtung geht auch Art. 59 Abs. 1 SVG (vgl. zum SVG insbes. Werro, N 1176 ff.). Umstritten ist, ob im Rahmen der Kausalhaftpflicht eine Verschuldenskompensation möglich ist (vgl. hierzu BK-Brehm, N 34 ff.). Hierbei würde das Mitverschulden des Geschädigten dann wieder kompensiert (neutralisiert), wenn den Kausalhaftpflichtigen zusätzlich ein gleichwertiges Verschulden trifft. Die Rechtsprechung hat eine Verschuldenskompensation bisher nur in Ausnahmefällen angenommen, d. h. in der Regel darauf verzichtet (vgl. m. Nw. BK-Brehm, N 35d). Auch in diesen Fällen muss die Berücksichtigung des Selbstverschuldens ein Ermessensentscheid des Gerichtes bleiben und kann daher nicht schematisch gelöst werden (i. d. S. BK-Brehm, N 36; Schwenzer, N 16.20).

Eine Haftungsreduktion erfolgt auch dann, wenn die geschädigte Person zu   5
einer Vergrösserung eines schon entstandenen Schadens beigetragen hat,
d. h. wenn der Geschädigte gegen die **Schadensminderungspflicht** verstossen hat (vgl. OFTINGER/STARK I, § 7 N 16). Die Schadensminderungspflicht
ist eine Obliegenheit des Geschädigten, deren Berücksichtigung im Grunde
genommen ein Problem der Schadenersatzberechnung ist (i. d. S. OFTINGER/
STARK I, § 7 N 16, § 6 N 37 ff.). Der Geschädigte ist daher gehalten, alle
Massnahmen zur Schadensverringerung zu ergreifen, die ihm zumutbar
sind. Zur Schadensminderungspflicht gehören die Beachtung ärztlicher
Empfehlungen, risikolose Heilbehandlungen (vgl. Kasuistik bei BK-BREHM,
N 50) sowie die Information eines potenziellen Haftpflichtigen betreffend
des Risikos eines aussergewöhnlich hohen Schadens (vgl. BGE 130 III
182 E. 5.3). Beim Verstoss gegen die Schadensminderungspflicht wird der
Schadenersatzanspruch um den nicht geminderten Betrag gekürzt.

Die **konstitutionelle Prädisposition** des Geschädigten kann im Rahmen von   6
Art. 44 Abs. 1 nur dann berücksichtigt werden, wenn diese sich nicht auch
ohne das schädigende Ereignis ausgewirkt hätte (vgl. BGE 131 III 12 E. 4;
BGer 4C.49/2007 E. 5.1.2; BGer 4C.402/2006 E. 5.1; zum Ganzen BK-BREHM,
N 54 ff.; ZK-LANDOLT, Art. 46 N 874 ff.). Ansonsten ist die vorbestehende Gesundheitsschädigung nämlich bei der Schadensberechnung zu berücksichtigen (vgl. m. Nw. Art. 41 N 19).

Gemäss Art. 44 Abs. 2 kann eine Ersatzpflicht ermässigt werden, wenn der   7
Ersatzpflichtige durch die Leistung des Ersatzes in eine **Notlage** versetzt
würde (vgl. hierzu BK-BREHM, N 67 ff., mit Kasuistik in N 74 ff.). Eine Kürzung des Schadenersatzanspruches nach dieser Bestimmung kommt jedoch
nicht in Frage, wenn der Schädiger vorsätzlich (absichtlich) oder grobfahrlässig gehandelt hat. Ist der Schädiger haftpflichtversichert, so besteht die
Gefahr einer Notlage nicht, weshalb in diesem Fall keine Reduktion gemäss
Art. 44 Abs. 2 vorgenommen werden kann (vgl. BGE 111 II 295 E. 4b; BK-BREHM, N 72 ff., m. w. Nw.; SCHWENZER, N 16.25).

Art. 45

V.	Besondere Fälle	
1.	Tötung und Körperverletzung	
a.	Schadenersatz bei Tötung	

[1] Im Falle der Tötung eines Menschen sind die entstandenen Kosten, insbesondere diejenigen der Bestattung, zu ersetzen.

[2] Ist der Tod nicht sofort eingetreten, so muss namentlich auch für die Kosten der versuchten Heilung und für die Nachteile der Arbeitsunfähigkeit Ersatz geleistet werden.

³ Haben andere Personen durch die Tötung ihren
Versorger verloren, so ist auch für diesen Schaden
Ersatz zu leisten.

Literatur

BITTEL, Ausgewählte Fragen zum Versorgungsschaden, in: HAVE (Hrsg.),
Personen-Schaden-Forum 2004, Zürich 2004, 53 ff.; DENGER/SCHLUEP, Berücksichtigung der aufgelaufenen Teuerung beim Ersatz von Versorgungs-
schäden, ZBJV 1995, 503 ff.; KISSLING, Dogmatische Begründung des Haushaltschadens, Diss. Bern 2006; PERGOLIS/DÜRR BRUNNER, Ungereimtheiten
beim Haushaltschaden, HAVE 2005, 202 ff.; SCHAER, Der Versorgerschaden
in einer sich wandelnden Rechtsordnung, Mélanges Assista, Genf 1989,
69 ff.; PRIBNOW/SCHMID, Die Versorgungsquoten aus Erwerbseinkommen
und Haushaltsführung, HAVE 2003, 70 ff.; SCHMID, Aspekte und Thesen
zum Versorgungsschaden, in: HAVE, Personen-Schaden-Forum 2004, Zürich 2004, 11 ff.; SIDLER, Personenschäden bei unbezahlter Arbeit, Diss. St.
Gallen 2006; STARK, Berechnung des Versorgerschadens, ZSR 1986 I,
337 ff.; TRIGO TRINDADE, Mort d'homme, invalidité et analyse économique
du droit, in: Chappuis/Winiger (Hrsg.), Le préjudice, Journée de la responsabilité civile 2004, Zürich 2004, 93 ff.; WEBER/SCHAETZLE, Wie soll der zukünftige Schaden konkret berechnet werden, AJP 1998, 197 f.; WEIMAR,
Der Begriff des Versorgers nach Art. 45 Abs. 3 OR, FS Keller, Zürich 1989,
337 ff.; WIGGENHAUSER-BAUMANN, Der Haushaltschaden im Haftpflichtfall,
Die monetäre Bewertung der Haushaltarbeit, Ossingen 2002; WYSS, Und
nochmals Bemerkungen zur Berechnung von Invaliditäts- und Versorgerschäden, AJP 1998, 183 ff.

I. Allgemeines

1   Art. 45 befasst sich mit der **Schadensberechnung** im Falle der **Tötung** eines
Menschen. Unter Tötung ist jede Herbeiführung des Todes einer Person zu
verstehen; auf die strafrechtliche Qualifikation kommt es daher nicht an.
Auch die Körperverletzung mit tödlichem Ausgang fällt unter diese Bestimmung, da die Voraussehbarkeit der Todesfolge nicht Tatbestandsvoraussetzung ist (vgl. ZK-OSER/SCHÖNENBERGER, N 2 f.). Genau wie Art. 46 handelt es sich hierbei nicht um eine Anspruchsnorm, sondern lediglich um
eine Schadensberechnungsnorm; ein Haftungsgrund aus Verschuldens-
oder Kausalhaftung (bzw. aus Spezialgesetz) ist daher Voraussetzung (vgl.
BK-BREHM, Vorbem. zu Art. 45 und 46 N 3; BK-BREHM, N 6; BK-BECKER,
N 1; BSK OR I-SCHNYDER, N 1). Bei den in Art. 45 Abs. 1 und Abs. 3 genannten Schadensposten handelt es sich um Reflexschäden (Drittschäden), die
vom Gesetzgeber ausdrücklich für ersatzfähig erklärt werden (vgl. zum Reflexschaden Art. 41 N 11; diff. ZK-Landolt, N 41). Art. 45 Abs. 2 betrifft hin-

gegen Schäden, die noch als direkte Schäden in der Person des Getöteten entstehen und aufgrund der Universalsukzession auf die Erben übergehen (vgl. Schwenzer, N 18.28).

Nach h. L. sind die in Art. 45 aufgezählten Schadensposten nicht abschliessend (vgl. nur Rey, N 278 m. w. Nw.). Die Hinweise auf eine gegenteilige bundesgerichtliche Praxis (BGE 53 II 123 E. 2; 54 II 138 E. 3) betreffen regelmässig die Frage der Ausweitung auf weitere Reflexgeschädigte (vgl. nun aber zur Ausweitung auf Schockschäden BGE 112 II 118 E. 5a–e; 112 II 220 E. 2a; vgl. Art. 41 N 11). 2

Aufgrund der Verweisung von Art. 99 Abs. 3 stellen Art. 45 Abs. 1 und Abs. 2 auch die Schadensberechnungsregeln bei Vertragsverletzungen dar. Nach h. L. gilt diese Verweisung jedoch nicht für den Versorgerschaden gemäss Art. 45 Abs. 3 (vgl. m. Nw. BK-Brehm, N 29; krit. BSK OR I-Wiegand, Art. 99 N 20). 3

II.   Bestattungskosten (Abs. 1)

Gemäss Art. 45 Abs. 1 sind insbes. die **Bestattungskosten** zu ersetzen. Die absolut formulierte Bestimmung schliesst die Berufung des Beklagten darauf, dass die Kosten lediglich früher eingetreten sind (vgl. hierzu m. Nw. BK-Brehm, N 7/7a), aus (vgl. BK-Brehm, N 8; ebenso ZK-Landolt, N 22; Schwenzer, N 18.29; Rey, N 281 m. w. Nw.). Zu den Bestattungskosten zählen neben den Kosten für Beerdigung oder Kremation auch solche für Leichenschau, Waschung und Kleidung der Leiche, Sarg, Transport des Leichnams, Trauerfeier, Leichenmahl und Todesanzeigen (vgl. Oftinger/Stark I, § 6 N 252; ZK-Landolt, N 23). Das Ausmass richtet sich nach den Wünschen des Verstorbenen oder seiner nächsten Angehörigen sowie nach den örtlichen Bräuchen (BK-Brehm, N 14). Ebenfalls zu erstatten sind die Kosten für einen Grabstein, wobei sich diese Kosten in einem vernünftigen Mass halten müssen (vgl. hierzu BK-Brehm, N 15a). Bei den Kosten für Trauerkleider sollte auf eine Vorteilsanrechnung wegen anderweitiger Verwendungsmöglichkeiten möglichst verzichtet werden (i. d. S. BGE 113 II 323 E. 5). Nicht zu ersetzen sind nach bundesgerichtlicher Rechtsprechung hingegen die Kosten für den Grabunterhalt (vgl. BGE 113 II 323 E. 5; vgl. die Hinweise zur teilweise abweichenden Lehre bei BK-Brehm, N 19f.; ZK-Landolt, N 24 ff.; Rey, N 280). Die Bestattungskosten gehen gemäss Art. 474 Abs. 2 ZGB zulasten des Nachlasses, weshalb die Erben anspruchsberechtigt sind (vgl. BK-Brehm, N 21; Werro, N 1061). Eine strenge Beschränkung nur auf die Erben als Klageberechtigte ist jedoch nicht einsichtig (so wohl Oftinger/Stark I, § 6 N 255; a. A. betr. Kosten für Trauerkleider und Anreise: BK-Brehm, N 22 f.). 4

III. Heilungskosten und Verdienstausfall (Abs. 2)

5   Art. 45 Abs. 2 betrifft Kosten für eine versuchte Heilung sowie für Verdienstausfall, die noch vor dem Tod des Opfers angefallen sind. Es handelt sich um Ansprüche des Opfers, die gemäss Art. 560 ZGB auf die Erben übergehen; die Berechnung ergibt sich aus Art. 46. Entsprechend handelt es sich um eine an und für sich überflüssige Bestimmung (vgl. BK-BREHM, N 25; SCHWENZER, N 18.30).

IV. Versorgerschaden (Abs. 3)

6   Gemäss Art. 45 Abs. 3 hat der Schädiger im Falle der Tötung auch für den sog. **Versorgerschaden** aufzukommen. Es handelt sich hierbei um denjenigen Schaden, den nicht das getötete Opfer, sondern Dritte erleiden, weil sie inskünftig auf Versorgungsleistungen verzichten müssen. Art. 45 Abs. 3 beinhaltet damit eine ausdrückliche Anordnung der Ersatzfähigkeit eines Reflexschadens (vgl. Art. 45 N 1), machen die Hinterbliebenen doch nicht einen abgeleiteten Anspruch, sondern einen selbstständigen Anspruch geltend (vgl. BK-BREHM, N 31; HANDKOMM-SCHOOP, N 3). Anspruchsberechtigt sind diejenigen Personen, die tatsächlich versorgt worden sind, unabhängig davon, ob sie gleichzeitig Erbe des Getöteten sind oder nicht (vgl. SCHWENZER, N 18.31). Voraussetzung für die Entstehung eines Anspruchs auf Ersatz des Versorgerschadens ist die **Versorgereigenschaft** des Getöteten einerseits sowie die **Unterstützungsbedürftigkeit** des Versorgten andererseits (vgl. REY, N 288 ff.; BSK OR I-SCHNYDER, N 8 ff.; WERRO, N 1070).

7   Als **Versorger** gilt derjenige, der eine andere Person regelmässig in der Absicht unterstützt, ganz oder zum Teil ihre Existenz zu sichern (so SCHWENZER, N 18.32). Die Versorgungsleistung kann sowohl in Geld als auch in Naturalleistungen bestehen (vgl. REY, N 289; WERRO, N 1079). Die Versorgereigenschaft hängt nicht von einem rechtlichen, sondern von einem tatsächlichen Kriterium ab (BGE 114 II 144 E. 2a; ZK-LANDOLT, N 54 ff.). Es kommt somit nicht auf eine gesetzliche Verpflichtung des Versorgers an; umgekehrt muss aber eine gesetzliche Verpflichtung, der bisher nicht nachgekommen worden ist, für die Annahme der Versorgereigenschaft ausreichen (i. d. S. ZK-OSER/SCHÖNENBERGER, N 11). Ebenso muss eine hypothetische Unterstützung, d. h. eine solche, die erst mit grosser Wahrscheinlichkeit in Zukunft erfolgt wäre, genügen (vgl. WERRO, N 1074; ZK-LANDOLT, N 72 ff.; BGer 4C.195/2001 E. 4). Nichtersatzfähig sind hingegen geschuldete, aber uneinbringliche Versorgungsleistungen, wobei der Haftpflichtige den Beweis der Uneinbringlichkeit zu erbringen hat (vgl. ZK-LANDOLT, N 64 ff.). Als Versorger kommen in Betracht: Ehegatten, eingetragene Partner, Eltern und Kinder, Stiefeltern und -kinder, Geschwister, Schwiegereltern und -kinder, Verlobte, aber auch nichteheliche Lebenspartner (so die

Aufzählung von SCHWENZER, N 18.32 m. w. Nw.; Kasuistik bei ZK-LANDOLT, N 76 ff.).

Unterstützungsbedürftigkeit des Versorgten liegt dann vor, wenn dieser **8** ohne die Versorgung die bisherige standesgemässe Lebensweise nicht mehr beibehalten könnte (BGE 113 II 323 E. 3b). Es ist daher nicht Vorausset- zung, dass der Versorgte ohne die Leistungen in Not geraten würde (vgl. m. Nw. OFTINGER/STARK I, § 6 N 275; WERRO, N 1080).

Die **Berechnung** des Versorgerschadens ist **konkret** vorzunehmen (vgl. **9** WERRO, N 1082). Es ist somit auf die mutmassliche Höhe und Dauer der Versorgungsleistungen durch den Getöteten im Einzelfall abzustellen. Da es sich um einen zukünftigen Schaden handelt, muss auf gewisse Wahrschein- lichkeiten und Schätzungen abgestellt werden, wobei auch statistische Ta- bellen zur Anwendung gelangen (vgl. zur Schadensberechnung Art. 42 N 7 f.; vgl. Details zur Berechnung des Versorgerschadens REY, N 292 ff.; OFTIN- GER/STARK I, § 6 N 280 ff.; WERRO, N 1082 ff.; ZK-LANDOLT, N 180 ff.). Eine Ausnahme von der konkreten Schadensberechnung findet sich beim Haus- haltschaden, d. h. wenn die haushaltführende Person getötet wurde (vgl. Art. 41 N 8, 42 N 8). Entsprechend den allgemeinen Prinzipien der Scha- densberechnung sind auch beim Versorgerschaden Vorteile anzurechnen (vgl. zur Vorteilsanrechnung Art. 42 N 10 ff.). Praktisch bedeutend ist, dass Leistungen aus Summenversicherungen (Lebensversicherung) aufgrund Art. 96 VVG nicht anzurechnen sind. Vgl. zur Anrechnung einer früher zu- gefallenen Erbschaft vorne Art. 42 N 13.

Weitere Vermögensschäden von Dritten, die nicht als Versorgerschäden zu **10** qualifizieren sind, fallen nicht unter die Bestimmung von Art. 45 Abs. 3 und sind entsprechend nicht ersatzfähig. Es handelt sich insbes. um den Fall, dass ein Unternehmen nicht weitergeführt werden kann (vgl. SCHWENZER, N 18.34; noch weitergehend BK-BREHM, N 36 ff.).

Art. 46

o.   **Schadenersatz bei Körper- verletzung**   [1] **Körperverletzung gibt dem Verletzten Anspruch auf Ersatz der Kosten, sowie auf Entschädigung für die Nachteile gänzlicher oder teilweiser Arbeitsunfähig- keit, unter Berücksichtigung der Erschwerung des wirtschaftlichen Fortkommens.**

² Sind im Zeitpunkte der Urteilsfällung die Folgen der Verletzung nicht mit hinreichender Sicherheit festzustellen, so kann der Richter bis auf zwei Jahre, vom Tage des Urteils an gerechnet, dessen Abänderung vorbehalten.

Literatur

BERGER, Einer für alle, alles mit einem? Die Höhe des Kapitalisierungszinsfusses in Haftpflichtfällen, SJZ 2003, 323 ff.; BREHM, La réparation du dommage corporel en responsabilité civile, Bern 2002; DERS., Schadenersatz für Körperverletzung in der Schweiz, in: Koch/Koziol (Hrsg.), Compensation for personal injury in a comparative perspective, Wien 2003, 325 ff.; CERF, Perte de gain future, HAVE 2003, 188 f.; CHAPPUIS, Le préjudice ménager: encore et toujours ou les errances du dommage normatif, HAVE 2004, 282 ff.; DORN/GEISER/GRAF/SOUSA-POZA, Die Berechnung des Erwerbsschadens, Bern 2007; DORN/GEISER/SENTI/SOUSA-POZA, Die Berechnung des Erwerbsschadens mit Hilfe von Daten der Lohnstrukturerhebung, in: HAVE Personen-Schaden-Forum 2005, Zürich 2005, 39 ff.; FELLMANN, Normativierung des Personenschadens – der Richter als Gesetzgeber?, in: HAVE Personen-Schaden-Forum 2005, Zürich 2005, 13 ff.; GRESSLY, Schadenersatz in Form einer indexierten Rente?, Collezione Assista, Genf 1998, 242 ff.; HÄFLIGER, Invaliditätsbemessung im Sozialversicherungsrecht und Haftpflichtrecht, HAVE 2005, 3 ff.; HIRSCHY-NIETLISPACH/STEINER-TÖNGI, Feststellung der Leistungseinschränkung im Haushalt, HAVE 2006, 173 ff.; JÄGGI, Gutachten zur Frage der Entschädigung eines invaliden Ordensbruders, HAVE 2004, 245 ff.; KAUFMANN, Neun Thesen zu den Hilfeleistungskosten (Pflege- und Betreuungskosten) im Haftpflichtrecht, HAVE 2003, 123 ff.; KISSLING, Dogmatische Begründung des Haushaltschadens, Diss. Bern 2006; LANDOLT, Relevanter Schaden bei der Betreuung durch Angehörige, HAVE 2006, 238 ff.; DERS., Der Fall Kramis (BGer vom 24.3.2002, 4C.276/2001) – Pflegeschaden quo vadis?, ZBJV 2003, 394 ff.; DERS., Der Pflegeschaden, in: HAVE Personen-Schaden-Forum 2003, Zürich 2003, 67 ff.; DERS., Schweizerisches Pflegerecht, Eine Darstellung der verfassungsrechtlichen Grundlagen, des haftpflichtrechtlichen Pflegeschadens und der Pflegesozialleistungen, Bern 2001; DERS., Der Pflegeschaden, Bern 2002; LÄUBLI ZIEGLER, Ist Haushaltstätigkeit, die anstelle von Erwerbstätigkeit ausgeübt wird, separat abzugelten?, HAVE 2006, 273 ff.; DIES., Invalidität und Rentenschaden, Ein Schritt weiter in der Diskussion um die Berechnung des Rentenschadens, AJP 2002, 841 ff.; OTT, Erwerbsausfall von Selbständigerwerbenden, in Koller (Hrsg.), Haftpflicht- und Versicherungsrechtstagung, St. Gallen, 2001, 91 ff.; PERGOLIS, Reallohnentwicklung beim Haushaltschaden? – Gedanken zu BGE 132 III 321, HAVE 2006, 401 ff.; DERS., Haftpflichtrechtlicher Haushaltschaden und die neue Tabellenserie des BFS zum Zeitaufwand für

Haus- und Familienarbeit vom Juni 2006, HAVE 2006, 169 ff.; Pergolis/
Dürr Brunner, Ungereimtheiten beim Haushaltsschaden, HAVE 2005,
202 ff.; Pribnow, Nettolohn, Lohnentwicklung und Haushaltschaden vor
dem Bundesgericht, HAVE 2003, 50 ff.; Pribnow/Widmer/Souza-Poza/
Geiser, Die Bestimmung des Haushaltschadens auf der Basis der «SAKE»,
HAVE 2002, 24 ff.; Rufener, Die Erschwerung des wirtschaftlichen Fort-
kommens, in: Koller (Hrsg.), Haftpflicht und Versicherungsrechtstagung,
St. Gallen 2003, 25 ff.; Schaetzle, Der Geschädigte hat die Wahl: indexierte
Rente oder Kapital?, AJP 1999, 1162 ff.; ders.; Wie künftig Lohn- und Kos-
tenentwicklungen sowie Pensionskassenleistungen zu berücksichtigen sind,
HAVE 2006, 136 ff.; Schatzmann, Die Erschwerung des wirtschaftlichen
Fortkommens, Bern 2001; ders., Rentenschaden im Invaliditätsfall: Stand
der Diskussion, HAVE 2002, 253 ff., 342 ff.; Sidler, Personenschäden bei unbezahlter Arbeit, Diss. St. Gallen 2006; Süsskind, Nachweis des Personenschadens, in: HAVE Personen-Schaden-Forum 2004, Zürich 2004, 111 ff.;
Trigo Trindade, Mort d'homme, invalidité et analyse économique du droit,
in: Chappuis/Winiger (Hrsg.), Le préjudice, Journée de la responsbilité civile
2004, Zürich 2004, 93 ff.; Weber/Schaetzle, Wie soll der zukünftige Schaden konkret berechnet werden? AJP 1998, 197 f.; Weber, Schadenersatz
für den Verlust von Altersrenten – Auswirkungen auf die haftpflichtrechtliche Schadensberechnung und den Regress des Sozialversicherers, in:
Koller (Hrsg.), Haftpflicht und Versicherungstagung, St. Gallen 1993, 159 ff.;
Wiggenhauser-Baumann, Der Haushaltschaden im Haftpflichtfall, Die
monetäre Bewertung der Haushaltarbeit, Ossingen 2002.

I. Allgemeines

Art. 46 befasst sich mit der **Schadensberechnung** im Falle der **Kör-**   1
perverletzung. Unter Körperverletzung ist jede Beeinträchtigung der körperlichen oder psychischen Integrität eines Menschen zu verstehen. Diese
muss nicht durch eine mechanische Einwirkung hervorgerufen werden, sodass auch eine Ansteckung mit einer Krankheit eine Körperverletzung darstellt (vgl. Oftinger/Stark I, § 6 N 94). Auch eine ungewollte Schwangerschaft gilt als Körperverletzung (so Schwenzer, N 50.08). Wie Art. 45 stellt
auch diese Norm keine Anspruchsgrundlage dar, sondern ist lediglich eine
Schadensberechnungsnorm (vgl. Art. 45 N 1).

Als ersatzfähige Schadensposten im Falle der Körperverletzung nennt   2
Art. 46 Abs. 1 die **Heilungskosten** sowie den Ersatz für **Verdienstausfall**,
worunter auch die Erschwerung des wirtschaftlichen Fortkommens zu zählen ist (vgl. m. Hw. auf den Gesetzeswortlaut BK-Brehm, N 87/87a; Schwenzer, N 18.12; Honsell, § 8 N 81; **a.A.** Keller/Gabi, N 88; ZK-Landolt,
N 1210). Die Lehre ist sich uneinig, ob die Aufzählung der Schadensposten
abschliessend oder enumerativ ist. Da weitere Schadensposten kaum denk-

bar sind, ist diese Frage jedoch wohl theoretischer Natur (i. d. S. Schwenzer, N 18.12 m. Hw. zu den verschiedenen Lehrmeinungen; i. E. ähnlich
Oftinger/Stark I, § 6 N 103). Bei den in Art. 46 Abs. 1 genannten Schadensposten handelt es sich um direkte Schäden; Reflexschäden können
nach dieser Norm daher nicht geltend gemacht werden (vgl. BK-Brehm,
N 5; CR CO I-Werro, N 2; BGE 123 III 204 E. 2e; vgl. allerdings zu den Besuchskosten naher Angehöriger nachfolgend N 5). Schockschäden gelten
hingegen als direkte Schäden und fallen somit unter Art. 46 (vgl. BK-Brehm,
N 5b; vorne Art. 41 N 9). Stirbt das Opfer später an seinen Verletzungen, gehen die Ansprüche wegen Körperverletzung auf seine Erben über (vgl.
Art. 45 Abs. 2; vorne Art. 45 N 5).

3   Aufgrund der Verweisung von Art. 99 Abs. 3 gilt Art. 46 auch als Schadens-
berechnungsregel bei Vertragsverletzungen (BSK OR I-Schnyder, N 1;
CR CO I-Werro, N 1). Dieser Verweis umfasst auch den **Rektifikationsvorbehalt** gemäss Abs. 2 (ausdr. BGE 87 II 155 E. 3b).

II. Heilungskosten

4   Gemäss Art. 46 Abs. 1 hat der Verletzte vorerst Anspruch auf Ersatz der
Kosten. Mit diesem weitumfassenden Begriff sind sämtliche Aufwendungen
gemeint, die erforderlich sind, um die Folgen der Körperverletzung zu beheben oder wenigstens zu mindern (vgl. Oftinger/Stark I, § 6 N 110;
Schwenzer, N 18.14). Im Vordergrund stehen dabei die Kosten für die ärztliche Behandlung, hinzu kommen aber auch solche für erste Hilfe, Kran-
kentransport, häusliche Pflege, Kuraufenthalte, Medikamente, Spezialer-
nährung sowie Kosten für spezielle Kranken- und Pflegeutensilien wie
Rollstühle, Krücken oder Prothesen (vgl. die Aufzählung jeweils m. Nw. zur
Rechtsprechung Oftinger/Stark I, § 6 N 110; vgl. auch BK-Brehm, N 7 ff.).
Neben den eigentlichen Wiederherstellungs- bzw. Behandlungskosten sind
auch solche Auslagen zu ersetzen, die eine Verschlimmerung des Zustandes
verhüten oder Mehraufwendungen zufolge der Körperverletzung darstellen, wie z. B. der Umzug in eine andere Wohnung oder der Einbau eines
Liftes (vgl. Oftinger/Stark I, a. a. O.; Schwenzer, N 18.14; ausf. ZK-Landolt, N 175 ff.). Für die Kosten einer behindertengerechten Umrüstung
eines Autos hat der Schädiger nach herrschender Auffassung nur dann
aufzukommen, wenn dieses zu Erwerbszwecken gebraucht wird (vgl.
BK-Brehm, N 24a ff.).

5   **Pflegekosten** können auch dann geltend gemacht werden, wenn sie von Familienangehörigen unentgeltlich erbracht werden (BGE 97 II 259 E. III. 3.;
BGer 4C.276/2001 E. 6b/aa). Auch wenn es sich dabei um Naturalleistungen der Angehörigen handelt, bleibt der Verletzte Anspruchsberechtigter
(krit. BK-Brehm, N 14a). Dasselbe gilt für **Besuchskosten** naher Angehöri-

ger, die ebenfalls zu den Kosten der Heilbehandlung zu zählen sind (vgl. BGE 97 II 259 E. III. 4; BGer 4C.413/2006 E. 4; Schwenzer, N 18.15; ZK-Landolt, Vorb. zu Art. 45/46 OR, N 139 ff.; ausf. BK-Brehm, N 17 ff.). Dogmatisch wurden diese Kosten vom Bundesgericht über die Geschäftsführung ohne Auftrag dem Schädiger auferlegt (ebenso Oftinger/Stark I, § 6 N 111; krit. Roberto, N 656; ZK-Landolt, Vorb. zu Art. 45/46 OR, N 111). Allerdings gelten nur diejenige Kosten als ersatzfähiger Schaden, die das im Rahmen von Art. 272 und 276 ZGB geschuldete Mass übersteigen (BGer 4C.413/2006 E. 4; BK-Brehm, N 14 f.). Faktisch handelt es sich sowohl bei den Pflegekosten durch nahe Angehörige als auch bei den Besuchskosten um Reflexschäden, die als ersatzfähig betrachtet werden sollten (vgl. zum Ganzen insbes. Landolt, Haftpflicht- und Versicherungsrechtstagung 2005, 23 ff., 89 ff.).

Die **Schadensberechnung** ist **konkret** vorzunehmen. Die Schadensminderungspflicht ist bei Körperschäden mit grösserer Zurückhaltung anzunehmen. So sind grundsätzlich auch medizinisch sehr aufwendige und daher teure Kosten zu ersetzen; die Grenze der Angemessenheit ist aber auch hier zu berücksichtigen (vgl. Roberto, N 652; Schwenzer, N 18.17). Der Massstab für die Angemessenheit und Notwendigkeit der Aufwendungen ist aber nicht aus wirtschaftlicher, sondern aus medizinischer Sicht zu beurteilen (vgl. m. Nw. Roberto, N 652 f.; ebenso BK-Brehm, N 11). Hinzu kommt, dass die Angemessenheit von Massnahmen nicht erst im Nachhinein beurteilt wird, sodass ein Prognoserisiko nicht zulasten des Geschädigten gehen darf (i. d. S. Schwenzer, N 18.16; vgl. zur Transportart BK-Brehm, N 9). Die während eines Spital- oder Kuraufenthaltes eingesparten Verpflegungskosten sind im Rahmen der Vorteilsanrechnung in Abzug zu bringen (vgl. insbes. BK-Brehm, N 13; vorne Art. 42 N 10 ff., 12). 6

Eine Ausnahme von der konkreten Schadensberechnungsmethode stellt der **Betreuungsschaden** bei der Pflege durch Familienangehörige dar (vgl. BGer 4C.276/2001; vgl. Rey, N 263 m. Hw. auf Landolt, ZBJV 2003, 394 ff.; nun ZK-Landolt, N 361 ff.). 7

Vgl. zu den **Anwaltskosten** die Nw. bei Art. 41 N 6. 8

III. Verdienstausfall

Der Schädiger hat auch für die Nachteile gänzlicher oder teilweiser **Arbeitsunfähigkeit** des Verletzten Ersatz zu leisten. Hierbei geht es in erster Linie um den **Verdienstausfall** (Erwerbsausfall) während einer Heilbehandlung. Gleichfalls zu ersetzen sind aber auch die Folgen einer dauernden, d. h. zukünftigen Beeinträchtigung der Arbeitsfähigkeit. Die Beschränkung der Arbeitsfähigkeit und damit der Erwerbsausfall kann teilweise oder gänzlich sein (vgl. Honsell, § 8 N 67). Unselbstständig Erwerbende erlei- 9 den aufgrund der Lohnfortzahlungspflicht des Arbeitgebers gemäss Art. 324a i. d. R. keinen Verdienstausfall. Der Arbeitgeber kann den während der Abwesenheit des Arbeitnehmers weiterbezahlten Lohn in Analogie zu Art. 51 Abs. 2 vom Schädiger zurückfordern (vgl. BGE 126 III 521 E. 2; vgl. insbes. ROBERTO, N 560 ff.).

10   Die **Berechnung** des Verdienstausfalls hat – im Gegensatz zum Sozialversicherungsrecht (vgl. HONSELL, § 8 N 82 ff.) – **konkret** zu erfolgen. Daraus folgt, dass eine Beeinträchtigung der Arbeitskraft, die nicht zu einer Vermögenseinbusse führt (z. B. unbezahlte Arbeit, Weiterführung eines Betriebs ohne Einstellung einer Ersatzkraft) grundsätzlich unbeachtlich ist (vgl. HONSELL, § 8 N 67; WERRO, N 1011). Eine Ausnahme bildet der **Haushaltsschaden**; hierbei kann der Schaden entweder ausschliesslich gestützt auf statistische Daten, d. h. abstrakt, oder konkret ermittelt werden (BGE 132 I II 321 E. 3.1). In der Regel erfolgt hier die Rechnung mittels Tabellen (BGE 132 III 321 E. 3.2; vgl. vorne Art. 42 N 8). Eine gewisse Abstraktion bei der Schadensberechnung findet aufgrund von Wahrscheinlichkeitsannahmen und Schätzungen jedoch in jedem Fall statt (vgl. WERRO, N 1006). Dies gilt insbes. für die Ermittlung des zukünftigen Schadens infolge Invalidität, wo auf Prognosen abzustellen ist (vgl. SCHWENZER, N 18.22; OFTINGER/STARK I, § 6 N 119). Hierbei sind Berechnungsprogramme sowie Barwerttafeln praktisch bedeutungsvoll (vgl. den Hw. bei HONSELL, § 8 N 72 ff.; ZK-LANDOLT, Vorb. zu Art. 45/46 OR, N 282 ff.; zu den für die Kapitalisierung von Renten erforderlichen Barwerttafeln vgl. BK-BREHM, Vorbem. zu Art. 45 und 46 N 36 ff.). Auch bei der Berechnung von zukünftigem Erwerbsausfall ist jedoch eine möglichst konkrete, am Einzelfall ausgerichtete Schadensersatzberechnung vorzunehmen (i. d. S. SCHWENZER, N 18.22); dies gilt insbes. auch für zukünftige Reallohnerhöhungen (BGer 4C.349/ 2006 E. 3.4) Berechnungsgrundlage bildet nach der aktuellen bundesgerichtlichen Rechtsprechung der **Nettolohn** (BGE 129 III 135 E. 2.2). Dementsprechend berechnet sich der **Rentenschaden** nicht mehr durch eine Kapitalisierung der fehlenden bzw. geringeren Arbeitgeberbeiträge an die 1. oder 2. Säule, sondern entspricht der errechneten Verringerung der Rente, die aufgrund der Beitragslücken entsteht (vgl. BGE 129 III 135 E. 2.2; BGer 4C.222/2004 E. 6.2; HONSELL, § 8 N 67a m. w. Nw.). Eine sittenwidrige Erwerbstätigkeit kann im Gegensatz zur rechtswidrigen Erwerbstätigkeit der Schadensberechnung zugrunde gelegt werden (BGE 111 II 295 E. 2, Prostitution).

11   Im Sinne der konkreten Berechnungsmethode sind auch Vorteile anzurechnen. Vgl. zur Lohnfortzahlungspflicht gemäss Art. 324a oben N 9. Aufgrund der Subrogationsbestimmungen gilt für Leistungen von (Sozial)Versicherungen grundsätzlich keine Vorteilsanrechnung (vgl. Art. 72 ATSG; Art. 34b BVG, vgl. zum BVG nach alter Fassung hingegen BGE 132 III 321 E. 2).

Vergleiche für Details der Berechnung des Verdienstausfalls OFTINGER/ 12
STARK I, § 6 N 114 ff.; BK-BREHM, N 36 ff.; ZK-LANDOLT, N 533 ff. Zur Erschwerung des wirtschaftlichen Fortkommens (als Teil des Verdienstausfalls) vgl. insbes. BK-BREHM, N 87 ff.

IV. Rektifikationsvorbehalt (Abs. 2)

Aufgrund der Schwierigkeit von Schätzungen zukünftiger Entwicklungen 13
kann das Gericht die Abänderung des Urteils vorbehalten **(Rektifikationsvorbehalt)**. Dieser Vorbehalt ist im Urteil ausdrücklich auszusprechen
(vgl. BK-BREHM, N 171). Die Dauer des Vorbehalts ist auf zwei Jahre beschränkt und kann nicht verlängert werden (BGE 86 II 41 E. 4b). Als Verwirkungsfrist kann diese nicht unterbrochen werden (BGE 95 II 255 E. 9).
Der Rektifikationsvorbehalt ist von Amtes wegen zu formulieren, falls die
Voraussetzungen von Art. 46 Abs. 2 erfüllt sind (vgl. m. Nw. BK-BREHM,
N 166). Er kann sowohl zugunsten als auch zu Ungunsten des Verletzten
vorgesehen werden (vgl. ZK-OSER/SCHÖNENBERGER, N 21). Vergleiche zum
Ganzen OFTINGER/STARK I, § 6 N 222 ff.; BK-BREHM, N 140 ff.; ZK-LANDOLT,
Vorbem. zu Art. 45/46 OR, N 335 ff.

Art. 47

**Leistung von
Genugtuung**

**Bei Tötung eines Menschen oder Körperverletzung
kann der Richter unter Würdigung der besonderen
Umstände dem Verletzten oder den Angehörigen des
Getöteten eine angemessene Geldsumme als Genugtuung zusprechen.**

Art. 48

Aufgehoben durch BG vom 30. Sept. 1943 (BS 2 951).

Art. 49

3. Bei Verletzung   ¹ Wer in seiner Persönlichkeit widerrechtlich verletzt
    der Persönlichkeit   wird, hat Anspruch auf Leistung einer Geldsumme
                            als Genugtuung, sofern die Schwere der Verletzung
                            es rechtfertigt und diese nicht anders wiedergutge-
                            macht worden ist.
                         ² Anstatt oder neben dieser Leistung kann der Richter
                            auch auf eine andere Art der Genugtuung erkennen.

Literatur

BARGELLI, Schmerzensgeld danno biologico, Nichtvermögensschaden, in:
Weber (Hrsg.), Personen-Schaden-Forum 2006, Zürich 2006; GEISER,
Rechtsfragen der sexuellen Belästigung und des Mobbings, ZBJV 2001,
429 ff.; GOMM, Die Genugtuung nach dem Opferhilfegesetz, in: HAVE Personen-Schaden-Forum 2005, 175 ff.; GURZELER, Beitrag zur Bemessung der
Genugtuung, Unter besonderer Berücksichtigung potenziell traumatisie-
render Ereignisse, Diss. Zürich 2005; GUYAZ, L'indemnisation du tort moral
en cas d'accident, Semjud. 2003 II, 1 ff.; HÜTTE, Genugtuung – eine Einrichtung zwischen Zivilrecht, Strafrecht, Sozialversicherungsrecht und Opferhilfegesetz, Collezione Assista, Genf 1998, 264 ff.: DERS., Anleitung zur Ermittlung angemessener Genugtuungsleistungen im Zivil- und Opferhilferecht,
in: HAVE Personen-Schaden-Forum 2005, Zürich 2005, 139 ff.; DERS., Lässt
sich Genugtuung (als Folge von Sexualdelikten) «berechnen»?, HAVE 2004,
226 ff.; HÜTTE/DUCKSCH, Die Genugtuung. Eine tabellarische Übersicht über
Gerichtsentscheide aus den Jahren 1984–2005, 3. Aufl., Zürich 2003 und 3.
Nachlieferung Oktober 2005; KOLLER, Genugtuung aus Vertragsverletzung,
Freiburg 2004; LARESE, Die Genugtuung: Ein verkanntes Instrument des
Persönlichkeitsschutzes?, Medialex 1997, 139 ff.; PETITPIERRE, Le préjudice
patrimonial et le tort moral: vers de nouvelles frontières?, in: Chappuis/Wi-
niger (Hrsg.), Le Préjudice, Journée de la responsabilité civile 2004, Zürich
2004, 63 ff.; SCHMID, Vertragsverletzung und Genugtuung, FS Kramer, Basel
2004, 647 ff.; SIDLER, Die Bemessung der Genugtuung bei Todesfällen –
ein Plädoyer für die Zusprechung von Regelgenugtuungen, recht 2003,
54 ff.; DERS., Die Bemessung der Genugtuung bei Invaliditätsschäden, SJZ
1997, 165 ff.; DERS., Die Genugtuung und ihre Bemessung in: Münch/Gei-
ser (Hrsg.), Schaden – Haftung – Versicherung, Basel/Genf/München 1999,
445 ff.; STARK, Kann ein Dritter wegen Ehestörung zu Genugtuungszah-
lungen verpflichtet werden?, FS Hegnauer, Bern 1986, 515 ff.; SUTTER, Voraussetzungen der Haftung bei Verletzung der Persönlichkeit nach Art. 49
des revidierten Obligationenrechts, BJM 1991, 1 ff.; TERCIER, La fixation de

l'indemnité pour tort moral en cas de lésions corporelles et de mort d'homme, Mélanges Assista, Genf 1989, 143 ff.; DERS., Qui sont nos proches?, FS Schnyder, Freiburg 1995, 799 ff.; VOGT, Der Genugtuung genug?, HAVE 2003, 261 ff.; WILDHABER, Wesen und Abgrenzung von Genugtuung und Schmerzensgeld, Diss. Zürich 1999.

I. Begriff, Funktion und Arten der Genugtuung

Die Art. 47 und 49 regeln den **Genugtuungsanspruch** des Verletzten, d.h. den Anspruch auf **Ersatz für immaterielle Unbill** (vgl. Vor Art. 41–61 N 2). Der Genugtuungsanspruch dient dem Ausgleich immaterieller Beeinträchtigungen, die sich nicht im Vermögen des Verletzten niederschlagen und daher nach der Differenztheorie keinen Schaden darstellen. Denkbar sind z.B. Schmerzen, Angstzustände, Verlust der Lebensfreude oder die Konfrontation mit Leid (vgl. z.B. REY, N 442). Die immaterielle Unbill kann auch im Empfinden von Unrecht bestehen (so OFTINGER/STARK I, § 8 N 12). Der **Zweck** der Genugtuungsleistung ist nach herrschender Auffassung daher, einen gewissen Ausgleich für den erlittenen physischen und/oder seelischen Schmerz zu schaffen, indem das Wohlbefinden anderweitig gesteigert oder dessen Beeinträchtigung erträglicher gemacht wird (BGE 123 III 10 E. 4c/bb m.w. Nw.; vgl. auch BK-BREHM, Art. 47 N 9; ZK-LANDOLT, Vorbem. zu Art. 47/49 N 17 ff.). Wird die Genugtuung in Form einer geldwerten Entschädigung ausgerichtet, so kann sich der Verletzte ein Gefühl des Wohlbefindens verschaffen, indem er sich etwas leisten kann (vgl. BGE, a. a. O.; zum Bereicherungsgefühl vgl. inbes. BK-BREHM, Art. 47 N 11 ff.; vgl. allerdings zu den Arten der Genugtuung nachfolgend). Der Genugtuungsanspruch hat hingegen keine pönale Funktion (vgl. m. Nw. BGE, a. a. O.; ZK-LANDOLT, Vorbem. zu Art. 47/49 N 25 ff.). 1

Das Obligationenrecht sieht einen Genugtuungsanspruch lediglich für die Fälle der **Tötung** oder **Verletzung eines Menschen** (Art. 47) sowie bei der **widerrechtlichen Verletzung der Persönlichkeit** (Art. 49) vor. Über die Verweisungsnorm von Art. 99 Abs. 3 gelten diese Bestimmungen auch bei Vertragsverletzungen (vgl. BGE 116 II 519 E. 2c; zur Verjährung selbstständiger Genugtuungsansprüche von Angehörigen gemäss Art. 60 Abs. 1 vgl. BGE 123 III 204 E. 2b). Auch in weiteren Bestimmungen des ZGB und OR sowie in Sondergesetzen sind Genugtuungsansprüche vorgesehen, wobei regelmässig auf die Art. 47/49 verwiesen wird (vgl. die Nw. bei REY, N 453; SCHWENZER, N 17.04; ROBERTO, N 911). Ausgangspunkt aller dieser Anspruchsnormen ist eine qualifizierte Verletzung eines **Persönlichkeitsrechts** (i. d. S. REY, N 442). Demgemäss bildet Art. 47 einen Spezialfall der Bestimmung von Art. 49 (vgl. BGE 123 III 204 E. 2e; ZK-LANDOLT, Vorbem. zu Art. 47/49 N 54; vgl. zur Anspruchsberechtigung nachfolgend). Eine Ausnahme bilden allenfalls die wettbewerbsrechtlichen Genugtuungansprü- 2 che (Art. 9 Abs. 3 UWG, Art. 12 Abs. 1 lit. b KG), die auf den aufgehobenen Art. 48 zurückgehen. Auch Art. 12 Abs. 2 OHG sieht einen Genugtuungsanspruch vor (vgl. hierzu CR CO I-WERRO, intro. Art. 47–49 N 13 ff.). Zur Integritätsentschädigung nach UVG vgl. CR CO I-WERRO, intro. Art. 47–49 N 16 f.

3   Die Art. 47 und 49 stellen keine Anspruchsnormen dar; sie regeln lediglich die Voraussetzungen und Bemessung der Genugtuung, wenn grundsätzlich eine Haftung aufgrund anderer Bestimmungen gegeben ist (BK-BREHM, Art. 47 N 15, Art. 49 N 13; REY, N 479; ROBERTO, N 912; vgl. BGE 123 III 204 E. 2e). Als **Haftungsvoraussetzungen** müssen daher die Haftungselemente der entsprechenden Anspruchsnorm erfüllt sein. Verschulden ist daher nur dann erforderlich, wenn sich der Anspruch auf eine Verschuldenshaftung stützt, nicht aber im Falle der Anwendung einer Kausalhaftung (vgl. BGE 126 III 161 E. 4b/aa; 123 III 204 E. 2e; BK-BREHM, Art. 47 N 20). Entsprechend dem Zweck des Genugtuungsanspruchs muss das Element des Schadens jedoch nicht erfüllt sein; erforderlich ist hingegen eine ein Rechtsgut verletzende schädigende Handlung (vgl. Art. 41 N 2 f.). Hierbei ist hingegen nicht jede Rechtsgutsverletzung ausreichend. Erforderlich ist die Verletzung eines Aspekts des Persönlichkeitsrechts. Diese Beeinträchtigung muss zudem von einer gewissen **Intensität** sein (vgl. SCHWENZER, N 17.05).

4   Gemäss Art. 47 ist im Falle der Tötung oder Körperverletzung die Genugtuung in Form von Geld zu entrichten. Neben der üblichen Zahlung einer Kapitalsumme ist auch die Form der Rente denkbar (vgl. REY, N 507; SCHWENZER, N 17.16). Im Rahmen einer Genugtuung aufgrund Art. 49 ist die Form der Geldleistung grundsätzlich subsidiär (vgl. N 17), entsprechend sieht Abs. 2 auch andere **Arten der Genugtuung** vor. Denkbar sind Gegendarstellung, der Widerruf unwahrer Behauptungen, gerichtliche Missbilligungen (krit. REY, N 513), Urteilspublikation (vgl. BGE 131 III 26 E. 12.2.1, m. w. Nw.), symbolische Leistungen eines Geldbetrags oder Zahlungen an Dritte (vgl. hierzu REY, N 508 ff.; BK-BREHM, Art. 49 N 102 ff.). Die in der neuesten Rechtsprechung befürwortete Gewinnherausgabe bei Persönlichkeitsverletzungen kann im Grunde auch als Art der Genugtuung betrachtet werden (vgl. ausdr. BGer 5C.66/2006 E 4.3). Regelmässig werden verschiedene Arten von Genugtuungsleistungen auch kombiniert (vgl. BK-BREHM, Art. 49 N 101). Auch wenn entsprechend dem Gesetzeswortlaut im Rahmen von Art. 47 an der Notwendigkeit einer Geldleistung festgehalten wird (i. d. S. BK-BECKER, Art. 47 N 6), muss damit nicht ein Bereicherungsgefühl des Verletzten einhergehen (so aber BK-BREHM, Art. 47 N 11 ff.). So müssen auch Geldleistungen an Dritte (insbes. an soziale Institutionen) im Rahmen von Art. 47 möglich sein.

Bei der **Bemessung** der Genugtuung ist auf den Einzelfall abzustellen, so- 5
dass – im Gegensatz zur Integritätsentschädigung nach UVG – nicht auf einen nach mathematischen Kriterien festgesetzten «Genugtuungstarif» abgestellt werden kann (vgl. m. w. Nw. BK-BREHM, Art. 47 N 62; REY, N 488).
Dem Gericht kommt demgemäss bei der Festlegung der Genugtuungssumme ein hoher Ermessensspielraum zu (vgl. nur SCHWENZER, N 17.12).
In der Praxis spielen aber auch hierbei Präjudizien und Tabellen (insbes.
diejenigen von HÜTTE/DUCKSCH) eine grosse Rolle (vgl. auch REY, N 489a;
BK-BREHM, Art. 47 N 62a ff.; BGE 132 II 117 E. 2.2.3, zu gewissen Schema-
tisierungen). Bemessungskriterien sind vor allem die Art und Schwere der
Verletzung, die Intensität und Dauer der Auswirkungen auf die Persönlichkeit des Betroffenen sowie die Aussicht auf Linderung des Schmerzes durch
Zahlung eines Geldbetrags (vgl. m. Nw. BGE 132 II 117 E. 2.2.2). Da auch
die Art. 43 und 44 auf die Bemessung der Genugtuung analog angewendet
werden (vgl. CR CO I-WERRO, Art. 47 N 24), ist auch ein allfälliges Selbstverschulden des Geschädigten (BGE 124 III 182 E. 4d) sowie der Grad des
Verschuldens des Haftpflichtigen (BGE 125 III 412 E. 2a) zu berücksichtigen. Durch die Berücksichtigung des Verschuldensgrades des Schädigers
erhält die Genugtuung keine pönale Funktion, hat doch der Verschuldens-
grad des Schädigers einen direkten Einfluss auf den seelischen Schmerz
bzw. die Intensität des empfundenen Unrechts durch den Geschädigten
(**a. A.** ROBERTO, N 910). Entsprechend rechtfertigt insbes. schweres Verschulden eine Erhöhung der Genugtuungssumme (i. d. S. OFTINGER/STARK I,
§ 8 N 9; vgl. auch BK-BREHM, Art. 47 N 38 ff., m. Hw. auf BGer 1A.235/2000,
E. 5d sowie 6S.28/2003, E. 3.2).

Geringere Lebenskosten am **ausländischen Wohnsitz** des Anspruchsbe- 6
rechtigten sind bei der Bemessung nur in Ausnahmefällen zu berücksichtigen (vgl. BGE 123 III 10 E. 4c; zum OHG vgl. BGE 125 II 554 E. 3/4).

Nach der neuesten bundesgerichtlichen Rechtsprechung ist die Genugtu- 7
ung im **Urteilszeitpunkt** zu bemessen (BGE 132 II 117 E. 3.3.2 m. Hw. auf
BGE 129 IV 149 E. 4.2; anders noch BGE 116 II 295 E. 5b: Zeitpunkt der
Verletzung). Zusätzlich ist nach dieser Rechtsprechung ein ab dem Schadensereignis laufender Genugtuungszins zuzusprechen. Diese Lösung
ist nur bei niedrigen Zinssätzen unproblematisch (vgl. krit. BK-BREHM,
Art. 47 N 96 ff.). Der Genugtuungszins beträgt gemäss Art. 73 Abs. 1 5 %
(BGE 118 II 404 E. 3b/bb; CR CO I-WERRO, Art. 47 N 27). Im Opferhilferecht
hat die Verzinsung eines Genugtuungsanspruchs die Bedeutung eines Be-
messungsfaktors (BGE 132 II 117 E. 3); diese Lösung wäre auch im übrigen
Haftpflichtrecht bedenkenswert.

Bei Körperverletzungen und Persönlichkeitsverletzungen sind in erster 8
Linie die direkt Betroffenen **aktivlegitimiert**. Im Falle der Tötung sieht
Art. 47 ausdrücklich eine **Aktivlegitimation von Reflexgeschädigten** vor

(so BSK OR I-SCHNYDER, Art. 47 N 9; BK-BREHM, Art. 47 N 132). Im Falle der Körperverletzung können nahe Angehörige von Opfern einen eigenen Anspruch aus Art. 49 wegen Persönlichkeitsrechtsverletzung ableiten (BGE 123 III 204 E. 2e). Ein Verletzter kann nebeneinander Ansprüche aus Art. 47 und Art. 49 geltend machen (vgl. den Hw. auf BGer 1C.1/1998 bei BK-BREHM, Art. 47 N 5, Art. 49 N 14). Auf Personenschäden von direkt Geschädigten ist Art. 49 hingegen nicht anwendbar (vgl. m. Nw. BK-BREHM, a. a. O.). Juristische Personen können einen Genugtuungsanspruch auf Art. 49, nicht aber auf Art. 47 stützen (vgl. BSK OR I-SCHNYDER, Art. 47 N 8; CR CO I-WERRO, intro. art. 47–49 N 4).

9   Genugtuungsforderungen sind **abtretbar** und (aktiv und passiv) **vererblich** (vgl. nur REY, N 446). Die aktive Vererblichkeit ist zumindest dann zu bejahen, wenn der Berechtigte den Willen zu dessen Geltendmachung vor seinem Tode geäussert hat; eine Klageanhebung ist nicht erforderlich (BGE 81 II 385 E. 2). Ein Teil der Lehre möchte auch diese Beschränkung aufheben und bejaht demnach die volle aktive Vererblichkeit (vgl. REY, N 446; OFTINGER/STARK I, § 8 N 47; HONSELL, § 10 N 5; ZK-LANDOLT, Vorbem. zu Art. 47/49 N 290; a. A. CR CO I-WERRO, intro. art. 47–49 N 8). Allenfalls kann die Kontroverse dahingehend gelöst werden, dass die Unmöglichkeit der Geltendmachung eines Genugtuungsanspruchs zu Lebzeiten einen Faktor bei der Bemessung des Anspruchs der Angehörigen gemäss Art. 49 darstellen kann.

II.   Körperverletzung und Tötung (Art. 47)

10   Für die Zusprechung einer Genugtuung aus Art. 47 müssen drei Voraussetzungen erfüllt sein. Zum einen muss eine **Verletzung der körperlichen Integrität** eines Menschen, entweder durch Tötung oder durch Körperverletzung, vorliegen (vgl. zum Begriff der Körperverletzung Art. 46 N 1; BK-BREHM, Art. 47 N 13 ff.; zum Begriff der Tötung Art. 45 N 1). Dementsprechend können nur natürliche Personen aus Art. 47 Genugtuungsansprüche ableiten (vgl. oben N 8). Zweitens muss ein **Haftungstatbestand**, sei es aus Verschuldens- oder Kausalhaftung, gegeben sein (vgl. oben N 3). Schliesslich müssen nach dem Gesetzeswortlaut **besondere Umstände** vorliegen.

11   Im Falle einer **Körperverletzung** ist vorerst der Verletzte selbst anspruchsberechtigt. Zu seinen Lebzeiten können Angehörige keinen eigenständigen Anspruch aus Art. 47 geltend machen, allenfalls ist ein solcher aus Art. 49 möglich (vgl. oben N 8 sowie nachfolgend). Stirbt das Opfer später an der erlittenen Körperverletzung, so geht sein Anspruch auf seine Erben über (vgl. oben N 9). Diese vererbte Genugtuungsforderung ist aber auf die Zeit bis zu seinem Ableben beschränkt (vgl. zum Ganzen SCHWENZER, N 17.07).

Das Erfordernis der **besonderen Umstände** bedeutet, dass nicht jede Kör- 12
perverletzung automatisch zu einem Genugtuungsanspruch des Verletzten
führt. Vielmehr muss eine gewisse Schwere der physischen oder psychischen Schmerzen vorhanden sein (vgl. BGE 110 II 163 E. 2c; BK-Brehm,
Art. 47 N 28 ff.; CR CO I-Werro, art. 47 N 2; Schwenzer, N 17.08). Da
Art. 47 ein Anwendungsfall von Art. 49 ist (vgl. oben N 2), müssen die Verletzungen stets das Mass einer Verletzung der Persönlichkeit erfüllen (vgl.
BK-Brehm, Art. 47 N 27). Zu den besonderen Umständen ist auch die Tatsache zu zählen, dass die Zahlung eines Geldbetrags als Genugtuung überhaupt geeignet sein muss, den körperlichen oder seelischen Schmerz zu lin-
dern (vgl. BGE 123 III 306 E. 9b; 118 II 404 E. 3b/aa; im Übrigen kann
dieses Element auch einen Bemessungsfaktor darstellen). Vgl. die Kasuistik
der Genugtuung bei Körperverletzung bei ZK-Landolt, Art. 47 N 193 ff.,
222 ff.

Ein Verletzter, der wegen einer schweren **Hirnschädigung** oder aufgrund 13
eines **Komas** nicht mehr in der Lage ist, Schmerzen oder eine Genugtuung
zu empfinden, erfüllt die Voraussetzungen für die Zusprechung einer Genugtuungsleistung aus Art. 47 grundsätzlich nicht (vgl. i. d. S. Honsell,
§ 10 N 11; Rey, N 482; BK-Brehm, Art. 47 N 26/26a). Das Bundesgericht hat
aber auch in diesen Fällen Genugtuungsansprüche zugesprochen (vgl.
BGE 116 II 519 E. 2c; 108 II 422 E. 4c). Da Angehörige in diesen Fällen einen eigenen Genugtuungsanspruch aus Art. 49 geltend machen können (vgl.
oben N 8), sollte an dieser Praxis nicht weiter festgehalten werden (so auch
Honsell, § 10 N 11; BK-Brehm, Art. 47 N 26/26a; CR CO I-Werro, art.
47 N 5; diff. BSK OR I-Schnyder, Art. 47 N 13; **a. A.** ZK-Landolt, Vorbem.
zu Art. 47/49 N 88 ff.).

Im Falle der **Tötung** eines Menschen steht den Angehörigen des Getöteten 14
aus Art. 47 ein eigener Genugtuungsanspruch zu. Wer als Angehöriger im
Sinne dieser Bestimmung gilt, ist nicht klar definiert (BGer 6S.700/2001
E. 4.3). Abzustellen ist aber nicht auf eine rechtliche Verwandtschaftsbezie-
hung oder die Versorgereigenschaft gemäss Art. 45 Abs. 3 (vgl. ZK-Oser/
Schönenberger, Art. 47 N 7), sondern auf eine faktisch enge Beziehung
zum Getöteten (vgl. Schwenzer, N 17.09). Die Beziehung muss so eng sein,
dass deren abruptes Ende dem Überlebenden einen besonders schweren
Schmerz verursacht hat (vgl. BK-Brehm, Art. 47 N 31). Damit sind die
Fragen der Aktivlegitimation und der besonderen Umstände im Falle der
Tötung deckungsgleich. Besondere Umstände sind daher auch dann anzunehmen, wenn der Tod für die Angehörigen eine Erleichterung ist (i. d. S.
BK-Brehm, a. a. O.; BGE 118 II 404 E. 3b/cc). Als Anspruchsberechtigte
kommen in Frage: Ehegatten, eingetragene Partner, Eltern, Kinder, Geschwister (bei genügend enger Beziehung: BGer 6S.700/2001 E. 4.3 mit Verweis auf BGE 118 II 404 E. 3b/cc), eventuell auch Pflegeeltern, Verlobte und

nichteheliche Partner (vgl. die Nw. bei SCHWENZER, N 17.09; ZK-LANDOLT, Art. 47 N 408 ff.). Vgl. die Kasuistik der Angehörigengenugtuung bei ZK-LANDOLT, Art. 47 N 466 ff., 538 ff., 589 ff., 647 ff.

III. Persönlichkeitsverletzung (Art. 49 Abs. 1)

15   Art. 49 Abs. 1 regelt die in Geld zu erbringende Genugtuungsleistung im Falle der schweren widerrechtlichen **Verletzung der Persönlichkeit.** Wiederum müssen die **Haftungsvoraussetzungen** der jeweils anwendbaren Anspruchsnorm erfüllt sein. Die Zusprechung einer Genugtuung aus Art. 49 ist somit auch bei Kausalhaftungen möglich (anders noch die Fassung von Art. 49 vor 1985, welche besondere Schwere des Verschuldens verlangte, vgl. BGE 131 III 26 E. 12.1; BK-BREHM, Art. 49 N 6; oben N 3). Dementsprechend ist das Erfordernis der Widerrechtlichkeit im Grunde genommen selbstverständlich. Allerdings ist hierbei zu berücksichtigen, dass im Bereich des Persönlichkeitsrechts (und damit auch bei Art. 49) der subjektive Widerrechtlichkeitsbegriff gilt (vgl. BSK ZGB I-MEILI, Art. 28 ZGB N 45 ff.; oben Art. 41 N 22), so dass damit die Abwesenheit von Rechtfertigungsgründen gemeint ist (i. d. S. auch BSK OR I-SCHNYDER, Art. 49 N 15).

16   Die schädigende Handlung muss eine **Verletzung des Persönlichkeitsrechts** bewirken. Allerdings sind diejenigen Aspekte des Persönlichkeitsrechts, die die eigene körperliche Integrität betreffen, von Art. 47 abgedeckt. Der Schutzbereich von Art. 49 betrifft damit hauptsächlich die «psychischen, moralischen und sozialen Werte» einer Person (i. d. S. REY, N 461). Die Persönlichkeitsverletzung muss zudem von einer gewissen **Schwere** sein (vgl. BK-BREHM, Art. 49 N 19 ff.; CR CO I-WERRO, Art. 49 N 4 ff.; WERRO, N 152). Leichte Ehrverletzungen oder die einfache Nichterfüllung eines Vertrages sind z. B. in der Regel nicht ausreichend (vgl. m. Nw. BSK OR I-SCHNYDER, Art. 49 N 11; vgl. die Kasuistik bei BK-BREHM, Art. 49 N 20 ff.). Im Allgemeinen muss die Persönlichkeitsverletzung sowohl objektiv als auch subjektiv für den Betroffenen als schwer gelten (vgl. BGE 120 II 99 E. 2b).

17   Eine Genugtuung in Geld kann nach ausdrücklicher Gesetzesanordnung zudem nur dann zugesprochen werden, wenn die Verletzung nicht anders wieder gutgemacht werden kann. Die Leistung einer Genugtuungssumme hat damit **subsidiären Charakter** (vgl. BGE 131 III 26 E. 12.1; BK-BREHM, Art. 49 N 7 ff.; CR CO I-WERRO, art. 49 N 12). Allerdings darf vom Geschädigten nicht der Beweis verlangt werden, dass kein anderer Weg mehr zur Linderung des seelischen Schmerzes bestehe (so ausdr. BK-BREHM, Art. 49 N 7). Anwendungsfälle der subsidiären Geltung von Art. 49 Abs. 1 sind zum Beispiel Entschuldigungen durch den Schädiger, ein eigenes Pressecommuniqué oder die Publikation des Urteils (vgl. BGE 131 III 26 E. 12.2).

Anspruchsberechtigt im Rahmen von Art. 49 ist derjenige, der selber in 18
seiner Persönlichkeit verletzt worden ist. Im Falle der Körperverletzung
können nahe Angehörige von Opfern einen eigenen Anspruch aus Art. 49
geltend machen (BGE 123 III 204 E. 2e; oben N 8). Ein Verletzter, der Ansprüche wegen Körperverletzung aus Art. 47 geltend macht, kann für die
dadurch nicht abgedeckten Beeinträchtigungen zusätzlich einen Anspruch
aus Art. 49 geltend machen (vgl. den Nw. oben N 8). Im Rahmen von Art. 49
sind auch juristische Personen anspruchsberechtigt (vgl. m. Hw. zur Kritik
in der Lehre BK-BREHM, Art. 49 N 40 ff.).

Anwendungsfälle für Genugtuungen aus Art. 49 betreffen insbes. Angriffe 19
auf die Freiheit (z. B. unbegründete Verhaftung oder Entmündigung, Nötigung, Freiheitsberaubung, Beraubung, Notzucht, Erpressung; vgl. mit
Kasuistik BK-BREHM, Art. 49 N 46 ff.), Ehrverletzungen und Kreditschädigungen (vgl. mit Kasuistik BK-BREHM, Art. 49 N 57 ff.), unlauteren Wettbewerb und Boykott (vgl. mit Kasuistik BK-BREHM, Art. 49 N 52 ff.) und die
sexuelle Integrität (vgl. nur BGE 125 III 269), worunter auch die sexuelle
Belästigung am Arbeitsplatz zählt (vgl. die Nw. bei SCHWENZER, N 17.11;
BSK OR I-SCHNYDER, Art. 49 N 13; BK-BREHM, Art. 49 N 64). Die Zusprechung einer Genugtuungszahlung an nahe Angehörige eines Verletzten basiert auf der Beeinträchtigung der persönlichen Sphäre (vgl. SCHWENZER,
a. a. O.). Bei Tötung eines Haustieres bleibt für eine Genugtuung im Rahmen
von Art. 49 aufgrund der neuen Bestimmung von Art. 43 Abs. 1bis wohl nur
noch wenig Platz (so wohl BK-BREHM, Art. 49 N 72). Im Einklang mit der
neueren Lehre ist im Falle der Ehestörung keine Genugtuung zuzusprechen
(i. d. S. SCHWENZER, a. a. O.; ROBERTO, N 128; **a. A.** i. E. BGE 109 II 4 E. 2;
BK-BREHM, Art. 49 N 69 f.; ZK-LANDOLT, Art. 49 N 630 ff.).

Art. 50

VI.	Haftung mehrerer	¹ Haben mehrere den Schaden gemeinsam verschul-

VI. **Haftung mehrerer**

1. **Bei unerlaubter Handlung**

¹ Haben mehrere den Schaden gemeinsam verschuldet, sei es als Anstifter, Urheber oder Gehilfen, so
haften sie dem Geschädigten solidarisch.

² Ob und in welchem Umfange die Beteiligten Rückgriff gegeneinander haben, wird durch richterliches
Ermessen bestimmt.

³ Der Begünstiger haftet nur dann und nur soweit für
Ersatz, als er einen Anteil an dem Gewinn empfangen oder durch seine Beteiligung Schaden verursacht hat.

Art. 51

2. **Bei verschiedenen Rechtsgründen**

¹ Haften mehrere Personen aus verschiedenen Rechtsgründen, sei es aus unerlaubter Handlung, aus Vertrag oder aus Gesetzesvorschrift dem Verletzten für denselben Schaden, so wird die Bestimmung über den Rückgriff unter Personen, die einen Schaden gemeinsam verschuldet haben, entsprechend auf sie angewendet.

² Dabei trägt in der Regel derjenige in erster Linie den Schaden, der ihn durch unerlaubte Handlung verschuldet hat, und in letzter Linie derjenige, der ohne eigene Schuld und ohne vertragliche Verpflichtung nach Gesetzesvorschrift haftbar ist.

Literatur

BREHM, Solidarité absolue ou solidarité relative en responsabilité civile?, HAVE 2002, 85 ff.; BUGNON, L'action récursoire en matière de concours de responsabilité civile, Fribourg 1982; DUC/FIVIAN, Der Rückgriff auf den haftpflichtigen Dritten im Bereich der beruflichen Vorsorge, AJP 2005, 1074 ff.; FELLMANN, Regress und Subrogation: Allgemeine Grundsätze, in: Koller (Hrsg.), Haftpflicht und Versicherungsrechtstagung, St. Gallen 1999, 1 ff.; FUHRER, Zur Stellung der Pensionskasse im Regress der Sozialversicherer gegen haftpflichtige Dritte, SZS 1990, 305 ff.; DERS., Der Regress der Sozialversicherer auf den haftpflichtigen Dritten, SVZ 1992, 83 ff.; HONSELL, Der Regress des Versicherers im schweizerischen Recht, Mélanges en l'honneur du Professeur Bruno Schmidlin, Basel 1998, 279 ff.; HULLIGER, Die Haftungsverhältnisse nach Art. 60 und 61 SVG, Diss. Freiburg 2003; KELLER, Regress der Personalvorsorgeeinrichtung auf den haftpflichtigen Dritten, SVZ 1993, 20 ff.; MÜLLER, Leistungskoordination in der sozialen Krankenversicherung bei Haftpflichtfällen, Diss. Freiburg 1994; RUMO-JUNGO, Coordination de la responsabilité civile et de la prévoyance professionnelle, in: Werro (Hrsg.), La fixation de l'indemnité, Bern 2004, 167 ff.; DIES., Zusammenspiel zwischen Haftpflicht und beruflicher Vorsorge, ZBJV 2002, 433 ff.; SCHAER, «Hard cases make bad law» oder OR 51 Abs. 2 und die regressierende Personalvorsorgeeinrichtung, recht 1991, 12 ff.; SCHAETZLE, Umfang des Rückgriffs von Personalvorsorgeeinrichtungen gegenüber haftpflichtigen Dritten, SZS 1992, 221 ff.; STARK, Zwei neuere Entscheidungen des Bundesgerichtes zur Regressordnung von Art. 51 Abs. 2 OR, ZBJV 1992, 221 ff.; TERCIER, Concours d'actions et solidarité: Où en sommes-nous?, in: Werro (Hrsg.), Quelques questions fondamentales du droit de la responsabilité civile: actualités et perspectives, Bern 2002, 115 ff.; WEBER, Eine einheitliche Lösung für eine Mehrheit von Ersatzpflichtigen?, FS Widmer, Wien 2003, 341 ff.; WIDMER, Ethos und Adäquanz der Regressordnung nach Art. 51 Abs. 2 OR, FS Assista, Genf 1979, 269 ff.; ZAHND, Pluralité de responsables et solidarité, Lausanne 1980.

Vgl. zum Rückgriff des Versicherers die Literaturangaben bei BK-BREHM, Art. 51 N 4.

I. Haftung Mehrerer – Allgemeines

Die Art. 50 und 51 regeln den Fall, dass **mehrere Personen** für eine Schädigung verantwortlich sind. Die entsprechenden Regeln gelten sowohl für den Schadenersatz als auch für die Genugtuung (vgl. OFTINGER/STARK I, § 10 N 8; CR CO I-WERRO, intro. Art. 50–51 N 1). Während Art. 50 den Fall der gemeinsamen Verursachung (gemeinsames Verschulden) einer Schädigung betrifft, regelt Art. 51 die gemeinsame Haftung Mehrerer ohne gemeinsame Verursachung, sei es, dass sie aus verschiedenen Rechtsgründen haften oder dass es an der gemeinsamen Verursachung fehlt (vgl. SCHWENZER, N 88.14; REY, N 1437, 1443). In beiden Fällen stellt sich angesichts der Mehrheit von Haftpflichtigen eine doppelte Frage: So geht es vorerst um das Aussenverhältnis, d. h. um die Frage, welche Ansprüche der Geschädigte gegen jeden der mehreren Ersatzpflichtigen hat. Sodann geht es um das Innenverhältnis zwischen den Haftpflichtigen, also um die Rückgriffs- oder Regressproblematik zwischen den Schädigern (vgl. OFTINGER/STARK I, § 10 N 7; HONSELL, § 11 N 16 f.). | 1

Im Aussenverhältnis statuiert Art. 50 Abs. 1 den Grundsatz der **Solidarität** (Art. 143 ff.). Nach dem Grundsatz der Anspruchskonkurrenz kann der Geschädigte daher auswählen, gegen welchen Haftpflichtigen er seinen Anspruch (ganz oder teilweise) geltend machen will (Art. 144 Abs. 1, vgl. nur ROBERTO, N 541). Bis zur vollständigen Erfüllung der ganzen Forderung bleiben alle Solidarschuldner verpflichtet (Art. 144 Abs. 2). Demgegenüber führt die Solidarität nicht zu einer Anspruchskumulation, sodass die vollständige Erfüllung der Forderung durch einen Solidarschuldner auch die übrigen befreit (Art. 147). Eine wichtige Ausnahme sieht jedoch Art. 96 VVG in Bezug auf die Summenversicherung vor (vgl. m. Hw. auf weitere Ausnahmen CR CO I-WERRO, intro. Art. 50–51 N 3; WERRO, N 1516). Der Grundsatz der Solidarität gilt auch im Rahmen von Art. 51, auch wenn der Wortlaut dies nicht ausdrücklich festhält. Die in Art. 51 enthaltene Regressordnung setzt aber eine solidarische Haftung implizit voraus (vgl. REY, N 1438; BK-BREHM, Art. 51 N 6). Der Grundsatz der Solidarität findet sich auch in verschiedenen haftpflichtrechtlichen Spezialgesetzen (z. B. Art. 7 PrHG, Art. 60 Abs. 1, 61 Abs. 3 SVG; vgl. zu letzterem WERRO, N 1528 ff.; | 2

OFTINGER/STARK II/2, § 25 N 683 ff.). Vergleiche zu Einzelproblemen der Solidarität nach Art. 50/51 nachfolgend.

3   Der **Rückgriff (Regress)** zwischen den möglichen Haftpflichtigen richtet sich im Innenverhältnis nach Art. 50 Abs. 2 und 51. Damit wird in der Regel von der internen Schadenstragung zu gleichen Teilen Abstand genommen; Art. 148 Abs. 1 kommt daher nicht zur Anwendung (vgl. ROBERTO, N 545; SCHWENZER, N 88.31 f.; BSK OR I-SCHNYDER, Art. 148 N 1). Unter sich haften die einzelnen Regressverpflichteten hingegen nicht wieder solidarisch, sondern anteilsmässig. Bei Zahlungsunfähigkeit eines Regressverpflichteten ist dieser Ausfall jedoch auf die übrigen Mitschuldner entsprechend Art. 148 Abs. 3 zu verteilen (vgl. m. Nw. BSK OR I-SCHNYDER, Art. 50 N 18; CR CO I-WERRO, intro. Art. 50–51 N 6). Im Strassenverkehrsrecht enthält Art. 60 Abs. 2 SVG eine eigenständige Rückgriffsnorm (vgl. hierzu WERRO, N 1568 ff.; OFTINGER/STARK I, § 10 N 56 II/2, § 25 N 701 ff., 740 ff.).

II.   Aussenverhältnis – Solidarität

1.   Echte und unechte Solidarität

4   Die bundesgerichtliche Rechtsprechung unterscheidet immer noch zwischen **echter** und **unechter** Solidarität. Echte Solidarität gilt demnach im Rahmen von Art. 50 Abs. 1, wohingegen Art. 51 einen Fall der unechten Solidarität darstellt (vgl. BGE 130 III 591 E. 5.5.1; 119 II 127 E. 4b; 115 II 42 E. 1b). Diese Unterscheidung wird in der Lehre einhellig kritisiert, da es schon schwierig auseinander zu halten sei, ob eine gemeinsame Verursachung vorliege oder nicht (vgl. nur OFTINGER/STARK I, § 10 N 14; w. Nw. bei REY, N 1420; mit rechtspositivistischer Begründung jedoch bejahend BK-BREHM, Art. 51 N 23; ENGEL, obligations, 563; DESCHENAUX/TERCIER, § 34 N 16). Teilweise wird diese Unterscheidung in der Lehre auch schlicht ignoriert, wobei in jedem Fall die Regeln von Art. 144–149 Anwendung finden (so SCHWENZER, N 88.11 ff.). Schon aus Praktikabilitätsgründen ist diese Lösung zu bevorzugen (i. d. S. HONSELL, § 11 N 13; CR CO I-WERRO, intro. Art. 50–51 N 8). Dies entspricht auch der Lösung des Vorentwurfs zum Haftpflichtrecht (vgl. Art. 53b/c VE-HPG; WERRO, N 1518).

5   Die Unterscheidung zwischen echter und unechter Solidarität hat in der Praxis allerdings nur geringe Bedeutung. So gelten die Regeln der Solidarität (Art. 143 ff.) zwar lediglich für den Fall der echten Solidarität von Art. 50 Abs. 1 und sind auf Art. 51 nicht direkt anwendbar (vgl. CR CO I-WERRO, intro. Art. 50–51 N 7), doch werden diese Regeln auf die unechte Solidarität ebenfalls sinngemäss angewandt (vgl. BGE 119 II 127 E. 4b). Im Übrigen zeigen sich zwei **Unterschiede** (vgl. OFTINGER/STARK I, § 10 N 15 f.; HONSELL, § 11 N 14 f.). So wirkt die **Verjährungsunterbrechung** gegen einen Solidarschuldner im Sinne von Art. 136 Abs. 1 gegenüber den

anderen Solidarschuldnern nur im Fall der echten, nicht aber der unechten Solidarität, sodass im Falle der unechten Solidarität die Verjährung gegenüber jedem einzelnen der Solidarschuldner unterbrochen werden muss (vgl. BGE 127 III 257 E. 6a). Ein weiterer Unterschied besteht darin, dass im Falle der unechten Solidarität keine **Subrogation** im Sinne von Art. 149 Abs. 1 stattfindet (vgl. BGE 130 III 362 E. 5.2). Diese Subrogation hat vor allem den Vorteil, dass dabei auch die Vorzugs- und Nebenrechte (d. h. inbes. Sicherheiten) gemäss Art. 170 Abs. 1 übergehen (vgl. zu den Vor- und Nachteilen der Subrogation, SCHWENZER, N 88.40), was im Bereich von Haftpflichtansprüchen jedoch von geringer praktischer Bedeutung ist (i. d. S. HONSELL, § 11 N 15).

2. Persönliche Herabsetzungsgründe

In der Lehre ist umstritten, ob ein in Anspruch genommener Solidarschuldner für den ganzen Schaden haftet oder ob er **persönliche Reduktionsgründe** (insbes. geringes Verschulden, Art. 43 Abs. 1) geltend machen kann (vgl. zum Meinungsstand REY, N 1464 ff.). Bei einer Verneinung der Zulässigkeit der Geltendmachung persönlicher Herabsetzungsgründe wird die Gläubigerschutzfunktion der Solidarität betont (vgl. z. B. BK-BREHM, Art. 50 N 43, Art. 51 N 29 f.). Lässt man die Geltendmachung persönlicher Herabsetzungsgründe hingegen zu, so geht es insbes. darum, dass ein Schädiger nicht deshalb schlechter gestellt werden darf, weil neben ihm noch andere haften (i. d. S. OFTINGER/STARK I, § 10 N 33; REY, N 1465). Im Ergebnis resultiert aus dieser, m. E. korrekten Sichtweise eine Reduktion der Solidarschuld auf den kleinsten von den Solidarschuldnern gemeinsam geschuldeten Betrag (vgl. m. Nw. REY, N 1465; ebenso Art. 53b Abs. 2 VE-HPG). Das Bundesgericht lässt die Berufung eines Solidarschuldners auf persönliche Herabsetzungsgründe hingegen **nicht** zu (vgl. BGE 113 II 323 E. 2b, 112 II 138 E. 4a; REY, N 1473; vgl. die Hw. zur teilweise abweichenden Rechtsprechung im Rahmen von Art. 51 bei BK-BREHM, Art. 51 N 27 ff.).

6

3. Art. 50 Abs. 1 OR

Art. 50 Abs. 1 regelt die Solidarität im Falle des gemeinsam verschuldeten Schadens. Der französische und italienische Gesetzestext spricht hingegen vom gemeinsam verursachten Schaden (vgl. REY, N 1427; HONSELL, § 11 N 4). Dementsprechend sind sowohl die **gemeinsame Verursachung** als auch ein **gemeinsames Verschulden** der Haftpflichtigen Voraussetzung (vgl. CR CO I-WERRO, Art. 50 N 3; REY, N 1427 ff.). So ist vorerst ein Zusammenwirken bei der Schadensverursachung erforderlich. Hierbei ist das Mass der Mitwirkung nicht entscheidend, haften neben dem eigentlichen Täter (Urheber) auch Anstifter und Gehilfen solidarisch. Diese genannten Teilnahmeformen sind aber losgelöst von ihrem strafrechtlichen Sinn zu verstehen (vgl. BK-BREHM, Art. 50 N 23; zur Haftung des Hehlers/Begünsti-

7

gers vgl. nachf.). Es muss zudem ein schuldhaftes Zusammenwirken bei der Schadensverursachung vorhanden sein, indem jeder Schädiger um das pflichtwidrige Verhalten des anderen weiss oder jedenfalls wissen könnte (BGE 115 II 42 E. 1b). Eine bloss psychische Mitverursachung ist ausreichend, sodass bei Krawallschäden oder beim Raufhandel alle Teilnehmer haften, auch wenn sie nicht physisch den Erfolg bewirkt haben (vgl. OFTINGER/STARK II/1, § 16 N 319 ff.; vgl. zu den Krawallschäden BK-BREHM, Art. 50 N 35a ff.). Diese Regel muss auch gelten, wenn nicht feststeht, wer von mehreren an einer Aktion Beteiligten einen bestimmten Schaden direkt verursacht hat (sog. alternative Kausalität, vgl. hierzu Art. 41 N 16; i. d. S. OFTINGER/STARK II/1, § 16 N 320). Kann hingegen einer der Beteiligten als Verantwortlicher für den Schaden ermittelt werden, so haften die übrigen Teilnehmer trotzdem für den ganzen Schaden, sofern ihre Teilnahme das Mass der Gehilfenschaft oder der Anstiftung erreicht (vgl. BK-BREHM, Art. 50 N 35c ff.; HONSELL, § 11 N 9). Aufgrund der Voraussetzung des gemeinsamen Verschuldens muss jeden Teilnehmer ein Verschulden treffen, wobei jedoch auch fahrlässige Teilnahme (z. B. Anstiftung durch unvorsichtige Bemerkung) ausreichend ist (vgl. OFTINGER/STARK II/1, § 16 N 324).

8   Art. 50 Abs. 3 sieht eine spezielle Haftpflicht für den **Begünstiger (Hehler;** vgl. zum Begriff BK-BREHM, Art. 50 N 65) vor. Im Gegensatz zum Anstifter, Urheber und Gehilfen wirkt der Begünstiger erst *nach* der Schadensverursachung mit (vgl. BGE 101 II 102 E. 4a). Daraus folgt, dass der Begünstige mangels adäquaten Kausalzusammenhangs nicht für den Schaden haftet, der durch die Haupttat verursacht wird, sondern nur für den Schaden verantwortlich ist, der durch seine Begünstigungshandlung entsteht (vgl. BGE, a. a. O.). Die Solidarität besteht denn auch nur in diesem Umfang (vgl. BK-BREHM, Art. 50 N 73; vgl. die Kasuistik bei BK-BREHM, Art. 50 N 74).

4.   Art. 51 OR

9   Art. 51 betrifft die Solidarität im Falle der Haftung mehrerer Ersatzpflichtiger aus **verschiedenen Rechtsgründen** (sog. mehrtypische Solidarität; vgl. hierzu insbes. REY, N 1437 ff.). Dies ist dann der Fall, wenn mehrere Personen für den gleichen Schaden zum Beispiel aus Verschuldenshaftung, Kausalhaftung oder Vertrag haften. Auch ohne ausdrückliche Anordnung findet Art. 51 auch auf die so genannte eintypische Solidarität Anwendung, so bei mehreren voneinander unabhängigen aber gleichartigen Rechtsgründen oder bei gleichen Rechtsgründen ohne gemeinsames Verschulden (vgl. hierzu REY, N 1443 ff.; BK-BREHM, Art. 51 N 95 ff.). Über die Verweisungsnorm von Art. 99 Abs. 3 findet diese Bestimmung auch Anwendung bei einer Haftung aus verschiedenen Verträgen (vgl. z. B. BGE 130 III 362 E. 5.2; 115 II 42 E. 1b; CR CO I-WERRO, Art. 51 N 3). Art. 51 erfasst damit als **Auffangtatbestand** sämtliche Haftungskonkurrenzfälle, die weder

unter Art. 50 noch unter eine spezielle Gesetzesbestimmung (z. B. Art. 60 SVG) fallen (vgl. BK-BREHM, Art. 51 N 7a mit Verweis auf BGer 4C.27/2003 E. 3.3).

III. Innenverhältnis – Regress

Beim **gemeinsam verschuldeten Schaden** (vgl. N 7) verweist Art. 50 Abs. 2 **10** für die Frage der internen Verteilung zwischen den Schädigern auf das **richterliche Ermessen.** Bei diesem Ermessensentscheid hat das Gericht also festzulegen, ob und in welchem Umfang ein in Anspruch genommener Solidarschuldner auf andere Beteiligte Rückgriff (Regress) nehmen kann. Dabei ist in erster Linie auf die **Grösse des Verschuldens** der Beteiligten ab-zustellen, so dass Täter und Anstifter wohl einen grösseren Anteil tragen müssen als der Gehilfe (vgl. OFTINGER/STARK II/1, § 16 N 339). Es sind aber auch alle weiteren relevanten Umstände des Einzelfalls zu berücksichtigen, wie z. B. die Tatsache, in wessen Interesse eine schädigende Handlung ge-schehen ist (vgl. DESCHENAUX/TERCIER, § 36 N 26). Zumindest bei der inter-nen Schadensaufteilung sind sodann alle persönlichen Herabsetzungs-gründe und Einreden jedes einzelnen Beteiligten zu berücksichtigen (vgl. zu den persönlichen Herabsetzungsgründen im Aussenverhältnis N 6). Durch den Verweis in Art. 51 Abs. 1 kommt der richterliche Ermessensentscheid gemäss Art. 50 Abs. 2 auch in Fällen gleichartiger Rechtsgründe (z. B. Haf-tung aus verschiedenen Bewertungshaftungen) zum Zuge (vgl. HONSELL, § 11 N 32; ROBERTO, N 552; vgl. zur eintypischen Solidarität N 9).

Auch bei einer Haftung mehrerer Personen aus **verschiedenen Rechts-** **11** **gründen** (z. B. aus Verschuldenshaftung, Vertrag oder Kausalhaftung; vgl. N 9) verweist Art. 51 Abs. 1 vorerst auf das richterliche Ermessen (Art. 50 Abs. 2; vgl. CR CO I-WERRO, art. 51 N 4; SCHWENZER, N 88.32). Art. 51 Abs. 2 enthält jedoch gewisse Leitlinien der internen Schadensverteilung; wobei eine eigentliche **Kaskadenordnung** aufgestellt wird (vgl. OFTINGER/STARK I, § 10 N 50). Hierbei soll an erster Stelle derjenige den Schaden tragen, der dafür aus **deliktischer Verschuldenshaftung** haftet. An zweiter Stelle kommt eine vertragliche Haftung zum Zuge, und erst an letzter Stelle wird bei der internen Schadensverteilung auch auf Verantwortliche aus Kausal-haftung gegriffen (vgl. z. B. REY, N 1510 ff.). Dieses System einer Rangfolge, das insbes. beim Vorliegen einer Verschuldenshaftung zu einem «alles oder nichts» führen kann (vgl. ausdr. OFTINGER/STARK I, § 10 N 54), ist in der Lehre sehr umstritten (vgl. m. Nw. BSK OR I-SCHNYDER, Art. 51 N 12). Auf jeden Fall ist diese Rangordnung nicht als schematische Regel, sondern le-diglich als **Leitlinie für den Ermessensentscheid** zu verstehen (i. d. S. SCHWENZER, N 88.32; OFTINGER/STARK I, § 10 N 65 ff., 73; vgl. auch BGE 115 II 24 E. 3; 132 III 321 E. 2.3.2.3; 133 III 6 E. 5.3.2; vgl. weitere unveröffent-lichte Entscheide bei BK-BREHM, Art. 51 N 80b). Dies ist im Übrigen auch die Lösung von Art. 60 Abs. 2 SVG (vgl. hierzu BGE 116 II 645 E. 3b) sowie von Art. 53c Abs. 1 VE-HPG.

12 Der **Regress von (Sozial-)Versicherungen** basiert hauptsächlich auf spezialgesetzlichen Anordnungen (Art. 72 Abs. 1 VVG, Art. 72 Abs. 1 ATSG, Art. 34b BVG). Nach h. L. und Rechtsprechung steht dem Versicherer (zumindest neben Art. 72 VVG) aber gleichzeitig ein Regressanspruch aufgrund von Art. 51 zu, wobei er zu denjenigen Haftpflichtigen gezählt wird, die aus Vertrag haften (vgl. m. Nw. BSK OR I-SCHNYDER, Art. 51 N 22). Dementsprechend könnte der Versicherer nur gegenüber Haftpflichtigen aus Verschuldenshaftung, nicht aber gegenüber solchen, die aus Kausalhaftung einzustehen haben, Rückgriff nehmen (vgl. HONSELL, § 11 N 41). Die Anwendung der Regressordnung von Art. 51 Abs. 2 auf Versicherungen wird daher in der Lehre kritisiert (vgl. m. Nw. BGE 132 III 321 E. 2.3.2.3). Es wäre daher korrekt, den Regress nur aufgrund der Spezialnormen (wie z. B. Art. 72 Abs. 1 VVG) zuzulassen (i. d. S. HONSELL, § 11 N 42; vgl. nun auch Art. 54a Abs. 1 VE-HPG).

13 Das Bundesgericht hat einen **analogen Regressanspruch des Arbeitgebers** für seine nach Art. 324a geschuldete Lohnfortzahlung angenommen. Dieser Anspruch steht dem Arbeitgeber auch gegenüber einem kausal Haftenden zu (vgl. BGE 126 III 521 E. 2b).

14 Zur **Verjährung** der Regressansprüche nach Art. 50/51 vgl. Art. 60 N 6.

Art. 52

VII. **Haftung bei Notwehr, Notstand und Selbsthilfe**

¹ Wer in berechtigter Notwehr einen Angriff abwehrt, hat den Schaden, den er dabei dem Angreifer in seiner Person oder in seinem Vermögen zufügt, nicht zu ersetzen.

² Wer in fremdes Vermögen eingreift, um drohenden Schaden oder Gefahr von sich oder einem andern abzuwenden, hat nach Ermessen des Richters Schadenersatz zu leisten.

³ Wer zum Zwecke der Sicherung eines berechtigten Anspruches sich selbst Schutz verschafft, ist dann nicht ersatzpflichtig, wenn nach den gegebenen Umständen amtliche Hilfe nicht rechtzeitig erlangt und nur durch Selbsthilfe eine Vereitelung des Anspruches oder eine wesentliche Erschwerung seiner Geltendmachung verhindert werden konnte.

Literatur

HAAS, Notwehr und Nothilfe, Diss. Bern 1978; LANDMANN, Notwehr, Notstand und Selbsthilfe im Privatrecht, Diss. Zürich 1975.

Art. 52 betrifft die drei **Rechtfertigungsgründe** Notwehr (Abs. 1), Notstand   1
(Abs. 2) und Selbsthilfe (Abs. 3). Daneben sind auch andere Rechtfertigungsgründe, wie besondere privatrechtliche Befugnisse, die Ausübung öffentlicher Gewalt sowie insbes. die Einwilligung von Bedeutung (vgl. Art. 41 N 27 f.; vgl. hierzu auch zum Beispiel CR CO I-WERRO, N 18 ff.; REY, N 758 ff.; OFTINGER/STARK II/1, § 16 N 224 ff.). Währenddem berechtigte Notwehr und Selbsthilfe gänzlich von der Schadenersatzpflicht befreien, kann im Falle von Notstandshandlungen eine solche nach Ermessen des Gerichts festgelegt werden (vgl. REY, N 775; CR CO I-WERRO, N 2).

Art. 52 Abs. 1 regelt den Rechtfertigungsgrund der **berechtigten Notwehr**.   2
Dies ist die Verteidigung, die erforderlich ist, um einen gegenwärtigen rechtswidrigen Angriff von sich oder einem anderen abzuwenden (vgl. BGE 44 II 149 E. 1; HONSELL, § 5 N 2). Der Begriff steht in Einklang mit Art. 15 f. StGB (vgl. noch zum StGB a. F. HONSELL, § 5 N 2; BK-BREHM, N 5; diff. CR CO I-WERRO, N 5). Art. 926 Abs. 1 ZGB enthält eine Sondernorm für das Notwehrrecht des Besitzers, die praktisch deckungsgleich mit Art. 52 Abs. 1 ist. Eine Ausnahme betrifft lediglich das Abwehrrecht gegen Tierangriffe, das nur von Art. 926 ZGB umfasst ist (vgl. BK-BREHM, N 7; BSK OR I-SCHNYDER, N 1, jeweils m. w. Nw.).

Das Notwehrrecht setzt vorerst einen **Angriff** durch einen Menschen voraus.   3
Bei einem Angriff durch ein Tier ist daher Notwehr nur zulässig, sofern das Tier von einem Menschen als Werkzeug benützt wird und nicht aus eigenem Antrieb handelt (vgl. BK-BREHM, Art. 51 N 18 ff.; BSK OR I-SCHNYDER, N 6). Dieser Angriff richtet sich gegen Rechtsgüter des Notwehrberechtigten, wobei nicht nur die Person und ihr gehörende Sachen, sondern auch weitere Rechtsgüter geschützt sind (vgl. OFTINGER/STARK II/1, § 16 N 261; unpräzise BK-BREHM, N 8; BSK OR I-SCHNYDER, N 2). Mitumfasst ist der Fall der so genannten **Notwehrhilfe**, wenn sich der Angriff gegen eine Drittperson richtet (vgl. OFTINGER/STARK II/1, § 16 N 260; BK-BREHM, N 31). Der Angriff muss **gegenwärtig** sein oder unmittelbar bevorstehen, da andernfalls anderweitig Abhilfe geschaffen werden kann (vgl. OFTINGER/STARK II/1, § 16 N 262; ausführlich mit Kasuistik BK-BREHM, N 10 ff.). Die Abwehr eines bloss vermeintlichen Angriffs (Putativnotwehr) ist nicht rechtfertigend. Der Angriff muss zudem **rechtswidrig** erfolgen. Daher ist keine Notwehr gegen Angriffe in Ausübung eines Amtes zulässig. Ebenso gibt es keine Notwehr gegen Notwehrhandlungen bzw. gegen eine angemessene Notstandshandlung (vgl. BK-BREHM, N 15 f. m. w. Nw.). Angriffe von Urteilsunfähigen sind hingegen notwehrfähig, da die Widerrechtlichkeit von der Verschuldensfrage zu tren-

nen ist (vgl. m. Nw. BK-Brehm, N 17; vgl. zum Verhältnis zwischen Widerrechtlichkeit und Verschulden insbes. im Bereich der dritten Widerrechtlichkeitstheorie Art. 41 N 26). Die Abwehrhandlung richtet sich gegen die Rechtsgüter des Angreifers. Auch wenn Art. 52 Abs. 1 (im Gegensatz zu Art. 15 StGB) nicht auf die Angemessenheit der Abwehr verweist, hat der Abwehrende den Grundsatz der **Verhältnismässigkeit** zu beachten. Er muss daher unter mehreren tauglichen Abwehrmitteln dasjenige wählen, das die Rechtsgüter des Angreifers am wenigsten beeinträchtigt (vgl. Rey, N 779). Hierbei geht es jedoch um die Verhältnismässigkeit der Abwehrmittel und nicht um diejenige der einander gegenübergestellten Rechtsgüter, sodass Verhältnismässigkeit im Ergebnis grosszügig anzunehmen ist (vgl. mit Kasuistik BK-Brehm, N 24 f.). Bei Überschreiten dieser Grenze liegt ein **Notwehrexzess** vor, der seinerseits nicht rechtfertigend, d. h. widerrechtlich ist (vgl. hierzu BK-Brehm, N 26 ff. mit Kasuistik; Rey, N 779 m. w. Nw.).

4   Sind die Voraussetzungen der berechtigten Notwehr erfüllt, so entfällt die Widerrechtlichkeit der Abwehrhandlung.

5   Art. 52 Abs. 2 regelt den **Notstand**, d. h. einen vorsätzlichen Eingriff einer Person in (minder- oder gleichwertige) Rechtsgüter eines Dritten, um dadurch ein eigenes (gleich- oder höherwertiges) Rechtsgut zu retten (vgl. auch Art. 17 f. StGB; BK-Brehm, N 5). Diese Bestimmung ist nur von geringer praktischer Bedeutung (so Roberto, N 87). Bei Eingriffen in Grundstücke sieht Art. 701 ZGB eine die Anwendbarkeit von Art. 52 ausschliessende Spezialnorm vor (vgl. BGE 100 II 120 E. 2b; BK-Brehm, N 39); für den Sonderfall der Schadensverrichtung auf einem Grundstück durch ein einem Dritten gehörendes Tier enthält Art. 57 eine spezielle Regel (vgl. BK-Brehm, N 40; vgl. hierzu bei Art. 57). Voraussetzung für den rechtfertigenden Notstand ist vorerst eine **drohende Gefahr** bzw. ein **drohender Schaden** (vgl. BK-Brehm, N 41). Diese kann sowohl eigene als auch (im Falle der Notstandshilfe) fremde Rechtsgüter betreffen. Die Abwehrhandlung besteht im Gegensatz zur Notwehr nicht im Eingriff in das Rechtsgut eines Angreifers, sondern einer Drittperson (vgl. Honsell, § 5 N 10; Rey, N 782; Roberto, N 85). Dieser Eingriff in fremde Rechtsgüter kann nur dann als rechtfertigender Notstand gewertet werden, wenn kein anderer Ausweg besteht (Grundsatz der **Subsidiarität**; vgl. BK-Brehm, N 47). Zudem ist der Grundsatz der **Verhältnismässigkeit** (Proportionalität) zu wahren; grundsätzlich hat das gefährdete Rechtsgut den Wert des geopferten Guts zu übersteigen (vgl. Art. 17 StGB). Die herrschende Lehre akzeptiert daher nur Eingriffe in Sach- und Vermögensinteressen eines Dritten (i. d. S. BK-Brehm, N 43 ff.; so auch zum Begriff des Vermögens Oftinger/Stark II/1, § 16 N 290 FN 440). Nach der bundesgerichtlichen Rechtsprechung rechtfertigt der Notstand unter Umständen auch eine Persönlichkeitsverletzung (vgl. BGE 101 II 177 E. 6a). Allenfalls ist in diesen Bereichen in Einzelfällen auch die Gleichwer-

tigkeit von geschütztem und verletztem Rechtsgut als genügend zu erachten (so wohl Rey, N 782). Ein Eingriff in fremdes Leib und Leben kommt nach h.L. im Rahmen von Art. 52 Abs. 2 hingegen nicht in Frage (vgl. m. Nw. BK-Brehm, N 44), allenfalls aber eine Schadenersatzreduktion nach Art. 44 (i. d. S. ZK-Oser/Schönenberger, N 28).

Der Notstand stellt einen Rechtfertigungsgrund dar, auch wenn dies nicht in jedem Fall zu einer gänzlichen Haftungsbefreiung führt (vgl. nur Oftinger/Stark II/1, § 16 N 291 ff., 299; Rey, N 783). Ein allfälliger Schadenersatz und dessen Höhe ist nach richterlichem Ermessen festzulegen, wobei es hierzu praktisch keine Rechtsprechung gibt (vgl. zu Bemessungskriterien BK-Brehm, N 50 ff.). Im Falle der Auferlegung einer Haftung handelt es sich im Ergebnis um eine **Haftung für rechtmässige Schädigung** (vgl. m. Nw. Rey, N 783). 6

Art. 52 Abs. 3 regelt die **Selbsthilfe** als Rechtfertigungsgrund. Es handelt sich um einen Eingriff in Rechtsgüter des Pflichtigen zum Schutze eines berechtigten eigenen Anspruchs (vgl. Honsell, § 5 N 15). Es geht um die Sicherung eines Rechts durch Eigenmacht und stellt damit eine Ausnahme vom Verbot der Eigenmacht dar (vgl. zur Definition m. w. Nw. auch Rey, N 786). Im Besitzesrecht enthält Art. 926 Abs. 2 ZGB eine Spezialnorm für das Selbsthilferecht des Besitzers, die der Regel von Art. 52 Abs. 3 vorgeht (vgl. hierzu BK-Brehm, N 61). Teilweise wird auch Art. 57 Abs. 1 als eine Spezialnorm im Bereich der Selbsthilfe bezeichnet (vgl. m. Nw. Rey, N 791). Auch die Selbsthilfe ist nur von geringer praktischer Bedeutung (so Roberto, N 89). Voraussetzung ist vorerst, dass ein **berechtigter Anspruch** gegenüber dem Verpflichteten besteht; es muss sich um einen klagbaren Anspruch handeln und nicht etwa um eine Naturalobligation (i. d. S. BK-Brehm, N 65). Selbsthilfe ist nur zur Sicherung eigener Ansprüche möglich; Dritthilfe ist damit ausgeschlossen (vgl. m. Nw. Rey, N 787). Sodann ist es für eine Selbsthilfehandlung erforderlich, dass amtliche Hilfe **nicht rechtzeitig** zu erlangen ist und der **Anspruch** ohne die Selbsthilfe **vereitelt** oder zumindest in seiner **Durchsetzung erschwert** würde. Zum Schutze des Rechtsfriedens sind diese Voraussetzungen nur mit grosser Zurückhaltung anzunehmen. Genannt wird etwa eine nicht rechtzeitig mögliche Arrestlegung nach Art. 271 Abs. 1 SchKG (vgl. BK-Brehm, N 60; i. d. S. auch das Beispiel bei Honsell, § 5 N 15). Keinesfalls zulässig ist Selbsthilfe zur eigenmächtigen Durchsetzung obligatorischer Ansprüche, z. B. für die Herausgabe einer gekauften Sache (vgl. m. Nw. Rey, N 789). Auch wenn sich das Gesetz nicht darüber ausspricht, ist bei der Selbsthilfe (insbes. bei der Wahl der Mittel) der Grundsatz der Proportionalität zu wahren (vgl. CR CO I-Werro, N 16). 7

Sind die Voraussetzungen der Selbsthilfe erfüllt, entfällt die Widerrechtlichkeit der Selbsthilfehandlung. 8

Art. 53

VIII. Verhältnis zum Strafrecht

¹ Bei der Beurteilung der Schuld oder Nicht-schuld, Urteilsfähigkeit oder Urteilsunfähigkeit ist der Richter an die Bestimmungen über straf-rechtliche Zurechnungsfähigkeit oder an eine Freisprechung durch das Strafgericht nicht gebunden.

² Ebenso ist das strafgerichtliche Erkenntnis mit Bezug auf die Beurteilung der Schuld und die Bestimmung des Schadens für den Zivilrichter nicht verbindlich.

Literatur

CERF/PLATTNER, Strafurteil und zivilrechtliche Regelung im Strassenver-kehrsrecht, in FS Assista, Genf 1979, 295 ff.; HAUSER, Zum Verhältnis zwi-schen zivil- und strafrechtlicher Verantwortlichkeit, in: Die Verantwortlich-keit im Recht, Zürich 1981, 601 ff.; SCYBOZ, L'effet de la chose jugée au pénal sur le sort de l'action civile, Diss. Freiburg 1976; DERS., Deux rap-ports de l'action en dommages-intérêts ou en réparation du tort moral avec l'action pénale: les art. 53 et 60 al. 2 CO, in: Die Verantwortlichkeit im Recht, Zürich 1981, 619 ff.

1   Art. 53 enthält eine kompliziert formulierte und unsystematische Regelung der **Unabhängigkeit des Zivilrichters** gegenüber dem Strafgesetz, dem freisprechenden Urteil des Strafgerichts und dem Urteil des Strafrichters überhaupt (vgl. BK-BREHM, N 3; BGE 125 III 401 E. 3). Dieser Artikel spricht sich nur über einzelne Punkte der Unabhängigkeit des Zivilgerichts aus, nämlich in Bezug auf die Frage von Schuld oder Nichtschuld (einschliess-lich Urteilsfähigkeit) bei Verurteilung oder Freispruch, die Gewichtung des Verschuldens sowie Erkenntnisse hinsichtlich des Schadens (insbes. Schadensberechnung; vgl. BSK OR I-SCHNYDER, N 3; CR CO I-WERRO, N 3; ähnl. BK-BREHM, N 6 ff.; BGE 125 III 401 E. 3). Damit stellt Art. 53 einen auf die **Schuldfrage** und die **Schadensbestimmung** beschränkten Eingriff des Bundesgesetzgebers in das sonst (noch) den Kantonen vorbehaltene Pro-zessrecht dar (vgl. BGE, a. a. O.). Aus der Nichterwähnung von Tatbestands-fragen, Widerrechtlichkeit und adäquater Kausalität darf nicht e contra-rio eine Bindungswirkung in diesen Bereichen angenommen werden (vgl. hierzu m. w. Nw. BK-BREHM, N 22 ff.). Allerdings bleibt in diesen Berei-chen kantonales Prozessrecht vorbehalten, welches auch eine Bindungs-

wirkung vorsehen kann (vgl. BGE 125 III 401 E. 3; 107 II 151 E. 5b). Art. 56b VE-HPG sieht nun eine Ausdehnung der zivilrichterlichen Unabhängigkeit von strafrechtlichen Erkenntnissen auf alle Bereiche vor (vgl. CR CO I-WERRO, N 4).

Art. 53 gilt nicht nur im Bereich des Obligationenrechts, sondern im **ganzen Privatrecht** (vgl. BGE 125 III 401 E. 3; BK-BREHM, N 12 m. w. Nw.). Hingegen hat Art. 53 für die adhäsionsweise Beurteilung zivilrechtlicher Fragen im Strafprozess keine Bedeutung (vgl. m. Nw. BK-BREHM, N 25a). 2

Der bundesrechtliche Ausschluss einer Bindungswirkung nach gerichtlicher Beurteilung der Verschuldensfrage drängt sich schon deshalb auf, weil im Zivilrecht im Gegensatz zum Strafrecht ein **objektivierter Verschuldensbegriff** gilt (vgl. HONSELL, § 6 N 20; OFTINGER/STARK I, § 5 N 133; vgl. Art. 41 N 33). Dasselbe gilt auch für die Frage der strafrechtlichen Zurechnungsfähigkeit (bzw. Schuldfähigkeit; vgl. Art. 19 StGB), welche mit der zivilrechtlichen Urteilsfähigkeit nicht ganz deckungsgleich ist (vgl. OFTINGER/STARK I, a. a. O.; ZK-OSER/SCHÖNENBERGER, N 5). 3

Für die in Art. 53 nicht erwähnten Punkte der **Tatbestandsfragen**, der **Widerrechtlichkeit** sowie des **Kausalzusammenhangs** besteht kein bundesrechtliches Verbot der Anordnung einer Bindungswirkung durch das kantonale Zivilprozessrecht (vgl. oben N 1). Eine solche wäre insbes. im Bereich der Widerrechtlichkeit problematisch, da die zivilrechtliche Generalklausel nach einer eigenständigen zivilgerichtlichen Beurteilung ruft (vgl. Art. 41 N 1; **a. A.** nun aber im Zusammenhang mit Vorsatzdelikten als Schutznorm: BGE 133 III 323 E. 5.2.3., vgl. Art. 41 N 23). Fehlt aber eine entsprechende kantonale Regelung, ist auch in diesen Punkten von keiner Bindungswirkung auszugehen (vgl. m. Nw. BSK OR I-SCHNYDER, N 4). 4

Art. 54

| 3. | Haftung urteilsunfähiger Personen | ¹ **Aus Billigkeit kann der Richter auch eine nicht urteilsfähige Person, die Schaden verursacht hat, zu teilweisem oder vollständigem Ersatze verurteilen.** |
| | | ² **Hat jemand vorübergehend die Urteilsfähigkeit verloren und in diesem Zustand Schaden angerichtet, so ist er hierfür ersatzpflichtig, wenn er nicht nachweist, dass dieser Zustand ohne sein Verschulden eingetreten ist.** |

Literatur

GUINAND, La responsabilité des personnes incapables de discernement, Hundert Jahre Schweizerisches Obligationenrecht, Freiburg 1982, 397 ff.; PIOTET, La responsabilité précontractuelle des incapables, JT 1977 I, 200 ff.; WERRO, La capacité des discernement et la faute dans le droit suisse de la responsabilité, Diss. Freiburg 1986.

1   Nach den Grundsätzen der Verschuldenshaftung kann eine solche nur greifen, wenn sowohl die objektive als auch die subjektive Seite des Verschuldens erfüllt sind (vgl. Art. 41 N 29 ff.). Fehlt es einem Schädiger daher im Zeitpunkt der deliktischen Handlung an der Urteilsfähigkeit, so ist eine Verschuldenshaftung grundsätzlich abzulehnen. Art. 54 enthält nun eine **Ausnahmebestimmung,** die es dem Richter erlaubt, auch einen **Urteilsunfähigen** zu teilweisem oder vollem Schadenersatz zu verurteilen (vgl. nur BK-BREHM, N 5). Dabei betrifft Art. 54 Abs. 1 den Fall der dauernden sowie der nichtverschuldeten vorübergehenden Urteilsunfähigkeit; Art. 54 Abs. 2 regelt den Fall der verschuldeten vorübergehenden Urteilsunfähigkeit (vgl. CR CO I-WERRO, N 1).

2   Der Anwendungsbereich von Art. 54 beschränkt sich nicht nur auf **Schadenersatzansprüche,** sondern es fallen auch **Genugtuungsansprüche** darunter (vgl. BGE 74 II 202 E. 8). Aufgrund der Verweisungsnorm von Art. 99 Abs. 3 findet Art. 54 auch auf die Haftung für **Vertragsverletzungen** Anwendung. Dies betrifft zweifelsfrei gültig zustande gekommene Verträge, die im Zustand der Urteilsunfähigkeit verletzt bzw. nicht erfüllt werden (vgl. BGE 55 II 35, 38; OFTINGER/STARK II/1, § 18 N 54). Das Bundesgericht hat die Anwendbarkeit von Art. 54 auch auf den Fall eines von einem Urteilsunfähigen abgeschlossenen und daher ungültigen Vertrages ausgedehnt (vgl. BGE 102 II 226 E. 2). Genau betrachtet handelt es sich hierbei jedoch nicht um eine Haftung aus Vertrag, da Art. 54 nicht vom Gültigkeitserfordernis der Urteilsfähigkeit entbinden kann. Vielmehr handelt es sich um eine auf den Urteilsunfähigen ausgedehnte Haftung aus *culpa in contrahendo* wegen des Nichtzustandekommens des Vertrages. Die Anwendung von Art. 54 auf *culpa in contrahendo* durch einen Urteilsunfähigen schafft eine Analogie zur Haftungsgrundlage gegenüber einem urteilsfähigen Bevormundeten gem. Art. 411 Abs. 2 ZGB (vgl. hierzu OFTINGER/STARK II/1, § 18 N 55 ff.). Zum Schutz des Urteilsunfähigen sollte eine Haftung in diesen Fällen jedoch nur mit grösster Zurückhaltung angenommen werden (krit. insbes. HONSELL, § 16 N 7; vgl. auch BGer 4C.195/2004 E. 3.2). Auf jeden Fall beschränkt sich der Schadenersatz auf das negative Vertragsinteresse (BGE 102 II 226 E. 2b). Hingegen spielt Art. 54 im Bereich der Kausalhaftungen keine Rolle, da ein Schädiger in diesem Fall auch bei Vorliegen von Urteilsunfähigkeit haftet (vgl. WERRO, N 263; ROBERTO, N 245). Die prak-

tische Bedeutung von Art. 54 ist eher gering (vgl. ROBERTO, a. a. O.; diff. OFTINGER/STARK II/1, § 18 N 24 ff.).

Für den Fall der dauernden sowie der **nichtverschuldeten vorübergehen-**   3
den Urteilsunfähigkeit sieht Art. 54 Abs. 1 eine **einfache Kausalhaftung
aus Billigkeit** vor (vgl. BGE 122 III 262 E. 2a/aa; WERRO, N 262 m. w. Nw.).
Im Gegensatz dazu enthält Art. 54 Abs. 2 für den Fall der **verschuldeten
vorübergehenden Urteilsunfähigkeit** einen Tatbestand der **präsumptiven
Verschuldenshaftung** (vgl. m. Nw. WERRO, N 273). In diesem Fall haftet der
Schädiger vollumfänglich (vgl. BSK OR I-SCHNYDER, N 10), wohingegen im
Falle der Billigkeitshaftung nach Abs. 1 auch eine nur teilweise Haftung
möglich ist.

Während die Fälle der **dauernden Urteilsunfähigkeit** vor allem das Lebens-   4
alter und die geistigen Kapazitäten des Schädigers betreffen, geht es bei der
vorübergehenden Urteilsunfähigkeit im Wesentlichen um Rauschzustände
(vgl. CR CO I-WERRO, N 10). Abgrenzungsprobleme können sich insbes. bei
Suchtkrankheiten ergeben (vgl. hierzu OFTINGER/STARK II/1, § 18 N 78 ff.;
BSK OR I-SCHNYDER, N 11). Im Zweifel ist die Abgrenzung ein Problem der
Beweislast.

Da die Urteilsfähigkeit vermutet wird (vgl. Art. 41 N 29; m. w. Nw. REY,   5
N 833), kommt Art. 54 nur dann zum Zuge, wenn der Schädiger seine
Urteilsunfähigkeit, d. h. seine Unfähigkeit vernunftgemäss zu handeln,
behauptet und beweist. Der Schädiger trägt somit die **Beweislast** für seine Urteilsunfähigkeit (vgl. BSK OR I-SCHNYDER, N 5 f.; OFTINGER/STARK II/1,
§ 18 N 42 f.). Gelingt ihm dieser Beweis, greift vorerst die Bestimmung von
Art. 54 Abs. 1. Die volle Haftung nach Abs. 2 kommt hingegen dann zum
Zuge, wenn es sich um eine vorübergehende Urteilsunfähigkeit handelt,
wofür im Zweifelsfall wiederum der Geschädigte die Beweislast trägt (vgl.
ZK-OSER/SCHÖNENBERGER, N 13). Dieser vollen Haftung kann der Schädiger nur dadurch entgehen, wenn er seinerseits beweist, dass ihn für
das Eintreten des Zustands der vorübergehenden Urteilsunfähigkeit kein
Verschulden trifft; diesbezüglich wird das Verschulden also vermutet
(vgl. WERRO, N 273; REY, N 815). Gelingt dem Schädiger dieser Beweis, so
kann wiederum die Billigkeitshaftung nach Abs. 1 greifen (vgl. m. w. Nw.
BK-BREHM, N 60).

Die **objektive Seite des Verschuldens** bei der schädigenden Handlung muss   6
hingegen sowohl im Falle von Abs. 1 als auch im Falle von Abs. 2 vom Geschädigten bewiesen werden (vgl. BK-BREHM, N 17, 57a; CR CO I-WERRO,
N 2, 11, 16; krit. ROBERTO, N 244). Andernfalls würde ein Urteilsunfähiger
auch in Fällen haften, in denen ein Urteilsfähiger mangels Verschulden
nicht haftet (BGE 55 II 35, 38; BK-BREHM, N 17 m. w. Nw.). Im Übrigen müssen auch die weiteren Haftungsvoraussetzungen, wie Schaden bzw. imma-

terielle Unbill, Kausalität und Widerrechtlichkeit gegeben sein (vgl. CR CO I-WERRO, N 8).

7 Art. 54 Abs. 1 verweist das Gericht bei seiner Entscheidung, ob und in welcher Höhe Ersatz zu leisten ist, auf **Billigkeit** (vgl. die Nw. zu diesem Begriff bei OFTINGER/STARK II/1, § 18 N 59 FN 71). Das Gericht hat bei seinem Entscheid in jedem Fall auf die besonderen Verhältnisse des Einzelfalles abzustellen (vgl. OFTINGER/STARK II/1, § 18 N 59). Das Gericht hat sich vor allem daran zu orientieren, dass es sich bei Art. 54 Abs. 1 um eine Ausnahmenorm handelt, die darauf abzielt, Fälle, bei denen eine vollkommene Haftungsbefreiung des Schädigers stossend wäre, zu verhindern (vgl. CR CO I-WERRO, N 2). In der Beurteilung der Umstände, die für eine Billigkeitshaftung sprechen, steht die **finanzielle Lage** der Parteien im Vordergrund (vgl. hierzu ausf. BK-BREHM, N 19ff.). Insbes. ist der neueren Lehre zuzustimmen, welche das Vorliegen einer Haftpflichtversicherung auf Seiten des Urteilsunfähigen als Umstand, der für eine Billigkeitshaftung spricht, gewertet wird (vgl. hierzu insbes. BK-BREHM, N 26ff.). Der Billigkeitsentscheid umfasst nicht nur die Frage der Haftung an und für sich, sondern auch die Bemessung (vgl. BK-BREHM, N 42f.).

8 Im Falle der **vorübergehenden Urteilsunfähigkeit** ersetzt der mangelnde Exkulpationsbeweis (Abs. 2) im Grunde genommen das Erfordernis der subjektiven Seite des Verschuldens im Rahmen der allgemeinen Verschuldenshaftung von Art. 41 Abs. 1. Art. 54 Abs. 2 stellt damit keine eigentliche Haftungsgrundlage, sondern eine Präzisierung der Voraussetzungen der allgemeinen Verschuldenshaftung für den Fall vorübergehender Urteilsunfähigkeit dar (i. d. S. WERRO, N 273, die h. L.).

Art. 55

C. Haftung des Geschäftsherrn

¹ Der Geschäftsherr haftet für den Schaden, den seine Arbeitnehmer oder andere Hilfspersonen in Ausübung ihrer dienstlichen oder geschäftlichen Verrichtungen verursacht haben, wenn er nicht nachweist, dass er alle nach den Umständen gebotene Sorgfalt angewendet hat, um einen Schaden dieser Art zu verhüten, oder dass der Schaden auch bei Anwendung dieser Sorgfalt eingetreten wäre.

² Der Geschäftsherr kann auf denjenigen, der den Schaden gestiftet hat, insoweit Rückgriff nehmen, als dieser selbst schadenersatzpflichtig ist.

Literatur

Aeschimann, La responsabilité du fait de l'organisation: faits et droit, ZSR 2002 I, 99 ff.; Jaun, Zur gegenwärtigen und künftigen «ratio legis» der Geschäftsherrenhaftung, in: FS Hausheer, Bern 2002, 581 ff.; Magnin, La responsabilité civile de l'employeur pour le dommage causé par ses employés, en particulier par ses cadres, in Etudes en l'honneur de B. Rusconi, Lausanne 2000, 203 ff.; Petrin, Fortentwicklung der Geschäftsherrenhaftung in der Schweiz, Zürich 2004; Schönenberger, Die dritte Widerrechtlichkeitstheorie, HAVE 2004, 3 ff.; Spiro, Die Haftung für Erfüllungsgehilfen, Bern 1984; Waespi, Organisationshaftung: zwischen Risiko und Unsorgfalt bei der Geschäftsherrenhaftung, Bern 2005; ders., Organisationshaftung – mit ungleichen Ellen gemessen, HAVE 2004, 271 ff.

I. Charakter der Norm

Art. 55 Abs. 1 statuiert die sog. **Geschäftsherrenhaftung**. Dabei handelt es sich um eine Haftung für fremdes, schädigendes Verhalten – dasjenige der Hilfsperson – (vgl. Oftinger/Stark II/1, § 20 N 97; BK-Brehm, N 4), aber für eigene, vermutete Pflichtverletzungen (i. d. S. Schwenzer, N 23.12; vgl. auch BGE 122 III 225 E. 5). Bei der Geschäftsherrenhaftung handelt es sich somit um eine Haftung für eigene Unsorgfalt, die eine Einstandspflicht für die Auswirkungen fremder Handlungen bewirkt. Hingegen geht es nicht um die gesetzliche Übernahme einer fremden Haftung, wie sie im *common law* in Form der *vicarious liability* (Stellvertreterhaftung) vorkommt (vgl. Schönenberger, HAVE 2004, 10 f., FN 78). Demgemäss muss das schädigende Verhalten der Hilfsperson nicht verschuldet sein (vgl. m. Nw. BK-Brehm, N 40a). Selbst die subjektive Seite des Verschuldens ist entbehrlich, sodass der Geschäftsherr auch für Urteilsunfähige einzustehen hat (vgl. Roberto, N 299; Honsell, § 13 N 4). Die Pflichtverletzung auf Seiten des Geschäftsherrn manifestiert sich darin, dass dieser sich durch den Nachweis gehöriger Sorgfalt im Rahmen des Befreiungsbeweises von der Haftung befreien kann. Hierbei kann er sich auf die Einhaltung bestimmter Sorgfaltspflichten berufen (vgl. hierzu nachf. N 10 ff.).

Die Geschäftsherrenhaftung von Art. 55 Abs. 1 ist nach der herrschenden Meinung als **einfache Kausalhaftung** zu qualifizieren, da weder ein Verschulden der Hilfsperson noch des Geschäftsherrn vorausgesetzt werde (vgl. BGE 110 II 456 E. 2; BK-Brehm, N 32 f.; BSK OR I-Schnyder, N 1). Ebenso wie die frühe Lehre und Rechtsprechung (vgl. die Nw. bei Oftinger/Stark II/1, § 20 N 2) geht eine neuere Lehrmeinung davon aus, dass es sich um eine **Verschuldenshaftung mit umgekehrter Beweislast** handle, da es sich beim Entlastungsbeweis um einen beschränkten, aber vermuteten Verschuldensvorwurf handle (i. d. S. Honsell, § 13 N 4; Roberto, N 296; Schwenzer, N 49.09). Gegenüber dieser Lehrmeinung wird wiederum an-

1

2

geführt, dass auf Seiten des Geschäftsherrn nicht einmal die subjektive
Seite des Verschuldens Teil der Haftungsvoraussetzung sei; zudem sei die
Unsorgfalt im Rahmen des Entlastungsbeweises weitergehend objektiviert
als das Verschulden im Rahmen der Verschuldenshaftung (vgl. REY, N 901
m. w. Nw.). In der Praxis kommt dieser Qualifikationsfrage allerdings keine
tatsächliche Bedeutung zu (vgl. ROBERTO, a. a. O.; SCHWENZER, N 23.13; vgl.
oben Vor Art. 41–61 N 9).

II. Haftungsvoraussetzungen

3   Bei den Anspruchsvoraussetzungen ist zu unterscheiden zwischen den positiven Voraussetzungen, d. h. denjenigen Haftungselementen, die vom Kläger in Anwendung von Art. 8 ZGB bewiesen werden müssen und der negativen Voraussetzung, d. h. der fehlenden Befreiung durch den Geschäftsherrn
(vgl. die Aufteilung i. d. S. bei OFTINGER/STARK II/1, § 20 N 83 ff., 106 ff.).

1. Positive Voraussetzungen

4   Für die Begründung einer Haftung des Geschäftsherrn aus Art. 55 Abs. 1
muss ein *Schaden durch eine Hilfsperson in Ausübung dienstlicher oder ge-
schäftlicher Verrichtungen widerrechtlich verursacht* worden sein. Neben
den im Gesetzestext enthaltenen Elementen ist somit auch das Element der
Widerrechtlichkeit der Handlung der Hilfsperson erforderlich (vgl. SCHWEN-
ZER, N 23.14).

5   Der **Schaden** im Sinne von Art. 55 umfasst alle Schadensarten, d. h. insbes.
auch reine Vermögensschäden. I. V. m. Art. 47/49 kann auch ein Genugtuungsanspruch für den Ersatz immaterieller Unbill geltend gemacht werden
(vgl. BGE 126 III 161 E. 5b/aa; OFTINGER/STARK II/1, § 20 N 84).

6   Der Schaden bzw. die immaterielle Unbill muss von einer Hilfsperson verursacht worden sein. Das Element der **adäquaten Kausalität** stellt kein besonderes Problem dar. Zu betonen ist lediglich, dass die Handlung bzw. Unterlassung der Hilfsperson (und nicht etwa die Sorgfaltspflichtverletzungen
des Geschäftsherrn) den Schaden oder die immaterielle Unbill adäquat kausal verursacht haben muss (vgl. nur BSK OR I-SCHNYDER, N 6).

7   Die Begriffe **Hilfsperson** und **Geschäftsherr** können nicht für sich allein
definiert werden; vielmehr kommt es auf die Definition der Beziehung zwischen diesen beiden Personen an (i. d. S. OFTINGER/STARK II/1, § 20 N 59).
Hierbei ist ein **Subordinationsverhältnis** der Hilfsperson gegenüber dem
Geschäftsherrn erforderlich (vgl. BGE 84 II 381 E. b). Entscheidend hierfür
ist eine *Weisungs- und Aufsichtsbefugnis* des Geschäftsherrn gegenüber der
Hilfsperson, was bei Arbeitnehmern regelmässig der Fall ist. Allerdings
kommt es nicht auf die rechtliche Qualifikation des Verhältnisses zwischen
Geschäftsherrn und Hilfsperson an, sondern es ist auf die tatsächliche Wei-

sungs- und Aufsichtsbefugnis abzustellen (vgl. OFTINGER/STARK II/1, § 20 N 60; SCHWENZER, N 23.15 f.; BK-BREHM, N 7 ff. m. ausf. Kasuistik). Ein Organ des Geschäftsherrn (im Sinne von Art. 55 ZGB) kann nie Hilfsperson sein (vgl. m. w. Nw. BK-BREHM, N 13 ff.). Der Geschädigte hat im Rahmen seiner Beweispflicht die Identität der Hilfsperson nicht zu beweisen; es ist ausreichend, wenn er beweist, dass irgendeine Hilfsperson des betreffenden Betriebs den Schaden verursacht hat (vgl. BK-Brehm, N 20; OFTINGER/STARK II/1, § 20 N 83, 109).

Die Hilfsperson muss den Schaden **in Ausübung ihrer dienstlichen oder ge-** 8
schäftlichen Verrichtungen verursacht haben. Zwischen der auszuführenden Verrichtung und der schädigenden Handlung muss ein **funktioneller Zusammenhang** bestehen (vgl. m. Nw. BK-BREHM, N 21). Dieser ist selbst dann gegeben, wenn die Hilfsperson Weisungen des Geschäftsherrn zuwiderhandelt bzw. bei einer Kompetenzüberschreitung (vgl. BGE 95 II 93 E. II 4a; BK-BREHM, N 25 f., m. w. Nw.). Auch eine vorsätzliche, schädigende Handlung der Hilfsperson hebt nach richtiger Ansicht den funktionellen Zusammenhang nicht auf. Allenfalls steht dem Geschäftsherrn in diesem Fall aber der Befreiungsbeweis offen (vgl. m. Nw. BK-BREHM, N 27 f.). Kein funktioneller Zusammenhang ist hingegen gegeben, wenn die Schädigung bloss **bei Gelegenheit** der dienstlichen oder geschäftlichen Verrichtung geschieht (vgl. mit Kasuistik BK-BREHM, N 23; SCHWENZER, N 23.20; krit. HONSELL, § 13 N 16). Ein zeitlicher und/oder örtlicher Zusammenhang zwischen dem schädigenden Verhalten der Hilfsperson und der ihr übertragenen Verrichtung ist wohl Anhaltspunkt für einen funktionellen Zusammenhang, genügt für sich alleine aber noch nicht (i. d. S. OFTINGER/STARK II/1, § 20 N 89; BK-BREHM, N 24, m. w. Nw.). Bei Schädigungen während Arbeitspausen ist daher zu beurteilen, ob die Schädigung im Rahmen einer normalen Pausentätigkeit geschehen ist (z. B. Rauchen) oder nicht (z. B. Schlägerei unter Arbeitskollegen; vgl. OFTINGER/STARK II/1, § 20 N 91).

Die schädigende Handlung der Hilfsperson muss **rechtswidrig, nicht** aber 9
verschuldet sein. Weder die subjektive noch die objektive Seite des Verschuldens muss erfüllt sein. Dies gilt auch bei Anwendung der dritten Widerrechtlichkeitstheorie, sofern hierbei die Widerrechtlichkeit nicht mit der objektiven Seite des Verschuldens vermischt wird (vgl. Art. 41 N 26; **a. A.** entsprechend WERRO, N 453; ROBERTO, N 298).

2. Fehlender Befreiungsbeweis

Hat ein Geschädigter die positiven Haftungsvoraussetzungen bewiesen, tritt 10
die Haftung des Geschäftsherrn ein, es sei denn, er könne sich auf einen **Befreiungsgrund** berufen. Dieser besteht entweder im Nachweis, dass er die nach den Umständen gebotene Sorgfalt angewendet hat, um einen Schaden dieser Art zu verhüten, oder dass der Schaden auch bei Anwendung dieser

Sorgfalt eingetreten wäre. Des Weiteren kann sich der Geschäftsherr auch auf allgemeine Entlastungsgründe, wie höhere Gewalt, Selbst- oder Drittverschulden berufen (vgl. OFTINGER/STARK II/1, § 20 N 106).

11   Im Rahmen des **Sorgfaltsbeweises** wird heute ein strenger, nach objektiven Massstäben festgelegter Sorgfaltsmassstab angesetzt (vgl. BK-BREHM, N 46 ff.; SCHWENZER, N 23.22). Der Sorgfaltsbeweis umfasste traditionellerweise drei Ebenen, nämlich die Sorgfalt bei der Auswahl der Hilfsperson *(cura in eligendo)*, in der Instruktion *(cura in instruendo)* sowie in der Überwachung *(cura in custodiendo*; vgl. zu diesen drei Sorgfaltspflichten mit Kasuistik insbes. BK-BREHM, N 55 ff.). Zudem wird auch die Ausstattung der Hilfspersonen mit geeignetem Werkzeug zur Sorgfaltspflicht des Geschäftsherrn gezählt (vgl. hierzu BK-BREHM, N 88 ff.).

12   Bedeutend ist insbes. die Pflicht zur **zweckmässigen Betriebsorganisation**, wonach ein Unternehmen so organisiert sein muss, dass Schäden für Dritte durch Hilfspersonen möglichst vermieden werden können (vgl. BGE 90 II 86 E. 3c; vgl. BK-BREHM, N 77 ff.; BSK OR I-SCHNYDER, N 21; SCHWENZER, N 23.25). Im Bereich der Haftung des Warenherstellers gegenüber dem Konsumenten gehört hierzu auch die Endkontrolle der Produkte (vgl. BGE 110 II 456 E. 3a). Durch diese an und für sich begrüssenswerte Entwicklung ist Art. 55 Abs. 1 zu einem Tatbestand der **Organisationshaftung** geworden (vgl. HANDKOMM-SCHOOP, N 7), die im Grunde genommen nicht mehr eine Haftung für fremdes Verhalten darstellt. Seit dem Inkrafttreten des Produktehaftpflichtgesetzes spielt diese Haftung für Organisationsverschulden keine besondere Rolle mehr. Allerdings bleibt Art. 55 Abs. 1 für die Fälle des Schadens am Produkt selbst (Art. 1 Abs. 2 PrHG) sowie im Bereich der gewerblichen Sachschäden (Art. 1 Abs. 1 lit. b PrHG) und im Rahmen des Selbstbehaltes bei Sachschäden (Art. 6 Abs. 1 PrHG) weiterhin anwendbar (vgl. BK-BREHM, N 81; REY, N 958 ff.; a.A. HONSELL, § 13 N 28). Ebenfalls auf Art. 55 Abs. 1 angewiesen ist der durch einen Beobachtungsfehler Geschädigte, wohingegen bei einem Entwicklungsfehler der Entlastungsbeweis greifen dürfte (vgl. REY, N 960, 962; HONSELL, § 21 N 63).

13   Die zweite Befreiungsmöglichkeit des Geschäftsherrn betrifft die Berufung auf **rechtmässiges Alternativverhalten** (vgl. Art. 41 N 19). Im Ergebnis geht es daher um den Nachweis des mangelnden Kausalzusammenhangs, sodass dieser Befreiungsbeweis an und für sich schon durch das Kausalitätserfordernis abgedeckt ist (vgl. SCHWENZER, N 23.26; w. Nw. bei REY, N 950; diff. OFTINGER/STARK II/1, § 20 N 153).

III.   Regressrecht des Geschäftsherrn (Abs. 2)

14   Art. 55 Abs. 2 gibt dem Geschäftsherrn ein **Regressrecht** gegenüber der Hilfsperson, das nach dem Gesetzeswortlaut selbst dann zu greifen scheint,

wenn den Geschäftsherrn selbst ein Verschulden trifft und die Hilfsperson nur leicht fahrlässig gehandelt hätte (vgl. m. Nw. BK-BREHM, N 105). Damit wäre dieses Rückgriffsrecht strenger als dasjenige von Art. 51 Abs. 2. Nach allgemeiner Auffassung ist Art. 55 Abs. 2 jedoch eine überflüssige Bestimmung, sodass der Regress nach Art. 51 Abs. 2 vorzunehmen ist (vgl. m. historischer Begründung insbes. BK-BREHM, N 107 ff.; BSK OR I-SCHNYDER, N 24; REY, N 963, jeweils m. w. Nw.).

Art. 56

D.	Haftung für Tiere	
.	Ersatzpflicht	

¹ **Für den von einem Tier angerichteten Schaden haftet, wer dasselbe hält, wenn er nicht nachweist, dass er alle nach den Umständen gebotene Sorgfalt in der Verwahrung und Beaufsichtigung angewendet habe, oder dass der Schaden auch bei Anwendung dieser Sorgfalt eingetreten wäre.**

² **Vorbehalten bleibt ihm der Rückgriff, wenn das Tier von einem andern oder durch das Tier eines andern gereizt worden ist.**

³ **...**

Literatur

CHAPPUIS, L'illicéite, in: Chappuis/Werro (Hrsg.), La responsabilité civile: à la croisée des chemins, ZSR 2003 II, 237 ff.; FELLMANN, Der Tierhalter – Begriff oder Typus?, SJZ 1987, 337 ff.; DERS., Zivilrechtliche Haftung öffentlich zugänglicher Tiersammlungen für Schädigungen durch Tiere, Diss. Bern 1984; KARLEN, Die Haftung des Familienhauptes nach ZGB 333 und des Tierhalters nach OR 56, Diss. Bern 1980; PAYLLIER, Der Tierhalter und dessen besondere Befreiungsmöglichkeiten (Art. 56 Abs. 1 OR) – unter rechtsvergleichender Berücksichtigung des deutschen und des französischen Rechts, Diss. Zürich 2003; SIEBER, Die Haftpflicht für Jagdschaden, Zürich 1999.

I. Charakter der Norm

Art. 56 Abs. 1 statuiert die sog. **Tierhalterhaftung**. Dementsprechend haftet [1] der Halter eines Tieres für den von diesem angerichteten Schaden (vgl. nur BGE 131 III 115 E. 2.1). Die Tierhalterhaftung von Art. 56 Abs. 1 ist sehr ähnlich strukturiert wie die Geschäftsherrenhaftung gemäss Art. 55 Abs. 1 (vgl. REY, N 979; OFTINGER/STARK II/1, § 21 N 2). So steht auch dem in Anspruch genommenen Tierhalter ein **Befreiungsbeweis** zur Verfügung, wobei er nachzuweisen hat, dass er alle nach den Umständen gebotene Sorg-

falt in der Verwahrung und Beaufsichtigung des Tieres angewendet hat
oder der Schaden auch bei Anwendung dieser Sorgfalt eingetreten wäre
(BGE, a. a. O.). Die herrschende Meinung qualifiziert Art. 56 Abs. 1 daher
ebenfalls als **einfache Kausalhaftung**, da dem Haftpflichtigen ein Befreiungsbeweis offen steht (vgl. REY, N 979; BK-BREHM, N 31, jeweils m. w. Nw.).
Zwar setzt auch diese Haftung eine (vermutete) Sorgfaltspflichtverletzung
voraus, doch greift diese auch dann, wenn dem Haftpflichtigen subjektiv
kein Vorwurf gemacht werden kann (vgl. OFTINGER/STARK II/1, § 21 N 3;
vgl. auch BGE 131 III 115 E. 2.1; 126 III 14 E. 1.b). Daher handelt es sich
nach dieser Lehrmeinung nicht um eine eingeschränkte Verschuldenshaftung mit umgekehrter Beweislast (so aber HONSELL, § 17 N 2; ROBERTO,
N 424; SCHWENZER, N 53.04; vgl. zur Entwicklung OFTINGER/STARK II/1,
§ 21 N 3). Allerdings kommt diesem Meinungsstreit kaum praktische Bedeutung zu (vgl. BGE 131 III 115 E. 2.1; ebenso ROBERTO, N 424).

2   Art. 56 Abs. 1 ist eine **Sonderbestimmung** im Sinne von Art. 3 Abs. 2 VG und
geht daher der **allgemeinen Staatshaftung** grundsätzlich vor. Dies gilt auch
dann, wenn der Tierhalter mit der Wahrung öffentlicher Aufgaben des
Bundes betraut ist. Öffentliches Recht kommt hingegen nur dann zur An-
wendung, wenn der Halter sich des Tieres zwecks Ausübung hoheitlicher
Befugnisse bedient. Erforderlich ist dabei, dass ein funktioneller Zusam-
menhang zwischen der Ausübung dieser hoheitlichen Befugnis und dem
Schaden besteht. Zu denken ist z. B. an die Verwendung von Hunden durch
Polizei- oder Zollbeamte oder an die berittene Polizei (vgl. hierzu BGE 115
II 237 E. 2, insbes. 2c; REY, N 997 f.; BK-BREHM, N 43a).

3   Beim Beizug von **Hilfspersonen** im Rahmen der Tierhaltung gilt das Prinzip
der unbedingten Einstandspflicht des Haftpflichtigen für die von ihm beigezogenen Hilfspersonen. Der Tierhalter kann sich daher nicht durch Erbringung des Sorgfaltsbeweises gemäss Art. 55 Abs. 1 (Auswahl, Instruktion,
Überwachung) von seiner Haftpflicht befreien; insofern geht Art. 56 der Bestimmung von Art. 55 vor (vgl. hierzu BGE 110 II 136 E. 1b; REY, N 1018 ff.;
BK-BREHM, N 40; OFTINGER/STARK II/1, § 21 N 91).

4   Für einen von einem Hund eines Jägers angerichteten **Jagdschaden** sieht
Art. 15 Abs. 1 JSG eine Kausalhaftung zulasten des Jägers vor. Diese geht
als *lex specialis* der Tierhalterhaftung von Art. 56 vor (vgl. OFTINGER/
STARK II/1, § 21 N 16; BK-BREHM, N 4b; HONSELL, § 17 N 9).

II.   Haftungsvoraussetzungen

5   Entsprechend der strukturellen Ähnlichkeit mit Art. 55 Abs. 1 ist auch bei
der Tierhalterhaftung zwischen den positiven und negativen Haftungsvoraussetzungen zu unterscheiden (vgl. Art. 55 N 3). Die positiven Haftungselemente sind in Anwendung von Art. 8 ZGB vom Kläger zu beweisen, wohin-

gegen die Sorgfaltspflichtverletzung vermutet wird und somit bei fehlendem Befreiungsbeweis durch den Tierhalter zu einer Haftung führt (vgl. die Aufteilung bei Oftinger/Stark II/1, § 21 N 66 ff., 80 ff.).

1. Positive Voraussetzungen

Für die Begründung einer Haftung des Tierhalters aus Art. 56 Abs. 1 muss   6
ein *Schaden von einem gehaltenen Tier verursacht* worden sein (vgl. nur
Oftinger/Stark II/1, § 21 N 66).

Entsprechend dem Schutzzweck der Tierhalterhaftung umfasst Art. 56   7
Abs. 1 lediglich **Personen- und Sachschäden**; reine Vermögensschäden sind
im Rahmen dieser Norm nicht ersatzfähig (i. d. S. Schwenzer, N 53.05;
Roberto, N 425; unklar hierzu die h. L.). I. V. m. Art. 47/49 kann auch ein
Genugtuungsanspruch für den Ersatz immaterieller Unbill geltend gemacht
werden (vgl. Werro, N 527).

Der Personen- oder Sachschaden muss von einem **Tier** angerichtet worden   8
sein. Im Zusammenhang mit der Passivlegitimation des Tierhalters ergibt
sich, dass der Tierbegriff auf solche Tiere reduziert werden muss, die *gehalten* werden können. Hierfür ist nicht erforderlich, dass ein Tier seinem
Halter gehorcht. So fallen neben eigentlichen Haustieren wie Hunde, Pferde
und Kühe auch z. B. Vögel unter den Tierbegriff; dasselbe gilt zwar nicht
für einzelne Bienen, wohl aber für ganze Bienenschwärme. Nicht gehalten
werden können hingegen Ungeziefer und Mikroorganismen (Bakterien, Viren). Diesbezügliche Schädigungen sind nach Art. 41 bzw. 55 zu beurteilen
(vgl. Rey, N 1000). Ebenfalls nicht gehalten werden kann Jagdwild (vgl.
Keller I, 185); hierbei greift nicht die Haftungsbestimmung von Art. 56
Abs. 1, sondern allenfalls diejenige von Art. 12 f. JSG (Wildschaden; vgl.
Oftinger/Stark II/1, § 21 N 14) bzw. von Art. 15 Abs. 1 JSG (Jagdschaden;
vgl. Oftinger/Stark II/1, § 21 N 16; Keller I, 185).

Passivlegitimiert ist der **Tierhalter**. Die Parallelität zur Geschäftsherren-   9
haftung legt auch hier nahe, dass weniger die eigentliche Definition des
Tierhalterbegriffs, wohl aber die Beziehung zwischen Tierhalter und gehaltenem Tier entscheidend ist. So müssen die Beziehungen zwischen dem
Halter und dem Tier derart beschaffen sein, dass der präsumptive Haftpflichtige auch wirklich in der Lage ist, die Schädigung durch Aufwenden
dieser Sorgfalt zu vermeiden (ausdr. Oftinger/Stark II/1, § 21 N 24; krit.
BK-Brehm, N 14). Entscheidend für die Tierhaltereigenschaft ist ein tatsächliches Gewaltverhältnis zum Tier (vgl. BGE 115 II 237 E. 2c; 104 II 23 E. 2a;
BK-Brehm, N 14; Oftinger/Stark II/1, § 21 N 24; Schwenzer, N 53.06).
Dieses umfasst insbes. die Verfügungsgewalt über das Tier, die bei demjenigen angenommen wird, der den Nutzen vom Tier hat und für dessen Unterhalt aufzukommen hat (vgl. nur Honsell, § 17 N 4). Eigentum und Besitz
am Tier sind daher nicht entscheidend; sie sind allenfalls Anhaltspunkte für

die Haltereigenschaft. Wohl erforderlich ist eine gewisse Dauer des Gewaltverhältnisses, was in der Rechtsprechung jedoch relativ grosszügig angenommen wird (vgl. insbes. BGer 4C.237/2001, Reitpferd während fünfwöchiger Sommerferien in Obhut). Eine bloss vorübergehende Unterbrechung des Gewaltverhältnisses steht der Annahme der Haltereigenschaft nicht entgegen (vgl. BGE 110 II 136 E. 1). Sowohl natürliche als auch juristische Personen können Tierhalter sein (vgl. BGE 115 II 237 E. 2c).

10   Der Schaden bzw. die immaterielle Unbill muss vom gehaltenen Tier **adäquat kausal verursacht** worden sein. Ein körperlicher Kontakt zwischen dem Tier und dem Geschädigten ist nicht erforderlich (vgl. OFTINGER/ STARK II/1, § 21 N 71; BK-BREHM, N 9; vgl. z. B. BGE 102 II 232). Hingegen muss die Schädigung auf ein selbstständiges Verhalten des gehaltenen Tieres zurückzuführen sein, das heisst es muss eine *typische Tiergefahr* verwirklicht werden (vgl. nur OFTINGER/STARK II/1, § 21 N 72 ff.; ROBERTO, N 431; SCHWENZER, N 53.09). Dies ist dann nicht der Fall, wenn das Tier nicht aus *eigenem Antrieb* gehandelt hat, wie im Falle der Einwirkung fremder Kräfte auf den Körper des Tieres (z. B. Umfallen eines Tieres) bzw. wenn das Tier als willenloses Werkzeug (z. B. als Wurfgeschoss) benutzt wird. Dasselbe gilt auch bei Krankheitsübertragungen oder bei Geruchs- oder Lärmbelästigung durch Tiere (i. d. S. HONSELL, § 17 N 11; ROBERTO, N 431; SCHWENZER, N 53.10; OFTINGER/STARK II/1, § 21 N 73). Das Decken einer Rassehündin durch einen Mischlingsrüden stellt keinen Fall der Tierhalterhaftung dar, da dies nicht eine nach einer Spezialhaftungsnorm rufende Tiergefahr darstellt (ebenso HONSELL, § 17 N 11; **a. A.** SCHWENZER, N 53.09 m. Hw. auf BGHZ 67, 129 ff.).

11   Das Element der **Widerrechtlichkeit** wird in der Lehre entweder gar nicht oder als Selbstverständlichkeit erwähnt (vgl. nur OFTINGER/STARK II/1, § 21 N 79). Entsprechend der Parallelität zur Geschäftsherrenhaftung müsste nicht das Verhalten des Halters, sondern dasjenige des Tieres widerrechtlich sein (vgl. Art. 55 N 9; **a. A.** BK-BREHM, N 4a). Richtigerweise kann nur ein menschliches Verhalten widerrechtlich sein, sodass sich bei genauer Betrachtung die Frage der Widerrechtlichkeit bei der Tierhalterhaftung gar nicht stellen kann (zutreffend CHAPPUIS, ZSR 2003 II, 283). Allenfalls muss man sich in diesem Bereich mit der Theorie des Erfolgsunrechts begnügen, sodass hierbei die dritte Widerrechtlichkeitstheorie nicht greifen könnte (vgl. hierzu Art. 41 N 26 ff.).

2.   Fehlender Befreiungsbeweis

12   Hat ein Geschädigter die positiven Haftungsvoraussetzungen bewiesen, tritt die Haftung des Tierhalters ein, es sei denn, er könne sich auf einen **Befreiungsgrund** berufen. Dieser besteht entweder im Nachweis, dass er alle nach den Umständen gebotene Sorgfalt in der Verwahrung und Beaufsich-

tigung des Tieres angewendet hat, oder dass der Schaden auch bei Anwendung dieser Sorgfalt eingetreten wäre. Des Weiteren kann sich der Tierhalter auch auf allgemeine Entlastungsgründe, wie höhere Gewalt, Selbst- oder Drittverschulden berufen (vgl. OFTINGER/STARK II/1, § 21 N 80; BSK OR I-SCHNYDER, N 2).

An den **Sorgfaltsbeweis** des Tierhalters sind strenge Anforderungen zu stellen. So hat der Tierhalter nachzuweisen, dass er sämtliche objektiv notwendigen und durch die Umstände gebotenen Massnahmen getroffen hat. Bestehen Zweifel, ob die erforderlichen Massnahmen getroffen wurden oder nicht, muss die Haftung des Halters bejaht werden (vgl. BGE 131 III 115 E. 2.1; 126 III 14 E. 1b; 110 II 136 E. 2a). Die konkreten Sorgfaltspflichten sind nach den Umständen des Einzelfalles zu beurteilen, wobei insbes. auf die Wahrscheinlichkeit eines Schadenseintritts (Gefährlichkeit des Tieres) abzustellen ist (vgl. zu den Sorgfaltspflichten mit Kasuistik betr. verschiedener Tierarten BK-BREHM, N 60 ff.; OFTINGER/STARK II/1, § 21 N 96). Die Befreiungsmöglichkeit wird in der Lehre teilweise kritisiert (vgl. nur KELLER I, 189). In einer geplanten Revision soll diese Entlastungsmöglichkeit nun für Halter von gefährlichen Hunden ausgeschlossen werden (vgl. NZZ, 18.1.2007, 14; krit. hierzu SCHÖNENBERGER, NZZ, 29.8.2007, 16). Konsequenter ist diesbezüglich der Vorschlag von Art. 60 VE-HPG, der auf den Entlastungsbeweis (für alle Tiere) vollends verzichten will. Bei Tieren, die eine solche Gefährlichkeit aufweisen, dass sie auch mit gehöriger Sorgfalt nie wirklich sicher verwahrt und beaufsichtigt werden können, muss ein Sorgfaltsbeweis scheitern. Streng betrachtet handelt es sich hierbei jedoch um eine Haftung aus Art. 41 Abs. 1, da schon das Halten solcher Tiere ein Verschulden darstellt.   **13**

Der zweite Befreiungsgrund des Tierhalters betrifft die Berufung auf **recht-** **14** **mässiges Alternativverhalten** (vgl. Art. 41 N 19). Dieser Beweis entspricht dem Kausalitätserfordernis und ist im Grunde genommen überflüssig (vgl. nur ROBERTO, N 434; BK-BREHM, N 85 f.; CR CO I-WERRO, N 16).

III. Regressrecht des Tierhalters (Abs. 2)

Art. 56 Abs. 2 nennt das Rückgriffsrecht des Tierhalters gegenüber einem **15** anderen Verantwortlichen. Gleich wie die Bestimmung von Art. 55 Abs. 2 ist auch dieses Regressrecht an und für sich überflüssig, ergibt sich das Rückgriffsrecht doch bereits aus Art. 51 Abs. 1 (vgl. auch hier mit historischer Begründung BK-BREHM, N 87 ff. m. w. Nw.).

Art. 57

II. Pfändung des Tieres

¹ Der Besitzer eines Grundstückes ist berechtigt, Dritten angehörige Tiere, die auf dem Grundstücke Schaden anrichten, zur Sicherung seiner Ersatzforderung einzufangen und in seinen Gewahrsam zu nehmen und, wo die Umstände es rechtfertigen, sogar zu töten.

² Er ist jedoch verpflichtet, ohne Verzug dem Eigentümer davon Kenntnis zu geben und, sofern ihm dieser nicht bekannt ist, zu dessen Ermittelung das Nötige vorzukehren.

1 Art. 57 betrifft den Fall, dass **Dritten angehörige Tiere auf einem Grundstück einen Schaden anrichten** (vgl. CR CO I-WERRO, N 1). Art. 57 Abs. 1 räumt dem geschädigten Grundbesitzer zweierlei Rechte ein, nämlich ein Retentionsrecht am Tier sowie ein subsidiäres Recht, das Tier zu töten. Während das Retentionsrecht eine Form der **Selbsthilfe** darstellt (vgl. REY, N 791 m.w.Nw.), bildet die Tötungsbefugnis eine spezielle **Notstandsnorm** (vgl. REY, N 785; BK-BREHM, N 12). Diese Berechtigungen stehen lediglich dem Grundstücksbesitzer zu, wobei für die Definitionen des Grundstückes sowie des Begriffs des Besitzers auf die Art. 655 resp. 919 ZGB zu verweisen ist. Entsprechend ist nicht nur der Grundeigentümer zu diesen Handlungen berechtigt, sondern auch Mieter und Pächter (vgl. BK-BREHM, N 3; CR CO I-WERRO, N 1). Art. 57 hat lediglich **repressiven** und nicht präventiven **Charakter**, d.h. das Tier muss bereits einen Schaden angerichtet haben. Für die Schadensabwehr steht hingegen das Institut des Besitzesschutzes (Art. 926 Abs. 1, 928 ZGB) zur Verfügung, welches auch die Vertreibung oder gar Tötung eines auf ein Grundstück eindringenden Tieres umfasst (vgl. OFTINGER/STARK II/1, § 21 N 17).

2 Der geschädigte Grundstücksbesitzer darf zur Sicherung seiner Ersatzforderung ein **Tier einfangen und in seinen Gewahrsam nehmen**. Entgegen dem Wortlaut der Marginalie handelt es sich hierbei nicht um ein privates Pfändungsrecht, sondern um ein **Retentionsrecht** (vgl. m.w.Nw. BSK OR I-SCHNYDER, N 2; BK-BREHM, N 5). Als spezielle Selbsthilfenorm ist in Abweichung von Art. 52 Abs. 3 die nicht rechtzeitige Erlangung amtlicher Hilfe keine Voraussetzung. Das Retentionsrecht besteht nur in dem Umfang, als es zur Sicherung des entstandenen Schadens notwendig ist. Für völlig unbedeutende Schäden steht es nicht zur Verfügung. Das Retentionsrecht fällt dahin, sobald der Geschädigte Ersatz für den erlittenen Schaden hat bzw. anderweitige Sicherheit geleistet worden ist.

Das **Tötungsrecht** hat subsidiären Charakter (vgl. CR CO I-Werro, N 6). 3
Daher kommt dies nur in Frage, wenn ein Einfangen des Tieres entweder unmöglich oder zu gefährlich ist; insofern ist der Verhältnismässig-
keitsgrundsatz zu berücksichtigen (vgl. hierzu BSK OR I-Schnyder, N 3;
BK-Brehm, N 15 f.). Das Tötungsrecht schliesst auch das Verletzungsrecht
ein (vgl. m.Nw. BK-Brehm, N 13). An einem getöteten Tier hat der Geschädigte wiederum ein Retentionsrecht (vgl. BK-Brehm, N 12; BK-Becker,
N 4). In Abweichung von Art. 52 Abs. 2 hat der entsprechend der speziellen
Notstandsbestimmung von Art. 57 handelnde Geschädigte keinen Schadenersatz zu leisten (vgl. BK-Brehm, a.a.O.).

Art. 57 Abs. 2 enthält eine **Anzeigepflicht** des sich auf Abs. 1 berufenden 4
Geschädigten. Es handelt sich nicht um ein Gültigkeitserfordernis für die
Entstehung des Retentionsrechtes. Bei Nichteinhaltung dieser Obliegenheit kommt unter Umständen aber eine Haftung aus Art. 41 in Frage (vgl.
BK-Brehm, N 18), da die Anzeigepflicht dem Eigentümer des Tieres Gelegenheit geben soll, seinerseits Abhilfe zu schaffen (i.d.S. ZK-Oser/Schö-
nenberger, N 7).

Art. 58

E. **Haftung des**
Werkeigentümers
. **Ersatzpflicht**

¹ **Der Eigentümer eines Gebäudes oder eines andern**
Werkes hat den Schaden zu ersetzen, den diese infol-
ge von fehlerhafter Anlage oder Herstellung oder
von mangelhafter Unterhaltung verursachen.

² **Vorbehalten bleibt ihm der Rückgriff auf andere, die**
ihm hierfür verantwortlich sind.

Literatur

Chappuis, L'illicéite, in: Chappuis/Werro, La responsabilité civile: à la croisée des chemins, ZSR 2003 II, 237 ff.; Fleischmann, Die Werkeigentümerhaftung für mangelhafte Strassen und mangelhaften Strassenunterhalt,
Collezione Assista, Genf 1998, 140 ff.; Giger, Skipisten als haftpflichtrecht-
liches Problem, Collezione Assista, Genf 1998, 192 ff.; De Luze, Le proprié-
taire du bâtiment ou de l'ouvrage au sens de l'article 58 CO, Diss. Lausanne
1979; Münch, Grenzen der Haftung des Strasseneigentümers, ZBJV 1996,
406 f.; Nef, Die Werkeigentümerhaftung gemäss Art. 58 OR, FS Kramer,
Basel 2004, 853 ff.; Pfau, Ausgewählte Fragen aus dem Gebiete der Haftung
für Wege und Strassen nach Art. 58 OR, Diss. Zürich 1978; Probst, Die Haftung für Strassen, Strassenverkehrsrechts-Tagung 2006, Bern 2006, 35 ff.;
Widmer, Bodenhaftung, FS Rey, Zürich 2003, 343 ff.

I. Charakter der Norm

1 Art. 58 Abs. 1 statuiert die sog. **Werkeigentümerhaftung**. Demnach haftet der Eigentümer eines Gebäudes oder eines anderen Werkes für den Schaden, der auf fehlerhafte Anlage oder Herstellung oder mangelhaften Unterhalt des Werkes zurückzuführen ist. Im Gegensatz zur Haftung des Geschäftsherrn (Art. 55 Abs. 1) und derjenigen des Tierhalters (Art. 56 Abs. 1) steht dem Werkeigentümer kein Sorgfaltsbeweis für eine Haftungsbefreiung zur Verfügung. Die h. L. qualifiziert die Werkeigentümerhaftung als **einfache Kausalhaftung**, da die Haftung nicht an ein Verschulden des Werkeigentümers, sondern an die Mangelhaftigkeit eines Werkes anknüpft (vgl. nur OFTINGER/STARK II/1, § 19 N 1; BK-BREHM, N 90 f.). So ist insbes. die subjektive Seite des Verschuldens für eine Haftungsbegründung nicht erforderlich (vgl. OFTINGER/STARK II/1, a. a. O.; WERRO, N 563). Nach dieser h. L. hat der Werkeigentümer daher nicht für ein Verschulden, sondern für einen **mangelhaften Zustand** einzustehen (vgl. SCHWENZER, N 53.16; ROBERTO, N 390; OFTINGER/STARK II/1, § 19 N 2). Allerdings beinhaltet das Haftungselement der Mangelhaftigkeit des Werkes implizit einen Vorwurf der Pflichtverletzung und kommt damit einem Verschulden praktisch gleich (vgl. ausdr. OFTINGER/STARK II/1, § 19 N 1; BSK OR I-SCHNYDER, N 1). Die Relevanz von Verschuldenselementen zeigt sich sodann im Bereich der Frage des Werkmangels vor allem im Zusammenhang mit der Verhältnismässigkeit und Zumutbarkeit von Massnahmen zur Gefahrenabwendung (vgl. KELLER I, 191), sodass nun auch von einer Kausalhaftung mit einem kombinierten Verschuldenselement gesprochen wird (ausdr. BGE 130 III 193 E. 2.2). Im Ergebnis handelt es sich wohl um eine **eingeschränkte Verschuldenshaftung** (vgl. krit. insbes. ROBERTO, N 405 ff.; vgl. auch Vor Art. 41–61 N 9). Praktisch kommt dieser Qualifikationsfrage jedoch nur geringe Bedeutung zu (vgl. ROBERTO, N 391).

2 Bei Werken der öffentlichen Hand (insbes. Strassen, aber auch andere Werke; vgl. m. Nw. BK-BREHM, N 165) wendet die Rechtsprechung grundsätzlich Art. 58 Abs. 1 an (vgl. ausf. BK-BREHM, N 164 ff.). In dem Sinn gilt die Werkeigentümerhaftung als eine **Sonderbestimmung** im Sinne von Art. 3 Abs. 2 VG, die der allgemeinen Staatshaftung vorgeht (vgl. BGE 116 II 645 E. 3a; 115 II 237 E. 2c; HONSELL, § 18 N 12).

3 Verursacht eine **Hilfsperson** des Werkeigentümers einen Schaden, so ist Art. 58 Abs. 1 gegenüber der Hilfspersonenhaftung von Art. 55 Abs. 1 exklusiv anwendbar, sofern die Haftungsvoraussetzungen der Werkeigentümerhaftung erfüllt sind (vgl. BGer 4C.119/2000, E. 2a; BGE 129 III 65 E. 7.2; HONSELL, § 18 N 19a; **a. A.** noch BGE 96 II 355 E. II 1./2.; 77 II 308 E. 1). Entsprechend umfasst die Werkeigentümerhaftung eine Einstandspflicht für Hilfspersonen (vgl. BK-BREHM, N 92; OFTINGER/STARK II/1, § 19 N 1).

Gegenüber der **Grundeigentümerhaftung** von Art. 679 ZGB besteht hin- 4
gegen Anspruchskonkurrenz (vgl. BGE 111 II 429 E. 2c; 91 II 474 E. 7; BK-
BREHM, N 148 f.; BK-MEIER-HAYOZ, Art. 679 ZGB N 24). Unterschiede ergeben sich allerdings bei der Aktiv- und Passivlegitimation sowie beim Klagefundament, stützt sich Art. 679 ZGB doch auf eine Überschreitung des Eigentumsrechts, wohingegen Art. 58 Abs. 1 an einen Werkmangel anknüpft
(vgl. zum Ganzen WERRO, N 618 ff.).

II. Haftungsvoraussetzungen

Die positiven Haftungsvoraussetzungen ergeben sich aus dem Gesetzestext. 5
So haftet ein Werkeigentümer für den durch einen Mangel des Werkes verursachten Schaden (vgl. OFTINGER/STARK II/1, § 19 N 34). Keine spezielle Erwähnung findet das Element der Widerrechtlichkeit (vgl. hierzu
nachf. N 14). Da Art. 58 Abs. 1 keinen entlastenden Sorgfaltsbeweis kennt,
trifft den Geschädigten gemäss Art. 8 ZGB die volle Beweislast für alle Haftungselemente (vgl. OFTINGER/STARK II/1, a. a. O.; KELLER I, 191). Gerade in
Bezug auf das Vorliegen des Werkmangels dürfte sich ein Gericht im Rahmen der freien Beweiswürdigung oftmals mit dem *prima-facie*-Beweis
begnügen (i. d. S. m. w. Nw. BK-BREHM, N 81). Vorbehalten bleibt auch im
Rahmen der Werkeigentümerhaftung ein Entlastungsbeweis des Werkeigentümers aufgrund allgemeiner Entlastungsgründe, wie höhere Gewalt,
Selbst- oder Drittverschulden (vgl. OFTINGER/STARK II/1, § 19 N 96 ff., BSK
OR I-SCHNYDER, N 5; BK-BREHM, N 95 ff.).

Der Schutzbereich der Werkeigentümerhaftung von Art. 58 Abs. 1 umfasst 6
lediglich **Personen- und Sachschäden**; reine Vermögensschäden sind im
Rahmen dieser Norm nicht ersatzfähig (i. d. S. SCHWENZER, N 53.17; RO-
BERTO, N 392; CHAPPUIS, ZSR 2003 II, 285; BGer 4C.413/2006 E. 4; **a. A.**
OFTINGER/STARK II/1, § 19 N 35). I. V. m. Art. 47/49 kann auch ein Genugtuungsanspruch für den Ersatz immaterieller Unbill geltend gemacht werden (vgl. WERRO, N 569).

Unter einem **Werk** im Sinne der Werkeigentümerhaftung gemäss Art. 58 7
Abs. 1 sind Gebäude oder andere stabile, künstlich hergestellte, bauliche
oder technische Anlagen zu verstehen, die mit dem Erdboden, sei es direkt
oder indirekt, dauerhaft verbunden sind (vgl. BGE 130 III 736 E. 1.1; 121 III
448 E. 2a). Dieser Werkbegriff unterscheidet sich daher von denjenigen des
Werkvertragsrechts (Art. 363 ff.) sowie des Urheberrechts (Art. 2 URG). Die
in Art. 58 Abs. 1 speziell erwähnten Gebäude stellen lediglich einen Unterfall des Werkes dar (vgl. ausdr. SCHWENZER, N 53.18). Nach der heute h. L.
und Rechtsprechung ist im Rahmen des Werkbegriffes auch eine gewisse
Analogie bzw. Ähnlichkeit zu Gebäuden nicht erforderlich (vgl. BK-BREHM,
N 24 f.; REY, N 1037; krit. OFTINGER/STARK II/1, § 19 N 38; ROBERTO, N 397).

Die bundesgerichtliche Definition lässt sich auf zwei Hauptelemente reduzieren, nämlich auf dasjenige der **Stabilität** sowie auf das Element der
künstlichen Herstellung (i. d. S. auch z. B. Schwenzer, N 53.19 ff.; BK-
Brehm, N 26 ff.).

8 **Stabilität** ist gleichbedeutend mit einer direkten oder indirekten Verbindung mit dem Erdboden; trotz des Erfordernisses der Dauerhaftigkeit ist
eine **relative Stabilität** ausreichend, sodass auch eine nur vorübergehende
Verbindung mit dem Erdboden ausreicht (vgl. BK-Brehm, N 36; Rey,
N 1039; Schwenzer, N 53.20). Demgemäss gilt auch etwa ein Baugerüst
als Werk (vgl. BGE 96 II 355 E. II/1). Das Element der Stabilität beziehungsweise Instabilität ist nicht deckungsgleich mit der Unterscheidung zwischen
beweglichen und unbeweglichen Sachen entsprechend dem Sachenrecht
(vgl. BGE 106 II 201 E. 2a; 98 II 191 E. 2; Oftinger/Stark II/1, § 19 N 42;
BK-Brehm, N 37). Keine Werke sind hingegen Fahrzeuge und fahrbare Maschinen (vgl. BK-Brehm, N 38 ff.; Schwenzer, N 53.20).

9 Das Element der **künstlichen Herstellung** erfordert, dass das Werk **von
Menschenhand erstellt oder abgeändert** worden ist (vgl. nur BK-Brehm,
N 27 ff.). So sind reine Naturerzeugnisse und Tiere grundsätzlich keine
Werke, es sei denn, sie werden durch spezielle Bearbeitung, Herrichtung
oder Anordnung zu Werken umgewandelt (vgl. m. w. Nw. Rey, N 1044). So
stellt ein Baum nur in wirklichen Ausnahmefällen ein Werk dar (vgl. hierzu BK-Brehm, N 30). Skipisten werden immerhin dann als Werke aufgefasst, wenn sie speziell angelegt oder präpariert werden (vgl. Schwenzer,
N 53.21; ausf. BK-Brehm, N 30a ff.; offen gelassen in BGE 130 III 193 E. 2.2).
Die Frage der Werkeigenschaft sollte aber stets auch mit Rücksicht auf die
Passivlegitimation des Werkeigentümers beurteilt werden; so ist bei Skipisten schon wegen der Passivlegitimation des Grundeigentümers Zurückhaltung angebracht (i. d. S. krit. Roberto, N 397). Die menschliche Gestaltung
bedarf einer gewissen Intensität, sodass ein bloss ausgetretener Fusspfad
kein Werk darstellt (BGE 91 II 281 E. 2; die Verneinung der Werkeigenschaft eines Rebbergs ist allerdings falsch, BGE 73 II 151).

10 Die h. L. verlangt im Rahmen des Werkbegriffs zusätzlich das Element der
Vollendung des Werkes, womit sich im Bau oder in Reparatur befindliche
Anlagen nicht als Werke qualifizieren lassen (vgl. hierzu Rey, N 1048 f.;
BK-Brehm, N 48 ff.; Oftinger/Stark II/1, § 19 N 82 f.; BGE 108 II 184 E. 1a).
Diese Einschränkung ist nicht verständlich (ebenso Schwenzer, N 53.22;
a. A. Roberto, N 398).

11 Vergleiche zum Werkbegriff die ausführliche Kasuistik bei BK-Brehm,
N 45 ff. sowie Oftinger/Stark II/1, § 19 N 93.

12 Eine weitere Haftungsvoraussetzung stellt der **Werkmangel** dar, der in einer fehlerhaften Anlage oder Herstellung oder in einer mangelhaften Unter-

haltung des Werks bestehen kann. Die nur im deutschen Gesetzestext vorgenommene Unterscheidung zwischen fehlerhafter Anlage und Herstellung ist irrelevant und entspricht im Ergebnis demjenigen des französischen und italienischen Gesetzestextes, nämlich einem Konstruktionsmangel (vgl. Keller/Gabi, 185; Rey, N 1053; BK-Brehm, N 74; Keller I, 200). Die Frage, ob ein Werkmangel vorliegt, ist jeweils im Einzelfall aufgrund der konkreten Umstände zu beantworten. Ob ein Werk fehlerhaft angelegt oder mangelhaft unterhalten ist, hängt vom jeweiligen **Zweck** ab, den es zu erfüllen hat. Ein Werkmangel liegt somit dann vor, wenn das Werk **bei bestimmungsgemässem Gebrauch keine genügende Sicherheit bietet** (vgl. BGE 130 III 736 E. 1.3 m. w. Nw.). Die Frage der Mangelhaftigkeit bzw. -freiheit beurteilt sich nach einem objektiven Massstab (BGE 122 III 229 E. 5a/bb; BGer 4C.386/2004 E. 2.1; 4C.45/2005 E. 2.2), sodass es grundsätzlich weder eine Rolle spielt, was die Ursache des Mangels ist, noch wer diese gesetzt hat. Aufgrund des fehlenden Entlastungsbeweises ist auch der Nachweis eines Nichtverschuldens unbeachtlich; dasselbe gilt für eine fehlende Sorgfaltspflichtverletzung durch eine Hilfsperson (vgl. m. w. Nw. BK-Brehm, N 55/55a). Die im Rahmen des Mangelbegriffs notwendige Sicherheit beurteilt sich nach dem **bestimmungsgemässen Gebrauch** der Sache, sodass das Werk einem bestimmungswidrigen Gebrauch grundsätzlich nicht gewachsen zu sein braucht (vgl. BGE 130 III 736 E. 1.3). Bei bestimmungswidrigem Gebrauch kann ein Mangel nur in Ausnahmefällen angenommen werden (vgl. BGE 130 III 736 E. 1.5), nämlich bei solchen Werken, die entweder zu einem bestimmungswidrigen Gebrauch verleiten (vgl. BGE 116 II 422 E. 1: «Plauschbad-Fall») oder bei denen offensichtlich ist, dass aufgrund ihrer Beschaffenheit Unvernunft und Unvorsicht zu schweren Schädigungen führen können (vgl. BGE 117 II 50 E. 2b: Gasdurchlauferhitzer). **Schranken der Sicherungspflicht** bilden die **Selbstverantwortung** sowie der Grundsatz der **Zumutbarkeit** (vgl. BGE 130 III 736 E. 1.3 m. w. Nw.). So darf der Werkeigentümer Risiken ausser Acht lassen, welche von den Benützern des Werks oder von Personen, die mit dem Werk in Berührung kommen, mit einem Mindestmass an Vorsicht vermieden werden können. Auch muss ein ausgefallenes, unwahrscheinliches Verhalten nicht einberechnet werden (BGE, a. a. O., m. w. Nw.). Im Rahmen der Zumutbarkeit kann ein Werkmangel nur dann vorliegen, wenn die Beseitigung allfälliger Mängel oder das Anbringen von Sicherheitsvorrichtungen technisch möglich und die entsprechenden Kosten in einem vernünftigen Verhältnis zum Schutzinteresse der Benützer und dem Zweck des Werkes stehen (BGE, a. a. O. m. w. Nw.; Schwenzer, N 53.26). Vergleiche zur Kasuistik zum Werkmangel BK-Brehm, N 75 ff. (bejahte Werkmängel) und N 89 (verneinte Werkmängel).

Der Schaden beziehungsweise die materielle Unbill muss durch den Werk-   13
mangel verursacht worden sein, d. h. es muss **adäquate Kausalität** zwi-

schen dem Werkmangel und der Rechtsgutsverletzung bzw. dem Schaden vorliegen (vgl. hierzu OFTINGER/STARK II/1, § 19 N 94).

14   Wie bei der Tierhalterhaftung wird auch hier das Element der **Widerrecht-lichkeit** in der Lehre entweder gar nicht oder als Selbstverständlichkeit erwähnt (vgl. nur OFTINGER/STARK II/1, § 19 N 95a; abl. hingegen CHAPPUIS, ZSR 2003 II, 283 ff.). Aufgrund des Schutzzwecks der Werkeigentümerhaftung (Beschränkung auf Personen- und Sachschäden, vgl. N 6) stellt sich das Problem der Widerrechtlichkeit im Grunde genommen nicht wirklich (i. d. S. SCHWENZER, N 53.02). Bei Anwendung der dritten Widerrechtlichkeitstheorie kann in diesem Sinne auch festgehalten werden, dass beim Vorliegen von Werkmängeln gleichzeitig auch Schutzpflichten des Werkeigentümers für dadurch hervorgerufene Personen- oder Sachschäden bestehen, womit die Widerrechtlichkeit gegeben ist (vgl. zur dritten Widerrechtlichkeitstheorie Art. 41 N 26). Im Ergebnis wird auch in der neusten Rechtsprechung die Widerrechtlichkeit durch den Werkmangel begründet (vgl. BGer 4C.45/2005 E. 4.2.1).

15   Passivlegitimiert ist der **Eigentümer** des Werkes. Damit beurteilt sich die Person des Haftpflichtigen nach sachenrechtlichen Grundsätzen (vgl. BGE 123 III 306 E. 3a/aa). Zeitlich kommt es in Bezug auf die Passivlegitimation auf das Eigentum im Augenblick der Verursachung des Schadens an. Nicht passivlegitimiert sind zweifelsfrei bloss obligatorisch berechtigte Nutzer, wie Mieter oder Pächter (vgl. zum Ganzen OFTINGER/STARK II/1, § 19 N 25 f.; anders nun Art. 61 VE-HPG, vgl. hierzu CR CO I-WERRO, N 3). Eine Abweichung von dieser formalen Rechtsposition des Eigentums sollte nur mit Zurückhaltung angenommen werden (vgl. BGE 121 III 448 E. 2d; 123 III 306 E. 3a/aa). Eine solche Ausnahme gilt insbes. bei öffentlichen Strassen, die in Privateigentum stehen, aber mit einer öffentlichrechtlichen Dienstbarkeit (Wegrecht) belastet sind und für deren Unterhalt das Gemeinwesen zuständig ist (BGE 91 II 281 E. 7). Bei öffentlich zugänglichen Gebäuden (insbes. Verkaufslokal) können unmittelbar vor der Ausgangstüre lauernde Gefahren, wie Glatteis auf dem Trottoir, aber einen Werkmangel der Ausgangstüre und damit – unabhängig von der Frage des Werkeigentums am Trottoir – die Passivlegitimation des Eigentümers der Türe begründen (BGE 118 II 36 E. 3). Eine Ausnahme gilt auch, wenn eine nicht servitutberechtigte Gemeinde eine dem privaten Eigentum vergleichbare Sachherrschaft über ein privates Werk ausübt (BGE 121 III 448 E. 3c). Bis heute ist die Ausdehnung der Passivlegitimation auf private Dienstbarkeitsberechtigte jedoch offen gelassen worden (vgl. m. Nw. BK-BREHM, N 12). Bei einem privaten Dienstbarkeitsberechtigten bzw. Konzessionär, dem alleine der Nutzen zusteht und die Unterhaltspflicht obliegt, dürfte eine Passivlegitimation jedoch wohl bejaht werden (i. d. S. m. Hw. auf BGE 123 III 306 E. 3a/bb; BK-BREHM, a. a. O.; vgl. auch HONSELL, § 18 N 19). Um-

gekehrt entbindet die Überbindung der Unterhaltspflicht (insbes. Streupflicht im Winter) für im öffentlichen Eigentum befindliche Trottoirs auf Anstösser das Gemeinwesen nicht von seiner Passivlegitimation (vgl. OFTINGER/STARK II/1, § 19 N 143).

Vergleiche zur speziellen Problematik der Haftpflicht des Strasseneigentümers OFTINGER/STARK II/1, § 19 N 104 ff.; BK-BREHM, N 161 ff.; BSK OR I-SCHNYDER, N 21 ff.; WERRO, N 630 ff.; REY, N 1080 ff. **16**

III. Regressrecht des Werkeigentümers (Abs. 2)

Art. 58 Abs. 2 erwähnt das **Rückgriffsrecht** des Werkeigentümers auf diejenigen, die ihm hierfür verantwortlich sind. Wie die entsprechenden Bestimmungen von Art. 55 Abs. 2 bzw. Art. 56 Abs. 2 hat auch dieser Absatz keine eigenständige Bedeutung, beurteilt sich das Regressrecht doch nach Art. 51 Abs. 1 (vgl. nur ROBERTO, N 410). Im Rahmen der Werkeigentümerhaftung ist allerdings auch noch ein Rückgriff auf nicht direkt dem Geschädigten gegenüber Haftende von Bedeutung (vgl. m. Nw. BK-BREHM, N 232); hierbei beurteilt sich die Verantwortlichkeit gegenüber dem Werkeigentümer aufgrund speziellen Vertragsrechts (Werkvertrag, Auftrag, Arbeitsvertrag etc.; vgl. ROBERTO, N 410; SCHWENZER, N 53.28). **17**

Art. 59

I. **Sichernde Massregeln**

[1] **Wer von dem Gebäude oder Werke eines andern mit Schaden bedroht ist, kann von dem Eigentümer verlangen, dass er die erforderlichen Massregeln zur Abwendung der Gefahr treffe.**

[2] **Vorbehalten bleiben die Anordnungen der Polizei zum Schutze von Personen und Eigentum.**

Art. 59 Abs. 1 ergänzt die Werkeigentümerhaftung von Art. 58 mit einem zusätzlichen Anspruch (vgl. BGE 100 II 134 E. 2), nämlich einem solchen auf Ergreifung **sichernder Massnahmen**. Die Bestimmung hat ausschliesslich präventiven Charakter (vgl. WERRO, N 639). Art. 59 Abs. 1 steht daher nur so lange zur Verfügung, als noch keine Rechtsgutverletzung resp. kein Schaden eingetreten ist (vgl. BGE 98 II 319 E. 3). Von der Schadensprävention im Sinne von Art. 59 sind diejenigen Verhütungsmassnahmen zu unterscheiden, die darauf abzielen, nach einem Schadensereignis einen weiteren Schaden zu vermeiden. Dies sind Sicherheitskosten, die als Schadensposten unter die Bestimmung von Art. 58 Abs. 1 fallen (vgl. BK-BREHM, N 5a; **1**

WERRO, N 640 f.). Art. 59 ist lediglich von geringer praktischer Bedeutung (vgl. BK-BREHM, N 5; BSK OR I-SCHNYDER, N 1; WERRO, N 642).

2 Art. 59 Abs. 1 regelt einen ähnlichen Tatbestand wie **Art. 685 ZGB**. Die beiden Bestimmungen sind grundsätzlich **kumulativ** anwendbar (vgl. BK-BREHM, N 10; WERRO, N 647). Unterschiede ergeben sich jedoch im Bereich der Klageberechtigung, dient die Bestimmung von Art. 685 ZGB als Teil des Nachbarrechts doch nur dem Schutz von Nachbarn. Während Art. 685 ZGB als Klagefundament die Überschreitung des Eigentumsrechts durch Grabungen oder Bauten betrifft, ist die Abwehr einer von einem Werk drohenden Gefahr weitergefasst (vgl. hierzu BK-BREHM, N 6 ff.; BSK OR I-SCHNYDER, N 2; WERRO, N 646). Unterschiede ergeben sich auch im Bereich der Passivlegitimation.

3 Nach der Aussage des Bundesgerichts müssen für einen Anspruch aus Art. 59 Abs. 1 die gleichen **Haftungsvoraussetzungen** erfüllt sein wie im Rahmen von Art. 58 (vgl. BGE 100 II 134 E. 2). Diesbezüglich ist zu differenzieren: Bezüglich der Aktiv- und Passivlegitimation ist dies sicherlich korrekt. So ist im Rahmen von Art. 59 Abs. 1 jedermann anspruchsberechtigt, der durch das Werk bedroht ist (vgl. BK-BREHM, N 11). Die Passivlegitimation richtet sich nach dem Eigentumsbegriff gemäss Art. 58 (vgl. Art. 58 N 15; BK-BREHM, N 12). Wie bereits ausgeführt wurde (vgl. oben N 1), ist aber kein Schaden, sondern eine Gefährdung durch ein Werk Anspruchsvoraussetzung. Wiederum analog zu Art. 58 muss diese Gefährdung jedoch durch den Werkeigentümer nicht verschuldet sein (vgl. BGE 98 II 319 E. 3). Als weitere Voraussetzung muss die Gefahr überhaupt abwendbar sein, d. h. die Vermeidung oder Beseitigung nachträglich entstandener Mängel der Anlage muss technisch möglich und dem Eigentümer finanziell zumutbar sein (vgl. BK-BREHM, N 16; HANDKOMM-SCHOOP, N 2; BGE 100 II 134 E. 4). Da das Element der Gefährdung entscheidend ist, muss im Rahmen von Art. 59 kein eigentlicher Werkmangel entsprechend Art. 58 Abs. 1 vorliegen (i. d. S. BK-BREHM, N 17 ff.; ZK-OSER/SCHÖNENBERGER, N 3; a. A. BK-Becker, N 4).

4 Die Bestimmung gibt lediglich Anspruch auf **dringliche Massnahmen**, die notwendig sind, um einen Schaden abzuwehren (vgl. BGE 98 II 319 E. 3; WERRO, N 645; a. A. in Bezug auf die Dringlichkeit HANDKOMM-SCHOOP, N 3).

5 Der Anspruch aus Art. 59 Abs. 1 besteht, solange die Gefahr der Schädigung droht; entsprechend kann der Anspruch (wie derjenige aus Art. 679 ZGB) **nicht verjähren** (vgl. BGE 81 II 439 E. 4).

6 **Art. 59 Abs. 2** enthält einen Vorbehalt polizeilicher Massnahmen. Dieser Vorbehalt ergibt sich schon aus Art. 6 ZGB und ist entsprechend überflüssig (vgl. BK-BREHM, N 20; WERRO, N 648).

Art. 59 *a*

F. **Haftung für Signaturschlüssel**

¹ Der Inhaber eines Signaturschlüssels haftet Drittpersonen für Schäden, die diese erleiden, weil sie sich auf das qualifizierte gültige Zertifikat einer anerkannten Anbieterin von Zertifizierungsdiensten im Sinne des Bundesgesetzes vom 19. Dezember 2003 über die elektronische Signatur verlassen haben.

² Die Haftung entfällt, wenn der Inhaber des Signaturschlüssels glaubhaft darlegen kann, dass er die nach den Umständen notwendigen und zumutbaren Sicherheitsvorkehrungen getroffen hat, um den Missbrauch des Signaturschlüssels zu verhindern.

³ Der Bundesrat umschreibt die Sicherheitsvorkehrungen im Sinne von Absatz 2.

Literatur

Loser, Vertrauenshaftung im schweizerischen Schuldrecht: Grundlagen, Erscheinungsformen und Ausgestaltung im geltenden Recht vor dem Hintergrund europäischer Rechtsentwicklung, Bern 2006; Schlauri, Elektronische Signatur, Diss. Zürich 2002; Schöbi, Das Bundesgesetz vom 19. Dezember 2003 über Zertifizierungsdienste im Bereich der elektronischen Signatur (ZertES), in: S. Schlauri, F. Jörg, O. Arter (Hrsg.), Internet-Recht und digitale Signaturen, 6. Tagungsband, Bern 2005, 17 ff.

Art. 59a OR regelt die **Haftung des Inhabers eines Signaturschlüssels**.   **1** Diese Haftungsbestimmung wurde durch das Bundesgesetz über die elektronische Signatur (ZertES) in das Obligationenrecht eingefügt und ist am 1. Januar 2005 in Kraft getreten. Die Bestimmung betrifft lediglich die Haftung des Inhabers eines Signaturschlüssels; die Haftung des Anbieters von Zertifizierungsdiensten beurteilt sich nach der Bestimmung von Art. 16 ZertES, diejenige der Anerkennungsstelle richtet sich nach Art. 17 ZertES (vgl. Schöbi, 27 f.). Art. 59a OR ist sehr ähnlich strukturiert wie die Bestimmungen von Art. 55 Abs. 1 bzw. Art. 56 Abs. 1 OR. So steht auch dem Inhaber einer elektronischen Signatur ein **Befreiungsbeweis** zur Verfügung, wonach er darzulegen hat, dass er die nach den Umständen notwendigen und zumutbaren Sicherheitsvorkehrungen getroffen hat, um den Missbrauch des Signaturschlüssels zu verhindern (Art. 59a Abs. 2). Die

Bestimmung kann daher als einfache Kausalhaftung (i.d.S. BK-BREHM, N 5) oder aber als Verschuldenshaftung mit umgekehrter Beweislast (i.d.S. SCHÖBI, 29) qualifiziert werden. Im Ergebnis ist wohl von einer eingeschränkten Verschuldenshaftung mit umgekehrter Beweislast auszugehen (vgl. Art. 55 N 2, Art. 56 N 1). Die Qualifikationsfrage ist jedoch auch hier nur von geringer Bedeutung (vgl. BK-BREHM, a.a.O.).

2   Bei einer Weitergabe des Signaturschlüssels hat der Inhaber des Signaturschlüssels grundsätzlich auch für das Verhalten der Personen einzustehen, denen er seinen Signaturschlüssel anvertraut hat (vgl. BK-BREHM, N 14). Somit ist auch bei dieser Bestimmung entsprechend der Tierhalter- bzw. Werkeigentümerhaftung vom Prinzip der unbedingten Einstandspflicht des Haftpflichtigen für **Hilfspersonen** auszugehen (vgl. Art. 56 N 3, Art. 58 N 3; vgl. auch LOSER, N 437).

3   Entsprechend der strukturellen Ähnlichkeit mit den Bestimmungen von Art. 55 Abs. 1 bzw. Art. 56 Abs. 1 ist auch bei der Haftung für Signaturschlüssel zwischen den **positiven und negativen Haftungsvoraussetzungen** zu unterscheiden (vgl. Art. 55 N 3, Art. 56 N 5). Während die positiven Haftungselemente in Anwendung von Art. 8 ZGB vom Kläger zu beweisen sind, verlangt Art. 59a Abs. 2 für eine Haftungsbefreiung lediglich ein **Glaubhaftmachen** der Einhaltung der geforderten Sicherheitsvorkehrungen durch den Inhaber des Signaturschlüssels (vgl. SCHÖBI, 29; LOSER, N 437). Art. 59a Abs. 2 scheint daher für den Befreiungsbeweis ein reduziertes Beweismass und damit im Ergebnis eine im Vergleich zu Art. 55 und 56 OR mildere Haftung zu statuieren. Aufgrund des in der Praxis oftmals genügenden Wahrscheinlichkeitsbeweises (vgl. Art. 41 N 14) ist im Ergebnis jedoch nicht von einer milderen Haftung auszugehen (vgl. krit. insbes. BK-BREHM, N 9).

4   Zur Begründung einer Haftung muss ein Dritter vorerst auf das qualifizierte und gültige Zertifikat (Art. 7 ZertES) eines anerkannten Zertifizierungsdiensteanbieters (Art. 3 ff. ZertES) vertraut haben. Im Ergebnis greift dieser Haftungstatbestand daher praktisch nur bei **Missbrauch des Signaturschlüssels**; denkbar ist allenfalls auch der Einsatz eines unsicheren Gerätes (vgl. m.Nw. BK-BREHM, N 6). Die Haftungsnorm ist nicht anwendbar, wenn ein qualifiziertes Zertifikat von einem nicht anerkannten Zertifizierungsdienst stammt oder wenn es sonstwie mangelhaft ist (vgl. m.Nw. BK-BREHM, Art. 59a N 7). An den Beweis des Verlasses auf das qualifizierte gültige Zertifikat durch den Geschädigten sollten keine zu grossen Anforderungen gestellt werden. Im Übrigen muss der Kläger einen Schaden erlitten haben. Entsprechend dem Schutzzweck dieser Norm sind hierbei **reine Vermögensschäden** vom Haftungsbereich mitumfasst (vgl. SCHWENZER, N 53.29a). Dasselbe gilt für den Genugtuungsanspruch für den Ersatz immaterieller Unbill (so i.E. PORTMANN/REY, N 144), wobei eine solche – wie Personen-

und Sachschäden (vgl. SCHWENZER, a. a. O.) – kaum denkbar ist. Des Weiteren muss **adäquate Kausalität** zwischen dem Vertrauen auf das gültige Zertifikat und dem eingetretenen Schaden bestehen. Das Element der **Widerrechtlichkeit** wird nicht erwähnt und ist auch nicht von wirklicher Bedeutung. Bei Vorliegen der Haftungsvoraussetzungen wird dem Inhaber des Signaturschlüssels eine Schutzpflicht zu Gunsten des Geschädigten auferlegt.

Der Inhaber eines Signaturschlüssels kann sich von seiner **Haftung befreien**, wenn er nachweist, dass er die nach den Umständen notwendigen und zumutbaren Sicherheitsvorkehrungen getroffen hat, um den Missbrauch des Signaturschlüssels zu verhindern (vgl. zum Beweismass oben N 3). Was im konkreten Fall notwendig und zumutbar ist, beurteilt sich nach objektiven Gesichtspunkten. Dabei ist grundsätzlich weder ein Verschulden des Inhabers des Signaturschlüssels oder des Schadenverursachers selbst erforderlich (vgl. BK-BREHM, N 10 ff.).   5

Gemäss **Art. 59a Abs. 3** umschreibt der Bundesrat die Sicherheitsvorkehrungen im Sinne von Abs. 2. Er hat dies mit der **Verordnung** über die Zertifizierungsdienste im Bereich der elektronischen Signatur vom 3. Dezember 2004 (VZertES) getan. Art. 11 VZertES führt einige Sicherheitsvorkehrungen des Inhabers eines Signaturschlüssels auf. Insbes. darf er die Signaturerstellungseinheit keiner anderen Person anvertrauen (vgl. hierzu detailliert BK-BREHM, N 19). Damit spielt die Umschreibung in der Verordnung eine wichtige Rolle bei der Beurteilung der notwendigen Sicherheitsvorkehrungen im Sinne von Abs. 2. Bei Verletzung einer dieser in Art. 11 VZertES aufgeführten Pflichten ist daher eine Haftungsbefreiung ausgeschlossen (i. d. S. BK-BREHM, N 20). Die Aufzählung der im Einzelfall erforderlichen Sicherheitsvorkehrungen ist in der Verordnung jedoch nicht abschliessend, sodass im Einzelfall noch weitere hinzukommen können (vgl. BK-BREHM, a. a. O.).   6

Art. 60

3.   **Verjährung**   [1] **Der Anspruch auf Schadenersatz oder Genugtuung verjährt in einem Jahre von dem Tage hinweg, wo der Geschädigte Kenntnis vom Schaden und von der Person des Ersatzpflichtigen erlangt hat, jedenfalls aber mit dem Ablaufe von zehn Jahren, vom Tage der schädigenden Handlung an gerechnet.**

² Wird jedoch die Klage aus einer strafbaren Handlung hergeleitet, für die das Strafrecht eine längere Verjährung vorschreibt, so gilt diese auch für den Zivilanspruch.

³ Ist durch die unerlaubte Handlung gegen den Verletzten eine Forderung begründet worden, so kann dieser die Erfüllung auch dann verweigern, wenn sein Anspruch aus der unerlaubten Handlung verjährt ist.

Literatur

BRUNNER, Die Anwendung deliktsrechtlicher Regeln auf die Vertragshaftung, Diss. Freiburg 1991; FORSTMOSER/HÉRITIER LACHAT, Die privatrechtliche Verantwortlichkeit im Aktienrecht, SJK Nr. 406; STEINER, Verjährung haftpflichtrechtlicher Ansprüche aus Straftat (Art. 60 Abs. 2 OR), Diss. Fribourg 1986; s. a. die Literatur zu den Vorbem. zu Art. 127–142.

I.   Normzweck und Anwendungsbereich

1   Art. 60 regelt die **Verjährung** der Forderungen auf Schadenersatz und Genugtuung, welche durch eine unerlaubte Handlung i. S. v. Art. 41 ff. entstanden sind. Er sieht eine *relative* (einjährige), eine *absolute* (zehnjährige) und eine *ausserordentliche,* sich nach den strafrechtlichen Bestimmungen richtende Frist vor. Die absolute Frist ist nur von Bedeutung, sofern die relative nicht abgelaufen ist; andererseits läuft die relative Frist nie über die absolute hinaus. Art. 60 weicht zwar insbesondere in Bezug auf Beginn und Dauer der Frist von der Regelung in Art. 127 ff. ab. Für andere Fragen wie etwa die Unterbrechung der Frist kann aber die dortige Regelung beigezogen werden (BGE 123 III 213 E. 6).

2   Art. 60 findet neben Art. 41 ff. kraft Verweisung auf weitere deliktische Haftungstatbestände *innerhalb* von ZGB und OR Anwendung. Darüber hinaus findet die Bestimmung auch *ausserhalb* von ZGB und OR, wie etwa nach Art. 6 SchKG, Art. 14 EHG, Art. 37 EleG, Art. 71 GSchG, Art. 15 Abs. 2 JSG oder Art. 27 Abs. 1 Sprengstoffgesetz, Anwendung (für Anwendungsfälle s. BSK OR I-DÄPPEN, N 2).

3   Art. 60 ist eng auszulegen. Er kann nicht auf öffentlich-rechtliche Schadenersatzansprüche übertragen werden (BGE 126 II 61 E. 7). Ebenso wenig ist er auf vertragliche Schadenersatzforderungen anwendbar (BGE 87 II 159; 124 III 373 E. 3b bb = Pra 1998, 54; ZK-OSER/SCHÖNENBERGER, N 6). Bei ausservertraglichen Haftungsansprüchen ist deshalb stets die betreffende Rechtsgrundlage als lex specialis zu konsultieren. So besteht etwa nach dem PrHG eine ausservertragliche, verschuldensunabhängige Haftung des

Herstellers für Schäden, die durch Fehlerhaftigkeit seines Produktes verursacht worden sind. Gemäss Art. 9 PrHG verjähren Ansprüche nach PrHG *drei Jahre* nach dem Tag, an dem der Geschädigte Kenntnis vom Schaden, der Fehlerhaftigkeit des Produktes und von der Person des Herstellers hat oder hätte erlangen müssen.

Das BGer wendet Art. 60 auf Forderungen aus **culpa in contrahendo** an, ohne diese deshalb als Deliktshaftung zu qualifizieren (BGer vom 9. 11. 2005, 4C.354/2004, E.2, unter Verwerfung der teilw. Kritik in der Lit.). Indessen wäre die Anwendung der zehnjährigen Frist des Art. 127 angesichts der weiten Fassung dieses Auffangtatbestandes naheliegender (BSK OR I-DÄPPEN, N 4 m. w. Hw.).   4

Die **Vertrauenshaftung**, wie z. B. die Haftung aus erwecktem **Konzernvertrauen**, ist ein spezieller Haftungstatbestand der culpa in contrahendo. Sie ist subsidiärer Natur und kommt grundsätzlich nur zum Tragen, sofern es an einer Vertragshaftung fehlt (BGer vom 28. 2. 2005, 4C.256/2004, E. 9.2.1 betr. Werkvertrag, mit Hinw.; BGE 131 III 377 E. 3). Die Vertrauenshaftung stützt sich nach BGer ebenfalls auf das der culpa in contrahendo zugrunde liegende Vertrauensverhältnis zwischen den Parteien und setzt voraus, dass eine Partei berechtigte Erwartungen erweckt und in treuwidriger Weise enttäuscht hat (BGE 130 III 345 E. 2.2). Entsprechend soll nach BGer Art. 60 zur Anwendung gelangen; auch hier wäre der Anwendung von Art. 127 der Vorzug zu geben (BSK OR I-DÄPPEN, N 4a m. w. Hw.).   5

Im Hinblick auf die Verjährung von **Regressforderungen** ist zwischen echter (Art. 50) und unechter Solidarität (Art. 51) zu unterscheiden (s. a. Art. 136 N 2). Bei *echter Solidarität* subrogiert der leistende Solidarschuldner gem. Art. 149 Abs. 1 in die Rechtsstellung des Gläubigers und übernimmt damit auch die vorgefundene Verjährungslage. Bei *unechter Solidarität* entsteht die *Ausgleichsforderung* zwar erst mit der *Leistung des Regressberechtigten*. Sind konkurrierende Forderungen des Geschädigten gegenüber einem anderen Haftpflichtigen oder Mitschuldner bereits verjährt, so kann die Regressforderung grundsätzlich nicht mehr durchgesetzt werden (BGE 115 II 48 E. 2a). In verschiedenen Sonderbestimmungen ist indessen vorgesehen, dass die Verjährung erst mit der Befriedigung des Gläubigers durch den Rückgriffsberechtigten zu laufen beginnt (BGE 115 II 50 E. 2b i.f.). Dies ist z. B. für den Regress des *Bürgen* (Art. 507 Abs. 5), des *Genossenschafters* (Art. 878 Abs. 2), eines *Haftpflichtigen im Strassenverkehrsrecht* (Art. 83 Abs. 3 SVG; dazu BGE 116 II 651 f. E. 7b bb = Pra 1991, 222 f.) und unter mehreren Haftpflichtigen für Schäden aus *Rohrleitungsanlagen* (Art. 39 Abs. 3 RLG) der Fall.   6

Art. 60 beschränkt sich darauf, Dauer und Beginn der Fristen zu regeln. Bezüglich der weiteren Modalitäten der Verjährung sind die jeweiligen   7

Bestimmungen anwendbar, nämlich für die Berechnung der Fristen, Hinderung und Stillstand, Unterbrechung, Nachfrist, Verzicht oder Geltendmachung der Verjährung.

II. Die relative, einjährige Frist (Abs. 1)

8   Die **tatsächliche Kenntnis** des Verletzten (oder seines Vertreters: BGE 45 II 330 f.) vom *Schaden* und von der *Person des Haftpflichtigen* löst den Beginn der relativen Frist aus. Vorausgesetzt ist, «dass der Gläubiger seinen Anspruch dem Grundsatz und Umfang nach sicher kennt, so dass er ihn mit Erfolg geltend machen kann»; Kennenmüssen reicht dabei nicht (BGer vom 22. 8. 2003, 2A.553/2002, E. 4.3). Demgegenüber ist die Kenntnis des *Rechtsgrundes* der Haftpflicht – und damit auch der Rechtsirrtum, sei er entschuldbar oder nicht – *ohne Bedeutung* für den Beginn des Fristenlaufs (BGE 82 II 45 E. 1a i. f.).

9   «Kenntnis vom **Schaden**» liegt vor, wenn der Geschädigte die Existenz, Beschaffenheit und wesentlichen Merkmale des Schadens kennt (BGE 126 III 163 f. E. 3 = Pra 2001, 470 f.). Angesichts der bundesrechtlich vorgesehenen Möglichkeit der unbezifferten Forderungsklage gemäss Art. 42 Abs. 2 darf der Geschädigte ein Tätigwerden indes nicht solange aufschieben, bis er den Schaden genauestens zu beziffern imstande ist (BGer, SemJud 1995, 167). In Anbetracht der Kürze der Frist darf aber nicht ein allzu strenger Massstab angesetzt werden, und der Gläubiger soll je nach den Umständen des Einzelfalles eine gewisse Zeit verstreichen lassen dürfen, um das endgültige Ausmass des Schadens abschätzen zu können (BGer vom 1. 10. 2003, 4C.150/2003, E. 2.1 [frz.], mit Verw. auf BGE 111 II 57 f. E. 3a = Pra 1985, 375). Dauert das schädigende Ereignis an, läuft grundsätzlich keine Verjährungsfrist (BGE 109 II 420 ff. E. 3 f.). Entsteht ein Schaden aus einem Sachverhalt, der sich *ununterbrochen* weiterentwickelt, so beginnt die Verjährung frühestens mit dem *Abschluss* der Entwicklung (BGE 96 II 41 E. 2a). In diesem Fall sind die einzelnen Schadensposten Bestandteile eines **Gesamtschadens**, der erst feststeht, wenn – chronologisch gesehen – ihr letztes Element eingetreten ist. Wird die Entwicklung jedoch *unterbrochen*, steht der Schaden für die abgeschlossene Periode fest (BGE 92 II 7 f. E. 6 = Pra 1966, 468).

10   «Kenntnis von der **Person des Haftpflichtigen**» wird *nicht* schon bejaht, wenn der Geschädigte *vermutet*, die betreffende Person könnte ersatzpflichtig sein, und ebenso wenig, wenn die *Möglichkeit der Kenntnisnahme* bestanden hätte. Vielmehr wird *konkrete Kenntnis* vorausgesetzt, und ausserdem muss der Geschädigte die *Tatsachen kennen*, welche die Haftpflicht dieser bestimmten Person begründen, wobei wiederum Kenntnis der Rechtssätze, aus denen sich die Haftpflicht ergibt, nicht erforderlich ist (BGE 82 II

44 f. E. 1a; BK-Brehm, N 61; Forstmoser/Héritier Lachat, SJK Nr. 406, 7). Das Vorliegen der «Kenntnis» hängt dabei grundsätzlich nicht vom Vorhandensein eines Beweismittels ab. Ist aber unter aussergewöhnlichen Umständen der natürliche Kausalzusammenhang zwischen dem schädigenden Ereignis und dem Schaden nur durch ein wissenschaftliches Gutachten feststellbar, hat der Geschädigte erst mit Empfang dieses Gutachtens sichere Kenntnis von der verantwortlichen Person (BGE 131 III 61 E. 3.1.2 = Pra 2005, 842 f.).

III. Die absolute, zehnjährige Frist (Abs. 1)

Die absolute Frist wird im Zeitpunkt der schädigenden Handlung ausgelöst und läuft im Gegensatz zur relativen Frist unabhängig vom Kenntnisstand des Geschädigten bezüglich Schaden und Person des Haftpflichtigen (BGE 127 III 259 ff. E. 2b betr. Fristbeginn für Ansprüche gem. Art. 679/685 ZGB). Deshalb kann eine Ersatzforderung verjähren, bevor der Geschädigte seinen Schaden wahrgenommen hat (so ausdrücklich BGE 106 II 138 E. c = Pra 1980, 743; BGE 87 II 160; krit. Brunner, 158 in Anm. 711). Diese vom Gesetzgeber offenbar gewollte Folge dient zwar der Rechtssicherheit (Oftinger/Stark, II/1, 111 N 366), kann aber in Einzelfällen, zumal bei Langzeitschäden, zu unbilligen Härten führen.   **11**

Auch die absolute Verjährungsfrist kann nach Massgabe der Art. 135 ff. unterbrochen werden (BGE 123 III 219 E. 6a). Dies ist dann von Bedeutung, wenn sie vor der relativen Frist abzulaufen droht, so etwa, wenn der Lauf der relativen Frist erst im zehnten Jahr nach der schädigenden Handlung ausgelöst wird.   **12**

IV. Die Verjährung einer Forderung aus strafbarer Handlung (Abs. 2)

Die Anwendbarkeit der ausserordentlichen Verjährungsfrist gemäss Abs. 2 setzt voraus, «dass der jeweilige Straftatbestand durch das die zivilrechtliche Haftung begründende Verhalten in objektiver und subjektiver Hinsicht erfüllt ist» (BGer vom 31. 8. 2005, 4P.105/2005, E. 4; BGE 118 V 198 E. 4a). Damit müssen sich der zivil- und der strafrechtliche Tatbestand auf *dieselben Handlungen* beziehen (BGE 132 III 661 E. 4.1; 127 III 538 E. 2b). Zudem muss die anwendbare strafrechtliche Verjährungsfrist länger als die zivilrechtliche sein. Die längere strafrechtliche Verjährungsfrist gelangt dabei auch bei selbstständigen Genugtuungsansprüchen von Angehörigen zur Anwendung (BGE 124 IV 51 E. 4c). Sowohl relative als auch absolute Fristen können auf diese Weise verlängert werden (BK-Brehm, N 68 m. w. Nw.). Massgeblich ist die Überlegung, dass es nicht gerechtfertigt wäre, eine zivilrechtliche Forderung untergehen zu lassen, solange der Haftpflichtige der   **13** ihn meist schwerer treffenden strafrechtlichen Verfolgung ausgesetzt bleibt (BGE 126 III 383 f. E. 4a). Entsprechend unterliegt grundsätzlich nur der Anspruch, der *gegenüber dem Täter* besteht, der längeren strafrechtlichen Verjährungsfrist. Als Ausnahme davon findet die längere strafrechtliche Frist auch Anwendung auf **Erben des Straftäters** (FORSTMOSER/HÉRITIER LACHAT, SJK Nr. 406, 8; SJZ 1993, 31).

14 Die längere strafrechtliche Verjährungsfrist trifft auch *juristische Personen* bez. der **Haftung für ihre Organe** (BGE 112 II 189 f. E. II. 2c). Bei der Haftung eines Dritten, der zivilrechtlich für den Schaden einzustehen hat, ist hingegen wie folgt zu unterscheiden: Art. 60 Abs. 2 gilt auch gegenüber jenen Personen, die für das Verhalten des Täters als deren **Hilfsperson** nach Art. 55 *wie für eigenes* einzustehen haben (BGE 122 III 228 E. 5, noch offen gelassen in BGE 112 II 190 E. II. 2d). Ist hingegen die Haftung des Dritten für das Verhalten des Täters darin begründet, dass der Dritte eine *eigene Sorgfaltspflicht* verletzt, wie dies z. B. für das Familienoberhaupt nach Art. 333 ZGB oder für den Geschäftsherrn nach Art. 55 zutreffen kann, liegt eine Haftung aus eigenem Verhalten, eigener Beziehung zum Schaden oder eigener Beziehung zum Geschädigten vor. Die Anwendung der längeren strafrechtlichen Verjährungsfrist nach Art. 60 Abs. 2 rechtfertigt sich bei solchem *eigenen* Fehlverhalten des Dritten *nicht*, sondern nur dort, wo der Dritte zivilrechtlich in gleicher Weise haftet wie der Täter (BGE 122 III 228 f. E. 5 i. f.; demgegenüber BGE 125 III 341 E. 3b betr. Anwendbarkeit von Art. 60 Abs. 2 auf Hilfspersonen, ohne zu differenzieren).

15 Die Anwendbarkeit von Art. 60 Abs. 2 setzt weder eine vorgängige Strafverfolgung des Täters noch ein Strafurteil voraus. Erforderlich ist lediglich, dass eine strafbare Handlung begangen wurde. Liegt bei Einleitung des Zivilverfahrens kein Entscheid des Strafrichters vor, hat der Zivilrichter darüber zu befinden, ob ein Straftatbestand erfüllt ist. Der Umstand, dass das Strafverfahren zufolge Todes des Täters eingestellt wurde, steht dabei der Anwendung von Art. 60 Abs. 2 nicht entgegen (BGE 122 III 226 E. 4), ebenso wenig, wenn bei Antragsdelikten kein Strafantrag gestellt wurde, da dieser lediglich Prozessvoraussetzung ist (BGE 112 II 86, 96 II 43 E. 3a). Die Bestimmung ist anwendbar, wenn der Täter nur infolge Unzurechnungsfähigkeit straflos bleibt (BGE 100 II 336 E. c). Ist hingegen eine rechtskräftige Einstellungsverfügung oder ein Freispruch zufolge Verneinung einer strafbaren Handlung ergangen, ist der Zivilrichter daran gebunden und Art. 60 Abs. 2 findet keine Anwendung (BGE 106 II 216; BK-BREHM, N 73 ff.).

16 Massgebend ist die ordentliche **strafrechtliche Verjährungsfrist** gemäss Art. 97 und 101 StGB bzw. Art. 109 StGB (BGE 100 II 342 E. 1b = Pra 1975, 260 betr. Art. 70 aStGB; BGE 132 III 665 ff. betr. Art. 75bis aStGB). Sie beginnt gemäss Art. 98 StGB mit der *Tatbegehung*, nicht erst mit der Kenntnis des Schadens zu laufen (BGE 111 II 441; 96 II 43 ff.). Bei wiederholten

Delikten und strafbaren Unterlassungen beginnt die Frist im Zeitpunkt der *Beendigung* des strafbaren Verhaltens (BGE 120 IV 8).

Die strafrechtliche Verjährungsfrist kann nach Massgabe des Zivilrechts **17** **unterbrochen** werden (BGE 124 IV 52 E. 4c). Handlungen der Straforgane oder Verfügungen von Gerichten, welche zur Unterbrechung der Strafverfolgungsverjährung führen, haben die Unterbrechung der Verjährung für die Zivilforderung nur dann zur Folge, wenn der Anspruchsberechtigte als Zivilkläger bereits in Erscheinung getreten ist. Andernfalls ist die Verjährung des Zivilanspruches vor dem Strafanspruch denkbar (BGE 124 IV 51 f. E. 4c). Gemäss Art. 97 Abs. 3 StGB (bzw. Art. 70 Abs. 3 aStGB, der vom 1. 10. 2002 bis 31. 12. 2006 in Kraft war) tritt die Verfolgungsverjährung nicht mehr ein, sofern vor Ablauf der Verjährungsfrist ein erstinstanzliches Urteil ergangen ist. Die bisherige Rechtsprechung zu Art. 70 und 72 aStGB erklärte den *Zeitpunkt der Fällung* und *nicht* denjenigen der *Zustellung* des Urteils für massgebend (BGE 121 IV 65 f.). An dieser bisherigen Praxis knüpft das Bundesgericht auch unter Art. 70 Abs. 3 aStGB und damit auch unter Art. 97 Abs. 3 StGB an. Dementsprechend endet der Lauf der Verjährung bereits mit der *Fällung* und nicht erst mit der Eröffnung bzw. Zustellung des *erstinstanzlichen Urteils* (BGE 129 IV 113 E. 1.2). Dies gilt allerdings nur unter der Voraussetzung, dass das Urteil *überhaupt je eröffnet* wird. Ausserdem wäre von der genannten Regel abzuweichen, wenn zwischen der Fällung und Eröffnung ein so grosser Zeitraum läge, dass er mit Blick auf die Dauer der massgeblichen Verjährungsfrist nicht ausser Acht gelassen werden kann (vgl. zum Ganzen BGer vom 20. 9. 2004, 6S.376/ 2003, E. 2, mit Anm. FELBER, SJZ 2005, 21 f.).

Mit der verjährungsunterbrechenden Handlung gem. Art. 135 – wozu auch **18** entsprechende Handlungen der Straforgane oder Verfügungen von Gerichten gehören, sofern der Geschädigte innerhalb der strafrechtlichen Verjährungsfrist im Strafverfahren als Prozesspartei in Erscheinung getreten ist (BGE 124 IV 52 E. 4c) – *vor* Eintritt der Verfolgungsverjährung beginnt i. S. v. Art. 137 eine neue Verjährungsfrist mit der ursprünglichen, strafrechtlichen Dauer an zu laufen. Dies unabhängig davon, ob die strafrechtliche Verfolgungsverjährung während des Laufes der neuen Frist eintritt (BGE 131 III 430 E. 1.2, unter Hinw. auf die Kritik in der Lehre und mit Bestätigung der Rsp. in BGE 127 III 538 E. 4c und 4d). Demgegenüber löst die verjährungsunterbrechende Handlung *nach* Eintritt der strafrechtlichen Verfolgungsverjährung (betr. den massgebenden Zeitpunkt s. o. N 17) lediglich wieder die zivilrechtliche Verjährungsfrist nach Art. 60 Abs. 1 aus (BGE 131 III 430 E. 1.3 und 1.4).

V. Die unverjährbare Einrede (Abs. 3)

19   Die in Art. 60 Abs. 3 vorgesehene unverjährbare Einrede zielt auf durch **Irrtum**, **Täuschung** oder **Furchterregung** begründete Forderungen ab. Liegt ein solcher Mangel vor, entsteht nach der vom BGer angewandten **Ungültigkeitstheorie** gar kein Vertrag (BGE 114 II 143). Art. 60 Abs. 3 sichert dem Verletzten aber auch nach Eintritt der fiktiven Genehmigung eine unverjährbare Einrede zu, sofern er seine Leistung noch nicht erbracht hat (BGE 127 III 85 E. 1a betr. Täuschung).

VI. Rechtsfolgen der Verjährung

20   Siehe Art. 127 N 10.

VII. Abweichende Vereinbarungen

21   Siehe Art. 129 und 141.

VIII. Zivilprozessuales

22   Siehe Art. 127 N 12.

IX. IPR/Internationales

23   Bei internationalen zivilrechtlichen Sachverhalten ist das IPRG einschlägig. Verweist schweizerisches Kollisionsrecht auf ein **ausländisches Sachrecht**, so regelt dieses auch die Verjährungsfrage (Art. 148 Abs. 1 IPRG). Die Anwendbarkeit schweizerischen Rechts scheidet – vorbehaltlich Art. 16 Abs. 2 bzw. Art. 18 IPRG – aus (s. BSK IPRG-Dasser, Art. 148 N 1 ff.). Das BGer qualifiziert die Verjährung internationalprivatrechtlich *autonom* (BGE 75 II 66 E. 3a).

24   Liegt im Zusammenhang mit Art. 60 Abs. 2 bezüglich des **Strafrechts** ein internationaler Sachverhalt vor, sind die betreffenden internationalen Übereinkommen zu konsultieren (BGE 132 III 661 E. 4.4). Fehlen solche, sind die Lehrmeinungen geteilt, ob die Verjährungsfrist des ausländischen Strafrechts zu berücksichtigen ist, oder ob allein das schweizerische Strafrecht massgebend sein soll. Das Bundesgericht lehnt die Berücksichtigung einer *längeren* Verjährungsfrist des **ausländischen Strafrechts** generell ab (BGE 132 III 661 E. 4.2). Es begründet dies damit, dass es sich bei Art. 60 Abs. 2 *nicht* um eine Bestimmung des internationalen Privatrechts, sondern des *schweizerischen materiellen Rechts* handle (s. a. Steiner, 29). Dieser Entscheid des Bundesgerichts unter der angeführten Begründung verdient Zustimmung, mit der Folge, dass wegen Nichtberücksichtigung des ausländischen Rechts auch dessen allfällige *kürzere* Verjährungsfrist unbeachtlich bleibt.

Bei der internationalen Rechtshilfe in Strafsachen ist das Bundesgesetz vom 25
20. März 1981 über internationale Rechtshilfe in Strafsachen (IRSG; SR
351.1) einschlägig. Ist für eine Straftat nach Schweizer Recht die absolute
Verfolgungsverjährung eingetreten, schliesst dies die Rechtshilfe an den
ausländischen Staat insoweit aus, als sie mit *Zwangsmassnahmen* verbunden ist (vgl. Art. 5 lit. c IRSG). Die Herausgabe etwa von in der Schweiz liegenden Bankunterlagen für sich allein gilt aber nicht als Zwangsmass-
nahme. Eine solche liegt hingegen vor, wenn die Unterlagen *zwangsweise*
beim Betroffenen selbst beschlagnahmt oder unter Aufhebung des Bank-
geheimnisses bei der Bank beschafft werden müssen. Massgeblicher Zeitpunkt für die Frage der Verjährung ist nach Auffassung des Bundesgerichts
der Zeitpunkt, in dem die Zwangsmassnahmen angeordnet werden, und
nicht etwa der Abschluss des Rechtshilfeverfahrens (BGE 126 II 462 E. 4).
Die Beschlagnahme von Vermögenswerten kann auch nach dem Eintritt
der – im schweizerischen Recht vorgesehenen – absoluten Verfolgungsverjährung aufrecht erhalten werden (BGE 126 II 462 E. 5).

Art. 61

H. **Verantwort-**
lichkeit öffent-
licher Beamter
und Angestellter

[1] **Über die Pflicht von öffentlichen Beamten oder**
Angestellten, den Schaden, den sie in Ausübung ih-
rer amtlichen Verrichtungen verursachen, zu
ersetzen oder Genugtuung zu leisten, können der
Bund und die Kantone auf dem Wege der Gesetz-
gebung abweichende Bestimmungen aufstellen.

[2] **Für gewerbliche Verrichtungen von öffentlichen**
Beamten oder Angestellten können jedoch die
Bestimmungen dieses Abschnittes durch kantonale
Gesetze nicht geändert werden.

Literatur

BISCHOF, Amtshaftung an der Grenze zwischen öffentlichem Recht und Obligationenrecht, ZSR 1985 I, 67 ff.; EICHENBERGER, Die Rechtsstellung des
Arztes im öffentlichen Spital, Diss. Bern 1995; VAN GESSEL/GUILLOD, Division commune d'un hôpital privé: quel régime de responsabilité?, AJP 2001,
420 ff.; GROSS, Haftung für medizinische Behandlung im Privatrecht und im
öffentlichen Recht der Schweiz, Bern 1987; DERS., Die Kausalhaftung des
Staates, in: Guillod (Hrsg.), Neuere Entwicklungen im Haftpflichtrecht, Zürich 1991, 215 ff.; DERS., Haftung des Spitalarztes und des Spitals nach öffentlichem Recht, in: Fellmann/Poledna (Hrsg.), Die Haftung des Arztes und
des Spitals, Zürich 2003, 35 ff.; DERS., Die Haftpflicht des Staates, Vergleich

und Abgrenzung der zivil- und öffentlich rechtlichen Haftpflicht des Staates, dargestellt am Beispiel der einfachen Kausalhaftungen des Zivilrechts und der Staatshaftungsgesetze des Bundes und des Kantons Zürich, Diss. Zürich 1996; JAAG, Staatshaftung nach dem Entwurf für die Revision und Vereinheitlichung des Haftpflichtrechts, ZSR 2003 II, 3 ff.; MARTIN-ACHARD/ THÉVENOZ, La responsabilité civile des médecins des hôpitaux publics, in Aspects du droit médical, Freiburg 1987, 227 ff.; POLEDNA, Haftpflicht von Staat und Beamten, SVZ 1996, 53 ff., 143 ff.; RUMPF, Médecins et patients dans les hôpitaux publics, Diss. Lausanne 1991; STARK, Die Haftungsvoraussetzung der Rechtswidrigkeit in der Kausalhaftung des Staates für seine Beamten, in FS Häfelin, Zürich 1989, 569 ff.; DERS., Einige Gedanken zur Haftpflicht für staatliche Verrichtungen, SJZ 1990, 1 ff.; STEINER, Der Dualismus von öffentlichem und privatem Recht in der Arzthaftung und seine Auswirkungen auf die Prozessführung, ZBJV 2006, 101 ff.; ZIMMERLI, Der Chefarztvertrag, Arzt und Recht 1985, 167 ff.

I. Allgemeines – Regelungsumfang

1   Art. 61 betrifft nur die **Haftung des öffentlichen Personals gegenüber Dritten** (sog. externe Beamtenhaftung). Diese Bestimmung regelt weder die Haftung des öffentlichen Personals gegenüber dem Staat (sog. interne Beamtenhaftung: vgl. REY, N 116a; ZK-OSER/SCHÖNENBERGER, N 2), noch die Verantwortlichkeit öffentlichrechtlicher Körperschaften und Anstalten (Staatshaftung; vgl. CR CO I-WERRO, N 1, 22; WERRO, N 30). Die Staatshaftung beurteilt sich ausschliesslich nach der Bestimmung von Art. 59 Abs. 1 ZGB, welche einen Vorbehalt zugunsten des öffentlichen Rechts enthält. Bundeszivilrecht kommt für die Haftung des Gemeinwesens hingegen wieder dann zur Anwendung, wenn es sich um eine gewerbliche Verrichtung handelt, die eine Organ- oder Geschäftsherrenhaftung auszulösen vermag (vgl. BGE 111 II 149 E. 3a).

2   Art. 61 **bezweckt**, dem Bund und den Kantonen die Möglichkeit einzuräumen, ihr **Personal vor der Inanspruchnahme durch Drittpersonen zu schützen** (vgl. BSK OR I-SCHNYDER, N 1; BK-BREHM, N 5b). Die Norm enthält hierfür einen fakultativen Vorbehalt zugunsten des öffentlichen Rechts der Kantone und des Bundes (vgl. BK-BREHM, N 4 m.V. auf BGer 4C.97/2002, E. 2.1). Dieser Vorbehalt erlaubt es den Kantonen, die Haftung des öffentlichen Personals dem Bundesprivatrecht (Art. 41 ff.) zu entziehen und dem kantonalen öffentlichen Recht zu unterstellen (vgl. BGE 128 III 76 E. 1a). Sofern abweichende Bestimmungen des öffentlichen Rechts fehlen, haftet ein öffentlicher Beamter oder Angestellter damit nach den Regeln des Zivilrechts (vgl. BGE 130 IV 27 E. 2.3.2). Inzwischen haben aber sowohl der Bund als auch alle Kantone vom Vorbehalt gemäss Art. 61 Abs. 1 Gebrauch gemacht (vgl. BK-BREHM, N 4; BSK OR I-SCHNYDER, N 2,

m. w. Nw.; nicht zutreffend in Bezug auf den Kanton AI, Honsell, § 14 N 7).
Auf Bundesebene ist dies im Rahmen des Verantwortlichkeitsgesetzes (VG)
sowie einiger spezialgesetzlicher Haftungsregelungen geschehen (vgl. Rey,
N 106; CR CO I-Werro, N 7).

Der Vorbehalt zugunsten öffentlichen Rechts betrifft nur die **amtlichen Ver-** 3
richtungen des öffentlichen Personals (Art. 61 Abs. 1), nicht aber die **ge-**
werblichen Verrichtungen dieser Personen (Art. 61 Abs. 2). Im Rahmen
von gewerblichen Verrichtungen beurteilt sich die Haftung der Angehörigen des öffentlichen Personals daher stets nach Bundeszivilrecht (vgl. nur
Werro, N 32). Damit ist die Abgrenzung zwischen der amtlichen und der
gewerblichen Verrichtung entscheidend; einer von beiden muss eine Tätigkeit nämlich zugeordnet werden (vgl. HANDKOMM-Schoop, N 4).

Art. 61 Abs. 1 spricht von **amtlichen Verrichtungen** und stellt diese den ge- 4
werblichen Verrichtungen gemäss Abs. 2 gegenüber. In Literatur und Rechtsprechung hat sich der Begriff der **hoheitlichen Befugnisse** als Synonym
für die amtlichen Verrichtungen durchgesetzt, obwohl die amtlichen Verrichtungen mehr umfassen als nur die Ausübung hoheitlicher Befugnisse
(vgl. Oftinger/Stark II/1, § 20 N 35 m. Nw.; krit. BSK OR I-Schnyder, N 6;
diff. auch BK-Brehm, N 16). Die bundesgerichtliche Rechtsprechung hat
den Begriff «hoheitlich» jedoch sehr extensiv ausgelegt (vgl. die Kasuistik
bei BK-Brehm, N 19, 21 sowie bei Oftinger/Stark II/1, § 20 N 58). Als **amt-**
liche (bzw. hoheitliche) Verrichtung ist daher **jede nichtgewerbliche Tä-**
tigkeit zu verstehen (vgl. m. Nw. BSK OR I-Schnyder, N 6; CR CO I-Werro,
N 11) bzw. liegt eine gewerbliche Verrichtung dann vor, wenn die Staats-
tätigkeit keinen hoheitlichen Charakter trägt (i. d. S. Oftinger/Stark II/1,
a. a. O.; BGE 113 II 424 E. 1a; 102 II 45 E. 2a). Eine **gewerbliche Verrich-**
tung liegt jedenfalls dann vor, wenn die Tätigkeit gewinnstrebig ist (vgl.
BGE 128 III 76 E. 1a), doch muss es sich nicht um ein kaufmännisches
Gewerbe handeln. Vielmehr ist von gewerblicher Tätigkeit dann auszugehen, wenn das Gemeinwesen privatrechtlich auftritt, d. h. als gleichgeord-
netes Subjekt in Konkurrenz zu privaten Unternehmungen tritt (vgl. m. Nw.
BK-Brehm, N 28/28a; vgl. zur Kasuistik betr. gewerblicher Verrichtungen
BK-Brehm, N 30; Oftinger/Stark II/1, § 20 N 58).

Die Behandlung von Kranken in einem **öffentlichen Spital** gilt allgemein als 5
amtliche Verrichtung; dies gilt insbes. für Patienten der allgemeinen und
halbprivaten Abteilung (vgl. BK-Brehm, N 20–22b; CR CO I-Werro, N 13;
BGE 122 III 101 E. 2a/aa; 115 I b 175 E. 2). Bezüglich der Betreuung von Patienten in der **Privatabteilung** öffentlicher Spitäler ist die Qualifikation der
ärztlichen Tätigkeit umstritten (vgl. nur BSK OR I-Schnyder, N 8). Nach
der bundesgerichtlichen Rechtsprechung kann der Kanton diese Tätigkeiten als hoheitliche Tätigkeit qualifizieren (vgl. BGE 122 III 101 E. 2a/bb;

102 II 45 E. 2d). Damit ist heute im Zweifelsfall wohl auch bezüglich der Behandlung von Privatpatienten von einer nicht-gewerblichen Tätigkeit auszugehen (vgl. m. Nw. BK-BREHM, N 23; HONSELL, § 14 N 14; so auch BGE 122 I 153 E. 2e; vgl. die Nw. zur lange Zeit schwankenden Praxis des Bundesgerichts bei BSK OR I-SCHNYDER, N 8; krit. zur Unterscheidung zwischen öffentlichem und privatem Spital HONSELL, § 14 N 13).

II. Voraussetzungen für den Vorbehalt (Abs. 1)

6   Sofern es sich um eine amtliche Verrichtung handelt (vgl. o. N 4), können abweichende öffentlichrechtliche Bestimmungen des Bundes und der Kantone dann greifen, wenn öffentliche Beamte oder Angestellte in Ausübung ihrer amtlichen Verrichtungen einen Schaden oder immaterielle Unbill bewirkt haben.

7   Der Begriff **Beamter** oder **Angestellter** ist weit auszulegen (vgl. BK-BREHM, N 14; BSK OR I-SCHNYDER, N 5). Nach aktueller Sprachregelung sollte heute der Begriff des **öffentlichen Personals** verwendet werden (i. d. S. BK-BREHM, N 15). Der Begriff erfasst jede Person, die öffentlichrechtliche Befugnisse ausübt; auf ein Arbeits- oder Beamtenverhältnis zum Staat kommt es dabei nicht an (vgl. BGE 96 II 45). Auch privatrechtliche Dienstleistende können amtliche Verrichtungen im Sinne dieser Bestimmung ausüben, wie im Falle des freiberuflichen Notariats (vgl. BGE 127 III 248 E. 1b; 126 III 370 E. 7a).

8   Die Schädigung muss **in Ausübung der amtlichen Verrichtung** geschehen. Wie bei Art. 55 Abs. 1 muss daher ein **funktioneller Zusammenhang** zwischen der amtlichen Stellung als öffentlicher Beamter oder Angestellter und der schädigenden Handlung bestehen (BGE 130 IV 27 E. 2.3.2; vgl. Art. 55 N 8). Dieser ist auch dann gegeben, wenn eine Kompetenzüberschreitung oder gar eine strafbare Handlung vorliegt (vgl. BGE 130 IV 27 E. 2.3.3; vgl. auch CR CO I-WERRO, N 10, BK-BREHM, N 27). Fehlt dieser funktionelle Zusammenhang, d. h. handelt der öffentliche Beamte oder Angestellte aus eigenem Interesse, so beurteilt sich die Haftung nach Art. 41 ff. (vgl. BGE 130 IV 27 E. 2.3.2).

III. Gewerbliche Verrichtungen (Abs. 2)

9   Handelt ein öffentlicher Beamter oder Angestellter im Rahmen von **gewerblichen Verrichtungen**, beurteilt sich seine Haftung gegenüber Dritten nach Bundeszivilrecht (Art. 41 ff.). Nach dem Wortlaut von Art. 61 Abs. 2 dürfen jedoch nur die Kantone keine abweichenden öffentlichrechtlichen Regeln im Bereich gewerblicher Verrichtungen aufstellen (der Bund hat das im Rahmen von Art. 11 Abs. 1, 2 VG getan, vgl. REY, N 145). Das Abänderungsverbot von Abs. 2 wird nun aber so interpretiert, dass durch kanto-

nales öffentliches Recht lediglich keine Abschwächung des Bundesprivatrechts, wohl aber eine Haftungsverschärfung vorgesehen werden darf
(vgl. BGE 130 IV 27 E. 2.3.1; BK-Brehm, N 32; Rey, N 146; CR CO I-Werro,
N 17).

In Erweiterung des Wortlauts von Abs. 2 wird diese Bestimmung auch ana-   10
log auf die **Haftung des Staates** selbst **für gewerbliche Verrichtungen** angewandt (vgl. BK-Brehm, N 31; Rey, N 140).

Dritter Abschnitt: Die Entstehung aus ungerechtfertigter Bereicherung

Art. 62

A. Voraussetzung   ¹ **Wer in ungerechtfertigter Weise aus dem Vermögen**
I. Im allgemeinen   **eines andern bereichert worden ist, hat die Berei-**
                          cherung zurückzuerstatten.
                      ² **Insbesondere tritt diese Verbindlichkeit dann ein,**
                          wenn jemand ohne jeden gültigen Grund oder aus
                          einem nicht verwirklichten oder nachträglich weg-
                          gefallenen Grund eine Zuwendung erhalten hat.

Literatur

Büchler, Die Kommerzialisierung von Persönlichkeitsgütern, AcP 2006,
300 ff.; Buis, Die Banküberweisung und der Bereicherungsausgleich bei
fehlgeschlagenen Banküberweisungen, Diss. Zürich 2001; Bürgi-Wyss,
Der unrechtmässig erworbene Vorteil im Schweizerischen Privatrecht,
Diss. Zürich 2005; Dürr, Zur Frage der irrtümlichen Bezahlung der Instandstellungskosten durch den Wohnungsmieter, SJZ 1981, 42 ff.; Fleiner-Gerster, Grundzüge des allgemeinen und schweizerischen Verwaltungsrechts, Zürich 1980, 361 f.; Flume, Der Bereicherungsausgleich in
Mehrpersonenverhältnissen, AcP 1999, 1 ff.; ders., Studien zur Lehre von
der ungerechtfertigten Bereicherung, Tübingen 2003; Fritzsche/Walder,
Schuldbetreibung und Konkurs I, Zürich 1984, 368; Gilliard, La disparition
de l'enrichissement, Diss. Genf 1985; Grisel, Traité de droit administratif,
Vol II, Neuchâtel, 1984, 616 ff.; Häfelin/Müller/Uhlmann, Allgemeines
Verwaltungsrecht, Zürich 2006, 35, 163; Hausheer/Aebi-Müller, Gewinn-
herausgabe nach Persönlichkeitsverletzung durch Medien – BGE 5C.66/

2006 vom 7. Dezember 2006, ZBJV 2007, 341 ff.; Hartmann, Die Rückabwicklung von Schuldverträgen, Habil. Luzern 2005; ders., Die «Kündi-
gungstheorie» bei einseitig unverbindlichen Dauerverträgen, AJP 2003,
1475 ff.; ders., Rückabwicklung und «faktisches Vertragsverhältnis» bei ungültigen Arbeitsverträgen, Bemerkungen zu BGE 132 III 242 ff., ZBJV 2007,
277 ff.; Holenstein, Wertersatz oder Gewinnherausgabe?, Diss. Zürich
1983; Honsell, Drei Fragen des Bereicherungsrechts, in: FS Schulin, Basel
2002, 25 ff.; ders., AJP 1995, 1209 ff.; Huwiler, Zum Bereicherungsanspruch gegen den Fahrniseigentümer kraft Ersitzung, in: FS Schweizerischer Juristentag, Bern 1988, 99 ff.; ders., Zur Anspruchsgrundlage der
Obligation aus ungerechtfertigter Bereicherung im Schweizerischen Obligationenrecht, in: FS Schulin, Basel 2002, 41 ff.; Jenny, Die Eingriffskondiktion bei Immaterialgüterrechtsverletzungen, unter Berücksichtigung der
Ansprüche aus unerlaubter Handlung und unechter Geschäftsführung ohne
Auftrag, Diss. Zürich 2005; Kaufmann-Bütschli, Grundlagenstudien zur
ungerechtfertigten Bereicherung in ihrer Ausgestaltung durch das schweizerische Recht, Diss. Zürich 1983; Keller/Schaufelberger, Das schweizerische Schuldrecht, Bd. III, Ungerechtfertigte Bereicherung, 3. Auflage,
Basel/Frankfurt a. M. 1990; Kohler, Eingriffskondiktionsrechtliche Gewinnherausgabe, in: FS Siehr, Zürich 2001, 77 ff.; ders., Gewinnherausgabe
bei Patentrechtsverletzungen, Bemerkungen zur Entscheidung «Rohr-
schelle» – Bundesgericht vom 12. April 2006, sic! 2006, 815 ff.; Koller, Der
Widerruf einer Anweisung und seine Folgen, ZBJV 1995, 797 ff.; Köndgen,
Bereicherungsanprüche im bargeldlosen Zahlungsverkehr, SZW 1996, 30 ff.;
Krauskopf, Präjudizienbuch zum OR, 6. Auflage, Zürich 2006, Art. 62–67
OR; Larenz/Canaris, Lehrbuch des Schuldrechts, Bd. II, Halbband 3, BT,
13. Auflage, München 1994; Müller, Die Rückerstattung rechtswidriger
Leistungen als Grundsatz des öffentlichen Rechts, Diss. Basel 1978, 3 ff.;
Nietlispach, Zur Gewinnherausgabe im schweizerischen Privatrecht: Zu-
gleich ein Beitrag zur Lehre von der ungerechtfertigten Bereicherung,
Diss. Zürich 1994; Pahud de Mortagnes, Systematik und Grundregel des
schweizerischen Bereicherungsrechts, eine rechtshistorische Skizze, in: FS
Soliva, Zürich 1994, 161 ff.; Petitpierre, Absence de cause et enrichissement illégitime: pour un retour aux sources, in: Mélanges Grossen, Basel
1992, 315 ff.; ders., Vertragsrecht und Bereicherungsrecht, in: Gauchs Welt,
Zürich 2004, 529 ff.; Polivka, Kommentar zum Bundesgerichtsentscheid
vom 29. 4. 2002 (4C.24/ 2002), MRA 2002, 108 ff.; Reuter/Martinek, Ungerechtfertigte Bereicherung, Handbuch des Schuldrechts, Bd. 4, Tübingen
1983; Riemer, Bereicherungsanprüche gegenüber Dritten, recht 2005,
35 ff.; Rüetschi, «Patty Schnyders Vater». Gewinnherausgabepflicht von
Medien bei Persönlichkeitsverletzender Berichterstattung, sic! 2007, 434 ff.;
Schaufelberger, Bereicherung durch unerlaubte Handlung, Diss. Zürich
1981; Schlechtriem, Restitution und Bereicherungsausgleich in Europa

I (2000), II (2001); SCHLUEP, Über Eingriffskondiktionen, in: Mélanges Piotet, Berne 1990, 173 ff.; SCHMID, Fragen zur eigennützigen Geschäftsführung ohne Auftrag, ZBJV 1995, 261 ff.; DERS., Gewinnherausgabe bei unerlaubter Untermiete, recht 2000, 205 ff.; SCHMIDLIN, Der Einheitstatbestand der Bereicherungsregel im Schweizerischen OR Art. 62: ein Sieg des Pandektenrechts, in: FS Kramer, Basel/Genf/München 2004, 663 ff.; STOLL, Doppel- und Mehrfachzessionen – Spannungsfeld zwischen Banken, SJZ 1993, 389 ff.; VOSER, Bereicherungsansprüche in Dreiecksverhältnissen erläutert am Beispiel der Anweisung, Habil. Basel/Genf/München 2006; R. WEBER, Missbräuchliche Bedingungen der Untermiete, AJP 2000, 1025 ff.; DERS., Rückforderungsansprüche im Mietrecht, MP 2005, 1 ff.; R. H. WEBER, Gewinnherausgabe – Rechtsfigur zwischen Schadenersatz-, Geschäftsführungs- und Bereicherungsrecht, ZSR 1992 I, 333 ff.; DERS., Vertragsaufhebung bei Leistungsstörungen – Rechtsnatur und Rechtsfolgen, ZBJV 1991, 634 ff.; WENNER, Die Voraussetzungen des Anspruchs aus ungerechtfertigter Bereicherung unter besonderer Berücksichtigung des Problems der Subsidiarität, Diss. Zürich 1977; WETZEL, Kommentar zum Bundesgerichtsentscheid vom 11. Mai 2004 (4C.335/2003), MRA 2004, 149 ff.; WIEGAND, Bemerkungen zum Picasso-Entscheid (BGE 114 II 131), recht 1989, 101 ff.; WILBURG, Die «Subsidiarität» des Verwendungsanspruches, JBl. 1992 545 ff.; ZOBL, Die Globalzession im Licht der neueren Lehre und Rechtsprechung – eine Standortbestimmung, SJZ 1989, 349 ff.

I. Einleitung

Art. 62 ist Grundlage eines obligatorischen Anspruchs (vgl. nur BUCHER, OR AT, 687) auf Herausgabe des auf ungerechtfertigte Weise aus dem Vermögen eines anderen Erlangten. Prima vista handelt es sich um eine einheitliche Anspruchsgrundlage (zur Genese unter diesem Blickwinkel SCHMIDLIN, 663 ff.), und in der Tat ist es möglich, auf mehr oder minder hohem Abstraktionsniveau gemeinsame Gesichtspunkte aller bereicherungsrechtlicher Ansprüche zu beschreiben. Auf diesem Hintergrund wird seit langem über die Möglichkeit einer Einheitstheorie der ungerechtfertigten Bereicherung diskutiert, naturgemäss ohne «endgültiges» Ergebnis (vgl. dazu etwa MK-LIEB, § 812 BGB N 2 ff. m. w. Nw.). Nach heutigem Kenntnisstand trägt es zur Vereinfachung der Rechtsanwendung bei, zwischen **Leistungs**- (N 13 ff.) und **Nichtleistungskondiktionen** (N 18) zu unterscheiden; das ist praktisch sinnvoll, solange diese Unterscheidung nicht begriffsjuristisch verabsolutiert wird (vgl. auch CR CO I-PETITPIERRE, N 6). **1**

Mitnichten geht es in Art. 62 um Nichtleistungs-, in Art. 63 dagegen um die Anspruchsgrundlage für Leistungskondiktionen (irreführend BGer 4C.279/2003, E. 3.2; verfehlt etwa BGE 123 III 101, 107; BGer 5C.51/2004, E. 7.1) – dass es in Art. 62 auch und gerade um die Leistungskondiktion geht, zeigt **2**

schon unmissverständlich dessen Absatz 2 (HUGUENIN, OR AT, N 1040); in
Art. 63 geht es nur um eine Kondiktionssperre (vgl. auch Art. 63 N 1; vgl.
eingehend dazu HUWILER, FS Schulin, 41 ff.). Das Bundesgericht stellt als
Anspruchsgrundlage für die Leistungskondiktion in Wahrheit ohnedies
i. d. R. richtigerweise auf Art. 62 (oder «62 ff.») ab, gelegentlich aber – wohl,
wenn die Anwendung dieser Bestimmung ins Blickfeld kommt – plötzlich
auf Art. 63.

3   Den daneben traditionell genannten anderen **Kondiktionstypen** kommt dagegen nur illustrative Bedeutung zu; sie verdeutlichen, wie etwas i. S. v.
Art. 62 ungerechtfertigt durch Leistung (vgl. N 15) oder auf andere Weise
(vgl. N 20) erworben werden kann und tragen damit zum besseren Verständnis verschiedener Aspekte bei (vgl. etwa Art. 63 N 1). Art. 64 und 65
haben Aspekte des Anspruchsinhalts zum Gegenstand, Art. 63 und 66 regeln spezielle Einwendungen gegen Leistungskondiktionen, Art. 67 schliesslich die Verjährung des bereicherungsrechtlichen Anspruchs. Zu bereicherungsrechtlichen Sondertatbeständen ausserhalb der Art. 62 ff. vgl. etwa
den Überblick bei BUCHER, OR AT, 663 ff. Auffällig ist die geringe Regelu-
lungsdichte des Bereicherungsrechts und die Vielzahl der bestehenden
Unklarheiten (über welche die vorliegende Kurzkommentierung naturgemäss immer wieder hinwegtäuscht); beides ist freilich keine Besonderheit des schweizerischen Bereicherungsrechts (vgl. rechtsvergleichend
etwa SCHLECHTRIEM).

4   «**Die Bereicherung**» ist zurückzuerstatten. Dieser Begriff ist weit auszulegen. In Betracht kommt jeder Vorteil. Die Begriffe «Bereicherung» und
«Vermögen» sollten nicht zu dem Schluss verleiten, es müsse sich um
eine Bereicherung von wirtschaftlichem Wert handeln; vielmehr ist alles herauszugeben, was aus dem Gläubigervermögen ohne Rechtsgrund erlangt
wurde, gleichgültig, ob es sich um einen wirtschaftlich werthaltigen Gegenstand handelt; der Schuldner ist ja nicht schutzwürdig, weil das Erlangte
wirtschaftlich nichts wert ist; Geldersatz bei Unmöglichkeit der Herausgabe
in natura kommt naturgemäss nur bei einem Wert des Erlangten in Betracht. Vgl. im Einzelnen zum Anspruchsinhalt und -umfang die Kommentierung zu Art. 64, 65.

5   Das Tatbestandsmerkmal «**aus dem Vermögen eines anderen**» ist nach
heute h. M. scharf vom Schadensbegriff der Art. 41 ff. zu unterscheiden (vgl.
schon SCHAUFELBERGER, 9 ff.; KELLER/SCHAUFELBERGER, 26 ff.; offenbar
a. A. CR CO I-PETITPIERRE, N 8). Im Recht der ungerechtfertigten Bereicherung kommt es auf die Vermehrung des Schuldnervermögens (eben dessen
«Bereicherung») und nicht auf die Verminderung des Gläubigervermögens
(«Schaden») an. Vollkommen verfehlt ist daher die Aussage, die Rechtsfolgen der ungerechtfertigten Bereicherung seien auf die Wiederherstellung
des ursprünglichen Zustands gerichtet (so aber BGE 133 III 153, 157). Da-

her ist es auch irreführend, von einer «Entreicherung» o. dgl. als besonderer Anspruchsvoraussetzung des Anspruchs nach Art. 62 zu sprechen – es kommt nicht auf das «Minus» im Gläubigervermögen an (vgl. schon KAUFMANN-BÜTSCHLI, 200 ff.; zu all dem zusammenfassend GAUCH/SCHLUEP/SCHMID/REY, N 1546 ff.; a. A. offenbar ENGEL, obligations, 584). Die Funktion des Merkmals «aus dem Vermögen» des Gläubigers liegt vielmehr vor allem darin, die Provenienz der Bereicherung (und damit die Person des potenziellen Bereicherungsgläubigers) zu bestimmen und auf dieser Grundlage feststellen zu können, ob für die Bereicherung des potenziellen Bereicherungsschuldners aus diesem Vermögen ein Rechtsgrund vorliegt. Dabei unterscheiden sich nach h. M. Leistungs- und Nichtleistungskondiktion: Bei ersterer ist in diesem Zusammenhang schlicht festzustellen, zwischen welchen Personen das Leistungsverhältnis besteht, für welches es an einem Rechtsgrund mangelt (N 15) – aufgrund einer solchen Leistung wird zwar meistens etwas im Gläubigervermögen «fehlen», ohne dass dieser Gesichtspunkt jedoch entscheidend wäre; auch bei letzterer kommt es nicht darauf an, ob im Vermögen des Gläubigers etwas «fehlt», sondern nur darauf, dass die Bereicherung des Schuldners entgegen dem Gehalt eines dem Gläubiger zugewiesenen Rechts erfolgt ist (vgl. N 21). Das Merkmal «aus dem Vermögen eines anderen» kann freilich u. U. als Hinweis auf ein Gebot der «Unmittelbarkeit» der Bereicherung (N 35) gelesen werden.

In der Erlangung eines Vorteils «**in ungerechtfertigter Weise**» liegt schliesslich die Rechtfertigung des Rückerstattungsanspruchs. Auch hier ist zwischen Leistungs- und Nichtleistungskondiktionen zu unterscheiden: Bei der Leistungskondiktion ist zu prüfen, ob ein Rechtsgrund gerade für die Leistung vorlag, also insbesondere, ob der Bereicherungsschuldner diese beanspruchen konnte (vgl. N 15 f.). Im Unterschied dazu ist bei der Nichtleistungskondiktion die (im Grenzbereich schwierig zu beantwortende) Frage relevant, ob die Bereicherung entgegen dem Zuweisungsgehalt eines dem Gläubiger zustehenden Rechts erfolgt ist (N 21). Während bei der Geltendmachung einer Leistung aus einem behaupteten Rechtsgrund deren Gläubiger für die anspruchsbegründenden Tatsachen beweispflichtig ist, trifft bei der Geltendmachung des Kondiktionsanspruchs grundsätzlich den Bereicherungsgläubiger die **Beweislast** für die Rechtsgrundlosigkeit (BUCHER, OR AT, 658, vgl. aber auch dort 667). Zu Recht betont das Bundesgericht gerade in diesem Zusammenhang, dass auch der Bereicherungsschuldner nach Treu und Glauben zur Mitwirkung im Beweisverfahren verpflichtet ist (BGE 106 II 29, 31 = Pra 1980, 489; BGE 119 II 305 f. = Pra 1994, 739 f.).   6

Zur entsprechenden Anwendung des Bereicherungsrechts im **Verwaltungsrecht** vgl. insbesondere BGE 124 III 570; BGer 2A.18/2007, E. 3.3; aus der Literatur etwa FLEINER-GERSTER, Grundzüge des allgemeinen und schweizerischen Verwaltungsrechts, Zürich 1980, 361 f.; GRISEL, Traité de droit   7 administratif, Vol II, Neuchâtel, 1984, 616 ff.; HÄFELIN/MÜLLER/UHLMANN, Allgemeines Verwaltungsrecht, Zürich 2006, 35, 163; MÜLLER, Die Rückerstattung rechtswidriger Leistungen als Grundsatz des öffentlichen Rechts, Diss. Basel 1978, 3 ff.

II. Konkurrenzen

8 Ganz irreführend ist die Redeweise von der «Subsidiarität» bereicherungsrechtlicher Ansprüche. So hat das BGer bemerkt, die Klage aus ungerechtfertigter Bereicherung habe gegenüber anderen Klagen subsidiären Charakter, wo eine andere Klage möglich sei, liege nicht noch ein Bereicherungsanspruch vor (BGE 102 II 329, 338), der Bereicherungsanspruch sei nur gegeben, wenn andere Rechtsbehelfe versagen (BGE 114 II 152, 156). Für diese Ansicht fehlt jede Rechtsgrundlage (BK-BECKER, Vorbem. zu Art. 62–67, N 4 ff.; KELLER/SCHAUFELBERGER, 5; SCHWENZER, 414; GUHL/KOLLER, 230; KOLLER, OR AT I, 470 f.; HONSELL, FS Schulin, 32 f.; WENNER, 135 ff.; SCHAUFELBERGER, 16 ff.; NIETLISPACH, 378 ff. m. w. N. zum Meinungsstand; a. A. etwa noch ZK-OSER/SCHÖNENBERGER, Vorbem. zu Art. 62–67, N 2). Gewiss können Kondiktionsansprüche dann nicht bestehen, wenn für eine Vermögensverschiebung ein Rechtsgrund in Form eines vertraglichen oder gesetzlichen Schuldverhältnisses besteht; dass der bereicherungsrechtliche Anspruch hier nicht bestehen kann, liegt aber nicht an einer «Subsidiarität», sondern ausschliesslich am zentralen Tatbestandsmerkmal «ungerechtfertigt». Insbesondere ist eine solche «Subsidiarität» kein Massstab für die Lösung von Konkurrenzproblemen (N 9 f.). Davon zu unterscheiden ist die insbesondere aus dem deutschen Schrifttum importierte Frage, ob und inwiefern die Nichtleistungs- gegenüber der Leistungskondiktion «subsidiär» ist; auch diese «Subsidiarität» ist letztlich irreführend, wenngleich auch auf höherem Niveau (vgl. N 34).

9 Ein bereicherungsrechtlicher Anspruch kann also dann nicht bestehen, wenn für die Leistung, den Eingriff oder die Aufwendung, durch welche der angebliche Schuldner «bereichert» ist, eine vertragliche oder gesetzliche Rechtsgrundlage besteht. **Vertragliche Ansprüche** verdrängen daher solche aus Art. 62. Dies gilt insbesondere auch für Ansprüche aus dem Liquidationsverhältnis nach Beendigung eines Vertrages (Art. 109); nach heutiger Auffassung erfolgt die Rückabwicklung nach Vertragsbeendigung nicht nach Art. 62 ff., sondern (nur) im Rahmen des vertraglichen Rückgewährschuldverhältnisses (BGE 114 II 152, 157; 126 III 119, 122; 130 III 504, 511 ff.; BGE 132 III 242, 244; BGE 133 III 356, 358; HARTMANN, ZBJV 2007, 277 ff.; KELLER/SCHAUFELBERGER, 9; SCHWENZER, 416 f.; GAUCH/ SCHLUEP/SCHMID/REY, N 1572; WEBER, ZBJV 1991, 634 ff.; CR CO I-PETITPIERRE, N 34 f.; a. A. offenbar KOLLER, OR AT I, 555; vgl. jedoch zur Benutzung eines Mietobjekts nach Vertragsbeendigung durch Untervermietung

BGE 126 III 69 = Pra 2001, 60 und dazu SCHMID, recht 2000, 205 ff.; WE-BER, AJP 2000, 1025 ff.). Dies gilt jedoch nur bei der Beendigung des Vertrages mit Wirkung ex nunc (Kündigung, Rücktritt, Wandlung), nicht jedoch dann, wenn kein Vertrag bestand oder ein solcher ex tunc beseitigt wurde, wie insbesondere bei Willensmängeln (BGE 114 II 131, 141; a. A. WIEGAND, recht 1989, 111; BK-SCHMIDLIN, Art. 31 N 14 ff.). Das Bundesgericht spricht von einer Tendenz, Ansprüche vermehrt auf eine vertragliche (statt einer bereicherungsrechtlichen) Grundlage zu stellen (BGE 126 III 119, 122: überhöhte Akontozahlungen; vgl. auch BGE 130 III 504, 510 ff. = MRA 2004, 149, 151 ff.; MRA 2002, 108 ff.: Rückzahlung überhöhter Mietzinse; vgl. aber BGE 113 II 187 = Pra 1988, 624; BGer 4C.59/2003, E. 7 – Kondition bei nichtiger Mietzinserhöhung; BGE 107 II 255 – nicht geschuldete Instandstellungsentschädigung; dazu DÜRR, SJZ 1981, 42 ff.; zu all dem umfassend WEBER, MP 2005, 2 ff.), hat es jedoch zutreffend abgelehnt, Ansprüche bei Weiterbenützung eines Mietobjekts nach Beendigung des Vertrages auf einen «faktischen Vertrag» zu stützen (BGE 119 II 437, 440 ff. = Pra 1994, 743).

Die **GoA** begründet ein gesetzliches Schuldverhältnis und stellt daher einen (die Aufwendungskondiktion – dazu N 20 – verdrängenden) Rechtsgrund für Verwendungen zugunsten eines fremden Vermögens dar. Daher gebühren hier Aufwendungsersatz (Art. 422) und der Anspruch auf Herausgabe des vom Geschäftsführer Erlangten analog Art. 400 Abs. 1 nur nach den Regeln der GoA und nicht aufgrund einer Aufwendungs- oder Eingriffskondiktion. Die Anmassung eines Geschäfts i. S. v. Art. 423 ist dagegen offensichtlich kein Rechtsgrund zur Führung desselben, weshalb der Anspruch nach Art. 423 Abs. 1 mit bereicherungsrechtlichen Ansprüchen konkurrieren müsste (zum Ganzen SCHWENZER, 417 ff.; KOLLER, OR AT I, 555). Das Bundesgericht ist freilich im Zusammenhang mit der Gewinnherausgabe bei Persönlichkeitsverletzung der Auffassung, auch dann, wenn der Gläubiger nicht selbst gehandelt hätte (und daher eigentlich keine Führung seiner Geschäfte vorliege), sei ausschliesslich Art. 423 Abs. 1 Anspruchsgrundlage für den Anspruch auf Gewinnherausgabe (BGE 133 III 153, 157 ff.; vgl. dazu HAUSHEER/AEBI-MÜLLER, ZBJV 2007, 345 f.; RÜETSCHI, sic! 2007, 440 ff.). In Wahrheit handelt es sich dabei um ein Scheinproblem, weil Art. 423 Abs. 1 zur Vermeidung von Wertungswidersprüchen bei bösgläubigen Bereicherungsschuldnern m. E. immer anwendbar ist (vgl. Art 64, 65 N 4); letztlich handelt es sich dabei ja ohnedies um eine Kondiktion. Deliktisches Handeln ist definitionsgemäss rechtsgrundlos, weshalb **haftpflichtrechtliche** und bereicherungsrechtliche Ansprüche konkurrieren (BUCHER, OR AT, 662; SCHWENZER, 417; SCHAUFELBERGER, 20 ff.; TERCIER, obligations, 326 f.; wohl auch BGE 133 III 153 ff.). 10

11   Im Fall des Art. 165 ZGB (**ausserordentliche Beiträge eines Ehegatten**) ist
für bereicherungsrechtliche Ansprüche nur dann Platz, wenn die Leistungen des einen Ehegatten an den anderen nicht als Familienunterhalt
(Art. 165 Abs. 2 ZGB) oder als Beitrag zum Beruf oder Gewerbe des anderen
erfolgten (BGE 127 III 46, 54 f.). Ähnlich gebührt bei übermässigen Aufwendungen eines **Miteigentümers** im Rahmen seiner Verwaltungsbefug-
nisse Ersatz nur nach Art. 649 Abs. 2 ZGB; macht er Aufwendungen ausserhalb der ihm durch Gesetz oder Vertrag übertragenen Verwaltungsbefug-
nisse, so kann er sich primär auf die GoA, hilfsweise auf Art. 62 stützen
(BGE 119 II 330, 331 f. = Pra 1994, 458).

12   Schwierig ist das Verhältnis bei Bestehen einer **Vindikationslage**: Kondik-
tionslage und Eigentümer-Besitzer-Verhältnis beruhen letztlich beide darauf, dass der Schuldner (der Bereicherte oder Besitzer) etwas rechtsgrundlos erlangt hat; daraus kann also kein Vorrang der sachenrechtlichen
Ansprüche abgeleitet werden. Trotz des offensichtlichen Überschneidungs-
bereichs der Art. 62 ff. und der Art. 641 (und gegebenenfalls 975) und 938 ff.
ZGB hat der Gesetzgeber diese beiden Regelungskomplexe nicht koordi-
niert; ausweislich bei Art. 65 dürfte der Gesetzgeber wohl eher an eine Konkurrenz gedacht haben. Verfehlt ist insbesondere der traditionell verbreitete Hinweis, die Kondiktion scheitere gerade aufgrund der wegen der
Vindikation mangelnden Bereicherung (so z. B. VON THUR/PETER, OR AT,
521; GUHL/KOLLER, 225); auch der blosse Besitz ist eine Bereicherung, welche kondiziert werden kann (vgl. schon VON THUR/PETER, OR AT, 476). Wertungsgesichtspunkte, die für eine Koordination von Vindikation und Kondiktion fruchtbar gemacht werden könnten, sind kaum erkennbar. Gerade
die funktionale Parallelität bei gleichzeitiger inhaltlicher Divergenz von
Art. 64, 65 mit Art. 938 ff. ZGB legt doch die Anwendung der lex-specialis-
Regel nahe, weshalb die h. M. zumindest gut vertretbar ist, wonach hier die
sachenrechtlichen Ansprüche vorgehen (VON THUR/PETER, OR AT, 521;
BUCHER, OR AT, 660 f.; KELLER/SCHAUFELBERGER, 6 f.; TERCIER, obligations,
326; GAUCH/SCHLUEP/SCHMID/REY, N 1500 f.; SCHWENZER, 414 ff.; HUGUE-
NIN, OR AT, N 1073; a. A. wohl KOLLER, OR AT I, 554). Als Instrument zur
Rückabwicklung von (gerade gegenseitigen) Verträgen wirkt die Vindikation freilich doch recht unpassend. Daher stellt sich die Frage, ob man nicht
nur bei Eingriffen der Vindikation, bei Leistungen dagegen der Kondiktion
(des Besitzes) den Vorrang geben sollte (vgl. Art. 64, 65 N 15). Zumindest
ergibt sich in solchen Situationen die Notwendigkeit, einzelne Bestimmungen des Bereicherungsrechts analog auf die Vindikation anzuwenden (vgl.
etwa zum Wegfall der Bereicherung beim fehlgeschlagenen gegenseitigen
Vertrag Art. 64, 65 N 11, zur Kondiktionssperre des Art. 66 dort N 9).

III. Leistungskondiktion

Art. 62 Abs. 2 hebt insbesondere hervor, dass die Verbindlichkeit zur Rück- 13
erstattung der Bereicherung eintritt, wenn jemand rechtsgrundlos «eine
Zuwendung erhalten hat». Dieser einhellig als Leistungskondiktion bezeichnete Fall stellt den einen Grundtypus bereicherungsrechtlicher Ansprüche
dar; alle anderen werden als Nichtleistungskondiktion bezeichnet, manch-
mal auch (nach deren Hauptanwendungsfall) als Eingriffskondiktion. Für
die Abgrenzung dieser beiden Kondiktionstypen ist daher der dem Gesetz
an dieser Stelle zugrunde liegende **Leistungsbegriff** zu beachten.

In diesem Zusammenhang ist vorderhand darauf abzustellen, ob eine **be-** 14
wusste, zweckgerichtete Mehrung fremden Vermögens vorliegt (Schwenzer, 389; eingehend Voser, 204 ff. mit zahlreichen Nachweisen). Ähnlich
wie bei der Tilgungsbestimmung (Art. 86 Abs. 1) kommt es hier letztlich auf
den objektiven Empfängerhorizont des Leistungsempfängers an. Natürlich
kann eine begriffsjuristisch-schematische Anwendung dieses Kriteriums
kein «Allheilmittel» für die Lösung aller Rand- und Sonderfälle darstellen
(vgl. die Schwächen dieses Leistungsbegriffs auslotend und daher differenzierend Voser, 259 ff.); als Faustregel und Ordnungsschema («dogmatisches Kürzel» – vgl. Reuter/Martinek, 114 u. a.) für den Einstieg ist dieses Kriterium jedoch durchaus nützlich (so letztlich auch Larenz/Canaris,
252). Gewiss stellt aber ein Rückfall auf eine «rein tatsächliche» Betrachtungsweise keine Lösung dar (so aber Koller, OR AT I, 498).

«Ungerechtfertigt» ist die Leistung gem. Art. 62 Abs. 2 insbesondere in drei 15
dort hervorgehobenen Fällen: Die Leistung ist **«ohne jeden gültigen Grund»**
(dann condictio indebiti) oder **«aus einem nicht verwirklichten Grund»**
(dann condictio causa data causa non secuta) oder schliesslich **«aus einem**
nachträglich weggefallenen Grund» (dann condictio ob causam finitam)
erfolgt.

Condictio indebiti und **ob causam finitam** betreffen den relativ einfachen 16
Fall, dass ein Mangel des Schuldverhältnisses (oder sonstigen Rechtsverhältnisses – vgl. BGE 130 III 547 = Pra 2005, 752: Widerruf einer letztwilligen Verfügung; BGE 132 III 432, 436 f. – vorzeitige, über das schliesslich
nach dem Kollokationsplan Gebührende hinausgehende Zahlung an Gläubiger im Konkurs), welches die Leistung rechtfertigen soll, die Kondiktion
auslöst; je nachdem, ob dieser Mangel schon von Anfang an bestand (z. B.
Dissens) oder erst nachträglich eintrat (z. B. Eintritt einer auflösenden Bedingung – BGE 129 III 264 = Pra 2003, 979) spricht man von der einen oder
anderen Kondiktion, ohne dass daraus unterschiedliche Rechtsfolgen resultieren; daher ist im heutigen Privatrecht auch die Frage, ob präziser zwischen condictio indebiti und condictio sine causa zu unterscheiden sei oder
auch jene, ob bei Rückabwicklung beim Irrtum eher eine condictio indebiti

oder doch condictio ob causam finitam anzunehmen sei (vgl. zu all dem SCHWENZER, 391), im Grunde irrelevant, und zwar auch für die Frage nach dem Beginn des Laufs der Verjährungsfrist, welche nicht aufgrund solch begriffsjuristischer Überlegung zu beantworten ist (a. a. aber BGE 114 II 131, 139 ff. und die dort referierte Lehre).

17   Eine privatrechtliche Besonderheit macht freilich der Tatbestand der **condictio causa data causa non secuta** (auch: condictio ob causam futuram) deutlich: Hier geht es um Leistungen, die ohne (vermeintliche) vertragliche Verpflichtung erbracht werden, um einen bestimmten Zweck zu erreichen; dies kann daran liegen, dass über diesen Zweck (noch) keine vertragliche Einigung mit dem Leistungsempfänger vorliegt (z. B. Zahlung, damit ein Vertrag zustande kommt – BGE 119 II 20 = Pra 1993, 717; vgl. jedoch zu den Kosten einer Offerte BGE 119 II 40 ff. = Pra 1995, 46; z. B. Leistung mit Blick auf die Fortsetzung eines Vertrages: BGE 105 II 92, 95 ff. – Aufwendungen des Mieters in der Annahme, der Vertrag würde fortgesetzt werden; vgl. freilich auch BGE 104 II 202 – Vertragsbruch des Mieters) oder eine solche gar nicht möglich wäre (z. B. Leistung, damit oder in Erwartung, dass eine Ehe geschlossen wird: BGE 82 II 430 – Überlassung eines Unternehmens unter Wert im Vertrauen an den vermeintlichen «künftigen Schwiegersohn»). Im Einzelfall ist freilich zu prüfen, ob nicht ohnedies eine – vorrangig zu berücksichtigende und die Kondiktion ausschliessende, u. U. erst durch ergänzende Auslegung zu ermittelnde – vertragliche Rückerstattungspflicht besteht. Insofern liegt die rechtliche Besonderheit des Art. 62 Abs. 2 hier weniger darin, dass die Leistung (für welche sonst kein vertraglicher oder gesetzlicher Rechtsgrund besteht) bei Zweckverfehlung kondiziert werden kann, sondern in der indirekten Klarstellung, dass solche Leistungen bei Zweckerreichung kondiktionsfest sind, d. h. vom Empfänger behalten werden dürfen. Dies setzt freilich voraus, dass der mit der Leistung verfolgte Zweck nicht sitten- oder gesetzwidrig ist; ist er es, so kann die Leistung kondiziert werden (**condictio ob turpem vel iniustam causam**). Zu beachten ist in diesem Zusammenhang der Kondiktionsausschluss nach Art. 66.

IV.   Nichtleistungskondiktion

18   Nichtleistungskondiktion liegt vor, wenn der Bereicherungsschuldner die Bereicherung in anderer Weise als durch Leistung des Bereicherungsgläubigers erhalten hat. Dies darf jedoch durchaus nicht in dem Sinne verstanden werden, die Nichtleistungskondiktion sei ein «Auffangtatbestand» o. dgl. Sie stellt vielmehr eine **eigene, neben der Leistungskondiktion stehende Anspruchsgrundlage** mit spezifischen Voraussetzungen dar. Keineswegs ist jeder Vorteil, den jemand «irgendwie» aus dem Vermögen eines anderen bezogen hat, aufgrund einer Nichtleistungskondiktion herauszuge-

ben – der Verfasser der vorliegenden Kommentierung hat eine Zeitersparnis, weil er bereits vorliegende Literatur zu Rate ziehen kann; keineswegs haben aber deren Autoren oder Verleger daher eine Nichtleistungskondiktion gegen ihn, weil der Verfasser durch die Aneignung des bereits publizierten Wissens nicht in den Zuweisungsgehalt eines Rechts (vgl. unten N 21) dieser Personen eingreift; etwas anderes gälte freilich, wenn durch ein Plagiat in Urheberrechte eingegriffen würde; die Eingriffskondiktion wegen Verletzung von **Immaterialgüterrechten** ist auch einer der in praxi wichtigsten Fälle der Nichtleistungskondiktion (dazu eingehend JENNY, Eingriffskondiktion, mit zahlreichen w. Nw.); zur Gewinnherausgabe bei Patentrechtsverletzungen vgl. BGer 4C.290/2005; KOHLER, sic! 2006, 815 ff.

Im **zweipersonalen Verhältnis** geht die Leistungskondiktion nach h. M. der   19
Nichtleistungskondiktion vor; dies bedeutet auch, dass bei Vorliegen einer Leistung des potenziellen Kondiktionsgläubigers an den potenziellen Kondiktionsschuldner auch dann keine Nichtleistungskondiktion bestehen kann, wenn die Leistungskondiktion wegen irgendeiner Kondiktionssperre nicht besteht. Profund unklar ist das **Verhältnis zwischen der Nichtleistungskondiktion und** anderen Ansprüchen, namentlich der **Leistungskondiktion** dagegen im **mehrpersonalen Verhältnis**; vgl. dazu N 28 ff.

Ebenso wie bei der Leistungskondiktion (N 13 f.) hat die Lehre **Typen der**   20
Nichtleistungskondiktion herausgearbeitet, welche auch hier zwar keine von den Tatbestandsvoraussetzungen unterschiedlichen Anspruchsgrundlagen darstellen, aber (noch mehr als bei den Leistungskondiktionen) veranschaulichen, wann ein relevanter Nichtleistungskondiktionstatbestand erfüllt sein könnte: Kommt – um von einem bekannten Lied auszugehen – ein Hund in die Küche, so kann es vorkommen, dass der Eigentümer des Hundes diesem ein Ei aus dem Eigentum des Kochs verfüttert (dann **Eingriffskondiktion** des Kochs gegen den Hundeeigentümer; vgl. aus schweizerischer Sicht grundlegend zur Eingriffskondiktion NIETLISPACH, Zur Gewinnherausgabe, passim); oder, dass der Koch dem Hund ein Ei aus seinem Eigentum verfüttert (dann **Aufwendungskondiktion** des Kochs gegen den Hundeeigentümer, wenn nicht Ansprüche aus GoA vorgehen – vgl. N 10); oder, dass der Küchenjunge dem Hund ein Ei aus dem Eigentum des Kochs verfüttert (dann **Dritteingriffskondiktion** des Kochs gegen den Hundeeigentümer); schliesslich mag es vorkommen, dass der Hund selbst das Ei «stiehlt» und frisst (dann «**Zufallskondiktion**» des Kochs gegen den Hundeeigentümer). In jedem Fall geht es darum, dass in den Zuweisungsgehalt des Eigentums am Ei eingegriffen wird und der Eigentümer des Hundes dadurch bereichert ist, weshalb der Eigentümer des Hundes jenem des Eis wegen des bei der Nichtleistungskondiktion besonders deutlich sichtbaren Rechtsverfolgungsgedankens Wertersatz (Art. 64, 65 N 2) für das Ei schuldet (jedenfalls, solange das Ei dem Hund bekommt – Art. 64, 65 N 5 ff.).

Praktisch weitaus wichtigster Fall der Nichtleistungskondiktion ist (v. a. wegen des Vorrangs der Regeln über die GoA bei Aufwendungen für andere) die Eingriffskondiktion, weshalb die Nichtleistungskondiktion bisweilen begrifflich einfach mit ihrem Hauptanwendungsfall gleichgesetzt wird.

21   Schwerer als bei der rechtsgrundlosen oder ihren Zweck verfehlenden Leistung fällt die Abgrenzung jener Fälle, in welchen eine Bereicherung in anderer Weise als durch Leistung «**ungerechtfertigt**» erfolgt. Auch in der Schweiz hat sich dabei heute die in Deutschland (in Abgrenzung von der «Rechtswidrigkeitstheorie» – vgl. einen eingehenden Überblick über die Genese dieser Theorien etwa bei MK-LIEB, § 812 BGB N 234 ff.; aus schweizerischer Sicht NIETLISPACH, 232 ff.; WEBER, ZSR 1992 I, 333, 348 ff.; HOLENSTEIN, 8 ff.) entwickelte Theorie vom «**Zuweisungsgehalt**» durchgesetzt – die Bereicherung ist hier ungerechtfertigt, wenn sie **entgegen dem Zuweisungsgehalt eines dem Bereicherungsgläubiger zugewiesenen Rechts** eintritt; genauer geht es auf dieser generell-abstrakten Ebene kaum, womit natürlich die Probleme erst beginnen – der «Vorteil» der Theorie vom Zuweisungsgehalt dürfte nämlich hauptsächlich in ihrer prinzipiellen Inhaltsleere liegen, was sie kaum widerlegbar macht und womit im Einzelfall ein beträchtlicher Spielraum für Wertungen entsteht. Die Einzelprobleme sind beträchtlich, (vor allem in der deutschen Lehre) viel diskutiert und können daher im Rahmen der vorliegenden Kurzkommentierung auch nicht annähernd vollständig dargelegt, geschweige denn gelöst werden. Gelegentlich wird in diesem Zusammenhang auch der Eingriff in «property rights» als (eingriffs-) kondiktionsauslösender Tatbestand bezeichnet (vgl. einlässlich SCHLUEP, FS Piotet, 196 ff.). Das mag in ökonomischer Analyse des geltenden Rechts erhellen, zur praktischen Abgrenzung trägt dieser Begriff aber kaum bei (treffend LARENZ/CANARIS, 170).

22   Die **Kriterien für den Zuweisungsgehalt** eines Rechts in diesem Sinne ähneln in manchem jenen für den deliktsrechtlichen Schutz, doch besteht keine Identität zwischen diesen und jenen; der Zuweisungsgehalt ist vielmehr eine **eigenständig zu bestimmende Kategorie des Bereicherungsrechts**; freilich legt die Existenz deliktsrechtlichen Schutzes nahe, einen inhaltlich entsprechenden Zuweisungsgehalt mit Aufmerksamkeit zu erwägen. Anerkannt ist, dass nicht jede deliktsrechtlich absolut geschützte Rechtsposition auch Zuweisungsgehalt i. S. v. Art. 62 aufweist, und umgekehrt auch nicht haftpflichtrechtlich geschützte Rechte durchaus Zuweisungsgehalt haben können: Nach wohl überwiegender Meinung geniessen haftpflichtrechtlich geschützte Rechtspositionen des Lauterkeitsrechts keinen Zuweisungsgehalt, wobei freilich praktisch jede Einzelfrage diskussionswürdig und auch eine Differenzierung zwischen einzelnen Tatbeständen des UWG denkbar ist (vgl. etwa LARENZ/CANARIS, 175 f.). Umgekehrt geniesst die Forderungszuständigkeit in gewissem Masse Zuweisungsgehalt,

wenn und weil die Einziehung einer fremden Forderung als kondiktionsbe-
gründender Eingriff anerkannt ist, obwohl die Forderungszuständigkeit
selbst kein absolutes, haftpflichtrechtlich geschütztes Rechtsgut ist.

Der Zuweisungsgehalt besteht dann, wenn eine Rechtsposition einer Person   23
zur ausschliesslichen Nutzung zugewiesen ist (so BGer 4C.290/2005 E. 3.1
[Rohrschelle]; SCHWENZER, 400). Hier bestehen mannigfaltige Abgrenzungsprobleme: So wird z.B. gesagt, die deliktsrechtlich in gewissem Umfang
vom **UWG geschützten Chancen am Markt** seien in einem marktwirtschaft-
lichen Rechtssystem niemandem exklusiv zugewiesen, weshalb sie keinen
Zuweisungsgehalt haben (KOLLER, OR AT I, 545f.; differenzierend LARENZ/
CANARIS, 176). **Forderungsrechte** sind zwar bekanntlich keine absoluten
Rechte, ihre Einziehung ist aber doch (wie eben erwähnt) ihrem Inhaber
exklusiv zugewiesen, weshalb er bei **Einziehung der Forderung durch
einen Dritten** das Realisat herausverlangen kann (vgl. schon BK-BECKER,
Art. 62 N 5; BGE 110 II 199, 204ff. = Pra 1984, 499); das Problem ergibt
sich dann, wenn die Einziehung durch den Dritten zugunsten des Schuldners schuldbefreiende Wirkung hat (insb. im Fall des Art. 167), weil die
«Einziehung» durch den Dritten ansonsten das Forderungsrecht des Gläubigers unberührt lässt (und der Dritte allenfalls einer Leistungskondiktion
des Schuldners ausgesetzt ist); freilich kann der Gläubiger die Leistung an
den Dritten genehmigen und sich dann an diesen halten (SCHWENZER, 402).
Dagegen ist die verkaufte Sache vor der Verfügung über diese dem Verkäufer und nicht dem (Erst-) Käufer zugewiesen, weshalb **Doppelverkauf und
Übereignung an den Zweitkäufer** nicht in den Zuweisungsgehalt des vertraglichen Anspruchs des Erstkäufers eingreifen; der Zweitkäufer zieht ja
nicht den dem Erstkäufer zugewiesenen Anspruch auf Herausgabe und
Übereignung, sondern seine eigene, parallele Forderung ein; das Trennungs-
prinzip legt eine auch bereicherungsrechtlich (und nach Art. 423 Abs. 1) zu
beachtende Vermögenszuordnung fest (SCHWENZER, 402; HUGUENIN, OR AT,
N 1048; **a.A.** NIETLISPACH, 439f.; SCHMID, ZBJV 1995, 278f.; KOLLER,
OR AT I, 545; BÜRGI-WYSS, 268).

Davon zu unterscheiden ist die Frage, ob die zugewiesene Rechtsposition   24
marktgängig, der Gläubiger potenziell zur **Kommerzialisierung** des verletzten Rechts **bereit** oder dieses zumindest (qua Rechtsgeschäft) **entgelts-
fähig** sein muss. Sie stellt sich insbesondere beim **Persönlichkeitsrecht** und
dessen einzelnen Ausprägungen. Die Exklusivität der Zuweisung ist hier un-
strittig, fraglich ist der Gesichtspunkt der Zuweisung zur Nutzung. Jedenfalls abzulehnen ist die Meinung, die Rechtsposition müsse marktgängig
oder ihr Eigentümer potenziell zu ihrer Kommerzialisierung bereit sein –
dass eine bestimmte Rechtsposition auch sonst üblicherweise oder in concreto Gegenstand von Austauschverträgen ist, oder solches mehr oder weniger beabsichtigt ist, muss für ihren bereicherungsrechtlichen Schutz

irrelevant sein (LARENZ/CANARIS, 172). Sofern also die Verwertung solcher Rechte möglich ist, steht einer Kondiktion bei Eingriffen nicht im Wege, dass sie sonst nicht am Markt erhältlich sind oder der Berechtigte die Verwertung nicht beabsichtigt. Auch das Kriterium der «Entgeltsfähigkeit» geht m. E. am Kern der Fragestellung vorbei (vgl. kritisch auch BÜCHLER, AcP 2006, 332 ff.; JENNY, 202 f.): In der Tat sollte das Bereicherungsrecht nicht zur Folge haben, dass Gegenleistungen erbracht werden, deren Gewährung auf vertraglicher Grundlage von der Rechtsordnung missbilligt werden; dies folgt schon aus Art. 66. Zu beachten ist aber der Schutzzweck jener Normen, welche bestimmte Austauschbeziehungen (Kommerzialisierung der Sexualität, des Körpers etc.) missbilligen. Diese Verbote stehen einem bereicherungsrechtlichen Ausgleich für Eingriffe in die womöglich durch Vertrag nicht kommerzialisierbaren Rechtspositionen durchaus nicht entgegen – hier würde ja mitnichten qua Bereicherungsrecht der verpönte Leistungsaustausch erreicht. Im Gegenteil würde ein Kondiktionsausschluss mangels Entgeltsfähigkeit wegen der Sittenwidrigkeit einer Verfügung über bestimmte Aspekte des Persönlichkeitsrechts die dadurch geschützte Person benachteiligen und dem Eingreifer seinen Vorteil erhalten. Wo eine restituierbare Bereicherung gerade aus einem solchen Eingriff in Persönlichkeitsrechte resultiert, erübrigt sich die Frage, ob das Recht (auf einem Markt oder sonst) «etwas wert war» bzw. Gegenstand vertraglicher Dispositionen hätte sein können – der Ausgleich für durch Eingriffe erlangte Vorteile hat schliesslich nichts mit dem Abschluss eines womöglich verpönten Austauschvertrages über die Güter zu tun. Insgesamt kommt es m. E. nicht einmal darauf an, dass der Gläubiger die Gestaltungsmacht bezüglich des Eingriffs hat (so BÜCHLER, AcP 2006, 333); es reicht, dass der Gläubiger als Inhaber eines absoluten Rechts die Möglichkeit zur Untersagung des Eingriffs hat, was freilich schon aus der exklusiven Zuweisung des Rechtsguts folgt. Auch daran anknüpfend könnte man natürlich die Diskussion um «Zuweisungsgehalts-» und «Rechtswidrigkeitstheorie» wieder aufnehmen; dies ist jedoch nicht Anliegen des Verfassers, schon gar nicht an dieser Stelle.

25   Zuweisungsgehalt hat insbesondere offensichtlich das **Eigentumsrecht**. Dennoch sind Nichtleistungskondiktionen wegen Verletzung dieses Zuweisungsgehalts praktisch eher selten: Zunächst ist an den **Vorrang der Vindikation vor der Kondiktion** zu erinnern (N 12); besteht daher im Verhältnis zum potenziellen Nichtleistungskondiktionsschuldner eine Vindikationslage, so scheidet die Nichtleistungskondiktion aus (BGE 110 II 228, 233 f.) – so z. B. im Verhältnis zwischen Eigentümer und Dieb der Sache. Hat der **Vindikationsschuldner über die Sache verfügt**, so ist zu unterscheiden: Besteht die Vindikationslage nun im Verhältnis zum Drittwerber, so kann der Eigentümer zwischen der Vindikation gegen diesen und einer Eingriffskondiktion gegen den ersten Entzieher der Sache (auf Herausgabe

des Veräusserungserlöses) wählen (KOLLER, OR AT I, 471, 543); auch hier ist die Kondiktion nicht «subsidiär» (vgl. N 8); hat der Dritte dagegen gutgläubig Eigentum erworben, so bleibt der frühere Eigentümer auf die Kondiktion des Veräusserungserlöses verwiesen (vgl. etwa NIETLISPACH, 383).

Freilich ist **nicht jeder Eigentumserwerb kondiktionsfest**: Dass der derivative Eigentumserwerb vom Eigentümer nicht bereicherungsrechtlich rückabgewickelt werden kann, versteht sich von selbst – er hat, muss ja einen Rechtsgrund im Verpflichtungsgeschäft haben. Bei anderen Tatbeständen des Eigentumserwerbs ist dagegen zu prüfen, ob diese nur das Sachenrecht im Interesse der Rechtssicherheit (vorläufig) zuordnen sollen oder ob sie auch den Rechtsgrund für das «Behaltendürfen» der Sache bzw. ihres Werts beinhalten (und daher eben kondiktionsfeste Erwerbstatbestände sind). Beim **gutgläubigen Erwerb vom Nichtberechtigten** ist eindeutig auch letzteres der Fall: Die Bestimmungen über den Gutglaubenserwerb sollen nicht bloss eine vorläufige Güterzuordnung bewirken, sondern schützen den Gutgläubigen in seinem Vertrauen darauf, die Sache behalten zu dürfen; vgl. jedoch gleich N 27 zum gutgläubigen Erwerb aufgrund unentgeltlichen Verpflichtungsgeschäfts. Anders verhält es sich ausweislich bei Art. 671 Abs. 2, 672 Abs. 1, 726 Abs. 3 und 727 Abs. 3 ZGB beim Eigentumserwerb durch **Einbau, Verarbeitung, Verbindung** und **Vermischung**. Strittig ist die Kondiktionsfestigkeit der **Ersitzung** – vgl. dazu HUWILER, Festgabe Schweizerischer Juristentag, 99 ff. m. w. Nw.

26

Ein besonderes Problem stellt die Kondiktionsfestigkeit des **Gutglaubenserwerbs** dar, wenn diesem ein **unentgeltliches Verpflichtungsgeschäft** zugrunde liegt: Der Veräusserer hat hier keine Gegenleistung für die Sache erhalten und kann sich daher gegenüber dem früheren Eigentümer u. U. auf den Wegfall der Bereicherung (Art. 64 N 5) berufen, während der Dritte die Sache womöglich aufgrund des Gutglaubenserwerbs behalten darf, obwohl er diesfalls mangels Aufwendungen für den Erwerb der Sache viel weniger schutzwürdig ist als der ursprüngliche Eigentümer, der die Sache so ersatzlos verlöre. Im deutschen Recht stellt § 816 Abs. 1 Satz 2 BGB sicher, dass in einem solchen Fall (ausnahmsweise – vgl. N 30) der bereicherungsrechtliche Anspruch gegen den dritten Erwerber besteht, womit dieser zwar kraft guten Glaubens Eigentümer geworden ist, die Sache aber an den Kondiktionsgläubiger zurückübereignen muss. Dies ist im Zusammenhang mit § 822 BGB zu sehen, wonach Dritte als Kondiktionsschuldner anzusehen sind, wenn sie das Erlangte vom Kondiktionsschuldner unentgeltlich erworben haben – dadurch kann der ursprüngliche Eigentümer die Sache von jedem Dritten kondizieren, an welche sie der ursprüngliche Kondiktionsschuldner, im Falle des § 816 Abs. 1 Satz 2 BGB daher auch der unentgeltliche Gutglaubenserwerber, verschenkt hat. Eine einfachere Lösung mit demselben Ziel sieht das österreichische Recht vor, wonach der gut-

27

gläubige Eigentumserwerb beweglicher Sachen von vornherein nur bei entgeltlichem Verpflichtungsgeschäft in Betracht kommt. Das schweizerische Recht sieht keine einschlägige Bestimmung vor. Das Problem ergibt sich aber schon deshalb kaum, weil nach h.M. die Schenkung einer fremden Sache nach Art. 239 Abs. 1 unwirksam ist und daher ein Eigentumserwerb des Beschenkten i.d.R. nicht in Betracht kommt (vgl. nur von Thur/Peter, OR AT, 516; Schwenzer, 409; BSK OR I-Vogt Art. 239 N 43). Zudem wird vertreten, die § 822 BGB entsprechenden Rechtsfolgen gälten auch in der Schweiz (von Tuhr/Peter, 515f.; Bucher, OR AT, 678; Koller, OR AT I, 516; ähnlich Schwenzer, 409; a.A. Riemer, recht 2005, 35, 36). Dem ist zuzustimmen: Die Kondiktionsfestigkeit des Gutglaubenserwerbs selbst beruht – wie erwähnt (N 26) – auf wertender Auslegung; dementsprechend ist eine Ausnahme geboten, wo andere Wertungsgesichtspunkte prävalieren. §§ 816 Abs. 1 Satz 2, 822 BGB bieten eine technisch ausgereifte (und nur auf den ersten Blick womöglich komplizierte) Regelung zur Erreichung dieser wertungsrichtigen Lösung und könnte daher in rechtsvergleichender Auslegung angewendet werden.

V. Mehrpersonale Verhältnisse

28 Die Rückabwicklung in **mehrpersonalen Leistungsbeziehungen** gehört zu den meistdiskutierten Problemen vor allem, aber nicht nur, des deutschen Bereicherungsrechts. Die hiesige Diskussion stellt durchgehend ein Echo des deutschen Meinungsstandes dar (vgl. Voser, 187 ff.). Zu den die Diskussion dominierenden Anwendungsfällen hat sich das Bundesgericht für eine «adoption en Suisse de principes déjà fermement établis outre-Rhin, quitte à les préciser ou à les modifier au besoin» ausgesprochen (BGE 121 III 109, 117 = Pra 1995, 932).

29 Die einfacheren Fälle können durchaus mit Hilfe des Leistungsbegriffs gelöst werden: Bei Leistung an oder durch einen **Stellvertreter** soll die Leistung an oder für den Vertretenen erfolgen, weshalb dieser Bereicherungsschuldner oder -gläubiger wird. Bei allen **«indirekten» Stellvertretungsverhältnissen** tritt der Beauftragte dagegen selbst als Leistender/Leistungsempfänger auf, weshalb auch er Gläubiger/Schuldner des Kondiktionsanspruchs wird. Bei der **Vertretung ohne Vollmacht** richtet sich die Kondiktion nach Art. 39 Abs. 3 gegen den Scheinvertreter (BGE 90 II 404, 413f.; 116 II 689, 691 m.w.Nw.; vgl. dazu Koller, OR AT I, 526f.).

30 Entsprechendes gilt in Fällen von **Leistungsketten** (Veräusserung einer Sache und Weiterveräusserung); die Leistung wird vom ersten an den zweiten Veräusserer und von diesem an den Enderwerber usw. erbracht; die Kondiktion hat daher im jeweiligen Leistungsverhältnis zu erfolgen, auch wenn in beiden Verhältnissen der Rechtsgrund fehlt oder weggefallen ist; daher

gibt es auch in diesem Fall keine «Direktkondiktion» des Erstveräusserers gegen den Enderwerber. Vgl. jedoch zum unentgeltlichen Erwerb N 27.

Besonders beliebt ist die Diskussion von **Anweisungsverhältnissen** i. w. S., 31
zum einen wegen der eminenten praktischen Bedeutung der Frage gerade mit Blick auf den bargeldosen Zahlungsverkehr, zum anderen wegen der theoretischen Komplexität der Frage. Dennoch besteht heute über die meisten Fragen im Ergebnis Einigkeit. Die Schwierigkeiten mit diesen – im Ergebnis ohnedies allgemein anerkannten und praktisch doch einigermassen einleuchtenden – Ergebnissen resultieren eigentlich zum Teil daraus, dass die Zweckrichtung der Leistung des Angewiesenen an den Leistungsempfänger hier nicht ohne weiters feststellbar ist, weil mit der Leistung ja Tilgung im Deckungs- *und* Valutaverhältnis eintritt. «Woran die Bank hier (für den Anweisungsempfänger erkennbar) denkt», weiss man in Wahrheit (um diesen Satz so salopp zu Ende zu führen, wie er begonnen hat) nur, wenn man schon weiss, welches Ergebnis man anvisiert. «Bewusst zweckgerichtet» leistet der Angewiesene hier einfach auf beide Rechtsverhältnisse, weshalb der Leistungsbegriff hier als Schema zur Bestimmung des Kondiktionsschuldners versagt. CANARIS sucht hier einen Ausweg mit dem Hinweis, die bereicherungsrechtliche Rückabwicklung habe hier in jenem Verhältnis zu erfolgen, in welchem der kondiktionsauslösende Mangel besteht (LARENZ/CANARIS, 249). Auch das ist kaum ein «dogmatisches Zentralkriterium» (so aber CANARIS, a. a. O.), beschreibt aber die hier herrschenden Ergebnisse anschaulich, weshalb der «kondiktionsauslösende Mangel» vielleicht eine gute Gedächtnisstütze für die Lösung von Anweisungsfällen darstellt.

Der Umstand, dass die Leistung im Anweisungsfall nicht «in der Kette» er- 32
folgt (das hiesse z. B.: der Schuldner des Valutaverhältnisses hebt aufgrund des Deckungsverhältnisses mit der Bank das Geld ab und leistet bar an seinen Gläubiger), ändert zunächst nichts an den bereicherungsrechtlichen Verhältnissen: Die Kondiktion erfolgt also jeweils zwischen den Parteien des Deckungs- und/oder Valutaverhältnisses, und zwar wiederum auch dann, wenn beide Verhältnisse mangelhaft sind; auch hier führt der Doppelmangel nicht zur «Direktkondiktion» (vgl. BGE 116 II 689, 691; 121 III 109, 116; BGer 4C.79/2002, E. 2.2; BGer 4C.332/2005, E. 2.3). Eine solche gewährt die h. M. grundsätzlich nur dann, wenn es überhaupt an einer Anweisung mangelt (z. B. bei versehentlich doppelter Ausführung eines Zahlungsauftrags, Widerruf der Anweisung udgl.), es sei denn, der Anweisungsempfänger ist gutgläubig (vgl. BGE 116 II 689, 691 ff.; 117 II 404, 407 f.; 121 III 109, 112 ff.; BGer 4A.135/2007, E. 3.3; vgl. dazu KOLLER, ZBJV 1995, 797 ff.; KÖNDGEN, SZW 1996, 30 ff.; BUIS, 159 ff.; umfassend VOSER, 285 ff.). Im Ergebnis ist hier lediglich der zuletzt genannte Aspekt des Vertrauensschutzes umstritten (vgl. krit. VOSER, 369 ff.; abl. wohl auch

BSK OR I-SCHULIN, N 33). Nach FLUME, AcP 1999, 4 ff. soll der Gutglaubensschutz jedenfalls dann nicht greifen, wenn auch das Valutaverhältnis
mangelhaft ist und der Anweisungsempfänger das Geleistete daher ohnedies (an den Anweisenden) zurückerstatten müsste (vgl. auch HONSELL, AJP
1995, 1209 ff.).

33   Im Unterschied zur Anweisung besteht im **Zessionsfall** auch im Ergebnis keine Einigkeit, obwohl die Rechtslage hier m. E. doch recht eindeutig
ist: Der (angebliche) debitor cessus, der nicht (also weder dem «Zedenten»
noch dem «Zessionar» – zur Einziehung einer fremden Forderung vgl.
oben N 23) schuldet, aber an den Zessionar leistet, denkt, dieser sei sein
Schuldner und leistet daher offensichtlich an diesen und nicht an den
Zedenten (vgl. zum Fall, dass die Zahlung auf einem Konto des Zedenten
beim [Zweit-]Zessionar eingeht: ZOBL, SJZ 1989, 356 ff., 358; STOLL, SJZ
1993, 389 ff.). Daher ist auch der Zessionar Bereicherungsschuldner (vgl.
überaus treffend FLUME, AcP 1999, 19 ff.; ebenso KOLLER, OR AT I, 528).
Gegenteiliges folgt auch nicht daraus, dass der Schuldner bei der Zahlung
mehr oder weniger intensiv an sein Rechtsverhältnis mit dem Zedenten
denkt (vgl. aber SCHWENZER, 398 f.), aus zessionsrechtlichen Grundsätzen
(so aber insb. LARENZ/CANARIS, 237 ff.; vgl. treffend FLUME, a. a. O. 24) oder
wegen eines angeblichen Grundsatzes, wonach die Kondiktion im Verhältnis zu erfolgen habe, in welchem der kondiktionsauslösende Mangel besteht (so aber LARENZ/CANARIS, 238). Ebenso wie bei der bereicherungsrechtlichen Rückabwicklung fehlgeschlagener gegenseitiger Verträge (vgl.
Art. 64, 65 N 11) sollte man auch hier nicht schon im Grundsatz den bereicherungsrechtlichen Anspruch just an jenem Schuldverhältnis ausrichten,
dessen Nichtexistenz Grund für die Entstehung eben dieses Anspruchs ist.

34   Komplex sind auch mehrpersonale Verhältnisse unter Einschluss von **Nichtleistungskondiktionen**: In diesem Zusammenhang wurde vor allem im
deutschen Recht die Formel von der **Subsidiarität der Nichtleistungskondiktion** geprägt (vgl. BGHZ 40, 278 u. a.; dazu LARENZ/CANARIS, 144 f.; zu
unterscheiden davon ist die Idee einer generellen Subsidiarität bereicherungsrechtlicher Ansprüche; dazu N 8): Demnach soll die Nichtleistungskondiktion nur dann gegeben sein, wenn der Bereicherungsschuldner die
Bereicherung überhaupt nicht, also von niemandem geleistet wurde. Zum
Glück wurde diese Irrlehre in der Schweiz nie rezipiert (vgl. jedoch KOLLER,
OR AT I, 538, wonach es sich dabei aber «um einen blossen Grundsatz, also
eine Regel, welche Ausnahmen erleidet» handelt; unscharf RIEMER, recht
2005, 35 f.); sie ist in dieser Allgemeinheit gewiss falsch (vgl. dazu besonders instruktiv WILBURG, JBl. 1992, 545; LARENZ/CANARIS, 144 f.; MK-LIEB
§ 812 N 24): Warum soll ich gegen den unberechtigten Bewohner meines
Hauses keine Eingriffskondiktion haben, bloss weil mein Nachbar ihm dieses unberechtigterweise vermietet und mittels eines Nachschlüssels über-

geben (also an ihn geleistet) hat? Nichts legt hier nahe, dass nur der Nachbar Kondiktionsschuldner sein soll (vgl. zu letzterem Fall BGE 129 III 422, 424 f.)

Hinter dem verfehlten Subsidiaritätsdogma versteckt sich indes eine Reihe   35
verschiedener, vollauf ungeklärter Fragestellungen; diese können auch hier
nicht geklärt werden. Ein Teil der einschlägigen Fragen kann u. U. anknüpfend an das Tatbestandsmerkmal «aus dem Vermögen eines andern» mit
dem Erfordernis der «Unmittelbarkeit» (BGE 106 II 29, 31 mit freilich verfehltem Ergebnis) der Bereicherung («wirtschaftlicher Zusammenhang
zwischen Leistung und Bereicherung» – z. B. BGE 129 III 646, 652) beantwortet (kaum: gelöst) werden – demnach soll eine Kondiktion nur dann gegeben sein, wenn der fragliche Vermögenswert bis zum kondiktionsauslösenden Vorgang im Vermögen des Bereicherungsgläubigers war (vgl. zu
diesem Prinzip LARENZ/CANARIS, 189); auch dieses Kriterium ist freilich
durchaus missverständlich. Grob gesprochen muss wohl gerade jener Vorgang, der zur Bereicherung des Schuldners geführt hat, ungerechtfertigt
sein (also gerade die Leistung, der Eingriff, die Aufwendung, wodurch die
Bereicherung des Schuldners eingetreten ist). Dies ist nicht der Fall bei Erwerbsketten, wenn der Enderwerber die Sache zu einem Zeitpunkt erhalten hat (also durch sie bereichert wurde), als sie schon nicht mehr zum Vermögen des Bereicherungsgläubigers gehörte, weil sein Vormann daran
Eigentum, z. B. durch Verarbeitung (oder Vermischung mit eigenem Geld)
erworben hat, wohl aber, wenn der Vormann (der die Sache z. B. gestohlen
hat) gar nicht Eigentümer war (vgl. den klassischen «Jungbullenfall», BGHZ
55, 176; **a. A.** wohl BGE 71 II 90; dagegen KOLLER, OR AT I, 542). (Vgl. zur
Ausnahme bei unentgeltlichem Erwerb oben N 27.) Jedenfalls verfehlt ist
aber die Aussage, ein Anspruch nach Art. 62 könne keine Leistung zum
Gegenstand haben, die der potenzielle Bereicherungsschuldner in guten
Treuen gestützt auf einen (allerdings nicht im Verhältnis zum Kondiktionsgläubiger bestehenden!) gültigen Rechtsgrund empfangen hat (so aber
BGE 106 II 29, 31 f. = Pra 1980, 489 f.; vgl. auch BGE 87 II 18, 20 ff.; 99 II
131, 134 f.). Wie gesagt: Die hier und in einer Reihe anderer Mehrpersonenverhältnisse bestehenden Problem sind ungelöst, und zwar nicht nur in der
Schweiz.

Art. 63

II. Zahlung einer Nichtschuld

[1] Wer eine Nichtschuld freiwillig bezahlt, kann das Geleistete nur dann zurückfordern, wenn er nachzuweisen vermag, dass er sich über die Schuldpflicht im Irrtum befunden hat.

[2] Ausgeschlossen ist die Rückforderung, wenn die Zahlung für eine verjährte Schuld oder in Erfüllung einer sittlichen Pflicht geleistet wurde.

[3] Vorbehalten bleibt die Rückforderung einer bezahlten Nichtschuld nach Schuldbetreibungs- und Konkursrecht.

Literatur

KOLLER, Die Kondiktionssperre von Art. 63 Abs. 1 OR, AJP 2006, 468 ff.

I. Nicht-irrtümliche, freiwillige Zahlung einer Nichtschuld

1 Art. 63 Abs. 1 stellt **keinen speziellen Kondiktionstatbestand** dar (HU-WILER, FS Schulin, 41 ff.; KOLLER, AJP 2006, 468; GAUCH/SCHLUEP/SCHMID/REY, N 1489a; **a. A.** z. B. BGE 90 II 404, 414; BGer 4C.279/2003, E. 3.2; CR CO I-PETITPIERRE, N 2; BSK OR I-SCHULIN, N 1; vgl. schon Art. 62 N 2), sondern **eine Kondiktionssperre**, also eine Einwendung gegen den bereicherungsrechtlichen Anspruch, welche nur bei der **condictio indebiti** (und, wenn man differenzieren will, auch bei der condictio sine causa) eingreift; bei der **condictio causa data, causa non secuta** wird dagegen schon auf Anspruchsgrundlagenebene vorausgesetzt, dass die Leistung bewusst als nicht geschuldet, aber zur Erreichung eines bestimmten Zwecks erbracht wird. Darum kann sich der Bereicherungsschuldner auch nicht auf Art. 63 Abs. 1 berufen, wenn der Gläubiger in Kenntnis der Nichtschuld geleistet hat, um den Schuldner zur Erbringung der Gegenleistung zu bewegen (BGE 115 II 28; BGer 4C.165/2000). Haben beide Parteien irrtümlich geleistet, können beide auch nach Art. 62 Abs. 1 kondizieren; haben beide im Bewusstsein der Unwirksamkeit geleistet, um den anderen Teil zur Gegenleistung zu bewegen, resultiert der Rechtsgrund für das Behaltendürfen der Leistung aus der Zweckerreichung (vgl. Art. 62 N 17). Wäre die Kondiktionssperre nur für einen Anspruch verwirklicht, so hätte dies das «stossende» Ergebnis, dass der Irrende seine Leistung kondizieren kann, die Gegenleistung aber behalten darf. Zu Recht wendet das Bundesgericht in solchen Fällen Art. 63 Abs. 1 daher nicht an (BGE 115 II 28; vgl. dazu

GAUCH/SCHLUEP/SCHMID/REY, N 1576 ff.). Überzogen scheint jedoch die Konsequenz, daher Art. 63 Abs. 1 bei der **Rückabwicklung gegenseitiger Verträge** gar nicht anzuwenden (so aber BGE 115 II 28, 29 f.) – es ist ja auch denkbar, dass beide Parteien trotz Zweifel leisten, daher nach h. M. (N 3) nicht irrig, aber auch nicht mit der Zweckbestimmung leisten, dass sie um der Erbringung der Gegenleistung willen ohne Rechtsgrund leisten; in diesen Fällen scheint es durchaus vertretbar, auf beide Leistungen Art. 63 Abs. 1 mit der Folge anzuwenden, dass keine Leistung kondiziert werden kann.

Anders als im deutschen Recht (§ 815 BGB) ist hierzulande keine Kondiktionssperre für den Fall vorgesehen, dass der Gläubiger eine Leistung wegen Zweckverfehlung kondiziert, obwohl ihm die Unmöglichkeit der Zweckerreichung bekannt war (vgl. BK-BECKER, Art. 62 N 18); in solchen Fällen kann freilich u. U. Art. 2 ZGB der Kondiktion entgegenstehen. 2

Der Leistende kann die Kondiktionssperre ausschliessen, indem er ausdrücklich **unter Vorbehalt leistet** (ZR 1921, 240; ZR 1970, 249; VON BÜREN, OR AT, 300; KOLLER, AJP 2006, 468). Art. 63 Abs. 1 ist letztlich Ausdruck von Treu und Glauben, insbesondere des Verbots widersprüchlichen Verhaltens (Pra 1991, 84; KOLLER, AJP 2006, 468 f.). Daran ist m. E. auch die Auslegung des Tatbestandselements «**Irrtum**» auszurichten: Sachlich gerechtfertigt ist die Kondiktionssperre in Wahrheit nur dann, wenn der Leistungsempfänger aufgrund des Verhaltens des Leistenden darauf vertrauen durfte, dass er die Leistung endgültig behalten darf. Der Umstand, dass der Leistende den Irrtum beweisen muss (was nicht einfach ist!), wird ohnedies häufig dazu führen, dass der Empfänger die nicht geschuldete Leistung behalten darf (auch wenn er kaum schutzwürdig darauf vertraut haben mag). Dies legt nahe, den Begriff «**Irrtum**» grosszügig auszulegen; dies entspricht wohl auch der h. M. (vgl. KRAUSKOPF, Art. 63 N 5; BGE 131 III 222 = Pra 2005, 822). Nach dieser fällt jedoch nicht nur die wissentliche Zahlung (oder jede andere Leistung!) einer Nichtschuld unter Art. 63 Abs. 1, sondern auch die Leistung bei Bestehen von **Zweifeln über die Schuld**; wer irre, zweifle nicht (KOLLER, AJP 2006, 470). Dies ist m. E. zu relativieren: Das Gesetz stellt hier ohnedies nicht auf den Horizont des Leistungsempfängers ab, schützt diesen also auch dann, wenn auch er weiss, dass die Leistung nicht geschuldet ist und der Leistende keinerlei Erklärung darüber abgibt, dass und warum er die Nichtschuld bezahlt. Insofern ist der Wortlaut des Art. 63 Abs. 1 hinzunehmen. Grundsätzlich sollte der Begriff «Irrtum» m. E. daher auf die wissentliche Bezahlung der fremden Schuld eingeschränkt werden; hat der Leistende bloss Zweifel am Bestand der Schuld, so sollte die Kondiktionssperre m. E. nur dann gelten, wenn der Leistungsempfänger darzutun vermag, warum er konkret auf die Vorbehaltlosigkeit der Leistung vertrauen durfte. 3

4   Auf das Verschulden des Leistenden kommt es nach h. M. nicht an; auch **schuldhafte Unkenntnis** der Nichtschuld schliesst die Kondiktion nicht aus (BGE 64 II 121, 127 ff.; 129 III 646, 650); in Betracht kommen **Tatsachen- und Rechtsirrtum** (BGE 40 II 249, 254 ff.; 64 II 121, 127; 107 II 255, 258; 113 II 189 = Pra 1988, 624; BGer 4C.338/2006 E. 3.1). Dem Irrtum über das Bestehen der Schuld gleichzuhalten ist jener über die **Empfangsberechtigung** (BGE 90 II 404, 414 – Leistung an Scheinvertreter).

5   Der **Irrtum** ist nicht schon dadurch **bewiesen**, dass die Rechtsgrundlosigkeit der Leistung dargetan ist (vgl. BGer 4C.212/2002, E. 4.3). Irreführend ist der Rechtssatz, wonach ein Irrtum dann vorliegt, wenn nach den Umständen des Falls ausgeschlossen werden kann, dass eine Schenkung vorliegt und dass bei Geschäftsbeziehungen nie von einer Schenkung auszugehen sei (vgl. BGE 64 II 121, 129; aus jüngerer Zeit etwa BGE 131 III 222 = Pra 2005, 822). Dies ist so zu verstehen, dass ein Irrtum dann vorliegt, wenn kein erkennbarer Grund für die Leistung ausser Schenkung in Betracht kommt (also insbesondere nicht: Zahlung einer wenn auch noch so zweifelhaften Schuld, «um die Angelegenheit abzuschliessen» o. dgl.), und dass eine Schenkung im geschäftlichen Verkehr praktisch nie in Betracht kommt. Dabei ist allerdings zu beachten, dass der Kondiktionsgläubiger nach dem unmissverständlichen Wortlaut von Art. 63 Abs. 1 den Irrtum beweisen muss, weshalb es auch im geschäftlichen Verkehr nicht ausreichen kann, nur die mangelnde Schenkungsabsicht darzulegen (treffend BGer 4C.212/2002, E. 4.3).

6   Die Leistung muss «**freiwillig**» erfolgen, also nicht aufgrund einer Täuschung (Pra 2005, 822), Drohung des Leistenden oder einer sonstigen Zwangslage, welche die Leistung als einzigen Ausweg erscheinen lässt (BGE 123 III 101, 108; 129 III 646, 649). Nicht «freiwillig» i. d. S. ist daher auch die Leistung des **nicht Urteilsfähigen**. Zur Zahlung unter Vollstreckungsdruck vgl. N 7. Die Leistung ist jedoch durchaus nicht unfreiwillig i. d. S., bloss weil der Gläubiger «Druck» macht, insbesondere Schritte zur Rechtsverfolgung setzt oder einleitet, welchen der Leistende entgehen möchte (Gauch/Schluep/Schmidt/Rey, N 1536; von Thur/Peter, OR AT, 484; Koller, AJP 2006, 470); zur Leistung unter Vollstreckungsdruck vgl. N 10. Unfreiwillig i. d. S. ist auch jede Leistung, die gegen den Willen oder ohne die Zustimmung des Leistenden erfolgt (Pra 1991, 84 BGer 4C.279/2003, E. 3.3).

II.   Leistung auf eine Naturalobligation, Erfüllung einer sittlichen Pflicht

7   Wer auf eine Naturalobligation leistet, tut dies mit Rechtsgrund; schon daher scheidet eine Rückforderung nach Art. 62 aus, was Art. 63 Abs. 2 mit

Blick auf den wichtigsten Fall, die verjährte Forderung, ausspricht; die Verjährung berechtigt den Schuldner nur zur Verweigerung der Leistung; erbringt er sie dennoch, so scheidet eine Kondiktion aus, gleichgültig, ob die Einrede der Verjährung erhoben wurde. Entsprechendes gilt für die Leistung in Erfüllung sittlicher Pflichten, sofern diese nicht ohnedies als Schenkung einen Rechtsgrund hat.

III. Vollstreckung und Leistung unter Vollstreckungsdruck

Wird eine **nicht bestehende Geldforderung** im Wege der Betreibung **exekutiv durchgesetzt**, so ist Art. 63 Abs. 1 von vornherein nicht anwendbar: Die Pfändung und Verwertung von Bestandteilen des Schuldnervermögens und Auszahlung des Realisats an den Betreibenden stellt keine Leistung des Betriebenen, sondern allenfalls einen **(Dritt-)Eingriff** dar (die h. M. möchte allerdings den besonderen Leistungskondiktionstatbestand des Art. 86 SchKG zu Unrecht auch auf die Befriedigung des Gläubigers durch Vollstreckung anwenden; vgl. v. a. BGE 115 III 36 = Pra 1989, 589; BGE 132 III, 539, 544; dies ist freilich umstritten – vgl. BSK SchKG-BODMER, Art. 86 N 11 m. w. Nw.); daher kann der an den Gläubiger ausbezahlte Verwertungserlös ohne weiteres (also ohne Beachtung von Art. 63 Abs. 1 oder Art. 86 SchKG) schlicht nach Art. 62 kondiziert werden, wenn sich herausstellt, dass die betriebene Forderung nicht bestand; auf prozessualer Ebene ist dabei aber natürlich die Rechtskraft eines etwaigen Entscheids über die betriebene Forderung zu beachten, welche die Behauptung, diese habe nicht bestanden, u. U. präkludiert.   8

Dementsprechend ist auch die **Verwertung schuldnerfremder Vermögenswerte** ein (Dritt-)Eingriff in das Eigentums- oder sonstige Recht des Drittberechtigten; Kondiktionsschuldner ist auch in diesem Fall der Betreibende (VON THUR/PETER, OR AT, 496 f.; **a. A.** BGE 45 III 116, 120; FRITZSCHE/WALDER, Schuldbetreibung und Konkurs I, Zürich 1984, 368; BSK SchKG-STAEHELIN, Art. 106 N 22).   9

Art. 63 Abs. 3 denkt dagegen an die **Leistung unter Vollstreckungsdruck**; leistet ein Schuldner nur, um der Pfändung und Verwertung seines Vermögens zu entgehen, so fehlt es an der Freiwilligkeit i. S. v. Art. 63 Abs. 1, weshalb diese Kondiktionssperre schon deshalb nicht eingreifen dürfte (vgl. nur Pra 1991, 84). Unrichtig ist es insbesondere, wenn in diesem Zusammenhang gesagt wird, Art. 63 Abs. 1 könne bei Leistungen unter Vollstreckungsdruck allenfalls dann zur Anwendung kommen, wenn zwar unter Vollstreckungsdruck, aber doch irrtümlich geleistet wird (BSK SchKG-BODMER, Art. 86 N 29); Art. 63 Abs. 1 schliesst die Kondiktion ja offenkundig nur aus, wenn weder irrtümlich noch freiwillig geleistet wurde. Allerdings hat der schweizerische Gesetzgeber mit **Art. 86 SchKG (Rückforderungsklage)**   10 eine spezielle Bestimmung für solche Fälle geschaffen. Das Verhältnis zwischen Art. 62 Abs. 1 (bzw. Art. 63 Abs. 1 für jene, welche diese Bestimmung irrig für eine eigentliche Anspruchsgrundlage halten) und Art. 86 SchKG ist dunkel. Überwiegend wird offenbar eine Konkurrenz der Ansprüche angenommen (BSK SchKG-BODMER, Art. 86 N 29 m. w. Nw.). Art. 86 SchKG dürfte wohl von der Erwartung ausgehen, dass mangels Irrtümlichkeit der Zahlung i. d. R. wegen Art. 63 Abs. 1 eine condictio indebiti nicht in Betracht komme, und daher eine spezielle Bestimmung in die Bresche springen müsse, die den Anspruch (wie es in Art. 86 Abs. 3 SchKG heisst) «von keiner anderen Bestimmung als dem Nachweis der Nichtschuld abhängig» macht. Richtig gesehen ist Art. 86 SchKG freilich überflüssig, weil es bei Zahlung unter Vollstreckungsdruck an deren Freiwilligkeit mangelt, die Kondiktion daher nicht nach Art. 63 Abs. 1 ausgeschlossen ist und daher (ebenso wie bei Art. 86 SchKG: cum grano salis) nur von der Rechtsgrundlosigkeit der Leistung abhängt – so wird dieses Problem etwa übrigens in Deutschland gelöst, wo keine Art. 86 SchKG entsprechende Bestimmung existiert (vgl. nur PALANDT/SPRAU, § 814 BGB N 5). Daher wird gesagt, Art. 86 SchKG gebe nur wieder, was ohnedies schon nach Art. 63 Abs. 1 gelten würde (vgl. BGE 61 II 4 ff.; KOLLER, AJP 2006, 470). Dies trifft aber insofern nicht zu, als Art. 86 Abs. 1 SchKG präzisiert, worin die Zahlung unter Vollstreckungsdruck besteht; nicht jede Zahlung unter dem Eindruck von Rechtsverfolgungsmassnahmen des Gläubigers ist ja «unfreiwillig» i. S. v. Art. 63 Abs. 1 (vgl. oben N 6). An diese Regelung des Art. 86 Abs. 1 SchKG anknüpfend hat sich eine detaillierte Kasuistik entwickelt, in welcher bei Zahlung in Vollstreckungssituation die Rückforderungsklage nach dieser Bestimmung gegeben ist (BSK SchKG-BODMER, Art. 86 N 14 ff.); diese Kasuistik hätte sich wohl kaum genau so aus dem allgemeinen Erfordernis der Freiwilligkeit nach Art. 63 Abs. 1 ergeben. Zudem ist die Rückforderungsklage nach Art. 86 Abs. 1 SchKG innerhalb eines Jahres nach der Zahlung zu erheben (vgl. dazu und zur Qualifikation dieser Frist BSK SchKG-BODMER, Art. 86 N 24 f.), womit die Verjährungsfrist des Art. 67 u. U. empfindlich abgekürzt wird. Der funktionale Gleichlauf der Kondiktionstatbestände, die inhaltliche Spezialität des Art. 67 und schliesslich der Gesichtspunkt, dass die Setzung einer knapperen Frist sinnlos wäre, wenn nach Ablauf dieser Frist ein gleichartiger Anspruch unter den gleichen, wenn nicht sogar (wegen der präziseren Umschreibung der Situationen einer Zahlung unter Vollstreckungsdruck in Art. 86 Abs. 1 SchKG) grosszügigeren Voraussetzungen gegeben wäre, sprechen doch deutlich dafür, Art. 86 SchKG als lex specialis für Fälle einer Leistung unter Vollstreckungsdruck (sic! – nicht: Befriedigung durch Verwertung, vgl. oben N 8) anzusehen (was freilich nicht daran hindern sollte, die allgemeinen Grundsätze des Bereicherungsrechts auch auf diese besondere Leistungskondiktion anzuwenden). De lege ferenda spricht alles dafür, diese überflüssige Spezialvorschrift zu streichen; stattdessen könnte man (wenn man denn möchte) Art. 63 durch eine Präzisierung der Vollstreckungssituationen ergänzen, in welchen die Leistung als unfreiwillig i. S. v. Abs. 1 anzusehen (und die Kondiktion nach Art. 62 daher gegeben) ist.

Art. 64

B. Umfang der Rückerstattung

I. Pflicht des Bereicherten

Die Rückerstattung kann insoweit nicht gefordert werden, als der Empfänger nachweisbar zur Zeit der Rückforderung nicht mehr bereichert ist, es sei denn, dass er sich der Bereicherung entäusserte und hiebei nicht in gutem Glauben war oder doch mit der Rückerstattung rechnen musste.

Art. 65

I. Ansprüche aus Verwendungen

[1] Der Empfänger hat Anspruch auf Ersatz der notwendigen und nützlichen Verwendungen, für letztere jedoch, wenn er beim Empfange nicht in gutem Glauben war, nur bis zum Betrage des zur Zeit der Rückerstattung noch vorhandenen Mehrwertes.

[2] Für andere Verwendungen kann er keinen Ersatz verlangen, darf aber, wenn ihm ein solcher nicht angeboten wird, vor der Rückgabe der Sache, was er verwendet hat, wieder wegnehmen, soweit dies ohne Beschädigung der Sache selbst geschehen kann.

Literatur

BUCHER, Hundert Jahre schweizerisches Obligationenrecht: Wo stehen wir heute im Vertragsrecht?, ZSR 1983 II, 251 ff.; FLUME, Die Saldotheorie und die Rechtsfigur der ungerechtfertigten Bereicherung, AcP 1994, 427 ff.; HARTMANN, Bemerkungen zum BGE 129 III 320, AJP 2003, 1475 ff.; HONSELL, Tradition und Zession – kausal oder abstrakt?, in: FS Wiegand, Bern/München 2005, 349, 360 ff.

I. Allgemeines

Zum Inhalt des bereicherungsrechtlichen Anspruchs enthalten die Art. 62 ff.   1
nur punktuelle Aussagen und lassen wesentliche Fragen offen. Dies stellt

jedoch keine carte blanche für die Annahme dar, bei der Bemessung des nach Art. 62 Zurückzuerstattenden könnten Billigkeitsgesichtspunkte eine grössere Rolle spielen als bei jener anderer Ansprüche (so aber z. B. KOLLER, OR AT I, 481 m. Nw.); Bereicherungsrecht ist nicht Billigkeitsrecht (HUWILER, Festgabe Schweizerischer Juristentag, 119; HONSELL, FS Schulin, 25 ff.). Nach der heute wohl herrschenden Sichtweise liegt die Bereicherung im Wert des Erlangten und nicht in der Ersparnis des Bereicherten; wer also etwa rechtsgrundlos eine Dienstleistung in Anspruch nimmt, ist nicht erst um die Ausgaben bereichert, die er für sie im rechtsgeschäftlichen Verkehr tätigen hätte müssen, sondern um die Dienstleistung selbst. Von einer echten Ersparnisbereicherung kann aber etwa bei der Leistung von Unterhalt durch einen Dritten (Registervater; vgl. nur BGE 129 III 646) gesprochen werden (vgl. auch BGE 127 III 421: Zahlung von Behandlungskosten für einen nicht Versicherten durch die Krankenkasse). Keinerlei Rolle auch für den Anspruchsumfang spielt eine «Entreicherung» des Kondiktionsgläubigers (vgl. Art. 62 N 5).

2   Gem. Art. 62 ist «die Bereicherung» herauszugeben (vgl. Art. 62 N 4). Nach heute h. M. bedeutet dies grundsätzlich **Naturalherausgabe** (SCHWENZER, 404 f.; KOLLER, OR AT I, 476 f.; ENGEL, obligations, 598). Dieser kommt allerdings aufgrund der Verdrängung der Kondiktion durch die Vindikation (Art. 62 N 12) nur geringe praktische Bedeutung zu (vgl. BGE 110 II 228, 234; zu denkbaren Fällen einer Kondiktion von Sachen vgl. z. B. BUCHER, OR AT, 656; KELLER/SCHAUFELBERGER, 7 f.; SCHWENZER, 405). Denkbar ist freilich etwa eine Kondiktion rechtsgrundlos abgetretener Forderungen (dazu GAUCH/SCHLUEP/SCHMID/REY, N 1504 ff.). Bei Dienstleistungen i. w. S. kommt eine Naturalherausgabe von vornherein nicht in Betracht, ähnlich verhält es sich bei Aufwendungen und den meisten Vorteilen aus Eingriffen. Ist die Naturalherausgabe daher nicht möglich, kommt ein Anspruch auf **Wertersatz** in Betracht.

3   Daran anknüpfend ergeben sich zwei zentrale Fragen bezüglich des Inhalts des Kondiktionsanspruchs – zum einen jene nach dem Umfang des Wertersatzes (N 4); zum anderen jene nach den Rechtsfolgen eines Wegfalls der Bereicherung (N 5 ff.). Dazu gehört letztlich auch der in Art. 65 geregelte Verwendungsersatzanspruch, der jedoch praktisch weitgehend irrelevant ist – die Rsp. wendet diese Bestimmung eng nur auf die Kondiktion von Sachen an (BGE 73 II 108, 110); da nach h. M. die Vindikation hier i. d. R. die Kondiktion verdrängt (Art. 62 N 12), kommt die Kondiktion von Sachen in praxi fast nicht vor. Bemessungsregeln für die in praxi dominierenden Wertersatzansprüche hat die Rsp. ganz unabhängig von Art. 65 entwickelt, weshalb diese Bestimmung nahezu totes Recht ist.

II. Wertersatz

Der Wertersatzanspruch wird im Gesetz zwar nicht erwähnt, lässt sich aber **4**
zwanglos aus der Anordnung des Art. 62 Abs. 1 ableiten, «die Bereicherung» sei zurückzuerstatten. Damit ist freilich noch nichts darüber gesagt,
welche Bewertungsmassstäbe hier anzulegen sind. Nach h. M. ist grundsätzlich der **objektive Wert**, d. h. der Verkehrswert oder Marktpreis des Bereicherungsgegenstandes geschuldet (vgl. z. B. BGE 119 II 437, 442); insbesondere ist nicht auf den subjektiven Wert für den Bereicherten abzustellen
(SCHWENZER, 406 f.). Nach Art. 62 geschuldet ist die Herausgabe von gewöhnlichen **Nutzungen** (Früchten) des Bereicherungsgegenstandes, insbesondere bei Geld die üblichen Zinsen, die der Bereicherte gezogen hat (oder
auch nur hätte ziehen können – BGE 84 II 179, 186), **nicht** jedoch eines darüber hinausgehenden **Gewinns** (SCHWENZER, 407; eingehend HOLENSTEIN,
158 ff.; a. A. KOHLER, FS Siehr, 77 ff.); ist der Bereicherungsschuldner bösgläubig, so gebührt freilich i. d. R. **Vorteilsherausgabe nach Art. 423 Abs. 1**
(vgl. nur BGE 129 III 422, 424; vgl. auch SCHMID, recht 2000, 205, 208);
schon zur Vermeidung von Wertungswidersprüchen sollte jeder bösgläubige
Bereicherungsschuldner (analog) unter Art. 423 Abs. 1 subsumiert werden
(in diese Richtung auch BGE 133 III 153, 157; wohl auch KOLLER, OR AT I,
485; davor de lege lata trotz eingehender, in diese Richtung weisender
Problemanalyse offenbar zurückschreckend WEBER, ZSR 1992 I, 333 ff.).

III. Wegfall der Bereicherung

Grundsätzlich ist die Bereicherung nach Art. 64 nur insofern herauszuge **5**
ben, als sie noch vorhanden ist; der Beweis für den Wegfall der Bereicherung obliegt dem Bereicherungsschuldner.

Das Gesetz stellt dafür auf den **Zeitpunkt «der Rückforderung»** ab. Damit **6**
trifft den Bereicherungsschuldner ab dieser «Rückforderung» eine verschärfte Haftung, weil er sich nicht mehr auf den Wegfall der Bereicherung berufen kann. Unklar ist, wie dieser Zeitpunkt genau zu bestimmen
ist. Das BGer hat einmal auf die «Einreichung der Klage» (BGE 87 II
137, 142), ein andermal auf die Zustellung des Zahlungsbefehls (BGE
106 II 36, 41 = Pra 1980, 591) abgestellt. Eine aussergerichtliche «Rückforderung» etwa durch Mahnung reicht daher offenbar nicht aus; allgemein
sollte hier auf den Zeitpunkt abgestellt werden, zu welchem der Bereicherungsschuldner durch Zustellung von der Einleitung des Betreibungsverfahrens oder der Klageanhebung erfährt. Aus der Haftungsverschärfung
ab der «Rückforderung» kann jedoch nicht geschlossen werden, dass
für die Bemessung des Anspruchs allgemein auf diesen Zeitpunkt abzustellen ist (so aber z. B. GUHL/KOLLER, 228); erhöht sich der Wert der Bereicherung nach diesem Zeitpunkt, so kommt es allgemeinen Grundsätzen ent

sprechend auf die Anspruchshöhe zum entscheidungsrelevanten Zeitpunkt im Prozess an.

7   Daneben haftet der Bereicherungsschuldner trotz Wegfalls der Bereicherung, wenn er «sich der Bereicherung entäusserte und dabei nicht in gutem Glauben war oder doch mit der Rückerstattung rechnen musste». Beide Alternativen laufen auf dasselbe hinaus, nämlich auf die **Bösgläubigkeit** (Art. 3 ZGB; zum Sorgfaltsmassstab vgl. etwa BGE 93 II 373, 378; BGer 4C.162/2003, E. 2) des Bereicherungsschuldners bezüglich der Existenz des Anspruchs im Moment des Wegfalls der Bereicherung (vgl. BGer 4C.162/2003, E. 2). Bei minderjährigen Bereicherungsschuldnern kommt es dabei grundsätzlich auf den guten Glauben ihrer gesetzlichen Vertreter an, bei Eingriffen des Minderjährigen ist ausnahmsweise auf dessen eigene Deliktsfähigkeit abzustellen (vgl. BGHZ 55, 128 – «Flugreisefall»).

8   Ein **Wegfall der Bereicherung** ist nur anzunehmen, wenn sich auch kein Surrogat des ursprünglich Erlangten im Vermögen des Schuldners befindet: Nicht von einem Wegfall ist daher insbesondere auszugehen, wenn der Bereicherungsschuldner die Sache bestimmungsgemäss verbraucht hat; als Denkhilfe wird in diesem Zusammenhang bisweilen auch darauf hingewiesen, das in solchen Fällen eine «Ersparnisbereicherung» vorliege, weil sich der Schuldner eigene Aufwendungen für die Anschaffung des verbrauchten Bereicherungsgegenstandes erspart hätte (HUGUENIN, OR AT, N 1056; TERCIER, obligations, 332). Auch hier ist dieser gedankliche Umweg allerdings überflüssig; wer möchte wirklich annehmen, die Verfeuerung des rechtsgrundlos geleisteten Heizöls in der Heizung des Leistungsempfängers führe zu einem Wegfall der Bereicherung, weil das Öl «verbrannt» sei? Auch dann, wenn der Bereicherungsschuldner das Erlangte «nur» für seinen Lebensunterhalt ausgegeben hat, ist daher nicht vom Wegfall der Bereicherung auszugehen (BGE 61 II 12, 20); anderes gilt, wenn der Bereicherungsschuldner mit dem Erlangten einen Lebensstandard finanziert hat, den er sich sonst nicht geleistet hätte (N 9).

9   Neben dem **Untergang** oder der **Entwertung** des ursprünglich Erlangten sind in diesem Zusammenhang auch **Kosten** zu beachten, welche gerade erst durch die Bereicherung eingetreten sind, also etwa Vertragskosten oder Verwendungen bezüglich des Erlangten (Art. 65). Hierher gehören auch **Verluste**, welche der Bereicherungsschuldner aufgrund seines Vertrauens auf das «Behaltendürfen» des Bereicherungsgegenstandes erlitten hat (weil etwa eine andere «günstige Gelegenheit» nicht genützt wurde), **Schäden**, welche gerade durch den Bereicherungsgegenstand oder dessen Rückforderung («**Rückforderungsschaden**» – vgl. BGE 64 II 121, 131; 73 II 108, 109 f.; 107 II 255, 259; KELLER/SCHAUFELBERGER, 79) verursacht wurden, insbesondere auch letztlich nachteilige Dispositionen im Vertrauen auf den Erwerb (vgl. etwa BGE 73 II 108, 109; 82 II 430, 439) oder die Verwen-

dung des Erlangten für Luxusausgaben, welche man sonst nicht getätigt hätte (BSK OR I-Schulin, Art. 64 N 6 ff.).

In den Fällen des Art. 64 kann sich der Empfänger **nicht auf den Wegfall**   10
der Bereicherung berufen, schuldet also Wertersatz trotz «Entreicherung». Da im Zeitpunkt des Wegfalls der Bereicherung schon ein Anspruch nach Art. 62 bestand, hat der Gläubiger die Wahl, stattdessen Schadenersatz nach Art. 97 Abs. 1 zu verlangen.

Gänzlich umstritten ist die bereicherungsrechtliche **Rückabwicklung ge-**   11
genseitiger fehlgeschlagener Verträge. In der Lehre findet sich hier ein Widerhall des deutschen Streits zwischen den Anhängern der «**Zweikon-**
diktionenlehre» (dafür etwa von Thur/Peter, OR AT, 506 ff.; Koller, OR AT I, 531 f.) und der «**Saldotheorie**» (dafür etwa Bucher, OR AT, 690; Schwenzer, 410).

Das Problem resultiert daraus, dass hier beide Parteien grundsätzlich Kon-   12
diktionsschuldner und -gläubiger sind; kann sich eine Partei auf den Wegfall der Bereicherung berufen, so hätte dies bei schematischer Anwendung von Art. 62, 64 zur Folge, dass sie ihre Gegenleistung kondizieren kann, während der andere Teil weder seine Leistung noch einen Wertersatz dafür erhält – der Kaufgegenstand ist zufällig untergegangen, der Kaufvertrag wegen Irrtums (angefochten und daher) nichtig. Nun könnte der gutgläubige Käufer den Kaufpreis kondizieren, ohne seinerseits etwas zu leisten. Dieses Ergebnis wurde als ungerecht empfunden, weshalb die «Saldotheorie» entwickelt wurde, welche bei der bereicherungsrechtlichen Rückabwicklung beide Kondiktionen als Einheit ansieht und daher «saldiert» – dies hat zur Folge, dass der Käufer sich den Wert des untergegangenen Kaufgegenstandes von seinem Kondiktionsanspruch bezüglich des Kaufpreises abziehen lassen muss (und zwar unabhängig vom Vorliegen der Voraussetzungen des Art. 64, d. h. insbesondere auch bei gutem Glauben). Dies wird von den Anhängern dieser Lehre für eine gerechte Lösung gehalten, weil dadurch das Synallagma des fehlgeschlagenen Vertrages aufrechterhalten werde. Diese Begründung ist zwar verfehlt, weil das Bereicherungsrecht auch hier nicht Mass an jenem Vertrag nehmen sollte, dessen Unwirksamkeit gerade erst zur Entstehung von Ansprüchen nach Art. 62 geführt hat, doch vermag auch eine schematische Anwendung der «Zweikondiktionenlehre» nicht zu befriedigen. Vor diesem Hintergrund ist die «Saldotheorie» (allenfalls) «eine umständliche Hilfskonstruktion, die nur zufällig zum richtigen Ergebnis führt und insbesondere bei einseitiger Vorleistung keine Lösung bietet» (so treffend Honsell, FS Schulin, 30).

Das Bundesgericht hat sich bis dato für keine der beiden Theorien entschie-   13
den; bei der Rückabwicklung von Dauerschuldverhältnissen vermeidet es die Fragestellung, indem es für die Dauer der Erfüllung des Vertrages von

einem «faktischen Vertrag» ausgeht, also letztlich die Mangelfolgen hier –
zutreffend – nur ex nunc eintreten lässt (vgl. BGE 110 II 244, 247 = Pra
1985, 23; vgl. HARTMANN, AJP 2003, 1475 ff.; DERS., Rückabwicklung, 38 f.;
GAUCH/SCHLUEP/SCHMID/REY, N 1544 ff.). Für einfache Schuldverhältnisse
ist damit freilich nichts gesagt.

14   Eine ebenso praktikable wie einleuchtende Lösung dieses Problems hat
FLUME, AcP 1994, 427 ff. entwickelt (vgl. für eine ebenfalls einleuchtende,
aber bei kaum höherer Sachgerechtigkeit ungleich kompliziertere Lösung
LARENZ/CANARIS, 321 ff.; ihm zustimmend HARTMANN, Rückabwicklung,
161 f.): Demnach ist zu respektieren, dass der gegenseitige Vertrag und
damit das Synallagma in den einschlägigen Fällen nicht existiert. Immerhin haben aber beide Parteien eine **vermögensmässige Entscheidung**
getroffen, z. B. Ware gegen Geld umzusetzen und damit das spezifische Risiko des Untergangs gerade des von ihnen jeweils in ihre Vermögen aufgenommenen Vermögensgegenstands übernommen, der Käufer «tauscht»
also sozusagen das spezifische Geldrisiko (Entwertung, Bankinsolvenz)
gegen das spezifische Warenrisiko (Untergang, Beschädigung der Sache).
Daran sind die Regeln für die hier zu beurteilende ausservertragliche **Gefahrtragung** auszurichten: Verwirklicht sich das spezifische, aufgrund dieser vermögensmässigen Entscheidung übernommene Risiko (z. B. Untergang der Kaufsache beim Käufer), dann trägt es der, welcher es übernommen
hat (im Beispiel also der Käufer); etwas anders gilt, wenn sich dieses Risiko
gleichermassen beim anderen Teil verwirklicht hätte (die Sache ist z. B.
wegen eines Mangels untergegangen). Ausserdem muss sich derjenige die
erwähnte vermögensmässige Entscheidung nicht zurechnen lassen, der
eine solche irrig oder arglistig getäuscht getroffen hat oder der nicht geschäftsfähig war.

15   In der Lehre wird vorgeschlagen, die Grundsätze der Saldotheorie auch auf
das **Verhältnis Kondiktion-Vindikation** anzuwenden, wie es ja gerade bei
Rückabwicklung fehlgeschlagener Kaufverträge über Sachen regelmässig
besteht. In der Tat leuchtet nicht ein, warum der Umstand, dass die Sachleistung aufgrund des Kausalitätsprinzips bei der Übereignung hier zu vindizieren (und nicht zu kondizieren) sein soll, hinsichtlich der Gefahrtragung
mit Blick auf die Rückabwicklung zu ganz abweichenden Ergebnissen führen soll (vgl. i. d. S. BUCHER, ZSR 1983 II, 251, 289 f.; HONSELL, OR BT, 43 ff.;
DERS., FS Wiegand, 360 ff.; SCHWENZER, 410 f.); dies spräche auch für eine
Übertragung des hier Vertretenen auf die Vindikation. Ärger macht hier
freilich die lex lata, die hier ja eine ausdrückliche Vorschrift enthält (so
Art. 938 Abs. 2 ZGB), wonach der gutgläubige Besitzer nicht für den Untergang der Sache einzustehen hat. M. E. stellt sich in diesem Zusammenhang
die Frage, ob das Entstehen von Vindikationsansprüchen bei der Rückabwicklung fehlgeschlagener Verträge nicht überhaupt ein so unglückliches

«Nebenprodukt» des Kausalprinzips bei der Übereignung ist (dazu grundsätzlich HONSELL, FS Wiegand, 356 ff.; HARTMANN, Rückabwicklung, 285 f.), dass man *insofern* die (Besitz-)Kondiktion die Vindikation verdrängen lassen sollte (vgl. schon Art. 62 N 12); demnach bestünden in solchen Fällen also von vornherein nur zwei Kondiktionen (auf den Kaufgegenstand und das Geld).

IV. «Aufgedrängte» Bereicherung

In Deutschland wird die Frage der «aufgedrängten Bereicherung» (vgl. einlässlich etwa LARENZ/CANARIS, 286 ff. m. Nw. zu den verschiedenen Lösungsansätzen) intensiv diskutiert. Dabei handelt es sich um Fälle, in welchen **der Gläubiger aus der Bereicherung keinen wirtschaftlichen Vorteil ziehen kann oder will** – durch die Renovation eines Gebäudes wird etwa dessen Wert erhöht; sein Eigentümer wollte es aber nicht renovieren lassen und beabsichtigt auch nicht, es zu veräussern (wodurch die Werterhöhung realisiert würde). In der Lehre wird hier z. T. eine **«subjektive» Berechnung** der Bereicherung aus der Schuldnerperspektive ventiliert, was letztlich auf einen Entfall des Anspruchs hinausläuft (so etwa GAUCH/SCHLUEP/SCHMID/REY, N 1517b; HUGUENIN, OR AT, N 1054). Z. T. wird vorgeschlagen, auch diese Fälle nach den Grundsätzen über den **Wegfall der Bereicherung** zu lösen (NIETLISPACH, 359 ff.; SCHWENZER, 408). Das daraus (immerhin, aber nur) resultierende (N 7) blosse Abstellen auf den guten Glauben des Bereicherungsschuldners greift m. E. jedoch zu kurz; man mag demjenigen Schuldner, der sich die aufgedrängte Bereicherung in Kenntnis der Rechtsgrundlosigkeit zum Nachteil des Gläubigers «gefallen lässt» nach Art. 2 ZGB die Berufung auf die subjektive Nutzlosigkeit der Bereicherung versagen, oder sogar streng Art. 64 anwenden und daher auch bei schuldhafter Unkenntnis des Schuldners dem Gläubiger die Kondiktion gewähren; ohne einen Blick auf den guten Glauben des Gläubigers und die Vermögenssituation des Schuldners führt dies m. E. jedoch noch nicht zu sachgerechten Ergebnissen (ähnlich die wohl überwiegende Meinung in Deutschland – vgl. dazu und zum Folgenden LARENZ/CANARIS, 286 ff.). **16**

Auch Art. 423 Abs. 2 verweist für solche Fälle auf das Bereicherungsrecht, enthält selbst also keine Antwort. Zu bedenken ist, dass Art. 939, 940 ZGB für einen sehr ähnlichen Fall auf den guten Glauben des Besitzers abstellen und ihm bei gutem Glauben einen Anspruch für die notwendigen und nützlichen (Art. 939 Abs. 1 ZGB), bei schlechtem nur für die notwendigen Verwendungen (Art. 940 Abs. 2 ZGB) gewährt. Ähnlich beschränkt Art. 672 Abs. 3 ZGB den Anspruch des bösgläubigen Bauführers auf das subjektive Interesse des Grundeigentümers am Gebäude, was auch zur Folge haben kann, dass die Ersatzpflicht überhaupt entfällt (vgl. BSK ZGB II-REY, Art. 672 N 9). Für den Fall der aufgedrängten Bereicherung bedeutet dies **17** mutatis mutandis: Dem **gutgläubigen** (Art. 3 ZGB) **Gläubiger** steht der Anspruch nach Art. 62 ungemindert zu; der **Bösgläubige** kann nur Herausgabe des subjektiven Vorteils des Bereicherten verlangen; hätte dieser die Aufwendung z. B. niemals vorgenommen, entfällt der Anspruch zur Gänze. Unabhängig vom guten Glauben des Gläubigers darf in solchen Fällen **die Kondiktion jedoch nie zur Folge haben, dass der Bereicherte aufgrund der aufgedrängten Bereicherung gezwungen wird, die Werterhöhung zu realisieren**, damit er den Kondiktionsanspruch erfüllen kann. Daher ist hier eine dilatorische Einwendung aus Art. 2 ZGB anzunehmen, wenn und weil der Bereicherte nicht ohne Realisierung der aufgedrängten Bereicherung (oder Mobilisierung anderweitig gebundener Vermögenswerte) in der Lage wäre, den Kondiktionsanspruch ohne weiteres zu befriedigen. Ist der Gläubiger dagegen in der Lage, den Kondiktionsanspruch aus flüssigen Mitteln und damit unabhängig von einer Realisierung der Wertsteigerung zu befriedigen, so wäre es m. E. gegenüber dem gutgläubigen Gläubiger unangemessen, die Erfüllung des Anspruchs von der späteren Realisierung der Bereicherung abhängig zu machen.

Art. 66

C. **Ausschluss der Rückforderung**

Was in der Absicht, einen rechtswidrigen oder unsittlichen Erfolg herbeizuführen, gegeben worden ist, kann nicht zurückgefordert werden.

Literatur

Von Büren, Bemerkungen zu Art. 66 OR, SJZ 1962, 225 ff.; Honsell, Die Rückabwicklung sittenwidriger und verbotener Geschäfte: Eine rechtsgeschichtliche und rechtsvergleichende Untersuchung zu § 817 BGB, München 1974; Koller Th., Internationaler Waffenhandel und das schweizerische Anweisungsrecht, AJP 2002, 464 ff.; Müller, Die Tragweite des Art. 66 OR, Diss. Freiburg 1941; Munz, Artikel 66 des Obligationenrechts: Eine umstrittene Bestimmung aus dem Gebiet des widerrechtlichen Vertrags, Diss. Zürich 1958; Wyss, Bemerkungen zum Commissionalentwurfe erster Lesung eines Schweizerischen Obligationenrechtes, Bern 1877.

1   Der schweizerische Gesetzgeber hat es (zu Recht) unterlassen, die condictio ob turpem vel iniustam causam als eigenen Tatbestand in das OR aufzunehmen – die Rückforderbarkeit ergibt sich ja schon wegen der Nichtigkeit des rechts- oder sittenwidrigen Vertrages aus Art. 62 (condictio indebiti). Aus dem traditionellen Rechtsbestand der condictio ob turpem vel iniustam cau-

sam hat das Gesetz nur die Kondiktionssperre des Art. 66 übernommen; das ist auch insofern zutreffend, als im deutschen Recht, wo die genannte Kondiktion noch als eigener Tatbestand im Gesetz hervorgehoben wird (§ 817 S. 1 BGB) ebenfalls herrschend ist, dass der dort prima vista nur auf diese Kondiktion bezogene entsprechende Ausschlusstatbestand (§ 817 S. 2 BGB) **für alle Leistungskondiktionen** gilt (vgl. nur STAUDINGER-LORENZ, § 817 BGB N 10); dies ergibt sich in der Schweiz schon aus Wortlaut und systematischer Stellung von Art. 66 (vgl. MUNZ, 3).

Schon der Gesetzgeber des OR hat erkannt, dass es sich bei der Frage, wohin ein «Gaunerlohn» udgl. letztlich fliesst, im Kern um ein Problem der strafprozessualen «Konfiskation» solcher Leistungen handelt (vgl. nur WYSS, Bemerkungen zum Commissionalentwurf, 16 f.). Statt dem schönen Satz «si tacuisses…» zu folgen, wurde aber dennoch eine (immerhin eng formulierte) Fassung der traditionellen (vgl. zur Entwicklung HONSELL, Rückabwicklung, 117 ff.; zur Entstehungsgeschichte von Art. 66 vgl. z. B. MUNZ, 59 f.) Kondiktionssperre in das Gesetz aufgenommen. Der **Zweck** dieser Vorschrift ist bis heute **unklar**; dies belegt die (vor allem in Deutschland geführte) Diskussion, die ihn mit über die Jahrzehnte wechselnden, aber immer recht diffusen Gesichtspunkten zu beschreiben sucht (vgl. einen Überblick darüber etwa bei STAUDINGER-LORENZ, § 817 BGB N 4 f.). Schon im Ansatz ist es verfehlt, diese Frage nicht auf Ebene der Ausgestaltung der Nichtigkeitssanktion, sondern erst als Kondiktionssperre zu regeln. **2**

Wirklich einzuleuchten vermag die Kondiktionssperre freilich nur dort, wo **nur dem Leistenden** rechts- oder sittenwidriges Handeln zur Last zu legen ist; hierher könnte etwa (jedenfalls dann, wenn man nicht der Beschränkung auf den «Gaunerlohn» folgt – N 5) der Fall des **Wucherdarlehens** zählen (vgl. im Einzelnen SCHWENZER, 394, 412 f.; das Kapital kann der Wucherer wegen Art. 66 erst nach Ablauf der vereinbarten Laufzeit kondizieren, der Kondiktion des Nutzungsvorteils aus der Überlassung des Geldes [«Zinsen»] steht Art. 66 auf Dauer entgegen – vgl. schon RGZ 161, 52 und ausdrücklich i. d. S. Art. 15 KKG), das allerdings dem Tatbestand des Art. 66 schon dem Wortlaut nach kaum unterliegt; vgl. freilich einen solchen Sachverhalt in BGE 102 II 401, 409 f. (**Verbot der Kreditgewährung** vor Rückzahlung früherer Darlehen nach der VKA 1973), wo die Kondiktionssperre freilich zu Unrecht nicht auf die Kreditlaufzeit beschränkt wurde; letzteres hat auch nichts mehr mit der hinzunehmenden, vom Gesetzgeber so gewollten «Härte» des Art. 66 (BGE 74 II 23, 29) zu tun (treffend GAUCH/SCHLUEP/SCHMID/REY, N 1551). **3**

Im Fall **beiderseitiger Rechts- oder Sittenwidrigkeit** ist die Kondiktionssperre wenig überzeugend – keiner der Beteiligten ist schutzwürdig, der Leistungsgegenstand stammt aber immerhin aus dem Vermögen des **4**

Leistenden. Eindeutig nicht in den Anwendungsbereich des Art. 66 fällt schliesslich ohnedies der Fall, dass **nur der Leistungsempfänger** rechts- oder sittenwidrig handelt (KOLLER, AJP 2002, 464, 471) – hier wäre eine Kondiktionssperre schlicht absurd.

5   Vor dem Hintergrund der diffusen und z. T. fragwürdigen Teleologie des Art. 66 ist es nachvollziehbar, wenn die h. L. bestrebt ist, diese Bestimmung möglichst **eng auszulegen** und daher – in enger Anlehnung an den Wort- laut – die Kondiktionssperre auf Fälle beschränkt, in welchen etwas gerade mit der Absicht geleistet wurde, dass der Leistungsempfänger etwas Rechts- oder Sittenwidriges tut («**Gaunerlohn**»; vgl. i. d. S. VON BÜREN, OR AT, 302; VON THUR/PETER, OR AT, 491; BSK OR I-SCHULIN, N 5; CR CO I-PETIT- PIERRE, N 4; KOLLER, OR AT I, 506; wohl auch Handelsgericht, ZH ZR 1999, Nr. 29, 108 f.). Z. T. bestehen offenbar auch Unklarheiten über die Bedeu- tung des Begriffs «Gaunerlohn» – so scheint mir der Betäubungsmittelkauf diesen Tatbestand doch recht deutlich zu erfüllen (ein Dealer ist doch ein «Gauner», das Entgelt für die Drogen sein «Lohn»?); **a. A.** offenbar KOLLER, OR AT I, 507 in seiner Kritik an BGE 117 IV 139, 149 f.

6   Das **Bundesgericht** hat die hier in seiner eigenen Praxis bestehende Situa- tion schon in BGE 84 II 179, 184 in bemerkenswerter Weise zusammenge- fasst: «Der Ausschluss der Rückforderung gemäss Art. 66 OR ist nicht der einzige, sondern bloss einer von verschiedenen denkbaren Wegen der Verpönung gewisser verwerflicher Geschäfte. Die vom Gesetz getroffene Lösung erscheint sogar als eine gesetzgeberisch fragwürdige Lösung, da sie je nach den Umständen zu moralisch unbefriedigenden Ergebnissen führen kann. Die Vorschrift ist denn in der Rechtsprechung bald einschrän- kend (BGE 53 II 41), bald ausdehnend (BGE 74 II 27, 82 II 75) ausgelegt und das Ergebnis der Auslegung oft anhand von Art. 2 ZGB berichtigt worden (BGE 75 II 294 f., 76 II 369 f.). Die vom Allgemeinen Preussischen Landrecht getroffene Ordnung, nämlich die Einziehung zuhanden des Staa- tes, ist befriedigender als die Lösung des Art. 66 OR.» Angesichts der hier bestehenden Unklarheiten im Grundsätzlichen kann man mit dem Bun- desgericht schwer rechten, weil es «bald so, bald anders» vorgeht; ge- rade, wer Art. 66 für grundsätzlich verfehlt hält, mag eine gewisse Inkon- sequenz in der Anwendung als wohltuend empfinden. Freilich hat das BGer nicht in allen einschlägigen Entscheiden das Richtige getroffen – vgl. ins- besondere BGE 37 II 65. Der Beschränkung auf den «Gaunerlohn» ist das Bundesgericht eindeutig nicht gefolgt (vgl. schon BGE 74 II 23, 27; 102 II 401, 409 f.; BGer 4C.163/2002 E. 2.1; auch AJP 2002, 464, 469 kann schwerlich als Relativierung dieser Linie gelesen werden – so aber SCHWEN- ZER, 394).

7   Nach BGE 75 II 293, 297 begründet Art. 66 nur ein Leistungsverweigerungs- recht. Die Kondiktion wird hier daher zur **Naturalobligation** und kann da-

her nach Art. 63 Abs. 2 kondiktionsfest erfüllt werden (ebenso BK-BECKER, N 10; BSK OR I-SCHULIN, N 7).

Die Rechtsfolge des Art. 66 ist m. E. nur bei Kenntnis der Rechts- oder Sit-   8
tenwidrigkeit angemessen; nach BGE 66 II 256, 260 darf sich die betroffene Partei jedoch nicht auf ihre eigene «tiefstehende Betrachtungsweise» berufen, welche sie nicht zur Einsicht in die Rechts- oder Sittenwidrigkeit der Leistung befähigt habe (hier: Überlassung der Hälfte der Erbschaft als Honorar für die Unterstützung bei der Erbschleicherei durch einen Rechtsanwalt). Wird die einen rechts- oder sittenwidrigen Erfolg bezweckende Leistung nur aufgrund einer **Drohung** erbracht, so gilt die Kondiktionssperre des Art. 66 nicht (BGE 76 II 346, 369 ff. – Schweigegeld).

Nach h. L. ist Art. 66 analog auf die **Vindikation** anzuwenden, welche sich   9
daraus ergibt, dass der Leistende nicht Geld, sondern eine vindizierbare Sache geleistet hat (MUNZ, 113; BSK OR I-SCHULIN, N 6; SCHWENZER, 394; VON THUR/PETER, OR AT, 521, Anm. 37; CR CO I-PETITPIERRE, N 7) – ansonsten könnte ja der Dealer die Drogen, deren Käufer aber nicht das Geld zurückverlangen; auch hier stellt sich die Frage, ob die Vindikation als Mittel der Rückabwicklung fehlgeschlagener Verträge nicht überhaupt hinter die Kondiktion zurücktreten sollte (Art. 62 N 12; Art. 64, 65 N 15). Keinesfalls anwendbar ist Art. 66 auf **vertragliche** (BGE 124 III 253, 258) und **haftpflichtrechtliche** (BGE 117 IV 139, 149 f. mit überflüssigem Begründungaufwand) **Ansprüche** (BGE 99 Ia 417, 420), da aus dieser Bestimmung kein allgemeiner Grundsatz des Inhalts abgeleitet werden kann, dass Ansprüche ausgeschlossen sind, denen ein rechts- oder sittenwidriges Verhalten zugrunde liegt (treffend BGE 124 III 253, 258).

Art. 67

).	Verjährung	[1] **Der Bereicherungsanspruch verjährt mit Ablauf eines Jahres, nachdem der Verletzte von seinem Anspruch Kenntnis erhalten hat, in jedem Fall aber mit Ablauf von zehn Jahren seit der Entstehung des Anspruchs.**
		[2] **Besteht die Bereicherung in einer Forderung an den Verletzten, so kann dieser die Erfüllung auch dann verweigern, wenn der Bereicherungsanspruch verjährt ist.**

Literatur

SIMONIUS, Festgabe der Basler Juristenfakultät zum Schweizerischen Juristentag, 1942, 257; DERS., SemJud 1949, 209 f.; s. a. die lit. zu Art. 60 und Vorbem. zu Art. 127–142.

I. Normzweck und Anwendungsbereich

1   Art. 67 regelt die Verjährung von Forderungen aus **ungerechtfertiger Bereicherung** i. S. v. Art. 62 ff. In Abs. 1 ist eine *relative* (einjährige) und eine *absolute* (zehnjährige) Frist vorgesehen. Die absolute Frist ist nur von Bedeutung, sofern die relative nicht abgelaufen ist; andererseits läuft die relative Frist nie über die absolute hinaus. Abs. 2 beinhaltet das Recht zur Verweigerung der Erfüllung unabhängig der Verjährungslage. Art. 67 weicht zwar insbesondere in Bezug auf Beginn und Dauer der Frist von der Regelung in Art. 127 ff. ab. Für andere Fragen wie etwa die Unterbrechung der Frist kann aber die dortige Regelung beigezogen werden (BGE 123 III 219 E. 6a).

2   Die Bestimmung ist grundsätzlich eng auszulegen (BGE 126 III 122 E. 3c). Sie findet nach der vom Bundesgericht angewandten Ungültigkeitstheorie insbesondere bei **Willensmängeln** i. S. v. Art. 23 ff. Anwendung (BGE 114 II 143), dann aber auch bei **Nichtigkeit des Vertrages** (BGE 106 II 34, 110 II 335). Neben den Bestimmungen des Bereicherungsrechts in Art. 62 ff. gelangt Art. 67 kraft Verweisung auch auf weitere Tatbestände zur Anwendung, so insbesondere bei der **Geschäftsführung ohne Auftrag** gemäss Art. 421 Abs. 1, 422 Abs. 3 und 423 Abs. 2 sowie auf den Anspruch auf **Rückforderung des Geleisteten bei objektiver Unmöglichkeit** gemäss Art. 119 Abs. 2 (BGE 114 II 158 f.). Ferner findet Art. 67 Anwendung auf **Forderungen gegen den Grundeigentümer** aus Ersatzpflicht für Material gemäss Art. 672 ZGB (BGE 81 II 435 ff.), den Anspruch auf Rückerstattung von Anzahlungen, die im Hinblick auf einen **suspensiv-bedingten**, nicht zustande gekommenen **Grundstückkauf** geleistet wurden (BGE 129 III 269), oder die Rückforderung von erbrachten Leistungen bei **verweigerter Bewilligung eines bewilligungsbedürftigen Rechtsgeschäfts** (BGE 129 III 505). Das BGer hat die Frage offen gelassen, ob bei Fehlen einer Verjährungsregelung für **Rückerstattungsansprüche im öffentlichen Recht** Art. 67 i. S. einer allgemeinen Regel analog anzuwenden ist (BGE 108 Ib 152 f.).

3   Zufolge der **Subsidiarität des Bereicherungsrechts** (vgl. o. Art. 62) gelangt Art. 67 *nicht* zur Anwendung, wenn ein *Anspruch auf Eigentumsherausgabe* oder ein *Anspruch aus Vertrag* geltend gemacht werden kann (BGE 127 III 424 E. 3). Die Bestimmung ist deshalb *nicht* anwendbar auf **Rückforderungs- und Schadenersatzansprüche bei Rücktritt vom Ver-**

trag gemäss Art. 109 (BGE 132 III 242 E. 4.1) oder auch für die **Rückforderung einer ungerechtfertigten Akontozahlung** (BGE 126 III 121 ff. E. 3; s. a. BSK OR I-Däppen, Art. 127 N 9). Seit jeher lässt die bundesgerichtliche Praxis die **Wechselbereicherungsforderung** gemäss Art. 1052 nicht nach Art. 67 Abs. 1, sondern nach den allgemeinen Vorschriften gemäss Art. 127 verjähren (BGE 53 II 119 f. E. 4b; 67 II 176 ff.). Zwischen *Ansprüchen aus unerlaubter Handlung* und *Bereicherungsansprüchen* besteht hingegen **Anspruchskonkurrenz**, soweit sich Schaden und Bereicherung decken (von Tuhr/Peter, OR AT, 521 f.). Art. 60 (bei unerlaubter Handlung) und Art. 67 sehen indessen identische Fristen von einem bzw. zehn Jahren vor, wobei unterschiedliche Regelungen für den Beginn der relativen Frist gelten.

II. Die relative, einjährige Frist (Abs. 1)

Die Frist beginnt mit der **tatsächlichen Kenntnis** des Gläubigers von seiner Forderung zu laufen. Fristauslösende Kenntnisnahme liegt dann vor, «wenn der Gläubiger einen solchen Grad von Gewissheit über den Bereicherungsanspruch hat, dass nach Treu und Glauben gesagt werden kann, der Gläubiger habe nunmehr keinen Anlass oder keine Möglichkeit mehr zu weiterer Abklärung und anderseits genügend Unterlagen zur Klageerhebung, so dass ihm eine solche zugemutet werden dürfe» (BGE 129 III 505 E. 3.4; 127 III 427 E. 4b). Diese Gewissheit über den Bereicherungsanspruch setzt voraus, dass der Entreicherte Kenntnis über das *ungefähre Ausmass der Vermögenseinbusse*, die *Grundlosigkeit der Vermögensverschiebung* und die *Person des Bereicherten* hat. Demgegenüber kommt es – im Gegensatz zu Art. 26 – nicht darauf an, zu welchem Zeitpunkt der Verletzte bei der nach den Umständen zu erwartenden Aufmerksamkeit den Bereicherungsanspruch hätte erkennen können (BGE 129 III 506 E. 3.4). So beginnt die Frist bei einer überhöhten Rechnung erst mit der *Zahlung* und nicht bereits mit der Zustellung der Rechnung zu laufen (BGE 127 III 427 E. 4b). Für die Rückforderung bereits erfolgter Leistungen bei *behördlicher Feststellung*, dass der Kauf eines landwirtschaftlichen Grundstückes nicht bewilligt werden darf, beginnt die Frist mit Erhalt der Feststellungsverfügung (BGE 129 III 506 ff.), bei *Verweigerung der Erteilung der Bewilligung* zum Erwerb eines Grundstückes durch Ausländer unter dem BewG mit Erhalt des ablehnenden Entscheides (BGE 110 II 338 ff. = Pra 1985, 21).

4

Handelt es sich beim Gläubiger um eine **Gemeinschaft zur gesamten Hand**, wie etwa die einfache Gesellschaft oder die Erbengemeinschaft, beginnt die Frist erst mit der tatsächlichen Kenntnis *aller* Mitglieder (BGE 49 II 40 f. E. 2). Dasselbe muss gelten bei **Miteigentümern** oder auch bei Ehegatten, vorausgesetzt, die Forderung steht allen zu. Es besteht dabei keine Mitteilungspflicht solcher Gläubiger untereinander mit der Folge, dass Kenntnis aller Gläubiger angenommen würde.

5

6   Wird der Anspruch aus Handlungen oder Unterlassungen abgeleitet, die sich über einen **Zeitraum erstrecken**, beginnt die Frist mit dem Wegfall des Zustandes zu laufen (BGE 86 II 26 f. E. 7 = Pra 1960, 148 betr. unechte Geschäftsführung ohne Auftrag).

III.   Die absolute, zehnjährige Frist (Abs. 1)

7   Der Lauf der absoluten Frist wird im Zeitpunkt der **Entstehung des Anspruches** ausgelöst und läuft im Gegensatz zur relativen Frist unabhängig vom Kenntnisstand des Gläubigers bezüglich seines Anspruches und der Person des Bereicherten (BGE 119 II 22 E. 2b). Deshalb kann der Anspruch verjähren, bevor der Berechtigte die ungerechtfertigte Bereicherung wahrgenommen hat. Erfolgt eine Zuwendung *ohne Rechtsgrund* (condictio sine causa), entsteht der Rückforderungsanspruch im Zeitpunkt der Vermögensverschiebung. Stützt sich der Anspruch auf einen *nicht verwirklichten Grund* (condictio causa data, causa non secuta), entsteht der Anspruch, sobald feststeht, dass sich der Zahlungs- oder Zuwendungsgrund nicht verwirklichen wird oder nicht mehr verwirklichen kann (BGE 119 II 20 ff. = Pra 1993, 718), beim *nachträglich weggefallenen Grund* (condictio ob causam finitam), sobald dessen Wegfall feststeht.

8   Auch die absolute Verjährungsfrist kann nach Massgabe der Art. 135 ff. unterbrochen werden (BGE 123 III 219 E. 6a). Dies ist dann von Bedeutung, wenn sie vor der relativen Frist abzulaufen droht, so etwa, wenn der Lauf der relativen Frist erst im zehnten Jahr nach Entstehung des Anspruches ausgelöst wird. Zu den Unterbrechungshandlungen s. Art. 135.

IV.   Analoge Anwendung von Art. 60 Abs. 2 bei strafbarer Handlung

9   In Art. 67 fehlt eine dem Art. 60 Abs. 2 entsprechende Bestimmung. Beruht die Bereicherung aber auf einer strafbaren Handlung, findet Art. 60 Abs. 2 analog Anwendung und die zivilrechtliche Verjährung tritt nicht ein, solange die strafrechtliche Verfolgungsverjährung nicht eingetreten ist (ZR 1929, 307 ff.; BK-BECKER, N 4; Art. 60 N 13 ff.).

V.   Die unverjährbare Einrede (Abs. 2)

10   Abs. 2 enthält einen Einredetatbestand für das Bereicherungsrecht, welcher demjenigen in Art. 60 Abs. 3 für die unerlaubte Handlung entspricht. Besteht die Bereicherung des Verletzenden in einer Forderung an den Verletzten, so kann der Verletzte die Erfüllung seiner Schuld mittels Einrede auch dann verweigern, wenn sein eigener Bereicherungsanspruch gegen den Verletzenden bereits verjährt ist. Vor dem Hintergrund, dass nach der in der Schweiz herrschenden Lehre das Prinzip der kausalen Tradition gilt, ist der

denkbare Anwendungsbereich dieser Norm einzig ein abstraktes Schuldbekenntnis des Verletzten, da es bei kausalen Rechtsverhältnissen an der gültigen causa fehlen würde. Die Bestimmung gewährt demnach eine Bereicherungseinrede gegen den *ohne rechtlichen Grund* eingegangenen abstrakten Schuldvertrag. Von einem Teil der Lehre wird die Norm als zwangsläufig gegenstandslos bezeichnet, da das 1911 rev. OR den selbstständigen abstrakten Schuldvertrag nicht rezipiert habe (SIMONIUS, Festgabe, 257; DERS., SemJud 1949, 209 f.; a. M. ausführlich BSK OR I-HUWILER, N 10 ff.). Dieser Ansicht ist zuzustimmen, da der abstrakte Schuldvertrag lediglich beweisabstrakt ist und auch diesem für dessen Verbindlichkeit stets eine gültige Forderung zugrunde liegen muss (BSK OR I-SCHWENZER, Art. 17 N 13). Demnach besteht entweder eine Forderung des Gläubigers gegen den Schuldner, weshalb der Schuldner nicht entreichert ist, oder aber es wurde keine Forderung begründet, weshalb der Gläubiger keinen Anspruch gegen den Schuldner erworben hat und daher auch nicht bereichert ist. In der Praxis hat die Bestimmung keine Bedeutung erlangt (vgl. Guhl/Koller, § 28 N 10), und dem Bundesgericht wurde soweit ersichtlich noch kein Fall zur Beurteilung vorgelegt.

VI. Rechtsfolgen der Verjährung

Siehe Art. 127 N 10.   11

VII. Abweichende Vereinbarungen

Siehe Art. 129 und 141.   12

VIII. Zivilprozessuales

Siehe Art. 127 N 12.   13

IX. IPR/Internationales

Siehe Art. 60 N 23 f.   14

Die Wirkung der Obligationen

Erster Abschnitt: Die Erfüllung der Obligationen

Vorbemerkungen zu Art. 68–96

I. Systematik

1   Der zweite Titel regelt die **Wirkungen der Obligationen**. Erfasst werden die Erfüllung der Obligationen (Art. 68–96), die Verletzung der Erfüllungspflicht (Art. 97–109) und die Beziehungen zu Dritten (Art. 110–113). Die Regelung des Gesetzes ist unsystematisch und teilweise unvollständig, was bei der Auslegung jeweils zu berücksichtigen ist.

2   Die Bestimmungen über die **Erfüllung** (Art. 68–96) enthalten Regeln darüber, wer (Leistender, Art. 68), wo (Ort der Erfüllung, Art. 74), wann (Zeit der Erfüllung, Art. 75 ff.) und was (Gegenstand der Erfüllung, Art. 69 ff.) leisten soll. Geldzahlungen als Gegenstand der Erfüllung werden besonders erfasst (Art. 84–90), währenddem die Person des Leistungsempfängers vom Gesetz nicht geregelt wird (vgl. dazu Kommentierung zu Art. 68 N 16 ff.). Die Regeln über die Erfüllung gelten für alle Obligationen unabhängig von ihrem Entstehungsgrund. Die Art. 68 ff. sind damit auf vertragliche, deliktische und konditionsrechtliche Obligationen gleichermassen anwendbar. Zu beachten bleibt, dass auf Unterlassungspflichten die Regeln der Art. 68 ff. nur analog angewendet werden (BK-WEBER, Vorbem. zu Art. 68–96 N 40); zudem gelten gewisse Bestimmungen nur für bestimmte Obligationen (synallagmatische, Geldforderungen, etc.).

II. Begriff der Erfüllung

Erfüllung bedeutet Erbringung der Leistung, so wie sie geschuldet ist. Mit   3
der (richtigen) Erfüllung geht die entsprechende Obligation unter, nicht
aber das Schuldverhältnis an sich. Der Schuldner wird – unter Vorbehalt
der Subrogation (Art. 110, Art. 149, Art. 507) – befreit. Damit hat der Beklagte im Prozess eine Einwendung (keine Einrede) zu erheben, und der
Richter muss die Erfüllung von Amtes wegen berücksichtigen.

Der Schuldner hat die Leistung ohne Bedingungen zu erbringen, wenn es   4
keine abweichende Parteivereinbarung oder Gesetzesbestimmung gibt
(Art. 82 oder Art. 88). Unklar ist die Rechtslage, wenn der Schuldner Zweifel
an seiner **Leistungspflicht** hegt. Er kann zur Leistung tatsächlich oder
rechtlich gezwungen sein, auch wenn seine Leistungspflicht unklar ist. In
diesem Fall droht er, zwischen Scylla (Ausschluss der Rückforderung bei
Zweifel über die Leistungspflicht; BUCHER, OR AT, 672) und Charybdis
(Recht des Gläubigers, eine nur unter Vorbehalt angebotene Leistung abzulehnen; BK-WEBER, Vorbem. zu Art. 68–96 N 54) zu geraten. Sofern die
Zweifel des Schuldners an der Leistungspflicht nach Treu und Glauben gerechtfertigt sind und ein genügender Anlass zu Leistung trotz Zweifeln besteht, sind beide drohenden Rechtsfolgen unangemessen. Wenn die Leistung
trotz Zweifeln erfolgt, ist die Rückforderung daher nur dann ausgeschlossen, wenn der Leistende zum Ausdruck bringt, ohne Rücksicht auf einen
Leistungsgrund leisten zu wollen (BUCHER, OR AT, 673; Pra 2005, 828 mit
Bemerkungen SCHWANDER; a. M. BSK OR I-SCHULIN, Art. 63 N 4); der Gläubiger darf die Leistung in diesem Fall trotz eines Vorbehaltes nicht ablehnen
(**a. M. BK-WEBER, Vorbem. zu Art. 68–96 N 54**).

Nicht geklärt ist nach wie vor, ob die Erfüllung eine Tatsache ist (**Theorie**   5
der realen Leistungsbewirkung) oder im Sinne einer (eingeschränkten)
Vertragstheorie einen «Erfüllungsvertrag» voraussetzt (BK-WEBER, Vorbem. zu Art. 68–96 N 64 ff.). Richtigerweise ist die Erfüllung eine Tatsache
(und entsprechend zu beweisen), es sei denn, die Erfüllungshandlung bestehe ihrerseits in einem Rechtsgeschäft. Die Erfüllung setzt daher grundsätzlich keinen Erfüllungswillen des Schuldners und keinen Annahmewillen
des Gläubigers voraus. Ebenso wenig sind Handlungsfähigkeit und Verfügungsmacht notwendig. Ist aber ein Rechtsgeschäft Teil der Erfüllung (z. B.
bei der Abtretung), müssen **Erfüllungswille**, **Handlungsfähigkeit** und **Ver-**
fügungsmacht beim Schuldner gegeben sein. Auch beim Gläubiger müssen
Handlungsfähigkeit und Verfügungsmacht vorliegen, weil er über den Erfüllungsanspruch «verfügt». Einen Annahmewillen des Gläubigers braucht
es nicht, wohl aber Kenntnis der rechtsgeschäftlichen Leistung (BK-WEBER,
Vorbem. zu Art. 68–96 N 85 ff.; GAUCH/SCHLUEP/SCHMID/REY, N 2499 ff.).

III. Dispositives Recht

6   Die Regeln der 68 ff. sind **dispositives Gesetzesrecht**; abweichende Parteivereinbarungen gehen vor. Auch mangels abweichender Vereinbarung ist
im Einzelnen zu prüfen, ob die Regeln der Art. 68 ff. anwendbar sind, da gewisse Bestimmungen nur auf bestimmte Obligationen angewendet werden
können (Art. 82 f. und Art. 95 sind nur auf Obligationen aus Vertrag anwendbar; Art. 84 nur auf Geldschulden etc.). Darüber hinausgehend ist die
Lehre teilweise der Ansicht, dass sich auch aus der Art der vereinbarten
Schuld – ohne abweichende Vereinbarung – ergeben könne, dass die dispositiven Regeln der Art. 68 ff. weichen müssen (Gauch/Schluep/Schmid/Rey,
N 2013; BK-Weber, Art. 69 N 11). Dies widerspricht Art. 1 Abs. 1 ZGB, es
sei denn, die Regeln der Art. 68 ff. seien nach ihrem Sinn und Zweck auf die
betreffende Obligation nicht anwendbar. Für die Höhe der Zinsen verweist
das Gesetz bspw. auf die am massgebenden Handelsplatz geltende «Übung»
(Art. 73 Abs. 1) und behält gleichzeitig die Bestimmungen des öffentlichen
Rechts zum Maximalzinsfuss vor.

IV. Erfüllung trotz Abweichens von der vertraglich vereinbarten Pflicht

7   Nur richtige Erfüllung führt zur Befreiung des Schuldners. Bei einzelnen,
sog. **liberatorischen Rechtsgeschäften** kommt es trotz abrede- oder ge-
setzeswidriger Erfüllung zur Befreiung des Schuldners, nämlich bei der
alternativen Ermächtigung (Art. 72) bzw. der Leistung an Erfüllungs statt,
der Hinterlegung (Art. 92), der Verrechnung und der Erfüllung aufgrund besonderer Anordnung von Spezialgesetzen (insb. in der Zwangsvollstreckung).

8   Die **Leistung an Erfüllungs statt** ist anhand des Parteiwillens von der **Leistung erfüllungshalber** abzugrenzen; vermutet wird die Leistung erfüllungshalber (BGE 119 II 231: Leistung zahlungshalber; bei Zahlung mit
WIR). Bei der Leistung an Erfüllungs statt vereinbaren die Parteien im Zeitpunkt der Erfüllung, dass der Schuldner mit einer anderen Leistung als der
ursprünglich vereinbarten befreiend erfüllen darf (erfolgt die Vereinbarung
bei Vertragsschluss, so liegt eine alternative Ermächtigung vor). Bei der
(vermuteten) Leistung erfüllungshalber geht die Obligation nicht bereits mit
der Leistung unter, sondern erst bei deren Verwertung und Verwendung
zur Tilgung der eigentlichen Schuld (und der Deckung der Verwertungskos-
ten, BK-Weber, Vorbem. zu Art. 68–96 N 141). Der Gläubiger hat die Leistung des Schuldners zu verwerten und den Erlös an die eigentliche Schuld
anzurechnen. Der Gläubiger hat eine Stellung ähnlich der eines Beauftragten, mit einer entsprechenden Handlungs-, Sorgfalts- und Rechenschaftspflicht (BK-Weber, Vorbem. zu Art. 68–96 N 129 ff.). Zudem verzichtet der

Gläubiger – vorläufig – auf zwangsweise Durchsetzung seines Anspruchs; eine eigentliche Stundung liegt aber nicht ohne Weiteres vor (**a.M.** BGE 118 II 146 bei einer Zession erfüllungshalber, wonach die geschuldete Leistung als gestundet gilt).

V. Internationales Privatrecht

Das auf den Vertrag anwendbare Recht bestimmt auch die Regeln betreffend die Erfüllung von Obligationen. Mithin gelten die Art. 68 ff., wenn auf einen Vertrag Schweizer Recht anwendbar ist (Art. 116 f. IPRG). Die Parteien können aber einzelne Fragen einem besonderen Recht unterstellen (BSK IPRG-AMSTUTZ/VOGT/WANG, Art. 116 N 13). Auch ohne gesonderte **Rechtswahl** unterstehen Erfüllungsmodalitäten dem Recht des Staates, indem sie tatsächlich erfolgen (Art. 125 IPRG), bspw. Feiertagsregelungen, übliche Geschäftszeiten, Masse, Gewichte etc. (BSK IPRG-KNELLER, Art. 125 N 5). Währungsfragen werden ebenfalls gesondert angeknüpft (Art. 147 IPRG). Unklar ist die Anknüpfung bei den Zinsen, insb. bei den Maximalzinssätzen. Nach allgemeinen Grundsätzen untersteht der Zinssatz dem Vertragsstatut. Wirtschaftlich adäquat wäre aber eine Anknüpfung an das **Währungsstatut**. Die Bestimmungen des Währungsstatuts können daher im Rahmen von Art. 19 IPRG mit berücksichtigt werden.

9

Art. 68

Allgemeine Grundsätze

Persönliche Leistung

Der Schuldner ist nur dann verpflichtet, persönlich zu erfüllen, wenn es bei der Leistung auf seine Persönlichkeit ankommt.

I. Normzweck und Anwendungsbereich

Art. 68 bestimmt, in welchen Fällen der Schuldner persönlich erfüllen muss, damit er durch die Erfüllung befreit wird. Das Gesetz regelt nur die Frage nach der **Person des Leistenden** (Art. 68), nicht auch, an wen mit befreiender Wirkung geleistet werden kann (Person des Leistungsempfängers). Die Regeln hierzu finden sich nicht im Gesetz; sie wurden von Lehre und Rechtsprechung erarbeitet und werden unten N 16 ff. dargelegt.

1

Zudem deckt der Gesetzestext direkt nur die Frage ab, ob der Schuldner selbst leisten muss oder ob er Dritte für die Erfüllung beiziehen kann. Die ebenfalls mit der Frage nach der Person des Leistenden zusammenhängende Frage, was geschieht, wenn Dritte ohne oder gegen den Willen

2

des Schuldners erfüllen, ergibt sich nicht direkt aus dem Gesetz (unten N 12 ff.).

3 Unter Vorbehalt der leges speciales regelt Art. 68 die Frage der **persönlichen Erfüllung durch den Schuldner** für alle Obligationen. Wenn der Leistende eine eigene Schuld erfüllt, stellen sich die durch Art. 68 geregelten Fragen der persönlichen Erfüllung nicht; das ist der Fall bei der Schuldübernahme, der Garantie (Art. 111) und der Solidarität oder Bürgschaft.

4 Eine Reihe von Spezialbestimmungen geht vom Grundsatz der persönlichen Leistung aus. Art. 321 stellt für den **Arbeitsvertrag** die widerlegbare Vermutung auf, dass der Arbeitnehmer persönlich leisten muss. Art. 321 geht Art. 68 als lex specialis vor (ZK-Staehelin, Art. 321 N 1). Art. 364 Abs. 2 kehrt für den **Werkvertrag** die Vermutung des Art. 68 teilweise um, indem persönliche Ausführung oder zumindest persönliche Leistung verlangt wird. Auch hier kommt es aber letztlich auf die «Natur des Geschäfts» an (Art. 364 Abs. 2; Art. 379 Abs. 1; ZK-Bühler, Art. 364 N 47 ff.; BGE 103 II 56 nimmt eine persönliche Leistungspflicht beim Baumeistervertrag an). Im Auftragsrecht regelt Art. 398 Abs. 3 die Zulässigkeit der Übertragung des Auftrags an einen Substituten; für den Beizug von Erfüllungsgehilfen bleibt es bei der Regelung von Art. 68 (BK-Fellmann, Art. 398 N 537).

5 Die Regelung in Art. 68 ist **dispositiv** (Gauch/Schluep/Schmid/Rey, N 2013). Gläubiger und Schuldner können daher eine persönliche Leistungspflicht vereinbaren, auch wenn sich dies nicht aus der Natur der Obligation ergibt. Desgleichen können sie bei an sich persönlichen Leistungspflichten, insb. aus Auftrag, explizit oder implizit die Erfüllung durch eine andere Person als den Schuldner zulassen (BK-Weber, N 22 i.V.m. N 37).

II. Person des Leistenden

1. Pflicht zur Leistung durch den Schuldner persönlich

6 Art. 68 bestimmt, dass der Schuldner grundsätzlich nicht persönlich leisten muss. Eine **persönliche Leistungspflicht** besteht nur, wenn die Parteien dies so vereinbart haben oder wenn es nach der gesetzlichen Regelung oder der Natur der Leistung auf die Person des Leistenden ankommt. Das Gesetz vermutet daher die persönliche Leistungspflicht nicht.

7 Eine Vereinbarung der persönlichen Leistungspflicht liegt nicht nur bei ausdrücklicher Vereinbarung vor, sondern auch dann, wenn der vereinbarte Vertragsinhalt die persönliche Leistungspflicht voraussetzt. Das ist der Fall, wenn es bei der Vergabe einer Leistung auf das persönliche Renommee des Schuldners bzw. auf seine Erfahrung oder sein Können ankommt. Bei freien Berufen kann das sogar die Regel sein. Hier wird zugleich auch ein besonderes **Vertrauensverhältnis** bestehen, das wiederum eine persönliche Leis-

tung durch den Schuldner erfordert (BK-WEBER, N 28). Bei Verträgen, welche die gegenseitigen Beziehungen in der arbeitsteiligen Wirtschaft regeln, darf die implizite Vereinbarung einer persönlichen Leistungspflicht aber nicht leichthin angenommen werden – damit kann es auch bei freiberuflichen und ähnlichen Tätigkeiten, die im Rahmen einer arbeitsteiligen Organisation erbracht werden, bei der gesetzlichen Vermutung bleiben.

Bei Sach- oder Geldleistungen ergibt sich aus der **Natur der Leistung** regelmässig, dass keine persönliche Leistungspflicht besteht (BK-WEBER, N 31). Bei Leistungen, die unmittelbar ein Mensch erbringt, ergibt sich eine persönliche Leistungspflicht wiederum nur dann, wenn die Qualität der Leistung direkt mit der Person des Schuldners verknüpft ist, sei es wegen eines persönlichen Vertrauensverhältnisses, sei es wegen besonderer Fähigkeiten oder Erfahrungen. Die Notwendigkeit von Teamarbeit schliesst die persönliche Leistungspflicht nicht aus. Es ergehen aber auch viele Aufträge, denen ein besonderes Vertrauensverhältnis zugrunde liegt, an grosse Dienstleistungsorganisationen. Hier wird das Vertrauen nicht (primär) in eine Person gesetzt, sondern in die qualitätssichernden Massnahmen der Organisation bzw. deren Ruf (BK-FELLMANN, Art. 398 N 527; ZK-BÜHLER, Art. 364 N 75 ff. zum Werkvertrag). Die persönliche Leistungspflicht ist hier nicht vereinbart. 8

Liegt eine persönliche Leistungspflicht vor, muss der Schuldner selber erfüllen, wenn er sich von der Obligation befreien will. Das schliesst aber nicht aus, dass er sich anderer Personen in untergeordneter Funktion bedient, die ihn bei der Erfüllung unterstützen. Das materielle Hauptgewicht muss aber auf der eigenen Leistung des Schuldners liegen (BK-WEBER, N 32). 9

2. Leistung durch Dritte

Sofern die Leistung nicht persönlich erbracht werden muss, kann der Schuldner Dritte zur Leistung heranziehen. Möglich ist auch, dass Dritte ohne Wissen des Schuldners erfüllen oder gar gegen seinen Willen eine Leistung erbringen und diesen trotzdem befreien. 10

Vom Schuldner zur Leistung beigezogene Dritte sind **Erfüllungsgehilfen** und als solche als Hilfspersonen i. S. v. Art. 101 oder als Substituten zu qualifizieren (zu den Abgrenzungen BK-WEBER, Art. 101 N 58 ff. sowie Art. 398 N 3 und Art. 399 N 3). Eine spezielle Vollmacht braucht es nur, wenn die Erfüllung in der Vornahme von Rechtshandlungen besteht. 11

Leistet ein Dritter ohne Wissen und Willen des Schuldners (sog. **Intervention**), so kann der Gläubiger die Leistung nicht zurückweisen, solange der Schuldner nicht ausdrücklich widerspricht (BK-WEBER, N 46). Widerspricht der Schuldner der Leistung durch den Dritten, kann der Gläubiger die Leis- 12 tung dennoch annehmen, muss aber nicht (BGE 123 III 164; BK-WEBER, N 53). Gegen den gemeinsamen Willen von Gläubiger und Schuldner kann der Dritte nur leisten, wenn er damit ein spezielles Interesse verfolgt (Auslösung eines Pfandes, um die Verwertung zu verhindern; GAUCH/SCHLUEP/SCHMID/REY, N 2054). Bei rechtsgeschäftlicher Erfüllung ist die Intervention nicht möglich; dem intervenierenden Dritten fehlt zur Erfüllung die Vollmacht des Schuldners.

13   Mit der richtigen Leistung durch den Dritten tritt in allen genannten Fallkonstellationen Erfüllung ein; das Recht des Gläubigers auf Leistung erlischt und die Bestimmungen über die Erfüllungsfolgen gelten (Art. 85 f., 88). Der Dritte kann erklären, welche Schuld getilgt werden soll; die Tilgung tritt ein, auch wenn der Schuldner dem Dritten eine andere Weisung erteilt hatte (BGer 4C.395/2002 vom 4. 4. 2003).

14   Verweigert der Gläubiger bei Leistung durch einen Dritten die Annahme, gerät er in Annahmeverzug. Zudem hat er eine allfällige eigene Leistung vertragsgemäss zu erbringen. Der leistende Dritte kann aufgrund spezieller gesetzlicher Anordnung in die Stellung des Gläubigers subrogieren (Art. 110, 507, 1062); ansonsten sind Ansprüche aus Geschäftsführung ohne Auftrag (Art. 419 ff.) möglich.

15   Leistet der Dritte nicht richtig, so haftet der Schuldner für **Erfüllungsmängel** (Art. 101, Art. 399 Abs. 2; Gewährleistung etc.). Dies gilt dann nicht, wenn der Schuldner der Leistung durch den Dritten widersprochen hat. Der Widerspruch des Schuldners verhindert die Haftung jedoch nicht, wenn der Schuldner sich bereits im Verzug befunden hat (Art. 2 ZGB; leicht abweichend BK-WEBER, N 71, der auf Fälligkeit abstellt und vor dem Eintritt der Fälligkeit auf Treu und Glauben abstellen will; nach BSK OR I-LEU, N 8 kommt es allein auf den Widerspruch des Schuldners an).

III. Person des Leistungsempfängers

16   In den Art. 68–96 OR nicht geregelt wird die Frage, an wen mit befreiender Wirkung geleistet werden kann (**Person des Leistungsempfängers**). Selbstverständlich kann die Leistung an den Gläubiger selbst oder seinen (gesetzlichen oder gewillkürten) Vertreter erfolgen, solange der Gläubiger die Verfügungsmacht über sein Vermögen besitzt (zur Inkassovollmacht, BK-WEBER, N 93 ff.). Diese Verfügungsmacht kann aufgrund gesetzlicher (Konkurs, Pfändung, Arrest) oder gerichtlicher Anordnung fehlen.

17   **Irrtümliche Leistung** an den vermeintlichen Gläubiger bewirkt keine Befreiung von der Leistungspflicht (BGE 111 II 265). Es kann aber sein, dass die Leistungspflicht des Schuldners wegen unverschuldeter Unmöglichkeit untergegangen ist (Speziesschuld) oder dass dem Anspruch des Gläubigers

auf Erfüllung die Einrede widersprüchlichen Verhaltens (Art. 2 ZGB; der Gläubiger hat einen falschen Anschein erweckt) oder ein Schadenersatzanspruch wegen Verletzung einer vertraglichen Pflicht entgegensteht. Art. 167 ordnet die befreiende Leistung an den ehemaligen Gläubiger im Falle der Unkenntnis über die Zession an. Ähnliches gilt im Wertpapierrecht (Art. 966 Abs. 2, Art. 974, Art. 976, Art. 978, Art. 1006; 1110; 1147). Unklar ist die Rechtslage beim (falschen) Erbenschein (BGE 95 II 118), doch muss auch hier befreiende Leistung an den Dritten möglich sein (BK-WEBER, N 128 m. Nw.).

Die befreiende Wirkung der Leistung an einen Dritten bedarf einer besonderen Grundlage in Gesetz (Hinterlegung, Art. 92, 96, 168, 1032) oder Vertrag. Die vertragliche Vereinbarung besteht insb. in der Bezeichnung einer Zahlstelle oder der Anweisung (Anweisung auf Schuld; Art. 466 und 468 Abs. 2). Zahlstelle und Anweisungsempfänger nehmen die Zahlung im eigenen Namen entgegen. **18**

IV. Beweislast

Art. 68 ist in seinem Kerngehalt letztlich auch eine Beweislastregel: Die persönliche Leistungspflicht des Schuldners ist nicht zu vermuten. Der Gläubiger hat sie zu beweisen. Dies kann auch durch Beweis der Umstände geschehen, welche die persönliche Leistungspflicht nahe legen. **19**

Art. 69

. Gegenstand der Erfüllung	¹ Der Gläubiger braucht eine Teilzahlung nicht anzunehmen, wenn die gesamte Schuld feststeht und fällig ist.
. Teilzahlung	² Will der Gläubiger eine Teilzahlung annehmen, so kann der Schuldner die Zahlung des von ihm anerkannten Teiles der Schuld nicht verweigern.

I. Normzweck und Anwendungsbereich

Art. 69 schützt den Gläubiger vor zusätzlichen Risiken und grösserem Aufwand, den **Teilleistungen** verursachen können. Der Gläubiger ist daher nicht verpflichtet, wohl aber berechtigt, Teilleistungen anzunehmen. Entgegen ihrem Wortlaut erfasst die Bestimmung alle Teilleistungen, nicht nur Teilzahlungen (BGE 75 II 140). Art. 69 ist dispositiv (BGE 75 II 140 a. E.). **1**

II. Recht, Teilleistungen zurückzuweisen (Abs. 1)

2   Gestützt auf Art. 69 kann der Gläubiger die Annahme von Teilleistungen verweigern, ohne in Annahmeverzug zu geraten. Eine **Teilleistung** liegt vor, wenn die gesamte Schuld unteilbar ist und die angebotene Leistung quantitativ weniger als die gesamte Schuld ausmacht. Ob die Schuld unteilbar ist, beurteilt sich nach der Vereinbarung der Parteien und subsidiär nach der konkreten Interessenlage oder der Verkehrsanschauung (BGE 91 II 352: «nach den gegebenen Umständen»; BGE 75 II 142 f. [ausserordentlicher Umfang der Leistung]; BK-Weber, N 12). Da es auf die konkrete Situation ankommt, sind Verallgemeinerungen gefährlich. An der Unteilbarkeit fehlt es insb., wenn **verschiedene Fälligkeitstermine** vorliegen (Sukzessivlieferungsvertrag) oder die Leistungen auf **verschiedenen Rechtsgründen** (mehrere Verträge) beruhen.

3   Art. 69 Abs. 1 bestimmt zudem, dass ein Annahmeverweigerungsrecht nur besteht, wenn **die ganze Leistung fällig** ist und feststeht. Gestützt darauf geht die Lehre davon aus, dass der Schuldner nur den unbestrittenen Teil der Leistung erbringen muss (BK-Weber, N 32 ff.; ZK-Schraner, N 23). Die gesetzliche Regel ist grob misslungen, da der Schuldner es dadurch in der Hand hat, durch Bestreiten eines Teils einer einheitlichen Leistung nur einen Teil (den unbestrittenen) leisten zu müssen. Die Berufung auf Rechtsmissbrauch würde dem Gläubiger nur in krassen Fällen nützen. Die Regel ist daher nach dem Sinn und Zweck des Art. 69 in dem Sinn auszulegen, dass eine blosse Bestreitung nicht genügt. Vielmehr sind an die Substanziierung und **Glaubhaftmachung der Begründetheit der Bestreitung** für die Zwecke des Art. 69 gewisse Anforderungen zu stellen (ohne Differenzierung aber BGE 133 III 598). Art. 69 bezweckt nämlich den Schutz des Gläubigers (BGer 4C.84/2004 vom 9.6.2004, E.2.4) und das Gesetz spricht vom «Feststehen» der Schuld bzw. «liquide» und «liquido». Blosses unsubstanziiertes Bestreiten genügt daher nicht.

4   Trotz an sich **unteilbarer Schuld** kann der Schuldner in der Betreibung auf Pfändung oder Pfandverwertung Teilleistungen erbringen (Art. 123, 143a, 156 SchKG). Dasselbe gilt bei Leistungen aufgrund eines Wechsels oder eines Checks (Art. 1029 und 1143 Abs. 1 Ziff. 8) sowie im Fall der Verrechnung (BK-Weber, N 38). Keine unzulässige Teilleistung liegt vor, wenn der Schuldner Zinsen, aber nicht das Kapital bezahlt (BK-Weber, Art. 73 N 77); demgegenüber ist die Bezahlung des Kapitals ohne Zinsen nur im Einverständnis des Gläubigers möglich (Art. 85). Schliesslich ist auch hier der Grundsatz von Treu und Glauben Schranke der Rechte des Gläubigers: Die Annahmeverweigerung des Gläubigers darf nicht treuwidrig sein, was insb. der Fall sein kann, wenn die Teilleistung nur geringfügig von der Gesamtleistung abweicht (BGE 133 III 598).

Erfolgt eine Teilleistung, so hat die Leistung im entsprechenden Umfang be- 5
freiende Wirkung und die Regeln über die Wirkungen der Erfüllung sind
anwendbar (betr. Quittung etc.). Die Teilleistung unterbricht die **Verjährung** der Forderung (Art. 135 Abs. 1). Die verbleibende Restschuld mit ihren
Nebenrechten wird ansonsten nicht verändert. Insb. bedeutet die Annahme
einer Teilleistung keinen Verzicht auf die Restforderung (BGE 124 III
70 E. a).

III. Recht, Teilleistungen einzufordern (Abs. 2)

Der Gläubiger hat das Recht, Teilleistungen einzufordern, und der Schuld- 6
ner muss Teilleistungen erbringen. Art. 69 Abs. 2 ist lex specialis zu Art. 85
Abs. 1 und geht ihm vor (BGE 133 III 598). Durch **Zession** eines Teils der
Forderung kann der Gläubiger sodann die Forderung so teilen, dass er und
der Zessionar je einen Teil der Forderung einfordern können. Vorbehaltlich
einer entsprechenden Parteiabrede kann der Schuldner Teilleistungen nur
verhindern, wenn er dem Gläubiger, der eine Teilleistung fordert, die ganze
Leistung anbietet. Diese muss der Gläubiger dann annehmen.

IV. Beweislast

Das Vorliegen einer Teilleistung hat der Gläubiger zu beweisen; das Recht 7
zur Teilleistung der Schuldner.

Art. 70

**Unteilbare
Leistung**

¹ Ist eine unteilbare Leistung an mehrere Gläubiger zu
entrichten, so hat der Schuldner an alle gemeinsam
zu leisten, und jeder Gläubiger kann die Leistung an
alle gemeinsam fordern.

² Ist eine unteilbare Leistung von mehreren Schuldnern zu entrichten, so ist jeder Schuldner zu der
ganzen Leistung verpflichtet.

³ Sofern sich aus den Umständen nicht etwas anderes
ergibt, kann alsdann der Schuldner, der den Gläubiger befriedigt hat, von den übrigen Schuldnern
verhältnismässigen Ersatz verlangen, und es gehen,
soweit ihm ein solcher Anspruch zusteht, die Rechte
des befriedigten Gläubigers auf ihn über.

I. Normzweck und Anwendungsbereich: Unteilbarkeit der Leistung

1   Art. 70 regelt den Fall einer Mehrheit von Gläubigern (Abs. 1) oder Schuldnern (Abs. 2 und 3) einer **unteilbaren Leistung**. Da die Erfüllung nicht in Teilleistungen möglich ist, stellen sich besondere Fragen. Meist wird aufgrund von Gesetz oder Vertrag Solidarität oder gemeinschaftliche Berechtigung (Gesamthandschaft, insb. der Erben, der einfachen Gesellschafter oder Kollektivgesellschafter) oder Verpflichtung vorliegen. In diesen Fällen ist Art. 70 nicht anwendbar (ZK-SCHRANER, N 30 und N 46); beim Miteigentum geht Art. 648 Abs. 1 ZGB als lex specialis vor (BK-WEBER, N 27). Die praktische Bedeutung von Art. 70 ist daher gering.

2   Tatsächlich entspricht die Regelung für die **Schuldnermehrheit** in Abs. 2 und 3 grundsätzlich der Regelung der Solidarität in Art. 143 ff. (BK-WEBER, N 8), währenddem die Regelung der **Gläubigermehrheit** in Abs. 1 Elemente der Solidarität, Gesamthand und Teilforderung enthält.

3   Art. 70 gilt nur, wenn die geschuldete Leistung nicht in mehreren Teilen erbracht werden kann, ohne dass sie an Wert verliert oder ihren Charakter verändert (BK-BECKER, N 2; BK-WEBER, N 14 f.). Die **Unteilbarkeit** ergibt sich primär aus dem Vertrag der Parteien, insb. einer ausdrücklichen Abrede. Sie kann sich aber auch aus dem Zweck der Leistung (bspw. bei der Unternehmensübernahme) oder aus der Natur der Leistung an sich ergeben. Das kann bei Sachleistungen (Hauskauf; bestimmtes Werk) oder der Pflicht zu einem Tun der Fall sein (vgl. zu Garantiearbeiten an gemeinsamen Teilen beim Stockwerkeigentum, BGE 111 II 462). Dabei kommt es nicht darauf an, wie die Leistung bereitgestellt wird (Schuldner zieht zur Erfüllung Hilfspersonen oder gar Substituten bei), sondern darauf, ob die Leistung in Teilleistungen aufgeteilt werden kann (vgl. BK-WEBER, N 20). Das ist bei eigentlichen Arbeitsleistungen i. d. R. möglich. Sofern die Leistung nachträglich teilbar wird (bspw. durch Umwandlung in Schadenersatz), entstehen Teilforderungen (BK-WEBER, N 40) und Art. 70 ist nicht mehr anwendbar.

4   Art. 70 ist **dispositiv**; allerdings steht der Vereinbarung der Teilbarkeit teilweise eine absolute Unteilbarkeit entgegen, die in der Natur der Sache begründet ist. Eine dem entgegenstehende Vereinbarung wäre wegen anfänglicher Unmöglichkeit nichtig (Art. 20); bei Teilnichtigkeit des Vertrages gilt dann wieder Art. 70.

II. Mehrere Gläubiger einer unteilbaren Leistung (Abs. 1)

5   Gemäss Abs. 1 kann der Schuldner einer unteilbaren Leistung nur an alle Gläubiger zusammen mit befreiender Wirkung leisten; die Rechtslage ist in-

sofern gleich wie bei einer **Gesamthand**. Jeder Gläubiger kann aber die Leistung allein fordern (wie bei der Solidarität); die Forderung geht aber auf Leistung an alle Gläubiger. Zudem bestehen die Forderungen der mehreren Gläubiger grundsätzlich unabhängig voneinander (wie bei Teilforderungen). Leistet der Schuldner nur an einen Gläubiger, so ist er nicht befreit und muss ein zweites Mal – an alle – leisten (BGE 53 III 149 f. E. 3). Sofern die erneute Leistung unmöglich geworden ist, muss der Schuldner Schadenersatz zahlen – womit die ehemals unteilbare Leistung teilbar wird. Erfüllung durch Verrechnung mit der Forderung gegen einen Gläubiger ist mangels Gegenseitigkeit nicht möglich (BK-WEBER, N 30).

Wenn die Leistung an die **Gläubigergesamtheit** aus einem Grund, der im Bereich eines oder mehrerer Gläubiger liegt, nicht möglich ist, geraten alle Gläubiger in Annahmeverzug (Art. 91). Die Regeln der Art. 92 ff. gelten. Ansonsten bleiben die Forderungen der einzelnen Gläubiger grundsätzlich voneinander unabhängig (Rechtskraft des Urteils zugunsten eines Gläubigers gilt nicht zugunsten der anderen; BK-WEBER, N 38).   6

Jeder Gläubiger kann die Erfüllung fordern und auch in eigenem Namen einklagen, aber immer nur als Leistung an alle Gläubiger. Mehrere klagende Gläubiger sind **einfache Streitgenossen**. Ist die Erfüllung nicht möglich, weil einzelne Gläubiger die Annahme verweigern, kann der klagende Gläubiger auch die Hinterlegung verlangen (umstritten; so aber auch BGB 432 Abs. 1 Satz 2 und BK-BECKER, N 5; BK-WEBER, N 43; ZK-OSER/SCHÖNENBERGER, N 4).   7

Die Verteilung der Leistung unter den mehreren Gläubigern erfolgt nach den Regeln ihres internen Rechtsverhältnisses, subsidiär nach Anteilen (BK-WEBER, N 46; ZK-OSER/SCHÖNENBERGER, N 6).   8

III. Mehrere Schuldner einer unteilbaren Leistung (Abs. 2)

Bei einer **Schuldnermehrheit** einer unteilbaren Leistung ist jeder einzelne Schuldner verpflichtet, die ganze Leistung zu erbringen. Ohne Vorliegen einer eigentlichen Solidarität gelten deren Rechtsfolgen (sog. **formale Solidarität**, ZK-SCHRANER, N 7 und N 44). Art. 136 Abs. 1 ist anwendbar (BK-WEBER, N 47).   9

Wird die ursprünglich unteilbare Leistung teilbar, so entstehen **Teilforderungen** und nicht in jedem Fall solidarische Verpflichtungen (GAUCH/SCHLUEP/SCHMID/REY, N 3897; ZK-OSER/SCHÖNENBERGER, N 7; BK-BECKER, N 9; **a.M.**, unter Füllung einer Gesetzeslücke Solidarität annehmend, BK-WEBER, N 48 ff.; BUCHER, OR AT, 490; SCHWENZER, OR AT, N 88.10; ZK-SCHRANER, N 53). Mangels gesetzlicher Anordnung (so aber Art. 308 für die Leihe und Art. 478 für die Hinterlegung) kann sich eine **Solidarität** nur   10 aus dem Vertrag ergeben. Bei Umwandlung der ursprünglich unteilbaren Leistung in eine teilbare ist daher zu prüfen, ob die Parteien in diesem Fall eine Solidarität vorgesehen hätten (Vertragsergänzung durch das Gericht; GAUCH/SCHLUEP/SCHMID/REY, N 1257). Solidarität ist anzunehmen, wenn sie für den Schutz des Gläubigers gegen übermässigen Aufwand bei Teilleistungen, wegen der wirtschaftlichen Risiken bei einzelnen Schuldnern oder wegen Prozessrisiken wichtig und wirtschaftlich sinnvoll sowie durchsetzbar ist. Im Falle der Umwandlung der teilbaren Leistung in Schadenersatz wegen Vertragsverletzung kommt hinzu, dass die Schuldner nicht aus ihrer Vertragsverletzung profitieren sollen, sodass grundsätzlich Solidarität anzunehmen ist.

IV. Regress des leistenden Schuldners (Abs. 3)

11 Der leistende Schuldner hat ein Regressrecht gegen die anderen Schuldner; er subrogiert in die Stellung des befriedigten Gläubigers (Art. 110). Im Übrigen gelten die Grundsätze von Art. 148 f.

Art. 71

3. **Bestimmung nach der Gattung**

[1] Ist die geschuldete Sache nur der Gattung nach bestimmt, so steht dem Schuldner die Auswahl zu, insofern sich aus dem Rechtsverhältnis nicht etwas anderes ergibt.

[2] Er darf jedoch nicht eine Sache unter mittlerer Qualität anbieten.

I. Normzweck und Anwendungsbereich

1 Eine Leistung kann verbindlich vereinbart werden, auch wenn ihr Inhalt noch nicht definitiv bestimmt wird, aber bestimmbar ist. Es genügt insb., wenn die Leistung **objektiv bestimmbar** ist. Aus Art. 71 folgt zudem, dass es – in gewissen Grenzen – sogar zulässig ist, die Bestimmung der Leistung einer Vertragspartei (oder einem Dritten) zu überlassen (**subjektive Bestimmbarkeit**; vgl. generell BGE 84 II 18 ff. und 85 II 406 ff.). Die dispositive Regel von Art. 71 bestimmt, wer bei Gattungsschulden den Leistungsinhalt festlegt, wenn er noch ungenügend bestimmt ist (Abs. 1). Zugleich legt Art. 71 einen **qualitativen Mindeststandard** fest (Abs. 2). Nicht geregelt wird, wie der Inhalt der Leistung bestimmt wird und wann dies zu geschehen hat. Die Rechtsfolgen der (Nicht- oder nicht richtigen) Leistung regelt das Gesetz an anderer Stelle, insb. bei den einzelnen Verträgen (Art. 185, 206).

Art. 71 erfasst sämtliche Leistungen (insb., aber nicht nur, Sachleistungen), 2
dabei aber nur **Gattungsschulden**. Darunter sind Schulden zu verstehen,
deren Inhalt nicht im Sinne einer Stückschuld individuell (Lastwagen mit
der Chassisnummer XY), sondern nur durch eine generalisierende Umschreibung einzelner Merkmale bestimmt ist (neuer Lastwagen der Marke
X, Typ Y; vgl. dazu BGE 91 II 343 f.; ausführlich 121 III 454 und 457 betr.
Hubstapler). Die Abgrenzung zwischen Gattungs- und Stückschuld erfolgt
anhand der Vereinbarung der Parteien, insb. des Zwecks des Geschäfts und
der Interessen der Parteien (BGE 121 III 457). Die Merkmale, welche die
Gattung kennzeichnen, sind deren technische oder natürliche Eigenschaften
sowie wirtschaftliche Aspekte. Bestimmt werden die massgebenden Merkmale durch Vereinbarung der Parteien. Wird eine Gattung aus einem bestimmten Vorrat bezeichnet, liegt eine **begrenzte Gattungsschuld** vor (einer
der Lastwagen der Marke X, Typ Y, an Lager des Händlers Z; vgl. BGE 91
II 344; Inhaberpapiere, BGE 112 II 417).

Von der Abgrenzung zwischen **Stückschuld und Gattungsschuld** zu unter- 3
scheiden ist diejenige von **vertretbaren und unvertretbaren Sachen**. Hier
richtet sich die Abgrenzung nach der objektiven Verkehrsanschauung, nicht
nach der individuellen Parteivereinbarung (falsch die Begriffsverwendung
in Art. 206, die von vertretbaren Sachen spricht, aber eine Gattungsschuld
meint, BSK OR I-Honsell, Art. 206 N 1).

Gattungsschuld (Art. 71) und Wahlobligation (Art. 72) können miteinander 4
kombiniert werden (vgl. Bsp. in BGE 85 II 402 ff.).

II. Bestimmung des Leistungsinhaltes (Abs. 1)

Grundsätzlich hat der Schuldner das Recht, die Leistung aus der Gattung 5
heraus zu bestimmen. Eine abweichende Regelung kann sich nicht nur aus
der (expliziten oder impliziten) Vereinbarung der Parteien, sondern auch
aus der Natur des Rechtsverhältnisses ergeben; massgebend sind daher
auch hier Leistungszweck und konkrete Umstände.

Umstritten ist, ob das **Auswahlrecht** ein (ausfüllendes) Gestaltungsrecht ist 6
(Gauch/Schluep/Schmid/Rey, N 71 und 2275) oder nicht (BK-Weber,
N 51 ff. mit Verweis auf von Tuhr/Peter, OR AT, 5 FN 10). Ebenfalls um-
stritten ist, ob eine einmal getroffene Auswahl verbindlich ist (so die ältere
Lehre, BK-Becker, N 5; ZK-Oser/Schönenberger, N 4) oder noch ge-
ändert werden kann (BK-Weber, N 53 f.). Sofern die Verbindlichkeit der
Auswahl – richtigerweise – erst im Zeitpunkt der vollständigen Leistung
eintritt (in diesem Sinne implizit BGE 91 II 352; Bucher, OR AT, 297;
Schwenzer, OR AT, N 8.08; ZK-Schraner, N 29 f.; so auch die deutsche
Lehre, vgl. von Staudinger/Schiemann, § 243 N 43 m. Nw.), kann das Auswahlrecht kein Gestaltungsrecht sein. Hat sich die Gegenpartei auf eine

erste Auswahlerklärung verlassen und entsprechende Kosten gehabt, ist zu prüfen, ob sich die Parteien auf eine bestimmte Auswahl geeinigt haben. Liegt eine Einigung vor, ist die Auswahl verbindlich. Mangels Einigung sind die Kostenfolgen allenfalls durch Ersatzzahlungen auszugleichen (BK-Weber, N 53 nimmt Verbindlichkeit der Auswahl an, wenn der Gläubiger ein besonderes Interesse an der bereits ausgesonderten Sache hat).

7   Erfolgt die Auswahl nicht rechtzeitig, gelten die Verzugsregeln (BK-Weber, N 55 f.). Hält der Gläubiger an der Realerfüllung fest und nimmt der Schuldner die Auswahl immer noch nicht vor, so haben die Vollstreckungsorgane im Rahmen der Realexekution die Auswahl zu treffen (BK-Weber, N 97).

8   Vor der Erfüllung trägt der Schuldner nach allgemeinen Regeln die Gefahr zufälligen Untergangs der Gattungssachen, die er dem Gläubiger liefern wollte (BK-Weber, N 72; beim Gattungskauf ist dieser Zeitpunkt auf die Ausscheidung bzw. Versendung vorverschoben, Art. 185). Geht eine begrenzte Gattungsschuld teilweise unter, so hat der Schuldner so weit als möglich zu liefern. Mehrere Gläubiger **sind anteilsmässig zu beliefern** (BK-Weber, N 99 f.).

III. Mindestanforderungen an die Qualität (Abs. 2)

9   Der die Auswahl treffende Schuldner darf nur Gattungsobjekte auswählen, die mindestens von mittlerer Qualität sind. Wenn die Parteien die **Qualität** nicht geregelt haben, bestimmt sich der **Qualitätsbegriff** nach dem Vertragsinhalt und -zweck, allenfalls unter Bezug auf Branchenusanzen, welche die Parteien kannten, und auf die Verkehrssitte. Gestützt auf diesen Qualitätsbegriff ist die **mittlere Qualität** anhand des Vertragszwecks und der Verkehrssitte zu bestimmen. Liefert der Schuldner bessere Qualität, so hat der Gläubiger die Leistung bei gleichbleibendem Preis anzunehmen. Liefert er mindere Qualität, ist Nichterfüllung von der Schlechterfüllung abzugrenzen (vgl. zur Diskussion darüber BSK OR I-Honsell, Art. 206 N 2 f.). Nichtlieferung liegt vor, wenn die Leistung nicht sämtliche vereinbarten Gattungsmerkmale aufweist (BGE 121 III 455 ff.; Hubstapler mit manueller anstatt Automatikschaltung; für eine weitergehende Anwendung der Schlechterfüllungsregeln Schwenzer, OR AT, N 8.07; BK-Weber, N 89 ff.).

Art. 72

4. Wahlobligation

Ist die Schuldpflicht in der Weise auf mehrere Leistungen gerichtet, dass nur die eine oder die andere erfolgen soll, so steht die Wahl dem Schuldner zu, insofern sich aus dem Rechtsverhältnis nicht etwas anderes ergibt.

I. Normzweck und Anwendungsbereich

Art. 72 umschreibt die **Wahlobligation** und hält fest, dass das Wahlrecht grundsätzlich dem Schuldner zusteht. Die – dispositive – Regel in Art. 72 ist auf alle Leistungsarten anwendbar. Eine Wahlobligation liegt vor, wenn zwei Leistungen so geschuldet sind, dass alternativ nur die eine oder die andere zu erbringen ist (BK-WEBER, N 9; SCHWENZER, OR AT, N 9.01; ZK-SCHRANER, N 8). Die beiden Leistungen können sich im eigentlichen Inhalt oder auch in den Modalitäten der Leistung (Ort, Zeit, Lieferart etc.) unterscheiden. Gleichwertigkeit der Leistungen wird nicht verlangt (BGE 96 II 21). Die Wahlobligation kann mit der Gattungsschuld i.S.v. Art. 71 kombiniert werden. 1

Keine Wahlobligation liegt vor, wenn nur eine Leistung geschuldet ist, der Schuldner aber auch etwas anderes leisten und so richtig erfüllen kann (sog. **Alternativermächtigung**). Die alternative Ermächtigung entsteht teilweise von Gesetzes wegen (Art. 84 Abs. 2, 158 Abs. 3 und 160 Abs. 3), meist aber aus Vertrag (bspw. Lieferung von Fabrikaten anstatt Geldzahlung, BGE 50 II 40; Hingabe des Gebrauchtwagens als Teil der Geldzahlung für den Neuwagen). 2

Bei der alternativen Ermächtigung stellen sich gewisse Probleme der Wahlobligation nicht, da nur eine Leistung geschuldet ist. Die Unmöglichkeit kann daher nur diese Leistung treffen. Die Erfüllung mit der Ersatzleistung ist an sich eine reine Erfüllungshandlung, nicht die Ausübung eines Gestaltungsrechts. Nach allgemeinen Grundsätzen sollte der Schuldner daher die Möglichkeit haben, die Ersatzleistung zurückzunehmen und die geschuldete Leistung zu erbringen, solange der Gläubiger die Ersatzleistung noch nicht angenommen hat. Das Bundesgericht hat aber im Falle einer alternativen Konventionalstrafe entschieden, dass der Schuldner von der Hauptschuld in dem Zeitpunkt befreit wird, in dem ihm die Erklärung des Gläubigers zugeht, dass er die Strafe wähle (BGE 63 II 85; so auch GAUCH/SCHLUEP/SCHMID/REY, N 2298; anders BGE 50 II 43f.; BK-WEBER, N 72).

3   Von der Wahlobligation zu unterscheiden sind auch die Rechtsverhältnisse bei der **Wandelobligation** und bei der **Ausstellung von Arbeitszeugnissen** (Art. 330a; verlangt der Arbeitnehmer zunächst ein einfaches Zeugnis, so hat er damit nicht ein Wahlrecht konsumiert, sondern kann immer noch auch ein vollständiges Zeugnis verlangen, vgl. BGE 129 III 179). Die Rechtsnatur des Wahlrechts beim Trödelvertrag ist umstritten (BK-WEBER, N 18 m. Nw.).

II. Wahlrecht

4   Die Wahlobligation entsteht aus Rechtsgeschäft (Vertrag, Vermächtnis) oder Gesetz (Art. 43). Nach der dispositiven gesetzlichen Ordnung soll grundsätzlich der Schuldner das Wahlrecht haben. Regelmässig vereinbaren die Parteien aber, dass dem Gläubiger das Auswahlrecht zukommen soll (Wahl des Garagenplatzes beim Hauskauf, BGE 118 II 35; Münzautomat; Theaterabonnement; Menübestellung mit Wahl des Gangs). Eine von Art. 72 abweichende Regelung kann sich auch ohne Vereinbarung aus der Natur des Rechtsverhältnisses (Leistungszweck; konkrete Umstände) ergeben.

5   Die Wahl ist die Ausübung eines **Gestaltungsrechts** und damit eine unwiderrufliche, empfangsbedürftige Willenserklärung (BGE 63 II 84). Das Gestaltungsrecht ist zusammen mit dem zugrunde liegenden Recht auf Leistung übertragbar (BK-WEBER, N 31). Das Wahlrecht steht einseitig dem Berechtigten zu, der auf die Interessen der anderen Partei grundsätzlich keine Rücksicht zu nehmen braucht (BK-WEBER, N 30). Mit der Abgabe der Wahlerklärung ist das Wahlrecht konsumiert (BGE 50 II 44; 63 II 84).

6   Das Wahlrecht wirkt **ex nunc**. Mit der Ausübung des Wahlrechts fällt die Pflicht zur Erbringung der nicht gewählten Leistung dahin und es besteht nur noch eine Pflicht zur Erbringung der gewählten Leistung. Wird das Wahlrecht nicht ausgeübt, kommt der Ausübungsberechtigte in (Schuldner- oder Gläubiger-)**Verzug**. Der säumige Schuldner wird auf alternative Leistung verklagt und verurteilt. Die Zwangsvollstreckung richtet sich notwendigerweise immer nur auf die Durchsetzung einer Leistungspflicht; der Gläubiger bestimmt dabei, welche Leistung Gegenstand der Zwangsvollstreckung ist. Der Schuldner kann sich aber bis zur Erfüllung in der Zwangsvollstreckung durch Erbringung einer Leistung nach seiner eigenen Wahl befreien (BK-WEBER, N 48; ZK-SCHRANER, N 46). Möglich ist auch, den säumigen Schuldner auf Abgabe einer Willenserklärung einzuklagen, was aber kaum je eine prozessökonomische Vorgehensweise sein wird. Ist der wahlberechtigte Gläubiger in Verzug, so muss ihn der Schuldner mahnen und nach den allgemeinen Regeln eine Nachfrist ansetzen (BGE 110 II 152; Sukzessivlieferungskauf auf Abruf des Käufers und mit Vorbehalt der Spezifikation): Nach Ablauf der Nachfrist geht das Wahlrecht auf den Schuldner

über (BGE 42 II 225) und er kann die von ihm gewählte Leistung hinterlegen (SCHWENZER, OR AT, N 9.03). Art. 108 gilt entsprechend.

III. Folgen der Unmöglichkeit einer der Leistungen

Ist eine der alternativen Leistungen ursprünglich unmöglich, gilt die Regel   7
von Art. 20: Die Leistungspflicht des Schuldners konzentriert sich auf die
noch mögliche Leistung, wenn der Vertrag auch ohne Wahlrecht geschlossen worden wäre (Art. 20 Abs. 2; ZK-SCHRANER, N 56; BK-WEBER, N 55).
Wird die gewählte Leistung nach Ausübung des Wahlrechts unmöglich, gelten die allgemeinen Regeln der Art. 97 ff. und Art. 119 für diese Leistung
und das gesamte Schuldverhältnis.

Wird eine **Leistung nachträglich**, aber vor Ausübung des Wahlrechts **un-**   8
möglich, ist das Schicksal des Wahlrechts anhand der vertraglichen Vereinbarung, insb. des Zwecks des Wahlrechts und der gegenseitigen Interessen
der Parteien, zu bestimmen. Im Übrigen sind die **Folgen der Unmöglichkeit**
in der Lehre umstritten und es werden alle möglichen Varianten vertreten
(ausführlich BK-WEBER, N 57 ff.; BSK OR I-LEU, N 4; BUCHER, OR AT, 298 f.;
GAUCH/SCHLUEP/SCHMID/REY, N 2285 ff.; HANDKOMM-KREN KOSTKIEWICZ,
N 6). Entweder es erfolgt eine Konzentration auf die noch mögliche Leistung (GAUCH/SCHLUEP/SCHMID/REY, N 2290 für den Fall, dass der Gläubiger
die Unmöglichkeit nicht verursacht hat und der Schuldner wählen kann;
SCHWENZER, OR AT, N 9.04) oder das Wahlrecht bleibt grundsätzlich bestehen und für die unmöglich gewordene Leistung gelten die Art. 97 ff. oder
Art. 119 (GAUCH/SCHLUEP/SCHMID/REY, N 2286 ff. und 2291). Die Aufrechterhaltung des Wahlrechts entspricht der ursprünglichen Vereinbarung der
Parteien meist am besten. Im Falle unverschuldeter Unmöglichkeit gelten
die Regeln des Art. 119. Wird die unmögliche Leistung gewählt, fällt somit
das Schuldverhältnis unter Vorbehalt der Gefahrentragungsregeln dahin
(BK-WEBER, N 58 f.; BSK OR I-LEU, N 4; ZK-SCHRANER, N 58; **a.M.** die ältere Lehre und GAUCH/SCHLUEP/SCHMID/REY, N 2289 f.). Probleme können
sich nur ergeben, wenn der Wahlberechtigte die Unmöglichkeit verursacht;
durch angemessene Schadenersatzregelung kann das Problem gelöst werden (**a.M.** BK-WEBER, N 60 ff.; ZK-SCHRANER, N 59). Falls der Schuldner
die Unmöglichkeit verschuldet hat, tritt anstelle der ursprünglichen Leistungspflicht eine gleichwertige Schadenersatzpflicht; eine Schlechterstel-
lung des Gläubigers ist bei richtiger Bemessung des Schadenersatzes nicht
möglich. Falls der Gläubiger selber die Unmöglichkeit verschuldet, so kann
er entweder die unmögliche Leistung wählen, damit faktisch auf die Leistung des Schuldners verzichten und gegebenenfalls seine eigene Gegenleistung erbringen, oder die noch mögliche Leistung wählen und angemessenen Schadenersatz für die unmöglich gewordene Leistung erbringen.

Art. 73

5.   Zinse

¹ Geht die Schuldpflicht auf Zahlung von Zinsen und ist deren Höhe weder durch Vertrag noch durch Gesetz oder Übung bestimmt, so sind Zinse zu fünf vom Hundert für das Jahr zu bezahlen.

² Dem öffentlichen Rechte bleibt es vorbehalten, Bestimmungen gegen Missbräuche im Zinswesen aufzustellen.

I.   Normzweck und Anwendungsbereich

1   Art. 73 regelt einzig die Höhe des Zinses; die übrigen Regeln über den Zins sind im Gesetz verstreut und nicht systematisch zusammengefasst. Abs. 1 enthält dispositive Regeln über die **Zinshöhe**, diese wiederum wird durch die in Abs. 2 vorbehaltenen Regeln über den **Maximalzinsfuss** beschränkt (Art. 20).

2   **Zins** ist die Gegenleistung für die Überlassung (oder Vorenthaltung) vertretbarer Sachen, sofern diese Gegenleistung nach der Zeit der Überlassung (oder Vorenthaltung) und aufgrund einer Quote der vertretbaren Sachen berechnet wird. Die vertretbaren Sachen bestehen regelmässig in einer Summe Geld (Kapital) und die Quote ist ein Prozentsatz dieses Kapitals. Die – grundsätzlich einheitlichen – Definitionen in Lehre und Rechtsprechung sind denn auch auf die Zinszahlung für die Überlassung von Geld ausgerichtet, wobei der Zins in Prozenten der überlassenen Geldsumme und nach der Überlassungsdauer berechnet wird (GUHL/KOLLER, § 11 N 15; SCHWENZER, OR AT, N 10.06; GAUCH/SCHLUEP/SCHMID/REY, N 2401; BK-WEBER, N 13). Art. 73 erfasst aber auch Zins auf anderen vertretbaren Sachen als Geld, sofern die doppelte Abhängigkeit der Zinszahlung von der Dauer der Überlassung (Zeit) und dem Umfang der Überlassung (Kapital) vorliegt. Nicht nur der Umfang der Zinsschuld hängt von der Hauptschuld ab, sondern auch ihre Existenz an sich; die Zinsschuld ist mit anderen Worten immer akzessorisch zur Hauptschuld.

3   Ohne diese **doppelte Akzessorietät** in Entstehung und Umfang kann keine Zinsschuld vorliegen (GUHL/KOLLER, § 11 N 15). Keine Zinsen sind daher Miet- oder Pachtzinse, Provisionen, Rentenbeträge, Gewinnanteile oder zeitunabhängige Bearbeitungsgebühren (sofern kein verschleierter Zins vorliegt, GAUCH/SCHLUEP/SCHMID/REY, N 2402).

4   Aufgrund ihrer **Akzessorietät** setzt die Zinsschuld eine Hauptschuld voraus; entfällt die Hauptschuld, insb. durch Erfüllung, kann auch die Zinsschuld

nicht weiter anwachsen. Zum Verhältnis von Zins und Kapital bei der Erfüllung vgl. Art. 85 Abs. 1 (Vorrang der Anrechnung an ausstehende Zinsen) und Art. 89 Abs. 2 (Quittung; Vermutung der Bezahlung der Zinsen) sowie Art. 114 Abs. 2 (Ausschluss der Nachforderung ausstehender Zinsen). Wirkt das Erlöschen der Hauptschuld zurück (Irrtumsanfechtung; Verrechnung), so sind bereits bezahlte Zinsen entsprechend zurückzugeben (BK-WEBER, N 47 und 55). Bei Abtretung oder Schuldübernahme besteht die Vermutung, dass die laufenden und die bereits entstandenen Zinsforderungen ebenfalls übergehen (Art. 170). Sicherheiten haften auch für die Zinsforderung (bei der Bürgschaft vgl. Art. 499 Abs. 2 Ziff. 3; Pfandrecht: Art. 818 Abs. 1 Ziff. 2 und Ziff. 3, 891 Abs. 2).

Mit dem Dahinfallen der Hauptschuld wächst die Zinsschuld nicht weiter an (**Akzessorietät**). Die Akzessorietät kann jedoch durch eine entsprechende Vereinbarung bei der Abtretung, der Schuldübernahme und der Nachforderung von Zinsen nach Erfüllung der Hauptschuld (Art. 114 Abs. 2) durchbrochen werden (BK-WEBER, N 67). Eine weitergehende Selbstständigkeit kann sich durch Verbriefung (Inhaberpapier) ergeben (Art. 114 Abs. 3; Art. 980 Abs. 1). Zu Teilleistungen vgl. Art. 69 N 4. Die Akzessorietät zeigt sich auch darin, dass Zinsen immer mit der Hauptforderung verjähren (Art. 133), aber unabhängig von der Hauptforderung bereits vorher verjähren können (fünfjährige Verjährungsfrist; Art. 128 Ziff. 1, nicht aber für Schadens- oder Verzugszinsen, vgl. BK-WEBER, N 112; BSK OR I-DÄPPEN, Art. 128 N 4). Demgegenüber kann der Gläubiger die Zinsforderung unabhängig von der Hauptforderung durchsetzen. 5

Die Zinsschuld kann auf Vereinbarung oder Gesetz beruhen. Die Zinszahlung kann eine selbstständige Leistung sein (Darlehenszins). Der Zins kann aber auch Verzugszins (Art. 104) oder (deliktischer bzw. vertraglicher) Schadenszins sein (Art. 41 und 97). Zum Schaden gehört der Zins von dem Zeitpunkt an, in dem der Schaden entsteht (BGE 122 III 54). 6

II. Widerlegbare Vermutung für die Zinshöhe (Abs. 1)

Abs. 1 legt die **Höhe der Zinsen** unter Vorbehalt abweichender vertraglicher Vereinbarung oder Übung fest. Die **Vereinbarung** der Parteien geht der gesetzlichen Regel daher ohne Weiteres vor (zu den Schranken der privatrechtlichen Vereinbarung vgl. unten zu Abs. 2). Sofern die Parteien nur die Verzinslichkeit vereinbart haben, für die Höhe des Zinssatzes aber keine Vereinbarung nachgewiesen werden kann, so gilt ein **Zinssatz von 5 %** (BGE 126 III 92). 7

Mangels Vereinbarung kann der Zinssatz aber auch aufgrund einer **Übung** festgelegt werden. Darunter wird der im massgeblichen, lokalen Markt allgemein geltende Zinssatz verstanden (BK-WEBER, N 120; BSK OR I-LEU, 8

N 3; HANDKOMM-KREN KOSTKIEWICZ, N 4). Dieser muss den Parteien nicht bekannt sein; welches der übliche Zinssatz ist, wird aufgrund des konkreten Geschäftes bestimmt (z. B. Dreimonats-LIBOR, Privatsätze der Banken etc.). Massgebender Marktplatz ist der Ort der Erfüllung der Hauptschuld (BK-WEBER, N 124).

9   Dem gesetzlichen Zinsfuss von Art. 73 gehen schliesslich die **leges speciales** in Art. 104 (Verzugszins), Art. 314 (Darlehen unter Kaufleuten) sowie Art. 558 (Kollektivgesellschaft), Art. 611 (Kommanditgesellschaft) sowie Art. 859 und 861 (Genossenschaft) vor. Bei Wechsel und Check bestehen Sonderbestimmungen für Regresszinsen (Art. 1045 Ziff. 2; 1046 Ziff. 2; 1130 Ziff. 2).

10   Das Bundesgericht legt den **vertraglichen Schadenszins** in Analogie zu Art. 73 Abs. 1 mit 5 % fest; entgegen vereinzelter Kritik (BK-WEBER, N 132; BSK OR I-LEU, N 3) gilt das insb. dann, wenn ein Ersatzanspruch wegen Verletzung einer vertraglichen Hauptpflicht zu beurteilen ist (BGE 122 III 53). Der gesetzliche Vorrang der Übung sollte hier greifen, wenn die allgemeinen Zinssätze höher als 5 % sind.

11   Das Bundesgericht wendet den Zinssatz schliesslich auch auf **Forderungen aus Art. 41 ff.** OR an (BGE 121 III 182 f.; 117 II 63), auf **aktienrechtliche** Forderungen (BGE 120 II 265; Übernahme von Aktien) oder **öffentlichrechtliche** Forderungen (BGE 97 I 809: Enteignung; BGE 93 I 666: Rückerstattung von Wohnbausubventionen). Der Zinssatz von Abs. 1 ist damit der allgemein gültige Zinssatz (vgl. nun aber BGE 131 III 24 f., wonach im Falle deliktischer Haftung der in Analogie zu Art. 73 mit 5 % festgesetzte pauschalierte Zinssatz nur einer widerlegbaren Vermutung entspricht und dem Geschädigten immer der Nachweis höheren Schadens offen steht; abweichend auch BGer 6P.203/2006 und 6S.459/2006 vom 19. 4. 2007 für den Fall einer strafrechtlichen Einziehung; hier kann der banküblichen Durchschnittszins angewandt werden; demgegenüber Bundesstrafgericht in BK. 2006.5 vom 31. Mai 2007).

12   Die Zinsschuld wird gestützt auf den gemäss Art. 73 Abs. 1 festgelegten Zinssatz für eine **Berechnungsperiode** von einem Jahr festgelegt. In der Schweiz gilt im Banken- und Handelsverkehr meist ein Kalenderjahr von 360 Tagen, im bürgerlichen Verkehr gilt das exakte Kalenderjahr von 365 bzw. 366 Tagen.

III. Maximalzinsfuss (Abs. 2)

13   Das Zivilrecht schränkt die Abrede der Parteien über die Höhe des Zinssatzes durch die Verbote der Sittenwidrigkeit und der Übervorteilung ein (Art. 20 f.). Zudem sind Zinsabreden dann (teil-)nichtig i. S. v. Art. 20 Abs. 2, wenn sie gegen öffentlich-rechtliche Bestimmungen über Maximalzinssätze verstossen; damit sind solche Zinsabreden auf das zulässige Mass herabzusetzen.

Bestimmungen über den Maximalzinssatz enthalten das **Konsumkreditge-** 14
setz (KKG) und die in Art. 73 Abs. 2 vorbehaltenen, kantonalen Gesetze
(zum Höchstzinssatz bei grundpfandgesicherten Forderungen vgl. Art. 795
ZGB; nur noch wenige Kantone kennen solche Regeln; diese sehen Zinssätze von 4 bis 10% vor). Die Verordnung zum KKG legt den Maximalzinssatz für Konsumkredite auf 15% fest. Für die übrigen Kreditgeschäfte bestimmt etwa das Zürcher **Einführungsgesetz zum Schweizerischen Zivil-**
gesetzbuch, dass die jährlichen Kreditkosten höchstens 18% betragen
dürfen (§ 215 EG ZGB ZH). In gleicher Weise bestimmt das **Interkantonale**
Konkordat über Massnahmen zur Bekämpfung von Missbräuchen im
Zinswesen vom 8. 10. 1957 (SR 211.121.1; gilt für BE, ZG, FR, SH, VD, VS,
NE, GE, JU), dass die maximalen Zinskosten 18% nicht übersteigen dürfen
(1% Zins pro Monat, 0,5% Kosten pro Monat; vgl. dazu ZK-Schraner,
N 102 mit Verweis auf einen Entscheid des Bundesgerichts vom 4. 3. 1959,
der Art. 5, Art. 9 Abs. 1 [teilweise], Art. 12 Abs. 2 lit. a Ziff. 4 und lit. b Ziff. 5
teilweise aufhob). Bundesrechtlich besteht des Weiteren ein **Wucherverbot**
(Art. 157 StGB). Damit dürfte in der Schweiz ein Zinssatz von 15 bis 18%
grundsätzlich generell zulässig sein (zum internationalen Privatrecht, vgl.
Vorbem. zu Art. 68–96 N 9).

Nicht generell verboten sind **Zinseszinsen** (vgl. aber Art. 105 Abs. 3 für Ver- 15
zugszinsen); unzulässig sind sie aber grundsätzlich beim Darlehen, mit Ausnahme von kaufmännischen Kontokorrentabreden und Ähnlichem (Art. 314
Abs. 3 und dortige Kommentierung).

Art. 74

3. **Ort der**
   Erfüllung

¹ Der Ort der Erfüllung wird durch den ausdrücklichen oder aus den Umständen zu schliessenden
Willen der Parteien bestimmt.

² Wo nichts anderes bestimmt ist, gelten folgende
Grundsätze:

1. Geldschulden sind an dem Orte zu zahlen, wo der
   Gläubiger zur Zeit der Erfüllung seinen Wohnsitz
   hat;

2. wird eine bestimmte Sache geschuldet, so ist diese
   da zu übergeben, wo sie sich zur Zeit des Vertragsabschlusses befand;

3. andere Verbindlichkeiten sind an dem Orte zu erfüllen, wo der Schuldner zur Zeit ihrer Entstehung
   seinen Wohnsitz hatte.

³ Wenn der Gläubiger seinen Wohnsitz, an dem er die Erfüllung fordern kann, nach der Entstehung der Schuld ändert und dem Schuldner daraus eine erhebliche Belästigung erwächst, so ist dieser berechtigt, an dem ursprünglichen Wohnsitze zu erfüllen.

Literatur

KOLLER, Die Tücken des Mietrechts im Zahlungsverzug des Wohn- oder Geschäftsraummieters, Bemerkungen zu BGE 124 III 145, recht 1999, 25 ff.; WIEGAND, Die privatrechtliche Rechtsprechung des Bundesgerichts im Jahre 1998, ZBJV 1999, 561 ff.

I. Normzweck und Anwendungsbereich

1   Art. 74 legt fest, wie der **Erfüllungsort** zu bestimmen ist. Nach der gesetzlichen Regel wird der Erfüllungsort primär durch Vereinbarung der Parteien bestimmt. Fehlt eine solche, enthält Abs. 2 Grundsätze zur Bestimmung des Erfüllungsortes. Art. 74 enthält demnach **dispositives Recht**. Zwingende Bestimmungen zur Festlegung des Erfüllungsortes gibt es im OR nicht, und abweichende dispositive Regeln fehlen ebenfalls fast gänzlich (Hinterlegungsvertrag, Art. 477, Wechsel- und Checkrecht, Art. 992 Abs. 3, 1097 Abs. 3, 1101 Abs. 2 und im Grundpfandrecht, Art. 861). Auch ausserhalb von ZGB und OR sind zwingende Bestimmungen selten; Zahlungen in der Betreibung (BGE 56 III 19) und der Konkursdividende (BGE 63 III 158) sind für den Gläubiger aber zwingend Holschulden.

2   Art. 74 gilt für alle Obligationen, insb. auch für solche des ZGB. Die Bestimmung hat eine erhebliche Bedeutung für die Bestimmung der richtigen Erfüllung und gehörigen Annahme, da die Leistung (rechtzeitig) am richtigen Ort zu erbringen ist. Zudem ist der Erfüllungsort in Europa ein wichtiger Anknüpfungspunkt für die **internationale Zuständigkeit der Gerichte** (vgl. Art. 5 Ziff. 1 LugÜ für das Verhältnis der Schweiz zum europäischen Ausland sowie die Verordnung über die gerichtliche Zuständigkeit und die Anerkennung von Zivil- und Handelssachen vom 16. 1. 2001 für die Staaten der EU). Der Erfüllungsort, der nach Art. 5 Ziff. 1 LugÜ **Gerichtsstand** ist, wird nach dem auf die strittige Leistung anwendbaren Recht bestimmt (BGE 122 III 45; 122 II 300; vgl. die ausführlichere Regelung im revidierten LugÜ, unterzeichnet durch die Schweiz am 30. 10. 2007). Untersteht ein Vertrag demnach dem Schweizer Recht, kann Art. 74 indirekt den Gerichtsstand bestimmen. Ein subsidiärer Gerichtsstand am Erfüllungsort der strittigen Leistung ergibt sich auch aus Art. 113 IPRG, sofern der Beklagte in der Schweiz keinen Wohnsitz, Sitz, Aufenthaltsort oder keine relevante Niederlassung hat. Der Erfüllungsort ist im internationalen Verhältnis zudem für die Bestimmung der Erfüllungsmodalitäten entscheidend (Art. 125 IPRG).

Im Rahmen der Anwendung Schweizer Rechts ist der Erfüllungsort massgebend für die **Bestimmung der Feiertage** (Art. 78), der **üblichen Geschäftszeit** (Art. 79), des Vorliegens einer **Fremdwährungsschuld** (Art. 84), der «Ortsübung» sowie der örtlichen Markt-, Zins- und Preisverhältnisse (Art. 73, 212).

Das Gesetz spricht von «Erfüllungsort» («Zahlungsort» in Art. 84) und meint damit den Ort, an dem der Schuldner die Leistung zu erbringen (bzw. anzubieten) hat. Wenn der Schuldner an einem anderen Ort zu leisten hat als dem, an dem die Erfüllung schliesslich erfolgt, fallen der Ort der Leistung (**Leistungsort**) und der eigentliche Erfüllungsort auseinander. Dies ist bei der Versendungs- oder Schickschuld der Fall. Die Lehre unterscheidet daher den Leistungsort (i. S. v. Art. 74) und den eigentlichen Erfüllungsort; bei Hol- und Bringschulden fallen die beiden Orte zusammen (BK-WEBER, N 7 ff.).

4

Die Lage des Erfüllungs-(bzw. Leistungs-)orts i. S. v. Art. 74 begründet entweder eine Hol-, Bring- oder eine Versendungs-(Schick-)schuld. Bei der **Bringschuld** hat der Schuldner die Leistung am Wohnsitz (Geschäftssitz) des Schuldners zu erbringen. Die Leistung ist vertragskonform, wenn sie insb. zum vereinbarten Zeitpunkt beim Gläubiger eintrifft. Damit trägt der Schuldner die Gefahr einer Verzögerung, wenn die Leistung an den Ort des Gläubigers überbracht werden muss, und die Gefahr des Untergangs oder der Verschlechterung (unter Vorbehalt abweichender Gefahrenregelung, Art. 185) auf dem Transport zum Gläubiger (BK-WEBER, N 38 f.).

5

Bei der **Holschuld** fällt der Erfüllungsort mit dem Wohnsitz (Geschäftssitz) des Schuldners, dem Lageort einer Sache oder einem anderen, vertraglich vereinbarten Ort zusammen. Der Schuldner erfüllt, wenn er die Leistung gehörig anbietet (BGE 109 II 32: mündliches Angebot genügt). Der Gläubiger hat die Leistung an diesem Ort entgegenzunehmen, ansonsten er in Annahmeverzug gerät (BK-WEBER, N 35).

6

Bei der **Versendungs-(Schick-)schuld** vereinbaren Gläubiger und Schuldner, dass der Schuldner an seinem Wohnsitz (Geschäftssitz), am Lageort der Sache oder einem anderen Ort leisten darf. Insofern ist die Rechtslage gleich wie bei der Holschuld. Zugleich ist der Schuldner aber verpflichtet, das Objekt der Leistung an den Gläubiger zu senden. Mit der (richtigen) Versendung hat der Schuldner eigentlich vollständig erfüllt (BK-WEBER, N 44; GAUCH/SCHLUEP/SCHMID/REY, N 2105, 2111; ZK-SCHRANER, N 37; **a. M.** SCHWENZER, OR AT, N 7.03). Zumeist könnte der Schuldner die versandten Leistungsobjekte aber wieder zurückholen; er hat daher zusätzlich eine vertragliche Pflicht, dies nicht zu tun und die Perfektion der Leistung nicht zu verhindern (ZK-SCHRANER, N 37). Mit der Übergabe der Leistungsobjekte an den Gläubiger tritt der Leistungserfolg ein (BK-WEBER, N 44 f.; ZK-SCHRANER, N 37).

7

8   Sofern der Erfüllungsort auf den **Wohnsitz einer Partei** verweist, ist bei
natürlichen Personen nach der einheitlichen Lehre der Wohnsitz i.S.v.
Art. 23 ff. ZGB gemeint; bei juristischen Personen gilt Art. 56 ZGB. Leistungen
im Zusammenhang mit der geschäftlichen Niederlassung einer natürlichen
Person oder Zweigniederlassung einer juristischen Person sind am Ort der
Niederlassung zu erbringen.

9   Der Erfüllungsort wird für jede Obligation einzeln bestimmt (so auch im internationalen Verhältnis, Art. 133 IPRG [BSK IPRG-Amstutz/Vogt/Wang,
N 7] und Art. 5 Ziff. LugÜ [BGE 122 II 45 f.]); damit kann es in einem Schuldverhältnis **mehrere Erfüllungsorte** geben (ZK-Schraner, N 25 ff.). Etwas
anderes gilt nur, wenn sich der Vereinbarung der Parteien entnehmen
lässt, dass sie einen einheitlichen Erfüllungsort wollten (Zug-um-Zug-Ge-
schäfte etc.). Bestehen mehrere Erfüllungsorte für dieselbe Leistung (z. B.
mehrere infrage kommende Niederlassungen), so besteht eine Wahlobligation (Art. 72).

II.   Bestimmung des Erfüllungsortes nach Vertrag (Abs. 1)

10   Der Erfüllungsort ist in erster Linie nach der ausdrücklichen oder impli-
ten Vereinbarung der Parteien zu bestimmen; die Parteien sind bei der
Wahl des Ortes völlig frei. Die Vereinbarung kann sich auch aus der Natur
der Leistung ergeben, etwa dem Ort des Leistungsangebotes (z. B. bei einer
Zahnarztpraxis, einer Anwaltskanzlei oder einem unbewegliches Werk),
oder aus der Verkehrssitte oder Übung (Lohnüberweisung auf das Konto
des Arbeitnehmers). Die Parteien dürfen nicht von der Wahl eines Erfüllungsortes überrascht werden, der von der Regel des Abs. 2 abweicht. Die
Lehre nimmt insb. an, dass mit der Vereinbarung von **Incoterms** (BK-Weber, Vorbem. zu Art. 68–96 N 190; ZK-Schraner, N 39; BSK OR I-Leu,
N 3; **a.M.** Schwenzer, OR AT, N 7.08) oder einer **Frankoklausel** (BK-Weber, N 45; ZK-Schraner, N 38) eine Kosten- und Gefahrentragungsregel
festgelegt wird, aber nicht ein Erfüllungsort. Trotz Incoterms gelten daher
grundsätzlich die Regeln des Art. 74 Abs. 2.

III.   Bestimmung des Erfüllungsortes nach Gesetz (Abs. 2)

1.   Geldschulden sind Bringschulden (Ziff. 1)

11   Mangels Vereinbarung der Parteien sind **Geldschulden** am Wohnsitz (Geschäftssitz) des Gläubigers im Zeitpunkt der Leistung zu erfüllen (BGE 119
II 234; BGer I 83/07 vom 2.5.2007, E. 3.3). Damit trägt der Schuldner die
Gefahr einer Verzögerung und die Kosten für den Transport an den Wohnsitz des Gläubigers. Wechselt der Gläubiger nach Vertragsschluss den Wohnsitz, gilt Abs. 3.

Gläubiger und Schuldner werden meist anstelle der Bargeldzahlung die 12
Überweisung des Betrages auf ein **Postcheck- oder Bankkonto** vereinbaren. Eine entsprechende Offerte des Gläubigers liegt bereits in der Angabe
der Kontonummer auf der Korrespondenz oder der Rechnung (BGE 106
II 116); ob die Eröffnung eines Kontos genügt, ist umstritten (bejahend für
ein Postcheckkonto das Bundesgericht in SemJud 119, 253) und sollte verneint werden (GAUCH/SCHLUEP/SCHMID/REY, N 2357a; ZK-SCHRANER, N 96;
implizit so BGer I 83/07 vom 2.5.2007, E.3.3; **a.M.** BK-WEBER, N 104).
Umstritten ist auch, wann bei Überweisung auf ein Bankkonto die Erfül-
lungswirkungen eintreten und wer die Gefahr von Verzögerungen und Ver-
lusten trägt (vgl. zum Meinungsstreit BK-WEBER, N 124 ff. sowie die eingehende Analyse bei WIEGAND, 561 ff.). Massgebend ist, ob sich der Schuldner
eines Erfüllungsgehilfen (Bank, Post) bedient oder ob eine **Zahlstelle** vereinbart wurde. Ist die eingeschaltete Bank oder Post **Erfüllungsgehilfe** des
Schuldners, so darf der Gläubiger nicht schlechter gestellt werden als bei
Barzahlung (BGE 119 II 234 f.). Der Schuldner hat erst richtig und rechtzeitig erfüllt, wenn der Gläubiger über das Geld verfügen kann, d.h. wenn
es auf seinem Konto gutgeschrieben ist (BGE 124 III 117; BGer I 83/07 vom
2.5.2007; BK-WEber, N 123). Der Gläubiger wird aber regelmässig auch
seine eigene Bank bzw. die Post als **Zahlstelle** bezeichnen; implizit geschieht dies durch die Angabe seines Postcheck- oder Bankkontos auf der
Rechnung (BGE 124 III 147: «In der Zustellung eines Post-Einzahlungs-
scheins liegt regelmässig die Bezeichnung der Post als Zahlstelle»; GAUCH/
SCHLUEP/SCHMID/REY, N 2087 und 2361; dazu KOLLER; **a.M.** WIEGAND,
563 ff.). Damit befreit sich der Schuldner mit der rechtzeitigen Zahlung
auf das entsprechende Konto des Gläubigers (BK-WEBER, Art. 68 N 110 ff.,
der jedoch für die vorliegende Frage **a.M.** ist, BK-WEBER, N 124 ff.). Beim
Postcheckkonto geschieht dies mit der rechtzeitigen Einzahlung am Postschalter (BGE 124 III 147; BUCHER, OR AT, 304 FN 46), bei der Banküberweisung mit mehreren involvierten Banken mit der Gutschrift bei
der Bank des Gläubigers (massgebend ist der Zeitpunkt des Abschlusses
der Interbankbuchung; GAUCH/SCHLUEP/SCHMID/REY, N 2365 ff.). Anschlies-
sende Verzögerungen oder Verluste gehen zulasten des Gläubigers
(BGE 124 III 148). Ist nur eine Bank involviert (sog. Hausüberweisung), ist
die Gutschrift auf dem Konto des Gläubigers massgebend (GAUCH/SCHLUEP/
SCHMID/REY, N 2370).

Eine **Schadenersatzzahlung** ist als Geldleistung am Wohnsitz des Gläubi- 13
gers zu erfüllen, unabhängig vom Erfüllungsort der ursprünglichen Leistung (ZK-WEBER, N 94).

2. Speziesschulden sind (spezielle) Holschulden (Ziff. 2)

14 Bestimmte Sachen sind dort zu übergeben, wo sie sich im Zeitpunkt des Vertragsabschlusses befinden. Falls der Gläubiger den Lageort nicht kennt, kann dies ein Umstand sein, eine abweichende Vereinbarung anzunehmen (generell für den Ausschluss der Regel von Ziff. 2 in diesem Fall BK-Weber, N 135). Ziff. 2 definiert auch den Erfüllungsort bei Rückgabepflichten (BGE 109 II 32 [Wandelung]; BK-Weber, N 138; a.M. BSK OR I-Leu, N 5). Eine Veränderung des Lageortes nach Vertragsschluss verändert den Erfüllungsort nicht. Ziff. 2 gilt nicht bei Gattungsschulden; hier gilt Ziff. 3 (BK-Weber, N 136).

3. Übrige Schulden sind einfache Holschulden (Ziff. 2)

15 Alle Leistungen, die nicht unter Ziff. 1 oder 2 fallen, sind am Wohnsitz (Geschäftssitz) des Schuldners zu erfüllen. Massgebend ist der Wohnsitz im Zeitpunkt des Vertragsschlusses; nachträgliche Veränderungen fallen nicht in Betracht. Unter Ziff. 3 fallen insb. Gattungsschulden und Obligationen, die auf ein Tun oder Unterlassen gerichtet sind.

IV. Veränderung des Erfüllungsortes bei Bringschulden (Abs. 3)

16 **Bringschulden** sind am jeweiligen Wohnsitz (Geschäftssitz) des Gläubigers zu erfüllen. Der Erfüllungsort folgt damit dem Gläubiger. Anderes gilt nur, wenn der neue Erfüllungsort erhebliche Nachteile für den Schuldner mit sich bringt. Da der Schuldner zusätzliche Kosten, die sich aus der Verlegung des Erfüllungsortes ergeben, auf den Gläubiger überwälzen kann, kommen solche Kosten nicht als erhebliche Nachteile infrage, wohl aber, wenn die Erfüllung mit zusätzlichen Gefahren verbunden ist. Art. 861 ZGB ist lex specialis zu Art. 74 Abs. 3.

Art. 75

C. Zeit der Erfüllung

I. Unbefristete Verbindlichkeit

Ist die Zeit der Erfüllung weder durch Vertrag noch durch die Natur des Rechtsverhältnisses bestimmt, so kann die Erfüllung sogleich geleistet und gefordert werden.

I. Allgemeines

1 Art. 75–83 befassen sich mit der **Zeit der Erfüllung**. Art. 76–80 enthalten **dispositive Regelungen** über die Berechnung von Fristen (BGE 117 II 604

E. 4; BK-Weber, N 7; ZK-Schraner, N 6). Diese Anordnungen werden als **materiale Auslegungsregeln** bezeichnet. Sie schaffen im Bereich der Zeitbestimmung einheitliche Regeln, die dann gelten, wenn die Parteien keine abweichende Vereinbarung getroffen haben, sei es, dass sie nicht daran gedacht haben, sei es, dass die vertragliche Regel unklar oder unwirksam ist (BK-Weber, N 6; BSK OR I-Leu, N 1).

Die **Erfüllungszeit** ist ein Bestandteil des Leistungsinhaltes, jedoch kein wesentlicher Vertragspunkt. Folglich verhindert das Fehlen einer Zeitbestimmung das Zustandekommen eines Vertrages i. d. R. nicht (BK-Weber, N 11). Die massgebliche Zeit wird durch Vertrag oder Gesetz bestimmt. Auf dieser Grundlage kann sie auch durch eine Partei nach eigenem Ermessen festgesetzt werden («sobald nach dem Geschäftsgang möglich», BGE 76 II 144 f.), wobei die Ermessensausübung sich an den Rahmen von Treu und Glauben zu halten hat. Schliesslich ist eine Bestimmung der Zeit nach den Umständen möglich (BSK OR I-Leu, N 2).   **2**

Die Leistungserbringung kann zeitlich auf einen bestimmten Zeitpunkt (**Termin**) oder innerhalb eines bestimmten Zeitraums (**Frist**) vereinbart werden. Werden Fristen und Termine kalendarisch festgelegt, wird eine **absolute Zeitbestimmung** vorgenommen. Ist der Eintritt des Leistungszeitpunktes oder -zeitraums sicher, kann er zum Voraus aber nicht exakt bestimmt werden, liegt eine **relative Zeitbestimmung** vor (BK-Weber, N 21 ff.; BSK OR I-Leu, N 2).   **3**

II. Normzweck und Anwendungsbereich

Die «Zeit der Erfüllung» (Randtitel zu Art. 75 ff.) bezeichnet sowohl die **Fälligkeit** als auch die **Erfüllbarkeit** einer **unbefristeten Forderung** (BK-Weber, N 40; BSK OR I-Leu, N 3). Ergibt sich der Erfüllungszeitpunkt einer Obligation weder aus einer vertraglichen Abrede oder aus den Umständen noch aus spezialgesetzlichen Normen, statuiert Art. 75 als subsidiäre gesetzliche Regelung die **sofortige Fälligkeit und Erfüllbarkeit** der Forderung nach ihrer Entstehung (BK-Weber, N 39).   **4**

Art. 75–81 sind nicht nur auf die Erfüllung von Obligationen anwendbar, sondern auf alle Rechtshandlungen, bei denen die Zeit eine Rolle spielt (BK-Weber, N 8; ZK-Schraner, N 2). Fehlen spezialgesetzliche Regelungen, gelten diese Bestimmungen auch im Betreibungs-, Prozess- und Verwaltungsverfahrensrecht (BK-Weber, N 10; BSK OR I-Leu, N 1). Nach Art. 7 ZGB gelangen diese Zeitnormen auch bei den zivilrechtlichen Verhältnissen des ZGB zur Anwendung (BGE 116 II 225 E. 5.a; siehe für Beispiele BK-Weber, N 8). Zu beachten sind jedoch das BG über den Fristenlauf an Samstagen vom 21. 6. 1963 (SR 173.110.3) und das Europäische Abkommen über die Berechnung von Fristen (in Kraft seit 28. 4. 1983, SR 0.221.122.3).   **5**

III. Inhalt

6   Die **Fälligkeit** einer Forderung bedeutet, dass der Gläubiger die geschuldete Leistung fordern kann und der Schuldner erfüllen muss (BGE 129 III 535 E. 3.2.1). Dies ist i.d.R. im Zeitpunkt ihrer Entstehung der Fall, sofern nicht Gesetz, Vertrag oder die Natur der Forderung etwas anderes bestimmen. Die Fälligkeit einer Forderung ist massgebend für den Verzugseintritt, den Beginn der Verjährung sowie für die Klagbarkeit der Forderung bei Nichtleistung (BK-Weber, N 41 ff.; Handkomm-Kren Kostkiewicz, N 2). Die Fälligkeit tritt unabhängig davon ein, ob der Schuldner die Höhe der Forderung kennt (BGE 87 II 155 E. 3.c). Auch wird die Fälligkeit einer Forderung dadurch nicht hinausgeschoben, dass der Gläubiger die Erfüllung (vorderhand) nicht verlangt (BGer 2P.43/2000 vom 26.5.2000). Hingegen kann eine Forderung nicht fällig sein, wenn sie noch von einer Genehmigung abhängt (BGE 126 III 49 E. 3.a.bb in casu Genehmigung eines Unterhaltvertrages durch die Vormundschaftsbehörde).

7   Die **Erfüllbarkeit** bedeutet, dass der Schuldner die Leistung erbringen darf (Pra 2000 Nr. 169 E. 2.c). In vielen Fällen darf der Schuldner bereits vor Fälligkeit erfüllen (vgl. Kommentierung zu Art. 81; BK-Weber, N 40; BSK OR I-Leu, N 4).

8   Die Parteien können die Fälligkeit einer Verbindlichkeit (ausdrücklich oder stillschweigend) festlegen. Sie können auch vereinbaren, dass eine bereits eingetretene Fälligkeit hinausgeschoben (**Stundung**, BGE 69 II 298 E. 1) oder aufgehoben wird (Handkomm-Kren Kostkiewicz, N 3). Wurde der Fälligkeitseintritt durch die Parteien nicht geregelt, kann er sich allenfalls nach der *Natur des Rechtsverhältnisses* bestimmen (Beispiele bei ZK-Schraner, N 57) oder sich aus gesetzlichen Spezialnormen ergeben (BSK OR I-Leu, N 4; Beispiele bei BK-Weber, N 51 ff.)

IV. Rechtsfolgen

9   Mangels anderweitiger Bestimmung der Erfüllungszeit tritt **subsidiär** gemäss Art. 75 die Fälligkeit (und Erfüllbarkeit) der Forderung **sogleich** ein (BGE 116 II 225 E. 5.a; BK-Weber, N 81; BSK OR I-Leu, N 5). Der Zeitbegriff *sogleich* ist entsprechend den Umständen sowie nach Treu und Glauben auszulegen. Hierzu ist die Zeit der Erfüllung entsprechend der Natur des Rechtsverhältnisses bzw. der Leistung zu konkretisieren, wobei auf den hypothetischen Parteiwillen abzustellen ist (Gauch/Schluep/Schmid/Rey, N 2201). Dem Schuldner ist zur Erfüllung so viel Zeit einzuräumen, wie unter normalen Bedingungen nach rechtzeitigem Beginn nötig ist, um die Leistung zu erbringen (BGer 4C.457/1999 E. 3.a; BK-Weber, N 85 ff.). Für zahlreiche Anwendungsbeispiele siehe BK-Weber, N 90 ff.

V. Beweislast

Behauptet der Schuldner, die Fälligkeit sei noch nicht eingetreten, hat er 10
dies zu beweisen. Da die Fälligkeit grundsätzlich sofort eintritt, hat der
Schuldner zu beweisen, dass dies noch nicht der Fall ist. Auch das Bestehen
einer **Stundungsvereinbarung** hat der Schuldner zu beweisen. Wird die
Fälligkeit durch eine **Kündigung** herbeigeführt, hat der Gläubiger dafür
den Nachweis zu erbringen (BK-WEBER, N 112 ff.; BSK OR I-LEU, N 6). Aufgrund der Subsidiarität von Art. 75 obliegt der Nachweis der Fälligkeit auch
dann dem Gläubiger, wenn die Natur des Rechtsgeschäfts oder die Umstände gegen einen sofortigen Fälligkeitseintritt sprechen (BK-WEBER,
N 113); diese Umstände wiederum sind vom Schuldner zu beweisen.

Art. 76

Befristete
Verbindlichkeit
Monatstermin

¹ **Ist die Zeit auf Anfang oder Ende eines Monates fest-**
gesetzt, so ist darunter der erste oder der letzte Tag
des Monates zu verstehen.

² **Ist die Zeit auf die Mitte eines Monates festgesetzt,**
so gilt der fünfzehnte dieses Monates.

I. Normzweck und Anwendungsbereich

Art. 76 befasst sich mit der **Bestimmung von Terminen** (vgl. Art. 75 N 3), 1
nicht aber mit Fristen. Die Norm bezieht sich auf alle Rechtshandlungen,
für die ein Termin besteht (BSK OR I-LEU, N 1), nicht nur auf die Erfüllung
von Obligationen. Die Zeitbestimmung nach Art. 76 gelangt zur Anwendung, wenn sich aus der Parteivereinbarung oder den konkreten Umständen nichts anderes ergibt (BK-WEBER, N 4). Das durch die Schweiz am
20. 5. 1980 ratifizierte und am 28. 4. 1983 in Kraft getretene **Europäische**
Übereinkommen über die Berechnung von Fristen (SR 0.221.122.3) entspricht materiell den Regelungen von Art. 76 ff. (BK-WEBER, Art. 75 N 5).
Zudem findet sich im **Wechselrecht** in Art. 1026 Abs. 3 eine mit Art. 76 materiell übereinstimmende Anordnung (BK-WEBER, N 6).

Die Bestimmung ist **dispositiver Natur**. Von den Regeln des Art. 76 kann 2
durch Parteivereinbarung abgewichen werden; auch abweichende **Übung**
oder **Handelsbräuche** gehen Art. 76 vor (ZK-SCHRANER, N 4 ff.). Auf Art. 76
kann sich nicht berufen, wer den **Richtlinien der Internationalen Handels-**
kammer für Dokumentenakkreditive untersteht, da die Zeitbestimmungen

der Richtlinien von Art. 76 abweichen (BGE 87 II 234 E. 3; BK-Weber, N 11 f.; Handkomm-Kren Kostkiewicz, N 4).

II. Inhalt

3   Mit *Anfang* des Monats ist der erste, mit *Ende* des Monats der letzte Tag des Monats gemeint (Abs. 1). Mit *Mitte* des Monats wird der 15. Tag eines Monats bezeichnet (Abs. 2). Dies gilt unabhängig davon, wie viele Tage der entsprechende Monat zählt (BK-Weber, N 7).

4   Wird eine Leistungszeit mit **Jahreszeiten** umschrieben, bestimmt sich der Leistungstermin nicht nach Art. 76. Je nach Art der fraglichen Rechtshandlung und damit der Verkehrssitte (am Erfüllungsort) ist der Ortsgebrauch (bspw. bei Saatgut), die klimatischen Verhältnisse (bspw. bei Saisonartikeln), der Sprachgebrauch oder die branchenüblichen Bedürfnisse massgebend (ZK-Schraner, N 8). Muss dennoch an bestimmten Kalendertagen geleistet werden, bedeutet *im Frühling* Leistung ab dem 21. März bis und mit 20. Juni, *im Sommer* Leistung ab dem 21. Juni bis und mit dem 22. September, *im Herbst* Leistung ab dem 23. September bis und mit dem 21. Dezember, und *im Winter* Leistung zwischen dem 21. Dezember und dem 20. März (BK-Weber, N 13). Als *Anfang der Woche* wird im Rechtsalltag üblicherweise der Montag aufgefasst. Wird am Samstag nicht gearbeitet, ist der Freitag das **Ende der Arbeitswoche** (BK-Weber, N 14; ZK-Schraner, N 10).

Art. 77

2. Andere Frist-bestimmung

[1] Soll die Erfüllung einer Verbindlichkeit oder eine andere Rechtshandlung mit dem Ablaufe einer bestimmten Frist nach Abschluss des Vertrages erfolgen, so fällt ihr Zeitpunkt:

1. wenn die Frist nach Tagen bestimmt ist, auf den letzten Tag der Frist, wobei der Tag, an dem der Vertrag geschlossen wurde, nicht mitgerechnet und, wenn die Frist auf acht oder 15 Tage lautet, nicht die Zeit von einer oder zwei Wochen verstanden wird, sondern volle acht oder 15 Tage;

2. wenn die Frist nach Wochen bestimmt ist, auf denjenigen Tag der letzten Woche, der durch seinen Namen dem Tage des Vertragsabschlusses entspricht;

3. wenn die Frist nach Monaten oder einem mehrere
   Monate umfassenden Zeitraume (Jahr, halbes Jahr,
   Vierteljahr) bestimmt ist, auf denjenigen Tag des
   letzten Monates, der durch seine Zahl dem Tage des
   Vertragsabschlusses entspricht, und, wenn dieser
   Tag in dem letzten Monate fehlt, auf den letzten
   Tag dieses Monates.

   Der Ausdruck «halber Monat» wird einem Zeitraume von 15 Tagen gleichgeachtet, die, wenn eine
   Frist auf einen oder mehrere Monate und einen halben Monat lautet, zuletzt zu zählen sind.

² In gleicher Weise wird die Frist auch dann berechnet, wenn sie nicht von dem Tage des Vertragsabschlusses, sondern von einem andern Zeitpunkte an
   zu laufen hat.

³ Soll die Erfüllung innerhalb einer bestimmten
   Frist geschehen, so muss sie vor deren Ablauf erfolgen.

I. Normzweck und Anwendungsbereich

Art. 77 regelt die **Zeitbestimmung** bei allen Rechtshandlungen, für die eine   1
Frist besteht (BSK OR I-LEU, N 1). Die Bestimmung gilt demzufolge auch für
Fristen des ZGB und ist im Versicherungsvertrags-, Betreibungs-, Prozess-
und Verwaltungsverfahrensrecht zu beachten, sofern spezialgesetzliche
Regelungen fehlen (BK-WEBER, N 5; ZK-SCHRANER, N 2). Art. 77 ist **dispositiver Natur** und gelangt nur zur Anwendung, wenn sich aus Parteivereinbarung, der Natur des Rechtsverhältnisses oder aus Übung nichts anderes
ergibt (BSK OR I-LEU, N 1; ZK-SCHRANER, N 3). Auf Fristen, die nach Stunden und Minuten festgelegt sind, ist Art. 77 nicht anwendbar (BK-WEBER,
N 10).

Art. 77 geht grundsätzlich von fortlaufenden Fristen *(tempus continuum)*   2
aus. Bei diesen werden alle Kalendertage mitgezählt, ohne Rücksicht auf
Zeiten, während denen der Schuldner nicht leisten kann (z. B. Sonn- und
Feiertage). Die Parteien können aber auch vereinbaren, dass gewisse Zeiten
(z. B. Mittagspausen, Streiktage) beim **Fristenlauf** nicht berücksichtigt werden sollen *(tempus utile;* BK-WEBER, N 9). Die Frist verläuft dann nicht zusammenhängend und muss aus mehreren Tagen oder Perioden errechnet
werden. Nach allgemeiner Übung hat ein Jahr 365 Tage und ein Monat 30
Tage (OSER/SCHÖNENBERGER, N 2; BK-WEBER, N 9).

II. Inhalt

3   Abs. 1 Ziff. 1 regelt die Berechnung von Fristen nach Tagen. Bei **Tagesfris-
ten** wird der Tag, auf den das auslösende Ereignis fällt, nicht mitgezählt
(BGE 81 II 135 E. 2). Das ist die Regel, die in den Verfahrensrechten grundsätzlich gilt (vgl. für den Bund Art. 44 BGG; für den Kanton Zürich § 191
GVG ZH) und von deren Geltung die Parteien nach Treu und Glauben ausgehen können, wenn nicht aufgrund von Vereinbarung, Parteivereinbarung, der Natur des Rechtsverhältnisses oder Übung eine Ausnahme gilt.
Das ist etwa der Fall bei Mietverhältnissen für die Mietdauer (der erste Tag
wird für die Mietdauer mit angerechnet) oder im Arbeitsverhältnis für die
Dauer des Arbeitsverhältnisses oder der Probearbeitszeit (nicht aber etwa
bei der Mängelrügefrist von Art. 353). Auch bei Fristverlängerungen ist der
erste Tag der Fristverlängerung mitzuzählen (Art. 80 N 2).

4   Art. 77 hält zudem fest, dass bei einer Frist von 8 oder 15 Tagen die Tage
voll auszuzählen sind und nicht eine oder zwei Wochen gemeint sind (BK-
Weber, N 21; BSK OR I-Leu, N 2). Analog zu dieser Regel sind Fristen von
30, 60 oder 90 Tagen effektiv und nicht als Monate zu zählen, wenn keine
abweichende Vereinbarung besteht (BSK OR I-Leu, N 2; **a. M.** BK-Weber,
N 28). Abs. 1 Ziff. 2 und 3 wenden die Regel von Ziff. 1 auf die Berechnung
von **Wochen- und Monatsfristen** an (zur Anwendung auf Art. 324a OR vgl.
BGE 131 III 628). Bei Wochenfristen wird der gleiche Wochentag beibehalten und die vereinbarte Anzahl Wochen dazugezählt. Bei der Berechnung
ganzmonatiger Fristen wird der gleiche Monatstag beibehalten und die zu
berechnenden Monate werden dazugezählt (für Art. 324, BGE 131 III 628).
Diese Berechnung gilt auch für **Jahresfristen**. Eine halbmonatige Frist
umfasst 15 Tage (BK-Weber, N 22 ff.). Abs. 2 hält fest, dass die Fristberechnung nach Abs. 1 auch auf Fristen zur Anwendung gelangt, die nicht
durch einen Vertragsabschluss ausgelöst werden, insb. bei der Berechnung der Nachfrist (Art. 107), Kündigungsfristen, der Anfechtung eines
Generalversammlungsbeschlusses (weitere Beispiele bei BK-Weber, N 30).
Die Regelung von Art. 77 entspricht den Regeln des Art. 4 des **Europäischen Übereinkommens über die Berechnung der Fristen** vom 16. 5. 1972
(SR 0.221.112.3).

5   Gemäss Abs. 3 ist die Leistung spätestens am letzten Tag der Frist zu erbringen (ZK-Schraner, N 23), das heisst grundsätzlich bis um Mitternacht am
letzten Tag der Frist (Art. 3 des Europäischen Übereinkommens über die
Berechnung der Fristen vom 16. 5. 1972, SR 0.221.112.3). Art. 79 schränkt
aber die Erfüllung im **kaufmännischen Geschäftsverkehr** ein und lässt die
Erfüllung nur zu **Geschäftszeiten** zu. Auch im **nicht-kaufmännischen Verkehr** darf die Erfüllung nicht zur Unzeit erfolgen. Die Geschäftszeiten sind
hier ebenfalls eine wichtige Leitschnur, aber nicht allein ausschlaggebend.

Es ist immer danach zu fragen, ob dem Empfänger der Leistung (bzw. dem Adressaten der Rechtshandlung) durch den Zeitpunkt der Vornahme der Handlung ein Nachteil erwächst, mit dem er nicht rechnen musste. Bei blossen Zustellungen dürfte dies kaum je der Fall sein, etwa bei der Zustellung einer Kündigung (**a. M.** BK-WEBER, N 34).

Eine Pflicht des Gläubigers zur Mitwirkung besteht zudem nur zu Geschäftszeiten (ZK-SCHRANER, N 25) oder Zeiten, zu denen eine Mitwirkung erwartet werden kann. Das ergibt sich im Geschäftsverkehr zwischen Geschäftsleuten grundsätzlich aus Art. 79 und der allgemeinen Übung; ausserhalb des kaufmännischen Geschäftsverkehrs ist aufgrund der konkreten Umstände zu beurteilen, ob eine Mitwirkung erwartet werden kann.   6

Art. 78

3.	**Sonn- und Feiertage**	[1] Fällt der Zeitpunkt der Erfüllung oder der letzte Tag einer Frist auf einen Sonntag oder auf einen andern am Erfüllungsorte staatlich anerkannten Feiertag, so gilt als Erfüllungstag oder als letzter Tag der Frist der nächstfolgende Werktag. [2] Abweichende Vereinbarungen bleiben vorbehalten.

I. Regelungsinhalt und Anwendungsbereich

An Sonn- und Feiertagen muss nicht erfüllt werden (Art. 78 Abs. 1), sofern keine anderslautende Parteiabrede besteht (Art. 78 Abs. 2). Art. 78 schützt somit die **Sonn- und Feiertagsruhe des Schuldners** (BK-WEBER, N 7; BSK OR I-LEU, N 1; ZK-SCHRANER, N 1). Hingegen hat der Gläubiger die Leistung i. d. R. auch an einem **Sonn- und Feiertag** anzunehmen, will er nicht in Verzug geraten. In Ausnahmefällen steht dem Leistungsempfänger ein Ablehnungsrecht zu, wenn die Leistung zur Unzeit erfolgt oder ihm die Abnahme nach Treu und Glauben nicht zuzumuten ist (BK-WEBER, N 7; ZK-SCHRANER, N 3 f.). Das ist bei Mitwirkungspflichten des Gläubigers regelmässig der Fall. Art. 78 ist **dispositiver Natur**.   1

Art. 78 gelangt insb. auf **Sachleistungspflichten** zur Anwendung. Bei **Arbeitsleistungsverträgen** bestehen weitergehende öffentlich-rechtliche Schutzbestimmungen (Art. 18 f. ArG und die entsprechenden Verordnungen), die Art. 78 vorgehen. Art. 78 ist auch auf **Fristen**, insb. **Fristen zur Abgabe von Willenserklärungen** (vgl. BK-WEBER, N 11 f., 19 m. w. Nw.) und **Verjährungsfristen** (Art. 132 Abs. 2) anwendbar (BK-WEBER, N 14; ZK-SCHRANER,   2

N 8 ff.). Da der Eintritt der Beendigung eines Arbeitsverhältnisses nach erfolgter Kündigung keine Handlung der Parteien voraussetzt, kann diese Frist auch an einem Sonn- oder Feiertag ablaufen (SJZ 1974, 111, vgl. dazu BK-WEBER, N 9; ZK-SCHRANER, N 8). Unterlassungs- und Duldungspflichten können ebenfalls an Sonn- und Feiertagen enden, da keine Erfüllungshandlung vorzunehmen ist (BK-WEBER, N 10). Art. 78 ist ein **allgemeingültiger Grundsatz des Bundesrechts** (BGE 83 IV 185, 186) und daher generell verallgemeinerungsfähig (vgl. für den Bund Art. 45 BGG).

II.   Sonn- und Feiertagsregelung

3   Der **Sonntag** ist kalendermässig festgelegt. **Feiertage** werden durch öffentlich-rechtliche Vorschriften oder Gesetze des Bundes, der Kantone oder der Gemeinden anerkannt. Als staatlich anerkannt gilt ein Feiertag nicht bloss dann, wenn er auf Gesetz beruht (BK-WEBER, N 17; BSK OR I-LEU, N 2; ZK-SCHRANER, N 13 ff.). Auch Vorschriften verwaltungsrechtlicher oder polizeilicher Art können Feiertagsregelungen enthalten (BGE 87 I 210 E. 2: «*Doch macht die Schliessung kantonaler Büros an einem bestimmen Tag (Samstag) diesen Tag noch nicht zum kantonalen Feiertag*»; 63 II 331 E. 1). Ob ein Feiertag vorliegt, bestimmt sich nach dem Recht des Leistungsortes (BK-WEBER, N 19 f. mit umfassender Aufstellung; ZK-SCHRANER, N 17). Erfüllungsort ist bei Abgabe von Willenserklärungen der Ort, an dem die Erklärung abgegeben wird, und nicht der Wohnsitz oder Sitz des Erklärenden. Dasselbe gilt für Handlungen gegenüber den Behörden. Für Handlungen gegenüber dem Schweizerischen Bundesgericht ist hingegen das Recht am Sitz oder Wohnsitz der Partei bzw. ihres Vertreters massgebend (Art. 45 Abs. 2 BGG).

4   Von Bundesrechts wegen ist der **1. August** den Sonntagen gleichgestellt (**Verordnung über den Bundesfeiertag** vom 30. 5. 1994, SR 116). Jeder Kanton hat zudem sein eigenes **Feier- oder Ruhetagsgesetz** (für den Kanton Zürich bspw. das Ruhetags- und Ladenöffnungsgesetz vom 26. 6. 2000, GS 822.4). Die Bundesbehörden haben zur Anwendung des Art. 5 des Europäischen Übereinkommens über die Berechnung der Fristen vom 16. 5. 1972 (SR 0.221.112.3) die in der Schweiz geltenden Feiertage zusammengestellt; daraus sind alle Schweizer Feiertage ersichtlich.

5   Das **Bundesgesetz** vom 21. 6. 1963 **über den Fristenlauf an Samstagen** (SR 173.110.3) stellt den **Samstag** hinsichtlich aller bundesrechtlichen Fristen oder durch Behörden nach eidgenössischem Recht angesetzten Fristen den Sonn- und Feiertagen gleich. Die **Gleichstellung des Samstags mit Sonn- und Feiertagen** ist nur für die **Beendigung von Fristen** gemäss BG von 1963, nicht aber für ihren Beginn massgebend (vgl. BGE 94 III 83 E. 1; 92 I 18 E. 3; 87 I 210 E. 2; BUCHER, OR AT, 308). Zwar ändert das BG von 1963 Art. 78 nicht ab und ist auf kantonalrechtliche und vertragliche Fris-

ten nicht anwendbar. Die **Erfüllung am Samstag** wird jedoch häufig bereits durch den Parteiwillen oder durch die Natur und Umstände eines konkreten Rechtsgeschäfts ausgeschlossen. Im **kaufmännischen Verkehr** gilt sowieso Art. 79 (BK-WEBER, N 21 ff.; BSK OR I-LEU, N 3; ZK-SCHRANER, N 19 ff.). Vor allem aber gilt für **Fristen, die Gesetze, staatliche Gerichte, Schiedsgerichte oder Verwaltungsbehörden festsetzen**, generell, dass Fristen, die an einem Sams-, Sonn- oder Feiertag ablaufen, bis zum nächsten Werktag verlängert werden (Art. 5 des Europäischen Übereinkommens über die Berechnung der Fristen vom 16. 5. 1972 [SR 0.221.112.3]). Das Abkommen erfasst auch **vertragliche Fristen**, wenn sich aus der Vereinbarung der Parteien, der Verkehrssitte oder Usanz («anwendbare Gebräuche oder Gepflogenheiten der Parteien») nichts anderes ergibt. Damit laufen Fristen grundsätzlich nicht am Samstag ab.

III. Rechtsfolgen

Fällt eine Erfüllungshandlung auf einen Samstag, Sonntag oder Feiertag oder endet eine Frist an einem solchen Tag, gilt der nächstfolgende Werktag als **Erfüllungs- bzw. Fristablaufzeitpunkt**. Folglich muss der Schuldner an einem Sams-, Sonn- oder Feiertag weder seine Leistung erbringen noch kann der Gläubiger diese rechtswirksam fordern (BK-WEBER, N 29; BSK OR I-LEU, N 4; ZK-SCHRANER, N 25).   6

Art. 79

. | **Erfüllung zur Geschäftszeit** | Die Erfüllung muss an dem festgesetzten Tage während der gewöhnlichen Geschäftszeit vollzogen und angenommen werden.

I. Regelungsinhalt und Anwendungsbereich

Art. 79 statuiert den Grundsatz, dass der Schuldner während den **gewöhnlichen Geschäftszeiten am Erfüllungsort** zu leisten hat. Die Bestimmung ist auf den **kaufmännischen Geschäftsverkehr** zugeschnitten (BK-WEBER, N 5 ff.; ZK-SCHRANER, N 2 ff.) und konkretisiert den Grundsatz, dass die Leistung nicht zur Unzeit erbracht werden darf. Die Regel des Art. 79 stimmt mit Art. 3 Abs. 2 des Europäischen Übereinkommens über die Berechnung der Fristen vom 16. 5. 1972 (SR 0.221.112.3) überein. Der Grundsatz gilt für die **Erfüllung von Sachleistungen** und analog für die **Abgabe von Willenserklärungen** (BK-WEBER, N 7; BSK OR I-LEU, N 1). Die Regelung von Art. 79 ist **dispositiver Natur** (BK-WEBER, N 4; ZK-SCHRANER, N 4).   1

2   Da nur Kaufleute Geschäftszeiten haben, ist die Regel nicht direkt auf den nichtkaufmännischen Verkehr anwendbar, wohl aber der ihr zugrunde liegende Grundsatz, dass Leistungen nicht zur Unzeit erbracht werden dürfen (für direkte Anwendung BSK OR I-Leu, N 1; HANDKOMM-Kren Kostkiewicz, N 1; ZK-Schraner, N 12 f.; so wie hier BK-Weber, N 5). Vgl. Art. 77 N 4.

3   Die **gewöhnliche Geschäftszeit** bestimmt sich nach Ort, Branche und Verkehrssitte am **Erfüllungsort** (BGE 105 II 28 E. 2.a für internationale Handelsgeschäfte). Für **Bringschulden** gilt die übliche Geschäftszeit des Gläubigers, bei **Holschulden** diejenige des Schuldners (BK-Weber, N 9; BSK OR I-Leu, N 2; ZK-Schraner, N 5; zum Erfüllungszeitpunkt von Geldschulden: HANDKOMM-Kren Kostkiewicz, N 3). Ob der **Samstag** eine gewöhnliche oder *unübliche* Geschäftszeit ist, beurteilt sich im Einzelfall nach dem Ortsgebrauch und der Branchenübung am Erfüllungsort (BK-Weber, N 10; ZK-Schraner, N 6).

II. Rechtsfolgen

4   Der Gläubiger ist zur Annahme verpflichtet, wenn der Schuldner die Leistung während den üblichen Geschäftszeiten gehörig anbietet, ansonsten gerät er in Annahmeverzug (Art. 91). Bietet der Schuldner seine Leistung ausserhalb der üblichen Geschäftszeiten an und verweigert der Gläubiger die Annahme, so hat der Schuldner (noch) nicht richtig angeboten und kann bei Fristablauf in Verzug geraten (Art. 102 ff.). Nimmt der Gläubiger die angebotene Leistung jedoch ausserhalb der gewöhnlichen Geschäftszeiten an, hat der Schuldner gültig erfüllt (BK-Weber, N 13 ff.; BSK OR I-Leu, N 3; ZK-Schraner, N 8 ff.).

Art. 80

IV.   **Fristverlängerung**   **Ist die vertragsmässige Frist verlängert worden, so beginnt die neue Frist, sofern sich aus dem Vertrage nicht etwas anderes ergibt, am ersten Tage nach Ablauf der alten Frist.**

I.   Regelungsinhalt und Anwendungsbereich

1   Art. 80 regelt die **vertragliche Fristverlängerung** (BK-Weber, N 6; BSK OR I-Leu, N 1; ZK-Schraner, N 2). Die Bestimmung gelangt auf noch laufende sowie auf bereits abgelaufene Fristen zur Anwendung, sofern die alte Frist verlängert und nicht ersetzt wird (ZK-Schraner, N 4). Ob eine

Verlängerung oder Ersetzung der alten Frist gemeint ist, ergibt die Auslegung des Parteiwillens unter den konkreten Umständen (BK-Weber, N 8; ZK-Schraner, N 4). Die Regel ist analog auf gesetzliche Fristen anwendbar, sofern eine Fristverlängerung nicht von Gesetzes wegen ausgeschlossen ist (z. B. Verwirkungsfristen, BK-Weber N 6; BSK OR I-Leu N 1). Art. 80 kann zudem für die Verlängerung von richterlichen Fristen und Kündigungsfristen herangezogen werden (BK-Weber, N 7). Art. 80 ist **dispositiver Natur** und eine **materiale Auslegungsregel** (BK-Weber, N 4 f.; BSK OR I-Leu, N 1; ZK-Schraner, N 3).

II. Regelung der Fristverlängerung

Sofern keine anderslautende vertragliche Abrede besteht, beginnt die Fristverlängerung am ersten Tag nach Ablauf der ursprünglichen Frist (BK-Weber, N 9; BSK OR I-Leu, N 2; ZK-Schraner, N 6). Der erste Tag der Verlängerung ist in Abweichung von Art. 77 Abs. 1 Ziff. 1 mitzuzählen (BK-Weber, N 9). Fällt der letzte Tag der alten Frist auf einen Sonn- oder Feiertag, beurteilt es sich nach der Natur und den Umständen des Rechtsgeschäfts, ob die Verlängerung erst am nächstfolgenden Werktag beginnt (so BSK OR I-Leu, N 2; Handkomm-Kren Kostkiewicz, N 1; ZK-Schraner, N 6) oder sich – ungeachtet von Sonn- und Feiertagen – unmittelbar an die ursprüngliche Frist anschliesst (BK-Weber, N 10 f.). Grundsätzlich gilt für alle **nicht-prozessualen Fristen**, dass die Verlängerungsfrist nahtlos an die ursprüngliche Frist anschliesst, so dass es nicht zu einer zusätzlichen Verlängerung der Frist durch Verlängerung bis zum nächsten Werktag kommt. Bei **prozessualen Fristen** sollten die neuen Fristen jedoch immer vom Werktag an gerechnet werden, an dem die ursprüngliche Frist infolge Verlängerung auf den nächsten Werktag abgelaufen wäre (a. M. BK-Weber, N 10).

2

Art. 81

Vorzeitige Erfüllung

[1] **Sofern sich nicht aus dem Inhalt oder der Natur des Vertrages oder aus den Umständen eine andere Willensmeinung der Parteien ergibt, kann der Schuldner schon vor dem Verfalltage erfüllen.**

[2] **Er ist jedoch nicht berechtigt, einen Diskonto abzuziehen, es sei denn, dass Übereinkunft oder Übung einen solchen gestatten.**

I. Normzweck und Anwendungsbereich

1   **Art. 81 Abs. 1** stellt die Vermutung auf, dass der Schuldner seine **Leistung**
schon **vor Eintritt der Fälligkeit** erbringen darf. Dies setzt voraus, dass die
Fälligkeit der Forderung entgegen Art. 75 nicht sofort eintritt (ansonsten
eine Erfüllung vor Fälligkeit nicht möglich ist). Die Vermutung von Art. 81
Abs. 1 gilt zugunsten des Schuldners und Dritter, die anstelle des Schuldners leisten, z. B. der Akkreditivbank (BGE 100 II 145 E. 4) oder des Inter-
venienten (BSK OR I-Leu, N 1). Zur Zulässigkeit einer vorzeitigen Auszahlung einer Abgangsentschädigung vor Beendigung des Arbeitsverhältnisses
vgl. BGE 105 II 280 E. 3.

2   Gemäss **Art. 81 Abs. 2** darf der Schuldner bei **vorzeitiger Erfüllung** grundsätzlich keinen **Diskont** abziehen (BSK OR I-Leu, N 4; ZK-Schraner, N 19).
Ein Abzug eines Diskonts ist nur bei unverzinslichen Forderungen möglich.
Bei verzinslichen Forderungen endet die **Zinspflicht** mit der vorzeitigen Erfüllung (BK-Weber, N 14, 18; BSK OR I-Leu, N 2).

II. Inhalt und Rechtsfolgen

3   Die Vermutung von Art. 81 Abs. 1 kann durch Gesetz (Bsp. Art. 84 Abs. 2,
Fremdwährungsschulden), Vertrag (Bsp. Kauf auf Abruf, Fixgeschäft), die
Natur des Rechtsgeschäfts (Bsp. verzinsliches Darlehen) oder die massge-
benden Umstände (Bsp. mangelnde Lagerungsmöglichkeiten beim Gläubi-
ger) ausgeschlossen werden (BK-Weber, N 11 ff.; BSK OR I-Leu, N 3; ZK-
Schraner, N 6 ff.). Ist die **vorzeitige Erfüllung** zulässig, nimmt der Gläu-
biger die Leistung aber nicht an, gerät er in Annahmeverzug (BK-Weber,
N 8; HANDKOMM-Kren Kostkiewicz, N 8).

4   Der **Hinterlegungsvertrag** (Art. 472 ff.) bildet einen Ausnahmefall, indem
der Gläubiger (Hinterleger) die Leistung vor Ablauf der vereinbarten Frist
fordern, der Schuldner (Aufbewahrer) seine Rückgabepflicht aber nicht
vorzeitig erfüllen darf (BK-Weber, N 17; BSK OR I-Leu, N 1; ZK-Schraner,
N 17).

5   Gemäss **Art. 81 Abs. 2** darf der vorzeitig leistende Schuldner keinen Diskont
abziehen. Der **Diskont** (oder Zwischenzins) ist der Zins, der auf den gezahlten Betrag vom Zeitpunkt der vorzeitigen Erfüllung bis zur Fälligkeit entfällt (BK-Weber, N 18; BSK OR I-Leu, N 2; ZK-Schraner, N 18). Die Zulässigkeit des Abzugs eines Diskonts kann sich aber aus Gesetz, Vertrag oder
Übung ergeben (BK-Weber, N 19; BSK OR I-Leu, N 4). Der Diskont muss
vom **Skonto** (prozentualer Abzug vom Vergütungsbetrag bei rascher Zahlung) und **Rabatt** (Preisnachlass) unterschieden werden (vgl. dazu BGE 118
II 63 E. 4; BK-Weber, N 22 ff.; BSK OR I-Leu, N 4; ZK-Schraner, N 25 ff.;
die Terminologie ist nicht einheitlich). Skonto und Rabatt beruhen immer

auf einer Vereinbarung zwischen Gläubiger und Schulder (bzw. einer entsprechenden Offerte des Gläubigers, welche der Schuldner durch Zahlung
annimmt). Der Skonto bezieht sich nicht auf Zahlungen *vor* Fälligkeit, sondern auf rasche Zahlung bereits *fälliger* Leistungen.

Mangels anderer Abrede beträgt die **Höhe des Diskonts** in Analogie zu   6
Art. 73 5 % (BK-WEBER, N 25; BSK OR I-LEU, N 4; ZK-SCHRANER, N 29). Bei
kleineren Beträgen und kürzeren Fristen (von wenigen Tagen oder Wochen
oder Monaten) werden vom Nennbetrag der Forderung die Zinsen (von 5 %)
für die Zeit von der Zahlung bis zur Fälligkeit abgezogen (sog. **Carpzowsche
Methode**; ZK-SCHRANER, N 34); dies ist auch die für Skonti regelmässig an-
gewendete Methode. Die einheitliche Lehre befürwortet allerdings die Anwendung der **Hoffmannschen Methode** zur Berechnung des Diskonts (vgl.
BK-WEBER, N 27; BSK OR I-LEU, N 4). Bei grösseren Beträgen und längeren
Fristen ist dies unerlässlich, ansonsten der Betrag der Schuld zu stark herabgesetzt würde. Dabei ergibt sich der Gegenwartswert der Forderung aus
der Division des hundertfachen Nennwerts der Forderung durch Hundert
vergrössert durch die Summe der Jahre multipliziert mit dem Zinssatz, der
grundsätzlich 5 % beträgt (Art. 73):

$$\text{Gegenwartswert der Forderung} = \frac{100 \times \text{Nennwert der Forderung}}{100 + \text{Zahl der Jahre} \times \text{Zins (i.d.R. 5\%)}}$$

III. Beweislast

Eine Verkehrssitte, wonach bei vorzeitiger Erfüllung ein Diskont abgezogen   7
werden kann, wird nicht vermutet. Der Schuldner hat folglich zu beweisen,
dass er zum Abzug eines Diskonts berechtigt ist (BK-WEBER, N 29; BSK
OR I-LEU, N 5; ZK-SCHRANER, N 34).

Art. 82

VI.	Bei zweisei-	Wer bei einem zweiseitigen Vertrage den andern zur
	tigen Verträgen	Erfüllung anhalten will, muss entweder bereits erfüllt
1.	Ordnung in	haben oder die Erfüllung anbieten, es sei denn, dass
	der Erfüllung	er nach dem Inhalte oder der Natur des Vertrages erst
		später zu erfüllen hat.

I. Normzweck

1   Die Art. 82 und 83 regeln **Leistungsverweigerungsrechte** bei **vollkommen zweiseitigen Verträgen** für zwei Fälle, in denen dem Schuldner die eigene Leistung nicht zugemutet werden kann: Der Schuldner soll nicht leisten müssen, wenn die Gegenpartei noch nicht richtig erfüllt hat (Art. 82) oder wenn die Gegenpartei zahlungsunfähig ist (Art. 83). Die gesetzliche Regelung der Art. 82 f. geht zu wenig weit und kann zu unbefriedigenden Resultaten führen. Für einzelne Fallkonstellationen sind die Regeln der Art. 82 f. daher ausdehnend zugunsten des belangten Schuldners auszulegen und analog auf andere Tatbestände anzuwenden (vgl. unten N 9 und 13).

2   Die **Unzumutbarkeit der Erfüllung** im Falle des Art. 82 beruht auf dem Gedanken, dass die Vertragspartei, welche die andere Partei zur Erfüllung anhalten will, entweder bereits selber erfüllt hat oder die Erfüllung angeboten haben muss. Die beidseitigen Leistungen sind grundsätzlich **Zug um Zug** auszutauschen (*do ut des*; so generell Art. 184 Abs. 2). Solange die Voraussetzungen für diesen Austausch noch nicht gegeben sind, kann der Schuldner nicht zur Erfüllung gezwungen werden. Art. 82 gewährt ihm daher eine aufschiebende Einrede mit der Wirkung, dass er die geforderte Leistung bis zur Erbringung oder Anbietung der Gegenleistung zurückhalten darf (BGE 127 II 199 E. 3). Das Leistungsverweigerungsrecht (**Einrede des nicht oder nicht gehörig erfüllten Vertrags**; *exceptio non adimpleti contractus*) ist ein wichtiges **Sicherungs-** und **Druckmittel** der zur Einrede berechtigten Partei (BK-WEBER, N 8 f.; BSK OR I-LEU, N 1; ZK-SCHRANER, N 8). Die Einrede entfällt, wenn der Schuldner vorleistungspflichtig ist.

3   Art. 82 ist **lex specialis zu Art. 75 ff.** Zudem ist Art. 82 **dispositiver Natur** und kann vertraglich wegbedungen werden (BGE 117 II 604 E. 4). Der Ausschluss der Einrede des unerfüllten Vertrags muss jedoch klar aus der Vertragsabrede hervorgehen. Die Lehre verlangt zudem, dass die vertragliche Wegbedingung die Rechtsstellung des Verzichtenden nicht unbillig beeinträchtigen darf (BK-WEBER, N 17; BSK OR I-LEU, N 2). Dies ist nur insofern richtig, als Art. 82 eine erhebliche Bedeutung hat; die **Wegbedingung** ist daher im Rahmen der Feststellung des Vertragsinhaltes (Konsens; Irrtum) sehr kritisch zu prüfen. Die Wegbedingung muss bspw. bei allgemeinen Geschäftsbedingungen als Klausel betrachtet werden, mit der die andere Vertragspartei nicht rechnen musste. Eine generelle Voraussetzung fehlender Unbilligkeit gibt es aber auch bei der Wegbedingung von Art. 82 nicht.

II. Voraussetzungen der Einrede

Das Leistungsverweigerungsrecht kann durch eine Vertragspartei ausgeübt   4
werden, wenn:
- ein vollkommen zweiseitiger (synallagmatischer) Vertrag vorliegt,
- die fraglichen Leistungen beider Parteien in einem Austauschverhältnis
  stehen,
- Forderung und Gegenforderung fällig sind,
- die Erfüllungswirkung oder ein genügendes Erfüllungsangebot der Gegenpartei fehlt.

1. Synallagmatischer Vertrag

Art. 82 gilt grundsätzlich nur bei **vollkommen zweiseitigen (synallagma-**   5
tischen) Verträgen (BGE 94 II 263 E. 3). Ein vollkommen zweiseitiger Vertrag liegt vor, wenn jede Partei zugleich Gläubiger und Schuldner der anderen Partei ist (Gegenseitigkeit); daher auch der Begriff der Gegenseitigkeit
in den §§ 320 ff. BGB.

Im Gesetz geregelte vollkommen zweiseitig (synallagmatisch) ausgestaltete   6
Vertragstypen sind: Kauf-, Tausch-, Miet-, Pacht- und Werkvertrag. Auch
der Verlags-, Speditions-, Fracht- und der Leih- sowie der Verpfründungsvertrag sind synallagmatische Verträge (BK-WEBER, N 57; BSK OR I-LEU,
N 4). Das Gleiche gilt für den entgeltlichen Auftrag (BGE 94 II 263 E. 3) und
dessen Varianten (Agenturvertrag, Kommission etc.) sowie den Hinterlegungsvertrag (für weitere Typen von gegenseitigen Verträgen siehe BK-WE-
BER, N 57 ff.). Art. 82 muss zudem beim verzinslichen Darlehen – grundsätzlich – anwendbar sein (**a. M.** BGE 93 II 192).

Art. 82 ist auch auf **Innominatkontrakte** (Verträge sui generis, gemischte   7
Verträge) anwendbar, wenn diese einen synallagmatischen Charakter aufweisen, insb. den Alleinvertriebsvertrag, Leasing, Lizenzvertrag, Factoring, Versicherungsvertrag etc. (weitere Beispiele bei BK-WEBER, N 58, 64
m. Hw.). Entscheidend ist die Gegenseitigkeit der Leistungsversprechen. Der
Gesellschaftsvertrag ist kein synallagmatischer Vertrag, da die für die
Anwendung von Art. 82 erforderliche Gegenseitigkeit und das Austauschverhältnis fehlen (BK-WEBER, N 74 ff.).

Auf **gesetzliche Schuldverhältnisse** (unerlaubte Handlung, ungerechtfer-   8
tigte Bereicherung) und **Quasi-Kontrakte** (z. B. Geschäftsführung ohne Auftrag) gelangt Art. 82 dann zur Anwendung, wenn diese mit vertraglichen
Schuldverhältnissen gleichzusetzen sind (BK-WEBER, N 15; BSK OR I-LEU,
N 2). Daher gilt Art. 82 insb. bei der **Rückabwicklung synallagmatischer
Verträge** (Art. 20, 31, 107 Abs. 2, 205 Abs. 1, 368 Abs. 1; BGE 114 II 152 E. 2.
c.bb; ZK-SCHRANER, N 4).

9   Auf **einseitige** und **unvollkommene zweiseitige Verträge** gelangt Art. 82 **analog** zur Anwendung (z. B. unentgeltlicher Auftrag BGE 94 II 263 E. 3; BK-WEBER, N 23, 63). Eine Vertragspartei darf ihre Leistung so lange verweigern, bis die ihr aus demselben Rechtsverhältnis zustehende Gegenleistung erbracht wird. Dieses **obligatorische Retentionsrecht** (BGE 120 II 209 E. 6) setzt aber Konnexität zwischen den Ansprüchen voraus (BK-WEBER, N 23 f., 63 m. Hw.; BSK OR I-LEU, N 4; vgl. jedoch unten B.).

2. Austauschverhältnis

10   Art. 82 setzt grundsätzlich voraus, dass die beidseitigen Leistungspflichten ihre Grundlagen in einem **einheitlichen Rechtsverhältnis** (BGE 84 II 149) haben, d. h. in einem **Austauschverhältnis** stehen (BK-WEBER, N 79 ff.; BSK OR I-LEU, N 5 m. w. Nw.; ZK-SCHRANER, N 52 ff.). Werkverträge, die in verschiedene Leistungsabschnitte gegliedert sind und Sukzessivlieferverträge (BGE 111 II 463 E. 4; 84 II 149) sind einheitliche Rechtsverhältnisse i. S. v. Art. 82 (BK-WEBER, N 85 ff.; BSK OR I-LEU, N 5). Bleiben Lohnzahlungen für die vergangene Lohnperiode aus, steht dem Arbeitnehmer in analoger Anwendung von Art. 82 ein Leistungsverweigerungsrecht zu (BGE 120 II 209 E. 6).

11   Bei der **Zession** behält der Zedent das Recht, die Einrede zu erheben; der Schuldner der zedierten Forderung kann seine Einrede aber dem Zessionar entgegenhalten (BK-WEBER, N 124).

12   Art. 82 ist primär auf **Hauptleistungspflichten** anwendbar. Bei der Nichterfüllung der **Nebenpflichten** kann Art. 82 angewendet und die schuldnerische Leistung verweigert werden, wenn sie ‹Austauschcharakter› haben. Das ist dann der Fall, wenn ohne ihre Erfüllung die Hauptleistungspflicht stark entwertet würde. Auch bei sekundären, nicht eigenständig einklagbaren Nebenpflichten kann ein Austauschverhältnis mit der Gegenleistung des belangten Schuldners bestehen, so dass der Schuldner bei ihrer Nichterfüllung die eigene Leistung zurückhalten kann (BK-WEBER, N 91 ff.; BSK OR I-LEU, N 6). Die Einrede nach Art. 82 wird bei sog. **primären (selbstständig einklagbaren) Nebenpflichten** als nicht anwendbar erklärt, d. h. ihre Nichterfüllung berechtigt den Schuldner nicht, die eigene Leistung zu verweigern (BGE 122 IV 322 E. 3.b; BSK OR I-LEU, N 6 m. w. Nw.).

13   Der Grundgedanke, der zur Anwendung von Art. 82 bei Sukzessivlieferungsverträgen führt, ist aber auch auf die Verletzung selbstständiger Nebenrechte und auf andere Rechtsverhältnisse übertragbar. Wenn die Vertragsparteien in ständiger Geschäftsbeziehung stehen, ist dem Schuldner allenfalls nicht zuzumuten, seine Leistung zu erbringen, wenn die andere Vertragspartei ihrerseits eine Leistung aus einem anderen Vertrag noch nicht erbracht hat. Ob es ein solches **Retentionsrecht bei wirtschaftlicher Konnexität** gibt (BK-WEBER, N 27 f.) und welches seine Grundlagen sind, ist

im Einzelnen umstritten. Grundsätzlich muss die analoge Anwendung von
Art. 82 in diesen Fällen aber möglich sein (vgl. dazu BK-WEBER, N 27 f.;
abweichend BSK OR I-LEU, N 5). Das ist sicher der Fall, wenn die beiderseitigen Ansprüche in einem engen, wirtschaftlichen Zusammenhang stehen
(mehrere Verträge im Rahmen eines Joint Ventures). Die Anwendung von
Art. 82 kann aber auch in anderen Fällen gerechtfertigt sein (abl. BGE
84 II 150; befürwortend BK-GIGER, Art. 184 N 194; zurückhaltend BK-WE-
BER, N 28; BK-MERZ, Art. 2 N 545).

3. Fälligkeit der Gegenleistung und fehlende Vorleistungspflicht des belangten Schuldners

Das Rechtsverhältnis muss **rechtswirksam zustande gekommen sein** und
im Zeitpunkt der Einrede noch Bestand haben. Die Forderung des fordernden Gläubigers muss fällig sein, ansonsten kein Anspruch besteht;
dann stellt sich die Frage des Leistungsverweigerungsrechts i. S. v. Art. 82
nicht.   14

Vor allem aber muss die Gegenforderung des belangten Schuldners **fällig
sein** (BK-WEBER, N 127 ff.; BSK OR I-LEU, N 7; ZK-SCHRANER, N 90 ff.). Ist
die Gegenforderung nicht fällig, ist der Schuldner **vorleistungspflichtig** und
kann sich nicht auf Art. 82 berufen (BK-WEBER, N 146; BSK OR I-LEU, N 8;
ZK-SCHRANER, N 115). Eine Vorleistungspflicht kann sich aus Gesetz, besonderer Abrede, der Natur des Vertrags oder aus dem Grundsatz von Treu
und Glauben ergeben (BK-WEBER, N 140 ff.). Führt die Erbringung der ersten Leistung zur Fälligkeit der zweiten, liegt eine sog. **beständige Vorleistungspflicht** vor (Bsp. laufende Lohnzahlungsperiode beim Arbeitsvertrag).
Werden für beide Leistungen zwei verschiedene Fälligkeitstermine vereinbart, besteht eine **unbeständige Vorleistungspflicht**. Mit dem Eintritt des
zweiten Fälligkeitszeitpunkts kann sich auch die vorleistungspflichtige Partei auf Art. 82 berufen (BGE 127 III 199 E. 3.a; BK-WEBER, N 147 f.; BSK
OR I-LEU, N 8; ZK-SCHRANER, N 116 f.).   15

4. Fehlende Erfüllung oder Erfüllungsbereitschaft der anderen Vertragspartei

Der belangte Schuldner kann die Einrede gem. Art. 82 nur erheben, wenn
der fordernde Gläubiger seine Leistung weder ordnungsgemäss erbracht
noch die Erfüllung richtig angeboten hat (BK-WEBER, N 154 ff.; ZK-SCHRA-
NER, N 126 ff.). Der fordernde Gläubiger kann der Einrede des Schuldners
entgegenwirken, indem er seine Leistung ordnungsgemäss anbietet. Die
vertragsgemässe Leistung ist faktisch anzubieten (**Realobligation**). Ein
wörtliches Angebot der Leistung (**Verbalobligation**) genügt nur ausnahmsweise, etwa bei der Holschuld (BGE 111 II 463 E. 5 m. w. Nw.; 119 II 439 f.;
BSK OR I-LEU, N 9 m. w. Nw.). Lehnt der Schuldner die vertragsgemäss angebotene Leistung ab (**Annahmeverzug**), kann er sich nicht auf Art. 82 beru-   16

fen (BSK OR I-Leu, N 9; ZK-Schraner, N 155 f. m. w. Nw.). Art. 82 gelangt nicht nur im Falle der **Nichterfüllung**, sondern auch bei **nicht gehöriger Erfüllung** zur Anwendung. Die Einrede des nicht oder nicht gehörig erfüllten Vertrags ist auch bei **Teilleistungen** zulässig (BSK OR I-Leu, N 9 m. w. Nw.).

17   Umstritten ist das Verhältnis der Einrede aus Art. 82 zu den **Gewährleistungsansprüchen**. Nach h. M. stehen beide Rechtsbehelfe alternativ zur Anwendung, solange sich das Zug-um-Zug-Prinzip durch die Einrede von Art. 82 noch verwirklichen lässt (BK-Weber, N 176 m. w. Nw.; BSK OR I-Leu, N 9 m. w. Nw.).

III. Rechtsfolgen

18   Sind die vorgenannten Voraussetzungen kumulativ erfüllt, kann der belangte Schuldner nach Art. 82 die eigene Leistung an den fordernden Gläubiger solange verweigern, bis der Gläubiger erfüllt oder Erfüllung anbietet (BGE 123 II 16 E. 2.b). Die (dilatorische) Einrede nach Art. 82 berührt den Bestand der Verpflichtung nicht, sondern schiebt ihre Erfüllung auf. Da es sich um ein **Gestaltungsrecht des Schuldners** handelt (BSK OR I-Leu, N 10), sind die Voraussetzungen der Ausübung eines Gestaltungsrechts bei Erhebung der Einrede zu beachten.

19   Art. 82 bezweckt die vertragsgemässe Leistung durch beide Parteien. Die Einrede gem. Art. 82 lässt sich folglich **nicht durch Sicherheitsleistung abwenden** (BK-Weber, N 211; BSK OR I-Leu, N 10; ZK-Schraner, N 196). Steht dem Anspruch des fordernden Gläubigers die Einrede gem. Art. 82 entgegen, kann er diesen nicht mit einer anderen, ihm gegen den gleichen Schuldner zustehenden Forderung verrechnen (BK-Weber, N 209 m. w. Nw.). Die Einrede des Schuldners gem. Art. 82 schliesst die Fälligkeit der von ihm zu erbringenden Leistung aus (BK-Weber, N 212 m. w. Nw.) und **verunmöglicht den Eintritt des Schuldnerverzugs** (BGE 68 II 220 E. 3; BK-Weber, N 212; BSK OR I-Leu, N 10; ZK-Schraner, N 193). Die Verjährung wird durch die Erhebung der Einrede nicht unterbrochen (BSK OR I-Leu, N 10).

20   Seine **Schranken** findet das Leistungsverweigerungsrecht zudem im **Grundsatz von Treu und Glauben** (BK-Weber, N 192 ff.). So darf eine Gegenleistung nicht zurückgehalten werden, wenn die quantitativen oder qualitativen Mängel nur gering sind (BSK OR I-Leu, N 9 m. Hw.).

IV. Prozessuales

21   Das Leistungsverweigerungsrecht nach Art. 82 begründet eine Einrede des Schuldners; der Richter darf Art. 82 **nicht von Amtes wegen anwenden** (BGE 76 II 298 E. 3; ZK-Schraner, N 198, 202 m. w. Nw.).

Der Gläubiger kann sich damit begnügen, auf vorbehaltlose Leistung zu kla- 22
gen. Er hat den Bestand des Rechtsverhältnisses und die schuldnerische
Leistungspflicht nachzuweisen. **Es obliegt dem Schuldner, die Einrede
gem. Art. 82 zu erheben** (BGE 127 III 199 E. 3). Beruft sich der Schuldner
auf die Gegenseitigkeit der eingeklagten Forderung, hat der Gläubiger seine
Erfüllung oder Erfüllungsbereitschaft zu behaupten und zu beweisen
(BGE 123 II 16 E. 2.b; ZK-SCHRANER, N 198 m. Hw.). **Vermutet wird die
Leistungspflicht Zug um Zug.** Folglich hat der Gläubiger eine behauptete
Vorleistungspflicht des Schuldners darzutun (BSK OR I-LEU, N 11).

Ist der Gläubiger vorleistungspflichtig, muss der beklagte Schuldner die
Einrede nach Art. 82 nicht erheben. Es genügt, dass er die Fälligkeit des
Anspruchs bestreitet, indem er auf die Vorleistungspflicht des Klägers
hinweist. Die Frage der Vorleistungspflicht des klagenden Gläubigers hat
der Richter dann von Amtes wegen zu prüfen (BGE 127 III 199 E. 3 m. w.
Nw.).

Das **anwendbare Prozessrecht** bestimmt, in welcher Form und bis zu wel- 23
chem Zeitpunkt die Einrede gem. Art. 82 erhoben werden kann (ZK-SCHRA-
NER N 205).

Ist die **Einrede** des nicht oder nicht gehörig erfüllten Vertrages **berechtigt**, 24
hat der Gläubiger seine Leistung weder erbracht noch angeboten, schützt
der Richter die Klage in dem Sinne, dass er den Schuldner zur Leistung Zug
um Zug, d. h. zu einer aufschiebend bedingten Verpflichtung verurteilt
(BGE 127 III 199 E. 3). Ist die **Einrede** des Schuldners **nicht berechtigt**,
wird er vorbehaltlos zur Leistung verpflichtet (BGE 111 II 463 E. 3 m. w. Nw.).
Der Anspruch des Gläubigers auf Verurteilung des Schuldners auf Leistung
Zug um Zug ist bundesrechtlicher Natur (BGE 111 II 463 E. 3). Gemäss richtiger Praxis kann ein gegenseitiger Vertrag im Rechtsöffnungsverfahren als
ausreichender Titel anerkannt werden.

Art. 83

2. **Rücksicht auf
einseitige Zah-
lungsunfähigkeit**

[1] Ist bei einem zweiseitigen Vertrag der eine Teil zahlungsunfähig geworden, wie namentlich, wenn er in
Konkurs geraten oder fruchtlos gepfändet ist, und
wird durch diese Verschlechterung der Vermögenslage der Anspruch des andern gefährdet, so kann
dieser seine Leistung so lange zurückhalten, bis ihm
die Gegenleistung sichergestellt wird.

² **Wird er innerhalb einer angemessenen Frist auf sein Begehren nicht sichergestellt, so kann er vom Vertrage zurücktreten.**

I. Normzweck

1   Art. 83 Abs. 1 gewährt einer Partei eines (vollkommen) zweiseitigen Vertrags ein **Leistungsverweigerungsrecht**, wenn ihr Anspruch auf die Gegenleistung wegen **Zahlungsunfähigkeit der anderen Vertragspartei** gefährdet ist. Nach Art. 83 Abs. 2 kann die gefährdete Partei von der zahlungsunfähigen Partei Sicherstellung innert angemessener Frist verlangen. Verstreicht diese ungenutzt, kann die gefährdete Partei vom Vertrag zurücktreten (BGE 105 II 28 E. 2.b; BK-WEBER, N 4; BSK OR I-LEU, N 1; ZK-SCHRANER, N 2).

II. Voraussetzungen des Leistungsverweigerungsrechts

2   Das Leistungsverweigerungsrecht nach Art. 83 kann durch eine Vertragspartei ausgeübt werden, wenn:
   – ein **vollkommen zweiseitiger Vertrag** vorliegt,
   – beide Leistungen in einem **Austauschverhältnis** stehen,
   – eine der Vertragsparteien **zahlungsunfähig** geworden ist und
   – die Zahlungsunfähigkeit den **Anspruch der Gegenpartei ernsthaft gefährdet** (BK-WEBER, N 44; ZK-SCHRANER, N 23).

3   Art. 83 ist grundsätzlich nur auf **synallagmatische Verträge** anwendbar (BGE 49 II 455 E. 2), im Gegensatz zu Art. 82 aber auch dann, wenn der belangte Schuldner vorleistungspflichtig ist. Dann ist die Einrede der Zahlungsunfähigkeit sogar von besonderer Bedeutung. Art. 83 gelangt aber auch bei der Erfüllung Zug um Zug zur Anwendung (BGE 105 II 28 E. 2.b; BK-WEBER, N 5; GAUCH/SCHLUEP/SCHMID/REY, N 2250; ZK-SCHRANER, N 2). Art. 83 ist nicht anwendbar auf Dauerverträge ohne Austauschcharakter wie z. B. die einfache Gesellschaft (ZK-SCHRANER, N 7). Die Einrede aus Art. 83 kann (im Gegensatz zu Art. 107 ff.) schon vor der Fälligkeit der Vertragsleistung erhoben werden (BGE 105 II 28 E. 2.b.) und ist bis zur vollständigen Erfüllung möglich (BSK OR I-LEU, N 1; ZK-SCHRANER, N 22). Massgebend ist schliesslich, ob der Anspruch einer Partei durch die Zahlungsunfähigkeit der anderen tatsächlich gefährdet ist (BGE 105 II 28 E. 2.b). Art. 83 ist **dispositiver Natur** (BSK OR I-LEU, N 1; ZK-SCHRANER, N 5). Der Verzicht auf dieses Leistungsverweigerungsrecht muss jedoch klar aus der Vertragsabrede hervorgehen (BK-WEBER, N 19).

4   **Zahlungsunfähigkeit** i. S. v. Art. 83 besteht nicht erst mit dem Konkurs oder der fruchtlosen Pfändung der betroffenen Partei. Sie ist schon gegeben,

wenn der Schuldner auf unbestimmte Zeit nicht mehr über die notwendigen Mittel verfügt, seine Gläubiger zu befriedigen (BGE 105 II 28 E. 1; BK-WE-BER, N 427 ff.; BSK OR I-LEU, N 2 m. w. Nw.; ZK-SCHRANER, N 9 ff.). Das ist der Fall, wenn ein Gesuch um Nachlassstundung gestellt oder die Zahlungen de facto eingestellt werden. Die Zahlungsunfähigkeit muss im Zeitpunkt der Einredeerhebung bestehen.

Die h. L. geht davon aus, dass die **Zahlungsunfähigkeit nach Vertragsab-**   5
schluss eingetreten sein muss (BGE 105 II 28 E. 2.b; SCHWENZER, OR AT, N 62.09; ZK-SCHRANER, N 151; HANDKOMM-KREN KOSTKIEWICZ, N 3). Wenn die **Zahlungsunfähigkeit bereits bei Vertragsabschluss** bestand (und im Zeitpunkt der Einrede noch besteht), sollte der belangte Schuldner die Wahl zwischen Irrtumsanfechtung (insb. Art. 28), Vorgehen wegen culpa in contrahendo und Vorgehen nach Art. 83 haben (BUCHER, OR AT, 31; BK-WEBER, N 41 ff.). Wenn der Vertrag aber nicht wegen Irrtumsanfechtung dahinfällt, bleibt der Rechtsbehelf des Art. 83 bestehen. Wenn der belangte Schuldner die Zahlungsunfähigkeit tatsächlich kannte, muss der Vertrag einzig darauf geprüft werden, ob die Parteien Art. 83 explizit oder implizit ausgeschlossen haben.

Die Rechte nach Art. 83 bestehen auch bei Zahlungsunfähigkeit nur, wenn   6
der **Gegenanspruch** des belangten Vertragspartners durch die Zahlungsun-fähigkeit tatsächlich **gefährdet** ist. Mangels Sicherheiten ist dies bei Geld- und Sachleistungen regelmässig der Fall. Bei **persönlichen Leistungs-pflichten** (z. B. Arbeitsleistungen, Unterlassungen) ist die Erfüllung durch die Zahlungsunfähigkeit des Pflichtigen nicht in jedem Fall gefährdet (ZK-SCHRANER, N 25 m. w. Nw.); allerdings ist zu berücksichtigen, dass Insolvenz auch einen Einfluss auf die persönliche Leistung haben kann und dass die Rechte bei nicht richtiger Erfüllung der Arbeitsleistung (Schadenersatz) ge-fährdet sein können.

III. Rechtsfolgen

Sind die vorgenannten Voraussetzungen erfüllt, kann die zur Einrede be-   7
rechtigte Vertragspartei gestützt auf Art. 83 Abs. 1 ihre eigene Leistung trotz eingetretener Fälligkeit verweigern, bis die Gegenpartei ihrerseits die geschuldete Leistung erbringt bzw. hierfür Sicherheit leistet (GAUCH/SCHLUEP/SCHMID/REY, N 2249; BK-WEBER, N 57; ZK-SCHRANER, N 27 ff.). Die Einrede nach Art. 83 hat eine **aufschiebende Wirkung**. Sie berührt den Bestand der Verpflichtung nicht, sondern schliesst deren Fälligkeit aus (BSK OR I-LEU, N 3; ZK-SCHRANER, N 31 ff.).

Die Einrede entfällt, wenn die davon betroffene Vertragspartei ihre Leis-   8
tung ordnungsgemäss anbietet (ZK-SCHRANER, N 37). In diesem Fall ge-langt allenfalls Art. 82 zur Anwendung (BK-WEBER, N 67). Erbringt die von

der Einrede betroffene Vertragspartei die geforderte Sicherstellung, entfällt die Einrede ebenfalls (BK-Weber, N 68; ZK-Schraner, N 39). Die Einrede erlischt zudem, wenn sich die Vermögensverhältnisse der betroffenen Partei verbessern bzw. die Anspruchsgefährdung wegfällt (BK-Weber, N 69; ZK-Schraner, N 40).

9   **Art. 83 Abs. 2** gewährt der die Einrede erhebenden Partei ein **Rücktrittsrecht**, wenn die gefährdete Gegenleistung nicht innert **angemessener Frist** sichergestellt wird (BGE 105 II 28 E. 3.a; BSK OR I-Leu, N 4; ZK-Schraner, N 42). Ob die Frist angemessen ist, beurteilt sich nach den gleichen Grundsätzen wie in Art. 107 Abs. 1 (BGE 105 II 28 E. 3.a; ZK-Schraner, N 46). Selbst bei völliger Zahlungsunfähigkeit ist der Rücktritt der die Einrede von Art. 83 erhebenden Partei erst zulässig, wenn das Sicherstellungsbegehren keinen Erfolg hat (BGE 111 II 156 E. 3.a). Lässt die einredebelastete Partei diese Frist ungenutzt verstreichen, kann die die Einrede erhebende Partei den Vertrag gestützt auf Art. 83 Abs. 2 auflösen (BGE 111 II 156 E. 3.a; 105 II 28 E. 4). Der Rücktritt wirkt ex tunc (BSK OR I-Leu, N 4). Die vom Vertrag zurücktretende Partei hat einen (vertraglichen) Anspruch auf Rückgabe des bereits Geleisteten (BGE 114 II 157 f.; anders die frühere Rechtsprechung BGE 64 II 268 [condictio ob causam finitam]). Sie kann aber nicht Schadenersatz verlangen, da **keine Pflicht** der zahlungsunfähigen Partei **zur Sicherstellung** ihrer Leistung besteht (BGE 64 II 264 E. 1; Gauch/Schluep/Schmid/Rey, N 2249; ZK-Schraner, N 49). Der **Anspruch auf Sicherstellung** kann sich jedoch auch auf die Sicherstellung des Anspruchs auf Schadenersatz beziehen, der entstehen kann, wenn der Schuldner nicht vertragsgemäss erfüllt (BGE 105 II 28 E. 2.b).

IV.   Beweislastverteilung und prozessuale Fragen

10   Der die Einrede ausübenden Vertragspartei obliegt es nach Art. 8 ZGB, die Zahlungsunfähigkeit der Gegenpartei und die Gefährdung des eigenen Anspruchs darzulegen (BGE 68 II 177, 178; ZK-Schraner, N 74). Die von der Einrede betroffene Vertragspartei hat nachzuweisen, dass sich ihre Vermögensverhältnisse verbessert haben oder dass sie die erforderliche Sicherheit geleistet hat (BK-Weber, N 80 f.; BSK OR I-Leu, N 5).

Art. 84

D.	Zahlung	[1] Geldschulden sind in gesetzlichen Zahlungsmitteln
I.	Landeswährung	der geschuldeten Währung zu bezahlen.

> ² **Lautet die Schuld auf eine Währung, die am Zahlungsort nicht Landeswährung ist, so kann die geschuldete Summe nach ihrem Wert zur Verfallzeit dennoch in Landeswährung bezahlt werden, sofern nicht durch den Gebrauch des Wortes «effektiv» oder eines ähnlichen Zusatzes die wortgetreue Erfüllung des Vertrages ausbedungen ist.**

Literatur

RÜETSCHI/STAUBER, Die Durchsetzung von Fremdwährungsforderungen in der Praxis. Besonderheiten im Zusammenspiel von Erkenntnis- und Vollstreckungsverfahren, BlSchK 2006, 41–60; WEBER, Das Geld in einem sich wandelnden Vermögensrecht, ZSR 1981, 165–196.

I. Normzweck und Anwendungsbereich

Die Art. 84 bis 90 enthalten Regeln über die «Zahlung». Die gesetzliche Terminologie ist ungenau, da die Art. 85–90 nicht nur auf Geldschulden anwendbar sind, sondern teilweise auf Schulden aller Art (v. a. Art. 88; vgl. dazu BK-WEBER, N 4; ZK-SCHRANER, N 2 und die Kommentierung zu den jeweiligen Artikeln).   1

Art. 84 befasst sich mit der **Geldzahlung als Gegenstand der Erfüllung** (BK-WEBER, N 4; GAUCH/SCHLUEP/SCHMID/REY, N 2313). Nach Art. 84 Abs. 1 sind Geldschulden in gesetzlichen Zahlungsmitteln der geschuldeten **Währung** zu bezahlen. Abs. 2 gibt dem Schuldner die Befugnis, eine **Fremdwährungsschuld** in Schweizer Währung zu bezahlen, wenn der Zahlungsort in der Schweiz liegt und keine Effektivklausel vereinbart worden ist. Art. 84 ist **dispositiver Natur** (BK-WEBER, N 8).   2

Das Gesetz definiert weder *Geld* noch *Geldschuld*. **Geld** bestimmt sich nach seiner Funktion (BK-WEBER, N 13 ff.; HANDKOMM-KREN KOSTKIEWICZ, N 2). Demzufolge ist Geld ein allgemeines *«Tausch- und Zahlungsmittel, also ein allgemeiner Wertmassstab, der Güter und Leistungen aller Art zu messen erlaubt und damit das Funktionieren des Güteraustausches gewährleistet»* (ZK-SCHRANER, N 4 m. Hw.). Die **gesetzlichen Zahlungsmittel** mit Zwangskurs (siehe unten N 3) sind **Geld im engeren Sinn** (ZK-SCHRANER, N 7). **Geld im weiteren Sinn** (Verkehrsgeld) sind die faktischen **Zahlungsmittel**, die ein Gläubiger aufgrund einer ausdrücklichen oder stillschweigenden Abrede zur Zahlung annehmen muss (Bsp. ausländische Münzen und Banknoten, Giralgeld [Buchgeld], Kreditkarten, Akkreditive, elektronisches Geld; vgl. BK-WEBER, N 163; ZK-SCHRANER, N 8). Eine **Geldschuld** ist eine Verpflichtung zur Leistung von Geld (GAUCH/SCHLUEP/SCHMID/REY, N 2314; HANDKOMM-KREN KOSTKIEWICZ, N 2). Der Inhalt von   3

Geldschulden wird i. d. R. durch einen bestimmten Betrag (Summe) festgelegt (Summenschuld oder Wertschuld); (BK-WEBER, N 130; GAUCH/SCHLUEP/SCHMID/REY, N 2315, 2431; ZK-SCHRANER, N 141). Eine **Geldsummenschuld** wird erfüllt, indem der Schuldner dem Gläubiger im Ausmass der geschuldeten Summe – unter Vorbehalt besonderer Vereinbarungen und der gesetzlichen Schranken – beliebige Geldzeichen verschafft (BK-WEBER, N 141; ZK-SCHRANER, N 130).

4   Die Parteien können aber vereinbaren, dass nicht eine bestimmte Geldsumme an sich, sondern eine **Stückschuld** (z. B. eine individuell bestimmbare Münze) oder eine **Gattungsschuld** (z. B. eine Rolle Zweifrankenstücke) Vertragsgegenstand ist (Geld als Vertragsobjekt, vgl. BGE 80 II 49; zum Ganzen BK-WEBER, N 135 ff.; BSK OR I-LEU, N 2; GAUCH/SCHLUEP/SCHMID/REY, N 2317 ff.; ZK-SCHRANER, N 144 ff.).

II.   Inhalt und Rechtsfolgen

1.   Abs. 1 Erfüllung von Geldschulden

5   **Art. 84 Abs. 1** statuiert die Pflicht des Schuldners, Geldschulden in gesetzlichen Zahlungsmitteln der geschuldeten Währung zu bezahlen, sowie die entsprechende Obliegenheit des Gläubigers, eine solche Zahlung anzunehmen (BK-WEBER, N 142 ff.; GAUCH/SCHLUEP/SCHMID/REY, N 2328 ff.). Der Schuldner gerät in Verzug, wenn er nicht in der vereinbarten Währung leistet. Nimmt der Gläubiger die in der vereinbarten Währung angebotene Zahlung nicht an, gerät er in Gläubigerverzug (HANDKOMM-KREN KOSTKIEWICZ, N 4).

6   Geldschulden im Sinne des Art. 84 Abs. 1 sind **Geldsummenschulden**; der Artikel erfasst Geld i. e. S., d. h. Geld als gesetzliches Zahlungsmittel im Sinne des Schweizer Währungsrechts. **Gesetzliche Zahlungsmittel** im Sinne des Schweizer Währungsrechts sind vom Bund ausgegebene Münzen, von der Schweizerischen Nationalbank ausgegebene Banknoten sowie auf Franken lautende Sichtguthaben bei der Schweizerischen Nationalbank (Art. 2 des Bundesgesetzes vom 22. 12. 1999 über die Währung und die Zahlungsmittel, WZG [SR 941.10]; zur Währungsordnung BK-WEBER, N 90 ff.; ZK-SCHRANER, N 33 ff.). Der Gläubiger muss grundsätzlich Barzahlung annehmen (BGer H.147/06 vom 26. 6. 2007 für das Verwaltungsrecht, wo Art. 84 analog gilt) und der Schuldner muss grundsätzlich in bar leisten. Art. 84 Abs. 1 ist gleichermassen auf **Fremdwährungsschulden** anwendbar. Diese sind in der vereinbarten Währung zu erfüllen (RÜETSCHI/STAUBER, 42).

7   Grundsätzlich bestimmt der Schuldner, mit welchen Geldzeichen der inländischen Währung er seine Schulden begleicht. Die **Annahmepflicht** des Gläubigers ist jedoch insoweit beschränkt, als dass er nicht mehr als 100

Umlaufmünzen (Scheidemünzen, dazu BK-WEBER, N 127) annehmen muss (Art. 3 Abs. 1 WZG). Auch ist der Gläubiger nicht verpflichtet, Geldzeichen mit unzumutbar hohem Nennwert umzuwechseln (BK-WEBER, N 146 ff.; GAUCH/SCHLUEP/SCHMID/REY, N 2339 f.). Bei einer grösseren Zahlung kann der Gläubiger eine bargeldlose Überweisung verlangen, auch wenn diese Zahlungsweise nicht vereinbart wurde (vgl. dazu BK-WEBER, N 149 m. w. Nw.; ZK-SCHRANER, N 158 m. w. Nw.).

Geldschulden sind grundsätzlich (sowohl im kaufmännischen wie im nicht   8
kaufmännischen Verkehr) durch **Barzahlung** zu begleichen (BGer H.147/06 vom 26.6.2007; BK-WEBER, N 154; BUCHER, OR AT, 300; ZK-SCHRANER, N 155, 164). Die **bargeldlose Überweisung** (GAUCH/SCHLUEP/SCHMID/REY, N 2351 ff.) ist kein gesetzliches Zahlungsmittel. Der Gläubiger ist nicht verpflichtet, diese anzunehmen (BK-WEBER, N 145, 157 ff.). Durch ausdrückliche oder stillschweigende Vereinbarung zwischen den Parteien oder aufgrund der Verkehrssitte kann der Schuldner jedoch berechtigt oder gar verpflichtet sein, bargeldlos oder mit anderen als den gesetzlichen Zahlungsmitteln zu erfüllen. Erforderlich ist stets das Einverständnis des Gläubigers (vgl. dazu BK-WEBER, N 156 ff.; GAUCH/SCHLUEP/SCHMID/REY, N 2351 ff.; ZK-SCHRANER, N 163 f.). Dieses Einverständnis gilt vorbehaltlich abweichender Anzeige auch für zukünftige Zahlungen. Dieses Einverständnis wird angenommen, wenn der Gläubiger in der Korrespondenz eine Kontonummer angibt; beim **Postcheckkonto** wird sogar angenommen, die blosse Eröffnung eines Postcheckkontos sei als Einverständnis des Gläubigers zu deuten (SemJud 119 S. 253; vgl. BK-WEBER, N 161 m. w. Nw.; **a. M.** Kommentar zu Art. 74 N 12 m. w. Nw.). Ob auch die Einrichtung eines **Bankkontos** ohne Weiteres als Zustimmung zu deuten ist, darauf Einzahlungen vorzunehmen, ist umstritten und mit der wohl noch herrschenden Lehre zu verneinen (GAUCH/SCHLUEP/SCHMID/REY, N 2357; BSK OR I-LEU, N 2; SCHWENZER, OR AT, N 75.04; ZK-SCHRANER, N 168; vgl. auch BGer I 83/07 vom 2.5.2007, E. 3.3; **a. M.** BK-WEBER, N 161).

Wurde die Erfüllung in **WIR-Geld** (dazu BK-WEBER, N 53 ff.; ZK-SCHRA-   9
NER, N 18 ff.) vereinbart und wurden die Buchungsaufträge durch die WIR-Genossenschaft nicht ausgeführt, gilt die Vermutung, dass die WIR-Leistung zahlungshalber erfolgte. Der Gläubiger ist in der Folge berechtigt, vom Schuldner die Barzahlung der Schuld zu verlangen (BGE 119 II 227 E. 2.a, 3).

Art. 84 Abs. 1 regelt den Umfang einer Zahlung nicht (BGE 57 II 69 E. 3).   10
Gemäss Lehre und Praxis gilt das **Nennwertprinzip** (BK-WEBER, N 179 ff.; ZK-SCHRANER, N 73 ff.; WEBER, 173 ff.). Dieses besagt, «*dass eine Geldschuld durch Leistung von Geldzeichen getilgt wird, die im Zeitpunkt der Zahlung gesetzliche Zahlungsmittel sind und die, wenn man den ihnen aufgedruckten Geldwert zusammenzählt, einen der Schuldsumme entspre-*

chenden Betrag ergeben» (BK-WEBER, N 179; ZK-SCHRANER, N 73). Das Nennwertprinzip verpflichtet den Schuldner, bei Fälligkeit den vereinbarten Betrag zu bezahlen, ohne dass Veränderungen im Geldwert bis zur Erfüllung berücksichtigt werden (BK-WEBER, N 179). Als Folge davon trägt der Gläubiger das Risiko der Geldentwertung (BK-WEBER, N 183, siehe auch unten N 11). Das Nennwertprinzip gilt für Geldschulden in inländischer Währung wie für Fremdwährungsschulden (BK-WEBER, N 184).

11   Nicht zur Anwendung gelangt das Nennwertprinzip bei **wertbeständigen Schulden**. Diese lauten nicht auf einen festen Betrag, sondern bezwecken einen Wertausgleich, einen Wertersatz oder die Befriedigung eines Bedürfnisses in seiner jeweiligen Höhe (BK-WEBER, N 197 m.w. Nw.; BSK OR I-LEU, N 5; ZK-SCHRANER, N 81). Die Wertbeständigkeit kann sich aus der Vereinbarung der Parteien, der Natur der Sache, aus dem Gesetz oder der Praxis ergeben (BK-WEBER, N 197). Die genaue Höhe der Schuld wird im Zeitpunkt der Erfüllung bestimmt. Wichtige Anwendungsfälle sind Schadenersatz- und Unterhaltsforderungen sowie Naturalleistungen (BK-WEBER, N 199 ff.; WEBER, 176 ff.).

12   Der Gläubiger kann sich vor dem Wertzerfall des Geldes mit einer vertraglichen **Wertsicherungsklausel** schützen (BK-WEBER, N 223 ff.; GAUCH/SCHLUEP/SCHMID/REY, N 2437; ZK-SCHRANER, N 94 ff.; WEBER, 179 ff.). Wurde eine Wertsicherungsklausel vereinbart, wird der exakte Betrag erst im Zeitpunkt der Erfüllung festgesetzt. Er entspricht jenem Betrag, den der Gläubiger beim Vertragsschluss unter Berücksichtigung der **Geldentwertung** erhalten hätte (BK-WEBER, N 223 f.; BSK OR I-LEU, N 5). Durch eine Wertsicherungsklausel überwälzt der Gläubiger das Risiko der Geldentwertung auf den Schuldner (BK-WEBER, N 223; zu den verschiedenen Klauseltypen siehe BK-WEBER, N 224 ff.; ZK-SCHRANER, N 97 ff.). Vertragliche Wertsicherungsklauseln sind grundsätzlich zulässig. Nicht zulässig sind Wertsicherungsklauseln insb. bei der Bürgschaft (Art. 493) und beim Grundpfand sowie der Grundlast (BK-WEBER, N 248 f.). Indexierte Mietzinse sind nur im Rahmen von Art. 269b zulässig. Indexierte Preise sind beim Abzahlungsvertrag und beim Vorauszahlungsvertrag nicht möglich (Art. 226a, Art. 227e; sowie Art. 226 m für verwandte Geschäfte; für weitere Fälle des Verbotes von Wertsicherungsklauseln, vgl. BK-WEBER, N 247 ff.).

13   Ohne eine vertraglich vereinbarte Wertsicherungsklausel ist eine **nachträgliche Wertanpassung** der Forderung nur gemäss den Prinzipien der *clausula rebus sic stantibus* (Art. 2 ZGB) möglich. Die Anpassung ist damit stark vom Einzelfall abhängig, da nur in diesem Rahmen Treu und Glauben sowie Rechtsmissbrauch geprüft werden können. Eine Wertanpassung setzt aber grundsätzlich einen eigentlichen **Währungszerfall** voraus, da die Veränderung der Verhältnisse weder vorhersehbar noch vermeidbar sein darf und eine gravierende Äquivalenzstörung (bzw. ‹fundamentally alters the equi-

librium of the contract» i. S. d. UNIDROIT PRINCIPLES of International Commercial Contracts, 2004) voraussetzt (vgl. BGE 57 II 368 ff. sowie 127 III 300, 305). Eine Aufwertung rechtfertigt sich allenfalls, wenn der Währungszerfall oder ausserordentliche, inflationäre Ereignisse in unvorhersehbarer Weise bei einem langfristig abgeschlossenen Vertrag auftreten und für die betroffene Partei zu einem unzumutbaren Missverhältnis zwischen den Leistungen führen. **Kursschwankungen** und eine langsam fortschreitende **Geldentwertung** genügen nicht, um eine nachträgliche Wertanpassung vorzunehmen (BGE 127 III 300, 305; Art. 6.2.2 UNIDROIT PRINCIPLES of International Commercial Contracts, 2004; BK-WEBER, N 268; BSK OR I-LEU, N 5; GAUCH/SCHLUEP/SCHMID/REY, N 2434; ZK-SCHRANER, N 139).

2. Abs. 2 Fremdwährungsschulden

Art. 84 Abs. 2 regelt die **Erfüllung von Fremdwährungsschulden**. Eine   14
Fremdwährungsschuld liegt vor, wenn die Schuld nicht auf die Währung des vereinbarten Zahlungsortes lautet (BK-WEBER, N 311). Grundsätzlich ist der Schuldner einer Fremdwährungsschuld gehalten, in ausländischer Währung zu leisten. Der Gläubiger ist zur Annahme der ausländischen Zahlungsmittel verpflichtet (BGer 4C.258/2006, 4A_380/2007 vom 14. 1. 2008; GAUCH/SCHLUEP/SCHMID/REY, N 2343). Ist eine Fremdwährungsschuld in der Schweiz zu erfüllen, erteilt Art. 84 Abs. 2 dem Schuldner jedoch die Ermächtigung, nicht in der ausländischen Währung, sondern in Landeswährung zu erfüllen (**Umrechnungsbefugnis**) (BK-WEBER, N 323). Hingegen ist der Gläubiger nicht berechtigt, vom Schuldner die Leistung in der Landeswährung statt der vertraglich vereinbarten ausländischen Währung zu verlangen. Weist er die Erfüllung in ausländischer Währung zurück, gerät er in Annahmeverzug (BGer 4C.258/2006, 4A_380/2007 vom 14. 1. 2008; BK-WEBER, N 325).

Massgebend ist der **Umrechnungskurs** im Zeitpunkt der Fälligkeit (Art. 75)   15
am Erfüllungsort (mit kritischen Hw. BUCHER, OR AT, 301; BK-WEBER, N 329 f.). Welcher Kurstyp (siehe bei BK-WEBER, N 334 f.) im Einzelfall zur Anwendung gelangt, ist durch Vertragsauslegung und unter Berücksichtigung der Parteiabrede, Usanz sowie der Umstände des Rechtsgeschäftes zu bestimmen (BK-WEBER, N 333). Grundsätzlich soll der Kurs massgeblich sein, zu dem die Banken die Fremdwährung verkaufen (**Briefkurs**), und zwar der jeweilige **Notenkurs** (nicht der Devisenkurs; BK-WEBER, N 334 f.; ZK-SCHRANER, N 193 ff.).

Schuldner und Gläubiger können vereinbaren, dass die Zahlung «effektiv»   16
in einer bestimmten Währung zu erfolgen habe (**Effektivklausel**). In der Folge hat der Schuldner zwingend in der vereinbarten Währung zu leisten (GAUCH/SCHLUEP/SCHMID/REY, N 2347 f.). Eine Effektivklausel muss eindeutig sein. Zudem sind die Usanzen der jeweiligen Geschäftsbranche zu be-

rücksichtigen (BK-WEBER, N 208 ff., 327). Kann in der effektiv vereinbarten ausländischen Währung nicht mehr geleistet werden, wandelt sich die unmöglich gewordene Fremdwährungsschuld in eine zur Zeit der Erfüllung in Landeswährung zu leistende Geldschuld (BK-WEBER, N 328 m. w. Nw.).

17 Die **Verrechnung von Forderungen mit unterschiedlichen Währungen** ist grundsätzlich möglich, da auch Forderungen in unterschiedlicher Währung als gleichartig gelten. Voraussetzung ist, dass die ausländische Währung einen Kurs hat, der die Umrechnung in eine andere Währung gestattet (BGE 63 II 383 E. 5.b). Wurde eine Effektivklausel vereinbart, ist die Verrechnung von Forderungen mit unterschiedlicher Währung nicht zulässig (ZK-SCHRANER, N 213, BK-WEBER, 341).

18 Das **Nennwertprinzip** gilt auch für Fremdwährungsschulden (BK-WEBER, N 184). Folglich trägt der Gläubiger im internationalen Zahlungsverkehr in der Zeit zwischen der Fälligkeit und der Inverzugsetzung das **Kursrisiko**, sofern er sich nicht im Voraus mit einer Wertsicherungsklausel absichert (BK-WEBER, N 203, 320 f. m. w. Nw.). Gerät der Schuldner in Verzug, geht das Wechselkursrisiko auf ihn über. Demzufolge kann der Gläubiger nach Verzugseintritt gestützt auf Art. 103 Abs. 1 und Art. 106 einen Verzugsschaden geltend machen (BGE 76 III 371 E. 4.a; ZK-SCHRANER, N 207; BK-WEBER, 330, 337 f. m. w. Nw.; RÜETSCHI/STAUBER, 43). Gemäss bundesgerichtlicher Praxis gilt dabei die beweiserleichternde Vermutung, dass der Gläubiger die Fremdwährung sofort nach Erhalt, d. h. im Zeitpunkt der Fälligkeit in die gesetzliche Währung seines Wohnsitzes gewechselt hätte (BGE 123 II 241 E. 3.a; 117 II 256 E. 2.b; ZK-SCHRANER, N 203 f.; BK-WEBER, 339).

III. Prozessuales

1. Zivilprozess

19 Der Gläubiger hat eine Schuld in fremder Währung grundsätzlich auch in dieser einzuklagen. Eine auf Zahlung in Schweizer Franken zielende Klage auf Durchsetzung einer Fremdwährungsschuld muss abgewiesen werden, da der Schuldner nicht zu einer anderen als der geschuldeten Leistung verurteilt werden darf (BGer 4C.285/2006, 4A_380/2007 vom 14. 1. 2008). Es ist eine Frage des (kantonalen) Prozessrechts, ob und wie eine in falscher Währung erhobene Klage in ein bundesrechtskonformes Urteil überführt werden kann. Art. 84 bestimmt, dass der Schuldner die Möglichkeit haben muss, in Fremdwährung zu erfüllen; das Urteil muss dem Schuldner daher diese Möglichkeit einräumen. In aller Regel wird der Richter darauf hinwirken müssen, dass die Klage im Rahmen des kantonalen Prozessrechts in eine Klage geändert wird, die ein Art. 84-konformes Urteil zulässt. Die Praxis versucht die strenge Konsequenz einer Klageabweisung zu vermeiden und sieht alternativ ein Urteil in schweizerischer und ausländischer Wäh-

rung vor oder ermöglicht dem Schuldner weiterhin die Erfüllung in fremder Währung (BGE 74 II 81 E. 2; 72 III 100 E. 3; BK-Weber, N 345 m. w. Nw.; Rüetschi/Stauber, 45 ff.; ZK-Schraner, N 216 ff. m. w. Nw.; **a. M.** BGer 4C.258/2006, 4A_380/2007 vom 14.1.2008; ZR 1991, 116: Klageabweisung). Voraussetzung dieser Alternativität ist, dass der massgebende Umrechnungskurs im Zeitpunkt des Urteils bekannt ist (BGE 51 III 180 E. 4). Für die Bestimmung des **Streitwerts** ist nach dem anwendbaren Prozessrecht regelmässig die Fremdwährungsschuld in Landeswährung umzurechnen. Massgebender Zeitpunkt ist nach dem anwendbaren Prozessrecht ebenfalls regelmässig der Eintritt der Rechtshängigkeit (BK-Weber, N 347; ZK-Schraner, N 221).

2. Zwangsvollstreckungsverfahren

Bei der **betreibungsrechtlichen Vollstreckung** muss der Gläubiger eine   20
Fremdwährungsforderung gemäss Art. 67 Abs. 1 Ziff. 3 SchKG in schweizerische Währung umrechnen (Rüetschi/Stauber, 48 ff.). Gemäss bundesgerichtlicher Rechtsprechung ist diese **Umrechnungspflicht** eine Regel des Ordre public und ein Erfordernis der Praxis (BGE 125 III 443 E. 5.a.; 115 II 36 E. 3.a, BK-Weber, N 348 m. w. Nw.). Massgebend ist der Umrechnungskurs am Tag der Anhebung der Betreibung am Betreibungsort (BGE 51 III 180 E. 4; Rüetschi/Stauber, 50; BK-Weber, N 332 ff., 350 m. w. Nw.). Die Umrechnung ist vom Gläubiger und nicht vom Betreibungsamt vorzunehmen (BGE 51 III 180 E. 3; BK-Weber, N 350 m. w. Nw.; ZK-Schraner, N 223). Die Umrechnung führt nicht zur Novation der Forderung (Art. 116). Der Schuldner ist dem Gläubiger weiterhin die bei Vertragsabschluss vereinbarte Geldsumme in Fremdwährung schuldig, nicht die Betreibungssumme, d. h. die aus vollstreckungstechnischen Gründen in Landeswährung umgerechnete Schuldsumme (ZK-Schraner, N 222 m. w. Nw.).

Das Fortbestehen der Fremdwährungsforderung hat zur Folge, dass der   21
Schuldner den Gläubiger auch nach Einleitung der Betreibung in ausländischer Währung befriedigen und im Anschluss daran gestützt auf Art. 85 und 85a SchKG die gerichtliche Aufhebung der Betreibung verlangen kann (BGE 115 III 36 E. 3.a; 77 III 97 E. 1; 72 III 100 E. 3; BK-Weber, N 354; Rüetschi/Stauber, 50 f.; ZK-Schraner, N 229). Eine Umrechnung der Fremdwährungsschuld in schweizerische Währung ist auch bei der Konkurseingabe und dem Arrestbegehren erforderlich (BK-Weber, N 355, 362). Während beim ordentlichen Nachlassvertrag sowie beim Nachlassvertrag im Konkurs keine Umrechnung notwendig ist, ist beim Nachlassvertrag mit Vermögensabtretung die Umrechnung der Fremdwährungsforderung erforderlich (BGE 110 III 105; 105 II 92 E. 2; BK-Weber, N 359 ff.; ZK-Schraner, N 236 ff.).

22   Gemäss Art. 88 Abs. 4 SchKG kann auf Begehren des Gläubigers eine Fremd-
      währungsforderung nach dem Kurs am Tage des Fortsetzungsbegehrens
      erneut in die Landeswährung umgerechnet werden (BK-WEBER, N 353
      m. w. Nw.; RÜETSCHI/STAUBER, 54 ff.; ZK-SCHRANER, N 228).

IV. IPR

23   Eine **Geldschuld mit internationalen Berührungspunkten** untersteht ver-
      schiedenen Anknüpfungsstatuten. Das Recht des Staates, dessen Währung
      das bezeichnete gesetzliche Zahlungsmittel ist (**Währungsstatut**, Art. 147
      Abs. 1 IPRG), bestimmt, was unter der von den Parteien ausdrücklich oder
      stillschweigend gewählten Währung zu verstehen ist. Das Währungsstatut
      legt die Zusammensetzung und den Nennwert der Währung fest (BK-WE-
      BER, N 287; BSK IPRG-VISCHER, N 3 f.). Die auf das Rechtsverhältnis an-
      wendbaren schuldrechtlichen Normen (**Vertragsstatut** oder Schuldstatut,
      Art. 147 Abs. 2 IPRG) bestimmen u. a., in welcher Währung der Schuldner
      erfüllen kann, die Zinsen (unter Vorbehalt von Regeln über die Maximal-
      zinsen, bei denen im Rahmen von Art. 19 auch das Währungsstatut berück-
      sichtigt werden kann), die Höhe der Schuld, die Zulässigkeit von Wertsiche-
      rungsklauseln, die Erfüllungsmodalitäten und Auswirkungen von Wäh-
      rungsveränderungen auf die Höhe der Schuld (dazu BK-WEBER, N 289 f.;
      BSK IPRG-VISCHER, N 5 ff., 26 ff.). Das Recht am vertraglich oder gesetzlich
      bestimmten Erfüllungsort (**Erfüllungsstatut** oder Zahlungsstatut, Art. 147
      Abs. 3 IPRG) bestimmt die Art und Weise der Zahlung und ob ein Schuld-
      ner eine Fremdwährungsschuld auch in Landeswährung begleichen kann
      (BGE 125 III 443 E. 5.b; BSK IPRG-VISCHER, N 14 ff.; **a. M.** BK-WEBER, N 295 ff.
      m. w. Nw.). Zur Anwendung von Staatsverträgen und ausländischen Wäh-
      rungsnormen BK-WEBER, N 298 ff. m. w. Nw.; BSK IPRG-VISCHER, N 30 ff.
      m. w. Nw.

Art. 85

II.	**Anrechnung**
1.	**Bei Teilzahlung**

¹ Der Schuldner kann eine Teilzahlung nur insoweit
auf das Kapital anrechnen, als er nicht mit Zinsen
oder Kosten im Rückstande ist.

² Sind dem Gläubiger für einen Teil seiner Forderung
Bürgen gestellt, oder Pfänder oder andere Sicherheiten gegeben worden, so ist der Schuldner nicht
berechtigt, eine Teilzahlung auf den gesicherten
oder besser gesicherten Teil der Forderung anzurechnen.

I. Regelungsinhalt und Anwendungsbereich

Die Art. 85–87 regeln die **Anrechnung von Teilleistungen** auf eine oder mehrere Schulden. Bei einer Mehrzahl von Schulden richtet sich die Anrechnung nach Art. 86 f.; die Behandlung von Teilleistungen bei nur einer Schuld ist in Art. 85 geregelt. Die Art. 85–87 sind sowohl auf **Zahlungen** wie auch auf **Leistungen vertretbarer Sachen** anwendbar (BK-WEBER, N 4a; GAUCH/SCHLUEP/SCHMID/REY, N 2385; ZK-SCHRANER, N 4). Art. 85 ist **dispositiver Natur**. Eine abweichende Anrechnungsordnung kann ausdrücklich oder konkludent vereinbart werden oder sich aus den Umständen oder der Usanz ergeben (BK-WEBER, N 15).   1

Grundsätzlich braucht der Gläubiger eine **Teilzahlung** nicht anzunehmen (Art. 69). Macht der Gläubiger von seinem Ablehnungsrecht nach Art. 69 keinen Gebrauch und ist nichts anderes vereinbart, ist nach Art. 85 Abs. 1 eine Teilzahlung zuerst auf ausstehende Zinsen und Kosten (dazu BK-WEBER, N 17 ff.) und anschliessend auf das Kapital anzurechnen. Ist die Forderung oder Teile davon durch Bürgschaften, Konkursprivilegien oder anderweitig gesichert, muss nach Art. 85 Abs. 2 mit einer Teilzahlung zuerst der am wenigsten gesicherte Teil der Schuld getilgt werden (BK-WEBER, N 6, 22; ZK-SCHRANER, N 15 ff.). Art. 85 schützt folglich die Interessen des Gläubigers.   2

Art. 69 Abs. 2 ist lex specialis zu Art. 85 (BGE 133 III 598). Bestreitet der Schuldner Zinsen und Kosten, so muss der Gläubiger eine Zahlung des unbestrittenen Kapitals annehmen und dort anrechnen. Einer missbräuchlichen Bestreitung durch den Schuldner ist daher durch differenzierte Anwendung von Art. 69 Abs. 2 ein Riegel zu schieben (vgl. Kommentierung zu Art. 69).   3

Art. 85 ist im **Konkurs** und im **Sanierungsverfahren nicht anwendbar** (BK-WEBER, N 13; ZK-SCHRANER, N 5 ff.; **a. M.** HANDKOMM-KREN KOSTKIEWICZ, N 3). Demgegenüber gelten die Regeln des Art. 85 grundsätzlich bei allen anderen Fällen von Teilleistungen (Hinterlegung, Verrechnung, Leistung durch einen Dritten, private Verwertung von Sicherheitsrechten, Erfüllung von familienrechtlichen Forderungen) und insb. auch bei der Erfüllung öffentlich-rechtlicher Forderungen und in der Zwangsvollstreckung (insb. für die Betreibung auf Pfandverwertung: BGE 121 II 432 E. 2.b). Dabei ist zu beachten, dass sich eine von Art. 85 abweichende Regelung immer aus der Vereinbarung der Parteien oder den Umständen ergeben kann. Die Vereinbarung kann vor Leistung oder im Zeitpunkt der Teilleistung getroffen werden, etwa wenn der Schuldner die Forderung bezeichnet, auf welche seine Leistung angerechnet werden soll, und der Gläubiger keinen Widerspruch erhebt (vgl. dazu unten N 5). Aus den Umständen ist zu schliessen, dass Art. 85 bspw. bei einem **Kontokorrentverhältnis** grundsätzlich nicht   4

gilt (BGE 133 III 598). Zudem kann sich aus **Art. 114 Abs.** 2 ergeben, dass
der Gläubiger bei vorbehaltloser Annahme des Kapitals auf die Zinsen verzichtet – die Anrechnungsfrage stellt sich dann gar nicht, so dass die Rechtsfolgen des Art. 114 Abs. 2 zu klären sind, bevor Art. 85 angewendet wird.

II. Rechtsfolgen

5   Erbringt der Schuldner eine Teilleistung und erklärt gleichzeitig, die Leis-
tung sei in einer Weise zu verwenden, die Art. 85 widerspricht, so kann der
Gläubiger die Annahme verweigern, ohne dass er in Verzug gerät. Der
Schuldner gerät hingegen in Verzug, wenn er infolge Annahmeverweigerung nicht rechtzeitig leistet. Nimmt der Gläubiger die Teilleistung des
Schuldners jedoch an, will aber entgegen der Anrechnungserklärung des
Schuldners zuerst Kosten und Zinsen tilgen, **genügt** entsprechend neuerer
(zutreffender) Lehre sein **Widerspruch gegen die Erklärung des Schuldners.** Nach der älteren Lehre muss der Gläubiger die gesamte Leistung zurückweisen; diese Lehre widerspricht dem Gedanken des Art. 69 und 85.
Leistet der Schuldner ohne weitere Erklärung und wurde keine von Art. 85
abweichende Anrechnungsordnung vereinbart, gelangt die gesetzliche Regelung zur Anwendung (BK-WEBER, N 25 ff.; BSK OR I-LEU, N 4; ZK-SCHRA-
NER, N 30 ff.).

Art. 86

2.	Bei mehreren Schulden	¹ Hat der Schuldner mehrere Schulden an denselben Gläubiger zu bezahlen, so ist er berechtigt, bei der Zahlung zu erklären, welche Schuld er tilgen will.
a.	Nach Erklärung des Schuldners oder des Gläubigers	² Mangelt eine solche Erklärung, so wird die Zahlung auf diejenige Schuld angerechnet, die der Gläubiger in seiner Quittung bezeichnet, vorausgesetzt, dass der Schuldner nicht sofort Widerspruch erhebt.

I.   Regelungsinhalt und Anwendungsbereich

1   Hat ein Gläubiger gegenüber einem Schuldner eine **Mehrzahl von selbstständigen Forderungen** und vermag die Leistung des Schuldners nicht alle
Forderungen zu decken, bestimmt Art. 86 die **Reihenfolge der Anrechnung.** Art. 86 privilegiert in erster Linie den Schuldner. Dieser ist berechtigt
zu erklären, an welche Schuld seine Leistung anzurechnen ist (Abs. 1).
Erfolgt keine Erklärung des Schuldners, kann der Gläubiger in seiner Quit-

tung die Reihenfolge der Anrechnung bestimmen (Abs. 2). Widerspricht der Schuldner der Erklärung des Gläubigers, fällt diese dahin und es gelangt die subsidiäre Anrechnungsordnung gemäss Art. 87 zur Anwendung.

Anrechnen lassen sich nur Schulden, die **erfüllbar** sind. Die **Anrechnungs-** 2 **erklärung** des Schuldners ist eine **einseitige empfangsbedürftige Willenserklärung**. Sie kann im Voraus abgegeben werden (BGE 37 II 393 E. 2) und ausdrücklich oder implizit erfolgen (BK-WEBER, N 23 ff.; BSK OR I-LEU, N 3). Der Schuldner muss die Interessen des Gläubigers – unter Vorbehalt von Treu und Glauben – dabei nicht berücksichtigen und der Gläubiger kann sich der Wahl des Schuldners nicht widersetzen (BGer B 132/06 vom 21. 8. 2007). Der Schuldner ist bspw. nicht verpflichtet, seine Zahlung zuerst für eine verbürgte Schuld anrechnen zu lassen (BGE 59 II 236 E. 5).

Art. 86 ist **dispositiver Natur**. Eine Vereinbarung über die Anrechnung 3 kann ausdrücklich oder konkludent erfolgen oder sich aus den Umständen ergeben (BGE 26 II 414, 417; Beispiele bei BK-WEBER, N 27 ff.). Eine Anrechnungsvereinbarung ist für beide Parteien **verbindlich**. Der Gläubiger muss eine anders lautende Erklärung des Schuldners bei Erfüllung nicht beachten und kann wie vereinbart anrechnen (BK-WEBER, N 13 f., 44; ZK-SCHRANER, N 19, 40).

Neben der gewöhnlichen Vertragserfüllung gelangt Art. 86 auch bei Hinter- 4 legung, Leistung durch einen Dritten (BGer 4C.395/2002, E. 2.2 vom 4. 4. 2003), privater Verwertung von Sicherheitsrechten, auf Gesetz beruhenden (z. B. familienrechtlichen) Unterstützungspflichten und öffentlichrechtlichen Verpflichtungen (insb. Steuern und Sozialversicherungsbeiträgen, Pra 2001, 225 E. 2; Pra 2000, 631 E. 2; für das Zürcher Steuerrecht abweichend VwGer ZH in ZR 1985, Nr. 29) zur Anwendung, nicht aber im Konkurs oder im Sanierungsverfahren (BK-WEBER, N 9, 12, 15; HAND-KOMM-KREN KOSTKIEWICZ, N 5 f.; ZK-SCHRANER, N 5, 21). Wie Art. 85 ist Art. 86 nicht anwendbar, wenn eine Kontokorrentabrede besteht.

Die Anwendbarkeit von Art. 86 und 87 im Falle **mehrerer Gläubiger** ist in 5 der Praxis und Lehre umstritten (vgl. dazu BK-WEBER, N 21 f.; bejahend KGer VS vom 16. 3. 77/7. 9. 78 in RVJ 1979, 139). Die Frage stellt sich insb. bei **Teilabtretungen**. Dann ist Art. 86 nach seinem Wortlaut aber nicht anwendbar und die Anwendung ist meist auch nicht sinnvoll, handelt es sich dann doch um eine Forderung gegenüber mehreren Gläubigern (abl. das Obergericht ZH in ZR 1966, Nr. 104 bei Zahlung an den Vertreter mehrerer Geschädigter).

Bestehen zwischen zwei Personen **mehrere verrechenbare Forderungen** 6 und ist zu entscheiden, welche miteinander verrechnet werden, gelangt Art. 86 Abs. 1 analog zur Anwendung (BGE 47 I 312, 318). Das Bestimmungsrecht nach Art. 86 Abs. 1 steht beiden Parteien zu. Werden mehrere

Verrechnungserklärungen abgegeben, richtet sich deren Gültigkeit nach der **zeitlichen Priorität**. Treffen zwei sich widersprechende Erklärungen zeitgleich ein, sind beide unwirksam (BGer B 132/06 vom 21. 8. 2007; BK-WEBER, N 10 f.; GAUCH/SCHLUEP/SCHMID/REY, N 3441; HANDKOMM-KREN KOSTKIEWICZ, N 5; ZK-SCHRANER, N 15 ff.).

II. Rechtsfolgen

7   Bestimmt der Schuldner die Anrechnungsordnung, erlöschen die Forderungen in der von ihm bezeichneten Reihenfolge. Der Gläubiger ist an die Anrechnungserklärung des Schuldners gebunden. Eine anders lautende Anrechnungserklärung des Gläubigers bleibt unwirksam. Lehnt der Gläubiger die Leistung des Schuldners ab, gerät er in Annahmeverzug. Gibt der Schuldner keine Erklärung ab, wird seine Leistung auf diejenige Schuld angerechnet, die der Gläubiger in seiner Quittung (vgl. Kommentierung Art. 88 N 4) bezeichnet. Widerspricht der Schuldner der Erklärung des Gläubigers, fällt deren Wirkung dahin und Art. 87 gelangt zur Anwendung (BK-WEBER, N 42 f.; BSK OR I-LEU, N 4; GAUCH/SCHLUEP/SCHMID/REY, N 2387 ff.; ZK-SCHRANER, N 38 ff.; vgl. aber für den Fall der Verrechnung BGer B 132/06 vom 21. 8. 2007: Es gilt die zeitlich erste Erklärung).

Art. 87

b. Nach Gesetzes-
vorschrift

[1] Liegt weder eine gültige Erklärung über die Tilgung noch eine Bezeichnung in der Quittung vor, so ist die Zahlung auf die fällige Schuld anzurechnen, unter mehreren fälligen auf diejenige Schuld, für die der Schuldner zuerst betrieben worden ist, und hat keine Betreibung stattgefunden, auf die früher verfallene.

[2] Sind sie gleichzeitig verfallen, so findet eine verhältnismässige Anrechnung statt.

[3] Ist keine der mehreren Schulden verfallen, so wird die Zahlung auf die Schuld angerechnet, die dem Gläubiger am wenigsten Sicherheit darbietet.

I. Normzweck und Anwendungsbereich

1   Art. 87 ergänzt Art. 86, indem die Bestimmung eine **subsidiäre gesetzliche Rangordnung** für den Fall aufstellt, dass weder Schuldner noch Gläubiger

erklären, an welche Schuld eine Zahlung angerechnet wird (BK-WEBER, N 4; BSK OR I-LEU, N 1).

Der Anwendungsbereich von Art. 87 stimmt weitgehend mit demjenigen von Art. 86 überein. **Nicht anwendbar** ist Art. 87 im **Konkurs**, im **Sanierungsverfahren** und in der **pfandrechtlichen Zwangsvollstreckung** (BK-WEBER, N 10). Eine weitere Ausnahme bildet die **Verrechnung**, da die Verrechnungs- und damit Anwendungserklärung ein notwendiges Wesensmerkmal der Verrechnung ist (ZK-SCHRANER, N 8). Bei Kontokorrentverhältnissen gelangt Art. 87 Abs. 3 nur dann analog zur Anwendung, wenn ein Teil der Forderung mit neuen Sicherheiten belegt wird (BGE 58 II 21, 25).   2

II. Regelungsinhalt

Die **gesetzliche Anrechnungsreihenfolge** räumt der fälligen Schuld Vorrang vor der nicht fälligen ein (BGE 119 V 389 E. 6.c; 59 II 236 E. 5). Bei mehreren fälligen Schulden hat die betriebene Schuld Vorrang. Mangels Betreibung ist an die früher fällig gewordene, aber noch nicht verjährte Schuld anzurechnen (Abs. 1). Tritt die Fälligkeit gleichzeitig ein, ist die Leistung verhältnismässig auf mehrere Schulden anzurechnen (Abs. 2). Das Bundesgericht wendet diese Regel analog auf die Zahlung eines Dritten zwecks Erfüllung von Forderungen zweier Banken gegen einen Bankkunden an (BGE 112 II 450 E. 5.a). Ist keine der Forderungen fällig, erfolgt die Anrechnung an diejenige Schuld, die dem Gläubiger am wenigsten Sicherheit bietet (Abs. 3). Gelten die Schulden alle als gleich sicher, ist in Analogie zu Abs. 2 eine verhältnismässige Anrechnung vorzunehmen (BK-WEBER, N 25).   3

Art. 88

Quittung
und Rückgabe
des Schuld-
scheines

Recht des
Schuldners

[1] **Der Schuldner, der eine Zahlung leistet, ist berechtigt, eine Quittung und, falls die Schuld vollständig getilgt wird, auch die Rückgabe des Schuldscheines oder dessen Entkräftung zu fordern.**

[2] **Ist die Zahlung keine vollständige oder sind in dem Schuldscheine auch andere Rechte des Gläubigers beurkundet, so kann der Schuldner ausser der Quittung nur die Vormerkung auf dem Schuldscheine verlangen.**

I.   Allgemeines

1   Die Art. 88–90 stellen **Regeln und Vermutungen zur Erfüllung** auf, die dem Schuldner den **Beweis der Erfüllung** erleichtern sollen. Für den Gläubiger begründen die Art. 88–90 Mitwirkungspflichten, bei deren Verletzung unter anderem Gläubigerverzug eintreten kann (unten N 5).

2   Den Anordnungen von Art. 88–90 kommt **keine materielle Rechtswirkung** zu und die allgemeine Beweislastregelung von **Art. 8 ZGB** bleibt bestehen (BK-WEBER, N 4f.). Der Schuldner hat damit die Leistung an sich zu beweisen (einschliesslich der in den Art. 71, 74, 75 und 86 geregelten Fragen der Bestimmung der zu leistenden Sache, des Ortes und der Zeit der Leistung sowie einer Anrechnungserklärung). Nimmt der Gläubiger die Leistung des Schuldners vorbehaltlos an, kann sie als genehmigt oder als Annahme an Erfüllungs statt gelten, wenn der Gläubiger allfällige Leistungsmängel kannte (BK-WEBER, N 11; VON TUHR/ESCHER, OR AT, 32f.; ZK-SCHRANER, N 5; dasselbe muss im Fall des Kennenmüssens gelten, wenn daraus nach Vertrauensprinzip eine Erklärung des Gläubigers abgeleitet werden kann). Kannte der Gläubiger die Mängel der Leistung nicht, so entsteht aus der vorbehaltlosen Annahme die widerlegbare Vermutung der Richtigkeit der Erfüllung im Zeitpunkt der Leistung (vgl. dazu die Sonderbestimmungen im Kauf- und Werkvertragsrecht, Art. 201ff. und Art. 367ff. sowie zum allgemeinen Grundsatz BGE 59 I 255, 257; BK-KUMMER, Art. 8 ZGB N 275, 283, 298; BK-WEBER, N 10; SCHWENZER, OR AT, N 67.08; VON TUHR/ESCHER, OR AT, 32). Zu den Beweispflichten des Schuldners und des Gläubigers im Einzelnen siehe BK-WEBER, N 8f.; HANDKOMM-KREN KOSTKIEWICZ, N 1.

II.   Normzweck und Anwendungsbereich

3   Der **Anspruch des Schuldners auf Ausstellung einer Quittung und Rückgabe des Schuldscheins** besteht bei Schulden aller Art und ist nicht auf Geldzahlungen beschränkt (BK-WEBER, N 12; BSK OR I-LEU, N 2; GAUCH/SCHLUEP/SCHMID/REY, N 2467). Art. 88 gelangt sowohl auf die **gewöhnliche Erfüllung** wie auch auf **Erfüllungssurrogate** zur Anwendung (BK-WEBER, N 13). Bei der Verrechnung tritt an die Stelle der Quittung die **Verrechnungserklärung** und bei der Hinterlegung der **Hinterlegungsschein** (BK-WEBER, N 14f.; GAUCH/SCHLUEP/SCHMID/REY, N 2468). Der gesetzliche Anspruch auf eine Quittung und Herausgabe der Papiere gilt auch im **Wechselrecht** und für das **Konnossement** (BGE 48 II 80 E. 2). Art. 88 ist **dispositiver Natur**. Eine abweichende Vereinbarung kann ausdrücklich oder konkludent vereinbart werden (BK-WEBER, N 18f.; ZK-SCHRANER, N 18).

III. Inhalt

Erbringt der Schuldner seine Leistung vollumfänglich, kann er nach Art. 88   **4**
Abs. 1 vom Gläubiger die Ausstellung und Aushändigung einer **Quittung**
und die **Rückgabe oder die Entkräftung des Schuldscheins** verlangen
(BGE 48 II 80 E. 2; BK-WEBER, N 39, 67 ff.; BSK OR I-LEU, N 4). Erbringt er
nur eine **Teilleistung** und nimmt der Gläubiger diese an, hat der Schuldner
lediglich Anspruch auf eine Teilquittung. Er kann zudem die Vormerkung
der Teilzahlung auf dem Schuldschein verlangen, nicht aber die Rückgabe
desselben. Art. 88 Abs. 2 schliesst eine Rückgabe zudem aus, wenn im
Schuldschein weitere Rechte des Gläubigers beurkundet sind (BK-WEBER,
N 79 f.). Der Gläubiger kann die Quittung schon im Voraus ausstellen. Der
Anspruch auf Ausstellung und Aushändigung der Quittung steht dem
Schuldner erst ab dem Zeitpunkt der Leistungserbringung zu (BK-WEBER,
N 45). Quittung und Schuldschein sind Zug um Zug mit der Leistung zu
übergeben (BSK OR I-LEU, N 4, 6; ZK-SCHRANER, N 67).

Die in Art. 88 genannten Aufgaben des Gläubigers sind Mitwirkungsoblie-   **5**
genheiten. Kommt er diesen nicht nach, gerät er in Annahmeverzug (BK-
WEBER, N 4 ff.; BSK OR I-LEU, N 1). In der Folge kann der Schuldner seine
eigene Leistung zurückhalten, ohne seinerseits in Verzug zu geraten (BK-
WEBER, N 46; ZK-SCHRANER, N 67). Dies gilt auch für die Zurückbehaltung
des Lohnes durch den Arbeitgeber, solange sich der Arbeitnehmer weigert,
eine Quittung auszustellen (ZR 1997, Nr. 93). Der Schuldner hat einen **An-**
spruch auf Ausstellung einer Quittung; in der Vollstreckung des Anspruchs
muss dem Gläubiger Strafe bei Nichtbefolgung angedroht werden. Gegen
den Willen des Gläubigers lässt sich die Ausstellung einer Quittung aber
real nicht direkt erzwingen (GAUCH/SCHLUEP/SCHMID/REY, N 2467). Der
Schuldner wird daher eher den Weg über eine **negative Feststellungsklage**
suchen (BK-WEBER, N 47; ZK-SCHRANER, N 70), die mit dem Anspruch auf
Ausstellung einer Quittung verbunden werden kann. Die Weigerung, eine
Quittung auszustellen, begründet das Feststellungsinteresse.

Die **Quittung** ist eine vom Gläubiger auszustellende und zu unterzeich-   **6**
nende **beweistaugliche Urkunde** (BGE 121 IV 131 E. 2.c) über die Erbringung einer Leistung (BGE 103 IV 36 E. 2; BK-WEBER, N 20; BSK OR I-LEU,
N 3 ff.). Gemäss der h. L. ist die Quittung eine blosse **Wissenserklärung**
(BGE 109 II 327 E. 2.b; BK-WEBER, N 23; ZK-SCHRANER, N 22). Hingegen
bescheinigt eine **Saldoquittung** nicht nur die Leistungserbringung, sondern
hält zudem in der Form einer **Willenserklärung** fest, dass zwischen den
Parteien aus dem betreffenden Rechtsverhältnis keine weiteren Ansprüche
mehr bestehen (BGE 127 III 444 E. 1.a; BK-WEBER, N 25 ff.; ZK-SCHRA-
NER, N 24 ff.). Eine Saldoquittung ist nach dem Vertrauensprinzip auszulegen (BGE 127 III 444 E. 1) und untersteht der Anfechtung wegen Willens-

mängeln (Irrtum). Mit einer Saldoquittung kann der Aussteller nur auf Rechte verzichten, die er kennt oder deren Erwerb er zumindest für möglich erachtet (BGE 102 III 40 E. 3.f). Der Schuldner hat aus Art. 88 nur einen Anspruch auf die Ausstellung einer Quittung, nicht aber einer Saldoquittung (BGE 88 II 111 E. 6; BK-WEBER, N 26). Eine Quittung sollte die Leistung, die Person des Gläubigers und des Schuldners sowie das Datum nennen. Diese Elemente sind für ihre Gültigkeit jedoch nicht zwingend erforderlich (BK-WEBER, N 48 ff.; BSK OR I-LEU, N 5). So ist auch die in einem **Aktienzertifikat** abgegebene Erklärung, die Inhaberaktien seien voll einbezahlt, eine Quittung (BGE 103 IV 239 E. 2.b). Der **Schuldschein** ist eine vom Schuldner ausgestellte Urkunde, die seine Schuldpflicht entweder erst begründet oder nur bestätigt (HANDKOMM-KREN KOSTKIEWICZ, N 3; BK-WEBER, N 30). Der bestätigende Schuldschein ist blosse Beweisurkunde und enthält wie die Quittung eine Wissenserklärung.

IV. Rechtsfolgen

7 Die Quittung bewirkt die **Vermutung der gehörigen Erfüllung** der dort bezeichneten Schuld. Sie erlangt Beweiseignung, sobald sie in den Empfangsbereich des Schuldners gelangt (BGE 103 IV 38 E. 2; BK-WEBER, N 57; BSK OR I-LEU, N 7). Gegen diese Erfüllungsvermutung hat der Gläubiger den Gegenbeweis anzutreten (BK-WEBER, N 59). Aus der vorbehaltlosen Unterzeichnung einer auf einen geringeren als den vereinbarten Betrag lautenden **Lohnquittung** kann jedoch nicht geschlossen werden, dass der Arbeitnehmer einer Vertragsänderung zugestimmt hat (BGE 109 II 327 E. 2. b). Quittung und Schuldschein eignen sich zum Beweis; ihre Fälschung oder Verfälschung ist daher strafrechtlich relevant (Art. 251 ff. StGB; BGE 121 IV 131; BGer 6S.500/2006 vom 2. 2. 2007).

Art. 89

2.	Wirkung	

¹ **Werden Zinse oder andere periodische Leistungen geschuldet, so begründet die für eine spätere Leistung ohne Vorbehalt ausgestellte Quittung die Vermutung, es seien die früher fällig gewordenen Leistungen entrichtet.**

² **Ist eine Quittung für die Kapitalschuld ausgestellt, so wird vermutet, dass auch die Zinse bezahlt seien.**

³ **Die Rückgabe des Schuldscheines an den Schuldner begründet die Vermutung, dass die Schuld getilgt sei.**

I. Normzweck und Anwendungsbereich

Art. 89 stellt Vermutungen auf zu den Wirkungen, welche die **Ausstellung**   1
der Quittung für **Zinsen** oder andere **periodische Leistungen** (Abs. 1)
und für **Kapitalschulden** (Abs. 2) sowie die **Rückgabe des Schuldscheins**
haben. Die gesetzlichen Vermutungen nach Art. 89 sind entgegen der Marginalie von Art. 84 ff. i. d. R. auf Leistungen aller Art anwendbar und nicht
auf Geldzahlungen beschränkt (BK-Weber, N 7; BSK OR I-Leu, N 1). Die
Bestimmung ist **dispositiver Natur**. Insb. der Gläubiger kann die gesetzliche Vermutung einseitig ausschliessen, indem er eine entsprechende Erklärung bei Ausstellung der Quittung oder Rückgabe des Schuldscheins
macht (**Vorbehalt**; BK-Weber, N 8 f.).

II. Inhalt und Rechtsfolgen

Werden **Zinsen** oder andere **periodische Leistungen** geschuldet und ent-   2
hält die Quittung keinen entsprechenden Vorbehalt, statuiert Art. 89 Abs. 1
die widerlegbare Vermutung, dass früher fällig gewordene Leistungen erfüllt wurden (Gauch/Schluep/Schmid/Rey, N 2480). Periodische Leistungen im Sinne der Bestimmungen sind Leistungen, die einen gemeinsamen
Rechtsgrund aufweisen, gleichartig sind und wiederholt erfüllt werden
müssen (Bsp. bei BK-Weber, N 11 ff. und ZK-Schraner, N 12). Damit fallen
nicht nur Darlehenszinsen, Raten beim Abzahlungsgeschäft und Leistungen
im Rahmen eines Sukzessivlieferungsvertrages darunter, sondern auch
Mietzinse oder Arbeitslohn. Da die Bestimmung vorbehaltlich abweichender
Gesetze auch im Bereich öffentlicher Leistungen gilt, fallen auch öffentlich-
rechtliche Abgaben darunter (BK-Weber, N 12).

Wird für eine **Kapitalschuld** eine Quittung ausgestellt, stellt Art. 89 Abs. 2   3
die Vermutung auf, dass auch die Zinsschulden getilgt sind (Bucher, OR AT,
316). Die Stossrichtung dieser Bestimmung entspricht dem Regelungsinhalt
von Art. 85 Abs. 1 und Art. 114 Abs. 2 (BK-Weber, N 23 ff.). Im **Nachlassver-**
fahren gelangt Art. 89 Abs. 2 nicht zur Anwendung (BGE 102 II 40 E. 3. f.).

Die **Rückgabe des Schuldscheins** lässt gemäss Art. 89 Abs. 3 die Tilgung der   4
Schuld vermuten (BGE 54 II 197 E. 3; ZR 1983, Nr. 129). Die Vermutung
greift nur dann, wenn der Schuldner die Rückgabe des Schuldscheins nachweist. Der Besitz des Schuldscheins genügt nicht (BGer 5C.290/2006 vom
9. 3. 2007; BSK OR I-Leu, N 4; ZK-Schraner, N 33); der Besitz an sich schafft
aber die Vermutung der Rückgabe, wenn der Schuldner nachweisen kann,
dass der Gläubiger den Schuldschein in seinem Besitz hatte (BK-Weber,
N 26). Nur wenn sich der Schuldner pflichtgemäss und nicht widersprüchlich verhält, kann er sich auf die Vermutung in Art. 89 berufen (BGE 104 Ia
14 E. 2; BSK OR I-Leu, N 4). Der Gläubiger kann die **gesetzlichen Vermu-**
tungen nach Art. 89 durch einen Vorbehalt oder durch den Gegenbeweis

entkräften (BK-WEBER, N 6; GAUCH/SCHLUEP/SCHMID/REY, N 2481). Da es
sich dabei um einen Beweis des Nichtbestehens einer Tatsache handelt, ist
der Beweis nicht nur strikt, sondern auch durch die Umstände zu führen
und es dürfen keine zu hohen Anforderungen an den Beweis gestellt werden (BGer 5C.290/2006 vom 9.3.2007).

5   Im **Vollstreckungsverfahren** bewirkt die Vermutung von Art. 89, dass eine
Einwendung gegen die provisorische Rechtsöffnung durch Hinweis auf
Art. 89 Abs. 1 glaubhaft gemacht werden kann. Zur Entkräftung des defini-
tiven Rechtsöffnungstitels (Art. 81 Abs. 1 SchKG) ist jedoch ein strikter Be-
weis (Urkundenbeweis) erforderlich (BGE 104 Ia 14 E. 2; ZK-SCHRANER,
N 5).

Art. 90

3. Unmöglichkeit   [1] **Behauptet der Gläubiger, es sei der Schuldschein**
    der Rückgabe   **abhanden gekommen, so kann der Schuldner bei der**
                         Zahlung fordern, dass der Gläubiger die Entkräftung
                         des Schuldscheines und die Tilgung der Schuld in
                         einer öffentlichen oder beglaubigten Urkunde er-
                         kläre.
                      [2] **Vorbehalten bleiben die Bestimmungen über Kraft-**
                         loserklärung von Wertpapieren.

I.   Normzweck und Anwendungsbereich

1   Art. 90 enthält wie Art. 88 und 89 **beweistechnische Anordnungen.** Ist der
Gläubiger nicht mehr in der Lage, den Schuldschein zurückzugeben, so
muss er dazu beitragen, die beweismässige Stellung des Schuldners in anderer Form zu verbessern. Die Norm dient folglich dem Schutz des Schuldners (BK-WEBER, N 4; BSK OR I-LEU, N 1). Der Anspruch des Schuldners
auf Abgabe einer **Entkräftungserklärung (Mortifikation)** durch den Gläubiger besteht bei Schulden aller Art und ist nicht auf Geldzahlungen beschränkt. Art. 90 Abs. 1 gelangt nicht nur auf die eigentliche Erfüllung durch
Leistung zu Anwendung, sondern auch auf die Verrechnung, die befreiende
Hinterlegung, den Erlass, die Anfechtung und den Vergleich (BK-WEBER,
N 6 f.; ZK-SCHRANER, N 5). Art. 90 regelt nur den Anspruch auf Erstellung
einer Entkräftungserklärung. Das Verfahren richtet sich nach kantonalem
Recht (BK-WEBER, N 20). Art. 90 Abs. 1 ist **dispositiver Natur.** Der Schuld-
ner kann insb. auf die Leistung einer Entkräftungserklärung durch den
Gläubiger verzichten (BK-WEBER, N 8; ZK-SCHRANER, N 6).

II. Inhalt

Art. 90 Abs. 1 regelt den Fall, dass der **Schuldschein** dem Gläubiger abhan- 2
den kommt (Verlust, Zerstörung). Ist der Gläubiger nicht mehr in der Lage,
den Schuldschein zurückzugeben, kann der Schuldner eine **Entkräftungserklärung** verlangen. Wurde die Forderung abgetreten, trifft diese Pflicht
den Zessionar. Ist der Schuldschein lediglich beschädigt, ist er dem Schuldner herauszugeben (BK-WEBER, N 23); ob dennoch eine Entkräftungserklärung auszustellen ist, hängt davon ab, ob die Rückgabe des beschädigten
Schuldscheins aus Sicht des Schuldners nach Treu und Glauben dieselbe
Sicherheit schafft wie die Rückgabe eines unbeschädigten Scheins. Kommt
der Gläubiger oder Zessionar seinen Mitwirkungsobliegenheiten aus Art. 90
Abs. 1 nicht nach, gerät er in Verzug und der Schuldner ist unter den
Voraussetzungen von Art. 92 zur Hinterlegung berechtigt (ZK-SCHRANER,
N 3).

Ein Schuldschein ist eine **schlichte Beweisurkunde** (zur Abgrenzung des 3
Schuldscheins vom Wertpapier vgl. insb. die Kommentierung zu Art. 965
und BK-WEBER, N 9 ff.; ZK-SCHRANER, N 7 ff.). Demzufolge kann er privat
und aussergerichtlich mit einer schlichten Erklärung (**Privatmortifikation**)
des Gläubigers entkräftet werden. Der Schuldner ist nach Art. 90 Abs. 1
jedoch berechtigt, eine Entkräftungserklärung in der Form einer öffentlichen oder beglaubigten Urkunde (**Privatmortifikation mit öffentlicher
Mitwirkung**) zu verlangen (BK-WEBER, N 26 f.; BSK OR I-LEU, N 5; GAUCH/
SCHLUEP/SCHMID/REY, N 2489). Keinen Anspruch hat der Schuldner auf ein
öffentliches Aufrufungsverfahren (BK-WEBER, N 28). Grundsätzlich hat der
Gläubiger das Entkräftungsverfahren zu veranlassen und trägt die Kosten
(BK-WEBER, N 29).

Gemäss Art. 90 Abs. 2 sind die Bestimmungen über die Kraftloserklärung 4
von **Wertpapieren**, das heisst Urkunden mit Wertpapierklauseln, vorbehalten (Art. 965). Vorbehalten werden insb. die Art. 971–972, 981–988,
1072–1080, 1098 Abs. 1, 1143 Ziff. 19, 1145 ff. OR; Art. 870–871 ZGB; für
Versicherungspolicen: Art. 13 VVG (BK-WEBER, N 35; BSK OR I-LEU, N 2;
ZK-SCHRANER, N 69).

III. Rechtsfolgen

Die private wie auch die öffentliche oder beglaubigte Entkräftungserklärung 5
des Gläubigers oder Zessionars ersetzt die Rückgabe des Schuldscheins.
In der Folge erlischt die **Beweiskraft des Schuldscheins** (BK-WEBER, N 30).
Mit Abgabe der Entkräftungserklärung geht auch der Anspruch des Schuld-
ners auf eine **Quittung** unter, da diese in der Mortifikation enthalten ist
(BK-WEBER, N 32; ZK-SCHRANER, N 65). Zudem kann der Schuldner vom
Gläubiger keine **Schadloshaltungserklärung** für Schäden aus allfälliger

missbräuchlicher Verwendung des Schuldscheins verlangen (BK-Weber, N 32; BSK OR I-Leu, N 6; Gauch/Schluep/Schmid/Rey, N 2490).

Art. 91

E. **Verzug des Gläubigers**

I. **Voraussetzung**

Der Gläubiger kommt in Verzug, wenn er die Annahme der gehörig angebotenen Leistung oder die Vornahme der ihm obliegenden Vorbereitungshandlungen, ohne die der Schuldner zu erfüllen nicht imstande ist, ungerechtfertigterweise verweigert.

I.   Grundsatz und Anwendungsbereich

1   Das Gesetz unterteilt die Art. 91 ff. in zwei Titel («Verzug des Gläubigers» und «Andere Verhinderung der Erfüllung»); die Bestimmungen gehören aber funktionell zusammen: Art. 91 umschreibt in allgemeiner Weise die Voraussetzungen des **Gläubiger- bzw. Annahmeverzugs** für alle Leistungsarten. Die Wirkungen des Gläubigerverzugs werden für *Sachleistungen* in den Art. 92–94 und für *andere Leistungen* in Art. 95 festgelegt. Durch Art. 96 werden die Wirkungen des Gläubigerverzugs schliesslich auf Tatbestände ausgedehnt, bei denen kein Gläubigerverzug i.S. v. Art. 91 vorliegt, die Erfüllung aber aus anderen, in der Person des Gläubigers liegenden Gründen nicht möglich ist.

2   Die Art. 91–96 regeln also **Erfüllungsstörungen**, die durch den Gläubiger oder durch von ihm zu vertretende Umstände bewirkt werden. Ursache der Erfüllungsstörung ist in diesen Fällen nicht eine eigentliche Pflichtverletzung des Gläubigers (bspw. eine Verletzung der Annahmepflicht oder eine positive Vertragsverletzung), ansonsten die Art. 97 ff. anwendbar wären. Dann hätte der Schuldner aufgrund der Pflichtverletzung des Gläubigers auch einen Schadenersatzanspruch nach den Voraussetzungen der Art. 97 ff. Beim Gläubigerverzug hat der Schuldner dieses Recht nicht. Er führt einzig zu einer gewissen Erleichterung der Rechtsstellung des Schuldners und schliesst den Schuldnerverzug des Schuldners aus. Der Abgrenzung zwischen Pflichtverletzung des Gläubigers einerseits und **fehlender Mitwirkung des Gläubigers**, insb. der Nichterfüllung einer Obliegenheit, andererseits kommt daher grosse Bedeutung zu.

3   **Grundsätzlich steht es dem Gläubiger frei, bei der Erfüllung mitzuwirken. Er hat keine entsprechenden Pflichten, sondern Obliegenheiten** («Verhaltensanforderung», vgl. ZK-Schraner N 25). Dabei kann es sich um not-

wendige **Vorbereitungshandlungen** (bspw. Weisungen oder Informationen, die zur Erstellung der schuldnerischen Leistung notwendig sind), eigentliche **Mitwirkungshandlungen** (Annahme) oder um **Begleithandlungen** bei der Abwicklung handeln (Rückgabe des Schuldscheins oder Mortifikation, Abgabe einer Quittung, Art. 88 ff.). Diese Obliegenheiten können durch Gesetz oder Vertrag zu eigentlichen Pflichten werden. So nimmt die Rechtsprechung eine Annahmepflicht des Käufers im Kaufrecht an (BGE 110 II 151; umstritten, vgl. BSK OR I-KOLLER, Art. 211 N 4 ff.); demgegenüber geht die herrschende Lehre im Werkvertragsrecht von einem blossen Annahmerecht und nicht von einer Pflicht aus (vgl. Kommentare zu Art. 379 sowie insb. BSK OR I-ZINDEL/PULVER, Art. 379 N 15; ZK-BÜHLER, Art. 379 N 18; **a. M.** mit guten Gründen BK-WEBER, N 69). In Einzelfällen kann sich auch im Arbeitsrecht eine Annahmepflicht ergeben (vgl. Kommentar zu Art. 324). Bei komplexeren Verträgen der arbeitsteiligen Wirtschaft werden die Obliegenheiten des Gläubigers häufig zu eigentlichen Pflichten ausgestaltet, etwa im Anlagebau oder beim Unternehmenskauf. Bei synallagmatischen Verträgen tritt der Schuldner- und der Gläubigerverzug zudem meist gleichzeitig ein, wenn der Schuldner nicht erfüllen kann, weil der Gläubiger bei der Erfüllung nicht mitwirkt und der Schuldner zugleich seine Gegenleistung nicht erhält. Der Schuldner hat dann die **Wahl**, ob er nach den Regeln des Schuldnerverzugs oder nach den Regeln der Art. 91 ff. vorgehen will (BK-WEBER, N 73; GAUCH/SCHLUEP/SCHMID/REY, N 3163; SCHWENZER, OR AT, N 69.04). Damit spielen die Regeln des Gläubigerverzugs primär beim **vorleistungspflichtigen Schuldner** eine Rolle (SCHWENZER, OR AT, N 69.04).

Ebenfalls wichtig ist die Abgrenzung des Gläubigerverzugs von der **Unmöglichkeit**. Die Regeln der Art. 91 ff. gelten bei Unmöglichkeit grundsätzlich nicht. Ein Teil der Lehre möchte in gewissen Fällen der Unmöglichkeit die Regeln des Gläubigerverzugs analog anwenden, wenn der Schuldner sonst unbillige Rechtsfolgen zu tragen hätte (BK-WEBER, N 39 ff.). Das kann insb. der Fall sein, wenn Aufwendungen des Schuldners im Hinblick auf die Erfüllung ersetzt werden sollen. Zu den spezialgesetzlichen Regeln vgl. insb. die Kommentierung zu Art. 324 (Arbeitsrecht) und Art. 378 (Werkvertrag).   4

Die Bestimmungen des Gläubigerverzugs sind **dispositiver Natur**; die Parteien können jederzeit die Voraussetzungen sowie die Wirkungen abändern (bspw. freihändiger Selbsthilfeverkauf) oder gänzlich ausschliessen. Die Art. 91 ff. sind nicht nur auf Obligationen des OR, sondern auch auf die Erfüllung anderer, insb. zivilrechtlicher Schulden anwendbar.   5

Neben den Wirkungen gemäss Art. 92 ff. hat der Gläubigerverzug auch zur Folge, dass der **Schuldnerverzug entfällt** (bzw. bereits eingetretener Schuldnerverzug erlischt, BSK OR I-BERNET, N 7). Zudem hat der Gläubiger die Rechte aus Art. 82 nicht mehr (BGer 4C.236/2002 vom 29. 10. 2002; BK-WEBER, N 28; ZK-SCHRANER, N 59). Der Schuldner kann nun seinerseits die Ge-   6 genleistung vom Gläubiger fordern und seine Forderung durchsetzen (Hinterlegung der eigenen Leistung ist nicht notwendig; BK-Weber, Art. 92 N 22; BSK OR I-Bernet, N 7). Der Schuldner hat zudem Anspruch auf Ersatz der Kosten, die ihm wegen der verzögerten Erfüllung entstehen (Aufbewahrung, etc.; BK-Weber, Art. 92 N 31 ff.); an der **Pflicht zur Bereithaltung der Leistung** (Aufbewahrung des Leistungsgegenstandes) ändert sich nichts (BSK OR I-Bernet, N 7). Umstritten ist, ob die Gefahr zufälligen Untergangs generell auf den Gläubiger übergeht (zu Recht bejahend Bucher, OR AT, 324; Gauch/Schluep/Schmid/Rey, N 3166; Schwenzer, OR AT, 70.04; a.M. BK-Weber, Art. 92 N 18; BSK OR I-Bernet, N 7; ZK-Schraner, Art. 92 N 15 ff.). Für den Kauf einer Speziessache und für den Werkvertrag ergibt sich der Gefahrenübergang aus dem Gesetz (Art. 185 Abs. 1, 376).

II.   Voraussetzungen des Gläubigerverzugs

7   Dem Wortlaut des Gesetzes entsprechend tritt Annahmeverzug dann ein, wenn der Gläubiger die Annahme der **gehörig angebotenen Leistung** verweigert und die Leistungsverweigerung **ungerechtfertigt** ist. Zudem muss der Schuldner auch eine entsprechende **Leistungsbereitschaft** zeigen (BGE 111 II 469; BK-Weber, Art. 91 N 79 ff. m. w. Nw.; BSK OR I-Bernet, Art. 91 N 6; ZK-Schraner, N 60).

8   Das Leistungsangebot ist eine empfangsbedürftige, rechtsgeschäftsähnliche Willenserklärung. Das Angebot erfolgt in aller Regel als **Realoblation**, d. h. der Schuldner hat alles vorgenommen, damit ordnungsgemäss erfüllt werden kann. Dies ist notwendigerweise bei Bringschulden der Fall. Verweigert der Gläubiger dann die Annahme der Leistung, tritt der Leistungserfolg nicht ein und der Gläubiger gerät in Annahmeverzug. Möglich ist aber auch die **Verbaloblation** als blosses Anbieten der Leistung (vgl. BGE 119 II 439 E. 2b). Verbaloblation ist dann ausreichend, wenn die Leistung eine gesetzliche oder vertragliche Holschuld darstellt. Sie genügt zudem, wenn der Gläubiger von vornherein zum Ausdruck bringt, dass er die Annahme verweigern wird (sog. **antizipierte Annahmeverweigerung**, BK-Weber, Art. 91 N 129). Ferner ist dem Schuldner meist nur dann Verbaloblation zuzumuten, wenn der Gläubiger eine ihm obliegende Vorbereitungshandlung unterlässt; bspw. beim Klienten, der Dokumente nicht herausgibt, welche der Anwalt zur Prozessführung benötigt, oder beim Spezieskauf, bei dem die Spezifikation nicht vorgenommen wird (BGE 110 II 151 f.), bzw. bei fehlender Wahl bei der Wahlobligation. Sofern der Gläubiger seine Handlung zu einem fixen Termin zu erbringen hat (Erscheinen zu einem Besprechungstermin), ist kein Angebot mehr notwendig – aber meist ratsam. Die Art. 102 ff. gelten analog (BSK OR I-Bernet, Art. 91 N 5).

Kein Gläubigerverzug tritt ein, wenn trotz Leistungsangebot mangelnde 9
Leistungsbereitschaft besteht. Dieser Tatbestand ergibt sich insb. bei der
Verbaloblation. Der Gläubigerverzug tritt bspw. nicht ein, wenn der Schuld-
ner bei einer Holschuld den Gegenstand anbietet, ihn aber gar nicht zur
Verfügung hat, oder wenn er seine Dienste anbietet, ohne dafür die notwen-
digen Bewilligungen oder Fähigkeiten (Krankheit) zu haben (BK-WEBER,
N 86 ff.; BSK OR I-BERNET, Art. 91 N 6; ZK-SCHRANER, N 66 ff.).

Das **Leistungsangebot** muss **gehörig** sein, d.h. inhaltlich der vertraglich 10
geschuldeten Leistung entsprechen, sowohl in quantitativer wie in qualitativer Hinsicht. Eine Minderleistung darf der Gläubiger grundsätzlich ohne
Weiteres ablehnen, ohne dabei in Annahmeverzug zu geraten. Nicht ordnungsgemäss ist ein Angebot auch dann, wenn es an **Bedingungen** geknüpft wird, die nicht im zugrunde liegenden Verpflichtungsgeschäft vorgesehen sind. Verlangt der Schuldner also Leistung Zug um Zug, obwohl er
selbst vorleistungspflichtig ist, so hat er die Leistung nicht gehörig angeboten.

Ist die Leistung durch den Schuldner ordnungsgemäss angeboten worden 11
und besteht seinerseits eine Leistungsbereitschaft, so gerät der Gläubiger
dennoch erst in Annahmeverzug, wenn er kumulativ die Annahme der Leistung verweigert und dies zudem ungerechtfertigt ist. **Annahmeverweigerung** ist dann gegeben, wenn der Gläubiger die Leistung als Erfüllung zurückweist; dies kann auch konkludent erfolgen (BK-WEBER, N 141 ff.).

Die Annahmeverweigerung kann sich in der Unterlassung von **Vorberei-** 12
tungshandlungen manifestieren, der Verweigerung von **Mitwirkungshandlungen** bei der Erfüllung (bspw. Handwerker wird nicht ins Haus gelassen)
oder der Unterlassung von **Begleithandlungen** bei der Abwicklung (Quittung, Art. 88, Mortifikation, Art. 90).

Die Annahmeverweigerung muss zudem **ungerechtfertigt** sein. Irrelevant 13
ist dabei, ob den Gläubiger ein Verschulden trifft oder nicht. Ungerechtfertigt ist die Annahmeverweigerung dann, wenn sich der Gläubiger nicht auf
objektive Gründe stützen kann (vgl. ZK-SCHRANER, N 128). Solche können
vorliegen, wenn sich der Gläubiger durch die Annahme unzumutbaren
rechtlichen Risiken aussetzen würde, bspw. einem Geldwäschereiverdacht,
einer actio Pauliana, oder wenn die Annahme aus tatsächlichen Gründen
unzumutbar ist (überraschender Erfüllungsversuch). Keine objektiven Gründe liegen vor, wenn der Gläubiger keinen Bedarf an der angebotenen Leistung mehr hat (BSK OR I-BERNET, Art. 91 N 14).

Der Gläubigerverzug endet, wenn der Schuldner nicht mehr leistungsbereit 14
oder -fähig ist (Unmöglichkeit) oder wenn er erfüllen kann.

III. Beweislast

15 Der Schuldner trägt die Beweislast dafür, dass er die Erfüllung durch sein Leistungsangebot und seine Leistungsbereitschaft herbeiführen wollte. Der Gläubiger muss beweisen, dass die Annahmeverweigerung gerechtfertigt war. Ob die Leistungsbereitschaft vermutet werden kann, wenn der Schuldner das gehörige Leistungsangebot (insb. bei Verbaloblation) nachweist, ist umstritten (zu den verschiedenen Meinungen vgl. BK-WEBER, N 174). Dies ist dann richtig, wenn keine Umstände vorliegen, die auf fehlende Leistungsbereitschaft hindeuten.

Art. 92

II.	Wirkung
1.	Bei Sachleistung
a.	Recht zur Hinterlegung

[1] **Wenn der Gläubiger sich im Verzuge befindet, so ist der Schuldner berechtigt, die geschuldete Sache auf Gefahr und Kosten des Gläubigers zu hinterlegen und sich dadurch von seiner Verbindlichkeit zu befreien.**

[2] **Den Ort der Hinterlegung hat der Richter zu bestimmen, jedoch können Waren auch ohne richterliche Bestimmung in einem Lagerhause hinterlegt werden.**

Literatur

Vgl. Literatur zu Art. 91; MÜLLER/WIRTH (Hrsg.): Kommentar zum Bundesgesetz über den Gerichtsstand in Zivilsachen, Zürich 2001.

I. Allgemeine Bemerkungen und Voraussetzungen

1 Die **dispositive** Bestimmung des Art. 92 gibt dem Schuldner einer **Sachleistung** das **Recht**, sich von seiner Leistungspflicht gegenüber dem Gläubiger durch **Hinterlegung** zu befreien, wenn der Gläubiger sich in Annahmeverzug befindet.

2 Der Schuldner kann nur rechtsgültig hinterlegen, wenn sich der Gläubiger im **Verzug** (Art. 91) befindet (oder die Voraussetzungen des Art. 96 vorliegen) und der Leistungsgegenstand **hinterlegungsfähig** ist (Geld, Wertpapiere, Urkunden; mit weiteren Beispielen BK-WEBER, N 71 ff.). Nicht hinterlegungsfähig sind grundsätzlich unbewegliche Sachen oder solche, die dem schnellen Verderben ausgesetzt sind (vgl. Art. 93). Ferner muss die Hinterlegung bzw. deren Durchführung **ordnungsmässig** sein, ansonsten sie wirkungslos bleibt und der Schuldner nicht von seiner Schuldpflicht befreit

wird (zu den Rechtsfolgen vgl. N 5 ff.). Der Richter muss die Hinterlegung nicht bewilligen, sondern lediglich den **Hinterlegungsort** bestimmen.

II. Durchführung der Hinterlegung

Das Gesetz unterscheidet zwei Fälle der Durchführung der Hinterlegung. Kann die geschuldete Sache ohne Weiteres in einem **Lagerhaus** aufbewahrt werden, so darf der Schuldner seine Leistung auch **ohne Anrufung des Richters** hinterlegen. Dabei haftet der Schuldner dafür, dass er am richtigen Ort hinterlegt und das Lagerhaus sorgfältig aussucht *(cura in eligendo)*. Lässt sich die Sache nicht in einem Lagerhaus unterbringen oder wünscht der Schuldner dennoch die Bestimmung des **Hinterlegungsorts** durch den Richter, so ist der Richter am Wohnsitz oder Sitz der gesuchstellenden Partei zuständig (Art. 11 GestG). Es handelt sich um einen Fall der **freiwilligen Gerichtsbarkeit** (MÜLLER/WIRTH, N 44 zur Fragestellung, ob der Gesetzgeber bei der Revision des Art. 91 Abs. 2 die Hinterlegung neu der streitigen Gerichtsbarkeit habe zurechnen wollen). 3

Die Hinterlegung erfolgt durch Abschluss eines **Hinterlegungsvertrags** gemäss Art. 472 ff. zwischen dem Schuldner und der Hinterlegungsstelle. Dabei handelt es sich um einen Vertrag zugunsten Dritter i. S. v. Art. 112 Abs. 2. Dritter bzw. Begünstigter aus dem abgeschlossenen Vertrag ist demnach der Gläubiger, dieser erhält einen **selbstständigen Herausgabeanspruch** gegenüber der Hinterlegungsstelle. Der Herausgabeanspruch darf nicht an Bedingungen geknüpft werden, mit Ausnahme der Übernahme der Hinterlegungskosten bzw. der Erbringung der ausstehenden Leistung des Gläubigers, die zum Annahmeverzug geführt haben. 4

III. Rechtsfolgen

Als Grundsatz gilt, dass der Schuldner mit der ordnungsgemässen Hinterlegung von seiner Schuldpflicht befreit wird. Diese Befreiung ist vorerst nur **provisorisch**, solange der Schuldner selbst noch sein Recht zur Rücknahme der hinterlegten Leistung behält (vgl. dazu Art. 94 N 1 f.). Ist ein Rücknahmerecht ausgeschlossen oder hat der Schuldner im Voraus darauf verzichtet, tritt eine sofortige Befreiung ein. In allen anderen Fällen ist die Befreiung in der Schwebe (m. w. Nw. BK-WEBER, N 115 ff. und ZK-SCHRANER, N 98 ff.). 5

Mit der Hinterlegung erlöschen sämtliche **Nebenrechte des Gläubigers** aus der Forderung und der Schuldner verliert allfällige **Verrechnungsmöglichkeiten**. Die ältere Rechtsprechung hat in der Hinterlegung eine Voraussetzung für die Einleitung der Betreibung für die fällige Gegenforderung des Schuldners gesehen (BGE 79 II 282; wonach die Verbaloblation im Schuldbetreibungsverfahren nicht genüge). Es besteht jedoch keine Not- 6 wendigkeit, den Schuldner zur Hinterlegung im Gläubigerverzug zu zwingen (BK-WEBER, N 65).

7   Ist die Hinterlegung **mangelhaft**, so ist sie wirkungslos und die Forderungsrechte des Gläubigers bleiben mit allen Nebenrechten bestehen (BGE 125 III 121 E. 2a zur besonderen Hinterlegungsvorschrift im Mietrecht, Art. 259g). Allerdings kann der Mangel dadurch geheilt werden, dass der Gläubiger die fehlerhaft hinterlegte Sache anstandslos annimmt.

IV. Verfahren und Beweislast

8   Das Verfahren zur Bestimmung der Hinterlegungsstelle wird vom **kantonalen Recht** geregelt.

9   Der Schuldner trägt die Beweislast dafür, dass er dem Gläubiger die Leistung ordnungsgemäss angeboten hat (vgl. Art. 91) und die entsprechenden Voraussetzungen für die Hinterlegung gegeben sind (vgl. N 1 f.). Lehre und Praxis gehen grundsätzlich davon aus, dass vor dem Hinterlegungsrichter lediglich eine **Glaubhaftmachung** der Hinterlegungsvoraussetzungen verlangt werden darf und eine Abweisung nur dann infrage kommt, wenn das Gesuch offensichtlich unbegründet ist (BGE 105 II 276 E. 2; BSK OR I-BERNET, N 11). Ansonsten soll der ordentliche Richter für die Prüfung der materiellrechtlichen Hinterlegungsgründe zuständig sein, bspw. dann, wenn der Gläubiger seine Forderung nach Hinterlegung der Leistung einklagt.

Art. 93

b.   **Recht zum Verkauf**

[1] **Ist nach der Beschaffenheit der Sache oder nach der Art des Geschäftsbetriebes eine Hinterlegung nicht tunlich, oder ist die Sache dem Verderben ausgesetzt, oder erheischt sie Unterhaltungs- oder erhebliche Aufbewahrungskosten, so kann der Schuldner nach vorgängiger Androhung mit Bewilligung des Richters die Sache öffentlich verkaufen lassen und den Erlös hinterlegen.**

[2] **Hat die Sache einen Börsen- oder Marktpreis oder ist sie im Verhältnis zu den Kosten von geringem Werte, so braucht der Verkauf kein öffentlicher zu sein und kann vom Richter auch ohne vorgängige Androhung gestattet werden.**

I. Allgemeine Bemerkungen

Art. 93 regelt den Fall des **Selbsthilfeverkaufs** bei Sachleistungen. Ein erfolgreicher Selbsthilfeverkauf des Leistungsschuldners ist aber im Gegensatz zur Hinterlegung (vgl. Art. 92) **kein Erfüllungssurrogat** (ZK-SCHRANER, N 3). Die ursprüngliche Sachschuld wird durch den Verkauf zur **Geldschuld.** Der Erlös kann sodann vom Schuldner mit befreiender Wirkung hinterlegt werden, wenn der Gläubiger weiterhin die Annahme der Sachleistung verweigert. Erfüllung ist ferner dann gegeben, wenn der Schuldner den Verkaufserlös mit einer ausstehenden Forderung gegenüber dem Gläubiger verrechnen kann.

Als **Grundsatz** gilt, dass der Selbsthilfeverkauf ein **Recht des Schuldners** ist und keine Pflicht (BGE 115 II 451 f.). In restriktiven Ausnahmefällen kann sich aber eine Pflicht des Leistungsschuldners zum Verkauf ergeben. Dies wird in Praxis und Lehre dann befürwortet, wenn ohne Selbsthilfeverkauf eine *erhebliche Schädigung des Gläubigers* zu befürchten wäre (BGE 115 II 452, mit ausdrücklichem Hinweis auf BK-WEBER, N 8). Ferner kann sich eine Pflicht zum Selbsthilfeverkauf auch aus gesetzlichen Vorschriften ergeben (Art. 204 Abs. 3; 445).

II. Voraussetzungen

Ein Selbsthilfeverkauf kommt nur dann infrage, wenn der Gläubiger sich im **Annahmeverzug** befindet (Art. 91) oder ein anderer in der Person des Gläubigers liegender Grund (Art. 96) gegeben ist. Als negative Voraussetzung darf die Sache **nicht hinterlegungsfähig** sein *(Untunlichkeit der Hinterlegung wegen Beschaffenheit der Sache oder Art des Geschäftsbetriebs; Gefahr des raschen Verderbens; erhebliche Unterhalts- bzw. Aufbewahrungskosten).* Dem raschen Verderben sind insb. Nahrungsmittel ausgesetzt (BGE 42 II 225, i.c. Schokolade; mit weiteren Beispielen BK-WEBER, N 16 ff.; BSK OR I-BERNET, Art. 93 N 2; ZK-SCHRANER, N 17 ff.). Unbewegliche Sachen sind wegen ihrer Beschaffenheit nicht hinterlegungsfähig (BK-WEBER, N 18); beim Immobilienkauf sind die Rechte des Schuldners im Gläubigerverzug ansonsten umstritten. Nach der bundesgerichtlichen Rechtsprechung kann der Schuldner vom Vertrag zurücktreten (Art. 95; BGE 111 II 159 E. 2). Richtigerweise bleibt aber Art. 93 anwendbar. Der Schuldner kann einen Selbsthilfeverkauf tätigen (GAUCH/SCHLUEP/SCHMID/REY, N 3184; nur für Ausnahmen zustimmend BK-WEBER, N 18; einen Selbsthilfeverkauf abl. BSK OR I-BERNET, N 3).

III. Modalitäten des Selbsthilfeverkaufs

Der Schuldner muss einen beabsichtigten Selbsthilfeverkauf dem Gläubiger **vorgängig androhen.** Dies ermöglicht dem Gläubiger, die Leistung möglicherweise ohne weitere Nachteile anzunehmen. Auch bei einer antizipierten Annahmeverweigerung darf eine Androhung grundsätzlich nicht unterbleiben. Ferner ist der Selbsthilfeverkauf vom **Richter zu bewilligen**, und zwar seit Revision des Art. 92 Abs. 2 vom Richter am Wohnsitz oder Sitz der gesuchstellenden Partei (Art. 11 GestG; **a. M.** Schwenzer, OR AT, N 70.15). Das richterliche Bewilligungsverfahren ist kantonal geregelt. Schliesslich hat ein ordnungsgemässer Selbsthilfeverkauf als **öffentliche Versteigerung** stattzufinden (vgl. Art. 229 ff.). Der Schuldner ist ebenfalls berechtigt, den Leistungsgegenstand zu ersteigern.

5   Die formellen Voraussetzungen eines Selbsthilfeverkaufs werden gemäss Abs. 2 erleichtert, wenn die Sache einen **Börsen-** oder **Marktpreis** hat oder eine öffentliche Versteigerung unverhältnismässig hohe Kosten verursacht. In diesen Fällen darf eine vorherige Androhung an den Gläubiger unterbleiben und die Sache kann (vom Richter bewilligt) freihändig verkauft werden.

6   Ist die Durchführung des Selbsthilfeverkaufs mit **formellen Mängeln** behaftet, bspw. fehlende Androhung an den Gläubiger, ist nach h. L. anerkannt, dass der Schuldner den Nachweis antreten kann, dass auch ein ordentlich durchgeführter Verkauf keinen höheren Erlös gebracht hätte (BSK OR I-Bernet, Art. 93 N 8; m. w. Nw. BK-Weber, N 56 f.). Ein nicht ordnungsgemässer Selbsthilfeverkauf hat keine Befreiungswirkung. Somit behält der Gläubiger seinen Anspruch auf die ursprünglich geschuldete Leistung. Dennoch ist der Dritterwerber bei gutem Glauben (Art. 714 Abs. 2, 933 ZGB) in seiner Rechtsposition geschützt, wird Eigentümer der Sache und muss sie nicht herausgeben. Die ursprüngliche Leistung kann dann unmöglich werden (Art. 97).

Art. 94

c.   **Recht zur Rücknahme**

[1] Der Schuldner ist so lange berechtigt, die hinterlegte Sache wieder zurückzunehmen, als der Gläubiger deren Annahme noch nicht erklärt hat oder als nicht infolge der Hinterlegung ein Pfandrecht aufgehoben worden ist.

[2] Mit dem Zeitpunkte der Rücknahme tritt die Forderung mit allen Nebenrechten wieder in Kraft.

I. Allgemeine Bemerkungen

Das sog. **Rücknahmerecht** des Schuldners ist als *aufhebendes Gestal-* **1**
tungsrecht zu qualifizieren und wiederum nur auf **Sachleistungen** anwendbar. Dies bedeutet, dass die Hinterlegung der Sache (vgl. Art. 92)
nicht endgültig erfolgt, sondern grundsätzlich für eine gewisse Dauer **widerruflich** sein kann (ausführlich BK-WEBER, N 4 ff.; zu den Ausnahmen
vgl. N 3).

Eine physische Rücknahme *(Besitzesübergang)* der hinterlegten Sache **2**
durch den Schuldner (oder dessen Hilfsperson) ist nicht erforderlich, um das
Rücknahmerecht auszuüben. Es genügt eine an die Hinterlegungsstelle ge-
richtete **empfangsbedürftige Willenserklärung** des Schuldners (BSK OR I-
BERNET, Art. 94 N 2; VON TUHR/ESCHER, OR AT, 80). Deshalb wird in der
Lehre entgegen dem Gesetzeswortlaut vielfach von **Widerruf** gesprochen.

II. Ausschluss des Rücknahmerechts

Im Gesetz sind zwei Ausschlussgründe für die Ausübung des Rücknahme- **3**
rechts genannt. Einerseits die **Annahmeerklärung** des Gläubigers und andererseits die **Aufhebung eines Pfandrechts**. Nicht erwähnt – aber in Lehre
und Praxis grundsätzlich anerkannt – ist der **Verzicht** (ausdrücklich oder
konkludent) des Schuldners auf die Rücknahme (vgl. VON TUHR/ESCHER,
OR AT, 80 f.; ZK-SCHRANER, N 15; a. M. betr. Verzicht gegenüber Hinterlegungsstelle ZK-OSER/SCHÖNENBERGER, Art. 94 N 2).

Hat der Gläubiger bereits bei der Hinterlegungsstelle seine Annahme der **4**
hinterlegten Sache erklärt, so ist eine Rücknahme durch den Schuldner
ausgeschlossen. Sind von Schuldner und Gläubiger konkurrierende Erklärungen (Rücknahme- und Annahmeerklärung) eingegangen, muss darauf
abgestellt werden, welche Willenserklärung zuerst bei der Hinterlegungsstelle eingetroffen ist.

Ist durch die Hinterlegung der Sache ein Pfandrecht aufgehoben worden, so **5**
ist ein Rücknahmerecht des Schuldners ebenfalls ausgeschlossen. Bei dieser Vorschrift handelt es sich um eine **Gläubigerschutzanordnung**. Ein Teil
der Lehre befürwortet auch den gleichen Schutz für den Bürgen, zu dessen
Gunsten ein Pfandrecht bestellt wurde (so m. w. Nw. BK-WEBER, N 31).

Besteht schliesslich eine **Pflicht zur Hinterlegung** der Sache, tritt grund- **6**
sätzlich sofort die Befreiungswirkung für den Schuldner ein und ein Rücknahmerecht ist ebenfalls ausgeschlossen.

III. Rechtsfolgen

Übt der Schuldner ordnungsgemäss sein Rücknahmerecht aus, so gilt die **7**
Hinterlegung als *ex tunc* aufgehoben. Die Wirkungen der Hinterlegung fal-

len dahin und das ursprüngliche Forderungsrecht des Gläubigers lebt wieder auf. Ferner leben auch allfällig erloschene Nebenrechte und Sicherheiten wieder auf.

8 Der Schuldner hat die **Kosten der Hinterlegung** alleine zu tragen, denn durch die Ausübung des Rücknahmerechts hat er eine mögliche Erfüllungswirkung vereitelt. Sind während der Hinterlegungszeit Mängel entstanden, so muss der Schuldner grundsätzlich dafür einstehen. Ein Rückgriff gegenüber der Hinterlegungsstelle bleibt dem Schuldner u. U. vorbehalten.

Art. 95

2. Bei andern Leistungen

Handelt es sich um die Verpflichtung zu einer andern als einer Sachleistung, so kann der Schuldner beim Verzug des Gläubigers nach den Bestimmungen über den Verzug des Schuldners vom Vertrage zurücktreten.

I. Allgemeine Bemerkungen

1 Art. 95 kommt zur Anwendung, wenn der Gläubiger in Annahmeverzug gerät und **keine Sachleistung** betroffen ist. Als *andere Leistungen* im Sinne des Gesetzes kommen vorwiegend Leistungen auf **Tun** oder **Unterlassen** infrage. Dennoch ist die praktische Bedeutung dieser Vorschrift gering, denn insb. bei einem Unterlassen ist vielfach eine Mitwirkung des Gläubigers nicht erforderlich, sodass dieser kaum in Annahmeverzug geraten wird. Bei einer Leistung auf ein Tun wird häufig zugleich Schuldnerverzug vorliegen. Zudem ist im Arbeitsrecht Art. 324 lex specialis zu Art. 95 (BGE 124 III 346 ff.).

2 Ein praktischer Anwendungsbereich von Art. 95 kann beim **Werkvertrag** gesehen werden, wenn der Besteller ihm obliegende Vorbereitungshandlungen verweigert (m. Hw. BK-WEBER, N 11).

3 Ausnahmsweise wird eine Anwendung von Art. 95 bei Sachleistungen befürwortet (bei **Immobilien**, BGE 111 II 159 E. 2; nach der hier vertretenen Ansicht sollte Art. 93 anwendbar bleiben, vgl. Art. 93 N 3). Obwohl vom Wortlaut nicht erfasst, wird aufgrund teleologischer Erweiterung der Gesetzesbestimmung dem Schuldner ein Rücktrittsrecht zugebilligt, wenn der Gläubiger bei einer Wahlobligation sein Wahlrecht nicht ausgeübt hat (vgl. Art. 72). In einem solchen Falle steht schliesslich nicht fest, welche Leis-

tung geschuldet ist und eine Hinterlegung ist dem Schuldner daher nicht zuzumuten (BSK OR I-Bernet, N 1; m. w. Nw. BK-Weber, N 12; BGE 110 II 148 ff.).

II. Voraussetzungen

Der Schuldner kann nach Art. 95 i. V. m. Art. 107 OR dann **vom Vertrag zurücktreten**, wenn sich der Gläubiger einer Nicht-Sachleistung im Annahmeverzug befindet (vgl. Art. 91) oder ein Fall von Art. 96 gegeben ist. Der Schuldner muss dann die Anforderungen des Art. 107 einhalten und insb. dem Gläubiger eine **Nachfrist** zur Annahme ansetzen (Ausnahme Art. 108). Verstreicht diese Nachfrist ungenutzt, so ist der Schuldner ferner verpflichtet, seinen Rücktritt unverzüglich zu erklären.   4

III. Wirkungen des Rücktritts

Gemäss mittlerweile vorherrschender Rechtsprechung und Lehre bewirkt eine rechtsgültige Rücktrittserklärung die Umwandlung des Vertrages in ein **Rückabwicklungsverhältnis** (BGE 114 II 157 f.). Umstritten ist allerdings bei Anwendung von Art. 95, ob der Schuldner – wie der Gläubiger beim Schuldnerverzug – Anspruch auf das negative Schadenersatzinteresse (vgl. Art. 109) hat (verneinend u. a. ZK-Oser/Schönenberger, Art. 95 N 2; bejahend Schwenzer, OR AT, N 70.18 und m. w. Nw. BK-Weber, N 17).   5

Art. 96

F. **Andere Verhinderung der Erfüllung** **Kann die Erfüllung der schuldigen Leistung aus einem andern in der Person des Gläubigers liegenden Grunde oder infolge einer unverschuldeten Ungewissheit über die Person des Gläubigers weder an diesen noch an einen Vertreter geschehen, so ist der Schuldner zur Hinterlegung oder zum Rücktritt berechtigt, wie beim Verzug des Gläubigers.**

I. Allgemeine Bemerkungen

Der Schuldner ist wie beim Annahmeverzug (vgl. Art. 91) berechtigt, die Behelfe der Art. 92–95 in Anspruch zu nehmen, wenn gemäss Art. 96 die Leistung deshalb nicht erfolgen kann, weil entweder **Ungewissheit über die Person des Schuldners** besteht oder **ein anderer auf Seiten des Gläubigers liegender Grund** die Leistungserbringung verhindert.   1

2 **Ungewissheit** über die Person des Gläubigers besteht dann, wenn der Gläubiger dem Schuldner gar nicht bekannt ist aber auch dann, wenn es mehrere (vermeintliche) Gläubiger gibt (Beispiele BK-WEBER, N 19 f.). Die Ungewissheit darf aber nicht vom Schuldner selbst verschuldet sein und er muss vor Inanspruchnahme der Art. 92 ff. sorgfältige **Nachforschungen** angestellt haben, um möglicherweise die Ungewissheit aus dem Weg zu räumen. Demnach müssen die Zweifel an der Berechtigung des Gläubigers **objektiv** betrachtet zur Unzumutbarkeit der Leistungserbringung führen.

3 Ein anderer in der Person des Gläubigers liegender Grund ist gegeben, wenn die Leistungserbringung **physisch oder rechtlich nicht möglich** ist. Dabei muss der Hinderungsgrund in der Person des Gläubigers bzw. in seiner **Risikosphäre** liegen, z. B. wenn der Gläubiger unauffindbar oder schwer krank ist und die Leistung nicht annehmen kann.

II. Rechtsfolgen

4 Ist einer der Fälle von Art. 96 gegeben, so sind die Rechtswirkungen dieselben wie beim Annahmeverzug (Art. 91) und der Schuldner kann, je nachdem, ob es sich um eine Sach- oder andere Leistung handelt, nach den Art. 92–95 vorgehen. Er ist daher berechtigt, seine Leistung zu **hinterlegen**, einen **Selbsthilfeverkauf** zu tätigen oder vom Vertrag **zurückzutreten** (zu den einzelnen Voraussetzungen vgl. Art. 92–95).

III. Besondere Vorschriften

5 **Art. 168** stellt einen besonderen Fall der **Hinterlegung** dar und geht Art. 96 vor (*Prätendentenstreit*: BGE 105 II 273 ff.). Wird bei einer Forderung unter mehreren Gläubigern über deren Berechtigung gestritten, so ist i. d. R. die Person des Gläubigers für den Schuldner unverschuldet ungewiss (N 2). In diesem Fall soll auch eine **Umkehr der Beweislast** angebracht sein (BK-WEBER, N 38), wenn der Schuldner einen Streit über die Gläubigerberechtigung nachweisen kann. Die Ungewissheit des Schuldners wird in einem solchen Fall vermutet.

Zweiter Abschnitt: Die Folgen der Nichterfüllung

Einleitung zu Art. 97–109

Literatur

BÄHLER, Das Verhältnis von Sachgewährleistungs- und allgemeinem Leistungsstörungsrecht, 2005; E. BUCHER, Schuldverhältnis des BGB: ein Terminus – drei Begriffe. 140 Jahre Wanderung eines Wortes durch die Institutionen, wie weiter?, in: Norm und Wirkung. FS Wolfgang Wiegand, 2005, 93 ff.; P. GAUCH, Der Schätzer und die Dritten. Methodisches zu BGE 130 III 345 ff., zur Deliktshaftung und zu den Haftungsfiguren der vertraglichen Drittschutzwirkung, der Culpa- und der Vertrauenshaftung, in: Norm und Wirkung. FS Wolfgang Wiegand, 2005, 823 ff.; HISTORISCH-KRITISCHER KOMMENTAR ZUM BGB, Bd. 2, Schmoeckel/Rückert/Zimmermann (Hrsg.), 2007; IMMENHAUSER, Zur Rezeption der deutschen Schuldrechtsreform in der Schweiz, recht 2006, 1 ff.; A. KOLLER, Haftung einer Vertragspartei für den Schaden eines vertragsfremden Dritten, in: A. Koller (Hrsg.), Neue und alte Fragen zum privaten Baurecht, 2004, 1 ff.; MÜLLER-CHEN, Folgen der Vertragsverletzung, 1999; LOSER, Die Vertrauenshaftung im schweizerischen Schuldrecht. Grundlagen, Erscheinungsformen und Ausgestaltung im geltenden Recht vor dem Hintergrund europäischer Rechtsentwicklung, 2006; REY, Rechtliche Sonderverbindungen und Rechtsfortbildung, in: FS Max Keller, 1989, 231 ff.; H. P. WALTER, Die Vertrauenshaftung: Unkraut oder Blume im Garten des Rechts?, ZSR 2001, 79 ff.; H. P. WALTER, Auf dem Weg zum Schuldverhältnis – wo weiter?, recht 2005, 71 ff.; WIEGAND, Von der Obligation zum Schuldverhältnis – Zur Entwicklung des schweizerischen Schuldrechts – Teil 1, recht 1997, 85 ff.; DERS., Die Leistungsstörungen, recht 1983, 1 ff., 118 ff., 1984, 13 ff.

I.   Überblick

Art. 97–109 regeln Krisensituationen bei der Erfüllung vertraglich verein-   1
barter oder unmittelbar gesetzlich entstandener Leistungspflichten, also
Leistungsstörungen (zu dieser auf Philipp Heck und Heinrich Stoll zurück-
gehenden Begrifflichkeit und ihrer Ausformung s. jetzt SCHERMAIER, in:
Historisch-Kritischer Kommentar zum BGB, Vor § 275, N 3). Dabei hat sich
der schweizerische Gesetzgeber **gegen einen einheitlichen Tatbestand** der
Leistungsstörung entschieden und unterschiedliche Arten von Leistungsstörungen in je unterschiedlichen Vorschriftenkomplexen geregelt. Diesem
Regelungsansatz entspricht die **Unterscheidung** zwischen der **Nichter-**
bringung der Leistung und der **Schlechtleistung**, Art. 97 Abs. 1, einerseits
und dem **Verzug**, Art. 102, andererseits, die die **gesetzgeberische System-**

bildung im vorliegenden zweiten Abschnitt des zweiten Titels der ersten Abteilung des Obligationenrechts prägt. Auf der **Rechtsfolgeseite** steht der **Schadenersatz** (Art. 97 Abs. 1, 98 Abs. 2, 103 Abs. 1, 104–107 Abs. 2, 109 Abs. 2) im Vordergrund. Die gestaltende Einwirkung auf den Vertrag in Form des **Rücktritts** ist vom Gesetzgeber nur für vollkommen zweiseitige (synallagmatische) Verträge vorgesehen, allerdings haben Rechtsprechung und Lehre den Rücktritt mittlerweile auch in den Bereich von Art. 97 überführt (Art. 97 N 30). Nur am Rande erwähnt und wegen seiner zwangsvollstreckungsrechtlichen Ausgestaltung im vorliegenden Regelungszusammenhang von vergleichweise geringer Bedeutung ist dagegen der **Erfüllungszwang** mit staatlicher Hilfe, Art. 97 Abs. 2, an dessen Seite die hoheitliche Ermächtigung zur **Ersatzvornahme**, Art. 98 Abs. 1 und 3, steht.

2   Die Regelungen in Art. 97–109 erfassen nicht alle Konstellationen von Leistungsstörungen: So ist die **anfängliche objektive Unmöglichkeit** durch Art. 20 Abs. 1 geregelt, während die **unverschuldete nachträgliche Unmöglichkeit** von Art. 119 normiert wird. Der **Gläubigerverzug** wird in Art. 91–96 erfasst, und die vorvertragliche Verletzung von Verhaltenspflichten aus einem Vertragsverhandlungsverhältnis, die **culpa in contrahendo** (vgl. Art. 1, N 29 ff.), hat im Obligationenrecht keine ausdrückliche Regelung gefunden. Diese etwas partikularisierende und daher häufig kritisierte Regelungstechnik (vgl. etwa BSK OR I-Wiegand, Einl. zu Art. 97–109 N 1; BK-Weber, Vorbem. zu Art. 97–109 N 5, 23, 27, 32–35; Schwenzer, OR AT, N 60.03 f.) ist vor allem aus dem historischen Entstehungszusammenhang des Obligationenrechts zu erklären, entsprach doch die Unterschiedlichkeit der Leistungsstörungstatbestände der Sicht der Rechtslehre und auch der Rechtsprechung (umfassend: Schermaier, in: Historisch-Kritischer Kommentar zum BGB, Vor § 275, N 50–55 m. w. Nw.).

3   Eine zunehmend ausgeprägtere **Rechtsfortbildung** hat allerdings dazu beigetragen, die Lücken der gesetzgeberischen Regelung in Teilen zu schliessen. Tragend ist dabei die **Tendenz zur Ausformung eines einheitlichen gesetzlichen Schuldverhältnisses aus rechtsgeschäftbezogenem Kontakt** als Grundlage von **Verhaltenspflichten** (BSK OR I-Wiegand, Einl. zu Art. 97–109 N 12 f.; Gauch/Schluep/Schmid/Rey, N 2516–2518; skeptisch BK-Weber, Vorbem. zu Art. 97–109 N 48 f.). In diesem Zusammenhang gehört auch die nach wie vor heftig diskutierte **Vertrauenshaftung** (BGE 121 II 331, 336 f.; 124 III 297, 304; 130, 345, 349–351; zur Kritik s. etwa Schwenzer, OR AT, N 52.02–52.04; umfassend jetzt Loser, Vertrauenshaftung, passim; s. a. N 6), die als Richterrecht i. S. v. Art. 1 Abs. 2 ZGB in Fortbildung der **culpa in contrahendo** entwickelt wurde.

II. Zum Anwendungsbereich der Regeln über die Nichterfüllung

Die Vorschriften in Art. 97–109 finden grundsätzlich auf **alle Obligationen Anwendung** und gelten aufgrund der Verweisung in Art. 7 ZGB insbesondere auch für die Vertragsverhältnisse im Familien-, Erb- und Sachenrecht. Anwendbar sind die Vorschriften über die Nichterfüllung aber auch auf Gesamtarbeitsverträge (BGE 115 II 251, 253 f.) und – als Ausdruck allgemeiner Rechtsgrundsätze – auch bei **öffentlich-rechtlichen Verträgen** (BGE 122 I 328, 340).

4

Insbesondere die Regelungen in Art. 97 und 101 erfassen Eingriffe in Rechtsgüter, die auch durch die Regeln des **Deliktsrechts** (Art. 41–61) geschützt sind; sie schützen also auch gegen *sekundäre Vermögensschäden.* Verwirklicht eine Vertragsverletzung auch den Tatbestand einer unerlaubten Handlung, dann kann der Geschädigte beide Ansprüche geltend machen (BGE 64 II 254, 258–261; 99 II 315, 321). Denn die obligationenrechtliche Schadenersatzpflicht stützt sich auf das vertraglich oder aus Treu und Glauben (Art. 2 Abs. 1 ZGB) entstandene Miteinander der Parteien, während die deliktsrechtliche Schadenersatzpflicht auf der Verletzung eines Gebotes der Rechtsordnung beruht, das gegenüber jedermann gilt. Beide **Ansprüche konkurrieren miteinander**, können also nicht miteinander kumuliert werden. Trotzdem kann diese **Anspruchskonkurrenz praktische Konsequenzen** haben: So ist die **Beweislastverteilung** für den Geschädigten im Zusammenhang von Art. 97 Abs. 1 günstiger als bei Art 41 Abs. 1, muss doch im Fall der Nichterfüllungshaftung der *Schädiger* den Entlastungsbeweis führen (vgl. auch BGE 113 II 246, 247). Auch die **Haftung für das Handeln Dritter** ist im Leistungsstörungsrecht für den Geschädigten grundsätzlich vorteilhafter ausgestaltet als im Deliktsrecht. Denn die deliktische Haftung für Hilfspersonen gründet auf einer (vermuteten) eigenen Pflichtwidrigkeit des Geschäftsherrn und kann durch einen Entlastungsbeweis abgewehrt werden, Art. 55 Abs. 1. Im Leistungsstörungsrecht wird demgegenüber durch Art. 101 lediglich das Handeln von Hilfspersonen zugerechnet, ein Entlastungsbeweis ist nicht möglich (Art. 101 N 5). Abgesehen davon ist der Kreis möglicher Hilfspersonen im Anwendungsbereich von Art. 101 grösser als im Rahmen von Art. 55, da Hilfspersonen im Deliktsrecht dem Geschäftsherrn durch ein Subordinationsverhältnis verbunden sein müssen (s. a. Art. 101 N 3). Grundsätzlich günstiger für den Geschädigten ist auch die im Vergleich zu deliktischen Ansprüchen längere **Verjährungsdauer** von Ansprüchen aus Vertragsverletzung (vgl. Art. 60 Abs. 1 einer- und Art. 127 andererseits; s. aber auch die im Vergleich zum Deliktsrecht ungünstigere Regelung der Verjährung in Sonderrechtsnormen wie etwa Art. 210). Doch kann die Anwendung des Deliktsrechts für den Geschädigten dann vorteilhafter sein, wenn der deliktische Schädiger ausnahmsweise

5

kausal haftet (etwa Art. 58). Das gilt auch, wenn der Geschädigte einer Prüfungs- und Rügeobliegenheit nicht entspricht (etwa Art. 370), weil die Prüfungs- und Rügeobliegenheiten als Ausdruck vertraglich entstandener Sonderrechtsbeziehungen keinen Platz im Deliktsrecht haben (so wohl BGE 64 254, 260 f.; **a. A.** BGE 67 132, 137 f. [für Art. 201], offen gelassen und bezweifelnd BGE 90 II 86, 88 f.); allerdings können solche Versäumnisse dem Geschädigten als ein Selbstverschulden zugerechnet werden (Art. 44 Abs. 1). Zum Einfluss von Haftungsbeschränkungen i. S. v. Art. 100 auf die deliktische Haftung s. u. (Art. 100 N 2).

6   Die **Vertrauenshaftung** gilt subsidiär gegenüber vertraglichen Bindungen (BGE 131 III 377, 380 = Pra 2006, 219). Sie wird aus einer **rechtlichen Sonderverbindung** abgeleitet (vgl. BGE 121 III 350, 356). Diese Beziehung, die sich letztlich als gesetzliches Schuldverhältnis kennzeichnen lässt, entsteht dann, wenn eine Person gegenüber einer anderen zurechenbar besonderes Vertrauen in die Richtigkeit ihr zurechenbarer Aussagen in Anspruch nimmt *und im Vertrauen hierauf* Dispositionen vorgenommen werden (BGE 130 III 345, 349; umfassend Loser, N 1144–1193). Daraus erwächst die Verpflichtung, dieses Vertrauen nicht zu enttäuschen (Loser, N 1194–1201), insb. also zutreffend zu informieren. Konstruktiv entsteht in den bisher entschiedenen Fällen freilich regelmässig das Problem, dass die Entstehung der Verbindlichkeit und deren Verletzung zusammenfallen. Nicht abschliessend geklärt sind auch die **Rechtsfolgen** der Vertrauenshaftung (besonders krit. in diesem Punkt Schwenzer, OR AT, N 52.04). So wird teilweise angenommen, die Vertrauenshaftung begründe eine Haftungsordnung eigener Art (vgl. etwa Gauch/Schluep/Schmid/Rey, N 981 f.), auf die die Regeln aus Art. 97–109 oder aber auch aus Art. 41 analog anzuwenden seien (vgl. etwa Gauch, FS Wiegand 2005, 837–841 für eine deliktsrechtliche Lösung, der dabei aber auf die Vertragshaftung zurückgreift; s. andererseits etwa BGE 128 III 324, 329, im Anschluss an Walter, ZSR 2001, 99). Doch liegt es näher, die Vertrauenshaftung in den Zusammenhang mit den Verhaltenspflichten zu bringen, die ihrerseits als vertragsnahe, dem Geltungsgrund nach aber vertragsunabhängige Pflichtenbindungen bestehen (Art. 97 N 15; s. a. oben N 3). Es spricht dafür, die Pflichten aus dieser Haftung als «Verbindlichkeit» i. S. v. Art. 97 Abs. 1 zu deuten und folglich auch die Vertrauenshaftung selbst über diesen Tatbestand abzuwickeln (ebenso Loser, N 1149, 1202).

7   Das Verhältnis von Art. 97–109 zu den **Rechtsbehelfen des Besonderen Teils des Obligationenrechts** ist in der Rechtsprechung zum Teil in die Form einer **Anspruchskonkurrenz** gebracht worden (umfassende Übersicht bei BK-Weber, Vorbem. zu Art. 97–109 N 110–120). Das gilt vor allem für das **Kaufrecht** (vgl. etwa BGE 114 II 131, 137; s. a. BGE 107 II 419, 421 m. w. Nw.; zur – zutreffenden – Kritik BSK OR I-Honsell, Vorbem. zu

Art. 197 – 210 N 6; umfassend BÄHLER). Allerdings wendet das Bundesgericht die kaufrechtlichen Haftungsbegrenzungen wie die Rügeobliegenheit (Art. 201), die kaufrechtlichen Verjährungsregeln (Art. 210) sowie die kaufrechtlichen Regeln über die Haftungsfreizeichnung auf den Anspruch aus Art. 97 an (vgl. BGE 107 II 161, 166 f., 96 II 115, 117, 119; zur Verjährung ausdrücklich bestätigend BGer 4C.300/2006 vom 19. 2. 2007, E. 2 m. w. Nw.). Dem Ergebnis nach werden damit die Situationen der mangelbezogenen Schlechterfüllung im Kaufrecht den Regelungen des kaufvertraglichen Gewährleistungsrechts unterstellt. **Unabhängig hiervon** gelten allerdings die Regeln von Art. 97 – 109 stets dann, wenn die Verletzung von werk- oder kaufvertraglichen **Nebenpflichten** (Art. 97 N 15) in Frage steht. Hier ist eine Konkurrenz zwischen den Rechtsbehelfen des Besonderen und des Allgemeinen Teils des Obligationenrechts nicht möglich (BÄHLER, 213 – 229). Das gilt auch im Fall der **Aliud-Lieferung** und *dem Grundsatz nach* auch bei der **Minus-Lieferung**. Hier nämlich ist kein Raum für die Anwendung der Sachmängelgewährleistung (BGE 121 III 454, 458 f.; BSK OR I-HONSELL, Art. 206 N 3 m. w. Nw.; a. A. insbes. KRAMER, FS Honsell, 2002, 247; diff. BÄHLER, 179 – 212), weil der Erfüllungsanspruch fortbesteht, so dass Art. 102 – 109 zur Anwendung kommen, denn der Schuldner ist durch die Falschlieferung regelmässig im Verzug mit seiner Leistungspflicht. Im Recht des **Werkvertrags** ist demgegenüber für die Phase nach Ablieferung der Vorrang der gewährleistungsrechtlichen Regelungen aus Art. 368 betont worden (BGE 100 II 30, 32 f.). Im Recht der **Miete** hat der Gesetzgeber selbst durch Art. 258 Abs. 1 auf Art. 107 – 109 verwiesen, so dass hier eine Anspruchskonkurrenz ebenfalls von vornherein ausgeschlossen ist. Im Recht der **Schenkung** gilt Art. 248 als abschliessende Sonderregel, eine Anspruchskonkurrenz mit Art. 97 würde die aus der Unentgeltlichkeit der Schenkung herrührende Privilegierung des Schenkenden unterlaufen. Im **Auftragsrecht** (und damit auch im Recht der Dienstleistungsverträge) kommen die Regeln aus Art. 97 sowie nach Art. 107 – 109 zur Anwendung (vgl. BK-WEBER, Vorbem. zu Art. 97 – 109 N 119 m. w. Nw.). Für Arbeitsverträge enthält Art. 321e eine Anspruchsgrundlage, die gegenüber Art. 97 vorrangig ist (ZK-SCHOENENBERGER/STAEHELIN, Art. 321e N 1 f.). Im **Frachtvertragsrecht** gilt grundsätzlich der Vorrang der Spezialregelungen in Art. 447 und 448; wie auch im Zusammenhang von Werkvertrags- und Kaufrecht können hier aber die Regelungen insbesondere aus Art. 97 im Zusammenhang mit der Verletzung von **Verhaltenspflichten** zur Anwendung kommen (BGE 113 II 246, 247 – 252; BK-WEBER, Vorbem. zu Art. 97 – 109 N 120).

III. IPR und Rechtsvergleichung

8   Der **örtliche Anwendungsbereich** von Art. 97–109 kann grundsätzlich durch die Parteien selbst bestimmt (Art. 116 Abs. 1 IPRG) und dementsprechend auch frei widerrufen oder geändert werden (Art. 116 Abs. 3 IPRG). Haben die Parteien auf die Ausübung dieser Dispositionsfreiheit verzichtet, fehlt es also einer *subjektiven Anknüpfung*, dann kommen die gesetzgeberisch geschaffenen Verweisungstatbestände zur Anwendung *(objektive Anknüpfung)*. Tragend ist dabei das in Art. 117 Abs. 1 IPRG als Generalklausel formulierte Regelungsprinzip, dass das Recht des Staates zur Anwendung kommen muss, mit dem der Vertrag funktional «am engsten zusammenhängt». Art. 117 Abs. 2 IPRG führt eine Vermutungsregel für diesen Tatbestand des engsten Zusammenhangs ein: Dieser Zusammenhang wird für denjenigen Staat vermutet, in dem die Partei ihren Aufenthalt oder ihre Niederlassung hat, die ihrerseits die «*charakteristische Leistung*» zu erbringen hat. Wie die beispielhafte Aufzählung charakteristischer Leistungen in Art. 117 Abs. 3 IPRG deutlich macht, sind damit Leistungspflichten gemeint, die dem Vertrag die typologische Identität geben wie etwa die Gebrauchsüberlassung einer Sache oder eines Rechts im Fall von Miete, Pacht, Leihe und Darlehen, Art. 117 Abs. 3 lit. b IPRG, oder die Leistung des Bürgen oder Garantiegebers im Fall von Bürgschafts- oder Garantieverträgen, Art. 117 Abs. 3 lit. e IPRG (vgl. hierzu auch BGE 128 III 295, 299 f.; für die Zuordnung gesetzlich nicht ausdrücklich erwähnter Vertragstypen s. Schnyder/Liatowitsch, N 740).

9   In den Art. 118–122 IPRG finden sich **Sonderregeln für einzelne Vertragstypen** (im Einzelnen hierzu Schnyder/Liatowitsch, N 741–765). Diese Vorschriften erklären sich teilweise aus dem Interesse an der internationalen Rechtsvereinheitlichung (Art. 118 IPRG mit der Anwendbarkeit des Haager Übereinkommens bei Kaufverträgen über Mobilien; für die Abgrenzung zum CISG s. Schnyder/Liatowitsch, N 743–745). Teilweise dienen sie der Vermeidung von Wertungswidersprüchen zu anderen Kollisionsregeln (*lex rei sitae* für grundstücksbezogene Verträge in Art. 119 IPRG, auch im Interesse der Koordination mit dem Sachstatut). Andere Regeln sind am Schutz der wirtschaftlich im Zweifel schwächeren Partei orientiert (Art. 120 IPRG für Konsumenten-, Art. 121 IPRG für Arbeitsverträge). Art. 122 IPRG schließlich stellt für Verträge über Immaterialgüterrechte sicher, dass das Regelungsprinzip aus Art. 117 Abs. 2 IPRG auch hier gilt.

10   Wie es scheint, dominiert in der neueren **europäischen Normgebung** der Trend, einen einheitlichen Tatbestand der Leistungsstörung zu schaffen (für den anglo-amerikanischen Rechtskreis s. Müller-Chen, 39–46). Typisch dafür sind die Regelungen in §§ 280 ff. BGB, an deren Ausgangspunkt mit § 280 Abs. 1 Satz 1 BGB ein allgemeiner Tatbestand der Pflichtverletzung

steht. Der Einfluss der neuen Regelungsansätze auf den Rechtsdiskurs in der Schweiz ist freilich nicht absehbar (IMMENHAUSER, recht 2006, 11–14; s. a. BUCHER, FS Wiegand, 129–135). Auf der gleichen Linie bewegt sich auch die Rechtsentwicklung in den Niederlanden (Art. 6:74 Abs. 1 NWB). Doch auch im internationalen Kontext ist diese Entwicklung zu beobachten, wie etwa Art. 8:101 PECL oder auch die Regelung in Art. 45 CISG belegen.

Art. 97

A. Ausbleiben der Erfüllung

Ersatzpflicht des Schuldners

I. Im Allgemeinen

[1] Kann die Erfüllung der Verbindlichkeit überhaupt nicht oder nicht gehörig bewirkt werden, so hat der Schuldner für den daraus entstehenden Schaden Ersatz zu leisten, sofern er nicht beweist, dass ihm keinerlei Verschulden zur Last falle.

[2] Die Art der Zwangsvollstreckung steht unter den Bestimmungen des Schuldbetreibungs- und Konkursrechtes und der eidgenössischen und kantonalen Vollstreckungsvorschriften.

Literatur

ARMBRÜSTER, Vertragliche Haftung für Drittschäden – quo vadis Helvetia?, in: Norm und Wirkung. FS Wolfgang Wiegand, 2005, 71 ff.; KISSLING, Dogmatische Begründung des Haushaltschadens. Ein Beitrag zur haftpflichtrechtlichen Behandlung unentgeltlicher Tätigkeiten, 2006; EMMENEGGER, Haftungsbeschränkung und Haftungsausschluss im Vertrauenskontext, ZBJV 2005, 538 ff.; GLÄTTLI, Zum Schadenersatz wegen Nichterfüllung nach Art. 97 Abs. 1 und 107 Abs. 2. Eine Übersicht, Würdigung und Kritik der heutigen Regelung, 1998; GRIEDER, Vertragswidrigkeit und objektivierte Fahrlässigkeit. Eine Abgrenzungsproblematik in der vertraglichen Haftung, 2002; HONSELL, Die Haftung für Auskunft und Gutachten gegenüber Dritten, in: Wirtschaftsrecht zu Beginn des 21. Jahrhunderts, FS Peter Nobel, 2005, 939 ff., wieder abgedruckt in: A. Koller (Hrsg.), Dritthaftung einer Vertragspartei, 2005, 169 ff.; HONSELL, Die Aufklärung des Patienten über therapeutische Alternativen und Behandlungskosten, SJZ 2006, 401 ff.; KOLLER, Grundzüge der Haftung für positive Vertragsverletzungen, AJP 1992, 1483 ff.; MEDICUS, «Geld muss man haben». Unvermögen und Schuldnerverzug bei Geldmangel, AcP 1988, 489 ff.; RAMPINI, Die nachträgliche Leistungserschwerung, 2003; WEBER, Drittschadensliquidation – eine Zwischenbilanz, in: Mélanges Paul Piotet, 1990, 215 ff.; WIEGAND, Zur Haftung für Dienstleistungen, recht 1990, 134 ff. Weitere Literatur bei der Einleitung zu Art. 97–109.

I. Normzweck und Anwendungsbereich

1   Die Vorschrift regelt in ihrem ersten Absatz **Tatbestand und Rechtsfolgen der Vertragsverletzung**. Art. 97 Abs. 1 gilt für alle Verbindlichkeiten, die *erfüllbar* sind, und erfasst damit auch *Verhaltenspflichten*. Art. 97 findet Anwendung auch auf den öffentlich-rechtlichen Vertrag (vgl. bereits Vorbem. zu Art. 97–109 N 3 m. w. Nw. m. w. Nw.).

2   Art. 97 Abs. 2 enthält eine schon im Blick auf Art. 122 Abs. 2 BV selbstverständliche **Verweisung auf das Vollstreckungsrecht**. Die damit verbundene Klarstellung, dass die Erfüllung von Obligationen staatlich erzwungen werden kann, wird aus **historischer Perspektive erklärbar**: Art. 111 1 aOR bestimmte nämlich, dass jede auf ein Tun gerichtete Obligation sich bei schuldhafter Nichterfüllung «in eine Verbindlichkeit zum Schadenersatze» auflöse. Bei wörtlicher Auslegung dieser Vorschrift war dem Gläubiger damit die Möglichkeit genommen, seinen Anspruch gerichtlich durchzusetzen. Als das Bundesgericht 1906 tatsächlich in diese Richtung entschied und deswegen sogar die kantonalen Zwangsvollstreckungsregeln für «aufgehoben» erklärte (BGE 32 I 654, 658–663), machte der Gesetzgeber mit der jetzigen Regel deutlich, dass die Erfüllungsklage durch Art. 97 Abs. 1 nicht ausgeschlossen ist.

II. Tatbestand

3   Zwar enthält Art. 97 Abs. 1 zwei verschiedene Tatbestände (Nichterfüllung und nicht gehörige Erfüllung), doch lassen sich trotzdem folgende **allgemeine Anspruchsvoraussetzungen** formulieren (vgl. dazu auch die Übersichten bei BK-WEBER, N 18–22; BSK OR I-WIEGAND, N 5):

1. Die Verbindlichkeit aus einer rechtlichen Sonderverbindung kann nicht erfüllt werden oder wird nicht gehörig erfüllt; es kommt zur **Pflichtwidrigkeit**.
2. Dem Gläubiger der Obligation ist ein **Schaden** entstanden.
3. Zwischen Pflichtwidrigkeit und Schadenseintritt muss ein **adäquater Kausalzusammenhang** bestehen, wie sich aus dem Tatbestandsmerkmal «daraus» (mit Bezug auf die Pflichtwidrigkeit) in Art. 97 Abs. 1 ergibt.
4. Der Schuldner kann sich nicht von dem Vorwurf des in Art. 97 Abs. 1 **vermuteten Verschuldens** entlasten.

1.   Die Pflichtwidrigkeit

4   Jede Verletzung einer Verpflichtung aus einer rechtlichen Sonderverbindung stellt eine Pflichtwidrigkeit dar. Sie begründet damit zugleich eine

Rechtswidrigkeit im Sinn des allgemeinen Haftpflichtrechts (BSK OR I-WIEGAND, N 6, im Einzelnen BK-WEBER, N 23–34). Die Pflichtwidrigkeiten lassen sich typologisch in drei Ebenen gliedern (s. bereits Einl. zu Art. 97–109 N 1):

1. Die Leistungspflicht wird *nicht erfüllt*, denn die Leistung kann nicht erbracht werden, ist also *unmöglich*.
2. Die Leistung wird nicht erbracht, obwohl dies möglich ist, der Schuldner befindet sich im *Verzug*.
3. Die Pflichten aus einer Sonderverbindung werden verletzt, doch lässt sich die Störung des Pflichtenprogramms weder der Unmöglichkeit noch dem Verzug zuordnen. Die Verbindlichkeit wird *nicht gehörig erfüllt*. Diese Situation wird als *positive Vertragsverletzung* bezeichnet. Zwar ist diese Terminolgie zum Teil unzutreffend, weil Art. 97 Abs. 1 nach dem Wortlaut der Norm lediglich eine (auch gesetzlich begründete) Verbindlichkeit voraussetzt. Doch hat sich der Ausdruck als Sammelbezeichnung allgemein durchgesetzt (näher etwa BK-WEBER, N 30 m. w. Nw.).

Der **Wortlaut** von Art. 97 Abs. 1 («Kann die Erfüllung der Verbindlichkeit ... nicht ... bewirkt werden») erfasst nur Konstellationen, in denen *noch kein Handeln des Schuldners* erfolgt ist, bezieht sich also allein auf die Ebene der Unmöglichkeit. Doch wendet die ganze **h. M.** mit Recht Art. 97 Abs. 1 auch auf die *Fälle einer bereits eingetretenen Pflichtverletzung* an (BK-WEBER, N 47 f. m. w. Nw.; **a. A.** BUCHER, OR AT, 335 f. – analoge Anwendung; KOLLER, AJP 1992, 1489–1491: Gesamtanalogie aus Art. 97, 101, 127). Dafür spricht insbesondere Art. 98 Abs. 2, ergibt sich doch hieraus, dass auch die *bereits begangene* Pflichtverletzung zum Schadenersatz führen soll.

a) Die Nichterfüllung

Mit dem in der Marginalie zu Art. 97 Abs. 1 angesprochenen Fall des «Ausbleibens der Erfüllung» werden **verschiedene Typen der Unmöglichkeit** angesprochen: Art. 97 Abs. 1 regelt nach dem Wortlaut der Norm allein die nachträgliche Unmöglichkeit, also das nach Vertragschluss eintretende dauerhafte Leistungshindernis. Im Gegenschluss aus Art. 119 Abs. 1 ergibt sich der Befund, dass Art. 97 dabei nur die vom **Schuldner zu verantwortende Unmöglichkeit** regelt. Die **anfängliche objektive Unmöglichkeit** (die Leistung kann von niemandem erbracht werden, das Leistungshindernis besteht bereits bei Vertragschluss) wird durch Art. 20 Abs. 1 erfasst. Die **anfängliche subjektive Unmöglichkeit** (anfängliches Unvermögen: Die Leistung kann nur vom Schuldner nicht erbracht werden, das Leistungshindernis besteht bereits bei Vertragschluss) ist gesetzlich nicht ausdrücklich geregelt. Die **h. M.** wendet **Art. 97 Abs. 1** aber mit Recht **analog** auf diese Fälle an (vgl. BGE 88 II 195, 203; BK-WEBER, N 110), wenn der Schuldner zumindest hätte erkennen können, dass die versprochene Leistung für ihn

5

nicht erfüllbar war (BGE 117 II 71, 72; 111 II 352, 354). In solchen Fällen liegt ein Übernahmeverschulden des Schuldners vor. Dem entspricht es, dass der Schuldner dann, wenn er sich vom Vorwurf des Übernahmeverschuldens entlasten kann, in (analoger) Anwendung von Art. 119 von der Haftung freigestellt wird (SCHWENZER, OR AT, N 64.08). Doch wird demgegenüber teilweise die **subjektive Unmöglichkeit** generell dem **Verzug** zugeordnet (GAUCH/SCHLUEP/SCHMID/REY, N 2608–2618 m. w. Nw.), insbesondere weil in solchen Fällen die Leistung grundsätzlich (nämlich durch einen Ditten) noch möglich sei und die Verzugsregeln für den Gläubiger günstiger wären. Zudem werde auch in Art. 20 Abs. 1 zwischen subjektiver und objektiver Unmöglichkeit unterschieden. Doch gerade Art. 20 Abs. 1 spricht eher für die **h. M.** (vgl. etwa KOLLER, OR AT II, § 53 N 12): Denn die Vorschrift lässt auch den Umkehrschluss zu, dass die subjektive Unmöglichkeit nach Massgabe der allgemeinen Unmöglichkeitsregeln, also Art. 97 und Art. 119, zu beurteilen ist. Ganz abgesehen davon wird das Unvermögen durch die Zuordnung zum Verzug als Kategorie der Unmöglichkeit normativ beseitigt (ähnlich BK-WEBER, N 124). Das widerspricht aber der jedenfalls in Art. 20 Abs. 1 vorausgesetzten Differenzierung.

6   **Unmöglichkeit** ist gegeben, wenn die vertraglich oder gesetzlich geschuldete Leistung nicht erbracht werden kann.

– Das Leistungshindernis kann auf **tatsächlichen Gründen** beruhen, etwa weil der Leistungsgegenstand nicht (mehr) existiert oder die geforderte Leistung mit den gegebenen technischen Mitteln nicht zu erbringen ist (im Überblick BK-WEBER, N 112). Das gilt auch, wenn der Gegenstand einer Sachleistung sich an einem unbekannten Ort befindet, denn er ist damit jedenfalls für den Schuldner nicht mehr verfügbar; in der Lehre wird allgemein sogar objektive Unmöglichkeit angenommen (BK-WEBER, N 132). Näher liegt allerdings die Annahme lediglich eines Unvermögens, wenn der Aufenthaltsort überhaupt irgend jemandem bekannt ist (auf dieser Linie wohl auch SCHWENZER, OR AT, N 63.08).

– Die Unmöglichkeit kann sich auch aus **rechtlichen Gründen** ergeben, etwa weil das verpachtete Grundstück an einen Erwerber zur Selbstbewirtschaftung veräussert wurde (BGE 112 II 235); hier liegt ein Fall des Unvermögens vor. Gilt das rechtliche Hindernis dagegen für jedermann wie im Fall eines behördlichen Ausfuhrverbots für eine werkvertraglich geschuldete Anlage (BGE 111 II 352, 354) ist von objektiver Unmöglichkeit auszugehen.

7   Die **tatbestandliche Anwendbarkeit** von Art. 97 Abs. 1 setzt voraus, dass das Leistungshindernis dauerhaft besteht. Denn im Fall der nur **vorübergehenden Unmöglichkeit** liegt lediglich eine Leistungsverzögerung vor, die zur Anwendung von Art. 102–109 führt. Das gilt allerdings dort nicht, wo die Leistungszeit wesentlich für den Leistungserfolg ist (der Platz auf dem

Festwagen anlässlich eines Festumzuges), also im Fall des **absoluten Fix-geschäfts**. Hier führt die Verzögerung zur Unmöglichkeit, denn die Leistung ist nicht mehr nachholbar (BSK OR I-Wiegand, N 18, Art. 108 N 6; s. a. unten Art. 108 N 4).

Dauerhaft unmöglich ist eine Leistung dann, wenn ihre Bewirkung definitiv unmöglich ist. Definitiv unmöglich ist die Leistung auch dann, wenn ihre Erbringung nicht im vertraglich bestimmten zeitlichen «Erfüllungshorizont» erfolgen kann (BK-Weber, Art. 97 N 139) oder möglich ist (BGE 45 II 192, 199 f.; BSK OR I-Wiegand, Art. 97 N 16; Gauch/Schluep/Schmid/Rey, N 2626).

Im Fall der **Teilunmöglichkeit** werden die Rechtsfolgen im Weg einer Ge-   8
samtanalogie aus Art. 20 Abs. 2, 196 Abs. 2 und 209 an dem durch den Vertragszweck zu bestimmenden Gläubigerinteresse ausgerichtet (BK-Weber N 140 f.; Schwenzer, OR AT, N 64.31). Ist demnach die Annahme der verbleibenden Teilleistung für den Gläubiger zumindest zumutbar, gelten hierfür die allgemeinen Regeln. Für den unmöglich gewordenen Teil der Leistung kann unter den Voraussetzungen von Art. 97 Abs. 1 Schadenersatz verlangt werden, anderenfalls wird der Schuldner durch Art. 119 entlastet. Hat die Teilleistung hingegen für den Gläubiger keinen Wert (von dem bestellten Buch ist nur der Umschlag lieferbar), dann kann er sie ablehnen.

Umstritten ist teilweise die Frage, ob zur subjektiven Unmöglichkeit auch   9
die Fälle der sog. **Unerschwinglichkeit oder Unzumutbarkeit der Leistung** zu zählen sind. Das hängt davon ab, welche Anstrengungen und Aufwendungen dem Schuldner zuzumuten sind. Massgeblich hierfür ist die wertende Zuweisung von Risikosphären. **Geldleistungen** können nicht unmöglich werden (vgl. etwa BK-Weber, Art. 97 N 120; grundsätzlich Medicus, AcP 1988, 489 ff.; vom BGer offengelassen, BGer 4C.344/2002 v. 12. 11. 2003, E. 4.2). Anderenfalls würde nämlich dem Gläubiger über die Regelungen des Vollstreckungsrechts hinaus das von ihm nicht beherrschbare Bonitätsrisiko des Schuldners aufgebürdet. Im Übrigen zeigen die vollstreckungsrechtlichen Regelungen, dass Geldmangel den Schuldner nur vollstreckungsrechtlich, aber nicht materiellrechtlich entlasten kann (vgl. insbes. Art. 38 Abs. 1, 92, 93 SchKG). Aber auch andere **Schwierigkeiten oder Unannehmlichkeiten bei der Leistungserbringung** muss der Schuldner grundsätzlich hinnehmen. Hierin verwirklichen sich nämlich die Risiken, die er mit dem Vertragschluss übernommen hat und die deswegen seiner Risikosphäre zuzuordnen sind. Grenzen werden dieser Risikozuweisung allerdings insbesondere durch Art. 2 ZGB gezogen. Das gilt insbesondere für solche Fälle, in denen die erforderlichen Mühen und Aufwendungen zu – unvorhersehbaren und **nachträglichen** (bei anfänglichen Defiziten gilt Art. 21) – **schweren Äquivalenzstörungen** zwischen der geschuldeten Leistung und der Gegenleistung führen. Denn dann würde das Beharren des

Gläubigers auf der Leistungsbewirkung zum Rechtsmissbrauch führen (vgl. allgemein hierzu BSK ZGB I-Honsell, Art. 2 ZGB N 41 f.). Die wohl h. M. entlastet den Schuldner in diesem Fall durch die Anwendung von Art. 119, befreit ihn also von seiner Leistungspflicht (vgl. etwa BSK OR I-Wiegand, N 14 m. w. Nw.). Damit werden aber letztlich dem Gläubiger die Risiken einer Äquivalenzstörung zugewiesen, die er ebenso wenig beherrschen kann wie der Schuldner. Es liegt deswegen in solchen Fällen näher, das wechselseitige Pflichtengefüge nach den Regeln der *clausula rebus sic stantibus* (BSK ZGB I-Honsell, Art. 2 ZGB, N 19) anzupassen (i. E. ebenso BK-Weber, N 134 und Vorbem. zu Art. 97–109, N 83 ff.; Gauch/Schluep/Schmid/Rey, N 2628; umfassend und diff. jetzt Rampini, 315–428). Verstösst die Bewirkung der Leistung gegen ein **Gebot der Menschlichkeit** (vgl. Art. 15, 32 Abs. 3 VVG), dann ist der Ausgleich der Interessen am besten durch die Schadenersatzpflicht aus Art. 97 Abs. 1 und damit die Annahme objektiver Unmöglichkeit vorzunehmen (BK-Weber, N 133).

10   Ist die **persönliche Erfüllung** geschuldet (Art. 68) so ist die Reichweite der Verpflichtung von vornherein schon durch Art. 19 Abs. 2 i. V. m. Art. 27 ZGB begrenzt (zu den Übergängen zwischen Unmöglichkeit und Art. 27 ZGB s. BGE 40 II 233, 241 f.). Eine trotz dieser Grenze wirksame Leistungsverpflichtung kann aber dann zur – objektiven – Unmöglichkeit führen, wenn damit eine Gefährdung von Leben und Gesundheit verbunden ist, die über das rechtsgeschäftlich übernommene Risiko des Schuldners hinaus geht (BSK OR I-Wiegand, N 14 m. w. Nw.). Hier wie auch in allen anderen Fällen eines dauernden Leistungshindernisses liegt allerdings kein Unvermögen, sondern objektive Unmöglichkeit vor, denn aufgrund der geschuldeten Höchstpersönlichkeit der Erfüllung kann die Leistung von niemand anderem erbracht werden (BK-Weber, N 128).

11   Für die **Gattungsschuld** gilt im Ausgangspunkt die Regel, dass Unmöglichkeit erst dann gegeben ist, wenn die ganze Gattung untergegangen ist (vgl. als Beispiel BGE 128 III 370). Wesentlich ist deswegen die Festlegung der Gattung durch den Vertrag (BGE 121 III 453, 456 f.), der sich auch lediglich auf Teile einer Gattung beziehen oder als blosse Vorratsschuld ausgestaltet sein kann (begrenzte Gattungsschuld – etwa Steine aus einem vertraglich festgelegten Steinbruch, vgl. BGE 57 II 508, 510 f.). Der Untergang einer einzelnen Sache aus der Gattung kann aber ebenfalls zur Unmöglichkeit führen, wenn die Sache bereits zur Leistung bestimmt und damit die Gattungsschuld hierauf konkretisiert worden war (vgl. BSK OR I-Koller, Art. 185 N 2). Die Rechtsfolgen bestimmen sich je nach Verschulden nach Art. 97 oder 119; teilweise wird auch die These vertreten, alternativ bestehe ein Nachlieferungsrecht von Schuldner oder Gläubiger (vgl. BSK OR I-Wiegand, N 21).

In ihrer Einordnung problematisch sind die Situationen der vorzeitigen 12
Zweckerreichung (der Patient wird vor Eintreffen des Arztes wieder gesund) und des **Zweckfortfalls** (der Patient stirbt vor Eintreffen des Arztes). Im einen Fall tritt der angestrebte Erfolg ohne Mitwirken des Schuldners ein, im anderen Fall wird der Eintritt des Leistungserfolges durch Umstände jenseits der Parteiensphäre verhindert (umfassend zur Typologie MK-ERNST, § 275 N 151–161). Damit kann die vertraglich geschuldete Leistung nicht mehr bewirkt werden, deswegen liegt **objektive Unmöglichkeit** vor (KOLLER, OR AT II, § 53 N 14, MK-ERNST, § 275 N 152; a.A. BK-WEBER, N 130). Beide Situationen liegen ausserhalb des schuldnerischen Verantwortungsbereiches. Der Schuldner wird daher von der Leistungspflicht befreit, Art. 119 Abs. 1. Der Verlust seiner Gegenleistung, Art. 119 Abs. 2, ist aber in solchen Fällen nicht zu rechtfertigen, denn es hat sich ein Risiko realisiert, das aufgrund des Fortfalls des Leistungssubstrats *näher an der Gläubigersphäre* liegt. Daher liegt eine Analogie zu Art. 378 Abs. 1 nahe (ebenso BSK OR I-WIEGAND, N 6; dem Ergebnis nach auch GAUCH/SCHLUEP/SCHMID/REY, N 2632 mit dem Postulat einer entsprechenden Rechtsfortbildung i. S. v. Art. 1 Abs. 2 ZGB). Von vornherein **abzugrenzen** sind diese Konstellationen von den Fällen, in denen sich ein **Verwendungsrisiko** des Gläubigers verwirklicht (das Brautkleid wird überflüssig, weil die Hochzeit abgesagt worden ist). Hier ist der vertraglich vereinbarte Leistungserfolg eingetreten, aber die damit verfolgte Zwecksetzung hat ihren Sinn verloren. Dieses Risiko liegt in der Sphäre des Gläubigers, so dass der Schuldner in jedem Fall seinen Anspruch auf die Gegenleistung behält (KOLLER, OR AT II, § 53 N 14).

b)   Die nichtgehörige Erfüllung

Die unter der Sammelbezeichnung «**positive Vertragsverletzung**» zusam- 13
mengefassten (vgl. o. N 4) **Typen der Pflichtwidrigkeit in Sonderverbindungen** jenseits von Verzug und Unmöglichkeit lassen sich in mehrere Gruppen gliedern (vgl. die Übersicht bei BK-WEBER, N 54–59): Im Vordergrund stehen dabei die Verletzung von **Hauptleistungspflichten durch Schlechterfüllung** und die **Verletzung von Nebenpflichten** (vgl. BSK OR I-WIEGAND, N 25). Hinzu treten die tatbestandlich in Art. 98 Abs. 2 umschriebene **Nichterfüllung einer Unterlassungspflicht** (s. Art. 98 N 7), die **Leistungsstörung im Dauerschuldverhältnis** sowie die endgültige **Erfüllungsverweigerung**.

Als **Schlechterfüllung** von **vertraglichen Hauptleistungspflichten** lässt 14
sich die Situation kennzeichnen, in der die vertraglich geschuldete Leistung zwar erbracht wird, aber von der vertraglich vereinbarten Beschaffenheit abweicht. Die Lieferung einer mangelhaften Kaufsache oder die Erstellung eines mangelhaften Werkes etwa stellen tatbestandlich Schlechterfüllungen

der kaufvertraglichen oder werkvertraglichen Hauptleistungspflicht dar (vgl. nur BSK OR I-WIEGAND, N 26–29). Hierbei wird in erster Linie das **Erfüllungsinteresse** des Gläubigers beeinträchtigt, doch kann auch das **Integritätsinteresse** als Folge der Schlechterfüllung betroffen sein. Wesentlich in diesen Fällen ist die Frage nach dem Verhältnis zwischen Art. 97 und den Rechtsbehelfen des besonderen Vertragsrechts (dazu Einl. zu Art. 97–109 N 7). Im Fall der **Arbeits- und Dienstleistung** bildet sich die Pflichtverletzung regelmässig in einem Verstoss gegen **Sorgfaltspflichten** ab, deren Zuordnung zu den Hauptleistungspflichten allerdings nicht ganz geklärt ist (BSK OR I-WIEGAND, N 31 m. w. Nw.; umfassend GRIEDER); teilweise handelt es sich auch um Nebenpflichten, deren Verletzung allerdings ebenfalls haftungsbegründend sein kann (N 15). Besondere Bedeutung haben dabei in neuerer Zeit die **Dienstleistungsverträge** gewonnen (vgl. WIEGAND, recht 1990, 134), wobei insbesondere die Judikatur über *ärztliche Behandlungsfehler* (vgl. etwa BGE 132 III 359, 362–364 m. w. Nw.), *Fehler bei der Vermögensverwaltung* (BGer 4C.394/2005 v. 29. 3. 2006; BGE 115 II 62, 64–67; anders in der Einordnung dieses Judikats [Nebenpflichtverletzung] SCHWENZER, OR AT, N 67.09) oder im *anwaltlichen Beratungsverhältnis* (BGE 117 II 563, 566 f.) herausgehoben sei.

15   **Nebenpflichten** lassen sich unterteilen in erzwingbare **Nebenleistungspflichten** und nicht klagbare, aber ebenfalls haftungsbegründende **Verhaltenspflichten**. Allerdings ist die Terminologie nicht ganz einheitlich, bisweilen werden Nebenpflichten generell auch als Verhaltenspflichten bezeichnet (vgl. BK-WEBER, N 73).

– **Nebenleistungspflichten** dienen der ordnungsgemässen Erfüllung des vertraglich vereinbarten Leistungsprogramms und der Sicherung des Leistungszwecks (BSK OR I-WIEGAND, N 33; BK-WEBER, N 69–71, 73; KOLLER, OR AT I, § 2 N 82, OR AT II, § 48 N 3–13). Sie sind also auf die **Verwirklichung des Erfüllungsinteresses** bezogen. Zu den Nebenleistungspflichten zählen *Mitwirkungspflichten* wie die Pistensicherung beim Transportvertrag von Bergbahn und Skilift (BGE 130 III 193, 195) sowie *Aufklärungspflichten* über deren Gebrauch oder über die Gefahren eines ärztlichen Eingriffs (BGE 116 II 519, 521 f., s. a. BGE 117 Ib 197, 200–202; allgemein dazu HONSELL, SJZ 2006, 401, 404 f.). Nebenleistungspflichten bestehen auch nach Leistungserbringung fort wie etwa in Gestalt eines (begrenzten) Konkurrenzverbotes im Fall des Unternehmenskaufs (BK-WEBER, N 95–97; SCHWENZER, OR AT, N 67.09). Die Reichweite dieser Pflichten ergibt sich aus dem Vertrag und der gesetzgeberischen Abgrenzung der Pflichtensphären (KOLLER, OR AT II, § 48 N 2).

– Dem **Schutz des Integritätsinteresses**, also der absoluten Rechte und der Vermögenssphäre des Gläubigers (vgl. KOLLER, OR AT II, § 48 N

29–36), dienen die **Verhaltenspflichten**. Tragend ist dabei die Überlegung, dass die aus dem Miteinander der Parteien – aus ihrer rechtsgeschäftlich begründeten Sonderverbindung – resultierende Nähe ihrer Rechtssphären wechselseitige *Schutz- und Obhutpflichten* auslöst. So sind die Pistensicherungspflichten des Skiliftunternehmers nicht nur Nebenleistungspflichten, sondern auch Verhaltenspflichten (GAUCH/ SCHLUEP/SCHMID/REY, N 2553); die Sicherungspflicht des Schwimmbadbetreibers ist ebenfalls eine Verhaltenspflicht (BGE 113 II 424, 426 f.). Diese Pflichten ähneln den deliktischen Verkehrssicherungspflichten (BSK OR I-WIEGAND, N 34) und belegen damit die teilweise tatbestandliche Parallelität der Haftung aus Delikt und nach Art. 97 Abs. 1 (s. Einl. zu Art. 97–109 N 6). Doch schützen die Verhaltenspflichten auch gegen **primäre Vermögensschäden**. Das gilt nicht nur innerhalb vertraglicher Beziehungen, wo etwa der Arzt dazu verpflichtet ist, korrekt über die Kostendeckung durch die Krankenversicherung zu informieren (BGE 119 II 456, 458–461). Verhaltenspflichten bestehen auch in Sonderverbindungen jenseits des Vertrages wie etwa bei der **Vertrauenshaftung** (so ausdrücklich BGE 120 II 331, 337). Sie sind damit ebenfalls von Art. 97 Abs. 1 erfasst. Die **dogmatische Begründung von Verhaltenspflichten** ist umstritten (vgl. bereits Einl. zu Art. 97–109 N 3; umfassend BK-WEBER, N 78–87; ausgesprochen krit. HONSELL, FS Nobel, 939 m. w. Nw. in N 39). Nach wohl **h. M.** finden diese Pflichten ihren Geltungsgrund in einem gesetzlichen Schuldverhältnis, das teilweise aus Art. 2 Abs. 1 ZGB abgeleitet wird und sich auf (nicht notwendig erfolgreichen) rechtsgeschäftlichen Kontakt stützt (zusammenfassend GAUCH/SCHLUEP/ SCHMID/REY, N 2539–2544 m. w. Nw.; zur Vertrauenshaftung, Einl. zu Art. 97–109 N 6).

Die **Nichterfüllung einer Unterlassungspflicht**, einer Sonderform der Verhaltenspflicht (BSK OR I-WIEGAND, Art. 97, N 37), findet in Art. 98 Abs. 2 eine Sonderregelung (Art. 98 N 7, 9). **16**

Insbesondere der Verzug mit einer Einzelleistung kann bei **Dauerschuldverhältnissen** zu einer positiven Vertragsverletzung führen (BGE 59 II 305, 308; BK-WEBER, N 58). Im Vordergrund steht hier aber die Anwendung von Art. 107 (Art. 107 N 14). **17**

2. Schaden

Tatbestandliche Voraussetzung des Anspruchs aus Art. 97 Abs. 1 ist ein Schaden. Darunter ist nach h. M. eine **unfreiwillige Vermögensminderung** zu verstehen (vgl. etwa BGE 129 III 331, 332). Der Schaden ergibt sich hiernach aus der Differenz zwischen dem aktuellen Vermögensstand und der hypothetischen Vermögenssituation, die bestehen würde, wenn das schädigende Ereignis nicht eingetreten wäre (BGE 127 III 543, 546 m. w. Nw.). **18**

Damit wird allerdings nur der haftungsbegründende Schaden festgestellt, die Ersatzfähigkeit und der Umfang des Schadenersatzes sind gesondert zu bewerten (N 20–21, 24–29). Beansprucht der Gläubiger allerdings das ihm als Erfüllungssurrogat zustehende (ZK-Aepli, Art. 119 N 142) **stellvertretende commodum** (Art. 119 N 4), dann fehlt es am Schaden (BGE 46 II 229, 238 f.), so dass auch **kein Schadenersatzanspruch** besteht (ZK-Aepli, Art. 119 N 138, 142; Schwenzer, OR AT, N 64.23).

3. Kausalität

19   Mit der Formulierung «daraus entstanden» wird in Art. 97 Abs. 1 deutlich gemacht, dass zwischen Pflichtwidrigkeit und Schaden ein **Ursachenzusammenhang** bestehen muss. Dieser **Ursachenzusammenhang** lässt sich in zwei Ebenen aufgliedern:

1. Auf einer *ersten Ebene* wird nach der sog. **natürlichen Kausalität** gefragt. Damit wird eine Beziehung zwischen Ursache und Wirkung beschrieben, bei der die Ursache die *conditio sine qua non* für den eingetretenen Erfolg ist. Bezogen auf Art. 97 Abs. 1 heisst dies, dass die Pflichtwidrigkeit nicht hinweggedacht werden darf, ohne dass der eingetretene Schaden in seiner konkreten Gestalt entfallen würde (allgemein BGE 96 II 392, 395 f.). Die Feststellung der natürlichen Kausalität, die im Vertrags- und Deliktsrecht den gleichen Inhalt hat (BGE 115 II 440, 442 f.), ist eine Tatfrage und damit vom Bundesgericht nur begrenzt überprüfbar, Art. 97 Abs. 1, Art. 95 BGG. Ist der Beweis natürlicher Kausalität nicht möglich oder unzumutbar, genügt der Beweis überwiegender Wahrscheinlichkeit (BGE 130 III 321, 324). Das gilt auch für die Situationen, in denen die Pflichtwidrigkeit in einem *Unterlassen* besteht: Da mangels positiven Tuns ein Kausalzusammenhang nicht nachgewiesen werden kann, muss der Geschädigte in diesem Fall nachweisen, dass das pflichtgemässe Tun mit überwiegender Wahrscheinlichkeit den eingetretenen Schaden verhindert hätte (BGE 122 III 229, 232 f.). Auch diese Frage ist Tatfrage (BGer 4C.459/2004 v. 2. 5. 2005 unter E. 2. 1.).

2. Nahezu jedes Ereignis ist ursächlich für alle weiteren Ereignisse. Um das gesetzlich angeordnete Haftungskriterium «Kausalität» nicht funktionslos werden zu lassen und die Schadenszurechnung zu begrenzen, wird auf einer *zweiten Ebene* das Kriterium **adäquater Kausalität** eingeführt. Adäquat kausal ist die Pflichtwidrigkeit dann, wenn sie nach dem *gewöhnlichen Lauf der Dinge* und der *allgemeinen Lebenserfahrung* geeignet ist, den entstandenen Schaden herbeizuführen (BGE 123 III 110, 112). Diese Kriterien sind von wertenden Elementen geprägt, die in der bundesgerichtlichen Rechtsprechung mit Art. 4 ZGB verbunden werden (BGE 123 III 110, 112 m. w. Nw.). Aus diesem Grund ist die Frage nach der adäquaten Kausalität als Rechtsfrage auch vom Bundesgericht überprüfbar (vgl. zu Art. 63 Abs. 2 OG, BGer 4C.222/2004 v. 14. 9. 2004). Auf

dieser Ebene der bundesgerichtlich überprüfbaren Rechtsanwendung angesiedelt ist auch die Frage nach einer möglichen **Unterbrechung des Kausalzusammenhangs** (BGE 95 II 630, 635). Eine solche Unterbrechung kann auf höherer Gewalt, einem groben Verschulden des Geschädigten oder einem groben Verschulden eines Dritten beruhen (SCHWENZER, OR AT, N 20.02; BK-WEBER, N 241–249). Damit ist die Frage berührt, ob und in welchem Umfang sich der Schuldner auf **rechtmässiges Alternativverhalten** berufen und geltend machen kann, der Schaden wäre auch bei pflichtgemässem Verhalten eingetreten. In der Rechtsprechung wird dieser Einwand zugelassen (vgl. etwa BGE 122 III 229, 234 f. für das Anwaltsverschulden; umfassend zum Ganzen BK-WEBER, N 226).

4. Verschulden

Auch das Verschulden, die persönliche Vorwerfbarkeit, ist **anspruchbegründendes Tatbestandsmerkmal.** Anders als im Zusammenhang von Art. 41 wird das Verschulden im Rahmen von Art. 97 Abs. 1 vermutet, muss also vom Gläubiger **nicht bewiesen** werden. Vielmehr kann sich der Schuldner hier nur durch den Beweis entlasten, dass er ohne Verschulden gehandelt hat. Wesentlich ist damit die Frage, unter welchen Voraussetzungen dieser **Exkulpationsbeweis** gelingen kann. In diesem Punkt hat die **Verobjektivierung des Fahrlässigkeitsmassstabes** (Art. 99 N 4) dazu geführt, dass der vom Gläubiger erfolgreich geführte Beweis eines Verstosses gegen (objektive) Sorgfaltspflichten bei Dienstleistungsverträgen oder im Zusammenhang mit Nebenpflichtverletzungen regelmässig den Exkulpationsbeweis scheitern lässt (BSK OR I-WIEGAND, N 43 m. w. Nw.). Bezeichnenderweise hat das Bundesgericht dann auch im Blick auf die Dienstleistungsobligation ausdrücklich offen gelassen, ob eine Exkulpation bei erwiesener Sorgfaltswidrigkeit überhaupt noch möglich ist (BGer 4C.186/1999 v. 18. 7. 2000, E. 3). So scheiterte eine Exkulpation bei einem Verstoss des Arztes gegen seine Aufklärungspflicht über die Kosten eines chirurgischen Eingriffs (BGE 119 II 456, 462) oder des Architekten, der nicht über den Abschluss einer Bauherrenhaftpflichtversicherung beraten hatte (BGE 111 II 72, 75 f.). Damit verlagert sich die Frage nach dem Verschulden faktisch auf die Ebene der **vom Gläubiger zu beweisenden Pflichtwidrigkeit** (vgl. etwa BGE 113 II 424, 427 f.: Sicherungspflichten in einem Schwimmbad; zur Kasuistik s. BSK OR I-WIEGAND, N 44 f.).

20

Unabhängig hiervon wird allerdings vom Gesetz das Verschuldenskriterium teilweise modifiziert: So tritt im Rahmen des Verzugs eine Zufallshaftung ein (Art. 103). Im Rahmen von Art. 99 Abs. 3 i. V. m. Art. 54 Abs. 1 wird im Blick auf Handlungsunfähige eine Billigkeitshaftung angeordnet. Art. 101 schliesslich enthält zumindest nach dem Wortlaut der Norm kein Verschuldenselement (s. Art. 101 N 5).

21

III. Rechtsfolgen

1.   Schadenersatz statt oder neben der Hauptleistung

22   Art. 97 Abs. 1 ordnet als Rechtsfolge der Pflichtwidrigkeit einen **Anspruch auf Schadenersatz** an. Im Fall der **Unmöglichkeit** entfällt zugleich der ursprüngliche Erfüllungsanspruch, wie sich im Umkehrschluss aus Art. 119 ergibt. An die Stelle des Erfüllungsanspruchs tritt als **sekundäre Leistungspflicht** der Schadenersatzanspruch, der im Fall der **positiven Vertragsverletzung** einen allfälligen Primäranspruch ergänzt (BSK OR I-Wiegand, Art. 97, N 47).

23   Die Entstehung des Schadenersatzanspruchs lässt ein Vertragsverhältnis unangetastet. Folglich bleiben auch **Sicherheiten des Erfüllungsanspruchs** bestehen und sichern jetzt den Schadenersatzanspruch (a. A. BGE 49 II 373, 379f.), es sei denn, die Sicherungsvereinbarung ergibt etwas anderes. Die gleichen Regeln gelten für die **Abtretung** des Primäranspruchs (von Tuhr/Escher, OR AT, 104). **Einreden und Einwendungen** gegen den Primäranspruch wirken grundsätzlich auch gegen den Schadenersatzanspruch fort (Schwenzer, OR AT, N 64.21). Die **Verjährung** des Primäranspruchs überträgt sich auf den Sekundäranspruch (BGE 96 II 115, 118f., a. A. BSK OR I-Wiegand, N 50).

24   Für die **Schadensberechnung** ist dagegen im Grundsatz der **Zeitpunkt** der geschuldeten, aber **ausgebliebenen Erfüllung** massgeblich (BGE 120 II 296, 298–301). Allerdings steht dem Geschädigten auch die Möglichkeit offen, den Zeitpunkt des Urteils über seinen Anspruch als Ausgangspunkt zu wählen, da er grundsätzlich in diesem Punkt privilegiert werden soll und der Schuldner keinen Schutz verdient (BGE 109 II 474, 476). Im Fall der **positiven Vertragsverletzung** stellt die Rechtsprechung neuerdings auf die **Entstehung des Schadens** (statt lediglich auf den Zeitpunkt der Pflichtverletzung) ab (BGE 130 III 591, 597 im Anschluss an BSK OR I-Wiegand, N 52).

25   Der Anspruch geht auf den Ausgleich des entstandenen Schadens und umfasst damit den Ersatz der eingetretenen Vermögensminderung (N 18). Die Vermögensminderung des Geschädigten besteht bei der *Verletzung einer Hauptleistungspflicht* in der Beeinträchtigung seines **Erfüllungsinteresses**, des **positiven Interesses**, das er an der Erbringung der geschuldeten Leistung hat. Der Schaden ergibt sich hier durch den Vergleich der Situation bei ordnungsgemässer Erfüllung mit dem tatsächlichen Zustand (BGE 120 II 296, 298). Er umfasst den **entgangenen Gewinn** *(lucrum cessans)* und die bereits eingetretene Vermögensminderung *(damnum emergens)* (BGE 116 II 441, 443). Der Schaden ist zwar grundsätzlich konkret zu berechnen, doch kann, falls der Gläubiger keine Ersatzbeschaffung vorgenommen hat,

auf den abstrakten Marktwert zurückgegriffen werden (BK-Weber, Art. 99 N 173). Hinzu treten die aufgrund der ausgebliebenen Erfüllung entstehenden **Kosten** wie etwa Kapitalkosten oder vorprozessuale Anwaltskosten (BGE 117 II 394, 395–398). Bei der *Verletzung einer Verhaltenspflicht* besteht der Schaden in der Beeinträchtigung des **Integritätsinteresses**, also in einer Beeinträchtigung der Rechtsgüter des Betroffenen, kann sich aber auch – wie etwa Konstellationen der Vertrauenshaftung – auf blosse Vermögensminderungen beschränken. Nicht ersetzt wird dagegen das **negative Interesse**, wie sich im Umkehrschluss aus Art. 109 Abs. 2 ergibt.

Im Vordergrund steht damit der **Wert der ausgebliebenen Leistung**, verliert   26 doch der Gläubiger mit dem Untergang des Primäranspruchs einen Vermögensbestandteil. Die **Gegenleistungspflicht** des Gläubigers bleibt freilich bestehen. Nach der *früher* vertretenen **Austauschtheorie** erhielt der Geschädigte daher zwar den Schadenersatzanspruch als Erfüllungssurrogat zugewiesen, blieb aber zur Erbringung der Gegenleistung verpflichtet (von Tuhr/Escher, OR AT, 155). Die **Differenztheorie**, die in Art. 215 für den kaufmännischen Verkehr zur gesetzlichen Regelung geworden und heute *herrschend* ist, erlaubt es dagegen dem Gläubiger, seinen Schaden als Differenz zwischen der unmöglich gewordenen Leistung und dem Wert der Gegenleistung zu ermitteln und als Schadenersatzforderung zu verlangen (Gauch/Schluep/Schmid/Rey, N 2598). Der **Unterschied zwischen beiden Berechnungsmethoden** (umfassend Honsell, OR BT, § 8 II 2, 64–66) wird insbes. dann praktisch, wenn die Gegenleistung statt in einer Geldforderung in einer Sachleistung besteht (wie etwa beim Tauschvertrag oder der Vertragswidrigkeit des Käufers). Hier benachteiligt die Austauschtheorie den Gläubiger, denn er müsste die Gegenleistung erbringen und doch das Insolvenzrisiko des Schuldners im Zusammenhang mit seinem Schadenersatzanspruch tragen. Ihm wird zugleich die Möglichkeit genommen, den geschuldeten Gegenstand anders zu verwenden. Umgekehrt ist der Schuldner in solchen Konstellationen aufgrund seines vertragswidrigen Verhaltens in seinem Gegenleistungsinteresse nur begrenzt schutzwürdig. Vor diesem Hintergrund wird dem Gläubiger allgemein ein **Wahlrecht** zwischen der Berechnung nach der Austausch- oder der Differenzmethode zugestanden (BGE 65 II 171, 174 f.; BSK OR I-Wiegand, N 55; Gauch/Schluep/Schmid/Rey, N 3105 m. w. Nw.). Im Wege der **Vorteilsanrechnung** können dem Gläubiger im Übrigen in begrenztem Umfang solche Vorteile auf die Schadenersatzforderung angerechnet werden, die adäquat kausal durch das schadenstiftende Ereignis herbeigeführt worden sind (Schwenzer, OR AT, N 15.11.–15.19, näher Glättli, 202–205).

Austausch- und Differenzmethode sind, wie sich schon mit Blick auf Art. 215   27 zeigt, vor allem auf Transaktionsverträge zugeschnitten (BK-Weber, N 265). Bei **Dienstleistungsverträgen** tendiert die Rechtsprechung zu einer

Kombination aus Austauschtheorie und einem Schadenersatzanspruch, was dem Ergebnis nach auf ein Minderungsrecht hinausläuft, zu dem ein Schadenersatzanspruch hinzutreten kann: Bei Schlechterfüllung bleibt der Honoraranspruch bestehen, doch wird der Schadenersatzanspruch hiermit verrechnet; die völlig unbrauchbare Leistung führt zum Verlust des Honoraranspruchs (BGE 124 III 423, 424–428; zur Kasuistik: BSK OR I-WIEGAND, N 57).

28   Nicht erfasst werden vom Schadenersatzanspruch solche Beeinträchtigungen, die keinen Bezug zum Vermögen haben. Das bedeutet, dass insbes. **ideelle Beeinträchtigungen** ohne Ausgleich bleiben, falls sie nicht doch in eine Vermögensminderung umschlagen (BGE 123 IV 145, 147 f. m. w. Nw.) oder ausnahmsweise gesetzlich erfasst sind (Art. 49, s. a. Art. 47). Nicht zuletzt vor diesem Hintergrund ist die gemeinrechtlich begründete (umfassend JANSEN, in: Historisch-Kritischer Kommentar zum BGB, §§ 249–253, 255 N 6–30, 38) strikte Ausrichtung auf das Vermögen als Bezugsgrösse des Schadens (BK-WEBER, Art. 97, N 149 m. w. Nw.) zunehmend in die Kritik geraten (als Überblick: BK-WEBER, N 157–160, 184–197; GAUCH/SCHLUEP/ SCHMID/REY, N 2660–2690). Vor diesem Hintergrund ist der Schadensbegriff in der Lehre wertend erweitert worden. Diese Überlegungen haben v. a. in der Konzeption eines **normativen Schadens** ihre Verdichtung gefunden (SCHWENZER, OR AT, N 14.05–14.12; zur Entstehung im Überblick: KISSLING, Haushaltsschaden, 106–124; grundlegend jetzt JANSEN, in: Historisch-Kritischer Kommentar, §§ 249–253, 255 N 125–140 m. w. Nw.). So ist vorgeschlagen worden, entgangene Gebrauchsvorteile (**Kommerzialisierung entgangener Nutzungsmöglichkeiten**) und durch die Pflichtwidrigkeit nutzlos gewordene Aufwendungen (**frustrierte Aufwendungen**) zum Schaden zu zählen. Doch ist die Rechtsprechung dem entgegen getreten (BGE 126 III 388, 393 f.) und hat auf diese Weise eine Entwicklung verhindert, die in Deutschland spätestens seit 1986 (vgl. BGHZ 98, 312) zu einer Haftungserweiterung geführt hat. Umso erstaunlicher ist vor diesem Hintergrund allerdings die bundesgerichtliche Einordnung des **Haushaltsschadens** als «normativer Schaden» (BGE 132 III 321, 332): Die Verletzung des den Haushalt führenden Ehepartners führt hiernach selbst dann zur Ersatzpflicht, wenn eine Haushaltshilfe nicht eingestellt worden ist, eine konkrete Vermögensminderung also gar nicht stattgefunden hat (BGE 127 III 403, 405 f.). Noch widersprüchlicher wird diese Rechtsprechung im Blick darauf, dass andererseits der deliktisch zu ersetzende **Versorgerschaden**, Art. 45 Abs. 3, im Rahmen der Haftung aus Art. 97 Abs. 1 trotz der Verweisung in Art. 99 Abs. 3 nicht soll ersetzt werden können (näher hierzu Art. 99, N 8).

29   **Anspruchsberechtigt** ist der Gläubiger der Verbindlichkeit. Denn massgeblicher Bezugspunkt für den Schaden ist grundsätzlich die Situation des Gläubigers. Aus diesem Grund ist ein **Drittschaden**, der bei einer anderen

Person entstehende Schaden (o. N 18), grundsätzlich nicht ersatzfähig (BGE 126 III 521, 522; 123 III 204, 211). Gesetzliche Ausnahmen sind aber vereinzelt vorgesehen wie insbes. beim Vertrag zugunsten Dritter (Art. 112) bei der Substitution in einem Auftragsverhältnis (Art. 399 Abs. 3) und im Zusammenhang mit der aktienrechtlichen Verantwortlichkeit (Art. 754, 755). Vor allem im Hinblick auf die Entstehung auch vertragsunabhängiger Nebenpflichten (o. N 15) ist vorgeschlagen worden, durch den **Vertrag mit Schutzwirkung zugunsten Dritter** die Verhaltenspflichten auf Dritte auszudehnen, die auch aus der Sicht des Schuldners in Leistungs- und Gläubigernähe stehen (BK-WEBER, N 293–295). Unabhängig hiervon sollen die **zufällige Schadensverlagerung** auf einen Dritten (und die damit einhergehende Zufallsentlastung des Schuldners) durch die **Drittschadensliquidation** verhindert werden: Hiernach soll in Fällen der indirekten Stellvertretung, im Fall der erlaubten Substitution, bei der obligatorischen Gefahrentlastung und bei Obhutsverhältnissen entweder der Gläubiger den Anspruch des Dritten oder – was vorzugswürdig wäre, zumal der Schädiger in diesem Punkt keinen Schutz verdient – der Dritte seinen Schaden selbst beim Schädiger geltend machen können (ARMBRÜSTER, 78–86 m. w. Nw.). Die **Rechtsprechung** hat bislang allerdings ihre Haltung zu diesen Vorschlägen offen gelassen (BGer 4C.351/2006 v. 9. 2. 2007 zur Drittschadensliquidation; BGE 121 III 310, 315–318 mit der Konstruktion eines Auftragsverhältnisses statt eines Vertrags mit Schutzwirkung zugunsten Dritter). Die **Lehre** steht solchen Überlegungen tendenziell (noch) skeptisch gegenüber (zusammenfassend: ARMBRÜSTER, 73; näher etwa SCHWENZER, OR AT, N 14.26, 87.04; umfassend BK-WEBER, N 290–307).

2.   Rücktrittsrecht

Über den Wortlaut von Art. 97 Abs. 1 hinaus steht nach h. L. dem Gläubiger   30
ein Rücktrittsrecht zu, das aus einer Analogie zu Art. 107 Abs. 2 abgeleitet wird (BSK OR I-WIEGAND, N 58 m. w. Nw.): Anderenfalls würde der Gläubiger nämlich bei **Nichterfüllung der Leistung** schlechter stehen als im Fall der blossen Leistungsverzögerung. Das Gleiche gilt grundsätzlich auch für die **nicht gehörige Erfüllung**; hier ergibt sich der Wertungswiderspruch aus dem Vergleich mit den entsprechenden Regelungen im Besonderen Teil des Obligationenrechts (Art. 208, 258, 368). Diese Wertungslücke ist durch Analogie zu schliessen, Art. 1 ZGB. Allerdings ist hierfür bei der nicht gehörigen Erfüllung ein **schwerwiegender Pflichtenverstoss** zu verlangen, der eine Fortführung des Vertrages für den Gläubiger unzumutbar macht. Solche Fälle werden nur bei gegenseitigen Verträgen in der Phase vor wechselseitiger Erfüllung eintreten; hinzu treten Dauerschuldverhältnisse, bei denen ein Rücktritt aber nur mit Wirkung für die Zukunft gelten kann (BGE 78 II 32, 36; zum Ganzen: BK-WEBER, N 269 f.; BSK OR I-WIEGAND, N 58).

3.   Sonderfälle

31   Ist die Unmöglichkeit **vom Gläubiger zu vertreten**, dann liegt eine Analogie zu Art. 324 nahe: Der Schuldner wird zwar von der Leistungspflicht frei, da sie nicht mehr erfüllbar ist und er dies nicht zu vertreten hat (Art. 119). Doch er behält den Anspruch auf die Gegenleistung (Art. 324 Abs. 1 analog), muss sich aber ersparte Aufwendungen anrechnen lassen (Art. 324 Abs. 2 analog; vgl. BSK OR I-WIEGAND, N 23).

32   Ist die **Unmöglichkeit von beiden Parteien zu vertreten**, so liegt eine ähnliche Lösung nahe (so auch BGE 114 II 274, 277 f.): Der Schuldner behält seinen Anspruch auf eine Gegenleistung (Art. 324 Abs. 1 analog), er muss sich aber wiederum ersparte Aufwendungen anrechnen lassen. Der Schuldner schuldet aber seinerseits aus Art. 97 Abs. 1 dem Gläubiger Ersatz des Schadens. Dieser Schadenersatzanspruch wird allerdings in dem Mass gekürzt, in dem der Gläubiger an der Entstehung des Schadens beteiligt war, Art. 99 Abs. 3 i. V. m. Art. 44 Abs. 1. Dieser Schadenersatzanspruch wird mit dem Anspruch auf die Gegenleistung verrechnet (BSK OR I-WIEGAND, N 24).

IV.   Beweislast

33   Der Gläubiger hat, wie sich aus Art. 8 ZGB ergibt, die **anspruchsbegründenden Tatsachen**, also die Pflichtwidrigkeit, den Schadenseintritt und die natürliche Kausalität zu beweisen (BGE 127 III 543, 546). Da das Verschulden vermutet wird, obliegt dem Schuldner der Exkulpationsbeweis. Die Anforderungen an den Schadensnachweis entsprechen den Anforderungen im Deliktsrecht.

34   Zwar ist die **Pflichtverletzung** bei *Transaktionsverträgen* relativ leicht nachzuweisen, ergibt sie sich doch aus den Mängeln oder dem Ausbleiben der Leistung. Ungleich schwieriger ist dagegen der Beweis der Pflichtwidrigkeit bei den **Dienstleistungsverträgen**. Denn hier wird es dem Gläubiger häufig schwerfallen, entsprechende Mängel in der Sphäre des Schuldners auszumachen. Zeitweilig schien es so, als ob das Bundesgericht im Fall des ärztlichen Behandlungsvertrags eine «natürliche Vermutung» für eine ärztliche Pflichtwidrigkeit einführen wollte, falls ein gesundheitlicher Schaden nachweisbar war (BGE 120 II 248, 249–252; krit. dazu HONSELL, AJP 1995, 227). Doch ist diese Sichtweise später wieder relativiert worden (BGer 4C.53/2000 v. 13. 6. 2000). Im Fall der ärztlichen Aufklärungspflicht hat das Bundesgericht hingegen die Beweislast zugunsten des Patienten umgekehrt (BGE 115 Ib 1175, 181 f.).

35   Auch beim **Nachweis der Kausalität** hat das Bundesgericht die Beweislast zugunsten des Gläubigers modifiziert. Im Fall von Informationspflichtverletzungen wird unterstellt, der Gläubiger hätte sich – unterstellt die Infor-

mation wäre richtig gewesen – dementsprechend verhalten (BGE 124 III 155, 165 f.). Dagegen ist im Fall der Arzthaftung dem Arzt die Möglichkeit zugestanden worden zu beweisen, dass der korrekt aufgeklärte Patient dem Eingriff auch zugestimmt hätte (sog. *hypothetische Einwilligung*, BGE 117 Ib 197, 206 f.).

Art. 98

2. **Bei Verbindlichkeit zu einem Tun oder Nichttun**

[1] Ist der Schuldner zu einem Tun verpflichtet, so kann sich der Gläubiger, unter Vorbehalt seiner Ansprüche auf Schadenersatz, ermächtigen lassen, die Leistung auf Kosten des Schuldners vorzunehmen.

[2] Ist der Schuldner verpflichtet, etwas nicht zu tun, so hat er schon bei blossem Zuwiderhandeln den Schaden zu ersetzen.

[3] Überdies kann der Gläubiger die Beseitigung des rechtswidrigen Zustandes verlangen und sich ermächtigen lassen, diesen auf Kosten des Schuldners zu beseitigen.

Literatur

FELLMANN, Die Ersatzvornahme nach Art. 98 Abs. 1 OR – «Vollstreckungstheorie» oder «Erfüllungstheorie», recht 1993, 108 ff.; GAUCH, Die Ersatzvornahme nach OR 98 I und viele Fragen zur Nichterfüllung – Ein Entscheid des Luzerner Obergerichts, recht 1987, 24 ff.

I. Normzweck

Art. 98 Abs. 1 gibt dem Gläubiger die Möglichkeit, seinen Erfüllungsanspruch nach gerichtlicher Ermächtigung im Weg der **Ersatzvornahme** durchzusetzen. Damit wird etwa der Fall erfasst, dass der Schuldner sich weigert, eine mögliche Leistung zu erbringen, der Gläubiger sich aber nicht mit dem Schadenersatzanspruch begnügen will. Auf diese Weise wird dem materiellen Erfüllungsanspruch eine bundesrechtlich verankerte vollstreckungsrechtliche Ausgestaltung gegeben (vgl. unten N 2). Der gleiche Regelungsansatz liegt Art. 98 Abs. 3 zugrunde, wird hier aber auf einen Unterlassungsanspruch bezogen. Art. 98 Abs. 2 stellt klar, dass eine **Schadenersatzpflicht des Schuldners** bei der Verletzung einer Unterlassungspflicht

1

ohne vorherige Aufforderung oder eine Unterlassungsklage des Gläubigers eintritt (BSK OR I-WIEGAND, N 11).

II.   Die Verpflichtungen zu einem Tun (Art. 98 Abs. 1)

2   Die **systematische Einordnung von Art. 98 Abs. 1** ist umstritten (umfassend FELLMANN, recht 1993, 109 ff.; Überblick bei BK-WEBER, N 46). Teile der Literatur und der Rechtsprechung sehen in der Vorschrift eine materiellrechtliche Ausgestaltung des Erfüllungsanspruchs **(Erfüllungstheorie)**, so dass der Gläubiger ohne zuvor erlassenes Leistungsurteil direkt die Ermächtigung durch den Richter einholen kann (OGer LU, LGVE 1985 I Nr. 11, 24, 26 f.; FELLMANN, recht 1993, 115 f.). Die ganz h. L. dagegen folgt der **Vollstreckungstheorie** und sieht in Art. 98 Abs. 1 eine vollstreckungsrechtliche Sondernorm. Dementsprechend setzt hiernach die Ermächtigung zur Ersatzvornahme ein Leistungsurteil voraus (BK-WEBER, N 47; BSK OR I-WIEGAND, N 6; GAUCH/SCHLUEP/SCHMID/REY, N 3284; GAUCH, recht 1987, 25 f., jeweils m. w. Nw.). Entscheidend für diese Sicht spricht die Überlegung, dass nur bei vorgängiger Gerichtsverhandlung dem Schuldner die Möglichkeit gegeben wird, sich gegen das Handlungsbegehren des Gläubigers zu verteidigen. Denn Art. 98 Abs. 1 setzt materiellrechtlich keine Aufforderung oder Mahnung des Gläubigers voraus (BK-WEBER, N 47). Allerdings ist die praktische Relevanz der Kontroverse schon deswegen relativ gering, weil der Gläubiger das Begehren für die Ersatzvornahme bereits mit der Erfüllungsklage verbinden kann (BSK OR I-WIEGAND, N 2, 6). Im Übrigen steht es dem Gläubiger frei, die Kosten einer Ersatzvornahme als Teil des Verzugschadens geltend zu machen (SCHWENZER, OR AT, N 61.02). Entscheidende Bedeutung entfaltet Art. 98 Abs. 1 allerdings dort, wo die Ersatzvornahme in die Rechtssphäre des Gläubigers eingreift (BUCHER AT, 332 FN 19).

3   Ein **Tun** i. S. v. Art. 98 Abs. 1 meint *Handlungen*. Diese **Handlungen** müssen **vertretbar** sein, eine Ersatzvornahme von höchstpersönlich zu erbringenden Leistungen ist gerade aufgrund ihrer Einmaligkeit nicht möglich. Das Gleiche gilt für Unterlassungen, die zudem durch Art. 98 Abs. 2 und 3 erfasst sind. **Sachleistungen** fallen nach zutreffender h. M. ebenfalls nicht unter Art. 98 Abs. 1, da der Gläubiger hierzu keine Ermächtigung benötigt, sondern selbst handeln und die entstandenen Kosten später im Rahmen des Schadenersatzes vom Schuldner verlangen kann (GAUCH/SCHLUEP/SCHMID/REY, N 3282; diff. BK-WEBER, N 56). Art. 98 Abs. 1 findet dementsprechend Anwendung v. a. auf arbeitsvertragliche Verpflichtungen, werkvertragliche Ansprüche (für den Nachbesserungsanspruch s. BGE 128 III 416, 417–419), Verpflichtungen aus Miet- und Pachtverträgen sowie aus Auftragsverhältnissen (umfassend BK-WEBER, 57–65).

4   Materiellrechtliche **Voraussetzung** der Ersatzvornahme ist die Erfüllbarkeit der Leistung, anderenfalls erlischt der zu vollstreckende Anspruch

(Art. 97 N 1, 5–12). Ein **Verschulden** ist demgegenüber nicht erforderlich, da der Erfüllungsanspruch seinerseits verschuldensneutral ist. Das gilt auch im Hinblick auf den **Verzug**: Eine Fristsetzung i. S. v. Art. 107 wird in Art. 98 Abs. 1 tatbestandlich **nicht** vorausgesetzt. Der Unabhängigkeit von Art. 98 Abs. 1 und Art. 107 entspricht es, dass sich beide Rechtsbehelfe nicht ausschliessen (BGE 126 III 230, 233 f.). Von Art. 98 Abs. 1 zwingend vorgeschrieben ist dagegen die **richterliche Ermächtigung**, die den Gläubiger insbesondere zu einem Eingriff in die schuldnerische Rechtssphäre ermächtigt (etwa durch das Betreten des vertragsgegenständlichen Grundstücks). Nicht in Art. 98 Abs. 1 geregelt sind die **Kriterien der richterlichen Entscheidung**, die sich aber entsprechend den in Art. 2 ZGB geregelten Grundsätzen auf eine umfassende Interessenabwägung stützen muss. So kann eine Ersatzvornahme insbesondere dann abgelehnt werden, wenn Rechte Dritter erheblich betroffen oder unverhältnismässig in die schuldnerische Sphäre eingegriffen wird (BSK OR I-Wiegand, N 5).

Die **Kosten der Ersatzvornahme** fallen dem Schuldner zur Last; sie stellen   5
Verwendungen dar. Das gilt selbst dann, wenn die Ersatzvornahme fehlschlägt, denn der Schuldner hat durch sein Verhalten die entsprechenden Kostenrisiken veranlasst (BK-Weber, N 79). Die **Kostenhöhe** richtet sich nach dem pflichtgemässen Ermessen des Gläubigers. Der Richter kann den Schuldner zum Kostenvorschuss verpflichten, Art. 2 Abs. 1 ZGB (BK-Weber, N 80 m. w. Nw.). Doch ist der Gläubiger zur Rückerstattung etwaiger Überschüsse verpflichtet, Art. 62. Handelt der Gläubiger **ohne Ermächtigung**, wird die Leistung unmöglich und der Schuldner damit von der Leistungspflicht befreit, Art. 119. Diese Konsequenzen kann er allerdings in begrenztem Umfang dadurch vermeiden, dass er den Schuldner in Verzug setzt, ihm eine Nachfrist bestimmt und dann die Kosten der Ersatzvornahme als Schadenersatz verlangt (Gauch/Schluep/Schmid/Rey, N 3285).

Art. 98 Abs. 1 stellt lediglich eine von mehreren Ermächtigungen zur Er-   6
satzvornahme dar. Art. 259b lit. b, 288 Abs. 1, 366 Abs. 2 und Art. 392 Abs. 3 begründen ebenfalls ein Ersatzvornahmerecht. Hier allerdings ist eine vorgängige richterliche Ermächtigung nicht erforderlich, es handelt sich also um **materiellrechtliche Ermächtigungen** zur Ersatzvornahme.

III. Die Verpflichtungen zu einem Unterlassen (Art. 98 Abs. 2 und 3)

Unterlassungspflichten können vertraglich vereinbarte Haupt- oder Ne-   7
benpflichten sein. Sie sind in einer Fülle von Konstellationen denkbar und entfalten besondere Bedeutung im Zusammenhang mit Konkurrenzverboten und Geheimhaltungspflichten (umfassend BK-Weber, N 97).

8   Art. 98 Abs. 3 richtet sich auf die **Folgenbeseitigung** bei einem Verstoss gegen diese Pflichten. Der Anspruch ist ebenfalls verschuldensneutral, doch auch hier ist ein Leistungsurteil und eine vorausgehende richterliche Ermächtigung erforderlich (SCHWENZER, OR AT, N 61.10). Ungeklärt ist bislang allerdings, wie weit dieser Anspruch reicht, wenn der Schuldner durch sein Handeln **Dritte** einbezogen hat, etwa durch die Veräusserung einer Sache, die mit einem Veräusserungsverbot belegt war. Es liegt in solchen Fällen nahe, die betroffenen Drittinteressen im Rahmen der richterlichen Abwägung zu berücksichtigen (näher BK-WEBER, N 111; BSK OR I-WIEGAND, N 10). Ein gestaltender Eingriff in entsprechende Verträge ist nur dann möglich, wenn *beide Vertragspartner* auch Schuldner der Unterlassungspflicht waren (vgl. auch BGE 114 II 329, 333).

9   Art. 98 Abs. 2 ist in seiner Formulierung missverständlich. Denn allein eine Pflichtverletzung kann noch nicht zum **Schadenersatz** führen, anderenfalls bestände ein Wertungswiderspruch zu Art. 97 Abs. 1. Die h.M. verlangt daher im Rahmen dieser Norm ebenfalls ein **Verschulden**, das aber vermutet wird (Art. 97 Abs. 1 analog). Dementsprechend obliegt dem Schuldner der Exkulpationsbeweis (BK-WEBER, N 114).

Art. 99

II.   **Mass der Haftung und Umfang des Schadenersatzes**

1.   **Im Allgemeinen**

[1] Der Schuldner haftet im Allgemeinen für jedes Verschulden.

[2] Das Mass der Haftung richtet sich nach der besonderen Natur des Geschäftes und wird insbesondere milder beurteilt, wenn das Geschäft für den Schuldner keinerlei Vorteil bezweckt.

[3] Im Übrigen finden die Bestimmungen über das Mass der Haftung bei unerlaubten Handlungen auf das vertragswidrige Verhalten entsprechende Anwendung.

Literatur

BRUNNER, Die Anwendung deliktsrechtlicher Regeln auf die Vertragshaftung, 1991; CUENDET, La faute contractuelle et ses effets : etude de l'article 99, al. 3 CO, 1970; weitere Literatur bei der Einleitung zu Art. 97–109 sowie bei Art. 97.

I. Normzweck

Art. 99 Abs. 1 richtet sich gegen die gemeinrechtlich überkommene Unter- **1**
scheidung haftungsbegründender Verschuldensformen (umfassend hierzu
Schermaier, in: Historisch-Kritischer Kommentar zum BGB, §§ 276–278
N 18, 35 u. passim): Eine **Haftung** ist – anders als im Rahmen des Delikts-
rechts – im Gesetz zur älteren Lehre **grundsätzlich unabhängig** vom **Grad
des Verschuldens**, setzt aber ein Verschulden als solches voraus. Art. 99
Abs. 1 gilt für alle vertraglichen Beziehungen und führt das Prinzip der **Ver-
schuldenshaftung** auch in das Vertragsrecht ein. Art. 99 Abs. 2 richtet das
Mass der erforderlichen Sorgfalt an den Inhalten der jeweils bestehenden
Verbindlichkeit aus, während Art. 99 Abs. 3 zur weiteren Präzisierung des
Haftungsumfangs auf die Regeln des Deliktsrechts verweist.

II. Haftung für jedes Verschulden (Art. 99 Abs. 1)

Art. 99 Abs. 1 differenziert nicht nach Verschuldensformen, doch ist deren **2**
Unterscheidung vom Gesetzgeber vorausgesetzt worden. Tragend ist dabei
der Unterschied zwischen **Vorsatz** und **Fahrlässigkeit**.

Als **Vorsatz** gilt das *Wissen und Wollen des Erfolges*, der in einer delik- **3**
tischen Rechtsgutsverletzung oder der Verletzung einer Verbindlichkeit bestehen kann und auch den Schadenseintritt als Teil der Pflichtverletzung
umfasst. In der Lehre wird zwischen **Absicht (dolus directus)** und **Eventualvorsatz (dolus eventualis)** unterschieden (dazu BK-Weber, N 58–61).
Der absichtlich Handelnde will den Erfolg um seiner selbst willen, der bedingt vorsätzlich Handelnde nimmt den Erfolg billigend in Kauf. Im Gesetz
wird verschiedentlich die *Absicht* als Tatbestandsmerkmal eingeführt, wie
etwa in Art. 28 Abs. 1, 41 Abs. 1, 100 Abs. 1 oder Art. 248 Abs. 1 (umfassende
Übersicht bei BK-Weber, N 59). Allerdings genügt auch in diesen Fällen ein
dolus eventualis, so dass die Unterscheidung im Ergebnis folgenlos bleibt
(Schwenzer, OR AT, N 22.13).

Fahrlässigkeit ist gegeben, wenn *die im Verkehr erforderliche Sorgfalt aus- **4**
ser Acht gelassen wird*. Im Interesse des Vertrauensschutzes (Schutz des
Vertrauens auf normkonformes Verhalten des Schuldners) wird damit ein
verobjektivierter Sorgfaltsmassstab zugrunde gelegt. Massgeblich ist daher nicht die individuelle Sorgfalt, sondern das Verhalten, das von einem
«Durchschnittsmenschen» des jeweiligen Verkehrskreises erwartet werden
kann (BGE 116 Ia 162, 169 f.); man könnte auch von *bereichsspezifisch typisierten Sorgfaltsanforderungen* sprechen. Ihre Inhalte und, wenn der **h. M.**
zu Art. 99 Abs. 2 gefolgt wird (N 6), auch ihr Umfang richten sich nach dem
jeweiligen vertraglichen Leistungsprogramm (umfassende Übersicht zu ver-
tragsspezifischen Sorgfaltsformen bei BK-Weber, N 115–127). Individuelle
Inkompetenz kann daher nicht entlasten. Die Übernahme einer Tätigkeit,

deren Anforderungen je individuelle Fähigkeiten vorhersehbar übersteigen, führt zu einem haftungsbegründenden *Übernahmeverschulden* (BGE 124 III 155, 164 m.w.Nw.). Ein Verhalten, das sich in Widerspruch zu Schutzvorschriften wie etwa Normen des Strassenverkehrsrechts setzt, ist regelmässig als sorgfaltswidrig einzustufen. Je nach dem Grad des Sorgfaltsverstosses werden verschiedene Stufen der Fahrlässigkeit unterschieden: **Grobe Fahrlässigkeit** ist gegeben, wenn elementare Regeln sorgfältigen Verhaltens innerhalb des betroffenen Verkehrskreises verletzt werden (so etwa die Entgegennahme eines Checks ohne nähere Prüfung trotz entsprechender Verdachtsmomente durch einen Bankangestellten, BGE 121 III 69, 71 f.; weitere Kasuistik bei BK-WEBER, N 73 f.). **Leichte Fahrlässigkeit** ist dagegen anzunehmen, wenn die Vernachlässigung der gebotenen Sorgfalt nur gering ist, der Fehler «praktisch jeder Person unterlaufen könnte» (SCHWENZER, OR AT, N 23.22; vgl. etwa BGE 117 II 563, 566–569: Unterlassen eines Anwaltes, eine deutlich erkennbare Falschbezeichnung einer Parzelle im Zusammenhang mit dem Eintrag eines Bauhandwerkerpfandrechts zu berichtigen). Zwar wird im Gesetz nur zwischen diesen beiden Formen der Fahrlässigkeit unterschieden (vgl. etwa Art. 100 Abs. 1 und 2, umfassend BK-WEBER, N 71). Trotzdem hat die Rechtsprechung die Kategorie der **mittleren Fahrlässigkeit** entwickelt (BGE 100 II 332, 338), die aber im Zusammenhang des Vertragsrechts weitgehend ohne Bedeutung ist.

5   Im Umkehrschluss aus Art. 18 ZGB ergibt sich, dass der Verschuldensvorwurf die **Verschuldensfähigkeit** voraussetzt. Dieses **subjektive Kriterium des Verschuldens** entspricht der **Urteilsfähigkeit** (Art. 16 ZGB) und ist jeweils für den konkreten Fall zu prüfen (BGE 102 II 363, 367 f.). Fehlt die Urteilsfähigkeit, kommt eine Billigkeitshaftung in Betracht, Art. 99 Abs. 3 i.V.m. Art. 54 Abs. 1 (vgl. N 8).

III. Der Umfang der Haftung (Art. 99 Abs. 2)

6   Nach dem Wortlaut von Art. 99 Abs. 2 richtet sich der **Umfang der Haftung**, also die **Rechtsfolge** einer schuldhaften Pflichtverletzung, nach den Inhalten des jeweils verfolgten Geschäfts wie etwa einem zwischen den Parteien bestehenden Vertrag. Doch wendet die **h.M.** Art. 99 Abs. 2 auf den haftungsauslösenden **Tatbestand** an. Daher sind die Sorgfaltsanforderungen in Abhängigkeit von der Art des Geschäftes zu erhöhen oder abzumildern (Pra 2001, 1091 m.w.Nw.; BK-WEBER, N 138, 141–147; HANDKOMM-KOSTKIEWICZ, N 4; **a.A.** BUCHER, OR AT, 348; GAUCH/SCHLUEP/SCHMID/REY, N 2743). Für diese Lösung spricht der Umkehrschluss aus Art. 99 Abs. 3 i.V.m. Art. 43 Abs. 1: Allein hier ist ausdrücklich die Rede von «Art und Grösse» des Schadenersatzes.

7   Wesentliches Kriterium für die Bemessung des Sorgfaltsumfangs ist das **Verhältnis zwischen Leistung und Gegenleistung**. Denn auch wenn der

Schuldner einen lediglich geringen Vorteil aus dem Geschäft zieht, ist eine Verringerung des Sorgfaltsmassstabes möglich (BGE 92 II 234, 242: Geringfügige Bezahlung für gefährliche Montagearbeiten). Das bedeutet, dass bei **Gefälligkeiten** grundsätzlich von einer verminderten Sorgfaltspflicht auszugehen ist (vgl. a. BGE 127 III 446, 448). Doch können auch **andere Umstände** zur Modifizierung der Sorgfaltsanforderungen führen wie die **Verwandtschaft** der Vertragsparteien oder die Ansiedelung des Geschäfts im **Privaten**. Umgekehrt sind an die Sorgfalt von **Experten** höhere Anforderungen zu stellen (HANDKOMM-KOSTKIEWICZ, N 4), doch greifen hier ohnehin die typisierten Sorgfaltsmassstäbe des jeweils betroffenen Tätigkeitsfeldes ein.

IV. Die Bemessung des Schadenersatzes (Art. 99 Abs. 3)

Art. 99 Abs. 3 verweist für die Bestimmung und Berechnung des Schadenersatzes auf die deliktsrechtlichen Bestimmungen (allgmein BGE 80 II 256, 257). Anwendbar sind hiernach im Einzelnen: **8**

– Art. **42** (BGE 105, 87, 89; 120, 296, 299): Der Richter kann damit einen Schaden auch nach Ermessen berechnen, wenn ein anderer Nachweis nicht möglich ist.
– Art. **43 Abs. 1** (BGE 43 II 170, 176; BGE 128 III 324, 329): Hierbei sind allerdings die Regelungen aus Art. 43 an die Gegebenheiten des Vertragsrechts anzupassen (im Einzelnen: BK-WEBER, N 229–250).
– Art. **44** (BGE 130 III 591, 600; 128 III 324, 329).
– Art. **45–47** (BGE 116 II 519, 520 f.; BSK OR I-WIEGAND, N 20). Damit sind auch die Regelungen über die Genugtuung in den vertraglichen Schadenersatz einbezogen. **Nicht** erfasst sein soll hingegen Art. 45 Abs. 3, so dass der *Versorgerschaden* im Vertragsrecht nicht zu ersetzen sein soll (BGE 64 II 200, 202; 123 III 204, 208 f. m. w. Nw.; zu Recht krit. BSK OR I-WIEGAND, N20 m. w. Nw.; s. a. Art. 97 N 28).
– Art. **49** (BGE 116 II 519, 520 f.).
– Art. **50, 51** (BSK OR I-WIEGAND, N 22).
– Art. **54 Abs. 1** (BGE 102 II 226, 230 f. in Abänderung einer früheren Rechtsprechung).

Art. 100

2. Wegbedingung der Haftung

[1] **Eine zum voraus getroffene Verabredung, wonach die Haftung für rechtswidrige Absicht oder grobe Fahrlässigkeit ausgeschlossen sein würde, ist nichtig.**

[2] Auch ein zum voraus erklärter Verzicht auf Haftung für leichtes Verschulden kann nach Ermessen des Richters als nichtig betrachtet werden, wenn der Verzichtende zur Zeit seiner Erklärung im Dienst des anderen Teiles stand, oder wenn die Verantwortlichkeit aus dem Betriebe eines obrigkeitlich konzessionierten Gewerbes folgt.

[3] Vorbehalten bleiben die besonderen Vorschriften über den Versicherungsvertrag.

Literatur

BRINER, Haftung für Informationen auf Websites, sic! 2002, 231 ff.; HAGER, Gesetzes- und sittenkonforme Auslegung und Aufrechterhaltung von Rechtsgeschäften, 1983; HOCHSTRASSER, Freizeichnungen zugunsten und zulasten Dritter, 2006; SCHMID, Freizeichnungsklauseln, in: Aktuelle Aspekte des Schuld- und Sachenrecht, FS für Heinz Rey, 2003, 307 ff.; SCHWENZER, Beschränkung und Modifikation der vertraglichen Haftung, in: A. Koller (Hrsg.), Haftung aus Vertrag, 1998, 99 ff.

I.   Normzweck

1   Art. 100 Abs. 1 bezieht sich auf vorab vereinbarte **Freizeichnungsklauseln** für die **Folgen der Nichterfüllung der Obligation** (Phänomenologie bei SCHMID, FS Rey, 309–311) und setzt der Privatautonomie eine zwingende Grenze. Die Haftung für Vorsatz und grobe Fahrlässigkeit kann hiernach nur nach Schadensentstehung wirksam vereinbart werden, in der Zeit davor ist eine Haftungsbeschränkung lediglich unterhalb dieser Grenze möglich. Art. 100 Abs. 2 gibt dem Richter ein (begrenztes) Recht zur Inhaltskontrolle für Freizeichnungsklauseln mit Bezug auf die leichte Fahrlässigkeit im Zusammenhang mit Arbeitsverträgen oder eines obrigkeitlich konzessionierten Gewerbes. Art. 103 Abs. 3 verweist auf die Regelungen in Art. 14 VVG i. V. m. Art. 98 VVG (näher BSK OR I-WIEGAND, N 13).

II.   Allgemeine Grenzen der Freizeichnung (Art. 100 Abs. 1)

2   Art. 100 Abs. 1 kann nur zur Anwendung kommen, wenn überhaupt eine **Haftungsbeschränkung vereinbart** wurde und deren Wirksamkeit nicht aus anderen Gründen scheitert. Die **Vereinbarung einer Freizeichnung** kann auch stillschweigend geschehen (BGE 95 II 93, 101 f. lässt diese Frage im Fall eines Betretungsverbotes für eine Baustelle allerdings offen; zur jetzt aktuellen Frage nach der Haftungsbeschränkung auf Websites BRINER, 237–239). Freizeichnungen können sich auch auf die ausservertragliche Haftung beziehen (BGE 120 II 58, 61), weil die Haftungsbeschränkung sonst

im Fall des Mangelfolgeschadens für die begünstigte Partei sinnlos wäre. Aufgrund ursprünglicher Nichtigkeit von vornherein nicht durch Art. 100 Abs. 1 erfasst sind Klauseln, die nach anderen Regeln unzulässig sind. Das gilt insbesondere für den **Haftungsausschluss für Personenschäden**: Eine entsprechende Freizeichnung ist nach Art. 8 PrHG i. V. m. Art 1 Abs. 1 PrHG sowie nach Art. 16 Abs. 1 PauRG nichtig; jenseits dieser Normen greift Art. 20 Abs. 1 (BSK OR I-WIEGAND, N 4; SCHWENZER, OR AT, N 24.14; SCHMID, FS Rey, 316 f.; diff. HOCHSTRASSER, 108–114). Umstritten ist das Verhältnis zwischen Art. 100 Abs. 1 und **Art. 199**. Die Entscheidung dieser Frage hat dann praktische Konsequenzen, wenn der Verkäufer sich von grober Fahrlässigkeit freizeichnen will, was ihm nach Art. 199 gestattet wäre (BSK OR I-HONSELL, Art. 199 N 1). Das Bundesgericht hat die Frage offengelassen (ausdrücklich offenlassend BGE 107 II 161, 166 f.; s. a. BGE 130 III, 686, 689–694). In der Lehre ist diese Frage umstritten (vgl. den Überblick bei BK-WEBER, N 39 m. w. Nw.). Teilweise wird ein Vorrang von Art. 199 als lex specialis befürwortet. Doch spricht mehr dafür, dass Art. 199 lediglich einen Sonderfall vorvertraglichen Verschuldens regelt, während Art. 100 alle Formen der Pflichtwidrigkeit und damit auch die Sachmängelgewährleistung erfasst und folglich anzuwenden ist (BK-WEBER, N 30; KOLLER, OR AT II, § 61 N 34, jeweils m. w. Nw.).

Ob überhaupt eine Haftungsbeschränkung gewollt gewesen ist, ist durch **Auslegung**, Art. 18, zu ermitteln. Werden Freizeichnungen in AGB vereinbart, gilt dabei die **Unklarheitenregel**. Nach dieser Regel, die in Art. 33 VVG gesetzlichen Ausdruck gefunden hat, aber auch bei allen anderen AGB anzuwenden ist (BGE 115 II 264, 268 f.), gehen Unklarheiten bei AGB im Zweifel zulasten des Verwenders. Nicht auf AGB beschränkt, aber ebenfalls am Schutz des Gläubigers ausgerichtet ist das **Restriktionsprinzip**, wonach vertragliche Abweichungen von dispositiven Rechtssätzen grundsätzlich eng auszulegen sind (SCHWENZER, OR AT, N 45.11 m. w. Nw.). Allerdings stellt sich im Blick auf das Restriktionsprinzip die Frage, ob damit nicht – jedenfalls jenseits des Konsumentenschutzes – allzu einseitig eine vielfach nicht unbedingt bestehende ökonomische Unterlegenheit des Klauselbetroffenen unterstellt wird (ebenso WIEGAND, ZBJV 2002, 316, 330 f.).

3

Jenseits von Art. 100 Abs. 1 und 2 soll eine Haftungsbeschränkung auch dann unzulässig sein, wenn sie der **«Natur des Geschäfts»** widerspricht, also Kardinalpflichten des Verwenders einschränkt (BUCHER, OR AT, 348 FN 77; zur Debatte im Überblick BK-WEBER, N 43). Das ist insbesondere für das **Auftragsrecht** behauptet worden, weil der Auftragnehmer gerade die getreue und sorgfältige Geschäftserledigung schuldet, Art. 398 Abs. 2, die zugleich auch den Verschuldensmassstab bildet. Doch steht es den Parteien frei, diese Sorgfaltspflicht *inhaltlich zu konkretisieren* und durch einen «Verpflichtungsausschluss» des Auftrags (BK-WEBER, N 44, 73 f.)

4

bestimmte Schadensfolgen (etwa entgangener Gewinn) auszuschliessen. Allerdings ist hierfür Art. 100 analog anzuwenden (BK-WEBER, N 44; BSK OR I-WIEGAND, N 6). Die h. M. kommt dem Ergebnis nach zum gleichen Schluss, indem Art. 100 auch auf das Auftragsrecht angewendet wird (vgl. etwa BGE 88 II 430, 434 f., jetzt allerdings offengelassen in BGE 124 III 155, 165).

III. Die Begrenzung der Freizeichnung in Sonderfällen (Art. 100 Abs. 2)

5   Art. 100 Abs. 2 zielt auf die **Situation ungleicher wirtschaftlicher Machtverteilung** und den Schutz der schwächeren Vertragspartei. Das zeigt sich besonders in der ersten Variante der Vorschrift, ist doch im Rahmen des **Arbeitsrechts** die Vertragsgestaltungsmacht des Dienstberechtigten besonders stark ausgeprägt. Die Vorschrift ist deshalb weit auszulegen und zumindest analog auch auf andere Vertragsbeziehungen anzuwenden, die von einem Abhängigkeitsverhältnis geprägt sind (etwa Verhältnis Arzt/Patient; zum Ganzen BK-WEBER, N 105–110).

6   Mit der Ausweitung der richterlichen Inhaltskontrolle auf **obrigkeitlich konzessionierte Gewerbe** zielte der historische Gesetzgeber auf den Schutz gegen die Vertragsgestaltungsmacht von Monopolen wie etwa Eisenbahnen (umfassend SCHMID, FS Rey, 312–316). Die h. M. hat Art. 100 Abs. 2 mittlerweile aber auch auf andere Berufe und Gewerbe ausgedehnt, deren Ausübung einem allgemeinen polizeirechtlichen Erlaubnisvorbehalt untersteht (BK-WEBER, N 116). Auf diese Weise sind mittlerweile sogar die freien Berufe in den Anwendungsbereich von Art. 100 Abs. 2 gerückt worden (krit. BSK OR I-WIEGAND, N 10). Die bundesgerichtliche Rechtsprechung hat auch die Tätigkeit der Banken unter Art. 100 Abs. 2 subsumiert (BGE 112 II 450, 454 f.; 132 III 449, 452 f.; zur insgesamt zustimmenden Stellungnahme der **h. L.** s. BK-WEBER, N 120–123).

IV. Rechtsfolgen

7   Vertragsbestimmungen, die gegen Art. 100 Abs. 1 verstossen, sind **nichtig**. Doch wird in der h. L. die These vertreten, dass hier – wie auch in anderen Konstellationen von Nichtigkeit – lediglich eine **modifizierte Teilnichtigkeit** vorliegen solle. Die Haftungsbeschränkung bleibt hiernach im Umfang des gesetzlich Zulässigen erhalten (GAUCH/SCHLUEP/SCHMID/REY, N 710–714). Diese **geltungserhaltende Reduktion** würde also die unzulässige Haftungsbeschränkung für Vorsatz zu einem Haftungsausschluss für leichte Fahrlässigkeit werden lassen. Dem wird allerdings entgegengehalten, dass damit ein zusätzlicher Anreiz für unzulässige Klauseln geschaffen werde und jedenfalls bei Regeln, die wie Art. 100 den Schutz der schwächeren Ver-

tragspartei bezwecken, im Interesse der **Prävention** die geltungserhaltende Reduktion abzulehnen sei (SCHWENZER, OR AT, N 32.45). Allerdings müsste dann geklärt werden, in welchem Umfang das Privatrecht solchen pönalen Elementen zugänglich ist (umfassend zum Ganzen aus der Perspektive des deutschen Rechts HAGER).

Art. 101

| 3. | Haftung für Hilfspersonen | ¹ **Wer die Erfüllung einer Schuldpflicht oder die Ausübung eines Rechtes aus einem Schuldverhältnis, wenn auch befugterweise, durch eine Hilfsperson, wie Hausgenossen oder Arbeitnehmer vornehmen lässt, hat dem andern den Schaden zu ersetzen, den die Hilfsperson in Ausübung ihrer Verrichtungen verursacht.** |

¹ **Wer die Erfüllung einer Schuldpflicht oder die Ausübung eines Rechtes aus einem Schuldverhältnis, wenn auch befugterweise, durch eine Hilfsperson, wie Hausgenossen oder Arbeitnehmer vornehmen lässt, hat dem andern den Schaden zu ersetzen, den die Hilfsperson in Ausübung ihrer Verrichtungen verursacht.**

² **Diese Haftung kann durch eine zum voraus getroffene Verabredung beschränkt oder aufgehoben werden.**

³ **Steht aber der Verzichtende im Dienst des andern oder folgt die Verantwortlichkeit aus dem Betriebe eines obrigkeitlich konzessionierten Gewerbes, so darf die Haftung höchstens für leichtes Verschulden wegbedungen werden.**

Literatur

KOLLER, Die Haftung für den Erfüllungsgehilfen nach Art. 101, 1980; PICHONNAZ/KUONEN, Les intérêts sur le dommage contractuel et la responsabilité pour le fait de l'auxiliaire: rappel de deux principes à la lumière d'un arrêt récent. Commentaire de l'arrêt du Tribunal fédéral du 13 août 2004, publié aux ATF 130 III 591 (4C.96/2004), BR/DC 2005, 15 ff.; K. SPIRO, Die Haftung für Erfüllungsgehilfen, 1984.

I.   Normzweck und Anwendungsbereich

Mit der Haftung des Schuldners für Hilfspersonen verwirklicht Art. 101 einen Regelungsansatz, der erst im Zeitalter einer arbeitsteilig organisierten Wirtschafts- und Gesellschaftsverfassung entstanden ist (SCHERMAIER, in: Historisch-Kritischer Kommentar zum BGB, §§ 276, 278 N 17 f., 24–27, 33 f., 38, 52–54). Als **Zurechnungsnorm für das Fehlverhalten** Dritter weist Art. 101 die Schadenersatzrisiken, die sich aus der Einschaltung von

1

Hilfspersonen ergeben, der Sphäre des Geschäftsherrn zu. Dem Vorteil aus der Mitwirkung von Hilfspersonen entspricht also das Risiko der Haftung für deren Fehlverhalten (BGE 114 Ib 67, 71). Art. 101 findet auf alle vertraglichen und gesetzlichen Schuldverhältnisse **Anwendung**, gilt aber analog auch für Obliegenheitsverletzungen (BK-WEBER, N 97). Im deliktsrechtlichen Bereich gilt allerdings Art. 55; das organschaftliche Handeln juristischer Personen wird über Art. 55 Abs. 2 ZGB i. V. m. 722, 818 Abs. 4, 899 Abs. 3 zugerechnet, Art. 101 kann hier nicht zur Anwendung kommen (BGE 102 II 256, 264). Im Auftragsrecht wird Art. 101 im Fall der **Substitution** verdrängt durch Art. 398 Abs. 3, 399 (umfassend hierzu BGE 121 III 310, 314–318). Art. 101 lässt **deliktische Ansprüche gegen die Hilfsperson** unberührt (BGE 97 II 123, 126), gegebenenfalls haften Schuldner und Hilfsperson solidarisch (BGE 77 II 148, 150 f.).

II. Tatbestand (Art. 101 Abs. 1)

2 Die Haftung aus Art. 101 Abs. 1 setzt voraus, dass der Geschäftsherr eine **Hilfsperson** eingesetzt hat, deren Handeln im Rahmen eines **Schuldverhältnisses** mit dem Gläubiger (N 4) in **Ausführung ihrer Verrichtungen** adäquat kausal einen **Schaden** beim **Gläubiger** verursacht hat. War der Geschäftsherr allerdings nicht befugt, eine Hilfsperson einzuschalten, haftet er nach Art. 97 (VON TUHR/ESCHER, OR AT, 127 f.).

3 **Hilfsperson** ist jede Person, die mit **Wissen und Wollen des Gläubigers** bei der Erfüllung einer Verpflichtung gegenüber dem Gläubiger oder der Ausübung eines Rechts gegenüber einem Schuldner tätig wird (zur Kasuistik: BK-WEBER, N 144–153; BSK OR I-WIEGAND, N 8). Ein Subordinationsverhältnis ist daher – **anders** als im Zusammenhang mit **Art. 55** – nicht erforderlich (BGE 70 II 215, 220), so dass etwa ein Subunternehmer Erfüllungsgehilfe des Generalunternehmers im Verhältnis zum Besteller ist (BGE 116 II 305, 308). Eine dauerhafte Rechtsbeziehung zum Geschäftsherrn muss nicht bestehen (BGE 111 II 504, 506), so dass etwa die einmalig eingesetzte Bank zur Hilfsperson des Schuldners werden kann (BGE 111 II 504, 507) und der Schuldner im Zusammenhang mit der Erfüllung einer **Bringschuld** auch für den einmalig eingesetzten Spediteur haftet (BGE 122 III 106, 108 zum Kauf mit CIF-Klausel). Selbst das **stillschweigende Einverständnis** mit dem Geschäftsherrn kann ausreichen (BGer 4C.343/2003 v. 13. 10. 2004, E. 4.1). Dieses Konsenserfordernis begrenzt zugleich auch den Kreis möglicher **Untergehilfen**. Allerdings wird der vom Schuldner eingesetzte Erfüllungsgehilfe bei einem schädigenden Tun des Untergehilfen regelmässig für ein Auswahl- und Übernahmeverschulden haften, das durch Art. 101 Abs. 1 dem Schuldner zugerechnet wird (BK-WEBER, N 53–55).

Die Hilfsperson verursacht nach h.h.M. den **Schaden in Ausführung ihrer**   4
Verrichtungen, wenn ein **funktioneller Zusammenhang** zwischen ihrem
schädigenden Handeln und der Verbindlichkeit des Schuldners besteht. Das
ist dann der Fall, wenn die schädigende Handlung *für sich genommen* eine
Pflichtwidrigkeit oder unzulässige Rechtsausübung darstellen würde (BGE
90 II 15, 17; 92 II 15, 18; zur Kasuistik BK-WEBER, N 127 f.). Teile der Lehre
(grundlegend KOLLER, Erfüllungsgehilfe, N 277–299; ihm folgend BK-
WEBER, N 120–122) verlangen dagegen einen *raum-zeitlichen Zusammenhang* zwischen dem Handeln der Hilfsperson und der Verbindlichkeit des
Schuldners. Praktische Konsequenzen hat dieser Streit dann, wenn mit der
(noch) h.M. ein funktioneller Zusammenhang nur in dem Fall bejaht wird,
in dem die Hilfsperson sich an die Weisungen des Geschäftsherrn hält; handelt die Hilfsperson dagegen entgegen solchen Weisungen oder nutzt sie lediglich die Gelegenheit zur Schuldnernähe für ein schädigendes Handeln
ohne konkreten Bezug (**Handeln bei Gelegenheit der Verrichtung**), soll
eine Zurechnung nach Art. 101 entfallen (so BGE 98 II 288, 292 für den Fall
eines Arbeitnehmers, der ausdrücklich gegen betriebliche Anweisungen
verstösst; GAUCH/SCHLUEP/SCHMID/REY, N 2877; zur Kasuistik BK-WEBER,
N 121–124). Wird dagegen lediglich ein raum-zeitlicher Zusammenhang
verlangt, ist in solchen Fällen in jedem Fall eine Haftung anzunehmen. Eine
Haftung ergibt sich auch dann, wenn die **Nebenpflichten** (Art. 97 N 15)
ebenfalls zum Pflichtenprogramm des Geschäftsherrn gezählt werden, dann
sind in jedem Fall auch Handlungen bei Gelegenheit der Verrichtung über
Art. 101 zuzurechnen (ebenso BSK OR I-WIEGAND, N 10; SCHWENZER, OR
AT, N 23.09).

Ein **Verschulden** der Hilfsperson ist **nicht erforderlich**. Denn Art. 101 rech-   5
net nur die Pflichtwidrigkeit der Hilfsperson, nicht aber ihr Verschulden zu.
Ein **Entlastungsbeweis** wie in Art. 55 Abs. 1 ist in Art. 101 **nicht** vorgesehen. Da die Haftung des Geschäftsherrn aber an ein Verschulden gebunden
ist (Art. 99 Abs. 1) haftet er nur dann, wenn das Handeln der Hilfsperson
dann, wenn er selbst tätig geworden wäre, ihm vorzuwerfen wäre (sog. **hypothetische Vorwerfbarkeit**, vgl. dazu BGE 119 II 337, 338 m.w. Nw.). Demnach können Situationen eintreten, in dem die Hilfsperson über überragende
Sachkunde verfügte und ihrerseits deswegen schuldhaft handelte, der Geschäftsherr aber gerade mangels solcher Sachkunde nicht haftet (GAUCH/
SCHLUEP/SCHMID/REY, N 2888 f.): Der Hausarzt, der einen chirurgischen
Eingriff durch einen Herzspezialisten vornehmen lässt, haftet trotz eines
Verschuldens des Operateurs nicht. Der Gläubiger soll nämlich durch die
Einschaltung einer Hilfsperson nicht privilegiert werden. Allerdings haftet
der Geschäftsherr dann nach Art. 101, wenn er dem Gläubiger gerade jene
Sorgfalt geschuldet hat, die allein durch die Einschaltung der Hilfsperson zu
gewährleisten war (BGE 130 III 591, 605 f. m.w.Nw.).

III. Haftungsbeschränkungen

6 Art. 101 Abs. 2 lässt die **Freizeichnung auch für grobe Fahrlässigkeit und Absicht** zu, geht also über Art. 100 Abs. 1 hinaus. Allerdings ist die Freizeichnung auf die vertragliche Haftung des Geschäftsherrn begrenzt, die ausservertragliche Haftung des Gehilfen bleibt hiervon ebenso unberührt wie die deliktische Haftung des Geschäftsherrn (BK-WEBER, N 167). Diese grosszügige Regelung wird durch Art. 101 Abs. 3 auf die Freizeichnung für leichte Fahrlässigkeit beschränkt. Voraussetzung für diese Begrenzung ist – ebenso wie in Art. 100 Abs. 2 – eine Dienstbeziehung des Verzichtenden zum Geschäftsherrn oder der Betrieb eines konzessionierten Gewerbes. Hier gelten die gleichen Grundsätze wie im Zusammenhang mit Art. 100 Abs. 2 (Art. 100 N 5; vgl. auch BK-WEBER, N 168–172).

Art. 102

B. **Verzug des Schuldners**

I. **Voraussetzung**

[1] **Ist eine Verbindlichkeit fällig, so wird der Schuldner durch Mahnung des Gläubigers in Verzug gesetzt.**

[2] **Wurde für die Erfüllung ein bestimmter Verfalltag verabredet, oder ergibt sich ein solcher infolge einer vorbehaltenen und gehörig vorgenommenen Kündigung, so kommt der Schuldner schon mit Ablauf dieses Tages in Verzug.**

Literatur

RÜETSCHI, «Zahlbar 30 Tage netto» Der Beginn der Verzinsungspflicht im Vertragsrecht unter besonderer Berücksichtigung von Rechnungen zahlbar «30 Tage netto», SJZ 2003, 341 ff.; SCHENKER, Die Voraussetzungen und die Folgen des Schuldnerverzuges im Schweizerischen Obligationenrecht: Übersicht, Würdigung und Kritik, 1988.

I. Normzweck

1 Art. 102–109 erfassen mit dem Verzug die am häufigsten eintretende Leistungsstörung, die Nichterbringung der geschuldeten Leistung zum vereinbarten Zeitpunkt trotz bestehender Leistungsmöglichkeit. Zugleich stellen diese Regelungen *leges speciales* im Verhältnis zu Art. 97 Abs. 1 dar, denn auch der Verzug ist eine **Pflichtwidrigkeit**. Art. 102 regelt dabei lediglich den **Tatbestand** des Verzuges, dessen **Rechtsfolgen** in Art. 103–109 detailliert bestimmt sind.

II. Tatbestand des Verzuges

Verzug tritt ein, wenn die Verbindlichkeit **fällig** ist, eine wirksame **Mahnung** vorliegt oder eine **Mahnung entbehrlich** ist sowie **keine Verzugsausschluss- oder Verzugsbeendigungstatbestände** vorliegen. Der Verzug ist **unabhängig** von einem Verschulden.

Als **Fälligkeit** wird die Situation bezeichnet, in der der Gläubiger die Leistung fordern kann und der Schuldner die Leistungspflicht erfüllen muss (BGE 129 III 535, 541). Art. 75 lässt im Zweifel die Fälligkeit «sogleich» eintreten, wenn nicht etwas anderes vereinbart wurde oder sich aus der Natur des Rechtsverhältnisses selbst ergibt. Eine **Einrede** hindert die Fälligkeit **nicht**, wenn sie nicht eigens geltend gemacht wird (BK-WEBER, N 59 m. w. Nw.).

Mahnung ist die unmissverständliche, an den Schuldner gerichtete Erklärung des Gläubigers, mit der die unverzügliche Erfüllung verlangt wird (BGE 129 III 535, 541; BK-WEBER, N 63). Das kann **formlos** geschehen (s. aber Art. 20 Abs. 1 VVG), doch auch die Erhebung einer Leistungs- oder einer verselbständigten Widerklage (dazu BGE 111 II 421, 427) ist ebenso ausdrucksstark wie die Zustellung eines Zahlungsbefehls (BSK OR I-WIEGAND, N 9). Zwar ist die Mahnung kein Rechtsgeschäft, da der Verzug kraft Gesetzes und nicht durch einen verkörperten Willensakt des Gläubigers eintritt. Doch ist sie als **rechtsgeschäftsähnliche Handlung** einzuordnen, für die Rechtsgeschäftsregeln analog gelten (BSK OR I-WIEGAND, N 7). Die formfreie Mahnung ist eine **empfangsbedürftige Erklärung**, die die Verbindlichkeit bezeichnen muss. Wird in der Mahnung mehr gefordert, als geschuldet ist, so führt dieser Mangel dann zur **Unwirksamkeit** der Mahnung, wenn sich aus den Umständen ergibt, dass der Gläubiger das tatsächlich Geschuldete *nicht* als Teilleistung akzeptiert hätte (BGE 46 II 77, 85): In diesem Fall geht die Mahnung auf eine andere als die geschuldete Leistung. Die **h. M.** lässt es zu, dass die Mahnung (zusammen mit der Nachfristsetzung i. S. v. Art. 107 Abs. 1, vgl. Art. 107 N 3) bereits **vor Fälligkeit** ausgesprochen wird (BGE 103 II 103, 105), um so das Erfüllungsinteresse des Gläubigers zu sichern; allerdings muss der Termin der Fälligkeit dem Schuldner bekannt sein (BK-WEBER, N 102). Daher gilt der Rechnungszusatz «zahlbar 30 Tage netto» als befristete Mahnung (BSK OR I-WIEGAND, N 9; **a. A.** HGer AG, SJZ 2000, 224, 225; umfassend RÜETSCHI, SJZ 2003, 342–344 u. passim). Die Mahnung entfaltet **Wirksamkeit mit Eintritt in den Machtbereich des Empfängers** (vgl. allgemein BGE 118 II 42, 44) und begründet den Verzug, für dessen Berechnung (vgl. Art. 104) der Tag des Mahnungszugangs allerdings nicht zählen soll (BK-WEBER, N 105).

Die **Mahnung** wird **entbehrlich**, wenn ein bestimmter **Zahlungstermin** vereinbart wurde, Art. 102 Abs. 2 Hs. 1. Das setzt allerdings voraus, dass der vertraglich oder gesetzlich bestimmte Zahlungstermin mit Hilfe der gesetzlichen Berechnungsregeln, Art. 76–78, zumindest **bestimmbar** ist. Der Verzug kann ohne Mahnung aber auch im Fall einer ordnungsgemäss ausgesprochenen **Kündigung** eintreten, die aufgrund eines vertraglichen oder gesetzlichen Kündigungsrechts ausgesprochen worden ist, Art. 102 Abs. 2 Hs. 2. **Jenseits von Art. 102 Abs. 2** ist eine Mahnung im Fall offensichtlicher Funktionslosigkeit entbehrlich. Das gilt insbesondere im Fall der ernsthaften und endgültigen **Erfüllungsverweigerung** (BGE 110 II 141, 143 f. m. w. Nw.), wie sich aus der analogen Anwendung von Art. 108 Abs. 1 ergibt. Wird eine Sache deliktisch erlangt und ist deswegen zurückzugeben, kommt der Täter bereits im Zeitpunkt seines Handelns in Verzug (*fur semper in mora* – der Dieb ist immer im Verzug; zur römischrechtlichen Tradition dieses Grundsatzes LOHSSE, in: Historisch-Kritischer Kommentar zum BGB, §§ 286–299, N 14, 25, 31, 40). Im Fall von Art. 213 Abs. 2 und 400 Abs. 2 ist eine Mahnung ebenfalls entbehrlich (BK-WEBER, N 22 f.).

6   Der **Verzug ist ausgeschlossen**, wenn die Leistung unmöglich ist; in diesem Fall gelten Art. 210 Abs 1, 97 Abs. 1, 119 sowie, falls die **Unmöglichkeit** bei Verzugseintritt entstand, Art. 103. Befindet sich der Gläubiger im **Annahmeverzug**, Art. 91, kann ein Verzug nicht entstehen oder endet eine bereits entstandene Verzugssituation (BGE 45 II, 250, 256; BK-WEBER, N 153–155). Hier gilt das aus Art. 2 Abs. 1 ZGB abgeleitete Verbot widersprüchlichen Verhaltens. Die wirksame Erhebung einer **Einrede** hindert die Fälligkeit und **beseitigt** damit auch den **Verzug** (BSK OR I-WIEGAND, N 12).

Art. 103

II.	Wirkung
1.	Haftung für Zufall

[1] **Befindet sich der Schuldner im Verzuge, so hat er Schadenersatz wegen verspäteter Erfüllung zu leisten und haftet auch für den Zufall.**

[2] **Er kann sich von dieser Haftung durch den Nachweis befreien, dass der Verzug ohne jedes Verschulden von seiner Seite eingetreten ist oder dass der Zufall auch bei rechtzeitiger Erfüllung den Gegenstand der Leistung zum Nachteile des Gläubigers betroffen hätte.**

I.   Allgemeines

1   Als **Rechtsfolgenregelung** des Verzuges verpflichtet Art. 103 Abs. 1 den Schuldner zum Ersatz des **Verspätungsschadens**. Darüber hinaus trifft den

Schuldner die **Zufallshaftung** für die im Verzug eintretende **Unmöglichkeit** oder die **Beschädigung** des Leistungsgegenstandes. Allerdings wird dem Schuldner in Art. 103 Abs. 2 die Möglichkeit eingeräumt, sich durch den Exkulpationsbeweis zu entlasten oder den Beweis zu führen, dass der Verzug nicht ursächlich für den eingetretenen Schaden war.

II. Die Verzugshaftung (Art. 103 Abs. 1)

Die **Schadenersatzpflicht** aus Art. 103 Abs. 1 besteht **neben dem Erfül-** 2 **lungsanspruch** des Gläubigers. Tatbestandliche Voraussetzungen sind ein **Schaden** des Gläubigers, ein **adäquater Kausalzusammenhang** zwischen Verzug und Schadenseintritt sowie das **Verschulden** des Schuldners, das aber in Art. 103 Abs. 2 vermutet wird. Der **Verspätungsschaden** umfasst das «positive Interesse» an der rechtzeitigen Erfüllung (BGE 116 II 441, 443). Der Gläubiger ist also so zu stellen, wie er bei **rechtzeitiger** Erfüllung stehen würde. Massgeblicher Zeitpunkt ist damit der zu vertretende Eintritt des Verzugs, Art. 102, denn spätestens zu diesem Zeitpunkt hätte der Schuldner erfüllen müssen (s. a. Art. 107 N 11). Zu ersetzen sind damit sowohl **konkrete Vermögensminderungen** wie auch der **entgangene Gewinn.** Mögliche **Schadenersatzposten** sind folglich insbesondere verzugsbedingte Wertminderungen der geschuldeten Leistung, mögliche Schadenersatzleistungen des Gläubigers an Dritte, die Kosten für Überbrückungsmassnahmen und die Aufwendungen des Gläubigers für die Verfolgung seines Rechts gegenüber dem Schuldner (umfassend BK-WEBER, N 18–35 m. w. Nw.; BSK OR I-WIEGAND, N 6). Der Schadenersatz aus Art. 103 ist also von dem Schaden zu unterscheiden, der im Rahmen von Art. 97 Abs. 1 und 107 Abs. 2 ersetzt wird (BGer 4C.77/2005 v. 20.4.2005, E.5.3).

Die in Art. 103 Abs. 1 angeordnete **Zufallshaftung** weist dem Schuldner das 3 Risiko für die Unmöglichkeit oder die Schlechterfüllung seiner Leistungspflichten zu. Denn der Schuldner soll das Risiko, das er durch die schuldhafte Leistungsverzögerung gesetzt hat, auch selbst tragen. Der Schuldner haftet damit auch für Ereignisse, die **nicht** in einem **adäquat kausalen** Ursachenzusammenhang zum Verzug stehen, sondern die die Leistung **zufällig** unmöglich machen oder ihre Schlechterfüllung bewirken. Der Verzug ist hier also lediglich die *conditio sine qua non* für den Schadenseintritt. Als **Zufall** wird dabei jedes Ereignis gedeutet, dass weder dem Schuldner noch dem Gläubiger zuzurechnen ist, also insbesondere das Handeln Dritter und das Eingreifen höherer Gewalt (der Leistungsgegenstand wird gestohlen oder geht bei einer Überschwemmung unter). Anspruchsgrundlage in diesen Fällen ist Art. 97 Abs. 1 i. V. m. Art. 103 Abs. 1, wobei dem Schuldner die Exkulpation hinsichtlich der Unmöglichkeit oder der Schlechterfüllung verwehrt ist und die adäquate Kausalität ebenfalls nicht zu prüfen ist. Der Schuldner bleibt vielmehr verwiesen auf die Exkulpation nach

Art. 103 Abs. 2 (BSK OR I-Wiegand, N 9, 10; Schwenzer, OR AT, N 66.07). Der Rechtsgedanke der Zufallshaftung ist im Weg der Analogie auch auf die Fälle zu übertragen, in denen der Gläubiger andere leistungsbezogene Zufallsnachteile in Kauf nehmen muss: So kann sich der Schuldner nicht auf zufällig eingetretene Leistungserschwerungen berufen und wird im Fall werkvertraglicher Leistungspflichten im Gegensatz zu Art. 376 Abs. 2 auch nicht durch den zufälligen Verlust des Stoffes entlastet, den der Besteller geliefert hat (BK-Weber, N 57 f.).

III. Die Entlastung des Schuldners (Art. 103 Abs. 2)

4   Art. 103 Abs. 2 lässt zwei Entlastungsbeweise zu: Der sog. **erste Entlastungsbeweis**, Art. 103 Abs. 2 Hs. 1, entspricht dem Regelungsansatz nach Art. 97 Abs. 1. Gelingt dem Schuldner der Nachweis, dass ihn kein Verschulden am Verzug traf (zur Kasuistik BSK OR I-Wiegand, N 3), dann entfällt die Zufallshaftung für Unmöglichkeit oder Schlechtleistung. Freilich bleibt in solchen Fällen die Möglichkeit der Haftung aus Art. 97 Abs. 1. Der sog. **zweite Entlastungsbeweis**, Art. 103 Abs. 2 Hs. 2, entspricht dem Regelungsansatz nach der Berufung auf rechtmässiges Alternativverhalten (Schwenzer, OR AT, N 66.07; s. a. Art. 97 N 19): Der Schuldner macht geltend, dass der Zufall und damit die Unmöglichkeit auch im Fall pflichtgemässen, nämlich rechtzeitigen Handelns eingetreten wäre. Teilweise wird allerdings vorgetragen, der Schuldner dürfe sich auch auf ein anderes Zufallsereignis berufen, das ebenfalls zur Unmöglichkeit geführt hätte (statt des Diebstahls, der ohne Verzug nicht eingetreten wäre, hätte eine Überschwemmung das abzuliefernde Fahrzeug zerstört). Doch diese Sichtweise widerspricht dem Wortlaut des Gesetzes («*der* Zufall» bezieht sich offensichtlich auf Art. 103 Abs. 1) und dem Regelungskonzept von Art. 103 (ebenso BSK OR I-Wiegand, N 11 m. w. Nw.; **a. A.** BK-Weber, N 62).

Art. 104

2.	Verzugszinse	
a.	Im Allgemeinen	

¹ **Ist der Schuldner mit der Zahlung einer Geldschuld in Verzug, so hat er Verzugszinse zu fünf vom Hundert für das Jahr zu bezahlen, selbst wenn die vertragsmässigen Zinse weniger betragen.**

² **Sind durch Vertrag höhere Zinse als fünf vom Hundert, sei es direkt, sei es durch Verabredung einer periodischen Bankprovision, ausbedungen worden, so können sie auch während des Verzuges gefordert werden.**

³ **Unter Kaufleuten können für die Zeit, wo der übliche Bankdiskonto am Zahlungsorte fünf vom Hundert übersteigt, die Verzugszinse zu diesem höheren Zinsfusse berechnet werden.**

Literatur

CANARIS, Der Zinsbegriff und seine rechtliche Bedeutung, NJW 1978, 1891 ff.; HABSCHEID, Der Anspruch von Zahlung von Verzugszins im Prozess, SJZ 1994, 287 ff.; HONSELL, Der Verzugsschaden bei der Geldschuld, in: FS für Hermann Lange, 1992, 509 ff.; WEBER, Gedanken zur Verzugsschadensregelung bei Geldschulden, in: FS für Max Keller, 1989, 323 ff.

Zins ist das Entgelt für die Überlassung oder die Vorenthaltung von Kapital. Der in Art. 104 geregelte **Verzugszins** lässt sich beschreiben als gesetzlich geschuldetes Entgelt für die verzugsbedingte Vorenthaltung einer Geldsumme (BK-WEBER, N 7). Dahinter steht die für Art. 104–106 prägende gesetzgeberische Zielsetzung: Es soll der Schaden des Gläubigers einer **Geldschuld** (vgl. Art. 84) ausgeglichen werden, der dadurch entsteht, dass der Gläubiger während des Verzuges nicht über den entsprechenden Betrag verfügen und das Geld folglich auch nicht zins- und renditewirksam anlegen kann (BGE 123 III 241, 245).   1

Daher verzichtet der Gesetzgeber im Ausgangspunkt, Art. 104 Abs. 1, auf ein schuldnerisches Verschulden und den Kausalitätsnachweis: Als **pauschalierten Schaden** kann der Gläubiger einer Geldschuld im Fall des Verzuges vielmehr 5 % der geschuldeten Summe als **Verzugszins** verlangen, Art. 104 Abs. 1. Allerdings ist diese Zinshöhe der **Disposition** zugänglich, wie Art. 104 Abs. 2 zeigt: Zwar ist im Gesetz nur die Rede von der Vereinbarung höherer Verzugszinsen, doch können die Parteien den Verzugszins auch vertraglich beschränken (BGE 117 V 349). Die Zulässigkeit solcher Vereinbarungen richtet sich nach den allgemeinen Regeln, Art. 20 Abs. 1 (s. a. Art. 73 Abs. 2). Art. 104 Abs. 3 enthält eine Sonderregelung für **Kaufleute**, wobei allein darauf abzustellen ist, ob es sich bei der Geldschuld um ein **kaufmännisches Geschäft** handelt (BGE 122 III 53, 55 f.): Hier kann ein höherer Zinssatz verlangt werden, wenn der Bankdiskonto am Zahlungsort mehr als 5 % beträgt. Unter dem Tatbestandsmerkmal **Bankdiskonto** wird dabei in der Rechtsprechung der Zinssatz verstanden, der als **Privatdiskontosatz** für die Diskontierung erstklassiger Wechsel verrechnet wird (BGE 116 II 140, 141 f.; WEBER, FS Keller, 331). Dem wird allerdings in der Literatur entgegen gehalten, dass dieser Diskont kaum eine Rolle spiele und deswegen «in einer geltungszeitlichen Auslegung» (BK-WEBER, N 80) auf den Kontokorrentzins abgestellt werden solle. Massgeblicher **Berechnungszeitpunkt** ist der Eintritt des Verzuges.   2

Art. 105

b. Bei Zinsen, Renten, Schenkungen

¹ Ein Schuldner, der mit der Zahlung von Zinsen oder mit der Entrichtung von Renten oder mit der Zahlung einer geschenkten Summe im Verzuge ist, hat erst vom Tage der Anhebung der Betreibung oder der gerichtlichen Klage an Verzugszinse zu bezahlen.

² Eine entgegenstehende Vereinbarung ist nach den Grundsätzen über Konventionalstrafe zu beurteilen.

³ Von Verzugszinsen dürfen keine Verzugszinse berechnet werden.

1   Art. 105 Abs. 1 schränkt die Reichweite von Art. 104 für Renten, Zinsen und geschenkte Summen ein, indem der **Verzinsungszeitpunkt** hier auf den Zeitpunkt der Klageerhebung oder des Betreibungsbeginns **hinausgeschoben** wird. Dahinter stehen zwei Überlegungen: **Renten und Zinsen** werden i. d. R. für Versorgung und Unterhalt genutzt, also nicht gewinnbringend angelegt. Deswegen entfällt auch die Notwendigkeit, die entgangene Anlagerendite auszugleichen (BK-WEBER, N 10). Als **Zinsen** gelten deswegen auch nur Zinsen aus dem Kapital, nicht aber Miet- oder Pachtzinsen oder gar Lizenzgebühren (vgl. BK-WEBER, N 14). Zu den **Renten** werden dementsprechend nicht allgemeine periodische Leistungen gezählt (vgl. auch Art. 516), sondern typische Versorgungsrenten wie etwa die familienrechtlichen Unterhaltsrenten. Für **schenkweise versprochene Summen** wird keine Gegenleistung verlangt, deswegen soll der Schenkende hier wie auch in anderen Zusammenhängen (vgl. Art. 248 Abs. 1) privilegiert werden.

2   Die Zinsbegrenzung aus Art. 105 Abs. 1 kann, wie **Art. 105 Abs. 2** deutlich macht, durch die Parteien auch verändert werden. Allerdings werden diese Regelungen der richterlichen Inhaltskontrolle nach Massgabe von Art. 163 Abs. 2 und 3 unterworfen. **Art. 105 Abs. 3** nimmt die mittelalterlich begründete Tradition des Zinseszinsverbotes (umfassend DORN, in: Historisch-Kritischer Kommentar zum BGB, §§ 246–248, passim) auf und verbietet deswegen Verzugszinsnahmen auf Verzugszinse.

3   Auch wenn Art. 105 Abs. 2 und 3 zwingendes Recht darstellen, können diese Regeln doch mit Hilfe der **Novation**, Art. 116, umgangen werden: Die Verzugszinsschuld wird in eine neue, selbständige Schuld überführt (kapitalisiert), die dann ihrerseits zur Basis von neuen Verzugszinsen gemacht wird. Die Regelung kann bereits im Voraus vereinbart werden (zum Ganzen BK-WEBER, N 8, 21, 27).

Art. 106

3.   **Weiterer Schaden**

[1] Hat der Gläubiger einen grösseren Schaden erlitten, als ihm durch die Verzugszinse vergütet wird, so ist der Schuldner zum Ersatze auch dieses Schadens verpflichtet, wenn er nicht beweist, dass ihm keinerlei Verschulden zur Last falle.

[2] Lässt sich dieser grössere Schaden zum voraus abschätzen, so kann der Richter den Ersatz schon im Urteil über den Hauptanspruch festsetzen.

I.   Normzweck

Art. 106 ergänzt die Regelung in Art. 104: Geht der **konkrete Verzugsschaden** des Gläubigers einer Geldschuld über den pauschalierten Verzugszins aus Art. 104 hinaus, so kann er zusätzlich die **Differenz** zwischen beiden Beträgen vom Schuldner verlangen (BGE 123 III 241, 245 f.). Art. 106 folgt dabei dem allgemeinen Grundsatz der verschuldensabhängigen Schuldnerhaftung und gesteht dem Schuldner die Möglichkeit der Exkulpation zu.   1

II.   Schadensnachweis

Schäden i. S. v. Art. 106 können bestehen etwa in den Kosten für die Finanzierung von Liquidität, in Entschädigungsleistungen an Dritte, in Kurs- und Währungsverlusten oder in sog. Anlageverlusten (Übersicht bei BK-WEBER, N 16–19). Der geltend gemachte zusätzliche Schaden des Gläubigers muss grundsätzlich **konkret** nachgewiesen werden (vgl. 123 III 241, 243). In der Lehre wird allerdings zunehmend häufiger verlangt, auch die **abstrakte Schadensberechnung** zuzulassen (BK-WEBER, N 32–34). Das gilt insbesondere für die Anlageverluste, die daraus resultieren, dass das geschuldete Kapital nicht entsprechend angelegt werden konnte (BSK OR I-WIEGAND, N 2). Hier ist ein konkreter Schadensnachweis schon angesichts der volatilen Vielfalt von potenziellen Anlagen regelmässig schwierig. Mittlerweile gesteht die Rechtsprechung allerdings zu, dass bei Banken und anderen Finanzdienstleistern von dem Erfahrungssatz auszugehen sei, dass freie Geldbeträge gewinnbringend angelegt werden (BGE 123 III 241, 243 f. m. w. Nw.). Im Zusammenhang mit Währungs- und Kursverlusten tendiert die Rechtsprechung ebenfalls zu Erfahrungssätzen, indem unterstellt wird, der Gläubiger hätte den geschuldeten Betrag bei Zahlung im Fälligkeitszeitpunkt in die Währung seines Wohnsitzstaates konvertiert (BGE 109 II 436, 442 f.).   2

3   **Art. 106 Abs. 2** gibt dem **Richter** die Möglichkeit, den weiteren Verzugsschaden bereits im Urteil zum Hauptanspruch festzusetzen, wenn eine entsprechende Prognosegrundlage besteht. Allerdings kann der Gläubiger diesen Schaden auch in einer neuen Klage geltend machen, ist also nicht auf
den Prozess über die Hauptschuld angewiesen (BGE 109 III 436, 439 f.).

Art. 107

4. **Rücktritt und**
    Schadenersatz
a. **Unter Frist-**
    ansetzung

[1] **Wenn sich ein Schuldner bei zweiseitigen Verträgen**
im Verzuge befindet, so ist der Gläubiger berechtigt,
ihm eine angemessene Frist zur nachträglichen
Erfüllung anzusetzen oder durch die zuständige
Behörde ansetzen zu lassen.

[2] **Wird auch bis zum Ablaufe dieser Frist nicht erfüllt,**
so kann der Gläubiger immer noch auf Erfüllung
nebst Schadenersatz wegen Verspätung klagen,
stattdessen aber auch, wenn er es unverzüglich er-
klärt, auf die nachträgliche Leistung verzichten und
entweder Ersatz des aus der Nichterfüllung entstan-
denen Schadens verlangen oder vom Vertrage zu-
rücktreten.

Literatur

Buz, Das ius variandi des Gläubigers bei Verzug des Schuldners, recht 1997,
197 ff.; A. Koller, Die Verzichtsfolgen i. S. v. Art. 107 Abs. 2 und deren Abänderung durch Vertrag, in: A. Koller (Hrsg.), Haftung aus Vertrag, 1998,
1 ff.; Jermann, Die Ausübung der Gläubigerrechte im Falle eines gültigen
Leistungsverzichts nach Art. 107 Abs. 2: Zeitpunkt und Widerrufbarkeit,
2003.
Weitere Literatur bei Art. 102 und Art. 109.

I.   Normzweck und Anwendungsbereich

1   Im vollkommen zweiseitigen Schuldvertrag kann der fortdauernde Verzug
für den Gläubiger besonders belastend sein: Er bleibt zur Gegenleistung
verpflichtet oder hat u. U. schon geleistet, erhält aber die geschuldete Leistung nicht und ist deswegen nachhaltig in seiner Dispositionsfreiheit eingeschränkt. Aus diesem Grund gibt Art. 107 dem Gläubiger im Fall des schuldnerischen Verzugs mit einer Hauptleistungspflicht die Möglichkeit, **nach**
vorgängiger erfolgloser **Nachfristsetzung**, Art. 107 Abs. 1, durch Ausübung

mehrerer **Wahlrechte** über das weitere Schicksal des Vertrages zu entscheiden, Art. 107 Abs. 2: Er kann den Vertrag teilweise oder vollständig
aufrecht erhalten und **Schadenersatz** verlangen oder aber vom Vertrag zurücktreten. Das in Art. 107 Abs. 2 geregelte Recht zur **Lösung vom Vertrag**
verwirklicht einen Regelungsansatz, der, entstanden in der klassischen Ka-
nonistik des 12. Jahrhunderts, vor allem den französischen Raum beeinflusst hat (Art. 1184 CC fr.) und in der Schweiz erstmals in § 1401 Satz 2
PGB umgesetzt worden ist und von hier aus seinen Weg zu Art. 122 aOR
fand (THIER, in: Historisch-Kritischer Kommentar zum BGB, §§ 346–359,
N 18, 26 m. w. Nw.; BSK-OR I-WIEGAND, N 2).

Art. 107 ist anwendbar für **vollkommen zweiseitige** Verträge, die auch als   2
synallagmatische Verträge bezeichnet werden. Kennzeichnend für das
Ordnungsgefüge dieser Verträge ist die Wechselbezüglichkeit der Hauptleistungspflichten, die zueinander im Verhältnis von Leistung und Gegenleistung stehen müssen. Umfasst von Art. 107 sind damit eine Reihe gesetzlich geregelter Vertragstypen wie Kauf-, Miet- oder der Leibrenten- und
Verpfründungsvertrag. Art. 368 ist allerdings gegenüber Art. 107 *lex specialis* (vgl. BGE 100 II 30, 32 f. für das Verhältnis von Art. 368 zu Art. 97;
s. a. Einl. zu Art. 97–109 N 7). Auch die meisten **Innominatverträge** sind
von einer synallagmatischen Pflichtenstruktur geprägt (BK-WEBER, Art. 82
N 57 m. w. Nw.; umfassend BK-WEBER, N 46 f.). Nicht direkt anwendbar ist
Art. 107 nach dem Wortlaut der Norm bei unvollkommen zweiseitigen und
einseitigen Verträgen. Doch ist auch hier im Fall einer dauerhaft aussichtslosen Erfüllungserwartung (etwa bei der endgültigen Erfüllungsverweigerung des Schuldners) ein schutzwürdiges Gläubigerinteresse insbesondere
an der Lösung vom Vertrag gegeben. Daher ist Art. 107 auf solche Konstellationen **analog** anzuwenden (BK-WEBER, N 44, 49 m. w. Nw.).

II. Nachfristsetzung (Art. 107 Abs. 1)

Die in Art. 107 Abs. 1 geregelte **Nachfrist** soll dem Schuldner eine letzte   3
Möglichkeit zur Abwendung der in Art. 107 Abs. 2 festgesetzten Folgen
geben. Die Nachfristsetzung ist ebenso wie die Mahnung (Art. 102 N 4) eine
rechtsgeschäftsähnliche Handlung, weil ihre Folgen vom Willen des Gläubigers unabhängig sind. Daher gelten auch hier die Regeln über die Rechtsgeschäfte analog. Inhaltlich ist die Nachfristsetzung die unmissverständliche Aufforderung zur Leistung innerhalb bestimmter Frist, wobei aber
nicht auf die Konsequenzen einer Nichterfüllung hingewiesen werden muss
(BGE 116 II, 436, 441; BK-WEBER, N 82; BSK OR I-WIEGAND, N 7 m. w. Nw.).
Die h. M. lässt es zu, die Nachfristsetzung mit der Mahnung zu verbinden
und beides schon vor Fälligkeit zu erklären, wenn der Leistungstermin dem
Schuldner bekannt ist (BGE 103 II 102, 104 f.; s. a. Art. 102 N 4). Art. 107
Abs. 1 eröffnet allerdings auch die Möglichkeit, die Nachfrist durch den

Richter – i.d.R. im summarischen Verfahren – festsetzen zu lassen. Die
Nachfristsetzung kann **entbehrlich** sein. Das gilt insbesondere in den Fällen, die von Art. 108 geregelt sind.

4   Die Nachfrist muss in ihrer Dauer **angemessen** sein. Das ist je nach den
Umständen des Einzelfalles, im Blick auf den Leistungsumfang und unter
Abwägung der beiderseitigen Interessen zu beurteilen (zur Kasuistik
BK-WEBER, N 70–72). Allerdings enthalten auch einige Sondernormen zur
Geldschuld im Interesse des regelmässig wirtschaftlich schwächeren
Schuldners verbindliche Nachfristbestimmungen (vgl. insbes. Art. 257d
Abs. 1, 282 Abs. 1, Art. 20 Abs. 1 VVG). Ist die Frist zu kurz und protestiert
der Schuldner unverzüglich, ohne schuldhaftes Zögern, dann darf er bis zu
einem (objektiv) angemessenen Termin erfüllen (GAUCH/SCHLUEP/SCHMID/
REY, N 3042 m.w. Nw.; a.A. BK-WEBER, N 78: Nichtigkeit); die Frist wird
also in solchen Fällen in eine angemessene Nachfristsetzung umgedeutet.
Schweigt der Schuldner hingegen, gilt auch eine unangemessen kurze Fristsetzung als genehmigt (BGE 116 II 436, 440). Auch die richterlich festgesetzte Frist muss diesen Anforderungen genügen und gilt deswegen nicht
von vornherein als angemessen (BK-WEBER, N 92 m.w.Nw.). Eine übermässig lange Nachfrist bindet den Gläubiger, der sich anderenfalls widersprüchlich verhalten würde (Art. 2 ZGB).

5   Während des **Laufs der Nachfrist** bleibt der Verzug bestehen, der Schuldner kann also weiterhin erfüllen, haftet aber auch nach Massgabe von
Art. 103. Nach dem Ende der Nachfrist stehen dem Gläubiger die Rechte
aus Art. 107 Abs. 2 zu, doch bleibt es ihm unbenommen, nochmals eine
Nachfrist zu setzen. Erst die Erklärung über die Ausübung der Wahlrechte
ändert den Status des Vertrags.

III. Die Rechte des Gläubigers (Art. 107 Abs. 2)

6   Ist die **Nachfrist ohne Erfüllung** verstrichen (eine teilweise Erfüllung kann
nicht entlasten, s. aber zum Problem des Teilverzugs unten, N 13), so stehen dem Gläubiger mehrere **Möglichkeiten** zur Verfügung (in der Systematik ähnlich wie hier auch BSK OR I-WIEGAND, N 3):
1. **Festhalten an der Erfüllung** bei gleichzeitigem Anspruch auf Ersatz des
   Verzugsschadens (Art. 107 Abs. 2 Hs. 1) *oder*
2. **Verzicht auf die Erfüllung** durch unverzügliche Erklärung (Art. 107
   Abs. 2 Hs. 2) **und Wahl (durch Erklärung) zwischen**
   a. **Schadenersatz** wegen Nichterfüllung (Art. 107 Abs. 2 Hs. 2 Var. 1) *oder*
   b. **Rücktritt** vom Vertrag (Art. 107 Abs. 2 Hs. 2 Var. 2) und Ersatz des Ver-
      trauensschadens (Art. 109 Abs. 2).

7   Hält der Gläubiger am Vertrag fest, bleibt er zur Gegenleistung verpflichtet,
kann aber gem. Art. 103–106 Schadenersatz verlangen. Unabhängig hier-

von bleibt ihm aber auch im Rahmen des Rechtsmissbrauchsverbots (Art. 2 ZGB) die Möglichkeit erhalten, durch eine erneute Nachfristansetzung wiederum die Situation von Art. 107 Abs. 2 herbeizuführen (BGE 86 II 221, 235 m. w. Nw.).

Der Gläubiger kann aber auch auf die weitere Erfüllung verzichten. Das geschieht durch **unverzügliche Erklärung**. Die hiernach bestehende Überlegungsfrist ist im Interesse der Rechtsklarheit und auch des Schuldners eher knapp anzusetzen (vgl. BK-WEBER, N 145: 14 Tage jenseits (?) der Unverzüglichkeit, **a. A.** BGE 76 II 300, 304–306, allerdings für einen Fall der Erfüllungsverweigerung und eines dementsprechend geminderten schuldnerischen Schutzinteresses). Erfolgt die **Verzichtserklärung** verspätet, gilt Art. 107 Abs. 2 Hs. 1 (dazu N 11). Die Verzichtserklärung ist wegen ihrer umgestaltenden Einwirkung auf das Vertragsverhältnis eine einseitige, empfangsbedürftige und bedingungsfeindliche Willenserklärung, die **nicht mehr widerruflich** ist (BGE 123 III 16, 22; BK-WEBER, N 113). 8

Der wirksam erklärte **Verzicht** des Gläubigers auf die Erfüllung führt zur Entstehung eines weiteren **Wahlrechts zwischen Schadenersatz oder Rücktritt**. Auch über die Wahl zwischen diesen beiden Optionen muss der Schuldner in Kenntnis gesetzt werden. Doch ist umstritten, ob diese Erklärung zusammen mit der Verzichtserklärung erfolgen oder aber zu einem späteren Zeitpunkt abgegeben werden kann (Überblick bei GAUCH/SCHLUEP/SCHMID/REY, N 3082). Die **Koppelung von Verzichts- und Wahlerklärung** ist allerdings **nicht zwingend**, so lange die Wahlerklärung ihrerseits zeitnah zur Verzichtserklärung ausgesprochen wird, denn das Schutzinteresse des Schuldners ist angesichts der Intensität seiner Pflichtverletzung (Nichtleistung auch nach Nachfristsetzung) eher begrenzt (auf der gleichen Linie wohl BK-WEBER, N 152; **a. A.** GAUCH/SCHLUEP/SCHMID/REY, N 3083). Allerdings ist die Überlegungsfrist des Gläubigers hinsichtlich seiner Wahl zwischen Schadenersatz und Rücktritt eher eng zu bemessen, insofern gilt hier das Unverzüglichkeitserfordernis aus Art. 107 Abs. 2 Hs. 1 analog. Die Ausübung des Wahlrechts ist aber auch schon **vor Ende der Nachfrist** möglich (BK-WEBER, Art. 97 N 82, 143). 9

Die einmal erklärte **Wahl** des Gläubigers **zwischen Schadenersatz und Rücktritt** führt zur **Umgestaltung** des Vertragsverhältnisses: Der Übergang zum Schadenersatz führt zur Umwandlung des Primärleistungsanspruchs in einen sekundären Schadenersatzanspruch, der Rücktritt gestaltet das Vertragsverhältnis insgesamt um. Aufgrund dieser Gestaltungswirkungen ist die einmal erklärte Wahl des Gläubigers auch unwiderruflich (BGE 123 III 16, 22). Ein **ius variandi**, das Recht, nachträglich vom Schadenersatz zum Rücktritt zu wechseln, steht dem Gläubiger also **nicht** zu (BK-WEBER, N 114; BSK OR I-WIEGAND, N 15 m. w. Nw.; **a. A.** KOLLER, Verzichtsfolgen, 15). Allerdings kann sich für den Gläubiger ein «**uneigentliches ius vari-** 10 andi» (BK-Weber, N 114) ergeben: Wählt der Gläubiger Schadenersatz, dann steht dem Schuldner in analoger Anwendung von Art. 97 Abs. 1, 103 Abs. 2, 109 Abs. 2 auch jetzt noch der Exkulpationsbeweis zu. Gelingt dieser Exkulpationsbeweis, kann der Gläubiger mangels Verschulden keinen Schadenersatz verlangen. Damit konnte seine Wahlerklärung auch das Schuldverhältnis nicht umgestalten. Doch steht ihm das Rücktrittsrecht weiterhin zu, da es verschuldensunabhängig ist. Folglich kann der Gläubiger jetzt von diesem Rücktrittsrecht Gebrauch machen (BSK OR I-Wiegand, Art. 107, N 15).

11   Der nach Art. 107 Abs. 2 Hs. 2 Var. 1 zu erstattende **Schadenersatz** richtet sich ebenso wie in Art. 97 Abs. 1 auf das **Erfüllungsinteresse**. Der Gläubiger ist also so zu stellen, wie er bei ordnungsgemässer Erfüllung stehen würde (BGE 123 III 16, 22). Demnach umfasst der Schadenersatzanspruch den Leistungswert sowie den Verspätungsschaden (in Einzelnen BK-Weber, N 172–176). Ebenso wie im Zusammenhang mit Art. 97 Abs. 1 steht dem Gläubiger bei der Schadensberechnung die Wahl zwischen **Differenz- und Austauschtheorie** offen (BSK OR I-Wiegand, N 18 m. w. Nw.; Art. 97, N 26). Umstritten ist der massgebliche **Zeitpunkt der Schadensberechnung**. Teilweise wird dabei auf den Zeitpunkt der Verzichtserklärung abgestellt (BGE 45 II 274, 278; Schenker, N 661 f. m. w. Nw.), teilweise der Eintritt des Verzuges für entscheidend erklärt (Bucher, OR AT, 380 FN 206, der ein Wahlrecht zwischen Verzichtserklärung und Verzug befürwortet). Da der Gläubiger so zu stellen ist, wie er bei pflichtgemässer Erfüllung stehen würde, ist auf den Zeitpunkt des verschuldeten Verzugseintritts abzustellen (BK-Weber, N 187, 207; BSK OR I-Wiegand, N 19). Der Gläubiger kann aber auch einen späteren Zeitpunkt bis hin zum Urteilstag wählen (BSK OR I-Wiegand, N 19 m. w. Nw.; s. a. Art. 97, N 24).

12   Wählt der Gläubiger statt des Schadenersatzes den **Rücktritt**, dann bestimmen sich die Rechtsfolgen nach Art. 109.

IV. Sonderfragen

13   Werden teilbare Leistungen geschuldet, kann der Schuldner in **Teilverzug** geraten. In diesem gesetzlich nicht geregelten Fall werden dem Gläubiger für den ausstehenden Leistungsteil die Rechte aus Art. 107 zugestanden (BK-Weber, Art. 107, N 210–212). Ein **Verzicht** auf die **ganze Leistung** ist aber nur dann möglich, wenn der bereits erbrachte Leistungsteil für den Gläubiger objektiv ohne Interesse ist oder er den Vertrag ohne die noch ausstehende Teilleistung nicht abgeschlossen hätte (BSK OR I-Wiegand, N 21).

14   Die Regeln in Art. 107–109 sind ausgerichtet auf einen einmaligen Austausch von Leistung und Gegenleistung. **Dauerschuldverhältnisse** wie etwa

Miete, Pacht oder Darlehen (hierzu BGE 100 II 345, 349 f.) hingegen sind geprägt von einem fortlaufenden Leistungsaustausch und lassen sich deswegen nicht ohne Weiteres in diesem Regelungsgefüge unterbringen. Um trotzdem den Regelungsansatz von Art. 107–109 auch bei *bereits in Vollzug gesetzten* Dauerschuldverhältnissen zu verwirklichen, wird die Rechtsfolgeseite dieser Vorschriften modifiziert (BGE 123 III 124, 127; 97 II 58, 65 f.; 78 II 32, 37):

- Wählt der Gläubiger **Schadenersatz**, dann kann er im Hinblick auf die eigenen, *bereits erbrachten* Leistungen nur nach der Austauschtheorie abrechnen. Die *noch ausstehenden, fälligen* Leistungen des Gläubigers können dagegen wie auch sonst auf dem Wege der Differenztheorie berechnet werden, allerdings ist auch hier die Anwendung der Austauschtheorie möglich. Die *noch nicht fälligen* Gegenleistungen des Gläubigers werden nach der Differenztheorie berechnet. Um den Umfang der Gegenleistungen zu berechnen, ist auf den nächstmöglichen Kündigungstermin abzustellen (BK-WEBER, N 230–234).

- Wählt der Gläubiger den **Rücktritt**, dann ist, soweit das Dauerschuldverhältnis bereits seit längerer Zeit vollzogen worden ist, eine Erstattung dieser Leistungen rechnungstechnisch schwierig und soll deswegen nicht stattfinden (BGE 97 II 58, 65 f.; 78 II 32, 37; krit. SCHENKER, N 815). Deswegen tritt an die Stellung des Rücktritts die **Kündigung** mit Wirkung für die Zukunft, für die Vergangenheit bleibt der Vertrag bestehen (BGE 129 III 320, 328 f.; 123 III 124, 127). Diese Lösung benachteiligt den Gläubiger allerdings dann, wenn er seinerseits in der Vergangenheit bereits erhebliche Vorleistungen erbracht hat oder wenn er den Vertrag gerade wegen der Leistungen abgeschlossen hat, die der Schuldner ursprünglich noch hätte erbringen sollen und die jetzt durch die Kündigung wegfallen. In solchen Fällen soll ein Rücktritt auch mit Wirkung für die Vergangenheit möglich sein (BK-WEBER, N 238).

Bei **Sukzessivlieferungsverträgen** und **Ratenzahlungen** kommen die Regeln über Dauerschuldverhältnisse in modifizierter Form zur Anwendung: Im Ausgangspunkt wirkt der Verzug hier nur für jede einzelne Rate. Ein Verzicht auf den gesamten Vertrag ist aber dann möglich, wenn die künftige Vertragserfüllung objektiv gefährdet zu sein scheint. Hier muss der Gläubiger ausnahmsweise den Rücktritt bereits mit der Nachfristsetzung androhen, es sei denn ein Fall von Art. 108 ist gegeben (BGE 119 II 135, 140). Da aber die Rückabwicklung der bereits vollzogenen Vertragsteile in solchen Fällen schwierig ist, wirkt der Rücktritt grundsätzlich nur für die Zukunft (BGE 69 II 243, 244), die bereits erbrachten Leistungen haben deswegen Bestand. Das gilt aber nicht, wenn der Gläubiger an den bereits erbrachten Teilleistungen kein Interesse hatte. In solchen Fällen ist der Rücktritt auch mit Wirkung ex tunc möglich (s. a. N 14).

15

Art. 108

b. **Ohne Frist-ansetzung**

Die Ansetzung einer Frist zur nachträglichen Erfüllung ist nicht erforderlich:

1. wenn aus dem Verhalten des Schuldners hervorgeht, dass sie sich als unnütz erweisen würde;
2. wenn infolge Verzuges des Schuldners die Leistung für den Gläubiger nutzlos geworden ist;
3. wenn sich aus dem Vertrage die Absicht der Parteien ergibt, dass die Leistung genau zu einer bestimmten oder bis zu einer bestimmten Zeit erfolgen soll.

1   Art. 108 begründet drei **Ausnahmetatbestände**, in denen die nach Art. 107 Abs. 1 notwendige Nachfristsetzung nicht erfolgen muss. Allerdings trägt der Gläubiger gemäss Art. 8 ZGB auch die **Beweislast** für das Vorliegen der sachlichen Voraussetzungen von Art. 108. Schlägt seine Beweisführung fehl, hat er aber auf die Nachfristsetzung verzichtet, dann bleibt er auf die Rechte aus Art. 103–106 verwiesen. Jenseits der Regelungen von Art. 108 ist u. U. eine Entbehrlichkeit der Nachfristsetzung aufgrund von Art. 2 ZGB denkbar, denn Art. 108 lässt sich deuten als gesetzliche Typisierung von Anwendungsfällen der in Art. 2 ZGB allgemein formulierten Prinzipien (s. a. N 2).

2   Als Konkretisierung von Art. 2 Abs. 1 ZGB (BSK OR I-WIEGAND, N 2) lässt **Art. 108 Ziff. 1** die Nachfristsetzung entbehrlich werden, wenn das Schuldnerverhalten deutlich macht, dass eine Nachfristsetzung nutzlos wäre. Der klassische Fall (umfassend zur Kasuistik BK-WEBER, N 19 f.) ist die eindeutige schuldnerische **Leistungsverweigerung** (BGE 94 II 26, 32 f.), die auch in der Behauptung liegen kann, der Vertrag sei unwirksam (BGE 99 II 308, 311 f.). Doch auch ohne eine Erklärung des Schuldners kann eine Nachfristsetzung unnütz sein, wenn nämlich das Ausmass der **Leistungsverzögerung** so **gross** ist, dass innerhalb einer angemessenen Frist eine Leistung nicht zu erwarten ist (BGE 97 II 58, 62). Art. 108 Ziff. 1 gilt allerdings nicht, wenn der Gesetzgeber ausdrücklich bestimmte Nachfristen vorsieht, um die schwächere Vertragspartei zu schützen (Art. 107 N 4; wie hier auch BK-WEBER, N 22). Erklärt der Schuldner schon vor Fälligkeit der Leistung, er werde nicht erfüllen, gilt Art. 108 Ziff. 1 ebenfalls, wenn die Erklärung keine Zweifel an seiner mangelnden Bereitschaft lässt (BGer 4C.58/2004 v. 23. 6.

2004, E. 3.3 m. w. Nw.). Das **Einverständnis des Schuldners** mit einem Vorgehen nach Art. 107 Abs. 2 erfüllt ebenfalls den Tatbestand von Art. 108 Ziff. 1.

Art. 108 Ziff. 2 lässt das Erfordernis der Nachfristsetzung entfallen, wenn   3
der Verzug des Schuldners die Leistung für den Gläubiger nutzlos gemacht hat. Die Nutzlosigkeit muss für den Schuldner nicht erkennbar sein, massgeblich ist allein der **objektive Interessefortfall** für den Gläubiger (BSK OR I-Wiegand, N 4): Art. 108 ist verschuldensneutral, der Schuldner wird durch die Beweispflicht des Gläubigers hinreichend geschützt.

Grundsätzlich lässt auch der Verzug bei **Fixgeschäften** die Erforderlichkeit   4
der Nachfristsetzung entfallen, **Art. 108 Ziff. 3**. Kennzeichen eines Fixgeschäftes ist der vertraglich festgelegte Wille der Parteien, dass das Einhalten des Erfüllungstermins einen wesentlichen Teil der vertraglichen Leistungspflicht ausmacht (zur Kasuistik BSK OR I-Wiegand, N 5). Art. 108 Ziff. 3 gilt allerdings nur bei solchen Fixgeschäften, bei denen nach Fristablauf die Erfüllbarkeit entfällt (ausgedrückt etwa durch die Klausel «nicht später als ...», s. BGE 96 II 47, 50). **Jenseits von Art. 108** liegen die **absoluten Fixgeschäfte**. Hier sind Erfüllungstermin und Leistungspflicht derart eng miteinander verknüpft, dass eine Leistung nach dem Fälligkeitstermin zur **Unmöglichkeit** führt (Art. 97 N 7). Art. **190** und **214** verdrängen Art. 108 Ziff. 3 (dazu etwa BSK OR I-Koller, Art. 190 N 1–6; BSK OR I-Koller, Art. 214 N 1, 2, 10).

Liegt einer der Tatbestände von Art. 108 vor, kann der Gläubiger die Rechte   5
aus Art. 107 geltend machen. Im Fall von Art. 108 Ziff. 1 ist allerdings eine **unverzügliche Verzichtserklärung** i. S. v. Art. 107 Abs. 2 entbehrlich, denn der Schuldner, der nicht zur Leistung bereit oder in der Lage ist, bedarf des Schutzes durch die Unverzüglichkeitsobliegenheit nicht (BGE 76 II 300, 304 f.; **a. A.** BSK OR I-Wiegand, N 8). Im Fall von Art. 108 Ziff. 2 muss der Verzicht ebenfalls nicht unverzüglich erklärt werden, weil diese Entwicklung ohnehin für den Schuldner absehbar ist. Das gilt auch im Fall von Art. 108 Ziff. 3 (BK-Weber, N 53 f.). Da Art. 108 die Rechtsstellung des Gläubigers verbessern soll, bleibt ihm die **Möglichkeit**, trotzdem eine **Nachfrist** zu setzen (BGE 103 II 102, 106).

Art. 109

Wirkung des
Rücktritts

[1] **Wer vom Vertrage zurücktritt, kann die versprochene Gegenleistung verweigern und das Geleistete zurückfordern.**

> [2] Überdies hat er Anspruch auf Ersatz des aus dem
> Dahinfallen des Vertrages erwachsenen Schadens,
> sofern der Schuldner nicht nachweist, dass ihm
> keinerlei Verschulden zur Last falle.

Literatur

GAUCH, Wirkung des Rücktritts und Verjährung des Rückforderungsanspruchs bei Schuldnerverzug (Anerkennung der Umwandlungstheorie), recht 1989, 122 ff.; GLÄTTLI, Zum Ersatzanspruch bei Rücktritt – eine These zu den Gläubigerbehelfen bei Leistungsstörungen in zweiseitigen Verträgen, SJZ 1997, 233 ff.; HARTMANN, Die Rückabwicklung von Schuldverträgen. Kritischer Vergleich der Rechtslagen bei Entstehungs- und Erfüllungsmängeln, 2005; WEBER, Vertragsaufhebung bei Leistungsstörungen – Rechtsnatur und Rechtsfolgen (Zur neueren bundesgerichtlichen Rechtsprechung in BGE 109 II 30 und 114 II 157), ZBJV 1991, 634 ff.; WIEGAND, Zur Rückabwicklung gescheiterter Verträge, in: Gauchs Welt – Recht, Vertragsrecht und Baurecht – FS für Peter Gauch, 2004, 709 ff.
Weitere Literatur bei Einleitung zu Art. 97–109 sowie bei Art. 97 und 102.

I.   Normzweck

1   Art. 109 enthält die **Rechtsfolgeregelung** für den nach Art. 107 Abs. 2 Hs. 2 Var. 2 erklärten **Rücktritt**. Die Vorschrift zielt darauf ab, die Parteien so zu stellen, wie sie stehen würden, wenn der Vertrag nicht existiert hätte. Aus diesem Grund werden durch Art. 109 Abs. 1 **beide Parteien** zur wechselseitigen **Rückgewähr der empfangenen Leistungen** verpflichtet; der Wortlaut des Gesetzes verweist zwar nur auf den Gläubiger, gilt aber auch für den Schuldner (BUCHER, OR AT, 376). Darüber hinaus kann der Gläubiger auch Ersatz für den **Vertrauensschaden** verlangen, Art. 109 Abs. 2. Art. 109 gilt als allgemeine Rücktrittsregel in **analoger Anwendung** auch jenseits des Verzuges, insbesondere also im Zusammenhang mit Art. 195, 208 und 368 (BSK OR I-WIEGAND, N 3). Art. 109 ist in eingeschränktem Umfang auch für die Konstellationen von **Teilverzug** und **Dauerschuldverhältnissen** anwendbar (dazu Art. 107 N 13, 14).

II.   Die Wirkung des Rücktritts (Art. 109 Abs. 1)

2   Der Rücktritt wird durch die **Wahlerklärung** i. S. v. Art. 107 Abs. 2 Hs. 2 erklärt (BK-WEBER, N 27). Er ist **verschuldensneutral** und deswegen für den Gläubiger dann attraktiv, wenn der Schuldner den Entlastungsbeweis führen und sich damit von Schadenersatzansprüchen wegen Nichterfüllung befreien kann (Art. 107 N 10). Durch den Rücktritt wandelt sich das bestehende Vertragsverhältnis in ein **Abwicklungsverhältnis** (grundlegend BGE

114 II 152, 157 f.; BGer 5C.59/2006 v. 1. 6. 2006, E. 2.4 m. w. Nw.; umfassend BK-WEBER, N 46–57), besteht also in veränderter Form fort: Die primären Leistungspflichten werden zu Rückerstattungspflichten, die aufgrund ihrer vertraglichen Wurzel nach Massgabe von **Art. 127** verjähren und für die die vertraglichen **Nebenpflichten** weiterhin bestehen (BSK OR I-WIEGAND, Art. 109, N 5 f.). Die Leistungen sind **in natura**, bei nicht gegenständlichen Leistungen ihrem Wert nach zurückzuerstatten (BGE 114 II 152, 157; BK-WEBER, N 69–73). Das bedeutet, dass Sachen im Wege der Rückübereignung zurückzugewähren sind (BSK OR I-WIEGAND, N 6).

Die normative Qualität der **Rückerstattungspflichten als Vertragspflichten** führt zur Anwendbarkeit der allgemeinen Regeln und damit insbesondere auch zur **Anwendbarkeit von Art. 97 ff.** Auf dieser Grundlage ist auch die Verteilung des Risikos für den Untergang des Leistungsgegenstandes vorzunehmen, soweit nicht Art. 207 zur Anwendung kommt. Im Einzelnen gilt dabei folgendes (vgl. auch BK-WEBER, N 74–80):   3

– Tritt die **Unmöglichkeit** zur Rückgabe des Leistungsgegenstandes **nach Erklärung des Rücktritts** ein, so gelten entweder **Art. 97 Abs. 1** oder **Art. 119**: Der vom Rückgewährpflichtigen **verschuldete Untergang** der Sache führt zum Schadenersatzanspruch, während der zufällige Untergang die Befreiung vom Rückgewähranspruch bewirkt und gleichzeitig seinen Anspruch auf die Rückgewähr der von ihm erbrachten Leistung entfallen lässt, Art. 119 Abs. 2. Der Verzug der Rückgabe führt zur Anwendbarkeit von Art. 102 und 103. Ist der Gläubiger für den Untergang der Sache verantwortlich, wird der Schuldner von seiner Rückgewährpflicht frei, Art. 119 Abs. 1, während der Gläubiger zur Rückgewähr der von ihm selbst empfangenen Leistung verpflichtet bleibt (Art. 324 analog, vgl. Art. 97 N 31).

– Tritt die **Unmöglichkeit vor** der Erklärung des **Rücktritts** ein, wird voller Wertersatz geschuldet, weil zu diesem Zeitpunkt jede Seite das Risiko für ihre Sphäre trägt und folglich auch nicht durch den zufälligen Untergang des Leistungsgegenstandes entlastet werden soll (GAUCH/SCHLUEP/SCHMID/REY, N 3120; SCHENKER, N 737 f.). Die teilweise vertretene These, es komme **Bereicherungsrecht** und damit Art. 64 zur Anwendung (Überblick bei SCHENKER, N 728 f.) gelangt zu einer **unangemessenen Risikozuweisung**: Obwohl sich die Sache in der Sphäre des (späteren) Rückgewährschuldners befindet, trifft das Risiko für ihren zufälligen Untergang die andere Seite. Ganz abgesehen davon wird damit der mittlerweile aufgegebene Lösungsansatz perpetuiert, wonach der Rücktritt zum Fortfall des Vertrages ex tunc führe (zu den historischen Wurzeln dieser bereicherungsrechtlichen Doktrin THIER, in: Historisch-Kritischer Kommentar zum BGB, §§ 346–359 N 26, 38–40 m. w. Nw.).

– Für die gezogene **Nutzungen** gilt Art. 208 in analoger Anwendung

(BK-WEBER, Art. 67; näher HARTMANN, N 667 f.). **Verwendungen** werden nach Massgabe von Art. 65 analog ersetzt (BK-WEBER, N 68).

III. Der Anspruch auf Ersatz des Vertrauensschadens (Art. 109 Abs. 2)

4   Art. 109 Abs. 2 gewährt nach h. M. den Ersatz des Schadens, der daraus entsteht, dass der Gläubiger auf den Bestand des Vertrages vertraut hatte (**negatives Interesse, Vertrauensschaden;** BGE 61 II 255, 256 f.; 90 II 285, 294; BSK OR I-WIEGAND, N 8). Der Gläubiger ist so zu stellen, wie er stehen würde, wenn der **Vertrag nicht zustande** gekommen wäre. Folglich kann der Gläubiger die Kosten verlangen, die er im Vertrauen auf den Vertragschluss aufgewendet hat. Hinzu tritt der Ersatz für Früchte und Zinsen, die wegen des Vertrages nicht bezogen wurden, sowie der entgangene Gewinn aus Geschäften, die wegen des Vertragschlusses nicht zustandekamen (GAUCH/SCHLUEP/SCHMID/REY, N 3128; im Einzelnen BK-WEBER, N 86–98). Der Schaden ist **nicht** durch das **positive Interesse begrenzt**, es fehlt an entsprechenden Hinweisen im Gesetz. Allerdings ist der **Verspätungsschaden nicht** von Art. 109 Abs. 2 umfasst, denn nach dem Wortlaut der Norm ist Anknüpfungspunkt das Dahinfallen des Vertrages, nicht aber der Verzug (GAUCH/SCHLUEP/SCHMID/REY, N 3129). Der Schuldner kann sich durch den **Exkulpationsbeweis** entlasten.

5   In der Lehre wird zunehmend gefordert, dass der Schadenersatz aus Art. 109 Abs. 2 auch das **positive Interesse** abdecken soll (GLÄTTLI, Schadenersatz bei Rücktritt, 239–241; GLÄTTLI, Nichterfüllung, 173; dem folgend BK-WEBER, N 84; SCHWENZER, OR AT, N 66.34). Zwar schliessen sich der Ersatz des positiven Interesses und der Rücktritt konstruktiv nicht aus, wie auch die Regelungen in § 921 Satz 1 ABGB und § 325 BGB deutlich machen. Doch das ändert nichts daran, dass der **Wortlaut** des Gesetzes nachdrücklich **gegen die Ausweitung** von Art. 109 Abs. 2 auch auf das positive Interesse spricht. Das wird besonders deutlich im Blick auf Art. 26 Abs. 1, 39 Abs. 1, wo die gleiche Formulierung zur Skizzierung von offenkundigen Vertrauensschäden benutzt wird (BGer 4C.286/2005 v. 18. 1. 2006, E. 2.4; BGE 123 III 16, 22; HARTMANN, N 738).

Dritter Abschnitt: Beziehungen zu dritten Personen

Art. 110

A. Eintritt eines Dritten

Soweit ein Dritter den Gläubiger befriedigt, gehen dessen Rechte von Gesetzes wegen auf ihn über:

1. wenn er eine für eine fremde Schuld verpfändete Sache einlöst, an der ihm das Eigentum oder ein beschränktes dingliches Recht zusteht;
2. wenn der Schuldner dem Gläubiger anzeigt, dass der Zahlende an die Stelle des Gläubigers treten soll.

Literatur

FELLMANN, Regress und Subrogation: Allgemeine Grundsätze, in: A. Koller (Hrsg.), Haftpflicht- und Versicherungsrechtstagung, St. Gallen 1999, 1 ff.; GILLIARD, Subrogation ou quasi-subrogation dans l'enrichissement illégitime?, ZSR 1988 I, 23 ff.; MAURER, Kumulation und Subrogation in der Sozial- und Privatversicherung, Bern 1975; NUSSBAUMER, Subrogation et recours de la caution lors du concours des sûretés personnelles et réelles dans le nouveau droit de cautionnement, Lausanne 1945; PFISTER, Der gesetzliche Eintritt in die Rechte des Gläubigers nach Art. 110 OR, Basel 1946; ROOS, Über die Subrogation nach schweizerischem Recht, Bern 1928; THARWAT, Le paiement avec subrogation en droit français et en droit suisse, Genf 1963.

I. Überblick und Anwendungsbereich

Art. 110 OR (zum internationalen Anwendungsbereich Art. 146 IPRG) regelt in allgemeiner Form (Sonderregelungen v. a. Art. 827 Abs. 2, 289 Abs. 2, 131 Abs. 3 ZGB, Art. 406b Abs. 2 OR) das Einrücken in die Gläubigerposition (sog. **Subrogation**) durch einen Dritten (N 3), der aus eigenem Antrieb und in eigenem Namen ohne entsprechende (Abgrenzung zu Art. 70 Abs. 3, 149 Abs. 1 OR, 507, 1022 Abs. 3, 1044 Abs. 3 OR) oder sonstige (Abgrenzung zu den weitgehend schon mit dem Schadensfall eintretenden versicherungsrechtlichen Subrogationen z. B. Art. 72 VVG, Art. 72 ff. ATSG, Art. 34b BVG und Art. 54 ff. AVIG) Verpflichtung gegenüber dem Gläubiger die geschuldete Leistung (Abgrenzung zu Art. 401 OR) erbringt. Der Dritte muss eine tatsächlich bestehende Forderung (Abgrenzung zu Art. 62 OR) erfüllen (N 4) und nicht privativ oder kumulativ übernehmen (Abgrenzung zu Art. 176 ff.

1

OR; BGer 5C.268/2004, E.3.2). Die Forderung erlischt nicht (Abgrenzung zu
Art. 68 OR) und geht inhaltsgleich mit allen Vorzugs- und Nebenrechten auf
den neuen Gläubiger in Form einer **Legalzession** (Abgrenzung zu Art. 164 f.
OR) über (N 7 ff.). Art. 110 OR ist keine eigene Anspruchsgrundlage, sondern sorgt nur für einen Übergang der bestehenden Forderung ipso iure.
Der Dritte bedarf zur Herbeiführung der Subrogation eines objektiven In-
terventionsinteresses (Ziff. 1; vorrangige Sonderregelung für Grundpfand-
verschreibungen in Art. 827 Abs. 2 ZGB; zur umstr. Idealkonkurrenz zwischen Art. 110 und Art. 827 Abs. 2 ZGB BGE 60 II 178, 182) oder einer
Subrogationserklärung des Schuldners (Ziff. 2). Eine Subrogation nach dem
einseitigen Willen des Gläubigers kennt das schweizerische Recht nicht.
Dieser kann seine Gläubigerposition rechtsgeschäftlich nur nach Art. 164,
165 Abs. 1 durch schriftliche Vereinbarung mit dem Neugläubiger übertragen (s. auch N 12). Fehlt es an den Subrogationsvoraussetzungen nach
Art. 110, kann sich der leistende Dritte allenfalls auf der Grundlage von
Art. 422 (echte GoA) oder Art. 423 Abs. 2 i. V. m. Art. 62 ff. (unechte GoA) an
den Schuldner halten (BGer 5C.151/2001 E.3).

2   **Analoge** Anwendung findet Art. 110 OR, wenn der Erwerber eines mit
Grundpfandrechten belasteten Grundstücks die daraus resultierenden
Schuldpflichten lediglich intern übernimmt, im Aussenverhältnis aber weiterhin der Verkäufer dem Gläubiger haftet (vgl. Art. 832, 846 ZGB). Obwohl
der Verkäufer in diesen Fällen selbst Schuldner ist und damit weder Dritter
i. S. v. Art. 110 OR (N 3) noch Inhaber eines dinglichen Rechts an dem
Grundstück i. S. v. Art. 110 Ziff. 1 OR ist, erscheint eine Subrogation angebracht, um die Sicherungsrechte des Gläubigers auf den zahlenden und zum
internen Regress berechtigten Verkäufer übergehen zu lassen (Guhl/Kol-
ler, OR AT, § 34 N 66).

II. Voraussetzungen

3   Als **Dritter** i. S. v. Art. 110 OR gilt nur, wer nicht in irgendeiner Form in die
Obligation verstrickt ist (sog. Obligationsneutralität; BGE 60 II 178, 183;
BGer 4C.15/2004, E.5.1). Keine Dritten sind der Gläubiger, der Schuldner
(zu einer Ausnahme s. N 2), ein Mitschuldner (BGE 53 II 25, 29; für diese
gelten Art. 70 Abs. 3, 149 Abs. 1 OR, 507, 1022 Abs. 3, 1044 Abs. 3 OR), ein
Stellvertreter (BGE 37 II 521, 526), ein Bote oder eine blosse technische
Zahlstelle (Bank) des Schuldners. Eine juristische Person und ihr (Allein-)
Gesellschafter können ggf. nach den Grundsätzen über den Identifikations-
durchgriff als Einheit betrachtet werden (in casu ablehnend BGer 4C.15/
2004, E.5.1–3). Der Dritte muss voll handlungsfähig sein; auf seine Gutgläubigkeit kommt es hingegen nicht an (offen gelassen in BGE 72 II 242, 253).

4   Der Dritte muss geschäftsfähig sein (BK-Weber, Art. 110 N 28) und die geschuldete (Art, Umfang, Ort, Zeit; zu Teilleistungen N 11) **Leistung an den**

Gläubiger oder an die zuständigen Betreibungs- bzw. Konkursbehörden (Art. 12, 99 f., 205, 240 SchKG; zur Subrogation bei einer vom Konkursamt gebilligten Direktzahlung an den Pfandgläubiger BGE 85 III 101, 105) erbringen (möglich auch durch Verrechnung, Neuerung und Leistung an Erfüllungs Statt), wobei er erkennbar als Intervenient mit der Absicht des Einrückens in die Gläubigerstellung handeln muss (BGE 59 III 286, 291; BGE 57 II 90, 93). Verweigert der Gläubiger die Annahme der ordnungsgemäss und berechtigterweise (nicht bei höchstpersönlichen Leistungen; vgl. Art. 68 OR) von dem Dritten angebotenen Leistung, kommt er in Gläubigerverzug. Der Dritte kann die Subrogationswirkung dennoch durch Hinterlegung (Art. 92 OR) gegen den Willen des Gläubigers herbeiführen. Die Überlassung eines im Eigentum des Dritten stehenden Pfandes an den Gläubiger zu Eigentum oder freier Verwertung ist jedoch keine inhaltsgleiche Erfüllung und steht der ordnungsgemässen Leistung nur gleich, wenn sich der Gläubiger mit dieser abweichenden Form der Befriedigung einverstanden erklärt (BSK OR I-Gonzenbach, N 11; offen gelassen in BGE 51 III 198, 202).

Das ferner erforderliche selbstständige **Interventionsinteresse** des Dritten   5
besteht nach **Ziff. 1** dann, wenn der Dritte das Eigentum oder ein beschränktes **dingliches Recht** (Art. 730 ff., 745 ff., 776 ff., 781, 782 ff., 793 ff., 884 ff. ZGB) an einer beweglichen oder unbeweglichen (BGE 60 II 178, 182) Sache innehat, an der zugunsten des Gläubigers ein Pfandrecht besteht (zur Subrogation des Bauherrn und Grundeigentümers in die durch Bauhandwerkerpfandrechte gesicherten und von ihm befriedigten Forderungen der Subunternehmer gegen den Generalunternehmer BGer 4C.389/1999, E. 3c; BGE 116 II 533, 537; 104 II 348, 353 ff.). **Entsprechend** anwendbar ist Ziff. 1 im Fall der Sicherungszession durch einen Dritten (näher Reetz, Die Sicherungszession von Forderungen, N 567 ff.) sowie dann, wenn das Pfand vom Dritten nicht eingelöst, sondern durch den Gläubiger verwertet wird (BGE 108 II 188, 189) oder der Dritte ein sonstiges sachbezogenes Sicherungsrecht wie v. a. ein Retentionsrecht (Art. 895 ff. ZGB) besitzt (BGer 5C.151/2001 E. 3b; BK-Becker, N 5; generell krit. gegenüber einer erweiternden Anwendung von Art. 110 CR OR I-Tevini du Pasquie N 7). Keine Anwendung findet die Norm jedoch auf dingliche Zustimmungsvorbehalte (für Art. 178 ZGB s. BGer 5C.151/2001) und obligatorische Rechte zum Besitz (z. B. Miete; BGer 5C.151/2001 E. 3b). Der Dritte kann durch die Zahlung auf die fremde Schuld den Verlust seines dinglichen Rechts verhindern (das Gesetz spricht von Einlösung der verpfändeten Sache). Voraussetzung ist, dass das dingliche Recht bereits **im Zeitpunkt der Leistung** an den Gläubiger bestand und nicht erst aufgrund der Zession mit übergeht (BGE 37 II 521, 527). Wurde ein Pfand allein für eine fremde Bürgschaftsschuld bestellt, so deckt das hierdurch begründete Interventionsinteresse

nur eine Subrogation des Pfandeigentümers in die Bürgschafts- und nicht in die Hauptforderung (BSK OR I-GONZENBACH, N 9).

6   **Alternativ** zum Interventionsinteresse nach Ziff. 1 besteht nach **Ziff. 2** die Möglichkeit einer **Subrogationserklärung des Schuldners.** Es handelt sich um ein formloses einseitiges Rechtsgeschäft, mit dem der Schuldner (oder ein Stellvertreter bzw. Bote; ggf. ist dies auch der Dritte) dem Gläubiger (oder Stellvertreter/Bote) gegenüber ggf. auch nur konkludent (BGE 86 II 18, 24 f., BGE 57 II 90, 92 ff., BGE 59 III 286, 291) erklärt, dass der leistende Dritte durch Subrogation an dessen Stelle treten soll. Die Erklärung des Schuldners muss vor oder spätestens mit der Befriedigung des Gläubigers erfolgen (BGE 60 II 178, 182) und kann weder durch eine Vereinbarung zwischen Gläubiger und Drittem (BGE 86 II 18, 24) noch durch eine Vereinbarung zwischen Schuldner und Drittem (BGE 37 II 521, 531 f.) ersetzt werden.

III. Rechtsfolgen

7   Aufgrund der Subrogationswirkung geht die Forderung des alten Gläubigers im Zeitpunkt der Erfüllung kraft Gesetzes **inhaltsgleich** (Art, Umfang, Ort, Zeit) und mit allen Einreden des Schuldners auf den leistenden Dritten als neuen Gläubiger über **(Singularsukzession).** Es kommt dabei zwar nicht zu einer Unterbrechung der laufenden Verjährung (BGE 60 II 30, 34), bei der durch Art. 140 OR (Verwertungsrecht des Pfandgläubigers trotz Verjährung der Forderung) bedingten Einlösung des für eine zwischenzeitlich verjährte Fremdschuld bestellten Pfandes jedoch ausnahmsweise zu einem Neubeginn der Verjährung und damit ausnahmsweise auch zu einem Einredeverlust des Schuldners (BSK OR I-GONZENBACH, N 15, 17; noch weiter gehend in Analogie zu Art. 507 Abs. 5 OR BK-WEBER, Art. 110 N 69). Während eines hängigen Prozesses und im Rechtsöffnungsverfahren führt die Subrogation zu einem im Lichte von Art. 110 OR kraft Bundesrechts zulässigen Parteiwechsel (BSK OR I-GONZENBACH, N 20).

8   Die Forderung geht auf den Dritten zudem **mit allen Vorzugs- und Nebenrechten** des Gläubigers über (Art. 170 Abs. 1 OR analog; s. näher dort). Vorzugsrechte bestehen vor allem im Betreibungs- und Konkursverfahren (Art. 146 ff., 219 ff. SchKG). Zu den Nebenrechten gehören insbesondere akzessorische dingliche Sicherungsrechte, Ansprüche auf deren Bestellung (z. B. Art. 837 ZGB), Vormerkungen (Art. 959 f. ZGB), vor Entstehung des Pfandrechts bestellte Bürgschaften (VON TUHR/PETER, ORAT, § 59 FN 37a; näher zur Konkurrenz von Solidarbürge und Pfandeigentümer s. Art. 507 OR; zum Vorrang des Bürgen bereits BGE 62 II 118, 120 ff.), Retentionsrechte (Art. 268 ff., 299c OR, Art. 895 ZGB), Eigentumsvorbehalte (str.; bejahend BGE 77 II 127, 133; verneinend VON TUHR/ESCHER, ORAT, § 95, S. 355), Auskunfts- und Einsichtsrechte, Gerichtsstands- und Schiedsvereinbarun-

gen (BGE 128 III 50, 62 f.) sowie mit der Forderung verbundene Gläubiger-
rechte (Rechte nach Art. 72, 102 Abs. 1, 107 Abs. 1, 120 ff., 135 Abs. 2, 206
Abs. 1 OR sowie zur Fälligkeitskündigung), **nicht** jedoch aufgrund einer
Vereinbarung oder ihrer Natur nach höchstpersönliche Rechte wie insbe-
sondere auflösende Gestaltungsrechte (BGE 84 II 355, 367 f.), fiduziarische
Sicherungsrechte (VON TUHR/ESCHER, ORAT, § 95, S. 355), familienrecht-
liche Privilegien (Art. 111, 219 SchKG), kaufmännische Privilegien (Art. 104
Abs. 3 OR, Art. 895 Abs. 2 ZGB) beim Übergang auf Nichtkaufleute (**str.**;
Nachweise bei ZK-SPIRIG, Art. 170 N 66) und ein definitiver Rechtsöffnungs-
titel (KGer AI SJZ 1976, 192 ff.).

Der **Altgläubiger** haftet dem Neugläubiger weder für den Bestand der For-   9
derung noch für die Bonität des Schuldners (Art. 173 Abs. 2 OR). Er hat dem
subrogierenden Dritten jedoch die Schuldurkunde und alle vorhandenen
Beweismittel auszuhändigen sowie alle erforderlichen Informationen zu erteilen (Art. 170 Abs. 2 OR analog).

Gegenüber dem alten Gläubiger wird der Schuldner von der Leistungspflicht   10
befreit (**Befreiungswirkung**). Leistet der Schuldner gutgläubig, d. h. in nicht
auf Fahrlässigkeit beruhender Unkenntnis (Art. 3 ZGB) von der Subrogation
(denkbar nur in den Fällen von Ziff. 1), an den Altgläubiger, so wird er auch
gegenüber dem Neugläubiger von seiner Leistungspflicht befreit (Vertrauensschutz nach Art. 167 OR analog).

Die Subrogationswirkung **beschränkt sich bei Teilleistungen** des Dritten   11
(vgl. auch Art. 69 OR) grundsätzlich auf den befriedigten Forderungsteil.
Eine Ausnahme gilt nur, wenn der Gläubiger gerade dem Dritten wegen dessen Zahlungsbereitschaft entgegenkommt und sich trotz der blossen Teilleistung als vollständig befriedigt betrachtet (BSK OR I-GONZENBACH, N 8;
a. A. BK-BECKER, N 3 unter Hinweis auf die trotz der Abdingbarkeit von
Art. 110 OR – s. dazu N 12 – nicht mögliche Erweiterung der gesetzlichen
Zessionswirkung), wobei dann der Rückgriff des Dritten gegen den Schuldner aufgrund des zwischen ihnen bestehenden Innenverhältnisses noch auf
den ausgelegten Betrag beschränkt sein kann (BSK OR I-GONZENBACH,
N 15). Es kommt mithin i. d. R. zu einer Forderungsteilung, wobei die Nebenrechte beiden Gläubigern gemeinschaftlich (**a. A.** und für eine Teilung
von Sicherungsrechten BK-WEBER, N 75 ff.) zustehen (Parteivereinbarung
zu empfehlen) und der ursprüngliche Gläubiger zur Befriedigung seiner
Restforderung (anders als bei der Teilzession nach Art. 164 ff. OR) vorrangig
vor dem subrogierenden Dritten Leistungen des Schuldners und Sicherheiten beanspruchen kann (nemo subrogat contra se; BGE 76 III 41, 43 f.;
BGE 60 II 178, 189; zur analogen Anwendung von Art. 217 SchKG im Konkurs des Schuldners VON TUHR/ESCHER, ORAT II, § 59, 31). Im Prozess zwischen einem der Gläubiger und dem Schuldner ist der jeweils andere als Ne-
benintervenient zuzulassen.

12 Art. 110 OR ist zwar nicht erweiterbar (BK-WEBER, N 25), aber formlos **abdingbar**. So kann der leistende Dritte insbesondere bei Schenkungsabsicht auf die gesetzlichen Subrogationswirkungen verzichten (KGer AG SJZ 1938, 215). Die Subrogation kraft Gesetzes erfolgt auch entgegen einem rechtsgeschäftlichen Abtretungsverbot.

Art. 111

B. **Vertrag zu Lasten eines Dritten**

Wer einem andern die Leistung eines Dritten verspricht, ist, wenn sie nicht erfolgt, zum Ersatze des hieraus entstandenen Schadens verpflichtet.

Literatur

DOHM, Bankgarantien im internationalen Handel, Bern 1985; GABI, Garantieversicherung, Diss. Zürich 1990; KLEINER, Bankgarantie, 4. Aufl., Zürich 1990; SCYBOZ, Garantievertrag und Bürgschaft, SPR VII/2, Basel 1979.

I. Definition und Arten

1 Art. 111 regelt den **Garantievertrag** (Garantie). Beim Garantievertrag verspricht der Schuldner (Promittent, Garant) dem Gläubiger (Promissar) die Leistung eines Dritten. Dem Randtitel des Gesetzes widersprechend ist der Garantievertrag kein Vertrag zulasten eines Dritten, sondern die Sicherung einer fremden Leistung (sog. Personalsicherheit; vgl. BGE 79 II 79, 84). Erbringt der Dritte die vom Promittenten versprochene Leistung nicht, so hat der Promissar einen Schadenersatzanspruch gegenüber den Promittenten. Der Promittent handelt in eigenem Namen und auf eigene Rechnung (BGE 73 II 20, 23), während der Dritte nicht Vertragspartei ist und somit daraus keineswegs (mit-)verpflichtet wird. Art. 111 hat dispositiven Charakter (BSK OR I-PESTALOZZI, N 18).

2 Es werden zwei Arten von Garantieverträgen unterschieden. Bei der **reinen Garantie** tritt der Promittent für einen vom konkreten Schuldverhältnis unabhängigen Erfolg ein (BGE 113 II 434, 436). Die **bürgschaftsähnliche Garantie** bezieht sich dagegen in einer Weise auf ein Schuldverhältnis (Grundgeschäft), das dem Promissar einen Anspruch auf Leistung des Dritten gibt (vgl. BGer 4C.204/2003 vom 5. 3. 2004: Rechte und Pflichten bei einer Erfüllungsgarantie, die als bürgschaftsähnliche Garantie im Sinne von Art. 111 qualifiziert wird; BGE 113 II 434, 436). Im Unterschied zur Bürgschaft gilt sie jedoch auch dann, wenn das Grundgeschäft nicht entstanden ist, wegfällt oder nicht erzwingbar ist (BGE 125 III 305, 307 f.).

Spezielle Garantieformen sind die Bankgarantie und die Garantieversiche- 3
rung. Der Begriff «**Bankgarantie**» sagt lediglich aus, dass in einem konkreten Fall eine Bank die Garantie ausgestellt hat. Die inhaltliche Ausgestaltung der Bankgarantie und somit auch deren rechtlicher Charakter
(Garantievertrag, Anweisung, Bürgschaft, kumulative Schuldübernahme
oder Vertrag *sui generis*) bleiben jedoch offen (zum Thema Bankgarantie
vgl. KLEINER; DOHM; SZW 2000, 185 ff.; ZBJV 1998, 217 ff.; SZW 1997,
155 ff.; SZW 1995, 31 ff. und SZW 1995, 48 f.). Die **Garantieversicherung**
liegt vor, wenn eine Partei (Versicherer) der anderen Partei (Versicherungsnehmer) selbstständig gegen ein Entgelt (Prämie) eine Schadenersatzleistung verspricht für den Fall, dass der Versicherungsnehmer infolge einer
Leistungsstörung bezüglich der Garantieforderung einen Schaden erleidet
(GABI, 43 ff.). Hierbei handelt es sich um einen Versicherungsvertrag, auf
den die versicherungsrechtlichen Regelungen zur Anwendung kommen.

II. Voraussetzungen

Als **Leistung** im Sinne von Art. 111 kommt jedes zukünftige Verhalten eines 4
Dritten (BGE 72 II 19, 22 f.: positiver, negativer, tatsächlicher oder rechtlicher Natur) in Betracht, sofern es nicht vom Willen des Promittenten, aber
auch nicht ausschliesslich vom Zufall abhängig ist und soweit es für den
Promissar ein Vermögensinteresse beinhaltet (BSK OR I-PESTALOZZI, N 4).
Vorausgesetzt wird ferner der Verpflichtungswille des Promittenten. Indiz
dafür kann ein **persönliches Interesse des Promittenten** sein (BSK OR I-
PESTALOZZI, N 8). Für das Versprechen einer Leistung des Dritten wird vorausgesetzt, dass der Promittent handlungsfähig und der Promissar urteilsfähig ist (BGE 47 II 208, 208 ff.: nur wenn er keine Verpflichtungen eingeht) sowie dass vom Dritten das garantierte Verhalten ernstlich erwartet
werden kann (SCYBOZ, 327). Der Garantievertrag ist **formlos** gültig, auch
wenn der garantierte Vertrag einer Form bedarf (BGE 101 II 323, 327 f.).
Der Dritte muss weder in Verzug gesetzt noch belangt werden (ZR 2000,
50 f.).

III. Rechtsfolgen

Bleibt die garantierte Leistung des Dritten aus (sog. Garantiefall), muss der 5
Promittent nicht die Leistung selbst (sog. Realerfüllung), sondern den entstandenen **Schaden (positives Vertragsinteresse) ersetzen**. Aus dem Garantievertrag erwachsen dem Promittenten keine Ansprüche gegenüber
dem Dritten, d. h. er hat im allgemeinen keinen Regressanspruch. Er kann
dem Promissar nicht die Einreden des Dritten entgegenhalten (SCYBOZ,
331). Der Promittent kann sich auch nicht exkulpieren mit der Einwendung,
alles getan zu haben, um die Leistung des Dritten zu bewirken (BSK OR I-
PESTALOZZI, N 13). Der Garant wird von seiner Pflicht befreit, wenn die

Leistung des Dritten gehörig erfolgt oder wenn der Promissar durch schuldhaftes Verhalten die Leistung des Dritten verhindert (BSK OR I-Pestalozzi, N 12).

6   Ein Garantievertrag, der eine widerrechtliche oder sittenwidrige Leistung sichern soll, ist trotz fehlender Akzessorietät **nichtig** (Gauch/Schluep/Schmid/Rey, N 4172). Nach überwiegender Auffassung ist allerdings ein Garantievertrag über eine anfänglich unmögliche Leistung gültig (BGE 76 II 33, 37 f.). Wird die Leitung nachträglich unmöglich, liegt der klassische Garantiefall vor.

7   **Kasuistik** zum Garantievertrag ist in den folgenden Werken zu finden: BSK OR I-Pestalozzi, N 5; BK-Weber, N 141 ff.; Engel, obligations, 431 ff.; Guhl/Koller, § 22 N 26 ff.; Guhl/Schnyder, § 57 N 12 ff.; Scyboz, 329 f.

IV. Abgrenzung

8   **Bürgschaft**: Kriterium für die Abgrenzung der Garantie gegenüber der Bürgschaft (Art. 492 ff.) ist die Akzessorietät, d. h. die Teilung des Schicksals des Grundgeschäfts. Während die Bürgschaft akzessorischen Charakter hat, begründet die Garantie eine selbstständige, von den versprochenen Leistungen des Dritten an sich unabhängige Verpflichtung (BGE 113 II 434, 434 ff.). Die Unterscheidung ist von Bedeutung, insbesondere weil der Garantievertrag formlos abgeschlossen werden kann, wohingegen für die Bürgschaft besondere Formvorschriften (Art. 493) zu beachten sind.

9   **Kumulative Schuldübernahme** (auch Schuldbeitritt, Schuldmitübernahme): Die kumulative Schuldübernahme ist im OR nicht geregelt und ebenfalls nicht akzessorisch (BGE 129 III 702, 704 f.). Der Übernehmer verpflichtet sich gegenüber dem Gläubiger eines Schuldners, die Schuld solidarisch mitzuübernehmen (BSK OR I-Pestalozzi, N 32). Er handelt aus eigenem Interesse und nicht aus Sicherungsinteresse (BSK OR I-Pestalozzi, N 32). Der Übernehmer haftet als selbstständiger Hauptschuldner und aus dem gleichen Grund wie der Schuldner, d. h. als echter Solidarschuldner (BGE 111 II 276, 278 f.). Der Schuldner wird durch diese Verpflichtung nicht befreit, im Gegensatz zur privativen, befreienden Schuldübernahme gemäss Art. 176.

10   **Kreditauftrag**: Durch den Kreditauftrag (Art. 407 ff.) verpflichtet sich der Beauftragte (i. d. R. eine Bank) im eigenen Namen und auf eigene Rechnung, jedoch unter Verantwortlichkeit des Auftraggebers, einem Dritten Kredit zu gewähren (Kleiner, 121 ff.). Der Auftraggeber haftet grundsätzlich wie ein Bürge (Art. 408 Abs. 1), der Kreditauftrag ist aber nicht akzessorisch (BSK OR I-Pestalozzi, N 33). Von der Garantie unterscheidet sich der Kreditauftrag dadurch, dass der Auftraggeber nicht die Leistung eines Dritten

garantiert, sondern durch die Auftragserteilung einen den Kreditnehmer begünstigenden Vertragsabschluss veranlasst (Scyboz, 341). Im Gegensatz zur Garantie unterliegt der Kreditauftrag der einfachen Schriftlichkeit (Art. 408 Abs. 2) und ist als Sonderform des Auftrages jederzeit widerruflich (Art. 404; BGE 88 II 169 = Pra 1962, 427).

Weitere Abgrenzungen: **Patronatserklärung** (BGE 120 II 331, 333), **Wech-**   11
selbürgschaft (BGE 83 II 211, 213).

Art. 112

C.   **Vertrag zugunsten**   ¹ Hat sich jemand, der auf eigenen Namen handelt,
      eines Dritten   eine Leistung an einen Dritten zu dessen Gunsten
.   **Im Allgemeinen**   versprechen lassen, so ist er berechtigt, zu fordern,
                                 dass an den Dritten geleistet werde.

² Der Dritte oder sein Rechtsnachfolger kann selbständig die Erfüllung fordern, wenn es die Willensmeinung der beiden andern war, oder wenn es der Übung entspricht.

³ In diesem Falle kann der Gläubiger den Schuldner nicht mehr entbinden, sobald der Dritte dem letzteren erklärt hat, von seinem Rechte Gebrauch machen zu wollen.

Literatur

Baldawi, La stipulation pour autrui, Diss. Genève 1954; Krauskopf, Der Vertrag zugunsten Dritter, Diss. Freiburg (Schweiz) 1999.

I.   Allgemeines

Art. 112 regelt den **Vertrag zugunsten Dritter**. Der Schuldner (Promittent)   1
verspricht dem Gläubiger (Promissar) eine Leistung an einen Dritten. Der Promissar handelt in eigenem Namen und auf eigene Rechnung. Als Dritter gilt jede Person, die nicht Vertragspartei ist; es genügt die objektive Bestimmbarkeit des Dritten, um die Leistung im Fälligkeitszeitpunkt in Empfang nehmen zu können (BJM 1987, 258).

Gegenstand des Vertrages zugunsten Dritter kann alles sein, was der Ge-   2
genpartei versprochen werden kann und nicht der Natur der Sache nach durch Leistung an sie selbst erfüllt werden muss (BGE 83 II 277, 282). Nach h. L. sind grundsätzlich Verfügungen zugunsten Dritter ungültig (BSK OR I-

GONZENBACH, N 4). Die Rechte, die nach Vereinbarung oder Natur des Vertrages nicht auf den Dritten übergehen, verbleiben beim Promissar (z. B. Einreden wegen Willensmängeln, Mängel der Kaufsache; GAUCH/SCHLUEP/ SCHMID/REY, N 4023; BSK OR I-GONZENBACH, N 15). Der Vertrag zugunsten Dritter ist kein eigener Vertragstypus, sondern bildet eine bestimmte Erscheinungsform der Verträge im allgemeinen (BUCHER, OR AT, 475). In der Regel handelt es sich um die Modifikation (mit sog. Drittbegünstigungsklausel) eines Hauptgeschäftes (BSK OR I-GONZENBACH, N 1). Das Hauptgeschäft zwischen Gläubiger und Schuldner (sog. Deckungsverhältnis) bestimmt somit die **Form** des Vertrages zugunsten Dritter.

3   Die Hauptfunktion des Art. 112 besteht darin, klarzustellen, dass der Abschluss von Verträgen zugunsten Dritter zulässig ist (KRAUSKOPF, N 284). Das primäre Abstellen auf den Parteiwillen macht ferner klar, dass Art. 112 **dispositives Recht** darstellt (BK-WEBER, N 30). Je nachdem, ob der Dritte selbstständig die Erfüllung fordern kann oder nicht, ist zwischen einem echten und einem unechten Vertrag zugunsten Dritter zu unterscheiden. Die Erscheinungsform im Einzelfall bestimmt sich zunächst nach dem Parteiwillen und dann nach der Übung (Art. 112 Abs. 2; vgl. die Kasuistik bei BSK OR I-GONZENBACH, N 12 und BK-WEBER, N 85).

II.   Der unechte Vertrag zugunsten eines Dritten

4   Art. 112 Abs. 1 regelt den **unechten Vertrag zugunsten Dritter** (Vertrag auf Leistung an Dritte). Ein Forderungsrecht steht nur dem Promissar, nicht auch dem Dritten zu (BGE 115 III 11, 15). Der Promissar kann nur die Leistung an den Dritten verlangen (BSK OR I-GONZENBACH, N 13). Der Dritte kann die Leistung des Promittenten, die ihm, und nicht dem Promissar, angeboten werden muss (BGE 100 II 368, 368 ff.), annehmen oder ablehnen (sog. Empfangsermächtigung). Ein Beispiel für den unechten Vertrag zugunsten Dritter ist die interne Schuldübernahme gemäss Art. 175, bei welcher sich der Promittent gegenüber dem Promissar verpflichtet, eine Schuld, welche dieser gegenüber einem Dritten hat, zu begleichen (SCHWENZER, OR AT, N 86.09).

5   Abs. 1 enthält im Unterschied zu Abs. 2 keine Einschränkung der **Widerruflichkeit** der Drittbegünstigung, d. h. der Promissar kann die Drittbegünstigungsklausel jederzeit und unabhängig vom Einverständnis des Promittenten widerrufen (BSK OR I-GONZENBACH, N 14; **a. M.** SCHWENZER, OR AT, N 86.09). Im Falle der Nichterfüllung stehen die Schadenersatzansprüche nur dem Promissar zu (BSK OR I-GONZENBACH, N 13). Ein Teil der Lehre vertritt die Auffassung, der Promissar könne neben seinem eigenen Schaden, auch den weitergehenden Schaden des Dritten geltend machen (BK-WEBER, N 146).

III. Der echte Vertrag zugunsten eines Dritten

Art. 112 Abs. 2 regelt den **echten Vertrag zugunsten Dritter**. Mit dem Ab- 6
schluss des echten Vertrages zugunsten Dritter entsteht unmittelbar und
mitwirkungslos ein originäres und selbstständiges Forderungsrecht des
Dritten (BK-WEBER, N 109). Der Dritte kann diesen Anspruch als Begünstigter einer Versicherung beim Tod des Versicherten unabhängig von seiner
Erbenstellung durchsetzen (BGE 115 V 96, 99; SZS 1983, 39 f.). Der Anspruch besteht auch, wenn der Begünstigte die Erbschaft des Promissars
ausgeschlagen hat (BGE 112 II 38, 39). Ein Beispiel für den echten Vertrag
zugunsten Dritter ist der Chartervertrag, bei welchem sich die Fluggesell-
schaft gegenüber dem Reiseveranstalter verpflichtet, die Reisenden zu befördern, wobei die Reisenden einen eigenen Anspruch auf Beförderung
haben (GAUCH/SCHLUEP/SCHMID/REY, N 4118).

Der Promittent kann dem Dritten sämtliche Einreden und Einwendungen 7
aus dem Vertragsverhältnis mit dem Promissar entgegenhalten (BGE 92
II 10, 12). Hingegen scheiden Einreden aus dem Verhältnis zwischen Promissar und Drittem (sog. Valutaverhältnis) aus (BSK OR I-GONZENBACH,
N 17). Widerruf des Begünstigten und Beseitigung des Rechts des Dritten
mittels Vertragsabrede bleiben möglich, bis der Dritte Unentziehbarkeit
nach Art. 112 Abs. 3 bewirkt (BALDAWI, 101). Promittent und Promissar verlieren mit der Erklärung des Dritten, von seinem Recht Gebrauch machen
zu wollen (sog. **Vertragsbeitritt**), die Widerrufsmöglichkeit; der Promissar
verfügt daneben über einen Anspruch gegen den Promittenten auf Leistungserbringung an den Dritten (BSK OR I-GONZENBACH, N 18). Die Erklärung des Dritten kann formlos erfolgen und ist an den Promittenten zu richten (BSK OR I-GONZENBACH, N 18).

IV. Abgrenzung

Im Unterschied zur **Stellvertretung** (Art. 32 ff.), handelt der Promissar in ei- 8
genem Namen und im Gegensatz zur **Kommission** (Art. 425 ff.) auf eigene
Rechnung (BSK OR I-GONZENBACH, N 4). Bei der **Anweisung** (Art. 466 ff.) erwirbt der Dritte den Anspruch erst mit der vorbehaltlosen Annahmeerklärung des Angewiesenen gegenüber dem Anweisungsempfänger (HONSELL,
OR BT, 363). Schliesslich liegt kein Vertrag zugunsten Dritter vor, wenn dem
Gläubiger eine Leistung unter der **Bedingung** geschuldet wird, dass dieser
sie einem Dritten zugute kommen lasse (BGE 49 II 487 = Pra 1924, 74 ff.).

Der Vertrag zugunsten Dritter *donandi causa* verlangt zu seiner Gültigkeit 9
eine Willensübereinstimmung zwischen Schenker und Beschenktem. Solange dieser Vertrag dem Dritten unbekannt ist, dient er nur der Vorbereitung der **Schenkung**. Letztere wird erst mit der Annahme durch den Dritten
perfektioniert (BGE 69 II 309 = Pra 1943, 387 f.).

Art. 113

II. **Bei Haftpflicht-versicherung**

Wenn ein Dienstherr gegen die Folgen der gesetz-lichen Haftpflicht versichert war und der Dienstpflich-tige nicht weniger als die Hälfte an die Prämien ge-leistet hat, so steht der Anspruch aus der Versicherung ausschliesslich dem Dienstpflichtigen zu.

Literatur

BALDAWI, La stipulation pour autrui, Diss. Genève 1954; KRAUSKOPF, Der Vertrag zugunsten Dritter, Diss. Fribourg 1999; WIDMER/WESSNER, Revision und Vereinheitlichung des Haftpflichtrechts, Erläuternder Bericht, Bern 2000.

I.   Definition und Natur

1   Art. 113 regelt einen gesetzlichen Fall des echten Vertrages zugunsten Drit-ter im Sinne von Art. 112 Abs. 2. Angeordnet wird der direkte Anspruch eines Arbeitnehmers (Dienstpflichtiger) gegen die Versicherung eines Ar-beitgebers (Dienstherr) bei Vorliegen einer (gesetzlichen) **Haftpflichtver-sicherung** im Arbeitsverhältnis, bei welcher der Arbeitnehmer mindestens die Hälfte der Prämien trägt (BK-WEBER, N 3).

2   Nicht klar ist, ob Art. 113 dispositiven Charakter hat oder nicht. Angesichts einer grammatikalischen und einer teleologischen Auslegung ist jedoch da-von auszugehen, dass der Direktanspruch des Dritten gemäss Art. 113 **zwingender Natur** ist (BK-WEBER, N 10).

3   Die **systematische Stellung** dieser Bestimmung ist kaum zu rechtfertigen; angesichts des spezifischen Inhalts wäre eine Einbettung in das Arbeitsver-trags- (Art. 319 ff.) oder Versicherungsvertragsrecht (VVG) sachgerechter gewesen (BALDAWI, 24). Nach den Revisionsvorschlägen zum Haftpflicht-recht soll diese Norm abgeschafft werden (WIDMER/WESSNER, 194, 306).

II.   Voraussetzungen

4   Zwischen dem berechtigten Dritten und dem Dienstherrn muss ein **Arbeits-vertrag** gemäss Art. 319 ff. vorliegen (BSK OR I-GONZENBACH, N 3). Der Ar-beitgeber muss eine Haftpflichtversicherung abgeschlossen haben, wobei sowohl die Personen- als auch die Schadensversicherung in Frage kommt (BSK OR I-GONZENBACH, N 3).

Wie aus dem Gesetzestext entnommen werden kann, muss der Arbeitneh- 5
mer mindestens einen **Prämienanteil von 50%** geleistet haben. Liegt die
Prämienbeteiligung des Arbeitnehmers unter 50%, lässt sich die Herbeiführung des Direktanspruches nicht dadurch bewirken, dass der Arbeitnehmer
seine Belastung entsprechend erhöht, um seine Rechtsstellung zu verbessern (BSK OR I-GONZENBACH, N 3).

Der Abschluss der Haftpflichtversicherung durch den Arbeitgeber darf 6
schliesslich **nicht auf einem Obligatorium** beruhen. Im Falle einer obligatorischen Haftpflichtversicherung hat der Geschädigte i.d.R. ohnehin von
Gesetzes wegen ein direktes Forderungsrecht (KRAUSKOPF, N 421 ff.).

III. Rechtsfolgen

Art. 113 räumt dem Arbeitnehmer das **ausschliessliche Verfügungsrecht** 7
über den Versicherungsanspruch ein (BSK OR I-GONZENBACH, N 4). Insofern
stellt diese Bestimmung eine Ausnahme von Art. 112 dar. Der Arbeitnehmer
verfügt selbstständig und unabhängig über die Mahnung, die klageweise
Geltendmachung, den Vergleichsabschluss usw. (BSK OR I-GONZENBACH,
N 4). Insbesondere fällt der Anspruch des Arbeitnehmers nicht in die Kon-
kurs- oder Nachlassmasse des Arbeitgebers (ZK-OSER/SCHÖNENBERGER,
N 1).

Der Direktanspruch des Arbeitnehmers gegen den Versicherer unterliegt im 8
Übrigen den **allgemeinen Regeln von Art. 112** (BSK OR I-GONZENBACH,
N 4). Anwendbar sind insbesondere die erläuterten Prinzipien bezüglich der
Erhebung von Einreden und Einwendungen (vgl. Art. 112 N 2). Rechtlich
unbedenklich ist zum Beispiel, dass der Arbeitgeber als Versicherungsnehmer den Anspruch mit Zustimmung des Arbeitnehmers in dessen Namen
gegen den Versicherer geltend macht (ZK-OSER/SCHÖNENBERGER, N 3).

IV. Abgrenzung

Der Anspruch muss auf einer Haftpflichtversicherung beruhen. Bei **Lebens-** 9
versicherungen ist grundsätzlich Art. 112 anzuwenden, während bei **kol-**
lektiven Kranken- und Unfallversicherungen Art. 87 VVG zur Anwendung
kommt (BK-WEBER, N 7 f.).

Art. 60 VVG statuiert ein **gesetzliches Pfandrecht** seitens des Dritten an der 10
Versicherungsforderung. Diese *lex specialis* kommt praktisch zur Anwendung, wenn sich der Dritte mangels ausreichender Prämienbeteiligung
nicht auf das direkte Forderungsrecht gegen die Versicherung gemäss
Art. 113 zu berufen vermag (BK-WEBER, N 9).

Das Erlöschen der Obligationen

Vorbemerkungen zu Art. 114–142

1   Der dritte Titel (Art. 114–142) behandelt die wichtigsten Erlöschensgründe der Obligation: Aufhebungsvertrag (Erlass; Art. 115), Neuerung (Art. 116 f.), Vereinigung (Art. 118), nachträgliche Unmöglichkeit der Leistung (Art. 119) und Verrechnung (Art. 120 ff.). Ferner werden auch die Nebenrechte (Art. 114) und die Verjährung (Art. 127 ff.) erfasst, obwohl diese den Bestand der Forderung *per se* nicht berühren. Der Titel zeichnet sich durch Unvollständigkeit aus: der normale Erlöschensgrund der Erfüllung (Art. 68 ff.) und die Auflösung des gesamten Schuldverhältnisses werden vom dritten Titel nicht erfasst.

Art. 114

A. Erlöschen der Nebenrechte

¹ Geht eine Forderung infolge ihrer Erfüllung oder auf andere Weise unter, so erlöschen alle ihre Nebenrechte, wie namentlich die Bürgschaften und Pfandrechte.

² Bereits erlaufene Zinse können nur dann nachgefordert werden, wenn diese Befugnis des Gläubigers verabredet oder den Umständen zu entnehmen ist.

³ Vorbehalten bleiben die besonderen Vorschriften über das Grundpfandrecht, die Wertpapiere und den Nachlassvertrag.

Literatur

Schöbi, Die Akzessorietät der Nebenrechte von Forderungen unter besonderer Berücksichtigung des Rechtsverhältnisses der Verjährung, Diss. Zürich 1990.

I. Allgemeines

Art. 114 regelt keinen Erlöschensgrund der Obligation selbst, sondern das **1**
Schicksal der **Nebenrechte** bei Untergang einer (Haupt-)Obligation (BSK
OR I-Gonzenbach, N 1). Art. 114 Abs. 1 enthält den Grundsatz (N 2 ff.),
Abs. 2 die spezifische Regel für bereits erlaufene Zinse (N 5 ff.), und Abs. 3
einen Vorbehalt zugunsten besonderer Bestimmungen (N 9).

II. Der Grundsatz von Art. 114 Abs. 1

Art. 114 Abs. 1 enthält den **Grundsatz** der Regelung über die Nebenrechte. **2**
Die Bestimmung stellt fest, dass beim Untergang einer Obligation auch deren Nebenrechte erlöschen.

Art. 114 Abs. 1 setzt implizit das **Bestehen einer (Haupt-)Obligation** voraus, **3**
deren Charakter keine Rolle spielt (vertragliche, ausservertragliche, familienrechtliche, erbrechtliche usw.; ZK-Aepli, N 12). Die zweite Voraussetzung für den Tatbestand von Art. 114 Abs. 1 ist der **Untergang der Hauptobligation**. Aus welchem Grund die Obligation untergeht, ist ohne Belang
(Erfüllung, Aufhebung durch Übereinkunft, Neuerung usw.). Drittens muss
ein **Nebenrecht** vorliegen. Nebenrechte (sog. akzessorische Rechte) sind
nicht Bestandteile der Obligation sondern besondere Rechte, welche die Obligation erweitern (Zinsen, Konventionalstrafen, Forderungen auf Ersatz
des Verzugsschadens usw.) oder diese sichern (Bürgschaften, Pfand- und
Retentionsrechte, Eigentumsvorbehalte usw.; Von Thur/Peter, OR AT, 21).

Der Untergang der Hauptforderung bewirkt grundsätzlich das **Erlöschen** **4**
aller ihrer Nebenrechte. Für einzelne Vertragsverhältnisse hat der Gesetzgeber diese Rechtsfolge positivrechtlich geregelt (z. B. Bürgschaft: Art. 509;
Faustpfand: Art. 889 Abs. 1 ZGB). Das **Wiederaufleben** einer in ihrem Bestand unangefochtenen Obligation umfasst auch allfällige Nebenrechte je
nach Fall (z. B. Art. 118 Abs. 2: rückgängig gemachte Konfusion) und betroffenem Nebenrecht (z. B. BGE 64 III 149, 149 ff.: bejaht für Bürgschaft; BGE
89 III 14, 22 f.: offengelassen für dingliche Nebenrechte; BSK OR I-Gonzenbach, N 6).

III. Die spezifische Regel für bereits erlaufene Zinsen von Art. 114 Abs. 2

Art. 114 Abs. 2 befasst sich mit einer Frage, die ausserhalb von Art. 114 **5**
Abs. 1 steht. Während Abs. 1 die Frage des Fortbestandes der Nebenrechte

ab dem Zeitpunkt des Erlöschens der Hauptobligation zum Gegenstand hat, regelt Abs. 2 für den Fall des Erlöschens der Hauptobligation das Schicksal jener **Zinsobligation, die vor dem Erlöschen der Hauptobligation bereits entstanden ist** (ZK-AEPLI, N 41).

6   Der Grundtatbestand von Art. 114 Abs. 2 besteht darin, dass **vor dem Untergang der Hauptobligation Zinse erlaufen** sind. Zinse im Sinne dieser Bestimmung sind der vertraglich verabredete Zins und der gesetzliche Zins (z. B. der Verzugszins nach Art. 104 Abs. 1; BGE 52 II 215, 217). Erlaufen sind die Zinsen, wenn sie ihrem Rechtsgrund nach entstanden sind; nicht notwendig ist, dass sie vor dem Untergang der Hauptobligation schon fällig sind (ZK-AEPLI, N 43 ff.). Schliesslich setzt der Grundtatbestand von Art. 114 Abs. 2 in Anlehnung an Art. 114 Abs. 1 voraus, dass die Hauptobligation untergegangen ist.

7   Die Rechtsfolge beim Grundtatbestand besteht darin, dass die **erlaufenen Zinsen nicht nachgefordert werden können**. Die vor dem Untergang der Hauptobligation entstandene Zinsobligation geht mit dem Erlöschen der Hauptobligation ebenfalls unter (BGE 52 II 215, 218). Die Richtigkeit des Grundtatbestandes wurde in der Lehre kritisiert und wird laut einigen Autoren im Zweifel wohl einschränkend anzuwenden sein (ZK-AEPLI, N 42).

8   Die erlaufenen Zinsen gehen gemäss Art. 114 Abs. 2 a. E. im Fall einer **abweichenden Abrede** oder beim Vorliegen **besonderer Umstände** nicht unter, d. h. der Gläubiger kann die Zinsen trotz Untergang der Hauptobligation vom Schuldner nachfordern. Die Abrederegelung weist der Norm einen dispositiven Charakter zu. Angesichts der fragwürdigen rechtspolitischen Begründung der Bestimmung (N 7) sind an die Umstände, die ein Nachforderungsrecht des Gläubigers zulassen, keine grossen Anforderungen zu stellen (ZK-AEPLI, N 51). Gemäss Rechtsprechung und Lehre liegen besondere Umstände im Sinne von Art. 114 Abs. 2 z. B. vor, wenn der Gläubiger bzw. der Schuldner der Hauptobligation mit demjenigen der Zinsobligation nicht identisch ist (BGE 52 II 215, 218), wenn der Gläubiger trotz Erfüllung der Kapitalschuld das Pfand zurückhält (ZK-OSER/SCHÖNENBERGER, N 3), wenn für die Zinsobligation besondere Sicherheiten bestellt worden sind (BK-BECKER, N 8) oder die für die Hauptobligation bestellten Sicherheiten auch für die Zinsobligation gelten (z. B. Art. 499, Art. 818, 891 ZGB).

IV.   Der Vorbehalt zugunsten besonderer Bestimmungen von Art. 114 Abs. 3

9   Art. 114 Abs. 3 behält die besonderen Vorschriften über das **Grundpfandrecht** (Art. 801 ZGB), die **Wertpapiere** (Art. 980) und den **Nachlassvertrag** (Art. 303, 310 Abs. 1 und 324 Abs. 1 SchKG) vor. Diese Aufzählung ist nicht abschliessend (vgl. z. B. Art. 117 Abs. 3).

Art. 115

B. **Aufhebung durch Übereinkunft**

Eine Forderung kann durch Übereinkunft ganz oder zum Teil auch dann formlos aufgehoben werden, wenn zur Eingehung der Verbindlichkeit eine Form erforderlich oder von den Vertragschliessenden gewählt war.

Literatur

KELLER/SCHÖBI, Das Schweizerische Schuldrecht, Bd. IV, Gemeinsame Rechtsinstitute für Schuldverhältnisse aus Vertrag, unerlaubter Handlung und ungerechtfertigter Bereicherung, 2. Aufl., Basel und Frankfurt a.M. 1985; KUMMER, Beiträge zur Lehre von der Causa, insbesondere bei der Abtretung und beim Erlass von Forderungen, Diss. Bern 1942.

I. Definition und Verhältnis zu Art. 12

Art. 115 regelt einen bestimmten Erlöschensgrund der Obligation: den **Aufhebungsvertrag** (Schulderlass, Erlass). Diese Bestimmung stellt fest, dass eine Obligation durch Übereinkunft aufgehoben werden kann und dass diese Übereinkunft selbst dann nicht formbedürftig ist, wenn die aufzuhebende Obligation zu ihrer Begründung von Gesetzes wegen oder infolge Abrede einer bestimmten Form bedurfte.   1

Art. 12 besagt, dass die gesetzlichen Formvorschriften grundsätzlich auch auf jede Abänderung von formgebundenen Verträgen anzuwenden sind. Nach h.L. sind die **Abgrenzungsschwierigkeiten zwischen Art. 12 und Art. 115** folgendermassen zu lösen: Soweit die Parteien eine gänzliche Aufhebung oder eine Herabsetzung der Obligation verabreden, geht Art. 115 vor; Art. 12 kommt hingegen zur Anwendung, wenn eine Erhöhung der vereinbarten Verpflichtung bewirkt werden soll (BSK OR I-GONZENBACH, N 9). Art. 115 darf zudem nicht zur Umgehung gesetzlicher Verpflichtungen, die im öffentlichen Interesse oder zum Schutz der schwächeren Partei aufgestellt worden sind, missbraucht werden (BSK OR I-GONZENBACH, N 11; BGE 115 V 437, 443: Eine Übereinkunft zwischen Arbeitgeber und Arbeitnehmer darf nicht zu einer klaren Umgehung des zwingenden gesetzlichen Kündigungsschutzes führen).   2

II. Voraussetzungen

Art. 115 erfordert die **Übereinkunft des Gläubigers und des Schuldners** über den Erlass (BGE 69 II 373, 377 f.; ZR 1981, 215). Vorausgesetzt sind   3

Vertragsfähigkeit (bei gänzlicher Unentgeltlichkeit genügt seitens des Schuldners Urteilsfähigkeit) und Verfügungsmacht der entsprechenden Parteien (BSK OR I-Gonzenbach, N 5). Der Aufhebungsvertrag kann auch stillschweigend (BGE 127 III 147, 151; NJW 1986, 1492) oder durch konkludentes Verhalten erfolgen. Er kann sich auf die ganze Obligation oder nur auf einen Teil erstrecken (BGE 109 II 327, 329f. = Pra 1984, 84), jedoch keine anderen rechtserheblichen Tatsachen (z.B. Verfügungen) erfassen (Gauch/Schluep/Schmid/Rey, N 3303).

4   Der Erlass ist formlos gültig. Art.115 stellt explizit fest, dass die **Formfreiheit** des Aufhebungsvertrages unabhängig von der Form, in welcher die aufzuhebende Obligation begründet wurde, besteht. Das gilt aber nur für den Erlass unter Lebenden; ein Erlass von Todes wegen bleibt an die entsprechenden Formvorschriften gebunden (BGE 69 II 373, 377f.). Letzteres gilt nach expliziter Vorschrift ebenfalls für den Erbvertrag (Art.513 ZGB).

III. Rechtsfolgen

5   Der Aufhebungsvertrag bewirkt den **unmittelbaren Untergang der Forderung** (BSK OR I-Gonzenbach, N 10). Bei einer Solidarschuld entfaltet die Aufhebung unter Vorbehalt der Rückgriffsberechtigung nach Art.149 nur gegenüber dem am Vertrag beteiligten Schuldner befreiende Wirkung (BGE 34 II 493, 499). Desgleichen wird ein Erlass bei einer Solidarforderung nur gegenüber dem an der Vereinbarung beteiligten Gläubiger wirksam (Keller/Schöbi, 33f.).

IV. Abgrenzung

6   **Aufhebung eines Vertrages:** Art.115 befasst sich mit der Aufhebung einer Obligation. Die Aufhebung eines ganzen Vertragsverhältnisses wird *contrarius actus* (oder *contrarius consensus*) genannt (Gauch/Schluep/Schmid/ Rey, N 3323). Auf sie findet Art.115 analoge Anwendung, jedoch sind für die Aufhebung bestimmter Vertragsverhältnisse besondere Formvorschriften zu beachten (ZK-Aepli, N 15ff.).

7   **Negative Schuldanerkennung:** Durch die negative Schuldanerkennung (z.B. Décharge, wobei hier die Entlastung nicht durch Vertrag, sondern durch Beschluss erfolgt) erklären die Parteien eine ungewisse oder bestrittene Forderung als nicht existent (BSK OR I-Gonzenbach, N 3). Darin kann aber ein Aufhebungsvertrag liegen, insbesondere dann, wenn der anerkennende Gläubiger weiss, dass die Forderung besteht (Kummer, 148). Bestimmte Autoren sprechen auch von «eventuellem Erlass» (Von Tuhr/ Escher, OR AT, 179; Bucher, OR AT, 399).

8   **Klagerückzug:** Der Klagerückzug ist eine einseitige Rechtshandlung (Prozesshandlung) und deshalb kein Vertrag (Gauch/Schluep/Schmid/Rey,

N 3329). Der Klagerückzug bewirkt, dass einer erneuten gerichtlichen Geltendmachung die Einrede der abgeurteilten Sache (sog. *res iudicata*) entgegensteht; die Obligation bleibt aber vollumfänglich bestehen (ZK-AEPLI, N 25).

Pactum de non petendo: Im *pactum de non petendo* (z. B. Stundung) verspricht der Gläubiger den Verzicht auf Geltendmachung einer Forderung, ohne die Existenz des Schuldverhältnisses oder die Leistungspflicht anzutasten (BSK OR I-GONZENBACH, N 3). Im Unterschied zur Übereinkunft besteht die Forderung mit den zugehörigen Nebenrechten weiter (BSK OR I-GONZENBACH, N 3). 9

Verzicht auf künftige Forderungen: Ein Aufhebungsvertrag kann nur über bestehende Forderungen geschlossen werden. Wird auf künftige, genau bestimmte Forderungen aus einem Vertrag verzichtet, liegt eine Vertragsänderung vor, welche die Anwendung der Formvorschriften von Art. 12 erforderlich macht (BUCHER, OR AT, 400). 10

Art. 116

Neuerung	¹	**Die Tilgung einer alten Schuld durch Begründung einer neuen wird nicht vermutet.**
Im Allgemeinen	²	**Insbesondere bewirkt die Eingehung einer Wechselverbindlichkeit mit Rücksicht auf eine bestehende Schuld oder die Ausstellung eines neuen Schuld- oder Bürgschaftsscheines, wenn es nicht anders vereinbart wird, keine Neuerung der bisherigen Schuld.**

Literatur

STAEHELIN, Die Novation, ihre geschichtliche Entwicklung und ihre Bedeutung im geltenden Recht, Basel 1948.

I. Allgemeines

Art. 116 regelt die **Neuerung** (Novation). Art. 116 Abs. 1 enthält die Definition der Neuerung («Tilgung einer alten Schuld durch Begründung einer neuen») und die Regel, dass eine Neuerung «nicht vermutet wird». Art. 116 Abs. 2 nennt Beispiele zu der in Abs. 1 ausgesprochenen Vermutung. 1

Die Neuerung ist ein Institut, das sich aus bestehenden Instituten herleiten lässt (Aufhebungsvereinbarung, Bedingung; ZK-AEPLI, N 32). Art. 116 hat zudem keinen eigenen normativen Gehalt, indem die Vermutung aus der all- 2 gemeinen Regel von Art. 8 ZGB folgt (ZK-Aepli, N 30). Insofern wurde diese **Bestimmung als überflüssig** bezeichnet (BSK OR I-Gonzenbach, N 1).

II. Voraussetzungen

3   Für den Eintritt der novierenden Wirkung müssen die Parteien einen **Neuerungsvertrag** (Novationsvertrag) abschliessen. Vorausgesetzt sind der Bestand einer alten Schuld, die Begründung einer neuen Schuld und der Neuerungswille der Parteien.

4   Art. 116 setzt den Bestand einer Obligation («**alte Schuld**») voraus (vgl. BGer 4C.396/2002, E. 2.5 vom 10. 6. 2003). Eine alte Schuld kann eine nicht fällige, eine bedingte (BGE 28 II 373, 373 ff.), eine befristete, eine anfechtbare, eine verjährte, eine solidarische oder eine in der Höhe noch unbestimmte Forderung sein (ZK-Aepli, N 14). Besteht die Obligation nicht, hat der Neuerungsvertrag einen objektiv unmöglichen Inhalt; immerhin liegt in einem solchen Fall ein abstraktes Schuldbekenntnis i. S. v. Art. 17 vor (BGE 104 II 190, 196).

5   Art. 116 setzt weiter voraus, dass eine Obligation («**neue Schuld**») begründet wird. «Begründen» bedeutet durch Vertrag entstehen (ZK-Aepli, N 16). Ob eine Obligation entstanden ist, beurteilt sich nach jenen Regeln, denen sie ihrem Rechtsgrund nach unterliegt.

6   Schliesslich müssen sich die Parteien darüber einig sein, dass die neue Schuld an die Stelle der alten tritt (**Neuerungswille**). Parteiäusserungen und Interessenlage stehen im Vordergrund bei der Ermittlung des wirklichen Willens der Parteien (BGE 107 II 479, 481). Nach Lehre und Rechtsprechung wird Neuerung bei einer «objektiven Unvereinbarkeit zwischen der alten und der neuen Obligation» angenommen (zur Kasuistik vgl. BSK OR I-Gonzenbach, N 6 und ZK-Aepli, N 15).

III. Rechtsfolgen

7   Die Neuerung bewirkt das **Erlöschen der bestehenden Obligation und die Begründung einer neuen Obligation.** Die der alten Schuld anhaftenden Einreden und Einwendungen gehen unter (BGE 105 II 273, 277). Sofern Schuldner und Gläubiger nichts anderes vereinbart haben, gehen Bedingungen und Fristen der alten Schuld auf die neue Schuld über (ZK-Oser/Schönenberger, N 4; **a. M.** Gauch/Schluep/Schmid/Rey, N 3337). Die Neuerung bewirkt nur den Untergang der novierten Obligation (i. d. R. einer Geldforderung); der restliche Vertrag wird bei vollkommen zweiseitigen Verhältnissen nicht berührt, so dass daraus fliessende Ansprüche und Einreden erhalten bleiben (BSK OR I-Gonzenbach, N 8).

8   Art. 116 Abs. 2 zählt drei Beispiele auf zur Regel von Art. 116 Abs. 1, wonach die **Neuerung nicht zu vermuten** ist. Die Eingehung einer Wechselverbind-

lichkeit (Art. 990 ff.) bewirkt keinen Untergang des Schuldverhältnisses, das Anlass zur Wechselverpflichtung gab, sondern ist als Hingabe zahlungshalber zu verstehen (BGE 127 III 559, 562 f.). Die Ausstellung eines neuen Schuld- oder eines neuen Bürgschaftsscheins lässt ebenfalls keine Neuerung vermuten (ZR 1971, 202; BGE 62 II 258, 258 ff.: neuer Bürgschaftsschein für voreheliche Bürgschaftsverpflichtung der Ehefrau; BGE 31 II 94, 94 ff.). Eine Sonderregel gilt für die **Schuldbrieferrichtung**: Art. 855 Abs. 1 ZGB enthält eine Vermutung zugunsten der Neuerung.

IV. Abgrenzung

Abänderungsvereinbarung: Keine Neuerung liegt in der blossen Änderung der Elemente einer Obligation, z. B. Leistungsgegenstand, Modalitäten, Nebenrechte, Parteien. Abänderungsvereinbarung und Neuerung bestehen als rechtliche Gestaltungsmittel nebeneinander (vgl. BGE 113 II 434, 440), wobei das Ergebnis freilich identisch sein kann (ZK-AEPLI, N 8).   9

Hingabe an Zahlungsstatt: Die Hingabe an Zahlungsstatt bildet einen der Neuerung ähnlichen Befreiungstatbestand (a. M. STAEHELIN, 132), bei dem jedoch der Schuldner gänzlich befreit wird, während hier der Schuldner dem Gläubiger verpflichtet bleibt (BSK OR I-GONZENBACH, N 3).   10

Art. 117

Beim Konto-korrentverhältnis	¹ Die Einsetzung der einzelnen Posten in einen Kontokorrent hat keine Neuerung zur Folge.
	² Eine Neuerung ist jedoch anzunehmen, wenn der Saldo gezogen und anerkannt wird.
	³ Bestehen für einen einzelnen Posten besondere Sicherheiten, so werden sie, unter Vorbehalt anderer Vereinbarung, durch die Ziehung und Anerkennung des Saldos nicht aufgehoben.

Literatur

BUCHER, Grundprobleme des Kontokorrentrechts, recht 1994; CELEBONOVITS, Das Kontokorrentrecht, Diss. Zürich 1917; ETTER, Le contrat de compte courant, Diss. Lausanne 1992; GUGGENHEIM, Die Verträge der schweizerischen Bankpraxis, 3. Aufl., Zürich 1986; KLEINER, Bankkonto – Giro- und Kontokorrentvertrag, Festgabe zum 60. Geburtstag von Walter R. Schluep, Zürich 1988.

I.   Allgemeines

1   Art. 117 regelt den Aspekt der **Neuerung beim Kontokorrentverhältnis**.
Der Gesetzgeber hat das Kontokorrentverhältnis nirgends in allgemeiner
Form geregelt. Hingegen hat er bestimmte Teilfragen betreffend das Kontokorrentverhältnis behandelt: Art. 117 (Neuerung beim Kontokorrentverhältnis), Art. 124 Abs. 3 (Wirkung der Verrechnung), Art. 314 Abs. 3 (Zinsvorschriften beim Darlehen) und Art. 500 (gesetzliche Verringerung des
Haftungsbetrages bei der Bürgschaft).

II.   Voraussetzungen

2   Das Kontokorrentverhältnis setzt einen **Kontokorrentvertrag** (Kontokorrentabrede; zur Natur des Kontokorrentvertrages vgl. BGE 130 III 694,
697 f.) voraus. Der Kontokorrentvertrag besteht in der Abrede zweier in
einem gegenseitigen Abrechnungsverhältnis stehender Personen, alle von
diesem Verhältnis erfassten Forderungen bis zum Abrechnungsdatum zu
stunden und weder abzutreten noch separat geltend zu machen, sondern
nur als Rechnungsposten für die Ermittlung des Saldos zu behandeln (BGE
127 III 147, 150). Im Einzelnen lässt sich das Kontokorrentverhältnis aufgliedern in Stundungs- und Verrechnungsabrede, Schuldanerkennung und
Neuerung (GUGGENHEIM, 227; vgl. auch RJJ 1991, 270 ff.), wobei die Stun-
dungsabrede kein zwingendes Element des Kontokorrentverhältnisses darstellt (CELEBONOVITS, 89).

3   Besteht nur ein **faktisches Kontokorrentverhältnis**, indem zwei Parteien
zwar nicht jeden Geldanspruch sofort zur Abwicklung bringen, aber keine
Stundung vorausgehend verabreden, findet Art. 117 keine Anwendung und
die Einzelforderungen verlieren ihren Sondercharakter nicht (BSK OR I-
GONZENBACH, N 2).

4   Nicht massgebend für das Vorliegen eines Kontokorrentvertrages ist die Bezeichnung «Kontokorrent», die oft nur auf die Buchhaltungsform hinweist
(BGE 40 II 411 = Pra 1914, 370 f.). Entscheidend ist der **Vertragswille** der
Parteien, einen Kontokorrentvertrag zu schliessen (BSK OR I-GONZENBACH,
N 4). Die Übereinkunft kann auch stillschweigend entstehen (BGE 118 II 382,
391: gegenseitige Leistungen im ehegüterrechtlichen Bereich mit Saldoziehung per Stichtag der Eheauflösung).

5   Die **Abwicklung** der Entstehung des Kontokorrentverhältnisses besteht
grundsätzlich aus vier Schritten (vgl. dazu ZK-AEPLI, N 17 ff.). Eine der beiden Parteien oder ein Dritter führt das Konto, d. h. die nach Haben und Soll
geführte Rechnung über die gegenseitigen Forderungen. Entsteht eine Forderung zugunsten der einen und zulasten der andern Partei, so ist sie in das
Kontokorrent einzutragen (vgl. Art. 117 Abs. 1: «Einsetzung der einzelnen
Posten in einen Kontokorrent»). In einem dritten Schritt, zieht der Konto-

führer den Saldo am Abrechnungstermin (vgl. Art. 117 Abs. 2: «wenn der Saldo gezogen […] wird») und teilt ihn den Parteien bzw. der Gegenpartei (BGE 104 II 190, 192: der Mitteilende ist an seine Offerte zur Anerkennung der Saldoforderung gebunden) mit. Durch die Anerkennung des mitgeteilten Saldos (vgl. Art. 117 Abs. 2: «wenn der Saldo […] anerkannt wird») wird schliesslich die Kontokorrentperiode erledigt.

III. Rechtsfolgen

Art. 117 Abs. 1 sieht ausdrücklich vor, dass die Verbuchung von Forderungen bei einem Kontokorrentverhältnis **keine Neuerung** zur Folge hat. Dies ergibt sich bereits aus den allgemeinen Regeln von Art. 116, denn die Neuerung setzt die vertragliche Begründung einer Obligation voraus. Die Verbuchung ist bloss ein interner Vorgang, der keine Offerte zur Begründung einer Obligation enthält (ZK-AEPLI, N 55). 6

Art. 117 Abs. 2 enthält die **Vermutung der Neuerung** bei Saldoziehung und -anerkennung. Neuerung bedeutet, dass die anerkannte Saldoforderung zur selbstständigen Obligation wird (ZK-AEPLI, N 57 ff.). Es gelten die allgemeinen Neuerungsregeln von Art. 116 (vgl. BGE 104 II 190, 195), mit Ausnahme der Regeln in Art. 117 Abs. 3. Die Anerkennung des Kontokorrentsaldos hat allerdings nicht zur Folge, dass versehentlich nicht in die Saldoberechnung einbezogene Posten schlechthin nicht mehr zu berücksichtigen wären (BGE 100 III 79, 86). Andererseits bedeutet die Anerkennung des Saldos, dass hinsichtlich der in der Kontokorrentrechnung aufgeführten Posten auf die Geltendmachung bereits bekannter Willensmängel sowie streitiger oder ungewisser, aber nicht ausdrücklich vorbehaltener Einreden verzichtet werde (BGE 104 II 190, 196). 7

Was die **betreibungsrechtliche Bedeutung** der Saldoanerkennung betrifft, stellt die stillschweigende Genehmigung eines Kontokorrentauszuges gestützt auf den vom Schuldner unterzeichneten Krediteröffnungsvertrag keine Schuldanerkennung i. S. v. Art. 82 Abs. 1 SchKG für den Passivsaldo des Kontos dar (BGE 122 III 125, 128). Die unterschriftliche Anerkennung des Saldos berechtigt hingegen zur provisorischen Rechtsöffnung, wenn das Kontokorrentverhältnis spätestens im Zeitpunkt der Unterzeichnung beendet war (SJZ 1994, 292 f.). 8

Als Ausnahme der allgemeinen Regel von Art. 116 (vgl. Art. 116 N 1 ff.) und dem Grundsatz der Akzessorietät von Art. 114 (vgl. Art. 114 N 3) vermutet Art. 117 Abs. 3 bei Saldoziehung und -anerkennung im Kontokorrentverhältnis den **Fortbestand der Sicherheiten**. Der Übergang der Sicherheiten erfolgt *ipso iure* (BSK OR I-GONZENBACH, N 17). Es sind jene Sicherheiten gemeint, die sich originär nicht auf die Saldoforderung beziehen, sondern auf eine einzelne, dem Kontokorrent zugrunde liegende Forderung (ZK- 9

Aepli, N 72). Nicht als Sicherheit gilt jedoch ein bestehendes Konkursprivileg (BSK OR I-Gonzenbach, N 17).

IV. Abweichende Vereinbarungen

10   Die Regelung von Art. 117 hat **dispositiven Charakter** (ZK-Aepli, N 53). Vorbehalten bleiben somit besondere Parteiabreden und namentlich die AGB im Bankverkehr (vgl. SJZ 1995, 54 f.). Die Banken betrachten den Saldo regelmässig als genehmigt, wenn er nicht innert bestimmter Frist beanstandet wird (BSK OR I-Gonzenbach, N 18). Die Klausel «s.e.&o.» (salvo errore et omissione) entbehrt aber einer rechtlicher Bedeutung (BGE 104 II 190, 193).

Art. 118

D.   Vereinigung   ¹ **Wenn die Eigenschaften des Gläubigers und des Schuldners in einer Person zusammentreffen, so gilt die Forderung als durch Vereinigung erloschen.**
² **Wird die Vereinigung rückgängig, so lebt die Forderung wieder auf.**
³ **Vorbehalten bleiben die besondern Vorschriften über das Grundpfandrecht und die Wertpapiere.**

I.   Allgemeines

1   Art. 118 regelt die **Vereinigung** (Konfusion), d. h. das Zusammenfallen von Gläubiger und Schuldner. Während Art. 118 Abs. 1 Voraussetzung und Rechtsfolge der Vereinigung (d. h. die Grundregel) enthält, bestimmen Art. 118 Abs. 2 und Abs. 3 die Ausnahmen zur Grundregel.

II.   Voraussetzungen

2   Die Vereinigung setzt das **Zusammentreffen von Gläubiger- und Schuldnerstellung in einer Person** voraus. Die Identität von Schuldner und Gläubiger kann durch Gesamt- oder Einzelnachfolge herbeigeführt worden sein, z. B. im Falle von Abtretung (Art. 164 ff.; BGE 118 II 382, 390: Forderungszession des Vaters der Ehefrau an diese als Zuwendung auf Anrechnung an den Erbteil), Erbgang (Art. 457 ff. ZGB; BGE 71 II 219, 221 f. = Pra 1946, 33), Übernahme eines Vermögens oder eines Geschäftes (Art. 181), Fusion (Art. 3 ff. FusG), Vereinigung der Verpächter- und Pächtereigenschaft (BGE 118 II 441, 445), Erwerb nicht voll liberierter eigener Aktien durch die AG und Fälligstellung (Art. 634a; SZW 1994, 263), Zuschlag einer ge-

pfändeten Forderung (BGE 109 III 62, 63 f.; BSK OR I-Gonzenbach, N 3). Nicht selten liegt ein Zusammentreffen im Bereich des Versicherungsrechts vor, wenn nämlich ein Versicherer gleichzeitig als Unfallversicherer des Geschädigten und als Haftpflichtversicherer des Schadensverursachers auftritt (vgl. RVJ 1983, 174).

Das Zusammentreffen von Schuldner- und Gläubigereigenschaft in der gleichen Person muss durch einen **nachträglichen Vorgang** (vgl. aber BGE 103 II 137, 139 = Pra 1977, 384 f.) erfolgen. Waren Gläubiger- und Schuldnereigenschaft hingegen schon immer in einer Person vereinigt, so kann eine Obligation gar nicht entstehen (ZK-Aepli, N 19).   3

Die Vereinigung verlangt zudem den Zusammenfluss in die **gleiche Vermögensmasse** (BSK OR I-Gonzenbach, N 4). Dies trifft nicht zu bei der amtlichen Liquidation (Art. 593 ff. ZGB) oder im Falle von verschiedenen Massen des Ehegüterrechts (Art. 181 ff. ZGB; BSK OR I-Gonzenbach, N 4).   4

Art. 118 setzt schliesslich die **Identität der Obligation** voraus (BGE 88 II 299, 311 = Pra 1963, 14). Das volle Gläubigerrecht muss auf den Schuldner übergehen (BSK OR I-Gonzenbach, N 5). Keine Vereinigung tritt daher ein, wenn der Schuldner nicht die Forderung selbst erwirbt, sondern nur die Nutzniessung oder ein Pfandrecht daran (BSK OR I-Gonzenbach, N 5).   5

III. Rechtsfolgen

Gemäss Art. 118 Abs. 1 führt die Vereinigung zum **Erlöschen der Obligation**. Die Untergangswirkung tritt mit Abschluss des Vereinigungsvorganges *ipso iure* ein (ZK-Aepli, N 26). Wird nur ein Teil der Obligation von der Vereinigung betroffen, so erlischt der betreffende Teil (ZK-Aepli, N 27). Vom Untergang durch Vereinigung bleiben allfällige Rechte Dritter (z. B. Pfand- oder Nutzniessungsrechte) unberührt (ZK-Aepli, N 31).   6

IV. Ausnahmen

Laut Art. 118 Abs. 2 lebt eine Obligation wieder auf, wenn die **Vereinigung rückgängig** wird. Die Vereinigung von Art. 118 Abs. 1 wird in diesem Falle aufgehoben, weil der Vorgang, der sie bewirkt hat, auflösend bedingt war und diese Bedingung nun eingetreten ist (ZK-Aepli, N 34). Beispiele sind: Ausschlagung der Erbschaft (Art. 566 ff. ZGB), Erbunwürdigkeit (Art. 540 ff. ZGB), Ungültigkeit oder späterer Widerruf einer letztwilligen Verfügung zugunsten einer Person (Art. 469, 519 ff., 509 ff. ZGB), Eintritt der Nacherbfolge (Art. 492 ZGB) und selbstverständlich allgemein bei Eintritt einer Resolutivbedingung (BSK OR I-Gonzenbach, N 8). Im Falle von Vereinigung führt das Wiederaufleben der Forderung dazu, besser von einer Sistierung (vgl. z. B. Art. 134) als von einem Untergang zu sprechen (BSK OR I-Gonzenbach, N 1). Das Wiederaufleben umfasst auch die nach Art. 114 miter-   7 loschenen Nebenrechte, allerdings nur soweit deren besondere Voraussetzungen noch vorliegen (BSK OR I-Gonzenbach, N 8).

8   Die Vereinigung gilt laut Art. 118 Abs. 3 nicht als Untergangsgrund bei **Grundpfandrechten und Wertpapieren**. Aufgrund des Kreditbeschaffungszweckes erlischt bei Schuldbrief und Gült (Art. 859 Abs. 2 ZGB, Art. 863 ZGB) die pfandgesicherte Forderung nicht, wenn der Pfandtitel unentkräftet an den Schuldner zurückfällt (vgl. auch BGE 115 II 149 = Pra 1989, 970 ff.). Für die Wertpapiere sind Art. 1001 Abs. 3 und 1108 Abs. 3 zu beachten. Gelangt das Wertpapier an den aus ihm Verpflichteten, so geht die Obligation durch Vereinigung unter. Wird der Titel hingegen weitergegeben, so verkörpert er eine neue Obligation, wobei die mit dem Titel verbundenen Sicherungsrechte wieder aktualisiert werden und dem neuen Gläubiger im Falle der Nichtleistung zur Verfügung stehen (ZK-Aepli, N 44).

V.   Abweichende Vereinbarungen

9   Das Wiederaufleben der Forderung und namentlich der Nebenrechte ist **dispositiv** und lässt sich durch Parteivereinbarung vorgängig ausschliessen (BSK OR I-Gonzenbach, N 11). Abgesehen von den in Art. 118 Abs. 3 erfassten Fällen kann jedoch eine definitiv eingetretene Vereinigung durch Parteiwillen nicht mehr rückgängig gemacht werden (Von Tuhr/Escher, 189).

Art. 119

E.   Unmöglich-werden einer Leistung

[1] Soweit durch Umstände, die der Schuldner nicht zu verantworten hat, seine Leistung unmöglich geworden ist, gilt die Forderung als erloschen.

[2] Bei zweiseitigen Verträgen haftet der hienach freigewordene Schuldner für die bereits empfangene Gegenleistung aus ungerechtfertigter Bereicherung und verliert die noch nicht erfüllte Gegenforderung.

[3] Ausgenommen sind die Fälle, in denen die Gefahr nach Gesetzesvorschrift oder nach dem Inhalt des Vertrages vor der Erfüllung auf den Gläubiger übergeht.

Literatur

Kälin, Unmöglichkeit der Leistung nach Art. 119 OR und clausula rebus sic stantibus, recht 2004, 246 ff.; Keller/Fischer, Mechanismus der Ge-

fahrtragung des Käufers. Eine dogmatische Analyse, in: Mélanges Paul Piotet, 1990, 137 ff.; PICHONNAZ, Impossibilité et exorbitance, étude analytique des obstacles à l'exécution des obligations en droit suisse (Art. 119 CO et 79 CVIM), 1997.
Weitere Literatur bei der Einleitung zu Art. 97 – 109 sowie bei Art. 97.

I. Normzweck

Art. 119 erfasst die **nachträgliche** Unmöglichkeit, die **nicht** vom Schuldner   1
zu verantworten ist. Die Vorschrift schliesst damit an die Regelung in Art. 97
Abs. 1 an. Trotz dieses systematischen Zusammenhangs hat der Gesetzgeber die Norm wegen des hierin angeordneten Erlöschens der Obligation in
den Zusammenhang des dritten Titels gestellt. Doch ist der inhaltliche Bezug zum Recht der Leistungsstörungen stärker ausgeprägt (ähnlich ZK-
AEPLI, N 16): Art. 119 Abs. 1 befreit den Schuldner nicht nur von seiner
Leistungspflicht, sondern ordnet damit zugleich an, dass ihn deswegen
keine Schadenersatzpflicht trifft. Art. 119 Abs. 1 weist damit dem Gläubiger
die **Leistungsgefahr** zu, während Art. 119 Abs. 2 dem Schuldner die **Gegenleistungsgefahr** (Preisgefahr) aufbürdet (ZK-AEPLI, N 66, 74). Art. 119
Abs. 3 stellt allerdings die Verteilung der Gegenleistungsgefahr unter den
Vorbehalt anderweitiger gesetzlicher oder vertraglicher Regeln. **Nicht erfasst** werden in Art. 119 die in Art. 97 – 101 geregelten Nebenpflichten, denn
Art. 119 lässt das Schuldverhältnis insgesamt unberührt (ZK-AEPLI, N 8).

II. Tatbestand

Art. 119 setzt die **nach Entstehen der Verbindlichkeit** eintretende subjek-   2
tive oder objektive **Unmöglichkeit der Leistungspflicht** voraus. In diesem
Punkt gelten die gleichen Regeln wie bei Art. 97 Abs. 1 (Art. 97 N 5 – 11).
Schwere Äquivalenzstörungen können auch im Zusammenhang von Art. 119
nicht zur Unmöglichkeit führen (Art. 97 N 9). Zu Zweckfortfall und Zweckerreichung s. Art. 97 N 12.

Die Unmöglichkeit muss aus einem **Umstand** herrühren, der **ausserhalb**   3
des schuldnerischen Verantwortungsbereiches liegt. Der schuldnerische
Verantwortungsbereich wird in erster Linie **durch gesetzliche Normen bestimmt**, durch die dem Schuldner die Unmöglichkeit zugerechnet wird. Das
gilt insbesondere für Art. 97 Abs. 1, 99, 101, 103, und kann darüber hinaus
auch aus **Spezialregelungen** wie etwa Art. 299b Abs. 2, 306 Abs. 3, 474
Abs. 2, 487, 490 resultieren. Die Zurechnung der Unmöglichkeit kann sich
aber auch aus Abreden über die Zuweisung von Verantwortlichkeitssphären sowie wohl auch als **Billigkeitsregel** auf der Grundlage von Art. 54 ergeben (BSK OR I-WIEGAND, N 8). Art. 119 Abs. 1 gilt auch für die **vom Gläubiger zu verantwortende** Unmöglichkeit (ZK-AEPLI, N 150); allerdings

bleibt die **Gegenleistungspflicht** bestehen, Art. 324 analog (Art. 97 N 31). Nicht anwendbar ist Art. 119 auf die Konstellation der von Gläubiger und Schuldner zu verantwortenden Unmöglichkeit (dazu Art. 97 N 32).

III. Rechtsfolgen

4   **Art. 119 Abs. 1** befreit den Schuldner von seiner Leistungspflicht. Das gilt allerdings nicht, wenn der Schuldner aufgrund des zur Unmöglichkeit führenden Umstandes einen Ersatz oder einen Ersatzanspruch (**stellvertretendes commodum**) erlangt wie etwa einen Versicherungsanspruch oder einen Schadenersatzanspruch gegen einen Dritten (BGE 112 II 235, 239 m. w. Nw.; s. a. BGer 4C.199/2004 v. 11. 1. 2005, E. 10.1). Als Teil seiner ursprünglichen Leistungspflicht bleibt der Schuldner zur Herausgabe des Ersatzes oder zur Abtretung des Ersatzanspruchs verpflichtet, das stellvertretende commodum bildet ein Erfüllungssurogat (Art. 97 N 18; umfassend ZK-AEPLI, N 125–148). Nimmt der Gläubiger das commodum an, dann findet Art. 119 Abs. 2 keine Anwendung (BSK OR I-WIEGAND, N 15; umfassend PICHONNAZ, N 1443–1467, 1520–1560). **Übersteigt der Wert** des stellvertretenden commodum den **Wert der Leistung**, soll es dem Gläubiger nach h. M. gleichwohl zustehen, doch bleibt die Gegenleistung unverändert (ZK-AEPLI, N 147; s. a. Art. 97 N 18). Liegt der **Wert** des stellvertretenden commodum unter dem der **Leistung**, bleibt die Gegenleistung ebenfalls gleich, der Gläubiger ist nicht zur Annahme des commodum verpflichtet (KOLLER, OR AT II, § 54, N 36; **a. A.** ZK-AEPLI, N 146). Im Fall der **Teilunmöglichkeit** wird die Leistungspflicht grundsätzlich nur reduziert, geht aber dann vollständig unter, wenn dem Gläubiger die Annahme der möglichen Teilleistung nicht zumutbar ist (BSK OR I-WIEGAND, N 13; GAUCH/SCHLUEP/SCHMID/REY, N 3258); es liegt nahe, den Rechtsgedanken von Art. 20 Abs. 2 auf solche Konstellationen anzuwenden (SCHWENZER, OR AT, N 64.31), um so die Grenzen des Zumutbaren zu bestimmen. In jedem Fall entsteht für den Schuldner die **Nebenpflicht**, den Gläubiger über die Unmöglichkeit zu informieren (ZK-AEPLI, N 104).

5   **Art. 119 Abs. 2 Hs. 2** lässt als **Grundregel** die **Gegenleistungspflicht erlöschen**. Im Fall der **Teilunmöglichkeit** wird der Anspruch um den Wert des unmöglich gewordenen Leistungsteils vermindert, es sei denn, der Gläubiger kann die Teilleistung ablehnen (N 4), dann wird er von der Gegenleistungspflicht frei (GAUCH/SCHLUEP/SCHMID/REY, N 3258 f.). Hat der Gläubiger bereits die Gegenleistung ganz oder teilweise erbracht, haftet der Schuldner nach den Vorschriften der ungerechtfertigten Bereicherung für diese Gegenleistung, Art. 119 Abs. 2 Hs. 1. Diese **Rechtsfolgenverweisung** auf Art. 62–67 hat vor allem zwei Konsequenzen: Dem Schuldner steht die **Entreicherungseinrede** zu (Art. 64), und der Anspruch **verjährt** grundsätzlich in einem Jahr (Art. 67 Abs. 1). Die wohl **h. L.** korrigiert diese Konse-

quenzen mit dem Argument, im Fall von Art. 119 bestehe der Vertrag in Gestalt eines Abwicklungsverhältnisses fort, so dass auch die **allgemeinen vertragsrechtlichen Vorschriften** gelten müssten (Überblick bei HARTMANN, N 868–873; s. etwa ZK-AEPLI, N 80 f.; GAUCH/SCHLUEP/SCHMID/REY, N 3229; SCHWENZER, OR AT, N 64.16; zweifelnd BSK-OR I-WIEGAND, N 18; abl. KOLLER, OR AT II, § 54, N 25 f.; PICHONNAZ, N 1125–1157). Das **Bundesgericht** hat die Frage bislang offen gelassen (BGE 114 II 152, 159), tendiert allerdings generell zur Anwendung vertragsrechtlicher statt bereicherungsrechtlicher Regeln auf Rückabwicklungssituationen (BGE 126 III 119, 122; BGer 5C.59/2006 v. 1. 6. 2006, E. 2.4). **Gegen diese Sichtweise** spricht allerdings schon der unmissverständliche Wortlaut der Vorschrift, die für das vorliegende Abwicklungsverhältnis ausdrücklich auf Bereicherungsrecht verweist. Die Lösung könnte vielleicht in einer teleologischen Reduktion jedenfalls des Entreicherungseinwandes aus Art. 119 Abs. 2 i. V. m. Art. 64 gesucht werden. Zur Gegenleistung bei **Zweckerreichung und Zweckfortfall** s. Art. 97 N 12.

Art. 119 Abs. 3 verweist deklaratorisch auf **gesetzliche Sonderregeln** zur   6
Verlagerung der Gegenleistungsgefahr wie etwa Art. 185, 324a, 390 Abs. 1 und 418m Abs. 2 (Übersicht bei GAUCH/SCHLUEP/SCHMID/REY, N 3232–3237; näher KOLLER OR AT II § 54, N 38–63). Die Vorschrift lässt auch abweichende **privatautonome Vereinbarungen** über die Verteilung der Gegenleistungsgefahr zu. Die Grenzen der Dispositionsfreiheit ergeben sich hierbei nach den allgemeinen Regeln; Art. 100 kommt nicht zur Anwendung, da die schuldnerische Haftung nicht betroffen ist (BSK OR I-WIEGAND, N 19 mit dem Hinweis auf die in diesem Zusammenhang entstehende Frage nach der Inhaltskontrolle entsprechender AGB). In solchen Fällen behält also der Schuldner seinen Anspruch auf die Gegenleistung und muss auch eine bereits empfangene Gegenleistung nicht herausgeben, obwohl er von seiner Leistungspflicht befreit ist.

Vorbemerkungen zu Art. 120–126

Literatur

AEPLI, Ausgewählte Fragen zur Verrechnung, BR 1990, 3 ff.; DERS., Zur Inhaltsproblematik allgemeiner Geschäftsbedingungen, dargestellt anhand vorformulierter Klauseln von Banken, ZSR 2000 I, 85 ff.; AMONN/GASSER, Grundriss des Schuldbetreibungs- und Konkursrechts, 7. Aufl. Bern 2003; BAUMANN, Aspekte der Verrechnung in der Schiedsgerichtsbarkeit, Zürich 1999; BRINCKMANN, Die nichtvertragliche Verrechnung in rechtsvergleichender Darstellung und im schweizerischen Kollisionsrecht, Diss. Genf 1970; BRÖNNIMANN, Zur Verrechnung mit einer Konkursverlustscheinsforderung, in: FS Spühler, 2005, 45 ff.; E. BUCHER, Rechtsvergleichende und kollisionsrechtliche Bemerkungen zur Verrechnung («Kompensation»), in: FS von Overbeck, 1990, 701 ff.; DERS., Kompensation im Prozess: Zurück zum materiellen Recht, in: FS Geimer, 2002, 97 ff.; DERS., Kompensation von Nachlassforderungen zwischen Erben und Dritten, in: FS Hausheer, 2002, 33 ff.; BURKHALTER KAIMAKLIOTIS, Verrechnung von Fremdwährungsverbindlichkeiten, Diss. Zürich 2006; DRUEY, Liberierung durch Verrechnung – muss die Gegenforderung werthaltig sein?, in: FS Zobl, 2004; FORSTMOSER/VOGT, Liberierung durch Verrechnung mit einer nicht werthaltigen Forderung: eine zulässige Form der Sanierung einer überschuldeten Gesellschaft?, ZSR 2003 I, 531 ff.; FEUZ, Verrechnungsanfechtung, IWIR 2002, 1 ff.; GROSS, Das rechtliche Schicksal von Verrechnungsansprüchen im Schiedsverfahren, Zürich 1999; GYGI, Verwaltungsrecht, Bern 1986; HÄFELIN/MÜLLER/UHLMANN, Allgemeines Verwaltungsrecht, 5. Aufl., Zürich/Basel/Genf 2006; HEINRICH, Rechtsvergleichende Aspekte der Verrechnung als Kreditsicherheit, SZW 1990, 266 ff.; HERREN, Verrechnungsprobleme beim Ausscheiden eines zahlungsunfähigen Konsortianten aus mehreren Arbeitsgemeinschaften. Zur Verrechenbarkeit von Gesamthand- und Solidarforderung, AJP 1999, 265 ff.; HESS/KÜNZI, in: Basler Kommentar zum Bankengesetz, Basel/Genf/München 2005; JAUCH, Aufrechnung und Verrechnung in der Schiedsgerichtsbarkeit, Eine rechtsvergleichende Studie Deutschland/Schweiz, Diss. Bern 2001; KARRER, Verrechnung und Widerklage vor Schiedsgericht, in: FS Kellerhals, 2005, 49 ff.; KELLER/ SCHÖBI, Das Schweizerische Schuldrecht, Band IV, Basel/Frankfurt a.M. 1984; KELLERHALS/BERGER, Widerklage und Verrechnung nach den Swiss Rules of International Arbitration, in: FS Knoepfler, 2005, 207 ff.; KILLIAS, in: Handkommentar zum Schweizer Privatrecht, Zürich/Basel/Genf 2007; KOLLER, Die Verrechnung nach schweizerischem Recht, recht 3/2007, 101 ff.; NÄF, Die Sicherung von Gläubigerrechten im Hinblick auf den Konkurs des Schuldners, Diss. Freiburg 1983; PICHONNAZ, La compensation, Analyse historique et comparative des modes de compenser non conventionnels, Freiburg 2001; DERS., Einige Gedanken zur Rückwirkung der Verrechnung, in: FS Hausheer, 2002, 69 ff.; PITTET, Compétence du juge et de l'arbitre en matière de compensation, Diss. Lausanne 2001; RAJOWER, Prozessuale Aspekte der Ausweisung von Mietern unter besonderer Berücksichtigung der zürcherischen Praxis, AJP 1998, 797 ff.; SCHÖLL, Set-Off Defences in International Arbitration Criteria for Best Practice – A Comparative Perspective, ASA Special Series No. 26, 2006, 97 ff.; SCHÜPBACH, Compensation et exécution forcée, in: FS 75 Jahre Konferenz der Betreibungs- und Konkursbeamten der Schweiz, Basel/Genf/München, 2000, 135 ff.; SCHWANDER, Die objektive Reichweite der materiellen Rechtskraft – Ausgewählte Probleme – Ein Beitrag zum Verhältnis von materiellem Recht und Zivilprozessrecht, Diss. Zürich 2002; SCHWOB, in: Basler Kommentar zum Bundesgesetz über Schuldbetreibung und Konkurs, Basel/Genf/München

1998/2005; STADLIN, Die Verrechnung im Konkurs und beim Nachlassvertrag mit Vermögensabtretung nach schweizerischem Recht, Diss. Basel 1986; THALMANN, Das Pfand- und Verrechnungsrecht nach den Allgemeinen Geschäftsbedingungen der Banken, SAG 1989, 136 ff.; URSPRUNG, Die Verrechnung öffentlichrechtlicher Geldforderungen, Zbl 1979, 152 ff.; WERNER, Widerklage auf nationaler und internationaler Ebene, Diss. St. Gallen 2002; WEY, Das obligatorische Retentionsrecht, Diss. Luzern 2007; WILD, Die Verrechnung im internationalen Privatrecht – unter besonderer Berücksichtigung der schweizerischen und der US-amerikanischen Rechtsordnung, Diss. St. Gallen 1992; ZIMMERLI, Die Verrechnung im Zivilprozess und in der Schiedsgerichtsbarkeit, unter besonderer Berücksichtigung internationaler Verhältnisse, Diss. Basel 2003; ZWICKER, Verrechnungsverbot zulasten des treuhänderischen Vermögensverwalters, ST 1988, 44 ff.

I. Begriff und Zweck

Begriff und Zweck der Verrechnung sind eng miteinander verknüpft: Wirtschaftlich ist es nicht sinnvoll, wenn **gleichartige Leistungen** – namentlich Geld – zur Befriedigung von **gegenseitigen Forderungen** zwischen **denselben Parteien** hin- und hergeschoben werden. Durch die Verrechnung entfällt die Notwendigkeit der tatsächlichen Erfüllung, da mit der Verrechnung sowohl die eigene Forderung des Verrechnenden (die **Verrechnungsforderung**) als auch die Forderung des Verrechnungsgegners (die **Hauptforderung**) untergehen (BGE 126 III 368). Die Verrechnung ist keine Erfüllung im herkömmlichen Sinn, sondern ein **Erfüllungssurrogat** (BGE 119 II 248).

1

Die Verrechnung (auch Kompensation oder Aufrechnung) **bezweckt** in erster Linie eine **Vereinfachung** der gegenseitigen Anspruchsbefriedigung und damit des wirtschaftlichen Verkehrs. Daneben dient sie vor allem der **privaten Zwangsvollstreckung** gegen den renitenten Schuldner, indem der Verrechnende durch die Verrechnung die Tilgung seiner (Verrechnungs-)Forderung auch gegen den Willen des Verrechnungsgegners erzwingen kann (vgl. Art. 120 N 18). Gleichzeitig schützt sich der Verrechnende mit der Verrechnung gegen das Risiko, das mit seiner einseitigen (Vor-)Leistung verbunden wäre (zu den Ähnlichkeiten mit dem obligatorischen Retentionsrecht vgl. WEY, N 179 ff.). Schliesslich bietet die Verrechnungsmöglichkeit dem Gläubiger im Konkurs des Schuldners eine gewisse **Sicherheit** (vgl. Art. 123 N 1; vgl. zum Ganzen CR OR I-JEANDIN, Art. 120 N 2).

2

II. Prozessuales

1. Verrechnung im Zivilprozess

3   Im Zivilprozess wird die Verrechnung durch eine so genannte «**Verrechnungseinrede**» des Verrechnenden (in aller Regel der Beklagte) geltend gemacht, der damit die Klage des Verrechnungsgegners zu Fall bringen möchte, ohne seinen Anspruch «*selbstständig und angriffsweise*» durchsetzen zu wollen (BGE 124 III 210). Entgegen dem verbreiteten Sprachgebrauch handelt es sich bei der «Verrechnungseinrede» nicht um eine Einrede i. e. S., mit welcher der Verrechnende die Durchsetzung der Hauptforderung des Verrechnungsgegners gegen sich hindert (Schulin/ Vogt, OR AT, 6B), sondern um eine **Einwendung**, mit welcher der Verrechnende verteidigungsweise die Tatsache vorbringt, die Hauptforderung sei durch Verrechnung bereits untergegangen (von Tuhr/Escher, 205; vgl. auch BGer 4A.290/2007, E. 8.3.1; ungenau auch die in der neuen schweizerischen Zivilprozessordnung verwendete Terminologie, Art. 375 Abs. 1 E-ZPO, BBl 2006 7413 ff., 7503).

4   Nach schweizerischem Verständnis handelt es sich bei der Verrechnung um ein «*materiellrechtliches Verteidigungsmittel*», dessen Voraussetzungen und Wirkungen sich nach **Bundesrecht** (insbesondere Art. 120–126) richten (BGE 63 II 139; zur Rechtsprechung des EuGH vgl. N 14; rechtsvergleichende Hinweise bei E. Bucher, FS Overbeck, 705 ff.; Werner, 42 ff.; Pittet, N 142 ff.; vgl. auch Pichonnaz, Compensation, der die Entwicklung der Verrechnung von einem prozessrechtlichen zu einem materiell-rechtlichen Institut aus rechtshistorischer Sicht analysiert). Das kantonale Recht kann einzig verfahrensrechtliche Fragen regeln, namentlich bis zu welchem Verfahrensstadium die Einwendung erhoben werden kann (BGE 63 II 139). Keinesfalls dürfen **kantonale Verfahrensbestimmungen** die Durchsetzung der bundesrechtlichen Verrechnungsordnung vereiteln (BGer 4C.332/2000, E. 3c/bb). Die Verrechnungseinwendung kann – anders als die Widerklage (Art. 6 Abs. 1 GestG) – auch dann erhoben werden, wenn zwischen Haupt- und Verrechnungsforderung **keine Konnexität** besteht (BGE 63 II 139 f.).

5   Da die Verrechnung den Untergang der eingeklagten Hauptforderung und damit die Schuldbefreiung des Verrechnenden bewirkt (BGE 63 II 384), kann sie auch dann eingewendet werden, wenn für die Verrechnungsforderung nicht derselbe Richter **örtlich zuständig** wäre, würde diese selbständig eingeklagt (BGE 63 II 142). Mit Bezug auf die **sachliche Zuständigkeit** ist zu präzisieren, dass innerhalb desselben Kantons die Beurteilung der Verrechnungsforderung einem anderen (sachlich zuständigen) Richter übertragen werden kann. Die beiden Verfahren bilden aber auch dann eine Einheit, so dass der mit der Hauptforderung befasste Richter das Verfahren

bis zum Entscheid über die Verrechnungsforderung zu sistieren oder die Vollstreckbarkeit seines Urteils aufzuschieben hat. Dagegen darf das kantonale Recht die Beurteilung der Verrechnungsforderung nicht einem ausserkantonalen (BGE 132 I 139) oder ausländischen Richter zuweisen (BGE 85 II 107 f. = Pra 1959, 349 f.; BSK OR I-Peter, Vorbem. zu Art. 120–126 N 2) oder den Parteien zusätzliche Kosten für das zweite Verfahren auferlegen (Werner, 25 f.). Zur Frage der Zuständigkeit im internationalen Verhältnis vgl. N 14, und im Verhältnis zwischen staatlichem Gericht und Schiedsgericht vgl. N 9 ff.

Die Verrechnungseinwendung ist von der **Verrechnungserklärung** zu unterscheiden, kann jedoch mit dieser «*zusammenfallen*», wenn die Verrechnungserklärung erst im Prozess abgegeben wird (BGE 63 II 140), wobei genau genommen die Erklärung der Einwendung mindestens eine logische Sekunde vorausgehen muss, weil erst der Zugang der Verrechnungserklärung den Untergang der Forderungen bewirkt und damit die Verrechnungseinwendung erst ermöglicht (Schwander, 19 f.). Die Erhebung einer Widerklage kann unter Umständen – aber nicht ohne weiteres (Schwander, 27 ff.) – eine **konkludente Verrechnungserklärung** (vgl. Art. 124 N 3) enthalten (BGE 59 II 383 f.). Grundsätzlich kann der Verrechnende seine Verrechnungserklärung **jederzeit** abgeben, insbesondere auch während eines hängigen Prozesses (BGE 95 II 241; vgl. Art. 124 N 4). Allerdings kann die Verrechnungserklärung vor Bundesgericht im Verfahren der eidgenössischen Berufung nicht mehr (neu) vorgebracht werden (BGer 4C.191/2001, E. 4a).

6

Eine Sonderstellung nimmt die **Eventualverrechnung im Prozess** ein, mit welcher der Verrechnende die Verrechnung nur für den Fall erklärt, dass das Gericht die Hauptforderung des Verrechnungsgegners gutheissen sollte, die Hauptforderung als solche aber bestreitet (BGer 4A.290/2007, E. 8.3.1). Die Eventualverrechnung ist keine bedingte Verrechnungserklärung, da der Verrechnende seine Erklärung nicht «*vom Eintritt einer ungewissen Tatsache abhängig*» (Art. 151 Abs. 1) macht, sondern vom Bestand der Hauptforderung (vgl. Art. 120 N 21) als einer gesetzlichen Verrechnungsvoraussetzung (von Tuhr/Escher, 205 f.). Damit ist die Eventualverrechnung eine **Verrechnung unter Vorbehalt** (vgl. zum Ganzen ausführlich Zimmerli, 113 ff. und Schwander, 25 f.). Mit einer vorbehaltlosen Verrechnungserklärung würde der Verrechnende die Hauptforderung des Verrechnungsgegners dagegen anerkennen (BGE 41 II 100 f.).

7

Der **Streitwert** der Klage bemisst sich nach der Hauptforderung. Die einwendungsweise geltend gemachte Verrechnungsforderung fällt dagegen bei der Bemessung ausser Betracht (BGE 95 II 281 f.). Wird die Verrechnungseinwendung gutgeheissen und die Klage entsprechend abgewiesen, so erstreckt sich die **Rechtskraft** ausnahmsweise auch auf die Urteilserwä-

8

gungen, soweit darin der Untergang von Haupt- und Verrechnungsforderung festgestellt wird. Wurde die Verrechnungseinwendung dagegen verworfen, so erstreckt sich die Rechtskraft nach überwiegender Meinung nur dann auf die Entscheidung über die Verrechnungsforderung, wenn der Bestand der Verrechnungsforderung Gegenstand des Verfahrens war. Wurde die Verrechnungseinwendung dagegen aus anderen Gründen verworfen, so steht es dem Beklagten weiterhin frei, seine Verrechnungsforderung selbstständig einzuklagen (KOLLER, 112; vgl. ausführlich zur Frage der Rechtskraft: SCHWANDER, 30 ff.).

2. Verrechnung im Schiedsverfahren

9   Bei der Verrechnung im Schiedsverfahren sind mit Bezug auf die Frage der **Zuständigkeit des Schiedsgerichts drei Situationen** zu unterscheiden: 1. Fallen sowohl die Hauptforderung als auch die Verrechnungsforderung unter dieselbe Schiedsvereinbarung, so ist das Schiedsgericht ohne weiteres zuständig, auch die Verrechnungsforderung zu beurteilen. 2. Anders ist die Situation, wenn für die Hauptforderung ein staatlicher Richter, für die Verrechnungsforderung hingegen (würde diese selbstständig geltend gemacht) ein Schiedsgericht zuständig ist. In diesem Fall kann der staatliche Richter nicht über die Verrechnungsforderung befinden (BGE 63 II 142; vgl. zur beabsichtigten Rechtsänderung N 10), jedenfalls soweit der Verrechnungsgegner der Entscheidbefugnis des Schiedsgerichts über die Verrechnungsforderung weder ausdrücklich noch stillschweigend zustimmt (RÜEDE/HADENFELDT, 258 ff. m.Nw.). 3. Schliesslich stellt sich die Frage, ob ein Schiedsgericht, das mit der Hauptforderung befasst ist, über die Verrechnungsforderung entscheiden kann, wenn für deren selbstständige, angriffsweise Geltendmachung ein staatliches Gericht oder ein anderes Schiedsgericht zuständig wäre:

10   –   Für den Bereich der **Binnenschiedsgerichtsbarkeit** wird die Frage derzeit noch durch Art. 29 Abs. 1 Konkordat über die Schiedsgerichtsbarkeit («Schiedskonkordat») geregelt: Demnach hat das Schiedsgericht das Verfahren zu sistieren und dem Verrechnenden eine angemessene Frist zur Geltendmachung seiner Verrechnungsforderung vor dem zuständigen (Schieds-)Gericht anzusetzen. Die Bestimmung ist restriktiv auszulegen, um der Erhebung einer Verrechnungseinwendung rein zu Verzögerungszwecken entgegenzuwirken (JAUCH, 152 f.; PITTET, N 384; BGE 116 Ia 160 f. = Pra 1990, 654). Die Regelung von Art. 29 Schiedskonkordat stösst in der Lehre überwiegend auf Kritik (ausführliche Darstellung bei ZIMMERLI, 180 ff.) und wird voraussichtlich mit Einführung der neuen schweizerischen Zivilprozessordnung fallen gelassen: Zukünftig soll das Schiedsgericht die Verrechnungseinwendung beurteilen können, und zwar unabhängig davon, ob die Verrechnungsforderung

«*unter die Schiedsvereinbarung fällt oder ob für sie eine andere Schiedsvereinbarung oder eine Gerichtsstandsvereinbarung besteht*» (Art. 375 Abs. 1 E-ZPO, BBl 2006 7413 ff., 7503; BSK OR I-Peter, Vorbem. zu Art. 120–126 N 3 m.Nw.). Dasselbe soll dann für den umgekehrten Fall gelten, dass eine unter eine Schiedsvereinbarung fallende Verrechnungsforderung einwendungsweise vor einem staatlichen Gericht geltend gemacht wird. Die bisherige Praxis unter BGE 63 II 142 würde damit aufgegeben (Botschaft zur Schweizerischen Zivilprozessordnung, BBl 2006 7221 ff., 7400; vgl. N 9).

– Für den Bereich der **internationalen Schiedsgerichtsbarkeit** ist umstritten, ob die Verrechnung im Schiedsverfahren einwendungsweise geltend gemacht werden kann, wenn die Verrechnungsforderung nicht unter dieselbe Schiedsvereinbarung fällt. Artikel 176 ff. IPRG regeln diese Frage nicht (rechtsvergleichende Hinweise bei Schöll, 100 ff. und Kellerhals/Berger, 214 f.). Teilweise enthalten die Verfahrensbestimmungen der einzelnen Schiedsinstitutionen diesbezüglich eine explizite Regelung (so z.B. Art. 21 (5) Swiss Rules of International Arbitration, wonach das Schiedsgericht auch dann zur Beurteilung der Verrechnungseinwendung zuständig ist, wenn es für die Beurteilung der Verrechnungsforderung, würde diese selbstständig eingeklagt, nicht zuständig wäre; vgl. zudem die Übersicht zu den verschiedenen Verfahrensordnungen bei Gross, 58 ff.). Soweit die Parteien die Frage jedoch nicht geregelt haben – sei es direkt in ihrer Schiedsvereinbarung oder indirekt durch Wahl einer bestimmten Verfahrensordnung oder durch Einlassung –, ist unklar, wie zu verfahren ist. Vereinzelt wird die Ansicht vertreten, das Schiedsgericht könne die Verrechnungseinwendung nicht prüfen und Art. 29 Konkordat müsse subsidiär weiter gelten. Mehrheitlich wird jedoch argumentiert, die Zulässigkeit der Verrechnungseinwendung sei durch Auslegung der Schiedsvereinbarung zu ermitteln bzw. mangels abweichender Parteivereinbarung sogar zu vermuten (detaillierte Übersichten zu den verschiedenen Lehrmeinungen finden sich bei Zimmerli, 200 ff., Baumann, 20 ff., Jauch, 151 ff. und Pittet, N 253 ff.; vgl. auch IPRG-Kommentar-Keller/Girsberger, Art. 148 N 58 m.Nw.; rechtsvergleichende Hinweise bei Gross, 41 ff., 55 ff. und E. Bucher, FS Geimer, 100 ff.; zur Auslegung von Gerichtsstands- und Schiedsvereinbarungen vgl. BSK IPRG-Dasser, Art. 148 N 25 ff. und Baumann, 34 ff.). Generell ist die Zulässigkeit der Verrechnungseinwendung im Schiedsverfahren über die Hauptforderung umso eher zu bejahen, je stärker der sachliche Zusammenhang zwischen Haupt- und Verrechnungsforderung ist (Schöll, 136).

11

III. IPR/IZPR

12 Im internationalen Verhältnis richtet sich das Erlöschen einer Forderung durch Verrechnung nach dem Recht derjenigen Forderung, «*deren Tilgung mit der Verrechnung bezweckt ist*» (Verrechnungsstatut, Art. 148 Abs. 2 IPRG; kritisch äussert sich zu dieser Regelung E. Bucher, FS Overbeck, 711 ff.). Massgebend ist m. a. W. das auf die Hauptforderung **anwendbare Recht**, und zwar unabhängig davon, ob die Verrechnung als materiell-rechtliches oder prozessuales Institut qualifiziert wird (IPRG-Kommentar-Keller/Girsberger, Art. 148 N 40 f.). Nach diesem Recht richten sich die Zulässigkeit und die Voraussetzungen der Verrechnung, ihre Geltendmachung sowie die daran anknüpfenden Rechtsfolgen (BSK IPRG-Dasser, Art. 148 N 17). Nach dem Verrechnungsstatut bestimmt sich, welche Erfordernisse die **Verrechnungsforderung** erfüllen muss, um verrechnet werden zu können. Ob diese Erfordernisse erfüllt sind (z. B. ob die Verrechnungsforderung im Zeitpunkt der Verrechnungserklärung fällig war), beurteilt sich dagegen nach dem auf die Verrechnungsforderung anwendbaren Recht (BGE 81 II 177 f.).

13 Der **Verrechnungsvertrag** (vgl. Art. 124 N 10 f.) untersteht dem auf den Vertrag anwendbaren Recht (Art. 148 Abs. 3 IPRG, der auf die einschlägigen Bestimmungen der Art. 116 ff. IPRG verweist; zur Schwierigkeit der Bestimmung des anwendbaren Rechts beim Verrechnungsvertrag: Wild, 212 ff, 216 ff.).

14 Umstritten ist die Frage, ob das für die Hauptforderung **international zuständige Gericht** auch über die vom Beklagten einwendungsweise geltend gemachte Verrechnungsforderung entscheiden kann, wenn für diese Forderung ein anderes staatliches Gericht international zuständig wäre, würde diese selbstständig eingeklagt (eine detaillierte Übersicht zum aktuellen Stand der Diskussion findet sich bei BSK IPRG-Dasser, Art. 148 N 19 ff., ausführlich zudem Zimmerli, 125 ff.). Das IPRG regelt die Frage nicht. Folgt man der Auffassung, wonach es sich bei der Verrechnung um ein materiell-rechtliches Institut handelt (vgl. N 4), das den Untergang der Hauptforderung bewirkt, so muss das mit der Hauptforderung befasste Gericht vorfrageweise auch die Verrechnungseinwendung prüfen, unabhängig davon, ob es für die Beurteilung der Verrechnungsforderung zuständig wäre (IPRG-Kommentar-Keller/Girsberger, Art. 148 N 57 f. m.Nw.; BSK IPRG-Dasser, Art. 148 N 23). Wird dagegen der prozessuale Aspekt der Verrechnung in den Vordergrund gerückt, so kann das für die Hauptforderung zuständige Gericht nur dann über die Verrechnungseinwendung befinden, wenn es auch für die Beurteilung der Verrechnungsforderung zuständig wäre, würde diese selbstständig geltend gemacht. Im **euro-internationalen Verhältnis** hat der EuGH entschieden, dass die Verrechnung (anders

als die Widerklage) ein «*blosses Verteidigungsmittel*» sei, welches die eingeklagte Forderung ganz oder teilweise zum Erlöschen bringe. Ob eine solche Verteidigungsmöglichkeit bestehe und unter welchen Voraussetzungen diese geltend gemacht werden könne, beurteile sich nach den Vorschriften des nationalen Rechts (Urteil EuGH vom 13. Juli 1995 C-341/93, *Danvaern Production A/S gegen Schuhfabriken Otterbeck GmbH & Co.*; vgl. auch BSK IPRG-DASSER, Art. 148 N 24, der darin eine «*Abkehr vom Zuständigkeitsdenken zugunsten einer ausschliesslich materiell-rechtlichen Betrachtung*» sieht).

Art. 120

Verrechnung	[1] Wenn zwei Personen einander Geldsummen oder
Voraussetzung	andere Leistungen, die ihrem Gegenstande nach
Im Allgemeinen	gleichartig sind, schulden, so kann jede ihre Schuld,
	insofern beide Forderungen fällig sind, mit ihrer
	Forderung verrechnen.

[1] Wenn zwei Personen einander Geldsummen oder andere Leistungen, die ihrem Gegenstande nach gleichartig sind, schulden, so kann jede ihre Schuld, insofern beide Forderungen fällig sind, mit ihrer Forderung verrechnen.

[2] Der Schuldner kann die Verrechnung geltend machen, auch wenn seine Gegenforderung bestritten wird.

[3] Eine verjährte Forderung kann zur Verrechnung gebracht werden, wenn sie zurzeit, wo sie mit der anderen Forderung verrechnet werden konnte, noch nicht verjährt war.

I. Voraussetzungen der Verrechnung (Abs. 1)

1. Gegenseitigkeit der Schuldpflichten

Eine Verrechnungslage entsteht, «*wenn zwei Personen einander [etwas...] schulden*», und setzt somit den Bestand **mindestens zweier Schuldpflichten bzw. Forderungen zwischen denselben Personen** voraus. Der Schuldner der Hauptforderung ist Gläubiger der Verrechnungsforderung und umgekehrt (BGE 132 III 350).

1

Wer verrechnet, bringt sowohl seine Verrechnungsforderung als auch die Hauptforderung zum Erlöschen, soweit sich die Forderungen umfangmässig decken (vgl. Art. 124 N 6). Die Verrechnung ist somit ein **Verfügungsgeschäft**, wobei der Verrechnende nicht nur über seine eigene Verrechnungsforderung, sondern auch über die Hauptforderung des Verrechnungsgegners verfügt (VON TUHR/ESCHER, 191). Verrechnung kann entsprechend nur der-

2

jenige erklären, der volle **Verfügungsmacht** über die Verrechnungsforderung hat (KELLER/SCHÖBI, IV, 182 f.). Der **Miterbe** kann aus diesem Grund eine (gesamthänderische) **Nachlassforderung** vor der Teilung nicht zur Verrechnung mit einer persönlichen, nachlassfremden Schuldpflicht verwenden, da ihm vor der Teilung die (alleinige) Verfügungsmacht über das Nachlassvermögen fehlt (Art. 602 Abs. 1 ZGB). Ebenso kann der Nachlassschuldner seine Schuldpflicht gegenüber dem Nachlass vor der Erbteilung nicht durch Verrechnung mit einer nachlassfremden Forderung tilgen, die ihm gegen einen einzelnen Miterben persönlich zusteht (BGE 44 II 258 f.). Allerdings kann der Miterbe dem Nachlassgläubiger, der ihn für eine (solidarische, Art. 603 Abs. 1 ZGB) Nachlassschuld persönlich belangt, nicht nur die Verrechnung mit einer persönlichen, nachlassfremden Forderung, sondern darüber hinaus auch mit einer Nachlassforderung entgegenhalten: Da die Forderungen des Erblassers mit allen Rechten auf die Erben übergehen (Art. 560 Abs. 2 ZGB), kann auch der Miterbe eine Nachlassforderung gegen den Gläubiger genauso verrechnen, wie dies der Erblasser hätte tun können (E. BUCHER, FS Hausheer, 40 f.; so im Ergebnis auch BGE 60 II 176 f., wobei das BGer seinen Entscheid auf Art. 145 Abs. 2 stützte und festhielt, dass der solidarisch haftende Miterbe Verrechnung erklären könne, auch wenn ihm die alleinige Verfügungsmacht über die Nachlassforderung fehle). Umgekehrt kann der Dritte seine persönliche, nachlassfremde Schuldpflicht gegenüber einem Miterben mit seiner Forderung gegen den Nachlass verrechnen, da er den Miterben hierfür persönlich belangen könnte (Art. 603 Abs. 1 ZGB). Die Nachlassschuld ist insofern einer persönlichen, nachlassfremden Schuldpflicht des Miterben gleichzusetzen (E. BUCHER, FS Hausheer, 44).

3   Eine **Verrechnung** *ex iure tertii* ist ausgeschlossen (BGer 4C.85/2003, E. 8.2.1). **Keine Gegenseitigkeit** und damit keine Verrechnungslage besteht grundsätzlich in folgenden Konstellationen (BUCHER, OR AT, 434 ff.):

4   – Der Verrechnende will seine Schuldpflicht gegenüber dem Verrechnungsgegner durch Verrechnung mit einer Forderung tilgen, die ihm gegen einen Dritten zusteht. – So kann der Schuldner einer **juristischen Person** seine Schuldpflicht nicht mit der Forderung verrechnen, die ihm gegen den **wirtschaftlich Berechtigten** (SemJud 2001, 167 ff.) oder **Alleinaktionär** (BGE 85 II 113 ff.) dieser juristischen Person zusteht, auch wenn die juristische Person durch diesen beherrscht wird. Dem Schuldner ist es m. a. W. verwehrt, sich Befriedigung aus dem Vermögen der juristischen Person zu verschaffen, das ihm für seine Forderung nicht haftet (BK-BECKER, N 13). Etwas anderes gilt nur, wenn die Berufung auf die rechtliche Selbstständigkeit der juristischen Person offensichtlich zweckwidrig und damit rechtsmissbräuchlich und ein «Durchgriff» deshalb zulässig ist (BGer 4C.381/2001, E. 3a). Auch in **Konzernverhältnis-**

sen fehlt es aufgrund der rechtlichen Selbstständigkeit der einzelnen Konzerngesellschaften an der erforderlichen Gegenseitigkeit: Die einzelnen Konzerngesellschaften sind untereinander und im Verhältnis zur Muttergesellschaft nicht identisch, weshalb Forderungen gegenüber einer Konzerngesellschaft nicht mit Schuldpflichten gegenüber einer anderen Konzerngesellschaft verrechnet werden können. Abhilfe schaffen hier vertragliche **Konzernverrechnungsklauseln** (vgl. zum Ganzen BSK OR I-Peter, N 6 m.Nw.; Gauch/Schluep/Schmid/Rey, 3446). Demgegenüber verfügen **Zweigniederlassungen** nicht über eigene Rechtspersönlichkeit und werden als mit der Hauptniederlassung identisch betrachtet. Forderungen gegenüber einer Zweigniederlassung können deshalb mit Schuldpflichten gegenüber einer anderen Zweigniederlassung verrechnet werden (BGE 63 II 387 f.). Betreffend die Verrechnung bei **Verträgen zugunsten Dritter** vgl. Art. 122.

– Der Verrechnende will seine Schuldpflicht gegenüber dem Verrechnungsgegner mit der Forderung eines Dritten gegen den Verrechnungsgegner tilgen. – Der **Solidarschuldner**, der vom Gläubiger belangt wird, kann deshalb nur eine eigene Forderung gegen den Gläubiger, nicht aber die Forderung eines anderen Solidarschuldners zur Verrechnung bringen (ZK-Aepli, N 35). Umgekehrt kann der Gläubiger seine Solidarforderung mit einer persönlichen Schuldpflicht gegenüber einem einzelnen Solidarschuldner verrechnen, da jeder Solidarschuldner für die Forderung haftet (BK-Becker, N 8). Zu den Verrechnungsmöglichkeiten des **Bürgen** vgl. Art. 121.

5

– Der Verrechnende will seine Forderung gegen den Verrechnungsgegner mit einer Schuldpflicht verrechnen, die er selbst gegenüber einem Dritten hat. – Zum einen kann derjenige, der sich bloss intern gegenüber dem Schuldner zur Schuldübernahme verpflichtet hat, seine (interne) Schuldpflicht nicht dadurch tilgen, dass er eine eigene Forderung, die ihm gegen den Gläubiger der Hauptforderung zusteht, zur Verrechnung bringt. Die **interne Schuldübernahme** macht den Übernehmer im Verhältnis zum Gläubiger nicht zum Schuldner, weshalb es an der erforderlichen Gegenseitigkeit fehlt (BK-Becker, N 5). Nur durch eine **externe Schuldübernahme** (Art. 176 Abs. 1) kann die erforderliche Gegenseitigkeit zwischen Übernehmer und Gläubiger hergestellt werden. Zum anderen fehlt es auch an der Gegenseitigkeit, wenn der Gläubiger einer durch ein **Drittpfand** gesicherten Forderung die Tilgung seiner Forderung erzwingen will, indem er Verrechnung mit einer Forderung des Pfandeigentümers gegen ihn erklärt (ZK-Aepli, N 43). Zu Drittpfandverhältnissen vgl. auch Art. 121 N 4.

6

7   – Der Verrechnende will seine Forderung gegen den Verrechnungsgegner mit einer Forderung verrechnen, die dem Verrechnungsgegner als
Gläubiger gegen einen Dritten zusteht. – Dem Verrechnenden fehlt es
im Übrigen schon an der **Verfügungsmacht** (vgl. N 2) über die Forderung des Verrechnungsgegners.

8   Fragen der Gegenseitigkeit ergeben sich auch bei **Personengesellschaften**. Trotz fehlender Rechtspersönlichkeit der Personengesellschaft (BGE
116 II 654) besteht keine Identität mit den einzelnen Gesellschaftern
(BSK OR I-Peter, N 5). An den Forderungen der Gesellschaft sind alle Gesellschafter gemeinschaftlich (zu gesamter Hand) berechtigt (so zwingend für die Kollektiv- und Kommanditgesellschaft, Meier-Hayoz/Forst-
moser, § 2 N 62 ff. und § 13 N 20, sowie vermutungsweise für die einfache
Gesellschaft, Meier-Hayoz/Forstmoser, § 12 N 17 f.; ZR 1982, 74): Die
Verfügungsmacht über die betreffenden Forderungen steht allen Gesellschaftern gemeinsam zu. Deshalb kann der Gesellschafter eine persönliche, gesellschaftsfremde Schuld gegenüber einem Dritten nicht durch Verrechnung mit einer gesamthänderischen **Gesellschaftsforderung** tilgen
(Art. 573 Abs. 2, 614 Abs. 2). Das gilt auch für die einfache Gesellschaft
(BGer 4C.214/2000, E. 4a). Ebenso darf der Dritte seine Schuld gegenüber
der Gesellschaft nicht durch Verrechnung mit einer persönlichen, gesellschaftsfremden Forderung gegen einen einzelnen Gesellschafter tilgen
(Art. 573 Abs. 1, 614 Abs. 2; BGE 82 II 55 für die einfache Gesellschaft). Anders ist die Situation, wenn ein Gesellschafter für eine **Gesellschafts-
schuld** persönlich belangt werden kann (Art. 568 Abs. 3, 604). Sowohl der
Gesellschaftsgläubiger als auch der belangte Gesellschafter dürfen in diesem Fall die gesellschaftsfremde Forderung gegen den einfachen Gesellschafter nicht nur mit einer gesellschaftsfremden Forderung des einfachen Gesellschafters gegen den Gesellschaftsgläubiger verrechnen,
sondern auch mit einer gesamthänderischen Forderung der Gesellschaft
(für die Kollektivgesellschaft: Art. 573 Abs. 3 i. V. m. 568 Abs. 3; für die Kommanditgesellschaft: Art. 598 Abs. 2 i. V. m. 573 Abs. 3 und 604). Dies setzt
allerdings voraus, dass der Schuldner um die persönliche Belangbarkeit des
Gesellschafters weiss (BGer 4C.19/2001, E. 4c). Mit Bezug auf die einfache
Gesellschaft ist zu differenzieren: Anders als der Kollektivgesellschafter
und der unbeschränkt haftende Gesellschafter der Kommanditgesellschaft
haftet der einfache Gesellschafter für Gesellschaftsschulden nicht bloss
subsidiär, sondern unmittelbar solidarisch (Art. 544 Abs. 3). Die Stellung
des einfachen Gesellschafters ist insofern mit derjenigen des Miterben vergleichbar (vgl. N 2). Dem einfachen Gesellschafter, der für eine Gesell-
schaftsschuld persönlich belangt wird, sollte es deshalb gemäss der in
BGE 60 II 176 f. zu Art. 145 Abs. 2 entwickelten Rechtsprechung (vgl. N 2)
gestattet sein, nicht nur eine persönliche, gesellschaftsfremde Forderung

gegen den Gesellschaftsgläubiger, sondern auch eine Gesamthandforderung der einfachen Gesellschaft zur Verrechnung zu bringen, auch wenn ihm die (alleinige) Verfügungsmacht darüber grundsätzlich fehlt (vgl. auch HERREN, 269 f. und BRINCKMANN, 43 N 1, beide mit Hinweis auf die Rechtsprechung unter BGE 60 II 176 f.).

Es genügt, wenn die Gegenseitigkeit erst im **Zeitpunkt** der Verrechnungserklärung besteht (vgl. Art. 124 N 1). Fehlt es anfänglich an der Gegenseitigkeit der Schuldpflichten, kann die Verrechnungslage durch externe Schuldübernahme (vgl. N 6) bzw. Abtretung herbeigeführt werden (BK-BECKER, N 6). Die **Abtretung** einer Forderung allein mit dem Zweck, die erforderliche Gegenseitigkeit herzustellen oder eine bestehende Verrechnungslage zu beseitigen, ist als solche nicht rechtsmissbräuchlich (BGer 4C.96/2002, E. 1; ZK-AEPLI, Vorbem. zu Art. 120–126, N 90 und 105). Allerdings darf der Schuldner durch die Abtretung nicht um eine bestehende Verrechnungsmöglichkeit gegenüber dem Zedenten gebracht werden (BUCHER, OR AT, 568 f.): So kann der Schuldner trotz fehlender Gegenseitigkeit auch dann noch seine Verrechnungsforderung gegen den Zedenten mit der (an den Zessionar abgetretenen) Hauptforderung verrechnen, wenn die Verrechnungsforderung im Zeitpunkt, als der Schuldner von der Abtretung erfährt, bereits fällig gewesen ist (Art. 169 Abs. 1, SCHULIN/VOGT, AT, 42C). Dies gilt selbst dann, wenn der Schuldner die Verrechnungsforderung gegen den Zedenten erst nach der Abtretung, aber vor deren Kenntnis erworben hat (VON BÜREN, OR AT, 331; SCHWENZER, OR AT, N 90.50). Dasselbe gilt für die **Legalzession** im Auftrags- bzw. Treuhandverhältnis (Art. 401 OR); für das Treuhandverhältnis allerdings nur, wenn der Verrechnende den «*Treuhandcharakter der Forderung nicht kannte und nicht kennen musste*» (BGE 130 III 316 f. m.Nw.). Vom Erfordernis der Fälligkeit der Verrechnungsforderung (Art. 169 Abs. 1) wird abgesehen, wenn die Verrechnungsforderung im Zeitpunkt, als der Schuldner von der Abtretung erfährt, zwar schon besteht, aber noch nicht fällig ist, sofern sie nicht später als die Hauptforderung fällig wird (Art. 169 Abs. 2).

9

2. Gleichartigkeit der Leistungen

Eine Verrechnungslage entsteht nur, wenn sich Verrechnender und Verrechnungsgegner «*Geldsummen oder andere Leistungen, die ihrem Gegenstande nach gleichartig sind, schulden*». Der Verrechnungsgegner muss sich die Tilgung seiner Hauptforderung durch Verrechnung nur dann gefallen lassen, wenn der Verrechnende über eine **inhaltlich gleiche Forderung** gegen ihn verfügt, welche die eigene Leistung bei der Erfüllung vertreten könnte (BUCHER, OR AT, 438; BK-BECKER, N 15).

10

11   Bei **Geldforderungen** ist in aller Regel Gleichartigkeit gegeben. Dies gilt insbesondere auch für **Fremdwährungsforderungen**, soweit für diese ein Wechselkurs existiert, der eine Umrechnung zulässt (BGE 130 III 318). Haben die Parteien keine Effektivleistung vereinbart (**Effektivklausel**), ist davon auszugehen, dass die vereinbarte Währung lediglich als Wertmesser dient und nicht eine bestimmte Art der Erfüllung festsetzen soll (BGE 63 II 392 ff.). Die allgemeinen Geschäftsbedingungen der Banken enthalten üblicherweise eine Klausel, worin sich die Bank ein Verrechnungsrecht ohne Rücksicht auf die Währung vorbehält (AEPLI, ZSR, 90 f.; THALMANN, 140). Im Interbankenverkehr dürfte die besondere Natur des Geschäfts in aller Regel erfordern, dass effektiv in der vereinbarten Währung erfüllt wird (offen gelassen in BGE 130 III 319). Eingehend zur Verrechnung von Fremdwährungsforderungen: BURKHALTER KAIMAKLIOTIS. Zum anwendbaren Wechselkurs vgl. Art. 124 N 9. Gleichartig im Sinne der Bestimmung können neben Geld auch andere **vertretbare Sachen** und **Gattungsschulden** sein, nicht aber Stückschulden (ZK-AEPLI, N 76 f.). Auch gegenseitige Schuldpflichten auf Duldung oder Unterlassung einer bestimmten Handlung sind nicht verrechenbar, weil der Zweck solcher Schuldpflichten in aller Regel effektive Erfüllung erfordert (vgl. Art. 125 N 5; KELLER/SCHÖBI, IV, 177).

12   Die Gleichartigkeit der Schuldpflichten muss erst im **Zeitpunkt** der Verrechnungserklärung (vgl. Art. 124 N 1) vorliegen. Wandelt sich ein inhaltlich ungleicher Primäranspruch in eine Schadenersatzforderung, so tritt die Gleichartigkeit nachträglich ein und es kann verrechnet werden (GAUCH/SCHLUEP/SCHMID/REY, N 3405). Zur Erleichterung des Gleichartigkeitserfordernisses im **Konkurs** vgl. Art. 123 N 7. Solange der Gegenstand der Schuldpflicht noch nicht feststeht, ist eine Verrechnung mangels Gleichartigkeit nicht möglich (ZK-AEPLI, N 55). Bei der **Wahlobligation** (Art. 72) steht der Leistungsgegenstand erst mit der Ausübung des Wahlrechts fest, wobei die Abgabe einer Verrechnungserklärung eine konkludente Wahl für Geldleistung darstellen kann (VON TUHR/ESCHER, 195). Ähnliches gilt bei der **Alternativvermächtigung**: Auch wenn sich zwei Parteien ungleichartige Leistungen schulden, kann der Verrechnende dennoch Verrechnung erklären, soweit er ermächtigt ist, alternativ auch mit einem Leistungsgegenstand zu erfüllen, der mit der Hauptforderung des Verrechnungsgegners gleichartig ist (VON TUHR/ESCHER, 194; ZK-AEPLI, N 57).

13   Hauptforderung und Verrechnungsforderung müssen nicht in allen Aspekten gleichartig sein. Es genügt, wenn der Gegenstand der gegenseitigen Schuldpflichten gleichartig ist (ZK-AEPLI, N 50). **Unbeachtlich** sind somit insbesondere folgende **Aspekte**:

14   –   **Erfüllungsort:** Schuldpflichten, die an verschiedenen Orten zu erfüllen wären, können dennoch verrechnet werden, soweit die Interessenlage

der Parteien nicht eine effektive Erfüllung an einem bestimmten Ort erfordert (BK-BECKER, N 18). Allfällige finanzielle Einbussen, die der Verrechnungsgegner dadurch erleidet, dass seine Hauptforderung nicht am ursprünglich vereinbarten Ort erfüllt, sondern durch Verrechnung getilgt wird, sind vom Verrechnenden auszugleichen (BSK OR I-PETER, N 13).

– **Gleichwertigkeit:** Die Verrechnungsforderung muss «*ziffernmässig be-*   15
  stimmt» sein, damit eine Verrechnung möglich ist (BGE 44 II 279).
  Gleichwertigkeit ist dagegen nicht erforderlich (BGE 63 II 140). Der Verrechnungsgegner muss sich die teilweise Tilgung seiner Hauptforderung durch Verrechnung gefallen lassen, auch wenn er eine Teilzahlung
  des Schuldners nicht annehmen müsste (Art. 69 Abs. 1; GUHL/KOLLER,
  § 37 N 10).

– **Konnexität:** Die Verrechnung ist auch dann zulässig, wenn die Verrech-   16
  nungsforderung mit der Hauptforderung nicht in sachlichem Zusammenhang steht (BGE 63 II 139 f.).

– **Einbringlichkeit:** Auch eine nicht einbringliche Forderung kann ver-   17
  rechnet werden (BGE 76 III 15 f.). Besondere Regeln bestehen für den
  Konkursfall (vgl. Art. 123). Zur bisher umstrittenen Frage der **Liberierung durch Verrechnung** mit einer nicht werthaltigen Forderung
  anstelle vieler: DRUEY, 267 ff., FORSTMOSER/VOGT, 531 ff. Gemäss Entwurf zum neuen Aktienrecht soll die Verrechnungsliberierung bei Sanierungen von Aktiengesellschaften zulässig sein (vgl. Art. 634b Abs. 2
  E-OR).

3. Durchsetzbarkeit der Verrechnungsforderung

Da der Verrechnende auch gegen den Willen des Verrechnungsgegners die   18
Tilgung seiner Forderung erzwingen kann, genügt es entgegen dem Gesetzeswortlaut nicht, dass die Verrechnungsforderung «*fällig*» ist. Vielmehr
muss die Verrechnungsforderung **durchsetzbar** sein (BGer 5C.69/2006,
E. 3.3.1), was neben der **Fälligkeit** auch **Klagbarkeit** und **Einredefreiheit**
bedingt (SCHWENZER, OR AT, N 77.12).

Die Fälligkeit muss im **Zeitpunkt** der Verrechnungserklärung bestehen   19
(BGE 107 III 144; vgl. Art. 124 N 1). Eine **aufschiebend bedingte Forde-
rung** ist nicht fällig, solange die Bedingung noch nicht eingetreten ist (ZK-
AEPLI, N 86; VON TUHR/ESCHER, 195). Ob der Gläubiger seine Forderung
auch dann noch verrechnen darf, wenn er dem Schuldner zuvor **Stundung**
gewährt hat, ist umstritten. Während der überwiegende Teil der Lehre die
Verrechnung trotz fehlender Fälligkeit der Verrechnungsforderung aus
Gründen der «Billigkeit» (von TUHR/ESCHER, 195 Anm. 40) zulassen möchte

(ZK-Aepli, N 87 m.Nw.), lehnt Burkhalter Kaimakliotis, 63, mit Hinweis auf die deutsche Lehre eine Verrechnung in Anbetracht der Erfordernisse der Fälligkeit und Einredefreiheit ab.

20   Handelt es sich bei der Verrechnungsforderung lediglich um eine **Naturalobligation** (z. B. Forderung aus Spiel und Wette, Art. 513 ff.), deren Erfüllung zwar möglich ist, aber nicht gegen den Willen des Schuldners durchgesetzt werden kann, ist eine Tilgung durch Verrechnung nicht zulässig (Bucher, OR AT, 436). Auch eine Verrechnungsforderung, welcher eine **Einrede** des Schuldners entgegensteht, ist nicht durchsetzbar. Dies gilt gemäss Bundesgericht auch für die **Einrede mangelnden neuen Vermögens** (Art. 265a SchKG), welche vom ehemaligen Konkursiten nicht nur in einer Konkursverlustscheinsbetreibung erhoben werden kann, sondern auch in einem gewöhnlichen Forderungsprozess, wenn der Schuldner des ehemaligen Konkursiten seine Konkursverlustscheinsforderung gegen dessen Forderung zur Verrechnung bringen möchte (BGE 133 III 620, 626 ff.; a. M. Brönnimann, 47 ff.). Eine Verrechnung wird durch die **Einrede des Verrechnungsgegners** zwar nicht ausgeschlossen, der Eintritt der Verrechnungswirkung wird damit jedoch gehemmt (Schulin/Vogt, OR AT, 6 B N 3). Bei aufschiebenden Einreden (bspw. Einrede des nicht erfüllten Vertrags, Art. 82) ist die Verrechnungsmöglichkeit blockiert, solange die Einrede noch möglich ist (Bucher, OR AT, 436 f.). Zur Verrechnung einer **verjährten Forderung** vgl. N 25.

4.   Erfüllbarkeit der Hauptforderung

21   Entgegen dem Gesetzeswortlaut («... *insofern beide Forderungen fällig sind...*») braucht lediglich die Verrechnungsforderung fällig zu sein; für die **Hauptforderung genügt** dagegen **Erfüllbarkeit** (so nun auch das Bundesgericht unter Hinweis auf die h. L.: 4C.164/2003, E. 2.1). Die Erfüllbarkeit setzt den **Bestand** der Hauptforderung voraus (BGer 4C.164/2003, E. 2.1 und 2.2), weshalb der Verrechnende seine Forderung nicht mit einer blossen **Anwartschaft** des Verrechnungsgegners verrechnen kann (BGE 105 III 9; ZK-Aepli, N 94).

5.   Verrechnungserklärung

22   Damit die Verrechnungswirkungen eintreten können, muss der Verrechnende seinen **Verrechnungswillen** gegenüber dem Verrechnungsgegner **zu erkennen geben** (Art. 124 Abs. 1). Zur Verrechnungserklärung vgl. Art. 124 N 1 ff.

6. Kein Ausschluss der Verrechnung

Im Sinne **negativer Voraussetzungen** darf die Verrechnung weder gesetz- 23
lich noch vertraglich ausgeschlossen sein. Vgl. die Ausführungen zu Art. 123
N 8 ff., Art. 125 sowie Art. 126 N 3.

II. Verrechnung einer bestrittenen Forderung (Abs. 2)

Auch eine bestrittene Forderung kann zur Verrechnung gebracht werden. 24
Ob eine Verrechnungsmöglichkeit besteht oder nicht, ist eine Frage des
materiellen Bundesrechts (BGE 63 II 139; vgl. Vorbem. zu Art. 120–126
N 4). Der Verrechnungsgegner kann die Verrechnungsmöglichkeit deshalb
nicht dadurch zu Fall bringen, dass er den Bestand der Verrechnungsforderung bestreitet. Vielmehr ist auf dem Klage- oder Schuldbetreibungsweg
festzustellen, ob die Verrechnungsforderung tatsächlich besteht und durchsetzbar ist (BSK OR I-PETER, N 21 ff.; ZK-AEPLI, N 141 ff.). Eine Ausnahme
von diesem Grundsatz soll gemäss Botschaft zum neuen Aktienrecht bei
der **Verrechnungsliberierung bei Sanierungen** von Aktiengesellschaften gelten: Da Gründer bzw. Verwaltungsrat über Bestand und Verrechenbarkeit der Gegenforderung Rechenschaft abzulegen haben, können nur
unbestrittene Forderungen mit der Liberierungsforderung verrechnet werden (vgl. Botschaft zur Änderung des Obligationenrechts, Ziff. 2.1.1, Ausführungen zu Art. 634b Abs. 2 E-OR). Zur Eventualverrechnung vgl. Vorbem. zu Art. 120–126 N 7. Zur Verrechnung im Zivilprozess vgl. Vorbem. zu
Art. 120–126 N 3 ff.

III. Verrechnung einer verjährten Forderung (Abs. 3)

Der Voraussetzung folgend, dass die Verrechnungsforderung einredefrei 25
sein muss (vgl. N 18, 20), kann eine **verjährte Forderung** – da nicht durchsetzbar – grundsätzlich nicht zur Verrechnung gebracht werden. Eine Ausnahme von diesem Grundsatz macht das Gesetz, wenn die Verrechnungsforderung *«zur Zeit, wo sie mit der andern [Haupt-]Forderung verrechnet
werden konnte, noch nicht verjährt war»*. Massgebend ist somit nicht der
Zeitpunkt der Verrechnungserklärung, sondern derjenige Zeitpunkt, als
die Verrechnungsforderung erstmals mit der Hauptforderung hätte verrechnet werden können (BGer 9C.566/2007, E. 3.3). Die Verrechnung setzt
somit voraus, dass die **Hauptforderung entstanden** sein muss, **bevor** die
Verrechnungsforderung verjährt ist (BGE 91 II 216 f.). Dem Verrechnenden soll es nicht zum Nachteil gereichen, wenn er von einer bestehenden Verrechnungsmöglichkeit nicht sofort Gebrauch macht, sondern
dem Schuldner vorerst die Möglichkeit zur effektiven Erfüllung lässt (ZK-
AEPLI, N 157 m.Nw.). Differenziert die Lösung unter Art. 14:503 der *Principles of European Contract Law* der Kommission für Europäisches Ver-

tragsrecht, wonach eine verjährte Forderung zur Aufrechnung gebracht werden kann, es sei denn, der Aufrechnungsgegner habe die Verjährung bereits zuvor geltend gemacht oder macht sie innerhalb von zwei Monaten geltend, nachdem ihm die Aufrechnungserklärung zugegangen ist. Artikel 10.10 *Unidroit Principles of International Commercial Contracts 2004* lässt die Aufrechnung mit einer verjährten Forderung zu, bis der Aufrechnungsgegner die Verjährung geltend macht.

Art. 121

2.   Bei Bürgschaft   Der Bürge kann die Befriedigung des Gläubigers verweigern, soweit dem Hauptschuldner das Recht der Verrechnung zusteht.

I.   Normzweck

1   Da dem Bürgen die Verfügungsmacht über die Forderung des Hauptschuldners fehlt, kann er eine allfällige Forderung des Hauptschuldners gegen den Gläubiger mangels Gegenseitigkeit nicht selbst zur Verrechnung bringen (vgl. Art. 120 N 2, 5; ZK-AEPLI, Art. 120 N 35 m.Nw.). Er kann die Erfüllung seiner Schuldpflicht aber dennoch verweigern, «*soweit dem Hauptschuldner das Recht der Verrechnung zusteht*». **Zweck** der Bestimmung ist es, den Bürgen vor der Inanspruchnahme durch den Gläubiger zu schützen, wenn es der Hauptschuldner in der Hand hätte, die Hauptschuld durch Verrechnung zu tilgen und damit den Bürgen von seiner Haftung zu befreien, von dieser Möglichkeit aber keinen Gebrauch macht.

II.   Voraussetzungen und Rechtsfolgen

2   Die **Einrede** nach Art. 121 steht dem Bürgen nur zu, wenn der Hauptschuldner seine Forderung gegen den Gläubiger tatsächlich zur Verrechnung bringen könnte; m. a. W. müssen bezüglich dieser Forderung – mit Ausnahme der Verrechnungserklärung des Hauptschuldners – sämtliche **Voraussetzungen der Verrechnung erfüllt** sein (vgl. Art. 120; ZK-AEPLI, N 28). Im Ergebnis erzielt der Bürge mit der Einrede denselben Effekt, wie wenn er die Forderung des Hauptschuldners selbst zur Verrechnung bringen könnte: Er braucht nicht zu leisten (CR OR I-JEANDIN, N 2). Ein (analoges) Einrede- bzw. Leistungsverweigerungsrecht soll dem Bürgen auch dann zustehen, wenn es der Hauptschuldner versäumt, bestehende Gewährleistungsansprüche gegen den Gläubiger geltend zu machen oder bei Vorliegen

eines Willensmangels (Art. 23 ff.) den der Hauptschuld zugrunde liegenden Vertrag anzufechten (KILLIAS, 122 N 8).

Das Bundesgericht hat bisher offen gelassen, inwieweit der Bürge von seiner Einredemöglichkeit noch Gebrauch machen kann, wenn der Hauptschuldner ohne das Einverständnis des Bürgen gegenüber dem Gläubiger **auf das Recht zur Verrechnung verzichtet** hat (zum Verrechnungsverzicht vgl. Art. 126): Gemäss einem Teil der Lehre soll sich der Bürge in Analogie zu Art. 502 Abs. 2 auch in diesem Fall auf sein Einrederecht berufen können, weil der Hauptschuldner die Position des Bürgen grundsätzlich nicht verschlechtern kann (BGE 126 III 28 = Pra 2000, 598 f. m.Nw.; BSK OR I-PETER, N 3). Versäumt es demgegenüber der Bürge, sich trotz Kenntnis der bestehenden Einredemöglichkeit der Inanspruchnahme durch den Gläubiger zu widersetzen, so verliert er in Analogie zu Art. 502 Abs. 1 und 3 sein Regressrecht gegen den Hauptschuldner (BK-BECKER, N 3; a. M. ZK-AEPLI, N 12).   3

Die **Einredemöglichkeit** des Bürgen nach Art. 121 soll in analoger Weise auch dem Pfandeigentümer zustehen, der mit seiner Sache eine fremde Schuld sichert (BSK OR I-PETER, Art. 121 N 5 m.Nw.). Zur Verrechnung in Drittpfandverhältnissen vgl. auch Art. 120 N 6.   4

Art. 122

Bei Verträgen zugunsten Dritter   **Wer sich zugunsten eines Dritten verpflichtet hat, kann diese Schuld nicht mit Forderungen, die ihm gegen den anderen zustehen, verrechnen.**

I. Normzweck

Wenn sich jemand gegenüber einem anderen «*zugunsten eines Dritten verpflichtet hat*», so erfordert es die **Interessenlage** der Beteiligten in aller Regel, dass der Dritte **effektiv** eine **Leistung** erhält (BUCHER, OR AT, 440). Der Verpflichtete (Promittent) kann seine Schuldpflicht gegenüber dem Dritten aus diesem Grund nicht durch Verrechnung «*gegen den andern*» (Promissar) tilgen, zumal dies einer Leistung an den Promissar gleichkommen würde (VON BÜREN, OR AT, 184).   1

II. Anwendungsbereich

Die Bestimmung ist sowohl auf den echten als auch auf den **unechten Vertrag zugunsten eines Dritten** anwendbar (ZK-AEPLI, N 9). Beim **ech-**   2 ten Vertrag zugunsten eines Dritten (Art. 112 Abs. 2) scheidet eine Verrechnungsmöglichkeit schon deshalb aus, weil der Dritte ein originäres Forderungsrecht gegen den Promittenten erwirbt, das er selbstständig gegen diesen durchsetzen kann (GAUCH/SCHLUEP/SCHMID/REY, N 4113, 4124). Entsprechend fehlt es an der erforderlichen **Gegenseitigkeit** der Schuldpflichten, wenn der Promittent seine Schuldpflicht gegenüber dem Dritten mit einer Forderung *«gegen den andern»* zur Verrechnung bringen möchte (BGE 122 V 85; vgl. Art. 120 N 4). Eine Sonderregelung gilt bei der Versicherung zugunsten Dritter (Art. 118 Abs. 3 VVG).

3   Dem Promittenten bleibt es grundsätzlich unbenommen, seine Schuldpflicht gegenüber dem Dritten mit einer **Forderung** zu verrechnen, die ihm **gegen den Dritten persönlich** zusteht, es sei denn, die Interessenlage der Parteien erfordere eine effektive Leistung an den Dritten, was durch Auslegung zu ermitteln ist (BUCHER, OR AT, 440; KELLER/SCHÖBI, IV, 175). Allein aufgrund der Tatsache, dass der Promittent eine Leistung an einen Dritten versprochen hat, kann allerdings noch nicht auf einen stillschweigenden Verrechnungsverzicht (vgl. Art. 126 N 2) des Promittenten geschlossen werden (ZK-AEPLI, N 22), da sich die wirtschaftliche Situation des Dritten auch durch die Verrechnung des Promittenten verbessert, weil er von seiner eigenen Schuld gegenüber dem Promittenten befreit wird. Soweit der Dritte die Forderung gegen den Promittenten selbstständig durchsetzen kann (echter Vertrag zugunsten Dritter), kann auch er eine persönliche Schuldpflicht gegen diesen zur Verrechnung bringen (ZK-AEPLI, N 23).

Art. 123

4. Im Konkurse des Schuldners

[1] Im Konkurse des Schuldners können die Gläubiger ihre Forderungen, auch wenn sie nicht fällig sind, mit Forderungen, die dem Gemeinschuldner ihnen gegenüber zustehen, verrechnen.

[2] Die Ausschliessung oder Anfechtung der Verrechnung im Konkurse des Schuldners steht unter den Vorschriften des Schuldbetreibung- und Konkursrechts.

I. Allgemeines zur Verrechnung im Konkurs

1   Der (Konkurs-)Gläubiger kann seine Forderung grundsätzlich auch im Konkurs des (Gemein-) Schuldners durch Verrechnung mit einer Gegenforde-

rung des Gemeinschuldners tilgen (vgl. auch Art. 213 Abs. 1 SchKG). Der Konkursgläubiger hat ein besonderes Interesse daran, seine Forderung gegen den Gemeinschuldner mit einer eigenen Schuldpflicht zu verrechnen, weil er so den vollen Nominalwert seiner Forderung und nicht nur eine Konkursdividende erhält, was ihn gegenüber den andern Konkursgläubigern **privilegiert** (BSK OR I-Peter, N 1; Stadlin, 86 f.; BGE 71 III 185; kritisch Pichonnaz, FS Hausheer, 84 f.).

Es ist zwischen **Forderungen und Schuldpflichten des Gemeinschuldners**   2
und denjenigen der Konkursmasse zu unterscheiden. Nur für erstere gelten besondere **konkursrechtliche Verrechnungsregeln.** Demgegenüber gelten für **Forderungen und Schuldpflichten der Konkursmasse** die allgemeinen Verrechnungsregeln des OR (Stadlin, 95 ff.). Forderungen aus der einen Kategorie können grundsätzlich nicht mit Forderungen der anderen Kategorie verrechnet werden (ZK-Aepli, N 25 f.; BGE 56 III 149). Insbesondere können Masseforderungen gegen einen Konkursgläubiger nur mit seiner Konkursdividende als Masseschuld (nicht aber mit seiner Konkursforderung) verrechnet werden (BGE 76 III 15 f.).

Sodann ist mit Bezug auf die erste Kategorie zwischen der Verrechnung   3
durch den Konkursgläubiger und der Verrechnung durch den Gemeinschuldner bzw. die Konkursverwaltung zu unterscheiden: Art. 123 regelt nur die Verrechnungsbefugnis des Konkursgläubigers (ZK-Aepli, N 38). Der Gemeinschuldner verliert mit der Konkurseröffnung die Verfügungsmacht über seine Forderungen (Art. 204 Abs. 1 SchKG), so dass fortan nur noch der Konkursgläubiger selbst oder die Konkursverwaltung Verrechnung erklären können (zur Verrechnungsbefugnis der Konkursverwaltung vgl. ZK-Aepli, N 30 ff.) Die **Durchführung** der Verrechnung erfolgt normalerweise im Kollokationsverfahren (BGE 120 III 31 = Pra 1994, 469), darf aber von der Konkursverwaltung keinesfalls bis ins Verteilungsstadium hinausgeschoben und dann bloss mit der Konkursdividende verrechnet werden (BGE 83 III 71).

Eine Sonderstellung nehmen **unpfändbare Forderungen des Gemein-**   4
schuldner (Art. 92 f. SchKG) ein: Diese fallen nicht in die Konkursmasse und können entsprechend – mangels Gegenseitigkeit – nicht mit (Gegen-)Forderungen des Konkursgläubigers, die in die Konkursmasse fallen, verrechnet werden (Näf, 98). Der Konkursgläubiger kann auch mit einer **aufschiebend bedingten Gegenforderung des Gemeinschuldners** verrechnen, sofern «*die Bedingung im Laufe des Konkurses eintritt*» (BGE 105 III 9; zulässig ist auch die Verrechnung mit einer **auflösend bedingten Gegenforderung**, ZK-Aepli, N 85). Umgekehrt ist die Verrechnung mit einer **aufschiebend bedingten Forderung des Konkursgläubigers** nicht zulässig, solange die Bedingung noch nicht eingetreten ist, da dies «*dem Wesen der Verrechnung, die bedingungsfeindlich ist*», widersprechen würde (ZK-

AEPLI, N 89; ebenso VON TUHR/ESCHER, 202 N 92; BRINCKMANN, 78; vgl. auch Art. 120 N 19; a. M. allerdings BGE 95 III 57; JAEGER/WALDER, Art. 213 N 10 f.). Die Verrechnung mit einer **auflösend bedingten Forderung des Konkursgläubigers** ist dagegen ohne weiteres zulässig (JAEGER/WALDER, Art. 213 N 10; ZK-AEPLI, N 81).

5   Unzulässig sind im Konkurs **Vereinbarungen** zwischen dem Gemeinschuldner und dem Konkursgläubiger, welche abweichend von den konkursrechtlichen Verrechnungsregeln die Verrechnungsmöglichkeit des Konkursgläubiges erleichtern. Wurden derartige Vereinbarungen vor der Konkurseröffnung getroffen, ist die darauf gestützte Verrechnung anfechtbar (Art. 285 ff. SchKG; ZK-AEPLI, N 11 f.; zur Anfechtbarkeit von Verrechnungsklauseln in allgemeinen Geschäftsbedingungen der Banken vgl. HEINRICH, 279 f.).

II.   Erweiterung der Verrechnungsmöglichkeiten im Konkurs

1.   Fälligkeit

6   Der Konkurs des Gemeinschuldners erleichtert die Verrechnung durch den Konkursgläubiger insofern, als er seine Forderungen gegen den Gemeinschuldner auch dann verrechnen kann, *«wenn sie nicht fällig sind»* (Abs. 1) – eine Erleichterung, die aufgrund der zeitlichen **Vorverschiebung der Fälligkeit** gemäss Art. 208 Abs. 1 SchKG lediglich noch bei grundpfandgesicherten Forderungen von selbstständiger Bedeutung ist (VON TUHR/ESCHER, 202; a. M. ZK-AEPLI, N 77). Auch die Gegenforderung des Gemeinschuldners braucht nicht fällig zu sein (BGE 107 III 27 = Pra 1981, 600) – Erfüllbarkeit genügt (vgl. Art. 120 N 21).

2.   Gleichartigkeit

7   Im Konkurs werden **Forderungen gegen den Gemeinschuldner**, die *«nicht eine Geldzahlung zum Gegenstande haben»*, **in Geldschulden umgewandelt** (Art. 211 Abs. 1 SchKG). Hat die Gegenforderung des Gemeinschuldners Geld zum Gegenstand, so wird durch diese Umwandlung die Gleichartigkeit der Schuldpflichten (vgl. Art. 120 N 10 ff.) hergestellt und die Verrechnung erleichtert (kritisch AEPLI, BR, 7 f., der in der Umwandlung eine Verletzung des Gleichbehandlungsgebots aller Konkursgläubiger sieht). **Forderungen des Gemeinschuldners** werden dagegen nicht umgewandelt, auch wenn sie nicht auf Geld lauten. Denkbar ist, dass sich die ursprüngliche Forderung des Gemeinschuldners wegen Nichterfüllung in eine Schadenersatzforderung gegen den Konkursgläubiger wandelt, womit die erforderliche Gleichartigkeit hergestellt wäre (JAEGER/WALDER, Art. 213 N 13). Ausgeschlossen ist das Wahlrecht der Konkursverwaltung bei gewis-

sen Vertragsarten, bei denen es der solventen Vertragspartei nicht zugemutet werden kann, zuzuwarten und ihre Forderung als Konkursforderung anzumelden, weil damit ein nicht wiedergutzumachender Nachteil verbunden sein könnte, so bspw. bei Fixgeschäften (Art. 108 Ziff. 3) sowie bei Finanztermin-, Swap- und Optionsgeschäften (Art. 211 Abs. 2bis SchKG). Da sich bei derartigen Geschäften die Marktbedingungen rasch ändern, kann die solvente Gegenpartei weiteren Schaden abwenden, indem sie umgehend ein Gegengeschäft tätigt, vorausgesetzt, der Wert der vertraglichen Leistungen ist im Zeitpunkt der Konkurseröffnung aufgrund von Markt- oder Börsenpreisen bestimmbar (BSK SchKG II-Schwob, Art. 211 N 18f.). Entsprechende Netting-Vereinbarungen (vgl. Art. 124 N 11) zwischen Finanzinstituten und deren Gegenparteien sind nach Art. 211 Abs. 2bis SchKG insolvenzfest (BSK BankG-Hess/Künzi, Art. 27 N 33).

III. Einschränkung der Verrechnungsmöglichkeiten im Konkurs

Das OR selbst enthält diesbezüglich keine Bestimmungen, sondern verweist lediglich auf die *«Vorschriften des Schuldbetreibungs- und Konkursrechts»* (Abs. 2). Dieselben Einschränkungen gelten auch für das sog. **Minikonkursverfahren** (Art. 166 ff. IPRG; Wild, 205) und analog für den **Nachlassvertrag mit Vermögensabtretung** (BGE 41 III 149f.). **8**

1. Ausschluss der Verrechnung (Art. 213 Abs. 2 und 4 SchKG)

Die Verrechnung durch den Konkursgläubiger ist **absolut verboten** (BGE 122 III 134f.), wenn er erst nach der Konkurseröffnung Gläubiger des Gemeinschuldners wird (Art. 213 Abs. 2 Ziff. 1 SchKG). Ebenso wenig darf er verrechnen, wenn er erst nach der Konkurseröffnung Schuldner des Gemeinschuldners oder der Konkursmasse wird (Art. 213 Abs. 2 Ziff. 2 SchKG). Die Verrechnung ist m. a. W. immer dann ausgeschlossen, wenn der Rechtsgrund der Verrechnungsforderung (im Fall von Ziff. 1) bzw. der Hauptforderung (im Fall von Ziff. 2) *«auf Tatsachen beruht, die in die Zeit nach der Konkurseröffnung oder der Bekanntmachung der Nachlassstundung fallen»* (BGE 107 III 25, 28 = Pra 1981, 601). Die Bestimmung will den Konkursgläubiger daran hindern, sich *«nach Konkurseröffnung durch neu erworbene Verrechnungsmöglichkeiten Deckung»* zu verschaffen (BGE 107 III 144). Aus diesem Grund muss das **Gegenseitigkeitserfordernis** nicht (wie die übrigen Verrechnungsvoraussetzungen) erst im Zeitpunkt der Verrechnungserklärung (vgl. Art. 124 N 1), sondern bereits im Zeitpunkt der Konkurseröffnung erfüllt gewesen sein (BGE 132 III 350). Ausnahmsweise kann der Konkursgläubiger eine Forderung zur Verrechnung bringen, die er erst nach der Konkurseröffnung gegen den Gemeinschuldner erworben hat, wenn die betreffende Forderung darauf zurückzuführen ist, dass **9** er eine eigene Sache als Sicherheit für eine Schuld des Gemeinschuldners verpfändet und eingelöst hat (Art. 213 Abs. 2 Ziff. 1 SchKG i.V.m. Art. 110 Ziff. 1). Vgl. die umfangreiche **Kasuistik** bei GAUCH/AEPLI/STÖCKLI, N 3.

10   Auf **gepfändete** und **arrestierte Forderungen** findet Art. 213 Abs. 2 SchKG sinngemäss Anwendung: Der Drittschuldner einer gepfändeten oder arrestierten (Haupt-)Forderung kann deshalb seine Schuldpflicht gegenüber dem Schuldner mit einer Gegenforderung verrechnen, sofern diese Gegenforderung im Zeitpunkt der Pfändung bzw. Arrestnahme der Hauptforderung *«dem Rechtsgrunde nach»* bereits bestanden hat (BGE 100 III 84 f.).

11   Ausgeschlossen ist ferner die Verrechnung im Konkurs der Gesellschaft mit **nicht voll einbezahlten Beträgen** der Kommanditsumme oder des Gesellschaftskapitals sowie im Konkurs der Genossenschaft mit rückständigen statutarischen Beiträgen (Art. 213 Abs. 4 SchKG). Ausgeschlossen ist nur die Verrechnung durch den Gesellschafter oder Genossenschafter. Die Konkursverwaltung kann dagegen nicht erhältliche Beiträge mit der Konkursdividende des Gesellschafters oder Genossenschafters verrechnen (BGE 53 III 210 ff.), selbst wenn dieser seine Gegenforderung während des Konkurses einem Dritten abgetreten hat (BGE 76 III 16 f.).

2.   Anfechtbarkeit der Verrechnung (Art. 213 Abs. 3, Art. 214/285 ff. SchKG)

12   Unter gewissen **Voraussetzungen** ist die Verrechnung durch den Konkursgläubiger nicht ausgeschlossen, aber **anfechtbar:** So zum einen bei Verrechnungsforderungen aus **Inhaberpapieren.** Der Konkursgläubiger, der seine Forderung verrechnen möchte, muss beweisen, dass er *«sie in gutem Glauben vor der Konkurseröffnung erworben hat»* (Art. 213 Abs. 3 SchKG), d. h. im Zeitpunkt des Erwerbs keine Kenntnis von der Überschuldung des Gemeinschuldners hatte (BGE 101 III 109).

13   Zum anderen ist die Verrechnung anfechtbar, wenn der Konkursgläubiger die Forderung gegen den Gemeinschuldner mit der Absicht erworben hat, sich oder einem anderen durch die erworbene **Verrechnungsmöglichkeit** einen Vorteil **zuungunsten der Konkursmasse** zu verschaffen (Art. 214 SchKG). Die Bestimmung setzt voraus, dass der Konkursgläubiger die Forderung gegen den Gemeinschuldner vor der Konkurseröffnung erworben hat. Weiter muss er im Zeitpunkt des Forderungserwerbs um die Zahlungsunfähigkeit des Gemeinschuldners gewusst haben, wobei Wissenmüssen der tatsächlichen Kenntnis gleichgestellt sein dürfte (JAEGER/WALDER, Art. 214 N 5). Es ist ausreichend, wenn sich der Gläubiger *«auf Kosten seiner Mitgläubiger einen in der gegebenen Situation nicht mehr gerechtfertigten Vorteil verschaffen will»* – eine darüber hinausgehende Täuschungsabsicht ist nicht erforderlich (BGE 122 III 135 f.). Die Anfechtung der Verrechnung ist wie die paulianische Anfechtung (Art. 285 ff.

SchKG) geltend zu machen (AMONN/GASSER, § 40 N 56; a.M. JAEGER/ WALDER, Art. 214 N 3). Wie bei der Absichtsanfechtung trägt die Konkursmasse die Beweislast für die subjektiven Tatbestandsvoraussetzungen auf Seiten des Konkursgläubigers (SCHÜPBACH, 145). Im Gegensatz zur paulianischen Anfechtung (namentlich der Überschuldungsanfechtung, Art. 287 SchKG) setzt die Anfechtung nach Art. 214 SchKG keine Vermögensdisposition des Gemeinschuldners, sondern eine Handlung des Konkursgläubigers voraus (FEUZ, 4).

Art. 124

I. Verrechnungserklärung (Abs. 1)

Anders als im französischen Recht tritt die Verrechnung nicht von Gesetzes wegen ein, sobald alle Verrechnungsvoraussetzungen erfüllt sind (Art. 1290 franz. Code Civile; rechtsvergleichende Hinweise bei HEINRICH, 271 f. und PITTET, N 142 ff.). Vielmehr muss der Verrechnende *«dem Gläubiger zu erkennen [geben], dass er von seinem Rechte der Verrechnung Gebrauch machen»* will, was eine entsprechende (**Verrechnungs-)Erklärung** des Verrechnenden voraussetzt (vgl. Art. 120 N 22; BGE 118 II 391 = Pra 1993, 361). Spätestens in diesem Zeitpunkt müssen alle übrigen Verrechnungsvoraussetzungen (vgl. Art. 120) erfüllt sein (BGE 132 III 350; zu den Besonderheiten im Konkurs vgl. Art. 123 N 9). 1

Die Verrechnungserklärung ist eine **einseitige empfangsbedürftige Willenserklärung** des Verrechnenden (BGer 4A.222/2007, E. 3.2.1), die wie jede Ausübung eines Gestaltungsrechts **bedingungsfeindlich** ist (BGer 4C.90/2005, E. 4; zum Spezialfall der Eventualverrechnung im Prozess vgl. Vorbem. zu 120–126 N 7). Ausnahmsweise ist die bedingte Verrechnungserklärung zulässig, wenn der Eintritt der Bedingung ausschliesslich vom Willen des Verrechnungsgegners abhängt (KILLIAS, 124 N 2 unter Hinweis auf BGE 128 III 135). Die Verrechnungserklärung ist **unwiderruflich**, da durch deren Abgabe Haupt- und Verrechnungsforderung endgültig untergegangen sind und nicht wieder aufleben können (BGE 107 Ib 111; SCHULIN/VOGT, OR AT, 6D). Um die vor der Verrechnung bestehende Rechtslage wiederherzustellen, müssen die Parteien die gegenseitigen Schuldpflichten vertraglich neu begründen (BGer 4C.191/2001, E. 4c), es sei denn, der Verrechnende kann sich auf einen **Willensmangel** (Art. 23 ff.) berufen (ZK-AEPLI, N 90 ff.). Schliesslich darf die Wirksamkeit der Verrechnungserklärung nicht vom Ablauf einer Frist abhängen (ZK-AEPLI, N 73 f.). 2

Die Verrechnungserklärung kann **formlos**, insbesondere auch **konkludent** erfolgen (BGer 4C.90/2005, E. 4). Es genügt, wenn der Verrechnende dem 3

Verrechnungsgegner «*seinen Verrechnungswillen irgendwie zu erkennen gibt*» (BGE 63 II 140), er muss seinen Willen jedoch **klar und eindeutig** zum Ausdruck bringen (BGer 4A.222/2007, E. 3.2.1). Insbesondere muss sich aus der Erklärung oder aus den Umständen ergeben, welches die Haupt- und welches die Verrechnungsforderung ist (BGer 4C.228/2006, E. 2.1). Stehen sich **mehrere verrechenbare Schuldpflichten** gegenüber, so kann der Verrechnende wählen, welche Schuldpflicht er mit welcher Gegenforderung verrechnen möchte (BUCHER, OR AT, 431). Der Verrechnungsgegner kann sich der Wahl des Verrechnenden nicht widersetzen und andere Forderungen bezeichnen (BGer B.132/2006, E. 3.2; a. M. KOLLER, 111, der dem Verrechnungsgegner in Anlehnung an das deutsche und italienische Recht ein Widerspruchsrecht zugestehen möchte, mit der Folge, dass die in Art. 87 vorgesehene Tilgungsordnung zum Tragen kommen würde). Besteht diesbezüglich Unklarheit, so «*ist die Verrechnungserklärung unvollständig und daher wirkungslos*» (BGer 4C.25/2005, E. 4.1; vgl. auch ZK-AEPLI, N 61 f., der die analoge Anwendung von Art. 87 in dieser Situation ablehnt). Bei **mehreren Verrechnungserklärungen** (des Verrechnenden oder beider Parteien) ist die zeitliche Reihenfolge massgebend, in welcher die betreffenden Erklärungen dem jeweiligen Verrechnungsgegner zugehen. Treffen zwei sich gegenseitig widersprechende Verrechnungserklärungen zeitgleich bei der jeweils anderen Partei ein, so sind beide Erklärungen unwirksam (BGer B.132/2006, E. 3.2, ZK-AEPLI, N 93 ff.).

4   Sind die übrigen Verrechnungsvoraussetzungen erfüllt (vgl. Art. 120), kann die Verrechnungserklärung **jederzeit** abgegeben werden, so auch während eines hängigen Prozesses (BGE 95 II 241; vgl. Vorbem. zu Art. 120–126 N 6). Will der Mieter die drohende Kündigung wegen Zahlungsrückstand (Art. 257d) durch Verrechnung mit einer Forderung gegen den Vermieter abwenden, so muss er vor Ablauf der Zahlungsfrist Verrechnung erklären (BGE 119 II 248; RAJOWER, 809). Derjenige, der sich auf die Verrechnung beruft, trägt die **Beweislast** dafür, dass eine wirksame Verrechnungserklärung abgegeben wurde (BGer 4C.25/2005, E. 4.1).

5   Der Verrechnende muss im Zeitpunkt der Verrechnungserklärung **handlungsfähig** sein. Verliert er nach Abgabe der Erklärung seine Handlungsfähigkeit, so beeinträchtigt dies die Wirksamkeit der Verrechnungserklärung nicht mehr. Der Verrechnungsgegner muss demgegenüber im Zeitpunkt, als die Verrechnungserklärung bei ihm eintrifft, handlungsfähig sein (vgl. zum Ganzen SCHULIN/VOGT, OR AT, 16).

II.   Wirkungen der Verrechnung (Abs. 2)

1.   Untergang der Haupt- und Verrechnungsforderung

Die Abgabe der Verrechnungserklärung («*Ist dies geschehen...*») bewirkt   6
den **endgültigen und unwiderruflichen Untergang** (BGE 107 Ib 111) von
«*Forderung und Gegenforderung [...], soweit sie sich ausgleichen*». Das
Recht, zu verrechnen, erweist sich damit als **aufhebendes Gestaltungs-
recht** (von Tuhr/Escher, 204; BGer 4A.222/2007, E. 3.2.1). Sind beide
Forderungen nicht gleich hoch, so bleibt die höhere im Umfang der Diffe-
renz in ihrer ursprünglichen Beschaffenheit bestehen (ZK-Aepli, N 111).
Der Verrechnungsgegner muss sich den **teilweisen Untergang** seiner
(Haupt-)Forderung gefallen lassen für den Fall, dass sie höher als die Ver-
rechnungsforderung ist (vgl. Art. 120 N 15).

2.   Rückwirkung der Verrechnung

Die Wirkungen der Verrechnung treten **rückwirkend** schon auf den Zeit-   7
punkt ein, «*in dem sie zur Verrechnung geeignet einander gegenüberstan-
den*», und zwar unabhängig davon, wann die Verrechnungserklärung abgegeben wurde. Massgebend ist der Zeitpunkt, in dem der Verrechnende
objektiv zum ersten Mal hätte Verrechnung erklären können: Hauptforderung und Verrechnungsforderung gehen rückwirkend auf diesen Zeitpunkt unter. Ob der Verrechnende im massgebenden Zeitpunkt von der Verrechnungsmöglichkeit tatsächlich wusste und auch hätte verrechnen
wollen, ist unbeachtlich (ZK-Aepli, N 119). Vgl. die Kritik zur Rückwirkung
bei Pichonnaz (FS Hausheer, 81 ff.), der auf den Zeitpunkt der Abgabe
der Verrechnungserklärung abstützen möchte entsprechend der Regelung
in Art. 13:106 der *Principles of European Contract Law* der Kommission für
Europäisches Vertragsrecht (vgl. hierzu ausführlich Pichonnaz, Compensa
tion, N 2178 ff.; auch Art. 8.5 *Unidroit Principles of International Commercial Contracts 2004* stellt auf den Zeitpunkt der Erklärung ab).

Durch die Rückwirkung ist der Verrechnende ab dem massgebenden Zeit-   8
punkt nicht mehr Schuldner des Verrechnungsgegners, was eine Reihe von
Rechtsfolgen nach sich zieht: Ein allfälliger Schuldnerverzug des Verrechnenden endet. Die entsprechenden Verzugsfolgen (Verzugszins, Verzugsschaden etc.) fallen auf diesen Zeitpunkt dahin (Bucher, OR AT, 433). Eine
Ausnahme besteht mit Bezug auf den Vertragsrücktritt des Gläubigers bei
Schuldnerverzug (Art. 107 Abs. 2): Die Verrechnungserklärung des Verrechnenden nach der Rücktrittserklärung des Gläubigers lässt den Vertrag nicht wieder aufleben (BGE 119 II 248: Dort mit Bezug auf die Kündigung des Vermieters wegen Zahlungsrückstand des Mieters, Art. 257d).
Auch andere Nebenansprüche der Parteien (z.B. vertraglich vereinbarte
Zinsen, Konventionalstrafen etc.) entfallen rückwirkend (ZK-Aepli, N 126).

Bereits erfüllte Ansprüche können kondiziert werden (Art. 62 ff.; VON TUHR/ESCHER, 207).

9   Eine in der Lehre äusserst umstrittene Frage ist, welcher Wechselkurs bei der Verrechnung von **Fremdwährungsforderungen** massgebend sein soll, da hier aufgrund von Kursschwankungen die Verrechnung im Vergleich zur tatsächlichen Erfüllung zu einer Besserstellung des Verrechnenden führen kann. Ein Teil der Lehre hält dafür, dass auch für die Bestimmung des Wechselkurses der Grundsatz der Rückwirkung gelte. Andere Autoren wollen dagegen auf den Zeitpunkt der Verrechnungserklärung abstellen (eine umfassende Übersicht zur Problematik findet sich bei BURKHALTER KAIMAKLIOTIS, insbes. 177 ff.; BSK OR I-PETER, Art. 120 N 11). Zur Verrechnung von Fremdwährungsforderungen vgl. Art. 120 N 11.

III. Kontokorrent (Abs. 3)

10   Eines der Merkmale des **Kontokorrentvertrages** (Art. 117) ist der darin enthaltene **Verrechnungsvertrag**, wonach die Parteien bereits vor Entstehen einer Verrechnungslage vereinbaren, sämtliche vom Kontokorrentvertrag erfassten gegenseitigen Schuldpflichten laufend oder am Ende einer Rechnungsperiode automatisch verrechnen zu wollen, ohne dass es hierzu einer speziellen Verrechnungserklärung bedarf (BGE 100 III 83). Der Saldo bleibt bis zur Verrechnung gestundet (BGE 132 III 481). Umstritten ist, ob auch eine «gewöhnliche» einseitige Verrechnungserklärung abgegeben werden kann, bevor eine Verrechnungslage entsteht (ZK-AEPLI, N 21 ff. m.Nw.). Das Bundesgericht scheint die Wirksamkeit einer solchen **antizipierten Verrechnungserklärung** abzulehnen, unter Hinweis darauf, dass «*die Hauptforderung im Zeitpunkt der Verrechnungserklärung bestehend und erfüllbar sein muss*» (BGer 4C.164/2003, E. 2.1 und 2.2).

11   Durch den **Verrechnungsvertrag** können die Parteien die **Modalitäten der Verrechnung** abweichend von der weitgehend dispositiven Verrechnungsordnung der Art. 120–126 regeln und insbesondere von einzelnen Verrechnungsvoraussetzungen absehen (ZK-AEPLI, Vorbem. zu Art. 120–126 N 200 ff.). Steht der Verrechnung ein gesetzlicher Ausschlussgrund entgegen (Art. 125), oder ist den Parteien die Verfügungsmacht über eine Forderung gesetzlich entzogen, so können sie auch durch einen entsprechenden Vertrag die Verrechnungswirkungen nicht herbeiführen (BSK OR I-PETER, Vorbem. zu Art. 120–126 N 1; vgl. aber zur Zulässigkeit von sog. **Netting-Vereinbarungen**, BSK SCHKG II-SCHWOB, Art. 211 N 15 ff. und BSK BANKG-HESS/KÜNZI, Art. 27 N 18 ff.). Verzichten die Parteien auf das Erfordernis der Gleichartigkeit (Art. 120 N 10 ff.), so handelt es sich nicht mehr um eine eigentliche Verrechnung, sondern um eine «*Tilgung durch Hingabe an Erfüllungs Statt*» (BGE 126 III 368). Vereinbaren Gläubiger und Schuldner,

dass auch Forderungen von Dritten oder gegen Dritte zur Verrechnung ge-
bracht werden können, so liegt keine Verrechnung im herkömmlichen Sinn
vor, sondern eine *«Tilgung durch Vereinbarung»* (BGer 4C.374/2001, E. 2.2;
zur Vereinbarung einer Konzernverrechnungsklausel vgl. Art. 120 N 4). Im
Bankenverkehr ist sodann die Regelung üblich, wonach auch nicht fällige
Forderungen zur Verrechnung gebracht werden können (AEPLI, ZSR, 91 ff.).
Schliesslich können die Parteien vertraglich einen anderen Zeitpunkt des
Wirkungseintritts vereinbaren (vgl. N 7). Es ist ihnen jedoch verwehrt, eine
Rückwirkung zu vereinbaren, die weiter zurück geht als der in Art. 124 Abs. 2
statuierte Zeitpunkt (ZK-AEPLI, N 132; BGE 99 II 301). Der Verrechnungs-
vertrag bedarf keiner besonderen **Form** (KOLLER, 113, mit dem Hinweis auf
Art. 115).

Art. 125

I. Allgemeines

In der Regel entscheidet der Schuldner frei, ob er die Hauptforderung erfül-   1
len oder mit einer Gegenforderung verrechnen möchte. Für bestimmte Arten von Schulden, deren besondere (Rechts-)Natur oder Zweck eine tatsächliche Erfüllung erfordern (GUHL/KOLLER, § 37 N 28), wird der Schuldner
von Gesetzes wegen daran gehindert, seine Schuld *«wider den Willen des
Gläubigers»* durch Verrechnung zu tilgen. Der **Verrechnungsausschluss**
gilt in diesen Fällen **einseitig zulasten des Schuldners**: Der Gläubiger kann
seine Forderung ungeachtet eines allfälligen Ausschlussgrundes mit einer
Gegenforderung des Schuldners verrechnen oder der Verrechnung durch
den Schuldner zustimmen (ZK-AEPLI, N 18 ff.). Die Bestimmung enthält
keine abschliessende Aufzählung der einzelnen Ausschlussgründe (ZK-
AEPLI, N 24; so explizit für Ziff. 2 BGE 126 V 316).

Will sich der Gläubiger der Verrechnung durch den Schuldner widersetzen,   2
so trägt er die **Beweislast** dafür, dass die Verrechnung nach Ziff. 1 oder 2
ausgeschlossen ist (ZK-AEPLI, N 81 ff.). Anders dagegen beim Verrechnungsausschluss nach Ziff. 3: Der Schuldner, der gegen das Gemeinwesen
verrechnen möchte, hat zu beweisen, dass die Verrechnung zulässig ist; das
Gemeinwesen trifft keine Beweislast (ZK-AEPLI, N 107).

II. Einzelne Fälle des Ausschlusses

1. Hinterlegte Sachen (Ziff. 1)

Bei der **regulären Hinterlegung** (Art. 472 ff.) richtet sich der Herausgabe-   3
anspruch des Hinterlegers auf eine Stückschuld, weshalb die Verrechnung

schon mangels Gleichartigkeit des Leistungsgegenstands ausgeschlossen ist (vgl. Art. 120 N 10ff.). Der gesetzliche Verrechnungsausschluss ist damit vor allem bei der **irregulären Hinterlegung** vertretbarer Sachen (Art. 481) von Bedeutung sowie in Fällen, in denen sich beim regulären Hinterlegungsvertrag der Herausgabeanspruch in einen (Schaden-)Ersatzanspruch gewandelt hat (SCHWENZER, OR AT, N 77.19). Eine Bank kann aus diesem Grund den Herausgabeanspruch des Kunden betreffend seine Sparhefteinlage gegen den Willen des Kunden nicht durch Verrechnung tilgen (BGE 100 II 155). Der Hinterleger kann auf den Verrechnungssausschluss verzichten und der Verrechnung durch den Aufbewahrer zustimmen. Die allgemeinen Geschäftsbedingungen der Banken enthalten regelmässig eine entsprechende Klausel (AEPLI, ZSR, 94 ff.; THALMANN, 136 ff.; HEINRICH, 277).

2. Widerrechtlich entzogene oder böswillig vorenthaltene Sachen (Ziff. 1)

4   Der Verrechnungsausschluss bei **widerrechtlichen entzogenen** oder **böswillig vorenthaltenen** Sachen will verhindern, dass sich der Schuldner aufgrund seines eigenen Fehlverhaltens eine Verrechnungsmöglichkeit verschafft, die er sonst nicht hätte (BSK OR I-PETER, N 3). Damit soll die Möglichkeit einer Verrechnung wider Treu und Glauben ausgeschlossen werden (BGer 4C.195/2006, E. 3.2). Entsprechend hat der Schuldner alles, was *«ohne rechtmässigen Grund in seinen Besitz übergegangen»* ist, unter Ausschluss der Möglichkeit zur Verrechnung zurückzuerstatten (BGE 39 II 573). Dasselbe gilt für Sachen, die ihm ursprünglich rechtmässig zugekommen sind, wenn der Rechtsgrund für das Behalten nachträglich weggefallen ist. Auch hier ist der Schuldner grundsätzlich zur Rückerstattung der betreffenden Sache verpflichtet. Das Vorenthalten von anvertrauten Sachen im Wissen um den fehlenden Rechtsgrund führt aber nur dann zum Verrechnungsausschluss, wenn dem Schuldner ein unehrliches und moralisch verwerfliches Verhalten zur Last gelegt werden kann (vgl. die präzisierte Rechtsprechung des Bundesgerichts zum Begriff *«böswillig vorenthalten»* in BGE 111 II 452 f.).

3. Verpflichtungen, deren besondere Natur die tatsächliche Erfüllung verlangt (Ziff. 2)

5   Bei den in Ziff. 2 ausdrücklich erwähnten Unterhaltsansprüchen und Lohnguthaben ist das Effektivleistungsinteresse des Gläubigers besonders ausgeprägt, soweit diese Leistungen seine Existenzgrundlage betreffen. Ungeachtet dieser zwei **Beispiele**, gilt der Verrechnungsausschluss von Ziff. 2 aber für **jegliche Art von Verpflichtung**, *«deren besondere Natur die tatsächliche Erfüllung verlangt»*, so bspw. bei Verpflichtungen zur Gebrauchsüberlassung, bei Dienstleistungen oder bei Unterlassungs- oder Duldungs-

ansprüchen (BSK OR I-PETER, N 11; wobei in diesen Fällen die Verrechnung meist schon mangels Gleichartigkeit (vgl. Art. 120 N 10 ff.) ausgeschlossen sein dürfte). Neben Unterhaltsansprüchen und Lohnguthaben zählen insbesondere Ansprüche auf Ersatz eines **Versorgerschadens** (Art. 45 Abs. 3) und von **Heilungskosten** (Art. 46 Abs. 1; nicht aber **Genugtuungsansprüche**, Art. 47) zu den erfassten Forderungen, allerdings nur soweit der Gläubiger unbedingt darauf angewiesen ist (BGE 88 II 311 f. = Pra 1963, 15 f.). Allgemein gilt im **Sozialversicherungsbereich**, dass dem Versicherten geschuldete fällige Leistungen nicht mit rückständigen Beiträgen des Versicherten verrechnet werden dürfen, soweit dadurch die Existenzgrundlage des Versicherten gefährdet würde (BGE 128 V 53).

4. Verpflichtungen gegen das Gemeinwesen aus öffentlichem Recht (Ziff. 3)

In der Regel erfordert die besondere Funktion **öffentlich-rechtlicher** **Schuldpflichten** (z. B. Steuern, Bussen, Abgaben etc.) deren effektive Erfüllung, weshalb Tilgung durch Verrechnung ausgeschlossen ist. Nichtsdestotrotz gilt aber auch in diesem Bereich, dass die Verrechnung des Schuldners nur «*wider den Willen des Gläubigers*» ausgeschlossen ist; das Gemeinwesen kann die Verrechnung des Schuldners zulassen (BGE 107 Ib 109; vgl. N 1).   6

Der Verrechnungsausschluss betrifft **einseitig** nur die Verrechnungsbefugnis des Schuldners (vgl. N 1) und gilt lediglich für seine «*Verpflichtungen … aus öffentlichem Rechte*». Privatrechtliche Schuldpflichten gegenüber dem Gemeinwesen kann er dagegen ohne Zustimmung des Gemeinwesens verrechnen (HÄFELIN/MÜLLER/UHLMANN, N 806). Das Gemeinwesen kann seine eigenen Schuldpflichten gegenüber öffentlichrechtlichen oder privatrechtlichen juristischen oder natürlichen Personen durch Verrechnung tilgen, «*sofern die allgemeinen Verrechnungserfordernisse (z. B. Gleichartigkeit der Forderung) erfüllt sind und die Verrechnung nicht durch besondere Vorschriften des öffentlichen Rechts ausgeschlossen ist*» (BGE 111 Ib 158). Ob es sich dabei um öffentlich-rechtliche oder privatrechtliche Verpflichtungen handelt, spielt keine Rolle (BGE 72 I 379 = Pra 1946, 477; GYGI, 299). Die Bestimmungen der Art. 120–126 sind in diesem Fall analog anzuwenden (BGE 128 V 53).   7

Als **Gemeinwesen** gelten der Bund, die Kantone und die Gemeinden sowie die juristischen Personen des öffentlichen Rechts (ZK-AEPLI, N 98; BGE 107 III 143). Verschiedene Verwaltungsabteilungen des Bundes ohne eigene Rechtspersönlichkeit sind rechtlich nicht selbstständig, weshalb Forderungen der einen Abteilung mit Schuldpflichten gegenüber einer anderen Abteilung verrechnet werden können (BGE 107 Ib 377 f. = Pra 1982, 634; URSPRUNG, 155 f.).   8

Art. 126

I.   Zustandekommen und Rechtsnatur des Verrechnungs-verzichts

1   Dem Schuldner steht es grundsätzlich frei, darauf zu verzichten, seine Schuldpflicht durch Verrechnung zu tilgen (ZK-Aepli, N 10). Mit dem Verrechnungsverzicht verspricht er effektive Erfüllung seiner Schuldpflicht. Der Verzicht kann bereits **im Voraus**, vor Entstehung einer Verrechnungslage (sogar vor Entstehung einer Forderung: BGer 4C.60/2000, E.6b, wobei ein bedingungsloser Verzicht im Voraus, kaum vor Art.27 ZGB standhalten dürfte, ZK-Aepli, N 38, 64), oder **danach** abgegeben werden. Ein im Voraus vereinbarter Verrechnungsverzicht ist bei Miete (Art.265) und Pacht (Art.294) verboten. Lohnforderungen des Arbeitnehmers können nur beschränkt mit Forderungen des Arbeitgebers verrechnet werden. Ein davon abweichender Verzicht zulasten des Arbeitnehmers wäre nichtig (Art.323b Abs.2 und 3).

2   Das Bundesgericht qualifiziert den Verrechnungsverzicht in konstanter Rechtsprechung als **Vertrag** (BGE 83 II 26; vgl. auch BGE 117 II 33), der wie jeder Vertrag «*durch zwei übereinstimmende gegenseitige Willensäusserungen*» (Art.1 Abs.1) zustande kommt (BGE 87 II 26; vgl. zuletzt auch BGer 4C.60/2000, E. 4a/aa; **a.M.** von Tuhr/Escher, 174 N 12 und 198, wonach mit dem Verrechnungsverzicht ein Gestaltungsrechts aufgehoben wird, wofür eine einseitige Erklärung des Verzichtenden genüge; ebenso BSK OR I-Peter, N 4). Der Verzicht kann **ausdrücklich** oder **stillschweigend** (Art.1 Abs.2) bzw. konkludent (BGE 130 III 318; vgl. N 5) erfolgen. Der Gläubiger braucht das Verzichtsangebot des Schuldners nicht ausdrücklich anzunehmen (Art.6; BGE 83 II 27). Die Willensäusserungen der Parteien sind nach den allgemein geltenden Grundsätzen so **auszulegen**, «*wie sie nach ihrem Wortlaut und Zusammenhang sowie den gesamten Umständen verstanden werden durften und mussten*» (BGE 129 III 707). Eine Verzichtsvereinbarung kann auch in allgemeinen Geschäftsbedingungen enthalten sein. Ob ein solcher Verzicht gegen Art.8 UWG verstösst, muss von Fall zu Fall entschieden werden (ZK-Aepli, N 65).

3   Gemäss Bundesgericht ist durch **Vertragsauslegung** zu ermitteln, ob der Verzicht nur gegenüber dem ursprünglichen Erklärungsempfänger gilt oder auch gegenüber einem allfälligen Rechtsnachfolger (BGer 4C.60/2000, E.4a/cc). Damit scheint das Bundesgericht den Verrechnungsverzicht als reines **Verpflichtungsgeschäft** zu qualifizieren, das nur zwischen den Vertragsparteien wirkt (vgl. N 6). Mit dem Verzicht, **verpflichtet sich der ver-**

zichtende Gläubiger einseitig gegenüber dem Erklärungsempfänger, sein Verrechnungsrecht nicht auszuüben, wobei sich die Verpflichtung auf eine einzelne oder mehrere, auf bestehende oder zukünftige Forderungen erstrecken kann (VON TUHR/ESCHER, 199). Ebenso kann der Verzicht auf den ursprünglichen Erklärungsempfänger beschränkt sein oder nicht. Seine Verpflichtung **erfüllt** der Verzichtende, indem er die Verrechnung in der Folge unterlässt. Wäre dagegen der Verrechnungsverzicht als ein **Verfügungsgeschäft** zu qualifizieren, so würde das Recht des Verzichtenden, die Forderung gegen ihn durch Verrechnung zu tilgen (vgl. Art. 120 N 2), endgültig untergehen und würde auch nicht wieder aufleben, wenn der ursprüngliche Erklärungsempfänger die betreffende Forderung abtritt (VON TUHR/PETER, 147, 195; ZK-SCHÖNENBERGER/JÄGGI, Art. 1 N 52). Der Verrechnungsverzicht hätte damit Wirkung gegenüber jedermann, so dass sich auch ein Rechtsnachfolger des ursprünglichen Erklärungsempfängers darauf berufen könnte. Es wäre kein Raum mehr für eine diesbezügliche Vertragsauslegung (offen AEPLI, der ausführt, es sei durch Auslegung zu ermitteln, ob der Verrechnungsverzicht an die Person des ursprünglichen Gläubigers und Erklärungsempfängers gebunden ist, ZK-AEPLI, N 54, an anderer Stelle aber festhält, dass der Verrechnungsverzicht ein Verfügungsgeschäft sei und mangels besonderer Umstände oder entsprechender Vereinbarung an die betreffende Obligation gebunden sei, ZK-AEPLI, N 39, 66). Da der Verrechnungsverzicht einseitig zulasten des Verzichtenden erfolgt, kann der Erklärungsempfänger von seinem Verrechnungsrecht nach wie vor Gebrauch machen und die mit dem Verzicht behaftete Forderung durch Verrechnung zu tilgen. Die betreffende Forderung ist somit nach wie vor einseitig verrechenbar (ZK-AEPLI, N 43).

II.   Gegenstand und Wirkung des Verrechnungsverzichts

Der Verzicht kann eine einzelne Schuldpflicht zum **Gegenstand** haben oder   4
sämtliche Schuldpflichten gegenüber einem Gläubiger erfassen (VON TUHR/
ESCHER, 199). Zu unterscheiden ist der Verrechnungsverzicht von der Vereinbarung einer Verrechnungsmöglichkeit (vgl. Art. 124 N 10; BGE 117 II 33).

Ein Verzicht darf nicht leichthin angenommen werden (BGE 126 III 369), da   5
ein solcher die Position des Schuldners schwächt und daher nicht *«dem gewöhnlichen Lauf der Dinge»* entspricht (BGE 83 II 398). Einzig aus der Tatsache, dass der Schuldner eine bestehende Verrechnungsmöglichkeit (zunächst) nicht wahrnimmt, kann deshalb nicht auf ein Verzichtsangebot des Schuldners geschlossen werden (ZK-AEPLI, N 34). Ebenso berechtigt allein der Umstand, dass der Schuldner eine **Teilzahlung** geleistet hat, nicht zur Annahme eines Verrechnungsverzichts betreffend die Restschuld (ZK-AEPLI, N 32). Hat der Schuldner keine Kenntnis von einer bestehenden oder

sich abzeichnenden Verrechnungsmöglichkeit, so ist im **Versprechen, bar zu bezahlen,** nur dann ein Verrechnungsverzicht zu sehen, wenn der Gläubiger aufgrund der konkreten Umstände nach Treu und Glauben berechtigt war, davon auszugehen, der Schuldner verzichte auf die Verrechnung (BGE 87 II 26). Und selbst dann, wenn der Schuldner Barzahlung verspricht, obwohl er um seine Verrechnungsmöglichkeit weiss, muss durch Auslegung fallweise ermittelt werden, ob er damit auch stillschweigend auf die Verrechnung verzichtet hat (BGE 83 II 26 f.). Auf einen **konkludenten Verrechnungsverzicht** kann geschlossen werden, wenn der Schuldner weiss, dass der Gläubiger auf eine tatsächliche Erfüllung angewiesen ist, weil er die Leistung des Schuldners weiterverwenden möchte (so bspw. bei Treuhandanlagen im Interbankengeschäft: BGE 130 III 318) und entsprechend eine Verrechnung den Interessen des Gläubigers zuwiderlaufen würde (BGE 42 II 54 f.; zur Frage, ob die Verrechnung durch den treuhänderischen Vermögensverwalter «*stillschweigend vertraglich*» ausgeschlossen ist: ZWICKER, 44 ff.).

6   Ebenfalls durch **Vertragsauslegung** ist zu ermitteln, ob der Schuldner nur gegenüber dem ursprünglichen Gläubiger (Erklärungsempfänger) auf die Verrechnung verzichten wollte, oder auch gegenüber einem späteren Forderungserwerber (vgl. N 3). In der Lehre wird teilweise die Ansicht vertreten, dass **mangels besonderer Umstände** der Verrechnungsverzicht nicht an die Person des Gläubigers geknüpft ist (ZK-AEPLI, N 54 m.Nw.; SCHWENZER, OR AT, N 77.23, mit Verweis auf ZR 2001, 107 f.). Weiss der Schuldner dagegen, dass der Gläubiger die Forderung zwecks Sicherung liquider Mittel abtreten wird, so gilt der Verrechnungsverzicht auch gegenüber den Rechtsnachfolgern des Gläubigers, zumal der **Vertragszweck** des Verrechnungsverzichts dann gerade darin besteht, den Bestand der Forderung durch die Verrechnung des Schuldners nicht zu gefährden (BGer 4C.60/2000, E. 6b). Falls sich nicht nur der ursprüngliche Gläubiger (Erklärungsempfänger), sondern auch seine Rechtsnachfolger auf den Verrechnungsverzicht berufen können, erhöht dies die **Verkehrsfähigkeit** der betreffenden Forderung, weil Sicherheit darüber besteht, dass der Schuldner auch gegenüber einem allfälligen Rechtsnachfolger nicht Verrechnung erklären kann, sondern effektiv leisten muss.

7   Fällt der Gläubiger der Hauptforderung in **Konkurs**, so ist aufgrund der Vertragsauslegung zu beurteilen, ob der Schuldner auch für diesen Fall auf sein Verrechnungsrecht verzichten wollte (VON TUHR/ESCHER, 199 N 63). Davon ist im Zweifel nicht auszugehen, weil der Verrechnungsverzicht regelmässig unter der stillschweigenden Bedingung erfolgt sein dürfte, dass der Gläubiger zahlungsfähig ist (BK-BECKER, N 5 f.; weitergehend NÄF, 98, welcher den Verzicht im Konkursfall generell für unverbindlich hält).

Vorbemerkungen zu Art. 127–142

Literatur

Acocella, Die Verjährung in der neueren Rechtsprechung des Bundesgerichts, SJZ 1990, 333 ff.; Béguelin, SJK 813 (Verjährung 1: Allgemeines), 814 (Verjährung 2: Bedingungen – Stillstand – Wirkungen), 815 (Verjährung 3: Unterbrechung der Verjährung); Berti, Zur Unterbrechung der Verjährung durch Betreibung und Klage – oder die Alternativen zum «Inspired guess», recht 1994, 76 ff.; Bloch, Die Hemmung der Verjährung nach Art. 134 Ziff. 6 OR, SJZ 1955, 353 ff.; Bosshart, La sauvegarde des délais péremptoires par l'introduction d'instance selon la jurisprudence du tribunal fédéral, Diss. Freiburg 1963; Brühwiler, Kommentar zum Einzelarbeitsvertrag, 2. Aufl. Bern/Stuttgart/Wien 1996; Brändli, Art. 127 und 128 Ziff. 3 OR – Gemischter Vertrag oder zwei selbständige Verträge? Qualifikation und Bedeutung für die Verjährung, AJP 2004, 1555; Brunner, Die Anwendung deliktsrechtlicher Regeln auf die Vertragshaftung, Diss. Freiburg 1991; von Büren, Verjährung und Verwirkung im Zivilrecht, SJZ 1949, 369 ff.; Capitaine, Des courtes prescriptions, des délais et actes de déchéance (péremptions) du C.C.S. et du C.O., Genf 1937; Dannemann/Karatzenis/Thomas, Reform des Verjährungsrechts aus rechtsvergleichender Sicht, RabelsZ 1991, 697 ff.; Fellmann/von Büren-von Moos, Grundriss der Produktehaftpflicht, Bern 1993; Fischer, Die Verjährung von Haftpflichtansprüchen, in: A. Koller (Hrsg.), Haftpflicht- und Versicherungsrechtstagung 1997, St. Gallen 1997, 93 ff.; Forstmoser/Meier-Hayoz/Nobel, Schweizerisches Aktienrecht, Bern 1996; Gadola, Verjährung und Verwirkung im öffentlichen Recht, AJP 1995, 47 ff.; Gauch, Werkvertrag, 4. Aufl. Zürich 1996; Girsberger, Verjährung und Verwirkung im internationalen Obligationenrecht, Diss. Zürich 1989; Grämiger, Der Einfluss des schuldnerischen Verhaltens auf Verjährungsablauf und Verjährungseinrede, Diss. Zürich 1934; Hiestand, Die Verjährung nach schweizerischem Obligationenrecht, Diss. Zürich 1889 zum alt OR; Honsell, Der Verzicht auf die Einrede der Verjährung, Versicherungsrecht, Juristische Rundschau für die Individualversicherung 1975, 105 ff.; Kallmann, Unterbrechung der Verjährung durch ausländische Klageerhebung und Urteilsverjährung bei ausländischen Entscheiden, SJZ 1945, 193 ff. und 209 ff.; ders., Besonderheit des Schweizerischen Rechts bei Verjährungsunterbrechung durch ausländische Klageerhebung und Urteilswirkung, SJZ 1954, 89 ff.; Kessler, Der Verjährungsverzicht im Schweizerischen Privatrecht, Diss. Zürich 2000; A. Koller, Die Verjährung von Versicherungsansprüchen, in: A. Koller (Hrsg.), Haftpflicht- und Versicherungsrechtstagung [in St. Gallen] 1993, Zürich 1993, 1 ff.; ders., Das Nachbesserungsrecht im Werkvertrag, 2. Aufl., Zürich 1995 (zit. Nachbesserungsrecht); ders., Die Tragweite eines zeitlich begrenzten Verjährungsverzichtes, SJZ 1996, 369 ff.; ders., Verjährt

oder nicht verjährt? Drei höchstrichterliche Antworten, AJP 2000, 243 ff.;
DERS., Die Verjährung bei der Rückabwicklung von Verträgen, BR 2006,
4 ff.; KRESO, Verjährung in der Haftpflichtversicherung, AJP 1993, 488 ff.;
LANZ, Verjährung und Schuldübernahme, SJZ 1938/39, 198 ff.; MATTMANN,
Die Anspruchs- und Klagerechtsverwirkung aus prozessualen Gründen in
den schweizerischen Zivilprozessgesetzen, Diss. Freiburg 1963; MENGI-
ARDI, Der Ausschluss der Verjährung im Sachenrecht, Diss. Bern 1953;
MEUWLY, La durée de la couverture d'assurance privée. L'écheance du contrat d'assurance et la prescription de l'Art. 46 alinéa 1 LCA, Diss. Freiburg
1994; O. MÜLLER, Über die Verjährung pfandversicherter Forderungen,
ZBJV 1937, 577 ff.; NABHOLZ, Verjährung und Verwirkung als Rechtsunter-
gangsgründe infolge Zeitablaufs, Diss. Zürich 1958; OESCH, Essai dogma-
tique sur la prescription en droit suisse, Diss. Lausanne 1934; OTTE, «Verfolgung ohne Ende» – ausländische Verjährungshemmung vor deutschen
Gerichten, IPRax 1993, 209 ff.; RATHGEB, L'action en justice et l'interruption
de la prescription, in: Mélanges Guisan, 1950, 235 ff.; REY, Ausservertragliches Haftpflichtrecht, 2. Aufl. Zürich 1998; ROELLI/KELLER, Kommentar
zum Schweizerischen Bundesgesetz über den Versicherungsvertrag, Bd. I,
Die allgemeinen Bestimmungen, 2. Aufl., Bern 1968; RUTZ, Die Wesensver-
schiedenheit von Verjährung und gesetzlicher Befristung, AcP 1907, 435 ff.;
SCHÖBI, Die Akzessorietät der Nebenrechte von Forderungen unter besonderer Berücksichtigung des Rechtsinstituts der Verjährung, Diss. Zürich
1990; SCHÖNENBERGER, Verjährungsunterbrechung durch Klage, insbesondere durch Klage bei einem ausländischen Gericht, SJZ 1953, 233 ff.;
SCHWANDER, Die Verjährung ausservertraglicher und vertraglicher Schadenersatzforderungen, Diss. Freiburg 1963; SPIRO, Die Begrenzung privater Rechte durch Verjährungs-, Verwirkungs- und Fatalfristen, 2 Bde., Bern
1975; SPITZ/OETIKER, Verjährung und Rechtsbehelfe bei Unternehmenskaufverträgen, SJZ 2005, 465 ff.; SPÜHLER/TENCHIO/INFANGER (Hrsg.), Kommentar zum Schweizerischen Zivilprozessrecht, Bundesgesetz über den Gerichtsstand in Zivilsachen, Basel 2001; STÄHELIN/BAUER/STÄHELIN (Hrsg.),
Kommentar zum Bundesgesetz über Schuldbetreibung und Konkurs, Basel
1998; STEINER, Was ist ein «verbesserlicher Fehler» i. S. v. Art. 139 OR?, SJZ
1961, 43 f.; STIEGER, Verjährung und Verwirkung im Immaterialgüterrecht,
AJP 1993, 626 ff.; STREIFF/VON KAENEL, Arbeitsvertrag, 6. Aufl. Zürich
2006; THALMANN, Die Verjährung im Privatversicherungsrecht, Diss. Zürich
1940; TSCHÜTSCHER, Die Verjährung der Mängelrechte bei unbeweglichen
Bauwerken, Diss. St. Gallen, Bern/Stuttgart/Wien 1996; VAUCHER, La prescription des actions des artisans pour leur travail (Art. 128 ch. 3 CO), JdT
1963 I 230 ff.; VON DER MÜHLL, Verjährungsunterbrechung durch Schuldbetreibung und Konkurs, BlSchK 1991, 1 ff.; WYSS, La péremption dans le code
civil suisse, Diss. Lausanne 1957; DERS., Quelques problèmes de péremption
et de prescription, JdT 1973 I 259 ff.

Die Verjährung *(praescriptio)* ist ein materiell-rechtliches Institut, das dem   1
Forderungsrecht anhaftet (BGE 12, 99 E. 6). Sie bewirkt die Abschwächung
von Rechten durch Zeitablauf und bietet dem Schuldner einen wirksamen
Schutz, die Schuld gegen seinen Willen nicht mehr tilgen zu müssen. Die
Verjährung entspricht einem gesellschaftspolitischen Bedürfnis, auch wenn
sie in der Einzelausgestaltung «*in hohem Grade willkürlicher Natur*» ist
(BBl 1880 I 192 zum altOR), d. h. dem Ermessen des Gesetzgebers und da-
mit den politischen Kräfteverhältnissen überlassen ist. In der Schweiz gilt
eine **verjährungsfreundliche** Tendenz, welche mit beachtenswerten Grün-
den z. T. kritisiert wird (so BUCHER, ZSR 1983 II 339 ff.). Daraus aber den
Grundsatz *in dubio contra praescriptionem* abzuleiten, ist abzulehnen (**a. M.**
BUCHER, OR AT, 445 vor Anm. 6).

Nach BGer liegt die Verjährung im **öffentlichen Interesse** an Rechtssicher-   2
heit und gesellschaftlichem Frieden. Danach sollen gewöhnliche Forderungen nach einer gewissen Zeit nicht mehr durchgesetzt werden können
(BGE 90 II 437 E. 8). Im Grunde genommen wird dadurch aber das Einzel-
interesse geschützt, auf welches auch die weiteren vom BGer (a. a. O.)
angeführten *Rechtfertigungen* der Verjährung ausgerichtet sind: unberei-
nigte Rückstände belasten die Beziehungen unter den Rechtsgenossen; die
gerechtfertigte Behebung der Ungewissheit des Schuldners darüber, ob
eine seit langem offene Forderung, mit deren Geltendmachung er daher
immer weniger rechnet, schliesslich doch noch eingeklagt werde; die Be-
wahrung des Schuldners davor, die Belege für seine Zahlungen während
unbeschränkter Zeit aufbewahren zu müssen. Zudem macht eine länger
dauernde Untätigkeit des Gläubigers die Unbegründetheit, die Tilgung oder
sogar den Verzicht auf die Forderung wahrscheinlich (BGE 90 II 437 f. E. 8;
BÉGUELIN, SJK 813, 3, spricht von einer unwiderlegbaren Vermutung).
Schliesslich ist es im Interesse klarer Rechtsbeziehungen erwünscht, dass
Gläubiger ihre Forderungen innert einer vernünftigen Frist geltend machen
und die Austragung von Streitigkeiten darüber nicht beliebig verzögert
werden (BÉGUELIN, a. a. O.).

Die verjährte Forderung kann nur bei gültig erhobener Einrede nicht mehr   3
gerichtlich durchgesetzt werden, da der Richter die Verjährung nicht von
Amtes wegen berücksichtigt (Art. 142). Die Verjährung unterscheidet sich
damit von der **Verwirkung**, die als Erlöschensgrund zum völligen Untergang
des betr. Rechts führt und von Amtes wegen berücksichtigt wird (GAUCH/
SCHLUEP/SCHMID/REY, N 3506). Die Verwirkung tritt ein, wenn der Ansprecher nicht innert der gesetzlich vorgesehenen Frist die erforderlichen
rechtserhaltenden Handlungen vornimmt. So verliert er seine Rechte durch
Verwirkung, wenn die Mängelrüge nach Art. 201, die Schadensanzeige nach
Art. 489 Abs. 1 oder die Präsentation des Wechsels nach Art. 1050 nicht innert Frist erfolgen. Für die Qualifikation als Verjährung oder Verwirkung ist

die im Gesetz verwendete Terminologie keine sichere Grundlage, sondern vielmehr ein «*sandiges Fundament*» (Spiro I, 54 Anm. 10). Die Rechtsprechung hat verschiedentlich vom Gesetz als Verjährungsfristen bezeichnete Fristen als Verwirkungsfristen behandelt (statt vieler BGE 95 II 267). Die Unterscheidung ist aber von grosser Bedeutung, da die Hemmungs- und Unterbrechungsgründe des Verjährungsrechts auf die Verwirkungsfristen nicht anwendbar sind (BGE 116 V 229; 115 V 24), auch nicht analog (BGE 104 II 358; von Tuhr/Escher, OR AT, 162). Allerdings ist die Tendenz einer gewissen Annäherung der Verwirkungsregeln an das Verjährungsrecht, zumal im Sozialversicherungsrecht, unübersehbar (Gauch/Schluep/Schmid/Rey, N 3511), und Art. 139 wird von der Rsp. in zunehmendem Ausmass auch auf Verwirkungsfristen angewendet (s. Art. 139 N 2).

4   Art. 49 SchlT ZGB enthält eine **übergangsrechtliche Regelung** für zivilrechtliche Verjährungsbestimmungen (zur Anwendung s. BGE 106 II 252 f. E. 2 betr. Art. 83 SVG und BGE 66 II 164 betr. Art. 919 in der seit 1.7.1937 geltenden Fassung). Nach BGer ist die Ordnung, welche eine Verjährung neu einführt, auch auf Ansprüche anwendbar ist, die vor dem Inkrafttreten der neuen Regelung entstanden und fällig geworden sind (BGE 87 I 413 E. 2 betr. Verjährung vermögensrechtlicher Ansprüche von Beamten gegenüber dem Bund). Immerhin beginnt in solchen Fällen die neurechtliche Verjährungsfrist zum Schutz bestehender Rechte nicht vor dem Inkrafttreten des neuen Rechts zu laufen (BGE 82 I 57 f. E. 3).

5   Zum internationalen Privatrecht s. Art. 127 N 12 sowie BSK IPRG-Dasser, Art. 148 N 1 ff.

Art. 127

G.	Verjährung	Mit Ablauf von zehn Jahren verjähren alle Forde-
I.	Fristen	rungen, für die das Bundeszivilrecht nicht etwas
1.	Zehn Jahre	anderes bestimmt.

I.   Normzweck und Anwendungsbereich

1   Art. 127 statuiert eine **ordentliche Verjährungsfrist** von *zehn Jahren* für die aus Bundeszivilrecht abgeleiteten Forderungen und gilt überall dort, wo das Gesetz keine abweichende Regelung aufstellt oder die Unverjährbarkeit vorsieht.

2   Von den Art. 127 ff. erfassten **Forderungen** sind *obligatorische, relative* Rechte, ein Tun, Dulden oder Unterlassen zu verlangen («*subjektive Forde-

rungsrechte»; Bucher, OR AT, 450). Demgegenüber fallen *dingliche, absolute* Rechte sowie Forderungen *öffentlichen* Rechts nicht unter die Bestimmung. **Schuldverhältnisse** unterliegen als solche *nicht* der Verjährung (Bucher, OR AT, 453); sie erlöschen vielmehr kraft Zeitablaufs oder nach vorausgegangener Kündigung (von Tuhr/Escher, OR AT, 212 Anm. 10). Der vom Gesetz an vielen Stellen verwendete Begriff «**Anspruch**» ist mit dem Begriff Forderung gleichbedeutend (z.B. in Art. 60, 67, 133, 139 u. a.m.) und meint «die Befugnis des Gläubigers [. . .], vom Schuldner bestimmte Leistungen zu verlangen» (BGE 87 II 163 E. 3b). So verjähren nach zehn Jahren zahlreiche im OR geregelte Ansprüche, wie etwa im Kaufrecht oder auch Auftragsrecht (vgl. die ausführliche Kasuistik bei BSK OR I-Däppen, N 9).

Bei einem **gemischten Vertrag** – und ebenso bei einem **Innominatvertrag** –, bei welchem z.B. werkvertragliche Leistungen (die für sich allein zur Anwendbarkeit von Art. 128 führten) und auftragsrechtliche Leistungen (die für sich allein zur Anwendbarkeit von Art. 127 führten) erbracht werden, sollte m. E. *generell* die zehnjährige Frist von Art. 127 Anwendung finden. Nur mit einer möglichst breiten Anwendung von Art. 127 wird eine genügende Rechtssicherheit erreicht. Dieses Ergebnis wird auch durch die vom BGer entwickelte enge Auslegung von Art. 128 gestützt (s. Art. 128 N 1).   3

Auf Forderungen aus **suspensiv-bedingten Verträgen** finden die Art. 127 ff. keine Anwendung, solange die Bedingung nicht eingetreten ist, da noch kein bindender Vertrag vorliegt; vielmehr ist Art. 67 einschlägig (BGE 129 III 264 E. 3.2.2 und bes. E.4.1, obiter dictum, und BGer vom 13. 9. 2004, 4C.25/2004, E. 3.4.1 [frz.], beide betr. bedingter Immobilienverkauf; **a. M.** Koller, BR 2006, 5).   4

Art. 127 ff. finden kraft Art. 7 ZGB auch auf die relativen Forderungsrechte des **übrigen Bundeszivilrechts** Anwendung (BGE 127 III 8 E. 3a/cc = Pra 2001, 685 ff.; die dinglichen Rechte sind davon ausgenommen, s. BGE 48 II 45 und N 8). Bundeszivilrecht umfasst die Gesamtheit der Rechtsnormen, welche das Verhalten zwischen Privatrechtssubjekten regelt. Solche Normen können auch in Staatsverträgen enthalten sein (z.B. BGE 111 II 372 f. zu Art. 32 Ziff. 1 CMR für Lohnforderungen des Frachtführers). Unter die zehnjährige Frist von Art. 127 fallen etwa Verantwortlichkeitsansprüche der Stiftung gegenüber den Stiftungsräten (BGE 131 V 55 E.3), obligatorische Ansprüche aus Güterrecht, Ansprüche aus Erbteilungsvertrag gemäss Art. 634 ZGB oder auch obligatorische Ansprüche im Zusammenhang mit Eigentumsrechten oder Dienstbarkeiten.   5

In zahlreichen Bestimmungen des Bundeszivilrechts finden sich von Art. 127 *abweichende* Verjährungsfristen, die von Unverjährbarkeit bis zu einer Frist von sechs Monaten reichen. Vgl. ausführlich BSK OR I-Däppen, N 10 ff.).   6

7   **Absolute Rechte** (dingliche, quasi-dingliche, Immaterialgüter- und Persönlichkeitsrechte) sind *keine* Forderungen i. S. v. Art. 127. Die Verletzung dieser Rechte begründet aber verjährbare Beseitigungs- und Schadenersatzforderungen (BGE 126 III 163 f. E. 3 = Pra 2001, 470 f. betr. Persönlichkeitsverletzung). Der Verjährung *nicht* unterworfen sind etwa der Beseitigungsanspruch bei Verletzung des Namens nach Art. 30 Abs. 3 ZGB als
Ausfluss des Persönlichkeitsrechts (BGE 118 II 4 ff. E. 4 und 5 = Pra 1993,
348 ff.), der Anspruch auf Eigentumsherausgabe *(rei vindicatio;* BGE 48 II 44
E. 3c), die Eigentumsfreiheitsklage *(actio negatoria;* BGE 83 II 198 E. 2; 53
II 224 E. 2), der Anspruch auf Erbteilung (Art. 604 ZGB; BGE 45 II 525), die
Klage auf Aufhebung von Miteigentum (BK-MEIER-HAYOZ, Art. 650 ZGB N 6)
oder die Grundlast (Art. 790 Abs. 1 ZGB; wohl aber die einzelnen Leistungen
vom Zeitpunkt an, da sie zur persönlichen Schuld des Pflichtigen werden
[Art. 790 Abs. 2 ZGB]). Bei der Besitzesrechtsklage unterliegt das Rückfor-
derungsrecht gegenüber einem gutgläubigen Erwerber einer fünfjährigen
Verwirkungsfrist, es ist aber gegenüber einem bösgläubigen Besitzer unbefristet (Art. 934 i. V. m. Art. 936 ZGB; VON TUHR/ESCHER, OR AT, 212 nach
Anm. 15).

8   Forderungen aus eidgenössischem (dazu BGE 108 Ib 152 E. 4b), kantonalem (dazu BGE 85 II 375) oder kommunalem **öffentlichem Recht** unterliegen nicht der Verjährung nach dem OR. Fehlen im öffentlichen Recht
direkt anwendbare Bestimmungen und ebenso analog anwendbare Bestimmungen für verwandte Sachverhalte, können die «allgemeinen Grundsätze» privatrechtlicher Verjährung allenfalls subsidiär und analog zur
Anwendung kommen (BGE 112 Ia 262 f. E. 5 m. w. Nw.; 95 I 516 f. E. 3).
Diesfalls gelangen die Verjährungsregeln nach Art. 127 ff. bloss indirekt,
als ergänzendes Bundesrecht bzw. ergänzendes kantonales – oder kommu-
nales – Recht zur Anwendung (BGer vom 6. 6. 2003, 2P.137/2003, E. 3 und 4;
BGE 108 II 490 E. 7). So verjährt etwa der Anspruch auf Parteientschädigung als *Legalobligation des kantonalen Verfahrensrechts* – sofern im betreffenden Erlass keine ausdrückliche Regelung besteht – in analoger
Anwendung von Art. 127 nach zehn Jahren ab Fälligkeit, d. h. ab rechts-
kräftiger Zusprechung (PKG 1992, 118 ff. betr. Art. 77 ZPO GR; AGVE 1998,
65 ff. betr. Einforderung der einstweilen vorgemerkten Gerichtskosten und
der dem Rechtsvertreter bezahlten Entschädigung gemäss § 133 ZPO AG).
Die analoge Anwendbarkeit von Art. 127 wurde bejaht für die *Rückforderung der Ersatzabgabe* für Parkplätze (EGV 1999, 145 ff.). Die Verjährung
einer *Forderung aus verwaltungsrechtlichem Vertrag* richtet sich – sofern
eine spezialgesetzliche Regelung fehlt – nach Art. 127 ff. (RB ZH 1997, 40 f.
betr. Unterbrechungshandlungen gemäss Art. 135).

II. Rechtsfolgen der Verjährung

Mit dem Ablauf der Verjährungsfrist erwächst dem Schuldner ein **Leis**   9
tungsverweigerungsrecht durch Erheben der Einrede (BUCHER, OR AT,
445 f.). Die Forderung erlischt nicht, sondern wird zur *Naturalobligation,*
die gegen den Willen des Schuldners weder prozessual noch auf andere
Weise durchgesetzt werden kann (BGE 99 II 189 E. 2b m. w. Nw.); entsprechend ist nach erhobener Verjährungseinrede die Selbsthilfe nach Art. 52
ausgeschlossen (ZK-BERTI, N 43). Wird die Forderung in der Folge erfüllt,
so empfängt der Gläubiger *cum causa,* d. h. kraft Befugnis zum Leistungsempfang, sofern die Forderung, abgesehen vom Ablaufe der Verjährungsfrist, Bestand hat. Die ungerechtfertigte Bereicherung des Empfängers ist
diesfalls ausgeschlossen, was bereits durch Art. 63 Abs. 2 zum Ausdruck gebracht wird (VON TUHR/PETER, OR AT, 499 vor Anm. 147). Die verjährte Forderung kann nach Massgabe von Art. 120 Abs. 3 auch gegen den Willen des
Schuldners zur Verrechnung gebracht werden. Zur rechtsmissbräuchlichen
Erhebung der Verjährungseinrede und den Rechtsfolgen vgl. Art. 142 N 7).

III. Abweichende Vereinbarungen

Siehe Art. 129 und 141.   10

IV. Zivilprozessuales

Der Schuldner hat den Eintritt der Verjährung nachzuweisen, wozu auch   11
der Beginn des Fristenlaufes gehört. Dem Gläubiger obliegt der Gegenbeweis, dass die Verjährung unterbrochen wurde oder dass der Schuldner
auf die Geltendmachung der Verjährungseinrede verzichtet hat. Die begründete Verjährungseinrede führt im Zivilprozess zufolge Unbegründetheit zur **Abweisung** von Leistungs- und Feststellungsbegehren. Siehe im
Übrigen Art. 142.

V. IPR

Verweist schweizerisches Kollisionsrecht auf ein **ausländisches Sachrecht,**   12
so beruft es dieses auch zur Regelung der Verjährungsfrage (Art. 148 Abs. 1
IPRG). Die Anwendbarkeit schweizerischen Rechts scheidet – vorbehaltlich
von Art. 16 Abs. 2 bzw. Art. 18 IPRG – aus (s. BSK IPRG-DASSER, Art. 148
N 1 ff.). Sind aufgrund von Art. 1 Abs. 2 IPRG Staatsverträge anwendbar,
sind diese auch bezüglich der Verjährungsfrage zu konsultieren. Allerdings
befinden sich z. T. die Regeln über die Verjährung nicht direkt im anwendbaren Staatsvertrag. So fehlt etwa dem WKR eine Regelung über die Verjährung, und diesbezüglich ist die besondere UN-Konvention vom 14. 6. 1974/
11. 4. 1980 über die Verjährung beim internationalen Warenkauf einschlä

gig; nach dessen Art. 8 beträgt die Verjährungsfrist für alle Ansprüche aus internationalen Kaufverträgen vier Jahre. Bei Anwendung des ausländischen bzw. internationalen Rechts qualifiziert das BGer die Verjährung *autonom* und nicht nach der lex fori, selbst wenn – wie im angelsächsischen Recht – die Verjährung prozessualer Natur ist (BGE 75 II 66 f. E. 3a).

Art. 128

2. Fünf Jahre   **Mit Ablauf von fünf Jahren verjähren die Forderungen:**

> **1. für Miet-, Pacht- und Kapitalzinse sowie für andere periodische Leistungen;**
> **2. aus Lieferung von Lebensmitteln, für Beköstigung und für Wirtsschulden;**
> **3. aus Handwerksarbeit, Kleinverkauf von Waren, ärztlicher Besorgung, Berufsarbeiten von Anwälten, Rechtsagenten, Prokuratoren und Notaren sowie aus dem Arbeitsverhältnis von Arbeitnehmern.**

I.   Normzweck und Anwendungsbereich

1   Für bestimmte Fallgruppen wird die Verjährungsfrist aus rechtspolitischen Gründen auf **fünf Jahre** reduziert. Diese verkürzte Frist wurde damit begründet, dass die Forderungen dieser Fallgruppen auf zweiseitigen Verträgen beruhen, bei denen die Verkehrssitte eine rasche Abwicklung mit sich bringe und weder die Ausstellung von Vertragsurkunden noch die Aufbewahrung von Quittungen üblich sei (vgl. BBl 1880 I 194). Durch die Entwicklungen in der Wirtschaft und für das heutige Geschäftsleben sind diese Argumente nunmehr weitgehend überholt, weshalb nach BGer Art. 128 – zu Recht – *eng auszulegen* ist (BGE 132 III 61 E. 6.1; 123 III 120 E. 2b; GAUCH, N 1286; BRÄNDLI, AJP 2004, 1557). Oft ist nicht zum vornherein klar, ob eine Person bzw. deren Tätigkeit die erforderlichen Qualifikationen mit sich bringt, um der kürzeren Frist zu unterliegen (BGE 132 III 61 E. 6.2). Im Zweifelsfalle sind daher Urkunden bzw. Quittungen zehn Jahre aufzubewahren. Aufgrund der Schwierigkeit der Abgrenzungen sowie der Entwicklungen in der modernen Gesellschaft hat Art. 128 seine Daseinsberechtigung weitgehend verloren, weshalb er de lege ferenda m. E. ersatzlos aufzuheben wäre.

Die Frist von Art. 128 gelangt nur zur Anwendung, wenn die Forderung des   2
Gläubigers aus einer der in Ziff. 1–3 genannten Fallgruppen hergeleitet
wird, *nicht* aber, wenn die *andere Vertragspartei* – etwa der Arbeitgeber
oder der Vermieter – einen Anspruch auf Schadenersatz geltend macht
(BGer vom 7. 9. 2004, 4C.195/2004, E. 2 und 3.3.2[it.]; BGer vom 28. 8. 2003,
4C.146/2003, E. 6.2 betr. Art. 321e); hier richtet sich die Frist nach Art. 127.
Mithin wird in Kauf genommen, dass für zwei Vertragsparteien bezüglich
desselben Vertrags unterschiedliche Verjährungsfristen anwendbar sind.

II.   Die einzelnen Fallgruppen

1.   Periodische Leistungen (Ziff. 1)

In Ziff. 1 werden **Miet-** (Art. 257, 257a; der Rückerstattungsanspruch zu-   3
folge Herabsetzung des Mietzinses bei Mangel der Mietsache wird ebenfalls
umfasst, BGE 130 III 504 E. 8 = Pra 2005, 55 f.), **Pacht-** (Art. 281 i. V. m.
257a) und **Kapitalzinse** sowie **andere periodische Leistungen** genannt. Sie
alle sind separat fällige, periodisch wiederkehrende *Einzelleistungen aus
einheitlichem Rechtsgrund* (BGE 45 II 676; BUCHER, OR AT, 456 vor Anm.
55). Dabei kann jede periodische Leistung einzeln eingefordert werden. Die
Periodizität bewirkt einerseits eine fortschreitende Erschwerung der wirtschaftlichen Lage des Schuldners, sofern er seiner Zahlungspflicht nicht laufend nachkommt (BGE 69 II 304 E. 3; 78 II 149 E. 3a = Pra 1952, 380). Andererseits lässt deren Charakter als Einkommen des Gläubigers ihre prompte
Erledigung erwarten (SPIRO I, 619). Nicht vorausgesetzt ist, dass die Höhe
der einzelnen Leistungen oder die Länge der jeweiligen Zeitabstände gleich
ist (BGE 124 III 374 E. 3c = Pra 1999, 55 = AJP 1998, 1519 ff.). Für Anwendungsfälle s. BSK OR I-DÄPPEN, N 3).

Nicht unter Ziff. 1 fallen Zinsforderungen aus Miete und Pacht, wenn diese   4
als einmaliger Gesamtbetrag zu entrichten sind. Vielmehr verjähren diese
nach Art. 127 (BK-BECKER, N 3; CAPITAINE, 60 f.; ZK-BERTI, N 10). *Gewöhnliche Abschlagszahlungen* einer Darlehensschuld fallen ebenfalls nicht unter Art. 128 Ziff. 1, wohingegen die einzelnen sog. **Annuitäten** (d. h. Kapital-
abzahlungen und Zinsen werden zusammen in einem einheitlichen Betrag
entrichtet, vgl. BGE 63 III 127) der fünfjährigen Frist unterliegen (BGE 69
II 304 E. 3; ZK-BERTI, N 13).

Verzugszinse und **vertragliche Zinse** gemäss Art. 104 f. verfallen pro rata   5
temporis (BGE 52 II 217; 78 II 149 [obiter dictum]; ZR 1965, 232 ff.). Die
Voraussetzung, dass jede periodische Leistung separat gefordert werden
kann, ist bei solchen Zinsen nicht erfüllt. Diese sind nicht derart unbedingt
mit der Hauptforderung verknüpft, dass sich hieraus die Unmöglichkeit einer selbstständigen gerichtlichen Geltendmachung ergäbe. Die h. L. wendet
denn stets zu Recht die zehnjährige Frist gemäss Art. 127 an. Nach BGer

hingegen verjähren die Verzugszinse gemäss dem *betreffenden Vertragstypus*, mithin bei solchen, welche im Zusammenhang mit Art. 128 anfallen, nach fünf Jahren (BGE 52 II 217 E. 2; 129 V 345 E. 4.2.2, unter Anführung der gegenteiligen h. L. in E. 4.2.1).

2. Geschäfte mit Lebensmitteln (Ziff. 2)

6   Diese Fallgruppe umfasst Forderungen von Lieferanten aus Umsatzgeschäften mit **Verbrauchern** über Lebensmittel und Getränke. Grossisten und Detaillisten als Lieferempfänger fallen mangels Verbrauchereigenschaft nicht darunter (SJZ 1942/43, 40 f.). Lebensmittel sind Nahrungsmittel für Menschen, worunter auch Genussmittel wie Tabak fallen (gl. M. ZK-OSER/SCHÖNENBERGER, N 6; a. M. ZK-BERTI, N 29); Tierfutter fällt nicht darunter (BlHE 1891, 238).

7   Ziff. 2 findet Anwendung auf die Forderungen von Gastwirten und Pensionshaltern, die aus dem Verkauf von Speisen (Verköstigung) und von Getränken (Wirtsschulden) entstehen. Zur Möglichkeit der Einschränkung der Klagbarkeit durch kantonales Recht s. Art. 186.

3. Forderungen aus Handwerksarbeit, Kleinverkauf von Waren, ärztlicher Besorgung, juristischen Berufsarbeiten und von Arbeitnehmern aus Arbeitsverhältnis (Ziff. 3)

8   Diese Fallgruppe besteht aus einer abschliessenden Liste von Forderungen aus Rechtsgeschäften, bei denen **rasche Erfüllung** üblich ist und nach Ansicht des Gesetzgebers die Parteien normalerweise weder einen schriftlichen Vertrag aufzusetzen noch die Quittungen lange aufzubewahren pflegen (BGE 98 II 186 E. 3). Die diesbezügliche ratio legis ist nun aber nach BGer weitgehend überholt (BGE 132 III 61 E. 6.1; in BGE 109 II 116 E. 2d wurde die Frage einer präziseren Qualifikation noch offen gelassen). Von der kürzeren Verjährungsfrist werden nur Forderungen erfasst, welche den im Gesetz genannten Personen *zustehen*. Forderungen ihrer Vertragspartner gegen sie fallen *nicht* darunter, sondern unterstehen der Regelung in Art. 127 (s. o. N 2).

a)   Handwerksarbeit

9   Ob Handwerksarbeit i. S. v. Ziff. 3 vorliegt, richtet sich nach dem Charakter der Arbeit, zu der sich ein **Unternehmer** im Rahmen eines konkreten Werkvertrages verpflichtet hat, wobei die Arbeiten auch von Hilfspersonen oder Subunternehmern ausgeführt werden können. Die Arbeit braucht *nicht* von einem *Handwerker* im herkömmlichen Sinn erbracht zu werden. Vielmehr ist die Handwerksarbeit dadurch gekennzeichnet, dass die manuelle Tätigkeit die übrigen Leistungen, insb. die maschinellen, organisatorischen oder administrativen überwiegt oder zumindest aufwiegt. Da bei Art. 128 Ziff. 3 insbes. «mit Rücksicht auf den Sinnesverlust der gesetzlichen Ver-

jährungsverkürzung» (GAUCH, N 1288) der Kreis der «Handwerksarbei-
ten» nach Rsp. und Lehre eng zu ziehen ist, gelangt im Zweifelsfalle die
Frist von Art. 127 zur Anwendung (BGer vom 4. 5. 2006, 4C.32/2006, E. 4.1).
Für Anwendungsfälle s. BSK OR I-DÄPPEN, N 9 f.).

b)   Kleinverkauf von Waren

Kleinverkauf ist der gewerbsmässige Verkauf des Detaillisten an **Endver-**   **10**
braucher, wobei nicht massgebend ist, ob der Endverbraucher im Ladenlo-
kal des Detaillisten einkauft oder der Detaillist die Ware liefert, weshalb z. B.
Online shops ebenfalls darunter fallen. Von der Bestimmung erfasst ist auch
der Verkauf an den Kleingewerbetreibenden zum **Eigenverbrauch**, nicht
aber für den Weiterverkauf in dessen Geschäft (SJZ 1959, 315; BK-BECKER,
N 11 mit weiterer Kasuistik).

c)   Ärztliche Besorgung

Ärztliche Besorgung ist die besondere Tätigkeit, die durch Rat oder durch   **11**
unmittelbare Einwirkung auf eine bestimmte Person deren Gesundheit heben oder schützen soll (SPIRO I, 654 f.). Die Lehre fasst den Begriff des Arztes
weit und schliesst u. a. Zahnärzte, Hebammen, Chiropraktoren, Masseure,
Heilgymnasten, Optiker, Pfleger und Säuglingsschwestern mit ein, ebenso
Physiotherapeuten und m. E. auch Krankenschwestern bzw. Fachpfleger.
Die ärztliche Versorgung umfasst neben der sog. Schulmedizin auch andere
medizinische Behandlungsarten wie z. B. alternative Heilmethoden (Ho-
möopathie, Akupunktur, Traditionelle Chinesische Medizin). Ob die Behandlungskosten von einer Krankenkasse oder einer anderen Versicherung übernommen werden, ist dabei nicht massgeblich (ZK-BERTI, N 44 betr. Kran-
kenversicherungen).

d)   Berufsarbeit von Anwälten, Rechtsagenten, Prokuratoren und
    Notaren

Rechtsanwälte und **Notare** sind die Inhaber eines entsprechenden kan-   **12**
tonalen Patents. **Rechtsagenten** sind Personen, die gewerbsmässig Inkas-
si, Liegenschaftsvermittlungen, Erbteilungen, Liquidationen, Geldbeschaf-
fungen usw. besorgen (ZR 1907, 74). Ein **Prokurator** ist ein *Geschäftsbeauf-*
tragter (ZR 1982, 139). Das Vorliegen der Polizeibewilligung in der Form
eines Fähigkeitsausweises ist aber *nicht* unerlässliche Voraussetzung für
die Anwendbarkeit der fünfjährigen Verjährungsfrist. Vielmehr ist m. E. auf
die tatsächliche Ausübung der Tätigkeit abzustellen. Liegt ein Fähigkeitsausweis vor, ist vermutungsweise von der betreffenden Tätigkeit auszugehen. Liegt hingegen *kein* Fähigkeitsausweis vor, muss es dem Schuldner unbenommen sein, auf beliebige Weise die verjährungsrechtlich privilegierte
Tätigkeit nachzuweisen, damit er in den Genuss der kürzeren Verjährungsfrist nach Art. 128 Ziff. 3 gelangt.

13 Die fünfjährige Verjährungsfrist gilt für alle Honorarforderungen der genannten Personen aus *berufsspezifischen* Arbeiten. Forderungen von *Treuhändern* fallen ebenfalls darunter, sofern es nicht ausschliesslich um Buchhaltungsarbeit geht (ZR 1982, 137 ff.). Die Honorarforderung des *Sachwalters im Nachlassverfahren* unterliegt nicht der kurzen Verjährung (BJM 1983, 73 f.), ebenso wenig die Forderungen aus Berufsarbeiten von *Treuhand- und Revisionsgesellschaften*, da die Arbeiten das Feld der Wirtschaftsprüfung beschlagen und sich von der normalen beruflichen Tätigkeit eines Rechtsanwaltes unterscheiden (ZR 2001, 91 ff.). Das Ergebnis in letzterem Entscheid verdient einzig dann keine Zustimmung, wenn sich die konkrete Tätigkeit nicht wesentlich von derjenigen von Rechtsanwälten unterscheidet, wie dies insbesondere bei grösseren Gesellschaften der Fall sein kann.

e)   Forderungen von Arbeitnehmern aus dem Arbeitsverhältnis

14 Von der verkürzten Frist von fünf Jahren wird nur der **Lohnanspruch** des *Arbeitnehmers* im weiteren Sinn (Art. 322 ff.) erfasst. Dazu gehören neben dem Grundlohn auch Gratifikationen, Erfolgsbeteiligungen, Überstundenlohn, Lohnzuschläge, Teuerungszuschläge nach GAV, Ferienlohn, Erfindungs- und Designentschädigungen, Karenzentschädigungen, aber auch Auslagenersatz (STREIFF/VON KAENEL, Art. 341 N 8, m. w. Nw.). Von der Bestimmung zum vornherein nicht erfasst sind sämtliche Forderungen des *Arbeitgebers*; für sie gilt die Frist von zehn Jahren gemäss Art. 127 (s. o. N 2).

15 Andere Ansprüche des Arbeitnehmers, wie z. B. der Anspruch auf Ferien oder Ausstellung eines Zeugnisses, verjähren demgegenüber nach 10 Jahren (umstritten, s. STREIFF/VON KAENEL, Art. 329c N 4). Die Haltung des BGer dazu ist nicht geklärt. In BGE 130 III 19 E. 3.2 liess es unter Hinweis auf die geteilte Lehre die Frage offen, ob die Verjährungsfrist für den Ferienanspruch fünf oder zehn Jahre betrage. Knapp ein Jahr später hat es aber im Zusammenhang mit einer Schadenersatzforderung des Arbeitnehmers gegen den Arbeitgeber gestützt auf Art. 97 festgehalten, Rechtsgrund der eingeklagten Forderung sei eine Vertragsverletzung des Arbeitgebers. Beim verletzten Vertrag handle es sich um einen *Arbeitsvertrag, womit Art. 128 Ziff. 3 OR zur Anwendung gelange.* Daran vermöge nichts zu ändern, dass die Vertragsverletzung darin bestanden habe, dass die Arbeitgeberin nicht für den versprochenen Versicherungsschutz gesorgt habe. Bezüglich der Verjährung der Forderung des Arbeitnehmers gegenüber der Arbeitgeberin könne es *nur auf den Rechtsgrund* dieses Anspruchs ankommen, weshalb die fünfjährige Verjährungsfrist von Art. 128 Ziff. 3 OR gelte (BGer vom 31. 8. 2004, 4C.175/2004, E. 3). Dieser Entscheid ist abzulehnen, weil dies dazu führen würde, dass *sämtliche Forderungen des Arbeitnehmers*, welche aus dem Arbeitsvertrag geltend gemacht werden,

der fünfjährigen Frist unterliegen müssten. Eine solche ratio legis wird durch den Gesetzestext nicht gedeckt und widerspricht der Rsp. des BGer, wonach Art. 128 eng auszulegen ist (s. o. N 1).

In der Literatur wird teilweise die Ansicht vertreten, der Zeugnisanspruch könne schon vor Ablauf der Verjährungsfrist erlöschen, wenn seit der Beendigung des Arbeitsverhältnisses so viel Zeit verstrichen sei, dass sich der Arbeitgeber oder dessen Mitarbeiter an den Arbeitnehmer und dessen Qualifikationen nicht mehr erinnern könnten (ZK-STÄHELIN, Art. 330a N 5a, m. w. Nw.; ZK-BERTI, N 62). Diese Ansicht ist abzulehnen, da allgemein ein Anspruch, etwa derjenige auf Zeugnisausstellung, nicht schon deshalb untergeht, weil sich insbesondere zufolge Zeitablaufs Beweisschwierigkeiten ergeben. Entsprechend kann das Bestehen des Anspruches auf Ausstellung eines Zeugnisses nicht vom *subjektiven Erinnerungsvermögen* des Arbeitgebers bzw. dessen Mitarbeitern abhängig sein. Allenfalls könnte in dieser Konstellation eine Mitwirkungspflicht des Arbeitnehmers entstehen, wonach er Unterlagen wie bspw. Zwischenzeugnisse oder Mitarbeiterbeurteilungen edieren muss, um die Ausstellung eines Zeugnisses zu ermöglichen. Eine denkbare (enge) Ausnahme könnte dann bestehen, wenn der Arbeitgeber bzw. sämtliche Mitarbeiter *aus objektiven Gründen* nicht mehr zur Ausstellung des Zeugnisses beitragen könnten, sei dies infolge Tod, Krankheit u. ä. Einzig in solchen objektiv begründeten Fällen würde der Anspruch infolge *objektiver Unmöglichkeit* definitiv untergehen, sei dies vor oder nach Eintreten der Verjährung.

III. Abgrenzung zu Art. 137 Abs. 2

Wird eine Forderung mittels Ausstellung einer Urkunde anerkannt oder durch Urteil festgestellt, ist die dadurch ausgelöste neue Verjährungsfrist stets die zehnjährige (Art. 137 Abs. 2). Bei Forderungen mit fünfjähriger Verjährungsfrist gem. Art. 128 gilt dies jedoch nur, wenn mit der Anerkennung bzw. Feststellung *bereits fällige* Forderungen verurkundet, nicht aber, wenn *später fällig werdende periodische Leistungen* festgesetzt werden.

IV. Rechtsfolgen

Siehe Art. 127 N 9 und Art. 142 N 5 ff.

V. Abweichende Vereinbarungen

Siehe Art. 129 und 141.

VI. Zivilprozessuales

Siehe Art. 127 N 11.

Art. 129

3.   **Unabänderlichkeit der Fristen**   **Die in diesem Titel aufgestellten Verjährungsfristen können durch Verfügung der Beteiligten nicht abgeändert werden.**

I.   Normzweck und Anwendungsbereich

1   Von der Vorstellung geleitet, dass die **Unabänderbarkeit der Verjährungsfristen** der Rechtssicherheit dient, hat der Gesetzgeber ihre rechtsgeschäftliche Abänderung (teilweise) untersagt (BK-BECKER, N 1). Die Wendung *«die in diesem Titel aufgestellten Verjährungsfristen»* umfasst Art. 127, 128 und 137 Abs. 2. Rechtsprechung und Lehre leiteten daraus durch Umkehrschluss ab, dass die *ausserhalb des dritten Titels* aufgestellten Verjährungsfristen durch jede Art von Parteiverfügung, sei dies durch ein- oder mehrseitiges Rechtsgeschäft oder durch Satzung, sowohl verlängert als auch verkürzt werden *dürfen,* sofern sie nicht ihrem Wesen nach zwingender Natur sind (BGE 99 II 188 E. 2a m. w. Nw.; BSK OR I-DÄPPEN, N 2).

2   In Änderung seiner bisherigen Rsp. lässt das Bundesgericht nun aber zu, dass die im dritten Titel aufgestellten Fristen ebenfalls *durch Parteivereinbarung verlängert werden dürfen,* sofern eine solche Vereinbarung bzw. Parteierklärung *nach* Abschluss des Vertrages erfolgt (BGE 132 III 226 E. 3.3.7 = Pra 2006, 1010; s. Art. 141 N 4). Jegliche **Verlängerung** von Verjährungsfristen darf aber auch nach neuester Rsp. die ordentliche Frist von zehn Jahren gem. Art. 127 nicht übersteigen (BGE 132 III 226 E. 3.3.8 = Pra 2006, 1011). Eine vertragliche **Verkürzung** der Verjährungsfristen innerhalb des dritten Titels ist nicht zulässig (BGE 132 III 285 E 2), wohingegen für andere Bereiche des Gesetzes lediglich dem Gläubiger «durch eine Kürzung der Frist die Rechtsverfolgung nicht in unbilliger Weise erschwert werden» darf (BGE 108 II 196 f. E. 4b; 97 II 354 f. E. 2d; 63 II 180; GUHL/KOLLER, 319).

3   Unabhängig von Art. 129 können die Parteien aber eine **vertragliche Befristung von Forderungen** vereinbaren (so BGE 74 II 99 f. E. 3 im Versicherungsrecht; GAUCH/SCHLUEP/SCHMID/REY, N 3500) oder die Forderung von einer **Resolutivbedingung** abhängig machen (BGE 132 III 285 E. 2), um die Durchsetzbarkeit der Forderung damit faktisch zu verkürzen. Ein Verstoss gegen Art. 129 liegt bei solchen Vereinbarungen aber vor, wenn mit der Bedingung dem Gläubiger die Pflicht auferlegt wird, die Forderung binnen einer bestimmter Frist gerichtlich einzuklagen (BGE 132 III 285 E. 2; GUHL/KOLLER, 319).

II. Rechtsfolgen

Vereinbarungen bzw. Parteierklärungen, welche die Schranken der Partei-   4
autonomie nicht beachten, sind **nichtig** bzw. **teilnichtig** (Art. 20).

III. Abweichende Vereinbarungen

Zum Verzicht auf die laufende Verjährung bzw. den Verzicht auf die Erhe-   5
bung der Verjährungseinrede mittels Vereinbarung oder einseitiger Erklärung s. Art. 141.

Art. 130

Beginn der Verjährung	¹ **Die Verjährung beginnt mit der Fälligkeit der For-**
Im Allgemeinen	**derung.**
	² **Ist eine Forderung auf Kündigung gestellt, so beginnt die Verjährung mit dem Tag, auf den die Kündigung zulässig ist.**

I. Normzweck und Anwendungsbereich

Art. 130 bestimmt den Zeitpunkt des Beginns des Verjährungslaufes, wobei   1
dies sowohl für die relative als auch absolute Frist gilt. Abs. 1 bestimmt als
Regelfall den Zeitpunkt der **Fälligkeit** der Forderung. Abs. 2 trifft eine Regelung für Forderungen, die auf **Kündigung** gestellt sind. Zahlreiche Sondervorschriften statuieren dabei einen abweichenden Verjährungsbeginn
für bestimmte Forderungsarten.

II. Verjährungslauf ab Fälligkeit (Abs. 1)

Der Verjährungsbeginn wird bei allen Forderungen durch **Fälligkeit** aus-   2
gelöst, sofern das Gesetz keine abweichende Regelung vorsieht; Verzug des
Schuldners ist nicht vorausgesetzt (BGE 50 II 404; ZK-BERTI, N 9). Voraussetzung für die Fälligkeit ist aber, dass die Forderung entstanden ist (BGer
vom 25. 9. 2002, 4C.210/2001, E. 5.2); dies ist bei suspensiv-bedingtem Vertrag nicht der Fall (s. Art. 127 N 4).

Der **Zeitpunkt**, in dem der *Gläubiger Leistung verlangen darf*, bestimmt die   3
Fälligkeit (VON TUHR/ESCHER, OR AT, 217 vor Anm. 59). Sofern sich nicht aus
Gesetz, Vertrag oder Natur des Rechtsverhältnisses etwas anderes ergibt,
tritt die Fälligkeit bereits zum Zeitpunkt der Entstehung der Forderung ein
(Art. 75). Von der *Fälligkeit* zu unterscheiden ist die *Erfüllbarkeit*, d. h. der
Zeitpunkt, nach welchem *der Schuldner die Leistung erbringen darf* (VON

TUHR/ESCHER, OR AT, 45, 51); die Erfüllbarkeit hat aber keinen Einfluss auf den Beginn der Verjährungsfrist. Trotz Fälligkeit beginnt die Verjährung nicht zu laufen, solange ein **rechtswidriger Zustand** andauert (BGE 102 II 215 f. E. 1; s. N 9).

4   Der **Fristbeginn** i. S. v. Art. 130 ist *unabhängig* davon, ob der Gläubiger von seiner Forderung bzw. deren Fälligkeit **Kenntnis** hat (BGE 119 II 219 f. E. 4a aa). Deshalb kann eine Forderung verjähren, bevor der Gläubiger die Tatsachen kennt, die sie begründen oder ihre Höhe beeinflussen (BGE 106 II 138 f. E. 2c; 87 II 159 ff. E. 3a).

5   Eine der Forderung entgegenstehende **Einrede** hat grundsätzlich keinen Einfluss auf den Beginn der Verjährung (VON TUHR/ESCHER, OR AT, 218; BK-BECKER, N 3). Dagegen hindern die **Stundung** (BGE 89 II 26 ff.; 65 II 233) sowie ein **pactum de non petendo** den Beginn bzw. den Lauf der Verjährung (BGE 110 II 178 ff. und die Anm. von GAUCH, BR 1985, 58; VON TUHR/ESCHER, OR AT, 219 nach Anm. 68).

6   Bei Forderungen auf **Schadenersatz wegen Nichterfüllung** (umfassend die Unmöglichkeitstatbestände einschliesslich Verzugsfolgen gemäss den Art. 97 Abs. 1, 101, 103 und Ersatzansprüche gemäss Art. 107 Abs. 2, ferner die Vorschriften im BT wie etwa Art. 191) beginnt die Verjährungsfrist mit der **Fälligkeit der primären vertraglichen Leistung** und *nicht* erst mit auftretendem oder gar erst mit erkennbarem Schaden zu laufen. Solche Ansprüche setzen nämlich lediglich die ursprüngliche Forderung mit anderem Inhalt fort (BGE 87 II 159 f. E. 3a; gl. M. GAUCH/SCHLUEP/SCHMID/REY, N 3445; kritisch BUCHER, OR AT, 460 Anm. 76).

7   Bei Forderungen auf **Schadenersatz aus positiver Vertragsverletzung** (umfassend alle Fälle der Nichterfüllung, die weder Unmöglichkeitstatbestände sind noch unter die Verzugsfolgen fallen, wie z. B. die Verletzung einer vertraglichen Nebenpflicht, GAUCH/SCHLUEP/SCHMID/REY, N 2610) einschliesslich Ersatzansprüche aus der Verletzung einer Unterlassungspflicht gemäss Art. 98 Abs. 2 beginnt die Verjährung *im Zeitpunkt der Vertragsverletzung*, da diese die Fälligkeit bewirkt (BGE 106 II 140 E. 2f; 119 II 219 E. 4a aa; gl. M. GAUCH/SCHLUEP/SCHMID/REY, N 3446; **a. M.** ZK-BERTI, N 129, für den Zeitpunkt des Eintritts des Schadens).

8   Bei **Regressforderungen** ist zwischen echter und unechter Solidarität zu unterscheiden. Bei *echter Solidarität* subrogiert der leistende Solidarschuldner in die Rechtsstellung des Gläubigers und übernimmt damit auch die vorgefundene Verjährungslage (Art. 149 Abs. 1; BGE 55 II 123 E. 3). Bei *unechter Solidarität* entsteht die Ausgleichsforderung zwar erst mit der *Leistung des Regressberechtigten* (BGE 115 II 48 E. 2a). Trotzdem beginnt der Fristenlauf auch für die Ausgleichsforderung grundsätzlich bereits mit

der Fälligkeit der Forderung gegenüber dem Schuldner, da keine allgemeine Regel besteht, dass die Verjährung erst mit der Befriedigung des Gläubigers durch den Regressberechtigten zu laufen beginnt (BGE 115 II 50 E. 2b i. f.). Ausnahmen bestehen lediglich aufgrund gesetzlicher Sonderbestimmungen, wie z. B. für den Regress des *Bürgen* (Art. 507 Abs. 5), des *Genossenschafters* (Art. 878 Abs. 2) oder eines *Haftpflichtigen im Strassenverkehr* (Art. 83 Abs. 3 SVG). S. auch Art. 60 N 6.

Unterlassungsforderungen als solche verjähren nicht (BGE 88 II 178 f.), die Verjährung des Beseitigungsanspruchs beginnt aber mit der Widerhandlung (VON TUHR/ESCHER, OR AT, 219 vor Anm. 71). Die Klage auf Aufhebung eines rechtswidrigen Zustandes verjährt solange nicht, als der Zustand andauert (BGE 115 II 414 E. 3b betr. Klage gestützt auf Art. 57 Abs. 3 ZGB). 9

III. Auf Kündigung gestellte Forderungen (Abs. 2)

Voraussetzung für die Anwendbarkeit von Abs. 2 ist, dass das Kündigungsrecht *dem Gläubiger* zusteht. Die Bestimmung bezieht sich sowohl auf die Kündigung des Vertrags («**Beendigungskündigung**») als auch auf die Fälligstellung einzelner Forderungen («**Fälligkeitskündigung**»; BGE 122 II 17 E. 5; BGer vom 1. 3. 2006, 4C.397/2005, E. 2.2.2). Bei **Dauerschuldverhältnissen**, wie etwa der treuhänderischen Vermögensverwaltung, beginnt die Verjährung erst mit der Beendigung infolge gegenseitiger Übereinkunft, Ablauf der vereinbarten Dauer, Widerruf oder Kündigung (BGE 122 III 17 f. E. 5b; 91 II 442 E. 5). Bei der **Wahlobligation** als alternative Forderung mit Wahlrecht des Gläubigers läuft die Frist i. S. v. Art. 130 Abs. 2, sobald der Gläubiger zur Vornahme der Wahl berechtigt ist (VON TUHR/ESCHER, OR AT, 220 vor Anm. 80; SCHÖBI, 117). 10

IV. Rechtsfolgen

Mit dem **Beginn** der Verjährung wird die jeweilige relative bzw. absolute Verjährungsfrist ausgelöst. Siehe auch Art. 127 N 9. 11

Art. 131

Bei periodischen Leistungen	[1] **Bei Leibrenten und ähnlichen periodischen Leistungen beginnt die Verjährung für das Forderungsrecht im Ganzen mit dem Zeitpunkte, in dem die erste rückständige Leistung fällig war.**
	[2] **Ist das Forderungsrecht im Ganzen verjährt, so sind es auch die einzelnen Leistungen.**

I.   Normzweck und Anwendungsbereich

1   Art. 131 stellt für bestimmte periodische Leistungen für den Verjährungsbeginn eine besondere Regel auf. Umfasst werden Leibrenten i. S. v. Art. 516 ff. sowie diesen ähnliche periodische Leistungen wie etwa Forderungen aus einem Verpfründungsvertrag. Die Leibrente ist eine vom Leben einer Person abhängige Verpflichtung des Rentenschuldners, für den Rentengläubiger zeitlich wiederkehrende Leistungen zu erbringen. Dabei wird eine **Gesamtforderung** des Rentengläubiger begründet wird, welche als «Stammrecht» bzw. in der Gesetzesterminologie als «das Forderungsrecht im ganzen» bezeichnet wird. Aus dieser Gesamtforderung entstehen in wiederkehrenden Zeitabständen Forderungen, welche im Normalfall durch periodisch fällig werdende Teilleistungen erfüllt werden. Bei Konkurs können diese Teilleistungen aber durch Kapitalisierung zur Gesamtzahlung fällig werden (Art. 518 Abs. 3). Für Anwendungsfälle s. BSK OR I-Däppen, N 2 f.).

II.   Voraussetzungen der Verjährung

2   Die **Gesamtforderung** als solche verjährt innert zehn Jahren, da auf diese *mangels Periodizität* die fünfjährige Verjährungsfrist des Art. 128 keine Anwendung findet (BGE 124 III 451 f. E. 3b = Pra 1999, 310 f.; 132 V 159 E. 3). Die periodisch fällig werdenden einzelnen **Teilleistungen** verjähren demgegenüber in fünf Jahren. Bleibt eine fällige Teilleistung zehn Jahre unbezahlt («rückständig») und werden auch die folgenden Teilleistungen nicht erbracht, so tritt die Verjährung der Gesamtforderung ein (BGE 124 III 451 f. E. 3b = Pra 1999, 310 f.; ZR 1985, 196 ff.).

III.   Rechtsfolgen

3   Mit der Verjährung der Gesamtforderung verjähren gemäss Abs. 2 die unerfüllten Teilleistungen, auch wenn deren fünfjährige Verjährungsfrist noch nicht abgelaufen ist (von Tuhr/Escher, OR AT, 235). Siehe auch Art. 127 N 9 und Art. 142 N 5 ff.

Art. 132

Berechnung der Fristen

¹ Bei der Berechnung der Frist ist der Tag, von dem an die Verjährung läuft, nicht mitzurechnen und die Verjährung erst dann als beendigt zu betrachten, wenn der letzte Tag unbenützt verstrichen ist.

² Im Übrigen gelten die Vorschriften für die Fristberechnungen bei der Erfüllung auch für die Verjährung.

I.   Normzweck und Anwendungsbereich

Die Bestimmung enthält einen **Berechnungsmodus** für den Verjährungslauf von aus Bundeszivilrecht abgeleiteten Forderungen. Sie ist auch auf Verwirkungsfristen anwendbar (BGE 42 II 333). **1**

II.   Fristbeginn (Abs. 1) und Fristenberechnung (Abs. 2)

Nach Abs. 1 ist der erste Tag der Verjährungsfrist der auf den Tag der Fälligkeit der Forderung folgende Tag. Dabei ist gleichgültig, um welchen Wochentag es sich dabei handelt, sei dies ein Werktag, Sonntag oder gesetzlicher Feiertag (Art. 130 Abs. 1 i. V. m. Art. 132 Abs. 1; BGer vom 16. 1. 2003, 5C. 226/2002, E. 1.3). **2**

Abs. 2 verweist auf die Vorschriften für die Fristberechnung bei der Erfüllung (Art. 77 ff.). Demnach tritt die Verjährung bei nach Monaten oder Jahren bemessenen Fristen am Tag des letzten Monats, der durch seine Zahl dem Tag des Fristbeginns entspricht, und, wenn dieser Tag in jenem Monat fehlt, am letzten Tag dieses Monats ein (Art. 132 i. V. m. Art. 77 Abs. 1 Ziff. 3; BGE 130 III 362 E. 4.4 = Pra 2005, 61 f.). Ist demnach eine Forderung am 16. Juni 00 fällig, beginnt die Frist am 17. Juni 00 zu laufen und es tritt die Verjährung bei einer fünfjährigen Frist nach Ablauf des 16. Juni 05, bei einer zehnjährigen Frist nach Ablauf des 16. Juni 10 ein. Ist die Forderung am 29. Februar 00 fällig, verjährt sie bei einjähriger Frist mit Ablauf des 29. Februar 01, bzw. des 28. Februar 01, sofern dieses Jahr kein Schaltjahr ist. **3**

III.   Eintritt der Verjährung

Die Verjährung tritt um Mitternacht des letzten Tages der Frist ein (Art. 77 Abs. 3). *Empfangsbedürftige Willenserklärungen* müssen innert der Frist ihrem Adressaten *zugehen*, sofern nichts Abweichendes vereinbart ist. Fällt der so berechnete Tag auf einen Samstag, Sonntag oder auf einen anderen **4** staatlich anerkannten Feiertag, so läuft die Verjährungsfrist am Ende des *nächstfolgenden Werktages* ab (Art. 78 Abs. 1; BK-WEBER, Art. 78 N 16 ff.). Für die Bestimmung des staatlich anerkannten Feiertages ist der *Erfüllungsort* bei Erbringen einer Leistung oder der *Erklärungsort* bei Abgabe einer Willenserklärung massgebend (ZK-SCHRANER, Art. 78 N 17). Das Gemeinwesen (Bund, Kantone, Gemeinden) kann dabei neben kirchlichen auch weltliche Feiertage, wie etwa die «Landsgemeinde», anerkennen (BGE 63 II 333 E. 1). Zu konsultieren sind die kantonalen und kommunalen Ruhetagsgesetze, die sehr unterschiedlich sind und überdies häufig ändern können (ZK-SCHRANER, Art. 78 N 18; s. die Zusammenstellung der gesetzlich anerkannten kantonalen Feiertage bei BK-WEBER, Art. 78 N 20; ferner www.feiertagskalender.ch). Zu den möglichen Unterbrechungshandlungen s. Art. 135.

Art. 133

| II. | Wirkung auf Nebenansprüche | Mit dem Hauptanspruche verjähren die aus ihm entspringenden Zinse und andere Nebenansprüche. |

I.   Normzweck und Anwendungsbereich

1   Art. 133 regelt das Schicksal der **Zinsen und anderen Nebenansprüche** bei Verjährung des Hauptanspruchs. Art. 114 Abs. 1 betr. das Erlöschen der Nebenrechte ist nicht einschlägig, weil die Verjährung nicht zum Untergang der Forderung führt (ZK-AEPLI, Art. 114 N 28).

2   Nebenrechte sind besondere, von der Forderung als solcher zu unterscheidende Befugnisse. Gemeinsames Merkmal der Nebenrechte ist deren anfängliche Abhängigkeit von einer gültig entstandenen Forderung. Darüber hinaus können sie aber hinsichtlich des Umfangs, der Zuständigkeit, der Abwehrmöglichkeiten und des Erlöschens selbstständig sein (SCHÖBI, 26). Nebenrechte werden nach ihrer Funktion in *erweiternde* und *sichernde* unterteilt. Die *erweiternden* Nebenrechte, wie z. B. Verzugszinsen gemäss Art. 104, führen zu einer Vergrösserung der Leistungspflicht, während die *sichernden Nebenrechte*, wie z. B. die Bürgschaft, den Umfang der Leistungspflicht unberührt lassen. Art. 133 kommt nur bei den *sichernden*, *nicht* aber bei den *erweiternden* Nebenrechten zur Anwendung.

3   Nach Art. 133 verjähren als – sichernde – Nebenansprüche die **Bürgschaft** (ausser die zugrunde liegende Forderung sei bereits bei Eingehen der Bürgschaft verjährt, Art. 502 Abs. 1 – 3, 492 Abs. 3; 141 Abs. 3), die Forderung aus

Konventionalstrafe, die Verpflichtung zur **Pfandbestellung**, die Forderung des Aktionärs auf **Gratisaktien** oder **Genusscheine**, die Forderung auf Erfüllung einer **Auflage**, oder auch die Forderung auf **Schadenersatz wegen Nichterfüllung**.

Demgegenüber sind von Art. 133 *nicht* erfasst **Verzugszinsen** (gegenteilig BGE 129 V 345 E. 4.2.2), das Recht auf **Verwertung des Faustpfandes** (aufgrund der Spezialbestimmung in Art. 140) oder die Forderung aus einem zahlungshalber begebenen **Wechsel** (BGE 78 II 456 f.), wobei die Wechselklage die Verjährung der Grundforderung nicht unterbricht (Art. 116 Abs. 2; VON TUHR/ESCHER, OR AT, 227).   4

II. Rechtsfolge

Wird der Nebenanspruch geltend gemacht, kann die **Einrede der Verjährung der Hauptforderung** erhoben werden, sofern die Verknüpfung zwischen Haupt- und Nebenanspruch im Zeitpunkt der Verjährung noch andauert und der Nebenanspruch nicht unverjährbar ist. Ist die Hauptforderung verjährt und entstehen daraus neue Nebenansprüche, kann diesen erfolgreich die Verjährung entgegengehalten werden. Wird die Abhängigkeit von der Hauptforderung gelöst und der Nebenanspruch damit selbstständig, wie z. B. bei selbstständigen Zinscoupons oder durch Novation, findet Art. 133 keine Anwendung.   5

Art. 134

Hinderung und Stillstand der Verjährung

¹ **Die Verjährung beginnt nicht und steht still, falls sie begonnen hat:**

1. **für Forderungen der Kinder gegen die Eltern während der Dauer der elterlichen Sorge;**

2. **für Forderungen der Mündel gegen den Vormund und die vormundschaftlichen Behörden während der Dauer der Vormundschaft;**

3. **für Forderungen der Ehegatten gegeneinander während der Dauer der Ehe;**

3bis. **für Forderungen von eingetragenen Partnerinnen oder Partnern gegeneinander, während der Dauer ihrer eingetragenen Partnerschaft;**

4. **für Forderungen der Arbeitnehmer, die mit dem Arbeitgeber in Hausgemeinschaft leben, gegen diesen während der Dauer des Arbeitsverhältnisses;**

5. solange dem Schuldner an der Forderung eine Nutzniessung zusteht;

6. solange eine Forderung vor einem schweizerischen Gerichte nicht geltend gemacht werden kann.

[2] Nach Ablauf des Tages, an dem diese Verhältnisse zu Ende gehen, nimmt die Verjährung ihren Anfang oder, falls sie begonnen hatte, ihren Fortgang.

[3] Vorbehalten bleiben die besondern Vorschriften des Schuldbetreibungs- und Konkursrechtes.

I. Normzweck und Anwendungsbereich

1 Mit der Bestimmung wird die Wirkung des Institutes der Verjährung zugunsten des Gläubigers abgeschwächt. Der Gesetzgeber sah zwar davon ab, entschuldbarer subjektiver Verhinderung des Gläubigers *generell* verjährungshemmende Wirkung beizumessen. Er stellte stattdessen einen Katalog von **Stillstandsgründen** auf. Diese führen dazu, dass die Frist stillsteht bzw. nicht zu laufen beginnt, wohingegen das *fristauslösende Ereignis* – z. B. die Zustellung des Hoheitsaktes – innerhalb des Fristenstillstandes rechtsgültig eintreten kann (BGE 131 V 305 E. 4.2.1). Das Bundesrecht enthält eine *abschliessende* Regelung, weshalb kein Raum für kantonales Verfahrensrecht bleibt (BK-Becker, N 2; ferner BGE 100 II 343 f. E. 3b).

II. Die einzelnen Stillstandsgründe (Abs. 1)

1. Forderungen der Kinder gegen ihre Eltern (Ziff. 1)

2 Während der Dauer der **elterlichen Sorge** haben die Eltern das Recht und die Pflicht, das **Kindesvermögen** zu verwalten (Art. 318 Abs. 1 ZGB). Die Verjährung für Forderungen des Kindes gegen seine Eltern steht bis zum Hinfall oder Entzug der elterlichen Sorge still. Forderungen der mündigen Kinder oder Grosskinder aus dem sog. **Lidlohn** unterliegen demgegenüber nicht der Verjährung, sie müssen aber spätestens bei der Teilung der Erbschaft des Schuldners geltend gemacht werden (Art. 334 Abs. 1, Art. 334bis Abs. 3 ZGB).

2. Forderungen der Mündel gegen den Vormund (Ziff. 2)

3 Während der Dauer der Vormundschaft steht die Verjährung gegenüber dem jeweiligen **Vormund** still (von Tuhr/Escher, OR AT, 223 Anm. 95). Von der Bestimmung *nicht* erfasst werden Forderungen gegen den *Beirat* oder den *Beistand* (BSK OR I-Däppen, N 3). Bei personellem Wechsel des Vormunds obliegt es dem nachfolgenden gesetzlichen Vertreter, dafür zu sorgen, dass allfällige Forderungen des Mündels nicht verjähren (BGE 30 II 88).

3. Forderungen der Ehegatten bzw. Partner gegeneinander (Ziff. 3, Ziff. 3bis)

Die Verjährung steht für alle Forderungen der Ehegatten gegeneinander 4 und unter allen Güterständen *während der Ehe* still (Ziff. 3). Dies gilt auch, wenn gleichgeschlechtliche Paare i. S. des Partnerschaftsgesetzes (PartG, SR 211.231) eingetragen sind (Ziff. 3bis). Ob die Eheleute bzw. Partner zusammenleben bzw. gerichtlich oder auf andere Weise getrennt sind, ist unerheblich (BSK OR I-Däppen, N 4, m. w. Nw.).

4. Forderungen der Arbeitnehmer in Hausgemeinschaft mit dem Arbeitgeber (Ziff. 4)

Unter die Bestimmung fällt nicht nur, wer im Haushalt arbeitet, sondern 5 auch, wer die Arbeit in einem dem Haushalt eng verbundenen Gewerbe des Arbeitgebers leistet und mit diesem wie ein Familienmitglied in Hausgemeinschaft lebt (BGE 90 II 448, bestätigt in 95 II 128 f. E. 1 betr. der bis zur Revision des Arbeitsrechts im Jahre 1971 geltenden Fassung [«für Forderungen der Dienstboten gegen die Dienstherrschaft während der Dauer des Dienstverhältnisses»]). Massgebend ist die besondere Rücksichtnahme, die in solchen Verhältnissen im Interesse des Familienfriedens geboten und üblich ist (BGE 90 II 448; s. auch SemJud 1988, 209 E. 3 = nicht publizierte E. 3 von BGE 113 II 414 ff.).

5. Nutzniessung des Schuldners an der Forderung (Ziff. 5)

Gemäss Art. 757 gehören die Zinsen von Nutzniessungskapitalien während 6 der Dauer der Nutzniessung dem Nutzniesser. Der Gläubiger kann deshalb die Forderung nicht einziehen, da er sonst in die Rechte des Nutzniessers eingreifen und die Lage des Nutzniessers gefährden sowie die Grundlage des Rechtsverhältnisses ändern würde. Zudem will das Gesetz dem Gläubiger nicht zumuten, bei Fälligkeit der Forderung eine Klage gegen den Nutzniesser anzustrengen, die aufgrund von Art. 774 Abs. 2 ZGB dazu führte, dass der Schuldner an dem von ihm zurückbezahlten Kapital die Nutzniessung erwirbt. Dieselbe Rechtslage gilt sinngemäss auch, wenn der Schuldner an der Forderung ein Pfandrecht hat (von Tuhr/Escher, OR AT, 223 Anm. 100; Schöbi, 106 Anm. 385 m. w. Nw.).

6. Unmöglichkeit der Geltendmachung vor einem schweizerischen Gericht (Ziff. 6)

Über die Tragweite dieser Bestimmung herrscht Uneinigkeit. Unumstritten 7 ist, dass eine Forderung auch unter der Hand des Gerichts verjähren kann, sofern sie nicht nach Art. 134 ruht (BGer vom 10. 2. 2004, B 87/00, E. 1.4.1). Das BGer wendet diese Bestimmung nur an, wenn es dem Gläubiger aus *objektiven*, von seinen Verhältnissen unabhängigen Gründen nicht möglich ist, die Forderung in der Schweiz einzuklagen. Es lehnt die Anwendung auf

Fälle höherer Gewalt (BGE 88 II 291 E. 2c m. w. Nw.) sowie subjektiver Verhinderung des Gläubigers ab (BGE 130 III 547 nicht publ. E. 2.2.2 [BGer vom 5. 2. 2004, 5C.116/2003] = Pra 2005, 105). Eine schweizerische Zuständigkeit für die **Arrestlegung** genügt, um die Anwendbarkeit von Art. 134 Abs. 1 Ziff. 6 auszuschliessen (BGE 124 III 455 E. 4b bb = Pra 1999, 313 f. betr. Arrestlegung von in der Schweiz gelegenem Vermögen eines Schuldners mit Wohnsitz im Ausland). Haben die Parteien im internationalen Verhältnis eine **Gerichtsstandsvereinbarung** abgeschlossen, wonach die ausländischen Gerichte ausschliesslich zuständig sein sollen, gilt Art. 134 Abs. 1 Ziff. 6 nicht, weil die Unmöglichkeit der gerichtlichen Geltendmachung in der Schweiz gewollte Folge der Parteivereinbarung ist.

III. Der Vorbehalt des SchKG (Abs. 3)

8   Die Verjährung ruht für Forderungen vom und gegen den Gemeinschuldner ab Konkurseröffnung bis zehn Tage nach der zweiten Gläubigerversammlung (Art. 207 Abs. 3 SchKG). Während der Dauer einer gerichtlich bewilligten **Nachlassstundung** ruht sie für Forderungen *gegen* den Schuldner (Art. 297 Abs. 1 SchKG). Sie ruht jedoch *nicht* während den **Betreibungsferien** (Art. 56 SchKG; von Tuhr/Escher, OR AT, 224). Während des Konkursaufschubes nach Art. 725a Abs. 1 ist der Verjährungslauf nicht gehemmt, weil Betreibungsbegehren mit Unterbrechungswirkung gestellt werden können (BGE 104 III 21 E. 1; s. Art. 135 N 4 f.).

IV. Weitere Stillstandsgründe

9   Stirbt ein Schuldner und wird ein **öffentliches Inventar** errichtet, steht die Verjährung während der Zeit bis zur Annahme der Erbschaft, der Eröffnung des Konkurses oder der amtlichen Liquidation still (Art. 586 Abs. 2 ZGB; BGE 90 II 435 E. 5). Weitere Stillstandsgründe sind vorgesehen in Art. 1166 Abs. 3, Art. 41 Abs. 2 BGBB, Art. 46 Abs. 2 TG, Art. 55 § 4 CIV und Art. 58 § 3 CIM. Aus Art. 118 Abs. 2, gemäss welchem die Forderung wieder auflebt, falls eine *Vereinigung* von Gläubiger und Schuldner rückgängig wird, kann ein impliziter Stillstandsgrund abgeleitet werden (ZK-Aepli, Art. 118 N 40). Kein weiterer Hemmungsgrund von Art. 134 Abs. 1 liegt bei Abschluss einer **Stundungsvereinbarung** vor, wird doch durch diese Vereinbarung während der Dauer der Stundung die Fälligkeit der Forderung aufgeschoben und ohne Fälligkeit läuft keine Verjährung. Für weitere Anwendungsfälle s. BSK OR I-Däppen, N 8.

V. Rechtsfolgen (Abs. 2)

10   Mit dem Eintritt des Stillstandsgrundes ruht der Lauf der betreffenden absoluten und relativen Verjährungsfrist. Die Frist nimmt am Tag nach dem

Wegfall des Hindernisses ihren Anfang bzw. ihren Fortgang, wenn sie vor Eintritt des Stillstandsgrundes bereits zu laufen begonnen hat.

VI. Zivilprozessuales

Der Gläubiger hat das Ruhen der Verjährung, d.h. die «untergangshem-   11
menden» Sachumstände, zu beweisen (BK-KUMMER, Art. 8 ZGB N 172).

Art. 135

V. Unterbrechung der Verjährung Unterbrechungs- gründe	**Die Verjährung wird unterbrochen:** **1. durch Anerkennung der Forderung von seiten des Schuldners, namentlich auch durch Zins- und Abschlagszahlungen, Pfand- und Bürgschafts-bestellung;** **2. durch Schuldbetreibung, durch Klage oder Einrede vor einem Gerichte oder Schiedsgericht sowie durch Eingabe im Konkurse und Ladung zu einem amt-lichen Sühneversuch.**

I. Normzweck und Anwendungsbereich

Anerkennt der Schuldner die Existenz der Forderung i.S.v. Ziff. 1 oder   1
zeigt sich der Gläubiger um die Durchsetzung seines Rechts i.S.v. Ziff. 2
bemüht, so bricht der Verjährungslauf ab und beginnt neu. Ob darüber hinaus die Unterbrechungsordnung von Art. 135 insofern dispositiv sei, als
die Parteien vertraglich zusätzliche Unterbrechungsgründe vorsehen können, wie etwa dass sie bereits die Geltendmachung der Forderung durch
einen Einschreibebrief als verjährungsunterbrechende Handlung anerkennen, ist umstritten (s. BSK OR I-DÄPPEN, N 1). Das Bundesgericht erachtet
m.E. zu Recht die Liste in Art. 135 als erschöpfend und zwingend (BGer
vom 12.5.2004, 4C.296/2003, E.3.4 betr. Art. 135 Ziff. 2: keine verjährungsunterbrechende Wirkung eines Einschreibebriefes; BGE 65 II 233
betr. Art. 135 Ziff. 1).

II. Unterbrechungshandlungen des Schuldners (Ziff. 1)

Die **Anerkennung** der Forderung durch den Schuldner oder dessen Ver-   2
treter unterbricht die Verjährung. Selbst wenn für die Begründung der
Forderung ein Formzwang besteht, kann die Anerkennung *formfrei* erfolgen. Sie kann sich auf die Bejahung einer grundsätzlichen Schuldpflicht

beschränken und muss sich nicht auf einen bestimmten Betrag beziehen (BGer vom 27.2.2004, 5C.112/2003, E.4.1 [frz.]; BGE 119 II 378f. E.7b; anders für die Schuldanerkennung nach Art. 137 Abs. 2, s. dort N 3). Ziff. 1 erwähnt mit der Wendung «namentlich auch» beispielhaft vier Handlungen mit Anerkennungswirkung. Daneben bewirken auch *Hinterlegung* (Art. 94) und der *Abschluss einer Stundungsvereinbarung* (BGE 89 II 30; 65 II 232) die Unterbrechung. Im allgemeinen genügt es, dass der handlungsfähige Schuldner ausdrücklich oder durch konkludente Handlungen seiner Meinung Ausdruck gibt, die Schuld bestehe noch. Zu den **konkludenten Anerkennungshandlungen** werden der *Abschluss einer Schieds- oder Gerichtsstandsabrede* (BUCHER, OR AT, 464), die *Bestellung einer Sicherheit,* das *vorbehaltlose Stundungsgesuch* (BGE 89 II 29f. E.3) und die *Schuldübernahme* (VON TUHR/ESCHER, OR AT, 222 vor Anm. 88) gezählt. Tilgung durch *Verrechnung* wird als (unterbrechende) Abschlagszahlung gedeutet (BGE 110 II 180f.), ebenso die Anerkennung einer Gewährleistungspflicht, einschliesslich der Nachbesserung, bezüglich einer Kaufsache oder eines Werkes (BGE 116 II 313 E.3c). Leistet eine Rechtsschutzversicherung *Kostengutsprache* für ein erstes, aussergerichtliches Verfahren, so anerkennt sie dem Grundsatze nach auch ihre Leistungspflichten für nachfolgende Verfahren (BGE 119 II 378 E.7a). S. ausführlich BSK OR I-DÄPPEN, N 2 ff. m.w.Nw.).

III. Unterbrechungshandlungen des Gläubigers (Ziff. 2)

3   Der Gläubiger muss zur Bekräftigung seines Interesses am Weiterbestand der Forderung ein **Rechtsschutzgesuch** stellen. Jede mildere Massnahme, wie insbesondere Mahnung oder versuchte (erlaubte) Selbsthilfe, reicht *nicht* aus. Die **Unterbrechungshandlungen** des Gläubigers erfordern aber *kein Zutun der Behörde* und insb. *keine amtliche Mitteilung an den Schuldner* (BGE 114 II 262 E.a; kritisch ZK-BERTI, N 44). Das Bundesgericht erachtet die Liste in Art. 135 Ziff. 2 als abschliessend (BGer vom 12.5.2004, 4C.296/2003, E.3.4) und legt die Bestimmung zu Recht *eng* und ihrem Wortlaut entsprechend aus (BGer vom 6.10.2004, 5C.98/2004, E.4.4.1). Dieses Ergebnis steht in Einklang damit, dass die Auslegung von Art. 135 Ziff. 2 nicht unabhängig von Art. 138 erfolgen kann (BGer vom 30.6.2005, 2P.221/2004, E.5.3 [frz.]).

1.   Schuldbetreibung

4   Die **Postaufgabe** eines die formellen Erfordernisse von Art. 67 SchKG erfüllenden Betreibungsbegehrens unterbricht die Verjährung (zur Bedeutung einer fehlerhaften Parteibezeichnung s. BGE 114 II 335 E.3). Dies gilt selbst dann, wenn die Zustellung des Zahlungsbefehls an den Schuldner unterbleibt (BGE 114 II 262 E.a; BSK SchKG I-KOFMEL EHRENZELLER, Art. 67 N 48). Das bei einem örtlich unzuständigen Amt gestellte Begehren unter-

bricht die Verjährung, sofern der Zahlungsbefehl in der Folge dem Schuldner zugestellt und nicht auf Beschwerde hin aufgehoben wird (BGE 83 II 50 E. 5). Die Unterbrechung tritt nur im Umfange des in Betreibung gesetzten Betrages ein, und zwar auch dann, wenn der Gläubiger das Ausmass seiner Forderung noch nicht bestimmen kann (BGE 119 II 339 ff.).

Der Gläubiger kann *jederzeit* sein Betreibungsbegehren durch formelle Erklärung gegenüber dem Betreibungsamt zurückziehen (BSK SchKG I-Kofmel Ehrenzeller, Art. 67 N 47). Aufgrund dieses Rechts ist es dem Gläubiger unbenommen, seinem per Post an das Betreibungsamt zugestellte Betreibungsbegehren *gleichzeitig* eine **Rückzugserklärung** beizulegen, ohne dass dies einen Einfluss auf die Unterbrechungswirkung des Betreibungsbegehrens hat (BSK OR I-Däppen, N 6 m. w. Hw.). Die auf diese Weise dem Betreibungsamt zugesandte Rückzugserklärung bewirkt, dass die Aus- und Zustellung des Zahlungsbefehls unterbleibt und damit die Schuldbetreibung gar nicht erst beginnt (Art. 38 Abs. 2 SchKG). Das Betreibungsamt wird dabei zwangsläufig *zuerst* das Betreibungsgesuch und erst *danach* den Rückzug bearbeiten müssen, und nicht etwa umgekehrt, ansonsten das Betreibungsamt gar nicht wüsste, auf was sich die Rückzugserklärung bezieht. 　　　　　　　　　　　　　　　　　　　　　　　　　　　　　　　5

2.　Klage oder Einrede

a)　Vor einem schweizerischen Gericht

aa)　Klage

Als **Klageanhebung** gilt jede prozesseinleitende oder vorbereitende Handlung, mit welcher der Gläubiger zum ersten Mal in der vom kantonalen Prozessrecht vorgeschriebenen Form den Richter anruft (BGE 118 II 487 E. 3; 114 II 335 f.). Die Klage muss vom Gläubiger gegen den richtigen (passivlegitimierten) Beklagten erhoben werden und hat – vorbehaltlich der unbezifferten Forderungsklage nach Art. 42 Abs. 2 – ein bestimmtes oder bestimmbares und individualisiertes **Rechtsbegehren** zu enthalten. Sie hat *nicht* verjährungsunterbrechende Wirkung, wenn das angerufene Gericht auf die Klage wegen *Unzuständigkeit* nicht eintritt; diesfalls greift Art. 139 Platz. Die Unterbrechungswirkung tritt – unabhängig von der Rechtshängigkeit nach kantonalem Prozessrecht – mit der *Postaufgabe* des Begehrens ein (BGE 65 II 168), bei *Überbringen* mit dem *tatsächlichen Eintreffen* auf der Gerichtskanzlei. Schreibt das kantonale Recht die vorgängige (mündliche oder schriftliche) Anrufung eines Sühn- bzw. Vermittlungsbeamten vor, so gilt diese als genügende Klageanhebung, unabhängig davon, ob der Weisungsschein später rechtzeitig beim Gericht eingereicht wird (BGE 118 II 487 E. 3 – *anders* bei Verwirkungsfristen: BGE 74 II 18). Allerdings ist auch hier vorausgesetzt, dass das Sühnebegehren eine genügende **Individualisierung** mit **Forderungssumme** und – sofern mehrere Ansprüche zur Dis- 　6 kussion stehen – **Forderungsgrund einschliesslich Lebenssachverhalt** enthält; das blosse Begehren um Ansetzung einer Vermittlungsverhandlung reicht für die Unterbrechung der Verjährung nicht aus. Eine nach dem massgebenden Prozessrecht vorgesehene fakultative Vorkehr genügt, sofern sie die materiellen Voraussetzungen einer Klage erfüllt (BGE 59 II 407). Die nach kantonalem Prozessrecht zulässigerweise erhobene *Widerklage* unterbricht die Verjährung wie eine selbstständige Klage (BGE 130 III 202 E. 3.2 = Pra 2004, 920).

7   Die Unterbrechungswirkung tritt *unabhängig der Verfahrensart* der Klageerhebung ein. Der Begriff der Klageerhebung ist dabei weit zu fassen (BGE 59 II 407). Begehren in einem abgekürzten Erkenntnisverfahren (wie z. B. das Zürcher Befehlsverfahren nach Art. 222 Ziff. 3 ZPO als summarisches Verfahren) unterbrechen deshalb die Verjährung wie eine ordentliche Klage (BGE 59 II 407 betr. Einleitung des Verfahrens vor dem Einzelrichter; GIRSBERGER, 108). Gleiches gilt für das Rechtsschutzgesuch auf einstweilige Sicherung einer glaubhaft gemachten Forderung, sofern und soweit das Gesuch eine Geltendmachung der Forderung als solcher in sich schliesst, wie etwa das **Arrestbegehren** oder auch die **vorsorgliche Massnahme**, sofern diese nicht bloss die *Beweissicherung* betrifft (BGE 59 II 407 f.; 110 II 389 ff.; SPIRO I, 299 Anm. 6). Eine **Adhäsionsklage** genügt zur Unterbrechung, sofern sie nach dem massgebenden Prozessrecht zulässig ist und mit ihr der Schutz des Richters in genügend bestimmter Form angerufen wird (BGE 101 II 79 E. 2). Die Unterbrechungswirkung hängt dabei nicht davon ab, ob der Untersuchungsrichter gegen den Schädiger Anklage erhebt (BGE 101 II 80 E. 2c). Wird das Strafverfahren wegen offener Beweislage eingestellt, so unterbricht die Einstellungsverfügung die zivilrechtliche Verjährung nochmals (BGE 111 II 60 f. E. 3; allg. betreffend verjährungsunterbrechender Handlungen der Straforgane oder Verfügungen von Gerichten, der erforderlichen Stellung des Geschädigten im Strafverfahren sowie der Auswirkungen auf die Fristen vgl. BGE 131 III 430 E. 1.2 u. 1.4, und dazu BSK OR I-DÄPPEN, Art. 60 N 14b sowie Art. 137 N 2).

8   Die Klage unterbricht die Verjährung einer Forderung auf Geldzahlung im **Umfang** des eingeklagten Betrages. Steht dieser im Zeitpunkt der Klageerhebung nicht fest, so ist die Zulässigkeit einer unbestimmten Forderungsklage i. S. v. Art. 42 Abs. 2 zu prüfen (BGE 119 II 340).

bb)   Einrede

9   **Einreden**, wie z.B. diejenige der Verrechnung (BGer vom 21.11.2002, B 78/00, E. 4.3.3), des nicht erfüllten Vertrages (Art. 82) oder des Retentionsrechts (SPIRO I, 306), unterbrechen die Verjährung, sofern sie in Beachtung des massgebenden Prozessrecht erhoben werden.

cc) Streitverkündung

Die **Streitverkündung** unterbricht die Verjährung für eine Wechselforde- 10
rung (Art. 1070) und Checkforderung (Art. 1143 Abs. 1 Ziff. 18 i. V. m.
Art. 1070). Für andere Forderungen soll nach einem älteren BGE die Streitverkündung aber nur dann die Verjährung unterbrechen, wenn ihr nach
kantonalem Recht die Wirkung einer Klage zukommt (BGE 50 II 12). Da die
Wirkungen der Streitverkündung eine Frage des materiellen (Bundespri-
vat-)Rechts sind (VOGEL/SPÜHLER, Kap. 5 N 81a, 87), sollte der Streitverkündung unabhängig vom kantonalen Recht *stets* verjährungsunterbrechende
Wirkung zukommen (vgl. auch das *dictum* in BGE 115 II 49 E. 2a). Aus
Gründen der Rechtssicherheit verdient diese breitere Anwendung Zustimmung, weil sich in der Praxis – zumindest bis zum Inkrafttreten eines einheitlichen, bundesrechtlichen Zivilprozessrechts – kaum feststellen lässt, ob
der Streitverkündung unter dem betreffenden kantonalen Recht «die Wirkung einer Klage» zukommt. Überdies ist für den Schuldner als Litisdenun-
ziaten infolge der Streitverkündung der Umfang seiner Leistungspflicht hinreichend *identifizierbar*.

b) Vor einem ausländischen Gericht

Ist die Erhebung der **Klage im Ausland** vergleichbar mit einer inländischen 11
Klageerhebung und ist das ausländische Gericht nach den Regeln des
schweizerischen internationalen Zivilprozessrechts zuständig, so kommt
der Klageerhebung im Ausland Unterbrechungswirkung zu (BGer vom
4. 8. 2005, 4C.144/2005, E. 4); entsprechendes gilt für **Einreden** (im Einzelnen GIRSBERGER, 96, 99 ff.; ZK-BERTI, N 119 ff., 136).

c) Vor einem schweizerischen oder ausländischen Schiedsgericht

Die Anhängigmachung einer **Schiedsklage** bei einem schweizerischen oder 12
ausländischen Schiedsgericht unterbricht die Verjährung (Art. 13 SchKonk;
Art. 181 IPRG; ZK-BERTI, N 137 ff.). Darunter fallen auch **Einreden** vor diesem Schiedsgericht, sofern die Klage nicht wegen Unzuständigkeit des angerufenen Schiedsgerichts oder wegen eines verbesserlichen Fehlers angebrachtermassen oder als vorzeitig zurückgewiesen wird.

3. Eingabe im Konkurs

Die Postaufgabe der **Forderungseingabe** an das Konkursamt bzw. das 13
Eintreffen bei Überbringung unterbricht die Verjährung (s. Art. 231 ff. und
251 SchKG). Demgegenüber bewirkt die Eingabe im *Nachlassverfahren*
nicht eine Unterbrechung, sondern lediglich eine Hemmung der Verjährung
(BGE 31 II 259; BK-BECKER, N 24).

4. Ladung zu einem amtlichen Sühneversuch

14 Der Begriff des **amtlichen Sühneversuchs** unterliegt Bundesrecht, nicht kantonalem Zivilprozessrecht (BGE 114 II 261 E.a). Die *Postaufgabe des Begehrens* um Abhaltung eines Sühne- bzw. Vermittlungsversuchs bewirkt Unterbrechung (BGE 65 II 168; BGer vom 28. 10. 2003, 4C.218/2003, E. 3. 3, i.f.; zum notwendigen Inhalt des Begehrens s. N 6). Dies gilt vorbehaltlich Rechtsmissbrauchs *auch dann*, wenn der Ansprecher den Sühnebeamten – etwa wegen laufender Vergleichsverhandlungen – ersucht, einstweilen von der Vorladung abzusehen, oder der Ansprecher sein Begehren nachträglich zurückzieht (BGE 114 II 262 f. E. a und b, der offen lässt, ob dies angesichts von BGE 76 II 16 E. 1b auch für die Wahrung einer Verwirkungsfrist gelte; m. E. zu bejahen). Der höchstrichterliche Entscheid verdient Zustimmung, weil mit der Postaufgabe des Begehrens bzw. dessen Zugang beim Sühnebeamten rechtsgenügend festgestellt werden kann, dass der Gläubiger sein Interesse am Weiterbestand der Forderung bekräftigt (eher abl. ZK-BERTI, N 51 f.).

15 Weder braucht ein **Sühneversuch** stattzufinden, noch muss eine mangels Versöhnung ausgestellte Weisung an das Gericht gelangen (BGE 118 II 487 E. 3); der weitere Gang des Verfahrens ist für die Unterbrechungswirkung unerheblich (BGE 101 II 80). Einlassung des Schuldners auf eine Sühneverhandlung vor einem örtlich nicht zuständigen Beamten genügt, um die Verjährung zu unterbrechen (BGE 52 II 213 E. 2). Lässt sich der Schuldner nicht ein, steht dem Gläubiger eine Nachfrist gemäss Art. 139 zu. Eine fehlerhafte Parteibezeichnung hindert den Eintritt der Unterbrechung nicht, sofern der Schuldner nach dem Vertrauensprinzip unter den gegebenen Umständen die Absicht des Gläubigers, ihn ins Recht zu fassen, erkennt oder erkennen muss (BGE 114 II 337 E. 3a). Die allfällige *Durchführung der Sühneverhandlung* unterbricht die Verjährung erneut, ebenso wiederum die *Zustellung* des Ausweises bei erfolgloser Vermittlung (zur Terminologie des Ausweises in den einzelnen Kantonen s. ZK-BERTI, N 71). Demgegenüber soll nach bundesgerichtlicher Rechtsprechung durch die *Ausstellung* des Ausweises die Verjährung nicht unterbrochen werden (BGer vom 9. 11. 05, 4C.354/2004, E. 3). Dieser Entscheid verdient keine Zustimmung: *Aus-* und *Zustellung* des Ausweises, welche durch dieselbe Sühneinstanz erfolgen, sind bezüglich verjährungsunterbrechender Wirkung einander gleichzustellen.

IV. Umfang der Unterbrechung

16 Die Unterbrechung tritt im **Umfange** des in Betreibung gesetzten bzw. eingeklagten Betrages bzw. der erhobenen Verrechnungseinrede ein. Dies gilt selbst dann, wenn der Gläubiger bei Vornahme dieser Handlungen das Ausmass seiner Forderung noch nicht bestimmen konnte (BGE 119 II 339 ff.).

Bei zulässiger *unbezifferter Forderungsklage* i. S. v. Art. 42 Abs. 2 wird die Verjährung hingegen für die ganze später bezifferte Summe unterbrochen (BGE 119 II 340). Ein allenfalls zuviel geforderter Zinsbetrag kann zum Zweck der Verjährungsunterbrechung nicht zum Kapitalbetrag geschlagen werden, da jede Forderung durch ihren Rechtsgrund individualisiert wird (BGE 70 II 93 E. 3 i.f.); Gleiches muss demnach gelten für zuviel geforderten Kapitalbetrag bezüglich Verjährung von Zinsen. Wird die eingeklagte Leistung durch prozessual zulässige Erweiterung des Rechtsbegehrens im Verlauf des Verfahrens ausgedehnt, gilt der erweiterte Teil erst in diesem Zeitpunkt als klageweise erhoben, mit entsprechender Unterbrechung der Verjährung für diesen erweiterten Teil (BGE 122 III 203 E. 9c).

Im Übrigen ist der Umfang der Unterbrechung durch *Auslegung* zu ermit-   17
teln. Eine Differenzierung drängt sich v. a. bei der akzessorischen Unterbrechung durch die Geltendmachung von Nebenrechten auf (Art. 133). So betrifft etwa die Unterbrechung der Verjährung der Kapitalforderung die selbstständig verjährende Zinsforderung nur dort, wo Anerkennung oder Geltendmachung dies miterfasst (SCHÖBI, 96).

V. Rechtsfolgen

Zu den Wirkungen der Unterbrechung s. Art. 137 und 138.   18

VI. Zivilprozessuales

Der Gläubiger hat die Unterbrechung der Verjährung, d. h. die «untergangs-   19
hemmenden» Sachumstände, zu beweisen (BK-KUMMER, Art. 8 ZGB N 172).

Art. 136

Wirkung der Unterbrechung unter Mitverpflichteten

[1] **Die Unterbrechung der Verjährung gegen einen Solidarschuldner oder den Mitschuldner einer unteilbaren Leistung wirkt auch gegen die übrigen Mitschuldner.**

[2] **Ist die Verjährung gegen den Hauptschuldner unterbrochen, so ist sie es auch gegen den Bürgen.**

[3] **Dagegen wirkt die gegen den Bürgen eingetretene Unterbrechung nicht gegen den Hauptschuldner.**

I. Normzweck und Anwendungsbereich

1 Art. 136 regelt die Wirkung der Unterbrechung der Verjährung gegenüber Mitverpflichteten. Abs. 1 enthält Regeln über die Wirkung der Unterbrechung der Verjährung gegen einen Solidarschuldner oder Mitschuldner einer unteilbaren Leistung auf die übrigen Mitschuldner. Abs. 2 und 3 enthalten Regeln über die Wirkung der Unterbrechung der Verjährung gegen einen Hauptschuldner auf den Bürgen bzw. gegen den Bürgen auf den Hauptschuldner.

II. Die Wirkung der Unterbrechung auf Solidarschuldner (Abs. 1)

2 Abs. 1 durchbricht die Regel, dass Unterbrechungshandlungen nur gegen denjenigen Schuldner wirken, gegen den sie vorgenommen worden sind. Es liegt ihr die heute überholte Vorstellung zugrunde, dass bei echter Solidarität ein einziges Schuldverhältnis bestehe (BGE 55 II 313 E. 1). Das BGer beschränkt denn auch in konstanter Rechtsprechung die Anwendbarkeit des Abs. 1 auf die **echte Solidarität** (BGer vom 26. 5. 2003, 4C. 27/ 2003, E. 3.4; BGE 115 II 46). Abs. 1 gilt also nicht für Personen, die für den gleichen Schaden aus *verschiedenen* Rechtsgründen, d. h. aus **unechter Solidarität**, haften (kritisch VON BÜREN, AT, 105; KELLER/SCHÖBI, 157). Die Anerkennung der Schuld durch *einen* Solidarschuldner i. S. v. Art. 135 Ziff. 1 wird von Art. 136 Abs. 1 aufgrund dessen klaren Wortlautes nicht erfasst. Deshalb bewirkt eine solche Anerkennung – vorbehaltlich einer Ermächtigung von den anderen Solidarschuldnern nach den Regeln des Stellvertretungsrechts – *nicht* auch die Unterbrechung der Verjährung *gegenüber den anderen Solidarschuldnern*, da ein Solidarschuldner gemäss Art. 146 durch seine persönliche Handlung die Stellung der andern nicht erschweren kann (gl. M. ZK-BERTI, Art. 136/141 Abs. 2 und 3 N 7). Ebenso wenig hat der Schuldbeitritt die Unterbrechung der Verjährung gegen den ursprünglichen Schuldner zur Folge (gl. M. ZK-BERTI, Art. 136/141 Abs. 2 und 3 N 8; **a. M.** KESSLER 20, Anm. 64 ohne Begr.). Gegenüber einzelnen Solidarschuldnern, zu deren Gunsten die Verjährung bereits eingetreten ist, zeitigt die Unterbrechungshandlung keine Wirkung (BGE 22, 493 E. 8).

3 Nach Art. 593 vermag die Verjährungsunterbrechung gegenüber der fortbestehenden **Kollektivgesellschaft** oder einem anderen Gesellschafter *nicht* auch die Verjährung gegenüber einem bereits *ausgeschiedenen* Gesellschafter zu unterbrechen, wohl aber gegenüber einem *nicht* ausgeschiedenen Gesellschafter (BGE 83 II 50 f. E. 6). Gleiches gilt aufgrund der Verweisung in Art. 619 Abs. 1 für die **Kommanditgesellschaft.**

III. Die Wirkung der Unterbrechung auf Bürgen (Abs. 2 und 3)

Eine **Bürgschaftsforderung** verjährt gegenüber der Hauptforderung zwar   4
selbstständig (Abs. 3), aber nach der für letztere massgeblichen Frist (SCHÖ-
BI, 98). Demnach verjähren beide Forderungen i. d. R. zusammen, ausgenommen wenn die Hauptschuld (nicht aber die Bürgschaftsschuld) unverjährbar ist (BGE 50 II 401 ff.; 29 II 258 f.), wenn die Bürgschaft für eine
verjährte Schuld eingegangen wird (Art. 492 Abs. 3), oder wenn die Verjährung der Hauptschuld (nicht aber der Bürgschaftsschuld) einem Stillstandsgrund unterliegt (SCHÖBI, 98; SPIRO I, 673 Anm. 19). Eine Unterbrechung der Hauptforderung trifft immer auch die Bürgschaftsforderung
(Abs. 2; BGE 50 II 405). Infolge fehlender Akzessorietät zur Hauptschuld
verjährt das **Garantieversprechen** nach Art. 111 demgegenüber selbstständig nach Art. 127 (ZK-BERTI, Art. 136/141 Abs. 2 und 3 N 15; zur Abgrenzung zw. Garantieversprechen und Bürgschaft s. BGE 125 III 307 ff. E. 2).

IV. Vorschriften bei Haftpflichtversicherungen

Mangels ausdrücklicher gesetzlicher Regelung wirkt eine Unterbrechungs-   5
handlung nur für diejenige Person, gegen welche oder von welcher sie
vorgenommen wurde. Ausnahmen bestehen in Art. 83 Abs. 2 SVG, Art. 10
Abs. 4 KHG und Art. 39 Abs. 2 RLG, wonach die Unterbrechung gegen den
Haftpflichtigen *auch* gegenüber dem **Versicherer** und umgekehrt wirkt,
beim Versicherer allerdings nur bis zur Höhe des Betrages, für den die Versicherung die Ansprüche des Geschädigten deckt (BGE 106 II 254 E. 3 = Pra
1987, 76; BGE 116 II 651 f. E. 7b bb = Pra 1991, 222 f.).

V. Rechtsfolgen

Zu den Rechtsfolgen der Unterbrechung s. Art. 137 und 138.   6

Art. 137

Beginn einer neuen Frist	[1] **Mit der Unterbrechung beginnt die Verjährung von neuem.**
Bei Anerkennung und Urteil	[2] **Wird die Forderung durch Ausstellung einer Urkunde anerkannt oder durch Urteil des Richters festgestellt, so ist die neue Verjährungsfrist stets die zehnjährige.**

I.　Normzweck und Anwendungsbereich

1　Art. 137 regelt die **Dauer** der nach einer Unterbrechung neu beginnenden Verjährungsfrist und sieht in Abs. 1 einen Normalfall und in Abs. 2 zwei Sonderfälle vor, nämlich einerseits die urkundliche Anerkennung und anderseits die Feststellung durch richterliches Urteil. Der Tag, an dem die Unterbrechungshandlung ihre Wirkung entfaltet, wird beim Neubeginn nicht mitgezählt (zur Berechnung der Frist s. o. Art. 132).

II.　Dauer der neuen Verjährungsfrist

1.　Der Normalfall (Abs. 1)

2　Die neue Verjährungsfrist ist im **Normalfall** von *gleicher* Dauer wie die unterbrochene (BGE 69 II 105; für Forderungen aus Wechsel und Check ausdrücklich Art. 1071 Abs. 2). Besonderheiten gelten bei allfälliger Anwendbarkeit von strafrechtlichen Verjährungsfristen (BGE 131 III 430 E. 1.2, 1.4; s. BSK OR I-DÄPPEN, Art. 60 N 14b).

2.　Die Sonderfälle (Abs. 2)

a)　*Urkundliche Anerkennung*

3　Urkundliche Anerkennung setzt voraus, dass die Forderung schriftlich beziffert und unterschriftlich anerkannt wird (BGE 113 II 268 f.); die Bestimmung wird diesbezüglich eng ausgelegt (BGer vom 23. 10. 2003, 5C.61/2003 E. C.b, 3.5, i.f. [frz.]). Es gelten somit die gleichen Anforderungen wie an die unterschriftlich bekräftigte Schuldanerkennung i. S. des Art. 82 SchKG (BGE 61 II 338 E. 3). Die bloss grundsätzliche Anerkennung einer Schuldpflicht (z. B. die Zusicherung der Schadensdeckung durch eine Haftpflichtversicherung) kann allenfalls unter Art. 135 Ziff. 1 fallen, erfüllt aber nicht die Voraussetzungen des Art. 137 Abs. 2 (BGE 113 II 268 E. 2d).

b)　*Feststellung durch richterliches Urteil*

4　Unterbrechungswirkung hat jede richterliche **Sachentscheidung**, deren Dispositiv den Bestand einer zivilrechtlichen Forderung des Urteilsgläubigers zum Ausdruck bringt. Dazu gehört auch ein im **Säumnisverfahren** ergangenes Urteil sowie die rechtskräftige Abweisung einer **negativen Feststellungsklage** einschliesslich der **Aberkennungsklage** nach Art. 83 SchKG, *nicht* aber die Erteilung der **provisorischen Rechtsöffnung** als vollstreckungsrechtliches Gestaltungsurteil (ZK-BERTI, N 24, 26). Art. 137 Abs. 2 findet kraft Analogie teilweise auch im öffentlichen Recht Anwendung, so etwa bei der Vollstreckungswirkung einer rechtskräftigen Schadenersatzforderung nach Art. 52 AHVG (BGE 131 V 4 E. 3 betr. Anwendbarkeit der zehnjährigen Frist gem. Art. 137 Abs. 2 [Änderung der bisherigen Rsp.], bestätigt in BGer vom 15. 6. 2005, 5P.456/2004, E. 3.3).

3. Verhältnis zur fünfjährigen Frist nach Art. 128

Urkunden bzw. Urteile bez. Forderungen, die der fünfjährigen Frist unter- 5
liegen, lösen die **zehnjährige Folgefrist** des Abs. 2 nur aus, wenn sie eine bereits fällige Forderung verurkunden, nicht aber wenn sie später fällig werdende periodische Leistungen festsetzen (BSK OR I-DÄPPEN, N 5 m.w.Nw.).

4. Verhältnis zu gerichtlichen Handlungen nach Art. 138

Voraussetzung für die Anwendbarkeit des Art. 137 Abs. 2 und damit die 6
Auslösung der neuen Verjährungsfrist von zehn Jahren ist die *Rechtskraft*
des Urteils, ansonsten die Forderung vom Richter nicht verbindlich festgestellt wurde. *Bis zum Eintritt der Rechtskraft* findet nicht Art. 137 Abs. 2,
sondern Art. 138 Anwendung, mit der Folge, dass eine neue Verjährungsfrist mit der gleichen Dauer wie die unterbrochene läuft (SG GVP 1952,
15 = SJZ 1956, 45 f.).

Art. 138

Bei Handlungen des Gläubigers	[1] Wird die Verjährung durch eine Klage oder Einrede unterbrochen, so beginnt im Verlaufe des Rechts-streites mit jeder gerichtlichen Handlung der Par-teien und mit jeder Verfügung oder Entscheidung des Richters die Verjährung von neuem.
	[2] Erfolgt die Unterbrechung durch Schuldbetreibung, so beginnt mit jedem Betreibungsakt die Verjährung von neuem.
	[3] Geschieht die Unterbrechung durch Eingabe im Kon-kurse, so beginnt die neue Verjährung mit dem Zeit-punkte, in dem die Forderung nach dem Konkurs-rechte wieder geltend gemacht werden kann.

I. Normzweck und Anwendungsbereich

Die **Rechtshängigkeit** (Litispendenz) hat per se keinen Einfluss auf den Ver- 1
jährungslauf. Deshalb kann eine Forderung bei Untätigkeit des Klägers oder
des Gerichts u.U. unter der Hand des Richters verjähren (BGE 123 III 216
E. 3; 106 II 36). Entsprechendes gilt bei der Schuldbetreibung. Art. 138 enthält für die Dauer der Rechtshängigkeit und der Schuldbetreibung verfah-
rensbezogene **Unterbrechungsgründe** und legt den Zeitpunkt des Neube-
ginns der Verjährung fest.

II. Gerichtliche Handlungen nach Abs. 1

1. Gerichtliche Handlung der Parteien

2   Eine Klage unterbricht die Verjährung nur dann, wenn sie bei der zuständigen Behörde und in gültiger Form erhoben wurde. Fehlt eine dieser Eintretensvoraussetzungen, erfolgt keine Unterbrechung, sondern lediglich die Auslösung einer Nachfrist von 60 Tagen gemäss Art. 139.

3   Das Bundesprivatrecht enthält eine einheitliche Verjährungsordnung für die Dauer des Gerichtsverfahrens. Ob eine **Parteihandlung** die Verjährung unterbricht, ist deshalb eine Frage des Bundesrechts (BGE 130 III 202 E. 3.2 = Pra 2004, 920). Das BGer legt den Wortlaut weit aus und lässt jede Handlung genügen, die geeignet ist, den Prozess weiterlaufen zu lassen. Dabei ist nicht erforderlich, dass die Handlungen den Prozess seiner Beendigung näher bringen. Unter verjährungsunterbrechende Handlungen fallen *schriftliche* Eingaben, mit denen die Fortsetzung oder Erledigung des Verfahrens verlangt wird (SJZ 1964, 345), die *Leistung einer Prozesskaution* (SJZ 1918/19, 249), die *Parteieingaben im Behauptungsstadium* (BGE 123 III 216 E. 3 = JdT 2000 I 208 ff.) und im *Beweisverfahren* (BGer vom 10. 2. 2004, B 87/00, E. 1.4.3), ebenso schriftliche Parteieingaben, mit welchen die *Behebung von Verfahrensfehlern* oder *Verfahrensversäumnissen*, wie Ablehnungs- und Ausstandsbegehren, verlangt wird (ZK-BERTI, N 22), einschliesslich der *Rechtsverzögerungsbeschwerde* (BGE 21 249 E. 4), ferner auch ein *Fristerstreckungsgesuch* oder ein *Rekurs* (BGE 130 III 202 E. 3.2 = Pra 2004, 920, unter Verweis auf weitere bei SPIRO I, 345 u. 347 angeführte Bsp.). Demgegenüber sind die Mitteilung eines Anwaltswechsels oder der Aktenbezug bei der Gerichtskanzlei keine verjährungsunterbrechenden Handlungen (BGE 85 II 191 E. 2). Telefonische Reklamationen und sonstige *mündliche* Rückfragen genügen ebenfalls nicht, vielmehr bedarf es förmlicher und für beide Parteien stets leicht und einwandfrei feststellbarer Handlungen (BGE 123 III 219 E. 6a). Eine *zu Protokoll gegebene Erklärung*, sofern diese geeignet ist, den *Prozess weiterzutreiben* und der Gegenpartei davon *Mitteilung* gemacht wird, genügt demnach (BGer vom 10. 2. 2004, B 87/00, E. 1.4.1).

2. Verfügung oder Entscheidung des Richters

4   Unter die Begriffe «Verfügung» und «Entscheidung» fallen *prozessleitende Entscheide* (diese dienen der Fortführung des Verfahrens und erwachsen nicht in materielle Rechtskraft), *Zwischenentscheide* (diese bestätigen das Vorliegen einer Sachurteilsvoraussetzung oder bejahen oder verneinen eine sachrechtliche Vorfrage) und *prozesserledigende Entscheide*; letztere führen das Verfahren mit einem *Sachentscheid* – der in materielle Rechtskraft erwächst – oder einem *Prozessentscheid* – der nicht in materielle

Rechtskraft erwächst – zu Ende. Dabei ist es nicht erforderlich, dass die Entscheide «formell in Verfügungs- oder Entscheidform gekleidet sind» (BGer vom 10. 2. 2004, B 87/00, E. 1.4.2). Sodann muss es sich um die Verfügung oder Entscheidung eines *Richters* handeln; von kantonalen Prozessordnungen institutionalisierte Friedensrichter fallen m. E. ebenfalls darunter (ebenso BGE 130 III 515 E.4 betr. ZG, gegenteilig BGer vom 9. 11. 2005, 4C.354/2004, E.3 betr. ZH; ausführlich dazu BSK OR I-Däppen, N 3). Für Anwendungsfälle von verjährungsunterbrechenden Verfügungen oder Entscheidungen s. BSK OR I-Däppen, N 3 a ff.).

III. Unterbrechung durch Schuldbetreibung (Abs. 2)

Abs. 2 knüpft an Art. 135 Ziff. 2 an und bestimmt, dass **Betreibungsakte**, *die*   5
eine neue Verfahrensphase einleiten, die Verjährung jeweils unterbrechen. Umfasst sind demnach nicht nur die Anträge des Gläubigers an das Betreibungsamt, sondern auch Vollstreckungshandlungen des Betreibungsamtes. Als Betreibungsakte gelten demnach etwa das Stellen des Betreibungsbegehrens, die Zustellung des Zahlungsbefehls (BGE 104 III 22), das Stellen des Fortsetzungsbegehrens (Art. 88, 159, 166 SchKG), die Pfändung (Art. 89 SchKG), das Stellen des Verwertungsbegehrens (Art. 116, 154 SchKG) und die Verteilung (Art. 144 SchKG), nicht aber die Mitteilung des vom Schuldner erhobenen Rechtsvorschlages an den Gläubiger (BGE 81 II 136). Das Stellen eines Rechtsöffnungsbegehrens (Art. 80 SchKG) fällt unter den Begriff der Klage nach Abs. 1, die Abweisung des Rechtsöffnungsbegehrens wiederum unter den Betreibungsakt nach Abs. 2 (BGE 91 II 371 E. 10). Die Anerkennungsklage (Art. 79 SchKG) bzw. die fristgerechte Aberkennungsklage (Art. 83 Abs. 2 SchKG) unterbricht die Verjährung nach Massgabe von Art. 135 Ziff. 2.

IV. Unterbrechung durch Eingabe im Konkurs (Abs. 3)

Die neue Verjährungsfrist beginnt im ordentlichen Konkursverfahren zehn   6
Tage nach der zweiten Gläubigerversammlung bzw. im summarischen Konkursverfahren zwanzig Tage nach Auflegung des Kollokationsplanes zu laufen (Art. 207 Abs. 1 und 3 SchKG). Erfolgt der *Widerruf* des Konkurses i. S. v. Art. 195 Abs. 1 und 2 SchKG, hört die Hemmung der Verjährung auf und die Verjährung nimmt am Tage nach der Publikation i. S. v. Art. 195 Abs. 3 SchKG ihren Fortgang (Art. 134 Abs. 2 analog). Wird indessen das Konkursverfahren gegen eine natürliche Person zu Ende geführt (diesbezügliche verjährungsrechtliche Überlegungen für eine juristische Person sind infolge deren Auflösung nach Abschluss des Konkursverfahrens obsolet), wird dem nicht vollständig befriedigten Gläubiger ein Konkursverlustschein ausgestellt (Art. 265 Abs. 1 SchKG), und die darin verurkundete Forderung verjährt in zwanzig Jahren *ab effektiver Ausstellung,* bzw. wenn kein Verlustschein

ausgestellt wurde ab dem Datum, an welchem der Verlustschein hätte ausgestellt werden sollen (Art. 149 Abs. 1bis, 149a Abs. 1 SchKG; BSK SchKG II-
Huber, Art. 149a N 2). Gegenüber den Erben des Schuldners verjährt die im
Verlustschein verurkundete Forderung ein Jahr nach *Eröffnung des Erb-
ganges*, d. h. ab dem Todestag des Schuldners (Art. 265 Abs. 2 SchKG i. V. m.
Art. 149a Abs. 1 SchKG i. V. m. Art. 537 Abs. 1 ZGB). *Nicht abzustellen* ist
m. E. auf einen *allfälligen späteren Zeitpunkt* für den Neubeginn der Frist,
falls der Schuldner Rechtsvorschlag mit der Begründung erhebt, er sei *nicht
zu neuem Vermögen* gekommen (Art. 265 Abs. 2, 265a Abs. 1 SchKG), obwohl
in diesem Fall je nach Vermögenslage des Schuldners die Forderung nach
dem Konkursrecht i. S. v. Art. 138 Abs. 3 *nicht* geltend gemacht werden kann
(a. M. ZK-Berti, N 48; s. auch BSK OR I-Däppen, N 6b).

Art. 139

V. Nachfrist bei
    Rückweisung
    der Klage

**Ist die Klage oder die Einrede wegen Unzuständigkeit
des angesprochenen Richters oder wegen eines verbesserlichen Fehlers angebrachtermassen oder als vorzeitig zurückgewiesen worden, so beginnt, falls die Verjährungsfrist unterdessen abgelaufen ist, eine neue Frist
von 60 Tagen zur Geltendmachung des Anspruches.**

I.   Normzweck und Anwendungsbereich

1   Eine prozessual mangelhaft eingeleitete Klage oder erhobene Einrede bewirkt keine Unterbrechung der Verjährung mit Beginn einer neuen Frist
i. S. des Art. 137 Abs. 1 (BGE 85 II 510 E. 3b). Mit Art. 139 wird der Gläubiger aber geschützt, indem der Verjährungsablauf um die Dauer einer Nachfrist von 60 Tagen gehemmt wird. Die ratio legis besteht darin, dass der
Gläubiger vor Ablauf der Frist sein Interesse an der Geltendmachung der
Forderung – wenn auch fehlerhaft – kundgetan hat. Bei einem Nichteintretensentscheid beginnt die Nachfrist am Tag nach Zustellung an den Kläger
(BGE 109 III 52 E. 4d; 85 II 509 E. 3b, wobei offen gelassen wurde, ob das
Datum der Klagerückweisung, deren Mitteilung oder deren Rechtskraft
massgebend sei). Ergreift der Kläger gegen den Nichteintretensentscheid
ein ordentliches Rechtsmittel und wird dieses zurück- oder abgewiesen,
läuft dem Kläger ab Zustellung des Rechtsmittelentscheides erneut eine
Frist von 60 Tagen. Zieht der Kläger seine Klage bzw. Einrede freiwillig zurück, läuft die Frist ab dem ersten Tag nach der Rückzugserklärung (BSK
OR I-Däppen, N 1).

Das BGer wendet Art. 139 analog auf **Verwirkungsfristen** des Bundeszivil- 2
rechts an (BGE 61 II 152 ff. E. 5). Dies gilt etwa für die *Anfechtungsklage*
gem. Art. 75 ZGB (BGer vom 22.12.2003, 5P.370/2003, E. 2.6 [frz.]) und damit m. E. auch für sämtliche Anfechtungsklagen im Gesellschaftsrecht, die
Vaterschaftsklage (BGE 100 II 284 E. 3; BK-HEGNAUER, Art. 256c ZGB N 62
m. w. Nw.), die erbrechtliche *Herabsetzungs-* (Art. 522/533 ZGB; BGE 45
II 524 f. E. 4) und *Ungültigkeitsklage* (Art. 519/521 Abs. 1 ZGB; BGE 98 II 183
E. 11) und die Klage auf *Prosequierung eines Bauhandwerkerpfandrechtes*
(BGE 89 II 308 E. 6). M. E. sollte darüber hinaus aus Gründen der Rechtssicherheit bei allen Rechtsverfolgungsschritten i. S. v. Art. 135 Ziff. 2, welche
nach Form oder Einreichestelle mangelhaft sind, Art. 139 analog Anwendung finden (BSK OR I-DÄPPEN, N 3). In Fällen analoger Anwendung beträgt die gewährte **Nachfrist** nicht notwendigerweise 60 Tage, sondern bemisst sich nach den Umständen des Einzelfalles (BGE 89 II 313 E. 7).

Die Frage der analogen Anwendbarkeit von Art. 139 auf **Klagen nach dem** 3
SchKG ist mit der Einführung von Art. 32 Abs. 3 SchKG hinfällig geworden
(BGE 130 III 515 E. 4). Nach dieser Bestimmung beginnt eine neue Klagefrist
von gleicher Dauer, falls eine Klage *wegen Unzuständigkeit des Gerichts*
vom Kläger zurückgezogen oder durch Urteil zurückgewiesen wurde. Das
BGer lehnte sodann die Anwendung von Art. 139 auf die *betreibungsrecht-*
liche Beschwerde gemäss Art. 17 Abs. 2 SchKG ausdrücklich ab (BGE 108
III 43 E. 3a; 96 III 95 f. E. 2). Diese Rechtsprechung hat auch unter dem rev.
SchKG weiterhin Geltung. Aufgrund des klaren Wortlautes von Art. 32 Abs. 3
SchKG und der Abgrenzung in Art. 17 Abs. 1 SchKG fällt die Beschwerde
nicht unter den Begriff der Klage. Vielmehr ist die an eine unzuständige Behörde gerichtete Beschwerde *von Amtes wegen weiterzuleiten* (gl. M. BSK
SCHKG I-NORDMANN, Art. 32 N 13). Leidet indessen eine schriftliche Eingabe an einem *verbesserlichen Fehler*, ist nach Art. 32 Abs. 4 SchKG Gelegenheit zur Verbesserung zu geben. Der Begriff «schriftliche Eingabe» wird
dabei weit gefasst und betrifft alle an die Behörden gerichteten Schriftstücke, der Begriff «verbesserlicher Fehler» betrifft etwa fehlende notwendige Unterschriften, Vollmachten oder Beilagen, oder auch die ungenügende
Klarheit von Rechtsbegehren oder von angerufenen Beweismitteln (BSK
SchKG-STAEHELIN, Erg.Bd., Art. 32 N 15; zur Bedeutung einer fehlerhaften
Parteibezeichnung s. BGE 114 II 335 E. 3).

II. Voraussetzungen für die Gewährung der Nachfrist

1. Zeitpunkt der Erhebung

Die bei einem unzuständigen Richter bzw. mit einem verbesserlichen Feh- 4
ler behaftete Klage oder Einrede muss *vor* Ablauf der Verjährungsfrist erhoben werden (BGer vom 22.12.2003, 5P.370/2003, E. 2.6 [frz.]). Ob die
Rückweisung in der Folge erst *nach* Ablauf der Verjährungsfrist erfolgt, ist

unerheblich. Der Fehler muss in der **Einleitungsphase**, sei es beim Friedensrichter oder beim Gericht bei sog. zweistufiger Klageanhebung (BGE 89 II 311 E. 7), begangen werden, denn Art. 139 dient nicht dazu, bei späterer Säumnis abzuhelfen (BGE 80 II 292 f. = Pra 1955, 140 f.).

2. Unzuständigkeit des Richters

5 Erfasst wird die **gerichtliche Unzuständigkeit** in internationaler, sachlicher, örtlicher oder funktioneller Hinsicht, sei dies unter internationalem, eidgenössischem oder kantonalem Recht. Seit Inkrafttreten des Gerichtsstandsgesetzes (GestG, SR 272) am 1. Januar 2001 stellt sich bei *örtlicher* Unzuständigkeit des angerufenen Gerichts – und nachfolgendem Rückzug bzw. Rückweisung der Klage – die Frage des Verhältnisses von Art. 34 Abs. 2 GestG zu Art. 139. Art. 34 Abs. 2 GestG überschneidet sich mit Art. 139 *nur*, wenn die Verjährung zwischen Anhebung der Klage beim *örtlich unzuständigen Gericht* und anschliessendem Rückzug bzw. Rückweisung eintritt. M. E. wird aufgrund der unterschiedlichen Regelungsbereiche der beiden Bestimmungen Art. 139 durch Art. 34 Abs. 2 GestG nicht *generell* verdrängt, sondern vielmehr *ergänzt* (s. ausführlich BSK OR I-Däppen, N 7a f.).

3. Verbesserlicher Fehler

6 Eine **fehlerhafte Prozesseinleitung** liegt vor, wenn sie ihrer Form nach den gesetzlichen Erfordernissen nicht entspricht oder ihrem Inhalt nach unzulässig oder unvollständig ist (Guldener, 282). Sie ist – nach wohl überholter Auffassung – verbesserlich, wenn das anwendbare Prozessrecht dem Ansprecher Gelegenheit zur Korrektur gewährt. Darunter fallen etwa das Fehlen einer gesetzlich gebotenen Vertretung (BGE 85 II 511 E. 2b), fehlende Erteilung der Vollmacht an einen Anwalt oder auch das Nichteinreichen des Ausweises über den gescheiterten Vermittlungsversuch (BGer vom 22. 12. 2003, 5P.370/2003, E. E.b [frz.]). Kein verbesserlicher Fehler i. S. des Art. 139 ist der Umstand, dass die Passivlegitimation (BGE 114 II 335 E. 3a; in 132 III 1 nicht publ. E. 1.2 [BGer vom 29. 9. 2005, 5C.31/2005) oder die Aktivlegitimation fehlte (BGer vom 12. 5. 2004, 4C.296/ 2003, E. 3.5, i. f. [frz.]), der Kläger die Anspruchsgrundlage seiner Klage nicht genügend substantiiert hat und deshalb die Klage abgewiesen wurde (BGE 108 II 339 f. E. 2b), oder kantonale Fristen zur Leistung einer Prozesskaution – und auch andere Fristen, die das kantonale Verfahrensrecht zum Handeln setzt – verpasst wurden (BGE 130 III 202 E. 3.3.2 = Pra 2004, 924; BGer vom 7. 1. 2005, 5C.241/2004, E. 2).

4. Rückweisung der Klage «angebrachtermassen oder als vorzeitig»

7 Diese gesetzliche Formulierung erfasst **Prozessentscheide**, nicht aber Sachentscheide. In der Praxis dürfte im Hinblick auf die ablaufende Verjährung die vorzeitige Rückweisung der Klage kaum eine Bedeutung haben.

Dabei ist es nicht notwendig, dass der Ansprecher bis zur tatsächlichen Rückweisung seiner Klage oder Einrede wartet; es genügt, dass mit dieser sicher zu rechnen ist (BGE 72 II 331 f. E. 4). Wartet der Ansprecher aber zu, so läuft die Nachfrist erst von der förmlichen Zustellung des Nichteintretensentscheids an (BGE 109 III 52 E. 4d).

III. Rechtsfolgen

Erhebt der Ansprecher innerhalb der Nachfrist eine verbesserte Klage bzw.   8
Einrede, wird die Verjährung i. S. v. Art. 135 Ziff. 2 unterbrochen. Ob die Nachfrist dem Kläger zusteht, wird nicht vom zurückweisenden, sondern vom neu angerufenen Richter beurteilt (BGE 100 III 39 E. 3). Wird auch vor diesem ein Einleitungsfehler begangen, so ist eine weitere Anwendung von Art. 139 möglich (obiter dictum, jedoch offen gelassen in BGE 130 III 202 E. 3.3.2 = Pra 2004, 924).

Art. 140

▼I. Verjährung
bei Fahrnis-
pfandrecht

Durch das Bestehen eines Fahrnispfandrechtes wird die Verjährung einer Forderung nicht ausgeschlossen, ihr Eintritt verhindert jedoch den Gläubiger nicht an der Geltendmachung des Pfandrechtes.

I.   Normzweck und Anwendungsbereich

Art. 140 bezweckt eine Privilegierung des Gläubigers einer fahrnispfandge-   1
sicherten Forderung. Wohl hindert das Fahrnispfandrecht – im Gegensatz zum Grundpfandrecht (Art. 807 ZGB) – nicht die Verjährung der Forderung. Das Fahrnispfandrecht bleibt aber von der eingetretenen Verjährung der Forderung unberührt. Die Bestimmung ist dabei keine Durchbrechung des **Grundsatzes der Akzessorietät** des Pfandrechtes, da die Forderung infolge der Verjährung wohl einredebelastet ist, aber weiterhin besteht. Dies äussert sich im Recht des Gläubigers, sich Befriedigung aus der Pfandverwertung zu verschaffen.

Unter den Begriff **«Fahrnispfandrecht»** fallen das *Faustpfand* (Art. 884 ff.   2
ZGB), das *Retentionsrecht* (Art. 895 f. ZGB; BGE 86 II 358 f. E. 2; BGer vom 6. 9. 2002, 4C.374/2001, E. 2.3), das *Forderungspfandrecht* und das *Pfandrecht an anderen Rechten* (Art. 899 ff. ZGB; SJZ 1942/43, 41). Verschiedene Autoren befürworten die Ausdehnung auch auf weitere Sicherungsrechte (s. dazu BSK OR I-DÄPPEN, N 2). Von Art. 140 *nicht* umfasst sind *Vormer-*

kungen i.S.v. Art.959 ZGB, *Verfügungsbeschränkungen* gemäss Art.960 ZGB oder die *Viehverpfändung* gemäss Art.885 ZGB.

II. Voraussetzungen

3   Für die Anwendung von Art.140 müssen die **Sicherungsrechte** *vor* Eintritt der Verjährung bestellt worden sein. Die *nachträgliche* Errichtung bedeutet aber allenfalls Anerkennung der Forderung durch den Schuldner oder dessen Verzicht auf die Verjährungseinrede. Tritt zwischen Vereinbarung der Pfandbestellung und deren Erfüllung die Verjährung der Forderung ein, hat dies gleichzeitig auch die Verjährung der Pflicht zur Pfandübergabe als Nebenanspruch zur Folge (s. Art.133 N 3). Findet die Pfandübergabe aber trotzdem statt, gelangt Art.140 zur Anwendung.

III. Rechtsfolgen

4   Der Gläubiger kann trotz Verjährung seiner Forderung das **Pfandsubstrat** verwerten lassen und den Erlös im Umfang der Sicherstellung zur Befriedigung seiner Forderung verwenden.

Art. 141

VII.   Verzicht auf die Verjährung

¹ **Auf die Verjährung kann nicht zum voraus verzichtet werden.**

² **Der Verzicht eines Solidarschuldners kann den übrigen Solidarschuldnern nicht entgegengehalten werden.**

³ **Dasselbe gilt unter mehreren Schuldnern einer unteilbaren Leistung und für den Bürgen beim Verzicht des Hauptschuldners.**

I. Normzweck und Anwendungsbereich

1   Art.141 enthält Einschränkungen über den Verzicht auf die Verjährung. Die Bestimmung steht in einem engen Zusammenhang mit Art.129, welcher die Berechnungsgrundlagen für gewisse Verjährungsfristen festlegt. Beide Bestimmungen sollen sicherstellen, dass der Schuldner bei der Begründung seiner Verpflichtung nicht dazu gebracht werden kann, rechtsgeschäftlich auf den Schutz der Verjährung zu verzichten.

2   Bei Abs.1 ist dogmatisch zwischen der **Verlängerung der Verjährungsfrist** und dem **Verzicht auf die Verjährungseinrede** zu unterscheiden. Das Bun-

desgericht hat aber seit BGE 99 II 185 ff. die beiden Begriffe einander
gleichgestellt (BSK OR I-Däppen, N 1a mit Differenzierungen). Die Absätze
2 und 3 regeln die Rechtsfolgen eines zulässigen Verzichts für die übrigen
Schuldner bei Solidarität und Gesamtschuldnerschaft sowie für Bürgen.

II.   Das Verbot des Vorausverzichts nach Abs. 1

Der Wortlaut von Art. 141 Abs. 1 verbietet dem Schuldner schlechthin den   3
Vorausverzicht. Das Verbot umfasst neben der konkreten Verzichtsvereinbarung auch eine anderweitige rechtsgeschäftliche Erschwerung der Lage
des Schuldners, wie etwa die Vereinbarung einer **Konventionalstrafe** für
den Fall, dass sich der Schuldner auf die ihm zustehende Einrede der Verjährung berufen werde (ZK-Berti, Art. 129/141 Abs. 1 N 60). Im Gegensatz
zu Art. 129 bezieht sich Art. 141 *seinem Wortlaut nach* auf alle Verjährungsfristen, nicht bloss auf die im dritten Titel des OR enthaltenen.

Das BGer hat nun den engen Zusammenhang von Art. 129 und 141 Abs. 1   4
anerkannt und seine Rsp. geändert (BGE 132 III 226 = Pra 2006, 999 ff.;
ausführlich BSK OR I-Däppen, N 2 ff.). Demnach beschlägt die Formulierung, auf die Verjährung könne nicht zum Voraus verzichtet werden, nur
den Verjährungsverzicht *im Zeitpunkt des Vertragsschlusses* (und m. E.
nach dem Grundsatz in majore minus auch *vor* dem Vertragsschluss), unabhängig von der jeweiligen Verjährungsdauer. Sobald der Vertrag aber geschlossen ist, kann der Schuldner bei allen Verjährungsfristen noch während laufender Verjährung darauf verzichten, sich auf diese zu berufen
(BGE 132 III 226 E. 3.3.7 = Pra 2006, 1010). Hinsichtlich Dauer eines solchen Verzichtes ist allerdings stets (d. h. auch bei spezialgesetzlich kürzeren
Fristen) die zehnjährige Frist gemäss Art. 127 als Schranke zu beachten, da
es zu vermeiden gilt, dass der Gläubiger zeitlich unbeschränkt die Leistung
vom Schuldner verlangen kann (BGE 132 III 226 E. 3.3.8 = Pra 2006, 1011).
Wird keine Frist im Verzicht genannt, gilt dieser für die von der betreffenden
Gesetzesvorschrift vorgesehene Dauer.

Beim **Verzicht** ist keine besondere Form zu beachten, selbst nicht bei   5
Forderungen aus Rechtsgeschäften, die formbedürftig sind (Art. 1 Abs. 2,
Art. 11). Ausserdem kann der Verzicht ausdrücklich oder stillschweigend erfolgen, und es genügt bereits ein Verhalten des Schuldners, das die andere
Partei als Verzicht auslegen durfte (BGE 112 II 234 = Pra 1987, 232). Ein
stillschweigender Verzicht ist allerdings nur bei Vorliegen klarer Indizien
anzunehmen (ZR 1952, 95). Er kann sich beispielsweise aus der Bestellung
einer Sicherheit ergeben (BK-Zobl, Art. 884 ZGB N 250).

Der befristete oder unbefristete **Widerruf** des vom Schuldner erklärten Ver-   6
zichts oder der einmal erhobenen Verjährungseinrede ist jederzeit möglich,
da die Forderung nicht untergegangen ist und weiterhin Bestand hat (Vor-

bem. zu Art. 127–142 N 1). Beim Widerruf für eine *befristete* Zeit ist die Forderung bis zum Ablauf dieser Frist gerichtlich durchsetzbar, bei *unbefristetem* Widerruf beginnt – abgesehen von den Sonderfällen in Art. 137 Abs. 2 – eine Frist von gleicher Dauer wie die unterbrochene (Art. 137 N 2 ff.). Zudem kann der Schuldner nach Vollendung der Verjährung auf die Erhebung der ihm zustehenden Verjährungseinrede ausdrücklich oder stillschweigend verzichten, oder aber auch die Erhebung der Einrede aus anderen Gründen, wie z. B. zufolge Unkenntnis, unterlassen.

7   Der gültige Verzicht auf die Verjährung lässt auch die **Nebenrechte** i. S. des Art. 133 wieder aufleben, es sei denn, der Verzichtende habe diese ausdrücklich oder stillschweigend von seiner Erklärung ausgenommen (SCHÖBI, 90).

III. Auswirkungen eines Verzichts für Mitverpflichtete (Abs. 2 und 3)

8   Art. 141 Abs. 2 ist ein Anwendungsfall der Wirkung der persönlichen Handlung des einzelnen Solidarschuldners gegenüber den anderen i. S. v. Art. 146. Bei Art. Art. 141 Abs. 3 deckt sich der erste Teil betreffend mehrerer Schuldner einer unteilbaren Leistung mit Art. 70 Abs. 2, der zweite Teil betreffend Bürgen mit Art. 502 Abs. 2. Während laufender Verjährung wirkt eine *Unterbrechung* auch gegenüber Solidarschuldnern und Bürgen (Art. 136). Nach Eintritt der Verjährung kann der *Verzicht auf die Verjährung* eines Solidarschuldners nicht den übrigen Solidarschuldnern (Art. 143 ff.), derjenige eines Gesamtschuldners nicht den anderen Gesamtschuldnern (Art. 70 Abs. 2) und derjenige des Hauptschuldners nicht den Bürgen entgegengehalten werden (Art. 502 Abs. 2).

IV. Rechtsfolgen

9   Verfügungen und Vereinbarungen, welche gegen den Verbotsgehalt von Abs. 1 verstossen, sind zufolge widerrechtlichen Inhalts *nichtig* (Art. 20 Abs. 1). Wird lediglich die zulässige Höchstdauer von zehn Jahren überschritten, kommt allenfalls Teilnichtigkeit i. S. v. Art. 20 Abs. 2 bzw. Reduktion auf das erlaubte Mass in Frage.

Art. 142

| VIII. | Geltend-machung | Der Richter darf die Verjährung nicht von Amtes wegen berücksichtigen. |

I. Normzweck und Anwendungsbereich

Art. 142 ordnet an, dass die Verjährung nicht von Amtes wegen, sondern lediglich auf Einrede des Schuldners hin Wirkung zeitigt und die Durchsetzung der Forderung verhindert. Diese Regelung ist die logische Konsequenz, dass der Ablauf der Verjährungsfrist die Forderung nicht zum Erlöschen bringt, sondern diese nur abschwächt (Vorbem. zu Art. 127–142 N 1). Der Begriff «Richter» in Art. 142 wird weit gefasst, weshalb etwa auch *Schiedsrichter* oder *Vermittlungs- bzw. Sühnebeamte* darunter fallen (BSK OR I-DÄPPEN, N 2).

1

II. Voraussetzungen für die Berücksichtigung der Einrede

Die Einrede der Verjährung kann **ausserhalb oder innerhalb des Prozesses** erhoben werden und drückt die Absicht des Belangten aus, die Leistung zu verweigern. Art. 142 hat indessen nur die **Erhebung im Prozess**, einschliesslich des prozessualen Themas der Begründetheit einer bereits vorprozessual erhobenen Einrede zum Gegenstand. Damit die Einrede prozessual berücksichtigt wird, muss die Tatsache der Erhebung aus den *Rechtsschriften* oder *mündlichen Vorträgen* hervorgehen. Ist dies nicht der Fall, gilt die Einrede als nicht erhoben, selbst wenn sich in offerierten Beweisen wie Urkunden oder Zeugen ein entsprechender Hinweis findet. Damit die Verjährungseinrede als erhoben gilt, muss diese «ausdrücklich» erfolgen, d. h. es muss eine Erklärung, die als solche ausgelegt werden kann, abgegeben werden (BGE 101 Ib 350; 129 V 237). Deshalb sind etwa Äusserungen des Schuldners wie «Nach so langer Zeit zahle ich nicht mehr» oder «Der Kläger hätte halt früher kommen sollen» als ausreichend zu betrachten, nicht aber schon der Antrag auf Klageabweisung (BSK OR I-DÄPPEN, N 3).

2

Die Verjährungseinrede muss im Rahmen der jeweiligen zivilprozessualen **Eventualmaxime** erhoben werden, ansonsten sie vom Richter ohne Verletzung von Bundesrecht wegen Verspätung unberücksichtigt bleiben darf (BGE 80 III 52 E. 2; ZR 1968, 87). Dabei ist die Verjährungseinrede nach den allgemeinen Grundsätzen zur Behebung von Rechtskollisionen im **Beschwerdeverfahren vor Bundesgericht** zugelassen, sofern die Verjährung erst im Beschwerdeverfahren eintritt und der Schuldner keine andere Möglichkeit hat, der begründeten Einrede zur Rechtswirksamkeit zu verhelfen (BGE 123 III 216 f. E. 4, 218 E. 5b betr. das Berufungsverfahren unter dem OG).

3

Ob der Richter im Rahmen seiner Fragepflicht bzw. seines Fragerechts auf die Verjährung hinweisen dürfe, ist umstritten. Dies ist m. E. abzulehnen, da dadurch das Verbot von Art. 142 ausgehöhlt würde (s. ausführlich BSK OR I-DÄPPEN, N 3a). Der Richter hat aber von Amtes wegen die form- und fristgerecht erhobene Einrede im Rahmen der bundesrechtlich gebotenen

4

Rechtsanwendung unter allen Rechtstiteln auf ihre Begründetheit hin zu prüfen.

III. Rechtsfolgen

1. Begründetheit der Verjährungseinrede

5   Siehe Art. 127 N 9.

2. Rechtsmissbrauch

6   Aus dem blossen Zuwarten des Gläubigers mit der Geltendmachung seines Anspruches kann weder sein Verzicht noch seine rechtsmissbräuchliche Geltendmachung der Forderung abgeleitet werden, sofern nicht ganz besondere Umstände hinzukommen (BGE 125 I 19; vgl. weitere Anwendungsfälle bei BSK OR I-Däppen, N 8). Die gesetzliche Regelung nimmt in Kauf, dass sich für den Schuldner gegen Ende der Verjährungsfrist Beweisschwierigkeiten für den Nachweis der früheren Tilgung ergeben können. Ebenfalls wird damit in Kauf genommen, dass der Schuldner irrtümlicherweise davon ausgeht, eine Forderung werde nicht mehr geltend gemacht, weshalb er Belege entsorgen könne.

7   Rechtsmissbrauch des Schuldners liegt vor, wenn wegen seines *arglistigen Verhaltens* der Gläubiger die Verjährungsfrist unbenutzt verstreichen lässt (BGE 89 II 262 ff. E. 4). Darunter fällt auch ein Verhalten des Schuldners *ohne unlautere Absicht*, aufgrund dessen der Gläubiger rechtliche Schritte während der Verjährungsfrist unterlässt und diese Säumnis auch bei *objektiver* Betrachtungsweise verständlich erscheint (BGE 113 II 264 E. 2e; für Bsp. s. BSK OR I-Däppen, N 9). Das Verhalten des Schuldners muss *kausal* für das zu späte Handeln des Gläubigers sein (BGE 128 V 236 E. 4a = Pra 2003, 1027). Die dann rechtsmissbräuchliche Erhebung der Einrede findet gemäss Art. 2 Abs. 2 ZGB keinen Rechtsschutz, worauf *von Amtes wegen* zu erkennen ist (BGE 69 II 103 E. 4).

3. Beachtung der Einrede durch den Richter von Amtes wegen

8   In Fällen *absichtlich falscher Rechtsanwendung* wird der Richter bzw. der Staat dem Kläger haftpflichtig. Der Nachweis eines adäquat kausal verursachten Schadens dürfte praktisch allerdings schwer zu erbringen sein. In BGE 55 II 265 konnte das BGer den Fehler der Vorinstanz, die ohne Parteiantrag den Ablauf einer einjährigen Verjährungsfrist von Amtes wegen angenommen hatte, beheben. Es hielt in casu statt der einjährigen eine zehnjährige Verjährungsfrist für anwendbar.

Besondere Verhältnisse bei Obligationen

Erster Abschnitt: Die Solidarität

Solidarschuld
Entstehung

¹ Solidarität unter mehreren Schuldnern entsteht, wenn sie erklären, dass dem Gläubiger gegenüber jeder einzeln für die Erfüllung der ganzen Schuld haften wolle.

² Ohne solche Willenserklärung entsteht Solidarität nur in den vom Gesetze bestimmten Fällen.

Literatur

BERNSTEIN, Solidarschuldnerschaft begründet durch gleichzeitigen Vertrag und nachträglichen Beitritt, Basel 1943; BUGNON, L'action récursoire en matière de concours de responsabilités civiles, Fribourg 1982; BREHM, Solidarité «absolue» ou solidarité «relative» en responsabilité civile?, HAVE 2002, 85 ff.; EMMENEGGER, Garantie, Schuldbeitritt und Bürgschaft – vom bundesgerichtlichen Umgang mit gesetzgeberischen Inkohärenzen, ZBJV 2007, 561 ff.; FELLMANN, Regress und Subrogation: Allgemeine Grundsätze, in: A. Koller (Hrsg.), Haftpflicht- und Versicherungsrechtstagung, St. Gallen 1999, 1 ff.; GADMER, Solidarschuldner und Bürge nach Schweiz. Obligationenrecht, Davos 1929; GILLIARD, Topologie de la solidarité imparfaite, FG Deschenaux, Fribourg 1977, 289 ff.; JANSEN, Das Zusammentreffen von Haftungsgründen bei einer Mehrheit von Ersatzpflichtigen, Bern 1973; JUNG, Regressprobleme bei Privilegierung eines Solidarschuldners, in: FS

Tercier, 2008, 285 ff.; Sbai, La solidarité entre les débiteurs en droit suisse et français, Genf 1950; Schmid, Der gemeinsame Mietvertrag, SJZ 1991, 349 ff. und 374 ff.; Schweighauser, Hersteller, Mehrzahl von Ersatzpflichtigen und Regress im Produktehaftungsrecht unter Berücksichtigung der EG-Produktehaftungsrichtlinie sowie des deutschen, österreichischen und schweizerischen Rechts, St. Gallen 1992; Weibel, Das Ende der Solidarhaftung, Basel 2002.

I.   Begriff und Voraussetzungen der Solidarität

1   Solidarschuldner schulden dem Gläubiger jeweils die ganze Leistung (Abgrenzung zur Teilschuldnerschaft), wobei der Gläubiger die Leistung nach seiner Wahl von jedem einzelnen Solidarschuldner (Abgrenzung zur gemeinschaftlichen Schuldnerschaft wegen Bestehens einer Rechtsgemeinschaft oder wegen Unteilbarkeit der Leistung nach Art. 70 Abs. 2 und 3 OR) ganz oder zu einem Teil, insgesamt aber nur einmal verlangen kann. Der Begriff der Solidarität bezeichnet zum einen das Schuldverhältnis zwischen Gläubiger und Solidarschuldnern (Aussenverhältnis: Art. 144–147 OR) und zum anderen das Verhältnis der Solidarschuldner untereinander (Innenverhältnis: Art. 148 f. OR).

2   Die Solidarität ist zunächst dadurch gekennzeichnet, dass es eine **einzige Gläubigerin/Gläubigergesamtheit** (bei Identität der Leistung Abgrenzung zur Schuldnerschaft von Sub- und Hauptschuldnern sowie bei Kettenverträgen) und **mehrere** (nicht notwendig auch persönlich leistungsfähige) **Schuldner** gibt. Es bestehen daher nebeneinander mehrere selbständige Forderungen auf die ganze Leistung (BGE 93 II 329, 334; BGE 50 III 83, 85 CR CO I-Romy, N 3), die allerdings in einer auf die lediglich einmalige Befriedigung des Leistungsinteresses gerichteten Tilgungsgemeinschaft stehen. Die Selbständigkeit der Forderungen ermöglicht etwa deren Abtretung, den gesonderten Schuldnerwechsel und Erlass (Art. 147 N 3) sowie die Pfandbestellung für die Verpflichtung nur eines Mitschuldners (BGE 50 III 83, 85). Das Nebeneinander selbständiger Forderungen unterscheidet die Solidarschuld auch von der Akzessorietät wie sie etwa zwischen Haupt- und Bürgschaftsschuld (von Tuhr/Escher, OR AT, 299; auch bei der sog. Solidarbürgschaft i. S. v. Art. 496 OR besteht keine Solidarität; zur Abgrenzung von Solidarschuld und Bürgschaft s. Art. 144 N 4; zum Vergleich zwischen Bürgschaft und Solidarschuld Gadmer, a. a. O.) und im Personenhandelsgesellschaftsrecht zwischen Gesellschafts- und Gesellschafterschuld besteht.

3   Die Solidarschuldner sind dem Gläubiger zudem zur **Befriedigung desselben Leistungsinteresses** verpflichtet. Dies setzt zwar keine völlige Identität von Leistungsinhalt und -umfang (z. B. Unterschiede hinsichtlich Leistungs-

ort, Fälligkeit oder Bedingtheit, unterschiedlicher individueller Forderungsbetrag; VON TUHR/ESCHER, OR AT, 298), sehr wohl aber eine enge Verwandtschaft der geschuldeten Leistungen voraus (ausreichend z. B. Natural-
herstellung und Geldersatz; nicht ausreichend z. B. voller Regress des
zahlenden Mitbürgen gegen den Hauptschuldner nach Art. 507 OR und anteiliger Regress gegen die Mitbürgen nach Art. 148 OR – BGE 45 III 107,
109 ff.). Bei unterschiedlichem individuellem Leistungsumfang besteht die
Solidarität bis zur Höhe der gemeinsamen Deckung (s. auch Art. 144 N 1).

Der Gläubiger darf die Befriedigung seines Leistungsinteresses **nur einmal**   4
fordern, weshalb die mehreren Forderungen gegen die Solidarschuldner
für den Gläubiger ein einziges Aktivum darstellen (Abgrenzung zur Kumulation).

Die Verpflichtungen der Solidarschuldner müssen schliesslich **gleichrangig**   5
sein. Daran fehlt es, wenn ein (Teil der) Schuldner im Aussenverhältnis gegenüber dem Gläubiger (und nicht nur im Innenverhältnis wie etwa nach
Art. 51 Abs. 2 und 55 Abs. 2 OR) vorrangig vor anderen Schuldnern zu leisten hat. Keine Solidarschuldner sind daher diejenigen, die wie etwa einfache Bürgen (Art. 495 OR), Personalhandelsgesellschaften (Art. 568 Abs. 3,
604 OR), Unterhaltspflichtige oder (Sozial-)Versicherungen aufgrund einer
gesetzlichen oder vertraglichen Fürsorgepflicht lediglich vorläufig vor dem
letztlich Verpflichteten das Leistungsinteresse des Gläubigers befriedigen.

Die Solidarität muss **nicht auf demselben Rechtsgrund** beruhen (vgl.   6
Art. 51 Abs. 1 OR). Diese Frage ist allenfalls für die umstrittene Unterschei-
dung zwischen echter (ein Rechtsgrund) und unechter (unterschiedliche
Rechtsgründe) Solidarität relevant (s. dazu etwa BGE 104 II 225, 231 ff.;
BGE 115 II 42, 45 ff.; krit. GAUCH/SCHLUEP/SCHMID/REY OR AT, N 3882).

II. Entstehung der Solidarität

Die Solidarität unter mehreren Schuldnern kann unter den genannten Vo-   7
raussetzungen kraft Vertrags und kraft Gesetzes entstehen, wobei eine
(vom BGer sog. unechte) Solidarschuld auch auf Vertrag und Gesetz zugleich beruhen kann (vgl. Art. 51 Abs. 1 OR).

Kraft Vertrags (Art. 143 Abs. 1 OR) entsteht die Solidarität zunächst durch   8
gemeinsame oder (rechtlich, zeitlich, räumlich) getrennte gleichrangige
vertragliche Verpflichtungen zur vollständigen einmaligen **Befriedigung
desselben Primärleistungsinteresses**. Die Solidarität kann insoweit ausdrücklich (z. B. BGE 111 II 284, 287: «débiteurs solidaires») oder stillschweigend (z. B. BGer 4C.228/2002: jeweilige Verpflichtung des Restau-
ranteigentümers und -mieters zur Abnahme von Getränken) vereinbart
werden. Zwar begründet auch die gemeinsame vertragliche Verpflichtung
als solche noch keine Solidarität (vgl. z. B. Art. 497 Abs. 1 und 2 OR; BGE 49

III 205, 211 f.), doch wird sich deren Vorhandensein insoweit vielfach nach dem Vertrauensprinzip aus den Umständen ergeben (BGE 116 II 707, 712: gemeinsamer und gleichzeitiger Verkauf eines Aktienpakets durch mehrere Aktionäre; BGE 47 III 213, 215: gemeinsame Ersteigerung eines Grundstücks zu Miteigentum; OGer LU LGVE 1992 I 26 f.: gemeinsamer Mietvertrag; näher z. gemeinsamen Mietvertrag Schmid, SJZ 1991, 349 ff., 374 ff.; BGE 123 III 53, 59: blosses Schweigen auf die Mitteilung gemeinschaftlicher Kosten hingegen nicht ausreichend). Bei gemeinsamer (Art. 308, 403, 478, 544 Abs. 3 OR) oder getrennter (Art. 497 Abs. 4 OR) vertraglicher Verpflichtung wird die Solidarität zudem in einigen Fällen vom Gesetz ausdrücklich vermutet, sofern sich nicht eine ausdrückliche oder stillschweigende gegenteilige Vereinbarung feststellen lässt. Weitere wichtige Anwendungsfälle mit teilweise neben Art. 143 ff. OR bestehenden Sonderregelungen finden sich im Bürgschafts- (solidarische Mitbürgschaft nach Art. 497 Abs. 2 OR) und Wertpapierrecht (Art. 1044, 1098, 1143 OR). Nur in Ausnahmefällen verstösst die Solidarschuldvereinbarung gegen ein gesetzliches Verbot (BGE 124 III 305, 306: Unvereinbarkeit der Solidarhaftung zwischen Arbeitgeberin und Arbeitnehmer mit Art. 327a Abs. 3 OR). Unabhängig von einer gemeinsamen oder getrennten Primärleistungsverpflichtung kann eine vertragliche Solidarität auch dann entstehen, wenn mehrere auf (ggf. unterschiedlicher) vertraglicher Basis für denselben Schaden verantwortlich und daher **sekundär zur Leistung von Schadenersatz** verpflichtet sind (Art. 99 Abs. 3 i. V. m. 50 f. OR), wie dies etwa bei der gemeinsamen vertraglichen Haftung von Baubeteiligten für von ihnen mitverursachte Schäden der Fall ist (z. B. BGE 115 II 42, 44 ff. und BGE 130 III 362, 369: Bauunternehmer, Architekt).

9   **Kraft Gesetzes** (Art. 143 Abs. 2 OR) entsteht die Solidarität insbesondere im ausservertraglichen Haftpflichtrecht (z. B. Art. 50 Abs. 1 und 3, 51 Abs. 1 OR, Art. 7 PrHG, Art. 60 Abs. 1, 61 Abs. 3 SVG), bei Vermögens-, Geschäfts- und Vertragsübernahme (z. B. Art. 181 Abs. 2, 263 Abs. 4, 333 Abs. 3 OR), im Familien- und Erbrecht (z. B. Art. 166 Abs. 3, 603 Abs. 1 ZGB; verneint jedoch für Art. 329 ZGB durch BGE 59 II 1, 5 f.) sowie im Gesellschaftsrecht (z. B. Art. 55 Abs. 2 und 3 ZGB, Art. 544 Abs. 3, 568 ff., 645 Abs. 1, 759 OR). Im öffentlichen Recht sind Art. 143 ff. OR vorbehaltlich bestehender Sonderregelungen subsidiär (BGE 108 II 490, 493 ff.) und unter Berücksichtigung öffentlich-rechtlicher Besonderheiten (z. B. keine willkürlich unterschiedliche Behandlung der Schuldner nach Art. 144 Abs. 1 OR – BGE 105 V 74, 83) anwendbar (s. andererseits zur Vereinbarkeit der solidarischen Haftung von Ehegatten für kantonale Steuerschulden mit dem Bundesrecht BGE 122 I 139, 146 ff.).

Art. 144

Ⅰ. Verhältnis zwischen Gläubiger und Schuldner

. Wirkung

. Haftung der Schuldner

¹ **Der Gläubiger kann nach seiner Wahl von allen Solidarschuldnern je nur einen Teil oder das Ganze fordern.**

² **Sämtliche Schuldner bleiben so lange verpflichtet, bis die ganze Forderung getilgt ist.**

Der **Gläubiger** ist bei der Solidarität (zum Anwendungsbereich Art. 143 N 1 ff.) in einer ausgesprochen komfortablen Situation. Er kann aufgrund der gegen alle Solidarschuldner gerichteten und lediglich in einer Tilgungsgemeinschaft stehenden Forderungen (Art. 143 N 2 und Art. 147 N 1 ff.) die Leistung nach seiner grundsätzlich (zu Ausnahmen N 3) **freien Wahl** von jedem Solidarschuldner ganz oder (bei Teilbarkeit) zu einem Teil verlangen (Abs. 1), bis sein Leistungsinteresse insgesamt durch Erfüllung (Art. 114 Abs. 1 OR) oder Erfüllungssurrogate (z. B. Art. 92 Abs. 1, 109 Abs. 1, 115 ff., 119 Abs. 1, 124 Abs. 2 OR) befriedigt ist. Die Schuldner bleiben ihm solange (nicht nur bis zur Verurteilung eines Mitschuldners; BGE 79 II 382, 386 f.) solidarisch verpflichtet (Abs. 2) und tragen mithin das Risiko des Konkurses eines Mitschuldners (vgl. auch BGE 113 II 323, 331). Sind die Beträge der einzelnen Solidarforderungen unterschiedlich hoch (A: CHF 1000, B: CHF 500), bestehen die Solidarität und die mit ihr verbundene Stärkung der Gläubigerposition bzw. die Tilgungsgemeinschaft («ganze Forderung») nur bis zur Höhe der kleineren Forderung (CHF 500), so dass bei Zahlung von CHF 800 durch A die Solidarschuld insgesamt nach Art. 144 Abs. 2, 147 Abs. 1 OR erloschen ist und B nicht noch CHF 200 schuldet (VON TUHR/ESCHER, OR AT, 298 N 13; a. A. HANDKOMM-TH. MÜLLER, Art. 144 N 4).   1

Nach Massgabe der kantonalen Prozessrechte kann der Gläubiger alle oder mehrere Solidarschuldner als **Streitgenossen** einklagen. Die Rechtskraft eines Urteils erstreckt sich stets nur auf die ins Recht gefassten Solidarschuldner (BGE 93 II 329, 333 ff.).   2

Art. 144 OR ist **dispositiv**, so dass die Rechte des Gläubigers durch Vereinbarung zwischen ihm und den Solidarschuldnern eingeschränkt werden können. Im Übrigen kann ein besonderes Treueverhältnis zwischen Gläubiger und einzelnen Solidarschuldnern (z. B. Gesellschaftsverhältnis) diesen dazu zwingen, zunächst andere Solidarschuldner in Anspruch zu nehmen. Der Gläubiger kann schliesslich eine ihm vor oder nach Ausübung seines Wahlrechts ordnungsgemäss von einem anderen als von ihm ins Auge gefassten Solidarschuldner angebotene Leistung nicht zurückweisen,   3 ohne hierdurch in Gläubigerverzug zu kommen und sein Forderungsrecht im Falle der Hinterlegung (Art. 92 Abs. 1, 94 Abs. 2 OR) zu verlieren.

4   Die in Art. 144 umschriebenen Rechtsfolgen der Solidarität bringen es mit sich, dass diese neben Bürgschaft und Garantie auch als Personalsicherheit eingesetzt werden kann. Möchte der solidarisch Mithaftende dem Gläubiger nur oder vorrangig eine Sicherheit bieten, liegt eine sog. **Sicherungssolidarschuld** vor, die mangels direkt oder analog anwendbarer spezifischer Schutzvorschriften (z. B. Art. 492 Abs. 4, 493, 494) von der Bürgschaft abzugrenzen ist (näher BGE 129 III 702). Dabei kann nur dann von einer Sicherungssolidarschuld ausgegangen werden, wenn der Mithaftende ein direktes eigenes wirtschaftliches Interesse an dem betreffenden Geschäft hat. Nach BGE 129 III 702, 710 f. ist im Zweifel eine Bürgschaft anzunehmen, die Bezeichnung als Solidarität allein nicht ausreichend und sogar erforderlich, dass sich der Solidarschuldner der besonderen Risiken einer Solidarschuld bewusst ist, was ggf. eine entsprechende Aufklärung unerfahrener Personen voraussetzt (näher zur Sicherungssolidarschuld LOSER, Freiheit und Zwang im Recht der Personalsicherheiten, in: HSG (Hrsg.), Rechtliche Rahmenbedingungen des Wirtschaftsstandortes Schweiz, Zürich 2007, 467 ff.).

Art. 145

b. Einreden der
    Schuldner

¹ **Ein Solidarschuldner kann dem Gläubiger nur solche Einreden entgegensetzen, die entweder aus seinem persönlichen Verhältnisse zum Gläubiger oder aus dem gemeinsamen Entstehungsgrunde oder Inhalte der solidarischen Verbindlichkeit hervorgehen.**

² **Jeder Solidarschuldner wird den andern gegenüber verantwortlich, wenn er diejenigen Einreden nicht geltend macht, die allen gemeinsam zustehen.**

1   Jeder Solidarschuldner (zum Anwendungsbereich Art. 143 N 1 ff.) kann (Abs. 1) und muss ggf. (Abs. 2) dem Gläubiger nicht nur **Einreden** (z. B. Art. 82, 142 OR) im technischen Sinne, sondern über den veralteten Wortlaut von Art. 145 OR hinaus auch rechtshindernde und rechtsvernichtende **Einwendungen** (z. B. Art. 12 ff. ZGB, Art. 11 Abs. 2, 114 Abs. 1, 119 Abs. 1, 124 Abs. 2 OR) sowie **Gestaltungsrechte** (z. B. Anfechtbarkeit nach Art. 23 ff. OR, Verrechenbarkeit nach Art. 120 ff. OR – BGE 63 II 133, 138 f.) entgegenhalten. Voraussetzung ist lediglich, dass diese Gegenrechte aus dem persönlichen Verhältnis des Betroffenen (z. B. dessen Handlungsunfähigkeit)

oder dem gemeinsamen Verhältnis aller Solidarschuldner mit dem Gläubiger (z. B. dessen Handlungsunfähigkeit, objektive Unmöglichkeit oder Sittenwidrigkeit der Leistung) hervorgehen. Ausgeschlossen ist mithin die Berufung auf persönliche Gegenrechte eines anderen Solidarschuldners (z. B. dessen Handlungsunfähigkeit, Erlass oder Stundungsvereinbarung nur zu dessen Gunsten). Bereits mangels Gegenseitigkeit (vgl. Art. 120 Abs. 1 OR) scheidet auch eine Verrechnung mit der Gegenforderung eines Mitschuldners gegen den Gläubiger aus (VON TUHR/ESCHER, OR AT, 306).

Gemeinsame Gegenrechte muss ein Solidarschuldner geltend machen, will   2
er den Mitschuldnern gegenüber nicht wegen Verletzung einer Pflicht aus dem zwischen den Solidarschuldnern bestehenden Innenschuldverhältnis haften (Abs. 2: «verantwortlich»). Allerdings ist Art. 145 Abs. 2 OR aufgrund des Verschuldensgrundsatzes bzw. entsprechend Art. 502 Abs. 3 OR teleologisch zu reduzieren und ein Verschulden, d. h. eine zumindest einfach fahrlässige Unkenntnis von der Existenz des Gegenrechts, zu verlangen (so i. E. auch VON TUHR/ESCHER, OR AT, 306). Da den Mitschuldnern zudem nur dann ein Schaden aus der Pflichtverletzung entsteht, wenn und soweit der verantwortliche Solidarschuldner gegen sie Rückgriff nimmt, führt die Schadenersatzpflicht im Ergebnis nur zu einem Verlust der Rückgriffsmöglichkeit (dolo-petit-Einrede der Mitschuldner gegen den Regressanspruch nach Art. 148 f. OR bzw. Rückforderung von geleisteten Ausgleichszahlungen durch die Mitschuldner nach Art. 145 Abs. 2 OR).

Macht ein Solidarschuldner im Prozess gegen den Gläubiger **erfolglos** ein   3
gemeinsames Gegenrecht geltend, schliesst dies mangels Rechtskrafterstreckung sowie selbst im Falle einer Streitverkündung fehlender materieller Bindungswirkungen eine Berufung der Mitschuldner auf dieses Recht im Regressverfahren nicht aus (BGE 57 II 518, 521 f. und 527 f.).

Art. 146

Persönliche Handlung des Einzelnen
Ein Solidarschuldner kann, soweit es nicht anders bestimmt ist, durch seine persönliche Handlung die Lage der andern nicht erschweren.

Nach Art. 146 OR kann ein einziger Solidarschuldner (zum Anwendungsbe-   1
reich Art. 143 OR N 1 ff.) durch seine Handlungen die Lage der Mitschuldner grundsätzlich (zu Ausnahmen N 3) **nicht verschlechtern**. Beispiele für derartige Handlungen bilden individuelle Vereinbarungen mit dem Gläubiger (z. B. über verschärfte Leistungsmodalitäten, Zinsen oder eine Kon-

ventionalstrafe), ein Verzicht auf Gegenrechte (Sonderregelung in Art. 141 Abs. 2 OR), eine Fälligkeitskündigung und die Verursachung von Leistungsstörungen (N 2). Die Vorschrift schützt mithin die Solidarschuldner in ihrem Vertrauen auf den Umfang der von ihnen ursprünglich eingegangenen gemeinsamen Verpflichtung.

2   Bei **Leistungsstörungen** gilt nach Art. 146 OR, dass die Pflicht zum Schadenersatz bei Leistungsunmöglichkeit nach Art. 97 OR nur den Solidarschuldner trifft, der die Unmöglichkeit zu vertreten hat, wobei das Verhalten eines Schuldners allen oder einzelnen Mitschuldnern ggf. und v. a. bei gemeinsamer vertraglicher Verpflichtung (z. B. von Freiberuflern als einfachen Gesellschaftern) nach Art. 101 OR zuzurechnen ist. Die Folgen eines Leistungsverzugs treffen ebenfalls nur den säumigen Schuldner, so dass auch ein Rücktritt des Gläubigers nur beim Verzug aller Solidarschuldner möglich ist.

3   **Ausnahmen** ergeben sich bei ausdrücklich oder stillschweigend abweichenden **Vereinbarungen** mit dem Gläubiger, da Art. 146 OR ausdrücklich dispositiv ist (BGE 116 II 512, 514). Eine gesetzliche Ausnahme findet sich zudem in **Art. 136 Abs. 1 OR** für die Verjährungsunterbrechung durch Anerkennung, wobei die fragwürdige Vorschrift nach h. M. nur bei sog. echter Solidarität (Art. 143 N 6) Anwendung finden soll (BGE 104 II 225, 232).

Art. 147

2. Erlöschen der
    Solidarschuld

¹ **Soweit ein Solidarschuldner durch Zahlung oder Verrechnung den Gläubiger befriedigt hat, sind auch die übrigen befreit.**

² **Wird ein Solidarschuldner ohne Befriedigung des Gläubigers befreit, so wirkt die Befreiung zugunsten der andern nur so weit, als die Umstände oder die Natur der Verbindlichkeit es rechtfertigen.**

1   Art. 147 OR (zum Anwendungsbereich Art. 143 N 1 ff.) ist Ausdruck der zwischen den Forderungen des Gläubigers gegen die einzelnen Solidarschuldner bestehenden **Tilgungsgemeinschaft**, die uneingeschränkt jedoch nur bei Befriedigung des Leistungsinteresses des Gläubigers besteht (Abs. 1) und im Übrigen von den Umständen oder der Natur der Solidarforderungen abhängig ist (Abs. 2).

I. Befreiung der Solidarschuldner bei Befriedigung des Leistungsinteresses des Gläubigers (Abs. 1)

Die vollständige oder teilweise Befriedigung des Leistungsinteresses des Gläubigers durch Erfüllung oder bestimmte Erfüllungssurrogate von Seiten eines einzigen oder eines Teiles der Solidarschuldner befreit auch die übrigen Solidarschuldner im entsprechenden Umfang («soweit») von ihrer Leistungspflicht gegenüber dem Gläubiger (Abs. 1; zur Subrogation des Leistenden s. Art. 149 OR). Dabei ist jeder Schuldner zur Leistung berechtigt, sobald die Forderung erfüllbar ist. Der Verzug des Gläubigers gegenüber einem der Solidarschuldner wirkt auch gegenüber den anderen. Der an den Gläubiger Leistende hat die übrigen Solidarschuldner hiervon zu benachrichtigen, will er nicht Gefahr laufen, seinen Regressanspruch zu verlieren (Art. 508 OR analog). **Erfüllung** (vgl. Art. 114 Abs. 1 OR) ist das Bewirken der geschuldeten Leistung durch einen zur Leistung Berechtigten oder dessen Stellvertreter bzw. Hilfspersonen an den empfangszuständigen Gläubiger oder dessen Stellvertreter bzw. Hilfspersonen. **Erfüllungssurrogate**, die das Leistungsinteresse des Gläubigers befriedigen, sind die Leistung an Erfüllungs Statt, die Hinterlegung (Art. 92 Abs. 1, 94 Abs. 2 OR) und die Verrechnung (Art. 124 Abs. 2 OR). 2

II. Befreiung der Solidarschuldner ohne Befriedigung des Leistungsinteresses des Gläubigers (Abs. 2)

Die Befreiung eines Solidarschuldners von seiner Leistungspflicht ohne gleichzeitige Befriedigung des Leistungsinteresses des Gläubigers wirkt zugunsten der anderen nur dann und insoweit, als die Umstände oder die Natur der Verbindlichkeit dies rechtfertigen (Abs. 2). Das Unmöglichwerden der Leistung befreit alle Solidarschuldner, die dies nicht zu vertreten haben (Art. 119 Abs. 1 OR). Der Erlass (Art. 115 OR; dazu BGE 33 II 140), der Vergleich (dazu BGE 34 II 493; BGE 107 II 226; BGer 4C.27/2003; BGer 4C.395/ 2004 und BGE 133 III 116), die Neuerung (Art. 116 OR; dazu BGE 126 III 375) und die Vereinigung (Art. 118 OR) wirken hingegen grundsätzlich nur zugunsten desjenigen Schuldners, der die entsprechende Vereinbarung mit dem Gläubiger getroffen hat. Eine **Erstreckungswirkung** kann jedoch ausdrücklich oder konkludent vereinbart werden. Beispiele aus der Rspr. sind BGE 107 II 226, 230 (Vergleich mit Ausstellung einer Saldoquittung und Beschwichtigung der Angst vor weiterer Inanspruchnahme), BGE 126 III 375, 381 (Neuerung im Anschluss an einen Befreiungswunsch des sich auf die Gesamtwirkung berufenden Solidarschuldners), BGer 4C.27/2003 E.3.5.4 (vergleichsweiser Verzicht auf alle übrigen Forderungen «à quelque titre que ce soit») und BGer 4C.395/2004 E.2 (anhaltend passives Verhalten gegenüber einer zunächst mitbetriebenen Solidarschuldnerin nach Abschluss eines Vergleichs mit einer anderen Solidarschuldnerin). Insbesondere bei 3

einem Vergleich legen der Parteiwille und die Rechtsnatur der Verbindlichkeit zumindest dann eine Gesamtwirkung nahe, wenn der Vergleichspart-
ner im Innenverhältnis der Solidarschuldner zum (nahezu) vollen Ausgleich
verpflichtet wäre und der hiervon wissende Gläubiger mithin die Vergleichs-
wirkungen durch eine Inanspruchnahme der übrigen Solidarschuldner im
Ergebnis wieder zunichte machen könnte (offen gelassen durch BGE 107 II
226, 228 ff.; dazu auch noch N 4).

4   Der im Aussenverhältnis lediglich individuell befreite Schuldner **bleibt** den
Mitschuldnern nach Art. 148 f. OR **im Innenverhältnis ausgleichspflichtig.**
In der Praxis wird die Gesamtwirkung (N 3) entgegen der Grundregel von
Art. 147 Abs. 2 daher recht häufig angenommen, um ein weitgehendes Leer-
laufen der Individualbefreiung infolge eines Regresses der nicht befreiten
Solidarschuldner gegen den Privilegierten zu vermeiden (BGE 107 II 226,
230; BGer 4C.27/2003 E.3.5.4; BGer 4C.395/2004 E.2; BGer 4C.348/2006
E.6), obwohl auch immer wieder betont wird, dass die blosse Existenz von
Regressmöglichkeiten gegen den befreiten Solidarschuldner das Regel-Aus-
nahme-Verhältnis von Art. 147 Abs. 2 OR nicht umkehren dürfe (BGE 34 II
140, 146 f.; BGE 34 II 493, 498 f.; BGE 133 III 116, 120 und im Grundsatz
auch BGE 107 II 226 E. 3b). Alternativ hierzu bestünde insbesondere in den
Fällen, in denen die Annahme einer Gesamtwirkung blosse Fiktion wäre,
die Möglichkeit, die Vereinbarung zwischen dem Gläubiger und dem befreiten Solidarschuldner dahingehend auszulegen, dass sich der Gläubiger damit gegenüber dem befreiten Solidarschuldner verpflichten wollte, die anderen Solidarschuldner künftig als Teilschuldner zu behandeln, sie nur
entsprechend ihrer im Innenverhältnis zu tragenden Anteile in Anspruch zu
nehmen und auf diese Weise den Innenregress zwischen den Solidarschuldnern auszuschliessen (so auch obiter BGer 4C.358/2005 E.4.6 und KGE
ZWR 1999, 212, 213; ferner bereits von Tuhr/Escher, OR-AT Bd. II, 313
mit FN 125). Kraft der Vereinbarung zwischen dem Gläubiger und dem befreiten Solidarschuldner entstünden dann Teilschulden der verbliebenen
Schuldner. Da diese aus der Umwandlung der Solidarschuld in eine Teil-
schuld einen Vorteil ziehen würden, wäre die Änderungsvereinbarung als
Vertrag zugunsten Dritter auch ohne ihre Zustimmung wirksam (vgl. dazu auch Art. 148 N 4 f.; näher Jung, FS Tercier, 2008, 285, 299 f.). Denkbar
wäre es schliesslich, dem individuell Befreiten zumindest einen Anspruch
gegen den Gläubiger auf Freistellung von allfälligen Regressansprüchen
der Mitschuldner zu gewähren (so Hoffmann-Nowotny/von der Crone,
SZW 2007, 261, 267).

5   Die für jede Solidarforderung grundsätzlich (Ausnahme: Art. 136 Abs. 1 OR;
s. dort und Art. 146 N 3) getrennt laufende **Verjährung** stellt trotz ihrer
systematischen Stellung im Gesetz nur eine Einrede (Art. 142 OR) und mithin kein Erfüllungssurrogat mit Befreiungswirkung dar (daher allenfalls

analoge Anwendung von Art. 147 Abs. 2 OR). Dies gilt auch für die mangels anderweitiger Vereinbarung gleichfalls nur individuell wirkende **Stundung.**

Art. 148

III. **Verhältnis unter den Solidarschuldnern**

1. **Beteiligung**

[1] **Sofern sich aus dem Rechtsverhältnisse unter den Solidarschuldnern nicht etwas anderes ergibt, hat von der an den Gläubiger geleisteten Zahlung ein jeder einen gleichen Teil zu übernehmen.**

[2] **Bezahlt ein Solidarschuldner mehr als seinen Teil, so hat er für den Mehrbetrag Rückgriff auf seine Mitschuldner.**

[3] **Was von einem Mitschuldner nicht erhältlich ist, haben die übrigen gleichmässig zu tragen.**

Art. 148 OR regelt die **Haftung im Innenverhältnis** zwischen den Solidarschuldnern (zum Anwendungsbereich Art. 143 N 1 ff.). Nach **Abs. 1** haben die Solidarschuldner die Schuldenlast im Innenverhältnis **zu gleichen Teilen** zu tragen, **sofern** sich **nicht** aus dem zwischen ihnen bestehenden Rechtsverhältnis, d. h. einem besonderen Schuldverhältnis wie z. B. einem Gesellschaftsverhältnis (Massgeblichkeit des Verlustverteilungsschlüssels z. B. nach Art. 533 OR; zum Ausschluss des Regresses in der einheitlich durchzuführenden Liquidation BGE 116 II 316, 317 ff.) oder einer Geschäftsbesorgung (Art. 402 Abs. 1, 422 Abs. 1; BGE 56 II 128, 131 f.), ausdrücklich aus dem Gesetz (Art. 640 Abs. 2 und 3, 649 Abs. 1 ZGB, Art. 50 Abs. 2, 51 Abs. 2, 759 Abs. 3, 827, 918 Abs. 2, 1033 OR) oder aus der Natur der Solidarität (z. B. voller Regress des Veräusserers gegen den Übernehmer bei Art. 181 OR; BGE 53 II 25, 31 f.: Treuwidrigkeit des Rückgriffs des Hauptaktionärs gegen einen mitbürgenden Angestellten) etwas anderes ergibt. Aus Abs. 1 ergibt sich wechselseitig die Pflicht der Solidarschuldner, bei Fälligkeit der Solidarschuld nach Massgabe ihres internen Anteils an der Befriedigung des Gläubigers mitzuwirken, d. h. einen in Anspruch genommenen Mitschuldner bereits vor Zahlung anteilig zu befreien (**Befreiungsanspruch**).   1

Abs. 2 gibt dem Solidarschuldner, der den Gläubiger in einem über seinen im Innenverhältnis zu tragenden Anteil hinaus effektiv befriedigt hat, einen gesetzlichen **Regressanspruch** hinsichtlich des Mehrbetrags gegen die übrigen (auch die individuell vom Gläubiger befreiten) Mitschuldner. Der verzinsliche (BGE 57 II 324, 328) Anspruch tritt neben allfällige vertragliche   2

Ausgleichsansprüche (z. B. Art. 402, 422, 537 Abs. 1 OR) und den Anspruch aus abgetretenem Recht nach Art. 149 OR (BGE 103 II 137, 139 f.). Er **entsteht** mit der Leistung an den Gläubiger (BGE 115 Ib 274, 291; BGE 127 III 257, 266; BGE 130 III 362, 369) und **verjährt** nach allgemeinen Grundsätzen (Art. 130 Abs. 1, 75 OR) und vergleichbaren Sonderregelungen (Art. 507 Abs. 5, 878 Abs. 2 OR) ab diesem Zeitpunkt (str.; wie hier im Ergebnis auch BGE 116 II 645, 650; BGE 127 III 257, 267; BGE 133 III 6, 24 ff.; F. KRAUSKOPF/A. MÜLLER, HAVE 2006, 321, 324; CR CO I-ROMY, N 14; **a. A.** BGE 115 II 42, 48 ff.) in der mangels Eingreifens von die selbständige Rückgriffsforderung betreffenden Sonderregelungen (Art. 878 Abs. 2 OR: ein Jahr; Art. 83 Abs. 3 SVG: zwei Jahre; Art. 59d USG und Art. 32 Abs. 2 GTG: Verjährungsfrist des Hauptanspruchs) allgemeinen Frist von Art. 127 OR (str.; **a. A.** BGE 55 II 118, 123 und h. L.: Frist der ursprünglichen Gläubigerforderung gegen den Regressverpflichteten; BUGNON, S. 144 ff.: Art. 67 OR analog; offen gelassen in BGE 115 II 42, 49). Die zum Ausgleich verpflichteten Mitschuldner haften dabei nur **anteilig** und nicht erneut solidarisch (BGE 103 II 137, 139 f.; vgl. auch Art. 497 Abs. 2 OR). Die von einem Solidarschuldner getragenen Kosten eines Prozesses mit dem Gläubiger können nur dann im Rahmen von Art. 148 Abs. 2 OR berücksichtigt werden, wenn es sich auch insoweit infolge gemeinsamer Prozessführung um eine Solidarschuld gehandelt hat. Im Übrigen sind sie von den Mitschuldnern nur dann nach Art. 402 Abs. 1 bzw. 422 Abs. 1 und 2 OR anteilig zu erstatten, wenn es sich um einen für die Solidarschuldner nützlichen und nicht von vornherein völlig aussichtslosen Prozess gehandelt hat. Zum möglichen **Verlust** des Regressanspruchs s. Art. 145 N 2.

3   Nach **Abs. 3** trifft die Solidarschuldner untereinander zudem eine **Ausfallhaftung**, die mangels gegenteiliger Vereinbarung wegen des Wortlauts («gleichmässig») und des Normzwecks (gleiche Ausfallrisikotragung in der Solidargemeinschaft) **nach Köpfen** erfolgt (BSK OR I-SCHNYDER, Art. 148 N 4; **a. A.** KGer VS, RVJ 1984, 136, 140 f.; HANDKOMM-TH. MÜLLER, Art. 148 N 1).

4   Privilegierungen eines einzigen oder eines Teiles der Solidarschuldner im Aussenverhältnis (Haftungsbefreiung und -begrenzung kraft Vereinbarung bzw. objektiven Rechts, individuelle Befreiung eines Solidarschuldners i. S. v. Art. 147 Abs. 2, gesonderte Verjährung oder Verwirkung einer Solidarforderung, individuelle Rechtfertigung eines Schädigers) können dazu führen, dass eine Solidarschuld erst gar nicht entsteht oder die ansonsten zwischen den Solidarschuldnern bestehende Regressmöglichkeit beschränkt wird (sog. **gestörte Solidarschuld;** eingehend dazu JUNG, FS Tercier, 2008, 285 ff.). In all diesen Fällen stellt sich die nur differenziert zu beantwortende Frage, ob die Lösung der dadurch aufgeworfenen Probleme zu Lasten des nur im Aussenverhältnis privilegierten, sich im Innenverhältnis aber gleich-

wohl einem Regressanspruch ausgesetzt sehenden (potentiellen) Solidarschuldners, zu Lasten der übrigen Schuldner des Gläubigers oder aber zu Lasten des Gläubigers zu suchen ist. Sofern der Gläubiger an der Privilegierung eines (potentiellen) Solidarschuldners mitgewirkt hat (z. B. Vereinbarung einer Haftungsbefreiung nach Art. 100, 199 OR oder eines individuellen Erlasses nach Art. 115, 147 Abs. 2, Verjährenlassen einer Solidarforderung), sollte er auch die Konsequenzen dieses Verhaltens tragen und eine Kürzung seines Anspruchs gegen die übrigen Schuldner in Höhe von deren (potentiellem) Regressanspruch gegen den Privilegierten hinnehmen müssen. Beruht die Privilegierung hingegen auf einer gesetzlichen Regelung (z. B. Art. 248 Abs. 1, 321e Abs. 2), scheidet nicht nur eine Lösung zu Lasten des Privilegierten, sondern auch eine solche zu Lasten des Gläubigers aus, so dass die Mitschuldner trotz ihrer vollen Haftung im Aussenverhältnis im Innenverhältnis lediglich auf ihre durch die Privilegierung eingeschränkten Regressmöglichkeiten verwiesen sind (so auch für den früheren Art. 129 Abs. 2 KVVG BGE 113 II 323, 330 f.).

Im Bereich der Regressstörungen (N 4) hat die Rechtsprechung insbesondere das Problem der **gesonderten Verjährbarkeit** der einzelnen Solidar- und Regressforderungen beschäftigt. Ist eine Solidarforderung gegen einen die Einrede der Verjährung erhebenden Solidarschuldner individuell nicht mehr durchsetzbar (Art. 147 N 5) und wendet sich der Gläubiger daher an einen anderen Solidarschuldner, kann dieser nach h. M. grundsätzlich auch bei dem nur im Aussenverhältnis von der Verjährung profitierenden Mitschuldner nach Art. 148 Abs. 2 bzw. vertraglichen Sonderregelungen im Innenverhältnis Regress nehmen (BGE 133 III 6, 22 ff.; BUGNON, 149 f.). Lediglich die nach Art. 149 Abs. 1 auf den leistenden Solidarschuldner übergegangene Forderung ist gleichfalls mit der Verjährungseinrede behaftet (Art. 149 N 1). Der Rückgriff sei jedenfalls dann nicht treuwidrig i. S. v. Art. 2 ZGB, wenn der Anspruchsteller dem Mithaftenden so bald wie möglich angezeigt habe, dass er ihn für mithaftpflichtig halte (BGE 133 III 6, 28 ff.). Diese Lösung zu Lasten des auf die im Aussenverhältnis eingetretene Verjährung Vertrauenden lässt dessen Privilegierung letztlich weitgehend leer laufen. Mit Hilfe der erhobenen Verjährungseinrede könnte lediglich im Aussenverhältnis eine Inanspruchnahme auf die gesamte Forderung und damit das Risiko der Zahlungsunwilligkeit und -unfähigkeit der ihm dann regresspflichtigen Mitschuldner abgewendet werden. Vorzugswürdig erscheint es daher, dem in Anspruch genommenen Mitschuldner den Regress gegen den Privilegierten zu nehmen (obiter BGE 116 II 645, 650; offen gelassen von BGE 130 III 362, 369 und BGE 127 III 257, 266 f.) und den seine Forderung verspätet geltend machenden Gläubiger mit den Verjährungsfolgen zu belasten, indem man die noch nicht verjährten Forderungen gegen die übrigen Solidarschuldner jeweils um denjenigen Betrag kürzt (vgl. dazu im Bereich der solidarischen Schadenersatzverpflichtungen auch Art. 43 Abs. 1 bzw. Art. 99 Abs. 3 i. V. m. Art. 43 Abs. 1), um den diesen der Regress gegen den Privilegierten entgeht (so auch N. SBAI, 126; näher zum Ganzen JUNG, FS Tercier, 2008, 285, 301 ff.; zu BGE 133 III 6 und zum Rückgriff unter Baubeteiligten näher KRAUSKOPF/SIEGENTHALER, BR 2007, 53 ff.).

Art. 149

2. **Übergang der Gläubigerrechte**

[1] **Auf den rückgriffsberechtigten Solidarschuldner gehen in demselben Masse, als er den Gläubiger befriedigt hat, dessen Rechte über.**

[2] **Der Gläubiger ist dafür verantwortlich, dass er die rechtliche Lage des einen Solidarschuldners nicht zum Schaden der übrigen besser stelle.**

1　Nach **Abs. 1 subrogiert** der nach Art. 148 OR zum Rückgriff berechtigte Solidarschuldner in die Gläubigerstellung, wobei ihm die Mitschuldner allerdings nicht solidarisch, sondern wie nach Art. 148 OR nur anteilig haften (BGE 103 II 137, 139 f.). Nach st. Rspr. ist die Vorschrift nur auf die echte Solidarität (Art. 143 N 6) anwendbar (BGE 115 II 42, 48; BGE 130 III 362, 369). Gegenüber dem genuinen Regressanspruch nach Art. 148 OR bietet Art. 149 OR den Vorteil, dass der betreffende Solidarschuldner nach Art. 170 Abs. 1 OR allfällige Nebenrechte wie Pfandrechte und Bürgschaften erwirbt (näher Art. 110 N 8). Dafür geht die subrogierte Forderung mit laufender Verjährung sowie allen persönlichen (v. a. auch Einwendung der individuellen Befreiung durch den Gläubiger) und gemeinsamen Gegenrechten der betreffenden Solidarschuldner über (Art. 507 Abs. 3 OR analog; vgl. demgegenüber Art. 148 N 2 und 4).

2　Nach **Abs. 2** ist der Gläubiger bei einem einzelne Solidarschuldner bevorzugenden und andere benachteiligenden Verhalten letzteren gegenüber zum Ersatz des diesen entstehenden Schadens verpflichtet. Entgegen erstem Anschein bezieht sich die zu weit gefasste Vorschrift weder auf die das Entstehen einer Solidarschuld überhaupt hindernde Haftungsfreizeichnung (dazu Art. 148 N 4) noch auf die dem Gläubiger ohnehin nur im Aussenverhältnis oder mit Gesamtwirkung mögliche Befreiung eines Schuldners durch Erlass (Art. 147 N 3). Sie ist vielmehr auf den Fall zugeschnitten, dass der Gläubiger durch eine individuelle Freigabe von Sicherheiten deren Übergang nach Art. 149 Abs. 1 i. V. m. 170 Abs. 1 OR auf den Regressberechtigten vereitelt hat.

Art. 150

B.   Solidar-
forderung

¹ **Solidarität unter mehreren Gläubigern entsteht, wenn der Schuldner erklärt, jeden einzelnen auf die ganze Forderung berechtigen zu wollen sowie in den vom Gesetze bestimmten Fällen.**

² **Die Leistung an einen der Solidargläubiger befreit den Schuldner gegenüber allen.**

³ **Der Schuldner hat die Wahl, an welchen Solidargläubiger er bezahlen will, solange er nicht von einem rechtlich belangt worden ist.**

Literatur

BAUMGARTNER, Depot und Compte-joint unter besonderer Berücksichtigung des Innenverhältnisses, Zürich 1977; BRON, Le compte-joint en droit suisse, Lausanne 1958; SCHMID H., Der gemeinsame Mietvertrag, SJZ 1991, 349 ff. und 374 ff.

Art. 150 OR regelt das Aussenverhältnis bei der (seltenen) **Solidarität unter**   1
Gläubigern. Sie besteht, wenn **mehrere Gläubiger** von einem Schuldner die **ganze Leistung** (Abgrenzung zur Teilgläubigerschaft mit unabhängigen Teilforderungen auf lediglich einheitlichem Rechtsgrund; z. B. Art. 1156 ff. OR) **jeweils an sich selbst** (Abgrenzung zu Art. 112 OR sowie zur Mehrheit von Gläubigern mit lediglich gemeinschaftlicher Forderungsberechtigung wegen Bestehens einer Rechtsgemeinschaft an der Forderung oder nach Art. 70 Abs. 1 OR wegen Unteilbarkeit der Leistung) und **gleichberechtigt** (Abgrenzung zur abgestuften Forderungsberechtigung zwischen Primär- und Sekundärgläubigern) verlangen können und der Schuldner durch Leistung an einen der Gläubiger auch gegenüber allen anderen befreit wird. Es handelt sich um das Spiegelbild zur Solidarschuld (vgl. daher zu Einzelheiten die Kommentierung zu den Art. 143 ff. OR). Auch hier bestehen mehrere ggf. in den Modalitäten (z. B. Leistungsort, Fälligkeit) unterschiedliche **Forderungen nebeneinander**, die gesondert verjähren (dies gilt auch für die individuelle Verjährungsunterbrechung durch einzelne Gläubiger) und jeweils mit besonderen Gegenrechten behaftet und mit Sicherheiten ausgestattet sein sowie gesondert abgetreten, arrestiert (BGE 112 III 52 ff.) und gepfändet (BGE 112 III 90, 98 ff.) werden können.

Die Gläubigersolidarität **entsteht** nach Abs. 1 durch eine einheitliche oder   2
getrennte entsprechende ausdrückliche oder stillschweigende (z. B. BGE 94 II 313, 316 ff.: Gemeinschaftskonto; BGE 101 II 117, 120: Gemeinschafts-

depot; BGE 118 II 168, 170: gemeinsamer Mietvertrag von Eheleuten; Solidarität aber nicht schon allein aufgrund gemeinsamen Vertragsschlusses mit mehreren Gläubigern) Berechtigungsvereinbarung zwischen Schuldner und Gläubigern oder kraft Gesetzes (Art. 262 Abs. 3 Satz 2, 291 Abs. 3 Satz 2, 399 Abs. 3 OR). Bei teilbarer Leistung bestehen im Zweifel nur Teilforderungsrechte.

3   Jeder **Gläubiger hat das Recht**, die ganze Leistung einzufordern (BGE 118 II 168, 170), solange der Schuldner nicht bereits und anhaltend (bis Ende der Rechtshängigkeit) von einem anderen Solidargläubiger belangt wird (von Tuhr/Escher, OR AT, 324). Ein Gläubiger darf durch persönliche Handlungen (z. B. Annahme an Erfüllungs Statt, Neuerung, Annahme eines Schuldnerwechsels) die Lage der anderen nicht erschweren (Art. 146 OR analog).

4   Die Befriedigung des Leistungsinteresses eines Solidargläubigers **befreit den Schuldner** gegenüber allen Gläubigern (Abs. 2), während individuelle Befreiungen (z. B. Erlass) und Stundungen durch einen Gläubiger grundsätzlich nur zwischen den Beteiligten wirken (vgl. die Anm. zu Art. 147 OR). Der Schuldner hat die Wahl, an welchen Gläubiger er leistet, sofern er noch nicht von einem Gläubiger rechtlich (d. h. durch Klage oder Betreibung und nicht lediglich durch blosse mündliche oder schriftliche Aufforderung zur Leistung; BGE 94 II 313, 318) belangt wurde (Abs. 3). Der Verzug eines Gläubigers wirkt daher auch gegen die anderen (keine entsprechende Anwendung von Art. 146 OR; **a. A.** von Tuhr/Escher, OR AT, 322), wobei bei schuldhaftem Verhalten des betreffenden Gläubigers eine diesen im Innenverhältnis nach Art. 97 Abs. 1 OR zum Schadenersatz verpflichtende Pflichtverletzung vorliegt.

5   Für das **Innenverhältnis** zwischen den Solidargläubigern, d. h. die Frage der internen Verteilung der Leistung, fehlt eine den Art. 148 f. OR entsprechende Regelung. Der Verteilungsschlüssel und ein allfälliger Ausgleich zwischen den Gläubigern richten sich daher ausschliesslich nach dem zwischen ihnen bestehenden Schuldverhältnis (z. B. Gesellschaftsverhältnis).

Zweiter Abschnitt: Die Bedingungen

Art. 151

A.	Aufschiebende Bedingung	
	Im Allgemeinen	

A. Aufschiebende Bedingung
I. Im Allgemeinen

[1] Ein Vertrag, dessen Verbindlichkeit vom Eintritte einer ungewissen Tatsache abhängig gemacht wird, ist als bedingt anzusehen.

[2] Für den Beginn der Wirkung ist der Zeitpunkt massgebend, in dem die Bedingung in Erfüllung geht, sofern nicht auf eine andere Absicht der Parteien geschlossen werden muss.

Literatur

BUCK, Zur Lehre vom suspensiven Schwebezustand, insbesondere bei bedingtem Vermächtnis, Diss. Zürich 1931; CR CO I-Pichonnaz, Art. 151 ff.; DUBS, Die bedingte Beschlussfassung der Aktionäre an der Generalversammlung, in: FS Druey, Zürich 2002, 355 ff.; EITEL, Bedingtes Eigentum, ZBJV 134, 1998, 245 ff.; GUTMANS, Die Regel der «Erfüllungs- bzw. Nichterfüllungsfiktion» im Recht der Bedingungen (Art. 156 OR), Basel 1995; HONSELL, Römisches Recht, Heidelberg, 6. Aufl. 2005; KNELLWOLF, Zur Konstruktion des Kaufes auf Probe, Diss. Zürich 1987; PETER, Das bedingte Geschäft. Seine Pendenz im römischen und im schweizerischen Privatrecht, Zürich 1994; PIOTET, La réalisation d'une condition peut-elle avoir un effet réel? Théorie du transfer de propriété, ZSR 1988 I 359 ff.; REETZ, Die Sicherungszession von Forderungen, unter besonderer Berücksichtigung vollstreckungsrechtlicher Probleme, Basel/Genf 2006; DERS., Die Anwendbarkeit von Art. 152 Abs. 3 im Rahmen der Sicherungszession, recht 2006, 233, 239 ff.; REUTTER, Das bedingte Übernahmeangebot, Diss. St. Gallen 2002; SPÄHNI, Die Bedingung: ein Beitrag zur Dogmatik der bedingten Verträge nach schweizerischem Recht, Diss. Zürich 1984; STAEHELIN, Bedingte Verfügungen, Zürich 1993; STIEFEL, Über den Begriff der Bedingung im schweizerischen Zivilrecht, Diss. Zürich 1918; VOGT, Der allgemeine Teil des Schweizerischen Obligationenrechts und sein heutiges Umfeld, in: Liber Amicorum für Hermann Schulin, Basel 2002, 149 ff.

I. Definition und Arten der Bedingung

Im allgemeinen Sprachgebrauch heissen Bedingungen die Bestimmungen bzw. Konditionen eines Vertrages, also sein Inhalt nach Form und materiellem Gehalt. Im Haftpflichtrecht nennt man die Ursache Bedingung (condicio   1

ᴧ). Als juristischer Terminus technicus im hier verwendeten
ᴌchnet Bedingung eine *Zusatzbestimmung zu einem Vertrag oder
ⱼeschäft, durch welche die Rechtswirkung des Vertrages von einem
ᴨftigen ungewissen Ereignis abhängig gemacht wird.* Auch das Ereig-
ᴂ selbst wird Bedingung genannt. Es handelt sich um eine dogmatische
Erfindung der römischen Jurisprudenz von genialer Einfachheit, die man
in den meisten modernen Rechtsordnungen unverändert wiederfindet, vgl.
z.B. §§ 158 ff. BGB, §§ 695 ff. ABGB, Art. 1353 ff. Codice civile, Art. 1168 ff.
Code civil. Die Bedingung verwendet man, wenn man einen Vertrag sofort
abschliessen will, obgleich bezüglich der Vertragswirkungen noch eine zukünftige Entwicklung abzuwarten ist, wie z.B. die Erteilung einer Bau-
genehmigung beim Kauf einer unbebauten Liegenschaft oder die Kaufpreiszahlung beim Eigentumsvorbehalts (Art. 715 ZGB), bei dem das Eigentum
auf den Erwerber erst nach vollständiger Zahlung des Kaufpreises übergeht. Ausserdem eröffnet die Bedingung die Möglichkeit, blosse Motive und
Voraussetzungen, die an sich nicht relevant sind, zum Vertragsinhalt zu
machen. Schliesslich kann man mit einer bedingten Zuwendung (oder
einem Versprechen) den anderen Teil zu einer Handlung oder einem Verhalten veranlassen, ohne diese zum Gegenstand einer Verpflichtung zu
machen. Dann besteht immerhin ein mittelbarer Leistungsanreiz. Diese
Funktion gewinnt auch Bedeutung, wenn die Handlung nicht Gegenstand
einer Verpflichtung sein kann, z.B. ein Geldversprechen unter der Bedingung, dass sich der Empfänger an einem bestimmten Ort niederlässt (usw.).
Beim bedingten Vertrag ist das rechtsgeschäftliche Handeln abgeschlossen.
Im Zeitpunkt des Bedingungseintritts treten die Wirkungen des Vertrages
von selbst ein, ohne dass es noch irgendeines rechtsgeschäftlichen Handelns bedürfte. Das Gesetz ist in mehrfacher Hinsicht ungenau, so können
nicht nur Verträge bedingt sein, sondern auch Rechtsgeschäfte (z.B. das
Testament) oder Beschlüsse. Bedingt sein können auch einzelne Rechte
oder Forderungen, relative und absolute Rechte. Weiter ist der Ausdruck
«ungewisse Tatsache» zu eng. Es handelt sich um «ungewisse, zukünftige Ereignisse». Statt Verbindlichkeit sollte es besser heissen: Wirksamkeit,
denn der Anwendungsbereich umfasst nicht nur Verpflichtungsgeschäfte,
sondern auch schuld-, sachen- und erbrechtliche Verfügungsgeschäfte, wie
Erlass oder Zession, Übereignung, Erbeinsetzung und Vermächtnis (Art. 482
ZGB), Familien- und Gesellschaftsverträge usw. (zu den bedingungsfeindlichen Rechtsgeschäften unten N 7).

2 Man unterscheidet **aufschiebende** (Art. 151) und **auflösende** (Art. 154) Bedingung *(Suspensiv-* und *Resolutivbedingung).* Bei der Ersteren tritt die
Rechtswirkung erst mit dem Ereignis ein, bei der Letzteren entsteht sie sogleich, fällt aber mit dem Ereignis wieder weg. Während z.B. der Eigentumsvorbehalt nach richtiger Auffassung eine aufschiebende Bedingung

darstellt (**str.**, vgl. HONSELL, OR BT, 127; STAEHELIN 59 f. m. Nw.), handelt es sich bei der Sicherungsübereignung mit automatischem Rückfall um eine auflösende Bedingung. Der Kauf auf Probe ist im Zweifel aufschiebend bedingt (Art. 223 ff., dazu HONSELL, OR BT, 177). Ob Suspensiv- oder Resolutiv-Bedingung vorliegt, ist eine Frage der Parteivereinbarung, die notfalls durch Auslegung zu ermitteln ist. Im Zweifel ist Suspensiv-Bedingung anzunehmen (BGE 56 II 249 E. 4, VON TUHR/ESCHER, 257; TERCIER, 167).

Die Bedingung kann *kasuell* oder *potestativ* sein, je nach dem, ob die Bedingung ins Belieben einer Partei gestellt ist oder nicht. Die **Potestativbedingung** (Wollensbedingung) finden wir z. B. beim Kaufrecht oder beim Kauf auf Probe (Art. 223). Sie ist eine echte Bedingung. Weiter kann man *positive* und *negative* Bedingungen unterscheiden, je nach dem, ob die Bedingung im Eintritt oder Nichteintritt des Ereignisses besteht. Dies trotz des zu engen Wortlauts, der nur den Eintritt erwähnt. § 696 ABGB spricht von bejahender und verneinender Bedingung.　　　3

II. Abgrenzung

Von der Bedingung zu unterscheiden ist die im Gesetz im Kontext nicht geregelte **Befristung** *(dies)*. Art. 76 ff. OR enthalten aber Vorschriften über Fristen. Während das Ereignis (die Tatsache) bei der Bedingung ungewiss ist, ist es bei der Befristung gewiss (ebenso in der Sache BGE 122 III 10, 16 E. 4; s. auch Pra 2001 Nr. 31 E. 2 b – nicht auflösende Befristung, sondern Bedingung, wenn das Arbeitsverhältnis enden soll, wenn keine Arbeit mehr da ist, weil das Ereignis ungewiss ist, also unbefristetes Arbeitsverhältnis). Die Rechtswirkung des aufschiebend befristeten Vertrages wird nur zeitlich hinausgeschoben. Schon die Römer unterschieden *dies* und *condicio*. Die Befristung ist *certus an*, die Bedingung *incertus an*. Das *ob* ist also bei der Bedingung ungewiss, bei der Befristung gewiss. Bezüglich des Zeitpunktes *(quando)* könnten beide *certus quando* oder *incertus quando* sein. So ist z. B. der Tod einer Person, der im Erbrecht eine Rolle spielt, keine Bedingung, sondern eine Befristung vom Typ *incertus quando*, denn jeder muss sterben, ungewiss ist nur, wann (siehe dazu auch das alte memento mori: mors certa, hora incerta – der Tod ist gewiss, die Stunde ist ungewiss). Häufiger ist die Befristung vom Typ certus quando, z. B. wenn vereinbart ist, dass der Vertrag an einem bestimmten Datum in Kraft treten soll. Ein Ereignis ist gewiss, wenn entweder der Zeitpunkt seines Eintritts oder jedenfalls doch der Eintritt als solcher feststeht. Analog zur Bedingung gibt es eine aufschiebende Befristung (Anfangstermin) und eine auflösende (Endtermin).　　　4

Keine Bedingung im Sinn von Art. 151 ff. sind: Bedingungen, die auf ein *vergangenes* oder *gegenwärtiges Ereignis* abstellen *(in praesens vel in prae-*　　　5 *teritum collata).* Eine blosse subjektive Ungewissheit der Parteien reicht zur Anwendung der Art. 151 ff. nicht aus (VON TUHR/ESCHER, OR AT, 258 f.). *Rechtsbedingungen (condicio iuris):* Hierbei handelt es sich um die gesetzlichen Voraussetzungen für die Wirksamkeit eines Rechtsgeschäfts, z. B. die behördliche Genehmigung eines Grundstückkaufvertrages durch Ausländer nach Art. 2 ff. BewG (211.412.41) oder für den Erwerb landwirtschaftlicher Grundstücke nach Art. 61 ff. BGBB (SR 211.412.11). Die *Auflage* verpflichtet den Empfänger einer Zuwendung zu einer Leistung (vgl. Art. 482 ZGB, Art. 245 f.). *Voraussetzungen* oder *Motive* sind ebenfalls keine Bedingungen. Die Parteien können sie jedoch zur Bedingung machen und ihnen damit rechtliche Relevanz verleihen.

6   Es muss sich um ein **zukünftiges Ereignis** (Tatsache) handeln; liegt das Ereignis in der Vergangenheit oder Gegenwart *(conditio in praesens vel in praeteritum collata),* so handelt es sich nicht um eine Bedingung, denn bei Vertragsschluss steht bereits fest, ob die Bedingung eingetreten ist oder nicht, nur die Parteien wissen es noch nicht. Es fehlt daher der für die Bedingung wesentliche Schwebezustand. Das Geschäft ist sogleich wirksam oder nicht.

7   Bedingte Rechtsgeschäfte finden sich vor allem im OR, wo sie grundsätzlich unbeschränkt zulässig sind. In anderen Rechtsgebieten gibt es **bedingungsfeindliche Rechtsgeschäfte**, die aus Gründen der Rechtsklarheit nicht bedingt abgeschlossen werden können (vgl. dazu GAUCH/SCHLUEP/SCHMID/REY, N 4212 ff. m. Nw.; SCHWENZER, OR AT, N 11.10 ff.). Dies gilt insbesondere, wenn das Geschäft in ein Register einzutragen ist, wie z. B. ins Grundbuch. Solche Eintragungen erfolgen nur unbedingt (Art. 12 GBV). Ein *bedingter Grundstückkauf* wird erst eingetragen, wenn die Bedingung eingetreten ist (Art. 217 Abs. 2; BGE 129 III 264 E. 3.2.1). Deshalb gibt es z. B. keine bedingte Übereignung beim Grundstückkauf. Die Eintragung eines Eigentumsvorbehalts ist unzulässig (Art. 217 Abs. 2). Der Verkäufer kann stattdessen seine Kaufpreisforderung durch ein gesetzliches Grundpfand sichern (Art. 837 I Ziff. 1 ZGB). Bedingungsfeindlich sind auch familienrechtliche Verträge wie *Eheschliessung* oder *Adoption*; weiter die *Anerkennung der Vaterschaft*; erbrechtliche Verfügungen wie die Ausschlagung einer Erbschaft (Art. 570 ZGB); *Gestaltungsrechte* sind ebenfalls bedingungsfeindlich, z. B. Anfechtung, Aufrechnung, Widerruf und Kündigung, ebenso die Ausübung eines Vorkaufsrechts. Zur Unbedingtheit von Indossamenten im Wertpapierrecht s. Art. 1002 Abs. 1, 1096 Ziff. 2, 1109 Abs. 1; beigefügte Bedingungen gelten als nicht geschrieben. Zulässig sind *Eventualanfechtung und Eventualaufrechnung im Prozess,* die ja nur relevant werden, wenn das Gericht den klägerischen Anspruch bejaht. Bei der zulässigen Änderungskündigung im Arbeitsrecht (die allerdings nicht missbräuchlich sein darf), hängt der Bedingungseintritt allein vom Willen des

Erklärungsgegners ab (BGE 123 III 246, 249 E. 3). Werden bedingungs-feindliche Rechtsgeschäfte von den Parteien gleichwohl bedingt vereinbart, führt dies analog Art. 20 Abs. 2 entweder nur zum *Wegfall der ungültigen Bedingung* oder aber zur *Nichtigkeit des ganzen Geschäfts*, je nachdem, ob die Beteiligten das Geschäft auch ohne die Bedingung abgeschlossen hätten (Gauch/Schluep/Schmid/Rey, N 4212). Zur *verbotenen Bedingung* s. Art. 157.

III. Rechtsfolgen

Der **aufschiebend bedingte Vertrag** ist tatbestandlich im Zeitpunkt des Ab- 8 schlusses vollendet, nur seine **Wirkung** ist **hinausgeschoben** bis zum Ein-tritt (Abs. 2 spricht hier von Erfüllung) der Bedingung. Das Rechtsgeschäft bleibt bis dahin in der Schwebe (zur Pendenz der Bedingung vgl. Art. 152; zur auflösenden Bedingung s. Art. 154). Massgeblich für die **Gültigkeitsvo-raussetzungen** ist der Zeitpunkt der **Vornahme des Geschäfts**. Dies gilt für die Frage der Geschäftsfähigkeit, der Verfügungsbefugnis, der Gutgläubig-keit usw. Der bedingte Vertrag hat gewisse *Vorwirkungen* und erzeugt auch Pflichten und Rechte (vgl. Art. 152, 153). Die Rechtsstellung des bedingt Be-rechtigten nennt man *Anwartschaftsrecht*. Der Eintritt der Bedingung führt bei der aufschiebenden Bedingung die Wirkung des Geschäfts **ipso iure** herbei, bei der auflösenden tritt der alte Zustand automatisch wieder ein. Die Parteien müssen nicht mehr tätig werden. Dies gilt unabhängig davon, ob die Parteien noch leben bzw. verfügungsbefugt sind. Die Wirkung tritt **ex nunc** ein, doch kann nach Abs. 2 Rückwirkung (ex tunc) vereinbart werden. Dies ist z. B. anzunehmen, wenn die Sache schon vor Eintritt der Bedingung übergeben worden ist (s. Art. 153; BSK OR I-Ehrat, N 12). Ist auf einen auf-lösend bedingten Vertrag geleistet worden, so erfolgt die Rückforderung der Leistung mittels Kondiktion (weggefallener Grund, condictio ob causam finitam). Ist ausnahmsweise vor Eintritt der aufschiebenden Bedingung ge-leistet worden, so ist bei ihrem Ausfall der Kondiktionstyp «nicht verwirk-lichte Grund» causa data causa non secuta anwendbar (BGE 129 III 264 E. 3.2.2). Das BGer übersieht jedoch, dass bei Sachleistungen wegen des Kausalprinzips die Vindikation nach Art. 641 Abs. 2 ZGB eingreift, weshalb die Kondiktion nach h. L. wegen Subsidiarität entfällt.

IV. Kasuistik

Wird ein Kaufvertrag unter dem Vorbehalt einer Baubewilligung abge- 9 schlossen, so ist ohne besondere Anhaltspunkte nicht anzunehmen, dass der Kaufvertrag für unbegrenzte Zeit in der Schwebe bleiben sollte. I. d. R. ist davon auszugehen, dass sich die Parteien nicht für länger als die übliche Dauer eines sofort eingeleiteten Bewilligungsverfahrens binden wollten, also nur für einige Monate (BGE 95 II 523, 527 E. 2 u. 3). Im Interesse der

Klarheit empfiehlt es sich, einen Termin zu vereinbaren, bis zu dem die Bewilligung erteilt sein muss. Ist ein Kaufvertrag unter der Bedingung der Erteilung eines «Navicerts» (Zusage der Nichtaufbringung durch die englische Seeblockade) abgeschlossen, so ist die Schwebezeit beendet, wenn das Navicert verweigert wird. Das gilt auch dann, wenn sich die Parteien weiterhin erfolglos um dessen Erteilung bemühen. Dass die Parteien den Kaufvertrag auf unbegrenzte Zeit in der Schwebe halten wollen, kann nicht angenommen werden (BGE 72 II 29). Ist ein Mietvertrag unter der Bedingung geschlossen, dass die Mieterin Fr. 150000 für Einrichtung und Fr. 65000 für «Material» bezahlt, so wird der Vertrag mangels Erfüllung dieser Bedingung auch dann nicht wirksam, wenn die Mieterin bereits eingezogen ist; in concreto wurde auch Rechtsmissbrauch der Vermieterin verneint (BGer, MRA 2004, 117). Regelmässig wird die Bedingung ausdrücklich vereinbart. In Sonderfällen kann dies jedoch auch stillschweigend (konkludent) geschehen (condicio tacita), z. B. Schenkung eines Familienerbstücks unter der stillschweigenden Bedingung, dass die Ehe des Beschenkten nicht aufgelöst wird (BGE 71 II 255f. – zweifelhaft). Liegen Anhaltspunkte vor, so kommt vielleicht eine Voraussetzung in Betracht, deren Wegfall die conditio ob causam finitam auslöst. Bei der Lebensversicherung ist der Tod des Versicherungsnehmers und das Erleben desselben durch den Begünstigten aufschiebende Bedingung (BGE 112 II 157, 159 E. 1a = Pra 1986, 524). Der Arbeitsvertrag eines ausländischen Arbeitnehmers steht unter der Bedingung der Erteilung einer Arbeitsbewilligung (BGE 114 II 283 E. 2d bb = Pra 1989, 151); sofern allerdings die Bewilligung Gültigkeitsvoraussetzung ist, liegt eine Rechtsbedingung vor (dazu N 5).

V.   Beweislast

10   Wer aus dem Vertrag Rechte herleiten will, ist nach der sog. *Leugnungstheorie* beweispflichtig dafür, dass der Vertrag unbedingt geschlossen worden ist oder dass die aufschiebende Bedingung eingetreten ist. Demgegenüber sieht die *Einwendungstheorie* in der Bedingung eine rechtshindernde Tatsache, die vom Beklagten zu beweisen ist. Vorzugswürdig ist für die *aufschiebende Bedingung* die Leugnungstheorie (VON TUHR/ESCHER 263; ebenso die h. L. in Deutschland, PALANDT/HEINRICHS, Einf. 7 vor § 158; BGH NJW 1985, 497); hingegen ist die *auflösende Bedingung* als rechtsaufhebende Tatsache vom Beklagten zu beweisen (VON TUHR/ESCHER, a. a. O.; BGE 21, 193; § 154 N 6). Abweichend folgt die **h. L.** in beiden Fällen der Einwendungstheorie und legt die Beweislast dem Beklagten auf (BGer 4C.264/2004; BSK OR I-EHRAT, N 14; BK-KUMMER, Art. 8 ZGB N 263a; GAUCH/SCHLUEP/SCHMID/REY, N 4184).

Art. 152

II.	Zustand bei schwebender Bedingung	[1] Der bedingt Verpflichtete darf, solange die Bedingung schwebt, nichts vornehmen, was die gehörige Erfüllung seiner Verbindlichkeit hindern könnte.

[1] Der bedingt Verpflichtete darf, solange die Bedingung schwebt, nichts vornehmen, was die gehörige Erfüllung seiner Verbindlichkeit hindern könnte.

[2] Der bedingt Berechtigte ist befugt, bei Gefährdungen seiner Rechte dieselben Sicherungsmassregeln zu verlangen, wie wenn seine Forderungen eine unbedingte wäre.

[3] Verfügungen während der Schwebezeit sind, wenn die Bedingung eintritt, insoweit hinfällig als sie deren Wirkung beeinträchtigen.

I.   Normzweck und Anwendungsbereich

Art. 152 regelt Teilaspekte des **Schwebezustands** zwischen der Einigung   1
über das suspensiv bedingte Rechtsgeschäft und dem Eintritt bzw. Ausfall der Bedingung (vgl. ZK-OSER/SCHÖNENBERGER, N 2f. mit weiteren Aspekten). Danach entsteht mit der Einigung der Parteien zwar ein Schuldverhältnis mit Rechten und Pflichten zwischen den Beteiligten, das bedingte Rechtsgeschäft selbst entfaltet jedoch erst mit Eintritt der Bedingung weitere Wirkungen (SCHWENZER, OR AT, N 12.01; PETER, 303ff.; VON TUHR/ESCHER, OR AT 264). Unabhängig von der Kenntnis der Parteien entstehen dann zu jenem Zeitpunkt beim bedingten Verpflichtungsgeschäft die vereinbarten Forderungen und beim bedingten Verfügungsgeschäft die vereinbarte Rechtsänderung (GAUCH/SCHLUEP/SCHMID/REY, N 4225).

Die während des Schwebezustandes bestehende bedingte Forderung bzw.   2
das bedingte Eigentum kann, als sog. *Anwartschaft* (VON TUHR/ESCHER, OR AT, 264; BUCHER, OR AT, 510; GAUCH/SCHLUEP/SCHMID/REY, N 4227f. m. Nw.; kritisch GUHL/KOLLER, § 9 N 19; MERZ, SPR VI/1, 158) zwar Gegenstand des Rechtsverkehrs sein, ist aber im Gegensatz zur resolutiv bedingten Forderung (vgl. Art. 154 N 5) weder gerichtlich durch Klage (mit Ausnahme der Feststellungsklage) noch aussergerichtlich mit Mahnung oder Verrechnung durchsetzbar (im Einzelnen PETER, 257ff.; GAUCH/SCHLUEP/SCHMID/REY, N 4236; BSK OR I-EHRAT, N 5). Im **Konkurs** ist die aufschiebend bedingte Forderung zugelassen (Art. 210, 264 Abs. 3 SchKG).

II.   Verhalten nach Treu und Glauben

Der bedingt Verpflichtete hat nach Art. 152 Abs. 1 bis zum Eintritt der   3
Suspensivbedingung alles zu *unterlassen*, was die gehörige **Erfüllung der**

Verbindlichkeit vereiteln oder beeinträchtigen könnte (vgl. im Einzelnen PETER, 304 ff., 309 ff.); er hat sich m.a.W. während des Schwebezustandes nach Treu und Glauben zu verhalten. Der zu einer Sachleistung Verpflichtete darf die Sache demnach weder vernichten noch beschädigen oder verkaufen. Der anzuwendende Sorgfaltsmassstab richtet sich dabei nach der bedingten Verpflichtung (VON TUHR/ESCHER, OR AT, 265). Ferner hat er sämtliche Belastungen zu unterlassen, durch welche der Gläubiger in der Ausübung oder Geltendmachung des Eigentums beschränkt wird (BSK OR I-EHRAT, N 4).

4   Entgegen dem Wortlaut von Art. 152 Abs. 1 hat der bedingt Verpflichtete aber nicht nur Unterlassungspflichten zu beachten. Er kann darüber hinaus nach dem Grundsatz von Treu und Glauben auch zu notwendigen Massnahmen zur Erhaltung der Sache verpflichtet sein (BK-EHRAT, N 4; VON TUHR/ESCHER, OR AT, 265). Die Bestimmung ist daher so auszulegen, dass auch aus Art. 2 Abs. 1 ZBG resultierende Handlungspflichten erfasst werden.

5   Das Gebot von **Treu und Glauben** gilt auch für **Potestativbedingungen** (dazu 151 N 3). Zwar besteht hier keine Pflicht zu ihrer Erfüllung. Doch haftet der Schuldner für treuwidriges Verhalten bis zu dem Zeitpunkt, in dem er die Unwirksamkeit des Rechtsgeschäfts durch seinen Willen herbeiführt (VON TUHR/ESCHER, OR AT 266). Bei treuwidrigen Handlungen des unter der potestativen Bedingung Berechtigten, kann dessen Verhalten u.U. als auf den Ausfall der Bedingung gerichtete Erklärung verstanden werden (vgl. auch Art. 156 N 3; ZK-OSER/SCHÖNENBERGER, N 10).

6   Hinsichtlich der Rechtsfolgen des treuwidrigen Verhaltens ist insbesondere bei Zwischenverfügungen das bedingte Verpflichtungsgeschäft von der bedingten Verfügung zu unterscheiden. Während *Zwischenverfügungen* beim bedingten Verfügungsgeschäft bei Bedingungseintritt grundsätzlich unwirksam sind (Art. 152 Abs. 3, dazu unten N 10 ff.), führt eine Verletzung der aus Treu und Glauben resultierenden Verhaltenspflichten bei der *bedingten Verpflichtung* bloss zu Schadenersatzansprüchen des Berechtigten aus Art. 97 ff., sofern sich der Verpflichtete nicht exkulpieren kann (GUHL/KOLLER, § 9 N 20; PETER, 304; SCHWENZER, OR AT, N 12.04; BSK OR I-EHRAT, N 2).

7   Da Art. 152 Abs. 1 jedoch dispositiver Natur ist, kann die Haftung im Rahmen des Art. 100 f. vertraglich ausgeschlossen werden (VON TUHR/ESCHER, OR AT, 266). Ferner ist zu beachten, dass die Schadenersatzpflicht vom Eintritt der Suspensivbedingung abhängt, das bedingte Geschäft m.a.W. zu einem unbedingten wurde (BK-BREHM, N 1).

III. Sicherungsmassregeln

Als Folge der beschränkten Parteigebundenheit während des Schwebe- 8
zustandes kann der bedingt Berechtigte bei Gefährdung seines Rechts dieselben Sicherungsmassregeln geltend machen, wie wenn seine Rechte
unbedingt wären (vgl. Art. 152 Abs. 2). So kann er – bei Vorliegen der entsprechenden Voraussetzungen – bspw. einseitig Arrest nach Art. 271 ff.
SchKG oder die Vormerkung einer Verfügungsbeschränkung im Grundbuch
nach Art. 960 Abs. 1 ZGB verlangen. Ferner kann er sich auf vertraglich
vereinbarte Sicherungsmittel wie die Bürgschaft nach Art. 492 Abs. 2 oder
das Faustpfand nach Art. 884 ZGB berufen (zu den Sicherungsmitteln vgl.
PETER. 283 ff. m. Nw.; VON TUHR/PETER, OR AT, 139 ff.).

Das Recht zur Geltendmachung steht aber nur dem bedingt Berechtigen zu 9
(PETER, 309 ff., 318 ff., 326 ff.). Ferner entfalten die Sicherungsmassregeln
grundsätzlich nur zwischen den beteiligten Parteien Wirkung (BK-BECKER,
N 2). Gefährdet aber eine Zwischenverfügung während der Schwebezeit die
Rechte aus der bedingten Verfügung, so sind Sicherungsmassregeln aufgrund der Einschränkung in Art. 152 Abs. 3 auch gegenüber dem Dritten
möglich. Ist dieser jedoch gutgläubig, geniesst er nach Art. 933 ff. ZGB Besitzesschutz (ZK-OSER/SCHÖNENBERGER, N 8).

IV. Unwirksamkeit von Zwischenverfügungen

Der bedingt Verpflichtete ist bis zum Eintritt der Bedingung noch Rechtsin- 10
haber und könnte die Rechte während der Schwebezeit auf einen Dritten
übertragen (PETER, 342 f.; SCHWENZER, OR AT, N 12.05). Aus diesem Grund
hält Art. 152 Abs. 3 fest, dass Verfügungen des Verpflichteten während der
Schwebezeit – sog. Zwischenverfügungen – insoweit hinfällig werden, als
sie die Wirkungen des Bedingungseintritts beeinträchtigen.

Nach h.L. betrifft **Art. 152 Abs. 3 nur aufschiebend bedingte Verfügungs-** 11
geschäfte (BUCHER, OR AT, 511 FN 31; BSK OR I-EHRAT, N 9; PETER, 346,
347 f. m. w. Nw., 347 FN 19.). REETZ (54 ff.; recht 233, 239 ff.) dagegen will
die Vorschrift nicht nur auf bedingte Verfügungen anwenden, zu denen
widersprechende Zweitverfügungen getroffen werden, sondern auch auf
aufschiebend bedingte Verpflichtungen. Diese These ist logisch nicht halt-
bar, denn der bedingt obligatorisch Berechtigte wäre dann besser gestellt
als der unbedingt Berechtigte. Es ist nämlich völlig unstritig, dass eine
unbedingte Verpflichtung den Verpflichteten nicht daran hindert, anderweitig wirksam zu verfügen. Die einzige Konsequenz ist die Schadenersatzpflicht. Für die bedingte Verpflichtung muss dies erst recht gelten. Dieses
argumentum a fortiori zeigt, dass Art. 152 Abs. 3 auf die Zwischenverfügung, die einer bedingten Verpflichtung widerspricht, nicht angewendet
werden kann. Richtig interpretiert betrifft Art. 152 Abs. 3, wie dessen klarer

formuliertes deutsches Vorbild (§ 161 Abs. 1 BGB), nur den Fall einer weiteren Verfügung während schwebender Bedingung, die einer bedingten Verfügung widerspricht. Diese anderweitige Verfügung ist wirksam, wird aber «hinfällig», ist also resolutiv bedingt durch die bei Bedingungseintritt wirksam werdende erste Verfügung.

12   Verfügt der Verpflichtete während der schwebenden Bedingung, ordnet Art. 152 Abs. 3 als Rechtsfolge die Ungültigkeit der Zwischenverfügung an, sofern sie die Rechtstellung des bedingt Berechtigten bzw. des Erwerbers beeinträchtigt. Bis die Suspensivbedingung eintritt bleibt die Zwischenverfügung aber zunächst gültig (VON TUHR/ESCHER, OR AT, 267). Entgegen dem zu engen Wortlaut des Art. 152 Abs. 3 gilt das auch für den Ausfall einer negativen Bedingung (BSK OR I-EHRAT, N 9).

13   Der Grundsatz der Ungültigkeit gilt nicht nur inter partes, sondern auch gegenüber Dritten. Möglich ist jedoch der **gutgläubige Eigentumserwerb** durch Dritte im Mobiliarsachenrecht (vgl. Art. 714 Abs. 2 und Art. 933 ff. ZGB). Liegen dessen Voraussetzungen vor, so bleibt die Verfügung auch bei Bedingungseintritt wirksam, denn der Schutz des bedingt Berechtigten kann nicht weiter gehen, als derjenige des unbedingt Berechtigten (PETER, 342 ff.; SCHWENZER, OR AT, N 12.05; GAUCH/SCHLUEP/ SCHMID/REY, N 4233). Als Hauptanwendungsbereich des Art. 152 Abs. 3 verbleibt daher das Zessionsrecht, das keinen gutgläubigen Erwerb von Forderungen kennt (BUCHER, OR AT, 511 FN 31; BSK OR I-EHRAT, N 11; PETER, 349 ff.; differenzierend SCHWENZER, OR AT, N 12.05 a. E.).

Art. 153

III.   Nutzen in der Zwischenzeit

¹ **Ist die versprochene Sache dem Gläubiger vor Eintritt der Bedingung übergeben worden, so kann er, wenn die Bedingung erfüllt wird, den inzwischen bezogenen Nutzen behalten.**

² **Wenn die Bedingung nicht eintritt, so hat er das Bezogene herauszugeben.**

I.   Normzweck und Anwendungsbereich

1   In Abweichung zu Art. 151 Abs. 2, wonach die Wirkungen des unbedingten Rechtsgeschäfts erst mit der Erfüllung der suspensiven Bedingung beginnen, bestimmt Art. 153 Abs. 1, dass der Gläubiger zur **Nutzung der Sache** bereits mit der Übergabe berechtigt ist. Der Begriff des Nutzens umfasst

dabei nicht nur natürliche, sondern auch zivile Früchte sowie weitere vermögenswerte Vorteile der Nutzung (VON TUHR/ESCHER, OR AT, 274).

Die Vorschrift enthält eine praktikable Ausnahme vom Grundsatz der Nichtrückwirkung des Bedingungseintritts, welcher auf dem Gedanken beruht, dass eine blosse Anwartschaft auf ein erst entstehendes Recht noch keine Berechtigung zum Behalten der Nutzungen verschafft (ZK-OSER/SCHÖNENBERGER, N 1). Das in Art. 153 Abs. 1 vorgesehene Abweichen vom erwähnten Grundsatz setzt voraus, dass es sich um eine *Suspensivbedingung* handelt, die tatsächlich eingetreten ist, und die versprochene Sache bereits zuvor übergeben worden ist. Der Bestimmung liegt dabei die Annahme zugrunde, dass der Wille der Beteiligten bei der Übergabe der Sache unter einer aufschiebenden Bedingung i. d. R. auf Rückwirkung des später entstehenden Rechtsverhältnisses gerichtet ist (VON TUHR/ESCHER, OR AT, 274). Dementsprechend kann diese Rückwirkung von den Beteiligten aber auch ohne weiteres wegbedungen werden. Ist das Rechtsgeschäft resolutiv bedingt, findet Art. 154 Anwendung.

Bei suspensiv bedingten Verträgen verbleiben die Lasten, die mit der Sache zusammenhängen, trotz Sachübergabe grundsätzlich beim Eigentümer. Obwohl das Gesetz nur den Nutzen erwähnt, kann i. d. R. durch Auslegung des Parteiwillens ermittelt werden, dass der Erwerber bei Bedingungseintritt auch entsprechenden Ersatz für die seit der Sachübergabe angefallenen Lasten schuldet (BK-BECKER, N 1; BSK OR I-EHRAT, N 5). 2

II. Verhältnis zu Art. 185 Abs. 3

Abweichend vom Art. 152 Abs. 2 bestimmt Art. 185 Abs. 3, dass Nutzen und Gefahr beim aufschiebenden Kauf erst mit Bedingungseintritt übergehen. Diesen Widerspruch löst man am einfachsten durch die Annahme einer lex specialis des Kaufs (**a. M.** BUCHER, OR AT, 514 und BSK OR I-EHRAT, N 3, die umgekehrt annehmen, Art. 153 Abs. 2 sei eine dem Art. 185 Abs. 3 vorgehende «Sondernorm»). Der Widerspruch entfiele, wenn man Art. 185 Abs. 3 auf den Fall beschränken würde, dass die Sache noch nicht übergeben ist (BSK OR I-EHRAT, N 3). Dagegen spricht jedoch die Formulierung «Nutzen und Gefahr der veräusserten Sache», welche die Frage zumindest offen lässt. Auch wird die Norm von der h. L. so interpretiert, dass die Gefahr auch dann erst mit Bedingungseintritt übergeht, wenn die Sache schon vorher übergeben worden ist (GAUCH/SCHLUEP/SCHMID/REY, N 4235 m. Nw.). Wegen des Gleichlaufs von Nutzen und Gefahr sollte für den Nutzen nichts anderes gelten. In Anbetracht der dispositiven Natur der Bestimmung kann eine entsprechende Auslegung des Parteiwillens auch zum Ergebnis führen, dass Nutzen und Gefahr schon vorher übergehen sollen (BSK OR I-EHRAT, N 2 m. Nw.). 3

III. Nichteintritt der Bedingung

4 Art. 153 Abs. 2 betrifft den Nichteintritt der Suspensivbedingung. Steht fest, dass die Bedingung nicht eintritt, entfaltet das aufschiebend bedingte Rechtsgeschäft keine Wirkungen. I. d. R. bestehen dann zwischen den Beteiligten auch keine Verpflichtungen. Wurde jedoch die Sache bereits während dem Schwebezustand übergeben, hat der Empfänger die Sache und das Bezogene zurückzugeben. Nach h. L. richtet sich der Rückgabeanspruch nach den Grundsätzen der Vindikation oder der ungerechtfertigten Bereicherung (BGE 129 III 268 ff. E. 3.2.2 ff.; GAUCH/SCHLUEP/SCHMID/REY, N 4226; SCHWENZER, OR AT, N 13.04; ZK-OSER/SCHÖNENBERGER, N 3; a. M. KOLLER, BR 1/2006, 5). Das ist richtig, soweit man davon ausgeht, dass sich der Empfänger, der die schwebende Bedingung kennt, nicht auf gutgläubige Entreicherung (Art. 64) oder auf die Privilegierung des gutgläubigen Besitzers (Art. 938 ZGB) berufen kann.

Art. 154

B.	Auflösende Bedingung	[1] Ein Vertrag, dessen Auflösung vom Eintritte einer Bedingung abhängig gemacht worden ist, verliert seine Wirksamkeit mit dem Zeitpunkte, wo die Bedingung in Erfüllung geht.
		[2] Eine Rückwirkung findet in der Regel nicht statt.

I. Normzweck und Anwendungsbereich

1 Wie Art. 151 Abs. 1 für die Suspensivbedingung, definiert Art. 154 Abs. 1 den Begriff der **Resolutivbedingung**. Demnach ist ein Rechtsgeschäft auflösend bedingt, wenn dessen Dahinfallen vom Eintritt eines ungewissen zukünftigen Ereignisses abhängig gemacht wird (s. 151 N 2; GAUCH/SCHLUEP/SCHMID/REY, N 4193 f. mit Bsp.). Absatz 2 enthält den Grundsatz der Nichtrückwirkung. Die **Auflösung erfolgt ex nunc**, ebenso wie die Entstehung der Vertragswirkung bei der aufschiebenden Bedingungen (vgl. Art. 151 N 8). Wie die aufschiebende kann auch die auflösende Bedingung an den Eintritt oder an den Nichteintritt eines ungewissen zukünftigen Ereignisses geknüpft werden (vgl. Art. 151 N 3; BSK OR I-EHRAT, N 1).

2 Im Einzelfall kann unklar sein, ob die Parteien eine Suspensiv- oder Resolutivbedingung vereinbaren wollten. Die Wirkung der Vereinbarung ist dann nach dem Vertrauensprinzip auszulegen (GAUCH/SCHLUEP/SCHMID/REY,

N 4096 ff.). Führt die Auslegung der Willenserklärungen zum Ergebnis, dass das Rechtsgeschäft bereits mit der Einigung Wirkungen entfalten und mit dem Eintritt der Bedingung enden soll, ist von einer resolutiven Bedingung auszugehen (BK-BECKER, Vorbem. zu Art. 151–157 N 20; SCHWENZER, OR AT, N 11.06). Im Zweifelsfall ist aber nach dem Grundsatz «in dubio mitius» eher Suspensivbedingung anzunehmen, weil das Geschäft erst mit Erfüllung der Bedingung volle Rechtswirkungen entfaltet (GAUCH/SCHLUEP/SCHMID/REY, N 4199; ZK-OSER/SCHÖNENBERGER, Vorbem. zu Art. 151–157 N 13; BGer 4C.424/2005, E. 2.3.1). Umstritten ist, ob der Eigentumsvorbehalt nach Art. 715 ZGB als aufschiebende oder auflösende Bedingung des Veräusserungsvertrages zu qualifizieren ist (BSK OR I-EHRAT, Vorbem. zu Art. 151–157 N 7 m. Nw.). Nach richtiger Auffassung handelt es sich dabei um eine aufschiebende Bedingung der Übereignung. Der Kauf selbst ist unbedingt (vgl. HONSELL, OR BT, 125 f.; STAEHELIN 59 f. m. Nw.).

Abzugrenzen ist die Resolutivbedingung vom gesetzlichen **Rücktritt** bzw. vom vertraglichen Rücktrittsvorbehalt. Im Gegensatz zum gesetzlichen Rücktritt beruht sie nämlich nicht unmittelbar auf Gesetz, sondern primär auf Parteivereinbarung (BSK OR I-EHRAT, N 48 f. m. Nw.). Ferner enden die Rechtswirkungen beim auflösend bedingten Rechtsgeschäft mit Eintritt der Resolutivbedingung automatisch. Dies unterscheidet sie denn auch vom vertraglich vereinbarten Rücktrittsvorbehalt, welcher für die Geltendmachung einer Gestaltungserklärung bedarf (SCHWENZER, OR AT, N 13.01). 3

Die Resolutivbedingung ist grundsätzlich bei allen Rechtsgeschäften zulässig. Unzulässig ist sie bei **bedingungsfeindlichen Rechtsgeschäften** (Art. 151 N 7) und in den Fällen des **Art. 157**. 4

II. Wirkung des Bedingungseintritts

Die Wirkung der Erfüllung einer auflösenden Bedingung ist im Gegensatz zur Suspensivbedingung gesetzlich nicht ausdrücklich geregelt. Die Rechtssätze über die aufschiebende Bedingung können aber analog angewendet werden (ZK-OSER/SCHÖNENBERGER, N 3). Beiden Bedingungsarten gemeinsam ist der mit ihrem Eintritt endende Schwebezustand, welcher sich jedoch bei der Resolutivbedingung im Unterschied zur aufschiebenden Bedingung auf den Weiterbestand des Rechtsverhältnisses und nicht auf dessen Wirkungsbeginn bezieht (GAUCH/SCHLUEP/SCHMID/REY, N 4241; VON TUHR/ESCHER, OR AT, 269); denn das Rechtsgeschäft ist bei der Resolutivbedingung von Beginn an bis zum Bedingungseintritt voll wirksam (GAUCH/SCHLUEP/SCHMID/REY, N 4238). Daher ist die analoge Anwendung von Art. 152 zulasten des bedingt Verpflichteten auch nicht notwendig. Die entsprechenden Beschränkungen ergeben sich vielmehr von selbst (ZK-OSER/SCHÖNENBERGER, N 3). Der Gläubiger einer auflösend bedingten For- 5 derung kann diese wie eine unbedingte geltend machen und gerichtlich durchsetzen, während bei einer auflösend bedingten Verfügung das Eigentum bzw. im Falle einer Abtretung die Forderung auf den Erwerber übergeht (GAUCH/SCHLUEP/SCHMID/REY, N 4243 f.). Ferner gehen Nutzen und Gefahr ohne weiteres über, auch wenn die versprochene Sache nicht übergeben wurde (ZK-OSER/SCHÖNENBERGER, N 3).

6   Bezüglich des Bedingungseintritts trägt nach Art. 8 ZGB derjenige die **Beweislast**, der daraus rechtliche Vorteile ableiten will (Art. 8 ZGB; GUHL/ KOLLER, 57). So ist die auflösende Bedingung als rechtsaufhebende Tatsache vom Beklagten zu beweisen, der seine Leistungspflicht unter Berufung auf den Eintritt der Resolutivbedingung bestreitet (Art. 151 N 10; GAUCH/ SCHLUEP/SCHMID/REY, N 4184 m. Nw.).

7   Wird die Bedingung erfüllt, enden die Wirkungen des Rechtsgeschäfts ohne Zutun der Parteien (**ipso iure**); sie haben ihren entsprechenden Willen schon bei Vereinbarung des bedingten Geschäfts geäussert (VON TUHR/ ESCHER, OR AT, 274). So treten bspw. bei der aufschiebend bedingten arbeitsrechtlichen Änderungskündigung die Kündigungswirkungen sofort mit deren Zugang ein, entfallen aber ipso iure und ohne weiteres bei der vorbehaltslosen Annahme des Änderungsangebots (vgl. JOERIN, 41 und 44).
Bei bedingten **Verfügungen** kommt es automatisch zum Rückfall des übertragenen Rechts, ohne dass es einer Rückübereignung oder Rückzession bedürfte. Bedingte Forderungen erlöschen ohne weiteres (GAUCH/SCHLUEP/ SCHMID/REY, N 4238; VON TUHR/ESCHER, OR AT, 276).

8   Vor diesem Hintergrund ist aber der bedingt Verpflichtete im Hinblick auf **Zwischenverfügungen während der Schwebezeit** ebenso schutzwürdig wie der unter einer Suspensivbedingung Berechtigte (SCHWENZER, OR AT, N 12.06). Demnach ist die resolutiv berechtigte Partei zwar grundsätzlich voll berechtigt, aber mit der Einschränkung, Zwischenverfügungen bis zum Entscheid über die Resolutivbedingung nur unter dem Vorbehalt des Bedingungseintritts bzw. des Bedingungsausfalls vorzunehmen. Der resolutiv bedingt Berechtigte darf also nichts vornehmen, was die gehörige Erfüllung seiner (Rückgabe-)Verbindlichkeit hindern könnte (GAUCH/SCHLUEP/ SCHMID/REY, N 4245 m. Nw.; MERZ, SPR VI/1, 163; VON TUHR/ESCHER, OR AT, 269 f.; ZK-OSER/SCHÖNENBERGER, N 3; a. M. BK-BECKER, N 4). Bei einem Verstoss gegen diese Einschränkung findet Art. 152 Abs. 3 analoge Anwendung. Der bedingt Verpflichtete wird daher mit Erfüllung der Bedingung wieder allein berechtigt, wobei aber bei Verfügungen über eine Sache Art. 714 Abs. 2, 933 ZGB zu berücksichtigen sind. Demgegenüber werden die Zwischenverfügungen des resolutiv bedingt Berechtigten beim Ausfall der Bedingung definitiv (ZK-OSER/SCHÖNENBERGER, N 5).

Eine **Rückwirkung** wird nach Art. 154 Abs. 2 **grundsätzlich ausgeschlossen.** Die während des Schwebezustandes gezogenen Vorteile verbleiben i. d. R. beim Erwerber (vgl. BUCHER, OR AT, 514; MERZ, SPR VI/1, 163; VON BÜREN, OR AT, 191). Dies muss insbesondere bei auflösend bedingten Dauerschuldverhältnissen gelten; sie werden ex nunc aufgelöst (STAEHELIN, AJP 2004, 374 m. Nw.). Ergibt sich aus dem Willen der Parteien, dass der Bedingungseintritt nicht nur Beendigungsgrund des Rechtsverhältnisses – z. B. der Miete – sein soll, sondern das Rechtsverhältnis an sich betrifft, sind die bereits erbrachten Leistungen mit einem Vorbehalt versehen und daher zurückzugeben (BK-BREHM N 6). Als eine solche Ausnahme vom Grundsatz der Nichtrückwirkung ist u. a. der auflösend bedingte Kaufvertrag zu nennen (GAUCH/SCHLUEP/SCHMID/REY, N 4239; BGer 4C.313/2002, E. 6.1). Rückwirkung wird in diesem Fall zumindest hinsichtlich der bereits erbrachten Hauptleistungen anzunehmen sein, sofern nichts anderes vereinbart wurde (Entscheid der Cour de Justice GE vom 11.6.1965, SemJud 1966, 577 ff.; VON TUHR/ESCHER, OR AT, 276). Die Rückabwicklung der Hauptleistungen richtet sich dabei nach vertraglichen Grundsätzen (GAUCH/ SCHLUEP/SCHMID/REY, N 4239; STAEHELIN, 20 f.). Aufgrund der dispositiven Natur von Art. 154 Abs. 2 steht es den Vertragsparteien jedoch frei, eine Rückwirkung ausdrücklich zu vereinbaren (SCHWENZER, OR AT, N 13.04). **9**

Fällt die Bedingung aus, wird das bedingte Rechtsgeschäft zu einem unbedingten. Es ist dann so zu behandeln, als wäre es schon immer unbedingt gewesen. Bedingte Verfügungen werden endgültig wirksam (BK-BECKER, N 5; MERZ, SPR VI/1, 164; VON TUHR/ESCHER, OR AT, 277). **10**

III. Kasuistik

– Wird eine *Unterhaltsrente bis zur Wiederverheiratung* des geschiedenen Berechtigten vereinbart, ist von einer auflösend bedingten Forderung auszugehen. Andernfalls wäre die Vereinbarung sinnlos (BGE 81 II 587 ff.). **11**

– Die Klausel, dass der Widerruf einer Vollmacht, die im Rahmen einer Desinvestitions- und Liquidationsvereinbarung abgegeben wurde und die Gläubigerin zur jederzeitigen Veräusserung von Immobilien ermächtigt, zur Hinfälligkeit dieser Vereinbarung führt, wird im Interesse der Bank als Gläubigerin eingefügt und ist daher als negative, auflösende Potestativbedingung zu qualifizieren (BGE 127 III 515 ff.; WIEGAND, ZBJV 2003, 824 f.).

Art. 155

C. **Gemeinsame Vorschriften**

I. **Erfüllung der Bedingung**

Ist die Bedingung auf eine Handlung eines der Vertragsschliessenden gestellt, bei der es auf dessen Persönlichkeit nicht ankommt, so kann sie auch von seinen Erben erfüllt werden.

I. Normzweck und Anwendungsbereich

1   Eine dem Erblasser gesetzte Bedingung kann nach Art. 155 auch von dessen Erben erfüllt werden, wenn die Erfüllungshandlung nicht höchstpersönlicher Natur ist. Zutreffend ist dies i. d. R. für die meisten Sachleistungen sowie für vertretbare Dienstleistungen (BK-BECKER, N 2). Voraussetzung für die Anwendbarkeit von Art. 155 ist jedoch, dass es sich bei der gesetzten Bedingung um eine Potestativbedingung handelt. Unerheblich ist dabei, ob sie aufschiebende oder auflösende Wirkung hat.

2   Ferner ist die Bestimmung im Zusammenhang mit Art. 560 ZGB zu sehen. Danach gehen, abgesehen von den gesetzlichen Ausnahmen, sämtliche Rechte und Pflichten des Erblassers so auf die Erben über, wie sie im Zeitpunkt des Erbfalls bestanden haben. Art. 155 stellt klar, dass dies auch für bedingte Rechte gilt, wenn es auf die persönliche Handlung des Erblassers nicht ankommt (ZK-OSER/SCHÖNENBERGER, N 2).

II. Voraussetzung und Rechtsfolge

3   Eine Bedingung kann nach Art. 155 von den Erben erfüllt werden, wenn es sich einerseits um eine *Potestativbedingung* handelt und es andererseits auf die *Persönlichkeit* des Vertragsschliessenden nicht ankommt. Ob die Bedingung auf eine solche unpersönliche Handlungspflicht gestellt ist, wird im Einzelfall durch Auslegung zu ermitteln sein. Die Regelung gem. Art. 155 gilt demnach nur, wenn der Wille der Parteien nicht auf eine höchstpersönliche Erfüllung der Bedingung gerichtet ist (BK-BECKER, N 1). Dabei gilt es aber zu berücksichtigen, dass – analog Art. 68 – vermutungsweise nicht von einer persönlichen Erfüllung auszugehen ist (BSK OR I-EHRAT, N 3; VON TUHR/ESCHER, OR AT, 271).

4   Ähnliches gilt für eine mögliche Erfüllung der Bedingung durch Dritte, die keine Erben sind. Im Einzelfall ist durch Auslegung zu ermitteln, ob die Erfüllung auf eine persönliche Leistungspflicht gestellt ist. Art. 68 kann dabei analog angewendet werden (BSK OR I-EHRAT, Vorbem. zu Art. 151–157 N 9; VON TUHR/ESCHER, OR AT, 271; **a. M.** ZK-OSER/SCHÖNENBERGER, Art. 151 N 3). So ist bspw. beim Kaufvertrag mit Eigentumsvorbehalt davon

auszugehen, dass die Bedingung auch dann als eingetreten gilt, wenn nach dem Tod des Käufers seine Erben oder Dritte den Kaufpreis leisten (SCHWEN-ZER, OR AT, N 13.02).

Trifft die Vertragsparteien keine persönliche Leistungspflicht, kann die Be-   5
dingung auch von den Erben erfüllt werden (vgl. auch Art. 560 ZGB). Gleiches gilt für die Konkursverwaltung, welche sich nach Art. 211 Abs. 1 SchKG für Realerfüllung entscheidet. Auf sie wird Art. 155 analog angewendet (BK-BECKER, N 1; VON TUHR/ESCHER, OR AT, 272 FN 7; ZK-OSER/SCHÖNENBERGER, N 3. Für weitere analoge Anwendungen vgl. MERZ, SPR VI/1, 160). Aufgrund der dispositiven Natur der Bestimmung kann aber die Auslegung der Willenserklärungen auch zu einem anderen Ergebnis führen, nämlich dass die Parteien die persönliche Erfüllung der Bedingung gewollt haben.

Art. 156

Verhinderung wider Treu und Glauben	Eine Bedingung gilt als erfüllt, wenn ihr Eintritt von dem einen Teile wider Treu und Glauben verhindert worden ist.

I. Normzweck und Anwendungsbereich

Für den Fall der treuwidrigen Verhinderung des Bedingungseintritts fin-   1
giert Art. 156 deren Eintritt. Diese **Fiktion** ist ein römischrechtliches Erbe (vgl. Dig. 50, 17, 161; dazu HONSELL, Röm. Recht 31). Die Vorschrift ist ein Anwendungsfall von Art. 2 ZGB (vgl. GUTMANS, 67 ff. m. Nw. auch zur Mindermeinung; BGer 4C.281/2005, E. 3.5). Die Treuwidrigkeit liegt im Widerspruch zwischen dem Verhalten bei Vertragsschluss und der späteren Vereitelung der Bedingung. Es ist ein Fall des venire contra factum proprium.

Trotz des zu engen Wortlauts ist die Bestimmung nach h. L. und Rsp. auf   2
die treuwidrige Herbeiführung der Bedingung analog anwendbar (BGE 109 II 20, 21 E. 2a = Pra 1983, 554 E. 2a; BK-BECKER N 10; GUTMANS 127 ff. m. Nw.). Demgegenüber ist der Analogieschluss bei sog. Rechtsbedingungen, d. h. direkt aus dem Gesetz folgende Voraussetzungen für die Gültigkeit eines Rechtsgeschäfts, i. d. R. nicht zulässig (BSK OR I-EHRAT N 4; differenzierend und mit einer Übersicht zu Lehre und Rechtsprechung, GUTMANS 236 ff.).

Art. 156 gilt grundsätzlich auch für die **Potestativbedingung**. Zwar liegt es   3
im freien Belieben der jeweiligen Partei, ob sie die Bedingung eintreten oder nicht eintreten lassen will, doch kann sich aus den konkreten Umstän-

den eine treuwidrige Herbeiführung oder Vereitelung ergeben (BGE 117 II 273 ff., 280 E. 5c m. Nw.; BGer 4C.281/2005, E. 3.4 zum Verhältnis von Art. 377 und Art. 156; GAUCH/SCHLUEP/SCHMID/REY. N 4249; PETER, 234 f.; BSK OR I-EHRAT, N 3; a. M. BUCHER, OR AT, 513; GUTMANS, 113 ff.; ZK-OSER/SCHÖNENBERGER, N 2).

II. Tatbestandselemente

4   Die Eintrittsfiktion des dispositiven Art. 156 setzt die Verhinderung oder Herbeiführung einer Bedingung, einen Verstoss gegen Treu und Glauben sowie Kausalität zwischen treuwidrigem Verhalten und dem Nichteintritt bzw. Eintritt der Bedingung voraus. Die Bedingung muss zunächst «von dem einen Teile» verhindert oder – in analoger Anwendung von Art. 156 – herbeigeführt worden sein. Aus dem Wortlaut der Bestimmung schliessen h. L. und Rsp., dass das Verhalten eines Dritten nicht erfasst wird (vgl. GUTMANS 93 ff. m. Nw.). Steht das Rechtsgeschäft unter einer positiven Bedingung, gilt deren Eintritt als vereitelt oder herbeigeführt, wenn das Ereignis definitiv nicht mehr eintreten kann bzw. in vollem Umfang verwirklicht wurde (GUTMANS 128; PETER 231 f.). Bei einer negativen Bedingung ist deren Eintritt vereitelt, wenn die Verwirklichung des Ereignisses vollumfänglich eingetreten ist. Herbeigeführt ist sie, falls sich das Ereignis nicht mehr verwirklichen kann (GUTMANS 129 m. Nw.).

5   Erfasst wird nur **treuwidriges Verhalten**, das eine Bedingung eintreten bzw. ausfallen lässt (dazu GUTMANS, 138 ff. m. Nw.; VON TUHR/ESCHER, OR AT, 272). Die Verhinderung bzw. die Herbeiführung ist somit unter Berücksichtigung der konkreten Umstände, insbesondere der Beweggründe und der verfolgten Ziele zu beurteilen, wobei die Rechtsprechung eine zu weite Auslegung ablehnt (BGE 117 II 280 E. 5c; BGer 4C.281/2005, E. 3.5; ENGEL, traité 855 m. Nw.). So ist bspw. ein Verstoss gegen Treu und Glauben zu verneinen, wenn die Verhinderung bzw. Herbeiführung dem Schutz eigener überwiegender Interessen dient (BSK OR I-EHRAT, N 6; BGer 4C.25/2004, E. 3.2.1). Nicht treuwidrig verhält sich eine Partei, die lediglich ihr Recht ausübt (BK-BECKER, N 5 ff. mit Bsp.). So verhält sich z. B. ein Hauseigentümer, der den von ihm bestellten Immobilienmakler um die Provision bringt, weil er den beigebrachten Kaufinteressenten nicht akzeptiert, nicht entgegen Treu und Glauben i. S. v. Art. 156.

6   Die Verhinderung bzw. Herbeiführung des Bedingungseintritts muss **nicht absichtlich** erfolgen. (BGE 109 II 20, 21 f. E. 2b m. Nw. = Pra 1983, 554 E. 2b; BGer 4C.281/2005, E. 3.5; GAUCH/SCHLUEP/SCHMID/REY. N 4253; GUTMANS. 195 f. m. Nw.; **a. M.** BK-BECKER. N 4; ZK-OSER/SCHÖNENBERGER, N 5).

7   Zwischen dem treuwidrigen Verhalten und dem Ausfall bzw. Eintritt der Bedingung muss ein **adäquater Kausalzusammenhang** bestehen. Dieser liegt

i. d. R. vor, wenn die Bedingung ohne treuwidrige Verhinderung eingetreten bzw. ohne treuwidrige Herbeiführung ausgefallen wäre (vgl. Gutmans, 133 f.; ZK-Oser/Schönenberger, N 3). Der Beweis des Kausalzusammenhangs muss dabei nicht mit Sicherheit erbracht werden, vielmehr reicht eine hohe Wahrscheinlichkeit aus (Gutmans, 134 f. m. Nw.; BGer 4C.281/2005, E. 3.5.2).

III. Rechtsfolgen

Wird die Bedingung treuwidrig verhindert oder herbeigeführt, gilt sie nach Art. 156 als erfüllt oder ausgefallen (vgl. BSK OR I-Ehrat, N 7 ff.; im Einzelnen Gutmans, 67 ff.). Diese **Erfüllungsfiktion** wird auf den Zeitpunkt bezogen, in dem die Bedingung nach dem gewöhnlichen Lauf der Dinge und korrektem Verhalten erfüllt worden wäre (BK-Becker, N 9; Gutmans, 223 f. m. Nw.). Da es um die Anwendung des Grundsatzes von Treu und Glauben gem. Art. 2 ZGB geht, können im Einzelfall aber auch andere Rechtsfolgen angemessen sein (Gauch/Schluep/Schmid/Rey, N 4251 m. Nw.). 8

Resultieren aus dem treuwidrigen Verhalten *zusätzliche Ansprüche*, wie z. B. deliktsrechtliche oder vertragsrechtliche Schadenersatzansprüche nach Art. 41 ff. bzw. Art. 97 ff., ist i. d. R. der Erfüllungsfiktion nach Art. 156 der Vorzug zu geben. Sie entspricht eher den ursprünglichen Absichten der Beteiligten und bringt dem bedingt Berechtigten weitere Vorteile, wie bspw. die Befreiung vom Schadensbeweis (BSK OR I-Ehrat, N 9; von Tuhr/Escher, OR AT, 273 m. Nw.). 9

Haben sich mit dem suspensiv oder resolutiv bedingten Geschäft *mehrere Personen* verpflichtet, so gilt die Erfüllungsfiktion nur gegenüber derjenigen Partei, welche die Tatbestandselemente nach Art. 156 erfüllt (ZK 1960, 316). 10

IV. Kasuistik

Treuwidrigkeit bejaht: 11

– Wenn der Grundstückkaufvertrag bedingt ist durch die Erteilung einer Baubewilligung durch die Gemeinde und der Verkäufer oder der Käufer die Baubewilligung hintertreibt, weil ihn das Geschäft reut (dies ist kein Fall einer Rechtsbedingung i. S. v. Art. 151 N 5).

– Wenn der Bauherr, dessen Unterschrift für die Baubewilligung nötig ist, das Projekt nicht unterschreibt und dadurch den Bau verhindert (BGer 4C.28/2005).

– Wenn ein rentenberechtigter Ehegatte eine neue eheähnliche Lebensgemeinschaft anstelle einer Ehe eingeht (vgl. Art. 151 und 152 ZGB alt), um den Rentenanspruch aus der vorhergegangenen Scheidung nicht zu verlieren (BGE 104 II 151 E. 1).

- Die Berufung des Käufers auf eine vereinbarte Resolutivbedingung, dass der Kaufvertrag über einen Schönheitssalon («Institut de beauté») als aufgelöst gelte, falls der Vermieter der Lokalität das Mietverhältnis nicht zu einem (angemessenen) Mietzins weiterführt, wenn die Fortführung des Mietvertrags wegen Beleidigungen (der Angestellten) des Vermieters durch den Käufer nicht zustande kommt (BGE 109 II 20, 21 f. E. 2 b m. Nw. = Pra 1983, 553 ff.)
- Konzerninterner Mieterwechsel nur mit dem Ziel, die dem Untermieter eingeräumte Verlängerungsoption zu vereiteln (BGE 113 II 31 ff.; dazu BÄR, ZBJV 1989, 240 f.).
- Nichterrichtung einer Zwischenbilanz i. S. v. Art. 725 Abs. 2, obwohl dessen Voraussetzungen vorliegen, um damit den Bedingungseintritt (Auflösung der Gesellschaft) für die Ausübung eines Rückkaufrechts zu verhindern (BGE 99 II 282, 289).

12   **Treuwidrigkeit verneint:**
- Fristlose Entlassung eines Fussballtrainers, um den guten Ruf des Fussballvereins in der Öffentlichkeit zu wahren, wenn der Vertrag im Falle einer Qualifikation für den UEFA-Cup automatisch verlängert würde (BJM 2002, 95 ff.).
- Die Vereinbarung, dass der Anspruch auf Ausrichtung zugeteilter Aktien im Rahmen eines Beteiligungsprogramms entfällt, wenn der Arbeitnehmer am 30. Juni des Jahres der Ausrichtung in einem gekündigten Arbeitsverhältnis steht, knüpft die Übereignung zugeteilter Aktien an die suspensive Bedingung des Fortbestandes des Arbeitsverhältnisses. Die rechtsmässige (fusionsbedingte) Kündigung des Arbeitgebers vor dem genannten Zeitpunkt, ist jedoch nicht treuwidrig, selbst wenn der Arbeitnehmer dazu keinen Anlass gegeben hat (ZR 102, 2003, Nr. 5).

Art. 157

III. Unzulässige Bedingungen	**Wird eine Bedingung in der Absicht beigefügt, eine widerrechtliche oder unsittliche Handlung oder Unterlassung zu befördern, so ist der bedingte Anspruch nichtig.**

1   **Widerrechtliche** oder **sittenwidrige** (unsittliche) **Bedingungen** machen den Vertrag unwirksam. Entgegen dem zu engen Wortlaut erfasst die widerrechtliche oder sittenwidrige Bedingung grundsätzlich das ganze Geschäft und nicht bloss den bedingten Anspruch (VON BÜREN, OR AT, 195; ZK-OSER/

SCHÖNENBERGER, N 2). Ähnliche Vorschriften enthalten Art. 519 Abs. 1 Ziff. 2 und 482 Abs. 2 ZGB, wonach solche Auflagen oder Bedingungen zur Nichtigkeit der ganzen letztwilligen Verfügung führen. Statt der Unwirksamkeit des Geschäfts, wäre auch der Wegfall nur der sittenwidrigen Bedingung denkbar, also die Aufrechterhaltung des Geschäfts. Art. 20 Abs. 2 kommt jedoch i. d. R. nicht zur Anwendung. Auch der favor testamenti gilt bei sittenwidrigen Bedingungen nicht. Im römischen Recht war dies streitig (vgl. HONSELL, Röm. Recht 20 FN 5). Im Einzelfall kann aber in analoger Anwendung von Art. 20 Abs. 2 die Ungültigkeit auf die Bedingung beschränkt bleiben (BUCHER, OR AT, 509 FN 22). Die Aufrechterhaltung des Geschäfts unter Wegfall der verbotenen oder sittenwidrigen Bedingung ist denkbar in Sonderfällen, z. B. bei der auflösenden Bedingung in einem Arbeitsvertrag mit Zölibatsklausel oder unter der auflösenden Bedingung einer Schwangerschaft (usw.). Die h. L. lehnt die analoge Anwendung von Art. 20 Abs. 2 ab, will aber Art. 157 nicht anwenden, wenn die Parteien das Rechtsgeschäft für den Fall der Ungültigkeit der Bedingung auch als unbedingtes Geschäft geschlossen hätten (BK-BECKER, Vorbem. zu Art. 151–157 N 23, Art. 157 N 9). Im Ergebnis läuft das auf dasselbe hinaus. Die Begriffe sind dieselben wie in Art. 20. Die Rechtsfolge greift ein, wenn der mit der Bedingung verfolgte Zweck der öffentlichen Rechtsordnung oder den guten Sitten widerspricht, wie z. B. das Schenkungsversprechen unter der Bedingung einer strafbaren Handlung (BK-BECKER, N 2 ff.; SCHWENZER, OR AT, N 11.12).

Im Gegensatz zu Art. 20 bezieht sich Art. 157 nicht auf den Vertrag, sondern auf die Bedingung (BUCHER, OR AT, 242; GAUCH/SCHLUEP/SCHMID/ REY, N 4121). Nach dieser Ansicht hat Art. 157 im Verhältnis zu Art. 20 ergänzende Funktion. Die Vorschrift soll sich schon gegen den blossen Anreiz zu einem widerrechtlichen oder sittenwidrigen Verhalten wenden, indem sie die Bedingung für nichtig erklärt und somit versucht, eine mögliche Umgehung der tatbestandsmässigen Verhaltensweisen i. S. v. Art. 20 zu verhindern. (BK-BECKER, N 1; GAUCH/SCHLUEP/SCHMID/REY, N 4121). Nach richtiger Ansicht ist die Norm neben Art. 20 überflüssig, weil kein Fall von Art. 157 denkbar ist, der nicht schon unter Art. 20 fällt (wie hier VON TUHR/ ESCHER, OR AT, 255 FN 13). Für letztwillige Verfügungen ist Art. 482 Abs. 2 ZGB lex specialis, die dem Art. 157 vorgeht (ZK-OSER/SCHÖNENBERGER, N 3).

Art. 157 betrifft nicht die **unmögliche Bedingung**. Ist die Bedingung bereits vor Abschluss des bedingten Rechtsgeschäfts unmöglich, ist Art. 482 Abs. 3 ZGB analog anwendbar; sie gilt als nicht vorhanden (pro non scripto). Im Falle der nachträglichen Unmöglichkeit, welche zum Ausfall der Bedingung führt, kommt das aufschiebend bedingte Geschäft nicht zustande, während das auflösend bedingte Rechtsgeschäft unbedingt wirksam wird (GAUCH/

SCHLUEP/SCHMID/REY, N 4222; **a.M.** REUTTER, 149f.). Von der Unmöglichkeit der Bedingung ist diejenige der bedingten Leistung zu unterscheiden. Für sie ist der Zeitpunkt des Bedingungseintritts massgebend. Die Unmöglichkeit einer Leistung bei Abschluss des bedingten Rechtsgeschäfts ist unbeachtlich, wenn die Leistung nachträglich bis zum Eintritt der Bedingung möglich wird (ZK-OSER/SCHÖNENBERGER, Art. 152 N 4). Zu den *bedingungsfeindlichen Rechtsgeschäften* s. Art. 151 N 7.

Dritter Abschnitt: Haft- und Reugeld. Lohnabzüge. Konventionalstrafe

Art. 158

A.   Haft- und Reugeld

[1] Das beim Vertragsabschlusse gegebene An- oder Draufgeld gilt als Haft-, nicht als Reugeld.

[2] Wo nicht Vertrag oder Ortsgebrauch etwas anderes bestimmen, verbleibt das Haftgeld dem Empfänger ohne Abzug von seinem Anspruche.

[3] Ist ein Reugeld verabredet worden, so kann der Geber gegen Zurücklassung des bezahlten und der Empfänger gegen Erstattung des doppelten Betrages von dem Vertrage zurücktreten.

Literatur

BENTELE, Die Konventionalstrafe nach Art. 160–163 OR, Diss. Freiburg 1994; BÜHLER, Haft- und Reuegeld sowie Konventionalstrafe im alten und im geltenden Obligationenrecht, in: Peter/Stark/Tercier (Hrsg.), Hundert Jahre Schweizerisches Obligationenrecht, Freiburg 1982, 143; ERDEM, La clause pénale, Diss. Neuchâtel 2006; SOLIVA, Rechtshistorische Anmerkungen zu Art. 158 OR, FS Keller, Zürich 1989, 299.

I.   Allgemeines. Begriffe

1   Art. 158 regelt die rechtliche Bedeutung des sog. **Handgelds** *(arrha)*. Von Handgeld spricht man, wenn eine Vertragspartei der anderen bei Vertragsabschluss Geld oder eine andere Sache gibt, ohne dass es dabei um die eigentliche Vertragserfüllung oder um eine Mitwirkungshandlung dazu

geht (BUCHER, OR AT, 515). Das Gesetz verwendet den Begriff des Handgelds nicht, sondern spricht im deutschen Wortlaut kryptisch von Haftgeld,
Reugeld, Angeld und Draufgeld, ohne diese Begriffe zu definieren.

Die Hingabe eines Handgelds ist eine Erscheinung mit reichhaltigem **rechts-**   2
historischem Hintergrund. Ursprünglich aus dem antiken griechischen
Recht stammend und vom klassischen römischen Recht adaptiert, war sie
auch auf dem Gebiet der Eidgenossenschaft verbreitet (s. SOLIVA passim;
HUBER, System und Geschichte des Schweizerischen Privatrechts, Bd. IV,
Basel 1893, 833 ff.). Partikulare Unterschiede veranlassten den Gesetzgeber zu regeln, welche Rechtswirkung das Handgeld im Zweifel hat. Er sah
sich dabei vor die Alternative gestellt, das Handgeld entweder als **Haftgeld**
oder Reugeld aufzufassen (BÜHLER, 161).

Haftgeld i. S. v. Art. 158 liegt vor, wenn das Handgeld (bloss) als **Zeichen für**   3
den Vertragsschluss gegeben wird (*arrha confirmatoria;* BK-BECKER, N 3;
ERDEM, 25). Wird das Haftgeld an die Hauptleistung des Gebers angerechnet, so wird es als **Angeld** bezeichnet, andernfalls als **Draufgeld** (dazu unten N 10). Dieser historisch bedingte, weite Haftgeldbegriff kommt nach wie
vor im französischen und italienischen Wortlaut von Abs. 1 zum Ausdruck.
Er ist auch wegleitend für die Regelung von Abs. 2 (dazu unten N 10 f.).

Die heutige Vertragspraxis verwendet das Haftgeld hingegen vornehm-   4
lich zur **Sicherung der Vertragserfüllung**, indem dessen Hingabe mit der
Abrede verbunden wird, dass der Empfänger das Haftgeld bei Nichterfüllung behalten darf. Entgegen einer verbreiteten Darstellung (vgl. GAUCH/
SCHLUEP/SCHMID/REY, N 4076; BSK OR I-EHRAT, N 6; HANDKOMM-ZIEG-
LER, N 2; HUGUENIN, OR AT, N 1171; BENTELE, 17) ist diese Abrede aber
kein Begriffsmerkmal des Haftgelds i. S. v. Art. 158. Im Gegenteil: Das Haftgeld als Sicherungsinstrument bildet einen eigenen Typus, bei dem das
Haftgeld die Funktion einer **im Voraus entrichteten Konventionalstrafe**
hat (sog. *arrha poenalis*). Mit dem Haftgeld, wie es in Art. 158 geregelt ist,
hat dieser Typus mit Ausnahme der Leistung bei Vertragsschluss wenig gemeinsam. Zum einen wird bei der arrha poenalis meist ein substanzieller,
nicht bloss symbolischer Betrag hingegeben. Zum anderen betrachtet es die
Praxis entgegen Abs. 2 als Angeld und nicht als Draufgeld. Lehre und Rechtsprechung wenden daher auf diesen Typus des Haftgelds die Bestimmungen über die Konventionalstrafe analog an, insbesondere Art. 163 Abs. 3
(BGE 133 III 43 ff.; BSK OR I-EHRAT, N 5).

Mit der *arrha poenalis* verwandt ist die im Rechtsverkehr vielfach als Re-   5
servierungsgebühr oder Anzahlung bezeichnete *arrha pacto imperfecto*
data. Hier wird das Handgeld **vor dem eigentlichen Vertragsschluss** gegeben, verbunden mit der Abrede, dass es verfallen soll, wenn der Geber sich
weigert, den ins Auge gefassten Vertrag abzuschliessen (VON TUHR/ESCHER,

OR AT, 288 f.). Es dient damit der **Sicherung eines zukünftigen Vertragsabschlusses**. Meist handelt es sich um eine zu einem Vorvertrag hinzutretende Sicherungsabrede (HERZOG, Der Vorvertrag im schweizerischen und deutschen Schuldrecht, Zürich 1999, N 204). Fehlt es an einem Vorvertrag, kann der Geber seine Leistung vorbehältlich Art. 63 Abs. 1 kondizieren, wenn der Vertragsabschluss scheitert. Kommt der Vertrag zustande, ist der erhaltene Betrag vermutungsweise zurückzuerstatten oder der aufgrund dieses Vertrags zu erbringenden Leistung des Gebers anzurechnen (BUCHER, OR AT, 519; BSK OR I-EHRAT, N 10).

6   Das **Reugeld** *(arrha poenitentialis)* erfüllt einen dem Haftgeld entgegengesetzten Zweck, nämlich die Schwächung der vertraglichen Bindung und nicht deren Stärkung. Mit einer Reugeldabrede wird der Geber alternativ ermächtigt, entweder den Vertrag zu erfüllen oder unter Preisgabe des Handgelds vom Vertrag zurückzutreten (BGE 84 II 151, 155). Charakteristisch für das Reugeld ist daher zum einen dessen Leistung bei Vertragsschluss und zum andern der Wille der Parteien, den Rücktritt vom Vertrag zu ermöglichen. Das erste Merkmal grenzt das Reugeld von der **Wandelpön** gemäss Art. 160 Abs. 3 ab, die erst nach Vertragsschluss geleistet wird und auf die Art. 158 Abs. 3 nicht anwendbar ist. Anhand des zweiten Merkmals entscheidet sich, ob eine **Teilzahlung mit Verfallsabrede bei Rücktritt** als Reugeld zu qualifizieren oder unter Art. 162 fällt. Diese Unterscheidung ist namentlich deshalb bedeutsam, weil Reugeld nicht der gerichtlichen Herabsetzung nach Art. 163 Abs. 3 unterliegt (CR CO I-MOOSER, N 8). Als Reugeld wurde beispielsweise eine Abrede qualifiziert, wonach der Käufer bei Rücktritt vom Vertrag eine Strafe von 20 % des Kaufpreises zu bezahlen hat, wobei der Käufer bei Vertragsschluss eine hinreichende Anzahlung an den Kaufpreis geleistet hatte (BGE 110 II 141 ff.).

7   Haft- und Reugeld beruhen auf einer **vertraglichen Nebenabrede** und setzen damit einen gültigen Vertrag voraus. Ist der Vertrag ungültig oder wird er einvernehmlich aufgehoben, kann das Handgeld nach Art. 62 ff. zurückgefordert werden (BUCHER, OR AT, 517; BSK OR I-EHRAT, N 7, 12; CR CO I-MOOSER, N 5). Zu beachten ist allerdings Art. 63 Abs. 1 (HGer SG, Entscheid vom 14. Juni 2006, E. 5, HG.2005.29).

8   Unterliegt der Vertrag einem gesetzlichen **Formerfordernis**, so gilt dieses auch für die Haft- oder Reugeld-Abrede (BGer 4C.399/2005, E. 4.4.3; HGer SG, Entscheid vom 14. Juni 2006, E. 4a, HG.2005.29; SGGVP 1985 Nr. 40; GAUCH/SCHLUEP/SCHMID/REY, N 4081; VON TUHR/ESCHER, OR AT, 289). Dasselbe gilt bei einem formbedürftigen Vorvertrag mit Bezug auf die *arrha pacto imperfecto data* (BGer 4C.399/2005, E.4.4.3). Bei vertraglich vorbehaltener Form wird in der Hingabe und Entgegennahme eines Handgelds eine Manifestation des Verpflichtungswillens erblickt, welche die Vermutung von Art. 16 Abs. 1 umstösst (BUCHER, OR AT, 520).

II.   Die gesetzliche Regelung im Einzelnen

1.   Vermutung zugunsten Haftgeld (Abs. 1)

Gemäss Abs. 1 ist das **Handgeld vermutungsweise Haftgeld** und nicht Reu-   9
geld. Die Hingabe des Handgelds hat somit von Gesetzes wegen keine weitere Bedeutung als den Vertragsschluss kenntlich zu machen (s. oben N 3).
Will eine Partei dem Handgeld eine weitergehende Bedeutung beimessen,
so trägt sie für eine entsprechende Vereinbarung die Beweislast. Abs. 1
stellt entgegen dem Gesetzeswortlaut eine gesetzliche Vermutung auf und
keine Fiktion.

2.   Verhältnis des Haftgelds zur Hauptleistung (Abs. 2)

Gemäss Abs. 2 muss sich der Empfänger das Haftgeld nicht auf seine Haupt-   10
forderung anrechnen lassen. Das Haftgeld ist daher **Draufgeld** und nicht
Angeld (s. oben N 4). Dies gilt nicht nur für die Primärforderung sondern
auch für einen allfälligen Schadenersatzanspruch bei Leistungsstörung
(Schwenzer, OR AT, N 72.01). Vertrag wie auch Ortsgebrauch können jedoch eine Anrechnung des Haftgelds an die Hauptforderung bestimmen.
Abs. 2 ist also **dispositives Recht**. Die h. L. betrachtet Abs. 2 zu Recht als
überholt und nimmt i. d. R. **Angeld** an, insbesondere wenn das Haftgeld
einen bloss symbolischen Betrag übersteigt oder einem Sicherungszweck
(s. o. N 4 f.) dient (Bucher, OR AT, 516 f.; Engel, obligations, 861; BSK
OR I-Ehrat, N 5; CR CO I-Mooser, N 4; Huguenin, OR AT, N 1177; s. auch
SemJud 82, 312).

Erklärt eine Partei gemäss Art. 107 Abs. 2, 109 ihren **Rücktritt** vom Ver-   11
trag, so kann das Haftgeld zurückgefordert werden, unabhängig davon,
welche Partei den Vertrag verletzt hat, es sei denn, die Parteien haben vereinbart, dass der Empfänger das Haftgeld bei Nichterfüllung behalten darf
(s. oben N 4 f.). Eine solche Vereinbarung ist jedoch angesichts der Bedeutung, die Abs. 1 dem Handgeld beimisst, nicht zu vermuten (**a. A.** Bucher,
OR AT, 517; BSK OR I-Ehrat, N 7).

3.   Rechtslage bei Reugeld (Abs. 3)

Abs. 3 bestimmt, dass bei Vereinbarung eines Reugeldes der Geber gegen   12
Zurücklassung des bezahlten und der Empfänger gegen Erstattung des
doppelten Betrags vom Vertrag zurücktreten kann. Nach dieser **dispositiven Regel**, welche im Vertrag die Symmetrie der Bindungswirkung wahren will (Bucher, OR AT, 518), sind somit **beide Parteien** berechtigt, sich
gegen Zahlung derselben Abfindungssumme vom Vertrag zu lösen.

Die Ausübung des Rücktrittsrechts hat, da der Berechtigte hierzu alterna-   13
tiv berechtigt ist (BGE 84 II 151, 155), einzig den **Verfall des Reugelds** zur
Folge, begründet darüber hinaus aber keine weiteren Ansprüche der Ge-

genpartei, insbesondere keine Schadenersatzansprüche (Huguenin, OR AT, N 1178).

14   Der Rücktritt kann **formlos** erfolgen (BGE 21, 1216). Es muss ihm aber ein entsprechender **Willensentschluss** des Berechtigten zugrunde liegen. Das Reugeld verfällt daher nicht, wenn der Entscheid eines Dritten zur Auflösung des Vertrags führt oder wenn ein ausserhalb des Willensbereichs des Berechtigten liegender Umstand die Vertragserfüllung hindert (BGE 84 II 151, 156). Gemäss diesem Entscheid soll das Reugeld aber verfallen, wenn der Rücktrittsberechtigte die Vertragserfüllung schuldhaft vereitelt. Das Rücktrittsrecht ist **verwirkt**, wenn der Berechtigte die Vertragserfüllung ganz oder teilweise tatsächlich anbietet oder die Vertragserfüllung der Gegenpartei ganz oder teilweise entgegennimmt (Realoblation, vgl. Gauch/Schluep/Schmid/Rey, N 2298; siehe aber BGE 110 II 141, 148, wo der Berechtigte mit der Entgegennahme einer Teillieferung sein Rücktrittsrecht hinsichtlich des gesamten Vertrags nicht verwirkte).

15   Bei **Nichtausübung des Rücktrittsrechts** muss das Reugeld nicht zurückgelassen werden. Dies folgt durch Umkehrschluss aus Abs. 3, der bestimmt, dass der Rücktritt «gegen Zurücklassung» des bezahlten Betrags erfolgt. Das Reugeld ist folglich **Angeld** und nicht Draufgeld (ZK-Oser/Schönenberger, N 5; von Tuhr/Escher, OR AT, 288; **a. A.** Bucher, OR AT, 517; BSK OR I-Ehrat, N 11; CR CO I-Mooser, N 7; Gauch/Schluep/Schmid/Rey, N 4082; Huguenin, OR AT, N 1178; HANDKOMM-Ziegler, N 9). Entgegen der h. L. findet Abs. 2 nicht analog Anwendung. Sind Reugeld und Leistungsgegenstand gleichartig, kann verrechnet werden, andernfalls ist das Reugeld bei der Erfüllung des Vertrags zurückzugeben (vgl. § 337 Abs. 1 BGB).

Art. 159

Die Bestimmung wurde durch das Bundesgesetz vom 25. Juni 1971 aufgehoben. Der Lohnrückbehalt ist jetzt in Art. 323a geregelt.

Art. 160

C. Konventional-
strafe

I. Recht des
Gläubigers

1. Verhältnis der
Strafe zur Ver-
tragserfüllung

¹ Wenn für den Fall der Nichterfüllung oder der nicht richtigen Erfüllung eines Vertrages eine Konventionalstrafe versprochen ist, so ist der Gläubiger mangels anderer Abrede nur berechtigt, entweder die Erfüllung oder die Strafe zu fordern.

² Wurde die Strafe für Nichteinhaltung der Erfüllungszeit oder des Erfüllungsortes versprochen, so kann sie nebst der Erfüllung des Vertrages gefordert werden, solange der Gläubiger nicht ausdrücklich Verzicht leistet oder die Erfüllung vorbehaltlos annimmt.

³ Dem Schuldner bleibt der Nachweis vorbehalten, dass ihm gegen Erlegung der Strafe der Rücktritt freistehen sollte.

Literatur

BENTELE, Die Konventionalstrafe nach Art. 160–163 OR, Diss. Freiburg 1994; BÜHLER, Haft- und Reugeld sowie Konventionalstrafe im alten und im geltenden Obligationenrecht, in: Peter/Stark/Tercier (Hrsg.), Hundert Jahre Schweizerisches Obligationenrecht, Freiburg 1982, 143; ERDEM, La clause pénale, Diss. Neuchâtel 1996; FISCHER, Vertragliche Pauschalierung von Schadenersatz, Zürich 1998; MABILLARD, Rechtsnatur, anwendbare Gesetzesbestimmungen und Zulässigkeit der unechten Konventionalstrafe, AJP 2005, 547; RIEMER, Konventionalstrafen in Gestalt von Verfall- oder Verwirkungsklauseln, in: Peter/Stark/Tercier (Hrsg.), Hundert Jahre Schweizerisches Obligationenrecht, Freiburg 1982, 443; SANTORO, Die Konventionalstrafe im Arbeitsvertrag, Bern 2001.

I.   Begriff der Konventionalstrafe

Als **Konventionalstrafe** oder Vertragsstrafe wird eine Leistung bezeichnet, die der Schuldner dem Gläubiger für den Fall verspricht, dass er eine bestimmte Schuld (Hauptverpflichtung) nicht oder nicht richtig erfüllt (BGE 122 III 420, 422 m. Nw.). Sie kann vertraglich, aber auch durch die Statuten einer Körperschaft (sog. **Verbandsstrafe**) begründet werden (BGE 80 II 123).   1

Hauptzweck der Konventionalstrafe ist die Verbesserung der Gläubigerstellung durch Befreiung vom Schadensnachweis (BGE 122 III 420, 422). Sie wird daher vor allem zur Sicherung von Ansprüchen vereinbart, deren Voll-   2 streckung schwierig ist, weil ein materieller Schaden nicht oder nur schwer nachweisbar ist (GUHL/SCHNYDER, § 56 N 2). In der Praxis findet die Konventionalstrafe daher häufig bei arbeitsvertraglichen Konkurrenzverboten, Vertraulichkeitsvereinbarungen und als Verspätungsstrafe bei Werkverträgen Anwendung. Nebst der **Sicherungsfunktion** dient die Konventionalstrafe dem wirtschaftlichen **Ausgleich** der Nachteile, die der Gläubiger durch die Vertragsverletzung erleidet. Darüber hinaus hat sie regelmässig eine **Straffunktion**, insbesondere wenn ihr Umfang eine allfällige Schadenersatzpflicht übersteigt. Sie soll den Schuldner unter Druck setzen, seine Verpflichtungen vertragsgemäss zu erfüllen (BENTELE, 11 m.Nw.). Diese Multifunktionalität ist charakteristisch für die Konventionalstrafe (BGer 4C.241/2005, E. 3.2).

3   Indem der Gesetzeswortlaut neutral von Strafe spricht, lässt er offen, was der **Inhalt** des Strafversprechens sein kann. In der Regel wird die **Zahlung einer Geldsumme** vereinbart. Strittig ist, ob auch die **Übernahme irgendeines Rechtsnachteils** unter die Regeln über die Konventionalstrafe fallen kann und damit insbesondere der gerichtlichen Herabsetzung nach Art. 163 Abs. 3 unterliegt. Das Bundesgericht hat dies für **Verfalls- und Verwirkungsklauseln** verneint mit der Begründung, für die Konventionalstrafe sei das **Versprechen einer Leistung begriffswesentlich** (BGE 80 II 123, 133). Im Schrifttum sind die Auffassungen geteilt, wobei die Befürworter einer Unterstellung von Verfalls- und Verwirkungsklauseln unter die Konventionalstrafe vor allem eine wirtschaftliche Betrachtung aus Sicht des Schuldners ins Feld führen (zum Meinungsstand vgl. GAUCH/SCHLUEP/SCHMID/REY, N 4007; BENTELE, 15 f.; SANTORO, 29 ff.; RIEMER, 447 ff.). Dass der Gesetzgeber die Konventionalstrafe als Leistungsversprechen, insbesondere in der Form einer Geldzahlung, auffasste, äussert sich zum einen in der Anrechnung der Konventionalstrafe auf den Schadenersatz gemäss Art. 161 Abs. 2, zum andern in Art. 163 Abs. 1 und 3, der von einer variabel bestimmbaren Höhe der Konventionalstrafe ausgeht. Beide Bestimmungen passen nicht auf die Übernahme anderer Rechtsnachteile, die sich nicht im Verlust eines bestimmten Geldbetrages erschöpfen (vgl. Art. 162). Insbesondere wäre eine Anwendung von Art. 163 Abs. 3, um deretwegen die Diskussion geführt wird, bei nicht monetären und unteilbaren Rechtsnachteilen unpraktikabel und würde zu einer erheblichen Rechtsunsicherheit führen. So wäre etwa bis zum Vorliegen eines rechtskräftigen Urteils unklar, ob und in welcher Form das betreffende Recht (z. B. eine Mitgliedschaft) Bestand hat. Dem vorgenannten Entscheid des Bundesgerichts ist daher zuzustimmen.

II. Akzessorietät

4   Grundsätzlich kann **jede beliebige Verpflichtung** mit einer Konventionalstrafe verstärkt werden, selbst wenn an ihr ein blosses Affektionsinteresse

besteht (BGE 73 II 161). Ausnahmen bestehen dort, wo das Gesetz die Rechtsfolgen einer Pflichtverletzung abschliessend und zwingend regelt (BK-Becker, N 18).

Die Konventionalstrafe ist ein **akzessorisches Nebenrecht** der Hauptverpflichtung, das in Entstehung, Fortbestand und Durchsetzbarkeit deren rechtliches Schicksal teilt (BGE 73 II 158, 161; Schwenzer, OR AT, N 71.03 ff.; Gauch/Schluep/Schmid/Rey, N 4055 ff.). Ist die Hauptverpflichtung **ungültig**, **untergegangen** oder **nicht durchsetzbar**, so gilt dies mangels abweichender Vereinbarung auch für die sie sichernde Konventionalstrafe (BSK OR I-Ehrat, N 4). Eine Sonderregelung besteht bei nachträglicher Unmöglichkeit (dazu Art. 163 N 4). Ist die Hauptverpflichtung **formbedürftig**, so unterliegt die Strafabrede demselben Formerfordernis (BSK OR I-Ehrat, N 11 m. Nw.; a. A. Bucher, OR AT, 524). Bei **Zession** der Hauptforderung geht die Konventionalstrafe als nicht an die Person gebundenes Nebenrecht vermutungsweise auf den Zessionar über (Bucher, OR AT, 523).   5

Die **Akzessorietät endet** mit dem Verfall der Konventionalstrafe. Dadurch verselbstständigt sich der Strafanspruch und bleibt vom zukünftigen Schicksal der Hauptverpflichtung (Zession, Untergang, Verjährung) unberührt (Santoro, 10).   6

III. Verfall der Konventionalstrafe

Die Konventionalstrafe verfällt mit **Eintritt der Bedingung**, unter der der Schuldner die Strafleistung versprochen hat, wenn also eine bestimmte Hauptpflicht nicht, nicht richtig oder nicht rechtzeitig erfüllt ist.   7

Welche Voraussetzungen im Einzelnen erfüllt sein müssen, damit der Straffall eintritt, richtet sich nach dem Inhalt der Strafabrede, die nötigenfalls auszulegen ist (Bucher, OR AT, 526; von Tuhr/Escher, OR AT, 280). Unabdingbare Voraussetzung ist stets die **Fälligkeit der Hauptschuld** (Bucher, OR AT, 526; Santoro, 11). Ob sich der Schuldner überdies in **Verzug** befinden muss, ist umstritten. Bei Handlungspflichten wird dies im Gegensatz zu Unterlassungspflichten mehrheitlich bejaht, insbesondere wenn die Konventionalstrafe für die Nichteinhaltung der Erfüllungszeit versprochen ist (zum Meinungsstand s. BSK OR I-Ehrat, N 15 und Santoro, 11). Zudem muss den Schuldner an der Nicht- oder Schlechterfüllung der gesicherten Hauptpflicht grundsätzlich ein **Verschulden** treffen (s. Art. 163 N 4). Keine gesetzliche Voraussetzung für den Verfall der Konventionalstrafe ist jedoch, dass beim Gläubiger ein **Schaden** eintritt (s. Art. 161 N 2).   8

Mit Eintritt der Bedingung wird die Konventionalstrafe zur unbedingten Schuld, die **sofort fällig** ist (Gauch/Schluep/Schmid/Rey, N 4015). Bei voll-   9 kommen zweiseitigen Verträgen steht dem Schuldner jedoch die Einrede nach Art. 82 offen, wenn der Gläubiger seinen Verpflichtungen nicht nachkommt bzw. nicht nachgekommen ist (BJM 1978, 194, 198).

IV. Verhältnis der Konventionalstrafe zu den Hauptansprüchen des Gläubigers

1. Grundsatz der Alternativität (Abs. 1 und 2)

10   Art. 160 Abs. 1 bestimmt, dass der Gläubiger nur entweder die Erfüllung oder die Strafzahlung fordern kann, wenn diese für den Fall der **Nicht- oder nicht gehörigen Erfüllung** versprochen wurde. Der Wortlaut dieser Bestimmung ist ungenau. Nicht die Gesamtheit der dem Gläubiger aufgrund der Leistungsstörung zustehenden Rechte soll in Konkurrenz zur Strafforderung stehen. Das Gesetz will vielmehr zum Ausdruck bringen, dass der Gläubiger für **identische Interessen** entweder nur die Strafe oder nur die Hauptleistung bzw. Schadenersatz wegen Nichterfüllung beanspruchen kann (BGE 122 III 420, 422; Santoro, 13f.; Bentele, 88ff.). Man spricht hier vom Grundsatz der **Alternativität** oder vom **Kumulierungsverbot**.

11   Bei **Nichterfüllung** besteht Interessenidentität zwischen dem Anspruch auf Schadenersatz und der Strafzahlung; bei **Schlechterfüllung** zwischen der Strafzahlung und den Folgen der Leistungsstörung (Santoro, 14f. m. Nw.) mit Ausnahme des Minderungsanspruchs (BGE 122 III 420, 423f.). Eine bereits erhaltene Leistung muss der Gläubiger aber entweder dem Schuldner zurückgeben oder bezahlen bzw. sich auf die Strafzahlung anrechnen lassen (BGE, a. a. O.). Bei **Verletzung einer Unterlassungspflicht** konkurriert der Strafanspruch mit dem Schadenersatzanspruch, während der Anspruch auf Erfüllung der Unterlassungspflicht weiterhin bestehen bleibt (Santoro, 15; Bentele 91; a. A. BGE 63 II 84). Letzteres gilt jedoch nicht beim arbeitsvertraglichen Konkurrenzverbot (s. Art. 340b Abs. 2).

12   Wurde die Konventionalstrafe für **Nichteinhaltung der Erfüllungszeit oder des Erfüllungsorts** versprochen, so kann sie gemäss Art. 160 Abs. 2 nebst der Erfüllung verlangt werden, solange der Gläubiger nicht ausdrücklich darauf verzichtet oder die Erfüllung vorbehaltlos annimmt. Entgegen verbreiteter Darstellung (s. BSK OR I-Ehrat, N 21; Gauch/Schluep/Schmid/ Rey, N 4025) handelt es sich bei dieser Regelung nicht um eine Ausnahme vom Kumulierungsverbot, da hier das Strafversprechen nicht das Interesse des Erfüllungsanspruchs deckt, sondern des Anspruchs auf Ersatz des Verspätungsschadens (Bentele, 94f.; Santoro, 16 je m. Nw.; Engel, obligations, 864f.). Letzterer kann daher nur alternativ zur Strafzahlung geltend gemacht werden. Durch **vorbehaltlose Annahme** der Erfüllung hat der Gläubiger den Strafanspruch **verwirkt** (BGE 97 II 350, 352; BSK OR I-Ehrat, N 21 m. Nw.). Beim **Werkvertrag** tritt diese Rechtsfolge bereits ein, wenn

der Gläubiger die Konventionalstrafe nicht bei **Ablieferung** des Werks geltend macht (BGE 97 II 350, 354 f.).

Wo der Strafanspruch und Hauptansprüche konkurrieren, verfügt der Gläu-   13
biger über ein **Wahlrecht** zugunsten des Strafanspruchs. Dieses steht ihm
solange zur Verfügung, bis der Schuldner erfüllt hat, und geht durch die
Geltendmachung der Hauptansprüche nicht unter (SANTORO, 18; BSK OR I-
EHRAT, N 18 je m. Nw.; a. A. BENTELE, 93). Umgekehrt gehen jedoch mit der
Wahl der Strafzahlung die konkurrierenden Hauptansprüche endgültig unter (BGE 63 II 84). Mit Bezug auf den Anspruch auf Schadenersatz gilt dies
allerdings nur im Umfang der Strafzahlung (Art. 161 Abs. 2).

Die h. L. qualifiziert das Recht des Gläubigers, zwischen den gesetzlichen   14
Folgen der Pflichtverletzung und der Strafzahlung zu wählen, als Alter-
nativermächtigung (BSK OR I-EHRAT, N 17; GAUCH/SCHLUEP/SCHMID/REY,
N 4017; HUGUENIN, N 1191). Richtigerweise liegt jedoch ein Fall von **elek-
tiver Konkurrenz** mit Wahlrecht des Gläubigers vor (SANTORO, 17 ff.; BEN-
TELE, 93).

2.   Abweichende Vereinbarungen

Art. 160 ist **dispositiver Natur**. Die Parteien können daher das Verhältnis   15
zwischen Strafe und den Hauptansprüchen abweichend gestalten. Beispielsweise kann vereinbart werden, dass die Konventionalstrafe **kumulativ** zum gesicherten Anspruch oder **ausschliesslich** geschuldet ist (SAN-
TORO, 20, m. Nw.). Eine solche Vereinbarung kann auch stillschweigend
getroffen werden, was durch Auslegung zu ermitteln ist. Die **Auslegung** hat
vor allem vom **Gläubigerhorizont** aus zu erfolgen, indem dessen Verständnis und Zwecksetzung besonders zu gewichten sind (BGE 122 III 420, 422 ff.
m. Nw.).

Bei Vereinbarung einer **Wandelpön** hat der Schuldner die Option, durch   16
Leistung der Strafzahlung **vom Vertrag zurückzutreten** und sich so von der
Verpflichtung zur Erfüllung zu befreien (BGE 28, 237). Die Wandelpön hat
damit die Funktion eines Reugeldes (GAUCH/SCHLUEP/SCHMID/REY, N 4027 f.;
zur Abgrenzung s. Art. 158 N 6). Der Schuldner ist gehalten, auf Aufforderung des Gläubigers den Rücktritt rasch zu erklären; unterlässt er dies,
wird vermutet, er habe auf sein Rücktrittsrecht verzichtet und sich für die
Nichterfüllung entschieden (BK-BECKER, N 35; BENTELE, 23). In diesem Fall
findet Abs. 1 Anwendung, d. h. der Gläubiger kann entweder die Hauptansprüche geltend machen oder die Strafzahlung fordern (BK-BECKER, N 36;
VON TUHR/ESCHER, OR AT, 283 FN 47; BENTELE, 23). Ob die Wandelpön den
Regeln über die Konventionalstrafe, namentlich Art. 163 Abs. 3, untersteht,
ist umstritten (s. BENTELE, 22 m. Nw.; SANTORO, 40; BSK OR I-EHRAT, N 25;
ablehnend BGer 4C.97/2004, E. 3.1.2). M. E. nach ist dies nur der Fall, wenn
der Schuldner von seinem Rücktrittsrecht keinen Gebrauch macht und

somit eine «echte» Konventionalstrafe vorliegt. Entscheidet sich nämlich der Schuldner für den Vertragsrücktritt, bedarf er des Schutzes von Art. 163 Abs. 3 nicht, und Art. 161 Abs. 2 ist mangels eines Schadenersatzanspruches von vornherein obsolet. Die **Beweislast** dafür, dass eine vereinbarte Strafleistung den Sinn einer Wandelpön hat, trägt der Schuldner (Art. 160 Abs. 3).

V. Abgrenzungen

17   Verspricht jemand die Leistung eines Strafgeldes für den Fall, dass er eine an sich erlaubte Handlung vornimmt (z. B. die Ausübung eines Kündigungsrechts), so spricht man von einer **unechten Konventionalstrafe** oder einem strafähnlichem Versprechen (Schwenzer, OR AT, N 71.02a; Mabillard, AJP 2005, 548 m. Nw.). Im Unterschied zur Konventionalstrafe ist diese Vereinbarung nicht akzessorisch zu einer anderen zwischen den Parteien bestehenden Hauptverbindlichkeit, sondern stellt eine **selbstständige Verpflichtung** dar (Bentele, 13; **a.A.** Mabillard, AJP 2005, 551). An Stelle der Straffunktion tritt bei ihr die Steuerungsfunktion. Aus Sicht des Schuldners hat die unechte Konventionalstrafe aber die gleiche Wirkung wie die echte. Das Schrifttum unterstellt sie daher den Art. 160 ff. einschliesslich Art. 163 Abs. 3, wobei strittig ist, ob diese Bestimmungen direkt oder analog Anwendung finden (s. Mabillard, 552 und Erdem, 44 je m. Nw.). Die Vereinbarung einer unechten Konventionalstrafe ist **ungültig**, wenn sie darauf hinausläuft, dem Versprechenden die Ausübung eines Rechts zu erschweren, das ihm von Gesetzes wegen zwingend zusteht (vgl. BGE 110 II 380, 383; 109 II 462, 467; 104 II 108, 116 betr. Art. 404; weiterführend Mabillard, AJP 2005, 554 ff.).

18   Keine Konventionalstrafe ist die **Schadenpauschalierung**. Diese hat keine Straffunktion, sondern ist auf antizipierten Schadensausgleich gerichtet. Für den Gläubiger bedeutet sie eine Beweiserleichterung, indem er vom Nachweis des Schadensumfangs befreit ist. Dem Schuldner verschafft sie Transparenz über die finanziellen Folgen einer Vertragsverletzung, indem sie häufig (ausdrücklich oder implizit) eine Haftungsbegrenzung auf den Betrag der Schadenspauschale enthält (Fischer, 170 f.; Bucher, OR AT, 525; Gauch/Schluep/Schmid/Rey, N 4071). Unabdingbare Voraussetzung ist, dass tatsächlich ein Schaden eingetreten ist, wofür der Gläubiger die Beweislast trägt (BGE 109 II 468). Auf übermässig hohe Schadenspauschalen soll nach verbreiteter Auffassung Art. 163 Abs. 3 analog anwendbar sein (Bucher, OR AT, 525; Gauch/Schluep/Schmid/Rey, N 4071; BSK OR I-Ehrat, N 12; Schwenzer, OR AT, N 71.16; Huguenin, N 1185; Bentele, 21). Diese Auffassung ist jedoch abzulehnen. Anders als bei der Konventionalstrafe steht dem Schuldner nämlich der Nachweis offen, dass dem Gläubiger gar kein oder ein geringerer Schaden entstanden ist, wodurch sich

seine Ersatzpflicht entsprechend reduziert (FISCHER, 169). Für eine analoge Anwendung von Art. 163 Abs. 3 besteht daher weder Raum noch Bedarf.

Nicht den Regeln über die Konventionalstrafe unterstehen **Kautionen**,   19
Wahlobligationen und **Garantieversprechen** (BUCHER, OR AT, 525; BSK
OR I-EHRAT, N 13).

Art. 161

Verhältnis der Strafe zum Schaden	[1] Die Konventionalstrafe ist verfallen, auch wenn dem Gläubiger kein Schaden erwachsen ist. [2] Übersteigt der erlittene Schaden den Betrag der Strafe, so kann der Gläubiger den Mehrbetrag nur so weit einfordern, als er ein Verschulden nachweist.

Art. 161 Abs. 1 befasst sich mit dem Verfall der Konventionalstrafe, wäh-   1
rend Abs. 2 die Regelung von Art. 160 Abs. 1 und 2 mit Bezug auf den Schadenersatzanspruch präzisiert.

Gemäss **Abs. 1** ist der **Eintritt eines Schadens** beim Gläubiger für den Ver-   2
fall der Konventionalstrafe **nicht erforderlich**. Die Konventionalstrafe verfällt folglich auch, wenn ein Schaden schwierig zu beziffern oder gar nicht
nachzuweisen ist (BGE 103 II 108). Mittels Konventionalstrafe können daher auch Verträge gesichert werden, an denen der Gläubiger ein blosses Affektionsinteresse hat (VON TUHR/ESCHER, OR AT, 283). Der Schuldner kann
gegen den Verfall der Konventionalstrafe nicht einwenden, der tatsächliche
Schaden sei kleiner als die Konventionalstrafe; er kann damit aber allenfalls eine Herabsetzung der Konventionalstrafe nach Art. 163 Abs. 3 erwirken. Abs. 1 ist **dispositiver Natur**, so dass die Parteien den Verfall der Konventionalstrafe vom Eintritt eines Schadens abhängig machen können.

Abs. 2 ermächtigt den Gläubiger, vom Schuldner neben der Konventio-   3
nalstrafe den Ersatz des Schadens zu fordern, soweit dieser die Strafe
übersteigt. Die Bestimmung präzisiert damit die Regel von Art. 160 Abs. 1,
wonach zwischen Strafanspruch und Anspruch auf Schadenersatz Anspruchskonkurrenz besteht (s. Art. 160 N 10 ff.), dahingehend, dass dies
nur im Umfang des Strafanspruchs gilt (SANTORO, 19; BENTELE, 97 f.). Verlangt der Gläubiger **Ersatz eines grösseren Schadens** als die Konventionalstrafe, muss er sich diese an die Schadenersatzforderung anrechnen lassen.
Zudem hat er abweichend von Art. 97 Abs. 1 nachzuweisen, dass den
Schuldner ein **Verschulden** trifft (zur Kritik an dieser Beweislastumkehr

s. BSK OR I-Ehrat, N 6). Abs. 2 ist ebenfalls **dispositiver Natur**. Die Parteien können daher beispielsweise vereinbaren, dass Strafzahlung und Schadenersatz kumulativ geschuldet sind, dass die Strafzahlung jegliche Schadenersatzforderung ausschliesst oder dass der Schuldner den Nachweis fehlenden Verschuldens zu erbringen hat (BSK OR I-Ehrat, N 2; Bentele, 98).

Art. 162

3.	Verfall von Teilzahlungen	[1] Die Abrede, dass Teilzahlungen im Falle des Rücktrittes dem Gläubiger verbleiben sollen, ist nach den Vorschriften über die Konventionalstrafe zu beurteilen.
		[2] ...

1   Die Bestimmung regelt den Fall, dass die Hauptschuld in **Teilzahlungen** zu leisten ist und die Parteien vereinbart haben, dass im Falle eines Rücktritts die bereits geleisteten Zahlungen dem Gläubiger verbleiben sollen.

2   Eine solche **Verfallklausel** ist gemäss Art. 162 nach den Vorschriften über die Konventionalstrafe zu beurteilen. Damit unterliegt sie insbesondere der gerichtlichen Herabsetzung nach Art. 163 Abs. 3 (BGE 133 III 43, 48). Herabsetzung bedeutet hier, dass das Gericht auf eine entsprechende Rückzahlung an den Schuldner erkennt (ZK-Oser/Schönenberger, N 4).

3   Zur **Abgrenzung** der Teilzahlung mit Verfallsabrede bei Rücktritt vom Reugeld siehe Art. 158 N 6.

Art. 163

II.	Höhe, Ungültigkeit und Herabsetzung der Strafe	[1] Die Konventionalstrafe kann von den Parteien in beliebiger Höhe bestimmt werden.
		[2] Sie kann nicht gefordert werden, wenn sie ein widerrechtliches oder unsittliches Versprechen bekräftigen soll und, mangels anderer Abrede, wenn die Erfüllung durch einen vom Schuldner nicht zu vertretenden Umstand unmöglich geworden ist.
		[3] Übermässig hohe Konventionalstrafen hat der Richter nach seinem Ermessen herabzusetzen.

I. Allgemeines. Normzweck

Abs. 1 und 3 der Bestimmung, die zusammen gehören, befassen sich mit der **1** Höhe der Konventionalstrafe. Abs. 1 hält fest, dass die Parteien die Konventionalstrafe in beliebiger Höhe vereinbaren können, was an sich bereits aus der Vertragsfreiheit folgt. Abs. 3 bildet demgegenüber das Kernstück der Regeln über die Konventionalstrafe, indem er die gerichtliche Herabsetzung übermässig hoher Strafversprechen anordnet. Das Gesetz statuiert damit zum Schutze des Schuldners und um der öffentlichen Ordnung willen eine besondere gerichtliche **Inhaltskontrolle**, die über die allgemeinen Schranken von Art. 19 und Art. 27 Abs. 2 ZGB (dazu SANTORO, 110) hinausgeht. Art. 163 Abs. 3 ist **zwingender Natur** (ERDEM, 149 m. Nw.); ob die Regelung auch zum **ordre public** i. S. v. Art. 190 Abs. 2 lit. e IPRG zählt, hat das BGer bislang offen gelassen (4P.88/2006, E.5).

Abs. 2 behandelt die **Unzulässigkeit** und den **nachträglichen Wegfall** **2** des Konkurrenzverbots aufgrund einer mangelhaften Hauptpflicht. Er bekräftigt damit die akzessorische Natur der Konventionalstrafe (s. Art. 160 N 4 ff.).

II. Ungültigkeit der Konventionalstrafe (Abs. 2)

Gemäss Abs. 2 ist die Konventionalstrafe **ungültig**, wenn mit ihr eine **wider-** **3** **rechtliche oder unsittliche Hauptverpflichtung** gesichert werden soll. Wann dieser Ausschluss gegeben ist, richtet sich nach den allgemeinen Bestimmungen. Zu weiteren Ungültigkeitsgründen s. Art. 160 N 5.

Wurde die Erfüllung der Hauptpflicht durch einen **vom Schuldner nicht zu** **4** **vertretenden Umstand nachträglich unmöglich**, so fällt die Konventionalstrafe dahin. Dies ist der Fall, wenn die nachträgliche Unmöglichkeit vom Gläubiger, durch einen in der Person des Gläubigers eintretenden Zufall oder durch höhere Gewalt verursacht wurde (ZK-OSER/SCHÖNENBERGER, N 1). Abs. 2 dehnt damit die **Befreiung** des Schuldners nach Art. 119 Abs. 1 auf sein Strafversprechen aus. Die Parteien können jedoch eine **andere Abrede** treffen. Vereinbaren sie eine **selbstständige Garantie** des Schuldners, etwa für Fälle höherer Gewalt, so sind die Regeln über die Konventionalstrafe analog anwendbar (BSK OR I-EHRAT, N 9).

III. Herabsetzung übermässig hoher Konventionalstrafen (Abs. 3)

Gemäss Abs. 3 hat das Gericht übermässig hohe Konventionalstrafen nach **5** seinem Ermessen herabzusetzen. Aus Gründen der Vertragstreue und der Vertragsfreiheit ist sowohl für die Frage der Übermässigkeit als auch für das Mass der Herabsetzung **Zurückhaltung** geboten (GUHL/SCHNYDER,

§ 56 N 7). Nach ständiger Rechtsprechung des Bundesgerichts rechtfertigt sich ein gerichtlicher Eingriff in den Vertrag nur, wenn die Konventionalstrafe so hoch ist, dass sie **das vernünftige, mit Recht und Billigkeit noch vereinbare Mass übersteigt** (BGE 133 III 43, 48 m. Nw.). Dies ist insbesondere der Fall, wenn zwischen dem vereinbarten Betrag und dem Interesse des Gläubigers, daran im vollen Umfang festzuhalten, ein **krasses Missverhältnis** besteht.

6   Ob eine gerichtliche Herabsetzung gerechtfertigt ist, hängt von den **konkreten Umständen des Einzelfalls** ab. Massgebende **Beurteilungskriterien** sind dabei namentlich (s. dazu die ausführliche Zusammenfassung der Lehre und Rechtsprechung in BGE 133 III 43, 48 f. und 53 f.; ferner BGE 114 II 264; 103 II 129; 103 II 108; BSK OR I-Ehrat, N 16; CR CO I-Mooser, N 8 je m. Nw.):
- die Art und Dauer des Vertrags;
- Schwere der Vertragsverletzung und des Verschuldens;
- ein allfälliges Missverhältnis zwischen dem tatsächlichen bzw. wahrscheinlichen und dem von den Parteien als möglich vorausgesehenen Schaden;
- das Schadensrisiko sowie weitere Inkonvenienzen seitens des Gläubigers;
- das Interesse des Gläubigers an der Einhaltung des Verbots;
- die wirtschaftliche Lage der Beteiligten, namentlich des Schuldners;
- die Geschäftserfahrenheit der Parteien;
- allfällige Abhängigkeiten aus dem Vertragsverhältnis;
- die Funktion der Konventionalstrafe.

7   Die Beurteilung der Angemessenheit der Konventionalstrafe kann erst erfolgen, wenn die gesicherte Hauptpflicht verletzt wurde. Eine Herabsetzung der Konventionalstrafe kann daher erst **bei deren Verfall** verlangt werden (BGE 133 III 43, 48 m. Nw.). Eine **Feststellungsklage vor Verfall** der Konventionalstrafe ist **ausgeschlossen** (BGE 69 II 76, 79), umgekehrt aber auch eine **Anerkennung der Angemessenheit** durch den Schuldner. Leistet der Schuldner die Konventionalstrafe vor Verfall, steht dies einer **nachträglichen Herabsetzung** und Rückforderung somit nicht entgegen, während bei Leistung nach Verfall im Einzelfall zu prüfen ist, ob der Schuldner damit seinen Verzicht auf die Herabsetzung oder die Anerkennung der Angemessenheit zum Ausdruck bringen wollte (BGE 133 III 43, 49 ff. m. Nw.).

8   Ein ausdrückliches **Herabsetzungsbegehren** ist nicht erforderlich, sondern es genügt, wenn der Schuldner seine Rechtsbegehren so weit fasst, dass sie eine gerichtliche Herabsetzung in sich schliessen (BGE 109 II 120, 122).

Der **Schuldner** trägt die **Beweislast** für die tatsächlichen Voraussetzungen   9
einer Herabsetzung und damit auch für das Missverhältnis zum Erfüllungsinteresse. Der **Gläubiger** ist jedoch gehalten, seinen Schaden zu beziffern
bzw. die Behauptung des Schuldners, es liege kein Schaden vor, substanziiert zu bestreiten. Ein ziffernmässiger Schadensnachweis darf vom Gläubiger jedoch nicht verlangt werden (BGE 133 III 43, 54 m. Nw.).

Stellt das Gericht die Übermässigkeit der Konventionalstrafe fest, so hat es   10
diese auf das **angemessene Mass** herabzusetzen. **Untere Grenze der Herabsetzung** bildet dabei der tatsächlich entstandene Schaden (BGer 4C.172/
2006, E. 4.4.4 m. Nw.).

Die Abtretung von Forderungen und die Schuldübernahme

Literatur

BERGMANN, Der Schutz des gutgläubigen Schuldners bei der Abtretung von Forderungen nach deutschem, schweizerischem und österreichischem materiellem Recht, Diss. Freiburg i.Br. 1968; BIEDERMANN, Die Hinterlegung als Erfüllungssurrogat, Diss. Zürich 1944; BOSSHARD, Die Abtretung zahlungshalber und an Zahlungsstatt, Diss. Zürich 1926; BUCHER, Kreditsicherung durch Zession, in: Berner Tage für die juristische Praxis, 1981, 9 ff.; DERS., Zur Gültigkeit der Globalzessionen, recht 1989, 12 ff.; DERS., Keine Lohnzessionen mehr, recht 1991, 112; VON DER CRONE, Zession kausal oder abstrakt?, SJZ 1997, 249 ff.; DENZLER/AUWÄRTER, Die Abtretung von Gewährleistungsansprüchen, Jusletter vom 13. Juni 2005; DIETSCHE, (Globale) Debitorenzessionen im Nachlassverfahren, SJZ 1997, 337 ff.; DUTOIT, La cession de créance = acte causal ou abstrait?, in: Hundert Jahre Schweizerisches Obligationenrecht, 1982, 453 ff.; FELBER, Mitgliedschaftsrechte und Legalzession, SZW 1998, 253; GAUCH, Die Abtretung der werkvertraglichen Mängelrechte, BR 1984, 25 ff.; GAUTHIER, Die Abtretung von Forderungen im Schuldbetreibungs- und Konkursverfahren, BlSchK 1971, 1 ff.; HÄNSELER, Die Globalzession, Diss. Zürich 1991; HONSELL, Tradition und Zession – kausal oder abstrakt?, in: FS Wiegand 2005, 349 ff.; HUWILER, Begriff und Rechtswirkung: Zum Zessionsrecht des Obligationenrechts von 1881, in: Das Obligationenrecht 1883–1983, 1984, 209 ff.; JÄGGI, Zur Rechtsnatur der Zession, SJZ 1971, 6 ff.; KÄSER, Die Abtretung von Gewährleistungsansprüchen bei Kauf- und Werkvertrag, Diss. Zürich 2000; KOLLER, Der gute und der böse Glaube im allgemeinen Schuldrecht, 1985; DERS. Werkvertragliche Mängelrechte und Abtretung der Werklohnforderung, BR 1984, 63 ff.; KLEYLING, Zession – unter besonderer Berücksichtigung der Globalzession – und Forderungsverpfändung als Mittel zur Sicherung von Krediten, Diss. Basel 1979; KUHN, Zur Neuordnung der grenzüberschreitenden

Forderungsabtretung, SZW 2002, 129 ff.; KUMMER, Beiträge zur Lehre von der causa, insbesondere bei der Abtretung und beim Erlass von Forderungen, Diss. Bern 1942; LARDELLI, Schuldnerschutz im Zessionsrecht – Das Problem der Normenkonkurrenz bei Art. 167 und 169 OR, Liber amicorum für Heinrich Honsell 2007; OBERLIN, Die Globalzession in Theorie und Bankpraxis, Diss. Basel 1989; REY, Die Behandlung des Factoringvertrages im schweizerischen Recht, in: Kramer (Hrsg.), Neue Vertragsformen der Wirtschaft, 1985, 171 ff.; RAHMATIAN, Der Bereicherungsausgleich in Zessionslagen, Frankfurt am Main 1996; REETZ, Die Sicherungszession von Forderungen, Zürich 2006; RÜEGSEGGER, Die Abtretung im internationalen Privatrecht auf rechtsvergleichender Grundlage, Diss. Zürich 1973; SCHMID, Zur Rechtsnatur der Forderungsabtretung, SJZ 1970, 299 ff.; SCHÖBI, Die Akzessorietät der Nebenrechte von Forderungen unter besonderer Berücksichtigung des Rechtsinstituts der Verjährung, Diss. Zürich 1990; SPIRIG, Zur Kausalität der Abtretung, SJZ 2000, 7 ff.; STAEHELIN, Die Hinterlegung zuhanden des Rechtes und der Prätendentenstreit, BJM 1972, 225 ff.; DERS. Zur Abtretung künftiger Forderungen, in: Mélanges Pierre Engel, 1989, 381 ff.; TERCIER/EIGENMANN, La renonciation du débiteur cédé à ses exceptions, SZW 2003, 129 ff.; WALTER, Die Sicherungszession im schweizerischen Recht, in: Berner Bankrechtstage, 1998, 43 ff.; WEHRLI, Die vertragliche Abtretung von Forderungen, Diss. Bern 1993; WIEGAND, Kreditsicherung und Rechtsdogmatik, in: Berner Festgabe zum schweizerischen Juristentag 1979, 283 ff.; WIEGAND, Die Einziehungsermächtigung im deutschen, österreichischen und schweizerischen Recht, in: FS Honsell 2002, 119 ff.; WIEGAND/KOLLER-TUMLER, Gültigkeit der Globalzession einer künftigen Forderung, recht 1988, 102 f.; ZOBL, Die Forderungszession im Konkurs des Zedenten, Aspekte der Rechtsentwicklung, in: FS Meier-Hayoz 1972, 141 ff.; DERS., Die Globalzession im Lichte der neueren Lehre und Rechtsprechung – eine Standortbestimmung, SJZ 1989, 349 ff.

Art. 164

Abtretung von Forderungen
Erfordernisse
Freiwillige Abtretung
Zulässigkeit

[1] **Der Gläubiger kann eine ihm zustehende Forderung ohne Einwilligung des Schuldners an einen andern abtreten, soweit nicht Gesetz, Vereinbarung oder Natur des Rechtsverhältnisses entgegenstehen.**

[2] **Dem Dritten, der die Forderung im Vertrauen auf ein schriftliches Schuldbekenntnis erworben hat, das ein Verbot der Abtretung nicht enthält, kann der Schuldner die Einrede, dass die Abtretung durch Vereinbarung ausgeschlossen worden sei, nicht entgegensetzen.**

I. Allgemeines

1. Begriff und Bedeutung der Abtretung

1   Unter der **Abtretung (Zession)** versteht man die rechtsgeschäftliche Übertragung einer Forderung vom bisherigen Gläubiger (Zedenten) auf einen neuen Gläubiger (Zessionar). Sie kann ohne Zustimmung oder Benachrichtigung des Schuldners (debitor cessus) erfolgen. Die Forderung geht mit allen rechtlichen Vorzügen und Einreden auf den Zessionar über (Identitätsprinzip). Die Zession ist ein **Verfügungsgeschäft**. Es handelt sich um einen schuldrechtlichen Verfügungsvertrag, nicht um ein einseitiges Rechtsgeschäft. Erforderlich ist also eine (auch konkludent mögliche) **Annahme** (Bucher, OR AT, 548). Für den Inhalt des Verfügungsvertrages (Umfang der Abtretung) sind die Willenserklärungen der Parteien entscheidend und nicht der innere, nicht bestimmbare Wille (BGE 105 II 84 – ein nicht verurkundeter Wille des Zedenten ist unbeachtlich; vgl. zur Erklärungstheorie Honsell, FS Wiegand, 335 ff.; Art. 165 N 6).

2   Der **Zweck der Abtretung** ergibt sich aus dem **Kausalgeschäft** (Verpflichtungsgeschäft; pactum de cedendo), welches insbes. ein Kaufvertrag, eine Schenkung oder eine fiduziarische Vereinbarung (pactum fiduciae) sein kann. Die **fiduziarische Zession** führt im Unterschied zur simulierten Zession zum vollen Rechtserwerb des Zessionars (BSK OR I-Girsberger, N 44; vgl. BGer 4C.84/2004, E. 2.2). Dieser erwirbt eine über den Zweck der Abtretung hinausgehende Rechtsmacht, bleibt aber im Innenverhältnis gegenüber dem Zedenten gemäss dem pactum fiduciae obligatorisch gebunden und wird bei dessen Verletzung schadenersatzpflichtig (BGE 123 III 60 = Pra 1997, 581; von Tuhr/Escher, OR AT, 340). In der Praxis überwiegt v. a. die **Sicherungszession** zur Sicherung eines Kredits (Zessionskredit) und die **Inkassozession** zur Forderungseinziehung bzw. zum Factoring. Die Abtretung kann aber auch zahlungshalber oder an Zahlungs statt erfolgen (vgl. Art. 172). Zediert der Zessionar eine Forderung, welche ihm zuvor vom Zedenten übertragen worden ist, an diesen zurück, so spricht man von Rückzession (BGE 130 III 252 = Pra 2004, 485).

2. Zession abstrakt oder kausal?

3   Das **Verhältnis der Zession zum Grundgeschäft** ist umstritten. Die h. L. folgt dem im dt. Recht anerkannten **Abstraktionsprinzip**, wonach die Wirksamkeit des Verfügungsgeschäfts nicht vom Bestand des zugrunde liegenden Kausalgeschäfts abhängig ist (Honsell, FS Wiegand, 367; BSK OR I-Girsberger, N 22 ff.; Schwenzer, OR AT, N 90.08; Guhl/Koller, § 34 N 7 ff.; Bucher, OR AT, 554 ff.; von Tuhr/Escher, OR AT, 333 f.; **a. M.** Jaeggi, SJZ 1971, 6 ff.; Gauch/Schluep/Schmid/Rey, N 3710 ff.; von der Crone, SJZ 1997, 249 ff.; Engel, obligations, 875; ZK-Spirig, Vorbem. zu Art. 164–174,

N 37 ff. mit Übersicht zum Meinungsstand). Das **BGer** hat sich in älteren Entscheiden ebenfalls für das Abstraktionsprinzip entschieden (BGE 71 II 167, 169 f.; 67 II 127; für Abstraktheit auch ZR 1988, 305 ff.), die Frage seither jedoch offen gelassen (BGE 95 II 109; 84 II 363). Das Abstraktionsprinzip führt bei rechtsgrundloser Zession zu einem Bereicherungsanspruch des Zedenten gegen den Zessionar auf Rückzession (vgl. SCHWENZER, OR AT, N 90.07; BUCHER, OR AT, 555; VON TUHR/ESCHER, OR AT, 333). Nach dem **Kausalprinzip** bewirkt das nichtige oder mit Wirkung ex tunc angefochtene Grundgeschäft die Unwirksamkeit des Verfügungsgeschäfts, so dass der Zedent Gläubiger bleibt (vgl. ZK-SPIRIG, Vorbem. zu Art. 164–174, N 37 ff.).

Die Anhänger des Kausalprinzips berufen sich vor allem auf den Parteiwillen. Eine Verfügung könne nur wirksam sein, wenn sie auch gewollt sei (JAEGGI, SJZ 1971, 7; GAUCH/SCHLUEP/SCHMID/REY, N 3717; so auch VON DER CRONE, SJZ 1997, 250; ZK-SPIRIG, Vorbem. zu Art. 164–174, N 106). In Wahrheit ist aber die Frage der Rechtsgrund(un)abhängigkeit eine solche der rechtlichen Konstruktion und nicht des Parteiwillens. Die Parteien machen sich hierüber i. d. R. keine Gedanken. Die kausale Konzeption führt zu **Ungereimtheiten bei der Rückabwicklung** von Leistung und Gegenleistung. Hat der Zessionar für die Forderung eine Gegenleistung erbracht (z. B. die Kaufpreiszahlung), so befinden sich nach dem Kausalprinzip bei rechtsgrundloser Abtretung Forderung und Kaufpreis im Vermögen des Zedenten. Der Bereicherungsanspruch des Zessionars auf Rückerstattung des Kaufpreises würde **im Konkurs des Zedenten** auf eine Konkursdividende reduziert (BUCHER, OR AT, 555; HONSELL, FS Wiegand, 371). Das Abstraktionsprinzip bietet den Vorteil, dass rechtsgrundlose Verfügungen nach den Regeln des Bereicherungsrechts Zug um Zug rückerstattet werden können. Aufgrund des Abstraktionsprinzips sind auch Verfügungswirkungen kraft Vertrauensschutzes entbehrlich (vgl. BSK OR I-GIRSBERGER, N 25a; **a. M.** VON DER CRONE, SJZ 1997, 260, der eine «begrenzt kausale» Zession fordert). Im Unterschied zu Mobilien (Art. 933 ZGB) können Forderungen nur im Rahmen von Art. 18 Abs. 2 und Art. 164 Abs. 2 gutgläubig erworben werden. Aus diesem Grund rechtfertigt sich auch eine analoge Anwendung des im Sachenrecht geltenden Kausalprinzips nicht, zumal dieses bei der Fahrnistradition mit zahlreichen Nachteilen verbunden ist (hierzu HONSELL, FS Wiegand, 356 ff.). Der **fehlende Gutglaubensschutz** des Zessionars ist im Zessionsrecht durch das Abstraktionsprinzip auszugleichen (BSK OR I-GIRSBERGER, N 25). Dies erhöht die **Verkehrsfähigkeit von Forderungen.** Zulässig bleibt eine abweichende Parteivereinbarung, welche die Gültigkeit des Verfügungsgeschäfts von einem gültigen Kausalgeschäft abhängig macht (BGE 67 II 127; BSK OR I-GIRSBERGER, N 26; VON TUHR/ESCHER, OR AT, 334).

4

5 Das Kausalprinzip führt sodann **bei der Aktivlegitimation** zu verfehlten Ergebnissen. Nach dem Kausalprinzip steht dem Schuldner die Einrede der fehlenden Aktivlegitimation auch bei mangelhafter causa zu (vgl. GAUCH/SCHLUEP/SCHMID/REY, N 3724), was eine unzulässige Einrede aus einem fremden Rechtsverhältnis (exceptio ex iure tertii) – eine res inter alios acta – wäre (HONSELL, OR BT, 45; DERS., FS Wiegand, 370; vgl. JÄGGI, SJZ 1971, 8). Die vorteilhaftere abstrakte Konstruktion stimmt demgegenüber mit dem Grundsatz der Relativität der Schuldverhältnisse überein.

6 Für den **Schuldnerschutz** bei Leistung an einen Nichtgläubiger ist die Frage der Rechtsgrund(un)abhängigkeit nicht relevant (vgl. HONSELL, FS Wiegand, 369; VON DER CRONE, SJZ 1997, 258; a.M. VON TUHR/ESCHER, OR AT, 333; VON BÜREN, OR AT, 318, welcher deshalb relative Abstraktheit fordert). Ist die Zession unwirksam, so wird der Schuldner befreit, wenn er die Echtheit der vom Ansprecher vorgewiesenen Abtretungsurkunde überprüft (KOLLER, N 702; vgl. hinten Art. 167 N 1) und vom Gläubigerstreit keine Kenntnis hat (Art. 168 Abs. 2). Gegenüber dem notifizierenden Zedenten wird der Schuldner sogar bei Kenntnis der unwirksamen Abtretung befreit, wenn die Notifikation eine (rechtsgeschäftliche) Ermächtigung zur Leistung an den Pseudozessionar darstellt (KOLLER, N 704; weitergehend BUCHER, OR AT, 564 mit Hinweis auf § 409 BGB). Leistet der Schuldner trotz Zession an den Zedenten oder bei Mehrfachzession an einen späteren Pseudozessionar, so erfordert Art. 167, dass der Schuldner gutgläubig ist und ihm die Zession vom Zedenten oder Zessionar nicht angezeigt worden ist (BSK OR I-GIRSBERGER, Art. 167 N 2; ausf. KOLLER, N 701).

3. Abgrenzungen

7 Von der Abtretung unterscheidet sich die **Inkassovollmacht**, bei welcher die Forderung nicht übertragen wird, sondern im Vermögen des Vollmachtgebers bleibt (BSK OR I-GIRSBERGER, N 1). Der Bevollmächtigte kann die fremde Forderung nur im Namen des Vollmachtgebers und nicht im eigenen Namen geltend machen (anders bei der im dt. Recht anerkannten Einziehungsermächtigung, wo das Klagerecht und die materiell-rechtliche Berechtigung gespalten werden; vgl. BGE 130 III 426 = Pra 2005, 229; BGE 119 II 452, 454 = Pra 1994, 739 ff.; BGE 78 II 274; VON TUHR/ESCHER, OR AT, 338 f.; rechtsvergleichend WIEGAND, FS Honsell, 119 ff.). Die Rechtsstellung des Bevollmächtigten ist schwächer als diejenige des Zessionars, da die Vollmacht jederzeit widerrufen werden kann (VON TUHR/ESCHER, OR AT, 340 FN 81). Im Unterschied zur Zession stehen dem Schuldner gegen den Bevollmächtigten keine persönlichen Einreden (z. B. die Verrechnungseinrede) zu.

8 Die Abtretung ist von der in Art. 899 ff. ZGB geregelten **Forderungsverpfändung** abzugrenzen (VON TUHR/ESCHER, OR AT, 373), welche der Sicherstel-

lung einer Hauptforderung dient, in der Praxis jedoch aufgrund der stärkeren Rechtsstellung des Zessionars weitgehend von der **Sicherungszession** verdrängt wurde (vgl. Wiegand, ZBJV 1980, 560; BK-Zobl, Syst. Teil vor Art. 884 ZGB, N 1653 ff.; von Tuhr/Escher, OR AT, 373). Vermutungsweise liegt deshalb eine Sicherungszession vor (vgl. BK-Zobl, Syst. Teil vor Art. 884 ZGB, N 1538).

Von der Abtretung unterscheidet sich ferner die **Vertragsübernahme**, bei welcher nicht nur eine Forderung, sondern ein Vertrag vom Zedenten auf den Zessionar übertragen wird. Als Einzelübertragung ist die Abtretung auch von der **Universalsukzession** zu unterscheiden (ZK-Spirig, Vorbem. zu Art. 164–174 N 208; von Büren, OR AT, 316).   9

Keine Abtretung i. S. v. Art. 164 ff. ist die «Abtretung» nach Art. 260 SchKG. Sie stellt die Erteilung einer Prozessführungsbefugnis bzw. eine Prozessstandschaft dar und ist somit als **betreibungs- und prozessrechtliches Institut sui generis** zu qualifizieren (ZK-Spirig, Vorbem. zu Art. 164–174 N 227; BSK OR I-Girsberger, N 4; vgl. von Tuhr/Escher, OR AT, 373). Die Abtretung der Prozessführungsbefugnis dient als Mittel zur Vorzugsdeckung der eigenen Konkursforderung (BGE 109 III 30). Der Gläubiger wird ermächtigt, einen Anspruch der Konkursmasse, auf dessen Geltendmachung die Gesamtheit der Gläubiger verzichtet hat, anstelle der Masse im eigenen Namen und auf eigene Rechnung und Gefahr geltend zu machen.   10

II. Voraussetzungen

1. Verfügungsmacht des Zedenten

Die Abtretung erfordert als Verfügungsgeschäft die **Verfügungsmacht des Zedenten**, welche einem oder mehreren Gläubigern bzw. bevollmächtigten Stellvertretern zustehen kann (BSK OR I-Girsberger, N 17; ZK-Spirig, N 63 ff.; von Tuhr/Escher, OR AT, 331). Fehlt die Verfügungsmacht, wie z. B. dem Gemeinschuldner im Konkurs (vgl. Art. 204 Abs. 1 SchKG), dem Mehrfachzedenten, welcher die Forderung bereits abgetreten hat (Prioritätsprinzip) oder dem Erben bei angeordneter Erbschaftsverwaltung, so ist die Zession unwirksam, sofern die verfügungsbefugte Person der Verfügung nicht nachträglich zustimmt oder der Verfügende die Forderung nicht nachträglich erwirbt (vgl. BGer 4C.7/2000, E. 4 – Zession von Guthaben auf gesperrten Konten). Die Unwirksamkeit der Abtretung gilt absolut, d. h. auch gegenüber dem Schuldner (anders Art. 204 Abs. 1 SchKG; zur Vermeidung der Duplizität des Rechtssubjekts vgl. von Tuhr/Peter, OR AT, 221). Ein gutgläubiger Erwerb des Zessionars ist nur unter den Voraussetzungen des Art. 18 Abs. 2 bzw. Art. 164 Abs. 2 möglich. Zur erforderlichen Schriftform vgl. Art. 165.   11

2. Abtretungsgegenstand: Forderungen

12 **Abs.** 1 spricht von der Abtretung einer «**Forderung**» und nicht eines «Rechts» (ZK-SPIRIG, N 9). Grundsätzlich sind alle Forderungen unabhängig ihres Rechtsgrundes abtretbar (GAUCH/SCHLUEP/SCHMID/REY, N 3624; zu den Ausnahmen N 21 ff.). Die Forderung kann aus Vertrag, Delikt, ungerechtfertigter Bereicherung, erbrechtlicher Verfügung, Familienrecht etc. entstanden sein (BSK OR I-GIRSBERGER, N 5). Auch die Abtretung einer **Teilforderung** ist zulässig, sofern der Leistungsinhalt teilbar ist und die Teilzession gegenüber dem Schuldner nicht nach Art. 2 ZGB rechtsmissbräuchlich ist (BSK OR I-GIRSBERGER, N 11; ZK-SPIRIG, N 32 f., 116).

13 Keine Forderungen sind die **Gestaltungsrechte**. Die **forderungsbezogenen Gestaltungsrechte**, welche mit der abgetretenen Forderung untrennbar verbunden sind (z. B. Wahlrecht bei Alternativobligation [Art. 72] oder Recht des Inverzugsetzens durch Mahnung [Art. 102]), gehen als Nebenrechte i. S. v. Art. 170 Abs. 1 automatisch auf den Zessionar über (dazu Art. 170 N 3). Demgegenüber verbleiben die **vertragsbezogenen Gestaltungsrechte**, welche mit dem Schuldverhältnis verbunden sind (z. B. Anfechtungs-, Rücktritts- oder Gewährleistungsrechte), beim Zedenten (VON TUHR/ESCHER, OR AT, 356). Die Ausübung der vertragsbezogenen Gestaltungsrechte durch den Zedenten erfordert nach der Rechtsprechung die Zustimmung des Zessionars (BGE 84 II 367).

14 Umstritten ist die Frage, ob vertragsbezogene Gestaltungsrechte überhaupt abtretbar sind, was von der h. L. grundsätzlich verneint wird (ZK-SPIRIG, N 178; a. M. SCHWENZER, OR AT, N 90.39; vgl. zum dispositiven Abtretungsverbot bei Kaufs-, Vorkaufs- und Rückkaufsrechten Art. 216b Abs. 1; zur Abtretbarkeit des Rechts zum Garantieabruf LOSER, SZW 2006, 205 ff.). Zulässig ist, wenn der Zedent den Zessionar bevollmächtigt, die vertragsbezogenen Gestaltungsrechte im Namen des Zedenten auszuüben (BUCHER, OR AT, 572 FN 141; ZK-SPIRIG, Art. 170 N 60; ZR 1999, 147). Bei den Sachgewährleistungsrechten bejaht die Rsp. die **Abtretbarkeit von Nachbesserungs- und Ersatzansprüchen** (BGE 118 II 145; Pra 2002, 925 ff.), nicht aber die Abtretbarkeit des Wandlungs- und Minderungsrechts (BGE 114 II 247). Ein Teil der Lehre befürwortet die Abtretbarkeit der Sachmängelrechte auch vor Ausübung der Wahl, sozusagen «im Bündel», insbes. beim Kettenkaufvertrag, werkvertraglichen Subunternehmerverhältnis, Leasing und bei der Einkaufskommission (so HONSELL, OR BT, 97 f., 291 f., 428 f.; ausf. KÄSER, 166 ff.; vgl. DENZLER/AUWÄRTER, Jusletter 13. Juni 2005). Dem ist zuzustimmen, da die Abtretung nicht isoliert erfolgt, sondern zusammen mit der Übertragung einer Sache, für welche Gewähr geleistet wird (vgl. BSK OR I-GIRSBERGER, N 5a).

15 **Andere Rechte** wie z. B. Sachen-, Immaterialgüter- oder Mitgliedschaftsrechte sind grundsätzlich nicht abtretbar (BSK OR I-GIRSBERGER, N 5 ff.;

zur Unzulässigkeit der Vindikationszession vgl. BGE 132 III 155 mit zust. Bem. von HOFFMANN-NOWOTNY/VON DER CRONE, SZW 2006, 233 ff.). Die Rsp. bejaht hingegen die Legalzession von aktienrechtlichen Mitgliedschaftsrechten (BGE 124 III 350; dazu FELBER, SZW 1998, 253). Eine **analoge Anwendung des Zessionsrechts** rechtfertigt sich auch bei der Übertragung eines realobligatorischen Sondernutzungsrechts eines Stockwerkeigentümers (BGE 122 III 148 = Pra 1996, 933 f.) und bei der Übertragung einer Grundpfandverschreibung, sofern nicht das ZGB besondere Bestimmungen enthält (BGE 105 II 186 = Pra 1980, 72 ff.; BGE 88 II 425 betr. Art. 169; andererseits BGE 108 II 50 betr. öffentliche Beurkundung).

3. Abtretbarkeit von zukünftigen und bedingten Forderungen

Nach Lehre und Rsp. können auch **zukünftige und bedingte Forderungen** abgetreten werden (BGE 112 II 243; 84 II 355; 57 II 537 ff.; BSK OR I-GIRSBERGER, N 36; SCHWENZER, OR AT, N 90.27; VON TUHR/ESCHER, OR AT, 349). Das **BGer** lässt es genügen, wenn die zukünftigen Forderungen im Zeitpunkt der Abtretung hinsichtlich der Person des Schuldners, Rechtsgrund und Höhe **bestimmbar** sind (BGE 113 II 165; 122 III 368; dem folgt auch die h. L. vgl. BSK OR I-GIRSBERGER, N 47; ZK-SPIRIG, N 51 ff.; ZOBL, SJZ 1989, 349 ff.; SCHWENZER, OR AT, N 90.29; zu den Verfügungswirkungen Art. 164 N 26). Eine Mindermeinung beruft sich auf das sachenrechtliche Spezialitätsprinzip und verlangt **Bestimmtheit** der Forderungen im Zeitpunkt der Abtretung (BUCHER, OR AT, 544; WIEGAND, Kreditsicherung, 289 ff.). Danach müsste jede einzelne Forderung nach ihrer Entstehung gesondert zediert werden, was aus Praktikabilitätsüberlegungen abzulehnen ist (vgl. BSK OR I-GIRSBERGER, N 41; SCHWENZER, OR AT, N 90.29). 16

Zukünftige Forderungen sind **hinreichend bestimmbar**, wenn im Zeitpunkt der Abtretung erkennbar ist, ob sie von der Abtretung erfasst werden oder nicht (z. B. sämtliche Kundenforderungen oder solche mit den Anfangsbuchstaben A-K, vgl. BK-ZOBL, Syst. Teil vor Art. 884 ZGB, N 1668; SCHWENZER, OR AT, N 90.28; zur Bestimmbarkeit von Teilforderungen auf der Zessionsurkunde SJZ 2005, 296 f.). Nicht mehr genügend bestimmbar sind z. B. zukünftige Forderungen, welche bis zu einem Höchstbetrag abgetreten werden (Maximalzession), weil hier nicht ohne weiteres ersichtlich ist, ob eine in der Zwischenzeit entstandene Forderung noch zu den Abgetretenen gehört oder nicht (vgl. BGE 122 III 367 f.; ZR 1979, 198 ff.; SCHWENZER, OR AT, 90.28; anders BK-ZOBL, Syst. Teil vor Art. 884 ZGB, N 1669). 17

4. Zulässigkeit der Globalzession

Wird eine **unbestimmte Vielzahl von gegenwärtigen oder zukünftigen Forderungen** eines Gläubigers abgetreten, so spricht man von Globalzession (vgl. BSK OR I-GIRSBERGER, N 40; ZK-SPIRIG, N 47 ff.). Dieses von der Bankenpraxis entwickelte Rechtsinstitut dient als nützliches Kreditinstru- 18 ment (Sicherungszession), kann aber auch z.B. der Einziehung von Kundenguthaben durch einen Factor dienen (zum **Factoring** vgl. HONSELL, OR BT, 432 ff.). Auf der anderen Seite besteht die Gefahr der Beeinträchtigung der Gleichbehandlung aller Gläubiger im Konkurs des Gemeinschuldners (dazu AMONN, BlSchK 1979, 130 f.). Zedierte Forderungen können nicht durch konkludente Aufhebung i.S.v. Art. 115 (z.B. aufgrund fehlender Evidenzhaltung) wieder auf den Zedenten übertragen werden, sondern nur mittels Rückzession (vgl. BK ZOBL, Syst. Teil vor Art. 884 ZGB, N 1687; **a.M.** GUHL/KOLLER, § 34 N 21; zur Form der Rückzession vgl. Art. 165 N 1).

19   Erfasst die Globalzession zukünftige Forderungen, so stellt sich zunächst die **Problematik der Bestimmtheit bzw. Bestimmbarkeit** der abgetretenen Forderungen (dazu oben N 16). Die Grenze der zulässigen Globalzession liegt sodann im Persönlichkeitsrecht (Art. 27 ZGB). Nach der Rechtsprechung ist von einer **Verletzung des Persönlichkeitsrechts** (Art. 27 Abs. 2 ZGB) auszugehen, wenn diese zeitlich und gegenständlich unbeschränkt alle Forderungen des Zedenten erfasst (BGE 129 III 209, 214; BGE 112 II 436; BK-ZOBL, Syst. Teil vor Art. 884 ZGB, N 1676 ff.). Zulässig ist die in der Bankpraxis häufig vorkommende Beschränkung der Abtretung auf einen bestimmten Geschäftsbetrieb oder Kundenkreis (BGE 113 II 165; SCHWENZER, OR AT, N 90.31; BK ZOBL, Syst. Teil vor Art. 884 ZGB, N 1679 ff.). Beim Factoring kommt eine Verletzung von Art. 27 ZGB nicht in Betracht, da dem Zedenten der Erlös abzüglich der Factorgebühr sogleich gutgeschrieben wird (HONSELL, OR BT, 434). Die Sittenwidrigkeit führt nach der Rsp. zur **Totalnichtigkeit**, weil bei Annahme von Teilnichtigkeit die abgetretenen Forderungen nicht mehr genügend bestimmbar wären (BGE 112 II 438; dazu MERZ, ZBJV 1988, 206 ff.; GIOVANOLI, SAG 1989, 99; **a.M.** BK-ZOBL, Syst. Teil vor Art. 884 ZGB, N 1685).

5.   Ausnahmen: Unabtretbare Forderungen

20   **Ausnahmen von der Abtretbarkeit** können sich aus Gesetz, Vereinbarung oder der Natur des Rechtsverhältnisses ergeben (Art. 164 Abs. 1).

21   Kraft besonderer **gesetzlicher Bestimmung** können z.B. künftige Lohnforderungen nur zur Sicherung familienrechtlicher Unterhalts- und Unterstützungspflichten abgetreten werden und nur soweit sie pfändbar sind (Art. 325; zu dessen Neufassung vgl. BUCHER, recht 1991, 112). Gesetzlich unabtretbar sind auch Forderungen des Arbeitgebers auf Leistung der versprochenen Arbeit (Art. 333 Abs. 4) sowie Ansprüche des Mieters (Art. 306 Abs. 2), Pächters (Art. 263), Entlehners (Art. 291) und Pfründers (Art. 539 Abs. 1). Ist nichts anderes vereinbart, so ist nach Art. 216b Abs. 1 die Abtretung von Vorkaufs-, Kaufs- und Rückkaufsrechten unzulässig (BSK OR I-HESS, Art. 216b N 6; zur früheren Praxis der Unabtretbarkeit aufgrund der Natur des Rechtsverhältnisses vgl. BGE 94 II 279; 111 II 144). Für weitere

Beispiele vgl. BSK OR I-Girsberger, N 28 ff.; ZK-Spirig, N 115 ff. Eine Abtretung, welche der **Umgehung von gesetzlichen Abtretungsverboten** dient, ist widerrechtlich (zur Umgehung von kant. Anwaltsgesetzen vgl. BGE 87 II 206; ZR 1998, 103; betr. Verstoss gegen den Grundsatz der Gleichbehandlung der Gläubiger vgl. BGE 123 III 64 ff. = Pra 1997, 584 ff.). Die Abtretung mit dem alleinigen Zweck, dass der Zessionar mit einer gegen ihn gerichteten Forderung des debitor cessus verrechnen kann, ist nicht rechtsmissbräuchlich (ZK-Aepli, Vorbem. zu Art. 120–126 N 50; a. M. ZBJV 1955, 237 ff.). Die widerrechtliche Abtretung ist von Amtes wegen zu beachten und kann nicht durch nachträgliche Zustimmung des Schuldners geheilt werden (BSK OR I-Girsberger, N 52).

Der Schuldner kann mit dem Zedenten stillschweigend oder ausdrücklich   22
vereinbaren, dass die Abtretung ausgeschlossen ist (häufig aufgrund der AGB des Schuldners). Ein solches **vertragliches Abtretungsverbot (pactum de non cedendo)** ist im schweiz. Recht Dritten gegenüber grundsätzlich wirksam (zur Ausnahme in Art. 164 Abs. 2 s. unten N 27). Dem steht das Bedürfnis nach Verkehrsfähigkeit und Handelbarkeit von Forderungen entgegen, weshalb im internationalen Handelsverkehr diesbezüglich erhebliche rechtspolitische Bedenken bestehen (vgl. BSK OR I-Girsberger, Art. 164 N 32; Schwenzer, OR AT, N 90.24 mit Hinweis auf einen Verstoss gegen Art. 27 Abs. 2 ZGB bei allzu weiter Einschränkung der wirtschaftlichen Dispositionsfreiheit des Gläubigers). Das vertragliche Abtretungsverbot kann jederzeit mit Einverständnis des Schuldners rückgängig gemacht werden bzw. die unwirksame Zession kann mit dessen nachträglicher Zustimmung wirksam werden (ZK-Spirig, N 146; BSK OR I-Girsberger, N 52; zum bedingten Abtretungsverbot BGE 117 II 99). Tritt der Zedent die Forderung auf Initiative des Schuldners ab, so ist dessen Einrede wegen des Abtretungsverbotes gegenüber dem Zessionar rechtsmissbräuchlich (Art. 2 Abs. 2 ZGB; BGer 4C.129/2002, E. 1). Zur Wirksamkeit des nachträglich vereinbarten Abtretungsverbotes bei der Vorauszession (s. u. N 26).

Die Abtretung kann schliesslich **aufgrund der Natur des Rechtsverhält-**   23
nisses unwirksam sein. Diese Voraussetzung ist nach der Rsp. erfüllt, wenn die Forderung so eng mit dem Zedenten verknüpft ist, dass sich durch die Abtretung entweder **Inhalt oder Zweck der Forderung** verändern (BGE 115 II 266) oder sich die Rechtsstellung des Schuldners verschlechtern würde (BGE 122 III 149 = Pra 1996, 933 f.). Hierzu zählen die höchstpersönlichen Rechte (Persönlichkeitsrechte) mit Ausnahme der damit verbundenen Schadenersatz- und Genugtuungsansprüche (BGE 81 II 390 – Abtretbarkeit von Genugtuungsansprüchen; BGE 82 II 56 ff. – Abtretbarkeit des aktienrechtlichen Verantwortlichkeitsanspruchs). Eine **Inhaltsänderung** ist insbes. bei der Abtretung von Unterhaltsansprüchen anzunehmen, da diese vom Bedürfnis des Gläubigers abhängig sind (SJZ 1960, 144; abtretbar ist aber der

Unterhaltsanspruch des mündigen Kindes gegen einen Elternteil an den anderen, stärker belasteten Elternteil, vgl. BGE 107 II 474 f.). Unabtretbar ist die Forderung des Auftraggebers auf Ausführung des Auftrages, weil der Inhalt des Auftrages massgeblich von der Person des Auftraggebers abhängig ist. Gleiches gilt für den Anspruch aus Vorvertrag (BGE 84 II 20 – sofern die Abtretbarkeit nicht im Voraus vereinbart worden ist; vgl. auch VON TUHR/ESCHER, OR AT, 344 f.). Der **Zweck der Forderung** kann bspw. bei der Abtretung des Anspruches auf Befolgung eines Konkurrenzverbotes (Art. 340) gefährdet oder vereitelt werden, sofern der Zessionar nicht auch das Geschäft übernimmt (BGE 54 II 462; differenzierend COTTI, Das vertragliche Konkurrenzverbot, Diss. Freiburg 2001, N 739 ff.; VON TUHR/ESCHER, OR AT, 345).

III. Wirkungen

1. Forderungsübergang

24   Bei **wirksamer Zession** geht die Forderung unverändert aus dem Vermögen des Zedenten in dasjenige des Zessionars über (BSK OR I-GIRSBERGER, N 46). Eine spätere Zession der gleichen Forderung durch den Zedenten ist mangels Verfügungsmacht unwirksam (Prioritätsprinzip; vgl. vorne N 11). Den Parteien bleibt es unbenommen, die Zessionswirkungen an eine aufschiebende oder auflösende Bedingung zu knüpfen (BGE 84 II 364; vgl. BUCHER, OR AT, 558; BSK OR I-GIRSBERGER, N 44).

25   Leidet die Zession an einem **Nichtigkeitsgrund** i. S. v. Art. 20 (Unmöglichkeit, Widerrechtlichkeit, Sittenwidrigkeit), so bleibt die Forderung im Vermögen des Zedenten. Demgegenüber kann der Schuldner die Abtretung bei **vertraglichem Abtretungsverbot oder bei Unabtretbarkeit infolge der Natur des Rechtsverhältnisses** mittels Zustimmung wirksam machen (BSK OR I-GIRSBERGER, N 52).

26   Bei der Abtretung von **zukünftigen und suspensiv bedingten Forderungen** treten die Verfügungswirkungen erst im Entstehungszeitpunkt der einzelnen Forderung ein (BSK OR I-GIRSBERGER, N 47; SCHWENZER, OR AT, N 90.34; BUCHER, OR AT, 545). Dies erfordert die Unterscheidung zwischen (vorgängiger) Verfügungshandlung und Verfügungswirkung (vgl. HÄNSELER, 52). Nach erfolgter Verfügungshandlung kann die abgetretene zukünftige Forderung nicht mehr von einem Gläubiger des Zedenten gepfändet werden (BGE 95 III 12). In der Lehre ist umstritten, ob die abgetretene Forderung direkt im Vermögen des Zessionars entsteht **(Unmittelbarkeitstheorie)** oder zunächst für eine logische Sekunde in demjenigen des Zedenten und erst nachher auf den Zessionar übergeht **(Durchgangstheorie)**. Nach der vom BGer und der h. L. vertretenen Durchgangstheorie muss der Zedent bei Entstehung der Forderung verfügungsfähig sein. Forderungen, welche nach

Konkurseröffnung entstehen, können mangels Verfügungsmacht des Zedenten nicht auf den Zessionar übertragen werden, sondern fallen in die Konkursmasse des Zedenten, selbst wenn die Verfügungshandlung vor Konkurseröffnung erfolgte (BGE 111 III 75; ZR 2001, 7; BUCHER, OR AT, 547; SCHWENZER, OR AT, N 90.34; GAUCH/SCHLUEP/SCHMID/REY, N 3645 f., 3659; diff. WALTER, 49 f.; krit. BSK OR I-GIRSBERGER, N 47). Unabhängig vom Theorienstreit kann der Schuldner, welcher von der Abtretung keine Kenntnis hat, dem Zessionar alle Einreden entgegenhalten, die zwischen Abtretungshandlung und Entstehung der Forderung begründet wurden (z. B. ein nachträglich vereinbartes Abtretungsverbot vgl. BGE 112 II 243; SCHWENZER, OR AT, N 90.34; a. M. STAEHELIN, 390 f.).

IV. Ausnahmsweise gutgläubiger Erwerb des Zessionars (Abs. 2)

Abs. 2 schützt das **Vertrauen des Zessionars** in die Abtretbarkeit der Forderung bei **vertraglichem Abtretungsverbot** (pactum de non cedendo). Die Unwirksamkeit der Abtretung wird durch den guten Glauben des Zessionars geheilt (VON TUHR/ESCHER, OR AT, 347). Vorausgesetzt ist, dass der Zessionar im Zeitpunkt des Erwerbsgeschäftes auf ein schriftliches Schuldbekenntnis vertraut, das kein Abtretungsverbot enthält (BSK OR I-GIRSBERGER, N 59). Wird im Schuldbekenntnis auf AGB verwiesen, die ein Abtretungsverbot enthalten, kann sich der Zessionar nicht auf seinen guten Glauben berufen (BGer 4C.147/2000, E. 1). Bösgläubigkeit des Zessionars hindert den gutgläubigen Erwerb des **Kettenzessionars** nicht (VON TUHR/ESCHER, OR AT, 348). Die h. L. bejaht auch die Wirksamkeit der Zession vom gutgläubigen Zessionar an den bösgläubigen Kettenzessionar (vgl. CR CO I-PROBST, N 72; VON TUHR/ESCHER, OR AT, 348 FN 54; BUCHER, OR AT, 543 FN 26; a. M. BSK OR I-GIRSBERGER, Art. 164 N 58; ENGEL, obligations, 588). Die Mindermeinung ist abzulehnen, weil der gutgläubige Zessionar andernfalls aus Gewährleistung i. S. v. Art. 171 ff. haften würde. 27

V. IPRG

Nach Art. 145 Abs. 1 Satz 1 IPRG untersteht die Abtretung einer Forderung durch Vertrag dem von den Parteien gewählten Recht oder, wenn ein solches fehlt, dem auf die Forderung anzuwendenden Recht (Forderungsstatut). Es gilt der **Grundsatz, dass sich die Rechtsstellung des Schuldners durch die Zession nicht verschlechtern darf**. Die Wirksamkeit einer Rechtswahl erfordert im Verhältnis zum Schuldner dessen Zustimmung (Art. 145 Abs. 1 Satz 2 IPRG). Auch die Frage der Zustimmung richtet sich aus Schuldnerschutzgründen nach dem Forderungsstatut (BSK IPRG-DASSER, Art. 145 N 10; a. A. ZK IPRG-KELLER/GIRSBERGER, Art. 145 N 25 unter analoger Anwendung von Art. 116 Abs. 2 Satz 2 IPRG). 28

Betreffen die Fragen nur das Innenverhältnis zwischen den Zessionsparteien (z. B. die Gewährleistung), so unterstehen sie dem Recht, welches auf das der Abtretung zugrunde liegende Rechtsverhältnis anwendbar ist (Art. 145 Abs. 4 IPRG; vgl. auch BGE 132 III 631 f). Die **Form der Abtretung** untersteht ausschliesslich dem auf die Abtretung anwendbaren Recht (Art. 145 Abs. 3 IPRG; in Abweichung zu Art. 124 Abs. 1 IPRG). Dies gilt auch für andere abtretungsrechtliche Fragen mit Ausnahme der Frage der Abtretbarkeit, welche nach dem Forderungsstatut zu beurteilen ist. Die **Legalzession** untersteht nach Art. 146 Abs. 1 IPRG dem Recht des Kausalverhältnisses (z. B. Auftrag) oder, wenn ein solches fehlt, dem Recht der Forderung (unter Vorbehalt von Art. 146 Abs. 2 IPRG).

Art. 165

b.	Form des Vertrages	[1] Die Abtretung bedarf zu ihrer Gültigkeit der schriftlichen Form.
		[2] Die Verpflichtung zum Abschluss eines Abtretungsvertrages kann formlos begründet werden.

I.   Einfache Schriftlichkeit

1   Im schweizerischen Recht bedarf die Abtretung zu ihrer Gültigkeit der **Schriftform** (Art. 165 Abs. 1; vgl. Art. 11 ff.; anders die formfreie Zession gemäss §§ 398 ff. BGB und §§ 1392 ff. ABGB). Die einfache Schriftform genügt, selbst wenn die Entstehung der abzutretenden Forderung einer strengeren Form bedarf (wie z. B. der öffentlichen Beurkundung beim Grundstückkauf; von Büren, OR AT, 318). Eine **Beurkundungspflicht** besteht einzig bei der nach Vertrag zulässigen Abtretung von Vorkaufs-, Kaufs- und Rückkaufsrechten an einem Grundstück (Art. 216b Abs. 2; BGE 111 II 144). Die **Form der Rückzession** ist umstr. Die Rsp. und ein Teil der Lehre verlangen eine förmliche Rückzession (BGE 71 II 170; von Tuhr/Escher, OR AT, 337; **a. M.** indirekt gestützt auf Art. 115 Bucher, OR AT, 552; BK-Becker, N 6). Keine schriftliche Rückzession ist beim ipso iure Rückfall einer auflösend bedingten oder auf einen Endtermin befristeten Abtretung notwendig (von Tuhr/Escher, OR AT, 331).

2   Die Schriftform dient in erster Linie der **Rechts- und Verkehrssicherheit**, insbesondere der Legitimation des Zessionars (vgl. BGE 122 III 367; BSK OR I-Girsberger, N 1; Hänseler, 74). **Dritte**, wie z. B. die Gläubiger des Zedenten bzw. Zessionars (vgl. BGE 88 II 24), der debitor cessus (vgl. BGE 105 II 84) und im Streitfall das Gericht, sollen klar feststellen können,

wem die Forderung zusteht (BGE 82 II 52). Im Unterschied etwa zur Bürgschaft dient die Formvorschrift nicht dem Schutz des Zedenten vor über-
eilter Abtretung (BGE 82 II 48).

Eine **formungültige Abtretung** ist unwirksam (Art. 20). Die mangelhafte   3
Form kann nicht durch nachträgliche Anerkennung des Zedenten geheilt werden (BGE 105 II 84). Sie ist durch Ausstellung einer nachträglichen Zessionsurkunde nachzuholen (BSK OR I-GIRSBERGER, N 8). Denkbar bleibt die Umdeutung der unwirksamen Zession in eine Inkassovollmacht
(SCHWENZER, OR AT, N 90.16). Hat die Partei, welche sich auf den Formmangel beruft, diesen arglistig herbeigeführt (grobe Fahrlässigkeit genügt
nicht), so handelt sie rechtsmissbräuchlich (BGE 88 II 18).

II.   Inhalt und Auslegung der Zessionsurkunde

Notwendiger Inhalt der Zessionsurkunde bildet die Abtretungserklärung   4
und die Unterschrift des Zedenten (Art. 13 Abs. 1; BGE 105 II 83; BSK
OR I-GIRSBERGER, N 2). Aus der Zessionsurkunde muss der Wille des Zedenten hervorgehen, die Forderung auf den Zessionar übertragen zu wollen. Der Begriff «Abtretung» oder «Zession» ist weder erforderlich noch
ausreichend (BGE 88 II 21). Die Verpflichtung zur Abtretung oder deren
schriftliche Bestätigung dürfen der Abtretung nicht gleichgesetzt werden
(BGE 90 II 179). Auch Rechnungskopien können nicht als Zessionen betrachtet werden (BGE 88 II 18). Vermerke wie «zahlbar an…» sind nicht als
Abtretung zu qualifizieren (BGE 105 II 83; BK-BECKER, N 5). Bei **bedingter
Zession** muss die Bedingung in der Zessionsurkunde erwähnt sein (ZK-SPI-
RIG, N 29; VON TUHR/ESCHER, OR AT, 335 FN 51). Zur Bestimmbarkeit bei
zukünftigen Forderungen vgl. vorne Art. 164 N 16 f. Werden gemäss Zessi-
onsurkunde Forderungen abgetreten, welche der Zedent «besitzt», so erfasst die Abtretung keine zukünftigen Forderungen, selbst wenn dies der
Wille der Parteien war (BGE 122 III 368).

Zulässig ist die sog. **Blankozession**, bei welcher die Bezeichnung des neuen   5
Gläubigers in Anlehnung zum Blankoindossament (Art. 1003 Abs. 2) dem
Zessionar selbst oder einem Dritten überlassen wird (BGE 82 II 48; GUHL/
KOLLER, 267 f.). Der Zedent kann den Kreis der möglichen Zessionare ein-
schränken. Die Wirkungen der Blankozession treten bereits im Zeitpunkt
des Zugangs der Zessionsurkunde beim ersten Empfänger ein (BSK OR I-
GIRSBERGER, N 4; BUCHER, OR AT, 551).

Kein Gültigkeitserfordernis der Zessionsurkunde ist die Angabe des   6
Rechtsgrundes der Abtretung (ZK-SPIRIG, N 25; JÄGGI, SJZ 1971, 6), die
Angabe der Gegenleistung des Zessionars (BGE 102 II 420), die Unterschrift
des Zessionars (ZK-SPIRIG, N 43) oder die Datierung der Zessionsurkunde
(ZK-SPIRIG, N 39; VON TUHR/ESCHER, OR AT, 335). Auch die Übergabe einer

vorhandenen Schuldurkunde ist entbehrlich (BSK OR I-Girsberger, N 5; vgl. die Ausnahme in Art. 73 VVG). Letztere kann der Zessionar nach Art. 170 Abs. 2 vom Zedenten herausverlangen. Von der Schriftform nicht erfasst wird schliesslich die Ausdehnung der gesetzlichen Gewährleistungspflicht des Zedenten auf die Zahlungsfähigkeit (Bonität) des Schuldners gemäss Art. 171 Abs. 2 (BGE 53 II 117).

7   Bei der **Auslegung von formbedürftigen Rechtsgeschäften** ist neben der Ermittlung des Vertragsinhalts zu prüfen, ob dieser in der gesetzlich vorgeschriebenen Form hinreichend zum Ausdruck kommt (BGE 122 III 361). Dabei ist nach der Erklärungstheorie entscheidend, was die Zessionsparteien schriftlich erklärt haben (zur Erklärungstheorie vgl. Honsell, FS Wiegand, 335 ff.; Art. 164 N 1). Auf einen nicht verurkundeten Willen kommt es nicht an (BGE 105 II 83). Bei der Auslegung der Zessionsurkunde ist insbesondere auf das Verständnis des Schuldners Rücksicht zu nehmen (BGE 105 II 83).

III. Verpflichtung zur Abtretung (Abs. 2)

8   Im Unterschied zur Abtretungsverfügung ist die **Verpflichtung zur Abtretung (pactum de cedendo) formlos gültig** (Abs. 2). Die Bestimmung gilt unabhängig vom Rechtsgrund der Abtretung. Sie ist auch auf das Grundgeschäft bei der Sicherungszession anwendbar. Eine analoge Anwendung der anderslautenden faustpfandrechtlichen Vorschrift des Art. 900 Abs. 1 ZGB ist ausgeschlossen (**a. M.** Reetz, N 93 ff.; ders., FS Gauch, 553, welcher unter analoger Heranziehung von Art. 900 Abs. 1 ZGB die Schriftlichkeit des Kausalgeschäfts verlangt). Eine Ausnahme besteht lediglich bei unentgeltlicher Abtretung, bei welcher das Schenkungsversprechen gestützt auf Art. 243 Abs. 1 zum Schutz des Schenkers zu seiner Gültigkeit der Schriftform bedarf (von Tuhr/Escher, OR AT, 337; zur Legalzession Art. 166 N 1). Die selbstständige Verpflichtung des Zedenten berechtigt den Zessionar, auf Erfüllung bzw. Vornahme der schriftlichen Zession zu klagen (BSK OR I-Girsberger, N 12; BK-Becker, N 8).

Art. 166

2. Übergang kraft Gesetzes oder Richterspruchs	**Bestimmen Gesetz oder richterliches Urteil, dass eine Forderung auf einen andern übergeht, so ist der Übergang Dritten gegenüber wirksam, ohne dass es einer besondern Form oder auch nur einer Willenserklärung des bisherigen Gläubigers bedarf.**

I. Voraussetzungen

Art. 166 behandelt einen Tatbestand, der systematisch nicht zur rechtsgeschäftlichen Forderungsübertragung gehört (ZK-OSER/SCHÖNENBERGER, N 1; vgl. auch § 412 BGB). Der Forderungsübergang kraft Gesetzes oder richterlichen Urteils erfolgt **ohne rechtsgeschäftliche Willenserklärung** des Zedenten, weshalb das Erfordernis der Schriftform entfällt. Der Forderungsübergang kann auch nicht wegen Willensmängeln angefochten werden (BUCHER, OR AT, 576). Voraussetzung ist hingegen – wie bei der vertraglichen Abtretung – die Verfügungsmacht des Zedenten und die Abtretbarkeit der Forderung (ZK-SPIRIG, N 3 m. Nw.).

1

II. Übergang kraft Gesetzes

Eine Forderung geht in zahlreichen Fällen **unmittelbar aufgrund gesetzlicher Anordnung (Legalzession)** auf einen neuen Gläubiger über (ZK-SPIRIG, N 6 ff.; BSK OR I-GIRSBERGER, N 1 ff.). Die Legalzession unterscheidet sich von der Verpflichtung zur Abtretung, welche durch Klage erzwungen werden kann (cessio necessaria; vgl. VON TUHR/ESCHER, OR AT, 370). Hauptfall ist die **Subrogation**, bei welcher ein Dritter an den bisherigen Gläubiger leistet und dadurch in dessen Rechtsstellung eintritt, wie z. B. der leistende Solidarschuldner (Art. 70 Abs. 3, 148 Abs. 2, 149 Abs. 1), der leistende Bürge (Art. 497 Abs. 2, 507 Abs. 1), der zur Auslösung einer Pfandsache Leistende (Art. 110 Ziff. 1; BGE 85 III 106) oder der aufgrund einer Subrogationserklärung des Schuldners Leistende (Art. 110 Ziff. 2; BGE 86 II 24 = Pra 1960, 146 f.). Die Forderung geht mit allen Nebenrechten (inkl. Sicherheiten), aber auch den ihr anhaftenden Schwächen auf den Erwerber über, ohne die Rechtsstellung des Schuldners zu verschlechtern (vgl. Art. 169). Im **OR** (Art. 170, 401 Abs. 1, 1022 Abs. 3, 1053 Abs. 1, 1098 Abs. 3), **ZGB** (Art. 131 Abs. 3, 289 Abs. 2, 329 Abs. 3, Art. 560 Abs. 2, 827 Abs. 2, 832 Abs. 1, 845 Abs. 2, 846, 869 Abs. 1) und **Versicherungsrecht** (Art. 54, 72 VVG; Art. 29 Abs. 2, Art. 54 ALV; Art. 41 UVG) sind zahlreiche Legalzessionen enthalten (vgl. für weitere Beispiele ZK-SPIRIG, N 9 ff.).

2

III. Übergang kraft richterlichen Urteils

Der Richter kann den Streitenden einzelne Forderungen **durch Gestaltungsurteil** zusprechen (sog. Adjudikation; VON TUHR/ESCHER, OR AT, 371). Dies gilt insbesondere bei Auseinandersetzungen über Gesamthandverhältnisse (Gesellschaft, Erbschaft, eheliche Gütergemeinschaft; ZK-SPIRIG, N 56). Ist der Zedent zur Abtretung verpflichtet, so geht die Forderung mit Rechtskraft des Urteils auf den Zessionar über, sofern der Zedent die Abtretung nicht freiwillig vornimmt (VON TUHR/ESCHER, OR AT, 372). Dem Urteil sind Verfügungen der Zwangsvollstreckungsbehörden gleichgestellt.

3

Hierzu gehören Forderungsversteigerungen gepfändeter Forderungen nach Art. 122 ff., 256 ff. SchKG oder Zuweisungen gemäss Art. 131 SchKG (BGE 93 III 45).

IV. Rechtsfolgen

4   Das Zessionsrecht ist auf den Forderungsübergang kraft Gesetzes oder Richterspruchs grundsätzlich **analog anwendbar** (BSK OR I-GIRSBERGER, N 5). Dies gilt insbesondere für die Frage der Abtretbarkeit, den Schuldnerschutz (zu Art. 167 vgl. BGE 45 II 672; zu Art. 168 vgl. BGE 87 III 18; zu Art. 169 vgl. BGE 99 II 399 = Pra 1974, 366) und den Übergang von Neben- und Vorzugsrechten (so auch § 412 BGB). Nicht anzuwenden sind hingegen die Vorschriften über die Form (Art. 165) und über die Haftung des Zedenten (Art. 171 ff.; BGE 63 II 324). Letztere kann sich nur aus dem der Zession zugrunde liegenden Rechtsgeschäft ergeben (BK-BECKER, N 5). Gemäss Art. 166 ist der Forderungsübergang «Dritten gegenüber wirksam». Diese Formulierung weist noch auf die im aOR geltende Unterscheidung zwischen der Wirkung im Innenverhältnis (Zedent-Zessionar) und der Wirkung im Aussenverhältnis hin. Das heute geltende Recht macht diesbezüglich keinen Unterschied mehr. Es erfasst die Zession als allseitig wirkendes Verfügungsgeschäft (vgl. dazu VON TUHR/ESCHER, OR AT, 370, FN 1a; ZK-OSER/SCHÖNENBERGER, N 4).

Art. 167

II.	Wirkung der Abtretung
1.	Stellung des Schuldners
a.	Zahlung in gutem Glauben

Wenn der Schuldner, bevor ihm der Abtretende oder der Erwerber die Abtretung angezeigt hat, in gutem Glauben an den frühern Gläubiger oder, im Falle mehrfacher Abtretung, an einen im Rechte nachgehenden Erwerber Zahlung leistet, so ist er gültig befreit.

I. Normzweck und Anwendungsbereich

1   Art. 167 **schützt den gutgläubigen Schuldner** vor der **Gefahr der Doppelleistung** (vgl. BSK OR I-GIRSBERGER, N 1). Dieser Schutz beruht auf dem **Grundsatz, dass sich die Rechtsstellung des Schuldners durch die Abtretung nicht verschlechtern darf** (vgl. ZK-SPIRIG, N 3). Leistet der Schuldner, dem die Abtretung nicht angezeigt worden ist, in gutem Glauben an den Zedenten, so wird er durch Leistung an einen Nichtgläubiger befreit. Er wird in seinem Vertrauen darauf geschützt, dass der Zedent noch Gläubiger ist

(vgl. SCHWENZER, OR AT, N 90.40; KOLLER, N 674; vgl. § 407 BGB). Der gleiche Schutz besteht bei der **Ketten- und Mehrfachzession**, wenn der Schuldner an einen Erwerber leistet, der die Forderung bereits weiterzediert hat (Kettenzession) oder der die Forderung als späterer Pseudozessionar mangels Verfügungsmacht des Zedenten überhaupt nie erworben hat (Mehrfachzession: hierzu § 408 BGB). Bei unwirksamer Zession muss der Schuldner die vom Zedenten unterzeichnete Abtretungsurkunde überprüfen, um sich diesem gegenüber befreien zu können (BGE 88 II 25; vgl. KOLLER, N 703). Die Überprüfung der Rechtsnachfolge fällt dahin, wenn der Zedent dem Schuldner die Abtretung unmittelbar oder mittelbar (d. h. durch unterzeichnete Abtretungsurkunde) anzeigt und diese Anzeige als wirksame Ermächtigung zur Leistung an den Pseudozessionar qualifiziert werden kann (vgl. BGE 88 II 26 – Ermächtigung des Zedenten infolge Konkurseröffnung verneint; GAUCH/SCHLUEP/SCHMID/REY, N 3703; VON TUHR/ESCHER, OR AT, 360; ZK-SPIRIG, N 46).

Art. 167 ist **lex specialis** zu Art. 169. Letzterer gewährt dem Schuldner allgemein «Einreden», welche schon zu der Zeit vorhanden waren, als er von der Abtretung Kenntnis erhielt (VON BÜREN, OR AT, 329; vgl. BSK OR I-GIRSBERGER, N 1). Im Unterschied zu Art. 169 erfordert Art. 167 nicht die Unkenntnis des Schuldners von der Abtretung, sondern dessen Gutgläubigkeit und dass der Zedent oder Zessionar ihm die Abtretung nicht angezeigt hat (KOLLER, N 713). Diese unterschiedlichen Voraussetzungen bei Art. 167 und 169 hätten zur Vereinfachung des Rechts beseitigt werden sollen (vgl. dazu LARDELLI, Liber amicorum für Heinrich Honsell, 59 ff.; VON TUHR/ESCHER, OR AT, 366 FN 63; insofern klarer §§ 404, 407 BGB; s. a. Art. 169 N 6). Lehre und Rsp. tendieren dazu, Art. 167 im Verhältnis Zedent-Schuldner nicht nur auf Leistungen oder Leistungssurrogate (z. B. Leistung an Zahlungs statt, Verrechnung) anzuwenden, sondern auch auf Rechtsgeschäfte, welche der Schuldner nach der Abtretung mit dem Zedenten vornimmt (Novation, Erlass, Stundung; vgl. SCHWENZER, OR AT, N 90.42; VON TUHR/ESCHER, OR AT, 360; BGE 131 III 591 = Pra 2006, 753; krit. LARDELLI, Liber amicorum für Heinrich Honsell, 78 ff., wonach sich de lege lata die Aufteilung der Einreden auf Art. 167 und 169 aufdrängt). Zur analogen Anwendung von Art. 167 auf den Forderungsübergang kraft Gesetzes oder Richterspruchs, vgl. vorne Art. 166 N 4.

II. Voraussetzungen

Art. 167 erfordert zweierlei: **Gutgläubigkeit des Schuldners** sowie dessen **Leistung vor der Abtretungsanzeige**.

Der **gute Glaube des Schuldners** bezüglich der Gläubigerstellung des Zedenten wird vermutet (Art. 3 Abs. 1 ZGB). Kennt er die Abtretung bzw. die in Wirklichkeit forderungsberechtigte Person, so ist er nicht mehr gutgläubig.

Dies gilt nach Art. 3 Abs. 2 ZGB sogar, wenn der Schuldner die Abtretung nach den konkreten Umständen hätte kennen müssen (sog. fahrlässige Unkenntnis od. unberechtigter guter Glaube; ZK-SPIRIG, N 29 ff.; kritisch BUCHER, OR AT, 536 FN 103 mit Verweis auf § 407 BGB; rechtsvergleichend LARDELLI, Liber amicorum für Heinrich Honsell, 63 ff.). Massgebender Zeitpunkt für die Gutgläubigkeit des Schuldners ist der **Zeitpunkt der Leistung** (ZK-SPIRIG, N 28; KOLLER, N 679 ff.). Die **Beweislast** dafür, dass er die Zession kannte oder nach den konkreten Umständen hätte kennen müssen, trägt derjenige, welcher daraus Rechte ableitet, vorliegend der Zessionar; vgl. ZK-SPIRIG, N 28).

5   Die Leistung des gutgläubigen Schuldners muss **vor der Abtretungsanzeige (Notifikation)** des Zedenten oder Zessionars (oder einer dritten Person im Namen des Zedenten oder Zessionars) erfolgen. Sie muss unmissverständlich über die Abtretung informieren. Die Aufforderung des Zedenten, an eine Zahlstelle zu leisten (vgl. BGE 105 II 85 f.), der Vermerk «wir nehmen am Factoring teil» oder die blosse Zahlungsaufforderung des Zessionars genügen nicht (BUCHER, OR AT, 565). Die Abtretungsanzeige ist eine empfangsbedürftige, formfreie, rechtsgestaltende Erklärung und gilt als erfolgt, wenn sie dem Empfänger zugegangen ist (BGE 127 V 445 f.; BSK OR I-GIRSBERGER, N 8; zur Möglichkeit des Widerrufs vgl. CR CO-PROBST, N 6). Unkenntnis der Abtretung schützt den Schuldner nicht in jedem Fall. Mit der Notifikation gibt der Gesetzgeber dem Zessionar ein sicheres Mittel zum Schutz seines Anspruchs in die Hand (VON TUHR/ESCHER, OR AT, 359). Diese Auffassung zugunsten des Zessionars gilt nach einem Teil der Lehre aus Schuldnerschutzgründen nur **bei verschuldeter Unkenntnis** des Schuldners von der Abtretung, z. B. wenn dieser in die Ferien abreist, ohne einen Empfangsvertreter zu bestellen (SJZ 1954, 163). Bei **un**verschuldeter Unkenntnis müsse sich der Schuldner durch Leistung an den Zedenten befreien können (BSK OR I-GIRSBERGER, N 8; KELLER/SCHÖBI, IV, 64; **a. M.** VON TUHR/ESCHER, OR AT, 359 FN 12). Damit verliert allerdings die zweite Voraussetzung (Leistung vor der Abtretungsanzeige) ihren eigenen Anwendungsbereich, da der Schuldner bei verschuldeter (fahrlässiger) Unkenntnis stets bösgläubig i. S. v. Art. 3 Abs. 2 ZGB ist (vgl. LARDELLI, Liber amicorum für Heinrich Honsell, 62 f.). Die **Beweislast** für den Zugang der Abtretungsanzeige trägt der Zessionar. Hat der gutgläubige Schuldner vor diesem Zeitpunkt geleistet, so trägt er hierfür die Beweislast (VON TUHR/ESCHER, OR AT, 359). Weist er eine Quittung des Zedenten vor, so muss er die Richtigkeit des Datums beweisen (BK-BECKER, N 5).

III. Rechtsfolgen

6   Sind die Voraussetzungen von Art. 167 erfüllt, so wird der Schuldner durch Leistung an einen Nichtgläubiger befreit. Nach einem Teil der Lehre treten

diese Befreiungswirkungen nicht von Gesetzes wegen ein. Dem Schuldner wird vielmehr ein **Wahlrecht** eingeräumt, weshalb die Rückforderung seiner Leistung an den Nichtgläubiger nicht ausgeschlossen ist (SCHWENZER, OR AT, N 90.45; BK-BECKER, N 1; zur Rückforderung nach Art. 86 SchKG vgl. BGer 4C.133/2003; **a. M.** ZK-SPIRIG, N 40; KOLLER, N 690; VON TUHR/ ESCHER, OR AT, 358). Das Wahlrecht ist vorzugswürdig, da die Bestimmung ausschliesslich eine Schuldnerschutzvorschrift ist und die Frage der Aktivlegitimation an einer Forderung nicht berührt wird (vgl. BGE 117 II 465). Ist der Schuldner von seiner Verpflichtung befreit, so hat sich der Zessionar an den Zedenten zu halten (zu den möglichen Anspruchsgrundlagen vgl. SCHWENZER, OR AT, N 90.44).

Art. 168

Verweigerung der Zahlung und Hinterlegung

[1] **Ist die Frage, wem eine Forderung zustehe, streitig, so kann der Schuldner die Zahlung verweigern und sich durch gerichtliche Hinterlegung befreien.**

[2] **Zahlt der Schuldner, obschon er von dem Streite Kenntnis hat, so tut er es auf seine Gefahr.**

[3] **Ist der Streit vor Gericht anhängig und die Schuld fällig, so kann jede Partei den Schuldner zur Hinterlegung anhalten.**

I. Leistungsverweigerungs- und Hinterlegungsrecht des Schuldners

Art. 168 regelt als **lex specialis zur allgemeinen Hinterlegungsregel des Art. 96 den sog. Prätendentenstreit**, d. h. den Fall, dass die Person des Gläubigers streitig ist. Die Bestimmung kommt nach Lehre und Rsp. nicht nur bei der Abtretung zur Anwendung, sondern auch beim Prätendentenstreit infolge anderer Ursache (ZK-SPIRIG, N 2; BGE 105 II 276 f.; zur analogen Anwendung bei der Legalzession und beim Forderungsübergang kraft Richterspruchs vgl. Art. 166 N 4).   1

Das Leistungsverweigerungs- und Hinterlegungsrecht des Schuldners setzt einen **Streit über die Gläubigerstellung** voraus. Ein gerichtlicher Streit ist nicht notwendig (Art. 168 Abs. 3 e contrario; ZK-SPIRIG, N 15). Es genügt aber auch nicht jedes Auftauchen eines zweiten Gläubigers (SJZ 1985, 215). Der Streit muss vielmehr eine gewisse Ernsthaftigkeit aufweisen (BGE 56 II 363). Die Ungewissheit des Schuldners über die Person des Gläubigers darf nicht verschuldet sein (ZR 1988, 135; GAUCH/SCHLUEP/SCHMID/REY, N 3702). Dies setzt voraus, dass der Schuldner die Sach- und Rechtslage   2 sorgfältig prüft (BGE 59 II 232; GAUCH/SCHLUEP/SCHMID/REY, N 3702; **a. M.** ZK-SPIRIG, N 14). Sodann ist erforderlich, dass mehrere Gläubiger die **identische Forderung** beanspruchen (BGE 105 II 277 – Identität bei gerichtlicher Vergleichsforderung verneint).

3   Nach h. L. und Rsp. besteht **kein selbstständiges Leistungsverweigerungsrecht.** Der Schuldner kann lediglich seine Leistung verweigern **und** sich zugleich durch Hinterlegung befreien (Erfüllungssurrogat; ZK-SPIRIG, N 21; VON BÜREN, OR AT, 332; BGE 50 II 393 ff.; **a. M.** BUCHER, OR AT, 566 f. FN 116 mit Verweis auf Art. 334 Dresdener Entwurf). Hinterlegt er nicht, so fällt er gegenüber dem wirklichen Gläubiger in Verzug. Der Schuldner kann somit bereits während des Prätendentenstreits in Verzug geraten, wenn er die Leistung verweigert (VON TUHR/ESCHER, OR AT, 363 f. FN 45 c; BGE 82 II 466 mit der Möglichkeit, dass die Prätendenten den Schuldner gemeinsam in Verzug setzen).

4   Der Schuldner **leistet auf eigene Gefahr,** wenn er vom Streit um die Forderungszuständigkeit Kenntnis hat (Abs. 2). Diese Rechtsfolge ergibt sich bereits aus Art. 167 und kann nicht dadurch abgewendet werden, dass der Schuldner den Prätendenten Frist zur Geltendmachung der Forderung ansetzt (BGE 68 III 55). Der Schuldner wird hingegen befreit, wenn er dem wirklichen Gläubiger leistet (vgl. BGer 4C.84/2004 E. 2.3., wonach unwirksame Befreiung einen Rechtsmangel voraussetzt).

5   Ist neben der Person des Gläubigers auch **Bestand** oder **Fälligkeit** der Forderung umstritten, so wird sich der Schuldner auf die Klage eines Prätendenten einlassen müssen. Die Gefahr der Doppelzahlung kann hier mit dem prozessrechtlichen Institut der **Streitverkündung** aus dem Wege geräumt werden. Verkündet der Schuldner im Prozess mit einem Prätendenten dem anderen den Streit, so wirkt das Urteil auch gegen diesen streitberufenen Prätendenten (vgl. BSK OR I-GIRSBERGER, N 6).

II.   Hinterlegungspflicht bei Rechtshängigkeit des Prätendentenstreits (Abs. 3)

6   Nach Abs. 3 kann jede Partei zwecks Sicherung ihrer Forderung den Schuldner zur Hinterlegung anhalten, wenn der Prätendentenstreit **vor Gericht rechtshängig** ist (zur Rechtshängigkeit vgl. GULDENER, 230). Diese **Verpflichtung zur Hinterlegung** i. S. v. Erzwingbarkeit kann durch gerichtlichen Entscheid begründet werden (ZK-SPIRIG, N 66). Sie ist jedoch auf den Fall zu beschränken, dass über Bestand und Fälligkeit der Forderung an sich kein Streit besteht, der Schuldner folglich einen Prätendenten als Gläubiger akzeptiert (VON TUHR/ESCHER, OR AT, 364; ZK-SPIRIG, N 57).

III. Prozessuales

Der Schuldner hat das **Hinterlegungsgesuch dem Richter am Erfüllungs-**   7
ort zu stellen (Art. 92 Abs. 2; vgl. dazu BGE 63 II 57; ZK-Spirig, N 24). Ist
der Erfüllungsort der Wohnsitz des Gläubigers, der beim Prätendentenstreit
gerade umstritten ist, so ist der Wohnsitz des ursprünglichen Gläubigers massgebend (BGE 63 II 57 f.; **a.M.** Staehelin, BJM, 230 – Wohnsitz
des nach summarischer Prüfung besser Berechtigten). Das Bewilligungsverfahren und die sachliche Zuständigkeit richten sich nach kantonalem Recht
(gemäss § 220 ZPO ZH bewilligt der Einzelrichter die Hinterlegung im summarischen Verfahren; er darf das Hinterlegungsgesuch nur bei offensichtlicher Unbegründetheit abweisen). Im Bewilligungsverfahren bezeichnet
der **Hinterlegungsrichter** lediglich die Hinterlegungsstelle (Art. 92 Abs. 2).
Er entscheidet nicht definitiv darüber, ob der Hinterlegung befreiende Wirkung zukommt, was für den Schuldner eine gewisse Ungewissheit bedeutet (SJZ 1985, 214). Dies entscheidet erst der **ordentliche Richter**, falls
der Schuldner vom angeblichen Gläubiger auf Erfüllung belangt wird (BGE
105 II 276; Staehelin, BJM, 229 ff.; Biedermann, 215 f.).

Art. 169

Einreden des
Schuldners   [1] **Einreden, die der Forderung des Abtretenden ent-**
gegenstanden, kann der Schuldner auch gegen den
Erwerber geltend machen, wenn sie schon zu der
Zeit vorhanden waren, als er von der Abtretung
Kenntnis erhielt.

[2] **Ist eine Gegenforderung des Schuldners in diesem**
Zeitpunkt noch nicht fällig gewesen, so kann er sie
dennoch zur Verrechnung bringen, wenn sie nicht
später als die abgetretene Forderung fällig gewor-
den ist.

I. Normzweck und Anwendungsbereich

Art. 169 beruht auf dem **Grundsatz, dass sich die Rechtsstellung des**   1
Schuldners durch die Abtretung nicht verschlechtern darf. Demzufolge
müssen dem Schuldner alle Verteidigungsmittel gegen den Zedenten
auch gegenüber dem Zessionar zustehen (Bucher, OR AT, 567; Koller,
N 708). Das Verschlechterungsverbot bedingt, dass es im Zessionsrecht
grundsätzlich **keinen gutgläubigen Forderungserwerb** durch den Zessio-

nar geben kann (im Unterschied zum gutgläubigen Erwerb bei Mobilien gemäss Art. 714 Abs. 2 i. V. m. Art. 933 ZGB; vgl. zu den beiden Ausnahmefällen Art. 18 Abs. 2 und Art. 164 Abs. 2). Der Zedent kann grundsätzlich nicht
mehr Rechte auf den Zessionar übertragen, als er selbst hat (vgl. ZK-SPIRIG,
N 3). Umgekehrt soll der Schuldner aus der Abtretung aber auch keinen
Profit ziehen können (BSK OR I-GIRSBERGER, N 1).

2   Art. 169 ist **dispositiver Natur** (BSK OR I-GIRSBERGER, N 6; **anders** Art. 19
KKG bei Konsumkreditverträgen). Der Schuldner kann im Voraus auf die
Erhebung von Einreden verzichten (dazu TERCIER/EIGENMANN, 129; BGE
109 II 215; ein Verrechnungsverzicht ist mangels bes. Umstände nicht an
die Person des Gläubigers gebunden vgl. BGer 4C.60/2000, E. 4a) cc). Zur
analogen Anwendung von Art. 169 auf die Legalzession und die richterlich
zugewiesenen Forderungen vgl. ZK-SPIRIG, N 5 f. sowie Art. 166 N 4.

3   Der Begriff «Einreden» ist weit auszulegen (BGE 109 II 216; BSK OR I-GIRS-
BERGER, N 3 f.). Darunter sind **sämtliche Verteidigungsmittel des Schuldners** zu verstehen, welche entweder die gegnerische Forderung als solche
bestreiten (sog. Einwendungen: Nichtigkeit oder Erlöschen der Forderung
durch Erfüllung, Erlass, Novation, Schuldübernahme), oder dem Schuldner
die Möglichkeit geben, die gegnerische Forderung durch einseitige Willenserklärung aufzuheben (z. B. durch Anfechtungs- oder Verrechnungserklärung), oder deren Klagbarkeit durch peremptorische Einreden (Verjährung,
Unklagbarkeit) oder dilatorische Einreden (Einrede des nicht erfüllten Vertrages) auszuschalten (zum Begriff der Einrede vgl. BSK OR I- BUCHER, Ein-
leit. vor Art. 1 ff. N 43; KOLLER, N 708).

II. Voraussetzungen

4   Nach dem **schwer verständlichen Wortlaut des Abs. 1** müssen die Einreden, welche der Forderung des Abtretenden entgegenstanden, schon im
Zeitpunkt der Kenntnisnahme des Schuldners von der Abtretung vorhanden sein. Dies ist insofern widersprüchlich, als Einreden, welche erst nach
der Abtretung, aber vor deren Kenntnisnahme vorhanden sind, der Forderung des Abtretenden nicht mehr entgegenstehen können, (vgl. LARDELLI,
Liber amicorum für Heinrich Honsell, 65 ff.; VON BÜREN, OR AT, 329). Die
Bestimmung beruht noch auf einem älteren Zessionsmodell, welches die
Forderung im Verhältnis Zedent-Schuldner erst im Zeitpunkt der Kenntnisnahme bzw. Benachrichtigung des Schuldners von der Abtretung auf den
Zessionar übergehen liess (zur Entstehungsgeschichte vgl. LARDELLI, Liber
amicorum für Heinrich Honsell, 73 ff.; HUWILER, 209 ff.).

5   «Vorhanden sein» bedeutet nicht, dass die Einreden bereits entstanden
sein müssen. Es genügt, wenn sie «im Keim» begründet sind bzw. ihr
Rechtsgrund vorhanden ist (so bei Verjährung, Einrede des nicht erfüllten

Vertrages, Eintritt einer auflösenden Bedingung, Willensmangel; ZK-SPI-RIG, N 80; KOLLER, N 711; VON TUHR/ESCHER, OR AT, 366). Sind die Einreden schon vor der Abtretung «im Keim» begründet, so können sie auch erst nach der Kenntnis des Schuldners von der Abtretung entstanden sein (z. B. Einrede des nicht erfüllten Vertrages, vgl. BSK OR I-GIRSBERGER, N 6; BGer 4C.85/2005, E. 2.2.). Der Gläubigerwechsel berührt den Lauf der Verjährung nicht (GAUCH/SCHLUEP/SCHMID/REY, N 3684).

Der **Zeitpunkt der Kenntnisnahme** des Schuldners von der Abtretung ist   6
nur für solche Einreden bedeutsam, welche vor der Abtretung noch nicht «im Keim» begründet waren (zur Begründung und Fälligkeit von Verrechnungsforderungen vgl. Art. 169 N 13). Es handelt sich um Rechtshandlungen des Schuldners mit dem Zedenten nach erfolgter Abtretung. Bei Erfüllungshandlungen geht indessen Art. 167 als lex specialis vor (vgl. dazu LARDELLI, Liber amicorum für Heinrich Honsell, 67 f.). Lehre und Rsp. tendieren dazu, Art. 167 auch auf andere Rechtsgeschäfte (Novation, Erlass, Vergleich, Stundung, pactum de non cedendo) anzuwenden, was zur Folge hat, dass Abs. 1 als Gutglaubensvorschrift jegliche praktische Bedeutung verliert (vgl. KOLLER, N 714; BGE 131 III 591 = Pra 2006, 753; abl. LARDELLI, Liber amicorum für Heinrich Honsell, 78 ff.; vgl. dazu auch Art. 167 N 2). Im Unterschied zu Art. 167 genügt nach dem Wortlaut des Art. 169 «kennenmüssen» nicht (ZK-SPIRIG, N 91). Art. 169 Abs. 1 ist daher für den Schuldner günstiger (BERGMANN, 58 f., welcher wie SCHWENZER, OR AT, N 90.46 eine einheitliche Regelung unter den Voraussetzungen des Art. 167 fordert).

III. Einteilung der Einreden

Der Wortlaut des Art. 169 erfasst lediglich die **Einreden des Schuldners**   7
aus dem Rechtsverhältnis zum Zedenten. Diese können mit der Forderung des Abtretenden untrennbar verbunden sein (Verjährung, Unklagbarkeit) oder ihren Ursprung im Schuldverhältnis haben, welches der abgetretenen Forderung zugrundeliegt (Anfechtung, rechtsaufhebende Gewährleistungsrechte wie Wandlung, Minderung, Einrede des nicht erfüllten Vertrages). Sie können aber auch in einem anderen Schuldverhältnis zum Zedenten begründet sein (Verrechnungseinrede).

Bei einer simulierten Forderung geht Art. 18 Abs. 2 vor: Der Schuldner kann   8
die Einrede der Simulation dem gutgläubigen Erwerber nicht entgegenhalten, wenn dieser die simulierte Forderung im Vertrauen auf ein schriftliches Schuldbekenntnis erworben hat (vgl. BGE 96 II 390). Gleiches gilt bei einem unter Missbrauch einer Blanko-Unterschrift gefälschten Schuldbekenntnis (BGE 88 II 425 ff.). **Rechtsaufhebende Gestaltungsrechte** aus dem der abgetretenen Forderung zugrunde liegenden Schuldverhältnis, welche der Verwirkung unterliegen, muss der Schuldner wahlweise gegenüber dem

Zedenten oder gegenüber dem Zessionar erklären können (für das Anfechtungsrecht BSK OR I-SCHWENZER, Art. 31 N 10; VON TUHR/PETER, OR AT, 332; a.M. BSK OR I-GIRSBERGER, N 6). Leistet der Schuldner an den Zessionar, obwohl die Forderung in Wirklichkeit gar nicht besteht, so richtet sich sein Bereicherungsanspruch ebenfalls gegen den Zessionar (BSK OR I-GIRSBERGER, N 6; vgl. im deutschen Recht RAHMATIAN, 1 ff.).

9   Der Schuldner kann sich selbstverständlich auch auf **Einreden aus dem Rechtsverhältnis Zessionar-Schuldner** berufen, welche ihm persönlich gegen den Zessionar zustehen, wie z. B. die vom Zessionar gewährte Stundung, Erlass, Vergleich oder Verrechnung mit einer eigenen Forderung gegen den Zessionar (CR CO I-PROBST, N 12; ZK-SPIRIG, N 55; SCHWENZER, OR AT, 90.51).

10   Schliesslich stehen dem Schuldner auch **Einreden aus dem Rechtsverhältnis Zedent-Zessionar** zu, sofern damit die **Unwirksamkeit der Zession bzw. die fehlende Aktivlegitimation des Zessionars** eingewendet wird (z. B. bei mangelnder Schriftform gemäss Art. 165, rechts- oder sittenwidriger Zession, nicht eingetretener aufschiebender Bedingung der Zession; vgl. BSK OR I-GIRSBERGER, N 7). Bei Annahme der abstrakten Natur der Zession ist es dem Schuldner verwehrt, **Einreden aus dem der Abtretung zugrunde liegenden Kausalgeschäft** zu erheben. Dies entspricht dem Grundsatz, dass sich der Schuldner nicht auf Einreden aus einem fremden Rechtsverhältnis berufen kann (exceptio ex iure tertii non datur; vgl. Art. 164 N 6).

11   Bei der **Kettenzession** kumulieren sich Einreden gegen den Zedenten mit denjenigen gegen alle nachfolgenden Zessionare (vgl. BGer 4C.85/2005; anders § 1442 ABGB). Die persönlichen Einreden gegen den Zessionar können bei Rückzession auch gegenüber dem Zedenten geltend gemacht werden (BSK OR I-GIRSBERGER, N 8).

IV. Die Verrechnungseinrede (Abs. 2)

12   Zu den Einreden i.S.v. Art. 169 OR gehört auch die **Verrechnungseinrede** (BGE 85 II 113; GAUCH/SCHLUEP/SCHMID/REY, N 3686). Die **Verrechnung ist ein rechtsaufhebendes Gestaltungsrecht**, das entweder gegenüber dem Zedenten oder gegenüber dem Zessionar ausgeübt werden kann (vgl. VON TUHR/ESCHER, OR AT, 367 FN 69).

13   Erklärt der Schuldner die Verrechnung **vor der Abtretung gegenüber dem Zedenten**, so wird die abzutretende Forderung in der Höhe der Verrechnungsforderung getilgt, sofern die Voraussetzungen der Verrechnung (Art. 120 ff.) erfüllt sind. Bei dieser Tatsache (Tilgung durch Verrechnung) handelt es sich um eine Einwendung, welche der Schuldner auch gegenüber dem Zessionar geltend machen kann (vgl. KOLLER, BR 1984, 67). Er-

klärt der Schuldner die Verrechnung **nach der Abtretung gegenüber dem Zedenten**, so treten die Verrechnungswirkungen nur ein, wenn die Voraussetzungen des Art. 167 OR erfüllt sind (vgl. Art. 167 N 2; KOLLER, N 716). Andernfalls hat der Schuldner sein Verrechnungsrecht gegenüber dem Zessionar auszuüben.

Die **Verrechnungserklärung des Schuldners gegenüber dem Zessionar** ist   14
unter den Voraussetzungen von Art. 169 Abs. 1 und Abs. 2 **trotz fehlender Gegenseitigkeit der Forderungen** zulässig (BSK OR I-GIRSBERGER, N 9; SCHWENZER, OR AT, N 90.50). Die Verrechnungsforderung muss entweder vor der Abtretung oder bis zur Kenntnis des Schuldners von der Abtretung begründet (nicht fällig) sein (BSK OR I-GIRSBERGER, N 10; VON TUHR/ESCHER, OR AT, 367; a. M. KOLLER, N 726 f., welcher anstelle der «Kenntnis» aus syst. Gründen die Kriterien des Art. 167 heranzieht). Eine Einschränkung ergibt sich bezüglich **Fälligkeit der Verrechnungsforderung nach Abs. 2**: Eine rechtzeitig begründete Verrechnungsforderung kann nur zur Verrechnung gebracht werden, wenn sie entweder vor Kenntnis des Schuldners von der Abtretung oder nicht später als die abgetretene Forderung fällig geworden ist (GAUCH/SCHLUEP/SCHMID/REY, N 3686; SCHWENZER, OR AT, N 50.51; a. M. bezügl. «Kenntnis» wiederum KOLLER, N 733). Damit wird dem Schuldner die Möglichkeit der Verrechnung abgeschnitten, welche ihm ohne Zession durch Abwarten der Fälligkeit seiner eigenen Forderung nach allgemeinem Verrechnungsrecht zustehen würde (zur Kritik: BUCHER, OR AT, 569 FN 128; VON TUHR/ESCHER, OR AT, 366; zur gl. Rechtslage gemäss § 406 Abs. 2 BGB mit der Möglichkeit der teleologischen Reduktion, wenn Haupt- und Verrechnungsforderung aus demselben Schuldverhältnis stammen vgl. VON STAUDINGER/BUSCHE, § 406 N 20; PALANDT/GRÜNEBERG, § 406 N 8).

Art. 170

Übergang der Vorzugs- und Nebenrechte, Urkunden und Beweismittel

[1] **Mit der Forderung gehen die Vorzugs- und Nebenrechte über, mit Ausnahme derer, die untrennbar mit der Person des Abtretenden verknüpft sind.**

[2] **Der Abtretende ist verpflichtet, dem Erwerber die Schuldurkunde und alle vorhandenen Beweismittel auszuliefern und ihm die zur Geltendmachung der Forderung nötigen Aufschlüsse zu erteilen.**

[3] **Es wird vermutet, dass mit der Hauptforderung auch die rückständigen Zinse auf den Erwerber übergehen.**

I.   Gesetzlicher Übergang der Vorzugs- und Nebenrechte (Abs. 1)

1   Abs. 1 enthält die **dispositive Regel**, dass mit der abgetretenen Forderung grundsätzlich auch die Vorzugs- und Nebenrechte auf den Zessionar übergehen. Der Übergang dieser Rechte wird vermutet und erfolgt ipso iure als gesetzliche Nebenwirkung der Zession. Den Parteien steht es frei, einzelne Rechte von der Übertragung auszuschliessen (BSK OR I-GIRSBERGER, N 1).

2   Zu den **Vorzugsrechten** gehören u. a. die vollstreckungsrechtlichen Konkurs- und Pfändungsprivilegien, wie z. B. das Vorrecht der Lohnforderung aus Arbeitsvertrag (BGE 49 III 201; vgl. Art. 146, 219 SchKG) oder die durch Vormerkung im Grundbuch bewirkte Verstärkung der Forderung (Art. 959 ZGB).

3   Die **Nebenrechte** geben dem Gläubiger eine separate Befugnis (zum Begriff vgl. SCHÖBI, 3 ff.). Hierzu gehören die akzessorischen Sicherungsrechte, wie Bürgschafts- und Pfandrechte (BGE 105 II 186 f. = Pra 1980, 74) sowie das Retentionsrecht i. S. v. Art. 895 Abs. 1 ZGB (für das kaufmännische Retentionsrecht offengelassen in BGE 80 II 113). Ebenfalls zu den Nebenrechten gehören **Gestaltungsrechte, welche ausschliesslich mit der Forderung verbunden sind** (sog. forderungsbezogene Gestaltungsrechte; vgl. Art. 164 N 13), wie z. B. das die Fälligkeit der Forderung herbeiführende Kündigungsrecht i. S. v. Art. 318, das Wahlrecht bei der Wahlobligation, das Recht zur Inverzugsetzung bzw. Nachfristsetzung (inkl. Zinsforderungen vgl. VON TUHR/ESCHER, OR AT, 355), das Recht unter Aufrechterhaltung des Vertrags, auf die Leistung zu verzichten und Schadenersatz zu fordern (Art. 107 OR), und das Recht zur Anfechtung der Kollokation (BGE 78 II 275). Auch das Prozessführungsrecht gemäss Art. 260 SchKG, welches als Mittel zur Befriedigung einer Konkursforderung dient, gilt als Nebenrecht der Konkursforderung (BGE 111 II 83). Nicht zu den Nebenrechten gehört hingegen eine Gewährleistungsgarantie, welche der Zedent von seinem Rechtsvorgänger erhalten hat (Art. 171 Abs. 2; BGE 27 II 65).

4   Demgegenüber gehen **Gestaltungsrechte, welche mit dem Schuldverhältnis verbunden sind** (sog. vertragsbezogene Gestaltungsrechte) nicht ipso iure als Nebenrechte auf den Zessionar über (BGE 84 II 367 f.; vgl. oben Art. 164 N 13). Tritt der Vermieter z. B. eine Mietzinsforderung an den Zessionar ab, so bleibt das Recht auf Kündigung des Mietvertrages beim Vermieter. Gleiches gilt für das Rücktrittsrecht, Anfechtungsrecht (Art. 31; BGE 84 II 367) oder Kaufrecht (BGE 94 II 280).

5   Eine **Schiedsabrede** bindet gestützt auf Art. 170 Abs 1 als Nebenklausel prozessualer Natur ohne gegenteilige Parteivereinbarung auch den Zessionar. Ob die Schiedsabrede ein Vorzugs- oder Nebenrecht ist, hat das BGer offen gelassen (BGE 128 III 55 f. = Pra 2002, 518). Auch eine **Gerichts-**

stands**vereinbarung** bindet den Zessionar, wenn sie nicht rein persönlichen Charakter hat oder besondere Umstände dagegen sprechen (vgl. BGE 103 II 77 ff.).

Abs. 1 lässt die **untrennbar mit dem Abtretenden verknüpften Vorzugs-** 6 **und Nebenrechte** nicht auf den Zessionar übergehen. Ob eine untrennbare Verknüpfung vorliegt, bestimmt sich nach der Parteivereinbarung oder der Natur dieser Rechte (z. B. der untrennbar mit der Kaufmannseigenschaft verknüpfte Anspruch auf kaufmännischen Verzugszins nach Art. 104 Abs. 3; ZK-Spirig, N 63 ff. m. w. Nw.) bzw. nach dem dieses Vorzugs- oder Nebenrecht beherrschenden Gesetz (BGE 103 II 75 ff.). So bestimmt z. B. das Betreibungsgesetz, ob die Fortsetzung einer Betreibung durch den Zessionar zulässig ist.

II. Auslieferung von Urkunden und Beweismitteln, Aufschlusserteilung (Abs. 2)

Abs. 2 statuiert eine **dispositive Pflicht des Zedenten zur Auslieferung von** 7 **Urkunden und Beweismitteln** an den Zessionar. Hierzu gehört die allenfalls bestehende Schuldurkunde (schriftl. Vertrag od. Schuldbekenntnis) oder Dokumente zum Nachweis von Neben- und Vorzugsrechten (wie z. B. ein schrift. Pfandvertrag od. eine Bürgschaftsurkunde vgl. BSK OR I-Girsberger, N 12; von Büren, OR AT, 327). Die Auslieferung ist keine Voraussetzung für die Gültigkeit der Zession (von Tuhr/Escher, OR AT, 336; betr. Sicherungszession Walter, 58; Reetz, N 304; a. M. BK-Zobl, Syst. Teil vor Art. 884 ZGB, N 1588). Bei Kettenabtretung gilt Abs. 2 nur gegenüber dem unmittelbaren Zedenten (von Tuhr/Escher, OR AT, 333). Daneben ist der Zedent verpflichtet, dem Zessionar alle zur Geltendmachung der Forderung nötigen Aufschlüsse zu erteilen, welche nach Treu und Glauben von Bedeutung sind (Informationen über Inventare, Quittungen, Steuerdokumente, Sicherungspolicen u. a., vgl. ZK-Spirig, N 79). Eine Auskunftspflicht über die Aktiven des Schuldners besteht indessen nur bei zugesicherter Bonität (ZK-Spirig, N 86). Die Pflicht gemäss Abs. 2 trifft auch das Betreibungs- oder Konkursamt im Fall der Versteigerung (BGE 52 III 45).

Verweigert der Zedent seine Pflichterfüllung, so ist der Zessionar befugt, 8 seine Gegenleistung aus dem der Abtretung zugrunde liegenden Rechtsgeschäft zu verweigern (Art. 82; ZK-Spirig, N 89; Gauch/Schluep/Schmid/ Rey, N 3676). Im Übrigen besteht eine **Schadenersatzpflicht des Zedenten** nach Art. 107 Abs. 2 (Bucher, OR AT, 573).

III. Übergang rückständiger Zinsen (Abs. 3)

Abs. 3 statuiert die **Vermutung**, dass mit der Hauptforderung auch die rück- 9 ständigen, d. h. bereits aufgelaufenen Zinsen auf den Zessionar übergehen.

Gemeint sind sowohl die fälligen als auch die laufenden Zinsen (BSK OR I-Leu, Art. 73 N 2). Die Bestimmung gilt auch für Zinsen grundpfandversicherter und in einem Wertpapier verkörperter Forderungen (BGE 77 II 366).

Art. 171

3. Gewährleis-
   tung
a. Im Allgemeinen

¹ Bei der entgeltlichen Abtretung haftet der Abtretende für den Bestand der Forderung zur Zeit der Abtretung.

² Für die Zahlungsfähigkeit des Schuldners dagegen haftet der Abtretende nur dann, wenn er sich dazu verpflichtet hat.

³ Bei der unentgeltlichen Abtretung haftet der Abtretende auch nicht für den Bestand der Forderung.

I. Allgemeines

1 Art. 171–173 beinhalten die **verschuldensunabhängige Gewährleistungshaftung des Zedenten gegenüber dem Zessionar** aus dem der Zession zugrunde liegenden Kausalgeschäft (pactum de cedendo, z.B. Kaufvertrag). Systematisch liesse sich diese Haftung auch bei den einzelnen Vertragsverhältnissen eingliedern (so im deutschen Recht §§ 437 ff. BGB). Die Einordnung im Zessionsrecht rechtfertigt sich insofern, als es sich beim Gegenstand des Kausalgeschäfts stets um eine Forderung handelt (vgl. BGE 78 II 220). Art. 171–173 gehen den Gewährleistungsbestimmungen des Kauf- und Schenkungsrechts vor (z.B. Art. 197 ff.; BGE 90 II 499 = Pra 1965, 195). Auf den Rechtsgrund der Zession wird nur insoweit Rücksicht genommen, als zwischen entgeltlicher und unentgeltlicher Zession unterschieden wird (Guhl/Koller, § 34 N 52).

2 Die Bestimmungen sind **dispositiver Natur**, so dass die Haftung von den Parteien verschärft, vermindert oder ganz ausgeschlossen werden kann (CR CO I-Probst, Intro. Art. 171–173, N 4). Die Zulässigkeit des vertraglichen Gewährleistungsausschlusses richtet sich nach Art. 100 Abs. 1 (vgl. BGE 90 II 499 = Pra 1965, 195). Weiss der Zessionar, dass der Bestand der Forderung unsicher ist, so kann dies als stillschweigender Verzicht auf die Gewährleistung betrachtet werden (vgl. BSK OR I-Girsberger, N 6). Ist die Höhe der Forderung im Zeitpunkt der Zession noch nicht bestimmt, so haftet der Zedent nicht, wenn die Forderung im Ergebnis nicht der Erwartung des Zessionars entspricht (vgl. ZBJV 1961, 474 ff.). Die **Verjährung** der Gewährleistungsansprüche richtet sich nach Art. 127 ff. und beträgt zehn

Jahre, selbst wenn die abgetretene Forderung bereits in fünf Jahren verjährt ist (BGE 53 II 117).

II. Haftung für Verität bei entgeltlicher Abtretung (Abs. 1)

Abs. 1 begründet eine **verschuldensunabhängige Haftung des Zedenten**   3
für den **Bestand (Verität)** der Forderung bei entgeltlicher Abtretung. Die
Abtretung einer nichtbestehenden Forderung ist zwar nach Art. 20 Abs. 1
objektiv unmöglich, begründet aber in Abweichung zur Nichtigkeitsfolge
eine Haftung des Zedenten, falls die abgetretene Forderung oder deren
zugesicherten Vorzugs- oder Nebenrechte nicht bestehen (GAUCH/SCHLUEP/
SCHMID/REY, N 3738). Der Zedent darf auch nach der Abtretung nichts unternehmen, wodurch die abgetretene Forderung beeinträchtigt wird (BGE
82 II 523 – sog. **Verschaffungspflicht**). Insbes. dürfen nach der Abtretung
keine Einreden i. S. v. Art. 169 Abs. 1 begründet werden (BSK OR I-GIRSBERGER, N 7; VON BÜREN, OR AT, 336). Zieht der Zedent die Forderung pflichtwidrig beim Schuldner ein, so haftet er nach Art. 97 Abs. 1 (SCHWENZER,
OR AT, N 90.53). Darüber hinaus setzt die Gewährleistungspflicht des Zedenten voraus, dass der Zessionar die Forderung gerichtlich geltend gemacht hat, sofern deren Nichtbestand nicht offenkundig ist (vgl. ZK-SPIRIG,
N 23; SJZ 1983, 393 f.).

Entgeltlich ist z. B. der Forderungsverkauf, der Tausch, die Abtretung an   4
Zahlungsstatt oder zahlungshalber sowie die Sicherungszession (BGE 63 II
322). Bei der Abtretung zahlungshalber entfällt bereits begrifflich eine Gewährleistungshaftung, weil das Entgelt des Zessionars lediglich dem vom
Schuldner eingetriebenen Betrag entspricht (vgl. ZR 1998, 124 ff.; BUCHER,
OR AT, 575).

Zediert der Zessionar die Forderung an einen **Kettenzessionar**, so geht sein   5
Anspruch auf Gewährleistung gegen den Zedenten nicht ohne weiteres als
Nebenrecht i. S. v. Art. 170 Abs. 1 auf den Kettenzessionar über, sondern
müsste diesem speziell abgetreten werden (BGE 63 II 323 f.).

III. Haftung für Bonität bei Vereinbarung (Abs. 2)

Für die **Bonität des Schuldners** (Zahlungsfähigkeit i. S. v. Art. 83) besteht   6
keine gesetzliche Haftung. **Abs. 2** beruht auf der vertragsrechtlichen Regel,
dass der Vorleistungspflichtige grundsätzlich das Risiko für das Ausbleiben
der Gegenleistung trägt (BGE 124 III 339). Der Zedent kann die Bonitätshaftung jedoch ausdrücklich oder stillschweigend übernehmen, wofür der
Zessionar die **Beweislast** trägt (BSK OR I-GIRSBERGER, N 9). Blosse Zusicherung der Bonität bedeutet nicht zwingend die Übernahme der Haftung
für Bonität (vgl. VON BÜREN, OR AT, 336; BGE 47 II 185 E. 2). Der Zessionar
hat auch die Zahlungsunfähigkeit des Schuldners nachzuweisen, die nicht

zwingend durch die Eröffnung eines Zwangsvollstreckungsverfahrens festgestellt werden muss (BSK OR I-Girsberger, N 11; BGE 68 II 177 f.). Nach der Lehre haftet der Zedent auch ohne Übernahme der Bonitätshaftung, wenn er die Zahlungsunfähigkeit des Schuldners arglistig verschwiegen hat (Bucher, OR AT, 574 FN 151; jedenfalls besteht eine Anfechtungsmöglichkeit wegen Willensmangel nach Art. 28, vgl. CR CO I-Probst, N 12; ZK-Spirig, N 28). Von der Zahlungsfähigkeit ist die **Zahlungswilligkeit** zu unterscheiden, welche ebenfalls zugesichert werden kann (BSK OR I-Girsberger, Vorbem. zu Art. 171–173 N 4).

7   **Bei fälligen Forderungen** haftet der Zedent ohne anderslautende Vereinbarung nur für die Zahlungsunfähigkeit des Schuldners im **Zeitpunkt der Abtretung**. Werden die Forderungen erst nach der Abtretung fällig, so erstreckt sich die Gewährleistung auf den Zeitpunkt der Fälligkeit oder bei Forderungen, welche auf Kündigung gestellt sind, auf den Zeitpunkt der frühest möglichen Kündbarkeit (BGE 64 II 17 E. 5; vgl. BSK OR I-Girsberger, N 8; SJZ 1976, 360).

8   Die **Haftungsvereinbarung** braucht nicht in die Zessionsurkunde aufgenommen zu werden und unterliegt auch nicht dem Formerfordernis des Art. 165 (BGE 53 II 117) oder den Formvorschriften der Bürgschaft (BGE 68 II 180). Die Übernahme der Bonitätshaftung ist im Unterschied zu Letzterer als selbstständige Garantieverpflichtung zu qualifizieren (Bucher, OR AT, 574 FN 152; BGE 61 II 104).

IV. Gewährleistungshaftung bei unentgeltlicher Abtretung (Abs. 3)

9   Vorbehältlich einer anders lautenden Abrede haftet der Zedent nach **Abs. 3** bei **unentgeltlicher Abtretung** weder für Verität noch für Bonität (vgl. auch Art. 248 Abs. 2). Bei Absicht oder grobfahrlässiger Schädigung (z. B. bei Verleitung zu einem Prozess gegen den angeblichen Schuldner) ergibt sich indessen eine Haftung gemäss Art. 248 Abs. 1 (ZK-Spirig, N 40).

Art. 172

b. **Bei Abtretung zahlungshalber**   Hat ein Gläubiger seine Forderung zum Zwecke der Zahlung abgetreten ohne Bestimmung des Betrages, zu dem sie angerechnet werden soll, so muss der Erwerber sich nur diejenige Summe anrechnen lassen, die er vom Schuldner erhält oder bei gehöriger Sorgfalt hätte erhalten können.

Art. 172 enthält eine **nicht gewährleistungsbezogene Vermutung** für den 1
Fall, dass die Forderung des Zedenten zum Zwecke der Zahlung abgetreten
wird (BSK OR I-Girsberger, Vorbem. zu Art. 171–173 N 5). Die Bestimmung vermutet, dass eine solche Abtretung zahlungshalber erfolgt (zum
Wegfall der Gewährleistungshaftung vgl. vorne Art. 171 N 2).

Bei der Abtretung zahlungshalber wird die Forderung des Zessionars 2
nicht sofort im Zeitpunkt der Abtretung getilgt, sondern erst und nur in der
Höhe des vom Schuldner erhaltenen Betrages (vgl. BGE 131 III 221 = Pra
2006, 46 f.). Einen Überschuss hat der Zessionar als Fiduziant dem Zedenten herauszugeben (Art. 400 Abs. 1; ZK-Spirig, N 11). Die Kosten der Ein-
treibung sind abzuziehen (ZK-Spirig, N 36). Bei der Abtretung zahlungshalber ergibt sich in Analogie zur Rechtsstellung des Anweisungsempfängers
(Art. 467 Abs. 2), dass der Zessionar zunächst die abgetretene Forderung
geltend machen muss und seine Forderung gegen den Zedenten gestundet bleibt (BGE 118 II 146). Die abgetretene Forderung ist mit «gehöriger
Sorgfalt» einzuziehen (Art. 398 i. V. m. Art. 321e Abs. 1 sind sinngemäss anwendbar; dazu ausf. ZK-Spirig, N 38 ff.). Der Zessionar muss sich bei Verletzung dieser Pflicht den Betrag anrechnen lassen, den er bei pflichtgemässer Sorgfalt hätte eintreiben können (BSK OR I-Girsberger, N 2; ZR
1998, 124 ff.; vgl. BGE 119 II 227 ff.).

Die Abtretung zahlungshalber unterscheidet sich von **der Abtretung an** 3
Zahlungsstatt, bei welcher die Schuld mit der Abtretung sofort vollständig
oder teilweise getilgt wird (ZK-Spirig, N 16; zum Unterschied ausf. Bosshard, 1 ff.). Behauptet der Zedent und gleichzeitige Schuldner, dass die Zession an Zahlungsstatt vereinbart worden ist, so trägt er hierfür die Beweislast (ZK-Spirig, N 25).

Art. 173

Umfang der ¹ **Der Abtretende haftet vermöge der Gewährleistung**
Haftung **nur für den empfangenen Gegenwert nebst Zinsen**
und überdies für die Kosten der Abtretung und des
erfolglosen Vorgehens gegen den Schuldner.

² **Geht eine Forderung von Gesetzes wegen auf einen**
andern über, so haftet der bisherige Gläubiger weder
für den Bestand der Forderung noch für die Zah-
lungsfähigkeit des Schuldners.

1   Abs. 1 bestimmt den **Haftungsumfang des Zedenten**, der seine Gewährleistungspflicht für Verität oder Bonität der Forderung verletzt hat. Wenn die Parteien nichts anderes vereinbart haben, haftet der Zedent nur für die empfangene Gegenleistung und für die vom Zessionar nutzlos aufgewendeten Kosten der Zession sowie des erfolglosen Vorgehens gegen den Schuldner (ev. unter Anrechnung des vom Schuldner Erhaltenen; vgl. GAUCH/SCHLUEP/SCHMID/REY, N 3741). Die Bestimmung ist **lex specialis** zu Art. 97 und entspricht einer Haftung für das **negative Vertragsinteresse** (ZK-SPIRIG, N 23). Eine zusätzliche Schadenersatzpflicht wegen Verschuldens des Zedenten ist ohne entsprechende Vereinbarung ausgeschlossen (BSK OR I-GIRSBERGER, N 2; ZK-SPIRIG, N 21, 24).

2   Abs. 2 schliesst eine Haftung gemäss Art. 171 im Falle der **Legalzession** (Art. 166) aus (vgl. dazu BGE 123 V 76 ff. = Pra 1998, 75 ff.). Ist die Forderung vor der Legalzession abgetreten worden, so richtet sich der Anspruch nach Art. 171 ff. (BGE a. a. O.).

Art. 174

III.   Besondere Bestimmungen   Wo das Gesetz für die Übertragung von Forderungen besondere Bestimmungen aufstellt, bleiben diese vorbehalten.

1   Art. 174 verweist darauf, dass es sich bei den Art. 164–173 um **allgemeine Bestimmungen** handelt, welche durch **besondere Bestimmungen** modifiziert werden können. Solche finden sich insb. bei Forderungen, die in einem Wertpapier verbrieft (Art. 965 ff.) oder pfandversichert sind (weitere Bspe. bei ZK-SPIRIG, N 17–23).

Art. 175

B.   Schuldübernahme
I.   Schuldner und Schuldübernehmer   [1] Wer einem Schuldner verspricht, seine Schuld zu übernehmen, verpflichtet sich, ihn von der Schuld zu befreien, sei es durch Befriedigung des Gläubigers oder dadurch, dass er sich an seiner Statt mit Zustimmung des Gläubigers zu dessen Schuldner macht.

² Der Übernehmer kann zur Erfüllung dieser Pflicht vom Schuldner nicht angehalten werden, solange dieser ihm gegenüber den Verpflichtungen nicht nachgekommen ist, die dem Schuldübernahmevertrag zugrunde liegen.

³ Unterbleibt die Befreiung des alten Schuldners, so kann dieser vom neuen Schuldner Sicherheit verlangen.

Literatur

ASA Bulletin, Volume 20, No. 3, 2002; WATTER/VOGT/TSCHÄNI/DAENIKER (Hrsg.), Basler Kommentar zum Fusionsgesetz, Basel/Genf/München 2005; Botschaft zum Bundesgesetz über Fusion, Spaltung, Umwandlung und Vermögensübertragung (Fusionsgesetz; FusG) vom 13. Juni 2000 (BBl 2000, 4337 ff.); KELLER/SCHÖBI, Das Schweizerische Schuldrecht, Band IV, Gemeinsame Rechtsinstitute für Schuldverhältnisse aus Vertrag, unerlaubter Handlung und ungerechtfertigter Bereicherung, 2. Aufl. Basel/Frankfurt a. M. 1985; LOSER-KROGH, Die Vermögensübertragung: Kompromiss zwischen Strukturanpassungsfreiheit und Vertragsschutz im Entwurf des Fusionsgesetzes, AJP 2000, 1095 ff.; SCHUMACHER, Die Vermögensübertragung nach dem Fusionsgesetz, Zürich 2005; TROLLER, Die Zwangsvollstreckung für das Schuldbefreiungsversprechen, SJZ 1942/43, 409 ff.; TURIN, Le transfert de patrimoine selon le projet de loi sur la fusion, Diss. Neuchâtel 2003; VISCHER/BERETTA/MÜLLER (Hrsg.), Zürcher Kommentar zum Fusionsgesetz, Zürich 2004.

I.   Normzweck und Anwendungsbereich

Art. 175 betrifft die **interne Schuldübernahme**, mit der sich ein Dritter dem Schuldner gegenüber verpflichtet, den Schuldner von der Schuld zu befreien. Dem Gläubiger gegenüber bleibt die Übernahme ohne Wirkung, weshalb sie als *interne Schuldübernahme, Erfüllungsübernahme* oder *Befreiungsversprechen* bezeichnet wird. Im Gegensatz zur *externen* Schuldübernahme gemäss Art. 176, bei welcher der übernehmende Dritte gegenüber dem Gläubiger mit dessen Zustimmung zum Schuldner wird, ist bei der internen Schuldübernahme die Zustimmung des Gläubigers nicht notwendig. Bei der internen Schuldübernahme erwirbt der Gläubiger anders als bei der externen Schuldübernahme kein Forderungsrecht gegen den Übernehmer.   1

Gegenstand der internen Schuldübernahme können nur **übertragbare Schulden** sein. Grundsätzlich sind alle Schulden übertragbar, eingeschlossen bedingte, verjährte und künftige Schulden. Auch öffentlich-rechtliche   2

Schulden, namentlich Steuerschulden, können übernommen werden (BGE 92 III 62). Ausgeschlossen ist dagegen die Übernahme einer nichtigen Schuld (BGE 95 II 37) oder einer Busse aus einer strafbaren Handlung (BGE 79 II 152f. = Pra 1953, 379; GAUCH/SCHLUEP/SCHMID/REY, N 3777). Ist der Schuldner gemäss Art. 68 verpflichtet, persönlich zu erfüllen, so ist die interne Schuldübernahme gleichwohl gültig, jedoch nicht erfüllbar, wenn der Gläubiger die Erfüllung durch den Übernehmer nicht akzeptiert.

II. Voraussetzungen

3   Die interne Schuldübernahme beruht auf einem **Vertrag** zwischen dem Schuldner und dem Übernehmer. Für dessen Zustandekommen, Inhalt, Gültigkeit und Erfüllung gelten im Prinzip die allgemeinen obligationenrechtlichen Regeln. Gegenstand des Vertrages ist das Versprechen des Übernehmers, den Schuldner zu befreien.

4   Der interne Schuldübernahmevertrag ist grundsätzlich **formfrei** gültig (Art. 11 Abs. 1). Dies gilt sogar, wenn die zu übernehmende Schuld bei ihrer Begründung einer bestimmten Form unterlag, z. B. wenn der Schuldner ein Schenkungsversprechen abgab, das zu seiner Gültigkeit der schriftlichen Form bedarf (Art. 243 Abs. 1; BGE 110 II 340 = Pra 1985, 222ff.). Der interne Schuldübernahmevertrag ist dagegen einer besonderen Form unterworfen, wenn er selbst Bestandteil eines formbedürftigen Vertrages ist. Verspricht beispielsweise der Übernehmer die Schuldbefreiung als Schenkung, so ist der Schuldübernahmevertrag nur gültig, wenn er schriftlich abgeschlossen wurde (Art. 243 Abs. 1; BGE 79 II 153 = Pra 1953, 379). Zudem ist der interne Schuldübernahmevertrag formbedürftig, wenn der die Schuld begründende Vertrag wegen der besonderen Natur des Leistungsgegenstandes von Gesetzes wegen einer besonderen Form unterworfen ist. Das BGer verlangt diese daher für die Übernahme der Schuld, die auf Eigentumsübertragung von Grundstücken lautet (Art. 657 Abs. 1 ZGB), nicht dagegen für die Übernahme von Lieferungs- oder Zahlungsverpflichtungen aus einen Schenkungsversprechen oder für die Übernahme der Zahlungspflicht aus Bürgschaft oder Wechselbürgschaft (BGR 110 II 340 = Pra 1985, 222).

III. Rechtsfolgen

5   Durch den internen Schuldübernahmevertrag wird der Übernehmer verpflichtet, den Schuldner gemäss der vertraglichen Abmachung von seiner Schuld zu befreien. Die Wirkungen des internen Schuldübernahmevertrages beschränken sich demgemäss auf die Vertragsparteien (BGE 110 II 340; 121 III 258 = Pra 1996, 319); der Gläubiger kann aus dem Vertrag keine Rechte für sich ableiten (ZR 1996, 82).

Die Schuldbefreiung kann dadurch erwirkt werden, dass der Übernehmer 6
den Gläubiger ohne dessen Mitwirkung befriedigt oder sich mit dessen Zustimmung zu dessen Schuldner macht. Letzteres wird bei persönlich zu erfüllenden Schulden vorausgesetzt. Die Mitwirkung des Gläubigers ist auch
dann notwendig, wenn die Schuld nicht durch Erfüllung, sondern auf andere Weise erlöschen soll (Aufhebung durch Übereinkunft, Neuerung, Verrechnung).

Aus Art. 175 Abs. 2 sowie allgemein aus Art. 82 folgt, dass der Schuldner 7
den Übernehmer nicht zur **Erfüllung der Übernahmepflicht** anhalten kann,
solange er selbst seinen eigenen Verpflichtungen aus dem Schuldübernahmevertrag nicht nachgekommen ist. Dem Übernehmer steht hier somit
in synallagmatischen Verträgen die Einrede des nicht erfüllten Vertrages
zur Verfügung. Der Schuldner kann vom Übernehmer die **Befriedigung des
Gläubigers** sodann nur verlangen, wenn die Schuld bereits fällig ist. Zwar
kann er fordern, dass der Übernehmer die Schuld extern übernimmt und
ihn dadurch befreit. Weil hierzu jedoch die Zustimmung des Gläubigers notwendig ist, sieht Abs. 3 zu seinem Schutze vor, dass der bisherige Schuldner
vom neuen Sicherheit verlangen kann, sofern die Befreiung unterbleibt. Im
Übrigen sind für die interne Schuldübernahme die auf Verträge allgemein
anwendbaren Rechtsfolgen zu beachten, namentlich was die Erfüllungsmodalitäten und die Folgen der Nichterfüllung (Schadenersatz) angeht.

Art. 175 stellt dispositives Recht dar; die Parteien sind also frei, im internen 8
Schuldübernahmevertrag vom Gesetz abweichende Regeln vorzusehen. Bei
einer noch nicht fälligen Schuld einigen sich die Parteien mit Vorteil darauf,
welche Folgen eintreten sollen, falls die Befreiung des Schuldners an der
mangelnden Zustimmung des Gläubigers scheitern sollte.

Art. 176

**Vertrag mit
dem Gläubiger**

**Antrag und
Annahme**

[1] **Der Eintritt eines Schuldübernehmers in das Schuldverhältnis an Stelle und mit Befreiung des bisherigen Schuldners erfolgt durch Vertrag des Übernehmers mit dem Gläubiger.**

[2] **Der Antrag des Übernehmers kann dadurch erfolgen, dass er, oder mit seiner Ermächtigung der bisherige Schuldner, dem Gläubiger von der Übernahme
der Schuld Mitteilung macht.**

³ **Die Annahmeerklärung des Gläubigers kann ausdrücklich erfolgen oder aus den Umständen hervorgehen und wird vermutet, wenn der Gläubiger ohne Vorbehalt vom Übernehmer eine Zahlung annimmt oder einer anderen schuldnerischen Handlung zustimmt.**

I. Normzweck und Anwendungsbereich

1   Art. 176 ordnet die **externe, privative Schuldübernahme**. Bei dieser Schuldübernahme wird der bisherige Schuldner frei, während der Übernehmer aufgrund eines Vertrages mit dem Gläubiger zum neuen Schuldner wird. Als *extern* wird die Übernahme insofern bezeichnet, als sie mit Zustimmung des Gläubigers erfolgt und daher ihm gegenüber wirksam ist. *Privativ* ist sie, weil der bisherige Schuldner frei wird.

2   Die externe, privative Schuldübernahme ist von der **externen, kumulativen Schuldübernahme (Schuldmitübernahme)** zu unterscheiden. Bei der *kumulativen* Schuldübernahme liegt normalerweise ein Vertrag zwischen dem Übernehmer und dem Gläubiger vor, wonach der Übernehmer die Schuld solidarisch (Art. 143) neben dem bisherigen Schuldner mitübernimmt. Die kumulative Schuldübernahme, die zwar in einigen Fällen vom Gesetz selbst angeordnet wird (z. B. Art. 181 Abs. 2, 333 Abs. 3), ist nicht speziell geregelt. Es gelten deshalb die allgemeinen obligationenrechtlichen Regeln (namentlich Art. 143 ff.). Nur existente und übertragbare Schulden können kumulativ übernommen werden. Die kumulativ übernommene Schuld ist nicht akzessorisch zur bisherigen. Sie besteht für sich selbst und unabhängig von der ursprünglichen Schuld.

3   Wie bei der internen ist auch bei der externen Schuldübernahme die übernommene Schuld und nicht das gesamte **Vertragsverhältnis** Gegenstand der Übernahme. Handelt es sich um eine persönliche Schuld i. S. v. Art. 68, so gibt der Gläubiger durch seine Zustimmung zu erkennen, dass er die Erfüllung durch den Übernehmer akzeptiert.

II. Voraussetzungen

4   Die externe Schuldübernahme beruht auf einem **Vertrag** (s. Abs. 1) zwischen dem Übernehmer und dem Gläubiger, für den im Prinzip (für die Ausnahmen s. Abs. 2 und Art. 177) die allgemeinen obligationenrechtlichen Regeln gelten. Ein vorgängiger interner Schuldübernahmevertrag ist nicht notwendig, die Schuld kann sogar gegen den Willen des bisherigen Schuldners übernommen werden (ZR 1966, 174). Der bisherige Schuldner ist am Übernahmevertrag auch nicht als Partei beteiligt.

Ihrer **doppelseitigen Wirkung** entsprechend ist die externe Schuldüber- 5
nahme für den Übernehmer ein Verpflichtungsgeschäft, für den Gläubiger
ein Erwerbsgeschäft und zugleich eine Verfügung über seine Forderung gegen den bisherigen Schuldner (ZR 1982, 136). Demzufolge setzt die gültige
Schuldübernahme seitens des Übernehmers Handlungsfähigkeit, seitens
des Gläubigers zudem auch Verfügungsmacht über die Forderung voraus.
Der Schuldübernahmevertrag mit dem Gläubiger ist grundsätzlich **formfrei**
(Art. 11 Abs. 1). Formfreiheit gilt auch für die Übernahme eines Schenkungsversprechens; hingegen ist eine öffentliche Beurkundung notwendig,
wenn die Verpflichtung übernommen wird, Grundeigentum zu übertragen
(von Tuhr/Escher, OR AT, 387).

Der Schuldübernahmevertrag kommt aufgrund von **Antrag** und **Annahme** 6
zustande, wobei der Antrag sowohl vom Schuldner wie auch vom Gläubiger
gestellt werden kann. Nach Art. 176 Abs. 2 kann der *Antrag* des Übernehmers dadurch erfolgen, dass er oder mit seiner Ermächtigung der bisherige
Schuldner dem Gläubiger von der Übernahme der Schuld Mitteilung macht.
Diese Mitteilung betrifft die interne Schuldübernahme und stellt eine widerlegbare Vermutung dar, dass ein Antrag vorliegt (BGer v. 7. 3. 2005, 4C.183/
2004). Die *Annahme* durch den Gläubiger kann ausdrücklich erfolgen oder
aus den Umständen hervorgehen; sie wird vermutet, wenn der Gläubiger
ohne Vorbehalt vom Übernehmer eine Zahlung (inkl. Zins-, Raten- oder Abschlagszahlungen) annimmt oder einer anderen schuldnerischen Handlung
zustimmt (Abs. 3; BGE 46 II 66 f.). Auch diese Vermutung ist widerlegbar
und gilt nur, wenn der Übernehmer in seinem eigenen Namen und nicht als
Vertreter des ursprünglichen Schuldners handelt (BGE 54 II 280).

III. Rechtsfolgen

Durch die **externe Schuldübernahme** nach Art. 176 geht die Schuld unter 7
Befreiung des bisherigen Schuldners auf den Übernehmer über. Besondere
Rechtsfolgen sind für die Nebenrechte (Art. 178) und die Einreden (Art. 179)
zu beachten.

Art. 177

Wegfall des Antrags ¹ Die Annahme durch den Gläubiger kann jederzeit
erfolgen, der Übernehmer wie der bisherige Schuld-
ner können jedoch dem Gläubiger für die Annahme
eine Frist setzen, nach deren Ablauf die Annahme
bei Stillschweigen des Gläubigers als verweigert gilt.

[2] Wird vor der Annahme durch den Gläubiger eine neue Schuldübernahme verabredet und auch von dem neuen Übernehmer dem Gläubiger der Antrag gestellt, so wird der vorhergehende Übernehmer befreit.

[1] Abweichend von den allgemeinen Vorschriften über den Vertragsschluss enthält Art. 177 bezüglich Antrag und Annahme für den Übernahmevertrag bei der externen Schuldübernahme eine spezielle Ordnung. Gemäss Abs. 1 kann der Gläubiger den **Antrag** *jederzeit* annehmen. Für die von dieser Regel abweichenden, allgemeinen Grundsätze siehe Art. 4 und 5. Laut VON TUHR/ESCHER, OR AT, 386, kann der Antrag nicht mehr angenommen werden, wenn soviel Zeit abgelaufen ist, dass der Übernehmer seinen Antrag als stillschweigend abgelehnt betrachten darf. Von den allgemeinen Grundsätzen weicht weiter das Recht des Übernehmers und des bisherigen Schuldners ab, dem Gläubiger nachträglich eine Frist zu setzen, nach deren Ablauf die Annahme bei Stillschweigen des Gläubigers als verweigert gilt. Setzen der bisherige Schuldner und der Übernehmer dem Gläubiger unterschiedliche Fristen, so gilt die durch den Übernehmer gesetzte Frist, weil der **Schuldübernahmevertrag** zwischen dem Übernehmer und dem Gläubiger zustande kommt.

[2] Verschieden von den allgemeinen Grundsätzen ist sodann die in Abs. 2 enthaltene Regel, wonach der Antrag dahinfällt und der Übernehmer befreit wird, wenn vor der Annahme durch den Gläubiger zwischen dem bisherigen Schuldner und einem weiteren Übernehmer eine **neue Schuldübernahme** verabredet wurde und der neue Übernehmer dem Gläubiger ebenfalls Antrag zum Schuldübernahmevertrag stellt. Der Gläubiger muss sich in diesem Fall an den neuen Übernehmer halten, und es haften weder der ursprüngliche Schuldner noch der erste Übernehmer. Vorbehalten bleibt die Annahme durch den Gläubiger. Bleibt diese aus, so haftet der ursprüngliche Schuldner weiter. Voraussetzung für die Anwendbarkeit von Abs. 2 ist die Verabredung einer neuen (zweiten) Schuldübernahme zwischen dem bisherigen Schuldner und dem neuen Übernehmer.

Art. 178

III.   Wirkung des Schuldnerwechsels

1.   Nebenrechte

[1] Die Nebenrechte werden vom Schuldnerwechsel, soweit sie nicht mit der Person des bisherigen Schuldners untrennbar verknüpft sind, nicht berührt.

² **Von Dritten bestellte Pfänder sowie die Bürgen haften jedoch dem Gläubiger nur dann weiter, wenn der Verpfänder oder der Bürge der Schuldübernahme zugestimmt hat.**

I. Grundsatz: Übergang der Nebenrechte

Art. 178 ordnet das Schicksal der Nebenrechte im Falle der externen Schuld- 1
übernahme. Nach einhelliger Auffassung gilt diese Bestimmung nicht nur für **Nebenrechte**, sondern auch für **Vorzugs-** und **Gestaltungsrechte**. *Vorzugsrechte* schliessen Gerichtsstandsklauseln, Schiedsklauseln (ASA BUL-LETIN, 482 ff., 491) und Klauseln über Konventionalstrafen ein, *Nebenrechte* erfassen vor allem Bürgschaften und Pfandrechte sowie Zinsrechte. Wichtigstes *Gestaltungsrecht* ist das Recht zur Verrechnung. Als Grundsatz gilt, dass diese Rechte vom Schuldnerwechsel *unberührt* bleiben, d.h., dass sie vom Gläubiger nun gegenüber dem Übernehmer geltend gemacht werden müssen. In Bezug auf verfallene Zinsen und Konventionalstrafen gilt nach überwiegender Meinung, dass diese von der Schuldübernahme ebenfalls erfasst sind, also vom Gläubiger gegenüber dem Übernehmer geltend gemacht werden müssen, es sei denn, in der Schuldübernahme sei eine andere Folge vereinbart worden (VON TUHR/ESCHER, OR AT, 392; BK-BECKER, N 2; GAUCH/SCHLUEP/SCHMID/REY, N 3801).

II. Ausnahme: Persönliche Nebenrechte, Bürgschaften und Drittpfandrechte

Nach Abs. 1 gehen **Nebenrechte**, die mit der Person des bisherigen Schuld- 2
ners untrennbar verknüpft sind, nicht mit der Schuld auf den Übernehmer über. Zu diesen Nebenrechten gehören nach herrschender Lehre namentlich die *Konkursprivilegien* gemäss Art. 219 SchKG (VON TUHR/ESCHER, OR AT, 393 f.; BK-BECKER, N 4; GAUCH/SCHLUEP/SCHMID/REY, N 3721), ferner das *Recht auf Verzugszins unter Kaufleuten* gemäss Art. 104 Abs. 3 sowie das Recht, die Forderung im Hinblick auf persönliche Eigenschaften des Schuldners bei einem *Sondergericht* (z.B. Handelsgericht, Arbeitsgericht) geltend zu machen (KELLER/SCHÖBI, 81).

In Abs. 2 ist festgehalten, dass Bürgen und von Dritten bestellte Pfänder nur 3
dann dem Gläubiger weiterhaften, wenn der *Verpfänder* oder der *Bürge* der **Schuldübernahme** *zugestimmt* haben. Demgegenüber gilt für *Retentionsrechte* (z.B. Art. 434, 439, 451, 895 ZGB) und für *gesetzliche Pfandrechte* (z.B. Art. 837 ZGB), dass Zustimmung nicht notwendig ist (BK-BECKER, N 9). Schuldner und Übernehmer gelten nicht als Dritte i.S.v. Abs. 2, so dass durch sie bestellte Pfandrechte mit der Schuld übergehen. Für die Bürgschaft hat das BGer festgehalten, dass Abs. 2 nur auf privative, nicht dage-

gen auf kumulative Schuldübernahmen anwendbar sei, weil bei dieser die Rechtslage des Bürgen nicht verschlechtert, sondern verbessert werde (BGE 63 II 15). Eine zum Voraus erteilte Zustimmung des Bürgen zu jedem beliebigen Schuldnerwechsel gilt als unzulässig (BGE 67 II 130).

4   Da Art. 178 dispositives Recht darstellt, sind die Parteien frei, abweichende Regeln vorzusehen (a. M. ZK-Spirig, N 21).

Art. 179

2.   Einreden

¹ Die Einreden aus dem Schuldverhältnis stehen dem neuen Schuldner zu wie dem bisherigen.

² Die Einreden, die der bisherige Schuldner persönlich gegen den Gläubiger gehabt hat, kann der neue Schuldner diesem, soweit nicht aus dem Vertrag mit ihm etwas anderes hervorgeht, nicht entgegenhalten.

³ Der Übernehmer kann die Einreden, die ihm gegen den Schuldner aus dem der Schuldübernahme zugrunde liegenden Rechtsverhältnisse zustehen, gegen den Gläubiger nicht geltend machen.

I.   Normzweck und Anwendungsbereich

1   Art. 179 regelt die Einreden, die der Übernehmer gegenüber dem Gläubiger erheben kann. Das Gesetz spricht lediglich von Einreden, doch sind auch Einwendungen erfasst. Mit **Einreden** sind Rechte gemeint, derentwegen die geforderte Leistung nicht erbracht werden muss (z. B. Verjährungseinrede), mit **Einwendungen** Tatsachen, die belegen, dass die Forderung nicht oder nicht mehr besteht. Die gesetzliche Ordnung stellt dispositives Recht dar. Dem Übernehmer der Schuld und dem Gläubiger bleibt es also unbenommen, eine abweichende Vereinbarung einzugehen (BGE 58 II 20).

II.   Einreden aus dem Verhältnis zwischen dem früheren Schuldner und dem Gläubiger

2   Die Bestimmung hält als Grundsatz fest, dass der Übernehmer die *Einreden aus dem übernommenen Schuldverhältnis* erheben kann (Abs. 1). Damit kommt zum Ausdruck, dass es sich bei der externen Schuldübernahme um einen Fall der Singularsukzession handelt, d. h., die Verpflichtung des Übernehmers gegenüber dem Gläubiger ist inhaltlich *identisch* mit der Ver-

pflichtung des bisherigen Schuldners. Zu den Einreden aus dem übernommenen Schuldverhältnis gehören namentlich jene Einreden, die den Bestand betreffen. Demnach kann der Übernehmer geltend machen, die übernommene Schuld sei bereits durch Erfüllung, Verrechnung oder sonstwie untergegangen. Ferner kann geltend gemacht werden, die Schuld bestehe nicht, weil der mit dem bisherigen Schuldner abgeschlossene Vertrag ungültig sei, z. B. wegen Handlungsunfähigkeit, Formverletzung, Sittenwidrigkeit, Unmöglichkeit oder bereits erfolgter Anfechtung. Zu den Einreden aus dem Schuldverhältnis gehört sodann jene der Stundung.

In Abs. 2 ist festgehalten, dass dem Übernehmer *persönliche*, d. h. nicht forderungsbezogene *Einreden des bisherigen Schuldners* gegenüber dem Gläubiger nicht zur Verfügung stehen. Wenn daher der bisherige Schuldner eine eigentlich mögliche Verrechnung mit einer eigenen Forderung nicht erklärt hat, kann nun nicht der Übernehmer diese Verrechnung aussprechen. Natürlich steht es dem Übernehmer aber frei, Verrechnung mit einer eigenen Forderung zu erklären. Die Geltendmachung von Willensmängeln des ursprünglichen Schuldners durch den Übernehmer ist in der Lehre umstritten (befürwortend BUCHER, OR AT, 585; VON TUHR/ESCHER, OR AT, 390; **a. M.** BK-BECKER, N 9; ZK-SPIRIG, N 39; GAUCH/SCHLUEP/SCHMID/REY, N 3728 f.). Ob der Übernehmer die Einrede des nicht erfüllten Vertrages (Art. 82) erheben kann, ist ebenfalls kontrovers (dafür VON TUHR/ESCHER, OR AT, 391; dagegen ZK-SPIRIG, N 41). Ausgeschlossen sind Einreden, auf die der bisherige Schuldner bereits verzichtet hatte.   3

III. Einreden aus dem Verhältnis zwischen dem Übernehmer und dem Gläubiger

Der Übernehmer der Schuld kann Einreden und Einwendungen, die ihm gegenüber dem Gläubiger zustehen, auch in Bezug auf die übernommene Schuld geltend machen. Dazu gehört u. a. das Recht, Verrechnung mit einer eigenen Forderung zu erklären. Weiter kommen Einreden in Frage, die der Übernehmer nach der gesetzlichen Ordnung eigentlich nicht erheben könnte, die er sich aber im Übernahmevertrag mit dem Gläubiger ausbedungen hat (Abs. 2). Dazu können auch die persönlichen Einreden des bisherigen Schuldners gehören oder die Einrede, der interne Schuldübernahmevertrag sei als Gültigkeitserfordernis für die externe Übernahme vorbehalten worden (BGE 58 II 18).   4

IV. Einreden aus dem Verhältnis zwischen dem bisherigen und dem neuen Schuldner

Einreden aus dem Verhältnis zwischen dem bisherigen und dem neuen Schuldner kann der Übernehmer dem Schuldner *nicht* entgegenhalten (Abs. 3). Er kann also z. B. die Erfüllung der Schuld nicht mit der Einrede   5 verweigern, der bisherige Schuldner habe ihm gegenüber auch noch nicht erfüllt. Die Gültigkeit des externen Übernahmevertrages hängt nämlich nicht von jener des internen ab. Diese Regel gilt im Falle von Art. 181 (Übernahme eines Vermögens oder Geschäftes) nicht. Sie ist auch im Rahmen von Abs. 3 nicht anwendbar, wenn der Gläubiger bösgläubig ist (BGE 58 II 21; 60 II 108) oder wenn im externen Übernahmevertrag eine andere Regelung getroffen wurde (BGE 58 II 20).

Art. 180

IV.   Dahinfallen des Schuldüber-nahmevertrages

[1] Fällt ein Übernahmevertrag als unwirksam dahin, so lebt die Verpflichtung des frühern Schuldners mit allen Nebenrechten, unter Vorbehalt der Rechte gutgläubiger Dritter, wieder auf.

[2] Ausserdem kann der Gläubiger von dem Übernehmer Ersatz des Schadens verlangen, der ihm hiebei infolge des Verlustes früher erlangter Sicherheiten od. dgl. entstanden ist, insoweit der Übernehmer nicht darzutun vermag, dass ihm an dem Dahinfallen der Schuldübernahme und an der Schädigung des Gläubigers keinerlei Verschulden zur Last falle.

I.   Normzweck und Anwendungsbereich

1   Der Artikel ordnet die Rechtsfolgen, die sich ergeben, wenn der **Übernahmevertrag** zwischen dem Gläubiger und dem Übernehmer als unwirksam dahinfällt. Gemäss einer in der Lehre vertretenen Meinung handelt es sich um eine überflüssige Vorschrift, weil sich diese Rechtsfolgen schon aus den allgemeinen obligationenrechtlichen Vorschriften ergeben (VON TUHR/ ESCHER, OR AT, 394; GAUCH/SCHLUEP/SCHMID/REY, N 3736). Eine andere Meinung vertreten namentlich KELLER/SCHÖBI, 85, sowie BK-SCHMIDLIN, Art. 23/24 OR N 140 f., die bei einseitiger Unverbindlichkeit davon ausgehen, dass der Vertrag für die Gegenpartei des Anfechtungsberechtigten zunächst verbindlich sei und erst durch die Anfechtung rückwirkend ungültig werde. Art. 180 sei daher auch in den Fällen der Anfechtung des Übernahmevertrages wegen Willensmangels von praktischer Bedeutung. Das BGer hat sich der ersten Auffassung angeschlossen, nach welcher einseitige Unverbindlichkeit bedeutet, dass der Vertrag von Anfang an ungültig ist (BGE 114 II 143). Die praktische Relevanz von Art. 180 ist damit gering geworden (ZR 1982, 134 ff.).

II. Voraussetzungen

Damit Art. 180 anwendbar wird, ist vorausgesetzt, dass der Übernahmevertrag als unwirksam dahinfällt. Damit kann der Fall der einseitigen Unverbindlichkeit gemeint sein (Anfechtung des Vertrages wegen Willensmängeln) oder das Dahinfallen des Vertrages aus anderen Gründen (Eintreten einer Resolutivbedingung, Rücktritt vom Vertrag durch eine der Parteien, Unmöglichwerden der Leistung).   2

III. Rechtsfolgen

Bei Dahinfallen des Übernahmevertrages lebt gemäss Abs. 1 die Verpflichtung des früheren Schuldners mit allen Nebenrechten, vorbehältlich der Rechte gutgläubiger Dritter, wieder auf. Das bedeutet, dass der bisherige Schuldner wieder in dem Stand und Umfang haftbar wird, wie er es bei Abschluss des Übernahmevertrages zwischen neuem Schuldner und Gläubiger war. Auch die untergegangenen Nebenrechte werden wieder wirksam, vorausgesetzt allerdings, dass diese noch oder wieder gültig bestellt sind. Der Gläubiger hat einen Anspruch darauf, dass die Nebenrechte wieder bestellt werden (BUCHER, OR AT, 586; GUHL/KOLLER, § 35 N 18).   3

Gemäss Abs. 2 wird der Übernehmer schadenersatzpflichtig, sofern er nicht nachzuweisen vermag, dass ihm keinerlei Verschulden am Dahinfallen des Übernahmevertrages und an der Schädigung des Gläubigers zur Last fällt. Der Ersatz geht auf das negative Vertragsinteresse, das bedeutet die Differenz zwischen dem Vermögensstand nach dem Dahinfallen des Übernahmevertrages und dem Vermögensstand, wie er wäre, wenn sich der Gläubiger auf den Übernahmevertrag gar nie eingelassen hätte.   4

Diese Bestimmung ist dispositives Recht; die Parteien können abweichende Vereinbarungen treffen.   5

Art. 181

Übernahme eines Vermögens oder eines Geschäftes

[1] Wer ein Vermögen oder ein Geschäft mit Aktiven und Passiven übernimmt, wird den Gläubigern aus den damit verbundenen Schulden ohne weiteres verpflichtet, sobald von dem Übernehmer die Übernahme den Gläubigern mitgeteilt oder in öffentlichen Blättern ausgekündigt worden ist.

² **Der bisherige Schuldner haftet jedoch solidarisch mit dem neuen noch während drei Jahre, die für fällige Forderungen mit der Mitteilung oder Auskündung und bei später fällig werdenden Forderungen mit Eintritt der Fälligkeit zu laufen beginnen.**

³ **Im übrigen hat diese Schuldübernahme die gleiche Wirkung wie die Übernahme einer einzelnen Schuld.**

⁴ **Die Übernahme des Vermögens oder des Geschäfts von Handelsgesellschaften, Genossenschaften, Vereinen, Stiftungen und Einzelfirmen, die im Handelsregister eingetragen sind, richtet sich nach den Vorschriften des Fusionsgesetzes vom 3. Oktober 2003.**

I. Normzweck und Anwendungsbereich

1
Art. 181 regelt die Übertragung des Vermögens als Sonderfall der Schuldübernahme. Diese Bestimmung stellt *nicht* einen Anwendungsfall einer *Universalsukzession* (Gesamtrechtsnachfolge) dar, sondern regelt lediglich die Übertragung der das Vermögen oder das Geschäft bildenden Passiven. Das bedeutet, dass die *Aktiven nach den für sie geltenden Vorschriften* übertragen werden müssen (BGE 108 Ib 447 = Pra 1983, 573; BGE 126 III 378; SJZ 1965, 326 f.).

2
Die Schuldübernahme gemäss Art. 181 unterscheidet sich von der **externen Schuldübernahme** gemäss Art. 176 ff. vor allem dadurch, dass die *Zustimmung der Gläubiger nicht notwendig* ist. Die Übernahme nach Art. 181 stellt für eine Dauer von 3 Jahren eine *kumulative* Schuldübernahme dar, da während dieser Zeit gemäss Abs. 2 der bisherige Schuldner noch solidarisch mit dem neuen weiterhaftet. Danach wird die Schuldübernahme zur *privativen*, weil dann nur noch der übernehmende Schuldner in Anspruch genommen werden kann (BGE 63 II 15). Die Geschäftsübernahme ist ferner von der **Vermögensübertragung** gemäss Art. 69 ff. FusG zu unterscheiden. Während nach Art. 181 die Aktiven gesondert auf dem Weg der Singularsukzession übertragen werden müssen, bewirkt das Institut der Vermögensübertragung von Gesetzes wegen eine Übertragung sämtlicher Aktiven und Passiven (SCHUMACHER, 7; BSK FusG-MALACRIDA, Art. 69 N 1 ff.).

3
Zweck der Bestimmung von Art. 181 ist es, im Falle von Vermögens- oder Geschäftsübernahmen die Übertragung der Schuldverhältnisse zu erleichtern und rationeller zu gestalten, dabei aber auch die Interessen der Gläubiger zu berücksichtigen. Diesen wird die Möglichkeit eingeräumt, während drei Jahren noch auf den bisherigen Schuldner zu greifen, sich gleichzeitig aber auch an den neuen Schuldner halten zu können, der nun die dem Kredit entsprechenden Aktiven des Geschäftes oder Vermögens hält.

Vor dem Inkrafttreten des Fusionsgesetzes kam Art. 181 praktisch betrach-   4
tet vor allem beim Unternehmenskauf zur Anwendung, durch welchen Aktiven und Passiven eines Unternehmens erworben wurden. Der revidierte
Art. 181 Abs. 4 grenzt nun die Vermögensübertragung i. S. v. Art. 69 ff. FusG
von der Geschäftsübernahme nach Art. 181 ab. Danach richtet sich die
Übernahme des Vermögens oder des Geschäftes von *Handelsgesellschaften,
Genossenschaften, Vereinen, Stiftungen und Einzelfirmen, die im Handelsregister eingetragen sind,* nach den Vorschriften des Fusionsgesetzes. Ein
Vorgehen nach Art. 181 steht somit beispielsweise noch *natürlichen Personen bzw. Einzelfirmen oder Vereinen offen, welche nicht im Handelsregister eingetragen sind* sowie der *einfachen Gesellschaft* (Art. 530 ff. OR),
welcher der Handelsregistereintrag – und somit auch eine Vermögensübertragung (vgl. Art. 69 Abs. 1 Satz 1 FusG) – verwehrt ist (MEIER-HAYOZ/
FORSTMOSER, § 12 Rz 29, 77). Nach der Botschaft des Bundesrates soll es
sich bei Art. 181 Abs. 4 um eine **zwingende** Vorschrift handeln (BOTSCHAFT
FUSG, 4492). Die heute wohl **herrschende Lehre** ist dagegen der Ansicht, dass Vermögensteile von sämtlichen Rechtsträgern stets auch auf
dem Weg der Einzelrechtsnachfolge übertragen können, wobei die entsprechenden Übertragungserfordernisse zu beachten sind (gl. M. SCHUMACHER,
16 ff.; TURIN, 65; BSK FUSG-MALACRIDA, Art. 69 N 13; BSK FUSG-TSCHÄNI/
PAPA, Art. 181 OR N 7; ZK FUSG-BERETTA, Vorbem. zu Art. 69–77 N 35;
a. M. LOSER-KROGH, 1110, der aus dem Wortlaut von Art. 181 Abs. 4 und
aus Zwecküberlegungen schliesst, dass Abs. 4 nur die Übernahme des gesamten Vermögens umfasst).

Von der Schuldübernahme gemäss Art. 181 werden alle mit dem übernom-   5
menen Vermögen oder Geschäft verknüpften **übertragbaren** Schulden erfasst, eingeschlossen bedingte und verjährte Schulden, selbst wenn diese
dem Übernehmer nicht bekannt waren. Als übertragbar hat das BGer auch
AHV-Beitragsschulden bezeichnet (BGE 119 V 399). Nicht i. S. v. Art. 181
übertragbar ist namentlich eine gemäss Art. 68 persönlich zu erfüllende
Schuld. Allgemein gesagt sind durch Sondernormen ausgeschlossene
Schuldübernahmen auch nach Art. 181 nicht zulässig (BGE 87 I 301).

II. Voraussetzungen

Die Anwendung von Art. 181 ist an zwei Voraussetzungen geknüpft: Erstens   6
an die Übernahme eines Vermögens oder eines Geschäftes mit Aktiven und
Passiven und zweitens an die Mitteilung der Übernahme an die Gläubiger
oder die Auskündigung in öffentlichen Blättern. Der Erwerb braucht nicht
das ganze Vermögen oder das ganze Geschäft zu beschlagen, doch muss
es sich um «*einen organisch in sich geschlossenen Teil des Vermögens oder
Geschäftes*» (VON BÜREN, OR AT, 152) handeln. Weiter ist erforderlich, dass
der Übernehmer mit dem Schuldner auch die Übernahme der Passiven

vereinbart. Dabei handelt es sich um einen internen Übernahmevertrag gemäss Art. 175, der im Prinzip formlos gültig ist. Übernimmt der Erwerber der Aktiven keine Passiven, so fehlt es an einer Voraussetzung für die Anwendbarkeit von Art. 181. Der Gläubiger kann sich hier nicht an den Erwerber halten, sondern er muss, sollte er zu Schaden kommen, sofern möglich, nach Art. 285 ff. SchKG vorgehen.

7   Die ebenfalls notwendige *Mitteilung* an die Gläubiger, die durch den Übernehmer erfolgt, ist *weder annahmebedürftig noch formgebunden*. Sie geschieht in der Praxis vor allem durch Publikation im Schweizerischen Handelsamtsblatt. Die Mitteilung entfaltet ihre Wirkung zum Zeitpunkt der Publikation bzw. des Eintreffens des Zirkularschreibens. Die Zustimmung der Gläubiger zur Schuldübernahme ist hier also im Unterschied zur externen Schuldübernahme gemäss Art. 176 ff. nicht notwendig (BGE 129 III 167 = Pra 2003, 641).

III. Rechtsfolgen

8   Sofern die beschriebenen Voraussetzungen des Art. 181 erfüllt sind, gehen die mit dem Vermögen oder dem Geschäft verbundenen Schulden von Gesetzes wegen auf den Erwerber über, nicht dagegen die das Vermögen oder das Geschäft ausmachenden Aktiven, für deren Übertrag erst noch die vom Gesetz andernorts festgesetzten Voraussetzungen erfüllt sein müssen. Für das Mass der übernommenen Passiven ist die Mitteilung an die Gläubiger entscheidend, nicht die interne Vereinbarung zwischen Veräusserer und Erwerber des Vermögens oder Geschäftes. Die übernehmende Partei kann aber – dies im Unterschied zur externen Schuldübernahme (Art. 179 Abs. 3) – gegenüber den Gläubigern jene Einreden und Einwendungen erheben, welche die Gültigkeit des zwischen Veräusserer und Übernehmer abgeschlossenen Übernahmevertrages betreffen (BGE 60 II 105 ff.).

9   Gemäss Abs. 2 haftet der bisherige Schuldner mit dem neuen für allfällige Verbindlichkeiten noch während **drei Jahren** weiter. Die **solidarische Haftung** gemäss Abs. 2 wurde mit dem Inkrafttreten des Fusionsgesetzes von zwei auf drei Jahre ausgedehnt. Mit der zeitlichen Ausdehnung der Haftung wurde der Gläubigerschutz ausgeweitet und eine Angleichung an Art. 26 Abs. 2 FusG und Art. 75 Abs. 1 FusG vorgenommen (BSK FusG-Tschäni/Papa, Art. 181 OR N 5). Gemäss BGE 108 II 109 ff. (= Pra 1982, 374) handelt es sich bei der Dreijahresfrist (im Urteilszeitpunkt noch eine Zweijahresfrist) um eine Verwirkungsfrist. Der Gläubiger kann diese Frist durch gerichtliche Klage, die Erhebung einer Einrede vor Gericht oder Schiedsgericht, eine Vorladung zum Sühneversuch, die Einleitung einer Betreibung oder die Eingabe im Konkurs wahren. Die Dreijahresfrist von Art. 181 Abs. 2 beginnt wie nach bisherigem Recht für fällige Forderungen mit der Mittei-

lung oder Auskündung und für später fällig werdende Forderungen mit Eintritt der Fälligkeit zu laufen. Für auf Kündigung basierende Forderungen beginnt die dreijährige Frist von dem Tag an zu laufen, auf den erstmals hätte gekündigt werden können (BGE 63 II 16 f.).

Das Gesetz sieht vor, dass im Übrigen die Schuldübernahme gemäss Art. 181 die gleiche Wirkung hat wie die Übernahme einer einzelnen Schuld (Abs. 3). Hierzu kann auf Art. 176 ff. verwiesen werden. Zur Anwendbarkeit von Art. 178 bezüglich Bürgschaften s. BGE 63 II 15.   **10**

Art. 182

aufgehoben

Art. 183

II. Erbteilung und Grundstückkauf

Die besondern Bestimmungen betreffend die Schuldübernahme bei Erbteilung und bei Veräusserung verpfändeter Grundstücke bleiben vorbehalten.

Art. 183 behält die besonderen Bestimmungen betreffend die Schuldübernahme bei Erbteilung und bei Veräusserung verpfändeter Grundstücke vor.   **1**

Im Falle von **Erbteilungen** ist die besondere Vorschrift von Art. 639 ZGB zu berücksichtigen, nach der die Teilung der Schulden des Erblassers zwischen den Erben nur intern gilt, es sei denn, die Gläubiger haben in eine Teilung oder Übernahme der Schulden ausdrücklich oder stillschweigend eingewilligt. Die interne Teilung der Schulden wirkt aber nach Ablauf von fünf Jahren seit der Teilung oder nach dem Zeitpunkt, auf den die Forderung später fällig geworden ist, ebenfalls extern, d. h. der Gläubiger muss die interne Schuldübernahme zwischen den Erben gegen sich gelten lassen und kann nur noch den übernehmenden Erben in Anspruch nehmen. Vor Ablauf der fünf Jahre haften die Erben solidarisch.   **2**

Mit dem die **Veräusserung verpfändeter Grundstücke** betreffenden Vorbehalt sind Art. 832–834, 846 und 851 ZGB sowie, hinsichtlich der Veräusserung in der Zwangsvollstreckung, Art. 135 und 259 SchKG gemeint. Für Einzelheiten wird auf die diesbezügliche Judikatur und Literatur zu verwiesen.   **3**

4   Für die **Grundpfandverschreibung** und den **Schuldbrief** wird vorgesehen, dass der frühere Schuldner frei wird, sofern der neue Eigentümer die Schuldpflicht für die Pfandforderung übernimmt, es sei denn, der Gläubiger erkläre dem alten Schuldner gegenüber binnen Jahresfrist schriftlich, ihn beibehalten zu wollen (Art. 832, 846 ZGB; BGE 121 III 258 = Pra 1996, 319).

5   Im Falle der Gült ist von Gesetzes wegen eine privative Schuldübernahme angeordnet, d. h. der Erwerber des Grundstückes wird unter Entlastung des bisherigen Eigentümers automatisch Schuldner der Gültforderung (Art. 851 Abs. 2 ZGB).

Die einzelnen Vertragsverhältnisse

Kauf und Tausch

Erster Abschnitt: Allgemeine Bestimmungen

Einleitung vor Art. 184 ff.

Literatur

DASSER, Vertragstypenrecht im Wandel: Konsequenzen mangelnder Abgrenzbarkeit der Typen, Habil. Zürich 2001; FORSTMOSER/TERCIER/ZÄCH (Hrsg.), Innominatverträge, FG Schluep, Zürich 1988 (zit. FORSTMOSER/BEARBEITER); GAUCH, Der Rücktritt des Bestellers vom Werkvertrag – Gedanken zu Art. 377 des Schweizerischen Obligationenrechts, in: FS Locher, 1990, 35 ff.; KÖHLER, Vertragstypenzuordnung oder Sachnähe der Einzelnorm als Entscheidungskriterium, FS Honsell, Zürich 2002; MÖSCHEL, Dogmatische Strukturen des bargeldlosen Zahlungsverkehrs, AcP 1986, 187 ff.; MÜNCH/BÖHRIN/GER/KASPER/PPROBST, Schweizer Vertragshandbuch, Basel 2007; ROHE, Netzverträge: Rechtsproblem komplexer Vertragsverbindungen, Tübingen 1998.

I. Innominatverträge: Allgemeine Bemerkungen

1 Der *Allgemeine Teil* des *OR* (Art. 1–183) enthält Regeln, die grundsätzlich für alle Rechtsgeschäfte oder Rechtsverhältnisse des OR (bzw. nach Art. 7 ZGB auch für andere zivilrechtliche Verhältnisse) gelten. Demgegenüber stellen die Bestimmungen des *Besonderen Teils* des *OR* in den Art. 184–551 *besondere Regeln* für verschiedene *Verträge* auf, für welche die Bestimmungen des Allgemeinen Teils nach Meinung des Gesetzgebers nicht genügten (ZK-OSER/SCHÖNENBERGER, Vorbem. zu Art. 184–551 N 1). Die **gesetzliche Regelung** solcher besonderer **bestimmter Vertragsarten** führt zu einer Erleichterung des Rechtsverkehrs (v. a. durch Senkung der Trans-

aktionskosten der Parteien und der resultierenden Rechtssicherheit): Weil
die meisten wesentlichen Bedingungen geregelt sind, brauchen die *Parteien
nur* zu *verabreden*, was für die Bestimmung des Vertragstypus *unerlässlich* ist *(essentialia negotii)*; für den übrigen Inhalt gelten dann mangels
abweichender Vereinbarung die gesetzlichen Bestimmungen (GUHL/KOL-
LER, 338).

Die Bestimmungen des Besonderen Teils des OR für einzelne Vertragstypen   2
sind nicht abschliessend. Denn im OR gilt der Grundsatz der **Typenfreiheit**; dieser ergibt sich aus der Vertragsfreiheit (Art. 19 Abs. 1 OR). Deshalb
können Vertragstypen des Gesetzes kombiniert werden oder aber völlig
neuartige Verträge geschaffen werden (BSK OR I-SCHLUEP/AMSTUTZ, Einl.
vor Art. 184 ff. N 1). Diese gesetzlich weder im OR noch in obligationenrechtlichen Sondergesetzen geregelten Vertragstypen werden als **Innominatverträge** bezeichnet (statt vieler: BSK OR I-SCHLUEP/AMSTUTZ, Einl. vor
Art. 184 ff. N 1; ZK-SCHÖNLE, Vorbem. zu Art. 184–551 N 26).

Es sind verschiedene Arten von *Innominatverträgen* zu unterscheiden: **Ge-   3
mischte Verträge**, **Verträge eigener Art** *(«sui generis»)* und **zusammengesetzte Verträge** (BSK OR I-SCHLUEP/AMSTUTZ, Einl. vor Art. 184 ff. N 6 ff.;
SCHLUEP, SPR VII/1, 771). *Gemischte Verträge* sind einheitliche Verträge, die
eine Kombination von Tatbestandsmerkmalen verschiedener Vertragstypen
aufweisen, sei es als Kombinationsverträge, doppeltypische Verträge oder
Verträge mit Typenverschmelzung. *Verträge eigener Art* sind weder gesetzlich geregelt noch typengemischte Verträge. *Zusammengesetzte Verträge*
weisen Verknüpfungen einheitlicher Verträge auf, indem sich Leistungen und Gegenleistungen synallagmatisch gegenüberstehen. Gemischte
Verträge und Verträge eigener Art werden z. T. gemeinsam als *«verkehrs-
übliche Innominatverträge»* bezeichnet (so z. B. ZK-SCHÖNLE, Vorbem. zu
Art. 184–551 N 26, 32).

Auf **Innominatverträge** als gesetzlich nicht geregelte Verträge sind zwar   4
die **Bestimmungen des Allgemeinen Teils des OR** anwendbar; doch genügen diese Normen in vielen Fällen nicht, wenn die Parteien zu einem
bestimmten Punkt keine Regelung vereinbart haben (BSK OR I-SCHLUEP/
AMSTUTZ, Einl. vor Art. 184 ff. N 2). Die Bestimmungen von Art. 1–183
finden nur beschränkt Anwendung bei Innominatverträgen, die **Dauerschuldverhältnisse** begründen: Denn z. B. bei einer Nichtigkeit (Art. 20),
einer einseitigen Unverbindlichkeit (Art. 23 ff.) oder bei qualifiziertem
Schuldnerverzug (Art. 107 ff.) ist eine echte *Rückwirkung* mit vollständiger
Rückabwicklung häufig *nicht* mehr *möglich*, wenn bereits mit der Vertragserfüllung begonnen wurde (ZK-SCHÖNLE, Einl. vor Art. 184–551 N 64). Es
kommen bei bereits begonnenen Dauerschuldverhältnissen nur noch eine
einseitige Auflösung des Vertrags *für die Zukunft* sowie *Schadenersatzansprüche* (insbesondere wegen schuldhafter Verletzung von Verhand-

lungspflichten oder wegen unerlaubter Handlung) in Frage (ZK-Schönle, Einl. vor Art. 184–551 N 65 ff.; BGE 75 II 170 – Patentlizenzvertrag; BGE 89 II 34; 78 II 36 – Alleinvertriebsvertrag).

5   Soweit *Innominatverträge* keine eindeutigen Anhaltspunkte zur Beantwortung von strittigen Fragen enthalten, ist (wie bei Nominatverträgen) eine **Auslegung** erforderlich. Dabei sind die Grundsätze der *Privatautonomie* und der *Vertragsinhaltsfreiheit* zu berücksichtigen. In erster Linie ist zu prüfen, ob und wenn ja, welche *Regeln* die *Parteien* selbst *vereinbart* haben, mit denen sich die Streitigkeit entscheiden lässt (BSK OR I-Schluep/ Amstutz, Einl. vor Art. 184 ff. N 11 ff.). Lassen sich durch Auslegung des Parteiwillens keine Regeln finden, liegt eine **Vertragslücke** vor. In Lehre und Rechtsprechung ist nicht abschliessend geklärt, wie eine **Vertragsergänzung** zur Schliessung *einer Vertragslücke* vorzunehmen ist (BSK OR I-Schluep/Amstutz, Einl. vor Art. 184 ff. N 11 ff.). Denn es bestehen *verschiedene Methoden* zur *Ergänzung* von lückenhaften Verträgen, die zur Anwendung gelangen können (v. a. Absorptionstheorie, Kombinationstheorie, Theorie der Übernahme gesetzlicher Einzelanordnungen, Theorie der analogen Rechtsanwendung, Kreationstheorie, Diskurstheorie; dazu statt vieler: BSK OR I-Schluep/Amstutz, Einl. vor Art. 184 ff. N 13 ff.).

6   Lehre und Rechtsprechung neigen zu einer **Lückenfüllung** durch eine ausgeprägte **Kasuistik**, die *keine verallgemeinerte Methodik* erkennen lässt (BSK OR I-Schluep/Amstutz, Einl. vor Art. 184 ff. N 20 ff. mit vielen Bsp. aus der Kasuistik des BGer). Die Rsp. des *BGer* zeigt *keine einheitliche Methode* bei der Beurteilung von Innominatverträgen, auch wenn die Absorptionstheorie (mit Ausweichklausel) und die Kombinationstheorie im Vordergrund stehen. Es besteht allerdings eine Tendenz des BGer (v. a. bei generalisierbaren Konstellationen), nach generell-abstrakten Normen zu suchen und dabei die individuellen Umstände eines konkreten Einzelfalls in den Hintergrund treten zu lassen. Dies kann v. a. bei atypischen Innominatverträgen zu unangemessenen Folgen führen (BSK OR I-Schluep/Amstutz, Einl. vor Art. 184 ff. N 41).

7   Die Methode der **Vertragsergänzung bei Innominatverträgen** ist dieselbe wie bei den gesetzlich geregelten Vertragstypen (statt weiterer: BK-Kramer, Art. 18 N 255; BSK OR I-Schluep/Amstutz, Einl. vor Art. 184 ff. N 42), nämlich durch Lückenfüllung. Es stehen zur Lückenfüllung i. A. (namentlich bei gesetzlich geregelten Vertragstypen) grundsätzlich zwei Wege zur Verfügung: die Vertragsergänzung kann mit einer *«Eigen-Norm»* des Vertrags *(subjektive Vertragsergänzung* aufgrund des *hypothetischen Parteiwillens* oder nach der *Natur des Geschäfts)* oder einer *«Fremd-Norm»* von ausserhalb des Vertrags (objektive Vertragsergänzung mit dispositivem Gesetzesrecht, Gewohnheitsrecht, Verkehrsübung oder richterlicher Vertragsergänzung) erfolgen (BSK OR I-Schluep/Amstutz, Einl. vor Art. 184 ff. N 46 ff.).

Bei der **Ergänzung von Innominatverträgen** fehlt allerdings das gesetz-   8
liche Typenrecht, was entsprechende Folgen beim Vorgehen zur Lückenfüllung (v. a. bei der objektiven Vertragsergänzung) hat, weil das *dispositive
Gesetzesrecht* u. U. *nur indirekt* (über die Lückenfüllung) zur Anwendung
gelangt (BSK OR I-Schluep/Amstutz, Einl. vor Art. 184 ff. N 66 ff.). Bei *gemischten Verträgen* ist u. U. eine unmittelbare oder allenfalls analoge Anwendung einer *dispositiven gesetzlichen Norm* möglich oder der Richter hat
(v. a. bei verkehrstypisch gewordenen Innominatverträgen) *modo legislatoris* vorzugehen (BSK OR I-Schluep/Amstutz, Einl. vor Art. 184 ff. N 67 ff.).
Bei *singulären Innominatverträgen* ist hingegen in Analogie zu Art. 4 ZGB
eine unmittelbare und *konkret-individuelle Vertragsergänzung* vorzunehmen (BSK OR I-Schluep/Amstutz, Einl. vor Art. 184 ff. N 69). Bei *zusammengesetzten Verträgen* (und auch bei generalisierbaren Konstellationen
anderer Innominatverträge) ist der Tatsache angemessen Rechnung zu tragen, dass individualistische Vertragsstrukturen wertungsmässig von ihrer
Einbettung in ein Gesamtsystem überlagert werden (BSK OR I-Schluep/
Amstutz, Einl. vor Art. 184 ff. N 71; vgl. dazu die Bsp. bei Möschel, 214;
Rohe, 65 ff., 76; Gauch, FS Locher, 48 ff.). Das BGer hat wiederholt festgehalten, dass auf zusammengesetzte Verträge die für zweiseitige Verträge
geltenden Grundsätze analoge Anwendung finden, sofern nach dem Willen
der Parteien die verbundenen Verträge eine Einheit bilden (BGE 107 II 144;
BSK OR I-Schluep/Amstutz, Einl. vor Art. 184 ff. N 74).

II.   Innominatverträge: Beispiele

Die **Zahl** möglicher **Innominatverträge** ist naturgemäss **unbegrenzt** (ZK-   9
Schönle, Vorbem. zu Art. 184–551 N 29). In der Praxis werden laufend
neue Innominatverträge aufgrund der Bedürfnisse einer immer stärkeren **Arbeitsteilung der Wirtschaft** (BSK OR I-Schluep/Amstutz, Einl. vor Art. 184 ff.
N 72) entwickelt. Dabei gibt es jedoch eine beträchtliche Zahl **verkehrs-
üblicher Schuldverträge**, zu denen Literatur und Rechtsprechung bestehen,
namentlich die folgenden Innominatverträge: **Leasingvertrag, Factoring-
vertrag, Alleinvertriebsvertrag, Franchisingvertrag, Trödelvertrag, Tank-
stellenvertrag, Checkvertrag, Checkkartenabrede, Kreditkartengeschäft,
EDV-Verträge, Lizenz- und Know-how-Vertrag, Management-Consul-
ting-Vertrag, Gastaufnahmevertrag, Spitalaufnahmevertrag, Reisevertrag,
Automatenaufstellungsvertrag, Fernkursvertrag, Unterrichtsvertrag, Spon-
soringvertrag, Fusionsvertrag, Joint-Venture-Vertrag, Konzernvertrag,
Innominatverträge im Bauwesen, Aussergerichtlicher Vergleichsvertrag,
Devisenhandelsgeschäft, Fotografenvertrag**, vgl. zu diesen Vertragstypen
und Hinweise auf weitere Vertragstypen statt Weiterer: ZK-Schönle, Vorbem. zu Art. 184–551 N 30 m. w. H.; (BSK OR I-Schluep/Amstutz, Einl. vor
Art. 184 ff. N 81 ff.; Schluep, SPR VII/1, 816 ff.; Forstmoser/Tercier/Zäch,,•
und Münch/Böhringer/Kasper/Probst, •.

III. Vertragsverbindungen und mehrstufige Verträge

10   Neben eigentlichen Innominatverträgen können die Vertragsparteien aufgrund ihrer Vertragsfreiheit nach Art. 19 Abs. 1 auch andere **Kombinationen von Verträgen** vereinbaren. So können die Parteien *mehrere* (beliebige) *Verträge* untereinander oder miteinander so kombinieren, dass sie *voneinander abhängen*: Dies liegt vor, wenn der eine Vertrag bestimmt ist, den anderen vorzubereiten, auszuführen oder abzuändern; das OR enthält keine Regelungen für solche Vertragsverbindungen (BSK OR I-Schluep/Amstutz, Einl. vor Art. 184 ff. N 74; ZK-Schönle, Vorbem. zu Art. 184–551 N 44 ff.; Guhl/Koller, 334 f.; BGE 107 II 147; 97 II 395; 94 II 355, 361). Mehrstufige Verträge kommen v. a. in der Form von Rahmenverträgen (bei langfristigen Geschäftsbeziehungen) vor (ZK-Schönle, Vorbem. zu Art. 184–551 N 47). Auch mit Vorverträgen (Art. 22 Abs. 1) und Optionsverträgen kann eine mehrstufige Vertragsgestaltung erreicht werden: durch einseitige Rechtsgeschäfte (wie Ausübung von Gestaltungsrechten) oder weitere Verträge werden diese Verträge ergänzt (ZK-Schönle, Vorbem. zu Art. 184–551 N 47).

Vorbemerkungen zu Art. 184–236

Literatur

Zum schweizerischen Recht
Giger, Rechtsvergleichender Beitrag zur Lehre von der Bestimmbarkeit vertraglicher Leistungen, Annuario di diritto comparato e di studi legislativi 1964, 79 ff.; Keller/Siehr, Kaufrecht, 3. Aufl., Zürich 1995; Koller (Hrsg.), Der Grundstückkauf, 2. Aufl., Bern 2001 (zit. Koller/Bearbeiter); Sauter, Ausgewählte Probleme des Sukzessivlieferungsvertrages, Diss. Zürich 1982; Schenker, Die Voraussetzungen und die Folgen des Schuldnerverzugs im schweizerischen Obligationenrecht, Diss. Freiburg 1988.

Zum Wiener Kaufrecht
Botschaft betr. das Wiener Übereinkommen über Verträge über den internationalen Warenkauf vom 11. 1. 1989, BBl 1989 I 745 ff.; Bucher (Hrsg.), Wiener Kaufrecht (Berner Tage für die juristische Praxis 1990), Bern 1991 (zit. Bucher/Bearbeiter); Brunner, UN-Kaufrecht, Kommentar zum Übereinkommen der Vereinten Nationen über Verträge über den internationalen Warenkauf von 1980, Bern 2004; Honsell (Hrsg.), Kommentar zum UN-Kaufrecht, Berlin/Heidelberg 1997 (zit. Honsell/Bearbeiter); Reinhart, UN-Kaufrecht, Heidelberg 1991; Schlechtriem, Internationales UN-Kaufrecht, 3. Aufl., Tübingen 2005 (zit. Schlechtriem/Bearbeiter); Schwenzer, Das UN-Abkommen zum internationalen Warenkauf (CISG), recht 1991, 113 ff.

I. Allgemeine Bemerkungen und Gerichtsstand

Die **Regelung des Kaufrechts** in Art. 184 – 236 ist *nicht abschliessend*; 1
es finden sich im OR, ZGB und anderen Erlassen verstreut weitere
kaufrechtlich relevante Bestimmungen (BSK OR I-Koller, Vorbem. zu Art.
184 – 236 N 2), zudem gelten die Regeln des Allgemeinen Teils über den Vertragsabschluss und die Gültigkeitsvoraussetzungen von Verträgen (Art. 1 ff.)
auch für Kaufverträge; allerdings werden diese **allgemeinen Regeln** durch
verschiedene Vorschriften des Kaufrechts ergänzt oder verdrängt (BSK
OR I-Koller, Art. 184 N 38).

Die *Vertragsparteien* können bei Kaufverträgen in den meisten Fällen 2
eine **Gerichtsstandsvereinbarung** *treffen* (Art. 9 GestG, Art. 5 IPRG bzw.
Art. 17 LugÜ). *Ausgenommen* von dieser Möglichkeit sind *Kaufverträge*
im Anwendungsbereich des *Konsumentenschutzrechtes* (Art. 22 GestG, da-
zu z. B. BSK GestG-Brunner, Art. 22 GestG N 1 ff.; Kellerhals/Walther,
Art. 22 GestG N 14 ff.; Art. 114 IPRG, dazu z. B. BSK IPRG-Brunner, Art. 114
IPRG N 1 ff.; ZK-Keller/Kren Kostkiewicz, Art. 114 IPRG N 4 ff.; Art. 13
LugÜ; dazu z. B. ZK-Keller/Kren Kostkiewicz Art. 114 IPRG N 16 ff.).

II. IPR

Bei *Kaufverträgen* haben die *Parteien* nach Art. 116 Abs. 1 IPRG i. A. die 3
Möglichkeit, einen Kaufvertrag durch eine **Rechtswahl** (ausdrücklich oder
sich aus den Umständen ergebend) dem von ihnen gewünschten Recht
zu unterstellen (BSK IPRG-Amstutz/Vogt/Wang, Art. 116 IPRG N 5 ff.; ZK-
Keller/Kren Kostkiewicz, Art. 116 IPRG N 5 ff.). Diese Möglichkeit der
Rechtswahl (zumindest für das Verpflichtungsgeschäft) wird für den Grundstückkauf in Art. 119 Abs. 2 IPRG und für den Kauf von Immaterialgüterrechten in Art. 122 Abs. 2 IPRG ausdrücklich vorgesehen (BSK IPRG-Kneller, Art. 119 IPRG N 10 ff.; ZK-Keller/Kren Kostkiewicz, Art. 119 IPRG
N 13 ff.; BSK IPRG-Jegher/Schnyder, Art. 122 IPRG N 17 ff.; ZK-Keller/
Kren Kostkiewicz, Art. 122 IPRG N 30 ff.). Beim Kauf beweglicher körperlicher Sachen ergibt sich die Möglichkeit der Rechtswahl durch die Parteien
aus Art. 2 des *Haager Übereinkommens betreffend das auf internationale
Kaufverträge über bewegliche körperliche Sache anzuwendende Recht vom
15. Juni 1955* (SR 0.221.211.4), auf den Art. 118 Abs. 1 IPRG für den Kauf
von beweglichen körperlichen Sachen verweist. Eine **Rechtswahl** ist allerdings bei einem *Konsumentenkauf* i. S. v. Art. 120 Abs. 1 IPRG **ausgeschlossen** (Art. 120 Abs. 2 IPRG und Art. 118 Abs. 2 IPRG); für solche Kaufverträge
kommt *zwingend* das *Recht des Staates* zur Anwendung, in dem der *Konsument* seinen *gewöhnlichen Aufenthalt* hat (BSK IPRG-Brunner, Art. 120
IPRG N 17 ff., N 52; ZK-Keller/Kren Kostkiewicz, Art. 120 IPRG N 59 ff.).

4   Bei **Fehlen einer Rechtswahl** erfolgt die *Bestimmung* des *anwendbaren Rechts* für internationale Kaufverträge von *beweglichen körperlichen Sachen* nach Art. 3 des Haager Übereinkommens (in den meisten Fällen) nach dem innerstaatlichen Recht des Landes, in dem der Verkäufer zu dem Zeitpunkt, an dem er die Bestellung empfängt, seinen gewöhnlichen Aufenthalt hat (vgl. dazu und zu den Ausnahmen im einzelnen: BSK IPRG-AMSTUTZ/ VOGT/WANG, Art. 118 IPRG N 10 f.; ZK-KELLER/KREN KOSTKIEWICZ, Art. 118 IPRG N 35 ff.). Das *Haager Übereinkommen* ist eine Konvention mit **Wirkung «erga omnes»**. Sie kommt deshalb *auch im Verhältnis zu Nichtvertragsstaaten* zur *Anwendung* (BSK OR I-KOLLER, Vorbem. zu Art. 184–236 N 7). Beim *Grundstückkauf* ist bei *Fehlen* einer *Rechtswahl* das *Recht des Staates* anwendbar, in dem sich das *Grundstück befindet* (Art. 119 Abs. 1 IPRG); allerdings richtet sich die Form solcher Verträge i. d. R. nach dem Recht des Staates, in dem sich das Grundstück befindet (Art. 119 Abs. 3 IPRG, dazu BSK IPRG-KNELLER, Art. 119 IPRG N 3 ff.; ZK-KELLER/KREN KOSTKIEWICZ, Art. 119 IPRG N 4 ff.). Bei *Kaufverträgen über andere Gegenstände* ist bei *Fehlen* einer *Rechtswahl* der Parteien nach Art. 117 IPRG an den *gewöhnlichen Aufenthaltsort* des *Verkäufers* als Erbringer der charakteristischen Leistung *anzuknüpfen* (BSK IPRG-AMSTUTZ/VOGT/WANG, Art. 117 IPRG N 24; ZK-KELLER/KREN KOSTKIEWICZ, Art. 117 IPRG N 73 ff.). Dies stimmt mit der Regelung für Verträge über den Kauf von Immaterialgüterrechten in Art. 122 Abs. 1 IPRG überein: diese unterstehen (vorbehältlich der Sonderregelung in Art. 122 Abs. 3 IPRG für Verträge zwischen Arbeitgebern und Arbeitnehmern über Immaterialgüterrechte) dem Recht des Staates, in dem der bisherige Inhaber der Immaterialgüterrechte seinen gewöhnlichen Wohnsitz hat (BSK IPRG-JEGHER/SCHNYDER, Art. 122 IPRG N 13 ff.; ZK-VISCHER, Art. 122 IPRG N 14 ff.).

III. Wiener Kaufrecht

5   Die Schweiz ist mit Wirkung ab dem 1. März 1991 dem Wiener Übereinkommen der Vereinten Nationen über den internationalen Warenkauf vom 11. April 1980 (kurz «**Wiener Kaufrecht**» bzw. «**WKR**»; SR 0.221.211.1) beigetreten. Das WKR enthält **(materielle) Bestimmungen zum internationalen Warenkauf**. Das Übereinkommen ist grundsätzlich auf Warenkäufe (d. h. Käufe von Fahrnisgegenständen) zwischen Parteien mit Niederlassungen in verschiedenen Staaten anzuwenden, wenn diese Staaten Vertragsstaaten sind oder wenn die Regeln des internationalen Privatrechts (des Forumsstaates) zur Anwendung des Rechts eines Vertragsstaates führen (Art. 1 Abs. 1 WKR, dazu: HONSELL/SIEHR, Art. 1 WKR N 3 ff.; SCHLECHTRIEM/FERRARI, Art. 1 WKR N 61 ff.). Allerdings bestehen Ausnahmen beim Anwendungsbereich, v. a. für Konsumentenkäufe, Versteigerungen (auch bei Zwangsvollstreckung), bei Wertpapieren, bei Zahlungsmit-

teln, bei Schiffen, Luftfahrzeugen und elektrischer Energie (Art. 2 WKR, dazu: Honsell/Siehr, Art. 2 WKR N 1 ff., N 11 ff.; Schlechtriem/Ferrari, Art. 2 WKR N 4 ff.).

Das **WKR** regelt «*ausschliesslich*» den *Abschluss des Kaufvertrags* (Art. 14 ff. WKR) sowie die *Pflichten der Vertragsparteien* (Art. 25 ff. WKR) und enthält **keine abschliessende Regelung** für die ihm unterstellten Verträge (Art. 4 WKR). *Nicht geregelt* sind die übrigen Punkte, *insbesondere* die in Art. 4 lit. a und b WKR genannte *Gültigkeit des Vertrags* sowie die «*Wirkungen*, die der Vertrag *auf* das *Eigentum* an der verkauften Ware haben kann» (dazu: Honsell/Siehr, Art. 4 WKR N 4 ff., N 28; Schlechtriem/Ferrari, Art. 4 WKR N 12 ff.). Für diese nicht durch das WKR geregelte Fragen ist das anwendbare Recht nach den Regeln des IPR zu ermitteln (BSK OR I-Koller, Vorbem. zu Art. 184–236 N 6, s. o. N 3 f.).

6

Bei internationalen Kaufverträgen ziehen es die Parteien häufig vor, das **WKR** auch bei Vereinbarung der Anwendbarkeit von schweizerischem Recht **wegzubedingen** und die tendenziell eher verkäuferfreundlicheren Regeln des **OR** zu **wählen**, was nach Art. 6 WKR möglich ist (Honsell/Siehr, Art. 6 WKR N 2 ff.; Schlechtriem/Ferrari, Art. 6 WKR N 5 ff.). Zur Vermeidung von Unklarheiten empfiehlt es sich in solchen Fällen, das WKR ausdrücklich auszuschliessen und nicht nur auf schweizerisches Recht zu verweisen (Honsell, OR BT, 132).

7

Art. 184

Rechte und Pflichten im Allgemeinen

[1] **Durch den Kaufvertrag verpflichtet sich der Verkäufer, dem Käufer den Kaufgegenstand zu übergeben und ihm das Eigentum daran zu verschaffen, und der Käufer, dem Verkäufer den Kaufpreis zu bezahlen.**

[2] **Sofern nicht Vereinbarung oder Übung entgegenstehen, sind Verkäufer und Käufer verpflichtet, ihre Leistungen gleichzeitig – Zug um Zug – zu erfüllen.**

[3] **Der Preis ist genügend bestimmt, wenn er nach den Umständen bestimmbar ist.**

Literatur

Dutoit, La cession de créance: acte causal ou abstrait?, in: Hundert Jahre Schweizerisches Obligationenrecht, Jubiläumsschrift, Freiburg 1982, 453 ff.; Jäggi, Zur Rechtsnatur der Zession, SJZ 1971, 6 ff.; Oftinger,

Der Trödelvertrag, Habil. Zürich 1937; ULRICH, Rechtsprobleme des Dokumentenakkreditivs, Diss. Zürich 1989; s. ausserdem die Vorbem. zu Art. 184–236.

I.   Begriff des Kaufs und Abgrenzung

1   Art. 184 enthält keine eigentliche Definition des Kaufs. Art. 184 Abs. 1 beschränkt sich auf die Umschreibung der **(Hauptleistungs-)Pflichten**: Die **Übertragung** von Besitz und Eigentum am **Kaufgegenstand** (*Sache oder Recht bzw. faktischer Vorteil,* dazu hinten N 50 ff.) und die Bezahlung des Kaufpreises. Der Kaufvertrag ist ein **synallagmatischer** (gegenseitig verpflichtender) **Veräusserungsvertrag** (auf definitive Überlassung einer Sache gegen Geld) mit **obligatorischer Wirkung** *(Verpflichtungsgeschäft)*; erst die Übertragung der Sache (durch *Verfügungsgeschäft*) bewirkt den Übergang der dinglichen Berechtigung am Kaufgegenstand. Beim **Handkauf** besteht die Besonderheit, dass Vertragsabschluss und -ausführung zeitlich zusammenfallen, so dass die dingliche Übertragung gleichzeitig mit dem Vertragsschluss und der Bezahlung erfolgt (BSK OR I-KOLLER, N 5 ff.; HONSELL, OR BT, 22; ZK-SCHÖNLE, N 24 ff.).

2   Die Trennung von Verpflichtungs- und Verfügungsgeschäft hat zur Folge, dass der **Verkäufer** auch **nach Abschluss** des **Kaufvertrags** weiterhin **rechtswirksam** über den **Kaufgegenstand verfügen** kann. Der *Käufer* kann dann *nur Schadenersatz* verlangen. *Gegen* den *Dritten* hat er einen *Anspruch nur* bei *vorsätzlicher Verleitung* zum *Vertragsbruch* oder allenfalls bei vorsätzlicher Ausnützung des Vertragsbruchs (ZK-SCHÖNLE, N 33; vgl. BGE 114 II 329, 333). Bei **Konkurs des Verkäufers** oder **Pfändung des Kaufgegenstands** vor dessen Übereignung hat der *Käufer keine dinglichen Rechte* am Kaufgegenstand, sondern *nur obligatorische Ansprüche* gegen die Konkursmasse bzw. den Verkäufer und kann keine Beschlagnahmung des Kaufgegenstands verlangen (ZK-SCHÖNLE, N 34).

3   Der **Trödelvertrag** gilt nach h. L. als **Innominatvertrag** (BGE 89 II 214 und grundlegend BGE 55 II 39, 43; statt vieler: OFTINGER, Trödelvertrag, 18 ff.; BSK OR I-SCHLUEP/AMSTUTZ, Einl. vor Art. 184 ff. N 181 ff., N 185; **a. M.**: BGE 47 II 218; ZK-SCHÖNLE, N 123, wonach der Trödelvertrag ein **Kauf unter** der **aufschiebenden Bedingung** der Nichtrückgabe des Trödelobjektes sein soll). Zur **Abgrenzung** von Kaufvertrag und anderen Verträgen sei verwiesen auf: **Werkvertrag/Werklieferungsvertrag**: ZK-SCHÖNLE, N 132 ff.; HONSELL, OR BT, 24; BK-KOLLER, Art. 363 N 104 ff., BGE 124 III 456; 118 II 142; 117 II 259; 117 II 273; 72 II 347; **Schenkung**: ZK-SCHÖNLE, N 130 f., HONSELL, OR BT, 25, BGE 126 III 171; 102 II 243; **andere Verträge** (Innominatverträge, Auftrag, Kommission, Maklervertrag, Gesellschaft, Miete, Pacht, Leasing, Verlagsvertrag, Darlehensvertrag, Tausch): ZK-SCHÖNLE, N 127 ff.

II. Die einzelnen Merkmale des Kaufvertrags

1. Notwendige Einigung der Vertragsparteien

Ein **Kaufvertrag** kommt zwischen den Parteien **gültig zustande**, wenn sie   4
sich über alle *objektiv* und *subjektiv wesentlichen Punkte geeinigt* haben.
Objektiv wesentliche Punkte *(essentialia negotii)* sind der *Konsens der
Parteien* über den *Kaufgegenstand* und den *Kaufpreis* sowie die Einigung,
einen *Kaufvertrag abzuschliessen* (d. h. die *gegenseitige Austauschver-
pflichtung* mit Pflicht des Käufers zur Übertragung von Besitz und Eigentum am Kaufgegenstand und Pflicht des Käufers zur Bezahlung des Kaufpreises). Bei einer *Einigung* über diese objektiv wesentlichen Punkte kommt
der *Kaufvertrag* grundsätzlich *zustande* (soweit auch Einigung über alle
subjektiv wesentlichen Punkte vorliegt); alles andere regelt das dispositive
Recht (ZK-Schönle, N 20; Honsell, OR BT, 30). Jeder beliebige Punkt
kann von den Parteien zu einem **subjektiv wesentlichen Punkt** erhoben
werden; für andere als die objektiv wesentlichen Punkte wird aber eine
subjektive Wesentlichkeit nicht vermutet (BGE 71 II 270 – Zahlungsmodalitäten; BSK OR I-Koller, N 42), so dass die Partei die Beweislast für die
subjektive Wesentlichkeit trägt, welche sie behauptet.

Fehlt es an der *Einigung* auch nur in einem *objektiv* (oder subjektiv) *wesent-*   5
lichen Punkt, so kommt **kein Vertrag** zustande, auch wenn Erfüllungshandlungen vorgenommen werden (BSK OR I-Koller, N 44; vgl. BGE 119 II 347).
Kein Kaufvertrag liegt z. B. vor, wenn die Parteien es unterlassen, den Kaufpreis zu bestimmen oder zumindest die Kriterien für dessen Bestimmbarkeit zu nennen (und auch kein Marktpreis i. S. v. Art. 212 besteht, der den
Kaufpreis zumindest bestimmbar macht), wie dies Art. 184 Abs. 3 verlangt
(ZK-Schönle, N 87; BSK OR I-Koller, N 43, 45; BGE 114 II 130). Die Parteien können die Bestimmung des Kaufpreises einem Dritten überlassen
(HGer ZH, ZR 1994, 129 ff.) oder einer der Parteien, zumindest solange die
Preisbestimmung nicht willkürlich erfolgt, sondern nach billigem (und nicht
freiem) Ermessen erfolgt, d. h. an nachprüfbare Massstäbe geknüpft ist und
die guten Sitten nicht verletzt (BSK OR I-Koller, N 47; ZK-Schönle, N 87 f.;
a. M. Giger, 103 ff.).

Für den Fall, dass die **nachträgliche Bestimmung** von Kaufpreis oder Kauf-   6
gegenstand (trotz Angabe der Kriterien oder des Vorgehens im Vertrag)
scheitert, enthält das OR keine besonderen Regeln; deshalb sind die allgemeinen Bestimmungen heranzuziehen und es ist bei Bedarf eine Lückenfüllung vom Richter vorzunehmen (BGE 110 II 148 = Pra 1984, 479 – Sukzessivlieferungsvertrag auf Abruf des Käufers mit Spezifikationsvorbehalt;
BSK OR I-Koller, N 51). Wenn ein Dritter den Preis oder Kaufgegenstand
zu bestimmen hat, dies aber nicht tut, liegt **Unmöglichkeit** vor und der
Vertrag fällt dahin (KGer GR, PKG 1962, 46 = SJZ 1963, 171; BK-Becker,

N 14), zumindest wenn es für die Parteien wesentlich war, dass dieser Dritte den Preis bestimmt, ansonsten der **Richter** zur Bestimmung des Kaufpreises befugt ist (BSK OR I-KOLLER, N 52; vgl. zum Spezifikationskauf auch hinten N 12).

7   Kaufverträge können grundsätzlich im Rahmen der Privatautonomie der Parteien (Art. 19 Abs. 1) mit beliebigem zulässigen Inhalt abgeschlossen werden. Allerdings sind Verträge mit unmöglichem, widerrechtlichem oder sittenwidrigem Inhalt nach Art. 20 Abs. 1 **nichtig** (HONSELL, OR BT, 26 ff.; ZK-SCHÖNLE, N 6 f.). (Objektive) **Unmöglichkeit** liegt vor, wenn die Kaufsache im Zeitpunkt des Vertragsabschlusses nicht mehr existiert oder wenn es Gegenstände der verkauften Art überhaupt nicht gibt sowie beim Kauf einer eigenen Sache. **Widerrechtlichkeit** ist gegeben, wenn der Kauf gegen ein gesetzliches Verbot verstösst (z. B. eine Norm des Strafrechts (BGE 106 IV 295 – Kauf von Rauschgift) oder gegen öffentlich-rechtliche Verkehrsverbote (BGE 86 II 71 – Bestimmungen über Brotgetreideversorgung). **Sittenwidrigkeit** liegt vor, wenn der Gegenstand des Kaufvertrags oder der sonstige Vertragsinhalt sittenwidrig ist oder die Umstände des Vertragsabschlusses (u. U. auch nur für eine der Parteien) sittenwidrig sind (v. a. bei Verstössen gegen die sexuelle Moral, aber auch bei übermässiger Bindungsdauer oder grober Störung der Äquivalenz von Leistung und Gegenleistung).

2.   Arten des Kaufs

8   **Kaufverträge** können nach verschiedenen Kriterien (wie z. B. Kaufgegenstand, Zahlungsart oder Art der Bestimmung des Kaufgegenstandes) **gegliedert** werden. Es gibt auch zu Verkehrstypen gewordene besondere Fälle von Kaufverträgen. Das OR enthält **Sondervorschriften** für verschiedene Kaufverträge: *Fahrniskauf* (Art. 187 ff.), *Grundstückskauf* (Art. 216 ff., namentlich den Kauf landwirtschaftlicher Grundstücke, Art. 218 ff. und BGBB), *Kauf nach Muster* (Art. 222), *Kauf auf Probe* (Art. 223 ff.), *Kreditkauf* (KKG), *Vorauszahlungskauf* (Art. 227a ff.) und *Steigerungskauf* (Art. 229 ff.; BSK OR I-KOLLER, N 27).

9   Aufgrund des **Kaufgegenstands** unterscheidet das OR zwischen **Fahrniskauf** (Art. 187 ff., mit besonderen Regeln für den Viehkauf in Art. 198 und 202 sowie für den Kulturgüterkauf in Art. 196a und Art. 210) und **Grundstückskauf** (Art. 216 ff.; zu dieser Unterscheidung BSK OR I-KOLLER, N 25). Eine andere Unterscheidung des Kaufgegenstandes erfolgt zwischen **Stückkauf** und **Gattungskauf** (von vertretbaren Sachen), was z. B. in Art. 185 und 206 eine Rolle spielt (BSK OR I-KOLLER, N 28; HONSELL OR BT, 37).

10   Nach der **Zahlungsart** können **Barkauf** (so die Vermutung von Art. 184 Abs. 2), **Kreditkauf** (Zahlung nach Übergabe der Kaufsache, vgl. dazu ins-

besondere das KKG, SR 221.214.1) und **Vorauszahlungskauf** (Zahlung vor Übergabe der Kaufsache, Art. 227a ff.) unterschieden werden.

Beim **bedingten Kauf** wird die Pflichterfüllung von einem zukünftigen **11** ungewissen Ereignis abhängig gemacht (BSK OR I-Koller, N 34 f.). Dieses zukünftige ungewisse Ereignis kann auch lediglich in einer **Potestativbedingung** bestehen, wenn dem Käufer ein entsprechendes Gestaltungsrecht eingeräumt wird, durch einseitige Willenserklärung den Vertragsabschluss zu vorher vereinbarten Bedingungen zu bewirken (z. B. Kauf auf Probe (Art. 223 ff.), Kaufsrecht, Vorkaufsrecht und Rückkaufsrecht (dazu ZK-Schönle, N 60, 100), die v. a. bei Grundstückkäufen [Art. 216 ff.] von Bedeutung sind).

Ein **Sukzessivlieferungskaufvertrag** ist ein einheitlicher Kaufvertrag über **12** Sachen, die der Gattung nach bestimmt sind und bei dem die Lieferung in zeitlich getrennten und separat zu bezahlenden Teilleistungen zu erfolgen hat (BSK OR I-Koller, N 29; Sauter, 8 ff.; ZK-Schönle, N 101 ff.). Bei *Verzug des Käufers* mit einer Teilzahlung kann der Verkäufer eine später fällig werdende Teilleistung zurückbehalten, ohne dass er seine Leistung hinterlegen müsste (Art. 82; BGE 84 II 149 m. w. Nw.; BGE 111 II 463); bei *Verzug des Verkäufers* mit einer Teillieferung kann der Käufer u. U. den Rücktritt vom ganzen Vertrag nach Art. 107–109 erklären (BGE 45 II 61). Hingegen haben i. d. R. Verzug, Rechts- und Sachmängel oder positive Vertragsverletzung nur Einfluss hinsichtlich der betroffenen Teillieferung (BGE 79 II 295, 303), ausser wenn sie den Gesamtvertrag in unzumutbarer Weise beeinflussen (ZK-Schönle, N 106). Beim **Spezifikationskauf** hat der *Käufer das Recht*, den bei Vertragsabschluss zumindest z. T. unbestimmten *Kaufgegenstand nachträglich* (z. B. hinsichtlich Beschaffenheit, Gestalt, Dimension oder Sorte) festzulegen, so z. B. die Wahl eines bestimmten Produkts aus dem Katalog des Verkäufers (BSK OR I-Koller, N 30; ZK-Schönle, N 109 ff.). Ein **Kauf auf Abruf** weist die Besonderheit auf, dass der Käufer das zeitlich begrenzte Recht hat, den Zeitpunkt der Leistung innerhalb der Abruffrist selbst zu bestimmen. Meist erfolgt die Lieferung der Kaufsachen nicht auf einmal, sondern als *sukzessive Lieferung*. Ein Kauf auf Abruf kann mit einem *Spezifikationsvorbehalt zugunsten des Käufers* verknüpft werden (vgl. BGE 110 II 148; BSK OR I-Koller, N 31; ZK-Schönle, N 112 ff.; vgl. OGer ZH in ZR 1981, 217 – keine Pflicht zur Abnahme des Rückstands).

Beim **Kauf unter Eigentumsvorbehalt** handelt es sich um einen *Kreditkauf*, **13** bei dem sich der *Verkäufer* das *Eigentum vorbehält*. Kein Eigentumsvorbehalt ist möglich bei Grundstückkäufen (Art. 217 Abs. 2) und im Viehhandel (Art. 715 Abs. 2 ZGB). Bei der übrigen Fahrnis ist der Eigentumsvorbehalt nach Art. 715 Abs. 1 ZGB nur wirksam, wenn er in das Eigentumsvorbehaltsregister am Wohnsitz des Käufers eingetragen wird; ohne Eintrag geht das Eigentum trotz Abrede auf den Käufer über (BSK OR I-Koller, N 33,

64). Erfolgt die Eintragung des Eigentumsvorbehalts erst nach der Besitzübertragung, geht das auf den Käufer übergegangene Eigentum an den
Verkäufer zurück. Wenn der Käufer in Konkurs geraten ist, tritt dieser
Rückfall des Eigentums nicht ein und ist die Kaufsache im Konkurs zu verwerten (BGE 96 II 161, 171; 93 III 96, 112; BSK OR I-Koller, N 33). Diese
ungewollte Rechtswirkung kann verhindert werden, wenn der ganze Kaufvertrag unter die *Bedingung* gestellt wird, dass die *Eigentumsübertragung
erst* eintritt, *wenn* der *Kaufpreis bezahlt* worden ist, so dass keine Eintragung im Eigentumsvorbehaltsregister erforderlich ist (BGE 56 II 203;
BSK OR I-Koller, N 64).

3.   Der Kaufgegenstand im Besonderen

14   Für das Zustandekommen eines Kaufvertrags ist es erforderlich, dass sich
die Parteien über den in Art. 184 Abs. 1 erwähnten **Kaufgegenstand** geeinigt haben bzw. der Kaufgegenstand muss mindestens im Zeitpunkt der
Erfüllung **bestimmbar** sein (BGE 118 II 32 – Grundstückkauf). Eine ausreichende Bestimmbarkeit des Kaufgegenstands ist gegeben, wenn ein *objektives Kriterium* zur Auswahl *im Vertrag* angegeben ist oder die *Auswahl*
der Gegenstände dem *Verkäufer*, dem *Käufer* oder einem *Dritten überlassen* wird (BGE 85 II 402 – Vorauszahlungskauf; BSK OR I-Koller, N 50).
Als Kaufgegenstand kommen neben körperlichen Gegenständen (Fahrnis
und Grundstücke) auch unkörperliche Sachen (wie Naturkräfte i. S. v.
Art. 713 ZGB) sowie Rechte und faktische Vorteile in Frage (zu letzteren
hinten N 50 ff.).

15   **Zukünftige Sachen**, die im Zeitpunkt des Abschlusses des Kaufvertrags
noch nicht bestehen, können Kaufgegenstand sein (BSK OR I-Koller,
N 14; BK-Giger, N 26; BGE 114 II 128 – Kauf von noch nicht bestelltem
Stockwerkeigentum). Beim Kauf zukünftiger Sachen können sich v. a. **Abgrenzungsfragen** zum **Werkvertrag** stellen (BSK OR I-Koller, N 15; BK-
Koller, Art. 363 N 103 ff.; BK-Giger, N 26; Gauch, Werkvertrag, N 126 ff.
m. w. Nw., vgl. die Verweise vorne N 3). Bei Vereinbarung der Parteien über
den bedingten Kauf einer zukünftigen Sache führt deren Nichtentstehung
zur *nachträglichen Unmöglichkeit* (Art. 97, 119; dazu BSK OR I-Koller,
Art. 184 N 14). Auch eine **erhoffte Sache** (*emptio rei speratae*, z. B. der Kauf
hängender, noch nicht reifer Früchte) oder der **Hoffnungskauf** (*emptio
spei*, z. B. ein Kauf eines Lotterieloses) können *Kaufgegenstand* sein
(BSK OR I-Koller, N 14; BK-Giger, N 27). Wenn sich die Aussicht nicht
realisiert bzw. die Sache nicht den erhofften Wert aufweist, liegen weder
Unmöglichkeit noch ein Mangel vor.

16   **Bestandteile** einer Sache können *Gegenstand* eines *selbstständigen Kaufvertrag*s sein, wenn sie für einen Zeitpunkt nach der Trennung von der
Hauptsache separat veräussert werden (Art. 187 Abs. 2). Dies durchbricht

den sachenrechtlichen Grundsatz von Art. 642 Abs. 2 ZGB, wonach Bestandteile dem Schicksal der Hauptsache folgen (BSK OR I-KOLLER, N 16; BK-GIGER, N 27). **Sachgesamtheiten** *(mehrere selbstständige, unter einer einheitlichen Bezeichnung zusammengefasste Sachen)* können sowohl beim Gattungs- als auch beim Stückkauf Kaufgegenstand sein (ZK-SCHÖNLE, N 53; HONSELL, OR BT, 32).

Beim Kaufvertrag über einen **Kaufgegenstand**, der im Zeitpunkt des Vertragsabschlusses **nicht** dem **Verkäufer gehört**, trifft den Verkäufer eine **Beschaffungspflicht**, die auf die Gültigkeit und Zulässigkeit keinen Einfluss hat, weshalb *keine objektive Unmöglichkeit* des Vertrags nach Art. 20 gegeben sein kann (soweit objektiv eine Verschaffung möglich ist, vgl. dazu auch BGE 102 II 339 – «WIR»-Guthaben). Falls der Verkäufer definitiv nicht erfüllen kann, bleibt der Vertrag gültig; der Verkäufer wird jedoch wegen Ausbleiben der Erfüllung haftbar; zudem kann der nicht vorleistungspflichtige Verkäufer nach Art. 107 ff. vorgehen und die Zahlung des Kaufpreises nach Art. 82 zurückhalten (BGE 82 IV 185; BSK OR I-KOLLER, N 40; ZK-SCHÖNLE, N 34, 59; s. dazu auch N 42, 57). Beim Kauf einer im Zeitpunkt des Vertragsabschlusses untergegangenen Sache oder einer Sache, die gar nicht herstellbar ist, liegt eine anfängliche Unmöglichkeit i. S. v. Art. 20 Abs. 1 OR vor (HONSELL, OR BT, 36). **17**

Bei *Spezifikationskauf, Gattungskauf* oder einer *Wahlschuld* kann die **nachträgliche Bestimmung** des **Kaufgegenstandes** erforderlich sein. Mangels abweichender Vereinbarung hat der Verkäufer nach Art. 72 das Wahlrecht (BGE 118 II 32). Wenn der Käufer die Wahl oder *Spezifikation nicht vornimmt*, kann der Verkäufer den Käufer mahnen und der Käufer gerät so in Annahmeverzug (soweit dieser nicht schon im Voraus eine Spezifikation verweigert); der Verkäufer kann dann nach Art. 95 wegen Annahmeverzugs vom Kaufvertrag zurücktreten, das Wahlrecht kann u. U. auf den Verkäufer übergehen, oder der Verkäufer hat sich (insbesondere nach Art. 211) mit Schadenersatzansprüchen zu begnügen (BGE 110 II 148, 152 = Pra 1984, 479; BSK OR I-KOLLER, N 54; ZK-SCHÖNLE, N 44 ff., 110). **18**

4. Der Kaufpreis im Besonderen

Für das Zustandekommen eines Kaufvertrags ist es erforderlich, dass sich die Parteien über den in Art. 184 Abs. 1 erwähnten Kaufpreis geeinigt haben. Der **Kaufpreis** ist (wie schon das Wort «Preis» ausdrückt) notwendigerweise eine Geld(summen)schuld, die je nach Umständen als Währungs- oder Buchgeld geschuldet sein kann (BSK OR I-KOLLER, N 19). Falls der Verkäufer dem Käufer ein Post- oder Bankkonto zur Bezahlung angibt, hat der Käufer (ohne abweichende Vereinbarung) das Recht zu wählen, ob er den Kaufpreis bar oder mit Post- bzw. Banküberweisung bezahlt (BSK OR I-KOLLER, N 77). **Zahlung in ausländischer Währung** ist möglich; **19** doch hat der Käufer bei Fremdwährungsschulden nach Art. 84 Abs. 2 das Recht zur Zahlung in einheimischer Währung, wenn nicht im Vertrag die Erfüllung in Fremdwährung ausdrücklich als einzig zulässige Erfüllung vereinbart wurde (HONSELL, OR BT, 38; BSK OR I-KOLLER, N 78).

20   Wenn der Käufer das Recht hat, den Kaufpreis statt durch Geld durch eine Ersatzleistung zu substituieren, kann es sich bei dieser je nach Vereinbarung um eine **Leistung als Erfüllung, an Erfüllungs statt** oder **erfüllungshalber** handeln (ZK-SCHÖNLE, N 85); im Zweifel liegt eine Leistung erfüllungshalber vor (BGE 119 II 230 – Zahlung mit «WIR»-Geld; BSK OR I-KOLLER, N 23). Die Parteien können vereinbaren, dass der **Käufer** nicht nur berechtigt, sondern **verpflichtet** ist, zumindest einen Teil des Kaufpreises nicht durch Geldzahlung an den Verkäufer zu entrichten, sondern eine **Befriedigung des Verkäufers auf andere Weise** zu erreichen hat, namentlich durch Zahlung an einen Dritten. So hat z. B. der Käufer beim Kauf eines Grundstücks mit Grundpfandschulden des Verkäufers diese in Anrechnung an den Kaufpreis zu übernehmen (durch Zahlung an den Drittgläubiger oder externe Schuldübernahmevereinbarung mit dem Drittgläubiger) und dafür zu sorgen, dass der Verkäufer von dieser Schuld befreit wird (BSK OR I-KOLLER, N 24).

21   Nach Art. 184 Abs. 3 ist es für das Zustandekommen eines Vertrags nicht erforderlich, dass sich die Parteien über einen **Kaufpreis** geeinigt haben, sondern es genügt, dass dieser nach den Umständen **bestimmbar** ist, d. h. ohne neue Einigung oder spätere Abmachung der Parteien ermittelt werden kann (BGE 85 II 402, 409; ZK-SCHÖNLE, N 86; BSK OR I-KOLLER, N 45). Eine *Bestimmbarkeit des Kaufpreises* (im Zeitpunkt der Erfüllung, vgl. BGE 84 II 13) ist gegeben, wenn die Parteien die objektiven Kriterien für die Preisbestimmung im Vertrag angeben (BSK OR I-KOLLER, N 47), wenn z. B. am Erfüllungsort ein *«mittlerer Marktpreis»* i. S. v. Art. 212 Abs. 1 besteht. In einem solchen Fall bleibt der Vertrag sogar dann gültig, wenn die Parteien es gänzlich unterlassen, sich über den Preis zu einigen (BSK OR I-KOLLER, N 45). Der Preis ist auch dann bestimmbar, wenn die *Bestimmung* des *Kaufpreises anderweitig* direkt oder indirekt von einer objektiven Tatsache oder einem künftigen Ereignis abhängt und *nicht* der *Willkür* einer Partei oder eines Dritten überlassen ist ZK-SCHÖNLE, N 86; BSK OR I-KOLLER, N 47). Eine Kaufpreisbestimmung nach objektiven Grundsätzen liegt insbesondere vor, wenn die Parteien *Wertsicherungsklauseln* (z. B. Indexierung) vereinbart oder eine Preisberechnung nach Richt-, Konkurrenz- oder Selbstkostenpreisen vorgesehen haben (ZK-SCHÖNLE, N 87). Auch **eine indirekte objektive Kaufpreisbestimmung** durch den *Verkäufer* oder einen *Dritten* ist zulässig, wenn diese an *nachprüfbare Massstäbe* geknüpft ist, nicht gegen die guten Sitten verstösst (Art. 20 Abs. 1), nicht rechtsmissbräuchlich (i. S. v. Art. 2 Abs. 2 ZGB) ist und den Käufer nicht übermässig (i. S. v. Art. 19

Abs.2 i.V.m. Art.27 ZGB) bindet (ZK-Schönle, N 89). Wenn der *Verkäufer* den *Kaufpreis* zu bestimmen hat, hat er dies nach den *vereinbarten Kriterien* (z.B. vom Verkäufer einseitig festgesetzte Verkaufspreise zur Zeit der Wahl des Kaufgegenstands) zu erfolgen, im Zweifel nach den Grundsätzen der *Billigkeit* (vgl. Art.227e Abs.2; BGE 85 II 402, 408 – Sparkaufvertrag; BSK OR I-Koller, N 47; ZK-Schönle, N 90). Wenn eine Kaufpreisbestimmung durch den Verkäufer unbillig ist, fällt der *Richter* anstelle des Verkäufers die *billige Entscheidung* (BGE 84 II 628, 632; ZK-Schönle, N 90).

Vorkaufsverträge für einen nicht ausparzellierten Teil eines Grundstücks **22** sind auch ohne Bestimmung des vom Vorkaufsberechtigten im Vorkaufsfall zu bezahlenden Preis an sich gültig; der Vorkaufsberechtigte hat nach Art.681 Abs.1 ZGB den Preis zu bezahlen, den der Käufer des vorkaufsbelasteten Grundstückteils zu bezahlen hat. Wenn der Verkäufer aber das ganze Grundstück verkauft, ohne den vorkaufsbelasteten Teil auszusondern, kann das Vorkaufsrecht nur ausgeübt werden, wenn sich der Wert des vorkaufsbelasteten Grundstückteils im Verhältnis zum Wert der Restparzelle annähernd genau feststellen lässt (der Kaufpreis wird dann im Verhältnis zum Preis des Gesamtgrundstücks bemessen BGE 81 II 502); sonst ist der Vorkaufsvertrag mangels Einigung in einem objektiv wesentlichen Punkt ungültig (BGE 114 II 127, 130) bzw. wegen Unmöglichkeit der Preisfestsetzung hinfällig (BSK OR I-Koller, N 48).

Die Parteien können i.A. den **Kaufpreis** im Rahmen der **Privatautonomie** **23** **frei vereinbaren**; einen *gerechten Preis (iustum pretium)* gibt es nicht. Bei einem übersetzten oder zu niedrigen Kaufpreis kann der Vertrag aber u.U. *widerrechtlich* (und damit nach Art.20 Abs.1 *nichtig*) sein oder wegen *Übervorteilung* nach Art.21 Abs.1 angefochten werden (Honsell, OR BT, 38f.; BSK OR I-Koller, N 44). Auch sind u.U. öffentlich-rechtliche Höchstpreisvorschriften und u.U. die sich aus Art.186 ergebenden Beschränkungen zu beachten.

Hat der *Käufer* die Leistung des Verkäufers *nicht* in *Geld* abzugelten, so **24** liegt kein Kauf vor, sondern ein anderes Rechtsgeschäft (z.B. *Tausch*, vgl. Art.237f.). Bei teilweiser Leistung des Käufers in Geld kann ein **gemischter Kaufvertrag** oder ein **anderer Vertrag** vorliegen (z.B. *Tausch mit Aufpreis*, dazu BSK OR I-Koller, N 20; hinten N 34ff.).

Die **Abgrenzung** zwischen einem Kauf und anderen Rechtsgeschäften ist **25** u.U. undeutlich bzw. umstritten. Dies gilt insbesondere für die rechtliche Qualifikation des **Kaufs mit Inzahlungnahme** (oder einer anderen Leistung wie einer Arbeitsleistung), so z.B. Kauf eines (neuen) Fahrzeuges mit (teilweiser) Entrichtung des Kaufpreises durch Inzahlungnahme eines gebrauchten Fahrzeugs. Nach h.L. liegt i.d.R. ein *Kaufvertrag mit Ersetzungsbefugnis (facultas alternativa)* vor, bei dem der Käufer den vollen Kaufpreis in Geld schuldet und lediglich das Recht hat, anstelle eines Teils des Kaufpreises die Gegenleistung, die nicht in Geld besteht (z. B. Lieferung des gebrauchten Fahrzeugs), zu leisten. Geht der als Teil des Kaufpreises zu leistende Gegenstand unter bzw. wird die andere Leistung unmöglich, so ist der volle Kaufpreis in Geld zu entrichten (BGE 107 II 144 = Pra 1981, 463; ZK-Schönle, N 85; Honsell, OR BT, 18; a. M.: BSK OR I-Koller, N 21). Soweit sich allerdings aus den Abreden der Parteien oder den Umständen ergibt, dass der Käufer den Kaufvertrag nicht abgeschlossen hätte, wenn er gewusst hätte, dass bei Untergang des Gegenstands, den er in Zahlung geben wollte, bzw. bei Unmöglichkeit seiner anderen Leistung den vollen Kaufpreis in Geld zu bezahlen hätte, nimmt die h. L. an, dass der Vertrag vollständig dahinfällt (Honsell, OR BT, 18 f.). Zudem wird in der Lehre die *Möglichkeit* erwähnt, dass es sich um einen *gemischten Vertrag* (mit Elementen des Kaufs und des Tausches) oder *zwei selbstständige Kaufverträge* mit Verrechnungsabrede handelt; insbesondere bei letzterer Qualifikation wird angenommen, bei Untergang des als Teil des Kaufpreises zu liefernden Gegenstandes werde der Käufer nach Art. 119 i. V. m. Art. 20 Abs. 2 (wegen *Teilunmöglichkeit*) frei und brauche den *Kaufgegenstand* gar *nicht* mehr *abzunehmen* oder habe der Käufer gar nur den *Restkaufpreis* zu bezahlen und erhalte dafür den Kaufgegenstand (vgl. Honsell, OR BT, 18, BSK OR I-Koller, N 21). Entscheidend ist aber nicht die Vertragsqualifikation, zumal das Kaufrecht ohnehin keine besonderen Regeln enthält, die auf diesen Sachverhalt passen (BGE 107 II 148; BSK OR I-Koller, N 22).

III. Rechtsfolgen

1.   Pflichten des Verkäufers

26   Den **Verkäufer** trifft nach Art. 184 Abs. 1 die **Hauptpflicht**, dem *Käufer* den **Besitz** und das **Eigentum** am **Kaufgegenstand** durch ein Verfügungsgeschäft zu verschaffen. Die Verschaffungspflicht des Verkäufers bezieht sich auf das Vollrecht, also *unbelastetes, freies Eigentum*, soweit die Parteien nicht etwas anderes vereinbaren bzw. bei Kenntnis des Käufers von Drittrechten Art. 192 Abs. 2 zur Anwendung gelangt. Den Verkäufer trifft die Pflicht, derartige Drittrechte und Lasten vor der Übertragung an den Käufer zu beseitigen (BSK OR I-Koller, N 69).

27   Der **Besitz** wird dem Käufer durch Übergabe des Kaufgegenstandes und damit **Verschaffung des Gewahrsams** eingeräumt, wenn der Käufer tatsächlich *unmittelbaren Besitz* (Art. 919 Abs. 1 ZGB) erhält und so *über* die *Sache verfügen* kann (BSK OR I-Koller, N 55; ZK-Schönle, N 69). Die Parteien können auch eine andere Besitzverschaffung i. S. v. Art. 922 ff. ZGB vereinbaren: So kann sich der Käufer mit einer *Besitzanweisung (Besitzeskonstitut)* i. S. v. Art. 924 Abs. 1 ZGB einverstanden erklären und dem Verkäufer

oder einem Dritten (insbesondere Mieter oder Pächter) den unmittelbaren Besitz an der Sache belassen. So ist es z. B. beim Verkauf von Grundstücken mit Miet- und Pachtverträgen üblich, dass der Käufer trotz Weiterbestand dieser obligatorischen Rechte von Gesetzes wegen (Art. 261 bzw. Art. 290) die Kaufsache mit den daraus resultierenden Einschränkungen übernimmt. Wenn der *Käufer* die *Sache bereits* in seinem (unselbstständigen) *Besitz* hat, ist *keine Übergabe* erforderlich *(brevi manu traditio;* vgl. Tuor/ Schnyder/Schmid/Rumo-Jungo, 746; BK-Stark, Art. 924 ZGB N 79 ff.; BSK ZGB II-Stark, Art. 924 ZGB N 1, 37 ff.). Bei **Warenpapieren** i. S. v. Art. 925 ZGB und Art. 1153 ff. gilt die *Übertragung der Urkunde* als Übertragung der Ware selbst (Art. 925 Abs. 1 ZGB; BSK OR I-Koller, N 56). Die Übertragung des Warenpapiers ist eine *wertpapiermässig ausgestaltete Besitzanweisung*; gelingt es dem Käufer nicht, sich die Ware zu beschaffen (z. B. im Fall von Art. 925 Abs. 2 ZGB), so hat der Verkäufer den Kaufvertrag nicht erfüllt (BSK OR I-Koller, N 56).

Der Käufer braucht **keine andere Leistung** als die vertraglich geschuldete Sache anzunehmen, insbesondere keine **Aliud-Lieferung**, keine **Teilleistung** (Art. 69) und keine **Zuvielleistung** (BSK OR I-Koller, N 57). Die Regelung der *Kosten der Übergabe* richtet sich nach Art. 188 f., soweit die Parteien darüber keine Vereinbarung getroffen haben (BSK OR I-Koller, N 58; vgl. Kommentierung zu Art. 188 f.).   28

Der Verkäufer hat seine Pflicht, dem *Käufer* das **Eigentum** am *Kaufgegenstand* zu verschaffen, nach den **allgemeinen Regeln der Eigentumsübertragung** zu erfüllen (BSK OR I-Koller, N 61): Bei **Grundstücken** hat der Verkäufer die *Grundbuchanmeldung* abzugeben und alle der Anmeldung entgegenstehenden Hindernisse zu beseitigen (BSK OR I-Koller, N 62; vgl. z. B. BGE 111 II 499). Bei **Fahrnis** hat der Verkäufer den *Kaufgegenstand* dem Käufer zu *übergeben oder* einen *Besitzesvertrag* mit dem Käufer abzuschliessen (z. B. Besitzeskonstitut). Weil eine blosse Sachübergabe das Eigentum nicht verschafft, muss zu dieser Übergabe noch der übereinstimmende Wille der Parteien dazukommen, die Sache zu Eigentum an den Käufer zu übertragen (BSK OR I-Koller, N 63). Die Besitzübertragung beinhaltet auch den **dinglichen Vertrag** (BSK OR I-Koller, N 65 m. w. H.; vgl. zum Eigentumsvorbehalt vorne N 13).   29

Wenn der *Verkäufer Eigentümer* der Kaufsache ist und nicht leistet, kann seine **Rechtsverschaffungspflicht** von Besitz und Eigentum an der Kaufsache nach den üblichen Regeln auf dem Rechtsweg **durchgesetzt** werden. Bei *Grundstücken* hat der Käufer nach Art. 665 Abs. 1 ZGB das *Recht auf gerichtliche Zusprechung* des Eigentums. Nach Art. 656 Abs. 2 ZGB kann der Käufer auch nach einem Obsiegen vor Gericht erst nach erfolgter Eintragung im Grundbuch über das Grundstück verfügen (BSK OR I-Koller, N 68). Wenn der *Verkäufer nicht Eigentümer der Kaufsache* ist, wird die   30

Rechtsverschaffungspflicht durch Art. 192 ff. modifiziert: Wenn der Verkäufer die Sache nicht liefert, kann der Käufer nach den Regeln für die Nichterfüllung des Allgemeinen Teils (Art. 97 ff.) vorgehen. Wenn der Verkäufer die Sache liefert, diese aber von einem Dritten vindiziert wird, kann der Käufer aufgrund der Eviktionshaftung (Art. 192 ff.) des Verkäufers gegen diesen vorgehen; nach h. L. steht dem Käufer alternativ zur Eviktionshaftung auch der Grundlagenirrtum (Art. 24 Abs. 1 Ziff. 4) für die Rechtsgewährleistung zur Verfügung. Wenn die Kaufsache nicht von einem Dritteigentümer herausverlangt wird, hat der Käufer aufgrund dieser letzteren Bestimmung dennoch die Möglichkeit, gegen den Verkäufer vorzugehen und dieser für das Nichtverschaffen des Eigentums einzustehen (BSK OR I-Koller, N 67 f.; vgl. auch BSK OR I-Honsell, Vorbem. zu Art. 192–210 N 7).

31   Zusätzlich zur Hauptpflicht zur Verschaffung von Besitz und Eigentum treten verschiedene weitere **Nebenpflichten** des Verkäufers, die einen sehr unterschiedlichen Inhalt und Umfang aufweisen und im Gesetz ausdrücklich vorgesehen oder rechtsgeschäftlich vereinbart sein können (BSK OR I-Koller, N 70). Oft werden solche Nebenpflichten, insbesondere zur Regelung von Modalitäten des Kaufvertrags wie Verpackung, Bereitstellung, Tragung der Übergabekosten (Art. 188), Versicherung, Benachrichtigung, Versendung durch die Vereinbarung der Anwendbarkeit von Handelsklauseln statuiert (ZK-Schönle, N 76 f.). Die *Abgrenzung* zwischen einer *Nebenpflicht* und einem *Sachmangel* sowie zwischen Nebenpflicht und Obliegenheit kann mitunter schwierig sein (vgl. BGE 96 II 115; BSK OR I-Koller, N 75 f.; BK-Giger, N 153 ff.). Solche Nebenpflichten des Verkäufers werden z. T. aus **Treu und Glauben** abgeleitet: Der Verkäufer ist v. a. verpflichtet, alles zu tun, um seine Pflicht zur Besitz- und Eigentumsverschaffung zugunsten des Käufers richtig erfüllen zu können und dem Käufer den Genuss des Leistungserfolgs zu verschaffen; es können auch Hinweis-, Aufklärungs-, Offenbarungs-, Obhuts-, Beschaffungs-, Mitwirkungs- und Unterlassungspflichten dazu gehören (BGE 114 II 65 f.; 116 II 434 – Verschweigung von Tatsachen und Mitteilungspflicht; BSK OR I-Koller, N 70; ZK-Schönle, N 79).

32   **Nebenpflichten** des Verkäufers (insbesondere zur Information) können bereits **vorvertraglich** bestehen; eine Verletzung kann eine Haftung des Verkäufers begründen, insbesondere für die «culpa in contrahendo»; auch nach Erfüllung der Hauptpflichten des Verkäufers können noch Nebenpflichten bestehen (ZK-Schönle, N 81; BK-Kramer, Einl. vor Art. 19 ff. N 133–141). Gewisse (aber nicht alle) Nebenpflichten sind **klagbar** (BSK OR I-Koller, N 71) und können in das **vertragliche Synallagma einbezogen** sein (BSK OR I-Koller, N 72; OGer LU, ZBJV 1949, 191 – synallagmatischer Zusammenhang verneint; BGE 127 III 199 – synallagmatischer Zusammenhang zwischen Nebenpflicht des Verkäufers zur Löschung seines Namens im Handelsregister und Pflicht des Käufers zur Kaufpreiszahlung bejaht).

Bei einer **Verletzung von Nebenpflichten** des Verkäufers kann dieser nach 33
Art. 97 haftbar werden (BGE 122 III 106) oder aber der Käufer kann einen
Anspruch auf Vertragsauflösung haben (ZR 1947, 302); bei einem Verzug
des Verkäufers mit Nebenpflichten können die Art. 107 ff. anwendbar sein
(BSK OR I-KOLLER, N 72).

2. Pflichten des Käufers

Der **Käufer** hat die **Hauptpflicht** den **Kaufpreis**, der in *Geld* (Währungs- 34
oder Buchgeld) besteht, zu **bezahlen** (BSK OR I-KOLLER, N 77; ZK-SCHÖNLE,
N 83 f.). Massgeblich für die Art der Erfüllung dieser Pflicht sind die aus-
drücklich oder stillschweigend vereinbarten Modalitäten (ZK-SCHÖNLE,
N 85). Ohne besondere Vereinbarung der Parteien ist zwar grundsätzlich
Währungsgeld geschuldet, doch kann der Verkäufer den Käufer einseitig
ermächtigen, trotzdem in **Buchgeld** zu leisten (s. auch zur Bekanntgabe
des Bank- oder Postkontos des Verkäufers als Ermächtigung zur Zahlung in
Buchgeld und dem resultierenden Wahlrecht des Käufers vorne N 22). Der
Käufer kann schon im Kaufvertrag (oder auch später) ermächtigt werden,
anstelle einer Geldzahlung eine Leistung **als Erfüllung**, **erfüllungshalber**
oder **an Erfüllungs statt** zu erbringen (vgl. vorne N 20). In Frage kommen
dafür insbesondere **Surrogate** wie Giroüberweisung, Zahlung im Postcheck-
verkehr, Wechselhingabe, Zahlung mit Kreditkarte, Übergabe eines Schuldbriefs, Forderungsabtretung, Scheckübergabe oder sonstige Zahlung durch
Zahlungsanweisung (ZK-SCHÖNLE, N 85). Zur Möglichkeit des Käufers, bei
Vereinbarung einer Zahlung in ausländischer Währung in der Schweiz in
schweizerischer Währung zu bezahlen s. vorne N 19.

Im internationalen Geschäftsverkehr ist die erfüllungshalber erfolgende 35
Zahlung mit (Dokumenten-)**Akkreditiv**, einer Zahlungsanweisung üblich.
Im zugrundeliegenden Kaufvertrag verpflichtet sich der Käufer, eine Bank
anzuweisen, den vereinbarten Kaufpreis gegen Vorlegung und Prüfung
bestimmter Dokumente an den Verkäufer zu bezahlen (BSK OR I-KOLLER,
N 80). Solange die Erfüllung des Akkreditivs möglich ist, kann der Verkäufer
vom Käufer die Kaufpreisforderung weder einfordern noch verrechnungs-
weise tilgen (BSK OR I-KOLLER, N 80; ULRICH, 74 FN 20).

Den Käufer trifft zudem aufgrund des Wortlauts von Art. 211 Abs. 2 eine 36
direkte **Annahmepflicht** des Kaufgegenstandes; diese wird jedoch z. T. (je
nach Vereinbarung der Parteien) lediglich als Nebenpflicht oder gar Obliegenheit des Käufers verstanden (BSK OR I-KOLLER, N 82, Art. 211 N 4 ff.;
ZK-SCHÖNLE, N 93 f.).

Nebenpflichten können nicht nur den Verkäufer, sondern auch den **Käufer** 37
treffen. Zu erwähnen sind die Bestimmungen von Art. 204 Abs. 1 und 3 zur
Aufbewahrungspflicht und Notverkaufspflicht des Käufers (vgl. Kommentierung zu Art. 204). Im Übrigen können Nebenpflichten vereinbart werden,

die mit der Kaufpreiszahlung oder der Annahme des Kaufgegenstandes verbunden sind, daneben auch selbstständige Nebenleistungspflichten (ZK-Schönle, N 95). Nebenpflichten des Käufers können sich aus *Handelsklauseln* (z. B. Incoterms) ergeben, die auf den Kaufvertrag anwendbar sind (ZK-Schönle, N 96). Nebenpflichten des Käufers können auch durch eine entsprechende *Ausgestaltung von Obliegenheiten* des Käufers (wie Prüfungs- und Rügeobliegenheiten nach Art. 201 ff.) oder eine Überwälzung von *Pflichten bei der Übernahme der Ware* (Art. 188 f., dazu hinten Art. 188/189 N 6 ff.) als vertragliche Nebenpflichten des Käufers entstehen (BSK OR I-Koller, N 82; BK-Giger, Art. 211 N 202 ff.). Daneben hat der Käufer wie jeder Schuldner nach Art. 2 Abs. 1 ZGB auch **Sorgfaltspflichten** zu beachten und hat alles zu unterlassen, was die *Erfüllung* seiner eigenen *Vertragspflichten beeinträchtigen* könnte (ZK-Schönle, N 98).

38   Zudem treffen den Käufer von Gesetzes wegen auch Obliegenheiten (vgl. insbesondere Art. 201 Abs. 1, Art. 204 Abs. 2 und Art. 210 Abs. 2). Deren Nichtbeachtung hat für den Käufer die Verwirkung von Gewährleistungsansprüchen (Art. 201 Abs. 2 und 3) bzw. Rechtsverlust des Käufers (Art. 210 Abs. 2) oder sonstige Nachteile (wie die in Art. 204 Abs. 2 erwähnten Beweisnachteile) zur Folge. Die Verletzung solcher Obliegenheiten des Käufers hat keine Erfüllungs- oder Nichterfüllungsansprüche des Verkäufers zur Folge (ZK-Schönle, N 99).

3.   Erfüllung des Kaufvertrags

39   Für den Kauf gelten die **Erfüllungsregeln des Allgemeinen Teils**, soweit das Kaufrecht keine davon abweichenden oder besonderen Regeln enthält. Zu ersteren gehören z. B. die Erfüllung durch Dritte (Art. 68) oder die eingeschränkte Zulässigkeit von Teilleistungen (Art. 69). Für den Fahrniskauf gilt zudem die besondere Regelung von Art. 213 über die Fälligkeit und Verzinsung des Kaufpreises. Durch diese Bestimmung wird die Fälligkeit der Kaufpreisforderung gegenüber Art. 75 hinausgeschoben (vgl. Kommentierung zu Art. 213 und BSK OR I-Koller, N 83).

40   Die Erfüllung der Pflicht des Verkäufers zur **Übereignung**, d. h. Übertragung von Besitz und Eigentum am Kaufgegenstand, ist im Verhältnis zum Kaufvertrag **kausal**, d. h. das Verfügungsgeschäft ist vom Vorliegen eines gültigen Grundgeschäfts abhängig (vgl. für Immobilien ausdrücklich Art. 974 Abs. 2 ZGB, für bewegliche Sachen BGE 109 II 26, 30 sowie grundlegend BGE 55 II 302, 306; Honsell, OR BT, 43; BSK OR I-Koller, N 63; ZK-Schönle, N 28 ff.). Wegen dieser kausalen Natur der Übereignung (im Verhältnis zum Kaufvertrag) **fällt** der **Rechtsgrund** des **Verfügungsgeschäfts** bei **Fehlen** eines **gültigen** und **wirksamen Kaufvertrags** (bzw. bei dessen nachträglichem Wegfall mit Wirkung ex tunc) **weg** und damit auch das *Eigentum des Käufers*. Der *Verkäufer* kann dann die bewegliche Kaufsache nach Art. 641

Abs. 2 ZGB *vindizieren*, bei Grundstücken steht ihm ein Anspruch auf Grundbuchberichtigung nach Art. 975 Abs. 1 ZGB zu (HONSELL, OR BT, 43; ZK-SCHÖNLE, N 28 ff.; BGE 98 II 22, 28 – Unverbindlichkeit beim Grundstückkauf). Im Gegenzug hat der *Verkäufer* den erhaltenen *Kaufpreis* nach Art. 62 Abs. 2, 1. Fall, dem Verkäufer *zurück* zu *zahlen* (ZK-SCHÖNLE, N 29, 32). Hat der Käufer die Sache inzwischen an einen gutgläubigen Erwerber weiter veräussert (Art. 933, 973 ZGB), so hat der Käufer bei Gutgläubigkeit nur einen Wertersatz nach Art. 62 Abs. 1, 1. Fall, zu leisten, bei Fehlen einer Gutgläubigkeit aber nach Art. 423 Abs. 1 den gesamten Erlös einschliesslich des erzielten Gewinns herauszugeben (ZK-SCHÖNLE, N 29).

Sofern die Parteien im Kaufvertrag nicht eine anderweitige Vereinbarung getroffen haben (Art. 74 Abs. 1), wird der **Erfüllungsort** bei Kaufverträgen nach Art. 74 Abs. 2 bestimmt: Nach Art. 74 Abs. 2 Ziff. 1 ist die **Kaufpreisschuld** als Geldschuld eine *Bringschuld* und am Ort zu bezahlen, wo der Gläubiger zur Zeit der Erfüllung seinen Wohnsitz hat (BSK OR I-KOLLER, N 86). Demgegenüber ist die **Besitzverschaffungspflicht** des Verkäufers eine *Holschuld*: *Erfüllungsort* ist beim *Stückkauf* der *Ort*, wo sich die *Sache zur Zeit des Vertragsabschlusses befand* (Art. 74 Abs. 2 Ziff. 2); bei *anderen Verbindlichkeiten* (z. B. Gattungsschulden) ist der Erfüllungsort, wo der *Schuldner* zur Zeit ihrer Entstehung seinen *Wohnsitz* hatte (Art. 74 Abs. 2 Ziff. 3; vgl. aber BGE 84 II 162, wo dies übersehen wurde). Allerdings ist es nur beim *Handkauf* üblich, dass der Käufer die *Sache* am Erfüllungsort *abholt*. Es ist sonst vielmehr üblich, dass die *Parteien vertraglich vereinbaren*, dass der *Verkäufer* den *Versand oder Transport* des Kaufgegenstand an den Käufer an dessen Adresse *übernimmt* (BSK OR I-KOLLER, N 87). Wenn die Parteien beim Distanzkauf keinen vertraglichen Erfüllungsort vereinbart haben, ergibt sich eine *Konkurrenz der Erfüllungsorte*. Der Käufer, der Erfüllung verlangt, hat die Zahlungsmittel am Versendungsort der Ware bereitzustellen; der Verkäufer, der die Zahlung des Kaufpreises verlangt, hat dem Käufer die Ware zuzusenden oder durch einen Mittelsmann anbieten zu lassen; in solchen Fällen entscheidet die *Initiative zur Erfüllung* über den grundsätzlich einheitlichen **Leistungsort** (BSK OR I-KOLLER, N 98; BK-GIGER, N 185). **41**

Die Parteien haben ihre vertraglichen **Leistungspflichten** beim Kaufvertrag nach Art. 184 Abs. 2 **Zug um Zug** zu erfüllen, sofern sie nicht eine abweichende Vereinbarung getroffen haben (BSK OR I-KOLLER, N 89 f.). Das in Art. 82 für synallagmatische Verträge erwähnte Prinzip der Erfüllung Zug um Zug (vgl. die Kommentierung von Art. 82) wird dadurch konkretisiert. Wenn eine Partei ihre Leistungen nicht erfüllt oder zumindest deren Erfüllung anbietet, hat die andere Partei für ihre Gegenleistung nach Art. 82 ein Rückbehaltungsrecht (vgl. vorne N 17 sowie BSK OR I-KOLLER, N 92). Auch die Annahme einer Teilleistung ändert nichts am Recht, die gesamte eigene **42**

Gegenleistung zurückzuhalten. Wenn die Leistungspflicht der einen Partei in mehreren Teilschritten zu erfüllen ist, ist i. d. R. die (auf einmal zu erbringende) Gegenleistung erst Zug um Zug mit der letzten Erfüllungshandlung zu erbringen; in gewissen Fällen (insbesondere bei Rechtsmissbrauch) ist aber die Gegenleistung auf die einzelnen Erfüllungshandlungen aufzuteilen (BSK OR I-Koller, N 90).

43   In Abweichung von der Regel der Leistung Zug um Zug kann eine **Vorleistungspflicht** *einer Partei* ausdrücklich oder stillschweigend vereinbart werden oder sich aus einer gesetzlichen Norm ergeben (BSK OR I-Koller, N 94). So hat der Käufer beim Erwerb eines *Grundstücks* in einer *Versteigerung* den Kaufpreis sofort bar zu bezahlen (Art. 233 Abs. 1), während die Übertragung des Eigentums erst später mit der Eintragung im Grundbuch erfolgt (Art. 235 Abs. 1). Bei *Kaufverträgen* für *Grundstücke* hat der Käufer bei Fehlen einer Parteivereinbarung über den Termin der Zahlung die Kaufpreiszahlung Zug um Zug gegen die (nicht rückziehbare) Grundbuchanmeldung (dazu BGE 115 II 221, 223) zu leisten, obwohl das Eigentum erst mit der Eintragung im Grundbuch übergeht (BSK OR I-Koller, N 91, vgl. BGE 128 III 374).

44   Auch eine **Abschwächung oder Modifikation** der **Erfüllungsregel Zug um Zug** ist möglich: So können die Parteien vereinbaren, dass sich bei einer Teilleistung des Verkäufers das Rückbehaltungsrecht des Käufers am Kaufpreis auf einen Teilbetrag reduziert; beim Kauf mit Akkreditiv übernimmt der Käufer eine Vorleistungspflicht (BSK OR I-Koller, N 95). Die Regel der Erfüllung Zug um Zug gilt nicht nur für die Zahlung des Kaufpreises durch den Käufer und die Verschaffung von Besitz und Eigentum am Kaufgegenstand durch den Verkäufer, sondern auch für jede andere in das Austauschverhältnis einbezogene Leistung und auch für Leistungspflichten aus weiteren Verträgen, die mit dem Kaufvertrag untrennbar verknüpft sind (BSK OR I-Koller, N 96).

4.   Nichterfüllung und mangelhafte Erfüllung des Kaufvertrags

45   Bei **Nichterfüllung** oder **mangelhafter Erfüllung** des Kaufvertrags durch eine der Parteien gelten die allgemeinen Regeln zum Schuldnerverzug (Art. 97 ff., insbesondere Art. 107 ff.), soweit die Leistung an sich objektiv (zumindest für einen Dritten) möglich wäre. Der Käufer muss grundsätzlich eine **mangelhafte Leistung** nicht annehmen; dies gilt auch für Teillieferung und Zuviellieferung, sofern dies nicht anders vereinbart ist (BSK OR I-Koller, N 92). Deshalb hat er das Recht, vor der Kaufpreiszahlung den Kaufgegenstand untersuchen zu dürfen (BSK OR I-Koller, N 93). Bei einer Lieferung einer anderen als der geschuldeten Sache *(Aliud)* behält der Käufer seinen Anspruch auf richtige Vertragserfüllung, ausser wenn er das Aliud als Lieferung an Erfüllung Statt annimmt (ZK-Schönle, N 157).

Die allgemeinen Bestimmungen der Art. 97 ff. über den Schuldnerverzug **46** werden für die Nichterfüllung bzw. mangelhafte Erfüllung durch den Verkäufer ergänzt durch die besonderen kaufrechtlichen Bestimmungen über die **Rechts- und Sachgewährleistung des Verkäufers** (Art. 192 ff., Art. 197 ff.; vgl. die dortige Kommentierung sowie die Übersicht bei ZK-SCHÖNLE, N 179 ff.); ausserdem sind beim *Handelskauf* die *Sondervorschriften* zum Verzug des Verkäufers nach Art. 190 f. zu beachten, welche die Art. 102 ff. ergänzen (BSK OR I-KOLLER, N 88; ZK-SCHÖNLE, N 176). Zum Verhältnis der Sachgewährleistung und der Haftung nach Art. 97 ff.: s. Vorbem. zu Art. 197–210 N 4 zur Möglichkeit, den Grundlagenirrtum des Art. 24 Abs. 1 Ziff. 4 alternativ neben Art. 197 ff. anzurufen: s. HONSELL, Vorbem. zu Art. 197–210 N 6. Diese Bestimmungen sind auch anwendbar, wenn dem *Verkäufer* die *Leistung subjektiv nicht möglich* ist, wenn sie zumindest einem Dritten noch möglich ist und keine entsprechende aufschiebende Bedingung vereinbart wurde (ZK-SCHÖNLE, N 159, N 167 f.). Ebenso sind die Bestimmungen über den Schuldnerverzug anwendbar, wenn der *Verkäufer* eine *nachträglich* eingetretene *objektive Unmöglichkeit* der Erfüllung *zu vertreten* hat (ZK-SCHÖNLE, N 171).

Der Verkäufer kann bei **Nichterfüllung der Pflichten durch den Käufer**, **47** namentlich der Pflicht zur Kaufpreiszahlung, in den meisten Fällen nur nach den *Regeln des Allgemeinen Teils* (Art. 97 ff., insbesondere Art. 107 ff.) sowie allenfalls wegen Mängeln des Vertragsschlusses (Art. 23 ff., insbesondere Art. 24 Abs. 1 Ziff. 4) gegen den Käufer vorgehen. Immerhin ermöglicht Art. 214 dem Verkäufer bei einem *Kaufvertrag* im *kaufmännischen Verkehr* bei *Verzug des Käufers* den *Vertragsrücktritt* ohne vorherige Ansetzung einer Nachfrist und Art. 215 stellt eine Sonderregelung für den Schadenersatz und die Schadensberechnung bei Verzug des Käufers im kaufmännischen Verkehr auf. Wenn der *Käufer* die *nachträgliche Unmöglichkeit der Erfüllung zu vertreten* hat (z. B. wegen Zerstörung der Kaufsache vor Eigentumsübergang durch den Käufer), so wird der Verkäufer von seinen Pflichten nach Art. 119 Abs. 1 frei; der Verkäufer hat zudem einen ausservertraglichen Schadenersatzanspruch gegen den Käufer nach Art. 41 Abs. 1 (ZK-SCHÖNLE, N 175).

Soweit eine **nachträgliche objektive Unmöglichkeit** der Leistung nach **48** Vertragsabschluss eintritt, welche **von keiner Partei zu vertreten** ist, wird der **Verkäufer** nach Art. 119 Abs. 1 **von** seiner **Leistungspflicht befreit** (ZK-SCHÖNLE, N 169). Erhält der Verkäufer ein Surrogat für die unmöglich gewordene Leistung *(«stellvertretendes commodum»)*, hat er dieses auf Verlangen des Käufers an diesen herauszugeben; der Käufer ist im Gegenzug verpflichtet, den Kaufpreis zu bezahlen (vgl. auch zum Übergang der Gefahrtragung Art. 185).

49　Bei **ursprünglicher objektiver Unmöglichkeit** der Leistung ist der Vertrag nach Art. 20 Abs. 1 nichtig (vgl. auch vorne N 7); doch kann der Verkäufer für *culpa in contrahendo* haftbar werden, wenn er wusste oder fahrlässig nicht wusste, dass der Vertrag nichtig ist, und wenn der Käufer dies nicht wusste und nicht wissen musste (ZK-SCHÖNLE, N 161 m. Hw. auf § 307 BGB).

5. Besonderheiten beim Kauf von Rechten

50　Obwohl die Art. 184 ff. in erster Linie auf den Kauf körperlicher Gegenstände zugeschnitten sind, können neben Fahrnis und Grundstücken auch **(nicht körperliche) Rechte** durch **Kauf** erworben werden, z. B. Forderungen, Wertpapiere (namentlich Aktien oder Obligationen), Gesellschaftsanteile, Immaterialgüterrechte (BGE 111 II 455; 110 II 239 = Pra 1984, 656 – Kauf eines Patents), wirtschaftliche Vorteile (z. B. eine (noch) nicht patentierte Erfindung oder Know-how und Goodwill, dazu BGE 93 II 453 – Goodwill für Kundschaft), Elektrizität (so BGE 76 II 107, HONSELL, OR BT, 24, u. U. allerdings Sukzessivlieferung s. ZK-SCHÖNLE, N 54 f.), beschränkte dingliche Rechte (insbesondere Dienstbarkeiten), ein ganzes Vermögen (z. B. ein Erbteil oder eine Erbschaft), ein Unternehmen oder sonstige wirtschaftliche Vorteile (BSK OR I-KOLLER, N 10 ff.). Bei letzteren kann es sich um **rein faktische** (nicht rechtliche) **Vorteile** (wie z. B. **Goodwill** oder **Know-how**) handeln, wenn diese übertragbar sind, z. B. Verzicht auf eigene Ausnützung durch den bisherigen Inhaber verbunden mit der entgeltlichen Vermittlung der Möglichkeit an den Erwerber, diese selbst zu nutzen (BSK OR I-KOLLER, N 60; ZK-SCHÖNLE, N 63 f.)

51　Das **Kaufrecht** kann auf den **Kauf** von **nicht körperlichen Rechten** nur z. T. angewendet werden, insbesondere weil *keine körperliche Sache übergeben* werden kann, wie dies in Art. 184 Abs. 1. vorgesehen ist. Auch enthalten die Art. 171–173 für den Forderungskauf eigene Gewährleistungsbestimmungen (im Zusammenhang mit der Forderungsabtretung), welche anstelle der kaufrechtlichen Gewährleistung nach Art. 197 ff. treten (BSK OR I-KOLLER, N 13; BK-GIGER, N 29 f.). Je nach Ausgestaltung und Vertragsinhalt kann es sich aber beim Kauf solcher Rechte um einen *Vertrag sui generis* handeln (so z. B. BGE 129 III 21 – Kauf eines Geschäfts, das in gemieteten Räumen betrieben wird, dazu: HONSELL, OR BT, 33). Beim Unternehmenskauf erfolgt aufgrund von Art. 73 Abs. 2 FusG von Gesetzes wegen mit der Eintragung im Handelsregister eine Übertragung der im Inventar zum Übernahmevertrag aufgeführten Aktiven und Passiven auf den übernehmenden Rechtsträger (HONSELL, OR BT, 34).

52　Die **Übertragung von Forderungen** erfolgt i. d. R. durch Zession vom Verkäufer an den Käufer (Art. 164 ff.; BSK OR I-KOLLER, N 66). Bei Forderungen, die in *Wertpapieren* verkörpert sind und anderen in Wertpapieren verkörperten Rechten erfolgt die Übertragung des Rechts nach den Grundsätzen des Wertpapierrechts (Dutoit, 453 ff.). Die **Abtretung von Forderungen** ist nach h. l. abstrakt (vgl. ZK-Schönle, N 30), auch wenn es abweichende Auffassungen gibt (vgl. die Hinweise bei ZK-Schönle, N 31, z. B. auf Dutoit, 453 ff. und Jäggi, 6 ff.); das BGer hat diese Frage bislang offen gelassen (BGE 95 II 112).

Beim Verkauf von Forderungen und anderen Rechten gibt es z. T. **keine** **53** **zweiteilige Pflicht** des Verkäufers zur Verschaffung von Eigentum und Besitz (BSK OR I-Koller, N 60). So ist bei Forderungen und anderen Rechten z. T. **keine Übergabe** wie bei körperlichen Sachen (vorne N 26 ff.) möglich; allerdings kann der Käufer bei gewissen Rechten ein Recht auf Übergabe der Sache haben (vgl. z. B. Art. 746 für Nutzniessung an einer Sache). Der Verkäufer hat seine Pflicht nach Verschaffung des Rechts durch eine *Übertragung nach den Regeln über die Forderungsabtretung* zu erfüllen bzw. in analoger Anwendung dieser Regeln. Soweit *Wertpapiere* oder (Beweis-)*Urkunden* bestehen, hat der Verkäufer dem Käufer diese zu *übergeben* (vgl. Art. 170 Abs. 2); der Verkäufer wird gewährleistungspflichtig (nach Art. 171 ff.), wenn der Verkäufer das ihm zustehende Recht bzw. die herauszugebenden Sachen nicht erlangt (BGE 108 II 48 ff.; 88 II 425; 87 II 218, 225; ZK-Schönle, N 72; BSK OR I-Koller, N 59). Beim **Patentkauf** führt die Patentnichtigkeit nicht zur Ungültigkeit des Kaufvertrags wegen Unmöglichkeit nach Art. 20; vielmehr hat der Verkäufer nach Art. 192 Gewähr zu leisten und haftet in analoger Anwendung von Art. 171 (s. dazu Art. 192 N 7).

IV. Abweichende Vereinbarungen

Art. 184 ist hinsichtlich der **essentialia negotii** (Einigung der Parteien über **54** die objektiv wesentlichen Punkte: Kaufgegenstand, Kaufpreis und Umsatz, vorne N 4 ff.) **zwingend**. Hingegen können die Parteien *alle weiteren Modalitäten* des Kaufvertrags (z. B. Reihenfolge von Übertragung der Sache und Zahlung, Zahlungsart) in den Schranken der Rechtsordnung relativ *frei* *wählen*. Allerdings sind bei gewerblichen Abzahlungsgeschäften die zwingenden Vorschriften des KKG zu beachten, bei Vorauszahlungsgeschäften die Art. 227 a ff. Zudem setzt beim Preis des Kaufgegenstandes der Wuchertatbestand von Art. 157 StGB den Parteien gewisse Grenzen.

V. Prozessuales

Die **Ansprüche** von Käufer bzw. Verkäufer wegen Nichterfüllung oder man- **55** gelhafter Erfüllung sind **klagbar** und können nach den Regeln der *Zwangsvollstreckung* mit staatlicher Hilfe *durchgesetzt* werden (ZK-Schönle, N 156). Der *Käufer* trägt die **Beweislast** für die *Bezahlung des Kaufpreises*. Beim Handkauf spricht eine natürliche Vermutung für die Bezahlung, wenn es sich um Geschäfte handelt, die regelmässig nur gegen sofortige Bezahlung abgeschlossen werden (BSK OR I-Koller, N 81; ZK-Oser/Schönenberger,

N 12). Wenn der Käufer behauptet, es sei in Abweichung von der gesetzlichen Regelung von Art. 74 Abs. 2 eine *Bringschuld* für den Kaufgegenstand
vereinbart worden, trägt er hierfür die Beweislast (BSK OR I-Koller,
N 87). Im Übrigen hat nach der allgemeinen Regel von Art. 8 ZGB diejenige
Partei, welche ein Recht behauptet, dieses zu beweisen.

56   Die **Sicherung der Ansprüche** auf *Übertragung von Eigentum und Besitz*
richtet sich grundsätzlich nach kantonalem Recht, ist aber v. a. im Bereich
des einstweiligen Rechtsschutzes z. T. (meist ungeschriebenes) Bundesrecht. Bei Grundstücken hat der Käufer nach Art. 960 Abs. 1 Ziff. 1 ZGB die
Möglichkeit, seinen Anspruch auf Eigentum durch *Verfügungsbeschränkung im Grundbuch* im Rahmen einer vorsorglichen Massnahme vormerken
zu lassen, während bei Fahrnis ein richterliches Veräusserungsverbot in
Frage kommt (BSK OR I-Koller, N 68, 71).

57   Das **Rückbehaltungsrecht** nach Art. 184 Abs. 2 i. V. m. Art. 82 ist im *Prozessfall* nicht von Amtes wegen zu beachten, sondern *nur auf Einrede des
Schuldners* hin. Die Erhebung der Einrede führt nach h. L. und Praxis
des BGer (bei begründeten klägerischen Anspruch) nicht zur (vorläufigen)
Abweisung, sondern zur *Gutheissung der Klage* mit der *Bedingung*, dass
der Beklagte zur Erbringung der vom Kläger verlangten Leistung verpflichtet wird, jedoch nur gegen gleichzeitige Erbringung der Gegenleistung
(BGE 94 II 263, 269; 79 II 277, 279 = Pra 1953, 431; BSK OR I-Koller, N 99).
Eine Partei mit **Vorleistungspflicht** kann sich beim Kaufvertrag **nicht** auf
das **Rückbehaltungsrecht** nach **Art. 82** berufen; sie hat jedoch ein Rückbehaltungsrecht nach **Art. 83**, sofern dessen Voraussetzungen erfüllt sind
(BSK OR I-Koller, N 99).

58   Eine Partei kann im Prozess nur dann ein **unbedingtes Leistungsurteil** erwirken, wenn der *Gläubigerverzug* der Gegenpartei *während* des *ganzen
Prozesses* andauert und die klagende Partei ihr Leistungsangebot während
des ganzen Prozesses aufrecht erhält (BSK OR I-Koller, N 99). Der *Gläubigerverzug* kann *beendet* werden und so das *Rückbehaltungsrecht* nach
Art. 82 *entfallen*, wenn die sich darauf berufende Partei ihrerseits in Gläubigerverzug gerät (durch unerlaubte Verweigerung der Annahme der Erfüllung), wenn die Gegenpartei erfüllt oder sich nach Art. 92 f. von ihrer Leistungspflicht befreit. Ob die *Einrede* des *nicht erfüllten Vertrags* Fälligkeit
der zurückbehaltenen Leistung und Verzug ausschliesst, ist umstritten
(BSK OR I-Koller, N 99; Schenker, N 241).

VI. Wiener Kaufrecht/Rechtsvergleichung

59   Nach Art. 14 Abs. 1 **WKR** ist es erforderlich, dass die **Offerte** oder der **Vertrag** die Ware bezeichnet und ausdrücklich oder stillschweigend die Menge
und den Preis festsetzt oder deren Festsetzung ermöglicht. Das WKR regelt

die **Gültigkeit** des Kaufvertrags ausdrücklich nicht (Art. 4 lit. a WKR). Hingegen enthält das WKR eigene Regeln für den **Vertragsabschluss**, die von den Regeln des OR z. T. abweichen (vgl. insbesondere Art. 19 Abs. 2 und 3 WKR und BSK OR I-KOLLER, N 41). Der Regelung von Art. 184 Abs. 3 über die Bestimmbarkeit des Preises entspricht Art. 14 Abs. 1 Satz 2 WKR (ZK-SCHÖNLE, N 200). Nach Art. 30 WKR ist der **Verkäufer verpflichtet**, die **Ware** zu **liefern**, die sie betreffenden Dokumente zu übergeben und das Eigentum an der Ware zu übertragen. Diese Lieferpflicht ist sachlich identisch mit der Übergabepflicht i. S. v. Art. 184 Abs. 1 (BSK OR I-KOLLER, N 100). Allerdings richten sich nach Art. 4 WKR die Wirkungen, die der Vertrag auf das Eigentum an der verkauften Ware haben kann, nicht nach dem WKR, sondern nach dem gemäss IPR anwendbaren internen, nationalen Recht (ZK-SCHÖNLE, N 198). Den **Käufer** treffen nach Art. 53 ff. WKR die **Pflicht zur Kaufpreiszahlung** und zur **Abnahme der Kaufsache** (BSK OR I-KOLLER, N 102). Im WKR erfolgt die *Erfüllung Zug um Zug* (Art. 58 Abs. 1 WKR), die für den Versendungskauf in Art. 58 Abs. 2 WKR präzisiert wird. Nach Art. 58 Abs. 3 WKR hat der Käufer (bei Fehlen einer abweichenden Parteivereinbarung) den Kaufpreis jedoch erst dann zu bezahlen, wenn er Gelegenheit hatte, den Kaufgegenstand zu prüfen (ZK-SCHÖNLE, N 199).

Im **deutschen Recht** ist der Kauf (wie nach OR) ein Vertrag über den Austausch eines Kaufgegenstandes gegen Geld (§ 433 BGB). Die Abnahme der gekauften Sache durch den Käufer wird als ausdrückliche Pflicht festgehalten (§ 433 Abs. 2 BGB). § 453 Abs. 1 BGB erklärt die Vorschriften über den Sachkauf als ausdrücklich anwendbar für den Rechtskauf. Im **österreichischen Recht** ist der Kauf die Überlassung einer Sache gegen Geld (§ 1053 ABGB). § 1055 ABGB hält für die Abgrenzung von Kauf und Tausch fest, dass ein Kauf vorliegt, wenn der Geldanteil des Entgelts mindestens so hoch ist wie der Sachwert des eingetauschten Gegenstands. Im **italienischen Recht** ist ein Kauf die entgeltliche Übertragung des Eigentums an einer Sache oder eines anderen Rechts (Art. 1470 CC it.). Bei Fehlen einer abweichenden Vereinbarung der Parteien hat die Abwicklung des Kaufvertrags Zug um Zug zu erfolgen (Art. 1498 Abs. 2 CC it.). Im **französischen Recht** ist der Kaufvertrag die Verpflichtung des Verkäufers, die Sache zu liefern, und die Verpflichtung des Käufers, den Kaufpreis zu bezahlen (Art. 1582 Abs. 1 CC fr.). Hingegen fehlt die im OR ebenfalls vorgesehene Pflicht des Verkäufers zur Verschaffung des Eigentums des Käufers, weil der Eigentumsübergang im französischen Recht (auch ohne Übergabe der Kaufsache und Bezahlung des Kaufpreises) bereits im Zeitpunkt des Vertragsabschlusses erfolgt (Art. 1583 CC fr.).

60

Art. 185

B. **Nutzen und Gefahr**

[1] Sofern nicht besondere Verhältnisse oder Verabredungen eine Ausnahme begründen, gehen Nutzen und Gefahr der Sache mit dem Abschlusse des Vertrages auf den Erwerber über.

[2] Ist die veräusserte Sache nur der Gattung nach bestimmt, so muss sie überdies ausgeschieden und, wenn sie versendet werden soll, zur Versendung abgegeben sein.

[3] Bei Verträgen, die unter einer aufschiebenden Bedingung abgeschlossen sind, gehen Nutzen und Gefahr der veräusserten Sache erst mit dem Eintritte der Bedingung auf den Erwerber über.

Literatur

Vergleiche die Literaturangaben in der Einl. vor Art. 184–236 sowie besonders zu Art. 185: BUCHER, Notizen zu Art. 185 OR, ZSR 1970 I, 281 ff.; CORTESI, Die Kaufpreisgefahr, Diss. Zürich 1996; EGLI, Die Gefahrtragung beim Kaufvertrag, Diss. Zürich 1926; KELLER, Die Gefahrtragungsregeln im Obligationenrecht, AJP 2003, 1152 ff.; MEYLAN, Periculum est emptoris, in: FS Guhl, Zürich 1950; SCHMUTZ, Die Gefahrtragung beim Kaufvertrag nach schweizerischem und UNCITRAL-Kaufrecht, Diss. Basel 1983; SIEBER, Gefahrtragung im Kaufrecht, Diss. Zürich 1993; WALTER, Doppelverkauf und Preisgefahr im schweizerischen Recht, FS Wiegand, Bern 2005, 633 ff.; YASAR, Übergang der Leistungsgefahr bei den internationalen Kaufverträgen, Diss. Bern 1998.

I. Normzweck und Anwendungsbereich

1 Art. 185 befasst sich mit dem **Übergang von Nutzen und Gefahr beim Kauf**. Dabei geht es um die Gefahrtragung, nämlich die Tragung der **Kaufpreisgefahr** durch den Käufer (ZK-SCHÖNLE, N 3). **Gefahr** i. S. v. Art. 185 ist das *Risiko* des *zufälligen, von keiner Partei zu vertretenden Untergangs* oder der *Verschlechterung* der *Kaufsache* nach Vertragsabschluss.

2 Art. 185 regelt trotz seines Wortlautes, der von «Gefahr der Sache» spricht, nicht die **Sachgefahr** (auch **Leistungsgefahr** genannt), die das unmittelbare Risiko des Verlustes oder der Verschlechterung der Kaufsache ist; diese trägt stets der Eigentümer («*casum sentit dominus*»; vgl. ZK-SCHÖNLE, N 16). Allerdings sagt die Sachgefahr nichts über das Schicksal des Anspruchs des Verkäufers auf Bezahlung des Kaufpreises durch den Käufer

(Kaufpreisgefahr). Die **Sachleistungsgefahr** (auch **Lieferungsgefahr** genannt) ist nicht Gegenstand der Regelung von Art. 185. Sie betrifft den Verlust des Anspruchs des Käufers auf Besitz- und Eigentumsübertragung an einer mangelfreien Kaufsache im Rahmen eines weiterhin gültigen Kaufvertrags. Wenn der Käufer diesen Anspruch einbüsst und auch keinen Anspruch auf eine sekundäre Leistungspflicht des Verkäufers (wie Sachenersatzpflicht) erhält, so trägt der Käufer die Sachleistungsgefahr (ZK-Schönle, N 18). Art. 185 betrifft und regelt weder die Folgen der ursprünglichen Unmöglichkeit noch die Folgen der nachträglichen, von einer der Parteien oder beiden Parteien zu vertretenden Unmöglichkeit gehöriger Erfüllung des Kaufvertrags (ZK-Schönle, N 120 ff.).

Der **Zeitpunkt des Gefahrübergangs** ist der Zeitpunkt, ab welchem der   3
Käufer den *Kaufpreis zu bezahlen* hat, auch wenn die Sache untergeht und er keine Gegenleistung für den Kaufpreis erhält. Die in Art. 185 geregelte Kaufpreisgefahr stellt sich nur, wenn die Sachleistungsgefahr auf den Käufer übergegangen ist; ab dem Zeitpunkt des Übergangs der Kaufpreisgefahr hat der Käufer den vollen Kaufpreis grundsätzlich auch dann zu bezahlen, wenn er die Kaufsache überhaupt nicht oder nur in verschlechtertem Zustand erhält, weil der Verkäufer von seiner Pflicht zur Lieferung einer mangelfreien Kaufsache befreit ist (ZK-Schönle, N 31).

Korrelat zur Gefahrtragung und deren Übergang ist der **Übergang des**   4
Nutzens (insbesondere der Früchte), der gleichzeitig mit dem Gefahrtragungsübergang erfolgt (BSK OR I-Koller, N 1, 12); doch vermag dieser Übergang des Nutzens einen totalen Verlust der Sache nicht aufzuwiegen, insbesondere zumal der Käufer bis zur Übergabe der Sache nicht über diese verfügen oder diese benutzen kann (BK-Giger, N 1). Zur Vereinfachung wird nachfolgend i.d.R. nur der im Vordergrund stehende Übergang der Gefahrtragung erwähnt (obwohl das Gleiche jeweils auch für den Nutzen bzw. den Übergang des Nutzens gilt); vgl. zu den Wirkungen des Überganges des Nutzens im Einzelnen: BK-Giger, N 68 ff.

Beim **suspensiv bedingten Kauf** erfolgt ausnahmsweise der *Übergang von*   5
Nutzen und Gefahr nicht gleichzeitig parallel: So sieht zwar Art. 185 Abs. 3 ebenfalls einen gleichzeitigen Übergang von Nutzen und Gefahr vor, doch bestimmt Art. 153 Abs. 1, dass der Käufer einen Nutzen, den er bezogen hat, wenn ihm die Sache vor Eintritt der Bedingung übergeben worden war, behalten darf, obwohl die Gefahr eben nicht schon mit der Übergabe übergegangen war. Allerdings muss der Käufer den bezogenen Nutzen herausgeben, wenn die Bedingung sich nicht erfüllt, wodurch der unterschiedliche Zeitpunkt des Übergangs von Nutzen und Gefahr relativiert wird (BSK OR I-Koller, N 12; ZK-Schönle, N 56).

6 Art. 185 ist im allgemeinen Teil des Kaufrechts angeordnet und gilt daher grundsätzlich für **alle Arten von Kaufgegenständen**. Art. 220 enthält aber für den *Grundstückkauf* eine *besondere Regelung* mit einer abweichenden gesetzlichen Vermutung für den Zeitpunkt des Übergangs von Nutzen und Gefahr bei Grundstückkaufverträgen mit vertraglicher Vereinbarung eines Übernahmezeitpunkts (vgl. dazu Art. 220 N 1 ff.). Die Regelung der Gefahrtragung von Art. 185 Abs. 1 (beim Fehlen einer anderslautenden Vereinbarung der Parteien oder von «besonderen Verhältnissen») stellt eine **Ausnahme** von der entsprechenden Bestimmung des allgemeinen Teils des OR in *Art. 119 Abs. 2* für die Gefahrtragung ab: Denn nach Art. 119 Abs. 2 *verliert* der *Sachleistungsschuldner* bei einem synallagmatischen Vertrag seinen *Anspruch auf* die *Gegenleistung* (Entgelt), wenn die Erfüllung der Sachleistungsschuld nach Abschluss des Vertrags ohne Verschulden einer Partei unmöglich wird (BSK OR I-KOLLER, N 1). Art. 119 Abs. 3 erwähnt deshalb ausdrücklich die Ausnahme der Anwendbarkeit von Art. 119 Abs. 1 und 2 in Fällen mit abweichender Gesetzesvorschrift, zu denen Art. 185 gehört (HONSELL, OR BT, 49).

II. Voraussetzungen

7 Voraussetzung der Anwendbarkeit von Art. 185 ist der **Abschluss** eines gültigen **Kaufvertrags** durch die Parteien sowie die **nachträglich** (nach Abschluss des Vertrags zwischen den Parteien) eingetretene **Verschlechterung**, *(ganzer oder teilweiser)* **Untergang** oder sonstige **negative Veränderung** der **Kaufsache** (BSK OR I-KOLLER, N 4 ff.; CR CO I-VENTURI, N 6 ff). Diese nachträgliche Veränderung der Kaufsache ist durch **Zufall** eingetreten, d. h. *ohne dass sie von einer der Parteien* zu vertreten wäre und führt zu einer dauerhaften Leistungsunmöglichkeit für den Verkäufer (BSK OR I-KOLLER, Art. 185 N 8; CR CO I-VENTURI, Art. 185 N 9). Eine **Einschränkung** der Anwendbarkeit von Art. 185 ergibt sich bei Grundstückkäufen durch Art. 220 (vgl. dazu vorne N 6).

III. Rechtsfolgen

1. Allgemeines und Grundregel von Art. 185 Abs. 1

8 Die **Grundregel** von Art. 185 Abs. 1 für den **Gefahrübergang** bestimmt, dass die *(Kaufpreis-)Gefahr* bereits mit **Abschluss des Vertrags** auf den **Käufer** übergeht *(«periculum est emptoris»)*, *auch wenn* die *Übergabe der Sache erst später* erfolgt, wie dies ausser beim Handkauf und bei Lieferung der Kaufsache durch den Käufer vor Vertragsabschluss der Fall ist. Die Grundregel von Art. 185 Abs. 1 gilt allerdings nur für den *Stückkauf* (Spezieskauf, zum Gattungskauf hinten N 26 ff.) und bei diesem nur für eine Holschuld des Käufers, d. h. einen **Platzkauf** (HONSELL, OR BT, 51; vgl. auch

BSK OR I-KOLLER, N 29). Art. 185 Abs. 1 sieht aber selbst bereits vor, dass diese Grundregel von nicht anwendbar ist, sofern «besondere Verhältnisse oder Verabredungen eine Ausnahme» begründen.

Die *Grundregel* des Übergangs der Gefahr in *Art. 185 Abs. 1* entspringt nicht **9** einer sachlichen Angemessenheit, sondern viel eher einem **gesetzgeberischen Kompromiss** zwischen den verschiedenen Traditionen der früheren kantonalen Rechte. Es wäre sachgerechter, wenn der Käufer die Gefahr erst ab dem Zeitpunkt tragen müsste, in dem er Eigentümer der Sache wird. Weil die **Grundregel** von Art. 185 Abs. 1 über den Übergang der Gefahrtragung als rechtspolitisch **verfehlt** angesehen wird, werden «*besondere Verhältnisse*» und «*Verabredungen*» der Parteien (als Ausnahmen von dieser Regel) von der h. L. und Rechtsprechung *extensiv* angenommen, wodurch für die Anwendung der Grundregel nur ein eingeschränkter Anwendungsbereich bleibt (vgl. BGE 128 III 370 E. 4a–c = Pra 2002, 1011; 84 II 161; HONSELL, OR BT, 51 f.; BSK OR I-KOLLER, N 35; BK-GIGER, N 74 f.; TERCIER, contrats spéciaux, N 914; CAVIN, SPR VII/1, 29 ff.; MEYLAN, 9 ff.; BUCHER, OR BT, 281 ff.; SCHMUTZ, 62 ff.; SIEBER, 100 ff.; CORTESI, 106 ff.; KELLER/SIEHR, 26 f.).

Soweit die Gefahr nach Art. 185 auf den Käufer übergeht, hat er nach h. L. **10** einen Anspruch gegen den Veräusserer auf Abtretung eines Versicherungsanspruchs oder Zahlung der Versicherungssumme als **stellvertretendes commdoum** (BSK OR I-KOLLER, N 14; HONSELL, OR BT, 50; CORTESI, 103 f. m. w. N.; ZK-SCHÖNLE, N 47; BGE 51 II 175 f.).

2. «Abweichende Vereinbarung» i. S. v. Art. 185 Abs. 1

Grundsätzlich können die **Parteien** mit beliebigen, formfreien **Vereinba-** **11** **rungen** (ausdrücklich oder stillschweigend) zum Ausdruck bringen, dass sie eine von Art. 185 Abs. 1 **abweichende Regelung** des Übergangs der Gefahrtragung wollen.

Wenn die Parteien einen **Erfüllungsort** vertraglich vereinbaren (**Fernkauf**), **12** ist der Verkäufer verpflichtet, dem Käufer die Sache an diesen Ort zu überbringen; es kann sich bei einer solchen Abrede insbesondere um die Vereinbarung einer **Bringschuld** handeln, bei welcher der *Erfüllungsort* am *Wohnsitz oder* der *Niederlassung des Käufers* ist (BSK OR I-KOLLER, N 25 HONSELL, OR BT, 53). In einem solchen Fall geht die Gefahr erst auf den Käufer über, wenn sich die Sache am Erfüllungsort befindet und der Verkäufer sie für den Käufer bereithält und diesem anbietet (HONSELL, OR BT, 53; BSK OR I-KOLLER, N 26; BGE 84 II 162 = Pra 1958, 324). Diese Abweichung von der Grundregel von Art. 185 Abs. 1 wird v. a. damit begründet, dass der Verkäufer bei einem solchen Fernkauf nicht besser gestellt sein soll als beim Versendungskauf, bei dem die Gefahr nach Art. 185 Abs. 2 erst auf den Käufer übergeht, wenn die Kaufsache zur Versendung abgegeben ist (BSK OR I-Koller, N 26). Allerdings geht auch in diesem Fall die Gefahr schon auf den Käufer über, bevor die Sache tatsächlich an den Käufer übergeben ist. Vorbehalten bleibt jedoch in diesem Fall eine abweichende Vereinbarung der Parteien, wonach der Käufer trotz Vorliegens einer Bringschuld die Gefahr schon zu einem früheren Zeitpunkt (z. B. Zeitpunkt der Versendung) übernimmt (BSK OR I-Koller, N 28).

13 Vertragliche Regeln für die Gefahrtragung sind v. a. im internationalen Handel üblich (**Handelsklauseln**). Am wichtigsten sind die sog. **Incoterms**; diese regeln nicht nur die Kaufpreisgefahr, sondern auch die Transportkosten (BSK OR I-Koller, Art. 185 N 42; BK-Giger, N 87 ff.; ZK-Schönle, N 74 ff., letztere zwei mit ausführlichen Erläuterungen der verschiedenen Incoterms). Eine blosse **Abrede über** die **Zeit der Erfüllung** ist keine «abweichende Vereinbarung» i. S. v. Art. 185 Abs. 1 (Honsell, OR BT, 54; Keller/ Siehr, 27; a. M. Bucher, OR BT, 80).

14 Eine Übernahme von Transportkosten durch den Verkäufer, wie sie durch die sog. **Franko-Klauseln** erfolgt, begründet v. a. die Vermutung, dass der Verkäufer die Transportkosten übernommen hat. Grundsätzlich schaffen sie aber nach h. L. keine Vermutung für eine Veränderung der gesetzlichen Gefahrtragung, d. h. einer Übernahme der Gefahrtragung durch den Verkäufer für den Transport (BSK OR I-Koller, N 43; CR CO I-Venturi, N 29; vgl. BGE 52 II 365; 46 II 460 sowie die abweichende Äusserung in BGE 44 II 416). Es ist jedoch möglich, dass die Parteien eine Frankolieferung mit einer entsprechenden Vereinbarung über die Gefahrtragung des Verkäufers ausdrücklich oder stillschweigend verbinden (BSK OR I-Koller, N 43; CR CO I-Venturi, N 29; OG ZH, SJZ 1948, 179 f.). Mit der **Vereinbarung einer Transportgarantie** des Verkäufers (ohne Vereinbarung eines Erfüllungsorts) können die Parteien Art. 185 Abs. 1 wegbedingen und dafür sorgen, dass der *Gefahrübergang* erst *bei Ablieferung* der Kaufsache an den *Käufer* erfolgt (BK-Giger, N 86; vgl. allgemein zur Abgrenzung von Bring- und Versendungsschuld: BSK OR I-Koller, N 27).

3.   «Besondere Verhältnisse» i. S. v. Art. 185 Abs. 1

15 «**Besondere Verhältnisse**» i. S. v. Art. 185 Abs. 1 können auch **ohne** eine **abweichende Vereinbarung** vorliegen, wie Art. 185 Abs. 1 ausdrücklich festhält. Neben den gesetzlich besonders geregelten Fällen (Art. 185 Abs. 2 und 3, Art. 220) werden *verschiedene Konstellationen*, in denen solche «besondere Verhältnisse» vorliegen, von der h. L. und Rechtsprechung *anerkannt*. Dadurch soll v. a. verhindert werden, dass die Grundregel von Art. 185 Abs. 1 in Fällen angewandt wird, wo dies unpassend oder unbillig erscheint; allerdings kann es dabei vorkommen, dass die Gefahrtragung nicht nur zulasten des Verkäufers, sondern auch zulasten des Käufers verändert wird (BSK OR I-Koller, N 35; BK-Giger, N 75 f.; CR CO I-Venturi, N 27). Ten-

denziell werden *besondere Verhältnisse* angenommen, wenn der Verkäufer die Verfügungsgewalt über die Sache behält und der *Käufer weder Anlass noch Möglichkeit* hat, die notwendigen Vorkehren zur *Schadensabwehr* zu treffen (BSK OR I-KOLLER, N 38; BK-GIGER, N 75; BUCHER, OR BT, 285; CAVIN, SPR VII/1, 34; SCHMUTZ, 32; BGE 128 III 370; 84 II 158).

Bei einem **Mehrfachverkauf** der Sache durch den Verkäufer kann der   16
Verkäufer den Kaufpreis von keinem der Käufer fordern, sobald er die Sache ein zweites Mal verkauft (HONSELL, OR BT, 52; ZK-SCHÖNLE, N 65; BUCHER, OR BT, 80; BSK OR I-KOLLER, N 39; **a. M.**: BK-GIGER, N 80, EGLI, 129; WALTER, 633 ff., 655; BK-BECKER, N 17).

Bei **Annahmeverzug des Käufers** oder einer **Hinterlegung** der verkauf-   17
ten Sache durch den Verkäufer (nach Art. 92) geht die *Gefahr auf* den *Käufer* über (BSK OR I-KOLLER, N 36; CR CO I-VENTURI, N 27; BK-WEBER, Art. 92 N 20; BK-GIGER, N 79; BK-BECKER, Art. 92/94 N 7; **a. M.**: ZK-OSER/ SCHÖNENBERGER, Art. 92 N 12: Übergang erst mit Hinterlegung). Dies kann aber nur in den Fällen eine praktische Bedeutung haben, in denen die Gefahr nicht schon ohnehin auf den Käufer übergegangen ist. Beim Gattungs- oder Spezifikationskauf kann die Gefahr erst übergehen, wenn der Verkäufer die Spezifikation selbst vornimmt und die Ware versendet oder zumindest dem Käufer anbietet (BSK OR I-KOLLER, N 36; CR CO I-VENTURI, N 27; BGE 110 II 148 = Pra 1984, 479).

Bei einer **Wahlobligation** wird erst durch die Ausübung des Wahlrechts   18
(das nach Art. 72 im Zweifel dem Schuldner zusteht), die für die Perfektion des Vertrags erforderliche Bestimmtheit der Kaufsache erreicht (BK-GIGER, N 78; EGLI, 78). Wenn der Verkäufer das Wahlrecht hat, soll er nicht die untergegangene Sache wählen und den Kaufpreis dennoch verlangen können (BSK OR I-KOLLER, N 39; HONSELL, OR BT, 52, **a. M.**: ZK-SCHÖNLE, N 64, 131). Bei einem **Neuwagenkauf mit Inzahlungnahme** eines Gebrauchtwagens liegen ebenfalls besondere Verhältnisse i. S. v. Art. 185 Abs. 1 vor (HONSELL, OR BT, 53).

Keine «besonderen Verhältnisse» i. S. v. Art. 185 Abs. 1 liegen bei einem   19
Sukzessivlieferungsvertrag vor, zumindest wenn die getroffene Vereinbarung von Teillieferungen im Interesse des Käufers lag (HONSELL, OR BT, 53; BGE 128 III 374 E. 4 = Pra 2002, 1011; **a. M.** BSK OR I-KOLLER, N 38, der für eine Abstufung nach dem Zeitpunkt der Fälligkeit der einzelnen Teillieferungen bzw. Vorliegen «besonderer Verhältnisse» plädiert).

Bei **Verschulden des Verkäufers** (insbesondere Pflichtverletzungen) oder   20
einem sonstigen **Umstand**, den er **zu vertreten** hat und der zum Untergang, einer Verschlechterung oder sonstigen negativen Veränderung der Kaufsache geführt hat, haftet der Verkäufer für den Schaden des Käufers nach Art. 97 ff. und die Gefahr kann auf den Verkäufer zurückfallen. Der Käufer

hat den Kaufpreis nicht zu bezahlen, was sich sowohl aus den allgemeinen Haftungsnormen herleiten, aber auch mit «besonderen Verhältnissen» i. S. v. Art. 185 Abs. 1 begründen lässt (BSK OR I-Koller, N 8, 37; ZK-Oser/ Schönenberger, N 5). Wenn der Verkäufer eine Verschlechterung der Kaufsache (aber nicht deren Untergang) zu vertreten hat, so sind nach h. l. die Bestimmungen über die Sachmängelgewährleistung (Art. 197 ff.) anwendbar; nach einem Teil der Lehre sind zudem die allgemeinen Bestimmungen über die Nichterfüllung (Art. 97 ff.) alternativ anwendbar; dabei sind aber die Voraussetzungen für eine Anwendung dieser Bestimmungen umstritten (BSK OR I-Koller, N 9).

4.   Die Gefahrtragung beim Distanzkauf (Versendungskauf) und Fernkauf

21   Bei einem **Distanzkauf (Versendungskauf)** hat der Verkäufer eine **Schickschuld**, d. h. er muss die Sache vom Erfüllungsort an einen anderen Ort verschicken, aber *nicht dem Käufer überbringen* bzw. der Käufer braucht sie nicht zu holen (BSK OR I-Koller, N 13; BK-Giger, N 38). Die Verpflichtungen des Verkäufers hören mit der Versendung auf. Art. 185 Abs. 2 bestimmt nach seinem Wortlaut, dass beim **Versendungskauf** von Gattungssachen die *Gefahr* auf den *Käufer* übergeht, wenn die *ausgeschiedene Gattungsware* vom Verkäufer zur *Versendung* abgegeben wird (vgl. zum Gattungskauf hinten N 26 ff.). Die h. L. hält diese Bestimmung auch als auf den *Stückkauf* anwendbar bzw. argumentiert, dass sonst beim Versendungskauf «besondere Verhältnisse» i. S. v. Art. 185 Abs. 1 vorliegen (BSK OR I-Koller, N 15; Honsell, OR BT, 54 f.; Cavin, SPR VII/1, 37; **a. M.** ZK-Schönle, N 46, 53 f.; BK-Becker, N 8 ff.). Diese Gefahrtragung durch den Verkäufer bis zur Versendung soll eine optimale Pflichterfüllung des Verkäufers bis zur Versendung sicherstellen.

22   Damit die Gefahr beim Versendungskauf auf den Käufer übergeht, muss der Verkäufer die Kaufsache dem Beförderer zur **Übermittlung an den Käufer** ausgehändigt und **vom Erfüllungsort abgesendet** haben, d. h. nicht an sich selbst oder eine Zwischenstation (BSK OR I-Koller, N 18). Mit dieser Abgabe der Ware zur Versendung gehen auch die Leistungsgefahr (keine Nachlieferungspflicht des Käufers mehr, auch nicht gegen nochmalige Preiszahlung) und die Verspätungsgefahr (verspäteter Erhalt des Käufers) auf den Käufer über (BSK OR I-Koller, N 22 ff.). Wenn beim Versendungskauf die **Kaufsache** auf dem **Transport untergeht**, kann der Käufer Ansprüche gegen den Frachtführer bzw. andere Transporteure geltend machen. Der Verkäufer hat im Weg der Drittschadensliquidation solche Ansprüche geltend zu machen bzw. als stellvertretendes commodum an den Käufer abzutreten (Honsell, OR BT, 55 m. w. H.).

23   Beim **Fernkauf** ist der Verkäufer verpflichtet, dem Käufer die Kaufsache zu überbringen (**Bringschuld**). Anders als beim Versendungskauf genügt es

deshalb nicht, dass der Verkäufer die Sache einem Transporteur übergibt, sondern er hat sich auch nach der Versendung um die Sache zu kümmern und alles Erforderliche vorzukehren, damit die Ware zum Käufer gelangt (BSK OR I-KOLLER, N 25; zur Abgrenzung von Fernkauf und Versendungskauf s. BSK OR I-KOLLER, N 27). Zwar enthält das Gesetz keine eigene Gefahrtragungsregel für den Fernkauf. Doch ist nach h. L. Art. 185 Abs. 1 (mit Gefahrübergang auf den Käufer im Zeitpunkt des Vertragsabschlusses) nicht anwendbar, weil so der Käufer in nicht sachgerechter Weise schlechter gestellt würde als beim Versendungskauf mit einem Gefahrübergang nach Art. 185 Abs. 2 (BSK OR I-KOLLER, N 15; CAVIN, SPR VII/1, 37). Die Gefahr geht deshalb beim Fernkauf (vorbehältlich anders lautender Vereinbarung der Parteien) erst dann auf den Käufer über, wenn der Verkäufer seine **Leistung am Erfüllungsort bereithält und anbietet**; eine Übergabe der Sache ist hingegen ebenso wenig für den Gefahrübergang erforderlich wie ein Gläubigerverzug des Käufers (BSK OR I-KOLLER, N 26, 28).

5. Die Gefahrtragung beim bedingten Kauf

Nach Art. 185 Abs. 3 geht bei einem **suspensiv bedingten Kauf** die Gefahr erst mit dem Eintritt der Bedingung auf den Käufer über, d. h. bei Wirksamwerden des Geschäfts. Wenn die Sache vor Eintritt der Bedingung untergeht, so trägt der *Verkäufer* die *Gefahr*, auch wenn er dem Käufer die Sache vor Eintritt der Bedingung übergibt (BSK OR I-KOLLER, N 33; ZK-SCHÖNLE, N 56 ff.). Der **Kauf auf Probe** (Art. 223) gilt als suspensiv bedingter Kauf, bei dem die *Bedingung* die *rein potestative Erklärung des Käufers* ist (BK-GIGER, N 51 ff.).   24

Art. 185 Abs. 3 gilt nicht für einen **Kauf mit Resolutivbedingung**, wie z. B. den *Kauf unter Eigentumsvorbehalt* (BSK OR I-KOLLER, N 34; BK-GIGER, N 54). Nach h. L. kann der Käufer bei einem Kauf mit Resolutivbedingung den Preis zurückfordern, wenn die Sache zugrunde geht, nachdem die Voraussetzungen für den Gefahrübergang erfüllt sind und die Resolutivbedingung nachträglich eintritt (gegen eine Rückforderung des Kaufpreises durch den Käufer: BSK OR I-KOLLER, N 34; BK-BECKER, N 3; BGE 43 II 306; 30 II 60; BK-GIGER, N 56; ZK-OSER/SCHÖNENBERGER, N 15 f.; EGLI, 81 f.; **a. M.** ZK-SCHÖNLE, N 60). Ein **befristeter Kauf** gilt nicht als suspensiv bedingter Kauf (BK-GIGER, N 59 f.).   25

6. Die Gefahrtragung beim Gattungskauf

Nach Art. 185 Abs. 2 geht beim **Gattungskauf** (als Holschuld des Käufers) die **Gefahr** auf den **Käufer über**, wenn die *Kaufsache ausgeschieden* ist; dies ist darauf zurückzuführen, dass vor der Ausscheidung kein erheblicher Bezug zwischen den untergegangenen Stücken und einem bestimmten Kauf besteht und deshalb der Käufer nicht mit der Gefahr belastet werden soll   26

(BSK OR I-Koller, N 2, 31; vgl. zum Vorgehen des Verkäufers für die Ausscheidung: BK-Giger, N 30 ff.). Zwar kann der Verkäufer nach h. L. die *Ausscheidung einseitig* vornehmen, doch ist es für den Gefahrübergang beim Gattungskauf erforderlich, dass der *Verkäufer* dem Käufer die *Erfüllung anbietet*, d. h. die Ware bereitstellt und dem Käufer dies anzeigt (BSK OR I-Koller, N 8; BK-Giger, N 35).

27 Beim Gattungskauf gibt es i. d. R. **keine eigentliche Unmöglichkeit** zu leisten, weil normalerweise aus der Gattung immer geleistet werden kann (ausgenommen bei Untergang der gesamten Gattung; vgl. BGE 128 III 370 – Verkauf von Aktien einer AG, die in Konkurs fällt und aufgelöst wird). Dennoch wird der *Verkäufer* von seiner *Leistungspflicht befreit*, wenn die Gefahr nach Art. 185 auf den Käufer übergegangen ist. Bei einer **beschränkten Gattungsschuld**, bei welcher der Verkäufer nur aus einem bestimmten Vorrat der Gattungsware zu leisten hat, wird der Käufer von seiner Leistungspflicht befreit und behält seinen Anspruch auf den Kaufpreis, wenn dieser gesamte Vorrat der Gattungsware nachträglich untergegangen ist, ohne dass der Verkäufer diesen Untergang zu vertreten hätte (Honsell, OR BT, 56). Bei einem **Gattungskauf mit Versendungsschuld** des Verkäufers (vgl. zur Versendung beim Stückkauf vorne N 21 ff.) hat der *Verkäufer* nach Art. 185 Abs. 2 die *Kaufsache* nicht nur auszuscheiden, sondern diese noch zusätzlich zu *versenden*, damit die *Gefahr* auf den Käufer *übergeht*.

28 Bei einem **Sammeltransport** erfolgt u. U. eine *Versendung* durch den Verkäufer *ohne vorherige Ausscheidung*. Entgegen dem Wortlaut von Art. 185 Abs. 2 geht die Gefahr in einem solchen Fall bereits im Zeitpunkt der Versendung der auf den Käufer über, weil die Versendung als Sammelladung i. d. R. zum Vorteil der Käufer und mit ihrem Wissen und Willen geschieht, v. a. um die grundsätzlich von den Käufern nach Art. 189 zu tragenden Transportkosten zu senken (BK-Giger, N 45; ZK-Oser/Schönenberger, N 12).

IV. Abweichende Vereinbarungen

29 Art. 185 ist **dispositives Recht**; Art. 185 Abs. 1 behält «besondere Verhältnisse» und «Verabredungen» ausdrücklich vor. Die Parteien sind deshalb im Rahmen der Vertragsfreiheit (Art. 19 Abs. 1) befugt, den Übergang von Nutzen und Gefahr abweichend von der Regelung in Art. 185 zu vereinbaren, d. h. **vorzuverlegen** oder **hinauszuschieben** (BSK OR I-Koller, N 41; Honsell, OR BT, 53; ZK-Schönle, N 115 ff.; CR CO I-Venturi, N 5). Abweichende Regeln sind sehr verbreitet, insbesondere um die häufig als unbillig empfundene gesetzliche Regelung des Gefahrübergangs von Art. 185 Abs. 1 abzuändern (vgl. vorne N 9).

V. Wiener Kaufrecht/Rechtsvergleichung

Nach Art. 69 Abs. 1 **WKR** geht i. d. R. die **Gefahr** auf den **Käufer über**, so-   30
bald er die **Ware übernimmt** oder wenn er mit der *Nichtannahme* der Ware
eine *Vertragsverletzung* begeht. Wenn der Käufer den Kaufgegenstand nicht
bei der Niederlassung des Verkäufers zu übernehmen hat, geht die Gefahr
nach Art. 69 Abs. 2 WKR auf ihn über, sobald die Lieferung fällig ist und der
Käufer Kenntnis davon hat, dass ihm die Ware an diesem Ort zur Verfügung
steht. Diese Bestimmung wird durch Art. 69 Abs. 3 WKR für Gattungswaren
noch dahingehend präzisiert, dass der Gefahrübergang im Zeitpunkt erfolgt, in dem die «eindeutige Zuordnung» der Ware zum Vertrag erfolgt.
Diese Regelung von Art. 69 WKR kann zur Folge haben, dass der Verkäufer
die Gefahr u. U. auch nach seiner Vertragserfüllung noch trägt (BSK OR I-
KOLLER, Art. 184 N 47; BUCHER/SCHLECHTRIEM, 112 f.). Beim Verkauf von
Ware, die sich **auf dem Transport** befindet, geht nach Art. 68 Satz 1 WKR
die Gefahr bereits im Zeitpunkt des Vertragsabschlusses auf den Käufer
über. Wenn der Verkäufer bei Abschluss des Kaufvertrags über sich auf
dem Transport befindliche Ware bereits wusste oder wissen musste, dass
die Ware untergegangen oder beschädigt ist und er dies dem Käufer verschwiegen hat, geht nach Art. 68 Satz 2 WKR der Untergang oder die Beschädigung zulasten des Verkäufers.

Im **deutschen und österreichischen Recht** erfolgt der **Gefahrübergang** im   31
Zeitpunkt der *Übergabe der Kaufsache* (§ 446 BGB bzw. § 1064 ABGB). Im
italienischen Recht tritt der **Gefahrübergang** im *Zeitpunkt des Vertragsabschlusses* ein, auch wenn die Übergabe der gekauften Sache erst später
erfolgt (Art. 1465 CC it.); doch geht das Eigentum bereits bei Vertragsabschluss auf den Käufer über (Art. 922 CC it.). Im **französischen Recht** erfolgt der **Gefahrübergang** bereits im Zeitpunkt des Vertragsabschlusses auf
den Käufer, der bereits zu diesem Zeitpunkt Eigentümer wird, auch wenn
er die Sache noch nicht erhalten und den Kaufpreis noch nicht bezahlt hat
(Art. 1583 CC fr.).

Art. 186

**Vorbehalt
der kantonalen
Gesetzgebung**

Der kantonalen Gesetzgebung bleibt es vorbehalten,
die Klagbarkeit von Forderungen aus dem Klein-
vertriebe geistiger Getränke, einschliesslich der
Forderung für Wirtszeche, zu beschränken oder
auszuschliessen.

Literatur

Siehe Vorbem. zu Art. 184–236 sowie Mangisch, Die Gastwirtschafts-
gesetzgebung der Kantone im Verhältnis zur Handels- und Gewerbefrei-
heit, Bern 1982 (ASR 475).

I.   Überblick und Anwendungsbereich

1   Art. 186 enthält einen **echten Vorbehalt** i.S.v. **Art. 5 Abs. 1 ZGB** zugunsten
der Kantone. Zwar bestimmt Art. 186, dass «Forderungen aus dem Kleinvertrieb geistiger Getränke» von Bundesrechts wegen klagbar bleiben und
entspricht insoweit den Bestimmungen von Art. 184 Abs. 1 und Art. 211
Abs. 1 bzw. der Klagbarkeit von vertraglichen Forderungen (BSK OR I-Koller, N 1; BK-Giger, N 4). Art. 186 ermächtigt die **Kantone** (in Abweichung
vom Grundsatz der Kompetenz des Bundes zur Gesetzgebung auf dem Gebiet des Zivilrechts nach Art. 122 Abs. 1 BV), auf dem in Art. 186 umschriebenen Gebiet **gesetzgeberisch tätig** zu werden und *vom (dispositiven)
Bundesrecht abzuweichen, ohne* dass aber eine *Pflicht* der *Kantone zur Gesetzgebung* besteht (BSK OR I-Koller, N 1; BK-Giger, N 4; Piotet, SPR
I/2, N 1025).

2   Art. 186 bezieht sich nur auf den **gewerbsmässigen** (nicht aber den gelegent-
lichen) «**Kleinvertrieb**» von **alkoholischen Getränken**. Als «*Kleinvertrieb*»
gilt (ohne Rücksicht auf die Menge) die Abgabe durch einen Detailhändler
oder einen Wirt an den privaten Konsumenten, letztere auch in Gasthäu-
sern im Rahmen eines *Bewirtungs- oder Gastaufnahmevertrags*, die als Innominatverträge über einen reinen Kaufvertrag hinausgehen. Von Art. 186
nicht erfasst werden Lieferungen vom Grosshändler an den Wirt oder Detailhändler sowie nichtalkoholische Getränke und Speisen, welche zusammen
mit alkoholischen Getränken in einem Gasthaus verzehrt werden. Als *alko-
holische Getränke* gelten sämtliche Getränke, die Ethylalkohol enthalten:
gebrannte Wasser und auch durch Vergärung alkoholhaltig gewordene
Getränke (BSK OR I-Koller, N 2 ff.; ZK-Schönle, N 11 ff.; Piotet, SPR I/2,
N 1028 f.). Art. 186 bezweckt den **Schutz des Konsumenten** *vor* der gewerbsmässigen *Ausnutzung* seines *Alkoholverbrauchs auf Kredit* durch *Ausschluss*
oder *Beschränkung* der *Klagbarkeit* der Forderung auf spätere Bezahlung
der Schuld (ZK-Schönle, N 10; Piotet, SPR I/2, N 1026).

II.   Rechtsfolgen

3   Soweit die Kantone von ihrer Gesetzgebungskompetenz Gebrauch gemacht
haben, wird die **Klagbarkeit** der betreffenden **Forderungen** aus dem Kleinvertrieb geistiger Getränke **ausgeschlossen oder beschränkt** (z.B. men-
genmässig, betragsmässig, zeitlich, nach Abnehmerkategorien). Bei einem
kantonalrechtlichen Ausschluss der Klagbarkeit wird die Forderung des

Detailhändlers oder Wirtes zu einer *Naturalobligation* und der strafrechtliche Tatbestand der Zechprellerei von Art. 149 StGB entfällt (ZK-SCHÖNLE, N 4; BK-GIGER, N 7; PIOTET, SPR I/2, N 1030 ff.).

Ob die **mangelnde Klagbarkeit** der Forderung von Amtes wegen oder nur   4
auf Einrede hin zu **beachten** ist, richtet sich nach *kantonalem Recht* (BSK OR I-KOLLER, N 5). Es ist umstritten, ob eine Verrechnung der nicht klagbaren Forderung möglich ist (befürwortend BK-GIGER, N 7; ablehnend ZK-SCHÖNLE, N 4; für eine Abhängigkeit der Verrechenbarkeit vom kantonalen Recht BSK OR I-KOLLER, N 5).

III. Kantonales Recht

Von der Möglichkeit einer Gesetzgebung im Anwendungsbereich von   5
Art. 186 hat nur ein Teil der Kantone Gebrauch gemacht (so nach HAND-KOMM-KREN KOSTKIEWICZ/HENOP REICH, N 4 die elf Kantone BE, BL, BS, FR, GL, JU, NE, NW, SO, VD, ZH, während in der Zusammenstellung bei BK-GIGER, N 21, noch 17 Kantone erwähnt waren; vgl. auch MANGISCH, 214; PIOTET, SPR I/2, N 1032 ff.).

Zweiter Abschnitt: Der Fahrniskauf

Art. 187

Gegenstand

¹ **Als Fahrniskauf ist jeder Kauf anzusehen, der nicht eine Liegenschaft oder ein in das Grundbuch als Grundstück aufgenommenes Recht zum Gegenstande hat.**

² **Bestandteile eines Grundstückes, wie Früchte oder Material auf Abbruch oder aus Steinbrüchen, bilden den Gegenstand eines Fahrniskaufes, wenn sie nach ihrer Lostrennung auf den Erwerber als bewegliche Sachen übergehen sollen.**

Literatur

Siehe Vorbem. zu Art. 184–236 sowie BOLLER, Beiträge zur Unterscheidung von Kauf und Pacht, Diss. Zürich 1948; WEHRENS, Verträge über die Ausbeute von Bodenbestandteilen, Diss. Mainz 1959.

I.   Normzweck und Anwendungsbereich

6   Art. 187 enthält eine gesetzliche **negative Definition** des **Fahrniskaufs**: Abs. 1 definiert ihn als *Kauf*, der *nicht* eine *Liegenschaft* (Art. 655 Abs. 2 Ziff. 1 ZGB) oder ein in das Grundbuch als Grundstück aufgenommenes Recht (Art. 655 Abs. 2 Ziff. 2–4 ZGB: *selbstständige und dauernde Rechte, Bergwerke, Miteigentumsanteile an Grundstücken*) zum Gegenstand hat. Damit wird der Anwendungsbereich der Art. 187–215 für den Fahrniskauf vom Anwendungsbereich des Grundstückkaufs (Art. 216–221) abgegrenzt, allerdings in einer nicht besonders geglückten Art; denn die negative Definition in Art. 187 Abs. 1 ist nicht aus sich heraus verständlich (sondern nur zusammen mit den Verweisungsbegriffen). Zudem bleibt unklar, welche besonderen Bestimmungen für Kaufgegenstände gelten sollen, die weder Fahrnis (i. S. v. Art. 713 ZGB) noch Grundstücke (i. S. v. Art. 655 ZGB) sind wie **nicht verurkundete Forderungsrechte**, **Immaterialgüterrechte** und **weitere** nach Art. 184 mögliche nicht körperliche **Kaufgegenstände** (ZK-Schönle, N 2 f.; BK-Giger, N 5 ff.). Diese nach Art. 184 möglichen Kaufgegenstände gelten auch als **Fahrnis i. S. v. Art. 187 ff.**, obwohl sie nicht unter die Legaldefinition der Fahrnis nach Art. 713 ZGB fallen (BSK OR I-Koller, N 1, N 3; BK-Giger, N 23 ff.; CR CO I-Venturi, N 2; a. M. ZK-Schönle, N 2 f., 8). Für solche nicht körperlichen Kaufgegenstände sind z. T. besondere gesetzliche Bestimmungen anwendbar, die von Art. 187 ff. abweichen, wie z. B. für die Gewährleistung beim Forderungskauf (Art. 171 ff.).

7   Nach Art. 187 Abs. 2 können **Bestandteile eines Grundstücks** (i. S. v. Art. 642 Abs. 2 ZGB) wie Früchte oder Material auf Abbruch oder aus Steinbrüchen (als **künftige bewegliche Sachen**) *Gegenstand eines Fahrniskaufs* sein (vgl. dazu aus der Rechtsprechung: BGE 100 II 8, 12 – Verkauf eines Speichers, BGE 36 II 198 – zum Schlagen bestimmtes Holz; BGE 18, 884 E. 2 – Ausbeutung eines Mergellagers), wenn sie unter der *Suspensivbedingung* verkauft werden, dass sie vom Grundstück losgetrennt und dadurch selbstständig werden (BSK OR I-Koller, N 4; CR CO I-Venturi, N 3 ff.; ZK-Schönle, N 12). Die Parteien können einen unbedingten Kaufvertrag über einen objektiv lösbaren Bestandteil eines Grundstücks abschliessen; der *Verkäufer* ist dann *verpflichtet*, für die *Abtrennung* des *Bestandteils* zu sorgen (CR CO I-Venturi, N 2; ZK-Schönle, N 13). Zu beachten sind die Einschränkungen beim Kauf von Früchten nach Art. 94 SchKG (BSK OR I-Koller, N 7). Der **Übergang der Gefahrtragung** beim Verkauf von Bestandteilen eines Grundstücks hängt von der Vereinbarung der Parteien ab bzw. richtet sich bei Fehlen einer Vereinbarung der Parteien nach Art. 185: Bei unbedingt abgeschlossenem Stückkauf von Grundstücksbestandteilen geht die Gefahr bereits bei Vertragsabschluss auf den Käufer über, bei einem suspensiv bedingten Kaufvertrag frühestens mit Eintritt der Bedingung und bei einer beschränkten Gattungsschuld (je nachdem ob Hol-, Schick- oder

Bringschuld vereinbart ist) mit dem Ausscheiden, dem Versand oder Annahmeverzug des Käufers (BSK OR I-KOLLER, N 5; CR CO I-VENTURI, N 7;
ZK-SCHÖNLE, N 14).

II. Abgrenzung

Bei Verträgen über die **Ausbeutung des Bodens** kann die **Abgrenzung** zwi-   8
schen **Fahrniskauf** nach Art. 187 Abs. 2 («Bestandteile eines Grundstückes,
wie Früchte oder Material auf Abbruch oder aus Steinbrüchen») und **Pacht**
nach Art. 275 («Früchte oder Erträgnisse») Schwierigkeiten bereiten. Wenn
der Parteiwille unklar ist, ist zur Abgrenzung auf Indizien abzustellen,
namentlich das vereinbarte Entgelt (Fixbetrag – eher Pacht; mengenabhän-
giger Betrag – eher Kauf) oder der Umfang der eingeräumten Verfügungsgewalt über das Grundstück (nur Ausscheidung und Wegführung – Kauf, allgemeine Verfügungsmacht – Pacht). Vgl. dazu: ZK-SCHÖNLE, N 15; BK-GIGER,
N 38 ff.; BGE 86 I 233; KGer SG, SJZ 1983, 375; AppH FR, ZBGR 1951, 32.

Beim **gemeinsamen Verkauf** eine Grundstücks mit Fahrnis (vgl. z. B. BGE 39   9
II 557 – Verkauf eines Hotels samt Hotelmobiliar) können **selbstständige
Verträge** vorliegen, eine **Vertragsverbindung** oder ein **gemischter Vertrag**
(BSK OR I-KOLLER, N 8 f.; CR CO I-VENTURI, Art. 187 N 10 f.). Welche Art
von Vertrag vorliegt, entscheidet sich in erster Linie nach dem *Willen der
Parteien*. Wenn dieser nicht klar ist, ist auf die *Umstände* abzustellen. Die
Unterschiede zeigen sich v. a. bei der Rechtsanwendung. Bei völlig *selbstständigen Verträgen* kann jeder Vertrag nach den jeweils eigenen Regeln
beurteilt werden. Bei einer Vertragsverbindung hängen die beiden Verträge
so miteinander zusammen, dass zumindest einer der Verträge (i. d. R. der
Vertrag über den Fahrniskauf) nur mit Rücksicht auf den anderen (i. d. R.
der Vertrag über den Grundstückkauf) abgeschlossen wird. Das Dahinfallen
des einen Vertrags führt bei Vertragsverbindung zur Auflösung auch des anderen Vertrags, zudem ist das Zurückbehaltungsrecht nach Art. 82 anwendbar. Jedoch untersteht jeder der beiden Verträge seinen eigenen Rechtsnormen (Art. 187 ff., Art. 216 ff.): Insbesondere untersteht der Fahrniskauf
nicht den Formvorschriften für Liegenschaftskäufe (BSK OR I-KOLLER, N 8;
BGE 119 II 135, 138 = Pra 1993, 791 f.; BGE 113 II 405). Ein gemischter Vertrag liegt hingegen v. a. vor, wenn die Parteien einen Gesamtpreis vereinbart haben; er untersteht den allgemeinen Regeln für gemischte Verträge
(dazu BSK OR I-SCHLUEP/AMSTUTZ, Einl. vor Art. 184 ff. N 7 ff.). Zwar werden so i. d. R. für Fahrnis die Bestimmungen von Art. 187 ff. anwendbar, für
das Grundstück Art. 216 ff. (z. B. für die Erfüllung und Gewährleistung).
Hinsichtlich der erforderlichen Form gilt eine einheitliche Lösung: Die für
den Grundstückkaufvertrag vorgeschriebene Form der öffentlichen Beurkundung (Art. 216) gilt für den ganzen Vertrag (BSK OR I-KOLLER, N 9;
BK-GIGER, N 37).

10   Wird ein *Grundstück zusammen mit* **Zugehör** (Art. 644 ZGB) *verkauft*
(was ohne abweichende Vereinbarung der Parteien nach Art. 644 Abs. 1
ZGB anzunehmen ist, BSK OR I-KOLLER, N 12; BK-GIGER, N 22), so ist wie
beim gemeinsamen Verkauf von Grundstück und Fahrnis nach allgemeinen
Grundsätzen zu entscheiden, ob es sich um mehrere selbstständige oder
verbundene Verträge oder einen einzigen gemischten Vertrag handelt. Zugehör, die dem Grundstücksverkäufer gehört, geht bei der Grundstücks-
übereignung ohne weiteres ins *Eigentum des Käufers* über; wenn allerdings
das Eigentum an der Zugehör einem Dritten gehört, bedarf es einer gesonderten Besitzübertragung für die Zugehör (KOLLER, N 11; BK-MEIER/HAYOZ,
Art. 644/645 ZGB N 63 m. w. N.; BGE 56 II 183). Ob bei gemischten Verträgen für die Zugehör die Form der öffentlichen Beurkundung für den Grundstückkauf einzuhalten ist, ist umstritten (ablehnend: BSK OR I-KOLLER, N 10,
befürwortend: KOLLER/LEUENBERGER, § 2 N 132; ZK-SCHÖNLE, Art. 184 N 53
mit Angabe verschiedener Möglichkeiten).

III. Wiener Kaufrecht/Rechtsvergleichung

11   Das **WKR** ist (im Gegensatz zu den Art. 187 ff.) *nur* auf (internationale) Kaufverträge über *Waren* anwendbar (Art. 1 Abs. 1 WKR). Der Begriff «Ware» ist
im WKR zwar nicht definiert, doch ergibt sich aus Art. 7 WKR, dass «Ware»
weitgehend mit «*Fahrnis*» übereinstimmt, doch ist das WKR nach Art. 2
WKR auf den Kauf von Schiffen, Flugzeugen, Wertpapieren, Zahlungsmitteln, elektrischer Energie, sowie Konsumentenkaufverträge und Verstei-
gerungskäufe nicht anwendbar, während nach Art. 3 WKR auch Werklieferungsverträge unter das WKR fallen können (ZK-SCHÖNLE, N 16 f.;
CR CO I-VENTURI, N 13).

12   Das **deutsche Recht** unterscheidet nicht zwischen dem Kauf von Fahrnis
und dem Grundstückkauf, sondern kennt andere Kriterien wie v. a. Handelskauf (§ 373 ff. HGB) und Konsumentenkauf (§ 473 ff. BGB). Auch das
österreichische Recht und das **französische Recht** kennen keine separaten
Abschnitte mit Regeln für den Kauf von Fahrnis und von Grundstücken. Das
italienische Recht enthält wie das OR unterschiedliche Abschnitte für den
Kauf von beweglichen Sachen und von Grundstücken (Art. 1510 ff. und
Art. 1537 ff. CC it.); doch fehlt eine gesetzliche Definition des Kaufs von beweglichen Sachen.

Art. 188

B. Verpflichtungen
des Verkäufers
I. Übergabe
1. Kosten der
Übergabe

Sofern nicht etwas anderes vereinbart worden
oder üblich ist, trägt der Verkäufer die Kosten der
Übergabe, insbesondere des Messens und Wägens,
der Käufer dagegen die der Beurkundung und der
Abnahme.

Art. 189

Transport-
kosten

[1] Muss die verkaufte Sache an einen anderen als
den Erfüllungsort versendet werden, so trägt der
Käufer die Transportkosten, sofern nicht etwas
anderes vereinbart oder üblich ist.

[2] Ist Frankolieferung verabredet, so wird vermutet,
der Verkäufer habe die Transportkosten übernommen.

[3] Ist Franko- und zollfreie Lieferung verabredet,
so gelten die Ausgangs-, Durchgangs- und Eingangszölle, die während des Transportes, nicht
aber die Verbrauchssteuern, die bei Empfang
der Sache erhoben werden, als mitübernommen.

Literatur

Siehe Vorbem. zu Art. 184–236.

I.   Normzweck, Anwendungsbereich und Voraussetzungen

Art. 188 f. regeln die **Aufteilung** der **Kosten**, die mit der *Vertragserfüllung*   1
verbunden sind: Art. 188 legt die Aufteilung der Kosten der *Übergabe*, des
Messens und Wägens sowie der Beurkundung und Abnahme fest, während
Art. 189 die *Transportkosten* (einschliesslich Zölle und Steuern) aufteilt.
Art. 188 f. enthalten nur eine Regelung von *vertraglichen Nebenpflichten* im
internen Verhältnis zwischen den Parteien, nicht aber eine Regelung für die
Haftung gegenüber Dritten (BSK OR I-KOLLER, N 3).

Voraussetzung der Anwendbarkeit der Art. 188 f. ist der *gültige Abschluss*   2
eines Kaufvertrages über Fahrnis (vgl. zum Begriff Fahrniskauf Art. 187)
zwischen den Parteien; unerheblich für die Anwendbarkeit von Art. 188 f.
ist die Art bzw. der Ort der vereinbarten Erfüllung (Fernkauf, Platzkauf,

Versendungskauf; BSK OR I-Koller, N 2; **a.M.** BK-Giger, Art. 188 N 4: Art. 188 nur für Platzkauf anwendbar). Aufgrund der Verweisungen in Art. 221 und 237 ist Art. 188 auch auf den *Grundstückkauf* und den *Tausch*, während Art. 189 nicht auf den Grundstückkauf anwendbar ist, weil er nur Rechtsfragen regelt, die mit der Versendung der verkauften Sache zusammenhängen (ZK-Schönle, Art. 189 N 17 f.).

II.   Rechtsfolgen

1.   Übergabekosten

3   Nach dem Wortlaut von Art. 188 hat der Verkäufer die «**Kosten der Übergabe**, insbesondere des Messens und Wägens» zu tragen. Diese Pflicht betrifft alle Kosten, welche die Erfüllung der Verkäuferpflichten (Haupt- und Nebenpflichten) verursacht (ZK-Schönle, Art. 188 N 8; BSK OR I-Koller, N 6).

4   Art. 188 erwähnt als Bsp. der vom Verkäufer zu tragenden Kosten der Übergabe ausdrücklich die «**Kosten des Messens und Wägens**». Es geht dabei um das Messen und Wägen, das zur *Bestimmung des Kaufgegenstandes oder des Preises* notwendig ist, so z.B. die Kosten der Ausscheidung der Kaufsache aus einem grösseren Vorrat oder die Kosten der Vermessung eines Teilgrundstücks im Falle der Parzellierung (ZK-Schönle, Art. 188 N 9; BSK OR I-Koller, Art. 188/189 N 7; BK-Becker, Art. 188 N 2). Hingegen hat der *Käufer* die *Kosten* für ein *Nachmessen oder Nachwägen* der gelieferten Ware oder eine von ihm veranlasste *Qualitätsanalyse* zu tragen, soweit nicht diese Überprüfung der Ware durch den Käufer eine ungenügende oder mangelhafte Leistung des Verkäufers zutage fördert (ZK-Schönle, Art. 188 N 9; BSK OR I-Koller, N 7; BK-Giger, Art. 188 N 20).

5   Als **weitere Übergabekosten**, die der *Verkäufer* grundsätzlich zu *tragen* hat, kommen v.a. die *Kosten* der *Verpackung* und des *Transports* in Frage (zu letzteren nachfolgend N 8 ff.). Die Pflicht des Verkäufers zur Tragung der Verpackungskosten gilt zumindest soweit, als die Verpackung der Erhaltung, Brauchbarkeit oder Verkäuflichkeit der Sache dient, weil eine derartige Verpackung Teil der Ware ist (BSK OR I-Koller, N 9; CR CO I-Venturi, Art. 188 N 7; BGE 96 II 118 – Nebenpflicht neutrale Verpackung). Der Verkäufer hat die Kosten der Verpackung zu tragen, die lediglich deren Versendung an den Erfüllungsort dient; die Kosten der übrigen Verpackung (nicht aber der Arbeit zum Verpacken) gehen zulasten des Käufers (BSK OR I-Koller, N 9; CR CO I-Venturi, Art. 188 N 7; BK-Becker, Art. 188 N 4; **a.M.** ZK-Oser/Schönenberger, Art. 188 N 2; BK-Giger, Art. 189 N 54, nach deren Meinung der Käufer auch die Kosten eines «ausserordentlichen Arbeitsaufwands» für die Verpackung zu tragen hat). Der Käufer hat die *Materialkosten der Verpackung* grundsätzlich nur dann zu bezahlen, wenn er die

Verpackung behält. Art. 188 enthält keine Regelung für die Rückgabe der Verpackung. Je nach Vereinbarung, Übung oder den Umständen kann die *Pflicht des Käufers* zur Tragung der *Kosten* der *Verpackung* bei deren Rückgabe an den Verkäufer *entfallen* oder kann der Käufer u. U. sogar *Anspruch* auf Entschädigung für die *Rückgabe der Verpackung* haben, z. B. bei einem Flaschenpfand (BSK OR I-KOLLER, N 9; BK-GIGER, Art. 188 N 16). Umstritten ist, ob der Käufer bei fehlerhafter Verpackung eine Haftung des Verkäufers gestützt auf die Gewährleistungsvorschriften des Kaufrechts (Art. 197 ff.) oder die allgemeinen Regeln über die unrichtige Erfüllung des Vertrags (Art. 97 ff.) geltend machen kann (vgl. dazu BGE 96 II 118; BSK OR I-KOLLER, N 10; ZK-SCHÖNLE, Art. 188 N 10; CR CO I-VENTURI, Art. 188 N 8).

2. Kosten der Abnahme und Beurkundung

Entgegen dem Wortlaut der Marginalie auferlegt Art. 188 nicht nur dem *Verkäufer Pflichten zur Kostentragung*, sondern auch dem Käufer: Die **Kosten der Beurkundung**, die der Käufer nach Art. 188 zu tragen hat, sind v. a. beim *Grundstückskauf* wichtig: Der Käufer hat die Kosten der Beurkundung sämtlicher Erfüllungshandlungen zu übernehmen, d. h. nicht nur die Kosten des Notariats, sondern auch die Kosten der Grundbucheintragung, nicht aber der Vermessung (BSK OR I-KOLLER, N 13; ZK-SCHÖNLE, Art. 188 N 16; CR CO I-VENTURI, Art. 188 N 9).

6

Die **Kosten der Abnahme**, die der Käufer nach Art. 188 zu tragen hat, sind diejenigen *Kosten*, die *durch* die *Übernahme* der Sache in die Verfügungsgewalt des Käufers entstehen; dazu gehören namentlich die Auslagen für eine vom Käufer veranlasste **Untersuchung der Kaufsache** (auf Mängelfreiheit als Voraussetzung für eine Mängelrüge, vgl. dazu Art. 201 Abs. 1 und Art. 201 N 1 ff.) sowie beim Distanzkauf die **Transportkosten**, vgl. zu diesen hinten N 8 ff. (BSK OR I-KOLLER, N 11; ZK-SCHÖNLE, Art. 188 N 17; CR CO I-VENTURI, Art. 188 N 9 f.).

7

3. Transportkosten

Nach dem Wortlaut von Art. 189 Abs. 1 hat der **Käufer** die **Transportkosten** zu tragen, wenn der Kaufgegenstand an einen anderen als den Erfüllungsort zu versenden ist; zu den Transportkosten gehören nicht nur die Frachtkosten des Transports, sondern auch *weitere Kosten und Auslagen* im Zusammenhang mit dem Transport wie *Zoll*, *Steuern*, *Gebühren*, *Versicherungsprämien* und *Verpackungskosten* (BSK OR I-KOLLER, N 11; ZK-SCHÖNLE, Art. 189 N 6 ff.; CR CO I-VENTURI, Art. 189 N 4 f.). Hingegen hat der **Verkäufer** die Kosten und Auslagen des **Transports bis** zum **Erfüllungsort**, der **Lagerung** der Kaufsache **bis** zur **Erfüllung** am Erfüllungsort sowie die Kosten des **Verladens** zu tragen, handelt es sich doch bei diesen um Übergabekosten i. S. v. Art. 188 (BSK OR I-KOLLER, N 11; ZK-SCHÖNLE,

8

Art. 189 N 16; CR CO I-Venturi, Art. 189 N 7 sowie vorne N 3). Wenn der Käufer dem Frachtführer die Frachtkosten nicht bezahlt, hat der Frachtführer den Verkäufer zu informieren und die Ware inzwischen auf Gefahr des Käufers aufzubewahren. Extern wird der Verkäufer gegenüber dem Frachtführer kostenpflichtig (Art. 444 Abs. 1), hat aber ein Regressrecht gegen den Käufer, während der Frachtführer nach Art. 451 OR ein Retentionsrecht an der Kaufsache hat (BSK OR I-Koller, N 11; CR CO I-Venturi, Art. 189 N 6).

9   Wenn die Parteien eine **Frankolieferung** verabreden, so stellt Art. 189 Abs. 2 eine *einfache gesetzliche Vermutung* dafür auf, dass die *Transportkosten* (entgegen der Art. 189 Abs. 1) *vom Verkäufer zu tragen* sind; durch die Frankoklausel ändert sich jedoch weder der Erfüllungsort noch der Zeitpunkt des Übergangs von Nutzen und Gefahr (BSK OR I-Koller, N 14; ZK-Schönle, Art. 189 N 28; CR CO I-Venturi, Art. 189 N 8). Der Verkäufer hat bei Vereinbarung einer Frankoklausel keine durch die Versendung bedingten Zölle zu tragen, ausser wenn dies gesondert (z. B. als zollfreie Lieferung, dazu Art. 189 Abs. 3 nachfolgend N 10) vereinbart wird (BSK OR I-Koller, N 14; CR CO I-Venturi, Art. 189 N 9). Wenn trotz Vereinbarung einer «Frankolieferung» durch den Verkäufer der Käufer die Transportkosten zu übernehmen hat, so hat der Verkäufer eine solche von Art. 189 Abs. 2 abweichende Abrede zu beweisen (ZK-Schönle, Art. 189 N 29; CR CO I-Venturi, Art. 189 N 8). Der *Verkäufer* hat i. d. R. die *Transportkosten im Voraus* zu *bezahlen*. Wenn *ausnahmsweise* der *Käufer* bei Vereinbarung einer Frankoklausel die Transportkosten zu bezahlen hat, hat der Käufer Anspruch auf Ersatz seiner Auslagen für die Transportkosten (jedoch kein Annahmeverweigerungsrecht) und darf diese Kosten vom Kaufpreis abziehen bzw. mit dem (nicht im Voraus bezahlten) Kaufpreis verrechnen (ZK-Schönle, Art. 189 N 32; CR CO I-Venturi, Art. 189 N 10; BK-Giger, Art. 189 N 59).

10   Wenn die Parteien eine **Franko- und zollfreie Lieferung** vereinbaren, so stellt Art. 189 Abs. 3 die (widerlegbare) gesetzliche Vermutung auf, dass der *Verkäufer* nicht nur die Transportkosten (wie bei der Frankolieferung, vorne N 9), sondern auch die *«Ausgangs-, Durchgangs- und Eingangszölle»*, die während des Transports entstehen (und somit alle Transportkosten), zu *tragen* hat, nicht jedoch die Verbrauchssteuern bei Empfang der Sache. Hingegen stellt Art. 189 Abs. 2 die (widerlegbare) gesetzliche Vermutung auf, dass der Käufer in einem solchen Fall nach wie vor die «Verbrauchssteuern, die bei Empfang der Sache erhoben werden» (wie insbesondere Mehrwertsteuer) sowie die im Gesetz nicht erwähnten Versicherungsprämien für den Transport zu bezahlen hat (BSK OR I-Koller, N 14; ZK-Schönle, Art. 189 N 37 ff., 46 ff.; CR CO I-Venturi, Art. 189 N 11; BK-Giger, Art. 189 N 62 f.).

III. Abweichende Vereinbarungen

Art. 188 f. sind **dispositives Recht**; *abweichende Parteivereinbarungen* oder 11
allenfalls auch eine *abweichende Übung* haben deshalb *Vorrang* vor diesen
gesetzlichen Bestimmungen (BSK OR I-Koller, N 14; CR CO I-Venturi,
Art. 188 N 4, Art. 189 N 2; ZK-Schönle, Art. 188 N 18 ff., Art. 189 N 19 ff.).
Beweispflichtig ist diejenige Partei, welche eine solche Abweichung behauptet. In Verträgen im *internationalen Handelskauf* bestimmen die Parteien die Modalitäten der Kostentragung häufig durch Verweis oder Einbeziehung der **Incoterms** (vgl. zu den verschiedenen Incoterms: ZK-Schönle,
Art. 188 N 24, Art. 189 N 19 ff.; Giger, Art. 189 N 65 ff.).

IV. Wiener Kaufrecht/Rechtsvergleichung

Das **WKR** verwendet statt der Begriffe «Übergabe» und «Abnahme» von 12
Art. 188 eine andere Terminologie: in Art. 31 ff. WKR den Begriff «*Lieferung*»
und die Lieferpflicht des Verkäufers, in Art. 53 WKR den Begriff «*Annahme*»
und in Art. 60 WKR den Begriff «*Übernahme*» (und die Annahme- bzw.
Übernahmepflicht des Käufers); Diese unterschiedliche Terminologie hat
aber keine praktischen Auswirkungen (ZK-Schönle, Art. 188 N 23; CR CO I-
Venturi, Art. 188 N 11). Auch wenn das WKR keine ausdrückliche Kos-
tenregelung enthält, ergibt sich durch Auslegung (i. S. v. Art. 7 WKR), dass
der Käufer alle Handlungen vorzunehmen hat, die von ihm erwartet werden können, damit dem Verkäufer die Lieferung ermöglicht wird. Deshalb
hat grundsätzlich der Verkäufer die mit der Lieferung, der Käufer die mit
der Annahme verbundenen Kosten zu tragen (ZK-Schönle, Art. 188 N 23;
BSK OR I-Koller, N 18). Der Erfüllungsort wird subsidiär in Art. 31 WKR
bestimmt: Nach Art. 31 lit. a **WKR** hat der Verkäufer die Ware «dem ersten
Beförderer zur Übermittlung an den Käufer» zu übergeben. Die Kosten für
den Transport bis zu diesem Ort oder bis zu einem anderen bestimmten Ort,
an welchem der Verkäufer zu liefern hat, trägt der Verkäufer, die Kosten
der Beförderung von dort bis zum Erfüllungsort hingegen grundsätzlich der
Käufer. Diese Regelungen sind nach Art. 6 WKR dispositiv, zudem sind nach
Art. 9 Abs. 1 WKR abweichende Handelsbräuche oder Parteigepflogenheiten
möglich (ZK-Schönle, Art. 189 N 51 ff.; CR CO I-Venturi, Art. 189 N 12 ff.).
Nach Art. 35 Abs. 2 lit. d WKR hat der Verkäufer die Kosten der Verpackung
zu tragen, wenn nichts Abweichendes vereinbart wird, und die Lieferung
von schlecht verpackter Ware stellt eine Vertragsverletzung dar (CR CO I-
Venturi, Art. 188 N 12). Auch die Regeln des WKR zur Kostentragung bei
der Übergabe sind wie Art. 188 *dispositiver* Natur, so dass die Parteien auch
im Anwendungsbereich des WKR eine abweichende Vereinbarung treffen
können.

Im **deutschen Recht** trägt der Verkäufer die Kosten der Übergabe der Sache 13
sowie der Kosten der Versendung der Sache (an einen anderen Ort als den

Erfüllungsort), der Käufer die Kosten der Abnahme der Sache und der Versendung der Sache nach einem anderen Ort als dem Erfüllungsort (§ 448 Abs. 1 BGB). Der Käufer eines Grundstücks hat die Kosten der Beurkundung des Kaufvertrags, der Auflassung, der Eintragung ins Grundbuch sowie der zur Eintragung erforderlichen Erklärungen zu tragen (§ 448 Abs. 2 BGB). Im **italienischen Recht** hat der Käufer die Kosten des Kaufvertrags, die Transportkosten ab dem Erfüllungsort und andere akzessorische Kosten zu übernehmen (der Verkäufer hingegen die Transportkosten bis zum Erfüllungsort), wenn die Parteien nichts Abweichendes vereinbart haben (Art. 1475 CC it.). Im **französischen Recht** hat der Käufer die Beurkundungskosten und weiteren Auslagen zu tragen (Art. 1593 CC fr.). Der Verkäufer hat die Kosten der Lieferung (insbesondere Kosten des Transports bis zum Erfüllungsort) zu tragen, während der Käufer die Kosten der Abnahme und des Transports ab dem Erfüllungsort zu übernehmen hat, soweit keine abweichende Vereinbarung der Parteien getroffen wurde (Art. 1608 CC fr.).

Art. 190

3. Verzug in der Übergabe

a. Rücktritt im kaufmännischen Verkehr

[1] Ist im kaufmännischen Verkehr ein bestimmter Lieferungstermin verabredet und kommt der Verkäufer in Verzug, so wird vermutet, dass der Käufer auf die Lieferung verzichte und Schadenersatz wegen Nichterfüllung beanspruche.

[2] Zieht der Käufer vor, die Lieferung zu verlangen, so hat er es dem Verkäufer nach Ablauf des Termines unverzüglich anzuzeigen.

Literatur

Siehe Vorbem. zu Art. 184–236 sowie GLASL, Die Rückabwicklung im Obligationenrecht, Diss. Zürich 1992; KNOEPFEL, Die Sonderordnung des kaufmännischen Verkehrs im Kaufrecht (Handelskauf), Diss. Zürich 1988; LEMP, Schadenersatz wegen Nichterfüllung als Folge des Schuldnerverzugs, Diss. Bern 1939; SCHENKER, Die Voraussetzungen und die Folgen des Schuldnerverzugs im schweizerischen Obligationenrecht, Diss. Freiburg 1988; SUTER, Rechtsnatur und Rechtsfolgen des Vertragsrücktritts im Zusammenhang mit dem Schuldnerverzug, Diss. Zürich 1991.

I. Normzweck, Anwendungsbereich und Voraussetzungen

Art. 190 enthält entsprechend seiner Marginalie eine Regelung für den 1
Rücktritt im kaufmännischen Verkehr bei **Verzug des Verkäufers** mit der
Übergabe bzw. Lieferung des Kaufgegenstands. Die drei kumulativ erforderlichen **Voraussetzungen** der **Anwendbarkeit** von Art. 190 sind deshalb: der
gültige Abschluss eines *Kaufvertrages über Fahrnis* (vgl. zum Begriff Fahrniskauf Art. 187), das Vorliegen eines *kaufmännischen Verkehrs* zwischen
den Parteien und ein *Verzug* des *Verkäufers*. Art. 190 bezweckt die *Abwand-
lung* der Regelung der **Verzugsfolgen** bei Verabredung eines bestimmten
Liefertermins im Allgemeinen Teil des OR (Art. 102 ff., Art. 107 ff.), wenn
die dort genannten *Voraussetzungen* erfüllt sind (BSK OR I-KOLLER, N 1;
CR CO I-VENTURI, Art. 190 N 1).

Ein **Kaufvertrag im kaufmännischen Verkehr** i. S. v. Art. 190 liegt vor, wenn 2
der *Kauf* (in einer für den Verkäufer *erkennbaren* Weise) im Hinblick auf
einen *Weiterverkauf mit Gewinn* erfolgt; für einen Kaufvertrag im kaufmännischen Verkehr ist es *nicht entscheidend*, ob es sich bei den Vertragsparteien um *Kaufleute* handelt, doch wird bei *Kaufleuten* das Vorliegen
eines «*kaufmännischen Verkehrs*» *vermutet* (BGE 120 II 296, 299; 65 II 171,
173 (= Pra 1940, 58), 49 II 35; 49 II 229; 49 II 81; BSK OR I-KOLLER, N 7;
CR CO I-VENTURI, N 2; ZK-SCHÖNLE, N 19 ff.). Auch ein *Kaufvertrag* zwischen zwei Privaten oder mit einem *privaten Käufer* kann u. U. ein Kaufvertrag i. S. v. Art. 190 sein, z. B. bei Börsengeschäften eines Privaten (BSK
OR I-KOLLER, N 8, 14; CR CO I-VENTURI, N 2, 8; ZK-SCHÖNLE, Art. 189 N 21).
Hingegen fällt der Kauf zum *eigenen Bedarf* nicht unter Art. 190, auch wenn
es sich um einen Kauf an einen Gewerbetreibenden handelt, der die Ware
in seinem Betrieb verwenden (aber nicht weiterverarbeiten und/oder anschliessend weiter verkaufen) will (BSK OR I-KOLLER, N 8 CR CO I-VEN-
TURI, N 2; ZK-SCHÖNLE, Art. 189 N 19).

Eine **Verabredung eines bestimmten Liefertermins** (d. h. ein **Fixgeschäft**) 3
i. S. v. Art. 190 liegt (entsprechend der Definition in Art. 108 Ziff. 3) vor, «wenn
sich aus dem Vertrage die Absicht der Parteien ergibt, dass die Leistung genau zu einer bestimmten oder bis zu einer bestimmten Zeit erfolgen soll»
(BSK OR I-KOLLER, N 2; CR CO I-VENTURI, N 4; ZK-SCHÖNLE, N 24; vgl. dazu
Art. 108 N 4). Es genügt somit nicht die vertragliche Vereinbarung einer fest
bestimmten Leistungszeit; vielmehr ist ein *übereinstimmender Parteiwille
erforderlich*, dass der Verkäufer bei Verpassen eines bestimmten Termins
(«bestimmter Verfallstag» i. S. v. Art. 102 Abs. 2) nicht mehr gegen den Willen des Käufers soll erfüllen können (BGE 116 II 436, 439; 49 II 220, 227;
BSK OR I-KOLLER, N 2 ff.; CR CO I-VENTURI, N 4 ff.; ZK-SCHÖNLE, N 24).

Die Rechtsfolgen von Art. 190 Abs. 1 können nur dann eintreten, wenn der 4
Verkäufer mit der **Lieferung bzw. Übergabe der Kaufsache** (d. h. mit einer

zur Besitz- und Eigentumsverschaffung erforderlichen Handlung) *in Verzug* ist; dafür genügt es *nicht*, wenn der Verkäufer lediglich mit einer von der Pflicht zur Lieferung *unabhängigen Nebenpflicht im Verzug* ist (ZK-Schönle, N 35).

II. Rechtsfolgen

1. Vermutung des Fixgeschäfts (Art. 190 Abs. 1)

5 Wenn die *drei Voraussetzungen von Art. 190 Abs. 1 erfüllt* sind (dazu vorne N 1) besteht von Gesetzes wegen eine **Vermutung**, dass der **Käufer** (vorbehältlich einer Erklärung nach Art. 190 Abs. 2) auch ohne Ansetzung einer Nachfrist und Wahl des Verzichts auf Lieferung (nach Art. 107) **auf die Lieferung** *(Erfüllung)* **verzichtet** und dafür **Schadenersatz** wegen Nichterfüllung beansprucht. An die Stelle des untergegangenen Erfüllungsanspruchs tritt der Anspruch auf Ersatz des Nichterfüllungsschadens *(positives Interesse,* zur Berechnung vgl. Art. 191), wenn den Verkäufer ein Verschulden trifft, d. h. er sich nicht nach Art. 97 exkulpieren kann (BSK OR I-Koller, N 17; CR CO I-Venturi, N 11).

6 Der **Käufer** hat das **Recht**, anstelle der Geltendmachung des Nichterfüllungsschadens vom **Vertrag zurückzutreten** (und das *negative Interesse* zu verlangen); letzteres ist v. a. von praktischer Bedeutung, wenn der Käufer den Kaufpreis bezahlt, aber keinen Nichterfüllungsschaden erlitten hat (BGE 41 II 679; BSK OR I-Koller, N 17; ZK-Schönle, N 14 f.; CR CO I-Venturi, N 12; BK-Giger, N 43; a. M. Cavin, SPR VII/1, 45; Lemp, 74 m. w. H.; BK-Becker, N 10). Innerhalb welcher *Frist* der Käufer sein *Wahlrecht* für das positive oder negative Interesse erklären muss, ist umstritten und wurde in BGE 123 III 22 offen gelassen: Zwar besteht Einigkeit, dass keine sofortige Entscheidung des Käufers verlangt wird; ein Teil der Lehre vertritt die Auffassung, das Wahlrecht könne bis zur Verjährung ausgeübt werden (BSK OR I-Koller, N 19), ein anderer Teil, solange kein Rechtsmissbrauch vorliege (ZK-Schönle, N 16 f.; CR CO I-Venturi, N 12, der auch die Möglichkeit erwähnt, dass der Verkäufer dem Käufer eine Frist zur Ausübung des Wahlrechts ansetzen könne), während wiederum ein anderer Teil der Lehre dem Käufer lediglich eine «angemessene Überlegungsfrist» zugestehen will (BK-Giger, N 43). Ob der Käufer nachträglich seine Wahl noch ändern kann *(ius variandi)* ist umstritten (abgelehnt in BGE 123 III 22 für Art. 107 OR; vgl. BSK OR I-Koller, N 19; ZK-Schönle, N 16).

2. Beharren des Käufers auf Erfüllungsanspruch (Art. 190 Abs. 2)

7 Art. 190 Abs. 2 räumt dem **Käufer** einer beweglichen Sache im kaufmännischen Verkehr bei einem Fixgeschäft die *Möglichkeit* ein, auf der **Erfüllung** seines Anspruchs auf Lieferung und Übergabe des Kaufgegenstands zu **beharren**, wenn er dies dem Verkäufer *unverzüglich* nach Ablauf des

Fixtermins ausdrücklich *mitteilt* (und nicht bloss schweigt, dazu BGE 46 II 167). Als unverzüglich gilt die Anzeige i.d.R., wenn sie am gleichen oder eventuell am folgenden Tag erfolgt (BGE 116 II 436; BSK OR I-Koller, N 15; CR CO I-Venturi, N 13; ZK-Schönle, N 48). Eine *nachträgliche Anzeige* des Käufers ist *nicht erforderlich*, wenn der Käufer bereits vor Eintritt des Liefertermins erklärt hat, dass er im Fall nicht rechtzeitiger Lieferung auf der Erfüllung beharren wird (BSK OR I-Koller, Art. 190 N 15; ZK-Schönle, N 47). Wenn der *Käufer* auf nachträglicher Lieferung beharrt, hat er **Anspruch auf Schadenersatz** für die *Verspätung* (nach Art. 102 ff., insbesondere Art. 107 ff.): Der Käufer hat dem Käufer zudem Nachfrist anzusetzen (BGE 116 II 436, 439; BSK OR I-Koller, N 21; CR CO I-Venturi, N 14; BK-Giger, N 42; ZK-Schönle, N 47).

Das **Verhalten des Käufers** (nach Ablauf des Liefertermins) kann u.U. die   8
gesetzliche Vermutung von Art. 190 *entkräften*, indem sie zeigt, dass kein Fixgeschäft vorliegt, z.B. wenn er dem Verkäufer im Verzug eine neue Frist zur Lieferung ansetzt (BGE 26 II 128), wenn er in der Verhandlung vor dem Friedensrichter die Ansetzung einer Nachrist verspricht (BGer ZR 1928, 88) oder wenn er weiterhin ausdrücklich Realleistung verlangt (BGE 51 II 323, 326; 43 II 229). Zwar braucht der *Käufer*, der es versäumt hat, unverzüglich nach dem Liefertermin Erfüllung zu verlangen, *auf* ein *nachträgliches Erfüllungsbegehren* des *Verkäufers nicht einzutreten*, doch kann die Reaktion auf ein solches u.U. ein Einverständnis mit der Neubegründung des Anspruchs darstellen (BGE 24 II 397; BSK OR I-Koller, N 16, 20; BK-Giger, N 31, 40).

3. Sukzessivlieferungsvertrag

Bei einem **Sukzessivlieferungsvertrag** kann der Käufer bei *Verzug des Ver-*   9
käufers mit einer Lieferung i.d.R. nur auf diese Lieferung verzichten und seine Rechte nach Art. 107 Abs. 2 nur bezüglich dieser Lieferung ausüben. Wenn das Ausbleiben einer Teillieferung den Schluss zulässt, dass auch die künftig fälligen Teillieferungen nicht rechtzeitig erfolgen werden, kann der Käufer das Recht haben, bei Verzug des Verkäufers mit einer Lieferung auf alle künftigen, noch nicht erfolgten Lieferungen zu verzichten (CR CO I-Venturi, N 15; BK-Giger, N 38; BGE 52 II 137, 142; 45 II 51, 61).

III. Abweichende Vereinbarungen

Art. 190 ist **dispositiv**; *abweichende Parteivereinbarungen* (ausdrücklich   10
oder stillschweigend), bei denen im kaufmännischen Verkehr trotz Festlegung eines bestimmten Termins kein Fixtermin vorliegt (was sich z.B. aus den Umständen oder den Vertragsbestimmungen ergeben kann), d.h. dass die Parteien kein Fixgeschäft abschliessen wollten, haben deshalb *Vorrang* vor dieser gesetzlichen Bestimmung (BSK OR I-Koller, N 13; CR CO I-

VENTURI, N 3, 8; BK-GIGER, N 29 f.). Dies ist z. B. der Fall, wenn die Parteien vereinbaren, dass Rückstände nachzuliefern sind (BGE 20, 962), innerhalb einer bestimmten Frist nachgeliefert werden dürfen (BGE 21, 534) oder wenn sich ein Nachlieferungsrecht aus einer Handelsusanze ergibt (BGer ZR 1910, 273, 278).

IV. Beweislast

11 Die Partei, die das **Vorliegen** eines **Fixgeschäfts** behauptet, trägt dafür die **Beweislast**; gelingt dieser Beweis nicht, so bedeutet die Vereinbarung einer bestimmten Erfüllungszeit lediglich einen *Verfalltag* i. S. v. Art. 102 Abs. 2 (BSK OR I-KOLLER, N 3). Der Käufer kann dann bei Verzug des Verkäufers mit der Übergabe der Kaufsache nur nach Art. 107 ff. vorgehen. Behauptet der Verkäufer, die Vereinbarung eines bestimmten Erfüllungszeitpunkts habe nicht den Sinn gehabt, die nachträgliche Erfüllung gegen den Willen des Käufers auszuschliessen, so trägt er dafür die Beweislast (BSK OR I-KOLLER, N 4).

12 Die **Mitteilung des Käufers an den Verkäufer**, dass er bei Verzug des Verkäufers nach Art. 190 Abs. 2 auf einer **Lieferung beharrt**, ist eine *einseitige empfangsbedürftige Willenserklärung des Käufers*, sie muss inhaltlich erkennen lassen, dass der Käufer trotz Ablaufs des Liefertermins auf Erfüllung beharrt und sich nicht bloss seine Rechte vorbehält oder gegen die Nichterfüllung protestiert. Die *Erklärung* ist an *keine Form* gebunden; der *Käufer* trägt die *Beweislast*, dass der Verkäufer sie erhalten hat (BSK OR I-KOLLER, N 15; CR CO I-VENTURI, N 13; ZK-SCHÖNLE, N 47).

V. Wiener Kaufrecht/Rechtsvergleichung

13 Das **WKR** enthält keine eigene Regelung für die Verzugsfolgen; zudem gelten im WKR im kaufmännischen wie im nichtkaufmännischen Verkehr die gleichen Rechtsfolgen. Ausgehend von einem *einheitlichen Tatbestand des Vertragsbruchs* besteht in den Art. 45 ff. WKR eine **einheitliche Regelung** für die Folgen der **Vertragsverletzung**, einschliesslich des Verzugs (BSK OR I-KOLLER, N 23; CR CO I-VENTURI, N 16). Nach Art. 33 WKR kommt der *Verkäufer* (auch ohne Mahnung oder Einhaltung anderer Formalitäten) ohne weiteres in *Verzug*, wenn er den nach Art. 33 WKR bestimmten Lieferungszeitpunkt nicht einhält. Gegenüber dem in Verzug geratenen Verkäufer kann der *Käufer* auf *Erfüllung beharren* (Art. 46 WKR, d. h. er verliert anders als nach Art. 190 OR seinen Erfüllungsanspruch auch dann nicht, wenn er nicht unverzüglich nach dem vereinbarten Zeitpunkt anzeigt, dass er die Lieferung verlangt), oder den *Vertrag* durch einseitige Gestaltungserklärung *aufheben* (Art. 26 WKR), wobei letzteres nur unter der Voraussetzung zulässig ist, dass die *Vertragsverletzung* als *wesentlich* eingestuft werden kann oder wenn der Verkäufer eine vom Käufer angesetzte Nachfrist

hat ungenutzt verstreichen lassen (Art. 49 Abs. 1 WKR; dazu BSK OR I-KOL-
LER, N 23; CR CO I-VENTURI, N 17; ZK-SCHÖNLE, N 50 ff.). Zudem hat der
Käufer (bei Beharrung auf Erfüllung oder Vertragsauflösung) einen *verschul-
densunabhängigen Anspruch* auf Ersatz des bei Vertragsabschluss vorher-
sehbaren *Schadens*. Bei Vertragsauflösung kann der Käufer nach Art. 75 f.
WKR seinen Schaden analog zu Art. 191 Abs. 2 und 3 berechnen (BSK OR I-
KOLLER, N 23; CR CO I-VENTURI, N 18).

Im **deutschen Recht** bestimmt § 376 Abs. 1 HGB eine Lösung, die mit   14
Art. 190 weitgehend übereinstimmt. Für das **französische Recht** enthalten
Art. 1610 f. CC fr. eine ähnliche Regelung. Im **italienischen Recht** darf sich
der Käufer bei Verzug des Verkäufers mit der Lieferung von vertretbaren
Sachen anderweitig eindecken, und der Verkäufer hat ihm die Differenz zu
erstatten (Art. 1516 CC it.). Im **österreichischen Recht** stellt § 919 ABGB im
Allgemeinen Teil des Vertragsrechts eine zu Art. 190 ähnliche Regelung auf,
die aber nicht auf kaufmännische Geschäfte beschränkt ist.

Art. 191

**Schadenersatz-
pflicht und Scha-
denberechnung**

¹ Kommt der Verkäufer seiner Vertragspflicht nicht
nach, so hat er den Schaden, der dem Käufer hieraus
entsteht, zu ersetzen.

² Der Käufer kann als seinen Schaden im kaufmännischen Verkehr die Differenz zwischen dem Kaufpreis und dem Preise, um den er sich einen Ersatz
für die nicht gelieferte Sache in guten Treuen
erworben hat, geltend machen.

³ Bei Waren, die einen Markt- oder Börsenpreis haben,
kann er, ohne sich den Ersatz anzuschaffen, die Differenz zwischen dem Vertragspreise und dem Preise
zur Erfüllungszeit als Schadenersatz verlangen.

Literatur

Siehe Vorbem. zu Art. 184–236 und Art. 190 sowie BARDO, Die «abstrakte»
Berechnung des Schadenersatzes wegen Nichterfüllung beim Kaufvertrag,
Diss. Köln 1988; LÜCHINGER, Schadenersatz im Vertragsrecht, Diss. Frei-
burg 1999; MEYER-WILD, Über die abstrakte Schadensberechnung beim
Kauf, SJZ 1918/19, 339 ff.; SCHULTZ, Über die Schadensberechnung beim
Kauf, SJZ 1917/18, 201 ff.; STEINDORFF, Abstrakte und konkrete Schadens-
berechnung, AcP 1959, 431 ff.

I. Normzweck, Anwendungsbereich und Voraussetzungen

1 **Voraussetzungen** der Anwendbarkeit von Art. 191 sind der Abschluss eines **Kaufvertrags** und der **Verzicht** des **Käufers** auf **Lieferung der Kaufsache**; dabei ist unerheblich, ob der Verzicht nach Art. 190 oder nach Art. 107 zustande gekommen ist (CR CO I-Venturi, N 1; ZK-Schönle, N 3; BK-Giger, N 5). Art. 191 regelt nach seiner Marginalie die «Schadenersatzpflicht und Schadenberechnung» beim Verzug des Käufers in der Übergabe einer (beweglichen) Kaufsache. In Wirklichkeit ist Art. 191 aber nicht nur auf Fälle des Verzugs des Käufers anwendbar, sondern gewährt dem Käufer allgemein **Anspruch** auf **Schadenersatz** wegen **Nichterfüllung** (z. B. auch bei subjektiver Unmöglichkeit oder vorzeitiger Erfüllungsverweigerung des Verkäufers); der Verkäufer kann sich von einer Haftung exkulpieren, wenn er nachweist, dass ihn kein Verschulden trifft (ZK-Schönle, N 2, 8 f.; BSK OR I-Koller, N 1, 4; CR CO I-Venturi, N 3).

2 **Art. 191 Abs. 1** *wiederholt* den *Grundsatz der Art. 97 ff.* (insbesondere Art. 103 und Art. 107), welche die Haftung einer Partei, die sich im Verzug befindet bzw. sonst nicht erfüllt, für den Verspätungs- bzw. Nichterfüllungsschaden bereits allgemein regeln (BSK OR I-Koller, N 1; CR CO I-Venturi, N 1; BK-Giger, N 4). Art. 191 Abs. 1 hat daher als haftungsbegründende Norm **keine eigenständige Bedeutung** (sondern setzt voraus, dass der Verkäufer durch die Nicht- oder nicht richtige Erfüllung einen der in Art. 97 Abs. 1, Art. 107 Abs. 1 und 2, Art. 190 Abs. 1 oder Art. 196 Abs. 1 vorgesehenen Tatbestände erfüllt; vgl. ZK-Schönle, N 8) und gilt als Regel der Schadenberechnung mit umfassender Bedeutung beim Verzug (auch im nichtkaufmännischen Verkehr und bei Grundstücken, vgl. dazu BGE 104 II 198 – Doppelverkauf eines Grundstücks). Art. 191 Abs. 1 bringt zum Ausdruck, dass der Käufer den Schaden nicht notwendig nach Abs. 2 oder 3 berechnen muss (wenn dies möglich ist), sondern auf die allgemeinen Grundsätze der Schadenberechnung (Art. 97 ff. bzw. 191 Abs. 1) zurückgreifen kann (BGE 105 II 89; 104 II 200; BSK OR I-Koller, N 1). **Art. 191** enthält **nur Bestimmungen** zur **Schadenberechnung**, *nicht* aber zur *Schadenersatzbemessung*, für letztere sind die Art. 43 f. i. V. m. Art. 99 Abs. 3 heranzuziehen (BGE 43 II 357; BSK OR I-Koller, N 5; BK-Giger, N 11).

3 **Art. 191 Abs. 2 und 3** bieten dem Käufer die Möglichkeit, den Schaden nach der **Differenztheorie** (mit Befreiung von der Pflicht zur Leistung des Kaufpreises) vereinfacht zu berechnen und dabei nur den *Unterschied* zwischen den *Kosten* eines *Deckungskaufs* bzw. dem *Markt-* oder *Börsenpreis* und dem *vertraglich vereinbarten Kaufpreis* geltend zu machen. Trotz Art. 191 hat der *Käufer* die **Möglichkeit**, seinen *Schaden auf anderer Grundlage einzufordern*: Anspruch des Käufers auf Erfüllung und Ersatz des Verzugsschadens, Rücktrittsrecht und Anspruch auf Ersatz des Vertrauenssscha-

dens, Schadenersatzanspruch wegen Nichterfüllung, konkret oder abstrakt nach der Austauschtheorie berechnet (BSK OR I-Koller, N 2 f.; CR CO I-Venturi, N 2; ZK-Schönle, N 4 ff.). **Art. 191 Abs. 2 und 3** sind nach h. L. entgegen der im Wortlaut vorgesehenen beschränkten Anwendbarkeit nur im kaufmännischen Verkehr auch auf **gewöhnliche Kaufverträge anwendbar** (OGer ZH, ZR 1994, 64; BSK OR I-Koller, N 15; CR CO I-Venturi, N 3; BK-Giger, N 31; ZK-Schönle, N 15; a. M.: ZK-Oser/Schönenberger, N 6; Cavin, SPR VII/1, 47; offen gelassen in BGE 120 II 296, 300; 104 II 198, 200). Es geht in beiden Absätzen um den *Ersatz des Nichterfüllungsschadens* des Käufers, der auf die Lieferung der Kaufsache verzichtet (*positives Vertragsinteresse*; vgl. BSK OR I-Koller, N 1). **Art. 191 Abs. 3** gilt nur für **Waren mit Markt- oder Börsenpreis**; bei *Fehlen eines Markt- oder Börsenpreises* nach Art. 191 Abs. 3 kann der Käufer bei Nichterfüllung nur nach Art. 191 Abs. 1 bzw. Art. 97 ff. vorgehen (BSK OR I-Koller, N 20; CR CO I-Venturi, N 13; ZK-Schönle, N 31 ff.; Beispiele für Fälle von Waren ohne Markt-/Börsenpreis aus der Praxis: BGE 104 II 198 – Grundstück; BGE 89 II 214, 221 – Kunstwerk).

II. Rechtsfolgen

1. Schadensberechnung nach Art. 191 Abs. 1

Grundsätzlich kann der Käufer gestützt auf Art. 191 Abs. 1 als Schaden wegen Nichterfüllung durch den Verkäufer den **Ersatz des Gewinns (positives Interesse,** *Erfüllungsinteresse*) verlangen. Es handelt sich um den Gewinn, den er aus einem (bereits mit einem Dritten vereinbarten oder bloss beabsichtigten oder möglichen) Weiterverkauf des Kaufgegenstands erzielt hätte, d. h. die *Preisdifferenz* zwischen Erlös aus dem *Weiterverkauf* und dem *vertraglichen Kaufpreis* (BGE 105 II 89; 104 II 198, 200; BSK OR I-Koller, N 1, 27; ZK-Schönle, N 3; CR CO I-Venturi, N 16). Auch die *Vertragsstrafe* oder der *sonstige Schadenersatz*, die der Käufer an seine Abnehmer bezahlen muss, weil er seine Verpflichtungen aus einem Weiterverkauf nicht oder nicht richtig erfüllt hat, gehört zu diesem Schaden des Käufers, der ihm vom Verkäufer zu ersetzen ist (ZK-Schönle, N 3; BK-Giger, N 14). Der Käufer kann den *Schaden nach Art. 191 Abs. 1* auch in den Fällen berechnen und geltend machen, in denen ihm die Möglichkeiten zur Schadensberechnung nach Art. 191 Abs. 2 und 3 offen stehen.

Der Käufer hat i. A. **keine Pflicht** zur Vornahme eines **Deckungskaufs**; im Rahmen der Schadenminderungspflicht besteht (bei einer konkreten Schadensberechnung) eine Pflicht (Obliegenheit) des Käufers zur Vornahme eines Deckungskaufs nur, wenn ein solcher Deckungskauf möglich, zumutbar und sinnvoll ist (BGE 49 II 83; 44 II 52; BGer ZR 1918, 160; OGer ZH, ZR 1994, 64; BJM 1978, 29; BSK OR I-Koller, N 30; BK-Giger, N 32;

ZK-Schönle, N 12f.; a.M. CR CO I-Venturi, N 18). Nicht sinnvoll ist ein Deckungskauf z.B., wenn der Käufer die Ware bereits weiterverkauft hat und die Deckung nur zu einem höheren als dem Weiterverkaufspreis möglich wäre. Nicht zumutbar ist ein Deckungskauf z.B., wenn die Ersatzware zu spät käme, um die beabsichtigten Verkaufsgeschäfte noch tätigen zu können. *Kein Deckungskauf* durch den Käufer ist *erforderlich*, wenn dieser seine *Schadensberechnung* auf *Art. 191 Abs. 3* stützt, weil hier der hypothetische Deckungskauf zum Markt- bzw. Börsenpreis ohnehin berücksichtigt wird. Soweit der Käufer einen gebotenen Deckungskauf pflichtwidrig unterlässt, führt dies zu einer **Reduktion** seines **Schadenersatzanspruchs** (BSK OR I-Koller, N 31).

2.   Konkrete Schadensberechnung bei Deckungskauf (Art. 191 Abs. 2)

6   Wenn der Käufer auf die Leistung des Verkäufers verzichtet (nach Art. 107 oder 190) und anderweitig einen **Deckungskauf** vornimmt, ergibt sich der **Schaden nach Art. 191 Abs. 2** als *(konkrete) Differenz zwischen den Kosten des Deckungskaufs und dem ursprünglichen Kaufpreis*; es genügt, wenn der Deckungskauf abgeschlossen ist; nicht erforderlich ist der Vollzug des Deckungskaufs (BGE 81 II 50, 53; 46 II 148; BSK OR I-Koller, N 7; ZK-Schönle, N 10ff., N 17; CR CO I-Venturi, N 5). Wenn es dem Käufer gelingt, einen *Deckungskauf* zu einem *günstigeren Preis* abzuschliessen als der mit dem Verkäufer vereinbarte Preis, so erleidet er keinen Schaden, sondern erzielt im Gegenteil einen *zusätzlichen Gewinn*; diesen kann er *behalten*, zumal es sich nicht um eine Geschäftsführung ohne Auftrag handelt. Der Käufer hat dann (auch aus Art. 191 Abs. 3) keinen Schadenersatzanspruch gegen den Verkäufer (BSK OR I-Koller, N 7f.; CR CO I-Venturi, N 5; ZK-Oser/Schönenberger, N 9; a.M.: ZK-Schönle, N 14; BK-Giger, N 42).

7   Art. 191 Abs. 2 erwähnt, dass der Preis beim **Deckungskauf «in guten Treuen»** massgebend für die Schadensberechnung sein soll. Doch äussert sich das Gesetz nicht zu Ort, Zeit und Bedingungen des Deckungskaufs; wesentlich ist, dass der *Käufer* nicht nur seine eigenen Interessen einseitig verfolgt, sondern *nach Treu und Glauben vorgeht* und auch diejenigen des Verkäufers wahrt; der Käufer kann die Kosten eines Deckungskaufs u.U. auch dann voll auf den Verkäufer abwälzen, wenn die Differenz zwischen Kaufpreis und Preis des Deckungskaufs grösser ist als der Schaden, den der Käufer ohne Deckungskauf erleiden würde; entscheidend ist die «gute Treue» des Käufers (BGE 42 I 226; BSK OR I-Koller, N 9, 14; ZK-Schönle, N 18; CR CO I-Venturi, N 6).

8   **In zeitlicher Hinsicht** hat der Käufer den **Deckungskauf** *innerhalb* einer *vernünftigen Zeitspanne* (unter Berücksichtigung der für einen Deckungskauf erforderlichen Zeit) *nach Erlöschen* des *Erfüllungsanspruchs* vorzu-

nehmen (BGE 45 II 289; BSK OR I-KOLLER, N 10; CR CO I-VENTURI, N 8; ZK-SCHÖNLE, N 19). Nimmt der Käufer den Deckungskauf vor, bevor definitiv feststeht, ob der Verkäufer erfüllt (insbesondere bei Zweifeln über die Leistung des Verkäufers), kann er keinen Schadenersatz verlangen, wenn der Verkäufer doch noch erfüllt, darf aber den vorzeitigen Deckungskauf anrechnen, wenn der Verkäufer nicht erfüllt (BGE 44 II 516; 43 II 170, 179; BSK OR I-KOLLER, N 11; CR CO I-VENTURI, N 9; ZK-SCHÖNLE, N 19). **In örtlicher Hinsicht** darf sich der Käufer grundsätzlich am Ort eindecken, wo er die *Sache vom Verkäufer übergeben erhalten* hätte, oder am nächsten grösseren Ort, an dem die Ware einen Marktpreis hat; je nach den Umständen des Einzelfalls kann auch ein Deckungskauf an einem weiter entfernten Ort (und ein höherer Preis beim Deckungskauf) gerechtfertigt sein (BSK OR I-KOLLER, N 12; CR CO I-VENTURI, N 10; ZK-SCHÖNLE, N 20; BARDO, 103 ff.; SCHULTZ, 202 m.w.H.). Die **Modalitäten des Deckungskaufs** sollen möglichst denjenigen des ursprünglichen Kaufvertrags entsprechen, insbesondere hinsichtlich der Art und Qualität der Ware. Die Kosten schlechterer Einkaufsbedingungen des Deckungskaufs und u.U. sogar die zusätzlichen Kosten für Waren besserer Qualität (mit teurerem Preis) kann der Käufer als Schaden auf den Verkäufer abwälzen (HGer ZH, SJZ 1919/20, 337; BSK OR I-KOLLER, N 13; CR CO I-VENTURI, N 7; ZK-SCHÖNLE, N 21).

3. Abstrakte Schadensberechnung beim hypothetischen Deckungskauf (Art. 191 Abs. 3)

Nach **Art. 191 Abs. 3** kann der Käufer seinen **Schaden** aufgrund eines nur   9
hypothetischen Deckungskaufs zum *Markt- bzw. Börsenpreis* vornehmen; d.h. er muss nicht wie nach Art. 191 Abs. 2 einen effektiven Deckungskauf vorgenommen haben, was eine für den Käufer eine *Beweiserleichterung* darstellt. Der *Schaden des Käufers* ergibt sich so als *Differenz zwischen* dem *Markt- oder Börsenpreis* (Käuflichkeitspreis) und dem *vertraglich mit dem Verkäufer vereinbarten Preis* (Kaufpreis). (Vgl. BSK OR I-KOLLER, Art. 191 N 16; ZK-SCHÖNLE, Art. 191 N 22 ff.; CR CO-VENTURI, Art. 191 N 11)

Als **Marktpreis bzw. Börsenpreis** i.S.v. Art. 191 Abs. 3 gilt der Preis, der in-   10
folge regelmässiger Geschäftsabschlüsse für eine bestimmte Ware bestimmter Gattung und Art am Ort, an dem die Lieferung hätte erfolgen sollen (bzw. am Ort eines allfälligen Deckungskaufs) im Zeitpunkt des Untergangs des Erfüllungsanspruchs (nach Art. 190 oder nach Art. 107) erzielt wurde; bei diesem Preis sind die gleichen Lieferungsbedingungen wie beim ursprünglichen Kaufvertrag zugrunde zu legen bzw. sind die Unterschiede der Lieferungsbedingungen zu berücksichtigen (BGE 120 II 296, 300; 49 II 77, 84; 43 II 356; BSK OR I-KOLLER, N 19 ff.; ZK-SCHÖNLE, N 27 ff.; CR CO I-VENTURI, N 14 f.; MEYER-WILD, 341, Anm. 10). Nach der Rechtsprechung des BGer ist der Marktbegriff erweitert: Es kommt nicht auf einen durch das

freie Spiel von Angebot und Nachfrage regulierten Marktpreis an, sondern auf einen objektiv festzustellenden Verkaufswert der Kaufsache, u. U. kann der *Käuflichkeitspreis* herangezogen werden; es braucht keinen Nachweis tatsächlich erfolgter Kaufabschlüsse (BGE 81 II 50; 78 II 432; 47 II 192; 43 II 214, 224; BSK OR I-KOLLER, N 20; ZK-SCHÖNLE, N 28; CR CO I-VENTURI, N 13).

11   Wenn der *Verkäufer nachweisen* kann, dass der **tatsächliche Schaden des Käufers geringer** ist als nach der *abstrakten Berechnungsmethode* (Art. 191 Abs. 3), so ist der *Schaden des Käufers* nach h. L. und Rechtsprechung *entsprechend* zu *reduzieren* bzw. kann völlig entfallen (BGE 49 II 77, 80; BSK OR I-KOLLER, N 24; BK-GIGER, N 51; a. M.: BGE 43 II 215, 221; CR CO I-VENTURI, N 12; ZK-SCHÖNLE, N 26, 31 ff.; ZK-OSER/SCHÖNENBERGER, N 15). Der Verkäufer kann so die **Vermutung**, dass der Käufer die Ware mit **Gewinn** weiterveräussert hätte, **umstossen**, insbesondere wenn er darlegen kann, dass der Käufer (aufgrund gesunkener Preise) überhaupt keinen Abschluss mehr gemacht hätte bzw. kein oder ein geringerer Schaden entstanden ist, z. B. durch einen billigeren Deckungskauf (BSK OR I-KOLLER, N 23; BK-GIGER, N 51; MEYER-WILD, 342).

III.   Abweichende Vereinbarungen

12   Art. 191 ist insoweit **dispositives Recht**, als es dem *Käufer* überlassen bleibt, nach welcher *Methode* er seinen *Schaden berechnet* und *geltend macht*, insbesondere ob er statt einer der in Art. 191 vorgesehenen Möglichkeiten lieber nach Art. 97 ff. vorgeht (BSK OR I-KOLLER, N 1; CR CO I-VENTURI, N 1 ff.; ZK-SCHÖNLE, N 3 ff.).

IV.   Prozessuales

13   Art. 191 ist vom Richter **von Amtes wegen anzuwenden**: Der Käufer kann daher von Bundesrechts wegen noch während eines Verfahrens seine *Anspruchsgrundlage ändern*; das *kantonale Prozessrecht* bestimmt, wie lange und in welcher Form *neue Tatsachenbehauptungen und Beweisanträge* vorgebracht werden können (BGE 81 II 50, 53; AppG BS, BJM 1964, 185; BSK OR I-KOLLER, N 6; CR CO I-VENTURI, N 4; BK-GIGER, N 16). Die Bestimmung der **Schadenshöhe** ist **Tatsachenfrage**; das BGer begnügt sich deshalb bei einer Beschwerde damit zu prüfen, ob die kantonale Vorinstanz den juristischen Begriff des Schadens verkannt hat oder unzutreffende Kriterien angewendet hat (BGE 120 II 296, 300; CR CO I-VENTURI, N 4).

14   Wenn der Käufer den **tatsächlichen Schaden** nach Art. 191 Abs. 1 geltend macht, hat er die *konkreten Elemente* seines *Schadens darzulegen*. Allerdings ist es *nicht* erforderlich, dass der Käufer einen *tatsächlichen Weiterverkauf* beweist (z. B. durch einen Vertrag mit einem Dritten), die *Möglichkeit*

eines (beabsichtigten) *Weiterverkaufs* zu einem bestimmten Preis, den der Käufer nachzuweisen hat, *genügt*, selbst wenn der Käufer einen Weiterverkauf nicht beabsichtigte; ein *strikter Beweis* des beim Weiterverkauf erzielbaren *Preises* ist *nicht erforderlich*. Soweit der Käufer dem Richter die erforderlichen Angaben liefert, hat der Richter in Anwendung von Art. 99 Abs. 3 i. V. m. Art. 42 Abs. 2 den (hypothetischen) Preis zu bestimmen (BGE 120 II 296, 300; BSK OR I-KOLLER, N 28; CR CO I-VENTURI, N 17). Der Käufer, der die Kaufsache weiterverkauft hat, kann bei der Schadenberechnung nicht einen Marktpreis einsetzen, der über dem Weiterverkaufspreis liegt (BGE 43 II 795; BSK OR I-KOLLER, N 29). Ob der Käufer oder Verkäufer die **Beweislast** für die **Möglichkeit** eines **Deckungskaufs** trägt, *wenn der Käufer keinen Deckungskauf vorgenommen* hat, ist umstritten: Nach der einen Auffassung braucht der Käufer nur den entgangenen Gewinn zu beweisen und die Deckungsmöglichkeit ist vom Verkäufer zu beweisen (so BGE 44 II 51; 43 II 795; BSK OR I-KOLLER, N 32; MEYER-WILD, 343). Nach der anderen Ansicht hat der Käufer neben dem entgangenen Gewinn zusätzlich die fehlende Deckungsmöglichkeit zu beweisen (BGE 41 II 680; SCHENKER, N 664).

V.   Wiener Kaufrecht/Rechtsvergleichung

Der Käufer kann nach dem **WKR** seinen Schaden wie nach Art. 191 Abs. 2   **15** und 3 berechnen: Als *Differenz* vom *vertraglich vereinbarten Preis* zum *Preis eines Deckungskaufs* (Art. 75 WKR analog Art. 191 Abs. 2) *oder* zum *Marktpreis* (Art. 76 WKR analog Art. 191 Abs. 3). Im Unterschied zu Art. 191 gelten diese Bestimmungen des WKR *nicht nur für* den *kaufmännischen Verkehr*, sondern für alle Kaufverträge, auf die das WKR anwendbar ist; zudem setzen diese Bestimmungen des WKR voraus, dass der *Vertrag aufgelöst* wurde, während der Vertrag nach Art. 191 (i. V. m. Art. 107 Abs. 2 und Art. 190) weiterhin aufrecht erhalten bleibt (BSK OR I-KOLLER, N 23; CR CO I-VENTURI, N 19 ff.; ZK-SCHÖNLE, N 48 f.).

Im **deutschen Recht** sieht § 376 Abs. 2 und 3 HGB eine ähnliche Regelung   **16** wie Art. 191 Abs. 2 und 3 mit der Möglichkeit zur abstrakten oder konkreten Berechnung des Schadens vor. Im **französischen Recht** hat der Verkäufer bei Verzug Schaden und Zinsen des Käufers zu übernehmen (Art. 1611 CC fr.), wobei die Berechnungsmethode im Gesetz nicht genau angegeben ist. Im **italienischen Recht** darf der Käufer, bei einem Kauf von vertretbaren Sachen und Verzug des Verkäufers einen Deckungskauf vornehmen (Art. 1516 CC it.). Art. 1518 CC it. erlaubt dem Käufer, bei Verzug des Verkäufers bei einem Kaufvertrag über eine Sache mit einem Markt- oder Börsenpreis eine abstrakte Berechnung des Schadens vorzunehmen.

Vorbemerkungen zu Art. 192–210

Literatur

Siehe Vorbem. zu Art. 197–210.

I.   Allgemeines

1   Die Rechtsbehelfe der Wandelung oder Minderung, die kurzen Fristen usw. finden sich in allen kontinentaleuropäischen Rechtsordnungen. Die Gewährleistung ist relativ *käuferfreundlich*, weil der Anspruch (von Art. 195 Abs. 2 und 208 Abs. 3 abgesehen) **verschuldensunabhängig** ist (Kausalhaftung). Die Haftung setzt nicht voraus, dass der Verkäufer den Mangel kannte oder hätte kennen müssen. Das Gesetz unterscheidet zwischen **Rechts-** und **Sachgewährleistung**. Für die Abgrenzung ist nicht die *Art des Kaufgegenstandes* (Sache oder Recht) massgeblich, sondern die *Art des Mangels*. Ein **Rechtsmangel** liegt vor, wenn der Kaufgegenstand durch Rechte eines Dritten belastet ist, welche die Rechtsstellung des Käufers beeinträchtigen und die bereits zur Zeit des Vertragsabschlusses bestanden. Der Rechtsmangel ergibt sich also aus der «Vorgeschichte» der Kaufsache. **Sachmangel** ist die ungünstige Abweichung der Ist-Beschaffenheit von der Soll-Beschaffenheit (s. Art. 197 N 2 m. Nw.). Zur Rechtsvergleichung und zum Wiener Kaufrecht vgl. näher BSK OR I-Honsell, N 9 f.

2   Die **Rechtsnatur** der Gewährleistung ist kontrovers. Die gesetzliche Konzeption beruht auf einer Trennung von Erfüllung und Gewährleistung. Die Nichterfüllung ist in Art. 97, 107 ff. geregelt; die hiervon zu unterscheidende Gewährleistung für den Kauf in Art. 192 ff. Hinter dieser Trennung steckt die Vorstellung, dass der Verkäufer beim *Stückkauf* die Sache nur so schuldet, wie sie ist, d. h. dass die Mangelfreiheit nicht zur Leistungspflicht des Verkäufers gehört, sondern Gegenstand der Gewährleistung ist, welche den Verkäufer von Gesetzes wegen mit einer Garantie für einen nicht geschuldeten Erfolg behaftet. Im Gegensatz zum Gattungskauf gibt es beim Stückkauf keinen Anspruch auf Ersatzlieferung oder Nachbesserung. Die Sache wird so geschuldet wie sie ist. Die Erfüllungspflicht des Art. 184 erlischt durch Leistung der individuellen Sache in ihrer mangelhaften Beschaffenheit (*Gewährleistungstheorie*, vgl. dazu etwa Bucher, OR BT, 68, 83). Demgegenüber vertritt die *Erfüllungstheorie* die Auffassung, dass auch beim Stückkauf die Mangelfreiheit zur Leistungspflicht gehört und die Sachmängelhaftung nur ein spezieller Fall der Leistungsstörungen ist (BK-Giger, Vorbem. zu Art. 197–210 N 17 ff.). Das Wiener Kaufrecht und die deutsche Schuldrechtsreform haben die Unterscheidung zugunsten eines einheitlichen Leistungsstörungsrechts aufgegeben. Der Theorienstreit hat kaum praktische Bedeutung. Zur Konkurrenz der Art. 197 ff. mit den Art. 97 ff. vgl.

Vorbem. zu Art. 197–210 N 4. Der innere Grund der Gewährleistung ist die Störung der subjektiven Äquivalenz von Leistung und Gegenleistung.

II. Rechtsgewährleistung

Im zweiten Teil des Abschnittes über die «Verpflichtungen des Verkäufers» regeln die Art. 192–196 die **Rechtsgewährleistung** oder Rechtsmängelhaftung des Verkäufers (das Gesetz spricht von der «Gewährleistung des veräusserten Rechtes»). Das Institut der Rechtsgewährleistung beruht auf dem Prinzip der **Eviktionshaftung**, wonach die Gewährleistungspflicht des Verkäufers erst eintritt, wenn der Kaufgegenstand dem Käufer durch einen besser berechtigten Dritten entzogen (entwehrt) wird. Insofern wird also die Eigentumsverschaffungspflicht des Art. 184 durch die Gewährleistungsregelung modifiziert (s. Art. 192 N 1).

3

III. Verhältnis der Rechtsgewährleistung zu anderen Rechtsbehelfen

1.   Verhältnis zum Schadenersatzanspruch nach Art. 97 ff.

Die Bestimmungen über die Rechtsgewährleistung stellen eine *Sonderregelung* dar, welche den **Schadenersatzanspruch** nach Art. 97 ff. ausschliesst; **a. M.** die h. L., die das Verhältnis von *lex specialis* zu lex generalis nicht beachtet und dem Käufer neben der Rechtsgewährleistung *wahlweise* Ansprüche aus Art. 97 ff. gewährt (BK-Giger, Art. 192 N 9 f., BGE 110 II 242 = Pra 1984, 656, 659 obiter; wie hier dagegen von Büren, OR BT, 15 ff.). Die h. L. geht von der irrigen Prämisse aus, die Art. 192 ff. enthielten lediglich eine Besserstellung des Käufers (BK-Giger, Art. 192 N 9). Dass dies nicht zutrifft, zeigt schon das Eviktionsprinzip. Eine ungehinderte Konkurrenz der Art. 97 ff. würde das Sonderrecht der Art. 192 ff. weitgehend aus den Angeln heben (vgl. auch Art. 192 N 1).

4

2.   Verhältnis zur Irrtums- und Täuschungsanfechtung (Art. 23 ff.)

Hat sich der Käufer über das Fehlen eines Rechtsmangels getäuscht, so kann er sich nach h. M. *wahlweise* auf **Grundlagenirrtum** nach Art. 24 Abs. 1 Ziff. 4 berufen (BGE 109 II 322 E. 2 und die h. L., BK-Giger, Art. 192 N 11; ZK-Oser/Schönenberger, Art. 192 N 1; Keller/Siehr, 70; Guhl/Koller, 393; **a. M.** Merz, ZBJV 1985, 190; Bucher, OR BT, 90; Schöbi, recht 1984, 134). Der h. L. ist zuzustimmen. Die Irrtumsanfechtung ermöglicht dem Käufer die Auflösung des Vertrages, auch wenn die Sache dem Käufer noch nicht evinziert worden ist. Wegen des zu weit verallgemeinerten Eviktionsprinzips (vgl. Art. 192 N 4) sind Rechtsmängelansprüche vor Eviktion nicht möglich. Beruft sich der Käufer auf Irrtum, verliert er allerdings die Möglichkeit, vertragliche Schadenersatzansprüche geltend zu machen (s. dazu Art. 195 N 3 ff., Art. 196 N 1 f.). Zur Konkurrenz von Irrtumsanfechtung und

5

Sachmängelhaftung vgl. Vorbem. zu Art. 197–210 N 6. Eine *alternative Anwendung* wird von der h.L. auch für die **absichtliche Täuschung** (Art. 28) bejaht.

Art. 192

II. Gewährleistung des veräusserten Rechtes

1. Verpflichtung zur Gewährleistung

[1] Der Verkäufer hat dafür Gewähr zu leisten, dass nicht ein Dritter aus Rechtsgründen, die schon zur Zeit des Vertragsabschlusses bestanden haben, den Kaufgegenstand dem Käufer ganz oder teilweise entziehe.

[2] Kannte der Käufer zur Zeit des Vertragsabschlusses die Gefahr der Entwehrung, so hat der Verkäufer nur insofern Gewähr zu leisten, als er sich ausdrücklich dazu verpflichtet hat.

[3] Eine Vereinbarung über Aufhebung oder Beschränkung der Gewährspflicht ist ungültig, wenn der Verkäufer das Recht des Dritten absichtlich verschwiegen hat.

Literatur

FURRER, Beitrag zur Lehre der Gewährleistung im Vertragsrecht, Diss. Zürich 1973; LIECHTI, Rechtsgewährleistung und Entwehrung im Schweizerischen Obligationenrecht, Diss. Bern 1927; VISCHER, Rechtsgewährleistung beim Unternehmenskauf, SJZ 2005, 233 ff.; WEBER, Bundesgesetz über den internationalen Kulturgütertransfer, ZSR 2004 I, 495 ff.; ERNST, Rechtsmängelhaftung, Tübingen 1995; HAEDICKE, Rechtskauf und Rechtsmängelhaftung, Tübingen 2003; HONSELL, Von den aedilizischen Rechtsbehelfen zum Sachmängelrecht, GS Kunkel (1984) 53 ff.; RABEL, Die Haftung des Verkäufers wegen Mangels im Rechte, 1902.

I. Normzweck

1   Die Rechtsmängelhaftung ist als Garantiehaftung konzipiert. Sie stellt den Käufer insofern besser, als sie verschuldensunabhängig ist, «schlechter» hingegen insoweit, als sie Herausgabe der Sache (Eviktion) voraussetzt. Der Käufer kann nicht Schadenersatz wegen fehlenden Eigentums verlangen, solange er im Besitz der Sache bleibt (anders die h.L. Vorbem. zu Art. 192–210 N 4). Die Terminologie des Gesetzes ist insofern unklar, als

Art. 184 zunächst von einer Eigentumsverschaffungspflicht spricht, diese Pflicht dann aber in Art. 192 ff. als blosse Eviktionshaftung ausgestaltet wird.

II. Anwendungsbereich

Die Vorschrift gilt nicht nur für den **Sachkauf**, sondern auch für den *Rechts-* 2 *kauf* (für den Forderungskauf ist Art. 171 zu beachten). Sie ist weiter sowohl auf den Fahrnis- wie den Grundstückkauf (Art. 221) anwendbar. Der hauptsächliche Anwendungsfall der Eviktionshaftung ist das Bestehen von Eigentumsrechten oder beschränkten dinglichen Rechten Dritter. In Frage kommen können aber auch *Immaterialgüterrechte* (KELLER/SIEHR, 127 f.; BGE 110 II 242) oder obligatorische Rechte, die kraft Vormerkung im Grundbuch realobligatorischer Natur sind, wie z. B. ein vorgemerktes Miet- oder Vorkaufsrecht (KELLER/SIEHR, 48). Bloss obligatorische Rechte Dritter, die nicht dinglich gesichert sind, begründen keine Eviktionshaftung. Soweit sie den Käufer überhaupt beeinträchtigen, stellen sie einen Fall der nicht gehörigen Erfüllung dar und fallen somit unter Art. 97 ff. (**a. M.** SCHMID, ZBGR 2000, 356). Abgrenzungsschwierigkeiten ergeben sich zum Sachmangel (s. Vorbem. zu Art. 192–210 N 1). Nach h. L. betrifft die Rechtsmängelhaftung nur die Beeinträchtigung des Käufers durch private Rechte Dritter. Beschränkungen *öffentlich-rechtlicher* Art (z. B. Bauverbote, Baubeschränkungen [PKG 1986, 37], Verkehrsbeschränkungen, Fehlen gesetzlicher Zulassungsvoraussetzungen [BGE 95 II 123] stellen sind Sachmangel. Auch eine Enteignung fällt nicht unter Art. 192 ff. Hingegen ist beim Kauf von Patenten, Mustern, Urheberrechten usw. die Rechtsmängelhaftung anwendbar [näher BSK OR I-HONSELL, N 10]). Hiervon zu unterscheiden ist der Fall, dass die Kaufsache wegen Patentrechtsverletzung dem Verkehr entzogen ist (BGE 82 II 238, 248 = Pra 1956, 399 – Unverkäuflichkeit von Kugelschreibern wegen Patentverletzung: Sachmangel; SJZ 1973, 188 – Muster- und Modellschutz; ebenso ZK-OSER/SCHÖNENBERGER, N 9; **a. M.** BK-GIGER, N 23; s. noch Art. 197 N 2).

Auf den Verkauf einer «ab ovo» nicht existierenden Sache ist Art. 192 nicht anwendbar (BGE 110 II 242 = Pra 1984, 656, 659).

Ein an sich besser berechtigter Dritter kann dem Käufer die **bewegliche** 3 **Sache** nur entziehen, wenn nicht **gutgläubiger Erwerb** nach Art. 714 Abs. 2, 933–935, 973 ZGB oder **Ersitzung** nach Art. 661–663, 728 ZGB vorliegt. Die praktische Bedeutung der Rechtsmängelhaftung wird also durch die Möglichkeit des gutgläubigen (lastenfreien) Erwerbs stark reduziert. Da nur *positive Kenntnis* die Rechtsmängelhaftung ausschliesst (Abs. 2), bleiben für eine Rechtsmängelhaftung die Fälle, in denen gutgläubiger Erwerb wegen *fahrlässiger Unkenntnis* (Art. 3 Abs. 2 ZGB) oder Abhandenkommens (Art. 934 Abs. 1), bis zur Ersitzung (Art. 728) ausscheidet. In beiden Fällen hat der Käufer einen Regressanspruch nach Art. 192 ff. OR. Beim **Grundstückkauf** reicht der Gutglaubensschutz weiter. Nach Art. 973 ZGB wird der gutgläubige Erwerber eines eingetragenen Rechts geschützt. In Betracht kommt also nur der Fall fahrlässiger Unkenntnis vom Nichtbestehen eines eingetragenen Rechts. Umgekehrt ist auch gutgläubig lastenfreier Erwerb möglich, wenn der Käufer ein bestehendes, aber nicht eingetragenes Recht nicht kennt (BGE 98 II 195 – nicht eingetragenes Wegrecht). Nicht anwendbar ist Art. 192, wenn es Aufgabe des Käufers gewesen wäre, die *Zwangsvollstreckung* eines betreibenden Hypothekargläubigers abzuwenden (BGE 39 II 755). BGE 100 II 24 bejaht Gewährleistung, wenn sich der Verkäufer, der bloss Eigentümer eines *Anteils an einem Grundstück* ist, zu Unrecht als Alleineigentümer ausgegeben hat. Zum gutgläubigen Erwerb beim Kauf von *Aktien* s. Tschäni, § 7 N 35 f.

III. Voraussetzungen

4　Der Kaufgegenstand muss aufgrund eines gültigen Vertrages **übergeben** worden sein und der Rechtsmangel muss bereits bei Vertragsschluss bestanden haben. **Vor Übergabe** beurteilen sich die Rechte des Käufers ausschliesslich nach **Art. 97 ff.** Ist der Vertrag unwirksam, so entfällt die Haftung. **Kenntnis** des Käufers bei Vertragsschluss schliesst Rechtsmängelhaftung aus (Abs. 2); spätere Kenntnis schadet nicht. Str. ist, ob nur positive Kenntnis die Haftung ausschliesst oder auch fahrlässige Unkenntnis. Die h. L. stellt Kennen und Kennenmüssen nicht gleich, bejaht aber einen Wegfall der Haftung, wenn sich der Käufer der Kenntnisnahme arglistig entzogen hat (ZK-Oser/Schönenberger, N 15). Kenntnis des Käufers schadet nicht, wenn sich der Verkäufer ausdrücklich zur Gewährleistung verpflichtet hat (Abs. 2). Weiter muss der **Kaufgegenstand** dem Käufer **entzogen** worden sein. Der Verkäufer haftet nicht nur bei gänzlicher Eviktion der Kaufsache (sog. vollständige Entwehrung oder Totaleviktion), sondern auch, wenn die Position des Käufers durch den Dritten nur teilweise beeinträchtigt wird; sei es, weil der Dritte nicht Eigentümer, sondern bloss Inhaber beschränkter dinglicher Rechte ist, sei es, weil der Dritte nur Eigentümer eines Teils der Kaufsache ist (sog. teilweise Eviktion, Teilentwehrung oder Teileviktion, s. Art. 196). Wird dem Käufer die Kaufsache nicht entzogen, erleidet er aber gleichwohl einen Schaden, indem er z. B. dem Dritten eine Abfindungssumme bezahlt, um den Entzug der Sache zu vermeiden, so kann er vom Verkäufer Ersatz dieses sog. Entwehrungsschadens verlangen. Manche sprechen hier von Quasieviktion (Guhl/Koller, 380).

IV. Wegbedingung

5　Nach Abs. 3 ist eine Vereinbarung über die **Aufhebung** oder **Beschränkung** der Gewährleistung *zulässig*, sofern der Verkäufer das Recht des Dritten

nicht absichtlich verschwiegen hat. Wie bei Art. 199 und anders als nach
Art. 100 Abs. 1 schadet also *grobe Fahrlässigkeit* nicht (wie hier BK-GIGER,
N 75; **a. M.** FURRER, 31). Eine Wegbedingung in *AGB* ist restriktiv zu inter-
pretieren (Einzelheiten bei der Kommentierung zu Art. 199).

VI. Beweislast

Die **Beweislast** für das *Vorliegen des Rechtsmangels* trifft den *Käufer*. Die   6
Frage ist indes praktisch bedeutungslos, wenn dem Käufer die Sache durch
rechtskräftiges Urteil entzogen worden ist und er dem Verkäufer den Streit
verkündet hat (s. Art. 193 N 2 f.). Der *Verkäufer* trägt die Beweislast für
die *Kenntnis* des Käufers von der Gefahr der Entwehrung (s. N 4), der
Käufer für das *absichtliche Verschweigen* des Rechtsmangels durch den
Verkäufer.

VII. Verjährung

Die Rechtsgewährleistung enthält im Gegensatz zum Sachmängelrecht   7
keine generellen Vorschriften über die **Verjährung**. Art. 210 gilt nur für
Sachmängel. Für Rechtsmängel ist demnach die *ordentliche zehnjährige
Verjährungsfrist* von **Art. 127** massgeblich. Nach einem Teil der Lehre
(BK-GIGER, N 83; FURRER, 32) läuft die Frist nicht bereits mit *Vertragsschluss* oder *Übergabe*, sondern erst mit *Eintritt des Eviktionsfalles* (ebenso
§ 933 Abs. 1 ABGB). Dies erscheint zweifelhaft. Die Frage hat indes im Hinblick auf die fünf- bzw. zehnjährige Ersitzungsfrist (Art. 728, 661 ZGB)
kaum praktische Bedeutung. Für **Kulturgüter** besteht die Sonderregelung
von Art. 196a (dreissigjährige absolute, einjährige relative Verjährung).

Art. 193

Verfahren **Streitverkündung**	¹ **Wird von einem Dritten ein Recht geltend ge-
macht, das den Verkäufer zur Gewährleistung
verpflichtet, so hat dieser auf ergangene Streitverkündung je nach den Umständen und den
Vorschriften der Prozessordnung dem Käufer
im Prozesse beizustehen oder ihn zu vertreten.**
	² **Ist die Streitverkündung rechtzeitig erfolgt, so
wirkt ein ungünstiges Ergebnis des Prozesses
auch gegen den Verkäufer, sofern er nicht beweist,
dass es durch böse Absicht oder grobe Fahrlässig-
keit des Käufers verschuldet worden sei.**

[3] Ist sie ohne Veranlassung des Verkäufers unterblieben, so wird dieser von der Verpflichtung zur
Gewährleistung insoweit befreit, als er zu beweisen vermag, dass bei rechtzeitig erfolgter Streitverkündung ein günstigeres Ergebnis des Prozesses zu erlangen gewesen wäre.

Literatur

STAEHELIN, Die Nebenparteien im Zivilprozess, Diss. Basel 1981; TAKEI, Die
Streitverkündung und ihre materiellen Wirkungen, Diss. Basel 2005; FREI,
Die Interventions- und Gewährleistungsklagen im Schweizer Zivilprozess,
Diss. Zürich 2004; DÄTWYLER, Gewährleistungs- und Interventionsklage,
Diss. St. Gallen 2005, 14 ff., 167 ff.

I.   Allgemeines und Anwendungsbereich

1   Die Vorschrift regelt die Streitverkündung und deren Wirkung nur für den
Fall der Eviktion. Kraft *Verweisung* gilt Art. 193 auch **ausserhalb des Kaufrechts**: Für den *Tausch* (Art. 237) und die *Schenkung* (Art. 248) sowie für
den *Werkvertrag* (Art. 365 Abs. 1); ebenso im *Gesellschaftsrecht* (Art. 531
Abs. 3) und bei der *Erbteilung* (Art. 637 ZGB).

2   Das BGer hat der Lehre folgend das Vorliegen eines *allgemeinen zivilrechtlichen Grundsatzes* bejaht: Die Frage der Wirkungen einer **Streitverkündung** im Verhältnis zwischen Streitverkünder und Streitberufenem ist demnach **materiell-rechtlicher Natur**. Eine Streitverkündung kann somit nicht
nur dort Wirkungen entfalten, wo das Gesetz dies ausdrücklich vorsieht
(s. N 1), sondern in allen Fällen der Gewährleistung oder Schadloshaltung,
weil sie ein Ausfluss des Handelns nach Treu und Glauben im Vertragsverhältnis ist (BGE 90 II 404 ff. E. 1b m. Nw.; bestätigt in BGE 100 II 24 ff. E. 1c;
näher BSK OR I-HONSELL, N 2). **Formell-rechtlicher Natur** – und somit nach
dem jeweils anwendbaren Prozessrecht zu beurteilen – ist die Frage der *ver-
fahrensrechtlichen Folgen* sowie der *Form* der prozessualen Streitanzei-
ge; nach materiellem Recht genügt eine beliebige Anzeige (BGE 100 II 24 ff.
E. 1c). Zur Streitverkündung in der geplanten neuen ZPO s. FREI, 27 f., 33
und DÄTWYLER, 14 ff., 167 ff.

II.   Voraussetzungen und Wirkung der Streitverkündung

3   Voraussetzung ist, dass der Dritte sein Recht **gerichtlich geltend macht**.
Die blosse Existenz des Rechtes eines Dritten reicht nicht (PKG 1986, 33).
Weiter die **Streitverkündung**, deren Form sich nach Prozessrecht richtet
(s. N 2). Die Wirkungen der Streitverkündung sind unabhängig davon, ob
der Verkäufer der Verkündung Folge leistet oder nicht (näher BSK OR I-

HONSELL, N 3 u. 4). Nach Abs. 1 hat der Verkäufer «auf ergangene Streitverkündung je nach den Umständen und den Vorschriften der Prozessordnung dem Käufer im Prozesse beizustehen oder ihn zu vertreten». Leistet der Verkäufer der Aufforderung des Käufers Folge, so kann er je nach Wahl und Prozessordnung die Stellung eines *Nebenintervenienten*, eines *Rechtsnachfolgers*, eines *Beistandes*, eines *Vertreters* erlangen oder den Käufer *ausserhalb des Streites* unterstützen. Die Streitverkündung bewirkt **keine Rechtskrafterstreckung**. Die **Bindungswirkung** des Urteils besteht vielmehr darin, dass ein ungünstiges Ergebnis des Prozesses auch gegen den Verkäufer wirkt, sofern er nicht beweist, dass es durch böse Absicht oder grobe Fahrlässigkeit des Käufers verschuldet worden sei (Abs. 2, *exceptio male gesti processus*). Die Wirkung der Streitverkündung geht insofern weiter als eine Rechtskrafterstreckung, als sie sich nicht auf das Urteilsdispositiv beschränkt, sondern auf die Entscheidungsgründe erstreckt. Andererseits tritt eine Rechtskrafterstreckung nicht ein, denn das Urteil erwächst nur inter partes (beklagter Käufer und evinzierender Dritter) in Rechtskraft.

Wenn die **Streitverkündung** ohne Veranlassung des Verkäufers **unterblieben** ist, wird dieser von der Verpflichtung zur Gewährleistung nur insoweit frei, als er beweist, «dass bei rechtzeitig erfolgter Streitverkündung ein günstigeres Ergebnis des Prozesses zu erlangen gewesen wäre» (**Abs. 3**). Während also der Verkäufer bei rechtzeitiger Streitverkündung mit der Behauptung, der Rechtsstreit sei falsch entschieden, überhaupt nicht mehr gehört wird, bleibt ihm hier dieser Beweis offen.

Art. 194

Herausgabe ohne richterliche Entscheidung

[1] Die Pflicht zur Gewährleistung besteht auch dann, wenn der Käufer, ohne es zur richterlichen Entscheidung kommen zu lassen, das Recht des Dritten in guten Treuen anerkannt oder sich einem Schiedsgericht unterworfen hat, sofern dieses dem Verkäufer rechtzeitig angedroht und ihm die Führung des Prozesses erfolglos angeboten worden war.

[2] Ebenso besteht sie, wenn der Käufer beweist, dass er zur Herausgabe der Sache verpflichtet war.

Die Vorschrift regelt die **Herausgabe des Kaufgegenstandes ohne richterliche Entscheidung**. Danach besteht die Pflicht zur Gewährleistung auch dann, wenn der Käufer, ohne es zur richterlichen Entscheidung kommen zu lassen, das Recht des Dritten *in guten Treuen* anerkannt oder sich einem

1

Schiedsgericht unterworfen hat. Voraussetzung hierfür ist jedoch, dass das **Anerkenntnis** des Drittrechts dem Verkäufer rechtzeitig angedroht und (kumulativ) ihm die **Führung des Prozesses** erfolglos angeboten worden war (vgl. dazu BGE 100 II 24 E. 1c; 98 II 191 E. 3). Dass der Prozess bereits hängig ist, ist nicht erforderlich. Es genügt, dass der Dritte den Prozess ernsthaft androht. Auch **während des Prozesses** kann der Käufer das Recht des Dritten noch anerkennen. Kann der Käufer beweisen, dass der **Eviktionsanspruch tatsächlich begründet** war, so bleibt die Gewährleistungspflicht des Verkäufers auch dann bestehen, wenn ihm weder die drohende Entwehrung angezeigt noch die Anerkennung usw. angedroht und die Prozessführung angeboten worden ist (Art. 194 Abs. 2).

Art. 195

3. **Ansprüche des Käufers**

a. **Bei vollständiger Entwehrung**

[1] **Ist die Entwehrung eine vollständige, so ist der Kaufvertrag als aufgehoben zu betrachten und der Käufer zu fordern berechtigt:**

1. **Rückerstattung des bezahlten Preises samt Zinsen unter Abrechnung der von ihm gewonnenen oder versäumten Früchte und sonstigen Nutzungen;**
2. **Ersatz der für die Sache gemachten Verwendungen, soweit er nicht von dem berechtigten Dritten erhältlich ist;**
3. **Ersatz aller durch den Prozess veranlassten gerichtlichen und aussergerichtlichen Kosten, mit Ausnahme derjenigen, die durch Streitverkündung vermieden worden wären;**
4. **Ersatz des sonstigen durch die Entwehrung unmittelbar verursachten Schadens.**

[2] **Der Verkäufer ist verpflichtet, auch den weitern Schaden zu ersetzen, sofern er nicht beweist, dass ihm keinerlei Verschulden zur Last falle.**

I.   Vertragsauflösung, Rückerstattung des Preises

1   Abs. 1 normiert als Rechtsfolge der vollständigen Entwehrung die Vertragsauflösung, die ipso iure eintritt. Nach Abs. 1 Ziff. 1 ist der Verkäufer zur Rückerstattung des bezahlten Preises samt Zinsen verpflichtet. Für den Zinsfuss kommt Art. 73 zur Anwendung. Der Anspruch ist vertraglicher

Natur und unterliegt der Verjährung von Art. 127. Hat der Käufer den Preis noch nicht bezahlt, so ist seine Schuld mit der Auflösung des Vertrages erloschen. Hat der Käufer die Sache genutzt, oder hätte er sie doch nutzen können, so ist ein entsprechender Abzug zu machen. Dies weicht von der sachenrechtlichen Regelung des Art. 938 ZGB ab, die keine Ersatzpflicht des gutgläubigen Besitzers vorsieht. Auch der für die Nutzung angesetzte Betrag ist zu verzinsen (BGE 106 II 221 f. zu Art. 208). Eine Beschränkung des Abzugs auf grobfahrlässig unterlassene Nutzungen (so ZK-Oser/Schönenberger, N 4; Furrer, 25 FN 33) lässt sich dem Gesetz nicht entnehmen.

II. Ersatz von Verwendungen und Kosten

Nach **Abs. 1 Ziff. 2** hat der Käufer Anspruch auf «Ersatz der für die Sache 2
gemachten **Verwendungen**, soweit er nicht von dem berechtigten Dritten erhältlich ist». Der Käufer muss sich also zunächst an den vindizierenden Eigentümer wenden, welcher nach Art. 939 f. ZGB *notwendige und nützliche Verwendungen* zu ersetzen hat. Für *sonstige Verwendungen* ist das Wegnahmerecht nach Art. 939 Abs. 2 ZGB zu beachten. Ein Anspruch gegen den Verkäufer kommt nur insoweit in Betracht, als der Käufer gegen den vindizierenden Eigentümer entweder keinen Anspruch hat oder von diesem keinen Ersatz erhält. War der Käufer *bösgläubiger* Besitzer, so kann er vom berechtigten Dritten nach Art. 940 Abs. 2 ZGB nur Ersatz solcher Verwendungen fordern, die auch für den Berechtigten notwendig gewesen wären. Gegenüber dem bösgläubigen Käufer besteht eine Haftung des Verkäufers nur im Falle von Art. 192 Abs. 2 (ausdrückliche Verpflichtung). Nach **Abs. 1 Ziff. 3** hat der Verkäufer «Ersatz aller durch den **Prozess** veranlassten gerichtlichen und aussergerichtlichen **Kosten**, mit Ausnahme derjenigen, die durch Streitverkündung vermieden worden wären», zu leisten. Unter Ziff. 3 fallen nur die im *Prozess mit dem Dritten* (im Eviktionsprozess) erwachsenen Kosten (BGE 79 II 381 f. = Pra 1954, 35). Die Kosten des Regressprozesses gegen den Verkäufer beurteilen sich nach Zivilprozessrecht. Schliesslich haftet der Verkäufer nach **Abs. 1 Ziff. 4** kausal für den sonstigen **unmittelbaren Schaden**. Unter den unmittelbaren Schaden fallen nach h. L. die Kosten des Vertragsschlusses sowie der Übernahme der Sache, z. B. *Beurkundungskosten*, *Gebühren*, Aufwendungen für *Fracht* und *Zölle* usw. Hierher gehört auch der *Kursverlust* bei einer Fremdwährungsschuld (BGE 47 II 82 ff.).

III. Ersatz des weiteren Schadens

Kann sich der Verkäufer nicht exkulpieren, so haftet er nach **Abs. 2** auch für 3
den **«weiteren Schaden»**. Dazu zählt nach h. L. v. a. der *entgangene Gewinn*, aber auch ein Haftungsinteresse, wenn die Sache bereits weiterveräussert wurde (näher BSK OR I-Honsell, N 9).

IV.　Verhältnis von Art. 195 OR zu Art. 934 ZGB

4　Hat der Käufer eine *abhanden gekommene Sache* in der qualifizierten Weise von **Art. 934 Abs. 2 ZGB** erworben (im Wege der öffentlichen Versteigerung, auf dem Markt oder von einem Kaufmann, der mit Waren der gleichen Art handelt), so hat er ein **Lösungsrecht** nach Art. 934 Abs. 2 ZGB: Er muss nämlich dem berechtigten Dritten die Sache nur gegen Vergütung des von ihm bezahlten Kaufpreises herausgeben. Hat er den Kaufpreis vom evinzierenden Dritten erhalten, so entfällt der Kaufpreiserstattungsanspruch gegen den Verkäufer nach Abs. 1 Ziff. 1, nicht aber der Anspruch auf Verzinsung des Preises (s. N 1). Der Käufer ist verpflichtet, das Lösungsrecht auszuüben (näher BSK OR I-Honsell, N 8).

Art. 196

b.　**Bei teilweiser Entwehrung**

¹ **Wenn dem Käufer nur ein Teil des Kaufgegenstandes entzogen wird, oder wenn die verkaufte Sache mit einer dinglichen Last beschwert ist, für die der Verkäufer einzustehen hat, so kann der Käufer nicht die Aufhebung des Vertrages, sondern nur Ersatz des Schadens verlangen, der ihm durch die Entwehrung verursacht wird.**

² **Ist jedoch nach Massgabe der Umstände anzunehmen, dass der Käufer den Vertrag nicht geschlossen haben würde, wenn er die teilweise Entwehrung vorausgesehen hätte, so ist er befugt, die Aufhebung des Vertrages zu verlangen.**

³ **In diesem Falle muss er den Kaufgegenstand, soweit er nicht entwehrt worden ist, nebst dem inzwischen bezogenen Nutzen dem Verkäufer zurückgeben.**

I.　Regel: Schadenersatz

1　**Abs. 1** bestimmt als Regel bei **teilweiser Eviktion** oder **dinglicher Belastung**, dass der Käufer nicht Aufhebung des Vertrages, sondern nur **Schadenersatz** verlangen kann. In analoger Anwendung des Art. 195 ist die Kausalhaftung auf den unmittelbaren Schaden zu beschränken. Vollen Ersatz erhält der Käufer auch hier nur bei Verschulden. Bei Teilentwehrung kann der Käufer Wertersatz für die evinzierten Teile bzw. für den aus der dinglichen Belastung resultierenden Minderwert verlangen. Manche wollen auf diesen Anspruch die Grundsätze der Preisminderung nach Art. 205 analog anwenden (BK-GIGER, N 9). Entgegen der h. L. (BK-GIGER, N 8 m. Nw.) ist auch anteiliger Ersatz für die Kosten des Vertragsschlusses zu gewähren.

II. Ausnahme: Aufhebung des Vertrages

Nach **Abs. 2** kann der Käufer **Aufhebung des Vertrages** verlangen, wenn nach den Umständen anzunehmen ist, dass er den Vertrag nicht geschlossen hätte, wenn er die teilweise Entwehrung vorausgesehen hätte. Die Aufhebung des Vertrages erfolgt, anders als gemäss Art. 195, durch *richterliche Gestaltung* und nicht ipso iure. Wird der Vertrag aufgelöst, so hat der Käufer nach Abs. 3 den nicht evinzierten Teil der Sache zurückzugeben. Im Übrigen erfolgen Rückabwicklung und Schadenersatz wiederum analog Art. 195.

2

Art. 196a

Bei Kulturgütern

Für Kulturgüter im Sinne von Artikel 2 Absatz 1 des Kulturgütertransfergesetzes vom 20. Juni 2003 verjährt die Klage auf Gewährleistung des veräusserten Rechts ein Jahr, nachdem der Käufer den Mangel entdeckt hat, in jedem Fall jedoch 30 Jahre nach dem Vertragsabschluss.

Literatur

GUTZWILLER, Zum Geltungsbereich des Bundesgesetzes über den Internationalen Kulturgütertransfer, SJZ 2005, 517 ff.; SIEHR, Das Kulturgütertransfergesetz der Schweiz aus Sicht des Auslandes, AJP 2005, 675 ff.

Durch das am 1. Juni 2005 in Kraft getretene Kulturgütertransfergesetz (KGTG, SR 444.1) wurde Art. 196a eingefügt. Das Gesetz unterscheidet eingetragene und einfache Kulturgüter. Eingetragene Kulturgüter können nicht gutgläubig erworben werden (Art. 3 Abs. 2 lit. a KGTG). Für einfache Kulturgüter normiert Art. 728 Abs. 1ter ZGB eine dreissigjährige Ersitzung, Art. 934 Abs. 1bis ZGB eine entsprechende Verjährung des Rückforderungsanspruchs und Art. 196a OR analog dazu eine dreissigjährige absolute und eine einjährige relative Verjährungsfrist für den Gewährleistungsanspruch. Nach Art. 1 Abs. 2 KTG ist (einfaches) Kulturgut «ein aus religiösen oder weltlichen Gründen für Archäologie, Geschichte, Literatur, Kunst oder Wissenschaft bedeutungsvolles Gut, das einer der Kategorien nach Art. 1 der UNESCO Konvention 1970 angehört.» Dazu können z. B. Bilder zählen,

1

ebenso Antiquitäten, die mehr als 100 Jahre alt sind. Die Unbestimmtheit des Kriteriums führt in der Praxis, welche die Einstufung als bedeutungsvoll vornehmen muss, zu Schwierigkeiten. Bei der Qualifizierung als für Archäologie (usw.) bedeutungsvolles Gut ist Zurückhaltung angebracht. Insbesondere sollte man verlangen, dass es sich um seltene Exemplare handelt.

Vorbemerkungen zu Art. 197–210

Literatur

BÄHLER, Das Verhältnis von Sachgewährleistung und allgemeinem Leistungsstörungsrecht, Diss. Basel 2005; BAUDENBACHER/SPIEGEL, Die Rechtsprechung des schweiz. BGer zum Verhältnis von Sachmängelgewährleistung und allgemeinen Rechtsbehelfen des Käufers, FS Pedrazzini, 1990, 229 ff.; E. BUCHER, Der benachteiligte Käufer, SJZ 1971, 1 ff.; ERNST, Sachmängelgewährleistung und Gefahrentragung, in: FS Ulrich Huber, 2006, 165 ff.; FURRER, Beitrag zur Lehre der Gewährleistung im Vertragsrecht, Diss. Zürich 1973; GAUCH, Sachmängelgewährleistung und Willensmängel beim Kauf einer mangelhaften Sache, recht 2001, 184 ff.; GERNY, Untersuchungs- und Rügepflichten beim Kauf nach schweizerischem, französischem und US-amerikanischem Recht sowie nach CISG, Diss. Basel 1999; GINTER, Verhältnis der Sachgewährleistung nach Art. 197 ff. OR zu den Rechtsbehelfen in Art. 97 ff. OR, Diss. St. Gallen 2005; HARTMANN, Die Rückabwicklung von Schuldverträgen, Zürich 2005; HONSELL, Arglistiges Verschweigen in Rechtsgeschichte und Rechtsvergleichung, FS Gauch, 204, 101 ff.; DERS., Die Konkurrenz von Sachmängelhaftung und Irrtumsanfechtung, SJZ 2007, 137 ff.; HÜRLIMANN-KAUP, Art. 28 OR und kaufrechtliche Sachgewährleistung bei absichtlicher Täuschung des Käufers, ZBJV 2002, 137 f.; KRAMER, Abschied von der aliud-Lieferung? FS Honsell, Zürich 2002, 247 ff.; LOCHER, Leistungsstörungen im Kauf- und Werkvertragsrecht, in: Gewährleistungsrecht im Kauf- und Werkvertragsrecht, Zürich 2005, 1 ff.; LIPS, Die kaufrechtliche Garantie, Diss. Zürich 2002; MAISSEN, Sachgewährleistungsprobleme beim Kauf von Auto-Occasionen, Diss. Zürich 1999; SPITZ/OETIKER, Verjährung und Rechtsbehelfe bei Unternehmenskaufverträgen, SJZ 2005, 465 ff.; SIEGENTHALER, Die Mängelhaftung bei der Lieferung von Maschinen, Diss. Freiburg 2000; TSCHÄNI, Unternehmensübernahmen nach Schweizer Recht, 2. Aufl. Basel 1991; TANNÒ, Die Berechnung der Rügefrist im schweizerischen, deutschen und UN-Kaufrecht, Diss. St. Gallen 1993; VISCHER, Due diligence bei Unternehmenskäufen, SJZ 2000, 229 ff.; DERS., Rechts- und Sachgewährleistung bei Sacheinlage- und Übertragungsverträgen über Unternehmen, SJZ 2004, 105 ff.; ZELLWEGER-GUTKNECHT, Gewährleistung, Mangelfolgeschaden und Verjährung, ZBYV 2007, 763 ff.

I. Allgemeines

Die Sachgewährleistung ist eine **verschuldensunabhängige Garantiehaftung**. Der Verkäufer haftet, auch wenn er den Mangel weder kannte noch hätte kennen müssen (vgl. Art. 197 Abs. 2). Ein gewisser Ausgleich dieser strengen Haftung ist die *Genehmigungswirkung bei unterlassener Rüge* (Art. 201) und die *kurze Verjährung* (Art. 210). Verschuldensunabhängig haftet der Verkäufer nur auf *Wandelung* (Art. 205, 207, 208 und 209) oder *Minderung* (Art. 205), und beschränkt auf *Schadenersatz* nach Art. 208 Abs. 2. Voller Schadenersatz nach Abs. 3 setzt Verschulden voraus. Zur umstr. Rechtsnatur der Sachgewährleistung Vorbem. zu Art. 192–210 N 2.

Steht die **Mangelhaftigkeit** der Sache bereits **vor Übergabe** fest, so kann der Käufer die Annahme der Sache (Art. 211) verweigern und gegenüber dem Kaufpreisanspruch die Einrede des nicht erfüllten Vertrages (Art. 82) erheben. Dies gilt allerdings nur, wenn der Käufer zur Wandelung berechtigt ist, also nicht bei minder erheblichen Mängeln, die nur eine Minderung rechtfertigen (so SJ 1980, 410, 413; von Büren, OR BT, 37 FN 155; Neuenschwander, 35; a. M. BK-Giger, Art. 211 N 42 f.).

Die Sachgewährleistung ist dispositiver Natur. Eine **Wegbedingung** ist nur bei *arglistigem Verschweigen* eines Mangels unzulässig (Art. 199). Modifizierende Klauseln, die die Haftung des Verkäufers einschränken oder ändern, z. B. durch Vereinbarung einer **Nachbesserung** (s. Art. 205 N 3 f.), sind verbreitet.

II. Verhältnis zu anderen Rechtsbehelfen

1. Verhältnis zum Schadenersatzanspruch nach Art. 97 ff.

Nach ständiger Rechtsprechung des BGer kommt ein **Schadenersatzanspruch nach Art. 97 ff.** neben der Sachgewährleistung *konkurrierend* zur Anwendung (BGE 133 III 335; 108 II 104; 107 II 418; 107 II 161; 114 II 131; 96 II 117; 95 II 125; 90 II 88; 82 II 139; 77 II 249; 67 II 135; 63 II 405; 58 II 211; KGer VS RVJ 1994, 278, 280). Voraussetzung der Art. 97 ff. ist jedoch ein *Verschulden* des Verkäufers. Dieses Verschulden bezieht sich nicht auf die Mangelhaftigkeit als solche, sondern auf die Tatsache des Vertragsschlusses in *Kenntnis* oder *fahrlässiger Unkenntnis* des Mangels (BGE 107 II 166 f.). In Bezug auf die Beschaffenheit der Sache trifft den Händler grundsätzlich keine Untersuchungspflicht (anders aber BGer JdT 1986 I 571 – «Klappstuhl-Fall», für den Importeur). Ist der Verkäufer Fachmann, so wird eine Aufklärungspflicht fallweise bejaht (BGE 66 II 140). Untersuchungs- und Aufklärungspflichten können sich aus den Umständen des Einzelfalls, aus *Treu und Glauben* oder aus *Verkehrssitte* und *Handelsbrauch* ergeben (vgl. zur Aufklärungspflicht beim Unternehmenskauf BSK OR I-Honsell, N 6 m. Nw.).

1

2

3

4

Nach ständiger Rechtsprechung (vgl. zuletzt BGE 133 III 335 zu Art. 201 u. 210) werden aber alle Besonderheiten des Sachmängelrechts wie *Rügeobliegenheit* (Art. 201), *Verjährung* (Art. 210) oder *Haftungsfreizeichnung* (Art. 199) auf den Anspruch aus Art. 97 ff. übertragen (zustimmend BÄHLER, 143 ff., 155 ff.; dagegen BK-GIGER, N 20 ff.; ZELLWEGER-GUTKNECHT, ZBYV 2007, 763; näher BSK OR I-HONSELL, N 6).

Zum Anspruch aus Art. 97 ff. beim *aliud* s. Art. 206 N 2.

2.   Verhältnis zu den Ansprüchen aus unerlaubter Handlung (Art. 41 ff.)

5   **Deliktsansprüche**, welche einen Verstoss gegen Deliktspflichten voraussetzen, die der Allgemeinheit gegenüber bestehen, können stets mit vertraglichen *konkurrieren* (allg. M.; BGE 64 II 257 E. 3 – mangelhaft reparierter Steiggurt, Monteur fällt vom Mast; BGE 90 II 88 – fehlerhaft hergestelltes Frittiergerät, Brand in der Gaststätte; vgl. BSK OR I-HONSELL, N 7). So ist die Lieferung ungesunder Milch, wodurch der Käse in der Sennerei missrät, nur Vertragsverletzung, kein Delikt (BGE 17, 307, 312 f. zum altOR). Gewährleistungsrechtliche Besonderheiten werden aber zum Teil auf den Deliktsanspruch übertragen (zu Recht krit. BUCHER, OR BT, 107; CAVIN, SPR VII/1, 113; GUHL/KOLLER, 393). So hat das BGer den *Ausschluss der Gewährleistung* wegen unterlassener *Rüge* (Art. 201) auf den Deliktsanspruch übertragen (BGE 67 II 137; implizit verneinend dagegen BGE 64 II 257 E. 3; offen gelassen in BGE 90 II 89 E. 2); ebenso eine *Haftungsbeschränkung* nach Art. 199 (BGE 107 II 161, 168 E. 8a). Zur Frage der *Verjährung* des Deliktsanspruchs nach Art. 210 hat das BGer bislang nicht Stellung genommen (s. Art. 210 N 2); der Hinweis auf Art. 210 in BGE 67 II 132, 135 ist ein Fehlzitat. Der Entscheid betrifft nur die Verwirkung nach Art. 201.

3.   Verhältnis zur Irrtums- und Täuschungsanfechtung (Art. 23 ff.)

6   Das BGer lässt in langjähriger Praxis neben der Sachmängelhaftung alternativ die Anfechtung wegen Grundlagenirrtums nach Art. 24 Abs. 1 Ziff. 4 zu. So umging das Gericht namentlich beim Verkauf gefälschter oder nicht originaler Bilder (BGE 82 II 420 – falscher van Gogh; BGE 114 II 131 – falscher Picasso; 56 II 426) die kurze Verjährung von Art. 210 (für Kulturgüter gilt allerdings neu die [zu lange] 30-Jahresfrist von Art. 210 Abs. 1bis). Art. 31 normiert eine relative Jahresfrist, welche anders als die von Art. 210 nicht mit der Ablieferung der Sache beginnt, sondern erst mit Entdeckung des Irrtums (Art. 31 Abs. 2; zur umstr. Frage einer absoluten Zehnjahresfrist beim Irrtum, vgl. BSK OR I-HONSELL, N 9 m. Nw.). Eine Irrtumsanfechtung wurde z. B. auch in folgenden Fällen zugelassen: fehlende Bebaubarkeit von Grundstücken (BGE 98 II 20; 95 II 409); beim Kauf sämtlicher Aktien einer AG und Irrtum über deren finanzielle Lage oder über einzelne Unternehmenswerte (BGE 107 II 421; 97 II 45); bei Lieferung einer unbrauchbaren

Maschine (BGE 83 II 18); bei unzulänglichem Ertrag einer verkauften Chemischreinigungsanlage (BGE 84 II 517); bei einer mit einer SEV-Sicherheitsmarke ausgestatteten Kaffeemaschine, die nicht sicherheitsgeprüft war (BGE 106 II 32). In der Literatur wird diese Rechtsprechung zu Recht überwiegend abgelehnt (vgl. zuletzt HONSELL SJZ 2007, 137 ff. m. Nw.), weil bei einem wesentlichen Mangel, der das Recht auf Wandlung begründet, stets auch Art. 24 Abs. 1 Ziff. 1 anwendbar ist; lässt man die Konkurrenz zu, so laufen die sachmängelrechtlichen Spezifika leer (Verwirkung, 201, Verjährung 210, Gewährleistungsausschluss bei fahrlässiger Unkenntnis des Käufers, 200 Abs. 2). Die Judikatur verkennt die vollständige Tatbestandsüberlagerung der 197 ff. (Wandlung) durch den Grundlagenirrtum. Das Argument es handle sich um verschiedene nebeneinader bestehende Rechtsbehelfe, weil der Irrtum den Vertagsschluss betreffe, die Sachmängelhaftung hingegen die Leistungsebene, bleibt an der Oberfläche und verkennt, dass es stets um denselben Lebenssachverhalt geht, nur unter verschiedenem rechtlichen Blickwinkel. Schliesslich ist es unverständlich, weshalb die Judikatur beim Viehmangel nicht gelten soll (BGE 111 II 70; 70 II 50). *Rechtsvergleichend* ist zu bemerken, dass es in der deutschen Doktrin völlig unbestritten ist, dass die Sachmängelhaftung (BGB §§ 459 ff.) die Irrtumsanfechtung (§ 119) ausschliesst (vgl. statt aller MK-WESTERMANN § 459 Rz 83 ff.). Für Exklusivität des Sachmängelrechts hat man sich neuerdings auch im französischen Recht entschieden. Hingegen ist die Rechtslage im österreichischen und im italienischen Recht dieselbe wie im schweizerischen. Ausführlich zur Rechtsvergleichung P. HUBER, ZEuP 1997, 1142; Weiteres bei BSK OR I-HONSELL, N 10. Das Gesagte betrifft nur den Stückkauf. Beim Gattungskauf kann ein Konkurrenzproblem nur auftauchen, wenn die gesamte Gattung mangelhaft ist (vgl. z.B. OGH Jbl. 2003, 573), sich also der Irrtum auf eine Eigenschaft der ganzen Gattung bezieht, weil andernfalls kein Irrtum bei Vertragsschluss vorliegt, sondern nur mangelhafte Lieferung.

Die Anfechtung wegen **absichtlicher Täuschung** nach **Art. 28** ist wahlweise   **7**
neben der Sachmängelhaftung zulässig (zuletzt bestätigt in BGE 127 III 83). Jedoch ist die Arglistanfechtung gegenüber der Sachmängelhaftung dann ungünstiger, wenn (bei Verschulden) vertragliche Schadenersatzansprüche bestehen, die durch die Anfechtung beseitigt werden. Der Käufer kann dann nur nach Art. 31 Abs. 3 Schadenersatz (negatives Interesse) verlangen (BGE 116 II 431, 434). Die Anfechtung wegen Täuschung wird vor allem relevant, wenn der Sachmängelanspruch präkludiert (Art. 201) oder verjährt (Art. 210) ist (dazu HÜRLIMANN-KAUP, a. a. O). Die einmal getroffene Wahl zwischen Anfechtung und Gewährleistung ist für den Käufer bindend (BGE 108 II 102 E. 2a bzw. BGE 88 II 410 E. 2; 127 III 83 E. 1b; a. A. GAUCH, recht 2001, 184, 189; KRAMER, AJP 2001, 1454).

III. Wiener Kaufrecht

8   Das **Wiener Kaufrecht** geht von einem einheitlichen Begriff der *Vertragsverletzung* aus. Dieses Einheitskonzept hat v. a. den Vorzug der Einfachheit. Gemäss Art. 35 WKR hat der Verkäufer Ware zu liefern, die in Menge, Qualität und Art sowie hinsichtlich Verpackung oder Behältnis den Anforderungen des Vertrages entspricht. Erfüllt der Verkäufer diese Pflichten nicht, so liegt eine **Vertragsverletzung** *(breach of contract)* bzw. Nichterfüllung der Vertragspflicht *(failure to perform his obligation)* vor. Diese Ausdrücke sind gleichbedeutend. Ein zentraler Begriff des Abkommens ist die wesentliche Vertragsverletzung *(fundamental breach of contract)*. Während eine einfache Vertragsverletzung immerhin einen *Schadenersatzanspruch* (Art. 54 Abs. 1 lit. b WKR) oder Ansprüche auf Minderung (Art. 50 WKR) oder Nachbesserung (Art. 46 Abs. 3 WKR) auslöst, ist für die *Aufhebung des Vertrages* (Art. 49 WKR) bzw. für einen Anspruch auf Ersatzlieferung (Art. 46 Abs. 2 WKR) eine wesentliche Vertragsverletzung Voraussetzung. Dies beruht darauf, dass im internationalen Handel, namentlich im Überseeverkehr, Vertragsaufhebung bzw. Nachlieferung, wegen des Rücktransportes der Ware bzw. der Notwendigkeit der Einlagerung und anderweitigen Veräusserung für den Verkäufer ausserordentlich belastend sind. Das Abkommen ist daher bestrebt, die Ansprechschwelle für Vertragsaufhebung oder Nachlieferung möglichst hoch anzusetzen. Das Abkommen regelt nur den *Vertragsschluss* und die *Rechte und Pflichten der Parteien* (Art. 4 WKR). Es regelt *nicht* die *Gültigkeit* des Vertrages sowie die *Übereignung*. Es ist davon auszugehen, dass das WKR alle Streitigkeiten, die sich aus der Vertragsmässigkeit der Ware ergeben, abschliessend geregelt hat (vgl. Art. 7 WRK). Vgl. näher zum Wiener Kaufrecht BSK OR I-HONSELL, N 13 f.

IV. Rechtsvergleichung und Reform

9   Der Begriff des Sachmangels und der zugesicherten Eigenschaften sind in den vom römischen Recht geprägten Rechtsordnungen weitgehend identisch; vgl. z. B. § 922 **ABGB**; Art. 1625 CC fr.; Art. 1490 f. CC it. In den neuen §§ 434 ff. **BGB** ist die Sachmängelgewährleistung des BGB nach der **EG-Richtlinie über den Verbrauchsgüterkauf** (1999/44/EG vom 25. Mai 1999, ABl 1999 L) normiert worden (näher BSK OR I-HONSELL, N 15). In der Schweiz hat man den **Entwurf eines Bundesgesetzes über die Änderung des Obligationenrechts** und des Bundesgesetzes gegen den unlauteren Wettbewerb (Verbesserung des Konsumentenschutzes) ad acta gelegt. Er enthielt der **EG-Richtlinie** folgend einige Neuerungen, z. B. einen Nachbesserungsanspruch, die Beschränkung des Art. 201 auf Kaufleute, eine zweijährige Verjährung und ein Verbot des Gewährleistungsausschlusses beim Konsumentenkauf.

Art. 197

III.	Gewährleistung wegen Mängel der Kaufsache	
1.	Gegenstand der Gewährleistung	
a.	Im Allgemeinen	

¹ **Der Verkäufer haftet dem Käufer sowohl für die zugesicherten Eigenschaften als auch dafür, dass die Sache nicht körperliche oder rechtliche Mängel habe, die ihren Wert oder ihre Tauglichkeit zu dem vorausgesetzten Gebrauche aufheben oder erheblich mindern.**

² **Er haftet auch dann, wenn er die Mängel nicht gekannt hat.**

I. Anwendungsbereich

Die Art. 197 ff. gelten für den Kauf, den **Tausch** (Art. 237 OR) und die *Teilung der Miterbengemeinschaft* (Art. 637 ZGB) sowie analog für **andere entgeltliche Veräusserungsverträge** wie Sacheinlagen im Gesellschaftsrecht (dazu VISCHER, SJZ 2004, 100, 109 f.), Teilung von Gemeinschaften, Begründung oder Übertragung von Rechten, die zum Besitz einer Sache berechtigen wie Nutzniessung und Verpfändung, Bestellung eines Erbbaurechts, Vergleich usw. Für die Schenkung gelten die Art. 197 ff. nicht (vgl. Art. 248). Gesonderte Regelungen enthalten auch das Miet- (Art. 258 ff.) und das Werkvertragsrecht (Art. 367 ff.). Die Art. 197 ff. gelten grundsätzlich nur für den **Sachkauf**, nicht für den **Rechtskauf** (dazu Art. 171–173; BGE 88 II 522). Die Art. 197 ff., (insb. Art. 201) sind auf die Gewährleistung nach Art. 171 OR nicht analog anwendbar (BGE 78 II 218, 220). Rechts- und nicht Sachkauf ist der Erwerb von *Mitgliedschafts-* oder *Immaterialgüterrechten* (zu Letzteren s. Art. 192 N 2, 7). Auf den *Unternehmenskauf* sind die Art. 197 ff. anwendbar. Für den **Grundstückkauf** ist Art. 219 zu beachten; darüber hinaus gelten die Art. 197 ff. entsprechend (Art. 221). Beim *Aktienkauf* ist nach der Judikatur Sachmängelrecht nur anwendbar, soweit es um Mängel der Urkunde geht, nicht dagegen bei Mängeln des von der AG betriebenen Unternehmens, weil nur die Urkunden Kaufgegenstand sind, nicht das Unternehmen (GUHL/KOLLER, 380; BGE 107 II 422 – Verkauf sämtlicher Aktien, Warenlager mit veralteten Produkten; s. ferner BGE 108 II 104 E. 2a; 97 II 43 ff.; 79 II 158; KGE JU RJJ 1993, 264). In der Literatur wird dies überwiegend kritisiert; s. etwa BUCHER, OR BT, 62, der beim Kauf sämtlicher Aktien oder eines beherrschenden Anteils in Anlehnung an BGHZ 65, 246 das Unternehmen als Kaufgegenstand betrachtet. Das BGer hilft aber mit Grundlagenirrtum (BGE 108 II 102; 107 II 422; 97 II 43 ff.); auch eine Zusicherung bez. des Ertrages, des Umsatzes, der Aktiven und Passiven ist möglich (BGE 88 II 415; 81 II 213; 79 II 158; SJZ 1990, 288 ff.; s. a. N 3 und 9). Den

1

Kauf eines Geschäfts, das in gemieteten Räumen betrieben wird, qualifiziert das BGer als Vertrag sui generis (BGE 129 III 21 E. 2.1 = Pra 2003 Nr. 30 – Nachtlokal in asbestverseuchten Mieträumen). Zur Übernahme einer Einzelfirma mit Aktiven und Passiven durch eine Aktiengesellschaft vgl. BGE 129 III 167 ff.

II. Sachmangel

1. Begriff

2   Sachmangel ist der Oberbegriff für **Fehler** (körperliche oder rechtliche Mängel) und **Fehlen einer zugesicherten Eigenschaft** (von Letzterem werden die «unverbindlichen Äusserungen» unterschieden – vgl. hierzu N 9; BGer 4C.267/2004). Fehlerbegründend sind nicht nur Abweichungen von der *gewöhnlich vorausgesetzten*, sondern auch von der *vertraglich geschuldeten Beschaffenheit*. Sachmangel ist damit die ungünstige Abweichung der *Ist-Beschaffenheit* von der *Soll-Beschaffenheit* (ähnlich KELLER/SIEHR, 76). Der Verkäufer haftet für Mängel der Sache, welche «ihren *Wert* oder ihre *Tauglichkeit* zu dem vorausgesetzten Gebrauche *aufheben* oder *erheblich mindern*» (Art. 197 Abs. 1; ähnlich Art. 1641 CC fr., Art. 1490 CC it., § 459 BGB, § 922 ABGB). Hingegen wird bei Zusicherung einer Eigenschaft eine erhebliche Minderung des Wertes oder der Gebrauchstauglichkeit nicht verlangt (BGE 87 II 245). Hier genügt vielmehr, dass die Eigenschaft erkennbar *für den Kaufentschluss entscheidend* war (BGE 81 II 207; 73 II 222; 71 II 240). Nicht nur *körperliche* und *rechtliche, sondern auch wirtschaftliche Mängel* können ein Sachmangel sein (BGE 87 II 245); jedenfalls soweit es sich um eine zugesicherte Eigenschaft handelt. Stellt man auf die Soll-Beschaffenheit ab, so können auch Sachen mangelhaft sein, die an sich keinen Fehler haben, die aber nicht die Eigenschaften besitzen, die sie nach der vertraglichen Voraussetzung haben sollten. Besonders deutlich wird dies bei Sachen mit verschiedenem Verwendungszweck (Reit- oder Zugpferd, Schreib- oder Zeichenpapier usw.). Umgekehrt können Sachen, die objektiv fehlerhaft sind, im Hinblick auf den vertraglichen Verwendungszweck mangelfrei sein, z. B. Schrottautos, (wurmstichiges) Pressobst oder (verunreinigtes) Futtergetreide. Einen Sachmangel stellen – nur beim *Stückkauf* – auch Gattungsabweichungen dar; **aliud** im weitesten Sinn und **peius** werden hier nicht unterschieden, denn die individuell konkretisierte Sache wird geschuldet, mögen ihr die Parteien auch Eigenschaften attribuiert haben, die sie nicht hat, und die sie als einer anderen Gattung zugehörig ausweisen (s. Art. 206 N 2). Fehlerhaft sind nicht nur objektiv mangelhafte Sachen, sondern alles, was die vertraglich zugesicherten bzw. vorausgesetzten Eigenschaften nicht besitzt. Es kommt also darauf an, *als was* die Sache verkauft worden ist. Eine aliud-Lieferung beim Stückkauf liegt nur vor, wenn der Verkäufer ein anderes als das individualisierte

Stück liefert, z. B. nicht das Pferd, das der Käufer ausgesucht und gekauft hat, sondern ein anderes (sog. «Identitätsaliud»). Im Schweizer Recht sind hier nicht die Art. 197 ff., sondern Art. 107 ff. anwendbar (h. L.; **a. M.** KRAMER, FS Honsell 247 ff., 250; BÄHLER, 199 ff.). Hier wären die Rechtsfolgen Wandlung oder Minderung unangebracht. Vielmehr besteht der Lieferungsanspruch mangels Erfüllung fort.

Der **Wert der Sache** stellt für sich allein keine Eigenschaft dar. Ein Minderwert rechtfertigt eine Sachmängelhaftung nur, wenn er auf dem Fehlen bestimmter Eigenschaften beruht (BGE 91 II 355 = Pra 1967, 169; s. dazu BSK OR I-WATTER, N 358; TSCHÄNI, § 7 N 57). Auch ein Irrtum über den Wert wird i. d. R. nicht anerkannt (vgl. BGE 41 II 571, 575; Art. 24 N 27); zum Unternehmenskauf s. N 1 und 3. Dass ein Irrtum über den blossen Wert grundsätzlich sowohl nach Gewährleistungs- wie nach Irrtumsrecht irrelevant ist, folgt aus dem Aspekt des privatautonomen und eigenverantwortlichen Aushandelns des Preises, zu dem auch gehört, dass man sich über den Wert der Kaufsache informiert (MK-KRAMER, § 119 BGB N 129).

Der Mangel kann *körperlicher* oder *rechtlicher* Art sein. Beispiele für **rechtliche Mängel**: Grundstück mit Bauverbot (BGE 98 II 197 E. 4); fehlende Bebaubarkeit (BGE 91 II 275); Benutzungsverbot für Wohnraum wegen Nichteinhaltung baurechtlicher Vorschriften (BGE 60 II 436 ff.); ausländische Maschine, die inländischen Zulassungsvorschriften nicht entspricht (BGE 95 II 122); Unverkäuflichkeit von Kugelschreibern wegen Patentverletzung (BGE 82 II 248 = Pra 1956, 399; vgl. Art. 192 N 2). Die nachträgliche Nichterteilung eines Patentes zur Führung einer Speisewirtschaft beim Verkauf einer Gastwirtschaft ist nicht Fehlen einer zugesicherten Eigenschaft, sondern begründet Anfechtbarkeit wegen Grundlagenirrtums (BGE 55 II 184 – zweifelhaft).

2. Einzelbeispiele für Fehler und fehlende Eigenschaften

Grundstücke/Gebäude: Mangelnde Bewohnbarkeit von Räumen; Feuchtigkeit im Untergrund (BGE 111 II 162; 42 II 499); Feuchtigkeit von Gebäuden (BGE 66 II 134 f.); Nichtfunktionieren oder Fehlen einer Entwässerungsanlage (BGE 66 II 134 f. E. 2); Fehlen von Wasser- und Kanalisationsanschluss, wenn volle Erschliessung zugesichert ist (BGE 104 II 268 = Pra 1979, 123 ff. – sogar dann, wenn beides in 50 m Entfernung vorhanden ist); zu geringe Tiefe des Fundaments eines Hauses; Ölverseuchung eines Grundstücks (BGE 107 II 164 f.); Lage des Grundstücks in einem Lawinengebiet (BGE 98 II 20); ungenügende Tragkraft von Böden (BGE 73 II 218); mangelnde Fundierung bei schlechten geologischen Bodenverhältnissen (BGE 87 II 137 ff.); zu geringes Bauvolumen (BGE 87 II 244 ff.); fehlerhafte elektrische Installation (BGE 95 II 123); unzulänglicher Zins- oder Mietertrag eines Hauses (BGE 81 II 207 – die Behörde hatte übersetzte Mieten beanstandet; BGE 45 II 444 f. E. 4); mangelnde Lärmisolierung einer Wohnung in einem Appartementhaus (RVJ 1973, 339); fehlende Bebaubarkeit eines Grundstücks (BGE 91 II 275 – zum Irrtum); öffentliche Nutzungsbeschränkungen oder Bauverbote (BGE 66 II 441 f.; 98 II 197); von der Gemeinde geforderter Beitrag zu den Strassenkosten als Voraussetzung der Grundstücksbebauung (KGE VS RVJ 1994, 277 – der Verkäufer hatte zugesichert, es sei ausser den «üblichen Gebühren» nichts zu bezahlen); nur teilweise Bebaubarkeit wegen einzuhaltendem Waldabstand, geringere Geschossflächenzahl (BGer ZBGR 1990, 367); verringerte Ausnützungsziffer wegen teilweiser Inanspruchnahme für eine Strasse (BGE 98 II 197 E. 4; vgl. Art. 219 N 5); weiteres bei SCHUMACHER, in: Koller, Der Grundstückkauf, 2. Aufl. Bern 2001, N 133 ff., 208 ff. *Nebenrechte*, wie z.B. das Recht, die Bebauung des Nachbargrundstückes zu verbieten, können nicht Gegenstand einer Zusicherung sein; in Betracht kommt aber Rechtsmängelhaftung (BGE 72 II 79, 809). **Unternehmen**: Fehlen von *Inventar*, Maschinen usw., wenn der Fehlbestand eine gewisse Grösse erreicht. Auch die *Überbewertung* einzelner Aktivposten kann einen Mangel des Unternehmens darstellen (vgl. BGE 107 II 419 ff. – überbewertetes Warenlager; in casu jedoch Art. 24 Abs. 1 Ziff. 4, weil nicht Unternehmenskauf, sondern Aktienkauf vorlag; ebenso BGE 108 II 104 E. 2a; PKG 1989, 43 – Grundstück, das Hauptaktivum darstellt, ist mit limitiertem Vorkaufsrecht belastet). Dasselbe gilt für Fehlen *mitverkaufter Rechte* wie z.B. von Kundenforderungen, Namens-, Firmen- oder Markenrechten, gewerblichen Schutz- und Nutzungsrechten, Kundenstamm, Geschäftsbeziehung, Patenten (BGE 108 II 104 E. 2a), Geschäftsgeheimnissen, Goodwill usw. Gegenstand einer Zusicherung kann auch der *Ertrag* oder der *Umsatz* eines Unternehmens sein (BGE 45 II 444 f. – Zinsertrag einer Liegenschaft; BGE 63 II 78 f. – Umsatz einer Gastwirtschaft; BGE 42 II 494, 499 – Rentabilität einer Gärtnerei; ebenso BGE 84 II 517 für den Verkauf einer Anlage für chem. Reinigung; zu Umsatz, Ertragskraft, Passiven usw. von Unternehmen s. noch BGE 91 II 353 = Pra 1967, 169; BGE 88 II 415; 81 II 213; 79 II 158; a.M. SCHUMACHER, in: Koller, a.a.O., N 221 m. Nw.); auch die Vorlage von *Bilanzen* kann eine *Zusicherung* enthalten. Entgegen der Grundregel, wonach der blosse Wert einer Sache weder Sachmängelansprüche noch Grundlagenirrtum eröffnet (vgl. o. N 2), ist bei fehlerhafter Unternehmensbewertung infolge Überbewertung von Aktiven oder Unterbewertung von Passiven ggf. Grundlagenirrtum bzw. culpa in contrahendo anwendbar. **Industrieprodukte, Maschinen**: In Betracht kommen neben *Konstruktions-* und *Verarbeitungsfehlern* sowie technischen Mängeln und Qualitätsmängeln v.a. das *Fehlen zugesicherter Eigenschaften* (BGE 42 II 632 – Ziegelpresse, die sich zum Pressen von Zementsteinen nicht eignet; BGE 24 II 68 ff.; 26 II 747 – Fahrräder aus Gussstahl statt aus Primastahl); Kohle mit zu geringer Heizleistung (BGE 20, 960). **Waren**: Reinheit der Ware (BGE 31 II 413 – 100% Vanille; BGE 26 II 557 – reines Kirschwasser; BGE 31 II 117; 32 II 298 – Alkoholgrad von Wein; BGE 17, 307 – schlechte Milch); unrichtige *Herkunftsangaben*, z. B. Havanna-Zigarren, italienischer Vermouth (SJZ 1919/20, 194); badischer statt böhmischer Hopfen (JdT 1892, 206); Unverkäuflichkeit der Ware wegen *Seuchenverdacht*, auch wenn die Ware in Ordnung ist (BGHZ 52, 51 – argentinisches Hasenfleisch, Salmonellenverdacht; ebenso BK-GIGER, N 72 f.); *Konfektion*, die der Mode nicht mehr entspricht (BK-GIGER a. a. O.). **Kraftfahrzeuge**: *Konstruktions-* oder *Verarbeitungsfehler* (BGE 91 II 350; LGVE 1976 I 363). Wird ein Fahrzeug als *fabrikneu* verkauft, so ist es grundsätzlich nicht fehlerhaft, wenn es noch nicht in Verkehr gebracht worden ist. Allerdings darf man ein Fahrzeug mit einer Standzeit von mehr als einem Jahr nicht mehr als fabrikneu bezeichnen (BGE 116 II 434 f. – zu Art. 28). Bei *Occasionswagen* stellt ein früherer Unfall einen Fehler dar (OGer LU ZBJV 2004, 700). Der Unfall muss auch dann angegeben werden, wenn der Schaden beseitigt worden ist. Dies gilt jedoch nur für erhebliche Beschädigungen, nicht für gewöhnliche Blechschäden, die ordnungsgemäss repariert worden sind (Näheres bei BK-GIGER, N 44). Abnutzungen kommen als Fehler nur in Betracht, wenn ihr Umfang abnormal ist (BGE 46 II 61 f.). Die Angabe eines *Baujahres* kann eine Zusicherung darstellen (BGE 94 II 35 = Pra 1968, 513 – 1963 statt 1964; s. a. SJZ 1962, 9 – Opel Modell 1963, obgleich im selben Jahr ein neues Modell herausgekommen war); ebenso die Auskunft des Übereinstimmens der tatsächlichen Laufleistung mit dem *Stand des Kilometerzählers* (BGE 71 II 240 E. 4; 109 II 24 = Pra 1983, 397 f.; RVJ 1971, 85; 1990, 158; BJM 1990, 257). Bei Unfallwagen, manipuliertem Kilometerzähler usw. kommt auch absichtliche Täuschung nach Art. 28 in Betracht (s. OGer LU ZBJV 2004, 700). **Kunst- und Antiquitätenhandel**: *Unechtheit* von Kunstwerken (BGE 82 II 420 – falscher van Gogh; BGE 114 II 131 – Picasso; BGE 56 II 426 – alle Entscheide zum Grundlagenirrtum). Fehler ist auch die *fehlerhafte Identität des Künstlers*, wenn das Bild «Eichen am Wasser» von S. Ruysdael stammt, statt von dem berühmteren J. Ruysdael (RGZ 135, 339); ebenso die Herkunft aus einer bestimmten *Epoche* (SJZ 1940/41, 233 – Louis XV Möbel). Die Zusicherung der Echtheit einer Briefmarke kann sich konkludent aus dem hohen Preis ergeben (BGE 102 II 100 E. 2 = Pra 1976, 436 ff. – «sitzende Helvetia»).

Quantitätsmängel begründen i. a. keinen Fehler. Namentlich beim Gattungskauf ist die Lieferung zu geringer Mengen teilweise Nichterfüllung. Ein Sachmangel liegt jedoch vor, wenn die angegebene *Grösse Vertragsinhalt* geworden und für den Verwendungszweck des Käufers von entscheidender Bedeutung ist. In solchen Fällen handelt es sich um das Fehlen einer zugesicherten Eigenschaft, z. B. *Bauvolumen* eines Gebäudes (BGE 87 II 244 – trotz Besichtigung!); Lieferung *zu kurzer oder zu langer* Tücher; *Mindergewicht* von zum Weiterverkauf bestimmten abgepackten Waren; falsche *Längenangabe* bei einem Kühltisch (BGE 57 II 290 E. 2; vgl. auch BÄHLER, 173 ff., 188).

4

5   **Verpackung:** Mängel der Verpackung sind erheblich, wenn dadurch die *Haltbarkeit der Sache* beeinträchtigt wird oder die *Verkäuflichkeit*, z.B. von Markenware, die originalverpackt weiterverkauft wird (BK-GIGER, N 91). Vereinbaren die Parteien «neutrale Verpackung», so ist dies nicht Zusicherung, sondern *Nebenpflicht*, für welche Art. 201 (und Art. 210) nicht gilt (BGE 96 II 115). Dasselbe gilt bei Verletzung der Nebenpflicht einer ordnungsgemässen Transportverpackung beim Versendungskauf.

3.   Massgeblicher Zeitpunkt

6   **Massgeblicher Zeitpunkt** für das Vorliegen eines Sachmangels bzw. das Fehlen einer Eigenschaft ist der **Gefahrübergang**; beim Stückkauf also grundsätzlich der *Vertragsschluss* (Art. 185 Abs. 1), beim Gattungskauf die *Aussonderung* bzw. *Versendung* (Art. 185 Abs. 2). Für den **Grundstückkauf** gilt Art. 220. Wird die Sache erst nach Gefahrübergang fehlerhaft, so entfällt die Sachmängelhaftung und der Verkäufer haftet (nur bei Verschulden) nach den Grundsätzen der positiven Vertragsverletzung (Art. 97 analog). Für die Sachmängelhaftung genügt es aber, wenn der Fehler bei Gefahrübergang bereits im Keime angelegt ist und erst später offenkundig wird oder zu einer Beschädigung oder Zerstörung der Sache führt. Zum sog. «weiterfressenden Mangel» s. Art. 208 N 2.

4.   Beweislast

7   Die **Beweislast** für das Vorliegen des Mangels im Zeitpunkt des Gefahrübergangs trägt der *Käufer*, wenn er die Sache angenommen hat (vgl. z.B. BGE 15, 800; 23, 1823; 23, 179; 26 II 806). Die Mangelfreiheit wird aufgrund der vorbehaltslosen Annahme vermutet (VON TUHR/ESCHER, OR AT II, § 60 I). Dagegen trägt der Verkäufer die Beweislast für Mangelfreiheit, wenn der Käufer die Annahme der Sache wegen Vertragswidrigkeit verweigert oder wegen des behaupteten Mangels bei der Annahme einen Vorbehalt macht. Eine Mängelrüge nach vorbehaltsloser Annahme ändert an der Beweislast des Käufers nichts mehr. Beim Distanzkauf genügt ein blosser Vorbehalt nicht. Notwendig ist eine Beanstandung und eine Beweisaufnahme nach Art. 204 Abs. 1 und 2 (s. dazu Art. 204 N 3).

5.   Erheblichkeit

8   Für **unerhebliche Mängel** haftet der Verkäufer nicht (Abs. 1). Unerheblich sind z.B. kleinere Lackschäden, auch an einem Neuwagen, ein Eselsohr in einem Buch, ein sog. Shadingeffekt bei Velourteppichen (LGVE 1978 I 475) usw. Keine Rolle spielt die Erheblichkeit beim Fehlen zugesicherter Eigenschaften (BGE 87 II 245).

III. Zusicherung von Eigenschaften

An die **Zusicherung** werden geringere Anforderungen gestellt als an eine   9
Garantie. Die h. M. sieht in der Zusicherung keine Willenserklärung, sondern eine *Wissenserklärung* («Vorstellungsäusserung») und nimmt nicht
eine vertragliche Haftung an, sondern eine *gesetzliche* (BGE 71 II 240;
HEINI, 182 f. – **a. M.** BK-GIGER, N 9 ff.; vgl. auch BSK OR I-WATTER, N 357;
RBOG 1989, 79; RVJ 1990, 158). Nicht jede anlässlich der Vertragsverhandlungen abgegebene Erklärung ist indes als Zusicherung zu qualifizieren.
Die h. L. verlangt zwar keinen ausdrücklichen Verpflichtungswillen des Verkäufers, wohl aber eine (auch konkludente) Erklärung über Sacheigen-
schaften, die erkennbar für den Kaufentschluss des Käufers entscheidend
war (BGE 102 II 100 = Pra 1976, 436 ff.; BGE 88 II 416; 87 II 245; BUCHER,
BT, 91; TERCIER, N 393); ob dies der Fall ist, beurteilt sich nach Treu und
Glauben (KELLER/SIEHR, 74). Für Kausalität zwischen Zusicherung und
Vertragsschluss zu den vereinbarten Bedingungen besteht eine Vermutung;
der Verkäufer muss sie widerlegen (BGE 71 II 239). Die stillschweigende
Zusicherung kann sich aus den Umständen, dem Preis, einem *Handelsbrauch* oder *Verkehrssitte* ergeben (BGE 11, 365 – Bleichbarkeit von Texti-
lien), u. U. auch aus der Verwendung von *Marken, Gütezeichen* oder *Indus-
trienormen*. Zahlreiche weitere Bsp. für konkludente Zusicherungen bei
VON STAUDINGER/HONSELL, § 459 BGB a. F. N 148 ff., wobei aber zu beachten ist, dass die deutsche Judikatur, wegen der strengeren Anforderungen
an eine Zusicherung, nicht ohne weiteres zum Vergleich herangezogen werden kann. Die Zusicherung beim *Liegenschaftskauf* bedarf nach h. L. und
ständiger Rechtsprechung nicht der Form des Art. 216 (BGE 73 II 220;
63 II 79; vgl. zur Kritik der Literatur BSK OR I-HONSELL, N 15 m. Nw.).
Blosse *reklamehafte Anpreisungen* stellen keine Zusicherung dar (BGE 88
II 416; BGer v. 23. 11. 2004, 4C.267/2004, E. 2.1 ff.). ZR 1929, 289 ff. sieht
aber in der Beschreibung eines Lastwagens als «sehr gut erhalten» eine Zusicherung; anders OGer AG JKR 1996, 398 ff.: Bezeichnung eines Wagens
als «gut» ist keine Zusicherung (weitere Bsp. bei BK-GIGER, N 15). Sofern
es sich nicht nur um Reklame handelt, kann eine Zusicherung aber auch in
einem Werbetext oder einem Zeitungsinserat enthalten sein. Die Zusicherung kann vom Verkäufer formuliert sein, z. B. in einem *Bestellschreiben,*
das die Eigenschaften festgelegt hat und dem der Verkäufer zustimmt;
ebenso in einem *Kaufangebot,* das der Verkäufer annimmt oder in anderen
Erklärungen des Käufers, auf welche die Parteien ausdrücklich oder konkludent in einer Weise Bezug nehmen, welche die Erklärung zum Inhalt des
Vertrages macht. Die in einer *Ausschreibung* geforderten Eigenschaften
sind aber ohne Vorliegen einer entsprechenden Erklärung oder besonderer
Umstände nicht als zugesichert anzusehen (BGH NJW 1981, 222 = WM 1980,
1388; **a. M.** SOERGEL-HUBER, N 159). Eine Zusicherung ist auch bei dem bei

grösserem Lieferumfang häufig vereinbarten Kauf nach Muster anzunehmen (vgl. Art. 222 N 3 m. Nw.). Zugesichert ist hier *Musterkonformität*. Daneben können auch weitergehende Zusicherungen gemacht werden (BGE 11, 373 f.; 26 II 555).

10 Von der Zusicherung zu unterscheiden ist die selbstständige **Garantie**, mit der sich der Versprechende z. B. zu einer Schadenersatzleistung verpflichtet, falls sich ein bestimmter Erfolg (z. B. Rendite, Umsatz) nicht einstellt, der über die vertragsgemässe Beschaffenheit der verkauften Sache hinausgeht (BGE 122 III 426, 428 f. – Überbaubarkeit eines Grundstücks, vgl. GAUCH/SCHLUEP/SCHMID/REY, N 4165; WIEGAND, ZBJV 1998, 204). Für ein solches Garantieversprechen gelten die Rügeobliegenheiten des Art. 201 und die kurze Verjährungsfrist des Art. 210 nicht (ebenso BGE 122 II 430). Ob ein Garantieversprechen vorliegt ist Frage des Einzelfalles. Die Verwendung des Ausdrucks «Garantie» (z. B. Garantiefrist, Garantiekarte, Werkgarantie, vgl. Art. 199 N 4) reicht hierfür nicht. Ein Garantieversprechen wird angenommen, wenn es um *künftige Eigenschaften* oder Erfolge geht, weil sich die Sachmängelhaftung nur auf Eigenschaften im Zeitpunkt des Gefahrübergangs bezieht (BGE 122 III 426, 428 E. 4; BK-GIGER, N 20). In der Zusicherung eines künftigen Ertrages bei einem Unternehmen, Geschäft oder Mietshaus kann ggf. eine Garantie zu sehen sein.

Art. 198

b. **Beim Viehhandel**

Beim Handel mit Vieh (Pferden, Eseln, Maultieren, Rindvieh, Schafen, Ziegen und Schweinen) besteht eine Pflicht zur Gewährleistung nur insoweit, als der Verkäufer sie dem Käufer schriftlich zugesichert oder den Käufer absichtlich getäuscht hat.

Literatur

GYGI, Der Viehkauf und die Viehwährschaft im schweiz. Recht, 2. Aufl. Bern 1967; LIVER, Besonderheiten des Viehkaufs, in: FS Guhl, 1950, 109 ff.; RIEDI, Der Viehhandel in der Schweiz, 4. Aufl. Bern 1961.

I. Anwendungsbereich

1 Die Vorschrift gilt für den **Handel** (Kauf und Tausch) mit **lebenden Tieren**, gleichgültig, ob Nutz- oder Schlachtvieh. Sie gilt auch für die *freiwillige öffentliche Versteigerung* (Art. 234 Abs. 3), nicht aber für die Zwangsver-

steigerung (Art. 234 Abs. 1); ebenso ist sie bei der *Erbteilung* anzuwenden (Art. 637 Abs. 1 ZGB). Für analoge Anwendung auf die *Schenkung* zutreffend BK-GIGER, N 19. Die **Aufzählung** der **Tierarten** ist **abschliessend**. Für den Handel mit anderen Haustieren (z. B. Katzen, Hunden, Vögeln und anderen Kleintieren) sind daher die allgemeinen Gewährleistungsvorschriften massgebend.

II. Schriftliche Zusicherung

Es gelten grundsätzlich die allg. Vorschriften, die Sachmängelhaftung wird **2** aber erheblich eingeschränkt. Der Verkäufer haftet nur für **schriftliche Zusicherung** und **absichtliche Täuschung**. Die Regelung begünstigt den Verkäufer, weil mündliche Zusicherungen keine Haftung begründen und schriftliche selten sind (zur rechtspolitischen Kritik vgl. BK-GIGER, N 11). Das BGer geht, ohne abschliessend Stellung zu nehmen, zu Recht von der Geltung der Norm aus (BGE 70 II 50 E. 1), dies jedenfalls, wenn der Käufer eine AG ist (BGE 111 II 67). Für die Einhaltung der Schriftform genügt die *Unterschrift* des Verkäufers (Art. 13 Abs. 1). Entgegen BK-GIGER, N 20 ist die Vorschrift nicht *zwingend,* kann also wegbedungen werden. Als **Inhalt der Zusicherung** kommen neben Eigenschaften, z. B. Milchertrag (ZBJV 1927, 428) oder Trächtigkeit (SJZ 1963, 289) einer Kuh, Sprungfähigkeit eines Stieres (BGE 86 II 27 ff.), Alter, Abstammung, Rasse, Herkunft usw., v. a. die *Abwesenheit von Krankheiten* aller Art in Betracht (Bsp. in BK-GIGER, N 21). Die Erklärung, das Tier sei «gesund und recht» (SJZ 1949, 326) führt zur gesetzlichen Haftung nach Art. 197.

III. Verhältnis zu anderen Vorschriften

Nach h. L. sind die **Art. 97 ff.** konkurrierend anwendbar. Nach BGer ist je- **3** doch auch hier das Vorliegen einer schriftlichen Zusage und die Einhaltung der Rügefristen des Art. 202 sowie der Verjährungsfrist des Art. 210 Voraussetzung (BGE 70 II 53 f.; **a. M.** BK-GIGER, N 28).
Auf Ansprüche aus **Art. 41 ff.** sollte man die gewährleistungsrechtlichen Sonderregeln nicht anwenden (vgl. Vorbem. zu Art. 197–210 N 5). Dies gilt auch für Art. 198 und 202. Bringt also jemand schuldhaft ansteckende Tiere in Verkehr, so haftet er für die Ansteckung von Menschen oder Tieren nach Art. 41 ff.
Nach BGE 70 II 50 und BGE 111 II 67, 70 f. schliessen Art. 198 und 202 als lex specialis die Anfechtung wegen Grundlagenirrtums nach **Art. 24 Abs. 1 Ziff. 4** aus (**a. M.** BK-GIGER, N 31; anders auch die ältere Judikatur; vgl. z. B. ZBJV 1944, 92 ff. – Stier mit «Karpfenmaul», nicht zuchtfähig); vgl. dazu Vorbem. zu Art. 197–210 N 6.

Art. 199

2. **Wegbedingung** Eine Vereinbarung über Aufhebung oder Beschränkung der Gewährspflicht ist ungültig, wenn der Verkäufer dem Käufer die Gewährsmängel arglistig verschwiegen hat.

Literatur

KOLLER, Vertragsfloskeln, BR 1989, 24 ff.; DERS. (Hrsg.), Aktuelle Probleme des privaten und öffentlichen Baurechts, St. Gallen 1994; LÖRTSCHER, Vertragliche Haftungsbeschränkungen im schweizerischen Kaufrecht, Diss. Zürich 1977; WESSNER, La clause d'exclusion de la garantie en raison des défauts dans la vente immobilière, BR 1987, 10 ff.; WITSCHI, Garantieklauseln und Garantiefristen im Kauf- und Werkvertrag nach schweizerischem Recht, Diss. Bern 1950; vgl. im Übrigen die Literatur vor Vorbem. zu Art. 197–210.

I. Allgemeines

1 Das Gewährleistungsrecht ist **dispositiv.** Ein geplantes Verbot der Wegbedingung in Konsumentenverträgen ist nicht Gesetz geworden. De lege lata kann die Haftung des Verkäufers eingeschränkt oder im Rahmen von Art. 199 ganz ausgeschlossen werden. Möglich, aber selten, ist auch eine Verschärfung der Verkäuferhaftung. Häufig sind **Freizeichnungsklauseln,** mit denen der Verkäufer seine Haftung mehr oder weniger einschränkt; z.B. Ausschluss von Schadenersatzansprüchen oder Ersetzung der gesetzlichen Ansprüche durch das vom Gesetz nicht vorgesehene Nachbesserungsrecht. Derartige Klauseln finden sich bei zahlreichen Industrieprodukten, man denke etwa an den Autohandel. Typische Klauseln im Occasionswagenhandel sind «wie besehen» oder «dans son état actuel, comme vu et essayé» (JdT 1968 I 400), «tel quel», «jede Nachwährschaft ist ausgeschlossen» (bei Grundstücken) usw.

Der Gewährleistungsausschluss kann ausdrücklich oder **stillschweigend** erfolgen; z.B. beim Verkauf eines alten Wagens zu einem niedrigen Preis oder beim Verkauf einer Maschine ins Ausland bezüglich der ausländischen Zulassungsvorschriften (BGE 95 II 119). Der blosse Umstand, dass die Kaufsache gebraucht ist, rechtfertigt die Annahme eines stillschweigenden Gewährleistungsausschlusses regelmässig nicht, ist jedoch für die Frage der Erheblichkeit des Mangels relevant. Ein stillschweigender Ausschluss ist i.d.R. anzunehmen beim Kauf in *Bausch und Bogen* sowie beim *Ramschkauf;* ferner beim *Hoffnungskauf,* soweit dort überhaupt Sachkauf vorliegt. Ein stillschweigender Gewährleistungsausschluss kann schliesslich bei Vereinbarung eines Freundschaftspreises vorliegen.

Unwirksam ist der Gewährleistungsausschluss bei Grundstückkaufverträgen, wenn er nicht *öffentlich beurkundet* wird (Schumacher, in: Koller, a. a. O., N 332; s. Art. 216 Abs. 1 OR, Art. 657 Abs. 1 ZGB).

Die Freizeichnung von grober Fahrlässigkeit ist zulässig, Art. 199 ist insoweit lex specialis zu Art. 100 (**str.**, offen gelassen in BGE 107 II 166 f., vgl. BSK OR I-Honsell, N 1 m. Nw.). Für Zulässigkeit der Freizeichnung von grober Fahrlässigkeit spricht, dass Art. 199 lex specialis ist, die der allgemeinen Vorschrift von Art. 100 vorgeht. Wenn das Gesetz die Wegbedingung der Gewährleistung nur bei Arglist für unzulässig hält, folgt daraus e contrario, dass grobfahrlässige Unkenntnis nicht schadet. Dagegen lässt sich nicht einwenden, dass die Vorschriften unterschiedliche Fragen regeln (so Koller/Koller, a. a. O., 79); zwar betrifft Art. 199 nur die Kenntnis und nicht allgemein das Verschulden; fahrlässige Unkenntnis ist aber nach Art. 100 schuldhaft. Man kommt daher ohne Annahme einer lex specialis nicht aus.

Werden Freizeichnungsklauseln in **Allgemeinen Geschäftsbedingungen** (AGB) verwendet, so ist Art. 8 UWG zu beachten (vgl. BSK OR I-Honsell, N 2 m. Nw.). Zurückhaltend ist das BGer mit der Anwendung der *Ungewöhnlichkeitsregel* (BGE 109 II 213 – in casu abgelehnt; bejahend hingegen bei subjektiver Unerfahrenheit: BGE 109 II 452 – Werkvertrag SIA-Norm 118 Art. 154 Abs. 3).   2

II. Auslegung von Freizeichnungsklauseln

Freizeichnungsklauseln sind **restriktiv** zu **interpretieren** (BGE 118 II 142 ff., 145 – zum Werkvertrag; 126 III 59, 67 = Pra 2000, 688; 109 II 24 f.). Literatur und Judikatur ziehen die sog. **Unklarheitenregel** heran *(interpretatio contra proferentem).* Danach wird eine unklare Vertragsbestimmung (namentlich in AGB) zuungunsten desjenigen ausgelegt, der sie formuliert bzw. verwendet hat. Hat der Verkäufer eine (auch formlose) Zusicherung abgegeben und gleichzeitig die Gewährleistung ausgeschlossen, so ist seine Erklärung an sich *widersprüchlich*. In diesem Fall gilt der Ausschluss nicht für die zugesicherte Eigenschaft, sondern nur für sonstige Mängel (i. E. ebenso BGE 72 II 224 f.; BGE 109 II 24; BGer v. 23. 11. 2004, 4C. 267/2004; BJM 1990, 257 – Zusicherung der Kilometerangabe bei einem Occasionsauto). Allerdings ist zunächst im Wege der Auslegung zu ermitteln, ob die Angaben den Charakter einer Zusicherung haben oder unter den Gewährleistungsausschluss fallen (BGE, a. a. O.). Die Klausel «richtige Selbstbelieferung vorbehalten» ist unklar und bewirkt keinen Gewährleistungsausschluss (ZR 1984, 40 ff.). Die Klausel «die Sache wird in dem Zustand übergeben, in dem sie sich zurzeit befindet. Der Verkäufer leistet für irgendwelche Mängel keinerlei Währschaft», soll sich nur auf körperliche Mängel des Grund-   3 stücks beziehen (BGE 91 II 279 f.). Der Ausschluss jeder Garantie bei einem ohne Bewilligung umgebauten Holzvergaser erstreckt sich auch auf das Fehlen der öffentlichrechtlichen Bewilligung für den Umbau (BGE 72 II 267). Damit ein Mangel von einer allgemein formulierten Freizeichnungsklausel nicht erfasst wird, genügt es nicht, dass er unerwartet ist, er muss auch den wirtschaftlichen Zweck des Geschäftes erheblich beeinträchtigen und gänzlich ausserhalb dessen liegen, womit ein Käufer vernünftigerweise zu rechnen hat (BGer 4C.273/1995; vgl. auch BGE 130 III 686 ff.). Die ältere Auffassung in der Judikatur, dass blosse **Floskeln** namentlich in notariellen Verträgen mangels Konsenses nicht Vertragsbestandteil würden, lässt sich nicht halten, denn bei fast allen vorformulierten Bestimmungen verstehen oder reflektieren die Parteien oder jedenfalls der Konsument die Bedeutung der einzelnen Klauseln nicht. Sind die AGB wirksam einbezogen oder steht die Klausel, wie beim notariellen Vertrag, sogar unmittelbar im Vertragstext, so kann man, wenn es sich nicht um eine ungewöhnliche Klausel handelt, die gültige Einbeziehung nicht wegen Konsenses verneinen; es kommt dann nur eine Inhaltskontrolle nach Art. 2 ZGB, Art. 19, 20 OR in Betracht (vgl. zur von der älteren Judikatur abweichenden Rsp. BSK OR I-Honsell, N 3).

4   Übernimmt der Verkäufer für bestimmte Eigenschaften eine **Garantie**, so ist dies meist nur als Zusicherung zu verstehen. *Garantiekarten, Werksgarantien* usw. enthalten nicht notwendig eine Besserstellung des Käufers, sondern meistens eine Modifikation der gesetzlichen Ansprüche, z. B. Ausschluss von Wandelung und Minderung, dafür aber *Nachbesserung oder Ersatzlieferung*, u. U. verbunden mit einem Verzicht auf das Untersuchungs- und Rügeerfordernis (vgl. Art. 201 N 12) und einer Garantiedauer von mehr als einem Jahr, also Fristverlängerung gegenüber Art. 210. Der Ausschluss bzw. die Einschränkung der gesetzlichen Ansprüche muss in der «Garantie» klar zum Ausdruck kommen; zumal der Begriff den Eindruck einer Besserstellung erweckt. Die Wendung *«volle Fabrikgarantie»*, mit dem Zusatz «weitergehende Ansprüche sind ausgeschlossen», ist nach dem BGer zu allgemein gehalten und erweckt beim Durchschnittskäufer den Eindruck, «voll» gesichert zu sein: Sie bewirkt daher keinen Ausschluss der gesetzlichen Ansprüche (BGE 91 II 344 ff. E. 2b). Ebenso wenig reicht der blosse Hinweis auf die *Garantie des Herstellers*, wenn deren Umfang dem Käufer nicht bekannt ist. Sind Wandelung und Minderung gültig wegbedungen worden, so gibt das BGer dem Käufer das Recht, in analoger Anwendung von Art. 107 eine Nachfrist zu setzen und nach deren fruchtlosem Ablauf vom Vertrag zurückzutreten (BGE 91 II 344 ff. E. 3b).

5   Die **Produktehaftpflicht** (Honsell, Haftpflichtrecht, § 21), die nur Mangelfolgeschäden betrifft (Art. 1 PrHG), kann nach Art. 8 PrHG nicht wegbedungen werden (näher BSK OR I-Honsell, N 5).

III. Konkurrierende Ansprüche

Soweit der Gewährleistungsausschluss zulässig ist, ist er auf **konkur-** 6
rierende Ansprüche zu *erstrecken* (BGE 107 II 166 m. Nw.); ebenso auf die
Irrtumsanfechtung (BGE 126 III 59 = Pra 2000, 688 – Gallé, Vase de tris-
tesse; mit Anm. ARNET, AJP 2000, 1162 ff.; BGE 91 II 275 ff. E. 2b). Die h. L.
verneint allerdings die Erstreckung, wenn die Sachmängelhaftung nicht
ausgeschlossen, sondern lediglich beschränkt wird, z. B. wenn nur Nachbesserung verlangt werden kann (BGE 91 II 279; LÖRTSCHER, a. a. O.; KELLER/
SIEHR, 112). Diese Differenzierung ist sachlich nicht einleuchtend. Die Klausel «die Sache wird in dem Zustand übergeben, in dem sie sich zur Zeit
befindet, der Verkäufer übernimmt keinerlei Währschaft», schliesst den
Mangel der Überbaubarkeit nicht aus und damit auch nicht den Irrtum
(BGE 91 II 279). Die Erklärung, die Vase sei «dans un état exempt de défauts», sowie die Bestätigung, dass sie in der Besitzzeit des Verkäufers
weder beschädigt noch repariert worden sei, aber jegliche Gewährleistung
für die Zeit vor seinem Besitz ausgeschlossen sei («toute garantie anteri-
eure étant exclue»), schliesst die Gewährleistung und die Irrtumsanfechtung aus (BGE 126 III 59 = Pra 2000, 688 – die Vase war von einem Vor-
besitzer wegen eines Sprunges um 2,6 cm gekürzt worden, was ihren Wert
von 400 000.– auf 20 000.– reduzierte).

IV. Arglist

Die **Wegbedingung** ist *unwirksam*, wenn der Verkäufer den Mangel **arg-** 7
listig verschwiegen hat. Dem *arglistigen Verschweigen* ist das *arglistige
Vorspiegeln* gleichzustellen.

Art. 200

**Vom Käufer
gekannte Mängel**

¹ **Der Verkäufer haftet nicht für Mängel, die
der Käufer zur Zeit des Kaufes gekannt hat.**

² **Für Mängel, die der Käufer bei Anwendung
gewöhnlicher Aufmerksamkeit hätte kennen
sollen, haftet der Verkäufer nur dann, wenn
er deren Nichtvorhandensein zugesichert hat.**

I. Voraussetzungen des Gewährleistungsausschlusses

Der Grundgedanke der Regelung ist das alte *caveat emptor*. Wer den Man- 1
gel bei Vertragsabschluss kennt oder ihn doch leicht hätte erkennen können, erscheint nicht schutzwürdig, wenn er die Sache vorbehaltlos ange-

nommen hat (**Genehmigungsfiktion**). Der massgebliche Zeitpunkt ist der Vertragsschluss (BGE 117 II 259, 262 f.). Spätere Kenntnis schadet nicht, kann aber im Rahmen von Art. 201 relevant sein. **Abs. 1** verlangt **positive Kenntnis**. Diese liegt erst vor, wenn der Käufer die volle Bedeutung und Auswirkung des Mangels in sachlicher und wirtschaftlicher (und wohl auch rechtlicher) Hinsicht erkannt hat (BGE 66 II 137). Der Begriff des *Mangels* ist in dem weiten, auch das Fehlen zugesicherter oder vorausgesetzter Eigenschaften umfassenden Sinne, zu verstehen. Dazu gehört auch die Kenntnis, dass durch den Mangel Wert und Gebrauchstauglichkeit beeinträchtigt sind, welche Aufwendungen zur Beseitigung erforderlich sind usw. (BGE 66 II 137). Hat der Käufer nur einen von mehreren Mängeln erkannt, so ist die Haftung nur bez. dieses Mangels ausgeschlossen. Handelt für den Käufer ein *Vertreter* (Art. 32 ff.), so ist die Kenntnis des Vertreters neben derjenigen des Vertretenen zu beachten. Hat der Verkäufer die Mangelbeseitigung zugesagt oder die Herbeiführung einer noch nicht vorhandenen Eigenschaft zugesichert, so schadet Kenntnis nicht. Art. 200 ist **dispositiv**.

2   Nach **Abs. 2** ist die Haftung des Verkäufers auch ausgeschlossen, wenn der Käufer den Mangel nicht kannte, ihn aber bei Anwendung *gewöhnlicher Aufmerksamkeit* hätte **kennen müssen**. Der Käufer ist nicht zu einer Prüfung der Sache gehalten, sondern nur zur Anwendung gewöhnlicher Sorgfalt bei Wahl und Besichtigung der Kaufsache (BGE 66 II 136 E. 5); daher besteht in diesem Stadium auch nicht die Notwendigkeit der Zuziehung von Sachverständigen (BGE, a. a. O.; BGE 131 III 145 E. 6.3 = Pra 2005, 389; s. aber Art. 201 N 5). Massgeblich sind die individuellen Fähigkeiten des Käufers, Verkehrssitte usw. (BGE 66 II 137; SJ 1981, 569). Besitzt der Käufer eine besondere Sachkunde, die dem Verkäufer fehlt (z. B. bei Inzahlungnahme eines Gebrauchtwagens), können die Anforderungen im Einzelfall strenger sein (s. z. B. BGE 95 II 125 – Kontrollpflicht des Schweizer Käufers einer italienischen Marmorpoliermaschine hinsichtlich inländischer Zulassungsvorschriften). Eine Beschränkung auf *grobe Fahrlässigkeit* (so BK-Giger, N 14) lässt sich mit dem Gesetzestext nicht vereinbaren. Die Judikatur stellt aber an die gewöhnliche Aufmerksamkeit keine hohen Anforderungen.

II. Kein Gewährleistungsausschluss bei Zusicherung oder absichtlicher Täuschung

3   Hat der Verkäufer die Mängelfreiheit oder eine Eigenschaft **zugesichert**, so schadet fahrlässige Unkenntnis nicht. Der Käufer muss in diesem Fall nicht einmal ein Mindestmass an Sorgfalt beachten (BGE 81 II 58; BGer ZBGR 1990, 367, 368 f.). Der Zusicherung stellt das BGer die **absichtliche Täuschung** (dazu Art. 28, 203) gleich (BGE 66 II 138).

Art. 201

Mängelrüge
Im Allgemeinen

¹ Der Käufer soll, sobald es nach dem üblichen Geschäftsgange tunlich ist, die Beschaffenheit der empfangenen Sache prüfen und, falls sich Mängel ergeben, für die der Verkäufer Gewähr zu leisten hat, diesem sofort Anzeige machen.

² Versäumt dieses der Käufer, so gilt die gekaufte Sache als genehmigt, soweit es sich nicht um Mängel handelt, die bei der übungsgemässen Untersuchung nicht erkennbar waren.

³ Ergeben sich später solche Mängel, so muss die Anzeige sofort nach der Entdeckung erfolgen, widrigenfalls die Sache auch rücksichtlich dieser Mängel als genehmigt gilt.

I.　Allgemeines. Normzweck

Im Interesse einer **prompten Abwicklung** von Kaufverträgen soll möglichst bald feststehen, ob der Käufer die Sache beanstandet. Auch wäre es rechtsmissbräuchlich, wenn der Käufer die Sache in Kenntnis des Mangels weiter benutzen würde (ähnlich BGE 88 II 365). Hinzu kommen Fragen der **Beweisklarheit**. Der Verkäufer haftet für Mängelfreiheit im Zeitpunkt des Gefahrübergangs. Ein späteres Veränderungsrisiko, z. B. infolge des Gebrauchs der Sache durch den Käufer, soll nicht zu seinen Lasten gehen. Eine Beweiserleichterung für den Verkäufer ergibt sich aus Art. 201 nicht (anders offenbar BGE 63 II 406); denn die Beweislast für die Mangelhaftigkeit trägt – jedenfalls nach Abnahme der Sache – ohnehin der Käufer. Die Begünstigung des Verkäufers im Interesse der Verkehrssicherheit und der raschen Schaffung von Klarheit bedeutet freilich eine *Benachteiligung des Käufers*. *De lege lata* sollte man den Bedenken dadurch Rechnung tragen, dass man die Anforderungen an die Untersuchung (entgegen einer Tendenz der Judikatur) nicht überspannt. Vor allem ist die Berechtigung der gesetzlichen Regelung zweifelhaft, wenn der Käufer nicht Kaufmann ist. Im nichtkaufmännischen Verkehr wird namentlich die Rügefrist länger zu bemessen sein (E. BUCHER, SJZ 1971, 71; zustimmend BK-GIGER, N 16; s. N 9; ebenso BÄHLER, 145). Der Entwurf eines Bundesgesetzes über die Änderung des Obligationenrechts (Vorbem. zu Art. 197–210 N 9), hatte eine Beschränkung des Art. 201 auf den kaufmännischen Verkehr vorgesehen.

1

Trotz des Wortlauts des Gesetzes (*«Der Käufer soll ... prüfen und ... Anzeige machen»*) handelt es sich nicht um eine Pflicht, sondern lediglich um eine

2

Obliegenheit. Der Käufer, der diese Obliegenheit unterlässt, wird nicht schadenersatzpflichtig, sondern erleidet einen Rechtsnachteil: Die gekaufte Sache gilt als genehmigt, er verliert seine Gewährleistungsrechte.

II. Anwendungsbereich

3   Die Prüfungs- und Rügelast gilt sowohl für den *kaufmännischen* wie für den *nichtkaufmännischen Verkehr.* Sie gilt für den **Fahrnis-** und für den **Grundstückkauf** (BGE 104 II 268 = Pra 1979, 123 ff.; BGE 98 II 191; 81 II 60; BGer ZBGR 1990, 367, 369); auch für den **Unternehmenskauf** (BGE 107 II 422 E. 2 – Prüfung eines Warenlagers); ebenso für den **Stück-** wie für den **Gattungskauf.** Auch die *Nachlieferung* nach Art. 206 setzt rechtzeitige Rüge voraus. Eine Untersuchung und Anzeige nach Art. 201 ist freilich entbehrlich, wenn der Käufer die Vertragsmässigkeit der Ware sogleich beanstandet, die Ware nicht abnimmt und ordnungsgemässe Erfüllung verlangt. Zur *aliud*-Lieferung s. Art. 206 N 2.
Art. 201 gilt für jeden Sachmangel (BGE 107 II 419; 81 II 57; 22, 138; anders offenbar BGE 67 II 135). Der Käufer darf sich also nicht auf die Zusicherung verlassen, sondern muss prüfen, ob die zugesicherten oder vorausgesetzten Eigenschaften vorliegen. Einschränkend allerdings BGE 104 II 268 = Pra 1979, 123 ff., wonach beim Verkauf von Bauland das Fehlen eines zugesicherten Kanalisations- und Wasseranschlusses, das bei einer äusserlichen Besichtigung nicht erkennbar ist, nach der späteren Entdeckung noch gerügt werden kann (ebenso RVJ 1990, 160; 1987, 219).

4   Soweit nach der Judikatur die Art. 97 ff. bei Sachmängeln konkurrierend zugelassen werden (s. Vorbem. zu Art. 197–210 N 4), gilt Art. 201 auch für vertragliche Ansprüche auf **Schadenersatz wegen Nichterfüllung** (BGE 96 II 115; 90 II 86; 77 II 249; 63 II 407; 58 II 212; zustimmend Bucher, OR BT, 107; Bähler, 157 ff.; abl. BK-Giger, N 101). Nach der Judikatur ist die Vorschrift auch auf den konkurrierenden **Deliktsanspruch** nach Art. 41 ff. anzuwenden (BGE 67 II 137; offen gelassen in BGE 90 II 89 E. 2; abl. Bucher, OR BT, 107; Cavin, SPR VII/1, 113; BK-Giger, N 103). **Grundlagenirrtum** nach Art. 24 Abs. 1 Ziff. 4 steht nach h. L. mit Sachmängelgewährleistung gemäss Art. 197 ff. in elektiver Konkurrenz (Vorbem. zu Art. 197–210 N 6). Die Irrtumsanfechtung setzt eine rechtzeitige Rüge *nicht* voraus (BGE 107 II 421). Eine verspätete Prüfung und Anzeige kann jedoch fallweise nach Art. 25 und 26 zu beurteilen sein (BGE, a. a. O.). Für die Verletzung einer **Nebenpflicht** gilt Art. 201 nicht (BGE 96 II 115 – «komplett neutrale Verpackung»; 102 II 413 ff. – Werkvertrag; Gauch/Schluep/Schmid/Rey, N 3580).

III. Prüfung der Sache

Umfang und Intensität der **Prüfung** ergeben sich aus *Verkehrssitte* und **5**
Usanzen. Mängel, die bei einer übungsgemässen Untersuchung nicht erkennbar sind (*geheime Mängel*, s. N 10), bleiben ausser Betracht. Der Käufer ist nicht verpflichtet, nach ihnen «zu fahnden» (BGE 76 II 224), auch
nicht, einen *Sachverständigen* beizuziehen, sofern keine besonderen Ver-
dachtsgründe vorliegen (SJ 1956, 272). Dies gilt insb. für den *Nichtkauf-*
mann (vgl. BGE 63 II 408; 59 II 313; 46 II 37; BGE 76 II 224). Für ihn beschränkt sich die Prüfung auf solche Mängel, die dem durchschnittlichen,
aufmerksamen Käufer bei einer Kontrolle nicht verborgen bleiben (Bucher,
OR BT, 21). Im *kaufmännischen Verkehr* kommt es auf die Branchenübung
an (BGE 76 II 223). So wird z. B. bei Verdacht von Weinverfälschung die
Analyse eines Lebensmittelchemikers notwendig sein (vgl. z. B. BGE 26
II 795; 22, 137 ff.). Stellt ein Weinhändler einen «bockartigen Geruch und
Geschmack» des Weines fest, so muss er sogleich rügen und kann nicht das
Urteil eines Experten abwarten (RVJ 1980, 212 ff.). Im Kunst- und Antiquitätenhandel werden Expertisen zum Zwecke der Prüfung nur erstellt,
sofern Verdachtsmomente vorliegen (BK-Giger, N 47 m. Nw.). Bei umfangreichen Lieferungen genügen *Stichproben* (BGE 52 II 367 f.; RVJ 1980,
212 ff.; 1988, 219 – Serienartikel). Ist die Stichprobe mangelhaft, so gilt
dies für die gesamte Ware (BGE 34 II 408). Wer die Stichprobe unterlässt,
kann nicht einwenden, dass er bei einer Stichprobe den Mangel vermutlich
nicht entdeckt hätte. Die Beschränkung auf Stichproben ist insb. dort zulässig und notwendig, wo *originalverpackte Ware* (Konservendosen, Wein-
flaschen usw.) geöffnet werden muss. Da die Stichprobe zerstört werden
muss, ist der Umfang gering zu halten (vgl. z. B. ZBJV 1947, 85 – eine bis
zwei von 3500 Packungen Orangenblütentee; RGZ 106, 359 – zehn Dosen
von 5000).

Zu einer **branchenüblichen Untersuchung** kann auch die *Verarbeitung der* **6**
Ware gehören (BGE 76 II 223). Der Käufer ist aber nicht verpflichtet, die
Ware zwecks Prüfung sofort zu verarbeiten (BGE, a. a. O.). GVP 1968, 50
lässt Prüfung von Fensterhebern erst anlässlich ihres Einbaus genügen (die
Anfertigung eines Probestückes verlangt hingegen ZR 1936, 248 f.). Bei
Maschinen können Probeläufe nötig sein, u. U. auch die Aufnahme der Pro-
duktion. Ist die Ware zur *Weiterveräusserung* bestimmt, so muss der Erst-
käufer, sofern nichts anderes vereinbart ist (SJZ 1945, 275), die Ware dennoch *selbst prüfen* (SJ 1953, 92); anders, wenn die Ware auf Weisung des
Käufers direkt an den Drittabnehmer geliefert wird (SJZ 1956, 81 – zum
Leasing); anders auch bei Weiterverkauf verpackter Originalware, wenn die
Prüfung wirklich untunlich ist (BGE 20, 1068). Der Käufer kann zuerst ab-
klären, ob sein Abnehmer die Ware beanstandet (SJ 1950, 273). Im Übrigen
sind abweichende Vereinbarungen und Usanzen möglich (SJZ 1945, 275).

Bei **Teillieferungen** soll jede Lieferung zu prüfen sein (ZR 1981, 212, 216; 1907, 221). Dagegen lässt BGE 41 II 736 eine optische Prüfung der täglich in eine Käserei gelieferten Milch genügen und verlangt eine genauere Prüfung nur bei entsprechenden Anhaltspunkten. Die Untersuchungspflicht gilt auch beim Kauf nach Muster gemäss Art. 222 OR (BGE 18, 350, 353 – zum altOR). Hat der Käufer ein **Muster** erhalten, so muss er sowohl dieses als auch die Ware prüfen. Das gilt auch für sog. Ausfallmuster. Die Genehmigung nach Art. 225 beim **Kauf auf Probe** bedeutet nicht ohne weiteres Rügeverlust (ZR 1952, 323). Beim **Grundstückkauf** darf sich der Käufer auf den Grundbuchplan verlassen; zu einer Vermarkung und Vermessung ist er nicht verpflichtet (BGE 98 II 191; RVJ 1969, 328 – jedenfalls, soweit das Mindermass bei einer Besichtigung nicht erkennbar ist). Beim Hausverkauf dürfen keine aussergewöhnlichen Anforderungen gestellt werden: Der Käufer muss das Dach nicht mit dem Feldstecher untersuchen (SCHUMACHER, in: Koller, a. a. O., N 281 m. Hw. auf SJZ 1956, 27).

7   Die **Kosten** der Untersuchung trägt der Käufer. Ist die Sache mangelhaft, kann er Kostenerstattung im Rahmen von Art. 208 Abs. 2 verlangen.

IV. Ort und Zeit der Prüfung

8   Die Prüfung erfolgt grundsätzlich am **Ort** der Ablieferung (BGE 88 II 366; SJZ 1969, 13). Wird die Ware direkt an den Kunden des Käufers geliefert, so ist sie dort zu prüfen. Die Untersuchung hat zu erfolgen, sobald *es nach dem üblichen Geschäftsgange tunlich ist*. Massgebend sind Umstände des Einzelfalles, Branchenübung, Natur der Kaufsache, Art des Mangels (BGE 81 II 56). Bei verderblicher Ware (Südfrüchte, Gemüse) kann die Frist u. U. nur Stunden betragen; vgl. näher BSK OR I-HONSELL, N 9). Bei Masshemden höchstens acht Tage (GVP 1972, 50). Im Weinhandel acht Tage, da der Wein zunächst ruhen muss (ZBJV 1947, 127 ff.; s. a. BGE 26 II 194 – neun Tage rechtzeitig). Längere Fristen bestehen namentlich bei technischen Geräten (SJ 1956, 457 – längere Versuchszeit für Backofen); ebenso, wenn das Gerät erst später ausprobiert werden kann (BGE 72 II 417 – Kauf eines Schneepfluges im Sommer); beim Kauf eines Dieselaggregats ist 23 Tage nach Inbetriebnahme die Rügefrist versäumt (OGer AR GVP 1994, 83 f.). Beim Kauf von Software sollen an die Rechtzeitigkeit der Mängelrüge keine allzu hohen Anforderungen zu stellen sein (MORSCHER, SZW 1999, 61, 71). Beim Grundstückkauf gelten nach h. L. im Schrifttum längere Untersuchungsfristen (BK-GIGER, N 38; SCHUMACHER, in: Koller, a. a. O., N 280); dagegen hält das BGer daran fest, dass auch bei Liegenschaften Mängel, die ohne weiteres feststellbar sind, unverzüglich gerügt werden müssen (BGer ZBGR 1990, 369 – teilweise Unbebaubarkeit, die aus dem Zonenplan ersichtlich ist; BGE 81 II 60; BGE 107 II 172 ff. – Rüge der Undichtigkeit eines Daches: nach ca. 20 Tagen verspätet). Nur bei Vorliegen besonderer Gründe kann

eine Frist von einigen Wochen oder gar Monaten zugestanden werden
(BGer ZBGR 1990, 369; BGE 81 II 60 nennt als Bsp. Isolierungsmängel, die
erst bei entsprechender Aussentemperatur festgestellt werden können). Die
Frage ist im Hinblick auf die zumeist gegebene Möglichkeit der Geltendma-
chung eines Grundlagenirrtums (vgl. N 4) von untergeordneter Bedeutung.
Beim Kauf eines Occasionsautos wurden ca. drei Wochen als rechtzeitig
betrachtet (ZBJV 1950, 322 – hoher Benzinverbrauch, Abnutzung); zwei
Monate als verspätet (BGE 46 II 55). Die Anforderungen an Intensität und
Promptheit der Untersuchung sind beim *Nichtkaufmann* grundsätzlich ge-
ringer als beim Kaufmann (BK-GIGER, N 43 m. Nw.; BÄHLER, 145; s. N 1).
Für die Rechtzeitigkeit der Untersuchung gilt ein objektiver Massstab, so
dass Verhinderung aus persönlichen Gründen nicht entschuldigt. Auch hier
sollte aber für den nichtkaufmännischen Verkehr ein weniger strenger
Massstab gelten. Zur Abänderung der Rügefrist s. N 12 und Art. 210 N 4.

V. Rüge

1. Inhalt

Der Käufer muss einen konkreten Mangel **substanziiert** rügen. Die **Rüge**   9
muss den Verkäufer in die Lage setzen, «den Umfang der Beanstandung bestimmt zu ermessen» (BGE 22, 503). Eine allgemein gehaltene Mängelrüge
genügt nicht (SJ 1950, 273; Rep 1941, 274). Beim Kauf von Ahorn-Rundhöl-
zern ist die Rüge, die Lieferung liege qualitativ weit hinter früheren Lieferungen, viele Stämme wiesen lediglich Emballage-Qualität auf und könnten
daher von der Käuferin nicht verarbeitet werden, hinreichend substanziiert (BGer v. 28. 5. 2002, 4C.395/2001, E. 2.3 = Pra 2003, 578). Die Rüge muss
zum Ausdruck bringen, dass der Käufer Gewährleistung verlangen oder Annahme der Sache verweigern will (SJ 1980, 410 ff.). Sein Wahlrecht (Wandelung, Minderung usw.) muss der Käufer noch nicht in der Anzeige ausüben
(BJM 1973, 294 ff.). Wurde im Vertrag ein Nachbesserungsrecht vorgesehen, so gilt die Rückgabe der Sache an den Verkäufer zur Reparatur als
Rüge. Die Rüge bedarf keiner **Form** (BGE 101 II 84; 107 II 175). Es handelt
sich um eine *empfangsbedürftige Wissenserklärung*, um eine Vorstellungsäusserung (BGE 107 II 437 f.); die entsprechende Anwendung der Vorschriften über Willenserklärung ist vielfach möglich und geboten. Die Anzeige
muss dem Verkäufer oder seinem Vertreter zugehen. Die *Verlustgefahr*
trägt der Käufer (ZK-OSER/SCHÖNENBERGER, N 40; **a. M.** BK-GIGER, N 91).
Macht der Käufer rechtzeitige Mängelrüge glaubhaft, so wird dem Verkäufer die *provisorische Rechtsöffnung* verweigert (OGer UR RBUR 1990, 60).

2. Frist

Offenkundige Mängel müssen *sofort nach der Ablieferung* gerügt werden   10
(SJ 1957, 519). Mängel, die sich erst bei der Untersuchung ergeben, sind so-

fort im Anschluss an diese zu rügen. Die Handelsusanzen rechnen Untersuchungs- und Rügefrist zusammen. Teilweise Unbebaubarkeit, die aus dem Zonenplan ersichtlich ist, ist offenkundiger Mangel, der unverzüglich gerügt werden muss (BGer ZBGR 1990, 369). *Versteckte (geheime) Mängel*, d. h. solche, die bei ordnungsgemässer Untersuchung nicht erkennbar sind, sind gemäss Abs. 3 *sofort nach der Entdeckung* zu rügen. Entdeckt ist der Mangel, sobald der Käufer sichere Kenntnis hat (SJ 1963, 239), also mit zweifelsfreier Feststellung (BGE 107 II 175 E. 1a; 117 II 427; OGE LU LGVE 1992 I 27 = ZBJV 1993, 711). Fehlt einem Grundstück eine zugesicherte rechtliche Eigenschaft, so ist zweifelsfreie Feststellung gegeben, wenn die Baubehörde mitteilt, dass die vom Verkäufer zugesicherte Ausnützung nicht zulässig ist (LGVE, a. a. O. – zum Ausmass der Bebauung). Die Rechtzeitigkeit ist nicht von Amtes wegen zu prüfen (BGE 107 II 50, 54; BGer ZBGR 1990, 367, 369). Die Rüge ist vier Tage nach Erlangung sicherer Kenntnis noch rechtzeitig, wenn dazwischen ein Sonntag liegt (BGE 76 II 225; vgl. KassGer v. 30. 01. 2004, PN03259: wonach die Nichtanwendung des Art. 78 Abs. 1 auf Art. 201 klares materielles Recht verletzt). Nimmt die Prüfung (durch Expertise) längere Zeit in Anspruch, so hat die Anzeige umso rascher zu erfolgen (RVJ 1967, 263); drei Wochen nach Eingang der Expertise ist verspätet (RVJ 1990, 158).

VI. Rechtsfolge

11   Die gekaufte Sache gilt als genehmigt (Abs. 2; **Genehmigungsfiktion**), d. h. die Gewährleistungsansprüche entfallen. Zur Erstreckung der Genehmigungsfiktion auf konkurrierende Ansprüche s. N 4. Die Genehmigungsfiktion bei unterlassener Untersuchung bzw. Rüge erstreckt sich lediglich auf erkennbare Mängel (vgl. Abs. 2). Hat der Käufer die Untersuchung unterlassen, so kann er geheime Mängel gleichwohl noch rügen. Die Genehmigungsfiktion entfällt bei *absichtlicher Täuschung* (vgl. Art. 203).

VII. Abweichende Vereinbarungen

12   Die Vorschrift ist **dispositiv**. Die Parteien können die Untersuchungs- und Rügeobliegenheit sowohl verschärfen als auch mildern oder gänzlich abbedingen. Auch kann die Frist verlängert oder verkürzt werden. Die Vereinbarung einer **Garantiefrist** wird gelegentlich im Sinne einer von Art. 201 abweichenden Untersuchungs- oder Rügefrist ausgelegt (Näheres dazu bei Art. 210 N 4). Eine einseitige Rügefristansetzung auf der Rechnung ist nicht verbindlich (GVP 1972, 50).

VIII. Beweislast

13   Die **Beweislast** für Inhalt und Rechtzeitigkeit der Rüge liegt beim *Käufer* (BGE 21, 577), denn die Rechtzeitigkeit gehört zu den Anspruchsvorausset-

anwendbar sind (**str.**). Die Abgrenzung zwischen aliud und peius ist schwierig, weil die Gattung beliebig weit oder eng gefasst werden kann. Mit zuneh-
mender Abstraktion wächst die Zahl möglicher Eigenschaften, die bei kon-
kreterer Fassung gattungsbestimmend wären. Die Festsetzung der Gattung
ist beliebig. Von ihr kann also nicht abhängen, ob aliud oder peius vorliegt.
Nach h. L. kommt es auf die *Verkehrsauffassung* und den *Verwendungszweck*
an (Lieferung von Saatgut, z. B. Sommer- statt Winterweizen, so dass die
Saat nicht aufgeht: aliud; Wein einer anderen Sorte [BGE 40 II 488];
BGE 94 II 34 = Pra 1968, 510 – Auto Marke Jaguar, Modell 1963 statt 1964:
aliud – zweifelhaft; BGE 69 II 97 – Aprikosenmark in Fässern statt in Dosen:
peius – zweifelhaft). Liegt eine konkrete Beschreibung des Kaufgegenstandes
vor, so ist auch diese massgeblich (BGE 121 III 453, 456 = SJZ 1996, 169,
170 f. mit Anm. FELBER – vertragswidriges Fehlen eines Automatikgetriebes
bei einem Hubstapler: aliud; zustimmend LANZ, recht 1996, 248 f.). Das
aliud ist auf *krasse Abweichungen* zu beschränken. Abgrenzungsschwierigkeiten, die eine richterliche Wertung erforderlich machen, bleiben freilich
auch hier. Im Schrifttum wird die Auffassung vertreten, man solle wegen
der schwierigen Abgrenzung auf unterschiedliche **Rechtsfolgen** verzichten
und auch die **aliud-Lieferung** dem Art. 206 (mit der Folge der Anwendbarkeit der Art. 201, 210) unterstellen (vgl. BSK OR I-HONSELL, N 3 m. Nw.).
Nach h. L. können aliud und peius nicht gleichgestellt werden (BUCHER,
OR BT, 118 f.; GAUCH/SCHLUEP/SCHMID/REY, N 2585; HONSELL, OR BT, 121 ff.).
Liegt nach dem Gesagten eine *aliud-Lieferung* vor, so gelten statt der Sach-
mängelvorschriften die folgenden Regeln: Der ursprüngliche *Erfüllungsanspruch*, der nicht mit dem Nachlieferungsanspruch von Art. 206 Abs. 1
identisch ist, besteht fort. Da es sich nicht um einen Sachmängelanspruch
handelt, schadet die Versäumung der *Prüfungs- und Rügeobliegenheit*
(*Art. 201*) nicht und die kurze *Verjährung* von *Art. 210* greift nicht Platz.
Auch Schadenersatzansprüche wegen *Folgeschäden* aus aliud-Lieferung
unterliegen, anders als Ansprüche aus Art. 208, nicht den gewährleistungsrechtlichen Besonderheiten von Art. 201 und 210. Schliesslich kann der
Käufer nur nach den *Verzugsregeln (Art. 107)* zurücktreten, was grundsätzlich eine Nachfristansetzung voraussetzt (BGE 121 III 458 f.).

Art. 207

**Wandelung
bei Untergang
der Sache**

[1] **Die Wandelung kann auch dann begehrt werden,
wenn die Sache infolge ihrer Mängel oder durch
Zufall untergegangen ist.**

² Der Käufer hat in diesem Falle nur das zurückzugeben, was ihm von der Sache verblieben ist.
³ Ist die Sache durch Verschulden des Käufers untergegangen, oder von diesem weiter veräussert oder
umgestaltet worden, so kann er nur Ersatz des
Minderwertes verlangen.

I.   Wandelung trotz Untergang der Sache

1   Der **Untergang** der Sache *infolge des Mangels* schliesst Wandelung nicht
aus. Dasselbe gilt nach dem Gesetz leider auch für den *zufälligen Untergang*.
Art. 207 Abs. 1 folgt hier mit § 350 a. F. BGB dem gemeinrechtlichen Grundsatz: «mortuus redhibetur» (vgl. dazu Honsell, FS Schwertdner, 2003, 575).
Angesichts des klaren Wortlauts scheidet eine korrigierende Interpretation
aus. De lege ferenda sollte man die Regelung aufgeben und darüber hinaus
auch dort, wo der Ausschluss der Wandelung begründet ist, diese gegen
Wertersatz zulassen, so der neue § 346 Abs. 2 BGB, wo das richtige Prinzip
allerdings in § 346 Abs. 3 Nr. 3 wieder aufgegeben wird. Zum geschicht-
lichen Ursprung und zur Rechtsvergleichung vgl. BSK OR I-Honsell, N 1).

II.   Ausschluss der Wandelung (Abs. 3)

2   Die **Wandelung ist ausgeschlossen,** wenn der Untergang *infolge Verschul-
dens des Käufers* eingetreten ist, d. h. wenn der Käufer durch sein eigenes
Verhalten den Untergang der Sache herbeigeführt hat (BK-Giger, N 18);
ferner bei *Weiterveräusserung* oder *Umgestaltung* der Kaufsache durch den
Käufer. In diesen Fällen kann nur Preisminderung verlangt werden. Unter
den Begriff der Umgestaltung fällt namentlich die Verarbeitung, aber auch
Verbindung und Vermischung (LGVE 1977 I 418), nicht jedoch die blosse
Benutzung der Sache (OGer ZH BLZR 1999, 143). Auf die Kenntnis des Käufers vom Mangel kommt es grundsätzlich nicht an. Die Wandelung bleibt
jedoch zulässig, wenn sich der Mangel erst bei der Umgestaltung gezeigt hat
(so explizit § 467 Hs. 2 BGB). Das Gesetz regelt ausdrücklich nur den Untergang, nicht die **Verschlechterung** der Sache. Für diese müssen dieselben
Grundsätze gelten. Eine vom Käufer verursachte, bloss *unwesentliche* Verschlechterung schliesst jedoch die Wandelung nicht aus (BK-Giger, N 26).
Fortsetzung des Gebrauchs in Kenntnis des Mangels kann fallweise *Genehmigung* der Kaufsache oder *Verwirkung* des Anspruchs zur Folge haben
(BGE 105 II 90, 91 = Pra 1979, 436 – Weiterbenutzung in Kenntnis des Mangels ohne stichhaltigen Grund: Verzicht auf Wandelung durch schlüssiges
Verhalten; JdT 1980 I 387; s. auch ZR 1998, 139).

Art. 208

[1] **Wird der Kauf rückgängig gemacht, so muss der Käufer die Sache nebst dem inzwischen bezogenen Nutzen dem Verkäufer zurückgeben.**

[2] **Der Verkäufer hat den gezahlten Verkaufspreis samt Zinsen zurückzuerstatten und überdies, entsprechend den Vorschriften über die vollständige Entwehrung, die Prozesskosten, die Verwendungen und den Schaden zu ersetzen, der dem Käufer durch die Lieferung fehlerhafter Ware unmittelbar verursacht worden ist.**

[3] **Der Verkäufer ist verpflichtet, den weitern Schaden zu ersetzen, sofern er nicht beweist, dass ihm keinerlei Verschulden zur Last falle.**

I. Rückgängigmachung des Kaufs, Ansprüche der Parteien

Wandelung ist Rückgängigmachung des Kaufes. Die Rückerstattung der gegenseitigen Leistungen erfolgt *Zug um Zug* (BGE 109 II 29). Das BGer verneint zu Unrecht eine Pflicht des Käufers zur sorgfältigen *Aufbewahrung* (BGE 109 II 29); lediglich wenn der Käufer die Sache nur Zug um Zug gegen Kaufpreiszahlung herausgeben wolle, treffe ihn eine Sorgfaltspflicht, die jedoch nicht nach Art. 420 zu beurteilen sei, sondern analog zu Art. 890 ZGB. Die Wandelung erschöpft sich nicht in der Rückgewähr der gegenseitigen Leistungen, sondern verfolgt gewissermassen das Prinzip der *restitutio in integrum* (Wiederherstellung des früheren Zustandes). Beide Parteien sollen so gestellt werden, wie wenn der Vertrag nicht geschlossen worden wäre. Der **Verkäufer** hat Anspruch auf Rückgabe der Sache nebst den gezogenen *Nutzungen* sowie auf eine Entschädigung für den *Gebrauch* der Sache. Auf den Kapitalbetrag, der dem Gebrauchswert entspricht, sind kalkulatorische Zinsen in Höhe von 5% zu entrichten (BGE 106 II 221). Bei verschuldeter Verschlechterung hat er, sofern die Wandelung nicht überhaupt ausgeschlossen ist, Anspruch auf *Wertersatz*. Der **Käufer** erhält den *Kaufpreis* nebst den gesetzlichen *Zinsen* (Art. 73) erstattet. Zinsen sind ab dem Tag der tatsächlichen Geldübergabe geschuldet. Ferner hat er Anspruch auf Ersatz der *Kosten des Rücktransports*, da es sich um eine Holschuld handelt (BGE 109 II 32 E. 4a – analoge Anwendung von Art. 74 Abs. 2 Ziff. 2). Weiter kann er *Prozesskosten* verlangen, das sind nach BGE 79 II 381 f. E. 5 = Pra 1954, 33 ff. nicht die Kosten des Wandelungspro-

1

zesses, sondern die Kosten eines Prozesses zwischen dem Käufer und einem Dritten, an den die Sache weiterveräussert worden ist, vgl. auch Art. 195 Abs. 1. Die Prozesskosten des Wandelungsprozesses werden schon nach Prozessrecht zugesprochen. Schliesslich hat der Käufer Anspruch auf *Verwendungsersatz*. Zu ersetzen sind notwendige und nützliche Verwendungen, z. B. Fütterungskosten, Reparaturen usw.; zum Schadenersatzanspruch des Käufers s. N 2 ff. Der Verkäufer hat Anspruch auf Rückgabe der Sache nebst *Nutzungen*. Umstritten ist die **Rechtsnatur des Rückgabeanspruchs**. Das Gesetz spricht nur von Rückgängigmachen (Art. 205 Abs. 1). Infolge des Prinzips der kausalen Tradition vertritt die h. L. die Auffassung, dass die causa der Tradition mit ex tunc-Wirkung wegfällt. Die Sache wäre so zu betrachten, wie wenn der Käufer nie Eigentümer geworden wäre. Dem Verkäufer stünde daher die Vindikation zu (BGE 109 II 30; BK-GIGER, N 9; KELLER/SIEHR, 88). Nach der zutreffenden Gegenmeinung besteht nur ein *obligatorischer Rückgewährsanspruch* (BGE 14, 656; BUCHER, OR BT, 98; VON BÜREN, OR BT, 39 FN 163; HARTMANN, N 203). Der Wandelungsanspruch ist mit dem Rücktritt nach Art. 109 verwandt. Die früher h. M. hat auch hier eine ex tunc-Wirkung angenommen. Demgegenüber qualifiziert nunmehr BGE 114 II 152 ff. den Rücktritt als *ex nunc wirkendes «Abwicklungs- und Liquidationsverhältnis»*. Für den obligatorischen Rückgewährsanspruch spricht, dass die Regelung der Nebenansprüche der Vindikation in Art. 938 ff. ZGB, welche auf den Sonderfall von Art. 934 ZGB zugeschnitten sind (in dem ein gutgläubiger Erwerb nicht möglich ist), auf Wandelung und Rücktritt nicht passen.

II.   Schadenersatzpflicht des Verkäufers nach Abs. 2 und Abs. 3

2   Das Gesetz verwendet unklare Begriffe: Es normiert in Abs. 2 eine **Kausalhaftung** für «unmittelbare Schäden» und in Abs. 3 eine Verschuldenshaftung für «weitere Schäden». Das hat zu einer erheblichen Begriffsverwirrung und zu einer Unsicherheit der Meinungen geführt. Zum **unmittelbaren Schaden** zählt neben den schon erörterten Schadensposten (N 1) der *Mangelschaden*; das ist derjenige Schaden, der (anders als der *Mangelfolgeschaden*, s. nachfolgend) infolge des Fehlers unmittelbar an der Sache selbst entsteht, z. B. Beschädigung eines Wagens als Folge defekter Bremsen, Beschädigung einer Maschine wegen Nichtfunktionierens eines Thermostates usw. (*«weiterfressender Mangel»*). Zum unmittelbaren Schaden gehört weiter ein Kursverlust, wenn der Kaufpreis in Valuta festgesetzt war und die ausländische Währung inzwischen gesunken ist (BGE 45 II 82 ff.). Abs. 2 kommt nur neben der Wandelung in Betracht (BGE 107 II 165; 63 II 401 ff.; RVJ 1987, 213; str.). Das BGer will neben der Minderung (oder Nachbesserung) einen Schadenersatzanspruch nur nach Art. 97 zulassen, also bei Ver-

schulden. Ein grosser Teil der Literatur wendet indessen Abs. 2 analog an und bejaht eine allgemeine, von der Wandelung unabhängige Kausalhaftung des Verkäufers für den unmittelbaren Schaden (z. B. BK-GIGER, N 56; SCHULIN/VOGT, OR BT, Tafel B 7C N 19). Die Meinung des BGer ist vorzuziehen. Jedoch unterliegt der an der Sache selbst entstandene Schaden der Kausalhaftung. Hingegen sind alle weiteren Schäden nur bei Verschulden zu ersetzen, wobei freilich auf Abs. 3 abzustellen ist und nicht auf Art. 97.

Die **Abgrenzungsschwierigkeiten** zwischen Abs. 2 und Abs. 3 resultieren   3
aus den Begriffen *unmittelbarer/mittelbarer Schaden.* Damit sind nähere und fernere Schäden gemeint, ohne dass man angeben könnte, wo die Grenze im Einzelnen liegt (zur Unbrauchbarkeit dieser Abgrenzung vgl. MEDICUS, Unmittelbarer und mittelbarer Schaden, 1977). Eine gewisse Einigkeit lässt sich jedenfalls insofern feststellen, als überwiegend der *entgangene Gewinn* nur nach Abs. 3 ersetzt wird (BK-GIGER, a. a. O.; BUCHER, OR BT, 105). Zu dem weiteren Schaden i. S. v. Abs. 3 zählt auch das sog. *Haftungsinteresse.* Hat der Käufer die Sache weiterveräussert und wird er von seinem Abnehmer wegen des Mangels in Anspruch genommen, so kann er den hieraus entstehenden Schaden nur bei Verschulden auf den Verkäufer abwälzen; denn der Schaden ist nicht unmittelbar durch die Mangelhaftigkeit, sondern erst infolge der Weiterveräusserung entstanden. Problematisch ist die Einordnung der **Mangelfolgeschäden**. Das sind Schäden, die an anderen Rechtsgütern des Käufers entstehen. Wenn etwa durch die Lieferung eines kranken Tieres die Herde des Käufers angesteckt wird (Ulpian Dig. 19,1,13 pr.); wenn giftiges Viehfutter seine Pferde tötet (RGZ 66, 289); wenn ein fehlerhafter Thermostat zu einem Brand führt (BGE 90 II 86); wenn statt Wasserstoff eine Mischung aus Sauerstoff und Wasserstoff geliefert wird (Knallgas), das beim Öffnen der Flasche explodiert (RGZ 108, 221); wenn sich in der Limonadeflasche Salmiakgeist befindet, wodurch sich der Käufer eine Verätzung der Speiseröhre zuzieht (RGZ 97, 116) usw. Mangelfolgeschäden fallen sowohl unter das positive wie unter das negative Interesse, denn sie wären bei ordnungsgemässer (d. h. mangelfreier) Erfüllung nicht eingetreten; sie wären aber auch nicht eingetreten, wenn der Käufer den Vertrag nicht abgeschlossen hätte. Die h. L. bejaht zu Unrecht den Ersatz von Mangelfolgeschäden auf Grund der Kausalhaftung von Abs. 2 (BK-GIGER N 36 ff.; KELLER/SIEHR 90; FISCHER 19 f., 290 und leider jetzt auch BGE 133 III 257 – Mülleramazonen, mit abl. Anm. HONSELL recht 2007, 154 ff.). Im Fall des BGer hatte der Verkäufer Papageien importiert und diese vorschriftsmässig während 90 Tagen in Quarantäne gehalten. Danach übergab er zwei Vögel an den Käufer, wo das Pacheco-Virus ausbrach und den gesamten Vogelbestand im Wert von 2 Millionen Franken vernichtete. Dem Verkäufer war kein Vorwurf zu machen, aber das BGer subsumierte den Fall einfach unter Abs. 2, der kein Verschulden voraussetzt. Es stellte

irrig auf die Länge bzw. Intensität der Kausalkette ab, die es für kurz hält, weil ausser dem Fehler nichts weiter nötig sei als der Gebrauch. In Wahrheit ist dieser Ansatz zur Definition der Begriffe *unmittelbar* oder *direct* unbrauchbar. Die Begriffe bezeichnen nur die zeitliche Länge oder dem räumlichen Abstand. Die räumliche Differenzierung findet sich im deutschen Recht: Unmittelbare Schäden entstehen an der Kaufsache selbst, mittelbare an anderen Rechtsgütern des Käufers, so dass Mangelfolgeschäden selbstverständlich mittelbare Schäden sind, die unter 208 Abs. 3 fallen. Dies ist allein sachgerecht, denn die verschuldensunabhängige Gewährleistung des Abs. 1 und 2 betrifft nur die Wandlung und die Transaktionskosten; diese sollen natürlich dieselben Voraussetzungen haben wie jene. Für die Subsumtion der Mangelfolgeschäden unter Abs. 3 spricht auch die Verwandtschaft der Fälle zur sog. positiven Vertragsverletzung nach Art. 97 analog, die ebenfalls Verschulden voraussetzt. Dies gilt für alle Fälle von Leistungsstörungen (mit Ausnahme der Sachmängelhaftung), z. B. für den Werkvertrag (Art. 368 Abs. 1), für den Arbeitsvertrag und den Auftrag. Auch im Mietrecht werden Mangelfolgeschäden nur bei Verschulden ersetzt (Art. 259e). Für den Kauf sollte nichts anderes gelten. Zu diesem Ergebnis gelangt man ganz von selbst, wenn man die Mangelfolgeschäden unter Abs. 3 subsumiert. Ein weiteres Argument ist, dass das PrHG eine verschuldensunabhängige Haftung nur für den Hersteller und den Importeur normiert. (Im Fall war der Verkäufer Importeur. Gleichwohl war das PrHG nicht anwendbar, weil Tierzucht- Fischerei- und Jagderzeugnisse erst nach Verarbeitung unter das Gesetz fallen, vgl Art. 3 Abs. 2 [anders heute die EG-Richtlinie]; weiter, weil die Papageien zum Weiterverkauf bestimmt waren, Art. 1 b). Bei dieser Gesetzeslage kann nicht angenommen werden, dass schon das OR eine verschuldensunabhängige Haftung des Verkäufers für Mangelfolgeschäden eingeführt hätte. Es wäre ungereimt, den Verkäufer, der nicht selbst hergestellt hat und den auch sonst kein Verschulden trifft, für Mangelfolgeschäden kausal haften zu lassen. Mangelfolgeschäden fallen also im Gegensatz zu den Mangelschäden nicht unter Abs. 2, sondern unter Abs. 3 und sind nur bei Verschulden zu ersetzen, also wenn sich der Verkäufer nicht exkulpieren kann (ebenso KÄSTLI, recht 1990, 86; SCHWENZER N 22.37 gegen h. L.). Regelmässig fehlt es am Verschulden, weil den Verkäufer, der nicht selbst Hersteller ist, in aller Regel keine Untersuchungspflicht trifft (vgl. für das deutsche Recht BGH NJW 1968, 2238; 1981, 929, 1269). Solche Pflichten können sich allerdings im Einzelfall aus der besonderen Sachkunde des Verkäufers, aus der Verkehrssitte, Handelsusanzen oder Treu und Glauben ergeben. Das Bundesgericht hat für das Privatrecht eine Untersuchungspflicht des Importeurs bejaht (JdT 1986 I 571 – Klappstuhlfall; HONSELL, Haftpflichtrecht, § 21 N 21). Darüber hinaus hat BGE 121 IV 10 ff. im Hebebühnenfall sogar für das Strafrecht eine Sorgfaltspflichtverletzung des Verkäufers eines Gerätes angenommen, wenn dessen Gebrauch mit Gefahren verbunden sein kann. Wäre das richtig, so müsste a fortiori auch eine Vertrags- und Deliktshaftung des Verkäufers angenommen werden. Dieses Urteil geht über die Importeurhaftung im Klappstuhl-Fall noch weit hinaus. Auch aus dem BG über die Sicherheit von technischen Einrichtungen und Geräten (SR 819.1) lässt sich eine so weit reichende Haftung nicht herleiten (mit kritischen Anm. Nigg, SVZ 1995, 310 ff.).

Art. 209

Bei einer Mehrheit von Kaufsachen

[1] Sind von mehreren zusammen verkauften Sachen oder von einer verkauften Gesamtsache bloss einzelne Stücke fehlerhaft, so kann nur rücksichtlich dieser die Wandelung verlangt werden.

[2] Lassen sich jedoch die fehlerhaften Stücke von den fehlerfreien ohne erheblichen Nachteil für den Käufer oder den Verkäufer nicht trennen, so muss die Wandelung sich auf den gesamten Kaufgegenstand erstrecken.

[3] Die Wandelung der Hauptsache zieht, selbst wenn für die Nebensache ein besonderer Preis festgesetzt war, die Wandelung auch dieser, die Wandelung der Nebensache dagegen nicht auch die Wandelung der Hauptsache nach sich.

Abs. 1 enthält für die Wandelung bei einer **Mehrheit von Kaufsachen** oder   1
einer **Gesamtsache** den Grundsatz der **Einzelwandelung**. Die Wandelung ist nur bezüglich der einzelnen fehlerhaften Stücke zulässig. Das gilt unabhängig davon, ob die Sachen zu einem Einzel- oder zu einem Gesamtpreis verkauft sind. Unter einer Gesamtsache (Sachgesamtheit) versteht man mehrere Sachen, die im Verkehr aus praktischen Gründen unter einer einheitlichen Bezeichnung zusammengefasst werden (Warenlager, Briefmarkensammlung, Herde). Die Beschränkung auf das fehlerhafte Stück gilt aber nicht, wenn einzelne *Bestandteile* einer *einheitlichen Sache* mangelhaft sind oder wenn es sich nach der Verkehrsauffassung um eine Wareneinheit handelt, z. B. Farbensortiment, Tafelservice, eine Kiste Obst usw. Bei einer *Wareneinheit* muss der Käufer nicht die einzelnen Sachen zurückgeben; er darf es auch gar nicht. Denn der Käufer, der eine einheitliche Sache wandeln will, darf nicht einzelne Stücke bzw. Bestandteile zurückbehalten. Bei Lieferung von 34 Ballen Kunstseidenfutter-Abschnitten sind die einzelnen Stücke i. S. v. Abs. 1 nicht die Stoffabschnitte, sondern die Ballen; sind von diesen sieben mangelhaft, so sind sie Gegenstand der Einzelwandelung

(BGE 91 II 356ff. E. 6). Der Grundsatz der Einzelwandelung gilt auch für den *Sukzessivlieferungsvertrag* (BGE 26 II 716 E. 3; 22, 513; RVJ 1980, 212). *Gesamtwandelung* ist aber zulässig, wenn sich aus der mangelhaften Einzellieferung ergibt, dass der Verkäufer überhaupt nicht im Stande ist, vertragsgemäss zu liefern (BGE 28 II 511). Die Rechtsfolge der Einzelwandelung ist im Gesetz nicht genannt. War für die mangelhafte Sache ein Einzelpreis vereinbart, so ist dieser zurückzuzahlen. Ein Gesamtpreis ist nach den für die Minderung geltenden Regeln verhältnismässig herabzusetzen (Art. 205 N 5).

2   **Gesamtwandelung** ist nach **Abs. 2** zulässig, wenn sich «die fehlerhaften Stücke von den fehlerfreien ohne erheblichen Nachteil für den Käufer oder den Verkäufer nicht trennen» lassen. Dies ist namentlich bei zusammengehörigen Sachen der Fall, z. B. mehrbändiges Werk, Tafelservice, komplette Zimmereinrichtung. Entscheidend ist, dass der Wert der zusammengehörigen Sachen grösser ist als die aufaddierten Teilwerte (dazu s. BK-MEIER-HAYOZ, a. a. O., N 1). Die Sachen gehören nach der Verkehrsauffassung wirtschaftlich zusammen und sollen auch bei einer Wandelung nicht getrennt werden. In diesem Fall kann nicht nur der Käufer, sondern auch der Verkäufer Gesamtwandelung verlangen. Abs. 2 ist auch anwendbar, wenn dem Käufer ein zeitraubendes Aussortieren der tauglichen Stücke nicht zuzumuten ist (BGer v. 29. 8. 2003, 4C.152/2003; BGE 34 II 708 – 1200 Stück eines billigen Massenartikels).

3   Nach **Abs. 3** erstreckt sich die Wandelung einer **Hauptsache** auch auf die **Nebensache**. Dies gilt selbst dann, wenn für die Nebensache ein gesonderter Preis festgesetzt worden ist. Ob es sich um Haupt- und Nebensache handelt, beurteilt sich nach Verkehrssitte, aber auch nach dem Parteiwillen. Ein Verhältnis von Haupt- und Nebensache liegt regelmässig vor bei *Zugehör* i. S. v. Art. 644 ZGB. Umgekehrt zieht die Wandelung der Nebensache nicht diejenige der Hauptsache nach sich. Wer den Kaufvertrag über ein fehlerhaftes Pferd wandeln will, kann auch das Zaumzeug zurückgeben, nicht aber umgekehrt das Pferd, wenn nur das Zaumzeug mangelhaft ist.

Art. 210

| 9. | Verjährung | 1 | **Die Klagen auf Gewährleistung wegen Mängel der Sache verjähren mit Ablauf eines Jahres nach deren Ablieferung an den Käufer, selbst wenn dieser die Mängel erst später entdeckt, es sei denn, dass der Verkäufer eine Haftung auf längere Zeit übernommen hat.** |

¹ᵇⁱˢ **Für Kulturgüter im Sinne von Artikel 2 Absatz 1 des Kulturgütertransfergesetzes vom 20. Juni 2003 verjährt die Klage ein Jahr, nachdem der Käufer den Mangel entdeckt hat, in jedem Fall jedoch 30 Jahre nach dem Vertragsabschluss.**

² **Die Einreden des Käufers wegen vorhandener Mängel bleiben bestehen, wenn innerhalb eines Jahres nach Ablieferung die vorgeschriebene Anzeige an den Verkäufer gemacht worden ist.**

³ **Die mit Ablauf eines Jahres eintretende Verjährung kann der Verkäufer nicht geltend machen, wenn ihm eine absichtliche Täuschung des Käufers nachgewiesen wird.**

I. Normzweck und Rechtsnatur

Die ratio legis der **kurzen Verjährung** der Sachmängelansprüche besteht in der Schaffung baldiger Klarheit (BGE 102 II 102 = Pra 1976, 439), auch im Hinblick auf das Veränderungsrisiko. Hinzu kommt, dass nach längerem Gebrauch einer Sache oft nur noch schwer feststellbar ist, ob diese schon im Zeitpunkt des Gefahrübergangs mangelhaft war oder erst später mangelhaft geworden ist. Allerdings gibt es unstreitig Fälle, in denen die Frist zu kurz ist. De lege ferenda wären unterschiedliche Fristen nach Sachgruppen zu erwägen. Der Plan des Gesetzgebers, entsprechend der EG-Richtlinie über den Verbrauchsgüterkauf eine zweijährige Frist zu einzuführen (Vorbem. zu Art. 197 – 210 N 9), wurde fallengelassen. Es handelt sich um eine **Verjährungsfrist**, nicht um eine Verwirkungsfrist (h. L. BGE 104 II 357 = Pra 1979, 2; BGE 94 II 36 = Pra 1968, 509, 514; BGE 82 II 422 f.; 72 II 414 ff.; BK-GIGER, N 9 m. Nw.; **a. M.** BUCHER, OR BT, 94 f.). Für sie gelten die allgemeinen Vorschriften der Art. 127 ff. Abweichend von Art. 129 kann aber die Frist verlängert oder verkürzt werden (s. N 4).   1

II. Anwendungsbereich

Die kurze Verjährung gilt für alle Ansprüche aus Sachmängeln, also für **Wandelung**, **Minderung** und **Schadenersatz**, ebenso für einen vertraglich vereinbarten **Nachbesserungsanspruch**. Soweit die Judikatur neben Schadenersatzansprüchen nach Art. 208 Abs. 2 und 3 auch solche aus Art. 97 ff. zulässt, gilt die Frist auch für diese (BGE 58 II 212 E. 2; 63 II 405; 90 II 88 E. 1).   2

Die kurze Verjährung gilt **nicht** für den *Grundlagenirrtum* sowie bei Vorliegen einer *selbstständigen Garantie* (SJ 1956, 358); ferner bei Verletzung einer Nebenpflicht (BGE 96 II 117 E. 2 – neutrale Verpackung; 102 II 413 ff. – Werkvertrag; GAUCH/SCHLUEP/SCHMID/REY, N 3581). Die kurze Verjährung

gilt ferner nicht für die Lieferung eines *aliud* beim Gattungskauf (str.; vgl.
Art. 206 N 2). Bei *absichtlicher Täuschung* greift nach **Abs.** 3 die Regelver-
jährung von Art. 127 (zehn Jahre) ein (BGE 107 II 231; BGer v. 26.11.2003,
4C.251/2003). Zum Begriff der absichtlichen Täuschung s. Art. 199 N 7. Beim
Werklieferungsvertrag gilt Art. 210 nicht, wenn der Mangel des gelieferten
Stoffes die Mangelhaftigkeit des Bauwerkes bewirkt (vgl. BGE 117 II 425
und Erläuterungen zu Art. 365).

Umstritten ist die Anwendung der kurzen Frist auf *Deliktsansprüche* nach
Art. 41 ff. (vgl. Vorbem. zu Art. 197–210 N 5). Die h. L. verneint sie zu Recht
(BK-GIGER, N 23; BUCHER, OR BT, 107; CAVIN, SPR VII/1, 113; offen gelassen
in BGE 90 II 89) Entsteht dem Käufer durch die Lieferung einer mangelhaften Sache ein Schaden an anderen Rechtsgütern, und hat der Verkäufer
nicht nur eine vertragliche Pflicht verletzt, sondern (ausnahmsweise) eine
allgemeine deliktische Verkehrspflicht, so besteht ein konkurrierender Deliktsanspruch mit Verjährung nach Art. 60. Dies gewinnt vor allem in denjenigen Fällen Bedeutung, in denen der Schaden erst nach Ablauf der einjährigen Frist von Art. 210 entsteht. Würde man hier Art. 210 anwenden, so
wäre der Anspruch verjährt, ehe der Schaden entstanden ist.

III. Frist

3   Die **Frist** beträgt bei **beweglichen Sachen ein Jahr**, bei **Grundstücken** und
Gebäuden **fünf Jahre** (Art. 219 Abs. 3). Sie beginnt mit der *Ablieferung* der
Kaufsache und nicht erst mit der Entdeckung des Mangels (Abs. 1). Die Verjährung tritt auch ein, wenn der Käufer den Mangel gar nicht entdecken
konnte (BGE 89 II 409; SJ 1966, 589). Beim *Sukzessivlieferungsvertrag* beginnt die Frist für die einzelnen Teillieferungen gesondert. Insofern gilt für
die Verjährungsfrist nichts anderes als für die Rügefrist. Dies gilt allgemein,
also auch für täglich zweimalige Milchlieferungen (BGE 17, 307, 314 zum
altOR). Die Frist kann **gehemmt** (Art. 134) oder **unterbrochen** (Art. 135 ff.)
werden; Hemmung oder Unterbrechung eines Anspruchs (z. B. Minderung)
bewirkt Hemmung oder Unterbrechung auch der übrigen Gewährleistungsansprüche (BGE 96 II 181 ff. E. 3b = Pra 1970, 518 ff.). Die Unterbrechung
erfolgt durch *Anerkennung* (Art. 135 Ziff. 1) oder *Geltendmachung* (Art. 135
Ziff. 2). Die Anerkennung kann auch *konkludent* erfolgen, z. B. durch einen
Reparaturversuch (LGVE 1976 I 363, 365), also Nachbesserung oder durch
Ersatzlieferung. Für **Kulturgüter** (das sind Gegenstände, die aus religiösen
oder weltlichen Gründen für Archäologie, Geschichte, Literatur, Kunst oder
Wissenschaft bedeutungsvoll sind, z. B. Bilder, ebenso Antiquitäten, die mehr
als 100 Jahre alt sind, vgl. Art. 196a N 1) enthält Art. 210 Abs. 1bis eine Sonderregelung): Die **absolute Frist** für die Geltendmachung von Sachmängeln
beträgt **30 Jahre**, daneben gilt eine **relative Frist** von **einem Jahr** ab Entdeckung des Mangels. Die Dreissigjahresfrist stellt im OR ein Novum dar.

IV. Abweichende Vereinbarungen

Die Verjährungsfrist kann, was Abs. 1 ausdrücklich sagt, **verlängert** werden;   4
sie kann aber auch **verkürzt** werden. Art. 129 steht dem nicht entgegen, da
diese Vorschrift nur für die Fristen des 3. Titels gilt. Die h. L. hält eine Verlängerung auf mehr als zehn Jahre für unzulässig (BGE 99 II 189; BK-GIGER,
N 43; SCHWENZER, OR AT, N 84.12; ENGEL, traité, 810). Die **Zusicherung
einer Eigenschaft** enthält keine Verlängerung der Frist (BGE 102 II 101 =
Pra 1976, 438 f.; anders noch BGE 56 II 430; 94 II 36 f. = Pra 1968, 515).
Häufig werden **Garantiefristen** vereinbart, deren Bedeutung zweifelhaft
sein kann. Sofern die Garantiefrist kürzer ist als die gesetzliche Verjährungsfrist, wird sie gelegentlich im Zweifel i. S. einer *Rügefrist* interpretiert,
welche die Verjährungsfrist unberührt lässt (SJZ 1959, 91; ZR 1944, 356 f).
BGE 94 II 26 ff. E. 4 = Pra 1968, 509, 515 und LGVE 1976 I 363 ziehen die
Unklarheitenregel heran, da der Ausdruck «Garantie» auf eine Besserstellung hindeute, könne er nicht i. S. des Ausschlusses der gesetzlichen Gewährleistungsansprüche gedeutet werden. Dies soll selbst dann gelten,
wenn es in der Klausel heisst, dass alle anderen Ansprüche ausgeschlossen
sind (s. Art. 199 N 4). Unbefangen betrachtet stellt aber eine sechsmonatige
Garantie unter Ausschluss aller übrigen Ansprüche eine Verkürzung der
Jahresfrist des Art. 210 dar, andererseits enthält die Klausel eine Abschwächung der Obliegenheit nach Art. 201, denn der Käufer kann alle während der Frist auftretenden Mängel geltend machen; es kann ihm nicht entgegengehalten werden, er hätte die Sache nicht rechtzeitig untersucht (vgl.
Art. 199 N 4). Das BGer nimmt eine Erstreckung der Rügefrist nur an, wenn
sich dies aus der Vereinbarung klar ergibt (SJZ 1942/43, 229; BGE 52 II
148 f.). Bei Vereinbarung einer Garantiefrist von einem Jahr ist im Zweifel
anzunehmen, dass damit der Beginn der Verjährungsfrist nicht hinausgeschoben sein soll (BGE 78 II 368). Zum Teil wird auch die Auffassung
vertreten, dass die Verjährungsfrist erst mit Ablauf der Rügefrist beginne
(ZR 1944, 275) oder erst mit der Entdeckung des Mangels innerhalb der
Rügefrist (FURRER, 91; für das deutsche Recht BGH NJW 1979, 645). Dies
wird auch angenommen, wenn die Garantiefrist länger ist als die gesetzliche Verjährungsfrist.

V. Mängeleinrede und Verrechnung nach Eintritt
     der Verjährung

Hat der Käufer den Kaufpreis noch nicht bezahlt, so kann er auch nach Ab-   5
lauf der Verjährungsfrist den Sachmangel einredeweise geltend machen,
sofern er innerhalb der Frist die *vorgeschriebene Anzeige* gemacht hat
(Abs. 2). Aus dem Wort «vorgeschrieben» folgt, dass das Gesetz die Anzeige
nach Art. 201 meint. Dies bedeutet, dass die **Mängeleinrede** nach Ablauf
der Verjährung nur erhalten bleibt, wenn der Käufer die Voraussetzungen

von Art. 201 erfüllt hat, d. h. die Sache alsbald untersucht und später auftretende Mängel sofort gerügt hat. Nach BGE 104 II 357 = Pra 1979, 2 soll es sich bei der Jahresfrist des Abs. 2 um eine Verwirkungsfrist handeln, so dass Nachbesserungsversuche durch den Verkäufer nicht zu einer Unterbrechung führen. Das ist abzulehnen. Die Frist des Abs. 2 ist mit derjenigen von Abs. 1 identisch. Wird der Mängeleinrede gegenüber der Kaufpreisklage stattgegeben, so bedeutet dies, dass mit Rechtskraft des klageabweisenden Urteils trotz Eintritt der Verjährung der Kaufvertrag gewandelt ist. Der Käufer muss deshalb die mangelhafte Sache zurückgeben. Hat er auf die Sache Verwendungen gemacht (z. B. Weiterverarbeitung) so kann er trotz Verjährung der Gewährleistungsansprüche des Art. 208 Abs. 2 diese Verwendungen einredeweise geltend machen, d. h. die Herausgabe der Sache verweigern, solange ihm die Verwendungen nicht ersetzt sind (BGE 14, 656 f. zum altOR). Hat der Käufer den Kaufpreis nur *teilweise bezahlt*, so kann er die Einrede gegenüber dem Restkaufpreisanspruch geltend machen. Die *Anzahlung* kann er jedoch nicht zurückverlangen (so die h. L. in Deutschland, vgl. RGZ 69, 385, 387 ff.; von Staudinger/Honsell, § 478 a. F. N 13; a. M. östOGH JBl 1995, 322). Die Schwierigkeiten resultieren daraus, dass die vom Gesetz gewählte Einredekonstruktion im Grunde nicht passt, weil es nicht um die Einrede gegen einen einzelnen Anspruch geht, sondern um die Abwicklung eines ganzen Vertrages. Erhebt der Käufer gegenüber der Kaufpreisklage die Wandlungseinrede, so muss es dem Verkäufer gestattet sein, im Wege der Klageänderung die Kaufsache zurückzufordern. Hat der Käufer eine Anzahlung geleistet, so muss er die Sache nur Zug um Zug gegen Rückgewähr der Anzahlung herausgeben (von Staudinger/Honsell, § 478 a. F. N 16 m. Nw.). Unter den Voraussetzungen des Abs. 2 kann der Käufer auch mit Ansprüchen wegen der Sachmängel **verrechnen** (Art. 120 Abs. 3). Diese Möglichkeit ist nicht auf die Kaufpreisforderung des Verkäufers aus diesem Kaufvertrag beschränkt. Die Verrechnung ist auch gegen sonstige Forderungen des Verkäufers möglich (BGE 91 II 216 f.). Voraussetzung ist aber, dass die Gegenforderung bei Ablauf der Verjährung der Sachmängelansprüche schon bestanden hat (BGE, a. a. O.).

VI. Wiener Kaufrecht

6   Art. 39 WKR normiert eine Präklusionsfrist, keine Verjährungsfrist. Die Verjährung ist nicht im WKR, sondern in Art. 8 UN-Verjährungsabkommen geregelt, dem die Schweiz nicht beigetreten ist. Nach Art. 7 Abs. 2 WKR kommt, mangels Regelung im WKR, das nach IPR anwendbare nationale Recht zur Anwendung (vgl. näher BSK OR I-Honsell, N 8).

Art. 211

2. **Verpflichtungen des Käufers** **Zahlung des Preises und Annahme der Kaufsache**	¹ **Der Käufer ist verpflichtet, den Preis nach den Bestimmungen des Vertrages zu bezahlen und die gekaufte Sache, sofern sie ihm von dem Verkäufer vertragsgemäss angeboten wird, anzunehmen.** ² **Die Empfangnahme muss sofort geschehen, wenn nicht etwas anderes vereinbart oder üblich ist.**

Literatur

ERNST, Die Zurückweisung der Ware, NJW 1999, 896 ff.; HEINZ-BOMMER, Die Annahmepflicht des Käufers, 1970; PETERS, Der Anspruch auf Abnahme bei Kauf und Werkvertrag, in: FS Keller, 1989, 221 ff.

I.   Die Pflicht zur Kaufpreiszahlung

Die Verpflichtung des Käufers zur Bezahlung des Kaufpreises gehört zu den **essentialia negotii** des Kaufvertrags (Art. 184 Abs. 3). Es muss also ein Preis vereinbart sein. Ist als Kaufpreis von den Parteien nicht unmittelbar ein Geldbetrag festgelegt, kann dieser u. U. nach Art. 212 bestimmt werden. 1

Die **Höhe** des Kaufpreises kann im Rahmen der **Vertragsfreiheit** grundsätzlich frei vereinbart werden. Ausnahmen bestehen, wenn **öffentlich-rechtliche Taxen, insbesondere Höchstpreise**, festgelegt sind (BSK OR I-KOLLER, N 1). Bei taxwidrig überhöhtem Preis wird der Vertrag, soweit nicht das öffentliche Recht sein Schicksal bestimmt, i. d. R. unter Beachtung der Preisvorschrift (also preisreduziert) aufrechtzuerhalten sein (arg. Art. 20 Abs. 2); dies entspricht am ehesten dem Geschäftswillen des Käufers und auch des Verkäufers, der zum höheren Preis ohnehin nicht verkaufen darf (BSK OR I-KOLLER, N 1). 2

Zum Inhalt der Zahlungsverpflichtung siehe bei Art. 184. 3

II.   Die Annahme der Kaufsache durch den Käufer

Annahme und «Annahme als Erfüllung»: Zu unterscheiden ist der Akt, mit welchem der Käufer den Verkäufer vom Besitz der Sache entlastet (*tatsächlicher* Akt der Hinwegnahme der Sache), und das (rechtliche) Einverständnis des Käufers, dass eine ihm angebotene Sache als Erfüllungsobjekt angesehen wird («Annahme als Erfüllung»). Die «Annahme als Erfüllung» ist nicht die Erklärung, dass Erfüllung eingetreten ist, sondern das Einverständnis, dass die Erfüllung mit der angebotenen Sache versucht werden soll (wichtig 4 hauptsächlich beim Gattungskauf); lehnt der Käufer dies ab, spricht man von der *Zurückweisung* der angebotenen Ware (s. ERNST, NJW 1999, 896 ff.). Die Zurückweisung kann mit der Weigerung der körperlichen Annahme zusammenfallen, sie muss es aber nicht. Nimmt der Käufer die ihm angebotene Sache aber vorbehaltlos (ohne «Zurückweisung») an, so hat dies die Vermutung zur Billigung der Ware zur Folge, d. h. die Beweislast dafür, dass die Ware nicht vertragsgemäss war, verschiebt sich vom Verkäufer auf den Käufer (ZK-OSER/SCHÖNENBERGER, N 7; s. w. Hw. bei BSK OR I-KOLLER, N 9). Ein Verzicht auf Gewährleistungsrechte ist damit nicht verbunden.

5 Die im Gesetz ausgesprochene Käuferverpflichtung bezieht sich nach heute überwiegender Lehre auf den **tatsächlichen Akt** der Hinwegnahme der Kaufsache (BSK OR I-KOLLER, N 3 unter Hinweis auf den italienischen Gesetzestext). Ein Teil der Lehre interpretierte früher den Begriff der «Annahme» in Abs. 1 als eine Pflicht zur «Annahme als Erfüllung» und den Begriff «Empfangnahme» in Abs. 2 als tatsächlicher Akt der Hinwegnahme der Kaufsache (BK-BECKER, N 5; BK-GIGER, N 8 ff.; vgl. zum Ganzen HEINZ-BOMMER, 2 ff.).

6 Dem Käufer obliegt (N 7 ff.) die Annahme der Kaufsache nur, wenn sie ihm **vertragsgemäss angeboten** wird (Abs. 1). Der Verkäufer muss die Sache i. d. R. tatsächlich anbieten *(Realoblation)*; ausnahmsweise genügt ein nur wörtliches Angebot *(Verbaloblation*; s. dazu BSK OR I-BERNET, Art. 91 N 4). Vertragsgemäss bedeutet, dass das Angebot «nach Inhalt, Ort und Zeit und allfälligen besonderen Bedingungen dem Vertrag entspricht» (BK-BECKER, N 7). Entsprechend Art. 69 braucht der Käufer *Teilleistungen* nicht anzunehmen (BGE 75 II 137). Beim Gattungskauf darf der Käufer die Ware bei Mängeln, die der Verkäufer zu vertreten hat, grundsätzlich unabhängig von der Schwere des Mangels ablehnen (BSK OR I-KOLLER, N 8). Beim Stückkauf hat der Käufer nach h. L. dieses Recht nur, soweit die Wandelung zulässig ist (BSK OR I-KOLLER, N 8).

7 Umstritten ist die **Rechtsnatur** der dem Käufer vorgeschriebenen Annahme. Teilweise wird von einer echten Pflicht ausgegangen, teilweise von einer Obliegenheit. Hiervon abhängig ist die Sanktion der Nichtannahme. Die *Rechtsprechung* geht davon aus, bei Annahmeverzug des Käufers liege eine Pflichtverletzung vor, d. h. der Käufer befinde sich sowohl im Gläubigerverzug (Art. 91; BGE 42 II 219 ff.) als auch im Schuldnerverzug (Art. 107 ff. sind dann direkt anwendbar, BGE 59 II 307; anders aber BGE 44 II 410, wo der Schuldnerverzug indes auf den *Zahlungs*verzug gestützt wurde). Der Verkäufer soll somit auch auf Abnahme der Ware klagen können (BGE 28 II 511; 27 II 395). Vorzugswürdig ist grundsätzlich (Ausnahmen s. N 8) die Einordnung als **Obliegenheit**: Die Übergabe der Sache ist in erster Linie Pflicht des Verkäufers (Art. 184 Abs. 1) und die Annahme liegt im Interesse des Käufers, so dass die Regeln über den Gläubigerverzug (Art. 91 ff.) der

Problematik Genüge tun (BK-Giger, N 21 ff.; Honsell, OR BT, 47; Cavin,
SPR VII/1, 51 ff.; Peters, 222 ff.; a. a. BSK OR I-Koller, N 5). Der Verkäufer
kann nach Art. 92 ff. vorgehen und sich dadurch den unbedingten Kaufpreisanspruch verschaffen (BSK OR I-Koller, N 10; dem Käufer wird damit die Einrede aus Art. 82 OR genommen). Kommt Art. 95 zur Anwendung
(gemäss BGE 111 II 159 auch beim Verkauf von Stockwerkeigentum), ist
der Verweis auf Art. 107 ff. nicht integral zu verstehen (BGE 110 II 152; a. A.
BSK OR I-Koller, N 10; BGE 111 II 159).

Den Parteien steht es allerdings frei, die Annahme als Pflicht zu gestalten   8
(BK-Giger, N 35). Dies kann auch konkludent geschehen. Von einer **(synallagmatischen) Hauptpflicht** ist auszugehen, wenn der Verkäufer ein selbständiges (erkennbares) **Wegschaffungsinteresse** hinsichtlich der Kaufsache hat, wie z. B. beim Verkauf eines Hauses auf Abbruch oder beim
Räumungsverkauf (Honsell, OR BT, 48). Dann sind Art. 107 ff. anwendbar,
allenfalls auch Art. 97 ff. (so z. B. wenn der Käufer bei der Wegschaffung der
Ware Schaden anrichtet), insb. Art. 98 (Cavin, SPR VII/1, 52). Hohe Aufbewahrungskosten und Obhutspflichten des Verkäufers können, müssen aber
nicht der käuferseitigen Annahme Pflichtencharakter geben (s. dazu BSK
OR I-Koller, N 6).

Auch wenn die Annahme lediglich Obliegenheit ist (N 7), liegt in der vorbe-   9
haltlosen Weigerung, die Sache anzunehmen, u. U. zugleich eine **(konkludente) Zahlungsverweigerung**, so dass der Käufer gleichzeitig mit dem
Annahmeverzug in **Schuldnerverzug** *bezüglich der Preiszahlungspflicht* gemäss Art. 107 ff., 214 f. gerät (BGE 110 II 152, 49 II 32). Dies gilt immer für
den Barkauf, Art. 213, und u. U. auch beim Kreditkauf (Cavin, SPR VII/1, 52);
beim Praenumerandokauf kann dies nicht vorkommen.

Inhalt der dem Käufer vorgeschriebenen Abnahme: Die Annahme hat grund-   10
sätzlich *sofort* zu erfolgen (Abs. 2; s. auch Art. 75). Zur Tragung der Kosten
vgl. Art. 188 f. Die Abnahme ist nicht essentiale sondern **naturale negotii** des
Kaufvertrags, sie kann ganz oder teilweise wegbedungen werden (BSK OR I-
Koller, N 2).

III. Weitere Mitwirkungs- und Vorbereitungshandlungen des Käufers

Dem Käufer können weitere Mitwirkungs- und Vorbereitungshandlungen   11
zugeordnet sein: Spezifikation, Abruf, Zur-Verfügung-Stellung von Verpackung etc. Diesbezüglich wiederholt sich der Streit um die **Rechtsnatur**
entsprechend den Positionen hinsichtlich der Annahme selbst (N 7). Die
Rechtsprechung neigt zur Einordnung als klagbare Rechtspflichten (BSK
OR I-Koller, N 15 m. w. Nw.). Vorzugswürdig ist die grundsätzliche Einordnung als Obliegenheit, also die alleinige Anwendung der Vorschriften über

den Gläubigerverzug. Wenn der Verkäufer ein Wegschaffungsinteresse hat und die Mitwirkungs- oder Vorbereitungshandlung Voraussetzung der Annahme ist, gilt das in N 8 ausgeführte. Ebenso (s. bereits N 9) kann die Verweigerung von Mitwirkungs- oder Vorbereitungshandlungen als konkludente Zahlungsverweigerung die Regeln über den Schuldnerverzug hinsichtlich der Zahlungsverpflichtung auslösen (BGE 110 II 151 ff. für die Spezifikation).

12   Kommt der Käufer beim **Spezifikationskauf** mit der Spezifikation der Kaufsache in Verzug, hat der Verkäufer gemäss BGE 110 II 152 nicht nur eine Klage auf Vornahme der Auswahl durch den Käufer, die allerdings «mal praticable et peu utile» (BGer, a. a. O.) ist, sondern er kann nach Ansetzung einer angemessenen Frist (in Anwendung von Art. 107) das Spezifikationsrecht selbst ausüben (Übernahme der Regelung aus dem deutschen Recht: HGB § 375; BGE 42 II 225).

13   Vereinbaren die Parteien beim **Kauf auf Abruf** eine Abrufsfrist, gerät der Käufer gemäss BGE 59 II 307 trotz Fehlens einer kalendermässigen Frist ohne weiteres in *Annahme*verzug. Zur Abrufs*frist* s. BSK OR I-Wiegand, Art. 102 N 10; s. auch BGE 49 II 32.

Art. 212

II.   Bestimmung des Kaufpreises

¹ Hat der Käufer fest bestellt, ohne den Preis zu nennen, so wird vermutet, es sei der mittlere Marktpreis gemeint, der zurzeit und an dem Ort der Erfüllung gilt.

² Ist der Kaufpreis nach dem Gewichte der Ware zu berechnen, so wird die Verpackung (Taragewicht) in Abzug gebracht.

³ Vorbehalten bleiben die besonderen kaufmännischen Übungen, nach denen bei einzelnen Handelsartikeln ein festbestimmter oder nach Prozenten berechneter Abzug vom Bruttogewicht erfolgt oder das ganze Bruttogewicht bei der Preisbestimmung angerechnet wird.

I.   Kauf ohne Nennung des Preises

1   Für den Fall, dass der Preis von den Parteien nicht fest (betragsmässig) bestimmt wurde, stellt **Abs. 1** die Vermutung auf, es sei als Preis der **mittlere Marktpreis** gewollt. Es handelt sich um eine Auslegungsregel, nicht um eine eigentliche Vermutung (BK-Kummer, Art. 8 ZGB N 341). Sie kommt zur An-

wendung, wenn (BSK OR I-Koller, N 2): (1) die Parteien sich auf den Austausch einer Sache gegen Geld, d. h. auf die Entgeltlichkeit als solche geeinigt haben; (2) die Parteien «fest bestellt» haben, darunter fällt jeder unbedingte Kaufabschluss (ZK-Oser/Schönenberger, N 7); (3) die Kaufsache einen Marktpreis hat (dazu gehört auch der *Börsenpreis*, vgl. Art. 191, 215; BSK OR I-Koller, N 3). Die Auslegungsregel tritt zurück, sobald Hinweise vorliegen, denen zufolge den Parteien ein anders definierter Preis vorgeschwebt hat. Massgeblich ist **der wirkliche Wille** der Parteien (s. dazu BSK OR I-Wiegand, Art. 18 N 11). Dies ist z. B. der Fall, wenn sich der Preis schon nach den Umständen bestimmen lässt (Art. 184 Abs. 3), die Parteien sich die Preisbestimmung noch vorbehalten haben (SJZ 1963, 172) oder die Preisvereinbarung wegen Dissens nicht zustande gekommen ist (s. dazu BSK OR I-Koller, N 2).

Als vereinbart gilt der Marktpreis **im Zeitpunkt der Erfüllung** (Art. 75 ff., Art. 213) und an deren **Ort** (Art. 74). Ist der Marktpreis nicht einheitlich, so ist der mittlere Marktpreis zu ermitteln (s. dazu ZR 1981, 214 f.). Bei Fehlen eines Marktpreises am Ort der Erfüllung kann auf den nächstgelegenen Markt ausgewichen werden (BSK OR I-Koller, N 3).   2

II.   Preisberechnung bei Kauf nach Gewicht

Abs. 2 und 3 kommen zur Anwendung, wenn der Kaufpreis pro *Gewichts*einheit berechnet wird. Auf andere Einheitspreise (Hohlmasse, Stücke o. ä.) ist Art. 212 nicht anwendbar (BSK OR I-Koller, N 7). Nach Abs. 2 berechnet sich der Kaufpreis – wenn keine abweichende Parteivereinbarung vorliegt – nach dem **Nettogewicht**: Nettogewicht = Bruttogewicht – *konkretes* Gewicht der Verpackung (sog. Tara). Zu den Kosten der Verpackung s. Art. 188.   3

Verändert sich das Gewicht der Ware beim Distanzkauf zwischen Absendung (Originalgewicht) und Ankunft (Effektivgewicht), ist für die Preisberechnung im Zweifel jenes *am Erfüllungsort* (Absende- bzw. Ankunftsort) entscheidend (arg. Abs. 1; ZK-Oser/Schönenberger, N 8; s. dazu BGE 41 II 252 ff., wo aber Dissens angenommen wurde).   4

Abs. 3 behält ausdrücklich die kaufmännischen Übungen vor. Gemeint sind Handelsbräuche, nach denen der für die Preisbestimmung benutzte Gewichtsfaktor nicht nach Abs. 2 (Abzug der *konkreten* Tara), sondern (1) durch Abzug eines abstrakten Prozentanteils oder (2) eines festen Gewichtsbetrages vom Bruttogewicht ermittelt wird; ebenso (3) kann usancenmässig u. U. auch gleich das Bruttogewicht für die Preisbestimmung massgeblich sein, wie z. B. beim Kauf von in Papier umhüllten Pralinen (BSK OR I-Koller, N 8). Zur Feststellung der Usancen s. BSK OR I-Wiegand, Art. 18 N 31.   5

6   Nicht von Art 212 erfasst wird die Regelung für minderwertige/unbrauch-
    bare Waren- und Gewichtsbestandteile (Schmutz in der Wolle); für sie kann
    vertraglich ein Abzug am Preis *(Refaktie)* oder ein unberechnetes Mehrge-
    wicht *(Gutgewicht)* vereinbart werden (s. dazu ZK-Oser/Schönenberger,
    N 12).

Art. 213

III.   **Fälligkeit**
       und Verzinsung
       des Kaufpreises

[1] Ist kein anderer Zeitpunkt bestimmt, so wird der
    Kaufpreis mit dem Übergange des Kaufgegenstandes
    in den Besitz des Käufers fällig.

[2] Abgesehen von der Vorschrift über den Verzug in-
    folge Ablaufs eines bestimmten Verfalltages wird
    der Kaufpreis ohne Mahnung verzinslich, wenn die
    Übung es mit sich bringt, oder wenn der Käufer
    Früchte oder sonstige Erträgnisse des Kaufgegen-
    standes beziehen kann.

1   Die Vorschrift regelt dispositiv Fälligkeit (Abs. 1) und Verzinslichkeit (Abs. 2)
    des Kaufpreises.

2   Nach Abs. 1 tritt die Fälligkeit des Kaufpreises (abweichend von Art. 75) mit
    der **Übergabe** des Kaufgegenstandes, bei Nichtannahme aber auch schon
    mit dem blossen Leistungs*angebot* ein (vgl. BGE 129 III 541). Trotz Fällig-
    keit der Kaufpreisforderung kann der Käufer dem Verkäufer die Einrede
    aus Art. 82 entgegenhalten, wenn die Leistung Zug um Zug (Art. 184 Abs. 2)
    nicht möglich ist (vgl. BGE 79 II 283). Weder Käufer noch Verkäufer sind
    somit vorleistungspflichtig (BSK OR I-Koller, N 1; BK-Giger, N 4).

3   Aus zwei Gründen beginnt die **Verzinsung** des Kaufpreises (mit einem Zins-
    satz von 5 %; Art. 104) schon vor Eintritt von Verzug – sei es aufgrund Mah-
    nung, sei es aufgrund eines vereinbarten Verfalltages – (BSK OR I-Koller,
    N 2): (1) Aufgrund von **Übung** (Usancen, s. BSK OR I-Wiegand, Art. 18
    N 31); (2) wenn dem Käufer nach Fälligkeit und vor der Leistung des Kauf-
    preises (z. B. beim faktischen Kreditkauf) die **tatsächliche Möglichkeit** zur
    Nutzung der Kaufsache – Ziehung von Früchten, anderen Erträgnissen, ge-
    werbliche Gebrauchsmöglichkeit – eingeräumt wird. Dies ist der Fall, wenn
    die Sache dem Käufer *übergeben* worden ist. Ob das blosse Leistungsange-
    bot genügt (BSK OR I-Koller, N 4; BK-Giger, N 9 ff.), erscheint schon an-
    gesichts des Wortlauts zweifelhaft; die – ja nicht verabredete – Verzinsung
    soll die *effektive* Nutzungsmöglichkeit ausgleichen. Die Sachübergabe und

das Recht zur Nutzung der Sache müssen auf den Kaufvertrag zurückzuführen sein, andernfalls ist die Nutzung separat zu berechnen (BSK OR I-KOLLER, N 4). Bei *Stundung* des Kaufpreises wird ein Verzicht auf Verzinsung anzunehmen sein (BSK OR I-KOLLER, N 5).

Art. 214

V. **Verzug des Käufers**

. **Rücktrittsrecht des Verkäufers**

¹ **Ist die verkaufte Sache gegen Vorausbezahlung des Preises oder Zug um Zug zu übergeben und befindet sich der Käufer mit der Zahlung des Kaufpreises im Verzuge, so hat der Verkäufer das Recht, ohne weiteres vom Vertrage zurückzutreten.**

² **Er hat jedoch dem Käufer, wenn er von seinem Rücktrittsrecht Gebrauch machen will, sofort Anzeige zu machen.**

³ **Ist der Kaufgegenstand vor der Zahlung in den Besitz des Käufers übergegangen, so kann der Verkäufer nur dann wegen Verzuges des Käufers von dem Vertrage zurücktreten und die übergebene Sache zurückfordern, wenn er sich dieses Recht ausdrücklich vorbehalten hat.**

I. Allgemeines

Die Vorschrift regelt in Ergänzung von Art. 107 ff. die Vertragsauflösung wegen Zahlungsverzugs des Käufers: Nach Abs. 1 kann der Verkäufer das Rücktrittsrecht beim Praenumerando- und Barkauf «ohne weiteres», d. h. **ohne Ansetzung einer Nachfrist** ausüben, doch muss die Rücktrittserklärung **sofort** (N 4) mitgeteilt werden (Abs. 2). Dadurch soll verhindert werden, dass dem Verkäufer Zeitraum für Preisspekulationen zur Verfügung gestellt wird (BK-BECKER, N 6). Das «Rücktrittsrecht» nach Art. 214 umfasst nicht nur den Rücktritt im technischen Sinn, sondern alle dem Verkäufer nach Art. 107 Abs. 2 wahlweise zustehenden Rechte (BSK OR I-KOLLER, N 2). Verzichtet der Verkäufer auf die Leistung und verlangt das positive Vertragsinteresse (Art. 107 Abs. 2, 2. Fall), ist für die Berechnung des Schadenersatzes – auch für den nichtkaufmännischen Verkehr (BSK OR I-KOLLER, Art. 215 N 13/18) – Art. 215 anwendbar (Art. 215 N 1). Nach Abs. 3 finden die Abs. 1 und 2 keine Anwendung auf den Kreditkauf; das Rücktrittsrecht richtet sich hier nach den allgemeinen Regeln (Art. 107 ff.; BGE 90 II 293); *nach Übergabe der Kaufsache* kann der Verkäufer nicht mehr vom Vertrag zurücktreten, sofern er sich dieses Recht nicht ausdrücklich vorbehalten hat (Abs. 3).

1

2   **Anwendungsbereich, Konkurrenzen:** Die Vorschrift gilt sowohl für den kaufmännischen als auch für den bürgerlichen Verkehr (h. L., s. BSK OR I-Koller, N 8), und auch für den Grundstückkauf (s. auch N 7 a. E.). Abs. 1 und 2 gelten *neben* Art. 107 ff., d. h. der Verkäufer kann auch nach Art. 107 ff. vorgehen, wenn ein Tatbestand von Art. 214 vorliegt; das Recht zur Schadensberechnung nach Art. 215 steht ihm auch dann zu (BGE 49 II 34). Gerät der Käufer mit *anderen Pflichten* als mit der Pflicht zur Kaufpreiszahlung in Verzug – Vornahme der Spezifikation, des Abrufs usw. – ist Art. 214 nicht anwendbar. Der Verkäufer muss in Anwendung von Art. 107 Abs. 1 eine Nachfrist ansetzen; ob er nach deren Ablauf die Wahlrechte nach Art. 107 Abs. 2 ausüben kann, hängt davon ab, ob mit der entsprechenden Handlung zugleich eine synallagmatische Hauptpflicht verletzt wird oder nicht (s. dazu Art. 211). Beim Spezifikationskauf geht nach Ablauf der Frist das Recht auf Spezifikation auf den Verkäufer über (BGE 110 II 152; s. Art. 211 N 12). Wenn gleichzeitig eine Zahlungsverweigerung vorliegt, kann der Verkäufer nach Art. 214 vorgehen (BGE 49 II 32; BSK OR I-Koller, N 11 m. w. Nw.).

II. Rücktritt wegen Zahlungsverzugs bei Praenumerando- und Barkauf

3   Der Käufer muss sich im *Zahlungs*verzug befinden (Art. 102). Verzug mit einem Teilbetrag genügt (BSK OR I-Koller, N 16; anders u. U. beim Mengenkauf: BGE 110 II 452 ff.). Der Zahlung gleichgestellt sind (BSK OR I-Koller, N 10): Die Leistung an Zahlungs statt (z. B. die Ausstellung von Akzepten, BGE 32 II 458), die Leistung erfüllungshalber wie z. B. die Akkreditivstellung des Käufers (die zwar selbst nicht die Leistung ist, aber die Leistung Zug um Zug direkt ermöglicht: Ulrich, Rechtsprobleme des Dokumentenakkreditivs, 1989, 79 ff., BGE 44 II 410) und die Ausstellung eines Checks.

4   Die **Ausübung des Rücktrittsrechts** (resp. die Verzichtserklärung auf die Primärleistung des Käufers, vgl. N 1, Art. 107 Abs. 2) setzt keine Nachfrist voraus, sie kann «ohne weiteres» erfolgen (BGE 96 II 50). Sie ist dem Käufer *sofort nach Eintritt des Verzuges* (BSK OR I-Koller, N 13) mitzuteilen (Abs. 2). Ausserdem hat der Verkäufer den Käufer davon in Kenntnis zu setzen, falls er die eigene Leistung nicht erbringen will. Ob er dann vom Vertrag zurücktreten und das negative Vertragsinteresse (Art. 107 Abs. 2, letzter Fall) oder unter Aufrechterhaltung des Vertrags das positive Interesse nach der Differenztheorie (Art. 107 Abs. 2, 2. Fall i. V. m. Art. 215) verlangen will, kann er auch später entscheiden (vgl. BSK OR I-Koller, N 14). Die Ausübung des Rücktrittsrechts ist auch konkludent möglich (arg. Art. 1 Abs. 2), z. B. durch Anhebung einer Betreibung für eine Schadenersatzforderung «aus Nichterfüllung des Vertrages» (BGE 44 II 410). Die Verzichtserklärung ist unwiderruflich (BGE 123 III 22). **Sofort:** sobald es nach dem

gewöhnlichen Geschäftsgang und den besonderen Umständen des Falles zugemutet werden kann (BGE 96 II 50), also gleichbedeutend mit «unverzüglich» in Art. 107 (BGE 69 II 245 E. 5). Erfolgt die Erklärung nicht sofort, ist das Rücktrittsrecht *nach Art. 214* verwirkt, nicht aber jenes nach Art. 107 ff. (BGE 86 II 234 ff.).

III. Rücktrittsrecht wegen Zahlungsverzugs beim Kreditkauf (Abs. 3)

Beim Kreditkauf (N 6) kann der Verkäufer (ohne entsprechenden Vorbehalt, N 7) *nach Übergabe* der Kaufsache nicht mehr wegen Zahlungsverzugs zurücktreten (Abs. 3). Er ist darauf beschränkt, den Kaufpreis zu betreiben und Schadenersatz wegen Verzugs zu fordern (Art. 104 ff.). Damit tritt insbesondere gegenüber dem insolventen Käufer eine für den Verkäufer unbefriedigende Lage ein. Die Regelung des Abs. 3 zielt auf die Vermeidung der komplizierten Rückabwicklung nach erfolgter Ingebrauchnahme, vor allem aber nach Weiterveräusserung durch den Käufer, die dieser – wenn er noch mit einem Rücktritt rechnen müsste – aufzuschieben hätte (s. auch BSK OR I-KOLLER N 6, 20). 5

Ein Kreditkauf liegt vor, wenn der Verkäufer die Sache dem Käufer vor der Zahlung vollständig (vgl. N 9) übergibt. Dies gilt schon bei einer Zahlungsfrist von 10 Tagen (BGE 90 II 292). Umstritten ist die Anwendbarkeit beim **faktischen Kreditkauf**, wenn also der Verkäufer, obschon der Käufer Zug um Zug zu zahlen hätte oder ein Praenumerandokauf vorliegt, die Sache leistet ohne den ausstehenden Kaufpreis einzufordern (vgl. BK-GIGER, N 19 ff.). Diese Kulanz des Verkäufers sollte nicht den Verlust seines Rücktrittsrechts nach sich ziehen; Abs. 3 ist also nicht anwendbar (ebenso i. E. HONSELL, OR BT, 64; BSK OR I-KOLLER, N 6). Streitig ist weiterhin, ob beim faktischen Kreditkauf die Rücktrittsberechtigung, wenn man sie nicht nach Abs. 3 als ausgeschlossen ansieht, eine solche nach Abs. 1/2 oder nur nach Art. 107 ist. Insoweit erscheint die Anwendung des Art. 107 vorzugswürdig, da der zunächst kulant behandelte Käufer andernfalls von der Rücktrittserklärung überrascht würde (**a. A. BSK OR I-KOLLER, N 6**). Bei regelrechter **Stundung** des Kaufpreises wird der Bar- oder Praenumerandokauf zum Kreditkauf, also Abs. 3 anwendbar (BSK OR I-KOLLER N 6). 6

Abs. 3 erlaubt beim Kreditkauf einen Rücktritt wegen Zahlungsverzugs nach Sachübergabe nur bei entsprechendem **Vorbehalt** seitens des Käufers. Dieser Vorbehalt ist eine *einseitige* Erklärung. Sie muss **ausdrücklich** erfolgen. Als ausdrücklicher Rücktrittsvorbehalt gilt auch der **Eigentumsvorbehalt**, unabhängig davon, ob dieser im Eigentumsvorbehaltsregister eingetragen wurde oder nicht (BGE 90 II 292; BSK OR I-KOLLER, N 22). Eigentums- und Rücktrittsvorbehalt sind aber nach Voraussetzung und Rechtsfolge zu unterscheiden (BSK OR I-KOLLER, N 22). Anders als beim Eigentumsvorbehalt 7 wird durch den (isolierten) Rücktrittsvorbehalt der Eigentumsübergang nicht aufgeschoben (BGE 58 II 353 f.; zum Grundstückkauf vgl. Art. 217 N 2). *Zeitlich* muss sich der Verkäufer das Rücktrittsrecht **vor Eigentumsübergang** vorbehalten, bei Fahrnis also vor dem Übergang des Besitzes an der Sache (Art. 714 Abs. 1 ZGB), beim Grundstückkauf (Art. 221 i. V. m. Art. 214 Abs. 3) vor der Grundbucheintragung (BGE 86 II 234; nach KOLLER vor der Grundbuchanmeldung und vor Besitzübertragung: BSK OR I-Koller N 21). Nach Übergabe der Sache steht es *beiden* Parteien frei, einen Rücktrittsvorbehalt zu vereinbaren (BK-GIGER, N 48). Nach BGE 58 II 354 handelt es sich beim Rücktrittsvorbehalt um eine *Resolutivbedingung*.

8   Kann der Verkäufer kraft Rücktrittsvorbehalts vom Vertrag zurücktreten, stehen ihm – nach Ansetzung einer Nachfrist (Art. 107 Abs. 1) – die Wahlrechte nach Art. 107 Abs. 2 offen: Er kann immer noch auf Erfüllung klagen, er kann vom Vertrag zurücktreten und das negative Interesse verlangen (Art. 109 Abs. 2) oder er kann am Vertrag festhalten, die Sache herausverlangen und das Erfüllungsinteresse nach der (sog. strengen) Differenztheorie einfordern (BSK OR I-KOLLER, N 24; **a. A.** GAUCH/SCHLUEP/SCHMID/REY, N 3106). Der Rückerstattungsanspruch ist nach neuerer Rechtsprechung nicht bereicherungsrechtlicher oder dinglicher, sondern *vertraglicher* Natur (BGE 127 III 426, 114 II 152 ff.; **a. A.** BSK OR I-KOLLER, N 26). Danach hat der Käufer den Verkäufer für den gehabten Gebrauch der Sache angemessen zu entschädigen (vgl. Art. 109 Abs. 1; GAUCH/SCHLUEP/SCHMID/REY, N 3119 ff.).

9   Bei blosser **Teilleistung** des Verkäufers kommt Abs. 3 nicht zur Anwendung, der Verkäufer kann aber jederzeit nach Art. 107 ff. zurücktreten (es sei denn die Restlieferungen sind im Vergleich zur Gesamtleistung sehr gering: BSK OR I-KOLLER, N 25). Zum Rücktritt beim Sukzessivlieferungskauf s. SAUTER, Ausgewählte Probleme des Sukzessivlieferungsvertrags, Diss. Zürich 1982. Beim Verkauf von Patenten gelangt Abs. 3 nicht zur Anwendung; es gibt keine «Übergabe» (SemJud 1964, 69 ff.).

10   Gerät der Käufer in **Konkurs**, kann der Verkäufer die Sache trotz gültigem Rücktrittsvorbehalt nicht mehr herausverlangen (Art. 212 SchKG). Anders, wenn er sich vor Eröffnung des Konkurses rechtsgültig das Eigentum vorbehalten hat (BGE 93 III 96, 105).

Art. 215

**Schadenersatz
und Schaden-
berechnung**

¹ Kommt der Käufer im kaufmännischen Verkehr
seiner Zahlungspflicht nicht nach, so hat der Verkäufer das Recht, seinen Schaden nach der Differenz
zwischen dem Kaufpreis und dem Preise zu berechnen, um den er die Sache in guten Treuen weiter
verkauft hat.

² Bei Waren, die einen Markt- oder Börsenpreis haben,
kann er ohne einen solchen Verkauf die Differenz
zwischen dem Vertragspreis und dem Markt- und
Börsenpreis zur Erfüllungszeit als Schadenersatz
verlangen.

I. Allgemeines

Die Vorschrift regelt die **Schadensberechnung**, wenn der Verkäufer zwar   1
am Vertrag festhält, aber auf die Leistung verzichtet und Schadenersatz
wegen Nichterfüllung (positives Vertragsinteresse) verlangt (Art. 107 Abs. 2,
2. Fall; Art. 214 Abs. 1 und 2). Der Schaden (der entgangene Gewinn) berechnet sich nach der sog. **Differenztheorie**: Die beidseitigen Leistungspflichten
werden mit (abstrakten) Geldbeträgen, also reinen Rechengrössen, bewertet und voneinander abgezogen; Kaufpreis minus Geldbetrag in der Höhe
des (Verkäuflichkeits-)Wertes der Kaufsache. Die Differenz bildet den vom
Käufer geschuldeten Schadenersatz (GAUCH/SCHLUEP/SCHMID/REY, N 3096;
BSK OR I-KOLLER, N 8; SJZ 1957, 327; ZR 1937, 369). Die Vorschrift eröffnet
zwei Methoden zur **Berechnung des (Verkäuflichkeits-)Wertes der Kaufsache**: Dieser kann (konkret) durch den Erlös, den die Kaufsache bei einem
Deckungsverkauf erzielt, bestimmt werden (Abs. 1), oder (abstrakt) durch
einen allfälligen Markt- oder Börsenpreis der Sache (Abs. 2). Eine vom Gesetz nicht vorgesehene dritte Möglichkeit der Schadensberechnung besteht
in der Bildung der Differenz zwischen *Einkaufs-* und Vertragspreis (dazu
N 10 ff.).

Verhältnis der Berechnungsarten: Die abstrakte Schadensberechnung   2
(Abs. 2) setzt einen Markt- oder Börsenpreis voraus, die konkrete Schadensberechnung (Abs. 1) einen tatsächlichen Deckungsverkauf. Grundsätzlich ist
der Verkäufer zum Deckungsverkauf *nicht* verpflichtet; er kann die Ware behalten und nach Abs. 2 vorgehen. Ausnahmsweise kann aber dem Verkäufer der Abschluss eines Deckungsverkaufes nach Treu und Glauben geboten
sein (Art. 43 f.; BSK OR I-KOLLER, N 16; HONSELL, OR BT, 64). Dies wird v. a.
dann der Fall sein, wenn der Verkäufer den Weiterverkauf trotz eines Kauf-

angebotes über dem Markt- oder Börsenpreis oder – bei Fehlen eines solchen – über den Beschaffungskosten unterlässt. Diesfalls ist der nicht realisierte Weiterverkaufsgewinn vom Schadenersatzanspruch in Abzug zu bringen (BSK OR I-KOLLER, N 6). Wird eine Kaufsache mit Waren- oder Börsenpreis tatsächlich – in guten Treuen – verkauft, berechnet sich der Schaden nach Abs. 1, es sei denn, der Verkäufer hat Anspruch auf den doppelten Gewinn, dazu N 10 (BSK OR I-KOLLER, N 21). Hat die Kaufsache weder einen Markt- oder Börsenpreis, noch wurde ein Deckungsverkauf vorgenommen, noch hatte der Verkäufer Beschaffungskosten, kann der Wert der Kaufsache vom Richter (i. d. R. mittels Gutachten) bestimmt werden (Art. 42 Abs. 2; BSK OR I-KOLLER, N 19).

3   Der über den entgangenen Gewinn hinausgehende Schaden (z. B. Kosten des Weiterverkaufs, Abs. 1) kann im Rahmen des positiven Vertragsinteresses neben der Preisdifferenz geltend gemacht werden (Art. 107 Abs. 2; SJZ 1931/32, 9 Nr. 2, SJZ 1921/22 76 Nr. 19). Zur Frage, ob dazu auch der Verspätungsschaden gehört s. unter Art. 107, BSK OR I-KOLLER, N 7 und GAUCH/SCHLUEP/SCHMID/REY, N 3096. Erzielt der Verkäufer beim Deckungsverkauf einen höheren Gewinn als beim ersten Verkauf, schuldet der Käufer keinen Schadenersatz mehr für entgangenen Gewinn (BSK OR I-KOLLER, N 12).

II.   Konkrete Schadensberechnung (Abs. 1)

4   Voraussetzung zur sog. konkreten Schadensberechnung nach Abs. 1 bildet die tatsächliche Vornahme eines **Deckungs- oder Selbsthilfeverkaufs** durch den Verkäufer. Wenn der Verkäufer laufend Ware derselben Gattung verkauft, gilt als solcher der – in guten Treuen vorgenommene – zeitlich nächstliegende Verkauf der entsprechenden Ware (BSK OR I-KOLLER, N 8 sieht irgendeinen Verkauf als genügend an; a. A. BK-GIGER, N 43). Die Berechnung nach Abs. 1 kommt nicht zur Anwendung, wenn dem Verkäufer einen Anspruch auf doppelten Gewinn zusteht (s. N 10; BSK OR I-KOLLER, N 21).

5   Der ersatzweise Deckungsverkauf muss, damit er der Schadensberechnung zugrunde gelegt werden kann, **«in guten Treuen»** erfolgen. Dies gilt insbesondere für Ort, Zeit und Bedingungen (s. BSK OR I-KOLLER, N 10): **Ort:** Ort der gelegenen Sache, Wohnort, bzw. Geschäftsniederlassung des Verkäufers oder – falls günstiger – an einem dieser Orte nächstgelegenen Marktplatz (BK-GIGER, N 46). **Zeitpunkt:** Innert angemessener Frist seit dem Leistungsverzicht (ansonsten hat der Verkäufer den daraus entstehenden Verlust selbst zu tragen: ZR 1919, 99 Nr. 53). Ausnahme: der Käufer stimmt einem Verkauf zu späterem Zeitpunkt zu (SJZ 1933/34, 48 Nr. 43) oder es besteht keine (oder fast keine) Nachfrage und ein Zuwarten ist objektiv sinnvoll (SJZ 1922/23, 152 ff. Nr. 119). Zum Deckungsverkauf schon *vor* Leistungsverzicht s. BK-GIGER, N 48. **Bedingungen:** Der Verkäufer muss grundsätzlich zu den gleichen Bedingungen verkaufen. Fallen aber

weniger Kosten an, ist ein entsprechender Abzug von der Schadenersatzforderung zu machen (BK-Giger, N 49). Der Verkäufer darf, muss aber
nicht, den Selbsthilfeverkauf mittels Versteigerung vornehmen. Die Kosten
der Versteigerung gehen zu Lasten des Verkäufers (SJZ 1921/22, 75).

Wurde der Deckungsverkauf nicht in guten Treuen getätigt, scheidet die   6
Schadensberechnung nach Abs. 1 aus; der Wert der Kaufsache ist nach
Abs. 2 (ZR 1919, 104 ff.) oder nach den Beschaffungskosten zu berechnen
(s. N 10).

Abs. 1 gilt entgegen seinem Wortlaut nicht nur für den kaufmännischen,   7
sondern **auch für den bürgerlichen Verkehr** (BSK OR I-Koller, N 13
m. w. Nw.; SJZ 1957, 327, a. A. Keller/Siehr, Kaufrecht, 1995, 45).

III. Abstrakte Schadensberechnung

Abs. 2 kommt nur zur Anwendung, wenn die Kaufsache einen **Markt- oder**   8
Börsenpreis hat. Der Begriff des Markt- und Börsenpreises ist der gleiche
wie in Art. 191 (s. dort). Die abstrakte Schadensberechnung ist auch im bürgerlichen Verkehr zulässig (Honsell, OR BT, 66; BSK OR I-Koller, N 18).

Entscheidend ist der Markt- bzw. Börsenpreis «**zur Erfüllungszeit**», d. h. zu   9
dem Zeitpunkt, an dem der Verkäufer (nach Art. 107 oder Art. 214) auf die
Leistung verzichtet hat (N 2; BGE 48 II 106; BSK OR I-Koller, N 20). Im Hinblick auf ortsunterschiedliche Preise gilt der Markt- oder Börsenpreis am Ablieferungsort bzw. am hierzu nächstgelegenen Marktort (BK-Giger, N 60).

IV. Schadensberechnung auf der Grundlage der Anschaffungskosten

Beide in Art. 215 vorgesehenen Berechnungsmethoden führen zu einem   10
Schadenersatz für den Verkäufer, bei dem der (Jetzt-)Wert der Kaufsache
vom Kaufpreis abgezogen wird; zu welchen Kosten der Verkäufer die Kaufsache eingekauft hatte, spielt keine Rolle. Wertzuwachs oder -verfall der
Kaufsache seit Einkauf durch den Verkäufer betreffen den Verkäufer unabhängig vom Vertragsbruch des Käufers. Lehre und Rechtsprechung anerkennen jedoch eine weitere (dritte) Methode der Schadensberechnung: Danach
kann der Wert der Kaufsache auch anhand der Beschaffungskosten des
Verkäufers bestimmt werden (Art. 42 ff.; ZR 1937, 368 f; BSK OR I-Koller,
N 6/15; BGE 65 II 175). Die sich ergebende Differenz zum Vertragskaufspreis
ist regelmässig grösser als die zwischen aktuellem Verkäuflichkeitswert und
Vertragskaufpreis, insofern der Verkäufer nicht nur Entschädigung erhält
dafür, dass er dem Käufer zu einem höheren Kaufpreis als dem aktuellen
Verkäuflichkeitswert verkauft hat, sondern ausserdem seine Gewinnspan-
ne zwischen Einkaufs- und aktuellem Verkäuflichkeitswert. Zugelassen ist
diese Berechnungsart, wenn der Verkäufer den Gewinn aus dem Deckungs-

verkauf sowieso gemacht hätte, weil er diesen mit anderer, zusätzlich eingekaufter Ware hätte erfüllen können. Der Verkäufer kann so *beide Gewinne* aus den zwei Kaufverträgen (dem nichterfüllten Erst- und dem «Deckungsverkauf») über *ein und dieselbe Sache* erzielen. Manche sprechen darum auch vom «Anspruch auf den doppelten Gewinn» (BSK OR I-KOLLER, N 15). Dies entschädigt den Verkäufer dafür, dass er wegen des verzugsbedingten Fortfalls seines Vertrages *ein* Geschäft (und einen Gewinn) *weniger* gemacht hat («loss of volume»).

11   Daraus ergeben sich folgende **Voraussetzungen**: Kaufgegenstand muss eine vertretbare Sache sein, die sich der Verkäufer auch nach Erfüllung des ersten Kaufes wieder hätte besorgen können (aber nicht notwendigerweise eine Gattungssache, BSK OR I-KOLLER, N 15; anders SJZ 1957, 327). Zulässig ist diese Berechnungsmethode auch, wenn der Verkäufer erst einen vertraglichen Anspruch auf die Sache hat oder diese auf dem Markt besorgen könnte (BSK OR I-KOLLER, N 6). Weiter muss der Verkäufer auch den Willen gehabt haben, den zweiten (weiteren) Verkauf (der dann als «Deckungsverkauf» zum Absatz der nicht dem säumigen Käufer geleisteten Sache diente) auch nach Erfüllung des käuferseitig gestörten Kaufs abzuschliessen. Dies wird vermutet, wenn der Verkäufer ein **Kaufmann** ist, der mit der entsprechenden Ware handelt. Die Schadensberechnung steht auch dem Nichtkaufmann offen, der aber dann seine Absicht mehrfacher Geschäfte konkret nachweisen muss (vgl. auch BSK OR I-KOLLER, N 15).

12   Der Schaden berechnet sich abstrakt nach der Differenz zwischen den (hypothetischen) *Beschaffungs*kosten und dem Kaufpreis oder nach der Differenz zwischen den (konkreten) Beschaffungskosten und dem Kaufpreis. Hat die Sache in der Zeit seit der Beschaffung und (erstem) Vertragsabschluss an Wert verloren (durch Gebrauch oder durch Marktschwankung), so dürfte die Höhe der Beschaffungskosten nach kaufmännischen Grundsätzen entsprechend zu reduzieren sein.

Dritter Abschnitt: Der Grundstückkauf

Art. 216

Formvorschriften

[1] Kaufverträge, die ein Grundstück zum Gegenstande haben, bedürfen zu ihrer Gültigkeit der öffentlichen Beurkundung.

[2] Vorverträge sowie Verträge, die ein Vorkaufs-, Kaufs- oder Rückkaufsrecht an einem Grundstück begründen, bedürfen zu ihrer Gültigkeit der öffentlichen Beurkundung.

[3] Vorkaufsverträge, die den Kaufpreis nicht zum voraus bestimmen, sind in schriftlicher Form gültig.

Literatur

BRÜCKNER, Schweizerisches Beurkundungsrecht, 1993 (zit. Beurkundungsrecht); KOLLER, Grundstückskauf mit falscher Flächenangabe (zit. Flächenangabe), ZBGR 1997, 1 ff.; DERS., Vom Formmangel und seinen Folgen, in: Koller (Hrsg.), Der Grundstückkauf, 2001, 77 ff.; LEUENBERGER, Abschluss des Grundstückkaufvertrages, in: Koller (Hrsg.), Der Grundstückkauf, 2001, 27 ff.; SCHMID, Die öffentliche Beurkundung von Schuldverträgen: ausgewählte bundesrechtliche Probleme, 1988.

I. Allgemeines

Abs. 1 bestimmt für Grundstückkaufverträge als eine Ausnahme vom Grundsatz der Formfreiheit (Art. 11 Abs. 1) die öffentliche Beurkundung als Gültigkeitserfordernis. Formwidrige Verträge sind – unter Vorbehalt des Rechtsmissbrauchverbots (N 15) – nach Art. 20 nichtig (N 14). Zum Begriff des Grundstücks s. N 3; zum Begriff der öffentlichen Beurkundung s. N 6 f.

Sinn und Zweck. Der Zwang zur öffentlichen Beurkundung beim Grundstückkauf bezweckt einerseits den Schutz der Parteien vor unüberlegtem, übereiltem Handeln, andererseits erfüllt die Urkunde Beweis- und Sicherungsfunktionen. Das Erfordernis der Schriftform zwingt die Parteien zur klaren und vollständigen Ausformulierung des Vertrages. Dieser bildet die Grundlage des Eintrags im Grundbuch (Art. 965 ZGB und Art. 18 GBV) und ist der Beleg zur Eintragung i.S.v Art. 948 Abs. 2 ZGB. Somit dient der beurkundete Vertrag der Erhöhung der Rechtssicherheit im Liegenschaftsverkehr im Interesse der Allgemeinheit (BGE 78 II 224). Er erbringt für die

1

2

durch ihn bezeugten Tatsachen volle Beweiskraft nach Art. 9 ZGB. Die öffentliche Beurkundung dient hingegen nicht dazu, dem Staat die Informationen zur Festsetzung fiskalischer Abgaben und Steuern zukommen zu lassen (BSK ZGB II-LAIM, Art. 657 N 2).

II. Beurkundungspflichtiges Geschäft

3   Ausgelöst wird der Formzwang durch das Kaufvertragsobjekt «Grundstück» (**Abs. 1**). Unter **«Grundstück»** versteht das Gesetz die Liegenschaft selbst, ebenso aber auch nach Art. 655 Abs. 2 ZGB die in das Grundstück aufgenommenen selbständigen und dauernden Rechte, die *Bergwerke* und die *Miteigentumsanteile* (einschliesslich *Stockwerkeigentum*, Art. 712a ff. ZGB) an Grundstücken.

4   Nach **Abs. 2** gilt die Formvorschrift der öffentlichen Beurkundung auch für *Vorverträge* zur Eigentumsübertragung an einem Grundstück (s. auch Art. 22) und für *Vorkaufs-, Kaufs- und Rückkaufsrechte* (s. dazu Vor Art. 216a N 7). Ausser für den Grundstückkauf (Art. 216) ist – durch **Art. 657 ZGB** – die öffentliche Beurkundung für jeden Vertrag auf Eigentumsübertragung von Grundstücken (N 3) vorgeschrieben, z. B. für das Schenkungsversprechen über ein Grundstück (s. dazu BSK ZGB II-LAIM, Art. 657 N 10 ff.). Dies gilt auch für den Grundstückserwerb im Rahmen einer *privaten* Versteigerung, hier gelangen Art. 229 ff. nicht zur Anwendung (vgl. Art. 229–236 N 6). Ebenfalls beurkundungspflichtig sind die entsprechenden Verträge zwischen einer Privatperson und dem Gemeinwesen, solange das Enteignungsverfahren formell noch nicht eingeleitet wurde (SCHMID, 87). Art. 657 Abs. 2 ZGB erklärt zu **Ausnahmen** die Verfügungen von Todes wegen und den Ehevertrag; s. aber Art. 184, 498 ff., 512 ff. ZGB.

5   Für folgende Verträge genügt die **einfache Schriftlichkeit** i. S. v. Art. 13 ff. (vgl. HONSELL, OR BT, 162; BSK ZGB II-LAIM, Art. 657 N 37 ff.): Der *unlimitierte* Vorkaufsvertrag (**Abs. 3**; s. Vor Art. 216a N 7), gerichtliche Vergleiche und Scheidungsvereinbarungen (BGE 99 II 360), der Grundstückserwerb im Rahmen einer freiwilligen, öffentlichen Versteigerung (s. Art. 229 Abs. 3, s. Art. 229–236 N 4) und der Erbteilungsvertrag, für den auch bzgl. Grundstücken blosse Schriftlichkeit genügt; Art. 634 Abs. 2 ZGB (BGE 118 II 397). **Formlos** gültig sind (vgl. HONSELL, OR BT, 162): Der Zuschlag in der Zwangsvollstreckung sowie *die Ausübung* eines Kaufs-, Vor- und Rückkaufsrechts (Vor 216a–216e N 7 a. E.). Der Kauf von sämtlichen *Aktien einer Immobilien-AG* wird als Fahrniskauf behandelt und muss nicht öffentlich beurkundet werden (BGE 93 II 306). Der *Immobilienleasingvertrag* unterliegt keinem Formzwang, da er nicht auf Eigentumsübertragung gerichtet ist (BGE 132 III 553). Nach der Rechtsprechung ist auch die *Vollmacht* und der Auftrag zum Kauf oder Verkauf von Grundstücken formfrei gültig (BGE 112 II 332). U. U. wird aber dadurch der Schutzzweck der Formvorschrift vor übereil-

tem Vertragsschluss ausgehöhlt, weshalb die h. L. in solchen Fällen für Vollmacht und Auftrag den gleichen Formzwang wie für das abzuschliessende Rechtsgeschäft fordert (vgl. HONSELL, OR BT, 304; wieder anders BK-ZÄCH, Art. 33 N 57: Vollmacht bedarf lediglich der Schriftlichkeit).

III. Öffentliche Beurkundung

Das OR regelt die öffentliche Beurkundung *nicht*. Vielmehr sind die Regelung der Zuständigkeit und des Verfahrens für die öffentliche Beurkundung der kantonalen Gesetzgebung überwiesen, Art. 55 Abs. 1 SchlT ZGB. Beispiel **Zürcher EG ZGB §§ 236–245** (vgl. zum Ganzen LEUENBERGER, N 25 ff.). Die Kognition des Bundesgerichts beschränkt sich damit (BK-MEIER-HAYOZ, Art. 657 ZGB N 6) auf Fragen betreffend den Begriff der öffentlichen Beurkundung (N 7), den Anwendungsbereich (N 3–5) und die Wirkungen eines Formmangels (N 14, 15). Zu kantonalen Regelungen, wonach für die Beurkundung ausschliesslich der Ort zuständig ist, an dem sich das Grundstück befindet (lex rei sitae), vgl. BGE 113 II 501; BK-GIGER, N 318; BSK OR I-HESS, N 9.

Der Begriff der öffentlichen Beurkundung gehört dem Bundesrecht an (BGE 113 II 404 f.). Die kantonale Regelung muss nicht nur dessen Schranken beachten, sondern auch bestimmte Mindestanforderungen erfüllen, die sich aus dem materiellrechtlichen Zweck des Instituts (s. N 2) ergeben (BGE 106 II 147; 99 II 159 ff.). Das BGer bestimmt die **öffentliche Beurkundung** (bundesrechtlich) als «Aufzeichnung rechtserheblicher Tatsachen oder rechtsgeschäftlicher Erklärungen durch eine vom Staat mit dieser Aufgabe betrauten Person, in der vom Staat geforderten Form und in dem dafür vorgesehenen Verfahren» (BGE 99 II 161). Zu den bundesrechtlich vorgegebenen **Mindestanforderungen** an das Beurkundungsverfahren gehört u. a. die persönliche Mitwirkungspflicht des Notars (die sog. «Abwesenheits-Beurkundung» soll nicht zulässig sein, BRÜCKNER, Beurkundungsrecht, § 2 N 8) und die Wahrheitspflicht (LEUENBERGER, N 26 ff.; BGE 125 III 132 ff.; 124 I 299 f.).

IV. Zu beurkundender Geschäftsinhalt

Der **Umfang** des zu beurkundenden Vertragsinhaltes bestimmt sich nach Bundesrecht. Die Kantone dürfen (arg. Art. 11 Abs. 2) die Gültigkeit des Vertrags nicht von zusätzlichen, das Bundeszivilrecht beeinträchtigenden Formvorschriften abhängig machen (BGE 99 II 162). Im Einzelnen ist der Umfang des Beurkundungszwangs umstritten (Überblick bei HONSELL, OR BT, 162; LEUENBERGER, N 48 ff.). Das Bundesgericht vertritt grundsätzlich die subjektive Theorie, d. h. sämtliche objektiv (N 9) und subjektiv wesentlichen Vertragsbestandteile unterliegen dem Formzwang: «Aus der Urkunde

6

7

8

muss alles hervorgehen, was die Parteien im Zeitpunkt der Beurkundung als wesentlichen Inhalt des Vertrages betrachten» (BGE 86 II 260; 113 II 404). Nicht beurkundungspflichtig sind aber **subjektiv wesentliche Punkte**, die das Verhältnis von Leistung und Gegenleistung des Kaufvertrags nicht berühren (BGE 117 II 264; vgl. LEUENBERGER, N 99 ff.; ablehnend HONSELL, OR BT, 163). Dazu gehört z. B. eine Vertragsklausel, die eine persönliche Beistands- und Hilfepflicht vorsieht (BGE 119 II 135 ff.; weitere Fälle bei CHK-M. Binder Art. 215 N 11 ff.). Es gilt auch für *gemischte Vertragsverhältnisse* (z. B. kauf- und werkvertragliche Abreden), wenn zwar alle Abreden wesentlich sind, aber selbständige Leistungspaare bilden (BGE 119 II 29 ff. = Pra 1993 Nr. 189; BGE 117 II 264); wird hingegen ein Gesamtpreis für Grundstück und Werkleistung vereinbart, muss der *ganze* Vertrag beurkundet werden (HONSELL, OR BT, 163 m. w. Nw.; LEUENBERGER, N 114 ff.). Ob und unter welchen Voraussetzungen *externe Dokumente*, auf die in der Urkunde verwiesen wird, von der Beurkundung als mitumfasst gelten können, bestimmt sich nach kantonalem Recht (BGE 106 II 149 ff., krit. dazu LEUENBERGER, N 31; LIVER, ZBJV 1982, 117 f.).

9   Die Beurkundung der **essentialia negotii** ist immer Gültigkeitserfordernis des Vertrags (BGE 106 II 146). Aus der Urkunde müssen hervorgehen: die Parteien (N 10), die Qualifikation des Geschäfts als «Kauf» (N 11), Kaufgegenstand (N 12) und -preis (N 13).

10   Die **Parteien** müssen in der Urkunde genau bezeichnet werden; ebenso allfällige Vertretungsverhältnisse (BGE 112 II 332). Die Person des Vertretenen muss aber (vorerst) nicht namentlich genannt sein (BGE 103 III 107). «Handeln, für wen es angeht» nach Art. 32 Abs. 2 ist auch beim Grundstückkauf zulässig, sofern die unbenannte vertretene Person *lediglich vorübergehend* unbestimmt – (gar nicht feststeht) oder nur der Gegenpartei unbekannt – ist (BGer 4C.356/2001 E. 2a/aa.; BGE 60 II 500 spricht von objektiver und subjektiver Unbestimmtheit; LEUENBERGER, N 78).

11   Aus der Beurkundung muss der **Rechtsgrund** «Kauf» hervorgehen (z. B. durch Nennung der vertragstypischen Elemente, vgl. Art. 965 Abs. 1 und 3 ZGB); das Wort «Kauf» muss im Urkundstext nicht als solches vorkommen. Der Rechtsgrund muss dem wahren Willen der Parteien entsprechen, sonst ist der Vertrag nichtig (vgl. LEUENBERGER, N 93 ff.). Beispiele: BGE 86 II 231 ff.; 86 II 221; 72 II 361 ff.

12   Als **Kaufgegenstand** muss das Grundstück grundsätzlich *eindeutig bezeichnet* werden. Nennung der Grundbuchnummer ist nicht erforderlich (BGE 95 II 42). Nach der Beschreibung in der Urkunde muss ein Irrtum über die Identität des Grundstücks ausgeschlossen sein (BGE 90 II 24). Beschränkt sich der Vertrag auf einen bestimmten Teil eines Grundstücks, ist anzugeben, welcher Teil gemeint ist; die blosse Flächenangabe genügt

nicht (BGE 106 II 148). Das Flächenmass muss nur beurkundet werden, wenn es ein subjektiv wesentlicher Vertragspunkt ist (KOLLER, Flächenangabe, 3, Anm. 7; s. auch Art. 219 N 1). Blosse *Bestimmbarkeit* des Grundstücks genügt, wenn das Grundstück erst durch die Wahl einer Partei aus einer Mehrheit von Grundstücken bestimmt werden soll (Gattungskauf, s. KOLLER, Flächenangabe, 2; s. auch BGE 118 II 34 f.). Diesfalls genügt die Beurkundung der wahlberechtigten Partei und der Beschaffenheit des Grundstücks (BGE 95 II 310; vgl. auch BGE 103 II 112: Bestimmbarkeit von Stockwerkeigentum trotz Flächenschwankung).

Der zu beurkundende **Kaufpreis** besteht in einem *exakten Geldbetrag*, der   13
als solcher beurkundet werden muss. Dies folgt u. a. aus dem Zweck der Formvorschrift (N 2) zur Wahrung der Rechtssicherheit im Liegenschaftenverkehr (BGE 78 II 225). Deshalb muss die *ganze* für das Kaufgrundstück (inklusive Baute, vgl. LEUENBERGER, N 89 ff.; BGE 94 II 270 ff.) versprochene Gegenleistung beurkundet werden, selbst wenn ein Teil schon vor der Beurkundung geleistet wurde (BGE 87 II 30). Wurde ein Teil des Kaufpreises *bedingt* vereinbart, ist auch dies zu beurkunden, falls die Vereinbarung einen wesentlichen Vertragsbestandteil bildet (BGE 86 II 260). BGE 78 II 226 lässt aber eine formfrei vereinbarte Bedingung gelten, wenn der Kaufpreis in seiner möglichen *maximalen Höhe* beurkundet wurde (a. A. LEUENBERGER, N 105). Der beurkundete Kaufpreis darf nicht falsch sein (BGE 93 II 104: «si l'indication figurant dans l'acte ne correspond pas à la réalité, le contrat est nul»; BGE 98 II 315 f.). Er darf nicht höher oder tiefer als der wirklich vereinbarte, d. h. simuliert, sein, Art. 18 Abs. 1 (BGE 104 II 101; 78 II 224 ff.; vgl. LEUENBERGER, N 97). Die Abrede, wonach auf dem Grundstück lastende Grundpfandschulden durch den Verkäufer vor Eigentumsübergang (teilweise) abzulösen seien, bedarf nicht der ausdrücklichen öffentlichen Beurkundung; es genügt, wenn diese Vereinbarung aus dem Vertrag hervorgeht (BGE 101 II 332; 93 II 239 ff.; vgl. die – im Ergebnis – gegenteilige dispositive Gesetzesregelung in Art. 832 Abs. 1 und 845 Abs. 1 ZGB). Die Zahlungsmodalitäten (Fälligkeit, Raten o. Ä.) müssen nur beurkundet werden, wenn sie für eine Partei subjektiv wesentlich sind (BGE 88 II 161; differenzierend LEUENBERGER, N 110 ff.).

V. Folgen des Formmangels

Ein Formmangel liegt vor, wenn nicht der ganze zu beurkundende Ge-   14
schäftsinhalt (N 8–13) beurkundet wurde oder die konkrete Beurkundung nicht den geltenden gesetzlichen (kantonalen und bundesrechtlichen) Vorgaben für die «öffentliche Beurkundung» (N 6, 7) entspricht. Folge des Formmangels ist – grundsätzlich unabhängig von dessen Art – nach Art. 20 **absolute Nichtigkeit des** ganzen Vertrages (BGE 90 II 38), es sei denn, der Mangel der Beurkundung betrifft bloss eine Ordnungsvorschrift, deren Ver-

letzung nach kantonalem Recht keine Nichtigkeit nach sich zieht (BGE 106 II 151; 84 II 641). In der Lehre wird teilweise der Übergang zu einem Konzept einer Ungültigkeit sui generis, resp. einer relativen Nichtigkeit befürwortet (Übersicht der Meinungen bei Koller, Formmangel, N 14 ff.). Der Formmangel ist *von Amtes wegen* zu berücksichtigen (krit. Liver, ZBJV 1982, 117 f.). Minderungs- und Schadenersatzansprüche (BGE 86 II 405), Gewährleistungsansprüche und Ansprüche aus Übervorteilung können nicht geltend gemacht werden (BGE 87 II 33). Allenfalls kommt aber eine Haftung aus culpa in contrahendo in Betracht, s. Art. 11 N 15.

15   Die Berufung auf den Formmangel kann als **Rechtsmissbrauch** unzulässig sein (Art. 2 ZGB). Das Rechtsmissbrauchsverbot ist, obwohl oft von der Einrede des Rechtsmissbrauchs gesprochen wird, *von Amtes wegen* zu beachten (BSK ZGB I-Honsell, Art. 2 N 34). «Wer einen Vertrag wegen Formmangels nicht gelten lassen will, missbraucht das Recht nur, wenn seine Einwendung wegen besonderer Umstände gegen Treu und Glauben verstösst» (BGE 68 II 236 f.). Entscheidend sind somit nicht starre Regeln, sondern die Umstände des Einzelfalles. Dabei ist von Bedeutung, ob die Parteien den Vertrag in wesentlichen Teilen bereits *freiwillig und irrtumsfrei* erfüllt haben (BGE 112 II 111 f.). Nach der Erfüllung des Vertrags bedürfen die Parteien nicht mehr des Übereilungsschutzes, den die öffentliche Beurkundung u. a. bezweckt (BGE 87 II 33). Deswegen ist in diesem Fall die Berufung auf den Formmangel i. d. R. als rechtsmissbräuchlich zu betrachten, es sei denn, aus den übrigen Umständen und dem Verhalten der Parteien bei oder nach Vertragsabschluss ergebe sich *eindeutig* das Gegenteil. Der Rechtsmissbrauch wird hier also vermutet (BGE 112 II 333). Wer den Vertrag *in Unkenntnis* des Mangels – *irrtümlich* – abgeschlossen und erfüllt hat, handelt i. d. R. nicht rechtsmissbräuchlich, wenn er sich nachträglich auf den Formmangel beruft (BGE 112 II 334). Teilweise erklärt jedoch das Bundesgericht die Berufung auf den Formmangel auch hier für rechtsmissbräuchlich, wenn sie *zweckwidrig*, d. h. nicht aus Gründen erfolgt, die in den Schutzbereich der verletzten Formvorschrift fallen (BGE 112 II 336; 92 II 327). Die Rechtsprechung ist uneinheitlich (anders: BGE 90 II 26; 87 II 33 ff.). Berücksichtigt wird auch die *Art* des Formmangels, insbesondere ob die Willenserklärungen der Parteien betroffen sind (BGE 112 II 336). Wer sich *vor* Erfüllung des Vertrags auf den Formmangel beruft, handelt nicht rechtsmissbräuchlich: Aus dem Rechtsmissbrauchverbot lässt sich kein Erfüllungsanspruch ableiten (BGE 115 II 338; s. aber BGE ZBGR 1999, wo ein Schadenersatzanspruch aus Vertrauenshaftung angenommen wurde, vgl. Art. 11 N 12; Bucher, recht 2001, 65–81; Schmidlin, ZSR 1990 I, 243 ff.). Auf die Ungültigkeit des Vertrages wegen Formmangels kann sich auch der Dritte berufen, der durch Kauf des Grundstückes in den Kaufrechtsvertrag eintritt (BGE 106 II 146).

Vorbemerkung zu Art. 216a–216e

Literatur

BRÜCKNER, Verwandte Verträge (zit. Verwandte Verträge), in: KOLLER (Hrsg.), Der Grundstückkauf, 2001, 503ff.; KOLLER, Das intertemporale Recht zu Art. 216a OR, altrechtliche Kaufs- und Vorkaufsrechte unter neuem Recht, ZBGR 2000, 290ff.; MEIER, Das neue Vorkaufs-, Kaufs- und Rückkaufsrecht: vier Neuerungen und drei Auslegungsfragen, AJP 1994, 139ff.; REY, Die Grundlagen des Sachenrechts und das Eigentum, 2000 (zit. Grundlagen); DERS., Die Neuregelung der Vorkaufsrechte in ihren Grundzügen, ZSR 1994 I, 39ff. (zit. Neuregelung).

I. Allgemeines zu Vorkaufs-, Rückkaufs- und Kaufsrechten

Besteht ein **Vorkaufsrecht**, so ist dessen Inhaber (der Vorkaufsberechtigte) berechtigt, das Grundstück zu kaufen, sofern es vom Grundeigentümer einem Dritten verkauft wird. Vorkaufsrechte entstehen durch Gesetz (z.B. Art. 682, 682a ZGB), Vertrag (sog. Vorkaufsvertrag, unten N 6f.) oder letztwillige Verfügung. Kommt es zum Vorkaufsfall (= Verkauf o.Ä. an einen Dritten, s. Art. 216c), kann der Berechtigte sein Vorkaufsrecht *ausüben* (einseitige Willenserklärung gegenüber dem Grundeigentümer, s. Art. 216e). Er bringt dadurch einen eigenen Kaufvertrag mit dem Eigentümer zustande. Dessen Bestimmungen, einschliesslich des Kaufpreises, ergeben sich regelmässig (vgl. Art. 216d Abs. 3) aus dem mit dem Dritten abgeschlossenen Vertrag (sog. *unlimitiertes Vorkaufsrecht*, s. auch Art. 216 Abs. 3 und dazu N 7); der Vorkaufsvertrag kann aber auch abweichende Bedingungen, insbesondere einen festen Kaufpreis bestimmen *(limitiertes Vorkaufsrecht)*. Beim limitierten Vorkaufsrecht muss der Grundeigentümer zu dem vereinbarten Vorkaufskaufspreis verkaufen, auch wenn er mit dem Dritten einen höheren Kaufpreis vereinbart hat.   1

Das obligatorische Vorkaufsrecht und der durch seine Ausübung entstehende Kaufvertrag wirken nur zwischen dem Berechtigten (Vorkäufer) und dem Grundeigentümer. Das Zustandekommen dieses Vertrags lässt den Vertrag mit dem Dritten nicht ipso iure entfallen. Der Grundeigentümer kann/mag den Vertrag mit dem Dritten aufheben; gegebenenfalls wird er diesem schadenersatzpflichtig. Der Vorkaufsberechtigte – nach der Ausübung: Käufer – kann wie jeder Käufer gegen seinen Verkäufer vorgehen. Er kann sich das Grundeigentum, sofern dieses noch seinem Vertragspartner zusteht, richterlich zusprechen lassen. Hat dieser das Grundeigentum bereits in Vollzug des Kaufvertrages mit dem Dritten diesem übereignet (wozu es praktisch freilich nicht oft kommen wird), so gibt der durch Ausübung des Vorkaufsrechts begründete Vertrag *als solcher* dem Käufer kei-   2 nen Anspruch gegen den Dritten. Die Eintragung des Dritten lässt den durch Ausübung des Vorkaufsrechts entstandenen Vertrag nicht dahinfallen; vielmehr bleibt dem Käufer ein Schadenersatzanspruch gegen seinen Vertragspartner (Art. 97). Dem Dritten gegenüber erlangt der Vorkaufsberechtigte eine Rechtsstellung, wenn für sein Vorkaufsrecht eine **Vormerkung** eingetragen war (Art. 959 ZGB). In diesem Fall kann der Käufer (vormals Vorkaufsberechtigter) vom Dritten kraft seines Vertrages die Übereignung des Grundstücks verlangen (Art. 959 ZGB). Konstruktion und Rechtsnatur der gegen den Dritten gerichteten Berechtigung sind umstritten. Die h. L. nimmt an, das persönliche Recht (auf Übereignung) könne kraft der Vormerkung (Art. 959 Abs. 2) gegen den jeweiligen Eigentümer geltend gemacht werden (*Realobligation*, *«Verdinglichung»*; s. BSK ZGB II-Schmid, Art. 959 N 2 m. w. Nw.; Rey, Grundlagen, N 1251; BGE 128 III 124). Zugleich fällt durch die fristgerechte Ausübungserklärung der Kaufvertrag zwischen dem Drittkäufer und dem Veräusserer dahin; ein bereits erfolgter Grundbucheintrag wird dadurch ungerechtfertigt (Art. 974 Abs. 2 ZGB). Im Prozessfall soll die Grundbuchberichtigungsklage (Art. 975 ZGB) und die Leistungsklage (Art. 665 ZGB) möglich sein (s. dazu Brückner, Verwandte Verträge, N 123). Wird das Vorkaufsrecht nicht ausgeübt (vgl. auch Art. 216e N 3), ist der mit dem Dritten geschlossene Vertrag nach den allgemeinen Regeln zu erfüllen.

3   Ein **Kaufsrecht** besteht darin, dass der Kaufsberechtigte durch eine einseitige Erklärung gegenüber dem Grundeigentümer einen Kaufvertrag zustande bringen kann (Option). Das Kaufsrecht wird durch einen Kauf*rechts*vertrag begründet. Wird es ausgeübt, kommt ein Kaufvertrag mit den zuvor festgelegten Beding ungen zustande. Das Kaufsrecht kann als potestativ bedingter Kaufvertrag erfasst werden.

4   Obligatorische Vorkaufs-, Kaufs- und Rückkaufsrechte können auch hinsichtlich anderer Kaufgegenstände, insb. *beweglicher Sachen*, begründet werden. Es gelten die allgemeinen Bestimmungen, insbesondere über die Bedingung (Art. 151 ff.). Einzelne Bestimmungen der Art. 216a ff. dürften anwendbar sein, so z. B. Art. 216c (BSK OR I-Hess, Art. 216c N 2). Die Möglichkeit einer «Verdinglichung» (N 2 a. E.) besteht insofern allerdings nicht.

II.   Gesetzliche Ordnung des Vorkaufsrechts in OR und ZGB

5   Die zentrale Regelung für (Grundstücks-)Vorkaufsrechte war zunächst in Art. 681 aZGB enthalten; diese galt (zugleich) für das durch Vormerkung verdinglichte rechtsgeschäftliche Vorkaufsrecht und wurde – in Ermangelung besonderer Vorschriften im OR – entsprechend für das bloss obligatorische Vorkaufsrecht (vgl. N 2) angewandt. Durch das BG v. 4. 10. 1991

über die Teilrevision des ZGB (Immobiliarsachenrecht) und des OR (Grundstückkauf) wurden mit Art. 216a–216e sowie Art. 216 Abs. 2 und 3 eigene Vorschriften über das *rechtsgeschäftlich* begründete Vorkaufsrecht ins OR eingefügt. (Die zeitgleich angepasste Neuregelung des ZGB beschränkt sich nun auf die *gesetzlichen* Vorkaufsrechte.) Für die Vormerkung eines Vorkaufsrechts gilt unverändert Art. 959 ZGB. Inkrafttreten: 1.1.1994. Zum **Übergangsrecht** vgl. BGE 126 III 427 f.; BGE 121 III 210; Schöbi, AJP 1992, 567 ff.; Koller, ZGBR 2000, 290 ff.

III. Inhalt und Form des Vorkaufsvertrages

Der *Vor*kaufsvertrag hat als essentialia negotii die Vertragsparteien und das   6
Grundstück zum Gegenstand; nur beim limitierten Vorkaufsvertrag (N 1) kommt der Kaufpreis hinzu. Der Vertrag mit dem Vorkaufsberechtigten ist ein *Kauf*vertrag (a.A. ZK-Haab, Art. 681/682 ZGB N 2: Innominatvertrag). Der Vertrag erhält seinen Inhalt aus drei Regelungsquellen, nämlich (1) dem Vorkaufsvertrag (soweit limitiert), (2) nach Art. 216d Abs. 3 aus dem Vertrag, welcher den Vorkaufsfall auslöst, und (3) dem dispositiven Kaufrecht des OR (ähnlich Brückner, Verwandte Verträge, N 120; a.A. ZK-Haab, a.a.O.). Es handelt sich um einen doppelt bedingten Kaufvertrag (kasuelle Bedingung: Verkauf durch den Grundeigentümer an den Dritten; Potestativbedingung: Willenserklärung des Vorkaufsberechtigten).

Die **Form** richtet sich nach **Art. 216 Abs. 2 und 3**: Derselben Form wie der   7
Grundstückkaufvertrag (öff. Beurkundung; Art. 216 Abs. 1) untersteht der Vorkaufsvertrag, bei welchem der Kaufpreis im Voraus bestimmt ist (limitierter Vorkaufsvertrag; oben N 1); anders vor der Reform 1994 (vgl. N 5). Ist dies nicht der Fall, genügt nach Art. 216 Abs. 3 Schriftform (Art. 13 ff.). Altverträge (limitierte Vorkaufsverträge in blosser Schriftform vor 1.1.1994; vgl. N 5) bleiben wirksam; s. Schöbi, AJP 1992, 567 ff. Die *Ausübung* des Vorkaufsrechts unterliegt dann nicht mehr dem Formzwang.

Art. 216 a

Befristung
und Vormerkung

Vorkaufs- und Rückkaufsrechte dürfen für höchstens 25 Jahre, Kaufsrechte für höchstens zehn Jahre vereinbart und im Grundbuch vorgemerkt werden.

Vorkaufsrechte (Vor Art. 216a N 1) und Rückkaufsrechte (Vor Art. 216a N 3)   1
dürfen für höchstens 25 Jahre, Kaufsrechte (Vor Art. 216 a N 3) für höchstens zehn Jahre vereinbart und im Grundbuch vorgemerkt werden (Art. 959

ZGB). Diese Höchstdauer gilt nicht für die gesetzlichen Vorkaufsrechte, Art. 680 ZGB ff. (BGE 126 III 425). Nicht bloss sind längerfristige Vorkaufs-, Rückkaufs- und Kaufsrechte nicht vormerkbar; sie können auch durch Vertrag nicht (mit lediglich obligatorischer Wirkung) begründet werden (Einschränkung der Vertragsfreiheit). Ein entsprechender Vertrag wird nach Ablauf der 25 bzw. 10 Jahre unwirksam, bis zu diesem Zeitpunkt ist er aber als gültig anzusehen (BSK OR I-Hess, N 3). Zur Möglichkeit der Vormerkung eines *simulierten* Kaufrechtsvertrags zur Sicherung des Eintragungsanspruchs aufgrund eines gültig abgeschlossenen Kaufvertrags, vgl. BGE 103 III 97; Honsell, OR BT, 161.

Zur Frage ob Art. 216a auch anwendbar ist, wenn Vorkaufs- oder Kaufsrechte im Rahmen eines anderen Vertragsverhältnisses (z.B. einfache Gesellschaft vereinbart wurde vgl. Brückner, Verwandte Verträge, N 81 m.w.Nw.

2   Der Lauf der Frist beginnt mit Abschluss des Vorkaufs-, Rückkaufs- oder Kaufrechtsvertrags, bei Altverträgen frühestens mit dem Inkrafttreten der Vorschrift (1.1.1994); s. Vor Art. 216a–216e N 5; dort auch zum Übergangsrecht. Die Höchstdauer soll für solche Vorkaufsrechte nicht gelten, die im Begründungsakt einer *Stockwerkseigentumsgemeinschaft* nach Art. 712c ZGB begründet werden (Botschaft, BBl 1988 III, 1078).

3   Die Vorschrift ist **zwingend**. Vor Ablauf der gesetzlichen Frist sind Vereinbarungen, die eine Verlängerung des Vertrages vorsehen, als *Umgehungsgeschäft* nichtig. *Nach* Fristablauf steht es den Parteien aber frei, den Vertrag zu erneuern. *Vor* Ablauf kann allenfalls ein Vertrag mit der Verpflichtung, über die Erneuerung des Vertrags zu verhandeln, geschlossen werden (BSK OR I-Hess, N 7).

Art. 216 *b*

A^ter.   Vererblichkeit und Abtretung

¹ Ist nichts anderes vereinbart, so sind vertragliche Vorkaufs-, Kaufs- und Rückkaufsrechte vererblich, aber nicht abtretbar.

² Ist die Abtretung nach Vertrag zulässig, so bedarf sie der gleichen Form wie die Begründung.

1   Abs. 1 erklärt (dispositiv) vertragliche Vorkaufs-, Kaufs- und Rückkaufsrechte für vererblich (Art. 560 ZGB), aber – seitens des Berechtigten – nicht abtretbar. Vertragliche Vereinbarungen über die Abtretbarkeit, resp. die

Nichtvererbbarkeit dürften subjektiv wesentliche Vertragspunkte sein. Die Form von Art. 216 Abs. 2 und 3 gilt auch für sie. Die Vereinbarung muss nicht ausdrücklich erfolgen, sie kann sich durch Vertragsauslegung ergeben (BSK OR I-HESS, N 4).

Bei der **Übertragung** des entsprechenden Rechtes handelt es sich um eine 2 Vertragsübertragung, nicht um eine blosse Forderungszession (SJZ 1974, 266). Das Einverständnis des Belasteten wird jedoch nicht vorausgesetzt (BRÜCKNER, Verwandte Verträge, N 61). Nach Abs. 2 bedarf die Übertragung der gleichen **Form** wie die Begründung des Rechtes (Art. 216 Abs. 2 und 3).

Wird das entsprechende Recht vererbt, gelten die entsprechenden Bestim- 3 mungen aus dem Erbrecht (Art. 498 ff., 634 Abs. 2 ZGB). Die Formanordnung von Abs. 2 gelangt nicht zur Anwendung.

Vorkaufs- und Kaufsrechte können auch zugunsten des Eigentümers eines 4 bestimmten Grundstücks vereinbart und auf dem berechtigten Grundstück vorgemerkt werden (BGE 71 II 158 ff.; BRÜCKNER, Verwandte Verträge; N 63; REY, Grundlagen, N 1243).

Art. 216 c

uater. **Vorkaufsrechte**
Vorkaufsfall

[1] **Das Vorkaufsrecht kann geltend gemacht werden, wenn das Grundstück verkauft wird, sowie bei jedem andern Rechtsgeschäft, das wirtschaftlich einem Verkauf gleichkommt (Vorkaufsfall).**

[2] **Nicht als Vorkaufsfall gelten namentlich die Zuweisung an einen Erben in der Erbteilung, die Zwangsversteigerung und der Erwerb zur Erfüllung öffentlicher Aufgaben.**

Die Vorschrift enthält eine Legaldefinition des Vorkaufsfalls, bestimmt also 1 die Geschäfte, die den Vorkaufsfall auslösen (krit. zur Gesetzesfassung BSK ZGB II-REY, Art. 681 N 4). Danach sollen auch Geschäfte, die zwar nicht formell, aber nach Zweck und Wirkung einem Verkauf entsprechen, einen Vorkaufsfall darstellen (BGE 94 II 342). Entgegen dem Wortlaut geht es nicht um eine wirtschaftliche Betrachtungsweise im steuerrechtlichen Sinn (vgl. dazu BGE 92 II 160). Für Kaufähnlichkeit spricht es, wenn die Verflüssigung des Sachwertes des Grundstücks im Vordergrund steht und nicht die Person des Erwerbers (BGE 85 II 575; BGE 118 II 402 f.; BRÜCKNER, Verwandte Verträge, N 83, m. w. Nw.). Auf Rechtsprechung vor Inkrafttreten der Neuregelung (Vor Art. 216a–216e N 6) kann noch zurückgegriffen werden (BSK OR I-Hess, N 2).

2   Rechtsgeschäfte, die wirtschaftlich einem Verkauf gleichkommen, sind (nicht abschliessend; vgl. Brückner, Verwandte Verträge, N 83): die Hingabe an Zahlungs statt; die *Ausübung* eines Kaufsrechts (des Dritten); die freiwillige Versteigerung; Übertragung aller Aktien einer Immobilienaktiengesellschaft, welche das vom Vorkaufsrecht erfasste Grundstück zu Eigentum hat (BSK OR I-Hess, N 5); die Bestellung eines Baurechts zum blossen Zweck, das Vorkaufsrecht zu umgehen (zur Umgehungsabsicht s. BGE 115 II 178).

3   **Keinen Vorkaufsfall** bilden (vgl. Abs. 2): die Zuweisung an einen Erben in der *Erbteilung*, dazu gehört nach ständiger Rechtsprechung auch der sog. *Kindskauf* (BGE 44 II 387; u. a. bestätigt in BGE 89 II 446 = Pra 1964 Nr. 59, 160 ff.: «ebensowenig [liegt ein Vorkaufsfall vor] bei Gelegenheit einer Vermögensabtretung an einen mutmasslichen Erben, die trotz der äussern Form eines Kaufs als vorweggenommene Erbfolge betrachtet wird.»); die *Zwangsversteigerung* (anders: Art. 681 ZGB) und der Erwerb durch das Gemeinwesen *zur Erfüllung öffentlicher Aufgaben*. Ferner bilden keinen Vorkaufsfall (vgl. Brückner, Verwandte Verträge, N 85; BSK OR I-Hess, N 6 f.): der *Tausch* (diff. BSK OR I-Hess, N 10, der einen Vorkaufsfall annimmt, falls die Gegenleistung in vertretbarer Ware besteht); die *Schenkung*; liegt eine *gemischte Schenkung* vor, muss eine namhafte Preisreduktion und eine persönliche Beziehung zwischen den Parteien ersichtlich sein, um auszuschließen, dass es sich um ein Umgehungsgeschäft handelt (Brückner, Verwandte Verträge, N 85 FN 82; BGE 101 II 59 ff.); der *Verpfründungsvertrag*; die Übertragung gegen Bestellung einer *Leibrente*; die *Errichtung eines Baurechts* (es sei denn, dieses dient der Umgehung des Vorkaufsrechtes); die Bestellung einer *Nutzniessung* oder eines *Wohnrechts*; die Bestellung eines *Kaufrechtes* (s. N 6); der *Kaufvorvertrag* (BGE 85 II 578); die *Einbringung in eine Gesellschaft* (diff. BSK OR I-Hess, N 8, der einen Vorkaufsfall annimmt, wenn die Verflüssigung des Sachwertes im Vordergrund steht); die Übertragung von Grundstücken einer AG in Liquidation auf deren einzigen Aktionär gestützt auf Art. 745 OR (BGE 126 III 187). Überhaupt liegt in Universalsukzessionen (z. B. Fusion) kein Vorkaufsfall (BSK OR I-Hess, N 12).

4   Der Abschluss eines **bedingten Kaufvertrags** bildet einen Vorkaufsfall, wenn der Eintritt der Bedingung von objektiven Umständen abhängt (BGE 73 II 166; kasuelle Bedingung). Übt der Vorkaufsberechtigte sein Recht aus, muss er aber die mit dem Drittkäufer vereinbarte Bedingung gegen sich gelten lassen. Hängt der Eintritt der Bedingung jedoch vom Willen einer Partei ab (Potestativbedingung), bildet der Abschluss des Vertrags mit dem Drittkäufer keinen Vorkaufsfall (s. Brückner, Verwandte Verträge, N 91: Bsp. Kaufrechtsvertrag). Dies ist besonders beim nicht limitierten

Vorkaufsrecht im Interesse des Vorkaufsberechtigten, dem nicht zugemutet werden kann zu entscheiden, ob er sein Recht ausüben möchte oder nicht, bevor überhaupt feststeht, dass – und zu welchen Bedingungen – der Dritte tatsächlich kaufen will. Hier bildet erst die willentliche Herbeiführung der Bedingung den Vorkaufsfall (Bsp. Ausübung des Kaufrechts; BGE 85 II 578). Die Vereinbarung der Bedingung, der Vertrag solle dahinfallen, falls der Vorkaufsberechtigte sein Recht ausübt, ist diesem gegenüber wirkungslos (BRÜCKNER, Verwandte Verträge, N 93).

Die Vorschrift schliesst **vertragliche Vereinbarungen** über die Frage, was   5
als Vorkaufsfall zu gelten hat und was nicht, *nicht* schlechthin aus. Wird der Kreis der als Vorkauf anzusehenden Geschäfte *erweitert*, unterliegt dies dem Formerfordernis (Art. 216 Abs. 2 und 3); eine Vormerkung im Grundbuch ist wegen des numerus clausus nicht möglich (anders vielleicht, wenn die Rechtsposition als bedingtes Kaufrecht qualifiziert werden kann). Bei vertraglicher *Einschränkung* sollte die einfache Schriftform genügen; grundbuchliche Vormerkung bleibt möglich (BRÜCKNER, Verwandte Verträge, N 44).

Art. 216 d

Wirkungen des Vorkaufsfalls, Bedingungen	[1] **Der Verkäufer muss den Vorkaufsberechtigten über den Abschluss und den Inhalt des Kaufvertrags in Kenntnis setzen.**
	[2] **Wird der Kaufvertrag aufgehoben, nachdem das Vorkaufsrecht ausgeübt worden ist, oder wird eine erforderliche Bewilligung aus Gründen, die in der Person des Käufers liegen, verweigert, so bleibt dies gegenüber dem Vorkaufsberechtigten ohne Wirkung.**
	[3] **Sieht der Vorkaufsvertrag nichts anderes vor, so kann der Vorkaufsberechtigte das Grundstück zu den Bedingungen erwerben, die der Verkäufer mit dem Dritten vereinbart hat.**

Der Vorkaufsberechtigte muss über **die Tatsache und den Inhalt** des als   1
Vorkaufsfall definierten Rechtsgeschäfts (Art. 216c) informiert werden, damit er sein Recht ausüben kann. Die Mitteilungspflicht des Verkäufers entsteht bei Abschluss des Geschäfts mit dem Dritten, nicht erst bei der Grundbuchanmeldung hierfür (BRÜCKNER, Verwandte Verträge, N 97).

Beim vorgemerkten Vorkaufsrecht ist auch der Grundbuchverwalter gegenüber dem Vorkaufsberechtigten beim Erwerb des Grundstücks durch eine Drittperson zur Anzeige verpflichtet (Art. 969 Abs. 1 ZGB). Hat der Vorkaufsberechtigte – allenfalls *zufällig* (BGE 83 II 519) – **sichere Kenntnis** des Vorkaufsfalles erlangt, beginnt die 3-monatige Ausübungsfrist zu laufen (s. Art. 216e N 2).

2   Der **Umfang** der Mitteilungspflicht bestimmt sich nach dem Informationsbedürfnis des Vorkaufsberechtigten. Dieser muss über sämtliche wesentlichen (objektiven und subjektiven) Vertragspunkte informiert werden; ausgenommen sind lediglich Vereinbarungen, die für die Willensbildung des Vorkaufsberechtigten als «völlig belanglos» anzusehen sind (BGE 83 II 520). Beim limitierten Vorkaufsrecht ist der Umfang der Mitteilungspflicht dementsprechend vermindert (BRÜCKNER, Verwandte Verträge, N 102 ff.).

3   Verletzt der Verkäufer seine Mitteilungspflicht, wird er dem Vorkaufsberechtigten nach Art. 97 ff. schadenersatzpflichtig (BRÜCKNER, Verwandte Verträge, N 107 und 122, a. A. REY, Neuregelung, 57 ff., der eine Haftung nach Art. 41 ff. annimmt, da mit der Mitteilungspflicht eine gesetzliche Pflicht verletzt werde, nicht eine vertragliche). Für die Verletzung der Anzeigepflicht des Grundbuchverwalters gilt Art. 955 ZGB.

4   Nach **Abs. 2** bleibt die durch Eintritt des Vorkaufsfalls *und* Ausübung des Vorkaufsrechtes eingetretene Rechtslage (das dadurch entstandene Kaufverhältnis) unberührt, wenn der Vertrag des Veräusserers mit dem Drittkäufer *nachträglich* aufgehoben wird. Dies gilt (BRÜCKNER, Verwandte Verträge, N 86): Für den *Aufhebungsvertrag* (Art. 115), den *Rücktritt* einer Partei wegen Spät- oder Schlechterfüllung (Art. 109, Art. 214) und die *Wandelung* (Art. 205). Ohne Wirkung auf den Vorkaufsfall ist auch die Verweigerung von Bewilligungen aus Gründen, die in der Person des Drittkäufers liegen. Demgegenüber schaden dem Vorkaufsberechtigten (BRÜCKNER, Verwandte Verträge, N 87 m. w. Nw.): Die Ungültigkeit des Drittgeschäfts infolge Fehlens einer behördlichen Bewilligung aus Gründen die in der Person des Verkäufers liegen (BGE 80 II 370 ff.), *Nichtigkeit* (Art. 20) oder *Anfechtung* gemäss Art. 21–29, Vertragsaufhebung wegen der *Verletzung von Steigerungsbedingungen* (Art. 230) oder wegen *Gläubigerbegünstigung* (Art. 286 SchKG). In diesen Fällen fehlt es letztlich am Vorkaufsfall.

5   Nach **Abs. 3** bestimmen sich die Bedingungen des Kaufvertrages, den der Vorkaufsberechtigte durch Ausübung seines Rechts begründen kann, durch den Vertrag des Verkäufers mit dem Ditten. Schwierigkeiten ergeben sich bei der Vereinbarung von **Vertragsnebenleistungen**, die nur der Dritte zu erfüllen imstande oder gewillt ist. Das schweizerische Recht enthält keine Vorschrift über die Nebenleistungen, die zwischen dem Verkäufer und dem Dritterwerber vereinbart wurden und die der Vorkaufsberechtigte nicht zu erbringen vermag. Dem BGer zufolge (vgl. BGE 89 II 447 ff.) dürfe einer-

seits der Schutz des Vorkaufsberechtigten nicht überspannt werden, anderseits sei dem Vorkaufsverpflichteten nicht zu gestatten, das Vorkaufsrecht willkürlich zu vereiteln. Einen solchen Ausgleich biete die Regelung des deutschen Rechts (jetzt § 466 BGB), wonach der Vorkaufsberechtigte dem Verkäufer den Wert dieser Nebenleistungen in Geld zu ersetzen hat. Lässt sich die Nebenleistung nicht in Geld schätzen, so ist die Ausübung des Vorkaufsrechtes ausgeschlossen, es sei denn, dass der Vertrag mit dem Dritten auch ohne die Vereinbarung der Nebenleistung geschlossen worden wäre. Geringfügige, rein persönliche Nebenleistungen sind zu vernachlässigen. Wurde im Kaufvertrag die Verrechnung nicht ausgeschlossen, ist sie für den Vorkaufsberechtigten zulässig (BGE 117 II 33).

Art. 216e

II. Ausübung, Verwirkung

Will der Vorkaufsberechtigte sein Vorkaufsrecht ausüben, so muss er es innert dreier Monate gegenüber dem Verkäufer oder, wenn es im Grundbuch vorgemerkt ist, gegenüber dem Eigentümer geltend machen. Die Frist beginnt mit Kenntnis von Abschluss und Inhalt des Vertrags.

Die Ausübung des Vorkaufsrechts erfolgt durch einseitige, **empfangsbedürftige Willenserklärung**. Empfangszuständig ist der Verkäufer, bei Vormerkung im Grundbuch der derzeitige Eigentümer, also u. U. (vgl. Vor Art. 216a N 2) bereits der Drittkäufer (BRÜCKNER, Verwandte Verträge, N 117). Wegen ihrer Gestaltungswirkung (vgl. SCHWENZER, N 3.06) muss die Ausübung *unbedingt* und *unbefristet* erklärt werden; sie ist *nicht widerrufbar* (BRÜCKNER, Verwandte Verträge, N 115; REY, Grundlagen, N 1235 ff.). Der Vorkaufsberechtigte und der Verkäufer können aber einen Aufhebungsvertrag abschliessen (Einzelheiten s. BRÜCKNER, Verwandte Verträge, N 115 FN 112). Die *Ausübungserklärung* unterliegt nicht der für den Kaufrechtsvertrag etwa geltenden Formvorschrift (Art. 216 N 5). 1

Die **Ausübungsfrist** beträgt drei Monate. Gemäss Marginalie handelt es sich dabei um eine *Verwirkungsfrist* (REY, Neuregelung, 59; BRÜCKNER, Verwandte Verträge, N 108; a. A. BSK OR I-HESS, N 2). Der Lauf der Frist beginnt mit dem Tage, an dem der Berechtigte *sichere* Kenntnis von den ihm zukommenden (s. Art. 216d) Informationen hat (BRÜCKNER, Verwandte Verträge, N 111; Art. 969 Abs. 2 ZGB kann Art. 216e nicht entgegengehalten werden, vgl. BGE 83 II 519). Für das Ende der Frist gelten Art. 77 ff. Vertragliche Fristregelungen sind möglich (BSK OR I-HESS, N 2). Das Gesetz 2 enthält **keine absolute Frist** für den Fall, dass die Beteiligten ihre Mitteilungspflicht nicht oder nicht rechtzeitig erfüllen. Umstritten ist die Anwendung der 10-jährigen absoluten Frist nach Art. 127 (dafür BOTSCHAFT, BBl 1988 III, 1081; dagegen BRÜCKNER, Verwandte Verträge, N 110; kritisch REY, Neuregelung, 59).

3   Bei **Nichtausübung** des Vorkaufsrechts innert der dreimonatigen Frist, erlischt das nicht vorgemerkte Vorkaufsrecht definitiv; das vorgemerkte Vorkaufsrecht verfällt – vorbehaltlich abweichender Vereinbarungen – nur bezüglich des entsprechenden Vorkaufsfalls (REY, Grundlagen, N 1272).

Art. 217

B. **Bedingter Kauf und Eigentumsvorbehalt**

[1] **Ist ein Grundstückkauf bedingt abgeschlossen worden, so erfolgt die Eintragung in das Grundbuch erst, wenn die Bedingung erfüllt ist.**
[2] **Die Eintragung eines Eigentumsvorbehaltes ist ausgeschlossen.**

1   **Allgemeines:** Die Vorschrift dient der Wahrung der Übersichtlichkeit der Grundbuches (ZK-OSER/SCHÖNENBERGER, N 1; vgl. auch Art. 970 ZGB). Art. 217 betrifft nur Kaufverträge über *Grundstücke* (Art. 655 Abs. 2 ZGB). Im Immobiliarsachenrecht geht man grundsätzlich aber auch im Übrigen von der Nichteintragung bedingter Rechtsgeschäfte aus (BUCHER, AT, 509; s. auch BK-REY, Art. 730 ZGB N 120; vgl. aber BGE 115 II 213 = ZBGR 1990, 51 ff., wo die Eintragung eines resolutiv bedingten Wohnrechts zugelassen wird). Die Norm enthält einerseits eine Eintragungsvoraussetzung (Abs. 1), ergänzt insofern die Grundbuchverordnung, und andererseits das Verbot einer bestimmten Eintragung (Abs. 2), ergänzt insofern die verschiedenen Rechtsfiguren der Eintragungen, wie sie in Art. 958 ff. ZGB geregelt sind (krit. zur Gesetzessystematik BSK OR I-HONSELL, Art. N 1).

2   **Abs. 1:** Abs. 1 betrifft die Eintragung ins Grundbuch, wenn *der Kaufvertrag* bedingt (Art. 151 ff.) abgeschlossen wurde (zur bedingten Übereignung s. Abs. 2 resp. N 4). Beispiel: Abschluss eines Kaufvertrages unter der Bedingung der Erteilung der Baubewilligung (BGE 95 II 523 ff.). Die Vorschrift erfasst *Suspensivbedingungen* (BK-GIGER, N 7), gilt aber sinngemäss auch für *Resolutivbedingungen*. Nach einem Teil der Lehre sind Resolutivbedingungen beim Grundstückkauf – anders bei der Schenkung (Art. 247 Abs. 2) – freilich überhaupt ausgeschlossen (BSK OR I-HONSELL, N 2; BUCHER, AT, 510), andere halten eine bloss obligatorische Wirksamkeit der Resolutivbe-

dingung für möglich (BK-Giger, N 15; ZK-Oser/Schönenberger, N 2). Nach BGE 58 II 354 handelt es sich beim Rücktrittsvorbehalt um eine Resolutivbedingung (vgl. auch ZK-Oser/Schönenberger, Vorbem. zu Art. 151–157, N 12 ff.). Von Abs. 1 nicht erfasst sind sog. *Rechtsbedingungen*, d. h. rechtliche Voraussetzungen, ohne deren Vorliegen der Grundbuchverwalter die Eintragung von Amtes wegen nicht vornehmen darf (Art. 24a GBV; BSK OR I-Honsell, N 2) und andere «Vertragsbedingungen», die nicht unter Art. 151 ff. zu subsumieren sind (BK-Giger, N 16). Handelt es sich um den Kauf eines Grundstücks, an dem ein Vorkaufsrecht besteht, bildet die (Nicht-) Ausübung des Vorkaufsrechtes *keine* Bedingung i. S. v. Art. 217 (BGE 117 II 543; BSK OR I-Honsell, N 3). Nach der ratio legis erfasst die Vorschrift hingegen auch *Befristungen* (ZK-Oser/Schönenberger, N 1), namentlich solche mit *unbestimmt* befristeten Endterminen, sog. «dies certus an, incertus quando» (s. BK-Rey, Art. 730 ZGB N 137 ff.). **Rechtsfolge**: Die Eintragung ins Grundbuch darf erst vorgenommen werden, wenn der Kaufvertrag wirksam wird, d. h. «wenn die Bedingung erfüllt ist» (Abs. 1; Art. 151 Abs. 2), also nicht während der Schwebezeit. Von der (nur während der Schwebezeit) unzulässigen Eintragung eines bedingten Kaufvertrages zu unterscheiden ist die ausnahmslose *Bedingungsfeindlichkeit der Anmeldungserklärung* nach Art. 12 Abs. 1 GBV (BSK OR I-Honsell, N 1; BGE 115 II 217).

In der Literatur wird für den bedingten Anspruch (als minus zur Eintragbarkeit) die Eintragungsfähigkeit einer **Vormerkung** für den bedingten Anspruch gefordert (BSK OR I-Honsell, N 3; s. auch Honsell, Die Vormerkung des obligatorischen Übereignungsanspruchs aus dem Grundstückkaufvertrag im Grundbuch, FS Rey, 2003, 47 ff.). Dem steht nach h. L. der Wortlaut von Art. 959 Abs. 1 ZGB entgegen. Danach müsste das Gesetz diese Möglichkeit *ausdrücklich* vorsehen (numerus clausus der Vormerkungen persönlicher Rechte, BSK ZGB II-Schmid, Art. 959 N 1; krit. Honsell, OR BT, 160 f.; BGE 91 II 424).

Abs. 2 schliesst die *bedingte Übereignung* (Eintragung eines Eigentumsvorbehaltes) eines Grundstücks aus. Da der Kaufpreisanspruch des Verkäufers durch das gesetzliche Pfandrecht aus Art. 837 Abs. 1 Ziff. 1 ZGB geschützt wird, besteht für die Eintragung eines Eigentumsvorbehaltes auch kein Bedarf (BSK OR I-Honsell, N 4). Zudem ist beim Grundstückkauf die Übertragung des Besitzes ohne Eigentumsübergang auch ohne Eintragung eines Eigentumsvorbehaltes möglich (Art. 656 Abs. 1 ZGB; BK-Giger, N 22).

3

4

Art. 218

C. **Landwirtschaft-**
liche Grundstücke **Für die Veräusserung von landwirtschaftlichen Grund-**
stücken gilt zudem das Bundesgesetz vom 4. Oktober
1991 über das bäuerliche Bodenrecht.

Literatur

Kommentar zum BG über das bäuerliche Bodenrecht, Brugg 1995; STAL-
DER, Der Kauf landwirtschaftlicher Gewerbe und Grundstücke, in: Koller
(Hrsg.), Der Grundstückkauf, 2001, 293 ff.

1   Art. 218 aOR sah für den Verkauf von landwirtschaftlichen Grundstücken
zur Verhinderung von Spekulationsgeschäften eine allgemeine Sperrfrist
von 10 Jahren vor (BSK OR I-STUDER, N 1). Die heutige Regelung enthält
lediglich einen Verweis auf das **Bundesgesetz über das bäuerliche Boden-**
recht (BGBB) vom 4. Oktober 1991. Die 10-jährige Sperrfrist ist danach nur
noch vorgesehen für den Erben, der den landwirtschaftlichen Betrieb zur
Selbstbewirtschaftung geerbt hat, und für denjenigen, der das Vorkaufsrecht ausgeübt hat (Art. 23 und 54 BGBB; BSK OR I-STUDER, N 1).

2   Der Erwerb eines landwirtschaftlichen Grundstücks ist nach dem BGBB
neu generell einem **Bewilligungsverfahren** unterstellt (Art. 61 Abs. 1
BGBB). Zum Einzelnen s. Kommentar zum BG über das bäuerliche Bodenrecht.

3   **Grundzüge**: Unter den Begriff des «Erwerbs» nach Art. 61 Abs. 1 BGBB fällt
jede «Eigentumsübertragung sowie jedes andere Rechtsgeschäft, das wirtschaftlich einer Eigentumsübertragung gleichkommt» (BSK OR I-STUDER,
N 3). Zu den Ausnahmen vgl. Art. 62 BGBB. Nach Art. 61 Abs. 2 BGBB wird
die Bewilligung erteilt, wenn kein Verweigerungsgrund vorliegt (Art. 63
BGBB). Ein solcher besteht, wenn der Erwerber nicht *Selbstbewirtschafter*
ist (Art. 63 Abs. 1 lit. a i. V. m. Art. 9 BGBB; s. BSK OR I-STUDER, N 6 m. w. Nw.).
Trotz Fehlens der Voraussetzung der Selbstbewirtschaftung wird die Bewilligung erteilt, wenn ein *wichtiger Grund* vorliegt (s. die Aufzählung in Art. 64
BGBB). Einen weiteren Verweigerungsgrund bildet die Veräusserung zu
einem übersetzten Preis. Eine Ausnahme hiervon besteht nur im Rahmen des
Zwangsvollstreckungsverfahrens (BSK OR I-STUDER, N 7; Art. 63 Abs. 1 lit. b,
66, 63 Abs. 2 BGBB). Nach Art. 63 Abs. 1 lit. d ist die Bewilligung des Weiteren zu verweigern, wenn das zu erwerbende Grundstück *ausserhalb des*
ortsüblichen Bewirtschaftungsbereichs des Gewerbes des Erwerbers liegt
(STALDER im Kommentar BGBB, N 28 ff. zu Art. 63).

Zu den besonderen Bestimmungen betreffend den Erwerb durch das Ge- 4
meinwesen und die Zwangsversteigerung (Art. 65 und 67 ff. BGBB) vgl.
BSK OR I-Studer, N 9 m. w. Nw.

Art. 219

Gewährleis- ¹ **Der Verkäufer eines Grundstückes hat unter Vor-**
tung **behalt anderweitiger Abrede dem Käufer Ersatz zu**
leisten, wenn das Grundstück nicht das Mass besitzt,
das im Kaufvertrag angegeben ist.
² **Besitzt ein Grundstück nicht das im Grundbuch auf**
Grund amtlicher Vermessung angegebene Mass,
so hat der Verkäufer dem Käufer nur dann Ersatz
zu leisten, wenn er die Gewährleistung hiefür aus-
drücklich übernommen hat.
³ **Die Pflicht zur Gewährleistung für die Mängel eines**
Gebäudes verjährt mit dem Ablauf von fünf Jahren,
vom Erwerb des Eigentums an gerechnet.

Literatur

Koller, Grundstückskauf mit falscher Flächenangabe, ZGBR 1997, 1.

I.   Allgemeines, Anwendungsbereich

Der Kaufgegenstand – das Grundstück – bestimmt sich durch die angege- 1
benen Grenzen, nicht nach dem u. U. ebenfalls angegebenen Flächeninhalt. Dieser stellt lediglich eine *Eigenschaft* des Grundstücks dar. Wird das
Grundstück im Kaufvertrag nur mittels der Flächenangabe bezeichnet, ist
der Kaufgegenstand nicht genügend bestimmt (s. Art. 216 N 12; BGE 62 II
161 ff.). Ist die Fläche des durch die Grenzen bestimmten Grundstücks kleiner als im Vertrag angegeben, besteht mithin kein Nacherfüllungsanspruch,
weil ein flächenmässig grösseres Grundstück nicht mehr den Kaufgegenstand darstellen würde (BGE 40 II 395 ff.). Die Rechtsfolge richtet sich vielmehr nach Art. 219, daneben sind die allgemeinen Gewährleistungsvorschriften anwendbar (Art. 221; Cavin, SPR VII/1, 139). Das fehlende Flächenmass
stellt grundsätzlich weder einen Rechts- noch einen Sachmangel dar, es sei
denn, wegen zu geringen Flächenmasses sei die Tauglichkeit oder der Wert
des Grundstücks zu einem *vorausgesetzten Gebrauch – z. B. Bebaubarkeit –*
aufgehoben oder erheblich vermindert, was zur Anwendbarkeit von Gewährleistung nach Art. 197 ff. führt (BSK OR I-Honsell, N 5). Für das fehlende Flächenmass *als solches* haftet der Verkäufer nur, wenn er eine

entsprechende (gerade das Flächenmass betreffende) Zusicherung gegeben hat. Wann eine solche Zusicherung anzunehmen ist, regelt die Vorschrift unterschiedlich in Abhängigkeit davon, ob das Grundstück im Grundbuch erfasst ist (Abs. 2) oder nicht (Abs. 1). Im ersten Fall (grundbucherfasstes Grundstück) ist nach **Abs. 2** – dazu N 3 – eine *ausdrückliche* Übernahme der Gewährleistung für das Flächenmass erforderlich. Im zweiten Fall wird nach **Abs. 1** – dazu N 4 f. – eine solche Zusicherung schon dann *vermutet*, wenn das Flächenmass im Kaufvertrag angegeben ist (KOLLER, Flächenangabe, 7). Ein an der zugesicherten Fläche fehlendes Mindermass berechtigt den Käufer zum Ersatz des Minderwertes, *nicht aber zur Wandelung* (BGE 87 II 247; umstritten, für Anwendung der Wandelung: BK-GIGER, N 58; KOLLER, Flächenangabe, 5 FN 12, Wandelung zulässig unter den Voraussetzungen von Art. 205 Abs. 2). **Abs. 3** statuiert eine Sonderverjährung hinsichtlich Gewährleistungsansprüchen beim Grundstückkauf überhaupt, nicht nur im Hinblick auf das vertragsgemässe Flächenmass (umstr., s. N 11).

2   Die Vorschrift gilt nicht für **andere Massangaben**, für die es bei Art. 197 verbleibt (s. dazu BSK OR I-HONSELL, N 5): So für das *Bauvolumen von Gebäuden* (BGE 87 II 244 ff.), *Massangaben in Gebäudeplänen* und *Fläche oder Wertquote beim Stockwerkeigentum* (FRIEDRICH, ZBGR, 1966, 343).

II. Haftungsvoraussetzung bei Existenz eines Grundbuches (Abs. 2)

3   Voraussetzungen für die Anwendbarkeit von **Abs. 2** sind kumulativ (vgl. KOLLER, Flächenangabe, 8 f.), dass (1) ein Grundbuch oder ein anderes Register, dem nach kantonalem Recht Grundbuchwirkung zukommt (Art. 48 SchlT ZGB), besteht, (2) das Grundstück in dieses aufgenommen ist und dass (3) die darin enthaltene Flächenangabe *falsch* ist. In diesem Fall haftet der Verkäufer nur, wenn er die Gewährleistung für ein etwaiges Mindermass des Grundstücks *ausdrücklich* übernommen hat (BGE 62 II 163 ff.). Die blosse Flächenangabe auf einer Plakattafel oder im Kaufvertrag genügt nicht (BGE a. a. O.), ebenso wenig, dass sie sich aus schlüssigen Äusserungen und Hinweisen ergibt (BK-GIGER, N 41). Ob die Übernahme der Gewährleistung öffentlich beurkundet werden muss, ist umstritten (vgl. BSK OR I-HONSELL, N 4 m. w. Nw.).

III. Haftungsvoraussetzung bei Fehlen eines Grundbuches (Abs. 1)

4   **Abs. 1** gelangt zur Anwendung, wenn – alternativ – (1) noch *kein Grundbuch* existiert, oder (2) das Grundstück noch nicht ins Grundbuch aufgenommen wurde oder (3) die (falsche) Flächenangabe im Kaufvertrag sich nicht auf

die (richtige) Angabe im Grundbuch stützt (BK-GIGER, N 43 f.; KOLLER, Flächenangabe, 9). Zur Haftungsbegründung genügt in diesen Fällen bereits die **Flächenangabe im Kaufvertrag** (BGE 62 II 163). Ihr wird nach Abs. 1 vermutungsweise die Bedeutung einer Zusicherung zugeschrieben (CAVIN, SPR VII/1, 140; KOLLER, Flächenangabe, 7); eine ausdrückliche Übernahme der Gewährleistung ist *nicht* erforderlich (BSK OR I-HONSELL, N 2). Nach BGE 87 II 245 muss zudem die zugesicherte Eigenschaft für den Entschluss des Käufers, die Sache «überhaupt oder zu den vereinbarten Bedingungen zu erwerben», *kausal* sein.

Der Verkäufer kann die nach Abs. 1 eintretende Gewährleistung für das   5
Flächenmass **wegbedingen**. Dies ist auch *konkludent* möglich; die Wegbedingung kann sich aus den Umständen ergeben, wenn diese auf einen entsprechenden Parteiwillen schliessen lassen (KOLLER, Flächenangabe, 11), so (BSK OR I-HONSELL, N 3) bei der Vereinbarung eines Pauschalpreises (RVJ, 1987, 219; diesfalls wird es evtl. bereits an einer genügenden Kausalität zwischen dem Flächenmass und dem Preis fehlen) und bei der Angabe eines Zirka-Masses, von dem angenommen wird, dass es die Gewährleistung nicht generell, aber allenfalls für geringe Differenzen ausschliesst (ca. 10–15%; BSK OR I-HONSELL, N 3 m. w. Nw.). Kennt der Verkäufer das Flächendefizit, ist die Wegbedingung nach Art. 199 i. V. m. Art. 221 ungültig.

IV. Weitere Haftungsvoraussetzungen und Rechtsfolge

Der Verkäufer haftet nicht für das Mindermass, wenn der Käufer dieses zur   6
Zeit des Kaufes gekannt hat (Art. 201 Abs. 1 i. V. m. Art. 221). Der Käufer muss nach Art. 201 die Beschaffenheit des Grundstücks prüfen und allfällige Mängel rügen. An diese **Prüfungs- und Rügeobliegenheit** sind keine strengen Anforderungen zu stellen. Der Käufer muss das Grundstück insb. nicht neu vermessen lassen (RVJ 1987, 219 ff.), es genügt, wenn er den Mangel rügt, sobald er «mit einiger Sicherheit» die Falschheit der Flächenangabe kennt (KOLLER, Flächenangabe, 10).

Die Ersatzleistung berechnet sich nach den Grundsätzen des Gewährleis-   7
tungsrechtes, i. E. der Minderung. Der Betrag der Minderung berechnet sich dabei proportional zum Mindermass des Grundstückes. Dies schliesst die Berechnung aufgrund des m^2-Preises – als Hilfsmittel der Schadensberechnung – nicht aus; das Resultat ist das Gleiche (BGE 81 II 144).

V. Konkurrenzen

Art. 219 ist bezüglich seiner Wirkung (vgl. N 7) gegenüber Art. 197 ff. eine   8
Sondervorschrift. Konkurrierend zu Art. 219 kann der Käufer den Vertrag bei gegebenen Voraussetzungen wegen absichtlicher Täuschung, Grund-

lagenirrtums (BGE 40 II 541) oder nach Art. 24 Abs. 3 (SJZ 1968, 256; BSK OR I-Honsell, N 7) anfechten.

9   Weiss der Verkäufer, dass der *im Grundbuch angegebene* Flächeninhalt (Fall des Abs. 2) falsch ist, haftet er auch ohne ausdrückliche Übernahme der Gewährleistung für **absichtliche Täuschung** (BGE 81 II 141, wo auf Art. 199 verwiesen wird). Die Verjährung nach Abs. 3 gelangt nach Art. 210 Abs. 3 insofern nicht zur Anwendung; es gilt die 10-jährige Verjährungsfrist nach Art. 127 (BGE 107 II 232). Art. 203 ist anwendbar (Art. 221). Sofern die unrichtige Eintragung auf einen Abschreibungsfehler und nicht auf einen Vermessungsfehler zurückzuführen ist, führt die falsche Flächen-angabe im Grundbuch nach Art. 955 Abs. 1 ZGB (Kausalhaftung: BGE 110 II 40 ff.) zu einem **Amtshaftungsanspruch** der geschädigten Person gegen den Kanton (BGE 106 II 344 ff.; krit. die h. L., weil es sich lediglich um eine tatsächliche Angabe handle; BSK OR I-Honsell, N 6; s. auch Koller, Flä-chenangabe, 5).

10   Ist das Grundstück in Wirklichkeit grösser als im Kaufvertrag angegeben, gelangt Art. 219 nicht zur Anwendung; möglich ist aber, dass die Vorausset-zungen zur Anfechtung wegen Grundlagenirrtums nach Art. 24 Abs. 1 Ziff. 4, wegen Quantitätirrtums nach Art. 24 Abs. 1 Ziff. 3 oder wegen Kalkulations-irrtums nach Art. 24 Abs. 3 (s. BGE 119 II 343; Kramer, AJP 1993, 1516) gegeben sind (Koller, Flächenangabe, 15; anders BSK OR I-Honsell, N 8).

VI. Verjährung der Gewährleistung beim Grundstückkauf (Abs. 3)

11   Die 5-jährige **Verjährungsfrist** nach Abs. 3 gilt entgegen dem Wortlaut nicht nur für Mängel *am Gebäude*, sondern auch für Gewährleistungsansprüche wegen anderer Mängel des Grundstücks, einschliesslich des Mindermasses und aufgrund von Zusicherungen (BGE 104 II 270 = Pra 1979, 125; **a. A.** BK-Giger, N 69). Die Frist beginnt mit der Eintragung ins Grundbuch (BSK OR I-Honsell, N 10).

Art. 220

E.   Nutzen und
      Gefahr

Ist für die Übernahme des Grundstückes durch den Käufer ein bestimmter Zeitpunkt vertraglich festgestellt, so wird vermutet, dass Nutzen und Gefahr erst mit diesem Zeitpunkt auf den Käufer übergehen.

Diese *Auslegungsregel* stellt die Vermutung auf, dass – mangels anderer Ab-   1
rede der Parteien – gleichzeitig mit der dem für die Übernahme des Grundstücks vereinbarten Termin Nutzen und Gefahr auf den Käufer übergehen
(BSK OR I-KOLLER, N 1). Unter der «Übernahme» ist der Besitzesantritt
nach Art. 922 ff. ZGB zu verstehen (ZK-OSER/SCHÖNENBERGER, N 2; auch:
BGE 60 II 443). Die **Gefahr** trägt derjenige, den bei zufälligem Untergang
oder Verschlechterung der Sache der Wertverlust trifft; nach Gefahrübergang ist die Verpflichtung des Käufers zur Kaufpreiszahlung nicht mehr
vom Sachschicksal abhängig; vgl. Art. 185. Zum gleichen Zeitpunkt wie mit
dem Übergang der **Nutzen** sollen im Zweifelsfall auch die – im Gesetz nicht
erwähnten – **Lasten** übergehen, die mit dem Grundstück verbunden sind
(z. B. Strassenlasten, BSK OR I-KOLLER, N 7; «wer ernten will, muss säen»).
Nach BGE 121 III 259 = Pra 1996, 321 gilt dies auch für die Zahlung von
Hypothekarzinsen, wenn der Käufer die Grundpfandschuld vom Verkäufer
übernimmt und keine separate Abrede bzgl. des Zeitpunktes getroffen
wurde (zu abw. Ansichten in der Lehre s. BSK OR I-KOLLER, N 7).

Massgeblich ist der *vertraglich festgelegte* Zeitpunkt. Ob der Besitzesantritt   2
tatsächlich zum vereinbarten Zeitpunkt stattfindet, spielt keine Rolle (BSK
OR I-KOLLER, N 4). Erfolgt der Besitzesantritt *vor* Eigentumsübergang, gelangt Art. 220 zur Anwendung. Wenn umgekehrt der Eigentumsübergang
dem Besitzesantritt vorausgeht, soll gleichwohl die Vermutung für den Ge-
fahr- und Nutzenübergang zum späteren Besitzesantritt sprechen, da sich
die Übernahme der Lasten und der Gefahr erst durch die Möglichkeit der
Nutzung der Sache rechtfertigt (BSK OR I-KOLLER, N 2; umstr.).

Art. 220 gilt nur für Grundstücke (s. aber BSK OR I-KOLLER, N 5). Werden   3
zusammen mit dem Grundstück Mobilien übertragen, gilt Art. 220 – unabhängig davon, ob ein Einheitspreis oder gesonderte Preise festgesetzt wurden – auch für diese (BSK OR I-KOLLER, N 6; dagegen BK-GIGER, Art. 220
N 25), aber nicht für den Mobiliarkauf überhaupt (so aber BUCHER, BT 80).
Subsidiär zu Art. 220 ist Art. 185 anwendbar, z. B., wenn der Verkäufer den
Käufer am Besitzesantritt zum vereinbarten Zeitpunkt hindert (BSK OR I-
KOLLER, N 4; SCHMID, Die Gewährleistung beim Grundstückkauf, ZBGR
2000, 377).

Art. 221

| Verweisung auf den Fahrniskauf | **Im Übrigen finden auf den Grundstückkauf die Be-stimmungen über den Fahrniskauf entsprechende Anwendung.** |

Literatur

KOLLER, Begriff und Rechtsgrundlagen des Grundstückkaufs (zit. Rechtsgrundlagen), in: KOLLER (Hrsg.), Der Grundstückkauf, 2001, 17 ff.

1 Ergänzend zu den Art. 216–219 sind nach Art. 221 die Bestimmungen über den Fahrniskauf auf den Grundstückkauf «entsprechend» anwendbar (BGE 96 II 50; BGE 86 II 234). Wo nicht die besonderen Eigenheiten des Grundstückkaufs einer *entsprechenden* Anwendung bedürfen, sind die Regeln unmittelbar anzuwenden (KOLLER, Rechtsgrundlagen, N 16). Der Hauptunterschied zwischen den beiden Käufen ist die unterschiedliche Art des Eigentumserwerbs (Art. 714 ZGB, Art. 972 ZGB). Wird bei einer Norm über den Fahrniskauf eine Rechtsfolge an den Besitzübergang geknüpft, ist für den Grundstückkauf zu prüfen, ob auf den eigentlichen Besitzübergang (so Art. 201 Abs. 1) abzustellen ist oder auf den Eigentumserwerb, also auf die Eintragung im Grundbuch; dies wird z. B. für Art. 214 Abs. 3 angenommen (BGE 86 II 234; CAVIN, SPR VII/1, 128).

2 Einzelne Vorschriften: **Anwendbar** sind die allgemeinen Regeln des Kaufrechts (Art. 184–186), wobei allerdings Art. 186 einen Spezialfall betrifft und Art. 185 grösstenteils von Art. 220 verdrängt wird. **Nicht anwendbar** sind Art. 202 sowie die Sondervorschriften über den Handelskauf (Art. 190, 191 Abs. 2, Art. 215 Abs. 1; CAVIN, SPR VII/1, 129). Nicht ausgeschlossen ist aber, dass sich die Schadensberechnung trotzdem nach objektiven Kriterien richtet, dies dann allerdings in Anwendung von Art. 42 (BGE 104 II 201).

3 Für einzelne Arten von Grundstückskäufen enthalten das OR und weitere Gesetze noch Sonderbestimmungen, so für den Kauf von landwirtschaftlichen Grundstücken, den Grundstückserwerb durch Personen mit Wohnsitz im Ausland und den Steigerungskauf (s. dazu KOLLER, Rechtsgrundlagen, N 19).

Vierter Abschnitt: Besondere Arten des Kaufes

Art. 222

A. Kauf nach Muster

[1] **Bei dem Kaufe nach Muster ist derjenige, dem das Muster anvertraut wurde, nicht verpflichtet, die Identität des von ihm vorgewiesenen mit dem empfangenen Muster zu beweisen, sondern es genügt seine persönliche Versicherung vor Gericht, und zwar auch dann, wenn das Muster zwar nicht mehr in der Gestalt, die es bei der Übergabe hatte, vorgewiesen wird, diese Veränderung aber die notwendige Folge der Prüfung des Musters ist.**

[2] **In allen Fällen steht der Gegenpartei der Beweis der Unechtheit offen.**

[3] **Ist das Muster bei dem Käufer, wenn auch ohne dessen Verschulden, verdorben oder zu Grunde gegangen, so hat nicht der Verkäufer zu beweisen, dass die Sache mustergemäss sei, sondern der Käufer das Gegenteil.**

I. Allgemeine Bemerkungen, Abgrenzungen

Art. 222 behandelt den Kauf, bei dem die einzuhaltende Warenqualität   1 durch ein Muster festgelegt wird: **«Kauf nach Muster»**. Nichteinhaltung der so bestimmten Warenqualität führt zur Anwendung des gewöhnlichen Gewährleistungsrechts (einschliesslich Rügepflicht), ergänzt um Detailregelungen in Art. 222. Demgegenüber ist ein **«Kauf auf Probe»** (oder «Kauf auf Besicht») ein Kaufvertrag mit einer vorläufig eingeschränkten Bindung des Käufers an den Vertrag; er wird in Art. 223–225 geregelt. Kauf nach Muster ist ein Kauf mit Zusicherung von Eigenschaften, wobei die zugesicherten Eigenschaften vertraglich durch ein Muster fixiert sind. Oft wird das Muster einem Warenvorrat entnommen, aus dem heraus später auch die Lieferung erfolgen soll. Im Streitfall kann nicht nur um die Warenqualität (Ist-Beschaffenheit) gestritten werden, sondern auch um die «Echtheit» (Identität) des jetzt herangezogenen und des bei Vertragsschluss benutzten Musters (musterdefinierte Soll-Beschaffenheit). Nur von *diesem* Beweisproblem handelt Art. 222.

2　Soweit Muster in anderer Funktion in den Vertragsvollzug eingeschaltet sind, werden sie nicht von Art. 222 geregelt: **Ausfallmuster** werden der konkreten Verkäuferlieferung zur Qualitätskontrolle entnommen. Sog. **Typen- oder Orientierungsmuster** bezeichnen die Warensorte und legen die geschuldete Qualität nur annähernd fest (vgl. BGE 38 II 542, 544 f.).

II.　Muster und Vertragsinhalt

3　Inwiefern das Muster die vertraglich massgeblichen Eigenschaften festlegt, ergibt sich durch Auslegung. Neben den durch das Muster bestimmten Eigenschaften können auch noch weitere zugesichert werden. Nicht ausgeschlossen ist, dass das Muster selbst (und die musterkonforme Ware) mit einem heimlichen Mangel behaftet ist (BGE 76 II 222; 26 II 551, 555). Die Einbeziehung des Musters in die Vertragsvereinbarung kann insofern einen Gewährleistungsverzicht beinhalten («Gewährleistung *nur* nach Muster»), doch muss dies nicht der Fall sein: Auslegungsfrage. Eine evtl. Arglisthaftung des Verkäufers wird von der Musterverwendung nicht berührt. Das für den Vertragsschluss benutzte Muster muss aufbewahrt werden. Die Bestimmung, wer dies tun soll, obliegt den Parteien. Die Aufbewahrung durch Käufer oder Verkäufer ist Vertragspflicht, bei schuldhafter Verletzung wird Schadensersatz geschuldet.

III.　Beweisfragen

4　Den Beweis *für den Vertragsschluss auf Musterbasis* muss der Käufer führen, der sich damit auf die Zusicherung bestimmter Eigenschaften beruft. Aushändigung eines Musters begründet aber eine faktische Vermutung für den Abschluss als «Kauf nach Muster». Der Beweis *für die Identität* des nun zur Feststellung der Gewährleistung benutzten und des bei Vertragsschluss verwendeten Musters obliegt nach allgemeinen Grundsätzen ebenfalls dem Käufer. Art. 222 Abs. 1 lässt insoweit die **persönliche Versicherung** der Identität zur Beweisführung ausreichen. Diese Möglichkeit steht der Vertragspartei zu, der das Muster anvertraut worden war (nicht einem Dritten, der das Muster aufbewahrte). Der Gegenpartei steht der Beweis der Unechtheit offen (Art. 222 Abs. 2). Die Beweislast für die *Musterkonformität* (Mangelfreiheit) der Lieferung verteilt sich wie für die Mangelfreiheit überhaupt (s. Art. 197 N 7), trifft also, wenn nicht die Sache schon vorbehaltlos angenommen worden ist, den Verkäufer. Bei Verlust des vom Käufer aufbewahrten Musters kehrt sich diese Beweislage um (Art. 222 Abs. 3). Ungeregelt sind der Verlust beim aufbewahrenden Dritten (Käufer muss mit anderen Mitteln die Mustereigenschaft nachweisen) oder beim Verkäufer (Beweislastumkehr, falls sich Verkäufer nicht exkulpiert).

Art. 223

3. **Kauf auf Probe oder auf Besicht**

Bedeutung

[1] Ist ein Kauf auf Probe oder auf Besicht vereinbart, so steht es im Belieben des Käufers, ob er die Kaufsache genehmigen will oder nicht.

[2] Solange die Sache nicht genehmigt ist, bleibt sie im Eigentum des Verkäufers, auch wenn sie in den Besitz des Käufers übergegangen ist.

Art. 224

Prüfung beim Verkäufer

[1] Ist die Prüfung bei dem Verkäufer vorzunehmen, so hört dieser auf, gebunden zu sein, wenn der Käufer nicht bis zum Ablaufe der vereinbarten oder üblichen Frist genehmigt.

[2] In Ermangelung einer solchen Frist kann der Verkäufer nach Ablauf einer angemessenen Zeit den Käufer zur Erklärung über die Genehmigung auffordern und hört auf, gebunden zu sein, wenn der Käufer auf die Aufforderung hin sich nicht sofort erklärt.

Art. 225

Prüfung beim Käufer

[1] Ist die Sache dem Käufer vor der Prüfung übergeben worden, so gilt der Kauf als genehmigt, wenn der Käufer nicht innerhalb der vertragsmässigen oder üblichen Frist oder in Ermangelung einer solchen sofort auf die Aufforderung des Verkäufers hin die Nichtannahme erklärt oder die Sache zurückgibt.

[2] Ebenso gilt der Kauf als genehmigt, wenn der Käufer den Preis ohne Vorbehalt ganz oder zum Teile bezahlt oder über die Sache in anderer Weise verfügt, als es zur Prüfung nötig ist.

Literatur

M. Knellwolf, Zur Konstruktion des Kaufes auf Probe, Diss. Zürich 1987.

I.   Allgemeine Bemerkungen, Abgrenzungen

1   Ein «Kauf auf Probe» («auf Besicht», «zur Ansicht», «à dégustation») berechtigt den Käufer, nach seinem Belieben die Ware zu billigen (genehmigen) oder nicht, und dadurch dem Vertrag zur endgültigen Wirksamkeit zu verhelfen oder ihn dahinfallen zu lassen. Während der Käufer noch frei ist, ist der Verkäufer an das Geschäft gebunden. Von jeher ist die rechtliche Konstruktion umstritten. Durchgesetzt hat sich die Einordnung als (aufschiebend) bedingter Kauf, die Billigung ist also **Suspensivbedingung**, zugleich Potestativbedingung (weil in die Entscheidung des Käufers gestellt). Es gelten Art. 151–153 (Honsell, OR BT, 177). Doch können die Parteien die Genehmigungsvereinbarung auch als Resolutivbedingung (Auflösung durch Nichtgenehmigung) ausgestalten. Überholt ist die Konstruktion als (bindende) Verkäuferofferte, die durch die Genehmigung angenommen wird (vgl. BSK OR I-Giger, N 4).

2   **«Kauf *nach* Probe»** ist ein anderer Ausdruck für Kauf nach Muster; s. dazu Art. 222 N 1. **«Kauf zur Probe»** ist ein (als solcher unbedingter) Pilot-Kauf, dem bei Zufriedenheit des Käufers weitere Kaufverträge nachfolgen können oder sollen. **Kauf mit Umtauschvorbehalt** ist gesetzlich nicht geregelt. Ob und unter welchen Voraussetzungen ein Käufer zum Umtausch (echt) berechtigt ist (Umtausch also nicht nur aus Kulanz erfolgt), ergibt sich allein aus der konkreten Vertragsvereinbarung. Von ihr hängt auch die rechtliche Konstruktion ab (z. B. Vertragsaufhebung verbunden mit Neuvertrag oder nachträgliche Auswechslung des Kaufobjekts ähnlich einer Wahlschuld). Bis zum Umtausch trägt aber der Käufer die Gefahr des ursprünglichen Kaufobjekts. Bei der **Ansichtssendung** wird u. U. eine Ware zunächst nur präsentiert; *unbestellte* Zusendungen sind kraft Gesetzes kein Antrag (Art. 6a). Eine **Realofferte**, soweit neben Art. 6a überhaupt noch zulässig, verschafft dem Empfänger des Antrags eine Überlegungsfrist nach Massgabe von Art. 5.

3   Zum Kauf auf Probe wird das Geschäft durch entsprechende Parteivereinbarung. Die **Beweislast** folgt den Regeln für die Beweislast hinsichtlich der Vereinbarung einer Suspensivbedingung (str.: Einrede- oder Leugnungstheorie; dazu Gsell, Die Beweislast für den Inhalt der vertraglichen Einigung, AcP 2003, 120 ff.).

II.   Rechtslage vor, nach, ohne Genehmigung

4   Rechtslage während der Schwebezeit: Käufer trägt nicht die **Gefahr** (anders bei Resolutivbedingung, s. N 1). **Sachenrecht**: Solange der Kaufvertrag auf-

schiebend bedingt ist, geht das Eigentum an der Kaufsache nicht auf den Käufer über (Art. 223 Abs. 2). Der Verkäufer muss dem Käufer eine Gelegenheit zur Prüfung geben, häufig (aber nicht notwendig) durch Besitzüberlassung. Die Genehmigung muss innerhalb einer **Frist** erfolgen. Diese wird von den Parteien bestimmt; in Ermangelung einer solchen Bestimmung gilt die übliche Frist. Ist eine Frist weder vereinbart noch üblich, gilt Art. 224 Abs. 2.

Genehmigung. Die Genehmigung steht im freien Belieben des Käufers (Art. 223 Abs. 1). Sie ist eine empfangsbedürftige Willenserklärung. Genehmigung durch konkludente Handlung ist möglich. Dasselbe gilt für die Verweigerung der Genehmigung. Die gesetzlichen Bestimmungen zur **Genehmigungsfiktion** (Art. 225, 224) unterscheiden danach, ob die Kaufsache dem Käufer zur Prüfung übergeben (Art. 225) oder die Prüfung beim Verkäufer vorzunehmen ist (Art. 224). Ist die Kaufsache beim Verkäufer verblieben, führt Untätigkeit des Käufers zur Nichtgenehmigungsfiktion. Ist die Sache dem Käufer zur Prüfung übergeben, so vermeidet der Käufer die Fiktion seiner Genehmigung nur durch rechtzeitige (N 4) Nichtgenehmigung oder Sachrückgabe (konkludente Nichtgenehmigung). Auch Kaufpreis(teil)zahlung und Verfügung über die Sache werden dem Käufer in dieser Situation als Genehmigung zugerechnet (Art. 225 Abs. 2).

Rechtsfolgen der **Genehmigung**: Übergang der bis dahin (N 4) beim Verkäufer liegenden Gefahr auf den Käufer. Genehmigt der Käufer, so beeinflusst dies die Gewährleistung, weil die Billigung auch auf die Kaufsache *mit ihren Qualitäten* bezogen wird: auf Nichteinhaltung des Erfordernisses mittlerer Qualität (Art. 71) kann sich der Käufer nicht berufen (BSK OR I-GIGER, N 18 m. w. Nw.). Rechtsfolgen der **Nichtgenehmigung**: Rückgewährpflicht (aus Eigentum und vertraglich). Der Käufer kann mit der Rückgewähr nach den allgemeinen Vorschriften (Art. 102 ff.) in Verzug kommen.

Art. 226–227

aufgehoben

Art. 227*a*

¹ Beim Kauf mit ratenweiser Vorauszahlung verpflichtet sich der Käufer, den Kaufpreis für eine bewegliche Sache zum voraus in Teilzahlungen zu entrichten, und der Verkäufer, die Sache dem Käufer nach der Zahlung des Kaufpreises zu übergeben.

² Der Vorauszahlungsvertrag ist nur gültig, wenn er in schriftlicher Form abgeschlossen wird und folgende Angaben enthält:

1. den Namen und den Wohnsitz der Parteien;
2. den Gegenstand des Kaufes;
3. die Gesamtforderung des Verkäufers;
4. die Zahl, die Höhe und die Fälligkeit der Vorauszahlungen sowie die Vertragsdauer;
5. die zur Entgegennahme der Vorauszahlungen befugte Bank;
6. den dem Käufer geschuldeten Zins;
7. das Recht des Käufers, innert sieben Tagen den Verzicht auf den Vertragsabschluss zu erklären;
8. das Recht des Käufers, den Vertrag zu kündigen, sowie das dabei zu zahlende Reugeld;
9. den Ort und das Datum der Vertragsunterzeichnung.

Art. 227*b*

¹ Bei einem überjährigen oder auf unbestimmte Zeit abgeschlossenen Vertrag hat der Käufer die Vorauszahlungen an eine dem Bankengesetz vom 8. November 1934 unterstellte Bank zu leisten. Sie sind einem auf seinen Namen lautenden Spar-, Depositen- oder Einlagekonto gutzuschreiben und in der üblichen Höhe zu verzinsen.

² Die Bank hat die Interessen beider Parteien zu wahren. Auszahlungen bedürfen der Zustimmung der Vertragsparteien; diese kann nicht im Voraus erteilt werden.

[3] Der Verkäufer verliert bei einer Kündigung des
Vertrages durch den Käufer gemäss Artikel 227f
alle Ansprüche diesem gegenüber.

Art. 227*c*

**Bezugsrecht
des Käufers**

[1] Der Käufer ist berechtigt, jederzeit gegen Zahlung
des ganzen Kaufpreises die Übergabe der Kaufsache
zu verlangen; er hat dabei dem Verkäufer die üblichen Lieferfristen einzuräumen, wenn dieser die
Kaufsache erst beschaffen muss.

[2] …

[3] Hat der Käufer mehrere Sachen gekauft oder sich
das Recht zur Auswahl vorbehalten, so ist er befugt,
die Ware in Teillieferungen abzurufen, es sei denn,
es handle sich um eine Sachgesamtheit. Ist nicht der
ganze Kaufpreis beglichen worden, so kann der
Verkäufer nur dann zu Teillieferungen verpflichtet
werden, wenn ihm 10 Prozent der Restforderung als
Sicherheit verbleiben.

Art. 227*d*

**Zahlung des
Kaufpreises**

Bei einem überjährigen oder auf unbestimmte Zeit
abgeschlossenen Vertrag ist der Kaufpreis bei der
Übergabe der Kaufsache zu begleichen, doch kann der
Käufer schon beim Abruf der Ware dem Verkäufer aus
seinem Guthaben Beträge bis zu einem Drittel des
Kaufpreises freigeben. Eine Verpflichtung hierzu darf
nicht beim Vertragsabschluss ausbedungen werden.

Art. 227*e*

d. Preisbestimmung

[1] Wird der Kaufpreis bei Vertragsabschluss bestimmt, so ist der Vorbehalt einer Nachforderung ungültig.

[2] Ist der Käufer verpflichtet, für einen Höchstbetrag Ware nach seiner Wahl zu beziehen, deren Preis nicht schon im Vertrag bestimmt wurde, so ist ihm die gesamte Auswahl zu den üblichen Barkaufpreisen anzubieten.

[3] Abweichende Vereinbarungen sind nur wirksam, sofern sie sich für den Käufer als günstig erweisen.

Art. 227*f*

3. Beendigung des Vertrages

a. Kündigungsrecht

[1] Einen überjährigen oder auf unbestimmte Zeit abgeschlossenen Vertrag kann der Käufer bis zum Abruf der Ware jederzeit kündigen.

[2] Ein vom Käufer dabei zu zahlendes Reugeld darf 2 ½ bzw. 5 Prozent der Gesamtforderung des Verkäufers nicht übersteigen und höchstens 100 bzw. 250 Franken betragen, je nachdem, ob die Kündigung innert Monatsfrist seit Vertragsabschluss oder später erfolgt. Anderseits hat der Käufer Anspruch auf Rückgabe der vorausbezahlten Beträge samt den üblichen Bankzinsen, soweit sie das Reugeld übersteigen.

[3] Wird ein Vertrag wegen des Todes oder der dauernden Erwerbsunfähigkeit des Käufers oder wegen des Verlustes der Vorauszahlungen gekündigt oder weil der Verkäufer sich weigert, den Vertrag zu handelsüblichen Bedingungen durch einen Abzahlungsvertrag zu ersetzen, so kann kein Reugeld verlangt werden.

Art. 227g

b.   Vertragsdauer

¹ Die Pflicht zur Leistung von Vorauszahlungen endigt nach fünf Jahren.

² Hat der Käufer bei einem überjährigen oder auf unbestimmte Zeit abgeschlossenen Vertrag die Kaufsache nach acht Jahren nicht abgerufen, so erlangt der Verkäufer nach unbenütztem Ablauf einer Mahnfrist von drei Monaten die gleichen Ansprüche wie bei einer Kündigung des Käufers.

Art. 227h

Verzug des Käufers

¹ Beim Verzug des Käufers mit einer oder mehreren Vorauszahlungen kann der Verkäufer lediglich die fälligen Raten fordern; sind jedoch zwei Vorauszahlungen, die zusammen mindestens einen Zehntel der Gesamtforderung ausmachen, oder ist eine einzige Vorauszahlung, die mindestens einen Viertel der Gesamtforderung ausmacht, oder ist die letzte Vorauszahlung verfallen, so ist er überdies befugt, nach unbenütztem Ablauf einer Mahnfrist von einem Monat vom Vertrag zurückzutreten.

² Tritt der Verkäufer von einem Vertrag zurück, dessen Dauer höchstens ein Jahr beträgt, so kann er vom Käufer nur einen angemessenen Kapitalzins sowie Ersatz für eine seit Vertragsabschluss eingetretene Wertverminderung der Kaufsache beanspruchen. Eine allfällige Konventionalstrafe darf 10 Prozent des Barkaufpreises nicht übersteigen.

³ Hat der Käufer bei einem überjährigen Vertrag die Kaufsache abgerufen, so kann der Verkäufer einen angemessenen Kapitalzins sowie Ersatz für eine seit dem Abruf eingetretene Wertverminderung verlangen. Eine allfällige Konventionalstrafe darf 10 Prozent des Kaufpreises nicht übersteigen.

[4] Ist jedoch die Kaufsache schon geliefert worden, so ist jeder Teil verpflichtet, die empfangenen Leistungen zurückzuerstatten. Der Verkäufer hat überdies Anspruch auf einen angemessenen Mietzins und eine Entschädigung für ausserordentliche Abnützung der Sache. Er kann jedoch nicht mehr fordern, als er bei der rechtzeitigen Erfüllung des Vertrages erhielte.

Art. 227*i*

5. Geltungsbereich

Die Artikel 227a–227h finden keine Anwendung, wenn der Käufer als Einzelunternehmen oder als Zeichnungsberechtigter eines Einzelunternehmens oder einer Handelsgesellschaft im Handelsregister eingetragen ist oder wenn sich der Kauf auf Gegenstände bezieht, die nach ihrer Beschaffenheit vorwiegend für einen Gewerbebetrieb oder vorwiegend für berufliche Zwecke bestimmt sind.

Art. 228

6. Anwendung des Konsumkreditgesetzes

Folgende für den Konsumkreditvertrag geltenden Bestimmungen des Bundesgesetzes vom 23. März 2001 über den Konsumkredit gelten auch für den Vorauszahlungsvertrag:

a. Artikel 13 (Zustimmung des gesetzlichen Vertreters);
b. Artikel 16 (Widerrufsrecht);
c. Artikel 19 (Einreden);
d. Artikel 20 (Zahlung und Sicherheit in Form von Wechseln);
e. Artikel 21 (Mangehafte Erfüllung des Erwerbsvertrags).

Literatur

H. Stofer, Kommentar zum Schweizerischen Bundesgesetz über den Abzahlungs- und Vorauszahlungsvertrag, 2. Aufl. 1972, 172ff.

Beim Vorauszahlungskauf verpflichtet sich der Verkäufer zu einer Voraus-   1
zahlung in Raten; es handelt sich um ein Gegenstück zum **Abzahlungskauf**,
dessen Regelung in Art 226a–226m mit Inkrafttreten des **KKG** aufgehoben wurde (1.1.2003). Die Art. 227–228 wurden dabei nur redaktionell angepasst (zur Gesetzgebungsgeschichte BSK OR I-STAUDER, 227–228 N 5f.).
Vorauszahlungskäufe begegnen in Zeiten der Warenknappheit, indem sich
der Käufer frühzeitig einen Anspruch auf künftige Warenlieferung sichert;
im Gegenzug hierfür erfolgt die ratenweise Aufbringung des Kaufpreises vor
der Lieferung. Man spricht auch von einem «zweckgebundenen Sparkaufge-
schäft» (BSK OR I-STAUDER, 227–228 N 1). Die Vorschriften der Art. 227–228
schützen den Käufer gegen spezifische Gefährdungen des Geschäfts, die
langfristige Bindung und die Gefahr des Kapitalverlusts durch Verkäufer-
konkurs. Die Vorschriften sind, weil der Vorauszahlungskauf nicht mehr
vorzukommen pflegt, de facto gegenstandslos. Von einer Kommentierung
wird abgesehen.

Art. 229

Versteigerung
Abschluss des
Kaufes

[1] **Auf einer Zwangsversteigerung gelangt der Kaufvertrag dadurch zum Abschluss, dass der Verstei-
gerungsbeamte den Gegenstand zuschlägt.**

[2] **Der Kaufvertrag auf einer freiwilligen Versteigerung,
die öffentlich ausgekündigt worden ist und an der
jedermann bieten kann, wird dadurch abgeschlossen, dass der Veräusserer den Zuschlag erklärt.**

[3] **Solange kein anderer Wille des Veräusserers kundgegeben ist, gilt der Leitende als ermächtigt, an der
Versteigerung auf das höchste Angebot den Zuschlag
zu erklären.**

Art. 230

Anfechtung

[1] **Wenn in rechtswidriger oder gegen die guten
Sitten verstossender Weise auf den Erfolg der
Versteigerung eingewirkt worden ist, so kann
diese innert einer Frist von zehn Tagen von jedermann, der ein Interesse hat, angefochten werden.**

² Im Falle der Zwangsversteigerung ist die Anfechtung bei der Aufsichtsbehörde, in den andern Fällen beim Richter anzubringen.

Art. 231

III. **Gebundenheit des Bietenden**

1. **Im Allgemeinen**

¹ Der Bietende ist nach Massgabe der Versteigerungsbedingungen an sein Angebot gebunden.

² Er wird, falls diese nichts anderes bestimmen, frei, wenn ein höheres Angebot erfolgt oder sein Angebot nicht sofort nach dem üblichen Aufruf angenommen wird.

Art. 232

2. **Bei Grundstücken**

¹ Die Zu- oder Absage muss bei Grundstücken an der Steigerung selbst erfolgen.

² Vorbehalte, durch die der Bietende über die Steigerungsverhandlung hinaus bei seinem Angebote behaftet wird, sind ungültig, soweit es sich nicht um Zwangsversteigerung oder um einen Fall handelt, wo der Verkauf der Genehmigung durch eine Behörde bedarf.

Art. 233

IV. **Barzahlung**

¹ Bei der Versteigerung hat der Erwerber, wenn die Versteigerungsbedingungen nichts anderes vorsehen, Barzahlung zu leisten.

² Der Veräusserer kann sofort vom Kauf zurücktreten, wenn nicht Zahlung in bar oder gemäss den Versteigerungsbedingungen geleistet wird.

Art. 234

**Gewähr-
leistung**

1 Bei Zwangsversteigerung findet, abgesehen von besonderen Zusicherungen oder von absichtlicher Täuschung der Bietenden, eine Gewährleistung nicht statt.

2 Der Ersteigerer erwirbt die Sache in dem Zustand und mit den Rechten und Lasten, die durch die öffentlichen Bücher oder die Versteigerungsbedingungen bekannt gegeben sind oder von Gesetzes wegen bestehen.

3 Bei freiwilliger öffentlicher Versteigerung haftet der Veräusserer wie ein anderer Verkäufer, kann aber in den öffentlich kundgegebenen Versteigerungsbedingungen die Gewährleistung mit Ausnahme der Haftung für absichtliche Täuschung von sich ablehnen.

Art. 235

**Eigentums-
übergang**

1 Der Ersteigerer erwirbt das Eigentum an einer ersteigerten Fahrnis mit deren Zuschlag, an einem ersteigerten Grundstück dagegen erst mit der Eintragung in das Grundbuch.

2 Die Versteigerungsbehörde hat dem Grundbuchverwalter auf Grundlage des Steigerungsprotokolls den Zuschlag sofort zur Eintragung anzuzeigen.

3 Vorbehalten bleiben die Vorschriften über den Eigentumserwerb bei Zwangsversteigerungen.

Art. 236

**Kantonale
Vorschriften**

Die Kantone können in den Schranken der Bundesgesetzgebung weitere Vorschriften über die öffentliche Versteigerung aufstellen.

Literatur

Blättler, Versteigerung über das Internet, 2004; Honsell, Die Online-Auktion, FS U. Huber, 2006, 355 ff.; Pestalozzi, Der Steigerungskauf, 1997; Ergänzungsband 2000; Pestalozzi, Versteigerungen im Internet, SJZ 1998, 241 ff.; Schmid, Die Grundstücksversteigerung, in: A. Koller (Hrsg.), Der Grundstückskauf, Bern 2001, 453–501; Skripsky, Die Online-Kunstauktion, 2006; R. H. Weber, E-Commerce und Recht, 2001.

I.   Allgemeines, Anwendungsbereich

1   Art. 229–236 regeln Besonderheiten von Abschluss und Abwicklung eines *Kauf*vertrages, der durch Versteigerung zustande kommt (Steigerungskauf). Zweck: Intensivierung des Wettbewerbs um die Kaufsache, dadurch Verkauf zu gesichert marktmässigem Preis. Die (weitgehend dispositiven) Vorschriften gelten – mit Unterschieden im Einzelnen – für **Zwangsversteigerungen** (nach SchKG; Zuschlag ist hier betreibungsrechtliche Massnahme: BGE 38 I 312; 128 III 198; ausführlich BSK OR I-Ruoss, Art. 229 N 2) dies auch beim sog. Freihandverkauf (BGE 106 III 82; Einzelheiten str.) und für sog. **freiwillige öffentliche Versteigerungen**, etwa im Kunsthandel durch Auktionshäuser. Zu Online-Auktionen s. N 12 f., 14. Freiwillig ist auch die Versteigerung, die der Verkäufer wählt, weil das Gesetz diese Verkaufsform vorschreibt; z. B. Art. 93 (Selbsthilfeverkauf); aus dem ZGB u. a. Art. 400, 404, 721. «Öffentlich» ist eine Versteigerung, die in irgendeiner Weise (Inserat, Internet o. Ä.) öffentlich angekündigt ist und bei der jedermann mitbieten kann (Art. 229 Abs. 2); öffentlich-rechtliche Reglementierung oder Durchführung ist hierfür nicht verlangt. Behördenmitwirkung oder Formerfordernisse (Protokollierung) können indes durch kantonales Recht vorgeschrieben werden, Art. 236 (gilt nicht für die Zwangsversteigerung). Bsp.: § 223 EGZGB ZH: Mitwirkung des Gemeindeammanns bei der freiwilligen öff. Versteigerung. Öffentlichkeit verlangt verfahrensmässige Gleichbehandlung der Bieter (BGE 87 I 261). «**Privat**» sind dagegen Versteigerungen mit geschlossenem Bieterkreis, z. B. Art. 612 Abs. 3 ZGB (Miterben), Art. 651 Abs. 2 ZGB (Miteigentümer), und wo Bieter erst durch Entscheid des Auktionators zugelassen/ausgeschlossen werden; der Öffentlichkeit unschädlich ist aber eine gewisse organisatorische Einbindung der Bieter z. B. durch Anmeldung, Ausgabe von Bietkarten o. Ä. Auch der Mangel öffentlicher Ankündigung macht die Versteigerung zu einer «privaten». Für private Versteigerungen gelten die Art. 229–236 nicht (BGer 5C.14/2002 E. 3b; krit. Pestalozzi, AJP 2000, 984 ff.; s. noch N 6).

2   Die gesetzlichen Regelungen für die freiwillige öffentliche Versteigerung sind weithin **dispositiv**; häufig werden Ablauf und Abwicklung des Steigerungskaufs durch «Versteigerungsbedingungen» (Allgemeine Geschäftsbedingungen des Auktionators, N 3) geregelt; s. auch N 13. Die freiwillige Ver-

steigerung landwirtschaftlicher Gewerbe und Grundstücke ist verboten, Art. 69 BG über das bäuerliche Bodenrecht (BGBB); dort auch Art. 67 mit Sonderregelung für die Zwangsversteigerung. Die Art. 229–236 können unter Beachtung von Besonderheiten **analog** angewandt werden auf den Versteigerungs*kauf* von anderen Rechten als dem Sacheigentum (z.B. Nutzungsrechte) und auf Versteigerungen mit dem Ziel des Abschlusses von Verträgen anderen Typs, z.B. Miete (vgl. BSK OR I-Ruoss, Vor Art. 229–236 N 3). Nicht von den Art. 229 ff. erfasst wird die **Submission**, das Verfahren zur Vergabe von öffentlichen Aufträgen und Bauverträgen. Insoweit bestehen Sonderregelungen (Beschaffungsgesetz, SR 172.056.1; SIA Normen 117, 118).

II.   Beteiligte

Beteiligt sind der Käufer (Ersteigerer) und der Verkäufer sowie der Leiter   3
der Versteigerung («Auktionator»). Die rechtliche Stellung des Auktionators zum Kaufgeschäft kann unterschiedlich ausgestaltet sein. Der Verkäufer kann die Versteigerung selbst leiten (Eigenversteigerung, z.B. Selbsthilfeverkauf); wohl häufiger wird die Versteigerung nicht vom Verkäufer geleitet (Fremdversteigerung). Bei der Eigenversteigerung ist der Zuschlag zugleich die Vertragserklärung des Verkäufers, i.d.R. die Annahmeerklärung (s. N 4). Bei der Fremdversteigerung kann der Leiter durch seinen Zuschlag einen Kaufvertrag unmittelbar zwischen Höchstbietendem und Veräusserer zustande bringen; Art. 229 Abs. 3. Der Leiter der Versteigerung kann auch als Verkaufskommissionär für den Einlieferer tätig sein; dann kommt der Verkauf zwischen ihm und dem Höchstbietenden zustande, freilich auf Rechnung des Einlieferers. Zum Rechtsverhältnis zwischen Einlieferer und Versteigerer (i.d.R. Kommission, Mäklervertrag oder Auftrag) s. BGE 112 II 340.

III.   Abschluss des Kaufvertrages bei Versteigerung

Das Gesetz regelt für die Steigerungsform das Zustandekommen des Kaufs   4
durch dispositive Bestimmungen; zu abweichenden Gestaltungen unten N 13. Art. 229 Abs. 2 bestimmt für die *öffentliche* freiwillige Versteigerung (N 1), dass der Kauf mit dem **Zuschlag** abgeschlossen wird. Antrag i.S.d. Art. 3 ff. ist also das Gebot, das daher auch die allgemeinen Anforderungen an ein Antrag erfüllen muss. Inhaltlich gestaltbar ist der Antrag – abgesehen vom Preis – i.d.R. nicht, weil Versteigerungsbedingungen den Inhalt des Kaufvertrages vorgeben. An das Gebot (den Antrag) ist der Bieter gebunden (Art. 231 Abs. 1), es erlischt aber infolge eines Höhergebots und bei nicht-sofortiger Annahme nach dem üblichen Aufruf, Art. 231 Abs. 2. Die Abhaltung der Versteigerung und auch der konkrete **Ausruf** eines bestimmten Objekts sind nur Einladungen an mögliche Bieter, Anträge zu machen *(invitatio ad offerendum)*; h.M., s. BSK OR I-Ruoss, Vor Art. 229–236 N 24 m.w.Nw. Der

Versteigerer ist daher (abweichende Vertragsregelung vorbehalten) frei, auf den Zuschlag zu verzichten, die Sache aus der Versteigerung zu nehmen (str.; für Zuschlagspflicht HONSELL, OR BT, 180). Der Zuschlag – Annahmeerklärung zu dem betreffenden (Höchst-)Gebot – bringt den Vertrag gültig zustande; wohl ohne Rücksicht auf einen Zugang beim erfolgreichen Bieter (CHK-SCHÖNENBERGER, Art. 229 N 6; str.). Ist der Versteigerer nicht der Verkäufer, gibt er mit dem Zuschlag eine für und gegen den Verkäufer wirkende Annahmeerklärung ab, hierzu gilt er nach Art. 229 Abs. 3 als ermächtigt. Bei der **Grundstücksversteigerung** braucht die Form des Art. 216 nicht eingehalten zu werden (BGE 106 III 85). Zu- oder Absage zum Höchstgebot müssen bei der Grundstückssteigerung aber noch an der (u. U. mehrtägigen) Steigerung selbst erfolgen (Art. 232 Abs. 1; abdingbar nur im Hinblick auf einzuholende öff.-rechtl. Genehmigungen: Abs. 2, s. auch BGE 40 II 499).

5   **Rechts- oder sittenwidrige Einwirkung** auf die Versteigerung (selbst wenn nicht ergebnisrelevant, BGE 109 II 127) berechtigt jeden Interessenten zu einer klageweisen Anfechtung innerhalb einer Zehntagesfrist; Art. 230. Der Fristbeginn ist streitig: Kenntnis (BSK OR I-RUOSS, Art. 230 N 14 m. w. Nw.) oder Zuschlag (HONSELL, OR BT, 182 f.). Anfechtungsfolge ist Nichtigkeit, nicht automatischer Zuschlag zugunsten des nächsthöchsten Gebots (BGE 57 III 129). Andere Sanktionen leiben unberührt, etwa Anfechtbarkeit nach Art. 23 ff., 28, und unterstehen nur ihren jeweiligen Regeln (BGE 40 II 383). Typische Einwirkungen sind das *pactum de non licitando* (Auskaufen von Interessenten; zur Unwirksamkeit s. BGE 82 II 21) oder das *pactum de licitando (Shell Bidding)*, d. h. Strohmanngebote, an die der Verkäufer den Bieter nicht festzuhalten versprach (R. T. RUOSS, Scheingebote an Kunstauktionen, Diss. Zürich 1984). Auch andere Störungen werden erfasst (BGE 109 II 125; BGE 112 II 337 E 4d: Mitbieten durch den Einlieferer).

6   Bei **privater Versteigerung** dürfte bei lückenhafter Vereinbarung der Beteiligten das Versteigerungsverfahren (Verhältnis von Gebot und Zuschlag) entsprechend N 4 zu erfassen sein, doch gelten nicht die Sonderbestimmungen der Art. 229 ff., insb. nicht die Anfechtungsklage des Art. 230 (vorige N) oder die Anordnung des Eigentumserwerbs mit Zuschlag (Art. 235 Abs. 1, dazu N 9); für den Grundstückskauf gilt nicht das Formprivileg (BGer 5C.14/ 2002 E. 3b).

IV.   Abwicklung

7   Der im Steigerungswege abgeschlossene Kauf ist im Grundsatz regulärer (Fahrnis- oder Grundstücks-)Kauf, der z. B. auch den Vorkaufsfall für ein (anderweit begründetes) Vorkaufsrecht darstellen kann (BGE 115 II 338).

Der Erwerber muss **Barzahlung** leisten (Art. 233 Abs. 1; abdingbar); Ver- 8
rechnung ist insoweit ausgeschlossen. Nichtzahlung begründet *sofort* (also
ohne Fristansetzung nach Art. 107 und ohne Rücksicht auf die Einschränkungen des Art. 214) ein Rücktrittsrecht des Veräusserers, Art. 233 Abs. 2
(dispositiv). Schadenersatz folgt den allgemeinen Regeln.

Sachenrechtlich wird – irregulär – für Fahrnis der **Eigentumsübergang** mit 9
dem Zuschlag bewirkt, Art. 235 Abs. 1 (dispositiv). Veräusserer oder Steige-
rungsamt müssen aber aufgrund eigenen Besitzes zur sofortigen Herausgabe in der Lage sein (vgl. BGE 61 III 152). Bei Grundstücken bleibt es nach
freiwilliger Versteigerung beim Erfordernis der Eintragung im Grundbuch;
die Verpflichtung auf die «Sofortigkeit» der Eintragungsveranlassung
(Art. 235 Abs. 2) kann aus Sachgründen zu lockern sein (s. z.B. BGE 123
III 408). Bei Fahrnisversteigerung ist der Schutz des gutgläubigen Erwerbers verstärkt, Art. 934 Abs. 2 ZGB. Bei Zwangsversteigerungen gilt für den
Eigentumserwerb Art. 656 Abs. 2 ZGB, Art. 235 Abs. 3.

Besonderheiten der **Gewährleistung** (Art. 234): Bei Zwangsversteigerung 10
keine Gewährleistung ausser bei besonderer Zusicherung oder absichtlicher Täuschung (Art. 234 Abs. 1). Die Anfechtung wegen Grundlagenirrtum
bleibt möglich (BGE 97 III 89; 95 III 21). Bei freiwilliger öffentlicher (und
erst recht bei privater) Versteigerung gilt gesetzliches Gewährleistungsrecht, Art. 234 Abs. 3 (vgl. dazu BGE 123 III 167); Wegbedingung ist zulässig nach allgemeinen Vorschriften (Art. 192 Abs. 3, 199). Auktionsbedingun-
gen suchen oft sicherzustellen, dass die Objektbeschreibungen nicht als
Zusicherung ausgelegt werden dürfen (Bsp.: BGE 123 III 167).

Rechte und Lasten gehen nur auf den Erwerber über, soweit sie von Ge- 11
setzes wegen bestehen (vgl. Art. 836, 682 ZGB) oder in die Versteigerungsbedingungen aufgenommen waren; alle anderen fallen hinweg; Art. 234
Abs. 2 (gutgläubiger Erwerb).

V. Online-Auktionen

Bei den Online-Auktionen stellt ein Unternehmen (als Auktionator) eine 12
weitgehende automatisch arbeitende EDV-Plattform zur Verfügung; sie verwaltet typischerweise vollautomatisch die eingehenden Gebote über eine
vom Veräusserer bestimmte Gebotsfrist, ermittelt nach deren Ablauf den
Vertragsschluss und dessen Inhalt und setzt die Beteiligten hiervon in
Kenntnis. Der Kaufvertrag kommt unmittelbar zwischen Veräusserer und
Höchstbietendem zustande (also Fremdversteigerung). Die vom Unternehmen gestellten Versteigerungsbedingungen werden in den Vertrag zwischen Verkäufer und Käufer einbezogen; beide müssen ihnen zustimmen.
Weitere (Rahmen-)Vertragsbeziehungen bestehen zwischen dem Unterneh-

men und dem Einlieferer (i.d.R. Auftrag) bzw. zwischen dem Unternehmen und den Bietern (i.d.R. unentgeltliche Aufträge). Online-Auktionen sind zwar freiwillige, aber **nicht** öffentliche Versteigerungen i.S.d. Art. 229 Abs. 2: Die Teilnahme erfordert i.d.R. eine Registrierung, die das Unternehmen nach eigenem Gutdünken erteilt und u.U. widerruft; es fehlt wohl auch an einer öffentlichen Auskündigung (a.A. BLÄTTLER, 153). Würde man die Art. 229 ff. für anwendbar halten, müsste ein Grossteil der Vorschriften, weil unpassend, abgedungen sein, evtl. auch konkludent (so etwa TERCIER, Les contrats spéciaux 3. Aufl., 2003, N 1283). Dies gälte etwa für Art. 233 Abs. 2, Art. 235 und für kantonale Regelungen aufgrund Art. 236. Die Internet-Auktion ist danach natürlich nicht unzulässig; vielmehr regelt sich der Vertragsschluss nach den allgemeinen Bestimmungen des OR und den konkreten Versteigerungsbedingungen, s. N 6, zum IPR s. N 14.

13   Die Online-Auktion könnte dem Modell des Art. 229 folgen (bei Ablauf der Gebotsfrist systemgenerierter «Zuschlag» nimmt das dann aktuelle Höchstgebot an), wird typischerweise aber abweichend geregelt: Nach verbreiten Bedingungen ist schon die Einstellung der Ware bindendes, bis zum Ablauf einer Bietfrist befristetes Angebot, und jedes Gebot eine Annahmeerklärung unter auflösender Bedingung eines allfälligen Höhergebots. Somit ist ein Zurückziehen der Ware durch den Verkäufer während der Frist ausgeschlossen. Dies ist riskant für den Anbieter, der sich freilich durch einen angemessenen Startpreis sichern kann. Auch der in der Online-Auktion zustande gekommene Vertrag muss sich an Art. 20, 21 messen lassen. Diese auch unter dem OR zulässige Versteigerungsform ist seit langem bekannt; früher wurde von **Offertentheorie** gesprochen (RÜFNER, JZ 2000, 715 ff.).

VI. IPR/Rechtsvergleichung

14   Für den Steigerungskauf gilt das Kollisionsrecht des Kaufs (Einzelheiten BSK OR I-RUOSS, Vor Art. 229–236 N 28 ff.). Auslandsbezug führt keinesfalls zur Anwendbarkeit des UN-Kaufrechts, das keine Anwendbarkeit auf den Steigerungskauf beansprucht (Art. 2 lit. b WKR). Der Einlieferervertrag (Auktionsvertrag) wird selbständig angeknüpft. Wegen der Grenzoffenheit («Globalität») des Internet wichtig ist das IPR der Online-Auktion, ebenso die Frage nach der internat. Gerichtszuständigkeit (dazu insb. BLÄTTLER, 133 ff.): Die Möglichkeiten der Gerichtsstands- und Rechtswahlvereinbarungen sind – abgesehen von der Einhaltung der notwendigen Formen im Internet-Verkehr – gegenüber Verbrauchern eingeschränkt (Art. 114, 120 IPRG, s. auch Art. 13 ff. LugÜ, Art. 2 HKÜ); i.d.R. wird das materielle Recht des Verbraucherstaates zur Anwendung berufen; dieser kann am eigenen Wohnsitz oder dem Aufenthaltsort des Vertragspartners klagen, aber nur am eigenen Wohnsitz verklagt werden. In den Mitgliedsstaaten der EU wird diskutiert, ob bei Online-Auktionen gegenüber gewerblichen Verkäufern das

nach der Fernabsatzrichtlinie (Richtlinie 97/7/EG v. 20.5.1997, ABl Nr. L 144, 19 ff.) einzuräumende **Widerrufsrecht** eingreift (bejahend BGHZ 149, 129, u. a. weil keine «Versteigerung» im Rechtssinne vorliege); bei Anwendbarkeit des Rechts eines der EU-Mitgliedsstaaten eine auch für den Schweizer Beteiligten relevante Frage. Der Eigentumserwerb durch Zuschlag (N 9) greift nur im Anwendungsgebiet des schweiz. Sachenrechts (Art. 100 JPRG).

Fünfter Abschnitt: Der Tauschvertrag

Art. 237

Verweisung
auf den Kauf

Auf den Tauschvertrag finden die Vorschriften über den Kaufvertrag in dem Sinne Anwendung, dass jede Vertragspartei mit Bezug auf die von ihr versprochene Sache als Verkäufer und mit Bezug auf die ihr zugesagte Sache als Käufer behandelt wird.

Literatur

LURGER, Handbuch der internationalen Tausch- und Gegengeschäftsverträge, 1992; R. H. STÖSSEL, Der Tauschvertrag unter spezieller Berücksichtigung des Schweizerischen Obligationenrechts, Diss. Bern 1927; R. H. WEBER, Swap-Geschäfte, in: FS Schluep, Zürich 1988, 301 ff.

I. Allgemeine Bemerkungen, Abgrenzungen

Der Tausch hat das Eigentum an zwei bestimmten Sachen zum Gegenstand. Die Parteien verpflichten sich wechselseitig, das Eigentum an der einen Sache gegen Erwerb des Eigentums an der anderen Sache zu übertragen. Für den «Austausch» anderer Rechte als des (Sach-) Eigentums dürften Art. 237 f. entsprechend gelten, ebenso bei lediglich gattungsmässiger Bestimmung der Tauschleistungen. Dagegen ist ein Vertrag über den «Austausch» von anderen Leistungen (eine oder beide Leistungen bestehen in Nutzungsüberlassung auf Zeit oder in einer Dienstleistung) nicht Tausch i. S. d. Art. 237 f. (BGE 107 II 144); auch der **Ringtausch** mit mehr als zwei Tauschpartnern wird nicht erfasst; jeweils handelt es sich um Innominatverträge. Obschon im Sachgüterumsatz der Kauf das vorherrschende Geschäft ist, kommt dem Tausch eine erhebliche Bedeutung zu: Aktientausch

1

(*share-for-share exchange*: Quasi-Fusion), «swap»-Geschäfte (Tausch von Forderungen, insb. in unterschiedlichen Währungen), Kompensationsgeschäfte zur Vermeidung von Schwierigkeiten der Devisenbeschaffung oder -bewirtschaftung, Umtausch von zwei Fremdwährungsbeträgen (str.); daneben kommen Tauschverträge zwischen «Privaten» vor, z. B. der Grundstückstausch zur Grenzbereinigung.

2   Abzugrenzen (beachte Art. 18) ist der Tausch von: (1) **Doppelkauf** (zwei verbundene Kaufverträge) mit Verrechnungsabrede (sog. Parallelgeschäft, *Counter-purchase*): Störungen in einem der Lieferverhältnisse werden rein nach Kaufrecht geregelt; die gegenläufigen Liefer- und Zahlungsverpflichtungen bleiben – von evtl. Verrechnung und Art. 82 abgesehen – je für sich bestehen. Doppelkauf liegt nahe bei doppelter Preisfestsetzung für beide Sachgüter und dann, wenn es beiden Parteien je um den Absatz ihrer Sachgüter geht (doppelter Geschäftszweck). Nicht um Doppelkauf mit Verrechnungsabrede, sondern um einen Tauschvertrag handelt es sich, wenn keines der beiden Sachleistungsversprechen ohne das andere abgegeben worden wäre (vgl. BGE 45 II 443 E. 2). Ist nicht eindeutig Doppelkauf gewollt, so ist Tausch als das nahe liegendere Geschäft anzunehmen (BK-BECKER, 1. Aufl. 1934, Vor Art. 184–186 N 17). (2) Tausch wird nicht ausgeschlossen durch die oft notwendige Vereinbarung eines Wertausgleichs durch **Aufgeld** (Baraufgabe). Das vorbehaltene Aufgeld muss aber als eine nebensächliche Leistung erscheinen (vgl. BGE 35 II 274). Bleibt das Aufgeld zunächst unbestimmt, so muss entsprechend Art. 184 Abs. 3 Bestimmbarkeit gegeben sein; eine Bestimmung nach billigem Ermessen obliegt der Tauschpartei mit der geringerwertigen Sachleistung, also dem Aufgeldgläubiger (vgl. BGE 81 II 222 E. 4). (3) Vereinbarung einer **Inzahlunggabe** einer Sachleistung zur Anrechnung mit einem Geldwert (Hingabe an Zahlungs statt) ändert nie den Charakter als Kauf, falls sie nachträglich erfolgt. Bei von vornherein vereinbarter Anrechnung kommt es auf das Verhältnis von Sach- und Geldleistung an: Bleibt nur ein nebensächlicher Geldbetrag, handelt es sich um Tausch mit Aufgeld, ansonsten um Kauf unter Inzahlunggabe (str., vgl. BK-GIGER, N 15 ff. m. w. Nw.).

II.   Verweisung auf das Kaufrecht

3   Die Verweisung des Art. 237 gilt für Abschluss und Abwicklung des Tauschvertrages. Infolge des Verweises unterliegt der *Grundstücks*tausch dem Formerfordernis des Art. 216 (BGE 95 II 310 f., E. 2/3; schon wenn nur einer der Gegenstände ein Grundstück ist). Bei der Abwicklung wird jede Tauschpartei im Hinblick auf die abzugebende Sache als Verkäufer (Sachschuldner), im Hinblick auf die zu erwerbende Sache als Käufer (Sachgläubiger) behandelt. Die Vorschriften über den Kauf sind daher selektiv und gegebenenfalls modifiziert anwendbar, weil keine Geldzahlungspflicht im Spiel ist.

Für die Gefahrtragung gilt Art. 185, so dass bei Untergang des einen Tauschobjekts das andere zu leisten bleibt; man kann erwägen, ob nicht das Gegenüberstehen zweier Sachleistungen als «bes. Verhältnis» gelten kann, so dass es bei Art. 119 Abs. 2 bleibt. Kommt ein Tauschpartner in Verzug, kann sich der andere über Art. 107 ff. zum Rücktritt berechtigen, wahlweise auf dem Austausch seines Tauschobjekts gegen vollen Schadenersatz bestehen (HONSELL, OR BT, 185). Zur Gewährleistung s. Art. 238.

III. IPR

Das UN-Kaufrecht gilt *nicht* für den Tausch. Auch das Haager Übereinkommen v. 15. Juni 1955 zum Kollisionsrecht des Fahrniskaufs (vgl. Art. 118 IPRG) erfasst den Tausch nicht. Bei mangelnder Rechtswahl gilt nur Art. 117 Abs. 1 IPRG, nicht auch dessen Abs. 2 und 3.   **4**

Art. 238

Gewährleistung   **Wird die eingetauschte Sache entwehrt oder wegen ihrer Mängel zurückgegeben, so hat die geschädigte Partei die Wahl, Schadenersatz zu verlangen oder die vertauschte Sache zurückzufordern.**

Die **Voraussetzungen** der Gewährleistung sind dieselben wie beim Kauf; auch Milderungen wie beim Mangel von geringerer Bedeutung (Art. 205 Abs. 2) und Beschränkung der Schadenersatzhaftung auf den unmittelbaren Schaden (Art. 195) finden Anwendung. Jeden Tauschpartner trifft die Rügepflicht gemäss Art. 201 ff. Nach allgemeiner Ansicht hat der Gläubiger der sach- oder rechtsmangelhaften Leistung ein mehrfaches Wahlrecht: (1) «**Rückforderung** der getauschten Sache» gegen Hergabe des empfangenen (mangelhaften) Tauschobjekts, d. h. glatte Vertragsauflösung (in Art. 238 nicht als Rücktritt bezeichnet). Hinzukommen sollte hierbei ein Anspruch auf das negative Vertragsinteresse, wenn nicht der andere Teil seine Schuldlosigkeit nachweist (vgl. BK-BECKER, 1. Aufl. 1934, Vor Art. 238 N 6 a. E.). (2) **Schadenersatz wegen Nichterfüllung** (Erfüllungsinteresse) unter Belassung der eingetauschten Sache beim Gegner. (3) Daneben wird dem Gläubiger der gestörten Leistung auch das Recht eingeräumt, die Sache zu behalten und **Schadenersatz für den Minderwert** zu verlangen, Art. 205 entspr. (4) Ein Nachlieferungsanspruch entspr. Art. 206 kann nur beim Gattungstausch in Frage kommen (str., s. BSK OR I-GIGER, N 3 a. E.). Eine Minderung (Kaufpreisreduktion) kommt naturgemäss nicht in Betracht, ob-   **1** schon der sog. «kleine» Schadenersatz (soeben 3) im Wesentlichen denselben wirtschaftlichen Effekt hat.

2   **Gleichzeitige Vertragsverletzungen** von beiden Seiten verkomplizieren die Rechtslage: Die beidseits gewählten Rechte müssen miteinander vereinbar sein. So kann z. B. nicht der eine Rücktritt wählen, während der andere Schadenersatz wegen Nichterfüllung verlangt. Es bedarf einer einheitlichen Gesamtlösung, in der die Rechtsfolgen beider Vertragsbrüche kombiniert werden (wegen Einzelheiten s. ZK-Oser/Schönenberger, N 7 m. w. Nw.).

Die Schenkung

Art. 239

Inhalt der Schenkung

[1] Als Schenkung gilt jede Zuwendung unter Lebenden, womit jemand aus seinem Vermögen einen andern ohne entsprechende Gegenleistung bereichert.

[2] Wer auf sein Recht verzichtet, bevor er es erworben hat, oder eine Erbschaft ausschlägt, hat keine Schenkung gemacht.

[3] Die Erfüllung einer sittlichen Pflicht wird nicht als Schenkung behandelt.

Literatur

CAVIN, Obligationenrecht – Besondere Vertragsverhältnisse: Kauf, Tausch und Schenkung, Schweizerisches Privatrecht (SPR), Bd. VII/1, Basel/Stuttgart 1977; HÜRLIMANN-KAUP, Die privatrechtliche Gefälligkeit und ihre Rechtsfolgen, Diss. Freiburg 1999 (= AISUF Bd. 179); KOLLER, Einem geschenkten Gaul schaut man nicht ins Maul, in: Vogt/Zobl, Der allgemeine Teil und das Ganze, Liber Amicorum für Hermann Schulin, 2002, 97 ff.; MAISSEN, Der Schenkungsvertrag im schweizerischen Recht, Diss.Freiburg 1996 (= AISUF Bd. 152); OBERSON, Droit fiscal suisse, 2. Aufl., Basel 2002, 383 f.

I. Besonderheiten der Schenkung

Das schweizerische Recht regelt die Schenkung als obligationenrechtlicher   1
Vertrag im System der Verträge und legt fest, dass die Übernahme einer

Verpflichtung auch ohne entsprechende Gegenleistung gültig und bindend sein kann (BUCHER, OR BT, 150). Wegen der fehlenden Gegenleistung gewährt der Gesetzgeber jedoch sowohl dem Schenker als auch dem Vermögen, aus dem die Schenkung erfolgt, einen **besonderen Schutz** (ZK-OSER/SCHÖNENBERGER, Vorbem. zu Art. 239–252 N 3): So statuiert das Gesetz qualifizierte Kriterien für die Handlungs- und Verfügungsfähigkeit des Schenkers (Art. 240). Für das Schenkungsversprechen und die Schenkung von Grundstücken sowie die schenkungsweise Begründung dinglicher Rechte an Grundstücken besteht Formzwang (Art. 243). Der Schenker kann eine Zuwendung bis zur Annahme seitens des Beschenkten jederzeit zurückzuziehen (Art. 244). Die Haftung des Schenkers für einen dem Beschenkten wegen der Schenkung entstandenen Schaden ist milder (Art. 248). Die Schenkung kann vom Schenker unter gewissen Umständen widerrufen werden (Art. 249 und 250, Art. 91 ZGB). Kurz vor dem Konkurs oder der Pfändung vorgenommene Schenkungen unterliegen unter Umständen der paulianischen Anfechtung (Art. 286 und 288 SchKG). Benachteiligte Pflichtteilserben des Schenkers sind berechtigt, gewisse Schenkungen mittels Herabsetzungsklage anzufechten (Art. 527 Ziff. 3 und 4 ZGB). Schliesslich wird eine Schenkungsabsicht nach allgemein anerkanntem Grundsatz nicht vermutet (BGE 83 II 536) und der Inhalt des Schenkungsvertrags ist zugunsten des Schenkers auszulegen (ZK-OSER/SCHÖNENBERGER, Art. 252 N 1).

II.   Vertrag über eine unentgeltliche Vermögenszuwendung unter Lebenden

2   Die Schenkung ist ein **Vertrag**, durch den der Schenker dem Beschenkten ohne rechtlichen Anlass **eine unentgeltliche Leistung zukommen** lässt. Keine Schenkung liegt vor, wenn bereits ein Rechtsgrund für die Leistung besteht (BUCHER, OR BT, 154) oder wenn die beidseitigen Leistungen sich gegenseitig im Sinn eines synallagmatischen Austausches bedingen (BGE 80 II 260). Wird die Leistung bei Vertragsabschluss erbracht (fallen also das Verpflichtungs- und das Verfügungsgeschäft zusammen), liegt eine **Handschenkung** vor (Art. 242). Soll die Leistung erst zu einem späteren Zeitpunkt erfolgen (und damit das Verfügungsgeschäft in die Zukunft verlegt werden), handelt es sich um ein **Schenkungsversprechen** (Art. 243). Ist die Erfüllung bis zum Tod des Schenkers herausgeschoben ist und tritt die Vermögensminderung nicht im Vermögen des Schenkers, sondern der Erben ein, liegt eine **Schenkung auf den Todesfall** vor (Art. 245 Abs. 2).

3   Der Schenkungsvertrag ist (sofern nicht mit Bedingungen und Auflagen verbunden, Art. 245 f.) ein **einseitig verpflichtender Vertrag** zulasten des Schenkers und zugunsten des Beschenkten. Das Zustandekommen des Schenkungsvertrags setzt eine **Schenkungsofferte** durch den Schenker und eine **Annahme** durch den Beschenkten voraus (CAVIN, 183).

Das **Angebot** des Schenkers muss, damit es angenommen werden kann, gegenüber dem Beschenkten **erklärt** werden. Legt also beispielsweise der Schenker Geld auf den Namen des Beschenkten an, ohne ihm dies mitzuteilen, kann die Schenkung nicht angenommen werden, weil es am Angebot fehlt; dies selbst dann, wenn der Beschenkte durch einen Dritten von der Offerte erfährt (BGE 45 II 145 f.; 49 II 97 f.). Die **Annahme** der Schenkung kann **stillschweigend** erfolgen und ist nach Art. 6 zu vermuten, wenn mit der Schenkung keine Bedingungen oder Auflagen verbunden sind (BSK OR I-Vogt, N 3). Soweit aufgrund der konkreten Umstände nicht von einer stillschweigenden Annahme ausgegangen werden kann, muss sie binnen der angesetzten oder gemäss Art. 5 angemessenen **Frist** erklärt werden (BK-Becker, N 3). Vgl. auch Art. 244 N 1 f.

4

Gegenstand der Schenkung kann alles sein, was **Inhalt eines Kaufs** bilden könnte. Die Vermögenszuwendung kann mithin im Übergang von Sachen, dinglichen oder anderen Rechten, Forderungen oder sonstigen Bestandteilen des Vermögens vom Schenker auf den Beschenkten liegen (Honsell, OR BT, 186). Dabei spielt es keine Rolle, ob die Zuwendung zu einer **Vermehrung der Aktiven oder zu einer Abnahme der Passiven** führt. Unerlässlich ist jedoch der **Kausalzusammenhang** zwischen der im Vermögen des Beschenkten eintretenden **Bereicherung** und der **Vermögensverminderung** beim Schenker (Guhl/Koller, 394). Denkbar ist auch, dass künftige Vermögensrechte, unter der Bedingung ihrer Entstehung und falls genügend bestimmbar, Gegenstand der Schenkung sein können (ZK-Oser/Schönenberger, N 5).

5

Der **Übergang vom Vermögen** des Schenkers in dasjenige des Beschenkten kann unmittelbar vor sich gehen oder auch nur mittelbar stattfinden, beispielsweise bei Kollekten sowie bei Zahlung oder Übernahme einer Schuld des Beschenkten durch den Schenker (Guhl/Koller, 394). Die Übertragung des Gegenstands der Schenkung kann durch **alle Arten der Rechtsübertragung** erfolgen (BGE 63 II 395; 52 II 368; Art. 242 N 2 ff.).

6

III. Bereicherung des Empfängers aus dem Vermögen des Schenkers

Der Beschenkte muss durch die Zuwendung des Schenkers **bereichert** sein, wobei auch eine **vorübergehende Bereicherung** genügt (BK-Becker, N 8). Die Bereicherung muss **aus dem Vermögen des Schenkers** stammen und ihn «ärmer» machen (ZK-Oser/Schönenberger, N 6). Die Schenkung einer im Eigentum eines Dritten stehenden **anvertrauten Sache** ist nichtig. Wegen Fehlens der causa geht kein Eigentum über. Dem Eigentümer steht die Vindikation offen (BSK OR I-Vogt, N 42; BSK IPRG-Vogt, Art. 149d N 21). Gutgläubiger Erwerb nach Art. 933 ZGB wird so vermie-

7

den. Bei **gestohlenen Sachen** scheidet gutgläubiger Erwerb nach Art. 934
ZGB ohnedies aus (BSK OR I-Vogt, N 42). Verschenkt jemand veruntreutes oder gestohlenes Geld, an welchem er durch **Vermischung** Eigentum
erworben hat, ist dem Geschädigten unabhängig von der Frage der Berechtigung ein direkter Anspruch gegen den Beschenkten zu gewähren
(Honsell, OR BT, 197). Der Bestohlene kann seinen Anspruch gegenüber
dem Schenker aus ungerechtfertigter Bereicherung aus Art. 62 i. V. m.
Art. 64 geltend machen und bei fehlender Solvenz des Schenkers gegenüber dem Empfänger (BSK OR I-Vogt, N 43). Der Bestohlene ist dabei
nicht an die einjährige **Frist** zur Schenkungsanfechtung nach Art. 286
SchKG gebunden, sondern kann, wenn der Schenker in der erkennbaren
Absicht gehandelt hat, seine Gläubiger zu benachteiligen, die Absichtsanfechtung nach Art. 288 SchKG mit fünfjähriger Frist für sich in Anspruch
nehmen (Honsell, OR BT, 197 f.).

IV. Die gemischte Schenkung

8   Die gemischte Schenkung ist ein Innominatvertrag, bei dem für einen Teil
der versprochenen Sache ein Entgelt geleistet wird **(Kauf)**, während der
Rest nach dem Willen beider Parteien als **Schenkung** unentgeltlich zugewendet werden soll (ZK-Oser/Schönenberger, N 31). Dies ist dann der
Fall, wenn der Preis in Schenkungsabsicht erheblich unter dem Verkehrswert angesetzt wird und der Erwerber nicht davon ausgehen konnte,
es handle sich um einen reinen Freundschaftspreis (BGE 82 II 436; 98 II
357). Die Parteien müssen das Leistungsmissverhältnis kennen und wollen
(BGE 126 III 175) und zudem muss der Veräusserer beabsichtigen, dem Erwerber eine unentgeltliche Zuwendung zu machen (BGE 116 II 234). Der
Verkauf einer Sache unter dem Wert aufgrund einer Notlage ist deshalb
keine gemischte Schenkung. Auch kann der Charakter der gemischten
Schenkung verloren gehen, wenn der zu tief angesetzte Kaufpreis mit einer
Auflage verbunden wird, welche den unmittelbaren Grund der Zuwendung
oder die Gegenleistung für das Empfangene bildet (BGer 4C.346/2000, E.1).
Ist der Preis bloss symbolisch, kommt ausschliesslich Schenkungsrecht zur
Anwendung (Honsell, OR BT, 187). Ist im Einzelfall zweifelhaft, ob eine
Vermögenszuwendung entgeltlich oder unentgeltlich erfolgte, ist die Unentgeltlichkeit nicht zu vermuten (SemJud 1980, 429). In dem Ausmass, in
dem eine unentgeltliche Zuwendung versprochen wird, ist das Schenkungsrecht und damit die Formvorschrift nach Art. 243 Abs. 1 anwendbar
(BGE 117 II 386) und es greift die schwächere schenkungsrechtliche Haftung gemäss Art. 248.

V. Abgrenzung von anderen (unentgeltlichen) Rechtsgeschäften

Da es sich bei der Schenkung um einen Vertrag handelt, sind **nichtvertragliche Sachverhalte** keine Schenkungen. So liegt keine Schenkung vor, wenn jemand davon absieht, einen ihm an sich zustehenden Anspruch zu erheben (prekaristischer Anspruchsverzicht; BUCHER, OR BT, 148). Ebenso sind Gefälligkeiten wie übliche Gelegenheitsgeschenke, die Überlassung von Sachen zur Benutzung, oder die unentgeltliche Erbringung einer Leistung keine Schenkungen, denn in solchen Konstellationen fehlt den Parteien der entsprechende Bindungswille (BGE 116 II 696; HÜRLIMANN-KAUP, 68 ff.). Auch handelt es sich beim Verzicht auf die Verjährungseinrede oder bei der Stundung einer Forderung ebenso wenig um eine Schenkung (BSK OR I-VOGT, N 29), wie bei der Erfüllung einer unvollkommenen Verbindlichkeit (Naturalobligation; vgl. N 2). 9

Werden freiwillige Leistungen, die ihrerseits nicht auf einem Vertrag beruhen, im Rahmen eines zwischen den Parteien bestehenden umfassenden Rechtsverhältnisses erbracht, erfolgen diese i. d. R. nicht schenkungshalber (BUCHER, OR BT, 149). **Gratifikations- oder Bonuszahlungen** sind darum gewöhnlich keine Schenkungen, denn sie erfolgen im Gegenzug zu geleisteter Arbeit (ZR 101 (2002) Nr. 63; BUCHER, OR BT, 149). Hingegen kann in einer freiwillig entrichteten einmaligen **Abgangsentschädigung** u. U. eine Schenkung liegen (BGer 4C.6/2006, E.1.3). Verzichtet jedoch ein Arbeitnehmer gegenüber seinem Arbeitgeber auf eine ihm zustehende Lohnforderung, liegt in diesem Erlass eine Schenkung (BSK OR I-VOGT, N 28). 10

Unentgeltliche Dienstleistungen sind keine Schenkungen, weil sie nicht «aus dem Vermögen» des Schenkers stammen. Auch die gesetzlich geregelten unentgeltlichen Rechtsgeschäfte sind keine Schenkungen (Preisausschreiben und Auslobung, Art. 8; Leihe, Art. 30 ff.; Darlehen unter Nichtkaufleuten, Art. 313 Abs. 1; unentgeltlicher Auftrag, Art. 394 ff.; unentgeltliche Hinterlegung, Art. 472 ff.). Desgleichen sind **Erbeinsetzungen** und **Vermächtnisse** mittels letztwilliger Verfügung oder Erbvertrag keine Schenkungen, soweit dadurch nicht das Vermögen des Zuwendenden, sondern erst dessen Erbschaft vermindert wird (ZK-OSER/SCHÖNENBERGER, N 7). Keine Schenkung liegt vor bei einer **Zuwendung unter Anrechnung auf eine künftige Erbschaft**, falls eine solche Zuwendung der Ausgleichung gemäss Art. 626 ZGB untersteht (ZK-OSER/SCHÖNENBERGER, N 16). 11

Wird eine **unentgeltliche Zuwendung – mittels Einschaltung eines Dritten** – ohne Vertrag zwischen dem Zuwendenden und dem Zuwendungsempfänger erbracht, erzielt man damit im Ergebnis die Wirkungen einer Schenkung, selbst wenn kein entsprechender Schenkungsvertrag geschlossen wurde (BUCHER, OR BT, 149, spricht in diesem Zusammenhang von 12 einer «uneigentlichen» oder «Indirekt-Schenkung»). Trotzdem kann die Zuwendung gültig in das Vermögen des Zuwendungsempfängers übergehen; z. B. durch einen **Vertrag zugunsten Dritter** gemäss Art. 112, durch **Anweisung** nach Art. 466 ff. (BGE 105 II 107), durch Eröffnung eines Bankkontos auf den Namen eines Dritten, mittels Drittbegünstigung durch Versicherungsvertrag oder bei Zuwendung durch Tilgung einer Schuld des Zuwendungsempfängers gegenüber einem Dritten (BUCHER, OR BT, 149). Verspricht der Schenker dem Beschenkten, ihn durch einen echten Vertrag zugunsten Dritter im Sinn von Art. 112 Abs. 2 zu begünstigen, ist das Schenkungsversprechen mit Abschluss des echten Vertrags zugunsten Dritter vollzogen (BSK OR I-VOGT, N 12; **a. A.** HONSELL, OR BT, 187, der den Anspruch des Beschenkten auf Ausrichtung der Schenkung erst nach dessen Erklärung gemäss Art. 112 Abs. 3 annimmt). Erfolgt eine Schenkung durch Anweisung und hat der Schenker als Anweiser den Angewiesenen aufgrund eines mündlichen Schenkungsversprechens gegenüber dem Anweisungsempfänger angewiesen, an den Beschenkten als Anweisungsempfänger zu leisten, und hat darauf hin der Angewiesene die Annahme ohne Vorbehalt im Sinn von Art. 468 Abs. 1 erklärt, so ist das dadurch vollzogene Schenkungsversprechen als Schenkung von Hand zu Hand zu betrachten und daher formfrei gültig (BGE 105 II 109).

VI. Der Verzicht auf noch nicht erworbene Rechte und die Ausschlagung einer Erbschaft sowie eines Vermächtnisses sind keine Schenkungen

13   Ein **Verzicht auf ein noch nicht erworbenes Recht** begründet keine Schenkung, denn zwischen der Entreicherung des Verzichtenden und der Bereicherung des Begünstigten besteht kein rechtlicher Zusammenhang (BGE 102 II 323). Es liegt also keine Schenkung in der Nichtannahme eines Vertragsantrags, in der Nichtanfechtung eines Rechtsgeschäfts, in der Nichtrealisierung möglicher Erträgnisse, in der Nichtausübung eines Kaufsrechts und in der Nichtausbeutung ähnlicher Rechtslagen und Gestaltungsrechte (ZK-OSER/SCHÖNENBERGER, N 8). Hingegen kann beispielsweise im Verzicht eines Aktionärs auf ein ihm zustehendes Bezugsrecht zugunsten eines anderen Aktionärs dann eine Schenkung liegen, wenn diesem die Aktien unter dem inneren Wert angeboten werden und der verzichtende Aktionär, dessen Anteile verwässert werden, dem anderen Aktionär einen Vermögensvorteil zukommen lassen will (BSK OR I-VOGT, N 18). Ausserdem ist ein bereits vor Auflösung der (altrechtlichen) Güterverbindung erklärter **Verzicht der Ehefrau auf ihren Vorschlagsanteil** eine Schenkung, denn die im Vermögen des Ehemanns eintretende Bereicherung ist eine direkte Folge dieses Verzichts und hat den Ehevertrag als Rechtsgrund (BGE 102 II 323). Als Schenkungen (auf den Todesfall) gelten überdies **Vorschlags- und Gesamt-**

gutszuweisungen an den überlebenden Ehegatten in dem Umfang, als sie den gesetzlichen Anteil übersteigen (Art. 216 Abs. 2 ZGB; Art. 241 Abs. 3 ZGB).

Gemäss Art. 560 ZGB erwerben die Erben die Erbschaft als Ganzes kraft **14** Gesetzes ohne weiteres Zutun. Die **Ausschlagung einer angefallenen Erbschaft** könnte darum an sich als Schenkung betrachtet werden. Weil es sich bei der Ausschlagung jedoch um ein einseitiges Rechtsgeschäft handelt und mit einer Erbschaft auch Pflichten verbunden sind, fällt eine Schenkung nicht in Betracht, wie dies Abs. 2 ausdrücklich festhält. Ebenso ist ein **Verzicht auf ein Vermächtnis** (ein obligatorischer Anspruch) ein einseitiger Forderungsverzicht *sui generis* (Art. 577 ZGB; VON THUR/ESCHER, OR AT, 174) und damit keine Schenkung (a. M. ZK-OSER/SCHÖNENBERGER, N 8).

VII. Die Erfüllung einer sittlichen Pflicht ist keine Schenkung

Die Erfüllung einer sittlichen Pflicht gilt nicht als Schenkung sondern ist **15** eine **Naturalobligation** (HONSELL, OR BT, 187). Der Schenkungswille fehlt, wenn der Zuwendende in der Meinung handelt, er erfülle eine sittliche Pflicht, auch wenn eine solche Pflicht gar nicht besteht (BGE 53 II 199). Als Erfüllung einer sittlichen Pflicht versteht man eine Leistung, «welche durch die in der Rechtsgemeinschaft herrschenden sittlichen Anschauungen geboten erscheint» (BK-BECKER, N 13). Die Abgrenzung der Erfüllung einer sittlichen Pflicht von der Schenkung ist aufgrund der konkreten Umstände des Einzelfalls vorzunehmen (BSK OR I-VOGT, N 35). Ob eine Leistung im Einzelfall durch eine sittliche Pflicht geboten war, hängt von den persönlichen und ökonomischen Verhältnissen beider Parteien ab und auch davon, ob bereits früher Leistungen aus dem gleichen Grund erbracht wurden (BK-BECKER, N 13). Eine Leistung wird nicht in Erfüllung einer sittlichen Pflicht erbracht, wenn der Empfänger selbst über ausreichende finanzielle Mittel verfügt (BGE 83 II 536).

Eine **Zuweisung des gesamten Vorschlags an den überlebenden Ehegat-** **16** **ten** gilt i. d. R. nicht als Erfüllung einer sittlichen Pflicht (BGE 102 II 325; vgl. N 13). Dies muss analog auch für registrierte gleichgeschlechtliche Partner gelten, soweit sie einen der Errungenschaftsbeteiligung ähnlichen Vermögensvertrag gemäss Art. 25 PartG geschlossen haben. Bei in Gütertrennung lebenden Ehegatten und bei Konkubinatspartnern sowie bei registrierten Partnern ohne Vermögensvertrag respektive mit einem der Gütertrennung ähnlichen Vermögensvertrag kann bei klassischer Rollenaufteilung jedoch eine **Ausgleichszuwendung des arbeitstätigen Ehegat-** **ten** als Erfüllung einer sittlichen Pflicht betrachtet werden (vgl. auch BSK

OR I-Vogt, N 36). Trotz fehlender Schriftlichkeit ist zudem die Verpflichtung zur freiwilligen Unterstützung einer verwaisten Verwandten (BGE 53 II 199), ebenso wie die Verpflichtung zur Bezahlung einer Rente an das nicht anerkannte aussereheliche Kind bindend (BGE 44 II 6).

VIII. Beweislast

17   Obwohl es das Gesetz nicht ausdrücklich bestimmt, wird eine **Schenkungsabsicht nicht vermutet** (BGE 83 II 536). Die Schenkungsabsicht kann sich aber aus den Umständen ergeben, z. B. wenn den Parteien das krasse Missverhältnis von Leistung und Gegenleistung bewusst ist (BGer 5C.259/2000, E. 2c aa). Bei Hingabe von Schmuckgegenständen unter Ehegatten ist Schenkung zu vermuten, es sei denn, der Ehemann könne nachweisen, dass er der Ehefrau den Familienschmuck nur leihweise anvertraut habe (BGE 85 II 71) oder unter Vorbehalt der Rückgabe bei Scheidung (BGE 71 II 256). Analoges dürfte für gleichgeschlechtliche Paare gelten, die ihre Partnerschaft gemäss PartG eintragen lassen.

18   Als Besitzer von Fahrnis kann sich der Beschenkte bei umstrittener Rechtslage auf die **Eigentumsvermutung von Art. 930 ZGB** stützen (Cour de Justice GE, SemJud 1977, 609). Die Eigentumsvermutung gilt jedoch **nicht bei Forderungen und anderen Rechten**. Die Errichtung eines gemeinsamen Bankkontos *(joint account)* z. B. stellt für sich allein keine Schenkung dar und der überlebende Kontoinhaber kann allein aus dem Mitbesitz nichts für sich ableiten (AppGer BS BJM 1994, 231 ff.).

IX.   Steuerrecht

19   Schenkungssteuern sind ausschliesslich den Kantonen überlassen (Art. 3 BV). Gegenwärtig erheben mit Ausnahme des Kantons Schwyz, der weder Erbschafts- noch Schenkungssteuern kennt, und des Kantons Luzern, der auf die Besteuerung der meisten Schenkungen verzichtet, sämtliche Kantone solche (direkten) Steuern. Angeknüpft wird je nach Kanton unterschiedlich: während gewisse Kantone den **Schenkungsbegriff steuerrechtlich** mit demjenigen des Zivilrechts gemäss Art. 239 gleichsetzen, definieren andere Kantone den steuerlich relevanten Tatbestand der Schenkung (unter Lebenden und von Todes wegen) selbst (Oberson, 383 f.). Charakteristisch für die steuerrechtliche Erfassung eines Vermögensübergangs als Schenkung ist jedoch in allen Kantonen in Übereinstimmung mit der Rechtsprechung des Bundesgerichts die **unentgeltliche Übertragung von Vermögenswerten mit Zuwendungswillen** des Zuwendenden (BGE 118 Ia 500).

20   Besteuert wird grundsätzlich in demjenigen Kanton, in dem der Schenker zum Zeitpunkt der Schenkung seinen Wohnsitz hatte, mit Ausnahme des

Grundeigentums, für welches die Steuer im Kanton der gelegenen Sache erhoben wird (BGE 73 I 17). Während Ehegatten (und neu auch registrierte Partner) sowie direkte Nachkommen in den meisten Kantonen von der Schenkungs- (und von der Erbschafts)steuer ausgenommen werden, sind die **Steuersätze nach Verwandtschaftsgraden** gestaffelt und erreichen den Höchstsatz bei nicht verwandten Dritten (als solche gelten in gewissen Kantonen auch Konkubinatspartner).

X. IPR

Für **Klagen aus Schenkungsverträgen** über Fahrnis, Forderungen oder immateriellen Vermögenswerten mit Auslandberührung sind gemäss Art. 112 IPRG die schweizerischen Gerichte am Wohnsitz des Beklagten, oder wo ein solcher fehlt, an seinem gewöhnlichen Aufenthalt zuständig. Lässt sich über keinen dieser Anknüpfungspunkte ein Gerichtsstand begründen, ist nach Art. 113 IPRG auch das Gericht am schweizerischen Erfüllungsort zuständig. Soweit über **dingliche Rechte an einer beweglichen Sache** gestritten wird (das Verfügungsgeschäft), sind nach Art. 98 IPRG alternativ und nicht zwingend (BSK IPRG-Fisch, Art. 98 N 7) auch die schweizerischen Gerichte am Ort der gelegenen Sache zuständig. Für Klagen aus Schenkungsverträgen betreffend **dinglicher Rechte an Grundstücken** sind die schweizerischen Gerichte am Ort der gelegenen Sache gemäss Art. 97 IPRG ausschliesslich zuständig. 21

Da es sich bei Streitigkeiten über Schenkungsverträge um vermögensrechtliche Streitigkeiten handelt, sind **Gerichtsstands- und Schiedsvereinbarungen** gemäss Art. 5 und Art. 17 LugÜ respektive gemäss Art. 7 IPRG zulässig. 22

Die Schenkung von **Fahrnis, Forderungen** oder **immateriellen Vermögenswerten** untersteht gemäss Art. 116 IPRG dem von den Parteien gewählten Recht. Treffen die Parteien keine Rechtswahl, untersteht das Rechtsverhältnis gemäss Art. 117 IPRG dem Recht des Staates, in welchem der Schenker seinen gewöhnlichen Aufenthalt hat. Soweit eine gemischte Schenkung betroffen ist, kann nach Art. 118 IPRG auch das WKR zur Anwendung kommen. Der Vertrag ist gemäss Art. 124 IPRG formgültig, wenn er dem auf den Vertrag anwendbaren Recht oder dem Recht am Abschlussort entspricht (BGE 110 II 159 ff.). **Erwerb und Verlust dinglicher Rechte an geschenkter Fahrnis** (Verfügungsgeschäft) unterstehen gemäss Art. 100 IPRG dem Recht des Staates, in dem die Sache im Zeitpunkt des Vorgangs, aus dem der Erwerb oder der Verlust hergeleitet wird, liegt. Bei **Forderungen** gilt für die Zession gemäss Art. 145 IPRG das auf die abgetretene Forderung anwendbare Recht, wobei eine Rechtswahl gegenüber dem Schuldner nur bei dessen Zustimmung wirkt. 23

24 Nach Art. 119 Abs. 1 IPRG kommt bei **Verträgen über Grundstücke** das Recht des Staates zur Anwendung, in dem sich das Grundstück befindet, wobei eine Rechtswahl zulässig ist. **Dingliche Rechte an Grundstücken** (so der Erwerb, Verlust sowie der Inhalt und die Ausübung von Eigentum und beschränkten dinglichen Rechten) unterstehen jedoch gemäss Art. 99 IPRG zwingend dem Recht am Ort der gelegenen Sache. Die Frage nach der Gültigkeit der unterliegenden Schenkung bildet dabei eine Vorfrage zum Erwerb des dinglichen Rechts am Grundstück und ist selbstständig anzuknüpfen (BSK IPRG-FISCH, Art. 99 N 7). Zu beachten sind gemäss Art. 119 Abs. 3 IPRG die speziellen **Formvorschriften**, die sich für Grundstücke in der Schweiz unter allen Umständen nach schweizerischem Recht bestimmen: Das Formerfordernis von Art. 243 Abs. 2 ist stets zu wahren. Zu beachten sind im Sinn von Art. 18 IPRG aus schweizerischer Sicht auch die **Eingriffsnormen** *(positiver Ordre public)* wie das BewG und das BGBB.

Art. 240

B. Persönliche Fähigkeit

I. Des Schenkers

[1] **Wer handlungsfähig ist, kann über sein Vermögen schenkungsweise verfügen, soweit nicht das eheliche Güterrecht oder das Erbrecht ihm Schranken auferlegen.**

[2] **Aus dem Vermögen eines Handlungsunfähigen kann eine Schenkung nur unter Vorbehalt der Verantwortlichkeit der gesetzlichen Vertreter, sowie unter Beobachtung der Vorschriften des Vormundschaftsrechtes gemacht werden.**

[3] **Eine Schenkung kann auf Klage der Vormundschaftsbehörde für ungültig erklärt werden, wenn der Schenker wegen Verschwendung entmündigt wird und das Entmündigungsverfahren gegen ihn innerhalb eines Jahres seit der Schenkung eröffnet worden ist.**

I. Handlungsfähigkeit des Schenkers sowie deren Einschränkungen

1 Die in Art. 240 Abs. 1 statuierte Regel, wonach der Schenker die volle Handlungsfähigkeit (also die Mündigkeit und die Urteilsfähigkeit gemäss Art. 13 ZGB) besitzen muss, ergibt sich bereits aus Art. 12 ZGB. Sie gilt sowohl für das **Verpflichtungsgeschäft**, als auch für das **Verfügungsgeschäft** (BUCHER,

OR BT, 150); der Schenker muss im Zeitpunkt des **Vertragsabschlusses und des Vollzugs handlungsfähig** sein. Die Zuwendung, die von einem nicht schenkungsfähigen Geber versprochen wird, ist nichtig (BK-BECKER, Art. 239 N 2).

Ein **Ehegatte** kann das Haus oder die Wohnung der Familie nur mit Zustim- 2 mung des anderen verschenken (Art. 169 ZGB). Ohne Zustimmung des andern kann ein in Gütergemeinschaft lebender Ehegatte ausserdem weder eine Erbschaft, die ins Gesamtgut fallen würde ausschlagen, noch eine überschuldete Erbschaft annehmen (Art. 230 ZGB). Schenkungen eines in Gütergemeinschaft lebenden Ehegatten erfordern überdies grundsätzlich die Zustimmung des anderen (Art. 228 Abs. 1 ZGB). Ferner werden unter dem Güterstand der Errungenschaftsbeteiligung Schenkungen, die ein Ehegatte während der letzten fünf Jahre vor Auflösung des Güterstands ohne Zustimmung des andern Ehegatten gemacht hat, der Errungenschaft hinzugerechnet; ausgenommen sind übliche Gelegenheitsgeschenke (Art. 208 Abs. 1 Ziff. 1 ZGB). Fehlen wegen einer solchen Schenkung bei der güterrechtlichen Auseinandersetzung dem schenkenden Ehegatten die Mittel zur Befriedigung der Ansprüche des andern Ehegatten, kann dieser oder dessen Erben den Fehlbetrag vom Beschenkten zurückfordern (Art. 220 ZGB).

Schenkungen, welche die **verfügbare Quote des Erblassers** überschreiten, 3 können nach Massgabe von Art. 527 Ziff. 3 und 4 ZGB **herabgesetzt** werden und sind gemäss Art. 475 ZGB **rechnerisch zum Nachlass hinzuzurechnen**. Ungültig sind solche Schenkungen aber nicht. Ebenso unterliegen nach Art. 494 ZGB Schenkungen, die mit den Verpflichtungen des Erblassers aus einem Erbvertrag nicht vereinbar sind, der Anfechtung gemäss Art. 522 ff. ZGB. Herabgesetzt werden dabei gemäss Art. 532 ZGB in erster Linie die Schenkungen auf den Todesfall und sodann die lebzeitigen Schenkungen.

II. Keine Schenkungen zulasten von Mündelvermögen

Zulasten des **Bevormundeten** dürfen gemäss Art. 408 ZGB keine erhebli- 4 chen Schenkungen vorgenommen werden, während nicht erhebliche Schenkungen mit Zustimmung des gesetzlichen Vertreters erfolgen können. Diese Regel ist mittels Verweis von Art. 304 Abs. 3 ZGB (und indirekt von Art. 385 Abs. 3 ZGB) auf Art. 408 ZGB auch auf **Kinder** anwendbar. Ebenso gilt Art. 408 ZGB bei einer **Verwaltungsbeiratschaft** im Sinn von Art. 395 Abs. 2 ZGB (BSK ZGB I-LEUBA, Art. 408 N 4). Dies jedoch nur mit Bezug auf die Verwaltung des Vermögens, nicht jedoch bezüglich Verfügungen über das Einkommen und die Vermögenserträgnisse der verheirateten Person (BGer 7B.82/2005, E.4).

Erheblich ist eine Schenkung dann, wenn sie bezüglich Umfang und Natur 5 nicht üblich ist, was wiederum von der Erwerbsfähigkeit und vom Vermögen des Bevormundeten abhängt (BSK ZGB I-Leuba, Art. 408 N 15). Verzichtet beispielsweise eine Mutter im Namen des Kindes auf vom Vater entrichtete Unterhaltsbeiträge, ist dies eine erhebliche Schenkung im Sinn des Art. 408 ZGB (BGE 69 II 70). Derartige Geschäfte sind nichtig, selbst wenn die vormundschaftlichen Behörden mitgewirkt haben (BGE 63 II 132).

III. Die Ungültigerklärung nach Abs. 3

6　Personen, die wegen Verschwendung bevormundet werden, können nicht mit rückwirkender Kraft für handlungsunfähig erklärt werden. Der Gesetzgeber hat darum in Art. 240 Abs. 3 die **rückwirkende Anfechtungsmöglichkeit** im Fall der Entmündigung des Schenkers wegen Verschwendung geschaffen (ZK-Oser/Schönenberger, Art. 241 N 6). Die übrigen in Art. 370 ZGB vorgesehenen Fälle der Bevormundung sind von Art. 240 Abs. 3 jedoch nicht erfasst (Maissen, Rz 265). Klageberechtigt sind sowohl die Vormundschaftsbehörde, als auch der Vormund mit deren Zustimmung (BSK OR I-Vogt, N 7).

7　Jedes Schenkungsversprechen sowie jede Handschenkung, die **innerhalb eines Jahres vor Eröffnung des Entmündigungsverfahrens** gegen den Schenker erfolgte, ist anfechtbar. Dabei wird nicht vorausgesetzt, dass die Schenkung an sich «verschwenderisch, unordentlich» ist (BK-Becker, N 3); vielmehr liegt es im Ermessen des Richters, ob er die Schenkung anerkennen oder für ungültig erklären will. Eine Schenkung ist jedoch nicht allein aufgrund nachfolgender Entmündigung als anfechtbar zu betrachten; vielmehr müssen in der Schenkung selbst materielle Gründe dazu Anlass geben (Bucher, OR BT, 151). Möglich ist auch eine teilweise Aufhebung (BK-Becker, N 3).

IV. IPR

8　Gemäss der in Art. 35 IPRG statuierten Regel untersteht die Handlungsfähigkeit dem Recht am Wohnsitz des Schenkers, wobei ein Wechsel des Wohnsitzes die einmal erworbene Handlungsfähigkeit nicht berührt.

Art. 241

II.   Des Beschenkten

[1] Eine Schenkung entgegennehmen und rechtsgültig erwerben kann auch ein Handlungsunfähiger, wenn er urteilsfähig ist.

² Die Schenkung ist jedoch nicht erworben oder wird
aufgehoben, wenn der gesetzliche Vertreter deren
Annahme untersagt oder die Rückleistung anordnet.

Wie Art. 19 Abs. 2 ZGB sagt auch Art. 241 Abs. 1, dass die **Urteilsfähigkeit** 1
(zum Zeitpunkt des Vertragsabschlusses und des Vollzugs) **genügt**, um eine
Schenkung entgegenzunehmen und rechtsgültig zu erwerben. Schenkungen
unter Auflage, mit Verhaltenspflichten, sowie gemischte Schenkungen erfüllen die Voraussetzungen zur Unentgeltlichkeit nicht und bedürfen daher der Zustimmung des gesetzlichen Vertreters (BSK OR I-VOGT, N 1). Eine
Unentgeltlichkeit ist jedoch nicht allein deswegen ausgeschlossen, weil der
Schenkungsgegenstand hohe Folgekosten, Risiken oder andere Nachteile
mit sich bringt (BUCHER, OR BT, 151). Vielmehr sind die Umstände des Einzelfalls entscheidend.

Ist der **gesetzliche Vertreter selbst Schenker**, so bedarf es weder der Be- 2
stellung eines Beistands (Art. 392 Ziff. 2 ZGB) noch der Zustimmung der
Aufsichtsbehörde (Art. 422 Ziff. 7 ZGB), falls das Geschäft dem Vertretenen
ausschliesslich Vorteile bringt (BGE 59 II 111).

Nach Art. 241 Abs. 2 verfügt der gesetzliche Vertreter des handlungsunfä- 3
higen, urteilsfähigen Beschenkten über ein **Vetorecht**, wonach er die Annahme einer Schenkung untersagen oder die Rückleistung anordnen kann.
Insofern schränkt Art. 241 Abs. 2 die in Art. 19 ZGB und von Art. 241 Abs. 1
aufgestellten Regeln ein. Dem entmündigten Beschenkten steht gegen das
Veto des Vormunds gemäss Art. 420 ZGB die Beschwerde an die Vormundschaftsbehörde offen.

Ist ein Schenkungsvertrag zu Folge der Urteilsunfähigkeit des Beschenkten 4
oder aufgrund der Ausübung des Vetorechts des gesetzlichen Vertreters
ungültig, kann der Schenker bei Fahrnis, falls dieses übergeben wurde,
vindizieren. Hingegen kann der Schenker übertragenes Bargeld (bei Vermischung) oder Buchgeld **nicht aus ungerechtfertigter Bereicherung** zurückfordern, denn er befand sich bei Zahlung der Nichtschuld in keinem
Irrtum (Art. 63 Abs. 1).

Art. 242

**Errichtung
der Schenkung

Schenkung von
Hand zu Hand**

¹ Eine Schenkung von Hand zu Hand erfolgt durch
Übergabe der Sache vom Schenker an den
Beschenkten.

> ² **Bei Grundeigentum und dinglichen Rechten an Grundstücken kommt eine Schenkung erst mit der Eintragung in das Grundbuch zustande.**
> ³ **Diese Eintragung setzt ein gültiges Schenkungsversprechen voraus.**

1 Bei der Schenkung von Hand zu Hand wird die **Leistung bei Vertragsschluss erbracht** (BUCHER, OR BT, 147). Sie unterscheidet sich vom Schenkungsversprechen insbesondere dadurch, dass der **Schenkungsvertrag (Verpflichtungsgeschäft) formfrei gültig** ist. Dies beruht auf der Überlegung, dass der Schenker, der nicht nur verspricht, sondern tatsächlich leistet (Verfügungsgeschäft), keines Formschutzes bedarf (HONSELL, OR BT, 190). Auch die Schenkung von Hand zu Hand erfordert jedoch die Willenseinigung, das Schenkungsobjekt unentgeltlich zu geben und zu empfangen; eine reine «Hingabe» des Schenkungsobjekts genügt nicht (BK-BECKER, N 1).

2 Die **Gültigkeit des Verfügungsgeschäfts** hängt davon ab, ob dessen erforderliche Form eingehalten wird. Für den Erwerb von Eigentum an Fahrnis ist die Besitzesübertragung erforderlich, wobei gemäss Bundesgericht, welches Art. 242 Abs. 1 über den Wortlaut hinaus auslegt, alle Arten der Besitzesübergabe erfasst sind: Übergabe nach Art. 922 Abs. 1 ZGB; Besitzanweisung (BGE 52 II 290); *brevi manu traditio* (TUOR/SCHNYDER/SCHMID/RUMO-JUNGO, 607); Besitzeskonstitut (BGE 63 II 395; BGE 105 II 107), *longa manu traditio*. Bei der Abtretung von Forderungen ist die in Art. 165 Abs. 1 geforderte Schriftform zu beachten, die Übertragung von Ordre Papieren erfolgt nach Art. 967 per Übergabe und Indossament, bei Namenspapieren braucht es zur gültigen Übertragung nebst der Übergabe gemäss Art. 967 OR auch eine Abtretungserklärung. Werden im Ausland gelegene Vermögenswerte verschenkt, sind die dort geltenden Übertragungsformen einzuhalten (Art. 239 N 23).

3 **Grundstücke** können gemäss Art. 242 Abs. 2 und 3 nicht von Hand zu Hand geschenkt werden, weil das Grundbuch den Eintrag als Voraussetzung zur Übertragung der Berechtigung gestützt auf einen formlosen Schenkungsvertrag nicht gestattet (Art. 656 Abs. 1 ZGB, 971 ZGB). Folglich heilt der Grundbucheintrag den Formmangel des Schenkungsversprechens nicht: Wird eine Schenkung als simulierter Kauf dargestellt und fehlt es damit an der öffentlichen Beurkundung der Schenkungsabsicht, kann die dem Beschenkten übertragene Liegenschaft wieder zurückgefordert werden (BSK OR I-VOGT, Art. 239 N 56). Entgegen dem Wortlaut von Art. 242 Abs. 2 und 3 bedürfen die Schenkung von (bereits bestehenden) Grundpfandrechten sowie übertragbarer Personaldienstbarkeiten keiner Eintragung im Grundbuch, denn ihre Übertragung kann auch nach den Regeln des Sachenrechts formlos erfolgen (MAISSEN, Rz 292 ff. m. Hw.; Art. 243 N 2).

Art. 243

**Schenkungs-
versprechen**

¹ **Das Schenkungsversprechen bedarf zu seiner Gültigkeit der schriftlichen Form.**

² **Sind Grundstücke oder dingliche Rechte an solchen Gegenstand der Schenkung, so ist zu ihrer Gültigkeit die öffentliche Beurkundung erforderlich.**

³ **Ist das Schenkungsversprechen vollzogen, so wird das Verhältnis als Schenkung von Hand zu Hand beurteilt.**

Das **Schenkungsversprechen** unterliegt (zum Schutz vor Übereilung) dem **Erfordernis der einfachen Schriftlichkeit** (BGE 105 II 107). Nach Art. 13 bedeutet dies, dass es vom Schenker im Sinn eines Gültigkeitserfordernisses unterzeichnet sein muss, während die Annahme durch den Beschenkten formfrei möglich ist (BGE 110 II 161). Dies gilt auch für den unentgeltlichen Teil einer gemischten Schenkung, wobei die Regel von Art. 20 Abs. 2 analog angewendet werden kann (BGE 117 II 386). Die einseitige Schriftlichkeit genügt auch bei einer Schenkung unter Auflage, denn die Auflage ist keine Schenkung und unterliegt damit nicht der Formvorschrift (BK-BECKER, N 3). Eine bedingte Schenkung ist jedoch ungültig, wenn die Bedingung nicht formgerecht vereinbart wurde (ZK-OSER/SCHÖNENBERGER, N 3). Die Formvorschrift gilt auch für den Vorvertrag zur Forderungsabtretung (Art. 165 Abs. 2 erleidet damit eine Einschränkung), für das schenkungsweise Schuldübernahmeversprechen, für das Versprechen eines Schulderlasses und für das schenkungsweise abstrakte Schuldbekenntnis (ZK-OSER/SCHÖNENBERGER, N 6). Schenkungsgegenstand, Parteien und Unentgeltlichkeit müssen ausdrücklich in der vorgeschriebenen Form erklärt werden oder sich zumindest durch Auslegung ergeben (BGE 117 II 385; BGE 105 II 107).

1

Sind **Grundstücke oder dingliche Rechte an Grundstücken** Gegenstand der Schenkung, ist für deren Gültigkeit zu Folge von Art. 657 Abs. 1 ZGB die öffentliche Beurkundung gefordert. Gleiches gilt für die Schenkung von denjenigen beschränkten dinglichen Rechten, deren Begründung und Übertragung eine öffentliche Beurkundung erfordert. Soweit jedoch solche Rechte mittels einfacher Schriftlichkeit begründet resp. übertragen werden können, wird davon ausgegangen, dass auch eine entsprechende Schenkung durch einfache Schriftlichkeit erfolgen kann (BUCHER, OR BT, 152; Art. 242 N 3).

2

3   Der Schenker soll sich gemäss Art. 243 Abs. 3 nur solange auf die mangelnde Form berufen dürfen, als er sein Versprechen noch nicht vollzogen hat: die **Erfüllung** des Schenkungsversprechens **heilt den Formmangel**. Denn im Vollzug liegt die Anerkennung und Bestätigung der Schenkungsabsicht, weshalb das Verhältnis nun als Schenkung von Hand zu Hand zu beurteilen ist (BK-Becker, N 5). Nicht geheilt werden durch den Vollzug Mängel des Schenkungsvertrags, welche nicht die Form betreffen (Maissen, Rz 342). Keine Rolle spielt, ob der Schenker die Schenkung in Kenntnis des Formmangels vollzogen hat (Maissen, Rz 341).

4   Ob der Gegenstand der Schenkung bereits auf den Beschenkten übergegangen ist, beurteilt sich nach den betreffenden **Regeln der Rechtsübertragung** (Art. 242 N 2). Wird die Schenkung erst nach dem Tod des Schenkers vollzogen, so heilt dies den Formmangel nicht, denn der Schenkungswille kann nur zum Ausdruck kommen, wenn der Schenker im Zeitpunkt des Vollzugs noch lebt (BGE 105 II 104; krit. Honsell, OR BT, 190 f.).

Art. 244

III.   **Bedeutung**
         der Annahme

Wer in Schenkungsabsicht einem andern etwas zuwendet, kann, auch wenn er es tatsächlich aus seinem Vermögen ausgesondert hat, die Zuwendung bis zur Annahme seitens des Beschenkten jederzeit zurückziehen.

1   Art. 244 versetzt den Schenker in Abweichung zu den allgemeinen Grundsätzen von Art. 3 und 5 in die Lage, seinen **Antrag (sowohl unter Anwesenden als auch unter Abwesenden) bis zum Eintreffen der Annahmeerklärung des Beschenkten zu widerrufen** (BSK OR I-Vogt, N 1). Eine stillschweigende Annahme kann, sofern der Beschenkte die Schenkungsabsicht erkennt, aus den Umständen hervorgehen (z.B. wo es sich um eine reine Schenkung ohne Auflage und Bedingung handelt; BGE 52 II 289; BGE 69 II 310). Bei der stillschweigenden Annahme ist die Offerte unwiderruflich bis zum Zeitpunkt, auf den die Ablehnungserklärung erwartet werden darf (BK-Becker, N 1). Die Schenkung (unter Lebenden und von Todes wegen) kommt nicht zustande, wenn der Schenker vor der Annahme der Schenkung durch den Beschenkten stirbt (BGE 45 II 145 f.).

2   Art. 244 findet keine Anwendung, wenn der **Beschenkte um die Schenkung bittet** (BK-Becker, N 3). Die Zuwendung in Schenkungsabsicht ist diesfalls die Annahme der in der Bitte enthaltenen Offerte, weshalb der Rückzug in-

nerhalb der Grenzen von Art. 9, d. h. bis zur Kenntnisnahme der Schenkungserklärung, respektive dem Vollzug der Schenkung von Hand zu Hand, erfolgen kann (ZK-OSER/SCHÖNENBERGER, N 4).

Art. 245

[1] **Mit einer Schenkung können Bedingungen oder Auflagen verbunden werden.**

[2] **Eine Schenkung, deren Vollziehbarkeit auf den Tod des Schenkers gestellt ist, steht unter den Vorschriften über die Verfügungen von Todes wegen.**

I. Schenkung unter Auflage oder Bedingung

Auf die bedingte Schenkung sind die **allgemeinen Regeln der Art. 151–157** anwendbar (BK-BECKER, N 1) sowie gegebenenfalls Art. 247. Für die Schenkung unter Auflage vgl. Art. 246 N 1 ff.

Während die **Auflage** als Nebenbestimmung des Schenkungsvertrags eine Verpflichtung zu einem bestimmten Verhalten des Beschenkten begründet, stellt die **Bedingung** die Verbindlichkeit des Schenkungsvertrags selbst unter den Vorbehalt, dass ein bestimmtes, noch ungewisses Ereignis eintrete (GUHL/KOLLER, 399). Die Bedingung schiebt folglich die Wirkungen des Vertrages auf, begründet aber im Gegensatz zur Auflage keine Verpflichtung (CAVIN, 190). Zur Abgrenzung einer Schenkung unter Auflage von der bedingten Schenkung ist in erster Linie auf den **Parteiwillen** abzustellen und in zweiter Linie auf den **Vertragszweck**, wobei die vorgesehene Reihenfolge des Vollzugs der Leistungen ein Indiz sein kann: Vorleistung weist eher auf Bedingung hin (ZK-OSER/SCHÖNENBERGER, N 7). Auch wenn die Leistung nicht erzwingbar ist, liegt eher eine Bedingung vor, weil diese dem Schenker den Erfolg besser sichert (BK-BECKER, Art. 246 N 5 f.). Eine Auflage ist hingegen anzunehmen, wenn die Leistung nicht den Austausch mit einer Gegenleistung, sondern eine Minderung der Leistung des Schenkers oder ihres Wertes bezweckt (ZK-OSER/SCHÖNENBERGER, N 6).

Ist ein Schenkungsvertrag unter einer **auflösenden Bedingung** geschlossen, verliert er seine Wirksamkeit gemäss Art. 154 Abs. 1 bei Eintritt der Bedingung: Das nicht erfüllte Schenkungsversprechen fällt dahin, Forderungen und Fahrnis fallen *eo ipso* an den Schenker zurück, und an geschenkten Grundstücken erwirbt der Schenker ein obligatorisches Recht auf Rückübertragung (MAISSEN, Rz 475 ff.). Ist der Schenkungsgegenstand trotz auflösender Bedingung zwischenzeitlich auf einen gutgläubigen Drit-

1

2

3

ten übertragen worden, so tritt an Stelle des Rückfalls die Pflicht des Beschenkten, nach Art. 97 Schadenersatz zu leisten (BGE 80 II 262). Für eine Beschädigung sowie für den Untergang des Schenkungsgegenstands haftet der Beschenkte aus Art. 41 ff., soweit ihn ein Verschulden trifft (BSK OR I-Vogt, N 4).

4   Beim **aufschiebend bedingten Schenkungsvertrag** wird der Beschenkte erst mit Eintritt der Bedingung Eigentümer des bereits übergebenen Schenkungsgegenstands (BGE 64 III 189). Verfügungen des Beschenkten vor Eintritt der aufschiebenden Bedingung sind gemäss Art. 153 Abs. 3 ohne Zustimmung des Schenkers nicht gültig (BSK OR I-Vogt, N 4), wobei die Rechte gutgläubiger Dritter vorbehalten bleiben (Maissen, Rz 472). Fällt die aufschiebende Bedingung dahin und ist eine Rückerstattung wegen Untergangs des Schenkungsgegenstands nicht möglich oder ist dieser beschädigt, wird der Beschenkte nach Art. 97 ff. schadenersatzpflichtig, soweit ihn ein Verschulden trifft (BGE 80 II 263).

II. Schenkung auf den Todesfall

5   Eine Schenkung auf den Todesfall wird **beim Tod des Schenkers vollzogen** (BGE 93 II 226). Das Schenkungsversprechen bindet den Schenker zwar bereits zu Lebzeiten, gewährt die entsprechenden Erfüllungsansprüche aber erst bei Eröffnung des Erbgangs. Damit kommt das Schenkungsversprechen in seinen Wirkungen den erbrechtlichen Zuwendungen so nahe, dass sich die **Anwendung der erbrechtlichen Regeln** über Form (Art. 494 ff. ZGB; 512 ff. ZGB), Inhalt und Aufhebung, Verfügungsfähigkeit (Art. 467 ff. ZGB) sowie Verfügungsfreiheit (Art. 470 ff. ZGB) rechtfertigt (BGE 89 II 90 ff.).

6   Die Schenkung auf den Todesfall muss als **Verfügung von Todes** wegen errichtet werden (BGE 58 II 423). Daraus folgt, dass das Recht diese Schenkungen als solche nicht anerkennt, sondern nur als Vermächtnisse schützt (BK-Weimar, Vorbem. zu Art. 467 ff. ZGB N 118). Bei Schenkungen auf den Todesfall haben die Erben des Beschenkten darum i. d. R. keinerlei Rechte, wenn dieser vor dem Schenker stirbt (Art. 515 und 543 ZGB; vgl. aber Art. 252 N 2).

7   Die Schenkung auf den Todesfall erfordert wie jede andere Schenkung die Annahme durch den Beschenkten (BGE 96 II 95). Als zweiseitiges Rechtsgeschäft untersteht sie damit den **Formerfordernissen von Erbverträgen** (Art. 512 ZGB), wobei eine Konversion eines formnichtigen Erbvertrags in eine öffentliche letztwillige Verfügung (BGE 76 II 278; BGE 93 II 228) oder in ein eigenhändiges Testament (BGE 89 II 284) möglich ist. Leidet die Schenkung von Todes wegen an einem Formmangel, so bleibt sie trotzdem so lange wirksam, bis sie auf erhobene Klage hin für ungültig erklärt wird

(Art. 520 Abs. 1 ZGB); die Klage verjährt dabei gemäss Art. 521 Abs. 1 ZGB (BGE 113 II 274).

Ob im Einzelfall eine Schenkung unter Lebenden oder eine Schenkung auf den Todesfall vorliegt, hängt davon ab, ob das Geschäft nach dem **Willen der Parteien** dazu bestimmt ist, das **Vermögen des Verpflichteten oder erst dessen Nachlass zu belasten** bzw. in welchem Zeitpunkt die Wirkungen des Geschäfts eintreten sollen (BGE 113 II 273). Die von den Parteien oder der Urkundsperson gewählte Bezeichnung des Vertrags ist dafür nicht entscheidend (BGE 131 III 219). Massgebend ist vielmehr der übereinstimmende wirkliche Wille der Parteien. Nur wenn eine tatsächliche Willensübereinstimmung unbewiesen bleibt, sind zur Ermittlung des mutmasslichen Willens der Parteien deren Erklärungen aufgrund des Vertrauensprinzips so auszulegen, wie sie nach ihrem Wortlaut und Zusammenhang sowie nach den gesamten Umständen verstanden werden durften und mussten (BGer 5C.56/2005, E. 3.1). Dabei ist im Zweifelsfall eher ein gültiges Rechtsgeschäft unter Lebenden als ein ungültiges Rechtsgeschäft von Todes wegen anzunehmen (BGE 99 II 272). 8

Art. 246

Vollziehung der Auflagen

¹ Der Schenker kann die Vollziehung einer vom Beschenkten angenommenen Auflage nach dem Vertragsinhalt einklagen.

² Liegt die Vollziehung der Auflage im öffentlichen Interesse, so kann nach dem Tode des Schenkers die zuständige Behörde die Vollziehung verlangen.

³ Der Beschenkte darf die Vollziehung einer Auflage verweigern, insoweit der Wert der Zuwendung die Kosten der Auflage nicht deckt und ihm der Ausfall nicht ersetzt wird.

Die **Auflage** ist eine **akzessorische Nebenbestimmung** des Schenkungsvertrags und bedarf wie der Schenkungsvertrag selbst der Annahme durch den Beschenkten (GUHL/KOLLER, 399). Sie bezweckt nicht den Austausch der Leistung mit einer Gegenleistung (kein Synallagma; BGer 4C.346/2000), sondern nach dem Willen der Parteien eine **Minderung der Leistung des Schenkers** (ZK-OSER/SCHÖNENBERGER, Art. 245 N 6). Die Auflage kann den Beschenkten zu einem **Tun, Dulden oder Unterlassen** gegenüber dem Schenker oder einem Dritten verpflichten (CAVIN, 189 f.). Diese Verpflichtung hat im inhaltlichen Zusammenhang mit dem Schenkungsgegenstand zu stehen (MAISSEN, Rz 496). 1

2   Eine Auflage kann **zugunsten des Beschenkten** selbst *(modus simplex)* oder **zugunsten des Schenkers oder eines Dritten** *(modus qualificatus)* vereinbart werden. Wird die Auflage zugunsten des Schenkers oder eines Dritten begründet, und bedeutet sie eine Vermögensbelastung des Beschenkten, so muss die Belastung geringer sein als der Wert der Zuwendung an den Beschenkten, weil es sonst am Erfordernis der Bereicherung fehlt (BK-BECKER, N 3); durch die Auflage darf das Element der Unentgeltlichkeit nicht verloren gehen (BGer 4C.346/2000).

3   Erfolgt eine Schenkung in der Absicht, dass der Gegenstand der Schenkung für einen bestimmten eigenen Zweck verwendet werden soll, liegt eine **Zweckschenkung** vor; die Auflage ist in diesem Fall nicht eine bloss akzessorische Nebenbestimmung, sondern wird originärer Grund der Schenkung (GUHL/KOLLER, 399 f.). Entfällt dieser Zweck, entfällt die causa der Schenkung nachträglich, so dass deren Gegenstand nach den Grundsätzen des Bereicherungsrechts und innerhalb der Fristen von Art. 67 Abs. 1 zurückgefordert werden kann (BSK OR I-VOGT, N 9).

4   Die **Vollziehung der Auflage** kann nach Art. 246 Abs. 1 OR **eingeklagt** werden. Dies jedoch erst, wenn der Schenkungsvertrag erfüllt ist (BSK OR I-VOGT, N 1). Eine rechts- oder sittenwidrige Auflage kann nicht erzwungen werden. Ob die mit einer solchen Auflage behaftete Schenkung deren Nichtigkeit verursacht, beurteilt sich gemäss Art. 20 Abs. 2 (HONSELL, OR BT, 193; **a. M.** ZK-OSER/SCHÖNENBERGER, Art. 245 N 11). Eine zeitliche Dauer für den Anspruch auf Vollziehung der Auflage enthält das Gesetz nicht. Analog zu Auflagen bei Verfügungen von Todes wegen ist jedoch von einem Zeitraum von zwei Generationen, also von 60 bis 70 Jahren, auszugehen (BSK OR I-VOGT, N 3 f.).

5   Der **Anspruch auf Vollzug der Auflage** steht gemäss Art. 246 Abs. 1 in erster Linie dem Schenker zu, nach dessen Tod auch den Erben (BGE 96 II 126). Durch die Auflage begünstigte Dritte können (soweit nicht ein echter Vertrag zugunsten Dritter vorliegt) nicht selbstständig auf Erfüllung der Auflage klagen (MAISSEN, Rz 508). Liegt die Vollziehung der Auflage im öffentlichen Interesse (weil ein Zweck gefördert wird, dessen Erreichung zu den Aufgaben staatlicher Institutionen gehört), hat nach dem Tod des Schenkers nach Art. 246 Abs. 2 neben den Erben auch die zuständige Behörde das Recht, den Anspruch geltend zu machen (MAISSEN, Rz 510). Die zuständige Behörde ergibt sich i. d. R. aus den kantonalen Einführungsgesetzen zum Zivilrecht, oder wo solche Vorschriften fehlen, analog zu den Regeln über die Stiftungsaufsicht (Art. 84 ZGB).

6   Neben dem Anspruch auf Vollziehung der Auflage steht dem Schenker wahlweise ein **Widerrufsrecht** nach Art. 249 zu. Alternativ kann der Schenker gemäss Art. 97 **Ersatz des Schadens** fordern, der ihm durch die schuld-

hafte Nichterfüllung der Auflage erwachsen ist (BGE 80 II 263; BSK OR I-VOGT, N 6; CAVIN, 191 f.; GUHL/KOLLER, 399; **a.A.** BUCHER, OR BT, 155; HONSELL, OR BT, 193). Die Rechtbehelfe der Art. 82 und 107 stehen dem Schenker jedoch nicht zur Verfügung (BSK OR I-VOGT, N 6). Der Anspruch des Schenkers auf Erfüllung der Auflage gilt im Übrigen als erloschen, wenn sie ohne Zutun des Beschenkten unmöglich geworden ist (Art. 119 Abs. 1).

Der Beschenkte kann den **Vollzug der Auflage** gemäss Art. 246 Abs. 3 in dem Umfang **verweigern**, als der Wert der Zuwendung die Kosten der Auflage nicht deckt und ihm der Ausfall (vom Schenker oder einem Dritten) nicht ersetzt wird. Kennt der Beschenkte den Fehlbetrag bereits bei Abschluss des Schenkungsvertrags, kann er den Vollzug der Auflage nicht verweigern (BSK OR I-VOGT, N 7). Wertveränderungen nach Fälligkeit des Vollzugs der Auflage gehen zulasten des Beschenkten (BK-BECKER, N 12).   7

Art. 247

Verabredung des Rückfalls	[1] Der Schenker kann den Rückfall der geschenkten Sache an sich selbst vorbehalten für den Fall, dass der Beschenkte vor ihm sterben sollte.
	[2] Dieses Rückfallrecht kann bei Schenkung von Grundstücken oder dinglichen Rechten an solchen im Grundbuche vorgemerkt werden.

Durch eine **Rückfallklausel** wird die Schenkung mit einer **auflösenden Bedingung** versehen. Diese Befugnis ergibt sich bereits aus Art. 245 Abs. 1. Der Schenkungsrückfall kann folglich nicht nur für den Fall des Vorabsterbens des Beschenkten vereinbart werden; die Sonderbestimmung von Art. 247 Abs. 2 hat jedoch zur Folge, dass die Vereinbarung des Rückfalls im Todesfall (im Gegensatz zu den übrigen Rückfallvereinbarungen aus anderem Grund) im Grundbuch eingetragen werden kann (BK-BECKER, N 1). Bei beweglichen Sachen gelten die Vorschriften über die Schenkung von Hand zu Hand, so dass die Rückfallklausel formlos gültig ist; bei Gründstücken ist die öffentliche Beurkundung erforderlich (CAVIN, 194).   1

Der Beschenkte kann trotz Rückfallklausel über den Gegenstand der Schenkung verfügen. Dies gefährdet das Rückfallsrecht des Schenkers, weshalb ihm die **Sicherungsmassregeln von Art. 152 Abs. 3** zur Verfügung stehen müssen (ZK-OSER/SCHÖNENBERGER, N 4). Der **Schutz gutgläubiger Dritterwerber** bleibt dabei vorbehalten (CAVIN, 194). Bei Grundstücken wird die gutgläubige Annahme der Verfügungsberechtigung mittels Vormerkung   2 des Rückfallrechts als dinglichen Anspruch im Grundbuch ausgeschlossen (BGE 85 II 616).

3   Tritt die Rückfallsbedingung ein, **fällt der Schenkungsvertrag ex nunc dahin**; der Schenker hat einen Vindikations-, resp. Kondiktionsanspruch gegenüber den Erben des Beschenkten (BSK OR I-Vogt, Art. N 3). Ist das Schenkungsversprechen noch nicht erfüllt, fällt das Verpflichtungsgeschäft dahin (Maissen, Rz 484).

Art. 248

E.	**Verantwortlichkeit des Schenkers**	[1] **Der Schenker ist dem Beschenkten für den Schaden, der diesem aus der Schenkung erwächst, nur im Falle der absichtlichen oder der grobfahrlässigen Schädigung verantwortlich.** [2] **Er hat ihm für die geschenkte Sache oder die abgetretene Forderung nur die Gewähr zu leisten, die er ihm versprochen hat.**

1   Der Beschenkte kann gegen den Schenker auf **Erfüllung** und, sofern diese nicht erwirkt werden kann, auf **Schadenersatz** gemäss Art. 97 ff. klagen. Nach Art. 107 Schadenersatz oder Ersatz des aus der Nichterfüllung entstandenen Schadens verlangen und vom Vertrag zurücktreten, ist dem Beschenkten jedoch nicht möglich, denn die Schenkung ist kein zweiseitiger Vertrag (Bucher, OR BT, 156). Handelt der Schenker absichtlich oder grobfahrlässig, haftet er für Schlechterfüllung ebenso wie für eine positive Vertragsverletzung **sowohl aus Art. 97, als auch konkurrierend gemäss Art. 41 ff.** (BGE 113 II 247). In den übrigen Fällen haftet der Schenker weder aus Vertrag, noch aus Delikt (BSK OR I-Vogt, Art. 246 N 4; a. A. Koller, 111).

2   Art. 248 Abs. 1 erfasst die **Nicht- und Schlechterfüllung** des Schenkungsvertrags und spezifiziert die in Art. 99 Abs. 2 festgehaltene Regel, wonach der Schenker nur für Absicht und grobe Fahrlässigkeit haftet (Koller, 101). Für gemischte Schenkungen gilt Art. 99 Abs. 2 nicht (BSK OR I-Vogt, Art. 246 N 5). Der Schenker haftet nach Art. 97 ff. also für das Erfüllungsinteresse, wenn er bewusst oder grobfahrlässig die richtige Erfüllung der Schenkung verunmöglicht und dadurch den Beschenkten schädigt (BK-Becker, N 2).

3   Bezüglich der **Verzugsfolgen** gilt Art. 105 Abs. 1, wonach ein Verzugszins erst vom Tag der Anhebung der Betreibung oder gerichtlichen Klage be-

rechnet wird (ZK-OSER/SCHÖNENBERGER, N 2). Auch haftet der Schenker dem Beschenkten beim Schuldnerverzug nur dann für den **zufällig unter-gegangenen** Schenkungsgegenstand nach Art. 103 Abs. 1 auf Schadener-satz, wenn er den Verzug absichtlich oder grobfahrlässig verursacht hat (BSK OR I-VOGT, N 1).

Die Haftung für **Sach- oder Rechtsmängel** gilt gemäss Art. 248 Abs. 2 als stillschweigend wegbedungen und greift nur dort, wo sie ausnahmsweise zugesichert ist (BUCHER, OR BT, 156). Die Zusicherung kann auch still-schweigend erfolgen: wer z. B. eine Sache verschenkt, von der er weiss, dass sie einem Dritten gehört, hat für das Eigentum einzustehen (BK-BE-CKER, N 3). Von Art. 248 Abs. 2 erfasst sind Fälle, in denen der Schenker eine Sache liefert, die bereits bei Vertragsschluss einen Mangel aufwies; ist der Mangel erst nach Vertragsschluss entstanden, so richtet sich die Haf-tung des Schenkers zu Folge Schlechtleistung nach Art. 248 Abs. 1 (KOLLER, 101). 4

Soweit eine **Gewährleistung** vereinbart ist, richtet sie sich **nach den kauf-rechtlichen Vorschriften** (Art. 192 ff., Art. 197 ff.; ZK-OSER/SCHÖNENBER-GER, N 1) und gilt im Umfang der Zusicherung (KOLLER, 103). Der Be-schenkte kann die Sache zurückweisen und Ersatz des unmittelbaren Schadens verlangen (Art. 205, Art. 208 Abs. 2). Trifft den Schenker ein Ver-schulden, kann der Beschenkte auch den mittelbaren Schaden geltend ma-chen (Art. 208 Abs. 3). Bezüglich der **Gewährleistung für Forderungen** gilt Art. 171 Abs. 3, wonach der Abtretende auch für den Bestand der Forde-rung nicht haftet (CAVIN, 196). 5

Art. 249

Aufhebung der Schenkung
Rückforderung der Schenkung

Bei der Schenkung von Hand zu Hand und bei voll-zogenen Schenkungsversprechen kann der Schenker die Schenkung widerrufen und das Geschenkte, soweit der Beschenkte noch bereichert ist, zurückfordern:

1. wenn der Beschenkte gegen den Schenker oder gegen eine diesem nahe verbundene Person eine schwere Straftat begangen hat;
2. wenn er gegenüber dem Schenker oder einem von dessen Angehörigen die ihm obliegenden familien-rechtlichen Pflichten schwer verletzt hat;
3. wenn er die mit der Schenkung verbundenen Auf-lagen in ungerechtfertigter Weise nicht erfüllt.

I.   Schenkungsspezifische und allgemeine Aufhebungsgründe

1   Die Art. 249–252 regeln die **gesetzlichen, schenkungsspezifischen Aufhebungs- resp. Widerrufsgründe** und deren Modalitäten (und sind zu unterscheiden von den vertraglich vereinbarten Widerrufsgründen). Daneben sind **sittenwidrige** Schenkungen nichtig (Art. 20; BGE 132 III 459) und können Schenkungen wegen **Willensmängeln** (Art. 23 ff.) angefochten werden; gemischte Schenkungen zudem bei **Übervorteilung** (Art. 21; BSK OR I-Vogt, N 2). Darüber hinaus sind Schenkungen u. U. **herabsetzbar** (Art. 527 Ziff. 3 und 4 ZGB) und **paulianisch anfechtbar** (Art. 286 und 288 SchKG). Bei der **Auflösung eines Verlöbnisses** steht den Verlobten eine Rückforderung der Geschenke nach Massgabe von Art. 91 ZGB offen. Schliesslich kann eine Schenkung beim **Wegfall des Zwecks einer Zweckschenkung** zurückgefordert werden (Art. 246 N 3).

II.   Aufhebung durch Widerruf

2   Der gesetzliche Widerruf ist ein **empfangsbedürftiges Gestaltungsrecht** und hebt die vollzogene Schenkung im Fall der Ausübung auf (ZK-Oser/ Schönenberger, Art. 249 N 3). An eine bestimmte Form ist der Widerruf nicht gebunden; er kann auch konkludent erfolgen (BSK OR I-Vogt, N 7). Berechtigt zur Ausübung ist unter Vorbehalt von Art. 251 Abs. 2 und 3 einzig der Schenker (BGE 85 II 617). Ein Vorausverzicht auf das Widerrufsrecht ist unter dem Aspekt von Art. 19 Abs. 2 und von Art. 27 ZGB zu prüfen (BGE 113 II 258). Ausgeschlossen wird ein Widerruf, wenn der Schenker dem Beschenkten seine Verfehlung verzeiht (Maissen, Rz 411 f.) oder wenn auf die Erfüllung der Auflage verzichtet wird (Bucher, OR BT, 159).

3   Der Widerruf hebt den Schenkungsvertrag ex nunc auf und vermittelt einen **bereicherungsähnlichen Anspruch auf Rückforderung** aus Art. 249 Abs. 1 (vgl. BSK OR I-Vogt, N 14 f.). Er wirkt nur obligatorisch und ein Vindikationsanspruch aus Art. 641 Abs. 2 ist ausgeschlossen (Bucher, OR BT, 159). Hat der Beschenkte den Gegenstand der Schenkung verkauft oder übereignet, hat der Schenker Anspruch auf Herausgabe des im Zeitpunkt der Entstehung des Anspruchs vorhandenen Erlöses (BSK OR I-Vogt, Art. 249 N 15). Ab Eintritt des Widerrufsgrunds befindet sich der Beschenkte in der Stellung des bösgläubigen Besitzers und kann nicht den späteren Wegfall der Bereicherung geltend machen (BK-Becker, N 5).

4   Macht der Schenker Gebrauch von seinem Widerrufsrecht, kann er vom Beschenkten **nicht zusätzlich Schadenersatz** nach Art. 97 ff. fordern (BK-Becker, N 8). Vorbehalten bleiben ihm aber **ausservertragliche Schadenersatz- und Genugtuungsansprüche** (BSK OR I-Vogt, N 16).

III. Die Widerrufsgründe

Hat der Beschenkte gegen den Schenker oder eine diesem nahe verbundene 5
Person eine **schwere Straftat** begangen, kann der Schenker die Schenkung
gemäss Ziff. 1 widerrufen (Art. 249 Ziff. 1 entspricht wörtlich dem Enterbungsgrund von Art. 477 Ziff. 1 ZGB). Als schwere Straftat kommen sowohl
Verbrechen als auch Vergehen in Frage (BGE 76 II 269; BGE 106 II 306).
Nicht erforderlich ist, dass gegen den Beschenkten ein Strafverfahren eröffnet wurde und entscheidend ist auch nicht, ob das Delikt bereits verjährt ist
oder nicht (BSK OR I-Vogt, N 9). Unerlässlich ist jedoch, dass der Beschenkte einen strafrechtlichen Tatbestand als Täter, Mittäter, Gehilfe oder
Anstifter rechtswidrig und schuldhaft erfüllt hat (BSK OR I-Vogt, N 9). Der
Begriff der schweren Straftat wird dabei zivilrechtlich selbstständig nach
objektiven und nach subjektiven Verhältnissen ausgelegt, wobei auch das
allenfalls provozierende Verhalten des Beschenkten selbst von Bedeutung
sein kann (BK-Becker, N 3). Entscheidend ist im Ergebnis die Beeinträchtigung der Beziehung zwischen Schenker und Beschenktem (BGE 76 II 271 ff.).
Ob jemand eine nahe verbundene Person des Schenkers ist, entscheidet der
Richter im Einzelfall (Maissen, Rz 395). Massgebend ist die bestehende Beziehung zwischen dem Erblasser und dem Opfer (BSK ZGB II-Bessenich,
Art. 477 N 10 ZGB). In Frage kommen als nahe verbundene Personen insbesondere der Ehegatte, der registrierte Partner und Konkubinatspartner, die
Eltern und Kinder, sowie Verwandte und nahe Freunde.

Hat der Beschenkte gegenüber dem Schenker oder einem von dessen An- 6
gehörigen die ihm obliegenden **familienrechtlichen Pflichten schwer verletzt**, kann die Schenkung gemäss Art. 249 Ziff. 2 (in Anlehnung an den
Enterbungsgrund von Art. 477 Abs. 2 ZGB) widerrufen werden. Erforderlich ist, dass eine familienrechtliche Bestimmung des ZGB (wie bspw.
Art. 159, 163, 276, 328) auf schwerwiegende, widerrechtliche und schuldhafte Weise verletzt wird (BGE 106 II 304 ff.). Dabei ist nicht nur auf die
(objektive) Verletzung an sich abzustellen, sondern auch auf deren (subjektive) Wirkungen auf die Beziehung zwischen Schenker und Beschenktem
(BGE 76 II 272; Maissen, Rz 397). Nicht relevant ist sittenwidriges oder
nicht dem Wunsch des Schenker entsprechendes Verhalten (wie die Heirat
einer nicht genehmen Person, das Ergreifen eines «falschen» Berufes,
Konfessionswechsel, Auswanderung oder politische Ansichten; BSK ZGB II-
Bessenich, Art. 477 N 13 ZGB). Ebenso berechtigen Handlungen des Beschenkten, die sich aus anderen moralischen, vertraglichen oder gesetzlichen Pflichten ergeben (Zeugenaussage gegen den Schenker, Kündigung
eines Darlehens) nicht zum Widerruf der Schenkung (BGE 72 II 341 ff.).
Auch eine Scheidung ist i. d. R. kein Widerrufsgrund (BGE 85 II 71; vgl.
aber Art. 239 N 17). Andauernde ehebrecherische Beziehungen können jedoch unter Umständen einen Widerruf begründen (BGE 113 II 254 ff.).

Ebenso berechtigt zum Widerruf, wenn eine Beschenkte böswillig Straf-klage gegen ihren Vater erhebt (BGE 76 II 269) oder der Beschenkte ohne Grund ein Entmündigungsverfahren gegen den Schenker einleitet (HONSELL, OR BT, 194). Die familienrechtliche Pflichtverletzung muss gegenüber dem Schenker oder (einschränkend zu Art. 249 Ziff. 1) gegenüber einem von dessen Angehörigen erfolgen. Dazu gehören Personen, zu denen der Schenker eine verwandtschaftliche Beziehung hat und die ihm nahe stehen, ebenso wie Konkubinats-, Schwägerschafts- und Pflegeverhältnisse, sofern sich dies nach dem tatsächlichen, persönlichen Verhältnis zum Schenker als auch aus der Anschauung und Lebensweise der beteiligten Personen rechtfertigt (MAISSEN, Rz 398).

7   Die **ungerechtfertigte Nichterfüllung einer Auflage** berechtigt gemäss Art. 249 Ziff. 3 zum Widerruf der Schenkung (BGE 42 II 504). Vor Widerruf ist dem Beschenkten jedoch nach Art. 2 ZGB und analog zu Art. 107 eine Nachfrist anzusetzen (BUCHER, OR BT, 154). Bei Nichterfüllung der Auflage ist stets die gesamte Zuwendung bzw. die gesamte Bereicherung zurückzugeben, nicht bloss der zur Erfüllung der Auflage notwendige Betrag (BK-BECKER, N 6).

Art. 250

II.   **Widerruf und Hinfälligkeit des Schenkungs-versprechens**

¹ Bei dem Schenkungsversprechen kann der Schenker das Versprechen widerrufen und dessen Erfüllung verweigern:

1. aus den gleichen Gründen, aus denen das Geschenkte bei der Schenkung von Hand zu Hand zurückgefordert werden kann;

2. wenn seit dem Versprechen die Vermögensverhältnisse des Schenkers sich so geändert haben, dass die Schenkung ihn ausserordentlich schwer belasten würde;

3. wenn seit dem Versprechen dem Schenker familienrechtliche Pflichten erwachsen sind, die vorher gar nicht oder in erheblich geringerem Umfange bestanden haben.

² Durch Ausstellung eines Verlustscheines oder Eröffnung des Konkurses gegen den Schenker wird jedes Schenkungsversprechen aufgehoben.

Ein **Schenkungsversprechen** kann gemäss Art. 250 Abs. 1 Ziff. 1 **aus den** **1**
selben Gründen widerrufen werden, wie eine Schenkung von Hand zu
Hand (Art. 249 N 5 ff.). **Zusätzlich** begründet Art. 250 zwei weitere Wi-
derrufstatbestände und einen gesetzlichen Auflösungsgrund, die bei Verschlechterung der Vermögenslage des Schenkers zur Anwendung kommen.

Ein Schenker ist berechtigt, sein Schenkungsversprechen gemäss Art. 250 **2**
Abs. 1 Ziff. 2 zu widerrufen, wenn zwei Voraussetzungen erfüllt sind: Die
Vermögensverhältnisse müssen sich **in objektiver Hinsicht verschlechtert**
haben, wobei es keine Rolle spielt, ob der Schenker die Verschlechterung
selbst verschuldet hat (MAISSEN, Rz 423). Ausserdem müsste die **Erfüllung**
des Schenkungsversprechens den Schenker ausserordentlich schwer be-
lasten. Dabei ist die konkrete subjektive Situation des Schenkers zu betrachten (ZK-OSER/SCHÖNENBERGER, N 5). Ein Widerruf lässt sich nicht erst
rechtfertigen, wenn der Schenker bei Vollzug des Schenkungsversprechens
in eine Notlage geraten würde, sondern bereits dann, wenn der ordentliche
Unterhalt nicht mehr möglich wäre (BSK OR I-VOGT, N 1). Die Forderung
des Beschenkten lebt nicht wieder auf, wenn sich die Vermögensverhältnisse des Schenkers bessern, denn der Widerruf ist ein rechtsaufhebendes
Gestaltungsrecht (**str**; vgl. BSK OR I-VOGT, N 1).

Ein weiterer Widerrufsgrund liegt gemäss Art. 250 Abs. 1 Ziff. 3 vor, wenn **3**
dem Schenker seit Vertragsschluss **neue familienrechtliche Pflichten** erwachsen sind (wie z. B. aus Art. 159, 163, 276, 328 ZGB). Voraussetzung
zum Widerruf ist allerdings, dass die Pflichten neu dazugekommen oder erheblich umfangreicher geworden sind und zu einer starken finanziellen
Mehrbelastung beim Schenker führen, sodass dieser die ihm obliegenden
familienrechtlichen Pflichten nicht mehr angemessen zu bestreiten vermag
(MAISSEN, Rz 427).

Ein noch nicht vollzogenes Schenkungsversprechen fällt mit **Ausstellung** **4**
eines Verlustscheins sowie bei Eröffnung des Konkurses über den Schen-
ker nach Art. 250 Abs. 2 ohne jegliches Zutun des Schenkers von Gesetzes
wegen dahin. Das Schenkungsversprechen kann weder gegenüber dem
Schenker noch gegenüber der Konkursmasse geltend gemacht werden und
lebt bei Erwerb neuen Vermögens durch den Schenker auch nicht wieder
auf (ZK-OSER/SCHÖNENBERGER, N 7).

Art. 251

III.   Verjährung
und Klagerecht
der Erben

¹ Der Widerruf kann während eines Jahres erfolgen,
von dem Zeitpunkt an gerechnet, wo der Schenker
von dem Widerrufsgrund Kenntnis erhalten hat.

² Stirbt der Schenker vor Ablauf dieses Jahres, so geht
das Klagerecht für den Rest der Frist auf dessen
Erben über.

³ Die Erben des Schenkers können die Schenkung
widerrufen, wenn der Beschenkte den Schenker vorsätzlich und rechtswidrig getötet oder am Widerruf
verhindert hat.

1   Der Widerruf der Schenkung nach Art. 249 und 250 kann gemäss Art. 251
Abs. 1 **während eines Jahres** erfolgen, seitdem der **Schenker vom Widerrufsgrund Kenntnis** erhalten hat. Nach Ablauf dieser Frist ist das Widerrufsrecht **verwirkt** (BGE 96 II 126). Keine Rolle spielt dabei, wie lange der
Abschluss des Schenkungsvertrags zurückliegt. Entscheidend bezüglich der
Frist zur Ausübung des Widerrufs ist, wann der Widerrufsgrund geschaffen
wurde und dass dessen Kenntnisnahme **innerhalb der zehnjährigen absoluten Verjährungsfrist** von Art. 67 erfolgt (BSK OR I-VOGT, N 1). Die Widerrufserklärung muss dem Beschenkten bzw. dessen Erben innerhalb der
Verwirkungs- und Verjährungsfrist zur Kenntnis gebracht werden; ist eine
Mitteilung wegen Unauffindbarkeit des Schenkers bzw. dessen Erben nicht
möglich, ruht die Frist (BSK OR I-VOGT, N 2). Der aus dem Widerruf resultierende Rückforderungsanspruch nach Art. 249 verjährt gemäss Art. 67
ein Jahr nach Empfang der Widerrufserklärung (vgl. BSK OR I-VOGT,
Art. 250 N 3 m. Hw.).

2   Das Widerrufsrecht ist höchstpersönlich und nicht auf Dritte übertragbar
(BGE 96 II 126). Art. 251 statuiert jedoch zwei Ausnahmen von diesem
Grundsatz. Zum einen geht das Widerrufsrecht gemäss Abs. 2 für den Rest
der Frist auf die **Erben des Schenkers** über, wenn dieser Kenntnis vom Widerrufsgrund hatte, jedoch vor Ablauf der einjährigen Verwirkungsfrist ge-
storben ist (BGE 96 II 126). Zum andern verfügen die Erben des Schenkers
gemäss Abs. 3 über ein selbstständiges Widerrufsrecht, wenn der Beschenkte den Schenker vorsätzlich und rechtswidrig getötet hat oder den
Widerruf verhindert hat. Die Widerrufserklärung der Erben des Schenkers
gemäss Abs. 3 verwirkt wie für den Schenker ein Jahr nach Kenntnis
(BSK OR I-VOGT, N 5). Ausüben können das Widerrufsrecht in Übereinstimmung mit Art. 602 Abs. 2 ZGB nur sämtliche Erben gemeinsam.

Art. 252

Tod des Schenkers

Hat sich der Schenker zu wiederkehrenden Leistungen verpflichtet, so erlischt die Verbindlichkeit mit seinem Tode, sofern es nicht anders bestimmt ist.

Schenkungen sollen restriktiv ausgelegt werden und im Zweifelsfall nur den Schenker, nicht aber dessen Erben belasten (BK-BECKER, Art. 252). Deshalb gehen Schenkungen in der Form wiederkehrender Leistungen mit dem Tode des Schenkers unter, wenn nichts anderes vereinbart wurde. Die Vermutung der **passiven Nichtvererblichkeit wiederkehrender Leistungen** gilt jedoch nur für die geschenkte Leistung an sich; die vor dem Tod des Schenkers entstandenen Einzelansprüche gehen beim Tod des Schenkers nicht unter (ZK-OSER/SCHÖNENBERGER, N 2).

Das Gesetz äussert sich nicht zur Frage, ob beim Tod des Beschenkten dessen Ansprüche auf Ausrichtung der Schenkung auf die Erben übergehen. Bezüglich eines Vermächtnisses (und damit der Schenkung auf den Todesfall, vgl. Art. 245 N 6) wird die **aktive Vererblichkeit** in Art. 543 ZGB nicht vermutet. Aus Art. 560 Abs. 2 ZGB geht jedoch hervor, dass die Erben bezüglich Forderungsrechten des Erblassers – höchstpersönliche Rechte und ausdrückliche gesetzliche Ausnahmen bleiben vorbehalten – in die rechtliche Position des Erblassers eintreten. Entsprechend ist von einer Vermutung auszugehen, wonach Schenkungsversprechen auf die Erben des Beschenkten übergehen, soweit nicht etwas anderes vereinbart wurde (**a. M.** BUCHER, OR BT, 158, mit dem gewichtigen Argument, dass das Schenkungsversprechen nicht aktiv vererblich sei, weil sich ein Schenker nach allgemeiner Lebenserfahrung i. d. R. nur gegenüber dem Beschenkten persönlich, nicht aber gegenüber dessen Erben verpflichten wolle).

Die Miete

Materialien

Botschaft zur Volksinitiative für Mieterschutz, zur Revision des Miet- und Pachtrechts im Obligationenrecht und zum Bundesgesetz über Massnahmen gegen Missbräuche im Mietwesen, BBl 1985 I 1389.

Nebenerlasse

VO vom 9.5.1990 über die Miete und Pacht von Wohn- und Geschäftsräumen (VMWG), SR 221.213.11; BG vom 23.6.1995 über Rahmenmietverträge und deren Allgemeinverbindlicherklärung (BGRA), SR 221.213.15; VO vom 31.1.1996 über Rahmenmietverträge und deren Allgemeinverbindlicherklärung (VRA), SR 221.213.151.

Spezialgesetzgebung

Schiffsmiete: BG vom 23.9.1953 über die Seeschifffahrt unter der Schweizer Flagge (Seeschifffahrtsgesetz, SSG, SR 747.30; Art. 87 ff.); Flugzeugmiete: BG vom 7.10.1959 über das Luftfahrzeugbuch (LBG, SR 748.217.1; Art. 5 lit. d: Vormerkung von Mietverhältnissen im Luftfahrzeugbuch).

Periodika

Cahiers du bail (CdB), 1992 ff.; Droit du Bail (DB), 1989 ff.; Fachreihe Mietrecht (Fachreihe), 1990 ff.; Mietrecht aktuell (MRA), 1994 ff.; Mietrechtspraxis, 1987 ff.; Mitteilungen des Bundesamtes für Wohnungswesen (Mitteilungen), 1975 ff.; Université de Neuchâtel, Séminaire sur le droit du bail, (Séminaire, zweijährlich); 1980 ff.; Zürcher Mietrechtspraxis (ZMP), 1991 ff.

Allgemeine Literatur (nebst den Bearbeitungen in den umfassenden Kommentarreihen)

Bohnet, Les termes et délais en droit du bail à loyer, Séminaire 2004; Brunner/Nideröst, Das Mietrecht im Überblick, 2. Aufl., Zürich 2005; Foex, Le laesing immobilier, Séminaire 1992; Lachat, Le bail à loyer, Lausanne 1997; Lachat/Stoll/Brunner, Mietrecht für die Praxis, 6. Aufl., Zürich 2005; Lupi Thomann, Die Anwendung des Konsumkreditgesetzes auf Miet-, Mietkauf- und Leasingverträge, Zürich 2003; Macher/Trümpy, Mietrecht, 5. Aufl., Zürich/Rheinfelden 2005; Marchand, La gérance d'immeubles, conventionelle et légale, Séminaire 2006; Oberle, Mietrecht heute, 3. Aufl., Zürich 2006; Permann, Kommentar zum Mietrecht, Zürich 2007; Piotet, Le bail et les droits réels, RNRF 1996, 1 ff.; Roncoroni, Zwingende und dispositive Bestimmungen im revidierten Mietrecht, mp 1990, 76 ff.; ders., Nochmals zur zwingenden oder dispositiven Natur der Mietrechtsbestimmungen des Obligationenrechts, mp 2006, 67 ff.; ders. Zu den zwei ersten allgemeinverbindlich erklärten Rahmenmietverträgen der Schweiz, mp 2004, 1 ff.; SVIT, Schweizerisches Mietrecht, Kommentar, 2. Aufl., Zürich 1998 (3. Aufl. bei Abschluss des Manuskripts angezeigt); Straub, Der gastgewerbliche Mietvertrag, Zürich 1988; WEKA-Verlag, Aktuelles Nachschlagewerk zum schweizerischen Mietrecht, Zürich 1991 ff.; Wiegand, Das neue Mietrecht und die Dogmatik des OR, recht 1992, 110 ff.; Zihlmann/Jakob, Mietrecht, 5. Aufl., Zürich 2004.

Vorbemerkungen zu Art. 253–274 g

I. Rechtsnatur und Abgrenzungen

Miete ist die **Überlassung einer Sache oder eines Tiers zum Gebrauch auf**   1
Zeit gegen Entgelt. Sie ist ein synallagmatisches Dauerschuldverhältnis. Im
System der Nominatkontrakte des OR ist sie, wie die Pacht (Art. 275 ff.) und
die Gebrauchsleihe (Art. 305 ff.), ein echter Gebrauchsüberlassungsvertrag,
in welchem die Rückgabepflicht des Mieters eine Stückschuld auf die übergebene Sache ist. Dazu tritt als unechter Gebrauchsüberlassungsvertrag
das Darlehen (Art. 312 ff.), in welchem das Eigentum am Vertragsgegenstand auf den Darlehensnehmer übergeht und die Rückerstattungspflicht
eine Gattungsschuld ist.

Von der **Pacht** unterscheidet sich die Miete im Gegenstand. Vermietet werden können nur Sachen und Tiere, verpachtet überdies Rechte. Der Pachtgegenstand muss zudem wirtschaftlich nutzbar (productif), d. h. bei geeigneter Bewirtschaftung ertragsfähig sein. Das Reitpferd wird vermietet,   2
die Zuchtstute verpachtet. Abgrenzungsfragen ergeben sich namentlich bei
der entgeltlichen Überlassung von Geschäftsräumen (Kasuistik in N 5 zu
Art. 275). Hat sie allein eine Sachgesamtheit zum Gegenstand, liegt Miete
vor, bei der Überlassung eines eingerichteten Betriebs dagegen Pacht
(BGE 128 III 419 E. 2.1; Restaurant). Massgebend ist ein ökonomischer Be-

triebsbegriff. Von der **Gebrauchsleihe** unterscheidet sich die Miete in der Entgeltlichkeit (Art. 253 und 302), in der Nutzungsbefugnis des Entleihers (BGE 75 II 45 E. 4) sowie in dessen Unterhaltslast und der fehlenden Sachgewähr des Verleihers (Art. 307). Vom entgeltlichen **Darlehen** grenzt sich die Miete durch den Eigentumsübergang auf den Darlehensnehmer und die dadurch bewirkte Gattungsschuld auf Rückerstattung des Empfangenen ab (Art. 312).

3   Das **Wohnrecht** (Art. 776 ff. ZGB) und die **Nutzniessung** (Art. 745 ff. ZGB) sind, wenn sie entgeltlich ausgestaltet sind (BGE 115 II 344 E. 4b), der Miete inhaltlich verwandt. Als Dienstbarkeiten sind diese Gebrauchsrechte jedoch dinglicher, nicht schuldrechtlicher Natur.

4   Verschiedene **Innominatkontrakte** stehen in Sachnähe zur Miete. Zu nennen ist vorab der (nicht einheitlich aufscheinende) **Leasingvertrag**, der überwiegend als gemischter Vertrag mit Elementen der Gebrauchsüberlassung, der Veräusserung sowie allenfalls (beim indirekten Leasing) des Auftrags konzipiert ist. In ihm greifen je nach Ausgestaltung die zwingenden Bestimmungen des Mietrechts, namentlich diejenigen des Mieterschutzes. Zudem kann er unter die Bestimmungen des Konsumkreditgesetzes fallen (Art. 1 Abs. 2 lit. a KKG). Mietähnlich sind sodann der **Lizenzvertrag**, der allerdings mit seiner Nutzungsbefugnis an einem Immaterialgüterrecht eher der Pacht nahe steht, der **Beherbergungsvertrag** in Gasthaus oder Spital mit Elementen der Miete (Zimmerbenützung), des Kaufs (Verköstigung) und des Auftrags (Pflege und Besorgung), der kombinierte **Automatenaufstellungsvertrag** (BSK OR I-Schluep/Amstutz, Einl. vor Art. 184 ff., N 367 und 369) als gemischter Vertrag mit miet- und gesellschaftsrechtlichen Elementen (gemeinsame Zweckförderung) sowie der **Hauswartvertrag** als doppeltypischer Zwillingsvertrag mit einem Synallagma aus Miete und Arbeitsvertrag (BGE 131 III 566 E. 3.1).

5   Gebrauchsüberlassungen, die auf **öffentlichem Recht** gründen (z. B. Dienstwohnungen im Beamtenverhältnis) werden durch die Bestimmungen dieses Rechts geregelt und fallen nicht unter die Art. 253 ff. OR (mp 1995, 58 ff.). Soweit für sie auf Bestimmungen des OR verwiesen wird, finden diese als öffentlich-rechtliche Normen im Verwaltungsverfahren Anwendung (mp 2000, 65 ff.).

II. Mieterschutz

6   Die Schweizer sind ein Volk von Mietern, namentlich Wohnungsmietern. Nur rund ein Drittel aller Wohnungen werden von Eigentümern bewohnt (Volkszählung 2000). Dies ist die weitaus geringste Eigentumsquote in allen europäischen Ländern. Der Wohnungsbedarf als Existenzbedarf rief daher seit Beginn des 20. Jahrhunderts kontinuierlich nach gesetzlichem Mie-

terschutz. Dieser manifestierte sich vorerst in mehrheitlich notrechtlichen Schutz- und Kontrollvorschriften des öffentlichen Rechts, seit dem 1. Juli 1990 ist er formell im Obligationenrecht verankert. Die Schutzvorschriften stellen grundsätzlich zwingendes, die Vertragsfreiheit beschränkendes Recht dar. Zu unterscheiden sind dabei die absolut zwingenden, d. h. der Parteidisposition schlechthin entzogenen und die relativ zwingenden Bestimmungen, von denen vertraglich nicht zu Ungunsten des Mieters abgewichen werden darf.

Der je nach Vertragsgegenstand unterschiedliche soziale Schutzbedarf der   7
Mieter scheidet die gesetzliche Ordnung in Bestimmungen, die in allen Mietverhältnissen (Fahrnis- wie Grundstückmiete) gelten, und solche, die nur in der Mobiliarmiete (z. B. Art. 259 *b* lit. a 2. Halbsatz, 266 *k*) oder nur in der Immobiliarmiete (z. B. Art. 257 *f* Abs. 2, 259 *b* lit. a 1. Halbsatz, 259 *g* ff., 261 *b*) Anwendung finden. Zur Immobiliarmiete ihrerseits finden sich Vorschriften, welche allein für die Raummiete (Geschäfts- oder Wohnräume), nicht aber für die Platzmiete gelten (z. B. Art. 256 Abs. 2 lit. b, 257 *b*, 257 *e*, 261 Abs. 2 lit. a, 269 ff., 271 ff., 274 *d* ff.), daneben auch solche, welche bloss die Mietverhältnisse einer der beiden Raumkategorien betreffen (z. B. Art. 257 *e* Abs. 2, 263, 266 *c*–*e*, 266 *m*, 268 ff., 274 *c*).

Namentlich die Kontrolle der Mietpreisgestaltung gibt anhaltend Anlass zu   8
politischen Diskussionen, zumal keine der bisher getroffenen Lösungen sowohl die Mieter- als auch die Vermieterseite zu befriedigen vermochte. Änderungsvorlagen fanden in den letzten Jahren allerdings beim Stimmvolk keine Gnade. Im Jahre 2003 wurde die Volksinitiative «Ja zu fairen Mieten» ebenso verworfen wie im folgenden Jahr der Gegenvorschlag des Parlaments.

Erster Abschnitt: Allgemeine Bestimmungen

Art. 253

A. Begriff und Geltungsbereich

I. Begriff

Durch den Mietvertrag verpflichtet sich der Vermieter, dem Mieter eine Sache zum Gebrauch zu überlassen, und der Mieter, dem Vermieter dafür einen Mietzins zu leisten.

Literatur

AUBERT, La nouvelle loi sur la signature électronique et le droit du bail, Séminaire 2006; GASCHE, Die Mietfläche von Wohn- und Geschäftsräumen, mp 2001, 163 ff.; KNÖPFLER, Pourparlers précontractuels, promesse de conclure et droit d'option en matière du bail, Séminaire 1998; MICHELI, Les colocataires dans le bail commun, Séminaire 1994; PERMANN, Der gemeinsame Mietvertrag unter Berücksichtigung der jüngsten Rechtsprechung des Bundesgerichts, mp 1997, 191 ff.; SCHMID, Der gemeinsame Mietvertrag, SJZ 1991, 349 ff. und 374 ff.; STRAUB, Der gastgewerbliche Mietvertrag, Diss. Zürich 1988; SCHNEIDER HEUSI, Der Geschäftsmietvertrag, Diss. Zürich 1999; TRÜMPY, Bibliographie zum Mietrecht, mp 2001, 115 ff.; WEBER, Der gemeinsame Mietvertrag, Diss. Zürich 1993; WESSNER, La conclusion du bail immobilier, Séminaire 1998.

I.   Objektiv wesentliche Elemente des Mietvertrags

1   Gegenstand des Mietvertrags können nur (bewegliche oder unbewegliche) **Sachen** oder **Tiere** (Art. 641a ZGB) sein. Der Gebrauch fremder Rechte gründet auf Pacht, Leihe oder Lizenzvertrag. Nicht Gegenstand eines Gebrauchsüberlassungsvertrags kann eine menschliche Tätigkeit sein. Der Begriff des Personalverleihs ist daher rechtlich unzutreffend (BG über die Arbeitsvermittlung und den Personalverleih; SR 823.11). Vermietet kann auch eine Gattungssache (Automobil), eine Sachgesamtheit (Hotelmobiliar) oder bloss der Teil einer Sache werden (Wohnung im Mehrfamilienhaus, Einzelzimmer). Das Mietobjekt muss als objektiv wesentliches Element des Vertrags mindestens bestimmbar sein (Autoabstellplatz in einer Einstellhalle). Öffentliche Sachen sind nur nach Massgabe der einschlägigen verwaltungsrechtlichen Vorschriften vermietbar (Einschränkungen bestehen namentlich für Sachen des Verwaltungsvermögens, Sachen im Gemeingebrauch und herrenlose Sachen i. S. v. Art. 664 ZGB).

Vermieterseitige Vertragspflicht ist die **Gebrauchsüberlassung**. Der Ge- 2
brauch ist dem Mieter zu verschaffen sowie vertragskonform (gebrauchs-
tauglich), ungeschmälert und ungestört zu erhalten. Das Gebrauchsrecht
des Mieters umfasst ebenfalls die Zugehör und die zur bestimmungsgemässen Benützung der Mietsache zur Verfügung stehenden Anlagen ausserhalb
des eigentlichen Mietobjekts (Zugänge, Treppenhäuser, Umschwung etc.).
Die zulässige Art des Gebrauchs ergibt sich aus dem Vertrag und der Zweckbestimmung der Mietsache.

Der Mieter hat gewöhnlich Anspruch auf unmittelbaren **Fremdbesitz** an 3
der Mietsache. Dem Vermieter verbleibt mittelbarer Eigenbesitz (Art. 920
ZGB). Bei gemeinsamer Benützung haben die Parteien unmittelbaren
Mitbesitz an der Mietsache, der Vermieter selbstständigen, der Mieter unselbstständigen. Als Besitzer geniesst der Mieter den gesetzlichen Besitzesschutz (Art. 927 ff. ZGB). In der Mobiliarmiete steht ihm ebenfalls der Be-
sitzesrechtsschutz zu (Art. 931 Abs. 2 ZGB), in der Immobiliarmiete nur,
wenn sein Recht im Grundbuch vorgemerkt ist (Art. 937 Abs. 1 ZGB; ZK-Os-
TERTAG, Art. 937 ZGB N 10; BK-STARK, Art. 937 ZGB N 22). Der Mieter kann
zudem defensive Ansprüche aus Nachbarrecht geltend machen (Einwir-
kungsschutz, Art. 679 und 684 ZGB; BGE 119 II 411 E. 4a). Er übt das Haus-
recht nach Art. 186 StGB aus (BGE 118 IV 167 E. 1c).

Mangels gegenteiliger Abrede hat der Mieter bloss ein Gebrauchsrecht, 4
nicht aber eine **Gebrauchspflicht**. Eine solche kann sich jedoch von Gesetzes wegen aus dem Vertrauensgrundsatz und der Sorgfaltspflicht nach
Art. 257*f* ergeben, namentlich in der Geschäftsmiete zur Erhaltung des
vom Vermieter geschaffenen Kundschaftswerts (BGE 123 III 124 E. 2a; 103
II 247 E. 2c; ZK-HIGI, Art. 257*f* N 21 ff., kritisch CR CO I-RONCORONI, Art. 275
N 13).

Der Mietvertrag kann auf bestimmte oder unbestimmte **Dauer** abgeschlos- 5
sen werden, ist aber begriffsnotwendig zeitlich begrenzt, andernfalls er als
Veräusserungsvertrag erschiene. Seine Laufzeit bestimmen die Parteien in
den Schranken von Art. 27 ZGB (Verbot übermässiger Bindung, namentlich
«ewiger» Verträge; BGE 119 II 159 E. 2a). Bei übermässiger zeitlicher Bindung hat die betroffene Partei nach Ablauf der zulässigen Dauer ein Kündigungsrecht (BGE 129 III 209 E. 2.2), vorher allenfalls einen Anspruch auf
Feststellung partieller Vertragsnichtigkeit (Art. 20 Abs. 2). Die Höchstdauer
der mietvertraglichen Bindung lässt sich nur kasuistisch bestimmen. Jedenfalls aber liegt eine unzulässige Beschränkung vor, wenn der Mietvertrag
bloss einseitig kündbar gestellt ist (ZK-HIGI, Art. 255 N 53).

Die Miete ist begriffsnotwendig **entgeltlich**, andernfalls liegt eine Leihe vor. 6
Das Entgelt (Mietzins) muss vertraglich bestimmt oder bestimmbar sein
(z. B. umsatzabhängiger Mietzins in der Geschäftsmiete). Haben die Par-

teien sich bloss über den Grundsatz, nicht aber über die Höhe des Entgelts geeinigt, fällt eine gerichtliche Vertragsergänzung nur rückwirkend, d. h. für faktisch vollzogene Mietverhältnisse in Betracht, nicht aber für die Zukunft (BGE 119 II 347; 4C.11/2002; **a. A.** BSK OR I-WEBER, N 6; TERCIER, Contrats spéciaux, Rz 1745). Bestimmbarkeit des Entgeltes ist auch im Rahmen der Option, einen Mietvertrag abzuschliessen oder zu verlängern, erforderlich (BGer 4C.152/2004).

II. Vertragsparteien

7   Vermieter und Mieter können natürliche oder juristische **Personen** sein, daneben auch **Kollektiv- und Kommanditgesellschaften** (Art. 562 und 602) sowie im Rahmen ihrer Verwaltungstätigkeit (BGer 4C.185/2005) die **Stockwerkeigentümergemeinschaft** (Art. 712 *l* ZGB). Der Vermieter muss nicht Eigentum an der Mietsache haben, kann seinerseits deren Mieter (Untermiete) oder Inhaber eines beschränkten dinglichen Rechts sein (Nutzniessung, Art. 758 Abs. 1 ZGB; eine Vermietungsbefugnis des Wohnberechtigten wird dagegen von der h. L. nur bei besonderer Ermächtigung bejaht, **str.**; vgl. ZK-BAUMANN, Art. 776 ZGB N 27 ff.). Gutgläubiger «Mieterwerb» vom Nichtberechtigten ist ausgeschlossen (Art. 933 ZGB *e contrario).* Nicht unproblematisch ist der (befugte) Abschluss von Mietverträgen durch den Liegenschaftsverwalter in indirekter Stellvertretung, d. h. in eigenem Namen, aber auf Rechnung des Eigentümers. Spezifische Konfliktsituationen können sich hier etwa bei Eigenbedarf des Eigentümers an der Mietsache (Art. 271*a* Abs. 3 lit. a und 272 Abs. 2 lit. d), bei subjektiv missbräuchlicher Kündigung des Vermieters (Art. 271*a*) oder bei Veräusserung der Mietsache (Art. 261 Abs. 2 lit. b) ergeben. Der Grundsatz der Relativität der obligatorischen Rechte lässt indessen auch diese Rechtsgestaltung grundsätzlich zu.

8   Auf Vermieter- wie auf Mieterseite können **mehrere Personen** als Vertragsparteien auftreten. Mehrere Vermieter haften für die Erfüllung der primären Vertragspflichten formell solidarisch (Art. 70 Abs. 2). Schadenersatz aus deren Nichterfüllung schulden sie dagegen nur bei entsprechenden internen Rechtsbeziehungen solidarisch (z. B. einfache Gesellschaft, Art. 544 Abs. 3; Erbengemeinschaft, Art. 603 und 639 ZGB), im Allgemeinen aber bloss anteilsmässig (TERCIER, Contrats spéciaux, Rz 1794; **a. A.** ZK-HIGI, Vorbem. zu Art. 253–274 g N 114). Mehrere Mieter haften regelmässig – nicht aber zwingend – solidarisch aufgrund eines gemeinsamen Vertragsschlusses (Art. 143), aus besonderen internen Rechtsverhältnissen (z. B. einfache Gesellschaft) oder aus erwecktem Rechtsschein (vgl. BGE 124 III 3 63 E. II/2a).

9   Der verheiratete Vermieter kann seine **Familienwohnung** nur mit Zustimmung des Ehegatten oder aufgrund gerichtlicher Ermächtigung vermieten,

der verheiratete Mieter den Vertrag bloss unter denselben Voraussetzungen kündigen (Art. 169 ZGB und 266 *m*).

III. Vertragsform

Der Mietvertrag ist grundsätzlich **formfrei** gültig. Im Falle von Wohnungs- 10 mangel können die Kantone den Vertragsabschluss in der Wohnraummiete allerdings einer Formularpflicht unterstellen (Art. 270 Abs. 2; zum Inhalt des Formulars Art. 19 VMWG, insb. Abs. 3). Schriftlichkeit des Mietvertrags als Beweisform ist überdies erforderlich, wenn er im Grundbuch vorgemerkt werden soll (Art. 71 GBV). Formgebunden sodann sind in der Wohn- und Geschäftsraummiete die Kündigung der einen oder andern Partei (Art. 266 *l*) sowie einseitige Vertragsanpassungen des Vermieters (Art. 269 *d*).

IV. Rahmenmietverträge

Rahmenmietverträge enthalten Musterbestimmungen über Abschluss, In- 11 halt und Beendigung von Mietverhältnissen und gelten im individuellen Vertrag bloss, wenn die Parteien dies bei dessen Abschluss oder nachträglich vereinbaren. Anderes gilt, wenn der Rahmenmietvertrag **allgemeinverbindlich** erklärt wird. Danach derogieren seine Bestimmungen von Gesetzes wegen allen entgegenstehenden Normen der bestehenden Einzelmietverträge, soweit sie für den Mieter nicht günstiger sind (Art. 5 Abs. 2 und 3 BGRA). Der allgemeinverbindlich erklärte Rahmenmietvertrag hat damit normative Wirkung und untersteht dem Günstigkeitsprinzip (RONCO-RONI, mp 2004, 2)

Art. 253a

Geltungsbereich Wohn- und Geschäftsräume

[1] **Die Bestimmungen über die Miete von Wohn- und Geschäftsräumen gelten auch für Sachen, die der Vermieter zusammen mit diesen Räumen dem Mieter zum Gebrauch überlässt.**

[2] **Sie gelten nicht für Ferienwohnungen, die für höchstens drei Monate gemietet werden.**

[3] **Der Bundesrat erlässt die Ausführungsvorschriften.**

Art. 253*b*

2. **Bestimmungen über den Schutz vor missbräuchlichen Mietzinsen**

¹ Die Bestimmungen über den Schutz vor missbräuchlichen Mietzinsen (Art. 269 ff.) gelten sinngemäss für nichtlandwirtschaftliche Pacht- und andere Verträge, die im Wesentlichen die Überlassung von Wohn- oder Geschäftsräumen gegen Entgelt regeln.

² Sie gelten nicht für die Miete von luxuriösen Wohnungen und Einfamilienhäusern mit sechs oder mehr Wohnräumen (ohne Anrechnung der Küche).

³ Die Bestimmungen über die Anfechtung missbräuchlicher Mietzinse gelten nicht für Wohnräume, deren Bereitstellung von der öffentlichen Hand gefördert wurde und deren Mietzinse durch eine Behörde kontrolliert werden.

Literatur

BLASER, Le logement de luxe, CdB 2004, 65 ff.; ROHRER, Luxusobjekt, MRA 2004, 123 ff.; SCHÖBI, Verfahrensrechtliche Fragen rund um den Schutz des Mieters bei subventionierten Wohnungen, mp 1997, 75 ff.; TSCHUDI, Definition einer Mietsache als Wohnraum im Sinne des Gesetzes, MRA 2004, 35 ff.

I.   Wohn- und Geschäftsraummiete

1   **Raum** ist eine horizontal und vertikal abgeschlossene bauliche Einheit, eine mehr oder weniger geschlossene Baute oder ein Teil davon (BGE 124 III 108 E. 2 b). Nicht erforderlich ist eine funktional in sich geschlossene Einheit, die Raummiete kann daher auch ein einzelnes Zimmer innerhalb der Wohnung zum Gegenstand haben. Die Baute kann Bestandteil des Bodens sein (Art. 667 Abs. 2 ZGB), selbstständiger Gegenstand des Grundeigentums (Art. 655 Abs. 2 Ziff. 2 und 779 ff. ZGB) oder Mobilie (Fahrnisbaute, Art. 677 ZGB). Keine Bauten und damit keine Räume im Sinne des Mietrechts sind Zelte (ZK-HIGI, Art. 253 *a*–253 *b* N 11; **a.A.** BSK OR I-WEBER, Art. 253 *a*/253 *b* N 4) oder Fahrzeuge (Wohnmobil).

2   Nicht entscheidend ist die **Ausstattung**. Unter den Begriff des Raums fallen sowohl der Rohbau wie der innen ausgestattete und der möblierte Raum. Unerheblich für die rechtliche Qualifikation ist die Grösse des Raums.

3   Gegenstück der Raummiete ist im Immobiliarbereich die **Platzmiete**. Deren Objekte sind nicht Räume, sondern Flächen (Lagerraum) oder Teile davon (BGE 124 III 108 E. 2b), auch wenn sie innerhalb eines Raums zur Verfü-

gung gestellt werden (Schlafgelegenheiten im Mehrbettzimmer; ZK-Higi, Art. 253 a–253 b N 10; **a. A.** BSK OR I-Weber, Art. 253 a/253 b N 4, der hier eine Raummiete annimmt).

Wohn- und Geschäftsräume unterscheiden sich nach dem **Zweck** der 4 Gebrauchsüberlassung, der sich aus der vereinbarten, bei fehlender ausdrücklicher oder konkludenter Absprache aus der objektiv bestimmungsgemässen Benützung der Mietsache ergibt.

Wohnräume dienen der Befriedigung privater Lebensbedürfnisse. Sie sind 5 zum ständigen, nicht geschäftlichen Aufenthalt von Personen bestimmt, gewährleisten eine gewisse Privatsphäre und bieten Schutz vor Witterungs- und anderen Umwelteinflüssen. Dass darin sämtliche Bedürfnisse der privaten Lebenshaltung (Kochgelegenheit, Bad und Toilette etc.) befriedigt werden können, ist nicht erforderlich.

Geschäftsräume dienen dem Betrieb eines Gewerbes oder der Ausübung 6 einer beruflichen Tätigkeit (BGE 124 III 108 E. 2 b), d. h. einer auf Dauer angelegten Aktivität ausserhalb der Privatsphäre. Hauptsächlich wird darin eine Erwerbstätigkeit ausgeübt (Büros, Läden, Lager, Werkstätten). Die Verfolgung eines wirtschaftlichen Zwecks ist jedoch nicht erforderlich, auch betriebliche Aktivitäten mit ideeller Zielsetzung spielen sich in Geschäftsräumen ab (Sekretariate gemeinnützige Körperschaften). Keine Geschäftsräume sind dagegen Hobbyräume (private Bastel- oder Gymnastikräume u. dgl.).

Wird Wohnraum zusammen mit einem Geschäftsraum vermietet (z. B. Gast- 7 stätte mit Wirtswohnung), gelten die Bestimmungen über die Geschäftsmiete (BGer 4C.43/2001). Werden Räumlichkeiten sowohl zu Wohn- wie zu Geschäftszwecken benutzt, ist auf den überwiegenden Gebrauchszweck abzustellen (Akzessorietät des untergeordneten Zweckbereichs; BGer 4C.43/2001).

Das Gesetz enthält für die Miete von Wohn- und Geschäftsräumen eine Reihe 8 von Sondervorschriften. Aus der ratio legis des sozialen Mieterschutzes werden diese Bestimmungen zum einen auf Objekte oder Verträge ausgedehnt, welche ihnen genuin nicht unterstellt wären (Ziff. II hiernach), zum andern für bestimmte Wohnräume eingeschränkt (Ziff. III hiernach).

II. Ausgedehnter Anwendungsbereich

Die Sondervorschriften gelten uneingeschränkt für **mitvermietete Sachen** 9 (Art. 253 a Abs. 1). Dies sind Mobilien (z. B. Einrichtungen) oder Immobilien (z. B. Garagen, Parkplätze, Mansarden), welche einem Wohn- oder Geschäftsraum (Hauptsache) als Nebensache dienen und wegen dieses Zusammenhangs ebenfalls zum Gebrauch überlassen und beansprucht werden. Erforderlich für die Ausdehnung sind die Identität der Vertragsparteien, die funktionelle Verbindung der einzelnen Objekte sowie die subordinierte Akzessorietät der einen Sache zur andern (nicht zwei funktional gleichwertige Hauptsachen). Unerheblich ist dagegen, ob ein einheitlicher oder mehrere Verträge abgeschlossen werden, und ob das Gebrauchsrecht an der Nebensache auf dieselbe Dauer wie dasjenige an der Hauptsache begründet wird. Folge der Ausdehnung ist eine einheitliche rechtliche Behandlung der Mietverhältnisse im Schutzbereich. Dies gilt jedenfalls für die Überprüfung missbräuchlicher Mietzinse, welche sich auf das Entgelt für die Gesamtheit der Objekte erstreckt. Im Kündigungsschutz relativiert das Bundesgericht dagegen die einheitliche Beurteilung und lässt eine differenzierte Behandlung von Haupt- und Nebensache zu (BGE 125 III 231 E. 3 und 4; kritisch BSK OR I-Weber, Art. 253 a/253 b N 15).

10   Die Sondervorschriften gelten ebenfalls in der **nichtlandwirtschaftlichen Pacht**, diejenigen zum Schutz des Pächters vor missbräuchlichen Mietzinsen (und anderen missbräuchlichen Forderungen) gestützt auf Art. 253 b Abs. 1, diejenigen zum Kündigungsschutz, mit Ausnahme der Bestimmungen über die Familienwohnung, gestützt auf Art. 300.

11   Der Mieterschutz greift schliesslich auch in allen **Innominatkontrakten** mit wesentlich mietrechtlichem Einschlag. Unerheblich ist dabei, ob es sich um einen gemischten (z. B. Hauswartvertrag, BGE 131 III 566), einen zusammengesetzten (z. B. Restaurantmiete mit Bierbezugspflicht) oder einen Innominatkontrakt eigener Art (z. B. gewisse Leasingformen) handelt. Wesentlich ist die mietvertragliche Komponente, wenn sie nach dem subjektiven Willen mindestens einer Vertragspartei conditio sine qua non des Gesamtvertrags ist. Nach dem Wortlaut von Art. 253 b Abs. 1 betrifft die Ausdehnung nur den Mieterschutz vor missbräuchlichen Mietzinsen (und anderen missbräuchlichen Forderungen). Nach den geläufigen Rechtsanwendungsregeln, namentlich der heute im Vordergrund stehenden Theorie der Übernahme gesetzlicher Einzelanordnungen («Blumenpflücktheorie») ist zwingendes Vertragstypenrecht indessen ohnehin anzuwenden, wenn sich in einem innominellen Vertragsverhältnis eine Schutzlücke ergibt (BSK OR I-Schluep/Amstutz, Einl. vor Art. 184 ff. N 79). Zwingendes Mietrecht gilt daher auch ausserhalb der Mietzinsgestaltung in mietrechtsrelevanten Innominatkontrakten, insbesondere dasjenige im Kündigungs- und Erstreckungsbereich (BSK OR I-Weber, Art. 253 a/253 b N 17). Art. 253 b ist daher insoweit überflüssig und zudem im Wortlaut zu eng.

III. Eingeschränkter Anwendungsbereich

12   Die Schutzbestimmungen finden integral keine Anwendung auf Mietverträge über **Ferienwohnungen** mit einer Laufzeit von höchstens drei Monaten (Art. 253 a Abs. 2). Als Ferienwohnungen gelten Wohnräume (Woh-

nungen, einzelne Zimmer, Häuser), welche zu Urlaubszwecken benutzt werden.

Die Bestimmungen über den Schutz vor missbräuchlichen Mietzinsen   13
(Art. 269 ff.) finden keine Anwendung auf Mietverträge über **luxuriöse Wohnungen** (Art. 253 *b* Abs. 2). Luxuriös sind Wohnungen und Einfamilienhäuser die sechs oder mehr Wohnräume (ohne Küche) aufweisen (Art. 2 Abs. 1 VMWG) und (kumulativ) überdurchschnittlich ausgestattet sind. Der Luxusbegriff ist restriktiv auszulegen (BGer 4C.5/2004).

Subventioniert ein Gemeinwesen die private Vermietung von **Wohnräumen**   14
(BGE 129 III 272 E. 2.2) und **kontrolliert** es im Gegenzug die **Mietzinsgestaltung**, so gelten die materiellen Schutzbestimmungen vor missbräuchlichen Mietzins- und anderen Forderungen des Vermieters im Grundsatz auch hier, doch tritt an die Stelle der zivilgerichtlichen Kontrolle die Verwaltungsaufsicht (Art. 253 *b* Abs. 3; Art. 2 Abs. 2 VMWG; BGE 124 III 463 E. 4a). Insoweit stellt Art. 253 *b* Abs. 3 bloss eine Kompetenznorm dar (kritisch SVIT, Art. 253 *b* N 14 ff.). Nach Wegfall von Subvention und Mietzinskontrolle finden uneingeschränkt die privatrechtlichen Bestimmungen Anwendung. Der neu zulässige Mietzins berechnet sich nach der absoluten Methode (BGE 123 III 171; zur Methode vgl. Vorbem. zu Art. 269–270 *e* N 6). Keine Sondervorschriften gelten für subventionierte Wohnungen im Bereiche des Kündigungsschutzes nach Art. 271–274 *g* (Art. 2 Abs. 2 VMWG).

IV. Ausführungsvorschriften

Die ihm in Art. 253 *a* Abs. 3 eingeräumte Verordnungskompetenz in der   15
Wohn- und Geschäftsraummiete beansprucht der Bundesrat entgegen des zu engen Wortlauts der Marginalie richtigerweise umfassend und beschränkt sie nicht auf Bestimmungen zum Geltungsbereich des Mietrechts (BGer 4C.85/2002). Die Ausführungsvorschriften finden sich in der VMWG.

Art. 254

Koppelungs-
geschäfte

Ein Koppelungsgeschäft, das in Zusammenhang mit der Miete von Wohn- oder Geschäftsräumen steht, ist nichtig, wenn der Abschluss oder die Weiterführung des Mietvertrags davon abhängig gemacht wird und der Mieter dabei gegenüber dem Vermieter oder einem Dritten eine Verpflichtung übernimmt, die nicht unmittelbar mit dem Gebrauch der Mietsache zusammenhängt.

Literatur

BÄR, Die Versicherung bei Wohn- und Geschäftsmiete, mp 2001, 61 ff.; MI-
CHELI, Les transactions couplés avec le bail, Séminaire 2004.

I. Anwendungsbereich

1   Die absolut zwingende Bestimmung bezieht sich allein auf die **Wohn- und
Geschäftsraummiete**. Inhaltlich fällt sie unter das Verbot missbräuchlicher
Vermieterforderungen im Sinne der Art. 269 ff. Teleologisch ist ihr Anwendungsbereich daher auf **missbräuchliche** Koppelungsgeschäfte zu reduzieren. Es soll verhindert werden, dass der Vermieter den Nachfrageüber-
hang ausnutzt, um dem Mieter sachfremde Verpflichtungen aufzuerlegen
(BGE 118 II 157 E. 3c).

II. Koppelungsgeschäfte

2   Gegenstand unzulässiger **Koppelungsgeschäfte** i. S. v. Art. 254 sind Verpflichtungen des Mieters, die nicht mit dem Gebrauch der Sache zusammenhängen. I. d. R. sind sie Inhalt selbstständiger, an den Mietvertrag gebundener Verträge, treten aber auch in gemischten Verträgen und als
Nebenklauseln in reinen Mietverträgen auf (CR CO I-LACHAT, Art. 254 N 4).

3   Auch eine Verpflichtung, die mit dem Gebrauch der Sache selbst zusammenhängt, kann unter Art. 254 fallen, wenn sie gegenüber der Leistung des
Vermieters eine unverhältnismässige Belastung des Mieters bewirkt und inhaltlich als missbräuchlich erscheint (mp 1999 38 ff. und 41 ff.). Zu denken
ist etwa an die Verpflichtung zur Übernahme von Geschäftsinventar zu
übersetzten Preisen.

4   Das unzulässige Koppelungsgeschäft muss vom **Vermieter initiiert**, d. h.
von ihm gewollt und mindestens indirekt veranlasst worden sein sowie in
dessen Interesse liegen.

5   Die gekoppelte Verpflichtung wird zugunsten des Vermieters oder eines
Dritten eingegangen. Unter Art. 254 fällt eine Drittverpflichtung aber nur,
wenn der Vermieter sie direkt oder indirekt zur Bedingung des Vertragsabschlusses erhoben hat (z. B. den Abschluss eines Versicherungsvertrags
mit einem bestimmten Versicherungsunternehmen). Keine Koppelungsgeschäfte stellen dagegen Vereinbarungen des Mieters mit dem Vormieter
dar (z. B. Erwerb von Einrichtungen, Abgeltung von Goodwill), sofern der
Vermieter daran nicht beteiligt ist und daraus keinen Nutzen zieht (BGer
4C.261/2001; TERCIER, Contrats spéciaux, Rz 1758; **a. A.** ZK-HIGI, N 29; BSK
OR I-WEBER, N 5; BGer 4C.161/2001).

III. Rechtsfolgen

Unzulässige Koppelungsgeschäfte sind nach der gesetzlichen Anordnung **nichtig**. Die Nichtigkeit wirkt ex tunc, ist von Amtes wegen zu berücksichtigen und kann jederzeit geltend gemacht werden. Die Berufung des Vermieters auf die Nichtigkeit des Koppelungsgeschäfts kann allerdings am Einwand des Rechtsmissbrauchs scheitern (z.B. ungünstige Entwicklung des gekoppelten Geschäfts für den Vermieter). Diesfalls sollte nach der ratio legis auch eine Anordnung der Nichtigkeit von Amtes wegen unterbleiben. 6

Die Nichtigkeit beschlägt nur das Koppelungsgeschäft, nicht aber den **Mietvertrag**. Ist die unzulässige Verpflichtung Teil des (gemischten oder reinen) Mietvertrags, tritt Teilnichtigkeit ein, nach der ratio legis entgegen Art. 20 Abs. 2 auch unbesehen eines anders gearteten hypothetischen Parteiwillens des Vermieters (vgl. BK-Kramer, Art. 19–20 N 365). 7

Bereits ganz oder teilweise **erfüllte Koppelungsgeschäfte** sind nach den sachen- und bereicherungsrechtlichen Regeln rückabzuwickeln. Der Kondiktion – und der Vindikation – kann eine Sperre aus Art. 66 OR entgegenstehen (zur Vindikationssperre nach Art. 66 BSK OR I-Schulin, Art. 66 N 6). 8

IV. Kasuistik

Art. 3 VMWG nennt als **nichtige** Koppelungsgeschäfte namentlich die Verpflichtungen des Mieters, die Mietsache, Möbel oder Aktien zu kaufen oder einen Versicherungsvertrag abzuschliessen (zu Ausnahmen N 10 hiernach). Weitere Beispiele sind die Verpflichtung zur Leistung eines Hand- oder Schlüsselgelds («pas de porte»), die Abnahmeverpflichtung für Waren ohne Bezug zum Gebrauch der Mietsache oder die Ermächtigung des Vermieters, den Mietzins direkt dem Bank- oder Postcheckkonto des Mieters zu belasten (Lastschriftverfahren; AmtlBull NR vom 15.3.1989, 476; a.A. BSK OR I-Weber, N 4). 9

Zulässige Koppelungsgeschäfte sind entgegen dem redundanten Wortlaut von Art. 3 VMWG Verpflichtungen zum Erwerb von Aktien oder Anteilscheinen von Immobilien-Aktiengesellschaften oder Genossenschaften, welche bezwecken, ihre Objekte den Mitgliedern preisgünstig zur Verfügung zu stellen (actionnaire-locataire oder coopérateur-locataire). Zulässig sind weiter die Verpflichtungen, nebst der Wohnung auch einen Parkplatz zu mieten, die Übernahme der (angemessen entschädigten) Hauswartung, die Begründung eines Konkurrenzverbots in der Geschäftsmiete, der Abschluss einer Haftpflichtversicherung ohne Verpflichtung auf ein bestimmtes Versicherungsunternehmen, die Inventarübernahme zu angemessenem Preis oder die Pflicht des Restaurantmieters, Wein beim Vermieter zu beziehen (BGer 4C.255/2004). 10

Art. 255

**C. Dauer des Miet-
      verhältnisses**

¹ Das Mietverhältnis kann befristet oder unbefristet
  sein.

² Befristet ist das Mietverhältnis, wenn es ohne Kündigung mit Ablauf der vereinbarten Dauer endigen
  soll.

³ Die übrigen Mietverhältnisse gelten als unbefristet.

Literatur

MAAG, Reservationsrecht, Vormietrecht und Option, MRA 2001, 37 ff.; SA-
VIAUX, Le bail de durée déterminée, CdB 2006, 33 ff.; WESSNER, L'extinction
ordinaire du bail à loyer, Séminaire 1992.

I.   Befristetes Mietverhältnis

1   Ein Mietverhältnis ist befristet, wenn sein Ende (dies ad quem) bei Vertrag-
     abschluss festgelegt wird, entweder durch Vereinbarung einer festen
     Dauer (zwei Jahre ab Datum x) oder eines Endtermins (dies certus an, cer-
     tus quando). Die Befristung kann sich auch aus dem Zweck der Miete erge-
     ben (Vermietung eines Balkons während eines Festumzugs). Befristet ist
     auch ein auf eine Höchstdauer gestelltes Mietverhältnis, selbst wenn die
     Parteien es vor deren Ablauf durch Kündigung (vorzeitig) beenden kön-
     nen.

2   Das Mietverhältnis ist ebenfalls befristet, wenn sein Ende auf ein Ereignis
     gestellt ist, von dem gewiss ist, dass es eintreten wird, ungewiss aber, wann
     dies der Fall sein wird (dies certus an, incertus quando; z. B. Miete auf Le-
     benszeit des Mieters).

3   Als befristet gilt nach der Rechtsprechung sodann ein resolutiv bedingtes
     Mietverhältnis (dies incertus an, incertus quando; z. B. Miete bis zum Ab-
     bruch der Liegenschaft; BGE 121 III 260 E. 5a). Der Auffassung ist beizu-
     pflichten. Mit Eintritt der Bedingung endet das Mietverhältnis, ohne dass
     eine (formgebundene) Kündigung erforderlich ist (gl. A. CR CO I-LACHAT,
     N 2, TERCIER, Contrats spéciaux, Rz 2097; a. A. ZK-HIGI, N 44; BSK OR I-WE-
     BER, N 4). Der Kündigungsschutz nach Art. 271 und 271a greift nicht, doch
     steht dem Mieter der Einwand offen, der Vermieter habe den Eintritt der
     Bedingung wider Treu und Glauben bewirkt (Art. 156 analog; BGE 102 II
     20 E. 2a; BSK OR I-WEBER, N 4b). Dass dieser Missbrauchseinwand innert
     der Anfechtungsfrist von Art. 273 zu erheben sei (BSK OR I-WEBER, N 4b),
     ist nicht zwingend, lässt sich aber allenfalls aus Art. 2 ZGB begründen. Da-

nach kann auch ein gesetzlich nicht befristetes Anfechtungsrecht verwirken, wenn seine Ausübung innert bestimmter Frist dem Berechtigten zumutbar ist, die verzögerte Geltendmachung dem Gegner nachteilig ist und dieser in guten Treuen aus der Untätigkeit auf einen Anfechtungsverzicht vertrauen durfte (BK-Merz, Art. 2 ZGB N 529). Das resolutiv bedingte Mietverhältnis ist dagegen einer Erstreckung zugänglich (Art. 272 ff.). Das Begehren ist innert 30 Tagen seit Mitteilung des Bedingungseintritts durch den Vermieter zu stellen, kann aber daran scheitern, dass der Mieter bewusst in Kauf nahm, das Mietobjekt nur für eine begrenzte Zeit und zu einem günstigen Zins benutzen zu können (BGE 121 III 260 E. 6; vgl. auch Art. 272a Abs. 1 lit. d).

II. Unbefristetes Mietverhältnis

Unbefristet ist jedes im Sinne der vorstehenden Ausführungen nicht befristete Mietverhältnis.   4

Im **Zweifel** gilt ein Mietverhältnis als unbefristetes (Art. 255 Abs. 3). Dies gilt   5 im Allgemeinen für Kettenverträge, d. h. die Aneinanderreihung von befristeten Verträgen (BGer 4C.455/1999), sowie für formell befristete Verträge, deren Verlängerung einseitig durch Gestaltungserklärung einer Partei bewirkt werden kann.

Wird ein befristetes Mietverhältnis nach seinem Ablauf ohne Vereinbarung eines neuen Endtermins einvernehmlich oder stillschweigend (unwidersprochen) aufrechterhalten, gilt es als unbefristet fortgesetzt (Art. 266   6 Abs. 2).

Unzulässig ist die **ewige Miete**, d. h. das zeitlich nicht begrenzte, weder befristete noch kündbare Mietverhältnis (N 5 zu Art. 253 hiervor).   7

III. Bedeutung der Unterscheidung

Das befristete Mietverhältnis **endet** mit Ablauf der vereinbarten Dauer   8 (Art. 255 Abs. 2), das unbefristete durch Kündigung (Art. 266a). In beiden Fällen kann es auch jederzeit mit gegenseitiger Übereinkunft auf einen beliebigen Termin beendet werden (Aufhebungsvertrag analog Art. 115). Wird einer der beiden Parteien, i. d. R. dem Mieter, vertraglich die **Option** eingeräumt, nach Ablauf der vereinbarten Dauer die Fortsetzung eines befristeten Mietverhältnisses zu verlangen, bewirkt die Ausübung des Gestaltungsrechts eine Vertragsverlängerung auf einseitiges Begehren.

Im befristeten Mietverhältnis über Wohn- oder Geschäftsräume kann eine   9 einseitige **Anpassung des Mietzinses** weder durch den Vermieter (Art. 269d) noch durch den Mieter (Art. 270a) bewirkt werden. Mangels Kündigung entfällt ebenfalls eine **Anfechtung der Vertragsbeendigung** durch den Mieter nach Art. 271 f. Dagegen ist eine **Erstreckung** sowohl des befristeten wie des unbefristeten Vertrags möglich (Art. 272).

Art. 256

D. **Pflichten des Vermieters**

I. **Im Allgemeinen**

[1] Der Vermieter ist verpflichtet, die Sache zum vereinbarten Zeitpunkt in einem zum vorausgesetzten Gebrauch tauglichen Zustand zu übergeben und in demselben zu erhalten.

[2] Abweichende Vereinbarungen zum Nachteil des Mieters sind nichtig, wenn sie enthalten sind in:
a. vorformulierten Allgemeinen Geschäftsbedingungen;
b. Mietverträgen über Wohn- oder Geschäftsräume.

Literatur

BÄTTIG, Schwerer Mangel der Mietsache, MRA 2005, 69 ff.; BRUNNER, Störungen der Mieterinnen und Mieter durch Immissionen, insbesondere Bau- und Verkehrslärm; zivil- und öffentlichrechtliche Rechtsbehelfe und deren Durchsetzung, mp 2000, 97 ff. und 153 ff.; DAVID, Rechte und Pflichten der Parteien bei Mängeln der Mietsache, in: Veröffentlichungen des Schweizerischen Instituts für Verwaltungskurse an der Hochschule St. Gallen, Neue Reihe Band 33, St. Gallen 1991, 47 ff.; DÜRR, Fluglärm und Mietvertrag, AJP 2001, 394 ff.; GAUCH, Mängelhaftung des Vermieters und mangelhafte Mietsache, ZBJV 1992, 189 ff.; HIGI, Fluglärm und mietrechtlicher Mangel, BR 2002, 152 ff.; THANEI, Pflichten der Mietparteien betreffend die Übergabe der Mietsache bei Vertragsbeginn und -ende, mp 1992, 57 ff.; TSCHUDI, Mietrechtliche Probleme bei Immissionen als Folge von Umgebungsveränderungen, Zürich 2005; WESSNER, Le bail à loyer et les nuisances causés par des tiers en droit privé, Séminaire 2002; WICHSER, Mangelhafte Mängelregelung im Mietrecht, SJZ 1993, 246 ff.; ZÜST, Die Mängelrechte des Mieters von Wohn- und Geschäftsräumen, Bern 1992; DERS., Neues über die Mängelrechte des Wohnungs- und Geschäftsmieters, mp 1994, 159 ff.; DERS., Kasuistik zur Mietzinsherabsetzung bei Mängeln, mp 2003, 49 ff.; DERS., Die Mietzinsherabsetzung bei Mängeln am Beispiel des Fluglärms, mp 2003, 145 ff.

I.   Übergabe der Mietsache

Die Mietsache ist dem Mieter **rechtzeitig** auf den Mietbeginn zu übergeben.   **1**
Der Zeitpunkt ergibt sich aus dem Vertrag oder der Natur des Geschäfts
(Platzmiete für einen bestimmten Anlass). Für die Auslegung und Ergänzung unklarer vertraglicher Absprachen, beispielsweise über die Tageszeit,
an welcher das Objekt zur Verfügung zu stehen hat, bietet sich der Ortsgebrauch als Ausdruck der Verkehrssitte an (CR CO I-Lachat, N 1). Fehlt eine
vertragliche Regelung des Mietantritts, kann der Mieter jederzeit nach Abschluss des Vertrags die Übergabe verlangen (Art. 75 OR). Zu den Verzugsfolgen siehe Art. 258.

Die Mietsache muss in einem für den **vorausgesetzten Gebrauch taug-**   **2**
lichen Zustand übergeben werden. Vorausgesetzt ist zunächst der vertraglich vereinbarte, sekundär der übliche Gebrauch. Mit Blick auf Abs. 2
(Ziff. IV hiernach) ist jedoch die Tauglichkeit zum vereinbarten Gebrauch
stets auch an einem objektiven Massstab zu messen. Gebrauchszweck und
Gebrauchsmodalitäten ergeben sich wesentlich aus dem, was der Mieter
unter den konkreten Umständen üblicherweise erwarten darf. Im Zweifel
hat er Anspruch auf einen normalen Standard (Art. 71 Abs. 2 analog), jedenfalls aber auf einen Zustand, welcher eine gefahrlose Benützung der
Mietsache erlaubt. Besondere Bedürfnisse des Mieters sind nur beachtlich,
wenn sie zum Vertragsinhalt erhoben werden (BGer 4C.291/2000).

Die Übergabe der Mietsache im tauglichen Zustand ist Hauptpflicht des   **3**
Vermieters. Auf die Einrede des nicht erfüllten Vertrags hin trägt daher er
die **Beweislast** für die Gebrauchstauglichkeit der Mietsache (BK-Kummer,
Art. 8 ZGB N 266). Tritt der Mieter dagegen die Miete widerspruchslos an,
macht später aber Schlechterfüllung geltend, obliegt ihm die Beweislast
für die Sachmängel (BK-Kummer, Art. 8 ZGB N 275). Die Rechtsfolgen der
Übergabe einer mängelbehafteten Sache regeln die Art. 258 und 259 a ff. Sie
gehen denjenigen zur Unmöglichkeit als lex specialis vor (BK-Kramer,
Art. 19–20 N 242).

II.   Unterhaltslast

Der Vermieter ist aus dem Dauerschuldverhältnis verpflichtet, die Mietsa-   **4**
che während der gesamten Mietdauer zur Wahrung der Gebrauchstauglichkeit zu unterhalten. Er hat erforderliche Instandstellungsarbeiten zu
veranlassen und auftretende Mängel zu beheben.

Das bedeutet nicht, dass der Mieter Anspruch darauf hat, die Mietsache   **5**
während der gesamten Vertragsdauer in deren ursprünglichen Zustand benutzen zu können. Die normale **Abnützung und Alterung** geht zu seinen
Lasten. Anspruch auf Erneuerung hat er bloss nach Ablauf der für die ein-

zelnen Anlagen und Einrichtungen vereinbarten oder üblichen Amortisationsdauer (dazu etwa die Tabelle in LARHAT/STOLL/BRUNNER, Anhang VIII).

III. Gebrauchsbefugnis des Mieters

6 Der vorausgesetzte Gebrauch i. S. v. N 2 hiervor bestimmt ebenfalls die **Benützungsrechte** des Mieters. Untersagt ist ihm jeder Gebrauch, der ausserhalb der Zweckbestimmung der Mietsache liegt, beispielsweise die eigenmächtige Benützung von Wohnraum als Geschäftsraum.

7 Art. 257*f* verpflichtet den Mieter ausdrücklich zum sorgfältigen und rücksichtsvollen Gebrauch der Mietsache. Die Sorgfalt korreliert mit der Unterhaltslast des Vermieters. Dieser ist nicht zu Instandstellungsarbeiten verpflichtet, welche ihre Ursache in einem unsorgfältigen Gebrauch der Mietsache durch den Mieter (oder seine Hilfspersonen) haben.

IV. Abweichende Vereinbarungen

8 Art. 256 Abs. 1 gilt für alle Formen der Miete. Abs. 2 gibt die Bestimmung als **teilzwingend** aus.

9 In der **Wohn- und Geschäftsraummiete** sind abweichende Vereinbarungen zulasten des Mieters nichtig (Abs. 2 lit. b). Unzulässig ist beispielsweise die Verlagerung der Unterhaltslast auf den Mieter, dessen Verzicht, den geschuldeten Minimalstandard in der Ausstattung der Räume zu beanspruchen, oder die Erschwerung der Rechtsverfolgung durch parteiautonom gesetzte Verwirkungsfristen. Dagegen schliesst Abs. 2 die Rohbaumiete nicht aus, in welcher der Mieter für den Endausbau des Objekts besorgt ist. Nach der ratio legis ist diesfalls aber unzulässig, den Mieter zu verpflichten, bei ordentlicher Beendigung des Vertrages noch nicht amortisierte Ausstattungen in eigenen Kosten zu entfernen oder dem Vermieter entschädigungslos zu überlassen (BSK OR I-WEBER, N 6a). Unzulässig ist ebenfalls eine Schmälerung des Gebrauchsrechts des Mieters wie das Verbot, Besuche zu empfangen, Gäste zu beherbergen oder eine Partnerschaft einzugehen, solange dadurch die Mietsache nicht übermässig beansprucht wird. Die Haustierhaltung kann mit Blick auf die Pflicht des Mieters zu Sorgfalt und Rücksichtnahme für störende Tiere ausgeschlossen werden. Zulässig ist daher die Vereinbarung, keine Hunde zu halten, dagegen lässt sich ein Aquarium rechtsverbindlich nicht ausschliessen. Ob ein Rauchverbot beispielsweise im Mehrfamilienhaus weiterhin unzulässig ist (BSK OR I-WEBER, N 8), scheint nach dem Zeitgeist fraglich, welcher dem Schutz der unfreiwilligen Passivraucher zunehmende Beachtung schenkt.

10 In den **übrigen Mietverhältnissen** (Mobiliarmiete, Platzmiete, Raummiete ausserhalb des Anwendungsbereichs von Art. 253a) sind abweichende Vereinbarungen zur gesetzlichen Lastenordnung auch zum Nachteil des Mie-

ters zulässig, sofern sie nicht in AGB enthalten sind. Als AGB im Sinne dieser Bestimmung gelten alle Formularverträge, die zur verbreiteten Verwendung vorgesehen sind, namentlich Formularverträge der Vermieter- oder Mieterverbände und Rahmenmietverträge. Diese AGB, auch soweit sie nicht die Gebrauchslasten zum Gegenstand haben, unterliegen zudem der Inhaltskontrolle nach Art. 8 UWG.

Art. 256 a

Auskunftspflicht　　¹ Ist bei Beendigung des vorangegangenen Mietverhältnisses ein Rückgabeprotokoll erstellt worden, so muss der Vermieter es dem neuen Mieter auf dessen Verlangen bei der Übergabe der Sache zur Einsicht vorlegen.

² Ebenso kann der Mieter verlangen, dass ihm die Höhe des Mietzinses des vorangegangenen Mietverhältnisses mitgeteilt wird.

I.　Rechtsnatur der Auskunftspflichten

Die Bestimmung normiert Auskunftspflichten als **Nebenpflichten** des Vermieters. Sie bezieht sich auf alle Formen der Miete, ist aber nur in der Wohn- und Geschäftsraummiete von praktischer Bedeutung.　　1

Die Bestimmung ist nach der ratio legis **relativ zwingend**, darf daher vertraglich nicht zum Nachteil des Mieters wegbedungen oder eingeschränkt werden.　　2

II.　Pflicht zur Vorlage des Rückgabeprotokolls

Rückgabeprotokoll i.e.S. ist das bei Beendigung der Miete von den Parteien gemeinsam aufgenommene Verzeichnis über den Zustand der Mietsache. Unter den Anwendungsbereich der Norm fallen aber alle urkundlichen Feststellungen zu diesem Zustand, namentlich auch die im Zusammenhang mit einer mietrechtlichen Auseinandersetzung oder in einer vorsorglichen Beweisführung amtlich erstellten Dokumente.　　3

In das mit dem (unmittelbaren) Vormieter aufgenommene Rücknahmeprotokoll ist dem Nachmieter nicht unaufgefordert, sondern bloss auf **Begehren** Einsicht zu gewähren. Begehren und Einsichtnahme sind auf die Übergabe terminiert. Darunter ist nicht die unmittelbare Besitznahme, sondern die Zeitspanne zu verstehen, welche der Mieter für die Prüfung der Mietsache objektiv benötigt (ZK-Higi, Art. 256 a – 256 b N 27).　　4

5 Die Folgen einer **Verletzung** der Vorlagepflicht regelt das Gesetz nicht. Im Allgemeinen werden sie sich in der Beweiswürdigung bei Streitigkeiten nach Beendigung der Nachmiete auswirken.

III. Pflicht zur Bekanntgabe des Vormietzinses

6 Die Bestimmung steht in engem Zusammenhang mit **Art. 270 Abs. 1 lit. b**, wonach eine erhebliche Erhöhung des Mietzinses im Verhältnis zur Vormiete die Legitimation zu Anfechtung des Anfangsmietzinses gibt. Entsprechend kann das Begehren um Bekanntgabe des Vormietzinses jedenfalls in der Wohn- und Geschäftsraummiete nur während der Anfechtungsfrist von Art. 270 Abs. 1 gestellt werden (BSK OR I-WEBER, N 6; **a. A.** ZK-HIGI, Art. 256a–256b N 35; SVIT, N 18).

7 Unter den Begriff des Mietzinses fallen nach zutreffender Auffassung auch gesondert in Rechnung gestellte **Nebenkosten** (BSK OR I-WEBER, N 8; **a. A.** ZK-HIGI, Art. 256a–256b N 37; SVIT, N 19). Deren Bekanntgabe soll dem Mieter namentlich ermöglichen, die Angemessenheit der vereinbarten Akontozahlungen zu prüfen (vgl. BGE 132 III 24).

Art. 256*b*

III. Abgaben und Lasten
Der Vermieter trägt die mit der Sache verbundenen Lasten und öffentlichen Abgaben.

I. Lasten und öffentliche Abgaben

1 Die vom Vermieter zu tragenden Lasten und Abgaben sind Verpflichtungen, die aus dem **Eigentum**, nicht aus dem Gebrauch der Sache erwachsen. Sie haben ihren Rechtsgrund im öffentlichen (Steuern, Vorzugslasten u. dgl.) oder privaten Recht (Pfandlasten, Grundlasten u. dgl.).

2 Die Bestimmung bezieht sich daher nur auf den Hauptvermieter, nicht auch auf den Untervermieter.

3 Die nach Art. 256b vom Vermieter zu tragenden Lasten und Abgaben können dem Mieter auch nicht als Nebenkosten belastet werden (BGer 4C.82/ 2000).

4 Zulasten des Mieters gehen demgegenüber die mit dem **Gebrauch** der Sache zusammenhängenden Abgaben (Benützungsgebühren für Elektrizität oder Kehrichtabfuhr, Benzin des Mietautos u. dgl.).

II. Abweichende Vereinbarungen

Die Bestimmung ist nach herrschender Auffassung **dispositiver Natur** (ZK- 5
HIGI, Art. 256 *a* – 256 *b* N 8). Dies ist insofern zutreffend, als der Mieter sich
gültig verpflichten kann, auf Anrechnung an den Nettomietzins auch Verpflichtungen des Vermieters (z.B. Hypothekarzinse) zu tilgen. Dagegen ist
die Bestimmung dahingehend zwingend, als im Rahmen der zulässigen
Zinsgestaltung in der Wohn- und Geschäftsmiete diese Lasten und Abgaben
nicht über den zulässigen Nettomietzins hinaus auf den Mieter überwälzt
werden dürfen.

Art. 257

**Pflichten des
Mieters
Zahlung des Miet-
zinses und der
Nebenkosten
Mietzins**

**Der Mietzins ist das Entgelt, das der Mieter dem Ver-
mieter für die Überlassung der Sache schuldet.**

Art. 257 wiederholt (unnötigerweise) die **Legaldefinition** von Art. 253. Er 1
dient darüber hinaus nicht auch der begrifflichen Abgrenzung von Mietzins und Nebenkosten, d.h. des Brutto- vom Nettomietzins (**a.A.** CR CO I-
LACHAT, N 2), zumal das vereinbarte Entgelt vermutungsweise auch die Nebenleistungen des Vermieters umfasst (Art. 257*a* Abs. 2; BGE 124 III 201
E. 2c) und die Ansprüche des Vermieters für diese Nebenleistungen unbesehen ihrer Abgeltung dem Schutz des Mieters vor missbräuchlichen Forderungen unterstehen (Art. 269 ff.; BSK OR I-WEBER, N 1).

Die Bezahlung eines Entgelts (Mietzins) ist die **Hauptpflicht** des Mieters und 2
der Miete begriffswesentlich (Art. 253 N 6).

Als Mietzins kann jede einmalige oder mehrmalige (insbesondere perio- 3
dische), bestimmte oder bestimmbare **Geld- oder Sachleistung** vereinbart
werden (Art. 253 N 6). Besteht die Gegenleistung für den Sachgebrauch in
einer Dienstleistung, liegt ein gemischter Vertrag, ein Innominatkontrakt,
vor (z.B. Hauswartvertrag, BGE 131 III 56).

Zu den Zahlungsmodalitäten und zur Verjährung vgl. die Ausführungen zu 4
Art. 257*c*.

Art. 257*a*

| 2. | Nebenkosten | ¹ Die Nebenkosten sind das Entgelt für die Leistungen |
| a. | Im Allgemeinen | des Vermieters oder eines Dritten, die mit dem |

2. **Nebenkosten**
a. **Im Allgemeinen**

¹ Die Nebenkosten sind das Entgelt für die Leistungen des Vermieters oder eines Dritten, die mit dem Gebrauch der Sache zusammenhängen.

² Der Mieter muss die Nebenkosten nur bezahlen, wenn er dies mit dem Vermieter besonders vereinbart hat.

Art. 257*b*

b. **Wohn- und Geschäftsräume**

¹ Bei Wohn- und Geschäftsräumen sind die Nebenkosten die tatsächlichen Aufwendungen des Vermieters für Leistungen, die mit dem Gebrauch zusammenhängen, wie Heizungs-, Warmwasser- und ähnliche Betriebskosten, sowie für öffentliche Abgaben, die sich aus dem Gebrauch der Sache ergeben.

² Der Vermieter muss dem Mieter auf Verlangen Einsicht in die Belege gewähren.

Literatur

BÉGUIN, Klare Ausscheidung von Nebenkosten und Höhe der Akontozahlungen im Mietvertrag, mp 2004, 167 ff.; FERTIG, Offene Fragen bei den Nebenkosten, mp 1999, 67 ff.; HIGI, Art. 257*a* und Art. 257*b*, Art. 4 VMWG, Art. 62 ff. OR, AJP 2006, 601 ff. OBERLE, Nebenkosten Heizkosten, 2. Aufl., Zürich 2001; PÜNTENER, Der Vertrauensschutz bei der Mietzins- und Nebenkostengestaltung, mp 2006, 1 ff.; DERS., Das Verhältnis zwischen den vertraglich vereinbarten Akontozahlungen und den tatsächlichen Nebenkosten, Anwaltsrevue 2006, 241 ff.; RICHARD, Les frais accessoires, CdB 1998, 1 ff.; ROHRER, Die «besondere Vereinbarung» von Nebenkosten (Art. 257*a* Abs. 2 OR), MRA 2006, 87 ff.; THANEI, Zu tief angesetzte Nebenkosten als absichtliche Täuschung – Kommentar zu einem Bundesgerichtsentscheid, mp 2005, 232 ff.; WEBER, Rückforderungsansprüche im Mietrecht, mp 2005; WESSNER, L'obligation du locataire de payer le loyer et les frais accessoires, Séminaire 1996.

I. Nebenkosten

Nebenkosten sind **Gebrauchskosten**, d. h. das Entgelt für Leistungen im Zu- **1**
sammenhang mit dem Gebrauch der Mietsache, welche durch den Vermieter oder für ihn tätige Dritte erbracht werden und nicht im Mietzins
inbegriffen sind. Keine Nebenkosten sind Verbraucherkosten, d. h. Kosten
des Mieters aus direkten Rechtsbeziehungen mit dem Leistungserbringer
(Telefongebühren, TV- und Radiogebühren, Stromkosten für das Mietobjekt
u. dgl.).

Nebenkostenfähige Aufwendungen sind in der Wohn- und Geschäftsraum- **2**
miete nebst den in Art. 257b Abs. 1 ausdrücklich genannten etwa die Kosten für Hauswartung und Gartenpflege, Liftbetrieb, Serviceabonnemente
(z. B. Waschküche), Klimatisierung, Gemeinschaftsantennen- oder Kabelan-
lagen und Allgemeinstrom sowie die dem Vermieter in Rechnung gestellten
öffentlich-rechtlichen Benutzungsgebühren für Wasser, Abwasser und Kehrichtabfuhr. Zu den Heizungs- und Warmwasserkosten vgl. die detaillierte
Regelung in Art. 5–6a VMWG.

Nebenkostenfremde Aufwendungen sind demgegenüber die nicht mit dem **3**
Gebrauch der Sache in Zusammenhang stehenden Aufwendungen des
Vermieters wie Objektsteuern, Vorzugslasten, Hypotharzinsen, Gebäude-
versicherungsprämien, Verwaltungskosten (Art. 4 Abs. 3 VMWG), Kanalisa-
tions- und Wasseranschlusskosten sowie die dem Vermieter anfallenden
Kosten für den Unterhalt der Mietsache.

Die Abgrenzung der nebenkostenfähigen von den nebenkostenfremden **4**
Aufwendungen i. S. v. Art. 257b Abs. 1 ist **zwingend**.

II. Abgeltung

Die Nebenkosten werden vermutungsweise mit dem **Mietzins** abgegolten **5**
(Art. 257*a* Abs. 2).

Mit **besonderer Vereinbarung** können die Nebenkosten dem Mieter geson- **6**
dert in Rechnung gestellt werden. Darin sind die einzelnen Aufwendungen,
die als Nebenkosten zu ersetzen sind, klar, verständlich und detailliert aufzuführen (BGE 121 III 460 E. 2a/aa), ein blosser Verweis auf Usanzen oder
AGB genügt nicht (BGer 4P.309/2004; 4C.250/2006). Soweit die Vereinbarung diesen Anforderungen nicht genügt, ist sie nichtig (allenfalls Teilnichtigkeit nach Art. 20 Abs. 2) und spielt die Vermutung der im Mietzins enthaltenen Nebenkosten.

Die Vereinbarung kann vorsehen, dass die ausdrücklich bezeichneten Ne- **7**
benkosten mit einer **Pauschale** abgegolten werden oder **periodisch abgerechnet** werden, wobei der Mieter i. d. R. Akontozahlungen leistet. Möglich

ist auch die Vereinbarung, dass der Mieter entsprechende Rechnungen Dritter **direkt** begleicht. Erhebt der Vermieter die Nebenkosten aufgrund einer Abrechnung, muss er diese mindestens jährlich einmal erstellen und dem Mieter vorlegen, erhebt er sie pauschal, muss er auf die Durchschnittswerte dreier Jahre abstellen (Art. 4 VMWG; BGE 132 III 24 E. 3.1).

8 Die zusammen mit dem Mietzins zu leistenden **Akontozahlungen** können die Parteien grundsätzlich frei vereinbaren, und ein Vertrauensschutz des Mieters, die jährlichen Vorauszahlungen deckten die mutmasslichen Kosten, lässt sich nur ausnahmsweise aus besonderen Umständen herleiten (BGE 132 III 24; a. A. BSK OR I-Weber, N 2a; Thanei, mp 2005, 232). Eine Nachforderung des Vermieters oder eine Rückforderung des Mieters aus der Abrechnung über die Akontozahlungen ist vertraglicher, nicht bereicherungsrechtlicher Natur (BGE 126 III 119, 132 III 24 E. 3.2).

9 In der Wohn- und Geschäftsraummiete kann der Vermieter durch einseitige Vertragsänderung mit amtlich genehmigtem Formular bisher integrierte Nebenkosten auf Abrechnung stellen oder neue Nebenkosten zum Ersatz beanspruchen (Art. 269d Abs. 3). In den übrigen Mietverhältnissen ist eine solche einseitige Vertragsänderung nicht zulässig (BGE 121 III 460 E. 2a/bb).

10 Auf **mehrere Mietobjekte** im selben Gebäude werden die Nebenkosten aufgrund einer individuellen Abrechnung oder aufgrund eines Verteilschlüssels (nach Fläche oder Kubikinhalt) verteilt. Im Energiebereich sind die Kantone verpflichtet, Vorschriften über die verbrauchsabhängige (individuelle) Heiz- und Warmwasserkosten in Neubauten zu erlassen (Art. 9 Abs. 3 Energiegesetz). Die Nebenkosten leerstehender Räume trägt der Vermieter (Art. 7 VMWG).

11 Der Mieter hat bei gesonderter Fakturierung der Nebenkosten Anspruch auf Einsicht in die Belege (Art. 257b Abs. 2, Art. 8 Abs. 2 VMWG) und im Abrechnungsmodus zudem Anspruch auf eine **detaillierte Aufstellung** (Art. 8 Abs. 1 VMWG).

Art. 257*c*

3. Zahlungstermine **Der Mieter muss den Mietzins und allenfalls die Nebenkosten am Ende jedes Monats, spätestens aber am Ende der Mietzeit bezahlen, wenn kein anderer Zeitpunkt vereinbart oder ortsüblich ist.**

Literatur

ADDORISIO DE FEO, Fälligkeit und Verjährungsfristen im Mietrecht, mp 2001, 163 ff.

Nach der dispositiven Bestimmung ist der Vermieter vorleistungspflichtig. 1
In der Immobiliarmiete wird demgegenüber regelmässig eine **Vorleistungs-pflicht** des Mieters vereinbart. Der Ortsgebrauch spielt in diesem Bereich praktisch keine Rolle.

Vertraglich vereinbarte Zahlungstermine sind regelmässig **Verfalltage** 2
i. S. v. Art. 102 Abs. 2.

Als Geldleistung ist der Mietzins vermutungsweise **Bringschuld**, als Sach- 3
leistung **Holschuld**. Wird der Mietzins einvernehmlich per Post auf ein Konto des Vermieters überwiesen, erfüllt der Mieter rechtzeitig und rechts-gültig mit Erteilung des Giro-Auftrags oder mit der Einzahlung am Post-schalter (BGE 124 III 145; **a. A.** WIEGAND, ZBJV 1999, 561 ff.).

Die Forderungen aus dem Mietvertrag auf periodische Leistungen **verjäh-** 4
ren in fünf (Art. 128 Ziff. 1), die anderen in zehn Jahren (Art. 127). Als ver-tragliche (BGE 126 III 199) und periodische Leistungen sind auch die Saldo-verpflichtungen aus der jährlichen Nebenkostenabrechnung zu qualifizieren (**a. A.** OBERLE, 43).

Zur Verrechenbarkeit vgl. Art. 265. 5

Art. 257d

Zahlungsrückstand des Mieters

¹ Ist der Mieter nach der Übernahme der Sache mit der Zahlung fälliger Mietzinse oder Nebenkosten im Rückstand, so kann ihm der Vermieter schriftlich eine Zahlungsfrist setzen und ihm androhen, dass bei unbenütztem Ablauf der Frist das Mietverhältnis gekündigt werde. Diese Frist beträgt mindestens zehn Tage, bei Wohn- und Geschäftsräumen mindes-tens 30 Tage.

² Bezahlt der Mieter innert der gesetzten Frist nicht, so kann der Vermieter fristlos, bei Wohn- und Geschäftsräumen mit einer Frist von mindestens 30 Tagen auf Ende eines Monats kündigen.

Literatur

BÄTTIG, Missbräuchliche Kündigung wegen Zahlungsverzug, MRA 2004, 60 ff.; DERS., Ausweisung nach Kündigung wegen Zahlungsrückstandes, MRA 2006, 145 ff.; FUTTERLIEB, Kündigung wegen Zahlungsrückstandes, MRA 2004, 87 ff.; GIAVARINI, Kündigung wegen Zahlungsrückstandes, MRA 2005, 135 ff.; KOLLER, Die Tücken des Mietrechts im Zahlungsverzug des Wohn- oder Geschäftsraummieters, recht 1999, 25 ff.; POLIVKA, Zahlungsverzug bei Mietzinshinterlegung, MRA 2004, 10 ff.; SOMMER, Kündigung wegen Zahlungsrückstandes, MRA 2005, 138 ff.; STUDER, Kündigung wegen Zahlungsrückstandes: Ausweisung, MRA 2004, 93 ff.

I. Verzugskündigung

1   Die Bestimmung gibt dem Vermieter ein **ausserordentliches Kündigungsrecht** bei Verzug des Mieters mit der Zahlung von Mietzinsen oder Nebenkosten inkl. aufgelaufener Verzugszinsen. Sie geht in ihrem Anwendungsbereich den allgemeinen Verzugsnormen vor. Diese finden dagegen Anwendung im Verzug des Mieters mit der Erfüllung anderer Obligationen, sofern das Mietrecht nicht auch hierfür Spezialvorschriften enthält (z.B. Art. 257f Abs. 3 und 4; BGE 132 III 109 E. 5).

2   Die Bestimmung gilt in allen Mietverhältnissen, unterschiedlich geregelt sind aber je nach Objekt die Modalitäten der Kündigung.

3   Entgegen dem deutschen («Übernahme der Sache») und dem französischen («réception de la chose»), aber entsprechend dem italienischen Gesetzestext («consegna della cosa»), genügt zur Anwendung der Bestimmung, dass der Vermieter dem Mieter das Mietobjekt zur Verfügung hält. Ein tatsächlicher Mietantritt ist nicht erforderlich (BGE 127 III 548 E. 3).

4   Die Mahn- und Kündigungsfristen nach Art. 257d sind **einseitig zwingend**. Sie können vertraglich verlängert, nicht aber verkürzt werden.

II. Voraussetzungen

5   Der Mieter muss mit der Bezahlung von Mietzinsen oder Nebenkosten oder darauf aufgelaufenen Verzugszinsen im **Rückstand** sein. Kein Rückstand ist gegeben, wenn und soweit der Mieter den Mietzins wegen Mängeln der Mietsache zu Recht mindert (Art. 259d) oder ihn (mit oder ohne Nebenkosten) hinterlegt (Art. 259g; BGE 124 III 201). Der rechtmässigen Hinterlegung wird die gutgläubige gleichgestellt (BGE 125 III 120).

6   Der Vermieter muss den Mieter **schriftlich mahnen**, ihm eine **Zahlungsfrist** von mindestens der gesetzlichen Dauer setzen und ihm für den Fall der Nichtleistung die Kündigung **androhen**. Im Falle der Familienwohnung ist die Zahlungsfrist getrennt dem Mieter und dem Ehegatten (oder eingetra-

genen Partner) anzusetzen (Art. 266 *n*). Die Zahlungsfrist beginnt mit Zugang des Schreibens beim Mieter, bei Zustellung durch eingeschriebenen Brief mit dessen Behändigung am Postschalter bzw. nach Ablauf der siebentägigen Abholfrist (BGE 119 II 147 E. 2). Gleiches gilt für die Zustellung an einen Postfachinhaber (BGE 100 III 3).

Die gemahnte **Leistung** des Mieters muss beim Ablauf der Zahlungsfrist weiterhin ganz oder teilweise **ausstehen**, d. h. ungetilgt sein. Die Frist ist gewahrt, wenn die Leistung vollumfänglich bis zum letzten Tag der Zahlungsfrist durch den Mieter oder einen Dritten erbracht wird (vgl. Art. 257 *c* N 3). Wird die Schuld durch Verrechnung getilgt, hat die Verrechnungserklärung innert Frist dem Vermieter oder seinem Vertreter zuzugehen (BGE 119 II 241 E. 6b).   **7**

Die ausserordentliche Kündigung ist an sich weder form- noch fristgebunden. In der **Wohn- und Geschäftsraummiete** muss sie allerdings mit amtlichem Formular erfolgen (Art. 266 *l* Abs. 2) und ist nur mit einer Frist von 30 Tagen auf Ende eines Monats zulässig. Bei Kündigung einer Familienwohnung hat separate Zustellung an den Ehegatten (oder eingetragenen Partner) zu erfolgen (Art. 266 *n*). Genügt die Kündigung diesen Anforderungen nicht oder wird sie ist vor Ablauf der Zahlungsfrist (N 6 hiervor) ausgesprochen, ist sie nichtig (BGE 121 III 156). Wird dagegen in einer formell gültigen Kündigung ein zu früher Termin gesetzt, wird lediglich die Wirkung hinausgeschoben (Art. 266 *a* Abs. 2 analog).   **8**

Die Verzugskündigung kann ausnahmsweise als treuwidrig oder **rechtsmissbräuchlich** angefochten werden (Art. 271; BGer 4C.65/2003). Zu denken ist etwa an eine quantitativ übersetzte Mahnung bei tatsächlich bloss geringfügigem Zahlungsausstand (BGE 120 II 31), an den Verzug des Mieters bloss mit der Zahlung von Verzugszinsen, an vermieterseitig erwecktes Vertrauen über eine mögliche Stundung oder an eine Verwirkung des Kündigungsrechts durch überlanges Zuwarten mit der Erklärung (BGE 119 II 147 E. 5). Ausgeschlossen sind ausdrücklich die rein formellen Anfechtungsgründe nach Art. 271 *a* Abs. 1 lit. d und e (Art. 271 *a* Abs. 3 lit. b). Rechtsmissbräuchlich kann sich auch der Mieter verhalten, namentlich wenn er die Gültigkeit der Kündigung wegen einer zu kurz angesetzten Zahlungsfrist bestreitet, obgleich er von vornherein nie die Absicht hatte, den Ausstand zu begleichen (BGer 4C.88/2003).   **9**

III. Rechtsfolgen

Das verzugsrechtlich gekündigte Mietverhältnis kann **nicht erstreckt** werden (Art. 272a Abs. 1 lit. a).   **10**

Der Mieter hat die Mietsache **zurückzugeben**. In der Immobiliarmiete kann er aus dem Mietobjekt ausgewiesen werden.   **11**

12   Der schuldhafte Mieter wird dem Vermieter aus Art. 97 auf das positive Interesse **schadenersatzpflichtig**. Dieses Interesse geht einmal auf die vertraglichen Mietzinse bis zur objektiv möglichen Weitervermietung, längstens aber auf die bestimmte oder durch Kündigung begrenzbare Mietdauer (BGE 127 III 548 E. 5). Daneben können nach den Umständen auch Aufwendungen des Vermieters für die vorzeitige Weitervermietung als Schadensposten in Betracht fallen (mp 1996, 10). Die Berufung des Mieters auf Geldmangel stellt – wie stets – keinen Exkulpationsgrund dar (Geld muss man haben).

Art. 257e

II.   Sicherheiten durch den Mieter

¹ **Leistet der Mieter von Wohn- oder Geschäftsräumen eine Sicherheit in Geld oder in Wertpapieren, so muss der Vermieter sie bei einer Bank auf einem Sparkonto oder einem Depot, das auf den Namen des Mieters lautet, hinterlegen.**

² **Bei der Miete von Wohnräumen darf der Vermieter höchstens drei Monatszinse als Sicherheit verlangen.**

³ **Die Bank darf die Sicherheit nur mit Zustimmung beider Parteien oder gestützt auf einen rechtskräftigen Zahlungsbefehl oder auf ein rechtskräftiges Gerichtsurteil herausgeben. Hat der Vermieter innert einem Jahr nach Beendigung des Mietverhältnisses keinen Anspruch gegenüber dem Mieter rechtlich geltend gemacht, so kann dieser von der Bank die Rückerstattung der Sicherheit verlangen.**

⁴ **Die Kantone können ergänzende Bestimmungen erlassen.**

Literatur

FOËX, Les sûretés et le bail à loyer, Séminaire 2002 ; JACQUES, La libération des garanties locatives de l'Art. 257e CO, JdT II 2007, 90 ff.; FUTTERLIEB, Mietkaution, MRA 2004, 21 ff.; ROHRER, Freigabe hinterlegter Mietzinse, MRA 2004, 27 ff.

I.   Zweck und Gegenstand

1   Eine Sicherheit i. S. v. Art. 275e soll die **Ansprüche des Vermieters** bei Insolvenz des Mieters und auf allfälligen Schadenersatz nach Beendigung

des Mietverhältnisses abdecken. Sie dient ihm als Pfand i. S. v. Art. 37 SchKG (BGE 129 III 360).

Soweit die Bestimmung die Höhe und die Verwendung der Sicherheiten regelt, schützt sie die **Interessen des Mieters** vor exorbitanten Forderungen und auf Rückerstattung der Sicherheit bei Insolvenz des Vermieters.   2

Die Bestimmung bezieht sich nur auf die **Wohn- und Geschäftsraummiete** und nur auf Sicherheiten, die in **Geld oder Wertpapieren** geleistet werden. Von ihr nicht erfasst werden andere Mietverhältnisse und andere (zulässige) Sicherheiten (Bürgschaften, Garantieverträge, Sachpfänder, Sicherungsübereignungen und -abtretungen u. dgl.)   3

Die Abs. 1 und 3 der Bestimmung sind absolut, Abs. 2 ist relativ **zwingend**.   4

II. Leistung der Sicherheit

Der Mieter hat nur auf **Vereinbarung** hin Sicherheiten zu leisten.   5

In der Geschäftsraummiete kann die **Höhe** der Sicherheit frei vereinbart werden. In der Wohnraummiete ist sie auf drei Bruttomonatszinsen (inklusive Akontozahlungen für Nebenkosten) begrenzt. Der Vertrag kann vorsehen, dass bei Veränderungen des Mietzinses auch Anspruch auf entsprechende Anpassung der Sicherheit besteht (**str.**; **a.A.** BSK OR I-WEBER, N 8). Eine einseitige Erhöhung der Sicherheit i. S. v. Art. 269 *d* ist dagegen ausgeschlossen (**str.**; wie hier ZK-HIGI, Art. 269 *d* N 58; **a.A.** BSK OR I-WEBER, N 8)   6

Die Sicherheiten sind auf den Namen des Mieters bei einer **Bank** anzulegen. Verpflichtet zur Hinterlegung ist der Vermieter, welcher die Sicherheit entgegengenommen hat, nicht auch der Rechtsnachfolger nach Art. 261 (BGE 127 III 273 E.4; **a.A.** BSK OR I-WEBER, N 6b). Ordnungsgemäss hinterlegte Sicherheiten fallen nicht in die Konkursmasse des Vermieters, wohl aber nicht hinterlegte, welche grundsätzlich nicht ausgesondert werden können (BGE 127 III 273 E. 3).   7

Zivile **Früchte** der Sicherheit (Kapitalzinsen, Dividenden) stehen dem Mieter zu.   8

III. Freigabe der Sicherheit

Eine hinterlegte Sicherheit kann der Mieter während laufendem Mietverhältnis nicht zur **Verrechnung** stellen, wohl aber gesetzeswidrig nicht hinterlegte Gelder.   9

Die **Bank** darf die Sicherheit nur gestützt auf eine Vereinbarung der Parteien, auf ein rechtskräftiges Gerichtsurteil oder auf einen nicht durch   10

Rechtsvorschlag gehemmten Zahlungsbefehl herausgeben. Nach Ablauf der Mietdauer hat sie die Sicherheit dem Mieter überdies herauszugeben, wenn der Vermieter nicht binnen Jahresfrist gesicherte Ansprüche rechtlich, d. h. durch Klage oder Betreibung, geltend gemacht hat.

IV. Vorbehalt zugunsten des kantonalen Rechts

11   Der Vorbehalt betrifft – wie Art. 257e insgesamt – nur die Wohn- und Geschäftsraummiete. Zu denken ist etwa an Strafbestimmungen (BGE 101 IV 213) oder Vorschriften über andere als die in Abs. 1 genannten Sicherheiten (Übersicht in SVIT, N 28 f.).

Art. 257*f*

III.   **Sorgfalt und Rück-**   ¹ Der Mieter muss die Sache sorgfältig gebrauchen.
        sichtnahme
                                     ² Der Mieter einer unbeweglichen Sache muss auf
                                       Hausbewohner und Nachbarn Rücksicht nehmen.

                                     ³ Verletzt der Mieter trotz schriftlicher Mahnung des
                                       Vermieters seine Pflicht zu Sorgfalt oder Rücksicht-
                                       nahme weiter, so dass dem Vermieter oder den
                                       Hausbewohnern die Fortsetzung des Mietverhält-
                                       nisses nicht mehr zuzumuten ist, so kann der Ver-
                                       mieter fristlos, bei Wohn- und Geschäftsräumen mit
                                       einer Frist von mindestens 30 Tagen auf Ende eines
                                       Monats kündigen.

                                     ⁴ Der Vermieter von Wohn- oder Geschäftsräumen
                                       kann jedoch fristlos kündigen, wenn der Mieter vor-
                                       sätzlich der Sache schweren Schaden zufügt.

Literatur

GOETSCHEL, Auswirkungen der neuen Rechtsstellung von Tieren auf das Mietrecht, mp 2003, 91 ff.; HIGI, Art. 257*f* OR: Die ausserordentliche Kündigung einer Miete von Geschäftsräumen wegen vertragwidrigen Gebrauchs, AJP 2006, 882 ff.; MAAG, Ausserordentliche Kündigung gemäss Art. 257*f* Abs. 3 OR, MRA 2004, 177; DERS., Die Bundesgerichtspraxis zur ausserordentlichen Kündigung nach Art. 257*f* OR bei Vertragsverletzungen, MRA 2006, 127 ff.; PÜNTENER, Haustierhaltung in Mietwohnungen, mp 1999, 113 ff.; WESSNER, Le devoir de diligence du locataire dans les baux d'habitations et de locaux commerciaux, Séminaire 2006.

I. Anwendungsbereich

Alle Mietobjekte sind **sorgfältig** (Abs. 1) zu gebrauchen, Immobilien zu-   1
dem **rücksichtvoll** (Abs. 2). Die Verletzung dieser Pflicht durch den Mieter
kann zu einer vorzeitigen Kündigung durch den Vermieter führen. In der
Wohn- und Geschäftsraummiete gelten dafür besondere Modalitäten (Abs. 3
und 4).

Die Bestimmung ist hinsichtlich der Kündigungsvoraussetzungen absolut,   2
hinsichtlich der einzuhaltenden Fristen relativ **zwingend**.

Der Mieter hat für das Verhalten seiner **Hilfspersonen** (Hausgenossen, An-   3
gestellte und Gäste) einzustehen (Art. 101), ebenso für seine Haustiere.

II. Sorgfältiger und rücksichtsvoller Gebrauch

Der Mieter ist nicht nur zu sorgfältigem und rücksichtsvollem, sondern   4
vorab zu **vertragskonformem Gebrauch** gehalten (BGE 123 II 124 E. 2a).
Untersagt sind ihm beispielsweise vertragswidrige Nutzungsarten (BGE 132
III 109 E. 3), etwa die Umnutzung von Wohnraum in Geschäftsraum, selbst
wenn die Mietsache und ihr Umfeld dadurch nicht beeinträchtigt werden.
Der Mieter kann aufgrund ausdrücklicher Vereinbarung oder nach Sinn
und Zweck des Vertrags ebenfalls verpflichtet sein, die Mietsache tatsächlich vertragskonform zu gebrauchen (**Gebrauchspflicht**; vgl. Art. 253 N 4).

Unsorgfältiger Gebrauch führt zu übermässiger Abnützung, Beschädigung   5
oder vertragswidriger Umgestaltung der Mietsache. **Rücksichtsloser** Gebrauch stört, beeinträchtigt oder gefährdet Hausbewohner oder Nachbarn.
Er ist Ausfluss des allgemeinen Gebots schonender Rechtsausübung sowie
des Schutzes fremder Rechtsgüter. Störend sind nach Lage und Ortsgebrauch übermässige Einwirkungen im Sinne des Nachbarrechts (Art. 684
ZGB). Einzuhalten sind namentlich einschlägige Polizeivorschriften (Nacht-
ruhe) und eine allfällige Hausordnung.

III. Rechtsfolgen vertragswidrigen Gebrauchs im Allgemeinen

Der Vermieter kann gegen einen vertragswidrigen Gebrauch vertragliche   6
Beseitigungs- und Unterlassungsansprüche geltend machen und gerichtlich durchsetzen (Realerfüllung). Aus positiver Vertragsverletzung schuldet
der Mieter **Schadenersatz** (Art. 97) und gegebenenfalls **Genugtuung** (Art. 47
und 49). Analog Art. 306 Abs. 3 und 474 Abs. 2 haftet der Mieter bei vertrag-
widriger Benützung der Mietsache ebenfalls für deren zufällige Beschädigung (BGE 103 II 333 E. 2b). Als Schaden fallen auch Vermögensverminderungen in Betracht, die dem Vermieter aus der Befriedigung von Ansprüchen
erwachsen, für die er wegen des Verhaltens des Mieters Dritten gegenüber
als Hauseigentümer einzustehen hat.

7   Hausbewohnern und Nachbarn ist der rücksichtslose Mieter insbesondere aus **Besitzesschutz** (Art. 928 ZGB) verantwortlich. Für materielle und immaterielle Schäden haftet er ihnen aus Delikt (Art. 41, 47 und 49).

IV. Die ausserordentliche Kündigung im Besonderen

8   Das Kündigungsrecht des Vermieters nach Abs. 3 und 4 knüpft an eine Verletzung der **gebrauchsbezogenen Verpflichtungen** des Mieters an. Die Verletzung anderer Mieterpflichten ist kündigungsrechtlich entweder nach besonderen Normen des Mietrechts (Art. 257d) oder nach den allgemeinen Vorschriften zu sanktionieren (Lösungsrecht nach Art. 107–109 oder nach Art. 97 [dazu BK-WEBER, Art. 97 N 269 ff.; BSK OR I-WIEGAND, Art. 97 N 58]; a. A. CR CO I-LACHAT, N 4: extensive Anwendung von Art. 257f auf andere Vertragsverletzungen des Mieters).

9   Der Kündigung hat im Regelfall eine **schriftliche Mahnung** voranzugehen. Die Mahnung hat sich auf eine bestimmte Pflichtverletzung zu beziehen, braucht aber keine Kündigungsandrohung zu enthalten. Dem Ehegatten in der Familienwohnung braucht die Mahnung nicht zugestellt zu werden (Art. 266n e contrario).

10   Die Kündigung setzt voraus, dass die Mahnung **fruchtlos** geblieben und die Fortsetzung des Mietverhältnisses dem Vermieter oder den Hausbewohnern **unzumutbar** ist. Erforderlich ist eine objektive Unzumutbarkeit im Sinne eines wichtigen Grundes (Ermessensentscheid nach Art. 4 ZGB; BGer 4C.331/2004). Unzumutbar sind etwa wiederholte Nachtruhestörungen, das Halten eines störenden Tiers trotz vertraglichen Verbots, die Umnutzung von Büroräumlichkeiten in ein Erotiketablissement (BGE 132 III 109), die kontinuierliche Missachtung der Hausordnung, das Nichtdulden von notwendigen Arbeiten an der Mietsache (Art. 257h; BGer 4C.306/2003). Keinen Kündigungsgrund gibt im Allgemeinen eine an sich vertragswidrige, aber unschädliche Ausstattung des Mietobjekts (Glasverschalung auf dem Balkon: BGer 4C.118/2001) oder das Halten eines nicht störenden und unschädlichen Haustiers ab.

11   Mit Ausnahme der Wohn- und Geschäftsraummiete ist die Kündigung **fristlos** möglich.

12   Die Kündigung einer **Wohn- und Geschäftsraummiete** kann im Regelfall nur mit einer Frist von (mindestens) 30 Tagen auf Ende eines Monats erfolgen. Sie ist auf amtlichem Formular zu erklären (Art. 266l Abs. 2) und bei einer Familienwohnung auch dem Ehegatten (oder eingetragenen Partner) zuzustellen (Art. 266n). Fristlos – und ohne vorangehende Mahnung – kann dagegen die Wohn- oder Geschäftsraummiete gekündigt werden, wenn der Mieter der Sache vorsätzlich schweren Schaden zufügt.

Sind die Voraussetzungen nach Abs. 3 oder 4 nicht erfüllt, ist die Kündigung **nichtig**. 13

Eine Kündigung nach Art. 257 f wird in praxi kaum je **anfechtbar** sein (Art. 271 f.). Eine **Erstreckung** des Mietverhältnisses ist ausgeschlossen (Art. 272 a Abs. 1 lit. b). 14

Art. 257 g

V. Meldepflicht | [1] **Der Mieter muss Mängel, die er nicht selber zu beseitigen hat, dem Vermieter melden.**
[2] **Unterlässt der Mieter die Meldung, so haftet er für den Schaden, der dem Vermieter daraus entsteht.**

I. Gegenstand

Die Bestimmung hat die **Loyalitätspflicht** des Mieters zum Gegenstand. Sie bezweckt, den Vermieter vor Schaden aus einem ihm unbekannten Mangel der Mietsache zu bewahren. Sie gründet auf dem Gewahrsam des Mieters und der sich daraus ergebenden Obhutspflicht. 1

Die Bestimmung bezieht sich auf **alle Formen** der Miete und ist **relativ zwingend** (ZK-HIGI, N 5; anscheinend für eine absolut zwingende Natur der Bestimmung BSK OR I-WEBER, N 4; CR CO I-LACHAT, N 7). 2

II. Die Meldepflicht

Zu melden sind **Mängel**, welche dem Vermieter unbekannt und nicht vom Mieter zu beheben sind (Art. 159). Es kann sich um Mängel handeln, die bereits bei Mietantritt bestehen, oder um solche, die erst während der Mietdauer auftreten. 3

Nicht zu melden sind nach der ratio legis Mängel, welche von vornherein nicht schadensgeneigt sind (ästhetische Mängel). Aus derselben ratio ist umgekehrt der meldepflichtige Mangel aber bereits anzuzeigen, wenn ein Schaden droht, nicht erst wenn einer eingetreten ist. 4

III. Rechtsfolgen der Pflichtverletzung

Unterlassene oder verspätete Anzeige eines Mangels zieht die **Schadenersatzpflicht** des Mieters für den kausalen Schaden des Vermieters nach sich. Der Mieter kann hat sich jedoch exkulpieren. 5

Die verspätete Meldung schliesst **Gewährleistungsansprüche des Mieters** nicht aus, verzögert sie aber auf den Zeitpunkt der Bekanntgabe oder den 6

Ablauf der damit in Gang gesetzten Behebungsfrist (Art. 259 *b* und 259 *d*). Nichtmeldung bei Mietantritt feststellbarer Mängel zeitigt keine Genehmigungsfiktion analog Art. 201 Abs. 2; eine solche Rügeobliegenheit bräche sich an Art. 256 Abs. 2 (BSK OR I-Weber, Art. 257 *g* N 9).

7   Die Verletzung der Meldepflicht kann einen **Kündigungsgrund** nach Art. 257 *f* Abs. 3 und 4 abgeben.

Art. 257 *h*

V.   Duldungspflicht

¹   **Der Mieter muss Arbeiten an der Sache dulden, wenn sie zur Beseitigung von Mängeln oder zur Behebung oder Vermeidung von Schäden notwendig sind.**

²   **Der Mieter muss dem Vermieter gestatten, die Sache zu besichtigen, soweit dies für den Unterhalt, den Verkauf oder die Wiedervermietung notwendig ist.**

³   **Der Vermieter muss dem Mieter Arbeiten und Besichtigungen rechtzeitig anzeigen und bei der Durchführung auf die Interessen des Mieters Rücksicht nehmen; allfällige Ansprüche des Mieters auf Herabsetzung des Mietzinses (Art. 259 d) und auf Schadenersatz (Art. 259 e) bleiben vorbehalten.**

I.   Einschränkungen des ausschliesslichen Gebrauchsrechts

1   Die Bestimmung schränkt das ausschliessliche Gebrauchsrecht des Mieters ein. Sie gilt für alle Formen der Miete, ist aber nur in der Wohn- und Geschäftsraummiete von praktischer Bedeutung.

2   Der Mieter muss alle **Arbeiten** an der Mietsache dulden, die unter die Unterhaltspflicht des Vermieters fallen, auch wenn sie nicht dringend d. h. schadensgeneigt sind. Erneuerungen und Änderungen muss er dagegen nur dulden, wenn sie für ihn zumutbar sind (Art. 260 Abs. 1). Dies gilt auch für gemischte Arbeiten auf Unterhalt und Erneuerung, wobei die Praxis an die Zumutbarkeit einen (zu) strengen Massstab anlegt (Koller, ZBJV 2004, 484). Nicht unter die Bestimmung fallen Unterhaltsarbeiten im gekündigten Mietverhältnis, die allein im Hinblick auf die Wiedervermietung vorgenommen werden.

3   Der Vermieter (oder sein Vertreter) hat ein **Zutrittsrecht** im Hinblick auf den Unterhalt, den Verkauf oder die Weitervermietung der Sache. Die Besichtigung zum Unterhalt setzt den Bestand eines Mangels nicht voraus

(periodische Kontrollen), diejenige zur Weitervermietung ist erst nach Kündigung des Vertrags zu dulden und diejenige zum Weiterverkauf erst im Rahmen ernsthafter Verhandlungen.

II. Voraussetzungen und Rechtsfolgen

Die Arbeiten und Besichtigungen sind dem Mieter rechtzeitig (i. d. R. fünf   4
Tage zum Voraus) **anzuzeigen**.

Besichtigungen haben zu einem zumutbaren **Zeitpunkt** stattzufinden (werktags, übliche Tageszeiten). Allgemein gilt der (kasuistische) Grundsatz der   5
schonenden Rechtsausübung.

Wird durch die Unterhaltsarbeiten der Gebrauch der Mietsache beeinträchtigt, hat der Mieter Anspruch auf eine **Mietzinsreduktion** (Art. 259 *d*) und   6
allenfalls auf **Schadenersatz** (Art. 259 *e*). Dagegen hat er keinen Anspruch auf Beseitigung der Beeinträchtigung oder auf Hinterlegung des Mietzinses (Abs. 3, 2. Halbsatz e contrario).

Art. 258

Nichterfüllung oder mangelhafte Erfüllung des Vertrags bei Übergabe der Sache

[1] Übergibt der Vermieter die Sache nicht zum vereinbarten Zeitpunkt oder mit Mängeln, welche die Tauglichkeit zum vorausgesetzten Gebrauch ausschliessen oder erheblich beeinträchtigen, so kann der Mieter nach den Artikeln 107–109 über die Nichterfüllung von Verträgen vorgehen.

[2] Übernimmt der Mieter die Sache trotz dieser Mängel und beharrt er auf gehöriger Erfüllung des Vertrags, so kann er nur die Ansprüche geltend machen, die ihm bei Entstehung von Mängeln während der Mietdauer zuständen (Art. 259 a–259 i).

[3] Der Mieter kann die Ansprüche nach den Artikeln 259 a–259 i auch geltend machen, wenn die Sache bei der Übergabe Mängel hat:

a. welche die Tauglichkeit zum vorausgesetzten Gebrauch zwar vermindern, aber weder ausschliessen noch erheblich beeinträchtigen;

b. die der Mieter während der Mietdauer auf eigene Kosten beseitigen müsste (Art. 259).

Literatur

Vgl. die Literaturangaben zu Art. 256.

I. Mängel der Mietsache

1   Die Mietsache ist **mangelhaft**, wenn ihr eine vertraglich zugesicherte oder sich aus dem vertraglichen Gebrauchszweck ergebende Eigenschaft fehlt, wenn der tatsächliche Zustand nicht dem vertraglich Vereinbarten entspricht (BGer 4C.39/2003). Vertraglich geschuldet sind einerseits die subjektiv zugesicherten Eigenschaften, andererseits die objektiv übliche Qualität. Diese hängt massgeblich von den konkreten Umständen ab (Lage, Alter, Ausbau der Mietsache, Höhe des Mietzinses etc.).

2   Mängel können **körperlich** oder **unkörperlich** sein. Körperlich sind die eigentlichen Sachmängel (Minderumfang der Mietsache, defekte Bestandteile und Einrichtungen) sowie die Umgebungsmängel (Immissionen). Unkörperlich sind Rechtsmängel (Ansprüche Dritter auf die Sache; vgl. Art. 259 f), rechtliche Sachmängel (öffentlich-rechtlicher Ausschluss der vereinbarten Nutzung), wirtschaftliche Mängel (Unerreichbarkeit des zugesicherten Umsatzes in der Geschäftsmiete) oder ideelle Mängel (schlechter Ruf). Das Mietrecht behandelt alle diese Mängel einheitlich.

3   Die Unterscheidung von **offenen** und **verdeckten** Mängeln ist mangels Rügeobliegenheit im Mietrecht kaum von Bedeutung. Immerhin kann sie im Zusammenhang mit den anspruchsbezogenen Meldungen von Bedeutung sein (Zeitpunkt der Meldungen nach Art. 257 g oder Art. 267 a). Für die Rechtsbehelfe des Mieters von Bedeutung ist dagegen die Unterscheidung in **anfängliche** (Art. 258) und **nachträgliche** Mängel (Art. 259 ff.).

4   Das Gesetz unterscheidet in quantitativer Hinsicht schwere, mittlere und leichte Mängel. Ein **schwerer** Mangel schliesst den vertragskonformen Gebrauch der Sache aus oder beeinträchtigt ihn erheblich. Die Erheblichkeit misst sich am Kriterium der Zumutbarkeit. Schwer ist ein Mangel, der vitale Interessen (Gesundheit) des Mieters und seiner Mitbenützer gefährdet oder die Nutzung wesentlicher Teile des Mietobjekts für eine gewisse Zeit verunmöglicht. Die Schwere kann sich auch aus der Dauer einer minderen Beeinträchtigung oder aus einer Häufung mehrerer, für sich allein nicht schwerer Mängel ergeben. Ein **mittlerer** Mangel lässt den Gebrauch der Sache als zumutbar erscheinen, mindert dagegen den Komfort. Ein **leichter** Mangel beeinträchtigt den Gebrauch der Sache nur unwesentlich und kann mit relativ geringem Aufwand (Reinigung, Ausbesserung) behoben werden.

5   **Kasuistik** (Beispiele): Schwere Mängel: Feuchtigkeitsschäden und ungenügende Beheizung (BGE 97 II 58, mp 1988, 106), Baulärm und erschwerter Zugang zu einem Ferienhaus (mp 1996, 23), erhebliche Störungen durch Vermieter oder Dritte (mp 1988, 112), ungenügende Sicherheitsvorrichtungen eines Safes (BGE 95 II 544), falsch eingestellte Skibindung (BGE 107 II 428). Mittlere Mängel: nicht zum Mietobjekt gehörender verschmutzter

Innenhof und Hauseingang (mp 1997, 211), nicht gravierender Wasserschaden (MRA 2000, 271), Fluglärm (SJZ 2002, 108 ff.). Leichter Mangel: ver-
nachlässigter Unterhalt, verstopfte Abläufe, defekte Rollladengurten (LA-
CHAT/STOLL/BRUNNER, 128). Die Qualifikation im Einzelfall ist in erheblichem
Masse Ermessensentscheid.

Irrelevant für den mietrechtlichen Begriff des Mangels ist dessen **Ursa-**   6
che. Der Vermieter hat auch für Mängel einzustehen, welche ausserhalb
seines Einfluss- und Verantwortungsbereichs liegen (Baulärm, Fluglärm,
nachbarliche Immissionen; BGer 4C.377/2004). Ausgenommen sind die vom
Mieter zu verantwortenden Mängel (Art. 259 a Abs. 1). Unterschiede ergeben sich zudem in den Ansprüchen des Mieters (Beseitigungsanspruch nach
Art. 259 b bloss bei faktischer und rechtlicher Beseitigungsmöglichkeit, verschuldensabhängige Schadenersatzpflicht nach Art. 259 e)

II. Ansprüche des Mieter bei vertragswidriger Übergabe der Mietsache

Die Bestimmung enthält eine aus dem Dauerschuldverhältnis und den Be-   7
sonderheiten der Miete, namentlich der Raummiete, begründete **Sonder-**
ordnung. Sie geht den allgemeinen Bestimmungen zur Unmöglichkeit vor
(vgl. Art. 256 N 3).

Wird die Mietsache nicht termingerecht oder mit einem schweren Mangel   8
behaftet zur Verfügung gestellt, kann der Mieter nach Art. 107–109 wahlweise die folgenden Ansprüche geltend machen: Realerfüllung nebst Ersatz
des Verzugschadens, Verzicht auf Realerfüllung und Ersatz des positiven
Interesses oder Rücktritt vom Vertrag und Ersatz des negativen Interesses.
Zu beachten ist die Obliegenheit der Nachfristansetzung nach Art. 107
Abs. 1 und 108.

Übernimmt der Mieter die mit einem schweren Mangel behaftete Sache   9
oder weist diese nur mittlere oder leichte Mängel auf, so stehen ihm ausschliesslich die Ansprüche nach Art. 259 a–i zu. Einzustehen hat der Vermieter für geringfügige anfängliche Mängel auch dann, wenn sie als nachträgliche vom Mieter zu beseitigen wären (Art. 259).

Konkurrierende Ansprüche kann der Mieter bei gegebenen Vorausset-   10
zungen namentlich geltend machen aus Grundlagenirrtum (Art. 24 Abs. 1
Ziff. 4; allerdings nicht mehr im Nachgang zu den Mängelrechten: BGE
127 III 83 E. 1b), aus Übervorteilung (Art. 21) oder Delikt (Art. 41 und 58)
und gegenüber Dritten aus Nachbarrecht (Art. 679 und 684 ZGB; BGE 119
II 411 E. 4a) oder Besitzesschutz (Art. 926 ZGB).

Die Bestimmung ist i. S. v. Art. 256 Abs. 2 zwingend.   11

Art. 259

G. Mängel während der Mietdauer

I. Pflicht des Mieters zu kleinen Reinigungen und Ausbesserungen

Der Mieter muss Mängel, die durch kleine, für den gewöhnlichen Unterhalt erforderliche Reinigungen oder Ausbesserungen behoben werden können, nach Ortsgebrauch auf eigene Kosten beseitigen.

1   Für Mängel, die während der Mietdauer auftreten, hat grundsätzlich und im **Zweifel** der Vermieter aufgrund seiner Unterhaltspflicht einzustehen.

2   **Zulasten des Mieters** gehen Mängel, die durch ihn, durch seine Hilfspersonen (Angehörige und Gäste) oder durch Tiere in seinem Verantwortungsbereich verursacht werden (Art. 259a Abs. 1), sowie geringfügige Unterhalts- und Ausbesserungsarbeiten (Art. 259).

3   Unter Art. 259 fallen die **Reinigungsarbeiten** an der Mietsache, soweit sie aus einem sorgfältigen Gebrauch geschuldet sind, sowie die **Ausbesserung von Bagatellschäden**. Dies sind Schäden, die der durchschnittlich begabte Mieter selbst beheben kann oder die mit geringen Kosten (gegenwärtig ca. Fr. 150.–) behoben werden können. Beispiele: Auswechseln von Glühbirnen und Sicherungen, Ersatz eines Duschenschlauchs oder einer Dichtung im Wasserhahn, Reparatur einer Steckdose oder eines Lichtschalters (Lachat/Stoll/Brunner, 139).

4   Die Bestimmung verweist auf den **Ortsgebrauch**. Dieser ist allerdings nur im Rahmen von Art. 256 zu beachten und vermag der gesetzlichen Zuordnung der Unterhaltslasten nicht zu derogieren (BGE 105 II 35: Weisseln der Decken).

5   Die Bestimmung ist im Rahmen von Art. 256 Abs. 2 **relativ zwingend**. Unzulässig ist in der Wohn- und Geschäftsraummiete namentlich die Vereinbarung eines «Selbstbehalts» des Mieters für Instandstellungsarbeiten, welche nach der gesetzlichen Ordnung dem Vermieter obliegen.

Art. 259a

II. Rechte des Mieters

1. Im Allgemeinen

1   Entstehen an der Sache Mängel, die der Mieter weder zu verantworten noch auf eigene Kosten zu beseitigen hat, oder wird der Mieter im vertragsgemässen Gebrauch der Sache gestört, so kann er verlangen, dass der Vermieter:

a. den Mangel beseitigt;
b. den Mietzins verhältnismässig herabsetzt;
c. Schadenersatz leistet;
d. den Rechtsstreit mit einem Dritten übernimmt.
[2] Der Mieter einer unbeweglichen Sache kann zudem den Mietzins hinterlegen.

Literatur

Vgl. die Literaturangaben zu Art. 256.

Die Bestimmung nennt die in den folgenden Artikeln abschliessend spezifizierten Ansprüche des Mieters aus Mängeln, welche der Vermieter zu vertreten hat. Für die inhaltliche Bestimmung dieser Ansprüche ist sie ohne eigenständige Bedeutung. 1

Wird die Erfüllung der Vermieterpflichten nachträglich vollständig unmöglich (z.B. Untergang der Mietsache), treten die Rechtsfolgen nach Art. 97 (a.A. ZK-Higi, Art. 258 N 23) oder 119 ein. Bei bloss teilweiser Unmöglichkeit bestimmt das Kriterium der Zumutbarkeit, ob die Rechtsfolgen der vollständigen Unmöglichkeit oder der Mängelhaftung eintreten (ZK-Aepli, Art. 119 N 115 und 120). 2

Der Mieter trägt die **Beweislast** für den (rechtserzeugenden) Mangel, der Vermieter für die (rechtshindernde) Mangelursache im Verantwortungsbereich des Mieters. 3

Art. 259*b*

Beseitigung des Mangels
Grundsatz

Kennt der Vermieter einen Mangel und beseitigt er ihn nicht innert angemessener Frist, so kann der Mieter:
a. fristlos kündigen, wenn der Mangel die Tauglichkeit einer unbeweglichen Sache zum vorausgesetzten Gebrauch ausschliesst oder erheblich beeinträchtigt oder wenn der Mangel die Tauglichkeit einer beweglichen Sache zum vorausgesetzten Gebrauch vermindert;
b. auf Kosten des Vermieters den Mangel beseitigen lassen, wenn dieser die Tauglichkeit der Sache zum vorausgesetzten Gebrauch zwar vermindert, aber nicht erheblich beeinträchtigt.

Art. 259*c*

b.   Ausnahme   **Der Mieter hat keinen Anspruch auf Beseitigung des Mangels, wenn der Vermieter für die mangelhafte Sache innert angemessener Frist vollwertigen Ersatz leistet.**

I.   Beseitigungsanspruch

1   Der Mieter hat Anspruch auf Herstellung des **vertragskonformen Zustands**, wenn er die Miete trotz schwerer Mängel angetreten hat (Art. 258 Abs. 2), wenn die Sache bei Mietbeginn mittlere oder leichte Mängel aufwies (Art. 258 Abs. 3) oder wenn während der Mietdauer Mängel auftreten, die nicht unter Art. 259 fallen.

2   Keinen Beseitigungsanspruch hat der Mieter, wenn die Mängelbehebung dem Vermieter objektiv **unmöglich** (z. B. Flug-, Strassen- und Baulärm) oder nach Treu und Glauben **unzumutbar** ist (z. B. unverhältnismässige Instandstellung eines bis zum Abbruch vermieteten Objekts).

3   Keinen Beseitigungsanspruch hat der Mieter ferner, wenn der Vermieter für die mangelhafte Sache innert angemessener Frist **vollwertigen Ersatz** anbietet (Art. 259 c). Vollwertiger Ersatz besteht in einem gleichwertigen Objekt zuzüglich Schadloshaltung des Mieters, wenn die Ersatzannahme mit Aufwand verbunden ist (Umzugskosten u. dgl.). Das Ersatzangebot stellt eine gesetzliche Ersetzungsbefugnis (alternative Ermächtigung) des Vermieters dar, der Mieter hat darauf keinen Anspruch.

4   Die Beseitigungspflicht des **Vermieters** setzt einzig Kenntnis des Mangels voraus, nicht aber eine mieterseitige Mängelanzeige.

5   Die Beseitigung hat innert **angemessener Frist** zu erfolgen. Die Angemessenheit der Frist wird durch den Mangel bestimmt (Schädigungspotenzial). Ist nach der Natur des Mangels eine unverzügliche Beseitigung objektiv nicht erforderlich, genügt es, wenn der Vermieter die Behebung innert nützlicher Frist in die Wege leitet. Die Frist ist durch den Mieter anzusetzen, es sei denn, es liege ein Fall analog Art. 108 vor. Nach der Rechtsprechung ist eine Fristansetzung auch entbehrlich, wenn seit der Kenntnis des Vermieters vom Mangel die angemessen Frist zur Behebung bereits verstrichen ist (zustimmend BSK OR I-Weber, Art. 259 b N 6). Dies geht zu weit, wenn der Vermieter aus dem Verhalten des Mieters nicht erkennen kann, dass die Behebung der Mängel effektiv verlangt wird (ZK-Higi, Art. 259 b N 28).

II. Rechtsfolgen der Nichterfüllung

Werden in der Immobiliarmiete schwere und in der Mobiliarmiete schwere 6
oder mittlere Mängel (zur Qualifikation Art. 258 N 4 f.) nicht fristgerecht beseitigt, und bietet der Vermieter keinen vollwertigen Ersatz (Art. 259c) an,
kann der Mieter den Vertrag **fristlos kündigen**. Die Kündigung muss nicht
unverzüglich nach Ablauf der Frist erklärt werden. Sie kann aber nach
Art. 2 ZGB verwirken, wenn der Mieter durch langes Zuwarten den Rechtsschein erweckt, am Vertrag festhalten zu wollen. In der Wohn- und Geschäftsraummiete untersteht die Kündigung der Schriftform (Art. 266 *l*
Abs. 1). Eine Kündigung ist nichtig, wenn die materiellen (qualifizierter
Mangel) oder formellen (Schriftform) Voraussetzungen nicht erfüllt sind.

Steht dem Mieter ein Kündigungsrecht mangels hinreichender Beeinträch- 7
tigung nicht zu oder verzichtet er auf dessen Ausübung, bleibt ihm der Beseitigungsanspruch gewahrt. Dessen Durchsetzung hängt von der Art des
Mangels ab. Bei **schweren Mängeln** kann der Mieter auf Leistung (Realerfüllung) klagen oder sich nach Art. 98 gerichtlich zur Ersatzvornahme ermächtigen lassen. Keiner gerichtlichen Ermächtigung bedarf er, wenn die
Voraussetzungen einer echten Geschäftsführung ohne Auftrag gegeben sind
(z. B. Dringlichkeit der Mängelbehebung und Unerreichbarkeit des Vermieters). Bei **mittleren oder leichten Mängeln**, die nicht unter Art. 259 fallen,
kann der Mieter auf Leistung klagen oder nach Ablauf der Wiederherstel-
lungsfrist zur Ersatzvornahme auf Kosten des Vermieters schreiten, ohne
dass er dazu einer richterlichen Ermächtigung bedarf. Bei der Wahl der
Mittel hat er seine Schadenminderungsobliegenheit zu beachten.

III. Anspruchskonkurrenzen

Die **Herabsetzungs- und Schadenersatzansprüche** (Art. 259 *d* und *e*) beste- 8
hen kumulativ zum Beseitigungsanspruch. Bis zur Behebung des Mangels
kann der Mieter zudem den Mietzins **hinterlegen** (Art. 259 *g*).

Bei gegebenen Voraussetzungen einer **Geschäftsführung ohne Auftrag** 9
(N 7 hiervor) hat der Mieter Anspruch auf Verwendungsersatz und Freistellung von eingegangenen Verbindlichkeiten, gegebenenfalls auch auf Schadenersatz nach Billigkeit (Art. 422).

Art. 259*d*

3. Herabsetzung des Mietzinses	**Wird die Tauglichkeit der Sache zum vorausgesetzten Gebrauch beeinträchtigt oder vermindert, so kann der Mieter vom Vermieter verlangen, dass er den Mietzins vom Zeitpunkt, in dem er vom Mangel erfahren hat, bis zur Behebung des Mangels entsprechend herabsetzt.**

Literatur

STUDER, Herabsetzung des Mietzinses wegen Mängeln, MRA 2005, 108 ff.; WETZEL, Herabsetzung des Mietzinses: ästhetische Mängel, MRA 2004, 69 ff.; DERS. Verjährung des Herabsetzungsanspruchs des Mieters bei Mängeln der Mietsache, MRA 2004, 149 ff.; ZÜST, Kasuistik zur Mietzinsherabsetzung bei Mängeln, mp 2003, 49 ff.; DERS., Die Mietzinsherabsetzung bei Mängeln am Beispiel des Fluglärms, mp 2003, 145 ff.

I. Minderung

1   Analog den Bestimmungen im Kauf- und Werkvertrag gibt die Bestimmung dem Mieter einen **Minderungsanspruch** bei tatsächlich beeinträchtigtem Gebrauch, soweit er die Beeinträchtigung nicht selbst zu vertreten oder zu beseitigen (Art. 259) hat.

2   Der Herabsetzungsanspruch erwächst dem Mieter aus **sämtlichen Mängeln** i. S. v. Art. 259a, unbesehen ihrer Schwere, ihrer Behebbarkeit oder ihrer Ursache. Unerheblich ist auch, ob der Vermieter für die Werteinbusse des Mietobjekts von dritter Seite entschädigt wird oder nicht (z. B. Enteignungsentschädigung aus übermassigen Immissionen wie Fluglärm; a. A. DÜRR, AJP 2001, 394 ff.). Das Risiko von Äquivalenzstörungen, die keine der Parteien zu verantworten hat, trägt der Vermieter.

3   Die Herabsetzung berechnet sich nach der **Prozentmethode**. Danach ist die Beeinträchtigung des objektiven Gebrauchswerts der mängelfreien Mietsache in Prozenten dieses Marktwerts zu ermitteln und entsprechend auf den Mietzins umzulagern. Sie liegt regelmässig im Schätzungsermessen des Gerichts und damit innerhalb einer rechtlich gewährleisteten Bandbreite (BG E 130 III 504 E. 4.1).

4   Der Herabsetzungsanspruch setzt eine **wirtschaftliche Relevanz** der Beeinträchtigung voraus. Beeinträchtigungen unter 5 % berechtigen daher im Allgemeinen nicht zu einer Minderung (minima non curat praetor). Das erforderliche Mass kann sich bei geringfügigen Mängeln aber aus der Dauer der Beeinträchtigung ergeben (BGer 4C.97/2003).

Keine Herabsetzung erfährt der ohne Mindestansatz geschuldete **umsatz-** 5 **abhängige Mietzins** in der Geschäftsmiete, weil der Mangel sich gegebenenfalls bereits im Umsatzrückgang niederschlägt (BSK OR I-Weber, N 6b). Vorbehalten bleiben dagegen Schadenersatzansprüche des Mieters wegen mängelbedingter Umsatzeinbussen, sofern der Vermieter die Mängel zu vertreten hat (Art. 259e; BGer 4C.377/2004).

In **zeitlicher Hinsicht** kann die Herabsetzung verlangt werden ab Kenntnis 6 des Vermieters vom Mangel, bis zu dessen Behebung, Wegfall der Beeinträchtigung oder Ende des Mietverhältnisses. Mit abnehmender Beeinträchtigung kann sie degressiv ausgestaltet sein.

Kasuistik (Lachat/Stoll/Brunner, 151): Ausfall des Lifts im 4. Stockwerk: 7 10%; Wasserschaden in allen Zimmern, Küche unbenützbar: 40%; fleckige Decken, abgelöste Tapeten: 10%; Geruchsimmissionen: 12%; Lärmimmissionen 10–40% (vgl. BGer 4C.291/2000, 4C.65/2002); Massagesalon in einer Wohnliegenschaft: 35%; ungenügende Heizung: 20%; feuchtes Zimmer: 80% des Zinsanteils für das Zimmer; schmutziger Innenhof und Hauseingang: 15%.

II. Durchsetzung des Anspruchs

Streitig ist die **rechtliche Qualifikation** des Herabsetzungsanspruchs als 8 Gestaltungsrecht, als Gestaltungsklagerecht oder als Inanspruchnahme einer gesetzlichen Verminderung des geschuldeten Mietzinses (vgl. BGE 130 III 504 E. 5.1). Die Diskussion ist praktisch unergiebig, sofern richtigerweise die Auffassung abgelehnt wird, Gestaltungsrechte vermöchten keine Rückwirkung zu entfalten.

Der Mieter kann jederzeit, auch **rückwirkend**, die Herabsetzung des Miet- 9 zinses auf den Zeitpunkt der Kenntnis des Vermieters vom Mangel verlangen. Bezahlung des Mietzinses und spätere Beanspruchung einer Herabsetzung brechen sich nicht am Verbot des Rechtsmissbrauchs (BGE 130 III 504 E. 5).

Die Rückforderung zu viel bezahlter Mietzinsen ist **vertraglicher**, nicht be- 10 reicherungsrechtlicher **Natur** (BGE 130 III 504 E. 6). Dies bedeutet namentlich, dass die Rückforderung nicht am Einwand der irrtumsfreien Bezahlung einer Nichtschuld scheitert (Art. 63 Abs. 1), und dass der Anspruch nach Massgabe von Art. 128 Ziff. 1 und nicht von Art. 67 Abs. 1 verjährt. Die Verjährung beginnt mit der Fälligkeit zu laufen (Art. 130 Abs. 1), d.h. im Zeitpunkt der Zahlung des herabzusetzenden Mietzinses (Koller, ZBJV 2005, 314).

Der Mieter kann seinen Herabsetzungsanspruch dadurch **geltend machen**, 11 dass er seine Zahlungen eigenmächtig reduziert, dass er voll bezahlt, aber den Minderungsbetrag (gerichtlich) zurückfordert, dass er zu viel bezahlte Mietzinse mit künftigen verrechnet (Art. 265) oder dass er in der Immobiliarmiete den Mietzins hinterlegt und seine Ansprüche bei der Schlichtungsbehörde geltend macht (Art. 259 *g* ff.). Mindert der Mieter den Mietzins direkt oder durch Verrechnung zu Unrecht oder übermässig, gerät er in der Höhe des unberechtigten Rückbehalts in Zahlungsverzug und riskiert er die Rechtsfolgen nach Art. 257 *d*. Bei gutgläubiger Hinterlegung des Mietzinses weicht er dieser Gefahr aus (Art. 257 *d* N 5).

Art. 259 *e*

| 4. | Schadenersatz | **Hat der Mieter durch den Mangel Schaden erlitten, so muss ihm der Vermieter dafür Ersatz leisten, wenn er nicht beweist, dass ihn kein Verschulden trifft.** |

1   Die Bestimmung regelt den Ersatz des **Mangelfolgeschadens**. Dieser liegt nicht im Minderwert des mangelhaften Mietobjekts und berechnet sich nicht nach dem gestörten Synallagma (vgl. BGE 126 III 388 E. 11c). Er erwächst dem Mieter vielmehr als Körper-, Sach- oder reiner Vermögensschaden zufolge des ausgeschlossenen oder beeinträchtigten Gebrauchs (Geschäftseinbussen, Kosten eines vorübergehend benutzten Ersatzobjekts, Anwaltskosten im Zusammenhang mit der beanspruchten Gewährleistung, Arztkosten aus mängelbedingter Erkrankung etc.). Darunter fällt auch der Kündigungsschaden im Nachgang zu einem Vorgehen nach Art. 259 *b* lit. a (Umzugskosten, Mehraufwand für das «Nachfolgeobjekt» etc.). Er kann sich (wie stets) in einer positiven Vermögenseinbusse (damnum emergens) oder in entgangenem Gewinn (lucrum cessans) offenbaren.

2   Unter den Voraussetzungen von Art. 47 und 49 i. V. m. Art. 99 Abs. 3 hat der Mieter auch Anspruch auf **Genugtuung**.

3   Der Anspruch untersteht den Voraussetzungen von **Art. 97**. Der Mieter hat die Vertragswidrigkeit, seinen Schaden und den natürlichen Kausalzusammenhang zwischen den beiden zu beweisen. Das Verschulden des Vermieters (inklusive Verantwortung für seine Hilfspersonen) wird vermutet (Exkulpationsbeweis). Es kann namentlich auch in einer Unterlassung liegen (Verletzung der Unterhaltspflicht).

4   Den Mieter trifft die allgemeine **Schadensminderungsobliegenheit** (z. B. in Zusammenhang mit Ersatzkosten). Zudem hat er die **Vorteilsanrechnung** (etwa im Umfang der Mietzinsherabsetzung) gegen sich gelten zu lassen.

Zu gleichgerichteten Ansprüchen aus (verschuldensunabhängigen) **Kausal-** 5
haftungen besteht alternative Konkurrenz (namentlich Art. 58 oder Art. 58
SVG).

Der Anspruch **verjährt** nach Massgabe von Art. 127. 6

Die Bestimmung ist nach Massgabe von Art. 256 Abs. 2 **zwingend.** 7

Art. 259*f*

Übernahme des **Erhebt ein Dritter einen Anspruch auf die Sache, der**
Rechtsstreits **sich mit den Rechten des Mieters nicht verträgt, so**
muss der Vermieter auf Anzeige des Mieters hin den
Rechtsstreit übernehmen.

Die Bestimmung hat die **Rechtsgewähr** des Vermieters zum Gegenstand 1
(analog Art. 192 ff.). Sie ist praktisch kaum von Bedeutung und greift gegenüber behaupteten dinglichen (Eigentum, Dienstbarkeiten, nachbarrechtliche Einschränkungen des vertragskonformen Gebrauchs) oder realobligatorischen (vorgemerkter Mietvertrag, Art. 261*b*; **a.A.** ZK-HIGI, N 8)
Ansprüchen Dritter auf die Mietsache. Nicht darunter fallen vom Gemeinwesen aus öffentlichem Recht geltend gemachte Nutzungsbeschränkungen
(rechtliche Sachmängel; **a.A.** BSK ORI-WEBER, N 1). Nicht unter die Rechtsgewähr des Vermieters fallen nachbarrechtliche Abwehrsprüche (insbesondere aus Art. 679 und 684 ZGB). Sie wahrzunehmen ist der Mieter selbst aktivlegitimiert (Art. 253 N 3).

Nach Mietantritt vom Vermieter Dritten eingeräumte dingliche Rechte 2
(Eigentum, Wohnrecht) beurteilen sich nicht nach Art. 259*f*, sondern nach
Art. 261 und 261*a*).

Auf Anzeige des Mieters hat der Vermieter die aussergerichtliche oder pro- 3
zessuale Auseinandersetzung mit dem Dritten zu übernehmen. Im Prozess-
stadium haben die Kantone den Parteiwechsel zu ermöglichen (Art. 49 BV),
bestimmen aber deren Modalitäten im Rahmen ihrer Prozesshoheit, solange der Bund seine Kompetenz zur Vereinheitlichung des Verfahrensrechts nicht ausgeschöpft hat (Art. 122 Abs. 1 BV). Geläufig sind namentlich
eine Prozessstandschaft, eine Prozessvertretung oder eine Hauptinterven-
tion des Vermieters.

Der Anspruch auf Übernahme des Rechtsstreits ist eine Sonderform des Be- 4
seitigungsanspruchs (lex specialis), lässt die übrigen Mängelrechte, namentlich das Recht zur Hinterlegung des Mietzinses, aber unberührt (ZK-
HIGI, N 23 ff.).

Art. 259*g*

6. **Hinterlegung des Mietzinses**

a. **Grundsatz**

[1] Verlangt der Mieter einer unbeweglichen Sache vom Vermieter die Beseitigung eines Mangels, so muss er ihm dazu schriftlich eine angemessene Frist setzen und kann ihm androhen, dass er bei unbenütztem Ablauf der Frist Mietzinse, die künftig fällig werden, bei einer vom Kanton bezeichneten Stelle hinterlegen wird. Er muss die Hinterlegung dem Vermieter schriftlich ankündigen.

[2] Mit der Hinterlegung gelten die Mietzinse als bezahlt.

Art. 259*h*

b. **Herausgabe der hinterlegten Mietzinse**

[1] Hinterlegte Mietzinse fallen dem Vermieter zu, wenn der Mieter seine Ansprüche gegenüber dem Vermieter nicht innert 30 Tagen seit Fälligkeit des ersten hinterlegten Mietzinses bei der Schlichtungsbehörde geltend gemacht hat.

[2] Der Vermieter kann bei der Schlichtungsbehörde die Herausgabe der zu Unrecht hinterlegten Mietzinse verlangen, sobald ihm der Mieter die Hinterlegung angekündigt hat.

Art. 259*i*

c. **Verfahren**

[1] Die Schlichtungsbehörde versucht, eine Einigung zwischen den Parteien herbeizuführen. Kommt keine Einigung zustande, so fällt sie einen Entscheid über die Ansprüche der Vertragsparteien und die Verwendung der Mietzinse.

[2] Ruft die unterlegene Partei nicht innert 30 Tagen den Richter an, so wird der Entscheid rechtskräftig.

Literatur

LACHAT, Die Hinterlegung des Mietzinses, mp 1993, 1 ff.; WEY, La consignation du loyer, Lausanne 1995.

I. Hinterlegung des Mietzinses

Die Hinterlegung des Mietzinses ist **Druckmittel** zur Durchsetzung des Beseitigungsanspruchs. Sie setzt voraus: (1) eine Immobiliarmiete, (2) einen vom Vermieter zu behebenden Mangel, (3) eine Aufforderung des Mieters zur Mängelbehebung innert angemessener Frist mit Hinterlegungsandrohung sowie (4) den unbenützten Ablauf der (angemessenen) Behebungsfrist.   1

Kein Hinterlegungsanspruch besteht nach der ratio legis bei Mängeln, deren Behebung dem Vermieter unmöglich (Dritteinwirkungen wie Lärm etc.) oder unzumutbar ist (**a. A.** BSK OR I-WEBER, Art. 259 *g* N 4 unter Berufung auf die Botschaft des Bundesrats).   2

Der Mieter kann unbesehen der Schwere des Mangels das gesamte, im Zeitpunkt der Hinterlegung noch nicht verfallene Entgelt, d. h. den **Mietzins inklusive Nebenkosten** hinterlegen (BGE 124 III 201).   3

Zu hinterlegen ist bei der vom **Kanton** des vereinbarten oder gesetzlichen **Gerichtsstands** bezeichneten Stelle (Kantonalbank, Schlichtungsbehörde, Gerichtskasse).   4

Auf den Verfalltag zu Recht hinterlegte Mietzinse gelten als bezahlt (**Zahlungsfiktion**). Innert den Fristen von Art. 257 *d* gutgläubig hinterlegte Mietzinse schliessen eine Verzugskündigung aus (Art. 257 *d* N 5).   5

II. Rechtsfolgen und Verfahren

Der **Mieter** hat seine Gewährleistungsansprüche (Beseitigung, Mietzinsherabsetzung, Anspruch auf Ersatz der Kosten einer Ersatzvornahme oder eines Mangelfolgeschadens) innert 30 Tagen seit Fälligkeit des ersten hinterlegten Mietzinses bei der Schlichtungsbehörde geltend zu machen.   6

Der **Vermieter** kann seinerzeit auf Anzeige der Hinterlegung hin die Freigabe verlangen. Eine Verwirkungsfrist läuft ihm hierzu nicht. Der Mieter wird dadurch von seiner Obliegenheit, die Schlichtungsbehörde anzurufen, nicht befreit (**str.**; vgl. CR CO I-LACHAT, Art. 259 *h*–*i* N 3).   7

Die **Schlichtungsbehörde** sucht die Parteien zu einigen und fällt nötigenfalls einen Entscheid über das Schicksal der hinterlegten Summe. Der Mieter trägt die Beweislast für die tatsächlichen Voraussetzungen der Hinterlegung. Der Entscheid der Schlichtungsbehörde wird mangels gerichtlicher Anfechtung rechtskräftig. Den Rechtsweg zu beschreiten sind kraft Bundes-   8 rechts auch im Schlichtungsverfahren säumige Beklagte befugt (BGE 120 II 28).

9   Mit Inkrafttreten einer **Schweizerischen Zivilprozessordnung** wird sich das Verfahren nach dieser richten (vgl. E-ZPO, BBl 2006 7221, Anhang II Ziff. 5).

Art. 260

H. Erneuerungen und Änderungen

I. Durch den Vermieter

¹ Der Vermieter kann Erneuerungen und Änderungen an der Sache nur vornehmen, wenn sie für den Mieter zumutbar sind und wenn das Mietverhältnis nicht gekündigt ist.

² Der Vermieter muss bei der Ausführung der Arbeiten auf die Interessen des Mieters Rücksicht nehmen; allfällige Ansprüche des Mieters auf Herabsetzung des Mietzinses (Art. 259d) und auf Schadenersatz (Art. 259e) bleiben vorbehalten.

Art. 260a

II. Durch den Mieter

¹ Der Mieter kann Erneuerungen und Änderungen an der Sache nur vornehmen, wenn der Vermieter schriftlich zugestimmt hat.

² Hat der Vermieter zugestimmt, so kann er die Wiederherstellung des früheren Zustandes nur verlangen, wenn dies schriftlich vereinbart worden ist.

³ Weist die Sache bei Beendigung des Mietverhältnisses dank der Erneuerung oder Änderung, welcher der Vermieter zugestimmt hat, einen erheblichen Mehrwert auf, so kann der Mieter dafür eine entsprechende Entschädigung verlangen; weitergehende schriftlich vereinbarte Entschädigungsansprüche bleiben vorbehalten.

Literatur

BARBEY, Les travaux de rénovation et de modification de la chose louée entrepris par le locataire, Séminaire 1998; BÄTTIG, Bauhandwerkerpfandrecht bei Mieterbauten, MRA 2006, 72 ff.; CORBOZ, Les travaux de transformation et de rénovation de la chose louée entrepris par le bailleur et leur répercussion sur les loyers, Séminaire 2002; MAAG, Erneuerungen und Änderungen durch den Mieter, Neues zu Art. 260 a Abs. 3 OR, MRA 2005, 75 ff. sowie 2006, 24 ff.; PIOTET, Hypothèque légale pour les travaux commandés par le locataire?, JdT 2001 I 173 ff.; RIZZOLIO, Les travaux de rénovation et de modification de la chose louée entrepris par le bailleur, Lausanne 1998; SCHIESS RÜTIMANN, Die Nachverdichtung von Liegenschaften mit Mietwohnungen, 1999; WETZEL, Entschädigung für erheblichen Mehrwert i. S. von Art. 266 a Abs. 3 OR, MRA 2006, 108 ff.; ZEHNDER, Die Bestimmung der Mehrwertentschädigung bei Mietbauten, AJP 1996, 725 ff.

I. Änderungen und Erneuerungen der Mietsache

Änderungen und Erneuerungen der Mietsache gehen über deren Unterhalt hinaus. Dieser dient der Behebung oder Vorbeugung von Sachmängeln, der Werterhaltung, jene bezwecken dagegen im Regelfall eine Wertvermehrung. Die Abgrenzung ist vielfach fliessend, namentlich bei umfassender Überholung der Mietsache (vgl. Art. 14 Abs. 1 VMWG). 1

Erneuerung ist ein Eingriff in die Substanz, welcher den Gebrauchskomfort steigert, ohne die Gestalt der Mietsache zu verändern. Sie bewirkt eine Verbesserung deren bisherigen Zustands (BGer 4C.393/2002). Die gebrauchsbezogene Qualität wird gegenüber der vertraglich vereinbarten erhöht. Sie kann als Mehrleistung des Vermieters zu einer zulässigen Erhöhung des Mietzinses führen (Art. 269 a lit. b). 2

Änderung ist eine Veränderung des äusseren Zustands der Mietsache, eine Umgestaltung des vertraglich vereinbarten, äusseren Erscheinungsbilds. Sie führt i. d. R. zu einem Mehrwert der umgestalteten Sache (Gebäude), kann aber auch zu einer Beeinträchtigung einzelner Mieter führen (Verringerung der Mietfläche durch Einbau eines Lifts u. dgl.). 3

Änderung und Erneuerung der Mietsache werden häufig uno actu bewirkt und sind nicht immer klar zu trennen. Durch die gesetzliche Gleichbehandlung wird die Unterscheidung allerdings praktisch bedeutungslos. 4

II. Erneuerungen und Änderungen durch den Vermieter

Eine Änderung oder Erneuerung der Mietsache modifiziert den Vertragsinhalt und ist daher an sich konsensbedürftig. Das Gesetz lässt sie auf **einseitige Veranlassung** des Vermieters zu, wenn sie für den Mieter zumutbar und das Mietverhältnis nicht gekündigt ist. 5

Die **Zumutbarkeit** beurteilt sich nach objektiven Kriterien aufgrund einer Interessenabwägung (Ermessensentscheid nach Art. 4 ZGB; BGer 4C.382/2002, 4P.122/2005). Beeinträchtigung (Bauarbeiten) und Nutzen des Mie- 6 ters (Komfortsteigerung) sind gegeneinander abzuwägen und die finanziellen Folgen für den Mieter (Mietzinserhöhung) mit zu würdigen. Schwerwiegende Störungen des vertraglichen Gleichgewichts sind unzumutbar.

7   Die **Kündigung** des Mietvertrags schliesst Änderungen und Erneuerungen vor Ablauf der Miete aus, gleichgültig, ob sie vom Vermieter oder vom Mieter erklärt wird. Sperrwirkung entfaltet nur die ordentliche Kündigung (BSK OR I-Weber, Art. 260 N 3). Eine zu Sperrzwecken weit vor Fristbeginn erklärte Kündigung des Mieters kann rechtsmissbräuchlich und damit anfechtbar sein (CR CO I-Lachat, Art. 260 N 5). Keine Sperrfrist besteht nach dem Wortlaut der Bestimmung im befristeten Mietverhältnis (ZK-Higi, Art. 260 N 45). Der Gesetzeszweck, dem Mieter nicht nur die Unannehmlichkeiten, sondern auch die (späteren) Annehmlichkeiten von Änderungen und Erneuerung zu sichern, liesse teleologisch eine differenzierte Auslegung mit entsprechender Sperre zu. Das erstreckte Mietverhältnis ist dagegen kein gekündigtes im Sinne der Bestimmung (**str.**, differenzierend BSK OR I-Weber, Art. 260 N 4).

8   Zulässige Erneuerungs- und Änderungsarbeiten unterstehen dem Gebot der **schonenden Rechtsausübung** (Art. 2 ZGB). Sie sind rechtzeitig anzuzeigen und so zu planen, zu terminieren (Jahreszeit), zu organisieren (Dauer der Arbeiten) und durchzuführen (Arbeitsweise), dass der Mieter möglichst wenig beeinträchtigt wird.

9   Rechtmässige Arbeiten hat der Mieter zu dulden. Er kann aber die Beeinträchtigung durch eine **Herabsetzung des Mietzinses** kompensieren und hat bei Verschulden des Vermieters oder dessen Haftung für Hilfspersonen Anspruch auf **Schadenersatz** (Art. 259 e). Ein Verschulden liegt auch in der Missachtung des Gebots der schonenden Rechtsausübung.

10   Sind die Voraussetzungen von Art. 260 Abs. 1 nicht erfüllt, stehen dem Mieter ebenfalls die anderen Mängelrechte zu (Beseitigung der Beeinträchtigung, fristlose Kündigung, Hinterlegung des Mietzinses). Gleiches gilt bei Verletzung des Gebots der schonenden Rechtsausübung.

III. Erneuerungen und Änderungen durch den Mieter

11   Umgestaltungen der Mietsache durch den Mieter, die über deren Herrichtung zum vertragskonformen Gebrauch hinausreichen, sind grundsätzlich unzulässig. Sie bedürfen der **schriftlichen Zustimmung** des Vermieters.

12   Der Vermieter ist in den Schranken von Art. 2 ZGB frei, die Zustimmung zu erteilen oder zu verweigern. Führt der Mieter bewilligungspflichtige Arbeiten **ohne** diese **Zustimmung** aus, kann der Vermieter nach Massgabe von Art. 257 f die Wiederherstellung des ursprünglichen Zustands verlangen und gegebenenfalls den Vertrag kündigen. Jedenfalls aber hat der Mieter

die Umgestaltung bei Beendigung des Mietverhältnisses rückgängig zu machen (Art. 260 a Abs. 2 e contrario). Daneben hat der Vermieter nach Massgabe von Art. 97 Anspruch auf Schadenersatz.

Bewilligte Umgestaltungen hat der Mieter bei Beendigung des Vertrags 13 nur aufgrund schriftlicher Vereinbarung rückgängig zu machen. Weist die Mietsache dann zumal wegen der Umgestaltung einen erheblichen Mehrwert auf, hat er Anspruch auf eine nach Billigkeit bemessene Vergütung. Der Mehrwert bemisst sich nach dem Zustandswert der Investition am Ende der Mietdauer (Berücksichtigung gebotener «Abschreibungen»). Entgegen ihrem zu engen Wortlaut ist die Bestimmung von Art. 260 a Abs. 3 dispositiver Natur (BGE 124 III 149). Dies folgt a maiore minus aus der Freiheit des Vermieters, die Zustimmung zu mieterseitigen Arbeiten zu verweigern.

Gestattet der Vermieter die mieterseitigen Arbeiten, riskiert er bei dauerndem Mehrwert der immobilen Mietsache die Eintragung eines **Bauhandwerkerpfandrechts** (Art. 837 Abs. 1 Ziff. 3 ZGB; BGE 126 III 505). Erweckter Anschein, aus welchem der Bauhandwerker auf eine Zustimmung des Vermieters schliessen darf, reicht aus (BGer 5C.208/2004). Der Mieter ist verpflichtet, das Pfandrecht abzulösen. Verletzt er die Pflicht, steht dem Vermieter nach Art. 107 ff. das Recht der Vertragsauflösung zu (Kündigung anstelle des Rücktritts im Dauerschuldverhältnis; BGE 123 III 124 E. 3b).

Art. 261

Wechsel des Eigentümers

Veräusserung der Sache

¹ **Veräussert der Vermieter die Sache nach Abschluss des Mietvertrags oder wird sie ihm in einem Schuldbetreibungs- oder Konkursverfahren entzogen, so geht das Mietverhältnis mit dem Eigentum an der Sache auf den Erwerber über.**

² **Der neue Eigentümer kann jedoch:**

a. **bei Wohn- und Geschäftsräumen das Mietverhältnis mit der gesetzlichen Frist auf den nächsten gesetzlichen Termin kündigen, wenn er einen dringenden Eigenbedarf für sich, nahe Verwandte oder Verschwägerte geltend macht;**

b. **bei einer anderen Sache das Mietverhältnis mit der gesetzlichen Frist auf den nächsten gesetzlichen Termin kündigen, wenn der Vertrag keine frühere Auflösung ermöglicht.**

³ Kündigt der neue Eigentümer früher, als es der Vertrag mit dem bisherigen Vermieter gestattet hätte, so haftet dieser dem Mieter für allen daraus entstehenden Schaden.

⁴ Vorbehalten bleiben die Bestimmungen über die Enteignung.

Art. 261a

II. Einräumung beschränkter dinglicher Rechte

Die Bestimmungen über die Veräusserung der Sache sind sinngemäss anwendbar, wenn der Vermieter einem Dritten ein beschränktes dingliches Recht einräumt und dies einem Eigentümerwechsel gleichkommt.

Literatur

AMBERG, Der sichere Mietvertrag in der Zwangsvollstreckung, BlSchKG 2001, 161 ff.; BISE, La faillite du bailleur, Séminaire 2000; FELLMANN, Der Übergang des Mietverhältnisses nach Art. 261 OR – ein gesetzlicher Parteienwechsel mit Lücken und Tücken, AJP 1994, 539 ff.; JAQUES, L'opposabilité des baux aux titulaires de droits de gage, SJZ 2000, 79 ff.; KNAPP, Expropriation d'immeubles: les influences sur les baux, Séminaire 1998; KOLLER A., Probleme beim Verkauf vermieteter Wohnliegenschaften, ZBGR 1991, 193 ff.; DERS., Verkauf einer vermieteten Wohnliegenschaft, in: Der Grundstückkauf, 2. Aufl., Bern 2001, 377 ff.; KOLLER T., Von welchem Zeitpunkt an kann der Erwerber einer Liegenschaft ein bestehendes Mietverhältnis kündigen?, recht 1993, 70 f.; LACHAT, La résiliation du bail en cas d'aliénation de l'immeuble et d'insolvabilité du bailleur, CdB 1999, 65 ff.; LORANDI, Mietverträge im Konkurs des Vermieters, mp 1998, 111 ff.; PIETRUSZAK/ZACHARIAE, Der Schutz des Mieters von Wohn- und Geschäftsräumen in der Zwangsverwertung, recht 2000, 41 ff.; PIOTET, Le principe «la vente ne rompt pas le bail» et le système général des droits réels, Bern 1993; PROBST, La double mise à prix face au principe «la vente ne rompt pas le bail» ou «cohaerentia legislationis quo vadis?», Mélanges Schüpbach, Basel 2000, 81 ff.; RONCORONI, Die Auswirkungen des Eigentümerwechsels auf den Mietvertrag, mp 2005, 195 ff.; ZIRLIK/LÜTHI, Die vom «Schein»-Erwerber einer Liegenschaft ausgesprochene Kündigung nach Art. 261 Abs. 2 lit. a OR.

I. Kauf bricht Miete nicht

Während in Art. 259 aOR der Grundsatz «Kauf bricht Miete» festgeschrieben war, lässt das geltende Recht aus sozialrechtlichen Erwägungen das Vertragsverhältnis bei Veräusserung der Mietsache auf den Erwerber übergehen (grundsätzlich **realobligatorische Wirkung** des Mietvertrags auch ohne Vormerkung nach Art. 261*b*). Die Bestimmung ist **zwingender** Natur. 1

Als **Veräusserung** gilt jede rechtsgeschäftliche oder vollstreckungsrechtliche Singularsukzession in das Eigentum an der Mietsache (Kauf, Tausch, Schenkung, Erbteilung, Einbringen in eine Gesellschaft, Zuschlag in der Zwangsvollstreckung). Universalsukzessionen (Erbgang, Fusion) und Vermögensübergänge nach Art. 181 lassen das Mietverhältnis nach ihren eigenen Regeln und nicht nach Art. 261 auf den Erwerber übergehen. Wird die Mietsache enteignet, findet Art. 261 grundsätzlich Anwendung, doch kann der Enteigner nach Massgabe des anwendbaren öffentlichen Rechts auch die Rechte des Mieters expropriieren (Abs. 4). 2

Der Veräusserung ist die **Einräumung einer Dienstbarkeit** an der Mietsache gleichgestellt (Art. 261*a*), wenn deren Auswirkungen auf die Rechtsstellung des Mieters denjenigen einer Handänderung gleichkommen. Im Vordergrund stehen Baurecht und Nutzniessung. Wohnrecht und Miete schliessen sich grundsätzlich aus (Art. 776 Abs. 2 ZGB), doch kann dem Wohnberechtigten die Vermietung der belasteten Wohnung vertraglich gestattet werden (BGE 116 II 281 E. 4c). Diesfalls tritt auch er in einen bestehenden Mietvertrag ein. Streitig ist, ob Art. 261*a* analog beim Untergang einer Dienstbarkeit greift und der Grundeigentümer von Gesetzes wegen in bestehende Mietverträge eintritt (altrechtlich bejahend für das Erlöschen der Nutzniessung beim Tod des Berechtigten BGE 113 II 121 E. 3; allgemein bejahend BSK OR I-Weber, Art. 261a N 2; a. A. ZK-Higi, Art. 261–261*a* N 7 und 18). Bei ungewissem Zeitpunkt des Untergangs (dies incertus quando; z. B. Tod des Nutzniessers) ist die Analogie sozialrechtlich vertretbar. Bei festem Endtermin (dies certus quando; z. B. feste Dienstbarkeitsdauer) sollte dagegen der Eigentümer nicht schlechter gestellt sein als der Hauptvermieter gegenüber dem Untermieter (Art. 262 Abs. 3). 3

Der Erwerber tritt in den Mietvertrag ein, sofern die Handänderung oder Einräumung einer Dienstbarkeit **nach Mietantritt** erfolgt. Erfolgt sie zwischen Vertragsschluss und Mietantritt, führt sie zur Unmöglichkeit der Erfüllung, die dem Mieter Anspruch auf Schadenersatz (Art. 97) und nach herrschender Lehre auf Vertragsrücktritt (Art. 107 ff.) gibt. 4

Der Eintritt erfolgt im Zeitpunkt des Eigentumserwerbs. Im Falle der rechtsgeschäftlichen Veräusserung stellt das Bundesgericht auf die Einschreibung im Tagebuch ab und nimmt die Möglichkeit der Abweisung der Anmeldung aus Gründen der Praktikabilität in Kauf (BGE 128 III 82 E. 1b und 5 c; **str.**; ablehnend etwa BSK OR I-Weber, Art. 261 N 3; zustimmend namentlich A. Koller, Grundstückkauf, 385 ff.). Beim aussergrundbuchlichen Eigentumserwerb ist das Gestaltungsurteil (Art. 665 Abs. 1 ZGB) oder der Zuschlag in der Zwangsvollstreckung massgebend (Art. 656 Abs. 2 ZGB; BGE 128 III 82 E. 1 a und b; für die freiwillige öffentliche Versteigerung vgl. Art. 235 Abs. 1).

6   Der Erwerber tritt in den Mietvertrag mit allen **Rechten und Pflichten** ein. Der Eintritt erfolgt jedoch nicht rückwirkend und der Mieter kann nicht alle Ansprüche, die er gegen den früheren Vermieter hatte, gegenüber dem neuen geltend machen. Ausgenommen sind etwa der Anspruch auf bankmässige Hinterlegung des Mietzinsdepots (Art. 257e Abs. 1; BGE 127 III 273 E. 4c), Bereicherungsansprüche aus zu viel bezahlten Mietzinsen (MRA 2000, 326 ff.) oder der Anspruch auf den Saldoausgleich einer zurückliegenden Nebenkostenabrechnung (krit. BSK OR I-Weber, Art. 261 N 4).

II.   Kündigungsmöglichkeit des Erwerbers

7   Der Erwerber kann den Mietvertrag mit der gesetzlichen Frist vorzeitig auf den **nächsten gesetzlichen Termin** (Art. 266a ff.) kündigen, in der Wohn- und Geschäftsraummiete allerdings nur bei dringendem Eigenbedarf für sich, nahe Verwandte oder Verschwägerte.

8   Die vorzeitige Kündigung kann wirksam erst nach dem Eintritt des Erwerbers in das Mietverhältnis (N 5 hiervor) und nur auf den nächstmöglichen Termin nach diesem Zeitpunkt erklärt werden. Die Kündigung untersteht den Formvorschriften von Art. 266 l–n. Ausgeschlossen ist die vorzeitige Kündigung eines vorgemerkten (Art. 261b) oder rechtsgeschäftlich ausdrücklich übernommenen Mietvertrags (Art. 112).

9   **Dringender Eigenbedarf** ist gegeben, wenn dem Erwerber aus wirtschaftlichen oder anderen Gründen nicht zumutbar ist, auf die Benützung der Wohn- oder Geschäftsräume zu verzichten (Ermessensentscheid i. S. v. Art. 4 ZGB). Das Erfordernis der Dringlichkeit ist nicht nur zeitlich, sondern auch sachlich zu verstehen (BGE 118 II 50 E. 3; Pra 86 483 E. 1).

10   Bei Zwangsverwertung der Mietliegenschaft unter **Doppelaufruf** (Art. 142 SchKG; BGE 126 III 290) und Zuschlag ohne Mietvertrag kann der Erwerber auch ohne dringenden Eigenbedarf vorzeitig kündigen (BGE 125 III 123).

11   Die vorzeitige Kündigung ist **anfechtbar** (Art. 271 f.). Eine Mieterstreckung (Art. 272 ff.) ist nicht ausgeschlossen, wird aber i. d. R. bereits am Ergebnis der für die Zulässigkeit der Kündigung vorgenommenen Interessenabwägung scheitern.

III. Schadenersatzpflicht des Veräusserers

Der Veräusserer hat dem Mieter den Schaden (positives Interesse) aus der   12
vorzeitigen Auflösung des Mietverhältnisses nach Abs. 2 zu ersetzen, nicht
aber denjenigen aus andern Vertragsverletzungen des Erwerbers (Abs. 3).
Als Schaden fallen namentlich Mietmehrkosten, Umzugskosten, Einrich-
tungskosten und Geschäftseinbussen in Betracht.

Art. 261*b*

**Vormerkung im
Grundbuch**

    ¹ **Bei der Miete an einem Grundstück kann verabredet
werden, dass das Verhältnis im Grundbuch vorgemerkt wird.**

    ² **Die Vormerkung bewirkt, dass jeder neue Eigen-
tümer dem Mieter gestatten muss, das Grundstück
entsprechend dem Mietvertrag zu gebrauchen.**

Literatur

PFÄFFLI, Zur Vormerkung von Mietverträgen und Vorkaufsrechten (mit Berücksichtigung des neuen Mietrechts), BN 1990, 41 ff.

Das Mietverhältnis kann durch Vormerkung im Grundbuch (Art. 959 ZGB)   1
zur vollkommenen **Realobligation** ausgestaltet werden. Diesfalls folgen die
Rechte und Pflichten aus dem Vertrag uneingeschränkt dem Eigentum an
der Sache. Die Vormerkung dehnt den sachenrechtlichen Schutz (Rangordnung, Publizität) auf den obligatorischen Vertrag aus.

Mit der Aufgabe des Grundsatzes «Kauf bricht Miete» (Art. 259 aOR) hat   2
der Vormerkungsschutz an praktischer Bedeutung eingebüsst. Er besteht
im Wesentlichen noch im Ausschluss einer vorzeitigen Kündigung nach
Art. 261 Abs. 2, es sei denn, die Vormerkung werde nach einem Doppelaufruf (Art. 142 SchKG) gelöscht (Art. 261 und 261*a* N 10).

Der vorzumerkende Mietvertrag bedarf wegen des erforderlichen Rechts-   3
grundausweises der einfachen **Schriftform** (Art. 71 Abs. 1 GBV). Wird die
Vormerkung gerichtlich verfügt, hat der Grundbuchverwalter einzig die
Zuständigkeit des anordnenden Gerichts, die grundbuchliche Sachlegitima-
tion des Verfügungsadressaten und die Vormerkungsfähigkeit des Rechtsverhältnisses zu prüfen, nicht dagegen die inhaltliche Richtigkeit der Anordnung (BGE 119 II 16).

4   Die Vormerkung eines **Untermietvertrags** (Art. 262) bedarf der Zustimmung des Grundeigentümers und begründet zu dessen Lasten die Pflicht, dem Untermieter den vertragskonformen Gebrauch der Sache zu gestatten.

Art. 262

K.   Untermiete

1   **Der Mieter kann die Sache mit Zustimmung des Vermieters ganz oder teilweise untervermieten.**

2   **Der Vermieter kann die Zustimmung nur verweigern, wenn:**

a. **der Mieter sich weigert, dem Vermieter die Bedingungen der Untermiete bekanntzugeben;**

b. **die Bedingungen der Untermiete im Vergleich zu denjenigen des Hauptmietvertrags missbräuchlich sind;**

c. **dem Vermieter aus der Untermiete wesentliche Nachteile entstehen.**

3   **Der Mieter haftet dem Vermieter dafür, dass der Untermieter die Sache nicht anders gebraucht, als es ihm selbst gestattet ist. Der Vermieter kann den Untermieter unmittelbar dazu anhalten.**

Literatur

BLANC, La sous-location en pratique, SJ 2005 II 105 ff.; BUDLIGER, Untermiete, MRA 2006, 34 ff.; CERUTTI, Der Untervertrag, Freiburg 1990; DUCROT, Des usagers indésirables dans les locaux d'habitations ou commerciaux: le locataire après la fin du bail et le sous-locataire non autorisé, Séminaire 2006; HEINRICH, Die Untermiete, Zürich 1999; LACHAT, La sous-location, SJ 1992, 469 ff.; SCHMID, Gewinnherausgabe bei unerlaubter Untermiete, recht 2000, 205 ff.

I.   Untermiete

1   Untermiete ist die gänzliche oder teilweise **Weitervermietung der Mietsache** durch den Mieter. Sachenrechtlich sind der Vermieter mittelbarer Eigenbesitzer, der Mieter als Untervermieter mittelbarer Fremdbesitzer und der Untermieter unmittelbarer Fremdbesitzer der Mietsache.

2   Der Untermietvertrag ist ein echter **Mietvertrag** und untersteht den Bestimmungen der Art. 253 ff. (BGE 124 III 62), soweit diese nicht auf den Eigentümer der Mietsache zugeschnitten sind (z. B. Art. 256 b). Er ist eben-

falls begriffsnotwendig **entgeltlich**; die unentgeltliche Beherbergung von Verwandten, Lebenspartnern und Gästen stellt keine Untermiete dar. Auf die Entlehnung einer Mietsache ist Art. 262 aber mutatis mutandis analog anwendbar (HEINRICH, 51 f.; a. A. ZK-HIGI, N 12).

Hauptvertrag und Untervertrag bestehen rechtlich selbstständig, sind aber wegen der Identität des Objekts eng miteinander verbunden. Namentlich begrenzt der Hauptvertrag die Rechtsmacht des Untervermieters (BGE 124 III 62 E. 2b; nemo plus iuris ad alium transferre potest quam ipse habet). Dies gilt namentlich für den Gebrauchszweck, die Gebrauchsmodalitäten und die Vertragsdauer. Verspricht der Untervermieter mehr oder anderes als ihm selbst zusteht, wird er dem Untermieter aus Art. 97 ersatzpflichtig, wenn der Vermieter die Ausdehnung nicht duldet.   3

II. Rechtsbeziehungen zwischen Haupt- und Untervermieter

Die Untervermietung bedarf der **Zustimmung** des Vermieters. Deren Verweigerung ist aber nur unter drei alternativen, im Gesetz abschliessend genannten Voraussetzungen zulässig (Abs. 2). Der Untervermieter hat dem Vermieter die Vertragsbedingungen bekanntzugeben und darf diese nicht missbräuchlich oder für den Vermieter wesentlich nachteilig gestalten. Missbräuchlich sind Bedingungen, wenn sie dem Untervermieter einen übermassigen Gewinn aus der Untermiete verschaffen (BGE 119 II 353 E. 6f) oder in der Wohn- und Geschäftsraummiete zu einem übermässigen Ertrag im Sinne der Art. 269 ff. führen. Als wesentliche Nachteile fallen namentlich Gebrauchsbefugnisse des Untermieters in Betracht, welche von denjenigen der Hauptmiete erheblich abweichen.   4

Die Zustimmung ist als Gestaltungsrecht grundsätzlich unwiderruflich. Treten nachträglich aber Umstände ein, welche zur Verweigerung der Zustimmung berechtigt hätten, kann die Bewilligung entzogen werden. Als einseitige Vertragsänderung ist dieser **Entzug** dem Untervermieter (als Mieter) auf amtlichem Formular anzuzeigen (Art. 269*d* Abs. 3; BGE 125 III 62 E. 2b).   5

Für das Verhalten des Untermieters hat der Untervermieter dem Vermieter nach Art. 101 einzustehen (Art. 262 Abs. 3).   6

Die Untervermietung ohne Zustimmung des Vermieters ist materiell nur unzulässig, wenn Verweigerungsgründe bestanden hätten. Sie stellt diesfalls eine **Geschäftsanmassung** i. S. v. Art. 423 dar und gibt dem Vermieter einerseits Anspruch auf Herausgabe des erzielten Gewinns (BGE 126 III 69), andererseits Grund für eine ordentliche, nach erfolgloser Mahnung, die Untermiete zu beenden, auch für eine ausserordentliche **Kündigung des Hauptmietvertrags** (Art. 257*f* Abs. 3).   7

III. Rechtsbeziehungen zwischen Hauptvermieter und Untermieter

8   Hauptvermieter und Untermieter stehen in keinem Vertragsverhältnis, aber in einem gesetzlichen Näheverhältnis als **Sonderbeziehung**. Der Hauptvermieter kann den Untermieter unmittelbar zu einem dem Hauptvertrag konformen Gebrauch der Mietsache anhalten, bei schuldhafter Pflichtverletzung von ihm Schadenersatz verlangen und ihn bei unzulässiger Untermiete aus der Mietsache ausweisen (BGE 120 II 112 E. 3b/cc/ddd).

9   **Streitigkeiten** zwischen dem Hauptvermieter und dem Untermieter gelten als mietrechtliche und unterstehen der Zuständigkeitsordnung des Mietrechts (Art. 274 ff.).

10   Zu den Sondervorschriften in Art. 268 Abs. 2 und Art. 273b vgl. die dortigen Bemerkungen.

Art. 263

L.   Übertragung der Miete auf einen Dritten

¹ **Der Mieter von Geschäftsräumen kann das Mietverhältnis mit schriftlicher Zustimmung des Vermieters auf einen Dritten übertragen.**

² **Der Vermieter kann die Zustimmung nur aus wichtigem Grund verweigern.**

³ **Stimmt der Vermieter zu, so tritt der Dritte anstelle des Mieters in das Mietverhältnis ein.**

⁴ **Der Mieter ist von seinen Verpflichtungen gegenüber dem Vermieter befreit. Er haftet jedoch solidarisch mit dem Dritten bis zum Zeitpunkt, in dem das Mietverhältnis gemäss Vertrag oder Gesetz endet oder beendet werden kann, höchstens aber für zwei Jahre.**

Literatur

BARBEY, Le transfert du bail commercial, SJ 1992, 33 ff.; JACQUEMOUD-ROSSARI, Le transfert du bail commercial, Séminaire 1994.

I.   Normzweck und Anwendungsbereich

1   In der **Geschäftsraummiete** hat der Mieter einen grundsätzlichen Anspruch auf Übertragung des Mietverhältnisses auf einen Dritten. Dadurch soll die

Geschäftsübertragung im Interesse der Erhaltung der Betriebswerte erleichtert werden.

Die Bestimmung regelt nicht die Geschäftsübertragung als solche, sondern bloss den **Kontrahierungszwang** des Vermieters mit dem Dritten. 2

In der **Wohnraummiete** findet die Bestimmung keine Anwendung, doch enthält Art. 121 ZGB eine vergleichbare Regelung für die Familienwohnung im Scheidungsfall. 3

II. Voraussetzungen

Die Übertragung des Mietverhältnisses auf einen Dritten bedarf der **schriftlichen Zustimmung** des Vermieters. Die Schriftform ist an sich zwingend vorgeschrieben, nach der ratio legis aber Beweisform, weshalb der Einwand der Formnichtigkeit bei bewiesener anderweitiger Zustimmung des Vermieters am Einwand des Rechtsmissbrauchs scheitert (BGE 125 III 226 E. 2b; sachgerechter wäre dogmatisch eine teleologische Reduktion der Bestimmung auf das Erfordernis des klaren Beweises der Zustimmung). 4

Die Zustimmung darf nur aus **wichtigen Gründen** verweigert werden (Art. 4 ZGB; Ermessensentscheid). Als wichtiger Grund erscheint jeder sachbezogene Umstand, der nach Treu und Glauben ein Vertragsverhältnis mit dem Übernehmer für den Vermieter unzumutbar erscheinen lässt (mangelnde Solvenz, fehlende Gewähr für einen vertragskonformen Gebrauch der Mietsache etc.). 5

Die ohne wichtigen Grund verweigerte Zustimmung kann gerichtlich, mittels Urteil auf Abgabe einer Willenserklärung oder mittels Feststellungsurteil, bewirkt werden (BGE 125 III 226 E. 2b). 6

III. Rechtsfolgen

Mit der Zustimmung des Vermieters tritt der Übernehmer in sämtliche Rechte und Pflichten des Abtreters aus dem bestehenden Mietverhältnis ein. Dies gilt namentlich auch für die Berechtigung an hinterlegten Sicherheiten nach Avisierung der Bank (Art. 257e Abs. 3) und für den Schutz aus einer Kündigungssperrfrist nach Art. 271a Abs. 1 lit. e und Abs. 2 (**str.**; **a.A.** ZK-Higi, N 49). 7

Der **bisherige Mieter** haftet solidarisch mit dem Übernehmer bis zur nächstmöglichen Beendigung seines Vertrags, längstens aber während zweier Jahre ab Vertragsübergang (analog Art. 181 Abs. 2 aOR) für alle bestehenden und neuen Verpflichtungen aus dem Mietverhältnis. Diese Haftung ist das Gegenstück zur Kontrahierungspflicht des Vermieters und hat Sicherungsfunktion (BGE 121 III 408 E. 3 und 4). 8

9   Die Bestimmung ist nach wohl richtiger Auffassung **relativ zwingend**; abweichende Vereinbarungen zugunsten des Mieters sind zulässig (str.; wie hier BSK OR I-Weber, N 8; **a.A.** nebst anderen CR CO I-Lachat, N 10, welcher die Abs. 1–3 als absolut zwingend erachtet).

Art. 264

M.   **Vorzeitige Rück-**   ¹ **Gibt der Mieter die Sache zurück, ohne Kündi-**
     gabe der Sache   **gungsfrist oder -termin einzuhalten, so ist er von**
                              seinen Verpflichtungen gegenüber dem Vermieter
                              nur befreit, wenn er einen für den Vermieter zumut-
                              baren neuen Mieter vorschlägt; dieser muss zah-
                              lungsfähig und bereit sein, den Mietvertrag zu den
                              gleichen Bedingungen zu übernehmen.
                            ² **Andernfalls muss er den Mietzins bis zu dem Zeit-**
                              punkt leisten, in dem das Mietverhältnis gemäss
                              Vertrag oder Gesetz endet oder beendet werden
                              kann.
                            ³ **Der Vermieter muss sich anrechnen lassen, was er:**
                            a. an Auslagen erspart und
                            b. durch anderweitige Verwendung der Sache gewinnt
                              oder absichtlich zu gewinnen unterlassen hat.

Literatur

Chaix, L'article 264 CO: à la recherche du locataire de remplacement, SJ 1999 II 49 ff.; Huber, Die vorzeitige Rückgabe der Mietwohnung, St. Gallen 2000; Lachat/Trümpy, Die vorzeitige Rückgabe der Mietsache (Art. 264 OR), Fachreihe Nr. 6; Müller, Vorzeitige Rückgabe der Mietsache, MRA 2006, 61 ff.; Terrapon, La restitution des locaux loués et l'offre d'un locataire de remplacement, Séminaire 2002.

I.   Normzweck und Anwendungsbereich

1   Die Bestimmung gibt dem Mieter Anspruch auf **ausserordentliche Beendigung** des Mietverhältnisses durch vorzeitige, d. h. vor Ablauf der befristeten Miete oder der massgebenden Kündigungsfrist erfolgende Rückgabe der Mietsache und Stellung eines annehmbaren Ersatzmieters. Sie gilt in allen Mietverhältnissen, hat ihre vorrangige Bedeutung aber in der Wohnraummiete (in der Geschäftsraummiete steht Art. 263 im Vordergrund).

Die Bestimmung ist zugunsten des Mieters **einseitig zwingend**. Nichtig ist 2
daher auch die Vereinbarung einer Konventionalstrafe für den Fall der vorzeitigen Rückgabe der Mietsache (CR CO I-Lachat, N 2).

II. Voraussetzungen für die Befreiung des Mieters

Der Mieter muss die Miete **angetreten** haben. Die Weigerung, die vertragskonforme Mietsache zu übernehmen, stellt einen Verzugstatbestand dar. 3

Der Mieter muss die Mietsache **vollständig** zurückgeben. Teilweise Rückgabe fällt nur unter die Bestimmung, wenn der Vertrag mehrere Gegenstände umfasst, welche nach Treu und Glauben keine vertragsbezogene Einheit bilden (z. B. bei zugemieteten Parkplätzen etc.; **str.**, wie hier ZK-Higi, N 25). 4

Der Mieter muss dem Vermieter einen **zumutbaren Ersatzmieter** vorschlagen. Zumutbar ist ein für die konkrete Miete objektiv geeigneter und solventer Ersatzmieter, der bereit und in der Lage ist, den Mietvertrag zu den Bedingungen des Vormieters zu übernehmen. Im Allgemeinen ist Solvenz gegeben, wenn die Belastungen aus der Wohnraummiete einen Drittel des verfügbaren Einkommens des Ersatzmieters nicht übersteigen (BGE 119 II 36 E. 3d). Zu günstigeren als den bisherigen Bedingungen ist der Vermieter grundsätzlich nicht verpflichtet, einen Ersatzmieter anzunehmen, auch wenn der Mieter sich bereit erklärt, die Differenz bis zum ordentlichen Ablauf der Mietdauer zu übernehmen (vgl. aber N 11 hiernach). 5

Der Vermieter darf eine **angemessene Frist** beanspruchen, die Zumutbarkeit des Ersatzmieters zu **prüfen**. In der Immobiliarmiete ist diese Frist im Allgemeinen auf einen Monat zu begrenzen (BSK OR I-Weber, N 5). 6

III. Rechtsfolgen

Nimmt der Vermieter den Ersatzmieter an, tritt dieser zu den bisherigen Bedingungen in den Mietvertrag ein. Dies schliesst eine Anfechtung des Mietzinses als Anfangsmiete (Art. 270) aus. 7

Die **Ablehnung** des angebotenen Ersatzmieters ist zu begründen (Art. 2 ZGB), um dem Mieter zu ermöglichen, ihre objektive Begründetheit zu prüfen. Wird sie formell oder materiell unbegründet erklärt, wird der Mieter von seinen Verpflichtungen befreit. 8

Stellt der Mieter **keinen zumutbaren Ersatzmieter**, hat er den Mietzins bis zum Ablauf der befristeten oder bis zum nächsten Kündigungstermin in der unbefristeten Miete zu entrichten (Abs. 2). Auf diesen Termin endet das Mietverhältnis auch rechtlich. Eine zusätzliche Kündigungserklärung ist nicht erforderlich. 9

10 Dem Vermieter obliegt die **Schadensminderung**. Nach Rückgabe der Mietsache hat er daher selbst einen Ersatzmieter zu suchen wobei er die entsprechenden Kosten dem Mieter in Rechnung stellen kann (mp 1996, 10 ff.).

11 Der Vermieter hat sich auf seine Forderung die **Vorteile** aus der vorzeitigen Rückgabe der Mietsache anrechnen zu lassen (Abs. 3). Diese können einerseits in ersparten Auslagen (Nebenkosten), andererseits in Ersatzeinkünften (Einnahmen aus einer vorübergehenden Weitervermietung) bestehen. Aus Treu und Glauben kann sich auch die Obliegenheit ergeben, die Mietsache zu schlechteren als den bisherigen Bedingungen weiterzuvermieten (Frage der Zumutbarkeit).

12 Nutzt der Vermieter die zurückgegebene Mietsache (vollumfänglich) selbst oder veräussert er sie, wird der Mieter auf den Zeitpunkt des Besitzantritts von seinen Verpflichtungen befreit. Gleiches gilt, wenn am Mietobjekt Erneuerungen oder Änderungen ausgeführt werden, welche der Mieter nach Art. 260 nicht hätte dulden müssen, und die nicht Schäden betreffen, für welche der Mieter aufzukommen hat (BSK OR I-WEBER, N 11).

Art. 265

N. Verrechnung **Der Vermieter und der Mieter können nicht im Voraus auf das Recht verzichten, Forderungen und Schulden aus dem Mietverhältnis zu verrechnen.**

1 Die zwingende Bestimmung schliesst als lex specialis zu Art. 126 den Abschluss eines **Verrechnungsverzichtsvertrags** im Mietverhältnis aus (ZK-AEPLI, Art. 126 N 70 f.). Sie gilt für alle Formen der Miete.

2 Der Verzichtsvertrag ist nichtig, wenn er beidseits Forderungen aus dem Mietverhältnis zum Gegenstand hat und abgeschlossen wird, bevor die Verrechnungsbefugnis entstanden ist. Gültig ist er dagegen, wenn mindestens eine der als nicht verrechenbar erklärten Forderungen ihren Rechtsgrund ausserhalb des Mietverhältnisses hat (SJ 1995, 315 E. 2a) oder eine der Parteien erst nach eingetretener Verrechnungsbefugnis auf die Ausübung des Gestaltungsrechts verzichtet.

Art. 266

Beendigung des Mietverhältnisses
Ablauf der vereinbarten Dauer

[1] Haben die Parteien eine bestimmte Dauer ausdrücklich oder stillschweigend vereinbart, so endet das Mietverhältnis ohne Kündigung mit Ablauf dieser Dauer.

[2] Setzen die Parteien das Mietverhältnis stillschweigend fort, so gilt es als unbefristetes Mietverhältnis.

Vgl. die Bemerkungen zu Art. 255.   1

Art. 266a

Kündigungsfristen und -termine
Im Allgemeinen

[1] Die Parteien können das unbefristete Mietverhältnis unter Einhaltung der gesetzlichen Fristen und Termine kündigen, sofern sie keine längere Frist oder keinen anderen Termin vereinbart haben.

[2] Halten die Parteien die Frist oder den Termin nicht ein, so gilt die Kündigung für den nächstmöglichen Termin.

Art. 266b

Unbewegliche Sachen und Fahrnisbauten

Bei der Miete von unbeweglichen Sachen und Fahrnisbauten können die Parteien mit einer Frist von drei Monaten auf einen ortsüblichen Termin oder, wenn es keinen Ortsgebrauch gibt, auf Ende einer sechsmonatigen Mietdauer kündigen.

Art. 266c

Wohnungen

Bei der Miete von Wohnungen können die Parteien mit einer Frist von drei Monaten auf einen ortsüblichen Termin oder, wenn es keinen Ortsgebrauch gibt, auf Ende einer dreimonatigen Mietdauer kündigen.

Art. 266d

4. Geschäftsräume

Bei der Miete von Geschäftsräumen können die Parteien mit einer Frist von sechs Monaten auf einen ortsüblichen Termin oder, wenn es keinen Ortsgebrauch gibt, auf Ende einer dreimonatigen Mietdauer kündigen.

Art. 266e

5. Möblierte Zimmer und Einstellplätze

Bei der Miete von möblierten Zimmern und von gesondert vermieteten Einstellplätzen oder ähnlichen Einrichtungen können die Parteien mit einer Frist von zwei Wochen auf Ende einer einmonatigen Mietdauer kündigen.

Art. 266f

6. Bewegliche Sachen

Bei der Miete von beweglichen Sachen können die Parteien mit einer Frist von drei Tagen auf einen beliebigen Zeitpunkt kündigen.

Literatur

Bättig, Kündigung des Mietverhältnisses bei Personenmehrheiten, MRA 2005, 11 ff.; Corboz, Les congés affectés d'un vice, Séminaire 1996; ders., La nullité du congé dans le nouveau droit du bail, CdB 1994, 33 ff.; Higi, Mietvertragskündigung – nichtig, ungültig oder gültig und anfechtbar, SJZ 1995, 225 ff.; Wessner, L'extinction ordinaire du bail à loyer, Séminaire 1992.

I.   Kündigung des unbefristeten Mietverhältnisses

1   Das unbefristete Mietverhältnis (vgl. dazu die Bemerkungen zu Art. 255) endet ordentlicherweise durch einseitige **Kündigung** oder durch **Aufhebungsvertrag** (analog Art. 115). Die Kündigung ist als Gestaltungsrecht be-

dingungsfeindlich und grundsätzlich unwiderruflich. Zulässig ist eine bedingte Kündigung, wenn der Bedingungseintritt ausschliesslich vom Willen
des Empfängers abhängt (z. B. Bezahlung rückständiger Mietzinse innert
bestimmter Frist). Ein Widerruf der Kündigung ist nach Massgabe von Art. 9
möglich, ebenso, wenn der Adressat sich der Kündigung unter Berufung auf
deren Nichtigkeit, Unwirksamkeit oder Missbräuchlichkeit widersetzt, oder
im gegenseitigen Einvernehmen der Parteien. Die Unwiderruflichkeit des
Gestaltungsrechts begründet sich aus dem Schutzbedürfnis des Erklärungsgegners und macht keinen Sinn, wenn dieser Schutz nicht beansprucht
wird (**a. A.** ZK-HIGI, Art. 266 N 46, wonach mit der einvernehmlichen Rücknahme der Kündigung stets der Abschluss eines neuen Vertrags einher-
geht).

Gemeinsame Mietverträge müssen durch alle Vermieter oder Mieter ge-   2
kündigt werden oder auf einem gültigen Gesellschaftsbeschluss beruhen
(BGer 4C.17/2004).

Teilkündigungen sind unwirksam (BGer 4C.6/2002). Sie stellen rechtlich   3
einen Antrag auf Vertragsänderung dar.

Die Kündigung geht dem Empfänger nach der allgemeinen, eingeschränkten   4
Empfangstheorie zu, sobald sie in dessen Machtbereich gelangt ist. Dies ist
der Fall bei Erklärung oder Übergabe der Kündigung (Art. 266 *l*) an den
Empfänger oder einen zum Empfang berechtigten Dritten, bei Einwurf des
Kündigungsschreibens in den Briefkasten des Empfängers zu einer Zeit, in
der mit der Leerung gerechnet werden darf (BGE 118 II 42 E. 3b), bei unzu-
gestellter eingeschriebener Sendung sobald dem Empfänger zumutbar ist,
die Sendung am Postschalter zu beheben, d. h., i. d. R. am Folgetag der versuchten Zustellung.

Kündigungstermin ist der Zeitpunkt, auf welchen die Kündigung wirksam   5
wird, **Kündigungsfrist** die Zeitspanne, die zwischen dem Empfang und der
Wirksamkeit der Kündigung liegen muss. Termine und Fristen sind für die
verschiedenen Formen der Miete unterschiedlich geregelt (Ziff. II hiernach).
Die gesetzlichen Kündigungstermine sind dispositiver Natur, die gesetz-
lichen Kündigungsfristen zwingende Minimalfristen (vorbehalten bleiben
zulässige Absprachen zugunsten des Mieters im Anwendungsbereich von
Art. 264, z. B. ein jederzeitiges Rückgaberecht; BSK OR I-WEBER, Art. 266 *a*
N 3). Für Vermieter und Mieter können unter Beachtung der gesetzlichen
Minima unterschiedliche Fristen vereinbart werden (BGE 114 II 339).

Eine **frist- oder terminwidrige Kündigung** wird auf den nächstmöglichen,   6
vertraglichen oder gesetzlichen Zeitpunkt wirksam (Art. 266 *a* Abs. 2), sofern sich aus der Erklärung des Kündigenden nichts anderes ergibt.

II. Dispositive gesetzliche Kündigungstermine

7 Die Kündigungstermine werden regelmässig vertraglich vereinbart. Sie gehen den gesetzlichen Terminen (N 8 ff.) vor.

8 Das Gesetz verweist verschiedentlich auf den Ortsgebrauch (Art. 5 Abs. 2 ZGB). Dieser ist von Amtes wegen zu ermitteln (BK-Liver, Art. 5 ZGB N 103). Beim Scheitern eines Nachweises trägt die Partei die Beweislast, welche sich auf einen bestimmten Ortsgebrauch beruft (Art. 8 ZGB; BK-Kummer, Art. 8 ZGB N 100).

9 Mangels Vereinbarung oder Ortsgebrauchs können die Mietverhältnisse je nach Mietgegenstand auf das Ende einer sechsmonatigen, dreimonatigen, einmonatigen Mietdauer oder auf einen beliebigen Zeitpunkt ordentlich gekündigt werden.

10 In der Konsumgütermiete sind zusätzlich Art. 266 *k* und das Widerrufsrecht nach Art. 40 *a* ff. zu beachten.

11 Die massgebende Mietdauer bemisst sich ab dem Zeitpunkt, in welchem der Vermieter die Mietsache vertragskonform zur Verfügung des Mieters hält (Art. 357 *d* N 3).

12 Werden Objekte verschiedener Kategorien als funktionale Einheit (BGE 125 III 231 E. 2) vermietet, bestimmt die jeweils längere Mietdauer den gesetzlichen Kündigungstermin.

III. Minimale Kündigungsfristen

13 Die minimalen gesetzlichen Kündigungsfristen (N 5 hiervor) betragen je nach Mietgegenstand sechs oder drei Monate, zwei Wochen oder drei Tage. N 12 hiervor gilt sinngemäss.

Art. 266*g*

III. **Ausserordentliche Kündigung** 1. **Aus wichtigen Gründen**	[1] Aus wichtigen Gründen, welche die Vertragserfüllung für sie unzumutbar machen, können die Parteien das Mietverhältnis mit der gesetzlichen Frist auf einen beliebigen Zeitpunkt kündigen. [2] Der Richter bestimmt die vermögensrechtlichen Folgen der vorzeitigen Kündigung unter Würdigung aller Umstände.

Literatur

BUDLIGER, Kündigung aus wichtigen Gründen, Grundsätzliches zur Erstreckung, MRA 2004, 1 ff.; ROHRER, Künsigung aus wichtigen Gründen, MRA 2005, 43 ff.; WESSNER, La résiliation du bail à loyer pour justes motifs, Séminaire 1998.

I. Normzweck und Anwendungsbereich

Die Bestimmung ist Ausdruck des allgemeinen Prinzips, dass Dauerverträge aus wichtigen Gründen vorzeitig einseitig aufgelöst werden können (BGE 128 III 428 E. 3). Sie ist primär Ausfluss des Persönlichkeitsschutzes, wonach die Vertragspartei sich soll lösen können, falls die Fortführung des Vertragsverhältnisses eine unzumutbare Einschränkung ihrer Persönlichkeitsrechte bedeuten würde. Sie beruht daneben auch auf der Grundlage der *clausula rebus sic stantibus,* reicht über deren Anwendungsbereich aber namentlich insofern hinaus, als die Lösungsbefugnis nicht zwingend eine Äquivalenzstörung voraussetzt. Parameter der ausserordentlichen Kündigung nach Art. 266 g sind nicht nur wirtschaftliche, sondern auch andere, persönlichkeitsrelevante Gesichtspunkte (BGE 128 III 428 E. 3c). 1

Das Kündigungsrecht besteht im befristeten wie im unbefristeten Vertrag und unbesehen des Mietobjekts. Es steht beiden Vertragsparteien zu. 2

Zu den andern im Gesetz vorgesehenen ausserordentlichen Kündigungsmöglichkeiten ist diejenige nach Art. 266 g **subsidiär** (Art. 257 d, 257 f, 259 b, 266 h–k). Sind die Voraussetzungen dieser speziellen ausserordentlichen Kündigungen nicht gegeben, steht Art. 266 g nicht ersatzweise zur Verfügung (BSK OR I-WEBER, N 4). 3

Die Bestimmung ist insoweit **zwingend**, als die Parteien die Kündigung aus wichtigen Gründen vertraglich zum Voraus weder ausschliessen noch (z. B. durch längere Kündigungsfristen oder eine Konventionalstrafe) erschweren können. Dagegen können sie die Auflösung erleichtern, beispielsweise durch kürzere Kündigungsfristen oder den Verzicht auf Entschädigungsansprüche (**str.**; wie hier ZK-HIGI, N 5 ff., CR CO I-LACHAT, N 7; **a. A.** BSK OR I- WEBER, N 2). 4

II. Voraussetzungen

Wichtige Gründe sind schwerwiegende Umstände, welche die Fortsetzung des Mietverhältnisses für die kündigende Partei unzumutbar erscheinen lassen. Die Umstände können in äusseren Bedingungen (Krieg, Wirtschaftskrise) oder in subjektiven Verhältnissen einer Partei (Krankheit, Invalidität, Ruin, Änderung der familiären Verhältnisse, Entzug einer wirtschaftspolizeilichen Bewilligung etc.) liegen. Ihre Beurteilung steht im Ermessen des Gerichts (Art. 4 ZGB). 5

6   Wichtige Gründe haben eine **Unzumutbarkeit** der Fortsetzung des Vertragsverhältnisses nur zur Folge, wenn sie bei Vertragsschluss weder bekannt noch voraussehbar waren und von der kündigenden Partei nicht verschuldet sind (BGE 122 III 262 E. 2 a/aa).

III. Rechtsfolgen

7   Die Kündigung kann unter Beobachtung der gesetzlichen **Frist** (Art. 266 *b*–*f*) auf einen beliebigen **Termin** erklärt werden. Sie unterliegt dem Formerfordernis von Art. 266 *l* und ist auf Verlangen zu begründen (Art. 271 Abs. 2). Langes Zuwarten mit der Kündigung nach Eintritt des wichtigen Grundes lässt unter Umständen die Lösungsbefugnis verwirken (rechtsmissbräuchliches *venire contra factum proprium;* vgl. analog die Rechtsprechung zu Art. 337 im Arbeitsvertrag, BGE 127 III 310 E. 4b).

8   Die **Anfechtung** der vermieterseitigen Kündigung und die **Erstreckung des Mietverhältnisses** sind an sich nicht ausgeschlossen (vgl. Art. 272 *a* Abs. 1 *e contrario*), werden sich im Regelfall aber an der Unzumutbarkeit der Vertragsfortsetzung brechen.

9   Die **vermögensrechtlichen Folgen** einer zulässigen Kündigung bestimmt das Gericht nach Ermessen unter Würdigung aller Umstände, d. h. nach Recht und Billigkeit. Es berücksichtigt namentlich das Verhalten und die finanziellen Verhältnisse der Parteien. Die Haftung ist der Kausalhaftung nach Art. 54 nachgebildet, doch sind zusätzlich auch Umstände nach Art. 43 und 44 zu berücksichtigen (Selbstverschulden etc.). Haftungsobergrenze ist das Erfüllungsinteresse der geschädigten Partei. Zu beachten ist ebenfalls die Obliegenheit zur Schadensminderung (BGE 122 III 262 E. 2a/aa).

10   Die ohne wichtigen Grund erklärte Kündigung ist **nichtig.** Eine Obliegenheit, sie nach Art. 271 f. anzufechten, besteht nicht.

Art. 266 *h*

2. **Konkurs des Mieters**

¹ Fällt der Mieter nach Übernahme der Sache in Konkurs, so kann der Vermieter für künftige Mietzinse Sicherheit verlangen. Er muss dafür dem Mieter und der Konkursverwaltung schriftlich eine angemessene Frist setzen.

² Erhält der Vermieter innert dieser Frist keine Sicherheit, so kann er fristlos kündigen.

Literatur

JEANDIN, L'insolvabilité en relation avec les contrats de bail et de travail, ZSR 2005 I 189 ff.; JEANNERET, Contrat de bail et insolvabilité du bailleur ou du locataire, JdT II 2007, 21 ff.; LORANDI, Mietverträge im Konkurs des Mieters, mp 1998, 1 ff.

I. Konkurs und Mietvertrag

Fällt der **Vermieter** in Konkurs und ist die Mietsache dem Mieter noch nicht   1
übergeben, entscheidet die Konkursverwaltung, ob sie den Vertrag erfüllen, d. h. die Mietsache bereitstellen will oder nicht. Verpflichtet dazu ist sie im vorgemerkten Mietverhältnis (Art. 261*b*). Entschliesst sie sich zur Erfüllung, kann der Mieter deren Sicherstellung verlangen (Art. 211 SchKG). Ist die Sache bei Konkurseröffnung bereits übergeben, tritt die Konkursverwaltung in den Mietvertrag ein. Ein ausserordentliches Kündigungsrecht steht ihr allein der Konkurseröffnung wegen nicht zu. Art. 266 *h* befasst sich nicht mit dem Konkurs des Vermieters.

Fällt der **Mieter** vor Übergabe der Mietsache in Konkurs, findet Art. 83 An-   2
wendung. Wird der Konkurs nach Mietantritt eröffnet, kann der Vermieter für die künftigen (nicht für verfallene) Mietzinse Sicherheit verlangen, wozu er dem Mieter und der Konkursverwaltung, im Mietverhältnis über eine Familienwohnung ebenfalls dem Ehe- oder eingetragenen Partner (Art. 266 *m*), schriftlich eine angemessene Frist zu setzen hat. Die angemessene Frist bemisst sich nach den Umständen, eine zu kurz angesetzte Frist erstreckt sich auf die angemessene Dauer. Verlangt werden kann die Sicherstellung der Mietzinse im unbefristeten Mietvertrag bis zum nächsten Kündigungstermin, im befristeten bis zum Ablauf der vereinbarten Mietdauer.

Dem Konkurs gleichzustellen ist die Bestätigung eines **Nachlassvertrags**   3
mit Vermögensabtretung (Art. 319 SchKG, BGE 110 III 105 E. 5b; **a. A.** wohl ZK-HIGI, N 28).

Als **Sicherheiten** fallen hinreichende Real- oder Personalsicherheiten, in   4
der Geschäftsmiete auch das Retentionsrecht nach Art. 268 in Betracht. Mit Leistung der Sicherheit durch die Konkursverwaltung tritt diese in den Mietvertrag ein. Damit werden die Mietzinsforderungen zu Massaschulden und zwar auch die rückständigen. Eine Verzugskündigung (Art. 257*d*) hat sich gegen die Konkursverwaltung zu richten (**str.**, wie hier CR CO I-LACHAT, N 8, **a. A.** JEANDIN, 194).

II. Kündigungsrecht des Vermieters

Wird die Sicherheit nicht innert angemessen gesetzter Frist geleistet, kann   5
der Vermieter den Mietvertrag **fristlos kündigen**. Gesetzliche Kündigungs-

fristen und -termine sind keine einzuhalten. Die Kündigung kann sogleich nach unbenütztem Ablauf der angemessenen Frist ausgesprochen werden.

6   Die Kündigung von Wohn- und Geschäftsräumen hat mittels **Formular** zu erfolgen (Art. 266*l* Abs. 2), diejenige der **Familienwohnung** nach den Modalitäten von Art. 266*m*.

7   Eine **Mieterstreckung** ist ausgeschlossen (Art. 272*a* Abs. 1 lit. c).

Art. 266*i*

3.   Tod des Mieters   **Stirbt der Mieter, so können seine Erben mit der gesetzlichen Frist auf den nächsten gesetzlichen Termin kündigen.**

Literatur

GUINAND, Décès du bailleur, décès du locataire, quelles conséquences?, Séminaire 1992; GIAVARINI, Tod des Mieters, MRA 2006, 151 ff.

1   Stirbt der Mieter, treten seine Erben als Universalsukzessoren in den Mietvertrag ein (Art. 560 ZGB). Sie können jedoch den Vertrag mit der gesetzlichen Frist auf den nächsten gesetzlichen Termin **vorzeitig kündigen** (Art. 266*a–f*).

2   Mehrere Erben haben die Kündigung **gemeinsam** zu erklären (Einstimmigkeitsprinzip, Art. 602 Abs. 2 ZGB). Vertretung und Geschäftsführung ohne Auftrag (Dringlichkeit) sind möglich. Der überlebende Ehegatte muss der Kündigung der Familienwohnung zustimmen (Art. 266*m*), selbst wenn er nicht Gesamteigentümer, sondern nur Nutzniesser am Mietobjekt ist. Unbefugte Einzelkündigungen sind nichtig.

3   Nach dem Gesetzestext hat die Kündigung auf den nächsten dem Tod des Mieters folgenden gesetzlichen **Termin** zu erfolgen. Bei unterlassener Kündigung wird grundsätzlich der Eintritt der Erben in den Mietvertrag fingiert. Lehre und Rechtsprechung räumen den Erben indessen eine angemessen Überlegungsfrist ein und lassen eine vorzeitige Kündigung allenfalls auch auf einen späteren Termin zu. Die Begrenzung der Kündigungsmöglichkeit ergibt sich dabei aus Art. 2 ZGB.

4   Die Bestimmung gilt nur für **natürliche Personen** als Mieter. Die Auflösung einer juristischen Person erfasst sie nicht.

Dem **Vermieter** steht aus Art. 266 *i* kein Kündigungsrecht zu. Denkbar ist 5
die Möglichkeit einer ausserordentlichen Kündigung aus wichtigen Gründen (Art. 266 *g*).

Art. 266 *k*

Bewegliche | **Der Mieter einer beweglichen Sache, die seinem priva-
Sachen** | ten Gebrauch dient und vom Vermieter im Rahmen
seiner gewerblichen Tätigkeit vermietet wird, kann
mit einer Frist von mindestens 30 Tagen auf Ende
einer dreimonatigen Mietdauer kündigen. Der Vermieter hat dafür keinen Anspruch auf Entschädigung.

Literatur

Favre-Bulle, La résiliation anticipée d'un contrat de leasing – Le rôle du
droit du bail à loyer (Art. 266 *k* CO), in: Mélanges Assista, Genève 1998,
116 ff.; Stauder, Neues Leasingrecht und Art. 266 *k* OR, Plädoyer 2003,
30 ff.

Die Bestimmung steht im Dienste des **Konsumentenschutzes**. Dem Konsu- 1
menten steht in der Miete (Leasing) einer beweglichen Sache zum privaten
(nicht gewerblichen) Gebrauch ein ausserordentliches Kündigungsrecht gegenüber dem gewerblichen Vermieter zu.

Die Kündigung kann unbesehen der vereinbarten Mietdauer **ohne Angabe** 2
von Gründen und formlos unter Beachtung einer Frist von mindestens
dreissig Tagen auf Ende einer dreimonatigen Mietdauer erklärt werden.

Die Kündigung zieht keine **Entschädigungsansprüche** nach sich. 3

Die Bestimmung ist **absolut zwingend**. 4

Die Bestimmung schliesst den Widerruf eines **Haustürgeschäfts** gemäss 5
Art. 40 *a* ff. nicht aus.

Art. 266*l*

IV.   Form der Kündigung bei Wohn- und Geschäftsräumen

1.   Im Allgemeinen

[1] Vermieter und Mieter von Wohn- und Geschäftsräumen müssen schriftlich kündigen.

[2] Der Vermieter muss mit einem Formular kündigen, das vom Kanton genehmigt ist und das angibt, wie der Mieter vorzugehen hat, wenn er die Kündigung anfechten oder eine Erstreckung des Mietverhältnisses verlangen will.

Art. 266*m*

2.   Wohnung der Familie

a.   Kündigung durch den Mieter

[1] Dient die gemietete Sache als Wohnung der Familie, kann ein Ehegatte den Mietvertrag nur mit der ausdrücklichen Zustimmung des anderen kündigen.

[2] Kann der Ehegatte diese Zustimmung nicht einholen oder wird sie ihm ohne triftigen Grund verweigert, so kann er den Richter anrufen.

[3] Die gleiche Regelung gilt bei eingetragenen Partnerschaften sinngemäss.

Art. 266*n*

b.   Kündigung durch den Vermieter

Die Kündigung durch den Vermieter sowie die Ansetzung einer Zahlungsfrist mit Kündigungsandrohung (Art. 257d) sind dem Mieter und seinem Ehegatten, seiner eingetragenen Partnerin oder seinem eingetragenen Partner separat zuzustellen.

Art. 266*o*

3.   Nichtigkeit der Kündigung

Die Kündigung ist nichtig, wenn sie den Artikeln 266l–266n nicht entspricht.

Literatur

Conod, Les incidences du nouveau droit du divorce sur le droit du bail, CdB 2000, 33 ff.; Guichard, Les restrictions au droit de disposer du logement de la famille, Lausanne 2002; Hasenböhler, Die gemietete Familienwohnung, MRA 1995, 225 ff.; Hausheer, Die Familienwohnung im neuen Scheidungsrecht, mp 1999, 159 ff.; Reymond, Résiliation du bail à loyer et logement de la famille, CdB 1994, 1 ff.; Weber, Der zivilrechtliche Schutz der Familienwohnung, AJP 2004, 30 ff.; Wessner, Le divorce et l'attribution judiciaire du bail portant sur le logement de la famille, Séminaire 2000.

I. Form der Kündigung

Besondere Kündigungsformen sind einzig in der **Wohn- und Geschäftsraummiete** vorgeschrieben. Sie gelten für ordentliche wie für ausserordentliche Kündigungen. Alle anderen Mietverhältnisse sind formlos kündbar.   1

Die Kündigung des **Mieters** hat einfach schriftlich zu erfolgen (Art. 13 ff.).   2
Die Form dient der Beweissicherung und dem Übereilungsschutz. Erforderlich ist daher die eigenhändige Unterschrift des kündigenden Mieters oder seines Vertreters (BGE 119 III 4 E. 3). Wegen des Fälschungsrisikos sind Kündigungen mittels Telefax oder (Ausland-) Telegramms nicht formgerecht, ebensowenig mittels E-Mail, selbst bei eingescannter Unterschrift (**a. A.** BSK OR I-Schwenzer, Art. 13 N 14). Hinreichend ist dagegen die qualifizierte elektronische Signatur (Art. 14 Abs. 2bis).

Der **Vermieter** hat mit amtlichem Formular (Ort der gelegenen Sache) zu   3
kündigen. Dessen notwendiger Inhalt ergibt sich aus Art. 9 VMWG. Wesentlich ist namentlich die «Rechtsmittelbelehrung» nach Art. 266 *l* Abs. 2 und Art. 9 Abs. 1 lit. d und e VMWG (BGE 125 III 231 E. 3e). Erforderlich ist darüber hinaus die Unterschrift des Vermieters (BGer 4C.308/2004), welche auch auf ein Begleitschreiben gesetzt werden kann (mp 2000, 185). Zu begründen ist die Kündigung nur auf Verlangen des Mieters (Art. 271 Abs. 2, Art. 9 Abs. 1 lit. c VMWG). Die Begründung ist nicht formgebunden und kann auch erst vor der Schlichtungsbehörde vorgetragen werden (BGer 4C.400/ 2001, E. 2).

II. Familienwohnung

Die **Familienwohnung** (Art. 169 ZGB) ist nach dem Willen der Ehegatten   4
dauernd für die gemeinsame Unterkunft (mit oder ohne Kinder) bestimmt. Spielt sich das gemeinsame Leben in mehreren Wohnungen ab, kann grundsätzlich nur eine als Familienwohnung gelten; dagegen sind mehrere eheliche Wohnungen (Art. 162 ZGB) denkbar (BK-Hausheer/Reusser/Geiser, Art. 169 ZGB N 13a; **a. A.** BSK OR I-Weber, Art. 266 *m*/266 *n* N 2). Die Familienwohnung behält ihren Charakter auch bei vorübergehender Aufhebung

976 Achter Titel: Die Miete

des gemeinsamen Haushalts, verliert ihn aber, wenn beide Ehegatten die Trennung als endgültig erachten (BGE 114 II 396 E. 5 und 402 E. 2b), jedenfalls mit der Ehescheidung (vgl. aber Art. 121 ZGB und Art. 32 PartG).

5 Der Familienwohnung gleichgestellt ist das gemeinsame Domizil der eingetragenen **Partnerschaft** (Art. 266m Abs. 3; Art. 14 PartG). Deren Auflösung ist der Ehescheidung gleichgestellt.

6 Die Kündigung der Familienwohnung durch den **Mieter** bedarf der Zustimmung des Ehegatten oder eingetragenen Partners. Die Zustimmung ist nicht formgebunden. Sie muss dem Vermieter bis zum Beginn der Kündigungsfrist zugehen, widrigenfalls sich der Kündigungstermin verschiebt (Art. 266a Abs. 2). Fehlende Zustimmung kann bei Verweigerung ohne wichtigen Grund durch gerichtliches Urteil (Eheschutzgericht; vgl. auch Art. 15a GestG) substituiert werden. In dringenden Fällen spielt bei Verhinderung des zustimmungspflichtigen Ehegatten oder Partners das Notvertretungsrecht des andern (Art. 166 Abs. 2 Ziff. 2 ZGB, Art. 15 Abs. 2 lit. b PartG).

7 Die Kündigung der Familienwohnung durch den **Vermieter** ist beiden Ehegatten oder Partnern vor Beginn der Kündigungsfrist mit amtlichem Formular gesondert zuzustellen, ebenso die Ansetzung einer Zahlungsfrist nach Art. 257d. Auch ein Ausweisungsbegehren ist gegen beide Ehegatten oder Partner zu richten. Diese können je selbstständig die Rechtsbehelfe gegen die Kündigung ergreifen (Art. 273a). Im Pachtverhältnis findet die Bestimmung keine Anwendung, selbst wenn darin eine Familienwohnung eingeschlossen ist (BGE 125 III 425).

8 Für die **Zustellung** gelten die allgemeinen Regeln. Die Aushändigung der Sendung an den empfangsberechtigten Ehegatten oder Partner zu Handen des andern ist rechtswirksam, auch wenn sie diesem nicht übergeben wird (BGE 118 II 42).

III. Fehlerbehaftete Kündigungen

9 Kündigungen, welche den **Formvorschriften** der Art. 266–n nicht genügen, sind nichtig.

10 Nichtig sind auch ordentliche oder ausserordentlich Kündigungen, denen die **gesetzlichen** (vgl. Art. 257d, 257f, 259b, 261) oder **vertraglichen Voraussetzungen** fehlen (BGE 121 III 156).

11 Die Nichtigkeit ist jederzeit und **von Amtes wegen** zu beachten. Die nichtige Kündigung entfaltet keine Sperre i. S. v. Art. 271a Abs. 1 lit. d und e und kann mit der gebotenen Form und bei gegebenen Voraussetzungen wiederholt werden.

12 Leidet die Kündigung an einem Mangel nach Art. 271f., ist sie nicht nichtig, sondern **anfechtbar** und innert Frist anfechtungspflichtig.

Art. 267

Rückgabe der Sache
I. Im Allgemeinen

[1] Der Mieter muss die Sache in dem Zustand zurückgeben, der sich aus dem vertragsgemässen Gebrauch ergibt.

[2] Vereinbarungen, in denen sich der Mieter im Voraus verpflichtet, bei Beendigung des Mietverhältnisses eine Entschädigung zu entrichten, die anderes als die Deckung des allfälligen Schadens einschliesst, sind nichtig.

Art. 267*a*

Prüfung der Sache und Meldung an den Mieter

[1] Bei der Rückgabe muss der Vermieter den Zustand der Sache prüfen und Mängel, für die der Mieter einzustehen hat, diesem sofort melden.

[2] Versäumt dies der Vermieter, so verliert er seine Ansprüche, soweit es sich nicht um Mängel handelt, die bei übungsgemässer Untersuchung nicht erkennbar waren.

[3] Entdeckt der Vermieter solche Mängel später, so muss er sie dem Mieter sofort melden.

Literatur

DUCROT, L'expulsion du locataire, Séminaire 1996; HOHL, Die Ausweisung von Wohn- und Geschäftsmietern, mp 1997, 1 ff.; MÜLLER, Ausweisungsverfahren, MRA 2006, 10 ff.; THANEI, Pflichten der Mietparteien betreffend Übergabe der Mietsache bei Vertragsbeginn und -ende, mp 1992, 57 ff.; RAJOWER, Prozessuale Aspekte der Ausweisung von Mietern unter besonderer Berücksichtigung der zürcherischen Praxis, AJP 1998, 797 ff.; SAVIAUX, Expulsion du locataire et execution forcée, CdB 2004, 97 ff.; THÉVENAZ, La prétendue solidarité des colocataires lorsque la chose louée n'est pas restituée à l'échéance du bail, JdT 2001 I 374 ff.

I.   Rückgabe der Mietsache

Der Mieter hat die Mietsache mangels anderer Abrede am **letzten Tag der Mietdauer** zur üblichen Zeit (Art. 79) dort zurückzugeben, wo sie sich bei Vertragsabschluss befand (Art. 74 Abs. 2 Ziff. 2). Fällt das Mietende auf einen Sonn- oder Feiertag, ist Erfüllungstag der nächstfolgende Werktag   1

(Art. 78). Der Samstag ist Werktag, das BG über den Fristenlauf an Samstagen (SR 173.110.3) findet auf vertragliche Fristen keine Anwendung.

2   Ein **hängiges Anfechtungs- oder Erstreckungsverfahren** (Art. 271 ff.) setzt den Rückgabetermin im Sinne einer aufschiebenden Wirkung vorläufig aus.

3   Die **Rückgabe** erfolgt durch Übergabe der Sache oder der Mittel (Schlüssel), die dem Vermieter die Gewalt über die Sache verschaffen (Art. 922 Abs. 1 ZGB).

4   Mit dem vertraglichen Rückgabeanspruch des Vermieters **konkurriert** sein Vindikationsanspruch, wenn er Eigentümer der Mietsache ist (Art. 641 Abs. 2 ZGB). Jener kann nach Massgabe der Art. 164 ff. abgetreten werden, dieser nicht (Unzulässigkeit der Vindikationszession; BGE 132 III 156 E. 6).

5   Die vertraglichen (BGE 120 II 112 E. 3b/cc/ddd) und sachenrechtlichen Ansprüche stehen dem Hauptvermieter auch direkt gegenüber dem **Untermieter** zu.

6   Verletzt der Mieter seine Rückgabepflicht, steht dem Vermieter nach Ablauf der Mietdauer der bisherige oder ein nach Massgabe von Art. 269 und 269 a erzielbarer höherer Mietzins als **Entschädigung** für die Vorenthaltung der Mietsache zu (BGE 131 III 257 E. 2 und 2.1 in Anlehnung an § 546a Abs. 1 BGB). Vorbehalten bleibt der Ersatz weiteren Schadens aus schuldhafter positiver Vertragsverletzung (Art. 97).

7   Bei Verletzung der Rückgabepflicht kann der Mieter gerichtlich aus einer Immobilie **ausgewiesen** werden. Das Ausweisungsverfahren wird grundsätzlich durch das kantonale Recht bestimmt, Bundesrecht greift zur Vermeidung widersprüchlicher Urteile nur ein, wenn neben dem Ausweisungsverfahren eine ausserordentliche Kündigung angefochten ist (Art. 274 g). Kantonalrechtlich kann die Ausweisung in einem summarischen (einstweilige Verfügung, Rechtsschutz in klaren Fällen u. dgl.) oder in einem ordentlichen Verfahren verfügt werden. Die Zuständigkeit der Schlichtungsbehörde ist im Ausweisungsverfahren bundesrechtlich nicht vorgeschrieben (BGE 132 III 747, was wegen der vollstreckungsrechtlichen Natur des Entscheids überzeugt und auch den Intentionen des Gesetzgebers entspricht; Botschaft, BBl 1985 I 1465). Das kantonale Verfahren ist jedoch so auszugestalten, dass der letzten Instanz mindestens die Kognition zukommt, welche dem Bundesgericht in einer allenfalls nachfolgenden Beschwerde in Zivilsachen zusteht (Art. 111 Abs. 3 BGG; altrechtlich BGE 131 I 242).

II.   Zustand der zurückzugebenden Mietsache

8   Der Mieter hat die Mietsache in dem Zustand zurückzugeben, in welchem sie sich bei Mietbeginn befand und während der Mietdauer durch die **ver-**

tragsgemässe Benützung verändert wurde. Die normale Abnützung geht zulasten des Vermieters.

Zulasten des **Mieters** gehen die kleinen Reinigungs- und Ausbesserungs- 9 arbeiten (Art. 259) sowie die Folgen eines vertragswidrigen, unsorgfältigen Gebrauchs der Mietsache. Die Praxis verwendet in der Immobiliarmiete Tabellen zur durchschnittlichen «Lebensdauer» der einzelnen Einrichtungen (LACHAT/STOLL/BRUNNER, Anhang VIII).

Die **Beweislast** für einen Schaden aus vertragswidrigem Gebrauch trägt der 10 Vermieter. Der Mieter haftet aus vermutetem Verschulden, kann sich aber exkulpieren (Art. 97). Er hat für das Verhalten seiner Hilfspersonen (Mitbewohner, Untermieter, Gäste etc.) einzustehen (Art. 101).

III. Prüfungs- und Rügeobliegenheit des Vermieters

Aus Gründen der Beweissicherung obliegt dem Vermieter die **Prüfung** der 11 Sache nach deren Rückgabe und die **Rüge** festgestellter Mängel. Die Obliegenheit ist dem Kaufrecht nachgebildet (Art. 201). Verbreitet wird zu diesem Zweck gemeinsam ein Rückgabeprotokoll aufgenommen (vgl. Art. 256 a).

Festgestellte Mängel sind dem Mieter **sofort** zu melden (Mängelrüge). Im 12 Allgemeinen steht dem Vermieter eine Frist von zwei bis drei Werktagen offen, je nach Mietobjekt nur eine kürzere oder auch eine längere. Die Frist beginnt für offene Mängel mit deren Erkennbarkeit bei übungsgemässer Prüfung zu laufen, für versteckte Mängel mit deren Entdeckung. Beweisbelastet für die Rechtzeitigkeit der Mängelrüge ist der Vermieter (BGE 118 II 142 E. 3; differenzierend GAUCH, Der Werkvertrag, 4. Aufl., Zürich 1996, Rz 2169 ff.; teilweise abweichend auch ZK-HIGI, N 23 unter Berufung auf die Parömie *negativa non sunt probanda*, welche als Beweislastregel allerdings nicht taugt [BK-Kummer, Art. 8 ZGB N 194]; wie hier aber N 37).

Versäumt der Vermieter seine Prüfungs- oder Rügeobliegenheit, verwirkt 13 er seine Ansprüche gegenüber dem Mieter.

IV. Schadenersatzpflicht des Mieters

Der Mieter hat für versäumte Arbeiten i. S. v. Art. 259 und für eine übermäs- 14 sige Abnützung der Mietsache einzustehen. Der Anspruch des Vermieters geht auf Realerfüllung (Arbeiten nach Art. 259) oder Schadenersatz (Behebungskosten). Bei übermässiger Abnützung berechnet sich der Schaden mit einem an der verkürzten «Lebensdauer» bemessenen Anteil an den Instandstellungskosten. Der Ersatzanspruch des Vermieters entfällt, wenn er die Mietsache ohnehin umfassend erneuert hätte (kein Mehraufwand als Schaden).

15   **Pauschalabgeltungen** und **Konventionalstrafen,** welche eine gegenüber dem Gesetz verschärfte Haftung des Mieters zur Folge haben, können zum Voraus nicht vereinbart werden. Zulässig ist aber die Vereinbarung einer Schadenspauschalierung bei Beendigung der Miete und Rückgabe der Sache.

16   Schadenersatzansprüche des Vermieters **verjähren** in 10 Jahren (Art. 127). Die Frist beginnt mit der Rückgabe der mängelbehafteten Sache zu laufen und zwar sowohl für Ansprüche aus offenen wie aus verdeckten Mängeln (**a.A.** ZK-HIGI, Art. 267a N 37, wonach bei versteckten Mängeln deren Entdeckung durch den Vermieter fristauslösend sein soll; dies würde zu einer weitgehend unbegrenzten Haftung des Mieters führen und verträgt sich systematisch nicht mit den begrenzten Gewährleistungsfristen in Art. 210 oder 371).

Art. 268

Q.   **Retentionsrecht des Vermieters**

I.   **Umfang**

[1] Der Vermieter von Geschäftsräumen hat für einen verfallenen Jahreszins und den laufenden Halbjahreszins ein Retentionsrecht an den beweglichen Sachen, die sich in den vermieteten Räumen befinden und zu deren Einrichtung oder Benutzung gehören.

[2] Das Retentionsrecht des Vermieters umfasst die vom Untermieter eingebrachten Gegenstände insoweit, als dieser seinen Mietzins nicht bezahlt hat.

[3] Ausgeschlossen ist das Retentionsrecht an Sachen, die durch die Gläubiger des Mieters nicht gepfändet werden könnten.

Art. 268a

II.   **Sachen Dritter**

[1] Die Rechte Dritter an Sachen, von denen der Vermieter wusste oder wissen musste, dass sie nicht dem Mieter gehören, sowie an gestohlenen, verlorenen oder sonstwie abhanden gekommenen Sachen gehen dem Retentionsrecht des Vermieters vor.

² **Erfährt der Vermieter erst während der Mietdauer, dass Sachen, die der Mieter eingebracht hat, nicht diesem gehören, so erlischt sein Retentionsrecht an diesen Sachen, wenn er den Mietvertrag nicht auf den nächstmöglichen Termin kündigt.**

Art. 268*b*

I. **Geltendmachung** ¹ **Will der Mieter wegziehen oder die in den gemieteten Räumen befindlichen Sachen fortschaffen, so kann der Vermieter mit Hilfe der zuständigen Amtsstelle so viele Gegenstände zurückhalten, als zur Deckung seiner Forderung notwendig sind.**

² **Heimlich oder gewaltsam fortgeschaffte Gegenstände können innert zehn Tagen seit der Fortschaffung mit polizeilicher Hilfe in die vermieteten Räume zurückgebracht werden.**

Literatur

EUGSTER, Das Retentionsrecht des Vermieters und Verpächters für Miet- und Pachtzinsforderungen, BlSchK 1990, 1 ff.; STUDER, Das Retentionsrecht in der Zwangsvollstreckung, Zürich 2000.

I. Normzweck und Anwendungsbereich

Das Retentionsrecht des Mietrechts ist eine gesetzliche **Mobiliarhypothek** 1 zugunsten des Vermieters. Mietrechtlich greift es nur in der **Geschäftsraummiete**, an Wohnungsmobiliar kann demgegenüber ein Retentionsrecht der Stockwerkeigentümergemeinschaft für ihre Beitragsforderungen entstehen (Art. 712 *k* ZGB; STEINAUER, Les droit réels, Berne 2007, Rz 1353).

Vom Retentionsrecht nach **Art. 895 ff.** ZGB unterscheidet es sich im fehlen- 2 den Besitzerfordernis auf Seiten des Retentionsgläubigers und im Verfolgungsrecht (unten N 11).

Die Bestimmungen sind zugunsten des Mieters relativ zwingend (**a. A.** SVIT, 3 Art. 268 – 268 *b* N 2).

II. Retentionsobjekte

Retiniert werden können Sachen, die zur **Einrichtung oder Benutzung** der 4 Mietsache gehören (Mobiliar, Maschinen, gelagerte Waren, Geschäftsfahrzeuge in der Garage). Die Einlagerung muss auf eine bestimmte Dauer angelegt sein, zufällig in den Räumlichkeiten befindliche Objekte (Sachen von Kunden oder Besuchern) fallen nicht darunter (BGE 120 III 52 E. 8).

5 Als Wertrecht erfasst das Retentionsrecht nur Sachen, die **verwertbar** sind, d. h. einen kommerziellen Wert haben (vgl. Art. 896 Abs. 1 ZGB; BSK ZGB II-Rampini/Schulin/Vogt, Art. 895 N 24 und zu Art. 896 ZGB N 4 ff.). Nicht retinierbar sind daher persönliche Dokumente, Akten, Geschäftsbücher u. dgl.

6 Ausgeschlossen ist das Retentionsrecht an unpfändbaren **Kompetenzstücken** i. S. v. Art. 92 SchKG (Art. 268 Abs. 3), namentlich an persönlichen Effekten des Mieters oder seiner Familie (Art. 92 Abs. 1 Ziff. 1 SchKG) sowie an den für die Ausübung der Geschäftätigkeit notwendigen Werkzeugen, Gerätschaften, Instrumenten und Büchern (Art. 92 Abs. 1 Ziff. 3 SchKG).

7 Das Retentionsrecht des Hauptvermieters erfasst auch die vom **Untermieter** in die Geschäftsräume eingebrachten Sachen, doch nur soweit, als auch der Untervermieter ein Retentionsrecht hat, d. h. nur bei Zahlungsausstand des Untermieters. Der Untervermieter hat daneben unabhängig vom Hauptvermieter ein Retentionsrecht im Sinne der Art. 268 ff. an den Sachen des Untermieters.

8 Sachen **Dritter**, die in den Geschäftsräumen eingebracht sind, werden vom Retentionsrecht des gutgläubigen Vermieters mit erfasst (Art. 3 ZGB). Ausgenommen sind abhanden gekommene Sachen i. S. v. Art. 934 ZGB. Das Mass des guten Glaubens hängt im Wesentlichen von der gebotenen Aufmerksamkeit ab. Die Konsultation des Eigentumsvorbehaltsregisters wird grundsätzlich nicht gefordert (**a. A. BSK OR I-Weber**, Art. 268–268 b N 6). Erfährt der Vermieter während laufendem Mietverhältnis vom Dritteigentum, wahrt er sein Retentionsrecht nur, wenn er den Vertrag auf den nächstmöglichen Termin kündigt. Obgleich gesetzlich geboten, kann die Kündigung treuwidrig sein (Art. 271), wenn sie aus sachfremden Motiven erfolgt, insbesondere bei unstreitiger Solvenz des Mieters (BSK OR I-Weber, Art. 268–268 b N 8; **a. A. ZK-Higi**, Art. 268–268 b N 62).

III. Gesicherte Forderung

9 Retentionsgesichert sind ein **verfallener Jahreszins** und der **laufende Halbjahreszins**. Massgebend ist der Zeitpunkt, in welchem das Retentionsbegehren gestellt wird, unabhängig davon, ob der Mietzins pränumerando oder postnumerando geschuldet ist. Nach Beendigung des Mietverhältnisses ist allein noch ein verfallener Jahreszins gesichert.

10 Das Retentionsrecht erstreckt sich auch auf **Nebenkostenforderungen** und mietzinsähnliche Forderungen, insbesondere auf die Ansprüche aus unbe-

fugter Weiterbenützung der Mietsache nach Beendigung des Vertrags. Mitgesichert sind die Betreibungs- und Retentionskosten, nicht aber Schadenersatzansprüche wegen Beschädigung der Mietsache.

IV. Retentionsverfahren und Verfolgungsrecht

Der Vermieter kann jederzeit, auch vor Anhebung der Betreibung, beim Betreibungsamt die Aufnahme eines **Retentionsverzeichnisses** verlangen (Art. 283 Abs. 1 SchKG). Zur Sicherung des laufenden, noch nicht fälligen Zinses hat er zudem die Gefahr für sein Recht glaubhaft zu machen, namentlich Indizien für eine Wegschaffung der Retentionssachen aus den gemieteten Räumlichkeiten (BGer 7B.65/2004). Der Mieter kann die Aufnahme des Verzeichnisses durch Schuldtilgung oder anderweitige Sicherheit abwenden (vgl. Art. 898 ZGB). Das Retentionsrecht erfasst alsdann diese Sicherheit (BGE 121 III 93). **11**

War die Betreibung nicht schon angehoben, setzt das Betreibungsamt dem Vermieter mit Aufnahme des Verzeichnisses eine Frist von 10 Tagen zur **Anhebung der Betreibung** (Art. 283 Abs. 3 i. V. m. Art. 279 SchKG; BGE 105 III 85 E. 2). Für nicht fällige Forderungen beträgt die Frist 10 Tage ab Fälligkeit des letzten in Betracht fallenden Zinses. **12**

Trifft der Mieter Anstalten, wegzuziehen oder mögliche Retentionsgegenstände wegzuschaffen, kann der Vermieter bereits vor Aufnahme des Retentionsverzeichnisses das Betreibungsamt ersuchen, allenfalls mit Hilfe der Polizei die erforderlichen Gegenstände **sicherzustellen** (Art. 268 b Abs. 1). Ist Gefahr im Verzug, kann der Vermieter auch zur Selbsthilfe greifen (Art. 52 Abs. 3). **13**

Werden retinierte Gegenstände **fortgeschafft**, kann der Vermieter jederzeit und bedingungslos deren Rückschaffung veranlassen (BGE 104 III 25). Werden für die Retention geeignete Objekte heimlich oder gewaltsam weggeschafft, kann der Vermieter binnen 10 Tagen deren Rückschaffung verlangen. Zuständig ist im einen wie im andern Fall das Betreibungsamt des Ortes, wo sich die Objekte vor der Wegschaffung befanden. **14**

Zweiter Abschnitt: Schutz vor missbräuchlichen Mietzinsen und andern missbräuchlichen Forderungen des Vermieters bei der Miete von Wohn- und Geschäftsräumen

Literatur zum zweiten Abschnitt

BISANG, Anpassung an Orts- und Quartierüblichkeit, MRA 2004, 45 ff.; BLA-SER, La prise en compte des variations antérieures du taux hypothécaire lors d'une modification du loyer, CdB 2000, 65 ff.; DERS., La prise en considération des loyers usuels dans la fixation du loyer, CdB 2001, 1 ff.; BRUN-NER/STOLL, Mietzinserhöhung ohne Formular? Bemerkungen zur konsensualen Mietzinserhöhung, mp 1996, 1 ff.; BRUTSCHIN, Die Überwälzung von Mehrleistungen auf den Mietzins; neuere Rechtsprechung und Gedanken zur Anwendung von Art. 14 Abs. 1 VMWG, mp 2005, 129 ff.; CORBOZ, Les travaux de transformation et de rénovation de la chose louée entrepris par le bailleur et leur répercussion sur les loyers, Séminaire 2002; GUT, Die Entwicklung der Rechtsprechung zum missbräuchlichen Mietzins, mp 2000, 1 ff.; DERS. Der Einwand des ungenügenden und übersetzten Ertrags, mp 2002, 1 ff.; FETTER, La contestation du loyer initial, Bern 2005; HEDIGER, Die Entwicklung zum missbräuchlichen Mietzins seit dem Jahr 2000, mp 2005, 55 ff.; HIGI, Die Vertragsänderung und Art. 269d OR, AJP 1998, 767 ff.; JACQUEMOUD-ROSSARI, L'évolution récente de la jurisprudence en matiére de loyers, Séminaire 2000; JORNOD, La contestation du loyer initial, ZSR 2006 I 37 ff.; LACHAT, Missbräuchliche Mietzinse: Eine Bestandesaufnahme, mp 1995, 181 ff.; MAAG, Unterhaltskostenpauschale (Art. 269a lit. b OR + Art. 12 VMWG, MRA 2005, 149 ff.; ROHRER, Massgebende Anlagekosten bei der Berechnung der Nettorendite, MRA 2006, 1 ff.; DERS., Wie wird die Nettorendite i. S. v. Art. 269 OR berechnet?, MRA 1996, 43 ff.; DERS., Mietzinserhöhungen aufgrund von steigenden Hypothekarzinsen, MRA 1999, 173 ff.; SCHIESS RÜTIMANN, Mietzinserhöhung wegen wertvermehrender Verbesserungen. Ein Vergleich von Art. 269a lit. b OR und Art. 14 Abs. 1 VMWG mit dem deutschen und dem österreichischen Recht, mp 2002, 67 ff.; SIEGRIST, Der missbräuchliche Mietzins, Regel und Ausnahmen, Art. 269 und 269a OR, Zürich 1997; THANEI, Mietzinserhöhung für Renovationsarbeiten, mp 2003, 1 ff.; DIES., Die Rechtsprechung des Bundesgerichts zur Mietzinsfestsetzung, Fachreihe Nr. 7, 2000; WALZ, Die renditebezogene Missbrauchskontrolle nach Art. 269 OR, Zürich 2001; WETTSTEIN, Der indexierte Mietzins, mp 2003, 49 ff.; ZIMMERMANN/OERTLI, Die Unterschrift auf Formularen zur Mitteilung von Mietzinserhöhungen und anderen Vertragsänderungen, mp 1998, 55 ff.

Vorbemerkungen zu Art. 269 – 270 *e*

I.   Anwendungsbereich der Schutzbestimmungen

Die Art. 269 – 270*e* gelten in der **Wohn- und Geschäftsraummiete**, nicht   1
aber in den andern Formen.

Vollumfänglich vom Anwendungsbereich der Art. 269 – 270 *e* **ausgenommen**   2
sind öffentlich-rechtliche Gebrauchsüberlassungen (Vorbem. zu Art. 253 –
274 *g* N 5) sowie Mietverhältnisse von Ferienwohnungen bei einer Mietdauer bis zu drei Monaten (Art. 253 *a* Abs. 2) und von luxuriösen Wohnungen
und Einfamilienhäusern (Art. 253 *b* Abs. 2). Verfahrens-, aber nicht materiell-rechtlich von der Missbrauchskontrolle ausgenommen, sind subventionierte und behördlich kontrollierte Mietzinse in privaten Mietverhältnissen (Art. 253 *a* Abs. 3).

Ausgedehnt ist der Anwendungsbereich der Art. 269 – 270 *e* auf die nicht-   3
landwirtschaftliche Pacht und auf Innominatkontrakte, welche im Wesentlichen die Überlassung von Wohn- oder Geschäftsräumen gegen Entgelt
zum Gegenstand haben (Art. 253 *b* Abs. 1). Darunter fallen namentlich Verträge des Immobilienleasing und solche, in denen das Entgelt für die Gebrauchsüberlassung in einer Arbeitsleistung besteht (Hauswartverträge
etc.).

Die Bestimmungen sind **zwingend** (BGE 133 III 61).   4

II.   Prinzipien der Mietzinskontrolle

Die gesetzliche Regelung beruht auf verschiedenen Rechtsgedanken, welche   5
in einem Spannungsverhältnis zueinander stehen (BGE 118 II 124 E. 4a und
130 E. 3a). Einerseits soll verhindert werden, dass der Vermieter auf Kosten des Mieters einen (subjektiv) übersetzten Ertrag erwirtschaftet (Grundsatz der **Kostenmiete**, Art. 269 und 269 *a* lit. c), anderseits gilt ein Mietzins,
der sich im (objektiv) üblichen Rahmen hält, selbst dann nicht als missbräuchlich, wenn damit der nach der individuellen Kostenrechnung zulässige Ertrag überschritten wird (Grundsatz der **Marktmiete**, Art. 269 lit. a).
Allerdings gilt ein marktkonformer Mietzins bloss im Regelfall als nicht
missbräuchlich und ist der Beweis des Gegenteils über die Ertragsrechnung
zulässig. Ausgenommen sind Altbauten, für welche die Vergleichsmiete der
Kontrollvorrang gebührt (BGE 122 III 257 E. 4a/bb; 124 III 310 E. 2b; CdB
2002, 33). Auch in der individuellen Ertragskontrolle finden sodann verallgemeinerte, objektive Kriterien Anwendung, namentlich hinsichtlich des
Verhältnisses von Eigen- und Fremdkapital (Art. 269 *a* lit. e), des massgebenden Hypothekarzinssatzes (Art. 269 *a* lit. a), der Überprüfung konkreter
Investitionen auf ihre sachliche Angemessenheit (Art. 269, Kaufpreis) oder

des wertvermehrenden Anteils umfassender Überholungen der Mietsache (Art. 14 Abs. 1 VMWG).

6   Unterschieden werden sodann die **absolute** und die **relative** Mietzinskontrolle. Die absolute Berechnungsmethode bestimmt den für ein Objekt allgemein zulässigen Mietzins und misst ihn allein an den sachlich angemessenen Investitionen des Vermieters oder an den für vergleichbare Objekte nicht missbräuchlich erzielten Mietzinsen (BGE 123 III 171 E. 6a). Die relative Methode gründet auf dem Grundsatz von Treu und Glauben und geht im laufenden Mietverhältnis von der Fiktion aus, der jeweils rechtsverbindlich geltende Mietzins ergebe einen angemessenen und hinreichenden Ertrag. Anpassungen nach oben oder nach unten werden daher nur zugelassen, wenn und soweit sich einzelne (kumulativ zu berücksichtigende) Berechnungsgrundlagen seit der letzten Festsetzung geändert haben (BGE 124 III 67 E. 3). Als Berechnungsgrundlagen können dabei sowohl solche der Kosten- wie der Marktmiete Anwendung finden. Unterschiedlich sind nicht die Berechnungselemente, sondern das Ausmass, mit welchem sie Berücksichtigung finden (BGE 120 II 302 E. 6b).

7   Die absolute Methode dient der Kontrolle des Anfangsmietzinses oder eines neu kontrollierten Mietzinses (z. B. nach Entlassung des Mietobjekts aus einer behördlichen Kontrolle i. S. v. Art. 253*b* Abs. 3; BGE 123 III 171). Sie kann zudem als Verteidigungsmittel der einen oder andern Partei gegen an sich begründete relative Anpassungsbegehren nach oben oder nach unten angerufen werden (BGE 121 III 163; 122 III 257 E. 4).

8   Zinsanpassungen im laufenden Mietverhältnis sind grundsätzlich nach der relativen Methode zu berechnen, es sei denn, der Vermieter habe bei der letzten Anpassung einen klaren und quantitativ bestimmten Vorbehalt unvollständiger Anpassung angebracht (Art. 18 VMWG).

III. Flankierende Schutzvorschriften

9   Im Zusammenhang mit streitigen Mietzinsanpassungen geniesst der Mieter **Kündigungsschutz** (Art. 271*a* Abs. 1 lit. b, d und e).

10   Da die Art. 269 ff. im Wesentlichen nur auf die objektive Inäquivalenz von Leistung und Gegenleistung abstellen (vgl. aber Art. 270 Abs. 1 lit. a), sind sie für den Mieter günstiger als der **Übervorteilungstatbestand** von Art. 21. Bei gegebenen subjektiven und objektiven Voraussetzungen spricht aber nichts dagegen, auch Übervorteilungsschutz zu gewähren, namentlich nach Ablauf der mietrechtlichen Anfechtungsfristen. Ausschliesslich Anwendung findet er bei Äquivalenzstörungen in privaten Mietverhältnissen, welche den Art. 269 ff. nicht unterstehen.

Widerhandlungen gegen die Bestimmungen zum Schutz der Mieter von 11
Wohn- und Geschäftsräumen sind nach Art. 325bis und Art. 326bis StGB unter
Strafe gestellt. Zu beachten ist ebenfalls der Wuchertatbestand von Art. 157
StGB.

Art. 269

Missbräuchliche Mietzinse **Regel**	**Mietzinse sind missbräuchlich, wenn damit ein übersetzter Ertrag aus der Mietsache erzielt wird oder wenn sie auf einem offensichtlich übersetzten Kaufpreis beruhen.**

I. Übersetzter Ertrag

Ertrag i. S. v. Art. 269 ist die **Nettorendite** des Vermieters, d. h. sein Ertrag 1
aus dem Mietobjekt nach Abzug aller Kapital-, Unterhalts-, Betriebs-, und
Verwaltungskosten. Unterhalts-, Betriebs- und Verwaltungskosten werden
im effektiv bezahlten Durchschnittsbetrag der letzten drei Jahre zum Abzug
zugelassen.

Eigenmittel sind die (ursprünglichen) Anlagekosten (Kaufpreis, Handände- 2
rungskosten, Abbruchkosten, Baukosten, Bauzinse u. dgl.) nach Abzug der
Drittfinanzierungen (Hypotheken). Hinzu kommen spätere wertvermehrende Aufwendungen und Amortisationen von Fremdkapital (BGE 117 II
77 E. 3a/cc) sowie die Aufrechnung der Teuerung nach dem Landesindex
der Konsumentenpreise auf einem fiktiven Eigenkapitalanteil von 40 % der
Gestehungskosten (Art. 16 VMWG). Für unentgeltlich erworbene Liegenschaften gilt als Anlagekosten der Verkehrswert im Zeitpunkt des Erwerbs
(BGer 4C.287/2005). Massgebend sind die Investitionen in das konkrete
Mietobjekt. Bei mehreren Objekten in einem Gebäude sind die Investitionen
anteilsmässig aufzuschlüsseln (keine «Quersubventionierung» einzelner
Wohnungen oder Geschäfte).

Übersetzt ist der Nettoertrag, wenn er den am Ort der gelegenen Sache von 3
der führenden Hypothekarbank (i. d. R. der Kantonalbank) für Althypothe-
ken in Rechnung gestellten Zins um mehr als ein halbes Prozent übersteigt.
Dies entspricht im Allgemeinen dem Referenzzins für 2. Hypotheken.

Die **Beweislast** für die tatsächlichen Grundlagen der Ertragsrechnung trägt 4
die Partei, welche sich auf diese Rechnung beruft: Zugunsten des beweisbe-
lasteten Mieters ist in Art. 274 *d* Abs. 3 der Untersuchungsgrundsatz vorgeschrieben.

II.   Übersetzte Anlagekosten

5   **Investitionen** (nicht nur der Kaufpreis nach dem zu engen Gesetzeswortlaut), die offensichtlich übersetzt sind, fallen für die Ertragsrechnung ausser Betracht. Sie werden bloss in einem «normalisierten Umfang» berücksichtigt (CR CO I-LACHAT, N 9).

6   **Offensichtlich übersetzt** sind Anlagekosten, welche den Ertragswert der
Liegenschaft, berechnet nach den orts- oder quartierüblichen Marktzinsen,
erheblich übersteigen (Art. 10 VMWG). Die Vergleichsmiete ist mit 2–3%
über dem Satz für erste Hypotheken zu kapitalisieren (Bruttorendite). Übersteigt dieser Kapitalwert den effektiven Anlagewert um mehr als zehn Prozent, ist von offensichtlich übersetzten Investitionen auszugehen (LACHAT/
STOLL/BRUNNER, 295).

Art. 269a

II.   Ausnahmen

Mietzinse sind in der Regel nicht missbräuchlich,
wenn sie insbesondere:

a. im Rahmen der orts- oder quartierüblichen Mietzinse liegen;

b. durch Kostensteigerungen oder Mehrleistungen des
Vermieters begründet sind;

c. bei neueren Bauten im Rahmen der kosten-
deckenden Bruttorendite liegen;

d. lediglich dem Ausgleich einer Mietzinsverbilligung
dienen, die zuvor durch Umlagerung marktüblicher
Finanzierungskosten gewährt wurde, und in einem
dem Mieter im Voraus bekanntgegebenen Zah-
lungsplan festgelegt sind;

e. lediglich die Teuerung auf dem risikotragenden
Kapital ausgleichen;

f. das Ausmass nicht überschreiten, das Vermieter-
und Mieterverbände oder Organisationen, die ähnliche Interessen wahrnehmen, in ihren Rahmenverträgen empfehlen.

I. Sondertatbestände

Die Bestimmung nennt sechs Sondertatbestände, welche im Allgemeinen   1
die Annahme eines Zinsmissbrauchs ausschliessen und in der Gesetzessystematik ungenau als «Ausnahmen» bezeichnet werden. (BGE 120 II 302 E. 6).
Richtig besehen normiert sie aber nicht Ausnahmen vom Verbot eines übersetzten, sondern Beispiele (vgl. Abs. 1: insbesondere) eines nicht übersetzten Ertrags und damit nicht missbräuchlichen Mietzinses.

II. Übliche Mietzinse (lit. a)

Die Bestimmung stellt auf die **Marktmiete** ab und erklärt sie für nicht miss-   2
bräuchlich. Die Bestimmung hat ihre Hauptbedeutung bei der Kontrolle des
Anfangsmietzinses. Von beiden Parteien kann sie zwar auch als Anpassungsgrund angerufen werden (BGer 4C.291/2002), hat insofern aber gegenüber den spezifisch relativen Anpassungsgründen (insb. lit. b und e)
eine stark untergeordnete Bedeutung.

Nach Art. 11 VMWG orientiert sich der **orts- oder quartierübliche Mietzins**   3
an Objekten, die nach Lage, Grösse, Ausstattung, Zustand und Bauperiode
mit der Mietsache vergleichbar sind und nicht auf einer Marktbeherrschung
durch einen Vermieter oder eine Vermietergruppe beruhen. Auf amtliche
Statistiken darf abgestellt werden, sofern die Daten hinreichend differenziert erfasst werden (BGE 123 III 317 E. 4c/cc; BGer 4C.176/2003). Bei Geschäftsräumen kann vereinfachend auf die quartierüblichen Quadratme-
terpreise abgestellt werden.

Nach der Rechtsprechung sind mindestens **fünf Vergleichsobjekte** heran-   4
zuziehen, die nicht vom selben Vermieter angeboten werden (BGE 123 III
317).

Der **Beweis** der Orts- oder Quartierüblichkeit obliegt der Partei, die sich   5
darauf beruft, und ist in der Praxis mangels hinreichend konkret vergleichbarer Objekte nur selten zu erbringen. Am ehesten wird er noch für ältere
Bauten als erstellt erachtet, deren Anlagekosten nicht mehr präzise zu erheben sind (BGer 4C.323/2001).

III. Kostensteigerungen und Mehrleistungen
des Vermieters (lit. b)

Kostensteigerungen und -senkungen geben als relative Berechnungsele-   6
mente Anspruch auf Erhöhung oder Senkung (Art. 270 a) des Mietzinses im
laufenden Mietverhältnis. Der Anspruch wird nach oben und unten begrenzt durch die absolute Berechnungsmethode: Der Mieter kann sich einer
Erhöhung mit dem Einwand widersetzen, damit werde ein absolut über-
setzter Ertrag erzielt, der Vermieter einer Senkung mit dem Einwand, der

bisherige Mietzins sei auch unter den neuen Gegebenheiten nicht missbräuchlich (BGE 121 III 163, 122 III 257 E. 4).

7   Als **Kostensteigerungen** gelten namentlich Erhöhungen des Hypothekarzinssatzes, der Gebühren, der Objektsteuern, des Baurechtszinses, der Versicherungsprämien sowie der Unterhaltskosten (Art. 12 Abs. 1 VMWG). Erhöhte Unterhaltskosten sind mit mindestens einem Dreijahresdurchschnitt
auszuweisen, Erhöhungen des Hypothekarzinses mit dem behördlich bestimmten Referenzsatz (Art. 12a VMWG). Sie werden nach einem in der Verordnung festgelegten Schlüssel auf den Mietzins umgelegt (Art. 13 VMWG).
Dabei ist im Sinne der relativen Berechnungsmethode auch zu berücksichtigen, inwieweit frühere Schwankungen des Zinssatzes den in Frage stehenden Mietzins beeinflussten (Art. 13 Abs. 4 VMWG).

8   **Mehrleistungen** des Vermieters bestehen in wertvermehrenden Investitionen, Vergrösserungen der Mietsache oder zusätzlichen Nebenleistungen
wie der Anstellung eines die Reinigung besorgenden Hauswarts, oder in
energetischen Verbesserungen (Art. 14 Abs. 1 VMWG). Schwierigkeiten bietet häufig die Abgrenzung der wertvermehrenden Investition vom ordentlichen Unterhalt der Mietsache, dessen Aufwand der Vermieter nicht auf
den Mieter überwälzen kann. Wertvermehrend sind namentlich Investitionen i. S. v. Art. 260 (Einbau eines Lifts oder eines Geschirrspülers, wo früher
keiner vorhanden war, nicht aber der Austausch von veralteten Geräten
durch neue gleichwertige Einrichtungen; LACHAT/STOLL/BRUNNER, 333 f.).
Gemischte Investitionen (z. B. der Ersatz von einfach verglasten Fenstern
durch doppelt verglaste) werden anteilsmässig als wertvermehrend anerkannt. Umfassende Überholungen, die sich nicht im Einzelnen aufschlüs-
seln lassen, gelten zu 50–70 % als wertvermehrende Mehrleistungen
(Art. 14 Abs. 1 VMWG; Ermessensentscheid).

9   Wertvermehrende Investitionen dürfen mit einem angemessenen Satz für
Verzinsung (ein halbes Prozent über dem Referenzsatz für 1. Hypotheken,
wegen der amortisationsbedingten linearen Abschreibung berechnet auf
dem halben Investitionsbetrag), **Amortisation** (bemessen nach der mutmasslichen Lebensdauer der Einrichtung) **und Unterhalt** (i. d. R. ein Prozent des Anlagewerts) auf den Mietzins umgelegt werden, sobald sie effektiv
erbracht worden sind (Art. 14 Abs. 4 und 5 VMWG). Beispiel: Eine wertvermehrende Investition von Fr. 10 000.– mit einer Lebensdauer von 20 Jahren
und einem referenziellen Hypothekarzinssatz von 3 % berechtigt zu einer
Erhöhung des Jahresmietzinses um Fr. 775.– (Verzinsung Fr. 175.– [3,5 %
von Fr. 5000.–], Amortisation Fr. 500.– [5 % von Fr. 10 000.–], Unterhalt Fr.
100.– [1 % von Fr. 10 000.–]).

IV. Kostendeckende Bruttorendite (lit. c)

Der Mietzins für **neuere Mietobjekte** (erstellt oder umfassend saniert in **10**
den letzten zehn Jahren) ist nicht missbräuchlich wenn er eine **angemessene Bruttorendite** ermöglicht. Zulässig ist eine Bruttorendite (Mietzins
ohne Nebenkosten) der Anlagekosten, von 2 % über dem Satz für 1. Hypotheken (BGE 118 II 124 E. 5). Offensichtlich übersetzte Anlagekosten fallen
für die Renditeberechnung ausser Betracht (Art. 15 Abs. 2 VMWG).

V. Zahlungsplan (lit. d)

Die Bestimmung beruht auf **Finanzierungsmodellen des Bundesamts für** **11**
Wohnungswesen für subventionierte Mietobjekte und kommt praktisch
nicht zur Anwendung. Sie würde einen Anpassungsplan für anfänglich nicht
kostendeckende Mietzinse erlauben. In der Praxis wird das Modell durch
gestaffelte Mietzinse ersetzt (Art. 269 c).

VI. Teuerungsausgleich (lit. e).

Der dem Vermieter zugestandene Teuerungsausgleich stellt einen relativen **12**
Anpassungsgrund im laufenden Mietverhältnis dar. Massgebend ist die im
Landesindex der Konsumentenpreise ausgewiesene Teuerung seit der
letzten Mietzinsfestsetzung

Der Teuerungsausgleich wird dem Vermieter nur auf dem **Eigenkapital** **13**
(risikotragendes Kapital) zugestanden. Massgebend ist nicht das effektive,
sondern ein fiktives Eigenkapital von 40 % der Anlagekosten. Dies führt zur
Regelung, dass der Mietzins jeweils um 40 % der Steigerung des Lebenskostenindexes angehoben werden darf (Art. 16 VMWG).

Der Teuerungsausgleich kann mit andern relativen Erhöhungsgründen **14**
(Kostensteigerungen, wertvermehrenden Investitionen) **kumuliert** werden.

VII. Empfehlungen in Rahmenmietverträgen (lit. f)

Empfehlungen in Rahmenmietverträgen zur Mietzinsgestaltung bestehen in **15**
den zur Zeit bekannten Rahmenmietverträgen nicht.

VIII. Umsatzmiete

Umsatzmieten, d. h. die Bemessung des Mietzinses nach dem **Umsatz des** **16**
Geschäftsmieters sind grundsätzlich zulässig. Allerdings kann der Anfangsmietzins als missbräuchlich angefochten werden (Art. 270), nicht aber
der spätere, sich aus dem massgebenden Jahresumsatz ergebende Mietzins
(BGE 116 II 587).

Art. 269*b*

B. **Indexierte Mietzinse** Die Vereinbarung, dass der Mietzins einem Index folgt, ist nur gültig, wenn der Mietvertrag für mindestens fünf Jahre abgeschlossen und als Index der Landesindex der Konsumentenpreise vorgesehen wird.

1   Indexierte Mietzinse werden nach einer vertraglichen Abmachung der Parteien (Indexklausel) während der Dauer des Mietverhältnisses periodisch einem **Bemessungsparameter** (Index) angepasst.

2   Die relativ zwingende Bestimmung schränkt die Indexierung insoweit ein, als sie nur in Mietverhältnissen zulässig ist, die für den Vermieter auf eine Dauer von mindestens **fünf Jahren** begründet werden, und wenn als Index der **Landesindex der Konsumentenpreise** vereinbart wird (Art. 17 VMWG).

3   **Basisindex** ist der Index zur Zeit des Vertragsschlusses (BSK OR I-WEBER, N 2). Die Überwälzung der Teuerung kann auch in der Wohnungsmiete im vollen Umfang erfolgen, obgleich die Wohnungsmieten im «Warenkorb» bereits mit rund 20 % gewichtet sind (daher war altrechtlich nur eine Überwälzung um 80 % zulässig; die heutige Fassung von Art. 17 Abs. 1 VMWG macht damit keinen Sinn mehr). Bei einer Senkung des Indexes (Deflation) sind auch die indexierten Mietzins entsprechend zu senken (Art. 17 Abs. 2 VMWG).

4   Die Indexierung des Mietzinses schliesst **andere Erhöhungen** grundsätzlich aus, mit Ausnahme solcher aufgrund wertvermehrender Investitionen, sofern die Parteien sie ausdrücklich vorgesehen haben (BGE 124 III 57 E. 3a).

5   Zur **Anfechtung** indexierter Mietzinse vgl. Art. 270*c*.

Art. 269*c*

C. **Gestaffelte Mietzinse** Die Vereinbarung, dass sich der Mietzins periodisch um einen bestimmten Betrag erhöht, ist nur gültig, wenn:
a. der Mietvertrag für mindestens drei Jahre abgeschlossen wird;
b. der Mietzins höchstens einmal jährlich erhöht wird; und
c. der Betrag der Erhöhung in Franken festgelegt wird.

Gestaffelte Mietzinse sind Mietzinse, die für die gesamte Mietdauer zum   1
Voraus stufenweise festgelegt sind. Eine Staffelung liegt bereits vor, wenn
während der Mietdauer bloss eine einzige Erhöhung zum Voraus vereinbart
wird (BGE 121 III 397 E. 2b/aa).

Staffelungen sind nach der relativ zwingenden Bestimmung nur zuläs-   2
sig, wenn der Vermieter mindestens **drei Jahre** an den Vertrag gebunden
ist, die Erhöhung **höchstens einmal jährlich** erfolgt und **frankenmässig**
vorausbestimmt ist.

Die Staffelung des Mietzinses schliesst **andere Erhöhungen** grundsätzlich   3
aus, mit Ausnahme solcher wegen wertvermehrender Investitionen, sofern
die Parteien sie ausdrücklich vorgesehen haben (BGE 124 III 57 E. 3a).

Zur **Anfechtung** gestaffelter Mietzinse vgl. Art. 270 *d*.   4

Art. 269*d*

Mietzinser-höhungen und andere einseitige Vertragsände-rungen durch den Vermieter

  ¹   **Der Vermieter kann den Mietzins jederzeit auf den nächstmöglichen Kündigungstermin erhöhen. Er muss dem Mieter die Mietzinserhöhung mindestens zehn Tage vor Beginn der Kündigungsfrist auf einem vom Kanton genehmigten Formular mitteilen und begründen.**

  ²   **Die Mietzinserhöhung ist nichtig, wenn der Vermieter:**

a. sie nicht mit dem vorgeschriebenen Formular mitteilt;

b. sie nicht begründet;

c. mit der Mitteilung die Kündigung androht oder ausspricht.

  ³   **Die Absätze 1 und 2 gelten auch, wenn der Vermieter beabsichtigt, sonstwie den Mietvertrag einseitig zu Lasten des Mieters zu ändern, namentlich seine bisherigen Leistungen zu vermindern oder neue Nebenkosten einzuführen.**

I.   Normzweck und Anwendungsbereich

Nach den allgemeinen Regeln bedürfen **Vertragsänderungen** des Kon-   1
senses der Parteien. Im Dauerschuldverhältnis werden sie nötigenfalls
durch Androhung oder Vornahme einer Kündigung (Änderungskündigung)

bewirkt. In der Wohn- und Geschäftsraummiete ist die Änderungskündigung des Vermieters anfechtbar (Art. 271a Abs. 1 lit. b) sowie unter Strafe gestellt (Art. 325bis StGB), und ein unter Kündigungsandrohung gestelltes Änderungsbegehren ist nichtig, wenn es dem Mieter eine Mehrbelastung bringt (Art. 269d Abs. 2 lit. c).

2 Anstelle der verpönten Änderungskündigung des Vermieters (BGE 125 III 231 E. 3c) gestattet das Gesetz dem Vermieter, mit einer Offerte ein gesetzliches Verhandlungsverhältnis zu eröffnen, in welchem die Offerte zum Vertragsinhalt wird, wenn der Mieter nicht seinerseits kündigt oder die Rechtmässigkeit der Vertragsänderung in einem behördlichen Anfechtungsverfahren bestreitet. Kommt in diesem Schlichtungsverfahren keine Einigung zustande, gibt das Gesetz dem Vermieter ein **Gestaltungsklagerecht** auf Vertragsänderung.

3 Die Bestimmung ist anwendbar im **unbefristeten** (Art. 255 und 266 Abs. 2) oder im vorzeitig kündbaren befristeten Mietverhältnis. Im echten befristeten Mietverhältnis ist eine Vertragsänderung ausschliesslich durch parteiautonomen Konsens möglich.

4 Die Bestimmung schliesst auch im unbefristeten Mietverhältnis eine **einvernehmliche Vertragsänderung** ohne Durchführung eines formellen Verfahrens nicht aus, sofern keine Gesetzesumgehung bewirkt wird, insbesondere der Mieter der Vertragsänderung in Entscheidungsfreiheit und in Kenntnis seiner Anfechtungsrechte zustimmt (BGE 128 III 419 E. 2.4.2).

5 Die Bestimmung hat ihre praktische Hauptbedeutung in der **Erhöhung des Mietzinses**. Sie erfasst aber sämtliche **Forderungen** des Vermieters, durch welche das bisherige Austauschverhältnis zulasten des Mieters verändert werden soll (BGE 125 III 231 E. 3b). Das Gesetz nennt ausdrücklich die (materiell zulässige) Verminderung der Leistungen des Vermieters (z. B. Aufhebung der Hauswartung, Einschränkung der Benützung allgemeiner Anlagen) und die Einführung neuer Nebenkosten (Abs. 3). Weitere Anwendungsbeispiele sind etwa die Einführung indexierter oder gestaffelter Mietzinse, die Rücknahme einer Bewilligung zur Untervermietung oder die Verlängerung der vom Mieter einzuhaltenden Kündigungsfrist.

II. Formalitäten und Verfahren

6 Das Änderungsbegehren des Vermieters ist dem Mieter mit **amtlichem Formular** (BGE 121 III 214 E. 3) zu unterbreiten (qualifizierte Schriftform). Dessen notwendiger Inhalt ergibt sich aus Art. 19 VMWG. Die Formularpflicht dient der Klarstellung der vermieterseitigen Begehren und der Rechtsbelehrung des Mieters. Das Formular ist vom Vermieter oder seinem Vertreter eigenhändig zu unterzeichnen, eine faksimilierte Unterschrift ist nur bei

entsprechender Verkehrsübung und einer grossen Zahl gleichzeitig bearbeiteter Formulare zulässig (Art. 14 Abs. 2; BGer 4C.110/2003).

Vertragsänderungen können **ohne Formular** angeboten werden, wenn sie den Mieter nicht belasten, insbesondere eine Mietzinssenkung zum Inhalt haben (BGE 126 III 124 E. 2a). Sie gelten mangels ausdrücklicher oder konkludenter Ablehnung als stillschweigend angenommen (Art. 6).   7

Das Änderungsbegehren ist zu **begründen**. Die Begründung muss klar sein, um dem Mieter die Entscheidungsgrundlage zu geben, ob er den Vertrag kündigen, die Änderung akzeptieren oder sie anfechten will (BGer 4C.330/2002). Unklar sind widersprüchliche Begründungen oder stereotype, unsubstanziierte Hinweise auf gesetzliche Erhöhungsmöglichkeiten. Bei Mietzinserhöhungen wegen Kostensteigerungen oder wertvermehrenden Investitionen (Art. 269*a* lit. b) kann der Mieter verlangen, dass der geltend gemachte Differenzbetrag zahlenmässig begründet wird (Art. 20 VMWG). Werden mehrere Zinserhöhungsgründe kumuliert, sind sie je einzeln betragsmässig auszuweisen (Art. 19 Abs. 1 lit. a Ziff. 4 VMWG). Die Begründung ist in dem Sinne unabänderlich, als im Laufe des Verfahrens nicht weitere oder andere Anpassungsgründe geltend gemacht werden können (BGE 121 III 364 E. 4b; 122 III 20 E. 4c). Schöpft der Vermieter nicht alle ihm zustehenden Anpassungsmöglichkeiten aus, hat er für deren spätere Nachholung im Rahmen der relativen Berechnungsmethode einen prozentoder frankenmässig bezifferten Vorbehalt anzugeben (Art. 18 VMWG). Die Begründung ist im Formular selbst oder in einem Begleitschreiben zu geben, auf welches aber im Formular ausdrücklich hinzuweisen ist (Art. 19 Abs. 1bis VMWG).   8

Das Änderungsbegehren kann nur auf einen **Kündigungstermin** gestellt werden. Es ist dem Mieter mindestens zehn Tage vor Beginn der Kündigungsfrist zuzustellen. Diese zusätzliche **Notifikationsfrist** soll dem Mieter eine Bedenkfrist eröffnen zu entscheiden, ob er den Vertrag allenfalls kündigen will. Um dem Mieter diese Bedenkfrist optimal zu wahren, ist das Formular dem Mieter nicht bereits mit der in den Briefkasten gelegten Einladung, die eingeschriebene Sendung abzuholen bzw. am Folgetag zugegangen, sondern erst bei Behändigung der Sendung am Postschalter, spätestens aber mit Ablauf einer siebentägigen Abholfrist (BGE 107 II 189 E. 2; zur Abholfrist trotz Privatisierung des Postverkehrs vgl. nunmehr als analog anzuwendende Regel Art. 44 Abs. 2 BGG).   9

Ein Änderungsbegehren, welches nicht mit amtlichem Formular gestellt wird, ist **formnichtig** (zum Vorbehalt einer konsensualen Einigung vgl. vorne N 4). Wird es nicht hinreichend begründet oder mit einer Kündigung oder Kündigungsandrohung verbunden, ist es **inhaltsnichtig** (zur Anfechtung der Kündigung vgl. Art. 271*a* Abs. 1 lit. b). Wird es auf einen falschen   10

Termin gestellt oder geht es dem Mieter verspätet zu (N 8 hiervor), werden seine Wirkungen auf den nächstfolgenden Kündigungstermin **verschoben** (Art. 266a Abs. 2 analog; BGE 107 II 189 E. 3).

11   Leistet der Mieter den Mehrzins trotz nichtigem oder wirkungsverschobenem Änderungsbegehren, steht ihm ein **bereicherungsrechtlicher Rückforderungsanspruch** zu, der nach Massgabe von Art. 67 verjährt (BGer 4C.96/ 2005; demgegenüber ist der Rückforderungsanspruch aus Art. 259d vertraglicher Natur: BGE 130 III 504 E. 6; für eine rechtliche Gleichbehandlung der beiden Tatbestände überzeugend BSK OR I-WEBER, N 8 sowie KOLLER, ZBJV 2005, 310f.). Der Anspruch kann am Einwand des Rechtsmissbrauchs, namentlich bezüglich des Formmangels, scheitern (BGE 123 III 70 E. 3c und d; BGer 4C.96/2005).

12   Zur **Anfechtung** der einseitigen Vertragsänderung vgl. Art. 270b.

Art. 270

E.	Anfechtung des Mietzinses	
I.	Herabsetzungsbegehren	
1.	Anfangsmietzins	

[1] **Der Mieter kann den Anfangsmietzins innert 30 Tagen nach Übernahme der Sache bei der Schlichtungsbehörde als missbräuchlich im Sinne der Artikel 269 und 269a anfechten und dessen Herabsetzung verlangen, wenn:**
a. **er sich wegen einer persönlichen oder familiären Notlage oder wegen der Verhältnisse auf dem örtlichen Markt für Wohn- und Geschäftsräume zum Vertragsabschluss gezwungen sah; oder**
b. **der Vermieter den Anfangsmietzins gegenüber dem früheren Mietzins für dieselbe Sache erheblich erhöht hat.**
[2] **Im Falle von Wohnungsmangel können die Kantone für ihr Gebiet oder einen Teil davon die Verwendung des Formulars gemäss Artikel 269d beim Abschluss eines neuen Mietvertrags obligatorisch erklären.**

I.   Normzweck

1   Die Bestimmung steht im Dienste der **Missbrauchsbekämpfung** als Beschränkung der Privatautonomie und stellt insoweit keinen genuinen Eingriff in die Vertragstreue *(pacta sunt servanda)* dar. Sie beinhaltet einen

besonderen Übervorteilungstatbestand mit gegebenenfalls modifizierter Teilnichtigkeit des Mietvertrags. Zur Anfechtung nach Art. 21 besteht Anspruchskonkurrenz.

Die Bestimmung ist in erster Linie **verfahrensrechtlicher Natur**. Das 2 materielle Vertragskorrektiv folgt aus den Berechnungsmethoden gemäss Art. 269 und 269*a* (differenziert BSK OR I-WEBER, N 1). I. d. R. wird nach der absoluten Methode kontrolliert, ausnahmsweise findet auch die relative Methode Anwendung, wenn der gegenüber dem Vormieter erhöhte Zins einzig mit Faktoren dieser Methode begründet wird und der Mieter nicht die Anwendung der absoluten Methode verlangt (BGE 121 III 364).

Die Anfechtung des Anfangsmietzinses kann am **Rechtsmissbrauchsverbot** 3 scheitern, etwa am Verbot widersprüchlichen Verhaltens, wenn der Mieter ausserhalb einer Notlage einen gegenüber demjenigen des Vormieters wesentlich höheren Mietzins offeriert hat, um unter mehreren Bewerbern berücksichtigt zu werden.

II. Anfangsmietzins

Anfangsmietzins ist der bei **Abschluss eines neuen Vertrags** vereinbarte 4 Mietzins.

Als Anfangsmietzinse gelten auch die nach Ablauf eines befristeten Miet- 5 verhältnisses **neu vereinbarten**, d. h. nicht einseitig erhöhten Mietzinse (BGE 121 III 397 E. 2a/bb). Im Falle einer Entlassung des Mietobjekts aus der behördlichen Kontrolle (BGE 123 III 171) oder einer einvernehmlichen Mietzinserhöhung bei fehlender Entscheidungsfreiheit des Mieters (Art. 269*a* N 4) sollte dagegen die Anfechtung nach Art. 270*b* greifen, bei welcher dem Mieter nicht obliegt, die Voraussetzungen nach Art. 270 Abs. 1 lit. a oder b nachzuweisen (**a. A.** wohl CR CO I-LACHAT, N 3). Kein Anfangsmietzins ist der nach Art. 263 und 264 von einem Dritten «übernommene» Mietzins.

III. Anfechtungsvoraussetzungen

Der Anfangsmietzins kann nur angefochten werden, wenn der Mieter aus 6 persönlichen oder marktbestimmten Gründen faktisch zum Abschluss des Vertrags gezwungen war oder der Vermieter den Mietzins im neuen Vertrag erheblich erhöhte (Abs. 1 lit. a und b). Damit normiert das Gesetz die **Anfechtungsvoraussetzungen, nicht den Anfechtungsgrund**. Dieser liegt ausschliesslich in der Missbräuchlichkeit des vereinbarten Mietzinses.

Die **persönlichen Voraussetzungen** nach **lit. a** sind gegeben, wenn der Mie- 7 ter wegen seines persönlichen Umfelds (Familie) oder der Kündigung des bisherigen Mietverhältnisses zum Abschluss eines neuen Vertrags faktisch gezwungen ist und objektiv gebotene Bemühungen, eine Erstreckung des bisherigen Vertrages zu bewirken oder ein Ersatzobjekt zu finden, erfolglos blieben (BGer 4C.169/2002).

8   Die **marktbezogenen Voraussetzungen** nach **lit. a** setzen einen Mangel an Wohn- oder Geschäfträumen auf dem örtlichen Markt voraus. Diese objektive Notlage besteht, wenn der Kanton der gelegenen Sache nach Abs. 2 die Formularpflicht für den Vertragsschluss eingeführt hat oder – im Sinne einer Faustregel – bei einer Leerstandziffer in der betreffenden Mietkategorie von weniger als 1,5 %. Eine persönliche oder familiäre Notlage ist nicht zusätzlich erforderlich (BGer 4C.367/2001).

9   Eine Erhöhung des Mietzinses nach **lit. b** gilt im Allgemeinen als erheblich, wenn sie 10 % des Vormietzinses übersteigt. Der Vergleich muss sich auf dieselbe Sache beziehen, d. h. auf dasselbe Objekt, nicht aber auf dessen Zustand. Erneuerungsarbeiten an der Mietsache schliessen die Anfechtung nicht aus, sind aber bei der materiellen Beurteilung der Missbräuchlichkeit zu berücksichtigen. Der Mieter hat Anspruch auf Bekanntgabe des Vormietzinses (Art. 256 a Abs. 2).

IV.   Verfahren

10   Der Mieter hat den Anfangsmietzins innert **30 Tagen**, nachdem ihm das Mietobjekt zur Verfügung gestellt wurde (vgl. Art. 257 d N 3), bei der zuständigen Schlichtungsbehörde anzufechten. Besteht nach kantonalem Recht eine **Formularpflicht** gemäss Abs. 2 und wird dem Mieter das Formular erst nach Mietantritt ausgehändigt, beginnt die Anfechtungsfrist erst mit dessen Erhalt zu laufen (BGE 121 III 56 E. 2c).

11   Bei **gemeinsamer Miete** steht das Anfechtungsrecht jedem einzelnen Mieter zu, die andern sind aber in das Verfahren miteinzubeziehen (BSK OR I-Weber, N 7).

12   Kommt vor der Schlichtungsbehörde eine Einigung nicht zustande, kann der Mieter innert 30 Tagen den **Richter** anrufen (Art. 274 f Abs. 1). Während hängigem Verfahren ist der angefochtene Mietzins geschuldet (Art. 270 e). Dringt der Mieter mit seinem Begehren durch, hat er einen Rückforderungsanspruch auf die zu viel bezahlten Zinse, den er zur Verrechnung stellen kann (Art. 265). Dieser Anspruch ist vertragsrechtlicher Natur, da die Zahlungen gestützt auf einen vorläufig gültigen Vertrag und unter gesetzlichem Rückforderungsvorbehalt geleistet wurden.

V.   Formularpflicht

13   Die Kantone können bei Wohnungsnot in der **Wohnraummiete** die Formularpflicht für den Abschluss des Mietvertrags einführen. Das Formular entspricht demjenigen nach Art. 269 d (Art. 19 VMWG). Zum Begriff der Wohnungsnot vgl. N 8 hiervor.

Verwendet der Vermieter das Formular, beurteilt sich das Herabsetzungs-begehren nach den allgemeinen Kriterien (Art. 269 und 269 *a*).   14

Verletzt der Vermieter seine Pflicht zur Verwendung des Formulars, ist der   15
Vertrag im Umfang der Zinsvereinbarung teilnichtig. Alsdann ist der an-gemessene Mietzins in Würdigung aller Bemessungskriterien gerichtlich festzusetzen. Dabei ist das Gericht nicht auf einen blossen Missbrauchsras-ter beschränkt, sondern hat den sachgerechten Mietzins zu ermitteln (*ius-tum pretium*; BGE 124 III 62 E. 2b). Allerdings darf es den Mietzins nicht höher ansetzen, als die Parteien ihn – formnichtig – vereinbart hatten, und es ist in seiner Gestaltungsfreiheit jedenfalls durch die Grenze des über-setzten Ertrags nach Art. 269 f. eingeschränkt. Verletzt der Vermieter seine Formularpflicht absichtlich, um eine Anfechtung zu vermeiden, darf das Gericht auf den Vormietzins abstellen (BGE 120 II 341 E. 6c; Jornod, ZSR 2006 I 56 ff.).

Art. 270 *a*

Während der Mietdauer

¹ **Der Mieter kann den Mietzins als missbräuchlich anfechten und die Herabsetzung auf den nächstmög-lichen Kündigungstermin verlangen, wenn er Grund zur Annahme hat, dass der Vermieter wegen einer wesentlichen Änderung der Berechnungsgrundlagen, vor allem wegen einer Kostensenkung, einen nach den Artikeln 269 und 269a übersetzten Ertrag aus der Mietsache erzielt.**

² **Der Mieter muss das Herabsetzungsbegehren schriftlich beim Vermieter stellen; dieser muss innert 30 Tagen Stellung nehmen. Entspricht der Vermieter dem Begehren nicht oder nur teilweise oder ant-wortet er nicht fristgemäss, so kann der Mieter innert 30 Tagen die Schlichtungsbehörde anrufen.**

³ **Absatz 2 ist nicht anwendbar, wenn der Mieter gleich-zeitig mit der Anfechtung einer Mietzinserhöhung ein Herabsetzungsbegehren stellt.**

I. Normzweck und Anwendungsbereich

Die Bestimmung korreliert mit der Befugnis des Vermieters, den Mietzins   1
einseitig zu erhöhen (Art. 270 *b*). Sie ist **zwingend**. Damit ist eine Vertrags-bestimmung nichtig, wonach Veränderungen des Hypothekarzinssatzes den Mietzins nicht beeinflussen (BGE 133 III 61). Ungültig ist auch eine Ver-

tragsabrede, dass der Mietzins einen bestimmten Minimalbetrag nicht unterschreiten dürfe (BGE 125 III 358).

2   Anspruch auf eine Mietzinssenkung besteht nur im **unbefristeten**, auf Kündigung gestellten Mietvertrag, mithin auch im Fall von Art. 266 Abs. 2 sowie bei Fortsetzung eines Mietverhältnisses nach Wegfall einer vertraglichen Indexierung oder Staffelung des Mietzinses (BGE 121 III 397 E. 2b/bb).

3   Bei **gemeinsamer Miete** steht das Recht, eine Mietzinsherabsetzung zu verlangen, jedem einzelnen Mieter zu (vgl. Art. 270 N 8).

II. Voraussetzungen

4   Die einseitige Mietzinsherabsetzung setzt eine **wesentliche Änderung der Berechnungsgrundlagen** seit der letzten Mietzinsfestsetzung voraus. Berechnungsgrundlagen sind die Kriterien zur Mietzinskontrolle nach Art. 269 und 269a. Im Vordergrund stehen Senkungen des Hypothekarzinssatzes (Referenzzinssatz nach Art. 12a VMWG) oder verminderte Leistungen des Vermieters (Aufhebung Hauswartung, Dezimierung gemeinsamer Anlagen u. dgl.). Denkbar ist auch ein Herabsetzungsbegehren gestützt auf eine (dauerhafte) Veränderung der relevanten Marktpreise, doch wird der dem Mieter obliegende Beweis in aller Regel nur sehr schwer zu erbringen sein (CdB 2002, 135 ff.).

5   Kostensenkungen sind ebenfalls verminderte **Nebenkosten**, sofern diese im Mietzins inbegriffen oder pauschal in Rechnung gestellt werden. Die Senkung von Akontozahlungen ist unpraktikabel, zumal die Aufwandschwankungen durch die Schlussabrechnung aufgefangen werden (a. A. CR CO I-LACHAT, N 3).

6   **Wesentlich** ist eine Kostensenkung, wenn sie im umgekehrten Fall eine Mietzinserhöhung rechtfertigen würde, z. B. eine Veränderung des massgebenden Hypothekarzinssatzes um ein Viertelprozent (vgl. Art. 13 VMWG).

7   Auszugehen ist vom zuletzt festgesetzten Mietzins. Damit gilt grundsätzlich die **relative Berechnungsmethode**, doch kann der Vermieter dem Herabsetzungsbegehren den Einwand entgegensetzen, der bisherige Mietzins sei trotz veränderter Berechnungsgrundlagen nicht missbräuchlich. Dazu kann er sich alternativ auf ungenügenden Nettoertrag oder auf die Orts- und Quartierüblichkeit des angefochtenen Mietzinses berufen (BGer 4C.287/2005). Er kann dem Herabsetzungsbegehren zudem kompensatorische Erhöhungsgründe entgegensetzen, welche sich seit der letzten Festsetzung verwirklicht haben (z. B. Ausgleich der Teuerung nach Art. 269a lit. e).

III. Verfahren

8   Das Herabsetzungsbegehren kann nur auf den nächsten **Kündigungstermin** und unter Beachtung der massgebenden **Kündigungsfrist** gestellt wer-

den. Massgebend für die Einhaltung der Frist ist der Zugang des Begehrens beim Vermieter. Eine Bedenkfrist analog Art. 269*d* ist nicht vorgeschrieben. Verspätete Begehren entfalten ihre Wirkungen auf den nächstfolgenden Kündigungstermin (Art. 266*a* analog).

Der Mieter hat sein Herabsetzungsbegehren vorerst schriftlich an den **Ver-**   9
mieter zu richten. Dieses aussergerichtliche Vorverfahren ist Prozessvoraussetzung eines späteren Schlichtungs- und Gerichtsverfahrens. Wurde
es nicht durchgeführt, ist auf ein Herabsetzungsbegehren nicht einzutreten.
Der Vermieter soll Gelegenheit erhalten, dem Herabsetzungsbegehren zu
entsprechen und damit einer Kündigungssperre nach Art. 271*a* Abs. 1 lit. d
und e auszuweichen. Ausnahmen von der Pflicht zur Kontaktierung des
Vermieters bestehen nur, wenn der Mieter das Herabsetzungsbegehren
zusammen mit einer Erhöhungsanfechtung stellt (Abs. 3), wenn er im laufenden Herabsetzungsverfahren zusätzliche Herabsetzungsgründe anruft
(BGE 122 III 20 E. 1c) oder der Vermieter von vornherein klar zum Ausdruck gebracht hat, er sei nicht bereit, den Mietzins zu senken (Art. 108
Ziff. 1 analog; BGE 132 III 702 E. 4.3).

Eine **Bezifferung und Begründung** des Begehrens schreibt das Gesetz nicht   10
vor (im Gegensatz zur Erhöhungsanzeige nach Art. 19 Abs. 1 lit. a VMWG).
Auf allfällig angerufene Herabsetzungsgründe ist der Mieter im nachfolgenden Verfahren nicht beschränkt (BGE 122 III 20 E. 4c).

Dem Vermieter steht eine **Antwortfrist** von 30 Tagen zu. Antwortet er nicht   11
oder lehnt er das Begehren ganz oder teilweise ab, kann der Mieter innert
30 Tagen nach Empfang des ablehnenden Bescheids oder nach unbenütztem Ablauf der Antwortfrist bei der Schlichtungsbehörde ein **Gestal-**
tungsbegehren um Mietzinsherabsetzung stellen. Kommt vor der Schlichtungsbehörde keine Einigung zustande, kann der Mieter innert 30 Tagen
den Richter anrufen (Art. 274*f* Abs. 1). Während hängigem Verfahren ist der
nicht herabgesetzte Mietzins geschuldet (vgl. Art. 270 N 12).

Prosequiert der Mieter seinen Herabsetzungsanspruch nicht, verwirkt er   12
bloss den Termin für die Anpassung, kann mit denselben Gründen aber eine
Anpassung auf einen späteren Termin verlangen (BGE 124 III 245 analog).
Gleiches gilt, wenn der Vermieter ihm eine objektiv ungenügende Mietzinssenkung notifiziert und er nicht widerspricht (BGE 124 III 67). Anders
verhält es sich dagegen, wenn er sich mit dem Vermieter auf den angebotenen neuen Mietzins konsensual einigt, d. h. ihn nicht bloss durch Stillschweigen akzeptiert. Diesfalls liegt eine neue Mietzinsfestsetzung vor, welche im Rahmen der relativen Berechnungsmethode zu beachten ist (BSK
OR I-Weber, N 8).

Art. 270*b*

II. Anfechtung von Mietzinserhöhungen und andern einseitigen Vertragsänderungen

¹ Der Mieter kann eine Mietzinserhöhung innert 30 Tagen, nachdem sie ihm mitgeteilt worden ist, bei der Schlichtungsbehörde als missbräuchlich im Sinne der Artikel 269 und 269a anfechten.

² Absatz 1 gilt auch, wenn der Vermieter sonstwie den Mietvertrag einseitig zu Lasten des Mieters ändert, namentlich seine bisherigen Leistungen vermindert oder neue Nebenkosten einführt.

1 Gegenstand der Bestimmung ist die Anfechtung von Begehren des Vermieters i.S.v. **Art. 269*d***.

2 Der Mieter hat die einseitige Vertragsänderung innert der **Verwirkungsfrist** von 30 Tagen bei der Schlichtungsbehörde anzufechten. Lässt er die Frist ungenützt verstreichen, wird die Vertragsanpassung nach Massgabe der formgerecht gestellten Forderung des Vermieters fingiert. Die Einhaltung der Verwirkungsfrist ist von Amtes wegen zu prüfen (BGE 131 III 566 E. 3.2).

3 Kommt vor der Schlichtungsbehörde eine Einigung nicht zustande, hat der **Vermieter** innert 30 Tagen den Richter mit einem Gestaltungsbegehren anzurufen. Unterlässt er dies, verwirkt er den Anpassungstermin, nicht aber die Anpassungsmöglichkeit auf einen späteren Zeitpunkt (BGE 124 III 245).

4 Während hängigem Verfahren ist der bisherige, nicht der erhöhte Mietzins geschuldet (Art. 270*e*). Zugestandene oder gerichtlich bestimmte Erhöhungen hat der Mieter ab dem massgebenden Kündigungstermin nachzubezahlen. Bei Verzug setzt er sich den Folgen von Art. 257*d* aus.

Art. 270*c*

III. Anfechtung indexierter Mietzinse

Unter Vorbehalt der Anfechtung des Anfangsmietzinses kann eine Partei vor der Schlichtungsbehörde nur geltend machen, dass die von der andern Partei verlangte Erhöhung oder Herabsetzung des Mietzinses durch keine entsprechende Änderung des Indexes gerechtfertigt sei.

Art. 270*d*

Anfechtung gestaffelter Mietzinse Unter Vorbehalt der Anfechtung des Anfangsmietzinses kann der Mieter gestaffelte Mietzinse nicht anfechten.

Vereinbaren die Parteien einen indexierten (Art. 269*b*) oder gestaffelten (Art. 269*c*) Mietzins, ist der **Anfangsmietzins** nach Massgabe der von Art. 270 anfechtbar. Anfechtbar ist in diesem Zeitpunkt auch die Vereinbarung unangemessen hoher Staffelbeträge (BGE 121 III 397 E. 2b/aa). 1

Mietzinsanpassungen aufgrund einer Indexierung oder Staffelungsklausel sind dem Mieter mit **amtlichem Formular** mitzuteilen (Art. 19 Abs. 2 VMWG). Das Formerfordernis macht keinen vernünftigen Sinn, jedenfalls wenn die Anpassungstermine vertraglich fixiert sind (zur ausnahmsweisen Sinnhaftigkeit der Form vgl. BSK OR I-WEBER, Art. 270*c*/270*d* N 3). 2

In der **Indexmiete** kann der Mieter die notifizierte Anpassung mit der Begründung anfechten, sie beruhe nicht auf einer äquivalenten Veränderung des Landesindexes der Konsumentenpreise (Art. 269*b*). 3

Art. 270*e*

Weitergeltung des Mietvertrages während des Anfechtungs verfahrens Der bestehende Mietvertrag gilt unverändert weiter:
a. während des Schlichtungsverfahrens, wenn zwischen den Parteien keine Einigung zustandekommt, und
b. während des Gerichtsverfahrens, unter Vorbehalt vorsorglicher Massnahmen des Richters.

Die Bestimmung entspricht der allgemeinen prozessualen Regel, dass eine **gerichtliche Rechtsgestaltung** erst mit dem (rechtskräftigen) Urteil eintritt. Insoweit ist sie überflüssig. 1

Mietzinserhöhungen werden erst mit erfolgloser oder verwirkter Anfechtung rechtswirksam und sind erst ab dem rechtskräftigen Urteil geschuldet, gegebenenfalls aber rückwirkend. Vor dem Urteil gerät der Mieter nicht in Verzug und ist den Folgen von Art. 257*d* nicht ausgesetzt. 2

Beantragte Mietzinssenkungen können vor der Zustimmung des Vermieters oder dem gerichtlichen Urteil nicht rechtsgültig in Abzug gebracht werden. Der in diesem Sinne eigenmächtig vorgehende Mieter gerät in Verzug. 3

4   Allfällige Nach- und Rückforderungsansprüche sind vertraglicher Natur. Verzugszinse können, da ein Gestaltungsurteil vorliegt, erst ab dessen Rechtskraft gefordert werden (BGer 4C.291/2001).

5   Zu den vorsorglichen Massnahmen vgl. Art. 274*f* Abs. 2.

Dritter Abschnitt: Kündigungsschutz bei der Miete von Wohn- und Geschäftsräumen

Literatur zum dritten Abschnitt

BARBEY, Commentaire du droit du bail, Protection contre les congés concernant les baux d'habitation et de locaux commerciaux, Genève 1991; CALAMO, Die missbräuchliche Kündigung der Miete von Wohnräumen, Bern 1994; CORBOZ, Les congés affectés d'un vice, Séminaire 1996; HIGI, Mietvertragskündigung – nichtig, ungültig oder gültig und anfechtbar, SJZ 1995, 225 ff.; FUTTERLIEB, Dringender Eigenbedarf i. S. von Art. 271a Abs. 3 lit. a OR; ROHRER, Kündigung während eines pendenten Verfahrens, MRA 2004, 161 ff.; SAVIAUX, Abus de droit et droit du bail, CdB 2007, 1 ff.; THANEI, Ausgewählte Entscheide zum Kündigungsschutz, Fachreihe Nr. 4, 1996.

Art. 271

A.   Anfechtbarkeit der Kündigung

I.   Im Allgemeinen

[1] Die Kündigung ist anfechtbar, wenn sie gegen den Grundsatz von Treu und Glauben verstösst.

[2] Die Kündigung muss auf Verlangen begründet werden.

Art. 271*a*

II.   Kündigung durch den Vermieter

[1] Die Kündigung durch den Vermieter ist insbesondere anfechtbar, wenn sie ausgesprochen wird:

a. weil der Mieter nach Treu und Glauben Ansprüche aus dem Mietverhältnis geltend macht;

b. weil der Vermieter eine einseitige Vertragsänderung zu Lasten des Mieters oder eine Mietzinsanpassung durchsetzen will;

c. allein um den Mieter zum Erwerb der gemieteten Wohnung zu veranlassen;

d. während eines mit dem Mietverhältnis zusammenhängenden Schlichtungs- oder Gerichtsverfahrens, ausser wenn der Mieter das Verfahren missbräuchlich eingeleitet hat;

e. vor Ablauf von drei Jahren nach Abschluss eines mit dem Mietverhältnis zusammenhängenden Schlichtungs- oder Gerichtsverfahrens, in dem der Vermieter:

   1. zu einem erheblichen Teil unterlegen ist;

   2. seine Forderung oder Klage zurückgezogen oder erheblich eingeschränkt hat;

   3. auf die Anrufung des Richters verzichtet hat;

   4. mit dem Mieter einen Vergleich geschlossen oder sich sonst wie geeinigt hat;

f. wegen Änderungen in der familiären Situation des Mieters, aus denen dem Vermieter keine wesentlichen Nachteile entstehen.

[2] Absatz 1 Buchstabe e ist auch anwendbar, wenn der Mieter durch Schriftstücke nachweisen kann, dass er sich mit dem Vermieter ausserhalb eines Schlichtungs- oder Gerichtsverfahrens über eine Forderung aus dem Mietverhältnis geeinigt hat.

[3] Absatz 1 Buchstaben d und e sind nicht anwendbar bei Kündigungen:

a. wegen dringenden Eigenbedarfs des Vermieters für sich, nahe Verwandte oder Verschwägerte;

b. wegen Zahlungsrückstand des Mieters (Art. 257d);

c. wegen schwerer Verletzung der Pflicht des Mieters zu Sorgfalt und Rücksichtnahme (Art. 257f Abs. 3 und 4);

d. infolge Veräusserung der Sache (Art. 261);

e. aus wichtigen Gründen (Art. 266g);

f. wegen Konkurs des Mieters (Art. 266h).

I. Normzweck und Anwendungsbereich

1 Die Anfechtung einer Kündigung und die Möglichkeit einer gerichtlichen Mieterstreckung (Art. 272 ff.) bilden die **Grundpfeiler des Mieterschutzes vor ungewollter Beendigung der Wohn- oder Geschäftsraummiete.** Art. 271 schützt im Gegensatz zu Art. 271a an sich auch den Vermieter, ist bei einer Mieterkündigung aber kaum von praktischer Bedeutung.

2 Anfechtbar sind – mit den Einschränkungen von Art. 271a Abs. 3 (N 13 hiernach) – sowohl **ordentliche** wie **ausserordentliche** Kündigungen. Gegenüber ausserordentlichen Kündigungen, deren Voraussetzungen im Einzelfall erfüllt sind, greift das Anfechtungsrecht aber kaum (vgl. dazu etwa Art. 257d N 7, Art. 257f N 14 und Art. 266 g N 8).

3 Anfechtbar und anfechtungspflichtig sind nur **formal gültige, materiell aber missbräuchliche Kündigungen** (BGE 121 III 156 E. 1). Werden sie nicht frist- und formgerecht angefochten (Art. 273), verwirkt der Missbrauchseinwand. Kündigungen, deren materiellen Voraussetzungen fehlen (z. B. nach Art. 266g), sind unwirksam. Sie können angefochten werden, müssen es aber nicht; das Fehlen der Voraussetzungen kann auch noch im Ausweisungsverfahren geltend gemacht werden (BGE 122 III 92 E. 2d). Ebensowenig brauchen nichtige Kündigungen (Art. 266o) angefochten zu werden. Der Nichtigkeitseinwand ist in jedem nachfolgenden Verfahren von Amtes wegen zu prüfen. Vorbehalten bleibt ausnahmsweise der Einwand des Rechtsmissbrauchs gegen eine verzögerte Geltendmachung von Unwirksamkeit oder Nichtigkeit einer Kündigung (Rechtsverwirkung nach Art. 2 ZGB; BGE 121 III 156). Kündigungen ausser Frist oder Termin werden in ihrer zeitlichen Wirkung verschoben (Art. 266a Abs. 2). Sie sind insoweit nicht anfechtbar, wohl aber inhaltlich.

4 Das Anfechtungsrecht ist ein **Gestaltungsklagerecht.** Bei Gutheissung des Begehrens wird die Kündigung aufgehoben und das Mietverhältnis nimmt seinen Fortgang. Zudem gelangt der Mieter in den Kündigungsschutz nach Art. 271a Abs. 1 lit. e.

5 Bei **gemeinsamer Miete** steht das Anfechtungsrecht jedem Einzelnen zu (**str.**, offen gelassen in BGer 4C.37/2001 und 4C.236/2003; zum Meinungsstand KOLLER, ZBJV 2005, 319 ff.). Allerdings müssen die in das Verfahren einzubeziehenden Mitmieter ihrerseits bereit sein, das Mietverhältnis fortzusetzen, weil dem Vermieter nicht auferlegt werden kann, gegen seinen Willen eine Verringerung der Anzahl Solidarschuldner zu akzeptieren.

II. Missbräuchliche Kündigung

6 Der mietrechtliche **Missbrauchsbegriff** hat Verfassungsrang (Art. 109 BV). Die Generalklausel von Art. 271 konkretisiert ihn mit dem Grundsatz von

Treu und Glauben. Sie knüpft damit an Art. 2 ZGB an, wobei sie sowohl den Vertrauensgrundsatz nach Abs. 1 wie das Rechtsmissbrauchsverbot nach Abs. 2 erfasst, ohne aber einen offensichtlichen Missbrauch zu fordern (BGE 120 II 31 E. 4a und 105 E. 3a). Art. 271 stellt aber eine lex specialis zu Art. 2 ZGB dar. Auch eine offensichtlich missbräuchliche Kündigung muss daher fristgerecht angefochten werden. Bei unterbliebener Anfechtung kann ein Rechtsmissbrauch im Ausweisungsverfahren nicht mehr berücksichtigt werden (BGE 133 III 175).

Treuwidrig ist eine Kündigung, wenn sie aus sachfremden Motiven in Missachtung des Vertrauensverhältnisses im Dauerschuldvertrag erfolgt und objektiv nicht als gerechtfertigt erscheint (z. B. wegen einer politischen Gesinnung), wenn sie diskriminierend wirkt (z. B. wegen einer Hautfarbe) oder wenn sie einen der üblichen Rechtsmissbrauchstatbestände erfüllt (nutzlose oder schikanöse Rechtsausübung, grobes Missverhältnis der auf dem Spiel stehenden Interessen, widersprüchliches Verhalten u. dgl.; zum Gesamten HAUSHEER/JAUN, Die Einleitungsartikel des ZGB, Bern 2003, Art. 2 ZGB N 89 ff.). Die Generalklausel ist gerichtlich nach den Umständen des Einzelfalls verallgemeinerungsfähig zu konkretisieren. Keinen Verstoss gegen das Missbrauchsverbot stellen im Allgemeinen wirtschaftlich motivierte Kündigungen dar, etwa im Hinblick auf einen Verkauf oder eine lukrativere, ihrerseits nicht missbräuchliche Weitervermietung der Mietsache (BGE 120 II 105 E. 3b; mp 2005, 176 ff.; BGer 4C.425/2004, str.; a. A. BSK OR I-WEBER, Art. 271/271a N 16). Nicht missbräuchlich ist im Regelfall auch die Kündigung wegen vertraglichen Fehlverhaltens des Mieters, wegen Eigenbedarfs des Vermieters oder auf Betreiben von Mitmietern im Interesse des Hausfriedens.

Die Generalklausel in Art. 271 wird ergänzt durch einen enumerativen **Missbrauchskatalog in Art. 271a.** Der Katalog erfasst nur die Vermieterkündigung. Er gliedert sich in einen sachlichen (Abs. 1 lit. a–c sowie f) und einen zeitlichen Kündigungsschutz (Abs. 1 lit. d und e sowie Abs. 2). Der sachliche Kündigungsschutz untersteht dem Kausalitätserfordernis zwischen verpöntem und effektivem Motiv (Tatfrage), der zeitliche Kündigungsschutz wird für bestimmte ausserordentliche Kündigungen ausgeschlossen (Abs. 3).   7

Missbräuchlich ist die **Rachekündigung** *(congé de représaille)* zur Sanktionierung gutgläubiger Bemühungen des Mieters, seine vertraglichen oder gesetzlichen subjektiven Mieterrechte durchzusetzen (Abs. 1 lit. a).   8

Missbräuchlich ist die **Änderungskündigung** *(congé de pression)* mit dem Ziel, den Mieter stärker zu belasten (Abs. 1 lit. b). Sie kann eine Erhöhung des Mietzinses oder andere Vertragsänderungen bezwecken.   9

10 Missbräuchlich ist die Kündigung, welche bezweckt, den Mieter zum **Erwerb der gemieteten Wohnung** zu veranlassen (*congé vente*; Abs. 1 lit. c). Die Geschäftsraummiete wird von der Bestimmung nicht erfasst, doch kann hier die *congé vente* unter Art. 271 fallen.

11 Missbräuchlich ist die Kündigung, welche den gesetzlichen **Anliegen des Familienschutzes** zuwiderläuft (Abs. 1 lit. f). Die Bestimmung will den in einer besonderen familiären Situation betroffenen Mieter schützen (Trennung, Scheidung, Tod eines Angehörigen) und die Entfaltung der Familie gewährleisten (Kinderzuwachs). Gerechtfertigt ist die Kündigung, wenn dem Vermieter aus der Veränderung wesentliche Nachteile erwachsen (Überbelegung der Wohnung, beachtliche Verminderung der Solvenz des Mieters, u. dgl. BGer 4C.314/2000). Der Kündigungsschutz ist auf die Wohnraummiete zugeschnitten, kann (ausnahmsweise) aber auch in der Geschäftsraummiete greifen (ZK-HIGI, N 136 f.).

12 Beim Zusammentreffen legitimer und verpönter Kündigungsgründe hängt die Missbräuchlichkeit der Kündigung von einer richterlichen Gesamtwürdigung der Umstände ab (BSK OR I-WEBER, Art. 271/271*a* N 29a)

13 Der zeitliche Kündigungsschutz manifestiert sich in **Sperrzeiten** (Abs. 1 lit. d und e, Abs. 2). Ausgeschlossen ist die Kündigung während einem hängigen mietrechtlichen Schlichtungs- oder Gerichtsverfahren (auch vor einem Schiedsgericht), sofern dieses durch den Mieter nicht missbräuchlich, d. h. aus unsachlichen Gründen, eingeleitet wurde (BGE 131 III 33 E. 3.1). Die Sperrfrist dauert während dreier Jahre nach Abschluss des Verfahrens an, sofern der Vermieter im Ergebnis – freiwillig oder unfreiwillig – ganz oder zu einem erheblichen Teil «unterlegen» ist oder nach erfolglosem Schlichtungsverfahren auf die Anrufung des Richters verzichtet hat (Abs. 1 lit. e). Ein aussergerichtlicher Vergleich wird dem gerichtlichen als fristauslösender Tatbestand gleichgestellt (Abs. 2). Nicht als Einigung i. S. v. Abs. 2 gilt die unwidersprochene Anerkennung der mieterseitigen Forderung durch den Vermieter, selbst wenn er sich vorerst über die anspruchsbildenden Umstände ins Bild setzen lässt (BGE 130 III 563). Kündigungen wegen dringenden Eigenbedarfs des Vermieters und wegen bestimmter ausserordentlicher Gründe werden von der Sperrfrist nicht erfasst (Abs. 3). Das Erfordernis der Dringlichkeit ist dabei nicht bloss zeitlich, sondern auch sachlich zu verstehen. Es müssen Gründe vorliegen, denen in objektiver Betrachtung eine gewisse Bedeutung zukommt (BGer 4C.253/2006). Unerheblich ist im Übrigen im Rahmen des zeitlichen Schutzes, ob die Kündigung als solche materiell missbräuchlich ist oder nicht, die Treuwidrigkeit wird fingiert (BGE 131 III 33 E. 3.4 und 3.5).

14 Die **Beweislast** für die tatsächlichen Voraussetzungen des Kündigungsschutzes trägt der Anfechtende. Im Bereich des sachlichen Kündigungs-

schutzes hat er zusätzlich den Kausalzusammenhang zwischen dem angerufenen Missbrauchstatbestand und der Kündigung zu beweisen.

III. Begründung der Kündigung

Die Begründung der Kündigung ist **nicht Gültigkeitserfordernis** und nur 15
auf Verlangen abzugeben. Sie hat keinen Einfluss auf den Lauf der Anfechtungsfrist, soll aber innerhalb derselben gegeben werden. Eine unentschuldigt verspätete oder verweigerte Begründung gilt als Indiz für die Missbräuchlichkeit der Kündigung und wird im Rahmen der Beweiswürdigung entsprechend berücksichtigt (BGE 125 III 231 E. 4b). Eine Rechtsvermutung der Missbräuchlichkeit der nicht begründeten Kündigungserklärung besteht indessen nicht (BGer 4C.170/2004).

Der Vermieter ist an die gegebenen **Kündigungsgründe** gebunden, kann sie 16
im Laufe des Verfahrens aber verdeutlichen und erhärten (BGer 4C.131/
2003). Die Gründe müssen im Zeitpunkt der Kündigungserklärung verwirklicht sein. Fallen sie nachträglich weg, bleibt die Kündigung gültig
(MRA 1999, 46 E. 3b; **str**. **a. A**. BSK OR I-Weber, Art. 271/271*a* N 33a). Ihrem Wegfall kann indessen bei der Beurteilung eines Erstreckungsbegehrens Rechnung getragen werden.

IV. Schadenersatz und Genugtuung

Die missbräuchliche Kündigung ist eine **Vertragsverletzung**, die im Grund- 17
satz Schadenersatz- und Genugtuungsfolgen nach sich ziehen kann
(Art. 97 ff.). Allerdings wird im Regelfall die Anfechtung dem Kündigungsgegner das Gebotene verschaffen und ein Schaden nicht leicht nachzuweisen sein. Bei der Bemessung des Ersatzes (Art. 43 f.) ist zudem zu berücksichtigen, dass der mietrechtliche Kündigungsschutz im Grundsatz einen
Einbruch in die Privatautonomie darstellt und die Parteien stärker beschränkt als sie es in andern Dauerschuldverhältnissen sind.

Art. 272

**Erstreckung des
Mietverhältnisses
Anspruch des
Mieters**

¹ **Der Mieter kann die Erstreckung eines befristeten
oder unbefristeten Mietverhältnisses verlangen,
wenn die Beendigung der Miete für ihn oder seine
Familie eine Härte zur Folge hätte, die durch die
Interessen des Vermieters nicht zu rechtfertigen
wäre.**

² Bei der Interessenabwägung berücksichtigt die
zuständige Behörde insbesondere:
a. die Umstände des Vertragsabschlusses und den
   Inhalt des Vertrags;
b. die Dauer des Mietverhältnisses;
c. die persönlichen, familiären und wirtschaftlichen
   Verhältnisse der Parteien und deren Verhalten;
d. einen allfälligen Eigenbedarf des Vermieters für
   sich, nahe Verwandte oder Verschwägerte sowie die
   Dringlichkeit dieses Bedarfs;
e. die Verhältnisse auf dem örtlichen Markt für Wohn-
   und Geschäftsräume.

³ Verlangt der Mieter eine zweite Erstreckung, so
berücksichtigt die zuständige Behörde auch, ob er
zur Abwendung der Härte alles unternommen hat,
was ihm zuzumuten war.

Literatur

BROGLIN, Pratique récente en matière d'annulation du congé et de prolon-
gation du bail à loyer, Séminaire 1992; GIGER, Die Erstreckung des Mietverhältnisses, Zürich 1995; THANEI, Die Erstreckung des Mietverhältnisses,
Fachreihe Nr. 1, 1990.

I.   Normzweck und Anwendungsbereich

1   Die Bestimmung begründet einen **Kontrahierungszwang** des Vermieters.
Die Erstreckung des Mietverhältnisses bildet neben der Anfechtbarkeit der
Kündigung den zweiten, nachträglich wirksamen Pfeiler des sozialen Mie-
terschutzes in der Wohn- und Geschäftsraummiete. Sie mildert die nachtei-
ligen Folgen der Beendigung des Mietverhältnisses für den Mieter (BGE 116
II 446 E. 3b), sofern die Interessen des Vermieters nicht die Rückgabe der
Mietsache nach Ende der Vertragsdauer erheischen. Insbesondere gibt sie
dem Mieter eine zusätzliche Frist, eine Ersatzlösung zu finden (BGE 125
III 226).

2   Erstreckbar sind sowohl das durch Kündigung des Vermieters beendete
unbefristete wie das auslaufende **befristete** Mietverhältnis. Das erstreckte
Mietverhältnis ist notwendigerweise ein befristetes. Erstreckung ist auch
möglich, wenn das Mietobjekt mit Doppelaufruf zwangsversteigert wird
(Art. 142 SchKG) und der Erwerber nicht in das Mietverhältnis eintritt (BGE
128 III 82 E. 2).

3   Bei der **gemeinsamen Miete** steht das Recht, eine Erstreckung zu verlangen, jedem einzelnen Mieter zu. Wollen einzelne Mitmieter keine Erstre-

ckung, ist dieser Umstand zugunsten der Vermieterinteressen mitzuberücksichtigen (Wegfall von Solidarschuldnern).

II. Voraussetzungen

Der Erstreckungsentscheid beruht auf einer **Interessenabwägung**. Der 4
Schlichtungsbehörde und dem Gericht steht ein erheblicher Ermessensspielraum offen (Art. 4 ZGB), in welchen die Rechtsmittelinstanzen, namentlich das Bundesgericht, nur bei qualifizierten Ermessensfehlern (Ermessensmissbrauch) einschreiten (BGer 4C.343/2004). Die Interessenabwägung beherrscht sowohl den Entscheid über den Grundsatz der Erstreckung wie denjenigen über ihre Dauer.

Erforderlich ist auf der einen Seite eine **Härte** der Vertragsbeendigung für 5
den **Mieter oder seine Familie**. Sie liegt in den Erschwernissen, ein geeignetes Ersatzobjekt zu finden, nicht aber in den wirtschaftlichen Folgen des Umzugs, die ohnehin einmal anfallen, oder in günstigen Mietbedingungen (Mietzins; BGer 4C.146/2006). In der Geschäftsraummiete kann die Härte namentlich in einer Existenzbedrohung des Unternehmens, in einer am Ersatzort neu einzuholenden Betriebsbewilligung oder im Bedarf nach besonders gestalteten Betriebsräumlichkeiten liegen. Massgebend sind die Verhältnisse im Zeitpunkt des Erstreckungsentscheids.

Die Härte **Dritter** (Untermieter, Arbeitnehmer) ist nur beachtlich, wenn sie 6
mit der Härte des Mieters deckungsgleich ist und in dieser aufgeht.

Als beachtliche **Interessen des Vermieters** kommen vorab der Kündigungs- 7
grund, der Eigenbedarf (Abs. 2 lit. d), aber auch wirtschaftliche Interessen (Verkauf der Mietliegenschaft, bessere Vermietung) in Betracht. Wenn er das Mietverhältnis mit einer längeren als der vertraglichen Frist gekündigt und so dem Mieter eine grössere Zeitspanne ermöglicht hat, ein Ersatzobjekt zu finden, ist dies im Regelfall zu seinen Gunsten zu berücksichtigen. Entsprechend trifft den Mieter die Obliegenheit, sich während der Kündigungsfrist ernsthaft um eine Ersatzlösung zu bemühen (BGer 4C.425/2004). Besonders ausgeprägt ist diese Obliegenheit während einer ersten Erstreckungsdauer, falls der Mieter eine Zweiterstreckung verlangt (Abs. 3).

Abs. 2 der Bestimmung nennt exemplarisch die wesentlichsten **Elemente** 8
der Interessenabwägung. Darüber hinaus sind aber auch alle anderen Interessen zu gewichten, welche die Beendigung des Mietverhältnisses für den Mieter als unzumutbar erscheinen lassen oder für den Vermieter rechtfertigen. In Betracht können etwa das Alter und der Gesundheitszustand des Mieters oder wirtschaftliche Bindungen des Vermieters zum vorgesehenen Nachmieter fallen (BGer 4C.139/2000).

9 Die **Umstände des Vertragsschlusses und der Inhalt des Vertrags** (lit. a) können nach dem Vertrauensgrundsatz den Entscheid beeinflussen, sofern eine Partei aus dem vorvertraglichen Verhalten der andern ernsthaft auf deren Bereitschaft schliessen durfte, das Mietverhältnis auch ohne entsprechende Befristung eine bestimmte Zeit andauern zu lassen oder auf den vereinbarten Endtermin hin zu verlassen.

10 Die **Dauer** des ablaufenden Mietverhältnisses (lit. b) kann bei besonderer Länge (Verbundenheit des Mieters mit dem Objekt und seiner Umgebung), aber auch bei unüblicher Kürze (Kündigung kurz nach Mietantritt mit nachteiligen Kostenfolgen für den Umzug) eine Erstreckung indizieren.

11 Als rechtserhebliche **Verhältnisse der Parteien** (lit. c) fallen alle Umstände in Betracht, welche auf den Beendigungszeitpunkt eine Kündigung als unopportun erscheinen lassen oder die Rückgabe der Mietsache sachlich rechtfertigen (familiäre, berufliche, wirtschaftliche Gegebenheiten u. dgl.). Unter dem rechtserheblichen Parteiverhalten ist namentlich dasjenige des Mieters von Bedeutung, falls er wiederholt zu Beanstandungen Anlass gab (dazu auch Art. 272a Abs. 1 lit. b).

12 **Eigenbedarf** des Vermieters für sich oder ihm familiär nahestehende Personen, der Hauptgrund verweigerter Erstreckung, muss ernsthaft, konkret und aktuell sein. Der Begriff der Dringlichkeit entspricht demjenigen in Art. 271a Abs. 3 lit. a (siehe dort N 13; BGer 4C.253/2006).

13 Unter den beachtlichen **Verhältnissen auf dem Mietmarkt** (lit. e) ist namentlich das Angebot an Ersatzobjekten zu berücksichtigen. Je kleiner der Leerbestand, desto grösser der Erstreckungsbedarf.

Art. 272a

II.	Ausschluss der Erstreckung

¹ Die Erstreckung ist ausgeschlossen bei Kündigungen:

a. wegen Zahlungsrückstand des Mieters (Art. 257d);

b. wegen schwerer Verletzung der Pflicht des Mieters zu Sorgfalt und Rücksichtnahme (Art. 257f Abs. 3 und 4);

c. wegen Konkurs des Mieters (Art. 266h);

d. eines Mietvertrages, welcher im Hinblick auf ein bevorstehendes Umbau- oder Abbruchvorhaben ausdrücklich nur für die beschränkte Zeit bis zum Baubeginn oder bis zum Erhalt der erforderlichen Bewilligung abgeschlossen wurde.

² Die Erstreckung ist in der Regel ausgeschlossen, wenn der Vermieter dem Mieter einen gleichwertigen Ersatz für die Wohn- oder Geschäftsräume anbietet.

I. Absoluter Erstreckungsausschluss (Abs. 1)

Vier ausserordentliche Kündigungen schliessen eine Erstreckung des 1 Mietverhältnisses aus: die Kündigung wegen Verzugs des Mieters (Art. 257 *d*), wegen Verletzung der Mieterpflichten (Art. 257 *f*), wegen Konkurses des Mieters (Art. 266 *h*) sowie bei anfänglich vereinbarter Zwischennutzung des Mietobjekts bis zu dessen Abbruch oder Umbau (lit. *d*). Erforderlich sind indessen auch in diesen Fällen eine formgenügliche Kündigung (Art. 266 *l* Abs. 2) und die Beachtung der Kündigungsmodalitäten der Familienwohnung (Art. 266 *n*).

II. Relativer Erstreckungsausschluss (Abs. 2)

Das **Angebot eines gleichwertigen Ersatzobjekts** durch den Vermieter 2 schliesst eine Mieterstreckung im Regelfall aus. Gleichwertig müssen die subjektiv wesentlichen Kriterien des Mietobjekts sein (Lage, Grösse, Ausstattung, Zustand, Mietzins u. dgl.). Ein höherer Mietzins, welcher dem Mieter nach den konkreten wirtschaftlichen Verhältnissen zumutbar ist, schliesst die Gleichwertigkeit nicht aus. Auf den Zeitpunkt der Vertragsbeendigung muss das Ersatzobjekt verbindlich zur Verfügung stehen, d. h. ein festes Mietangebot (des Vermieters oder eines Dritten) vorliegen, so dass der Vertragsschluss einzig noch des Akzeptes des Mieters bedarf.

Art. 272*b*

Dauer der Erstreckung

¹ Das Mietverhältnis kann für Wohnräume um höchstens vier, für Geschäftsräume um höchstens sechs Jahre erstreckt werden. Im Rahmen der Höchstdauer können eine oder zwei Erstreckungen gewährt werden.

² Vereinbaren die Parteien eine Erstreckung des Mietverhältnisses, so sind sie an keine Höchstdauer gebunden, und der Mieter kann auf eine zweite Erstreckung verzichten.

1   Im Rahmen der gesetzlichen Höchstdauer (vier Jahre für Wohnräume, sechs Jahre für Geschäftsräume) setzt die Schlichtungsbehörde oder das Gericht bei gegebenen Voraussetzungen die Erstreckungsdauer in Würdigung aller Umstände nach **Ermessen** fest (Art. 4 ZGB). Die zugestandene Dauer soll dem Mieter erlauben, eine angemessene Ersatzlösung zu finden. Als Bemessungskriterien fallen namentlich die dem Mieter effektiv zugestandene Kündigungsfrist und die Lage auf dem Mietmarkt in Betracht.

2   Ermessensfrage ist auch, ob dem Mieter eine **einmalige oder vorerst eine erste** Erstreckung zu gewähren ist, letztere unter Vorbehalt einer (präklusiven) Zweiterstreckung. Bei ungewisser Prognose über die Entwicklung der Verhältnisse wird eher eine erste Erstreckung in Betracht fallen, damit die massgebenden Umstände rollend beobachtet und beurteilt werden können.

3   Der Mieter kann wegen der zwingenden Ausgestaltung der Bestimmungen nicht zum Voraus auf sein Erstreckungsrecht verzichten. Er kann aber nach erfolgter Kündigung oder bei auslaufendem befristetem Mietverhältnis in einem **Vergleich** mit dem Vermieter auf eine einmalige oder eine zweite Erstreckung verzichten (z. B. gegen Entschädigung) oder sich mit ihm auf eine bestimmte Erstreckung (ohne Bindung an die gesetzliche Höchstdauer) einigen (Abs. 2).

Art. 272c

IV. **Weitergeltung des Mietvertrags**

1   Jede Partei kann verlangen, dass der Vertrag im Erstreckungsentscheid veränderten Verhältnissen angepasst wird.

2   Ist der Vertrag im Erstreckungsentscheid nicht geändert worden, so gilt er während der Erstreckung unverändert weiter; vorbehalten bleiben die gesetzlichen Anpassungsmöglichkeiten.

1   Während der Erstreckung gilt der Vertrag im Grundsatz **unverändert** weiter. Das Mietverhältnis bleibt aber gekündigt, und Arbeiten an der Mietsache i. S. v. Art. 260 hat der Mieter nicht zu dulden. Ist der Mietzins indexiert (Art. 269b) oder gestaffelt (Art. 269c), greifen diese Klauseln ebenfalls während der Erstreckung (a. A. BSK OR I-Weber, N 6). Zudem kann der Vertrag in dieser Zeit aus neu verwirklichten Gründen ausserordentlich gekündigt werden. Ausdrücklich vorbehalten sind die gesetzlichen Anpassungsmöglichkeiten (Mietzinserhöhungen und -senkungen sowie andere

einseitige Vertragsänderungen i. S. v. Art. 269*d*). Da während der Erstreckungsdauer eine erneute ordentliche Kündigung ausgeschlossen ist, sind solche Anpassungen auf die gesetzlichen Kündigungstermine unter Beobachtung der gesetzlichen Kündigungsfristen zu beanspruchen (BSK OR I-WEBER, N 5a).

Beide Parteien können für die Dauer der Erstreckung eine **richterliche Vertragsanpassung** verlangen (Abs. 1). Im Vordergrund stehen Mietzinsanpassungen (nach oben oder nach unten). Zulässig sind aber auch andere Eingriffe in den Vertrag, etwa eine zumutbare Einschränkung des Gebrauchsrechts. Voraussetzung des richterlichen Eingriffs in den Vertrag ist dabei in jedem Fall die Beachtung veränderter Umstände. Insoweit konkretisiert die Bestimmung die Grundsätze der *clausula rebus sic stantibus*. Der Entscheid liegt im gerichtlichen Ermessen. | 2

Art. 272*d*

Kündigung während der Erstreckung

Legt der Erstreckungsentscheid oder die Erstreckungsvereinbarung nichts anderes fest, so kann der Mieter das Mietverhältnis wie folgt kündigen:
a. bei Erstreckung bis zu einem Jahr mit einer einmonatigen Frist auf Ende eines Monats;
b. bei Erstreckung von mehr als einem Jahr mit einer dreimonatigen Frist auf einen gesetzlichen Termin.

Das erstreckte Mietverhältnis ist befristet. Aus Sinn und Zweck der Erstreckung, dem Mieter die Suche eines Ersatzobjekts zu erleichtern, wird ihm aber ermöglicht, dass Mietverhältnis vor Ablauf der Erstreckungsdauer zu **kündigen**, wenn er des Objekts nicht mehr bedarf. Die dispositiven gesetzlichen Kündigungsfristen und Kündigungstermine hängen von der Erstreckungsdauer ab (lit. a und b). | 1

Im Rahmen einer Erstreckungsvereinbarung oder eines Erstreckungsentscheids können **abweichende Kündigungsmodalitäten** vereinbart oder verfügt werden. Namentlich kann der Mieter auch auf sein Kündigungsrecht verzichten. | 2

Die **ausserordentlichen Kündigungsmöglichkeiten** stehen bei gegebenen Voraussetzungen beiden Parteien auch während der Erstreckungsdauer offen. | 3

Art. 273

<table>
<tr>
<td>C.</td>
<td>Verfahren: Behörden und Fristen</td>
<td>

¹ Will eine Partei die Kündigung anfechten, so muss sie das Begehren innert 30 Tagen nach Empfang der Kündigung der Schlichtungsbehörde einreichen.

² Will der Mieter eine Erstreckung des Mietverhältnisses verlangen, so muss er das Begehren der Schlichtungsbehörde einreichen:

a. bei einem unbefristeten Mietverhältnis innert 30 Tagen nach Empfang der Kündigung;

b. bei einem befristeten Mietverhältnis spätestens 60 Tage vor Ablauf der Vertragsdauer.

³ Das Begehren um eine zweite Erstreckung muss der Mieter der Schlichtungsbehörde spätestens 60 Tage vor Ablauf der ersten einreichen.

⁴ Die Schlichtungsbehörde versucht, eine Einigung zwischen den Parteien herbeizuführen. Kommt keine Einigung zustande, so fällt sie einen Entscheid über die Ansprüche der Vertragsparteien.

⁵ Ruft die unterlegene Partei nicht innert 30 Tagen den Richter an, so wird der Entscheid rechtskräftig.

</td>
</tr>
</table>

I. Anwendungsbereich

1   Die Bestimmung regelt das Verfahren der Kündigungsanfechtung (Abs. 1) und der Mieterstreckung (Abs. 2 und 3) vor der **Schlichtungsbehörde**. Namentlich begründet sie für diese Bereiche deren Zuständigkeit, einen autoritativen Entscheid zu fällen.

II. Verfahren vor der Schlichtungsbehörde

2   Das Anfechtungs- oder Erstreckungsbegehren ist durch den Mieter innerhalb der gesetzlichen **Verwirkungsfristen** (Abs. 1 und 2) einzureichen. Die an eine Kündigung geknüpfte Frist beginnt am Tag nach der effektiven Zustellung, spätestens aber am siebenten Tag der Abholfrist zu laufen (**str.**; wie hier BSK OR I-WEBER, N 3a). Prozessuale Formen sind nicht vorgeschrieben, namentlich nicht die Begründung des Begehrens. Erforderlich ist immerhin, dass daraus hervorgeht, was verlangt wird (z. B. Erstreckungsdauer). Mangelhafte Begehren können vor der Schlichtungsbehörde präzisiert werden.

Die **Aktiv- und Passivlegitimation** ergibt sich – wie stets im Zivilprozess –   3
aus dem materiellen Recht. Bei gemeinsamer Miete steht die Sachlegitima-
tion jedem Einzelnen zu, die andern sind jedoch in das Verfahren einzubeziehen (offen gelassen in BGer 4C.37/2001). Zur Legitimation des Ehegatten
in Belangen der Familienwohnung vgl. Art. 273 *a*. Eine Handänderung der
Mietsache während hängigem Verfahren bewirkt kraft Bundesrechts einen
Parteiwechsel auf der Vermieterseite (Art. 261 f.).

Ein Erstreckungsbegehren kann nur innerhalb der Frist von Abs. 1 um   4
ein Anfechtungsbegehren erweitert oder in ein solches umgewandelt werden. Umgekehrt ist bei Abweisung eines Anfechtungsbegehrens von Amtes
wegen die Erstreckung zu prüfen (Art. 274 *e* Abs. 3).

Die Einleitung des Verfahrens entfaltet von Bundesrechts wegen **aufschie-**   5
bende Wirkung (Art. 270 *e* analog). Das Mietverhältnis wird faktisch erstreckt, eine Ausweisung des Mieters aufgrund der im Streit liegenden Kündigung ist ausgeschlossen.

Die Schlichtungsbehörde versucht, die Parteien in einem **gerichtlichen Ver-**   6
gleich zu einigen (Abs. 4). Dieser untersteht den vertraglichen Auslegungsregeln (Art. 18), d. h. dem Grundsatz des Vorrangs des subjektiv übereinstimmend Gewollten vor dem objektiv Erklärten. Teleologisch ist dabei von
der Vermutung auszugehen, alle im Verfahren streitigen Fragen seien be-
reinigt worden (BGer 4C.268/2005). Der Vergleich kann wegen Willensmängeln angefochten werden, allerdings nicht wegen eines Grundlagenirrtums
bezüglich der zweifelhaften, im Vergleich bereinigten Streitpunkte (*caput
controversum*; BK-SCHMIDLIN, Art. 23/24 N 359). Als Vergleich gilt auch der
Abstand, d. h. der Rückzug oder die Anerkennung eines Begehrens.

Kommt ein Vergleich nicht zustande, fällt die Schlichtungsbehörde über das   7
Anfechtungs- oder Erstreckungsbegehren einen **Entscheid** (Abs. 4). Dabei
hat sie vorfrageweise die Nichtigkeit der Kündigung zu prüfen (BGE 132 III
65 E. 3.2). Entscheidbefugt ist die Schlichtungsbehörde allerdings nur bei
Kündigungsanfechtungen, die nach Massgabe der Art. 271 ff. angefochten
werden, nicht auch bei bestrittenen Kündigungsvoraussetzungen nach anderen Bestimmungen (z. B. Art. 259 *b* lit. a; BGer 4C.168/2001).

Der Entscheid der Schlichtungsbehörde ist formell und materiell **rechts-**   8
kraftfähig (Abs. 5).

Nach Inkrafttreten einer **Schweizerischen Zivilprozessordnung** wird sich   9
das Verfahren vor der Schlichtungsbehörde nach dieser richten (E-ZPO, BBl
2006 7221, Anhang II Ziff. 5).

III. Gerichtliches Verfahren

10   Der Entscheid der Schlichtungsbehörde verteilt die **Parteirollen**. Im gerichtlichen Verfahren kommt der unterlegenen Partei die Klägerrolle zu. An der Beweislastverteilung ändert diese Rollenverteilung allerdings nichts (BK-Kummer, Art. 8 ZGB N 214 ff.).

11   **Gegenstand des gerichtlichen Verfahrens** kann alles sein, was den Entscheid der Schlichtungsbehörde zu beseitigen geeignet ist. So kann der Mieter, dessen Anfechtungs- oder Erstreckungsbegehren abgewiesen wird, die gerichtliche Feststellung der Nichtigkeit der Kündigung verlangen, auch wenn die Schlichtungsbehörde sich dazu nicht geäussert hat. Umgekehrt kann der unterlegene Vermieter gegen die als unwirksam festgestellte Kündigung oder gegen die gewährte Erstreckung einwenden, der Mietvertrag als solcher sei nicht wirksam zustande gekommen (BGE 132 III 65).

Art. 273*a*

D.   Wohnung
der Familie

¹ Dient die gemietete Sache als Wohnung der Familie, so kann auch der Ehegatte des Mieters die Kündigung anfechten, die Erstreckung des Mietverhältnisses verlangen oder die übrigen Rechte ausüben, die dem Mieter bei Kündigung zustehen.

² Vereinbarungen über die Erstreckung sind nur gültig, wenn sie mit beiden Ehegatten abgeschlossen werden.

³ Die gleiche Regelung gilt bei eingetragenen Partnerschaften sinngemäss.

1   Die Bestimmung schützt den Ehegatten, der nicht Mieter der Familienwohnung ist. Sind beide Ehegatten Mieter, sind sie aufgrund ihrer vertraglichen Stellung ohnehin je einzeln zur Anfechtung der Kündigung oder an einem Begehren um Mieterstreckung legitimiert (vgl. Art. 271/271*a* N 5 und Art. 272 N 3).

2   Die Bestimmung ergänzt für den nicht als Mieter in Erscheinung tretenden Ehegatten die Schutzvorschriften der Art. 266*m* und *n* (vgl. dazu die Art. 266*l–o* N 4 ff.). Sie erweitert die Aktivlegitimation im Kündigungsanfechtungs- und Mieterstreckungsverfahren über die vertragliche Parteistellung hinaus. Der Ehegatte kann allein oder als einfacher Streitgenosse des andern alle materiellen und prozessualen Rechte ausüben, welche das Ge-

setz dem Mieter einräumt. Stellt er allein ein entsprechendes Begehren, liegt eine gesetzliche Prozessstandschaft vor. Dabei treffen ihn die prozessualen Folgen des Verfahrens (Kosten u. dgl.), die materielle Rechtsstellung dagegen bleibt unverändert. Namentlich wird der Ehegatte bei erfolgreichem Verfahren nicht Mieter, mithin auch nicht externer Mietzinsschuldner. Intern kann er dagegen gestützt auf Art. 163 ZGB verpflichtet sein, an den Mietzins beizutragen (BK-HAUSHEER/REUSSER/GEISER, Art. 169 ZGB N 79).

Entgegen dem zu engen Gesetzeswortlaut in Abs. 2 bedarf der Abschluss der Vereinbarung über eine Mieterstreckung nicht der Mitwirkung beider Ehegatten, sondern bloss der Zustimmung des nicht mitwirkenden. Auch dadurch tritt der Ehegatte nicht zwingend in das Mietverhältnis ein, ein Mieterwechsel findet nur bei entsprechender konsensualer Einigung statt (BSK OR I-WEBER, N 2; **a.A.** ZK-HIGI, N 24).   3

Gegen den Willen des an einer Erstreckung nicht interessierten Ehegattenmieters kann der andere durch Vereinbarung mit dem Vermieter als Mietnachfolger in das **Vertragsverhältnis eintreten** und es in eigenem Namen weiterführen.   4

Dem Ehepaar ist die **eingetragene Partnerschaft** gleichgestellt (Abs. 3).   5

Art. 273*b*

Untermiete

[1] Dieser Abschnitt gilt für die Untermiete, solange das Hauptmietverhältnis nicht aufgelöst ist. Die Untermiete kann nur für die Dauer des Hauptmietverhältnisses erstreckt werden.

[2] Bezweckt die Untermiete hauptsächlich die Umgehung der Vorschriften über den Kündigungsschutz, so wird dem Untermieter ohne Rücksicht auf das Hauptmietverhältnis Kündigungsschutz gewährt. Wird das Hauptmietverhältnis gekündigt, so tritt der Vermieter anstelle des Mieters in den Vertrag mit dem Untermieter ein.

Zur Untermiete im Allgemeinen vgl. die Kommentierung zu Art. 262.   1

Auch der Untermieter steht im gesetzlichen **Kündigungs- und Erstreckungsschutz**. Allerdings setzt die Beendigung des Hauptmietverhältnisses dem Untermietverhältnis eine absolute zeitliche Grenze. Wegen seiner   2

Akzessorietät kann es nicht über jenes hinaus andauern. Endet das Hauptmietverhältnis während der Erstreckungsdauer des Untermietverhältnisses, endet auch dieses, unbesehen einer allenfalls längeren vergleichsweisen oder behördlichen Erstreckung. Die Relativität des Untermietvertrags bindet den Hauptvermieter nicht.

3 Vorbehalten bleibt der Fall des **Rechtsmissbrauchs** nach Abs. 2 der Bestimmung. Rechtsmissbrauch in diesem Sinne liegt vor, wenn der Vermieter vorerst einen Vertrag mit einer ihm nahestehenden Person oder Gesellschaft abschliesst und diese anhält, ein Untermietverhältnis mit einem Dritten zu begründen, der alsdann gegenüber dem Hauptvermieter keine Anfechtungs- oder Erstreckungsbegehren stellen kann. Ein solches Umgehungsgeschäft wird über eine Art Durchgriff sanktioniert, indem der Hauptvermieter von Gesetzes wegen als Vermieter in das «Untermietverhältnis» eintritt und der mietende Strohmann ausscheidet (vgl. BGE 113 II 31).

Art. 273c

F.	**Zwingende Bestimmungen**	¹ **Der Mieter kann auf Rechte, die ihm nach diesem Abschnitt zustehen, nur verzichten, wenn dies ausdrücklich vorgesehen ist.**
		² **Abweichende Vereinbarungen sind nichtig.**

1 Die Vorschriften zum Kündigungsschutz in Art. 271–273c sind **einseitig zwingend**. Der Mieter kann auf die ihm eingeräumten Rechte vertraglich nur verzichten, soweit das Gesetz einen Verzicht zulässt. Unwirksam ist dabei bloss der Vorausverzicht, d. h. der Verzicht auf noch nicht entstandene Rechte (ZK-Higi, N 10). Zulässig ist dagegen ein Verzicht auf die Anfechtung der Kündigung oder die Mieterstreckung, sobald die Fristen nach Art. 273 zu laufen begonnen haben.

2 Die Unwirksamkeit des Verzichts erfasst auch den **gemischten Vertrag** mit einer mietrechtlichen Komponente, z. B. im gemischten Miet- und Arbeitsvertrag den Verzicht auf ein Erstreckungsbegehren bei Beendigung des Arbeitsvertrags (ZMP 1991 Nr. 35).

3 Gesetzlich **zulässig** sind der Verzicht auf eine zweite Mieterstreckung im Rahmen einer einvernehmlichen Ersterstreckung (Art. 272b Abs. 2) und auf die Kündigungsmöglichkeiten nach Art. 272d (vgl. Art. 272d N 2).

Vierter Abschnitt: Behörden und Verfahren

Literatur zum vierten Abschnitt

BAUMANN, La notion de témérité de l'article 274d al. 2 CO, AJP 1997, 1157 ff.; BISANG, Vergleich vor der Schlichtungsbehörde, MRA 2006, 80 ff.; BYRDE, Vorsorgliche Massnahmen im Mietrecht: Eine Untersuchung der neueren Rechtsprechung, mp 2006, 157 ff.; COCCHI, Uffici di conciliazione e qualche questione inconciliabile nelle procedura per le controversie in materia die locazione, in: Commissione Ticinese per la Formazione permanente dei Giuristi, 1997, 287 ff.; DUCROT, La procédure d'expulsion du locataire ou du fermier non agricole: quelques législations cantonales au regard du droit fédéral, Genève 2005; EIHOLZER, Anträge an die Schlichtungsbehörde, mp 1993, 55 ff.; FUTTERLIEB, Bedeutung des Untersuchungsgrundsatzes gemäss Art. 274*d* OR, MRA 2004, 183 ff.; HIGI, Der Umfang der sachlichen und funktionellen Zuständigkeit der Schlichtungsbehörde von Bundesrechts wegen, mp 1992, 1 ff.; DERS., Die Schlichtungsstelle und ihre Bewährtheit: der Versuch, eine diffuse rechtspolitische «Leistungsbewertung» zu objektivieren, Zürich 1996; HOHL, Die Ausweisung von Wohnungs- und Geschäftsmietern, mp 1997, 1 ff.; KNUBEL, Vermittlungsverfahren bei Ausweisung des Mieters, ZWR 2004, 335 ff.; RAPP, Autorités et procédures en matière de bail à loyer, Séminaire 1994; ROBERTI, Institut und Verfahren der Schlichtungsbehörde in Mietsachen, Zürich 1993; DERS., Der Gerichtsstand (örtliche Zuständigkeit) der Abkerkennungsklage bei Streitigkeiten über die Miete von Wohn- und Geschäftsräumen, mp 2004, 125 ff.; SAVIAUX, Décisions des autorités de conciliation en matière de bail: quelques réflexions, CdB 2002, 65 ff.; SOMMER, Schieds- und Gerichtsstandsklauseln in Mietverträgen, MRA 2004, 79 f.; TSCHUDI, Zuständigkeit und Befugnisse der Schlichtungsbehörde, MRA 2006, 56 ff.; VOGEL, Der Mietrechtsprozess; neueste Bundesgerichtsentscheide klären Fragen zum Bundesmietrechtsprozess, recht 1993, 31 ff.

Art. 274

Grundsatz   **Die Kantone bezeichnen die zuständigen Behörden und regeln das Verfahren.**

1 Die Bestimmung wiederholt den Grundsatz der **kantonalen Prozessho-heit**. Allerdings schränkt das Bundesrecht in Mietstreitigkeiten diese Hoheit durch formelles Bundeszivilrecht sehr stark ein. «Il est bon de rappeler les principes lorsqu'on n'entend pas les respecter» (CR CO I-LACHAT zu Art. 274).

2 Der Entwurf einer **Schweizerischen Zivilprozessordnung** sieht vor, den vierten Abschnitt aufzuheben (BBl 2006 7221, Anhang II Ziff. 5). Mit deren Inkrafttreten wird ebenfalls das mietrechtliche Verfahren abschliessend bundesrechtlich geregelt.

Art. 274a

B. Schlichtungs-behörde

1 **Die Kantone setzen kantonale, regionale oder kommunale Schlichtungsbehörden ein, die bei der Miete unbeweglicher Sachen:**

a. **die Parteien in allen Mietfragen beraten;**

b. **in Streitfällen versuchen, eine Einigung zwischen den Parteien herbeizuführen;**

c. **die nach dem Gesetz erforderlichen Entscheide fällen;**

d. **die Begehren des Mieters an die zuständige Behörde überweisen, wenn ein Ausweisungsverfahren hängig ist;**

e. **als Schiedsgericht amten, wenn die Parteien es verlangen.**

2 **Vermieter und Mieter sind durch ihre Verbände oder andere Organisationen, die ähnliche Interessen wahrnehmen, in den Schlichtungsbehörden paritätisch vertreten.**

3 **Die Kantone können die paritätischen Organe, die in Rahmenmietverträgen oder ähnlichen Abkommen vorgesehen sind, als Schlichtungsbehörden bezeichnen.**

I. Die Schlichtungsbehörde

1 Die Kantone haben in Streitigkeiten der **Immobiliarmiete** (und Immobiliarpacht, Art. 301) von Bundesrechts wegen eine oder mehrere Schlichtungsbehörden einzusetzen. Entgegenstehende Vorschriften des kantonalen Organisations- und Verfahrensrechts (Art. 274) brechen sich an der derogatorischen Kraft des Bundesrechts (Art. 49 BV; BGer 4C.17/2004).

Die Schlichtungsbehörde ist **paritätisch** zusammenzusetzen. Sie besteht aus mindestens je einem Vertreter der Vermieter und der Mieter sowie einem unabhängigen Vorsitzenden (Art. 22 Abs. 1 VMWG). Die Zusammensetzung wird periodisch veröffentlicht (Art. 22 Abs. 2 VMWG). Als Schlichtungsbehörden können auch bestehende Organe von Rahmenmietverträgen oder ähnlichen Abkommen eingesetzt werden (Abs. 3). Die Parteinähe entbindet die Mitglieder der Schlichtungsbehörden indessen nicht von ihrer Pflicht zu prozessualer Unabhängigkeit und Unparteilichkeit.   2

Die Schlichtungsbehörde ist **richterliche Behörde** mit einer *prima facie* Kognition, nicht aber Organ der ordentlichen Gerichtsbarkeit (BGE 119 Ia 264 E. 4a). Der erfolglose Schlichtungsversuch und der Entscheid der Schlichtungsbehörde sind indessen Prozessvoraussetzungen für ein gerichtliches Verfahren (BGer 4C.17/2004). Einigung und Entscheid sind andererseits gerichtlichen Akten gleichgestellt, insbesondere sind die Entscheide auch rechtskraftfähig (vgl. Art. 273 Abs. 5).   3

Das Verfahren vor der Schlichtungsbehörde ist grundsätzlich kostenlos (Art. 274 *d* Abs. 2). Die **Kosten** der Schlichtungsbehörden sind von den Kantonen zu tragen (Art. 22 Abs. 3 VMWG).   4

II. Sachliche und örtliche Zuständigkeit

Die Schlichtungsstelle ist grundsätzlich in allen streitigen Verfahren aus der **Immobiliarmiete** anzurufen, auch solchen aus der Miete von Ferienwohnungen (Art. 253 *a* Abs. 2) oder von luxuriösen Objekten (Art. 253 *b* Abs. 2). **Ausgenommen** sind (verwaltungsrechtliche) Streitigkeiten über die Festsetzung von Mietzinsen subventionierter Wohnungen (Art. 253 *b* Abs. 3), Widerklagebegehren, die keinen mietrechtlichen Grund haben, auch wenn sie mietrechtlichen Ansprüchen entgegengestellt werden, sowie (zulässige) Schiedsgerichtsverfahren (BGer 4C.161/2005; zur Zulässigkeit Art. 274 *c*).   5

Als **mietrechtliche Streitigkeiten** gelten auch solche zwischen Hauptvermieter und Untermieter (BGer 4C.17/2004), aus der unbefugten Weiterbenützung der Mietsache nach Beendigung der Mietdauer, betreibungsrechtliche Hauptklagen (nicht aber Rechtsöffnungsbegehren) über mietrechtliche Forderungen (Aberkennungsklage, Kollokationsklage, Arrestprosequierungsklage u. dgl.) sowie Schadenersatzansprüche aus Mietrecht (BGer 4C.17/2004), selbst wenn sie als deliktische ausgegeben werden. Nach der Rechtsprechung sind ebenfalls **Ausweisungsbegehren** (Art. 267) vorerst der Schlichtungsbehörde zu unterbreiten (BGer 4C.17/2004). Dies ist nur sachgerecht, wenn die Ausweisung im ordentlichen Verfahren beantragt wird. Stellt dagegen das kantonale Recht für die Ausweisung ein Summarverfahren (vorsorglicher Rechtsschutz oder Befehlsverfahren zur Handhabung klaren Rechts) zur Verfügung, widerspricht in diesen Verfahren die obliga-   6 torische Anrufung der Schlichtungsbehörde den Intentionen des Gesetzgebers (Art. 267/267*a* N 6), und ist sie im Interesse des raschen Rechtsschutzes zweckwidrig, namentlich auch bei einer Ausweisung im Nachgang zu einer Verzugskündigung (Art. 257*d*; so nunmehr auch BGE 132 III 747).

7 In der Geschäftsraummiete können die Parteien auf das Schlichtungsverfahren **verzichten** (Art. 274*c* e *contrario*; BGer 4C.17/2004).

8 **Örtlich zuständig** ist die Schlichtungsbehörde am Ort der gelegenen Sache (Art. 23 Abs. 1 GestG). Ausgenommen sind Streitigkeiten aus der Miete von Ferienwohnungen (Art. 253*a* Abs. 2) und luxuriösen Objekten (Art. 253*b* Abs. 2); sie unterstehen dem Beklagten- (Art. 3 GestG) oder dem Konsumentengerichtsstand (Art. 22 GestG; WALTHER, in: Kellerhals et al., Kommentar zum GestG, Bern 2005, Art. 23 N 6). Mieterseitige Vorausprorogation eines abweichenden Gerichtsstands oder Einlassung in einen solchen sind unwirksam (Art. 21 Abs. 1 lit. b GestG).

III. Aufgaben

9 Die Schlichtungsbehörde hat vorab eine **Beratungsfunktion**, erscheint damit als eine Art staatliche Ombudsstelle in Mietfragen. Diese Funktion ist nicht streitgebunden, die Beratung kann im Zusammenhang mit beliebigen Fragen aus einer bestehenden oder angebahnten Immobiliarmiete in Anspruch genommen werden (Art. 21 Abs. 2 VMWG). Mit ihr können auch einzelne Mitglieder der Schlichtungsbehörde oder das Sekretariat betraut werden (Art. 21 Abs. 3 VMWG).

10 Im streitgebundenen Schlichtungsverfahren hat die Behörde vorerst auf eine **Einigung** der Parteien hinzuwirken, die sich auf das gesamte Mietverhältnis erstreckt (Art. 21 Abs. 1 VMWG). Kommt sie zustande, gilt sie als gerichtlicher Vergleich (vgl. Art. 274*e* Abs. 1).

11 Die Schlichtungsbehörde ist in den gesetzlich abschliessend genannten Fällen **entscheidungsbefugt** (vgl. Art. 274*e* Abs. 2).

12 Liegt ein Fall von Art. 274*g* vor, **überweist** die Schlichtungsbehörde die Begehren des Mieters an die mit der Ausweisung befasst Behörde.

13 Auf gemeinsamen Begehren der Parteien amtet die Schlichtungsbehörde als **Schiedsgericht**. Diesfalls richtet sich das Verfahren nach den Vorschriften des interkantonalen Schiedsgerichtskonkordats (KSG).

IV. Künftiges Recht

14 Der bundesrätliche **Entwurf einer Schweizerischen Zivilprozessordnung** vom 28. Juni 2006 (E-ZPO; BBl 2006 7221) übernimmt den zwingenden Gerichtstand am Ort der gelegenen Sache (Art. 32 und 34), die Kostenlosigkeit

des Schlichtungsverfahrens (Art. 111), das Erfordernis der paritätischen Schlichtungsbehörde (Art. 197) und die Regelung deren Aufgaben (Art. 198). Zudem enthält er einlässliche Verfahrensvorschriften (Art. 199 ff.). Im summarischen Verfahren findet kein Schlichtungsverfahren statt (Art. 195 lit. a; vgl. N 7 hievor) und bei einem Streitwert über Fr. 100 000.– können die Parteien gemeinsam auf dessen Durchführung verzichten (Art. 196 Abs. 1). Eine mögliche schiedsgerichtliche Funktion soll anscheinend auch in der Wohnraummiete nicht mehr auf die Schlichtungsbehörde beschränkt werden.

Art. 274 *b*

aufgehoben

Art. 274 *c*

Schiedsgericht   **Bei der Miete von Wohnräumen dürfen die Parteien die Zuständigkeit der Schlichtungsbehörden und der richterlichen Behörden nicht durch vertraglich vereinbarte Schiedsgerichte ausschliessen. Artikel 274a Absatz 1 Buchstabe e bleibt vorbehalten.**

Streitigkeiten aus der Mobiliar- wie der Immobiliarmiete sind, da sie frei verfügbare Ansprüche zum Gegenstand haben, grundsätzlich **schiedsfähig**. Massgebend sind die Verfahrensvorschriften des interkantonalen Konkordats über die Schiedsgerichtsbarkeit (KSG) oder – im internationalen Verhältnis – das 12. Kapitel des IPRG.   1

Als **Ausnahme** kann in der **Wohnraummiete** nur die Schlichtungsbehörde als Schiedsgericht eingesetzt werden. Anderweitige Schiedsvereinbarungen sind unwirksam. Die Einschränkung beschlägt ebenfalls internationale Mietverhältnisse i. S. v. Art. 176 Abs. 1 IPRG, allerdings nur, wenn die Mietsache in der Schweiz liegt (ZK-Higi, N 5). Eine Ausdehnung der Schiedsgerichtssperre auf sämtliche von schweizerischen Schiedsgerichten zu beurteilenden Wohnraummieten aus dem Gedanken des Ordre public ist abzulehnen (so aber wohl BSK OR I-Weber, N 1).   2

Die Verfahrensvorschriften von Art. 274 *d*, namentlich die Unentgeltlichkeit des Verfahrens und die Untersuchungsmaxime, greifen in der Schiedsgerichtsbarkeit nicht.   3

Art. 274d

¹ **Die Kantone sehen für Streitigkeiten aus der Miete von Wohn- und Geschäftsräumen ein einfaches und rasches Verfahren vor.**

² **Das Verfahren vor der Schlichtungsbehörde ist kostenlos; bei mutwilliger Prozessführung kann jedoch die fehlbare Partei zur gänzlichen oder teilweisen Übernahme der Verfahrenskosten und zur Leistung einer Entschädigung an die andere Partei verpflichtet werden.**

³ **Schlichtungsbehörde und Richter stellen den Sachverhalt von Amtes wegen fest und würdigen die Beweise nach freiem Ermessen; die Parteien müssen ihnen alle für die Beurteilung des Streitfalls notwendigen Unterlagen vorlegen.**

I. Rasches und einfaches Verfahren

1 In der Ausgestaltung des Verfahrens sind die **Kantone** im Rahmen der bundesrechtlichen Zuständigkeitsvorschriften und Vorgaben auf Raschheit und Einfachheit frei. Der bundesrätliche Entwurf einer Schweizerischen Zivilprozessordnung vom 28. Juni 2006 (E-ZPO) sieht nur noch für den Kündigungsschutz ein besonderes, als einfaches bezeichnetes Verfahren vor (Art. 239 Abs. 2 lit. c E-ZPO).

2 Das Gebot der **Einfachheit** gilt namentlich für das Schlichtungsverfahren, welches von prozessualem Formalismus befreit sein soll (briefliche oder mündliche Anrufung der Schlichtungsbehörde, mündliche Verhandlung, summarische Begründung eines Entscheids).

3 Das **Beschleunigungsgebot** verbietet etwa einen Prozessstillstand während der Gerichtsferien oder einen spezifischen Ausschluss von Summarverfahren in Mietrechtsstreitigkeiten.

II. Kostenlosigkeit des Schlichtungsverfahrens

4 Die Kosten der Schlichtungsbehörden tragen die **Kantone** (Art. 21 Abs. 3 VMWG). Im Regelfall dürfen im Schlichtungsverfahren von Bundesrechts wegen keine Verfahrenskosten erhoben oder Parteientschädigungen zugesprochen werden.

5 Kostenfolgen kann einzig **mutwillige Prozessführung** vor der Schlichtungsbehörde zeitigen. Der Mutwille kann sich sowohl auf die Prozessführung

(querulatorisches Verhalten u. dgl.) wie auf den materiellen Rechtsstandpunkt einer Partei (Aussichtslosigkeit) beziehen.

Die Kantone können die Unentgeltlichkeit auch für das **gerichtliche Verfahren** vorsehen. Jedenfalls hat die prozessarme Partei, deren Begehren nicht als aussichtslos erscheinen, einen verfassungsrechtlichen Anspruch auf unentgeltliche Rechtspflege (Art. 29 Abs. 3 BV).   6

III. Untersuchungsmaxime und freie Beweiswürdigung

In Streitigkeiten aus der Wohn- und Geschäftsraummiete gilt bundesrechtlich eine soziale Untersuchungsmaxime oder **gemilderte Verhandlungsmaxime** (BGE 125 III 231 E. 4a), nicht aber die Offizialmaxime als Gegensatz zur Dispositionsmaxime. Die Verfügung über den Streitgegenstand steht ausschliesslich den Parteien zu. Sie bestimmen allein, ob und in welchem Umfang ihre Differenzen der Schlichtungsbehörde oder dem Gericht unterbreitet werden. Die Behörden dürfen daher nicht ohne entsprechenden Antrag über die Missbräuchlichkeit eines Mietzinses befinden, auch wenn sie in anderem Zusammenhang mit dem Mietverhältnis befasst sind (BGE 122 III 20 E. 4d). Eine Ausnahme von der Dispositionsmaxime enthalten einzig die Art. 274*e* und 274*f*, je Abs. 3.   7

Die Parteien tragen auch unter der sozialen Untersuchungsmaxime die Verantwortung für die Ermittlung des rechtserheblichen Sachverhalts (Behauptungslast). Sie haben dazu aktiv mitzuwirken, taugliche Behauptungen vorzutragen und die allenfalls zu erhebenden Beweise zu bezeichnen (BGer 4C. 273/2005). Die Schlichtungsbehörde und das Gericht unterstehen jedoch einer **erweiterten Fragepflicht.** Sie haben im Rahmen der Parteibehauptungen den Sachverhalt von Amtes wegen zu klären, auf ungenügende Substanziierungen hinzuweisen und gegebenenfalls von Amtes wegen Beweis zu erheben, sofern taugliche Mittel greifbar sind (BGE 125 III 231 E. 4a).   8

Die bundesrechtlich vorgeschriebene, in den kantonalen Prozessordnungen aber ohnehin verwirklichte **freie Beweiswürdigung** erlaubt der entscheidenden Behörde namentlich eine Würdigung des Parteiverhaltens im Bereiche deren Mitwirkungspflichten. Hat lediglich der Beweisgegner genaue Kenntnis von Einzelheiten der Sachlage oder verfügt nur er über taugliche Beweismittel, kann die Weigerung, schlüssige Angaben zu machen oder Beweise vorzulegen, zu seinen Ungunsten als Zugeständnis der gegnerischen Sachbehauptung gewertet werden. Die objektive Beweislast (Art. 8 ZGB) wird dadurch allerdings nicht gewendet (BK-Kummer, Art. 8 ZGB N 186 ff.).   9

Im **Rechtsmittelverfahren** können die Kantone die soziale Untersuchungsmaxime einschränken. Es steht ihnen insbesondere frei, die Kognition der zweiten Instanz durch ein Novenverbot zu beschränken (BGE 125 III 231   10

E. 4a). Auch hat die Rechtsmittelinstanz die Parteien nicht von Bundesrechts wegen aufzufordern, ihre Beweisanträge aus dem erstinstanzlichen Verfahren zu wiederholen (BGer 4C.132/2002).

Art. 274*e*

II.   Schlichtungs-
       verfahren

¹ **Die Schlichtungsbehörde versucht, eine Einigung zwischen den Parteien herbeizuführen. Die Einigung gilt als gerichtlicher Vergleich.**

² **Kommt keine Einigung zustande, so fällt die Schlichtungsbehörde in den vom Gesetz vorgesehenen Fällen einen Entscheid; in den anderen Fällen stellt sie das Nichtzustandekommen der Einigung fest.**

³ **Weist die Schlichtungsbehörde ein Begehren des Mieters betreffend Anfechtbarkeit der Kündigung ab, so prüft sie von Amtes wegen, ob das Mietverhältnis erstreckt werden kann.**

1   Primäre Aufgabe der Schlichtungsbehörde ist das Bemühen, die Parteien zu einigen. Gelingt dies, qualifiziert das Bundesrecht die Einigung als **gerichtlichen Vergleich.** Dieser hat die Wirkungen eines rechtskräftigen Entscheids, dient somit insbesondere als definitiver Rechtsöffnungstitel (Art. 80 Abs. 2 Ziff. 1 SchKG) und begründet die Einrede der *res iudicata.* Eine Anfechtung wegen Willensmängel ist grundsätzlich möglich, ausgeschlossen aber, soweit ein Irrtum sich auf die vergleichsweise bereinigten Punkte beziehen soll *(caput controversum).* Allenfalls ist eine Anfechtung nur nach Massgabe der Formvorschriften des kantonalen Prozessrechts möglich (z. B. in einem fristgebundenen Rechtsmittelverfahren).

2   Als Einigung und Vergleich gilt auch der **Abstand,** d. h. der Rückzug und die Anerkennung eines Begehrens.

3   Der Vergleich soll nach Möglichkeit alle Streitfragen des Mietverhältnisses bereinigen und ist behördlich zu **verurkunden** (Art. 21 Abs. 1 VMWG).

4   Das Schlichtungsverfahren ist in der Wohnraummiete zwingend vorgeschrieben, in der Geschäftsraummiete können die Parteien konsensual darauf verzichten (mp 1997, 175 f.; Art. 274*c* analog).

5   Misslingt die Einigung, stellt die Schlichtungsbehörde deren Nichtzustandekommen fest oder fällt im Rahmen ihrer Zuständigkeit einen **Prima facie-Entscheid** über die streitigen Begehren. Materielle Entscheidungs-

kompetenz steht der Schlichtungsbehörde bezüglich hinterlegter Mietzinse (Art. 259*i*) sowie der Anfechtung der Kündigung und Mieterstreckung (Art. 273 Abs. 4) zu. Formelle Entscheidungskompetenz hat sie hinsichtlich aller Verfahrensfragen (Eintreten auf ein Begehren, Kostenauflage bei mutwilliger Prozessführung u. dgl.). Ihre Entscheide sind rechtskraftfähig (Art. 273 Abs. 5 und 274*f* Abs. 1).

Weist die Schlichtungsbehörde das Anfechtungsbegehren des Mieters gegen eine Kündigung ab, prüft sie die Frage einer Mieterstreckung von Amtes wegen, d. h. unbesehen eines (eventuellen) Parteiantrags nach der Offizialmaxime. 6

Art. 274*f*

Gerichtsverfahren

¹ **Hat die Schlichtungsbehörde einen Entscheid gefällt, so wird dieser rechtskräftig, wenn die Partei, die unterlegen ist, nicht innert 30 Tagen den Richter anruft; hat sie das Nichtzustandekommen der Einigung festgestellt, so muss die Partei, die auf ihrem Begehren beharrt, innert 30 Tagen den Richter anrufen.**

² **Der Richter entscheidet auch über zivilrechtliche Vorfragen und kann für die Dauer des Verfahrens vorsorgliche Massnahmen treffen.**

³ **Artikel 274e Absatz 3 gilt sinngemäss.**

Der Verfahrensabschluss durch die Schlichtungsbehörde ist, soweit auf deren Anrufung nicht gültig verzichtet wurde (Art. 274*d* N 4), Voraussetzung der gerichtlichen Beurteilung der Streitsache. Er verteilt zudem die künftigen **Parteirollen**. Stellt die Schlichtungsbehörde bloss das Nichtzustandekommen einer Einigung fest, hat diejenige Partei zu klagen, die auf ihrem Begehren beharrt. Entscheidet die Schlichtungsbehörde in der Sache, hat die unterlegene Partei das Gericht anzurufen. Unterliegen beide Parteien teilweise, steht beiden die Klägerrolle zu, wenn sie je auf ihren Begehren beharren. Klagebefugt ist auch, wer im Schlichtungsverfahren säumig war (BGE 120 II 28 E. 4 und 5). 1

Sind die prozessualen Voraussetzungen einer **Widerklage** gegeben (Konnexität), kann sie auch ohne vorgängiges Schlichtungsverfahren erhoben werden. 2

Wird das Gericht nicht innert 30 Tagen (ohne Berücksichtigung allfälliger kantonaler Gerichtsferien; BGer 4C.171/2005) seit Eröffnung des Verfah- 3 rensabschlusses durch die Schlichtungsbehörde angerufen, so erwächst deren materieller Entscheid in Rechtskraft oder gelten die unbereinigten Ansprüche als abgelehnt. Ob sie nochmals, d. h. auf einen späteren Zeitpunkt geltend gemacht werden können, beurteilt sich nach ihrer Natur. Beispielsweise kann eine Mietzinsanpassung auf einen nächsten Kündigungstermin erneut verlangt werden, verwirkt aber die Anfechtung einer Kündigung.

4s   Das Gericht hat die Streitsache in rechtlicher Hinsicht frei zu prüfen *(iura novit curia)* und ist kraft Bundesrechts zur Anordnung **vorsorglicher Massnahmen** (z. B. teilweise Freigabe hinterlegter Mietzinse; BGer 4C.97/2003) befugt, deren zulässiger Inhalt sich damit richtigerweise ebenfalls aus Sinn und Zweck des Bundesrechts ergibt (CR CO I-LACHAT, Art. 274*f* N 12). Dagegen ist eine Zuständigkeit der Schlichtungsbehörde zur Anordnung vorsorglicher Massnahmen auch in den Bereichen ihrer materiellen Entscheidungskompetenz zu verneinen (Art. 274*f* Abs. 2 *e contrario*)

5   Zur möglichen Mieterstreckung nach der Offizialmaxime vgl. Art. 274*e* N 6.

Art. 274*g*

F. **Ausweisungs-behörde**

¹ Ficht der Mieter eine ausserordentliche Kündigung an und ist ein Ausweisungsverfahren hängig, so entscheidet die für die Ausweisung zuständige Behörde auch über die Wirkung der Kündigung, wenn der Vermieter gekündigt hat:

a. wegen Zahlungsrückstand des Mieters (Art. 257d);

b. wegen schwerer Verletzung der Pflicht des Mieters zu Sorgfalt und Rücksichtnahme (Art. 257f Abs. 3 und 4);

c. aus wichtigen Gründen (Art. 266g);

d. wegen Konkurs des Mieters (Art. 266h).

² Hat der Vermieter aus wichtigen Gründen (Art. 266g) vorzeitig gekündigt, so entscheidet die für die Ausweisung zuständige Behörde auch über die Erstreckung des Mietverhältnisses.

³ Wendet sich der Mieter mit seinen Begehren an die Schlichtungsbehörde, so überweist diese die Begehren an die für die Ausweisung zuständige Behörde.

Die Bestimmung begründet eine **Kompetenzattraktion** durch Vereinigung   1
zweier unabhängig eingeleiteter Verfahren. Damit soll verhindert werden,
dass widersprüchliche Entscheide gefällt werden oder das Ausweisungsverfahren verzögert wird (rasche Verwirklichung des Rückgabeanspruchs;
BGE 131 II 242 E. 3).

Voraussetzung der Kompetenzattraktion ist die gleichzeitige Rechtshängig-   2
keit eines Ausweisungsbegehrens und eines gegen eine ausserordentliche
Kündigung (Art. 257*d*, 257*f*, 266*g* oder 266*h*) gerichteten Anfechtungsbegehrens. Als Anfechtungsverfahren im Sinne der Bestimmung gelten auch
Begehren um Feststellung der Nichtigkeit einer Kündigung oder um Mieterstreckung. Ist eine solche gesetzlich zulässig, entscheidet darüber ebenfalls
die Ausweisungsbehörde (Abs. 2 i. V. m. Art. 272*a* Abs. 1 lit. a–c).

Die **Attraktion** findet bei der Ausweisungsbehörde statt, die damit auch   3
über die Anfechtungsbegehren zu entscheiden hat. Dabei muss ihr in den
vereinigten Verfahren von Bundesrechts wegen die freie Prüfung aller Tat-
und Rechtsfragen zukommen. Für den Anfechtungsentscheid folgt dies aus
dessen materiellen Rechtskraft hinsichtlich der Kündigungswirkung (vgl.
Art. 274*d* Abs. 3). Wegen der gebotenen Einheit des Verfahrens aber muss
auch der Ausweisungsentscheid nach Art. 274*g* in einem vollständigen Erkenntnisverfahren ergehen und ihm kommt von Bundesrechts wegen materielle Rechtskraft zu (BGE 131 I 242 E. 3.1). Im Anwendungsbereich von
Art. 274*g* ist somit auch das Ausweisungsverfahren bundesrechtlich abschliessend geregelt.

Bei gegebenem Streitwert (Art. 74 Abs. 1 lit. a BGG) unterliegt der letzt-   4
instanzliche kantonale Entscheid der zivilrechtlichen **Beschwerde an das
Bundesgericht**. Bei nicht erreichtem Streitwert ist das ordentliche Rechtsmittel nur gegeben, wenn sich eine Rechtsfrage von grundsätzlicher Bedeutung stellt (Art. 74 Abs. 2 lit. a BGG). Ist dies nicht der Fall, steht gegen
Verfassungsverletzungen im kantonalen Verfahren die subsidiäre Verfas-
sungsbeschwerde offen (Art. 113 ff. BGG).

Die Pacht

Art. 275

A. **Begriff und Geltungsbereich**

I. **Begriff**

Durch den Pachtvertrag verpflichten sich der Verpächter, dem Pächter eine nutzbare Sache oder ein nutzbares Recht zum Gebrauch und zum Bezug der Früchte oder Erträgnisse zu überlassen, und der Pächter, dafür einen Pachtzins zu leisten.

I. Inhalt und Abgrenzungen

1 Das «neue» Pachtrecht ist seit dem 1. Juli 1990 in Kraft. Zu berücksichtigen ist weiter die Verordnung über die Miete und Pacht von Wohn- und Geschäftsräumen vom 9. Mai 1990 (SR 221.213.11). Die Nutzung von landwirtschaftlichen Grundstücken und Gewerben ist im Bundesgesetz über die landwirtschaftliche Pacht (LPG; SR 221.213.2) vom 4. Oktober 1985 geregelt.

2 Die Pacht grenzt sich von der **Miete** insofern ab, als bei ihr nicht nur der Gebrauch, sondern auch die Nutzung Vertragsinhalt ist (Art. 275 vs. 253). Überdies kann ebenfalls die Nutzung eines Rechts Gegenstand der Pacht bilden, während er bei der Miete ausschliesslich eine Sache oder ein Tier ist. Der Pächter wird Eigentümer der Früchte und Erträge des Pachtgegenstandes, er ist nicht nur berechtigt, sondern i.d.R. auch verpflichtet, diesen zu bewirtschaften (Art. 283 vs. 257*f*) und für den ordentlichen Unterhalt aufzukommen (Art. 284 vs. 256). Aus der Bewirtschaftungspflicht ergibt sich eine gegenüber dem Mietrecht anders gelagerte Behandlung der Entschädigungspflicht für Verbesserungen der Pachtsache (Art. 289*a* und 299

vs. 260 *a* und 267), der Kündigungsfristen (Art. 296 vs. 266 *b*) sowie der ausserordentlichen Beendigungsgründe (Art. 297 *a* vs. 266 *h* bzw. 297 *b* vs. 266 *i*). Überdies finden die Schutzbestimmungen über die Familienwohnung bei der Pacht keine Anwendung (Art. 300 vs. 266 *m*). Der Pachtzins kann in Geld bestehen oder in einem Anteil an den Früchten der Pachtsache. Im zweiten Fall spricht man von Teilpacht.

Die Pacht als Dauerschuldverhältnis beinhaltet die Überlassung einer Sache   3
zum Gebrauch und zur Nutzung, während beim **Kauf** die Eigentumsverschaffung im Zentrum steht. Im Unterschied zur unentgeltlichen **Leihe** ist die Pacht entgeltlich. Der **Lizenzvertrag** hat zwar gewisse Ähnlichkeiten mit der Pacht, stellt aber einen Innominatkontrakt dar (GELLIS, Softwarelizenz: Die Stellung des Lizenznehmers bei Veräusserung des Schutzrechts durch den Lizenzgeber oder bei dessen Konkurs, sic! 2005, 439 ff., 440). Ähnliches gilt für den **Merchandising-Vertrag** (CAVADINI, Le contrat de merchandising, sic! 2000, 176 ff., 185). Pacht liegt auch vor, wenn der Pachtzins in einem Anteil am Gewinn besteht, eine **einfache Gesellschaft** dagegen, wenn der Verpächter sich auch am Verlust beteiligt.

Die «Verpachtung» von **staatlichen Jagd-, Fischerei-, Schürf- und Wasser-**   4
rechten untersteht dem öffentlichen Recht.

II. Kasuistik

Abgrenzung zum Mietvertrag: Die Überlassung eines Gastwirtschaftsbe-   5
triebs samt kompletter Einrichtung an einen Geranten gilt als Pachtvertrag, während die Überlassung von leeren Räumlichkeiten, um in diesen ein Restaurant zu betreiben, als Mietvertrag zu qualifizieren ist (BGer 4C.43/2000, E. 2b; BGE 128 III 419 E. 2.1). Die Überlassung eines Reitsport- und Ferienzentrums inklusive 9 ha Äckern, Wiesen, Garten, Wald und Gewässern mit Vereinbarung einer Bewirtschaftungspflicht ist als Pacht zu qualifizieren (LGVE 1979 I, 541). Miete ist eher anzunehmen, wenn zwar eingerichtete Räumlichkeiten wie Büros, Ladenlokale, Werkstätten und dergleichen überlassen werden, aber die vom Unternehmer erzielten Erträgnisse nicht auf den blossen Gebrauch der Sache, sondern primär auf seine Tätigkeit zurückzuführen sind (ARGVP 1988, 394). **Abgrenzung zum Kauf**: Verträge, mit denen Bodenausbeutungsrechte begründet werden, können grundsätzlich als Fahrniskauf i. S. v. Art. 187 Abs. 2 OR oder als Pachtvertrag qualifiziert werden; zur Abgrenzung kommt es auf die Verfügungsmacht an: Erhält der Vertragspartner die Verfügungsmacht über das Grundstück nur zwecks Ausscheidung und Wegführung, liegt Kauf vor, ist sie allgemeiner, spricht das für Pacht; in casu wurde ein Kiesausbeutungsvertrag als Pacht qualifiziert, dafür sprach insbesondere die aussergewöhnlich lange Vertragsdauer und das Recht des Vertragspartners, sich auf dem Grundstück zu «installieren» (SGGVP 1982, 71). **Unternehmenspacht**: Gartenbauge-

schäft (BGE 131 III 257). Die Regeln der Pacht können auch auf den Hotel-Managementvertrag als gemischten Vertrag anwendbar sein, wenn die Überlassung der Räumlichkeiten zur Nutzung als Hauptelement der Vereinbarung erscheint; in casu verneint (BGE 131 III 528 E. 7.1.2 und 7.2).

Art. 276

II. **Geltungs-bereich** **1.** **Wohn- und Geschäftsräume**	**Die Bestimmungen über die Pacht von Wohn- und Geschäftsräumen gelten auch für Sachen, die der Verpächter zusammen mit diesen Räumen dem Pächter zur Benutzung überlässt.**

1   Wie in N 2 zu Art. 275 erwähnt, ist für die Pacht charakteristisch, dass nicht nur der Gebrauch, sondern auch die Nutzung des Objekts Vertragsgegenstand bildet, was die Benutzung des Inventars einschliesst. Hinsichtlich der Pflicht zur Inventaraufnahme vgl. Art. 277. Im Übrigen kann auf **Art. 253a** verwiesen werden.

Art. 276a

2. **Landwirt-schaftliche Pacht**	¹ **Für Pachtverträge über landwirtschaftliche Gewerbe oder über Grundstücke zur landwirtschaftlichen Nutzung gilt das Bundesgesetz vom 4. Oktober 1985 über die landwirtschaftliche Pacht, soweit es besondere Regelungen enthält.** ² **Im Übrigen gilt das Obligationenrecht, ausser den Bestimmungen über die Pacht von Wohn- und Geschäftsräumen und denjenigen über die Behörden und das Verfahren.**

Literatur

BREITENMOSER, Der landwirtschaftliche Pachtvertrag, Diss. Freiburg 1977; PAQUIER-BOINAY, Le contrat de bail à ferme agricole, Diss. Lausanne 1990; STUDER/HOFER, Das landwirtschaftliche Pachtrecht, Brugg 1987.

1   In der Praxis geniesst die landwirtschaftliche Pacht, die im Bundesgesetz über die landwirtschaftliche Pacht (LPG) geregelt ist, eine **grössere Bedeu-**

tung als die Pacht gemäss Art. 275 ff. Soweit im LPG keine besonderen Vorschriften enthalten sind, wird in Art. 1 Abs. 4 LPG das OR für anwendbar erklärt, mit Ausnahme der Bestimmungen über die Pacht von Wohn- und Geschäftsräumen, derjenigen über die Hinterlegung des Pachtzinses und derjenigen über die Behörden und das Verfahren.

Soweit das **LPG** keine Bestimmung aufstellt, wird nachstehend nicht erwähnt, dass die entsprechende Vorschrift des OR auch auf die landwirtschaftliche Pacht Anwendung findet.   2

Art. 277

Inventaraufnahme

Umfasst die Pacht auch Geräte, Vieh oder Vorräte, so muss jede Partei der andern ein genaues, von ihr unterzeichnetes Verzeichnis dieser Gegenstände übergeben und sich an einer gemeinsamen Schätzung beteiligen.

Die Inventaraufnahme dient zu **Beweiszwecken** und ist kein Gültigkeitserfordernis für den Pachtvertrag. Für den Beweis gelten im Übrigen die allgemeinen Regeln von Art. 8 ZGB. Die Pflicht zur Inventaraufnahme gilt nur für Geräte, Vieh und Vorräte, weil diese Gegenstände starken Wertschwankungen unterliegen. Es ist deshalb nicht nur eine Liste zu erstellen, sondern es muss auch eine Schätzung vorgenommen werden.   1

Art. 278

Pflichten des Verpächters

Übergabe der Sache

[1] **Der Verpächter ist verpflichtet, die Sache zum vereinbarten Zeitpunkt in einem zur vorausgesetzten Benutzung und Bewirtschaftung tauglichen Zustand zu übergeben.**

[2] **Ist bei Beendigung des vorangegangenen Pachtverhältnisses ein Rückgabeprotokoll erstellt worden, so muss der Verpächter es dem neuen Pächter auf dessen Verlangen bei der Übergabe der Sache zur Einsicht vorlegen.**

> ³ **Ebenso kann der Pächter verlangen, dass ihm die Höhe des Pachtzinses des vorangegangenen Pachtverhältnisses mitgeteilt wird.**

1   Es kann vollumfänglich auf die Ausführungen zum fast wortgleichen **Art. 256** verwiesen werden, mit dem einzigen Unterschied, dass die Pachtsache der Natur des Vertragsverhältnisses nach nicht nur zum Gebrauch, sondern auch zur Nutzung und Bewirtschaftung tauglich sein muss.

Art. 279

II.   Hauptreparaturen   **Der Verpächter ist verpflichtet, grössere Reparaturen an der Sache, die während der Pachtzeit notwendig werden, auf eigene Kosten vorzunehmen, sobald ihm der Pächter von deren Notwendigkeit Kenntnis gegeben hat.**

1   Die Pflicht des Verpächters, **grössere Reparaturen** vorzunehmen, ergibt sich aus der Verpflichtung, den Pachtgegenstand in vertragsgemässem Zustand zur Verfügung zu stellen (Art. 278). Normale Abnützung und Alterung der Pachtsache gehen zulasten des Pächters (vgl. Art. 256 N 5), ebenso der ordentliche Unterhalt (Art. 284). Von Art. 279 abweichende Vereinbarungen sind im Rahmen von Art. 288 Abs. 2 zulässig.

2   Die Pflicht des Verpächters zur Vornahme der «Hauptreparaturen» ist auch in **Art. 22 LPG** vorgesehen.

3   **Kasuistik**: Als «grössere Reparatur» ist z. B. der Ersatz von Aprikosenbäumen, die durch einen von den Parteien nicht vorhergesehenen Winterfrost zerstört wurden, einzustufen (BGE 93 II 97 E. 4).

Art. 280

III.   Abgaben und Lasten   **Der Verpächter trägt die mit der Sache verbundenen Lasten und öffentlichen Abgaben.**

1   Es kann vollumfänglich auf den wortgleichen **Art. 256 b** verwiesen werden.

Art. 281

Pflichten des Pächters

Zahlung des Pachtzinses und der Nebenkosten

Im Allgemeinen

¹ Der Pächter muss den Pachtzins und allenfalls die Nebenkosten am Ende eines Pachtjahres, spätestens aber am Ende der Pachtzeit bezahlen, wenn kein anderer Zeitpunkt vereinbart oder ortsüblich ist.

² Für die Nebenkosten gilt Artikel 257a.

Die Regelung ist praktisch deckungsgleich mit derjenigen bei der Miete, **Art. 257 ff.** Einziger Unterschied ist, dass der Zins bei der Pacht im Regelfall jährlich, bei der Miete monatlich (Art. 257c) zu entrichten ist. 1

Art. 282

Zahlungsrückstand des Pächters

¹ Ist der Pächter nach der Übernahme der Sache mit der Zahlung fälliger Pachtzinse oder Nebenkosten im Rückstand, so kann ihm der Verpächter schriftlich eine Zahlungsfrist von mindestens 60 Tagen setzen und ihm androhen, dass bei unbenütztem Ablauf der Frist das Pachtverhältnis gekündigt werde.

² Bezahlt der Pächter innert der gesetzten Frist nicht, so kann der Verpächter das Pachtverhältnis fristlos, bei Wohn- und Geschäftsräumen mit einer Frist von mindestens 30 Tagen auf Ende eines Monats kündigen.

Einziger Unterschied zur Regelung des Mietrechts, **Art. 257d**, besteht darin, dass eine Zahlungsfrist von mindestens 60 Tagen zu gewähren ist, während diese Minimalfrist beim Mietverhältnis 10 oder 30 Tage beträgt (Art. 257d Abs. 1). Art. 257d Abs. 2 und Art. 282 Abs. 2 stimmen wörtlich überein. 1

Für landwirtschaftliche Pachtverhältnisse gilt **Art. 21 LPG**. 2

Art. 283

II.	Sorgfalt, Rücksichtnahme und Unterhalt	[1] Der Pächter muss die Sache sorgfältig gemäss ihrer Bestimmung bewirtschaften, insbesondere für nachhaltige Ertragsfähigkeit sorgen.
1.	Sorgfalt und Rücksichtnahme	[2] Der Pächter einer unbeweglichen Sache muss auf Hausbewohner und Nachbarn Rücksicht nehmen.

1   Die Bestimmung entspricht weitgehend **Art. 257 f.** Aus der Natur der Pacht ergibt sich allerdings, dass der Pächter die Sache nicht nur gebrauchen darf, sondern sie **bewirtschaften kann und muss**.

2   Anders als im Mietrecht schuldet der Pächter nicht nur einen sorgfältigen Umgang mit der Sache, sondern er hat für deren «**nachhaltige Ertragsfähigkeit**» zu sorgen. Darüber, was unter nachhaltiger Ertragsfähigkeit zu verstehen sei, gibt das Gesetz keinen Aufschluss. Bei der landwirtschaftlichen Pacht ist Nachhaltigkeit wohl irgendwo zwischen Raubbau und Vergandung einzuordnen, wobei sich gerade hier der Massstab im Rahmen des Bio-Landbaus erheblich verändert haben dürfte. Bei der Pacht von Kiesgruben und ähnlichen Abbaurechten wird eine Schonung der Ressourcen naturgemäss nicht gefordert werden können, möglicherweise aber die Wiederherstellung des Landschaftsbildes. Bei der Unternehmenspacht wird oftmals eine genauere vertragliche Regelung notwendig sein, um die Pflichten des Pächters zu definieren; beispielsweise wird er dafür zu sorgen haben, dass der Betrieb nicht «vergammelt» und Massnahmen ergreifen müssen, um den Kundenstamm zu halten, etwa was die Öffnungszeiten und das Angebot angeht.

3   **Verletzt** der Pächter die Pflichten gemäss Art. 283, gelangt **Art. 285** zur Anwendung.

4   Für die landwirtschaftliche Pacht sei auf **Art. 21a LPG** bzw. hinsichtlich Pflichtverletzungen auf **Art. 22 b LPG** verwiesen.

Art. 284

2.	Ordentlicher Unterhalt	[1] Der Pächter muss für den ordentlichen Unterhalt der Sache sorgen.

² **Er muss die kleineren Reparaturen nach Orts-
gebrauch vornehmen sowie die Geräte und Werkzeuge von geringem Wert ersetzen, wenn sie durch
Alter oder Gebrauch nutzlos geworden sind.**

Art. 284 unterscheidet sich von der Regelung des Mietrechts (Art. 259)   1
einmal insofern, als nicht nur der «kleine» bzw. «gewöhnliche» **Unterhalt**
durch den Pächter vorzunehmen ist, sondern der «ordentliche». Was darunter zu verstehen ist, ergibt sich aus der Pflicht zur sorgfältigen Bewirtschaftung, der Erheblichkeit der Kosten der Unterhaltsmassnahmen sowie
der Natur der Pachtsache (ZK-Higi, N 7 ff.). Der Pächter wird alle Vorkehren zu treffen haben, die der «nachhaltigen» Bewirtschaftung dienen, gerade auch solche, die sich aus der natürlichen Abnutzung ergeben. Ein
Bauer etwa wird seine Tiere füttern und die Felder düngen müssen; der
Pächter eines Hotels wird periodisch für einen Neuanstrich oder für den Ersatz von Teppichen zu sorgen haben. Auch die Wartung von Maschinen und
Anlagen wie z. B. das Entkalken von Boilern oder die Liftwartung fällt in
den Bereich des Unterhalts. Zum Unterhalt ist überdies die Beseitigung der
Schäden, die der Pächter zu verantworten hat, zu zählen (ZK-Higi, N 20).
Soweit sie über das Selbstverständliche hinausgeht, wird zur Unterhalts-
pflicht eine vertragliche Regelung angezeigt sein.

Schwieriger ist die Abgrenzung zwischen Unterhalt und **Hauptreparatur**.   2
Letztere ist gemäss Art. 279 durch den Verpächter vorzunehmen. Als Faustregel gilt, dass Reparaturen Schäden betreffen, die sich weder aus der gewöhnlichen Abnutzung noch infolge einer sorgfaltswidrigen Behandlung
der Pachtsache durch den Pächter ergeben (vgl. Art. 256 N 5).

Hinsichtlich der **«kleineren Reparaturen»** sowie der **«Geräte von gerin-**   3
gem Wert» kann in Anlehnung an das Mietrecht von einer wertmässigen
Begrenzung auf Fr. 150.– ausgegangen werden (vgl. Art. 259 N 3), wobei
sich aus der Natur der Pachtsache sowie in Anbetracht der Höhe des Pachtzinses Abweichungen ergeben können.

Für den Fall der **Verletzung der Pflicht** zu Unterhalt und Reparatur der   4
Pachtsache durch den Pächter bzw. zur Vornahme von Hauptreparaturen
durch den Verpächter gilt Art. 285 respektive 288.

Die Pflicht des landwirtschaftlichen Pächters zum Unterhalt und zur Vor-   5
nahme von Reparaturen ist in **Art. 22 LPG** geregelt.

Art. 285

3. **Pflichtverletzung**

¹ **Verletzt der Pächter trotz schriftlicher Mahnung des Verpächters seine Pflicht zu Sorgfalt, Rücksichtnahme oder Unterhalt weiter, so dass dem Verpächter oder den Hausbewohnern die Fortsetzung des Pachtverhältnisses nicht mehr zuzumuten ist, so kann der Verpächter fristlos, bei Wohn- und Geschäftsräumen mit einer Frist von mindestens 30 Tagen auf Ende eines Monats kündigen.**

² **Der Verpächter von Wohn- oder Geschäftsräumen kann jedoch fristlos kündigen, wenn der Pächter vorsätzlich der Sache schweren Schaden zufügt.**

1 Es kann vollumfänglich auf **Art. 257*f* Abs. 2 und 3** verwiesen werden. Der einzige Unterschied besteht darin, dass auch die Verletzung der Unterhaltspflicht zur Kündigung führen kann.

2 Für die landwirtschaftliche Pacht gilt **Art. 22 *b* LPG**.

Art. 286

III. **Meldepflicht**

¹ **Sind grössere Reparaturen nötig oder masst sich ein Dritter Rechte am Pachtgegenstand an, so muss der Pächter dies dem Verpächter sofort melden.**

² **Unterlässt der Pächter die Meldung, so haftet er für den Schaden, der dem Verpächter daraus entsteht.**

1 Die Melde- und gegebenenfalls Schadenersatzpflicht entspricht weitgehend der mietrechtlichen Bestimmung in **Art. 257*g***, nur dass bei der Miete allgemein von «Mängeln» die Rede ist, während Art. 286 nur von grösseren Reparaturen sowie von angemassten Rechten Dritter spricht.

Art. 287

V. **Duldungs-**   ¹ Der Pächter muss grössere Reparaturen dulden,
    pflicht   wenn sie zur Beseitigung von Mängeln oder zur
                     Behebung oder Vermeidung von Schäden notwendig
                     sind.

                     ² Der Pächter muss dem Verpächter gestatten, die
                     Sache zu besichtigen, soweit dies für den Unterhalt,
                     den Verkauf oder die Wiederverpachtung notwendig
                     ist.

                     ³ Der Verpächter muss dem Pächter Arbeiten und
                     Besichtigungen rechtzeitig anzeigen und bei der
                     Durchführung auf die Interessen des Pächters Rück-
                     sicht nehmen; für allfällige Ansprüche des Pächters
                     auf Herabsetzung des Pachtzinses und auf Schaden-
                     ersatz gilt das Mietrecht (Art. 259d und 259e) sinn-
                     gemäss.

Die Bestimmung entspricht fast wörtlich **Art. 257h**, so dass auf die dortigen   1
Ausführungen verwiesen werden kann. Zu Art. 287 Abs. 2 ist allerdings an-
zumerken, dass der Unterhalt gemäss Art. 284 grundsätzlich, wenn nichts
anderes vereinbart wurde, Sache des Pächters ist, so dass sich der Verpächter insofern nicht auf ein Besichtigungsrecht berufen kann. Hingegen muss
dem Verpächter logischerweise ein Kontrollrecht hinsichtlich der Erfüllung
der Unterhaltspflichten durch den Pächter zukommen (BSK OR I-STUDER,
N 3; ZK-HIGI, N 20).

Art. 288

Rechte des   ¹ Das Mietrecht (Art. 258 und Art. 259a–259i) gilt
Pächters bei   sinngemäss, wenn:
Nichterfüllung
des Vertrags   a. der Verpächter die Sache nicht zum vereinbarten
und bei Mängeln   Zeitpunkt oder in einem mangelhaften Zustand
                         übergibt;

                      b. Mängel an der Sache entstehen, die der Pächter
                         weder zu verantworten noch auf eigene Kosten zu
                         beseitigen hat, oder der Pächter in der vertrags-
                         gemässen Benutzung der Sache gestört wird.

  [2] Abweichende Vereinbarungen zum Nachteil des
   Pächters sind nichtig, wenn sie enthalten sind in:
  a. vorformulierten allgemeinen Geschäftsbedingungen;
  b. Pachtverträgen über Wohn- und Geschäftsräume.

1 Wie Art. 288 Abs. 1 selbst bestimmt, gilt das **Mietrecht**, namentlich die Art. 258 und Art. 259 a – 259 i sinngemäss, weshalb auf die Ausführungen zu diesen Artikeln verwiesen werden kann. Gewisse Unterschiede ergeben sich vor allem in Hinblick auf die Pflicht des Pächters, für den Unterhalt und kleinere Reparaturen aufzukommen.

2 Art 288 Abs. 2 stimmt vollumfänglich mit **Art. 256 Abs. 2** überein und bedarf deshalb keiner näheren Erläuterung.

Art. 289

F. **Erneuerungen**
  und Änderungen

I. **Durch den**
  Verpächter

[1] Der Verpächter kann Erneuerungen und Änderungen an der Sache nur vornehmen, wenn sie für
den Pächter zumutbar sind und wenn das Pachtverhältnis nicht gekündigt ist.

[2] Der Verpächter muss bei der Ausführung der Arbeiten auf die Interessen des Pächters Rücksicht nehmen; für allfällige Ansprüche des Pächters auf Herabsetzung des Pachtzinses und auf Schadenersatz
gilt das Mietrecht (Art. 259d und 259e) sinngemäss.

1 Art. 289 stimmt mit der mietrechtlichen Bestimmung von **Art. 260** wörtlich überein, so dass auf die dortigen Ausführungen verwiesen werden kann.

2 Im **LPG** ist keine Art. 289 entsprechende Bestimmung aufgenommen worden. Ob es sich dabei um ein qualifiziertes Schweigen (BSK OR I-Studer, N 2; sinngemäss auch CR CO I-Roncoroni, N 5) oder um ein gesetzgeberisches Versehen handelt, ist unklar. Es sind allerdings keine Gründe ersichtlich, die gegen eine analoge Anwendung von Art. 289 bei der landwirtschaftlichen Pacht sprechen würden.

Art. 289*a*

Durch den Pächter

¹ Der Pächter braucht die schriftliche Zustimmung des Verpächters für:

a. Änderungen in der hergebrachten Bewirtschaftung, die über die Pachtzeit hinaus von wesentlicher Bedeutung sein können;

b. Erneuerungen und Änderungen an der Sache, die über den ordentlichen Unterhalt hinausgehen.

² Hat der Verpächter zugestimmt, so kann er die Wiederherstellung des früheren Zustandes nur verlangen, wenn dies schriftlich vereinbart worden ist.

³ Hat der Verpächter einer Änderung nach Absatz 1 Buchstabe a nicht schriftlich zugestimmt und macht der Pächter sie nicht innert angemessener Frist rückgängig, so kann der Verpächter fristlos, bei Wohn- und Geschäftsräumen mit einer Frist von mindestens 30 Tagen auf Ende eines Monats kündigen.

Art. 289*a* entspricht **Art. 260 *a***, wobei sich gegenüber der mietrechtlichen Bestimmung der Unterschied ergibt, dass bei der Pacht die «nachhaltige» Bewirtschaftung im Vordergrund steht. Weil eine **wesentliche** Änderung der hergebrachten Bewirtschaftungsweise, welche über die Pachtzeit hinaus **nachwirken** kann, auch eine Verletzung der Pflicht zur sorgfältigen Bewirtschaftung darstellt, eröffnet Art. 289*a* Abs. 3 für den Fall der Verletzung von Abs. 1 lit. a folgerichtig eine **Kündigungsmöglichkeit**. Eine solche ergäbe sich bereits aus Art. 285. Dies muss auch gelten, wenn die Änderung der Nutzung aus objektiver Sicht durchaus sinnvoll erscheint. So muss sich z. B. der Verpächter eines kaum rentierenden Familienhotels nicht gefallen lassen, dass dieses vom Pächter in ein lukratives Bordell verwandelt wird, was die bisherigen Gäste wohl auch nach Rückverwandlung in einen Gastbetrieb davon abhalten würde, in diesem Hotel abzusteigen.

1

Für die landwirtschaftliche Pacht gilt **Art. 22 *a* LPG**.

2

Art. 290

G. **Wechsel des Eigentümers**

Das Mietrecht (Art. 261–261b) gilt sinngemäss bei:

a. Veräusserung des Pachtgegenstandes;

b. Einräumung beschränkter dinglicher Rechte am Pachtgegenstand;

c. Vormerkung des Pachtverhältnisses im Grundbuch.

1 Es ergeben sich keine Abweichungen zum Mietrecht, Art. 261–261b; es kann auf die dortigen Ausführungen verwiesen werden.

2 Für die landwirtschaftliche Pacht gelten die **Art. 14 und 15 LPG**.

Art. 291

H. **Unterpacht**

1 Der Pächter kann die Sache mit Zustimmung des Verpächters ganz oder teilweise unterverpachten oder vermieten.

2 Der Verpächter kann die Zustimmung zur Vermietung einzelner zur Sache gehörender Räume nur verweigern, wenn:

a. der Pächter sich weigert, dem Verpächter die Bedingungen der Miete bekanntzugeben;

b. die Bedingungen der Miete im Vergleich zu denjenigen des Pachtvertrages missbräuchlich sind;

c. dem Verpächter aus der Vermietung wesentliche Nachteile entstehen.

3 Der Pächter haftet dem Verpächter dafür, dass der Unterpächter oder der Mieter die Sache nicht anders benutzt, als es ihm selbst gestattet ist. Der Verpächter kann Unterpächter und Mieter unmittelbar dazu anhalten.

1 Die **Unterpacht** ist – im Gegensatz zur Untermiete – von der autonomen Zustimmung des Verpächters abhängig, da hier mit Blick auf die Pflicht zur nachhaltigen Bewirtschaftung die persönlichen Fähigkeiten des Unterpächters von wesentlicher Bedeutung sein können. An den Unterpächter sind daher unter Umständen strengere Anforderungen zu stellen als an den Unter-

mieter. Die Verweigerung der Zustimmung kann sich aber am Rechtsmissbrauchsverbot brechen.

Für die **Weitervermietung** von Räumen stimmt Art. 291 mit der mietrecht-   2
lichen Bestimmung von Art. 262 wörtlich überein. Es kann dazu auf die
Kommentierung des Mietrechts verwiesen werden.

Art. 292

Übertragung der Pacht auf einen Dritten

Für die Übertragung der Pacht von Geschäftsräumen
auf einen Dritten gilt Artikel 263 sinngemäss.

Entsprechend dem gesetzlichen Verweis auf **Art. 263** kann auf die Kom-   1
mentierung zum Mietrecht verwiesen werden.

Die Bestimmung findet auf die landwirtschaftliche Pacht schon insoweit   2
keine Anwendung, als sie sich auf die **Geschäftsraummiete beschränkt**.

Art. 293

Vorzeitige Rückgabe der Sache

[1] Gibt der Pächter die Sache zurück, ohne Kündigungsfrist oder -termin einzuhalten, so ist er von
seinen Verpflichtungen gegenüber dem Verpächter
nur befreit, wenn er einen für den Verpächter zumutbaren neuen Pächter vorschlägt; dieser muss
zahlungsfähig und bereit sein, den Pachtvertrag zu
den gleichen Bedingungen zu übernehmen.

[2] Andernfalls muss er den Pachtzins bis zu dem Zeitpunkt leisten, in dem das Pachtverhältnis gemäss
Vertrag oder Gesetz endet oder beendet werden
kann.

[3] Der Verpächter muss sich anrechnen lassen, was
er:

a. an Auslagen erspart und

b. durch anderweitige Verwendung der Sache gewinnt
oder absichtlich zu gewinnen unterlassen hat.

1   Die Bestimmung ist deckungsgleich mit derjenigen in **Art. 264**. Verglichen mit dem Ersatzmieter können an den Ersatzpächter unter Umständen höhere Anforderungen gestellt werden, da er fähig sein muss, die Pachtsache i. S. v. Art. 283 nachhaltig zu bewirtschaften.

Art. 294

L.   **Verrechnung**

Für die Verrechnung von Forderungen und Schulden aus dem Pachtverhältnis gilt Artikel 265 sinngemäss.

1   Es kann auf die Kommentierung zu **Art. 265** sowie auf die allgemeinen Bestimmungen zur Verrechnung, **Art. 120 ff.**, verwiesen werden.

Art. 295

M.   **Beendigung des Pachtverhältnisses**

I.   **Ablauf der vereinbarten Dauer**

¹ Haben die Parteien eine bestimmte Dauer ausdrücklich oder stillschweigend vereinbart, so endet das Pachtverhältnis ohne Kündigung mit Ablauf dieser Dauer.

² Setzen die Parteien das Pachtverhältnis stillschweigend fort, so gilt es zu den gleichen Bedingungen jeweils für ein weiteres Jahr, wenn nichts anderes vereinbart ist.

³ Die Parteien können das fortgesetzte Pachtverhältnis mit der gesetzlichen Frist auf das Ende eines Pachtjahres kündigen.

1   In Art. 295 Abs. 1 ist die **Fixpacht**, in Abs. 2 und 3 deren **stillschweigende Fortsetzung** geregelt. Wird die Fixpacht stillschweigend fortgesetzt, liegt ein unbefristetes Pachtverhältnis vor, für dessen Beendigung eine Kündigung notwendig ist. Nach Art. 295 Abs. 3 i. V. m. 296 kann das Pachtverhältnis unter Einhaltung einer Frist von 6 Monaten auf das Ende eines Pachtjahres gekündigt werden. Die Regelung entspricht im Ergebnis derjenigen von Art. 266.

2   Bei der landwirtschaftlichen Pacht ist ebenfalls eine stillschweigende Erneuerung möglich, wobei der Pachtvertrag gemäss **Art. 8 Abs. 1 lit. b LPG** unverändert für weitere 6 Jahre gilt.

Art. 296

Kündigungs-fristen und -termine

¹ Die Parteien können das unbefristete Pachtverhält-nis mit einer Frist von sechs Monaten auf einen beliebigen Termin kündigen, sofern durch Verein-barung oder Ortsgebrauch nichts anderes bestimmt und nach Art des Pachtgegenstandes kein anderer Parteiwille anzunehmen ist.

² Bei der unbefristeten Pacht von Wohn- und Geschäftsräumen können die Parteien mit einer Frist von mindestens sechs Monaten auf einen ortsüb-lichen Termin oder, wenn es keinen Ortsgebrauch gibt, auf Ende einer dreimonatigen Pachtdauer kündigen. Sie können eine längere Frist und einen anderen Termin vereinbaren.

³ Halten die Parteien die Frist oder den Termin nicht ein, so gilt die Kündigung für den nächstmöglichen Termin.

Wie das unbefristete Mietverhältnis (Art. 266 a ff.) kann die unbefristete Pacht durch **Kündigung** beendet werden, wobei für Pacht und Miete von Wohn- und Geschäftsräumen Sonderbestimmungen gelten (Art. 296 Abs. 2 bzw. 266 c und 266 d).

1

Während die **Kündigungsfrist** normalerweise frei vereinbart werden kann (Art. 296 Abs. 1), gilt für die Pacht von Wohn- und Geschäftsräumen eine Mindestkündigungsfrist von 6 Monaten (Art. 296 Abs. 2 e contrario).

2

Für den **Kündigungstermin** ist gemäss Art. 296 Abs. 2 in der Wohn- und Ge-schäftsraumpacht wie bei der Miete (Art. 266 b ff.) auf den Ortsgebrauch abzustellen, sofern vorhanden. Ist dies nicht der Fall, gilt in Ermangelung einer vertraglichen Regelung das Ende einer dreimonatigen Pachtdauer als Termin.

3

Eine Kündigung, bei der die Fristen und Termine gemäss Abs. 1 und 2 **nicht eingehalten** wurden, ist nicht nichtig, sondern entfaltet ihre Rechtswirkung auf den nächstmöglichen zulässigen Termin. Eine erneute Kündigung ist nicht notwendig. Die Regelung entspricht Art. 266 a Abs. 2.

4

Bei der landwirtschaftlichen Pacht gilt **Art. 16 LPG**.

5

Art. 297

III. **Ausserordentliche Beendigung**
1. **Aus wichtigen Gründen**

[1] Aus wichtigen Gründen, welche die Vertragserfüllung für sie unzumutbar machen, können die Parteien das Pachtverhältnis mit der gesetzlichen Frist auf einen beliebigen Zeitpunkt kündigen.

[2] Der Richter bestimmt die vermögensrechtlichen Folgen der vorzeitigen Kündigung unter Würdigung aller Umstände.

1   Art. 297 stimmt wortwörtlich mit der mietrechtlichen Regelung von **Art. 266 g** überein, weshalb auf die Ausführungen zu dieser Bestimmung verwiesen werden kann.

2   Für die landwirtschaftliche Pacht ist **Art. 17 LPG** massgeblich.

Art. 297a

2. **Konkurs des Pächters**

[1] Fällt der Pächter nach Übernahme der Sache in Konkurs, so endet das Pachtverhältnis mit der Konkurseröffnung.

[2] Erhält jedoch der Verpächter für den laufenden Pachtzins und das Inventar hinreichende Sicherheiten, so muss er die Pacht bis zum Ende des Pachtjahres fortsetzen.

1   Anders als bei der Miete (wo der Vermieter gemäss Art. 266 h Frist zur Sicherstellung ansetzen muss und erst kündigen kann, wenn er keine Sicherheit erhält) wird bei der Pacht das Vertragsverhältnis bei Konkurs des Pächters **automatisch**, also ohne Kündigung **aufgelöst**. Nur wenn der Pächter hinreichende Sicherheiten leistet, wird das Pachtverhältnis fortgesetzt.

2   Die **Konkursmasse** kann aufgrund der Regelung für die Unterpacht (Art. 291 Abs. 1) nur in den Pachtvertrag eintreten, wenn der Verpächter zustimmt (BSK OR I-STUDER, N 3).

3   Für den **Verpächter** hat die Regelung des Konkursfalls bei der Pacht den **Vorteil**, dass er sofort wieder über die Pachtsache verfügen kann und nicht

auf Ansprüche gegen die Konkursmasse verwiesen wird. Allerdings kann er auch keine Forderungen wegen Verletzung des Pachtvertrages geltend machen, da das Pachtverhältnis aufgelöst wurde.

Art. 297*b*

Tod des Pächters **Stirbt der Pächter, so können sowohl seine Erben als auch der Verpächter mit der gesetzlichen Frist auf den nächsten gesetzlichen Termin kündigen.**

Anders als bei der Miete (Art. 266*i*) steht das Kündigungsrecht nicht nur den Erben, sondern **auch dem Verpächter** zu. Dies ergibt sich aus der Bewirtschaftungspflicht, deren gehörige Erfüllung durch die Rechtsnachfolger des Erblassers nicht in jedem Falle gewährleistet ist. 1

Für das landwirtschaftliche Pachtverhältnis gilt **Art. 18 LPG**. 2

Art. 298

Form der Kündigung bei Wohn- und Geschäftsräumen
¹ **Verpächter und Pächter von Wohn- und Geschäftsräumen müssen schriftlich kündigen.**
² **Der Verpächter muss mit einem Formular kündigen, das vom Kanton genehmigt ist und das angibt, wie der Pächter vorzugehen hat, wenn er die Kündigung anfechten oder eine Erstreckung des Pachtverhältnisses verlangen will.**
³ **Die Kündigung ist nichtig, wenn sie diesen Anforderungen nicht entspricht.**

Die Regelung entspricht derjenigen von **Art. 266*l* und 266*o***. Allerdings bestehen im Gegensatz zum Mietrecht (Art. 266*l* bis 266*n*) **keine Vorschriften** für die Kündigung der **Familienwohnung**. Art. 300 Abs. 2 schliesst das Pachtrecht explizit von den entsprechenden Bestimmungen aus. 1

Anders als bei Art. 296 Abs. 3 ist **keine Heilung durch Zeitablauf** vorgesehen. Die nicht formgerechte Kündigung ist nichtig und muss korrekt wiederholt werden. 2

Gemäss **Art. 16 LPG** hat die Kündigung schriftlich zu erfolgen, eine Formularpflicht besteht allerdings nicht. 3

Art. 299

[1] Der Pächter gibt die Sache und das gesamte Inventar in dem Zustand zurück, in dem sie sich zum Zeitpunkt der Rückgabe befinden.

[2] Für Verbesserungen kann der Pächter Ersatz fordern, wenn sie sich ergeben haben aus:

a. Anstrengungen, die über die gehörige Bewirtschaftung hinausgehen;

b. Erneuerungen oder Änderungen, denen der Verpächter schriftlich zugestimmt hat.

[3] Für Verschlechterungen, die der Pächter bei gehöriger Bewirtschaftung hätte vermeiden können, muss er Ersatz leisten.

[4] Vereinbarungen, in denen sich der Pächter im Voraus verpflichtet, bei Beendigung des Pachtverhältnisses eine Entschädigung zu entrichten, die anderes als die Deckung des allfälligen Schadens einschliesst, sind nichtig.

1 Art. 299 ist mit der Regelung der Rückgabe im Mietrecht, Art. 267, vergleichbar. Geschuldet ist die Rückgabe der Pachtsache, wie sie sich bei einer **gehörigen Bewirtschaftung** ergibt, ähnlich wie die Mietsache im Zustand zurückzugeben ist, wie er bei vertragsmässigem Gebrauch resultiert. Für den Begriff der «gehörigen Bewirtschaftung» kann auf Art. 283 Abs. 1 verwiesen werden.

2 Hat der Pächter Anstrengungen unternommen, die über eine gehörige Bewirtschaftung hinausgehen, oder hat er mit Zustimmung des Verpächters Erneuerungen und Änderungen vorgenommen, so schuldet ihm der Verpächter dafür **Ersatz**. Umgekehrt haftet der Pächter, wenn er die Sache nicht gehörig bewirtschaftet hat, für Verschlechterungen. Die Regelung über Verbesserungen der Pachtsache unterscheidet sich geringfügig von derjenigen im Mietrecht (Art. 260a Abs. 3: hier sind nur erhebliche Mehrwerte zu ersetzen). Wie der Mieter im Mietrecht kann der Pächter keine Entschädigung für Erneuerungen und Änderungen verlangen, denen der Verpächter nicht zugestimmt hat; vielmehr kann der Verpächter diesfalls die Wiederherstellung des früheren Zustands fordern (Art. 289a Abs. 2).

3 Art. 299 Abs. 4 betreffend **vorgängige Vereinbarungen** von Entschädigungen durch den Pächter, die über eine Deckung des allenfalls von ihm verursachten Schadens hinausgehen, entspricht Art. 267 Abs. 2.

Die Rückgabe der landwirtschaftlichen Pachtsache ist in **Art. 23 ff.** **LPG** geregelt. 4

Kasuistik: Im Falle einer Unternehmenspacht (in casu Gartenbaubetrieb) 5 treffen den Pächter bei der Rückgabe die gleichen Aufklärungs- und Offenlegungspflichten wie den Verpächter bei der Einweisung im Rahmen des Pachtantritts; z. B. ist eine Liste des Kundenstamms zu übergeben, die Öffentlichkeit auf geeignete Art darüber zu informieren, dass der Pächter das gepachtete Unternehmen nicht mehr führt usw.; als Vertragsverletzung wäre dagegen zu werten, wenn der Pächter gleichzeitig darauf hinweisen würde, dass er die gleichen Leistungen nun unter eigenem Namen anbietet; ein Konkurrenzverbot in dem Sinne, dass der ehemalige Pächter den Kontakt mit früheren Kunden zu meiden hätte, kann aus der Rückgabepflicht hingegen nicht abgeleitet werden (BGE 131 III 257 E. 3.2).

Art. 299*a*

Prüfung der Sache und Meldung an den Pächter

¹ Bei der Rückgabe muss der Verpächter den Zustand der Sache prüfen und Mängel, für die der Pächter einzustehen hat, diesem sofort melden.

² Versäumt dies der Verpächter, so verliert er seine Ansprüche, soweit es sich nicht um Mängel handelt, die bei übungsgemässer Untersuchung nicht erkennbar waren.

³ Entdeckt der Verpächter solche Mängel später, so muss er sie dem Pächter sofort melden.

Es kann vollumfänglich auf **Art. 267a** verwiesen werden, mit dem Art. 299*a* 1 wörtlich übereinstimmt.

Art. 299*b*

Ersatz von Gegenständen des Inventars

¹ Wurde das Inventar bei der Übergabe der Sache geschätzt, so muss der Pächter bei Beendigung der Pacht ein nach Gattung und Schätzungswert gleiches Inventar zurückgeben oder den Minderwert ersetzen.

> ² Der Pächter muss für fehlende Gegenstände keinen
> Ersatz leisten, wenn er nachweist, dass der Verlust
> auf ein Verschulden des Verpächters oder auf höhere
> Gewalt zurückzuführen ist.
> ³ Der Pächter kann für den Mehrwert, der sich aus
> seinen Aufwendungen und seiner Arbeit ergeben
> hat, Ersatz fordern.

1   Aus Art. 299*b* Abs. 1 ergibt sich die Bedeutung der **Inventarpflicht** gemäss
Art. 277. Die Bestimmung ist logische Konsequenz der Pflicht des Pächters,
für den ordentlichen Unterhalt der Pachtsache zu sorgen. Dies hat auch zur
Folge, dass der Ersatz fehlender oder beschädigter Gegenstände zu den ak-
tuellen Preisen im Zeitpunkt der Vertragsauflösung zu erfolgen hat (BSK
OR I-Studer, N 2).

2   Dass der Pächter für Anstrengungen, die **über die gehörige Bewirtschaf-
tung hinausgehen**, Ersatz fordern kann, ergibt sich bereits aus Art. 299
Abs. 2. Konkret kann der Pächter für neu angeschaffte Inventarstücke den
Ersatz zum Wert bei der Beendigung der Pacht fordern (BSK OR I-
Studer, N 3).

3   Für die landwirtschaftliche Pacht ist auf **Art. 23 LPG** zu verweisen.

Art. 299*c*

O. Retentions-recht   Der Verpächter von Geschäftsräumen hat für einen
verfallenen und einen laufenden Pachtzins das glei-
che Retentionsrecht wie der Vermieter für Mietzinsforderungen (Art. 268 ff.).

1   Bereits der Gesetzestext verweist auf das **Mietrecht**. Dem ist nichts anzu-
fügen.

2   Für die landwirtschaftliche Pacht findet sich in **Art. 25 *b* LPG** eine wörtlich
übereinstimmende Regelung.

Art. 300

Kündigungs-schutz bei der Pacht von Wohn-und Geschäfts-räumen

¹ **Für den Kündigungsschutz bei der Pacht von Wohn- und Geschäftsräumen gilt das Mietrecht (Art. 271–273c) sinngemäss.**

² **Nicht anwendbar sind die Bestimmungen über die Wohnung der Familie (Art. 273a).**

Dem Gesetzestext von Art. 300 Abs. 1, der auf die Bestimmungen des **Mietrechts** verweist, ist nichts hinzuzufügen. 1

Dass die Bestimmungen über die **Familienwohnung keine Anwendung** finden, ist darauf zurückzuführen, dass der Pachtvertrag die geschäftliche Tätigkeit des Pächters zum Hauptinhalt hat und der Gebrauch der Wohnung i. d. R. bloss akzessorischer Natur ist (BGE 125 II 425 E. 3b/cc). Es steht den Parteien selbstverständlich frei, für die mit der Pachtsache verbundene Wohnung einen separaten Mietvertrag abzuschliessen. 2

Art. 300 bzw. die mietrechtlichen Bestimmungen zur Pacht von Wohn- und Geschäftsräumen kommen bei der **landwirtschaftlichen Pacht** entsprechend **Art. 1 Abs. 4 LPG nicht zur Anwendung.** 3

Art. 301

Behörden und Verfahren

Bei Streitigkeiten aus dem Pachtverhältnis richten sich die Zuständigkeit der Behörden und das Verfahren nach dem Mietrecht (Art. 274–274g).

Hier ist wiederum auf die Ausführungen zu den Bestimmungen des **Mietrechts** zu verweisen. 1

Für die landwirtschaftliche Pacht gelten die Verfahrensbestimmungen des OR nicht (Art. 1 Abs. 4 LPG). Behörden und Verfahren sind vielmehr in **Art. 47 ff. LPG** geregelt. 2

Art. 302

[1] Bei der Viehpacht und Viehverstellung, die nicht mit einer landwirtschaftlichen Pacht verbunden sind, gehört die Nutzung des eingestellten Viehs dem Einsteller, wenn Vertrag oder Ortsgebrauch nichts anderes bestimmen.

[2] Der Einsteller muss die Fütterung und Pflege des Viehs übernehmen sowie dem Verpächter oder Versteller einen Zins in Geld oder einen Teil des Nutzens entrichten.

1 Unter **Viehpacht** ist die Überlassung von Vieh durch den Verpächter an den Einsteller (Pächter) zur Nutzung gegen Entgelt zu verstehen (ZK-HIGI, N 8). Gemeint ist die Nutzung der natürlichen «Früchte» des gepachteten Viehs (z. B. Wolle, Milch, Jungtiere, Dünger), so dass beispielsweise die «Nutzung» eines Reittiers als Mietvertrag zu qualifizieren wäre (Vorbem. zu Art. 253– 274*g* N 2; CR CO I-RONCORONI, Art. 304 N 6). Keine Viehpacht stellt der Sömmerungsvertrag dar, da hier Elemente des Auftrags und der Hinterlegung im Vordergrund stehen (CR CO I-RONCORONI, Art. 304 N 6).

2 Aus historischer Sicht ist die **Viehverstellung** eine auf Rindvieh oder Pferde angewandte Pachtform, bei welcher der Einsteller (Pächter) das Vieh zwar hält und nutzt, der Versteller (Verpächter) jedoch an der Kapitalvermehrung durch Verkauf und Nachzucht beteiligt ist (ZANGGER, Viehverstellung, in: Historisches Lexikon der Schweiz (HLS), Version vom 29. 11. 2006, URL: http://www.hls-dhs-dss.ch/textes/d/D42866.php).

3 Damit liegt das **Interesse an der Einstellung** des Viehs bei der Viehverstellung eher beim Versteller (Verpächter), während bei der gewöhnlichen Viehpacht dasjenige des Einstellers (Pächter) überwiegt (ZK-HIGI, N 11). Rechtlich werden die beiden Formen der Nutzungsüberlassung gleich behandelt.

4 Die Bestimmungen zu Viehpacht und Viehverstellung sind **dispositiver Natur** und stehen unter dem Vorbehalt anderweitiger Vereinbarungen oder abweichenden Ortsgebrauchs.

5 Art. 302 Abs. 1 beschränkt den Anwendungsbereich auf Viehpacht und Viehverstellung, die nicht mit einer landwirtschaftlichen Pacht verbunden sind. Das **LPG** kennt keine Spezialbestimmungen zur Pacht von Vieh. Im Ergebnis wird bei einer Viehpacht, die mit einem landwirtschaftlichen Pachtvertrag verbunden ist, die Nutzung der Tiere ebenfalls dem Einsteller (Pächter)

zukommen, sofern nichts anderes vereinbart oder ortsüblich ist. Dies ergibt sich aus dem allgemeinen Prinzip, dass der Pächter zur Nutzung des Pachtgegenstandes berechtigt ist.

Art. 303

Haftung

[1] Bestimmen Vertrag oder Ortsgebrauch nichts anderes, so haftet der Einsteller für Schäden am eingestellten Vieh, wenn er nicht beweist, dass er die Schäden trotz sorgfältiger Hut und Pflege nicht vermeiden konnte.

[2] Für ausserordentliche Pflegekosten kann der Einsteller vom Versteller Ersatz verlangen, wenn er sie nicht schuldhaft verursacht hat.

[3] Der Einsteller muss schwerere Unfälle oder Erkrankungen dem Versteller so bald als möglich melden.

Bei der Haftung des Einstellers (Pächters) handelt es sich um eine **Verschuldenshaftung**, wobei er sich exkulpieren kann. Wie dem Pächter bei Anstrengungen, die über die ordentliche Bewirtschaftung hinausgehen, durch den Verpächter **Ersatz** zu leisten ist (Art. 299 Abs. 2), sind auch ausserordentliche Pflegekosten, die auf **besonderen Bemühungen** des Einstellers beruhen, zu ersetzen. 1

Hinsichtlich der **Meldepflicht** gemäss Art. 303 kann auf die allgemeine pachtrechtliche Bestimmung von Art. 286 Abs. 2 bzw. auf die mietrechtliche Regelung in Art. 257*g* verwiesen werden. Wie dort hat der Einsteller (Pächter) für den Schaden einzustehen, der daraus entsteht, dass er die Meldung nicht oder zu spät vorgenommen hat. 2

Art. 304

Kündigung

[1] Ist der Vertrag auf unbestimmte Zeit abgeschlossen, so kann ihn jede Partei auf einen beliebigen Zeitpunkt kündigen, wenn Vertrag oder Ortsgebrauch nichts anderes bestimmen.

[2] Die Kündigung soll jedoch in guten Treuen und nicht zur Unzeit erfolgen.

1 Wie im **Auftragsrecht** (Art. 404), welches Viehpacht und Viehverstellung der Interessenlage der Parteien entsprechend sehr nahe steht, ist eine jederzeitige Kündigung des Vertrags möglich, sofern sie nicht gegen Treu und Glauben verstösst oder zur Unzeit erfolgt.

Die Leihe

Erster Abschnitt: Die Gebrauchsleihe

Art. 305

Begriff

Durch den Gebrauchsleihevertrag verpflichtet sich der Verleiher, dem Entlehner eine Sache zu unentgeltlichem Gebrauche zu überlassen, und der Entlehner, dieselbe Sache nach gemachtem Gebrauche dem Verleiher zurückzugeben.

Literatur

PETER HIGI, Die Leihe, Zürcher Kommentar, Bd. V 2 b, 3. Aufl., Zürich 2003, mit umfassendem Literaturverzeichnis.

I. Allgemeine Bemerkungen

Das OR kennt zwar als Überschrift über seinem 9. Titel «Die Leihe» – aber als Vertrag kommt «die Leihe» danach nicht mehr vor. Unter dem Begriff der Leihe fasst das OR vielmehr zwei historisch verwandte, im Übrigen aber selbstständige Nominatverträge zusammen: Die Gebrauchsleihe im ersten (Art. 305–311) und das Darlehen im zweiten (Art. 312–318) Abschnitt. Ihre innere Gemeinsamkeit erschöpft sich darin, dass die Hauptpflicht der einen Partei in der **Überlassung einer Sache auf Zeit**, die Hauptpflicht der andern Partei in der Rückgabe nach Ablauf der Zeit besteht. Dass sie in der rechtshistorischen Tradition aus einem einheitlichen Vertrag hervorgegan-   1 gen sind, ist der einzige Grund, sie noch im gleichen Titel zu regeln – man hätte sie im Gesetz genau so gut auch systematisch vollständig trennen können. Richtigerweise gibt es denn auch keine «gemeinsamen» Bestimmungen für diese beiden Vertragstypen.

2 Beide Verträge sind **Konsensualverträge**, d. h. sie kommen durch übereinstimmende Willenserklärung zustande. Der Umstand, dass Darlehen und Leihe historisch zur Gruppe der «Realverträge» gezählt wurden, ist für das bundeseinheitliche schweizerische Recht von jeher ohne Bedeutung gewesen. Dass die «Rückgabe» des geliehenen Gegenstandes bzw. Geldes durch deren vorherige «Hingabe» bedingt ist, macht die Verträge deshalb nicht zu Realverträgen. Vielmehr ist in beiden Fällen schon das Versprechen bindend und kommt der Vertrag gerade nicht erst durch die Hingabe der Sache zu Stande: Der Borger hat also einen klagbaren Anspruch auf Ausleihe des ihm zugesagten Gegenstandes oder Geldbetrags.

3 Dass das wirtschaftliche Interesse bei beiden Verträgen eher beim Entlehner/Borger liegt, spielt für die Auslegung der gesetzlichen Begriffe nur eine untergeordnete Rolle, ist dagegen bei den Fragen des zulässigen Gebrauchs, der Haftung und der Beendigung von Bedeutung. Desgleichen ist nicht nur von theoretischer Bedeutung, dass die Leihe ein **unvollkommen zweiseitiger Vertrag** ist.

II. Die Leihe

4 Was in der Alltagssprache als «Leihe» bezeichnet wird, trägt im Gesetz die Bezeichnung **«Gebrauchsleihe»**; diesen gesetzlichen Begriff verwendet die nachfolgende Kommentierung nicht, sondern sie stellt auf den gängigen Verkehrsbegriff ab. Die Vertragsparteien, welche das Gesetz als «Verleiher» und «Entlehner» bezeichnet, werden nachfolgend auch als «Leihgeber» bzw. umgekehrt als «Entleiher» oder «Borger» bezeichnet. Über den Umstand, dass es nach der gesetzlichen Terminologie einen Vertrag namens «die Leihe» gar nicht gibt, wird nachfolgend bewusst hinweggegangen.

5 Wesentliche Merkmale der Leihe sind die folgenden:
– Der Verleiher überlässt dem Entlehner eine **bewegliche Sache**,
– zum **Gebrauch**,
– während einer **bestimmten Zeitspanne**
– und **unentgeltlich**.
– Der **Verleiher bleibt Eigentümer** und hat sowohl einen vertraglichen wie einen sachenrechtlichen **Herausgabeanspruch**.
– Der **Entlehner hat** an der entliehenen Sache nur **Besitz**
– und ist sachen- wie vertragsrechtlich verpflichtet, sie nach Ablauf der vereinbarten Zeit **zurückzugeben**.

– Bei der Leihe ist die entliehene Sache selbst (**Stückschuld**) und nicht eine nach Art und Menge gleichartige (Gattungsschuld) zurückzugeben. Wohlverstanden muss der Verleiher nicht zwingend Eigentümer der verliehenen Sache sein – es ist also auch die Leihe einer fremden Sache möglich – und kann umgekehrt der Borger auch seine eigene Sache (zurück)-leihen; das dürften aber die untypischen Situationen sein. Ausgeschlossen ist die Leihe an Rechten etc., nur körperliche Sachen können Vertragsgegenstand sein (**a. M.** hier offenbar BSK OR I-Schärer/Maurenbrecher, N 6).

Die Leihe ist Gebrauchsüberlassungsvertrag, gleich wie Miete, Pacht und Darlehen. In Abgrenzung zu den beiden ersten ist sie unentgeltlich – die entgeltliche Leihe ist entweder Miete oder Pacht. Von der Schenkung unterscheidet sich die Leihe namentlich durch das Fehlen eines Schenkungswillens und der Eigentumsübertragung – die Schenkung ist ein Veräusserungsgeschäft, die Leihe auf Rückgabe gerichtet. Das hat sie mit der Hinterlegung gemeinsam, bei der allerdings das Interesse typischerweise beim Hinterleger liegt und der Gebrauch der hinterlegten Sache ausgeschlossen ist, welcher gerade Zweck der Leihe ist. Beim Naturaldarlehen (gleich wie beim Gelddarlehen) ist der Borger zum Verbrauch (also mehr als dem blossen Gebrauch) berechtigt. Im Gegensatz zum Nutzniesser ist der Entlehner nur obligatorisch berechtigt. 6

Die Leihe ist vollständig vom Prinzip der Vertragsfreiheit beherrscht – d. h. die Parteien können Ort, Zeit, Form, Inhalt der Leihe (namentlich Art und Umfang des Gebrauchs, Modalitäten der Beendigung und Rückgabe) völlig frei bestimmen; das OR kennt in Art. 305–311 keine zwingenden Bestimmungen. Deshalb sind auch die Haftungsvorschriften frei vereinbar, insbesondere kann die Haftung für Zufall weg- und der Gebrauch durch Dritte ausbedungen werden. Auf den dispositiven Charakter aller gesetzlichen Vorschriften wird in der Folge nicht mehr systematisch hingewiesen. 7

Aus der Überlassungspflicht des Leihgebers leitet sich einzig die Pflicht zur Übergabe an den Borger ab, von welcher dann erst dessen Sorgfalts-, Unterhalts- und Rückgabeverpflichtungen abhängen. Die Übergabe kann sogleich verlangt werden, die Rückgabe allerdings erst nach der Übergabe und nach erfolgtem Gebrauch bzw. Zeitablauf, evtl. erst nach einer allfälligen Kündigung und Ablauf der allenfalls vereinbarten Kündigungsfrist. 8

Ist die Sache zum vertraglichen oder nach üblichen Massstäben vorgesehenen Gebrauch untauglich, ergeben sich daraus Haftungsfolgen für den Verleiher; sie sind allerdings nach Art. 99 Abs. 2 wegen der Unentgeltlichkeit und der einseitigen Interessenlage (das Geschäft dient dem Entlehner) gemildert; im Ergebnis dürfte dies zu einer Haftung nur bei Vorsatz und grober Fahrlässigkeit führen. 9

10   Von wirtschaftlicher Bedeutung sind einerseits Leihverhältnisse im Kunstbereich (Ausstellungen, «Dauerleihgaben»), andererseits im Dienstleistungsbereich, wo häufig im Rahmen umfangreicher Vertragsverhältnisse auch Geräte und Installationen leihweise zur Verfügung gestellt werden. Ob und inwieweit in solchen gemischten (normalerweise eben auch entgeltlichen) Verträgen die Bestimmungen über die Leihe Anwendung finden, ist im Einzelfall zu beurteilen; denn alles, was leihweise zum Gebrauch überlassen wird, kann auch entgeltlich überlassen werden. In aller Regel werden hier umfangreiche schriftliche Verträge vorliegen, welche die Geltung der gesetzlichen Bestimmungen weitestgehend und in zulässiger Weise ausschliessen.

11   Die Hand-, Bitt- oder Gefälligkeitsleihe ist dagegen kein Vertrag, sondern eine Gefälligkeit ohne (beidseitigen) Bindungswillen: Wenn der Zuschauer dem ihm unbekannten Sitznachbarn das Opernglas «leiht» oder das Konkubinatspaar die Gegenstände des gemeinsamen Haushalts verwendet, kommt dadurch kein Vertrag zu Stande; der «Entlehner» haftet nicht aus Vertrag, sondern allein nach Art. 41 ff. OR. Es kann, schon gar nicht einseitig zu Lasten einer Partei, die Anwendung der gesetzlichen Bestimmungen über die Leihe erfolgen, wenn es an einem Vertrag fehlt. Auf das Fehlen eine rechtlichen Bindungswillens ist auf Grund der gesamten Umstände bzw. des sozialtypischen Verhaltens zu schliessen, die Beweislast für einen rechtsgeschäftlichen Bindungswillen richtet sich nach Art. 8 ZGB. Dabei ist zu beachten, dass die Leihe an sich schon ein «Gefälligkeitsgeschäft» ist, weshalb wohl im Zweifel eher Gebrauchsleihe als unverbindliche Handleihe anzunehmen ist.

12   Es gelten die ordentlichen Verjährungsfristen, es gibt keine besonderen Gerichtsstandsbestimmungen. Die für die Bestimmung des anwendbaren Rechts vertragstypische Leistung ist diejenige des Verleihers, Rechtswahl ist zulässig.

13   Hauptsächliche Pflicht des Entlehners ist die zur Rückgabe der entliehenen Sache nach Gebrauch (Stückschuld). Das Bundesgericht hat sie zu Recht als seine «obligation principale» bezeichnet (BGE 125 III 363, E. 2). Diese Pflicht ist sowohl vertraglich begründet wie auch sachenrechtlich durchsetzbar. Es handelt sich um eine Bringschuld, sei es an den Wohnort des Entlehners, sei es an den Ort, an welchem die Sache sich bei Vertragsschluss befand. Die Transport- und allfälligen Versicherungskosten trägt der Borger.

Art. 306

Wirkung
Gebrauchs-
recht des Entleh-
ners

¹ **Der Entlehner darf von der geliehenen Sache nur denjenigen Gebrauch machen, der sich aus dem Vertrage oder, wenn darüber nichts vereinbart ist, aus ihrer Beschaffenheit oder Zweckbestimmung ergibt.**

² **Er darf den Gebrauch nicht einem andern überlassen.**

³ **Handelt der Entlehner diesen Bestimmungen zuwider, so haftet er auch für den Zufall, wenn er nicht beweist, dass dieser die Sache auch sonst getroffen hätte.**

Die Bestimmung regelt den sachlichen Umfang des Gebrauchsrechts. Sie bestimmt somit indirekt, was der Verleiher zu gestatten hat.   1

Dem Entlehner ist der «vertragsgemässe» Gebrauch gestattet – mithin bestimmen die Parteien darüber, und aus eben dieser Abmachung ergibt sich dann auch, wo der erlaubte Gebrauch endet und der unerlaubte beginnt. Davon hängt auch ab, ob der Gebrauch durch einen Dritten gestattet ist, was die – dispositive – Regelung von Abs. 2 ausschliesst.   2

Eine Gebrauchs*pflicht* besteht sowenig wie eine *Annahmepflicht*; Annahmeverweigerung des Borgers lässt die Überlassungspflicht des Verleihers natürlich entfallen und das gesamte Vertragsverhältnis sogleich enden. Wo allerdings aus der Beschaffenheit der Sache sich eine Handlungspflicht ergibt, besteht diese auch unabhängig vom eigentlichen (und je nach Vertragsgestaltung zulässigerweise unterlassenen) Gebrauch: So muss ein Pferd bewegt oder ein Hund ausgeführt oder ein Gerät ans Stromnetz angeschlossen werden, auch wenn sie nicht der eigentlichen Zweckbestimmung der Leihe gemäss (Pferderennen, Trüffelsuche, Kühlung oder Datenübertragung) dann eingesetzt werden.   3

Während der Nichtgebrauch nur ausnahmsweise vertragswidrig ist, ist der vom Vertrag oder der normalen Beschaffenheit der Sache oder dem Zweck der Leihe abweichende Gebrauch vertragswidrig und damit Vertragsverletzung. Daraus ergeben sich für den Entlehner die üblichen Haftungsfolgen. Bei vertragskonformem Gebrauch haftet er zwar für jedes Verschulden, es besteht aber keine Haftung für Zufall (Abs. 3 e contrario).   4

Das Gesetz unterscheidet zwei Arten von Vertragsverletzungen: Einerseits die «gewöhnlichen», andererseits die «qualifizierten», welche sich als vertragswidrig im Sinne von Abs. 3 erweisen. Für die Vertragsverletzung sowie   5 den sich daraus ergebenden Schaden ist der Verleiher beweispflichtig, in beiden Fällen ist der Borger zwar schadenersatzpflichtig, in beiden kann er aber sich exkulpieren, wobei der Entlastungsbeweis im Bereich von Abs. 3 schwierig sein dürfte. Klarerweise macht die aus vertragskonformen Gebrauch sich ergebende Abnützung etc. der Sache den Entleiher nicht schadenersatzpflichtig, sondern nur die vertragswidrige bzw. übermässige Abnützung oder gar Beschädigung/Zerstörung.

Art. 307

II. **Kosten der Erhaltung**

¹ **Der Entlehner trägt die gewöhnlichen Kosten für die Erhaltung der Sache, bei geliehenen Tieren insbesondere die Kosten der Fütterung.**

² **Für ausserordentliche Verwendungen, die er im Interesse des Verleihers machen musste, kann er von diesem Ersatz fordern.**

1   Die Bestimmung hält fest, wer während der Vertragsdauer für den Unterhalt der Sache aufzukommen hat, sie ist also im wesentlichen eine Kostentragungsregel in Hinblick auf eine allfällige Abrechnung am Ende des Vertragsverhältnisses. Im Unterschied zur Miete trägt bei der Leihe der Entleiher die Kosten der Erhaltung. Dem ist auch so, wenn er vom ursprünglich beabsichtigen Gebrauch Abstand nimmt oder die Sache zwar schon (vertragsgemäss) gebraucht, aber noch nicht zurückgegeben hat. Selbstverständlich können weitgehende Erhaltungs-, Sicherungs-, Wartungs- und ähnliche Pflichten vereinbart werden (Pflege und Unterhalt von Geräten oder Tieren, Lagerung bzw. Behandlung von Kunstgegenständen). Verletzt sie der Entleiher, wird er schadenersatzpflichtig (namentlich für einen dadurch verursachten Wertverlust).

2   Zu unterscheiden von den gewöhnlichen Erhaltungskosten sind die ausserordentlichen Aufwendungen, die der Entleiher hat und im Interesse des Verleihers zunächst auslegt (z. B. Reparatur oder gar Ersatz eines funktionsunfähig gewordenen Motors, Rettungsmassnahmen nach Beschädigung eines Kunstwerks). Diese sind allerdings nur dann zu erstatten, wenn sie im (mutmasslichen) Interesse des Verleihers liegen und von diesem nicht (rechtzeitig) selbst vorgenommen werden können. Dazu gehören insbesondere alle Erhaltungsmassnahmen, die den Bestand der Sache sichern bzw. weitere Beschädigung verhindern sollen. Der Entleiher hat, wo immer möglich und sinnvoll, dem Verleiher vorgängig Anzeige zu machen und ihm zu

ermöglichen, über die Vornahme solcher Aufwendungen – die ja letztlich zu seinen Lasten gehen – zu entscheiden. Indessen bedarf der Entleiher keiner richterlichen Ermächtigung zur Vornahme der notwendigen Massnahmen, wenn eine rechtzeitige Entscheidung des Verleihers ausbleibt oder (aus Zeitgründen, namentlich Dringlichkeit, oder wegen Abwesenheit/Unerreichbarkeit o. ä.) nicht vorgängig möglich ist.

Selbstverständlich nicht unter diese Bestimmung fallen die Aufwendungen, welche sich daraus ergeben, dass der Entlehner von der Sache unsorgfältig oder vertragswidrig Gebrauch gemacht hat.　　3

Dem Borger steht ein Retentionsrecht für seine Ersatzansprüche zu.　　4

Art. 308

Haftung mehrerer Entlehner　　**Haben mehrere eine Sache gemeinschaftlich entlehnt, so haften sie solidarisch.**

Die Regelung erfasst sämtliche, die Mehrzahl von Entlehnern treffenden Pflichten, also namentlich die Erhaltungs- und Rückgabepflicht; dass diese nur einmal erfüllt werden kann, und eigentlich unteilbar erscheint, ändert nichts daran.　　1
Jeder Entleiher haftet dem Verleiher für vertragsgemässen Umgang mit der Sache; es liegt nicht nur Solidarität im Haftungsfall vor (wie der deutsche Gesetzestext vermuten lässt), sondern die Bestimmung regelt die gesamte Pflichterfüllung der mehreren Entleiher (was die romanischen Textfassungen deutlich sagen).

Keine Anwendung findet die Bestimmung klarerweise auf die Konstellation, da der erste Entlehner – sei es berechtigt, sei es unberechtigterweise (vertragswidrig) – durch ein Unterleihverhältnis die Sache einem Dritten überlässt; dadurch entsteht kein Vertragsverhältnis zwischen Zweitentlehner und Erst-Verleiher, der Zweitentlehner haftet also dem Erstverleiher gerade nicht solidarisch neben dem Erstentlehner. Das Vertragsverhältnis der Parteien des Unterleihvertrags ist von demjenigen des Hauptleihvertrags unabhängig, beeinflusst aber allenfalls (negativ) die Erfüllungs- und Exkulpationsmöglichkeiten des Borgers.　　2

Art. 309

<table>
<tr>
<td>C.</td>
<td>Beendigung</td>
<td>[1] Ist für die Gebrauchsleihe eine bestimmte Dauer nicht vereinbart, so endigt sie, sobald der Entlehner den vertragsmässigen Gebrauch gemacht hat oder mit Ablauf der Zeit, binnen deren dieser Gebrauch hätte stattfinden können.</td>
</tr>
<tr>
<td>I.</td>
<td>Bei bestimmtem Gebrauch</td>
<td></td>
</tr>
</table>

[2] Der Verleiher kann die Sache früher zurückfordern, wenn der Entlehner sie vertragswidrig gebraucht oder verschlechtert oder einem Dritten zum Gebrauche überlässt, oder wenn er selbst wegen eines unvorhergesehenen Falles der Sache dringend bedarf.

1   Die Art. 309–311 regeln, wenn auch unvollständig, die Beendigung des Leihvertrags durch den Verleiher bzw. zu seinen Gunsten. Das Gesetz regelt dagegen weder die Beendigung des Vertrags durch den Entlehner noch eigentlich die Folgen der Vertragsbeendigung. Die bestehen jedenfalls in der Auflösung des Gebrauchsleiheverhältnisses, im Erlöschen des Gebrauchsrechts des Entleihers und in seiner Rückgabepflicht. Allenfalls ist noch über Aufwendungen – soweit sie über die Erhaltungskosten hinausgehen – abzurechnen.

2   Zu unterscheiden ist, ob eine Dauer vertraglich abgemacht wurde oder ob sich die Dauer aus dem Zweck der Leihe ergibt. Liegt weder das eine noch das andere vor, wenn die Zweckerfüllung also während unbestimmter Zeit erfolgen kann, ist daraus allerdings nicht abzuleiten, dass es eine «ewige» Leihe geben kann – vielmehr liegt dann ein Anwendungsfall von Art. 310 vor. Deshalb hatte der Verein, dem die Stadt Genf (ohne zeitliche Beschränkung) ein Haus zur Erfüllung seines (ebenfalls zeitlich unbeschränkten) statutarischen Zwecks überliess, eine Kündigung dieses Leihverhältnisses nach 12 Jahren hinzunehmen (BGE 125 III 363).

3   Gemäss Abs. 1 endet die Leihe, ohne Kündigung und von selbst, wenn die vereinbarte Dauer abgelaufen ist (typischerweise ein datumsmässig bestimmter Endtermin erreicht wurde). Das gilt auch, wenn die Zweckbestimmung hinreichend eng begrenzt ist (Leihe eines Schmuckstücks für die Dauer eines Empfangs, eines Autos für die Zwecke des Umzugs o. ä.). Wo sich weder aus dem Zweck noch dem Vertrag eine Dauer bzw. ein Endtermin ableiten lässt, liegt eine Leihe von unbestimmter Dauer vor, die gemäss Art. 310 zu beenden ist.

Daneben kennt Abs. 2 ausserordentliche Beendigungsrechte. Sie erlauben 4
dem Verleiher, die Sache «früher» – gemeint also: vor Ablauf der an sich
vereinbarten Frist – herauszuverlangen. Die Aufzählung der Gründe (nämlich: vertragswidriger Gebrauch, Verschlechterung, Gestatten (vertragswidrigen!) Drittgebrauchs und unvorhergesehener, dringender Eigenbedarf) ist
nicht abschliessend. Die herrschende Lehre lässt die vorzeitige Beendigung
auch bei sonstigen wichtigen Gründen zu (HIGI, N 15 und BSK OR I-SCHÄ-
RER/MAURENBRECHER N 3). Diese Beendigungsgründe setzen Kündigung
voraus, die Beweislast für ihr jeweiliges Vorliegen trägt der Verleiher.

Ob insbesondere der dringliche Eigenbedarf des Verleihers vorliegt, ist im 5
Lichte der gesamten Umstände und der Interessenlage zu beurteilen, wobei
der Gefälligkeitscharakter der Leihe ein wesentliches, aber nie das allein
entscheidende Abwägungselement sein kann. War der Eigenbedarf einem
sorgfältig handelnden Dritten vorhersehbar, wäre er kein «unvorhergesehener» mehr und schliesst das ausserordentliche Beendigungsrecht wieder
aus.

Der vertragliche Rückforderungsanspruch verjährt in 10 Jahren nach Ab- 6
lauf der vereinbarten Dauer bzw. Ablauf der Kündigungsfrist.

Art. 310

Bei unbestimmtem Gebrauch Wenn der Verleiher die Sache zu einem weder der
Dauer noch dem Zwecke nach bestimmten Gebrauche
überlassen hat, so kann er sie beliebig zurückfordern.

Liegt eine Leihe auf unbestimmte (bzw. im Lichte von Art. 309 Abs. 1 unbe- 1
stimmbare) Dauer vor, so ist der Verleiher berechtigt, diese jederzeit zu beenden. Es handelt sich hier um ein ordentliches Beendigungsrecht, welches
den vertraglichen Rückforderungsanspruch auslöst. Die Rückgabe hat deshalb auch sofort zu erfolgen.

Es ist keine Frist im Sinne einer Kündigungsfrist nötig, aber selbstverständ- 2
lich möglich und wohl auch sozialadäquat: Wenn lange und angefochtene
Leihe vorliegt, dürfte nur in Ausnahmefällen die fristlose Beendigung gegen
den Willen des Entlehners dem allgemeinen Gebot der schonenden Rechtsausübung entsprechen. Eine gesetzeskonforme Frist dürfte sich allerdings
auch dann nur nach Tagen und Wochen bemessen. Es besteht kein Grund,
irgendwelche Analogien mit mietvertraglichen Kündigungsfristen anzunehmen. Das Bundesgericht hat ausdrücklich die Vorstellung einer «ewigen

Leihe» verworfen und die Kündbarkeit der Leihe als Ausfluss auch des Eigentumsrechts betont (BGE 125 III 363).

3 Mit Ablauf der Kündigungsfrist – wo keine solche angesetzt wurde, dann mit Mahnung – tritt der Verzug ein.

Art. 311

III. **Beim Tod des Entlehners**   **Die Gebrauchsleihe endigt mit dem Tode des Entlehners.**

1 Der Tod des Entlehners – nicht aber der des Verleihers! – ist ein vom Gesetz vorgesehener, ausserordentlicher Beendigungsgrund. Dies entspricht der gesetzgeberischen Überlegung, wonach die Gefälligkeit im Zweifel nur der Person des Borgers gegolten hat. Da die Regel dispositiver Natur ist, kann diesbezüglich auch Anderes vereinbart werden (wie Wegbedingung der gesetzlichen Folge, Einräumung eines Kündigungsrechts für den Fall des Todes o.ä.).

2 Der Tod des Entlehners beendet ipso iure die Leihe, lässt die Überlassungsverpflichtung des Verleihers enden und bringt das Gebrauchsrecht zum Untergang. Die Bestimmung dürfte in analoger Weise anwendbar sein, wenn der Entleiher vor Übergabe der Sache stirbt: Es ist also dann nicht so, dass die Erben Anspruch auf Überlassung und Gebrauch durch sie hätten.

3 Dagegen ist der Tod des Verleihers für den Fortbestand der Leihe irrelevant. Dieser – vom Gesetz nicht geregelte! – Fall mag allerdings einen wichtigen Grund zur ausserordentlichen Kündigung der Leihe durch die Erben des Verleihers darstellen.

4 Dem Tod einer Vertragspartei kann der Konkurs (der natürlichen oder juristischen) Person nicht einfach gleichgestellt werden. Immerhin dürfte der Konkurs einen ausserordentlichen Beendigungsgrund darstellen; dabei sind die gewandelten Interessenlagen, die Konkursmasse und Gegenpartei haben können, sowie die Eigenheiten des unvollkommen-zweiseitigen Vertrags, den die Gebrauchsleihe darstellt, zu beachten.

Zweiter Abschnitt: Das Darlehen

Art. 312

.. Begriff   Durch den Darlehensvertrag verpflichtet sich der Darleiher zur Übertragung des Eigentums an einer
Summe Geldes oder an andern vertretbaren Sachen,
der Borger dagegen zur Rückerstattung von Sachen
der nämlichen Art in gleicher Menge und Güte.

Für das Darlehen ist neben der reichen Literatur zum Bank(vertrags)recht
insb. zu verweisen auf BENEDIKT MAURENBRECHER, Das verzinsliche Darlehen im schweizerischen Recht, Diss. Bern 1995.

I.   Terminologie

Das OR spricht im 2. Abschnitt zwar vom «Darlehen», umschreibt aber im   1
Art. 312 den «Darlehensvertrag». Wenn man genau sein will, kann man zwischen dem **vertraglichen Verhältnis** (Schuldvertrag bzw. Rechtsgeschäft),
dem «Darlehensvertrag», der – materialisiert verstanden – dann auch die
Vertragsurkunde erfassend, seiner Wirkung (dem Schuldverhältnis), genannt «Darlehensverhältnis», und dem **Inhalt und Gegenstand**, genannt
«Darlehen», unterscheiden. Für letzteres wird auch häufig von der «Valuta» im Sinne der Darlehenssumme bzw. des geliehenen Kapitals oder Wertes gesprochen. In der Banksprache wird jetzt meist vom «Kredit» (Kredit-
vertrag/Kreditverhältnis/Kreditgeschäft/Kreditbetrag) gesprochen, was indessen angesichts des Sprachgebrauchs des KKG (dazu unten N 9) beim
Darlehen im Sinne des OR vermieden werden sollte.

Vertragsparteien sind nach der Sprache des Gesetzes der «**Darleiher**» und   2
der «**Borger**», Bezeichnungen wie «Darlehensgeber» und «Darlehensnehmer», v. a. aber «Kreditgeber» und «Kreditnehmer» sind weit verbreitet
und selbstverständlich zulässig, wenn auch ein Abweichen von gesetzlichen
Begriffen nichts an der allfälligen Geltung der Bestimmungen über das Darlehen ändert. Wie ZK-HIGI, N 17, richtig bemerkt, ist der Begriff des «Darlehensschuldners» deshalb doppeldeutig, weil auch der Darleiher zur Hingabe der Darlehensvaluta verpflichtet ist und nicht allein der Borger nach
Erhalt zu deren Rückzahlung.

II. Begriff und Abgrenzungen

3   Wesentliche Merkmale des Darlehens sind die folgenden:
- Der Darleiher überlässt dem Borger eine **vertretbare Sache** (namentlich Geld)
- zum **Verbrauch,**
- während einer **bestimmten Zeitspanne** (Dauerschuldverhältnis),
- und – je nach Absprache – **unentgeltlich** oder auch **entgeltlich.**
- Der **Borger wird Eigentümer** und hat nur eine vertragliche, keine sachenrechtliche **Rückerstattungspflicht.**
- Der **Darlehensgeber** hat an den dargeliehenen Sachen weder **Besitz** noch **Eigentum.**
- Im Gegensatz zur Leihe ist bei der Darlehen nicht die entliehene Sache selbst (Stückschuld), sondern sind nur nach Art und Menge gleichartige Sachen (**Gattungsschuld**) zurückzugeben.

Der Vertragsschluss unterliegt keinen Formvorschriften.

4   Von den **andern Gebrauchsüberlassungsverträgen** unterscheidet sich das Darlehen dadurch, dass der Borger Eigentümer wird und der Darleiher Besitz und Eigentum verliert. Im Weiteren ist der Borger nicht zum sorgfältigen Gebrauch der Sache verpflichtet, sondern zu deren «Verbrauch» berechtigt, wie besonders schön aus der frz. Bezeichnung «prêt de consommation» hervorgeht. Wo eine Pflicht zur Rückerstattung dem Parteiwillen entspricht, ist ein **Veräusserungsvertrag** (wie Kauf und Schenkung) auszuschliessen. Bei der **Hinterlegung** ist dem Aufbewahrer die Benutzung der hinterlegten Sache nicht gestattet, und er hat eine Rückgabepflicht i.S. einer Stückschuld: Es ist die hinterlegte Sache selbst zurückzugeben. Ausserdem ist das vertragstypische Interesse beim Hinterleger, die vertragstypische Leistung beim Aufbewahrer.

5   Einzig bei der «irregulären Hinterlegung», für die sich die historische Bezeichnung des «depositum irregulare» vornehmerweise bis heute in der Literatur hält, gibt es ein Abgrenzungsproblem: Erstens gehen hier (anders als bei der «gewöhnlichen» Hinterlegung) Nutzen und Gefahr auf den Aufbewahrer über; und zweitens ist dieser eben nicht zur «Rückgabe» der erhaltenen Sache selbst verpflichtet, sondern ihn trifft eine blosse Rückerstattungspflicht: Die gleiche Summe Geldes bzw. Sachen gleicher Art und Güte. Zudem liegt hier das vertragstypische Interesse beim Empfänger (Aufbewahrer/Borger). Womit die Frage, ob bei der Hinterlage von Geld oder Wertpapieren «Darlehen» oder «Hinterlegung» vorliege, entlang der Parteivereinbarung bzw. den Interessenlagen vorzunehmen ist: Wo die Kapitalanlage gegenüber der sicheren Aufbewahrung im Vordergrund steht, ist von einem Darlehen auszugehen (anders noch BGE 100 II 153 ff.). Mit BSK OR I-KOLLER, Art. 481 N 12, BSK OR I-SCHÄRER/MAURENBRECHER, N 34, und ZK-

HIGI, Vor Art. 312–318 N 56, ist unter den heutigen wirtschaftlichen und sozialen Verhältnissen der Schweiz davon auszugehen, dass die Hinterlegung von Geld gegen Zinsen auch im Bereich des (praktisch obsoleten) Sparkassengeschäfts als Darlehen anzusehen ist; ausführlich, z. t. nur noch von historischem Interesse, die diesbezügliche Darstellung bei CHRIST, 268 ff. Entsprechend ist auch das **Festgeld (time deposit)** als Darlehen zu betrachten (h. L., auch BGE 118 II 348 ff. E. 3 zum «call account»).

1. Besondere Darlehensformen

Man kann die **Gelddarlehen** von den **Naturaldarlehen** unterscheiden: Erstere haben eine Geldschuld (sei es in Landeswährung, also Schweizer Franken, oder in Fremdwährung) zum Gegenstand, zweitere vertretbare Sachen (wie Edelmetalle, Wertpapiere, Getreide etc.). Da bei Geldschulden das **Nennwertprinzip** gilt, ist ein allfälliger Wertverlust zwischen Vertragsschluss und Hingabe und vor allem zwischen einem dieser beiden Zeitpunkte und der Rückzahlung unbeachtlich.   6

Weiter zu unterscheiden sind die **entgeltlichen** von den **unentgeltlichen** Darlehen, wobei Entgeltlichkeit und **Verzinslichkeit** nicht identisch sind: Jedes verzinsliche Darlehen ist zwar entgeltlich, aber nicht jedes Entgelt für ein Darlehen ist Zins. Das **unentgeltliche Darlehen** ist also einzig jenes, für welches der Borger weder einen Zins noch eine andere Vergütung zahlt; es ist damit der (altruistischen) Gebrauchsleihe am nächsten.   7

Unter den entgeltlichen Darlehen ist das **partiarische Darlehen** hervorzuheben. Hier ist neben der Rückzahlung (und evtl. neben einem Zins) zusätzlich vor allem ein Anteil am Gewinn geschuldet, den der Borger mit dem Geschäft erzielt, zu dessen Durchführung ihm das Darlehen gewährt wurde. Über die Art der Gewinnberechnung müssen sich die Parteien selbstverständlich verständigen, verbunden mit eventuellen Abrechnungspflichten des Borgers und Kontrollrechten des Darleihers (dazu ZK-HIGI, Vor Art. 312–318 N 23 ff.). Die Abgrenzung von der **einfachen Gesellschaft** ist zwar mitunter schwierig, aber auch dann klar, wenn es am *animus societatis* fehlt und der Anlagezweck des Darleihers (und kein gemeinsamer Zweck der Parteien) im Vordergrund steht; umgekehrt sind eine Verlustbeteiligung, der Verzicht auf Sicherheiten und eine Relativierung der Rückzahlungspflicht, v. a. aber Kontroll- und Mitspracherechte des Darleihers (vgl. CHRIST, 261 ff., ihm folgend BSK OR I-SCHÄRER/MAURENBRECHER, N 37 ff.) starke Indizien für eine (allenfalls stille) einfache Gesellschaft (vgl. OberGer LU, in ZbJV 2007, 56 ff.; BGE 99 II 303 ff. – dort wird allerdings die Verlustbeteilung nicht als wesentliches Kennzeichen zur Abgrenzung bezeichnet).   8

Das Bundesgesetz über den **Konsumkredit (KKG**, SR 221.214.1 vom 23. März 2001) folgt einer anderen Begrifflichkeit als das OR und führt zu mit-   9 unter schwierigen Abgrenzungen seines Anwendungsbereichs: Es findet dann Anwendung, wenn ein gewerbsmässiger Kreditgeber (Art. 2 KKG) einem Konsumenten – also demjenigen, der gerade in nicht gewerblichem bzw. beruflichem Zusammenhang einen Kredit aufnimmt (Art. 3 KKG) – Kredit gewährt. Weil das KKG vom Sozialschutz her denkt, schützt es sogar den Kaufmann, der als Privatmann und nicht für geschäftliche Zwecke einen Kredit aufnimmt. Zudem muss es sich nicht um ein eigentliches Darlehen handeln, sondern es unterfallen dem Gesetz neben Klein- und Teilzahlungskrediten u. U. auch Leasing-, Abzahlungs-, Stundungs-, Kundenkarten- und sogar Drittfinanzierungsgeschäfte (Art. 9 ff. KKG). Da seine Bestimmungen einseitig zwingend sind (also nicht zu Ungunsten des Konsumenten vertraglich abgeändert werden dürfen, Art. 37 KKG), findet es auf alle Darlehen Anwendung, die seiner Umschreibung des Konsumentenkredits entsprechen und nicht unter eine der (zahlreichen) Ausnahmebestimmungen (Art. 7 und 8 KKG) fallen, was namentlich der Fall ist, wenn sie den Betrag von CHF 500.– unter- bzw. den von CHF 80 000.– überschreiten oder Grundpfandsicherung vereinbart wird. Mit der Anwendung des KKG sind einerseits Formvorschriften, andererseits weitere Beschränkungen der inhaltlichen Vertragsfreiheit (Art. 9 ff. KKG), teils weitgehende Informationspflichten und bei Nichteinhaltung häufig Nichtigkeitsfolgen (Art. 15 KKG) verbunden. Besonders rigoros sind die Vorschriften über die Kreditfähigkeitsprüfung (Art. 22 ff. KKG); deren Nichtbeachtung lässt den Kreditgeber u. U. seiner sämtlichen Ansprüche verlustig gehen (Art. 32 KKG – deutliche Kritik daran bei Honsell, BT 266 f.). Im Weiteren enthält das KKG Vorschriften über die höchstzulässigen Zinsen. Dabei stellt Art. 5 KKG auf die «Gesamtkosten» eines Kredits ab und versteht darunter die Summe aus dem Zins i. e. S. und den allfälligen, weiteren vom Borger zu leistenden Vergütungen; diese Gesamtkosten sind gemäss Art. 6 (und Art. 32 ff.) KKG für die Berechnung des effektiven Jahreszinses und damit wiederum des zulässigen Höchstzinssatzes massgebend (Art. 9 Abs. 2 lit. b und Art. 14 KKG). Damit sind auch die kantonalen Höchstzinssatzvorschriften – soweit sie Kreditverhältnisse, die unter das KKG fallen, betreffen – nicht weiter anwendbar. Näheres zur Problematik und Abgrenzung zwischen OR und KKG lesenswert bei ZK-Higi, Vor Art. 312–318 N 106–131.

10 Bei der **Anleihe** wird ein Grossdarlehen in zahlreiche Teilbeträge aufgeteilt, die regelmässig in Wertpapieren verbrieft sind. Die Beziehung zwischen Gläubigern und Schuldner wird in erster Linie durch die Anleihensbedingungen sowie die Gläubigerschutzvorschriften über die Anleihensobligationen geregelt, für eine Anwendung des Darlehensrechts ist in der modernen Vertrags- und Wirtschaftspraxis auch hier praktisch kein Raum mehr, gleich wie im Bankgeschäft. Bei der **Kollektivanlage** (Anlagevertrag/Anlagefonds) gelten die einschlägigen Vorschriften des **Bundesgesetzes über die kollek-**

tiven **Kapitalanlagen** (Kollektivanlagengesetz/KAG, vom 23. Juni 2006, SR 951.31), welches das frühere Anlagefondsgesetz (AFG) ersetzt hat.

Erwähnt seien, ohne Vertiefung, noch folgende Arten von Darlehen: Beim   11
Darlehen mit **Rangrücktritt** tritt der Gläubiger mit seiner Darlehensforderung hinter alle andern Gläubiger des Schuldners zurück; damit können Überschuldungssituationen vermieden bzw. Sanierungen ermöglicht werden. Beim **nachrangigen** Darlehen tritt der Gläubiger nur, aber auch erst im Konkursfall mit seiner Forderung hinter die nicht-nachrangigen Gläubiger zurück. Beim **gesicherten** Darlehen haben der Schuldner oder ein Dritter für die Forderung Real- oder Personalsicherheit (Bürgschaft, Pfandbestellung) zu leisten. Beim **Fremdwährungsdarlehen** stellen sich zusätzlich die Fragen, an welchem Ort in welcher Währung und in welchem Umfang (Kurswert oder Nennwert?) die Rückzahlung zu erfolgen hat. Im Sinne einer Vermutung ist davon auszugehen, dass Darlehen in Fremdwährung auch in dieser zurückzuzahlen sind (BSK OR I-Schärer/Maurenbrecher, N 14 ff.).

2. Darlehensnahe Innominatverträge

Das **Kontokorrentverhältnis**, das die vertragliche Vereinbarung eines ge-   12
genseitigen Verrechnungsverhältnisses darstellt, unterscheidet sich vom Darlehen durch die Gegenseitigkeit der jeweiligen Schulden und Forderungen und die aus der Saldoziehung resultierende Verpflichtung, die (zumindest theoretisch) einmal die eine, dann die andere Partei zum Schuldner bzw. Gläubiger werden lässt, während beim Darlehen im Grundsatz von Anbeginn feststeht, wer in welchem Umfang Schuldner ist (ZK-Higi, Vor Art. 312–318 N 78 f.; BSK OR I-Schärer/Maurenbrecher, N 27 ff.).

Der **Krediteröffnungsvertrag** gewährt – meist schon gegen Entgelt (sog.   13
Bereitstellungskommission) und nicht etwa unentgeltlich! – dem zukünftigen Kreditnehmer, beim zukünftigen Kreditgeber einen Kredit (unter bestimmten Bedingungen) in Anspruch zu nehmen (zu «ziehen»); er ist von seinem «Vollzug», also der tatsächlichen, ihrerseits möglicherweise gestaffelten Zurverfügungstellung der Kreditsumme, zu unterscheiden. Er ist – entgegen einem Teil der Lehre (Nachweise in BSK OR I-Schärer/Maurenbrecher, N 27) – kein Vorvertrag, jedenfalls solange keine tatsächliche Abnahmepflicht des Kreditnehmers vereinbart wurde, sondern ein Rahmen- und damit auch Innominatvertrag (wie hier ZK-Higi, Vor Art. 312–318 N 93). Die Anwendung der Darlehensbestimmungen kann, wenn überhaupt, höchstens noch analoger folgen (BSK OR I-Schärer/Maurenbrecher, N 29; Christ, 265).

Gleiches gilt für den **Kreditkartenvertrag**, welchen einen Kartenheraus-   14
geber mit einem Kartenbenutzer schliesst. Um die dadurch in erster Linie

bezweckte bargeldlose Zahlung zu ermöglichen, wird dieser Vertrag durch
die Vertragsverhältnisse zwischen dem Kreditkartenherausgeber und den
(meist sehr zahlreichen) Anbietern von Waren und Dienstleistungen ergänzt, welche die Karte entgegennehmen; wo der Kreditkartenherausgeber
nicht zugleich die Bank des Kreditkartenkunden ist, treten weitere (Bank-)-
Verträge dazu, welche z.b. die Rückführung des vom Kartenherausgeber
gewährten Kredits regeln. Dabei kann sich insbesondere die Geltung des
KKG (s. o. N 9) ergeben. Die Kreditkarte ist von der **Kundenkarte** zu unterscheiden, bei welcher der Herausgeber zugleich (allenfalls sogar einziger)
Anbieter von Waren und Dienstleistungen ist, die mit der Karte «bezahlt»
werden können und (u. a.) durch Zahlungsaufschub oder Stundung Kredit
gewähren kann. Näheres bei ZK-HIGI, Vor Art. 312–318 N 101 ff.; BSK OR I-
SCHÄRER/MAURENBRECHER, N 48, bezeichnen den in Anspruch genommenen Betrag als «Darlehen»; das erscheint umso weniger zwingend, als dass
sie in N 24 f. richtigerweise Darlehen und Bankkredit nicht für deckungsgleich erklären.

15 Der **Vorschuss** und die **Stundung** sind deshalb **keine Darlehen**, weil sie
keine Schuld begründen, sondern eine solche voraussetzen: Der Vorschuss
wird in Hinblick auf eine später fällig werdende Schuld (Gegenleistung) erbracht; bei der Stundung wird eine ursprüngliche Schuld in Hinblick auf
ihre Fälligkeit und allfällige Nebenleistungen (Ratenzahlung, Zinspflicht)
modifiziert. Eine Stundungsvereinbarung kann u. U. dem KKG unterfallen
(vgl. ZK-HIGI, Vor Art. 312–318 N 71 f. und 76 f.; BSK OR I-SCHÄRER/MAU-
RENBRECHER, N 44 ff.).

16 Wesentlicher wirtschaftlicher Anwendungsbereich des Darlehensrechts ist
die **Kreditvergabe durch Banken**. Dieses Geschäft ist in verschiedener Hinsicht standardisiert und wird durch AGB und (zum Teil umfangreiche)
schriftliche Verträge in einer Weise geregelt, die der Anwendung des Darlehensrechts des OR im Ergebnis den Boden entziehen. Zudem hat sich in der
Banksprache eine eigene Begrifflichkeit entwickelt, die verschiedene Formen des Kredits unterscheidet (Bau-, Blanko-, Export-, Faustpfand-, Hypo-
thekar-, Konsum-, Konsortial-, Lombard- und gedeckter Kredit, fester Vorschuss, u. a. m.) und für die sich feste Regelungskonzepte ausserhalb des vom
OR gezogenen Rahmens entwickelt haben; diese Verträge sind auf Grund ihrer Komplexität meist Innominatverträge. Konsumkredite gemäss der Umschreibung des KKG (oben N 9) unterstehen natürlich dessen Vorschriften.
In diesen Verträgen werden in aller Regel auch die Fragen von Gerichtsstand, anwendbarem Recht und Erfüllungsmodalitäten umfassend geregelt,
was die theoretisch zahlreichen Abgrenzungs- und Koordinationsprobleme
von OR, IPRG, LugÜ und KKG faktisch beseitigt.

III. Inhalt und Vertragspflichten

Das Darlehen ist ein Konsensualvertrag zwischen **Darleiher** und **Borger**. 17
Der Darleiher ist verpflichtet, **auf** (bestimmte oder unbestimmte!) **Zeit** Geld
oder andere vertretbare Sachen **zu Eigentum** zu überlassen, der Borger
muss gleichviel (Summe oder Menge gleicher Art und Güte) zurückerstatten. Die **Aushändigungspflicht** des Darleihers ist die **vertragstypische** Leistung. Deshalb ist auch das Naturaldarlehen unter Nachbarn («Eierleihe»)
ein Vertrag und keine (ausserrechtliche) blosse Gefälligkeit. Für nähere
Einzelheiten sei dem Leser des vorliegenden Kommentars die brillante Darlegung von ZK-HIGI, VOR Art. 312–318 N 33 ff., empfohlen.

1. Insbesondere auf Seiten des Darleihers

Der Darleiher hat die Darlehensvaluta zu übergeben, und er ist insoweit 18
auch vorleistungspflichtig ZK-HIGI, Vor Art. 312 N 45). Beim Gelddarlehen
liegt eine **Summenschuld** vor, die – so die Konzeption des Gesetzes – durch
Bargeldübergabe erfüllt wird (ZK-HIGI, N 27 ff. und 46 ff.; BSK OR I-SCHÄ-
RER/MAURENBRECHER, N 7). Selbstverständlich zulässig und heute meistens
sogar vereinbart wird die Erfüllung durch Gutschrift auf einem Konto, was
indessen eine Reihe verschiedener weiterer Rechtsfragen aufwerfen kann,
z. B. bezüglich Verrechnung, Drittansprachen oder Zwangsvollstreckung.
Bei einem Fremdwährungsdarlehen ist in Fremdwährung zu leisten. Erfüllung zahlungshalber (durch Check, Wechsel o. ä. bargeldlose Zahlungsmittel) und Hingabe an Geldes statt können ebenso vereinbart wie ausdrücklich ausgeschlossen werden; mit Angabe einer Kontonummer des Borgers
ist allerdings konkludent Erfüllung durch Verschaffung einer Gutschrift
vereinbart.

Da die Hingabe Voraussetzung für das Entstehen einer Rückerstattungs- 19
pflicht ist, besteht **kein Austauschverhältnis** zwischen den beiden Hauptleistungen. Nur beim **entgeltlichen Darlehen** stehen die vertraglichen Leistungen in einem Austauschverhältnis – das unentgeltliche Darlehen ist
dagegen ein unvollkommen zweiseitiger Vertrag (ZK-HIGI, N 10 f.; BSK
OR I-SCHÄRER/MAURENBRECHER, N 1; CHRIST, 242).

Während beim **Gelddarlehen** die Übergabepflicht eine **Bringschuld** ist, ist 20
sie beim **Naturaldarlehen** eine **Holschuld** (vgl. Art. 74 Abs. 2 Ziff. 1 und 3;
ZK-HIGI, N 71 ff.).

Das Darlehen ist ein **Dauerschuldverhältnis** (ausführlich BGE 128 III 428 ff.). 21

Die **Belassungspflicht** verbietet dem Darleiher, den Borger in der freien 22
Verwendung der ihm überlassenen Darlehensvaluta zu behindern oder
zu stören; sie dauert, bis die (zeitlich aufgeschobene, der Überlassung/Hin-
gabe erst nachfolgende) Rückerstattungspflicht des Borgers entsteht. Das

schliesst sowohl eine Rechenschaftspflicht des Borgers über die Verwendung aus wie eine eigentliche Werterhaltungspflicht, es sei denn, sie ergebe sich aus dem Vertrag (vgl. ZK-HIGI, N 75 ff.).

23   Höchstens bei einem zweckgebundenen Darlehen kann man dagegen annehmen, dass dem Darleiher ein **Erkundigungsrecht** über die tatsächliche Verwendung der Darlehensvaluta zusteht; strafrechtlich kann ein solches zweckgebundenes Darlehen zudem eine ansonsten nicht bestehende **Werterhaltungspflicht** nach sich ziehen (vgl. BGE 124 IV 9 und BGE 120 IV 117). Wer Zweckgebundenheit des Darlehens behauptet, ist dafür beweispflichtig. Soweit für zweckgebundene Darlehen Sicherheiten geleistet werden, dürfen diese gemäss ZK-HIGI, N 80, nicht, schon gar nicht auf dem Wege von AGB, für andere Schulden des Borgers herangezogen werden; die Bank- und Kautelarpraxis ignoriert die von HIGI richtigerweise aus dem Rechtsmissbrauchsverbot abgeleitete Nichtigkeitsfolge.

24   Selbst beim zinslosen (wie auch beim überhaupt unentgeltlichen) Darlehen löst **Verzug** des Darleihers Verzugszinspflicht aus (ZK-HIGI, N 67 ff.; BSK OR I-SCHÄRER/MAURENBRECHER, N 10a; CHRIST, 241).

2.   Insbesondere auf Seiten des Borgers

25   Der Verpflichtung des Darleihers zur Hingabe entspricht die Forderung des Borgers auf Aushändigung. Diese ist – weil sie eine «gewöhnliche» Forderung ist – durchaus pfändbar, vererblich usw., sofern nicht eine klare Zweckbindung des Darlehens solches gerade ausschliesst (ZK-HIGI, N 24).

26   Den Borger trifft dagegen **keine Abnahmepflicht**. Auch Nichtabnahme der Darlehensvaluta bzw. deren (im Grundsatz zulässiger) Nichtgebrauch verpflichtet den Borger allerdings zur Leistung der vereinbarten Zinsen und Entgelte. Annahmeverzug des Borgers berechtigt zudem den Darleiher zur vorzeitigen Beendigung des Vertragsverhältnisses (ZK-HIGI, N 83 f.).

27   Die **Rückerstattungspflicht des Borgers** ist seine vertragliche Hauptpflicht und besteht darin, dem Darleiher das Eigentum an Geld bzw. Sachen gleicher Art, Menge und Güte zu verschaffen. Die **Eigentumsverschaffungspflicht** des Darleihers entspricht spiegelbildlich einer solchen des Borgers bei Rückerstattung. Es gilt auch hier das Nennwertprinzip, das Risiko von Preis- bzw. Wertzerfall trägt beim Geld- wie beim Naturaldarlehen der Darleiher (ZK-HIGI, N 87 ff.; CHRIST, 242).

28   Die Rückgabepflicht setzt (wie erwähnt) zunächst die überhaupt erfolgte Darlehenshingabe voraus und trifft dann den Borger erst mit dem Vertragsende, sie wird mit diesem auch fällig. Ihre Nichterfüllung löst – allenfalls nach Mahnung – die üblichen Verzugsfolgen aus. Ein allfällig vereinbarter Vertragszins von über 5 % bestimmt dann in Anwendung von Art. 104 Abs. 2

zugleich die Höhe des Verzugszinses, der selbstverständlich auch vertraglich über die gesetzliche Höhe von 5% angesetzt werden kann (ZK-Higi, N 100 ff.; BSK OR I-Schärer/Maurenbrecher, N 14).

Hat der Borger mehr zurückzuerstatten als er erhalten hat, liegt ein ent- 29
geltliches Darlehen vor; hat er weniger zu erstatten, dann liegt in diesem Umfang eine Schenkung vor. Bei vertragswidriger, ungenügender Geldleistung liegt beim Gelddarlehen eine Teilzahlung vor, beim Naturaldarlehen riskiert der Darleiher, dass bei unterlassener Prüfung und Rüge zu seinen Lasten die Annahme der (qualitativ) ungenügenden Rückleistung vermutet wird (ZK-Higi, N 92 ff.).

Annahmeverzug des Darleihers ermächtigt den Borger zur Hinterlegung 30
(ZK-Higi, N 97).

Die vorzeitige Rückerstattung der Darlehensvaluta ist zulässig (wenn sie 31
nicht ganz ausdrücklich vertraglich ausgeschlossen wurde) und verpflichtet insoweit auch den Darleiher zur Annahme. Es gilt Art. 81 und der Borger ist von seiner eigentlich erst später fälligen Rückleistungspflicht auch befreit. Aber im Übrigen besteht selbst bei vorzeitiger Erfüllung die vereinbarte Zinspflicht bis zum vertraglichen Endtermin fort (ZK-Higi, N 103 ff.; BSK OR I-Schärer/Maurenbrecher, N 13).

3. Mehrzahl von Personen

Klarerweise können natürliche und juristische Personen (s. zur Einschrän- 32
kung der Abschlussfreiheit unten N 33) **Vertragsparteien** sein und es kann auch eine **Mehrzahl** solcher auf einer oder beiden Seiten stehen. Es ist dann zu klären, ob Teilgläubigerschaft bzw. der (seltene!) Fall einer Gläubigerschaft zur gesamten Hand und umgekehrt, Teil- oder Solidschuldnerschaft vorliegen.

IV. Sonderfragen

Die Darlehensaufnahme und -gewährung bedarf bei Vormundschaften oder 33
Beiratschaften der **Zustimmung der Vormundschaftsbehörde oder des Beirats** (Art. 421 Ziff. 4 und Art. 395 Abs. 1 Ziff. 5 ZGB); nach Art. 462 Abs. 2 bedarf die Darlehensgewährung einer ausdrücklichen **Ermächtigung an den kaufmännischen Handlungsbevollmächtigten**. Darlehensgewährungen einer Aktiengesellschaft an ihre Aktionäre sind durch das Verbot der Einlagenrückgewähr (Art. 680 Abs. 2) begrenzt, solche von Vorsorgeeinrichtungen an den Arbeitgeber durch die Vorschriften von Art. 57 Abs. 2 BVV 2; dazu können sich aus dem Vorschriften über Klumpenrisiken (namentlich in den Bestimmungen aus dem Finanzmarktbereich) weitere Beschränkungen ergeben.

34   Die Frage, in welchem Umfang der Kreditgeber sich durch seine Kreditge-
      währung wiederum selbst verantwortlich macht, sei hier nur aufgeworfen.
      Wo **Vertrauenshaftung** und Aufklärungspflicht, *culpa in contrahendo* und
      vertragliche Nebenpflicht beginnen bzw. enden, ist hierzulande noch weit-
      gehend ungeklärt. So kann eine Darlehensgewährung an einen (vor dem Zu-
      sammenbruch stehenden) Schuldner im Ergebnis Dritten die Einsicht in
      dessen wahre Lage verschleiern und sie zu Dispositionen veranlassen, die
      sie sonst nicht oder anders getroffen hätten. Diese Dritten könnten versucht
      sein, ihren Schaden z. B. bei den kreditgebenden Banken zu decken, na-
      mentlich diese als **faktische Organe** darzustellen (vgl. BSK OR I-Schärer/
      Maurenbrecher, N 68–68c) Es ist anzunehmen, dass die schweizerische
      Diskussion sich auch hier unter Verzicht auf Eigenständigkeit und in Ver-
      nachlässigung klassisch-dogmatischer Grundsätze in den Bahnen der deut-
      schen und anglo-amerikanischen Lehren entwickeln wird (vgl. neuestens
      Peter Loser, Die Vertrauenshaftung im schweizerischen Schuldrecht, Bern
      2006 – zur Kreditgewährung dort N 796, 832; ebenfalls krit. Honsell, BT,
      260).

V.   IPR und IZPR

35   Beim Darlehen, das nur den Regeln des OR untersteht, können die Par-
      teien – gleich wie bei der Leihe – eine Rechtswahl treffen. Ohne eine solche
      bestimmt sich das anwendbare Recht nach dem (Wohn-)Sitz bzw. der Nie-
      derlassung des Darleihers, da dieser die vertragstypische Leistung erbringt
      (Art. 117 Abs. 3 lit. b IPRG; BGE 118 II 348 ff. E. 3).
      Anders die Verträge, welche dem KKG unterstehen: Hier ist eine Rechts-
      wahl ausgeschlossen und findet das Recht des Landes Anwendung, in wel-
      chem der Konsument seinen gewöhnlichen Aufenthalt hat (Art. 120 Abs. 2
      IPRG); hat der Kreditnehmer Wohnsitz in der Schweiz, gilt das KKG selbst
      dann, wenn das Recht am Ort des Darlehensgebers ihm günstiger wäre. Die
      Dinge werden nicht deshalb einfacher, weil der Begriff des Konsumkredits
      gemäss KKG nicht deckungsgleich mit dem Begriff des Konsumentendarle-
      hens gemäss IPRG ist. Die international-privatrechtliche Anknüpfung kann
      also zu einem vom KKG unabhängigen Ergebnis führen.

36   Auf gewöhnliche Darlehen findet das LugÜ Anwendung und es ist zunächst
      einmal (bei Fehlen einer Gerichtsstandsvereinbarung) die Zuständigkeit am
      Wohnsitz der beklagten Partei gegeben; bei Konsumentendarlehen sind die
      (wiederum nicht vollständig deckungsgleichen!) Bestimmungen von LugÜ
      (Art. 13) und IPRG (Art. 114) abzugrenzen; es kann sich daraus ergeben,
      dass der Borger sowohl an seinem Wohnsitz wie am Wohnsitz des Darlei-
      hers klagen kann, während dem Darleiher nur der Wohnsitz des Borgers
      zur Verfügung steht. Näheres zu den zahlreichen IPR- und IZPR-Fragen bei
      ZK-Higi, Vor Art. 312–318 N 132 ff.

Das Recht des Zahlungsorts bestimmt dann (sofern es an einer – eindeutigen – vertraglichen Bestimmung fehlt) über die Frage der Effektivklausel bzw. über die Alternativermächtigung und regelt damit, in welcher Währung die Rückzahlung geleistet werden kann oder muss (ZK-HIGI, N 30 und 90; BSK OR I-SCHÄRER/MAURENBRECHER, N 59 ff.).   37

Art. 313

Wirkung
Zinse
Verzinslichkeit

¹ **Das Darlehen ist im gewöhnlichen Verkehre nur dann verzinslich, wenn Zinse verabredet sind.**
² **Im kaufmännischen Verkehre sind auch ohne Verabredung Zinse zu bezahlen.**

Die Bestimmung regelt weder ein wesentliches Merkmal des Darlehensvertrags noch umschreibt sie, was Darlehenszins eigentlich ist. Mit andern Worten: Die Zinspflicht ist **kein Definitionsmerkmal** des Darlehens, und worin ein – allfälliger! – Darlehenszins besteht, sagt dieser Artikel auch nicht. Im Übrigen unterscheidet das Gesetz auch hier nicht zwischen Natural- und Gelddarlehen, es gibt also auch das zinspflichtige Naturaldarlehen und das zinslose Gelddarlehen.   1

I. Grundsätze

Das Darlehen ist im **gewöhnlichen Verkehr** grundsätzlich unverzinslich. Zinsen müssen vereinbart werden. Mithin besteht gemäss Abs. 1 eine **Vermutung der Unverzinslichkeit**, wer Zinsen behauptet, ist dafür beweispflichtig (ZK-HIGI, N 6 ff.; BSK OR I-SCHÄRER/MAURENBRECHER, N 1). Die Vermutung ist auf **Darlehenszinsen im engen Sinne** beschränkt. Sie gilt nicht für andere Entgelte, Leistungen, Kommissionen usw. (wie hier ZK-HIGI, N 8). Wer solche Entgelte behauptet trägt allerdings die Beweislast, was den Unterschied im Ergebnis einigermassen vernachlässigbar macht.   2

Als Gegensatz zum gewöhnlichen Verkehr nennt Abs. 2 den **kaufmännischen Verkehr**. Dort gilt umgekehrt die Vermutung der **Zinspflicht** (ZK-HIGI, N 9 ff.; BSK OR I-SCHÄRER/MAURENBRECHER, N 2; CHRIST, 244). Wer also im kaufmännischen Verkehr Zinslosigkeit behauptet, hat diese zu beweisen.   3

Eine **Zinsvereinbarung** (bzw. die Vereinbarung der Unverzinslichkeit im kaufmännischen Verkehr) kann auch **nachträglich** erfolgen (ZK-HIGI, N 7 und 13; CHRIST, 244 f.).   4

II. Abgrenzungen

5   Mit der Abgrenzung des gewöhnlichen vom kaufmännischen Verkehr wird zugleich die Grenze zwischen vermuteter Unverzinslichkeit und vermuteter Verzinslichkeit gezogen. Wo klare (allerdings formfreie!) Vereinbarungen vorliegen (bzw. bewiesen sind), spielen diese Vermutungen keine Rolle.

Die Abgrenzung erfolgt entlang einem **subjektiven** und einem **objektiven Kriterium**: Wo geschäftsgewandte (natürliche oder juristische) Personen einer gewerblichen Zwecken dienenden Tätigkeit nachgehen, ist das erste Kriterium erfüllt. Wo das Darlehen der gewerblichen bzw. umsatzbezogenen Tätigkeit einer oder beider Parteien dient, liegt das objektive Kriterium vor. Während ZK-HIGI, Art. 312 N 68 und Art. 313 N 11, zwischen dem «kaufmännischen Verkehr» und dem «Verkehr unter Kaufleuten» unterscheidet, geht die Praxis (zuletzt BGE 122 III 55 f.) von einer Gleichsetzung aus. Man kann sich tatsächlich fragen, ob das Gesetz drei Bereiche (den **gewöhnlichen Verkehr**, den **kaufmännischen Verkehr** und den **Verkehr unter Kaufleuten**) voneinander trennen oder ob es nicht doch nur zwei – den nicht-kaufmännischen und den kaufmännischen – unterscheiden will. Denkt man dann noch an die Unterscheidung aus dem KKG, welches auf den *gewerbsmässigen* Darleiher abstellt, wird die Vielfalt der «nicht gewöhnlichen», unter sich aber nicht mehr deckungsgleichen Bereiche doch zu gross.

III. Zum Zinsbegriff

6   Der **Darlehenszins** ist eine Leistung gleicher Art wie die Darlehensvaluta und berechnet sich einerseits nach der Zeitdauer und andererseits nach der Höhe (des Wertes/Betrages) der Darlehensvaluta **(Zins im engen Sinne –** BGE 52 II 228 ff. und ZK-HIGI, N 17).

Sind nur (oder neben einem Zins i. e. S. zusätzlich noch) weitere Leistungen vereinbart, die dazu führen, dass der Borger am Ende mehr zurückleistet als er erhalten hat, kann man solche Leistungen als **Zins im weiteren Sinne** bezeichnen, soweit sie sich zumindest noch nach der Dauer der Ausleihe richten (Kommissionen, Teuerungsausgleich u. ä. – ZK-HIGI, N 18).

7   Die Verpflichtung des Borgers zur Leistung von Zinsen macht das Darlehen zum gegenseitigen, synallagmatischen Vertrag (ZK-HIGI, N 14 und 25; BSK OR I-SCHÄRER/MAURENBRECHER, N 1).

IV. Höchstzinsvorschriften

8   Die Darlehenszinsen unterliegen seit jeher **Schranken**: CHRIST, 245, spricht von einer «Reizschwelle», die bei 18 % liegt; dem folgt auch die Rechtsprechung (BGE 93 II 189 ff.). Die dem KKG unterfallenden Darlehen unterste-

hen dessen Höchstzinsvorschriften, die wiederum auf die Gesamtkosten (also die Summe aus Darlehenszins i. e. und i. w. S. zuzüglich aller Entgelte) abstellen; gemäss Art. 14 KKG liegt der Höchstzins bei 15%. Die nicht dem KKG unterfallenden Darlehen unterstehen den Inhaltsschranken von Art. 20 und 21, allenfalls kantonalen Höchstzinsvorschriften, deren Rechtsbeständigkeit aber nach Inkrafttreten des KKG zweifelhaft ist: Angesichts des beiden Regelungsbereichen gemeinsamen **Schutzzwecks** ist das Weiterbestehen kantonaler Vorschriften unter dem Gesichtspunkt des Vorrangs des Bundesrechts abzulehnen (so auch ZK-HIGI, N 23).

Überhöhte Darlehenszinsen unterliegen der **Teilnichtigkeit** und damit im   9
Ergebnis der Herabsetzung auf das erlaubte Mass (BGE 93 II 189 ff., 192; BSK OR I-SCHÄRER/MAURENBRECHER, N 15; offen gelassen in BGE 123 III 292, 305 E. 8).

V. Parteivereinbarung, Fälligkeit und Verzug

Die nähere Regelung über die Zinspflicht ist den Parteien überlassen. Sie   10
können insbesondere bezüglich Fälligkeit, Vorleistungspflicht, Periodizität, Leistung *(praenumerando* oder *postnumerando)*, Ort der Erfüllung Abreden treffen, das Gesetz enthält diesbezüglich keinerlei Vorgaben. Insbesondere regeln die Art. 312 ff. gerade nichts über Entstehung und Beendigung der Zinspflicht. Immerhin ist – weil der Zins als Vergütung für die Überlassung zu verstehen ist – das Entstehen der Zinspflicht an die erfolgte Übergabe der Darlehensvaluta durch den (vorleistungspflichtigen) Darleiher zu knüpfen. Entsprechend endet sie mit der Rückzahlung des Darlehens, bleiben aber auch nach Rückzahlung der Valuta geschuldet, wenn sie nicht beglichen worden sind (Auseinanderfallen bzw. Selbstständigkeit der Zins- und der Rückzahlungsverpflichtung s. ZK-HIGI, N 33 ff.). Ist der Borger mit der Zinszahlung in Verzug – was allenfalls Mahnung voraussetzt! –, kann der Darleiher nach Art. 107 ff. vorgehen, also vom Vertrag zurücktreten (BGE 100 II 345 ff., 349 ff.).

Art. 314

Zinsvorschriften   ¹ **Wenn der Vertrag die Höhe des Zinsfusses nicht bestimmt, so ist derjenige Zinsfuss zu vermuten, der zurzeit und am Orte des Darlehensempfanges für die betreffende Art von Darlehen üblich war.**

² **Mangels anderer Abrede sind versprochene Zinse als Jahreszinse zu entrichten.**

³ Die vorherige Übereinkunft, dass die Zinse zum Kapital geschlagen und mit diesem weiter verzinst werden sollen, ist ungültig unter Vorbehalt von kaufmännischen Zinsberechnungen im Kontokorrent und ähnlichen Geschäftsformen, bei denen die Berechnung von Zinseszinsen üblich ist, wie namentlich bei Sparkassen.

I. Anwendungsbereich

1 Die Bestimmung erfasst nur den **Darlehenszins i.e.S.**, schliesst also umgekehrt den Darlehenszins i.w.S. oder andere Entgelte von seiner Anwendung aus (ZK-Higi, N 3).

2 Abs. 1 und 2 sind dispositiver Natur, dagegen ist Abs. 3 zwingend. (ZK-Higi, N 4 f.; BSK OR I-Schärer/Maurenbrecher, N 1; Christ, 249). Massgebend ist also die **Parteivereinbarung** (ZK-Higi, N 8 und 24 ff.).

II. Gesetzliche Vermutungen

3 Wo es an einer (klaren) Vereinbarung der Parteien fehlt, wird vermutet, dass der Zinsfuss vereinbart wurde, der am Ort des Darlehensempfangs zur Zeit der Empfangnahme für Darlehen dieser Art üblich war. Das ist eine **Kette von Voraussetzungen und Unterscheidungen**: Der Zinsfuss erscheint zunächst als eine Relation zwischen Höhe der Darlehensvaluta und Überlassungsdauer; gemeinhin wird er in Prozent und als Jahreszins verstanden. Weiter ist zu prüfen, welche Darlehensformen am Ort der Übergabe überhaupt unterschieden werden können und welche für diese – vorausgesetzt unterscheidbaren! – Darlehensarten (je nach Zweck, Risiko, Sicherheit und Laufzeit) üblichen Zinssätze bestehen. Schliesslich ist zu überlegen, was als Ort der Übergabe gilt (nämlich der vertraglich vereinbarte, der vom tatsächlichen abweichen kann) und welcher nächstgelegene Handelsplatz als für das Ortsübliche massgeblich erscheint (ZK-Higi, N 28 ff.; BSK OR I-Schärer/Maurenbrecher, N 3 f.; Christ, 249 f.). Schon die Vielzahl dieser Problemstellungen lässt es als geraten erscheinen, dass die Parteien auch hier eine Vereinbarung selbst treffen.

4 Wenn ausser der Entgeltlichkeit alle weiteren Abmachungen nicht nachzuweisen sind, ist ein **Zinssatz von 5 %** anzuwenden (BGE 126 III 189 ff., 192). Dem Entscheid ist nach Higi (ZK-Higi, N 37) vollkommen zuzustimmen, wenn auch zu bedenken ist, dass er auf dem Weg zu diesem Ergebnis zahlreiche Hürden überspringen musste; die ergaben sich daraus, dass die Parteien eine Verzinsung für zweitrangige Hypotheken abgemacht und – zu zwei verschiedenen Zeitpunkten – festgestellt hatten, der Zinssatz betrage dafür «gegenwärtig» soundsoviel Prozente, wobei die Prozentsätze wie-

derum unter sich abwichen. Am Ende blieb aus dem Zusammenspiel von kantonalrechtlichen Prozessvorschriften, Beweislast- und -würdigungsregeln und von analoger Anwendung von Art. 73 ein Zinssatz von 5%.

Abs. 2 stellt die Vermutung auf, dass **Jahreszinsen** abgemacht sind. Damit ist zugleich gesagt, dass Zinsprozente nach anderen Zeitperioden (Monat, Quartal, Semester) ausdrücklich abzumachen sind.   **5**

III. Berechnungsweise

Die Jahreszinse berechneten sich nach der **Usanz 12 Monate à 30 Tage/360   6 Zinstage pro Jahr** (ZK-Higi, N 31 f.; BSK OR I-Schärer/Maurenbrecher, N 6; Christ, 250). Die Bankpraxis bewegt sich zunehmend auf die kalendertagmässig genaue Berechnungsweise hin, zumal auch im internationalen Verhältnis die 360-Tage-Regel keinesfalls üblich war. Nach hier vertretener Auffassung haben die neueren Entwicklungen die jahrzehntealte Usanz noch nicht in rechtlich relevanter Weise verdrängt, so dass einstweilen noch (immer bei Fehlen anderer Abmachungen) auf diese abzustellen ist.

IV. Zinseszinsverbot

Abs. 3 enthält das **Zinseszinsverbot.** Allerdings sind nur vorgängige Vereinbarungen davon betroffen, **nachträgliche Zinseszinsabreden** sind zulässig. Nicht unter das Zinseszinsverbot fallen sodann die kaufmännische Kontokorrentabrede und der Bankverkehr (ZK-Higi, N 40; BSK OR I-Schärer/Maurenbrecher, N 7; Christ, 251). In BGE 130 III 694 ff. hat das Bundesgericht festgehalten, dass Zinsen und Kommissionen nur dann zinstragend sind, wenn sie durch Novation bzw. Saldoziehung dem Kapital zugeschlagen wurden.   **7**

Art. 315

Verjährung des Anspruchs auf Aushändigung und Annahme

Der Anspruch des Borgers auf Aushändigung und der Anspruch des Darleihers auf Annahme des Darlehens verjähren in sechs Monaten vom Eintritte des Verzuges an gerechnet.

I. Normzweck

Die Regelung stellt eine vertragsspezifische Abweichung von den sonstigen   **1 Verjährungsbestimmungen** dar und geht diesen als **lex specialis** vor. Sie erfasst nicht etwa sämtliche Ansprüche aus dem Darlehen, sondern nur zwei spiegelbildliche: Nämlich den **Anspruch des Borgers auf Aushändigung** (bzw. eben den des Darleihers auf Annahme) der Darlehensvaluta (ZK-Higi, N 3, 6 und 9).

2   Der Beginn der Verjährung setzt mit dem **Verzug** ein; der hängt wiederum davon ab, ob eine Mahnung nötig ist oder eine Verfalltagsabrede vorliegt. Die **Verjährungsfrist** ist sechs Monate und damit zwar vergleichsweise kurz, aber angesichts des dem Darlehen zu Grunde liegenden Gefälligkeitselementes auch nicht zu beanstanden. Es handelt sich im Übrigen um eine echte Verjährungsfrist, die unterbrochen werden kann (ZK-Higi, N 12 ff.; BSK OR I-Schärer/Maurenbrecher, N 4; Christ, 241).

3   Das Verbot abweichender Vereinbarungen (Art. 129) gilt schon aus systematischen Gründen nicht, weshalb die Parteien frei sind, andere Vereinbarungen über die Verjährung dieses Anspruchs zu treffen (wenn auch wiederum begrenzt auf die gesetzliche Obergrenze von zehn Jahren).

II. Anwendungsbereich

4   Ausdrücklich nicht von der kurzen Verjährungsfrist sind Darlehenszinsen und Entgelte betroffen; für sie gilt entweder, wenn periodische Zahlung vereinbart ist, die fünfjährige, ansonsten die zehnjährige Verjährungsfrist, die zudem ab Fälligkeit läuft (ZK-Higi, N 20 ff.).

5   Ebenso wenig unterfällt der Rückerstattungsanspruch des Darleihers der Sonderbestimmung, sondern auch für diesen gilt die Zehnjahresfrist (soweit nicht wie beim grundpfandgesicherten Darlehen Unverjährbarkeit gegeben ist). Auch hier läuft die Frist erst ab Fälligkeit, was u. U. Kündigung und Ablauf der Kündigungsfrist voraussetzt (ZK-Higi, N 20).

6   Übergabeleistung des Darleihers wie Annahmepflicht des Borgers bleiben also die einzigen, von dieser Bestimmung erfassten Verpflichtungen. Entgegen dem Wortlaut kann aus dieser Verjährungsregelung aber nicht auf eine **Annahmepflicht** des Borgers geschlossen werden (wie hier ZK-Higi, N 6; a. M. zumindest für das partiarische Darlehen BSK OR I-Schärer/Maurenbrecher, N 3; ähnlich Christ, 241). Richtig ist allerdings nur: Nimmt der Borger nicht an, gerät er in **Annahmeverzug**, was dem Darleiher die daraus fliessenden (Kündigungs-/Schadenersatz-/Rücktritts- und Verzinsungs-)Ansprüche gibt, die ihrerseits nicht der Sonderverjährung des Art. 315 unterliegen.

Art. 316

III. **Zahlungs-unfähigkeit des Borgers**

¹ **Der Darleiher kann die Aushändigung des Darlehens verweigern, wenn der Borger seit dem Vertragsabschlusse zahlungsunfähig geworden ist.**

² **Diese Befugnis steht dem Darleiher auch dann zu, wenn die Zahlungsunfähigkeit schon vor Abschluss des Vertrages eingetreten, ihm aber erst nachher bekannt geworden ist.**

I. Normzweck

Die Bestimmung ermächtigt den Darleiher, unter bestimmten Bedingungen das Darlehen nicht zu valutieren. Damit ist das Verweigerungsrecht ein ausserordentliches, gesetzliches Recht zum **fristlosen Rücktritt** vom Vertrag: Denn ein Darlehen, bei welchem die Hauptpflicht des Darleihers – nämlich Übergabe – nicht mehr erfolgen muss, stellt kein sinnvolles Vertragsverhältnis mehr dar (ZK-Higi, N 3; BSK OR I-Schärer/Maurenbrecher, N 11; Christ, 239).   1

Die Regelung geht als **lex specialis** dem Art. 83 vor und über diesen hinaus: Sie erfasst auch das zinslose Darlehen als unvollkommen zweiseitigen Vertrag, verlangt nicht den Nachweis einer Gefährdung der Ansprüche des Darleihers und macht – jedenfalls vor Auszahlung – die Berufung auf Irrtum überflüssig.   2

II. Voraussetzungen

Das Rücktrittsrecht unterliegt **vier Voraussetzungen**:   3

– Es setzt erstens den Abschluss eines **Darlehensvertrags** voraus.

– Es setzt zweitens voraus, dass der Darleiher die **Valuta noch nicht übergeben** hat. Hat er sie dagegen ganz oder teilweise übergeben, also seine Hauptpflicht – wenn auch nur teilweise – erfüllt, ist der Anwendung der Bestimmung die Grundlage entzogen (so ZK-Higi, N 30 ff. und vermutlich auch BGE 100 II 345 ff., 350 f.; **a. M.** BSK OR I-Schärer/Maurenbrecher, N 7 und 9; Christ, 239).

– Dritte Voraussetzung für das Rücktrittsrecht ist die **Zahlungsunfähigkeit** des Borgers. Diese beurteilt sich nach den allgemeinen Grundsätzen, mithin als dauerhafte (und nicht nur vorübergehende) wirtschaftliche Unmöglichkeit des Borgers, seinen fälligen Verpflichtungen nachzukommen. An den Nachweis dieser objektiven Voraussetzung sind keine allzu strengen Anforderungen zu stellen: Es mögen dafür Anzahl,

Art und zeitlicher wie betragsmässiger Umfang hängiger Betreibungen schon genügen und es müssen nicht erst Konkurs und ergebnislose Pfändung vorliegen. Stichhaltige Indizien reichen sicher aus.

– Viertens besteht eine **zeitliche Relation** der Zahlungsunfähigkeit zum Vertragsschluss: Sie muss entweder nach Vertragsschluss eingetreten sein («nachträgliche» Zahlungsunfähigkeit) gemäss Abs. 1, oder sie hat vorbestanden («ursprüngliche» Zahlungsunfähigkeit), kam dem Darleiher aber gemäss Abs. 2 erst später – nämlich auch nach Vertragsschluss – zur Kenntnis.

4   Die Regelung ist dispositiv, die Parteien können also auch hier Abweichendes vereinbaren.

5   Das **Nichtwissen des Darleihers** von der (ursprünglichen) Zahlungsunfähigkeit wird **vermutet** und kann entsprechend vom Borger widerlegt werden. Allerdings ist kein Darleiher zu Überprüfungsmassnahmen bezüglich seines Schuldners verpflichtet (ZK-Higi, N 21 f. und BSK OR I-Schärer/Maurenbrecher, N 12) – ausdrücklich anders dagegen die Bestimmungen im KKG, Art. 22 ff., welche durch Statuierung solcher Abklärungspflichten einen Beitrag zur Verhinderung von Kettenverschuldung leisten. Wo also umgekehrt das Darlehen in Kenntnis bzw. geradezu zur Milderung einer bestehenden Zahlungsunfähigkeit vereinbart wird, entfällt das Rücktrittsrecht; die Beweislast liegt beim Borger (ZK-Higi, N 23 und BSK OR I-Schärer/Maurenbrecher, N 5).

III. Rechtsfolgen

6   Der Rücktritt wirkt *ex tunc*, damit enden auch allfällige Zinszahlungsverpflichtungen. Für Schadenersatzansprüche bleibt mit ZK-Higi, N 28 f. und BSK OR I-Schärer/Maurenbrecher, N 11 kein Raum, geht doch Art. 316 den Bestimmungen von Art. 107 und 109 vor und kann höchstens in Ausnahmefällen ein widerrechtliches Verhalten des (zahlungsunfähigen) Borgers überhaupt angenommen werden.

Art. 317

C.   **Hingabe an Geldes Statt**

[1] Sind dem Borger statt der verabredeten Geldsumme Wertpapiere oder Waren gegeben worden, so gilt als Darlehenssumme der Kurswert oder der Marktpreis, den diese Papiere oder Waren zur Zeit und am Orte der Hingabe hatten.

[2] Eine entgegenstehende Übereinkunft ist nichtig.

I. Normzweck

Die Bestimmung schützt den Borger insoweit, als nicht die ursprünglich vereinbarte Geldsumme bzw. der Schätzwert der übergebenen Valuta, sondern allein der **Markt- oder Kurswert der überlassenen Waren und Wertpapiere** für die Bestimmung der Darlehenssumme massgeblich ist (ZK-Higi, N 3; BSK OR I-Schärer/Maurenbrecher, N 1; Christ, 237 ff.). 1

Die Norm ist gemäss Abs. 2 **zwingend**. Es treffen eine abweichende Vereinbarung die üblichen, von Amtes Wegen zu beachtenden **Nichtigkeitsfolgen**. Sie erfassen selbstverständlich nicht den Darlehensvertrag insgesamt, sondern lediglich die vom Gesetz zum Nachteil des Borgers abweichende Vereinbarung bezüglich Wertbestimmung der Sachleistung (ZK-Higi, N 7). 2

II. Anwendungsbereich

Die Bestimmung regelt folgende Konstellation: Es ist ein **Gelddarlehen** abgemacht, die Rückerstattungspflicht des Borgers ist in Geld; allerdings übergibt der Darleiher vertragswidrig Wertpapiere oder Waren. Der Borger hat es in der Hand, die nicht vertragskonforme Erfüllungsleistung (Sachleistung an Geldes Statt) nicht anzunehmen. Die Bestimmung beruht insoweit auf der Voraussetzung eines Änderungsvertrags der Parteien bezüglich Erfüllung (ZK-Higi, N 4 und 11). 3

Die Bestimmung gilt nicht für das **Naturaldarlehen** (BSK OR I-Schärer/Maurenbrecher, N 3). Sie gilt auch dann nicht, wenn die Parteien abgemacht haben, dass der **Erlös als Darlehensvaluta** gelten soll; dann ist eben der (objektive) Verkaufswert der übergebenen Wertpapiere, Waren oder Speziessachen für die Berechnung der zu restituierenden Geldsumme massgeblich (Christ, 238). 4

Liegt die vereinbarte Darlehenssumme **unter dem möglichen Kurs- oder Marktwert**, so ist diese zum Vorteil des Borgers (und insoweit zum gewollten Nachteil des Darleihers) massgeblich; die Norm schützt den Borger (BSK OR I-Schärer/Maurenbrecher, N 5; Christ, 238). 5

Die Bestimmung verbietet insbesondere auch nicht, dass Sachen ohne Kurs- oder Marktwert hingegeben werden; sie findet dann allerdings analoge Anwendung: Es liegt seitens des Darleihers eine Leistung **erfüllungshalber** vor, als Darlehenssumme gilt der (erzielte oder erzielbare) Erlös (ZK-Higi, N 10 und 16; BSK OR I-Schärer/Maurenbrecher, N 6; Christ, 238). 6

III. Massgeblicher Preis

7 Massgeblich ist der Markt- oder Kurswert bzw. der Markt- oder Börsenpreis, wie er am Ort der Erfüllung (und zwar gemeint der Ort der ursprünglich vereinbarten Geldübergabe!) zur Zeit der Übergabe erzielbar war. Fehlt ein Markt oder Marktpreis im engen Sinne, ist auf einen allenfalls vorhandenen, üblichen Preis abzustellen (ZK-Higi, N 19 ff.).

Art. 318

D.   Zeit der Rück-
     zahlung

Ein Darlehen, für dessen Rückzahlung weder ein bestimmter Termin noch eine Kündigungsfrist noch der Verfall auf beliebige Aufforderung hin vereinbart wurde, ist innerhalb sechs Wochen von der ersten Aufforderung an zurückzubezahlen.

I. Normzweck

1 Die Bestimmung statuiert – soweit diesbezüglich keine vertragliche Vereinbarung vorliegt – ein **ordentliches Kündigungsrecht** des Darleihers. Er ist an keine Formen, Fristen und Termine gebunden, allerdings tritt die Wirkung – nämlich die Vertragsauflösung – erst sechs Wochen nach der Kündigung ein (ZK-Higi, N 3; BSK OR I-Schärer/Maurenbrecher, N 6).

2 Deshalb ist im Rahmen der Vertragsfreiheit jede **andere Kündigungsregelung** frei vereinbar (ZK-Higi, N 3; BSK OR I-Schärer/Maurenbrecher, N 4 und 8). Davon macht namentlich die **Bankpraxis** reichlich Gebrauch (Näheres bei BSK OR I-Schärer/Maurenbrecher, N 15 ff.).

II. Anwendungsbereich

3 Die Regelung erfasst lediglich die auf **unbestimmte Zeit** abgeschlossenen Darlehensverträge; sie **gilt nicht**, wo abweichende Vereinbarungen vorliegen, sie gilt nicht beim befristeten Darlehen, sie gilt nicht beim jederzeit kündbaren bzw. rückzahlbaren Darlehen, sie regelt keine anderen Beendigungsgründe, insbesondere nicht solche, die der Borger haben könnte oder die sich ansonsten bei Dauerschuldverhältnissen (dazu BGE 128 III 428 ff.) ergeben.

4 Ob ein Darlehen auf **bestimmte** (oder **bestimmbare**) **Dauer** abgeschlossen ist, ergibt sich aus der Bestimmung eines Endtermins, einer Laufzeit, des Eintritts einer Bedingung oder der Koppelung an den Leistungszweck (ZK-

Higi, N 15 ff.). Nach der Rechtsprechung (BGE 76 II 144 ff.) ist die Vereinbarung einer Rückzahlung «sobald nach dem Geschäftsergebnis möglich» keine einer unbestimmten Dauer (ausdrücklich zustimmend BSK OR I-Schärer/Maurenbrecher, N 3, verhalten zustimmend ZK-Higi, N 16 und 22, eindeutig ablehnend dagegen Christ, 255). Als von bestimmbarer Dauer gelten deshalb auch Darlehen auf Lebenszeit (dazu BGE 100 II 345 ff.). Nur durch **Parteivereinbarung** wird ein Darlehensverhältnis zu einem von bestimmter (oder zumindest bestimmbarer) Dauer.

III. Rechtsfolge

Wird das Darlehen von unbestimmter Dauer gekündigt, endet das Vertragsverhältnis nach sechs Wochen; mit Ablauf dieser Frist gerät der Borger in Verzug.   5

IV. Höchstdauer

Das Gesetz kennt **keine Höchstdauer**. Vertraglich kann damit jede Dauer   6
eines Darlehens abgemacht werden (bis zu 22 Jahren in BGE 128 III 428 ff.); gegen die von Christ, 258 ff., hergeleiteten Beschränkungen auf 20 oder 30 Jahre, denen BSK OR I-Schärer/Maurenbrecher, N 11 f., folgen, wendet sich richtig und entschieden ZK-Higi, N 20 f.: Einzige Schranke ist Art. 27 ZGB, die Rechtsfolge übermässiger Dauer dann Teilnichtigkeit nach Art. 20.

V. Weitere Fragen

Es ist in analoger Weise dem Borger beim verzinslichen Darlehen auf unbe-   7
stimmte Zeit ebenfalls ein Kündigungsrecht einzuräumen, beim unentgeltlichen Darlehen kann er sogar fristlos jederzeit seine Rückerstattungspflicht erfüllen.

Weitere Kündigungsgründe ergeben sich bei **Verzug mit Zinsen** oder ande-   8
ren Leistungen des Borgers sowie allfälliger Parteivereinbarung.

Daneben bestehen – und von Art. 318 völlig unabhängig und nicht gere-   9
gelt – alle ausserordentlichen, vertraglich vereinbarten oder «gesetzlichen» Beendigungsrechte (wie Willensmängel, Verzug, Konkurs, wichtige Gründe etc.). Näheres bei ZK-Higi, N 32 ff.

Das Darlehen ist ein Dauerschuldverhältnis. Alle Dauerschuldverhältnisse   10
können aus **wichtigen Gründen** beendet werden, selbst wenn eine ausdrückliche gesetzliche Regelung (wie beim Darlehen) fehlt. Deshalb kann auch – wie das Bundesgericht in Abkehr von BGE 100 II 348 ff. und der ebenfalls gegenteiligen Meinung von Christ, 257 f., festgehalten hat – das Darlehen aus wichtigen Gründen beendet werden (BGE 128 III 428 ff.,

430 ff.); dazu gehören Veränderungen in den persönlichen Umständen, es bedarf aber ausdrücklich keiner Störung des Äquivalenzprinzips; kein wichtiger Grund ist dagegen Vermögensverschlechterung beim Borger. Lesenswert auch hierzu ZK-HIGI, N 48 ff.

11   Bezüglich der **Verjährung**, namentlich des zinslosen Darlehens, ist sich die Lehre uneins. Aus dem Zusammenspiel von Art. 130 Abs. 2 mit 318 wird abgeleitet, der Rückforderungsanspruch verjähre 10 Jahre und 6 Wochen nach Aushändigung der Darlehensvaluta (BSK OR I-SCHÄRER/MAURENBRECHER, N 28); dem hält HONSELL, BT, 264 zu Recht entgegen, dass der Rückerstattungsanspruch nicht vor Fälligkeit verjähren kann.

Der Arbeitsvertrag

Vorbemerkungen zu den Art. 319–362

Literatur

BRUNNER/BÜHLER/WAEBER/BRUCHEZ, Kommentar zum Arbeitsvertrags-recht, 3. Aufl. Basel/Genf/München 2005; BRÜHWILER, Kommentar zum Ein-zelarbeitsvertrag, 2. Aufl. Bern/Stuttgart/Wien 1996; DUC/SUBILIA, Commen-taire du contrat individuel de travail, Lausanne 1998; GEISER/MÜLLER, Arbeitsrecht in der Schweiz, Bern 2005; PORTMANN/STÖCKLI, Schweize-risches Arbeitsrecht, 2. Aufl. Zürich/St. Gallen 2007; REHBINDER, Schweize-risches Arbeitsrecht, 15. Aufl. Bern 2002; STREIFF/VON KAENEL, Arbeitsver-trag, 6. Aufl. Zürich/Basel/Genf 2006; TOBLER/FAVRE/MUNOZ/GULLO EHM, Arbeitsrecht, Lausanne 2006; TSCHUDI, Geschichte des schweizerischen Ar-beitsrechts, Basel 1987; VISCHER, Der Arbeitsvertrag, SPR VII/4, 3. Aufl. Basel/Genf/München 2005; WYLER, Droit du travail, Berne 2002.

Der zehnte Titel des Obligationenrechts behandelt unter der Überschrift «Der Arbeitsvertrag» **drei Arten von Arbeitsverträgen**, nämlich: 1

– den *Einzelarbeitsvertrag* (Art. 319–343), mit seinen Unterformen des Lehrvertrags (Art. 344–346a), des Handelsreisendenvertrags (Art. 347–350a) und des Heimarbeitsvertrags (Art. 351–354);
– den *Gesamtarbeitsvertrag* (Art. 356–358);
– den *Normalarbeitsvertrag*, und zwar den dispositiven Normalarbeitsver-trag (Art. 359–360) sowie den befristeten Normalarbeitsvertrag mit Mindestlöhnen (Art. 360a–360f).

Diese bilden **Teil des Arbeitsrechts**, welches den sozialen Tatbestand der **abhängigen Arbeit** regelt, die aufgrund eines privatrechtlichen Vertrags geleistet wird (BK-REHBINDER, N 1). 2

3   Das Arbeitsrecht lässt sich unterteilen in die folgenden **drei Teilgebiete** (BSK OR I-Portmann, N 1 ff.):

– Das *Individualarbeitsrecht*, welches die privatrechtliche Rechtsbeziehung zwischen dem einzelnen Arbeitgeber und Arbeitnehmer regelt. Grundlage dieser Rechtsbeziehung bildet der Einzelarbeitsvertrag, im Bereich der Seeschiffahrt der Heuervertrag der Seeleute (Art. 68–81 und 162 Seeschiffahrtsgesetz, SR 747.30). Ebenfalls zum Individualarbeitsrecht gehört der Normalarbeitsvertrag.

– Das *kollektive Arbeitsrecht* als das Recht der Arbeitsverbände und deren Beziehung zum jeweiligen Sozialpartner. Im Zentrum stehen hier der Gesamtarbeitsvertrag und die in Art. 28 BV gewährleistete Koalitions- und Arbeitskampffreiheit.

– Das *öffentliche Arbeitsrecht*, das teils Schutz-, teils Gestaltungs- und Lenkungsfunktion hat und aus einer Vielzahl von Gesetzen und Verordnungen besteht (s. die Übersicht bei BSK OR I-Portmann, N 14 ff.).

4   Das Zusammenspiel dieser Regelungen ist mitunter komplex. Ihr gemeinsames Ziel ist es, den Arbeitnehmer in gesundheitlicher, persönlicher und vermögensrechtlicher Hinsicht zu schützen und dadurch die durch die Arbeit geschaffene Abhängigkeit zu mildern (Vischer, 31).

5   Abzugrenzen vom Arbeitsrecht ist das **Recht des öffentlichen Dienstes**, das ein öffentlichrechtliches Anstellungsverhältnis zum Gegenstand hat. Das Recht des Einzelarbeitsvertrags kann hier allenfalls qua Verweisung oder zwecks Lückenfüllung zur Anwendung gelangen, oder wenn ausnahmsweise ein privatrechtlicher Einzelarbeitsvertrag abgeschlossen wird (BSK OR I-Portmann, N 22).

Erster Abschnitt: Der Einzelarbeitsvertrag

Art. 319

Begriff und
Entstehung
Begriff

¹ **Durch den Einzelarbeitsvertrag verpflichtet sich der Arbeitnehmer auf bestimmte oder unbestimmte Zeit zur Leistung von Arbeit im Dienst des Arbeitgebers und dieser zur Entrichtung eines Lohnes, der nach Zeitabschnitten (Zeitlohn) oder nach der geleisteten Arbeit (Akkordlohn) bemessen wird.**

² **Als Einzelarbeitsvertrag gilt auch der Vertrag, durch den sich ein Arbeitnehmer zur regelmässigen Leistung von stunden-, halbtage- oder tageweiser Arbeit (Teilzeitarbeit) im Dienst des Arbeitgebers verpflichtet.**

Literatur

BYRNE-SUTTON, Le contrat de travail à temps partiel, Zürich 2001; H.-P. EGLI, Neue Tendenzen bei der Teilzeitarbeit, SJZ 2000, 205 ff.; GEISER, Flexibilisierung der Arbeitszeit und des Lohnes, ArbR 1998, 77 ff.; DERS., Neue Arbeitsformen – Flexible Arbeitszeiten, Job Sharing, Computer-Arbeitsplätze, AJP 1995, 557 ff.; GEISER/UHLIG, Arbeitsverträge im Konzern, ZBJV 2003, 757 ff.; GERBER, Die Scheinselbständigkeit im Rahmen des Einzelarbeitsvertrags, Bern/Stuttgart/Wien 2003; HARDER, Freie Mitarbeit und ähnliche Formen freier Zusammenarbeit, 2. Aufl. Bern 2002; HEIZ, Das Arbeitsverhältnis im Konzern, Bern 2005; R. MÜLLER, Der Verwaltungsrat als Arbeitnehmer, Zürich/Basel/Genf 2005; R. A. MÜLLER, Arbeitnehmerähnliche Personen. Rechtsprobleme der Scheinselbständigkeit, ArbR 2000; 21 ff.; RONCORONI, Arbeit auf Abruf und Gelegenheitsarbeit, AJP 1998, 1410 ff.; VÖLKER, Die Scheinselbstständigkeit im schweizerischen Arbeitsrecht, Diss. Zürich 2000.

I.   Begriff und Abgrenzungen (Abs. 1)

Durch den Arbeitsvertrag verpflichtet sich der Arbeitnehmer auf bestimmte oder unbestimmte Zeit zur Leistung von Arbeit im Dienst des Arbeitgebers und dieser zur Entrichtung eines Lohnes (Art. 319 OR).   1

2   Die folgenden **vier Elemente** kennzeichnen den Arbeitsvertrag:

3   – *Leistung von Arbeit*: Unter Arbeit ist jede auf die Befriedigung eines Be-
     dürfnisses gerichtete planmässige Verrichtung eines Menschen zu ver-
     stehen. Erforderlich ist eine **positive Betätigung**, die aber nicht nach
     aussen in Erscheinung treten muss (z. B. Überwachung, Leistung von
     Bereitschaftsdienst; BGE 124 III 249, 251). Keine Arbeit stellt blosses
     Dulden oder Unterlassen dar (VISCHER, 2).

4   – *Dauer*: Die Arbeitsleistung ist auf (bestimmte oder unbestimmte) Zeit ge-
     schuldet. Der Arbeitsvertrag ist somit ein **Dauerschuldverhältnis**, in
     dem die dauernde Leistung von Arbeit auf Zeit und Lohn gegeneinander
     ausgetauscht werden. Auch bei sehr kurzer Vertragsdauer von nur we-
     nigen Stunden kann ein Arbeitsverhältnis vorliegen (ArbGer Zürich, JAR
     1988, 105 – Orchestermusiker für einzelnes Konzert). Im Gegensatz zum
     Werkunternehmer schuldet der Arbeitnehmer kein bestimmtes Arbeits-
     ergebnis (BGer, 4C.103/2005 E. 1.2). Die Pflicht zur Arbeitsleistung er-
     lischt nicht durch Erfüllung, sondern durch Zeitablauf.

5   – *Subordinationsverhältnis*: Der Arbeitnehmer arbeitet «im Dienst des
     Arbeitgebers» und ist damit in die Arbeitsorganisation des Arbeitgebers
     eingegliedert. Er ist in persönlicher, zeitlicher und organisatorischer
     Hinsicht der **Weisungsgewalt** des Arbeitgebers unterstellt (s. Art. 321d).
     Dieser bestimmt, wie, wann und wo zu arbeiten ist (VISCHER, 5). Ob eine
     Vertragspartei derart in die Betriebsorganisation der anderen einge-
     gliedert und entsprechend weisungsgebunden ist, entscheidet sich auf-
     grund **sämtlicher Umstände** (BGer, 4C.220/2003 E. 2.1). **Indizien** sind
     etwa die Bindung an vorgeschriebene Arbeitszeiten, der Umfang der
     vertraglichen Beschäftigungsdauer, geringe Freiheit in der Ausgestal-
     tung der Arbeit, die Zuweisung eines Arbeitsplatzes im Betrieb des Ar-
     beitgebers, die Ausrüstung mit Geräten und Material, das Fehlen eines
     Unternehmerrisikos und die Verrichtung untergeordneter Arbeit (Nähe-
     res bei BSK OR I-PORTMANN, N 14 ff. und STREIFF/VON KAENEL, N 3 ff.;
     s. a. BGer, 4C.276/2006 E. 4); ferner die sozialversicherungs- und steuer-
     rechtliche Einstufung als Unselbständigerwerbender (BGer, 4C.220/
     2003 E. 2.3; BGE 129 III 664, 669).

6   – *Entgeltlichkeit*: Der Arbeitsvertrag ist **zwingend entgeltlich**. Ob der
     Lohn nach Zeitabschnitten (Zeitlohn) oder nach der (individuellen oder
     kollektiven) Leistung (s. Art. 322 N 3) bemessen wird, ist für die Ver-
     tragsqualifikation unerheblich. Wird die Arbeit **unentgeltlich** geleistet
     (was ausdrücklich vereinbart sein muss, s. Art. 320 N 5), so liegt ein Auf-
     trag vor, ein Vertrag *sui generis* oder blosse Gefälligkeit (ZK-STAEHELIN,
     N 24).

Die **Abgrenzung** des Arbeitsvertrags von anderen Vertragstypen erfolgt in 7
erster Linie nach dem Kriterium der Subordination. Das gilt namentlich für
Verträge auf selbständige Dienstleistung wie Auftrag (BGer, 4C.220/2003
E.2.1; BGE 130 III 213, 216 – leitendes Organ einer Aktiengesellschaft),
Werkvertrag (BGE 73 II 415 ff.), Agenturvertrag (BGE 129 III 664, 668) und
für die einfache Gesellschaft (BGE 109 II 228 ff.).

Eine Sonderstellung nehmen sog. **arbeitnehmerähnliche Personen** oder 8
Scheinselbständige ein. Bei diesen scheitert ein Arbeitsverhältnis daran,
dass sie nicht in die Arbeitsorganisation ihres Vertragspartners eingegliedert sind. Sie befinden sich jedoch in einer starken unternehmerischen und
wirtschaftlichen Abhängigkeit zu ihrem Vertragspartner, so dass sie ebenfalls sozial schutzbedürftig erscheinen. Lehre und Rechtsprechung wenden
daher einzelne zwingende Vorschriften des Arbeitsrechts analog auf sie an
(BGE 118 II 157; Harder, 153 ff.; R. A. Müller, ArbR 2000, 21, 33 ff.).

II. Teilzeitarbeit (Abs. 2)

Abs. 2 hält – bloss um der Rechtssicherheit Willen (BBl 1967 II 295) – fest, 9
dass auch der Vertrag über Teilzeitarbeit ein Arbeitsvertrag ist. Demzufolge
sind auch auf den Teilzeitarbeitsvertrag die Art. 319 ff. anwendbar. Den besonderen Verhältnissen des Teilzeitangestellten ist bei den einzelnen Rechten und Pflichten (z.B. bei Nebentätigkeiten, Überstunden) Rechnung zu
tragen.

Von **Teilzeitarbeit** spricht man, wenn die Arbeitszeit gegenüber der be- 10
triebs- oder branchenüblichen Arbeitszeit verkürzt ist (BSK OR I-Portmann, Art. 321 N 17). Die Bestimmung nennt beispielhaft regelmässige
stunden-, tage- und halbtageweise Arbeit. Das Kriterium der Regelmässigkeit verlangt nicht nach einem festen, sich wiederholenden Stundenplan,
sondern bedeutet, dass die einzelnen Arbeitseinsätze aufgrund eines fortgesetzten, andauernden Vertragsverhältnisses geleistet werden (ZK-Staehelin, N 52). Erfasst sind daher auch Verträge, bei denen sowohl Umfang als
auch Lage der Arbeitszeit flexibel sind, sei es, dass dem Arbeitgeber das
Bestimmungsrecht zusteht (**Arbeit auf Abruf**, dazu BGE 124 III 249, 250;
125 III 65), sei es, dass die Zeitsouveränität beim Arbeitnehmer liegt (z.B.
beim **Job Sharing**; dazu ZK-Staehelin, N 57).

Keine regelmässige Arbeitsleistung i.S.v. Abs. 2 liegt indessen vor bei der 11
sog. **Aushilfs- oder Gelegenheitsarbeit**. Hier wird für jeden einzelnen Einsatz ein neuer befristeter Arbeitsvertrag abgeschlossen. Ob Aushilfs- oder
aber Teilzeitarbeit mit schwankendem Beschäftigungsgrad vorliegt, beurteilt
sich primär nach dem Parteiwillen. Werden ohne sachlichen Grund mehrere
Aushilfsverträge aneinandergereiht, so liegt aufgrund des Verbots von Ket-
tenarbeitsverträgen ein einheitliches Arbeitsverhältnis vor (s. Art. 334 N 8).

12 Von der Teilzeitarbeit zu unterscheiden ist die sog. **Temporärarbeit**. Dabei handelt es sich um die Hauptform des im AVG geregelten Personalverleihs, bei welchem der Arbeitnehmer zum Zwecke des Verleihs angestellt wird. Die Dauer des Arbeitsvertrags ist auf einen Einsatz beschränkt (Art. 27 Abs. 2 AVV). Daneben besteht ein allgemeiner Rahmenvertrag, der die Rechte und Pflichten für den Fall eines Einsatzes festlegt.

III. Anwendbare Bestimmungen

13 Das einzelne Arbeitsverhältnis wird durch eine **Vielzahl verschiedenartiger Normen** geregelt: Bestimmungen in Gesetzen und Verordnungen (einschliesslich Normalarbeitsvertrag, Art. 359 ff.), normative Bestimmungen von Gesamtarbeitsverträgen (s. Art. 356 N 9 ff.), Regelungen einer Betriebsordnung (Art. 37 ff. ArG), Abreden zwischen Arbeitgeber und Arbeitnehmer, Weisungen des Arbeitgebers (Art. 322d) und betriebliche Übung (dazu RUSCH, Observanz und Übung, Erwirkung und Rechtsschein, Jusletter 18. September 2006).

14 Treten zwischen den verschiedenartigen Normen Widersprüche auf, so ist die massgebliche Regelung aufgrund der **hierarchischen Rangfolge** zu ermitteln, in der ihre jeweiligen Rechtsquellen zueinander stehen (zum Folgenden REHBINDER, N 39 ff.):

15 Grundsätzlich besteht **von oben nach unten** folgende Rangordnung (Art. 358, 359 Abs. 3, 360 Abs. 1; 361 f.; Art. 38 Abs. 3 und 39 Abs. 2 ArG):
   – zwingendes Verfassungs-, Gesetzes- und Verordnungsrecht (einschliesslich befristetem Normalarbeitsvertrag mit Mindestlöhnen, Art. 360a ff.),
   – normative Bestimmungen des Gesamtarbeitsvertrags,
   – Betriebsordnung,
   – Einzelarbeitsvertrag,
   – dispositiver Normalarbeitsvertrag (Art. 359 ff.),
   – dispositives Gesetzesrecht,
   – Weisungen des Arbeitgebers.

16 Ausnahmsweise geht eine rangschwächere Regelung einer ranghöheren Regelung vor, wenn sie für den Arbeitnehmer günstiger ist (sog. **Günstigkeitsprinzip**). Das gilt allerdings nicht generell. Das Günstigkeitsprinzip ist nur anwendbar im Verhältnis:
   – von teilzwingendem Verfassungs-, Gesetzes- und Verordnungsrecht zum Gesamt-, Einzel-, und Normalarbeitsvertrag und zur Betriebsordnung (Art. 362; Art. 38 Abs. 3 ArG);
   – des Gesamtarbeitsvertrags zum Einzelarbeitsvertrag (Art. 357 Abs. 2);
   – der Betriebsordnung zum Einzelarbeitsvertrag (Art. 357 Abs. 2 analog).

Art. 320

II.	Entstehung	¹ **Wird es vom Gesetz nicht anders bestimmt, so bedarf der Einzelarbeitsvertrag zu seiner Gültigkeit keiner besonderen Form.**

¹ **Wird es vom Gesetz nicht anders bestimmt, so bedarf der Einzelarbeitsvertrag zu seiner Gültigkeit keiner besonderen Form.**

² **Er gilt auch dann als abgeschlossen, wenn der Arbeitgeber Arbeit in seinem Dienst auf Zeit entgegennimmt, deren Leistung nach den Umständen nur gegen Lohn zu erwarten ist.**

³ **Leistet der Arbeitnehmer in gutem Glauben Arbeit im Dienste des Arbeitgebers auf Grund eines Arbeitsvertrages, der sich nachträglich als ungültig erweist, so haben beide Parteien die Pflichten aus dem Arbeitsverhältnis in gleicher Weise wie aus gültigem Vertrag zu erfüllen, bis dieses wegen Ungültigkeit des Vertrages vom einen oder andern aufgehoben wird.**

Literatur

HARTMANN, Rückabwicklung und «faktisches Vertragsverhältnis» bei ungültigen Arbeitsverträgen – Bemerkungen zu BGE 132 III 242 ff., ZBJV 2007, 277 ff.; PELLEGRINI, Die Anfechtung des Arbeitsvertrages wegen Willensmängeln, Diss. Zürich 1983; WEBER-SCHERRER, Rechtliche Aspekte der Information zwischen den Arbeitsvertragsparteien unter besonderer Berücksichtigung des Notwehrrechts der Lüge, Zürich 1999.

I. Grundsatz der Formfreiheit (Abs. 1)

Der Einzelarbeitsvertrag kann **formlos** abgeschlossen werden. Der schriftlichen Form bedürfen zur Gültigkeit lediglich der Lehrvertrag (Art. 344a Abs. 1) und der Heuervertrag für Seeleute. Beim Handelsreisendenvertrag ist der schriftliche Vertrag wohl vorgesehen, aber er ist nicht Gültigkeitsvoraussetzung (Art. 347a Abs. 1 und 2). 1

Hingegen bedürfen zahlreiche **Einzelabreden** zu ihrer Gültigkeit der Schriftform (z. B. Ausschluss der Überstundenentschädigung, Art. 321c Abs. 3; Vereinbarung einer Spesenpauschale, Art. 327a Abs. 2, oder eines nachvertraglichen Konkurrenzverbots, Art. 340). Die betreffenden Abreden müssen nicht im unterzeichneten Arbeitsvertrag selber enthalten sein. Entsprechend den allgemeinen Regeln zu Art. 12 ff. ist dem Schriftformerfordernis genüge getan, wenn sie in einem anderen Dokument wie etwa **allgemeinen** 2

Arbeitsbedingungen enthalten sind, auf das im unterzeichneten Arbeitsvertrag verwiesen wird (BGer, 4C.407/2004 E. 3.1 betr. Ausschluss der Überstundenentschädigung). Ihre Verbindlichkeit setzt selbstverständlich voraus, dass sie nach den Grundsätzen der **AGB-Kontrolle** gültig in den Arbeitsvertrag einbezogen wurden.

II. Die Vertragsfiktion nach Abs. 2

3   Zum Schutze des Arbeitnehmers bestimmt Abs. 2, dass ein Arbeitsvertrag auch dann als abgeschlossen gilt, wenn der Arbeitgeber Arbeit in seinem Dienst auf Zeit entgegennimmt, deren Leistung nach den Umständen nur gegen Lohn zu erwarten ist. Massgebend sind allein die **objektiven Umstände ex post**; ein allfälliger Vertragswille der Parteien ist unerheblich (BGer, JAR 2001, 135, 136).

4   Anwendungsfälle von Abs. 2 sind etwa:
– Die Leistung von Arbeit, ohne ausdrücklich Entgelt dafür zu verlangen (z. B. BGer, 4C.346/2000; BGer, SJ 1986, 290; CAPH GE, JAR 2004, 471 ff.).
– die Arbeitsaufnahme während schwebenden Vertragsverhandlungen (OGer ZH, JAR 1982, 230);
– Wenn Arbeitsleistungen, die normalerweise vergütet werden, in der Erwartung einer besonderen Vergütung vorerst unentgeltlich erbracht werden und diese Erwartung später enttäuscht wird (BGE 90 II 443).
– Die Leistung von blossem Bereitschaftsdienst ausserhalb des Betriebs im Hinblick auf einen entgeltlichen Arbeitseinsatz (BGE 124 III 249, 251 – Arbeit auf Abruf).

5   Es genügt, wenn das Entgelt als eines unter mehreren Motiven für die erbrachte Arbeitsleistung angesehen werden kann (BGer, JAR 2000, 109, 111). Abs. 2 kommt nur dann nicht zur Anwendung, wenn **ausdrücklich Unentgeltlichkeit vereinbart** wurde (BSK OR I-PORTMANN, N 19).

6   Abs. 2 bewirkt, dass zwischen den Parteien der Bestand eines Arbeitsverhältnisses mit **sämtlichen Rechten und Pflichten** gemäss den Art. 319 ff. fingiert wird. Lohn und Arbeitszeit richten sich nach dem Üblichen (Art. 322 Abs. 1 bzw. 321c Abs. 1). Für die Auflösung sind die gesetzlichen Kündigungsfristen und Kündigungsschutzbestimmungen zu beachten (STREIFF/ VON KAENEL, N 12).

7   Abs. 2 ist auch anwendbar bei Mitarbeit eines **Ehegatten** im Betrieb des andern, wenn die Mitarbeit die eheliche Beistandspflicht übersteigt und der Einsatz nicht in genügendem Masse durch einen erhöhten Lebensstandard sowie durch Ansprüche aus der güterrechtlichen Auseinandersetzung und einer Erbanwartschaft abgegolten wird (BGE 113 II 414, 418). Analoges gilt für den **eingetragenen Partner** (Botschaft, BBl 2003, 1313).

Auch auf das **Konkubinat** findet Abs. 2 Anwendung. Voraussetzung ist, dass nach den konkreten Umständen die Arbeitsleistung nur gegen Entgelt zu erwarten war und ein Subordinationsverhältnis vorliegt (BGer, JAR 2000, 109 ff.). Letzteres fehlt etwa bei der Hausarbeit. Ist jedoch die Arbeitsleistung als Beitrag zu einem gemeinsamen Zweck wie namentlich dem wirtschaftlichen Erfolg der Gemeinschaft anzusehen, so ist das Recht der einfachen Gesellschaft und nicht Arbeitsvertragsrecht anwendbar (BGE 109 II 228, 239 f.). **8**

Für mündige **Kinder oder Grosskinder** gelten die besonderen Bestimmungen über den Lidlohn (Art. 334 f. ZGB), wenn sie ihren Eltern oder Grosseltern in gemeinsamem Haushalt ihre Arbeit oder ihre Einkünfte zugewendet haben (ausführlich RICHERS, ArbR 2004, 85 ff.). Erfolgt die Mitarbeit ausserhalb des gemeinsamen Haushalts, ist Abs. 2 anwendbar. **9**

III. Arbeitsleistung ohne gültigen Vertrag (Abs. 3)

Abs. 3 regelt den Fall, dass der Arbeitnehmer Arbeit leistet gestützt auf einen Arbeitsvertrag, der sich im Nachhinein als ungültig erweist. Nach den allgemeinen Grundsätzen des Vertragsrechts müssten die erbrachten Leistungen nach Vindikations- und Bereicherungsrecht zurückerstattet werden. Dies erachtete der Gesetzgeber jedoch für unbillig und unpraktikabel, wenn der Arbeitnehmer im Vertrauen auf die vermeintliche Gültigkeit des Einzelarbeitsvertrags seinen Dienst angetreten hat (BBl 1967 II 298). Abs. 3 bestimmt daher, dass in solchen Fällen der Arbeitsvertrag bis zur Auflösung wie ein gültiger Vertrag behandelt wird. Die **Nichtigkeitsfolgen** treten also nur *ex nunc* ein, während für die Vergangenheit ein Vertrag fingiert wird (BGE 129 III 320, 328 E. 7.1.2). Die Geltendmachung der Ungültigkeit bzw. die Anfechtung des Vertrags wirkt damit wie eine fristlose Kündigung (BGE 132 III 242, 245). **10**

Die Anwendbarkeit von Abs. 3 ist an **drei kumulative Voraussetzungen** geknüpft (BGE 132 III 242, 245): **11**

Erste Voraussetzung ist die **Ungültigkeit des abgeschlossenen Vertrags**. Diese kann sich namentlich ergeben aufgrund **12**
- von **Inhaltsmängeln**, die den Vertrag als Ganzes betreffen (z. B. fehlendes Arztdiplom eines Praxisvertreters, ArbGer Zürich, JAR 2002, 143);
- eines Verstosses gegen **öffentlichrechtliche Beschäftigungsverbote** (z. B. Art. 30 Abs. 1, 29 Abs. 3 und 35 Abs. 2 ArG; Art. 19 Abs. 6 AVG). Die fehlende Arbeitsbewilligung eines Ausländers hat für sich allein jedoch nicht die Nichtigkeit des Arbeitsvertrages zur Folge (BGE 114 II 279, 283; 4C.27/2004 E. 3.2.1).
- der Anfechtung des Vertrags wegen **Willensmängeln**. Von besonderer praktischer Relevanz ist die **absichtliche Täuschung** seitens des Arbeit-

nehmers. Eine solche liegt zum einen vor, wenn der Arbeitnehmer im Bewerbungsverfahren Fragen, die in einem unmittelbaren Zusammenhang zum Arbeitsplatz und der zu leistenden Arbeit stehen, wahrheitswidrig beantwortet, sofern der erfragte Umstand von unmittelbarem objektivem Interesse für das spezifische Arbeitsverhältnis ist (s. Art. 328b N 5 ff.). Zum andern, wenn er es unterlässt, Tatsachen, die ihn für die angebotene Stelle als (absolut) ungeeignet erscheinen lassen oder welche die vertragsgemässe Arbeitsleistung erheblich behindern, von sich aus zu offenbaren (z. B. fehlende Ausbildung oder Berufspraxis, feststehende oder zu erwartende erhebliche Absenzen, Konkurrenzverbot mit Realerfüllungsanspruch, hängiges Strafverfahren, unter Umständen auch Schwangerschaft; BGE 132 II 161, 166f. m.w.Nw.; BGer JAR 1997, 197; BSK OR I-Portmann, N 13 f.; umfassende Kasuistik bei Streiff/von Kaenel Art. 328b N 11).

13   Zweite Voraussetzung ist, dass der Arbeitnehmer die **Stelle bereits angetreten**, d. h. Arbeit geleistet hat.

14   Schliesslich setzt Abs. 3 voraus, dass der Arbeitnehmer **in gutem Glauben** gearbeitet hat. Der gute Glaube wird nach Art. 3 Abs. 1 ZGB vermutet. Nach BGE 132 III 242, 248 wird er nur dann verneint, wenn dem Arbeitnehmer tatsächlich Kenntnis von der Vertragsungültigkeit nachgewiesen werden kann, d. h. Kenntnis der Rechtsfolge und nicht bloss das Wissen um die Gesetzwidrigkeit einer Abrede an sich. Art. 3 Abs. 2 ZGB, wonach mangelhafte Aufmerksamkeit die Berufung auf den guten Glauben ausschliesst, ist nicht anwendbar. Diese Rechtsprechung überzeugt jedoch weder in ihrer Begründung noch im Ergebnis (s. Hartmann, ZBJV 2007, 284 ff.).

Art. 321

| B. | Pflichten des Arbeitnehmers | **Der Arbeitnehmer hat die vertraglich übernommene Arbeit in eigener Person zu leisten, sofern nichts anderes verabredet ist oder sich aus den Umständen ergibt.** |
| I. | Persönliche Arbeitspflicht | |

1   Art. 321 befasst sich mit der Erfüllung der Arbeitspflicht. Er bestimmt, dass der Arbeitnehmer diese Pflicht grundsätzlich **persönlich zu erfüllen** hat, dass er also seine **eigene Arbeitsleistung** schuldet. Die Bestimmung spiegelt damit den höchstpersönlichen Charakter des Arbeitsverhältnisses wider (Rehbinder, N 90) und ist *lex specialis* zu Art. 68, wo der gegenteilige Grundsatz aufgestellt wird. Aus ihr folgt, dass Arbeitnehmer nur eine natür-

liche und nicht eine juristische Person sein kann, weil diese nicht persönlich sondern durch ihre Organe handelt.

Lässt der Arbeitnehmer die Arbeit unbefugt durch einen Dritten verrichten, liegt **Nichterfüllung** vor. Der Arbeitgeber muss sich **keine Vertretung** aufdrängen lassen. Umgekehrt ist der Arbeitnehmer auch nicht verpflichtet, bei Verhinderung eine Vertretung zu stellen.   2

Ausnahmen von der persönlichen Leistungspflicht können verabredet werden oder sich aus den Umständen ergeben. So etwa beim Heimarbeitsvertrag, wo der Arbeitnehmer Familienangehörige zur Erfüllung beiziehen darf (Art. 351), oder beim Gruppenarbeitsverhältnis in Form der Eigengruppe (OGer TG, JAR 1981, 121 – Musikkapelle; ArbGer Zürich, JAR 1988, 101 – Maurerkolonne; REHBINDER, N 93).   3

Art. 321 ist **dispositiv**, was sich bereits aus seinem Wortlaut ergibt.   4

Art. 321*a*

Sorgfalts- und Treuepflicht

¹ Der Arbeitnehmer hat die ihm übertragene Arbeit sorgfältig auszuführen und die berechtigten Interessen des Arbeitgebers in guten Treuen zu wahren.

² Er hat Maschinen, Arbeitsgeräte, technische Einrichtungen und Anlagen sowie Fahrzeuge des Arbeitgebers fachgerecht zu bedienen und diese sowie Material, die ihm zur Ausführung der Arbeit zur Verfügung gestellt werden, sorgfältig zu behandeln.

³ Während der Dauer des Arbeitsverhältnisses darf der Arbeitnehmer keine Arbeit gegen Entgelt für einen Dritten leisten, soweit er dadurch seine Treuepflicht verletzt, insbesondere den Arbeitgeber konkurrenziert.

⁴ Der Arbeitnehmer darf geheim zu haltende Tatsachen, wie namentlich Fabrikations- und Geschäftsgeheimnisse, von denen er im Dienst des Arbeitgebers Kenntnis erlangt, während des Arbeitsverhältnisses nicht verwerten oder anderen mitteilen; auch nach dessen Beendigung bleibt er zur Verschwiegenheit verpflichtet, soweit es zur Wahrung der berechtigten Interessen des Arbeitgebers erforderlich ist.

Literatur

BRÄNDLI, Arbeitsvertrag und Nebenbeschäftigung unter besonderer Berücksichtigung von Nebenbeschäftigungsverboten im Individualarbeitsrecht, Zürich 2000; FRICK, Abwerbung von Personal und Kunden, Bern 2000; GEISER, Die Treuepflicht des Arbeitnehmers und ihre Schranken, Bern 1983; HEIZ, Das Arbeitsverhältnis im Konzern, Bern 2005; LEDERGERBER, Whistleblowing – unter dem Aspekt der Korruptionsbekämpfung, Bern 2005; MEYER, Grenzen der Treuepflicht des Arbeitnehmers bei Stellenwechsel, summa jus 1999, 224; PORTMANN, Die Arbeitsbedingungen von Bankangestellten, ARV 2005, 73 ff.; STOLL, Mitarbeiterdelinquenz, Zürich 1998; VON KAENEL, Whistleblowing, SJZ 2007, 309 ff.; WICKIHALDER, Die Geheimhaltungspflicht des Arbeitnehmers, Bern 2004.

I.   Normzweck

1   Die Bestimmung regelt gemäss der Marginale die Sorgfalts- und Treuepflicht des Arbeitnehmers. Die **Treuepflicht** ist der Sammelbegriff für die **Nebenpflichten des Arbeitnehmers**. Auf Seiten des Arbeitgebers steht ihr die Fürsorgepflicht gegenüber. Diese Begriffe bringen zum Ausdruck, dass sich das Arbeitsverhältnis nicht im Austausch vermögenswerter Leistungen erschöpft, sondern persönliche Beziehungen zwischen den Vertragsparteien begründet. Letztlich fliessen diese Pflichten aus dem Grundsatz von Treu und Glauben (Art. 2 Abs. 1 ZGB). Das Gesetz unterscheidet zwischen der allgemeinen Treuepflicht (Abs. 1) und besonderen Treuepflichten (Abs. 2 bis 4 und Art. 321b ff.).

2   Die **Sorgfaltspflicht** stellt **keine selbständige Vertragspflicht** des Arbeitnehmers dar, sondern bildet den Haftungsmassstab. Dass sorgfältig zu arbeiten ist, ergibt sich bereits aus dem allgemeinen Grundsatz, dass der Schuldner seine Leistung gehörig zu erfüllen hat (Art. 97 Abs. 1). Welches Mass an Sorgfalt der Arbeitnehmer schuldet, bestimmt sich nach Art. 321e Abs. 2 (BK-REHBINDER, N 1).

II.   Allgemeine Treuepflicht (Abs. 1)

3   Die allgemeine Treuepflicht verpflichtet den Arbeitnehmer, «die berechtigten Interessen des Arbeitgebers in guten Treuen zu wahren». Diese abstrakt formulierte Pflicht bedarf der Konkretisierung im Einzelfall. Da sie auf das Erreichen und die Verwirklichung des Arbeitserfolgs gerichtet ist, hängt ihr konkreter Umfang von der Funktion, den Aufgaben und dem Verantwortungsbereich des Arbeitnehmers, den betrieblichen Verhältnissen und den branchenspezifischen Umständen ab (STREIFF/VON KAENEL, N 2; BSK OR I-PORTMANN, N 14). So sind die Anforderungen bei **leitenden Angestellten** höher als bei Arbeitnehmern in unteren Chargen (BGE 127 III 86, 89);

ebenso bei Arbeitnehmern, die in einer engen persönlichen Beziehung zum Arbeitgeber stehen (z. B. Hausangestellte; ZK-STAEHELIN, N 8).

Die Treuepflicht ist in erster Linie eine **Unterlassungspflicht**. Der Arbeit- 4
nehmer hat insbesondere alles zu unterlassen, was den Arbeitgeber wirtschaftlich schädigen kann (BGE 117 II 72, 74). Als treuwidrig gelten namentlich die folgenden Verhaltensweisen (ausführlich BSK OR I-PORTMANN,
N 2 ff.; STREIFF/VON KAENEL, N 4 und 7; ZK-STAEHELIN, N 12 ff. je m. w. Nw.):

– *Widerrechtliches oder ungebührliches Verhalten gegenüber dem Arbeit-* 5
  geber (z. B. Vermögensdelikte, Ehrverletzungen, Tätlichkeiten, unbegründete Straf- oder Administrativanzeigen, Ausfälligkeiten, abschät-
  zige Bemerkungen bei Mitarbeitern [BGE 127 III 86], usw.).

– *Störung des Betriebsfriedens* durch widerrechtliches oder ungebühr- 6
  liches Verhalten gegenüber Mitarbeitern, Vorgesetzten oder Untergebenen (z. B. sexuelle Belästigung, Drohungen [BGE 127 III 351, 355], Lächer-
  lichmachen [CAPH GE, JAR 2000, 131], Anstiftung zum Vertragsbruch
  [BGE 104 II 86], Teilnahme an rechtswidrigen Streiks, usw.).

– *Widerrechtliches oder ungebührliches Verhalten gegenüber Kunden und* 7
  Lieferanten (z. B. Beschimpfungen [OGer LU, JAR 2000, 239 ff.]).

– *Einleitung behördlicher Verfahren*, es sei denn, die strafbare Handlung 8
  richte sich gegen den Arbeitnehmer selber oder es stünden höherran-
  gige Interessen auf dem Spiel. In letzterem Fall muss sich der Arbeitnehmer vor einem Gang zur Behörde jedoch erfolglos an den Arbeitgeber
  gewandt haben (BGE 127 III 310 ff.).

– *Beeinträchtigung des Ansehens des Unternehmens* (z. B. Äusserungen 9
  bei Kunden über Probleme, die das Arbeitsverhältnis betreffen [BGer,
  JAR 2000, 229 – ausstehende Lohnzahlungen]; Information der Öffentlichkeit über Missstände im Unternehmen [BGE 127 III 310 ff.]; Verletzung von Insiderbestimmungen; bei Arbeitnehmern, die das Unternehmen nach aussen repräsentieren [namentlich leitende Angestellte] unter
  Umständen auch ausserdienstliches Verhalten).

– *Abwerbung von Mitarbeitern, Kunden oder Lieferanten* (z. B. BGE 123 10
  III 259 ff.; 104 II 28 ff.).

– *Missbrauch von Betriebseinrichtungen oder -mitteln für private Zwecke.* 11
  Dazu gehört insbesondere auch der Missbrauch der Arbeitskraft anderer Mitarbeiter.

– *Aktive und passive Bestechung* (BGE 124 III 25; 92 II 184); die Annahme 12
  üblicher Gelegenheitsgeschenke ist hingegen erlaubt.

– *Ausübung gewisser Nebentätigkeiten* (Konkurrenzierung des Arbeitge- 13
  bers [BGer, JAR 2005, 240 ff.]; während angeblicher Arbeitsunfähigkeit

[BGer, JAR 1999, 289 ff.]); bei Herabsetzung der Leistungsfähigkeit). Zu entgeltlichen Nebentätigkeiten s. unten N 22 f.

14 – Ausnahmsweise *ausserdienstliches Verhalten*, sofern dieses mit der Stellung nicht vereinbar ist. Dies ist zum einen der Fall bei ausserdienstlichem Verhalten, welches das Vertrauen des Arbeitgebers in seine Eignung für die ihm zugewiesene Arbeit erschüttert (z. B. Fahren eines Berufschauffeurs im angetrunkenen Zustand, Unsittlichkeit eines Lehrers oder Vermögensdelikte eines Kassiers). Zum anderen sind Arbeitnehmer von Unternehmen mit primär ideeller Zwecksetzung (sog. **Tendenzbetriebe**) gehalten, auch im ausserdienstlichen Bereich die mit der Tendenzbindung erstrebte Wahrnehmung des Unternehmens nicht zu beeinträchtigen (BGE 130 III 699, 702 – Jurist einer Gewerkschaft; OGer ZH, JAR 2002, 172 – Juristin eines Mieterverbands).

15 Aus der Treuepflicht ergeben sich ferner **positive Handlungspflichten** zur Abwendung drohender Schäden. Anerkannt sind insbesondere (ausführlich BSK OR I-Portmann, N 12 f.; Streiff/von Kaenel, N 7; ZK-Staehelin, N 10 f. je m. w. Nw.):

16 – *Meldepflichten*: Der Arbeitnehmer ist über seine eigene Tätigkeit umfassend rapportpflichtig. Vorhersehbare Absenzen sind möglichst frühzeitig, unvorhersehbare umgehend zu melden (BGer, 4C. 346/2004 E. 5.1). Eine Krankheit, die wiederholt zu Absenzen führen kann, muss aber als solche nicht mitgeteilt werden (BGer, 4C.192/2001 E. 2b.aa). Umgehend zu berichten ist ferner über alle wesentlichen Vorfälle im Betrieb wie etwa Schadensfälle, Störungen, Unregelmässigkeiten und Missstände. Ob die Anzeige auch Namen fehlbarer Mitarbeiter enthalten muss, hängt von den konkreten Umständen ab, namentlich von der Schwere der Verfehlung und von der Stellung des Arbeitnehmers (BGE 113 IV 68 ff.; BGer, JAR 1999, 292 ff.).

17 – *Unterstützungspflichten in Notfällen* durch vorübergehende Verrichtung anderer Tätigkeit in gegenständlicher, zeitlicher oder örtlicher Hinsicht.

18 **Grenzen** der Treuepflicht sind die berechtigten eigenen Interessen des Arbeitnehmers an der freien Entfaltung seiner Persönlichkeit (BGE 117 II 72, 74), insbesondere an freier Meinungsäusserung. Wie weit die Treuepflicht im Einzelfall reicht, ist daher stets aufgrund einer **Interessenabwägung** zu ermitteln. So darf der Arbeitnehmer seine Interessen mit gesetzlich zulässigen Mitteln fördern, auch wenn dies auf Kosten des Arbeitgebers geht (BGer, JAR 1995, 214 ff. – Lohnforderungen). Dies gilt auch für die Vorbereitung einer späteren Tätigkeit, selbst wenn diese den Arbeitgeber konkurrenziert (BGE 117 II 72, 74). Ebenso wenig ist er verpflichtet, den Arbeitge-

ber über einen geplanten Stellenwechsel vorgängig zu informieren (BGer, JAR 1995, 203 ff.). In zeitlicher Hinsicht endet die Treuepflicht mit dem Ende des Arbeitsverhältnisses (Ausnahmen: Geheimhaltungspflicht, s. u. N 30; Rechenschafts- und Herausgabepflicht, Art. 321 b N 8; s. ZK-STAEHE-LIN, N 31).

Arbeitnehmer mit gesellschaftsrechtlicher Organstellung können sowohl 19 der arbeitsvertraglichen als auch der **gesellschaftsrechtlichen Treuepflicht** (Art. 717 Abs. 1) unterliegen, wobei letztere i. d. R. weiter geht (BGE 130 III 213, 217).

Zur Treuepflicht in **Konzernverhältnissen** s. BGE 130 III 213, 217 ff. und 20 BGer, 4C.95/2004; HEIZ, 88 ff.

III. Umgang mit Geräten und Material (Abs. 2)

Abs. 2 betont eine selbstverständliche Folge der Sorgfaltspflicht: Der Arbeit- 21 nehmer hat Maschinen, Arbeitsgeräte, technische Einrichtungen und Anlagen sowie Fahrzeuge des Arbeitgebers **fachgerecht zu bedienen** und diese sowie Material, die ihm zur Ausführung der Arbeit zur Verfügung gestellt werden, **sorgfältig zu behandeln**. Dazu gehört auch deren sichere Verwahrung (ArbGer See, JAR 1988, 155).

IV. Verbot der Schwarzarbeit (Abs. 3)

Abs. 3 untersagt es dem Arbeitnehmer, während der Dauer des Arbeitsver- 22 hältnisses gegen Entgelt für Dritte tätig zu sein und dabei den Arbeitgeber zu **konkurrenzieren** (sog. **Schwarzarbeit**). Das gilt auch für Teilzeitangestellte (BGer, JAR 1996, 111). Erfolgt die Konkurrenzierung unentgeltlich, liegt ein Verstoss gegen Abs. 1 vor (BGer, JAR 2005, 240, 242); auf die Entgeltlichkeit kommt es daher nicht an. Die blosse Vorbereitung einer späteren konkurrenzierenden Tätigkeit ist dagegen erlaubt (BGE 117 II 72, 74; zum Begriff der konkurrenzierenden Tätigkeit s. BGer, JAR 1997, 182, 184).

Der Arbeitgeber darf nicht-konkurrenzierende Nebentätigkeiten gegen Ent- 23 gelt ausüben, sofern er dabei seine Treuepflicht nicht verletzt. Eine Verletzung der Treuepflicht liegt namentlich vor bei Nebentätigkeiten, die einen solchen Umfang annehmen, dass sich dadurch die **Leistungsfähigkeit des Arbeitnehmers** vermindert und dieser ausserstande ist, seine Arbeitspflicht voll zu erfüllen (BSK OR I-PORTMANN, N 21); ferner, wenn sie das **Ansehen des Arbeitgebers** beeinträchtigen (REHBINDER, N 130).

V. Geheimhaltungspflicht (Abs. 4)

1. Gegenstand

24 Abs. 4 regelt die Geheimhaltungspflicht des Arbeitnehmers als besondere
Ausprägung der Treuepflicht. Die Norm gewährt damit dem Arbeitgeber einen privatrechtlichen Geheimnisschutz, der neben denjenigen des Strafrechts (Art. 162, 273, 320, 321 StGB) und des Wettbewerbsrechts (Art. 6
UWG) tritt. Der **Geheimnisbegriff** ist in allen drei Rechtsgebieten derselbe.
Darunter fallen alle Tatsachen, die
– nur einem begrenzten Personenkreis bekannt oder zugänglich sind,
– die der Arbeitgeber geheim halten will, und
– an deren Geheimhaltung er ein berechtigtes Interesse hat (kumulative
Voraussetzungen; WICKIHALDER, 11 m. w. Nw.).

25 Die Geheimhaltungspflicht bezieht sich auf **alle Geheimnisse**, von denen
der Arbeitnehmer im Laufe des Arbeitsverhältnisses Kenntnis erlangt. Als
Beispiele nennt Abs. 4 **Fabrikations- und Geschäftsgeheimnisse**. Erstere
betreffen den technischen Bereich, letztere den kaufmännisch-organisato-
rischen Bereich. Ebenfalls erfasst sind beispielsweise Informationen über
die **persönlichen und finanziellen Verhältnisse** des Arbeitgebers und der
Mitarbeiter (s. die umfassende Kasuistik bei WICKIHALDER, 189 ff.). Der Ge-
heimhaltungswille muss nicht ausdrücklich erklärt werden, sondern kann
sich auch aus den Umständen ergeben (BGE 127 III 310, 315). Unerheblich
ist, auf welche Weise der Arbeitnehmer vom Geheimnis Kenntnis erlangt
hat (BK-REHBINDER, N 13).

26 **Nicht** unter die Geheimhaltungspflicht fallen Kenntnisse und Erfahrungen,
die sich der Arbeitnehmer durch die von ihm geleistete Arbeit und seine
Weiterbildung angeeignet hat (sog. **Berufserfahrung**). Dazu gehören insbesondere auch sog. **Branchenkenntnisse**, die jeder Arbeitnehmer gleicher
Stufe und Funktion in der betreffenden Branche normalerweise erlangt
(WICKIHALDER, 63 ff. m. w. Nw.). Die Abgrenzung zwischen Berufserfahrung
und Geheimnis kann im Einzelfall allerdings schwierig sein.

2. Umfang

27 **Während der Dauer des Arbeitsverhältnisses** gilt eine **absolute Geheimhaltungspflicht**. Der Arbeitnehmer darf Geheimnisse des Arbeitgebers
weder verwerten, d. h. zu seinem eigenen Vorteil nutzen, noch anderen
mitteilen. Zu beachten sind jedoch die folgenden Ausnahmen:

28 – Nach verbreiteter Auffassung können bei objektiv **rechtswidrigen Verhaltensweisen** des Arbeitgebers höhere Interessen der Geheimhaltung
entgegen stehen. Ist dies der Fall, muss sich der Arbeitnehmer aber zuerst an den Arbeitgeber und bei dessen Untätigkeit an die Behörde wenden, bevor er die Öffentlichkeit informieren darf (BGE 127 III 310, 316;

BSK OR I-Portmann, N 25). Richtigerweise fehlt es bei illegalen oder unethischen Praktiken jedoch an einem berechtigten Geheimhaltungsinteresse des Arbeitgebers, weshalb eine diesbezügliche Geheimhaltungspflicht des Arbeitnehmers zu verneinen ist (Wickihalder, 59 f. m. w. Nw.; von Kaenel, SJZ 2007, 315). Die Interessenabwägung entfällt damit. An der vorgenannten Vorgehenskaskade ändert sich aber nichts, da sich diese ohnehin aus der allgemeinen Treuepflicht herleitet (s. o. N 8).

– Die **prozessrechtliche Zeugnispflicht** in Zivil- und Strafverfahren geht 29 der Geheimhaltungspflicht vor, es sei denn, dem Arbeitnehmer stünde ein Zeugnisverweigerungsrecht zu (OGer ZH, ZR 1985 Nr. 110 = JAR 1985, 109).

Nach Beendigung des Arbeitsverhältnisses ist die Geheimhaltungspflicht 30 in zweifacher Hinsicht gelockert:
– Der Arbeitnehmer ist nur noch soweit zur Geheimhaltung verpflichtet, als es zur Wahrung der Interessen des Arbeitgebers erforderlich ist. Anders als während der Dauer des Arbeitsverhältnisses (BGE 127 III 310, 315) wird hier das berechtigte Interesse des Arbeitgebers nicht vermutet, sondern ist von diesem nachzuweisen (ArbGer Zürich, Entscheide 2002, Nr. 1; Wickihalder, 80 m. w. Nw.).
– Es besteht nur noch ein Mitteilungsverbot, jedoch **kein Verwertungsverbot** (OGer ZH, JAR 2005, 484 ff.; Wickihalder, 81 ff.; a. A. BSK OR I-Portmann, N 26). Letzteres erfordert die Vereinbarung eines nachvertraglichen Konkurrenzverbots (Art. 340 ff.).

VI. Rechtsfolgen treuwidrigen Verhaltens

Eine Verletzung der Treuepflicht kann die folgenden Sanktionen nach sich 31 ziehen:
– Schadenersatzpflicht gemäss Art. 321e;
– ordentliche, in schweren Fällen wie etwa Konkurrenzierung (z. B. BGer, JAR 1996, 111) ausserordentliche Kündigung;
– Disziplinarmassnahmen gemäss betrieblicher Regelung.

Die Lohnzahlung darf hingegen nicht verweigert oder gekürzt werden. Zu- 32 lässig ist jedoch im Rahmen von Art. 323b Abs. 2 die Verrechnung mit Schadenersatzansprüchen (BGE 97 II 150).

VII. Abweichende Vereinbarungen

Art. 321a ist **dispositives Recht**. Die aus ihm fliessenden Pflichten des Ar- 33 beitnehmers können also vertraglich konkretisiert, erweitert oder beschränkt werden. Schranken hierfür setzen die zwingenden Vorschriften der Art. 328 Abs. 1 und 340 ff. OR sowie Art. 27 Abs. 2 ZGB.

Art. 321*b*

¹ **Der Arbeitnehmer hat dem Arbeitgeber über alles, was er bei seiner vertraglichen Tätigkeit für diesen von Dritten erhält, wie namentlich Geldbeträge, Rechenschaft abzulegen und ihm alles sofort herauszugeben.**

² **Er hat dem Arbeitgeber auch alles sofort herauszugeben, was er in Ausübung seiner vertraglichen Tätigkeit hervorbringt.**

I.   Allgemeine Bemerkungen

1   Art. 321b auferlegt dem Arbeitnehmer eine **Rechenschafts- und Herausgabepflicht** bezüglich aller Gegenstände und Vermögenswerte, die er von Dritten für den Arbeitgeber erhält (Abs. 1), und bezüglich der von ihm geschaffenen Arbeitserzeugnisse (Abs. 2). Es handelt sich bei dieser Regelung um eine **gesetzliche Konkretisierung der allgemeinen Treuepflicht** (Art. 321a Abs. 1).

2   **Besondere Vorschriften** bestehen für vom Arbeitnehmer geschaffene Erfindungen und Designs (Art. 332), für Computerprogramme (Art. 17 URG), bei Beendigung des Arbeitsverhältnisses (Art. 339a) und für den Handelsreisenden (Art. 348 Abs. 3, 349e und 350a Abs. 2).

II.   Recht auf von Dritten Erhaltenes (Abs. 1)

3   Erhält der Arbeitnehmer bei seiner vertraglichen Tätigkeit von Dritten Gegenstände oder Vermögenswerte, die **für den Arbeitgeber bestimmt** sind, so ist er zur vollständigen, wahrheitsgemässen, rechtzeitigen und unaufgeforderten **Benachrichtigung** des Arbeitgebers und zur **sofortigen Herausgabe** verpflichtet. Ebenso muss er herausgeben, was er durch unbefugte Verwendung von Arbeitsgeräten und -material des Arbeitgebers nach Abzug seiner Aufwendungen und seines Arbeitslohns erzielt hat (BGE 34 II 694 ff.).

4   Nicht der Rechenschafts- und Herausgabepflicht unterliegt, was **für den Arbeitnehmer persönlich bestimmt** ist. Dies ist namentlich bei Trinkgeldern und den üblichen Gelegenheitsgeschenken der Fall. Ist nichts anderes vereinbart, darf der Arbeitnehmer auch Kursmaterial behalten (ZR 84 [1985] Nr. 112); ebenso Vergütungen, die er von einer Drittgesellschaft erhält, in deren Verwaltungsrat ihn sein Arbeitgeber entsandt hat (SCHILT-

KNECHT, Arbeitnehmer als Verwaltungsräte anhängiger Konzerngesellschaften, Bern 1997, 60 f.).

Mitunter kann die Treuepflicht den Arbeitnehmer dazu verpflichten, ihm   5
von Dritten angebotene Leistungen **abzulehnen**. Eine solche Pflicht trifft
ihn namentlich bei Schmiergeldern und ähnlichen Vorteilen (VISCHER, 161
m. w. Nw.; s. a. Art. 321a N 12). Als allgemeiner Grundsatz gilt, dass der Arbeitnehmer Leistungen Dritter immer dann ablehnen muss, wenn er sich
mit deren Entgegennahme in einen Interessenkonflikt begäbe und damit
nicht mehr gewährleistet wäre, dass er die Interessen seiner Arbeitgeberin vor die Interessen des zahlenden Dritten stellt (ArbGer ZH, JAR 1988,
158 f.).

III. Recht auf das Arbeitserzeugnis (Abs. 2)

Da der Arbeitnehmer die Arbeitsleistung im Dienste des Arbeitgebers er-   6
bringt, steht diesem auch das Recht am Arbeitserzeugnis zu. An **körperlichen Arbeitserzeugnissen** erwirbt der Arbeitgeber nach Art. 726 Abs. ZGB
originär Eigentum, da er als Verarbeiter gilt und i. d. R. auch Eigentümer
des Stoffs ist (Botschaft, BBl 1967 II 304).

Art. 321b Abs. 2 knüpft an diese dingliche Rechtslage an und verpflichtet   7
den Arbeitnehmer, dem Arbeitgeber alles sofort **herauszugeben**, was er
in Ausübung seiner vertraglichen Tätigkeit hervorbringt. Erfasst sind
namentlich materielle Produkte, Berechnungen, Skizzen, Zeichnungen,
Pläne, Kundenlisten, usw. (ZK-STAEHELIN, N 8). Auf vom Arbeitnehmer geschaffene **immaterielle Güter** ist Art. 321b Abs. 2 hingegen nicht anwendbar (s. oben N 2).

IV. Zeitpunkt der Herausgabepflicht. Retentionsrecht

Die Herausgabepflicht wird fällig und der Arbeitnehmer gerät ohne Mah-   8
nung in **Verzug**, sobald er den betreffenden Vermögenswert erhalten hat
(BK-REHBINDER, N 3; ZK-STAEHELIN, N 5). Dies gilt auch noch nach Beendigung des Arbeitsverhältnisses.

Ein **Retentionsrecht** nach Art. 895 ff. ZGB steht dem Arbeitnehmer i. d. R.   9
nicht zu, da er lediglich **Besitzdiener** ist und nicht (unselbständiger) Besitzer (ZK-STAEHELIN, N 6; BSK OR I-PORTMANN, N 4). Für den Handelsreisenden gilt die Sondervorschrift von Art. 349e.

V. Abweichende Vereinbarungen

Art. 321b ist **dispositives Recht**. Die Rechenschafts- und Herausgabepflicht   10
kann daher vertraglich eingeschränkt oder erweitert werden.

Art. 321*c*

IV.	Überstunden-arbeit

¹ **Wird gegenüber dem zeitlichen Umfang der Arbeit, der verabredet oder üblich oder durch Normalarbeitsvertrag oder Gesamtarbeitsvertrag bestimmt ist, die Leistung von Überstundenarbeit notwendig, so ist der Arbeitnehmer dazu soweit verpflichtet, als er sie zu leisten vermag und sie ihm nach Treu und Glauben zugemutet werden kann.**

² **Im Einverständnis mit dem Arbeitnehmer kann der Arbeitgeber die Überstundenarbeit innert eines angemessenen Zeitraumes durch Freizeit von mindestens gleicher Dauer ausgleichen.**

³ **Wird die Überstundenarbeit nicht durch Freizeit ausgeglichen und ist nichts anderes schriftlich verabredet oder durch Normalarbeitsvertrag oder Gesamtarbeitsvertrag bestimmt, so hat der Arbeitgeber für die Überstundenarbeit Lohn zu entrichten, der sich nach dem Normallohn samt einem Zuschlag von mindestens einem Viertel bemisst.**

Literatur

BREGNARD-LUSTENBERGER, Überstunden- und Überzeitarbeit, Bern 2006; KOLLER, Überstunden- und Überzeitentschädigung bei Kaderleuten, Jusletter vom 11. 12. 2000; M. MÜLLER, Die rechtliche Behandlung der Überstundenarbeit, Diss. Zürich 1986; RIEMER-KAFKA, Gibt es einen Verzicht auf Überstundenentschädigung?, ARV 2003, 150; SENTI, Überstunden, AJP 2003, 373.

I.   Begriff. Normzweck

1   Die Bestimmung verpflichtet den Arbeitnehmer, unter bestimmten Voraussetzungen Überstundenarbeit zu leisten (Abs. 1) und gewährt ihm im Gegenzug einen Abgeltungsanspruch (Abs. 2 und 3).

2   **Überstundenarbeit** liegt vor, wenn Arbeit über die im Einzel- oder Gesamtarbeitsvertrag vereinbarte oder durch Normalarbeitsvertrag bestimmte Arbeitszeit hinaus geleistet wird. Legt keine dieser Rechtsquellen den zeitlichen Umfang der Arbeit fest, so ist die im Betrieb, subsidiär die in der Branche übliche Arbeitszeit massgebend (s. aber unten N 20). Die normale Arbeitszeit bezieht sich stets auf einen bestimmten Zeitabschnitt, also etwa

Stunden pro Tag, Woche, Monat oder Jahr. Überstundenarbeit liegt erst vor, wenn die Normalarbeitszeit im betreffenden Zeitabschnitt überschritten wird (BGer, JAR 1999, 145 f.).

Für das Vorliegen von Überstunden kommt es nicht auf die **Art der Tätig-** **keit** an sondern allein auf die Normalarbeitszeit und deren Überschreitung im Interesse des Arbeitgebers (BGE 111 II 358, 363). Auch ein verlängerter Arbeitsweg, Bereitschaftsdienst, Reisezeit oder die Wahrnehmung von Repräsentationsaufgaben kann daher zu Überstunden führen, ebenso die Ausübung von Nebentätigkeiten für den Arbeitgeber (s. etwa BGE 116 II 69; 111 II 358). 3

II. Abgrenzungen

Von den Überstunden nach Art. 321c zu unterscheiden ist die **Überzeit.** Diese liegt vor, wenn die in Art. 9 Abs. 1 ArG festgelegte wöchentliche Höchstarbeitszeit von 45 bzw. 50 Stunden überschritten wird. Der Satz, dass Überzeitarbeit immer auch Überstundenarbeit ist, ist nur richtig, wenn eine wöchentliche Arbeitszeit vereinbart ist, nicht jedoch bei anderer Normalarbeitszeit, da die Bemessungszeiträume verschieden sind. Für Überzeitarbeit besteht eine gesonderte gesetzliche Regelung in den Art. 12 f. ArG. Sie darf nur unter qualifizierten Voraussetzungen verlangt werden und ist entweder durch Freizeit von gleicher Dauer auszugleichen oder mit dem Lohn samt einem **Zuschlag von 25%** zu vergüten, für das Büropersonal sowie für technische und andere Angestellte, mit Einschluss des Verkaufspersonals in Grossbetrieben des Detailhandels jedoch nur für Überzeitarbeit, die 60 Stunden im Kalenderjahr übersteigt. Diese Entschädigungspflicht ist relativ zwingend (BGE 126 III 337 ff.). 4

Bei **gleitender Arbeitszeit** kann der Arbeitnehmer selber bestimmen, ob er die Normalarbeitszeit über- oder unterschreiten will. Ein allfälliger Gleitzeitüberhang stellt keine Überstundenarbeit dar, sondern ist vom Arbeitnehmer in Eigenverantwortung zu kompensieren. Unterlässt er dies, so verfällt das Gleitzeitguthaben am Ende des Arbeitsverhältnisses entschädigungslos. Indessen wandelt sich das Gleitzeitguthaben in Überstunden um, wenn betriebliche Bedürfnisse oder anderslautende Weisungen des Arbeitgebers den zeitlichen Ausgleich innerhalb der Kündigungsfrist bzw. innerhalb des vereinbarten Gleitzeitrahmens und unter Einhaltung etwaiger Blockzeiten nicht zulassen (BGE 123 III 469, 472). 5

Keine Überstunden sondern umverteilte Arbeitszeit stellen **Vor- und Nach-** **holzeiten** dar, mit denen eine Festtagsbrücke ermöglicht wird (ArbGer Zürich, Entscheide 1997/1998 Nr. 3). Auch **Arbeit an Ferien-, Frei- oder Feiertagen** stellt grundsätzlich keine Überstundenarbeit dar, sondern nur, wenn dadurch die Normalarbeitszeit überschritten wurde (BGE 128 III 271, 279). 6

III. Pflicht zur Leistung von Überstunden (Abs. 1)

7   Der Arbeitnehmer ist von Gesetzes wegen verpflichtet, Überstunden zu leisten, soweit diese notwendig sind, er sie zu leisten vermag und ihm diese zusätzliche Leistung nach Treu und Glauben zugemutet werden kann. Von diesen drei Elementen kommt der Voraussetzung, dass der Arbeitnehmer die Überstunden zu leisten vermag, keine selbständige Bedeutung zu (BGer, 4C.464/1999 E. 3.a.bb).

8   Überstunden gelten als **notwendig**, wenn ausserordentliche Situationen wie Weihnachtsverkauf, Inventar, Betriebsstörungen oder Erkrankung von Mitarbeitern dazu führen, dass die anfallende Arbeit innert der Normalarbeitszeit nicht mehr bewältigt werden kann (ZK-STAEHELIN, N 8; SENTI, 374 je m.w.Nw.). Indessen fehlt es an der Notwendigkeit, wenn die Überstunden durch eine geeignete Arbeitsorganisation oder durch den Beizug von Hilfskräften leicht vermieden werden könnten (BGer, 4C.464/1999 E. 3. a.bb).

9   Ob die Überstunden dem Arbeitnehmer **nach Treu und Glauben** zugemutet werden können, erfordert eine Interessenabwägung im konkreten Fall zwischen den persönlichen Verhältnissen des Arbeitnehmers und den wirtschaftlichen Interessen des Arbeitgebers (s. BGer, 4C.464/1999 E. 3.a.bb; Näheres bei BREGNARD-LUSTENBERGER, 79 ff. m.w.Nw.).

10   Sind diese Voraussetzungen erfüllt, so ist der Arbeitnehmer auch **ohne besondere Weisung** des Arbeitgebers zur Leistung von Überstunden verpflichtet (BGer, 4C.133/2000 E. 2b).

11   Eine **Grenze** für die Leistung von Überstunden bilden die öffentlichrechtlichen Arbeitszeitvorschriften gemäss Art. 9 ff. ArG. Diese dürfen nur ausnahmsweise überschritten werden, wenn die qualifizierten Voraussetzungen für Überzeitarbeit gemäss Art. 12 ArG erfüllt sind.

IV. Abgeltung geleisteter Überstunden

1. Allgemeines

12   Überstunden sind abzugelten, wenn sie entweder vom Arbeitgeber **angeordnet** wurden oder **betrieblich notwendig** waren. Der Anordnung gleichgestellt ist, wenn der Arbeitgeber von der Leistung der Überstunden Kenntnis hat oder haben müsste, dagegen jedoch nicht einschreitet (BGer, 4C.337/2001 E. 2; BGE 116 II 69, 71). Dies ist etwa der Fall, wenn der Arbeitnehmer regelmässig Zeiterfassungskarten abliefert, aus denen hervorgeht, wie viele Überstunden er jeweils geleistet hat; ebenso, wenn seine Präsenzzeiten mit einem Zeiterfassungsgerät vom Arbeitgeber erfasst werden (BGer, 4C.133/2000 E. 3b).

Der Arbeitgeber muss sich Überstunden nicht aufdrängen lassen. Er hat ein   13
Interesse daran, dass sie gegebenenfalls mit den geeigneten organisatorischen Massnahmen vermieden werden. Der Arbeitnehmer ist daher aufgrund seiner Treuepflicht gehalten, **nicht angeordnete Überstunden** zu
melden, wenn der Arbeitgeber keinerlei Kenntnis über notwendige Mehrarbeit hat und nach den Umständen auch nicht haben muss (BGE 129 III 171,
174 f.). Die Meldung muss i. d. R. bis zum nächsten Zahltag erfolgen, andernfalls der **Abgeltungsanspruch verwirkt** ist (ZK-Staehelin, N 14 m. w. Nw.;
BGE 129 III 171, 174 f.; **a. A.** BSK OR I-Portmann, N 9; Senti, AJP 2003,
377).

Von der Meldung der Überstunden zu unterscheiden ist die **Geltendma-**   14
chung der Abgeltungsforderung, die während der Verjährungsfrist unter
Vorbehalt des Rechtsmissbrauchs jederzeit möglich ist. Wartet der Arbeitgeber mit der Geltendmachung zu, so ist das nur unter ausserordentlichen
Umständen rechtsmissbräuchlich (ausführlich dazu Bregnard-Lustenberger, 239 ff. m. w. Nw.; BGE 129 III 171, 176).

Die **Beweislast** für geleistete abgeltungspflichtige Überstunden trägt der   15
Arbeitnehmer. Als Beweis genügen vom Arbeitnehmer erstellte Arbeits-
zeitrapporte («personal work sheets», «time sheets», usw.), sofern der Arbeitnehmer sie regelmässig (i. d. R. monatlich) dem Arbeitgeber übergeben
und dieser nicht umgehend Einwände gegen die aufgeführten Daten erhoben hat (BGer, 4C.110/2000 E. 3d). Ist die genaue Anzahl der geleisteten
Überstunden nicht mehr beweisbar, so kann deren Umfang vom Gericht
analog Art. 42 Abs. 2 geschätzt werden (BGE 128 III 271, 276; ausführlich
zu Beweisfragen Bregnard-Lustenberger, 216 ff. und Streiff/von Kaenel, N 10). Nach der Rechtsprechung gilt dies auch für die Frage, ob überhaupt Überstunden vorliegen (BGer, 4C.307/2006 E. 3.2). Voraussetzung
für die Beweiserleichterung ist, dass der Arbeitnehmer die Beweisschwie-
rigkeit nicht seiner eigenen Nachlässigkeit zuzuschreiben hat (BGer,
4P.96/2003 E. 2.3.2; OGer ZH, JAR 1988, 189 f.). Sie ist namentlich gegeben,
wenn es der Arbeitgeber entgegen Art. 73 Abs. 1 lit. c ArGV1 unterlässt, die
Arbeitszeiten zu dokumentieren; an der Beweislastverteilung ändert dies
jedoch nichts (BGer, 4C.307/2006 E. 3).

2. Ausgleich durch Freizeit (Abs. 2)

Gemäss Abs. 2 kann die Überstundenarbeit mit **Zustimmung beider Par-**   16
teien durch bezahlte Freizeit von gleicher Dauer ausgeglichen werden
(Bregnard-Lustenberger, 128 f. m. w. Nw.). Ein solches Einverständnis
kann im Voraus, etwa durch eine entsprechende Abrede im Arbeitsvertrag,
oder stillschweigend erteilt werden (BGer, 4C.32/2005 E. 2.3). Ohne entsprechende Abrede kann der Arbeitgeber den Freizeitausgleich nicht einseitig
anordnen, grundsätzlich auch nicht im gekündigten Arbeitsverhältnis bei

erfolgter Freistellung (BGE 123 III 84 ff.). Bei langer Freistellungsdauer kann die Weigerung des Arbeitnehmers, dem Freizeitausgleich zuzustimmen, allerdings rechtsmissbräuchlich sein (BGE 123 III 84, 85; ZK-STAEHELIN, N 17 je m. w. Nw.).

17   Ist ein Ausgleich durch Freizeit vereinbart, so ist der Arbeitgeber gehalten, diesen dem Arbeitnehmer **rechtzeitig anzuzeigen** (dazu BREGNARD-LUSTENBERGER, 139 ff.: i. d. R. eine Woche im Voraus). Der Ausgleich durch Freizeit muss überdies innert eines **angemessenen Zeitraums** erfolgen. Welcher Zeitraum angemessen ist, bestimmt sich primär nach der Abrede der Parteien, subsidiär aufgrund der konkreten Umstände (BGer, 4C.32/2005 E. 2.3 f. mit Nachweisen zum Meinungsstand im Schrifttum; i. c. wurden 16 Monate als ausreichend erachtet). Für Überstunden, die nicht innert des angemessenen Zeitraums kompensiert werden, kann der Arbeitnehmer den Freizeitausgleich verweigern und deren Entschädigung samt Zuschlag (s. u. N 18) verlangen (STREIFF/VON KAENEL, N 11).

3.   Abgeltung durch Lohn (Abs. 3)

18   Überstunden, die nicht durch Freizeit ausgeglichen werden, sind zum **Normallohn samt einem Zuschlag von mindestens 25%** zu vergüten (Abs. 3). Durch schriftliche Abrede, GAV oder NAV kann jedoch eine abweichende Regelung getroffen werden (dazu unten N 22 ff.)

19   Zur **Berechnung des Überstundenlohns** s. SENTI, 389 ff. und BREGNARD-LUSTENBERGER, 149 ff.

4.   Überstunden bei leitenden Angestellten

20   Art. 321c ist auch auf leitende Angestellte anwendbar, jedoch mit einer gewichtigen Ausnahme: Nach der Rechtsprechung gilt die **übliche Arbeitszeit** für leitende Angestellte **nicht**, da von ihnen erwartet wird, dass sie mehr leisten als nur das übliche Pensum (BGE 129 III 171, 173; BGer, JAR 1998, 144, 145). Ist vertraglich keine Normalarbeitszeit vereinbart, können bei leitenden Angestellten folglich grundsätzlich keine Überstunden anfallen. Leitende Angestellte haben jedoch dann einen Anspruch auf Überstundenentschädigung, wenn eine bestimmte Arbeitszeit ausdrücklich vereinbart ist, wenn ihnen zusätzliche Aufgaben über die vertraglich vereinbarten Pflichten hinaus übertragen werden oder wenn die ganze Belegschaft während längerer Zeit in wesentlichem Umfang Überstunden leistet (BGE 129 III 171, 173; BGer, JAR 1998, 144, 145).

21   Wer als **leitender Angestellter** im vorgenannten Sinn gilt, ist im Einzelfall wertend festzulegen. Kriterien hierfür sind eine verantwortungsvolle und selbständige Stellung und die Möglichkeit, die Arbeitszeit frei einteilen zu können (BGE 129 III 171, 173 – Tourismusdirektor; Näheres bei BREGNARD-

Lustenberger, 269 ff.). Nicht erforderlich ist, dass es sich um einen höheren leitenden Angestellten i. S. v. Art. 3 lit. d ArG handelt.

5. Abweichende Vereinbarungen

Die **Pflicht zur Leistung von Überstundenarbeit** gemäss Abs. 1 ist **absolut zwingender Natur** (Art. 361 OR). Abreden, wonach Überstunden gar nicht, unter qualifizierten Voraussetzungen oder auch bei fehlender Notwendigkeit zu leisten sind, sind daher ungültig.   22

Hingegen ist die gesetzlich vorgesehene **Abgeltung geleisteter Überstunden dispositiver Natur**. Abweichende Vereinbarungen bedürfen jedoch der **Schriftform** (dazu Art. 320 N 2) oder einer Grundlage im GAV oder NAV (Abs. 3). Zulässig ist z. B. die Abrede, dass Überstunden im Lohn inbegriffen sind (sog. **«All inclusive-Abrede»**). Vereinbarungen, die zuungunsten des Arbeitnehmers von Abs. 3 abweichen, betreffen jedoch nur Ansprüche aus Überstundenarbeit, nicht jedoch Ansprüche aus Überzeitarbeit gemäss Art. 13 ArG, da diese relativ zwingender Natur sind (BGE 126 III 337, 343). Zudem wird die Auffassung vertreten, dass der Einschluss der Überstunden im Lohn nur insoweit wirksam sei, als dieser die geleisteten Überstunden auch tatsächlich angemessen entschädigt (Wyler, 93; CR CO I-Aubert, N 19; ähnlich Vischer, 165). Sachgerechter ist es jedoch, eine unangemessene oder gar fehlende Entschädigung als Umstände anzuerkennen, welche die Zumutbarkeit von Überstundenarbeit einschränken und damit gegebenenfalls dem Arbeitnehmer erlauben, die Leistung von Überstunden zu verweigern (OGer Aargau, JAR 1992, 113, 115). Den Parteien steht es dann offen, im konkreten Fall eine zusätzliche Vergütung für die betreffende Arbeitsleistung auszuhandeln oder eine andere Lösung zu suchen.   23

Obwohl einzig das Schriftformerfordernis in Abs. 3 zwingender Natur ist, unterstellt das Bundesgericht den Entschädigungsanspruch für bereits geleistete (nicht aber für zukünftige) Überstunden dem **Verzichtsverbot** nach Art. 341 Abs. 1 (BGE 124 III 469 ff.; abl. Vischer, 165, Streiff/von Kaenel, N 5; BSK OR I-Portmann, N 12).   24

Art. 321*d*

Befolgung von Anordnungen und Weisungen   [1] **Der Arbeitgeber kann über die Ausführung der Arbeit und das Verhalten der Arbeitnehmer im Betrieb oder Haushalt allgemeine Anordnungen erlassen und ihnen besondere Weisungen erteilen.**

² **Der Arbeitnehmer hat die allgemeinen Anordnungen des Arbeitgebers und die ihm erteilten besonderen Weisungen nach Treu und Glauben zu befolgen.**

Literatur

R. MÜLLER, Übertragung neuer Aufgaben und Zuweisung eines neuen Arbeitsortes ohne Änderung des Arbietsvertrages, AJP 1999, 454 ff.; SENTI, Reglemente als Ergänzung zum Arbeitsvertrag, AJP 2004, 1035 ff.; STAMM, Das Weisungsrecht des Arbeitgebers und seine Schranken, Diss. Basel 1975.

I. Normzweck

1   Die Bestimmung regelt das Weisungsrecht des Arbeitgebers und damit korrelierend die Befolgungspflicht des Arbeitnehmers.

2   Das Weisungsrecht ist das Recht des Arbeitgebers, dem Arbeitnehmer über die Ausführung der Arbeit und das Verhalten im Betrieb Weisungen zu erteilen. Es ermöglicht dem Arbeitgeber, den Inhalt der Arbeits- und Treuepflicht laufend zu konkretisieren. Das Weisungsrecht begründet damit das **rechtliche Subordinationsverhältnis** des Arbeitnehmers und gibt dem Arbeitsvertrag sein charakteristisches Gepräge.

3   Eine Weisung kann jederzeit erlassen, geändert oder aufgehoben werden. Die entsprechende Willenserklärung ist **empfangsbedürftig**. Sie muss dem Arbeitnehmer klar mitgeteilt werden, damit sie für ihn verbindlich wird (Tribunal cantonal jurassien, JAR 1998, 162).

4   Unter Umständen ist der Arbeitgeber gehalten, von seinem Weisungsrecht tatsächlich Gebrauch zu machen. So etwa, wenn der Arbeitnehmer zur Ausführung der Arbeit auf Instruktionen angewiesen ist (z. B. Art. 352a Abs. 2). Unterlässt es der Arbeitgeber, notwendige Weisungen zu erteilen, so gerät er in Annahmeverzug (Art. 324). Schliesslich kann den Arbeitgeber zum Schutz des Arbeitnehmers oder von Dritten auch eine **Weisungspflicht** treffen, so namentlich aufgrund seiner Fürsorgepflicht (Art. 328). Im Unterlassungsfall wird er schadenersatzpflichtig.

5   **Träger des Weisungsrechts** ist der Arbeitgeber. Dieser kann es innerhalb der Gesellschaft delegieren. Eine Übertragung des Weisungsrechts auf Dritte erfordert die Zustimmung des Arbeitnehmers oder eine entsprechende Abrede im Arbeitsvertrag. Das gilt auch im Konzern, wenn die Muttergesellschaft gegenüber Arbeitnehmern (einschliesslich leitenden Angestellten) ihrer Tochtergesellschaften weisungsbefugt sein will (BGer, 4C.158/2002 E. 3.1.3).

II. Arten von Weisungen (Abs. 1)

Abs. 1 unterscheidet zwischen *allgemeinen Anordnungen* und *besonderen* **6**
Weisungen. Erstere enthalten generell-abstrakte Richtlinien (z. B. Rauchverbot im Betrieb), letztere individuell-konkrete Direktiven (z. B. konkrete
Arbeitsanweisung oder Freistellung eines Arbeitnehmers, BGE 128 III 271,
281).

Mit Bezug auf den **Inhalt** der Weisungen unterscheidet man: **7**
– *Zielanweisungen* (Leistungsanweisungen), welche die Arbeitsleistung
  nach Gegenstand, Art, Ort und Organisation konkretisieren;
– *Fachanweisungen*, welche Methode und Technik der Arbeitsausführung
  und die Handhabung der Arbeitsmittel bestimmen;
– *Verhaltensanweisungen*, die das **Verhalten im Betrieb** regeln (z. B. Meldepflicht bei Absenzen, Rauchverbot, Benutzung des Internets).

III. Schranken des Weisungsrechts

Das Weisungsrecht steht in der Rangfolge der Gestaltungsfaktoren des Ar- **8**
beitsverhältnisses auf unterster Stufe (sog. **subsidiäre Geltung des Weisungsrechts**). Weisungen sind daher nur gültig, soweit dispositives und
zwingendes Gesetzesrecht, GAV, NAV, Betriebsordnung und Einzelarbeitsvertrag entsprechenden Raum offen lassen.

Wichtige Schranken des Weisungsrechts bilden damit insbesondere (s. BSK **9**
OR I-Portmann, N 7):
– Der **Einzelarbeitsvertrag**, insbesondere bezüglich **Aufgabenbereich**
  (BGer, SJ 1993, 370), **Arbeitsort** (ArbGer Zürich, JAR 2002, 165; s. a.
  BGer JAR 1991, 114 – Unwirksamkeit unbegrenzter Versetzungsklausel)
  und **Arbeitszeit** (BGE 123 III 469 ff. – unzulässige Anordnung fester Arbeitszeiten bei vereinbarter Gleitzeit).
– Der **Persönlichkeitsschutz** (Art. 328). Unzulässig sind etwa unsinnige,
  schikanöse oder einen Arbeitnehmer ohne sachlichen Grund benach-
  teiligende Weisungen (s. Streiff/von Kaenel, N 3); ferner Weisungen,
  die das angestammte Tätigkeitsfeld des Arbeitnehmers beschränken
  oder ihn hierarchisch zurückstufen, sofern triftige Gründe dafür fehlen
  oder der Arbeitnehmer nicht vorgängig gehörig angehört wurde (BGer,
  4C.189/2006 E. 2; BGE 110 II 172 ff.).
– Der Bereich **dienstlichen Verhaltens**. Das ausserdienstliche Verhalten
  des Arbeitnehmers ist grundsätzlich weisungsfrei (Botschaft, BBl
  1967 II 309). Verhaltensrichtlinien amerikanischen Zuschnitts *(Ethic
  Codes* oder *Codes of Conduct)* gehen diesbezüglich oft zu weit. In Ausnahmefällen können Weisungen im ausserdienstlichen Bereich die Treuepflicht konkretisieren. Erforderlich ist aber stets ein unmittelbarer Zusammenhang mit der Arbeitspflicht. In engen Grenzen zulässig sind etwa

Weisungen, mit denen verhindert werden soll, dass der Arbeitnehmer durch eine ausserbetriebliche Tätigkeit einen Interessenkonflikt schafft, der das Arbeitsverhältnis beeinträchtigt (BGer, JAR 1998, 224 – Genehmigungspflicht für VR-Mandate).

– **weisungsfreie Bereiche**, die namentlich bei Arbeitnehmern mit hochqualifizierten Fachkenntnissen, Künstlern und bei leitenden Angestellten anerkannt sind (s. BSK OR I-PORTMANN, N 8).

IV. Befolgungspflicht (Abs. 2)

10   Der Arbeitnehmer muss die allgemeinen Anordnungen und die besonderen Weisungen nach Treu und Glauben befolgen (Abs. 2). Nach Treu und Glauben heisst, soweit es ihm zumutbar ist.

11   Die Nichtbefolgung **rechtmässiger Weisungen** stellt eine Vertragsverletzung dar. Sie kann zu Schadenersatzpflicht, Disziplinarmassnahmen und fristloser Entlassung führen.

12   **Rechtswidrige Weisungen** muss der Arbeitnehmer nicht befolgen (BGE 132 III 115, 121). Unter Umständen ist er sogar verpflichtet, sich ihnen zu widersetzen. Das ist insbesondere der Fall, wenn er sich strafbar machen würde oder Dritte geschädigt werden könnten (BSK OR I-PORTMANN, N 9). Soweit der Arbeitnehmer für die Ausführung einer bestimmten Tätigkeit die Verantwortung trägt, darf er sich auch **sachwidrigen Weisungen** widersetzen (VISCHER, 143).

13   Wird einem Arbeitnehmer gekündigt, weil sich dieser berechtigterweise einer Weisung widersetzte, so ist die **Kündigung missbräuchlich** nach Art. 336 Abs. 1 lit. d (Rachekündigung). Dabei genügt es bereits, wenn der Arbeitnehmer in guten Treuen davon ausging, die Weisung nicht befolgen zu müssen (BGE 132 III 115, 121).

V. Charakter der Norm

14   Art. 321d ist **dispositives Recht**. Grundsätzlich wäre es damit zulässig, vertraglich das Weisungsrecht des Arbeitgebers auf ausserdienstliches Verhalten auszudehnen. Solchen Abreden werden jedoch durch die Fürsorgepflicht (Art. 328) und das Persönlichkeitsrecht des Arbeitnehmers (Art. 27 ZGB) Grenzen gesetzt.

Art. 321*e*

I. **Haftung des Arbeitnehmers**

[1] Der Arbeitnehmer ist für den Schaden verantwortlich, den er absichtlich oder fahrlässig dem Arbeitgeber zufügt.

[2] Das Mass der Sorgfalt, für die der Arbeitnehmer einzustehen hat, bestimmt sich nach dem einzelnen Arbeitsverhältnis, unter Berücksichtigung des Berufsrisikos, des Bildungsgrades oder der Fachkenntnisse, die zu der Arbeit verlangt werden, sowie der Fähigkeiten und Eigenschaften des Arbeitnehmers, die der Arbeitgeber gekannt hat oder hätte kennen sollen.

Literatur

FEHR, Grundzüge der arbeitsvertraglichen Haftung von Managern, Bern 2003; GEISER, Haftung bei neuen Arbeitsformen, Job Sharing, Computerarbeitsplätze, Personalverleih, AJP 1997, 787 ff.; R. MÜLLER, Aktuelle Rechtsprechung zur Haftung des Arbeitnehmers, ArbR 2006, 13 ff.; PORTMANN, Zur Schadenersatzbemessung im Arbeitsvertragsrecht, FS Rey, Zürich/Basel/Genf 2003, 489 ff.; ROBERTO, Gedanken zur Haftung des Arbeitnehmers, FS Rehbinder, München/Bern 2002, 91 ff.; SANTORO, Die Konventionalstrafe im Arbeitsvertrag, Bern 2001; SCHILTKNECHT, Arbeitnehmer als Verwaltungsräte abhängiger Konzerngesellschaften, Bern 1996; STREIFF, Besondere Fälle der Haftung des Arbeitnehmers, AJP 1997, 797 ff.

I. Anwendungsbereich

Die Vorschrift regelt die **Haftung des Arbeitnehmers** für Vertragsverletzungen. Erfasst werden sowohl **Nichterfüllung** (z. B. zu wenig geleistete Arbeitsstunden, ArbGer Zürich, JAR 1999, 111) als auch **Schlechterfüllung** (Verletzung der Sorgfalts- und Treuepflicht). Die allgemeinen Bestimmungen der Art. 97 ff. gelten subsidiär. Für Erfolg haftet der Arbeitnehmer nicht (BGer, 4C.103/2005 E. 1.2).   1

Für die Haftung des Heimarbeitnehmers s. Art. 352 Abs. 2 und Art. 352a Abs. 3, für Seeleute Art. 71 Abs. 1 SSG. Bei Urteilsunfähigkeit des Arbeitnehmers richtet sich die Haftung nach Art. 54 i. V. m. Art. 99 Abs. 3, wobei aber die Verjährung Art. 127 und nicht Art. 60 untersteht (BGer, 4C.195/2004 E. 3). Für den Schaden wegen ungerechtfertigten Nichtantretens oder Verlassens der Arbeitsstelle gilt die Sonderregelung von Art. 337d.   2

II. Haftungsvoraussetzungen (Abs. 1)

3   Gemäss Abs. 1 ist der Arbeitnehmer für den Schaden verantwortlich, den er absichtlich oder fahrlässig dem Arbeitgeber zufügt. Dies entspricht der allgemeinen Regel von Art. 97 Abs. 1. Erforderlich für eine Haftung sind Schaden, Vertragsverletzung, adäquater Kausalzusammenhang und Verschulden, wobei letzteres nach dem gemilderten Massstab von Art. 321e Abs. 2 zu beurteilen ist.

4   Obwohl Abs. 1 an sich Art. 97 Abs. 1 wiederholt, kommt ihm eine **eigenständige Bedeutung** zu. Diese ergibt sich in Verbindung mit Art. 362. Anders als nach Art. 97 Abs. 1 sind die **Haftungsvoraussetzungen** von Art. 321e Abs. 1 nämlich **zwingend** und können nicht zulasten des Arbeitnehmers geändert werden. Dies setzt der Parteiautonomie Schranken. Abreden, welche das Schadenserfordernis wegbedingen (z. B. schadensunabhängige Konventionalstrafen, Santoro, 46 ff.), die Haftung des Arbeitnehmers über dessen eigenes Verhalten hinaus auf Pflichtwidrigkeiten Dritter wie namentlich anderer Arbeitnehmer erweitern (kumulative Schuldübernahme, Garantie, Bürgschaft) oder das Verschuldenserfordernis aufheben (Kausalhaftung, BGer, JAR 1995, 86 f.), sind im Arbeitsverhältnis daher grundsätzlich unzulässig (s. hinten N 20).

III. Haftungsmassstab (Abs. 2)

5   Abs. 2 legt fest, welches Mass an Sorgfalt der Arbeitnehmer zu vertreten hat. Gegenüber den allgemeinen vertragsrechtlichen Grundsätzen ist der **Sorgfaltsmassstab gemildert.** Dieser bestimmt sich nicht abstrakt, sondern nach dem einzelnen Arbeitsverhältnis, unter Berücksichtigung des Berufsrisikos, des Bildungsgrades oder der Fachkenntnisse, die zu der Arbeit verlangt werden, sowie der Fähigkeiten und Eigenschaften des Arbeitnehmers, die der Arbeitgeber gekannt hat oder hätte kennen sollen (Abs. 2).

6   Diese Kriterien sind nicht nur im Rahmen des Verschuldens sondern auch bei der **Schadenersatzbemessung** (Art. 43 und 44 i. V. m. Art. 99 Abs. 3) zu berücksichtigen (BGE 123 III 257, 258 f.). Hinzu kommen die allgemeinen Kriterien nach Art. 43 und 44, da die Aufzählung in Abs. 2 **nicht abschliessend** ist (BGer 4C.87/2001 E. 4b).

7   Letztlich sind stets die gesamten **Umstände des Einzelfalls** zu berücksichtigen. Den Gerichten steht ein **weiter Ermessensspielraum** zu (BGE 110 II 344, 349; s. dazu die rechtspolitische Kritik bei BK-Rehbinder, N 23). Entsprechend einzelfallbezogen ist die Kasuistik, weshalb Verallgemeinerungen nur beschränkt zulässig sind (BSK OR I-Portmann, N 18). Insbesondere finden Haftungsbegrenzungen nach Monatslöhnen, wie sie teils vertreten werden, im Gesetz keine Stütze. Auch besteht kein allgemeiner Haftungsausschluss für leichte Fahrlässigkeit (CR CO I-Aubert, N 6).

Aus der neueren Praxis lassen sich immerhin die folgenden **Grundsätze** 8
festhalten:

– Bei **gefahrgeneigter Arbeit** sind Schäden, die durch leichte Fahrlässig- 9
keit verursacht werden, vom Arbeitgeber zu tragen (ArbGer Zürich, ZR
1988, 175 – Fahrzeugbeschädigung im Stadtverkehr). Bei mittlerer
Fahrlässigkeit wird der Schaden geteilt, während bei grober Fahrlässigkeit und bei Vorsatz der Arbeitnehmer den ganzen Schaden zu ersetzen
hat (BSK OR I-Portmann, N 6). Als gefahrgeneigte Arbeit werden Tätigkeiten bezeichnet, bei denen selbst bei einem sorgfältigen Arbeitnehmer
erfahrungsgemäss mit Fehlern gerechnet werden muss (sog. **Berufs-
risiko**; z.B. beim Chauffeur mit Verkehrsunfall, beim Kellner mit Ge-
schirrbruch, usw.). Schäden gehören hier zum Betriebsrisiko, gegen das
sich der Arbeitgeber durch Abschluss einer Versicherung schützen
kann.

– An **Bildung und Fachkenntnissen** darf der Arbeitgeber voraussetzen, 10
was nach allgemeiner Anschauung für die betreffende Tätigkeit notwendig ist. Aussergewöhnliches Know-how oder die Erfüllung spezifischer,
nicht unmittelbar mit der Hauptaufgabe zusammenhängender Pflichten
darf der Arbeitgeber nur erwarten, wenn es ausbedungen oder nach
Massgabe der konkreten Umstände als beidseitig gewollt anzusehen ist
(BGer, 4C.103/2005 E. 1.2).

– Führt der Arbeitnehmer eine Tätigkeit aus, ohne dazu über die notwen- 11
digen **Fähigkeiten und Eigenschaften**, zu verfügen, so stellt dies grundsätzlich ein **Übernahmeverschulden** dar. Ist dem Arbeitgeber die ungenügende Qualifikation des Arbeitnehmers jedoch bekannt oder müsste
sie ihm bekannt sein, so triff ihn ein Mitverschulden, indem er ein tiefe-
res Mass an Sorgfalt in Kauf nimmt (ZK-Staehelin, N 9; BK-Rehbinder, N 28; KGer VS, JAR 1995, 87 – unerfahrener Helikopterpilot).

– **Ungenügende Kontrolle** führt nur dann zu einer Reduktion der Haf- 12
tung, wenn aufgrund der Qualifikationen, der bisherigen Leistungen des
Arbeitnehmers oder wegen anderer Umstände im besonderen Fall
Grund zur Annahme besteht, der Arbeitnehmer könne seine vertrag-
lichen Pflichten nicht ordnungsgemäss erfüllen (BGer, 4C.16/2003
E. 2.2).

– Wird die schädigende Handlung vom Arbeitgeber **angeordnet, geneh- 13
migt oder widerspruchslos geduldet**, so entfällt die Haftung des Arbeitnehmers gänzlich (BGer, 4C.16/2003 E. 2.2).

– An einen **Arbeitnehmer in leitender Stellung** werden hinsichtlich der 14
Sorgfalt generell höhere Anforderungen gestellt als an einen Arbeitnehmer in untergeordneter Stellung (BGE 97 II 146; OGer LU, JAR 1996,
126). Dasselbe gilt für einen Arbeitnehmer, der aufgrund jahrelanger

Tätigkeit über entsprechende Berufserfahrung verfügt (ZK-Staehelin, N 11)

15 – **Geringe Entlöhnung** oder **finanzielle Notlage** des Arbeitnehmers bei nicht schwerem Verschulden können eine Haftungsreduktion rechtfertigen (BGE 123 III 259; 110 II 344; BK-Rehbinder, N 29).

16 Im Übrigen wird auf die **umfangreiche Kasuistik** bei Streiff/von Kaenel, N 2 ff. und Tober/Favre/Munoz/Gullo Ehm, N 1 ff. verwiesen.

IV. Geltendmachung

17 Nach der Rechtsprechung des Bundesgerichts muss der Arbeitgeber Schadenersatzansprüche, die ihm im Umfang oder dem Grundsatz nach bekannt sind, **vor Beendigung des Arbeitsverhältnisses** geltend machen oder zumindest bei der letzten Lohnzahlung einen entsprechenden Vorbehalt anbringen; andernfalls sind sie verwirkt (BGE 110 II 344 ff.; bestätigt in 4C.146/2003 E. 6.2). Eine verbreitete Auffassung verlangt sogar die Geltendmachung oder zumindest einen entsprechenden Vorbehalt bei der nächsten Lohnzahlung (s. Vischer, 195 m.w.Nw.). Diese Auffassung ist jedoch abzulehnen (BSK OR I-Portmann, N 23).

18 Die **Verjährung** des Schadenersatzanspruchs richtet sich nach Art. 127. Für die **Verrechnung** ist Art. 323b Abs. 2 zu beachten.

19 Die **Beweislast** für Schaden, Vertragsverletzung und adäquaten Kausalzusammenhang trägt nach der allgemeinen Regel von Art. 8 ZGB der Arbeitgeber. Der Arbeitnehmer hat dann nachzuweisen, dass ihn kein Verschulden trifft (Art. 97 Abs. 1; BGer, JAR 1999, 292; ZK-Staehelin, N 32 m.w.Nw.).

V. Abweichende Vereinbarungen

20 Art. 321e ist **relativ zwingend** (Art. 362). Die Haftung des Arbeitnehmers kann daher nicht verschärft werden. **Ausgeschlossen** ist insbesondere die Vereinbarung einer **Kausalhaftung** (BGer, JAR 1995, 86 f.), ebenso von **Konventionalstrafen** mit Ersatzfunktion, da damit die zwingenden Reduktionsgründe für die Schadenersatzbemessung nach Abs. 2 unberücksichtigt blieben (Santoro, 46 ff.; anders Vischer, 194).

21 Grundsätzlich unwirksam ist deshalb auch eine Abrede, dass der Arbeitnehmer unabhängig von einem Verschulden für einen Fehlbestand in der Kasse oder einem Warenlager, das ihm anvertraut ist, aufkommen muss (sog. **Mankohaftung**). Eine Ausnahme gilt dann, wenn der Arbeitnehmer ein angemessenes Mankogeld als Entschädigung erhält. Um angemessen zu sein, muss das Mankogeld über einen längeren Zeitraum mindestens das durchschnittliche Manko decken (BSK OR I-Portmann, N 21).

Art. 322

⸶. **Pflichten des**
Arbeitgebers
Lohn
↗ **Art und Höhe**
im Allgemeinen

¹ **Der Arbeitgeber hat dem Arbeitnehmer den Lohn zu**
entrichten, der verabredet oder üblich oder durch
Normalarbeitsvertrag oder Gesamtarbeitsvertrag
bestimmt ist.

² **Lebt der Arbeitnehmer in Hausgemeinschaft mit**
dem Arbeitgeber, so bildet der Unterhalt im Hause
mit Unterkunft und Verpflegung einen Teil des
Lohnes, sofern nichts anderes verabredet oder üb-
lich ist.

Literatur

AUBRY GIRARDIN; Egalité salariale et décisions judiciaires, AJP 2005,
1062 ff.; BIGLER-EGGENBERGER, Die bundesgerichtliche Rechtsprechung
zur Lohngleichheit, AJP 2001, 1269 ff.; DAENIKER, Vergütung von Verwaltungsrat und Geschäftsleitung schweizerischer Publikumsgesellschaften,
SJZ 2005, 381 ff.; GEISER, Flexibilisierung der Arbeitszeit und des Lohnes,
ArbR 1998, 77 ff.; DERS., Arbeitsrechtliche Aspekte im Zusammenhang mit
Leistungslohn, AJP 2001, 382 ff.; LEU, Variable Vergütungen für Manager
und Verwaltungsräte, Zürich/Basel/Genf 2005; PASCHOUD, Quand le juge
fixe le salaire; Lausanne 2004; SENTI, Zulagen, Zuschläge und 13. Monatslohn, AJP 2006, 289 ff.; DERS., Die Abgrenzung zwischen Leistungslohn und
Gratifikation, AJP 2002, 669 ff.; STEINER, Das Verbot der indirekten Diskriminierung aufgrund des Geschlechts im Erwerbsleben, Basel 1999.

I.   Lohnzahlungspflicht (Abs. 1)

1.   Begriff und Arten des Lohns

Lohn ist die periodische Gegenleistung des Arbeitgebers für die Arbeitsleis-   1
tung (VISCHER, 84). Er ist wesentlicher Inhalt des Arbeitsvertrags (Art. 319
Abs. 1).

Üblicherweise wird der Lohn in **Geld** entrichtet. Möglich ist aber auch **Na-**   2
turallohn. Darunter fällt jeder andere als Geldlohn, wie beispielsweise Verpflegung und Unterkunft, der Bezug von Produkten, Überlassung eines Autos zum Privatgebrauch, die Zuteilung von Aktien usw.

Hinsichtlich des Bemessungsmassstabs unterscheidet man Zeitlohn und   3
Leistungslohn. **Zeitlohn** ist Entlöhnung nach Zeitabschnitten (Stunde, Woche, Monat, Jahr) ohne Rücksicht auf das Arbeitsergebnis (REHBINDER,

N 171). Beim **echten Leistungslohn** erfolgt die Vergütung nach der individuellen Leistung des Arbeitnehmers. Fälle echten Leistungslohns sind z.B. der Individualakkord (Art. 326 f.) und die Provision (Art. 322b). Beim **unechten Leistungslohn** beeinflusst die Leistung des Arbeitnehmers nur zusammen mit anderen Faktoren die Höhe des Lohns, indem etwa auf den Gewinn oder Umsatz des Unternehmens oder einer Abteilung abgestellt wird. Dazu gehören namentlich der Gruppenakkord (Art. 326 N 1) und der Anteil am Geschäftsergebnis (Art. 322a).

4　Der Lohn kann sich aus verschiedenen **Bestandteilen** zusammensetzen. Zusätzlich zum Grundsalär verbreitet sind etwa ein 13. Monatslohn (dazu ZK-Staehelin, N 12), Trinkgelder, Zulagen für Arbeit unter erschwerten Umständen (sog. Inkonvenienzzulagen) oder im Zusammenhang mit Lage oder Umfang der Arbeitszeit (Zulagen für Nacht- und Sonntagsarbeit; Überstunden- und Überzeitentschädigungen) usw. (Näheres bei Senti, AJP 2006, 289 ff.).

5　**Kein Lohn** i. S. v. Art. 322 stellen Leistungen des Arbeitgebers dar, die nicht im Austausch mit der Arbeitsleistung erbracht werden. Dies ist etwa bei Spesenentschädigungen der Fall, ferner bei Leistungen, die der Arbeitgeber erbringt, ohne dazu verpflichtet zu sein (Gratifikationen).

6　Von zentraler Bedeutung ist die **Unterscheidung zwischen Lohn und Gratifikation** (dazu Art. 322d N 2 ff.). Während bei der Gratifikation weitgehend Vertragsfreiheit besteht, ist der Lohnanspruch gesetzlich besonders geschützt (s. Art. 323 ff.). Als zwingend geschuldete Gegenleistung für geleistete Arbeit kann der Lohn überdies nicht von der Bedingung abhängig gemacht werden, dass der Arbeitnehmer im Zeitpunkt der Fälligkeit noch im Betrieb arbeitet oder in ungekündigter Stellung ist (BGer, 4C.426/ 2005 E. 5.2.1). Diese Schutzvorschriften gelten grundsätzlich auch, wenn dem Arbeitnehmer als Lohnbestandteil (Naturallohn) **Aktien oder Optionen** abgegeben werden, wobei es keine Rolle spielt, ob die Beteiligung an der arbeitgebenden oder an einer anderen Gesellschaft gewährt wird (BGE 130 III 495, 501). Sie stehen insbesondere allfälligen Sperr- und Verfallklauseln entgegen, nach denen der Arbeitnehmer während einer gewissen Zeit nicht über die Aktien oder Optionen verfügen und diese unter Umständen wieder verlieren kann. Ausnahmen bestehen nach BGE 130 III 495, 501 jedoch, wenn der Arbeitnehmer beim Erwerb der Mitarbeiterbeteiligung vornehmlich als Anleger handelt, der das mit der Anlage verbundene Risiko in der Erwartung eines hohen Kapitalgewinns aus freien Stücken akzeptiert, oder wenn sich die Beteiligung bei einem hoch dotierten Kader oder Angestellten als Bonus und damit als Gegenleistung für seine Tätigkeit darstellt. In diesen Fällen gelten die Bestimmungen der Beteiligungsvereinbarung ohne Rücksicht auf zwingende Vorschriften des Arbeitsrechts.

2. Bestimmung des Lohns

Gemäss Abs. 1 hat der Arbeitgeber dem Arbeitnehmer den Lohn zu entrich- 7
ten, der verabredet oder üblich oder durch Normalarbeitsvertrag oder Gesamtarbeitsvertrag bestimmt ist.

Das Gesetz überlässt es damit in erster Linie den **Parteien**, Art und Höhe 8
des Lohns festzusetzen. Ein staatlicher Mindestlohn besteht nicht. Untere
Grenzen bilden die guten Sitten (Art. 19/20; CAPH GE, JAR 1996, 135 ff. –
sittenwidriger Monatslohn von CHF 1200 für eine Hausangestellte), die
Übervorteilung (Art. 21) und das Wucherverbot nach Art. 157 StGB (BGE 130
IV 106 ff. – Monatslohn von CHF 300 plus Kost und Logis für eine Hausangestellte mit wöchentlicher Arbeitszeit von 50 Stunden).

Lohntarife eines **Gesamtarbeitsvertrags** stellen i. d. R. Mindestlöhne dar, die 9
grundsätzlich nur über-, nicht aber unterschritten werden dürfen (Art. 357).
Sieht der GAV einen Mindestlohn für Betriebsarbeit vor, so kann nicht vereinbart werden, dass ausserbetrieblicher Bereitschaftsdienst durch diesen
Mindestlohn mit abgegolten ist (BGE 124 III 249 ff. – Arbeit auf Abruf). **Normalarbeitsverträge** setzen grundsätzlich nur dispositives Recht (Art. 360
Abs. 1), mit Ausnahme des befristeten Normalarbeitsvertrags nach Art. 360a,
der teilzwingende Mindestlöhne vorschreiben kann (Art. 360d Abs. 2).

Eine wichtige Schranke für Lohnvereinbarungen bildet der Grundsatz der 10
Lohngleichheit von Mann und Frau, der für gleichwertige Arbeit beim selben Arbeitgeber zwingend gilt (Art. 8 Abs. 3 Satz 3 BV und Art. 3 Abs. 2 GlG;
BGE 130 III 145, 159). Untersagt sind Lohnunterschiede, die auf geschlechts-
spezifischen Umständen beruhen. Dabei kann sich eine Diskriminierung sowohl aus der generellen Einstufung bestimmter geschlechtsspezifischer
Funktionen ergeben als auch aus der konkreten Entlöhnung einer bestimmten Person im Vergleich zu einer solchen des anderen Geschlechts (BGE 125
I 71, 79). Unzulässig ist sowohl eine direkte als auch eine indirekte Diskriminierung (BGE 124 II 409, 424 f.):

– Eine **direkte Diskriminierung** liegt vor, wenn die Ungleichbehandlung
  ausdrücklich auf die Geschlechtszugehörigkeit oder auf ein Kriterium
  stützt, das nur von einem der beiden Geschlechter erfüllt werden kann,
  und wenn sie sich nicht sachlich rechtfertigen lässt.

– Eine **indirekte Diskriminierung** liegt vor, wenn zum Nachteil eines ge-
  schlechtstypisch identifizierten Berufs Lohnunterschiede bestehen, welche nicht sachbezogen in der Arbeit selber begründet sind.

Eine unterschiedliche Entlöhnung von Mann und Frau ist indessen gerecht- 11
fertigt, wenn sie auf **objektiven Gründen** beruht. Dazu gehören Gründe, die
den Wert der Arbeit selbst beeinflussen können (z. B. Ausbildung, Dienstalter, Qualifikation, Erfahrung, konkreter Aufgabenbereich, Leistung, Risiken
und Pflichtenheft), sich aus sozialen Rücksichten ergeben (wie z. B. fami-

liäre Belastungen oder das Alter) oder die auf unterschiedliche Lohnver-
handlungen oder auf die konjunkturelle Lage zurückzuführen sind. Voraussetzung ist aber, dass der angerufene objektive Grund für die konkrete Arbeitsleistung und die Lohngestaltung durch den Arbeitgeber wesentlich ist
(BGE 130 III 145, 165 m. w. Nw.; zum Ganzen BSK OR I-PORTMANN, N 12 ff.;
STREIFF/VON KAENEL, N 20 f.).

12   Bei der Anstellung **ausländischer Arbeitnehmer** sind die Mindestlohnvorschriften von Art. 9 BVO (BGE 122 III 110), von Art. 9 Anhang II zum Freizügigkeitsabkommen betreffend Angehörige des EWR und von Art. 2 EntsG zu
beachten.

13   Ist der Lohn nicht durch Einzel-, Gesamt- oder Normalarbeitsvertrag bestimmt, so ist der **übliche Lohn** geschuldet. Dieser bemisst sich danach,
was normalerweise in der betreffenden Region und Branche für vergleichbare Tätigkeiten bezahlt wird, wobei die persönliche Situation des Arbeitnehmers zu berücksichtigen ist (BGer, JAR 1998, 131 f. E. 4b). Seine Ermittlung ist Sache des Gerichts, wobei diejenige Partei, die sich auf die Übung
beruft, eine prozessuale Mitwirkungspflicht trifft (BGer, a. a. O.). Lässt sich
kein üblicher Lohn feststellen, hat das Gericht den Lohn nach **Ermessen** zu
bestimmen (BGer, 4C.376/2005, E. 3.3).

14   Der Lohn i. S. v. Art. 322 versteht sich als **Bruttolohn.** Davon sind die Arbeit-
nehmerbeiträge an die Sozialversicherungen (AHV, IV, EO, ALV, BVG, NBU),
allfällige Quellensteuern sowie allfällige weitere vereinbarte Lohnabzüge
(z. B. für Krankentaggeldversicherung, überobligatorische berufliche Vorsorge, Lohnrückbehalt nach Art. 323a) abzuziehen. Zur Auszahlung gelangt
dann der Nettolohn.

15   Da der Lohn Vertragsbestandteil ist, kann er nicht einseitig vom Arbeitgeber gekürzt werden. Eine stillschweigende Zustimmung des Arbeitnehmers
zu einer **Lohnkürzung** ist nur mit Zurückhaltung anzunehmen. Die blosse
Unterzeichnung einer Lohnquittung durch den Arbeitnehmer genügt nicht
(BGE 109 II 327, 330). Wenn jedoch der Arbeitnehmer dreimal den gekürz-
ten Lohn ohne Widerspruch entgegennimmt, so besteht nach der Rechtsprechung eine tatsächlich Vermutung dafür, dass er der Lohnkürzung zugestimmt hat (BGer, 4C.242/2005 E. 4.3 m. w. Nw.; ArbGer Zürich ZR 2000
Nr. 72; abl. BSK OR I-PORTMANN, N 9).

II.   Lohn bei Hausgemeinschaft (Abs. 2)

16   Abs. 2 regelt die Frage, ob bei Aufnahme des Arbeitnehmers in die Hausgemeinschaft des Arbeitgebers Naturalleistungen in Form von **Kost und
Unterhalt** dem Arbeitnehmer belastet werden dürfen oder nicht. Die Bestimmung stellt die Vermutung auf, dass diese Naturalleistungen **zusätzlich
zum Geldohn geschuldet** sind und dem Arbeitnehmer nicht belastet wer-

den dürfen (BGer, 4C.131/2000 E. 3b). Der Arbeitnehmer braucht daher im Zweifel für seinen Unterhalt nicht selber aufzukommen. Aus Abrede, GAV, NAV oder Übung kann sich jedoch die gegenteilige Regelung ergeben.

Bei berechtigtem Nichtbezug von Kost und Unterhalt (z. B. während den Ferien) hat der Arbeitnehmer Anspruch auf eine **angemessene Entschädigung** (ZK-STAEHELIN, N 49 f.). **17**

Hausgemeinschaft liegt vor, wenn der Arbeitnehmer mit dem Arbeitgeber in einem gemeinsamen Haushalt lebt und dadurch der Hausgewalt des Arbeitgebers unterworfen ist (Art. 331 f. ZGB; BSK OR I-PORTMANN, N 30). **18**

III. Charakter der Norm

Art. 322 ist **dispositives Recht**. Der Lohnanspruch fällt deshalb nicht unter das Verzichtsverbot nach Art. 341 Abs. 1 (BGer, 4C.182/2000 E. 5.c). **19**

Art. 322*a*

Anteil am Geschäftsergebnis

^{1} Hat der Arbeitnehmer vertraglich Anspruch auf einen Anteil am Gewinn oder am Umsatz oder sonst am Geschäftsergebnis, so ist für die Berechnung des Anteils das Ergebnis des Geschäftsjahres massgebend, wie es nach den gesetzlichen Vorschriften und allgemein anerkannten kaufmännischen Grundsätzen festzustellen ist.

^{2} Der Arbeitgeber hat dem Arbeitnehmer oder an dessen Stelle einem gemeinsam bestimmten oder vom Richter bezeichneten Sachverständigen die nötigen Aufschlüsse zu geben und Einsicht in die Geschäftsbücher zu gewähren, soweit dies zur Nachprüfung erforderlich ist.

^{3} Ist ein Anteil am Gewinn des Unternehmens verabredet, so ist dem Arbeitnehmer überdies auf Verlangen eine Abschrift der Gewinn- und Verlustrechnung des Geschäftsjahres zu übergeben.

Literatur

GEISER, Arbeitsrechtliche Aspekte im Zusammenhang mit Leistungslohn, AJP 2001, 382 ff.; SENTI, Die Abgrenzung zwischen Leistungslohn und Gratifikation, AJP 2002, 669 ff.

I.   Allgemeines. Begriff

1   Die Bestimmung trägt dem Umstand Rechnung, dass Arbeitnehmern zuweilen eine Beteiligung am Geschäftsergebnis zugesichert wird. Wie diese Beteiligung im Einzelnen ausgestaltet wird, überlässt sie der Parteiautonomie. In der Praxis bestehen vielfältige, auf die individuellen Bedürfnisse der Beteiligten zugeschnittene Modelle. Die Bestimmung begnügt sich damit, den **Begriff** des Anteils am Geschäftsergebnis zu umschreiben, für dessen **Berechnung** eine Vorschrift aufzustellen (Abs. 1) und dem Arbeitnehmer angemessene **Kontrollmöglichkeiten** zu gewähren (Abs. 2 und 3; s. Botschaft, BBl 1967 II 315). Für die Fälligkeit des Anteils am Geschäftsergebnis s. Art. 323 Abs. 3.

2   Der **Begriff** des Anteils am Geschäftsergebnis umfasst alle Formen der Beteiligung am rechnungsmässigen Erfolg des Betriebs oder Unternehmens. Die Bestimmung nennt namentlich (ausführlich ZK-STAEHELIN, N 3 ff.; BSK OR I-PORTMANN, N 2 ff.):
   – **Gewinnbeteiligung**: Sie besteht i. d. R. in einer prozentualen Beteiligung am Reingewinn (Geschäftsgewinn);
   – **Umsatzbeteiligung**: Sie besteht i. d. R. in einer prozentualen Beteiligung am Wert der vom Unternehmen abgesetzten Produkte und erbrachten Leistungen;
   – **sonstige Beteiligung**: z. B. Prämie für die Verbesserung des Geschäftsergebnisses gegenüber dem Budget.

3   Begriffswesentlich ist, dass sich der Anteil am Geschäftsergebnis auf eine aus der Buchhaltung ergebende **Bilanzkennzahl** bezieht. Dies grenzt ihn ab von der Provision, die auf den Wert bestimmter Geschäfte abstellt (s. Art. 322b N 2), von der Gratifikation, die eine Ermessenskomponente enthält (s. Art. 322d N 1), und von der Mitarbeiterbeteiligungen in Form von Aktien oder Optionen.

4   Der Anteil am Geschäftsergebnis ist unechter Leistungslohn, da das Entgelt vom Gesamterfolg des Unternehmens abhängt und nicht von der individuellen Leistung des Arbeitnehmers (SENTI, AJP 2002, 669, 673) Sie kann zu einem fixen Salär hinzutreten oder überwiegendes oder gar **einziges Entgelt** sein. In letzterem Fall muss die Abrede aber schriftlich getroffen werden und ein angemessenes Entgelt garantieren (analog Art. 349a Abs. 2, CAPH GE, JAR 2006, KGer GR, JAR 2006, 475; ZK-STAEHELIN, N 1 m. w. Nw.).

5   Da es sich um Lohn handelt, ist der Anteil am Geschäftsergebnis auch während einer **Freistellung** geschuldet. Im **unterjährigen Arbeitsverhältnis** besteht der Anspruch pro rata temporis (ZK-STAEHELIN, N 6).

Werden auf den Anteil am Geschäftsergebnis **Akontozahlungen** vereinbart, 6
so haben diese nur provisorischen Charakter. Ergibt sich am Ende der Abrechnungsperiode, dass der Arbeitnehmer zuviel erhalten hat, so ist er im
entsprechenden Umfang zur Rückerstattung verpflichtet, auch wenn dies
nicht ausdrücklich vereinbart wurde. Der **Rückzahlungsanspruch** ist vertraglicher Natur (BGer, JAR 2001, 193 ff.).

II. Berechnung (Abs. 1)

Die Bestimmung stellt eine Vorschrift über die zeitliche und sachliche Be- 7
rechnung des Geschäftsergebnisses auf.

In **zeitlicher Hinsicht** wird auf das Ergebnis des Geschäftsjahres abgestellt. 8
Bei der Umsatzbeteiligung oder sonstigen Beteiligungsformen kann jedoch
auch eine kürzere Rechnungsperiode vereinbart werden.

In **sachlicher Hinsicht** ist auf den Betriebsgewinn im Sinne des Geschäfts- 9
gewinns abzustellen, der nach den gesetzlichen Vorschriften und den allgemein anerkannten kaufmännischen Grundsätzen festzustellen ist (BGE 81
II 151). Letztere sind auch für die Berechnung der Umsatzbeteiligung massgebend. Nach ihnen bestimmt sich beispielsweise, ob der Bruttoumsatz
oder der Nettoumsatz massgebend ist. Entsprechendes gilt bei den übrigen
Formen der Erfolgsbeteiligung (Botschaft, BBl 1967 II 316 f.).

Abs. 1 ist jedoch **dispositiv**. Abweichende Vereinbarungen sind daher mög- 10
lich.

III. Kontrollrechte des Arbeitnehmers (Abs. 2 und 3)

Abs. 2 gewährt dem Arbeitnehmer ein Recht auf **Auskunftserteilung** und 11
Einsichtnahme in die Geschäftsbücher, soweit es zur Nachprüfung seines
Anteils erforderlich ist. Der Arbeitnehmer kann die Kontrolle **persönlich**
ausüben oder auch durch einen **Sachverständigen**, der entweder von den
Parteien gemeinsam bezeichnet wird oder vom Gericht zu bestimmen ist.
Einem nur vom Arbeitnehmer bestellten Vertreter (z. B. dem Anwalt) kann
der Arbeitgeber Auskunft und Einsicht verweigern (Botschaft, BBl 1967
II 317). Die Einsetzung des Sachverständigen durch das Gericht erfolgt im
nichtstreitigen Verfahren; Art. 343 und Art. 24 GestG sind analog anwendbar (STREIFF/VON KAENEL, N 10).

Ist eine **Gewinnbeteiligung** vereinbart, so hat der Arbeitnehmer zusätzlich 12
ein Recht auf eine **Abschrift der Gewinn- und Verlustrechnung** des Geschäftsjahrs (Abs. 3), weil nur daraus der Reingewinn ersichtlich ist. Bei anderen Beteiligungsformen besteht dieses Recht nicht.

13   Die Kontrollrechte nach Abs. 2 und 3 sind **materiellrechtlicher Natur**. Sie können daher in einem selbständigen Verfahren oder mittels Stufenklage geltend gemacht werden.

14   Die Abs. 2 und 3 sind **relativ zwingend**. Durch Abrede können dem Arbeitnehmer weitergehende Kontrollrechte eingeräumt werden.

Art. 322*b*

3. **Provision**	¹ Ist eine Provision des Arbeitnehmers auf bestimmten Geschäften verabredet, so entsteht der Anspruch darauf, wenn das Geschäft mit dem Dritten rechtsgültig abgeschlossen ist.
a. Entstehung	² Bei Geschäften mit gestaffelter Erfüllung sowie bei Versicherungsverträgen kann schriftlich verabredet werden, dass der Provisionsanspruch auf jeder Rate mit ihrer Fälligkeit oder ihrer Leistung entsteht.
	³ Der Anspruch auf Provision fällt nachträglich dahin, wenn das Geschäft vom Arbeitgeber ohne sein Verschulden nicht ausgeführt wird oder wenn der Dritte seine Verbindlichkeiten nicht erfüllt; bei nur teilweiser Erfüllung tritt eine verhältnismässige Herabsetzung der Provision ein.

Literatur

GEISER, Arbeitsrechtliche Aspekte im Zusammenhang mit Leistungslohn, AJP 2001, 382 ff.

I.   Allgemeines. Begriff

1   Die Bestimmung enthält Vorschriften über die **Entstehung** und den **nachträglichen Wegfall** des Provisionsanspruchs für den Fall, dass die Parteien eine Provision vereinbart haben. Für die Fälligkeit des Provisionsanspruchs s. Art. 323 Abs. 2.

2   Die **Provision** ist eine Vergütung, die sich meist prozentual nach dem **Wert einzelner Geschäfte** bestimmt, die der Arbeitnehmer vermittelt oder abgeschlossen hat (**Vermittlungs- oder Abschlussprovision**). Sie ist echter Leistungslohn, da das Entgelt von der individuellen Leistung des Arbeitnehmers abhängt und nicht vom Betriebsergebnis (BK-REHBINDER, N 3). Ihr wirtschaftlicher Zweck besteht darin, dem Arbeitnehmer einen Anreiz zur

Vermittlung oder zum Abschluss von Geschäften zu verschaffen. Meist kommt sie vor bei Handelsreisenden (Art. 347 ff.), Verkaufs- und Serviceangestellten.

Ebenfalls von Art. 322b erfasst ist die **Bezirks- oder Rayonprovision**. Bei   3
dieser hat der Arbeitnehmer einen Provisionsanspruch auf allen Geschäften, die mit Kunden in einem bestimmten örtlichen Gebiet abgeschlossen werden, unabhängig davon, ob er tatsächlich zum Geschäftsabschluss beigetragen hat oder nicht (BK-Rehbinder, N 1).

Im Zweifel ist eine **Umsatzprovision** und nicht eine Gewinnprovision anzu-   4
nehmen. Berechnungsgrundlage ist mangels abweichender Abrede der vom Arbeitgeber fakturierte Nettopreis (ZK-Staehelin, N 9).

Die Provision kann zu einem fixen Salär hinzutreten oder überwiegendes   5
oder gar **einziges Entgelt** sein. In letzterem Fall muss sie aber ein angemessenes Entgelt garantieren (Art. 349a Abs. 2, der gemäss h. L. analog für den Einzelarbeitsvertrag gilt, Streiff/von Kaenel, N 5; BSK OR I-Portmann, N 1; ZK-Staehelin, N 1; Geiser, AJP 2001, 382, 387).

II.   Entstehung des Provisionsanspruchs (Abs. 1 und 2)

Gemäss Abs. 1 entsteht der Provisionsanspruch des Arbeitnehmers im **Zeit-**   6
punkt des Vertragsabschlusses mit dem Dritten. Verfügt der Arbeitnehmer über eine Abschlussvollmacht, so entsteht der Provisionsanspruch mit der Bestellung seitens des Kunden. Bei Vermittlungsprovision ist der Zeitpunkt massgebend, in dem der Arbeitgeber das Geschäft genehmigt (Streiff/von Kaenel, N 2). Grundsätzlich steht es dem Arbeitgeber frei, ob er das Geschäft genehmigen will oder nicht. Bei treuwidriger Nichtgenehmigung wird der Provisionsanspruch jedoch fingiert (Art. 156; OGer LU, JAR 2003, 188; HANDKOMM-Egli, N 2).

Bei **Rechtsgeschäften mit gestaffelter Erfüllung** (Sukzessivlieferungsver-   7
träge, Abzahlungsgeschäfte) und bei **Versicherungsverträgen** kann schriftlich vereinbart werden, dass die Provision nicht bei Vertragsschluss, sondern ebenfalls gestaffelt entsteht, d. h. bei Fälligkeit oder Leistung jeder Rate (Abs. 2).

Vorbehältlich anderer Vereinbarung (z. B. Gebietsprovision) hat der Arbeit-   8
nehmer nur dann einen Provisionsanspruch, wenn er einen **Kausalbeitrag** für den Abschluss des Geschäfts mit dem Dritten geleistet hat (BGE 128 III 174, 177). Haben mehrere Arbeitnehmer am Geschäftsabschluss mitgewirkt und lässt sich nicht nachweisen, wessen Tätigkeit letztlich ausschlaggebend war, so erscheint eine anteilsmässige Aufteilung der Provision sachgerecht (str., s. Vischer, 102).

9   Abs. 1 und 2 sind **relativ zwingend** (Art. 362). Die Parteien können den Provisionsanspruch daher nicht an weitere Bedingungen knüpfen oder z. B. vereinbaren, dass Geschäfte, die nach Austritt des Arbeitnehmers abgeschlossen werden, nicht mehr provisionspflichtig sind (ZK-Staehelin, N 8).

III. Nachträglicher Wegfall des Provisionsanspruchs (Abs. 3)

10   Zur Wahrung der wirtschaftlichen Interessen des Arbeitgebers unterstellt Abs. 3 den Provisionsanspruch zweier **Resolutivbedingungen** (h. L.; **a. A.** BGE 90 II 488), bei deren Eintritt er nachträglich dahin fällt:
- Zum einen, wenn der Arbeitgeber das Geschäft ohne sein Verschulden nicht ausführt. Gemeint ist damit nur **unverschuldete Unmöglichkeit** i. S. v. Art. 119.
- Zum andern, wenn der **Dritte seine Verbindlichkeiten nicht erfüllt.** Der Arbeitgeber muss aber die zweckdienlichen und wirtschaftlich vernünftigen Massnahmen (Mahnung, Betreibung) ergreifen, um seine Forderung durchzusetzen (ZK-Staehelin, N 16).

11   Bei **teilweiser Erfüllung** durch den Dritten reduziert sich die Provision entsprechend.

12   Die **Beweislast** für den Eintritt der Resolutivbedingung trägt der Arbeitgeber (ZK-Staehelin, N 17).

13   Fällt der Provisionsanspruch nachträglich dahin, so hat der Arbeitnehmer die bereits erhaltene Provision zurückzuerstatten, soweit die als Vorschüsse zuviel bezahlten Beträge nicht eine vereinbarte **Mindestprovision** darstellen (BGE 129 III 118). Der **Rückforderungsanspruch** ist vertraglicher Natur (ZK-Staehelin, N 17).

14   Abs. 3 ist **dispositiv.** Die Parteien können daher den nachträglichen Wegfall des Provisionsanspruchs ausschliessen.

Art. 322*c*

b.   Abrechnung

[1] **Ist vertraglich nicht der Arbeitnehmer zur Aufstellung der Provisionsabrechnung verpflichtet, so hat ihm der Arbeitgeber auf jeden Fälligkeitstermin eine schriftliche Abrechnung, unter Angabe der provisionspflichtigen Geschäfte, zu übergeben.**

² Der Arbeitgeber hat dem Arbeitnehmer oder an dessen Stelle einem gemeinsam bestimmten oder vom Richter bezeichneten Sachverständigen die nötigen Aufschlüsse zu geben und Einsicht in die für die Abrechnung massgebenden Bücher und Belege zu gewähren, soweit dies zur Nachprüfung erforderlich ist.

Mangels anderer Abrede ist die Aufstellung der Provisionsabrechnung Sache des Arbeitgebers. In diesem Fall hat er dem Arbeitnehmer auf jeden Fälligkeitstermin (s. Art. 323 Abs. 2) eine **schriftliche Abrechnung** unter Angabe aller provisionspflichtigen Geschäfte zu übergeben (Abs. 1). Auf der Provisionsabrechnung sind i.d.R. die Namen der Kunden, Art und Menge der verkauften Ware, Geschäftswert, Geschäftsausführung, Provisionshöhe und Fälligkeit aufzuführen (OGer ZH, ZR 99 [2000] Nr. 73.). Sie muss rechnerisch nachvollziehbar sein; die blosse Mitteilung des auf einzelnen Geschäften erzielten Gewinns genügt nicht (OGer ZH, a.a.O.). Der Anspruch auf eine Provisionsabrechnung besteht auch nach Beendigung des Arbeitsverhältnisses (OGer ZH, JAR 1988, 194) 1

Abs. 2 gewährt dem Arbeitnehmer die gleichen **Rechte auf Auskunft und Einsicht** wie bei der Berechnung des Anteils am Geschäftsergebnis (s. Art. 322a Abs. 2). Ihr Umfang ist auf die für die Provisionsabrechnung massgebenden Bücher und Belege beschränkt (ZK-STAEHELIN, N 2). 2

Art. 322c ist **relativ zwingend** (Art. 362). 3

Art. 322*d*

Gratifikation
¹ Richtet der Arbeitgeber neben dem Lohn bei bestimmten Anlässen, wie Weihnachten oder Abschluss des Geschäftsjahres, eine Sondervergütung aus, so hat der Arbeitnehmer einen Anspruch darauf, wenn es verabredet ist.

² Endigt das Arbeitsverhältnis, bevor der Anlass zur Ausrichtung der Sondervergütung eingetreten ist, so hat der Arbeitnehmer einen Anspruch auf einen verhältnismässigen Teil davon, wenn es verabredet ist.

Literatur

CRAMER, Der Bonus im Arbeitsvertrag, Bern 2007; DELBRÜCK, Die Gratifikation im schweizerischen Einzelarbeitsvertrag, Basel 1980; SCHNEITER,

Qualifikation einer Gratifikation als Lohn, ARV 2005, 241 ff.; SENTI, Die Abgrenzung zwischen Leistungslohn und Gratifikation, AJP 2002, 669 ff.

I. Begriff und Abgrenzung

1   Die Gratifikation ist eine **Sondervergütung**, die bei bestimmten Anlässen, wie Weihnachten oder Abschluss des Geschäftsjahrs, **zusätzlich zum Lohn** ausgerichtet wird. Sie zeichnet sich dadurch aus, dass sie in einem gewissen Masse vom Willen des Arbeitgebers abhängt. Sie wird damit **ganz oder zumindest teilweise freiwillig** ausgerichtet, je nach dem, ob sie der Arbeitgeber von sich aus ausrichtet oder aufgrund einer Vereinbarung (BGE 129 III 276, 278; 131 III 615, 620). Im ersten Fall spricht man von der **echten**, im zweiten Fall von der **unechten Gratifikation**. Die Gratifikation kann in Geld oder aus Naturalien (z. B. Aktien) bestehen.

2   Eine (echte oder unechte) Gratifikation kann nur vorliegen, wenn dem Arbeitgeber zumindest bei der Festsetzung der Höhe ein **Ermessen** zusteht (BGer, 4A_115/2007, E. 4.3.3; CRAMER, N 79 ff.). Fehlt das Ermessenselement, so ist die betreffende Leistung keine Gratifikation sondern (fester oder variabler) Lohn. **Keine Gratifikation** sind daher namentlich der **13. Monatslohn** (s. die Kasuistik bei STREIFF/VON KAENEL, N 10) sowie Vergütungen, deren **Höhe objektiv bestimmbar** ist. Letzteres ist beispielsweise der Fall bei Vergütungen, die ausschliesslich an das Erreichen messbarer Ziele geknüpft sind und somit weiche Kriterien fehlen, deren Erreichung von einer subjektiven Einschätzung durch den Arbeitgeber abhängt (BGer, 4C.6/2003).

3   Nach der Rechtsprechung des Bundesgerichts ist für die Gratifikation sodann charakteristisch, dass sie zum Grundlohn **akzessorisch** ist und nicht das einzige oder entscheidende Entgelt darstellt. Andernfalls wird sie zumindest teilweise zum Lohn. Wo die Grenze liegt, ist im Einzelfall anhand der Einkommenshöhe und der Regelmässigkeit der Ausrichtung zu beurteilen (BGE, 129 III 276, 279 f.; 131 III 615, 621; Urteil 4A_115/2007 E. 4.3.5). Diese Rechtsprechung stösst bei Löhnen ab einer gewissen Höhe auf **berechtigte Kritik** (s. BSK OR I-PORTMANN, N 19).

4   Anhand vorstehender Kriterien ist zu beurteilen, ob gesetzlich nicht definierte **Sondervergütungen** (wie etwa Bonus, Prämie, Anteile unter einem Mitarbeiterbeteiligungsprogramm) nach Massgabe ihrer konkreten Ausgestaltung als Gratifikation oder als Lohn zu qualifizieren sind (BGE 131 III 615 ff.). Eine allfällige Versicherung bei der beruflichen Vorsorge ist ein Indiz für den Lohncharakter (Urteil 4C.6/2003 E. 2.2 und 3.3). Die Qualifikation als Gratifikation oder Lohn ist deshalb von zentraler Bedeutung, weil die Vorschriften zum Schutze des Lohns, namentlich die Art. 323 Abs. 1 (Fälligkeit), 323b Abs. 3 (Truckverbot) und Art. 325, nur auf den Lohn, nicht jedoch auf die Gratifikation anwendbar sind (BGE 131 III 615, 622).

II. Anspruch auf Gratifikation

1. Anspruchsberechtigung (Abs. 1)

Gemäss Abs. 1 besteht ein Anspruch auf Gratifikation nur, wenn es **verab-**   5
redet ist. Dabei kann die Ausrichtung von **Bedingungen** abhängig gemacht
werden, wie z. B. guter Geschäftsgang (OGer BL, JAR 1995, 107), ungekün-
digte Stellung bei Auszahlung (BGer, 4C.467/2004 E. 3; BGE 131 III 615,
623 – Verfall-Klausel in Mitarbeiterbeteiligungsprogramm) usw. (Streiff/
von Kaenel, N 4).

Ein Gratifikationsanspruch kann sich auch aus **konkludentem Verhalten**   6
ergeben. Dies ist namentlich der Fall, wenn die Gratifikation vorbehaltlos
während mindestens drei aufeinander folgenden Jahren ausgerichtet worden ist (BGE 129 III 276, 278). Ein **Freiwilligkeitsvorbehalt** gilt als unbeachtlich, wenn er eine blosse Floskel ist und der Arbeitgeber durch sein
ganzes Verhalten zeigt, dass er sich zur Auszahlung einer Gratifikation verpflichtet fühlt, indem er beispielsweise den Vorbehalt nie in Anspruch genommen hat, obwohl Anlass dazu bestanden hätte (BGE a.a.O.; zu Recht
krit. BSK OR I-Portmann, N 10).

Ein Anspruch auf Gratifikation kann sich ferner aus **Diskriminierungsver-**   7
boten ergeben (s. BSK OR I-Portmann, N 5 f.). Zum einen gestützt auf Art. 3
GlG im Falle einer Geschlechterdiskriminierung. Zum andern gestützt auf
den arbeitsrechtlichen Gleichbehandlungsgrundsatz (s. Art. 328 N 3), wenn
ein Arbeitnehmer ohne sachlichen Grund gegenüber einer Vielzahl von anderen Arbeitnehmern deutlich ungünstiger gestellt wird (BGE 129 III 276,
282 f.).

2. Bei vorzeitiger Beendigung des Arbeitsverhältnisses (Abs. 2)

Mangels gegenteiliger Abrede oder Übung besteht kein Anspruch auf eine   8
Gratifikation, wenn das Arbeitsverhältnis vor deren Ausrichtung endet.
Massgebend ist das rechtliche Ende des Arbeitsverhältnisses, nicht der Zeit-
punkt der Kündigung (ZK-Staehelin, N 26).

Abs. 2 bezieht sich nur auf die Beendigung des Arbeitsverhältnisses. Wird   9
dieses unter dem Jahr begründet und eine Gratifikation vereinbart, so steht
dem Arbeitnehmer die *Gratifikation pro rata temporis* zu (ZK-Staehelin,
N 27).

III. Höhe der Gratifikation

Richtet ein Arbeitgeber eine Gratifikation aus, ohne dazu verpflichtet zu   10
sein (**echte Gratifikation**), so kann er die Höhe der Gratifikation beliebig
festlegen, solange er keine unzulässige Diskriminierung (s. o. N 7) begeht
(BGer, 4C.364/2004 E. 3.4).

11   Hat sich ein Arbeitgeber dem Grundsatz nach zur Ausrichtung einer Gratifikation vertraglich verpflichtet, so bestimmt sich die Höhe in erster Linie
nach der Vereinbarung, subsidiär nach der Usanz im Betrieb. Der Arbeitgeber muss die Gratifikation, gegebenenfalls im Rahmen dieser Vorgaben,
nach billigem Ermessen festsetzen. Dabei darf er sowohl betriebliche als
auch persönliche Kriterien berücksichtigen. So erlaubt schlechter Geschäftsgang generelle Kürzungen der Gratifikation, während Leistung und
Verhalten des Arbeitnehmers wie auch eine gekündigte Stellung eine individuelle Kürzung rechtfertigen (BSK OR I-Portmann, N 14; Streiff/von Kaenel, N 7). Bei gekündigter Stellung gilt eine Kürzung um einen Drittel bis
die Hälfte i. d. R. als zulässig, weil der Ansporn für zukünftige Leistungen
wegfällt (ZK-Staehelin, N 18). Nicht zulässig ist es, aus sachfremden Gründen einen Arbeitnehmer schlechter zu stellen als die übrigen Arbeitnehmer
(BGE, Urteil 4C.364/2004 E. 3.1).

IV. Charakter der Norm

12   Art. 322d ist **dispositives Recht**.

Art. 323

II.	**Ausrichtung des Lohnes**
1.	**Zahlungsfristen und -termine**

[1] **Sind nicht kürzere Fristen oder andere Termine verabredet oder üblich und ist durch Normalarbeitsvertrag oder Gesamtarbeitsvertrag nichts anderes bestimmt, so ist dem Arbeitnehmer der Lohn Ende
jedes Monats auszurichten.**

[2] **Ist nicht eine kürzere Frist verabredet oder üblich,
so ist die Provision Ende jedes Monats auszurichten;
erfordert jedoch die Durchführung von Geschäften
mehr als ein halbes Jahr, so kann durch schriftliche
Abrede die Fälligkeit der Provision für diese Geschäfte hinausgeschoben werden.**

[3] **Der Anteil am Geschäftsergebnis ist auszurichten,
sobald dieses festgestellt ist, spätestens jedoch sechs
Monate nach Ablauf des Geschäftsjahres.**

[4] **Der Arbeitgeber hat dem Arbeitnehmer nach Massgabe der geleisteten Arbeit den Vorschuss zu gewähren, dessen der Arbeitnehmer infolge einer Notlage
bedarf und den der Arbeitgeber billigerweise zu gewähren vermag.**

I. Allgemeines

Die Art. 323–323b regeln die Ausrichtung des Lohns. Art. 323 legt den   1
Zeitpunkt der Fälligkeit des Lohnanspruchs fest. Art. 323a statuiert insoweit eine Ausnahme davon, als er unter bestimmten Voraussetzungen einen
Lohnrückbehalt zulässt. Art. 323b enthält schliesslich Vorschriften, die
sicherstellen wollen, dass der Arbeitnehmer bei Fälligkeit den Lohn möglichst in voller Höhe und in gehöriger Form erhält. Diesem Zweck dient
ebenfalls Art. 325.

II. Fälligkeit des Lohns (Abs. 1)

Grundsätzlich ist der **Lohn** (Art. 322, 326a) monatlich auszuzahlen, und   2
zwar am Monatsende. Durch GAV oder NAV kann eine abweichende Regelung getroffen werden.

Durch Abrede oder Übung kann die Zahlungsperiode nur verkürzt oder ein   3
anderer Zahlungstermin bestimmt werden. Beispielsweise ist es zulässig
zu vereinbaren, dass die Lohnzahlung jeweils am zehnten jedes Monats
erfolgt. Hierfür besteht vor allen bei umsatzabhängigen Löhnen ein prak-
tisches Bedürfnis, wenn die Abrechnung jeweils erst per Monatsende erfolgt. Unzulässig ist hingegen die Abrede, dass der Lohn erst beim Eingang
von Klientenzahlungen ausbezahlt wird (ArbGer Zürich, ZR 2002 Nr. 64).

Bei Löhnen, die vom Erreichen bestimmter Ziele abhängig sind, tritt die   4
Fälligkeit nach Ablauf der betreffenden Zielperiode ein.

III. Fälligkeit der Provision (Abs. 2)

Die **Provision** (Art. 322b) ist ebenfalls am Ende jedes Monats auszuzahlen,   5
sofern nicht eine kürzere Frist vereinbart oder üblich ist (Abs. 2). Eine Ausnahme macht das Gesetz bei Geschäften, deren Durchführung, d.h. die Zeit
zwischen Abschluss und Erfüllung des Vertrags, mehr als ein halbes Jahr
erfordert (z.B. die Lieferung von Grossmaschinen, Botschaft, BBl 1967
II 323). Durch schriftliche Abrede kann die Provision auf solchen Geschäften hinausgeschoben werden. Eine Maximalfrist ist nicht vorgesehen.

Für den Handelsreisenden s. Art. 349b Abs. 3.   6

IV. Fälligkeit des Anteils am Geschäftsergebnis (Abs. 3)

Der **Anteil am Geschäftsergebnis** (Art. 322a) wird mit dessen Feststellung,   7
spätestens aber sechs Monate nach Ablauf des Geschäftsjahrs fällig (Abs. 3).
Steht das Geschäftsergebnis dann noch nicht fest, ist analog Art. 349b Abs. 3
ein zu schätzender Betrag auszuzahlen (Streiff/von Kaenel, N 5).

V. Vorschuss (Abs. 4)

8   Gemäss Abs. 4 hat der Arbeitnehmer Anspruch auf eine Vorauszahlung des Lohns (**Vorschuss**), sofern und soweit er sich in einer Notlage (dazu STREIFF/ VON KAENEL, N 6) befindet und der Arbeitgeber den Vorschuss billigerweise zu gewähren vermag. Die Vorschusspflicht besteht aber auf jeden Fall nur nach Massgabe der geleisteten Arbeit, also im Umfang des bereits verdienten Lohns (ZK-STAEHELIN, N 17). Der Vorschuss ist daher bloss vorgezogene Fälligkeit (BGE 129 III 118, 120). Zur Abgrenzung des Vorschusses vom Darlehen s. BK-REHBINDER, N 30 f.

9   Abs. 4 ist **absolut zwingend** (Art. 361). Die Vereinbarung einer weitergehenden Vorschusspflicht ist daher unwirksam.

VI. Verzug

10   Ist vertraglich ein bestimmter Fälligkeitstermin vereinbart, so handelt es sich um einen **Verfalltag** i. S. v. Art. 102 Abs. 2. Bleibt die Lohnzahlung aus, so gerät der Arbeitgeber automatisch in Verzug. Ob dies auch mit Bezug auf die gesetzlichen Fälligkeitstermine gilt oder ob hier eine Mahnung seitens des Arbeitnehmers erforderlich ist, ist umstritten (zum Meinungsstand s. STREIFF/VON KAENEL, N 3).

11   Die **Verzugsfolgen** richten sich nach den Art. 104 ff. In analoger Anwendung von **Art. 82** ist der Arbeitnehmer berechtigt, für die Dauer von Lohnrückständen die Arbeitsleistung zu verweigern, wobei ihm der laufende Lohnanspruch gewahrt bleibt und er nicht zur Nachleistung verpflichtet ist (BGE 120 II 209, 212 ff.). Die Arbeitsverweigerung ist jedoch vorgängig anzudrohen (ArbGer Zürich, JAR 1999, 137).

12   Bei längerer Zahlungsverweigerung trotz Fristansetzung ist der Arbeitnehmer berechtigt, das Arbeitsverhältnis fristlos zu kündigen (ArbGer Zürich, ZR 2002 Nr. 73).

Art. 323*a*

2.   Lohnrückbehalt   [1] Sofern es verabredet oder üblich oder durch Normalarbeitsvertrag oder Gesamtarbeitsvertrag bestimmt ist, darf der Arbeitgeber einen Teil des Lohnes zurückbehalten.

² **Von dem am einzelnen Zahltag fälligen Lohn darf nicht mehr als ein Zehntel des Lohnes und im gesamten nicht mehr als der Lohn für eine Arbeitswoche zurückbehalten werden; jedoch kann ein höherer Lohnrückbehalt durch Normalarbeitsvertrag oder Gesamtarbeitsvertrag vorgesehen werden.**

³ **Ist nichts anderes verabredet oder üblich oder durch Normalarbeitsvertrag oder Gesamtarbeitsvertrag bestimmt, so gilt der zurückbehaltene Lohn als Sicherheit für die Forderungen des Arbeitgebers aus dem Arbeitsverhältnis und nicht als Konventionalstrafe.**

Als Einschränkung von Art. 323 Abs. 1 ermöglicht die Bestimmung dem Arbeitgeber, einen gewissen Teil des fälligen Lohns zurückzubehalten. Durch den Lohnrückbehalt können zum einen zeitliche Abrechnungsprobleme, die vor allem bei Arbeitnehmern im Akkord- oder Stundenlohn auftreten können, überbrückt werden (VISCHER, 115). Zum andern dient der zurückbehaltene Lohn als Sicherung für die Erfüllung von Forderungen aus dem Arbeitsverhältnis. Der Lohnrückbehalt erfüllt damit die gleiche Funktion wie die Kaution (Art. 330). Von dieser unterscheidet er sich aber dadurch, dass er aus Teilen des fälligen Lohnes gebildet und nicht als besondere Leistung aus dem übrigen Vermögen des Arbeitnehmers dem Arbeitgeber übergeben wird. Heute hat der Lohnrückbehalt kaum praktische Bedeutung. **1**

Voraussetzung für einen Lohnrückbehalt ist, dass er verabredet, üblich oder in einem GAV oder NAV vorgesehen ist (Abs. 1). Die Abrede kann formlos und auch erst anlässlich einer bestimmten Lohnauszahlung getroffen werden (ZK-STAEHELIN, N 2). **2**

Die **Höhe** des Lohnrückbehalts ist gesetzlich in zweifacher Hinsicht begrenzt: An jedem Zahltag darf höchstens **ein Zehntel** des fälligen Lohns zurückbehalten werden, und die kumulierten Rückbehalte dürfen den **Lohn für eine Arbeitswoche** nicht übersteigen. Massgebend ist der fällige Nettolohn (ZK-STAEHELIN, N 3). Ein höherer Lohnrückbehalt ist nur zulässig, wenn dies in einem NAV oder GAV vorgesehen ist (Abs. 2). **3**

Mit dem Lohnrückbehalt können **nur künftige Forderungen aus dem Arbeitsverhältnis** gesichert werden. Für andere Ansprüche des Arbeitgebers, etwa aus der Benutzung einer Dienstwohnung oder aus Darlehen, steht er nicht zur Verfügung. Abs. 3 ist diesbezüglich **zwingend** (VISCHER, 115 m. w. Nw.). Im Zweifel gilt der Lohnrückbehalt nur als Sicherheitsleistung und **nicht als Konventionalstrafe**. Im Regelfall ist der Arbeitgeber daher nicht vom Schadensnachweis entbunden. **4**

5 Die **Verrechnung** des zurückbehaltenen Lohns unterliegt nicht der Verrechnungsbeschränkung von Art. 323b Abs. 2. Soweit keine Verrechnung erfolgt, ist die Auszahlung zwingend bei **Beendigung des Arbeitsverhältnisses** vorzunehmen (Art. 339 Abs. 1).

Art. 323*b*

3. Lohnsicherung

¹ **Der Geldlohn ist dem Arbeitnehmer in gesetzlicher Währung innert der Arbeitszeit auszurichten, sofern nichts anderes verabredet oder üblich ist; dem Arbeitnehmer ist eine schriftliche Abrechnung zu übergeben.**

² **Der Arbeitgeber darf Gegenforderungen mit der Lohnforderung nur soweit verrechnen, als diese pfändbar ist, jedoch dürfen Ersatzforderungen für absichtlich zugefügten Schaden unbeschränkt verrechnet werden.**

³ **Abreden über die Verwendung des Lohnes im Interesse des Arbeitgebers sind nichtig.**

Literatur

CRAMER, Der Bonus im Arbeitsvertrag, Bern 2007; D. PORTMANN, Mitarbeiterbeteiligung, Bern 2005; SOMMER, Das Truckverbot und Mitarbeiterbeteiligungspläne, ARV 2006, 100 ff.; M. STAEHELIN, Gesperrte Optionen – als Lohn zulässig?, SJZ 2005, 181 ff.; TSCHUDI, Probleme des Lohnschutzes, ArbR 1992, 9 ff.

I. Allgemeines

1 Die Bestimmung enthält eine Reihe von Vorschriften, die sicherstellen wollen, dass der Arbeitnehmer am Zahltag den Lohn möglichst in voller Höhe und in gehöriger Form erhält (Botschaft, BBl 1967 II 327). Ebenfalls diesem Zweck dient Art. 325, der die Abtretung oder Verpfändung zukünftiger Lohnforderungen beschränkt.

II. Ausrichtung des Geldlohns (Abs. 1)

2 Der Geldlohn ist in der **gesetzlichen Währung** auszurichten, sofern sich nicht aus Abrede oder Übung eine andere Währung ergibt.

Die Ausrichtung des Lohns muss **innert der Arbeitszeit** erfolgen. Daraus 3
ergibt sich, dass in Abweichung von Art. 74 **der Betriebsort Erfüllungsort**
ist, ausser wenn der Arbeitnehmer nach Art. 324a arbeitsunfähig ist (ZK-
Staehelin, N 5). Das Gesetz geht von **Barzahlung** aus. Diese Vorschriften
sind jedoch dispositiv. Sie sind obsolet, wenn **bargeldlose Zahlung** vereinbart oder üblich ist. Gibt der Arbeitnehmer dem Arbeitgeber sein Bank-
oder Postkonto bekannt, so gilt dies als Zustimmung zur bargeldlosen Lohnzahlung (Streiff/von Kaenel, N 3).

Dem Arbeitnehmer ist **bei jeder Lohnzahlung** zwingend (Art. 362) eine 4
schriftliche Lohnabrechnung auszuhändigen. Diese muss detaillierte Angaben enthalten über Berechnung und Zusammensetzung des Bruttolohns
sowie über sämtliche Lohnabzüge. An ihre Vollständigkeit und Klarheit
werden hohe Anforderungen gestellt; der Arbeitnehmer muss sie auf ihre
Richtigkeit überprüfen können (OGer ZH, JAR 1989, 132). Unklarheiten gehen zulasten des Arbeitgebers (Streiff/von Kaenel, N 2). Die Lohnabrechnung stellt jedoch keine Schuldanerkennung mit Einredeverzicht dar (BGer,
4C.69/2007 E. 6.3).

III. Beschränkung der Verrechnung (Abs. 2)

Abs. 2 schreibt zur Sicherung des Existenzminimums vor, dass der Arbeit- 5
geber Gegenforderungen mit der Lohnforderung nur insoweit verrechnen
kann, als diese **pfändbar** ist. Ausgenommen von diesem Schutz sind jedoch
Ersatzforderungen für **absichtlich, d. h. vorsätzlich zugefügten Schaden**.
Diese kann der Arbeitgeber in voller Höhe verrechnen. Ob die Verrechnungsforderung des Arbeitgebers einen Bezug zum Arbeitsverhältnis hat
oder nicht, ist in beiden Fällen irrelevant (ZK-Staehelin, N 15).

Keine Gegenforderung und damit **kein Fall der Verrechnung** liegt vor beim 6
Ausgleich von Lohnvorschüssen, beim Lohnrückbehalt (Art. 323a; unzutreffend Handkomm-Egli, Art. 323a N 2), der Anrechnung anderweitigen Ver-
dienstes (Art. 324 Abs. 2, 337c Abs. 2) sowie beim Abzug von Sozialversicherungsbeiträgen und der Quellensteuer (ZK-Staehelin, N 11). Diese Abzüge
unterliegen daher nicht der Beschränkung von Abs. 2.

Nach dem Wortlaut von Abs. 2 gilt der Verrechnungsschutz für **Lohnfor-** 7
derungen. Nach der hier vertretenen Auffassung fallen darunter nur der
feste und variable Lohn (Art. 322 bis 322c) einschliesslich allfälliger Lohnbestandteile wie Zuschläge, ebenso Ansprüche für nicht bezogene Ferien
bei Beendigung des Arbeitsverhältnisses, nicht hingegen andere Leistungen des Arbeitgebers wie Gratifikationen (Art. 322d) und Abgangsentschädigungen (Art. 339b ff.), Forderungen nach Art. 336a, Art. 337c Abs. 1
und 3 sowie Spesenentschädigungen (Art. 327a ff.). Im Einzelnen ist dies

aber **strittig** (s. ZK-Staehelin, N 10; Streiff/von Kaenel, N 5; Wyler 203 je m. Nw. zum Meinungsstand).

8   Die **pfändbare Lohnquote** bestimmt sich nach Art. 93 Abs. 1 SchKG. Sie ist vom Gericht im Forderungsprozess des Arbeitnehmers gegen den Arbeitgeber festzusetzen und nicht wie bei Art. 325 vom Betreibungsamt, da keine Dritten betroffen sind (ArbGer Zürich, JAR 1991, 157; ZK-Staehelin, N 13; a. A. Streiff/von Kaenel, N 5; BK-Rehbinder, N 13).

9   Abs. 2 ist **absolut zwingend** (Art. 361). Die Verrechnungsbeschränkung kann daher weder erweitert oder beschränkt werden.

IV.   Truckverbot (Abs. 3)

10   Abs. 3 bestimmt, dass Abreden über die Verwendung des Lohnes **im Interesse des Arbeitgebers** nichtig sind. Die Vorschrift geht auf die ehemals verbreitete Unsitte zurück, dem Arbeitnehmer in Anrechnung an den Lohn Waren zu liefern. Sie wird daher gemeinhin als **Truck-Verbot** (von englisch truck = Tausch) bezeichnet. Sie richtet sich gegen Abreden, die den Arbeitnehmer daran hindern, frei über den vereinbarten Geldlohn verfügen zu können. Erfasst werden dabei nicht nur Geschäfte mit dem Arbeitgeber, sondern auch mit dem Arbeitgeber nahestehenden Unternehmen (Sommer, ARV 2006, 101 m. w. Nw.).

11   **Schutzobjekt** des Truckverbots ist nur der (Geld- oder Natural-)**Lohn** (Art. 322 bis 322c) einschliesslich Lohnbestandteile wie Zulagen und Überstundenentschädigung. Auf Gratifikationen und andere zusätzliche Sondervergütungen, die nicht als Lohn zu qualifizieren sind, ist das Truckverbot nicht anwendbar (BGE 131 III 615, 623 – gesperrte Optionen). Hingegen findet das Truckverbot auch Anwendung, wenn es dem Arbeitnehmer anheim gestellt ist, aus welchen Mitteln er seine Verpflichtung erfüllen will; andernfalls könnte der Schutzzweck des Truckverbots leicht unterlaufen werden (BSK OR I-Portmann, N 9).

12   Als **unzulässig** gelten namentlich die folgenden Abreden:
   – Lieferung von Waren in Anrechnung an den Lohn (z. B. Zuteilung gesperrter Optionen, OGer LU als Vorinstanz in BGer, 4C.237/2004);
   – im Voraus eingegangene Verpflichtung zum Kauf von Waren beim Arbeitgeber;
   – Verpflichtung des Arbeitnehmers zur kostenpflichtigen Benützung der Betriebskantine (BGE 130 III 19, 27);
   – Verpflichtung einer Verkäuferin, während der Arbeitszeit ausschliesslich Kleider des Arbeitgebers zu tragen, für die sie selber – wenn auch zu Vorzugskonditionen – aufzukommen hat (ArbGer Zürich, JAR 1990, 180);
   – Verpflichtung des Arbeitnehmers zum Kauf von Aktien oder Optionen des Arbeitgebers oder einer Konzerngesellschaft (CR CO I-Aubert, N 3);

– im Voraus getroffene Abrede, dass der Arbeitnehmer einen Teil des Lohnes im Unternehmen des Arbeitgebers als Darlehen stehen zu lassen hat, oder eine bei Fälligkeit des Lohnes getroffene Abrede, dass ein Teil davon als Darlehen auf bestimmte Zeit oder während einer unkündbaren Frist gebunden bleibt (Botschaft, BBl 1967 II 329).

Aus dem Wortlaut der Bestimmung folgt im Umkehrschluss, dass Abreden, die **im Interesse des Arbeitnehmers** liegen, zulässig sind. Dies trifft namentlich auf folgende Fälle zu: **13**
– Einräumung von Vergünstigungen ohne Bezugspflicht;
– Vereinbarung, ein vom Arbeitgeber gewährtes Darlehen durch regelmässige Lohnabzüge zu tilgen (Botschaft, BBl 1967 II 329);
– bei Fälligkeit des Lohnes getroffene Abrede, dass der Arbeitnehmer einen Teil des Lohnes im Unternehmen des Arbeitgebers als Guthaben zu marktüblichem oder zu einem höheren Zinsfuss stehen lässt, sofern der Arbeitnehmer jederzeit über dieses Guthaben verfügen kann (Botschaft, BBl 1967 II 329).

Bei Abreden, die **sowohl im Interesse des Arbeitnehmers als auch des Arbeitgebers** liegen, ist die Zulässigkeit im Einzelfall wertend zu beurteilen (BSK OR I-Portmann, N 9). **14**

In **persönlicher Hinsicht** schützt das Truckverbot entsprechend der Konzeption der Art. 319 ff. alle Arbeitnehmer, unabhängig von deren Stellung im Betrieb. Auch höhere leitende Angestellte können sich darauf berufen (BGer, 4C.237/2004 E. 3.3). **15**

Eine erhebliche praktische Bedeutung hat das Truckverbot im Zusammenhang mit **Mitarbeiterbeteiligungsplänen**. Dies vor allem dann, wenn die zugeteilten Beteiligungen (Aktien, Optionen, usw.) einer Sperrfrist (sog. **Vesting**) unterliegen und der Arbeitnehmer erst nach deren Ablauf darüber verfügen kann. Nach BGE 131 III 615, 623 findet das Truckverbot auf solche Beteiligungen dann keine Anwendung, wenn diese als Gratifikation und nicht als Lohn zu qualifizieren sind (zur Abgrenzung s. Art. 322d N 1 ff.). Ebenfalls nicht geschützt ist der Arbeitnehmer, der beim Erwerb von Aktien oder Optionen vorwiegend als Investor handelt, der das mit der Anlage verbundene Risiko aus freien Stücken akzeptiert (BGE 130 III 495, 501). Dies ist dann anzunehmen, wenn der Arbeitnehmer wählen kann, ob er sich den Lohn auszahlen lässt oder investiert (Sommer, ARV 2006, 105). Darüber hinaus sollte das Truckverbot generell nur dort angewandt werden, wo die seinem Zweck entsprechende Schutzbedürftigkeit gegeben ist. Bei Arbeitnehmern, die einen hohen Fixlohn beziehen und zusätzlich gesperrte Aktien oder Optionen erhalten, ist dies mit Bezug auf letztere nicht der Fall (ähnlich Vischer, 119; Cramer, N 332; in diese Richtung wohl auch BGE 130 III 495, 501). In den anderen Fällen ist im Einzelfall eine dif- **16** ferenzierte Interessenabwägung vorzunehmen (BSK OR I-Portmann, N 11; ausführlich Cramer, N 225 m. w. Nw.).

Art. 324

III.	Lohn bei Verhinderung an der Arbeitsleistung	
1.	bei Annahmeverzug des Arbeitgebers	

¹ **Kann die Arbeit infolge Verschuldens des Arbeitgebers nicht geleistet werden oder kommt er aus anderen Gründen mit der Annahme der Arbeitsleistung in Verzug, so bleibt er zur Entrichtung des Lohnes verpflichtet, ohne dass der Arbeitnehmer zur Nachleistung verpflichtet ist.**

² **Der Arbeitnehmer muss sich auf den Lohn anrechnen lassen, was er wegen Verhinderung an der Arbeitsleistung erspart oder durch anderweitige Arbeit erworben oder zu erwerben absichtlich unterlassen hat.**

Literatur

Blesi, Die Freistellung des Arbeitnehmers, Zürich 2000; ders., Anderweitiger Erwerb freigestellter Arbeitnehmer, ArbR 2003, 49 ff.; Geiser, Arbeitsrechtliche Fragen bei Umweltkatastrophen, ZBJV 2006, 174 ff.; A. Koller, Beidseitig verschuldete Arbeitsunmöglichkeit des Arbeitnehmers, FS Rehbinder, Bern 2002, 51 ff.

I.   Anwendungsbereich

1   Der Arbeitsvertrag ist ein synallagmatischer Schuldvertrag, bei dem Arbeit und Lohn in einem Austauschverhältnis stehen. Daraus folgt der Grundsatz: **ohne Arbeit kein Lohn** (Art. 119 Abs. 2, Art. 82).

2   Unter dem Randtitel «Lohn bei Verhinderung an der Arbeitsleistung» sehen die Artikel 324 und 324a allerdings zwei **Ausnahmen** von diesem Grundsatz vor: Zum einen, wenn die Arbeitsleistung nicht möglich ist, weil sich der Arbeitgeber in Annahmeverzug befindet (Art. 324). Zum andern bei unverschuldeter Arbeitsverhinderung des Arbeitnehmers aus in seiner Person liegenden Gründen (Art. 324a). In beiden Fällen behält der Arbeitnehmer unter den jeweiligen Voraussetzungen seinen Lohnanspruch, ohne die nicht geleistete Arbeit nachholen zu müssen.

3   Art. 324 ist *lex specialis* zu den allgemeinen Bestimmungen über den **Gläubigerverzug** (Art. 91 – 95, BGE 116 II 142, 143). Nach anderer Auffassung

regelt Art. 324 nicht den Annahmeverzug, weil die Arbeitsleistung nicht nachholbar sei, sondern einen Fall der **Unmöglichkeit** (BK-REHBINDER, N 10). Praktische Bedeutung hat dieser Streit jedoch nicht, da Art. 324 Abs. 1 die Rechtsfolgen selber festlegt (VISCHER, 122). Die vorliegende Kommentierung übernimmt die Terminologie des Gesetzes.

II. Voraussetzungen des Annahmeverzugs

Der Annahmeverzug des Arbeitgebers setzt auf Seiten des **Arbeitnehmers** zunächst voraus, dass dieser in der Lage ist, die geschuldete Arbeitsleistung zu erbringen (BGer, 4C.259/2003 E. 2.2). Daran fehlt es z.B., wenn der Arbeitnehmer eine Freiheitsstrafe verbüsst (BGE 114 II 274).   4

Sodann muss der Arbeitnehmer seine Arbeitsleistung **gehörig anbieten** (Art. 91; BGE 115 V 437, 444). Hierzu muss er i.d.R. am Arbeitsplatz erscheinen, bei andauerndem Annahmeverzug allerdings nicht täglich (STREIFF/VON KAENEL, N 9). Gibt der Arbeitgeber von vornherein zu erkennen, die Arbeitsleistung nicht annehmen zu wollen, indem er z.B. den Arbeitnehmer freistellt, so ist das Angebot der Arbeitsleistung analog Art. 108 Ziff. 1 entbehrlich (BGer, 4C.230/2005 E. 4). Treu und Glauben verlangen, dass die Arbeitsleistung im Zweifel anzubieten ist. Dies gilt insbesondere, wenn der Arbeitnehmer Lohn beanspruchen will mit der Begründung, das Arbeitsverhältnis habe sich über den ursprünglich vorgesehenen Beendigungstermin hinaus verlängert (BGer, 4C.259/2003 E. 2.2 betr. Art. 336c).   5

Sind diese Voraussetzungen seitens des Arbeitnehmers erfüllt, so gerät der **Arbeitgeber** in Annahmeverzug, wenn er die **Arbeitsleistung des Arbeitnehmers zurückweist** oder **die notwendigen Vorbereitungs- und Mitwirkungshandlungen** unterlässt. Beispiele hierfür sind Zutrittsverweigerung, einseitige Anordnung von Kurzarbeit, Nichterteilung der zur Arbeitsausführung notwendigen Weisungen, fehlendes oder mangelhaftes Arbeitsgerät oder Material (Art. 327), Unterlassen der notwendigen Massnahmen zum Schutz von Leben, Gesundheit und persönlicher Integrität des Arbeitnehmers (Art. 328), Nichteinholung der erforderlichen fremdenrechtlicher Arbeitsbewilligungen, usw. (BSK OR I-PORTMANN, N 3; STREIFF/VON KAENEL, N 1 ff. m.w.Nw.).   6

Der Annahmeverzug setzt **kein Verschulden** des Arbeitgebers voraus (BGE 124 III 246, 248). Dies ergibt sich aus der verwirrenden Formulierung in Abs. 1, wonach der Arbeitgeber sowohl aus Verschulden als auch aus «anderen Gründen» in Annahmverzug geraten kann. Zu Annahmeverzug führen deshalb auch Gründe, die der **Risikosphäre** des Arbeitgebers zuzuordnen sind. Der Arbeitgeber trägt zum einen das Risiko, dass Betriebsstörungen jeglicher Art (z.B. wegen Unterbrechung der Energieversorgung, Rohstoff- oder Personalmangel, Maschinenschaden, EDV-Ausfällen, Bewil-   7 ligungsentzug, schlechtem Wetter bei Arbeit im Freien, usw.) die Arbeitsleistung verhindern (sog. **Betriebsrisiko**, BGE 124 III 246, 248; ZK-Staehelin, N 12 f.). Zum andern trägt er das **wirtschaftliche Risiko**, dass sich für ihn die Annahme der Arbeitsleistung nicht lohnt (BGE, a.a.O.; ZK-Staehelin, N 14).

8   **Kein Annahmeverzug** liegt vor, wenn die Arbeit aus Gründen nicht geleistet werden kann, die **ausserhalb des Risikobereichs** des Arbeitgebers liegen. Dazu zählen einerseits Gründe im Risikobereich des Arbeitnehmers. Andererseits fallen Naturkatastrophen darunter, die nicht den Betrieb des Arbeitgebers spezifisch treffen sondern z. B. zu einer allgemeinen Unterbrechung der Verkehrswege führen (s. Geiser, ZBJV 2006, 174, 178), ferner Seuchen, politische Unruhen usw.

9   Einen besonderen Fall des Annahmeverzugs stellt die **Freistellung** dar (Blesi, 51; BSK OR I-Portmann, N 7). Es handelt sich dabei um ein einseitiges Rechtsgeschäft, das vom Arbeitgeber aufgrund seines Weisungsrechts (Art. 321d Abs. 1) ausgeübt wird und das zum Ziel hat, den Arbeitnehmer von der Arbeit fernzuhalten. Der Arbeitgeber verzichtet dabei in seinem eigenen Interesse auf die Arbeitsleistung des Arbeitnehmers. Nach Ansicht des Bundesgerichts stellt die Freistellung keinen Annahmeverzug dar; sie wird jedoch im Ergebnis wie ein solcher behandelt (BGE 128 III 271, 281).

10   Strittig ist, ob der Arbeitgeber auch bei Betriebsstörungen infolge **Streiks** gegenüber den nicht streikenden Arbeitnehmern in Annahmeverzug gerät. Die sog. **Sphärentheorie** verneint dies mit der Begründung, die Ursache der Betriebsstörung sei auf ein Geschehen in der Sphäre der Arbeitnehmer zurückzuführen (ZK-Staehelin, N 15 m. w. Nw.). Für eine solche Verhaltenszurechnung fehlt jedoch die gesetzliche Grundlage, weshalb die Sphärentheorie abzulehnen ist (Streiff/von Kaenel, N 6 m. w. Nw.). Nicht am Streik beteiligte Arbeitnehmer haben daher einen Anspruch auf Lohnfortzahlung gemäss Art. 324; bei den am Streit beteiligten Arbeitnehmern ruhen hingegen die arbeitsvertraglichen Pflichten (sog. Suspensionstheorie; Vischer, 136).

III. Rechtsfolgen

11   Liegt Annahmeverzug des Arbeitgebers vor, so behält der Arbeitnehmer für dessen Dauer, längstens aber bis zum Ende des Arbeitsverhältnisses, seine Lohnforderung, wie wenn er gearbeitet hätte (BGE 116 II 142). Geschuldet sind daher sämtliche festen und variablen Lohnbestandteile. Dazu gehören insbesondere auch Zulagen, wenn sie regelmässigen und dauernden Charakter haben (vgl. BGE 132 III 172, 174 betr. Zulagen für Nacht-, Wochenend- und Feiertagsarbeit). Einzig Spesen, die direkt mit der Arbeitsleistung zusammenhängen und daher während des Annahmeverzugs nicht anfallen, sind nicht geschuldet (OGer LU, JAR 2000, 154).

Damit der Arbeitnehmer durch den Annahmeverzug nicht bereichert wird, **12** muss er sich auf den Lohn **anrechnen** lassen, was er wegen der Verhinderung der Arbeitsleistung erspart oder durch anderweitige Arbeit erworben hat (Abs. 2). Absichtlich unterlassener Erwerb ist ebenfalls anrechnungspflichtig, sofern die betreffende Arbeit zumutbar ist (OGer AG, JAR 1992, 145). Dieser Tatbestand ist jedoch nur von geringer praktischer Bedeutung, da in vielen Fällen des Annahmeverzugs eine kurzfristige und rasch beendbare Ersatzarbeit nicht verfügbar ist. Zudem ist der Arbeitnehmer nach Lehre und Rechtsprechung nicht gehalten, sich aktiv um eine Stelle zu bemühen, sondern muss sich nur bei «ausgeprägter Passivität» absichtliches Unterlassen vorwerfen lassen (BLESI, ArbR 2003, 49, 57 m. w. Nw.).

Den Arbeitnehmer trifft aufgrund des klaren Gesetzeswortlauts **keine** **13** **Nachleistungspflicht** für die ausgefallene Arbeit. Die verbreitete Auffassung, in gewissen Fällen wie Notsituationen oder kurzen unverschuldeten Betriebsstörungen ergäbe sich aufgrund der Treuepflicht und Art. 11 ArG eine Nachleistungspflicht (STREIFF/VON KAENEL, N 10; ZK-STAEHELIN, N 25; BK-REHBINDER, N 32; BRÜHWILER, N 4), ist abzulehnen. Die Treuepflicht gebietet dem Arbeitnehmer nicht, gesetzlich zwingend dem Arbeitgeber zugewiesene Risiken zu übernehmen. Art. 11 ArG ermöglicht lediglich eine Überschreitung der wöchentlichen Höchstarbeitszeit. Soweit erforderlich, kann der Arbeitgeber in solchen Fällen die Leistung von Überstunden anordnen.

Der Arbeitnehmer hat **kein Rücktrittsrecht** nach Art. 95; Art. 324 ist *lex* **14** *specialis* (BGE 116 II 142, 144). Auch stellt der Annahmeverzug als solcher **keinen wichtigen Grund** i. S. v. Art. 337 dar (BGE 124 III 346, 349).

IV. Abweichende Vereinbarungen

Art. 324 ist **einseitig zwingend** (Art. 362). Die Lohnzahlungspflicht bei Annahmeverzug kann daher nicht wegbedungen werden. Zulässig ist es hingegen, die Arbeitspflicht unter entsprechender Anpassung der Lohnzahlungspflicht einvernehmlich zu reduzieren, zu suspendieren oder zu modifizieren, so dass kein Annahmeverzug vorliegt (PORTMANN/STÖCKLI, N 312). Dies ist namentlich der Fall bei vereinbarter **Kurzarbeit** (im Gegensatz zu deren einseitiger Anordnung, s. VISCHER, 126). Solche Abreden dürfen allerdings nicht dazu führen, dass das Betriebsrisiko übermässig auf den Arbeitnehmer überwälzt wird; dieses ist zwingend vom Arbeitgeber zu tragen (BGE 125 III 65, 69 – Arbeit auf Abruf).

Art. 324*a*

2. bei Verhinderung des Arbeitnehmers

a. Grundsatz

[1] Wird der Arbeitnehmer aus Gründen, die in seiner Person liegen, wie Krankheit, Unfall, Erfüllung gesetzlicher Pflichten oder Ausübung eines öffentlichen Amtes, ohne sein Verschulden an der Arbeitsleistung verhindert, so hat ihm der Arbeitgeber für eine beschränkte Zeit den darauf entfallenden Lohn zu entrichten, samt einer angemessenen Vergütung für ausfallenden Naturallohn, sofern das Arbeitsverhältnis mehr als drei Monate gedauert hat oder für mehr als drei Monate eingegangen ist.

[2] Sind durch Abrede, Normalarbeitsvertrag oder Gesamtarbeitsvertrag nicht längere Zeitabschnitte bestimmt, so hat der Arbeitgeber im ersten Dienstjahr den Lohn für drei Wochen und nachher für eine angemessene längere Zeit zu entrichten, je nach der Dauer des Arbeitsverhältnisses und den besonderen Umständen.

[3] Bei Schwangerschaft der Arbeitnehmerin hat der Arbeitgeber den Lohn im gleichen Umfang zu entrichten.

[4] Durch schriftliche Abrede, Normalarbeitsvertrag oder Gesamtarbeitsvertrag kann eine von den vorstehenden Bestimmungen abweichende Regelung getroffen werden, wenn sie für den Arbeitnehmer mindestens gleichwertig ist.

Literatur

AUBERT, Die Lohnfortzahlungspflicht im Krankheitsfall, AJP 1997, 1485 ff.; BRUCHEZ, La nouvelle assurance-maternité et ses effets sur le droit du contrat de travail, SJ 2005 II 247 ff.; BRÜHWILER, Verhinderung und Verminderung von Arbeitsunfähigkeit der Arbeitnehmer aus arbeitsrechtlicher Sicht, in: Riemer-Kafka (Hrsg.), Case Management und Arbeitsunfähigkeit, Zürich 2006, 31 ff.; EGLI, Lohnfortzahlung und Versicherungsschutz gemäss Art. 324a OR, AJP 2000, 1064 ff.; FIERZ, Erscheinungsformen der KTG-Versicherung in der Praxis, in: von Kaenel (Hrsg.), Krankentaggeldversicherung, Arbeits- und sozialversicherungsrechtliche Aspekte, Zürich 2007, 1 ff.; GEISER, Fragen im Zusammenhang mit der Lohnfortzahlungspflicht bei Krankheit, AJP 2003, 323 ff.; GNAEGI, Le droit to travailleur au salaire en cas de maladie, Zurich 1996; Häberli, Sonderprobleme im Bereich des Arbeitsrechts, in: von Kaenel (Hrsg.), Krankentaggeldversicherung, Arbeits- und sozialversicherungsrechtliche Aspekte, Zürich 2007, 133 ff.; Husmann/Häberli, Die Fallstricke des Krankentaggelds, plädoyer 4/2002, 28 ff.; K. Meier/Fingerhut, Krankentaggeld statt Lohnfortzahlung, plädoyer 3/1999, 26 ff.; Schönenberger, Das Erschleichen der Lohnfortzahlung unter Berufung auf Krankheit, Bern 2001; Subilia, La nouvelle loi sur les allocations pour perte de gain et maternité, AJP 2005, 1469 ff.; von Kaenel, Verhältnis einer Krankentaggeldlösung zu Art. 324a OR, in: von Kaenel (Hrsg.), Krankentaggeldversicherung, Arbeits- und sozialversicherungsrechtliche Aspekte, Zürich 2007, 109 ff.

I. Allgemeine Bemerkungen

Die Bestimmung sieht eine zeitlich beschränkte Lohnzahlungspflicht des Arbeitgebers vor, wenn der Arbeitnehmer aus persönlichen Gründen ohne Verschulden am Erbringen der Arbeitleistung verhindert ist. Sie bildet damit nebst Art. 324 eine Ausnahme vom Grundsatz «ohne Arbeit kein Lohn» (s. Art. 324 N 1). Die Regelung hat den **sozialen Zweck**, die grundsätzlich vom Arbeitnehmer zu tragende Gefahr seiner Arbeitsverhinderung teilweise auf den Arbeitgeber zu überwälzen (BGE 122 III 268, 270). Von dieser Verantwortung wird der Arbeitgeber nach Art. 324b immerhin insoweit entlastet, als der Arbeitnehmer Leistungen einer obligatorischen Versicherung erhält. 1

Art. 324a setzt einen vom Arbeitnehmer **unverschuldeten persönlichen Verhinderungsgrund** voraus. Trifft den Arbeitnehmer an der Verhinderung ein Verschulden (dazu unten N 10f.), finden die allgemeinen Regeln über die Nichterfüllung von Verträgen Anwendung. Ist der Verhinderungsgrund betrieblicher Natur, so ist Art. 324 anwendbar. Beruht die Arbeitsverhinderung weder auf einem betrieblichen noch auf einem unverschuldeten persönlichen Grund, so gilt Art. 119 Abs. 2 (s. Art. 324 N 1). Trifft den Arbeitgeber ein Verschulden an der persönlichen Leistungsverhinderung des Arbeitnehmers, so haftet er nach Art. 328 i. V. m. Art. 97. 2

II. Voraussetzungen

1. Verhinderungsgründe

Der Arbeitnehmer muss aus Gründen, die in seiner Person liegen, an der Arbeitsleistung verhindert sein. Arbeitsverhinderung i. S. v. Abs. 1 liegt vor, wenn dem Arbeitnehmer die Arbeitsleistung **unmöglich** oder **unzumutbar** ist (ZK-Staehelin, N 3). Als Verhinderungsgründe nennt das Gesetz Krankheit, Unfall, Erfüllung gesetzlicher Pflichten, Ausübung eines öffentlichen Amtes (Abs. 1) und Schwangerschaft (Abs. 3). Diese Aufzählung ist nicht ab- 3 schliessend, sondern konkretisiert lediglich das Tatbestandsmerkmal des persönlichen Verhinderungsgrundes. Dieser ist funktionsbezogen; eine Arbeitsverhinderung kann daher auch nur mit Bezug auf einen bestimmten Arbeitsplatz vorliegen (VON KAENEL, 112; s. im Einzelnen die umfangreiche Kasuistik bei STREIFF/VON KAENEL, N 10 ff.).

4   **Krankheit** und **Unfall** (s. Art. 3 und 4 ATSG) sind die häufigsten Verhinderungsgründe. Entscheidend ist, inwieweit sie im konkreten Einzelfall dem Arbeitnehmer die Erfüllung der Arbeitspflicht unmöglich oder unzumutbar machen (VISCHER, 127). Allenfalls kann auch nur eine teilweise Arbeitsunfähigkeit vorliegen. Der Arbeitgeber ist dann berechtigt, dem Arbeitnehmer vorübergehend andere zumutbare Arbeit zuzuweisen, die dessen Beeinträchtigung Rechnung trägt (BRÜHWILER, in: Riemer-Kafka, 39). Der Schutz der Gesundheit hat aber stets Vorrang vor der Arbeitspflicht. Wegen medizinisch indizierten Behandlungen, Operationen oder Kuraufenthalten darf der Arbeitnehmer daher von der Arbeit fernbleiben, selbst wenn keine besondere Dringlichkeit gegeben ist (s. BGer, JAR 1998, 214; STREIFF/VON KAENEL, N 10). Zu Krankheit und Unfall während den Ferien s. Art. 329a N 8; im Zusammenhang mit der Kündigung s. Art. 336c.

5   Zur **Erfüllung gesetzlicher Pflichten** gehören neben der Leistung von obligatorischen Militär-, Zivil-, Schutz- und Feuerwehrdienst z. B. auch der Besuch obligatorischer Fortbildungsschulen, die Leistung von Nothilfe gegenüber Dritten, das Befolgen amtlicher Vorladungen sowie die Betreuung erkrankter Angehöriger (Art. 276 und 328 ZGB; BGer, JAR 1999, 232; BSK OR I-PORTMANN, N 43; STREIFF/VON KAENEL, N 20).

6   Die **Ausübung eines öffentlichen Amtes** stellt nur dann einen unverschuldeten Verhinderungsgrund dar, wenn sie mit der Erfüllung der Arbeitspflicht überhaupt vereinbar ist (VISCHER, 128). Für die Verschuldensfrage ist nach BGE 122 III 268, 271 eine Interessenabwägung vorzunehmen, wobei auch das öffentliche Interesse an der Erfüllung gesetzlicher Pflichten zu berücksichtigen ist.

7   Bei **Schwangerschaft** besteht ein Lohnfortzahlungsanspruch nur, wenn diese zu einer Arbeitsverhinderung führt (BGE 118 II 58, 61; BGer, 4C.36/2007 E. 4.2). Die Frage nach dem Verschulden stellt sich jedoch nicht (s. Abs. 3). Das Arbeitsgesetz gewährt der schwangeren Frau in Art. 35 und 35b ArG besondere Lohnfortzahlungsansprüche (Art. 342 Abs. 2), die neben demjenigen von Art. 324a bestehen (BSK OR I-PORTMANN, N 32 ff.).

8   Bei **Mutterschaft** steht der Arbeitnehmerin seit dem 1. Juli 2005 die Mutterschaftsentschädigung aus der Mutterschaftsversicherung zu, sofern sie die entsprechenden Anspruchsvoraussetzungen erfüllt (Art. 16b EOG). Mit Inkrafttreten dieser Regelung wurde die Niederkunft in Art. 324a Abs. 3 gestrichen. Mutterschaft lässt sich aber ohne weiteres unter Abs. 1 subsumie-

ren. Es ist daher unklar, ob die Arbeitnehmerin in Fällen, wo sie keine Leistungen aus der Mutterschaftsentschädigung erhält oder wo diese geringer sind als die Leistungen, die sie gestützt auf Art. 324a erhalten würde, einen Lohnfortzahlungsanspruch gegenüber dem Arbeitgeber hat. Präjudizien liegen hierzu noch nicht vor. Im Schrifttum ist die Frage umstritten (ausführlich BSK OR I-PORTMANN, 36 ff. m. w. Nw.).

Schliesslich können auch **kurzfristige Arbeitsbefreiungen** i. S. v. Art. 329   9
Abs. 3, insbesondere Familienereignisse, eine unverschuldete Arbeitverhinderung darstellen (BSK OR I-PORTMANN, N 46 ff.; STREIFF/VON KAENEL, N 21 je m. w. Nw.).

2. Kein Verschulden des Arbeitnehmers

Nach dem Gesetzeswortlaut darf den Arbeitnehmer an der Arbeitsverhin-   10
derung **kein Verschulden** treffen. Zum Schutze vor unzumutbarer Beschränkung seiner Lebensführung muss sich der Arbeitnehmer nur grobe Fahrlässigkeit im Sinne eines **offensichtlichen Fehlverhaltens** und Absicht entgegenhalten lassen. Je nach Auffassung kann dies zu einer Kürzung des Anspruchs führen (so die h. L. STREIFF/VON KAENEL, N 29 m. w. Nw.) oder, wie aus dem Gesetzeswortlaut gefolgert werden muss, diesen ganz wegfallen lassen (BSK OR I-PORTMANN, N 5).

Sportunfälle – auch bei Risikosportarten wie Skifahren, Bergsteigen, Tau-   11
chen, Reiten etc. – gelten daher grundsätzlich als unverschuldet, wenn sich der Arbeitnehmer an die gängigen Regeln gehalten und die gebotenen Vorsichtsmassnahmen beachtet hat (BGE 122 III 268, 271; STREIFF/VON KAENEL, N 29). Bei **Suchtkrankheiten** ist das Verschulden strittig (s. BSK OR I-PORTMANN, N 23).

3. Mindestdauer des Arbeitsverhältnisses

Der Lohnfortzahlungsanspruch besteht mangels abweichender Vereinba-   12
rung nur, wenn das Arbeitsverhältnis **mehr als drei Monate gedauert** hat oder **für mehr als drei Monate eingegangen** wurde (Abs. 1). Gemäss BGE 131 III 323, 629 ff. ist diese Vorschrift wie folgt zu konkretisieren:
– Beim auf drei Monate oder weniger **befristeten Arbeitsvertrag** besteht kein Anspruch auf Lohnfortzahlung.
– Beim auf mehr als drei Monate **befristeten Arbeitsvertrag** besteht der Lohnfortzahlungsanspruch vom ersten Tag des Arbeitsbeginns an. Dasselbe gilt beim **unbefristeten Arbeitsvertrag**, wenn eine Kündigungsfrist von mehr als drei Monaten vereinbart wurde.
– Beim **unbefristeten Arbeitsvertrag** mit einer Kündigungsfrist von drei Monaten oder weniger entsteht der Lohnfortzahlungsanspruch erst am ersten Tag des vierten Monats ab Arbeitsaufnahme (dazu krit. BSK OR I-PORTMANN, N 9).

13   Die **massgebende Dauer des Arbeitsverhältnisses** richtet sich primär nach dem Parteiwillen (BGE 112 II 52, 54). Bei kürzeren Unterbrüchen des Arbeitsverhältnisses, bei Funktionswechseln sowie beim Übergang vom Lehr- ins Arbeitsverhältnis werden die Dienstzeiten im Zweifel angerechnet, nicht hingegen beim Übergang von einer Temporär- zu einer Festanstellung (BGE 129 III 124 ff.; dazu BACHMANN, ARV 2004, 14 ff.; ZK-STAEHELIN, N 38 f.).

14   Besteht nach diesen Regeln **keine Lohnfortzahlungspflicht**, fällt die unverschuldete Arbeitsverhinderung unter die Regelung von Art. 119 Abs. 2 (BGE 126 III 75 ff.).

4. Beweis

15   Die Beweislast für den Verhinderungsgrund trägt der **Arbeitnehmer** (BGer, JAR 1997, 132). Dieser hat nach überwiegender Auffassung zudem nachzuweisen, dass ihn an der Arbeitsverhinderung kein Verschulden trifft (ZK-STAEHELIN 31 m. w. Nw.; PORTMANN/STÖCKLI, N 318; a. A. SCHÖNENBERGER, 141 ff.).

16   Bei Krankheit und Unfall wird der Nachweis üblicherweise durch **ärztliches Zeugnis** erbracht. Dieses unterliegt der freien gerichtlichen Beweiswürdigung (BGer, JAR 1997, 132 ff.; STREIFF/VON KAENEL, N 12 mit breiter Kasuistik). Auf die Entstehung des Lohnfortzahlungsanspruchs hat es aber keinen Einfluss, da Abs. 1 teilzwingend ist und nicht durch Beweisvorschriften zuungunsten des Arbeitnehmers verschärft werden kann. Eine Abrede, wonach nur durch Arztzeugnis bescheinigte krankheitsbedingte Arbeitsunfähigkeit anerkannt werde, ist daher unwirksam (OGer SO, JAR 1982, 112 f.; ZK-STAEHELIN, N 9; BSK OR I-PORTMANN, N 24). Die Abrede, dass im Krankheitsfall ab einem bestimmten Tag ein Arztzeugnis beigebracht werden muss, gilt als blosse Ordnungsvorschrift (OGer BL, JAR 2001, 221). Nach anderer Auffassung führt sie im Falle kürzerer Erkrankungen zu einer Beweislastumkehr (STREIFF/VON KAENEL, N 12 m. w. Nw.). Verweigert der Arbeitnehmer trotz Aufforderung die Vorlage eines Arbeitsunfähigkeitszeugnisses, so kann dies ein Grund für eine fristlose Entlassung sein (BGer, JAR 1996, 234).

17   Hat der Arbeitgeber begründete Zweifel an der Richtigkeit eines Arztzeugnisses, so ist er berechtigt, auf eigene Kosten eine **vertrauensärztliche Untersuchung** zu verlangen. Die Zustimmung des Arbeitnehmers ist hierfür nicht erforderlich (s. STREIFF/VON KAENEL, N 12). Verweigert der Arbeitnehmer den Besuch beim Vertrauensarzt, so ist der Arbeitgeber berechtigt, die Lohnfortzahlung einzustellen (STREIFF/VON KAENEL, N 12).

18   Aufgrund seiner Treuepflicht ist der Arbeitnehmer gehalten, im Falle einer Arbeitsverhinderung den Arbeitgeber **umgehend zu informieren** (BGer, 4C.346/2004 E. 5.1).

III. Umfang der Lohnfortzahlung

1. Dauer (Abs. 2)

Abs. 2 schreibt für das **erste Dienstjahr** eine minimale Lohnfortzahlungs- 19
dauer von **drei Wochen** vor. Vom zweiten Dienstjahr an ist der Lohn für eine
angemessene längere Zeit zu entrichten, wobei die Dauer des Arbeitsverhältnisses (zur Frage der Anrechnung früherer Tätigkeiten s. oben N 13)
und die Umstände des Einzelfalls zu berücksichtigen sind. Durch Vereinbarung, GAV oder NAV kann dies näher konkretisiert werden.

Im Interesse der Rechtssicherheit haben die Berner und Basler Gerichte so- 20
wie das Arbeitsgericht Zürich die folgenden **Skalen** festgelegt, welche die
Dauer der Lohnfortzahlung nach Anzahl Dienstjahren staffeln:

Berner Skala:		Basler Skala:		revidierte Zürcher Skala:	
Dienst-jahr	Lohnfort-zahlung	Dienst-jahr	Lohnfort-zahlung	Dienst-jahr	Lohnfort-zahlung
1	3 Wochen	1	3 Wochen	1	3 Wochen
2	1 Monat	2 + 3	2 Monate	2	8 Wochen
3 + 4	2 Monate	4 – 10	3 Monate	3	9 Wochen
5 – 9	3 Monate	11 – 15	4 Monate	4	10 Wochen
10 – 14	4 Monate	16 – 20	5 Monate	5	11 Wochen
15 – 19	5 Monate	ab 21	6 Monate	6	12 Wochen
ab 20	6 Monate			6 + X Jahre	12 + X Wochen

Die Gerichte der folgenden Kantone orientieren sich an diesen Skalen (ge-
mäss TOBLER/FAVRE/MUNOT/GULLO EHM Anhang III):
– Berner Skala: AG, BE, FR, GE, GL, GR, JU, LU, NE, NW, OW, SG, SO, SZ,
  TI, UR, VD, VS und ZG;
– Basler Skala: BS und BL;
– revidierte Zürcher Skala: AI, AR, ZH und ZG.

Die Skalen sind für die Gerichte **nicht verbindlich**, werden i. d. R. aber be- 21
achtet. Die konkreten Umstände des Einzelfalls können Abweichungen erfordern, wenn die Anwendung der Skala zu einem stossenden Ergebnis führen würde (BGer, JAR 1999, 167).

Der Lohnfortzahlungsanspruch besteht **pro Dienstjahr** und nicht pro Ar- 22
beitsverhinderung (anders beim zeitlichen Kündigungsschutz nach Art. 336c;
BGE 120 II 124, 127). Mehrere Arbeitsverhinderungen im selben Dienstjahr
sind daher zu addieren. Das gilt auch für die Schwangerschaft (BGer, JAR

1995, 112; abl. VISCHER, 132). Auch im **unterjährigen Arbeitsverhältnis** besteht Anspruch auf Lohnfortzahlung im vollen Umfang und nicht bloss pro rata temporis (BGer, JAR 1999, 167). Er endet aber spätestens mit der Beendigung des Arbeitsverhältnisses, soweit nichts anderes vereinbart ist (BGE 127 III 318, 325).

23 Mit jedem Dienstjahr entsteht wieder ein **neuer Lohnfortzahlungsanspruch** («Lohnkredit», VISCHER, 132). Erstreckt sich eine Krankheit bis ins nächste Dienstjahr, so bemisst sich die Dauer des Anspruchs auf Lohnfortzahlung im neuen Dienstjahr nach der für dieses geltenden Skala. Ein Abzug wegen Arbeitsunfähigkeit bereits im vorangehenden Dienstjahr ist nicht statthaft. Ebenfalls unzulässig ist es, den Anspruch aufgrund des Durchschnitts beider Jahre zu berechnen (BGer, JAR 1999, 167).

2. Höhe

24 Während der Dauer der Lohnfortzahlung steht dem Arbeitnehmer der volle Lohn zu. Nach einhelliger Lehre und Rechtsprechung bedeutet dies, dass er lohnmässig nicht schlechter gestellt werden darf, wie wenn er in dieser Zeit gearbeitet hätte (sog. **Lebensstandardprinzip**). Geschuldet sind daher sämtliche festen und variablen Lohnbestandteile. Dazu gehören insbesondere auch Zulagen, wenn diese regelmässigen und dauernden Charakter haben (vgl. BGE 132 III 172, 174 betr. Zulagen für Nacht-, Wochenend- und Feiertagsarbeit). Einzig Spesen, die direkt mit der Arbeitsleistung zusammenhängen und daher während der Abwesenheit nicht anfallen, sind nicht geschuldet (OGer LU, JAR 2000, 154).

25 Bei variablen Lohnbestandteilen wie namentlich **Provisionen** kann auf den Durchschnittswert der im letzten Jahr oder in einer anderen angemessenen Zeitspanne verdienten Einkünfte abgestellt werden (**Referenzperioden- prinzip**), sofern sich dadurch möglichst genau und konkret bestimmen lässt, was der Arbeitnehmer tatsächlich verdient hätte. Andernfalls ist der hypothetische Verdienst analog Art. 42 Abs. 2 zu schätzen (BGer, 4C.173/2004 E. 4.2).

26 Die gleichen Grundsätze gelten auch bei anderen leistungsabhängigen Lohnbestandteilen. Hängt z.B. die Vergütung vom **Erreichungsgrad ver- einbarter Ziele** ab und wird dieser durch die Arbeitsunfähigkeit beeinflusst, so ist zu schätzen, wie hoch die Zielerreichung ohne die Arbeitsunfähigkeit gewesen wäre. Gestützt darauf ist dann die Vergütung zu bemessen (so die h.L. in Deutschland, s. DEICH, Die rechtliche Beurteilung von Zielvereinbarungen im Arbeitsverhältnis, Berlin 2004, 212).

3. Regress

27 Wurde die **Arbeitsverhinderung durch einen Dritten verursacht**, so kann der Arbeitgeber beim Dritten analog Art. 51 Abs. 2 Regress nehmen. Die-

ser Anspruch besteht unabhängig davon, ob der Dritte aus Vertrag, Verschulden oder kausal haftet. Er ist allerdings begrenzt auf den hypothetischen Schaden, den der Arbeitnehmer ohne die Zahlungen des Arbeitgebers erlitten hätte (BGE 126 III 521 ff.; dazu PORTMANN ARV 2001, 110).

IV. Abweichende Vereinbarungen (Abs. 4)

Die Lohnfortzahlungspflicht nach Abs. 1 bis 3 ist zum Schutze des Arbeitnehmers **relativ zwingend**. Abweichungen zugunsten des Arbeitnehmers (z. B. eine Verlängerung der Lohnfortzahlungsdauer, ein Verzicht auf die Karenzfrist oder die Anerkennung weiterer Verhinderungsgründe) können formlos getroffen werden (BGE 131 III 623, 634).   28

Abs. 4 ermöglicht den Parteien, die gesetzliche Lohnfortzahlung durch eine **andere Lösung** zu ersetzen, unter den folgenden kumulativen Voraussetzungen: 29

- Erforderlich ist eine Abrede in **Schriftform** oder in einem GAV oder NAV. Sie muss entweder selber alle wichtigen Punkte des vertraglichen Systems klar enthalten (Prozentsatz des versicherten Lohnes, gedeckte Risiken, Dauer der Leistungen, Art und Weise der Bezahlung der Versicherungsprämien, gegebenenfalls die Dauer der Karenzfrist), oder auf die allgemeinen Versicherungsbedingungen oder auf ein anderes Dokument, das dem Arbeitnehmer zur Verfügung steht, verweisen (BGE 131 III 623, 633 f.).

- Die Ersatzlösung muss für den Arbeitnehmer **mindestens gleichwertig** sein. Dies ist dann der Fall, wenn sie dem Arbeitnehmer mindestens den gleichen Schutz vor den wirtschaftlichen Folgen des Lohnausfalls wegen unverschuldeter Arbeitsverhinderung bietet wie die gesetzliche Regelung. Dies ist abstrakt aus Sicht des einzelnen Arbeitnehmers im Zeitpunkt, in dem die Abrede getroffen wurde, zu beurteilen (BGE 96 II 133 ff.; ZK-STAEHELIN, N 62).

Häufig wird anstelle der Lohnfortzahlung des Arbeitgebers im Krankheitsfall eine **private Taggeldversicherung** vereinbart (zu deren verschiedenen Erscheinungsformen s. FIERZ, passim). Eine verbreitete Versicherungslösung sieht bei hälftiger Prämienteilung eine Taggeldzahlung von 80% des Lohnausfalls während 720 innerhalb von 900 aufeinander folgenden Tagen vor, allenfalls verbunden mit einer Karenzfrist von zwei bis drei Tagen. Diese gilt als **gleichwertig** (BSK OR I-PORTMANN, N 53). Im Übrigen besteht hierzu noch keine gefestigte Gerichtspraxis (s. die Nachweise bei STREIFF/ VON KAENEL, N 24). Als **nicht gleichwertig** gelten Versicherungsbedingungen, die weniger als 80% des Lohns decken, eine Karenzfrist von mehr als drei Tagen vorsehen (BGer, JAR 1995, 112 ff.) oder dem Arbeitnehmer mehr als die Hälfte der Prämien überwälzen (ZK-STAEHELIN, N 64).   30

31 Fehlt es an der Schriftform oder an der Gleichwertigkeit, bleibt der Arbeitgeber nach Art. 324a zur Lohnfortzahlung verpflichtet. Mitunter wird nur **Teilnichtigkeit** anzunehmen sein, so etwa bei der Vereinbarung einer übermässigen Karenzfrist. Der Arbeitgeber ist dann verpflichtet, die Differenz zur Gleichwertigkeit, die nach gerichtlichem Ermessen festzusetzen ist, nachzuzahlen (VON KAENEL, 131).

32 Unterlässt es der Arbeitgeber pflichtwidrig, eine Taggeldversicherung abzuschliessen, so wird er dem Arbeitnehmer gegenüber **schadenersatzpflichtig** (Art. 97 Abs. 1; BGE 127 III 318, 326 f.). Dasselbe gilt, wenn er die Versicherungsprämien nicht bezahlt und der Arbeitnehmer deshalb keine Versicherungsleistungen erhält (BSK OR I-PORTMANN, N 56). Der Arbeitgeber hat dann diejenigen Leistungen zu erbringen, die bei pflichtgemässem Verhalten der Versicherer erbracht hätte. In diesem Fall geht die Leistungspflicht des Arbeitgebers i. d. R. über das Ende des Arbeitsverhältnisses hinaus (BGE 127 III 318, 323 f.).

Art. 324*b*

b. Ausnahmen

¹ Ist der Arbeitnehmer auf Grund gesetzlicher Vorschrift gegen die wirtschaftlichen Folgen unverschuldeter Arbeitsverhinderung aus Gründen, die in seiner Person liegen, obligatorisch versichert, so hat der Arbeitgeber den Lohn nicht zu entrichten, wenn die für die beschränkte Zeit geschuldeten Versicherungsleistungen mindestens vier Fünftel des darauf entfallenden Lohnes decken.

² Sind die Versicherungsleistungen geringer, so hat der Arbeitgeber die Differenz zwischen diesen und vier Fünfteln des Lohnes zu entrichten.

³ Werden die Versicherungsleistungen erst nach einer Wartezeit gewährt, so hat der Arbeitgeber für diese Zeit mindestens vier Fünftel des Lohnes zu entrichten.

1 Die Bestimmung sieht eine Ausnahme von der Lohnfortzahlungspflicht des Arbeitgebers nach Art. 324a vor für den Fall, dass der Arbeitnehmer von einer **obligatorischen Versicherung** Taggelder erhält. Obligatorische Versicherungen i. S. v. Art. 324b sind die Unfallversicherung (UVG), die Erwerbsersatzordnung (EOG; zur derzeit noch unklaren Rechtslage bezüglich der

Mutterschaft s. Art. 324a N 8), die Militärversicherung (MVG) sowie nach der h. L. die Invalidenversicherung (IVG).

Erhält der Arbeitnehmer während der Dauer der Lohnfortzahlung nach Art. 324a Abs. 2 Taggelder einer obligatorischen Versicherung, so ist die Lohnfortzahlungspflicht des Arbeitgebers auf maximal **80 % des Lohns begrenzt.** Die Bestimmung unterscheidet hierzu drei Fälle: 2

– Decken die Taggelder mindestens 80 % des Lohns, so ist der Arbeitgeber von der Lohnfortzahlungspflicht ganz befreit (Abs. 1).
– Sind die Taggelder geringer, so hat der Arbeitgeber die Differenz zu 80 % des Lohns zu bezahlen, allerdings nur, solange er nach Art. 324a Abs. 2 zur Lohnfortzahlung verpflichtet ist (Abs. 2).
– Werden die Taggelder erst nach einer Karenzfrist entrichtet, so hat der Arbeitgeber während der Karenzfrist 80 % des Lohns zu bezahlen (Abs. 3), sofern nach Art. 324a eine Lohnfortzahlungspflicht besteht (BSK OR I-PORTMANN, N 3).

Gemäss Art. 19 Abs. 2 ATSG kommen Taggelder und ähnliche Entschädigungen in dem Ausmass dem Arbeitgeber zu, als er dem Arbeitnehmer trotz der Taggeldberechtigung Lohn zahlt. 3

Kürzt die Versicherung das Taggeld wegen **Selbstverschuldens,** so geht dies finanziell zulasten des Arbeitgebers, wenn aus arbeitsrechtlicher Sicht bloss leichtes Verschulden vorliegt. Bei schwerem Verschulden ist der Arbeitgeber von der Lohnfortzahlungspflicht befreit oder zumindest zur Kürzung berechtigt (s. Art. 324 a N 10; VISCHER, 135). 4

Art. 324b ist relativ zwingend. 5

Art. 325

Abtretung und Verpfändung von Lohnforderungen

¹ **Zur Sicherung familienrechtlicher Unterhalts- und Unterstützungspflichten kann der Arbeitnehmer künftige Lohnforderungen so weit abtreten oder verpfänden, als sie pfändbar sind; auf Ansuchen eines Beteiligten setzt das Betreibungsamt am Wohnsitz des Arbeitnehmers den nach Artikel 93 des Schuldbetreibungs- und Konkursgesetzes vom 11. April 1889 unpfändbaren Betrag fest.**

² **Die Abtretung und die Verpfändung künftiger Lohnforderungen zur Sicherung anderer Verbindlichkeiten sind nichtig.**

I.   Allgemeines. Normzweck

1   Die Bestimmung regelt die Abtretung und Verpfändung künftiger Lohnforderungen durch den Arbeitnehmer. Sie bildet damit das Gegenstück zu Art. 323b Abs. 2. Beide Regelungen bezwecken, dem Arbeitnehmer das Einkommen zu sichern, soweit dieses zur Bestreitung seines Unterhalts erforderlich ist. Für die zwangsvollstreckungsrechtliche Lohnpfändung gilt ausschliesslich Art. 93 SchKG.

2   Die Bestimmung ist unglücklich formuliert. Abs. 2 legt den allgemeinen Grundsatz fest, während Abs. 1 eine Ausnahme statuiert.

II.   Grundsatz des Abtretungs- und Verpfändungsverbots (Abs. 2)

3   Die Abtretung oder Verpfändung von künftigen Lohnforderungen durch den Arbeitnehmer ist **grundsätzlich nichtig**. Das Gesetz schützt damit den Arbeitnehmer davor, Dritten – wie namentlich Abzahlungsverkäufern und Kleinkreditgebern – ein direktes Zugriffsrecht auf sein Erwerbseinkommen einzuräumen. Geschützt sind allerdings nur **künftige**, nicht aber für fällige Lohnforderungen (Vischer, 119 m. w. Nw.).

4   Der Begriff der **Lohnforderung** ist nach der hier vertretenen Auffassung derselbe wie bei Art. 323b Abs. 2 (s. Art. 323b N 7). Nicht darunter fallen namentlich Gratifikationen und andere zusätzliche Sondervergütungen, die nicht Lohn sind (BGE 131 III 615, 623). Letzteres trifft i. d. R. auf Aktien und Optionen zu, die der Arbeitnehmer unter einem Mitarbeiterbeteiligungsprogramm erhält; üblicherweise ist jedoch deren Abtretung und Verpfändung ohnehin vertraglich ausgeschlossen.

5   Nach dem Gesetzeswortlaut gilt das Verbot nur für die Sicherungszession oder -abtretung. Diese Beschränkung ist jedoch sachlich nicht gerechtfertigt. Der Zweck der Bestimmung verlangt, dass diese über ihren Wortlaut hinaus auch auf Abtretungen und Verpfändungen Anwendung findet, die **erfüllungshalber** oder **an Zahlungs statt** erfolgen (Vischer, 119; BSK OR I-Portmann, N 1; ZK-Staehelin, N 2).

III.   Ausnahme: Sicherung familienrechtlicher Verpflichtungen (Abs. 1)

6   Die Abtretung oder Verpfändung künftiger Lohnforderungen ist ausnahmsweise **erlaubt**, wenn sie **zur Sicherung der familienrechtlichen Verpflichtungen** des Arbeitnehmers erfolgt. Darunter fallen die Verpflichtungen zur Leistung von Unterhaltsbeiträgen während und nach der Ehe (Art. 163 ff., 125 ff. ZGB), aus dem Kindesverhältnis (Art. 276 ff., 295 Abs. 1 ZGB) und die

verwandtschaftlichen Unterstützungsbeiträge (Art. 328 f. ZGB). Von praktischer Bedeutung ist vor allem die (stille) Lohnzession an Sozialbehörden, die Alimente bevorschussen (STREIFF/VON KAENEL, N 2).

Diese Ausnahme vom Verbot besteht allerdings nur insoweit, als die Lohnforderungen **pfändbar** sind, d. h. das betreibungsrechtliche **Existenzminimum** des Arbeitnehmers und seiner Familie nach Art. 93 Abs. 1 SchKG übersteigen. Auf Ersuchen des Arbeitnehmers, des Arbeitgebers oder des Erwerbers der Forderung setzt das **Betreibungsamt am Wohnsitz des Arbeitnehmers** den Notbedarf fest. Die Verfügung unterliegt der Beschwerde nach Art. 17 SchKG. 7

Die Abtretung oder Verpfändung künftiger Lohnforderungen ist nur für eine **Maximaldauer von einem Jahr** gültig (Art. 93 Abs. 2 SchKG; STREIFF/VON KAENEL, N 4; ZK-STAEHELIN, N 13 je m. w. Nw.). 8

IV. Abweichende Vereinbarungen

Abs. 2 ist absolut zwingender Natur, während Abs. 1 zugunsten des Arbeitnehmers relativ-zwingend ist. Die Parteien können daher vertraglich jede Abtretung und Verpfändung künftiger Lohnforderungen ausschliessen (Art. 164 Abs. 1; Art. 899 Abs. 1 ZGB). 9

Art. 326

Akkordlohnarbeit
Zuweisung von Arbeit

1 Hat der Arbeitnehmer vertragsgemäss ausschliesslich Akkordlohnarbeit nur für einen Arbeitgeber zu leisten, so hat dieser genügend Arbeit zuzuweisen.

2 Ist der Arbeitgeber ohne sein Verschulden ausserstande, vertragsgemässe Akkordlohnarbeit zuzuweisen oder verlangen die Verhältnisse des Betriebes vorübergehend die Leistung von Zeitlohnarbeit, so kann dem Arbeitnehmer solche zugewiesen werden.

3 Ist der Zeitlohn nicht durch Abrede, Normalarbeitsvertrag oder Gesamtarbeitsvertrag bestimmt, so hat der Arbeitgeber dem Arbeitnehmer den vorher durchschnittlich verdienten Akkordlohn zu entrichten.

> ⁴ Kann der Arbeitgeber weder genügend Akkordlohn-
> arbeit noch Zeitlohnarbeit zuweisen, so bleibt er
> gleichwohl verpflichtet, nach den Vorschriften über
> den Annahmeverzug den Lohn zu entrichten, den er
> bei Zuweisung von Zeitlohnarbeit zu entrichten
> hätte.

Literatur

GEISER, Arbeitsrechtliche Aspekte im Zusammenhang mit Leistungslohn, AJP 2001, 382 ff.

I. Zuweisung genügender Akkordlohnarbeit (Abs. 1)

1   Der Akkordlohn ist ein **Leistungslohn**, der nach der Menge der geleisteten Arbeit bemessen wird und nicht nach der aufgewendeten Arbeitszeit. Er kommt vor als Einzelakkord, bei dem auf die individuelle Leistung des **einzelnen Arbeitnehmers** abgestellt wird, oder als **Gruppenakkord**, bei dem eine Gruppe die Arbeitsleistung erbringt und das Entgelt auf die Mitglieder dieser Gruppe aufgeteilt wird. Auch die gesetzlich nicht geregelten Prämien können Akkordlohn sein, wenn sie einzig auf die Arbeitsmenge abstellen.

2   Beim Akkordlohn ist der Arbeitnehmer darauf angewiesen, dass ihm der Arbeitgeber genügend Akkordlohnarbeit zuweist. Die **Zuweisung genügender Arbeit** erscheint daher als notwendige **Vorbereitungshandlung**, deren Verletzung grundsätzlich zu Annahmeverzug führen müsste. Gemäss **Abs. 1** ist dies jedoch nur der Fall, wenn der Arbeitnehmer **ausschliesslich Akkordlohnarbeit nur für einen Arbeitgeber** zu leisten hat. Gemeint sind damit Fälle, in denen kein Mindestlohn in Form eines Zeitlohns vereinbart ist und der Arbeitnehmer auch nicht die Möglichkeit hat, während der vertraglichen Arbeitszeit von verschiedenen Arbeitgebern Arbeit zu erhalten und sich so den entgangenen Lohn auszugleichen (ZK-STAEHELIN, N 5 ff.). *E contrario* räumt die Vereinbarung eines Akkordlohns in anderen Fällen dem Arbeitnehmer nicht das Recht ein, genügend Akkordlohnarbeit zugewiesen zu erhalten.

3   Sind die Voraussetzungen von Abs. 1 erfüllt, so gerät der Arbeitgeber vorbehältlich Abs. 2 in **Annahmeverzug** (Art. 324), wenn er keine oder nicht genügend Akkordlohnarbeit zuweist. Genügend ist die Akkordlohnarbeit, wenn sie mindestens dem entspricht, was der Arbeitnehmer während der Arbeitszeit bewältigen kann (Botschaft, BBl 1967 II 338). Für die Bemessung des Lohns während des Annahmeverzugs s. u. N 6.

II. Zuweisung von Zeitlohnarbeitarbeit und Entlöhnung (Abs. 2 und 3)

Ausnahmsweise ist der Arbeitgeber berechtigt, dem Arbeitnehmer, der ausschliesslich Akkordlohnarbeit nur für einen Arbeitgeber zu leisten hat (Abs. 1), anstatt Akkordlohnarbeit zumutbare **Zeitlohnarbeit zuzuweisen**. Dies ist zulässig, wenn   4

– der Arbeitgeber unverschuldet, d.h. aus objektiven Gründen, nicht in der Lage ist, Akkordlohnarbeit zuzuweisen; oder

– wenn die Verhältnisse im Betrieb vorübergehend die Arbeit von Zeitlohnarbeit erfordern (weil z.B. eine Werklieferung ausgeführt werden muss, Botschaft, BBl 1967 II 339).

Die erste Alternative ermöglicht dem Arbeitgeber die Vermeidung des Annahmeverzugs gemäss Abs. 1, während die zweite Alternative dem betrieblichen Bedürfnis nach flexiblem Personaleinsatz Rechnung trägt. Die Regelung ist **absolut zwingend** (Art. 361).

Gemäss **Abs. 3** bestimmt sich der Lohn für die Zeitlohnarbeit in beiden Fällen in erster Linie durch Vereinbarung, GAV oder NAV und nur subsidiär nach dem vorher durchschnittlich verdienten Akkordlohn, der i.d.R. höher ist. Es handelt sich dabei um eine relativ zwingende Vorschrift (Art. 362).   5

III. Entlöhnung bei Annahmeverzug (Abs. 4)

Befindet sich der Arbeitgeber gemäss Abs. 1 in Annahmeverzug, weil er weder genügend Akkordlohnarbeit noch Zeitlohnarbeit gemäss Abs. 2 1. Alt. zuweisen kann, so schuldet er während der Verzugsdauer weiterhin den Lohn. Anders als nach Art. 324 Abs. 1 ist jedoch primär der i.d.R. niedrigere **Zeitlohn** gemäss Abs. 3 geschuldet (s.o. N 5) und nur subsidiär der vorher durchschnittlich verdiente Akkordlohn. Die Regelung ist ebenfalls relativ-zwingender Natur (Art. 362).   6

Art. 326*a*

Akkordlohn

[1] Hat der Arbeitnehmer vertraglich Akkordlohnarbeit zu leisten, so hat ihm der Arbeitgeber den Akkordlohnansatz vor Beginn der einzelnen Arbeit bekanntzugeben.

[2] Unterlässt der Arbeitgeber diese Bekanntgabe, so hat er den Lohn nach dem für gleichartige oder ähnliche Arbeiten festgesetzten Ansatz zu entrichten.

1   Abs. 1 bestimmt, dass bei Akkordlohnarbeit der Akkordlohnansatz spätestens vor Beginn der einzelnen Arbeit dem Arbeitnehmer bekanntgegeben werden muss. Das Gesetz verbietet damit den sog. **blinden Akkord**, bei dem der Arbeitnehmer den Akkordlohnansatz erst nach geleisteter Arbeit erfährt. Abs. 1 ist nur dort relevant, wo der **Akkordlohnansatz** nicht vertraglich vereinbart ist, sondern vom Arbeitgeber festgelegt werden kann (krit. dazu GEISER, AJP 2001, 382, 384).

2   Mögliche Erscheinungsformen des Akkordlohns sind Geldakkord und Zeitakkord, wobei letzterer üblich ist:
– Beim **Geldakkord** wird für eine bestimmte Leistungseinheit ein Geldbetrag (Stückpreis) festgelegt. Der Lohn berechnet sich damit nach der Anzahl erbrachter Leistungseinheiten multipliziert mit dem Stückpreis.
– Beim **Zeitakkord** wird für eine bestimmte Leistungseinheit eine bestimmte Vorgabezeit, die dem Arbeitsaufwand eines durchschnittlichen Arbeitnehmers entspricht, und pro Minute der Vorgabezeit ein bestimmter Betrag festgelegt. Der Lohn berechnet sich somit nach der Anzahl erbrachter Leistungseinheiten multipliziert mit der Vorgabezeit und dem pro Minute der Vorgabezeit festgelegten Betrag.

3   **Unterlässt** der Arbeitgeber die rechtzeitige Bekanntgabe des Akkordansatzes, so ist die Arbeit nach dem im Betrieb, subsidiär in der Branche üblichen Ansatz zu vergüten (Abs. 2).

Art. 327

VI.   **Arbeitsgeräte, Material und Auslagen**
1.   **Arbeitsgeräte und Material**

[1] Ist nichts anderes verabredet oder üblich, so hat der Arbeitgeber den Arbeitnehmer mit den Geräten und dem Material auszurüsten, die dieser zur Arbeit benötigt.

[2] Stellt im Einverständnis mit dem Arbeitgeber der Arbeitnehmer selbst Geräte oder Material für die Ausführung der Arbeit zur Verfügung, so ist er dafür angemessen zu entschädigen, sofern nichts anderes verabredet oder üblich ist.

1   Ist nichts anderes verabredet oder üblich, so muss der **Arbeitgeber** den Arbeitnehmer mit den für die Arbeit notwendigen Geräten und dem erforderlichen Material ausrüsten (Abs. 1). Dazu gehören auch besondere Arbeits-

kleider (BGer, SAE 1999, 76), nicht aber normale Kleidung, die auch privat verwendet werden kann (grosszügiger VISCHER, 113). Es handelt sich um eine **notwendige Vorbereitungshandlung** zur Ermöglichung der Arbeitsleistung. Unterbleibt sie oder ist sie ungenügend, weil z. B. das Gerät untauglich ist oder die einschlägigen Sicherheitsvorschriften nicht erfüllt, so gerät der Arbeitgeber in Annahmeverzug (Art. 324 Abs. 1). Der Arbeitnehmer ist aber gehalten, den Arbeitgeber abzumahnen (STREIFF/VON KAENEL, N 2). Fehlendes Kleinmaterial muss er unter Umständen selber gegen Erstattung der Auslagen ergänzen (ZK-STAEHELIN, N 4).

Verwendet der Arbeitnehmer mit dem Einverständnis des Arbeitgebers **ei- 2 genes Gerät oder Material** zur Ausführung der Arbeit, so hat er grundsätzlich **Anspruch auf angemessene Entschädigung**. Vereinbarung oder Übung können die Entschädigungspflicht jedoch entfallen lassen. Letzteres gilt namentlich für normale Kleidung, sofern diese nicht besonderer Verschmutzung oder Abnützung ausgesetzt ist, ferner für Musikinstrumente bei Berufsmusikern (ZK-STAEHELIN, N 6).

Art. 327 ist **dispositiv**. Die Vereinbarung, wonach der Arbeitnehmer auf ei- 3 gene Kosten Gerät und Material zur Verfügung zu stellen hat, ist daher zulässig.

Hinsichtlich der Kostentragung für Gerät und Material ist Art. 327 lex spe- 4 cialis zu Art. 327a Abs. 3 (STREIFF/VON KAENEL, N 2; BSK OR I-PORTMANN, N 4). Bei Motorfahrzeugen bestimmt sich der Auslagenersatz nach Art. 327b. Zur Sorgfaltspflicht des Arbeitnehmers bezüglich Gerät und Material des Arbeitgebers s. Art. 321a Abs. 2.

Art. 327*a*

Auslagen im Allgemeinen

[1] **Der Arbeitgeber hat dem Arbeitnehmer alle durch die Ausführung der Arbeit notwendig entstehenden Auslagen zu ersetzen, bei Arbeit an auswärtigen Arbeitsorten auch die für den Unterhalt erforderlichen Aufwendungen.**

[2] **Durch schriftliche Abrede, Normalarbeitsvertrag oder Gesamtarbeitsvertrag kann als Auslagenersatz eine feste Entschädigung, wie namentlich ein Taggeld oder eine pauschale Wochen- oder Monatsvergütung festgesetzt werden, durch die jedoch alle notwendig entstehenden Auslagen gedeckt werden müssen.**

[3] **Abreden, dass der Arbeitnehmer die notwendigen Auslagen ganz oder teilweise selbst zu tragen habe, sind nichtig.**

I. Allgemeines

1   Art. 327a regelt die Pflicht des Arbeitgebers zum Ersatz der Auslagen (Spesen) des Arbeitnehmers im Allgemeinen. Für Auslagen im Zusammenhang mit der Verwendung eines Motorfahrzeugs besteht in Art. 327b eine Sonderregelung. Schliesslich bestimmt Art. 327c, wann der Auslagenersatz zu erstatten ist.

2   Für Gerät und Material besteht in Art. 327 ebenfalls eine Sonderregelung. Unter Material fällt auch die besondere Arbeitskleidung (s. Art. 327 N 1). Dies ist deshalb von Bedeutung, weil Art. 327 dispositiv ist und damit mehr Raum für Parteiabreden lässt als Art. 327a, von dem nicht zuungunsten des Arbeitnehmers abgewichen werden kann (Art. 362).

II. Ersatz der Auslagen (Abs. 1)

3   Dem Arbeitnehmer sind alle durch die Ausführung der Arbeit **notwendig** entstehenden Auslagen zu ersetzen. Ob eine Auslage notwendig ist, entscheidet sich aus der **subjektiven Sicht eines sorgfältig handelnden Arbeitnehmers** (ZK-STAEHELIN, N 2 m. w. Nw.). Widerrechtliches Verhalten darf der Arbeitnehmer grundsätzlich nicht als notwendig erachten, weshalb er für Bussen keinen Ersatz verlangen kann (ArbGer Zürich, Entscheide 2005 Nr. 8 – Verletzung von Verkehrsregeln).

4   Welche Auslagen im Einzelnen zu ersetzen sind, hängt von der übertragenen Arbeit, der Stellung des Arbeitnehmers und der Übung ab. Der Arbeitgeber kann dies mittels Weisungen näher regeln.

5   **Persönliche Ausgaben** des Arbeitnehmers (Kleidung, Verpflegung, Kosten für den gewöhnlichen Arbeitsweg, usw.) sind i. d. R. nicht erstattungspflichtig. Eine Ausnahme macht das Gesetz jedoch dann, wenn der Arbeitnehmer an einem **auswärtigen Arbeitsort**, d. h. ausserhalb der gewöhnlichen Arbeitsstätte, eingesetzt wird. In diesem Fall sind ihm die Auslagen für **Verpflegung und Unterkunft** zu ersetzen. Was er sich dabei zuhause erspart, muss er sich nicht anrechnen lassen (BSK OR I-PORTMANN, N 2). Auch Auslagen für angemessene Vergnügungen und Erholungen sind zu vergüten, wenn die auswärtige Tätigkeit länger dauert. Ist dem Arbeitnehmer eine Heimkehr an arbeitsfreien Tagen nicht zumutbar, so sind die Auslagen auch an arbeitsfreien Tagen und während Krankheit zu bezahlen (STREIFF/VON KAENEL, N 2).

Ausbildungskosten stellen ersatzpflichtige Spesen dar, wenn die Ausbil-   6
dung der **Einarbeitung** dient, die auf einen bestimmten Arbeitgeber oder
auf ein bestimmtes Arbeitsprodukt beschränkt ist. Demgegenüber verschafft eine **allgemeine Aus- oder Weiterbildung** dem Arbeitnehmer auch
Vorteile bei anderen Arbeitgebern. Die damit verbundenen Auslagen sind
daher persönliche Ausgaben des Arbeitnehmers (ArbGer Zürich, JAR 1999,
327 ff.). Der Arbeitgeber, der eine allgemeine Aus- oder Weiterbildung finanziert unter der Bedingung, dass das Arbeitsverhältnis nach dem Ende der
Weiterbildung während einer bestimmten Zeitdauer Bestand hat, kann vom
Arbeitnehmer unter folgenden kumulativen Voraussetzungen die **Rückzahlung der Aus- oder Weiterbildungskosten** verlangen (ZK-STAEHELIN, N 3;
STREIFF/VON KAENEL, N 7 je m.w. Nw.):
– Die Rückzahlungspflicht muss vor dem Kursbesuch ausdrücklich vereinbart werden;
– der zurückzuzahlende Betrag muss genau festgelegt werden; und
– der Zeitraum, in dem eine Kündigung die Rückzahlungspflicht auslöst,
  muss festgelegt werden und ist auf maximal drei Jahre zu begrenzen
  (Art. 340a Abs. 1 analog).
Die Rückzahlungspflicht entfällt analog Art. 340c Abs. 2.

III. Spesenpauschale (Abs. 2)

Gemäss Abs. 2 kann anstelle des Ersatzes der tatsächlichen Auslagen eine   7
pauschale Entschädigung vereinbart werden. Zwecks Schaffung klarer
Verhältnisse muss die Vereinbarung jedoch **schriftlich**, durch NAV oder
GAV erfolgen. Zudem muss die Pauschale so bemessen sein, dass sie mindestens **alle notwendigen tatsächlichen Auslagen** ersetzt. Ob dies der Fall
ist, ist über einen **relativ langen Zeitraum** wie etwa ein Jahr hinweg zu beurteilen und nicht aufgrund eines einzelnen Monats (BGE 131 III 439, 446).
Sind diese Voraussetzungen nicht erfüllt, ist die Spesenpauschale nichtig
und der Arbeitnehmer kann Ersatz seiner notwendigen tatsächlichen Auslagen verlangen.

Ist die vereinbarte Spesenpauschale wesentlich höher als die effektiven Spe-   8
sen, so ist sie teilweise Lohnbestandteil. Keine Spesenpauschale sondern
verdeckter Lohn liegt vor, wenn zusätzlich zur Pauschale die tatsächlichen
Auslagen entschädigt werden (BGer, SJ 1995, 781), oder wenn mit ihr Kosten abgegolten werden, die keine Auslagen i. S. v. Art. 327a sind (ZR 2002 Nr.
67 – Fahrkosten vom Wohn- zum Arbeitsort). Soweit Lohn vorliegt, ist dieser auch bei der Lohnfortzahlung (Art. 324, 324a) und beim Ferienlohn
(329d) zu berücksichtigen; insbesondere ist er auch während einer allfälligen Freistellung geschuldet (BGer, a.a.O.). Grundsätzlich ist die Spesenpauschale nur während der tatsächlichen Beschäftigung geschuldet (OGer
LU, JAR 2000, 154).

IV. Verbot der Auslagenüberwälzung (Abs. 3)

9　Abs. 3 erklärt Abreden, dass der Arbeitnehmer die Auslagen ganz oder teilweise zu tragen habe, für nichtig. Die Norm erfasst nicht nur Abreden zwischen den Arbeitsvertragsparteien, sondern auch Erklärungen des Arbeitnehmers gegenüber Dritten, die zur Folge haben können, dass der Arbeitnehmer hinsichtlich notwendiger Auslagen das Insolvenzrisiko des Arbeitgebers trägt (BGE 124 III 305, 309 – nichtige Solidarhaftung für Geschäftskreditkarte).

10　Die Vereinbarung einer **Gesamtvergütung**, die Lohn und Auslagenersatz umfasst, ist nur dann zulässig, wenn der nach Abzug des üblichen Lohns verbleibende Restbetrag die notwendigen tatsächlichen Auslagen deckt (BSK OR I-Portmann, N 8); für den Handelsreisendenvertrag ist sie hingegen ganz ausgeschlossen (Art. 349d Abs. 2).

V. Prozessuales

11　Die **Beweislast** für die Notwendigkeit und die Höhe der einzelnen Auslagen trägt der Arbeitnehmer. Dasselbe gilt für die Behauptung, die vereinbarte Spesenpauschale sei zu niedrig. Für die Höhe der Auslagen verlangt die Rechtsprechung jedoch keinen strengen Beweis. Sind tatsächlich entstandene Auslagen ziffernmässig nicht mehr beweisbar, so sind sie vom Gericht in analoger Anwendung von Art. 42 Abs. 2 zu schätzen (zum Ganzen BGE 131 III 439, 444 m. w. Nw.). Richtigerweise sollte eine gerichtliche Schätzung nur stattfinden, wenn den Arbeitnehmer an der fehlenden Beweisbarkeit kein Verschulden trifft.

12　Nach der Rechtsprechung **verjährt** der Anspruch auf Auslagenersatz nach 5 Jahren gemäss Art. 128 Ziff. 3 (BGE 75 II 371; ArbGer Zürich, JAR 199, 127, 130; ebenso ZK-Staehelin, N 3; unklar Streiff/von Kaenel, Art. 327a N 8 und Art. 341 N 8). Geht man mit der h. L. davon aus, dass nur Lohnforderungen unter Art. 128 Ziff. 3 fallen, findet jedoch die 10-jährige Verjährungsfrist Anwendung (BSK OR I-Portmann, N 3).

13　Der Arbeitnehmer darf grundsätzlich mit der Geltendmachung seines Anspruchs bis zum Ende der Verjährungsfrist zuwarten. Er handelt jedoch **rechtsmissbräuchlich**, wenn er nur deshalb zuwartet, um dadurch dem Arbeitgeber in erkennbarer Weise Nachteile zu verursachen oder um sich einen ungerechtfertigten Vorteil zu verschaffen (BGE 131 III 439, 443).

Art. 327 *b*

¹ **Benützt der Arbeitnehmer im Einverständnis mit dem Arbeitgeber für seine Arbeit ein von diesem oder ein von ihm selbst gestelltes Motorfahrzeug, so sind ihm die üblichen Aufwendungen für dessen Betrieb und Unterhalt nach Massgabe des Gebrauchs für die Arbeit zu vergüten.**

² **Stellt der Arbeitnehmer im Einverständnis mit dem Arbeitgeber selbst ein Motorfahrzeug, so sind ihm überdies die öffentlichen Abgaben für das Fahrzeug, die Prämien für die Haftpflichtversicherung und eine angemessene Entschädigung für die Abnützung des Fahrzeugs nach Massgabe des Gebrauchs für die Arbeit zu vergüten.**

³ **. . .**

Art. 327b enthält gegenüber Art. 327a besondere Vorschriften für den Er- 1
satz von **Auslagen im Zusammenhang mit Motorfahrzeugen**. Nur Motorfahrzeuge i. S. v. Art. 7 Abs. 1 SVG fallen darunter (ZK-STAEHELIN, N 1).

Erste **Voraussetzung** für einen Ersatzanspruch nach Art. 327b ist, dass der 2
Arbeitnehmer das Motorfahrzeug, sei es sein eigenes oder dasjenige des
Arbeitgebers, mit dem (ausdrücklichen oder stillschweigenden) **Einver-
ständnis des Arbeitgebers** für die Arbeit benutzt. Fehlt diesbezüglich eine
Willensbekundung seitens des Arbeitgebers, so ist nicht Art. 327b sondern
Art. 327a anwendbar. Benutzt er hingegen das Fahrzeug gegen den erklär-
ten Willen des Arbeitgebers, kann er nur Ersatz derjenigen Auslagen ver-
langen, die bei weisungsgemässem Verhalten entstanden wären (z. B. die
Kosten des Bahnbillets; zum Ganzen ZK-STAEHELIN, N 2).

Zweitens sind die Auslagen nur «**nach Massgabe des Gebrauchs für die** 3
Arbeit» zu ersetzen. Gegebenenfalls sind die Kosten proportional nach der
Anzahl gefahrener Kilometer auf Geschäfts- und Privatfahrten aufzuteilen
(BGer, 4C.24/2005 E. 6.1; STREIFF/VON KAENEL, N 2). Der Kostenanteil für
Privatfahrten (einschliesslich des gewöhnlichen Arbeitswegs) geht mangels
anders lautender Abrede zulasten des Arbeitnehmers.

Im Rahmen der beiden vorgenannten Voraussetzungen sind die folgenden 4
Auslagen zu ersetzen:

– **Stets zu ersetzen** sind die **üblichen Auslagen für Betrieb und Unter-** 5
halt, sei es dass der Arbeitgeber das Motorfahrzeug stellt oder der Ar-

beitnehmer (Abs. 1). Ersatzpflichtig sind namentlich Kosten für Benzin, Öl, Bereifung, Winterumrüstung, Reinigung, Wartung, Reparaturen wegen Abnützungsschäden, usw. Es handelt sich um eine **relativ zwingende Bestimmung** (Art. 362).

6 – Stellt der Arbeitnehmer ein **eigenes Motorfahrzeug**, so hat er **zusätzlich** zu den üblichen Auslagen für Betrieb und Unterhalt Anspruch auf **Ersatz für öffentliche Abgaben, Haftpflichtversicherung und Amortisation** (Abs. 2). Im Falle eines geleasten Motorfahrzeugs sind ihm anstelle der Amortisation die Leasingraten zu bezahlen (BGer, 4C.315/2004 E. 2.2). Abs. 2 ist allerdings **dispositiv**; die Ersatzpflicht kann also auf die üblichen Auslagen für Betrieb und Unterhalt gemäss Abs. 1 beschränkt werden.

7 Auch bei Motorfahrzeugen ist die schriftliche Vereinbarung einer **Spesenpauschale** zulässig. Häufig kommen pauschale Kilometerentschädigungen oder Lohnzuschläge vor. Die Pauschale muss aber mindestens die Auslagen für Betrieb und Unterhalt gemäss Abs. 1 decken (BSK OR I-PORTMANN, N 7).

Art. 327*c*

c.   Fälligkeit

¹ **Auf Grund der Abrechnung des Arbeitnehmers ist der Auslagenersatz jeweils zusammen mit dem Lohn auszurichten, sofern nicht eine kürzere Frist verabredet oder üblich ist.**

² **Hat der Arbeitnehmer zur Erfüllung der vertraglichen Pflichten regelmässig Auslagen zu machen, so ist ihm ein angemessener Vorschuss in bestimmten Zeitabständen, mindestens aber jeden Monat auszurichten.**

I.   Fälligkeit des Auslagenersatzanspruchs (Abs. 1)

1 Gemäss Abs. 1 ist der Auslagenersatz jeweils **zusammen mit dem Lohn** (Art. 323b Abs. 1) auszurichten, sofern nicht eine kürzere Frist verabredet oder üblich ist. Die Auszahlung hat jedoch erst «[a]uf Grund der Abrechnung des Arbeitnehmers» zu erfolgen. Die **Spesenabrechnung** ist also Voraussetzung für die Vergütung des Spesenersatzes, und deren Vorlage damit eine **Obliegenheit des Arbeitnehmers** (BGE 131 III 439, 445).

Ausnahmsweise ist **keine Spesenabrechnung** erforderlich, nämlich bei Ver- 2
einbarung einer **Spesenpauschale** (BGE a. a. O.) oder von Vertrauensspesen
(dazu Streiff/von Kaenel, Art. 327a N 8).

In der **Abrechnung** sind sämtliche Auslagen, für die der Arbeitnehmer 3
Ersatz verlangt, zu spezifizieren und zu belegen (ZK-Staehelin, N 1). Einzelheiten der Abrechnung, insbesondere die Abrechnungsperiode, den Ab-
rechnungszeitpunkt und die Anforderungen an die Belege, kann der Arbeitgeber bei Fehlen einer entsprechenden Abrede durch Weisung bestimmen.
Die Nicht-Einhaltung solcher Vereinbarungen oder Anordnungen kann jedoch nicht mit einer **Verwirkung** des Spesenersatzanspruchs sanktioniert
werden. Die Voraussetzungen für den Spesenersatzanspruch würden dadurch über Art. 327a und Art. 327c hinaus verschärft, was wegen der teilzwingenden Natur dieser Bestimmungen nicht zulässig ist.

II. Vorschusspflicht (Abs. 2)

Bei **regelmässig entstehenden Auslagen** hat der Arbeitgeber dem Arbeit- 4
nehmer in bestimmten Zeitabständen, mindestens aber monatlich, einen
angemessenen Vorschuss zu leisten (Abs. 2). Um angemessen zu sein, muss
der Vorschuss die voraussichtlichen Auslagen bis zur nächsten Abrechnung
decken (Streiff/von Kaenel, N 4).

Die Leistung des Vorschusses ist eine **notwendige Vorbereitungshandlung** 5
zur Ermöglichung der Arbeitsleistung. Unterbleibt sie oder ist der Vorschuss
ungenügend, gerät der Arbeitgeber in Annahmeverzug (Art. 324 Abs. 1). Der
Arbeitnehmer darf die mit den Auslagen verbundene Arbeitsleistung verweigern (z. B. die Geschäftsreise nicht antreten), ohne seinen Lohnanspruch
zu verlieren (Streiff/von Kaenel, N 5). Übersteigt der Vorschuss die tatsächlichen Auslagen, so kann die Differenz bei der Abrechnung gemäss
Abs. 1 mit dem nächsten Vorschuss verrechnet oder vom Arbeitnehmer zurückgefordert werden. Im umgekehrten Fall ist dem Arbeitnehmer die Differenz am nächsten Fälligkeitstermin gemäss Abs. 1 auszuzahlen.

Abs. 2 ist **relativ zwingendes Recht**. 6

Art. 328

[1] Der Arbeitgeber hat im Arbeitsverhältnis die Persönlichkeit des Arbeitnehmers zu achten und zu schützen, auf dessen Gesundheit gebührend Rücksicht zu nehmen und für die Wahrung der Sittlichkeit zu sorgen. Er muss insbesondere dafür sorgen, dass Arbeitnehmerinnen und Arbeitnehmer nicht sexuell belästigt werden und dass den Opfern von sexuellen Belästigungen keine weiteren Nachteile entstehen.

[2] Er hat zum Schutz von Leben, Gesundheit und persönlicher Integrität der Arbeitnehmerinnen und Arbeitnehmer die Massnahmen zu treffen, die nach der Erfahrung notwendig, nach dem Stand der Technik anwendbar und den Verhältnissen des Betriebes oder Haushaltes angemessen sind, soweit es mit Rücksicht auf das einzelne Arbeitsverhältnis und die Natur der Arbeitsleistung ihm billigerweise zugemutet werden kann.

Literatur

AEBI-MÜLLER, Die Privatsphäre des Arbeitnehmers, in: Schmid/Girsberger (Hrsg.), Neue Rechtsfragen rund um die KMU, Zürich 2006, 1 ff.; AUBERT/GUINCHARD/PICCOT (Hrsg.), Harcèlement au travail, Zürich/Basel/Genf 2002; AUBRY GIRARDIN, Santé et sécurité au travail, Zürich 1995; BAUMBERGER, Rauchen am Arbeitsplatz, Bern 2002; BAZZANI, Vertragliche Schadloshaltung weisungsgebundener Verwaltungsratsmitglieder, Zürich/Basel/Genf 2007; GEISER, Überwachung am Arbeitsplatz, digma 2004, 98 ff.; DERS., Gibt es ein Gleichbehandlungsgebot im schweizerischen Arbeitsrecht?, FS Rehbinder, München/Bern 2002, 37 ff.; DERS., Rechtsfragen der sexuellen Belästigung und des Mobbings, ZBJV 2001, 429 ff.; HUMBERT, Mobbing und dessen Auswirkungen für die Arbeitnehmer und Arbeitgeber, TREX 2004, 80 ff.; PÄRLI, Der Persönlichkeitsschutz im privatrechtlichen Arbeitsverhältnis, ARV 2005, 225 ff.; PETERMANN, Rechte und Pflichten des Arbeitgebers gegenüber psychisch labilen und kranken Arbeitnehmern, ARV 2005, 1 ff.; PETERMANN/STUDER, Burnout, AJP 2003, 761 ff.; REHBINDER/KRAUSZ, Psychoterror am Arbeitsplatz, ArbR 1996, 17 ff.; TSCHUDI, Verstärkung des Persönlichkeitsschutzes der Arbeitnehmer, ArbR 1993, 13 ff.; WAEBER, Le mobing ou harcèlement psychologique au travail, AJP 1998, 792 ff.

I.   Allgemeines. Fürsorgepflicht

Die Bestimmung verpflichtet den Arbeitgeber, die Persönlichkeitsgüter des   1
Arbeitnehmers zu achten und zu schützen. Sie konkretisiert damit den allgemeinen Persönlichkeitsschutz nach Art. 28 ZGB für das Arbeitsverhältnis
mit der Folge, dass entsprechende Ansprüche den vertragsrechtlichen Regeln unterstehen. Zu den **geschützten Persönlichkeitsgütern** gehören
insbesondere die körperliche, geistige und sexuelle Integrität, Eigentum,
soziales Ansehen, Geheim- und Privatsphäre sowie die persönlichen Frei-
heitsrechte wie Meinungsäusserungsfreiheit, Glaubens- und Gewissensfrei-
heit und Koalitionsfreiheit (BSK OR I-Portmann, N 4; Streiff/von Kaenel,
N 7).

Die Pflicht zum Schutz der Persönlichkeit des Arbeitnehmers ist Teil der   2
sog. **Fürsorgepflicht** des Arbeitgebers. Diese ist der Sammelbegriff für die
Nebenpflichten des Arbeitgebers. Sie wird umschrieben als Pflicht, die berechtigten Interessen des Arbeitnehmers in guten Treuen zu wahren, insbesondere durch die Gewährung von Schutz und Fürsorge (BSK OR I-Portmann, N 1). Auf Seiten des Arbeitnehmers steht ihr die Treuepflicht gegenüber (s. Art. 321a N 1). Ihre Rechtfertigung findet die Fürsorgepflicht im
Subordinationsverhältnis und in der damit verbundenen Schutzbedürftigkeit des Arbeitnehmers (Vischer, 168).

Verschiedene Aspekte der Fürsorgepflicht sind **gesetzlich konkretisiert** (s.   3
Art. 328a–330b). Im Übrigen ist ihr Umfang im Einzelfall nach **Treu und
Glauben** festzustellen (vgl. BGE 132 III 115, 121 – erhöhte Fürsorgepflicht
bei langjähriger Dienstdauer). Es handelt sich in erster Linie um eine **Unterlassungspflicht**, während Handlungspflichten nur mit Zurückhaltung
anzunehmen sind (BSK OR I-Portmann, N 2). Der Arbeitgeber hat alles zu
unterlassen, was die berechtigten Interessen des Arbeitnehmers schädigen
könnte. Zu den berechtigten Interessen gehören auch vermögensrechtliche
Interessen (BGE 132 III 115, 121 – missbräuchliche Kündigung kurz vor
Pensionierung).

Grenze der allgemeinen Fürsorgepflicht bilden die überwiegenden Interes-   4
sen des Arbeitgebers, die dieser mit zulässigen Mitteln wahrnimmt (Rehbinder, N 220).

II.   Pflicht zum allgemeinen Persönlichkeitsschutz (Abs. 1)

Gemäss Abs. 1 hat der Arbeitgeber die Persönlichkeit des Arbeitnehmers zu   5
achten und zu schützen. Er hat alle **Eingriffe in die Persönlichkeit** des Arbeitnehmers **zu unterlassen**, die nicht durch den Arbeitsvertrag gerechtfertigt sind. Der Persönlichkeitsschutz setzt damit insbesondere auch dem
Weisungsrecht Schranken (s. Art. 321d N 9). Ob ein gerechtigter oder
ein ungerechtfertigter Eingriff in die Persönlichkeit des Arbeitnehmers vor-

liegt, ist im Einzelfall durch Abwägung beidseitiger Interessen zu bestimmen (STREIFF/VON KAENEL, N 7).

6 Der Arbeitgeber hat aber nicht nur eigene persönlichkeitsverletzende Eingriffe zu unterlassen, sondern muss den Arbeitnehmer auch vor Betriebsgefahren und im Rahmen des Arbeitsverhältnisses vor **Eingriffen seitens Dritter** schützen, namentlich vor Vorgesetzten, Mitarbeitern, Kunden und Lieferanten. Daraus ergeben sich auch gewisse Handlungspflichten, wie namentlich das Ergreifen geeigneter Massnahmen (z. B. fristlose Kündigung, BGE 127 III 355) oder das Erteilen von Weisungen.

7 In der Praxis ist die Pflicht zum Schutz der Persönlichkeit namentlich in folgenden **Fallgruppen** von Bedeutung (für Einzelheiten s. ZK-STAEHELIN, N 2 ff.; STREIFF/VON KAENEL, N 5 ff.; BSK OR I-PORTMANN, N 18 ff.):

8 – *Schutz der Ehre und des Ansehens im Betrieb*: persönlichkeitsverletzend nach Art. 328 sind z. B. Beschimpfungen und Beleidigungen des Arbeitnehmers (BGer, 4C.177/2003 E. 4.2.1; BGer, JAR 2000, 169 ff.), die Änderung oder Einschränkung des Tätigkeitsbereichs des Arbeitnehmers ohne vorherige Rücksprache (BGE 110 II 172 ff.) und die Mitteilung von Kündigungsgründen an die übrigen Mitarbeiter und die Presse (BGE 130 III 699, 705 f.).

9 – *Schutz der Gesundheit* (s. unten N 16 ff.).

10 – *Beilegung offener Konflikte am Arbeitsplatz*: Der Arbeitgeber muss sich hinreichend um die Lösung von offenen Konflikten am Arbeitsplatz bemühen und angemessene Massnahmen ergreifen (BGE 132 III 115, 117); für den Fall schwerer Drohungen seitens eines Mitarbeiters s. BGE 127 III 351.

11 – *Schutz gegen Mobbing* (d. h. systematisches, feindliches und während einer gewissen Dauer anhaltendes oder wiederholtes Verhalten, mit dem eine Person an ihrem Arbeitsplatz isoliert, ausgegrenzt oder gar von ihrem Arbeitsplatz entfernt werden soll; (BGer, 4C.109/2005): Der Arbeitgeber muss alle nach den konkreten Umständen geeigneten und zumutbaren Massnahmen ergreifen, um Mobbing zu verhindern (BGE 125 III 70, 73). Voraussetzung ist, dass der Arbeitgeber bzw. seine Organe vom Mobbing Kenntnis haben oder dass die Mobbing-Situation offensichtlich ist (ArbGer Zürich, JAR 2003, 245 ff.). Der Arbeitgeber haftet für Mobbing durch Organpersonen (CAPH GE, JAR 2006, 445 ff.), Personen die nicht in einem Arbeitsverhältnis zu ihm stehen, aber Arbeitgeberfunktionen ausüben (BGer, 4C.343/2003), gemäss BGer, 4A.128/ 2007 gar generell für andere Mitarbeitende, was sich jedoch nicht auf Art. 101 abstützen lässt. Hat der Arbeitgeber erfolglos alle geeigneten und zumutbaren Massnahmen gegen das Mobbing ergriffen,

kann er wählen, ob er dem Täter oder dem Opfer kündigt (ArbGer Zürich, JAR 2003, 245 ff.).

– *Schutz gegen sexuelle Belästigung. Wahrung der Sittlichkeit*: Der Arbeit   12
geber hat dafür zu sorgen, dass Arbeitnehmende nicht sexuell belästigt
werden (zum Begriff der sexuellen Belästigung s. Art. 4 GlG). Er muss
die notwendigen, geeigneten und zumutbaren Massnahmen treffen, um
sexuelle Belästigung zu verhindern (Art. 5 Abs. 3 GlG). Tritt eine sexuelle
Belästigung auf, so hat der Arbeitgeber unverzüglich einzuschreiten und
das Verhalten zu unterbinden (BGer, JAR 2000, 276 ff.). Zur Wahrung
der Sittlichkeit gehört beispielsweise die Pflicht, Arbeitnehmer davor zu
schützen, dass sie von Vorgesetzten oder anderen Mitarbeitern zum
Konsum alkoholischer Getränke genötigt werden.

– *Diskriminierungsverbot*: Eine Diskriminierung aufgrund von Rasse, Re   13
ligion, Ethnie, sexueller Ausrichtung oder Behinderung ist persönlichkeitsverletzend und damit ein Verstoss gegen Art. 328. Für Diskriminierung aufgrund des Geschlechts sind die Sonderbestimmungen des GlG
massgebend. Nach BGE 129 III 276, 281 kann eine Persönlichkeitsverletzung auch darin liegen, dass ein Arbeitnehmer bei freiwilligen Leistungen ohne sachlichen Grund gegenüber einer Vielzahl von Arbeitnehmern deutlich schlechter gestellt wird, so dass darin eine Geringschätzung seiner Persönlichkeit zum Ausdruck kommt (ausführlich dazu
BSK OR I-PORTMANN, N 29 ff.).

– *Beschäftigungspflicht*: Grundsätzlich ist der Arbeitgeber nicht ver   14
pflichtet, den Arbeitnehmer tatsächlich zu beschäftigen (BGE 87 II 143).
Eine Ausnahme gilt jedoch bei Berufen, bei denen die Beschäftigung
zum Erhalt der Berufsfähigkeit erforderlich ist (z. B. Sportler, Künstler,
Piloten, Kader-Mitarbeiter [ausgenommen Organpersonen, OGer ZH,
JAR 1991, 141 ff.] mit langer Kündigungsfrist; Näheres bei STREIFF/VON
KAENEL, Art. 319 N 17). Beim Lehrvertrag ist die Beschäftigung Teil der
Ausbildung und daher zwingend geschuldet.

– *Kontrolle und Überwachung der Arbeitnehmer*: Diese wird durch den   15
Persönlichkeitsschutz beschränkt. Unzulässig sind etwa heimliche Bürodurchsuchungen (CAPH GE JAR 1994, 158 ff.), Durchsuchungen von
Personen oder Taschen beim Verlassen der Arbeit (BRUNNER/BÜHLER/
WAEBER/BRUCHEZ, N 4) und das Lesen privater E-Mails (GSGer BS, JAR
2004, 440). **Überwachungs- und Kontrollsysteme**, die allein oder vorwiegend bezwecken, das Verhalten der Arbeitnehmer an und für sich zu
überwachen, sind durch Art. 26 ArGV3 untersagt. Indessen ist ihr Einsatz erlaubt, wenn legitime Gründe vorliegen. Als solche gelten die Verhütung von Unfällen, der Schutz von Personen und Gütern, die Organisation oder die Planung der Arbeit, oder auch Gründe, die in der Natur

des Arbeitsverhältnisses selber liegen, wie etwa die Kontrolle der Qualität der Leistung des Arbeitnehmers und dessen Produktivität. Stets ist
aber erforderlich, dass der Grundsatz der Verhältnismässigkeit gewahrt
ist und dass die Arbeitnehmer vorgängig über den Einsatz des Systems
informiert werden (zum Ganzen BGE 130 II 425, 435 ff.).

III. Massnahmen zum Schutz von Leben, Gesundheit und persönlicher Integrität der Arbeitnehmer (Abs. 2)

16 Abs. 2 konkretisiert die Fürsorgepflicht für den Bereich der Lebenserhal-
tung, der Gesundheit und der persönlichen Integrität. Er verpflichtet den
Arbeitgeber, zum **Schutz vor Gesundheitsschädigungen**, die sich aus der
Berufsausübung ergeben können, die erforderlichen und geeigneten Massnahmen zu treffen.

17 Allgemein gilt, dass der Arbeitgeber den Arbeitnehmer nicht überfordern
oder überanstrengen darf. Er darf auch kein Arbeitsklima schaffen oder
dulden, das die psychische Integrität des Arbeitnehmers gefährdet oder
schädigt (BSK OR I-Portmann, N 17). Zu vermeiden ist auch, dass für einzelne Arbeitnehmer eine Art Gruppenzwang entsteht, gesetzliche Arbeitszeitvorschriften zu missachten. Weiter gehören dazu eine möglichst gefahrlose Organisation des Arbeitsablaufs, das Anbringen der erforderlichen
Schutzvorrichtungen an Maschinen und Geräten (BGE 110 II 163), die Bereitstellung einwandfrei beschaffener Räumlichkeiten (BGE 132 III 257,
259), die sachgemässe Instruktion, Warnung und Überwachung der Arbeitnehmer sowie die Kontrolle und Durchsetzung angeordneter Schutzmassnahmen (BGE 102 II 18 ff.).

18 Zahlreiche konkrete Schutzpflichten sind **öffentlichrechtlich normiert**, namentlich im ArG und UVG und in den entsprechenden Ausführungsverord-
nungen (so z. B. das Verbot der Verhaltensüberwachung nach Art. 26 ArGV 3,
dazu BGE 130 II 425 ff.). Auf deren Einhaltung hat der Arbeitnehmer einen
zivilrechtlichen Anspruch (Art. 342 Abs. 2). Ausserhalb des Anwendungsbereichs der betreffenden Normen können diese zur Konkretisierung von
Art. 328b Abs. 2 herangezogen werden, da im Grunde eine einheitliche
Schutzpflicht besteht (BGE 132 III 257, 260 – Schutz vor Passivrauchen).

19 Die Schutzpflichten bestehen nur insoweit, als sie nach der Erfahrung notwendig und nach dem Stand der Technik anwendbar, den Verhältnissen des
Betriebes oder Haushaltes angemessen und für den Arbeitgeber wirtschaftlich zumutbar sind (Näheres bei ZK-Staehelin, N 18 ff.). Eine grosse praktische Bedeutung haben in diesem Zusammenhang die Normen und Richtlinien der SUVA.

IV. Rechtsfolgen einer Verletzung der Fürsorgepflicht

Im Falle einer Verletzung der Fürsorgepflicht stehen dem Arbeitnehmer folgende Möglichkeiten offen (BSK OR I-PORTMANN, N 52):   20

– Verweigerung der Arbeitsleistung, wenn diese aufgrund der Umstände unzumutbar ist (Art. 324);
– Nichtbefolgung unzulässiger Weisungen (s. Art. 321d N 12);
– Ansprüche auf Schadenersatz aus Art. 97 Abs. 1 (s. BGer. 2C.2/2000 – Schadensberechnung bei Mobbing);
– bei Verletzung der Persönlichkeit: alle Rechtsbehelfe nach Art. 28 ff. ZGB, in schweren Fällen Anspruch auf Genugtuung (z. B. BGer. 2C.2/2000 und 4C.343/2003 betr. Mobbing);
– bei sexueller Belästigung die Ansprüche nach Art. 5 GlG;
– Kündigung, in schweren Fällen auch fristlos (z. B. BGer, JAR 2000, 169 ff.);
– bei Verletzung öffentlichrechtlicher Schutzpflichten Anzeige an die zuständige Behörde.

Nach der Rechtsprechung des Bundesgerichts kann eine schwere Persönlichkeitsverletzung im Umfeld einer vom Arbeitgeber ausgesprochenen **Kündigung** diese als **missbräuchlich** erscheinen lassen (BGE 132 III 115, 117; 125 III 72, 74; s. auch Art. 336 N 31).   21

V. Abweichende Vereinbarungen

Art. 328 ist relativ zwingend (Art. 362). Die Fürsorgepflicht und namentlich die aus ihr fliessenden Schutzpflichten des Arbeitgebers können daher vertraglich verschärft, nicht aber abgeschwächt werden. Auch kann sich der Arbeitgeber zu Schutzmassnahmen verpflichten, die über die öffentlichrechtlichen Schutzvorschriften hinausgehen (BGer, 4C.354/2005 E. 5.4.5 m. w. Nw.).   22

Art. 328*a*

bei Hausge-
meinschaft
     [1] **Lebt der Arbeitnehmer in Hausgemeinschaft mit dem Arbeitgeber, so hat dieser für ausreichende Verpflegung und einwandfreie Unterkunft zu sorgen.**

² **Wird der Arbeitnehmer ohne sein Verschulden durch Krankheit oder Unfall an der Arbeitsleistung verhindert, so hat der Arbeitgeber Pflege und ärztliche Behandlung für eine beschränkte Zeit zu gewähren, im ersten Dienstjahr für drei Wochen und nachher für eine angemessene längere Zeit, je nach der Dauer des Arbeitsverhältnisses und den besonderen Umständen.**

³ **Bei Schwangerschaft und Niederkunft der Arbeitnehmerin hat der Arbeitgeber die gleichen Leistungen zu gewähren.**

1   Die Bestimmung erweitert die Fürsorgepflicht des Arbeitgebers, wenn der Arbeitnehmer in seine **Hausgemeinschaft** (s. Art. 322 N 18) aufgenommen ist, um **drei Pflichten**: Ausreichende Verpflegung, einwandfreie Unterkunft und Beistand bei Erkrankung. Häufig werden diese Pflichten durch Normalarbeitsverträge konkretisiert und ergänzt.

2   Gemäss Abs. 1 hat der Arbeitgeber für **ausreichende Verpflegung** und **einwandfreie Unterkunft** zu sorgen. Die Verpflegung ist auf die Person des Arbeitnehmers abzustimmen (Alter, Gesundheit, Art und Schwere der Arbeit, Religion). Die Unterkunft muss den Verhältnissen angemessen sein und darf keine Gefahr für Gesundheit und Sittlichkeit darstellen (Streiff/von Kaenel, N 4). Für die Kostentragung s. Art. 322 Abs. 2.

3   Bei unverschuldeter Krankheit, Unfall, Schwangerschaft und Niederkunft ist der Arbeitgeber verpflichtet, dem Arbeitnehmer **Pflege und ärztliche Behandlung** zu gewähren (Abs. 2 und 3). Diese Beistandspflichten bestehen zusätzlich zur Lohnfortzahlungspflicht nach Art. 324a und dauern gleich lang wie diese, allerdings ohne die dreimonatige Karenzfrist. Entgegen dem Wortlaut von Abs. 2 ist eine Arbeitsverhinderung keine Anspruchsvoraussetzung (Streiff/von Kaenel, N 5 m. w. Nw.). Soweit obligatorische Versicherungen (KVG, UVG, EOG) oder eine allfällige, vom Arbeitgeber finanzierte freiwillige Krankheits- oder Unfallversicherung die entstandenen Pflege- und Behandlungskosten übernehmen, ist der Arbeitgeber von seiner Zahlungspflicht befreit (ZK-Staehelin, N 8; BSK OR I-Portmann, N 2).

4   Art. 328a ist **relativ zwingend**.

Art. 328*b*

Bei der Bearbeitung von Personendaten	Der Arbeitgeber darf Daten über den Arbeitnehmer nur bearbeiten, soweit sie dessen Eignung für das Arbeitsverhältnis betreffen oder zur Durchführung des Arbeitsvertrages erforderlich sind. Im Übrigen gelten die Bestimmungen des Bundesgesetzes vom 19. Juni 1992 über den Datenschutz.

Literatur

AEBI-MÜLLER, Die Privatsphäre des Arbeitnehmers, in: Schmid/Girsberger (Hrsg.), Neue Rechtsfragen rund um die KMU, Zürich 2006, 1 ff.; BAERISWYL, 10 Jahre Datenschutz im Arbeitsrecht: Geklärte und ungeklärte Fragen, in: von Kaenel (Hrsg.), Aktuelle Probleme des Arbeitsrechts, Zürich/Basel/Genf 2005, 51 ff.; BAUMANN, Die Übertragung von Arbeitnehmerdaten bei Betriebsübergängen, AJP 2004, 638 ff.; EIDGENÖSSISCHER DATENSCHUTZ- UND ÖFFENTLICHKEITSBEAUFTRAGTER (EDÖB), Leitfaden über die Bearbeitung von Personendaten im Arbeitsbereich, (www.edoeb.admin.ch); DERS., Leitfaden über die Internet- und E-Mail-Überwachung am Arbeitsplatz (www. edoeb.admin.ch); FLÜTSCH, Personalverleih und Datenschutz, ARV 2002, 197 ff.; GERICKE, M&A und Datenschutz, SJZ 2003, 1 ff.; PÄRLI, Datenaustausch zwischen Arbeitgeber und Versicherung, Bern 2003; RIEMER-KAFKA, Datenschutz zwischen Arbeitgeber und Versicherungsträgern, SJZ 2000, 285 ff.; RIESSELMANN-SAXER, Datenschutz im privatrechtlichen Arbeitsverhältnis, Bern 2002; RITTER, Das Datenschutzgesetz im Privatbereich, Zürich 1994; RUDOLPH, Stellenbewerbung und Datenschutz, Bern 1997; SCHÜRER, Datenschutz im Arbeitsverhältnis, Zürich 1996; VON KAENEL, Medizinische Untersuchungen und Tests im Arbeitsverhältnis, ArbR 2006, 93 ff.; WICKIHALDER, Arbeitsrechtliche Probleme beim Outsourcing von Human-Resources Management-Funktionen, ArbR 2006, 41 ff.

I.   Normzweck. Anwendungsbereich

Die Bestimmung konkretisiert die Pflicht des Arbeitgebers, die Persönlichkeit des Arbeitnehmers zu schützen, mit Bezug auf den Umgang mit Arbeitnehmerdaten. Der Arbeitgeber darf Daten des Arbeitnehmers nur bearbeiten, soweit sie dessen Eignung für das Arbeitsverhältnis betreffen oder zur Durchführung des Arbeitsvertrags erforderlich sind. Die Datenbearbeitung ist mit anderen Worten beschränkt auf Daten mit einem **unmittelbaren Arbeitsplatzbezug**. Jede darüber hinausgehende Bearbeitung von Arbeitnehmerdaten ist unzulässig. Das gilt zum Schutze des

1

Arbeitnehmers zwingend (Art. 362; s. unten N 15). Überdies sind, soweit eine Datenbearbeitung diese Voraussetzungen erfüllt, die Bestimmungen des Datenschutzgesetzes zu beachten. Diese setzen der Datenbearbeitung weitere Schranken und gewähren dem betroffenen Arbeitnehmer im Falle einer Verletzung bestimmte Ansprüche und Rechtsbehelfe. Zu beachten ist, dass das DSG per 1. Januar 2008 teilrevidiert wurde.

2 Die Bestimmung findet auf **jede Bearbeitung von Personendaten** des Arbeitnehmers Anwendung. Massgebend sind die weiten Begriffsbestimmungen von Art. 3 DSG. In zeitlicher Hinsicht ist sie auf sämtliche Stadien des Arbeitsverhältnisses anwendbar, insbesondere bereits in der **Bewerbungsphase**, weil andernfalls der angestrebte Schutz unterlaufen werden könnte (Streiff/von Kaenel, N 4).

3 Besondere Datenschutzbestimmungen gelten für die **Arbeitsvermittlung und den Personalverleih** (Art. 7 Abs. 3, 18 Abs. 3 und 33a ff. AVG und Art. 19, 47, 57 f. AVV; Näheres bei Flütsch, ARV 2002, 197 ff.). Eine datenschutzrechtliche Relevanz haben ferner die **Art. 179 ff. StGB**. Für die Bearbeitung von Daten aus **genetischen Untersuchungen** sind die Sondervorschriften der Art. 21 ff. GUMG massgebend.

4 Datenschutz im Arbeitsverhältnis ist eine ausgesprochen vielgestaltige und facettenreiche Thematik. Eine zentrale Rolle spielt dabei das Verhältnismässigkeitsprinzip (Art. 4 Abs. 2 DSG). Häufig ist eine **Interessenabwägung im Einzelfall** vorzunehmen, so insbesondere im Bereich der Kontrolle und Überwachung des Arbeitnehmers. Im Folgenden kann die Thematik lediglich in den wesentlichen Grundzügen dargestellt werden. Für Einzelheiten und Konkretisierungen wird auf eingangs aufgeführte Literatur und insbesondere auf die einschlägigen Leitfäden des EDÖB verwiesen.

II. Beschränkung der Datenbearbeitung auf den arbeitsrelevanten Bereich (Satz 1)

5 Art. 328b nennt zwei Bereiche, in denen der Arbeitgeber Daten des Arbeitnehmers bearbeiten darf. Diese sind:

6 – *Daten betreffend die Eignung für das Arbeitsverhältnis*: Dazu gehören diejenigen Angaben über die persönliche und berufliche Qualifikation des Arbeitnehmers, welche benötigt werden, um abzuklären, ob dieser zur Ausführung der betreffenden Arbeit hinreichend befähigt ist. Angaben über die persönliche Qualifikation betreffen Charakter, Weltanschauung usw. Zu den beruflichen Qualifikationen zählen namentlich Aus- und Weiterbildung, berufliche Erfahrung, Sprachkenntnisse, Auslandaufenthalte und bisherige Leistungen. Welche Daten im Einzelfall bearbeitet werden dürfen, beurteilt sich nach **objektiven Kriterien** und nicht nach der subjektiven Wissbegier des Arbeitgebers (Streiff/von

KAENEL, N 5; RIESSELMANN-SAXER, 22). Bei Arbeitnehmern und Vertrauenspositionen und in Tendenzbetrieben (s. Art. 321a N 14) können ausnahmsweise auch Angaben aus dem Privatbereich zulässig sein (BGE 122 V 267, 269). Anhand dieser Grundsätze bestimmt sich auch, welche Fragen anlässlich der Stellenbewerbung gestellt werden dürfen (dazu RIESSELMANN-SAXER, 97 ff.). Ferner setzen sie den zulässigen Rahmen für Einstellungstests (z. B. graphologische Gutachten, psychologische Tests und Stressinterviews, BAERISWYL, 61).

– *Erforderlichkeit zur Durchführung des Arbeitsvertrages.* Dazu gehören   7
namentlich die für die Sozialversicherungen relevanten Daten, Daten
zur Kontrolle der Arbeitspflicht und der Befolgung von Weisungen, ferner Aufzeichnungen über Leistung und Verhalten des Arbeitnehmers
(RIESSELMANN-SAXER, 23; s. BGE 123 III 129, 134 – Gewerkschaftszugehörigkeit). Dieses Kriterium bestimmt nicht nur die **Art der Daten**, die
bearbeitet werden dürfen, sondern legt auch **Ziel und Zweck** der zulässigen Datenbearbeitung fest. Für andere Zwecke als die Durchführung
des Arbeitsvertrags und die Eignungsabklärung darf der Arbeitgeber
Arbeitnehmerdaten daher nicht bearbeiten.

Alle im Rahmen von Art. 328b zulässigen Arbeitnehmerdaten bilden Bestandteil der sog. **Personalakte**. Diese ist in einem materiellen Sinn zu verstehen. Es ist also unerheblich, was der Arbeitgeber als Personalakte bezeichnet und ob die Daten in einem einheitlichen Dossier oder getrennt aufbewahrt werden (STREIFF/VON KAENEL, N 13). Der Arbeitnehmer hat **kein Einsichtsrecht** in die Personalakte, sondern lediglich ein Auskunftsrecht gemäss Art. 8 DSG (ArbGer Zürich, Entscheide 2006 Nr. 13).   8

Jede Bearbeitung von Daten, die nicht die Eignung des Arbeitnehmers für das Arbeitsverhältnis betreffen oder zur Durchführung des Arbeitsvertrags erforderlich sind, ist per se **rechtswidrig**. Unzulässige Fragen dürfen bei der Stellenbewerbung unrichtig beantwortet werden (sog. Notwehrrecht der Lüge; ArbGer Zürich, Entscheide 2004 Nr. 12; BSK OR I-PORTMANN, Art. 320 N 9).   9

III. Verweis auf die Bestimmungen des Datenschutzgesetzes (Satz 2)

Die Bestimmungen des Datenschutzgesetzes setzen der Bearbeitung von Arbeitnehmerdaten zusätzliche Schranken.   10

Insbesondere sind die **datenschutzrechtlichen Bearbeitungsgrundsätze** zu beachten. Unzulässig ist daher namentlich die: 11
– *unrechtmässige Datenbearbeitung* (Art. 4 Abs. 1 DSG), etwa durch Verletzung der Privatsphäre (GSGer Basel Stadt, JAR 2004, 440 – Lesen pri-

vater E-Mails; ArbGer Zürich, JAR 2004, 606 – Überwachung von Internet und E-Mail) oder durch unzulässige Überwachungssysteme (z. B. unerlaubte Verhaltensüberwachung nach Art. 26 ArGV3).

– *Datenbearbeitung wider Treu und Glauben* (Art. 4 Abs. 2 DSG); die Beschaffung von Personendaten und insbesondere der Zweck ihrer Bearbeitung müssen für die betroffene Person *erkennbar* sein (so seit dem 1. Januar 2008 ausdrücklich Art. 4 Abs. 4 DSG). Unzulässig ist daher namentlich die heimliche Datenbeschaffung (z. B. mittels Spyware, BAERISWYL 66). Über allfällige Überwachungsmassnahmen sind die Arbeitnehmer vorgängig zu informieren.

– *unverhältnismässige Datenbearbeitung* (Art. 4 Abs. 2 DSG). Diese ist in der Praxis die bedeutsamste Einschränkung (BGE 132 II 425 ff. – GPS-Überwachung; VPB 68.68 – Drogentests an Lehrlingen; betr. Internet- und E-Mail-Überwachung am Arbeitsplatz s. den entsprechenden Leitfaden des EDÖB; ArbGer Zürich, Entscheide 2005 Nr. 9 – Rückgabe von Bewerbungsunterlagen).

– *zweckwidrige Datenbearbeitung* (Art. 4 Abs. 3 DSG).

– *Bearbeitung unrichtiger Daten* (Art. 5 Abs. 1 DSG). Die Personalakte ist daher fortlaufend nachzuführen. Rein subjektive Wertungen, die auf ihre Richtigkeit nicht überprüft werden können, dürfen bearbeitet werden (EDÖB, Leitfaden für die Bearbeitung von Personendaten im Arbeitsbereich, 20).

– *grenzüberschreitende Bekanntgabe von Daten*, sofern dadurch die Persönlichkeit des Arbeitnehmers schwerwiegend gefährdet würde, namentlich weil eine Gesetzgebung fehlt, die einen angemessenen Schutz gewährleistet (Art. 6 Abs. 1 DSG; s. aber die Rechtfertigungsgründe in Art. 6 Abs. 2 DSG).

– *Datenbearbeitung gegen den ausdrücklich erklärten Willen des Arbeitnehmers* (Art. 12 Abs. 2 lit. b DSG).

– *Bekanntgabe besonders schützenswerter Personendaten oder von Persönlichkeitsprofilen* (Art. 12 Abs. 2 lit. c DSG).

12   Zu den **Rechtfertigungsgründen**, welche die Widerrechtlichkeit einer nach DSG unzulässigen Datenbearbeitung beseitigen, s. Art. 13 DSG.

13   Dem Arbeitnehmer (wie auch dem abgewiesenen Stellenbewerber, s. STREIFF/VON KAENEL, Art. 328b N 15) stehen zur Durchsetzung seiner Rechte die **Ansprüche und Rechtsbehelfe des DSG** zur Verfügung. Er kann jederzeit **Auskunft** über seine Daten verlangen (Art. 8 DSG und Art. 1 f. VDSG). Die Auskunft darf nur unter den Voraussetzungen von Art. 9 DSG verweigert, beschränkt oder aufgeschoben werden. Bei unrichtigen Daten kann der Arbeitnehmer deren **Berichtigung**, oder, wenn weder die Richtigkeit noch Unrichtigkeit dargetan werden kann, die Anbringung eines **Bestreitungsvermerks** verlangen (Art. 5 Abs. 2 bzw. Art. 15 Abs. 2 DSG). Fer-

ner kann der Arbeitnehmer die **Vernichtung** widerrechtlich beschaffter oder unzulässigerweise bearbeiteter Daten verlangen (Art. 15 Abs. 1 DSG). Im Übrigen stehen dem Arbeitnehmer die Klagemöglichkeiten nach den **Art. 28 ff. ZGB** zur Verfügung (Art. 15 Abs. 1 DSG).

Eine unzulässige Datenbearbeitung stellt schliesslich auch stets eine Verletzung der Fürsorgepflicht dar, so dass dem Arbeitnehmer auch die arbeitsrechtlichen Rechtsbehelfe zur Verfügung stehen (BSK OR I-Portmann, N 30). **14**

IV. Charakter der Norm

Die von Art. 328b gesetzten Schranken der Datenbearbeitung sind **relativ zwingend** (Art. 362). Abweichungen zuungunsten des Arbeitnehmers sind nicht zulässig. Der Arbeitnehmer kann streng genommen auch nicht gültig in eine weitergehende Datenbearbeitung einwilligen, da seine Rechte aus Art. 328b dem Verzichtsverbot nach Art. 341 Abs. 1 unterliegen (von Kaenel, 98). **15**

Art. 329

III. Freizeit, Ferien, Urlaub für Jugendarbeit und Mutterschaftsurlaub

Freizeit

[1] Der Arbeitgeber hat dem Arbeitnehmer jede Woche einen freien Tag zu gewähren, in der Regel den Sonntag oder, wo dies nach den Verhältnissen nicht möglich ist, einen vollen Werktag.

[2] Unter besonderen Umständen können dem Arbeitnehmer mit dessen Zustimmung ausnahmsweise mehrere freie Tage zusamenhängend oder statt eines freien Tages zwei freie Halbtage eingeräumt werden.

[3] Dem Arbeitnehmer sind im Übrigen die üblichen freien Stunden und Tage und nach erfolgter Kündigung die für das Aufsuchen einer anderen Arbeitsstelle erforderliche Zeit zu gewähren.

[4] Bei der Bestimmung der Freizeit ist auf die Interessen des Arbeitgebers wie des Arbeitnehmers angemessen Rücksicht zu nehmen.

I. Wöchentliche Freizeit (Abs. 1 und 2)

Der Arbeitnehmer hat Anspruch auf **einen freien Tag pro Woche**, und zwar i. d. R. den Sonntag oder, wo dies nach den Verhältnissen nicht möglich ist, **1** einen vollen Werktag (Abs. 1). Es handelt sich hierbei um die sog. **ordentliche Freizeit** ausserhalb der üblichen Arbeitszeit.

2   Das OR lässt damit eine Sechs-Tage-Woche zu. Im Anwendungsbereich des **Arbeitsgesetzes** sind jedoch dessen Art. 18–21 zu beachten, wonach eine **Fünfeinhalbtagewoche** als Obergrenze gilt. Diese Regelung gibt dem Arbeitnehmer ebenfalls einen zivilrechtlichen Anspruch (Art. 342 Abs. 2) und geht Art. 329 Abs. 1 vor. Art. 329 Abs. 1 hat daher nur für diejenigen Arbeitsverhältnisse praktische Bedeutung, die nicht diesen Vorschriften des Arbeitsgesetzes unterstellt sind, wie namentlich die Landwirtschaft, der Hausdienst und das Gastgewerbe (s. Art. 2 ArG und Art. 23 ArGV3).

3   **Abs. 2** statuiert zwei **Ausnahmen** vom Grundsatz des wöchentlichen Freitages: Unter besonderen Umständen können dem Arbeitnehmer mit dessen Zustimmung ausnahmsweise für eine mehrwöchige Periode mehrere freie Tage zusammenhängend oder statt eines freien Tages zwei freie Halbtage eingeräumt werden. Diese Ausweichmöglichkeiten wurden mit Blick auf Branchen geschaffen, wo lange Arbeits- oder Präsenzzeiten üblich sind, wie etwa in der Landwirtschaft, im Hausdienst und im Gastgewerbe (BK-REHBINDER, N 11).

4   Während der ordentlichen Freizeit ruhen die Pflichten aus dem Arbeitsvertrag. Der Arbeitgeber ist gesetzlich nicht zur **Lohnzahlung** verpflichtet. Bei Arbeitnehmern im Jahres-, Monats- oder Wochenlohn ist die Freizeit allerdings bereits im Lohn einkalkuliert. Bei Arbeitnehmern im Tages-, Stunden- oder Akkordlohn stellt sich die Frage in der Praxis nicht, da die bezahlten Arbeitsstunden auf die übrigen Tage der Woche verteilt werden (STREIFF/VON KAENEL, N 5). Ist der Arbeitnehmer infolge **Krankheit oder Unfall** am Freizeitgenuss verhindert, so hat er – anders als bei den Ferien (s. Art. 329a N 8) – keinen Anspruch auf Nachgewährung der Freizeit (VISCHER, 180 III. w. Nw.).

5   Arbeit während der ordentlichen Freizeit stellt **nicht per se Überstundenarbeit** dar sondern nur insoweit, als dadurch die Normalarbeitszeit (s. Art. 321c Abs. 1) überschritten wird (BGE 128 III 271, 279).

6   Aufgrund ihrer gesundheits- und sozialpolitischen Zielsetzung ist die ordentliche Freizeit tatsächlich zu beziehen. Eine **Abgeltung** durch Geld oder andere Vergünstigungen ist **nicht zulässig** (Art. 329d Abs. 2 analog; BSK OR I-PORTMANN, N 2). Bei Beendigung des Arbeitsverhältnisses ist eine Auszahlung ausnahmsweise zulässig, sofern eine Kompensation, die auch durch Freistellung erfolgen kann, nicht möglich ist (s. BGE 128 III 271 ff.; dazu BLESI, ARV 2003, 14 ff.).

II. Übrige Freizeit (Abs. 3)

Gemäss Abs. 3 sind dem Arbeitnehmer nebst der ordentlichen Freizeit die   7
üblichen freien Stunden und Tage und nach erfolgter Kündigung die für das
Aufsuchen einer anderen Arbeitsstelle erforderliche Zeit zu gewähren. Hier
geht es um **Arbeitsbefreiungen innerhalb der ordentlichen Arbeitszeit**,
weshalb man von **ausserordentlicher Freizeit** spricht.

Unter Abs. 3 fallen: 8
– **Kurzfristige Arbeitsbefreiungen** zur Erledigung **dringender persönlicher oder familiärer Angelegenheiten** (z. B. Gang zum Arzt, Anwalt
  oder zur Behörde, Absolvieren von Prüfungen, Besuch kranker naher
  Verwandter [BGer, JAR 1999, 232 f.], Pflege kranker Familienmitglieder,
  bis eine zumutbare Ersatzlösung getroffen werden kann [ArbGer Zürich,
  JAR 2002, 320]) oder zur Teilnahme an **wichtigen Familienanlässen** (eigene Hochzeit, die Hochzeit naher Verwandter, Vaterschaft oder Todesfall in der engeren Familie).
– **Feiertage**, und zwar der 1. August (Art. 110 Abs. 3 BV), den Sonntagen
  gleichgestellte kantonal anerkannte Feiertage (Art. 20a Abs. 1 ArG), Feiertage aufgrund kantonaler Ruhetagsgesetze (Art. 71 lit. c ArG) und kantonal nicht anerkannte religiöse Feiertage (Art. 20a Abs. 2 ArG).
– Die **erforderliche Zeit zur Stellensuche**. Der Freizeitanspruch besteht
  beim unbefristeten Arbeitsverhältnis erst ab erfolgter Kündigung. Welche Partei die Kündigung ausgesprochen hat, spielt keine Rolle (ArbGer
  Zürich, Entscheide 2002, 16). Beim befristeten Arbeitsverhältnis besteht
  er während einer hypothetischen ordentlichen Kündigungsfrist (VISCHER,
  182 m. w. Nw.).

Wann und in welchem Umfang ein Anspruch auf kurzfristige Arbeitsbefrei-   9
ung besteht, bestimmt sich primär nach Übung und Ortsgebrauch. Letzterer gilt teilzwingend (Art. 362). Für die Stellensuche ist ein halber Tag pro
Woche üblich (ArbGer ZH, JAR 1999, 201). Voraussetzung für den Freizeitanspruch ist jeweils, dass sich die Angelegenheit nicht in der Freizeit
erledigen lässt.

Art. 329 regelt die Frage der **Lohnzahlung** während der ausserordentlichen 10
Freizeit nicht. Üblich ist, dass bei Monats- und Jahreslöhnen kein Lohnabzug erfolgt (STREIFF/VON KAENEL, N 13). Beschäftigte im Stunden-, Tag-
oder Akkordlohn haben hingegen nur dann einen Lohnanspruch, wenn er
vereinbart oder üblich ist oder wenn die Voraussetzungen für eine Lohnfortzahlung nach Art. 324a gegeben sind (s. STREIFF/VON KAENEL, N 12).
Für die gesetzlichen Feiertage besteht eine Lohnzahlungspflicht nach
Art. 110 Abs. 3 BV (1. August) und nach Art. 7 lit. d UNO-Pakt I (CA GE, JAR
2003, 281, 288 f.; BSK OR I-PORTMANN, N 4 ff.).

11   Der Arbeitnehmer ist von Gesetzes wegen nicht verpflichtet, die wegen Bezugs ausserordentlicher Freizeit ausgefallenen Arbeitsstunden zu **kompensieren**. Ob eine Kompensationspflicht vereinbart werden kann, ist umstritten (s. STREIFF/VON KAENEL, N 11 m. w. Nw.).

III. Bestimmung der Freizeit (Abs. 4)

12   Der Arbeitnehmer muss sich die Freizeit vom Arbeitgeber einräumen lassen. Eigenmächtiger Bezug ist nur zulässig, wenn der Arbeitgeber trotz Mahnung untätig bleibt oder die Befreiung von der Arbeitsleistung ungerechtfertigt verweigert (s. OGer LU, JAR 1989, 178). Bei der Bestimmung der Dauer und zeitlichen Lage der Freizeit ist auf die **Interessen beider Parteien** angemessen Rücksicht zu nehmen. Wichtigen persönlichen oder familiären Ereignissen, die an einem im Voraus bestimmten Tag stattfinden und keine Verschiebung zulassen, gebührt i. d. R. der Vorrang.

Art. 329a

| 2. | Ferien | [1] Der Arbeitgeber hat dem Arbeitnehmer jedes Dienst-jahr wenigstens vier Wochen, dem Arbeitnehmer bis zum vollendeten 20. Altersjahr wenigstens fünf Wochen Ferien zu gewähren. |
| a. | Dauer | |

[2] . . .

[3] Für ein unvollständiges Dienstjahr sind Ferien entsprechend der Dauer des Arbeitsverhältnisses im betreffenden Dienstjahr zu gewähren.

Literatur

CEROTTINI, Le droit aux vacances, Lausanne 2001; H.-P. EGLI, Strittige Fragen zum Thema Ferien, ArbR 2006, 119 ff.

I. Allgemeines

1   Der Ferienanspruch besteht in der Einräumung zusammenhängender Freizeit von mehreren Tagen, die der Erholung dient und während der der Arbeitnehmer den üblichen Lohn weiter bezieht. Nach heute vorherrschender Auffassung ist er ein **Ausfluss aus der Fürsorgepflicht** des Arbeitgebers (BGE 128 III 271, 274) und gewährt einen **einheitlichen Anspruch auf bezahlte Freizeit**. Er ist deshalb höchstpersönlich und zweckgebunden (BK-REHBINDER, N 3; STREIFF/VON KAENEL, N 2 je m. w. Nw.). Daher können

Fehlzeiten (unentschuldigte Absenzen, Minusstunden) nicht mit dem Ferienanspruch verrechnet werden (STREIFF/VON KAENEL, N 2; fragwürdig ArbGer Zürich, JAR 1999, 201).

Der Ferienanspruch entsteht mit Beginn des Arbeitsverhältnisses und wird   2
mit dessen Dauer laufend erworben. Er hängt grundsätzlich nicht davon ab,
ob der Arbeitnehmer tatsächlich Arbeit leistet oder einen Lohnanspruch
hat, solange die gegenseitigen Pflichten nicht suspendiert sind (s. aber
Art. 329b).

Von den Ferien nach Art. 329a ff. ist der sog. **unbezahlte Urlaub** zu unter-   3
scheiden. Dieser ist eine vereinbarte vorübergehende Suspendierung der
Arbeits- und Lohnzahlungspflicht im Interesse des Arbeitnehmers. Anders
als bei den Ferien ist dem unbezahlten Urlaub ein Erholungszweck nicht
immanent (ZK-STAEHELIN, N 21).

II. Dauer

Abs. 1 bestimmt, dass der Ferienanspruch **für jedes Dienstjahr wenigstens**   4
vier Wochen beträgt. Arbeitnehmern bis zum vollendeten 20. Altersjahr
sind wenigstens fünf Wochen Ferien zu gewähren. Diese Regelung ist einseitig zwingend (Art. 362). Anstelle auf das Dienstjahr kann durch Abrede
oder konkludent auch auf das **Kalenderjahr** abgestellt werden (BIGA, ARV
1988, 4 f.), was aus Praktikabilitätsgründen üblich ist.

Die Woche i. S. v. Abs. 1 bezieht sich auf die **Arbeitswoche** des einzelnen Ar-   5
beitnehmers und nicht auf die Kalenderwoche (BBl 1982 III 235). Bei 5-
Tage-Woche stehen dem Arbeitnehmer daher Ferien während 20 Arbeitstagen zu. **Teilzeitbeschäftigte** haben ebenfalls einen Mindestferienanspruch
von vier Wochen, aber wiederum bezogen auf die individuelle Arbeitswoche. Daraus ergibt sich bei einer 2-Tage-Woche ein jährlicher Ferienanspruch von acht Arbeitstagen.

Im **unvollständigen Dienstjahr** besteht der Ferienanspruch *pro rata tem-*   6
poris (Abs. 2). Dies gilt ebenfalls zwingend (Art. 362). Eine Abrede, dass ein
Ferienanspruch erst ab einer bestimmten Mindestdauer des Arbeitsverhältnisses entsteht, ist daher unwirksam (PORTMANN/STÖCKLI, N 498). Für die
Ermittlung des auf einen Monat entfallenden Ferienanspruchs ist die folgende Tabelle des BIGA (veröffentlicht in ARV 1988, 1, 3) hilfreich:

Ferienwochen pro Jahr	Ferientage pro Monat (1/12) bei				
	6-Tage-Woche	5½-Tage-Woche	5-Tage-Woche	4½-Tage-Woche	4-Tage-Woche
4 Wochen	2.00	1.83	1.67	1.50	1.33
5 Wochen	2.50	2.29	2.08	1.88	1.67
6 Wochen	3.00	2.75	2.50	2.25	2.00

7   Ferientage, die auf **Feiertage** fallen, an denen der Arbeitnehmer ohnehin von der Arbeitsleistung befreit wäre, müssen nachgewährt werden. Andernfalls könnte der Arbeitgeber durch geschickte Festlegung der Ferien auf einen Zeitpunkt mit vielen Feiertagen (Weihnachten, Ostern) den Ferienanspruch sinnwidrig verkürzen.

8   Der Arbeitnehmer hat ebenfalls einen Anspruch auf Nachgewährung, wenn er während den Ferien **erkrankt oder verunfallt** und dadurch der Erholungszweck nachweislich vereitelt wird. Für die betreffenden Tage erfolgt die Entlöhnung gestützt auf Art. 324a (ausführlich BK-Rehbinder, N 5). Hingegen sind Ferientage, die der Arbeitnehmer bei **teilweiser Arbeitsunfähigkeit** bezieht, voll dem Ferienguthaben anzurechnen, wenn es sich um mehrere zusammenhängende Tage handelt. In diesem Fall wird der Erholungszweck der Ferien erfüllt. Einzeln bezogene Tage sind dem Ferienguthaben dagegen nur entsprechend dem Grad der Arbeitsunfähigkeit zu belasten (ArbGer Zürich, JAR 1997, 145, 146 f.).

Art. 329*b*

b.   Kürzung   ¹ Ist der Arbeitnehmer durch sein Verschulden während eines Dienstjahres insgesamt um mehr als einen Monat an der Arbeitsleistung verhindert, so kann der Arbeitgeber die Ferien für jeden vollen Monat der Verhinderung um einen Zwölftel kürzen.

[2] Beträgt die Verhinderung insgesamt nicht mehr als einen Monat im Dienstjahr und ist sie durch Gründe, die in der Person des Arbeitnehmers liegen, wie Krankheit, Unfall, Erfüllung gesetzlicher Pflichten, Ausübung eines öffentlichen Amtes oder Jugendurlaub, ohne Verschulden des Arbeitnehmers verursacht, so dürfen die Ferien vom Arbeitgeber nicht gekürzt werden.

[3] Die Ferien dürfen vom Arbeitgeber auch nicht gekürzt werden, wenn eine Arbeitnehmerin wegen Schwangerschaft bis zu zwei Monaten an der Arbeitsleistung verhindert ist oder weil sie die Mutterschaftsentschädigung im Sinne des Erwerbsersatzgesetzes vom 25. September 1952 (EOG) bezogen hat.

[4] Durch Normalarbeitsvertrag oder Gesamtarbeitsvertrag kann eine von den Absätzen 2 und 3 abweichende Regelung getroffen werden, wenn sie für den Arbeitnehmer im Ganzen mindestens gleichwertig ist.

I. Allgemeines. Normzweck

Die Bestimmung erlaubt dem Arbeitgeber, den Ferienanspruch in einem gewissen Umfang zu kürzen, wenn der Arbeitnehmer während längerer Zeit aus subjektiven Gründen am Erbringen der Arbeitsleistung verhindert ist. Sie bezweckt damit zu vermeiden, dass in solchen Fällen Ferienansprüche weiterhin anwachsen und sich bei langen Arbeitsverhinderungen in einem Ausmass akkumulieren, das den Arbeitgeber übermässig belasten würde.   1

Leider ist Art. 329b ausgesprochen **umständlich formuliert**. Über seine Auslegung bestehen daher erhebliche Differenzen (zum neueren Meinungsstand s. Streiff/von Kaenel, N 1 ff.; ZK-Staehelin, N 3 ff. und Cerottini, 105 ff.).   2

II. Kürzung des Ferienanspruchs

Die Bestimmung nennt in den Abs. 1 bis 3 drei Kategorien von Gründen, die eine Kürzung des Ferienanspruchs zulassen. Diese Aufzählung ist **abschliessend**. Beruht die Arbeitsverhinderung auf anderen Gründen, wie namentlich Annahmeverzug des Arbeitgebers, darf der Ferienanspruch nicht gekürzt werden (BSK OR I-Portmann, N 3).   3

1. Bei verschuldeter Arbeitsunfähigkeit (Abs. 1)

Ist der Arbeitnehmer während eines Dienstjahrs **verschuldeterweise** mehr als einen Monat an der Arbeitsleistung verhindert, so kann der Ferienan-   4 spruch für jeden vollen Monat der Verhinderung um einen Zwölftel gekürzt werden.

5   Nach überwiegender Ansicht ist das **Verschulden** i. S. v. Art. 324a Abs. 1 zu interpretieren. Erfasst sind also Fälle, in denen dem Arbeitnehmer das Erbringen der Arbeitsleistung aufgrund groben Eigenverschuldens unmöglich oder unzumutbar ist (VISCHER, 184; STREIFF/VON KAENEL, N 3 – «vorabendlicher Alkoholexzess»). Blaumachen und unbezahlter Urlaub fallen nicht unter die Bestimmung (so aber HANDKOMM-EGLI, N 2; BRÜHWILER, N 1); hierbei handelt es sich um blosse Absenzen und nicht um eine Arbeitsverhinderung, wie der Wortlaut der Bestimmung verlangt (STREIFF/VON KAENEL, N 3).

2.   Bei unverschuldeter Arbeitsunfähigkeit aus persönlichen Gründen (Abs. 2)

6   Abs. 2 sieht eine **Ausnahme von Abs. 1** vor, wenn die Arbeitsverhinderung vom Arbeitnehmer unverschuldet i. S. v. Art. 324a ist oder auf Jugendurlaub (Art. 329e) beruht.

7   In diesem Fall können die Ferien erst ab dem **zweiten vollen Monat** der Arbeitsverhinderung gekürzt werden, und zwar wiederum um je einen Zwölftel pro vollen Monat der Arbeitsverhinderung, wobei der erste Monat nicht mitgezählt wird.

8   Ist beispielsweise ein Arbeitnehmer während 3½ Monaten unfallbedingt arbeitsverhindert, so kann der Ferienanspruch um zwei Zwölftel gekürzt werden.

3.   Bei Schwangerschaft und Mutterschaft (Abs. 3)

9   Bei **Schwangerschaft** dürfen die Ferien erst ab dem **dritten vollen Monat** der Arbeitsverhinderung gekürzt werden. Die Kürzung beträgt auch hier je einen Zwölftel pro vollen Monat der Arbeitsverhinderung, jedoch werden die ersten zwei Monate nicht mitgezählt. Diese Schonfrist besteht alternativ und nicht kumulativ zu derjenigen nach Abs. 2 (ZK-STAEHELIN, N 10 m. w. Nw.).

10   Bei schwangerschaftsbedingter Arbeitsverhinderung während 3½ Monaten kann somit der Ferienanspruch lediglich um einen Zwölftel gekürzt werden.

11   Zu keiner Kürzung des Ferienanspruchs berechtigt schliesslich der **Bezug des Mutterschaftsurlaubs** nach Art. 329f. Bei der Anknüpfung an den Bezug der Mutterschaftsentschädigung nach EOG im Wortlaut von Abs. 3 handelt es sich um ein offensichtliches Versehen des Gesetzgebers, wie STREIFF/VON KAENEL, N 4 überzeugend nachweisen.

4. Gemeinsame Regeln

Mehrere Absenzen innerhalb eines Dienstjahrs werden addiert. Für die Berechnung, wann die betreffenden Monatsschwellen i.S.v. Art. 329b überschritten sind, ist der Monat in **Arbeitstage** und nicht in Kalendertage umzulegen (ZK-Staehelin, N 5). Bei Geltung der 5-Tage-Woche beträgt er somit 21,67 Tage (52 Wochen × 5 Tage : 12 = 21,67 Tage). Eine teilweise Arbeitsverhinderung ist in ganze Tage umzulegen, so dass sich die Schonfrist entsprechend verlängert (Streiff/von Kaenel, N 6; ArbGer Zürich, JAR 1998, 205). 12

Im Falle eines **unvollständigen Dienstjahrs** werden die Schonfristen bzw. die Dauern der Absenzen nicht pro rata temporis berechnet (BGer JAR 1999, 167). 13

III. Abweichende Vereinbarungen

Abs. 1 ist **dispositiv**. Bei verschuldeter Arbeitsverhinderung kann daher eine stärkere Ferienkürzung vereinbart werden. Die Abs. 2 und 3 sind hingegen **relativ zwingend** (Art. 362). 14

Art. 329*c*

Zusammenhang und Zeitpunkt

¹ **Die Ferien sind in der Regel im Verlauf des betreffenden Dienstjahres zu gewähren; wenigstens zwei Ferienwochen müssen zusammenhängen.**

² **Der Arbeitgeber bestimmt den Zeitpunkt der Ferien und nimmt dabei auf die Wünsche des Arbeitnehmers soweit Rücksicht, als dies mit den Interessen des Betriebes oder Haushaltes vereinbar ist.**

I. Bestimmungsrecht des Arbeitgebers

Oberste Maxime bei der Festlegung der Ferien ist die **Pflicht zur gegenseitigen Rücksichtnahme**. Die Parteien haben den Zeitpunkt der Ferien in gegenseitiger Absprache festzusetzen (BGE 128 III 272, 274). Kommt keine Einigung zustande, so ist der Arbeitgeber gemäss Abs. 2 berechtigt und verpflichtet, die Ferien zu bestimmen (Brühwiler, N 3). Dabei hat er jedoch verschiedene Schranken zu beachten (s. unten N 3 ff.). 1

Wird das Bestimmungsrecht dem Arbeitnehmer eingeräumt, so ist dieser aufgrund seiner Treuepflicht gehalten, bei der Ausübung dieses Rechts den betrieblichen Bedürfnissen hinreichend Rechnung zu tragen. 2

II. Schranken des Bestimmungsrechts

3   Die Ferien sind i. d. R. **im laufenden Kalender- oder Dienstjahr** zu gewähren (Abs. 1). Ausnahmen sind aus besonderen betrieblichen Gründen oder
mit Zustimmung des Arbeitnehmers zulässig, aber nur bis ins Folgejahr
(BK-Rehbinder, N 6). Umgekehrt kann auch der Arbeitgeber vom Arbeitnehmer verlangen, dass dieser Ferien bezieht. Ein Nichtbezug der Ferien im
laufenden oder im Folgejahr hat jedoch **keine Verwirkung** des Anspruchs
zur Folge (BGE 130 III 19, 25). Die häufig in Arbeitsverträgen oder Perso-
nalreglementen anzutreffende Vorschrift, wonach die Ferien bis Ende Juni
des Folgejahrs zu beziehen sind, hat blossen Ordnungscharakter. Schranke
für die Geltendmachung von Ferienansprüchen bildet die Verjährungsfrist,
die nach der h. L. 5 Jahre beträgt (Streiff/von Kaenel, N 4 m. w. Nw.; für
10 Jahre BSK OR I-Portmann, N 4). Die Tilgung der Ferienansprüche erfolgt nach den Regeln von Art. 86 und 87 (OGer ZH, JAR 2006, 555).

4   Um den Erholungszweck der Ferien sicherzustellen, müssen **mindestens
zwei Ferienwochen zusammenhängend** gewährt werden (Abs. 1). Der Arbeitgeber hat den betrieblichen Ablauf so zu organisieren, dass dieses Erfordernis gegenüber allen Arbeitnehmern eingehalten wird (BGer, JAR
2001, 222). Die verbleibenden Ferien können im Einzelfall je nach Interessenlage wochen- oder auch tageweise gewährt werden, wobei aber der Erholungszweck gewahrt sein muss (Egli, 125).

5   Der Arbeitgeber hat auf die **Wünsche des Arbeitnehmers** soweit Rücksicht
zu nehmen, als dies mit den Interessen des Betriebs oder Haushalts vereinbar ist (Abs. 2). Dabei hat er die gesamte Belegschaft miteinzubeziehen und
die verschiedenen Arbeitnehmerwünsche gegeneinander abzuwägen, wobei familiäre Gründe wie z. B. Schulferien i. d. R. Vorrang haben (Egli,
126f.). Im Zweifel gehen aber die Interessen des Arbeitgebers vor. Der Arbeitgeber ist daher auch berechtigt, mit hinreichend frühzeitiger Ankündigung **Betriebsferien** vorzusehen, d. h. einheitliche Ferien für alle Arbeitnehmer (Streiff/von Kaenel, N 7).

6   Die Ferien sind dem Arbeitnehmer so **früh anzukündigen**, dass eine hinreichende Ferienplanung möglich ist. Als Mindestankündigungsdauer gelten
drei Monate (OGer ZH, JAR 1989, 121; Streiff/von Kaenel, N 7 m. w. Nw.).
Ob nach erfolgter Kündigung der Ferienbezug kurzfristiger angeordnet
werden kann, hängt von den Umständen des Einzelfalls ab. Es wird i. d. R.
verneint, wenn der Arbeitnehmer noch eine neue Stelle suchen muss
(Streiff/von Kaenel, N 11 m. w. Nw.).

7   Eine **nachträgliche Änderung** festgelegter Ferien ist nur ausnahmsweise
zulässig, wenn dies aus unvorhersehbaren und dringlichen betrieblichen
Bedürfnissen zwingend erforderlich ist. Andernfalls darf sich der Arbeitnehmer der Verschiebung widersetzen (BGer, JAR 1999, 201 ff.). Dasselbe

gilt mit Bezug auf einen **Rückruf** aus den Ferien. Die mit der Verschiebung der Ferien oder dem Rückruf verbundenen Kosten sind dem Arbeitnehmer zu ersetzen (EGLI, 130; BRÜHWILER, N 3). Im Falle des Rückrufs sind dem Arbeitnehmer unter Umständen auch die bereits verbrachten Ferientage nachzugewähren, wenn deren Erholungszweck durch den Rückruf beeinträchtigt war.

III. Rechtsfolgen

Eigenmächtiger Ferienbezug des Arbeitnehmers gilt grundsätzlich als schwere Pflichtverletzung, die ein wichtiger Grund zur fristlosen Kündigung sein kann, namentlich wenn der Arbeitgeber die Feriengewährung berechtigterweise verweigert (BGE 108 II 301).   8

Eine **Ausnahme** gilt dann, wenn es der Arbeitgeber trotz ausdrücklicher Aufforderung unterlässt, dem Arbeitnehmer überhaupt oder in gesetzeskonformer Weise Ferien zu gewähren. In solchen Fällen ist ein rechtzeitiger angekündigter eigenmächtiger Ferienbezug zulässig (BGer, JAR 1997, 162, 165; BSK OR I-PORTMANN, N 11).   9

Der Arbeitnehmer ist ferner berechtigt, den Bezug nicht gesetzeskonform angesetzter Ferien unter Anerbietung seiner Arbeitsleistung zu verweigern. Beharrt der Arbeitgeber auf dem Ferienbezug, so gerät er in **Annahmeverzug** (Art. 324; BSK OR I-PORTMANN, N 12).   10

IV. Beweis

Da die Ferien als vertraglicher Leistungsanspruch des Arbeitnehmers gegenüber dem Arbeitgeber konzipiert sind (s. Art. 329a N 1), trägt der Arbeitgeber die Beweislast für ihren Bezug. Der Arbeitnehmer hat dagegen die vertragliche Verpflichtung zur Gewährung von Ferien und ihr Entstehen durch die Dauer des Arbeitsverhältnisses zu beweisen (BGE 128 III 271, 274). Lässt sich der genaue Umfang der nicht in natura bezogenen Ferien aus Beweisgründen nicht mehr zuverlässig feststellen, kann dieser vom Gericht in analoger Anwendung von Art. 42 Abs. 2 geschätzt werden (BGE a. a. O.).   11

Art. 329*d*

Lohn   ¹ **Der Arbeitgeber hat dem Arbeitnehmer für die Ferien den gesamten darauf entfallenden Lohn und eine angemessene Entschädigung für ausfallenden Naturallohn zu entrichten.**

² Die Ferien dürfen während der Dauer des Arbeitsverhältnisses nicht durch Geldleistungen oder
andere Vergünstigungen abgegolten werden.

³ Leistet der Arbeitnehmer während der Ferien entgeltliche Arbeit für einen Dritten und werden dadurch die berechtigten Interessen des Arbeitgebers
verletzt, so kann dieser den Ferienlohn verweigern
und bereits bezahlten Ferienlohn zurückverlangen.

I.   Ferienlohn (Abs. 1)

1   Während der Dauer der Ferien steht dem Arbeitnehmer der volle Lohn zu.
Er darf lohnmässig nicht schlechter gestellt werden, als wenn er in dieser
Zeit gearbeitet hätte (BGE 129 III 493, 495; sog. **Lebensstandardprinzip**).
Geschuldet sind daher sämtliche festen und variablen Lohnbestandteile.
Dazu gehören insbesondere auch Zulagen, wenn diese regelmässigen und
dauernden Charakter haben (vgl. BGE 132 III 172, 174 betr. Zulagen für
Nacht-, Wochenend- und Feiertagsarbeit). Einzig Spesen, die direkt mit der
Arbeitsleistung zusammenhängen und daher während den Ferien nicht
anfallen, sind nicht geschuldet (STREIFF/VON KAENEL, N 3). Bei Spesenpauschalen ist im Einzelfall aufgrund der getroffenen Vereinbarung zu prüfen,
ob sie auch während den Ferien zu bezahlen sind (ZK-STAEHELIN, N 6).

2   Die Berechnung des Ferienlohns bei variablen Lohnbestandteilen wie namentlich **Provisionen** erfolgt grundsätzlich nach dem sog. **Referenzperiodenprinzip** (BGE 129 III 664, 674). Danach ist auf den Durchschnittswert
der im letzten Jahr oder in einer anderen geeigneten Zeitspanne verdienten
Einkünfte abzustellen. Nur wenn die Umstände des Einzelfalles klar erkennen lassen, dass die Anwendung der pauschalen Berechnungsmethode es
nicht erlaubt, einen den tatsächlichen Gegebenheiten entsprechenden Ferienlohn festzulegen, ist dieser individuell durch gerichtliche Schätzung analog Art. 42 Abs. 2 zu bestimmen (Lohnausfallprinzip).

3   Der Ferienlohn ist zu den normalen Fälligkeitsterminen (Art. 323 Abs. 1)
auszurichten, d.h. die normale Lohnzahlung setzt sich auch während den
Ferien fort. Eine **Abgeltung des Ferienlohns durch Lohnzuschläge** (sog.
Ferienprozente) ist grundsätzlich nicht zulässig. Die Rechtsprechung macht
jedoch eine **Ausnahme** bei unregelmässiger Beschäftigung (z. B. Temporärarbeit, unregelmässige Teilzeitarbeit, Arbeit auf Abruf), wenn die Berechnung des Ferienlohns schwierig ist. Voraussetzung ist allerdings, dass die
Ferienzuschläge sowohl im Arbeitsvertrag als auch auf jeder Lohnabrechnung gesondert ausgewiesen werden (BGE 129 III 493, 495). Formulierungen wie «Ferienlohn inbegriffen» genügen nicht. Wird hiergegen verstossen,
müssen trotz erbrachter Leistungen die Ferienlöhne bei Beendigung des

Arbeitsverhältnisses nachgezahlt werden (BGer, JAR 1998, 106). Die Zulässigkeit dieser Ausnahme wird jedoch zunehmend in Frage gestellt (s. BSK OR I-PORTMANN, N 4f. und BGE 129 III 493, 496).

Hat der Arbeitnehmer bei Beendigung des Arbeitsverhältnisses zu viel Ferien bezogen, so ist er zur dann zu einer entsprechenden **Rückzahlung** verpflichtet, wenn dies vereinbart wurde. Eine solche Vereinbarung kann auch stillschweigend getroffen werden, indem etwa der Arbeitnehmer einen Vorbezug noch unverdienter Ferien wünscht (VISCHER, 189; ausführlich EGLI, 142 ff.; STREIFF/VON KAENEL, Art. 329a N 9).   4

II. Abgeltungsverbot (Abs. 2)

Abs. 2 bestimmt, dass die Ferien während der Dauer des Arbeitsverhältnisses nicht durch Geldleistungen oder andere Vergünstigungen abgegolten werden dürfen. Das **Abgeltungsverbot** bezweckt, dass Ferien der Erholung dienen und nicht durch Geldleistungen abgegolten werden (BGE 118 II 36, 37). Es ist grundsätzlich **absolut zwingender Natur** (Art. 361). Wird dagegen verstossen, müssen die Ferien unter Vorbehalt des Rechtsmissbrauchs bei Beendigung des Arbeitsverhälnisses nochmals entschädigt werden (BGer, 4C.184/2000 E. 3.a.aa.).   5

Ausnahmen vom Abgeltungsverbot lässt die Gerichtspraxis zu bei **unregelmässiger Teilzeittätigkeit** oder bei **gleichzeitiger Tätigkeit für verschiedene Arbeitgeber**, weil hier die Anordnung von Ferien mit Schwierigkeiten verbunden ist. Ferner bei einem **sehr kurzen Arbeitsverhältnis** mit so kurzer Feriendauer, dass der Erholungszweck von vornherein nicht erreichbar ist. Vorausgesetzt ist aber, dass sowohl aus dem Arbeitsvertrag als auch aus den Lohnabrechnungen klar hervorgeht, welcher Teil des Lohnes den Ferienanspruch abgelten soll (BGE 116 II 515, 517; 130 V 492, 499; dazu BSK OR I-PORTMANN, N 15).   6

Das Abgeltungsverbot gilt grundsätzlich auch **nach erfolgter Kündigung**. Eine Ausnahme besteht nur insoweit, als der Bezug der Ferien in der bis zur Beendigung des Arbeitsverhältnisses verbleibenden Zeit nicht möglich oder nicht zumutbar ist (BGE 128 III 271, 280). Bei einer Restdauer des Arbeitsvertrags von zwei bis drei Monaten sind die Ferien i. d. R. auszuzahlen, wenn der Arbeitnehmer noch eine neue Stelle suchen muss (BGE 117 II 270, 272; s. a. OGer ZH, JAR 1998, 162).   7

Ferienansprüche werden unter Umständen in natura abgegolten, wenn der Arbeitnehmer nach erfolgter Kündigung **freigestellt** wird. Eine ausdrückliche Anordnung des Ferienbezugs ist nicht erforderlich, vorausgesetzt, dass die Freistellung bedingungslos erfolgt (BGer, 4A_117/2007 E. 6). Der Umfang der Naturalabgeltung hängt davon ab, ob der Arbeitnehmer noch Zeit zur Stellensuche benötigt, sowie vom Verhältnis der Freistellungsdauer zur Anzahl der offenen Ferientage (BGE 128 III 271, 283).   8

III. Arbeit während den Ferien (Abs. 3)

9   Der Arbeitnehmer darf in den Ferien keine **entgeltliche** Arbeit für einen Dritten leisten, wenn dadurch **berechtigte Interessen des Arbeitgebers verletzt** werden. Dies ist der Fall bei Konkurrenzierung des Arbeitgebers oder bei ermüdender Tätigkeit, wenn dadurch der Erholungszweck der Ferien vereitelt wird (ZK-Staehelin, N 18 m. w. Nw.; dazu BGer, JAR 2001, 225 f. – Übermüdung bejaht).

10   Verstösst der Arbeitnehmer gegen diese Pflicht, so ist der **Anspruch auf Ferienlohn verwirkt**, allerdings nur für diejenigen Tage und Stunden, an denen Ferienarbeit geleistet wurde (ZK-Staehelin, N 19; Cerottini, 168 f.). Bereits bezahlten Ferienlohn kann der Arbeitgeber zurückfordern, sofern er ihn in Unkenntnis der Ferienarbeit geleistet hat (Art. 63 Abs. 1; Cerottini, 166). Der Rückforderungsanspruch kann unbeschränkt mit dem laufenden Lohn verrechnet werden, da dem Arbeitnehmer Vorsatz zu unterstellen ist (ZK-Staehelin, N 19; a. A. Streiff/von Kaenel, N 17).

IV. Abweichende Vereinbarungen

11   Abs. 1 ist **relativ zwingend** (Art. 362). Die Vereinbarung eines zusätzlichen Ferienvergütung ist daher zulässig. Die Absätze 2 und 3 sind hingegen **absolut zwingend** (Art. 361).

Art. 329*e*

3.   **Urlaub für ausserschulische Jugendarbeit**

¹ Der Arbeitgeber hat dem Arbeitnehmer bis zum vollendeten 30. Altersjahr für unentgeltliche leitende, betreuende oder beratende Tätigkeit im Rahmen ausserschulischer Jugendarbeit in einer kulturellen oder sozialen Organisation sowie für die dazu notwendige Aus- und Weiterbildung jedes Dienstjahr Jugendurlaub bis zu insgesamt einer Arbeitswoche zu gewähren.

² Der Arbeitnehmer hat während des Jugendurlaubs keinen Lohnanspruch. Durch Abrede, Normalarbeitsvertrag oder Gesamtarbeitsvertrag kann zugunsten des Arbeitnehmers eine andere Regelung getroffen werden.

³ Über den Zeitpunkt und die Dauer des Jugendurlaubs einigen sich Arbeitgeber und Arbeitnehmer;
sie berücksichtigen dabei ihre beidseitigen Interessen. Kommt eine Einigung nicht zustande, dann
muss der Jugendurlaub gewährt werden, wenn der
Arbeitnehmer dem Arbeitgeber die Geltendmachung
seines Anspruches zwei Monate im Voraus angezeigt
hat. Nicht bezogene Jugendurlaubstage verfallen am
Ende des Kalenderjahres.

⁴ Der Arbeitnehmer hat auf Verlangen des Arbeitgebers seine Tätigkeiten und Funktionen in der
Jugendarbeit nachzuweisen.

I. Allgemeines. Normzweck

Art. 329e wurde per 1. Januar 1991 durch Art. 13 des Jugendförderungsge-   1
setzes (JFG, SR 446.1) eingeführt. Er verpflichtet den Arbeitgeber, **Arbeitnehmende bis zum vollendeten 30. Altersjahr** für eine begrenzte Zeit von
der Arbeit freizustellen, und zwar für die unentgeltliche Tätigkeit im Rahmen der ausserschulischen Jugendarbeit in einer kulturellen oder sozialen
Organisation sowie für die dazu notwendige Aus- und Weiterbildung (sog.
Jugendurlaub).

Die Bestimmung bezweckt, Jugendlichen und jungen Erwachsenen zu-   2
sätzliche Zeit für ihr Engagement in einer solchen Organisation zu verschaffen. Dadurch soll bei Jugendlichen und jungen Erwachsenen das Interesse und der Einsatz für diese gesellschaftlich bedeutsamen Tätigkeiten
gefördert und eine gewisse Benachteiligung von Jugendlichen, die eine
Lehre absolvieren oder eine Arbeitsstelle innehaben, gegenüber Schülern
und Schülerinnen sowie Studierenden teilweise ausgeglichen werden. Ausserdem soll für die Jugendorganisationen die **zeitliche Verfügbarkeit der
leitenden und verantwortlichen Personen verbessert** werden (BBl 1988
I 849, 860).

II. Tätigkeit im Rahmen ausserschulischer Jugendarbeit

Der Urlaubsanspruch besteht nur für **ausserschulische Jugendarbeit** i. S. v.   3
Art. 2 JFG, nicht aber für eine Tätigkeit in einer Unterrichtsanstalt. Sie muss
zudem in einer **kulturellen oder sozialen Organisation** ausgeübt werden
(z. B. Pfadfinder, kirchliche, gewerkschaftliche und parteipolitische Ju-
gendgruppen, Schüler- und Studierendenorganisationen, usw.). Ausgeschlossen sind damit die sog. offene Jugendarbeit sowie berufliche, kommerzielle oder familiäre Veranstaltungen (ZK-STAEHELIN, N 3).

4   Die Tätigkeit muss **in leitender, betreuender oder beratender Funktion** ausgeübt werden. Daran sind **keine hohen Anforderungen** zu stellen; es genügt jede Übernahme von Aufgaben, die wesentlich über diejenigen des blossen Teilnehmers hinausgehen (Streiff/von Kaenel, N 5 m. w. Nw.). Einer solchen Tätigkeit gleichgestellt ist die hierzu notwendige **Aus- und Weiterbildung.**

5   Die Jugendarbeit muss **unentgeltlich** ausgeübt werden, was aber die Bezahlung von Spesenersatz und eines bescheidenen Soldes nicht ausschliesst (Streiff/von Kaenel, N 6).

III. Umfang und Zeitpunkt des Jugendurlaubs

6   Der **Anspruch** auf Jugendurlaub beträgt pro Dienstjahr insgesamt **eine Woche** (= fünf Arbeits- oder Schultage bei einer Fünf-Tage-Woche; Abs. 1). Er kann auch tage-, halbtage- oder stundenweise bezogen werden. In einem Dienstjahr **nicht bezogene Jugendurlaubstage** können grundsätzlich auf das nächste Dienstjahr übertragen werden; sie **verfallen** aber am Ende des Kalenderjahrs (Abs. 3 Satz 3; Streiff/von Kaenel, N 7).

7   Über **Zeitpunkt und Dauer** des Jugendurlaubs haben sich Arbeitgeber und Arbeitnehmer unter Berücksichtigung ihrer beidseitigen Interessen zu einigen (Abs. 3 Satz 1). Im Gegensatz zu den Ferien kann der Arbeitgeber den Zeitpunkt des Jugendurlaubs also nicht einseitig festlegen. Kommt keine Einigung zustande, darf der Arbeitnehmer den Jugendurlaub eigenmächtig beziehen, wenn er dessen Zeitpunkt und Dauer dem Arbeitgeber mindestens zwei Monate im Voraus angezeigt hat (Abs. 3 Satz 2).

8   Zur Vermeidung von Missbräuchen kann der Arbeitgeber vom Arbeitnehmer einen **Nachweis** über dessen Tätigkeiten und Funktionen in der Jugendarbeit verlangen (Abs. 4).

IV. Auswirkungen auf das Arbeitsverhältnis

9   Während der Dauer des Jugendurlaubs ist der Arbeitnehmer **von der Arbeitpflicht befreit.** Der Arbeitnehmer kann nicht dazu verpflichtet werden, die ausgefallene Zeit nachzuholen, da Abs. 1 relativ zwingend ist (Streiff/von Kaenel, N 9).

10   Abs. 2 legt fest, dass der Arbeitnehmer während der Dauer des Jugendurlaubs **keinen Lohn** beanspruchen kann, sofern keine andere Regelung getroffen wurde. Damit entfällt auch der Anspruch auf Lohnfortzahlung gemäss Art. 324a. Zu den sozialversicherungsrechtlichen Folgen s. Streiff/von Kaenel, N 9.

Art. 329*f*

Mutterschafts-urlaub	**Nach der Niederkunft hat die Arbeitnehmerin Anspruch auf einen Mutterschaftsurlaub von mindestens 14 Wochen.**

Literatur

BRUCHEZ, La nouvelle assurance-maternité et ses effets sur le droit du contrat de travail, SJ 2005 II, 247 ff.

I. Allgemeines. Normzweck

Am 1. Juli 2005 trat die obligatorische **Mutterschaftsversicherung** in Kraft. In diesem Zusammenhang wurde Art. 329f ins OR eingefügt, der jeder Arbeitnehmerin einen **Anspruch auf einen Mutterschaftsurlaub** von mindestens 14 Wochen nach der Niederkunft gewährt. Art. 329f beschränkt sich dabei darauf, die Arbeitnehmerin von der Arbeitspflicht zu befreien. Für die finanziellen Folgen der Arbeitsbefreiung ist die öffentlichrechtliche **Mutterschaftsentschädigung** nach Art. 16b ff. EOG massgebend, allenfalls Art. 324a (s. Art. 324a N 8). $\quad$ 1

Art. 329f schafft die privatrechtliche Voraussetzung dafür, dass die Arbeitnehmerin ihre Arbeitstätigkeit aussetzen darf und damit die Mutterschaftsentschädigung beziehen kann (s. Art. 16d EOG). Art. 329f ist daher **funktional auf die Art. 16b ff. EOG bezogen** und mit diesen Bestimmungen zu **koordinieren.** $\quad$ 2

Die **Beschäftigungseinschränkungen von Art. 35a Abs. 3 ArG** gelten unabhängig von Art. 329 f. $\quad$ 3

II. Voraussetzungen

Anspruchsberechtigt für 14 Wochen Mutterschaftsurlaub ist **jede Arbeitnehmerin**, unabhängig von der Dauer ihres Arbeitsverhältnisses und vom Beschäftigungsgrad. Insbesondere besteht auch im unterjährigen Arbeitsverhältnis der Anspruch in vollem Umfang (BRUNNER/BÜHLER/WEBER/BRUCHEZ, N 3). $\quad$ 4

Einzige Anspruchsvoraussetzung ist die **Niederkunft**. Der Begriff der Niederkunft ist dabei im sozialversicherungsrechtlichen Sinne von Art. 16c EOG i. V. m. Art. 23 EOV zu verstehen (STREIFF/VON KAENEL, N 5; BSK OR I-PORTMANN, N 7). Massgebend ist somit, dass das Kind lebensfähig geboren wird oder dass die Schwangerschaft mindestens 23 Wochen gedauert hat. $\quad$ 5

III. Rechtsfolgen

6   Die Arbeitnehmerin hat einen **Anspruch auf Befreiung von der Arbeits-leistung** während 14 Wochen «nach der Niederkunft». Die Befreiung von der Arbeitsleistung erfolgt dabei zeitgleich mit dem Anspruch auf Mutter-schaftsentschädigung (Koordinationsgebot). Der Mutterschaftsurlaub ist deshalb grundsätzlich am **Tag der Niederkunft** anzutreten, da in diesem Zeitpunkt auch der Entschädigungsanspruch entsteht (Art. 16c Abs. 1 EOG). Befindet sich das Kind während mindestens drei Wochen nach der Geburt in Spitalpflege, so kann die Arbeitnehmerin den Antritt des Mutterschafts-urlaubs analog Art. 16c Abs. 2 EOG **aufschieben** (BSK OR I-Portmann, N 8; Brunner/Bühler/Weber/Bruchez, N 2). In der Zwischenzeit gelten die Beschäftigungseinschränkungen gemäss Art. 35a Abs. 3 ArG, was zu einer Verlängerung des Mutterschaftsurlaubs führt.

7   Soweit der Mutterschaftsurlaub nicht in der vorgenannten Weise bezogen wurde, ist der Anspruch vorbehaltlich anderslautender Vereinbarung **ver-wirkt** (BSK OR I-Portmann, N 8; Streiff/von Kaenel, N 9). Wegen Bezugs des Mutterschaftsurlaubs darf der ordentliche Ferienanspruch nicht ge-kürzt werden (Art. 329b Abs. 3).

8   Während des Mutterschaftsurlaubs erhält die Arbeitnehmerin, sofern sie die entsprechenden Versicherungsvoraussetzungen erfüllt, **Leistungen aus der obligatorischen Mutterschaftsversicherung** gemäss Art. 16b ff. EOG. Sie erhält ein Taggeld in der Höhe von 80% ihres durchschnittlichen Er-werbseinkommens vor der Niederkunft, höchstens aber CHF 172 pro Tag (Art. 16e und 16f EOG). Zur Lohnfortzahlungspflicht des Arbeitgebers s. Art. 324a N 8.

IV. Abweichende Vereinbarungen

9   Art. 329f ist relativ zwingender Natur (Art. 362). Die Vereinbarung eines längeren oder zusätzlichen Mutterschaftsurlaubs ist daher ohne weiteres zulässig.

Art. 330

IX. Übrige Pflichten	[1] Übergibt der Arbeitnehmer zur Sicherung seiner Verpflichtungen aus dem Arbeitsverhältnis dem Ar-beitgeber eine Kaution, so hat sie dieser von seinem Vermögen getrennt zu halten und ihm dafür Sicher-heit zu leisten.
1. Kaution	

² Der Arbeitgeber hat die Kaution spätestens bei Beendigung des Arbeitsverhältnisses zurückzugeben, sofern nicht durch schriftliche Abrede der Zeitpunkt der Rückgabe hinausgeschoben ist.

³ Macht der Arbeitgeber Forderungen aus dem Arbeitsverhältnis geltend und sind diese streitig, so kann er die Kaution bis zum Entscheid darüber insoweit zurückbehalten, muss aber auf Verlangen des Arbeitnehmers den zurückbehaltenen Betrag gerichtlich hinterlegen.

⁴ Im Konkurs des Arbeitgebers kann der Arbeitnehmer die Rückgabe der von dem Vermögen des Arbeitgebers getrennt gehaltenen Kaution verlangen, unter Vorbehalt der Forderungen des Arbeitgebers aus dem Arbeitsverhältnis.

Literatur

KAPLAN, Die Behandlung der Kaution nach schweizerischem Arbeitsrecht, Bern 1975; RECK, Lohnrückbehalt, Kaution und Konventionalstrafe im schweizerischen Arbeitsrecht, Diss. Zürich 1983.

I. Regelungsgegenstand. Normzweck

Arbeitgeber und Arbeitnehmer können vereinbaren, dass der Arbeitnehmer **zur Sicherung seiner Verpflichtungen aus dem Arbeitsverhältnis** dem Arbeitgeber eine **Kaution** zu leisten hat. Als Kaution kommen grundsätzlich **beliebige Vermögenswerte** des Arbeitnehmers oder eines Dritten in Betracht, mit Ausnahme von Immobilien (STREIFF/VON KAENEL, N 2). Ein Abzug vom fälligen Lohn stellt keine Kaution dar sondern Lohnrückbehalt nach Art. 323a (ZK-STAEHELIN, Art. 323a N 11). **1**

Anders als der Lohnrückbehalt kann die Kaution **formlos** und **in beliebiger Höhe** vereinbart werden (BBl 1967 II 353). Ihre Leistung richtet sich nach den einschlägigen sachenrechtlichen Grundsätzen. **2**

Art. 330 stellt Vorschriften auf, die bezwecken, dem Arbeitnehmer die **Erhaltung und Rückgabe** der gestellten Kaution sicherzustellen (BBl 1967 II 353). Die Bestimmung ist **relativ zwingend** (Art. 362). **3**

II. Pflicht zur Ausscheidung und Sicherstellung (Abs. 1)

Nimmt der Arbeitgeber vom Arbeitnehmer eine Kaution entgegen, so muss er diese von seinem Vermögen **getrennt verwahren** und dem Arbeitnehmer zudem hinreichende **Sicherheit leisten** (Abs. 1). Das Gesetz will damit den Rückgabeanspruch des Arbeitnehmers schützen, zum einen im Falle der **4**

Zahlungsunfähigkeit des Arbeitgebers vor dem Zugriff der Gläubiger, zum andern vor einer zweckwidrigen Verwendung durch den Arbeitgeber. Ausscheidung und Sicherstellung der Kaution sind daher kumulativ geschuldet (**a. A.** BRÜHWILER, N 2).

5   Den Anforderungen von Abs. 1 ist beispielsweise genüge getan, wenn die Kaution analog der Mieterkaution (Art. 257e Abs. 1) bei einer Bank auf einem Sparkonto oder einem Depot, das auf den Namen des Arbeitnehmers lautet, hinterlegt wird (ZK-STAEHELIN, N 17).

6   **Unterlässt** es der Arbeitgeber, die Kaution getrennt zu verwahren, ist der Arbeitnehmer berechtigt, sie unverzüglich zurückzufordern. Leistet der Arbeitgeber keine hinreichende Sicherheit, so kann der Arbeitnehmer entweder die Rückforderung der Kaution verlangen oder den Arbeitgeber auf Sicherheitsleistung betreiben (Art. 38 Abs. 1 SchKG).

III.   Rückgabe und Rückbehalt der Kaution (Abs. 2 und 3)

7   Die Kaution muss dem Arbeitnehmer grundsätzlich **bei Beendigung des Arbeitsverhältnisses** zurückgegeben werden. Die Parteien können aber einen anderen Rückgabezeitpunkt vereinbaren, einen späteren jedoch nur in **Schriftform** (Abs. 2). Das Gesetz stellt hier für die Kaution eine Sonderregelung auf, die Art. 339a Abs. 1 vorgeht.

8   Barkautionen sind zu den üblichen Bankzinssätzen zu **verzinsen**, sofern die Verzinsungspflicht nicht ausdrücklich wegbedungen wurde (ZK-STAEHELIN, N 10).

9   Macht der Arbeitgeber gegenüber dem Arbeitnehmer eine durch die Kaution gesicherte Forderung geltend, so kann er die **Rückgabe der Kaution** im Umfang der betreffenden Forderung **verweigern**, bis über die Forderung rechtkräftig entschieden wurde. Auf Verlangen des Arbeitnehmers hin muss er die Kaution aber **gerichtlich hinterlegen**. Diese Hinterlegungspflicht besteht entgegen dem Wortlaut von Abs. 3 nicht nur bei Barkautionen, sondern bei allen Kautionen, soweit diese hinterlegungsfähig sind (ZK-STAEHELIN, N 13).

IV.   Aussonderungsrecht im Konkurs (Abs. 4)

10   Abs. 4 berechtigt den Arbeitnehmer, im Konkurs des Arbeitgebers die **Aussonderung** der Kaution aus dessen Konkursmasse zu verlangen. Das Aussonderungsrecht besteht jedoch nur, wenn der Arbeitgeber die Kaution getrennt von seinem Vermögen verwahrt hat (s. oben N 4). Ist dies nicht der Fall, so hat der Arbeitnehmer lediglich eine in der ersten Klage privilegierte Konkursforderung (Art. 219 Abs. 4 lit. a SchKG). Zudem besteht das Aussonderungsrecht nur insoweit, als der Arbeitgeber bzw. die Konkursmasse ge-

genüber dem Arbeitnehmer keine durch die Kaution gesicherte Forderung aus dem Arbeitsverhältnis geltend macht.

Das Aussonderungsrecht besteht nicht nur im Konkurs, sondern kann auch bei Pfändung, Arrestnahme und Nachlassvertrag mit Vermögensabtretung nach Art. 316 ff. SchKG geltend gemacht werden (ZK-STAEHELIN, N 16). **11**

Art. 330*a*

Zeugnis

¹ **Der Arbeitnehmer kann jederzeit vom Arbeitgeber ein Zeugnis verlangen, das sich über die Art und Dauer des Arbeitsverhältnisses sowie über seine Leistungen und sein Verhalten ausspricht.**

² **Auf besonderes Verlangen des Arbeitnehmers hat sich das Zeugnis auf Angaben über die Art und Dauer des Arbeitsverhältnisses zu beschränken.**

Literatur

BERNOLD, Die Zeugnispflicht des Arbeitgebers, Diss. Zürich 1983; CLASS/BISCHOFBERGER, Das Arbeitszeugnis und seine Geheimcodes, 2. Aufl. Zürich 1993; COLLÉ, Guide pratique du certificat de travail, Basel 2003; H.-P. EGLI, Die Formulierung von Arbeitszeugnissen, in: Entscheide des Arbeitsgerichts Zürich 2002, 51 ff.; JANSSEN, Die Zeugnispflicht des Arbeitgebers, Bern 1996; KÄLIN, Haftung des Arbeitgebers gegenüber Dritten für unwahre Arbeitszeugnisse, SJZ 2007, 113 ff.; KAUFMANN/JORNS, Zwischen Wahrheitspflicht und Wohlwollen: Die Verletzung der Zeugnispflicht des Arbeitgebers infolge Ausstellung eines zu günstigen Arbeitszeugnisses, Anwaltsrevue 6–7/2002, 37 ff.; MEYER, Le certificat de travail, ZSR 1991, 493 ff.; RICKENBACH, Die Nachwirkungen des Arbeitsverhältnisses, Bern 2000.

I. Allgemeines

Gemäss Art. 330a kann der Arbeitnehmer vom Arbeitgeber jederzeit ein Arbeitszeugnis verlangen. Die Zeugnispflicht gehört zu den nachwirkenden Fürsorgepflichten des Arbeitgebers, die diesen zur **Förderung des wirtschaftlichen Fortkommens** des Arbeitnehmers verpflichten (BGE 129 III 177, 179). **1**

Das Gesetz stellt dem Arbeitnehmer **zwei Arten** von Arbeitszeugnissen zur Wahl: das Vollzeugnis (qualifiziertes Arbeitszeugnis; Abs. 1) und die Arbeitsbestätigung (auch einfaches Arbeitszeugnis genannt; Abs. 2). **2**

3   Das **Vollzeugnis** gibt Auskunft über die Art und Dauer des Arbeitsverhältnisses sowie über die Leistung und das Verhalten des Arbeitnehmers (Näheres s. unten N 10).

4   Die **Arbeitsbestätigung** enthält nur Angaben über die Dauer des Arbeitsverhältnisses und über die ausgeübte Funktion, nicht aber über Leistung und Verhalten des Arbeitnehmers. Ein Hinweis auf den Grund der Auflösung des Arbeitsverhältnisses ist ebenfalls ausgeschlossen (STREIFF/VON KAENEL, N 4).

5   Der Arbeitnehmer kann nach Belieben **wählen**, ob er ein Vollzeugnis oder eine Arbeitsbestätigung will. Eine Arbeitsbestätigung darf nur ausgestellt werden, wenn der Arbeitnehmer dies ausdrücklich verlangt (Abs. 2; BGE 129 III 177, 179). Im Zweifel ist deshalb ein Vollzeugnis auszustellen. Mit Ausübung des Wahlrechts ist der Zeugnisanspruch nicht konsumiert. Der Arbeitnehmer kann nach Erhalt einer Arbeitsbestätigung noch ein Vollzeugnis oder nach Verlangen eines Vollzeugnisses noch eine Arbeitsbestätigung fordern. Der Zeugnisanspruch ist deshalb keine Wahlobligation im Sinne von Art. 72 (BGE 129 III 177, 179).

6   Der Arbeitnehmer kann das Arbeitszeugnis «**jederzeit**» verlangen, also während der Dauer des Arbeitsverhältnisses (**Zwischenzeugnis**), bei dessen Beendigung oder danach (**Schlusszeugnis**; BGer, JAR 1998, 167). Er muss sein Ersuchen weder begründen noch ein berechtigtes Interesse am Zeugnis glaubhaft machen (BRUNNER/BÜHLER/WEBER/BRUCHEZ, N 1). Entgegen der h. L. (BK-REHBINDER, N 11; ZK-STAEHELIN, N 5; STREIFF/VON KAENEL, N 2; WYLER, 271) muss dies auch beim Ersuchen um ein Zwischenzeugnis gelten. Der Arbeitgeber kann lediglich dann eine Begründung verlangen, wenn konkrete Anhaltspunkte dafür bestehen, dass der Arbeitnehmer kein berechtigtes Interesse am Arbeitszeugnis hat, beispielsweise wenn er vor kurzer Zeit bereits ein gleichartiges Arbeitszeugnis erhalten hat und seither keine relevanten Veränderungen eingetreten sind. Das Wort «jederzeit» bedeutet aber nicht, dass der Arbeitgeber vorbehaltlos und unabdingbar zur Ausstellung eines Zeugnisses verpflichtet ist, sobald der Arbeitnehmer ein solches verlangt. Beispielsweise darf der Arbeitgeber den Abschluss einer Strafuntersuchung gegen den Arbeitnehmer abwarten, wenn der Zeugnisinhalt zu einem erheblichen Teil von deren Ergebnis abhängt (BGer, JAR 1998, 167).

7   Aus dem Fürsorgegedanken folgt, dass der Arbeitgeber nicht berechtigt ist, der Zeugnisforderung die **Einrede des nicht erfüllten Vertrags** (Art. 82) entgegenzuhalten, und auch **kein Retentionsrecht** am Arbeitszeugnis hat (BSK OR I-PORTMANN, N 1). Die Androhung der Verweigerung der Ausstellung eines Arbeitszeugnisses kann unter Umständen eine **Nötigung** gemäss Art. 181 StGB darstellen (BGE 107 IV 35).

Der Zeugnisanspruch **verjährt** innert zehn Jahren ab Beendigung des Ar- 8
beitsverhältnisses (CAPH GE, JAR 2000, 287; STREIF/VON KAENEL, N 2
m. Nw.; **a. A.** OGer ZH, JAR 1981, 274).

II. Formelle Anforderungen

Das Arbeitszeugnis ist **schriftlich** (Art. 13 f.) und grundsätzlich in der am 9
Arbeitsort üblichen **Sprache** zu verfassen (BGer, 4C.129/2003 E. 6.1). Entspricht diese nicht der im Betrieb üblichen Sprache, steht dem Arbeitnehmer ein Wahlrecht zu (BGer, 4A_127/2007 E. 7.1). Das Zeugnis muss einen
klaren Hinweis (Firmenpapier, Firmenstempel) auf die Person des Arbeitgebers enthalten (ZK-STAEHELIN, N 8). Der Arbeitnehmer ist so genau zu
bezeichnen, dass er zweifelsfrei als Zeugnisempfänger identifizierbar ist
(JANSSEN 95). Üblich ist die Angabe von Name, Geburtsdatum und Heimat-
ort. Zwingend ist auch die Angabe des **Ausstellungsorts** und des **Ausstel-
lungsdatums**. Die Gerichtspraxis verlangt zuweilen die Rückdatierung auf
den Zeitpunkt der Beendigung des Arbeitsverhältnisses, namentlich wenn
der Arbeitgeber die Verzögerung der Ausstellung zu verantworten hat
(KGer ZG, GVP 2002, 169). Dies ist jedoch abzulehnen, da es auf eine
Falschbeurkundung hinausläuft. Das Arbeitszeugnis ist je nach Zeich-
nungsberechtigung von einem oder mehreren **Vorgesetzten** in leitender
Stellung zu unterzeichnen (KGer NW, JAR 1998, 168). Dabei muss das Vertretungsverhältnis aus dem Arbeitzeugnis ersichtlich sein (JANSSEN, 64).
Im Übrigen hat es den praxisüblichen Anforderungen zu genügen (dazu
JANSSEN, 64 ff.).

III. Inhaltliche Anforderungen

Das Arbeitszeugnis muss **vollständig** sein. Es muss über alle in Abs. 1 auf- 10
geführten Punkte Auskunft geben, also über:
- *Art des Arbeitsverhältnisses:* Es ist die Berufs- und/oder Funktionsbe-
  zeichnung anzugeben, und die einzelnen Tätigkeiten, die der Arbeitnehmer ausgeübt hat, sind einzeln aufzuführen (JANSSEN 101 ff.).
- *Dauer des Arbeitsverhältnisses:* Massgebend sind das Datum des Stellen-
  antritts (JANSSEN 105) und das rechtliche, nicht das faktische Ende des
  Arbeitsverhältnisses. Dies gilt auch bei einer ungerechtfertigten fristlosen Kündigung (BGer, 4C.36/2004 E. 5; **a. A.** ZR 96 [1997] Nr. 12).
- *Beurteilung der Leistung,* d. h. des beruflichen Könnens und dessen tatsächliche Anwendung bei der Verrichtung der Arbeit (ZK-STAEHELIN,
  N 14). Zu bewerten sind namentlich die Leistung in quantitativer und in
  qualitativer Hinsicht, das Fachwissen, persönliche Eigenschaften und die
  Arbeitseinstellung (JANSSEN 109).
- *Beurteilung des Verhaltens* im Betrieb gegenüber Vorgesetzten, Mitarbeitern, Kunden und anderen Dritten, wozu namentlich auch Team-

fähigkeit, Beachtung von Vorschriften und Weisungen, Verantwortungs-
bereitschaft und bei leitenden Angestellten das Führungsverhalten zählt
(JANSSEN 111 ff.). Ausserdienstliches Verhalten darf nur erwähnt werden, wenn es sich auf Leistung und Verhalten während der Arbeit tatsächlich auswirkt (ZK-STAEHELIN, N 14).

11   Die Angaben müssen **präzis und detailliert** sein (BGer, 4C.129/2003 E. 6.1;
KG GR, JAR 2001, 229), sich auf die **gesamte Tätigkeitsdauer** beziehen und
alle wesentlichen Tatsachen und Bewertungen enthalten, die für das Ge-
samtbild des Arbeitnehmers von Bedeutung sind (BSK OR I-PORTMANN, N 4;
JANSSEN, 76 f.). Dazu gehören auch **Negativa**, wenn es sich um gravierende
Vorfälle handelt (z. B. berufliches Versagen, Vertrauensbruch, regelmässige
Missachtung von Weisungen, sexuelle Belästigung usw.). Auf **gesundheit-
liche Probleme** ist nur hinzuweisen, wenn sie erheblichen Einfluss auf
Leistung oder Verhalten des Arbeitnehmers hatten oder zur Auflösung des
Arbeitsverhältnisses führten (ArbGer ZH, JAR 2004, 598). Der **Beendi-
gungsgrund** ist nur anzugeben, wenn es der Arbeitnehmer wünscht oder
wenn er zur Würdigung des Gesamtbilds des Arbeitnehmers beiträgt (BGer,
4C.129/2003 E. 6.1; ArbGer ZH, JAR 1988, 251; KG GR, JAR 2001, 229). Der
Arbeitnehmer hat **kein Wahlrecht**, entweder nur seine Leistungen oder nur
sein Verhalten beurteilen zu lassen (BGE 129 III 177, 180).

12   Das Arbeitszeugnis muss inhaltlich der **Wahrheit** entsprechen. Es soll Dritten erlauben, sich über den Arbeitnehmer ein zutreffendes Bild zu machen.
Ob das Zeugnis der Wahrheit entspricht, beurteilt sich daher danach, wie es
ein unbeteiligter Dritter nach Treu und Glauben verstehen darf (BGer,
4C.60/2005 E. 4 – Bezeichnung als Kader). Tatsachen sind objektiv richtig
wiederzugeben. Ein blosser Verdacht darf daher im Arbeitszeugnis nicht
zum Ausdruck kommen. Unzulässig sind auch Mutmassungen über ungewisse zukünftige Ereignisse (ZK-STAEHELIN, N 10). Der Beurteilung von
Leistung und Verhalten ist ein **objektiver Massstab** zugrunde zu legen und
nicht die subjektive Sicht des Arbeitgebers. Die Angabe letzterer kann nicht
verlangt werden (JANSSEN, 73 m. w. Nw.).

13   Der Formulierung ist im Rahmen der Wahrheitspflicht und der Pflicht zur
Vollständigkeit ein **wohlwollender Beurteilungsmassstab** zugrunde zu legen, um das wirtschaftliche Fortkommen des Arbeitnehmers zu erleichtern.
Völlig isolierte Vorfälle und blosse Bagatellen (z. B. seltenes Zuspätkommen;
vereinzelte Unstimmigkeiten mit Vorgesetzten oder Mitarbeitern; einmalige
oder selten vorkommende schlechte Arbeitsleistung), die für die Gesamt-
beurteilung des Arbeitnehmers nicht erheblich sind, dürfen ins Arbeitszeugnis daher keinen Eingang finden (STREIFF/VON KAENEL, N 3). Die Wahl
der Formulierung steht grundsätzlich dem Arbeitgeber zu (BGer, 4C.129/
2003 E. 6.1). Auf Einfügung einer **Freizeichnungsklausel** («frei jeder Ver-

pflichtung») oder auf **Dankesworte und Zukunftswünsche** hat der Arbeitnehmer keinen Anspruch (BGer, 4C.36/2004 E. 5).

Die Verwendung besonderer **Zeugnisfloskeln**, denen eine konkrete nachteilige Aussage zugemessen wird, ohne dass dies aus dem Wortlaut der Formulierung ersichtlich ist, verstösst gegen Treu und Glauben und ist daher **nicht zulässig** (Streiff/von Kaenel, N 9; Vischer, 177; BSK OR I-Portmann, N 7; Janssen, 86 ff.).   **14**

IV. Verantwortlichkeit

Der **Arbeitnehmer** kann vom Arbeitgeber Schadenersatz verlangen, wenn dieser seine Zeugnispflicht verletzt, insbesondere im Verzugsfall (Art. 104 Abs. 1; CAPH, JAR 1999, 212) oder wenn er ein Arbeitszeugnis ausstellt, das ungenaue oder ungerechtfertigte negative Äusserungen enthält (Art. 97 Abs. 1; CAPH GE, JAR 2000, 287).   **15**

Gegenüber **Dritten** wird der Arbeitgeber bei Ausstellung eines falschen Arbeitszeugnisses nach Art. 41 haftbar (BGE 101 II 69; dazu Kälin, passim). Die Widerrechtlichkeit ergibt sich dabei aus Art. 252 StGB. Stellt der Arbeitgeber nachträglich fest, dass er ein unwahres oder unvollständiges Arbeitszeugnis ausgestellt hat, so muss er dieses **widerrufen**, d. h. es vom Arbeitnehmer zurückverlangen und berichtigen (dazu Kaufmann/Jorns, 39).   **16**

V. Prozessuales. Beweislast

Der Anspruch auf Ausstellung eines Arbeitszeugnisses ist mit einer **Leistungsklage** durchsetzbar (BGE 129 III 177, 180). Dem Arbeitnehmer steht es dabei frei, einen selbstformulierten Zeugnistext ins Rechtsbegehren aufzunehmen (Streiff/von Kaenel, N 5 m. w. Nw.).   **17**

Bei unvollständig oder fehlerhaft ausgestelltem Arbeitzeugnis kann der Arbeitnehmer eine **Berichtigungsklage** erheben (BGE 129 III 177, 180). Hier muss er den verlangten Text in sein Rechtsbegehren aufnehmen (Streiff/von Kaenel, N 5). Die Berichtigungsklage dient jedoch nur zur Korrektur von Rechtsmängeln und nicht von Ermessensentscheiden. War der Arbeitgeber mit der Leistung des Arbeitnehmers effektiv unzufrieden, so kann er nur verpflichtet werden, ein erkennbar unhaltbares Werturteil zu streichen oder offensichtlich unerwähnte Tätigkeiten oder Fähigkeiten des Arbeitnehmers ins Zeugnis aufzunehmen, nicht aber zu einer positiveren Beurteilung (BezGer Gelterkinden, JAR 2004, 422 m. w. Nw.). Ebensowenig können kleinliche Korrekturen oder bloss redaktionelle Änderungen verlangt werden (Streiff/von Kaenel, N 5 m. w. Nw.). Verlangt der Arbeitnehmer ein berichtigtes Arbeitszeugnis, so ist der Arbeitgeber an den bisherigen, nicht beanstandeten Zeugnistext gebunden, es sei denn, er habe nachträglich von   **18**

Kenntnis von Umständen erlangt, die die Änderung der Beurteilung rechtfertigen (vgl. BAG vom 21. Juni 2005, 9 AZR 352/04).

19   Der Zeugnisanspruch ist vermögensrechtlicher Natur. Für den **Streitwert** stellt das Bundesgericht primär auf die übereinstimmenden Angaben der Parteien ab (BGE 116 II 379; 4C.60/2005 E. 1). Die kantonale Praxis ist unterschiedlich; zuweilen wird der Streitwert mit einem Monatslohn bewertet (s. Tobler/Favre/Munoz/Gullo Ehm, Art. 343 N 2.7; Streiff/von Kaenel, N 6 je m. w. Nw.).

20   Der Arbeitgeber trägt die **Beweislast** für die richtige Erfüllung des Zeugnisanspruchs (BK-Rehbinder, N 22). Für die Berichtigungsklage hat das Bundesgericht kürzlich die bislang strittige Beweislastverteilung (s. Streiff/ von Kaenel, N 5 m. w. Nw.) wie folgt festgelegt: Der Arbeitnehmer trägt die Beweislast für diejenigen Tatsachen, die zugunsten der von ihm beantragten Abänderung sprechen. Den Arbeitgeber trifft dabei die prozessuale Mitwirkungspflicht, diejenigen Tatsachen, die er seiner negativen Bewertung zugrunde legt, zu begründen. Unterlässt er dies oder ist er nicht in der Lage, seinen Standpunkt zu rechtfertigen, so kann das Gericht die Berichtigungsklage als begründet erachten (4A_127/2007 E. 7.1). Diese Lösung verdient gegenüber der teilweise geübten Praxis, welche die Beweislast ausgehend von der Vermutung guter Leistungen verteilt (Nachweise bei Streiff/ von Kaenel, N 5), den Vorzug. Hat der Arbeitnehmer ein Zwischenzeugnis erhalten und weicht das Schlusszeugnis von diesem zu ungunsten des Arbeitnehmers ab, so trägt der Arbeitgeber die Beweislast für die Tatsachen, die er der Abweichung zugrunde legt.

VI. Referenzen

21   Ein Korrelat zur Zeugnispflicht stellt die Erteilung mündlicher oder schriftlicher Auskünfte des aktuellen oder ehemaligen Arbeitgebers an einen potentiellen neuen Arbeitgeber (sog. **Referenzen**) dar (Streiff/von Kaenel, N 8). Die Referenz soll die Feststellungen des Arbeitszeugnisses vertiefen. Der Arbeitnehmer hat aufgrund der Fürsorgepflicht einen **Anspruch** auf zumindest mündliche Erteilung von Referenzen (ZR 97 [1998] Nr. 72; ZK-Staehelin, N 26 m. w. Nw.).

22   Die Erteilung von Referenzen unterliegt den Vorschriften über die Datenbearbeitung (Art. 328b; DSG). Umstritten ist, ob generell die **Zustimmung** des Arbeitnehmers erforderlich ist oder nur dann, wenn sich die Referenzauskünfte auf besonders schützenswerte Personendaten (Art. 3 lit. c DSG) oder auf Persönlichkeitsprofile (Art. 3 lit. d DSG) beziehen (s. Streiff/von Kaenel, N 8 und ZK-Staehelin, N 28 je m. w. Nw.). Bei der Benennung als Referenz in den Bewerbungsunterlagen ist von einer Einwilligung auszugehen

(ZR 97 [1998] Nr. 72). Nach der hier vertretenen Auffassung liegt auch eine ausdrückliche Einwilligung i. S. v. Art. 4 Abs. 5 DSG vor.

Für den **Inhalt** der Referenz gelten die gleichen Regeln wie beim Arbeits-   23
zeugnis (ZK-STAEHELIN, N 27; dazu oben N 10 ff.). Die Auskunft hat sich namentlich auf Leistungen und Verhalten am Arbeitsplatz zu beschränken (ZR 1998 Nr. 72).

Die **Rechtsfolgen** einer unberechtigten Verweigerung einer Referenzaus-   24
kunft und der Erteilung ungünstiger oder falscher Referenzauskünfte entsprechen denjenigen beim Arbeitszeugnis (BGer, 4C.379/2002; ZR 1998 Nr. 72; s. oben N 15 f.). Zudem ist Art. 15 DSG anwendbar, namentlich auch bei unbefugter Erteilung einer Referenzauskunft.

Art. 330*b*

Informationspflicht ¹ Wurde das Arbeitsverhältnis auf unbestimmte Zeit oder für mehr als einen Monat eingegangen, so muss der Arbeitgeber spätestens einen Monat nach Beginn des Arbeitsverhältnisses den Arbeitnehmer schriftlich informieren über:

    a. die Namen der Vertragsparteien;

    b. das Datum des Beginns des Arbeitsverhältnisses;

    c. die Funktion des Arbeitnehmers;

    d. den Lohn und allfällige Lohnzuschläge;

    e. die wöchentliche Arbeitszeit.

² Werden Vertragselemente, die nach Absatz 1 mitteilungspflichtig sind, während des Arbeitsverhältnisses geändert, so sind die Änderungen dem Arbeitnehmer spätestens einen Monat nachdem sie wirksam geworden sind, schriftlich mitzuteilen.

Literatur

PIETRUSZAK, Die Informationspflichten des Arbeitgebers gemäss Art. 330b OR – zu Hintergrund, Inhalt und Rechtsfolgen der neuen Regelung, Jusletter vom 29. Mai 2006; PORTMANN, Die Informationspflichten des Arbeitgebers gemäss Art. 330b OR; ARV 2007, 1 ff.

Die Bestimmung verpflichtet den Arbeitgeber, dem Arbeitnehmer bestimmte   1
Vertragselemente schriftlich mitzuteilen, sofern das Arbeitsverhältnis auf **unbestimmte Dauer oder für mehr als einen Monat eingegangen wurde**.

Sie wurde als Teil der flankierenden Massnahmen am 1. April 2006 in Kraft gesetzt. Ihr Ziel ist es, dafür zu sorgen, dass in den Betrieben Dokumente über den wesentlichen Inhalt der Arbeitsverträge vorhanden sind, um dadurch den tripartiten Kommissionen die Beobachtung des Arbeitsmarkts zu erleichtern (dazu PIETRUSZAK, RZ 4 ff.).

2   **Mitteilungspflichtig** sind: die Namen der Vertragsparteien, das Datum des Beginns des Arbeitsverhältnisses, die Funktion des Arbeitnehmers, der Lohn und allfällige Lohnzuschläge sowie die wöchentliche Arbeitszeit. Diese Auflistung ist **abschliessend**.

3   Die Informationspflicht besteht auch dann, wenn die Parteien über mitteilungspflichtige Vertragselemente **keine Vereinbarung** getroffen haben, was aufgrund von Art. 320 Abs. 2, 322 Abs. 1 und 321c Abs. 1 ohne weiteres der Fall sein kann. Mitteilungspflichtig sind dann gegebenenfalls der übliche Lohn oder die übliche Arbeitszeit.

4   Zu eng ist der Wortlaut von lit. e, der die Mitteilung der **wöchentlichen Arbeitszeit** verlangt. Den Parteien steht es frei – und in der Praxis ist es weit verbreitet –, ein anderes Arbeitszeitmodell zu vereinbaren. Der Bestimmung ist daher auch Genüge getan mit Angaben wie der Jahresarbeitszeit, «Arbeit auf Abruf» usw. (BSK OR I-PORTMANN, N 18).

5   Die verlangten Informationen müssen dem Arbeitnehmer **schriftlich** mitgeteilt werden. Aus den Materialien ergibt sich, dass damit nicht Schriftform i. S. v. Art. 13 gemeint ist, sondern **blosser Nachweis durch Text** (Botschaft, BBl 2004 6586). Verlangt ist nicht ein spezielles Dokument, in dem alle geforderten Punkte aufgeführt sind. Es genügt, wenn die Informationen in mehreren Dokumenten verteilt enthalten sind, selbst wenn diese Dokumente aus anderen Gründen erstellt werden (z. B. das Einstellungsschreiben, das über die Namen der Vertragsparteien und die Funktion des Arbeitnehmers informiert, und die erste Lohnabrechnung, welche die Angaben über den vereinbarten Lohn enthält). Erhält der Arbeitnehmer einen schriftlichen Arbeitsvertrag, in dem alle mitteilungspflichtigen Vertragselemente enthalten sind, so ist der (erstmaligen) Informationspflicht Genüge getan.

6   Art. 330b führt weder ein Schriftformerfordernis für den Arbeitsvertrag als solchen noch mit Bezug auf die mitteilungspflichtigen Vertragselemente ein. Es handelt sich diesbezüglich um eine **blosse Ordnungsvorschrift** (BSK OR I-PORTMANN, N 9).

7   Die Informationspflicht ist **innert 30 Tagen** zu erfüllen. Die Frist läuft ab Beginn des Arbeitsverhältnisses für die erstmalige Information. Dies gilt auch, wenn ein ursprünglich auf einen Monat oder weniger befristetes Arbeitsverhältnis nach seinem Ablauf fortgesetzt wird (BSK OR I-PORTMANN, N 19). Werden informationspflichtige Vertragselemente während des Arbeitsver-

hältnisses geändert, so sind die Änderungen dem Arbeitnehmer spätestens einen Monat, nachdem sie wirksam geworden sind, schriftlich mitzuteilen.

Im Falle von **nicht- oder nicht richtiger Erfüllung** der Informationspflicht steht dem Arbeitnehmer die Erfüllungsklage analog dem Zeugnisanspruch zu. Er hat ausserdem Anspruch auf Schadensatz. Abzulehnen ist jedoch ein Leistungsverweigerungsrecht analog Art. 82 (**a. A.** BSK OR I-PORTMANN, N 24); ebenso vermag die Unterlassung der Informationspflicht kaum je eine ausserordentliche Kündigung zu rechtfertigen. Dies selbst nach erfolgloser Mahnung nicht, solange das Arbeitsverhältnis vereinbarungsgemäss gelebt wird (**a. A.** BSK OR I-PORTMANN, N 25). Zu allfälligen beweisrechtlichen Folgen s. PIETRUSZAK RZ 38 ff. und BSK OR I-PORTMANN, N 27 ff. Die dort gehegte Befürchtung, eine Verletzung der Informationspflicht könnte zu einer Umkehr der Beweislast führen, scheint sich wohl nicht zu bewahrheiten (vgl. BGer, 4C.307/2006 E. 3.1). 8

Art. 330b ist **relativ zwingend**, obwohl er nicht in der Liste von Art. 362 aufgeführt ist. 9

Vorbemerkungen zu den Art. 331–331*f*

Die Art. 331–331f enthalten Vorschriften über die Personalvorsorge. Diese ist primär im Bundesgesetz vom 25. Juni 1982 über die berufliche Alters-, Hinterlassenen- und Invalidenvorsorge (BVG, SR 831.40) und im Bundesgesetz vom 17. Dezember 1993 über die Freizügigkeit in der beruflichen Alters-, Hinterlassenen- und Invalidenvorsorge (Freizügigkeitsgesetz, FZG, SR 831.42) geregelt. Die Art. 331–331f sind nur im Kontext mit diesen Gesetzen verständlich, was den Rahmen dieses Kurzkommentars sprengen würde. Auf eine Kommentierung der Art. 331–331f wird daher verzichtet.

Art. 331

Personalvorsorge
Pflichten des Arbeitgebers

[1] Macht der Arbeitgeber Zuwendungen für die Personalvorsorge oder leisten die Arbeitnehmer Beiträge daran, so hat der Arbeitgeber diese Zuwendungen und Beiträge auf eine Stiftung, eine Genossenschaft oder eine Einrichtung des öffentlichen Rechtes zu übertragen.

² Werden die Zuwendungen des Arbeitgebers und allfällige Beiträge des Arbeitnehmers zu dessen Gunsten für eine Kranken-, Unfall-, Lebens-, Invaliden- oder Todesfallversicherung bei einer der Versicherungsaufsicht unterstellten Unternehmung oder bei einer anerkannten Krankenkasse verwendet, so hat der Arbeitgeber die Übertragung gemäss vorstehendem Absatz nicht vorzunehmen, wenn dem Arbeitnehmer mit dem Eintritt des Versicherungsfalles ein selbständiges Forderungsrecht gegen den Versicherungsträger zusteht.

³ Hat der Arbeitnehmer Beiträge an eine Personalvorsorgeeinrichtung zu leisten, so ist der Arbeitgeber verpflichtet, zur gleichen Zeit mindestens gleich hohe Beiträge wie die gesamten Beiträge aller Arbeitnehmer zu entrichten; er erbringt seine Beiträge aus eigenen Mitteln oder aus Beitragsreserven der Vorsorgeeinrichtung, die von ihm vorgängig hiefür geäufnet worden und gesondert ausgewiesen sind. Der Arbeitgeber muss den vom Lohn des Arbeitnehmers abgezogenen Beitragsanteil zusammen mit seinem Beitragsanteil spätestens am Ende des ersten Monats nach dem Kalender- oder Versicherungsjahr, für das die Beiträge geschuldet sind, an die Vorsorgeeinrichtung überweisen.

⁴ Der Arbeitgeber hat dem Arbeitnehmer über die ihm gegen eine Vorsorgeeinrichtung oder einen Versicherungsträger zustehenden Forderungsrechte den erforderlichen Aufschluss zu erteilen.

⁵ Auf Verlangen der Zentralstelle 2. Säule ist der Arbeitgeber verpflichtet, ihr die Angaben zu liefern, die ihm vorliegen und die geeignet sind, die Berechtigten vergessener Guthaben oder die Einrichtungen, welche solche Guthaben führen, zu finden.

Art. 331*a*

II. Beginn und Ende des Vorsorgeschutzes

¹ Der Vorsorgeschutz beginnt mit dem Tag, an dem das Arbeitsverhältnis anfängt, und endet an dem Tag, an welchem der Arbeitnehmer die Vorsorgeeinrichtung verlässt.

² Der Arbeitnehmer geniesst jedoch einen Vorsorgeschutz gegen Tod und Invalidität, bis er in ein neues
Vorsorgeverhältnis eingetreten ist, längstens aber
während eines Monats.

³ Für den nach Beendigung des Vorsorgeverhältnisses
gewährten Vorsorgeschutz kann die Vorsorgeeinrichtung vom Arbeitnehmer Risikobeiträge verlangen.

Art. 331*b*

**Abtretung
und Verpfändung**

Die Forderung auf künftige Vorsorgeleistungen kann
vor der Fälligkeit gültig weder abgetreten noch verpfändet werden.

Art. 331*c*

**Gesundheit-
liche Vorbehalte**

Vorsorgeeinrichtungen dürfen für die Risiken Tod und
Invalidität einen Vorbehalt aus gesundheitlichen
Gründen machen. Dieser darf höchstens fünf Jahre be-
tragen.

Art. 331*d*

**Wohneigen-
tumsförderung
Verpfändung**

¹ Der Arbeitnehmer kann bis drei Jahre vor Entstehung des Anspruchs auf Altersleistungen seinen
Anspruch auf Vorsorgeleistungen oder einen Betrag
bis zur Höhe seiner Freizügigkeitsleistung für
Wohneigentum zum eigenen Bedarf verpfänden.

² Die Verpfändung ist auch zulässig für den Erwerb
von Anteilscheinen einer Wohnbaugenossenschaft
oder ähnlicher Beteiligungen, wenn der Arbeitnehmer eine dadurch mitfinanzierte Wohnung selbst
benutzt.

³ Die Verpfändung bedarf zu ihrer Gültigkeit der
schriftlichen Anzeige an die Vorsorgeeinrichtung.

⁴ Arbeitnehmer, die das 50. Altersjahr überschritten haben, dürfen höchstens die Freizügigkeitsleistung, auf die sie im 50. Altersjahr Anspruch gehabt hätten, oder die Hälfte der Freizügigkeitsleistung im Zeitpunkt der Verpfändung als Pfand einsetzen.

⁵ Ist der Arbeitnehmer verheiratet, so ist die Verpfändung nur zulässig, wenn sein Ehegatte schriftlich zustimmt. Kann er die Zustimmung nicht einholen oder wird sie ihm verweigert, so kann er das Gericht anrufen. Die gleiche Regelung gilt bei eingetragenen Partnerschaften.

⁶ Wird das Pfand vor dem Vorsorgefall oder vor der Barauszahlung verwertet, so finden die Artikel 30d–30f und 83a des Bundesgesetzes vom 25. Juni 1982 über die berufliche Alters-, Hinterlassenen- und Invalidenvorsorge Anwendung.

⁷ Der Bundesrat bestimmt:

a. die zulässigen Verpfändungszwecke und den Begriff «Wohneigentum zum eigenen Bedarf»;

b. welche Voraussetzungen bei der Verpfändung von Anteilscheinen einer Wohnbaugenossenschaft oder ähnlicher Beteiligungen zu erfüllen sind.

Art. 331*e*

2.   Vorbezug

¹ Der Arbeitnehmer kann bis drei Jahre vor Entstehung des Anspruchs auf Altersleistungen von seiner Vorsorgeeinrichtung einen Betrag für Wohneigentum zum eigenen Bedarf geltend machen.

² Arbeitnehmer dürfen bis zum 50. Altersjahr einen Betrag bis zur Höhe der Freizügigkeitsleistung beziehen. Versicherte, die das 50. Altersjahr überschritten haben, dürfen höchstens die Freizügigkeitsleistung, auf die sie im 50. Altersjahr Anspruch gehabt hätten, oder die Hälfte der Freizügigkeitsleistung im Zeitpunkt des Bezuges in Anspruch nehmen.

³ Der Arbeitnehmer kann diesen Betrag auch für den Erwerb von Anteilscheinen einer Wohnbaugenossenschaft oder ähnlicher Beteiligungen verwenden, wenn er eine dadurch mitfinanzierte Wohnung selbst benutzt.

⁴ Mit dem Bezug wird gleichzeitig der Anspruch auf Vorsorgeleistungen entsprechend den jeweiligen Vorsorgereglementen und den technischen Grundlagen der Vorsorgeeinrichtung gekürzt. Um eine Einbusse des Vorsorgeschutzes durch eine Leistungskürzung bei Tod oder Invalidität zu vermeiden, bietet die Vorsorgeeinrichtung eine Zusatzversicherung an oder vermittelt eine solche.

⁵ Ist der Arbeitnehmer verheiratet, so ist der Bezug nur zulässig, wenn sein Ehegatte schriftlich zustimmt. Kann er die Zustimmung nicht einholen oder wird sie ihm verweigert, so kann er das Gericht anrufen. Die gleiche Regelung gilt bei eingetragenen Partnerschaften.

⁶ Werden Ehegatten vor Eintritt eines Vorsorgefalls geschieden, so gilt der Vorbezug als Freizügigkeitsleistung und wird nach den Artikeln 122, 123 und 141 des Zivilgesetzbuches sowie Artikel 22 des Freizügigkeitsgesetzes vom 17. Dezember 1993 geteilt. Die gleiche Regelung gilt bei gerichtlicher Auflösung einer eingetragenen Partnerschaft.

⁷ Wird durch den Vorbezug oder die Verpfändung die Liquidität der Vorsorgeeinrichtung in Frage gestellt, so kann diese die Erledigung der entsprechenden Gesuche aufschieben. Sie legt in ihrem Reglement eine Prioritätenordnung für das Aufschieben dieser Vorbezüge beziehungsweise Verpfändungen fest. Der Bundesrat regelt die Einzelheiten.

⁸ Im Übrigen gelten die Artikel 30d–30f und 83a des Bundesgesetzes vom 25. Juni 1982 über die berufliche Alters-, Hinterlassenen- und Invalidenvorsorge.

Art. 331*f*

3. Einschränkungen während einer Unterdeckung der Vorsorgeeinrichtung

¹ Die Vorsorgeeinrichtung kann in ihrem Reglement vorsehen, dass während der Dauer einer Unterdeckung die Verpfändung, der Vorbezug und die Rückzahlung zeitlich und betragsmässig eingeschränkt oder ganz verweigert werden können.

² Der Bundesrat legt die Voraussetzungen fest, unter denen die Einschränkungen nach Absatz 1 zulässig sind, und bestimmt deren Umfang.

Art. 332

E. Rechte an Erfindungen und Designs

¹ Erfindungen und Designs, die der Arbeitnehmer bei Ausübung seiner dienstlichen Tätigkeit und in Erfüllung seiner vertraglichen Pflichten macht oder an deren Hervorbringung er mitwirkt, gehören unabhängig von ihrer Schutzfähigkeit dem Arbeitgeber.

² Durch schriftliche Abrede kann sich der Arbeitgeber den Erwerb von Erfindungen und Designs ausbedingen, die vom Arbeitnehmer bei Ausübung seiner dienstlichen Tätigkeit, aber nicht in Erfüllung seiner vertraglichen Pflichten gemacht werden.

³ Der Arbeitnehmer, der eine Erfindung oder ein Design gemäss Absatz 2 macht, hat davon dem Arbeitgeber schriftlich Kenntnis zu geben; dieser hat ihm innert sechs Monaten schriftlich mitzuteilen, ob er die Erfindung beziehungsweise das Design erwerben will oder sie dem Arbeitnehmer freigibt.

⁴ **Wird die Erfindung oder das Design dem Arbeitnehmer nicht freigegeben, so hat ihm der Arbeitgeber eine besondere angemessene Vergütung auszurichten; bei deren Festsetzung sind alle Umstände zu berücksichtigen, wie namentlich der wirtschaftliche Wert der Erfindung beziehungsweise des Designs, die Mitwirkung des Arbeitgebers, die Inanspruchnahme seiner Hilfspersonen und Betriebseinrichtungen, sowie die Aufwendungen des Arbeitnehmers und seine Stellung im Betrieb.**

Literatur

ALDER, Urheberrecht und Arbeitsvertrag, in: Streuli-Youssef (Hrsg.), Urhebervertragsrecht, Zürich/Basel/Genf 2006, 463 ff.; ANDERMATT, Das Recht an im Arbeitsverhältnis geschaffenen immaterialgüterrechtlich geschützten Erzeugnissen, Bern 1999; MOSIMANN/GRAF, Arbeitnehmererfindungen, in: Bertschinger/Münch/Geiser (Hrsg.), Schweizerisches und europäisches Patentrecht, Basel 2002, 961 ff.; PORTMANN, Die Arbeitnehmererfindung, Bern 1986; DERS.; Zur Änderung der Art. 332 und 332a über die Rechte an Erfindungen und anderen immateriellen Gütern im Arbeitsverhältnis, ARV 2002, 9 ff.

I. Anwendungsbereich

Die Norm bestimmt, wer an Erfindungen oder Designs berechtigt ist, die vom Arbeitnehmer im Rahmen eines Arbeitsverhältnisses geschaffen werden oder an deren Schaffung er mitwirkt. Sie regelt ebenfalls, in welchen Fällen der Arbeitnehmer für seine Leistung einen besonderen Vergütungsanspruch hat. Es handelt sich um eine Sonderregelung zu Art. 321b Abs. 2, welche dem immaterialgüterrechtlichen Schöpferprinzip Rechnung trägt. 1

Für den Begriff der **Erfindung** ist auf die patentrechtliche Umschreibung abzustellen. Es handelt sich um eine technische Regel, die lehrt, wie durch die Anwendung von Naturkräften ein bestimmter Erfolg beliebig oft herbeigeführt werden kann (BSK OR I-PORTMANN, N 3). Das **Design** ist eine Gestaltung von Erzeugnissen oder Teilen von Erzeugnissen, die namentlich durch die Anordnung von Linien, Flächen, Konturen oder Farben oder durch das verwendete Material charakterisiert ist (Art. 1 DesG). 2

Art. 332 ist anwendbar auf Erfindungen und Designs «**unabhängig von ihrer Schutzfähigkeit**». Erfasst sind daher auch Erfindungen, die nach Art. 2 PatG grundsätzlich **nicht patentierbar** sind oder denen es an der erforderlichen Erfindungshöhe mangelt (MOSIMANN/GRAF, N 21.8). Entsprechendes gilt für das Design (vgl. Art. 2 und 4 DesG). 3

4   Je nach dem Verhältnis zur dienstlichen Tätigkeit unterscheidet die Bestimmung Aufgabenerfindung bzw. -design (Abs. 1; unten N 6 f.) und Gelegenheitserfindung bzw. -design (Abs. 2–4; unten N 8 ff.). Daneben lässt sich noch eine dritte Kategorie ausscheiden, nämlich die arbeitsfremde Erfindung bzw. das arbeitsfremde Design (unten N 12).

5   Nicht von Art. 332 erfasst ist die Schaffung von **urheberrechtlichen Werken** (s. Art. 2 URG) im Arbeitsverhältnis. Eine gesetzliche Regelung darüber, ob und welche Rechte dem Arbeitgeber an solchen Werken zustehen, fehlt, mit Ausnahme von Art. 17 URG betreffend Computerprogramme. Nach der h. L. beantwortet sich diese Frage bei Aufgabenwerken nach der sog. **Zweckübertragungstheorie**. Diese vermutet, der Arbeitnehmer habe mit Abschluss des Arbeitsvertrags dem Arbeitgeber die Nutzungsrechte an diesen Werken im Voraus übertragen, soweit es der Zweck des Arbeitsverhältnisses erfordert. Bezüglich der übrigen Werke kann den Arbeitnehmer aufgrund seiner Treuepflicht eine Anbietungspflicht treffen (Näheres bei ALDER, passim).

II. Aufgabenerfindung und Aufgabendesign (Abs. 1)

6   Aufgabenerfindungen und -designs sind Erfindungen bzw. Designs, die der Arbeitnehmer bei Ausübung seiner dienstlichen Tätigkeit und **in Erfüllung seiner vertraglichen Pflichten** macht oder an deren Hervorbringung er mitwirkt. Das Bemühen um die Erfindung bzw. das Design muss also zu den vertraglichen Pflichten des Arbeitnehmers gehören. Eine solche Pflicht muss nicht ausdrücklich vereinbart sein, sondern kann sich auch aus den Umständen ergeben; beispielsweise kann sie in einer leitenden Stellung stillschweigend enthalten sein (vgl. BGE 100 IV 169). Ob die Erfindung oder das Design am Arbeitsplatz oder während der Arbeitszeit geschaffen wurde, ist irrelevant (BGE 72 II 273).

7   Gemäss Abs. 1 stehen alle Rechte an Aufgabenerfindungen und -designs **originär dem Arbeitgeber** zu. Einzig das Recht, als Erfinder oder Schöpfer des Designs genannt zu werden, verbleibt dem Arbeitnehmer (Art. 5 f. PatG bzw. Art. 9 Abs. 1 lit. g und 25 Abs. 1 lit. e DesV). Ein besonderer Vergütungsanspruch steht dem Arbeitnehmer von Gesetzes wegen nicht zu.

III. Gelegenheitserfindung und Gelegenheitsdesign (Abs. 2–4)

8   Gelegenheitserfindungen und -designs sind Erfindungen bzw. Designs, die der Arbeitnehmer bei Ausübung seiner dienstlichen Tätigkeit macht, ohne dass dies zu seinem Pflichtenheft gehört. Erforderlich, aber auch genügend ist, dass die Erfindung oder das Design **mit der dienstlichen Tätigkeit in einem sachlichen Zusammenhang** steht (BGE 72 II 273). Ob die Leistung am Arbeitsplatz oder während der Arbeitszeit erzielt wurde, ist auch hier irrelevant.

Die Rechte an Gelegenheitserfindungen und -designs stehen originär dem **9** Arbeitnehmer zu. Der Arbeitgeber kann sich aber durch schriftliche Abrede den Erwerb der Erfindung oder des Designs (oder von Teilrechten, STREIFF/ VON KAENEL, N 11) sichern (Abs. 2; sog. **Erfinder- bzw. Designerklausel**).

Macht der Arbeitnehmer eine vertraglich **vorbehaltene (gebundene) Gele-** **10** **genheitserfindung** oder ein solches Design, so hat er den Arbeitgeber davon schriftlich in Kenntnis zu setzen. Dieser muss ihm dann innert sechs Monaten schriftlich mitteilen, ob er die Erfindung oder das Design erwerben will oder nicht, bzw. – wenn eine Vorausverfügung vereinbart wurde – ob er eine Rückübertragung vornehmen will oder nicht (Abs. 3; dazu BSK OR I-PORT-MANN, N 10). Soweit der Arbeitgeber Rechte für sich behält, hat er dem Arbeitnehmer eine **angemessene Vergütung** zu zahlen. Was angemessen ist, richtet sich insbesondere nach dem wirtschaftlichen Wert der Erfindung bzw. des Designs, der Mitwirkung des Arbeitgebers, der Inanspruchnahme seiner Hilfspersonen und Betriebseinrichtungen, sowie den Aufwendungen des Arbeitnehmers und seiner Stellung im Betrieb (Abs. 4). Der Vergütungsanspruch ist nicht abdingbar (Art. 362). Die Abrede, dass die Vergütung im Lohn inbegriffen ist, ist nur zulässig, wenn der Lohn ohne die Vorbehaltsklausel nachweislich so viel tiefer festgesetzt worden wäre, dass sich aus der Differenz eine angemessene Vergütung ergibt (ZK-STAEHELIN, N 21).

Nicht vorbehaltene Erfindungen und Designs hat der Arbeitnehmer dem **11** Arbeitgeber ebenfalls zu melden, damit dieser prüfen kann, ob nicht eine Aufgabenerfindung oder ein Aufgabendesign vorliegt. Ob den Arbeitnehmer darüber hinaus auch eine Anbietungspflicht trifft, ist strittig (s. BSK OR I-PORTMANN, N 13; VISCHER, 212 je m. w. Nw.).

IV. Arbeitsfremde Erfindung und arbeitsfremdes Design

Erfindungen und Designs, die **mit der dienstlichen Tätigkeit in keinem** **12** **sachlichen Zusammenhang** stehen, stehen dem Arbeitnehmer zur freien Verfügung. Ihre Sicherung durch eine Erfinder- oder Designerklausel ist nur in den Grenzen von Art. 27 Abs. 2 ZGB zulässig. Gegebenenfalls finden die Abs. 2–4 analog Anwendung (SREIFF/VON KAENEL, N 18).

V. Charakter der Norm

Abs. 1 ist dispositiver Natur, während Abs. 4 relativ zwingend ist. **13**

Art. 332*a*

aufgehoben

Art. 333

F. Übergang des Arbeitsverhältnisses

1. Wirkungen

[1] Überträgt der Arbeitgeber den Betrieb oder einen Betriebsteil auf einen Dritten, so geht das Arbeitsverhältnis mit allen Rechten und Pflichten mit dem Tage der Betriebsnachfolge auf den Erwerber über, sofern der Arbeitnehmer den Übergang nicht ablehnt.

[1bis] Ist auf das übertragene Arbeitsverhältnis ein Gesamtarbeitsvertrag anwendbar, so muss der Erwerber diesen während eines Jahres einhalten, sofern er nicht vorher abläuft oder infolge Kündigung endet.

[2] Bei Ablehnung des Überganges wird das Arbeitsverhältnis auf den Ablauf der gesetzlichen Kündigungsfrist aufgelöst; der Erwerber des Betriebes und der Arbeitnehmer sind bis dahin zur Erfüllung des Vertrages verpflichtet.

[3] Der bisherige Arbeitgeber und der Erwerber des Betriebes haften solidarisch für die Forderungen des Arbeitnehmers, die vor dem Übergang fällig geworden sind und die nachher bis zum Zeitpunkt fällig werden, auf den das Arbeitsverhältnis ordentlicherweise beendigt werden könnte oder bei Ablehnung des Überganges durch den Arbeitnehmer beendigt wird.

[4] Im übrigen ist der Arbeitgeber nicht berechtigt, die Rechte aus dem Arbeitsverhältnis auf einen Dritten zu übertragen, sofern nichts anderes verabredet ist oder sich aus den Umständen ergibt.

Literatur

BACHMANN, Das Arbeitsverhältnis im Konkurs des Arbeitgebers, Bern 2005; BAUMANN, Die Übertragung von Arbeitnehmerdaten bei Betriebsübergängen, AJP 2004, 638 ff.; DENZLER, Zur Tragweite von Art. 333 OR, recht 1998, 66 ff.; GEISER, Die Stellung der Arbeitnehmenden nach dem Fusionsgesetz, AJP 2004, 863 ff.; DERS., Arbeitsrechtliche Fragen bei Sanierungen, in: Geiser (Hrsg.), Die Sanierung der AG, 2. Aufl. Zürich 2003, 145 ff.; HIRSIGER, Der Schutz des Gesellschafter, Gläubiger und Arbeitnehmer bei der Fusion von Kapitalgesellschaften nach schweizerischem und europäischem Fusionsrecht, Zürich/Basel/Genf 2006; KARAGJOZI, Les transferts d'entreprises en droit du travail, Zürich/Basel/Genf 2003; R. A. MÜLLER, Die neuen Bestimmungen über den Betriebsübergang, AJP 1996, 149 ff.; STAEHELIN, Anwendbarkeit von Art. 333 Abs. 3 OR bei Erwerb eines Betriebes aus dem Konkurs des früheren Inhabers, ARV 2003, 216 ff.; I. WILDHABER, Der Tatbestand des Betriebs(teil)übergangs gemäss Art. 333 Abs. 1 OR, ZSR 2007 I 463 ff.; WINKLER, Unternehmensumwandlungen und ihre Auswirkungen auf Arbeitsverträge, Bern 2001; WYLER, Loi sur la fusion et protection des travailleurs, SZW 2004, 249 ff.; ZIMMERLI, Arbeitnehmerschutz bei Umstrukturierungen unter besonderer Berücksichtigung des Fusionsgesetzes, AJP 2005, 771 ff.

I. Allgemeines. Normzweck

Die Bestimmung regelt in den Abs. 1 bis 3 die Auswirkungen eines Betriebsübergangs auf das Arbeitsverhältnis. Sie stellt in diesem Zusammenhang verschiedene Vorschriften auf, mit denen die umfassende Wahrung der Interessen der betroffenen Arbeitnehmer angestrebt wird (BGE 127 V 183, 186). Sie sieht insbesondere vor, dass die im Zeitpunkt der Übertragung des Betriebs auf einen Dritten bestehenden Arbeitsverhältnisse von Gesetzes wegen auf den Erwerber übergehen, selbst wenn dies gegen dessen Willen geschehen sollte (Abs. 1; BGE 129 III 335, 341). Es handelt sich um eine gesetzlich angeordnete **Singularsukzession**. Die Regelung trägt damit dem Umstand Rechnung, dass es dem Arbeitnehmer i. d. R. mehr auf seinen Arbeitsplatz als Teil einer eingerichteten Betriebsorganisation ankommt als auf die Person des Arbeitgebers (WILDHABER, ZSR 2007 I 466). Ihr Ziel ist es daher, die Kontinuität des Arbeitsverhältnisses sicherzustellen, wenn über den Betrieb rechtsgeschäftlich verfügt wird. Im Ergebnis führt der Betriebsübergang zu einem **Austausch der Vertragspartei auf Arbeitgeberseite**. Dem Arbeitnehmer steht daher das Recht zu, den Betriebsübergang abzulehnen (Abs. 1 und 2). Zudem schützt ihn Abs. 3 vor einem neuen Arbeitgeber mit zweifelhafter Solvenz. 1

Ergänzt wird die Regelung durch Art. 333a, welcher der Arbeitnehmerschaft bei Betriebsübertragungen gewisse Mitwirkungsrechte gewährt. 2

Die Bestimmung wurde im Jahr 1993 revidiert und dabei an die Richtlinie 77/187 des EWG-Rates vom 14. Februar 1977 angeglichen. Sie ist daher **europarechtskonform auszulegen** (BGE 129 III 335, 350). 3

Aufgrund des ausdrücklichen Gesetzesverweises ist Art. 333 auch bei der **Fusion, der Spaltung und der Vermögensübertragung gemäss FusG** anwendbar (Art. 27 Abs. 1, 49 Abs. 1, 76 Abs. 1 FusG). 4

Abs. 4 befasst sich mit der **Übertragung einzelner Rechte** aus dem Arbeitsverhältnis. 5

II. Voraussetzungen

6   Voraussetzung für die Anwendung der Abs. 1 bis 3 ist, dass der Arbeitgeber einen Betrieb oder Betriebsteil auf einen Dritten überträgt. Unter **Betrieb** ist eine auf Dauer gerichtete, in sich geschlossene organisatorische Leistungseinheit zu verstehen, die selbständig am Wirtschaftsleben teilnimmt. **Betriebsteile** sind organisatorische Leistungseinheiten, denen die wirtschaftliche Selbständigkeit fehlt (BGE 129 III 335, 336 f.).

7   Meist wird der Betrieb oder Betriebsteil durch Rechtsgeschäft **übertragen**. Indessen ist Art. 333 auch anwendbar, wenn zwischen dem ehemaligen und dem neuen Betriebsinhaber keine direkte Rechtsbeziehung besteht (BGE 123 III 466). Nach diesem Entscheid genügt es für einen Betriebsübergang, wenn der Betrieb vom Erwerber tatsächlich weitergeführt oder wieder aufgenommen wird. Voraussetzung ist jedoch, dass dies mit Willen des bisherigen Betriebsinhabers erfolgt (WILDHABER ZSR 2007 I 470 m.w. Nw.). Keine Übertragung liegt hingegen vor, wenn sich bloss die Beteiligungsverhältnisse an einer Gesellschaft ändern (share deal; BGer, JAR 2002, 227).

8   Weiter setzt ein **Betriebsübergang** i.S.v. Abs. 1 voraus, dass der betreffende Betrieb oder Betriebsteil seine **Identität,** d.h. den Betriebszweck, die Organisation und den individuellen Charakter, bewahrt. Dies ist dann der Fall, wenn bei Erhaltung der bisherigen Organisation dieselbe oder eine gleichartige Geschäftstätigkeit vom neuen Inhaber tatsächlich weitergeführt oder wiederaufgenommen wird (BGE 129 III 335, 336 f. m.w.Nw.). Ob diese Voraussetzung erfüllt ist, ist aufgrund sämtlicher den Vorgang kennzeichnender Tatsachen und Umstände zu beurteilen. Für die Wahrung der Identität sprechen namentlich der Übergang von Infrastruktur und Betriebsmitteln, eine personell gleichbleibende Unternehmensleitung sowie die Übernahme der Kundschaft. Nicht erforderlich ist hingegen, dass der Betrieb oder Betriebsteil auch umfangmässig im bisherigen Rahmen weitergeführt wird oder dass der Veräusserer untergeht (BGer, 4C.193/2004; JAR 2002, 228; JAR 2000, 179; JAR 1995, 128; Näheres bei BSK OR I-PORT-MANN, N 5 und STREIFF/VON KAENEL, N 6).

9   Im Schweizer Recht noch weitgehend ungeklärt ist die Frage, ob auch die Übertragung von betrieblichen Funktionen auf einen Dritten durch erstmalige oder erneute Auftragsvergabe (sog. **Funktionsnachfolge** oder **Outsourcing**) einen Betriebsübergang darstellt. Wie Wildhaber gestützt auf die einschlägige EuGH-Rechtsprechung darlegt, stellt eine Funktionsnachfolge dann einen Betriebsübergang i.S.v. Art. 333 dar, wenn sie an die Übernahme von Mitarbeitern und/oder Betriebsmitteln gekoppelt ist und diese Mitarbeiter und/oder Betriebsmittel bei einer wertenden Gesamtbetrachtung den identitätsbildenden Kern des Betriebs oder Betriebsteils ausmachen (WILDHABER, ZSR 2007 I 480 ff.).

Schliesslich setzt Abs. 1 voraus, dass sich das Arbeitsverhältnis dem betref- **10** fenden Betrieb oder Betriebsteil **zuordnen** lässt. Massgebend für die Zuordnung ist der objektive Schwerpunkt der Tätigkeit (CAPH GE, JAR 2002, 232; WILDHABER, ZSR 2007 I 474 m. w. Nw.). Arbeitsverhältnisse, bei denen eine solche Betriebsbezogenheit fehlt, sind vom Übergang nach Abs. 1 nicht erfasst. Sollen diese mit dem Betrieb übertragen werden, so erfordert dies eine dreiseitige Vereinbarung zwischen Arbeitgeber, Erwerber und Arbeitnehmer.

Die Voraussetzung des Betriebsübergangs entfällt bei der **Fusion**, da hier **11** sämtliche Arbeitsverhältnisse aufgrund der Universalsukzession nach Art. 22 Abs. 1 FusG übergehen. Bei der **Spaltung** und bei der **Vermögensübertragung** ist hingegen in erster Linie zu prüfen, ob ein Betriebsübergang vorliegt. Ist dies der Fall, so gehen die dem betreffenden Betrieb zuzuordnenden Arbeitsverhältnisse gemäss Abs. 1 über, unabhängig davon, ob sie im Spaltungs- bzw. Übertragungsvertrag (Art. 37 lit. i bzw. 71 Abs. 1 lit. e FusG) aufgeführt sind. Liegt hingegen kein Betriebsübergang vor oder können Arbeitsverhältnisse nicht dem betreffenden Betrieb oder Betriebsteil zugeordnet werden, so richtet sich deren Übergang nach dem Spaltungsbzw. Übertragungsvertrag (zum Ganzen BSK OR I-PORTMANN, N 40, 45 und 53 m. w. Nw.).

III. Rechtsfolgen

1. Übergang des Arbeitsverhältnisses (Abs. 1)

Abs. 1 bestimmt, dass mit dem Tag der Betriebsnachfolge sämtliche Ar- **12** beitsverhältnisse, die dem betreffenden Betrieb oder Betriebsteil zuzuordnen sind, **von Gesetzes wegen** auf den Erwerber übergehen, sofern der Arbeitnehmer den Übergang nicht ablehnt.

Das Arbeitsverhältnis geht «**mit allen Rechten und Pflichten**» über. Das **13** bedeutet, dass das Arbeitsverhältnis mit dem Erwerber unverändert weitergeführt wird. Sämtliche Dienstjahre werden dem Arbeitnehmer angerechnet. Der Erwerber haftet grundsätzlich für sämtliche Forderungen des Arbeitnehmers, einschliesslich solcher aus Mitarbeiterbeteiligungsplänen (TPH GE, JAR 2003, 150), Versicherungs- und Vorsorgezusagen (BRUNNER/ BÜHLER/WEBER/BRUCHEZ, N 6 – überobligatorische berufliche Vorsorge; BGer, 4C.50/2002 – Krankentaggeldversicherung), Sozialplänen (BGE 132 III 42, 45 ff.) usw.

Der Übergang der Arbeitsverhältnisse erfolgt **unabhängig vom Willen des** **14** **Veräusserers und des Erwerbers** (BGE 123 III 466, 468). BGE 132 III 32, 41 schliesst sogar aus, dass mit dem Arbeitnehmer gültig vereinbart werden kann, dass sein Arbeitsverhältnis mit dem Veräusserer fortbesteht (krit. BSK OR I-PORTMANN, N 9 und 16). Um dies zu erreichen, müssen Erwerber,

Veräusserer und Arbeitnehmer das Arbeitsverhältnis nach dem Übergang einvernehmlich rückübertragen. Kündigt der Veräusserer das Arbeitsverhältnis, um dessen Übergang zu verhindern, so ist die Kündigung als Umgehung von Art. 333 nichtig (BGer, 4P.299/2004 E. 3.1; BGE 127 V 183, 194; BSK OR I-Portmann, N 10).

15   Nach BGE 129 III 335 ff. kommt Abs. 1 nur eingeschränkt zur Anwendung, wenn der Betrieb aus der **Konkursmasse** übernommen wird. In diesem Fall gehen offene, vor der Übernahme fällig gewordene Lohnforderungen nicht auf den Erwerber über, so dass dieser hierfür nicht haftet. Diese teleologische Reduktion drängt sich auf, weil andernfalls die Bestimmung mögliche Sanierungen verhindert und sich damit zuungunsten der betroffenen Arbeitnehmer auswirken würde. Entsprechendes muss daher auch für Betriebsübernahmen bei Konkursaufschub, Nachlassstundung und Nachlassvertrag mit Vermögensabtretung gelten (BSK OR I-Portmann, N 12).

2.   Weitergeltung eines Gesamtarbeitsvertrags (Abs. 1bis)

16   Der Erwerber des Betriebs ist verpflichtet, einen auf das übertragene Arbeitsverhältnis anwendbaren Gesamtarbeitsvertrag während **maximal einem Jahr** ab dem Tag des Betriebsübergangs einzuhalten, sofern der GAV nicht vorher abläuft oder infolge Kündigung endet.

17   Die Regelung dient der **Besitzstandswahrung** des Arbeitnehmers. Von der Weitergeltung erfasst sind daher nur die normativen Bestimmungen des GAV (s. Art. 356 N 9) sowie diejenigen indirekt-schuldrechtlichen Bestimmungen (s. Art. 356 N 12), die dem Arbeitnehmerschutz dienen (BSK OR I-Portmann, N 19). An die übrigen Bestimmungen des GAV ist der Erwerber nicht gebunden. Massgeblich ist die Fassung des GAV im Zeitpunkt des Betriebsübergangs; allfällige spätere Änderungen des GAV bleiben irrelevant (Streiff/von Kaenel, N 9). Nach der h. L. hat der GAV des übernommenen Betriebs Vorrang vor einem allfälligen beim Erwerber geltenden GAV (BSK OR I-Portmann, N 21 m. w. Nw.).

3.   Ablehnungsrecht des Arbeitnehmers (Abs. 2)

18   Der Arbeitnehmer kann den Übergang seines Arbeitsverhältnisses nach Abs. 1 ablehnen. Dies ist ein Ausfluss des personenbezogenen Charakters des Arbeitsverhältnisses. Das Ablehnungsrecht steht dem Arbeitnehmer auch im Falle einer Fusion, Spaltung oder Vermögensübertragung gemäss dem FusG zu (Vischer, 219).

19   Das Ablehnungsrecht ist ein eigenständiges **rechtsaufhebendes Gestaltungsrecht**, auf das die Bestimmungen über die Kündigung (Art. 335 ff.) nicht anwendbar sind. Die Erklärung ist gegenüber dem Arbeitgeber abzugeben, also vor dem Betriebsübergang gegenüber dem Veräusserer, danach gegenüber dem Erwerber (Streiff/von Kaenel, N 11).

Innert welcher **Frist** die Ablehnung zu erklären ist, sagt das Gesetz nicht. 20
Teils wird eine Frist von einem Monat analog Art. 335b Abs. 1 ab dem Zeitpunkt, in dem der Arbeitnehmer vom Betriebsübergang Kenntnis erhalten
hat, angenommen (OGer BL, JAR 1991, 224; BSK OR I-Portmann N 28),
teils eine im Einzelfall angemessene Frist (Streiff/von Kaenel, N 11). Aufgrund dieser Unsicherheit ist es zweckmässig, wenn der Arbeitgeber mit der
Information über den Betriebsübergang eine angemessene Überlegungsfrist
setzt (Streiff/von Kaenel, N 11). Bei unbenutztem Fristablauf ist das Ablehnungsrecht verwirkt (BSK OR I-Portmann, N 28).

Lehnt der Arbeitnehmer den Übergang ab, so endet das Arbeitsverhältnis 21
mit Ablauf der **gesetzlichen Kündigungsfrist** (Art. 335b Abs. 1, 335c Abs. 1),
frühestens aber auf den Zeitpunkt des Betriebsübergangs (BSK OR I-Portmann, N 31). Die Frist läuft ab Empfang der Ablehnungserklärung durch
den Arbeitgeber. Endet sie erst nach dem Zeitpunkt des Betriebsübergangs,
so geht das Arbeitsverhältnis trotz der Ablehnung auf den Erwerber über
(Botschaft, BBl 1967 II 371). Arbeitnehmer und Erwerber sind dann verpflichtet, den Vertrag für die verbleibende Zeit zu erfüllen (Streiff/von
Kaenel, N 12).

4. Solidarische Haftung des Veräusserers (Abs. 3)

Abs. 3 sieht zum Schutz des Arbeitnehmers vor einem neuen Arbeitgeber 22
mit zweifelhafter Bonität eine zeitlich beschränkte **zusätzliche Solidarhaftung des Betriebsveräusserers** vor (s. BGE 129 III 335, 342). Hinsichtlich
der Haftung des Erwerbers hat die Bestimmung rein deklaratorische Wirkung, da dieser bereits aufgrund seines Vertragseintritts nach Abs. 1 für
sämtliche Forderungen des Arbeitnehmers aus dem Arbeitsverhältnis haftet. Die geführte Diskussion, inwieweit Art. 333 in Konkurs und anderen
Sanierungsfällen anwendbar ist, betrifft daher richtigerweise nicht nur
Abs. 3, sondern vor allem Abs. 1 (s. BSK OR I-Portmann, N 11 m.w.Nw.;
s. aber BGE 129 III 335 ff.).

Der Veräusserer haftet weiterhin für **Forderungen** des Arbeitnehmers, die 23
vor dem Übergang fällig geworden sind, ferner für Forderungen, die nachher bis zum Zeitpunkt fällig werden, auf den das Arbeitsverhältnis ordentlicherweise beendigt werden könnte oder bei Ablehnung des Überganges
durch den Arbeitnehmer beendigt wird. Beim befristeten Arbeitsverhältnis ist dessen Endtermin massgebend. Beim unbefristeten Arbeitsverhältnis
ist das Ende nach der vertraglichen Kündigungsfrist, gerechnet vom Zeitpunkt des Betriebsübergangs, zu bestimmen (BSK OR I-Portmann, N 34).
Massgebend ist aufgrund des klaren Gesetzeswortlauts stets der **Zeitpunkt
der Fälligkeit** der Forderungen und nicht deren Entstehungszeitpunkt (umstr.; Streiff/von Kaenel, N 13 m.w.Nw.; offen gelassen in BGE 132 III 32,
45).

24   Bei Transaktionen unter dem FusG kann der Arbeitnehmer für die vorgenannten Forderungen zudem **Sicherstellung** verlangen (Art. 27 Abs. 2, 49 Abs. 2, 76 Abs. 2 i. V. m. 75 Abs. 3 FusG). Sodann bleiben bei der Fusion und der Spaltung bislang **persönlich haftende Gesellschafter** weiterhin persönlich haftbar (Art. 27 Abs. 3 und Art. 49 Abs. 3 FusG).

25   Abs. 3 ist **relativ zwingend** (Art. 362). Das hat beispielsweise zur Folge, dass Arbeitnehmer gegenüber der Konkursmasse des Veräusserers nicht auf die ausstehenden Lohnansprüche verzichten können (BGE 132 III 335, 346).

IV.   Abtretungsverbot (Abs. 4)

26   Abs. 4 bildet das Gegenstück zur persönlichen Leistungspflicht des Arbeitnehmers nach Art. 321. Er bestimmt, dass der Arbeitgeber grundsätzlich nicht berechtigt ist, die Rechte aus dem Arbeitsverhältnis auf einen Dritten zu übertragen, sofern nichts anderes verabredet ist oder sich aus den Umständen ergibt. Letzteres ist nur mit Zurückhaltung anzunehmen. Normzweck ist der Schutz der Persönlichkeit des Arbeitnehmers. Dem Abtretungsverbot unterliegen daher nur die persönlichkeitsbezogenen Reche, wie das **Recht auf Arbeitsleistung** und das **Weisungsrecht**. Es gilt auch zwischen Konzerngesellschaften (Streiff/von Kaenel, N 21).

27   **Keine Übertragung** von Rechten liegt vor, wenn der Arbeitnehmer lediglich ausserhalb des Betriebs arbeitet. Massgebend für die Abgrenzung ist, ob der Arbeitnehmer in eine fremde Arbeitsorganisation eingegliedert wird und ob wesentliche Weisungsbefugnisse übergehen (OGer LU, JAR 2002, 153 ff.).

28   Wird der Arbeitnehmer in Verletzung von Abs. 4 in einen fremden Betrieb versetzt, so darf er dort die **Arbeitsleistung verweigern** (OGer LU, a. a. O.).

Art. 333*a*

2.   **Konsultation der Arbeitnehmervertretung**

¹ Überträgt ein Arbeitgeber den Betrieb oder einen Betriebsteil auf einen Dritten, so hat er die Arbeitnehmervertretung oder, falls es keine solche gibt, die Arbeitnehmer rechtzeitig vor dem Vollzug des Übergangs zu informieren über:

a. den Grund des Übergangs;

b. die rechtlichen, wirtschaftlichen und sozialen Folgen des Übergangs für die Arbeitnehmer.

[2] Sind infolge des Übergangs Massnahmen beabsichtigt, welche die Arbeitnehmer betreffen, so ist die Arbeitnehmervertretung oder, falls es keine solche gibt, sind die Arbeitnehmer rechtzeitig vor dem Entscheid über diese Massnahmen zu konsultieren.

Literatur

Ilg, Kommentar über das Bundesgesetz über die Information von Arbeitnehmern in Betrieben (Mitwirkungsgesetz), Zürich 1999; Meier/Exner, Informations- und Konsultationsrechte der Arbeitnehmer bei Sanierungen, ARV 2004, 213 ff.; Rehbinder, Die Mitwirkung der Arbeitnehmer bei betrieblichen Umstrukturierungen, FS VSAM, Bern 1993, 49 ff. Weitere Literaturhinweise unter Art. 333.

I. Anwendungsbereich

Die Bestimmung knüpft an Art. 333 an und gewährt der Arbeitnehmerschaft im Falle einer Betriebsübertragung bestimmte **Mitwirkungsrechte**: Zum einen ein Informationsrecht, zum andern unter bestimmten Voraussetzungen ein Konsultationsrecht. Ihre Anwendung setzt voraus, dass eine Betriebsübertragung i. S. v. Art. 333 Abs. 1 vorliegt.   1

Art. 333a ist ferner anwendbar bei der **Fusion**, der **Spaltung** und der **Vermögensübertragung** gemäss dem Fusionsgesetz (Art. 28 Abs. 1, 50 und 77 Abs. 1 FusG). Entgegen dem Wortlaut dieser Bestimmungen gilt dies nicht nur für die Konsultations- sondern auch für die Informationspflicht. Informations- und gegebenenfalls konsultationspflichtig ist hier sowohl die übertragende als auch die übernehmende Gesellschaft (Näheres bei BSK OR I-Portmann, N 23 ff.).   2

Zu informieren bzw. konsultieren ist primär die **Arbeitnehmervertretung** gemäss Art. 5 ff. MitwG. Fehlt eine Arbeitnehmervertretung, so ist der Arbeitgeber berechtigt und verpflichtet, alle **betroffenen Arbeitnehmer** zu informieren bzw. konsultieren.   3

II. Informationspflicht (Abs. 1)

Die in Abs. 1 statuierte Informationspflicht bezweckt, den Arbeitnehmern einen sachkundigen Entscheid über ihr Ablehnungsrecht (Art. 333 Abs. 1) zu ermöglichen (Streiff/von Kaenel, N 2). Gegenstand der Information bilden deshalb sowohl der **Grund des Übergangs** als auch dessen **rechtliche, wirtschaftliche und soziale Folgen** für den Arbeitnehmer. Zu den rechtlichen Folgen gehören namentlich diejenigen gemäss Art. 333. Im Fall einer fusionsgesetzlichen Transaktion muss zusätzlich informiert werden über die Rechtsfolgen gemäss FusG, also namentlich über eine allfällige Ge-   4 sellschafterhaftung und über das Recht, Sicherstellung zu verlangen. Der notwendige Informationsinhalt ist im Einzelfall aufgrund des Zwecks des Informationsrechts und unter Berücksichtigung der betrieblichen Situation zu bestimmen (STREIFF/VON KAENEL, N 4).

5   Das Gesetz sieht keine besondere **Form** für die Informationserteilung vor. Diese kann schriftlich, z. B. durch ein Rundschreiben, oder mündlich, etwa in einer Betriebsversammlung, erfolgen, oder in einer Kombination von beidem. Für die Arbeitnehmervertretung bzw. die Arbeitnehmer muss aber die Möglichkeit bestehen, Fragen zu stellen. Innerhalb des Informationsanspruchs sind solche Fragen zu beantworten (BSK OR I-PORTMANN, N 6).

6   In **zeitlicher Hinsicht** muss die Information **rechtzeitig vor dem Vollzug** des Übergangs bzw. der fusionsgesetzlichen Transaktion erfolgen. Das betreffende Rechtsgeschäft kann jedoch bereits vorher abgeschlossen werden.

III. Konsultationspflicht (Abs. 2)

7   Die Konsultationspflicht setzt voraus, dass infolge des Übergangs **Massnahmen beabsichtigt** sind, welche die Arbeitnehmer betreffen. Dazu gehören beispielsweise Versetzungen, Kündigungen, Lohnkürzungen, Erhöhung oder Senkung der Arbeitszeit, Betriebsverlegungen usw. Ist dies der Fall, so hat der Arbeitgeber die Arbeitnehmervertretung oder, falls es keine solche gibt, die Arbeitnehmer **rechtzeitig vor dem Entscheid** über diese Massnahmen zu konsultieren.

8   Zum Konsultationsverfahren im Einzelnen s. Art. 335f N 6 ff.

9   Bei der **Fusion** muss die Konsultation vor dem Fusionsbeschluss, nicht aber vor dem Abschluss des Fusionsvertrags erfolgen (Art. 28 Abs. 2 i. V. m. Art. 18 FusG). Analoges gilt bei der **Spaltung**. Zusätzlich muss die Frist von Art. 333a Abs. 2 eingehalten werden, d. h. die Konsultation muss in jedem Fall rechtzeitig vor dem Entscheid über die Massnahmen stattfinden (BSK OR I-PORTMANN, N 29; STREIFF/VON KAENEL, N 15).

IV. Rechtsfolgen einer Verletzung von Art. 333a

10   Das OR sieht keine spezifischen Sanktionen vor, wenn der Arbeitgeber seine Informations- oder Konsultationspflicht verletzt. Insbesondere hindert dies die Wirksamkeit des Betriebsübergangs und der getroffenen Massnahmen nicht. Allfällige Kündigungen sind – anders als bei der Massenentlassung – nicht missbräuchlich (ArbGer Zürich, JAR 2002, 233). In Betracht kommen Klagen auf Erfüllung der Informations- oder Konsultationspflicht sowie Klagen auf Schadenersatz. Zur Frage der Aktivlegitimation s. BSK OR I-PORTMANN, N 16 ff.

Wird die Informations- oder Konsultationspflicht im Rahmen einer fusionsgesetzlichen Transaktion verletzt, so steht als zusätzliche und wirksame Sanktion die **Handelsregistersperre** zur Verfügung. Die Arbeitnehmervertretung kann vom Gericht verlangen, dass die Eintragung der Fusion, Spaltung oder Vermögensübertragung im Handelsregister untersagt wird (Art. 28 Abs. 3, 50, 77 Abs. 2 FusG). Dadurch wird die Rechtswirksamkeit der Transaktion aufgeschoben, bis die gesetzeskonforme Information oder Konsultation nachgeholt und die entsprechenden Generalversammlungen wiederholt wurden (Näheres bei BSK OR I-Portmann, N 22). **11**

V. Charakter der Norm

Entsprechend seinem Schutzweck ist Art. 333a relativ zwingend. Gesamtarbeitsverträge sehen häufig weitergehende Informations- und Konsultationsrechte vor (s. Meier/Exner, ARV 2004, 223 ff.). **12**

Art. 334

Beendigung des Arbeitsverhältnisses	[1] **Ein befristetes Arbeitsverhältnis endigt ohne Kündigung.**
Befristetes Arbeitsverhältnis	[2] **Wird ein befristetes Arbeitsverhältnis nach Ablauf der vereinbarten Dauer stillschweigend fortgesetzt, so gilt es als unbefristetes Arbeitsverhältnis.**
	[3] **Nach Ablauf von zehn Jahren kann jede Vertragspartei ein auf längere Dauer abgeschlossenes befristetes Arbeitsverhältnis jederzeit mit einer Kündigungsfrist von sechs Monaten auf das Ende eines Monats kündigen.**

Literatur

BSK OR I-Rehbinder/Portmann, 3. Auflage; Streiff/von Kaenel, Arbeitsvertrag, Praxiskommentar, 584 ff. (mit ausführlichem Literaturverzeichnis und umfassenden Rechtsprechungsnachweisen); Frank Vischer, SPR VII/4, 223 ff.

I. Allgemeine Bemerkungen

Das schweizerische Arbeitsrecht geht vom Grundsatz der **Kündigungsfreiheit** aus; das Gesetz enthält zwar **Ausnahmen**, allerdings kehren diese weder das Verhältnis von Regel zu Ausnahme um, noch führen sie im Ergebnis (mit einer Ausnahme im GlG) zu einem eigentlichen **Bestandesschutz**. **1**

2 **Beendigungsgründe** sind namentlich **Zeitablauf** beim befristeten Arbeitsverhältnis, ordentliche oder fristlose **Kündigung**, die einvernehmliche **Aufhebung** und der **Tod** des Arbeitnehmers.

II. Beendigung beim befristeten Arbeitsverhältnis

1. Normzweck

3 Die Bestimmung stellt die **Endlichkeit** des **befristeten Arbeitsverhältnisses** sicher. Sie unterscheidet dabei zwischen den Verträgen, die für eine Dauer von **bis zu 10 Jahren** und solchen, die für eine Dauer von **über 10 Jahren** abgeschlossen wurden. Liegt ein befristetes Arbeitsverhältnis vor, sind damit zugleich **Kündigungsschutzbestimmungen ausgeschlossen** (Vischer, 225).

2. Anwendungsbereich

4 Ein **befristetes Arbeitsverhältnis** liegt vor, wenn sein Ende durch Eintritt eines bestimmten **Ereignisses** oder durch **Zeitablauf** bestimmt wird, ohne dass es (zusätzlich) einer Kündigung bedarf. Dies kann namentlich die Festlegung eines **kalendermässig bestimmten Zeitpunkts (Enddatums)**, einer bestimmten Zeitspanne, für welche das Arbeitsverhältnis abgeschlossen wird **(Dauer)** oder des Eintritt eines mit **Gewissheit eintretenden Ereignisses** sein, das allerdings nicht in das Belieben nur einer Partei gestellt sein darf (BGE 116 II 145). Befristet sind auch Arbeitsverhältnisse, die auf eine Zielvorgabe abstellen, wie z. B. bis Abschluss der Ernte, der Prüfung aller Lagerbestände oder der Errichtung des Neubaus (Streiff/von Kaenel, N 2). Die Befristung kann sich auch aus dem **Zweck** oder den **Umständen** ergeben (BSK OR I-Rehbinder/Portmann, N 1; Streiff/von Kaenel, N 2, in N 3 zahlreiche Rechtsprechungsnachweise).

5 Ob eine Befristung vorliegt, ergibt sich aus dem **Gesetz** (namentlich beim **Lehrvertrag**, Art. 346, und bei der **Probearbeit** beim Heimarbeitsvertrag, Art. 354) oder **Vertrag**. Sie kann auch stillschweigend vereinbart werden (BGE 128 III 212; BSK OR I-Rehbinder/Portmann, N 1; Streiff/von Kaenel, N 2).

6 **Kein befristetes Arbeitsverhältnis** liegt vor, wenn der Vertrag für eine Mindestdauer abgeschlossen wurde und nach deren Ablauf kündbar wird (BGE 110 II 167), wenn der Vertrag für eine Maximaldauer abgeschlossen wurde, aber vorher kündbar ist, oder wenn sein Ende durch Eintritt eines **ungewissen Ereignisses** bestimmt sein soll, was auf eine **Resolutivbedingung** hinausläuft (BGE 126 V 303; BSK OR I-Rehbinder/Portmann, N 3–5; Streiff/von Kaenel, N 2). Die Kombination von Befristung, Kündigungsmöglichkeit und Verlängerung bei Ausbleiben einer Kündigung erfordert eine sorgfältige Vertragsgestaltung (vgl. BGE 128 III 212; dazu krit. Vischer, 227 in FN 15).

Der Zeitpunkt der Beendigung bzw. des Eintritts des Ereignisses muss den 7
Parteien zumindest ungefähr **voraussehbar** bzw. **objektiv bestimmbar**
sein (BSK OR I-Rehbinder/Portmann, N 6 f.; Streiff/von Kaenel, N 2).

Angesichts der Gefahr einer Umgehung von Bestimmungen über den Kündi- 8
gungsschutz oder Sozialleistungen sind **Kettenverträge** (also die Aneinanderreihung jeweiliger befristeter Arbeitsverträge zwischen denselben Parteien) **unzulässig** und entfällt, sofern kein **sachliches Motiv** nachgewiesen
werden kann, die Befristung der Folgeverträge. Zulässige Ausnahmen sind
Besonderheiten des Arbeitsverhältnisses (Bühnenengagements u. ä.) oder
der eigene Wille des Arbeitnehmers, auch eine Änderung seines ausländerrechtlichen Status' (BGE 129 III 618 ff., 622). Kleinere und regelmässige
Unterbrechungen (Tage oder wenige Wochen) zwischen den einzelnen Verträgen in einer Kette sind unbeachtlich, die Praxis hat sogar in Einzelfällen
mehrmonatige, ja mehrjährige Unterbrechungen für irrelevant erklärt (JAR
2000, 105; JAR 1999, 99; JAR 1998, 119; BSK OR I-Rehbinder/Portmann,
N 8; weitere Nachweise der schwankenden Rechtsprechung bei Streiff/
von Kaenel, N 7 f.). Für die Zulässigkeit von zumindest zwei aufeinanderfolgenden, befristeten Verträgen Vischer, 229.

3. Befristetes Arbeitsverhältnis unter 10 Jahren

Liegt die Befristung unter 10 Jahren, endet das Arbeitsverhältnis ohne 9
Kündigung am (gesetzlichen oder vereinbarten) Termin (BSK OR I-Reh-
binder/Portmann, N 9).

Es kann während der Probezeit nach den dafür geltenden Bestimmungen 10
beendet werden. Allerdings muss beim befristeten Arbeitsverhältnis eines
Probezeit **eindeutig vereinbart** werden, da ansonsten der Verzicht auf
eine solche zu vermuten ist (wie hier Streiff/von Kaenel, N 4, und Vischer, 228 und 235; unklar BSK OR I-Rehbinder/Portmann, N 9).

Es kann sodann durch **ausserordentliche (fristlose) Kündigung** nach den 11
dafür geltenden Bestimmungen beendet werden (BSK OR I-Rehbinder/
Portmann, N 9).

Schliesslich kann es durch **Aufhebungsvereinbarung** oder den **Tod** des 12
Arbeitnehmers, ausnahmsweise des Arbeitgebers (Art. 338 Abs. 2), enden
(BSK OR I-Rehbinder/Portmann, N 10).

E contrario sind andere Beendigungsgründe, namentlich eine **ordentliche** 13
Kündigung, zwischenzeitliche Erreichung des Rentenalters, Konkurs u.
a. m. ausgeschlossen (BSK OR I-Rehbinder/Portmann, N 10).

Die Bestimmungen der Abs. 1 und 2 sind **dispositiv** (BSK OR I-Rehbinder/ 14
Portmann, N 9; Streiff/von Kaenel, N 10).

4.　Befristetes Arbeitsverhältnis über 10 Jahre

15　Die Befristung darf auch für einen Zeitraum von mehr als 10 Jahren abgemacht werden. Allerdings haben beide Parteien in diesem Fall ein **gesetzliches Kündigungsrecht.** Nach Ablauf dieser 10 Jahre kann es beidseitig und jederzeit unter Einhaltung einer Kündigungsfrist von 6 Monaten auf das Ende eines Monats gekündigt werden (Abs. 3). Somit beträgt die längstmögliche, zulässige Bindung immerhin 10,5 Jahre. Nach Auffassung des Bundesgerichts verletzt erst ein auf über 10 Jahre abgeschlossenes Arbeitsverhältnis die persönliche Freiheit (BGE 130 III 495 ff., 503 f.); deshalb durften Optionen mit bestimmter (unter zehnjähriger) Sperrfrist entschädigungslos verfallen, wenn das Arbeitsverhältnis vor Verfallstag endete, die Ausübung aber an dessen Bestehen geknüpft war (zustimmend STREIFF/VON KAENEL, N 9).

16　Dieses Kündigungsrecht ist gemäss Art. 361 **absolut zwingend** (unabdingbar); entgegenstehende Vereinbarungen sind nichtig (STREIFF/VON KAENEL, N 10).

17　Die Vereinbarung einer kürzeren als der gesetzlichen 6-Monatsfrist erscheint zulässig, hingegen ist eine längere Kündigungsfrist angesichts des zwingenden Charakters und des Schutzzwecks **unzulässig** (und daher teilnichtig; BSK OR I-REHBINDER/PORTMANN, N 9; STREIFF/VON KAENEL, N 10).

Art. 335

II.	**Unbefristetes Arbeitsverhältnis**	[1] Ein unbefristetes Arbeitsverhältnis kann von jeder Vertragspartei gekündigt werden.
1.	**Kündigung im Allgemeinen**	[2] Der Kündigende muss die Kündigung schriftlich begründen, wenn die andere Partei dies verlangt.

I.　Normzweck

1　Die Bestimmung stellt die **Endlichkeit** des unbefristeten Arbeitsverhältnisses sicher; jede Partei hat das Recht, ohne besonderen Grund ein Arbeitsverhältnis zu beenden («droit fondamental», so BGE 131 III 535 ff., 538). Sie ist absolut zwingend (Art. 361). Die Kündigungsfreiheit darf auch nicht durch Konventionalstrafen eingeschränkt werden (STREIFF/VON KAENEL, N 2).

2　Ein unbefristetes Arbeitsverhältnis endet nicht einfach durch Zeitablauf, sondern bedarf der **Kündigung**; zu unterscheiden sind die **ordentliche** und die **ausserordentliche (fristlose)** Kündigung (Art. 337): Die ordentliche erfolgt – im Gegensatz zur ausserordentlichen – unter Einhaltung der vertraglichen oder gesetzlichen Kündigungsfrist. Eine Sonderregelung gilt für die **Probezeit** (Art. 335b). Weitere Beendigungsgründe – die allerdings nicht Kündigungen sind – sind der Tod des Arbeitnehmers (nur in Ausnahmefällen der des Arbeitgebers) gemäss Art. 338a und der **Aufhebungsvertrag** (BSK OR I-Rehbinder/Portmann, N 1 f.; Streiff/von Kaenel, N 2 mit weiteren Rechtsprechungsnachweisen).

Im Zweifel ist von einem **unbefristeten Arbeitsverhältnis** auszugehen, das 3 befristete als die Ausnahme von der Regel zu betrachten. Entsprechend ist von der Notwendigkeit einer Kündigung auszugehen, eine Beendigung ohne Kündigung als Ausnahme zu betrachten (vgl. Art. 334 N 4).

Kein Beendigungsgrund sind Konkurs des Arbeitgebers, Erreichen des 4 Pensionsalters des Arbeitnehmers (es sei denn, dies sei unmissverständlich so vorgesehen), nachträgliche Unmöglichkeit sowie die Leistung von Militär- und diesem gleichgestellten Diensten und Schwangerschaft (BSK OR I-Rehbinder/Portmann, N 3).

II. Kündigung

Die Kündigung ist eine **einseitige, empfangsbedürftige** und **unbedingte** 5 **Willenserklärung** einer Partei. Sie ist die Ausübung eines **rechtsaufhebenden Gestaltungsrechts**, nämlich auf Aufhebung des Arbeitsverhältnisses zu einem (i. d. R. in der Zukunft liegenden) Zeitpunkt (BGE 113 II 259 ff.; BSK OR I-Rehbinder/Portmann, N 4; Streiff/von Kaenel, N 2).

Die Kündigung muss von der **zuständigen Person** ausgesprochen werden. 6 Bei juristischen Personen ist deshalb auf die handelsregisterkonforme Zeichnung zu achten, wobei der Mangel fehlender Einzelzeichnungsbefugnis geheilt wird, wenn die vom Arbeitnehmer verlangte Begründung dann von zwei Kollektivzeichnungsberechtigten gezeichnet ist und eintrifft, bevor der Mangel der Kündigung geltend gemacht wird (BGE 128 III 129 ff., 136 – mit komplizierten Überlegungen zur Vertretungsmacht in der juristischen Person und der Stellung einer Organperson). In Konzernverhältnissen muss deshalb die Kündigung auch von der zuständigen juristischen Person erklärt werden bzw. an diese gerichtet sein. Weil das Geschäft nicht höchstpersönlich ist, können auch ordentlich bevollmächtigte Dritte die Kündigung erklären bzw. Empfänger einer entsprechenden Erklärung sein; ebenso kann eine Genehmigung nachträglich, sogar stillschweigend erfolgen (BGE 128 III 129 ff., 136; Streiff/von Kaenel, N 8 mit weiteren Rechtsprechungsnachweisen).

Die Kündigung bedarf keiner besonderen **Form**, es sei denn, eine solche 7 sei (in bestimmten Ausnahmefällen) gesetzlich vorgesehen oder – was der sozialen Realität entspricht – vertraglich vereinbart. Ist Schriftform vereinbart, ist diese auch als Gültigkeitserfordernis zu verstehen (BGE 128 III 212 ff., 214 ff.; BSK OR I-REHBINDER/PORTMANN, N 5; STREIFF/VON KAENEL, N 8; VISCHER, 229 f.). Dabei sind die Probleme des Schriftformerfordernisses bei Kündigungen per Fax oder E-Mail (elektronische Signatur!) zu beachten. Ansonsten ist die mündlich oder konkludent erklärte Kündigung wirksam (STREIFF/VON KAENEL, N 8).

8   Wirksam wird die Kündigung mit **Zugang** bei der Gegenpartei, es kommt auf die Möglichkeit der Kenntnisnahme durch Eintreffen im Verfügungsbereich des Empfängers an. Aus **Beweisgründen** wird man deshalb die Kündigung per **Einschreiben** an die Wohnadresse des Empfängers schicken oder die Empfangnahme der Kündigungserklärung durch den Arbeitnehmer bestätigen lassen (BGE 113 II 259 ff., 261; BSK OR I-REHBINDER/PORTMANN, N 6; STREIFF/VON KAENEL, N 5 und 8, dort auch die Nachweise zur umfangreichen Rechtsprechung). Es kommt bei der Kündigung nicht auf das Datum der Absendung, sondern auf den Empfang an. Die für behördliche Zustellungen entwickelte Rechtsprechung, die namentlich auf eine Zustellungsfiktion am letzten Tag einer Abholungseinladung abstellt, ist auf privatrechtliche Erklärungen nicht anwendbar (REHBINDER/PORTMANN, N 13 zu Art. 335; STREIFF/VON KAENEL, N 5 zu Art. 335).
Bei einer Kündigung während der Ferien – über welche der Arbeitgeber notwendigerweise Bescheid wissen muss! – sind an den Zugang der Kündigung erhöhte Anforderungen zu stellen, ist doch gerade nicht mit Anwesenheit des Arbeitnehmers bei sich zu Hause zu rechnen; es kann also erst mit einer Kenntnisnahme nach Rückkehr gerechnet werden (BSK OR I-REHBINDER/PORTMANN, N 7; STREIFF/VON KAENEL, N 5, beide unter Hinweis auf JAR 2001, 267).

9   Als Gestaltungsrecht ist die Kündigung auch mit Zugang **unwiderruflich**, die Parteien können selbstverständlich eine Rücknahme der Kündigung vereinbaren. (BSK OR I-REHBINDER/PORTMANN, N 10 und 13).

10   Mit dem Charakter als Gestaltungsrecht hängt das zusätzliche Erfordernis zusammen, dass eine Kündigung **klar und unmissverständlich** sein muss und beim Empfänger keinerlei Unsicherheit über den Erklärungsinhalt aufkommen darf; deshalb sind die Ankündigung neuer Arbeitsverträge oder einer Kündigung nicht die Kündigung selbst (Grundsatz der Klarheit, Bedingungsfeindlichkeit und Unwiderruflichkeit, so BGE 128 III 129 ff., 135 f.; BSK OR I-REHBINDER/PORTMANN, N 8 zu Art. 335). Potestativbedingungen – über deren Eintritt dann die Gegenseite allein entscheiden kann – sind dagegen zulässig (BSK OR I-REHBINDER/PORTMANN, N 9 zu Art. 335; STREIFF/VON KAENEL, N 3 zu Art. 335).

III. Kündigungsgrund

Die Kündigung ist **ohne die Angabe von Gründen** wirksam. Die Gegenpar- **11**
tei (also auch der Arbeitgeber) kann eine **schriftliche Begründung** verlangen. Eine solche kann notfalls auf dem Prozessweg durchgesetzt werden,
gleich wie die Korrektur einer unzutreffenden Begründung, was alles aber
von zweifelhaftem Wert bleibt: So ist an eine unwahre (unvollständige oder
fehlende) Kündigung weder eine Rechtsfolge noch wenigstens eine Vermutung der Missbräuchlichkeit geknüpft; es bleibt allenfalls bei einer dem
Begründungspflichtigen nachteiligen Regelung von Prozesskosten (BGE
121 III 60 ff.; BSK OR I-REHBINDER/PORTMANN, N 12; STREIFF/VON KAENEL,
N 13 f. mit weiteren Rechtsprechungsnachweisen; VISCHER, 230).

Die Begründung bzw. Begründungspflicht soll dem Gekündigten ermöglichen, über die Frage der Missbräuchlichkeit der Kündigung zu entscheiden. Kommt allerdings die Leerformel einer «Zerstörung des Vertrauensverhältnisses» zum Zuge, nützt eine solche Begründung dann auch nichts.

Das **Nachschieben von Kündigungsgründen** ist zulässig. Die früher teils **12**
abweichende Praxis ist überholt, Bundesgericht und die heute einhellige
Lehre lassen es zu, im Prozess andere Gründe als im Kündigungszeitpunkt
zu nennen (Nachweise bei STREIFF/VON KAENEL, N 17).

IV. Änderungskündigung und Freistellung

Die Kündigung kann nach h. L. und Rechtsprechung (BGE 123 III 246 ff.; **13**
BSK OR I-REHBINDER/PORTMANN, N 9; STREIFF/VON KAENEL, N 3 mit weiteren Rechtsprechungsnachweisen; VISCHER, 231 f.) sowie einer verbreiteten Praxis als **Änderungskündigung** erfolgen: Es soll das Arbeitsverhältnis zu geänderten Bedingungen fortgesetzt werden, der Wille der kündigenden Partei ist also weniger auf die Beendigung als vielmehr auf eine
Fortführung des Arbeitsverhältnisses, jedoch unter anderen Bedingungen
gerichtet; sie verbindet die Kündigung mit der Offerte einer Vertragsänderung.
Dabei ist, wie der erwähnte Leitentscheid und die daran von VISCHER
(a. a. O.) geübte Kritik zeigen, die Abgrenzung zur missbräuchlichen Kündigung schwierig; einerseits sollen Vertragsverhältnisse auch an andere
Bedingungen angepasst werden können, andererseits muss dafür eine
sachliche Rechtfertigung vorliegen (so BGE 123 III 250). Die Grenze zur
Missbräuchlichkeit ist überschritten, wenn eine unbillige und sachlich –
also entweder betrieblich oder marktbedingt – nicht gerechtfertigte Vertragsverschlechterung durchgesetzt werden soll.

Es kann bei der Änderungskündigung wie folgt vorgegangen werden: Unbe- **14**
dingte Kündigung unter gleichzeitigem Angebot eines geänderten Arbeits-

vertrags oder Kündigung auf Grund der Ablehnung der neuen, vorgeschlagenen Arbeitsbedingungen. Dabei darf auch bei der Änderungskündigung der bestehende Vertrag nicht einseitig abgeändert werden, d. h. die **Kündigungsfrist** des (ursprünglichen) Vertrags ist – soweit sie zu einer Vertragsverschlechterung für die Gegenseite führt – einzuhalten

15   Häufig wird die ordentliche Kündigung mit einer **Freistellung** verbunden, d. h. der Arbeitnehmer ist nicht mehr verpflichtet, während der Kündigungsfrist zu arbeiten; der Arbeitgeber bleibt allerdings lohnzahlungspflichtig. Wo keine Beschäftigungspflicht vorliegt, ist eine solche Arbeitgeberentscheidung zulässig, zugleich hat der Arbeitnehmer auf Freistellung in der Kündigungsfrist sowenig wie auf Beschäftigung einen Anspruch (STREIFF/VON KAENEL, N 9; VISCHER, 236). Eine Freistellung darf allerdings auch nicht den – falschen – Eindruck einer fristlosen Entlassung erwecken (VISCHER, 236).

V.   Aufhebungsvereinbarung

16   Statt einer (ordentlichen oder fristlosen) Kündigung können die Parteien auch jederzeit eine Vereinbarung dahingehend treffen, dass sie das Vertragsverhältnis (i. d. R. per sofort) aufheben. Die Grundlage dafür liegt in der **allgemeinen Vertragsfreiheit**, eine besondere Regelung im Arbeitsrecht des OR fehlt. Umgekehrt sind dann auch die Vorschriften über (beachtliche oder unbeachtliche) Willensmängel anwendbar (BGE 118 II 58 ff. – mit der Folge, dass ein Irrtum als unbeachtlich gewertet wurde und der von einer Schwangeren geschlossene Aufhebungsvertrag gültig war).

Da er **formfrei** ist, kann er auch konkludent geschlossen werden. Daran sind allerdings hohe Anforderungen zu stellen. Deshalb ist die ausbleibende Reaktion auf eine unzulässige Kündigung keine Annahme eines Aufhebungsvertrags (BGer 4C.230/2005, E. 2), so wenig wie das Verlassen der Arbeitsstelle nach Erhalt der fristlosen Kündigung (STREIFF/VON KAENEL, N 10, mit vielen weitern Beispielen aus der Rechtsprechung).

Weil der Aufhebungsvertrag als Rechtsgeschäft nicht den Kündigungsschutzvorschriften unterliegt, kann eine solche Vereinbarung auf eine Umgehung namentlich der Sozialschutzvorschriften (Lohnfortzahlung, zeitlicher Kündigungsschutz) hinauslaufen (restriktive Grundhaltung in BGer 4C.230/2005, E. 2 und auch bei VISCHER, 265 ff.) Deshalb stellte das Bundesgericht das Erfordernis gegenseitiger Konzessionen auf, namentlich eines korrespondierenden Verzichts auf Arbeitsleistung und Lohnfortzahlungspflicht während der Kündigung, um eine Aushebelung des Verzichtsverbots des Art. 341 zu vermeiden (BGE 110 II 168 ff. und JAR 201, 327 ff.). Das ist dogmatisch insofern bedenklich, weil ja diese Bestimmung sich nur auf entstandene Forderungen beziehen kann, während Gegenstand einer Aufhebungsvereinbarung häufig die gerade noch nicht entstandenen Ansprüche sind (so völlig richtig STREIFF/VON KAENEL, N 10). Vertragsfreiheit und gesetzlicher Sozialschutz stehen in einem Spannungsfeld, in dem nicht letzterer grundsätzlich vorgeht. Es muss deshalb mit BSK OR I-REHBINDER/PORTMANN, N 19, ähnlich auch VISCHER, 266, wohl genügen, dass der Arbeitnehmer ein vernünftiges Interesse am Abschluss einer solchen Vereinbarung hat, um sie bestehen zu lassen.

Art. 335a

Kündigungs-fristen

Im Allgemeinen

¹ **Für Arbeitgeber und Arbeitnehmer dürfen keine verschiedenen Kündigungsfristen festgesetzt werden; bei widersprechender Abrede gilt für beide die längere Frist.**

² **Hat der Arbeitgeber das Arbeitsverhältnis aus wirtschaftlichen Gründen gekündigt oder eine entsprechende Absicht kundgetan, so dürfen jedoch durch Abrede, Normalarbeitsvertrag oder Gesamtarbeitsvertrag für den Arbeitnehmer kürzere Kündigungsfristen vereinbart werden.**

I. Normzweck

Die **ordentliche Kündigung** sieht Kündigungsfristen vor, also Zeiträume, die zwischen Zugang der Kündigung und Beendigung des Arbeitsverhältnisses liegen. Diese Zeiträume sollen für beide Parteien gleich lang sein. Es gilt der Grundsatz der **Kündigungsparität** (BSK OR I-REHBINDER/PORTMANN, N 2; STREIFF/VON KAENEL N 2; VISCHER, 232 f.).

Die Norm ist zwar nicht mehr unter den absolut oder relativ zwingenden Bestimmungen (Art. 361 f.) aufgeführt, Wortlaut und Sinn lassen aber keinen Zweifel daran, dass von Abs. 1 nur im Rahmen der Ausnahmen von Abs. 2 abgewichen werden darf (STREIFF/VON KAENEL, N 2).

II. Anwendungsbereich

Sämtliche Kündigungsfristen, seien sie im Einzelarbeitsvertrag, im Gesamtarbeitsvertrag oder im Normalarbeitsvertrag geregelt, müssen dem Paritätsgebot entsprechen.

Bei ungleichen Fristen gilt die **längere Frist**, d. h. die zu Gunsten einer Partei kürzere Frist ist unbeachtlich und es gilt die ursprünglich zu Lasten der Gegenpartei vereinbarte, längere Frist.

4   Meistens sind ungleiche Kündigungsfristen nicht offensichtlich formuliert, sondern ergeben sich aus der Anwendung **anderer Vertragsbestimmungen**: Einseitige Minimaldauern oder Potestativbedingungen, über deren Eintritt nur der Kündigende selbst bestimmen kann. So der Fall, wenn ein Arbeitnehmer für eine bestimmte Zeit ins Ausland entsandt wurde, der Arbeitgeber aber das Recht zum vorzeitigen Rückruf hatte und damit einen Kündigungsgrund einseitig setzen konnte; dass für beide Seiten diese Frist dann gleich lang war, ändert an der Ungleichheit der Regelung nichts. Desgleichen, wenn nur der Wirt die Musikkapelle wegen Nichtgefallens nach drei Tagen kündigen konnte, während sie für einen ganzen Monat engagiert worden war, oder der Fussballspieler nach drei Monaten innerhalb eines für seinen Verein festen Dreijahresvertrags kündigt (vgl. BGE 116 II 145 ff.; STREIFF/VON KAENEL, N 2 m. w. Bsp.).

5   Die Frage, ob über die rein zeitliche Betrachtungsweise hinaus auch eine **materielle Kündigungsparität** besteht, wird in der Lehre diskutiert. Es lässt sich allerdings aus Art. 335a nicht ableiten, dass die Kündigung in anderer Weise erschwert werde bzw. sich an sie wirtschaftliche Nachteile für nur eine Partei knüpfen (instruktiv diesbezüglich der entschädigungslose Verfall der Optionen, BGE 130 III 495 ff.). Mit STREIFF/VON KAENEL, N 2, ist eine ausdehnende Interpretation abzulehnen, der Gesetzgeber hat einzelne Disparitäten geregelt (Art. 335d ff., 336 ff.), aber dabei hat es auch sein Bewenden. Deshalb ist auch die – durchaus übliche – Verpflichtung zur (meist teilweisen) Rückzahlung von arbeitgeberseitig geleisteten Ausbildungskosten, falls es zu einer Kündigung innerhalb bestimmter Fristen nach Abschluss einer Ausbildung kommt, zulässig. Wo indessen die Kündigung des Arbeitsverhältnisses in treuwidriger Weise die Entstehung von Ansprüchen vereiteln soll, ist über Art. 156 Abhilfe zu suchen (STREIFF/VON KAENEL, N 2).

III.   Ausnahmebestimmung: Abs. 3

6   Erfolgt die Kündigung arbeitgeberseitig und aus wirtschaftlichen Gründen, ist eine **Verkürzug der Kündigungsfrist zu Gunsten der Arbeitnehmer** möglich. Sie soll den Arbeitnehmern ermöglichen, den unsicher gewordenen Arbeitsplatz früher zu verlassen (BSK OR I-REHBINDER/PORTMANN, N 3). Das Gesetz statuiert keine Untergrenze, die gesetzeskonforme Lösung kann auch in einer nachträglichen Erhöhung der arbeitgeberseitigen Kündigungsfrist bestehen. Eine solche Regelung darf auch schon im Voraus getroffen werden, sofern sie auf die in Abs. 3 genannten Gründe beschränkt ist und nur dann zur Anwendung kommt (STREIFF/VON KAENEL, N 5).

IV. Sonderfälle

Die **Kündigung vor Stellenantritt** ist zulässig (h. L., vgl. Streiff/von Kae-   7
nel, N 11). Umstritten ist, ob die Kündigungsfrist erst vom Antrittstermin
aus berechnet wird und dann die Regelung für die Kündigung in der Probezeit gilt (so BSK OR I-Rehbinder/Portmann, N 5) oder ob die Kündigungsfrist ab Zugang der Kündigung läuft (so Streiff/von Kaenel, N 11): Dieser
Ansicht und der dort zitierten, neueren Rechtsprechung ist zuzustimmen,
da nicht einzusehen ist, warum es einen Unterschied zwischen ordentlicher und ausserordentlicher Kündigung vor Stellenantritt geben soll und
es auch nicht einleuchtet, warum für eine ganz kurze Zeit sich beide Seiten mit Fragen von Einarbeitung, Angebot von (unerwünschter) Arbeitsleistung etc. befassen sollen. Dass eine solche Kündigung u. U. schadenersatzpflichtig macht, ändert nichts am Fristenlauf.

Im Bereich der **Teilzeitarbeit** gelten keine anderen Vorschriften.   8

Anders im **Temporärarbeitsverhältnis** (Art. 19 Abs. 4 AVG), welches mini-   9
male Kündigungsfristen von 2 bzw. 7 Tagen vorsieht.

Art. 335*b*

während der
Probezeit   **¹ Das Arbeitsverhältnis kann während der Probezeit je-**
derzeit mit einer Kündigungsfrist von sieben Tagen
gekündigt werden; als Probezeit gilt der erste Monat
eines Arbeitsverhältnisses.
² Durch schriftliche Abrede, Normalarbeitsvertrag oder
Gesamtarbeitsvertrag können abweichende Verein-
barungen getroffen werden; die Probezeit darf jedoch
auf höchstens drei Monate verlängert werden.
³ Bei einer effektiven Verkürzung der Probezeit in-
folge Krankheit, Unfall oder Erfüllung einer nicht frei-
willig übernommenen gesetzlichen Pflicht erfolgt eine
entsprechende Verlängerung der Probezeit.

I. Normzweck

Bei einem Arbeitsverhältnis auf unbestimmte Dauer ist zu vermuten, dass   1
beide Seiten das Bedürfnis nach einer **Probezeit** haben. In dieser Phase
sollen sich Parteien einerseits kennenlernen, andererseits soll eine Auflösung des Arbeitsverhältnisses mit **verkürzten Kündigungsfristen** möglich
sein (BSK OR I-Rehbinder/Portmann, N 1; Streiff/von Kaenel, N 14;
Vischer, 234).

2   Es gilt auch hier **Kündigungsparität**. Überhaupt gelten für die Kündigung in der Probezeit alle Vorschriften, mit Ausnahme des zeitlichen Kündigungsschutzes; insbesondere gelten deshalb während der Probezeit die **Sperrfristen** wegen Krankheit, Militärdienst etc. **nicht**; umgekehrt gelten die Bestimmungen über den sachlichen Kündigungsschutz, die Begründungspflicht und die Missbräuchlichkeit (Streiff/von Kaenel, Art. 335b N 6 f. und 9 und Art. 336 N 19; Vischer, 234). Trifft die Kündigung noch während der Probezeit ein, läuft die Kündigungsfrist aber erst nach deren (vereinbartem oder gesetzlichem) Ende ab, gilt trotzdem die (verkürzte) Kündigungsfrist der Probezeit; die Freiheit zu kündigen geht vor (Streiff/von Kaenel, N 9).

3   Der Abs. 2 ist zwar weder unter den absolut oder noch den relativ zwingenden Bestimmungen (Art. 361 f.) aufgelistet, was aber an seinem zwingenden Charakter nichts ändert, der sich klar aus dem Wortlaut ergibt; deshalb kann eine Verlängerung über einen Monat hinaus (gleich wie eine Verkürzung oder gar Wegbedingung der Probezeit überhaupt) nur **schriftlich** vereinbart werden (Streiff/von Kaenel, N 2 mit Hinweisen auf die Rechtsprechung).

II.   Anwendungsbereich

4   Im **unbefristeten** Arbeitsverhältnis kann die Probezeit einerseits wegbedungen oder auf unter einen Monat verkürzt werden, andererseits kann sie auf längstens drei Monate verlängert werden: Abs. 1 zweiter Satzteil enthält eine gesetzliche Vermutung, die durch Parteivereinbarung im Rahmen von Abs. 2 abgeändert werden kann. Ohne Parteivereinbarung gilt der erste Monat als Probezeit (BSK OR I-Rehbinder/Portmann, N 1; Streiff/von Kaenel, N 1; Vischer, 234).

Im **befristeten** Arbeitsverhältnis muss die Probezeit **ausdrücklich** – wenn auch nicht unbedingt schriftlich, weil das Gesetz keine Formvorschrift enthält – **vereinbart** werden; dort gilt die gesetzliche Vermutung einer einmonatigen Probezeit nicht (Streiff/von Kaenel, N 2, und Vischer, 235). Dagegen darf auch im befristeten Arbeitsverhältnis die Probezeit nicht länger als drei Monate dauern (BGE 109 II 449 ff.; Streiff/von Kaenel, N 3).

5   Nicht mit der Probezeit zu verwechseln ist die **befristete Probeanstellung** (wie Schnupperlehre, «Probelauf» oder Arbeitsverhältnis auf Probe). Sie endet mit Ende der vereinbarten Dauer (JAR 1996, 106; BSK OR I-Rehbinder/Portmann, N 3; Streiff/von Kaenel, N 4).

III.   Höchstdauer, Reduktion und Entfristung

6   Die Höchstdauer der Probezeit ist – gemäss BGE 109 II 449 ff. – für alle Arbeitsverhältnisse auf drei Monate begrenzt (Abs. 2, letzter Satzteil). Damit soll ausgeschlossen werden, dass der Arbeitnehmer um den zeitlichen

Kündigungsschutz gebracht wird. Die Probezeit beginnt mit dem Stellenantritt und berechnet sich nach Art. 77 (Streiff/von Kaenel, N 2 f.).

Sie gilt auch für **Teilzeitarbeit**, Sonderregelungen gelten aber bei der **Temporärarbeit** und im **Lehrverhältnis** (Streiff/von Kaenel, N 3 und 14).

Die Vereinbarung von Verträgen mit aufeinanderfolgenden Probezeiten 7 ist – bezogen auf diese – nichtig. Zwischen denselben Parteien darf nur einmal eine Probezeit, und diese von höchstens drei Monaten, vereinbart werden (BSK OR I-Rehbinder/Portmann, N 1; Streiff/von Kaenel, N 3; Vischer, 235). Eine überlange Probezeit wird auf das zulässige Mass von drei Monaten herabgesetzt (BGE 131 III 467 ff., 470 f.; Streiff/von Kaenel, N 5).

Die Parteien können auch auf eine Probezeit überhaupt verzichten, dafür 8 gilt allerdings das Schriftformgebot von Abs. 2; eine gegenüber der gesetzlichen abgeänderte Parteivereinbarung muss zudem klar und unzweideutig sein (BGE 4C.45/2004, E. 1.2 und 3.1).

Von der Probezeit selbst ist die für diese geltende **Kündigungsfrist** zu 9 unterscheiden: Das Gesetz sieht 7 Kalender- (nicht: Arbeits-)Tage vor. Die Frist kann nach h. L. beliebig verkürzt werden (Streiff/von Kaenel, N 8). Die Kündigung ist auf jeden beliebigen Zeitpunkt möglich (BGE 131 III 467 ff., 472).

Wird auf eine Kündigungsfrist in der Probezeit verzichtet, spricht man von einer «Entfristung», welche das Arbeitsverhältnis mit Zugang der Kündigung enden lässt (BSK OR I-Rehbinder/Portmann, N 1; Streiff/von Kaenel, N 8).

Die Frist soll aber auch über 7 Tage hinaus erhöht werden können (so Streiff/von Kaenel, N 8). Diese Auffassung ist abzulehnen, wird doch damit der hauptsächliche Sinn einer Probezeit (nämlich einseitige, rasche Beendigungsmöglichkeit) ausgehöhlt; wenn man eine Erhöhung zulässt, wäre diese wohl auf die gesetzliche Höchstdauer einer Probezeit überhaupt, also drei Monate, ausdehnbar, was sinnlos erscheint.

Das Bundesgericht sah in der Vereinbarung einer dreimonatigen Kündigungsfrist zugleich den Verzicht auf eine Probezeit (JAR 2004, 348); der Kritik an diesem Entscheid von Streiff/von Kaenel, N 3, und Vischer, 234, ist unter Hinweis auf die vorstehende Überlegung zuzustimmen.

IV. Verlängerungsmöglichkeit gemäss Abs. 3

Erfüllt die vereinbarte Probezeit ihren Sinn nicht, weil der Arbeitnehmer 10 durch Krankheit, Unfall oder nicht freiwillige Dienstleistungen an der Arbeit verhindert ist, kann die Probezeit verlängert werden; sie darf aber auch dann nicht die gesetzliche Höchstdauer überschreiten (BSK OR I-Rehbinder/Portmann, N 2; Streiff/von Kaenel, N 13). Ob die Aufzählung zulässiger Verhinderungs- bzw. eben Verlängerungsgründe wirklich abschliessend ist – so STREIFF/VON KAENEL, N 13 – scheint zweifelhaft. Es können wohl weitere Fälle einer probezeitverlängernden Arbeitsverhinderung (über die in Abs. 3 hinaus genannten) vereinbart werden (STREIFF/VON KAENEL, N 13 und 15).

Art. 335c

c. **nach Ablauf der Probezeit**

[1] **Das Arbeitsverhältnis kann im ersten Dienstjahr mit einer Kündigungsfrist von einem Monat, im zweiten bis und mit dem neunten Dienstjahr mit einer Frist von zwei Monaten und nachher mit einer Frist von drei Monaten je auf das Ende eines Monats gekündigt werden.**

[2] **Diese Fristen dürfen durch schriftliche Abrede, Normalarbeitsvertrag oder Gesamtarbeitsvertrag abgeändert werden; unter einen Monat dürfen sie jedoch nur durch Gesamtarbeitsvertrag und nur für das erste Dienstjahr herabgesetzt werden.**

1   Bei einem Arbeitsverhältnis auf **unbestimmte Dauer** werden die Kündigungsfristen in aller Regel durch **schriftliche Abrede, Normal- oder Gesamtarbeitsvertrag** geregelt. Die gesetzliche Regelung von Abs. 1 kommt also nur zur Anwendung, wenn erstens die Probezeit abgelaufen ist und zweitens andere Abmachungen nicht (formgerecht) getroffen wurden; Abs. 1 ist dispositiv, Abs. 2 bezüglich seiner Formvorschrift und der Minimalfrist **zwingend**.

2   Beim **befristeten Arbeitsverhältnis** entfällt die Möglichkeit zur ordentlichen Kündigung, wenn nicht der Ausnahmefall des auf über zehn Jahre befristeten Vertrags vorliegt (Art. 334 Abs. 3, dazu oben Art. 334 N 15–17). Bei **Temporärarbeit** gilt die Sonderregelung des Art. 19 Abs. 4 AVG; sie sieht für die ersten sechs Monate eines unbefristeten Einsatzes eine Kündigungsfrist von zwei Tagen in den ersten drei Monaten vor, vom 4. bis 6. Monat eine von 7 Tagen; es handelt sich um Arbeits- und nicht Kalendertage (STREIFF/VON KAENEL, N 7). Kündigungstermine sind nicht vorgesehen. Erst ab dem 7. Monat gilt dann die Regelung von Art. 335c Abs. 1 (BSK OR I-REHBINDER/PORTMANN, N 3). Für den **Handelsreisenden** gilt die Sonderregelung von Art. 350. Der **Heuervertrag** sieht eine jederzeitige, schriftliche Kündigung von 24 Stunden vor (Art. 77 Abs. 2 SSG).

Die gesetzliche Regelung sieht einen **Kündigungstermin** vor, nämlich das 3
jeweilige Monatsende: Bis dahin läuft eine Kündigungsfrist. Hiervon kann
formfrei abgewichen werden (BGE 4C.45/2004, E. 4.2; STREIFF/VON KAE-
NEL, N 6, mit weiteren Rechtsprechungshinweisen und solchen auf die
Gegenmeinung, der wir uns hier anschliessen; unentschieden VISCHER,
235 FN 53).

Als **Kündigungsfristen** bestimmt das Gesetz einen Monat für das unterjäh- 4
rige Arbeitsverhältnis, zwei Monate für das Arbeitsverhältnis, das länger als
ein Jahr und weniger als 10 Jahre gedauert hat und drei Monate für Arbeitsverhältnisse, die über 10 Jahre gedauert haben.

Die Fristen dürfen gemäss Abs. 2 durch schriftliche Abrede, Normal- oder 5
Gesamtarbeitsvertrag abgeändert werden. Diese **Formvorschrift** ist zwin-
gend. Deshalb genügt ein Rundschreiben nicht (JAR 2001, 283; BSK OR I-
REHBINDER/PORTMANN, N 1; STREIFF/VON KAENEL, N 4).

Eine **Obergrenze** legt das Gesetz nicht fest. Es erscheint allerdings nicht 6
sinnvoll, sich eine über zehnjährige Kündigungsfrist als mit dem Gesetz vereinbar vorzustellen (Art. 27 ZGB, Art. 127 und 334 Abs. 3 OR).

Eine **Herabsetzung auf einen Monat** ist zulässig, selbst für sehr langjäh- 7
rige Arbeitsverhältnisse. Selbst diese Frist kann – allerdings nur in einem
GAV! – herabgesetzt werden: Für das erste Dienstjahr auf unter einen Monat, bis hin zum Verzicht auf eine Kündigungsfrist (Entfristung; BSK OR I-
REHBINDER/PORTMANN, N 1; STREIFF/VON KAENEL, N 2). Soweit diese Min-
destfrist unterschritten wird, ist eine solche Abmachung **nichtig** und es
gilt die gesetzliche Minimalfrist (BGE 4C.230/2005, E. 1; STREIFF/VON KAE-
NEL, N 2). Sie ist einzig durch einen echten Aufhebungsvertrag zu beseitigen (offenbar aber Bedenken bei STREIFF/VON KAENEL, N 4).

Die für die anzuwendende Frist **massgebende Dauer** des Arbeitsverhält- 8
nisses bemisst sich nach dem **Eingang** beim Empfänger: Fällt das Ende der
Kündigungsfrist in das zweite bzw. zehnte Dienstjahr, ändert das nichts
(BGE 131 III 467 ff., 471; BSK OR I-REHBINDER/PORTMANN, N 2; STREIFF/
VON KAENEL, N 3). Aufeinanderfolgende Arbeitsverträge, einschliesslich
des Lehrverhältnisses, beim gleichen Arbeitgeber werden für die Berech-
nung der massgebenden Dauer zusammengerechnet (BSK OR I-REHBIN-
DER/PORTMANN, N 2; STREIFF/VON KAENEL, N 5 – dort auch Hinweise auf
Lehrmeinungen und Rechtsprechung, die sogar auf die Gesamtanstellung
innerhalb eines Konzerns abstellen).

Die bundesgerichtliche Rechtsprechung bezüglich Fristenlaufs ist schwan- 9
kend; ob sie sich auf dem Stand von BGE 131 III 467 ff. oder demjenigen
gemäss BGE 4C.230/2005 stabilisiert, bleibt abzuwarten. Richtig wäre es,
die Frist ab dem Tag nach Eingang beim Empfänger laufen zu lassen (so

denn auch BGE 131 III 467 ff., 471 ff.) statt erst ab dem auf den Eingang folgenden Monatsende und verbunden mit einer Rückwärtsrechnung (so aber BGE 4C.230/2005; STREIFF/VON KAENEL, N 8). Die Frage ist wegen nachträglicher Arbeitsverhinderung von grosser praktischer Relevanz. Gemäss BGE 131 III 467 ff., 472 sind Arbeitsverhinderungen in der blossen Verlängerung, die dann bis zum Monatsende nach Ablauf der – vom Eingang her gerechneten – Kündigungsfrist reicht, unbeachtlich.

Art. 335*d*

IIbis.   **Massenent-
lassung**

1.   **Begriff**

Als Massenentlassung gelten Kündigungen, die der Arbeitgeber innert 30 Tagen in einem Betrieb aus Gründen ausspricht, die in keinem Zusammenhang mit der Person des Arbeitnehmers stehen, und von denen betroffen werden:

1. mindestens 10 Arbeitnehmer in Betrieben, die in der Regel mehr als 20 und weniger als 100 Arbeitnehmer beschäftigen;

2. mindestens 10 Prozent der Arbeitnehmer in Betrieben, die in der Regel mindestens 100 und weniger als 300 Arbeitnehmer beschäftigen;

3. mindestens 30 Arbeitnehmer in Betrieben, die in der Regel mindestens 300 Arbeitnehmer beschäftigen.

I.   Vorbemerkung

1   Die vier Bestimmungen über die Massenentlassung in Art. 335d – g sind ein unvollkommener Versuch, das schweizerische Arbeitsrecht der in den EU-Ländern üblichen Regelungsdichte und Sozialschutzhöhe anzupassen. Zur Gesetzgebungsgeschichte und den wesentlichen Richtlinien, die der Revision von 1994 zu Grunde liegen, vgl. STREIFF/VON KAENEL, N 1. Der Zweck der Regelung besteht darin, die unerwünschten Folgen einer Massenentlassung durch ansatzweisen Einbezug von Sozialpartnern und öffentlicher Hand einzudämmen. Aber die im Wesentlichen aus Informations- und Konsultationspflichten bestehenden Verpflichtungen schränken die Kündigungs- bzw. Unternehmerfreiheit nicht relevant ein. So lange die wirtschaftliche Situation der Schweiz so bleibt, wie sie ist, werden diese Bestimmungen von weiterhin geringer praktischer Bedeutung bleiben, was nichts gegen ihre grundsätzliche Berechtigung aussagt.

II. Begriff der Massenentlassung

Die Massenentlassung ist durch **vier Elemente** gekennzeichnet: Es muss 2
sich um eine Mindestzahl von Entlassungen handeln, die
- erstens in einem Verhältnis zur Betriebsgrösse stehen (dazu N 4);
- zweitens als Kündigungen vom Arbeitgeber ausgehen (dazu N 5);
- drittens von der Person der betroffenen Arbeitnehmer unabhängig sind (dazu N 6);
- viertens innerhalb einer Frist von 30 Tagen ausgesprochen werden (dazu N 7).

Die Bestimmung gilt für alle dem Privatrecht unterstehenden Arbeitsver- 3
hältnisse, wenn sich der **Betrieb in der Schweiz** befindet (ausgenommen
die Seeleute; die Geltung von Art. 336d–g ist gemäss der ausdrücklichen Bestimmung von Art. 68 Abs. 2 SSG ausgeschlossen). Der Betrieb ist dabei als
Organisationseinheit des Wirtschaftslebens zu verstehen (STREIFF/VON KAE-
NEL, N 8).

Das Gesetz nennt folgende **Schwellenwerte**: Betriebe von mehr als 20 und 4
weniger als 100 Beschäftigten: zehn Entlassungen; Betriebe von mindestens 100 und weniger als 300 Beschäftigten: 10% der Arbeitnehmer; Betriebe von mindestens 300 Beschäftigten: mindestens 30 Entlassungen. Bei
der Berechnung spielt es einerseits keine Rolle, wenn eine Konzernmutter
später Angestellte der entlassenden Konzerntochter anstellt, andererseits
bleiben Ersatz- und Aushilfskräfte unberücksichtigt (so BSK OR I-REHBIN-
DER/PORTMANN, N 2; teilweise und zu Recht abweichend und mit Hinweisen auf die zahlreichen **Berechnungsvorschläge** in der Literatur STREIFF/
VON KAENEL, N 7): Lehrkräfte, Teilzeit- und befristet Angestellte sind, weil
«regelmässig» im Sinne des Gesetzes angestellt, sicher mitzuzählen.

Sodann muss es sich um **arbeitgeberseitige Kündigungen** handeln. Das 5
Gesetz stellt auf die Kündigung und nicht das Ende des Arbeitsverhältnisses ab (STREIFF/VON KAENEL, N 7). Irrelevant ist es, ob sich diese Kündigungen als ordentliche oder ausserordenliche darstellen, ob sie gültig oder
missbräuchlich sind oder sich auf befristete oder unbefristete Arbeitsverhältnisse beziehen (Art. 335e Abs. 1). **Nicht einbezogen** werden aber Auf-
hebungsverträge, sofern sie keine Umgehung darstellen, fristgemäss ablaufende befristete Arbeitsverhältnisse und solche, die wegen des Todes
einer Partei enden (ausführlich STREIFF/VON KAENEL, N 5; ähnlich e. E.
BSK OR I-REHBINDER/PORTMANN, N 3 zu Art. 335d).

Diese Kündigungen dürfen **in keinem Zusammenhang mit der Person des** 6
Arbeitnehmers stehen. Es muss sich also um rein betriebsbedingte Kündigungen handeln, bei denen es um Rationalisierung, Betriebsschliessung
oder Produktionsverlagerung geht, nicht dagegen um solche, die mit der
Leistung oder dem Verhalten des Arbeitnehmers (Streik, vertragswidriges

Handeln u. a. m.) zu tun haben (BSK OR I-REHBINDER/PORTMANN, N 4; STREIFF/VON KAENEL, N 6). Ausgeschlossen sind deshalb auch Kündigungen als Folge gerichtlicher Entscheidungen (namentlich Konkurs, Art. 335e Abs. 2 – zur Problematik unten s. Art. 335e N 4).

7   Sodann muss es sich um arbeitgeberseitige Kündigungen handeln, die innerhalb einer Frist von **30 Tagen ausgesprochen werden**. Das Gesetz stellt nicht auf den Zugang ab und nicht auf das Wirksamwerden der Kündigung. Die Frist erfasst jede zufällig herausgegriffene Periode von 30 Tagen, was einerseits gestaffelte und geplante «Kündigungswellen» erlaubt, andererseits sich damit die Umgehungsproblematik stellt (STREIFF/VON KAENEL, N 9). Genau die Zahlen zu vermeiden, wo das Gesetz mit genauen Zahlen arbeitet, muss im Grundsatz allerdings zulässig bleiben.

8   Die Bestimmung ist zwingender Natur; es ist aber möglich, in einem GAV die 30-Tage-Frist zu verlängern und die Schwellenwerte herabzusetzen, um so die rein privatrechtlichen Folgen einer Massenkündigung in grosszügigerer Weise als das Gesetz eintreten zu lassen (STREIFF/VON KAENEL, N 11).

Art. 335*e*

2.   Geltungs-
bereich

¹ **Die Bestimmungen über die Massenentlassung gelten auch für befristete Arbeitsverhältnisse, wenn diese vor Ablauf der vereinbarten Dauer enden.**
² **Sie gelten nicht für Betriebseinstellungen infolge gerichtlicher Entscheidungen.**

1   Die Bestimmung von Abs. 1 ist an sich überflüssig: Weil ein befristetes Arbeitsverhältnis nicht ordentlich gekündigt werden kann, sind ausserordentliche (vorzeitige, fristlose) Kündigungen derselben solche, die unter Art. 335d fallen (STREIFF/VON KAENEL, N 2). Die Frage der Rechtmässigkeit ändert nichts an der Unterstellung.

2   Nicht unterstellt sind dagegen die Massenentlassungen als Folge einer **gerichtlichen Entscheidung** (Abs. 2). Diesen gleichzustellen sind solche, die allenfalls im Gefolge behördlicher Anordnungen ergehen, die nach rechtsstaatlichen Grundsätzen hierzulande gerichtlicher, wenn auch meist erst nachträglicher Überprüfung zugänglich sind (STREIFF/VON KAENEL, N 3). Hier hat der Arbeitgeber auch keinen Gestaltungsspielraum, gerade seine freie Entscheidung ist aber Ausgangspunkt der Bestimmung von Art. 335d (BSK OR I-REHBINDER/PORTMANN, N 2; STREIFF/VON KAENEL, N 3).

Ausserdem muss eine direkte **Kausalität** zwischen der gerichtlichen   3
(bzw. behördlichen) Entscheidung und der Betriebseinstellung bestehen
(STREIFF/VON KAENEL, N 3, unter Berufung namentlich auf GEISER). Das
Kausalitätserfordernis des Gesetzes hat, richtig betrachtet, auch weitgehende Folgen dafür, wann ein gerichtlicher Entscheid unter die Ausnah-
meregel von Abs. 2 fällt und wann eben nicht (weil nicht kausal für die Betriebseinstellung). Wie STREIFF /VON KAENEL, N 4, weiter richtig bemerken,
geht es ja eigentlich auch nicht um Betriebseinstellungen, sondern Mas-
senkündigungen, was keineswegs deckungsgleich sein muss.

Die Praxis (BGE 123 III 176 ff.; 130 III 102 ff.) unterscheidet wie folgt: Beim   4
Entscheid über eine **provisorische Nachlassstundung** sind Art. 335d ff. **anwendbar**, **nicht** dagegen im **Konkurs** und bei der gerichtlichen Genehmigung des **Nachlassvertrags** (STREIFF/VON KAENEL, N 3 und VISCHER, 151);
argumentiert wird damit, dass im zweiten Fall Mitwirkungsrechte der Gläubiger bestünden. Die scharfsinnige Kritik von STREIFF/VON KAENEL a. a. O.
ist dogmatisch absolut überzeugend und postuliert die Anwendung der Bestimmungen auch im Konkurs und Nachlass, wenn auch entgegen der herrschenden Praxis.

Art. 335*f*

Konsultation   1   Beabsichtigt der Arbeitgeber, eine Massenent-
der Arbeitneh-   lassung vorzunehmen, so hat er die Arbeitnehmerver-
mervertretung   tretung oder, falls es keine solche gibt, die Arbeitneh-
                        mer zu konsultieren.

2   Er gibt ihnen zumindest die Möglichkeit, Vorschläge zu unterbreiten, wie die Kündigungen vermieden oder deren Zahl beschränkt sowie ihre
Folgen gemildert werden können.

3   Er muss der Arbeitnehmervertretung oder, falls es
keine solche gibt, den Arbeitnehmern alle zweckdienlichen Auskünfte erteilen und ihnen auf jeden Fall
schriftlich mitteilen:

a. die Gründe der Massenentlassung;

b. die Zahl der Arbeitnehmer, denen gekündigt
werden soll;

c. die Zahl der in der Regel beschäftigten Arbeitnehmer;

d. den Zeitraum, in dem die Kündigungen ausgesprochen werden sollen.

4   Er stellt dem kantonalen Arbeitsamt eine Kopie der
Mitteilung nach Absatz 3 zu.

1   Die Konsultationspflicht von Abs. 1 setzt **beabsichtigte Kündigungen** voraus; das sind einerseits noch nicht beschlossene, gar ausgesprochene Kündigungen, andererseits aber mehr als nur abstrakt im Raume stehende Kündigungsüberlegungen. Wo der Arbeitgeber konkrete Kündigungen für den Fall in Aussicht nimmt, dass seine Alternativvorstellungen sich nicht verwirklichen (Sanierungsvarianten), liegt ein genügender Verdichtungsgrad seiner entsprechenden Absicht vor (BGE 123 III 176 ff.; BSK OR I-REHBINDER/PORTMANN, N 1; STREIFF/VON KAENEL, N 2).

2   Besteht die **Konsultationspflicht** zu Folge beabsichtigter Kündigungen, hat der Arbeitgeber **vor seinem Entscheid** diesen zur Diskussion zu stellen. Es ist ihm m. a. W. nicht gestattet, ihn einfach umzusetzen, sondern die Mitarbeiter sind in der Phase zwischen Absicht und Umsetzung beizuziehen.

3   Verletzt der Arbeitgeber die **Konsultationspflicht**, sind die **Kündigungen** zwar **wirksam**, aber **missbräuchlich**: Es treffen den Arbeitgeber die Entschädigungspflichten, begrenzt auf zwei Monatslöhne (vgl. Art. 336 Abs. 2 lit. c und 336a Abs. 3). Dass auf Erfüllung der Konsultationspflicht und Schadenersatz geklagt werden kann, ist von weitgehend theoretischer Bedeutung (STREIFF/VON KAENEL, N 10).

4   Zu konsultieren ist die **Arbeitnehmervertretung**, wo eine solche fehlt, sind es die Arbeitnehmer direkt. Eine Arbeitnehmervertretung ist sicher einmal jene, die von der Belegschaft gewählt oder gemäss Mitwirkungsgesetz errichtet wurde, sie kann aber auch erst in Hinblick auf die Massenentlassung bestellt werden (STREIFF/VON KAENEL, N 6).

5   Verpflichteter **Konsultationspartner** ist der schweizerische Arbeitgeber, der sich weder hinter der Konzernstruktur noch ausländischen Börsenvorschriften verstecken kann (Leitentscheid in ZR 2004 Nr. 5; Näheres bei STREIFF/VON KAENEL, Art. 335f N 6 und Art. 336 N 13).

6   Was «**konsultieren**» bedeutet, ist in der Lehre umstritten: Die Meinungen reichen von blossem Anhörungs- und Vernehmlassungsrecht über vermittelnde Ansichten bis hin zu Mitwirkungs- und eigentlichen Mitspracherechten (STREIFF/VON KAENEL, N 3). Man wird sich dem Problem von verschiedenen Seiten her nähern können.

7   Das der Sprache des OR an sich fremde «konsultieren» kommt vom Lateinischen; dort bedeutet es «beratschlagen, zu Rate ziehen». Daraus leitet sich ab, dass es um eine inhaltliche Auseinandersetzung mit dem Konsultierten gehen muss. Damit eine solche stattfinden kann, besteht zunächst eine **Informationspflicht** mit einem entsprechenden **Auskunftsanspruch**: Der Konsultierte muss wissen, was der Arbeitgeber vorhat, um sich dazu eine Meinung zu bilden. Er muss aber auch Zeit haben, über die erhaltenen Informationen nachzudenken, deren Richtigkeit und Vollständigkeit zu prüfen und allfällige Ergänzungen und Erläuterungen verlangen können. Zwischen

Umfang und Inhalt der Auskünfte einerseits, dem Zweck der Konsultation andererseits muss ein Zusammenhang bestehen. Zu erteilen sind alle **zweckdienlichen Auskünfte**. Von diesen ist nach der Vorstellung des Gesetzgebers offenbar ein Kernbereich zu unterscheiden, der **schriftlich** mitzuteilen ist. Der Minimalinhalt dieser Auskünfte steht in Abs. 3 lit. a−d und ist gemäss Abs. 4 auch dem kantonalen Arbeitsamt mitzuteilen (Näheres bei STREIFF/VON KAENEL, N 8).

Während der Arbeitgeber den Minimalinhalt von sich aus mitzuteilen hat, 8
steht es der Arbeitnehmervertretung frei, darüber hinausgehende Anfragen zu stellen. Dazu gehört weiter eine **Anhörungspflicht**: Die Meinung bzw. die Vorschläge der Arbeitnehmer muss der Arbeitgeber sich unterbreiten lassen und zur Kenntnis nehmen. Zweck der Konsultation ist, dass die Arbeitnehmer **Vorschläge unterbreiten**, die erlauben, die geplanten Kündigungen entweder ganz zu vermeiden, allenfalls ihre Zahl zu verringern oder wenigstens die Folgen zu mildern.
Deshalb muss der Arbeitgeber seine eigene Entscheidung auszusetzen, bis ihm die Vorschläge unterbreitet wurden und er sie im Dialog erwogen und beurteilt hat. Es muss eine ernsthafte Auseinandersetzung mit diesen Vorschlägen stattfinden. Daraus folgt ein Anspruch bzw. eine Pflicht zur Beratung und letztlich auch zur Begründung des eigenen Entscheids. Kurzfristiges und passives pro-forma-Abhören einer Delegation, deren Vorschläge von vorne herein an der längst feststehenden Entscheidung nichts ändern können und auf einer unzulänglichen Informationsbasis beruhen, entspricht nicht dem Begriff des Konsultierens. Dass der Arbeitgeber an die Vorschläge nicht gebunden ist, ändert daran nichts – er muss die Konstultation **nach den Regeln von Treu und Glauben** organisieren und durchführen (BGE 130 III 102 ff., 111; BSK OR I-REHBINDER/PORTMANN, N 2 f.; STREIFF/VON KAENEL, N 3 f.).

Das Gesetz hat keine **Fristen** bestimmt, auch nicht für die Information des 9
Arbeitsamts gemäss Abs. 4. Soll der Konsultationsprozess aber sinnvoll sein, hat er entsprechend frühzeitig zu beginnen: Das verlangt einerseits in einer Vorphase die Bereitstellung von umfassenden und richtigen Informationen an die Arbeitnehmerseite, dann in der ersten Phase deren Übermittlung. Anschliessend muss ihr auch genügend Zeit gelassen werden, diese in sinnvoller Weise zu prüfen und zu ergänzen; wenn der Gesetzgeber erwartet, dass gemäss Abs. 2 Alternativvorschläge entwickelt werden, kann nur innerhalb zumindest nach Tagen bemessener Fristen der Vorgang abgewickelt werden. Die Konsultation muss vor den Entlassungen begonnen werden und beendet sein, Fristen laufen aber auch erst, wenn der Arbeitgeber förmlich ein Konsultationsverfahren eröffnet hat (BGE 130 III 102 ff., 110 und 112). Entsprechend lief die in BGE 123 III 176 ff. geschilderte Situation auf eine Aushebelung der Konsultationsvorschrift hinaus, schritt der Arbeitgeber doch

erst nach Entscheidung über die Kündigungen und unter Ansetzung einer klar ungenügenden Frist von wenigen Stunden zur Vernehmlassung (ungenügend auch 5 Tage gemäss BGE 130 III 102 ff., 111 ff.). Umgekehrt kann sich der Vorgang auch nicht über Wochen und Monate hinziehen, soll die Arbeitgeberfreiheit nicht ihrerseits durch vielfältige prozedurale Hindernisse relevant eingeschränkt oder gar durch eine – dem schweizerischen Recht weiterhin fremde – eigentliche Mitbestimmung ausgeschlossen werden. Dazu kommt, dass Entscheidungen dieser Art auch unter einem gewissen Zeitdruck auf Grund wirtschaftlicher Gegebenheiten gefällt werden müssen. Allerdings darf die Dringlichkeit auch nicht einseitig vom Arbeitgeber verschuldet sein, weil er das Konsultationsverfahren zu spät eröffnet hat (BSK OR I-REHBINDER/PORTMANN, N 4; STREIFF/VON KAE-NEL, N 7).

10   Immer häufiger werden zwischen Arbeitgebern und Arbeitnehmervertretern **Sozialpläne** ausgehandelt. Darüber gibt es keinerlei gesetzliche Bestimmungen, es gibt namentlich weder einen Anspruch auf einen solchen noch Vorgaben bezüglich seines Inhalts und seiner Durchsetzung (ausführlich dazu STREIFF/VON KAENEL, N 11 ff.).

Art. 335*g*

4.   Verfahren

¹ **Der Arbeitgeber hat dem kantonalen Arbeitsamt jede beabsichtigte Massenentlassung schriftlich anzuzeigen und der Arbeitnehmervertretung oder, falls es keine solche gibt, den Arbeitnehmern eine Kopie dieser Anzeige zuzustellen.**

² **Die Anzeige muss die Ergebnisse der Konsultation der Arbeitnehmervertretung (Art. 335f) und alle zweckdienlichen Angaben über die beabsichtigte Massenentlassung enthalten.**

³ **Das kantonale Arbeitsamt sucht nach Lösungen für die Probleme, welche die beabsichtigte Massenentlassung aufwirft. Die Arbeitnehmervertretung oder, falls es keine solche gibt, die Arbeitnehmer können ihm ihre Bemerkungen einreichen.**

⁴ **Ist das Arbeitsverhältnis im Rahmen einer Massenentlassung gekündigt worden, so endet es 30 Tage nach der Anzeige der beabsichtigten Massenentlassung an das kantonale Arbeitsamt, ausser wenn die Kündigung nach den vertraglichen oder gesetzlichen Bestimmungen auf einen späteren Termin wirksam wird.**

Der Randtitel «Verfahren» ist irreführend, weil es nicht um das Verfahren   1
der Massenentlassung geht, sondern um einen **weiteren Informations-
schritt**: Ist die Konsultationspflicht gegenüber den Arbeitnehmern erfolgt
(und bleibt es bei der Absicht einer Massenentlassung), ist anschliessend
schriftlich das kantonale **Arbeitsamt** zu unterrichten und zeitgleich der Arbeitnehmervertretung von dieser Mitteilung eine Kopie zuzustellen (Abs. 1).

Die Anzeige enthält alle **zweckdienlichen Angaben** und das **Ergebnis der**   2
Konsultation (Abs. 2). Sie weist insoweit einen höheren Grad an Informati-
onsdichte auf als die Unterlagen der Konsultationsphase. Daher darf auch
die Meldung nicht ohne Rücksicht auf das Konsultationsverfahren erfolgen
(BGE 130 III 102 ff., 112).

Das kantonale Arbeitsamt – das ja schon den Vorgang auf Grund der obli-   3
gatorischen Mitteilung gemäss Art. 335f Abs. 4 kennt – hat 30 Tage Zeit,
eine **Lösung**, und zwar für deren Folgen, zu suchen (STREIFF/VON KAENEL,
N 5). Es hat dabei die Arbeitnehmer(vertretung) in seine eigenen Überlegungen einzubeziehen; dass diese ihre «Bemerkungen einreichen» können, deutet darauf hin, dass das Amt diese jedenfalls weniger intensiv zur
Kenntnis nehmen muss als der Arbeitgeber die Vorschläge in der Konsultationsphase gemäss Art. 335f.

Nach der Systematik des Gesetzes kann der Arbeitgeber zeitgleich mit der   4
Information des Arbeitsamts die bisher bloss beabsichtigten **Kündigungen**
beschliessen und aussprechen. Ihre Wirksamkeit tritt allerdings frühestens 30 Tage nach der Mitteilung an das Arbeitsamt ein. Damit läuft die Frist
unabhängig von und neben der Kündigungsfrist und ändert an deren Ablauf
nichts (es sei denn, sie betrage weniger als 30 Tage). Durch den Aufschub
der Wirksamkeit bzw. die 30-Tage-Frist soll sichergestellt sein, dass das Arbeitsamt genügend Zeit hat, seiner Aufgabe nachzukommen, nach Lösungen
zu suchen.

Die Unterlassung der Anzeige gemäss Abs. 4 macht die Kündigung **nicht**   5
missbräuchlich (STREIFF/VON KAENEL, N 9; missverständlich BSK OR I-REH-
BINDER/PORTMANN, N 2), sie ist vielmehr gültig (BGE 132 III 406 ff., 410).
Gemäss BGE 132 III 406 ff., 410 ff. führt die Unterlassung dieser Meldung
allerdings dazu, dass sich die Beendigung des Arbeitsverhältnisses hinaus-
schiebt, und zwar solange, wie das Arbeitsamt hätte sinnvoll tätig werden
können; das hat – wie der Entscheid darlegt – entsprechende Rückwirkungen auf den Fristenlauf gemäss Art. 336b Abs. 2 für die Geltendmachung
von Entschädigungsansprüchen.

Art. 336

[1] Die Kündigung eines Arbeitsverhältnisses ist missbräuchlich, wenn eine Partei sie ausspricht:

a. wegen einer Eigenschaft, die der anderen Partei kraft ihrer Persönlichkeit zusteht, es sei denn, diese Eigenschaft stehe in einem Zusammenhang mit dem Arbeitsverhältnis oder beeinträchtige wesentlich die Zusammenarbeit im Betrieb;

b. weil die andere Partei ein verfassungsmässiges Recht ausübt, es sei denn, die Rechtsausübung verletze eine Pflicht aus dem Arbeitsverhältnis oder beeinträchtige wesentlich die Zusammenarbeit im Betrieb;

c. ausschliesslich um die Entstehung von Ansprüchen der anderen Partei aus dem Arbeitsverhältnis zu vereiteln;

d. weil die andere Partei nach Treu und Glauben Ansprüche aus dem Arbeitsverhältnis geltend macht;

e. weil die andere Partei schweizerischen obligatorischen Militär- oder Schutzdienst oder schweizerischen Zivildienst leistet oder eine nicht freiwillig übernommene gesetzliche Pflicht erfüllt.

[2] Die Kündigung des Arbeitsverhältnisses durch den Arbeitgeber ist im weiteren missbräuchlich, wenn sie ausgesprochen wird:

a. weil der Arbeitnehmer einem Arbeitnehmerverband angehört oder nicht angehört oder weil er eine gewerkschaftliche Tätigkeit rechtmässig ausübt;

b. während der Arbeitnehmer gewählter Arbeitnehmervertreter in einer betrieblichen oder in einer dem Unternehmen angeschlossenen Einrichtung ist, und der Arbeitgeber nicht beweisen kann, dass er einen begründeten Anlass zur Kündigung hatte;

c. im Rahmen einer Massenentlassung, ohne dass die Arbeitnehmervertretung oder, falls es keine solche gibt, die Arbeitnehmer, konsultiert worden sind (Art. 335f).

[3] Der Schutz eines Arbeitnehmervertreters nach Absatz 2 Buchstabe b, dessen Mandat infolge Übergangs des Arbeitsverhältnisses endet (Art. 333), besteht so lange weiter, als das Mandat gedauert hätte, falls das Arbeitsverhältnis nicht übertragen worden wäre.

I. Vorbemerkung

Art. 336 ist die zentrale Bestimmung des schweizerischen Kündigungsschutzrechts. Sie schränkt die Kündigungsfreiheit insoweit ein, als sie einen Katalog von **sachlichen Tatbeständen** aufzählt, die eine Kündigung als **missbräuchlich** erscheinen lassen. Damit ist nicht etwa gesagt, dass «Rechtsmissbrauch», schon gar nicht «offenbarer», nach Art. 2 Abs. 2 ZGB und damit Ungültigkeit/Nichtigkeit einer missbräuchlichen Kündigung vorliegen, im Gegenteil: Selbst die missbräuchliche Kündigung ist gültig und beendet ein Arbeitsverhältnis; sie verpflichtet lediglich zu einer Entschädigungszahlung, die von Gesetzes wegen begrenzt ist. Ob Missbrauch vorliegt, ist auf Grund einer Gesamtwürdigung aller Umstände des Einzelfalls zu prüfen (BGE 132 III 115 ff., 118). [1]

Der Missbrauchskatalog wird sodann in den Art. 336c und 336d durch einige wenige weitere Tatbestände ergänzt, die einen beschränkten **zeitlichen Kündigungsschutz** gewähren: Kündigungen während der Sperrzeit sind sogar nichtig. [2]

Schliesslich enthält das **Gleichstellungsgesetz** eine Reihe von weiteren Kündigungsschutzbestimmungen (Art. 3, 4 und 5 GlG); sie sehen allerdings auch nicht die Nichtigkeit der diskriminierenden Kündigung vor, sondern verpflichten zu Entschädigungszahlungen. Diese kommen gesetzten Falles zu denen gemäss OR hinzu und sind zum Teil nach den schweizerischen Durchschnittslöhnen (und nicht dem arbeitsvertraglich vereinbarten Lohn) zu berechnen. Einzig in Art. 10 Abs. 1 und 3 GlG findet sich die singuläre Bestimmung, dass statt auf eine Entschädigung auch auf Weiterbestand des Arbeitsverhältnisses geklagt werden kann (vgl. BSK OR I-REHBINDER/PORTMANN, N 33 ff.; VISCHER, 242 und 248, der darin einen Anwendungsfall des Verbots der Rachekündigung sieht). [3]

Missbräuchliche Kündigungen gemäss Abs. 1 sind auch arbeitnehmerseitig möglich, praktisch spielen solche aber keine Rolle: Der Kündigungsschutz wird in aller Regel gegenüber dem Arbeitgeber angerufen. Die **paritätische Ausgestaltung** der Norm ist nur von theoretischer Bedeutung (STREIFF/VON KAENEL, N 10); anders dann Abs. 2, der ausdrücklich nur Fälle arbeitgeberseitiger Kündigungen erfasst. [4]

II. Charakter der Norm

5   Abs. 1 der Bestimmung ist **absolut zwingend** (Art. 361), **Abs. 2** ist **relativ zwingend** (Art. 362), **Abs. 3** ist sogar **dispositiv**, gilt aber für die Seeleute gemäss der ausdrücklichen Bestimmung in Art. 68 Abs. 2 SSG überhaupt nicht.

6   Indessen kann durch (gültigen) **Aufhebungsvertrag** auf den zeitlichen und sachlichen Kündigungsschutz verzichtet werden, es sei denn, er diene nur der Umgehung der Schutzbestimmungen (BSK OR I-REHBINDER/PORTMANN, N 1). Ebenso können die Parteien **weitere sachliche Kündigungsbeschränkungen**, wenn auch nur zu Gunsten des Arbeitnehmers, vereinbaren, denn die Aufzählung in Art. 336 ist nicht abschliessend (BGE 125 III 70 ff., 72; BSK OR I-REHBINDER/PORTMANN, N 1 und 21; STREIFF/VON KAENEL, N 3). Schliesslich kann auch gestützt auf Art. 2 Abs. 2 ZGB eine Kündigung als missbräuchlich erscheinen – allerdings mit der vom Normalfall abweichenden Folge blosser Entschädigungspflicht (BSK OR I-REHBINDER/PORTMANN, N 21; zustimmend STREIFF/VON KAENEL, N 2; VISCHER, 237). Gegen die h. L. und Praxis vertreten wir hier abweichend die Ansicht, dass im Falle des offenbaren Rechtsmissbrauchs allerdings auch im arbeitsvertraglichen Kündigungsrecht die gesetzliche Nichtigkeitsfolge eintreten muss: Wenn auch Art. 336 eine Konkretisierung des Rechtsmissbrauchsverbot sein mag, dann können seine gegenüber der Grundnorm eingeschränkten Rechtsfolgen nicht einfach auf diese ausstrahlen, wenn Art. 2 Abs. 2 ZGB direkt Anwendung findet (anders allerdings BGE 118 II 157 ff., 165).

III. Normzweck

7   Der Artikel will **missbräuchliche Kündigungen sanktionieren**. Er berührt indessen die grundsätzliche Kündigungsfreiheit nicht, die im schweizerischen Arbeitsrecht herrscht (BGE 132 III 115 ff., 116 m. w. H.). Eine Kündigung bedarf keiner Rechtfertigung – sie darf lediglich nicht missbräuchlich sein. Missbrauch entfällt dann, wenn für die Kündigung ein sachlicher Grund vorliegt (STREIFF/VON KAENEL, N 2). Sie ist gültig, wenn sie nicht in die Sperrfristen fällt; daher nach deren Ablauf auch Kündigung wegen Krankheit zulässig.

8   Voraussetzung für die Anwendung der Kündigungsschutzbestimmungen ist ein gültiger Arbeitsvertrag. Der Kündigungsschutz hindert nicht, sich auf Willensmängel etc. bezüglich des Arbeitsvertrags selbst zu berufen und diesen so nachträglich zu Fall zu bringen; hingegen ist ein Irrtum über die Umstände, die zum Kündigungsschutz führen, unbeachtlich: Er geht gerade vor (BSK OR I-REHBINDER/PORTMANN, N 2).

9   Der **sachliche Kündigungsschutz** gilt auch während der **Probezeit** (s. oben Art. 335b N 2).

IV. Gesetzlicher Katalog der missbräuchlichen Kündigungsgründe

1. Kündigung wegen persönlicher Eigenschaften

Gemäss Abs. 1 lit. a ist die Kündigung missbräuchlich, wenn sie «wegen einer Eigenschaft, die der andern Partei kraft ihrer Persönlichkeit zusteht», ausgesprochen wird. Dies ist kein Rückverweis auf Art. 27 ff. ZGB (STREIFF/VON KAENEL, N 5), kann aber auch nicht ohne Blick auf Art. 328 beurteilt werden: Letztlich ist die Bestimmung selbst eine Einschränkung der Persönlichkeit. Deshalb ist eigentlich weniger die Frage der persönlichen Eigenschaften als die nach dem Rechtfertigungsgrund für die Kündigung von Bedeutung (gl. M. STREIFF/VON KAENEL, N 5).   10

Zu den **Eigenschaften** gehören Alter, Beziehungen zu Drittpersonen, Charakter, Familienstand, Geschlecht, Herkunft, Krankheit, Nationalität, Rasse, Religion, sexuelle Orientierung, Verhaltensmuster, Verwandtschaft, Vorstrafen (letztere wohl aber zu Unrecht – Vorstrafen lassen allenfalls auf Eigenschaften schliessen, sind aber richtig betrachtet selbst keine, schon gar nicht welche kraft Persönlichkeitsrecht einem zustehen!). Die Aufzählungen in der Literatur weichen in Einzelheiten voneinander ab, vgl. BSK OR I-REHBINDER/PORTMANN, N 5–8; STREIFF/VON KAENEL, N 5, mit zahlreichen weiteren Hinweisen; VISCHER, 238 f.

Allerdings wird dieser Grundsatz im gleichen Atemzug mit zwei praktisch wichtigen Ausnahmen weitgehend eingeschränkt: Die Kündigung ist dann nicht missbräuchlich, wenn die persönliche Eigenschaft das **Betriebsklima** stört («wesentliche Beeinträchtigung der Zusammenarbeit») oder wenn sie **mit dem Arbeitsverhältnis zusammenhängt**. Allerdings – im Sinne einer Einschränkung der Ausnahme – hat der Arbeitgeber zunächst zu versuchen, die Lage zu entspannen (BGE 125 III 70 ff., 74; BGE 132 III 115 ff., 120; BSK OR I-REHBINDER/PORTMANN, N 4; STREIFF/VON KAENEL, N 5; VISCHER, 239). Es darf umgekehrt nicht eine Einschränkung der Persönlichkeitsrechte der übrigen Mitarbeiter verlangt werden, um eine Kündigung zu rechtfertigen (VISCHER, 239). Hat aber die Eigenschaft keinen Zusammenhang mit dem Arbeitsverhältnis und keine Auswirkung auf den Betrieb, ist die darauf gestützte Kündigung missbräuchlich.   11

Bei **Tendenzbetrieben** (ausdrücklich (partei-)politisch, weltanschaulich oder verhaltensmässig ausgerichteten Unternehmen) sowie bei leitenden Angestellten darf die Rückwirkung einer persönlichen Eigenschaft auf den Betrieb eher anzunehmen sein als beim einfachen Angestellten (VISCHER, 239 unter Hinweis auf BGE 4C.116/2004; ebenso BSK OR I, REHBINDER/PORTMANN, N 7). Allerdings darf nicht durch allzu schnelle Zusprechung einer «Tendenz» bzw. einer «Kadereigenschaft», gar der doppelten Eigenschaft   12 des «Tendenzträgers» die Schutzbestimmung ausgehöhlt werden (deshalb insoweit unrichtig BGE 127 III 86 ff.; richtig dagegen BGE 130 III 699 ff.).

13 Bei Kündigung wegen Beziehungen zu Drittpersonen ist richtigerweise zu verlangen, dass es konkrete Hinweise dafür geben muss, dass die befürchtete Gefahr sich realisiert (Verrat von Betriebsgeheimnissen durch die Chefsekretärin, die mit einem Direktor eines Konkurrenzunternehmens liiert ist); die Gerichtspraxis ist schwankend. Genügend für eine Entlassung kann auch der blosse Verdacht sein, ein (nicht mehr geringfügiges) Delikt begangen zu haben, wenn dies das Vertrauen der Kunden und/oder Mitarbeiter zu beeinträchtigen geeignet ist. Desgleichen geht es nicht an, als Kadermitarbeiter die Untergebenen gegen die Direktion einzunehmen (BGE 127 III 86 ff.; BSK OR I-Rehbinder/Portmann, N 5 ff.; Streiff/von Kaenel, N 5, mit zahlreichen Beispielen; Vischer, 239).

2. Kündigung wegen Ausübung eines verfassungsmässigen Rechts

14 Die Bestimmung von Abs. 1 lit. b hilft, die **Drittwirkung der Grundrechte** durchzusetzen; sie bezieht sich auf alle Normen, die auf Verfassungsstufe dem Einzelnen Rechte verleihen (Vischer, 240). Zu den insoweit geschützten Tätigkeiten gehören die Ausübung eines öffentlichen Amtes, Teilnahme an einem Streik (BGE 125 III 277 ff.), öffentliche Äusserungen von Meinungen, religiösen Ansichten (BGE 130 III 699 ff.), Inanspruchnahme der Presse- und Vereinigungsfreiheit, etc. (BSK OR I-Rehbinder/Portmann, N 9–11; Streiff/von Kaenel, N 6, mit zahlreichen Beispielen; Vischer, 240 f.).

15 Gleich wie in lit. a entfällt auch im Falle von Abs. 1 lit. b die Missbräuchlichkeit, wenn eine **negative Rückwirkung auf das Arbeitsverhältnis** besteht. Die Einschränkung des Missbrauchs bzw. die Zulässigkeit der Kündigung ist allerdings nur bezüglich der zweiten Rechtfertigung einer Störung des Betriebsklimas – gleich wie in lit. a formuliert; beim ersten Rechtfertigungsgrund genügt nicht einfach schon ein Zusammenhang mit dem Arbeitsverhältnis wie in lit. a, sondern es ist in lit. b weitergehend die «Verletzung einer Pflicht aus dem Arbeitsvertrag» verlangt.

16 Eine solche liegt dann vor, wenn der Arbeitgeber öffentlich scharf kritisiert wird (Verletzung der Treuepflicht); nur eine objektive und unpolemische Kritik sei zulässig (bedenklich daher BGE ARV 2002, 23 f.; zustimmend allerdings sowohl BSK OR I-Rehbinder/Portmann, N 10 zu Art. 336 wie Streiff/von Kaenel, N 6). Zulässig ebenfalls das Verbot des islamischen Kopftuchs (ausführlich dazu Vischer, 241).

17 Entgegen BSK OR I-Rehbinder/Portmann, N 11, und der bei ihnen wie Vischer, 240, zitierten Bundesgerichtspraxis wird man nicht sagen dürfen, der Grundsatz der Kündigungsfreiheit verlange eine enge Auslegung der sie einschränkenden Bestimmung über die Ausübung der verfassungsmässigen Rechte; dass die Vielzahl und Breite der verfassungsmässigen Rechte letzt-

lich die meisten Kündigungen missbräuchlich erscheinen lasse, kann man gerade nicht sagen. Vielmehr findet sich die Lösung des Problems richtigerweise in der Rückverknüpfung auf das Arbeitsverhältnis, womit der Gesetzgeber die Werteentscheidung völlig richtig getroffen hat; dass der Arbeitgeber im Zweifel das Vorliegen des Rechtfertigungsgrundes für seine Kündigung zu beweisen hat, ist nur folgerichtig.

3. Kündigung zwecks Vereitelung der Entstehung von Ansprüchen aus dem Arbeitsverhältnis

Wenn eine Kündigung dazu dient, einen **Anspruch zu vereiteln**, der unmittelbar vor seiner Realisierung steht, dann ist auch eine solche Kündigung gemäss Abs. 1 lit. c missbräuchlich. Dazu gehören Ansprüche auf Gratifikation, Treueprämien, Teuerungszulagen oder Abgangsentschädigungen (vgl. BGE 130 III 495 ff. – Missbräuchlichkeit verneint; BSK OR I-Rehbinder/Portmann, N 12; Streiff/von Kaenel, N 7; Vischer, 241 f.). **18**

Während BSK OR I-Rehbinder/Portmann, N 12, und Vischer, 241 f., auf Grund der Materialien die Auffassung vertreten, dem Wort «ausschliesslich» komme im Gesetz keine einschränkende Bedeutung zu, sehen dies Streiff/von Kaenel, N 7, anders und halten dafür, dass die **Kündigung tatsächlich** nur der Vereitelung dienen muss, um missbräuchlich zu sein. Die Beweisschwierigkeiten ändern daran nichts, auch wenn nur selten der Arbeitgeber sein Motiv unvorsichtigerweise offenlegt oder schlicht keine andern Gründe ersichtlich sind. **19**

4. Kündigung wegen Geltendmachung von Ansprüchen aus dem Arbeitsverhältnis

In Lehre und Rechtsprechung wird der Grund gemäss Abs. 1 lit. d als **«Rachekündigung»** bezeichnet (BSK OR I-Rehbinder/Portmann, N 13; Streiff/von Kaenel, N 8; Vischer, 242; BGE 132 III 115 ff., 121). Er hat von den Missbrauchsgründen die grösste praktische Bedeutung erlangt (Streiff/von Kaenel, N 8, mit zahlreichen Nachweisen). **20**

Sowohl «Geltendmachung» als auch «Anspruch» werden **weit verstanden**: Es muss nicht allein die gerichtliche Durchsetzung eines Anspruchs im Rechtssinne vorliegen; nicht nötig ist, dass sich der Anspruch auch als berechtigt erweist, verlangt ist aber, dass er in guten Treuen erhoben wird: Wer einen «an den Haaren herbeigezogenen» Anspruch geltend macht, soll daraus keinen Kündigungsschutz ableiten (so richtig Streiff/von Kaenel, N 7). **21**

Als **missbräuchlich** erschienen deshalb Kündigungen, die erfolgten, weil zuvor der Arbeitnehmer **22**
– sich weigerte, vor Ablauf der Kündigungsfrist eine Lohnreduktion hinzunehmen (BGE 123 III 246 ff., 251 f.);

– sich weigerte, abermals seine Ferien zu verschieben (BGE JAR 1997, 162);

– einen höheren Lohn fordert, der der Arbeitsbewilligung entspricht (BGE ARV 2001, 37 f.);

– mit Zustimmung des Vorgesetzen kurzfristig abreist, um im Ausland die schwerkranke Mutter zu besuchen (BGE JAR 1999, 232);

– mit Hilfe eines Gewerkschaftsvertreters einen höheren Lohn fordert bzw. Lohnabzüge bestreitet (JAR 1998, 196 und JAR 2001, 299);

– der Arbeit fernblieb, um sein krankes Kind zu pflegen (JAR 2002, 320).

Nicht missbräuchlich war es dagegen, zu kündigen weil ein Arbeitnehmer

– sich weigerte, an einem klärenden Gespräch teilzunehmen (ZR 1997 Nr. 83);

– sich weigerte, aus einem Einer- in ein Zweierbüro zu wechseln (BGE JAR 2003, 184);

– zuvor selbst, wenn auch auf einen längeren Zeitpunkt hin gekündigt hatte, der Arbeitgeber also die kürzere, vertragliche Kündigungsfrist für sich in Anspruch nahm (ZR 2001 Nr. 82);

– als leitender Angestellter einer gewerkschaftsnahen Organisation zugleich Leistungsfunktionen in einer sektenähnlichen religiösen Gemeinschaft innehatte (BGE 130 III 699 ff.).

Weitere Beispiele bei BSK OR I-Rehbinder/Portmann, N 14; Streiff/von Kaenel, N 8.

5. Kündigung wegen Militärdienstes und ähnlicher Dienste

23   Als missbräuchlich gelten gemäss Abs. 1 lit. e schliesslich Kündigungen, die erfolgen, weil die andere Partei schweizerischen **Militärdienst**, Zivilschutzdienst, Feuerwehr oder eine Pflicht als Amtsvormund, Geschworener, Zeuge oder Stimmenzähler übernimmt. Wesentlich ist einerseits, dass auch eine an sich freiwillige Übernahme eines Dienstes (wie Militärdienst bei Frauen) in der Folge obligatorisch werden kann, andererseits unter den zivilen Ämtern nur die zählen, bei denen ein Amtszwang besteht. Mithin sind die meisten **politischen Ämter** (i. d. R. Schulpflege, Parlament, Exekutivfunktionen) gerade **nicht vom Kündigungsschutz** erfasst (BSK OR I-Rehbinder/Portmann, N 15; Streiff/von Kaenel, N 9). Mit Vischer, der den entsprechenden Abschnitt mit «**Kündigungen wegen Dienstleistungen im Landesinteresse**» überschreibt, ist jedenfalls bei den übrigen öffentlichen Ämtern, auf deren freiwilliger Übernahme das schweizerische Milizsystem ganz wesentlich beruht, der Kündigungsschutz gemäss lit. b anzuwenden, wenn der von lit. e nicht greifen sollte (Vischer, 242 f.).

6. Kündigung wegen Gewerkschaftszugehörigkeit etc.

24   Als missbräuchlich gelten gemäss Abs. 2 lit. a die arbeitgeberseitigen Kündigungen, die erfolgen, weil der Arbeitnehmer entweder einer Gewerkschaft

angehört oder umgekehrt, gerade nicht angehört (Schutz der positiven oder negativen **Koalitionsfreiheit** gemäss Art. 28 BV) oder weil er rechtmässig eine **gewerkschaftliche Tätigkeit** ausübt. Dazu gehören die Anwerbung von Mitgliedern, Teilnahme an GAV-Verhandlungen oder allgemeine Informationstätigkeit, wie das Verteilen einer Gewerkschaftszeitung. Auch die Teilnahme an einem rechtmässigen Streik fällt darunter (BGE 125 III 277 ff.), während Teilnahme an einem wilden Streik typischerweise nicht vom Schutzbereich erfasst ist (BSK OR I-REHBINDER/PORTMANN, N 16; STREIFF/ VON KAENEL, N 11; VISCHER, 243). Auf eine allfällige Störung des Betriebsklimas kommt es dagegen nicht an (BSK OR I-REHBINDER/PORTMANN, N 16).

7. Kündigung eines Arbeitnehmervertreters

Als missbräuchlich gilt gemäss Abs. 2 lit. b weiter die arbeitgeberseitige 25 Kündigung eines gewählten **Arbeitnehmervertreters**. Kann der Arbeitgeber beweisen, dass er einen begründeten Anlass zur Kündigung hat und allein die der Grund der Kündigung ist, entfällt der Schutz. Der Grund darf deshalb auch nicht mit der entsprechenden Tätigkeit des Arbeitnehmervertreters in Zusammenhang stehen, sondern muss davon gerade gänzlich unabhängig sein, also personen-, betriebs-, leistungs- oder verhaltensmässig bedingt sein (BGE 119 II 157 ff.; BGE in JAR 1995, 154 ff.; BSK OR I-REH-BINDER/PORTMANN, N 18 f.; STREIFF/VON KAENEL, N 12; VISCHER, 243 f.).

Der Kündigungsschutz im beschriebenen Sinne erstreckt sich auf alle Gre- 26 mien, die von der Arbeitnehmerschaft gewählt werden (Pensionskassen, Betriebskommissionen, GAV-Organe); als **zeitlicher Schutz** gilt er von Amtsantritt (der blosse Wahlakt genügt nicht, massgebend ist die Erwahrung der Wahlergebnisse bzw. die konstituierende Sitzung) bis Ausscheiden aus dem entsprechenden Organ. Der Kündigungsschutz gibt indessen «keinen Freipass für jedwelche gegen die Interessen des Arbeitgebers gerichteten Aktivitäten» (so BGE 119 II 157 ff., 161).

Abs. 3 enthält einen nachwirkenden Kündigungsschutz, wenn zufolge Über- 27 gangs des Arbeitsverhältnisses nach Art. 333 das Mandat endet: Der Arbeitnehmer bleibt auch danach bis Ablauf der ursprünglichen Mandatsdauer geschützt.

Der Kündigungsschutz gemäss Abs. 2 lit. b ist ein zeitlicher Kündigungs- 28 schutz («während»), der eigentlich unter die Bestimmungen von Art. 336c gehört; seine Missachtung führt aber nicht – wie dort – zur Nichtigkeit der Kündigung, sondern deren Folgen werden denen des sachlichen Kündigungsschutzes gleichgestellt (STREIFF/VON KAENEL, N 14; VISCHER, 244).

8.   Massenentlassung ohne vorgängige Konsultation

29   Als missbräuchlich gilt schliesslich gemäss Abs. 2 lit. c die arbeitgeberseitige Kündigung, die unter **Missachtung der Konsultationspflicht** gemäss Art. 335f erfolgt. Dabei ist nur die eigentliche Unterlassung bzw. Vereitelung der Konsultation gemeint, nicht aber jeder Verfahrensverstoss bzw. jede suboptimale Organisation des Konsultationsablaufs (zuletzt BGE 132 III 406 ff.; STREIFF/VON KAENEL, N 13).

30   Die Bestimmung ist nicht anwendbar, wenn Konsultationsrechte beim Betriebsübergang missachtet werden (BSK OR I-REHBINDER/PORTMANN, N 20; STREIFF/VON KAENEL, N 13).

V.   Weitere missbräuchliche Kündigungsgründe

31   Die Aufzählung der acht missbräuchlichen Kündigungsgründe im Gesetz ist **nicht abschliessend** (BGE 132 III 115 ff., 117). Es müssen aber Konstellationen von vergleichbarer Schwere wie bei den gesetzlich aufgezählten Gründen vorliegen (BGE 131 III 535 ff., 538). Missbräuchlich können deshalb auch Änderungskündigungen, solche wegen Mobbings, wegen Teilnahme an einem rechtmässigen Streik sein, ebenso kann die Art und Weise der Kündigung diese missbräuchlich erscheinen lassen oder die Entlassung eines Vorgesetzten, den an den Verfehlungen seines Untergebenen allerdings keinerlei Verschulden trifft (BGE 118 II 157 ff.; 123 III 246 ff.; 125 III 70 ff. und 277 ff.; 131 III 535 ff.; BSK OR I-REHBINDER/PORTMANN, N 21 ff.; STREIFF/VON KAENEL, N 3).

VI.   Verhältnis zur fristlosen Kündigung

32   Eine missbräuchliche Kündigung kann auch als – unberechtigte – fristlose Kündigung erfolgen. Diesfalls ist aus beiden Gründen eine Entschädigung, jedoch begrenzt auf insgesamt höchstens sechs Monatslöhne zu zahlen; folgt aber einer – missbräuchlichen – Kündigung erst später auch noch eine – unberechtigte – fristlose Entlassung, dann ist volle Kumulation der beiden maximalen Entschädigungszahlungen möglich (so richtig STREIFF/VON KAENEL, Art. 336 N 15 und Art. 336a N 9; a.M. BGE 121 III 64 ff., 68 und BSK OR I-REHBINDER/PORTMANN, Art. 336b N 8 und Art. 337c N 7: Die Entschädigung ist beidenfalls nur nach Massgabe von Art. 337c Abs. 3 geschuldet). Folgt umgekehrt auf eine missbräuchliche Kündigung auch noch eine gerechtfertigte fristlose Entlassung, ist nur die Entschädigung nach Art. 336a geschuldet (BSK OR I-REHBINDER/PORTMANN, Art. 336a N 8).

VII.   Beweislast

33   Die Beweislast für die Missbräuchlichkeit der Kündigung liegt **bei der gekündigten Partei**. Diese ist somit gezwungen, ein Motiv der kündigenden

Partei nachzuweisen. Ist der Grund in der schriftlichen Kündigung genannt, ist der Beweis einfacher zu führen als dann, wenn unwahre Gründe vorgeschoben werden.

Dem Zweck der Beweisführung dient die **Begründungspflicht** (Art. 335 Abs. 2), wobei die allein unwahre Begründung die Kündigung nicht missbräuchlich macht; für Beweislastumkehr in diesem Falle klar VISCHER, 245: Die nachgewiesenermassen falsch begründete Kündigung ist als missbräuchlich zu vermuten (weniger weitgehend STREIFF/VON KAENEL, N 17). Im Sinne einer Beweiserleichterung genügt schon die hohe Wahrscheinlichkeit für die Annahme eines als missbräuchlich geltenden Grundes; zudem reichen schlüssige Indizien (BGE 125 III 277 ff., 285; BGE 130 III 699 ff., 703; BSK OR I-REHBINDER/PORTMANN, N 29; STREIFF/VON KAENEL, N 16; VISCHER, 245).

Beim Vorliegen mehrerer Kündigungsgründe, von denen nicht alle missbräuchlich sind, kommt es darauf an, ob der missbräuchliche unmittelbarer Anlass zur Kündigung bildet oder ausschlaggebend war; der Arbeitgeber kann dann den Gegenbeweis führen, dass er auch ohne den missbräuchlichen Grund gekündigt hätte (BGE 130 III 699 ff., 703; BSK OR I-REHBINDER/PORTMANN, N 32; STREIFF/VON KAENEL, N 20). 34

Art. 336*a*

Sanktionen

[1] **Die Partei, die das Arbeitsverhältnis missbräuchlich kündigt, hat der anderen Partei eine Entschädigung auszurichten.**

[2] **Die Entschädigung wird vom Richter unter Würdigung aller Umstände festgesetzt, darf aber den Betrag nicht übersteigen, der dem Lohn des Arbeitnehmers für sechs Monate entspricht. Schadenersatzansprüche aus einem anderen Rechtstitel sind vorbehalten.**

[3] **Ist die Kündigung nach Artikel 336 Absatz 2 Buchstabe c missbräuchlich, so darf die Entschädigung nicht mehr als den Lohn des Arbeitnehmers für zwei Monate betragen.**

I. Charakter der Norm

1   Art. 336a regelt die Folgen einer missbräuchlichen Kündigung und ist **absolut zwingend** ausgestaltet. Dies ist Folge des – nach dem oben in Art. 336 N 4 Gesagten – nur theoretischen Paritätsgedanken und widerspricht dem Günstigkeitsprinzip (gl. M. Streiff/von Kaenel, N 10).

2   Die missbräuchliche Kündigung ist zwar **unzulässig**, aber **nicht unwirksam**. Sie löst das Arbeitsverhältnis zum Ende der Kündigungsfrist auf und die Entschädigungspflicht aus. Diese ist auf höchstens sechs Monatslöhne, im Fall von Art. 336 Abs. 2c (Massenentlassung ohne Konsultation) auf höchstens zwei Monatslöhne, begrenzt.

3   Die Entschädigungszahlung ist weder Schadenersatz noch Genugtuung noch Lohn oder Konventionalstrafe, sondern ein **Anspruch** *sui generis*; deshalb sind darauf auch keine Sozialversicherungsbeiträge abzuziehen (Vischer, 246). Der in der Lehre (BSK OR I-Rehbinder/Portmann, N 1 zu Art. 336a; Vischer, 246) gestützt auf BGE 123 III 391 ff., 394 vertretenen Ansicht, die Entschädigungspflicht habe konventionalstrafähnlichen Charakter, ist mit Entschiedenheit entgegenzutreten: Ein gesetzlicher Anspruch kann gerade nichts mit einer Konventionalstrafe zu tun haben; erst recht nicht, wenn der Anspruch lege lata absolut zwingend ausgestaltet und die Festlegung ein richterlicher Ermessensentscheid ist. Zudem ist nicht zu sehen, was mit dieser Parallelität gewonnen sein soll. Richtigerweise ist aber die Entschädigung unabhängig vom Vorliegen eines Schadens (völlig h. L. und Rechtsprechung, vgl. BGE 123 III 391 ff., 394; BSK OR I-Rehbinder/Portmann, N 1 zu Art. 336a; Streiff/von Kaenel, N 2 zu Art. 336a; Vischer, 246).

4   Nachdem das Bundesgericht der Entschädigung auch noch den Charakter von Wiedergutmachung zugebilligt hat, sind Ansprüche auf **Genugtuung** und **Schadenersatz** sowie solche aus **Persönlichkeitsverletzung** praktisch nicht mehr durchsetzbar: Sie müssten anders als mit der missbräuchlichen Kündigung selbst begründet werden können, was in aller Regel als schwierig erscheint; die neuere bundesgerichtliche Rechtsprechung widerspricht nach hier vertretener Auffassung Sinn und Wortlaut des Gesetzes (ebenfalls krit. Vischer, 246; verhaltener Streiff/von Kaenel, N 2; ganz i. S. d. Rechtsprechung dagegen BSK OR I-Rehbinder/Portmann, N 5 ff.); dass es «Ausnahmefälle» geben soll, welche die Zusprechung von Schadenersatz und/oder Genugtuung neben der Missbräuchlichkeitspönale erlauben (BGE 130 III 699 ff., 706), ändert nichts an der grundsätzlich unzutreffenden, viel zu weitlegenden Auslegung dessen, was mit der gesetzlichen Entschädigungspflicht alles abgedeckt sein soll (BGE 123 III 246 ff. und 391 ff.).

II. Bemessung der Entschädigung

Innerhalb des gesetzlichen Rahmens von höchstens sechs Monatslöhnen sind nach dem soeben Gesagten **sämtliche Umstände in die Bemessung einzubeziehen**: Wirtschaftliche und persönliche Folgen, Dauer und bisheriger Verlauf des Arbeitsverhältnisses, Umstände der Kündigung, Schwere der Verfehlung, Eingriff in die Persönlichkeit, Alter des Arbeitnehmers sowie allfälliges Mitverschulden des Gekündigten (STREIFF/VON KAENEL, N 3 zu Art. 336a). Das Bundesgericht greift, weil es sich um einen klassischen, richterlichen Ermessensentscheid handelt, nur mit Zurückhaltung und unter Anführung der dafür üblichen Begründungen in die kantonalen Entscheidungen ein (grundloses Abweichen von Lehre und Rechtsprechung, Berücksichtigung von Tatsachen, die keine Rolle spielen dürfen, umgekehrt Nichtberücksichtigung von Umständen, die hätten einbezogen werden müssen, vgl. BGE 127 III 153 ff., 155 und 4C.395/2005 E. 7). Den insgesamt und überall wenig sinnvollen Versuchen, einen richterlichen Ermessenentscheid durch Vorgabe von Kriterien und Gewichtungen strukturieren zu wollen, sollen vorliegend keine weiteren zugefügt werden. 5

In der Praxis wird, obwohl das theoretisch unrichtig ist, mit einer «Einsatzpönale» von **zwei oder drei Monaten** gearbeitet, die dann je nach Umständen noch erhöht oder gekürzt wird (Kritik und Nachweise bei STREIFF/VON KAENEL, N 3). Die kantonale Praxis liegt eher im unteren Bereich der Skala (i. E. zwei bis vier Monatslöhne – vgl. zum öffentlich-rechtlichen Arbeitsverhältnis statt vieler VGer ZH PB.2005.00013; sodann umfangreiche Nachweise bei STREIFF/VON KAENEL, N 4 zu Art. 336a). Die Zusprechung von vollen sechs Monatslöhnen bleibt – völlig zu Unrecht – die seltene Ausnahme (langjähriges, klagloses Arbeitsverhältnis, das bei einem älteren Arbeitnehmer mit vorgeschobenen Gründen und in ungehöriger Art und Weise arbeitgeberseitig aufgelöst wird, mit einschneidenden wirtschaftlichen und persönlichen Folgen für den Gekündigten, vgl. BGE 132 III 115 ff.). Das gesetzliche Maximum ist nicht auf die krassen Extremfälle zu beschränken. 6

III. Bezifferung und Prozesskostenrisiko

Angesichts der vorerwähnten Unwägbarkeiten hat der Kläger praktisch keine Chance, von Anfang an die «richtige» Höhe einzuklagen; es muss deshalb das **unbezifferte Entschädigungsbegehren** zugelassen werden bzw. darf sich ein allfälliges Überklagen bei der Bemessung von Kosten- und Entschädigungsfolgen nur in Ausnahmefällen auswirken. Der Kläger darf nicht gezwungen werden, systematisch zu wenig einzuklagen, zumal der Richter nicht mehr zusprechen darf als eingeklagt ist (gl. M. STREIFF/VON KAENEL, N 6, und VISCHER, 245 FN 101). Es ist mehr als bedauerlich, dass das Bundesgericht hier weiterhin keinerlei Rücksichten zu nehmen gewillt scheint (BGE 131 III 243 ff., 247). 7

Art. 336*b*

c.   Verfahren

¹ Wer gestützt auf Artikel 336 und 336a eine Entschädigung geltend machen will, muss gegen die Kündigung längstens bis zum Ende der Kündigungsfrist beim Kündigenden schriftlich Einsprache erheben.

² Ist die Einsprache gültig erfolgt und einigen sich die Parteien nicht über die Fortsetzung des Arbeitsverhältnisses, so kann die Partei, der gekündigt worden ist, ihren Anspruch auf Entschädigung geltend machen. Wird nicht innert 180 Tagen nach Beendigung des Arbeitsverhältnisses eine Klage anhängig gemacht, ist der Anspruch verwirkt.

1   Art. 336b verlangt zwei frist- und formgebundene Vorkehrungen des missbräuchlich Gekündigten: Erstens muss er **bis zum Ablauf der Kündigungsfrist** gegen die Kündigung **schriftlich** protestieren («Einsprache erheben»); zweitens muss er **innerhalb von 180 Tagen** nach Beendigung des Arbeitsverhältnisses **Klage** erheben.

2   Nach überwiegender Lehre muss diese Einsprache bis Ablauf der Kündigungsfrist beim Kündigenden eintreffen (Streiff/von Kaenel, N 3 und 5); nach allgemeinen Grundsätzen der Fristwahrung müsste allerdings auch hier Absenden am letzten Tag der Frist per Einschreiben genügen. Dass ein unterschriebener Telefax gemäss BSK OR I-Rehbinder/Portmann, N 1, und gemäss Streiff/von Kaenel, N 3 darüber hinaus auch E-Mail genügen soll, ist zwar kaum als h. M. anzunehmen, aber durchaus mit diesen Autoren und den beiden von ihnen zitierten Entscheiden zu fordern.

Für die Rechtshängigkeit der Klage ist das kantonale Verfahrensrecht massgeblich, dabei genügt unbestritten das Absenden der Klage am letzten Tag der Frist (Streiff/von Kaenel, N 5). Entsprechend wahrt gemäss BGE 132 III 406 ff., 409 die Ladung zum Aussöhnungsversuch die 180-Tage-Frist, sofern später nach dessen Scheitern rechtzeitig nach bernischem Prozessrecht an den Gerichtspräsidenten prosequiert wird.

Ein Fristversäumnis hat gemäss dem klaren Wortlaut von Abs. 2 Satz 2 die Verwirkung des Anspruchs zur Folge BGE (132 III 406 ff., 409). Mündlicher Protest wahrt die erste Frist sowenig wie blosse Betreibung die zweite. Klarerweise wahrt Klageerhebung innerhalb der Kündigungsfrist gleich beide Fristen (Streiff/von Kaenel, N 3).

3   Auch diese Bestimmung ist **absolut zwingend** ausgestaltet (Art. 361; Streiff/von Kaenel, N 6). Damit sind die Parteien gezwungen, innerhalb

kurzer Frist Klarheit zu schaffen; dass im Übrigen die Verjährung im Arbeitsrecht 5 (bzw. je nach Interpretation des Anwendungsbereichs dieser Bestimmung auch 10) Jahre beträgt (Art. 128 Ziff. 3) ist als letztlich unerklärbare Inkohärenz der *lex lata* hinzunehmen.

Die Verfahrensvorschrift bezieht sich nur auf die Entschädigung nach 4
Art. 336a, nicht dagegen auf diejenige für eine ungerechtfertigte fristlose Kündigung; solange mit der bundesgerichtlichen Rechtsprechung die Entschädigung nach Art. 337c Abs. 3 diejenige nach Art. 336a verdrängt, erübrigen sich bei kombinierter missbräuchlicher und fristloser Entlassung die Vorkehren nach Art. 336b (BGE 121 III 64 ff.). Es kann allerdings nicht schaden, sie trotzdem einzuhalten: Dann muss die Einsprache innerhalb der hypothetischen Kündigungsfrist erfolgen, und es ist ausserdem zu beachten, dass bei (auch unzulässiger) fristloser Entlassung die Klagefrist von 180 Tagen mit Eintreffen der Kündigung läuft, weil das Arbeitsverhältnis dadurch schon beendet ist (s. unten Art. 337 N 5; STREIFF/VON KAENEL, N 2 und 5).
Die beiden Vorkehren müssen aber bei einer Kündigung, die wegen Verstosses gegen die Konsultationspflicht bei Massenentlassung missbräuchlich ist (Art. 336 Abs. 2 lit. c bzw. 336a Abs. 3), beachtet werden (BSK OR I-REHBINDER/PORTMANN, N 3).

An den Inhalt der Einsprache dürfen keine überspannten Anforderungen 5
gestellt werden: Zwar genügt nicht das blosse Verlangen nach einer Begründung (was z. T. im öffentlichen Personalrecht gerade anders ist, vgl. VGer ZH, PB.2005.00032, E. 4), wohl aber muss jeder Hinweis auf Rechtsmissbrauch, Willkür, fehlendes Einverständnis bzw. Widerspruch genügen (BGE 123 III 246 ff. 253). Zu streng sind deshalb neuere Entscheide des Bundesgerichts, die das Nichtakzeptieren der Kündigung und den Vorbehalt rechtlicher Schritte nicht genügen lassen wollen (4C.39/2004 und 4P.21/2004, zit. bei STREIFF/VON KAENEL, N 3): Die Einsprache bedarf nämlich weder einer Begründung noch muss sie gar einen Missbrauchsgrund nennen (BSK OR I-REHBINDER/PORTMANN, N 3; STREIFF/VON KAENEL, N 3).

Der Gesetzgeber geht offenbar davon aus, dass zwischen Einsprache und 6
Ende des Arbeitsverhältnisses Verhandlungen über eine Fortsetzung des Arbeitsverhältnisses stattfinden (Abs. 2, Satz 1). Dennoch verlängern solche Verhandlungen sowenig wie Säumigkeit mit der verlangten Begründung die laufende Einsprachefrist (wie hier STREIFF/VON KAENEL, N 3, **a. M.** und wohl unrichtig BSK OR I-REHBINDER/PORTMANN, N 1). Verhandlungen und Einigungsversuche sind auch nicht Voraussetzungen für eine Klage (STREIFF/VON KAENEL, N 4). Gelingen die Einigungsbemühungen, entfällt damit der Anspruch auf Entschädigung und es ist damit zugleich eine vertragliche Aufhebung der Kündigung vereinbart (BSK OR I-REHBINDER/PORTMANN, N 2; STREIFF/VON KAENEL, N 4).

Art. 336*c*

2. **Kündigung
zur Unzeit**

a. **durch den
Arbeitgeber**

[1] Nach Ablauf der Probezeit darf der Arbeitgeber das
Arbeitsverhältnis nicht kündigen:

a. während die andere Partei schweizerischen obligatorischen Militär- oder Schutzdienst oder schweizerischen Zivildienst leistet, sowie, sofern die Dienstleistung mehr als elf Tage dauert, während vier Wochen vorher und nachher;

b. während der Arbeitnehmer ohne eigenes Verschulden durch Krankheit oder durch Unfall ganz oder teilweise an der Arbeitsleistung verhindert ist, und zwar im ersten Dienstjahr während 30 Tagen, ab zweitem bis und mit fünftem Dienstjahr während 90 Tagen und ab sechstem Dienstjahr während 180 Tagen;

c. während der Schwangerschaft und in den 16 Wochen nach der Niederkunft einer Arbeitnehmerin;

d. während der Arbeitnehmer mit Zustimmung des Arbeitgebers an einer von der zuständigen Bundesbehörde angeordneten Dienstleistung für eine Hilfsaktion im Ausland teilnimmt.

[2] Die Kündigung, die während einer der in Absatz 1 festgesetzten Sperrfristen erklärt wird, ist nichtig; ist dagegen die Kündigung vor Beginn einer solchen Frist erfolgt, aber die Kündigungsfrist bis dahin noch nicht abgelaufen, so wird deren Ablauf unterbrochen und erst nach Beendigung der Sperrfrist fortgesetzt.

[3] Gilt für die Beendigung des Arbeitsverhältnisses ein Endtermin, wie das Ende eines Monats oder einer Arbeitswoche, und fällt dieser nicht mit dem Ende der fortgesetzten Kündigungsfrist zusammen, so verlängert sich diese bis zum nächstfolgenden Endtermin.

I. Charakter der Norm

1   Die Bestimmung regelt den **zeitlichen** (im Gegensatz zum sachlichen) **Kündigungsschutz**. Sie erfasst lediglich die Fälle **arbeitgeberseitiger Kündigungen** und gilt zudem erst **nach Ablauf der Probezeit**. Im Gegensatz zum

sachlichen Kündigungsschutz ordnet das Gesetz **Nichtigkeit** der Kündigung an, die während einer Sperrfrist ausgesprochen wird.

Das heisst umgekehrt: Die Bestimmung gilt nicht für arbeitnehmerseitige 2 Kündigungen, sie gilt nicht für ausserordentliche (fristlose) arbeitgeberseitige Kündigungen. Es genügt sodann, dass der Zugang der Kündigung noch in der Probezeit liegt, um den zeitlichen Kündigungsschutz auszuschliessen (vgl. oben Art. 335b N 2), und schliesslich kann durch einen Aufhebungsvertrag der an sich bestehende Schutz aufgehoben werden (BGE 4C.230/2005, E. 2; BSK OR I-Rehbinder/Portmann, N 2 zu Art. 336c; Streiff/von Kaenel, N 2 zu Art. 336c; Vischer, 248). Der Arbeitgeber ist in aller Regel auch nicht verpflichtet, den Arbeitnehmer auf die Verlängerung des Arbeitsverhältnisses durch zeitliche Kündigungsschutzbestimmungen aufmerksam zu machen (fragwürdig, so aber BGE 4C.230/2005, E. 3.2).

Da die Bestimmung nur **relativ zwingend** ist (Art. 362), können sowohl 3 verlängerte Sperrfristen wie auch zusätzliche Tatbestände, die zeitlichen Kündigungsschutz begründen, vereinbart werden; die Kündigungsparität ist in diesem Bereich weitgehend vom Gesetz ausgehöhlt (BSK OR I-Rehbinder/Portmann, N 15 zu Art. 336c; Streiff/von Kaenel, N 15 zu Art. 336c) und deshalb wohl nach Art. 335a überhaupt kein relevanter Gesichtspunkt mehr, der die Vertragsfreiheit einschränken könnte. Auch Betriebsschliessungen sind nicht vom Anwendungsbereich des zeitlichen Kündigungsschutzes ausgenommen (BGE 124 III 346 ff., 348; BSK OR I-Rehbinder/Portmann, N 3; Streiff/von Kaenel, N 2; Vischer, 248 und 253).

Jeder der Gründe löst für sich genommen eine neue und eigene Sperrfrist 4 aus; nur die auf einem einheitlichen Grund (Rückfall bei derselben Krankheit) beruhenden Sperrfristen werden zusammengezählt (BGE 124 III 474 ff.; BSK OR I-Rehbinder/Portmann, N 9; Streiff/von Kaenel, N 4; Vischer, 252).

Die Bestimmungen über den zeitlichen Kündigungsschutz sichern nur **den** 5 **Arbeitsplatz**; über Umfang und Dauer der Lohnfortzahlungspflicht entscheiden andere, namentlich sozialversicherungsrechtliche Bestimmungen (Art. 324a; instruktiv BGE 4C.216/2005; BSK OR I-Rehbinder/Portmann, N 14; Vischer, 249).

II. Gesetzlicher Katalog der unzeitigen Kündigungen gemäss Abs. 1

1. Kündigung wegen Militärdienst etc.

Die Kündigung ist während der im Gesetz genannten Dienste ausgeschlossen sowie in einer Vor- und Nachfrist von 4 Wochen, wenn der Dienst min- 6 destens 11 Tage dauert. Auch Beförderungsdienste und ursprünglich freiwillig übernommene, dadurch aber obligatorisch werdende Dienste, fallen darunter, gleich wie – entgegen dem Wortlaut – vergleichbare ausländische Dienstleistungen auf Grund der bilateralen Verträge für EU- und EWR-Ausländer (STREIFF/VON KAENEL, N 6 – bezüglich des letzten Punktes aber a. M. VISCHER, 249). Lehrreich bezüglich des Zusammenspiels von unklaren Probezeitregelungen, Sperrfristen wegen Militärdienstes, gestaffelt verlängerten Kündigungsfristen und teilweisen Aufhebungsvereinbarungen BGer 4C.45/2004.

2. Krankheit und Unfall

7   Der Kündigungsschutz gilt auch schon bei bloss teilweiser Arbeitsunfähigkeit und ist, abhängig nach Dienstjahren, verschieden lang: Im ersten Jahr 30 Tage, vom 2. bis 5. Dienstjahr 90 Tage und ab dem 6. Dienstjahr 180 Tage. Das massgebende Dienstjahr berechnet sich nach dem Ende der regulären Kündigungsfrist (und nicht etwa nach dem Zugang der Kündigung); zudem gilt der Schutz nur während der effektiven Krankheitstage. Eine nach Ablauf der Sperrfrist trotz fortdauernder Krankheit bzw. Unfallfolgen ausgesprochene Kündigung ist nicht missbräuchlich (anders u. U. im öffentlich-rechtlichen Anstellungsverhältnis, vgl. VGer ZH PB.2005.00 018). Es kommt auch nicht darauf an, ob Arbeitgeber und/oder Arbeitnehmer von der Krankheit im Kündigungszeitpunkt überhaupt wissen (BGE 128 III 212 ff., 217; BSK OR I-REHBINDER/PORTMANN, N 3; besonders ausführlich STREIFF/VON KAENEL, N 8).

3. Schwangerschaft

8   Der Kündigungsschutz gilt während der gesamten Dauer der Schwangerschaft und für 16 Wochen nach Niederkunft. Er besteht auch gänzlich unabhängig von einer allfälligen Beeinträchtigung der Arbeitsfähigkeit, er setzt auch nicht Wissen um die Schwangerschaft voraus (weshalb auch eine verschwiegene Schwangerschaft bei Einstellung zum Kündigungsschutz führt). Das Auseinanderklaffen von Kündigungsschutz und Lohnfortzahlungspflicht führt hier besonders häufig zu Aufhebungsvereinbarungen (vgl. als warnende Beispiele BGE 118 II 58 ff. und C 128/04; STREIFF/VON KAENEL, N 9). Das befristete Arbeitsverhältnis endet allerdings ungeachtet einer Schwangerschaft zum Endtermin (VGer ZH, PB.2005.00 049).

4. Hilfsaktion im Ausland

9   Der Kündigungsschutz setzt – im Gegensatz zu den drei vorgenannten – die Zustimmung des Arbeitgebers voraus, gilt dafür aber während der gesamten Dauer der Dienstleistung (STREIFF/VON KAENEL, N 7).

5. pro memoria: Gleichstellungsgesetz

Das GlG statuiert in Art. 10 einen beschränkten Kündigungsschutz, der an **10** die Diskriminierungsbeschwerde anknüpft; die Kündigung ist allerdings nicht nichtig und muss innerhalb der Kündigungsfrist gerichtlich angefochten werden (Streiff/von Kaenel, N 12).

III. Rechtsfolge und Berechnungsweisen gemäss Abs. 2

Abs. 2 hält fest, dass eine in der Sperrfrist ausgesprochene Kündigung **11** nichtig ist. Zufolge Nichtigkeit wird eine solche Kündigung auch nicht in eine auf den nächstmöglichen Zeitpunkt konvertiert, sondern muss nach Ablauf erneut ausgesprochen werden (BGE 128 III 212 ff., 216 f.; BGE 2A.116/2005, E. 4.1); nichtig ist eine Kündigung selbst dann in einer Sperrzeit, wenn sie so frühzeitig erfolgte, dass sie die vertragliche Kündigungsfrist eigentlich gar nicht berührt hätte (BSK OR I-Rehbinder/Portmann, N 10; Streiff/von Kaenel, N 3 und 10; Vischer, 252).

Wird dagegen die Kündigung vor Eintritt einer Sperrfrist ausgesprochen **12** und ist die Kündigungsfrist bis dahin noch nicht abgelaufen, steht gemäss Abs. 2 die – laufende – Kündigungsfrist still und läuft nach Ablauf der Sperrzeit weiter; die Kündigung bleibt wirksam, nur die Kündigungsfrist verlängert sich (BSK OR I-Rehbinder/Portmann, N 11 f.; Streiff/von Kaenel, N 10; Vischer, 252).

Nach bisher herrschender Rechtsprechung und darauf beruhender Lehre **13** war nicht etwa der Zugang der Kündigung massgebend, sondern es wurde durch Rückwärtsrechnung vom Endtermin/Vertragsende aus die Dauer der verlängerten Kündigungsfrist errechnet (BGE 115 V 437 ff.; BGE 4C.230/2005, E. 1; BSK OR I-Rehbinder/Portmann, N 12; ausführlich Streiff/von Kaenel, N 3 und 10; Vischer, 252).

Nach neuer Rechtsprechung (BGE 131 III 467 ff.; oben Art. 335c N 9) scheint **14** nur aber – in Übereinstimmung mit den sonst üblichen Berechnungsweisen – das Datum des Eingangs der Kündigung massgeblich zu sein; entsprechend könnten Sperrfristen, die in der nur bis zum Endtermin verbleibenden Restzeit nach Ablauf der (verlängerten) Kündigungsfrist eintreten, unbeachtlich bleiben (was letztlich auch dem Regelungsgehalt von Abs. 3 entspricht).
Entgegen der Kritik von Streiff/von Kaenel, N 3, halten wir die sich abzeichnende Praxisänderung für richtig, scheint sie doch das «kündigungsrechtliche Fristensonderzüglein» des Arbeitsrechts aufs Abstellgleis zu leiten.

Art. 336*d*

[1] Nach Ablauf der Probezeit darf der Arbeitnehmer das Arbeitsverhältnis nicht kündigen, wenn ein Vorgesetzter, dessen Funktionen er auszuüben vermag, oder der Arbeitgeber selbst unter den in Artikel 336c Absatz 1 Buchstabe a angeführten Voraussetzungen an der Ausübung der Tätigkeit verhindert ist und der Arbeitnehmer dessen Tätigkeit während der Verhinderung zu übernehmen hat.

[2] Artikel 336c Absätze 2 und 3 sind entsprechend anwendbar.

[1] Die Bestimmung regelt den einzigen Fall des **zeitlichen Kündigungsschutzes** zu Gunsten des Arbeitgebers gegen **arbeitnehmerseitige Kündigungen**, allerdings auch erst **nach Ablauf der Probezeit**. Auch hier ordnet das Gesetz **Nichtigkeit** der Kündigung an, die während einer Sperrfrist ausgesprochen wird.

[2] Die einzige von der – praktisch bedeutungslosen – Bestimmung erfasste Konstellation liegt dann vor, wenn der Arbeitgeber oder der direkte Vorgesetzte des Arbeitsnehmers Militärdienst (bzw. einen vergleichbaren Dienst gemäss Art. 336c Abs. 1 lit. a) leistet und der Arbeitnehmer ihn in dieser Zeit ersetzen muss. Es ist mehr als unverständlich, dass in diesem Fall sogar noch die vierwöchige Zusatzsperrfrist vor Dienstbeginn und nach Dienstende gilt (Kritik bei STREIFF/VON KAENEL, N 2).

[3] Die Bestimmung ist **absolut zwingend** (Art. 361), was STREIFF/VON KAENEL, N 4, zu Recht kritisieren.

Art. 337

[1] Aus wichtigen Gründen kann der Arbeitgeber wie der Arbeitnehmer jederzeit das Arbeitsverhältnis fristlos auflösen; er muss die fristlose Vertragsauflösung schriftlich begründen, wenn die andere Partei dies verlangt.

> ² Als wichtiger Grund gilt namentlich jeder Umstand,
> bei dessen Vorhandensein dem Kündigenden nach
> Treu und Glauben die Fortsetzung des Arbeitsver-
> hältnisses nicht mehr zugemutet werden darf.
>
> ³ Über das Vorhandensein solcher Umstände entschei-
> det der Richter nach seinem Ermessen, darf aber in
> keinem Fall die unverschuldete Verhinderung des
> Arbeitnehmers an der Arbeitsleistung als wichtigen
> Grund anerkennen.

I. Normzweck

Die Art. 334, 335 und 336 stellen sicher, dass befristete wie unbefristete   1
Arbeitsverhältnisse im Grundsatz in einem vorhersehbaren Zeithorizont
ein Ende finden. Art. 337 regelt den Fall, da das Abwarten dieses (zukünftigen) Zeitpunktes für eine Partei unzumutbar erscheint: Das Gesetz erlaubt ihr unter diesen Umständen, den **Vertrag sofort zu beenden**. Es müssen diesfalls weder gesetzliche noch vertragliche Kündigungsfristen oder
-termine eingehalten werden. Die Norm ist sozusagen das Spielgelbild des
«Vertrauensgrundsatzes», welcher das Arbeitsverhältnis trägt und prägt:
Ist das Vertrauen endgültig zerstört, muss auch der Arbeitsvertrag enden
(vgl. VISCHER, 253). Die Bestimmung ist von ganz erheblicher praktischer
Bedeutung; die reiche Gerichtspraxis kann hier nur in den wesentlichsten
Grundzügen dargestellt werden.

II. Inhalt der Norm

Liegen **wichtige Gründe** vor, so können **Arbeitgeber** wie **Arbeitnehmer je-**   2
derzeit das Arbeitsverhältnis fristlos auflösen. Dies gilt für befristete wie
unbefristete Arbeitsverträge, für solche in der Probezeit wie schon jahr-
zehntelang bestehende, selbst für bereits gekündigte Arbeitsverhältnisse in
der Kündigungsfrist.

Die Kündigung ist **formfrei**. Haben die Parteien allerdings Schriftlichkeit   3
für die Kündigung abgemacht, bedarf auch die fristlose Kündigung der
Schriftform (STREIFF/VON KAENEL, N 4). Dass die fristlose Kündigung auf
Verlangen des Gekündigten **schriftlich zu begründen** ist (Abs. 1, 2. Satzteil)
ist weder ein Gültigkeitserfordernis für die Kündigung noch lässt die Unterlassung der verlangten Begründung die Kündigung als ungerechtfertigt
erscheinen (BSK OR I-REHBINDER/PORTMANN, N 16; STREIFF/VON KAENEL,
N 19). Zum «Nachschieben» von Kündigungsgründen näheres unten N 19.
Trotz ihrer Formungebundenheit muss eine fristlose Kündigung klar und
unmissverständlich als solche ausgesprochen werden, namentlich um jede
Verwechslung mit blosser Freistellung auszuschliessen (BSK OR I-REHBIN-

DER/PORTMANN, N 14; STREIFF/VON KAENEL, N 18). Einer vorgängigen Anhörung des Gekündigten bedarf es nicht.

4　Da die Kündigung **jederzeit** möglich ist, kann sie auch vor Stellenantritt, in der Probezeit, während Sperrzeiten (Krankheit, Militär etc.), Schwangerschaft, Ferien etc. ausgesprochen werden (BSK OR I-REHBINDER/PORTMANN, N 11; STREIFF/VON KAENEL, N 4).

5　Die ausserordentliche und sofortige Kündigung ist ein «Notventil» (STREIFF/VON KAENEL, N 3). Sie löst mit Zugang das Arbeitsverhältnis unmittelbar und endgültig auf (BGE 4C.390/2005, E. 2.3; STREIFF/VON KAENEL, N 24). Dies gilt auch dann, wenn die (ausserordentliche, fristlose) Kündigung ungerechtfertigt ist, weil gar kein wichtiger Grund vorliegt (BSK OR I-REHBINDER/PORTMANN, N 5; STREIFF/VON KAENEL, N 20; VISCHER, 261). Es kommt m. a. W. nicht darauf an, ob der vom Gesetz vorausgesetzte gänzliche Vertrauensverlust tatsächlich vorliegt bzw. auf Grund der Umstände angenommen werden darf.

III. Charakter der Norm

6　Die Bestimmung ist bezüglich Abs. 1 und 2 **absolut zwingend** ausgestaltet (Art. 361; STREIFF/VON KAENEL, N 26). Es ist deshalb **ausgeschlossen**, dass die Parteien Abmachungen darüber treffen, welche Gründe eine fristlose Entlassung begründen oder gegenteils ausschliessen sollen; sie können auch nicht eine (schriftliche) Verwarnung zur Voraussetzung einer solchen machen. Indessen haben solche Abreden Indiziencharakter dafür, was den Parteien wichtig erschien (vgl. STREIFF/VON KAENEL, N 26; VISCHER, 254).

Abs. 3 wendet sich dagegen an den Richter, was seine Aufnahme in einen der Kataloge gemäss Art. 361 oder 362 verzichtbar erscheinen lässt. Immerhin ist mit Abs. 3 auch klar gestellt, dass unverschuldete Verhinderung des Arbeitnehmers an der Arbeitsleistung nie einen wichtigen Grund darstellt und immer nur – und nach Ablauf der Sperrfristen – eine ordentliche Kündigung erlaubt (BSK OR I-REHBINDER/PORTMANN, N 4).

IV. Abgrenzung

7　Die **entfristete Kündigung** ist eine ordentliche Kündigung, bei welcher lediglich eine Kündigungsfrist wegbedungen wurde (s. oben Art. 335b N 9 zur Probezeit, N 7 zum unterjährigen Arbeitsverhältnis).

8　Entgegen BSK OR I-REHBINDER/PORTMANN, N 6, aber mit STREIFF/VON KAENEL, N 14, halten wir eine ausserordentliche Kündigung mit abgekürzter Kündigungsfrist («**Sozialfrist**»), also eine gerade nicht fristlose ausserordentliche Kündigung, für unzulässig: Das Gesetz statuiert einerseits Unabdingbarkeit der Bestimmung über die ausserordentliche Kündigung und knüpft diese zugleich an die endgültige Zerstörung jeden Vertrauensverhältnisses; damit sind «Zwischenformen» wie eine **vorzeitige Kündigung**, wiewohl dem Betroffenen günstig, unzulässig (vermittelnd VISCHER, 259). Hier bleibt vielmehr nur eine Aufhebungsvereinbarung als gesetzeskonforme Lösung.

Der Gekündigte muss – anders als bei der missbräuchlichen Kündigung (s. oben Art.336b N 1 und 2) – gegen die unzulässige fristlose Entlassung **weder Einsprache** (Protest/Widerspruch) erheben **noch seine Arbeit anbieten** – das Arbeitsverhältnis ist ja in jedem Fall beendet. Es schadet allerdings nichts beides zu tun (BSK OR I-REHBINDER/PORTMANN, N 15; STREIFF/VON KAENEL, N 12).   9

V. Verwarnung und Verwirkung

Zahlreiche Vorfälle im Arbeitsleben mögen zwar die Beziehung zwischen den Vertragsparteien beeinträchtigen, können aber nicht schon beim ersten Mal als endgültige Zerstörung des Vertrauensverhältnisses gewertet werden. In diesen Fällen muss die Gegenseite zumindest einmal, allenfalls sogar wiederholt **abgemahnt werden** und damit zugleich erklärt werden, dass eine Wiederholung des Vorfalls zur fristlosen Kündigung führt (BGE 130 III 213 ff. 221; 4C.357/2002 E. 3; 4C.36/2004, E. 3.2). Wo solche Verwarnung als geboten erscheint, aber unterblieb, erweist sich dann eine fristlose Kündigung als ungerechtfertigt.   10

Zudem muss ein gewisser **zeitlicher und inhaltlicher Zusammenhang** zwischen Verwarnung und fristloser Entlassung bestehen: Eine viele Jahre zurückliegende Abmahnung verliert mit der Zeit ihre diesbezügliche Wirksamkeit. Aus Beweisgründen sollten solche Abmahnungen in schriftlicher Form erfolgen; damit lässt sich im Streitfall zugleich darüber urteilen, ob Abmahnungen aus nichtigen Gründen tatsächlich nur zum Zweck hatten, eine fristlose Kündigung vorzubereiten.

Die Praxis hat sich auch bezüglich Anzahl und Inhalt von Abmahnungen nicht festgelegt. Entscheidend ist und bleibt selbst in diesem Zusammenhang immer, ob wichtige Gründe in Würdigung aller Umstände vorliegen (BGE 127 III 153 ff.; BGE 4C.68/2005, E. 1 und 2; BSK OR I-REHBINDER/PORTMANN, N 2; STREIFF/VON KAENEL, N 5 und 13; VISCHER, 256 f.).

Ausserdem muss eine **fristlose Kündigung schnell** erfolgen: Nur umgehendes Handeln erscheint als Beweis und Ausdruck des zerstörten Vertrauensverhältnisses; wo sich der zur Kündigung Berechtigte in langen Überlegungen ergeht und breit abgestützte Verhandlungen über das Vorgefallene führt, tritt Verwirkung des Rechts zur fristlosen Auflösung ein. Eine **zulässige Frist** bemisst sich nach **wenigen Arbeitstagen** (nämlich nur zwei bis drei (!) gemäss BGE 130 III 28 ff., 34) und kann – entgegen BSK OR I-REHBINDER/PORTMANN, N 12 – im Normalfall weder eine Woche dauern noch auch erstreckt werden.   11

Da bei öffentlichen Angestellten häufig auch eine fristlose Entlassung – im Gegensatz zur Anstellung nach OR – nur nach vorheriger Anhörung zulässig ist, kann sich die Frist hier auf 10 Tage erstrecken (BGE 2A.518/2003, E. 5).

Handelt der Berechtigte (in aller Regel der Arbeitgeber) nicht umgehend, so muss er sich entgegenhalten lassen, dass er das Vorgefallene für nicht so schwerwiegend hält, dass es die fristlose Auflösung rechtfertige (BGE 127 III 310 ff., 314 f.; BGE 4C.246/2005, E. 2.3; STREIFF/VON KAENEL, N 17; VISCHER, 258 f.). Entsprechend ist auch der blosse Verweis, die schriftliche Verwarnung oder die ordentliche Kündigung auf Grund eines Vorfalls zugleich die Erklärung, dass eine fristlose Entlassung gerade nicht angemessen erscheint – und auf dieser ersten Reaktion muss sich dann der Arbeitgeber auch behaften lassen (STREIFF/VON KAENEL, N 15).

VI. Praxis zur fristlosen Kündigung

a)   *Wichtiger Grund im Allgemeinen*

12   Als **wichtiger Grund** gilt ein Umstand, der nach Treu und Glauben die Fortsetzung des Arbeitsverhältnisses als unzumutbar erscheinen lässt (Abs. 2). Es handelt sich um einen unbestimmten Rechtsbegriff, der dem richterlichen Ermessen Ausgestaltung und Fortentwicklung überlässt. Es kann ein bestimmter Vorgang in einer Umgebung einen wichtigen Grund darstellen, in einer andern gerade nicht. Allerdings muss es sich um einen **objektiv schwerwiegenden Vorgang**, eine besonders schwere Verfehlung handeln, die die Vertrauensgrundlage zerstört oder zumindest tiefgreifend erschüttert (BGE 4C.95/2004, E. 2). Das Vorliegen solcher Gründe soll nur mit Zurückhaltung angenommen werden (BGE 130 III 28 ff., 31). Es kommt auf die gesamten Umstände des Einzelfalls, namentlich die Dauer des Arbeitsverhältnisses und die Stellung des Arbeitnehmers sowie Art und Schwere der Verfehlungen an (BSK OR I-REHBINDER/PORTMANN, N 1–3; STREIFF/VON KAENEL, N 2, 3 und 5; VISCHER, 254 f.).

13   Der wichtige Grund kann sich auf eine Verletzung der Treuepflicht oder der Arbeitspflicht beziehen, auf dem (unkorrekten) Verhalten gegenüber Dritten innerhalb und ausserhalb des Betriebs beruhen oder sich auf das Verhalten und Äusserungen in der Öffentlichkeit beziehen. Es kommt auch auf die Stellung des Arbeitnehmers im Betrieb und auf den Zusammenhang zwischen vorgeworfener Pflichtverletzung/vorgeworfenem Verhalten und dieser Stellung an: Verfehlungen finanzieller Natur spielen in den Bereichen Buchhaltung und Finanzen sicher eine grössere Rolle als anderswo, die Verletzung von Verhaltenspflichten ist bei Kundenkontakt anders zu werten als dort, wo solcher nicht zum normalen Arbeitsbereich gehört.

Der wichtige Grund muss es namentlich ausschliessen, dass die Fortset-   14
zung des Vertrags **bis zum Ablauf der Kündigungsfrist bei ordentlicher**
Kündigung bzw. bis zum ordentlichen Ende des befristeten Vertrags zumutbar ist (BSK OR I-Rehbinder/Portmann, N 3, Streiff/von Kaenel, N 2;
Vischer, 254 mit FN 139). Insoweit sind bei kurzen ordentlichen Kündigungsfristen und bei Freistellung während der Kündigungsfrist die Anforderungen an eine zulässige fristlose Kündigung sehr hoch; allerdings ist
selbst dann noch eine solche möglich, wenn der Arbeitnehmer auch in dieser Phase seine Pflichten verletzt (so BGE 4C.68/2005 – in casu wandte sich
der gekündigte Arbeitnehmer per E-Mail mit heftigen Vorwürfen an die
Adresse seiner Vorgesetzten an zahlreiche seiner früheren Arbeitskollegen – und BGE 130 III 353 ff., 361).

b)   Wichtiger Grund im Besonderen bejaht

Die arbeitgeberseitige, fristlose Kündigung war in folgenden Fällen zuläs-   15
sig:

– Begehung einer strafbaren Handlung im Betrieb, u.U. auch ausserhalb
  des Betriebs, wenn dies Rückwirkungen auf das Arbeitsverhältnis hat
  (BGE 117 II 560; 130 III 28);
– Fälschung von Arbeitsrapporten (BGE 4C.345/2001) oder Spesenbelegen
  (BGE 124 III 25);
– fortgesetzte, beharrliche Arbeitsverweigerung (BGE 108 II 301; Gegen-
  beispiel allerdings in BGE 4C.95/2004);
– (fortgesetztes) Fernbleiben von der Arbeit trotz vorhergehender Verwarnung (ZR 1997 Nr. 91);
– Weigerung, im Krankheitsfall ein ärztliches Zeugnis einzureichen (JAR
  1998, 218);
– (fortgesetzte) Teilnahme an einem unrechtmässigen Streik trotz vorhergehender Verwarnung (BGE 111 II 245);
– Verweigerung zumutbarer Überstunden (JAR 2001, 164);
– eigenmächtiger Bezug von Ferien (BGE 108 II 301);
– vollkommenes berufliches Versagen: Trotz Verwarnung serviert ein Koch
  dreimal verdorbenes Essen (JAR 1999, 275);
– Hinzufügen einer eigenen Wertung zu einer zu veröffentlichenden Agen-
  turmeldung (BGE 108 II 444);
– Beschimpfung des Arbeitgebers bzw. des Vorgesetzten oder von Mitarbeitern oder Geschäftspartnern – es sei denn, es herrsche eine vom Arbeitgeber zu vertretende, gespannte Stimmung (BGE 127 III 351, 4C.435/
  2004);
– sexuelle Belästigung oder Drohung gegenüber Arbeitskollegen (ZR 1998
  Nr. 79);
– sexuelle Beziehung zum Partner eines Kunden (JAR 2001, 309 – anders
  in BGE 129 III 380);

- schwere Beeinträchtigung des Ansehens des Unternehmens (JAR 1997, 198);
- Abwerbung von Mitarbeitern oder Kunden (BGE 123 III 257);
- Verlangen/Annehmen von Schmiergeldern (BGE 124 III 25);
- Arbeitsleistung zu Gunsten Dritter im angeblichen Krankheitsfall (JAR 1999, 289);
- Tätigkeit für Konkurrenzunternehmen während der Arbeitszeit (JAR 1999, 292);
- Verstoss gegen Konkurrenzverbot (JAR 2000, 247; BGE 130 III 353 ff., 361: Annahme einer neuen Stelle, die notwendigerweise zum – künftigen – Verstoss gegen das Konkurrenzverbot führt);
- Verstoss gegen die Verschwiegenheitspflicht/zu früher Gang an die Öffentlichkeit vor Ausschöpfung anderer Mittel (BGE 127 III 310);
- Weigerung zur Befolgung von Schutzvorschriften (JAR 2001, 302);
- Umleiten der E-Mail eines Vorgesetzten ohne dessen Wissen in die eigene E-Mail (BGE 130 III 28);
- wiederholtes Zugreifen auf ein fremdes Mailkonto trotz Abmahnung (VGer ZH, PB.2004.00 067).

16   Die arbeitnehmerseitige, fristlose Kündigung war in folgenden Fällen zulässig:
- Verletzung Lohnzahlungspflicht trotz Mahnung (ZR 2002 Nr. 73); im Insolvenzfall gilt dagegen die Sonderbestimmung von 337a (dazu unten Art. 337a N 3).
- ungenügende arbeitgeberseitige Schutzvorkehren, namentlich gegen sexuelle Belästigung, Bespitzelung am Arbeitsplatz, schweres Mobbing, Beschimpfung durch den Arbeitgeber (Fundstellen bei STREIFF/VON KAENEL, N 9).

c)   Wichtiger Grund im Besonderen verneint:

17   Für die arbeitgeberseitige fristlose Kündigung genügt nicht:
- Schleichende, zunehmende Verschlechterung des Arbeitsergebnisses, v. a. wenn das Arbeitsverhältnis lange dauert (JAR 1999, 273);
- einmaliges, unentschuldigtes Fernbleiben von der Arbeit (JAR 1996, 235);
- Weigerung, zustehende Ferien kurzfristig zu verschieben (JAR 1984, 149; JAR 2001, 222);
- Teilnahme an einem rechtmässigen Streik (BGE 125 III 277);
- einmaliger «Ausraster» (JAR 1999, 282);
- Vermittlung eines Geschäfts an einen Konkurrenten, das der eigene Arbeitgeber zuvor abgelehnt hatte (JAR 1998, 227);
- Arbeitsverweigerung und Verweigerung der Rechenschaftspflicht gegenüber einer Arbeitgeberin, deren Aktionariat tief zerstritten war und

bei welcher sich der leitende Angestellte auf die Seite der unterlegenen Minderheit gestellt hatte (BGE 4C.95/2004).

Vgl. dazu BSK OR I-Rehbinder/Portmann, N 12–17; Streiff/von Kaenel, N 5 ff.; Vischer, 255 ff.

d) Zur Verdachtskündigung

Spricht der Arbeitgeber auf Grund eines blossen **Verdachts** die fristlose Kündigung aus, so hängt deren Zulässigkeit im Wesentlichen davon ab, ob sich dieser Verdacht im Nachhinein bestätigt oder eben nicht; die Beweislast liegt beim Arbeitgeber. Hat der Arbeitgeber zumutbare Abklärungen unternommen, wozu in diesem Zusammenhang ausnahmsweise auch die Anhörung des Betroffenen gehört, kommt es allerdings nicht mehr darauf an, ob sich später der – insoweit zulässige – Verdacht als zutreffend erweist, der Lohn ist diesfalls aber bis zum Ablauf der Kündigungsfrist zu zahlen (BSK OR I-Rehbinder/Portmann, N 22 und N 5b; Streiff/von Kaenel, N 10; Vischer, 257; vgl. auch Art. 337b N 8 a. E.). **18**

e) Zum Nachschieben von Kündigungsgründen

Die Frage, ob eine fristlose Kündigung mit Gründen gerechtfertigt werden kann, die in der (schriftlichen) Kündigungsbegründung nicht genannt waren, sondern erst hinterher bekannt oder benannt werden, ist seit jeher umstritten. Herrschende Lehre und Gerichtspraxis lassen dieses «Nachschieben» von Kündigungsgründen zu, soweit die neuen Gründe ihrerseits eine fristlose Entlassung rechtfertigen. Dass damit das ohnehin schwache Begründungserfordernis von Abs. 1 Teil 2 zusätzlich entwertet wird, nimmt man dabei hin (für die Zulässigkeit: BSK OR I-Rehbinder/Portmann, N 9 f.; Streiff/von Kaenel, N 19; zu Recht krit. dagegen Vischer, 259 f.) **19**

Art. 337 a

wegen Lohngefährdung **Wird der Arbeitgeber zahlungsunfähig, so kann der Arbeitnehmer das Arbeitsverhältnis fristlos auflösen, sofern ihm für seine Forderungen aus dem Arbeitsverhältnis nicht innert angemessener Frist Sicherheit geleistet wird.**

1 Art. 336a ist (neben Art. 346 und Art. 77 Abs. 3 SSG) eine **gesetzliche Konkretisierung des wichtigen Grundes:** Die Zahlungsunfähigkeit des Arbeitgebers erlaubt dem Arbeitnehmer, das Arbeitsverhältnis – unter einer Bedingung – fristlos aufzulösen. Die Zahlungsunfähigkeit setzt nicht Konkurseröffnung oder Nachlassstundung voraus, muss aber mehr als ein kurzer Liquiditätsengpass sein. Die Beweislast liegt beim Arbeitnehmer (STREIFF/VON KAENEL, Art. 337 N 8).

2 Damit ist zugleich gesagt, dass **Konkurs und Vermögensverfall** beim Arbeitgeber das Arbeitsverhältnis nicht von selbst auflösen und auch **nicht per se einen wichtigen Grund** zur Kündigung darstellen (BSK OR I-REHBINDER/PORTMANN, N 1; STREIFF/VON KAENEL, Art. 337 N 4).

3 Der wichtige Grund liegt vielmehr erst vor, wenn der Arbeitgeber die arbeitnehmerseitige **Forderung nach Sicherstellung nicht erfüllt:** Erst diese Form der Lohngefährdung stellt den wichtigen Grund nach Art. 337a dar. Die fristlose Kündigung setzt also voraus, dass der Arbeitnehmer Sicherstellung verlangt, eine angemessene Frist dafür ansetzt und sein Begehren nach Ablauf dieser Frist unerfüllt bleibt. Der Arbeitgeber ist auch nicht zur Sicherstellung verpflichtet: Kommt er seiner blossen **Obliegenheit** nach, hat der Arbeitnehmer kein Recht mehr zur fristlosen Kündigung aus diesem Grund, andernfalls liefert seine Weigerung den Grund zur fristlosen Auflösung durch den Arbeitnehmer (STREIFF/VON KAENEL, Art. 337 N 6).

4 Die Bestimmung soll verhindern, dass der Arbeitnehmer dem Arbeitgeber auf unbestimmte Zeit Kredit gewährt (BGE 120 II 212, C 163/06, E. 3.2), denn der Lohn ist in aller Regel erst nach Erbringung der Arbeitsleistung fällig bzw. der Arbeitnehmer vorleistungspflichtig.

5 Die Bestimmung ist **relativ zwingend** (Art. 362).

6 Nur *pro memoria* seien an dieser Stelle zwei praktisch wichtige Umstände erwähnt: Forderungen aus dem Arbeitsverhältnis (soweit sie in den letzten 6 Monaten vor Konkurseröffnung entstanden sind) und namentlich solche aus vorzeitiger Auflösung des Arbeitsverhältnisses geniessen ein **Konkursprivileg der 1. Klasse** (Art. 219 Abs. 4 SchKG; dazu BGE 5C.155/2000 vom 31. August 2000, E. 4.e). Zudem wurde im Recht der Arbeitslosenversicherung die **Insolvenzentschädigung** eingeführt, die für eine beschränkte Zeit Lohnersatzzahlungen leistet (zum Zusammenspiel von Insolvenzentschädigungen, Schadensminderungspflichten und fristloser Auflösung BGE C 163/06 und C.3/05). Tritt die Konkursverwaltung in die bestehenden Arbeitsverträge ein, werden die Forderungen aus dem Arbeitsverhältnis zu **Masseschulden** (vgl. zum Vorstehenden STREIFF/VON KAENEL, Art. 337 N 4 und 5).

Art. 337*b*

Folgen bei gerechtfertigter Auflösung

¹ **Liegt der wichtige Grund zur fristlosen Auflösung des Arbeitsverhältnisses im vertragswidrigen Verhalten einer Vertragspartei, so hat diese vollen Schadenersatz zu leisten, unter Berücksichtigung aller aus dem Arbeitsverhältnis entstehenden Forderungen.**

² **In den andern Fällen bestimmt der Richter die vermögensrechtlichen Folgen der fristlosen Auflösung unter Würdigung aller Umstände nach seinem Ermessen.**

Art. 337b regelt die finanziellen **Folgen der gerechtfertigten fristlosen Auflösung**. Dabei wird unterschieden, ob nur eine Partei sie schuldhaft herbeigeführt hat (Abs. 1) oder beide Parteien oder keine (*e contrario*, Abs. 2).   1

Abs. 1 ist **absolut zwingend** (Art. 361). Daraus folgt, dass weder Konventionalstrafen noch sonstige weitere Folgen an die gerechtfertigte, fristlose Auflösung durch Parteivereinbarung geknüpft werden dürfen (STREIFF/VON KAENEL, N 9). Abs. 2 wendet sich an den Richter und ist deshalb keine «Katalogbestimmung».   2

Wenn nur eine Partei allein die Auflösung durch ihr vertragswidriges Verhalten herbeigeführt hat, ist sie der andern zu vollem **Schadenersatz** verpflichtet. Es handelt sich nicht um eine Kausalhaftung, sondern um eine nach den Regeln der schuldhaften Vertragsverletzung abzuwickelnde Rechtsfolge; daher sind auch die Reduktionsgründe von Art. 43 f. auf den «vollen Schadenersatz» anwendbar (BSK OR I-REHBINDER/PORTMANN, N 1 und 2; STREIFF/VON KAENEL, N 3).   3

Die geschädigte Partei hat Anspruch auf das **Erfüllungsinteresse**, sie wird also so gestellt, als sei der Vertrag bis Ablauf der Kündigungsfrist oder der festen Vertragsdauer erfüllt worden (BGE 123 III 257; BSK OR I-REHBINDER/PORTMANN, N 1 und 2; STREIFF/VON KAENEL, N 4; VISCHER, 260).   4

Zu berücksichtigen sind dabei für den **Arbeitgeber** der **entgangene Gewinn, Aufwendungen für allfällige Überstunden, Mehrkosten wegen Lieferungsverzögerungen** oder **für Temporärarbeitskräfte**; Inseratekosten müssen, weil nicht kausal durch die fristlose Kündigung verursacht (sie würden auch bei ordentlicher anfallen!) ausser Acht bleiben (umstr.; BSK OR I-REHBINDER/PORTMANN, N 1 und 2; STREIFF/VON KAENEL, N 4).   5

6   Auf Seiten des **Arbeitnehmers** sind als Schaden zu betrachten der entfallende **Lohn bis Ablauf der ordentlichen Kündigungsfrist**, vermindert um allfällige Einsparungen, die direkt mit dem Ende des Arbeitsverhältnisses zu tun haben, sowie um den Verdienst, den zu erzielen der Entlassene absichtlich unterlassen hat (BSK OR I-REHBINDER/PORTMANN, N 2 zu Art. 337b; STREIFF/VON KAENEL, N 5 zu Art. 337b). Die Frage, ob der Verlust von Optionen – die wegen vorzeitiger Auflösung des Arbeitsverhältnisses verfallen – als Schaden mit einzubeziehen ist, hängt direkt von der Verschuldensfrage ab (*e contrario* BGE 130 III 495 ff., 502).

7   Eine zusätzliche **Entschädigung** neben dem Schadenersatz (analog Art. 337c Abs. 3) ist nicht geschuldet; die gelegentlich vertretene gegenteilige Auffassung scheitert nicht nur am klaren Wortlaut des zwingenden Abs. 1, sondern auch daran, dass die Analogie dem System der Folgen der fristlosen Auflösung klar widerspricht (gl. M. i. E. BSK OR I-REHBINDER/PORTMANN, N 4; STREIFF/VON KAENEL, N 5).

8   In den Fällen, da bloss einseitiges **Verschulden fehlt** (also entweder beidseitiges vorliegt oder Verschulden keiner Partei), regelt der Richter die Folgen (Abs. 2). Wie das Bundesgericht festhält, kann ein wichtiger Grund auch objektiv und unabhängig vom Verschulden oder der Vertragsverletzung einer Partei vorliegen (BGE 129 III 380 ff., 382 f.). Auch hier ist alles richterlichem Ermessen anheim gestellt und er hat die gesamten Umstände miteinzubeziehen (Dauer des Arbeitsverhältnisses, Art des wichtigen Grundes, allfälliges Selbstverschulden [JAR 1997, 215]). Immerhin muss ungeachtet des Verschuldens ein wichtiger Grund für die fristlose Auflösung gegeben sein.

    Über Abs. 2 wird auch die Verdachtskündigung abgewickelt, wenn sich *post festum* der Verdacht als unbegründet erweist, im Kündigungszeitpunkt aber der Verdacht plausibel erschien und deshalb auch einen wichtigen Grund darstellte (BGE 129 III 380 ff.; REHBINDER/PORTMANN, N 5; STREIFF/VON KAENEL, N 7).

Art. 337*c*

b.   **bei ungerechtfertigter Entlassung**

    [1] **Entlässt der Arbeitgeber den Arbeitnehmer fristlos ohne wichtigen Grund, so hat dieser Anspruch auf Ersatz dessen, was er verdient hätte, wenn das Arbeitsverhältnis unter Einhaltung der Kündigungsfrist oder durch Ablauf der bestimmten Vertragszeit beendigt worden wäre.**

² Der Arbeitnehmer muss sich daran anrechnen lassen, was er infolge der Beendigung des Arbeitsverhältnisses erspart hat und was er durch anderweitige Arbeit verdient oder zu verdienen absichtlich unterlassen hat.

³ Der Richter kann den Arbeitgeber verpflichten, dem Arbeitnehmer eine Entschädigung zu bezahlen, die er nach freiem Ermessen unter Würdigung aller Umstände festlegt; diese Entschädigung darf jedoch den Lohn des Arbeitnehmers für sechs Monate nicht übersteigen.

I. Normzweck

Art. 337c und Art. 337d regeln die Folgen der ungerechtfertigten fristlosen Auflösung des Arbeitsverhältnisses, und zwar je nach dem, ob sie vom Arbeitgeber (Art. 337c) oder Arbeitnehmer (Art. 337d) ausgeht. In beiden Fällen ist ungeachtet des **Fehlens des wichtigen Grundes das Arbeitsverhältnis beendet.** Klarerweise ist die vom Arbeitgeber zu Unrecht erzwungene, fristlose Kündigung des Arbeitnehmers der arbeitgeberseitigen gleichzustellen (Streiff/von Kaenel, N 2).

Es bleibt trotz dieser eindeutigen gesetzlichen Regelung sinnvoll und richtig, wenn der zu Unrecht fristlos entlassene Arbeitnehmer dem Arbeitgeber umgehend gegen die Entlassung protestiert und seine **Arbeit** (in beweiskräftiger Form) **anbietet.** Stillschweigen oder ausdrückliche Ablehnung beseitigen dann alle noch denkbaren Zweifel am Auflösungswillen und der erfolgten Auflösung. Der Arbeitnehmer ist allerdings nicht schon verpflichtet, auf Grund einer bloss einseitigen, arbeitgeberseitigen «Rücknahme» der Entlassung wieder zu arbeiten – anders wohl aber, wenn diese «Rücknahme» als direkte Folge des arbeitnehmerseitigen Arbeitsangebots und/ oder Protestes erscheint. Es sollte in solchen Fällen allerdings umgehend Klarheit über die Fortsetzung des Arbeitsverhältnisses geschaffen werden (vgl. BSK OR I-Rehbinder/Portmann, N 1; Streiff/von Kaenel, N 10).

II. Charakter der Norm

Abs. 1 ist **relativ zwingend** ausgestaltet (Art. 362), Abs. 2 ist dispositiv und Abs. 3 als an den Richter gerichtete Norm ausserhalb des Katalogs (Streiff/ von Kaenel, N 19). Die Auffassung von BSK OR I-Rehbinder/Portmann, N 8, dass Abs. 3 nur relativ zwingend sei und deshalb von den Parteien auch mehr als 6 Monatslöhne abgemacht und sogar eine Konventionalstrafe vereinbart werden könnte, ist – bei aller Sympathie für arbeitnehmerfreundliche Grundhaltungen – nach Wortlaut und System des geltenden Arbeitsrechts ganz unzutreffend.

III. Bemessung des Schadenersatzes

4   Die Beendigung des Arbeitsverhältnisses hat zur Folge, dass es beim finanziellen Ausgleich jetzt nicht mehr um Lohn, sondern nur noch um **Schadenersatz** gehen kann. Dieser Anspruch besteht aus **zwei Komponenten**: Gemäss Abs. 1 zunächst einmal dem «**positive Interesse**», wie wenn keine fristlose Auflösung erfolgt wäre; und als zweite eine mögliche «**Strafzahlung**» von bis zu 6 Monatslöhnen gemäss Abs. 3.

5   Als **Ersatz des positiven Vertragsinteresses** ist dem Arbeitnehmer alles zuzusprechen, was er bis zum Ablauf der bestimmten Vertragszeit bzw. der Frist für eine ordentliche Kündigung verdient hätte: Er ist so zu stellen, als hätte es keine fristlose Entlassung gegeben. Dazu gehören neben dem eigentlichen Bar-Lohn auch der Natural-Lohn, die pro-rata-Anteile am 13. (oder sonst zusätzlichen) Monatslohn, Spesenpauschalen, alle weiteren geldwerten Vorteile (Geschäftsauto auch für private Zwecke), Gewinn- und Umsatzbeteiligungen, Provisionen, Ferienansprüche und Abgangsentschädigungen sowie alles, was man als «fringe benefits» bezeichnet (vgl. BGE 4C.406/2005, E. 2.1). Zudem ist auszugleichen, was vorsorgemässig dem Arbeitnehmer dadurch entgeht, dass der Arbeitgeber es unterlassen hat, Beiträge an Vorsorgeeinrichtungen (rechtzeitig) zu entrichten (BGE 4C., 85/2004, E. 4.2). Grundsätzlich ist das konkrete, hypothetische Einkommen zu bestimmen (BGE 4C.406/2005, E. 2.1), notfalls ist auf Schätzungen bzw. auf die konkreten Zahlen aus Vergleichsperioden abzustellen (BGE 125 III 14 ff.; BSK OR I-Rehbinder/Portmann, N 2 und 3; Streiff/von Kaenel, N 2).

6   Der Arbeitnehmer muss sich nur die **Einsparungen** sowie allfälligen **anderweitig erzielten** (bzw. den absichtlichlich nicht erzielten) **Verdienst** anrechnen lassen. Da Abs. 2 dispositiv ist, kann solche Anrechnung auch durch Parteivereinbarung wegbedungen werden. Zwar ist eine Kürzung nach Art. 44 ausgeschlossen, aber umgekehrt kann die Frage, mit wieviel Einsatz ein Arbeitnehmer welche Stellen zu suchen bzw. sogar anzunehmen hat, um seiner Schadensminderungspflicht nachzukommen, in der Praxis zu erheblichen Schwierigkeiten führen (BSK OR I-Rehbinder/Portmann, N 3; Streiff/von Kaenel, N 5–7). Die Regelung hat jedenfalls den Zweck zu verhindern, dass sich der Arbeitnehmer auf Kosten des Arbeitgebers bereichere (BGE 4C.246/2005, E. 6.1).

7   Die in Abs. 3 vorgesehene **Strafzahlung** steht neben dem Ersatz des positiven Interesses gemäss Abs. 1 und 2. Die Frage, ob der Richter eine solche Entschädigung zusprechen muss oder kann, ist in Rechtsprechung und Lehre umstritten (Näheres bei Streiff/von Kaenel, N 8 zu Art. 337c). Die Zahlung hat gemäss bundesgerichtlicher Rechtsprechung Strafcharakter und Genugtuungsfunktion und soll die durch die (ungerechtfertigte) Ent-

lassung erfolgte Persönlichkeitsverletzung ausgleichen und nur dann entfallen, wenn aussserordentliche Umstände vorliegen (BGE 4C.395/2005, E. 7.1; 4C.406.2005, E. 6.1). Dies darf nicht zu einer leeren Standardformel werden, sondern muss ganz ernsthaft auch in der konkreten Urteilspraxis als Grundsatz umgesetzt werden. Dass die Strafzahlung nicht als gegenüber dem Arbeitgeber «ungerecht» erscheinen dürfe (BGE 121 III 64 ff., 69), ist zwar richtig, darf den Grundsatz aber nicht aushöhlen.

Die Festlegung der konkreten **Höhe** ist – innerhalb des gesetzlichen Höchstrahmens von 6 Monaten – vollkommen dem pflichtgemässen **richterlichen Ermessen** anheimgestellt, in welches das Bundesgericht nur mit Zurückhaltung eingreift (BGE 4C.395/2005, E. 7.1). Dabei können, unter anderem, das Mitverschulden des Arbeitnehmers, seine Lebenssituation, die Art und Weise der Entlassung bzw. der damit verbundenen Persönlichkeitsverletzung, die Strafwürdigkeit des Arbeitgeberverhaltens, die Dauer der arbeitsvertraglichen Beziehung und die wirtschaftliche Lage der Parteien berücksichtigt werden (BGE 4C.406/2005, E. 6.2; BGE 121 III 64 ff., 68 f.). Dass sich auch hier manche Gerichte damit behelfen, von einer «Einsatzstrafe» von ein bis drei Monaten auszugehen und diese je nach den Umständen zu erhöhen oder zu reduzieren, ist zwar auch hier – gleich wie bei der missbräuchlichen Kündigung, vgl. o. Art. 336a N 6 – theoretisch nicht richtig. Allerdings ist gegen solche «Patentrezepte» nichts einzuwenden, wenn eine einigermassen einheitliche und nach vergleichbaren Kriterien vorgehende Praxis sich so entwickelt.

8

Die Praxis ist bei der Zusprechung von mehr als zwei Monatslöhnen recht zurückhaltend. So liess das Bundesgericht unbeanstandet, dass eine Filialleiterin («sehr jung, weder familiäre Verpflichtungen noch gesundheitliche Probleme»), die rasch eine neue Stelle fand, nur einen Monatslohn erhielt (BGE 4C.395/2005; ähnlich BGE 4C.246/2005); einem leitenden Mitarbeiter wurden neben einem (in absoluten Zahlen hohen Schadenersatz) zusätzlich rund 4 Monatslöhne zugesprochen (BGE 4C.406/2005, E. 6; in einer vergleichbaren Konstellation sogar nur 3 Monatslöhne, BGE 4C./95/2004, E. 4.2). Die Fälle, in denen das gesetzliche Maximum zugesprochen wurde, sind sehr selten: So bei einem zufolge seiner Verhaftung fristlos entlassenen Wachmann, der nicht angehört worden war und bei welchem der Arbeitgeber nicht den Verlauf des Strafverfahrens abgewartet hatte; ähnlich die fristlose Entlassung eines langjährigen Angestellten, der in Kur weilte, auf Grund eines erkennbar unbrauchbaren Arztberichts; schliesslich die Fälle, in welchen Praktikantinnen sexuell belästigt worden waren und auf ihren Protest hin fristlos entlassen wurden (JAR 1998, 214 und 218; ZR 2000 Nr. 111; weitere Nachweise zur Praxis bei STREIFF/VON KAENEL, N 9). Es scheint insgesamt, als falle es den Richtern eher schwer, neben dem Schadenersatz noch in relevantem Umfang die Pönale zuzusprechen.

9   Wie erwähnt, tritt bei **kombinierter missbräuchlicher und fristloser Entlassung** die Entschädigung gemäss Art. 337c Abs. 3 an die Stelle derjenigen von Art. 336a; allerdings ist sie wegen der Missbräuchlichkeit zu erhöhen (vgl. o. Art. 336a N 32).

Art. 337*d*

c. bei ungerechtfertigtem Nichtantritt oder Verlassen der Arbeitsstelle

[1] Tritt der Arbeitnehmer ohne wichtigen Grund die Arbeitsstelle nicht an oder verlässt er sie fristlos, so hat der Arbeitgeber Anspruch auf eine Entschädigung, die einem Viertel des Lohnes für einen Monat entspricht; ausserdem hat er Anspruch auf Ersatz weiteren Schadens.

[2] Ist dem Arbeitgeber kein Schaden oder ein geringerer Schaden erwachsen, als der Entschädigung gemäss dem vorstehenden Absatz entspricht, so kann sie der Richter nach seinem Ermessen herabsetzen.

[3] Erlischt der Anspruch auf Entschädigung nicht durch Verrechnung, so ist er durch Klage oder Betreibung innert 30 Tagen seit dem Nichtantritt oder Verlassen der Arbeitsstelle geltend zu machen; andernfalls ist der Anspruch verwirkt.

[4] . . .

I.   Normzweck

1   Art. 337d regelt die Folge der ungerechtfertigten fristlosen Auflösung des Arbeitsverhältnisses durch den Arbeitnehmer. Genannt wird der **Nichtantritt der Stelle** oder deren Verlassen **ohne wichtigen Grund**.

2   Selbstverständlich löst auch dieses Vorgehen das **Arbeitsverhältnis** auf. Richtigerweise ist im Zweifel durch (beweiskräftige) Abmahnung seitens des Arbeitgebers zunächst Klarheit über den Auflösungswillen des Arbeitnehmers zu schaffen, bevor die Schadenersatzansprüche durchgesetzt werden (BSK OR I-Rehbinder/Portmann, N 1; Streiff/von Kaenel, N 2; Vischer, 264). Insbesondere beim «wutentbrannten» Verlassen der Arbeitsstelle nach Auseinandersetzungen ist nicht leichthin das Vorliegen des Auflösungswillens anzunehmen (vgl. die Beispiele bei Streiff/von Kaenel, N 2).

II. Charakter der Norm

Die Bestimmung ist **absolut zwingend** ausgestaltet (Art. 361). Deshalb kön- 3
nen die Parteien weder weniger noch mehr als das Viertel eines Monats-
lohns als Pauschalentschädigung noch gar eine Konventionalstrafe vereinbaren (BSK OR I-REHBINDER/PORTMANN, N 5; STREIFF/VON KAENEL, N 10).

III. Bemessung des Schadenersatzes

Auch die arbeitnehmerseitige, ungerechtfertigte Beendigung des Arbeits- 4
verhältnisses hat zur Folge, dass es beim finanziellen Ausgleich nur noch
um **Schadenersatz** gehen kann. Auch dieser Anspruch besteht gemäss
Abs. 1 aus **zwei Komponenten**: Einmal der «**Pauschalentschädigung**» und
sodann aus dem allfälligen **weiteren Schaden** (positives Vertragsinteresse;
STREIFF/VON KAENEL, N 6).

Der **pauschalierte Schadenersatz** in Form des Lohnviertels muss arbeit- 5
geberseitig nur behauptet, nicht aber bewiesen werden (BSK OR I-REH-
BINDER/PORTMANN, N 2; STREIFF/VON KAENEL, N 4); es handelt sich insoweit um eine Bestimmung zum Schutz des Arbeitgebers (BGE 118 II 312 f.).
Beweist der beklagte Arbeitnehmer aber, dass der arbeitgeberseitige Schaden geringer ist, kann der Richter den Betrag nach seinem Ermessen herabsetzen (Abs. 2). Dies führt im Ergebnis zu einer interessanten Umkeh-
rung der Beweislast, indem der Arbeitnehmer zu beweisen hat, wie hoch
der Schaden des Arbeitgebers ist und dass er geringer als das Monatslohn-
viertel ist. Die Fälle sind aber selten (STREIFF/VON KAENEL, N 4). Mit der
Herabsetzungsmöglichkeit gemäss Abs. 2 ist zugleich erwiesen, dass dem
Pauschalviertel ein gewisser «Pönalcharakter» zukommt (BSK OR I-REH-
BINDER/PORTMANN, N 3; STREIFF/VON KAENEL, N 5).

Der Arbeitgeber muss dagegen einen die Pauschalentschädigung überstei- 6
genden **Schaden** nach den allgemeinen Regeln behaupten und beweisen
(BGE 118 II 312 f.). Dabei ist die Lohnersparnis zu seinen Lasten zu berücksichtigen (BSK OR I-REHBINDER/PORTMANN, N 2). Im Übrigen können
als Schaden die Mehrkosten für die Anstellung von Temporärarbeitern,
Überstunden etc. geltend gemacht werden, während das für Inserate- und
Personalvermittlungskosten (die auch bei ordentlicher Kündigung anfallen)
gerade nicht gilt (STREIFF/VON KAENEL, N 6).

Die in Abs. 1 und 2 vorgesehene **Schadenersatzzahlung** kann – und so ge- 7
schieht es meist in der Praxis – durch Verrechnung ganz oder teilweise getilgt werden. Der Gesetzgeber hat – allerdings nur für die Pauschalentschädigung des Monatslohnviertels – dem Arbeitgeber eine auffällig kurze Verwirkungsfrist von **30 Tagen** zur Geltendmachung seines Anspruchs durch
Klage oder Betreibung auferlegt (Abs. 3). Der normale Schadenersatz un-

terliegt dagegen der zehnjährigen Verjährungsfrist (BSK OR I-REHBINDER/
PORTMANN, N 2; STREIFF/VON KAENEL, N 8).

Art. 338

V.   Tod des Arbeit-
nehmers oder des
Arbeitgebers

1.   Tod des Arbeit-
nehmers

[1] **Mit dem Tod des Arbeitnehmers erlischt das Arbeits-**
verhältnis.

[2] **Der Arbeitgeber hat jedoch den Lohn für einen wei-**
teren Monat und nach fünfjähriger Dienstdauer für
zwei weitere Monate, gerechnet vom Todestag an, zu
entrichten, sofern der Arbeitnehmer den Ehegatten,
die eingetragene Partnerin, den eingetragenen Part-
ner oder minderjährige Kinder oder bei Fehlen
dieser Erben andere Personen hinterlässt, denen
gegenüber er eine Unterstützungspflicht erfüllt hat.

1   Im Arbeitsvertrag gilt der Grundsatz der **persönlichen Leistungspflicht des**
Arbeitnehmers, so dass das Arbeitsverhältnis durch den Tod des Arbeitnehmers auch endet. Arbeitsplatz und Arbeitspflicht sind also nicht vererblich.

2   Dennoch hat diese Form der Auflösung des Arbeitsvertrags eine wesentliche finanzielle Verpflichtung des Arbeitgebers zur Folge: Er ist zur Zahlung des sogenannten **Lohnnachgenusses** verpflichtet. Dieser ist zeitlich
beschränkt und zudem nur geschuldet wenn ein bestimmter Kreis von Anspruchsberechtigten vorhanden ist.

3   Die **Zeitdauer** des Lohnnachgenusses ist auf einen Monat für ein bis fünfjähriges Arbeitsverhältnis und auf zwei Monate für ein über fünfjähriges
Arbeitsverhältnis beschränkt. Warum der Lohn beim befristeten Arbeitsverhältnis nur bis zu dessen vereinbartem Ende zu zahlen sei, ist – entgegen
BSK OR I-REHBINDER/PORTMANN, N 1, – mit STREIFF/VON KAENEL, N 3, abzulehnen: Solches ergibt sich weder aus dem Sinn des befristeten Arbeitsverhältnisses noch dem Wesen des Lohnnachgenusses. Deshalb ist auch die
Ansicht von STREIFF/VON KAENEL, N 3, abzulehnen, dass nur dann der Anspruch bestehe, wenn überhaupt ein Lohnanspruch vor dem Tod bestanden
habe, was nicht der Fall sei, wenn der Arbeitnehmer vor Stellenantritt stirbt.

4   Zudem ist der Lohnnachgenuss nur geschuldet, wenn ein bestimmter **Kreis**
von Berechtigten im Todeszeitpunkt vorhanden ist: Ehegatte oder minderjährige (deshalb *e contrario*: nicht auch volljährige) Kinder oder andere Personen, die der Arbeitnehmer unterstützt hat; dabei schliessen die Berech-

tigten in dieser Reihenfolge auch nachfolgende Berechtigte aus (BSK OR I-
REHBINDER/PORTMANN, N 2; STREIFF/VON KAENEL, N 6).

Die Bestimmung ist **relativ zwingend** ausgestaltet (Art. 362). Es kann des-   5
halb für den Todesfall eine längere Zeitspanne des Lohnnachgenusses und
für einen weiter gezogenen Kreis von Berechtigten abgemacht werden.

Art. 338*a*

Tod des Ar-
beitgebers

**¹ Mit dem Tod des Arbeitgebers geht das Arbeitsver-
hältnis auf die Erben über; die Vorschriften betreffend den Übergang des Arbeitsverhältnisses bei Betriebsnachfolge sind sinngemäss anwendbar.**

**² Ist das Arbeitsverhältnis wesentlich mit Rücksicht
auf die Person des Arbeitgebers eingegangen worden, so erlischt es mit dessen Tod; jedoch kann der
Arbeitnehmer angemessenen Ersatz für den Schaden
verlangen, der ihm infolge der vorzeitigen Beendigung des Arbeitsverhältnisses erwächst.**

Weil der Arbeitsvertrag vom Grundsatz der persönlichen Leistungspflicht   1
des Arbeitnehmers ausgeht, **beendet der Tod des Arbeitgebers das Arbeitsverhältnis nicht.** Vielmehr geht das Arbeitsverhältnis samt den damit
verbundenen Arbeitgeberpflichten durch Erbgang auf die Erben des Arbeitgebers über.

Dennoch soll der Arbeitnehmer die Möglichkeit haben, ein solches Arbeits-   2
verhältnis mit einer neuen Gegenpartei **aufzulösen:** Das Gesetz verweist in
Abs. 1 auf die Bestimmungen über die Betriebsnachfolge (Art. 333), so dass
der Arbeitnehmer sowohl bei Eröffnung des Erbgangs wie bei der Erbteilung die Möglichkeit hat, den **Übergang abzulehnen,** womit das Arbeitsverhältnis zum nächsten gesetzlichen Termin endet (BSK OR I-REHBINDER/
PORTMANN, N 1; STREIFF/VON KAENEL, N 3).

Bei Arbeitsverhältnissen, die mit Rücksicht auf die **Person des Arbeitge-**   3
bers eingegangen wurden, ist es gemäss Abs. 2 umgekehrt: Hier endet mit
dessen Tod das Arbeitsverhältnis. Und weil es vorzeitig und ohne Zutun
des Arbeitnehmers endet, wird der Nachlass schadenersatzpflichtig. Dabei
ist nur «angemessener» und nicht – wie bei Art. 337b – «voller» Schadenersatz zu leisten (vgl. STREIFF/VON KAENEL, N 34), was wohl dahingehend
zu verstehen ist, dass der Richter den – wie auch immer gefundenen – Betrag im Zweifel zu kürzen hat. Unter die Bestimmung des Abs. 2 können

nur Arbeitsverhältnisse mit einer besonderen persönlichen Beziehungsnähe (Pfleger, Privatchauffeur oder -sekretärin, Hausdame, Butler und dgl.) fallen.

4   Die Bestimmung ist **relativ zwingend** ausgestaltet (Art. 362). Es kann deshalb für den Todesfall des Arbeitgebers z. B. auch «voller» Schadenersatz abgemacht werden.

Art. 339

VI. Folgen der Beendigung des Arbeitsverhältnisses

1. Fälligkeit der Forderungen

[1] Mit der Beendigung des Arbeitsverhältnisses werden alle Forderungen aus dem Arbeitsverhältnis fällig.

[2] Für Provisionsforderungen auf Geschäften, die ganz oder teilweise nach Beendigung des Arbeitsverhältnisses erfüllt werden, kann durch schriftliche Abrede die Fälligkeit hinausgeschoben werden, jedoch in der Regel nicht mehr als sechs Monate, bei Geschäften mit gestaffelter Erfüllung nicht mehr als ein Jahr und bei Versicherungsverträgen sowie Geschäften, deren Durchführung mehr als ein halbes Jahr erfordert, nicht mehr als zwei Jahre.

[3] Die Forderung auf einen Anteil am Geschäftsergebnis wird fällig nach Massgabe von Artikel 323 Absatz 3.

1   Mit Ende des Arbeitsvertrags werden gemäss Abs. 1 alle darauf beruhenden **Forderungen fällig**: Es sollen – von wenigen Ausnahmen gemäss Abs. 2 und 3 abgesehen – alle finanziellen Ansprüche rasch abgewickelt werden (STREIFF/VON KAENEL, N 3 2). Mit der Fälligkeit beginnt auch die Verjährungsfrist zu laufen.

2   Die Bestimmung gilt **unabhängig vom Grund der Beendigung**: Ablauf der Kündigungsfrist bei ordentlicher Kündigung, berechtigte oder unberechtigte fristlose Kündigung, missbräuchliche Kündigung, Tod einer Vertragspartei oder Ablauf der befristeten Vertragsdauer sowie Aufhebungsvereinbarung (STREIFF/VON KAENEL, N 3).

3   Die Fälligkeit erfasst auch **alle Forderungen**: Abgeltung und Bezug von Ferien (inkl. Rückforderungsansprüche für zuviel bezogene), Auslagen, Spesen, Abgangsentschädigungen, Lohnnachgenuss, Entschädigungen wegen ungerechtfertigter Kündigung, Schadenersatz etc. Nicht dagegen Ansprüche aus der beruflichen Vorsorge, weil das Vorsorgeverhältnis zwar viel-

fach und eng mit dem Arbeitsverhältnis verbunden, rechtlich aber davon verschieden ist (STREIFF/VON KAENEL, N 4 zu Art. 339).

Sonderregelungen sind gemäss Abs. 2 für Provisionsforderungen möglich, wobei dem Gesetzgeber auch hier ein relativ enger Zeitrahmen von sechs bis zwölf, maximal aber 24 Monaten vorschwebt. Die Schriftlichkeit der Abrede ist Gültigkeitserfordernis (STREIFF/VON KAENEL, N 6).   4

Der Anteil am Geschäftsergebnis ist gemäss Abs. 3 spätestens 6 Monate nach Abschluss des Geschäftsjahres fällig (Art. 323 Abs. 3).

Die Bestimmung von Abs. 1 ist **absolut zwingend** ausgestaltet (Art. 361). Es kann deshalb ausserhalb der Fälle von Abs. 2 und 3 gar keine andere Fälligkeit abgemacht werden. Dass gemäss STREIFF/VON KAENEL, N 9, auch Abs. 2 zwingend wäre, kann jedenfalls entgegen ihrer Ansicht nicht aus seinem Wortlaut abgeleitet werden.   5

Art. 339a

Rückgabe-
pflichten

¹ **Auf den Zeitpunkt der Beendigung des Arbeitsverhältnisses hat jede Vertragspartei der andern alles herauszugeben, was sie für dessen Dauer von ihr oder von Dritten für deren Rechnung erhalten hat.**

² **Der Arbeitnehmer hat insbesondere Fahrzeuge und Fahrausweise zurückzugeben sowie Lohn- oder Auslagenvorschüsse soweit zurückzuerstatten, als sie seine Forderungen übersteigen.**

³ **Vorbehalten bleiben die Retentionsrechte der Vertragsparteien.**

Die in diesem Artikel statuierten **Rückgabepflichten** sind eine selbstverständliche Folge der Vertragsbeendigung (STREIFF/VON KAENEL, N 2). Die Aufzählung in Abs. 2 ist nur beispielhaft.   1

Das in Abs. 3 festgehaltene **Retentionsrecht** setzt eigentlichen Besitz voraus (der blosse Besitzdiener hat es also nicht) und besteht unabhängig vom allfälligen Missverhältnis zwischen Wert der Forderung und Wert des retinierten Gegenstandes. An wirtschaftlich nicht verwertbaren Gegenständen (namentlich Dokumenten, wie Zeugnissen) besteht kein Retentionsrecht (BSK OR I-REHBINDER/PORTMANN, N 2; STREIFF/VON KAENEL, N 4).   2

Die Bestimmung ist **absolut zwingend** ausgestaltet (Art. 361): Retentionsrecht und Rückgabepflichten können also nicht beschränkt oder gar wegbedungen werden.   3

Art. 339*b*

3.   **Abgangsent-**
     schädigung

a.   **Voraussetzungen**

[1] Endigt das Arbeitsverhältnis eines mindestens 50 Jahre alten Arbeitnehmers nach 20 oder mehr Dienstjahren, so hat ihm der Arbeitgeber eine Abgangsentschädigung auszurichten.

[2] Stirbt der Arbeitnehmer während des Arbeitsverhältnisses, so ist die Entschädigung dem überlebenden Ehegatten, die eingetragene Partnerin, den eingetragenen Partner oder den minderjährigen Kindern oder bei Fehlen dieser Erben anderen Personen auszurichten, denen gegenüber er eine Unterstützungspflicht erfüllt hat.

1   Die Verpflichtung zur **Zahlung einer Abgangsentschädigung** ist zeitlich doppelt bedingt: Der Arbeitnehmer muss mindestens 50 Jahre alt sein und das Arbeitsverhältnis mindestens 20 Jahre gedauert haben. Mit Ausbau der beruflichen Vorsorge ist die praktische Bedeutung dieser Vorschrift ganz erheblich gesunken (vgl. zum Verhältnis zur 2. Säule STREIFF/VON KAENEL, N 2).

2   Die in Abs. 2 festgehaltene **Begünstigung** bei Beendigung durch Tod entspricht der Umschreibung des Lohnnachgenusses gemäss Art. 338 Abs. 2; Abgangsentschädigung und Lohnnachgenuss kumulieren sich (BSK OR I-REHBINDER/PORTMANN, N 1; STREIFF/VON KAENEL, N 6).

3   Die Bestimmung ist **relativ zwingend** ausgestaltet (Art. 362): Die Anforderungen können also bezüglich Alter und Dienstjahre herabgesetzt werden.

Art. 339*c*

b.   **Höhe und**
     Fälligkeit

[1] Die Höhe der Entschädigung kann durch schriftliche Abrede, Normalarbeitsvertrag oder Gesamtarbeitsvertrag bestimmt werden, darf aber den Betrag nicht unterschreiten, der dem Lohn des Arbeitnehmers für zwei Monate entspricht.

² Ist die Höhe der Entschädigung nicht bestimmt, so
ist sie vom Richter unter Würdigung aller Umstände
nach seinem Ermessen festzusetzen, darf aber den
Betrag nicht übersteigen, der dem Lohn des Arbeitnehmers für acht Monate entspricht.

³ Die Entschädigung kann herabgesetzt werden oder
wegfallen, wenn das Arbeitsverhältnis vom Arbeitnehmer ohne wichtigen Grund gekündigt oder vom
Arbeitgeber aus wichtigem Grund fristlos aufgelöst
wird, oder wenn dieser durch die Leistung der Entschädigung in eine Notlage versetzt würde.

⁴ Die Entschädigung ist mit der Beendigung des Arbeitsverhältnisses fällig, jedoch kann eine spätere
Fälligkeit durch schriftliche Abrede, Normalarbeitsvertrag oder Gesamtarbeitsvertrag bestimmt oder
vom Richter angeordnet werden.

Die Höhe der Abgangsentschädigung unterliegt **formgebundener Partei-**   1
vereinbarung und darf – bei freier Obergrenze – nicht unter 2 Monatslöhne herabgesetzt werden (Abs. 1). Bei Fehlen einer Vereinbarung tritt an
deren Stelle der **richterliche Ermessensentscheid**, wobei diesfalls eine
Obergrenze von 8 Monatslöhnen (Abs. 2) und die Untergrenze von 2 Monatslöhnen gilt (BGE 115 II 30 ff., 32). Auch in einem solchen Fall hat der
Richter alle Umstände des Einzelfalls (Alter, Stellung im Beruf, Lohnhöhe,
wirtschaftliche Situation der Parteien, etc.) zu berücksichtigen (STREIFF/
VON KAENEL, N 4). Herabsetzung oder Wegfall der Abgangsentschädigung
können dann erfolgen, wenn eine begründete arbeitgeberseitige fristlose
Kündigung vorliegt oder umgekehrt eine – fristlose oder ordentliche! –
Kündigung seitens des Arbeitnehmers «ohne wichtigen Grund» (Abs. 3 –
Näheres zu dieser an sich problematischen Bestimmung bei STREIFF/VON
KAENEL, N 8). Die Fälligkeit der Abgangsentschädigung tritt mit Ende des
Arbeitsverhältnisses ein, kann aber einvernehmlich oder durch Richter-
spruch hinausgeschoben werden (Abs. 4).

Die Gerichtspraxis hat sich mit verschiedenen **Skalen** beholfen, um zwi-   2
schen den Eckwerten Dienstalter und Lebensalter einerseits und zwei und
acht Monatslöhnen andererseits ein ausgewogenes Verhältnis zu finden
(BGE 115 II 30 ff., 33 f.; BSK OR I-REHBINDER/PORTMANN, N 2; STREIFF/VON
KAENEL, N 5).

Die Bestimmung ist **dispositiv** ausgestaltet und findet sich weder in Art. 361   3
noch in 362. Allerdings sind die Formvorschriften der Abs. 1, 2 und 4 zwingend, ebenso die Untergrenze von 2 Monaten gemäss Abs. 1 (unklar indessen STREIFF/VON KAENEL, N 18).

Art. 339*d*

c.   Ersatz-
leistungen

¹ Erhält der Arbeitnehmer Leistungen von einer Personalfürsorgeeinrichtung, so können sie von der Abgangsentschädigung abgezogen werden, soweit diese Leistungen vom Arbeitgeber oder aufgrund seiner Zuwendungen von der Personalfürsorgeeinrichtung finanziert worden sind.

² Der Arbeitgeber hat auch insoweit keine Entschädigung zu leisten, als er dem Arbeitnehmer künftige Vorsorgeleistungen verbindlich zusichert oder durch einen Dritten zusichern lässt.

1   Die Abgangsentschädigung hatte die Funktion einer **rudimentären Altersvorsorge** (STREIFF/VON KAENEL, N 2). Mit dem erheblichen Ausbau der beruflichen Vorsorge treten die Leistungen der Personalvorsorgeeinrichtungen an die Stelle derjenigen der Arbeitgeber (Näheres bei STREIFF/VON KAENEL, N 3). Mithin hat die Ausnahmeregelung des Art. 339d im Zusammenspiel mit dem BVG die Bestimmungen von Art. 339b und 339c weitgehend verdrängt (BSK OR I-REHBINDER/PORTMANN, N 1; STREIFF/VON KAENEL, N 3).

2   Die Bestimmung ist **relativ zwingend** (Art. 362).

Art. 340

VII.   Konkurrenzverbot
1.   Voraussetzungen

¹ Der handlungsfähige Arbeitnehmer kann sich gegenüber dem Arbeitgeber schriftlich verpflichten, nach Beendigung des Arbeitsverhältnisses sich jeder konkurrenzierenden Tätigkeit zu enthalten, insbesondere weder auf eigene Rechnung ein Geschäft zu betreiben, das mit dem des Arbeitgebers in Wettbewerb steht, noch in einem solchen Geschäft tätig zu sein oder sich daran zu beteiligen.

[2] **Das Konkurrenzverbot ist nur verbindlich, wenn das Arbeitsverhältnis dem Arbeitnehmer Einblick in den Kundenkreis oder in Fabrikations- und Geschäftsgeheimnisse gewährt und die Verwendung dieser Kenntnisse den Arbeitgeber erheblich schädigen könnte.**

I. Vorbemerkung

Die Art. 340-340c regeln die nachvertraglichen Tätigkeitsbeschränkungen   1
abschliessend; weitere Verbote und Einschränkungen als dort geregelt, sind unzulässig (STREIFF/VON KAENEL, N 22). Innerhalb des verbleibenden Rahmens ist zudem auf einen «ausgewogenen Interessenausgleich» zu achten (BGE 130 III 353 ff., 357). Ein Konkurrenzverbot kann **nicht erst beim Austritt** vereinbart werden (zweifelnd auch STREIFF/VON KAENEL, Art. 340a N 9).

II. Normzweck

Das aus der arbeitsvertraglichen Treuepflicht fliessende Konkurrenzverbot   2
während des Arbeitsverhältnisses gemäss Art. 321a Abs. 3 endet mit dem Arbeitsverhältnis; einzig die Geheimhaltungsverpflichtung des Art. 321a Abs. 4 überdauert es. Der Arbeitnehmer kann aber ein **nachvertragliches Konkurrenzverbot** eingehen. Dieses ist an **vier Voraussetzungen** geknüpft: Der Arbeitnehmer muss **handlungsfähig** sein, das Konkurrenzverbot muss **schriftlich** vereinbart werden, der Arbeitnehmer muss **Einblick in den Kundenkreis oder die Geschäftsgeheimnisse** gehabt haben und die Verwendung dieser Kenntnis kann den **Arbeitgeber erheblich schädigen**. Zu den weiteren Einschränkungen sogleich Art. 340a.

Mithin ist das Konkurrenzverbot eine einseitige und unentgeltliche Ver-   3
pflichtung, die vom Interesse des Arbeitgebers gedeckt sein muss. Sie erfasst die Tätigkeit des Arbeitsnehmers bei einem andern Arbeitgeber, als Selbstständiger oder – was häufig der Tarnung bzw. Umgehung dient – als Beteiligung am Geschäft Dritter (tätigkeitsbezogenes bzw. unternehmensbezogenes Konkurrenzverbot, so BSK OR I-REHBINDER/PORTMANN, Art. 340b N 2).
Als wesentliche **Einschränkung der wirtschaftlichen und persönlichen Freiheit** des Arbeitnehmers erscheint die Zulässigkeit eines Konkurrenzverbots grundsätzlich fragwürdig (in diesem Sinne ausführlich VISCHER, 274 f.; auch BGE 130 III 353 ff., 355 ff.), ist aber *lege lata* nicht weiter zu hinterfragen. Jedenfalls sind die Abreden im Zweifel eng und **gegen den Arbeitgeber auszulegen** (STREIFF/VON KAENEL, N 3; VISCHER, 274).

4   Bei Beteiligung des Arbeitnehmers an einem Geschäft, das den früheren Arbeitgeber konkurrenziert, muss der Arbeitnehmer unmittelbaren Einfluss auf die Geschäftsführung haben, um gegen seine Verpflichtung zu verstossen (BSK OR I-Rehbinder/Portmann, N 2; Streiff/von Kaenel, N 7; Vischer, 273).

III. Charakter der Norm

5   Die Bestimmung von Abs. 1 ist **relativ zwingend** ausgestaltet (Art. 362); Abs. 2 muss von seinem Wortlaut her als absolut zwingend verstanden werden, auch wenn die Bestimmung nicht in die Liste von Art. 361 aufgenommen wurde (gl. M. Streiff/von Kaenel, N 24).

IV. Praxis

6   Abwendung und Auslegung von Konkurrenzverboten beschäftigen – neben der fristlosen Entlassung – die (Arbeits-)Gerichte am meisten (Streiff/ von Kaenel, N 2, 6 ff.). Eine Konkurrenzklausel kann in aller Regel Mitarbeiter in unteren Chargen nicht treffen (grundsätzlich, aber mit Einschränkungen, gl. M. BSK OR I-Rehbinder/Portmann, N 4); wo es keine Geheimnisse (wie im Berufsfussball) gibt, ist eine solche Beschränkung ebenfalls unzulässig (BSK OR I-Rehbinder/Portmann, N 3). Der Geheimnischarakter des Wissens muss auch prozessual gültig bewiesen werden (zu Recht diesbezüglich streng BGE 4P.151/2005). Schliesslich hat das Bundesgericht apodiktisch festgehalten, nur auf dem Angebots-, nicht aber dem Nachfragemarkt sei ein Konkurrenzverbot zulässig (dazu krit. Vischer, 273 FN 1), und es hat blosse Abwerbeverbote den Regeln des Konkurrenzverbots unterstellt (BGE 130 III 353 ff., 355 ff.; BGE 4C.360/2004, E. 3.2).

Art. 340*a*

2. **Beschränkungen**	[1] Das Verbot ist nach Ort, Zeit und Gegenstand angemessen zu begrenzen, so dass eine unbillige Erschwerung des wirtschaftlichen Fortkommens des Arbeitnehmers ausgeschlossen ist; es darf nur unter besonderen Umständen drei Jahre überschreiten.
	[2] Der Richter kann ein übermässiges Konkurrenzverbot unter Würdigung aller Umstände nach seinem Ermessen einschränken; er hat dabei eine allfällige Gegenleistung des Arbeitgebers angemessen zu berücksichtigen.

Das Konkurrenzverbot – sofern es in den Schranken von Art. 340 über-   1
haupt vereinbart werden kann –, muss zudem beschränkt werden, um das
wirtschaftliche Fortkommen des Arbeitnehmers **nicht unbillig zu erschweren**. Solche Erschwernis bildet umgekehrt eine Schranke für jedes
Konkurrenzverbot, das auch unter diesem Aspekt einschränkend bzw. gegen den Arbeitgeber auszulegen ist (BSK OR I-REHBINDER/PORTMANN,
Art. 340b N 1). Die Einschränkung für den Arbeitnehmer muss durch die
Interessen des Arbeitgebers gerechtfertigt sein (BGE 130 III 353 ff., 355;
BGE 4C.360/2004, E. 3.2).

Jedes Konkurrenzverbot muss in **örtlicher, zeitlicher und gegenständli-   2
cher Hinsicht** beschränkt sein (Abs. 1). Zwischen den einzelnen Beschränkungen besteht eine Wechselwirkung (VISCHER, 280). Übermässige – also
gegen die Schranken von Abs. 1 verstossende – Konkurrenzverbote sind
weder nichtig noch unwirksam, sondern **der Richter setzt** sie nach seinem
Ermessen auf das zulässige Mass **herab** (Abs. 2 – ausführlich STREIFF/VON
KAENEL, N 5). Ob Übermass vorliegt, ist «immer nur unter gesamthafter Berücksichtigung seines Umfangs nach Gegenstand, Ort und Zeit» zu beurteilen (BGE 130 III 353 ff., 354).

Einschränkung nach **Ort** bedeutet, dass das Konkurrenzverbot nur in ei-   3
nem bestimmt umschriebenen geografischen Raum gelten kann, der mit
dem Tätigkeitsgebiet des alten Arbeitgebers höchstens deckungsgleich
sein kann; Klauseln, wonach in der «ganzen Schweiz», «allen deutsch-
sprachigen Ländern» sowie in «Europa» eine Konkurrenzierung verboten
sei, halten in der Regel der richterlichen Überprüfung nicht stand, es muss
zwischen der Möglichkeit zu Tätigkeit im angestammten Bereich und geo-
grafischem Tätigkeitsfeld des früheren Arbeitgebers ein Ausgleich gefunden werden. Die Gerichtspraxis der früheren Jahre hat deshalb z. T. Ge-
bietsbeschränkungen auf wenige, gar kleine Kantone eingeschränkt
(STREIFF/VON KAENEL, N 2).
In **zeitlicher Hinsicht** setzt das Gesetz selbst eine Regelgrenze von 3 Jahren (die sich als praktische, erst noch selten zulässige Obergrenze erwiesen hat, vgl. STREIFF/VON KAENEL, N 3). Auch hier ist nach der Praxis die
Beschränkung auf einige Monate bis zu zwei Jahren häufig (STREIFF/VON
KAENEL, N 3).
Die Einschränkung nach dem **Gegenstand** muss so präzise sein, dass klar
ist, welche Tätigkeit dem Arbeitnehmer verboten ist (der bei STREIFF/VON
KAENEL, N 4 zu Art. 340a erwähnte «Verkauf von Gemüsen und Früchten»
scheitert nach hier vertretener Ansicht allerdings daran, dass ein Geheimnischarakter bzw. ein schützenswerter Kundenkreis bei solcher Tätigkeit
wohl nur ausnahmsweise vorliegen kann).

4   Sofern der Arbeitgeber eine **Karenzentschädigung** zahlt, ist dies bei der Beurteilung des Konkurrenzverbots in die Abwägung mit einzubeziehen (Abs. 2 am Ende – BGE 130 III 353 ff., 354 f.). Solche Leistungen sind allerdings in der Schweiz absolut unüblich, die Konkurrenzverbote werden normalerweise ohne jede arbeitgeberseitige Gegenleistung vereinbart (STREIFF/VON KAENEL, N 6).

5   Die Bestimmung von Abs. 1 ist **relativ zwingend** ausgestaltet (Art. 362); Abs. 2 muss von seinem Sinn her ebenfalls als relativ zwingend verstanden werden, auch wenn die Bestimmung nicht in die Liste von Art. 362 aufgenommen wurde (gl. M. STREIFF/VON KAENEL, N 11).

Art. 340*b*

3. **Folgen der Übertretung**

¹ **Übertritt der Arbeitnehmer das Konkurrenzverbot, so hat er den dem Arbeitgeber erwachsenden Schaden zu ersetzen.**

² **Ist bei Übertretung des Verbotes eine Konventionalstrafe geschuldet und nichts anderes verabredet, so kann sich der Arbeitnehmer durch deren Leistung vom Verbot befreien; er bleibt jedoch für weiteren Schaden ersatzpflichtig.**

³ **Ist es besonders schriftlich verabredet, so kann der Arbeitgeber neben der Konventionalstrafe und dem Ersatz weiteren Schadens die Beseitigung des vertragswidrigen Zustandes verlangen, sofern die verletzten oder bedrohten Interessen des Arbeitgebers und das Verhalten des Arbeitnehmers dies rechtfertigen.**

1   Art. 340b regelt die **Durchsetzung** eines (zulässigen) Konkurrenzverbots: Der Arbeitnehmer schuldet **Schadenersatz** (Abs. 1), was beidseitig zwingend ist (Art. 361). Geschuldet ist nach den allgemeinen Regeln über die schuldhafte (und hier meist vorsätzliche) Vertragsverletzung das Erfüllungsinteresse (STREIFF/VON KAENEL, N 2 zu Art. 340b).

2   Die Parteien können die Einhaltung des Konkurrenzverbots auch durch **Konventionalstrafe** sichern (Abs. 2). Als solche kann sie, wenn übermässig, durch den Richter herabgesetzt werden (Art. 163 Abs. 3; BGE 4C.360/2004, E. 3.3; STREIFF/VON KAENEL, N 5 und 6). Durch Bezahlung der Konventionalstrafe wird der Arbeitnehmer von der weiteren Einhaltung des

Konkurrenzverbots befreit – sofern nicht das Gegenteil abgemacht ist (was nach der Kautelarpraxis indessen stets der Fall ist, vgl. die Formulierung in BGE 130 III 353 f.). So oder anders ist er für «weiteren Schaden» – sprich den, der den Betrag der bezahlten Konventionalstrafe übersteigt – ersatzpflichtig. Auch diese Bestimmung ist beidseitig zwingend. Die Regelung der «Wandelpön» widerspricht also in beiden Punkten (grundsätzliche Befreiungswirkung und zusätzliche Schadenersatzpflicht) den allgemeinen Regeln (STREIFF/VON KAENEL, N 7).

Schliesslich kann als schärfste Massnahme durch (ausdrückliche, eindeutige und unmissverständliche) schriftliche Abrede die **«Realerfüllung»** des Konkurrenzverbots vereinbart werden, welche später dem Richter erlaubt, ein entsprechendes Verbotsurteil auszusprechen. Die Voraussetzungen für ein auf solche Abrede gestütztes vorsorgliches Verbot sind nach der bundesgerichtlichen Praxis zu Recht streng (BGE 131 III 473 ff., 479; eingehende Darstellung auch der prozessualen Fragen bei STREIFF/VON KAENEL, N 7 ff.). Das Realverbot kann neben Schadenersatz und Konventionalstrafe treten (BSK OR I-REHBINDER/PORTMANN, N 5).   3

Die Bestimmungen von Abs. 1 und 2 sind **absolut zwingend** ausgestaltet (Art. 361); bei Abs. 3, der mangels Aufnahme in Art. 362 völlig dispositiv erscheint, ist aber jedenfalls das Schriftformerfordernis zwingend (STREIFF/VON KAENEL, N 11).   4

Art. 340*c*

Wegfall

[1] Das Konkurrenzverbot fällt dahin, wenn der Arbeitgeber nachweisbar kein erhebliches Interesse mehr hat, es aufrecht zu erhalten.

[2] Das Verbot fällt ferner dahin, wenn der Arbeitgeber das Arbeitsverhältnis kündigt, ohne dass ihm der Arbeitnehmer dazu begründeten Anlass gegeben hat, oder wenn es dieser aus einem begründeten, vom Arbeitgeber zu verantwortenden Anlass auflöst.

Nachdem das Konkurrenzverbot von den Interessen des Arbeitgebers getragen sein muss (oben N 3 zu Art. 340 und N 1 zu Art. 340a), ist es auch folgerichtig, wenn es **bei fehlendem erheblichem Interesse wegfällt** (Abs. 1). Es endet dann aus einem nachträglich eingetretenen Grund vor Ablauf der vereinbarten Frist (STREIFF/VON KAENEL, N 2).   1

2   Davon ausgehend, dass der Arbeitgeber den vom Konkurrenzverbot belasteten Arbeitnehmer halten will, regelt Abs. 2 die Folge einer Kündigung des Arbeitsverhältnisses: Bei einer **arbeitgeberseitigen Kündigung**, zu der der Arbeitnehmer keinen begründeten Anlass gegeben hat, bzw. umgekehrt bei einer arbeitgeberseitig zu verantwortenden **Kündigung seitens des Arbeitnehmers** entfällt das Konkurrenzverbot. Es soll mit andern Worten nur dann wirksam sein, wenn der Arbeitnehmer von sich aus und ohne begründeten Anlass das Arbeitsverhältnis beendet bzw. umgekehrt, der Arbeitgeber einen solchen zur Entlassung des Arbeitnehmers hat. Die Massstäbe sind diesbezüglich gleich (STREIFF/VON KAENEL, N 5). Bei beiderseitigem Verschulden ist das grössere massgebend, bei Kündigung aus lediglich objektiven Gründen wäre nach der Sphärentheorie über den Bestand des Konkurrenzverbots zu entscheiden (BSK OR I-REHBINDER/PORT-MANN, N 1 und 3; STREIFF/VON KAENEL, N 3 und 7). Bei einem Aufhebungsvertrag entfällt es, wenn es nicht ausdrücklich anders geregelt ist (entgegen den Zweifeln von STREIFF/VON KAENEL, N 8).

3   Bei der Abgrenzung der Kündigungsgründe von denjenigen der fristlosen Auflösung gemäss Art. 337 herrscht Einigkeit darüber, dass bei Art. 340c **nicht** die Hürde der «**wichtigen Gründe**» vorliegen muss, sie nicht «verwechselt» werden dürfen (BGE 130 III 353 ff., 359), umgekehrt aber jeder wichtige Grund einen begründeten Anlass darstellt (VISCHER, 283). Begründeter Anlass ist nur ein von der Gegenpartei gesetzter bzw. zu verantwortender Grund, der bei **vernünftiger kaufmännischer Erwägung** einen erheblichen Kündigungsanlass geben kann, eine eigentliche Vertragsverletzung ist nicht vorausgesetzt (BGE 130 III 353 ff., 359). Es genügen also schlechte Arbeitsbedingungen, arbeitgeberseitig zu verantwortendes schlechtes Betriebsklima, massive Lohneinbusse, unbegründete Versetzung, andauernde Kurzarbeit, wesentliche betriebliche Veränderungen sowie «Machenschaften» zur Vorbereitung des Übertritts zur Konkurrenz; dagegen genügen nicht unwesentliche Lohneinbussen oder andere geringfügige Verschlechterungen der Arbeitssituation (BSK OR I-REHBINDER/PORTMANN, N 2; STREIFF/VON KAENEL, N 6).

4   Die Bestimmung ist **relativ zwingend** ausgestaltet (Art. 362); mithin kann vereinbart werden, dass jede ordentliche arbeitgeberseitige Kündigung das Konkurrenzverbot entfallen lässt (STREIFF/VON KAENEL, N 11).

Art. 341

1. Unverzicht-
barkeit und Verjäh-
rung

¹ **Während der Dauer des Arbeitsverhältnisses und eines Monats nach dessen Beendigung kann der Arbeitnehmer auf Forderungen, die sich aus unabdingbaren Vorschriften des Gesetzes oder aus unabdingbaren Bestimmungen eines Gesamtarbeitsvertrages ergeben, nicht verzichten.**

² **Die allgemeinen Vorschriften über die Verjährung sind auf Forderungen aus dem Arbeitsverhältnis anwendbar.**

Die **Ansprüche** (Rechte/Forderungen) des Arbeitnehmers, die er auf Grund   1
unabdingbarer gesetzlicher oder gesamtarbeitsvertraglicher Bestimmungen hat, sind für die Dauer des Arbeitsverhältnisses und eines Monats über seine (ordentliche oder fristlose Beendigung) hinaus **unverzichtbar.** Als Grundlage solcher Ansprüche aus dem Arbeitsverhältnis – denn nur solche sind betroffen – erscheinen zunächst einmal alle in Art. 361 und 362 aufgelisteten Normen sowie die dort nicht aufgezählten, aber von ihrem Wortlaut her als zwingend zu verstehenden Bestimmungen.

Ohne ein solches **Verzichtsverbot**, das sich auf bereits entstandene, nicht   2
aber zukünftige Ansprüche bezieht, wäre die Gefahr gross, dass der Arbeitnehmer unter Druck auf Ansprüche aus zwingenden Bestimmungen nachträglich verzichtet. Erst nach Ablauf des Monats ist ein solcher Verzicht möglich, sonst ist er **nichtig** (BGE 4C.390/2005, E. 2).

Zweck der Norm ist **Schutz des Arbeitnehmers**, der sich in einem gesteigerten Abhängigkeitsverhältnis befindet (BGE 4C.390/2005, E. 2.1). Deshalb muss sie auch stärker sein als der arbeitgeberseitige Einwand, die arbeitnehmerseitige Berufung auf Art. 341 zur Beseitigung einer abgeschlossenen Vereinbarung widerspreche Treu und Glauben bzw. Art. 2 ZGB. Nur unter ganz aussergewöhnlichen Umständen kann dem Arbeitnehmer der Schutz von Art. 341 durch Anwendung des **Rechtsmissbrauchsverbots** versagt werden (BGE 129 III 618 ff., 622).

Ganz besonders schwierig ist das Verhältnis von Art. 341 zum **Aufhebungs-**   3
vertrag: Dieser darf sich nicht als Umgehung der Schutznorm erweisen; gemäss der – in den Einzelheiten unklaren – Praxis kann ein gültiger Verzicht nur angenommen werden, wenn zumindest gleichwertige arbeitgeberseitige Konzessionen gemacht werden (STREIFF/VON KAENEL, N 5 zu Art. 341). Weiter mag als Beurteilungsgesichtspunkt beachtet werden, dass Art. 341 den einseitigen (arbeitnehmerseitigen) Verzicht auf entstandene Ansprüche

regelt, der Aufhebungsvertrag aber auch in Hinblick darauf, dass keine neuen (gegenseitigen) Forderungen entstehen können, abgeschlossen wird (BSK OR I-REHBINDER/PORTMANN, N 5). Gemäss Bundesgericht verbietet Art. 341 nur den einseitigen Verzicht, nicht aber den Vergleich (BGE 4C.390/2005, E. 3.1).

4   Die Gerichtspraxis prüft vor allem Vereinbarungen unter dem Gesichtspunkt von Art. 341, mit welchen der Arbeitnehmer auf **Lohnforderungen** und -zuschläge, solche bezüglich Überstunden und -zeit, Freitage oder begründet auf Mutterschaft verzichtet (Nachweise bei STREIFF/VON KAENEL, N 6). Streng sind auch die Anforderungen an einen gültigen Verzicht, so dass blosse Saldoquittungen, Stillschweigen oder Schlussabrechnungen meist nicht genügen, sondern der ausdrückliche und unmissverständliche, klare Verzichtswille erklärt werden muss (STREIFF/VON KAENEL, N 7): Selbst eine nach Ablauf der Monatsfrist des Art. 341 unterzeichnete Saldoquittung gilt nur, soweit der Gläubiger damit auf ihm (zumindest dem Grundsatz nach) bekannte Ansprüche verzichtet (BGE 4C.219/2006, E. 2.3 m. w. Hw.).

5   Abs. 2 enthält eine Selbstverständlichkeit – nämlich die Vorschrift, dass die **Verjährungsbestimmungen** auch im Arbeitsrecht gelten. Die besondere arbeitsrechtliche Verjährungsfrist von 5 Jahren gemäss Art. 128 Ziff. 3 bezieht sich nach h. L. nur auf Forderungen mit Lohncharakter (neben dem eigentlichen Lohn auch alle Gratifikationen, Erfolgsbeteiligungen, Ansprüche wegen Ferien, Überstunden, Karenzentschädigungen etc.); alle andern Forderungen, wie Schadenersatz-, Zeugnis- und Begründungsansprüche, unterliegen damit der zehnjährigen Verjährungsfrist (BSK OR I-REHBINDER/PORTMANN, N 7 f.; STREIFF/VON KAENEL, N 8, – mit der wesentlichen Meinungsdifferenz bezüglich des Ferienanspruchs, der nach Ansicht der Erstgenannten, (N 8), auch in 10 Jahren verjährt).

6   Abs. 1 dieser Bestimmung ist **relativ zwingend** ausgestaltet (Art. 362), Abs. 2 ist dispositiv (STREIFF/VON KAENEL, N 9). Angesichts des Wortlauts scheint diese Anordnung des Gesetzgebers nicht nur bezüglich Abs. 1 eher seltsam, sondern auch bezüglich des Abs. 2, zumal die Verjährungsfristen gemäss Art. 129 ohnehin der Parteidisposition entzogen sind.

Art. 342

Vorbehalt
und zivilrecht-
liche Wirkun-
gen des öffent-
lichen Rechts

¹ **Vorbehalten bleiben:**

    a. **Vorschriften des Bundes, der Kantone und Ge-
meinden über das öffentlich-rechtliche Dienstverhältnis, soweit sie nicht die Artikel 331
Absatz 5 und 331a–331e betreffen;**

    b. **öffentlich-rechtliche Vorschriften des Bundes
und der Kantone über die Arbeit und die Berufsbildung.**

² **Wird durch Vorschriften des Bundes oder der Kantone über die Arbeit und die Berufsbildung dem Arbeitgeber oder dem Arbeitnehmer eine öffentlich-
rechtliche Verpflichtung auferlegt, so steht der
andern Vertragspartei ein zivilrechtlicher Anspruch
auf Erfüllung zu, wenn die Verpflichtung Inhalt des
Einzelarbeitsvertrages sein könnte.**

Die **Arbeitsverhältnisse** bei Bund, Kanton und Gemeinden und ihnen   1
gleichgestellten Organisationen (öffentlich-rechtliche Dienstverhältnisse)
unterliegen nicht dem Arbeitsrecht des OR, es sei denn es werde darauf
verwiesen (Abs. 1 lit. a) oder es würden auch dort echte privatrechtliche
Arbeitsverträge geschlossen werden können. Mit der weitestgehend erfolgten Abschaffung des Beamtenstatus hat sich zumindest das verwiesene
privatrechtliche Arbeitsrecht ein weiteres Anwendungsfeld erobert, was in
der zunehmenden Rechtsprechung kantonaler (Verwaltungs-)Gerichte zu
arbeitsrechtlichen Fragen seinen Niederschlag findet. In aller Regel bietet
das öffentliche Anstellungsrecht mehr Rechtsschutz bei (fristlosen und ordentlichen) Entlassungen und bei der Abgangsentschädigung, was Ausfluss der Bindung solcher Arbeitgeber an verfassungsrechtliche Schranken
ist (vgl. STREIFF/VON KAENEL, N 2 zu Art. 342).

Ebenfalls vorbehalten ist neben dem Recht der **Arbeit** (namentlich: Ar-   2
beitsschutz, Unfallverhütung, Arbeitsmarkt, Arbeitsbeschaffung, Arbeitsvermittlung und Personalverleih) das **Berufsbildungsrecht**, soweit es öffentlich-rechtliche Inhalte hat (Abs. 1 lit. b). Das **öffentliche Recht geht**
dem Zivilrecht, aber auch den Gesamt-, Normal- und Einzelarbeitsverträgen **vor**; verbotswidrige Abreden sind (teil-)nichtig (vgl. STREIFF/VON KAE-
NEL, N 4f. und 9).

Schliesslich sichert Abs. 2 in interessanter Weise die Durchsetzung öffent-   3
lichen Rechts: Soweit eine dem Arbeitgeber oder Arbeitnehmer auferlegte

Pflicht auch Inhalt eines Einzelarbeitsvertrags sein könnte, gibt sie der Gegenpartei einen direkten zivilrechtlichen Anspruch («**Rezeptionsklausel**»). Dazu gehören Verbote von Nacht- und Sonntagsarbeit, gesetzlich vorgeschriebene Zulagen, Schutzmassnahmen und Mindestlöhne, wo letztere allerdings meist für ausländische Beschäftigte vorgeschrieben sind (vgl. BSK OR I-Rehbinder/Portmann, N 5 ff.; Streiff/von Kaenel, N 6 ff.). So hat das Bundesgericht in BGE 129 III 618 ff. Mindestlohnvorschriften gegenüber einem neueren von mehreren aufeinanderfolgenden Arbeitsverträgen durchgesetzt und dabei ebenfalls dem Einwand des Rechtsmissbrauchsverbots weitgehend die Anwendung entzogen (a. a. O., 622).

4   Abs. 2 dieser Bestimmung ist **absolut zwingend** ausgestaltet (Art. 361), Abs. 1 ist dies auf Grund seines Regelungsgehalts selbstverständlich erst recht (Streiff/von Kaenel, Art. 341 N 10).

Art. 343

K.   Zivilrechtspflege

¹ . . .

² Die Kantone haben für Streitigkeiten aus dem Arbeitsverhältnis bis zu einem Streitwert von 30 000 Franken ein einfaches und rasches Verfahren vorzusehen; der Streitwert bemisst sich nach der eingeklagten Forderung, ohne Rücksicht auf Widerklagebegehren.

³ Bei Streitigkeiten im Sinne des vorstehenden Absatzes dürfen den Parteien weder Gebühren noch Auslagen des Gerichts auferlegt werden; jedoch kann bei mutwilliger Prozessführung der Richter gegen die fehlbare Partei Bussen aussprechen und ihr Gebühren und Auslagen des Gerichts ganz oder teilweise auferlegen.

⁴ Bei diesen Streitigkeiten stellt der Richter den Sachverhalt von Amtes wegen fest und würdigt die Beweise nach freiem Ermessen.

1   Art. 343 ist zunächst durch die **Zuständigkeitsbestimmungen von Art. 24 GestG** zu ergänzen, welcher im Wesentlichen neben dem Sitz der beklagten Partei auch den Gerichtsstand des (gewöhnlichen, tatsächlichen) Arbeitsortes eröffnet. Das Bundesrecht hat damit zugleich die innerkantonale Zuständigkeit geregelt (Streiff/von Kaenel, N 2a). Die Gerichtsstände

sind teilzwingend, (vorgängige) Gerichtsstandsvereinbarungen und vorbehaltlose Einlassung seitens des Arbeitnehmers (wohl aber des Arbeitgebers) nicht immer möglich. Zum Teil ergeben sich Koordinationsprobleme
mit anderen Gerichtsstandvorschriften (Art. 12 GestG) und Spezialgesetzen
(Art. 29a FusG). Ebenso können sich Abgrenzungsfragen bezüglich der Zulässigkeit von Schiedsgerichten stellen. Die weiteren Sonderbestimmungen
im GlG und im BBG machen nur deutlich, dass eine klare und durchgrei-
fende Vereinheitlichung des Prozesswesens auf Bundesebene dringlich ist.
Im internationalen Verhältnis sind ausserdem namentlich das **Lugano-
Übereinkommen** und das **IPRG** zu beachten, deren Bestimmungen nicht immer ganz deckungsgleich unter sich und mit den vorgenannten Gesetzen
sind.

Der Begriff der «Streitigkeiten aus dem Arbeitsverhältnis» ist weit auszu-   2
legen, wenn auch nicht jeder irgendwie geartete Zusammenhang genügen
soll: Der eingeklagte Anspruch muss aus dem Arbeitsverhältnis fliessen;
das schliesst Fragen von Bestand und Gültigkeit eines Arbeitsvertrags
oder Ansprüche aus *culpa in contrahendo* ebenso ein wie Verbandsklagen,
Klagen gegen Sozialversicherungsträger oder Klagen unter Arbeitnehmern aus (STREIFF/VON KAENEL, N 2a und 5).

Der Bund schreibt den Kantonen ein **einfaches und rasches Verfahren** für   3
Streitigkeiten bis zu einem Streitwert von **CHF 30 000.–** vor. Der Streitwert
bemisst sich nach der eingeklagten Forderung ohne Rücksicht auf Widerklagebegehren (Abs. 2). Allerdings hat der Bundesgesetzgeber nicht selbst
festgelegt, was er unter einem solchen Verfahren versteht, so dass die Kantone dies selbst zu regeln hatten. Zunächst erlaubt diese Verfahrensart
sicher nicht, **das rechtliche Gehör** einzuschränken oder den Instanzenzug
zu beschränken. Die Kantone haben dabei die Lösung meist darin gesucht,
auf die Friedensrichter zu verzichten, spezielle Arbeitsgerichte einzurich-
ten (wobei sich der Kanton Zürich z. B. den unverständlichen Luxus inner-
kantonaler Unterschiede je nach Bezirken leistet!), das mündliche Verfahren zu fördern, bei der Ansetzung von Fristen und Tagfahrten dem
Beschleunigungsgebot besondere Beachtung zu schenken (z. B. durch Wegfall der Gerichtsferien) und in Referentenaudienzen Vergleichslösungen in
ausgeprägtem Masse zu fördern (wobei hier das Recht der Arbeitslosenversicherung bezüglich Einstellung der Taggelder und die oft obligatorische
Beteiligung von subrogierenden Kassen praktische Hindernisse darstellen).

Bei den Verfahren gemäss Abs. 2 dürfen – von Ausnahmefällen abgese-   4
hen – keine Gerichtsgebühren erhoben werden (Abs. 3); bei der Zusprechung von Parteientschädigungen herrschen kantonal verschiedene Auffassungen vor: Jedenfalls kann aus Art. 343 gerade nicht abgeleitet werden,

das Verfahren müsse auch diesbezüglich für den Unterliegenden kostenfrei sei bzw. erfolge auf Staatskosten (vgl. Streiff/von Kaenel, N 9 und 12; BGE 4C.219/2006; 4P.151/2005). Auch ein allfälliges Novenverbot ist nicht bundesrechtswidrig (BGE 4C.395/2005). Verschieden auch die Lösungen bezüglich **anwaltlicher Vertretung**, die ebenfalls nicht gestützt auf eine bundesrechtliche Vorgabe gemäss Art. 343 erfolgen können. Die unentgeltliche Prozessführung ist allerdings grosszügig zu gewähren, bewahrt aber ebenfalls nicht davor, der siegreichen Gegenpartei Anwaltskosten zahlen zu müssen (BGE 4C.390/2005). Auch bei Verfahren bis zur Streitwertgrenze ist deshalb – trotz Kostenlosigkeit – die siegreiche Gegenpartei zu entschädigen (BGE 4C.45/2004), bei Verfahren über der Streitwertgrenze gilt das ohnehin (BGE 4C.68/2005). Ist der vor Bundesgericht erfolgreiche Kläger als Berufungsbeklagter nicht anwaltlich vertreten und stellt er keinen Antrag, erhält er auch keine Parteientschädigung (BGE 4C.230/2005); das gilt auch für Nebenintervenienten (BGE 4C.246/2005). Bei Fragen, die auch mit dem GlG und einem öffentlichrechtlichen Dienstverhältnis zu tun haben, können sich die Kosten- und Entschädigungsfragen besonders komplex zeigen (VGer ZH, PB2005.00049).

5   Der Richter hat den Sachverhalt **von Amtes wegen** festzustellen und **Beweise frei zu würdigen**. Die Untersuchungsmaxime entbindet die Parteien nicht von ihrer Behauptungs- und Beweislast und ihren Mitwirkungspflichten, erlaubt dem Richter aber, Tatsachen zu berücksichtigen, die von keiner Partei behauptet wurden, Beweise von sich aus zu erheben und vor allem in ausgedehnter Weise von seiner richterlichen Fragepflicht Gebrauch zu machen (BGE 130 III 102 ff., 106 f.; Streiff/von Kaenel, N 14).

6   Die Bestimmung ist ihrer Natur nach **zwingend**, was ihre Nichtaufnahme in Art. 361 erklärt (Streiff/von Kaenel, N 16).

Zweiter Abschnitt: Besondere Arbeitsverträge

A. Der Lehrvertrag

Art. 344

Begriff und Entstehung

Begriff

Durch den Lehrvertrag verpflichten sich der Arbeitgeber, die lernende Person für eine bestimmte Berufstätigkeit fachgemäss zu bilden, und die lernende Person, zu diesem Zweck Arbeit im Dienst des Arbeitgebers zu leisten.

Literatur

PORTMANN, Ausgewählte Probleme des Lehrvertragsrechts – Besprechung von BGE 132 III 753, ARV 2007, 79 ff.; DERS., Bindung von Berufssportlern an die ausbildenden Clubs, causa sport 2004, 220 ff.; PORTMANN/BARMETTLER, Das neue Berufsbildungsrecht des Bundes, ARV 2004, 73 ff.

I. Begriff

Der Lehrvertrag ist ein zeitlich befristetes **Ausbildungsverhältnis** mit der Besonderheit, dass er eine bestimmte Berufstätigkeit zum Ziel hat, die lernende Person zum Zwecke ihrer Ausbildung Arbeit leistet und dabei in eine fremde Arbeitsorganisation eingegliedert ist. **1**

Die **Hauptleistungspflicht des Arbeitgebers** ist die **fachgemässe Ausbildung der lernenden Person für einen bestimmten Beruf.** Je nach Vereinbarung kann der Arbeitgeber auch zur Lohnzahlung verpflichtet sein. Entgeltlichkeit wird zwar vermutet, ist aber nicht begriffswesentlich (BSK OR I-PORTMANN, N 13 m.w.Nw.; **a.A.** VISCHER, 291; offen gelassen in BGE 132 III 753, 757). Der Ausschluss eines Entgelts unterliegt der Formvorschrift von Art. 344a Abs. 2 (BGE 132 III 753, 756 f.; s. Art. 344a N 3). **2**

Die Anforderungen an die Ausbildung werden weitgehend durch die öffentlich-rechtlichen Vorschriften über die Berufsbildung bestimmt, namentlich durch das **Berufsbildungsgesetz** (BBG, SR 412.10), die Berufsbildungsverordnung (SR 412.101) und die Bildungsverordnungen (unter SR 412.101.220). Diese legen insb. die Ziele, die Art der Durchführung, die Bildungstypen, die Dauer der Bildung, die Anforderungen an die Berufsfachschulen sowie die Aufsichtskompetenzen fest (VISCHER, 292; ausführlich BSK OR I-PORTMANN, N 1 ff. und PORTMANN/BARMETTLER, passim). Der Lehr- **3** vertrag bildet dabei die **privatrechtliche Grundlage für die Grundbildung** i.S.d. Art.12ff. BBG (Art.14 Abs.1 BBG; BSK OR I-Portmann, N 10). Er unterliegt sowohl den Bestimmungen des OR (Art.344ff.; subsidiär Art.319ff.) als auch – und zu einem wesentlichen Teil – den öffentlich-rechtlichen Vorschriften. Diese haben zum Teil zivilrechtliche Wirkung (Art.342 Abs.2) und gehen den Bestimmungen des OR vor (Art.342 Abs.1 OR, Art.14 Abs.1 BBG).

4   Berufsausbildungen, die ausnahmsweise nicht dem BBG unterstellt sind (s. Art.2 Abs.2 und 3 BBG), können gleichwohl Gegenstand eines Lehrvertrags nach Art.344 sein, wenn sie **systematisch und umfassend** angelegt sind (Portmann/Stöckli, N 839). Man spricht dann vom sog. **freien Lehrverhältnis** (BGE 132 III 753, 755). Auf dieses finden ausschliesslich die Bestimmungen des OR Anwendung.

5   Die **Hauptleistungspflicht der lernenden Person** ist die Arbeitsleistung im Dienste des Arbeitgebers. Letzteres qualifiziert den Lehrvertrag als **Unterart des Einzelarbeitsvertrags.** Anders als bei diesem soll die Arbeit aber in erster Linie der beruflichen Ausbildung der lernenden Person dienen und nicht dem wirtschaftlichen Zweck des Unternehmens (BGE 132 III 753, 755). Gemäss Art.344 besteht die Arbeitspflicht daher nur im Rahmen des Ausbildungszwecks. Sie ist mit anderen Worten gegenständlich auf sog. **Ausbildungsarbeit** beschränkt (dazu BK-Rehbinder, N 17; s. auch Art.345a Abs.4). Aus dem Ausbildungszweck der Arbeitsleistung folgt sodann, dass die lernende Person einen **Anspruch auf tatsächliche Beschäftigung** hat (BSK OR I-Portmann, N 13 m.w.Nw.).

6   Da das Lehrverhältnis ein Arbeitsverhältnis ist, wird die **Lehrzeit an die Dienstjahre angerechnet,** wenn die lernende Person nach Beendigung des Lehrvertrags beim Arbeitgeber angestellt bleibt. Die Vereinbarung einer neuen Probezeit ist daher ausgeschlossen (BGE 129 III 124, 127 m.w.Nw.).

II.   Abgrenzungen

7   Das den Lehrvertrag kennzeichnende Element der umfassenden und systematischen Ausbildung auf eine bestimmte Berufstätigkeit hin fehlt sowohl dem **Praktikum**, das primär dem Sammeln praktischer Berufserfahrung dient, als auch der **Umschulung**, mit der ein Berufswechsel erleichtert werden soll. Die Vorschriften über den Lehrvertrag finden auf diese Ausbildungsverhältnisse deshalb nur sinngemäss Anwendung (BSK OR I-Portmann, N 17f. m.w.Nw.).

8   Ebenfalls kein Lehrvertrag i.S.v. Art.344 ist der **Unterrichtsvertrag.** Durch diesen verpflichtet sich der Unterrichtsgeber, persönlich oder durch seine Lehrkräfte dem Unterrichtnehmer in Räumlichkeiten, die von ihm zur Verfügung gestellt werden, die vertraglich umschriebenen Kenntnisse und Fä-

higkeiten zu vermitteln und ihm dauernd oder vorübergehend das Unterrichtsmaterial zu überlassen (BGE 132 III 753, 755 m. w. Nw.). Der Unterrichtsvertrag führt nicht zu einer Eingliederung in eine fremde Arbeitsorganisation, so dass das Arbeitsvertragsrecht nicht anwendbar ist (PORTMANN/STÖCKLI, N 853).

Art. 344*a*

Entstehung und Inhalt

¹ Der Lehrvertrag bedarf zu seiner Gültigkeit der schriftlichen Form.

² Der Vertrag hat die Art und die Dauer der beruflichen Bildung, den Lohn, die Probezeit, die Arbeitszeit und die Ferien zu regeln.

³ Die Probezeit darf nicht weniger als einen Monat und nicht mehr als drei Monate betragen. Haben die Vertragsparteien im Lehrvertrag keine Probezeit festgelegt, so gilt eine Probezeit von drei Monaten.

⁴ Die Probezeit kann vor ihrem Ablauf durch Abrede der Parteien und unter Zustimmung der kantonalen Behörde ausnahmsweise bis auf sechs Monate verlängert werden.

⁵ Der Vertrag kann weitere Bestimmungen enthalten, wie namentlich über die Beschaffung von Berufswerkzeugen, Beiträge an Unterkunft und Verpflegung, Übernahme von Versicherungsprämien oder andere Leistungen der Vertragsparteien.

⁶ Abreden, die die lernende Person im freien Entschluss über die berufliche Tätigkeit nach beendigter Lehre beeinträchtigen, sind nichtig.

I. Allgemeines

Die Bestimmung enthält besondere, von den Art. 319 ff. abweichende Vorschriften über die Entstehung und den Inhalt des Lehrvertrags. Im Geltungsbereich des Berufsbildungsgesetzes ist sie zusammen mit Art. 14 BBG und Art. 8 BBV zu lesen. Zudem verpflichtet Art. 8 Abs. 6 BBV die Parteien, ein von den Kantonen zur Verfügung gestelltes **Vertragsformular** zu verwenden (abrufbar unter http://lv.dbk.ch/de/main_LVform.php). 1

II. Form und Mindestinhalt (Abs. 1 und 2)

2   Der Lehrvertrag wird zwischen dem Arbeitgeber und der lernenden Person abgeschlossen. Schliesst sich der Arbeitgeber mit anderen Betrieben zu einem Lehrbetriebsverbund gemäss Art. 6 lit. c. BBV zusammen, so ist der Leitbetrieb oder die Leitorganisation Vertragspartei (Art. 8 Abs. 2 und 14 Abs. 2 BBV).

3   Zu seiner Gültigkeit bedarf der Lehrvertrag der **Schriftform** (Abs. 1). Ist die lernende Person unmündig oder entmündigt, so ist ebenfalls die Unterschrift des Inhabers der elterlichen Gewalt bzw. des Vormunds erforderlich (Art. 19 Abs. 1, 304 Abs. 3, 305 Abs. 1, 410 Abs. 1 und 421 Ziff. 12 ZGB; dazu STREIFF/VON KAENEL, N 9).

4   Abs. 2 legt fest, welche Punkte in der Vertragsurkunde mindestens geregelt sein müssen. Es sind dies die Art und die Dauer der beruflichen Bildung, der Lohn, die Probezeit, die Arbeitszeit und die Ferien. Weitere Abreden, namentlich diejenigen gemäss Abs. 5, sind nur formbedürftig, wenn sie subjektiv wesentlich sind (STREIFF/VON KAENEL, N 2; BSK OR I-PORTMANN, N 5; a. A. TC VD, JAR 1997, 253). In der Regel ist der Vertragsinhalt durch die einschlägige Bildungsverordnung vorgegeben und steht den Parteien nicht zur Disposition.

5   Bei **Nichteinhaltung des Schriftformerfordernisses** ist der Lehrvertrag ungültig (Abs. 1). Nach BGE 132 III 753, 756 f. gilt dies für alle der in Abs. 2 genannten Vertragspunkte. Dies ist jedoch abzulehnen, soweit das Gesetz Ersatzregeln bereithält (ausführlich PORTMANN, ARV 2007, 82 ff. m. w. Nw.). Die h. L. beschränkt die Nichtigkeitsfolge daher auf den Fall, dass Art und Dauer der beruflichen Bildung oder subjektive wesentliche Vertragspunkte nicht schriftlich vereinbart sind (BSK OR I-PORTMANN, N 5; ZK-STAEHELIN, N 1). Die **Nichtigkeit** wirkt nur **ex nunc** (Art. 320 Abs. 3 i. V. m. Art. 355; BGE 132 III 753, 757).

6   Gemäss Art. 14 Abs. 6 BBG unterliegt das Lehrverhältnis auch dann den Vorschriften des Berufsbildungsgesetzes, wenn kein (formgültiger) Lehrvertrag abgeschlossen wird. Die unter einem ungültigen Lehrvertrag verbrachte Lehrzeit ist berufsbildungsrechtlich daher anrechenbar (STREIFF/VON KAENEL, N 2; BSK OR I-PORTMANN, N 7).

7   Nach Art. 14 Abs. 3 BBG bedarf der Lehrvertrag sodann der **Genehmigung** durch die kantonale Behörde. Die Genehmigung wirkt jedoch bloss **deklaratorisch** (Art. 14 Abs. 6 BBG; BSK OR I-PORTMANN, N 10).

III. Probezeit (Abs. 3 und 4)

Abs. 3 bestimmt, dass die Probezeit nicht weniger als einen Monat und **8** nicht mehr als drei Monate betragen darf (zur Kündigungsfrist s. Art. 346 Abs. 1). Beim Lehrvertrag ist damit, anders als beim Einzelarbeitsvertrag (s. Art. 335b Abs. 2), eine **Probezeit zwingend**, weil sich die Parteien auf lange Zeit fest binden (BK-REHBINDER, Art. 346 N 1). Fehlt eine besondere Vereinbarung, so gilt eine Probezeit von drei Monaten. Die Parteien können unter Zustimmung der kantonalen Behörde vor Ablauf der Probezeit vereinbaren, dass diese bis auf sechs Monate verlängert wird (Abs. 4).

Die Probezeit beginnt mit dem Antritt der Grundbildung unter dem entspre- **9** chenden Lehrvertrag (Art. 8 Abs. 3 BBV). Für ihre Dauer werden **Arbeitsverhinderungen** der lernenden Person infolge Krankheit, Unfall oder gesetzlicher Pflicht nicht mitgezählt (Art. 335b Abs. 3 i. V. m. Art. 355; BK-REHBINDER, N 7).

IV. Weiterer Vertragsinhalt (Abs. 5)

Abs. 5 hält fest, dass der Lehrvertrag weitere Bestimmungen als die in **10** Abs. 2 genannten enthalten kann. Die Bestimmung hat bloss deklaratorischen Charakter und dient lediglich dazu, die Parteien zur Vollständigkeit ihrer schriftlichen Abmachungen zu ermahnen (BK-REHBINDER, N 12).

V. Recht auf freie Berufsausübung (Abs. 6)

Abs. 6 erklärt Abreden für nichtig, die die lernende Person im freien Ent- **11** schluss über die berufliche Tätigkeit nach beendigter Lehre beeinträchtigen. Erfasst sind nur Verpflichtungen der lernenden Person gegenüber dem Arbeitgeber, nicht hingegen Verpflichtungen gegenüber Dritten (STREIFF/VON KAENEL, N 8 m. w. Nw.). Das Verbot gilt nicht nur vor und bei Abschluss des Lehrvertrags, sondern auch während der Lehrzeit (STREIFF/VON KAENEL, N 8 m. w. Nw.; einschränkender VISCHER, 294).

Die lernende Person kann sich daher nicht gültig zu einer **Weiterarbeit im** **12** **Betrieb nach Lehrabschluss** verpflichten. Dies gilt auch, wenn eine solche Verpflichtung in den Statuten der juristischen Person, deren Mitglied die lernende Person ist, enthalten ist (PORTMANN, causa sport, 220, 225 ff.). Ebenso wenig kann die Ausbildung von einer solchen Weiterarbeit abhängig gemacht werden (BK-REHBINDER, N 13). Hingegen steht Abs. 6 einer einseitigen Zusicherung der Weiterbeschäftigung seitens des Arbeitgebers nicht entgegen, da die Bestimmung nur relativ zwingend ist (Art. 362). Die Vereinbarung eines nachvertraglichen **Konkurrenzverbots** mit einer lernenden Person ist stets unwirksam (ZK-STAEHELIN, N 6; BK-REHBINDER, N 13; STREIFF/VON KAENEL, N 8).

Art. 345

[1] Die lernende Person hat alles zu tun, um das Lehrziel zu erreichen.

[2] Die gesetzliche Vertretung der lernenden Person hat den Lehrmeister in der Erfüllung seiner Aufgabe nach Kräften zu unterstützen und das gute Einvernehmen zwischen dem Arbeitgeber und der lernenden Person zu fördern.

1 Die Bestimmung sieht besondere, auf einen erfolgreichen Lehrabschluss gerichtete Pflichten der lernenden Person und ihres gesetzlichen Vertreters vor. Die lernende Person unterliegt zudem den allgemeinen Pflichten des Arbeitnehmers gemäss Art. 321 ff.

2 Gemäss Abs. 1 muss die lernende Person **alles tun, um das Lehrziel zu erreichen**, d. h. die Grundausbildung erfolgreich abzuschliessen. Dazu gehören der Einsatz im Betrieb, der regelmässige Schulbesuch, der Besuch allfälliger weiterer notwendiger Kurse (s. Art. 22 Abs. 2 und 3 BBG) sowie das Ablegen der erforderlichen Prüfungen (STREIFF/VON KAENEL, N 2).

3 Abs. 2 begründet sodann eine **Mitwirkungspflicht des gesetzlichen Vertreters** der lernenden Person. Dieser hat den Arbeitgeber bei der Erfüllung seiner Aufgaben zu unterstützen und das gute Einvernehmen zwischen Arbeitgeber und der lernenden Person zu fördern. Dazu gehört namentlich, dass er sich regelmässig beim Arbeitgeber über die Leistungen und das Verhalten der lernenden Person erkundigt (Botschaft, BBl 1962 II 913) und motivierend auf die lernende Person einwirkt (HANDKOMM-EGLI, N 3). Die Mitwirkungspflicht besteht nur gegenüber dem Arbeitgeber, nicht aber gegenüber der Berufsfachschule (STREIFF/VON KAENEL, N 3; BSK OR I-PORTMANN, N 6). Ob eine Verletzung dieser Pflicht ein wichtiger Grund bilden kann, der den Arbeitgeber zur vorzeitigen Auflösung des Lehrvertrags berechtigt, ist strittig (bejahend STREIFF/VON KAENEL, N 3; ZK-STAEHELIN, N 5; **a. A.** BK-REHBINDER, N 3; VISCHER, 295).

4 Art. 345 ist **dispositiver Natur**.

Art. 345*a*

Besondere Pflichten des Arbeitgebers

¹ Der Arbeitgeber hat dafür zu sorgen, dass die Berufslehre unter der Verantwortung einer Fachkraft steht, welche die dafür nötigen beruflichen Fähigkeiten und persönlichen Eigenschaften besitzt.

² Er hat der lernenden Person ohne Lohnabzug die Zeit freizugeben, die für den Besuch der Berufsfachschule und der überbetrieblichen Kurse und für die Teilnahme an den Lehrabschlussprüfungen erforderlich ist.

³ Er hat der lernenden Person bis zum vollendeten 20. Altersjahr für jedes Lehrjahr wenigstens fünf Wochen Ferien zu gewähren.

⁴ Er darf die lernende Person zu anderen als beruflichen Arbeiten und zu Akkordlohnarbeiten nur so weit einsetzen, als solche Arbeiten mit dem zu erlernenden Beruf in Zusammenhang stehen und die Bildung nicht beeinträchtigt wird.

Die Bestimmung sieht in den Abs. 1 bis 3 **besondere Pflichten des Arbeitgebers** im Lehrverhältnis vor und beschränkt in Abs. 4 dessen Weisungsrecht mit Bezug auf den Einsatz der lernenden Person. Regelungsziel ist der **erfolgreiche Lehrabschluss**. Die allgemeinen Pflichten des Arbeitgebers im Einzelarbeitsvertrag (Art. 322 bis 330b) sind subsidiär anwendbar (Art. 355). Sodann sind die einschlägigen Vorschriften des öffentlichen Rechts zu beachten, namentlich die Sonderschutzvorschriften für jugendliche Arbeitnehmer (Art. 29 ff. ArG) und die Bestimmungen des Berufsbildungsgesetzes und der entsprechenden Berufsbildungsverordnung.   1

Abs. 1 konkretisiert die Ausbildungspflicht des Arbeitgebers (Art. 344). Der Arbeitgeber hat diese nicht persönlich zu erfüllen. Er muss aber sicherstellen, dass die Berufslehre unter der Verantwortung einer **Fachkraft** steht, welche die dafür nötigen beruflichen Fähigkeiten und persönlichen Eigenschaften besitzt. Das Berufsbildungsgesetz und die Berufsbildungsverordnung legen dabei die Mindestanforderungen fest, welche die Fachkraft (in der Terminologie des BBG «Berufsbildner») zu erfüllen hat (Art. 45 BBG, Art. 40 ff. BBV). Bei Verletzung dieser Pflicht ist die lernende Person berechtigt, das Lehrverhältnis fristlos aufzulösen (Art. 346 Abs. 2 lit. a). Zudem haftet der Arbeitgeber wegen mangelhafter Ausbildung auf Schadenersatz, wenn der Lehrabschluss nicht gelingt oder die Ausbildung sich verlängert (KGer ZG, SJZ 1976, 149).   2

3   Gemäss Abs. 2 ist der lernenden Person für den Besuch der **Berufsfach-schule** (s. Art. 21 BBG) und der **überbetrieblichen Kurse** (s. Art. 23 BBG) sowie für die Teilnahme an den **Lehrabschlussprüfungen** die notwendige **freie Zeit** einzuräumen, und zwar **ohne Lohnabzug**. Gleiches gilt unter den entsprechenden Voraussetzungen für die Teilnahme nach Frei- und Stütz-kursen (Art. 22 Abs. 3 und 4 BBG).

4   Der **Ferienanspruch** der lernenden Person bis zum vollendeten 20. Alters-jahr beträgt pro Lehrjahr **fünf Wochen**. Abs. 3 wiederholt diesbezüglich, was bereits Art. 329a Abs. 1 bestimmt. Nach vollendetem 20. Altersjahr re-duziert sich der Ferienanspruch auf vier Wochen (Art. 329a Abs. 1). Im Üb-rigen gelten die Art. 329b bis 329d, wobei der Zeitpunkt der Ferien mit den Ferien der Berufsfachschule zu koordinieren ist (BK-Rehbinder, N 15).

5   Abs. 4 beschränkt den Arbeitgeber in der **Zuweisung von Arbeit** an die ler-nende Person. Grundsätzlich ist ihr **Berufsarbeit** zuzuweisen. Ausnahms-weise darf sie aber auch für andere Arbeiten und Akkordlohnarbeiten ein-gesetzt werden, jedoch nur so weit, als solche Arbeiten mit dem zu erlernenden Beruf in Zusammenhang stehen und die Ausbildung nicht be-einträchtigt wird. Die Abgrenzung zwischen Berufsarbeit und Nicht-Berufs-arbeit, die im Zusammenhang mit Berufsarbeit steht, ist freilich schwierig.

6   Art. 345a ist **relativ zwingend** (Art. 362).

Art. 346

III.   **Beendigung**
1.   **Vorzeitige Auflösung**

[1] Das Lehrverhältnis kann während der Probezeit je-derzeit mit einer Kündigungsfrist von sieben Tagen gekündigt werden.

[2] Aus wichtigen Gründen im Sinne von Artikel 337 kann das Lehrverhältnis namentlich fristlos auf-gelöst werden, wenn

    a. der für die Bildung verantwortlichen Fachkraft die erforderlichen beruflichen Fähigkeiten oder persönlichen Eigenschaften zur Bildung der ler-nenden Person fehlen;

b. die lernende Person nicht über die für die Bildung unentbehrlichen körperlichen oder geistigen Anlagen verfügt oder gesundheitlich oder sittlich gefährdet ist; die lernende Person und gegebenenfalls deren gesetzliche Vertretung sind vorgängig anzuhören;

c. die Bildung nicht oder nur unter wesentlich veränderten Verhältnissen zu Ende geführt werden kann.

Die Bestimmung regelt die einseitige **vorzeitige Auflösung** des Lehrvertrags.　1

Während der Probezeit (dazu Art. 344a Abs. 3 und 4) kann das Lehrverhältnis mit einer **Kündigungsfrist von sieben Tagen** auf jeden beliebigen Zeitpunkt gekündigt werden.　2

Nach Ablauf der Probezeit ist der Lehrvertrag nur noch **aus wichtigem Grund** i. S. v. Art. 337 Abs. 2 kündbar. Nach dem Gesetzeswortlaut erfolgt die Kündigung **fristlos**, es kann aber auch eine **Sozialfrist** gewährt werden (OGer BE, JAR 2005, 361 – eine Woche; TC FR, JAR 1999, 346 – 1 Monat).　3

Für die Anforderungen an den wichtigen Grund und die Ausübung des Kündigungsrechts gelten grundsätzlich die allgemeinen Regeln von Art. 337 (s. dort). Entsprechend dem Ausbildungszweck des Lehrvertrags gilt als wichtiger Grund namentlich jeder Umstand, der die erfolgreiche Ausbildung der lernenden Person als erheblich gefährdet oder unmöglich erscheinen lässt, so dass der betroffenen Partei die Weiterführung des Lehrverhältnisses nicht mehr zugemutet werden kann (s. OGer LU, JAR 2001, 353). In Art. 346 Abs. 2 wird dieser Grundsatz für den Lehrvertrag konkretisiert, indem exemplarisch die folgenden Umstände als für den Lehrvertrag **typische wichtige Gründe** genannt werden:　4

– **auf Seiten des Arbeitgebers** das Fehlen der notwendigen Fähigkeiten und Eigenschaften der für die Bildung verantwortlichen Fachkraft (lit. a);

– **auf Seiten der lernenden Person** das Fehlen der körperlichen oder geistigen Voraussetzungen oder ihre gesundheitliche oder sittliche Gefährdung, wobei die lernende Person und gegebenenfalls ihr gesetzlicher Vertreter vorgängig anzuhören sind (lit. b);

– schliesslich als **objektiver Grund** der Fall, dass die Ausbildung nicht oder nur unter wesentlich veränderten Verhältnissen zu Ende geführt werden kann (lit. c).

Die Rechtsprechung stellt für die Beurteilung, ob ein wichtiger Grund vorliegt, massgeblich auf den Umstand ab, dass das Lehrverhältnis in erster Linie im Interesse der lernenden Person eingegangen wird. Eine vorzeitige　5

Vertragsauflösung durch die **lernende Person** wird beispielsweise bereits dann gebilligt, wenn an der Lehrstelle eine gespannte, der optimalen Ausbildung und dem Bestehen der Abschlussprüfung abträgliche Atmosphäre herrscht (OGer LU, JAR 2001, 353). Für den **Arbeitgeber** wird demgegenüber ein strengerer Massstab angelegt. Verhaltensschwierigkeiten der lernenden Person im jugendlichen Alter muss er hinnehmen (CAPH GE, JAR 1998, 262 und JAR 2000, 257; OGer BE, JAR 2005, 361). Bei fehlender Motivation, mangelhafter Arbeitsleistung oder provokativem Verhalten ist eine fristlose Kündigung erst zulässig, nachdem die lernende Person hinreichend verwarnt und ihr die Kündigung angedroht wurde und dennoch keine Besserung eingetreten ist (BGer 4C.370/2004, E. 2.2.3 ff.; weitere Kasuistik bei Streiff/von Kaenel, N 5). Wenn allerdings sichere Anzeichen bestehen, dass die lernende Person die Lehrabschlussprüfung nicht bestehen kann, so ist der Arbeitgeber zur Auflösung des Lehrvertrages nicht nur berechtigt, sondern sogar verpflichtet (BGer 4C.370/2004, E. 2.1).

6   Ist die lernende Person unmündig oder entmündigt, so kann sie nur mit Zustimmung ihres gesetzlichen Vertreters rechtswirksam kündigen; wird ihr gekündigt, so ist die Kündigung auch ihrem gesetzlichen Vertreter zuzustellen (Vischer, 296 m. w. Nw.).

7   Die **Rechtsfolgen** einer ungerechtfertigten fristlosen Kündigung bestimmen sich nach Art. 337c und Art. 337d (ausführlich BSK OR I-Portmann, N 8 f. m. w. Nw.; zu möglichen Schadensposten der lernenden Person s. auch OGer BE, JAR 2005, 356, 366 f.).

8   Wird der Lehrvertrag aufgelöst, so hat der Arbeitgeber umgehend die **kantonale Behörde** und gegebenenfalls die **Berufsfachschule zu benachrichtigen** (Art. 14 Abs. 4 BBG). Dies ist jedoch kein Gültigkeitserfordernis für die Kündigung (OG BE, JAR 2005, 356, 361; TC FR, JAR 1999, 343).

9   Im Übrigen kann der Lehrvertrag aus den gleichen Gründen wie der Einzelarbeitsvertrag vorzeitig enden: Aufhebungsvertrag (Art. 115 analog), Aufhebung ex nunc wegen Ungültigkeit (Art. 320 Abs. 3) und Tod einer Vertragspartei (Art. 338 f.). Als Besonderheit ist die Aufhebung durch den Kanton nach Art. 24 Abs. 5 lit. b BBG zu erwähnen.

10   Art. 346 ist **absolut zwingend** (Art. 361).

Art. 346*a*

Lehrzeugnis

[1] Nach Beendigung der Berufslehre hat der Arbeitgeber der lernenden Person ein Zeugnis auszustellen, das die erforderlichen Angaben über die erlernte Berufstätigkeit und die Dauer der Berufslehre enthält.

[2] Auf Verlangen der lernenden Person oder deren gesetzlichen Vertretung hat sich das Zeugnis auch über die Fähigkeiten, die Leistungen und das Verhalten der lernenden Person auszusprechen.

Art. 346a verpflichtet den Arbeitgeber, nach Beendigung der Lehre der lernenden Person ein **Lehrzeugnis** auszustellen. Anders als bei Art. 330a hat der Arbeitgeber dieser Pflicht von sich aus nachzukommen und nicht erst auf Verlangen der lernenden Person. Da sich die lernende Person bereits vor der Beendigung der Lehre auf die Stellensuche begibt, ist sie nach der h. L. berechtigt, bereits kurz vor dem Lehrende ein Lehrzeugnis zu verlangen (STREIFF/VON KAENEL, N 3).   1

Im Gegensatz zu Art. 330a ist das Lehrzeugnis grundsätzlich nur eine **Lehrbestätigung**. Die lernende Person oder ihr gesetzlicher Vertreter kann jedoch ein **Vollzeugnis verlangen**, das sich auch über Fähigkeiten, Leistungen und Verhalten der lernenden Person ausspricht.   2

Im Übrigen finden die **Regeln über das Arbeitszeugnis** (s. Art. 330a) auf das Lehrzeugnis entsprechend Anwendung.   3

Nebst dem Lehrzeugnis erhält die lernende Person nach Abschluss einer zweijährigen Grundausbildung ein **eidgenössisches Berufsattest** oder nach Abschluss einer drei- bis vierjährigen Grundausbildung ein **eidgenössisches Fähigkeitszeugnis** (Art. 17 Abs. 2 und 3 BBG).   4

Art. 346a ist **relativ zwingend** (Art. 362).   5

B. Der Handelsreisendenvertrag

Art. 347

[1] **Durch den Handelsreisendenvertrag verpflichtet sich der Handelsreisende, auf Rechnung des Inhabers eines Handels-, Fabrikations- oder andern nach kaufmännischer Art geführten Geschäftes gegen Lohn Geschäfte jeder Art ausserhalb der Geschäftsräume des Arbeitgebers zu vermitteln oder abzuschliessen.**

[2] **Nicht als Handelsreisender gilt der Arbeitnehmer, der nicht vorwiegend eine Reisetätigkeit ausübt oder nur gelegentlich oder vorübergehend für den Arbeitgeber tätig ist, sowie der Reisende, der Geschäfte auf eigene Rechnung abschliesst.**

Literatur

HIRT, Zum Begriff des Handelsreisendenvertrags, ArbR 1991, 63 ff.;

I. Begriff und Abgrenzungen

1   **Handelsreisender** i. S. v. Art. 347 ist, wer sich als Arbeitnehmer gegen Lohn dazu verpflichtet, auf Rechnung des Inhabers eines Handels-, Fabrikations- oder anderen nach kaufmännischer Arbeit geführten Geschäfts ausserhalb der Geschäftsräume des Arbeitgebers Geschäfte jeder Art zu vermitteln oder abzuschliessen.

2   Die folgenden **Merkmale** kennzeichnen den Handelsreisendenvertrag (zum Ganzen ZK-STAEHELIN, N 3 ff.; BK-REHBINDER, N 2 ff.; STREIFF/VON KAENEL, N 2 f.; VISCHER, 298 f.; HIRT, 64 ff.):
    – **Art der Tätigkeit**: Diese besteht in der Vermittlung oder im Abschluss von Geschäften jeder Art, allerdings nur im Absatzbereich und nicht im Einkauf. Wer bloss im Vorfeld hierzu tätig wird (Werbung, Demonstration oder Schulung), ist nicht Handelsreisender, ebenfalls nicht, wer die abgeschlossenen Geschäfte auch erfüllt (Direktverkauf).
    – **Ort der Tätigkeit**: Der Handelsreisende verbringt seine Arbeitszeit überwiegend, d. h. zur mehr als der Hälfte, auf Reisen und nicht an einem stationären Arbeitsplatz, sei dieser im Betrieb des Arbeitgebers oder – wie beim Personalverleih – eines Dritten.
    – **Dauer der Tätigkeit**: Eine bloss gelegentliche und vorübergehende Tä-

tigkeit fällt nicht unter die Bestimmungen über den Handelsreisendenvertrag (Abs. 2). Unter gelegentlicher Tätigkeit versteht das Gesetz freiwillige sporadische Einsätze; mangels Arbeitspflicht liegt kein Arbeitsverhältnis vor. Eine bloss vorübergehende Tätigkeit ist nur dann anzunehmen, wenn dies schon bei Vertragsschluss vereinbart wurde.
– **Tätigkeit auf fremde Rechnung und in fremdem Namen.**
– **Tätigkeit für ein kaufmännisches Unternehmen:** Der Handelsreisende
muss für den Inhaber eines Handels-, Fabrikations- oder anderen nach
kaufmännischer Art geführten Geschäfts tätig werden. Nach dem Gesetzeswortlaut muss der Geschäftsherr diese Eigenschaft erfüllen und
nicht der Arbeitgeber, bzw. der Arbeitgeber nur dann, wenn er mit dem
Geschäftsherrn identisch ist.

Keine Handelsreisenden sind damit namentlich Arbeitnehmer, die (i) über-   3
wiegend im Innendienst tätig sind, (ii) sich bei Vertragsschluss nur für eine
einzelne, klar umrissene Aufgabe verpflichtet haben, (iii) Geschäfte auf eigene Rechnung und/oder in eigenem Namen abschliessen, (iv) Einkaufsge-
schäfte mit Lieferanten besorgen sowie (v) Hausierer (vgl. BSK OR I-Portmann, N 3).

Häufig schwierig ist die Abgrenzung des Handelsreisenden vom **Agenten**,   4
da beide eine wirtschaftlich praktisch identische Tätigkeit ausüben. Das entscheidende Abgrenzungskriterium ist das Mass der Selbstständigkeit des
Dienstleistenden und das Vorliegen eines **Subordinationsverhältnisses**, d. h.
in welchem Ausmass die eine Vertragspartei der anderen Weisungen erteilt
und in welchem Ausmass die Arbeitsorganisation fremdbestimmt ist (ausführlich dazu BGE 129 III 664, 667 f. und BGer 4C.276/2006, E. 4.1 ff.; ZK-
Staehelin, N 10; Streiff/von Kaenel, N 3).

II. Anwendbare Bestimmungen

Das Gesetz stellt in den Art. 347a ff. Sondervorschriften für den Handelsrei-   5
sendenvertrag auf. Ergänzend finden die Art. 319 ff. Anwendung (Art. 355).

Handelsreisende, die nicht nur Unternehmen oder Kaufleute besuchen, son-   6
dern auch (oder nur) Konsumenten Waren oder Dienstleistungen anbieten,
unterstehen ausserdem dem Bundesgesetz vom 23. März 2001 über das Gewerbe der Reisenden (**Reisendengewerbegesetz, SR 943.1**). Dieses gewährleistet, dass die Reisenden ihr Gewerbe im ganzen Gebiet der Schweiz ausüben können, und legt zum Schutze des Publikums Mindestanforderungen
für die Ausübung des Reisendengewerbes fest (Art. 1 Abs. 2 RGG).

Das **Arbeitsgesetz** findet auf den Handelsreisenden keine Anwendung (Art. 3   7
lit. g ArG).

Art. 347*a*

2. **Entstehung** **und Inhalt**	

¹ Das Arbeitsverhältnis ist durch schriftlichen Vertrag zu regeln, der namentlich Bestimmungen enthalten soll über

   a. die Dauer und Beendigung des Arbeitsverhältnisses,

   b. die Vollmachten des Handelsreisenden,

   c. das Entgelt und den Auslagenersatz,

   d. das anwendbare Recht und den Gerichtsstand, sofern eine Vertragspartei ihren Wohnsitz im Ausland hat.

² Soweit das Arbeitsverhältnis nicht durch schriftlichen Vertrag geregelt ist, wird der im vorstehenden Absatz umschriebene Inhalt durch die gesetzlichen Vorschriften und durch die üblichen Arbeitsbedingungen bestimmt.

³ Die mündliche Abrede gilt nur für die Festsetzung des Beginns der Arbeitsleistung, der Art und des Gebietes der Reisetätigkeit sowie für weitere Bestimmungen, die mit den gesetzlichen Vorschriften und dem schriftlichen Vertrag nicht in Widerspruch stehen.

1 Die Bestimmung enthält besondere, von den Art. 319 ff. abweichende Vorschriften über die Entstehung und den Inhalt des Handelsreisendenvertrags.

2 Im Interesse beider Parteien schreibt **Abs. 1** vor, dass das Handelsreisendenverhältnis durch **schriftlichen Vertrag** zu regeln ist. In der Vertragsurkunde sollen namentlich die Dauer und Beendigung des Arbeitsverhältnisses, die Vollmachten des Handelsreisenden, das Entgelt und der Auslagenersatz geregelt sein, ferner das anwendbare Recht und der Gerichtsstand, wenn eine Vertragspartei im Ausland Wohnsitz hat.

3 Bei **Nichtbeachtung der Schriftform** ist der **Vertrag dennoch gültig**. Der in Abs. 1 umschriebene Vertragsinhalt wird dabei durch die gesetzlichen Vorschriften und durch die üblichen Arbeitsbedingungen bestimmt (Abs. 2; BGE 131 III 439 ff. betr. Entgelt und Auslagenersatz).

4 **Mündliche Abreden** gelten nur für die Festsetzung des Beginns des Arbeitsverhältnisses, der Art und des Gebiets der Reisetätigkeit sowie für andere Regelungen, die mit den gesetzlichen Vorschriften und dem schrift-

lichen Vertrag nicht in Widerspruch stehen. Zu den gesetzlichen Vorschriften, bezüglich denen eine mündliche Abrede unwirksam ist, gehören
sämtliche geschriebenen und ungeschriebenen Bestimmungen des OR,
einschliesslich die dispositiven (STREIFF/VON KAENEL, N 6 m. w. Nw.). Die
Berufung auf den Formmangel einer bloss mündlichen Abrede kann
rechtsmissbräuchlich sein, wenn dieser trotz des Formmangels während
längerer Zeit vorbehaltlos nachgelebt wurde (BGE 116 II 700, 701 ff. –
mündliche Provisionsabrede).

Art. 348

Pflichten und Vollmachten des Handelsreisenden

Besondere Pflichten

[1] Der Handelsreisende hat die Kundschaft in der ihm
vorgeschriebenen Weise zu besuchen, sofern nicht
ein begründeter Anlass eine Änderung notwendig
macht; ohne schriftliche Bewilligung des Arbeitgebers darf er weder für eigene Rechnung noch für
Rechnung eines Dritten Geschäfte vermitteln oder
abschliessen.

[2] Ist der Handelsreisende zum Abschluss von Geschäften ermächtigt, so hat er die ihm vorgeschriebenen
Preise und andern Geschäftsbedingungen einzuhalten und muss für Änderungen die Zustimmung des
Arbeitgebers vorbehalten.

[3] Der Handelsreisende hat über seine Reisetätigkeit
regelmässig Bericht zu erstatten, die erhaltenen Bestellungen dem Arbeitgeber sofort zu übermitteln
und ihn von erheblichen Tatsachen, die seinen Kundenkreis betreffen, in Kenntnis zu setzen.

Die Bestimmung legt eine Reihe von Pflichten des Handelsreisenden fest,
die sowohl dessen Arbeitspflicht als auch Nebenpflichten betreffen. Sie konkretisiert damit die allgemeinen Bestimmungen über die Arbeits- und Treuepflicht (Art. 321 ff.), die ergänzend Anwendung finden (Art. 355). 1

Nach **Abs. 1 1. Hs.** hat der Handelsreisende die Kundschaft **in der ihm vorgeschriebenen Weise** zu besuchen, sofern nicht ein begründeter Anlass eine
Änderung notwendig macht. Als **begründeter Anlass** gilt jeder Umstand,
der bei vernünftiger Betrachtungsweise Anlass zur Änderung der Reise-
route bilden kann, wie z.B. lokale Feiertage, Verkehrsunterbrüche oder -er-
schwerungen, Messen und Märkte (Botschaft, BBl 1967 II 410). Liegt ein
solcher vor, so ist der Arbeitnehmer berechtigt, aber auch verpflichtet, sich 2

über die einschlägigen Weisungen des Arbeitgebers hinwegzusetzen und seine Kundenbesuche an die gegebene Situation anzupassen.

3   Der Handelsreisende unterliegt weiter einem **Nebenvertretungsverbot**. Er darf weder für eigene noch für fremde Rechnung Geschäfte vermitteln oder abschliessen, es sei denn, der Arbeitgeber habe die Nebenvertretung **schriftlich bewilligt (Abs. 1 2. Hs.)**. Dieses Verbot will verhindern, dass der Handelsreisende seine Arbeitszeit oder Kundenkontakte anderweitig nutzt. Es erfasst daher **auch nicht-konkurrenzierende Nebenvertretungen** (ZK-STAEHELIN, N 6). Die verlangte Schriftform ist kein Gültigkeitserfordernis, sondern hat nur Beweisfunktion (ZK-STAEHELIN, N 6; a. A. STREIFF/VON KAENEL, N 3).

4   Der Handelsreisende ist ferner verpflichtet, gegenüber den Kunden die **vorgeschriebenen Preise und anderen Geschäftsbedingungen** einzuhalten; für allfällige Änderungen muss er die Zustimmung des Arbeitgebers vorbehalten **(Abs. 2)**. Nach dem Wortlaut der Bestimmung treffen diese Pflichten nur den **Handelsreisenden mit Abschlussvollmacht**. Für den Handelsreisenden mit blosser Vermittlungsvollmacht gilt jedoch Entsprechendes aufgrund von Art. 321d Abs. 2 (BK-REHBINDER, N 6).

5   Schliesslich auferlegt **Abs. 3** dem Handelsreisenden bestimmte **Rapportpflichten**. Zunächst hat er dem Arbeitgeber regelmässig über seine **Reisetätigkeit** zu berichten. Verlangt sind dabei insb. detaillierte Angaben über Zeit, Ort und Dauer der Kundenbesuche (BK-REHBINDER, N 8). Die Modalitäten der Berichterstattung kann der Arbeitgeber bestimmen (Art. 321d Abs. 1). Die beharrliche Verweigerung der ordnungsgemässen Berichterstattung gilt als schwere Pflichtverletzung, die den Arbeitgeber zur fristlosen Kündigung berechtigen kann (BK-REHBINDER, N 8; STREIFF/VON KAENEL, N 5). Weiter ist der Handelsreisende zur **sofortigen Übermittlung erhaltener Bestellungen** an den Arbeitgeber verpflichtet, was praktisch täglich bedeutet (STREIFF/VON KAENEL, N 5). Schliesslich trifft ihn eine Orientierungspflicht über **erhebliche Tatsachen, die seinen Kundenkreis betreffen** (dazu ausführlich BK-REHBINDER, N 9; ZK-STAEHELIN, N 4). Diese beinhaltet jedoch keine Pflicht zur aktiven Informationsbeschaffung jenseits dessen, was zur sorgfältigen Ausführung der Arbeitspflicht erforderlich ist (BK-REHBINDER, N 9).

6   Art. 348 ist **dispositives Recht**.

Art. 348*a*

Delcredere

¹ Abreden, dass der Handelsreisende für die Zahlung oder anderweitige Erfüllung der Verbindlichkeiten der Kunden einzustehen oder die Kosten der Einbringung von Forderungen ganz oder teilweise zu tragen hat, sind nichtig.

² Hat der Handelsreisende Geschäfte mit Privatkunden abzuschliessen, so kann er sich schriftlich verpflichten, beim einzelnen Geschäft für höchstens einen Viertel des Schadens zu haften, der dem Arbeitgeber durch die Nichterfüllung der Verbindlichkeiten der Kunden erwächst, vorausgesetzt dass eine angemessene Delcredere-Provision verabredet wird.

³ Bei Versicherungsverträgen kann sich der reisende Versicherungsvermittler schriftlich verpflichten, höchstens die Hälfte der Kosten der Einbringung von Forderungen zu tragen, wenn eine Prämie oder deren Teile nicht bezahlt werden und er deren Einbringung im Wege der Klage oder Zwangsvollstreckung verlangt.

Die Bestimmung legt fest, in welchem Umfang der Handelsreisende gegenüber dem Arbeitgeber die Haftung für die Erfüllung der Verbindlichkeiten der Kunden übernehmen kann (sog. **Delcredere-Haftung**).   1

Grundsätzlich kann der Handelsreisende **keine Delcredere-Haftung** übernehmen. Dies folgt bereits aus Art. 321e, wonach der Arbeitnehmer zwingend nur bei Verschulden haftet. Folgerichtig, aber an sich überflüssig, erklärt Abs. 1 daher Abreden für nichtig, gemäss denen der Handelsreisende für die Zahlung oder sonstige Erfüllung der Verbindlichkeiten der Kunden einzustehen oder die Kosten der Einbringung von Forderungen ganz oder teilweise übernehmen muss. Darunter fällt auch die Vereinbarung einer Mindestumsatzgarantie (ZK-Staehelin, N 2 m. w. Nw.). Die Nichtigkeitsfolge tritt unabhängig davon ein, wie die Haftungsübernahme rechtlich ausgestaltet ist (z. B. Bürgschaft, Garantie, usw.).   2

Vom Verbot der Delcredere-Haftung statuiert das Gesetz **zwei Ausnahmen**, die allerdings kaum von praktischer Bedeutung sind: 3

Abs. 2 gestattet unter engen Voraussetzungen die Übernahme einer begrenzten Delcredere-Haftung bei **Geschäften mit Konsumenten**. Die Haf-   4 tung ist beim einzelnen Geschäft auf einen Viertel des Schadens begrenzt, der dem Arbeitgeber infolge Nicht- oder nicht rechtzeitiger Erfüllung durch den Kunden erwächst. Die Haftungsübernahme ist nur gültig, wenn sie schriftlich vereinbart ist. Zudem muss schriftlich eine angemessene Delcredere-Provision vereinbart sein und der Handelsreisende muss über eine Abschlussvollmacht verfügen. Ausführlich dazu ZK-Staehelin, N 3 ff. und BK-Rehbinder, N 2 ff.

5   Gemäss **Abs. 3** kann sich bei **Versicherungsverträgen** der Versicherungsvermittler schriftlich dazu verpflichten, höchstens die Hälfte der Einbringungskosten, d. h. der Prozess- und Betreibungskosten, für nicht bezahlte Prämien zu tragen, wenn er die Einbringung auf dem Prozess- oder Betreibungsweg verlangt. Der Versicherungsvermittler kann wegen Art. 322b Abs. 3 mitunter ein Interesse an der Einbringung solcher Forderungen haben. Der Begriff des Versicherungsvermittlers umfasst sowohl den Vermittlungs- als auch den Abschlussvertreter (s. Art. 40 VAG).

6   Art. 348a ist **relativ zwingend** (Streiff/von Kaenel, m. w. Nw.).

Art. 348*b*

3.	Vollmachten

[1] Ist nichts anderes schriftlich verabredet, so ist der Handelsreisende nur ermächtigt, Geschäfte zu vermitteln.

[2] Ist der Handelsreisende zum Abschluss von Geschäften ermächtigt, so erstreckt sich seine Vollmacht auf alle Rechtshandlungen, welche die Ausführung dieser Geschäfte gewöhnlich mit sich bringt; jedoch darf er ohne besondere Ermächtigung Zahlungen von Kunden nicht entgegennehmen und keine Zahlungsfristen bewilligen.

[3] Artikel 34 des Bundesgesetzes vom 2. April 1908 über den Versicherungsvertrag bleibt vorbehalten.

1   Die Bestimmung definiert den Umfang der Vertretungsmacht des Handelsreisenden. Sie bezieht sich in erster Linie auf das **interne Verhältnis** zwischen dem Handelsreisenden und dem Arbeitgeber bzw. dem Geschäftsinhaber, wenn dieser mit dem Arbeitgeber nicht identisch ist (s. Art. 347 N 2). Wegen Art. 33 Abs. 2 ist die Bestimmung aber auch für das Aussenverhältnis relevant.

Mangels anders lautender schriftlicher Abrede ist der Handelsreisende nur   2
zur **Vermittlung**, nicht zum Abschluss von Geschäften und damit nicht zur
direkten Stellvertretung des Arbeitgebers bzw. des Geschäftsinhabers
ermächtigt (Abs. 1). Seine Befugnis beschränkt sich folglich im Wesentlichen auf das Führen von Vertragsverhandlungen. Die h. L. nimmt bei Vermittlungsvollmacht an, der Handelsreisende könne von Kunden Willenserklärungen wie namentlich Mängelrügen, Mahnungen, Fristansetzungen
und Gestaltungserklärungen, mit Wirkung für seinen Arbeitgeber entgegennehmen (BK-REHBINDER, N 3; ZK-STAEHELIN, N 2). Diese Ansicht ist jedoch abzulehnen. Die Passivvertretung unterliegt den Voraussetzungen der
direkten Stellvertretung, die vorliegend nicht erfüllt sind. Auch fehlt im
Handelsreisendenvertragsrecht eine entsprechende Ermächtigung durch
das Gesetz, wie sie etwa Art. 418e Abs. 1 für den Agenturvertrag vorsieht.

Ist schriftlich eine **Abschlussvollmacht** vereinbart, so erstreckt sich diese   3
gemäss Abs. 2 auf alle Rechtshandlungen, welche die Ausführung der Geschäfte gewöhnlich mit sich bringt. Dazu gehören beispielsweise Preisabre-
den, die Gewährung von Rabatten und Skonti, die Vereinbarung von Lieferfristen und die Entgegennahme von Mängelrügen (STREIFF/VON KAENEL,
N 4). Nicht von der Abschlussvollmacht gedeckt ist hingegen die Entgegennahme von Zahlungen (**Inkasso**) und die Bewilligung von Zahlungsfristen
(**Stundung**). Hierfür bedarf es einer **besonderen schriftlichen Ermächtigung**. Ein Gutglaubensschutz des Dritten besteht nicht (Botschaft, BBl 1967
II 411).

Aufgrund des Vorbehalts in **Abs. 3** bestimmt sich im Versicherungsvertrags-   4
recht die **Verantwortlichkeit des Versicherers** gegenüber Kunden für seine
Vermittler allein nach Art. 34 VVG. Diese Verantwortlichkeit ist umfassend;
der Kunde darf davon ausgehen, dass jeder Versicherungsvermittler (zum
Begriff Art. 40 VAG) eine Abschlussvollmacht besitzt (vgl. Botschaft, BBl
2003, 3857).

Art. 348b Abs. 1 und 2 sind **dispositiv**. Abweichende Vereinbarungen bedür-   5
fen zu ihrer Gültigkeit der Schriftform (Art. 347a Abs. 1 lit. b).

Art. 349

III. Besondere Pflichten des Arbeitgebers

1. Tätigkeitskreis

[1] Ist dem Handelsreisenden ein bestimmtes Reisegebiet oder ein bestimmter Kundenkreis zugewiesen und nichts anderes schriftlich verabredet, so gilt er als mit Ausschluss anderer Personen bestellt; jedoch bleibt der Arbeitgeber befugt, mit den Kunden im Gebiet oder Kundenkreis des Handelsreisenden persönlich Geschäfte abzuschliessen.

[2] Der Arbeitgeber kann die vertragliche Bestimmung des Reisegebietes oder Kundenkreises einseitig abändern, wenn ein begründeter Anlass eine Änderung vor Ablauf der Kündigungsfrist notwendig macht; jedoch bleiben diesfalls Entschädigungsansprüche und das Recht des Handelsreisenden zur Auflösung des Arbeitsverhältnisses aus wichtigem Grund vorbehalten.

1   Dem Handelsreisenden kann ein bestimmter **Tätigkeitskreis** zugewiesen werden, der nach geographischen Grenzen (**«Reisegebiet»** oder Rayon), nach Kundengruppen (**«Kundenkreis»**) oder nach einer Kombination von beiden bestimmt wird. Im Falle eines Reisegebiets umfasst dieses alle Kunden, die dort ihren Wohnsitz oder Geschäftsbetrieb haben (ZK-STAEHELIN, N 1). Die Zuweisung kann durch formlose Abrede (Art. 347a Abs. 3) oder einseitig durch den Arbeitgeber erfolgen.

2   Die Zuweisung eines Tätigkeitskreises gewährt dem Handelsreisenden nach der dispositiven Regelung von **Abs. 1** einen **Exklusivitätsanspruch** (a. A. im Falle einseitiger Zuweisung BK-REHBINDER, N 1). Dies bedeutet, dass der Arbeitgeber die entsprechenden Kunden nicht durch andere Personen in selbstständiger oder unselbstständiger Stellung bearbeiten darf. Der Arbeitgeber selbst ist von dieser Beschränkung jedoch ausgenommen, da Kunden mitunter Wert darauf legen, vom «Chef» persönlich bedient zu werden. Falls Arbeitgeber und Geschäftsinhaber nicht identisch sind (s. Art. 347 N 2), gilt dies für letzteren sinngemäss. Bei juristischen Personen entfällt die Beschränkung zumindest für die Mitglieder der Geschäftsleistung (STREIFF/VON KAENEL, N 2 m. w. Nw.). Wirtschaftlich schadet dem Handelsreisenden die Konkurrenz durch seinen Arbeitgeber nicht, da er an dessen direkten Geschäften im Exklusivitätsbereich ebenfalls provisionsberechtigt ist (Art. 349b Abs. 1).

Im Falle einer **Verletzung des Exklusivitätsrechts** kann der Handelsreisende vom Arbeitgeber Schadenersatz verlangen (TC VD, JAR 1994, 253; ZK-STAEHELIN, N 2).   3

Ist ein Tätigkeitskreis vereinbart, so kann dieser grundsätzlich nur in gegenseitigem Einvernehmen oder mittels Änderungskündigung (dazu Art. 335 N 13 ff.) geändert werden. Ausnahmsweise ist der Arbeitgeber jedoch berechtigt, den Tätigkeitskreis einseitig und ohne Einhaltung der Kündigungsfrist zu ändern, wenn dies aus **begründetem Anlass** notwendig ist (Abs. 2). Erforderlich ist ein objektiv vertretbarer Grund wirtschaftlicher oder persönlicher Natur, der bei vernünftiger Betrachtungsweise die Änderung rechtfertigt (ZK-STAEHELIN, N 3 mit Bsp.). Der Arbeitgeber muss dem Handelsreisenden den durch die Änderung verursachten Schaden ersetzen (z. B. Provisionseinbussen bis zum Ablauf der Kündigungsfrist), es sei denn, der Handelsreisende habe die Änderung selbst zu vertreten (ZK-STAEHELIN, N 5 m. w. Nw.). Einschneidende Änderungen können den Handelsreisenden zur **fristlosen Kündigung** berechtigen.   4

Art. 349 ist **dispositiver Natur** (Botschaft, BBl 1967 II 411).   5

Art. 349*a*

Lohn im Allgemeinen

[1] Der Arbeitgeber hat dem Handelsreisenden Lohn zu entrichten, der aus einem festen Gehalt mit oder ohne Provision besteht.

[2] Eine schriftliche Abrede, dass der Lohn ausschliesslich oder vorwiegend in einer Provision bestehen soll, ist gültig, wenn die Provision ein angemessenes Entgelt für die Tätigkeit des Handelsreisenden ergibt.

[3] Für eine Probezeit von höchstens zwei Monaten kann durch schriftliche Abrede der Lohn frei bestimmt werden.

Die Bestimmung statuiert Vorschriften über die Zusammensetzung des Lohns des Handelsreisenden. Sie will diesen damit vor einer übermässigen Überwälzung des Lohnrisikos schützen (BGE 129 III 664, 670).   1

Abs. 1 legt als Grundsatz fest, dass die Entlöhnung des Handelsreisenden aus einem festen Gehalt (**Fixum**) mit oder ohne Provision besteht. Die Entlöhnung ist von den Parteien schriftlich zu fixieren (Art. 347a Abs. 1 lit. c).   2

Solange das feste Gehalt den Hauptteil, also mehr als die Hälfte der Entlöhnung ausmacht, herrscht Vertragsfreiheit. Massgebend für das Verhältnis zwischen festem Gehalt und Provision sind die Erwartungen der Parteien bei Vertragsschluss (STREIFF/VON KAENEL, N 3 m. w. Nw.). Fehlt eine schriftliche Abrede, so ist der übliche Lohn geschuldet. Dieser besteht primär aus einem festen Gehalt, zu dem je nach Übung eine Provision von zweitrangiger Bedeutung hinzukommen kann (ZK-STAEHELIN, N 2).

3   Eine Vereinbarung der Parteien, dass der Lohn **ausschliesslich oder vorwiegend aus einer Provision** bestehen soll, ist nur gültig, wenn sie **schriftlich** getroffen wird und wenn die Provision ein **angemessenes Entgelt** für die Tätigkeit des Handelsreisenden ergibt (Abs. 2). Die Provision ist angemessen, wenn sie dem Handelsreisenden einen Verdienst garantiert, der ihm unter Berücksichtigung seines Arbeitseinsatzes, der Ausbildung, der Dienstjahre, des Alters und der sozialen Verpflichtungen eine anständige Lebensführung ermöglicht, wobei als Richtlinie auch zu berücksichtigen ist, was in der Branche üblich ist (BGE 129 III 664, 670 m. w. Nw.). Die Beweislast für die Unangemessenheit trägt der Handelsreisende (ZK-STAEHELIN, N 7). Erachten die Parteien übereinstimmend einen bestimmten Betrag als angemessen, so ist dieser massgebend (BGer 4C.17/2005, E. 2.2). Der Anspruch auf ein angemessenes Entgelt entfällt allerdings für Zeiten, in denen der Handelsreisende pflichtwidrig seinen Arbeitseinsatz erheblich reduziert (BGer 4C.17/2005, E. 3).

4   Sind die Voraussetzungen der Schriftform und der angemessenen Entlöhnung gemäss Abs. 2 nicht erfüllt, ist der orts- und branchenübliche Lohn geschuldet. Dieser ist vom Gericht im Einklang mit Abs. 1 festzusetzen (**a. A.** VISCHER, 302 und BSK OR I-PORTMANN, N 3).

5   In der **Probezeit**, dort aber nur während maximal zweier Monate, kann der Lohn durch schriftliche Abrede frei bestimmt werden (Abs. 3; OGer LU, JAR 1999, 346). Für diese begrenzte Zeitdauer kann also auch eine Provision vereinbart werden, die kein angemessenes Entgelt ergibt.

Art. 349*b*

b.   Provision   ¹ Ist dem Handelsreisenden ein bestimmtes Reisegebiet oder ein bestimmter Kundenkreis ausschliesslich zugewiesen, so ist ihm die verabredete oder übliche Provision auf allen Geschäften auszurichten, die von ihm oder seinem Arbeitgeber mit Kunden in seinem Gebiet oder Kundenkreis abgeschlossen werden.

² Ist dem Handelsreisenden ein bestimmtes Reisegebiet oder ein bestimmter Kundenkreis nicht ausschliesslich zugewiesen, so ist ihm die Provision nur auf den von ihm vermittelten oder abgeschlossenen Geschäften auszurichten.

³ Ist im Zeitpunkt der Fälligkeit der Provision der Wert eines Geschäftes noch nicht genau bestimmbar, so ist die Provision zunächst auf dem vom Arbeitgeber geschätzten Mindestwert und der Rest spätestens bei Ausführung des Geschäftes auszurichten.

Die Bestimmung ergänzt und konkretisiert die allgemeinen Vorschriften über die Provision (Art. 322b f.) für den Handelsreisendenvertrag in zwei Punkten.

1

Anknüpfend an Art. 349 legen die **Abs. 1 und 2** den **Kreis der provisionspflichtigen Geschäfte** fest für den Fall, dass dem Handelsreisenden ein bestimmter Tätigkeitskreis (Reisegebiet oder Kundenkreis) zugewiesen wurde.

2

Bei **exklusiver Zuweisung des Tätigkeitskreises** (was gemäss Art. 349 Abs. 1 vermutet wird) hat der Handelsreisende einen Provisionsanspruch auf **allen Geschäften**, die von ihm oder seinem Arbeitgeber mit Kunden **in diesem Tätigkeitskreis** abgeschlossen werden (sog. **Bezirksprovision**, Abs. 1). Ob das Geschäft durch die Tätigkeit des Handelsreisenden, des Arbeitgebers oder eines Dritten zustande gekommen ist, spielt keine Rolle. Auf Geschäften ausserhalb des Tätigkeitskreises besteht demgegenüber kein Provisionsanspruch. Ist der Exklusivitätsbereich geographisch bestimmt und verlässt ein Kunde das betreffende Gebiet, so kann der Handelsreisende auf den nachfolgenden Bestellungen dieses Kunden daher keine Provision mehr beanspruchen (ArbGer Bern, JAR 1984, 267; STAEHELIN, N 2 m. w. Nw.).

3

E contrario zu Abs. 1 bestimmt Abs. 2, dass bei **nicht exklusiver Zuweisung eines Tätigkeitskreises** der Provisionsanspruch sich auf diejenigen Geschäfte beschränkt, die der Handelsreisende **persönlich** vermittelt oder abgeschlossen hat. Der Abschluss des Geschäfts muss dabei in **kausalem Zusammenhang** mit der Tätigkeit des Handelsreisenden stehen (vgl. BGE 128 III 174, 176 ff.).

4

Die vorgenannten Regeln gelten bei vereinbarter wie auch bei üblicher Provision (dazu Art. 349a N 2). Sie sind allerdings **dispositiver Natur**, so dass die Parteien frei sind, den Kreis der provisionspflichtigen Geschäfte anders zu bestimmen. Eine solche Abrede bedarf jedoch der Schriftform (Art. 347a Abs. 1 lit. c).

5

6   Abs. 3 regelt die **Abrechnung des Provisionsanspruchs**, wenn bei dessen Fälligkeit (dazu Art. 323b Abs. 2 bzw. Art. 339 Abs. 1 und 2) der **Geschäftswert noch nicht genau bestimmbar** ist. In diesem Fall muss der Arbeitgeber den Mindestwert des Geschäfts nach pflichtgemässem Ermessen schätzen und darauf die Provision als **Anzahlung** entrichten (ZK-STAEHELIN, N 4). Die endgültige Abrechnung hat zu erfolgen, sobald der genaue Wert des Geschäfts feststeht, spätestens aber bei dessen Ausführung (STREIFF/VON KAENEL, N 4). Ein allfälliger Minussaldo kann dem Handelsreisenden belastet werden (BK-REHBINDER, N 6).

7   Abs. 3 ist **relativ zwingend** (Art. 362). Abreden, wonach dem Handelsreisenden die gesamte Provision erst ausbezahlt wird, wenn der Wert des Geschäfts bekannt ist, sind daher nichtig.

Art. 349c

c. **bei Verhinderung an der Reisetätigkeit**

¹ Ist der Handelsreisende ohne sein Verschulden an der Ausübung der Reisetätigkeit verhindert und ist ihm auf Grund des Gesetzes oder des Vertrages der Lohn gleichwohl zu entrichten, so bestimmt sich dieser nach dem festen Gehalt und einer angemessenen Entschädigung für den Ausfall der Provision.

² Beträgt die Provision weniger als einen Fünftel des Lohnes, so kann schriftlich verabredet werden, dass bei unverschuldeter Verhinderung des Handelsreisenden an der Ausübung der Reisetätigkeit eine Entschädigung für die ausfallende Provision nicht zu entrichten ist.

³ Erhält der Handelsreisende bei unverschuldeter Verhinderung an der Reisetätigkeit gleichwohl den vollen Lohn, so hat er auf Verlangen des Arbeitgebers Arbeit in dessen Betrieb zu leisten, sofern er sie zu leisten vermag und sie ihm zugemutet werden kann.

1   Die Bestimmung enthält Vorschriften für den Fall, dass der Handelsreisende unverschuldet an der Ausübung der Reisetätigkeit verhindert und ihm aufgrund gesetzlicher Bestimmungen (Art. 324 oder 324a) oder Vereinbarung der Lohn gleichwohl zu entrichten ist. Die Lohnfortzahlung als solche regelt die Bestimmung nicht, sondern setzt sie vielmehr voraus.

Als **Grundsatz** gilt, dass der fortzuzahlende Lohn nebst dem festen Gehalt 2
eine **angemessene Entschädigung für die Provision** enthalten soll, die dem
Handelsreisenden infolge seiner Untätigkeit entgeht (Abs. 1). Dies gilt allerdings bereits nach den Art. 324 und 324a. Die Entschädigung gilt als angemessen, wenn sie betragsmässig den Provisionen entspricht, die der Handelsreisende während der Arbeitsverhinderung verdient hätte. In der Regel
ist auf das durchschnittliche Provisionseinkommen der letzten 12 Monate
abzustellen (**Referenzperiodenprinzip**), es sei denn, dass aufgrund der konkreten Umstände (z. B. starke saisonale Schwankungen) von einem klar
über- oder unterdurchschnittlichen Provisionsverlust ausgegangen werden
muss und demzufolge dieser massgebend ist (Lohnausfallprinzip; STREIFF/
VON KAENEL, N 2 m. w. Nw.; vgl. auch BGE 129 III 664, 674).

Machen die **Provisionen** lediglich einen **geringen Teil des Gesamteinkommens** aus, so können die Parteien schriftlich vereinbaren, dass diese bei der 3
Lohnfortzahlung nicht berücksichtigt werden (Abs. 2). Das Gesetz setzt die
Schwelle bei 20 % fest. Diese ist ebenfalls nach dem Referenzperiodenprinzip zu berechnen. Wird sie überschritten, so ist der Ausschluss gesamthaft
ungültig und nicht nur bezüglich des die 20 %-Schwelle übersteigenden Betrags (ZK-STAEHELIN, N 3).

Abs. 3 regelt den Fall, dass der Handelsreisende lediglich an der Reisetätigkeit verhindert, im Übrigen aber arbeitsfähig ist. Der Arbeitgeber kann un- 4
ter solchen Umständen vom Handelsreisenden verlangen, dass dieser Arbeit
im Betrieb (sog. **Innendienst**) leistet, vorausgesetzt, dass er den **vollen Lohn**
bezahlt und diesem die Innendienstarbeit **zugemutet** werden kann. Letzteres ist nicht der Fall bei Ersatztätigkeiten, die mit der Handelsreisendentätigkeit in keinem Zusammenhang stehen oder Stellung und Fähigkeiten des
Handelsreisenden nicht entsprechen (BK-REHBINDER, N 4). Dem vom Gesetz ebenfalls genannten Kriterium der Leistungsfähigkeit kommt neben
der Zumutbarkeit keine eigenständige Bedeutung zu. Die Wendung «voller
Lohn» ergibt nur Sinn, wenn man darunter das feste Gehalt zuzüglich der
angemessenen Entschädigung für den Ausfall der Provisionen gemäss Abs. 1
versteht (ZK-STAEHELIN, N 4; HANDKOMM-EGLI, N 5; a. A. BK-REHBINDER,
N 4; STREIFF/VON KAENEL, N 4).

Abs. 1 ist **relativ zwingend** (Art. 362), während Abs. 3 **absolut zwingend** ist 5
(Art. 362).

Art. 349*d*

3. **Auslagen**

¹ Ist der Handelsreisende für mehrere Arbeitgeber gleichzeitig tätig und ist die Verteilung des Auslagenersatzes nicht durch schriftliche Abrede geregelt, so hat jeder Arbeitgeber einen gleichen Kostenanteil zu vergüten.

² Abreden, dass der Auslagenersatz ganz oder teilweise im festen Gehalt oder in der Provision eingeschlossen sein soll, sind nichtig.

1 Der Anspruch des Handelsreisenden auf Auslagenersatz richtet sich grundsätzlich nach den allgemeinen Bestimmungen (Art. 327a ff.).

2 **Abs. 1** stellt eine ergänzende Regelung auf für den Fall, dass der Handelsreisende für **mehrere Arbeitgeber** gleichzeitig tätig ist und keine schriftliche Vereinbarung über die Verteilung des Auslagenersatzes getroffen wurde. Die Auslagen sind dann unter die Arbeitgeber **gleichmässig nach Köpfen** aufzuteilen.

3 **Abs. 2** erklärt Abreden, dass der Auslagenersatz ganz oder teilweise im festen Gehalt oder in der Provision eingeschlossen sein soll, für **nichtig**. Die Nichtigkeitsfolge tritt – anders als nach den allgemeinen Regeln zu Art. 327a – unabhängig davon ein, ob die gesamten Leistungen des Arbeitgebers dem Handelsreisenden nach Abzug der notwendigen Reiseauslagen ein angemessenes Entgelt für seine Dienste bieten (BGE 131 III 439, 442). Sie betrifft nach zutreffender Auffassung aber nur die Spesenabrede und nicht auch die Gehalts- oder Provisionsabrede (STREIFF/VON KAENEL, N 2; a.A. ZK-STAEHELIN, N 2 und BSK OR I-PORTMANN, N 1).

Art. 349*e*

4. **Retentionsrecht**

¹ Zur Sicherung der fälligen Forderungen aus dem Arbeitsverhältnis, bei Zahlungsunfähigkeit des Arbeitgebers auch der nicht fälligen Forderungen, steht dem Handelsreisenden das Retentionsrecht an beweglichen Sachen und Wertpapieren sowie an Zahlungen von Kunden zu, die er auf Grund einer Inkassovollmacht entgegengenommen hat.

² **An Fahrausweisen, Preistarifen, Kundenverzeichnis-sen und andern Unterlagen kann das Retentions-recht nicht ausgeübt werden.**

Die Bestimmung gewährt dem Handelsreisenden zur Sicherung seiner   1
fälligen Forderungen aus dem Arbeitsverhältnis – bei Zahlungsunfähigkeit
des Arbeitgebers auch der nicht fälligen, aber bereits entstandenen Forderungen – ein **Retentionsrecht** (BSK OR I-PORTMANN, N 1). Dieses erstreckt
sich auf bewegliche Sachen (z. B. Waren und Geschäftswagen), Wertpapiere
sowie auf Zahlungen von Kunden, die der Handelsreisende aufgrund einer
Inkassovollmacht entgegengenommen hat. Voraussetzung ist, dass der Handelsreisende die **Retentionsobjekte rechtmässig erlangt** hat, nicht aber deren Besitz im Rechtssinne (BSK OR I-PORTMANN, N 3). Ohne Inkassovollmacht eingezogene Gelder kann er daher nicht zurückbehalten (STREIFF/VON
KAENEL, N 2; BSK OR I-PORTMANN, N 1); nach Art. 125 Ziff. 1 ist auch eine
Verrechnung ausgeschlossen.

Abs. 2 stellt klar, dass an **Arbeitsunterlagen**, wie namentlich Fahraus-   2
weisen, Preistarifen und Kundenverzeichnissen, **kein Retentionsrecht** ausgeübt werden kann. Diese sind aufgrund ihres internen Gebrauchszwecks
und ihres vertraulichen Inhalts nicht verwertbar (STREIFF/VON KAENEL,
N 5; BSK OR I-PORTMANN, N 2). Anhand des Kriteriums der Verwertbarkeit
ist im konkreten Fall auch zu entscheiden, ob Warenmuster retinierbar sind
(ZK-STAEHELIN, N 2).

Art. 349e ist lex specialis zu Art. 895 ff. ZGB und **relativ zwingend** (Art. 362).   3

Art. 350

Beendigung	¹ **Beträgt die Provision mindestens einen Fünftel des**
Besondere	**Lohnes und unterliegt sie erheblichen saisonmäs-**
Kündigung	**sigen Schwankungen, so darf der Arbeitgeber dem**
	Handelsreisenden, der seit Abschluss der letzten
	Saison bei ihm gearbeitet hat, während der Saison
	nur auf das Ende des zweiten der Kündigung fol-
	genden Monats kündigen.
	² **Unter den gleichen Voraussetzungen darf der Han-**
	delsreisende dem Arbeitgeber, der ihn bis zum Ab-
	schluss der Saison beschäftigt hat, bis zum Beginn
	der nächsten nur auf das Ende des zweiten der Kün-
	digung folgenden Monats kündigen.

1   Die Bestimmung sieht **verlängerte Kündigungsfristen** für Handelsreisen-
denverträge mit erheblichen saisonbedingten Schwankungen der Provision
vor.

2   Sie ist nur unter den folgenden vier kumulativen Voraussetzungen anwendbar:
1. Die **Provision muss mindestens 20 % des Gesamtlohnes** betragen. Massgebend für die Berechnung ist das Referenzperiodenprinzip (BK-REH-
BINDER, N 1).
2. Die Provision muss **erheblichen saisonalen Schwankungen** unterliegen.
3. Der Arbeitgeber kündigt während der Saison, also wenn der Umfang
provisionspflichtiger Geschäfte erhöht ist, bzw. der Handelsreisende in
der Zwischensaison.
4. Bei Kündigung durch den Arbeitgeber muss das Arbeitsverhältnis mindestens seit Abschluss der letzten Saison gedauert haben, bei Kündigung
durch den Handelsreisenden mindestens seit Beginn der letzten Saison.

3   Sind diese Voraussetzungen erfüllt, so gilt eine **Kündigungsfrist von zwei
Monaten auf das Monatsende**. Das Gesetz will damit vermeiden, dass eine
Vertragspartei den Vertrag zu einem für die andere Partei ungünstigen Zeit-
punkt besonders rasch auflöst (ZK-STAEHELIN, N 1).

4   Die Norm hat **kaum praktische Bedeutung**, zumal sie im überjährigen Arbeitsverhältnis wegen Art. 335c Abs. 1 ohnehin weitgehend obsolet ist.

5   Gemäss Art. 361 ist Art. 350 **beidseitig zwingend**. Die Vereinbarung längerer Kündigungsfristen oder einer Probezeit mit verkürzter Kündigungsfrist
gilt dennoch als zulässig (STREIFF/VON KAENEL, N 6; ZK-STAEHELIN, N 4).

Art. 350a

2.   Besondere
      Folgen

¹ Bei Beendigung des Arbeitsverhältnisses ist dem
Handelsreisenden die Provision auf allen Geschäften
auszurichten, die er abgeschlossen oder vermittelt
hat, sowie auf allen Bestellungen, die bis zur Beendigung dem Arbeitgeber zugehen, ohne Rücksicht auf
den Zeitpunkt ihrer Annahme und ihrer Ausführung.

² **Auf den Zeitpunkt der Beendigung des Arbeitsverhältnisses hat der Handelsreisende die ihm für die
Reisetätigkeit zur Verfügung gestellten Muster und
Modelle, Preistarife, Kundenverzeichnisse und andern Unterlagen zurückzugeben; das Retentionsrecht bleibt vorbehalten.**

Die Bestimmung legt in **Abs. 1** den **Kreis der provisionspflichtigen Ge-**   1
schäfte bei Beendigung des Arbeitsverhältnisses fest. Sie will damit verhindern, dass der Arbeitgeber durch Verzögerung seiner Annahmeerklärung
das Geschäft der Provisionspflicht entziehen kann. Hingegen regelt sie nicht
die Fälligkeit der Provisionsforderung; diese richtet sich nach Art. 339
Abs. 1 und 2 (BGE 116 II 700, 703 ff.; ArbGer Zürich, JAR 2003, 369 ff.; BK-
Rehbinder, N 1; Vischer, 304 je m. w. Nw.).

Provisionspflichtig sind zunächst alle Geschäfte, die der Handelsreisende   2
vor Vertragsende **abgeschlossen oder vermittelt** hat, selbst wenn sie erst
nach Vertragsende erfüllt werden bzw. zustande kommen (BK-Rehbinder,
N 6; BSK OR I-Portmann, N 1).

Im Falle einer **Bezirksprovision** (dazu Art. 349b N 3) hat der Handelsrei-   3
sende zudem einen Provisionsanspruch auf **allen Bestellungen**, die dem
Arbeitgeber im betreffenden Tätigkeitsbereich **bis zum Vertragsende zu-**
gehen, auch wenn deren Annahme und Ausführung erst später erfolgt.

Art. 350a Abs. 1 bezweckt, zusammen mit Art. 339 Abs. 1, die Schaffung ein-   4
deutiger Verhältnisse und die möglichst umfassende Bereinigung des Ab-
rechnungsverhältnisses bei Vertragsende. Die Bestimmung gilt daher als
lex specialis zu Art. 322b Abs. 3. Dies bedeutet, dass ein nachträgliches Dahinfallen der Provision nach Art. 322b Abs. 3 nur berücksichtigt wird, wenn
der Wegfall des Geschäfts oder dessen Nichterfüllung durch den Dritten
spätestens bei Vertragsende eindeutig feststeht. Ist dies erst nach Vertragsende der Fall, bleibt der Provisionsanspruch des Handelsreisenden unberührt; insb. ist der Handelsreisende nicht zur Rückzahlung bereits ausbe-
zahlter Provisionen verpflichtet (zum Ganzen ArbGer Zürich, JAR 2003,
369 ff.; Vischer 304; **a. A.** ZK-Staehelin, N 5). Die Gerichtspraxis ist allerdings uneinheitlich (s. Streiff/von Kaenel, N 3 m. w. Nw.). Hingegen ist
Art. 350a Abs. 1 nach einhelliger Auffassung **keine Sondernorm zu Art. 349b**
Abs. 2 (Streiff/von Kaenel, N 4 m. w. Nw.).

Abs. 2 auferlegt dem Handelsreisenden eine **umfassende Rückgabepflicht**   5
bei Beendigung des Arbeitsverhältnisses, unter Vorbehalt des Retentionsrechts nach Art. 349e. Die Bestimmung ist wegen Art. 339a überflüssig (BK-
Rehbinder, N 7).

6   Die Regelung von Abs. 1 ist relativ zwingend (Art. 362), während Abs. 2 –
wie die parallele Bestimmung Art. 339a – absolut zwingend ist (Art. 361).

C.   Der Heimarbeitsvertrag

Art. 351

I.   **Begriff und Entstehung**

1.   **Begriff**

Durch den Heimarbeitsvertrag verpflichtet sich der Heimarbeitnehmer, in seiner Wohnung oder in einem andern, von ihm bestimmten Arbeitsraum allein oder mit Familienangehörigen Arbeiten im Lohn für den Arbeitgeber auszuführen.

Literatur

GEISER, Neue Arbeitsformen, AJP 1995, 557; REHBINDER, Zur gesetzlichen Begriffsbestimmung des Heimarbeitsvertrages, ArbR 1990, 79; SANER, Telearbeit, Zürich 1992; WALDNER, Die Heimarbeit aus rechtlicher und historischer Sicht, Diss. Basel 1994.

I.   Begriff

1   Nach der **Legaldefinition** von Art. 351 verpflichtet sich der Heimarbeitnehmer durch den Heimarbeitsvertrag, in seiner Wohnung oder in einem andern, von ihm bestimmten Arbeitsraum allein oder mit Familienangehörigen Arbeiten im Lohn für den Arbeitgeber auszuführen.

2   Kennzeichnend für den Heimarbeitsvertrag ist, dass der Arbeitnehmer die übertragene Arbeit nicht an der Arbeitsstätte des Arbeitgebers oder eines von diesem bestimmten Dritten, sondern an einem **von ihm selbst bestimmten Arbeitsort** ausführt, wie namentlich seiner Wohnung (BK-REHBINDER, N 8; VISCHER, 305). Dies bringt es mit sich, dass der Arbeitgeber den Arbeitnehmer **nicht unmittelbar beaufsichtigen**, sondern die Arbeitsleistung erst anhand des abgelieferten Arbeitsergebnisses kontrollieren kann.

3   Der **Begriff der Heimarbeit** i. S. v. Art. 351 ist enger als der Arbeitsbegriff von Art. 319 Abs. 1. Das Gesetz geht davon aus, dass der Heimarbeitnehmer – i. d. R. unter Verwendung von Material und Geräten – dem Arbeitgeber ein verwertbares Arbeitserzeugnis abliefert (BGE 132 V 181, 183; BSK OR I-PORTMANN, N 3). Unter den Begriff der Heimarbeit i. S. v. Art. 351 fallen daher manuelle oder maschinelle Verrichtungen zur Güterherstellung, -verarbeitung und -veredelung in Industrie und Gewerbe, Arbeiten kaufmännischer oder technischer Natur sowie journalistische, wissenschaft-

liche und künstlerische Verrichtungen, nicht aber z. B. die Betreuung eines fremden Kindes durch eine Tagesmutter (BGE 132 V 181 ff.). Nicht begriffswesentlich ist, ob der Heimarbeitnehmer einen Erfolg verspricht oder ein blosses Tätigwerden, ebenso wenig die Zeitsouveränität (Botschaft, BBl 1967 II 414).

Weiter charakterisiert sich der Heimarbeitsvertrag durch eine **gelockerte** **persönliche Leistungspflicht** des Arbeitnehmers, indem dieser berechtigt ist, die übernommene Arbeit zusammen mit seinen **Familienangehörigen** (zum Begriff s. BK-Rehbinder, N 7) zu leisten. Ob er auch andere Dritte beiziehen darf, richtet sich nach Art. 321. Beschäftigt er Familienangehörige oder Dritte im Arbeitsverhältnis, so soll er nach der Botschaft (BBl 1967 II 284) und einem Teil der Lehre (Streiff/von Kaenel, N 2; Tercier, contrats spéciaux, N 3672) als sog. Hausgewerbetreibender nicht unter Art. 351 fallen. Diese Auffassung ist jedoch abzulehnen (Rehbinder, ArbR 1990, 85; Vischer, 306; BSK OR I-Portmann, N 2; zum sog. gestuften Arbeitsverhältnis s. Portmann/Stöckli, N 924 ff.; ferner BGer 4C.276/2006, E. 4.2). 4

Der Heimarbeitsvertrag ist zwingend **entgeltlich**. Ob Zeitlohn, Akkordlohn oder ein anderes erfolgsbezogenes Entgelt vereinbart ist, ist für die Vertragsqualifikation irrelevant (Botschaft, BBl 1967 II 414; BK-Rehbinder, N 5 m. w. Nw.). 5

Der Heimarbeitnehmer arbeitet **für den Arbeitgeber** und nicht in dessen Dienst. Mit dieser Formulierung bringt das Gesetz zum Ausdruck, dass der Heimarbeitnehmer zwar nicht wie der im Betrieb tätige Arbeitnehmer in die Arbeitsorganisation des Arbeitgebers eingegliedert ist (vgl. Art. 319 Abs. 1), die Arbeitsleistung aber auch nicht für sich selbst bzw. auf eigenes wirtschaftliches Risiko erbringt, wie dies beim selbstständigen Unternehmer der Fall ist. 6

Die **wirtschaftliche Abhängigkeit** des Heimarbeitnehmers vom Arbeitgeber veranlasste den Gesetzgeber dazu, ihn trotz der fehlenden Eingliederung in die fremde Arbeitsorganisation den im Betrieb und Haushalt tätigen Arbeitnehmern rechtlich und wirtschaftlich gleichzustellen. Sie bildet damit auch das Abgrenzungskriterium zum Werkvertrag und zum Auftrag (Rehbinder, ArbR 1990, 83 ff.; Portmann/Stöckli, N 870; Streiff/von Kaenel, N 2). 7

II. Arten

Das Gesetz unterscheidet zwischen ununterbrochenem und unterbrochenem Heimarbeitsverhältnis. 8

Ein **ununterbrochenes oder festes Heimarbeitsverhältnis** liegt vor, wenn der Heimarbeitnehmer für den Arbeitgeber eine dauernde und regelmässig wiederkehrende Arbeit ausübt (Vischer, 308 f.). Dies kann dem Willen der 9

Parteien bei Vertragsschluss entsprechen oder sich im Laufe des Arbeitsverhältnisses faktisch so entwickeln (BK-REHBINDER, Art. 353a N 1; STREIFF/VON KAENEL, Art. 353a N 2 m. w. Nw.; ArbGer St. Gallen, JAR 1988, 378 ff.).

10 Demgegenüber liegt ein **unterbrochenes Heimarbeitsverhältnis** vor, wenn der Heimarbeitnehmer nur gelegentlich, vorübergehend oder unregelmässig für den Arbeitgeber tätig ist (BK-REHBINDER, Art. 353a N 2 m. w. Nw.). Das Arbeitsverhältnis ist hier stets durch die einzelne Arbeitsaufgabe begrenzt, indem sich Arbeitgeber und Heimarbeiter ausbedingen, nach Ausführung des ersten Auftrags weitere Arbeitsaufträge auszugeben bzw. zu übernehmen oder dies nicht zu tun (Botschaft, BBl 1967 II 417). Bei mehrfacher Aneinanderreihung solcher Arbeitsverhältnisse ohne sachlichen Grund finden die Regeln über Kettenarbeitsverträge (dazu Art. 334 N 8) Anwendung, so dass von einem ununterbrochenen Heimarbeitsverhältnis auszugehen ist (STREIFF/VON KAENEL, Art. 353a N 2 m. w. Nw.).

11 Das Gesetz knüpft weitreichende **Rechtsfolgen** an diese Unterscheidung, so bezüglich der Ausrichtung des Lohns (Art. 353a), des Lohnanspruchs bei Annahmeverzug des Arbeitgebers oder bei unverschuldeter Arbeitsverhinderung des Arbeitnehmers (Art. 353b) und der Beendigung des Heimarbeitsverhältnisses (Art. 354). Zusammengefasst lässt sich sagen, dass beim ununterbrochenen Heimarbeitsverhältnis dem Heimarbeitnehmer die Vorteile des Arbeitsvertragsrechts zuteil werden, während er im anderen Fall ähnlich wie ein Werkunternehmer behandelt wird (STREIFF/VON KAENEL, Art. 353a N 2).

III. Anwendbare Bestimmungen

12 Auf den Heimarbeitsvertrag kommen primär die Art. 351 ff. zur Anwendung, subsidiär die Art. 319 ff. (Art. 355).

13 Bei in Heimarbeit ausgeführter **gewerblicher und industrieller Hand- und Maschinenarbeit** ist ausserdem das **Heimarbeitsgesetz** (HArG, SR 822.31) mit der dazugehörigen Vollziehungsverordnung (HArGV, SR 822.311) anwendbar (s. Art. 1 Abs. 4 HArG i. V. m. Art. 1 Abs. 2 HArGV). Das Heimarbeitsgesetz statuiert in seinem 2. Abschnitt eine Reihe von öffentlich-rechtlichen Pflichten für den Arbeitgeber und den Heimarbeitnehmer, die über Art. 342 Abs. 2 auch privatrechtlich einklagbar sind (BSK OR I-PORTMANN, N 1).

14 Das **Arbeitsgesetz** (ArG, SR 822.11) nimmt Heimarbeitnehmer von seinem persönlichen Geltungsbereich aus (Art. 3 lit. f ArG). Massgebend für den Begriff der Heimarbeit in Art. 3 lit. f ArG ist allerdings der Heimarbeitsbegriff von Art. 1 Abs. 4 HArG i. V. m. Art. 1 Abs. 2 HArGV und nicht derjenige von Art. 351. Auf Heimarbeitnehmer, die nicht unter das Heimarbeitsgesetz fallen, ist das Arbeitsgesetz daher anwendbar (STREIFF/VON KAENEL, N 3; GEISER, Kommentar ArG, Art. 3 N 31).

Art. 351 *a*

Bekanntgabe der Arbeitsbedingungen

¹ Vor jeder Ausgabe von Arbeit hat der Arbeitgeber dem Heimarbeitnehmer die für deren Ausführung erheblichen Bedingungen bekanntzugeben, namentlich die Einzelheiten der Arbeit, soweit sie nicht durch allgemein geltende Arbeitsbedingungen geregelt sind; er hat das vom Heimarbeitnehmer zu beschaffende Material und schriftlich die dafür zu leistende Entschädigung sowie den Lohn anzugeben.

² Werden die Angaben über den Lohn und über die Entschädigung für das vom Heimarbeitnehmer zu beschaffende Material nicht vor der Ausgabe der Arbeit schriftlich bekanntgegeben, so gelten dafür die üblichen Arbeitsbedingungen.

Die Bestimmung schützt den Arbeitnehmer gegen Übervorteilung, indem sie sicherstellt, dass ihm bei der Übernahme der Arbeit die für ihre Ausführung **erheblichen Arbeitsbedingungen** bekannt sind (BK-REHBINDER, N 1). Dies betrifft die Einzelheiten der Arbeit und wie diese auszuführen ist, das allenfalls vom Arbeitnehmer zu beschaffende Material und die hierfür zu leistende Entschädigung des Arbeitgebers sowie den Lohn. Der Arbeitgeber ist verpflichtet, vor jeder Ausgabe von Arbeit dem Heimarbeitnehmer diese Angaben zu liefern, wobei die Materialentschädigung und der Lohn **schriftlich** mitzuteilen sind (Abs. 1).

1

Im Anwendungsbereich des **Heimarbeitsgesetzes** gilt die strengere Vorschrift von Art. 3 HArG, wonach bei der ersten Ausgabe von Heimarbeit die Arbeitsbedingungen **vollständig und schriftlich** bekannt zu geben sind. Dazu gehört bei vereinbartem Akkordlohn insb. auch der für die Arbeit geschätzte Zeitaufwand (sog. **Vorgabezeit**), ausser wenn dieser wegen der Art der Arbeit nicht im Voraus ermittelt werden kann (Art. 4 Abs. 2 HArG).

2

Unterlässt es der Arbeitgeber, dem Heimarbeitnehmer die Materialentschädigung und den Lohn im Voraus schriftlich bekanntzugeben, so gelten dafür die **üblichen Arbeitsbedingungen** (Abs. 2). Die Regelung unterbindet damit den sog. **blinden Akkord**, bei dem der Arbeitnehmer diese Angaben erst nach Ablieferung des Arbeitserzeugnisses erhält. Bei wiederholter, gleicher Arbeit ist stattdessen auf die früheren Bedingungen abzustellen (STREIFF/ VON KAENEL, N 2 m. w. Nw.). Haben die Parteien eine mündliche Abrede ge-

3

troffen, die für den Arbeitnehmer günstiger ist, so gilt diese (Streiff/von Kaenel, N 4).

4 Art. 351a ist **relativ zwingend**, obwohl er in Art. 362 nicht aufgeführt ist.

Art. 352

II.	Besondere Pflichten des Arbeitnehmers
1.	Ausführung der Arbeit

[1] **Der Heimarbeitnehmer hat mit der übernommenen Arbeit rechtzeitig zu beginnen, sie bis zum verabredeten Termin fertigzustellen und das Arbeitserzeugnis dem Arbeitgeber zu übergeben.**

[2] **Wird aus Verschulden des Heimarbeitnehmers die Arbeit mangelhaft ausgeführt, so ist er zur unentgeltlichen Verbesserung des Arbeitserzeugnisses verpflichtet, soweit dadurch dessen Mängel behoben werden können.**

1 Die Bestimmung auferlegt dem Heimarbeitnehmer **besondere Pflichten hinsichtlich der Ausführung der Arbeit**. Er trägt damit dem Umstand Rechnung, dass der Heimarbeitnehmer seine Arbeit an selbstbestimmter Arbeitsstätte und damit ohne Aufsicht und Führung seitens des Arbeitgebers verrichtet.

2 Gemäss Abs. 1 muss der Heimarbeitnehmer mit der übernommenen Arbeit **rechtzeitig beginnen**, sie **termingerecht fertigstellen** und dem Arbeitgeber **das Arbeitserzeugnis übergeben**. Der Ablieferungstermin ist so zu bemessen und festzulegen, dass die anwendbaren öffentlich-rechtlichen Arbeitszeitvorschriften (Art. 7 Abs. 2 HArG; Art. 9 ff. ArG) eingehalten werden können. Über absehbare Verzögerungen hat der Heimarbeitnehmer den Arbeitgeber unverzüglich zu unterrichten (Art. 321a Abs. 1; BK-Rehbinder, N 2). Eine schuldhafte Verletzung dieser Pflichten macht den Heimarbeitnehmer schadenersatzpflichtig und kann den Arbeitgeber unter Umständen zur fristlosen Kündigung berechtigen (Streiff/von Kaenel, N 2 m. w. Nw.). Der Ablieferungstermin ist ein **Verfalltag** i. S. v. Art. 102 Abs. 2 (BSK OR I-Portmann N 1). Da der Heimarbeitnehmer seine Arbeitsstätte selbst bestimmt, stellt die Übergabe des Arbeitserzeugnisses grundsätzlich eine **Bringschuld** dar (BK-Rehbinder, N 4; a. A. Streiff/von Kaenel, N 6; ZK-Staehelin, N 3). Zum Retentionsrecht s. Art. 352a N 2.

3 Abs. 2 verpflichtet den Heimarbeitnehmer zur unentgeltlichen Verbesserung **mangelhafter Arbeitserzeugnisse**. Voraussetzung ist, dass der Man-

gel vom Arbeitnehmer verschuldet ist und behoben werden kann und dass der Arbeitgeber seiner Rügeobliegenheit gemäss Art. 353 nachgekommen ist. Nach der h. L. hat der Heimarbeitnehmer nicht nur eine **Nachbesserungspflicht**, sondern auch ein **Nachbesserungsrecht** (STREIFF/VON KAENEL, N 3 m. w. Nw.). Für Schäden, die der Arbeitgeber aufgrund der mangelhaften Arbeit erleidet, haftet der Heimarbeitnehmer gemäss Art. 321e Abs. 1 und 2 (GSG BS, JAR 2004, 442; STREIFF/VON KAENEL, N 5).

Art. 352 ist **dispositiver Natur.** 4

Art. 352*a*

Material und Arbeitsgeräte

¹ Der Heimarbeitnehmer ist verpflichtet, Material und Geräte, die ihm vom Arbeitgeber übergeben werden, mit aller Sorgfalt zu behandeln, über deren Verwendung Rechenschaft abzulegen und den zur Arbeit nicht verwendeten Rest des Materials sowie die erhaltenen Geräte zurückzugeben.

² Stellt der Heimarbeitnehmer bei der Ausführung der Arbeit Mängel an dem übergebenen Material oder an den erhaltenen Geräten fest, so hat er den Arbeitgeber sofort zu benachrichtigen und dessen Weisungen abzuwarten, bevor er die Ausführung der Arbeit fortsetzt.

³ Hat der Heimarbeitnehmer Material oder Geräte, die ihm übergeben wurden, schuldhaft verdorben, so haftet er dem Arbeitgeber höchstens für den Ersatz der Selbstkosten.

Die Bestimmung regelt die Pflichten und die Haftung des Heimarbeitnehmers mit Bezug auf Material und Arbeitsgeräte, die ihm vom Arbeitgeber zur Ausführung der Arbeit übergeben werden. 1

Abs. l sieht in dieser Hinsicht besondere **Sorgfalts-, Rechenschafts- und Rückgabepflichten** des Heimarbeitnehmers vor. Die Vorschrift entspricht weitgehend Artikel 365 Abs. 2, hinsichtlich der Sorgfaltspflicht wiederholt sie Art. 321a Abs. 2. Dem Heimarbeitnehmer ist es insb. nicht erlaubt, Material oder Arbeitsgeräte des Arbeitgebers für eigene Zwecke oder für Dritte zu verwenden (STREIFF/VON KAENEL, N 2 m. w. Nw.). Anders als der im Betrieb tätige Arbeitnehmer gilt der Heimarbeitnehmer als unselbstständiger Besitzer, so dass ihm an solchen Materialien und Geräten und ebenfalls an 2 den Arbeitserzeugnissen ein **Retentionsrecht** zusteht (STREIFF/VON KAENEL, N 3 m. w. Nw.).

3   Der Heimarbeitnehmer ist verpflichtet, Material und Geräte unverzüglich nach Erhalt auf **Mängel** hin zu überprüfen (BSK OR I-PORTMANN, N 2). Stellt er Mängel fest, so hat er den Arbeitgeber unverzüglich zu **benachrichtigen** und die **Arbeit auszusetzen**, bis er entsprechende Weisungen erhält (Abs. 2). Eine Verletzung dieser Pflicht macht den Heimarbeitnehmer schadenersatzpflichtig, während die Dauer der Arbeitsaussetzung nach Art. 324 zulasten des Arbeitgebers geht (STREIFF/VON KAENEL, N 4).

4   Der Heimarbeitnehmer haftet für Material und Geräte nur bei Verschuldden und begrenzt auf den **Ersatz der Selbstkosten des Arbeitgebers** oder auf einen allenfalls tieferen Verkehrswert. Er haftet insb. nicht für entgangenen Gewinn (STREIFF/VON KAENEL, N 5; BK-REHBINDER, N 6). Der Verschuldensmassstab richtet sich nach Art. 321e Abs. 2 (STREIFF/VON KAENEL, N 6)

5   Die Absätze 1 und 2 von Art. 352a sind dispositives Recht. Hingegen ist **Abs. 3 relativ zwingender Natur** (Art. 362).

Art. 353

III. **Besondere Pflichten des Arbeitgebers**	[1] Der Arbeitgeber hat das Arbeitserzeugnis nach Ablieferung zu prüfen und Mängel spätestens innert einer Woche dem Heimarbeitnehmer bekanntzugeben.
1. **Abnahme des Arbeitserzeugnisses**	[2] Unterlässt der Arbeitgeber die rechtzeitige Bekanntgabe der Mängel, so gilt die Arbeit als abgenommen.

1   Die Bestimmung legt die **Voraussetzungen** fest, die der Arbeitgeber zur Wahrung seiner **Mängelrechte** (dazu Art. 352 N 3) zu erfüllen hat. Er hat das Arbeitserzeugnis nach Ablieferung zu prüfen und allfällige Mängel spätestens **innert einer Woche**, gerechnet vom Tag der Ablieferung an (Art. 77 Abs. 1 Ziff. 2), dem Heimarbeitnehmer bekanntzugeben (Abs. 1).

2   Die Mängelrüge ist analog den Grundsätzen von Art. 367 zu **substanziieren**.

3   Bei **nicht rechtzeitiger Mängelrüge** gilt die Arbeit als abgenommen (Abs. 2). Das Recht des Arbeitgebers, vom Heimarbeitnehmer Nachbesserung oder Schadenersatz zu verlangen, ist also **verwirkt** (Botschaft, BBl 1967 II 416). Eine spätere Geltendmachung versteckter Mängel sieht Art. 353 nicht vor. Die h. L. (BK-REHBINDER, N 1; ZK-STAEHELIN, N 2; STREIFF/VON KAENEL,

N 3; HANDKOMM-EGLI, N 2) nimmt hier eine Gesetzeslücke an, die analog Kauf- und Werkvertragsrecht zu füllen sei. Dies ist jedoch abzulehnen. Anders als bei diesen Vertragstypen trägt beim Heimarbeitsvertrag der Arbeitgeber das Verwertungsrisiko (BK-REHBINDER, Art. 351 N 6). Es erscheint daher sachgerecht, das Risiko versteckter Mängel, die erst nach einer Woche zutage treten, diesem zu überbinden.

Art. 353 ist zugunsten des Heimarbeitnehmers **relativ zwingend** (Art. 362). 4

Art. 353*a*

Lohn
Ausrichtung
des Lohnes

¹ **Steht der Heimarbeitnehmer ununterbrochen im Dienst des Arbeitgebers, so ist der Lohn für die geleistete Arbeit halbmonatlich oder mit Zustimmung des Heimarbeitnehmers am Ende jedes Monats, in den anderen Fällen jeweils bei Ablieferung des Arbeitserzeugnisses auszurichten.**

² **Bei jeder Lohnzahlung ist dem Heimarbeitnehmer eine schriftliche Abrechnung zu übergeben, in der für Lohnabzüge der Grund anzugeben ist.**

Art. 353a stellt Sonderbestimmungen über die Ausrichtung des Lohns auf, die anstelle der Art. 323 Abs. 1 und 323b Abs. 1 treten. 1

Für die **Fälligkeit des Lohns** unterscheidet Abs. 1 danach, ob ein ununterbrochenes oder ein unterbrochenes Heimarbeitsverhältnis vorliegt. Im **ununterbrochenen Heimarbeitsverhältnis** (s. Art. 351 N 9) ist der Lohn für die geleistete Arbeit jeweils **halbmonatlich** oder mit Zustimmung des Heimarbeitnehmers, die auch formlos erfolgen kann (ZK-STAEHELIN, N 4), am Ende jedes Monats auszurichten. Im **unterbrochenen Arbeitsverhältnis** (s. Art. 351 N 10) ist der Lohn demgegenüber jeweils erst **bei Ablieferung des Arbeitserzeugnisses** fällig. Gemäss Art. 327c gelten diese Termine auch für den **Auslagenersatz**. 2

Gemäss Abs. 2 muss der Arbeitgeber dem Heimarbeitnehmer mit jeder Lohnzahlung eine **schriftliche Lohnabrechnung** übergeben, die bei Lohnabzügen jeweils den Grund angibt. Dies gilt jedoch bereits gemäss Art. 323b Abs. 1. Im Anwendungsbereich des Heimarbeitsgesetzes ist Art. 4 Abs. 3 HArG zu beachten, wonach beide Parteien eine Ausfertigung der Lohnabrechnung während mindestens fünf Jahren aufbewahren müssen. 3

Art. 353a ist zugunsten des Heimarbeitnehmers **relativ zwingend** (Art. 362). 4

Art. 353*b*

b.   Lohn bei Verhin-
derung an der
Arbeitsleistung

¹ **Steht der Heimarbeitnehmer ununterbrochen im Dienst des Arbeitgebers, so ist dieser nach Massgabe der Artikel 324 und 324a zur Ausrichtung des Lohnes verpflichtet, wenn er mit der Annahme der Arbeitsleistung in Verzug kommt oder wenn der Heimarbeitnehmer aus Gründen, die in seiner Person liegen, ohne sein Verschulden an der Arbeitsleistung verhindert ist.**

² **In den anderen Fällen ist der Arbeitgeber zur Ausrichtung des Lohnes nach Massgabe der Artikel 324 und 324a nicht verpflichtet.**

1   Die Bestimmung regelt die **Lohnfortzahlung bei Arbeitsverhinderung** im Heimarbeitsverhältnis. Er unterscheidet dabei danach, ob ein ununterbrochenes oder ein unterbrochenes Heimarbeitsverhältnis vorliegt.

2   Gemäss Abs. 1 stehen dem Heimarbeitnehmer im **ununterbrochenen Heimarbeitsverhältnis** die Ansprüche nach Art. 324 und 324a zu. Er wird diesbezüglich gleich wie alle übrigen Arbeitnehmer behandelt (Botschaft, BBl 1967 II 417). Über den Wortlaut der Bestimmung hinaus gilt dies auch für Art. 324b (STREIFF/VON KAENEL, N 2 m. w. Nw.) und für Art. 326 (Botschaft, BBl 1967 II 417). Die Regel von Abs. 1 ist relativ zwingend (Art. 362).

3   Demgegenüber stehen dem Heimarbeitnehmer im **unterbrochenen Heimarbeitsverhältnis** nach der dispositiven Regel von Abs. 1 keine Ansprüche aus Art. 324 und 324a zu. Die Erwähnung von Art. 324 in Abs. 2 ist jedoch missverständlich: Sie hat lediglich deklaratorischen Charakter und betrifft nur den Fall, dass dem Heimarbeitnehmer nach Erfüllung des erteilten Arbeitsauftrags keine neue Arbeit mehr zugewiesen wird (Botschaft, BBl 1967 II 417). Hingegen findet Art. 324 uneingeschränkt Anwendung, wenn der Arbeitgeber dem Heimarbeitnehmer nach Vertragsschluss keine Arbeit zuweist oder deren Ausführung verunmöglicht, namentlich durch die Lieferung fehlerhaften Materials oder Geräts (STREIFF/VON KAENEL, N 3 m. w. Nw.).

Art. 354

Beendigung

¹ **Wird dem Heimarbeitnehmer eine Probearbeit über-geben, so gilt das Arbeitsverhältnis zur Probe auf bestimmte Zeit eingegangen, sofern nichts anderes verabredet ist.**

² **Steht der Heimarbeitnehmer ununterbrochen im Dienst des Arbeitgebers, so gilt das Arbeitsverhältnis als auf unbestimmte Zeit, in den anderen Fällen als auf bestimmte Zeit eingegangen, sofern nichts anderes verabredet ist.**

Art. 354 stellt **gesetzliche Vermutungen** auf, in welchen Fällen das Heimarbeitsverhältnis auf den Zeitpunkt der Ablieferung des Arbeitserzeugnisses befristet ist und wann es auf unbestimmte Dauer eingegangen gilt.   1

Abs. 1 vermutet, dass die Übergabe einer **Probearbeit** ein Arbeitsverhältnis auf bestimmte Zeit begründet, das **ohne Kündigung** mit der Ablieferung des Arbeitserzeugnisses endigt (Art. 335 Abs. 1). Wird im Anschluss an die Probearbeit dem Heimarbeiter ein weiterer Arbeitsauftrag erteilt, so entsteht ein neues Arbeitsverhältnis, für das allerdings keine Probezeit mehr gilt (BSK OR I-Portmann, N 1).   2

Steht der Heimarbeitnehmer **ununterbrochen** (s. Art. 351 N 9) im Dienst des Arbeitgebers, so wird vermutet, dass ein **unbefristetes** Heimarbeitsverhältnis vorliegt. Für dessen Beendigung gelten daher die Art. 335 ff. und 336 ff. (Art. 355). Gibt der Arbeitgeber dem Heimarbeitnehmer während der Kündigungsfrist weniger Arbeit aus, ist Art. 324 anwendbar (Streiff/von Kaenel, N 3). Bei **unterbrochenem** Dienst (s. Art. 351 N 10) gilt das Heimarbeitsverhältnis demgegenüber als **auf bestimmte Zeit** eingegangen (Abs. 2). Jeder neu übernommene Arbeitsauftrag begründet ein neues Arbeitsverhältnis, das ohne Kündigung mit dessen Ausführung endigt und weder den Arbeitgeber noch den Arbeitnehmer zur Fortsetzung verpflichtet (Botschaft, BBl 1967 II 419).   3

Die Vermutungen von Art. 354 können durch **anderweitige Abrede** umgestossen werden.   4

D. Anwendbarkeit der allgemeinen Vorschriften

Art. 355

Auf den Lehrvertrag, den Handelsreisendenvertrag und den Heimarbeitsvertrag sind die allgemeinen Vorschriften über den Einzelarbeitsvertrag ergänzend anwendbar.

1   Die Bestimmungen über den Lehrvertrag, den Handelsreisendenvertrag und den Heimarbeitsvertrag (Art. 344 – 354) beschränkten sich darauf, diejenigen Sachfragen zu regeln, für die wegen der Eigenart dieser Vertragstypen eine besondere Regelung erforderlich ist. Im Übrigen sind jeweils die **allgemeinen Bestimmungen über den Einzelarbeitsvertrag** anwendbar (Art. 355), einschliesslich ihres allfälligen relativ oder absolut zwingenden Charakters (BSK OR I-Portmann, N 1).

2   Lehrvertrag, Handelsreisendenvertrag und Heimarbeitsvertrag sind ferner auch einer Regelung durch **GAV oder NAV** zugänglich, der Lehrvertrag aufgrund der Formerfordernisse und der öffentlich-rechtlichen Vorschriften allerdings nur sehr beschränkt (Streiff/von Kaenel, N 3 m. w. Nw.).

Dritter Abschnitt: Gesamtarbeitsvertrag und Normalarbeitsvertrag

A. Gesamtarbeitsvertrag

Art. 356

I.   **Begriff, Inhalt, Form und Dauer**

1.   **Begriff und Inhalt**

[1] **Durch den Gesamtarbeitsvertrag stellen Arbeitgeber oder deren Verbände und Arbeitnehmerverbände gemeinsam Bestimmungen über Abschluss, Inhalt und Beendigung der einzelnen Arbeitsverhältnisse der beteiligten Arbeitgeber und Arbeitnehmer auf.**

² Der Gesamtarbeitsvertrag kann auch andere Bestimmungen enthalten, soweit sie das Verhältnis
zwischen Arbeitgebern und Arbeitnehmern betreffen, oder sich auf die Aufstellung solcher Bestimmungen beschränken.

³ Der Gesamtarbeitsvertrag kann ferner die Rechte
und Pflichten der Vertragsparteien unter sich sowie
die Kontrolle und Durchsetzung der in den vorstehenden Absätzen genannten Bestimmungen regeln.

⁴ Sind an einem Gesamtarbeitsvertrag auf Arbeitge-
ber- oder Arbeitnehmerseite von Anfang an oder auf
Grund des nachträglichen Beitritts eines Verbandes
mit Zustimmung der Vertragsparteien mehrere Verbände beteiligt, so stehen diese im Verhältnis gleicher Rechte und Pflichten zueinander; abweichende
Vereinbarungen sind nichtig.

Literatur

ANNAHEIM-BÜTTIKER, Die Stellung des Aussenseiter-Arbeitnehmers im System des Gesamtarbeitsvertragsrechts, Basel 1990; GEISER, Probleme des
Gesamtarbeitsvertragsrechts in der Schweiz, ARV 2004, 137 ff.; K. MEIER,
Beitritts- und Verhandlungsanspruch im Gesamtarbeitsvertragsrecht, FS
VSAM 1993, 91 ff.; METZ, Die bundesgerichtliche Rechtsprechung zum
kollektiven Arbeitsrecht, ARV 2006, 161 ff.; R. A. MÜLLER, Rechtsnatur und
Auslegung eines Sozialplans, Besprechung von BGE 133 III 213, ARV 2007,
156 ff.; PORTMANN, Auswirkungen von Gewerkschaftsfusionen auf Gesamt-
arbeitsverträge, FS Kramer, Basel 2004, 791 ff.; PORTMANN/STÖCKLI,
Schweizerisches Arbeitsrecht, 2. Aufl. Zürich St. Gallen 2007; SCHWEINGRU-
BER/BIGLER, Kommentar zum Gesamtarbeitsvertrag mit Einschluss der Allgemeinverbindlicherklärung, 3. Aufl. Bern 1985; STÖCKLI, Der Inhalt des
Gesamtarbeitsvertrages, Bern 1990; DERS., Spitzenlöhne und das kollektiv-
arbeitsrechtliche Zumutbarkeitsprinzip, ArbR 2006, 169 ff.; STREIFF/VON
KAENEL, Arbeitsvertrag, 6. Aufl. Zürich 2006; VISCHER, Der Arbeitsvertrag,
3. Aufl. Basel/Genf/München 2005; DERS., Fragen aus dem Kollektivarbeits-
recht, AJP 1995, 547 ff.; DERS., Wirkungen des Verbandaustritts des Arbeitgebers auf die Geltung des Gesamtarbeitsvertrags, in: Hasenböhler/Schny-
der (Hrsg.), Zivilprozessrecht, Arbeitsrecht: Entwicklungen im kantonalen,
nationalen und internationalen Recht, Kolloquium zu Ehren von Professor
Adrian Staehelin, Zürich 1997, 95 ff.; DERS., Gesamtarbeitsvertrag und Normalarbeitsvertrag, in: Die Rechtsentwicklung an der Schwelle zum 21. Jahrhundert, Zürich 2001, 397 ff.

I. Begriff

1 Der Gesamtarbeitsvertrag (**GAV**) ist ein Vertrag zwischen einzelnen oder mehreren Arbeitgebern oder deren Verbänden einerseits und einzelnen oder mehreren Arbeitnehmerverbänden andererseits, der die kollektive Regelung der Arbeitsverhältnisse der beteiligten Arbeitgeber und Arbeitnehmer bezweckt (Abs. 1; BSK OR I-PORTMANN, N 1).

2 **Vertragsparteien** können auf Arbeitgeberseite sowohl einzelne Arbeitgeber als auch Arbeitgeberverbände sein. Auf Arbeitnehmerseite kommen hingegen nur Arbeitnehmerverbände als Vertragspartei in Betracht.

3 Da mit dem Abschluss eines GAV die Rechtsmacht verbunden ist, mit Wirkung für Dritte rechtlich verbindliche Normen aufzustellen (s. Art. 357 Abs. 1), müssen die Verbände bestimmte Anforderungen erfüllen, um Partei eines GAV sein zu können. Erforderlich ist die sog. **Tariffähigkeit**. Ein Verband ist tariffähig, wenn er die folgenden kumulativen Voraussetzungen erfüllt (BSK OR I-PORTMANN, N 2 ff.):

- Der Verband muss als **juristische Person** konstituiert sein. Nicht tariffähig sind damit namentlich sog. ad hoc-Koalitionen von Arbeitnehmern sowie die Arbeitnehmervertretung im Betrieb. Vereinbarungen, die der Arbeitgeber mit der Arbeitnehmervertretung abschliesst (sog. **Betriebsvereinbarungen**), sind daher kein GAV (zur normativen Wirkung siehe aber Art. 357 N 2).
- Die **Mitgliedschaft** im Verband muss **freiwillig** sein.
- Der Verband muss personell, finanziell, organisatorisch und ideell **vom Gegner unabhängig** sein. Diese Unabhängigkeit kann beim sog. Hausverband, dessen Mitglieder nur aus der Arbeitnehmerschaft eines bestimmten Betriebs stammen, fraglich sein.
- Der Verband muss **von Dritten unabhängig** sein, namentlich von Staat, Kirchen und Parteien.
- Der **Verbandszweck** muss die Wahrnehmung von Arbeitgeber- oder Arbeitnehmerinteressen umfassen. Eine Bereitschaft zum Arbeitskampf ist hingegen nicht erforderlich.

4 Nebst dem Erfordernis der Tariffähigkeit muss der Verband aufgrund seiner Statuten oder Billigung seitens seiner Mitglieder auch befugt sein, den betreffenden GAV abzuschliessen (sog. **Tarifzuständigkeit**). Die Tarifzuständigkeit muss räumlich, fachlich, betrieblich und persönlich gegeben sein (BK-STÖCKLI, N 43).

5 Man unterscheidet verschiedene **Arten** von GAV. So spricht man vom **Verbandsvertrag**, wenn beide Vertragsparteien Verbände sind, und vom **Firmenvertrag**, wenn er auf Arbeitgeberseite von einem Arbeitgeber unterzeichnet wird. Nach dem örtlichen Geltungsbereich werden **Landesverträge**, **regionale** und **lokale Verträge** unterschieden. Nach dem sachlichen Gel-

tungsbereich unterscheidet man zwischen **Branchenverträgen**, die für Betriebe eines bestimmten Wirtschaftszweigs gelten, und **Berufsverträgen**, die sich auf bestimmte fachliche Tätigkeiten beziehen (ZK-VISCHER/ALBRECHT, N 23 ff. mit weiteren Unterscheidungen).

Eine besondere Art des GAV stellt der **Sozialplan** dar, wenn er zwischen dem Arbeitgeber und einem Arbeitnehmerverband vereinbart wird (BGE 132 III 32, 44). Sein Zweck besteht primär darin, bei Entlassungen aus wirtschaftlichen Gründen Härten für die betroffenen Arbeitnehmer zu vermeiden oder zu mildern. Hinsichtlich der normativen Wirkung wie ein GAV behandelt wird auch der Sozialplan, den die Arbeitnehmervertretung im Betrieb gestützt auf eine Delegationsnorm im GAV mit dem Arbeitgeber abschliesst (BGE 133 III 213, 215 f.; dazu R. A. MÜLLER, ARV 2007, 156 ff.).   6

Hauptziel des GAV ist der **Schutz des Arbeitnehmers** als die wirtschaftlich schwächere Partei (BGE 74 II 158 E. 3.c). Daneben hat er eine **Ordnungsfunktion**, indem er Mindestarbeitsbedingungen schafft und insoweit wirtschaftlichen Wettbewerb ausschaltet (VISCHER, 325). Von besonderer Bedeutung ist schliesslich die **Friedensfunktion**, indem er die Vertragsparteien verpflichtet, während seiner Geltungsdauer den Arbeitsfrieden zu wahren (Art. 357a Abs. 2).   7

II. Inhalt, Auslegung und Durchsetzbarkeit

1. Schuldrechtliche Bestimmungen (Abs. 3)

Die schuldrechtlichen (besser: vertragsrechtlichen) Bestimmungen regeln die **gegenseitigen Rechte und Pflichten der Vertragsparteien** (Abs. 3). Dritte, namentlich die beteiligten Arbeitnehmer und Arbeitgeber (s. Art. 357 N 3), werden durch sie grundsätzlich weder berechtigt noch verpflichtet. Von Gesetzes wegen bestehen die Einhaltungs-, Durchführungs-, Einwirkungs- und Friedenspflicht (Art. 357a). Die Vertragsparteien können im Rahmen der Rechtsordnung weitere Vereinbarungen treffen, wie z.B. die Vereinbarung von Kautionen und Konventionalstrafen, von Schiedsgerichten und anderen Schlichtungsstellen, von gemeinsamer Durchführung (Art. 357b), die Errichtung, Verwaltung und Finanzierung gemeinsamer Einrichtungen wie Sozialfonds und Ausgleichskassen usw.   8

Die **Auslegung** der schuldrechtlichen Bestimmungen erfolgt nach den Regeln über die Auslegung von **Verträgen** (BGE 127 III 318, 322).   9

Ihre **Durchsetzung** richtet sich nach den allgemeinen Regeln über die Vertragsverletzung. Aktiv- und passivlegitimiert sind grundsätzlich nur die **Vertragsparteien** des GAV. Bei mehreren Vertragsparteien auf Kläger- oder Beklagtenseite bilden diese eine notwendige Streitgenossenschaft. Häufig werden zur Durchsetzung des GAV Konventionalstrafen, Schlichtungs- und Schiedsverfahren vereinbart.   10

2.   Normative Bestimmungen (Abs. 1)

11   Die normativen Bestimmungen betreffen den **Abschluss, den Inhalt und die Beendigung der Arbeitsverhältnisse** der beteiligten Arbeitgeber und Arbeitnehmer. Es geht hier um Regelungsgegenstände, wie sie namentlich in den Art. 319 bis 340c enthalten sind. Die Wirkungen der normativen Bestimmungen legt Art. 357 fest, deren inhaltliche Schranken Art. 358.

12   Für die **Auslegung** der normativen Bestimmungen sind die Regeln über die Auslegung von **Gesetzen** massgebend, wobei allerdings der Wille der am Abschluss der GAV beteiligten Parteien in einem gewissen Masse zu berücksichtigen ist (BGE 133 III 213, 218; 127 III 318, 322).

13   Die **Durchsetzung** der normativen Bestimmungen erfolgt v. a. auf dem Wege von Zivilklagen zwischen den einzelnen **beteiligten Arbeitnehmern und Arbeitgebern.** Durch die **Verbände** erfolgt sie in erster Linie mittelbar durch Einwirkung auf ihre Mitglieder (s. Art. 357a Abs. 1), ferner durch die Geltendmachung abgetretener Forderungen. Zudem steht den Verbänden unter den folgenden Voraussetzungen ein **eigenes Klagerecht** zu:
- **Verbandsklage,** sofern (i) damit der Schutz eines kollektiven Interesses bezweckt wird, das nicht nur das persönliche Interesse der Verbandsmitglieder umfasst, sondern auch dasjenige von sonstigen Personen, die denselben Beruf ausüben, (ii) der Verband aufgrund seiner Statuten berechtigt ist, die wirtschaftlichen Interessen seiner Mitglieder zu wahren, und (iii) dass die Mitglieder selbst klageberechtigt sind. Das Verbandsklagerecht geht auf Feststellung, bei Klagen nach Art. 28 ZGB auch auf Beseitigung (BGer, JAR 1989, 308), nicht aber auf Leistung (BGE 125 III 82).
- **Klage gestützt auf Art. 28 ZGB,** um die Verletzung eines GAV feststellen zu lassen, die zum Nachteil eines Verbandsmitglieds von einem Arbeitgeber begangen wurde, der selbst Partei des GAV ist (BGE 125 II 82, 84).
- **Klage gemäss Art. 9 Abs. 1 und 10 Abs. 2 lit. a UWG,** sofern (i) der Verband aufgrund seiner Statuten berechtigt ist, die wirtschaftlichen Interessen seiner Mitglieder zu wahren, und (ii) eine Verletzung von Art. 7 UWG gerügt wird, also die Nichteinhaltung von Arbeitsbedingungen, die durch Rechtssatz oder Vertrag auch dem Mitbewerber auferlegt oder berufs- oder ortsüblich sind. Mit der Klage kann beantragt werden, dass die Verletzung verboten, beseitigt oder deren Widerrechtlichkeit festgestellt wird. Sind die wirtschaftlichen Interessen seiner Mitglieder verletzt, muss der Verband selbst nicht Opfer der unlauteren Handlung sein (BGE 125 III 82, 86).
- **Klage der Verbandsgemeinschaft gemäss Art. 357b Abs. 1 lit. a** bei vereinbarter gemeinsamer Durchführung (s. dort).

3. Indirekt-schuldrechtliche Bestimmungen (Abs. 2)

Gemäss Abs. 2 kann der GAV auch «andere Bestimmungen enthalten, soweit   **14**
sie das Verhältnis zwischen Arbeitgebern und Arbeitnehmern betreffen».
Charakteristisch für diese sog. indirekt-schuldrechtlichen Bestimmungen
ist, dass sie Rechte oder Pflichten begründen zwischen einer Partei des Einzelarbeitsvertrags und ihrem Verband, den GAV-Parteien oder der Vertragsgemeinschaft im Falle von Art. 357b. Ihr Gegenstand sind z. B. Leistungen
des Arbeitgebers zugunsten der Belegschaft (sog. **Solidarnormen**), die Ordnung und das Verhalten der Arbeitnehmer im Betrieb (sog. **Ordnungs-
normen**), betriebliche Mitwirkung und Leistungen an Ausgleichskassen.

Die **Auslegung** der indirekt-schuldrechtlichen Bestimmungen richtet sich   **15**
nach denselben Regeln wie die der normativen Bestimmungen (Portmann/
Stöckli, N 1159; dazu oben N 12).

Ihre **Durchsetzung** erfolgt zwischen dem Verbandsmitglied und seinem Ver-   **16**
band nach Massgabe der verbandrechtlichen Mitgliedschaftspflichten, mittels Einwirkung der GAV-Parteien auf den betreffenden Verband (Art. 357a
Abs. 1) oder bei vereinbarter gemeinsamer Durchführung durch die Vertragsgemeinschaft (Art. 357b). Hingegen können sie nicht Gegenstand einer
Zivilklage zwischen Arbeitgeber und Arbeitnehmer sein (BSK OR I-Portmann, N 26 f.).

III. Mehrere Verbände als Vertragspartei (Abs. 4)

An einem GAV können auf Arbeitgeber- wie auf Arbeitnehmerseite von An-   **17**
fang an oder durch nachträglichen Beitritt **mehrere Verbände** oder mehrere Arbeitgeber beteiligt sein. Abs. 4 schreibt zwingend vor, dass diese im
Verhältnis zueinander **gleiche Rechte und Pflichten** haben, z. B. bei der
Tragung finanzieller Lasten und bei der Einsitznahme in gemeinsame Organe. Verlangt wird aber lediglich eine **relative Gleichheit** aufgrund propor-
tionaler Gewichtung. Kriterien hierfür sind Mitgliederanzahl, Grösse, Bedeutung und finanzielle Leistungsfähigkeit (BSK OR I-Portmann, N 29;
ZK-Vischer/Albrecht, N 61; BK-Stöckli, N 147).

Nach der Rechtsprechung hat ein **repräsentativer Minderheitsverband**   **18**
grundsätzlich einen **Rechtsanspruch auf Beitritt** zu einem bestehenden
GAV (BGE 121 III 168, 172; 113 II 37, 45 f.). Grundlage dieses Anspruchs
ist das Persönlichkeitsrecht. Die erforderliche Repräsentanz ist gegeben,
wenn der Verband auf kantonaler oder eidgenössischer Ebene eine bedeu-
tende Minderheit vertritt, auch wenn dies im konkreten Betrieb nicht zutrifft. Die GAV-Parteien dürfen den Beitritt nur verweigern, wenn sie ein
schutzwürdiges Interesse daran haben. Dies ist der Fall, wenn sich der bei-
trittswillige Verband illoyal verhält oder sich dem GAV nicht vollständig un-
terwerfen will (BGE 121 III 168, 172; 118 II 431, 433). Unter den gleichen

Voraussetzungen hat eine Minderheitsgewerkschaft auch einen **Verhandlungsanspruch** und ferner das Recht, trotz einer dies ausschliessenden Vereinbarung im GAV (sog. Exklusivklausel) mit einer Vertragspartei einen inhaltlich identischen GAV (sog. **Parallelvertrag**) abzuschliessen (BGE 121 III 168, 172; Schiedsgericht CCP/Swiss International Air Lines AG Basel, JAR 2003, 435).

Art. 356a

2. Freiheit der Organisation und der Berufsausübung

¹ Bestimmungen eines Gesamtarbeitsvertrages und Abreden zwischen den Vertragsparteien, durch die Arbeitgeber oder Arbeitnehmer zum Eintritt in einen vertragschliessenden Verband gezwungen werden sollen, sind nichtig.

² Bestimmungen eines Gesamtarbeitsvertrages und Abreden zwischen den Vertragsparteien, durch die Arbeitnehmer von einem bestimmten Beruf oder einer bestimmten Tätigkeit oder von einer hiefür erforderlichen Ausbildung ausgeschlossen oder darin beschränkt werden, sind nichtig.

³ Bestimmungen und Abreden im Sinne des vorstehenden Absatzes sind ausnahmsweise gültig, wenn sie durch überwiegende schutzwürdige Interessen, namentlich zum Schutz der Sicherheit und Gesundheit von Personen oder der Qualität der Arbeit gerechtfertigt sind; jedoch gilt nicht als schutzwürdig das Interesse, neue Berufsangehörige fernzuhalten.

I. Allgemeines

1   Die Bestimmung stellt **inhaltliche Schranken** auf für Vereinbarungen, die auf der Ebene des kollektiven Arbeitsrechts getroffen werden können. Ihr Ziel ist es zu verhindern, dass Gewerkschaften ihre kollektive Verhandlungsmacht dazu missbrauchen, Nichtmitglieder faktisch zum Verbandsbeitritt zu zwingen oder den Wettbewerb auf dem Arbeitsmarkt ungerechtfertigt zu beschränken. Sie gewährleistet daher in Abs. 1 die negative Koalitionsfreiheit und in den Abs. 2 und 3 die Freiheit der Berufsausübung.

II.   Negative Koalitionsfreiheit (Abs. 1)

Abs. 1 konkretisiert und gewährleistet die **negative Koalitionsfreiheit**   2
(s. u. a. Art. 28 Abs. 1 BV, Art. 11 EMRK, Art. 8 UNO-Pakt I) im Bereich des
GAV, um den Arbeitnehmer privatrechtlich vor Verbandszwang zu schützen.
Bestimmungen eines GAV und Abreden zwischen den Vertragsparteien,
durch die Arbeitgeber oder Arbeitnehmer zum Eintritt in einen vertragschliessenden Verband gezwungen werden sollen, sind deshalb nichtig.

Unzulässig sind insbesondere die sog. **Absperrklauseln**. Diese verpflichten   3
den Arbeitgeber, ausschliesslich Mitglieder der vertragsschliessenden Gewerkschaft zu beschäftigen. Sie kommen vor als:
- *Closed shop-Klausel*, wonach der Arbeitgeber verpflichtet ist, nur solche
  Arbeitnehmer einzustellen, die bereits Mitglied einer vertragsschliessenden Gewerkschaft sind;
- *Union shop-Klausel*, wonach der Arbeitgeber zwar Nicht-Mitglieder an-
  stellen darf, diese aber wieder entlassen muss, wenn sie nicht innert einer bestimmten Frist der vertragsschliessenden Gewerkschaft beitreten;
  und als
- *Maintenance of membership-Klausel*, wonach der Arbeitgeber eine Arbeitnehmerin entlassen muss, wenn diese aus der vertragsschliessenden
  Gewerkschaft austritt.

Umstritten ist die Zulässigkeit von sog. **Differenzierungsklauseln**. Hier un-   4
terscheidet man:
- *Vorzugsklauseln*, wonach der Arbeitgeber die Mitglieder einer vertragsschliessenden Gewerkschaft begünstigen muss (ist die Differenzierung
  dauerhaft aufrechtzuerhalten, so spricht man von *Spannklauseln*); und
- *Ausschlussklauseln*, die es dem Arbeitnehmer untersagen, Nicht-Mit-
  gliedern einer vertragsschliessenden Gewerkschaft gesamtarbeitsver-
  tragliche Leistungen zu gewähren.

Nach der h. L. sind Differenzierungsklauseln nur zulässig, wenn die Vertragsparteien dem Aussenseiter uneingeschränkt den Anschluss gemäss
Art. 356b ermöglichen und der Vorteil der Verbandsmitglieder nicht übermässig ist (BK-Stöckli, N 13; BSK OR I-Portmann, N 7).

Unzulässig ist schliesslich die **Exklusivvertragsklausel**, wonach der Ar-   5
beitgeber mit anderen Gewerkschaften keine gleichlautenden Gesamtarbeitsverträge abschliessen darf (BSK OR I-Portmann, N 8).

Über ihren Wortlaut hinaus schützt die Bestimmung auch das Recht, aus der   6
Koalition **auszutreten** (BK-Stöckli, N 14).

Nicht von Art. 356a erfasst ist die **positive Koalitionsfreiheit**, also das Recht   7
des einzelnen Arbeitnehmers oder Arbeitgebers, eine Koalition zu gründen,
ihr beizutreten, in ihr zu verbleiben und an ihren Aktivitäten teilzunehmen

(unzutreffend HANDKOMM-EGLI, N 1). Hier sind je nach den Umständen andere Rechtsnormen anwendbar (Art. 27 Abs. 2 und 28 ZGB; Art. 328 und 336 Abs. 2 lit. a OR; s. PORTMANN/STÖCKLI, N 1007 ff.).

III. Freiheit der Berufsausübung (Abs. 2 und 3)

8 Die Abs. 2 und 3 befassen sich mit Bestimmungen eines GAV und Abreden zwischen den Vertragsparteien, durch die Arbeitnehmer von einem bestimmten Beruf, einer bestimmten Tätigkeit oder von einer hierfür erforderlichen Ausbildung ausgeschlossen oder darin beschränkt werden. Darunter fallen namentlich **Abschlussverbote**, also die Verpflichtung des Arbeitgebers, keine Arbeitnehmer zu beschäftigen, die bestimmte Voraussetzungen wie z. B. Gewerkschaftszugehörigkeit, Alter, Wohnort, usw. nicht erfüllen (ZK-VISCHER/ALBRECHT, N 34; BK-STÖCKLI, N 34 ff.).

9 Solche Bestimmungen und Abreden sind **grundsätzlich nichtig** (Abs. 2). Sie sind jedoch **ausnahmsweise gültig**, wenn sie durch **überwiegende schutzwürdige Interessen** gerechtfertigt sind. Das Gesetz nennt als Rechtfertigungstatbestände namentlich den Schutz der Sicherheit und Gesundheit von Personen (z. B. von schwangeren Frauen, stillenden Müttern, Jugendlichen, Kunden) und die Qualität der Arbeit (z. B. Ausschluss ungelernter Arbeitnehmer von bestimmten Berufsarbeiten). Nicht als Rechtfertigungsgrund gilt das Interesse, neue Berufsangehörige fernzuhalten.

Art. 356*b*

3. **Anschluss**

¹ Einzelne Arbeitgeber und einzelne im Dienst beteiligter Arbeitgeber stehende Arbeitnehmer können sich mit Zustimmung der Vertragsparteien dem Gesamtarbeitsvertrag anschliessen und gelten als beteiligte Arbeitgeber und Arbeitnehmer.

² Der Gesamtarbeitsvertrag kann den Anschluss näher regeln. Unangemessene Bedingungen des Anschlusses, insbesondere Bestimmungen über unangemessene Beiträge, können vom Richter nichtig erklärt oder auf das zulässige Mass beschränkt werden; jedoch sind Bestimmungen oder Abreden über Beiträge zugunsten einer einzelnen Vertragspartei nichtig.

[3] **Bestimmungen eines Gesamtarbeitsvertrages und Abreden zwischen den Vertragsparteien, durch die Mitglieder von Verbänden zum Anschluss gezwungen werden sollen, sind nichtig, wenn diesen Verbänden die Beteiligung am Gesamtarbeitsvertrag oder der Abschluss eines sinngemäss gleichen Vertrages nicht offensteht.**

I. Der förmliche Anschluss (Abs. 1)

Die Bestimmung regelt den sog. **Anschluss.** Es handelt sich dabei um einen **Vertrag**, dessen Zweck darin besteht, die normative Wirkung des GAV (Art. 357) auf einzelne Arbeitnehmer oder Arbeitgeber auszudehnen, die nicht Mitglied eines vertragsschliessenden Verbands sind (sog. **Aussenseiter**) und daher durch den GAV grundsätzlich nicht gebunden sind.   1

Parteien des Anschlussvertrags sind auf der einen Seite die GAV-Parteien und auf der anderen Seite entweder (a) der einzelne Arbeitgeber, der keiner GAV-Partei angehört, oder (b) der einzelne Arbeitnehmer, der keiner GAV-Partei angehört, aber bei einem beteiligten Arbeitgeber im Dienste steht.   2

Die GAV-Parteien dürfen den Antrag auf Anschluss ohne berechtigtes Interesse nicht ablehnen (ZK-Vischer/Albrecht, N 36; BK-Stöckli, N 13).   3

Zu seiner Gültigkeit bedarf der Anschlussvertrag der **Schriftform** (Art. 356c Abs. 1). Eine GAV-Bestimmung, wonach die vertragsgebundenen Arbeitgeber den GAV auch auf nicht beteiligte Arbeitnehmer anzuwenden haben (sog. **Ausdehnungsklausel**), ist deshalb mangels Schriftform bloss eine *invitatio ad offerendum* und keine rechtswirksame Offerte zum Abschluss eines Anschlussvertrags (BK-Stöckli, N 4; **a. A.** ZK-Vischer/Albrecht, N 35; Handkomm-Egli, N 4).   4

Die **Rechtsfolge** des Anschlusses besteht darin, dass der betreffende Arbeitnehmer oder Arbeitgeber als **beteiligter Arbeitnehmer oder Arbeitgeber** gemäss Art. 357 Abs. 1 gilt und damit der normativen Wirkung der arbeitsvertraglichen Bestimmungen des GAV unterliegt. Hingegen verleiht der Anschluss **keine Parteistellung** am GAV. Der Angeschlossene ist daher nicht an die schuldrechtlichen Bestimmungen des GAV gebunden. An die indirekt-schuldrechtlichen Bestimmungen ist er nur gebunden, soweit dies im Anschlussvertrag vereinbart wurde und gegebenenfalls im Rahmen der gemeinsamen Durchführung (Art. 357b).   5

II. Bedingungen des Anschlusses (Abs. 2)

Gemäss **Abs. 2** kann der GAV den Anschluss näher regeln. **Unangemessene Bedingungen** des Anschlusses, insb. Bestimmungen über unangemessene   6

Beiträge, können vom Gericht für nichtig erklärt oder auf das zulässige Mass beschränkt werden. Auf das Verfahren ist Art. 343 nicht anwendbar (STREIFF/VON KAENEL, N 8; **a. A.** ZK-VISCHER/ALBRECHT, N 42; HAND-KOMM-EGLI, N 10). Die Vertragsparteien bilden eine notwendige Streitgenossenschaft (ZK-VISCHER/ALBRECHT, N 42).

7   Von Bedeutung ist die Vorschrift v. a. für die sog. **Solidaritätsbeiträge.** Diese werden von Angeschlossenen regelmässig erhoben als Gegenleistung für die mit dem Anschluss verbundenen Vorteile. Das Erheben von Solidaritätsbeiträgen ist **grundsätzlich zulässig,** soweit dadurch kein Druck auf den Angeschlossenen ausgeübt wird, dem Verband beizutreten. Solidaritätsbeiträge müssen daher tiefer sein als Verbandsbeiträge (PORTMANN/STÖCKLI, N 1095). Generell unzulässig sind Bestimmungen oder Abreden über Beiträge zugunsten einer einzelnen Vertragspartei (Abs. 3). Die Solidaritätsbeiträge stehen allen Vertragsparteien zu gesamter Hand zu (PORTMANN/ STÖCKLI, N 1096).

III. Anschlusszwang (Abs. 3)

8   Gegenstand der Regelung von Abs. 3 sind Bestimmungen im Gesamtarbeitsvertrag und Abreden zwischen den Vertragsparteien, durch die einzelne Arbeitgeber und Arbeitnehmer **zum Anschluss gezwungen** werden sollen. Eine entsprechende Regelung findet sich in Art. 356a Abs. 1 betreffend den Verbandszwang.

9   Im Gegensatz zum Verbandszwang ist der Anschlusszwang nach Abs. 3 **grundsätzlich erlaubt.** Der Anschluss tangiert die negative Koalitionsfreiheit nicht, da er nicht mit einer Mitgliedschaft im Verband verbunden ist. Deshalb sind Absperr- und Differenzierungsklauseln (s. Art. 356a N 3 f.) im GAV zulässig, wenn sie dahingehend gemildert sind, dass durch sie Verbandsmitglieder und Angeschlossene gegenüber Aussenseitern gleichermassen bevorzugt werden (PORTMANN/STÖCKLI, N 1097; differenzierend ZK-VISCHER/ALBRECHT, N 86).

10   **Nicht zulässig** ist hingegen der **Anschlusszwang gegenüber Andersorganisierten,** wenn deren Verbänden die Beteiligung am GAV oder der Abschluss eines sinngemäss gleichen Vertrags nicht offen steht. Andernfalls könnte der Anschlusszwang die Andersorganisierten dazu veranlassen, aus ihrem Verband auszutreten. Mit der positiven Koalitionsfreiheit wäre dies nicht zu vereinbaren (PORTMANN/STÖCKLI, N 1097).

Art. 356*c*

1. **Form und Dauer**

¹ **Der Abschluss des Gesamtarbeitsvertrages, dessen Änderung und Aufhebung durch gegenseitige Übereinkunft, der Beitritt einer neuen Vertragspartei sowie die Kündigung bedürfen zu ihrer Gültigkeit der schriftlichen Form, ebenso die Anschlusserklärung einzelner Arbeitgeber und Arbeitnehmer und die Zustimmung der Vertragsparteien gemäss Artikel 356b Absatz 1 sowie die Kündigung des Anschlusses.**

² **Ist der Gesamtarbeitsvertrag nicht auf bestimmte Zeit abgeschlossen und sieht er nichts anderes vor, so kann er von jeder Vertragspartei mit Wirkung für alle anderen Parteien nach Ablauf eines Jahres jederzeit auf sechs Monate gekündigt werden. Diese Bestimmung gilt sinngemäss auch für den Anschluss.**

I. Schriftformerfordernis (Abs. 1)

Abs. 1 enthält einen Katalog von Rechtsgeschäften, die zu ihrer **Gültigkeit** der **Schriftform** bedürfen. 1

Zum einen sind alle Rechtsgeschäfte erfasst, die mit **Abschluss, Änderung und Beendigung des GAV** zusammenhängen. Darunter fällt insb. auch die Aufhebung durch gegenseitige Übereinkunft (lex specialis zu Art. 115). 2

Zum andern verlangt das Gesetz die Schriftform für alle Willenserklärungen, die mit dem förmlichen **Anschluss** (Art. 356b) zusammenhängen, da diese ebenfalls normative Wirkungen auslösen. Andere Formen der Einbindung von Aussenseitern, die keine normative Wirkung auslösen, unterstehen nicht dem Formerfordernis (ZK-VISCHER/ALBRECHT, N 16). 3

Sinn und Zweck des Schriftformerfordernisses ist die eindeutige Festlegung des Vertragsinhalts und der beteiligten Arbeitgeber und Arbeitnehmer. Es dient also der Schaffung von **Rechtssicherheit und Rechtsklarheit** und nicht dem Schutz vor Übervorteilung. Das Schrifttum stellt teils qualifizierte **Anforderungen an das Formerfordernis**, indem abweichend von den allgemeinen Regeln zu Art. 12 nur ein allseitig unterschriebenes Dokument als formgültig erachtet wird (BK-STÖCKLI, N 3; PORTMANN/STÖCKLI, N 1072). 4

II. Dauer und Beendigung (Abs. 2)

1. Inkrafttreten

5 Der GAV kommt durch gegenseitige, übereinstimmende, schriftliche Willenserklärung der Parteien zustande. Er tritt **unter den Vertragsparteien** mit rechtsgültiger Unterzeichnung in Kraft (BK-STÖCKLI, N 8; ZK-VISCHER/ ALBRECHT, N 18).

6 Für die **normativen** und die **indirekt-schuldrechtlichen Bestimmungen** bestimmt i. d. R. der GAV, wann diese in Kraft treten. Andernfalls werden diese ebenfalls bei Vertragsschluss wirksam. Sie finden gemäss Art. 3 SchlT ZGB auch auf Arbeitsverhältnisse Anwendung, die vor diesem Zeitpunkt abgeschlossen wurden (ZK-VISCHER/ALBRECHT, N 18).

7 Der GAV kann grundsätzlich auch **rückwirkend** in Kraft gesetzt werden. Die Vertragsparteien unterliegen dabei aber denselben Schranken wie der staatliche Gesetzgeber bei der rückwirkenden Inkraftsetzung von Gesetzen. Die Rückwirkung muss (i) ausdrücklich angeordnet oder nach dem Sinn der Regelung klar gewollt sein, (ii) in zeitlicher Hinsicht mässig sein, (iii) sie darf zu keinen stossenden Rechtsungleichheiten führen, (iv) sie muss sich durch triftige Gründe rechtfertigen lassen, und (v) sie darf nicht in wohlerworbene Rechte des Arbeitnehmers eingreifen. Letzteres verbietet es, den Inhalt eines abgeschlossenen und erfüllten Vertrags nachträglich zuungunsten des Arbeitnehmers abzuändern (z. B. rückwirkende Lohnsenkung; BK-STÖCKLI, N 11 ff.; ZK-VISCHER/ALBRECHT, N 19 ff., je m. w. Nw.).

8 Der Beginn einer allfälligen **Allgemeinverbindlichkeit** wird durch die zuständige Behörde bestimmt (Art. 12 Abs. 2 AVEG).

2. Beendigung

9 Die Beendigung des GAV richtet sich grundsätzlich nach den **allgemeinen Regeln** für die Beendigung von Dauerschuldverhältnissen. Beendigungsgründe sind daher insbesondere:

– **Zeitablauf**, wenn der GAV befristet ist. Üblich sind Laufzeiten zwischen zwei und vier Jahren; vereinzelt wird auch eine fünfjährige Laufzeit vereinbart.

– **Ordentliche Kündigung**, wenn der GAV auf unbestimmte Zeit abgeschlossen wurde. Gemäss Abs. 2 kann er von jeder Vertragspartei mit Wirkung für alle Vertragsparteien nach Ablauf eines Jahres auf sechs Monate gekündigt werden. Die Parteien können allerdings eine abweichende Vereinbarung treffen.

– **Ausserordentliche Kündigung aus wichtigem Grund**. Ein solcher wird allerdings nur mit grösster Zurückhaltung bejaht (z. B. die fortgesetzte schwere Vertragsverletzung durch eine Vertragspartei, die unmittelbare Gefahr des Konkurses für die Arbeitgeberseite bei Weiterführung, Ver-

lust der GAV-Fähigkeit einer Vertragspartei; BK-Stöckli, N 25; ZK-Vischer/Albrecht, N 36 ff.; Streiff/von Kaenel, N 6).
– Schriftlicher **Aufhebungsvertrag.**
Ausführlich zur Aufhebung und Beendigung des GAV ZK-Vischer/Albrecht, N 24 ff.; BK-Stöckli, N 16 ff.

Nach Beendigung des GAV haben dessen Bestimmungen grundsätzlich keine 10
Wirkungen mehr, sofern die Vertragsparteien keine anderslautende Vereinbarung getroffen haben. Gemäss BGE 130 III 19, 22 ff. findet auch **keine normative Nachwirkung** statt, wenn sie der GAV nicht vorsieht. Aus Sicht des Einzelarbeitsvertrags fallen die (ehemals) normativen Bestimmungen jedoch nicht einfach weg, sondern gelten als dem tatsächlichen Parteiwillen entsprechender Vertragsinhalt, sofern die Parteien keine abweichende Vereinbarung getroffen haben und den Arbeitsvertrag während der Geltungsdauer des GAV geschlossen haben (BGE a. a. O.; ausführlich dazu Geiser, ARV 2004, 143 ff.). Die normativen Bestimmungen des GAV wirken somit als einzelarbeitsvertragliche Vereinbarungen nach, die nur konsensual oder mittels Änderungskündigung abgeändert oder aufgehoben werden können.

Art. 357

Wirkungen auf die beteiligten Arbeitgeber und Arbeitnehmer	[1] **Die Bestimmungen des Gesamtarbeitsvertrages über Abschluss, Inhalt und Beendigung der einzelnen Arbeitsverhältnisse gelten während der Dauer des Vertrages unmittelbar für die beteiligten Arbeitgeber und Arbeitnehmer und können nicht wegbedungen werden, sofern der Gesamtarbeitsvertrag nichts anderes bestimmt.**
	[2] **Abreden zwischen beteiligten Arbeitgebern und Arbeitnehmern, die gegen die unabdingbaren Bestimmungen verstossen, sind nichtig und werden durch die Bestimmungen des Gesamtarbeitsvertrages ersetzt; jedoch können abweichende Abreden zugunsten der Arbeitnehmer getroffen werden.**

I. Regelungsgegenstand

Die Bestimmung regelt die Wirkungen des GAV für die beteiligten Arbeit- 1
geber und Arbeitnehmer. Sie bildet den eigentlichen **Kern des kollektiven Arbeitsrechts**: Die Gestaltung von Arbeitsbedingungen auf kollektiver Ebene.

2   **Regelungsgegenstand** sind die Bestimmungen des GAV über **Abschluss, Inhalt und Beendigung des Arbeitsverhältnisses**, also die sog. arbeitsvertraglichen oder **normativen Bestimmungen** (s. Art 356 Abs. 1). Dazu gehören nicht nur die Bestimmungen im GAV selbst, sondern auch Bestimmungen in einer vereinbarten Betriebsordnung i.S.v. Art. 38 Abs. 2 ArG, die der Arbeitgeber mit der Arbeitnehmervertretung des Betriebs gestützt auf eine Delegationsnorm im GAV abschliesst (BGE 133 III 213, 215 f. – Sozialplan; dazu R. A. MÜLLER, ARV 2007, 156 ff.).

3   Nicht unter Art. 357 sondern unter Art. 357a fallen die schuldrechtlichen Bestimmungen des GAV, also diejenigen Normen, welche das Verhältnis unter den Vertragsparteien regeln (s. Art. 356 N 8). Ebenfalls nicht von Art. 357 erfasst sind die indirekt-schuldrechtlichen Bestimmungen. Diese begründen nicht unmittelbar Rechte und Pflichten zwischen Arbeitgeber und Arbeitnehmer (s. Art. 356 N 14).

II. Wirkung der normativen Bestimmungen

4   Die normativen Bestimmungen gelten gemäss Abs. 1 «unmittelbar». Sie gelten unabhängig vom Willen der Einzelarbeitsvertragsparteien und müssen nicht in den Einzelarbeitsvertrag übernommen werden. Darin kommt ihre **normative, d. h. gesetzesähnliche Wirkung** zum Ausdruck. Heute ist sich die Lehre einig darüber, dass sich die Befugnis der Vertragsparteien, privatautonom Normen mit gesetzesähnlicher, also normativer Wirkung zu schaffen (sog. **autonome Satzungsgewalt**), aus Art. 357 Abs. 1 ergibt (s. BK-STÖCKLI, N 1 m. w. Nw.).

5   Die normativen Bestimmungen dürfen ferner zum Schutz des Arbeitnehmers nicht wegbedungen werden (**Prinzip der Unabdingbarkeit**). Dies gilt auch für dispositive Gesetzesnormen, die im GAV wiederholt werden; diese erhalten dadurch teilzwingenden Charakter. Gegen unabdingbare Bestimmungen verstossende Abreden zwischen beteiligten Arbeitgebern und Arbeitnehmern sind nichtig und werden durch die Bestimmungen des Gesamtarbeitsvertrages ersetzt (Abs. 2).

6   Vom Prinzip der Unabdingbarkeit macht das Gesetz jedoch zwei **Ausnahmen**: Zum einen kann der GAV selbst vorsehen, dass Abweichungen von seinen Bestimmungen zulässig sind (sog. **Öffnungsklausel**). Zum andern lässt Abs. 2 abweichende Abreden zugunsten des Arbeitnehmers ausdrücklich zu (sog. **Günstigkeitsprinzip**). Die Abklärung der Frage, ob eine für den Arbeitnehmer günstigere Abrede vorliegt, ist nach der Methode des **Gruppenvergleichs** unter Anlegung eines objektiven Massstabs vorzunehmen (BGE 116 II 153, 155). Nach dem Gruppenvergleich werden eng zusammengehörige Bestimmungen des GAV und des Einzelarbeitsvertrages gegeneinander abgewogen. Eine gemeinsame Gruppe bilden etwa Arbeitszeit- und Lohn-

regelung (BGer 4C.67/2005, E. 4.3). Verworfen werden damit sowohl der Gesamtvergleich, bei dem der Vertrag als Ganzes betrachtet würde, als auch die «Rosinentheorie», die auf einzelne Vertragspunkte fokussiert.

Aus dem Günstigkeitsprinzip folgt, dass der GAV nur **Mindestarbeitsbedingungen** gewähren, nicht dagegen Höchstarbeitsbedingungen festsetzen oder eine individuelle Besserstellung von bestimmten Voraussetzungen abhängig machen kann. Die Vereinbarung übertariflicher Leistungen ist den Parteien also unbenommen (REHBINDER, N 540; weiterführend PORTMANN/STÖCKLI, N 1124 ff.). 7

Schliesslich fallen Forderungen, die der GAV dem Arbeitnehmer unabdingbar gewährt, unter das **Verzichtsverbot** nach Art. 341 Abs. 1. 8

III. Beteiligte Arbeitnehmer und Arbeitgeber

Die normative Wirkung der arbeitsvertraglichen Bestimmungen ist gemäss Abs. 1 auf die **beteiligten Arbeitnehmer und Arbeitgeber** beschränkt. Diese sind: 9

– die Mitglieder der Vertragsparteien (Art. 356 Abs. 1);
– angeschlossene Arbeitnehmer und Arbeitgeber (Art. 356b Abs. 1: Fiktion der Beteiligung);
– die Mitglieder eines beigetretenen Verbands (Art. 356 Abs. 4); und
– der Arbeitgeber, wenn er selbst Vertragspartei ist (sog. Firmenvertrag).

Damit im konkreten Einzelarbeitsverhältnis die normative Wirkung eintritt, müssen **beide Parteien** – sowohl der Arbeitgeber als auch der Arbeitnehmer – am GAV beteiligt sein.

Leitet sich die Beteiligung am GAV aus der Mitgliedschaft im Verband ab, so besteht eine Vertragsbindung grundsätzlich nur während der Dauer dieser Mitgliedschaft. Bei Eintritt in den Verband während der Laufzeit des GAV beginnt die Vertragsbindung erst in diesem Zeitpunkt und nicht rückwirkend (BSK OR I-PORTMANN, N 17). Hingegen dauert sie bei **Austritt aus dem Verband** vor Ablauf der Laufzeit des befristeten GAV fort, und zwar bis zum Ende der Laufzeit des GAV (BGE 132 III 122, 135; grundlegend BGer 4C.7/1999, E. 4.b). Zutreffender wäre es, die Vertragsbindung in analoger Anwendung von Art. 333 Abs. 1bis auf spätestens ein Jahr ab Verbandsaustritt zu begrenzen (BK-STÖCKLI, Art. 356b N 31; PORTMANN/STÖCKLI, N 1091). Beim *unbefristeten GAV* kann im Falle eines Verbandaustritts die normative Wirkung analog Art. 356c Abs. 2 gekündigt werden (BK-STÖCKLI, Art. 356b N 31; BRUNNER/BÜHLER/WAEBER/BRUCHEZ, Art. 356–358 N 10). Wird der Verband aufgelöst oder verliert er seine Tariffähigkeit, so hat dies auf die Vertragsbindung des Mitglieds keinen Einfluss (BSK OR I-PORTMANN, N 17). 10

Für und gegenüber **Aussenseitern**, also Arbeitnehmern und Arbeitgebern, die nicht Beteiligte im dargestellten Sinn sind, besteht grundsätzlich **keine Vertragsbindung**. 11

12   Dies gilt auch, wenn der GAV vorsieht, dass seine arbeitsvertraglichen Be-
      stimmungen ebenfalls gegenüber Aussenseitern einzuhalten sind (sog. **Aus-
      dehnungsklausel)**. Eine solche Bestimmung verpflichtet den Arbeitgeber
      lediglich **gegenüber seinem Verband**, die arbeitsvertraglichen Bestimmun-
      gen des GAV in den Einzelarbeitsvertrag einzubeziehen bzw. diesen ent-
      sprechend auszugestalten. Arbeitnehmer können aus einer solchen Klausel
      keine individuellen Rechte herleiten (BGE 123 III 129; ausführlich ZK-Vi-
      scher/Albrecht, N 22 f.).

13   Die arbeitsvertraglichen Bestimmungen eines GAV wirken auch dann nicht
      normativ, wenn sie von den Parteien des Einzelarbeitsvertrags zum inte-
      grierenden Vertragsbestandteil des Arbeitsvertrags erklärt werden (sog.
      Bezugnahmeklausel). Sie haben dann lediglich die Funktion allgemeiner
      Arbeitsbedingungen. Die Parteien sind frei, auch zuungunsten des Arbeit-
      nehmers von ihnen abzuweichen (BGer 4C.276/2004, E. 7.1).

14   In zwei Fällen lässt das Gesetz die arbeitsvertraglichen Bestimmungen eines
      GAV **ausnahmsweise** auch gegenüber einem Aussenseiter normativ wirken:
      Zum einen, soweit Bestimmungen des GAV für **allgemeinverbindlich er-
      klärt** werden (s. AVEG; BSK OR I-Portmann, N 19 ff.) und der Aussenseiter
      in deren Geltungsbereich fällt, zum andern im Falle eines **Betriebsüber-
      gangs** gemäss Art. 333 Abs. 1bis (s. dort).

IV.   Geltungsbereich des GAV. Konkurrenz von Gesamt-
         arbeitsverträgen

15   Den Vertragsparteien steht es frei, den Geltungsbereich des GAV in **persön-
      licher, zeitlicher, räumlicher und sachlicher Hinsicht** näher zu bestim-
      men. Häufig sind z. B. Beschränkungen auf bestimmte Personenkategorien,
      auf Betriebe eines bestimmten Wirtschaftszweigs (sog. Branchenvertrag)
      oder auf bestimmte Berufe (sog. Berufsvertrag). Der GAV wirkt für Arbeits-
      verhältnisse zwischen beteiligten Arbeitgebern und Arbeitnehmern jeweils
      nur insoweit normativ, als diese von seinem Geltungsbereich erfasst sind.

16   Beanspruchen zwei oder mehr GAVs für ein bestimmtes Arbeitsverhältnis
      Geltung, so entsteht das Problem der **Tarifkonkurrenz**. Soweit ein GAV
      nichts anderes bestimmt, gilt das **Prinzip der Tarifeinheit**. Dieses besagt,
      dass auf einen bestimmten Einzelarbeitsvertrag stets nur ein GAV anwend-
      bar ist, damit der innere Zusammenhang eines Vertrags nicht gestört wird
      und weder Arbeitnehmer noch Arbeitgeber benachteiligt werden (BGer
      4C.350/2000, E. 3a).

17   Welcher GAV letztlich massgebend ist, bestimmt sich gemäss folgenden,
      nach Priorität geordneten Regeln (BSK OR I-Portmann, N 38):
      –   Die Bestimmungen eines allgemeinverbindlich erklärten GAV gehen
          denjenigen eines nicht allgemeinverbindlich erklärten GAV vor, jedoch

mit Ausnahme der abweichenden Bestimmungen zugunsten des Arbeitnehmers (Art. 4 Abs. 2 AVEG).
- Enthält ein GAV eine Subsidiaritätsklausel, so tritt dieser zurück. Eine Prioritätsbestimmung ist hingegen aufgrund des damit verbundenen Eingriffs in die Tarifautonomie der anderen Verbände nicht verbindlich (BGer, ARV 2001, 119).
- Branchenverträge haben gegenüber Berufsverträgen den Vorrang.
- Bei Konkurrenz zweier Branchenverträge hat der persönlich, räumlich und sachlich speziellere den Vorrang (OGer LU, JAR 1997, 277).
- Zuletzt ist derjenige GAV anzuwenden, von dem im Betrieb mehr Arbeitsverhältnisse erfasst sind.

Art. 357a

unter den Vertragsparteien

¹ Die Vertragsparteien sind verpflichtet, für die Einhaltung des Gesamtarbeitsvertrages zu sorgen; zu diesem Zweck haben Verbände auf ihre Mitglieder einzuwirken und nötigenfalls die statutarischen und gesetzlichen Mittel einzusetzen.

² Jede Vertragspartei ist verpflichtet, den Arbeitsfrieden zu wahren und sich insbesondere jeder Kampfmassnahme zu enthalten, soweit es sich um Gegenstände handelt, die im Gesamtarbeitsvertrag geregelt sind; die Friedenspflicht gilt nur unbeschränkt, wenn dies ausdrücklich bestimmt ist.

I. Allgemeines. Normzweck

Während Art. 357 die Wirkungen des GAV auf die beteiligten Arbeitgeber und Arbeitnehmer regelt, befasst sich Art. 357a mit den Wirkungen des GAV **unter den Vertragsparteien**. 1

Die Regelung stellt klar, dass den Vertragsparteien aus dem GAV **schuldrechtliche Pflichten** erwachsen und dass diese zu erfüllen sind. Abs. 1 hält dies zu Beginn prägnant fest: «Die Vertragsparteien sind verpflichtet, für die Einhaltung des GAV zu sorgen». Dazu gehört zum einen die Pflicht, alles zu unterlassen, was die Geltung der gesamtarbeitsvertraglichen Ordnung beeinträchtigen könnte (sog. **Einhaltungspflicht**), namentlich die Wahrung des Arbeitsfriedens (sog. **Friedenspflicht**, Abs. 2). Zum andern leiten sich daraus auch Handlungspflichten ab, nämlich die Pflicht, den GAV tatsächlich zu vollziehen (sog. **Durchführungspflicht**) und zu diesem Zweck nöti- 2 genfalls auf die Verbandsmitglieder einzuwirken (sog. **Einwirkungspflicht**; s. Abs. 1 2. Hs.).

3   Diese Pflichten lassen sich auf den fundamentalen Grundsatz des Vertragsrechts *pacta sunt servanda* zurückführen. Art. 357a stipuliert daher an sich vertragsrechtliche Selbstverständlichkeiten, die auch ohne diese Bestimmung gelten würden.

II.   Die Pflichten im Einzelnen

4   Die **Einhaltungspflicht** verlangt von den Vertragsparteien, alles zu unterlassen, was die Geltung der gesamtarbeitsvertraglichen Ordnung beeinträchtigen könnte. Die Verbände dürfen daher ihre Mitglieder nicht zu einem Verhalten auffordern, das mit dem GAV nicht vereinbar ist, oder entsprechende Unterstützung bieten. Vertragswidrig sind daher insb. die folgenden Verhaltensweisen (BK-STÖCKLI, N 2):
 – die Aufforderung an Verbandsmitglieder, untertarifliche Löhne oder Zulagen zu zahlen;
 – eine bewusst unrichtige Auslegung des GAV;
 – Vorbereitungshandlungen oder Aufrufe zu rechtswidrigen Arbeitskämpfen.

5   Eine Konkretisierung der Einhaltungspflicht ist die in Abs. 2 besonders geregelte Pflicht zur Wahrung des Arbeitsfriedens (**Friedenspflicht**). Diese bezieht sich mangels abweichender Vereinbarung nur auf Gegenstände, die im GAV geregelt sind (sog. **relative Friedenspflicht**; BGE 132 II 122, 134). Richtiger Ansicht nach fallen darunter auch Gegenstände, über die zwar verhandelt, aber keine Einigung erzielt wurde (sog. negative Abreden; ZK-VISCHER/ALBRECHT, N 29; a.A. BK-STÖCKLI, N 31). Sollen Arbeitskampfmassnahmen gänzlich ausgeschlossen werden, also auch bezüglich Gegenständen, die nicht in GAV geregelt sind (sog. **absolute Friedenspflicht**), so muss dies ausdrücklich vereinbart werden. Zu den Voraussetzungen eines rechtmässigen Arbeitskampfs nach Art. 28 Abs. 2–4 BV s. BGE 132 III 122, 134 m. w. Nw. und BSK OR I-PORTMANN, N 9 ff.).

6   Die **Durchführungspflicht** ist die Pflicht zum Vertragsvollzug. Dazu gehört insbesondere (ausführlich BK-STÖCKLI, N 3; ZK-VISCHER/ALBRECHT, N 6):
 – die Information der Verbandsmitglieder über Inhalt und Geltungsbereich des GAV;
 – die Kontrolle der Verbandsmitglieder bezüglich der Einhaltung des GAV;
 – die Einsetzung und Überwachung allfälliger paritätischer Organe;
 – die Schliessung von Regelungslücken im GAV durch in guten Treuen geführte Verhandlungen.

Eine Konkretisierung der Durchführungspflicht ist die **Einwirkungspflicht**. 7
Diese verpflichtet die Verbände dazu, zwecks Einhaltung des GAV auf ihre
Mitglieder einzuwirken und nötigenfalls die statutarischen und gesetzlichen
Mittel einzusetzen (Abs. 1 2. Hs.). Das Gesetz erwähnt diese Pflicht ausdrücklich, weil sie oftmals die einzige Möglichkeit ist, den GAV gegenüber beteiligten Arbeitgebern und Arbeitnehmern durchzusetzen. Dies gilt v. a. für die
indirekt-schuldrechtlichen Bestimmungen. Eine Einwirkungspflicht besteht
aber auch bei Verstössen gegen normative Bestimmungen, und zwar unabhängig davon, ob sich der betroffene Arbeitnehmer oder Arbeitgeber selbst
zur Wehr setzt (BK-STÖCKLI, N 15). Die Verbände müssen ausserdem prä-
ventive Massnahmen treffen, wie namentlich ihre Mitglieder auf Bestand
und Inhalt des GAV hinweisen.

Die Einwirkung als solche beruht auf der verbandsrechtlichen Mitglied- 8
schaft. Die möglichen **Sanktionen** ergeben sich daher aus den jeweiligen
Verbandsstatuten sowie aus dem Gesetz, wie etwa aus Art. 72 ZGB. Auf
Angeschlossene können die GAV-Parteien gemeinsam, gestützt auf den
Anschlussvertrag, einwirken. Mittels Vereinbarung gemeinsamer Durchführung können die Vertragsparteien die Durchsetzbarkeit des GAV erleichtern (s. Art. 357b). Keine Einwirkungsmöglichkeit haben die Vertragsparteien gegenüber Aussenseitern (BK-STÖCKLI, N 16 f.).

Verletzungen der schuldrechtlichen Pflichten aus dem GAV führen zu **Erfül-** 9
lungs- bzw. Unterlassungs- sowie zu Schadenersatzansprüchen seitens
der anderen Vertragsparteien. In schweren Fällen kann ausserdem eine
ausserordentliche Kündigung des GAV in Betracht kommen. Hingegen haftet der Verband vorbehältlich einer anders lautenden Vereinbarung nicht
für das Verhalten seiner Mitglieder (REHBINDER, N 527). Zur Ersatzpflicht
für die Schäden der Verbandsmitglieder s. BSK OR I-PORTMANN, N 8.

Art. 357*b*

gemeinsame   ¹ **In einem zwischen Verbänden abgeschlossenen Ge-**
Durchführung   **samtarbeitsvertrag können die Vertragsparteien**
vereinbaren, dass ihnen gemeinsam ein Anspruch
auf Einhaltung des Vertrages gegenüber den betei-
ligten Arbeitgebern und Arbeitnehmern zusteht, so-
weit es sich um folgende Gegenstände handelt:
a. Abschluss, Inhalt und Beendigung des Arbeitsver-
hältnisses, wobei der Anspruch nur auf Feststellung
geht;

b. Beiträge an Ausgleichskassen und andere das Arbeitsverhältnis betreffende Einrichtungen, Vertretung der Arbeitnehmer in den Betrieben und Wahrung des Arbeitsfriedens;

c. Kontrolle, Kautionen und Konventionalstrafen in Bezug auf Bestimmungen gemäss Buchstaben a und b.

[2] Vereinbarungen im Sinne des vorstehenden Absatzes können getroffen werden, wenn die Vertragsparteien durch die Statuten oder einen Beschluss des obersten Verbandsorgans ausdrücklich hiezu ermächtigt sind.

[3] Auf das Verhältnis der Vertragsparteien unter sich sind die Vorschriften über die einfache Gesellschaft sinngemäss anwendbar, wenn der Gesamtarbeitsvertrag nichts anderes bestimmt.

I. Begriff und Zweck der gemeinsamen Durchführung

1   Unter **gemeinsamer Durchführung** versteht das Gesetz die Vereinbarung der GAV-Parteien, dass diese gemeinsam von den beteiligten Arbeitnehmern und Arbeitgebern die Einhaltung des GAV verlangen können.

2   Eine solche Vereinbarung wird geschlossen, um die **Durchsetzung** des GAV zu erleichtern. Ohne sie können die Vertragsparteien den GAV gegenüber den beteiligten Arbeitgebern und Arbeitnehmern nur indirekt durchsetzen, auf dem Wege der Einwirkung des entsprechenden Verbands (Art. 357a Abs. 1). Wie weit diese Einwirkungsmöglichkeit geht, hängt von den Statuten des betreffenden Verbands ab. Bei gemeinsamer Durchführung haben die Vertragsparteien dagegen eine **direkte Klagebefugnis** gegenüber dem Arbeitgeber und Arbeitnehmer, allerdings beschränkt auf die in Abs. 1 lit. a–c aufgezählten Gegenstände.

3   Von besonderer Bedeutung ist die gemeinsame Durchführung mit Bezug auf **indirekt-schuldrechtliche Bestimmungen.** Soweit diese von den in Abs. 1 lit. a–c aufgezählten Gegenständen erfasst sind, erhalten sie durch die gemeinsame Durchführung **teilnormative Wirkung** (BK-STÖCKLI, N 3). Denn die beteiligten Arbeitnehmer und Arbeitgeber sind unmittelbar gestützt auf den GAV zu deren Erfüllung verpflichtet und nicht nur aufgrund ihrer verbandsrechtlichen Mitgliedschaft. Die gemeinsame Durchführung ist ferner Voraussetzung für eine **Allgemeinverbindlicherklärung** indirekt-schuldrechtlicher Bestimmungen (Art. 1 AVEG).

II. Voraussetzungen

Die gemeinsame Durchführung kann nur in einem zwischen Verbänden ab- 4
geschlossenen GAV (**Verbandsvertrag**) vereinbart werden (Abs. 1). Beim
Firmenvertrag steht ihr die doppelte Rechtsstellung des Arbeitgebers als
GAV-Partei und als Adressat der normativen Bestimmungen entgegen.

Zweitens ist erforderlich, dass die Vertragsparteien durch ihre **Statuten** 5
oder durch einen **Beschluss des obersten Verbandsorgans** ausdrücklich
zur Vereinbarung der gemeinsamen Durchführung **ermächtigt** sind. Obers-
tes Organ des Vereins ist die Vereinsversammlung. Andere Organe, wie z. B.
ein erweiterter Zentralvorstand, sind nur dann ermächtigt, wenn ihnen die
Statuten die entsprechende Kompetenz einräumen und der Beschluss einem
fakultativen Verbandsreferendum unterliegt (ZK-Vischer/Albrecht, N 7;
BK-Stöckli, N 5).

III. Rechtsfolgen

1. Vertragsgemeinschaft (Abs. 3)

Die Vertragsparteien rücken bei vereinbarter gemeinsamer Durchführung 6
zu einer Interessen- und Zweckgemeinschaft zusammen (ZK-Vischer/Al-
brecht, N 4). In rechtlicher Hinsicht bildet sie eine **Vertragsgemeinschaft**,
auf die gemäss Abs. 3 die **Vorschriften über die einfache Gesellschaft**
(Art. 530 ff.) sinngemäss Anwendung finden. Das gilt sowohl im Innen- als
auch im Aussenverhältnis (Vischer, 352). Der Vorbehalt abweichender Regelung durch den GAV ist bedeutungslos. Die Art. 530 ff. sind allerdings nur
dann anwendbar, wenn die gemeinsame Durchführung des GAV in Frage
steht, nicht aber, wenn die Vertragsverletzung durch eine Vertragspartei
gerügt wird (Schiedsgericht des schweizerischen Bauhauptgewerbes, Urteil
vom 15. Januar 1988, JAR 1989, 284 ff.).

Die Vertragsgemeinschaft hat **keine eigene Rechtspersönlichkeit** und ist 7
daher weder partei- noch prozessfähig. Zu ihrer **Vertretung**, namentlich
zur Durchsetzung derer Ansprüche (dazu unten N 8), setzen die Vertragsparteien ein gemeinsames Organ ein, die sog. **paritätische Kommission**.
Meist hat diese die Rechtsform eines Vereins. Teils wird die Auffassung vertreten, die paritätische Kommission sei berechtigt, die Ansprüche der Vertragsgemeinschaft in eigenem Namen durchzusetzen (s. BK-Stöckli, N 14
m. w. Nw.). Dies ist jedoch abzulehnen, da die – notwendige (vgl. BGE 129
III 715, 720) – gesetzliche Grundlage für eine solche prozessstandschaft-
liche Vertretungsbefugnis fehlt (s. auch Streiff/von Kaenel, N 5).

2. Die Ansprüche der Vertragsgemeinschaft (Abs. 1 lit. a – c)

8 Der direkte Anspruch der Vertragsgemeinschaft gegenüber den beteiligten Arbeitgebern und Arbeitnehmern auf Einhaltung des GAV ist gemäss Abs. 1 lit. a – c auf die folgenden Gegenstände beschränkt:

– Die **normativen Bestimmungen** (lit. a): Die Vertragsgemeinschaft hat allerdings nur einen **Feststellungsanspruch**. Ein besonderes Feststellungsinteresse muss nicht nachgewiesen werden (BGE 111 II 358, 361 f.). Die Leistungsklage ist dem betroffenen Arbeitgeber oder Arbeitnehmer vorbehalten. Die Feststellungsklage der Vertragsgemeinschaft hat auf die Ansprüche des Arbeitnehmers oder Arbeitgebers keine verjährungsunterbrechende Wirkung (BGE 111 II 358, 365).

– **Beiträge an Ausgleichskassen und andere das Arbeitsverhältnis betreffende Einrichtungen, Vertretung der Arbeitnehmer in den Betrieben und Wahrung des Arbeitsfriedens** (lit. b). Dabei handelt es sich um indirekt-schuldrechtliche Bestimmungen.

– **Kontrolle, Kautionen und Konventionalstrafen in Bezug auf Bestimmungen gemäss den Buchstaben a und b.**

9 Die Aufzählung der von der gemeinsamen Durchführung erfassten Gegenstände in Abs. 1 ist **abschliessend** (BGE 111 II 358).

Art. 358

III. Verhältnis zum zwingenden Recht

Das zwingende Recht des Bundes und der Kantone geht den Bestimmungen des Gesamtarbeitsvertrages vor, jedoch können zugunsten der Arbeitnehmer abweichende Bestimmungen aufgestellt werden, wenn sich aus dem zwingenden Recht nichts anderes ergibt.

1 Art. 358 regelt das Verhältnis zwischen normativen Bestimmungen des GAV und zwingendem Gesetzesrecht.

2 Als **Grundsatz** gilt, dass zwingendes Recht des Bundes und der Kantone den GAV-Bestimmungen vorgeht. Dies gilt auch im Falle einer Allgemeinverbindlicherklärung (Art. 2 Ziff. 4 AVEG). Verstösst eine GAV-Bestimmung gegen zwingendes Gesetzesrecht, so tritt an ihre Stelle die gesetzliche Regelung; Art. 20 Abs. 2 ist nicht anwendbar (BK-STÖCKLI, N 4).

3 Durchbrochen wird dieser Grundsatz durch das **Günstigkeitsprinzip**, das wie im Verhältnis zum Einzelarbeitsvertrag (Art. 357 Abs. 2) auch im Verhältnis zum zwingenden Gesetzesrecht gilt: Der GAV kann zugunsten des Ar-

beitnehmers vom zwingenden Gesetzesrecht abweichende Normen aufstellen, soweit letzteres dies nicht ausschliesst, d. h. nicht absolut zwingend ist. Zum Günstigkeitsprinzip s. Art. 357 N 6.

Im Arbeitsvertragsrecht hat Art. 358 keine **praktische Bedeutung**, da hier   4
die Frage, welche gesetzliche Regelung einer Abänderung durch den GAV zugänglich ist, in den Art. 361 und 362 im Einzelnen festgelegt ist. Anwendung findet Art. 358 dagegen im öffentlich-rechtlichen Arbeitsschutzrecht und im Sozialversicherungsrecht (s. dazu im Einzelnen BK-Stöckli, N 5 ff.; ZK-Vischer/Albrecht, N 5 ff.).

B. Normalarbeitsvertrag

Art. 359

Begriff und Inhalt

¹ Durch den Normalarbeitsvertrag werden für einzelne Arten von Arbeitsverhältnissen Bestimmungen über deren Abschluss, Inhalt und Beendigung aufgestellt.

² Für das Arbeitsverhältnis der landwirtschaftlichen Arbeitnehmer und der Arbeitnehmer im Hausdienst haben die Kantone Normalarbeitsverträge zu erlassen, die namentlich die Arbeits- und Ruhezeit ordnen und die Arbeitsbedingungen der weiblichen und jugendlichen Arbeitnehmer regeln.

³ Artikel 358 ist auf den Normalarbeitsvertrag sinngemäss anwendbar.

Literatur

Brunner/Bühler/Waeber/Bruchez, Kommentar zum Arbeitsvertragsrecht, 3. Aufl. Basel/Genf/München 2005; Heine, Die flankierenden Massnahmen im Spannungsverhältnis zwischen Vollzug des Entsendegesetzes und der Vertragsfreiheit im Arbeitsrecht, AJP 2006, 471 ff.; Kobi, Rechtsprobleme des NAV, erläutert am Beispiel des Normalarbeitsvertrages für das Pflegepersonal, Diss. Zürich 1976; Portmann, Die flankierenden Massnahmen zum Freizügigkeitsabkommen zwischen der Schweiz und der EG, ARV 2001, 3 ff.; ders., Die flankierenden Massnahmen I und II zum Abkommen über die Freizügigkeit, in: Thürer/Weber/Portmann/Kellerhals (Hrsg.), Bilaterale Verträge I & II Schweiz – EU, Zürich 2007, 327 ff. (zit. Flankierende

Massnahmen); Vischer, Gesamtarbeitsvertrag und Normalarbeitsvertrag, in: Gauch/Schmid (Hrsg.), Die Rechtsentwicklung an der Schwelle zum 21. Jahrhundert, Zürich 2001, 397 ff.

I.   Begriff und Arten

1   Der Normalarbeitsvertrag (**NAV**) ist nicht eine vertragliche Vereinbarung, sondern ein **behördlicher Erlass**, der für einzelne Arten von Arbeitsverhältnissen **privatrechtliche Normen** schafft.

2   Das Gesetz unterscheidet **zwei Arten** von Normalarbeitsverträgen:

3   Der **allgemeine NAV** ist in den Art. 359 bis 360 geregelt. Sein möglicher Inhalt sind Bestimmungen über den Abschluss, den Inhalt und die Beendigung einzelner Arten von Arbeitsverhältnissen. Er schafft **dispositives Vertragsrecht**, das für die vom Geltungsbereich erfassten Arbeitnehmer unmittelbar, d. h. **normativ** gilt. Seine praktische Bedeutung liegt dort, wo sich der GAV noch nicht durchsetzen konnte, sowie in der Landwirtschaft und im Hausdienst (dazu unten N 6; weiterführend ZK-Vischer/Albrecht, Vorbem. zu Art. 359–360f N 2).

4   Im Rahmen der flankierenden Massnahmen zum Freizügigkeitsabkommen zwischen der Schweiz und der EU wurde per 1. Juni 2004 nebst dem Entsendegesetz (SR 823.20) und der erleichterten Allgemeinverbindlicherklärung von Gesamtarbeitsverträgen der **befristete NAV** mit Mindestlohnvorschriften geschaffen. Es handelt sich dabei um ein Instrument zur Bekämpfung von missbräuchlichem Lohndumping, das dort Anwendung finden soll, wo keine durch Gesetz oder allgemeinverbindlich erklärungsfähigen GAV festgelegten Mindestlöhne bestehen. Der befristete NAV ist in den Art. 360a–360f geregelt, wobei die Art. 359a und 360 Abs. 1 ergänzend Anwendung finden. Vom allgemeinen NAV unterscheidet sich der befristete NAV in vielerlei Hinsicht. Insbesondere ist dieser **zwingend zeitlich zu befristen** (was die hier gewählte Terminologie erklärt), sein **möglicher Inhalt ist** auf **Mindestlohnvorschriften** beschränkt und er schafft **einseitig zwingendes** bzw. lediglich **tarifdispositives Recht** (s. Art. 360d N 3).

5   Vom NAV zu unterscheiden sind die sog. **Musterverträge**. Diese werden von Behörden oder Berufsverbänden herausgegeben zum Zweck, den Vertragsabschluss zu erleichtern. Sie haben namentlich keine normative Wirkung, weshalb sie nur soweit Geltung erlangen, als sie von den Parteien übernommen werden.

II. Pflicht der Kantone zum Erlass von Normalarbeits-verträgen (Abs. 2)

Grundsätzlich ist es im Ermessen der zuständigen Behörde, für bestimmte Arbeitsverhältnisse einen allgemeinen NAV zu erlassen oder nicht. Abs. 2 statuiert jedoch Ausnahmen für das Arbeitsverhältnis der **landwirtschaft-lichen Arbeitnehmer** und der **Arbeitnehmer im Hausdienst**. In diesen Bereichen sind die Kantone zum Erlass von allgemeinen Normalarbeitsverträgen verpflichtet, die namentlich die **Arbeits- und Ruhezeit** ordnen, die Arbeitsbedingungen der **jugendlichen Arbeitnehmer** regeln und nach der h. L. Normen über den **Mutterschutz** enthalten müssen (BK-Stöckli, N 7; Streiff/von Kaenel, N 6). Das Gesetz trägt damit dem Umstand Rechnung, dass diese Bereiche vom betrieblichen Geltungsbereich des Arbeitsgesetzes ausgenommen sind (Art. 2 Abs. 1 lit. d und g ArG). Auch wenn der allgemeine NAV hier die öffentlich-rechtlichen Schutzvorschriften des Arbeitsgesetzes materiell ersetzt, sind seine Bestimmungen privatrechtlicher Natur und unterliegen nicht den Strafbestimmungen des Arbeitsgesetzes (OGer BL, JAR 1998, 270). 6

III. Verhältnis zu anderen Arbeitsrechtsquellen (Abs. 3)

Der allgemeine NAV geht dispositivem Gesetzesrecht als lex specialis vor, während er allen anderen Rechtsquellen gegenüber zurücktritt (BK-Stöckli, N 5). Gegenüber zwingendem Gesetzesrecht gilt jedoch das **Günstigkeitsprinzip**, soweit dieses Abweichungen zugunsten des Arbeitnehmers überhaupt zulässt (Abs. 3 i. V. m. Art. 358). Demgegenüber hat der befristete NAV Vorrang vor einzelarbeitsvertraglichen Regelungen (siehe Art. 360d N 3). 7

Art. 359*a*

Zuständigkeit und Verfahren

[1] Erstreckt sich der Geltungsbereich des Normalarbeitsvertrages auf das Gebiet mehrerer Kantone, so ist für den Erlass der Bundesrat, andernfalls der Kanton zuständig.

[2] Vor dem Erlass ist der Normalarbeitsvertrag angemessen zu veröffentlichen und eine Frist anzusetzen, innert deren jedermann, der ein Interesse glaubhaft macht, schriftlich dazu Stellung nehmen kann; ausserdem sind Berufsverbände oder gemeinnützige Vereinigungen, die ein Interesse haben, anzuhören.

³ **Der Normalarbeitsvertrag tritt in Kraft, wenn er nach den für die amtlichen Veröffentlichungen geltenden Vorschriften bekanntgemacht worden ist.**
⁴ **Für die Aufhebung und Abänderung eines Normalarbeitsvertrages gilt das gleiche Verfahren.**

1   Die Bestimmung regelt in Abs. 1 die **Zuständigkeit** und in Abs. 2 bis 4 das **Verfahren** für Erlass, Abänderung und Aufhebung eines NAV. Beim befristeten NAV finden zusätzlich zu Art. 359a die Art. 360a Abs. 1, 360b Abs. 3 und 4 und Art. 360f Anwendung.

2   Die **Zuständigkeit** für Erlass, Abänderung und Aufhebung eines NAV hängt von seinem räumlichen Geltungsbereich ab. Geht er nicht über die Grenzen eines Kantons hinaus, so ist dieser zuständig. Die sachliche Zuständigkeit richtet sich dabei nach kantonalem Recht, wobei die Kompetenzzuweisung einer ausreichenden gesetzlichen Grundlage bedarf (BGer, JAR 1999, 348). Ein von einer kantonalen Behörde erlassener NAV schafft kantonales Privatrecht (BGer, JAR 2000, 91). Erstreckt sich der räumliche Geltungsbereich des NAV auf das Gebiet mehrerer Kantone, so liegt die Zuständigkeit beim Bund, und innerhalb des Bundes beim Bundesrat (Abs. 1).

3   Erlass, Abänderung und Aufhebung eines NAV haben in einem **besonderen Rechtssetzungsverfahren** zu erfolgen, welches gewisse Mitwirkungsrechte der interessierten und betroffenen Personen, der Verbände und der gemeinnützigen Organisationen sicherstellen soll (ZK-VISCHER/ALBRECHT, N 8). Zunächst muss eine **Publikation** in den amtlichen Publikationsorganen (Bundesblatt bzw. kantonales Amtsblatt; ZK-VISCHER/ALBRECHT, N 8) stattfinden. Dabei ist eine Vernehmlassungsfrist anzusetzen, die nach h. L. analog Art. 9 Abs. 1 AVEG 14 bis 30 Tage betragen muss. Zur **schriftlichen Vernehmlassung** einzuladen ist jedermann, der ein Interesse glaubhaft macht. Berufsverbände und gemeinnützige Vereinigungen, die ein Interesse haben, müssen angehört werden. Anschliessend hat die zuständige Behörde eine **Bedürfnisabklärung** vorzunehmen. Dabei ist insb. zu prüfen, ob in der betreffenden Berufsgruppe eine Organisation besteht, die in der Lage wäre, einen GAV abzuschliessen (ZK-VISCHER/ALBRECHT, N 14; BK-STÖCKLI, N 3). Das **Inkrafttreten** setzt schliesslich die Bekanntmachung nach den für die amtlichen Veröffentlichungen geltenden Vorschriften voraus (Abs. 3). Eine rückwirkende Inkraftsetzung ist nicht zulässig (BGer, JAR 1999, 348).

4   Beim **befristeten NAV** unterscheidet sich das Verfahren vom vorgenannten dahingehend, dass das Verfahren durch einen **Antrag der tripartiten Kommission** eingeleitet wird (Art. 360a Abs. 1, Art. 360b Abs. 3 und 4) und dass die zuständige Behörde **keine Bedürfnisabklärung** mehr vornehmen muss (ZK-VISCHER/ALBRECHT, N 15).

Art. 360

Wirkungen

¹ Die Bestimmungen des Normalarbeitsvertrages gelten unmittelbar für die ihm unterstellten Arbeitsverhältnisse, soweit nichts anderes verabredet wird.

² Der Normalarbeitsvertrag kann vorsehen, dass Abreden, die von einzelnen seiner Bestimmungen abweichen, zu ihrer Gültigkeit der schriftlichen Form bedürfen.

Gemäss Abs. 1 gelten die Bestimmungen des NAV unmittelbar für die ihm unterstellten Arbeitsverhältnisse, soweit die Parteien nichts anderes vereinbart haben. Unmittelbar bedeutet, dass der NAV **normativ** wirkt und nicht von den Parteien übernommen werden muss. Die normative Wirkung erstreckt sich auch auf Arbeitsverhältnisse, die im Zeitpunkt des Inkrafttretens des NAV bereits bestehen (BGer, JAR 2000, 91). Das Prinzip der normativen Geltung gilt sowohl für den allgemeinen NAV als auch für den befristeten NAV. 1

Abs. 1 erlaubt den Parteien ausdrücklich, vom allgemeinen NAV abweichende Vereinbarungen zu treffen. Der allgemeine NAV schafft daher bloss **dispositives Recht** (anders Art. 360d Abs. 2 für den befristeten NAV). Eine abweichende Regelung kann **grundsätzlich formlos** getroffen werden. Der allgemeine NAV kann jedoch vorsehen, dass von **einzelnen Bestimmungen** nur in **Schriftform** gültig abgewichen werden kann (Abs. 2). 2

Art. 360*a*

Mindestlöhne
Voraussetzungen

¹ Werden innerhalb einer Branche oder einem Beruf die orts-, berufs- oder branchenüblichen Löhne wiederholt in missbräuchlicher Weise unterboten und liegt kein Gesamtarbeitsvertrag mit Bestimmungen über Mindestlöhne vor, der allgemein verbindlich erklärt werden kann, so kann die zuständige Behörde zur Bekämpfung oder Verhinderung von Missbräuchen auf Antrag der tripartiten Kommission nach Artikel 360*b* einen befristeten Normalarbeitsvertrag erlassen, der nach Regionen und gegebenenfalls Orten differenzierte Mindestlöhne vorsieht.

[2] Die Mindestlöhne dürfen weder dem Gesamtinteresse zuwiderlaufen noch die berechtigten Interessen anderer Branchen oder Bevölkerungskreise beeinträchtigen. Sie müssen den auf regionalen oder betrieblichen Verschiedenheiten beruhenden Minderheitsinteressen der betroffenen Branchen oder Berufe angemessen Rechnung tragen.

I. Allgemeines. Normzweck

1   Die Bestimmung legt zum einen die **Voraussetzungen** fest, die für den Erlass eines befristeten NAV mit Mindestlohnvorschriften (s. Art. 359 N 4) erfüllt sein müssen (Abs. 1). Zum andern legt sie dessen **Inhalt** sowie die Kriterien fest, nach denen die Mindestlöhne festzusetzen sind (Abs. 2).

2   Zum Hintergrund der Bestimmung s. Art. 359 N 4.

II. Voraussetzungen

3   Der Erlass eines befristeten NAV setzt einen entsprechenden **Antrag der zuständigen tripartiten Kommission** voraus (s. Art. 360b Abs. 3; bezüglich Zuständigkeit und Verfahren s. Art. 359a). Zudem müssen die drei folgenden **kumulativen Voraussetzungen** erfüllt sein:

4   Erstens müssen innerhalb einer Branche oder eines Berufs die **orts-, berufs- oder branchenüblichen Löhne wiederholt in missbräuchlicher Weise unterboten** werden. Dabei geht es um die Bekämpfung mehrfacher Lohnunterbietungen von einem gewissen Ausmass, die einen allgemeinen Lohnsturz in einer Branche und einer Region nach sich ziehen könnten. Bagatell- und Einzelfälle werden nicht erfasst. Dies festzustellen ist Aufgabe der tripartiten Kommission (Art. 360b Abs. 3), die hierbei aufgrund des unscharfen Missbrauchskriteriums über einen erheblichen Beurteilungsspielraum verfügt (ausführlich BSK OR I-PORTMANN, N 3 ff.; STREIFF/VON KAENEL, N 4; HEINE, AJP 2006, 473). Nicht erforderlich ist, dass die Lohnunterbietung einen Auslandsbezug aufweist.

5   Zweitens darf **kein Gesamtarbeitsvertrag vorliegen**, der **Mindestlöhne vorschreibt** und **allgemeinverbindlich erklärt werden kann**. Dieses Subsidiaritätserfordernis beruht auf der Überlegung, dass von den Sozialpartnern ausgehandelte Mindestlöhne einen geringeren Eingriff in die Vertragsfreiheit bilden als deren Festsetzung durch eine staatliche Behörde (BSK OR I-PORTMANN, N 14). Im Schrifttum herrscht Einigkeit darüber, dass es genügt, wenn die Allgemeinverbindlicherklärung daran scheitert, dass kein gesetzeskonformer Antrag auf Allgemeinverbindlicherklärung gemäss Art. 1 bzw. 1a AVEG vorliegt; denn andernfalls hätte es eine GAV-Partei in der Hand,

durch Verweigerung ihrer Zustimmung zur Allgemeinverbindlicherklärung zugleich auch den Erlass eines befristeten NAV zu verunmöglichen (BSK OR I-PORTMANN, N 13 m. w. Nw.).

Drittens darf der befristete NAV weder dem **Gesamtinteresse** zuwiderlau- 6 fen noch die **berechtigten Interessen anderer Branchen oder Bevölke-rungskreise** beeinträchtigen. Es handelt sich um die gleiche Vorausset-zung, die auch für eine Allgemeinverbindlicherklärung eines GAV gegeben sein muss (Art. 2 Ziff. 2 AVEG).

III. Inhalt

Der befristete NAV hat von Gesetzes wegen einen eng begrenzten Inhalt. Er 7 steht in dieser Funktion einzig für **Mindestlohnvorschriften** für betroffene Branchen oder Berufe zur Verfügung. Zwar ist es nicht per se ausgeschlos-sen, dass noch weitere Bestimmungen in ihn aufgenommen werden, doch finden auf diese ausschliesslich die Art. 359 bis 360 Anwendung.

In Anlehnung an Art. 2 Ziff. 2 AVEG schreibt die Bestimmung für die **Fest-** 8 **setzung der Mindestlöhne** vor, dass diese weder dem Gesamtinteresse zu-widerlaufen noch die berechtigten Interessen anderer Branchen oder Bevöl-kerungskreise beeinträchtigen dürfen, den auf regionalen oder betrieblichen Verschiedenheiten beruhenden Minderheitsinteressen der betroffenen Bran-chen oder Berufe angemessen Rechnung tragen müssen und nach Regionen und gegebenenfalls Orten zu differenzieren sind.

Der NAV ist zwingend **zeitlich zu befristen**. Dies soll sicherstellen, dass eine 9 periodische Überprüfung der Voraussetzungen stattfindet und dass Anpas-sungen an die allgemeine Lohnentwicklung vorgenommen werden können (PORTMANN, ARV 2001, 13).

Art. 360*b*

Tripartite Kommis-sionen

¹ Der Bund und jeder Kanton setzen eine tripartite Kommission ein, die sich aus einer gleichen Zahl von Arbeitgeber- und Arbeitnehmervertretern sowie Ver-tretern des Staates zusammensetzt.

² Bezüglich der Wahl ihrer Vertreter nach Absatz 1 steht den Arbeitgeber- und Arbeitnehmerverbänden ein Vorschlagsrecht zu.

³ Die Kommissionen beobachten den Arbeitsmarkt. Stellen sie Missbräuche im Sinne von Artikel 360a Absatz 1 fest, so suchen sie in der Regel eine direkte Verständigung mit den betroffenen Arbeitgebern. Gelingt dies innert zwei Monaten nicht, so beantragen sie der zuständigen Behörde den Erlass eines Normalarbeitsvertrages, der für die betroffenen Branchen oder Berufe Mindestlöhne vorsieht.

⁴ Ändert sich die Arbeitsmarktsituation in den betroffenen Branchen, so beantragt die tripartite Kommission der zuständigen Behörde die Änderung oder die Aufhebung des Normalarbeitsvertrags.

⁵ Um die ihnen übertragenen Aufgaben wahrzunehmen, haben die tripartiten Kommissionen in den Betrieben das Recht auf Auskunft und Einsichtnahme in alle Dokumente, die für die Durchführung der Untersuchung notwendig sind. Im Streitfall entscheidet eine hierfür vom Bund beziehungsweise vom Kanton bezeichnete Behörde.

⁶ Die tripartiten Kommissionen können beim Bundesamt für Statistik auf Gesuch die für ihre Abklärungen notwendigen Personendaten beziehen, die in Firmen-Gesamtarbeitsverträgen enthalten sind.

I.   Allgemeines

1   Mit der Einführung der flankierenden Massnahmen wurden die tripartiten Kommissionen ins Leben gerufen. Diese spielen bei der Umsetzung der flankierenden Massnahmen eine zentrale Rolle, und zwar in allen drei Bereichen (Entsendung von Arbeitnehmern aus dem Ausland; Allgemeinverbindlicherklärung von Gesamtarbeitsverträgen; befristete Normalarbeitsverträge mit Mindestlöhnen). Den Kern ihrer gesetzlichen Regelung bildet Art. 360b, allerdings mit Fokus auf den befristeten Normalarbeitsvertrag. Weitere einschlägige Vorschriften über die tripartiten Kommissionen enthalten etwa das Entsendegesetz und v. a. die Entsendeverordnung (Art. 10 ff.). Diese finden auch Anwendung, wenn die tripartiten Kommissionen Aufgaben ausserhalb des Entsendegesetzes wahrnehmen, wie namentlich im Zusammenhang mit dem befristeten NAV (PORTMANN, Flankierende Massnahmen, Rz 18). Art. 360b ist deshalb zusammen mit diesen Vorschriften zu lesen.

II.   Einsetzung der tripartiten Kommission (Abs. 1 und 2)

Der **Bund sowie jeder Kanton** hat eine tripartite Kommission einzusetzen.   2
Diese ist als überwiegend nichtstaatliches Organ mit paritätischer Beteiligung der Sozialpartner konzipiert. Sie setzt sich aus einer gleichen Zahl
von Arbeitgeber- und Arbeitnehmervertretern sowie Vertretern des Staates (Bund oder Kanton) zusammen (Abs. 1). Das Erfordernis der gleichen
Zahl bezieht sich auch auf die Vertreter des Staates; diese bilden folglich
einen Drittel des Gremiums (PORTMANN, Flankierende Massnahmen, Rz 19;
STREIFF/VON KAENEL, N 5).

Den repräsentativen Arbeitnehmer- und Arbeitgeberverbänden steht be-   3
züglich der **Wahl** ihrer Vertreter ein **Vorschlagsrecht** zu, welches das Wahlorgan faktisch bindet (Abs. 2; Art. 10 EntsV). Wahlorgan im Bund ist der
Bundesrat (Art. 16 EntsV), während es in den Kantonen durch das kantonale Recht bestimmt wird.

III.   Aufgaben der tripartiten Kommissionen im Bereich der Normalarbeitsverträge (Abs. 3 und 4)

Die **Hauptaufgabe** der tripartiten Kommission besteht darin, den **Arbeits-**   4
markt zu beobachten (Abs. 3; dazu STREIFF/VON KAENEL, N 9). Für den Fall,
dass sie dabei Missbräuche i. S. v. Abs. 1 feststellt, hat sie i. d. R. ein **Verständigungsverfahren** mit dem betreffenden Arbeitgeber einzuleiten, in dem
dieser dazu angehalten wird, die missbräuchlichen Lohnpraktiken aufzugeben. Das Verständigungsverfahren ist auf **zwei Monate** befristet. Liegen
nach Ablauf dieser Frist die festgestellten Missbräuche noch immer vor, hat
die tripartite Kommission bei der zuständigen Behörde den Erlass eines **befristeten NAV** zu beantragen oder gemäss Art. 1a die Allgemeinverbindlicherklärung des GAV zu erwirken, falls die entsprechenden Voraussetzungen
erfüllt sind.

Bei **Änderung** der Arbeitsmarktsituation in den betroffenen Branchen oder   5
Berufen hat die tripartite Kommission bei der zuständigen Behörde die Änderung oder Aufhebung des befristeten NAV zu beantragen (Abs. 4). Tritt
nach Erlass des befristeten NAV ein GAV in Kraft, der allgemeinverbindlich
erklärt werden kann, kann die zuständige Behörde den NAV auch von sich
aus aufheben (VISCHER/ALBRECHT, N 4; BSK OR I-PORTMANN, N 7).

IV.   Auskunfts- und Einsichtsrecht in Betrieben (Abs. 5)

Um die ihnen übertragenen Aufgaben wahrnehmen zu können, sind die tri-   6
partiten Kommissionen berechtigt, in den Betrieben Auskünfte einzuholen
und in alle für die Durchführung der Untersuchung notwendigen Dokumente Einsicht zu nehmen (Abs. 5). Das Auskunfts- und Einsichtsrecht be-

zieht sich auf sämtliche Daten über die Arbeitsbedingungen (BRUNNER/BÜH-LER/WAEBER/BRUCHEZ, N 3).

7   Verweigert der Arbeitgeber die Auskunft oder Einsicht, muss sich die tripartite Kommission an die zuständige Behörde wenden (für den Bund s. Art. 17 Abs. 2 EntsV); es stehen ihr keine eigenen Durchsetzungsbefugnisse zu (STREIFF/VON KAENEL, N 13).

V.   Weitergabe von Informationen durch das Bundesamt für Statistik (Abs. 6)

8   Abs. 6 ermächtigt das Bundesamt für Statistik, bestimmte Daten, die in Firmen-Gesamtarbeitsverträgen enthalten sind, an die tripartiten Kommissionen weiterzugeben. Es soll damit der administrative Aufwand erspart werden, der entstünde, wenn sich die tripartiten Kommissionen an die einzelnen Betriebe wenden müssten. Die Betriebe sind gemäss Abs. 5 verpflichtet, die betreffenden Dokumente herauszugeben (Botschaft, BBl 2004, 6587).

9   Zulässig ist nur die Weitergabe von **in Firmen-Gesamtarbeitsverträgen enthaltenen Personendaten**, soweit diese für die Abklärungen der tripartiten Kommissionen **notwendig** sind. Es sind dies v. a. Daten über Löhne und Arbeitszeiten. Die Datenweitergabe darf zudem nur auf ein **Gesuch** hin erfolgen. Die Daten müssen für die Weitergabe **nicht anonymisiert** werden (Botschaft, BBl 2004, 6587), was aber durch Art. 360c abgefedert wird.

Art. 360*c*

3.	Amtsgeheimnis

¹ **Die Mitglieder der tripartiten Kommissionen unterstehen dem Amtsgeheimnis; sie sind insbesondere über betriebliche und private Angelegenheiten, die ihnen in dieser Eigenschaft zur Kenntnis gelangen, zur Verschwiegenheit gegenüber Drittpersonen verpflichtet.**

² **Die Pflicht zur Verschwiegenheit bleibt auch nach dem Ausscheiden aus der tripartiten Kommission bestehen.**

1   Aufgrund ihrer umfassenden Untersuchungsbefugnis in den Betrieben (s. Art. 360b Abs. 5) unterstellt das Gesetz die Mitglieder der tripartiten Kommissionen dem **Amtsgeheimnis**.

Die Geheimhaltungspflicht erstreckt sich insb. auf **sämtliche betrieblichen und privaten Angelegenheiten**, die dem Kommissionsmitglied in dieser Eigenschaft zur Kenntnis gelangen (Abs. 1). Sie bleibt auch nach einem Ausscheiden aus der tripartiten Kommission bestehen (Abs. 2). 2

Die Kommissionsmitglieder sind insoweit vom Amtsgeheimnis entbunden, als ihnen das Gesetz eine Zusammenarbeit mit anderen Organen oder Behörden vorschreibt (insb. Art. 8 Abs. 1 und 2 EntsG und Art. 11 Abs. 1 lit. g EntsV; BRUNNER/BÜHLER/WAEBER/BRUCHEZ N 2; STREIFF/VON KAENEL, N 2; BSK OR I-PORTMANN, N 25). 3

Eine **Verletzung der Verschwiegenheitspflicht** kann für das betreffende Kommissionsmitglied persönlich zivil- und strafrechtliche Konsequenzen haben (Art. 41 OR; Art. 320 StGB). Daneben ist entsprechend der Zugehörigkeit des Kommissionsmitglieds der Bund gemäss Verantwortlichkeitsgesetz (SR 17.32) oder der Kanton gemäss dessen Staatshaftungsrecht haftbar (BSK OR I-PORTMANN, N 2). 4

Art. 360*d*

Wirkungen
 1 **Der Normalarbeitsvertrag nach Artikel 360a gilt auch für Arbeitnehmer, die nur vorübergehend in seinem örtlichen Geltungsbereich tätig sind, sowie für verliehene Arbeitnehmer.**
 2 **Durch Abrede darf vom Normalarbeitsvertrag nach Artikel 360a nicht zu Ungunsten des Arbeitnehmers abgewichen werden.**

Art. 360d ergänzt und präzisiert Art. 360 für den befristeten NAV. 1

Abs. 1 stellt klar, dass der befristete NAV auch für Arbeitnehmer gilt, die **bloss vorübergehend in seinem örtlichen Geltungsbereich tätig** sind. Ob es sich um inländische oder aus dem Ausland entsandte Arbeitnehmer handelt und ob der Arbeitsvertrag schweizerischem oder ausländischem Recht untersteht, spielt hierfür keine Rolle (s. BSK OR I-PORTMANN, N 3 und Art. 2 Abs. 1 lit. a EntsG). Weiter bestimmt Abs. 1, dass der befristete NAV auch für **verliehene Arbeitnehmer** gilt. Erfasst werden dabei alle drei Formen des Personalverleihs (STREIFF/VON KAENEL, N 2). 2

Gemäss Abs. 2 darf durch Abrede nicht zuungunsten des Arbeitnehmers vom befristeten NAV abgewichen werden. Der befristete NAV hat damit, im Gegensatz zum allgemeinen NAV, **relativ zwingenden Charakter**. Es gilt das 3

Günstigkeitsprinzip analog Art. 357 (BK-Stöckli, Art. 360a–f N 7). Aus dem deutschen und italienischen Wortlaut von Abs. 2 ist zu schliessen, dass der befristete NAV die Einzelarbeitsvertragsparteien bindet, im Verhältnis zum GAV jedoch **tarifdispositiv** ist (**a. A.** Streiff/von Kaenel, N 3).

Art. 360 *e*

5.   Klagerecht der Verbände

Den Arbeitgeber- und den Arbeitnehmerverbänden steht ein Anspruch auf gerichtliche Feststellung zu, ob ein Arbeitgeber den Normalarbeitsvertrag nach Artikel 360a einhält.

1   Anders als bei allgemeinverbindlich erklärten Gesamtarbeitsverträgen ist der Vollzug des befristeten NAV Sache der Sozialpartner. Da dem fehlbaren Arbeitgeber keine staatlichen Sanktionen drohen und betroffene Arbeitnehmer allenfalls davon absehen, ihre Ansprüche gerichtlich durchzusetzen, räumt Art. 360e den **Arbeitgeber- und Arbeitnehmerverbänden** ein **selbstständiges Klagerecht** ein. Diese können **gerichtliche Feststellung** verlangen, dass ein Arbeitgeber den befristeten NAV nicht einhält (BBl 1999, 6405).

2   Der klagende Arbeitgeber- oder Arbeitnehmerverband muss **kein besonderes Feststellungsinteresse** nachweisen, sondern ist bereits durch das Gesetz legitimiert (BBl 1999, 6396).

3   In **prozessualer Hinsicht** handelt es sich bei der Verbandsklage nach Art. 360e nicht um eine Klage aus einem Arbeitsverhältnis. Zuständigkeit und Verfahren richten sich daher nach den allgemeinen Bestimmungen für Zivilklagen und nicht nach den Art. 24 GestG, Art. 115 IPRG, Art. 5 Nr. 1 LugÜ und Art. 343 OR (teilweise **a. A.** Streiff/von Kaenel, N 3).

Art. 360*f*

6.   Meldung

Erlässt ein Kanton in Anwendung von Artikel 360a einen Normalarbeitsvertrag, so stellt er dem zuständigen Bundesamt ein Exemplar zu.

Ein Kanton, der einen befristeten NAV erlässt, muss davon dem zuständigen   1
Bundesamt (zur Zeit das seco) ein Exemplar zustellen. Das zuständige Bundesamt und die tripartite Kommission des Bundes sollen sich dadurch eine Übersicht über die Lage in der Schweiz verschaffen können (BBl 1999, 6408).

Art. 360f statuiert lediglich eine **Meldepflicht**. Im Gesetzgebungsverfahren   2
wurde es ausdrücklich verworfen, die kantonalen Normalarbeitsverträge einer Genehmigungspflicht durch den Bund zu unterstellen (BBl 1999, 6408).

Die Meldung hat **spätestens bei Inkrafttreten des befristeten NAV** zu erfol-   3
gen (STREIFF/VON KAENEL, N 2).

Vierter Abschnitt: Zwingende Vorschriften

Art. 361

Unabänderlichkeit zuungunsten des Arbeitgebers und des Arbeitnehmers

¹ Durch Abrede, Normalarbeitsvertrag oder Gesamtarbeitsvertrag darf von den folgenden Vorschriften weder zuungunsten des Arbeitgebers noch des Arbeitnehmers abgewichen werden:

Artikel 321c:	Absatz 1 (Überstundenarbeit)
Artikel 323:	Absatz 4 (Vorschuss)
Artikel 323b:	Absatz 2 (Verrechnung mit Gegenforderungen)
Artikel 325:	Absatz 2 (Abtretung und Verpfändung von Lohnforderungen)
Artikel 326:	Absatz 2 (Zuweisung von Arbeit)
Artikel 329d:	Absätze 2 und 3 (Ferienlohn)
Artikel 331:	Absätze 1 und 2 (Zuwendungen für die Personalfürsorge)
Artikel 331b:	(Abtretung und Verpfändung von Forderungen auf Vorsorgeleistungen)
. . .	
Artikel 334:	Absatz 3 (Kündigung beim langjährigen Arbeitsverhältnis)

Artikel 335:	(Kündigung des Arbeitsverhältnisses)
Artikel 336:	Absatz 1 (Missbräuchliche Kündigung)
Artikel 336a:	(Entschädigung bei missbräuchlicher Kündigung)
Artikel 336b:	(Geltendmachung der Entschädigung)
Artikel 336d:	(Kündigung zur Unzeit durch den Arbeitnehmer)
Artikel 337:	Absätze 1 und 2 (Fristlose Aufösung aus wichtigen Gründen)
Artikel 337b:	Absatz 1 (Folgen bei gerechtfertigter Auflösung)
Artikel 337d:	(Folgen bei ungerechtfertigtem Nichtantritt oder Verlassen der Arbeitsstelle)
Artikel 339:	Absatz 1 (Fälligkeit der Forderungen)
Artikel 339a:	(Rückgabepflichten)
Artikel 340b:	Absätze 1 und 2 (Folgen der Übertretung des Konkurrenzverbotes)
Artikel 342:	Absatz 2 (Zivilrechtliche Wirkungen des öffentlichen Rechts)

. . .

Artikel 346:	(Vorzeitige Auflösung des Lehrvertrages)
Artikel 349c:	Absatz 3 (Verhinderung an der Reisetätigkeit)
Artikel 350:	(Besondere Kündigung)
Artikel 350a:	Absatz 2 (Rückgabepflichten).

[2] Abreden sowie Bestimmungen von Normalarbeitsverträgen und Gesamtarbeitsverträgen, die von den vorstehend angeführten Vorschriften zuungunsten des Arbeitgebers oder des Arbeitnehmers abweichen, sind nichtig.

1   Art. 361 enthält eine Auflistung von gesetzlichen Bestimmungen, von denen weder zuungunsten des Arbeitnehmers noch des Arbeitgebers abgewichen werden darf, die also **beidseitig (oder absolut) zwingend** sind.

2   Die Auflistung in Art. 361 ist **nicht abschliessend**. Normen, deren absolut zwingender Charakter sich aus anderen Gründen ergibt, wie namentlich aus dem Wortlaut, der Funktion (Definitionen, Formvorschriften) oder dem Adressatenkreis (Behörde oder Gericht), sind in der Liste nicht enthalten.

Der ursprüngliche Zweck von Art. 361, die Schaffung von Rechtssicherheit (BBl 1967 III 423), wird damit höchstens teilweise erreicht.

Ausnahmsweise kann eine **vertragliche Abweichung** von einer absolut   3
zwingenden Norm zulässig sein, sofern die betreffende Norm beiden Parteien einen Mindestschutz gewähren und nicht einen endgültigen Interessenausgleich zwischen den Parteien vornehmen will oder einem öffentlichen Interesse dient. Bei parallel laufenden Interessen beider Parteien muss die Abweichung beide Parteien gegenüber der gesetzlichen Regelung in gleicher Weise besser stellen. In den übrigen Fällen, in denen der Schutz der einen Partei unabhängig vom Schutz der anderen bestehen kann, darf von der gesetzlichen Regelung auch so abgewichen werden, dass die günstigere vertragliche Regelung nur einer Partei zugute kommt; ausgeschlossen sind aber Vereinbarungen, die den gesetzlichen Mindestschutz einer Partei verletzen (BBl 1984 II 616; Streiff/von Kaenel, N 4).

Eine Bestimmung im Einzel-, Normal- oder Gesamtarbeitsvertrag oder in   4
einer Betriebsordnung, die gegen eine absolut zwingende Norm verstösst, ist **nichtig** und wird durch die gesetzliche Vorschrift ersetzt. Im Übrigen bleibt der Vertrag aber ungeachtet des hypothetischen Parteiwillens gültig (Streiff/von Kaenel, N 6).

Art. 362

Unabänderlichkeit zuungunsten des Arbeitnehmers

[1] **Durch Abrede, Normalarbeitsvertrag oder Gesamtarbeitsvertrag darf von den folgenden Vorschriften zuungunsten der Arbeitnehmerin oder des Arbeitnehmers nicht abgewichen werden:**

Artikel 321e:	(Haftung des Arbeitnehmers)
Artikel 322a:	Absätze 2 und 3 (Anteil am Geschäftsergebnis)
Artikel 322b:	Absätze 1 und 2 (Entstehung des Provisionsanspruchs)
Artikel 322c:	(Provisionsabrechnung)
Artikel 323b:	Absatz 1 zweiter Satz (Lohnabrechnung)
Artikel 324:	(Lohn bei Annahmeverzug des Arbeitgebers)
Artikel 324a:	Absätze 1 und 3 (Lohn bei Verhinderung des Arbeitnehmers)

Artikel 324b: (Lohn bei obligatorischer Versicherung des Arbeitnehmers)

Artikel 326:   Absätze 1, 3 und 4 (Akkordlohnarbeit)

Artikel 326a: (Akkordlohn)

Artikel 327a: Absatz 1 (Auslagenersatz im Allgemeinen)

Artikel 327b: Absatz 1 (Auslagenersatz bei Motorfahrzeug)

Artikel 327c: Absatz 2 (Vorschuss für Auslagen)

Artikel 328:   (Schutz der Persönlichkeit des Arbeitnehmers im Allgemeinen)

Artikel 328a: (Schutz der Persönlichkeit bei Hausgemeinschaft)

Artikel 328b: (Schutz der Persönlichkeit bei der
Bearbeitung von Personendaten)

Artikel 329:   Absätze 1, 2 und 3 (Freizeit)

Artikel 329a: Absätze 1 und 3 (Dauer der Ferien)

Artikel 329b: Absätze 2 und 3 (Kürzung der
Ferien)

Artikel 329c: (Zusammenhang und Zeitpunkt der
Ferien)

Artikel 329d: Absatz 1 (Ferienlohn)

Artikel 329e: Absätze 1 und 3 (Jugendurlaub)

Artikel 321f: Mutterschaftsurlaub

Artikel 330:   Absätze 1, 3 und 4 (Kaution)

Artikel 330a: (Zeugnis)

Artikel 331:   Absätze 3 und 4 (Beitragsleistung
und Auskunftspflicht bei Personal-
fürsorge)

Artikel 331a: (Beginn und Ende des Vorsorgeschutzes)

. . .

Artikel 332:   Absatz 4 (Vergütung bei Erfindungen)

Artikel 333:   Absatz 3 (Haftung bei Übergang des
Arbeitsverhältnisses)

Artikel 336:   Absatz 2 (Missbräuchliche Kündigung durch den Arbeitgeber)

Artikel 336c: (Kündigung zur Unzeit durch den
Arbeitgeber)

Artikel 337a: (Fristlose Auflösung wegen Lohngefährdung)

Artikel 337c:	**Absatz 1 (Folgen bei ungerechtfertigter Entlassung)**
Artikel 338:	**(Tod des Arbeitnehmers)**
Artikel 338a:	**(Tod des Arbeitgebers)**
Artikel 339b:	**(Voraussetzungen der Abgangsentschädigung)**
Artikel 339d:	**(Ersatzleistungen)**
Artikel 340:	**Absatz 1 (Voraussetzungen des Konkurrenzverbotes)**
Artikel 340a:	**Absatz 1 (Beschränkung des Konkurrenzverbotes)**
Artikel 340c:	**(Wegfall des Konkurrenzverbotes)**
Artikel 341:	**Absatz 1 (Unverzichtbarkeit)**
Artikel 345a:	**(Pflichten des Lehrmeisters[7])**
Artikel 346a:	**(Lehrzeugnis)**
Artikel 349a:	**Absatz 1 (Lohn des Handelsreisenden)**
Artikel 349b:	**Absatz 3 (Ausrichtung der Provision)**
Artikel 349c:	**Absatz 1 (Lohn bei Verhinderung an der Reisetätigkeit)**
Artikel 349e:	**Absatz 1 (Retentionsrecht des Handelsreisenden**
Artikel 350a:	**Absatz 1 (Provision bei Beendigung des Arbeitsverhältnisses)**
Artikel 352a:	**Absatz 3 (Haftung des Heimarbeiters)**
Artikel 353:	**(Abnahme des Arbeitserzeugnisses)**
Artikel 353a:	**(Ausrichtung des Lohnes)**
Artikel 353b:	**Absatz 1 (Lohn bei Verhinderung an der Arbeitsleistung).**

[2] **Abreden sowie Bestimmungen von Normalarbeitsverträgen und Gesamtarbeitsverträgen, die von den vorstehend angeführten Vorschriften zuungunsten des Arbeitnehmers abweichen, sind nichtig.**

Art. 362 enthält eine Auflistung von gesetzlichen Bestimmungen, von denen **nicht zuungunsten des Arbeitnehmers** abgewichen werden darf, die also **einseitig (oder relativ) zwingend** sind.   1

Die Auflistung der relativ zwingenden Normen in Art. 362 ist wie diejenige in Art. 361 **nicht abschliessend** (siehe Art. 361 N 2).   2

3   Eine Bestimmung im Einzel-, Normal- oder Gesamtarbeitsvertrag oder in einer Betriebsordnung, die zuungunsten des Arbeitnehmers von einer relativ zwingenden Norm abweicht, ist nichtig und wird durch die gesetzliche Vorschrift ersetzt. Im Übrigen bleibt der Vertrag aber ungeachtet des hypothetischen Parteiwillens gültig (Streiff/von Kaenel, N 7).

Elfter Titel:

Der Werkvertrag

Art. 363

Begriff
Durch den Werkvertrag verpflichtet sich der Unternehmer zur Herstellung eines Werkes und der Besteller zur Leistung einer Vergütung.

Literatur

Dürr, Werkvertrag und Auftrag: Kommentar der Art. 363–379 und 394–406 OR, 3. Aufl., 1983; Egli, Der General- und der Totalunternehmer, in: Baurechtstagung 1991, Bd. II, Seminar für Schweizerisches Baurecht, Freiburg i. Ü. 1991, 65 ff.; Gauch, Der Werkvertrag, Zürich 1996 (zit. Gauch); Gauch, Kommentar zur SIA-Norm 118: Art. 38–156, Zürich 1992, sowie Art. 157–190, Zürich 1991 (zit. Gauch, SIA); Gauch/Tercier (Hrsg.), Das Architektenrecht, 3. Aufl., Freiburg 1995; Hess, Bauhaftpflicht, Dietikon 1994; Hess, Der Architekten- und Ingenieurvertrag, Kommentar zu SIA-Ordnung 102, 103, 108, Dietikon 1986; Huber/Schwendener, Der Generalunternehmervertrag des Verbandes Schweizerischer Generalunternehmer, 2. Aufl. Zürich 2005; Koller, Die Vergütungsgefahr beim Werkvertrag, in: FS Honsell, Zürich 2002, 401 ff.; Koller (Hrsg.), SIA-Norm 118, St. Gallen 2000; Koller (Hrsg.), Bau- und Bauprozessrecht: Ausgewählte Fragen, St. Gallen 1998; Koller (Hrsg.), Haftung für Werkmängel, St. Gallen 1998; Koller, Das Nachbesserungsrecht im Werkvertrag, 2. Aufl., Zürich 1995; Lendi/Nef/Trümpy (Hrsg.), Das private Baurecht der Schweiz, Zürich 1994; Schaumann, Rechtsprechung zum Architektenrecht, 3. Aufl., Freiburg 1991; Schumacher, Die Vergütung im Bauwerkvertrag, Freiburg 1998.

I. Charakteristik des Werkvertrags

1   Zu den **Essentialia** des Werkvertrags gehört die Erbringung eines *Arbeits-
erfolges* in Form eines Werkes (N 2 f.) durch den Unternehmer (also nicht
nur, wie beim Auftrag, ein Tätigwerden, s. N 6 und BGE 127 III 329) sowie
die Leistung einer *Vergütung* durch den Besteller. Der Werkvertrag ist *zwingend entgeltlich* (BGer 4C.285/2006 E.2.1); bei unentgeltlicher Tätigkeit liegt
i. d. R. ein einfacher Auftrag vor (BGE 64 II 10; 59 II 262). Die Beweislast für
die Vereinbarung einer Vergütung liegt beim Unternehmer (BGE 127 II 522;
BGer 4C.285/2006 E.2.2; 4C.421/2006 E.2). Die Entgeltlichkeit kann auch
stillschweigend vereinbart sein, wenn der Besteller aufgrund der Umstände
von der Entgeltlichkeit der Leistungen des Unternehmers ausgehen musste
(BGer 4C.374/2004 E.4.2; BGE 119 II 40 ff. – Erstellung einer grösseren Pro-
jektstudie; vgl. auch BGer 4C.261/2005 E.2.1; 4C.285/2006 und 4C.421/2006
E.2). Die Vereinbarung der *Höhe* der Vergütung gehört jedoch nicht zu den
Essentialia (s. Art. 374 N 1). Der Werkvertrag ist *kein Dauerschuldverhältnis*, auch wenn die Werkerstellung längere Zeit in Anspruch nimmt (BSK OR-
Zindel/Pulver, Vorbem. zu Art. 363 – 379 N 14; Gauch, N 9, 322). Grundsätzlich ist der Werkvertrag nicht an eine *besondere Form* gebunden (BGer
4C.19/2007 E.2.3.1 und 4C.320/2004 und 4P.206/2004 E.6.4); steht er jedoch im Zusammenhang mit einem Grundstückkauf, kann er vom Beurkun-
dungszwang erfasst werden, wenn der Werklohn zur Gegenleistung für das
Grundstück gehört (vgl. BGE 119 II 29; 117 II 264 f.; s. auch Art. 216 N 8).

2   Der Begriff des **Werks** erfasst einerseits die Herstellung *körperlicher Werke*
(vgl. BGE 113 II 264 – Erstellung eines Lehrgerüsts, vgl. dazu auch N 9;
BGE 111 II 170 – Montage eines Krans); andererseits auch *unkörperliche*
Werke, die hauptsächlich oder ausschliesslich in einer geistigen Leistung
bestehen (BGE 130 III 461; 127 III 329). Bei unkörperlichen Werken ist für
die Qualifikation als Werk i. S. v. Art. 363 ff. entscheidend, ob das Arbeitsresultat nach objektiven Kriterien überprüft werden kann, d. h. gewährleis-
tungsfähig ist und als Erfolg versprochen werden kann (BGE 127 III 328).
Zum Werkbegriff s. auch die Abgrenzungen unten N 6 – 10. Umstritten ist,
ob die Anwendbarkeit des Werkvertragsrechts voraussetzt, dass das unkörperliche Arbeitsergebnis eine gewisse Körperlichkeit erlangt hat, z. B.
in Schriftform festgehalten wurde (offen gelassen in BGE 127 III 329; verneinend BSK OR-Zindel/Pulver, Vorbem. zu Art. 363 – 379 N 5; bejahend
Gauch, N 45).

3   **Kasuistik** zu den **unkörperlichen Werken**: Das Verfassen eines (technischen) *Gutachtens* kann unter Umständen als Werkvertrag qualifiziert werden (BGer 4C.165/2005; vgl. auch BGE 127 III 328 obiter), ebenso die Arbeit
eines *Geometers* (BGE 109 II 34), die Schaffung eines *Kunstwerks* (BGE 115
II 50 ff. – Mosaik; differenzierend BGE 112 II 44 ff. – Anstellung eines Künst-

lers oder Orchesters, dazu unten N 8), die Durchführung einer entgeltlichen *Veranstaltung* (BGE 70 II 250 – Bundesfeier mit musikalischen Darbietungen und Feuerwerk), die Herstellung von *individueller Software* (KGer GE SemJud 1992, 608 ff.; GAUCH, N 334 ff.; zum EDV-Vertrag unten N 10), der *Insertionsvertrag* (nicht aber die Tätigkeit des selbständigen Reklameberaters, vgl. BGE 115 II 57), oder der *Architektenvertrag* (dazu N 14).

Der Begriff der **Herstellung** erfasst über den Gesetzeswortlaut hinaus auch   4
Veränderungen an Sachen, z. B. in Form von *Reparatur* (BGE 130 III 461; 113 II 421), *Umbau, Verpackung* oder *Zerstörung* (BSK OR-ZINDEL/PULVER, N 10). Auch die *Erhaltung* einer Sache kann unter den Werkvertrag fallen, z. B. *Renovation* oder *Reinigung* (BGE 130 III 461; KGer VD SJZ 1982, 314 – Wartungsvertrag; GAUCH, N 28; BK-GAUTSCHI, N 1b; BSK OR-ZINDEL/PULVER, N 3, 10).

Der **Werklieferungsvertrag**, bei welchem der Unternehmer neben der   5
Arbeit auch die Beschaffung des *Stoffes* übernimmt, untersteht dem Werkvertragsrecht (BGE 117 II 274). Zur Gewährleistung des Unternehmers für den Stoff vgl. Art. 365 N 3 f. Zur Anwendbarkeit des Wiener Kaufrechts unten N 18.

II. Abgrenzung zu andern Vertragstypen

Im Gegensatz zum Unternehmer hat der Beauftragte beim **einfachen Auf-**   6
trag nicht für den *Erfolg* seiner Tätigkeit einzustehen (oben N 1). Er hat nicht Gewähr zu leisten, sondern haftet bei Verletzung von *Treue- und Sorgfaltspflichten* (s. Art. 394 N 11 f.). Abgrenzungsprobleme können sich insbesondere bei unkörperlichen Werken ergeben (vgl. die Kasuistik oben N 3). Die Dienste der *freien Berufe (insb. Ärzte, Anwälte)* sind dem Auftragsrecht zuzuordnen, selbst wenn die Arbeit die Herstellung gewisser Werke miterfasst (BGE 110 II 375 – Anfertigung einer Prothese durch einen Zahnarzt; vgl. HONSELL, OR BT, 273).

Der *Kauf mit Montagepflicht* ist **Kaufvertrag**, wenn die Arbeitsleistung   7
(Montagearbeiten) im Verhältnis zur Sachlieferung nur eine untergeordnete Nebenpflicht darstellt. Steht sie dagegen im Vordergrund, liegt ein *Werkvertrag* vor (BGE 24 II 545; BGE 24 II 793 E. 3; BGE 29 II 48 E. 3). Der Vertrag über eine erst *herzustellende Sache* ist i. d. R. Werkvertrag, wenn es um die Herstellung eines *individuellen Werks* geht, das speziell für den Besteller angefertigt wird (vgl. BGE 103 II 33 E. 3 – speziell angefertigte Armierungseisen). Wird der Vertragsgegenstand durch *industrielle Serienproduktion* hergestellt (z. B. Fahrzeuge), handelt es sich i. d. R. um einen Kaufvertrag (BGE 21, 192 E. 4 u. 531 f. E. 3; HONSELL, OR BT, 271; BSK OR-ZINDEL/PULVER, N 23). Ein *Energielieferungsvertrag* untersteht dem Werkvertragsrecht, wenn das Elektrizitätswerk einen bestimmten Erfolg herbeizuführen

hat (BGE 76 II 107; BGE 48 II 370 f.). Zur Verknüpfung eines Grundstück-
kaufs- mit einem GU-Vertrag s. N 12.

8   Entscheidendes Abgrenzungskriterium des Werkvertrags gegenüber dem
Arbeitsvertrag ist das Mass der *Selbstständigkeit bei der Arbeitsausführung*
(BSK OR-Zindel/Pulver, Vorbem. zu Art. 363–379 N 11; vgl. auch BGE 30
II 495 E. 2). Der Vertrag über die Anstellung eines Künstlers oder Orches-
ters kann unter Umständen als Arbeitsvertrag qualifiziert werden (BGE 112
II 41; s. auch oben N 3), ebenso die Verpflichtung, jährlich erscheinende
Bücher zu schreiben (ZBJV 1978, 37) oder der Vertrag mit einer Kabarett-
Tänzerin (ZBJV 1977, 414).

9   Ob der Einsatz eines Bulldozers als Werk- oder **Mietvertrag** zu qualifizieren
ist, hat das BGer in BGE 97 II 126 ff. E. 2b offengelassen. Zur Abgrenzung
beim *Gerüstbauvertrag* vgl. BGE 131 III 300 E. 2.1 und 113 II 264 (Mietvertrag bei Aufbau mit Gebrauchsüberlassung; Werkvertrag bei Montage eines
dem Besteller gehörenden oder ihm zu überlassenden Gerüsts).

10 Sind *Arbeits- und Sachleistung* gleichwertig (vgl. N 7) und wird ein einziger
Vertrag abgeschlossen, handelt es sich um ein **gemischtes Vertragsverhältnis** (BGE 118 II 144 E. 1a – Verkauf eines Grundstücks, auf dem ein Gebäude erstellt werden soll; BGE 117 II 264 – Abschluss zweier getrennter
Verträge). Zum Vertrag über die Lieferung eines *EDV-Systems* mit Standard-
soft- und Hardware vgl. BGE 124 III 459 (Anwendung der kaufrechtlichen
Sachgewährleistung bei mangelhafter Standardsoftware und -dokumenta-
tion) sowie BGer 4C.393/2006 E.3.1 (Anwendung von Werkvertragsrecht in
Bezug auf die Anpassung eines Software-Pakets an die Bedürfnisse des Bestellers). Auch die Herstellung eines Wirkstoffes im Rahmen eines Zusam-
menarbeits- und Entwicklungsvertrages kann ein gemischtes Vertragsverhältnis darstellen (BGer 4C.31/2000: Werkvertrag und Auftrag).

III. Bauwerke

11 Der *Schweizerische Ingenieur- und Architektenverein (SIA)* hat in Form von
sog. **SIA-Normen** sowie von zahlreichen *Musterverträgen* ein detailliertes
Regelwerk für die Erstellung von Bauwerken geschaffen. Die wichtigste und
bekannteste Regelung bildet die *SIA-Norm 118* (Allgemeine Bedingungen
für Bauarbeiten). Von Bedeutung ist auch die *SIA-Norm 102* (Ordnung für
Leistungen und Honorare der Architektinnen und Architekten). Die SIA-
Normen haben keinen allgemeinverbindlichen, sondern rein privaten Charakter und werden nur Vertragsbestandteil nach den Regeln, welche die
Rechtsprechung zu *allgemeinen Geschäftsbedingungen* entwickelt hat (BGE
118 II 295; vgl. auch BGer 4C.371/2006 E.4 und 5 – Vereinbarung der Anwendbarkeit von SIA-Norm 102 verneint). Die SIA-Normen können auch
stillschweigend übernommen werden (BGer 4C.261/2005 E.2.3). Darüber
hinaus können sie bei Bauwerkverträgen zur Vertragsauslegung heran-

gezogen werden (BSK OR-ZINDEL/PULVER, Vorbem. zu Art. 363–379 N 22 und N 23).

Der **Generalunternehmer** («GU») übernimmt die *gesamte Erstellung* eines **12** Bauwerkes (z. B. die Errichtung eines schlüsselfertigen Hauses) und unterscheidet sich dadurch vom *Teilunternehmer* (N 17), der sich an der Errichtung eines Bauwerks nur mit einer spezifischen Leistung beteiligt (BGE 114 II 54 f.). Der GU-Vertrag ist als *einheitlicher Werkvertrag* zu qualifizieren (BGE 114 II 55 E. 2b; zum GU-Vertrag vgl. auch BGE 99 II 134; 97 II 68; 94 II 162). Tritt der GU gleichzeitig als *Landverkäufer* auf, ist der allfällige Formzwang zu beachten (s. N 1) sowie die «Zusammenrechnungspraxis» bei der Handänderungs- und Grundstückgewinnsteuer (vgl. BGer 4P.302/ 2005; 2A.20/2005).

Im Unterschied zum Generalunternehmer (N 12) übernimmt der **Total-** **13** **unternehmer** («TU») nicht nur die Verpflichtung zur Erstellung des gesamten Bauwerks, sondern auch sämtliche Planungsarbeiten, namentlich die Projektierungsarbeiten (BGE 114 II 54 f.). Der TU-Vertrag ist ebenfalls als *einheitlicher Werkvertrag* zu qualifizieren (BGE 114 II 57 E. 2c; zum TU-Vertrag vgl. auch BGE 119 II 42 E. 2a; 117 II 273).

Beim **Architektenvertrag** (vgl. auch Art. 394 N 13) ist das Erstellen von Plä- **14** nen, Bauprojekten, Kostenvoranschlägen, Ausschreibungen oder von Bauabrechnungen *Werkvertrag* (BGer 4C.285/2006 E. 2.1; 4C.371/2006 E.3; 4C.374/2004 E.4.1; BGE 127 III 545; 109 II 464 E.3). Arbeitsvergebung, Bauleitung oder Prüfung des Bauwerks unterliegen dagegen dem *Auftragsrecht* (BGer a. a. O.). Beim *Gesamtvertrag*, welcher Elemente beider Kategorien von Arbeiten umfasst, liegt ein *gemischter* Vertrag vor, auf den je nach dem Werkvertrags- oder Auftragsrecht anwendbar ist (BGE 127 III 545; 109 II 464 E.3), wobei die Vertragsauflösung sowie die Haftung für das Überschreiten des Kostenvoranschlags jedoch *einheitlich dem Auftragsrecht* unterliegen (BGer 4C.18/2005 E.2.1; BGE 127 III 545 sowie BGE 110 II 380; 109 II 466 – Vertragsauflösung; BGE 119 II 249 – Haftung für Kostenvoranschlag).

Bei Bauwerken kann der Unternehmer (sowie dessen Subunternehmer, **15** unten N 16 f.) den *Werklohn* durch ein **Bauhandwerkerpfandrechts** nach Art. 837 Abs. 1 Ziff. 3 i. V. m. Art. 839–841 ZGB sichern lassen (BSK OR-ZINDEL/PULVER, Vorbem. zu Art. 363 N 29–31 und Art. 363 N 33 f.).

IV. Subunternehmer

Sofern der Unternehmer nicht zur persönlichen Werkausführung verpflich- **16** tet ist (Art. 364 N 11 ff.), kann er einen Teil oder die gesamte Werkleistung einem **Subunternehmer** übergeben. Damit wird der Unternehmer im Verhältnis zum Subunternehmer zum Besteller (BSK OR-ZINDEL/PULVER, N 26 ff.). Zwischen Erst-Besteller und Subunternehmer besteht kein Vertragsverhältnis (BGer 4C.88/2005 E.3). Für Werkmängel, die der Subunternehmer verursacht hat, muss der Unternehmer verschuldensunabhängig (Art. 368 N 5) gegenüber dem Erst-Besteller Gewähr leisten; für die übrigen Vertragsverletzungen (einschliesslich Mangelfolgeschäden) haftet der Unternehmer für seine Subunternehmer nach Art. 101 (BGE 116 II 307 f.) sowie nach Art. 55.

17   Der Subunternehmer ist abzugrenzen vom **Teilunternehmer**. Zum Begriff s. oben N 12. Der Teilunternehmer wird auch als *Nebenunternehmer* oder *Vorunternehmer* bezeichnet (sofern er Vorarbeiten für den Unternehmer verrichtet). Für die Arbeiten eines unabhängigen Teilunternehmers trifft andere Teilunternehmer grundsätzlich keine Gewährleistungspflicht oder Haftung. Jedoch kann einen Teilunternehmer allenfalls eine *Aufklärungspflicht* gegenüber dem Besteller treffen, wenn er Mängel eines anderen Teilunternehmers erkennt (s. Art. 364 N 5).

V.   Internationales Privatrecht

18   Bei *internationalen Sachverhalten* ist zu beachten, dass *Werklieferungsverträge* (N 5) dem **Wiener Kaufrecht** unterstehen (Art. 3 Abs. 1 WKR, vgl. WKR-Siehr Art. 3 N 3), sofern die Parteien die Anwendbarkeit dieses Übereinkommens nicht i. S. v. Art. 6 WKR ausgeschlossen haben (BSK OR-Zindel/Pulver, Vorbem. zu Art. 363–379 N 24 und Art. 365 N 10). Bestimmt sich das anwendbare Recht nach dem **IPRG**, ist die *Werkleistung des Unternehmers* als charakteristische Leistung i. S. v. Art. 117 Abs. 3 lit. c IPRG zu betrachten (BSK OR-Zindel/Pulver, N 32).

Art. 364

B.	Wirkungen	
I.	Pflichten des Unternehmers	
1.	Im allgemeinen	

[1] Der Unternehmer haftet im allgemeinen für die gleiche Sorgfalt wie der Arbeitnehmer im Arbeitsverhältnis.

[2] Er ist verpflichtet, das Werk persönlich auszuführen oder unter seiner persönlichen Leitung ausführen zu lassen, mit Ausnahme der Fälle, in denen es nach der Natur des Geschäftes auf persönliche Eigenschaften des Unternehmers nicht ankommt.

[3] Er hat in Ermangelung anderweitiger Verabredung oder Übung für die zur Ausführung des Werkes nötigen Hilfsmittel, Werkzeuge und Gerätschaften auf seine Kosten zu sorgen.

I. Die Haftung des Unternehmers (Abs. 1)

1. Anwendungsbereich und Abgrenzung

Die **Haftung** des Unternehmers nach Art. 364 Abs. 1 ist abzugrenzen von   1
seiner **Gewährleistungspflicht** für Sach- und Rechtsmängel: Für Mängel am
Werk selber hat der Unternehmer nach den Gewährleistungsvorschriften
gemäss Art. 367–371 einzustehen, welche kein Verschulden voraussetzen
und welche der Haftung nach Art. 364 Abs. 1 als *lex specialis* vorgehen
(BGE 111 II 172; BSK OR-Zindel/Pulver, N 47). Die Haftung nach Art. 364
Abs. 1 setzt demgegenüber stets ein *Verschulden* voraus (unten N 9 f.). Die
Haftungsordnung nach Art. 364 Abs. 1 ist *dispositiver Natur* (BGE 94 II 159).
Zur Haftung des *Bestellers* für die Verunmöglichung der Werkausführung
siehe Art. 378 Abs. 2.

Die Haftung des Unternehmers nach Art. 364 Abs. 1 betrifft also nur sol-   2
che **positive Vertragsverletzungen**, die keine Rechts- oder Sachmängel sind.
Dazu gehört die Haftung für *Mangelfolgeschäden* (dazu Art. 368 N 19 ff.),
für nachträgliche (subjektive) *Unmöglichkeit* der Werkerstellung sowie für
weitere Schäden, welche der Unternehmer durch die Missachtung von *Nebenpflichten* (dazu N 4 ff.) im Vermögen des Bestellers verursacht hat.

Zwischen der Haftung nach Art. 364 Abs. 1 und der **Deliktshaftung** nach   3
Art. 41 ff. besteht *Anspruchskonkurrenz* (Gauch, N 854 ff.). Gegenüber *vertragsfremden Dritten* haftet der Unternehmer nach Art. 41 ff. (BGE 102 II 85
und BGE 97 II 221 – Beschädigung von Elektrokabeln).

2. Nebenpflichten in Form von Sorgfaltspflichten

Die Parteien können im Werkvertrag gewisse vertragliche Nebenpflichten   4
des Unternehmers spezifizieren. Zudem treffen den Unternehmer auch
ohne ausdrückliche Vereinbarung Nebenpflichten in Form von **Sorgfaltspflichten**, die sich aus einer übergeordneten *Treuepflicht* des Unternehmers gegenüber dem Besteller herleiten (BGE 96 II 61; BSK OR-Zindel/
Pulver, N 25). Sorgfaltspflichten des Unternehmers werden teilweise durch
das Gesetz selber konkretisiert (Art. 365 Abs. 2 – sorgfältige Behandlung
des gelieferten Stoffes; Art. 365 Abs. 3 – Anzeigepflicht; Art. 369 – Abmahnungspflicht, s. N 5) oder können sich aus technischen Vorschriften ergeben (SIA- oder ISO-Normen). Zu den Sorgfaltspflichten zählen je nach Art
des konkreten Werkvertrages verschiedene Aufklärungs-, Sicherungs-, An-
zeige-, Obhuts-, Offenlegungs- oder Geheimhaltungspflichten (s. N 5–8).

Zur **Aufklärungspflicht** des Unternehmers gehört – neben der generellen   5
Pflicht zur Anzeige von Verhältnissen, welche die gehörigen Werkausführung gefährden (Art. 365 N 9 ff.) – je nach den Umständen z. B. die Pflicht zu
informieren über das voraussichtliche *Honorar und den Werkpreis* (analog

zum Auftrag, vgl. BGE 119 II 456; zum ungefähren Werkpreis s. Art. 374), über eine erkennbare übermässige *Kostenüberschreitung* (Art. 375 N 6; s. auch Art. 56 Abs. 3 SIA-Norm 118; BR 1994, 107), über den *sachgemässen Gebrauch* des Werks (BGE 94 II 160 – sachgemässe Nutzung einer Zentralheizung) oder über *ausserordentliche Umstände* i. S. v. Art. 373 Abs. 2 (BGE 116 II 315 f.). Die Aufklärungspflicht erfasst sodann die Pflicht zum rechtzeitigen Erheben von *Einwänden gegen Anweisungen* des Bestellers (BGE 95 II 51, vgl. Art. 369). Bei *Bauwerkverträgen* können sich weitere Aufklärungspflichten aus Art. 25, Art. 26 Abs. 2, Art. 30 Abs. 4 und 5 sowie Art. 110 der *SIA-Norm 118* ergeben.

6   Zu den **Obhuts- und Schutzpflichten** des Unternehmers kann die Pflicht zum Schutz fremder Rechtsgüter (insb. Leben, Gesundheit, Eigentum) vor *Beschädigung* (BGE 70 II 218 – Schutz vor Schäden bei Feuerwerk; BGE 89 II 237 f. – Schutz von Fensterscheiben während Bauarbeiten) oder vor *Entwendung* gehören (BGE 113 II 422 E. 2a). Bei *Bauwerkverträgen* werden die Obhuts- und Schutzpflichten durch *Art. 103–113 der SIA-Norm 118* konkretisiert.

7   Den Unternehmer können verschiedene **Geheimhaltungspflichten** treffen, insbesondere die Pflicht, Fabrikations- und Geschäftsgeheimnisse des Bestellers zu wahren (BGE 93 II 272; 77 II 263). Aus der vertraglichen Treuepflicht können sich zudem **Verwertungsverbote** ergeben, z. B. die Pflicht, die Pläne oder Konstruktionsideen des Bestellers nach der Vertragsbeendigung nicht selber zu verwerten (BGE 93 II 279).

8   Den Unternehmer können darüber hinaus **weitere Sorgfaltspflichten** treffen, so beispielsweise die Pflicht, den Vertrag bei fehlenden Fachkenntnissen nicht anzunehmen (*Übernahmeverschulden*, vgl. BGE 93 II 323 f.), die Pflicht zur *Prüfung des Baustoffes* auf seine Werktauglichkeit (BGE 95 II 51 E. c; vgl. Art. 365 Abs. 3), die Pflicht, weder Zeit noch Material bei der Werkerstellung zu *vergeuden* (BGE 96 II 60 f.) oder die Pflicht, den vorgegebenen *Kostenrahmen zu respektieren* (BR 1993, 44; zum Kostenrahmen vgl. Art. 373 und Art. 375).

3.   Sorgfaltsmassstab (Verschulden)

9   Die Missachtung der soeben in N 4–8 dargestellten Sorgfaltspflichten stellt einerseits eine **Vertragswidrigkeit** i. S. v. Art. 97 ff. dar *(positive Vertragsverletzung)*. Zudem kann die Missachtung solcher Sorgfaltspflichten ein **Verschulden** des Unternehmers begründen, da die Ausserachtlassung der im Verkehr gebotenen Sorgfaltspflichten als fahrlässiges Verhalten zu werten ist. Zum allgemeinen Zusammenhang zwischen Vertrags- bzw. Rechtswidrigkeit und Verschulden vgl. Art. 97 N 20 f. und Art. 41 N 26. Das Verschulden des Unternehmers wird i. S. v. Art. 97 Abs. 1 *vermutet* (BGE 70 II 219).

Das Gesetz verweist in Abs. 1 auf den **arbeitsvertraglichen Sorgfaltsmass-** 10
stab in Art. 321e Abs. 2. Gemäss dieser Bestimmung wird der *objektive* Verschuldensmassstab (d. h. die Sorgfalt, die ein objektivierter Dritter unter den
entsprechenden Umständen anzuwenden pflegt) durch *subjektive* Kriterien
(d. h. die persönlichen Fähigkeiten und Eigenschaften des konkreten Unternehmers) eingeschränkt. Die h. l. kritisiert den Verweis auf den arbeitsvertraglichen Sorgfaltsmassstab und fordert eine restriktive Auslegung (BSK
OR-ZINDEL/PULVER, N 4–7). Die Rechtsprechung hat die restriktive Auslegung noch nicht ausdrücklich bestätigt, sie wendet jedoch primär einen
objektiven Sorgfaltsmassstab an und schenkt den subjektiven Kriterien
keine grosse Beachtung (BGE 117 II 261; 113 II 422; 95 II 51; 94 II 160; BR
1986, 16).

II. Persönliche Ausführungspflicht des Unternehmers (Abs. 2)

Gewisse Werkaufträge sind so beschaffen, dass der Unternehmer das Werk 11
persönlich ausführen muss und keine Hilfspersonen beiziehen darf. Dies
ist anzunehmen, wenn das zu erstellende Werk derart durch die Persönlichkeit des Unternehmers geprägt sein soll, dass das Werk durch eine andere
Person (auch bei entsprechender Beaufsichtigung durch den Unternehmer,
s. N 12) nicht hergestellt werden darf (z. B. Erstellung eines Kunstwerkes
durch den Künstler persönlich; BSK OR-ZINDEL/PULVER, N 30). Bei *Tod
oder Unfähigkeit* des Unternehmers wird deshalb auch die Werkvollendung
unmöglich (dazu Art. 379). Missachtet der Unternehmer die Pflicht zur
persönlichen Ausführung und lässt das Werk *unbefugterweise* durch eine
Hilfsperson erstellen, haftet der Unternehmer sowohl nach Art. 101 als
auch nach Art. 97 ff. (positive Vertragsverletzung; s. BSK OR-ZINDEL/PUL-
VER, N 51). Während der Werkausführung kann der Besteller die Realerfüllung durch Wegweisung der Hilfsperson verlangen und im Unterlassungsfall nach Art. 107 ff. vorgehen (BGE 103 II 55).

Davon zu unterscheiden sind Werkverträge, welche zwar nicht eine persön- 12
liche Ausführung des Werkes verlangen, aber zumindest eine **persönliche
Leitung** durch den Unternehmer (BGE 103 II 55 – Baumeistervertrag, vgl.
N 13). Der Unternehmer kann dieser Pflicht nachkommen durch den Einsatz von Arbeitnehmern seines eigenen Betriebs oder durch den Abschluss
eines *leitungsintensiven Subunternehmervertrags*, bei welchem der Unternehmer den Subunternehmer instruiert und ständig überwacht (BSK OR-
ZINDEL/PULVER, N 34 und 39).

Gemäss Gesetzeswortlaut soll dem Unternehmer nur in *Ausnahmefällen* ge- 13
stattet sein, im eigenen Namen und auf eigene Rechnung Dritte (insb. **Subunternehmer** dazu Art. 363 N 16 f.) mit der *selbständigen* Ausführung des
Werkes (oder eines Teils davon) zu betrauen. Das Bundesgericht differen-

ziert in Bezug auf die konkrete Werkvertragsart: Bei *General- und Total-unternehmerverträgen* entspricht der Beizug von Subunternehmern der Vertragsnatur; nicht delegieren kann der Generalunternehmer jedoch seine Pflicht zur Erstellung des gesamten Werkes oder seine Koordinationspflicht (BGE 94 II 162; Gauch, N 626). Beim *Baumeistervertrag* soll nach der Rsp. die persönliche Leistungspflicht im Vordergrund stehen, weshalb die selbständige Ausführung des Werkes durch Hilfspersonen unzulässig sei (BGE 103 II 55 – fragwürdig).

14   Art. 29 Abs. 3 **SIA-Norm 118** lässt den Beizug von Subunternehmern nur unter eingeschränkten Voraussetzungen zu (bei entsprechender Vereinbarung im Vertrag, bei ausdrücklicher Erlaubnis durch den Bauherrn oder bei der Ausführung eines unwesentlichen Teils der Arbeit, sofern dies die vertragsgemässe Ausführung des gesamten Werkes nicht beeinträchtigt).

III. Pflicht zur Besorgung der Hilfsmittel (Abs. 3)

15   Zu den *Nebenpflichten* des Unternehmers (N 2) gehört auch die Pflicht zur Beschaffung der nötigen Hilfsmittel nach Abs. 3. Bei Vereinbarung der **SIA-Norm 118** wird diese Pflicht konkretisiert durch Art. 46 SIA (Regiearbeiten) und Art. 123 ff. SIA (Baustelleneinrichtungen). Verwendet der Unternehmer ungeeignete oder mangelhafte Hilfsmittel, kann der Besteller nach Art. 366 Abs. 2 vorgehen (BSK OR-Zindel/Pulver, N 44).

Art. 365

2. **Betreffend den Stoff**

¹ **Soweit der Unternehmer die Lieferung des Stoffes übernommen hat, haftet er dem Besteller für die Güte desselben und hat Gewähr zu leisten wie ein Verkäufer.**

² **Den vom Besteller gelieferten Stoff hat der Unternehmer mit aller Sorgfalt zu behandeln, über dessen Verwendung Rechenschaft abzulegen und einen allfälligen Rest dem Besteller zurückzugeben.**

³ **Zeigen sich bei der Ausführung des Werkes Mängel an dem vom Besteller gelieferten Stoffe oder an dem angewiesenen Baugrunde, oder ergeben sich sonst Verhältnisse, die eine gehörige oder rechtzeitige Ausführung des Werkes gefährden, so hat der Unternehmer dem Besteller ohne Verzug davon Anzeige zu machen, widrigenfalls die nachteiligen Folgen ihm selbst zur Last fallen.**

I.   Anwendungsbereich und Abgrenzungen

Der **Begriff des Werkstoffs** erfasst sowohl Grundmaterialien als auch vor- 1
gefertigte Teile, welche vom Unternehmer in das Werk einzubauen sind
(sog. *Beistellteile*). Werkstoffe können durch einen *Vor-* oder *Nebenunternehmer* (bei Stofflieferung durch Besteller, dazu unten N 7) oder durch
einen *Subunternehmer* (bei Stofflieferung des Unternehmers; zum Begriff
vgl. Art. 363 N 16f.) hergestellt werden. *Nicht* als Werkstoff zu qualifizieren
ist der *Baugrund* (ZK-BÜHLER, N 10, 33; BK-KOLLER, N 9f.) oder *Hilfsmittel*
nach Art. 364 Abs. 3 (ZK-BÜHLER, N 10; BK-KOLLER, N 11, 35). Ebenfalls
keinen Werkstoff bildet der zur *Reparatur* übergebene Gegenstand (BGE
113 II 422 = Pra 1988, 405), wobei Art. 365 Abs. 2 jedoch analog angewendet werden kann (GAUCH, N 66-73 u. 824). Anders dagegen der Stoff-Begriff in Art. 376 (s. dort N 11).

Art. 365 ist eine **dispositive** Norm. Zum Anwendungsbereich des Wiener 2
Kaufrechts auf Werklieferungsverträge s. Art. 363 N 18.

II.   Stofflieferung durch Unternehmer
(Werklieferungsvertrag, Abs. 1)

Bei *Werklieferungsverträgen* (s. Art. 363 N 5) trifft den Unternehmer eine 3
Sachgewährleistungspflicht für den von ihm gelieferten Stoff entsprechend
den Regeln von *Art. 367ff.* (GAUCH, N 1477). Dies gilt auch für die Verjährung, die sich nach Art. 371 bestimmt. Der Verweis auf das Kaufrecht in
Abs. 1 bezieht sich nur auf die Rechtsgewährleistung (s. N 4). Die *Gebrauchstauglichkeit* des Stoffes richtet sich nach dem zu erstellenden Werk. Insbesondere darf der für das Werk verwendete Stoff nicht von unterdurch-
schnittlicher Qualität sein (BGer 4C.130/2006 E.3.1). Ein Sachmangel liegt
auch dann vor, wenn der Stoff für sich allein keinen Fehler aufweist, aber
für das zu erstellende Werk ungeeignet ist (z. B. mangelfreier Kalk zur Herstellung von Verputz für Feuchträume, vgl. GAUCH, N 1982; ZR 1937, 322).

Die **Rechtsgewährleistungspflicht** richtet sich gemäss dem Gesetzeswort- 4
laut von Abs. 1 nach den Regeln des Kaufrechts, d. h. nach Art. 192–196
(BGE 117 II 428; GAUCH, N 1479ff.). Weil der Dritte i. d. R. jedoch sein Eigentum am Stoff verliert durch Verarbeitung oder Einbau (vgl. Art. 726 Abs. 1
ZGB und Art. 671 Abs. 1 ZGB), bleibt der Anwendungsbereich der Rechtsgewährleistung eingeschränkt (BSK OR-ZINDEL/PULVER, N 32).

III.   Stofflieferung durch Besteller (Abs. 2)

Liefert der Besteller den Stoff, hat der Unternehmer diesen **mit aller Sorg- 5
falt zu behandeln**. Daraus fliesst insbesondere die Pflicht des Unternehmers, alle zumutbaren Massnahmen zu ergreifen, um eine Verschlechterung,
Zerstörung oder Entwendung des ihm anvertrauten Stoffes zu verhindern

(BGE 113 II 421). Der Umfang dieser Sorgfalts- und Obhutspflichten bestimmt sich dabei nach Art. 364 Abs. 1 (s. dort N 6), wobei auf die konkrete Risikosituation der betreffenden Werkerstellung Rücksicht zu nehmen ist (BGer a. a. O.). Aufgrund der Gefahrtragungsregel nach Art. 376 Abs. 2 ist die *Versicherung* des von ihm gelieferten Stoffes i. d. R. Sache des Bestellers, wobei in dringenden Fällen den Unternehmer eine Pflicht zur Versicherung treffen kann (BGE 50 II 516 f.; BSK OR-ZINDEL/PULVER, N 14).

6   Der Inhalt der **Rechenschafts- und Rückgabepflicht** richtet sich in erster Linie nach der vertraglichen Abmachung (BSK OR-ZINDEL/PULVER, N 15 f.). Der Unternehmer hat den Besteller vor der Vernichtung oder Weiterverwendung eines Werkstoff-Rests zu informieren (ZR 1941, 310).

7   Eine Stofflieferung durch den Besteller liegt auch vor, wenn dieser den Stoff durch einen **Vor- oder Nebenunternehmer** (zum Begriff Art. 363 N 17) herstellen lässt. Der Besteller muss sich Mängel der Vor- oder Nebenunternehmer zwar zurechnen lassen (GAUCH, N 2038), den Unternehmer kann jedoch eine Anzeigepflicht nach Abs. 3 treffen (s. unten N 9 ff.; GAUCH, N 2039 ff.; SOG 1991, 20 ff. = BR 1993, 102; BSK OR-ZINDEL/PULVER, N 18).

8   Verletzt der Unternehmer die Pflichten nach Abs. 2, trifft ihn eine **Schadenersatzpflicht** gemäss Art. 364 Abs. 1 i. V. m. Art. 97 (BSK OR-ZINDEL/PULVER, N 36; ZK-BÜHLER, N 47).

IV. Anzeigepflicht des Unternehmers (Abs. 3)

9   Der Unternehmer hat dem Besteller nach Abs. 3 nicht nur Probleme mit dem von diesem gelieferten Stoff, sondern darüber hinaus *sämtliche Ausführungsprobleme* anzuzeigen, sofern sie eine *gehörige* oder *rechtzeitige* Ausführung des Werks gefährden. Die Bestimmung statuiert somit eine **generelle Anzeigepflicht** des Unternehmers. Diese wird an anderer Stelle des Gesetzes konkretisiert, insbesondere durch die Pflicht, eine mangelhafte Weisung des Bestellers (Art. 369 N 3 f.), einen drohenden Werkuntergang (Art. 376 N 14), eine unverhältnismässige Überschreitung des Kostenvoranschlags (Art. 375 N 6; BGE 116 II 315) oder ausserordentliche Umstände (Art. 373 N 8) anzuzeigen. Allenfalls trifft den Unternehmer eine vorvertragliche Aufklärungspflicht aus *culpa in contrahendo* (BGE 108 II 313; ZR 1955, 364).

10   Da die Anzeigepflicht Ausfluss der *allgemeinen Sorgfaltspflicht* nach Art. 364 Abs. 1 ist, richtet sich der zu beachtende **Sorgfaltsmassstab** nach den Vorschriften jener Bestimmung (s. Art. 364 N 5 und N 9 f.). *Fahrlässige* Verletzung der Anzeigepflicht genügt, d. h. der Unternehmer handelt auch dann sorgfaltswidrig, wenn er die Probleme zwar nicht kannte, aber bei pflichtgemässer Sorgfalt hätte erkennen können (BSK OR-ZINDEL/PULVER,

N 21). Bei einem *fachkundigen Besteller* kann die Anzeigepflicht entfallen (BGE 93 II 315 f. – fachkundiger Architekt).

Inhalt, Umfang und Zeitpunkt: Die Anzeige hat ausdrücklich, d. h. *konkret* **11** *und deutlich* sowie «*ohne Verzug*» (d. h. sogleich nach deren Entdeckung) zu erfolgen (BSK OR-ZINDEL/PULVER, N 21; ZK-BÜHLER, N 64; BK-KOLLER, N 72; vgl. auch Art. 369 N 3). Sie kann schriftlich oder mündlich erstattet werden und ist an den Besteller oder an dessen kompetenten Vertreter zu richten; die Anzeige an einen untergeordneten Angestellten genügt nicht (BGE 95 II 49 ff.). Hat der Besteller bereits anderweitig Kenntnis erhalten von den Problemen, kann die Anzeige unterbleiben (BGE 92 II 334 = Pra 1967, 291).

Die **Rechtsfolgen** einer Verletzung der Anzeigepflicht können darin beste- **12** hen, dass der Unternehmer gewisse Rechtsbehelfe verliert, insbesondere die Rechte nach Art. 373 Abs. 2 (BGE 116 II 315 f.), den Vergütungsanspruch nach Art. 378 bzw. nach Art. 376 Abs. 3, den Anspruch auf Mehrvergütung bei Bestellungsänderung (s. Art. 373 N 9) oder die Haftungsbefreiung nach Art. 369 (BSK OR-ZINDEL/PULVER, N 34 f.). Zudem kann der Unternehmer zu Schadenersatz verpflichtet sein (GAUCH, N 740, 788 f.; 1201, 1214, 829; BK-KOLLER, N 86 f., N 90 ff.; BSK OR-ZINDEL/PULVER, N 37).

Art. 366

Rechtzeitige Vornahme und vertragsgemässe Ausführung der Arbeit

[1] Beginnt der Unternehmer das Werk nicht rechtzeitig oder verzögert er die Ausführung in vertragswidriger Weise oder ist er damit ohne Schuld des Bestellers so sehr im Rückstande, dass die rechtzeitige Vollendung nicht mehr vorauszusehen ist, so kann der Besteller, ohne den Lieferungstermin abzuwarten, vom Vertrage zurücktreten.

[2] Lässt sich während der Ausführung des Werkes eine mangelhafte oder sonst vertragswidrige Erstellung durch Verschulden des Unternehmers bestimmt voraussehen, so kann ihm der Besteller eine angemessene Frist zur Abhilfe ansetzen oder ansetzen lassen mit der Androhung, dass im Unterlassungsfalle die Verbesserung oder die Fortführung des Werkes auf Gefahr und Kosten des Unternehmers einem Dritten übertragen werde.

I.   Abgrenzungen und Anwendungsbereich

1   Art. 366 regelt die Rechtsbehelfe des Bestellers bei Verzug oder Vertragsverletzung des Unternehmers *während der Werkerstellung*. **Abzugrenzen** ist Art. 366 gegenüber dem Verzug des Unternehmers mit der *Ablieferung* (zum Begriff s. Art. 370 N 3f.) des hergestellten Werks. Das BGer hat Art. 366 in BGE 98 II 113ff. zwar auch auf Fälle von Ablieferungsverzug angewendet, die h. L. tritt jedoch dafür ein, diese Fälle ausschliesslich nach Art. 102ff. zu beurteilen (GAUCH, N 659ff. m. w. Nw.). Das *Rücktrittsrecht* des Bestellers gemäss Abs. 1 (N 6) ist sodann abzugrenzen gegenüber jenem nach Art. 375 (ohne Vergütung) und nach Art. 377 (gegen volle Schadloshaltung, zum Verhältnis der beiden Bestimmungen s. auch unten N 5).

2   Art. 366 ist eine **dispositive** Norm. Besondere Regelungen enthalten *Art. 92– 98 der SIA-Norm 118* für die Einhaltung der im Bauwerkvertrag vereinbarten Fristen (BSK OR-ZINDEL/PULVER, N 42ff.).

II.   Rücktritt bei Herstellungsverzug (Abs. 1)

1.   Tatbestand

3   Der Tatbestand von Abs. 1 erfasst **drei Fälle von Herstellungsverzug:** Der Unternehmer kann sich in Verzug befinden mit dem *Ausführungsbeginn*, der sich nach Art. 75 bestimmt, wobei dem Unternehmer jedoch eine Vorbereitungszeit zu gewähren ist (GAUCH, N 674; ZK-BÜHLER, N 19; BSK OR-ZINDEL/PULVER, N 9). Ein Verzug kann sodann durch *vertragswidrige Verzögerung* der Arbeiten nach Beginn der Arbeiten eintreten, z.B. wenn der Unternehmer vertraglich vereinbarte Zwischentermine oder Schichtarbeiten nicht beachtet (ZK-BÜHLER, N 20ff.; BSK OR-ZINDEL/PULVER, N 10). Herstellungsverzug liegt schliesslich vor, wenn eine *rechtzeitige Werkvollendung nicht mehr vorauszusehen* ist, was i.d.R. erst nach erfolgloser Nachfristsetzung der Fall ist (ZK-BÜHLER, N 28; BSK OR-ZINDEL/PULVER, N 11). Gemäss einem Teil der Lehre soll dieser Dritte Fall auf vereinbarte Verfalltage eingeschränkt bleiben (BK-KOLLER, N 182).

4   Abs. 1 setzt weiter voraus, dass den **Besteller kein Verschulden** an einem der in N 3 genannten Fälle von Herstellungsverzug trifft. Ein Verschulden des Bestellers liegt etwa vor, wenn die Verzögerung auf die Unterlassung von Vorbereitungs- oder Mitwirkungshandlungen, auf Änderungs- oder Ergänzungsanordnungen oder auf Weisungen des Bestellers zurückzuführen ist (GAUCH, N 677–681; BK-KOLLER, N 148ff.; ZK-BÜHLER, N 31f.; BSK OR-ZINDEL/PULVER, N 12).

5   Schliesslich findet Abs. 1 nur Anwendung, wenn die **übrigen Voraussetzungen von Art. 102–109** gegeben sind (BGE 115 II 55; BGE 46 II 251; GAUCH, N 675). Der Besteller hat den Unternehmer somit gemäss Art. 102

zu *mahnen* und im Rahmen von Art. 107 Abs. 2 und Art. 108 eine *angemessene Nachfrist* für die nachträgliche Erfüllung anzusetzen (BGE 115 II 55; BGE 98 II 115). Fehlt das Erfordernis der Nachfrist, löst die Rücktrittserklärung des Bestellers nicht die Rechtsfolgen von Art. 366, sondern vielmehr die Rechtsfolgen nach *Art. 377* aus (BGE 98 II 115). Nach Ablauf der Nachfrist hat der Besteller seine Wahlrechte (N 6 ff.) unverzüglich auszuüben (BGE 115 II 55; GAUCH, N 675; **a. A.** BSK OR-ZINDEL/PULVER, N 25). Erforderlich ist sodann, dass der Verzug auf eine *Pflichtwidrigkeit des Unternehmers* zurückzuführen ist; daran fehlt es bei nachträglicher objektiver Unmöglichkeit der Leistung, in den Fällen von Art. 82 f. oder bei Verschulden des Bestellers i. S. v. N 4 vorstehend (ZR 1992, 364 f. = BR 1994, 51; BSK OR-ZINDEL/PULVER, N 15 f.). Fehlt es an der Pflichtwidrigkeit, werden die Termine erstreckt oder die Parteien sind unter Umständen gehalten, den Endtermin neu zu vereinbaren (ZR 1977, 72 f.).

2. Rechtsfolgen

Sofern sämtliche Voraussetzungen von Abs. 1 gegeben sind (oben N 3–5), steht dem Besteller ein *Wahlrecht* zwischen *vier verschiedenen Rechtsbehelfen* zu (N 6–8). Das Gesetz erwähnt zunächst das Recht des Bestellers, gemäss Art. 107 Abs. 2 und Art. 109 Abs. 1 vom Vertrag mit Wirkung **ex tunc zurückzutreten** (BGE 115 II 55; es handelt sich um ein vertragliches Rückabwicklungsverhältnis, vgl. BGE 114 II 157 ff.). In diesem Fall kann der Besteller zudem nach Art. 109 Abs. 2 *Schadenersatz* im Umfang des *negativen Interesses* verlangen (BSK OR-ZINDEL/PULVER, N 26).

6

Nach höchstrichterlicher Rsp. hat der Besteller stattdessen auch das Recht, den Vertrag mit Wirkung **ex nunc zu kündigen** (BGE 116 II 452 f.). Im Unterschied zum Rücktritt kann der Besteller bei Kündigung den bereits erstellten *Werkteil herausverlangen* gegen Bezahlung einer entsprechenden *Vergütung* (BGer a. a. O.). Ein Teil der Lehre will das Kündigungsrecht nicht zulassen, wenn es den Unternehmer nicht benachteiligt (ZK-BÜHLER, N 49).

7

Dem Besteller stehen schliesslich die übrigen **zwei Wahlrechte nach Art. 107 Abs. 2** zur Verfügung: Er kann entweder auf die *nachträgliche Leistung verzichten* und das volle *Erfüllungsinteresse* verlangen, oder aber an der nachträglichen Leistung festhalten und den *Verspätungsschaden* nach Art. 103 Abs. 1 geltend machen (GAUCH, N 67; BK-GAUCHTI Art. 364 N 6c; BSK OR-ZINDEL/PULVER, N 24). Ein Recht auf *Ersatzvornahme* steht dem Besteller jedoch – im Gegensatz zu Abs. 2 (N 9 ff.) – nur bei entsprechender richterlicher Genehmigung gestützt auf Art. 98 Abs. 1 zu (BK-KOLLER, N 87 ff.).

8

III. Ersatzvornahme bei vertragswidriger Werkerstellung (Abs. 2)

1. Tatbestand

9   Abs. 2 findet Anwendung bei **vertragswidriger Werkausführung** durch den Besteller. Vertragswidrig ist nicht nur die (im Gesetz erwähnte) *mangelhafte* Werkerstellung, sondern auch *jede andere Form von Vertragsverletzung* (wie Treue- oder Sorgfaltspflichtverletzungen s. Art. 364 N 4–8) sowie Gesetzesverletzungen (BSK OR-Zindel/Pulver, N 33). Gemäss BGE 107 II 55 f. sind die Rechtsbehelfe von Abs. 2 nicht nur während der eigentlichen Werkerstellung, sondern auch noch während der *Nachbesserung* (d. h. nach Ablieferung des Werkes) analog anwendbar (s. Art. 368 N 18).

10   Die vertragswidrige Werkausführung muss sodann **bestimmt voraussehbar** sein. Dieses Erfordernis ist insbesondere dann gegeben, wenn bereits während der Werkausführung eine Vertragsverletzung oder ein Mangel festgestellt wird (Gauch, N 875 f.; BSK OR-Zindel/Pulver, N 32).

11   Das in Abs. 2 vorausgesetzte **Verschulden des Unternehmers** ist gemäss h. L. weit auszulegen. Dieses Erfordernis ist bereits gegeben, wenn den Besteller kein Selbstverschulden gemäss Art. 369 trifft (BSK OR-Zindel/Pulver, N 35; Gauch, N 880 f.; a. A. BK-Koller, N 539 ff.).

12   Der Tatbestand von Abs. 2 setzt schliesslich eine angemessene **Nachfristsetzung** (Rep. 1992, 270 ff. = BR 1994, 108) sowie grundsätzlich die **Androhung** der Ersatzvornahme voraus (Gauch, N 882–885; ZK-Bühler, N 66 ff.). Bei Unfähigkeit oder Unwilligkeit des Unternehmers zur Nachbesserung kann die Androhung entfallen (BGer 4C.77/2005).

2. Rechtsfolgen

13   Sind die Voraussetzungen von Abs. 2 gegeben (N 9–12), hat der Besteller das Recht zur **Ersatzvornahme**, und zwar – im Gegensatz zu Art. 98 Abs. 1 – auch *ohne richterliche Genehmigung* (Gauch, N 887; ZK-Bühler, N 70). Die Ersatzvornahme schliesst die übrigen Rechtsbehelfe des Bestellers nach Art. 107 Abs. 2 nicht aus (BGE 126 III 230).

14   Gemäss h. L. ist die Wahlfreiheit des Bestellers zwischen blosser **Verbesserung** oder gänzlicher Übertragung der **Fortführung** des Werks auf einen Dritten eingeschränkt: Besteht die Vertragswidrigkeit in einem Werkmangel, kann der Besteller grundsätzlich nur die Mangelbehebung auf einen Dritten übertragen, sofern das Werk im übrigen noch rechtzeitig fertiggestellt werden kann (Gauch, N 889; BSK OR-Zindel/Pulver, N 38).

15   Abs. 2 statuiert sodann, dass der Unternehmer **Kosten und Gefahr** der Ersatzvornahme zu übernehmen hat. Die Kosten erfassen sowohl den Auf-

wendungsersatz als auch die Mehrkosten, die durch den Beizug des Dritten entstehen (GAUCH, N 870f.; ZK-BÜHLER, N 73; BSK OR-ZINDEL/PULVER, N 39).

Umstritten ist, ob bei vertragswidriger Werkerstellung (gemäss Abs. 2) dem Besteller ein **Rücktrittsrecht** analog zu Abs. 1 generell oder nur in Ausnahmefällen zusteht (ein generelles Rücktrittsrecht befürworten HONSELL, OR BT, 277; ZK-BÜHLER, N 71; BK-KOLLER, N 11, 33 f., 477 ff.; eine Beschränkung auf Ausnahmefälle befürworten GAUCH, N 2422–2424, N 2338; BSK OR-ZINDEL/PULVER, N 40 f.). **16**

Art. 367

Haftung für Mängel

Feststellung der Mängel

[1] Nach Ablieferung des Werkes hat der Besteller, sobald es nach dem üblichen Geschäftsgange tunlich ist, dessen Beschaffenheit zu prüfen und den Unternehmer von allfälligen Mängeln in Kenntnis zu setzen.

[2] Jeder Teil ist berechtigt, auf seine Kosten eine Prüfung des Werkes durch Sachverständige und die Beurkundung des Befundes zu verlangen.

I. Anwendungsbereich

Die Gewährleistungsrechte nach Art. 368–371 setzen voraus, dass der Besteller das Werk rechtzeitig *geprüft* (N 3 ff.) und allfällige Mängel sofort *gerügt* hat (N 8 ff.). Prüfung und Rüge sind keine einklagbaren Pflichten des Bestellers, sondern vielmehr **Obliegenheiten** (GAUCH, N 2108; BSK OR-ZINDEL/PULVER, N 2). Kommt der Besteller diesen Obliegenheiten nicht nach, tritt die *Rechtsfolge* von Art. 370 Abs. 2 ein: Das Werk gilt als stillschweigend genehmigt und die Gewährleistungsansprüche sind demzufolge verwirkt (s. Art. 370 N 10). **1**

Die Bestimmungen in Art. 367 sind grundsätzlich **dispositiver** Natur. Die Parteien können abweichende vertragliche Regelungen treffen (BGE 4C. 371/2006 E. 4; ZR 1975, 232; GAUCH, N 2463; BK-GAUTSCHI, N 30). Eine von Art. 367 abweichende Prüfungs- und Rügeordnung ist insbesondere in Art. 157–164 *SIA-Norm 118* enthalten (GAUCH, N 2589). Die Vereinbarung einer zu kurzen Prüfungs- und Rügefrist kann jedoch gegen den Grundgedanken des Gesetzes verstossen (BGE 72 II 418 – *lois d'application immédiate*). **2**

II. Prüfung des Werkes (Abs. 1)

1. Beginn und Dauer der Prüfungsfrist

3   Der Beginn der *Prüfungsfrist* (N 4) *setzt voraus*, dass der Unternehmer das Werk **abgeliefert** hat. Zum Begriff der Ablieferung s. Art. 370 N 3 f. Ausnahmsweise beginnt die Frist zu laufen, auch wenn noch nicht alle Arbeiten vollständig vollendet wurden (BGer 4C.469/2004, vgl. auch Art. 370 N 4). Zur *Rügefrist* s. unten N 9.

4   Nach Ablieferung des Werks (N 3) *beginnt* die Prüfungsfrist erst, sobald es **nach dem Geschäftsgang tunlich** ist. Zu berücksichtigen sind die konkreten Verhältnisse, insbesondere die *Art des Werkes* (BSK OR-Zindel/ Pulver, N 6). Gewisse Werke können nicht sofort geprüft werden, sondern erst unter bestimmten Bedingungen (z. B. Prüfung einer Zentralheizung im Winter, vgl. BSK OR-Zindel/Pulver, N 6).

5   Das vorgenannte Kriterium (N 4) bestimmt auch die **Dauer** der Prüfungsfrist, innert welcher der Besteller das Werk zu prüfen hat (Gauch, N 2112). Es ist auf die *Verkehrsübung* abzustellen, d. h. auf diejenige Dauer, die üblicherweise erforderlich ist, um ein Werk der betreffenden Art zu prüfen (analog zu Art. 201 Abs. 1, vgl. BGE 81 II 59; Gauch, N 2113 ff.). Die Prüfung komplexer Werkanlagen bedarf i. d. R. mehr Zeit (BSK OR-Zindel/Pulver, N 6). Subjektive Kriterien, die allein in der Person des Bestellers liegen, sind nicht zu berücksichtigen (BK-Gautschi, N 28b). Die Prüfungsfrist ist *generell grosszügig* zu bemessen (ZR 1953, 169; Gauch, N 2118, 2177; BSK OR-Zindel/Pulver, N 7).

2. Gegenstand der Prüfung (Beschaffenheit des Werks)

6   Der Besteller hat zu prüfen, ob die Beschaffenheit des Werks vertragsgemäss ist oder ob ein **offener Werkmangel** vorliegt (Zum Begriff des *Werkmangels* s. Art. 368 N 6 ff.; zur Unterscheidung zwischen offenen und verdeckten Mängeln s. Art. 370 N 6 f.). Nach den Ursachen der Mängel hat der Besteller nicht zu forschen (ZR 1996, 24 – Rissbildungen). *Versteckte* Werkmängel sind gemäss Art. 370 Abs. 3 sofort nach deren Entdeckung zu rügen (s. Art. 370 N 11).

7   Die Prüfung hat mit der **Sorgfalt und Aufmerksamkeit** eines durchschnittlichen Bestellers bei der Abnahme von Werken der betreffenden Art unter den betreffenden Umständen zu erfolgen (Gauch, N 2122). Fachmännischer Sachverstand bei der Prüfung durch den Besteller ist nur dann zu verlangen, wenn dies vertraglich vereinbart wurde oder der Übung entspricht (Gauch, N 2122; Zurückhaltung fordern BSK OR-Zindel/Pulver, N 9 f.). Bei maschinell hergestellten Gattungssachen genügen *Stichproben* (BR 1994, 108; zur Abgrenzung gegenüber Kaufverträgen s. Art. 363 N 7). Maschinen sind i. d. R. durch *Inbetriebnahme* zu prüfen (Gauch, N 2120 f.).

III. Anzeige- und Rügeobliegenheiten (Abs. 1)

Der Besteller muss den Unternehmer durch **Anzeige** über das Vorliegen   8
von Mängeln in Kenntnis setzen. Die Anzeige ist an *keine besondere Form*
gebunden (BGer 4C.130/2006 E.4.2.1; BGE 107 II 175). Die Anzeige muss
eine **Rüge** der Mängel beinhalten, d.h. der Besteller muss einerseits die
Mängel genau bezeichnen und andererseits zum Ausdruck bringen, dass der
Besteller das Werk *nicht als vertragsgemäss anerkennen* und den Unternehmer somit haftbar machen will (BGer a.a.O. und 4C.130/2006 E.4.1 und
4.2). Eine fachmännische Beschreibung der Mängel ist nicht erforderlich
(BR 1992, 38; BGer 4C.130/2006 E.4.2.1). In der Mängelrüge braucht der
Besteller noch keine Wahlerklärung in Bezug auf die verschiedenen Rechts-
behelfe nach Art. 368 abzugeben (BGE 98 II 120).

In Analogie zu Art. 370 Abs. 3 (sowie zu Art. 201 Abs. 1) hat der Besteller   9
die Rüge **unverzüglich** nach *Entdeckung* der Mängel anzubringen (BGer
4C.151/2005; Gauch, N 2141 f.; s. auch BGE 107 II 175 betreffend Art. 370
Abs. 3). Näheres zu *Beginn* und *Dauer* der Rügefrist in Art. 370 N 11 f.

IV. Prüfung durch Sachverständige (Abs. 2)

Das Recht, das Werk durch Sachverständige prüfen zu lassen, dient der **Be-**   10
weissicherung. Der Sachverständige wird von der *Behörde am Ort der Werk-*
ablieferung (N 3) eingesetzt (BGE 96 II 270). Umstritten ist, ob der beurkundete Befund erhöhte Beweiskraft i.S.v. Art. 9 ZGB hat (Gauch, N 1518).
Die amtliche Zustellung des Befundes *ersetzt die Mängelrüge* (N 8) grundsätzlich *nicht*, jedoch kann die private Zustellung unter Umständen eine
konkludente Rüge darstellen (BGE 107 II 54). Die *Kosten* gehen zu Lasten
derjenigen Partei, welche die Prüfung verlangt hat. Der Besteller kann die
Kosten allenfalls als Mangelfolgeschaden geltend machen (BGE 126 III 388
E.10b; vgl. Art. 368 N 19).

Art. 368

Recht des
Bestellers bei
Mängeln

[1] Leidet das Werk an so erheblichen Mängeln oder
weicht es sonst so sehr vom Vertrage ab, dass es für
den Besteller unbrauchbar ist oder dass ihm die
Annahme billigerweise nicht zugemutet werden
kann, so darf er diese verweigern und bei Verschulden des Unternehmers Schadenersatz fordern.

> ² **Sind die Mängel oder die Abweichungen vom Vertrage minder erheblich, so kann der Besteller einen dem Minderwerte des Werkes entsprechenden Abzug am Lohne machen oder auch, sofern dieses dem Unternehmer nicht übermässige Kosten verursacht, die unentgeltliche Verbesserung des Werkes und bei Verschulden Schadenersatz verlangen.**
>
> ³ **Bei Werken, die auf dem Grund und Boden des Bestellers errichtet sind und ihrer Natur nach nur mit unverhältnismässigen Nachteilen entfernt werden können, stehen dem Besteller nur die im zweiten Absatz dieses Artikels genannten Rechte zu.**

I. Allgemeine Voraussetzungen

1 Sämtliche Gewährleistungsrechte des Art. 368 stehen unter den allgemeinen **Voraussetzungen**, dass der Unternehmer das Werk *abgeliefert* (BGE 117 II 263; zur Ablieferung s. Art. 370 N 3 f.) und der Besteller das Werk rechtzeitig *geprüft* und *Mängelrüge* erhoben hat (vgl. Art. 367). Ferner ist vorausgesetzt, dass den Besteller *kein Selbstverschulden* trifft (vgl. Art. 369) und dass er das Werk *nicht genehmigt* hat (Art. 370 Abs. 1 und 2).

2 Wandelung, Minderung und Nachbesserung sind **alternative** Behelfe, d.h. der Besteller kann frei zwischen diesen Rechtsbehelfen wählen, soweit die erforderlichen Voraussetzungen gegeben sind. Die Wahl eines dieser Behelfe ist grundsätzlich unwiderruflich und schliesst die andern Mängelrechte aus (BGE 116 II 311). Ausnahmsweise lebt das Wahlrecht wieder auf (s. unten N 17). Den Ersatz von Mangelfolgeschäden (N 19 ff.) kann der Besteller jedoch **kumulativ** neben den andern Behelfen geltend machen (BGE 63 II 405; 116 II 307). Die Gewährleistungsrechte in Art. 368 sind *lex specialis* zum allgemeinen Tatbestand der Schlechterfüllung, d.h. der Besteller kann die Mängel nicht alternativ mit der allgemeinen Schadenersatzklage nach Art. 97 f. geltend machen (BGE 117 II 553; 100 II 32 f.). Im Gegensatz zum Kaufvertragsrecht kann sich der Besteller nicht alternativ auf Grundlagenirrtum berufen (Gauch, N 2317).

3 Es handelt sich bei den Rechtsbehelfen um **Gestaltungsrechte** des Bestellers, welche *bedingungsfeindlich* und *unwiderruflich* sind (BGE 116 II 314) und welche durch einseitige, empfangsbedürftige Willenserklärung des Bestellers ausgeübt werden (BSK OR-Zindel/Pulver, N 12).

4 Das Nachbesserungsrecht kann **abgetreten** werden (BGE 118 II 145), ebenso das Recht auf Ersatz des Mangelfolgeschadens (BSK OR-Zindel/Pulver, N 13), nicht jedoch die Rechte auf Wandelung und Minderung (BGE 114 II 247; krit. Honsell, OR BT, 291 f.).

Wandelung, Minderung und Nachbesserung setzen als Gewährleistungs- 5
ansprüche **kein Verschulden** voraus (BGE 116 II 308). Demgegenüber handelt es sich beim Ersatz für Mangelfolgeschäden um eine verschuldensabhängige Haftung (s. unten N 21).

II. Begriff des Werkmangels

Der Begriff des Werkmangels entspricht dem Mangel-Begriff im Kaufrecht 6
(Art. 197). Ein Mangel liegt vor, wenn das Werk nicht diejenigen Eigenschaften aufweist, welche entweder vertraglich **ausdrücklich vereinbart**
worden sind oder welche der Besteller nach dem **Vertrauensprinzip voraussetzen** darf (Differenz von Soll- und Ist-Beschaffenheit, vgl. BGE 117
II 259; 100 II 32 E. 2; BGer 4C.421/2006 E.5.2 und 4C.130/2006 E.3.1). Die
in Abs. 2 genannte «Abweichung vom Vertrag» betrifft das Fehlen zugesicherter Eigenschaften und bildet keine eigenständige Mangel-Kategorie
(BGE 100 II 32; 93 II 316; differenzierend GAUCH, N 1439). Zur Unterscheidung zwischen offenen, verdeckten und arglistig verschwiegenen Mängeln
s. Art. 370 N 6 ff.

Das Fehlen einer vereinbarten oder zugesicherten Eigenschaft gilt grund- 7
sätzlich immer als Mangel, auch wenn nur **unerhebliche Fehler** vorliegen,
welche die Gebrauchstauglichkeit des Werkes nicht beeinträchtigen (BGE
89 II 235). Eine Schranke bildet jedoch das Rechtsmissbrauchsverbot (BGE
93 II 326). Die Erheblichkeit des Mangels kann einen Einfluss auf den Umfang der Rechtsbehelfe haben (Ausschluss der Wandelung, vgl. unten N 9).

III. Die Rechtsbehelfe des Bestellers bei Werkmängeln (Abs. 1 und Abs. 2)

1. Wandelungsrecht (Abs. 1)

Die Wirkungen des Rechtsbehelfs gemäss Abs. 1 gehen weiter, als es der Ge- 8
setzeswortlaut vermuten lässt: Die Verweigerung der Annahme des Werkes
durch den Besteller nach Abs. 1 (zum Begriff der Annahme s. Art. 370 N 3 f.)
verhindert nicht nur den Eintritt des Gläubigerverzugs (dazu Art. 370 N 4),
sondern bewirkt gleichzeitig eine Auflösung des Werkvertrags *ex tunc* im
Sinne eines echten **Wandelungsrechts** (BGE 98 II 122; GAUCH, N 1488; zur
Auflösung *ex nunc* s. Art. 366 N 7 und Art. 377 N 5). Nach Ausübung des
Wandelungsrechts sind die gegenseitigen Leistungen Zug um Zug zurückzuerstatten (BGE 116 II 158), wobei umstritten ist, ob die gegenseitigen Rück-
leistungsansprüche vertraglicher Natur sind (BGE 114 II 157 betreffend
Verjährung) oder den Regeln der Kondiktion bzw. Vindikation (Art. 62 ff.;
Art. 641 ZGB) unterliegen (vgl. BSK OR-ZINDEL/PULVER, N 28).

Das Wandelungsrecht steht dem Besteller indessen nur bei **erheblichen** 9
Werkmängeln zur Verfügung. Dies ist bei *Unzumutbarkeit* der Werkannah-

me der Fall. Sofern keine Unzumutbarkeit des Werkes vorliegt, kann der Besteller nur Minderung (unten N 12 ff.) oder Nachbesserung (unten N 15 ff.) verlangen. Ob Unzumutbarkeit gegeben ist, hat der Richter durch *Interessenabwägung* anhand der konkreten *Umstände* zu ermitteln (BGE 98 II 122). Erheblichkeit kann beispielsweise bejaht werden, wenn der Unternehmer unfähig oder unwillig ist, die Werkmängel zu beheben (BGE 98 II 122), wenn den Unternehmer an den Mängeln ein grobes Verschulden trifft (ZR 1980, 279) oder wenn sich der Mangel nur mit einem unverhältnismässigen Aufwand beheben lässt.

10   Die im Gesetz genannte **Unbrauchbarkeit** des Werkes ist ein Anwendungsfall der *Unzumutbarkeit* (i. S. v. N 9) und nicht ein selbständiges Kriterium (GAUCH, N 1557). Umstritten ist, ob das Werk objektiv unbrauchbar sein muss (GAUCH, N 1567), oder ob sich die Unbrauchbarkeit am konkreten Vertragsinhalt bemisst (BSK OR-ZINDEL/PULVER, N 17).

11   Die kaufrechtliche Regelung in Art. 206 ist nicht analog auf das Werkvertragsrecht anwendbar, d. h. der Besteller kann **kein mängelfreies (Ersatz-) Werk** anstelle der Wandelung verlangen, es sei denn, ein solcher Anspruch wäre vertraglich vereinbart worden (BGE 98 II 120).

2.   Minderungsrecht (Abs. 2)

12   Anders als das Wandelungsrecht setzt das Minderungsrecht keinen qualifizierten Mangel voraus (vgl. oben N 9 f.), sondern kann auch bei *minder erheblichen* Mängeln ausgeübt werden. Vorausgesetzt ist, dass zwischen dem vom Unternehmer hergestellten mangelhaften Werk und dem vereinbarten Werk eine **Wertdifferenz** besteht.

13   Der dem Minderwert entsprechende Abzug vom Werklohn ist (wie im Kaufrecht, Art. 205 N 5) nach der **relativen Methode** zu ermitteln (BGer 4C.7/ 2005; 4C.11/2005). Danach hat sich der vereinbarte zum geminderten Werklohn gleich zu verhalten wie der Wert des mangelfreien zum Wert des mangelhaften Werkes (BGE 116 II 313 f.; 105 II 99, 101 E. 4). Die Wertermittlung hat nach objektiven Kriterien zu erfolgen (i. d. R. Verkehrs- oder Veräusserungswerte). Massgebend ist ausschliesslich eine wirtschaftliche Betrachtungsweise. Auf den subjektiven Wert für den Besteller kommt es nicht an (BGE 105 II 99, 101 E. 4). Der *merkantile Minderwert* (i. S. d. gesunkenen Wiederverkaufswerts des reparierten Werks) kann höchstens als Mangelfolgeschaden (s. N 19) berücksichtigt werden (GAUCH, N 1633 ff.).

14   Es besteht eine **tatsächliche Vermutung**, dass der Wert des mangelfreien Werks dem Werkpreis entspricht und der Minderwert gleichzusetzen ist mit den Kosten für die Mangelbeseitigung (BGer 4C.11/2005 E. 3.2; 4C.461/2004; BGE 116 II 313 f.). Die Kosten der Verbesserung des Werkes durch einen Dritten sind deshalb bei der Berechnung des geminderten Werklohnes zu

berücksichtigen (BGE 105 II 102 E. 4). Zur Verzinsung des Anspruchs auf Rückzahlung eines Teils des Werklohns vgl. BGer 4C.7/2005; 4C.11/2005.

3. Nachbesserungsrecht (Abs. 2)

Der Besteller kann vom Unternehmer auch die *(unentgeltliche) Verbesse-* **15** *rung* des Werkes verlangen. Voraussetzung dieses Gewährleistungsrechts ist, dass die Verbesserung überhaupt *objektiv möglich* ist (BGer 4C.106/2005 E. 4.2.1 – kann durch Nachbesserung der Schaden nicht beseitigt werden, kommt nur Schadenersatz in Frage) und dem Unternehmer keine **übermässigen Kosten** verursacht (BGer 4C.130/2006 E. 5.1). Übermässigkeit liegt vor, wenn die Kosten für die Verbesserung in einem Missverhältnis stehen zum Nutzen, den die Mängelbeseitigung für den Besteller hat (BGE 111 II 173f.). Bei dieser Interessenabwägung können auch *nichtwirtschaftliche Interessen* an der Mängelbeseitigung berücksichtigt werden. Grundsätzlich nicht zu berücksichtigen ist hingegen ein Missverhältnis zwischen den Verbesserungskosten und den *Baukosten* oder dem vereinbarten *Werklohn* (BGE 111 II 174). Das Kriterium der Übermässigkeit der Kosten ist unbeachtlich, sofern im Vertrag eine bestimmte Werkeigenschaft in Form einer selbständigen **Garantie** vereinbart wurde, welche zu den allgemeinen Mängelrechten hinzutritt (BGE 93 II 326 – Länge eines Schwimmbeckens; 93 II 316 – Undurchlässigkeit der Bedachung).

Die Nachbesserungskosten umfassen neben dem Aufwand für die eigentli- **16** che Mängelbeseitigung auch die damit verbundenen **Begleitkosten** für Vorbereitungs- und Wiederherstellungsarbeiten sowie die **Mängelbehebungsfolgekosten**, zu denen beispielsweise die Kosten für die Ausquartierung und anderweitige Unterbringung von Hausbewohnern zählen (BGE 111 II 174). Allgemeine Kostensteigerungen (z. B. infolge Teuerung) gehen zulasten des Unternehmers (BGE 117 II 553). Zur Durchsetzung des Nachbesserungsrechts darf der Besteller i. S. v. Art. 82 die Vergütung zurückhalten (BGE 89 II 235).

Der Besteller hat dem Unternehmer für die Vornahme der Nachbesserung **17** eine angemessene **Frist** zu setzen, welche nach objektiven Kriterien zu bemessen ist (GAUCH, N 1783). Vermag der Unternehmer die Mängel nicht binnen dieser Frist zu verbessern, finden die Regeln über den *Schuldnerverzug* nach Art. 102 ff. Anwendung. Das Wahlrecht nach Art. 107 Abs. 2 bedeutet im Ergebnis, dass das ursprüngliche **Wahlrecht wieder auflebt** (BGer 4C.106/2005; GAUCH, N 1795 ff.). Eine Fristansetzung ist nicht erforderlich (und die Wahlrechte leben sofort wieder auf), wenn der Unternehmer im Voraus die Verbesserung verweigert, seine Unfähigkeit offenbart (BGer 4C.130/2006 E. 6.1; vgl. die analoge Rechtslage zum Kaufrecht BGE 110 II 143 f.; 69 II 244 f.; GAUCH, N 1801) oder wenn er die Mangelhaftigkeit bzw. das vom Besteller geltend gemachte Recht bestreitet (BGer 4C.106/2005;

4C.130/2006 E.6.1). Die Wahlrechte leben schliesslich auch dann wieder auf, wenn der Unternehmer die Verbesserungsarbeiten zwar binnen Frist beendet, das Werk sich dann aber nach wie vor als mangelhaft erweist (BGer 4C.106/2005; BGE 109 II 41 f.).

18   Bei Unfähigkeit oder Unwilligkeit des Unternehmers, das Werk binnen der vom Besteller gesetzten Frist erfolgreich zu verbessern, hat der Besteller zudem das Recht zur **Ersatzvornahme**, indem er die Nachbesserung durch einen Dritten ausführen lassen und vom Unternehmer dafür Ersatz verlangen kann. Dieses Recht ergibt sich aus analoger Anwendung von Art. 366 Abs. 2. Eine *richterliche Ermächtigung* nach Art. 98 Abs. 1 ist nicht erforderlich (BGE 107 II 55 f., bestätigt in BGE 116 II 314). Der Unternehmer ist verpflichtet, die geschätzten Kosten für die Ersatzvornahme zu bevorschussen (BGE 128 III 416).

4.   Ersatz des Mangelfolgeschadens (Abs. 1 und Abs. 2)

19   Der in Abs. 1 und Abs. 2 erwähnte Anspruch auf Schadenersatz ist beschränkt auf den Ersatz von **Mangelfolgeschäden** (BGE 116 II 455; 100 II 33; GAUCH, N 1851). Mangelfolgeschäden sind solche Schäden, welche ihre *Ursache* in der Mangelhaftigkeit des Werkes haben und zum Werkmangel hinzutreten (z. B. Personenverletzungen oder Sachschäden an andern Gütern des Bestellers). Der Werkmangel selber wird von dieser Schadensart nicht erfasst. Die im Kaufrecht verwendete Unterscheidung zwischen mittelbarem und unmittelbarem Schaden (Art. 208 Abs. 2) kennt das Werkvertragsrecht nicht (BGE 64 II 256 f.; GAUCH, N 1890). *Kasuistik:* Zu den Mangelfolgeschäden i. S. v. Art. 368 gehören etwa die vorprozessualen Anwaltskosten (BGE 126 III 392), der merkantile Minderwert (s. N 13), Erwerbs- oder Mietzinsausfälle (BSK OR-ZINDEL-PULVER, N 70), Fehlinvestitionen aufgrund eines falschen Prüfberichts (BGer 4C.165/2005 E.4.3) oder die Kosten für die Prüfung durch Sachverständige (s. Art. 367 N 10). Ein Mangelfolgeschaden ist hingegen zu *verneinen* für Begleitschäden, welche als Folge unsorgfältiger Verrichtung der Arbeit eintreten (BGE 93 II 321), für Nachbesserungskosten, welche den Minderungsbetrag überschreiten (BGE 116 II 314), für die bis zur Ermittlung des Minderwerts eingetretene Teuerung (BGE 117 II 553), die Kosten für die Entfernung des Werkes (BR 1990, 101) oder Ersatz für entgangene Nutzungsmöglichkeit (BGE 126 III 392).

20   Zu beachten ist die **Anspruchskonkurrenz** mit andern Rechtsbehelfen: Aufgrund der Beschränkung auf Mangelfolgeschäden (N 19) können die übrigen *Gewährleistungsansprüche* (Wandlungs-, Minderungs- oder Nachbesserungsrecht) nicht ersatzweise mit dem Schadenersatzanspruch von Art. 368 Abs. 1 und 2 geltend gemacht werden (BGE 122 III 424 f.; 116 II 455). Dies schränkt den Umfang der ersatzfähigen Schäden ein (s. die Kasuistik in

N 19). Neben oder anstelle der Haftung für Mangelfolgeschäden kann jedoch eine Haftung aus *positiver Vertragsverletzung* (Art. 97 i. V. m. Art. 364), *Deliktsrecht* (Art. 41 ff.) oder *PrHG* geltend gemacht werden (BSK OR-Zindel/Pulver, N 81). Der Ersatz von Mangelfolgeschäden setzt nicht voraus, dass der Besteller eines der andern Gewährleistungsrechte geltend gemacht hat (Gauch, N 1851; s. oben N 2).

Im Gegensatz zu den übrigen Gewährleistungsrechten (s. N 5) handelt es   **21** sich beim Ersatz des Mangelfolgeschadens um eine **verschuldensabhängige** Haftung (BGE 116 II 455). Verschulden ist die Ausserachtlassung der fachtechnisch gebotenen Sorgfaltspflichten (BGE 70 II 219). Zum **Sorgfaltsmassstab** s. Art. 364 N 9 f. Die Haftung für *Hilfspersonen* (insb. Subunternehmer) richtet sich nach Art. 101 (BGE 116 II 308; Gauch, N 1893 ff., s. Art. 363 N 16 und Art. 364 N 11). Das Verschulden wird analog zu Art. 97 vermutet (BGE 70 II 219; s. Art. 364 N 9).

IV. Werke auf Grund und Boden des Bestellers (Abs. 3)

Das Wandelungsrecht (oben N 8–11) ist ausgeschlossen, sofern das Werk   **22** auf Grund und Boden errichtet wurde und die Entfernung des Werkes mit unverhältnismässigen Nachteilen (s. N 23) verbunden wäre. Ein **Werk auf Grund und Boden** liegt auch bei eingebauten Teilen vor, z. B. bei einem Lift oder einem Tank (vgl. BGE 98 II 118), nicht aber bei leicht demontierbaren Teilen wie Fenstern oder Türen (BSK OR-Zindel/Pulver, N 76).

Unverhältnismässige Nachteile liegen vor, wenn das Werk durch die Tren-   **23** nung vom Grundstück erheblich an Wert verlieren würde (BGE 98 II 123; ZR 1980, 280 f.). Unverhältnismässige Nachteile sind dagegen zu *verneinen*, wenn das Werk für den beabsichtigten Gebrauch untauglich ist (BGE 98 II 123) oder Leib und Leben gefährdet (BSK OR-Zindel/Pulver, N 77).

V. Abweichende Vereinbarungen

Die gesetzlichen Bestimmungen über die Gewährleistung in Art. 368 sind   **24** **dispositiver Natur** (BGE 118 II 144). Eine eigene Regelung, welche teilweise stark von der gesetzlichen Ordnung abweicht, enthalten die *Art. 165–182* der *SIA-Norm 118* (dazu Gauch, SIA). Beispielsweise statuiert Art. 169 Abs. 1 SIA-Norm 118 einen allgemeinen Vorrang der Nachbesserung (BGE 116 II 311 f., 453; 110 II 53). Die Parteien können sodann vereinbaren, dass Nachbesserung auch bei übermässigen Kosten verlangt werden kann (BGE 93 II 326). Zur vertraglichen *Garantie* vgl. oben N 15. Ein genereller *Ausschluss der Gewährleistung* ist innerhalb der Schranken von Art. 100 und 101 zulässig (ZR 1980, 280).

Art. 369

c.   Verantwortlichkeit des Bestellers   Die dem Besteller bei Mangelhaftigkeit des Werkes gegebenen Rechte fallen dahin, wenn er durch Weisungen, die er entgegen den ausdrücklichen Abmahnungen des Unternehmers über die Ausführung erteilte, oder auf andere Weise die Mängel selbst verschuldet hat.

I.   Verwirkung der Mängelrechte durch Selbstverschulden

1   Die Gewährleistungsrechte des Bestellers nach Art. 368 können u. a. *verwirken*, wenn **Selbstverschulden** des Bestellers **alleinmassgebliche Ursache** für den Werkmangel war (zum Verwirkungsgrund der Genehmigung s. Art. 370). Bildete Selbstverschulden des Bestellers hingegen nur eine Mit- oder Teilursache des Mangels (sog. *beschränktes Selbstverschulden*), findet grundsätzlich kein Ausschluss der Gewährleistungsrechte nach Art. 368 statt (BGE 116 II 458; 95 II 45). Ein beschränktes Selbstverschulden kann aber in analoger Anwendung von Art. 99 Abs. 3 i. V. m. Art. 44 Abs. 1 zu einer *teilweisen Entlastung* des Unternehmers von seiner Gewährleistung oder Haftung führen (BGer a. a. O.; GAUCH, N 2061 ff.). In analoger Anwendung von Art. 101 sind dem Besteller das Verhalten und der Sachverstand von *Hilfspersonen* zuzurechen (BGE 119 II 130 f.). Zum *Vergütungsanspruch* des Bestellers, wenn das Werk infolge mangelhafter Weisungen untergeht, vgl. Art. 376 Abs. 3.

II.   Selbstverschulden durch fehlerhafte Weisungen

2   Das Selbstverschulden kann durch **Anordnungen (Weisungen)** des Bestellers an den Unternehmer in Bezug auf die konkrete Ausführung des Werkes eintreten. Die Weisungen müssen *verbindlich* sein, blosse Ratschläge oder Vorschläge genügen nicht (BGE 116 II 308 f.; KGer FR SJZ 1989, 118; BSK OR-ZINDEL/PULVER, N 6). Die Weisungen sind an keine besondere Form gebunden und können auch mündlich erfolgen (GAUCH, N 1934). *Kasuistik:* Die Weisungen können sich beispielsweise beziehen auf die *Konstruktion* (BGE 95 II 44 – Erstellung von Unterlagsböden), auf den Beizug bestimmter *Subunternehmer* (BGE 116 II 308; vgl. auch Art. 29 Abs. 5 SIA-Norm 118) oder auf die Verwendung eines bestimmten *Werkstoffes* (KGer FR SJZ 1989, 118; vgl. auch Art. 136 Abs. 2 SIA-Norm 118).

3   Die Weisungen können nur dann zu einem Verlust der Gewährleistungsrechte führen, wenn der Unternehmer den Besteller ausdrücklich **abgemahnt** hat. Die Pflicht zur Abmahnung gehört zu den allgemeinen Sorg-

faltspflichten des Unternehmers i. S. v. Art. 364 Abs. 1 (BGE 95 II 51, s. Art. 364 N 5). Der Unternehmer muss einerseits erklären, dass die Weisung zu einem *Werkmangel führen kann*. Sodann hat der Besteller zum Ausdruck zu bringen, dass er die *Verantwortung ablehnt* für eine weisungsgemässe Werkausführung (BGE 116 II 308; 95 II 50). An die *Bestimmtheit, Klarheit und Deutlichkeit* dieser Erklärungen wird ein *strenger Massstab* angelegt (BGE 95 II 50 f.). Vage Andeutungen, blosse Belehrungen, allgemeine Kritik oder Hinweise auf eine andere mögliche Vorgehensweise genügen nicht (BGer a. a. O.).

Auf das Erfordernis der **Abmahnung kann ausnahmsweise verzichtet** werden, wenn der *Sachverstand* – entgegen der Vorstellung des Gesetzgebers – nicht beim Unternehmer, sondern *beim Besteller* liegt, d. h. wenn einerseits der Besteller (bzw. seine Hilfsperson) über jene fachlichen Kenntnisse verfügt, die es ihm gestatten, die erteilte Weisung auf ihre Richtigkeit hin zu durchschauen und eine Fehlerhaftigkeit zu erkennen, und andererseits der Unternehmer die Fehlerhaftigkeit der Weisung weder erkannt hat noch hätte erkennen müssen (BGE 116 II 456). Bei einem sachverständigen Besteller darf der Unternehmer i. d. R. von der Richtigkeit der erteilten Weisung ausgehen (BGE 93 II 316 = Pra 1968, 169).   4

III. Selbstverschulden «auf andere Weise»

Neben dem Spezialtatbestand der Erteilung unzuweckmässiger Weisungen (N 2–4) können **andere Umstände** ein ausschliessliches Selbstverschulden des Bestellers begründen. *Kasuistik*: Ausschliessliches Selbstverschulden kann vorliegen bei der Lieferung eines *mangelhaften Werkstoffes bzw. Baugrundes* durch den Besteller, sofern der Unternehmer seiner Anzeigepflicht nach Art. 365 Abs. 3 nachgekommen ist (KGer SZ EGV 1984, 108 ff.; s. auch Art. 365 N 9 ff.). Anderweitiges Selbstverschulden wurde auch bejaht bei der Lieferung eines *mangelhaften Probestückes* (BGE 52 II 78).   5

Art. 370

Genehmigung des Werkes

[1] **Wird das abgelieferte Werk vom Besteller ausdrücklich oder stillschweigend genehmigt, so ist der Unternehmer von seiner Haftpflicht befreit, soweit es sich nicht um Mängel handelt, die bei der Abnahme und ordnungsmässigen Prüfung nicht erkennbar waren oder vom Unternehmer absichtlich verschwiegen wurden.**

> ² **Stillschweigende Genehmigung wird angenommen,
> wenn der Besteller die gesetzlich vorgesehene Prü-
> fung und Anzeige unterlässt.**
>
> ³ **Treten die Mängel erst später zu Tage, so muss die
> Anzeige sofort nach der Entdeckung erfolgen, widri-
> genfalls das Werk auch rücksichtlich dieser Mängel
> als genehmigt gilt.**

I.   Anwendungsbereich und Abgrenzungen

1   Art. 370 enthält verschiedene **gesetzliche Vermutungen der Genehmigung** des Werkes durch den Besteller. Die Vermutungen sind *unwiderleg-
bar*; ein Gegenbeweis ist ausgeschlossen (BGE 97 II 355; GAUCH, N 2106).
Die Genehmigung bewirkt – wie das Selbstverschulden (s. Art. 369 N 1) –
eine *Verwirkung* der Gewährleistungsrechte nach Art. 368 (BGE 107 II 178
E. 2). Die Genehmigung bildet die Rechtsfolge der unterlassenen fristge-
rechten *Prüfung* des Werks bzw. *Rüge* von Werkmängeln (dazu Art. 367
N 3 ff.).

1.   Genehmigung, Ablieferung, Abnahme, Annahme des Werkes

2   Mit der **Genehmigung** äussert der Besteller gegenüber dem Unternehmer
seinen *Willen*, das abgelieferte Werk *als vertragsgemäss erstellt gelten* zu
lassen (BGE 115 II 459). Die Genehmigung kann erst nach Ablieferung bzw.
Abnahme des Werkes stattfinden und ist somit von diesen beiden Begriffen
abzugrenzen:

3   **Abgeliefert** wird das Werk durch die *physische Übergabe* des Werkes durch
den Unternehmer oder durch die *Mitteilung* des Unternehmers, das Werk
sei vollendet (BGE 115 II 458 f.; 113 II 267). Mit der Ablieferung erfolgt
gleichzeitig (und ohne weiteres) die **Abnahme** des Werks durch den Besteller
(beide Begriffe beschreiben denselben Vorgang, und zwar Ablieferung aus
Sicht des Unternehmers, Abnahme aus Sicht des Bestellers, BGer a. a. O.;
GAUCH, N 97 ff.). Die Parteien können die Begriffe «Ablieferung» und «Abnahme» vertraglich auch anders definieren (GAUCH, N 2253). Liefert der
Unternehmer nicht das gesamte Werk ab, sondern nur *einzelne Teile*, so
besteht eine Obliegenheit zur *Teilabnahme* (mit entsprechender Prüfungspflicht der Teile) grundsätzlich nur bei entsprechender Vereinbarung (BGE
94 II 166 – Generalunternehmervertrag; GAUCH, N 2466; zur Teillieferung
s. auch Art. 372 N 6; zur Ablieferung von Bauwerken in Teilen vgl. *Art. 157
SIA-Norm 118*). Eine Abnahme kann auch *stillschweigend* dadurch erfolgen, dass das Werk gemäss seinem Zweck gebraucht wird; ein besonderer
Abnahmewille des Bestellers oder seines Vertreters ist nicht erforderlich
(BGE 115 II 459).

Ablieferung bzw. Abnahme des Werkes setzen grundsätzlich voraus, dass   4
das **Werk vollendet** ist (BGE 118 II 149). Vollendet ist das Werk, wenn der
Unternehmer alle vereinbarten Arbeiten ausgeführt hat, was aber nicht
heisst, dass es mängelfrei sein müsse (BGE 115 II 458; 113 II 267). Ausnahmsweise ist trotz fehlender Vollendung eine Ablieferung möglich, wenn
die ausstehenden Arbeiten gering sind und die Abnahmeverweigerung
treuwidrig wäre; der unvollendete Teil gilt dann als Mangel (BGer 4C.469/
2004). Der Versand der *Schlussabrechnung* kann u.U. eine konkludente
Vollendungserklärung sein (BGer 4C.34/2005; 4C.301/2003). Eine grundlose Verweigerung der Abnahme des Werks durch den Besteller kann die
Rechtsfolgen des Gläubigerverzugs nach Art. 91 ff. auslösen (Gauch, N 91,
N 1326).

Im Fall von *Nebenunternehmern* (s. Art. 363 N 17), mit denen der Besteller   5
gesonderte Verträge über die Herstellung bestimmter Teile eines Gesamtwerkes abgeschlossen hat, tritt die **Abnahme der Teilwerke** i.d.R. ohne
weiteres ein, wenn andere Unternehmer die vorangehende Arbeit als Grundlage benutzen und an der Erstellung des Gesamtwerkes weiterarbeiten.
Eine ausdrückliche Abnahmeerklärung des Bestellers ist unter diesen Umständen ebensowenig notwendig wie eine Mitteilung des Nebenunterneh-
mers, dass er die vereinbarten Arbeiten ausgeführt habe (BGE 115 II 459).

2. Offene, versteckte und absichtlich verschwiegene Mängel

Sofern bei der *Werkabnahme* (N 3 f.) Mängel für einen durchschnittlichen   6
Besteller unter Beachtung der ordnungsgemässen Aufmerksamkeit und
ohne eingehende Prüfung (d.h. augenfällig) erkennbar waren, handelt es
sich um **offene Mängel** im Sinn von Abs. 1 (BGer 4C.130/2006 E.4.1;
Gauch, N 2074; BSK OR Zindel/Pulver, N 6). Zum Begriff des Werkmangels s. Art. 368 N 6 ff.

Sofern Mängel nicht i.S.v. N 6 sofort erkennbar sind, handelt es sich um   7
versteckte Mängel. Solche versteckten Mängel sind während der *Prüfungsfrist* (dazu Art. 367 N 3 ff.) i.S.v. Abs. 1 bereits vollständig *vorhanden*, aber
nicht erkennbar. Ein versteckter Mangel liegt sodann im Sinn von Abs. 2
vor, wenn er erst später auftritt, d.h. während der Prüfungsfrist erst im
Keim vorhanden (BGE 117 II 427 – wachsender Mauerriss; BGE 118 II 143 –
Verziehen einer Holzfassade) oder aber noch gar *nicht vorhanden* war
(Gauch, N 2075 ff.).

Das Gesetz nennt in Abs. 1 (a.E.) schliesslich die Fallgruppe der **absichtlich**   8
verschwiegenen Mängel. Über den Gesetzeswortlaut hinaus ist *qualifizierte*
Absicht erforderlich, welche neben dem Vorsatz ein *arglistiges, täuschendes*
oder in *anderweitig treuwidriges* Verhalten des Unternehmers verlangt
(BGE 89 II 409; BGE 66 II 139 f.; Gauch, N 2089 ff.). Sofern der Unterneh-

mer versteckte Mängel absichtlich verschweigt, beträgt die *Verjährungsfrist* für Ansprüche des Bestellers zehn Jahre seit der Abnahme des Werkes (BGE 100 II 33 f.; BGE 89 II 409; s. dazu Art. 371 N 11). Auch bei einem arglistig verschwiegenen Mangel hat der Besteller den Mangel indessen sofort nach dessen Entdeckung *zu rügen* (BGE 100 II 33 f.; a. A. BSK OR-ZINDEL/ PULVER, N 20).

II. Genehmigung offener Mängel (Abs. 1 und 2)

9   Die Genehmigung (N 2) offener Mängel (N 6) kann nach dem Wortlaut in Abs. 1 **ausdrücklich** erfolgen. Eine besondere Formvorschrift besteht nicht, d. h. die ausdrückliche Genehmigung kann *schriftlich* oder auch nur *mündlich* erfolgen (BSK OR-ZINDEL/PULVER, N 10). Die Genehmigung ist *unwiderruflich*, kann aber an *Bedingungen* geknüpft werden (BSK OR-ZINDEL/ PULVER, N 2).

10   Für den Fall, dass der Besteller die *Prüfung* des Werkes und die *Rüge* offener Mängel nicht fristgerecht vornimmt (dazu s. Art. 367 N 3 ff.), enthält Abs. 2 die gesetzliche Fiktion einer **stillschweigenden** Genehmigung des Werkes. Der Gegenbeweis ist ausgeschlossen (RVJ 1967, 271 f.; GAUCH, N 2106). Neben der in Abs. 2 genannten Unterlassung der Prüfung und Rüge kann eine stillschweigende Genehmigung auch in *andern Fällen* angenommen werden, so etwa wenn der Besteller das Werk vorbehaltlos bezahlt (BR 1980, 29) oder über das Werk verfügt (z. B. gebraucht oder verändert, BGE 97 II 355). Keine stillschweigende Genehmigung ist jedoch anzunehmen bei eigenmächtiger Inbesitznahme des Werkes (ZR 1980, 49), bei Nichtbestreiten einer detaillierten Rechnung (BGE 112 II 502) oder bei der Anweisung des Architekten an den Besteller, die Rechnung des Unternehmers zu bezahlen (BGE 89 II 234 f.).

III. Genehmigung bei versteckten Mängeln (Abs. 3)

11   Für den Fall, dass nach der Ablieferung und Abnahme des Werkes (s. N 3 f.) Mängel auftreten, welche zuvor versteckt waren (s. N 7), schreibt Abs. 3 vor, dass der Besteller diese Mängel **sofort nach Entdeckung** rügen muss, andernfalls das Werk auch in Bezug auf diese Mängel als genehmigt gilt (BGE 107 II 175; eine analoge Regelung findet sich in Art. 201 Abs. 3 für den Käufer). Zur Prüfung und Rüge des Bestellers allgemein s. Art. 367 N 3 ff. Bei der Beurteilung, ob eine Rüge rechtzeitig erfolgt ist, muss auf die *konkreten Umstände* des Einzelfalles, insbesondere die Art der Mängel abgestellt werden. Allgemein gilt, dass die **Rügefrist kurz** zu bemessen ist, wenn es sich um einen Mangel handelt, bei dem die Gefahr besteht, dass ein Zuwarten zu einem grösseren Schaden führen kann (BGer. 4C.130/2006 E.4.2.2 – eine Rüge innerhalb von 7 Tagen nach Entdeckung des Mangels ist noch rechtzeitig, nicht aber eine Rüge erst 17 oder 20 Tage nach Entde-

ckung; BGE 118 II 148 – Rügefrist von weniger als 5 Wochen; BGE 107 II 176 – Rügefrist von weniger als 3 Wochen). Die Rügefrist gilt auch für arglistig verschwiegene Mängel (s. N 8).

Nach dem Wortlaut von Abs. 3 sind Mängel indessen erst **nach deren Entdeckung** zu rügen. Deshalb beginnt die kurze Rügefrist (N 11) erst zu laufen, wenn ein Mangel *zweifelsfrei* festgestellt ist (BGE 117 II 425; 107 II 175). Kommt ein Mangel erst nach und nach zum Vorschein, beginnt die Rügefrist erst, wenn dem Besteller die Bedeutung und Tragweite des Mangels zweifelsfrei erkennbar ist (BGE 131 III 145; 118 II 148 f.) 12

IV. Abweichende Vereinbarungen

Der Ausschluss der Genehmigungsvermutung für *absichtlich verschwiegene* Mängel gemäss Abs. 1 ist **zwingend** (BSK OR-ZINDEL/PULVER, N 24). Die übrigen Bestimmungen in Art. 370 sind grundsätzlich dispositiver Natur (BGE 115 II 459 – betr. Teilwerke). Spezifische Genehmigungsvermutungen enthält *SIA-Norm 118* (vgl. die Hinweise bei BSK OR-ZINDEL/PULVER, N 25). Eine zu weitgehende vertragliche Genehmigungsvermutung kann jedoch gegen den Grundgedanken des Gesetzes verstossen (BGE 72 II 418 – *lois d'application immédiate*). 13

Art. 371

Verjährung

¹ **Die Ansprüche des Bestellers wegen Mängel des Werkes verjähren gleich den entsprechenden Ansprüchen des Käufers.**

² **Der Anspruch des Bestellers eines unbeweglichen Bauwerkes wegen allfälliger Mängel des Werkes verjährt jedoch gegen den Unternehmer sowie gegen den Architekten oder Ingenieur, die zum Zwecke der Erstellung Dienste geleistet haben, mit Ablauf von fünf Jahren seit der Abnahme.**

I. Anwendungsbereich

Art. 371 regelt die Verjährung der **Gewährleistungsrechte** nach Art. 368 (BGE 102 II 418; zu den Mängelrechten s. Art. 368 N 8 ff.) unabhängig davon, ob ein offener oder versteckter Mangel vorliegt (BGE 107 II 231; BGE 89 II 408; zur Unterscheidung dieser Arten von Mängeln s. Art. 370 N 6 ff.). Neben Wandelungs-, Minderungs- und Nachbesserungsansprüchen werden auch *Ersatzansprüche* für Mangelfolgeschäden (BGE 77 II 249; 1

GAUCH, N 2201 ff., 2208 f.), Schadenersatzansprüche wegen Nichterfüllung der Nachbesserungspflicht nach Art. 107 Abs. 2 (GAUCH, N 2203, 2281; dazu auch Art. 368 N 17) sowie Forderungen aus Werkmängeln für den vom Unternehmer gelieferten *Stoff* (BGE 117 II 428 f.) von Art. 371 erfasst.

2   **Nicht von Art. 371 erfasst** werden demgegenüber Ansprüche aus allgemeinem *Verzug* und *positiver Vertragsverletzung*, die keine Mängel nach Art. 368 darstellen (BGE 111 II 172; BGE 102 II 413 ff.; zur positiven Vertragsverletzung s. Art. 364 N 2). Die Verjährung nach Art. 371 erfasst stets nur *Ansprüche des Bestellers* und gilt nicht spiegelbildlich für Ansprüche des Unternehmers, Architekten oder Ingenieurs gegen den Besteller (BGE 116 II 428; BGE 98 II 190). Umstritten ist, ob Art. 371 auch auf *Deliktsansprüche* anwendbar ist, wenn diese mit Mängelansprüchen nach Art. 368 konkurrieren (BKS ZINDEL/PULVER, N 7; zur Anspruchskonkurrenz s. Art. 368 N 20).

3   Die **Verjährungsfristen beginnen** sowohl nach Abs. 1 als auch nach Abs. 2 mit der **Abnahme** des Werkes (BGE 113 II 267; BGE 111 II 171 f.; zum Begriff der Abnahme s. Art. 370 N 3 f.) unabhängig davon, ob der Mangel in diesem Zeitpunkt bereits *entstanden* ist oder ob der Besteller den Mangel (allenfalls sogar bereits vor der Abnahme) *gekannt* hat (130 III 366; 106 II 136, 138 f.; BGE 89 II 408; differenzierend GAUCH, N 2254 ff.).

4   Die **Berechnung** der Verjährungsfrist richtet sich nach *Art. 132* (GAUCH, N 2253). Für die **Hemmung** und **Unterbrechung** der Frist ist *Art. 134 ff.* massgebend (BGE 116 II 313 – Unterbrechung durch Anerkennung der Gewährleistungspflicht oder Nachbesserung; BGE 114 II 262). Die Hemmung oder Unterbrechung der Verjährung eines Gewährleistungsanspruchs bewirkt auch die Hemmung oder Unterbrechung der Verjährung der anderen Ansprüche (BGE 96 II 184 ff.). *Nachbesserungen* unterbrechen die Verjährung und lösen eine neue Frist gleicher Dauer aus (BGE 121 III 272). Die Nachbesserung einzelner Mängel unter Bestreitung einer weitergehenden Haftung führt jedoch nicht zu einer Verjährungsunterbrechung sämtlicher Gewährleistungsansprüche (ZR 1991, 54).

5   Verjährte Gewährleistungsansprüche kann der Besteller als Naturalobligationen nach wie vor **einredeweise** geltend machen (s. Art. 127 N 9). Einrede ist jedoch ausgeschlossen bei **Verwirkung** der Ansprüche durch *Selbstverschulden* (Art. 369) oder *Genehmigung* (Art. 370) des Werkes (BGE 104 II 358).

II.   Verjährungsfrist von einem Jahr (bewegliche Bauwerke, Abs. 1)

6   Gemäss Abs. 1 gilt eine **einjährige** Verjährungsfrist (Art. 210 Abs. 1 analog) für **bewegliche Werke**. Dazu gehören alle Werke, welche nicht unter den Begriff des unbeweglichen Bauwerks nach Abs. 2 subsumiert werden kön-

nen (zur Abgrenzung s. N 8). Sie gilt darüber hinaus auch für Ansprüche des Bestellers gegen *Architekten und Ingenieure* analog zu Abs. 2 (GAUCH, N 2307 f.).

III. Verjährungsfrist von fünf Jahren (unbewegliche Bauwerke, Abs. 2)

1. Begriff des Unbeweglichen Bauwerks

Die fünfjährige Verjährungsfrist von Abs. 2 gilt für Mängel an unbeweg-   7
lichen **Bauwerken** einschliesslich der **Werkstoffe**, welche der Unternehmer
für den Bau geliefert hat (BGE 117 II 428 f.). Der Begriff des Bauwerks nach
Art. 371 Abs. 2 ist nicht deckungsgleich mit dem Begriff der «Werke auf
einem Grundstück» gemäss Art. 837 Abs. 1 Ziff. 3 ZGB (BGE 120 II 216;
109 II 39 f.). Weitgehend Identität besteht jedoch zum Begriff des «Gebäudes» gemäss Art. 219 Abs. 3 (BGE 117 II 429).

Der **Begriff des unbeweglichen Bauwerks** ist *teleologisch auszulegen*: Die   8
fünfjährige Verjährungsfrist von Abs. 2 will vermeiden, dass Ansprüche des
Bestellers früher verjähren, als es die *Natur des Werkes und der Mängel*,
die es aufweisen kann, *rechtfertigt*, weil oft erst nach längerer Zeit erkennbar wird, ob das Werk den Anforderungen der Festigkeit oder den geologischen und atmosphärischen Verhältnissen standhält (BGE 120 II 216;
113 II 268). Ein Bauwerk ist deshalb primär eine *immobile Sache*, die *dauerhaft mit dem Erdboden verbunden* ist (BGer a. a. O.). Erfasst wird auch der
verarbeitete *Stoff* (BGE 117 II 425). Demgegenüber ist eine *blosse Arbeitsleistung* (ohne Verarbeitung von Material), die mit einem unbeweglichen
Bauwerk zusammenhängt, nicht ohne weiteres mit einem Bauwerk gleichzusetzen. Ausnahmsweise gelten auch blosse Arbeitsleistungen als Bauwerk i. S. v. Abs. 2, wenn ein enger funktioneller Zusammenhang mit dem
Bauwerk besteht (GAUCH, N 2246; BSK OR-ZINDEL/PULVER, N 24). Der Wert
der Leistung oder die Höhe des Werklohnes sind keine tauglichen Abgren-
zungskriterien (BGE 93 II 246).

Kasuistik: Ein unbewegliches Bauwerk wurde *bejaht* in Bezug auf das Ab-   9
liefern, Befestigen und Anstreichen von Rolläden (BGE 121 III 271), auf das
Verputzen einer Hausfassade (BGE 117 II 425) oder auf Pläne eines Architekten für ein unbewegliches Bauwerk (BGE 130 III 365 f.; s. auch Art. 363
N 14). Ein unbewegliches Bauwerk wurde hingegen *verneint* in Bezug auf
Malerarbeiten zur Renovation einer Hausfassade (BGE 93 II 246 f.) oder auf
ein Lehrgerüst für den Bau einer Brücke (BGE 113 II 267 f.). Die Anwendbarkeit von Art. 371 Abs. 2 wurde auch verneint in Bezug auf die Gewährleistungsansprüche des Unternehmers gegenüber dem Subunternehmer,
der sein Werk (Kunststeinplatten) nicht selber eingebaut hat (BGE 120 II
214).

2.   Ansprüche gegen Architekten und Ingenieure

10   **Anwendungsbereich:** Die fünfjährige Verjährungsfrist nach Abs. 2 gilt auch
für Ansprüche des Bestellers gegen Architekten und Ingenieure, welche an
der Erstellung eines unbeweglichen Bauwerks mitgewirkt haben, unabhängig von der *Qualifikation* des zugrunde liegenden Vertrages (z. B. Auftrag
oder Arbeitsvertrag). Vorausgesetzt ist aber, dass sich die Forderung aus
Mängeln gemäss Art. 368 herleitet (BGE 102 II 417 f.; 89 II 407). Der *Begriff*
des Architekten oder Ingenieurs ist *weit auszulegen*: Massgebend ist die
Funktion, nicht der formelle Titel (ZK-BÜHLER, N 70; GAUCH, N 2299).

IV.   Verjährungsfrist von 10 Jahren bei absichtlicher Täuschung

11   Nach Art. 371 Abs. 1 i. V. m. Art. 210 Abs. 3 beträgt die Verjährungsfrist
10 Jahre im Falle von **absichtlicher Täuschung** durch den Unternehmer
(zur absichtlichen Täuschung s. Art. 370 N 8). Dies gilt bei unbeweglichen
Bauwerken auch für Forderungen gegen Architekten und Ingenieure
(BGE 89 II 407, 409; 107 II 231 ff.; 96 II 184).

V.   Abweichende Vereinbarungen

12   Die Bestimmung von Art. 371 ist grundsätzlich **dispositiv** (BGE 120 II 220),
d. h. die Verjährungsfristen können innerhalb gewisser Schranken verlängert oder verkürzt werden: Die Rechtsverfolgung darf durch die *Verkürzung*
der Frist nicht unbillig erschwert werden, insb. wenn die Frist abläuft,
bevor die Mängel überhaupt erkannt werden können (BGE 108 II 196; vgl.
auch BGE 72 II 418 – *lois d'application immédiate*). Die *Erstreckung* der
Frist ist auf 10 Jahre beschränkt (BGE 99 II 189). Die vertragliche Regelung
des Übergangs von Nutzen und Gefahr bedeutet i. d. R. nicht gleichzeitig die
Vereinbarung des Beginns der Verjährungsfrist (BGE 118 II 149). Im Zweifel ist unter dem Begriff «Garantiefrist» oder «Garantiezeit» die Verjährungsfrist zu verstehen (BGE 63 II 180). *Art. 180 SIA-Norm 118* unterscheidet nicht zwischen beweglichen und unbeweglichen Bauwerken, sondern
legt eine einheitliche Verjährungsfrist von fünf Jahren für sämtliche Bauwerke fest (BGE 120 II 220 f.).

Art. 372

¹ **Der Besteller hat die Vergütung bei der Ablieferung des Werkes zu zahlen.**

² **Ist das Werk in Teilen zu liefern und die Vergütung nach Teilen bestimmt, so hat Zahlung für jeden Teil bei dessen Ablieferung zu erfolgen.**

I. Anwendungsbereich

Art. 372 regelt die **Fälligkeit der Vergütung** als *lex specialis* zu Art. 75 (Gauch, N 1151), während die *Höhe* der Vergütung in Art. 373–374 geregelt wird. Es handelt sich bei Art. 372 um **dispositives Recht**. Ein abweichendes Abrechnungssytem mit spezifischen Fälligkeitsterminen enthält z. B. *SIA-Norm 118* (s. N 3 und BGE 109 II 459 f. – Schlussabrechnung nach Art. 153–156 SIA-Norm 118; BGE 93 II 317 – Recht nach SIA, den zur Behebung der Mängel erforderlichen Betrag zurückzubehalten; vgl. BSK OR-Zindel/Pulver, N 18 ff.).   1

Bei Nichtbezahlung des Werklohnes trotz Fälligkeit gerät der Besteller in **Schuldnerverzug** nach Art. 102 ff. (Gauch, N 1274 ff.; zum Gläubigerverzug s. Art. 370 N 4).   2

Der Unternehmer ist **vorleistungspflichtig** (Gauch, N 1153 f.). Vorbehältlich anderer Vereinbarungen hat der Unternehmer deshalb keinen Anspruch auf Teil- oder Abschlagszahlungen (anders SIA-Norm Art. 144–148 und dazu BGE 110 II 178 und BGE 89 II 236).   3

II. Ungeteilte Werke (Abs. 1)

Fällig wird der Werklohn mit der **Ablieferung des vollendeten, vertragsgemässen Werkes** (BGE 129 III 748; 110 II 178). Die Bezahlung des Werklohnes und die Übergabe des vertragsgemässen Werkes haben (vorbehältlich anderer vertraglicher Abmachungen) i. S. v. Art. 82 *Zug um Zug* zu erfolgen (BGE 110 II 178; 97 II 353;). Zu den Begriffen *«Ablieferung»* und *«Vollendung»* s. Art. 370 N 3 f.   4

Die Zurückhaltung des Werklohnes (oder eines Restbetrages davon) ist daher ein zulässiges Mittel, um die vertragsgemässe Ablieferung des Werkes zu erreichen (BGE 94 II 164). Leidet das Werk an **Mängeln**, kann der Besteller die Bezahlung der Vergütung insbesondere gestützt auf Art. 82 verweigern, soweit er einen Anspruch auf *Nachbesserung* geltend macht (BGE 89 II 235, 238). Bei *Minderung* kann der Besteller die Bezahlung des   5

Kaufpreises im Umfang des Minderwertes verweigern (BGE 94 II 164 f.). Bei *Wandelung* sind die gegenseitigen Leistungen Zug um Zug zurückzuerstatten; hat der Besteller noch nicht bezahlt, entfällt der Lohnanspruch des Unternehmers *ex tunc* (s. Art. 368 N 8). Den Anspruch auf *Ersatz von Mangelfolgeschäden* kann der Besteller mit dem Vergütungsanspruch des Unternehmers nach Art. 120 ff. verrechnen (BGE 107 II 54 ff.). Hält der Besteller einen Teil des Werklohnes gestützt auf Art. 82 zurück, verliert er einen allenfalls vereinbarten *Skonto-Abzug* auf dem restlichen Werklohn (BGE 118 II 63 ff.).

III. Werke mit Teilligeferungen (Abs. 2)

6   Haben die Parteien **Teilligeferungen** des Werkes vereinbart (s. Art. 370 N 3) und zugleich die Vergütung nach den zu liefernden Teilen bestimmt, wird mit der Ablieferung eines Werkteils auch die dafür vereinbarte Vergütung fällig. Haben die Parteien zwar Teilligeferungen vereinbart, aber die Vergütung nicht bezüglich der einzelnen Werkteile festgelegt, ist die Vergütung für das Gesamtwerk mit Ablieferung des letzten Teils fällig i. S. v. Abs. 1 (GAUCH, N 1157 f.).

Art. 373

| 2. | Höhe der Vergütung |
| a. | Feste Übernahme |

¹ Wurde die Vergütung zum voraus genau bestimmt, so ist der Unternehmer verpflichtet, das Werk um diese Summe fertigzustellen, und darf keine Erhöhung fordern, selbst wenn er mehr Arbeit oder grössere Auslagen gehabt hat, als vorgesehen war.

² Falls jedoch ausserordentliche Umstände, die nicht vorausgesehen werden konnten oder die nach den von beiden Beteiligten angenommenen Voraussetzungen ausgeschlossen waren, die Fertigstellung hindern oder übermässig erschweren, so kann der Richter nach seinem Ermessen eine Erhöhung des Preises oder die Auflösung des Vertrages bewilligen.

³ Der Besteller hat auch dann den vollen Preis zu bezahlen, wenn die Fertigstellung des Werkes weniger Arbeit verursacht, als vorgesehen war.

I. Anwendungsbereich

Art. 373 regelt die **Höhe** der Vergütung bei Vereinbarung eines im Voraus   1
genau bestimmten, d. h. festen Werklohnes (unten N 3 ff.). Soweit kein solcher fester Werklohn vereinbart wurde, bestimmt sich die Höhe der Vergütung nach Art. 374. Die *Fälligkeit* der Vergütung richtet sich nach Art. 372.
Zur Abgrenzung gegenüber *Bestellungsänderungen* unten N 9.

Art. 373 ist **dispositives** Recht (GAUCH, N 1128). In sehr krassen Fällen   2
muss dem Unternehmer die Berufung auf Abs. 2 jedoch gewahrt bleiben
(GAUCH, N 1130 unter Hinweis auf Art. 27 Abs. 2 ZGB; BGE 50 II 158 ff.). Bei
Vergütungen von Architektenleistungen ist die *SIA-Norm 102* zu beachten
(s. Art. 363 N 11 und N 14).

II. Fester Werklohn (Abs. 1 und 3)

Die Parteien können die Vergütung zum **voraus genau bestimmen** durch   3
Vereinbarung eines Pauschalpreises (N 4), eines Globalpreises (N 5) oder
eines Einheitspreises (N 6, vgl. GAUCH, N 899 ff.). Diese Vergütungsarten
können auch kombiniert werden (GAUCH, N 1030 ff.). Ist ein fester Werklohn vereinbart worden, sind beide Parteien daran gebunden: Der Unternehmer darf nach *Abs. 1* keinen höheren Lohn fordern, auch wenn sein
Aufwand höher war als der vereinbarte Lohn. Umgekehrt darf der Besteller
nach *Abs. 3* den Lohn nicht reduzieren, auch wenn der Aufwand des Unternehmers tiefer war als erwartet (BGer 4C.90/2005; BGE 116 II 315; 96
II 60 f.). Die Vereinbarung eines festen Werklohnes wird *nicht vermutet* (ZR
1996, 86; ZINDEL/PULVER, Art. 374 N 17). Die *Beweislast* für die Festpreis-
absprache trägt die Partei, welche sich darauf beruft; misslingt der Beweis,
bemisst sich die Vergütung nach Art. 374 (BGer 4P.99/2005 E. 3.2).

Sofern der Unternehmer das Werk als Ganzes zu einem im Voraus genau   4
bestimmten Lohn zu erstellen hat, liegt ein **Pauschalpreis** vor (z. B. Erstellung einer kompletten Produktionsanlage zu einem bestimmten Preis; vgl.
auch BR 2001, 80; GAUCH, N 900 ff.).

Beim **Globalpreis** handelt es sich um einen Pauschalpreis (i. S. v. N 4), der   5
zusätzlich einen *Teuerungsvorbehalt* enthält (BGer SemJud 103, 1981, 40 =
BR 1981, Nr. 17; GAUCH, N 910 ff.; vgl. auch SIA-Norm 118 Art. 41 Abs. 1 und
Art. 64 – 82).

Beim **Einheitspreis** wird ein voraus bestimmter, fester Preis pro *Massein-*   6
heit festgelegt, also beispielsweise ein Preis pro Kilo, Stückzahl, Kubikmeter
oder Laufmeter (BGE 113 II 516 – Preis pro Kubikmeter; BGE 104 II 316 –
fester Werklohn ergab sich aus den vereinbarten Preisen und dem Ausmass
der ausgeführten Arbeiten). Die zu bezahlende Vergütung ergibt sich durch
Multiplikation der bestellten Menge mit dem vereinbarten Einheitspreis

(Gauch, N 915 ff.). Wird für eine Masseinheit kein fester Preis, sondern nur ein *ungefährer Ansatz* vereinbart, ist nicht Art. 373, sondern Art. 374 anzuwenden (zur *Einheitspreis-Vergütung mit ungefährem Ansatz* vgl. Art. 375 N 3). Die Parteien können durch Verweis auf SIA-Normen die Bestimmung der nach Einheitspreisen zu vergütenden *Menge* vertraglich präzisieren (BGE 118 II 295 – SIA-Norm 243). Für Mehrarbeiten, welche die bestellte Menge überschreiten, kann der Unternehmer keine Vergütung verlangen (BGer 4C.88/2005 E.2).

III. Ausserordentliche Umstände (Abs. 2)

7   Unter zwei kumulativen Voraussetzungen ist der Unternehmer **ausnahmsweise** nicht an einen festen Werklohn gebunden: Es müssen erstens *ausserordentliche Umstände* vorliegen, die entweder nicht vorhersehbar waren (N 10) oder welche nach dem Parteiwillen ausgeschlossen waren (N 11), und zweitens müssen diese Umstände die Fertigstellung des Werkes *übermässig erschweren* oder sogar *gänzlich hindern* (N 12 f.). Art. 373 Abs. 2 findet nur Anwendung, wenn ein fester Werklohn (i. S. v. N 3 ff.) vereinbart worden ist (BGE 104 II 316).

8   Eine Berufung auf Art. 373 Abs. 2 ist **ausgeschlossen**, wenn die ausserordentlichen Umstände dem *Unternehmer zuzuschreiben* sind (BGE 113 II 513 = Pra 1989 Nr. 17, 82; BGE 104 II 316); das Fehlverhalten von Subunternehmern wird dem Unternehmer zugerechnet (BGE 109 II 336). Art. 373 Abs. 2 ist auch bei *verschuldetem Verzug* des Unternehmers auszuschliessen (Gauch, N 1110). Der Unternehmer kann sich sodann nicht mehr auf Art. 373 Abs. 2 berufen, wenn er trotz Kenntnis der ausserordentlichen Umstände mit der Werkherstellung fortfährt, ohne diese Umstände dem Besteller *anzuzeigen* und eine Anpassung des Werklohnes zu verlangen (BGE 116 II 315 = Pra 1991, Nr. 120, 574 f.; BR 1991, 44 f.: die Berufung auf Art. 373 Abs. 2 hat unverzüglich zu erfolgen; zur Anzeigepflicht s. auch Art. 364 N 5).

9   Die Ausnahmeregelung in Abs. 2 ist *abzugrenzen* gegenüber **Bestellungsänderungen**: In solchen Fällen ergibt sich der Anspruch des Unternehmers auf Mehrvergütung aus nachträglicher *Vertragsänderung* (vgl. BGer 4C.21/2004 E.3.1.2). Wurde kein neuer Preis vereinbart, bestimmt sich dieser nach *Art. 374*; der Rückgriff auf Art. 373 Abs. 2 erübrigt sich (BGE 113 II 520 f. = Pra 78 Nr. 17, S. 82 – Vorverlegung des Erfüllungszeitpunkts; s. auch BGE 71 II 242 f. E.a). Der Unternehmer braucht die Mehrkosten bei Bestellungsänderung nicht anzukündigen (BGer 4C.16/2006 E.6.3). Die *Beweislast* für Bestellungsänderungen trägt der Unternehmer (BSK OR-Zindel/ Pulver, Art. 374 N 19).

1. Unvorhersehbarkeit der Umstände oder Ausschluss nach Parteiwillen

Die allfällige Unverbindlichkeit des festen Werklohnes bei ausserordent- **10**
lichen, **nicht voraussehbaren Umständen** stellt einen Anwendungsfall der
clausula rebus sic stantibus nach Art. 2 ZGB dar (BGE 104 II 315). Die Un-
voraussehbarkeit ist vom objektiven Standpunkt eines sachkundigen und
sorgfältigen Unternehmers aus zu beurteilen und hängt von den Besonderheiten des einzelnen Falles, insbesondere der Art und Dauer des Werkvertrages ab (BGE 104 II 317). Zudem sind auch subjektive Kriterien wie die
besonderen Kenntnisse, Fähigkeiten und Erfahrungen des konkreten Unternehmers zu berücksichtigen (BR 1983, 72). Allgemein ist ein *strenger*
Massstab anzuwenden (BGE 104 II 317). Ausserordentliche Umstände in
diesem Sinne können bereits bei Vertragsabschluss bestehen oder erst
nachträglich eintreten, sie können sowohl natürlicher als auch wirtschaftlicher Art sein (BGE 104 II 316). *Kasuistik*: Ausserordentliche Umstände
können vorliegen bei unerwarteten geologischen Verhältnissen (BGE 104 II
316 – Felsverschiebung), bei aussergewöhnlichem Ansteigen von Löhnen,
Zinsen oder Materialpreisen (BGE 50 II 165; SemJud 1941, 536 ff.), bei Fällen von höherer Gewalt (BGE 41 II 365) sowie allenfalls bei Störung des
Arbeitsfriedens (BSK OR-ZINDEL/PULVER, N 18). Zu *verneinen* sind ausserordentliche Umstände beispielsweise in Bezug auf die normale Teuerung
(analog zu BGE 101 II 21).

Die zweite Alternative von Abs. 2 – das Vorliegen ausserordentlicher Um- **11**
stände, die nach den von beiden Beteiligten **angenommenen Voraussetzungen ausgeschlossen** waren – stellt einen Anwendungsfall des *Grundlagenirrtums* nach Art. 24 Abs. 1 Ziff. 4 dar (BGE 109 II 333). *Kasuistik:* Die
Berufung des Unternehmers auf Grundlagenirrtum nach Art. 373 Abs. 2
wurde *geschützt* bei erheblicher zeitlichen Beschleunigung des im Vertrag
vorgesehenen Arbeitsrhythmus (BGE 113 II 513 = Pra 78 Nr. 17 – Zeitraum
für das Wegschaffen von Felsmaterial) sowie im Fall einer unrichtigen Expertise (betreffend die Bodenbeschaffenheit), auf welche der Unternehmer
seine Offerte abgestützt hat (BGE 58 II 422). Die Berufung auf Art. 373
Abs. 2 wurde hingegen einem Unternehmer *verweigert*, der bei gehöriger
Sorgfalt das effektiv gewünschte Werk (Wendeltreppe anstelle einer gewöhnlichen Treppe) im Voraus hätte erkennen können (BGE 109 II 333);
die Erhöhung eines Einheitspreises wurde auch verweigert trotz unvorhergesehener Verdoppelung des Aushubes (BGE 113 II 513 = Pra 78 Nr. 17).

2. Übermässige Erschwerung oder Hinderung der Fertigstellung

Die Voraussetzung der übermässigen **Erschwerung** betrifft nicht die tech- **12**
nische, sondern die *wirtschaftliche* Erschwerung der Werkerstellung für
den Unternehmer: Die Erschwerung muss in den *höheren Herstellungskos-
ten* des Werkes liegen (BGE 104 II 317).

13 **Übermässigkeit** liegt vor bei einem krassen, offenbaren Missverhältnisses zwischen dem Wert der erbrachten Leistung des Unternehmers und der versprochenen Gegenleistung des Bestellers, so dass die Bindung an den ursprünglichen Werklohn dem Unternehmer nicht mehr zumutbar ist (BGE 104 II 317). Übermässigkeit darf nur *zurückhaltend* angenommen werden; ein geringfügiges Ungleichgewicht genügt nicht (BGE 58 II 423).

3. Rechtsfolgen

14 Der **Richter** entscheidet nach **freiem Ermessen** über die Rechtsfolgen, d. h. ob der Werklohn erhöht wird (N 15) oder ob der Werkvertrag aufgelöst wird (N 16). Es handelt sich somit bei Art. 373 Abs. 2 um ein *Gestaltungsklagerecht* (GAUCH, N 1122 ff.).

15 Bei der **Erhöhung des Werklohnes** sind nur die *höheren Kosten*, nicht aber der Unternehmergewinn zu berücksichtigen, denn Art. 373 Abs. 2 gibt dem Unternehmer keinen Anspruch darauf, dass die Erfüllung des Vertrages zu einem verlustfreien Geschäft wird (BGE 104 II 317). Umstritten ist, ob dem Besteller bei Erhöhung des Werklohnes ein *Rücktrittsrecht* nach Art. 375 zusteht (bejahend GAUCH, N 1120; verneinend BK-GAUTSCHI, N 13a).

16 Bei **Auflösung des Vertrages** hat der Richter nach seinem Ermessen auch über die weiteren Folgen zu entscheiden, d. h. ob die Beendigung *ex nunc* oder *ex tunc* (d. h. mit oder ohne Vergütung der bereits geleisteten Arbeit) erfolgen soll und ob allenfalls Schadenersatzfolgen bestehen (GAUCH, N 1117 f.; BSK OR-ZINDEL/PULVER, N 29). Diese Auflösung des Vertrages nach richterlichem Ermessen ist *abzugrenzen* gegenüber den Folgen eines *Rücktritts* nach Art. 366 (Verzug), nach Art. 375 (entschädigungsloser Rücktritt bei Kostenüberschreitung) und nach Art. 377 (Rücktritt gegen volle Schadloshaltung).

Art. 374

b. **Festsetzung nach dem Wert der Arbeit**   **Ist der Preis zum voraus entweder gar nicht oder nur ungefähr bestimmt worden, so wird er nach Massgabe des Wertes der Arbeit und der Aufwendungen des Unternehmers festgesetzt.**

I. Anwendungsbereich und Tatbestand

1 Der Werkvertrag ist zwar zwingend entgeltlich (s. Art. 363 N 1), die **Höhe des Werklohnes** bildet aber **kein essentialium** des Werkvertrages (BGer 4C.19/2007 E. 2.3; BGE 92 II 332 f.). Haben die Parteien den Werklohn nicht

(N 3) oder nur ungefähr festgelegt (N 4), bestimmt sich dieser nach Art. 374.
Die *Fälligkeit* der Vergütung richtet sich nach Art. 372. Zum *festen Werklohn* s. Art. 373.

Art. 374 ist **dispositiver Natur**, abweichende Regelungen finden sich 2
beispielsweise in Art. 48–57 von *SIA-Norm 118* betreffend *Regiearbeiten*
(s. GAUCH, SIA und GAUCH, N 969 ff.).

Fehlende Vereinbarung über den Werklohn kann beispielsweise vorliegen 3
bei *Regiearbeiten* nach SIA-Norm 118 (N 2), bei konkludent vereinbarter
Entgeltlichkeit einer Offerte (BGE 119 II 40 ff. – Erstellung umfangreicher
Projektstudien, dazu auch Art. 363 N 1) oder sofern *unklar ist, ob ein fester
Werklohn* i. S. v. Art. 373 vereinbart wurde (ZR 1996, 86; BR 2001, 169; BR
1997, 62; w. Nw. bei BSK OR-ZINDEL/PULVER, N 15).

Eine **ungefähre Preisbestimmung** kann beispielsweise vorliegen, wenn die 4
Parteien eine obere und untere *Bandbreite* für den Werklohn vereinbart
haben *(«Circa-Preis»*, GAUCH, N 941) oder wenn der Unternehmer einen
ungefähren Kostenvoranschlag i. S. v. Art. 375 unterbreitet hat (GAUTSCHI,
N 2c; ein Teil der Lehre nimmt an, dass diesfalls i. S. v. N 3 vorstehend gar
keine Preisvereinbarung getroffen wurde, vgl. GAUCH, N 937 f. und 940).

II. Rechtsfolge (Bestimmung des Werklohnes)

Ist Art. 374 anwendbar (N 1–4), wird der Werlohn durch die **Aufwen-** 5
dungen des Unternehmers bestimmt. Dazu gehören der «Wert der Arbeit»
im Sinne des *Personal- und Sachaufwandes* des Unternehmers, die *Generalunkosten* sowie ein angemessener *Unternehmensgewinn* (ZR 1996 Nr. 27,
87). Zu vergüten ist auch die *Mehrwertsteuer* (BGer 4C.21/2004 E.4.1.2),
nicht jedoch ein *unnötiger Mehraufwand* (BGE 96 II 61).

Der Unternehmer hat die Bemessungsfaktoren (z. B. Honoraransatz) und 6
die zugrundliegenden Tatsachen (z. B. zeitlicher Aufwand) zu **beweisen**
(SemJud 1979, 41, 43). Die vorbehaltlose Unterzeichnung von Regierappor-
ten schafft eine tatsächliche Vermutung für die Richtigkeit und die Angemessenheit des rapportierten Aufwandes (ZR 1984, 49 f.). Bestreitet der Besteller eine detaillierte Abrechnung nicht, gilt diese als genehmigt (BGer
4C.86/2005 E.3; 4P.99/2005 E.3.4). Die verbindliche Anerkennung von Un-
ternehmerrechnungen durch den Architekten stellt jedoch nur bei Vorliegen einer Sondervollmacht durch den Bauherrn eine Anerkennung dar
(BGE 118 II 313, 316). Zur Bemessung der Vergütung können Verbands-
tarife als Richtmass herangezogen werden, beispielsweise die *SIA-Norm
102* für die Bemessung eines Architektenhonorars (ZR 1996 Nr. 27, 87; ähnlich die Rechtslage im Auftragsrecht vgl. BGE 117 II 284; 101 II 109).

Art. 375

¹ **Wird ein mit dem Unternehmer verabredeter ungefährer Ansatz ohne Zutun des Bestellers unverhältnismässig überschritten, so hat dieser sowohl während als nach der Ausführung des Werkes das Recht, vom Vertrag zurückzutreten.**

² **Bei Bauten, die auf Grund und Boden des Bestellers errichtet werden, kann dieser eine angemessene Herabsetzung des Lohnes verlangen oder, wenn die Baute noch nicht vollendet ist, gegen billigen Ersatz der bereits ausgeführten Arbeiten dem Unternehmer die Fortführung entziehen und vom Vertrage zurücktreten.**

I.   Anwendungsbereich

1   Bei Art. 375 handelt es sich um einen Anwendungsfall des **Grundlagenirrtums** nach Art. 24 Abs. 1 Ziff. 4 (BGE 115 II 463; 109 II 335 f.). Die Bestimmung ist *dispositiver* Natur. Eine besondere Regelung enthält *Art. 56 der SIA-Norm 118.*

2   **Zeitpunkt und Verwirkung** der Rechtsbehelfe: Der Besteller kann die Rechtsbehelfe nach Art. 375 bereits *während* der Werkausübung ausüben, sobald sich die Kostenüberschreitung mit hinreichender Sicherheit abzeichnet (GAUCH, N 1005, 977). Die Rechte *verwirken* nach h. L. *analog zu Art. 31* (GAUCH, N 991, 1005; ZK-BÜHLER, N 44; **a. A.** BK-GAUTSCHI, N 8b). Eine *Genehmigung* der Kostenüberschreitung hat ebenfalls eine Verwirkung der Rechte zur Folge (GAUCH, N 990 f.; ZK-BÜHLER, N 17). Bei Werken auf Grund und Boden verwirkt das Rücktrittsrecht gemäss Abs. 2 mit Vollendung (Art. 370 N 4) des Werkes.

II.   Unverhältnismässige Überschreitung des Kostenansatzes

3   Art. 375 setzt die Vereinbarung eines **ungefähren Kostenansatzes** im Sinne einer *Preisschätzung* voraus (BGE 92 II 331; BR 1995, 91; Praxis 1967, 289 E. 2 = unveröffentlichte E. 2b von BGE 92 II 328 ff.). Die Bestimmung ist auch bei vereinbartem Einheitspreis (s. Art. 373 N 6) anwendbar, wenn der Unternehmer die zu vergütende Menge ungefähr geschätzt hat (sog. *Einheitspreis-Vergütung mit ungefährem Ansatz*, s. BGE 29 II 543 f.; GAUCH, N 999 f.). Bei Vereinbarung eines *festen Werklohns* ist demgegenüber aus-

schliesslich Art. 373 anwendbar (eine Erhöhung des Werklohnes ist dann nur im Rahmen von Art. 373 Abs. 2 möglich). *Strittig* ist, ob Art. 375 auch bei Vereinbarung eines *Circa-Preises* (dazu Art. 374 N 4) anwendbar ist (bejahend SemJud 1977, 410; ZK-Bühler, N 8; verneinend Gauch, N 940 ff.). Kein ungefährer Kostenansatz liegt vor bei Vereinbarung eines Preises nach Aufwand (BGer 4C.177/2005 E.5.1.2).

Die Rechtsbehelfe von Art. 375 stehen dem Besteller nur zur Verfügung, 4 wenn der ungefähre Kostenansatz **unverhältnismässig überschritten** wurde. Diese Voraussetzung ist erfüllt, wenn der Besteller das Werk bei Kenntnis der effektiven Kosten nicht bestellt hätte (BGE 98 II 303; für die Zugrundlegung objektiver Kriterien dagegen Gauch, N 986; BSK OR-Zindel/Pulver, Art. 375 N 11).

Als **Faustregel** gilt, dass eine Überschreitung um **mehr als 10 %** als unver- 5 hältnismässig anzusehen ist (BGE 115 II 462). Diese Schwelle darf nicht starr in jedem Fall angewendet werden; massgebend bleiben stets die Umstände des konkreten Einzelfalls (BGer a. a. O.). So kann auch eine Abweichung von 20 % noch zulässig sein, wenn der ungefähre Kostenansatz nicht auf einer detaillierten Kostenberechnung beruht, sondern bloss grob geschätzt wurde, und der Besteller fachkundig ist (BGE 115 II 462). Von der genannten 10 %-Richtlinie kann beispielsweise auch abgewichen werden, wenn ausserordentliche Umstände (analog zu Art. 373 Abs. 2) die Erhöhung des Preises verursacht haben.

Die Rechtsbehelfe von Art. 375 setzen *kein* **Verschulden des Unternehmers** 6 voraus (Gauch, N 989; ZK-Bühler, N 24). Trifft den Unternehmer ein Verschulden, kann der Besteller jedoch allenfalls den Herabsetzungsbetrag nach Abs. 2 erhöhen (s. N 11) und **Schadenersatz** aus *culpa in contrahendo* verlangen (BGE 92 II 334f.; Gauch, N 1009; vgl. zur Haftung des Architekten aus Art. 398 Abs. 2 wegen Überschreitung des Kostenvoranschlages BGE 122 III 61; 119 II 249). Das Verschulden kann darin bestehen, dass der Unternehmer den Kostenansatz *absichtlich oder fahrlässig* zu tief ansetzt oder dass er dem Besteller eine zu erwartende Kostenüberschreitung nicht rechtzeitig *anzeigt* (vgl. Art. 364 N 5 und 9f.; BGE 92 II 332f.; Gauch, N 1007; 836; BSK OR-Zindel/Pulver, N 29 und 35). Ein Verschulden des Unternehmers wird *nicht vermutet* und ist vom Besteller zu beweisen (BGE 28 II 544; BK-Gautschi, N 10a).

Die Rechtsbehelfe von Art. 375 sind jedoch ausgeschlossen, wenn die Erhö- 7 hung des Werklohnes auf das **Zutun des Bestellers** zurückzuführen ist, beispielsweise auf *Änderungswünsche, Weisungen* oder *Annahmeverzug* des Bestellers (Gauch, N 988; ZK-Bühler, N 15). Das Zutun des Bestellers ist vom Unternehmer zu beweisen (BSK OR-Zindel/Pulver, N 38).

III. Rechtsbehelfe des Bestellers

1. Bei beweglichen Werken: Rücktritt vom Vertrag (Abs. 1)

8 Überschreitet der Unternehmer den ungefähren Kostenansatz übermässig, kann der Besteller bei beweglichen Werken vom Vertrag **zurücktreten** mit Wirkung **ex tunc**, d. h. die Parteien sind so zu stellen, wie wenn kein Werkvertrag abgeschlossen worden wäre (BGE 98 II 304). Der Besteller verliert den Anspruch auf das Werk, während der Unternehmer (im Unterschied zum Rücktritt nach Art. 377 und nach Art. 375 Abs. 2) *keine* Vergütung der *Arbeit* und *keine Schadloshaltung* verlangen kann (BGE 98 II 303 f.; GAUCH, N 976). Allenfalls erfolgte Leistungen sind nach *Bereicherungsrecht* (Art. 62 ff.) zurückzuerstatten (BGer a. a. O.). Die Lehre befürwortet gestützt auf die Rechtsprechung zu Art. 109 Abs. 1 (BGE 114 II 152 ff.) ein vertragliches Rückerstattungsverhältnis, bei welchem die Ansprüche erst mit 10 Jahren verjähren (GAUCH, N 976, 684; BSK OR-ZINDEL/PULVER, N 32).

9 Gemäss h. L. kann der Besteller anstelle des Rücktritts ex tunc den Werkvertrag auch **kündigen** mit Wirkung **ex nunc**. Der Unterschied zum Rücktritt (N 8) besteht darin, dass der Besteller die Übergabe des (unfertigen) Werkes gegen Vergütung der bereits erfolgten Arbeiten verlangen kann (GAUCH, N 994; BSK OR-ZINDEL/PULVER, N 33). Der Besteller kann bei beweglichen Werken grundsätzlich nicht analog zu Abs. 2 die Fertigstellung des Werkes unter gleichzeitiger *Herabsetzung* des Werklohnes verlangen (Pra 1967, 289 f. E. 2b; GAUCH, N 994). Zu den Ausnahmen unten N 13.

2. Rechtsbehelfe bei Bauwerken (Abs. 2)

10 Für **Bauwerke**, die auf Grund und Boden erstellt werden (zum Begriff s. Art. 368 Abs. 3), enthält *Abs. 2 besondere Rechtsfolgen*, weil solche Werke aufgrund von Art. 671 Abs. 1 ZGB («superficies solo cedit») bei der Erstellung kontinuierlich ins Eigentum des Bestellers übergehen (BGE 98 II 303; GAUCH, N 992). Der Besteller hat die nachfolgend (N 11–12) genannten Wahlrechte:

11 Wählt der Besteller die **Herabsetzung des Werklohnes**, ist der Unternehmer verpflichtet, das Werk fertigzustellen (im Unterschied zur zweiten Alternative, unten N 12) zu einem reduzierten Werklohn (BGE 115 II 462). Den Umfang der Reduktion bestimmt der Richter nach *freiem Ermessen*, wobei der vom Besteller geforderte Werklohn *i. d. R.* um die Hälfte der Differenz zwischen dem geforderten Lohn und dem vom Besteller zu tolerierenden Betrag (oben N 5) herabgesetzt wird (BGE 115 II 462; GAUCH, N 979). Von dieser Regel kann beispielsweise zuungunsten des Unternehmers abgewichen werden, wenn dieser den Kostenansatz *absichtlich oder fahrlässig* zu tief erstellt hat (oben N 6; GAUCH, N 981). Zugunsten des Unternehmers kann abgewichen durch *Anrechnung des Vorteils* des Bauherrn

(analog zur Haftung des Architekten für Überschreitung des Kostenvoranschlags, BGE 122 III 64; 119 II 252 f.).

Bei der zweiten Alternative handelt es sich eigentlich nicht um ein **Rücktrittsrecht**, sondern vielmehr um ein Kündigungsrecht, weil der Rücktritt *ex nunc* wirkt und der Besteller den Unternehmer zu *entschädigen* hat (GAUCH, N 377; BSK OR-ZINDEL/PULVER, N 28). Die Entschädigung umfasst eine *volle Vergütung* für alle Arbeiten und Aufwendungen und ist nicht reduziert auf einen bereicherungsrechtlichen Rückerstattungsanspruch (GAUCH, N 377). In der Lehre wird auch die Möglichkeit eines bloss *teilweisen Rücktritts* befürwortet (GAUCH, N 978). 12

Die Rechtsfolgen des Abs. 2 sind durch **analoge** Anwendung dieser Bestimmung in gewissen Fällen auch auf **andere Werke auszudehnen**, die nicht auf Grund und Boden errichtet werden. Eine analoge Anwendung ist zu *bejahen* wenn ein bewegliches Werk infolge *Verarbeitung* (Art. 726 ZGB) ins Eigentum des Bestellers übergeht (GAUCH, N 993) oder wenn der Besteller sich ein bewegliches Werk *willentlich aneignet* und dadurch bereichert wird (BSK OR-ZINDEL/PULVER, N 25). Hingegen rechtfertigen der blosse erhebliche Zeitaufwand oder die Lieferung des Materials durch den Unternehmer *keine* analoge Anwendung (BSK OR-ZINDEL/PULVER, N 26). 13

Art. 376

Untergang des Werkes	[1] **Geht das Werk vor seiner Übergabe durch Zufall zugrunde, so kann der Unternehmer weder Lohn für seine Arbeit noch Vergütung seiner Auslagen verlangen, ausser wenn der Besteller sich mit der Annahme im Verzug befindet.**
	[2] **Der Verlust des zugrunde gegangenen Stoffes trifft in diesem Falle den Teil, der ihn geliefert hat.**
	[3] **Ist das Werk wegen eines Mangels des vom Besteller gelieferten Stoffes oder des angewiesenen Baugrundes oder infolge der von ihm vorgeschriebenen Art der Ausführung zugrunde gegangen, so kann der Unternehmer, wenn er den Besteller auf diese Gefahren rechtzeitig aufmerksam gemacht hat, die Vergütung der bereits geleisteten Arbeit und der im Lohne nicht eingeschlossenen Auslagen und, falls den Besteller ein Verschulden trifft, überdies Schadenersatz verlangen.**

I. Abgrenzung und Anwendungsbereich

1 Art. 376 regelt die **Gefahrtragung bei Untergang des Werkes** (wegen Zufalls oder wegen mangelhaften Stoffs, Baugrund, Weisungen), während sich Art. 378 und Art. 379 mit den Folgen der *Unmöglichkeit* der Werkvollendung befassen.

2 Umstritten ist die Rechtslage, wenn **sowohl Untergang des Werks als auch Unmöglichkeit der Werkvollendung** vorliegen: Gemäss h. L. bestimmt sich in diesem Fall die Vergütung für die bereits geleisteten Arbeiten und Auslagen nach Art. 376, während für noch nicht erfolgte Arbeiten gemäss Art. 378 Abs. 1 bzw. Art. 379 Abs. 2 keine Vergütung mehr geschuldet wird (BSK OR-ZINDEL/PULVER, N 4; GAUCH, N 741 f.; a. A. ZK-BÜHLER, Art. 378 N 6 ff.; BGE 69 II 143). Befindet sich der Unternehmer in *Schuldnerverzug*, bestimmt sich die Zufallshaftung ausschliesslich nach Art. 103 (GAUCH, N 1190; BSK OR-ZINDEL/PULVER, N 6).

3 Bei bloss **teilweisem Untergang** des Werkes richtet sich die Vergütung für den *untergegangenen Teil* nach den Regeln von Art. 376 (GAUCH, N 1184; BSK OR-ZINDEL/PULVER, N 9; BGE 123 III 186 zu Art. 187 SIA-Norm 118).

4 Der Wortlaut von Art. 376 ist beschränkt auf den *Untergang* des Werks und erfasst nicht blosse **Verschlechterungen**, die zu einem **Werkmangel** führen. Diese sind nach Art. 367 ff. zu beurteilen. Die Regelung von Art. 376 kann u. U. aber *sinngemäss* auf solche Fälle angewendet werden: Der Unternehmer haftet insbesondere auch für einen *Mangel*, der vor der Ablieferung durch die Einwirkung von *Zufall* entstanden ist. Beseitigt er vorher den Mangel, wozu er grundsätzlich verpflichtet ist, kann er dafür keine zusätzliche Vergütung verlangen (BGE 123 III 184; GAUCH, N 2411 ff.; BSK OR-ZINDEL/PULVER, N 5 und 10).

5 Die Bestimmung von Art. 376 ist **dispositiv** (GAUCH, N 1215; ZK-BÜHLER, N 70; BSK OR-ZINDEL/PULVER, N 34). Besondere Regelungen enthält die *SIA-Norm 118* in Art. 187–189 (vgl. dazu BGE 123 III 183; 119 II 130).

II. Untergang des Werkes durch Zufall (Abs. 1)

6 Die Anwendung von Abs. 1 setzt voraus, dass das Werk durch einen **Zufall** zugrunde gegangen ist. Zufall ist ein Ereignis, das weder der Besteller noch der Unternehmer zu vertreten hat, wie insbesondere Fälle von *höherer Gewalt* oder *Drittverschulden* (GAUCH, N 1187; BSK OR-ZINDEL/PULVER, N 11; BGE 59 II 65; BGE 23 II 1127). Abs. 3 regelt demgegenüber Fälle, in denen der *Besteller* den Untergang zu *vertreten* hat (s. N 12 ff.).

7 Der Unternehmer trägt die Gefahr nur bis zum **Zeitpunkt der Übergabe** (BGE 123 III 184). Zum Begriff der Übergabe (= Ablieferung) siehe Art. 370 N 3 f.

Die Gefahrtragungsregelung von Art. 376 Abs. 1 tritt nur ein, wenn **kein** **Annahmeverzug** des Bestellers vorliegt (BGE 123 III 184). Der Annahmeverzug beurteilt sich nach Art. 91 (BSK OR-ZINDEL/PULVER, N 13; ZK-BÜHLER, N 21; GAUCH, N 1191). **8**

Rechtsfolge: Sofern das Werk durch Zufall untergeht, trägt der Unternehmer bis zur Ablieferung des Werks die *Preisgefahr*, d. h. der Unternehmer kann für die bisher geleisteten Arbeiten und Auslagen *keine Vergütung* verlangen, bleibt aber nach wie vor zur Werkerstellung verpflichtet (BGE 123 III 184; 59 II 67). Art. 376 Abs. 1 bewirkt somit, dass der Unternehmer keinen Anspruch auf Ersatz des zusätzlichen Aufwandes hat. Sofern dem Unternehmer die Werkerstellung nach Treu und Glauben *nicht mehr zumutbar* ist, befürwortet die h. L. (unter den Voraussetzungen von Art. 373 Abs. 2) ein Kündigungsrecht des Unternehmers aus wichtigen Gründen (GAUCH, N 1205; BSK OR-ZINDEL-PULVER, N 33) **9**

III. Untergang des Stoffes durch Zufall (Abs. 2)

Die **Sachgefahr für den Stoff** trägt diejenige Partei, welche ihn geliefert hat (GAUCH, N 1189; BSK OR-ZINDEL/PULVER, N 29; BGE 59 II 67). Abs. 2 erfasst sowohl den Untergang des Stoffs zusammen mit dem Untergang des gesamten Werks, als auch den Untergang des Stoffs ohne Beeinträchtigung des Werks (BSK OR-ZINDEL/PULVER, N 14). Für die Gefahrtragung gelten im Übrigen dieselben Voraussetzungen wie unter Abs. 1 (oben N 6–8). **10**

Der **Begriff des Stoffes** ist *weit auszulegen* und erfasst nicht nur die eigentlichen Werkstoffe, sondern beispielsweise auch Sachen, welche dem Unternehmer (z. B. zur Reparatur) übergeben werden, sowie Hilfsmittel und Werkzeuge (BGE 59 II 66; BSK OR-ZINDEL/PULVER, N 15; anders dagegen der Stoff-Begriff in Art. 365 N 1). **11**

IV. Werkuntergang durch vom Besteller zu vertretenden Umstand (Abs. 3)

Abs. 3 regelt *drei Fälle*, in denen das Werk nicht durch Zufall, sondern durch **einen vom Besteller zu vertretenden Umstand** untergeht, nämlich den Untergang aufgrund eines *Mangels* des vom Besteller gelieferten *Stoffes* (zum Begriff s. oben N 11), Untergang aufgrund eines *Mangels* des vom Besteller angewiesenen *Baugrundes* oder Untergang aufgrund der vom Besteller vorgeschriebenen Art der Ausführung (d. h. aufgrund *mangelhafter Weisungen*, vgl. Art. 369). Stoff, Baugrund oder Weisungen sind *mangelhaft*, wenn sie objektiv und nach dem Stand der Technik geeignet sind, den Untergang des Werkes herbeizuführen (BSK OR-ZINDEL/PULVER, N 18; ZK-BÜHLER, N 45). Ein *Verschulden* des Bestellers ist nur bezüglich eines allfälligen Schadenersatzanspruchs relevant (unten N 15; vgl. ZK-BÜHLER, N 46; BSK OR-ZINDEL/PULVER, N 18). **12**

13 Nach überwiegender Lehre ist eine **analoge Anwendung** der in Abs. 3 genannten drei Fälle auf vergleichbare Sachverhalte möglich, z.B. auf vom Besteller gelieferte, mangelhafte Arbeitsmittel oder Beistellteile (GAUCH, N 1197 ff.; ZK-BÜHLER, N 57, 59; BSK OR-ZINDEL/PULVER, N 20 ff.).

14 Die Rechtsfolgen gemäss Abs. 3 (unten N 15) treten nur bei **rechtzeitiger Abmahnung** des Bestellers durch den Unternehmer ein. Es handelt sich um einen Anwendungsfall der generellen Abmahnungspflicht nach *Art. 365 Abs. 3* (s. dort N 9 f. und Art. 364 N 5; BSK OR-ZINDEL/PULVER, N 24; GAUCH, N 1201; ZK-BÜHLER, N 60). Das Erfordernis der rechtzeitigen Abmahnung *entfällt,* wenn der Unternehmer die Mängel nicht erkannt hat und auch nicht hätte erkennen müssen (ZK-BÜHLER, N 62; BK-GAUTSCHI, N 11b). Unterlässt der Unternehmer die rechtzeitige Abmahnung, verliert er nicht nur den Vergütungsanspruch, sondern wird bei Verschulden dem Besteller auch noch *schadenersatzpflichtig,* dazu sogleich N 15 (GAUCH, N 1201; BK-GAUTSCHI, N 11b). Zum *Inhalt und Umfang* der Abmahnung s. Art. 365 N 11.

15 Die **Rechtsfolge** von Abs. 3 besteht darin, dass der Unternehmer – im Unterschied zu Abs. 1 (oben N 9) – Anspruch auf Vergütung *(Auslagenersatz und Werklohn)* für die bereits verrichteten Arbeiten hat (GAUCH, N 1211; ZK-BÜHLER, N 65). Zur Berechnung der Vergütung s. Art. 378 N 7. Bei *Verschulden* des Bestellers kann der Unternehmer *Schadenersatz* in der Höhe des *Erfüllungsinteresses* verlangen (GAUCH, N 1212 f.; ZK-BÜHLER, N 67; vgl. auch BGE 119 II 130 betreffend Art. 188 der SIA-Norm 118).

Art. 377

III. Rücktritt des Bestellers gegen Schadloshaltung

Solange das Werk unvollendet ist, kann der Besteller gegen Vergütung der bereits geleisteten Arbeit und gegen volle Schadloshaltung des Unternehmers jederzeit vom Vertrag zurücktreten.

I. Anwendungsbereich und Abgrenzungen

1 Art. 377 ist Ausdruck des Grundsatzes, dass die Werkherstellung eine Verpflichtung, nicht aber ein Recht des Unternehmers ist (BGE 69 II 143). Verlangt der Besteller vorzeitig und vertragswidrig die Auflösung des Werkvertrags, kann der Unternehmern nur Schadenersatz (BGE 117 II 278), nicht aber die Erfüllung des Vertrages verlangen. Art. 377 stellt einen **Auffangtatbestand** dar, der immer dann greift, wenn der Besteller den Vertrag nicht

unter Befolgung der besonderen Rücktrittbestimmungen (Art. 366 Abs. 1 oder Art. 375) auflöst (BGE 98 II 115 – Rücktritt ohne Nachfristsetzung nach Art. 366 stellte eine Auflösung nach Art. 377 dar). Art. 377 gewährt nur dem Besteller, nicht aber dem Unternehmer ein Rücktrittsrecht (GAUCH, N 598; ZK-BÜHLER, N 6; zum Kündigungsrecht des Unternehmers aus wichtigen Gründen s. Art. 376 N 9; zur richterlichen Auflösung s. Art. 373 N 14 und 16). In 4C.281/2005 hat das BGer offengelassen, ob es neben Art. 377 auch eine entschädigungslose Auflösung aus *wichtigen Gründen* gibt.

Umstritten ist, ob Art. 377 **dispositiver** Natur ist (BGE 117 II 276; bejahend GAUCH, N 582; ZK-BÜHLER, N 8–10; BSK OR-ZINDEL/PULVER, N 20). Eine besondere Regelung enthält *Art. 184 der SIA-Norm 118* (BSK OR-ZINDEL/PULVER, N 21).   2

II. Tatbestand

Der Tatbestand von Art. 377 setzt voraus, dass der Besteller gegenüber dem Unternehmer **erklärt**, dass er vom Vertrag *«zurücktritt»* (zum Begriff «Rücktritt» s. N 5). Es handelt sich um eine einseitige, empfangsbedürftige Willenserklärung, die bedingungsfeindlich ist (BGE 69 II 141; GAUCH, N 525, 527). Sie kann formlos und konkludent erfolgen (GAUCH, N 526). Der Besteller kann auch einen blossen Teilrücktritt erklären (GAUCH, N 592; ZK-BÜHLER, N 26). Besondere *Auflösungsgründe* müssen *nicht* vorliegen (BGE 69 II 142).   3

Der Besteller kann den Rücktritt bis zur **Vollendung** (zum Begriff s. Art. 370 N 4) des Werks *jederzeit* erklären (BGE 98 II 116), selbst vor Inangriffnahme der Arbeiten und selbst bei bloss vorvertraglicher Bindung (BGE 117 II 276). Mit der Vollendung des Werkes **verwirkt** das Recht auf Rücktrittserklärung (BGE 117 II 276).   4

III. Rechtsfolge

Entgegen dem Wortlaut des Gesetzes, bewirkt die Erklärung nach Art. 377 nicht eine Auflösung des Vertrages mit Wirkung ex tunc (im Sinne eines echten Rücktritts), sondern eine **Kündigung mit Wirkung ex nunc** (BGE 117 II 276; bestätigt in BGer 4C.393/2006 E.3.3).   5

Mit der Kündigung wandelt sich der Anspruch des Unternehmers auf Fertigstellung des Werkes in einen *Schadenersatzanspruch* um. Geschuldet ist die **volle Schadloshaltung** im Sinne des *positiven Vertragsinteresses* (BGE 117 II 277; 96 II 196; BGer 4C.393/2006 E.3.3), das auch den Ersatz für den *entgangenen Gewinn* erfasst (BGE 96 II 196; BGer 4C.393/2006). Der Richter darf die vereinbarte Gewinnmarge nicht reduzieren (BGE 96 II 197). Der Unternehmer hat sich jedoch anrechnen zu lassen, was er anderweitig verdient hat oder hätte verdienen können (GAUCH, N 549; BK-GAUCHTI N 15a; ZK-BÜHLER, N 37). Die oberste Grenze bildet der Werkpreis, den der   6

Unternehmer bei Fertigstellung erhalten hätte (BK-GAUTSCHI, N 16; GAUCH, N 548; ZK-BÜHLER, N 36). Unter Umständen hat der Unternehmer auch Anspruch auf *Genugtuung* nach Art. 49 (BSK OR-ZINDEL/PULVER, N 19).

7   Der Schadenersatz (N 6) kann mit der *positiven Methode (Additionsmethode)* **berechnet** werden. Dabei wird zur Vergütung für die vom Unternehmer erbrachten *Arbeiten und Auslagen* der *Bruttogewinn* hinzugerechnet, den der Unternehmer bei Fertigstellung des Werks hätte erzielen können (BGE 96 II 198 f.; GAUCH, N 546 f.; BK-GAUTSCHI, N 15b). Bei der *Abzugsmethode* bildet der vereinbarte Werklohn den Ausgangspunkt, der reduziert wird um die Ersparnisse (an Arbeit und Auslagen), welche der Unternehmer durch die vorzeitige Beendigung hatte (BGE 96 II 197 f.). Das Bundesgericht hat in BGE 96 II 198 f. beide Methoden angewendet und festgehalten, dass beide Methoden zum gleichen Ergebnis führen (in BGE 69 II 146 hatte sich das Gericht noch auf die positive Methode beschränkt).

8   *Umstritten* ist, ob die volle Schadloshaltung (N 6–7) unter besonderen Umständen **reduziert** werden kann, wenn das Verhalten des Unternehmers i. S. v. Art. 43 f. i. V. m. Art. 99 Abs. 3 Anlass zur Kündigung gegeben hat (vgl. GAUCH, N 569 ff.; ZK-BÜHLER, N 42; BSK OR-ZINDEL/PULVER, N 18). Das Bundesgericht hat in seiner früheren Rechtsprechung (BGE 96 II 199 E. 8 und 69 II 146 E. 6) eine Reduktion generell verneint, in BGE 117 II 277 und Pra 77 S. 630 E. 3b eine Berücksichtigung des Verhaltens des Unternehmers jedoch offen gelassen. In BGer 4C.393/2006 E. 3.3 hat das Bundesgericht nun die Möglichkeit einer Reduktion der Schadloshaltung in analoger Anwendung von Art. 44 OR grundsätzlich bejaht, wenn die Fortsetzung des Vertrages für den Besteller unzumutbar geworden ist (Reduktion der Schadloshaltung um 10 % im konkreten Fall, wobei das BGer offen gelassen hat, ob es sich um einen direkten Anwendungsfall von Art. 44 OR handelt oder ob sich die Reduktion bereits aus Art. 377 OR ergibt). Ein Teil der Lehre verneint eine Reduktion für den Fall, dass der Besteller nach einer andern Norm (insb. Art. 366 Abs. 1 oder Art. 375) hätte zurücktreten können, aber dennoch einen Rücktritt i. S. v. Art. 377 erklärt hat (BSK OR-ZINDEL/PULVER, N 18).

Art. 378

IV.   Unmöglichkeit der Erfüllung aus Verhältnissen des Bestellers

[1] **Wird die Vollendung des Werkes durch einen beim Besteller eingetretenen Zufall unmöglich, so hat der Unternehmer Anspruch auf Vergütung der geleisteten Arbeit und der im Preise nicht inbegriffenen Auslagen.**

> ² **Hat der Besteller die Unmöglichkeit der Ausführung verschuldet, so kann der Unternehmer überdies Schadenersatz fordern.**

I. Anwendungsbereich und Abgrenzungen

Art. 378 regelt die nachträglich eintretende Unmöglichkeit der Werkerstellung, entweder durch *Zufall* (Abs. 1, s. N 3 ff.) oder durch *Verschulden des Bestellers* (Abs. 2, s. N 8 f.). Sofern nicht den Besteller, sondern den *Unternehmer* ein Verschulden an der Unmöglichkeit trifft, bestimmt sich die Rechtsfolge nach Art. 97 i. V. m. Art. 364 und nicht nach Art. 378 (GAUCH, N 740; BSK OR-ZINDEL/PULVER, N 4 und 8). Abs. 2 von Art. 378 ist **lex specialis** zu Art. 119, Abs. 2 ist lex specialis zu Art. 97 (GAUCH, N 2336). Zur *Abgrenzung* dieser Bestimmung gegenüber Art. 376 und 379 vgl. die Ausführungen zu Art. 376 N 1–2. Tritt die Unmöglichkeit während des Schuldnerverzugs des Unternehmers ein, richtet sich die Rechtsfolge nach Art. 103 (GAUCH, N 739; ZK-BÜHLER, N 11). 1

Die Bestimmung von Art. 378 ist **dispositiv**. Eine besondere Regelung enthält *Art. 185 der SIA-Norm 118* (BSK OR-ZINDEL/PULVER, N 22 f.; ZK-BÜHLER, N 40 f.). 2

II. Unmöglichkeit der Werkerstellung aufgrund Zufall (Abs. 1)

1. Tatbestand

Der Tatbestand von Abs. 1 setzt voraus, dass die **Werkvollendung objektiv unmöglich** geworden ist (GAUCH, N 723, 719; ZK-BÜHLER, N 14; BSK OR-ZINDEL/PULVER, N 11). Die objektive Unmöglichkeit kann auf tatsächlichen oder rechtlichen Gründen (z. B. Erlass eines Bauverbots) beruhen (BGE 69 II 141 f.; GAUCH, N 719). Subjektive Unmöglichkeit oder Wegfall des Verwendungszwecks des Werkes genügen hingegen nicht (BGE 69 II 141 f.; BSK OR-ZINDEL/PULVER, N 11). Bei *Unzumutbarkeit* der Werkerstellung ist jedoch allenfalls Art. 373 Abs. 2 anwendbar. 3

Vorausgesetzt ist weiter, dass die Unmöglichkeit durch einen **Zufall** eingetreten ist. Zum Begriff des Zufalls vgl. Art. 376 N 6. Sofern den Besteller an der Unmöglichkeit ein *Verschulden* trifft, findet *Abs. 2* Anwendung (dazu unten N 8 f.). 4

Schliesslich ist Abs. 1 nur dann anwendbar, wenn der Zufall «*beim Besteller eingetreten ist*», d. h. im **Gefahrenbereich des Bestellers** liegt. Ob dieses Erfordernis gegeben ist, entscheidet der Richter nach *freiem Ermessen*; ein klares Abgrenzungskriterium gibt es nicht (GAUCH, N 724; BSK OR-ZINDEL/PULVER, N 16). *Beispiele:* Neben den in *Art. 376 Abs. 3* genannten drei Fäl- 5 len (s. dazu Art. 376 N 12 f.; ZK-Bühler, N 21) können auch die zufällige Zerstörung der zu reparierenden oder zu verändernden Sache oder die Verhängung eines Bauverbots über ein zu überbauendes Grundstück (BGE 26 II 546 f.) dem Gefahrenbereich des Bestellers zugerechnet werden (Gauch, N 725 mit weiteren Beispielen). Dem Gefahrenbereich des Bestellers ist auch das Verhalten seiner *Hilfspersonen* nach Art. 101 zuzurechnen (Gauch, N 724).

2. Rechtsfolgen

6   Die Unmöglichkeit der Werkerstellung gemäss vorstehender Tatbestandselemente (N 3–5) bewirkt *von Gesetzes wegen* eine **Auflösung** des Werkvertrages mit **Wirkung ex nunc**, d. h. die gegenseitigen Leistungspflichten erlöschen für die Zukunft (BGE 25 II 400; Gauch, N 732; ZK-Bühler, N 22).

7   Für die bereits geleistete Arbeit und für die getätigten Auslagen hat der Unternehmer **Anspruch auf Vergütung**. Diese *bemisst* sich primär nach dem vereinbarten Preis, sekundär nach den Grundsätzen von Art. 374 (BGE 25 II 400 f.; ZR 1933, 40; Gauch, N 730). Bei vereinbarter *Pauschalsumme* hat der Unternehmer Anspruch auf denjenigen Teil der Pauschale, welcher dem Verhältnis zwischen dem offerierten Werk und den effektiv ausgeführten Werkteilen entspricht (ZR 1933, 40; ZK-Bühler, N 26 f.; BSK OR-Zindel/Pulver, N 18). Der Besteller hat im Gegenzug Anspruch auf Herausgabe des unvollendeten Werks (Gauch, N 732).

III. Unmöglichkeit der Werkerstellung durch Verschulden des Bestellers (Abs. 2)

8   Ist die Unmöglichkeit der Werkvollendung (oben N 3) im Gefahrenbereich des Bestellers eingetreten (oben N 5), aber nicht auf einen Zufall (N 4) zurückzuführen, sondern auf ein **Verschulden** des Bestellers, ist nicht Abs. 1, sondern Abs. 2 von Art. 378 anwendbar. Demzufolge ist Abs. 2 anzuwenden, wenn der Besteller die Unmöglichkeit der Werkerstellung absichtlich oder fahrlässig herbeigeführt oder zugelassen hat (Gauch, N 736). *Beispiele:* Der Besteller setzt sich nicht gegen ein offensichtlich rechtswidriges Bauverbot zur Wehr oder er zerstört die zu reparierende Sache absichtlich (Gauch, N 736). Dem Besteller ist das Verhalten seiner *Hilfspersonen* nach Art. 101 zuzurechnen (Gauch, N 736). In analoger Anwendung von Art. 97 Abs. 1 (s. oben N 1) hat der Unternehmer zu *beweisen*, dass ihn an der Unmöglichkeit kein Verschulden trifft (Gauch, N 729; ZK-Bühler, N 44).

9   Die Rechtsfolge von Abs. 2 besteht darin, dass der Unternehmer nicht nur Vergütung der bereits geleisteten Arbeiten und getätigten Auslagen (vgl. oben N 7), sondern Schadenersatz im Umfang des **Erfüllungsinteresses** verlangen kann, der auch den *entgangenen Gewinn* erfasst (Gauch, N 735; BSK OR-Zindel/Pulver, N 21). Somit weicht Abs. 2 von der allgemeinen

Regel des Art. 119 Abs. 2 ab (GAUCH, N 734). Der Unternehmer muss sich anrechnen lassen, was er durch anderweitige Arbeit in der frei gewordenen Zeit verdient hat oder hätte verdienen können (GAUCH, N 735).

Art. 379

Tod und Unfähigkeit des Unternehmers

¹ **Stirbt der Unternehmer oder wird er ohne seine Schuld zur Vollendung des Werkes unfähig, so erlischt der Werkvertrag, wenn er mit Rücksicht auf die persönlichen Eigenschaften des Unternehmers eingegangen war.**

² **Der Besteller ist verpflichtet, den bereits ausgeführten Teil des Werkes, soweit dieser für ihn brauchbar ist, anzunehmen und zu bezahlen.**

I. Anwendungsbereich und Abgrenzungen

Art. 379 betrifft Fälle von **Unmöglichkeit** der Werkerstellung infolge gänzlichen Wegfalls der Arbeitskraft des Unternehmers. Beruht die Unmöglichkeit dagegen auf Zufall oder auf einem Verschulden des Bestellers, findet *Art. 378* Anwendung. Die Bestimmung ist *lex specialis zu Art. 119* (ZK-BÜHLER, N 3) und ist auf natürliche sowie auf juristische Personen anwendbar (GAUCH, N 721; ZK-BÜHLER, Art. 363 N 69). **1**

Art. 379 ist eine **dispositive** Norm. Eine besondere Regelung enthält *Art. 186 der SIA-Norm 118* (BSK OR-ZINDEL/PULVER, N 20 f.). **2**

II. Unmöglichkeit durch Tod oder Unfähigkeit des Unternehmers (Abs. 1)

Art. 379 findet bei **Tod oder Unfähigkeit** des Unternehmers Anwendung (zum Tod vgl. ZR 54 Nr. 183, 372). Gemäss BGE 103 II 58 soll der Begriff der «Unfähigkeit» *sämtliche Gründe* erfassen, welche zu einer dauernden Verhinderung des Unternehmers an der Werkerstellung führen, also auch solche Gründe, welche der Unternehmer selber verschuldet hat wie z. B. die Geschäftsaufgabe (GAUCH, N 756). Das Verschulden soll nur im Zusammenhang mit einer allfälligen Schadenersatzpflicht (unten N 9) eine Rolle spielen (BGE 103 II 58). Diese Rsp. widerspricht dem Gesetzeswortlaut («ohne Schuld») und wird in der Lehre kritisiert (BSK OR-ZINDEL/PULVER, N 6; TERCIER N 3822). Der *Konkurs* des Unternehmers führt nicht zur Unmöglichkeit der Werkerstellung (ausführlich BSK OR-ZINDEL/PULVER, N 10 und 18 f.; GAUCH, N 758 f.; ZK-BÜHLER, N 6). **3**

4   Die Bestimmung von Art. 379 findet nur Anwendung auf Werkverträge, welche mit Rücksicht auf die **persönlichen Eigenschaften** des Unternehmers abgeschlossen werden, d. h. welche eine *persönliche Ausführungs- oder Leitungspflicht* des Unternehmers im Sinn von *Art. 364 Abs. 2* beinhalten (BGE 103 II 55; GAUCH, N 753; s. dazu Art. 364 N 11 ff.). Ist dies nicht der Fall, bleibt die Werkausführungspflicht trotz Tod oder der Unfähigkeit des Unternehmers weiterhin bestehen (BGE 34 II 262; GAUCH, N 755; ZK-BÜHLER, N 8).

5   Das Kriterium der persönlichen Ausführungs- oder Leistungspflicht (N 4) bewirkt, dass der Tod oder die Unfähigkeit des Unternehmers (N 3) nicht nur eine subjektive, sondern auch eine **objektive Unmöglichkeit** der Werkerstellung zur Folge hat (GAUCH, N 754; BSK OR-ZINDEL/PULVER, N 5). Insofern ist der Begriff der Unmöglichkeit gemäss Art. 379 gleichbedeutend mit demjenigen in Art. 378 (s. Art. 378 N 3).

6   Die **Rechtsfolge** von Abs. 1 besteht darin, dass der Werkvertrag *von Gesetzes wegen* mit **Wirkung ex nunc erlischt** (BGE 103 II 55; BK-GAUSCHI N 17; ZK-BÜHLER, N 16).

III. Annahme- und Vergütungspflicht des Bestellers (Abs. 2)

7   Liegt eine Unmöglichkeit i. S. v. Abs. 1 vor (N 3–6), trifft den Besteller eine **Vergütungspflicht** im Rahmen von Abs. 2. Die Vergütung berechnet sich analog zu Art. 378 (s. dazu Art. 378 N 7; GAUCH, N 764).

8   Die Vergütungspflicht besteht indessen nur so weit, als der bereits erstellte Werkteil für den Besteller **brauchbar** ist. Diese Voraussetzung ist erfüllt, wenn ein Dritter in der Lage wäre, das Werk fertigzustellen (BSK OR-ZINDEL/PULVER, N 15; ZK-BÜHLER, N 18). Die *Annahmepflicht* des erstellen Werkteils gemäss Abs. 2 ist eine reine *Obliegenheit* (GAUCH, N 765; ZK-BÜHLER, N 18; BK-GAUTSCHI, N 17).

9   Sofern den Unternehmer an der Unfähigkeit zur Werkvollendung ein *Verschulden* trifft, kann der Besteller **Schadenersatz** nach Art. 97 ff. i. V. m. Art. 364 verlangen (BSK OR-ZINDEL/PULVER, N 17; GAUCH, N 767; ZK-BÜHLER, N 21). Befindet sich der Unternehmer bei Eintritt der Unmöglichkeit im *Schuldnerverzug*, kann sich eine Schadersatzpflicht auch aus *Art. 103* ergeben (GAUCH, N 767; BSK OR-ZINDEL/PULVER, N 1).

Der Verlagsvertrag

Vorbemerkungen zu Art. 380–393

Literatur

BARRELET/EGLOFF, Das neue Urheberrecht, 2. Aufl., Bern 2000; DESSEMONTET, Le droit d'auteur, Lausanne 1999; BSK OR I-HILTY Art. 380–393; HILTY, Der Verlagsvertrag, SIWR II/1, 2. Aufl., Basel/Frankfurt a. M. 2006, 557 ff. (zit. VV); DERS., Lizenzvertragsrecht, Bern 2001 (zit. LV); DERS., Urhebervertragsrecht: Schweiz im Zugzwang?, in: Hilty/Berger (Hrsg.), Urheberrecht am Scheideweg?, Bern 2002 (zit. UV); DERS., Der Schutz des Urhebers durch Unübertragbarkeit seiner Befugnisse: ein dogmatisches Ammenmärchen?, in: FS Rehbinder, München 2002 (zit. SU); HOCHREUTENER, Urhebervertragsrecht im Verlagsbereich, in: Streuli-Youssef (Hrsg.), Urhebervertragsrecht, Zürich 2006, 34 ff.; LANGE, Der Lizenzvertrag im Verlagswesen, Diss. Bern 1979; LAUX, Vertragsauslegung im Urheberrecht, Bern 2003; PIAGET, Le contrat d'édition portant sur une publication numérique, Bern 2004; PEDRAZZINI, Der Verlagsvertrag, SPR VII/1, Basel/Frankfurt a. M. 1977, 552 ff.; REHBINDER, Schweiz. Urheberrecht, 3. Aufl., Bern 2000 (zit. UR); DERS., Hundert Jahre Verlagsvertragsrecht, in: Peter/Stark/Tercier, Hundert Jahre Schweiz. OR, Freiburg 1982, 257 ff. (zit. VR); REHBINDER/GROSSENBACHER, Schweiz. Urhebervertragsrecht, Bern 1979; SCHMAUS, Der E-Book-Verlagsvertrag, Baden-Baden 2002; STAUB, Leistungsstörungen bei Urheberrechtsverträgen, Bern 2000; TÂCHE, Le contrat d'édition de l'oeuvre littéraire, Diss. Lausanne 1970; TROLLER, Immaterialgüterrecht, 3. Aufl., Basel/Frankfurt a. M. 1983/85.

I. Abgrenzungen

1   1. Beim **Lizenzvertrag** erwirbt der Lizenznehmer nach überwiegender
Auffassung (vollständige Übersicht bei Hilty, LV, 122 ff.) lediglich einen
obligatorischen Anspruch auf (evtl. ausschliessliche) Benutzung der
beim Lizenzgeber bleibenden *absoluten* Rechte. Der Verlagsvertrag demgegenüber beruht i. d. R. darauf, dass der Verleger – zumindest teilweise
(Art. 381 N 3) – die (Urheber-)Rechte selbst erwirbt; er tritt bezüglich
dieser Rechte an die Stelle des Verlaggebers. Begriffsnotwendig ist eine
Übertragung dieser Rechte für den Verlagsvertrag allerdings nicht, vielmehr kann der Verleger seine Tätigkeit auch bloss gestützt auf eine –
einfache oder ausschliessliche – Lizenz vornehmen (CR CO I-Cherpillod, Art. 381 N 1); fehlt es von vornherein an absoluten Rechten (Art. 381
N 1), so ist die Einräumung des Rechts auf Vervielfältigung und Vertrieb
ohnehin bloss obligatorischer Natur (dazu BSK OR I-Hilty, N 10).

2   2. Als **Herausgebervertrag** zu betrachten ist das Verhältnis zwischen Verleger und Herausgeber, welcher einzelne Beiträge verschiedener Urheber sammelt (evtl. auch initiiert) und zusammenstellt. Üblich ist der
Herausgebervertrag in zwei Varianten, wobei verschiedene Mischfor-
men möglich sind. So kann der *Herausgebervertrag zugleich Verlagsvertrag sein,* wobei Gegenstand desselben (nur) das Sammelwerk ist, an
welchem der Herausgeber i. d. R. ein eigenes Urheberrecht hat (Art. 4
URG; s. a. Art. 8 Abs. 2 URG). Möglich ist ferner, dass der *Herausgebervertrag ein Rahmenverhältnis ist,* wobei der Verleger die eigentlichen
Verlagsverträge direkt mit den Urhebern abschliesst. Der Herausgebervertrag untersteht diesfalls Werkvertragsrecht sowie – sofern der Herausgeber am Sammelwerk berechtigt ist – Verlagsvertragsrecht (ausführlicher BSK OR I-Hilty, N 5, m. Nw.).

3   3. Ein **Bestellvertrag** ist anzunehmen, wenn der Vertrag zwar die (meist
entgeltliche) Erstellung eines Werks samt dem Recht des Bestellers zur
Werknutzung (im Rahmen des Übertragungszwecks) zum Gegenstand
hat, i. d. R. aber nicht eine entsprechende Pflicht; er untersteht je nach
den Verhältnissen Werkvertrags- oder allenfalls Auftragsrecht (enger
Dessemontet, Rz 886 ff.; s. a. Art. 393 als lex specialis). Besteht hingegen eine entsprechende – allenfalls stillschweigende (Art. 380 N 1) –
Pflicht des Bestellers zur Vervielfältigung und Verbreitung, so ist, ungeachtet der Initiative zur Schaffung des Werks, ein Verlagsverhältnis
anzunehmen (BGE 101 II 104).

4   4. Entfaltet der Verleger seine Tätigkeit – häufig dieselbe wie im Rahmen
des Verlagsvertrags – zwar im eigenen Namen, jedoch auf Rechnung
(und Risiko) des Werklieferanten, so liegt kein Verlagsvertrag vor, sondern ein **Kommissionsverhältnis.** Dies gilt auch, wenn sich der Verlag

seine Tätigkeit etwa in Form praktisch kostendeckender Druckkosten-zuschüsse finanzieren lässt. Eine Rechtsübertragung erfolgt nicht (bzw. allenfalls fiduziarisch, Pedrazzini, 558). Bei solchen Vertragsverhältnissen muss die Festsetzung von Ausstattung, Preis etc. des Werks dem Werklieferanten als dem Risikoträger obliegen; der Verleger partizipiert im Übrigen – vorbehaltlich abweichender Vereinbarung – höchstens bis zum vollen Entgelt seiner Tätigkeit am Verkaufsgewinn (Art. 372 ff. bzw. 431 ff.).

5. Eine Abgrenzung gegenüber der gelegentlich zum Vergleich beigezogenen **einfachen Gesellschaft** ergibt sich daraus, dass beim Verlagsertrag die gemeinsame Zweckverfolgung i. S. v. Art. 530 höchstens subsidiär besteht; der Verlagsvertrag zeichnet sich aber doch überwiegend durch einen deutlichen Interessengegensatz aus, welcher sich schon aus der bloss einseitigen Risikotragung ergibt (s. o. N 4; CR CO I-Cherpillod, Intro. Art. 380–393 N 6).   5

II. Kollisionsrecht

Im *internationalen Verhältnis* (Art. 1 Art. 1 IPRG) werden das Immaterialgüterrechts- und das Vertragsstatut gesondert angeknüpft. Das **Vertragsstatut** regelt das obligatorische Grundgeschäft – insb. sein Zustandekommen – und die sich daraus ergebenden Rechte und Pflichten (BSK IPRG-Jegher/Schnyder, Art. 122 N 9; Bär, 153 f.). Nach h. L. wird beim Verlagsvertrag – vorbehaltlich einer Rechtswahl (Art. 116 IPRG) – an den *Sitz des Verlegers* angeknüpft, da dieser die für den Vertrag charakteristische Leistung erbringt (Art. 117 Abs. 2 IPRG; dazu eingehend Hilty, VV, 568 ff., m. Nw.). Das **Immaterialgüterrechtsstatut** beantwortet dem Grundsatz nach Rechtsfragen, die das Schutzrecht als solches betreffen, so insbesondere jene nach seinem Bestand, seiner Wirkung, der Berechtigung daran und der Übertragbarkeit (BSK IPRG-Jegehr/Schnyder, Art. 110 N 10–16; Bär, 153). Nach Art. 110 Abs. 1 IPRG wird hierzu an das Recht jenes Landes angeknüpft, in dem der *Schutz beansprucht* wird *(lex loci protectionis).* Eine Rechtswahl ist hier nur in beschränktem Umfange möglich (Art. 110 Abs. 2 IPRG).   6

Art. 380

A. Begriff

Durch den Verlagsvertrag verpflichten sich der Urheber eines literarischen oder künstlerischen Werkes oder seine Rechtsnachfolger (Verlaggeber), das Werk einem Verleger zum Zwecke der Herausgabe zu überlassen, der Verleger dagegen, das Werk zu vervielfältigen und in Vertrieb zu setzen.

I. Die Entstehung des Verlagsvertrages

1   Der Abschluss des Verlagsvertrages ist **formfrei** möglich; denkbar ist damit auch ein konkludenter Vertragsschluss (Art. 11 Abs. 1), etwa durch Zusenden eines Artikels an den Verleger (Offerte) und dessen Akzept durch Abdruck.

2   Obwohl vom Gesetz nicht ausdrücklich vorgesehen, können Verlagsverträge auch über **künftige Werke** abgeschlossen werden. Möglich ist dies durch konkrete Vereinbarung oder auch durch verschiedene Formen von Optionsverträgen (zu diesen HILTY, VV, 592 ff., m. Nw.). Problematisch ist erst eine Vereinbarung über mehrere, insb. über alle künftigen Werke (zu den künftigen *Auflagen* eines Werks auch Art. 383 N 6), Grenze bildet dabei Art. 20 OR i. V. m. Art. 27 Abs. 2 ZGB (eingehender HILTY, VV, 607 ff.).

II. Gegenstand des Verlagsvertrages

3   **Vertragsgegenstand** kann zunächst jedes dem Urheberrechtsschutz zugängliche *Werk* sein (Art. 2 ff. URG); denkbar ist damit auch etwa der Verlag eines i. S. v. Art. 2 Abs. 3 URG geschützten Computerprogramms (CR CO I-CHERPILLOD, N 3; HILTY, VV, 564 f., FN 8, m. w. Nw.). Voraussetzung ist Urheberrechtsfähigkeit des Verlagsgegenstandes allerdings nicht; dies ergibt sich aus Art. 381 Abs. 2 (BSK OR I-HILTY, N 5, m. w. N.).

III. Die Parteien des Verlagsvertrages

4   1. **Verlaggeber** ist der *Urheber* eines Werks (notwendigerweise eine natürliche Person: BGE 100 II 167) oder ein *Rechtsnachfolger* (auch juristische Personen). Folgerichtig verwendet das schweizerische Recht denn auch möglichst den Begriff des Verlaggebers. Dieser Begriff impliziert zudem die Möglichkeit der Verlaggabe eines urheberrechtlich nicht (mehr) geschützten Werks (N 3; s. aber auch die Kritik bei HILTY, VV, 573 f.).

2. **Verleger** kann an sich jede natürliche oder juristische Person sein; ein   5
Fehlen notwendiger technischer oder organisatorischer Einrichtungen
hindert den Vertragsschluss nicht, kann aber zu Nicht- oder Schlechterfüllung i. S. v. Art. 97 ff. führen.

IV. Die Rechte und Pflichten der Vertragsparteien im Allgemeinen

Die **essentialia negotii** i. S. v. Art. 2 Abs. 1 sind der *Legaldefinition* in Art. 380   6
zu entnehmen: die Pflicht des Verlaggebers, dem Verleger das *Werk zur
Herausgabe zu überlassen,* und jene des Verlegers zur *Vervielfältigung und
zum Vertrieb* des Werks. Fehlt eines dieser Elemente, liegt kein Verlagsvertrag vor (Vorbem. zu Art. 380–393 N 1–5). Die dispositiv geregelten Nebenpunkte finden sich verstreut in verschiedenen Bestimmungen. Zur Frage
nach der Pflicht zur persönlichen Erfüllung BSK OR I-HILTY, N 11 ff.

V. Der Begriff der Überlassung des Werks zum Zwecke der Herausgabe

Pflicht des Verlaggebers ist in erster Linie die *Überlassung eines verkör-*   7
perlichten Werkexemplars als Vorlage zur Vervielfältigung durch den Verleger. Diese Überlassung hat mit einer allfälligen – nicht begriffsnotwendigen
(Art. 381 N 1) – Verfügung über das Urheberrecht am Werk allerdings nichts
zu tun (Art. 16 Abs. 3 URG, falsch deshalb BGE 101 II 104, wo Überlassung
des Werks und Übertragung des Urheberrechts gleichgesetzt werden).
Üblicherweise übergibt der Verlaggeber das Werk in Form eines den herzustellenden Werkexemplaren entsprechenden Originals (Papierausdruck
etc.). Möglich ist auch die Übergabe in digitalisierter Form auf geeignetem
Datenträger oder per Onlineübermittlung, etwa per E-Mail mit Attachment
(s. a. HILTY, VV, 575).

Mangels abweichender Vereinbarung verbleiben die dem Verleger überlas-   8
senen **Vorlagen im Eigentum des Verlaggebers** und sind diesem nach Beendigung der Vervielfältigung *zurückzugeben* (CR CO I-CHERPILLOD, N 11;
für den Fall des Untergangs der Vorlagen s. Art. 390).

Art. 381

[1] Die Rechte des Urhebers werden insoweit und auf so lange dem Verleger übertragen, als es für die Ausführung des Vertrages erforderlich ist.

[2] Der Verlaggeber hat dem Verleger dafür einzustehen, dass er zur Zeit des Vertragsabschlusses zu der Verlagsgabe berechtigt war, und wenn das Werk schutzfähig ist, dass er das Urheberrecht daran hatte.

[3] Er hat, wenn das Werk vorher ganz oder teilweise einem Dritten in Verlag gegeben oder sonst mit seinem Wissen veröffentlicht war, dem Verleger vor dem Vertragsabschlusse hievon Kenntnis zu geben.

I. Die Übertragung des Urheberrechts (Abs. 1)

1 Der **Zweck der Übertragung des Urheberrechts** auf den Verleger i.S.v. Art. 9 URG ist im Wesentlichen dessen *Schutz vor seiner eigenen Konkurrenz*. Denn der Verleger von Druckwerken verfügt über kein eigenes Leistungsschutzrecht; ohne Übertragung des Urheberrechts hätte er damit kein Verbotsrecht (N 3). Umgekehrt verfügt der Verleger beim Verlag ungeschützter Werke höchstens über einen *wettbewerbsrechtlichen Schutz* (unter gegebenen Voraussetzungen insb. Art. 5 lit. c UWG). Begriffsnotwendig ist die – auch teilweise – Übertragung des Urheberrechts indessen nicht (s. a. Art. 380 N 3); fehlt sie entgegen dem dispositiven Recht, kann – insb. gestützt auf eine Lizenz – trotzdem ein Verlagsvertrag vorliegen (CR CO I-CHERPILLOD, N 1).

2 **Gegenstand der Übertragung** ist der *vermögensrechtliche Teil des Urheberrechts*. Das – vom allgemeinen Persönlichkeitsrecht traditionell unterschiedene – *Urheberpersönlichkeitsrecht*, das «droit moral», ist demgegenüber nach derzeit (noch) h.L. zumindest in seinem Kerngehalt unübertragbar (Art. 9 und 11 URG; ausdrücklich BGE 69 II 57 ff.; zu den einzelnen Befugnissen REHBINDER, UR, Rz 132 ff.). Nach diesem Ansatz kann der Urheber auf das «droit moral» als solches zum Voraus auch nicht verzichten, wohl aber (vertraglich) auf dessen Ausübung, etwa auf die Anerkennung der Urheberschaft (BARRELET/EGLOFF, Art. 16 N 14, m. Nw.). Gute Gründe sprechen indessen dafür, auch gewisse urheberpersönlichkeitsrechtliche Befugnisse als einer Übertragung zugänglich zu betrachten, soweit eine Übertragung nicht von ihrer Natur her ausgeschlossen ist (dazu eingehend HILTY, VV, 588, insb. FN 115, m. Nw.).

Der **Umfang der Übertragung** richtet sich im Zweifel bzw. mangels Ver-   3
einbarung nach der sog. *Zweckübertragungstheorie*; danach werden jene
(Teil-)Rechte übertragen, welche für die Erfüllung der Vertragspflicht erforderlich sind (Abs. 1; s. a. Art. 16 Abs. 2 URG; kritisch dazu LAUX, 122 ff., und
HILTY, SU, 267 ff., je m. w. Nw.). Übertragen werden demzufolge nicht notwendigerweise sämtliche vermögensrechtlichen Befugnisse gemäss Art. 10
URG; zur Erreichung des Vertragszwecks genügt vielmehr die Einräumung
des sog. *subjektiven Verlagsrechts*. Dieses erlaubt dem Verleger, Dritten
(und auch dem – aufgrund der Übertragung nicht mehr berechtigten – Verlaggeber) gegenüber die verlagsrechtlichen Verwertungshandlungen (Vervielfältigung und Verbreitung) zu verbieten und entsprechende Urheber-
rechtsverletzungen (z. B. Nachdruck) zu verfolgen. Nicht Gegenstand des
Verlagsrechts hingegen ist mangels abweichender Vereinbarung beispielsweise das Recht zu Gesamt- oder Einzelausgaben oder das Übersetzungs-
recht (eingehender Art. 386 und 387) oder auch etwa das Aufführungs- und
Senderecht. In der Praxis erfolgt die Übertragung allerdings regelmässig umfassend, d. h. Art. 381 Abs. 1 wird wegbedungen, womit vom Verlagsvertrag je nachdem auch künftige Nutzungsarten erfasst werden (HILTY,
VV, 590 f.). Fehlt es umgekehrt an einem Urheberrecht, besteht auch kein
eigentliches Verlagsrecht; vielmehr besitzt der Verleger diesfalls rein obligatorische Rechte (s. Vorbem. zu Art. 380–393 N 1). Zur Rechtsnatur der
Übertragung von Urheberrechten BSK OR I-HILTY, N 5.

Als **Zeitpunkt der Übertragung** wird i. d. R. der *Vertragsschluss* zu betrach-   4
ten sein (eingehend BSK OR I-HILTY, Art. 380 N 2), denn nur so verfügt der
Verleger über einen angemessenen Schutz. Die Übergabe des – allenfalls
noch zu schaffenden – Werkexemplars hat demgegenüber mit der Übertragung des Urheberrechts nichts zu tun.

Die **Dauer der Übertragung** wird durch das Gesetz dispositiv beschränkt.   5
Nicht mehr erforderlich i. S. v. Abs. 1 sind die auf den Verleger übertragenen
Urheberrechte spätestens dann, wenn der *Verlagsvertrag beendet*, insb. die
aktuelle Auflage vergriffen und eine weitere nicht vereinbart ist (Art. 383
Abs. 1). In der Praxis werden die Urheberrechte allerdings regelmässig un-
befristet – d. h. für deren ganze Schutzfrist – übertragen (REHBINDER/GROS-
SENBACHER, 20 f.; HILTY, VV, 596 f.; s. a. Art. 392 N 5).

II. Die Gewährleistungspflicht des Verlaggebers (Abs. 2)

Das Gesetz verlangt in Abs. 2 eine **Gewährleistung des Verlaggebers** dahin-   6
gehend, dass er zur Zeit des Vertragsschlusses sowohl *zur Verlaggabe berechtigt* gewesen sein muss, als auch am Werke (gegebenenfalls) das *Urheberrecht gehabt* haben soll. Im Rahmen des dispositiven Rechts bzw.
im Falle der Zusicherung eines Urheberrechts – oder auch dessen Nicht-
(mehr)-Bestehens (z. B. bei der editio princeps) – analog anzuwenden sind

die *Rechtsgewährleistungsnormen* (Art. 192 ff.) und nicht etwa die Sachge-
währleistungsnormen (BSK OR I-Hilty, N 10, m. Nw.; CR CO I-Cherpillod,
N 8). *Sachgewähr* umgekehrt wäre – obwohl vom Gesetz nicht geregelt – zu
leisten, wenn der Verlaggeber bestimmte Eigenschaften (z. B. die Sittlichkeit
eines Buches) garantiert hätte. Eine analoge Anwendung der kaufrechtlichen Sachgewähr (Art. 197 ff.) rechtfertigt sich allerdings nur bei bestehenden Werken; bei noch herzustellenden Werken hingegen drängt sich
eine Anlehnung an das Werkvertragsrecht auf (Art. 367 ff.; BSK OR I-Hilty,
N 11, m. Nw.; CR CO I-Cherpillod, N 11).

III. Die Aufklärungspflicht des Verlaggebers (Abs. 3)

7   Eine blosse **Aufklärungspflicht des Verlaggebers** besteht, wenn das
Werk – evtl. auch von einem Unberechtigten – bereits ganz oder teilweise
einem Dritten in Verlag gegeben oder mit Wissen des Verlaggebers *veröffentlicht* worden war (s. a. ZR 1951, 353 E. 2). Ob dies aufgrund blossen
Duldens des Berechtigten, gestützt auf eine Lizenz (etwa bei einem Zei-
tungsartikel) oder auch unter Einräumung der entsprechenden Verlags-
rechte geschehen ist, spielt keine Rolle. Die Bestimmung will, anders als
Abs. 2, dem Verleger nicht das Urheberrecht oder sonstige Rechte sichern,
sondern eine Hilfe zur *Abschätzung des unternehmerischen Risikos* bieten; dass die vorherige Verlaggabe bereits zu einer Veröffentlichung geführt hat, ist deshalb trotz des «sonst» nicht erforderlich (a. A. ZK-Troller, N 12; Bucher, OR BT, 219 f.). Ein Verstoss gegen die Aufklärungspflicht
führt bei daraus resultierender Fehldisposition des Verlegers unter gegebenen Voraussetzungen zur Schadenersatzpflicht. Anspruchsgrundlage ist
dabei die *culpa in contrahendo* mit der relativen Verjährungsfrist von einem
Jahr. Denkbar in diesem Zusammenhang wäre aber auch Grundlagenirrtum (Art. 24 Abs. 1 Ziff. 4 oder evtl. Art. 28).

Art. 382

II.	Verfügung des Verlaggebers	[1] Solange die Auflagen des Werkes, zu denen der Verleger berechtigt ist, nicht vergriffen sind, darf der Verlaggeber weder über das Werk im Ganzen noch über dessen einzelne Teile zum Nachteile des Verlegers anderweitig verfügen.
		[2] Zeitungsartikel und einzelne kleinere Aufsätze in Zeitschriften darf der Verlaggeber jederzeit weiter veröffentlichen.

³ **Beiträge an Sammelwerke oder grössere Beiträge an Zeitschriften darf der Verlaggeber nicht vor Ablauf von drei Monaten nach dem vollständigen Erscheinen des Beitrages weiter veröffentlichen.**

I. Enthaltungspflicht des Verlaggebers

1. Die **Enthaltungspflicht des Verlaggebers** im Allgemeinen bedeutet, dass es ihm im Anschluss an eine Verlagsgabe während der Verlagsdauer (s. dazu N 3) mangels abweichender Vereinbarung untersagt ist, über das Werk ganz oder teilweise – z. B. über die Illustrationen – *zum Nachteile des Verlegers zu verfügen.* Dieser Grundsatz ist selbstverständlich, soweit dem Verleger das Urheberrecht i. S. v. Art. 381 Abs. 1 übertragen wurde: Es fehlt dem Verlaggeber nunmehr – wie jedem Dritten – das entsprechende Verfügungsrecht. Sinn erhält die Norm deshalb v. a. dann, wenn die Verlagsgabe z. B. aufgrund einer blossen Lizenz erfolgte (BSK OR I-HILTY, N 1; CR CO I-CHERPILLOD, N 1).

   1

Obligatorisch hat sich der Verlaggeber allerdings **nur zum Nachteile des Verlegers zu enthalten**, wobei nicht jede weitere Verwendung des Werks von vornherein eine Gefahr birgt. Etwa die Veröffentlichung der Übersetzung eines Werks vermag den Verleger kaum zu schädigen, wenn damit lediglich ein zusätzliches Absatzgebiet erschlossen wird (ausführlicher BSK OR I-HILTY, N 2; CR CO I-CHERPILLOD, N 1).

   2

Bezüglich der **Dauer der Enthaltungspflicht** knüpft das Gesetz an jenen (wohl wichtigsten) Beendigungsgrund an, der in Art. 390 ff. fehlt: das Vergriffensein der vereinbarten Auflagen (dazu Art. 383 N 1). Tatsächlich führt mangels abweichender Vereinbarung natürlich jede *Beendigung des Verlagsverhältnisses* zugleich zu einem Ende der (vertraglichen) Enthaltungspflicht.

   3

2. Für **Printmedien** besteht eine *Beschränkung* der Enthaltungspflicht des Verlaggebers zur weiteren Veröffentlichung des Werks. Voraussetzung dazu ist die erfolgte Veröffentlichung durch den Verleger, wobei deren treuwidrige Unterlassung den Verlaggeber in analoger Anwendung von Art. 156 gleichwohl zu einer anderweitigen Veröffentlichung berechtigt (ZK-TROLLER, N 10).

   4

Einen **Unterschied** statuiert das Gesetz zwischen *Zeitungsartikeln und kleineren Zeitschriftenaufsätzen* einerseits (Abs. 2) sowie *Beiträgen an Sammelwerken und grösseren Zeitschriftenbeiträgen* andererseits (Abs. 3); bei letzteren besteht eine *Karenzfrist* von drei Monaten zulasten des Verlaggebers. Der Umfang des Beitrags ist dabei allerdings – trotz des Gesetzestextes – kein taugliches Abgrenzungskriterium; entschei-

   5

dend muss vielmehr der Inhalt des Beitrags sein: Handelt es sich um eine *aktualitätsbezogene Berichterstattung*, gilt Abs. 2. Die Karenzfrist gemäss Abs. 3 hingegen ist bei einer *vertieften Behandlung* spezifischer Fragestellungen zu beachten, wo eine befristet mögliche Gefährdung des Verlegers i. S. v. Abs. 1 denkbar ist. Eine klare Grenzziehung wird in der Praxis indessen kaum möglich sein.

II. Weitere Pflichten des Verlaggebers

6   Nicht von Gesetzes wegen, möglicherweise aber aufgrund des Vertrages oder auch aus der Natur des Rechtsgeschäfts können dem Verlaggeber **weitere Pflichten** obliegen. In Frage kommen dabei namentlich *Mitwirkungspflichten*, so insb. die Korrektur von Druckfahnen bzw. die Erteilung des «Gut zum Druck», bei Kunstdrucken oder Werken der bildenden Kunst auch die künstlerische Mitwirkung etc. Bei wissenschaftlichen Werken kann die Verpflichtung zu Ergänzungslieferungen oder zu Anpassungen auf den neuesten Stand bei Neuauflagen übernommen werden; fehlen zur Zeit des Vertragsschlusses die erforderlichen Rechte zur Übertragung auf den Verleger, kann ebenfalls deren Beschaffung Vertragspflicht sein.

Die *Folge der Verletzung* dieser weiteren Pflichten richtet sich je nach den Umständen nach Art. 97 ff. bzw. 107 ff., evtl. nach Art. 119.

Art. 383

III. Bestimmung der Auflagen

[1] **Wurde über die Anzahl der Auflagen nichts bestimmt, so ist der Verleger nur zu einer Auflage berechtigt.**

[2] **Die Stärke der Auflage wird, wenn darüber nichts vereinbart wurde, vom Verleger festgesetzt, er hat aber auf Verlangen des Verlaggebers wenigstens so viele Exemplare drucken zu lassen, als zu einem gehörigen Umsatz erforderlich sind, und darf nach Vollendung des ersten Druckes keine neuen Abdrücke veranstalten.**

[3] **Wurde das Verlagsrecht für mehrere Auflagen oder für alle Auflagen übertragen und versäumt es der Verleger, eine neue Auflage zu veranstalten, nachdem die letzte vergriffen ist, so kann ihm der Verlaggeber gerichtlich eine Frist zu Herstellung einer neuen Auflage ansetzen lassen, nach deren fruchtlosem Ablauf der Verleger sein Recht verwirkt.**

I. Anzahl der Auflagen (Abs. 1)

Der ursprünglich in erster Linie (druck-)technisch bedingte **Begriff der** **1**
Auflage ist durch die moderneren Reproduktionsverfahren zu einem rein
rechtstechnischen Begriff geworden: Der Verleger ist (nur) zur Herstellung
jener Anzahl von Werkexemplaren berechtigt, die im Verlagsvertrag vereinbart wurde. Ob die vorweg zu bestimmende (N 2) Anzahl in mehreren
Arbeitsgängen hergestellt wird, spielt keine Rolle. Nach Herstellung der
Gesamtzahl läuft das Vertragsverhältnis mangels anderweitiger Beendigung längstens, bis diese Exemplare *vergriffen*, d. h. definitiv ausgeliefert
sind (Art. 382 Abs. 1; s. a. Art. 392 N 9); zu einer Neuauflage ist der Verleger
mangels entsprechender Abrede weder berechtigt (Abs. 1; BGer, SMI 1994,
199) noch verpflichtet (Abs. 3 e contrario).

II. Stärke der Auflage (Abs. 2)

Über die **Stärke (Höhe) der Auflage** enthält das schweizerische Recht keine **2**
Vorschriften. Es legt aber insofern eine variable untere Grenze fest, als die
Auflagenstärke einen *gehörigen Umsatz* ermöglichen muss. Mangels Abrede wird die Auflagenstärke vom Träger des wirtschaftlichen Risikos, d. h.
dem Verleger bestimmt (ablehnend Dessemontet, Rz 988). Damit dessen
Kalkulation für den Verlaggeber nachvollziehbar ist, muss dies allerdings
vorab geschehen (Abs. 2 a.E.; CR CO I-Cherpillod, N 2 u. 5).

III. Zusätzliche Exemplare

In der Praxis werden **Freiexemplare** (bzw. Sonderdrucke; s. a. Art. 389 N 4) **3**
für den Verlaggeber, Rezensions- und Werbeexemplare sowie Ersatz-
exemplare für den Fall teilweiser Beschädigungen der Auflage (sog. Zuschussexemplare; s. a. Art. 391 N 1) der (Netto-)Auflagenstärke üblicherweise nicht zugerechnet (dazu auch Hochreutener, 98) und dürfen vom
Verleger nicht selbstständig verbreitet werden bzw. nur dem vorgesehenen
Zwecke dienen. *Rabattexemplare* umgekehrt gehören zur Auflage.

Druck bzw. Vertrieb von mehr als den vereinbarten Exemplaren stellen so- **4**
wohl eine **Vertrags-** als auch – insb. wenn nur im Umfang von Art. 381
Abs. 1 übertragen oder lizenziert wurde – eine **Urheberrechtsverletzung**
dar, wobei die *zivilprozessualen Folgen* (insb. kantonale Zuständigkeit und
Beschwerde in Zivilsachen ans Bundesgericht: Art. 74 Abs. 2 lit. b BGG) unterschiedlich sind. Einen allfällig daraus resultierenden Gewinn kann der
Verlaggeber bei gegebenen Voraussetzungen gestützt auf die Geschäftsführung ohne Auftrag herausverlangen (Art. 419 ff.).

IV. Neuauflage und Nachdruck

5   Im Unterschied zum blossen **Nachdruck** mittels der für die Erstauflage erstellten Vorrichtungen, welche die Parteien (evtl. unter Anpassung der Konditionen) in Abweichung zu Art. 383 Abs. 2 – i. d. R. nachträglich – vereinbaren können, setzt die **Neuauflage** die Erstellung einer *überarbeiteten Vorlage* voraus (s. a. Art. 385). In technischer Hinsicht ist die Grenze angesichts der modernen Reproduktionsverfahren fliessend (zur uneinheitlichen Begriffsverwendung HILTY, VV, 605). Rechtlich ist die Unterscheidung insofern wesentlich, als bei vereinbartem Recht zu mehreren Auflagen Abs. 3 greift (dazu N 6), während bei einem vorgängig vereinbarten Recht (nicht aber der Pflicht), Nachdrucke zu erstellen, ein entsprechender Mechanismus fehlt (zu den urheberrechtlichen Unterschieden HILTY, VV, 606 f.). Für eine Neuauflage gelten im Zweifel die Bedingungen der ersten (Art. 388 Abs. 3; s. aber dort N 3), für den (billigeren) Nachdruck i. d. R. wohl nicht.

V. Übertragung des Verlagsrechts für mehrere oder alle Auflagen (Abs. 3)

6   Abs. 3 regelt den Fall der Vereinbarung eines blossen (obligatorischen) **Rechts** des Verlegers zu einer oder mehreren **Neuauflagen**. Anders als im Falle seiner Verpflichtung greifen im Falle einer Nichtausübung nicht die allgemeinen Verzugsfolgen (Art. 107 ff.; vgl. auch N 7); vielmehr wird dieses Recht zur Veranstaltung weiterer Auflagen dann zur *Obliegenheit*, wenn der Verlaggeber vom Gestaltungsrecht gemäss Abs. 3 Gebrauch macht. Voraussetzung dafür ist, dass die vorherige Auflage vergriffen ist (dazu N 1; HILTY, VV, 606 f.).

7   Erforderlich werden kann die **Ansetzung einer richterlichen Frist** (Abs. 3; eine formlose Fristansetzung genügt nicht: SMI 1988, 134). Bleibt diese ungenutzt (oder ist sie analog Art. 108 nicht erforderlich), *verwirkt* der Verleger sein Recht zur Veranstaltung weiterer Auflagen, was – weil die Vorauflage begriffsnotwendig vergriffen ist – zur *Beendigung* des Verlagsverhältnisses führt (Abs. 3, dazu Art. 392 N 9; allgemein zur Beendigungsproblematik Art. 392 N 3).

Art. 384

IV. Vervielfältigung und Vertrieb

¹ **Der Verleger ist verpflichtet, das Werk ohne Kürzungen, ohne Zusätze und ohne Abänderungen in angemessener Ausstattung zu vervielfältigen, für gehörige Bekanntmachung zu sorgen und die üblichen Mittel für den Absatz zu verwenden.**
² **Die Preisbestimmung hängt von dem Ermessen des Verlegers ab, doch darf er nicht durch übermässige Preisforderung den Absatz erschweren.**

I. Die Vervielfältigungspflicht des Verlegers (Abs. 1)

1. Die **Art der Vervielfältigung** bestimmt mangels Absprache – welche sich implizit auch aus der vereinbarten Gestalt der Werkexemplare ergeben kann – der Verleger. Vervielfältigung bedeutet dabei die Wiedergabe des Werks in einer der jeweiligen Auflage entsprechenden Anzahl (s. dazu Art. 383 N 2), insb. durch Druck (auch Kunstdruck) oder Fixierung auf Ton-, Tonbild- oder Datenträgern.   1

2. **Gegenstand der Vervielfältigung** ist das Werk (s. Art. 380 N 3) in der vom Verlaggeber dem Verleger i. S. v. Art. 380 überlassenen, *unveränderten Version*, also ohne Kürzungen, ohne Zusätze und ohne Abänderungen. Zu begründen ist die Regelung mit dem nach h. L. dem Urheber grundsätzlich verbleibenden *Urheberpersönlichkeitsrecht* (s. Art. 381 N 2), welches im Rahmen einer urheberrechtlich relevanten Veränderung des Werks tangiert sein könnte (Art. 11 URG; ausführlicher BSK OR I-HILTY, N 3 f.). Im Einzelfall kann der Urheber auf die Ausübung seines Urheberpersönlichkeitsrechts indessen verzichten; insb. kann er einer im Rahmen der Korrektur der Druckfahnen erkannten urheberrechtlichen Änderung des Werks mangels Beanstandung stillschweigend zustimmen.   2

Als **Sanktion** bei unzulässiger Änderung kommt aus schuldrechtlicher Sicht Schadenersatz (evtl. Genugtuung) in Frage (Art. 97 ff.); nach Urheberrecht sind es die entsprechenden zivil- und strafrechtlichen Folgen (Art. 42 ff. URG).   3

3. Die **angemessene Ausstattung** der Werkexemplare bezieht sich auf das verwendete Material, dessen Farbe (z. B. Einband) und Form, aber auch auf die handwerkliche Qualität; diese richten sich im Rahmen des Üblichen nach der Natur des verlegten Werks (BSK OR I-HILTY N 6, m. w. Nw.).   4

II. Die Vertriebspflicht des Verlegers (Abs. 1)

5 Die **Mittel**, welche der Verlag für den Absatz des Werks einsetzen muss, richten sich – ähnlich wie die gehörige Ausstattung – zunächst nach dem *objektiv Üblichen*, indem der Aufwand insb. durch Werbung (Prospekt, Anzeigen in Fachzeitschriften oder auch etwa Anregen von Besprechungen) der Art des Werks entsprechen soll. In subjektiver Hinsicht variieren die eingesetzten Mittel v. a. in Hinblick auf die dem Verleger zur Verfügung stehende Infrastruktur; die Kosten gehen zulasten des Verlages (Vorbem. zu Art. 380–393 N 4; enger REHBINDER/GROSSENBACHER, 17; zu weiteren Rechtsfragen – insb. i. Z. m. Formen des elektronischen Vertriebs – HILTY, VV, 580 f.).

III. Preisbestimmung (Abs. 2)

6 Die **Kalkulation der Kosten** von Vervielfältigung und Vertrieb und damit die Bestimmung des Preises pro Werkexemplar obliegt dem Verleger als dem Risikoträger (dazu Vorbem. zu Art. 380–393 N 4; ausführlicher BSK OR I-HILTY, N 10 f.). Nach unten bestehen bei einer Preisanpassung Grenzen: Wohl sind etwa Subskriptionspreise oder Mengenrabatte üblich, doch darf insb. eine den Ruf des Werkes beeinträchtigende sog. Verramschung von Werkexemplaren mangels vertraglichem Vorbehalt nicht gegen den Willen des Verlaggebers geschehen (ebenso STAUB, 216 f.).

Art. 385

V. Verbesserungen und Berichtigungen

[1] Der Urheber behält das Recht, Berichtigungen und Verbesserungen vorzunehmen, wenn sie nicht die Verlagsinteressen verletzen oder die Verantwortlichkeit des Verlegers steigern, ist aber für unvorhergesehene Kosten, die dadurch verursacht werden, Ersatz schuldig.

[2] Der Verleger darf keine neue Ausgabe oder Auflage machen und keinen neuen Abdruck vornehmen, ohne zuvor dem Urheber Gelegenheit zu geben, Verbesserungen anzubringen.

I. Verbesserungen und Berichtigungen in der Erstauflage (Abs. 1)

Dem **Grundsatz** nach behält der Urheber im Zeitraum zwischen Überlassung des Werkes und Beginn seiner Vervielfältigung (evtl. seiner Auslieferung; s. a. N 4) das Recht, *Verbesserungen und Berichtigungen* anzubringen. Welcher Art die Änderungen sind, ist für ihre Zulässigkeit ohne Belang, denn massgebend ist einzig deren *Zumutbarkeit für den Verleger*.   **1**

Eine **Ausnahme** vom Verbesserungs- und Berichtigungsrecht besteht demnach, wenn dadurch *Verlagsinteressen* verletzt würden – etwa eine dem Konzept des Verlegers krass widersprechende Änderung des Inhalts, eine massgebliche Verzögerung der Produktion oder eine Herabminderung der Absatzchancen (z. B. durch Streichung des Urhebernamens) – bzw. wenn die Verantwortlichkeit des Verlegers gesteigert würde (Aufnahme widerrechtlicher oder unsittlicher Elemente etc.). Keine Grenze ergibt sich hingegen aus *wertenden* Kriterien. Kein Ausschlussgrund sind sodann die Kosten der Änderungen, soweit sie vom Verlaggeber getragen werden. Dies ist nach dem Gesetz der Fall, wenn sie nicht vorhergesehen wurden. Gerade bei Schriftwerken ist indessen ein gewisses Ausmass an Korrekturen üblich (also vorhersehbar), weshalb deren Kosten häufig eingerechnet sind und dem Verlaggeber erst ab einem gewissen Prozentsatz (oft 10 % der Satzkosten) belastet werden.   **2**

Zur Änderung Berechtigter ist nach dem Wortlaut des Gesetzes nicht generell der Verlaggeber, sondern der *Urheber*; denn das Änderungsrecht resultiert in erster Linie aus Aspekten des Urheberpersönlichkeitsrechts. Eine *Pflicht* zu Änderungen besteht indessen nicht.   **3**

Anlass für Änderungen geben einerseits (fehlerhafte) Korrekturabzüge, wobei sich der Urheber bei Kunstdrucken oder plastischen Werken auch die Genehmigung eines jeden Werkexemplars vorbehalten kann (z. B. durch Signatur). Möglich ist andererseits eine *geänderte Überzeugung des Urhebers*. Führt diese lediglich zu einer Änderung des Werks, gelten die normalen Regeln nach Art. 385. Soll das Werk hingegen – etwa nach Herstellung der Werkexemplare – gar nicht mehr verbreitet werden, so ist aus urheberpersönlichkeitsrechtlichen Erwägungen eine vorzeitige Beendigung des Verlagsvertrags an sich denkbar (Art. 381 N 2; abgelehnt von TROLLER, 696); der Verlaggeber wird jedoch im Rahmen des positiven Vertragsinteresses schadenersatzpflichtig.   **4**

II. Verbesserungen und Berichtigungen bei Neuauflagen oder -ausgaben (Abs. 2)

Hat der Verleger das Recht zur **Neuauflage** i. S. v. Art. 383 bzw. zu einer neuen Ausgabe (zur unpräzisen Begriffsverwendung HILTY, VV, 605 f. und   **5**

609), hat er dem Urheber zu *Verbesserungen* Gelegenheit zu bieten. Für eine qualitative Beschränkung des Änderungsrechts besteht – trotz des gegenüber Abs. 1 engeren Wortlauts von Abs. 2 – kein Anlass, zumal etwa die Verweigerung des Verlegers, die erforderlichen Anpassungen zuzulassen, das allgemeine Persönlichkeitsrecht des Urhebers tangieren könnte (HILTY, VV, 609). Allerdings können Änderungen zwecks Neuauflage auch den *Interessen des Verlegers* zuwiderlaufen und insofern analog Abs. 1 ausgeschlossen sein.

6   Eine **Pflicht** zur Änderung besteht indessen auch für Neuauflagen bzw. -ausgaben grundsätzlich nicht; umgekehrt darf sich der Verleger aus urheberrechtlichen Gründen grundsätzlich nicht eines anderen Bearbeiters bedienen. Hat sich der Verleger das Recht zur Neuauflage ausbedungen, muss dem Zweck dieser Absprache zufolge auch eine Überarbeitung auf eigene Kosten möglich sein. Verweigert der Urheber diese trotz objektiver Notwendigkeit (etwa bei neuem Forschungsstand) wider Treu und Glauben, so muss die Vergabe an einen andern Bearbeiter zumindest dann möglich sein, wenn die Integrität des Werks i. S. v. Art. 11 Abs. 2 URG erhalten bleibt (CR CO I-CHERPILLOD, N 6; eingehender HILTY, VV, 609 ff., m. N.).

Art. 386

VI.   Gesamtaus-
gaben und Einzel-
ausgaben

¹ Ist die besondere Ausgabe mehrerer einzelner Werke desselben Urhebers zum Verlag überlassen worden, so gibt dieses dem Verleger nicht auch das Recht, eine Gesamtausgabe dieser Werke zu veranstalten.
² Ebensowenig hat der Verleger, dem eine Gesamtausgabe sämtlicher Werke oder einer ganzen Gattung von Werken desselben Urhebers überlassen worden ist, das Recht, von den einzelnen Werken besondere Ausgaben zu veranstalten.

I.   Begriffliches

1   Im Unterschied zum Sammelwerk i. S. v. Art. 4 URG muss bei der **Gesamtausgabe** eine **Identität des Urhebers** der einzelnen Werke vorliegen; nicht begriffsnotwendig ist umgekehrt, dass sämtliche Werke dieses Urhebers enthalten sind. Der Begriff der «*besonderen*» Ausgabe einzelner Werke ist als «*separate*» Ausgabe zu verstehen.

II. Inhalt der Norm

In Anwendung von Art. 381 Abs. 1 ist Art. 386 selbstverständlich: Eine urhe-   2
berrechtliche **Befugnis zu Gesamt- und Einzelausgaben** – und damit erst
recht die Übertragung dieser Befugnis auf einen andern Verleger – ist mangels entsprechender Vereinbarung ausgeschlossen. Sinn ergibt die Norm
demnach erst bei fehlendem oder dem Verleger nicht übertragenem Urheberrecht; insofern hat sie (nebst einer deklaratorischen urheberrechtlichen)
in erster Linie *obligatorische* Bedeutung.

Im Verlagsrecht nicht enthalten ist ein Verbot des Verlegers, das Einzelwerk   3
zusammen mit Werken anderer Autoren in ein **Sammelwerk** einzubringen.
Für urheberrechtlich geschützte Werke ergibt sich dies zwar aus urheberrechtlichen Gründen (Art. 11 Abs. 1 lit. b URG); aus freien Werken hingegen
kann der Verleger mangels vertraglichem Verbot durchaus ein Sammelwerk herstellen – und erlangt dabei gegebenenfalls seinerseits Urheberrechtsschutz (Art. 4 URG).

Art. 387

**Überset-
zungsrecht**

**Das Recht, eine Übersetzung des Werkes zu veranstal-
ten, bleibt, wenn nichts anderes mit dem Verleger vereinbart ist, ausschliesslich dem Verlaggeber vorbehalten.**

I. Urheberrechtliches

Die **Übersetzung** eines Werks ist urheberrechtlich gesehen eine **Bear-**   1
beitung, welche dem Urheber ausdrücklich vorbehalten ist (Art. 11 Abs. 1
lit. b URG) und an welcher der Übersetzer seinerseits Schutz erwirbt (Art. 3
Abs. 2 und 3 URG). Dieses Recht zur Übersetzung kann übertragen werden,
wobei mangels ausdrücklicher Absprache eine Übertragung nur dann anzunehmen ist, wenn sie vom Vertragszweck gedeckt ist.

II. Inhalt der Norm

Art. 387 äussert sich nur zum Übersetzungs-, nicht zu anderen Bearbei-   2
tungsrechten. Solange ein Werk urheberrechtlich geschützt ist, ergibt sich
indessen aus Art. 381 Abs. 1 (dort N 3), dass der Verleger mangels gegenteiliger Absprache zu keinerlei Bearbeitung berechtigt ist. Damit erhält
Art. 387 – wie auch Art. 386 – erst bei nicht geschützten Werken konstitutive
Bedeutung. Bei diesen wirkt er obligatorisch, jedoch nur dahingehend, dass
dem Verleger die Übersetzung eines in Verlag gegebenen Werks untersagt

ist; ein weiterreichendes Verbot – insb. bei andern als Sprachwerken – lässt sich aus Art. 387 allein (also ohne Beizug des Urheberrechts) nicht herleiten (zustimmend DESSEMONTET, Rz 1029; **a.A.** BK-BECKER, N 2).

Art. 388

VIII.	Honorar des Verlaggebers
1.	Höhe des Honorars

¹ **Ein Honorar an den Verlaggeber gilt als vereinbart, wenn nach den Umständen die Überlassung des Werkes nur gegen ein Honorar zu erwarten war.**

² **Die Grösse desselben bestimmt der Richter auf das Gutachten von Sachverständigen**

³ **Hat der Verleger das Recht zu mehreren Auflagen, so wird vermutet, dass für jede folgende von ihm veranstaltete Auflage dieselben Honorar- und übrigen Vertragsbedingungen gelten, wie für die erste Auflage.**

I.   Gesetzliche Vermutung und Ausnahmen (Abs. 1)

1   Begriffsnotwendig für den Verlagsvertrag ist die **Bezahlung eines Honorars** nicht, doch wird sie vom Gesetz **vermutet**, wenn die Verlaggabe den Umständen entsprechend nur gegen ein Honorar zu erwarten war. Dies wird nicht anzunehmen sein, wenn aus dem Verlag kein (wesentlicher) Gewinn resultiert (z.B. bei Dissertationen; s.a. die Beispiele bei BK-BECKER, N 1); ein Indiz für mangelnden Gewinn wiederum mag sein, dass der Verleger die Bezahlung eines Druckkostenbeitrags verlangt (dazu REHBINDER/GROSSENBACHER, 29).

II.   Honorarhöhe (Abs. 2)

2   Zur **Berechnungsart** des Honorars äussert sich das Gesetz nicht; üblich ist eine *prozentuale Beteiligung am Verkaufspreis* (Art. 389 Abs. 2), seltener am Reingewinn; möglich ist aber auch eine einmalige Abfindung (*Pauschalhonorar;* dazu HOCHREUTENER, 100 f.). Hingegen enthält Art. 388 Abs. 2 eine *Konfliktregelung* zur Bestimmung der Honorarhöhe bzw. des Ansatzes (s. a. Art. 389 N 2); dabei soll sich der Richter auf das Gutachten eines Sachverständigen stützen. Dieser wird i. d. R. eine marktorientierte Kalkulation vorzunehmen haben, wofür namentlich Art und Qualität des Werks von Bedeutung sind. Zur prozessualen Bedeutung der Norm: BSK OR I-HILTY, N 2.

III. Honorar bei Neuauflagen (Abs. 3)

Mangels Absprache vermutet Abs. 3 für jede **Neuauflage** eine **Übernahme**   3
der ursprünglichen Vertragsbedingungen – wohl insb. Auflagenstärke,
Ausstattung und Absatzmassnahmen – samt Honorarregelung. Bei prozentualen Beteiligungen wird dies technisch unproblematisch sein; bei anderen – oder fehlenden – Regelungen kann Abs. 3 u. U. nur mutatis mutandis
gelten. Nicht selten wird sich die gesetzliche Vermutung für den Verlaggeber indessen als *ungünstig* erweisen, denn die Neuauflage spricht ja gerade
für die gute Verkäuflichkeit eines Werks, von welcher bei einer erstmaligen
Kalkulation i. d. R. nicht ausgegangen werden kann. Abs. 3 sollte deshalb –
wenn schon – an die *jeweils vorhergehende* Auflage anknüpfen (s. a. die Einschränkung bei PEDRAZZINI, 586 FN 13 m. Nw.).

Art. 389

Fälligkeit,   ¹ **Das Honorar wird fällig, sobald das ganze Werk oder,**
Abrechnung und   **wenn es in Abteilungen (Bänden, Heften, Blättern)**
Freiexemplare   **erscheint, sobald die Abteilung gedruckt ist und aus-**
           gegeben werden kann.
           ² **Wird das Honorar ganz oder teilweise von dem**
           erwarteten Absatze abhängig gemacht, so ist der
           Verleger zu übungsgemässer Abrechnung und
           Nachweisung des Absatzes verpflichtet.
           ³ **Der Verlaggeber hat mangels einer andern Abrede**
           Anspruch auf die übliche Zahl von Freiexemplaren.

I.   Fälligkeit des Pauschalhonorars (Abs. 1)

Geschuldet ist ein allfälliges Honorar an sich bereits mit der Erfüllung der   1
Hauptpflicht des Verlaggebers: der Überlassung des Werks (Art. 380 N 7).
Fällig wird eine **pauschale Entschädigung** gemäss Abs. 1 hingegen erst,
wenn das Werk als Ganzes oder der jeweilige Band, das Heft bzw. Blatt ausgegeben werden kann, die Produktion also fertiggestellt ist.

II.   Berechnung und Fälligkeit des Honorars nach Umsatz (Abs. 2)

Berechnungsgrundlage für ein vereinbartes **Honorar nach Umsatz** sind die   2
Verkaufszahlen und der Verkaufspreis, bei der Honorierung nach Reingewinn zusätzlich die Aufwendungen. Der Nachweis und die Abrechnung darüber sind Sache des Verlegers, wobei die Angaben übungsgemäss zu erfol-

gen haben und für den Verlaggeber nachvollziehbar sein müssen, ihm also ein (allenfalls von einem Vertrauensmann ausgeübtes) *Einsichts- und Kontrollrecht* zustehen muss (analog Art. 322a Abs. 2).

3 Die **Fälligkeit des Umsatzhonorars** tritt mangels Vereinbarung innert angemessener Frist nach Ablauf der jeweiligen (i.d.R. jährlichen) Abrechnungsperiode ein (z.B. analog Art. 323 Abs. 3).

III. Freiexemplare (Abs. 3)

4 Angesichts des oft fehlenden oder bloss symbolischen Honorars gerade bei wissenschaftlichen Werken kommt den **Freiexemplaren** eine gewisse Bedeutung zu. Der Verlaggeber hat Anspruch auf die *übliche Zahl* von Freiexemplaren. Üblich ist bei Sammelwerken oder Zeitschriften dabei allerdings nur die Abgabe von *Sonderdrucken*, wobei der Verlaggeber bei ersteren i.d.R. zusätzlich ein Gesamtexemplar erhält; beim Zeitungsverlag erhält der Verlaggeber meist bloss ein Belegexemplar. Eine *Konkurrenzierung* des Verlegers, insb. durch Verkauf der Freiexemplare, verstösst gegen die vertragliche Treuepflicht (PEDRAZZINI, 590).

Art. 390

C.	**Beendigung**
I.	**Untergang des Werkes**

¹ **Geht das Werk nach seiner Ablieferung an den Verleger durch Zufall unter, so ist der Verleger gleichwohl zur Zahlung des Honorars verpflichtet.**

² **Besitzt der Urheber noch ein zweites Exemplar des untergegangenen Werkes, so hat er es dem Verleger zu überlassen, andernfalls ist er verpflichtet, das Werk wieder herzustellen, wenn ihm dies mit geringer Mühe möglich ist.**

³ **In beiden Fällen hat er Anspruch auf eine angemessene Entschädigung.**

I. Der Begriff des Untergangs des Werks

1 Bezüglich des **Begriffs des Untergangs des Werks** ist zu unterscheiden: Entweder kann das Werk *eigentlich untergehen*, womit die Verlegerleistung grundsätzlich unmöglich wird; muss es in der Folge i.S.v. Abs. 2 wieder hergestellt werden, so wird es sich i.d.R. lediglich um ein *ähnliches Werk* handeln. Oder das Werk als geistiges Gut bleibt erhalten, indem bloss das dem Verleger gemäss Art. 380 *überlassene Werkexemplar* untergeht.

Überhaupt nicht unter geht das Werk, wenn bloss die Auflage vernichtet wird (dazu Art. 391).

II. Voraussetzungen

Die gesetzlichen Folgen greifen nur, wenn der Verlaggeber das Werkexemplar bereits i. S. v. Art. 380 **abgeliefert** hat bzw. wenn der Verleger mit der Annahme des Werks in Verzug gerät (Art. 376 Abs. 1 analog); irrelevant ist, wo sich das Werk nach der Übergabe befindet, solange es nicht zu Bearbeitungszwecken zurück in die Sphäre des Verlaggebers gelangt (ZK-Troller, N 3). Anwendung finden die verlagsrechtlichen Sonderregeln im Übrigen nur bei **Zufall**; *Verschulden* des Verlegers hingegen führt zur Schadenersatzpflicht nach Art. 97 ff. (eingehender N 4 – 6).

Geht das Werk *vor der Übergabe* an den Verleger, jedoch *nach Abschluss* des Verlagsvertrags unter, wird die Leistung des Verlaggebers unmöglich, sofern er das Werk nicht (auf eigene Kosten) wiederherzustellen vermag; mangels Verschulden erlischt die Leistungspflicht diesfalls in Anwendung des (dispositiven) Art. 119, andernfalls wird der Verlaggeber schadenersatzpflichtig (Art. 97 ff.).

III. Rechtsfolgen

Generelle Rechtsfolge bei zufälligem Untergang nach Ablieferung an den Verleger ist – abweichend von Art. 119 – das **Weiterbestehen der Honorarzahlungspflicht** (Abs. 1); mangels Vereinbarung einer Pauschalentschädigung wird dabei vom objektiv zu erwartenden Absatz (evtl. mehrerer Auflagen) auszugehen sein.
Bezüglich der Rechtsfolgen gemäss Abs. 2 ist zu unterscheiden:

1. **Existiert** nebst dem untergegangenen noch ein zweites **Werkexemplar** (was dank der heutigen Vervielfältigungstechniken der Regelfall sein dürfte), so hat der Verlaggeber dieses – gegen *angemessene Entschädigung* (Abs. 3) – dem Verleger zu überlassen; der Verleger seinerseits bleibt zum Verlag des Werks verpflichtet.

2. Beim **eigentlichen Untergang des Werks** (was etwa im Bereiche der bildenden Kunst vorkommen mag) besteht – ebenfalls gegen *angemessene Entschädigung* (Abs. 3) – eine *Pflicht des Verlaggebers zur Wiederherstellung*, sofern dies «mit geringer Mühe möglich ist»; logische Voraussetzung dieser obligatorischen Pflicht ist indes, dass der Verlaggeber zugleich *Urheber* ist. Bereitet die Wiederherstellung jedoch Mühe, liegt der Entscheid e contrario beim Verlaggeber; ein einseitiger Verzicht des Verlegers beendet das Verlagsverhältnis nicht, seine Weigerung wäre als Vertragsverletzung zu behandeln. Umgekehrt ergibt sich bei einem vom

Verleger verschuldeten Untergang das Recht des Verlaggebers zur Wiederherstellung auf Kosten des Verlegers aus dessen Schadenersatzpflicht (N 2); für eine entsprechende Pflicht des Verlaggebers gemäss Abs. 2 hingegen fehlt die Rechtsgrundlage.

Art. 391

II.	Untergang der Auflage

¹ **Geht die vom Verleger bereits hergestellte Auflage des Werkes durch Zufall ganz oder zum Teile unter, bevor sie vertrieben worden ist, so ist der Verleger berechtigt, die untergegangenen Exemplare auf seine Kosten neu herzustellen, ohne dass der Verlaggeber ein neues Honorar dafür fordern kann.**

² **Der Verleger ist zur Wiederherstellung der untergegangenen Exemplare verpflichtet, wenn dies ohne unverhältnismässig hohe Kosten geschehen kann.**

I. Begriff und Voraussetzungen des Untergangs der Auflage

1 Der teilweise oder ganze **Untergang der Auflage** i.S.v. Art. 391 ereignet sich in zeitlicher Hinsicht *nach erfolgter Vervielfältigung*, jedoch *vor (vollständigem) Vertrieb* des dem Verleger überlassenen Werks; die Regelung greift allerdings nicht, solange der untergegangene Teil der Werkexemplare durch *Zuschussexemplare* gedeckt ist (Art. 383 N 3).

2 Anwendung findet die Bestimmung im Übrigen nur bei **zufälligem Untergang**; trifft den Verleger ein *Verschulden*, ist bei (teilweisem) Untergang der Auflage der Vertrag nicht erfüllt (s. a. N 4).

II. Rechtsfolgen

3 Der Verleger hat bei zufälligem (teilweisem) Untergang der Auflage ein **Recht zur Wiederherstellung** (Abs. 1); für den Verlaggeber bleibt dies im Resultat ohne Folgen, insb. hat er keinen Anspruch auf ein zusätzliches Honorar, denn die neuen Exemplare ersetzen bloss die untergegangenen. Eine **Pflicht zur Wiederherstellung** trifft den Verleger nur, wenn dies ohne unverhältnismässige Kosten geschehen kann (Abs. 2); besteht sie nicht – und nimmt der Verleger auch sein Recht nicht wahr –, so bleibt er dem Verlaggeber gleichwohl zur Honorarzahlung verpflichtet (Art. 390 Abs. 1 analog, s. dort N 4; ZK-TROLLER, N 6).

Bei **verschuldetem Untergang** ist der Verleger *unabhängig von den Kosten* zur Wiederherstellung verpflichtet bzw. wird schadenersatzpflichtig (Art. 97 ff.).   4

Art. 392

Endigungsgründe in der Person des Urhebers und des Verlegers

[1] Der Verlagsvertrag erlischt, wenn der Urheber vor der Vollendung des Werkes stirbt oder unfähig oder ohne sein Verschulden verhindert wird, es zu vollenden.

[2] Ausnahmsweise kann der Richter, wenn die ganze oder teilweise Fortsetzung des Vertragsverhältnisses möglich und billig erscheint, sie bewilligen und das Nötige anordnen.

[3] Gerät der Verleger in Konkurs, so kann der Verlaggeber das Werk einem anderen Verleger übertragen, wenn ihm nicht für Erfüllung der zur Zeit der Konkurseröffnung noch nicht verfallenen Verlagsverbindlichkeiten Sicherheit geleistet wird.

I. In der Sphäre des Verlaggebers liegende Beendigungsgründe

Als **Gründe für die Beendigung des Vertragsverhältnisses** vor Vollendung des Werks nennt das Gesetz die **unverschuldete Verhinderung des Urhebers,** das Werk zu vollenden, insb. durch seinen Tod oder sein Unfähigwerden. Mit Recht spricht das Gesetz dabei vom Urheber, denn hier kommt naturgemäss nur er als Verlaggeber in Frage (s. a. Art. 380 N 4).   1

Die vom Gesetz grundsätzlich vorgesehene **Rechtsfolge** einer unverschuldeten Verhinderung ist die *Beendigung des Vertrags.* Auch das Urheberrecht lässt eine andere Lösung an sich nicht zu, denn ohne Verletzung der Rechte des Urhebers vermag ein Dritter das Werk des Urhebers nicht zu vollenden; allerdings kann der Urheber (bzw. sein Rechtsnachfolger) mit dem Verleger eine entsprechende Fortsetzung des Vertragsverhältnisses vereinbart und damit auf die Geltendmachung dieser Rechte verzichtet haben. Ist dies nicht der Fall, erlaubt nun das Gesetz dem Richter, die **Fortsetzung des Vertragsverhältnisses** – sofern möglich und billig (etwa bei schon geleisteten wesentlichen Vorarbeiten, insb. wenn der Charakter des Werks gewahrt bleibt, ZK-TROLLER, N 6 ff.), i. d. R. wohl auf einseitigen Antrag des Verlegers – zu **bewilligen** und das Nötige, z. B. bezüglich der Kosten, anzuordnen (Abs. 2). Die Urheberrechte am begonnenen Werk als solche bleiben   2 damit zwar beim ursprünglichen Inhaber (bzw. seinem Rechtsnachfolger; Art. 2 Abs. 4 URG), doch schliesst der (an sich obligatorische) Abs. 2 die Geltendmachung dieser Rechte gegenüber dem das Werk vollendenden Dritten aus (Hilty, VV, 614 f.).

3   Praktisch wichtiger, vom Gesetz aber nicht geregelt sind jene Fälle, in denen der Verleger aus in der Person des Verlaggebers – also nicht unbedingt des Urhebers – liegenden (verschuldeten) **wichtigen Gründen** i. S. v. Art. 337 Abs. 2 von dem i. d. R. als Dauerschuldverhältnis ausgestalteten Vertrag *zurücktritt* bzw. diesen *kündigt* (CR CO I-Cherpillod, N 6; s. a. Bucher, OR BT, 221; eingehend zur dogmatischen Konstruktion des Kündigungsrechts und seiner Abgrenzung zum Rücktritt Hilty, VV, 617 ff.). Nicht zur Vertragsbeendigung führt der Tod des Urhebers nach Beendigung des Werks; vielmehr treten diesfalls die Erben als Rechtsnachfolger in seine Stellung als Verlaggeber.

4   Eine *vorzeitige Beendigung* ist immer *ultima ratio.* Rechtstechnisch kommt dazu bei bestehenden (mangelhaften) Werken eine analoge Anwendung der kaufrechtlichen Wandelung in Frage (Art. 208 f.), bei noch herzustellenden Werken hingegen eher Werkvertragsrecht (Art. 366 bzw. 368 Abs. 1); veränderte Verhältnisse rechtfertigen allerdings je nachdem auch eine Anwendung der *clausula rebus sic stantibus.* Daneben kann die Vertragsverletzung bei *Verschulden* auch zu einer Schadenersatzpflicht führen (Art. 97 Abs. 1).

5   Eine Beendigung des Verlagsverhältnisses führt schliesslich – unabhängig vom Verschulden – insoweit zu einem **Rückfall des Verlagsrechts** an den Verlaggeber, als Art. 381 Abs. 1 nicht wegbedungen wurde. Da dies in der Praxis jedoch regelmässig geschieht (Art. 381 N 3), bewirkt die unzulängliche Rechtslage je nachdem einen Verbleib der übertragenen Rechte beim Verleger oder führt – soweit dieser darauf verzichtet – zu deren Gemeinfreiheit (Einzelheiten dazu bei Hilty, VV, 620 ff.).

II.   In der Sphäre des Verlegers liegende Beendigungsgründe

6   Das Gesetz nennt lediglich den **Konkurs des Verlegers** als Grund für die Beendigung des Verlagsverhältnisses; blosse Zahlungsschwierigkeiten oder auch ein Nachlassverfahren bleiben ohne rechtliche Konsequenzen, solange der Verleger dadurch nicht in Verzug gerät (N 8).

7   **Rechtsfolge des Konkurses** ist ein Recht des Verlaggebers zum **Wechsel des Verlegers**, sofern ihm für die zur Zeit der Konkurseröffnung noch nicht verfallenen Verlagsverbindlichkeiten *keine Sicherheit geleistet* wird. Daneben gilt auch die allgemeine Regel von Art. 83, wonach der Verlaggeber, ohne deswegen zur Übertragung auf einen andern Verleger verpflichtet zu

sein, den Vertrag beenden kann (BGE 49 II 460f.). Der Vorzug der Sonderregelung liegt damit lediglich in der Möglichkeit einer *Ersatzvornahme*
ohne besondere Bewilligung des Richters (anders als Art. 98 Abs. 1; eingehender zum Ganzen HILTY, VV, 615ff.). In beiden Fällen begründet die Vertragsbeendigung zwar grundsätzlich einen Rückfall des Urheberrechts an
den Verlaggeber (Art. 381 N 5; s. aber auch N 5), jedoch – anders als bei der
Kommission (Vorbem. zu Art. 380–393 N 4) – *kein Aussonderungsrecht* an
bereits hergestellten Werkexemplaren i. S. v. Art. 242 SchKG; sie gehören
zur Konkursmasse.

Wird umgekehrt *Sicherstellung geleistet* (oder wird sie nicht verlangt), so
kann die Konkursmasse das Verlagsverhältnis als Masseverbindlichkeit
weiterführen oder aber ihrerseits auf einen andern Verleger übertragen;
eine Zustimmung des Verlaggebers wird dafür allgemein nicht vorausgesetzt (eingehender TROLLER, 802, m. Nw.), doch verlangt das Urheberrecht
zumindest eine möglichste Wahrung seiner Interessen.

Auch der Verlaggeber kann – trotz fehlender Regelung im Gesetz – aus in   8
der Person des Verlegers liegenden Gründen vom Vertrag zurücktreten
bzw. diesen aus **wichtigen Gründen kündigen** (i. S. v. Art. 337 Abs. 2; HILTY,
VV, 617ff.); Verschulden des Verlegers führt gegebenenfalls zu Schadenersatz (Art. 97ff.). Mit Beendigung des Verlagsverhältnisses fallen die Verlags-
rechte – abweichende Vereinbarung vorbehalten (Art. 381 N 5) – an den
Verlaggeber zurück (s. aber o. N 5).

III. Beendigung aus anderen Gründen

Vom Gesetz nicht geregelt ist der wohl häufigste, vom Verhalten der Par-   9
teien unabhängige Beendigungsgrund: der **Ausverkauf** oder die sonstige
Beendigung der Auflage (für Neuauflagen s. Art. 383 N 5). Möglich ist aber
ebenso der **Zeitablauf** bei einem Verlagsvertrag auf Dauer oder auch der
Verzicht des Verlegers auf das ihm übertragene Verlagsrecht mangels Verkäuflichkeit (dazu HILTY, VV, 622f.; allgemein BARRELET/EGLOFF, Art. 16
N 14, m. Nw.). Denkbar sind sodann **wichtige Gründe**, welche zwar nicht einer Parteisphäre entspringen, eine Partei aber zum Rücktritt bzw. zur Kündigung berechtigen (zur Dogmatik HILTY, VV, 617ff.); ohne Verschulden fällt
Schadenersatz dabei ausser Betracht (Art. 97 Abs. 1).

Nicht zur Beendigung des obligatorischen Verhältnisses führt demgegen-   10
über mangels anderer Abrede der **Ablauf der Schutzfrist** des verlegten
Werks (CR CO I-CHERPILLOD, N 12; **a. A.** PEDRAZZINI, 590; allgemein STAUB,
179), denn Urheberrechtsschutz ist nicht Voraussetzung des Verlagsvertrags (Art. 380 N 3).

Art. 393

D. Bearbeitung eines Werkes nach Plan des Verlegers

¹ **Wenn einer oder mehrere Verfasser nach einem ihnen vom Verleger vorgelegten Plane die Bearbeitung eines Werkes übernehmen, so haben sie nur auf das bedungene Honorar Anspruch.**

² **Das Urheberrecht am Werke steht dem Verleger zu.**

I. Voraussetzungen, Abgrenzungen

1 Der Sachverhalt von Art. 393 ist vom gewöhnlichen Verlagsvertrag i. S. v. Art. 380 zu unterscheiden (s. N 2; s. a. Vorbem. zu Art. 380–393 N 3; zur praktischen Bedeutung der Norm – v. a. ihre Anwendung auf die Produktion von Sammelwerken – HILTY, VV, 626 f.). Dabei ist zu beachten, dass sich das Gesetz – entgegen der rechtstechnischen Bedeutung des deutschen Wortes «Bearbeitung» – nicht (notwendigerweise) auf die Errichtung eines *Werkes zweiter Hand* i. S. v. Art. 3 URG bezieht. Gemeint sein dürfte vielmehr «Erarbeitung» (ähnlich TROLLER, 806), bei welcher der bzw. die «Verfasser» allerdings nur untergeordnet mitwirken: Das **Werk**, z. B. ein Lexikon, ist **nach dem Plane des Verlegers** zu erstellen, d. h. der «Verfasser» ist *in engem Rahmen weisungsgebunden*; dies ist etwa bei der Neuauflage eines Werks durch einen Dritten bereits nicht mehr der Fall (s. a. BGE 117 II 468).

II. Qualifikation der Norm und Rechtsfolgen

2 Der vom Gesetz eher unglücklich «Verfasser» genannten Vertragspartei kommt die **Stellung des Verlaggebers** nicht zu; insofern ist die systematische Einordnung des Artikels verfehlt. Wohl wird ein Sachverhalt erfasst, der notwendigerweise auf einem Grundverhältnis basiert, doch gerade der Verlagsvertrag kommt dafür nicht in Betracht. Als Grundvertrag eignet sich vielmehr ein *Arbeits-, Auftrags- oder auch Werkvertragsverhältnis* (ebenso CR CO I-CHERPILLOD, N 4), wobei die «Verleger» genannte Vertragspartei – da ein Verlagsvertrag eben nicht vorliegt – lediglich gegen aussen als solcher in Erscheinung tritt. So betrachtet stellt Abs. 1 bezüglich der Honorarzahlungspflicht insb. eine Spezialnorm zu Art. 394 Abs. 3 dar, während die Vergütung im Arbeitsrecht wie auch beim Werkvertrag begriffsnotwendig und insofern von vornherein «bedungen» im Sinne der gesetzlichen Formulierung ist (Art. 319 Abs. 1 bzw. Art. 363).

3 Abs. 2 betreffend das Recht am gemäss Abs. 1 entstandenen Werk gehörte seinem **Inhalt** nach ins Urheberrecht. Mit dem geltenden Recht steht er allerdings zumindest dann im Widerspruch, wenn von einem originären

Rechtserwerb des Verlegers ausgegangen wird (so BGE 74 II 116; ZK-TROLLER, N 2; TROLLER, 806; **a. A.** BK-BECKER, N 3) und der Verleger – wie heute üblich – eine juristische Person ist (Art. 380 N 5). Aus Gründen der Kohärenz wird es deshalb richtiger sein, einen *Originärerwerb* der an der Werkschöpfung beteiligten natürlichen Personen – mitunter dem «Verfasser» – mit entsprechender *cessio legis* zugunsten des Verlegers anzunehmen (so auch CR CO I-CHERPILLOD, N 3; DESSEMONTET, Rz 981 f.; s. zum Rechtsübergang auch BSK OR I-HILTY, Art. 381 N 5).

Der Auftrag

Erster Abschnitt: Der einfache Auftrag

Vorbemerkungen zu Art. 394–406

Literatur

BAZZANI, Vertragliche Schadloshaltung weisungsgebundener Verwaltungs-ratsmitglieder, LBR Bd. 15, 2007; BECK, Honoraranspruch bei Schlechter-füllung eines Auftrags, Anwaltsrevue 1999, 10 ff.; BEILSTEIN, Die Beziehungen zwischen SchKG 201, 202 und OR 401, Diss. Zürich 1977; BERTSCHINGER, Sorgfaltspflichten der Bank bei Anlageberatung und Verwaltungsaufträgen, Diss. Zürich 1991; DERS., Für eine Neuorientierung bei der Aussonderung im Konkurs des Beauftragten, AJP 1993, 1440 ff.; BORER-BENZ, Die Herausgabepflicht des Beauftragten gemäss Art. 400 OR, Diss. St. Gallen 2006; DE CAPITANI, Die Auskunftspflicht der Bank gegenüber Erben, SJZ 1966, 69 ff.; DERENDINGER, Die Nicht- und die nicht richtige Erfüllung des einfachen Auftrages, Diss. Fribourg 1990 (2. Aufl.); DIETZI, Aufklärungs- und Informationspflichten von Banken, FS Zobl, 2004, 243 ff.; DÜRR, Werkvertrag und Auftrag, Kommentar der Art. 363–379 und 349–406 OR, 1983; EMCH/RENZ/ARPAGAUS, Das schweizerische Bankgeschäft, 6. Aufl. 2004; FELLMANN, Rechtsformen der Zusammenarbeit von Rechtsanwälten, Anwaltsrevue 2003, 339 ff.; DERS., Die Haftung des Anwalts für die Unkenntnis klaren Rechts, recht 2001, 191 ff.; DERS., Abgrenzung der Dienstleistungsverträge zum Arbeitsvertrag und zur Erbringung von Leistungen als Organ einer Gesellschaft, AJP 1997, 172 ff.; GAUCH, Bauernhilfe: Drei Fälle und wie das Bundesgericht dazu kam, die Schadenersatzregel des Art. 422 Abs. 1 OR auf den Auftrag und die Gefälligkeit anzuwenden, in: FS Richli, 2006, 191 ff.; DERS., Der Auftrag, der Dauervertrag und Art. 404 OR, SJZ

2005, 520 ff.; DERS. Art. 404 OR – Sein Inhalt, seine Rechtfertigung und die Frage seines zwingenden Charakters, recht 1992, 9 ff.; GAUCH/TERCIER (Hrsg.), Das Architektenrecht, 3. Aufl., Freiburg 1995; GAUTSCHI, Die Auskunftspflicht der Bank gegenüber Erben, SJZ 1966, 119 ff.; GEISER, Über den Tod hinaus wirksame Vollmacht und wirksamer Auftrag, in: Temi scelti di diritto creditario..., Vol. 5, 2002, 21 ff.; GMÜR, Die Vergütung des Beauftragten, Diss. Fribourg 1994; GROSS, Fehlerhafte Vermögensverwaltung – Klage des Anlegers auf Schadenersatz, AJP 2006 161 ff.; HAFNER, Die Rechenschaftspflicht des Beauftragten, Diss. St. Gallen 2006; HEINI, Die treuhänderischen Gesellschaften und Art. 401 OR, in: FS 150 Jahre Obergericht Luzern, 1991, 187 ff.; HOFSTETTER, Der Auftrag und die Geschäftsführung ohne Auftrag, SPR VII/6, 2000/Le mandat et la gestion d'affaires, SPR VII/2/1, 1994 (zit. HOFSTETTER, .. /..); HONSELL (Hrsg.), Handbuch des Arztrechts, 1994 (zit. HONSELL, Handbuch), 1994; JÖRG/ARTER, Herausgabe- und Rechenschaftspflicht des unabhängigen Vermögensverwalters, ST 2004, 297 ff.; PEYER, Der Widerruf im schweizerischen Auftragsrecht, Diss. Zürich 1974; SCHÖNLE, Missbrauch von Akkreditiven und Bankgarantien, SJZ 1983, 53 ff., 73 ff.; TESTA, Die zivil- und standesrechtlichen Pflichten des Rechtsanwaltes gegenüber dem Klienten, Diss. Zürich 2001; THÉVENOZ, La fiducie, cendrillon du droit suisse, ZSR 1995 II, 253, 276 ff.; WATTER, Die Treuhand im schweizerischen Recht, ZSR 1995 II, 179, 221 ff.; WEBER, Praxis zum Auftragsrecht und zu den besonderen Auftragsarten, 1990; WERRO, Le mandat et ses effets, 1993; WIEGAND, Gefälligkeitshandlungen und Schadenersatz nach Art. 422 OR, BGE 129 III 181, ZBJV 2003, 861 ff.

I. Systematik und Anwendungsbereich

Mit dem 13. Titel (Art. 394 ff.) beginnt das **Geschäftsführungs-** bzw. **Geschäftsbesorgungsrecht**. Im externen Verhältnis wird das Auftragsrecht durch die Stellvertretung ergänzt (Art. 32 ff.), Art. 396 Abs. 2/3 und Art. 458–465 basieren auf ihrer Regelung. Im Abschnitt über den einfachen Auftrag ist regelmässig nur von «Auftrag» die Rede. Der Auftrag, als Arbeitsleistungsvertrag im weiteren Sinn, ist der Mustervertrag für die **Geschäftsführung im fremden Interesse**, d. h. die treuhänderische Tätigkeit (BGE 122 III 361 ff.). Inhaltlich können Aufträge etwa Beratungen oder Geschäftsbesorgungen jeglicher Art umfassen (BSK OR I-WEBER, Vorbem. zu Art. 394–406 N 2). 1

Das Auftragsrecht ist **subsidiär** anwendbar auf Geschäftsbesorgungen wie die Organtätigkeit für juristische Personen oder den Willensvollstrecker (BGE 130 III 216 f.; 101 II 53; dazu SOMMER, AJP 2004, 1060). Auftragselemente finden ferner in gemischten Verträgen ein breites Anwendungsgebiet, etwa in Bankverträgen (z. B. Girovertrag, Depotgeschäft, Vermögensverwaltung: vgl. BGE 101 II 119 f.; HONSELL, OR BT, 304; GROSS, AJP 2

2006, 162). Schliesslich enthalten Innominatverträge in den überwiegenden Fällen Auftragselemente, denen je nach konkreter Vertragskonstella-
tion unterschiedliche Bedeutung zukommt (vgl. Höhn/Weber, Planung und
Gestaltung von Rechtsgeschäften, 1986, 100; Weber, 37).

II.   IPR/Rechtsvergleichung

3   Für internationale Sachverhalte legt Art. 117 Abs. 2 IPRG fest, dass an das
Recht des Staates, in dem die Partei, welche die charakteristische, d.h.
funktionell typische, Vertragsleistung erbringen soll, ihren gewöhnlichen
Aufenthalt bzw. ihre Niederlassung hat, anzuknüpfen ist. Beim Auftrag gilt
die **Dienstleistung** als **charakteristische Leistung** (Art. 117 Abs. 3 lit. c
IPRG), womit das Recht am Domizil des Beauftragten anzuwenden ist (IPRG
Kommentar Keller/Kren Kostkiewicz, Art. 117 IPRG N 91 m. Hw.; betreffend Konto/Depotverbindung BGE 133 III 37 = Pra 2007, 619 ff.). Anknüpfen lässt sich gegebenenfalls auch am schweizerischen Erfüllungsort als
subsidiärem Gerichtsstand (vgl. Art. 113 IPRG zu den einzelnen Voraussetzungen).

4   Grundlage der **kontinentaleuropäischen** auftragsrechtlichen Regelungen
ist das römische mandatum, die unentgeltliche Geschäftsführung für abwe-
sende Freunde (Hofstetter, 9 f./10 f. m. Hw.). Das deutsche Recht hat an
der Unentgeltlichkeit des Auftrags festgehalten (§ 662 BGB); die entgeltliche
Geschäftsbesorgung unterliegt dem Dienst- oder Werkvertragsrecht (§ 675
BGB). Das österreichische (§ 1002 ff. ABGB), das französische (Art. 1984 ff.
CC fr.) und das italienische (Art. 1703 ff. CC it.) Recht qualifizieren den Auftrag primär als eine (entgeltliche oder unentgeltliche) Rechtsgeschäftsbesorgung in direkter Stellvertretung. In Struktur und Tragweite stark abweichend ausgestaltet vom kontinentaleuropäischen Auftragsrecht ist der
anglo-amerikanische Contract of Agency (eingehend zur Rechtsvergleichung BK-Fellmann, Vorbem. zu Art. 394–406, N 216 ff.).

Art. 394

A.   Begriff
    ¹ Durch die Annahme eines Auftrages verpflichtet sich
    der Beauftragte, die ihm übertragenen Geschäfte
    oder Dienste vertragsgemäss zu besorgen.
    ² Verträge über Arbeitsleistung, die keiner besondern
    Vertragsart dieses Gesetzes unterstellt sind, stehen
    unter den Vorschriften über den Auftrag.
    ³ Eine Vergütung ist zu leisten, wenn sie verabredet
    oder üblich ist.

I. Wesen, Gegenstand und Arten des Auftrags

Der Beauftragte führt fremde Geschäfte (Grundsatz der Zweckgerichtet-   1
heit des Auftrags in **Wahrung fremder Interessen**), er handelt grundsätzlich auf fremde Rechnung und fremde Gefahr (BSK OR I-WEBER, N 2 f.). Die
Dienstleistungen müssen im Hinblick auf ein bestimmtes Resultat erfolgen,
auch wenn – vorbehältlich einer gegenteiligen Abrede – kein Erfolgseintritt
geschuldet ist (vgl. DERENDINGER, N 86 ff.). Der Beauftragte hat sein Mög-
lichstes zur Zweckerreichung zu tun («obligation de moyens»; vgl. WERRO,
N 88 ff.). **Wesensmerkmale** des Auftrags sind die Treueverpflichtung (vgl.
BK-FELLMANN, N 105 ff., 247 ff.), das besondere Vertrauensverhältnis und
der Persönlichkeitsbezug (fachliche Fähigkeiten und charakterliche Qualitäten des Beauftragten), die oft vorhandene inhaltliche Unbestimmtheit
(Anpassung an jeweilige Umstände, z. B. Verweis auf Natur der Geschäfte
in Art. 394 Abs. 3) sowie die selbstständige Beauftragtenstellung (vgl. HOF-
STETTER, 35–39/35–38).

Der Auftrag ist ein **zweiseitiger Schuldvertrag**. Beim entgeltlichen Auftrag   2
handelt es sich um einen vollkommen zweiseitigen (synallagmatischen),
beim unentgeltlichen Auftrag um einen unvollkommen zweiseitigen Vertrag
(BGE 94 II 267 f.). Ungeachtet des jederzeitigen Widerrufsrechts (Art. 404)
ist der Auftrag **oft** (aber nicht zwingend) als **Dauerschuldverhältnis** ausgestaltet (vgl. GAUCH, SJZ 2005, 520 ff.). Dabei verknüpft der Auftrag regelmässig zahlreiche einzelne Rechtsbeziehungen zu einem Gefüge. Neben
den Hauptpflichten (z. B. Auftragsausführungs- und Honorarpflicht) bestehen Nebenleistungspflichten (z. B. Rechenschaftsablegungs- und Herausgabepflicht) sowie Nebenpflichten (z. B. Diskretions-, Geheimhaltungs-,
Aufklärungs-, Benachrichtigungs-, Schutzpflicht; im Einzelnen dazu BK-
FELLMANN, N 234 ff.).

Hauptgegenstand des Auftrags ist üblicherweise ein **positiver Leistungs-**   3
inhalt (einzelne Angelegenheit oder Vielzahl von Tätigkeiten) auf ein Tun,
und zwar eine Tat- oder Rechtshandlung oder beides miteinander. Dulden
und Unterlassen können aber Inhalt von Nebenpflichten sein (BSK OR I-
WEBER, N 6). Der offene gesetzliche Raster lässt eine bunte Palette von
Auftragsleistungen zu (WEBER, 34 f.), z. B. kurzfristige Besorgungen, selbstständig ausgeübte liberale Berufe, Abwicklung von Zahlungsaufträgen,
Treuhandverhältnisse, Bank- und Versicherungsgeschäfte. Nach der vorliegenden **Interessenlage** bezüglich des anzustrebenden Arbeitsresultates
kann zwischen verschiedenen Auftragstypen unterschieden werden: einerseits dem «mandatum mea gratia», wenn ausschliesslich der Auftraggeber
am Auftragserfolg interessiert ist (z. B. Gefälligkeitsverhältnis: vgl. N 18),
und andererseits dem «mandatum mea e tua gratia», dem heute üblichen
entgeltlichen Auftrag, z. B. im Bereich der freien Berufe. Der Auftrag liegt
im Interesse beider Parteien; dennoch sind die Honorarinteressen des

Beauftragten den zu wahrenden Auftraggeberinteressen unterzuordnen. Erfolgt die Auftragsausführung im Interesse eines Dritten (Art. 112), wird von einem «mandatum aliena gratia» gesprochen (vgl. BGE 41 II 271 ff.; BK-FELLMANN, N 109 f.).

4   Weiter können Aufträge nach dem konkreten Leistungsinhalt unterteilt werden in Tathandlungs- und Rechtshandlungsaufträge. Im **Tathandlungsauftrag** verpflichtet sich der Beauftragte zur Leistung von (faktischen) Diensten irgendwelcher Art; in der Praxis ist der Anwendungsbereich sehr weit (z. B. Pflege-, Notar-, Experten-, Schiedsrichter- oder Ingenieurverträge, vgl. etwa TERCIER, contrats spéciaux, N 4829 ff.).

5   Gegenstand des **Rechtshandlungsauftrags** ist demgegenüber die Vornahme von Rechtshandlungen, d. h. Erwerb, Ausübung und Übertragung von subjektiven Rechten (vgl. Art. 1703 CC it.). Der Rechtshandlungsauftrag kann in **direkter oder indirekter Stellvertretung** ausgeführt werden (Art. 396 N 4 f.; BK-FELLMANN, N 37 ff. m. Hw.), soweit nicht höchstpersönliche Rechte betroffen sind (Testamentserrichtung, Verfügung über Kunstwerk, BK-FELL-MANN, N 49).

6   Der **Treuhandvertrag** ist ein besonderer Rechtshandlungsauftrag, mittels welchem dem Fiduziar ein Geschäft im eigenen Namen (d. h. in indirekter Stellvertretung), aber im Interesse und für Rechnung des Auftraggebers aufgetragen wird. Regelmässig übt der Fiduziar übernommene Rechte und Pflichten nicht nur vorübergehend, sondern für eine gewisse Zeit aus (vgl. Art. 396 N 5). Nach heutiger Mehrheitsmeinung handelt es sich bei den Treuhandverhältnissen bzw. fiduziarischen Geschäften um einen Vertrags- oder Geschäftstyp, auf den zumindest teilweise die **Regeln des Auftragsrechts** anwendbar sind (z. B. BGE 99 II 397 = Pra 1974, 363 f.). Das **pactum fiduciae** (d. h. das der Treuhand zugrunde liegende Rechtsverhältnis) ist somit oft ein Auftrag; in Frage kommt beispielsweise aber auch ein Arbeitsvertrag oder Hinterlegungsvertrag (WEBER, 56; vgl. z. B. BGer, SZW 2005, 187). Für Treuhandverhältnisse sind aus dem Auftragsrecht insbesondere die Art. 400 (BGE 112 III 95 = Pra 1987, 276), Art. 401 (dort N 4, analoge Anwendung) und Art. 404 von Bedeutung.

7   Im **internen Verhältnis** ist der Fiduziar an die Weisungen des Treugebers gebunden, er muss vertragsgemäss und sorgfältig tätig werden (BGE 115 II 471). Einschränkungen in der Verfügungsmacht haben jedoch nur obligatorische Wirkung (zur Durchsetzung einer fiduziarischen Abrede EGV 1982, 92 ff.). Nicht von Bedeutung für die Qualifikation des Treuhandverhältnisses ist die Herkunft des Treugutes, d. h. die Frage, ob es vom Fiduzianten oder einem Dritten stammt (HOFSTETTER, 32/32). **Extern** gegenüber den Dritten kann der Fiduziar über ein Recht bzw. eine Sache beliebig verfügen, es kommt ihm eine **überschiessende Rechtsmacht** zu (BGE 71 II 169); Können und Dürfen sind nicht deckungsgleich. Weil die Rechtseinräumung

durch den Treugeber aber tatsächlich gewollt ist, sind fiduziarische Rechtsgeschäfte **nicht simuliert** (vgl. BGE 109 II 242; 99 II 396 f. = Pra 1974,
363 f.), es sei denn, die Eigentumsübertragung an sich sei nicht beabsichtigt (SJ 1955, 574 f.; vgl. auch BK-KRAMER, Art. 18 N 128 f. m. Hw.). Der
Vertragspartner des Fiduziars steht nur mit diesem in einer Rechtsbeziehung, selbst wenn ihm bekannt ist, dass der Fiduziar treuhänderisch für
den Fiduzianten handelt, z. B. Vermögenswerte verwaltet (vgl. BGE 100 II
211 ff.). Die Vermutung von Art. 396 Abs. 2 passt nicht auf Treuhandver-
träge (dort N 2). Treuhandverhältnisse werden oft im Zusammenhang mit
Sicherungsgeschäften begründet, z. B. durch Sicherungsübereignung (BK-
ZOBL, Syst. Teil, N 1299 ff.).

Im Rahmen von Art. 19–21 und der zwingenden Normen des öffentlichen   8
Rechts besteht für die Parteien **Vertragsfreiheit**, insbesondere Freiheit in
der Umschreibung der zu erbringenden Dienstleistungen, in der Wahl eines
Rechtsvertreters und in der Vertretungsart. Die neuere Rechtsprechung
geht auch zutreffenderweise davon aus, dass **Freiheit der rechtlichen Qualifikation** herrscht, Art. 394 Abs. 2 also **Arbeitsleistungsverträge sui generis** nicht ausschliesst (N 9). **Zwingend** ist hingegen nach heutiger Bundesgerichtspraxis das jederzeitige Widerrufsrecht von Art. 404 (dort N 5, str.),
die Rechenschaftsablegungspflicht von Art. 400 (dort N 1) sowie die Treue-
und Sorgfaltspflicht von Art. 398 im Rahmen des gesollten Leistungspro-
grammes (dort N 17), nicht aber die Verwendungs- und Schadenersatzpflicht des Auftraggebers gemäss Art. 402 (dort N 7, str.).

II. Auftrag als Auffangvertrag

Gemäss Abs. 2 ist der Auftrag ein «**Sammelbecken**» für Arbeitsleistungs-   9
verträge (zur «Subsidiarität» vgl. auch BK-FELLMANN, N 297 ff.). Lange
Jahre ist das Bundesgericht davon ausgegangen, Arbeitsleistungsverträge
sui generis könnten im schweizerischen Recht nicht anerkannt werden
(z. B. BGE 106 II 158 = Pra 1980, 596). Die neuere Rechtsprechung (BGE 112
II 45 f.; 109 II 465 f.) nimmt nun aber gemischte Arbeitsleistungsverträge
bzw. Arbeitsleistungsverträge sui generis hin (statt vieler HONSELL, OR BT,
325 f.). Das Bundesgericht bekennt sich zu einer «Spaltung» der möglichen
Rechtsfolgen, d. h. zutreffender zu einer «Individualanknüpfung» (WEBER,
AJP 1992, 178 f.) an die jeweils adäquaten Rechtsregeln aus dem sachge-
rechtesten gesetzlichen Vertragstyp. Die gewollte Vertragsauflösung allerdings wird einheitlich angeknüpft; die Rechtsprechung neigt im Zweifel
dem Auftragsrecht zu (BGE 109 II 466).

Die **Abgrenzung** von anderen Vertragstypen ist deshalb wichtig, weil das   10
Auftragsrecht Sonderregeln enthält, deren Anwendung bei anderen Arbeitsleistungsverträgen nicht als angebracht erscheint (Übersichtstabelle
bei WEBER, 60). Im Falle einer unentgeltlichen Geschäftsbesorgung liegt

wegen der zwingenden Entgeltlichkeit des **Arbeitsvertrages** stets ein Auftrag vor. Im Übrigen können aber Tathandlungen und Rechtsgeschäftsbesorgungen Gegenstand beider Vertragstypen sein. Die Leistung beim Arbeitsvertrag bemisst sich grundsätzlich nach der Zeit (vgl. ZR 1981, 32 ff.), womit das Dauerelement oft, aber nicht notwendigerweise (z. B. Konzertmusiker) für einen Arbeitsvertrag spricht (HOFSTETTER, 17/18). Der Arbeitnehmer ist verpflichtet, weisungsgemäss zu handeln (BGE 107 II 432); während der Beauftragte den Weisungen des Auftraggebers Folge zu leisten und gegebenenfalls abzumahnen hat (vgl. Art. 397). Im Übrigen ist der Beauftragte i. d. R. weder organisatorisch noch örtlich in den Betrieb des Auftraggebers eingebunden (Selbstständigkeit: BGE 95 I 24 f.) und i. d. R. vom Auftraggeber wirtschaftlich unabhängiger als der Arbeitnehmer vom Arbeitgeber (vgl. BGE 90 II 485 f. = Pra 1965, 151 f.; JAR 2003, 145 ff.; BK-REHBINDER, Art. 319 N 49 ff.; VISCHER, SPR VII/1, III 32 ff.; detailliert zur schwierigen Grenzziehung zwischen Auftrag und Arbeitsvertrag s. auch VIECENZ-BÜTLER, ST 1997, 923 ff.; zur Freiwilligenarbeit vgl. RIEMER-KAFKA, ARV 2007, 57 ff.). Zwischen Aktiengesellschaft und Verwaltungsrat wird mehrheitlich kein Arbeitsvertrag, sondern ein Auftrag angenommen (BGE 130 III 216 f. m. Hw.; vgl. auch SOMMER, AJP 2004, 1059 ff.; weitere Bsp. BSK in OR I-WEBER, N 27). Angehörige freier Berufe sind in vielen Fällen in der Ausgestaltung ihrer Arbeit mehr oder weniger frei, weshalb ein Unterordnungsverhältnis insoweit nicht klar in Erscheinung tritt. Dementsprechend muss das Kriterium der betrieblichen Einordnung ausschlaggebend sein (ZBJV 2005, 132).

11   Der Unternehmer schuldet ein **Werk**, der Beauftragte ein **Wirken** (VON GIERKE, Deutsches Privatrecht, Bd. III, 1917, 591 f.). Die neuere Rechtsprechung (BGE 109 II 37–39 = Pra 1983, 400 f.; BGE 110 II 380) erachtet auch einen unkörperlichen Leistungserfolg als möglichen Gegenstand des Werkvertrags (Geist-Werkverträge). Der Werkbegriff entfällt damit als taugliches Abgrenzungskriterium zwischen **Werkvertrag und Auftrag** (vgl. auch FELLMANN, AJP 1997, 177 f.). Zur Qualifikation von Gutachter-/Schätzerverträgen vgl. BGE 127 III 328 ff.; 112 II 350 f.; RIEMER, recht 2001, 148; zum Reiseveranstaltungsvertrag BGE 115 II 477; 111 II 272; zum gewerbsmässigen Ferienwohnungsgeschäft BGE 115 II 476; zum Bankgirovertrag BGE 111 II 449; zum Totalunternehmervertrag BGE 114 II 54; zum Vertrag über die Schaffung eines Kunstwerks BGE 115 II 53; zum Insertions- und Reklameberatungsvertrag BGE 115 II 59; zum Anwaltsvertrag BGE 117 II 566. Grundsätzlich auftragsrechtlich zu beurteilen sind (zahn-)ärztliche Behandlungsverträge (BGE 119 II 458; 110 II 375 = Pra 1985, 166 f.) und die meisten Bankgeschäfte (BGE 115 II 63; 112 II 446) sowie die Personenbeförderung, soweit nicht spezialgesetzlich geregelt (BGE 126 III 113, 115 = Pra 2000, 1135; HONSELL, OR BT, 311, 368 f.; a. A. BK-KOLLER, 363 N 11 f.,

69, 233); zum Vertrag mit der Revisionsstelle vgl. BGE 117 II 318. Der Liegenschaftsverwaltungsvertrag ist als einfacher Auftrag (ZR 1998, 148, 150 f.) oder als den Auftragsregeln unterliegender Vertrag sui generis (BGer 4C.118/2006, E. 2) zu qualifizieren.

Im Übrigen ist ein Auftragsverhältnis anzunehmen, wenn sich das Resultat **12** durch die geschuldeten Tätigkeiten nicht in jedem Fall verwirklichen lässt (Tätigwerden im Interesse des Auftraggebers **ohne Leistungserfolg**) oder wenn es eine nicht erzwingbare, schöpferisch inspirierte Leistung voraussetzt (BGE 109 II 36 = Pra 1983, 399 f.; Hofstetter, 19 f./20). Der Unternehmer garantiert i. d. R. einen Erfolg, der Beauftragte (ausser bei besonderen Gewährleistungen) nicht. Weil der Beauftragte im Gegensatz zum Unternehmer (Art. 376) für fremde Rechung und auf fremdes Risiko tätig ist, unterliegt er weitergehenderen Auskunfts- und **Rechenschaftsablegungspflichten** (Art. 400) als der Unternehmer (z. B. bezüglich Kalkulationskosten; vgl. BGE 97 II 68 f. = Pra 1971, 387 f.; Hofstetter, 24 f./24).

Bei **Architektenleistungen** ist zu unterscheiden (Gauch, Werkvertrag, **13** N 217 ff.; BK-Fellmann, N 177 ff.): (1) Die Erstellung von Plänen, Kostenvoranschlägen und Projektstudien sowie die diesbezügliche Buchführung unterstehen dem Werkvertragsrecht (BGer 4C.347/2003, E. 2.5 zum «Planungsvertrag»; BGE 109 II 466 f.; **a. A.** noch BGE 98 II 311). (2) Arbeitsvergebung, Bauleitung, Baubetreuung und Prüfung des Bauwerks sind Auftragsleistungen (BGE 115 II 61 = Pra 1989, 890). (3) Gemäss Bundesgericht ist der Gesamtvertrag des Architekten ein gemischter Vertrag (BGer 4C.18/2005, E. 2.1, dazu Anmerkung in BR 2006, 67; BGE 127 III 543 ff., dazu BR 2004, 80), während die Lehre überwiegend von einem Auftrag ausgeht (Tercier, contrats spéciaux, N 4848; CR CO I-Chaix, Art. 363 N 29; Gauch, Werkvertrag, N 57; tendenziell auch BGE 119 II 251). Bei der rechtlichen Würdigung ist darauf abzustellen, welche Leistungen im konkreten Vertragsverhältnis vereinbart wurden (Gauch, Werkvertrag, N 48). Zum Generalunternehmervertrag BGE 97 II 66 = Pra 1971, 386: Werkvertrag, vgl. auch Gauch, Werkvertrag, N 222 ff.; zum Totalunternehmervertrag BGE 114 II 54–56: gemischter Vertrag mit schwergewichtig werkvertraglichen Elementen.

Obwohl das **Mäklerrecht** ergänzend auf die Regeln des Auftrags verweist **14** (Art. 412 Abs. 2), zeigen sich mit Bezug auf die beiden Vertragsarten gewichtige Unterschiede; so können dem Mäkler dem Grundsatz nach keine Weisungen erteilt werden (BGE 103 II 134), ferner ist sein Entgeltsanspruch erfolgsabhängig (vgl. zur Abgrenzung BGE 131 III 268 ff. = Pra 2006, 148 ff.). Der **Agenturvertrag** wird vom Gesetz eingehend geregelt (Art. 418 a ff.), weshalb der indirekte Verweis in Art. 418 b auf das Auftragsrecht eingeschränkt zur Anwendung kommt. Im Gegensatz zum Beauftragten trägt der Agent insbesondere Kosten und Auslagen seiner Tätigkeit selbst (BGE 104 II 113 ff.; vgl. zum Ganzen auch FELLMANN, AJP 1997, 178 f.; KRAMER, AJP 1997, 169).

15   Bei der **einfachen Gesellschaft** erfolgt grundsätzlich eine gemeinsame Beschlussfassung, beim Auftrag steht dem Auftraggeber das Weisungsrecht zu. Die einfache Gesellschaft zeichnet sich auch durch die **Gemeinschaftlichkeit der Interessen** aus, während beim Auftrag, selbst wenn die Geschäftsbesorgung beidseitig gewünscht ist, je parteispezifische Interessen (Honorar für Beauftragten, Arbeitsresultat für Auftraggeber) vorliegen (vgl. HANDKOMM-BÜHLER, N 13)

16   Als **Factoring** bezeichnet man den Vertrag zwischen dem Faktor (oftmals ein Finanzinstitut) und seinem Kunden, welcher die Abtretung von Kundenforderungen, deren sofortige Gutschrift (Finanzierung) sowie deren Einziehung (Dienstleistung) zum Inhalt hat (GAUCH/SCHLUEP/SCHMID/ REY, N 3653). Zur bloss administrativen Besorgung der Debitorenbuchhaltung tritt beim sog. echten Factoring die Übernahme des Delcredere (Kreditrisiko) durch den Faktor hinzu. Das Factoring wird als gemischter Vertrag behandelt, der sich neben Zession (Art. 164 ff.), Forderungskauf (Art. 184 ff.) und Darlehen (Art. 312 ff.) auch auf das Auftragsrecht stützt. Als eigenständiger Vertragstypus wird das Factoring allerdings nicht den zwingenden Vertragsauflösungsregeln von Art. 404 unterstellt (HONSELL, OR BT, 432 ff.).

III. Entgeltlichkeit

17   Rechtshistorisch war die Interessenwahrung für einen Anderen ein unentgeltlicher Ehrendienst (HONSELL, OR BT, 306). Durch die Erbringung professioneller Dienstleistungen ist heute eine **Kommerzialisierung** eingetreten (BSK OR I-WEBER, N 35). Ungeachtet des Abs. 3 spricht daher die faktische Vermutung nunmehr in vielen Fällen für die Entgeltlichkeit (BK-FELLMANN, N 366; zur Freiwilligenarbeit vgl. RIEMER-KAFKA, ARV 2007, 61 ff.). Fehlt eine Abrede gänzlich, vermag die Übung (dazu BGE 120 V 515) eine Vergütungspflicht zu begründen, d.h. die Verkehrsübung wird zum mittelbaren Gesetzesrecht (BK-FELLMANN, N 374), wie z.B. in den Dienstleistungsberufen (BGE 112 II 351) und bei Vorliegen von Verbandstarifen (dazu BK-FELLMANN, N 381). Immerhin kann im Einzelfall auch bei der üblicherweise entgeltlichen Tätigkeit ausnahmsweise (selbst stillschweigend) Unentgeltlichkeit vereinbart sein. Auch wenn kein Honorar zu bezahlen ist, schuldet der Auftraggeber den **Verwendungsersatz** (Art. 402; zur Abgrenzung GMÜR, N 112 ff.).

18   Zur Bestimmung des **Masses der Vergütung** kommen etwa Pauschalvereinbarungen, Prozentsätze, Aufwandansätze oder Erfolgsbeteiligungen in Frage (vgl. Rechtsprechung bei BSK OR I-WEBER, N 37). Zu beachten bleibt aber kantonales Berufsrecht, z.B. Anwaltsrecht (vgl. SJZ 1966, 361; zum

Anwaltshonorar TESTA, 192 f.). Mangels Vereinbarung über das Mass der Vergütung ist eine übliche, angemessene Vergütung geschuldet, denn über den Wortlaut von Abs. 3 hinausgehend bezieht sich die **Üblichkeit** m. E. auch auf die Höhe des Entgelts (BGE 101 II 111; 82 IV 147 f.; SJ 1987 256; **a. A.** GUHL/SCHNYDER N 547; BK-FELLMANN, N 398; HOFSTETTER, 80/71). Als generelle Faktoren der **Honorarberechnung** bzw. als Beurteilungsfaktoren bei der Prüfung der Angemessenheit fallen der Zeitaufwand, die Schwierigkeit der Tätigkeit, die zu tragenden Risiken, die Erfolgsabhängigkeit, Tarife für ähnliche Leistungen, die Deckung der effektiv anfallenden Generalunkosten (BGE 101 II 113 f.; 83 II 153 = Pra 1957, 272 f.; ZBJV 1945, 48) und die Interessenhöhe bzw. der Streitwert (vgl. auch Art. 374) in Betracht. Wucherische Absprachen sind nichtig (BGE 92 II 178 ff.). Der Ermessensspielraum bei der Honorarfestlegung findet seine Grenze im Missverhältnis zwischen dem Wert der Leistung und dem Honorar; nur dann ist richterliches Eingreifen geboten (vgl. SJ 1977, 173 f.; zur richterlichen Vergütungsfestsetzung vgl. BGE 117 II 282 = JdT 1992 I, 299 = BR 1998, 132; zu den Anwaltstarifen im Besonderen BGE 117 II 284). Fehlt es an einer genügend bestimmten Parteivereinbarung zur Höhe der Vergütung, kann demnach auch auf **Berufstarife** zurückgegriffen werden (WERRO, N 711 ff.), ohne dass es hierzu einer Übernahme, etwa durch AGB, bedürfte (BGE 109 II 458; 108 II 418 = Pra 1983, 136; zurückhaltender SG GVP 2002, 163 ff.). Solche Tarife werden i. d. R. als angemessen angesehen (vgl. z. B. BGE 117 II 284; dazu MERZ, ZBJV 1993, 254).

Honorar schuldet der Auftraggeber nur bei korrekter Auftragsführung. **19** Eine relevante Unsorgfalt etwa führt zum **Wegfall der Honorarforderung** bzw. berechtigt zur Honorarreduktion, nicht nur zur Geltendmachung von Schadenersatz (BGE 108 II 198 f.; ähnlich BGE 108 II 64 = Pra 1982, 299). Grundsätzlich ist m. E. eine Kürzung des Honorars des unsorgfältig tätigen Beauftragten gemäss dem Äquivalenzgedanken angebracht (BGE 82 IV 148; ZBJV 2003, 926 f.; BSK OR I-WEBER, N 43); im Falle der Verletzung oder Schlechterfüllung des Auftrages besteht somit nur für diejenigen Tätigkeiten ein Honoraranspruch, welche vertragskonform ausgeführt worden sind (BGE 124 III 425 f. = Pra 1999, 115).

Oft ist auch die meist schwierige Abgrenzung zwischen unentgeltlichem **20** Auftrag und **vertragsloser Gefälligkeit** vorzunehmen. Entscheidendes Kriterium ist, ob bei den Parteien überhaupt ein entsprechender Rechtsbindungswille vorgelegen hat (HONSELL, OR BT, 307); nach den Umständen des Einzelfalls sowie nach Treu und Glauben ist auf die für den Beauftragten erkennbare Bedeutung des Geschäfts für den Auftraggeber abzustellen (BK-KRAMER, Allg. Einl., N 64 f.). Bloss faktische, unentgeltliche Arbeiten sind im Zweifel daher nicht als Auftrag anzusehen (vgl. BGE 116 II 697 f.). Diese Überlegungen gelten auch für den besonderen Fall der unentgeltlichen Raterteilung (BSK OR I-Weber, N 18). Von einem Auftragsverhältnis ist jedoch auszugehen, wenn zwischen dem Raterteilenden und dem Ratsuchenden eine **vorbestehende Rechtsbeziehung** (z. B. ein allgemeiner Bankvertrag) vorhanden ist und wenn der Raterteilende hätte erkennen müssen, dass der Ratsuchende eine verlässliche Antwort für weitergehende Dispositionen erwartet (BGE 112 II 350; dazu Merz, ZBJV 1988, 215 ff.; vgl. auch BGE 131 III 380 ff. = Pra 2006, 220 ff). Trotz fehlendem Vertragsverhältnis haftet der Raterteilende jedoch, wenn er wider besseres Wissen oder leichtfertig unrichtige Angaben macht oder ihm bekannte Tatsachen verschweigt, von denen er annehmen muss, dass sie für den Ratsuchenden von erheblicher Bedeutung sein könnten (BGE 80 III 54 f.).

IV. Sonderfragen

21 Das Beauftragtenhonorar wird **fällig** mit Abschluss der letzten unter einen bestimmten Auftrag bzw. Teilauftrag fallenden Leistung (vgl. Gmür, N 257 ff.; vgl. auch Art. 402 N 4 bzw. Art. 404 N 1). **Beweispflichtig** für die Honorarabsprache, die Art der Vergütung und deren Angemessenheit oder Üblichkeit ist der Beauftragte. Eine Honorarforderung **verjährt** grundsätzlich nach zehn Jahren (Art. 127), vorbehältlich der in fünf Jahren verjährenden Forderungen aus Berufsarbeiten von Anwälten, Rechtsagenten, Prokuratoren und Notaren sowie aus ärztlicher Besorgung (Art. 128 Ziff. 3).

Art. 395

B. Entstehung

Als angenommen gilt ein nicht sofort abgelehnter Auftrag, wenn er sich auf die Besorgung solcher Geschäfte bezieht, die der Beauftragte kraft obrigkeitlicher Bestellung oder gewerbsmässig betreibt oder zu deren Besorgung er sich öffentlich empfohlen hat.

I. Zustandekommen des Auftrags

1 Der Auftrag ist ein **Konsensualvertrag**, es gelten die allgemeinen Vertragsabschlussregeln (Art. 3 ff.; im Einzelnen BK-Fellmann, N 13 ff.). Grundsätzlich besteht Kontrahierungsfreiheit (vorbehältlich abweichender öffentlich-rechtlicher Vorschriften, vgl. dazu BK-Fellmann, N 50 ff.). Ein Auftrag kann konkludent zustandekommen (z. B. Entgegennahme von Tathandlungen des Beauftragten, Duldung einer Rechtsgeschäftsbesorgung in fremdem Namen oder in eigenem Namen für fremde Rechnung: BGE 76 I 351 ff.; BK-Fellmann, N 37, 47). Zur Unterscheidung zwischen konkludentem Auf-

tragsabschluss und Gefälligkeit bzw. freiwilliger Leistung vgl. Art. 394 N 18. Schliesslich kann ein Auftragsverhältnis auch rückwirkend durch Genehmigung entstehen (BGE 93 II 307 f.).

Art. 395 sieht in Abweichung von Art. 6 vor, dass im Falle einer berufs-   2
mässigen Ausübung der Beauftragtentätigkeit (d. h. bei Gewerbsmässigkeit, öffentlicher Empfehlung oder öffentlich-rechtlicher Bestellung) die Offerte zu einem Tat- oder Rechtshandlungsauftrag als **Auftragsannahme** gilt, wenn sie nicht sofort abgelehnt wird (vgl. auch Art. 517 Abs. 2 ZGB). Beim Vertragsabschluss unter Abwesenden, auf welchen diese Norm ausschliesslich anwendbar ist, muss der potenzielle Beauftragte **sofort reagieren**, will er den Auftrag nicht annehmen (vgl. auch HANDKOMM-BÜHLER, N 5). Dies schliesst eine kurze Bedenkfrist nicht aus («ohne Verzug»: BK-FELL-MANN, N 119). Unbenommen hiervon bleibt die Kündigungsmöglichkeit gemäss Art. 404 (ZR 1964, 335).

Obrigkeitlich bestellt ist beispielsweise der amtliche Verteidiger, ein   3
Schiedsgutachter, ein vom Staat gemäss Art. 762 in die AG delegierter Verwaltungsrat, nicht aber ein Beamter (zur Problematik des Begriffs BK-FELLMANN, N 101 ff.). Zu den **gewerbsmässigen Berufsbeauftragten** gehören z. B. Ärzte, Anwälte, Architekten, Ingenieure, Banken, Treuhandgesellschaften, Informationsbüros usw. Eine **öffentliche Empfehlung** liegt in jeder Form der publikumswirksamen Bekanntmachung, z. B. durch Zeitungsinserate oder eigene Webseiten.

II. Formfragen

Der Auftrag kommt **formfrei** zustande. Eine Verurkundung ist überdies sel-   4
ten, weil das genaue Pflichtenprogramm des Beauftragten bei Auftragsabschluss oft nicht feststeht. Entsprechend bestimmt sich die Person des Beauftragten nach dem Vertrauensprinzip bzw. aufgrund des erweckten Anscheins (SJ 2000, 125 = BR 2000, 77). Der Grundsatz der **Formfreiheit** gilt gemäss Rechtsprechung auch im Zusammenhang mit **formbedürftigen Geschäften**, z. B. beim Auftrag zum Kauf einer Liegenschaft und deren Weiterübertragung an den Auftraggeber (BGE 112 II 332) und bei Nebenabreden (z. B. Architektenbeauftragung) zu einem Grundstückkaufsgeschäft (BGE 86 II 36 f.; vgl. auch BGE 113 II 404 f.). Diese Rechtsprechung verkennt jedoch die Schutzfunktion der Formvorschriften (vgl. HONSELL, OR BT, 304 f.).

Ausdrücklich **Schriftlichkeit** vorgesehen ist für den Ehevermittlungsver-   5
trag (Art. 406d Abs. 1), den Kreditauftrag (Art. 408 Abs. 2; für Kreditbrief und Dokumentenakkreditiv vgl. Art. 407 N 5) und für den Willensvollstreckerauftrag (Art. 517 Abs. 1 ZGB). Der Auftrag, eine Bürgschaftsverpflichtung einzugehen, bedarf der gleichen Form wie die Bürgschaft selbst (Art. 493 Abs. 6; a. A. BK-FELLMANN, N 28 f.).

III. Inhalt des Auftrags und Sonderfragen

6　Einzelne Normen des Auftragsrechts umschreiben einen **Minimalstandard** der gegenseitigen Pflichten; diese Pflichtenprogramme sind nicht wegbedingbar (vgl. Art. 394 N 8). Hingegen kann der Beauftragte über das gesetzliche Mass hinaus z. B. eine Erfolgsgarantie oder ein bestimmtes Leistungsversprechen abgeben. Ein zustandegekommener Auftrag verleiht – vorbehältlich Kündigung – Anspruch auf Auftragsdurchführung (vgl. Art. 397 N 3); physisch lässt sich ein Zwang aber nicht ausüben (BSK OR I-WEBER, N 13).

7　Hat der Auftrag eine Geschäftsbesorgung zum Inhalt, sind einzelne «Aufträge» im Rahmen der Geschäftsbesorgung nicht als neue Vertragsabreden, sondern als Instruktionen/Weisungen (Art. 397) zu qualifizieren (v. a. im Bankenverkehr: BGE 110 II 284 f.). Zulässig ist auch ein Auftrag, der seine Wirkungen erst nach dem Tod des Auftraggebers entfaltet (postmortaler Auftrag, vgl. dazu Art. 405 N 9).

8　**Unmündige** können Aufträge zur Wahrung höchstpersönlicher Rechte gültig erteilen; für andere Aufträge bedarf es der Zustimmung des gesetzlichen Vertreters (BGE 112 IV 10 E. 1). Die «Annahme» eines Auftrages durch Unmündige hingegen begründet bloss eine auftragslose Geschäftsführung; dasselbe gilt für die Auftragsannahme ohne Befähigungsausweis oder Bewilligung, wenn die betreffende Bewilligungspflicht vitale öffentliche Interessen schützen soll oder sogar explizit Nichtigkeit (Art. 20) vorsieht (BGE 117 II 48, zum Mäklervertrag 117 II 287 f.; zum Arbeitsvertrag BGE 114 II 279 ff.). Bei Vorliegen von **Willensmängeln** ist der Auftrag anfechtbar, weil die Auftragspflichten grundsätzlich durchsetzbar sind (eingehend BK-FELLMANN, N 87 ff.). Einfacher dürfte i. d. R. aber der Widerruf/die Kündigung des Auftrages sein. Wird der Willensmangel (v. a. Irrtum in der Person) erst nach Ausführung einzelner Tätigkeiten erkannt, ergeben sich die Ersatzansprüche des «Beauftragten» aus dem Recht der Geschäftsführung ohne Auftrag (Art. 419 ff.), ein Honoraranspruch nach Art. 394 Abs. 3 entfällt.

Art. 396

C. Wirkungen **I.** Umfang des Auftrages	¹ Ist der Umfang des Auftrages nicht ausdrücklich bezeichnet worden, so bestimmt er sich nach der Natur des zu besorgenden Geschäftes.

² Insbesondere ist in dem Auftrage auch die Ermächtigung zu den Rechtshandlungen enthalten, die zu dessen Ausführung gehören.

³ Einer besonderen Ermächtigung bedarf der Beauftragte, unter Vorbehalt der Bestimmungen des eidgenössischen oder kantonalen Prozessrechtes, wenn es sich darum handelt, einen Prozess anzuheben, einen Vergleich abzuschliessen, ein Schiedsgericht anzunehmen, wechselrechtliche Verbindlichkeiten einzugehen, Grundstücke zu veräussern oder zu belasten oder Schenkungen zu machen.

I. Auftragsumfang beim Tathandlungsauftrag

Durch den vertraglich oft nicht genau definierten Auftragsumfang wird das   1
maximale Pflichtenprogramm des Beauftragten umschrieben. Die in Abs. 1
erwähnte «Natur» der Dienstleistung vermag i. d. R. den Auftragsumfang
nur vage zu umschreiben. Der Beauftragte hat daher die Interessen des
Auftraggebers getreu und sorgfältig im Hinblick auf die Zweckerreichung
zu würdigen (BK-FELLMANN, N 9, 25 ff., 35 f.). Bei Überschreitung dieses
Umfangs liegt jedenfalls keine objektiv richtige Auftragsausführung mehr
vor (BGE 78 II 51), vielmehr kommt dann etwa eine Geschäftseinmischung
oder eine Geschäftsanmassung in Frage (BSK OR I-WEBER, N 3).

II. Auftragsumfang beim Rechtshandlungsauftrag

Die Rechtsgeschäftsbesorgung erfolgt entweder in **direkter Stellvertretung**   2
(sog. Vollmachtsauftrag) oder in **indirekter Stellvertretung** (vgl. Art. 32;
ferner Art. 408, 418a, 425, 439, 458, 462, 468, 563/5, 603, 718/9, 814/5,
898/901). Die Regelung von Art. 396 Abs. 2 i. V. m. Abs. 1 ist auf den **Vollmachtsauftrag** zugeschnitten. Bei der indirekten Stellvertretung, v. a. beim
fiduziarischen Rechtshandlungsauftrag, beurteilt sich der Auftragsumfang
nach der zugrunde liegenden Absprache (z. B. Treuhandverhältnis; vgl.
Art. 394 N 7), doch vermag der als Rechts- und Pflichtenträger auftretende
indirekte Stellvertreter auch in Verletzung des Grundverhältnisses zu handeln.

Der Auftrag ist ein zweiseitiges, die Vollmachtserteilung ein einseitiges   3
Rechtsgeschäft. Der Auftrag ist kausal, wogegen die Vollmacht unabhängig
vom Rechtsgrund ihrer Entstehung ist (BGE 78 II 372; VON TUHR/PETER,
OR AT, 359). **Abstraktheit** der Vollmacht bedeutet, dass deren Gültigkeit
auch bei einem mangelhaften Auftrag nicht beeinträchtigt wird (BK-ZÄCH,
Art. 33 N 121 m. Hw.). Begründung und Erlöschen von Auftrag und Vollmacht brauchen nicht deckungsgleich zu sein, auch wenn Parallelbestim-

mungen existieren (Art. 404 Abs. 1/Art. 34; Art. 405 Abs. 1/Art. 35 Abs. 1) und praktisch oft eine gegenseitige Abhängigkeit, insbesondere bei postmortalen Aufträgen (BGE 75 II 190), vorliegt. Die Bevollmächtigung (zur Form vgl. Art. 395 N 4) bewirkt, dass die **Rechtswirkungen** unmittelbar **beim Vollmachtgeber** (Auftraggeber) eintreten. Im internen Verhältnis wird die Vollmacht durch den Auftragsumfang begrenzt. Gegenüber Dritten bestimmt die Vollmacht primär die Parteien des Ausführungsgeschäfts (BGE 60 II 497), aber auch den Inhalt und Umfang der Ermächtigung (BK-FELLMANN, N 55 ff.). Zur Substitutionsvollmacht vgl. BK-FELLMANN, N 110 ff., zum Erlöschen der Vollmacht (Art. 34/35) BK-FELLMANN, N 91 ff.

4 Das in **direkter Stellvertretung** abgeschlossene Rechtsgeschäft kommt so zustande, wie wenn der Auftraggeber mit dem Dritten kontrahiert hätte. Der Beauftragte ist bei vorübergehender Besitzergreifung ablieferungspflichtig (Art. 400). Der Dritte, der Rechte aus Handlungen des Beauftragten ableitet, trägt die Beweislast dafür, dass dieser in Ausübung einer Vollmacht tätig geworden ist (Extraits 1978, 56 ff.). Bei Rechtsgeschäften in **indirekter Stellvertretung**, v. a. beim fiduziarischen Rechtshandlungsauftrag, wird der Beauftragte Eigentümer und selbstständiger Besitzer der im fremden Interesse erworbenen Sachen wie auch der vom Auftraggeber übertragenen Sachen (z. B. durch Sicherungsübereignung). Auch er hat alles, was ihm zufolge der Geschäftsbesorgung zugekommen ist, herauszugeben (Art. 400). Weil der Beauftragte im eigenen Namen handelt, bedarf es zur Rechtsübertragung auf den Auftraggeber eines Verfügungsgeschäfts (z. B. Übergabe oder Übergabesurrogat bei beweglichen Sachen, Abtretung von Forderungen [vorbehältlich der Legalzession von Art. 401]).

III. Bevollmächtigung des Beauftragten

5 Mangels Urkunde (vgl. Art. 36) vermag sich die Bevollmächtigung aus den Umständen, wie sie dem Dritten zur Kenntnis gelangen, zu ergeben (Art. 32 Abs. 2; BGE 100 II 211). Gemäss **Vertrauensprinzip** sind von der Vollmacht nur Handlungen gedeckt, die der Beauftragte für den Dritten erkennbar im Rahmen des Auftragsnexus tätigen darf (BGE 93 II 482). Die Person des Beauftragten bestimmt sich nach dem erweckten Anschein (SJ 2000, 125). Ist dem Dritten das Grundverhältnis z. B. durch Mitteilung bekannt, bestimmt dieses den Vollmachtsumfang (Art. 33 Abs. 2; BGE 85 II 24). Art. 396 Abs. 2 legt das Vertretungsverhältnis nicht ausdrücklich fest, doch muss es sich aus der Natur der Sache um die direkte Stellvertretung handeln (vgl. N 2; BGE 90 II 288; vgl. Art. 543 für das Gesellschaftsrecht). Hingegen wird die Vermutung aufgestellt, dass – in Abweichung der Trennung von Vollmacht und Auftrag (N 3) – der Auftrag die Ermächtigung zur Vornahme der erforderlichen Rechtshandlungen mitumfasst; somit tritt im Streitfalle eine Umkehr der Beweislast ein. Die auftragsrechtliche Vollmacht lässt sich im Ge-

gensatz zu den handelsrechtlichen Vollmachten nicht objektiviert und typisiert auslegen; deren **Inhalt** und **Umfang** bestimmen sich nach dem für den Dritten **erkennbaren Willen** des **Auftraggebers** unter den gegebenen Umständen (vgl. auch BGE 109 II 452; BK-FELLMANN, N 48 ff.).

IV. Kasuistik

Vertretungsmacht des Beauftragten bejaht: Auftrag zur Anschaffung der   6
für die Einrichtung eines Cafés notwendigen Apparate schliesst Ermächtigung zur Vertretung beim Kauf in sich (BGE 90 II 285 ff.); beauftragter Architekt vermag den Ingenieur zulasten des Auftraggebers zu mandatieren (Extraits 1978, 56 ff.); inländische Muttergesellschaft verpflichtet sich gegenüber der ausländischen Tochtergesellschaft, Rechte (z. B. Beteiligungen) in eigenem Namen von Dritten zu erwerben, weil die Tochtergesellschaft nicht in der Lage ist, das Geschäft (z. B. Erwerb von Aktien) selbst durchzuführen (ASA 1996, 58 ff.).
Vertretungsmacht des Beauftragten verneint: Keine Vermutung, dass Bauverträge vom Architekten mit verpflichtender Wirkung für den Bauherrn unterzeichnet werden können (BGer 4C.85/2003, E. 5.2) bzw. dass der bauleitende Architekt zur Anerkennung der von ihm geprüften Rechnungen ermächtigt ist (BGE 118 II 315 f.).

V. Besondere Vollmachten

In Abs. 3 werden die auftragsrechtlichen Spezialvollmachten geregelt.   7
Diese sind nur für den **Vollmachtsauftrag** relevant, weil der Beauftragte in indirekter Stellvertretung voller Rechts- und Pflichtenträger ist. Im Vollmachtsauftrag und bei der einfachen Gesellschaft bestimmt hingegen der Vollmachtgeber den Umfang der Vollmacht: Er kann sie für ein einzelnes Geschäft (Spezialvollmacht), für eine bestimmte Gattung von Geschäften (Gattungsvollmacht) oder für alle Rechtsgeschäfte wirtschaftlicher Natur (Generalvollmacht) ausstellen (vgl. BGE 99 II 43 ff.). In Einschränkung von Abs. 2 wird damit ein **Schutzzweck** verfolgt: Betroffen sind für den Auftraggeber risikoreiche Bereiche sowie Rechtsgeschäfte, die oft selbst einer besonderen Form bedürfen. Spezialvollmacht bedeutet auch, dass eine ausdrückliche, nicht eine stillschweigende Vollmacht zu erteilen ist (ZR 1964, 292; **a. A.** BK-FELLMANN, N 122, 124), die immerhin nicht der Schriftform bedarf (der Dritte trägt bei mündlicher Spezialvollmacht aber das Beweisrisiko für deren Vorhandensein). Die Spezialvollmacht führt zu einer gesetzlichen Beschränkung des Vollmachtsumfangs auch gegenüber dem gutgläubigen Dritten. Zu den einzelnen Spezialvollmachten BSK OR I-WEBER, N 15.

Art. 397

II. Verpflichtungen des Beauftragten

1. Vorschriftsgemässe Ausführung

¹ Hat der Auftraggeber für die Besorgung des übertragenen Geschäftes eine Vorschrift gegeben, so darf der Beauftragte nur insofern davon abweichen, als nach den Umständen die Einholung einer Erlaubnis nicht tunlich und überdies anzunehmen ist, der Auftraggeber würde sie bei Kenntnis der Sachlage erteilt haben.

² Ist der Beauftragte, ohne dass diese Voraussetzungen zutreffen, zum Nachteil des Auftraggebers von dessen Vorschriften abgewichen, so gilt der Auftrag nur dann als erfüllt, wenn der Beauftragte den daraus erwachsenen Nachteil auf sich nimmt.

I.   Weisungen

1   Der Beauftragte wahrt fremde Interessen, Herr der Geschäftsbesorgung bleibt jedoch der Auftraggeber. Zur Konkretisierung eines generellen Auftrages oder allgemein zu einer Anpassung des Auftrages ist er deshalb jederzeit berechtigt, Weisungen zu erteilen und Instruktionen zu geben (WEBER, 82). Liegen Weisungen aber ausserhalb des vereinbarten Vertragsgegenstandes, sind diese als Angebot zu einem neuen Vertragsabschluss aufzufassen. Die Abgrenzung zwischen zweiseitigen Aufträgen und einseitigen Weisungen ist nach inhaltlichen Kriterien vorzunehmen (vgl. BGE 110 II 284 f.). Träger des Weisungsrechts ist der Auftraggeber bzw. sein Vertreter, Adressat der Beauftragte bzw. sein Erfüllungsgehilfe/Substitut (BK- FELL-MANN, N 35 ff.). **Weisungen** sind konkrete, bestimmte **Direktiven**, die an die Stelle der allgemeinen Ausrichtung der Beauftragtentätigkeit auf die Auftraggeberinteressen treten (einseitige Einwirkung auf Auftragsausführung: BK-FELLMANN, N 15 f.); die damit gegebenen Anhaltspunkte für das Leistungsprogramm begrenzen zugleich das Handlungsmandat und die Verantwortung des Beauftragten, weshalb dieser bei Unklarheiten um Weisungen nachsuchen sollte (SAG 1981, 70). Aus diesem Grunde sind etwa rechtliche Schritte grösserer Tragweite in Absprache mit dem Auftraggeber vorzunehmen (SJZ 1961, 81). Weisungen sind nach dem mutmasslichen Willen des Auftraggebers auszulegen und strikt zu befolgen (z. B. Vergleichsabschluss: BGE 91 II 440 f.). Die Genehmigung abrede- oder weisungswidriger Verwaltungshandlungen kann konkludent erfolgen, doch ist insoweit ein strenger Massstab anzulegen (ZR 2006, 17 ff.). **Rechtswidrige** und unsittliche **Weisungen** hat der Beauftragte nicht zu befolgen (vgl. BGE 62 II 274 ff.).

Dogmatisch sind Weisungen nach dem Auftragskonsens ergehende, **ein-** 2
seitige, empfangsbedürftige Willenserklärungen des Auftraggebers, mithin kein Gestaltungsrecht (VISCHER, SPR VII/1, 333 ff.). Das Weisungsrecht
ist nach h.l. **unverzichtbar** (BGE 81 II 231; TERCIER, contrats spéciaux,
N 4676; relativierend BK-FELLMANN, N 28 f.). Bis zu deren Ausführung ist
eine Weisung widerruflich und abänderbar (BGE 65 II 164). Das Weisungsrecht ist nicht selbstständig abtretbar oder vererblich, geht aber zusammen
mit dem Auftragsverhältnis auf den Rechtsnachfolger über (BK-FELLMANN,
N 30 f., 47 f.).

Bei unsachgemässen und **unzweckmässigen Weisungen**, welche dem Auf- 3
tragszweck zuwiderlaufen, hat der Beauftragte hierauf hinzuweisen («**Ab-**
mahnung»: BGE 115 II 62; FISCHER, AJP 1997, 265 ff.). Wird die – bestimmte und klare (BGE 95 II 50) – «Abmahnung» (analog zu Art. 369) vom
Auftraggeber missachtet, hat der Beauftragte grundsätzlich den Weisungen
nachzuleben (SJ 1965, 61 f.) oder er muss das Mandat niederlegen (BGE 108
II 198; problematisch BGE 91 II 439, wonach der Anwalt Weisungen zur
Prozesstaktik ablehnen kann). Ausnahmen von der Befolgungspflicht sind
denkbar bei **Erlaubnis** des Auftraggebers oder bei veränderten Umständen
(vgl. ZR 1954, 24); diesfalls hat der Beauftragte, falls er keine neuen Weisungen einholen kann, nach dem mutmasslichen Willen des Auftraggebers
zu handeln (vgl. auch BGE 95 II 103; BK-FELLMANN, N 132 ff.).

II. Abweichen von Weisungen

Die Missachtung von Weisungen stellt im Tat- und Rechtshandlungsauftrag 4
eine **Vertragsverletzung** dar, die schadenersatzpflichtig macht (BGE 107
II 244). Abs. 2 konkretisiert das allgemeine Haftungsprinzip für bestimmte
Verletzungen des Auftrages (BK-FELLMANN, N 148). Der Beauftragte trägt
das Risiko der verschuldeten vertragswidrigen Tätigkeit, es sei denn, der
Schaden wäre auch bei weisungsgemässem Vorgehen eingetreten (Kau-
salzusammenhangsfrage: vgl. SJ 1987, 254 ff.). Abs. 2 räumt dem Beauftragten eine Möglichkeit zur «Korrektur» ein: Bei Abweichen von einer
Preislimite kann er durch die Übernahme der Schadensdifferenz die Vertragsverletzung «heilen»; die Validierung des Auftrages durch die Diffe-
renzübernahme stellt eine Art Selbsteintritt dar (Übernahme des Nachteils
in «forma specifica»: BK-FELLMANN, N 166). Darüber hinaus ist nach allgemeinen Grundsätzen eine Genehmigung der weisungswidrig erbrachten
Leistung durch den Auftraggeber möglich (BK-FELLMANN, N 169 f.). Von der
Weisungsabweichung zu unterscheiden ist die Lieferung eines aliud, bezüglich derer auftragslose Geschäftsführung vorliegt (BK-FELLMANN, N 149).
Die bösgläubige Befolgung von unverbindlichen oder mangelhaften Weisungen ist gleich zu behandeln wie die unbefugte Abweichung von verbindlich erteilten Ausführungsweisungen (BSK OR I-WEBER, N 12).

Art. 398

2.	Haftung für getreue Ausführung	
a.	Im Allgemeinen	

[1] Der Beauftragte haftet im Allgemeinen für die gleiche Sorgfalt wie der Arbeitnehmer im Arbeitsverhältnis.

[2] Er haftet dem Auftraggeber für getreue und sorgfältige Ausführung des ihm übertragenen Geschäftes.

[3] Er hat das Geschäft persönlich zu besorgen, ausgenommen, wenn er zur Übertragung an einen Dritten ermächtigt oder durch die Umstände genötigt ist, oder wenn eine Vertretung übungsgemäss als zulässig betrachtet wird.

1 Art. 398 widerspiegelt die Vertrauensstellung, welche der Beauftragte i. d. R. gegenüber dem Auftraggeber einnimmt; deshalb wird in dieser Bestimmung der Grundsatz der persönlichen sowie getreuen und sorgfältigen Ausführung festgehalten (vgl. HANDKOMM-BÜHLER, N 1).

I.   Zur persönlichen Ausführung

2 Nach Abs. 3 ist grundsätzlich eine auch nur teilweise Übertragung des Auftrags (**Substitution**) auf eine Drittperson unzulässig. Demgegenüber wird der Beizug von gewöhnlichen Hilfspersonen in Abs. 3 nicht angesprochen und selbst bei einem gesteigerten Vertrauensverhältnis (z. B. Privatarzt) ist der Beizug von solchen **Erfüllungsgehilfen** zulässig (BGE 85 II 48). Ausschliesslich dem persönlichen Wirken des Beauftragten vorbehalten bleiben Tätigkeiten, deren Ausführung er besonders prägt (z. B. Klaviervirtuose). Das entscheidende Abgrenzungskriterium zwischen Substitut und Erfüllungsgehilfe liegt in der Frage, ob der Beauftragte den Dritten in seine **«Erfüllungsorganisation» integriert** (BGE 112 II 354) bzw. ihn nur Hilfsarbeiten ausführen lässt (BGE 92 II 238 ff.) oder ob er dem Dritten eine **(Teil-)Leistung überträgt** und sie dadurch aus seinem Pflichtenprogramm eliminiert (GAUCH/SCHLUEP/SCHMID/REY, N 2862 ff., 2869), d. h. ob es dem Beauftragten um die Bewältigung eines grösseren Geschäftsvolumens oder um die optimal fachmännische Geschäftsführung im Interesse des Auftraggebers geht (WEBER, 80). Für eine Substitution sprechende Kriterien sind die Selbstständigkeit des Dritten (ohne Aufsicht und Weisungen des Beauftragten), die Übertragung der Vertragserfüllung auf den Dritten, die besonderen Sachkenntnisse des Dritten, das Interesse des Auftraggebers am Beizug des Substituten, das jederzeitige Kündigungsrecht des Beauftragten und das fehlende Direktinteresse des Beauftragten (vgl. KOLLER, Die Haftung für den Erfüllungsgehilfen nach Art. 101 OR, Diss. Fribourg 1980,

123 ff.; DERENDINGER, N 110 ff., 315 ff.). Weil der Beauftragte bei der befugten Substitution im Auftragsrecht eine privilegierte Stellung geniesst (Haftungsbeschränkung gemäss Art. 399 Abs. 2), ist die Abgrenzung des Substituten vom Erfüllungsgehilfen (Art. 101) von Bedeutung.

Beispiele:

Ein in der Arztpraxis des abwesenden Arztes tätiger «Ersatzarzt» ist Erfüllungsgehilfe, ein an einem anderen Ort praktizierender Arzt, zu dem die Patienten verwiesen werden, ist Substitut (WEBER, 80; a. A. ZR 1953, 352 ff.). Anwaltssubstituten derselben Anwaltskanzlei sind i. d. R. Erfüllungsgehilfen (BGE 117 II 568 f. = Pra 1992, 686).   3

Abs. 3 ist lex specialis zu Art. 68 und sinngemäss **restriktiv auszulegen** (zum Ganzen auch BK-FELLMANN N 567 ff.). Keine persönliche Tätigkeitspflicht hat der Beauftragte, wenn er zur Übertragung des Auftrages an einen Dritten ermächtigt (Rep. 1953, 268) oder durch die Umstände genötigt ist (vgl. BGE 67 II 22 f.) oder wenn eine Vertretung übungsgemäss als zulässig erachtet wird (Rep. 1953, 267). Die Duldung oder Genehmigung der Tätigkeit des Substituten begründet eine «Abrede» im Sinne des Gesetzes. **«Genötigt»** zur Substitution ist der Beauftragte auch, wenn etwa aus fachlichen Gründen oder wegen Krankheit dem Willen und dem Interesse des Auftraggebers im Hinblick auf eine erfolgreiche Auftragsausführung durch den Beizug eines Substituten bei Nichtvorliegen eines persönlichen Vertrauensverhältnisses gedient wird (BGE 78 II 446 f.). Einer **Übung** entspricht, dass innerhalb einer Arztpraxis oder einer Anwaltskanzlei ein anderer ausreichend qualifizierter Beauftrager im Notfall einspringt (vgl. auch BK-FELLMANN, N 580). Der Beizug des Substituten erfolgt durch Erteilung eines Unterauftrages, der sich innert der Grenzen des Hauptauftrages halten muss (BSK OR I-WEBER, N 6).   4

II. Treuepflichten

Die im Randtitel und in Abs. 2 genannte Pflicht der «getreuen Ausführung» ist nicht eine auf die Ausführungsobligation beschränkte, sondern die Auftragsbeendigung überdauernde wesentliche Nebenpflicht. Der Beauftragte hat angesichts der Fremdnützigkeit des Auftrages seine Interessen denjenigen des Auftraggebers unterzuordnen, darf also z. B. nicht das eigene Verdienstinteresse voranstellen (WERRO, N 503 ff.). Die Treue im Sinne einer generellen Interessenwahrung ist umfassender als die Sorgfalt, die eine sachgerechte Abwicklung der Ausführungsobligation verlangt. In den Bereich der Treuepflichten fallen die Obhuts- und Schutzpflichten (vgl. WEBER, Schutzpflichten …, FS Giger 1989, 735 ff.). Dazu gehören etwa **Aufklärungs- und Benachrichtigungspflichten**, die im Zusammenhang mit der Rechenschaftsablegung (Art. 400) sowie mit der sorgfältigen Auftrags-   5 ausführung zu sehen sind. Die Aufklärungspflicht ist sowohl vorvertraglich wie im Rahmen der Abwicklung des Auftrags zu beachten. Zur Treuepflicht gehören neben den erwähnten Schutzpflichten, der Diskretions- und Geheimhaltungspflicht (N 11 ff.) sowie der Einschränkung des Selbstkontrahierens und der Doppelvertretung (N 15 ff.) die vertragsgemässe Verwendung überlassener Gegenstände (HONSELL, OR BT, 314) sowie die Rechenschaftsablegungs- und Herausgabepflicht (Art. 400). Im Falle der Verletzung einer Treuepflicht ist das negative Vertragsinteresse als Schaden zu ersetzen. Treuebruch kann strafrechtlich Veruntreuung (Art. 138 StGB) oder ungetreue Geschäftsführung (Art. 158 StGB) bedeuten.

6   Kenntnis vertraulicher Tatsachen ist oft notwendig, um die geeigneten Massnahmen in Rahmen der Auftragsausführung treffen zu können (BGE 91 I 205 f.). Die aus dem **Persönlichkeitsrecht** fliessenden Diskretions- und Geheimhaltungspflichten (TERCIER, contrats spéciaux, N 4696) gelten über die Beendigung des eigentlichen Auftrages hinaus (BGE 106 II 225 f.), solange ein berechtigtes Interesse daran besteht (BK-FELLMANN, N 39 ff., 80). Zu beachten sind zudem weitere bundesrechtliche **Geheimhaltungspflichten** (z. B. Normen strafrechtlicher Natur wie Art. 320, 321 StGB, Art. 47 BankG, Art. 35 DSG sowie des öffentlich-rechtlichen Berufsrechts: Art. 13 BGFA) oder kantonales Disziplinarstrafrecht. Eine Verletzung der Geheimhaltungspflicht als wesentliche Nebenpflicht kann zur Leistung von Schadenersatz bzw. Genugtuung führen. Geheimhaltungswürdig ist alles, was der Beauftragte bei der Auftragsausführung in persönlicher und sachlicher Hinsicht erfährt; deshalb hat der Beauftragte auch allgemein unnötige Publizität zu vermeiden (BGE 97 I 838). Ist der Beauftragte zur Wahrung eigener Interessen auf eine (beschränkte) Offenlegung gewisser, an sich geheimniswürdiger Fakten angewiesen (z. B. Honorarinkasso), hat eine Interessenabwägung stattzufinden (BGE 97 I 837 f.) und es sind allfällige Standesregeln zu beachten. Gegen den Willen des Auftraggebers kann sich der Beauftragte jedoch nicht auf die Geheimhaltungspflicht berufen (BK- FELLMANN, N 86). Den **Erben** des Auftraggebers gegenüber besteht weder eine Geheimhaltungspflicht noch, z. B. seitens der Banken, ein Geheimhaltungsrecht (BGE 133 III 664; 94 II 318; 89 II 93 = Pra 1963, 332), mit Ausnahme von Sachverhalten, welche die Privatsphäre des Erblassers betreffen (vgl. EMCH/RENZ/ARPAGAUS, 134 ff.; ZOBL, AJP 2001, 1007 ff.).

7   Gemäss zwischenzeitlich gesicherter Rechtsprechung (BGE 121 III 180) ist das Selbstkontrahieren bzw. die Doppelvertretung **unzulässig**, wenn **gegensätzliche Interessen** zwischen Auftraggeber und Beauftragtem vorliegen, nicht jedoch, wenn die Interessen parallel verlaufen oder wenn der Auftrag Angelegenheiten zum Gegenstand hat, die gemäss ihrer Natur nach einem Ausgleich rufen (WEBER, Juristische Personen SPR II/4, 1998, 179 ff.). Unerlaubtes Selbstkontrahieren macht das Rechtsgeschäft im **In-**

nenverhältnis anfechtbar und führt zur Schadenersatzpflicht des Beauftragten aufgrund einer Verletzung der Treuepflicht. Bei indirekter Stellvertretung ist ein Rechtsgeschäft trotz unerlaubten Selbstkontrahierens bzw. Doppelvertretung im **Aussenverhältnis** gültig; der Auftraggeber braucht sich aber das Geschäft nicht entgegenhalten zu lassen (vgl. aber Art. 397 Abs. 2). Bei direkter Stellvertretung kann mangels Genehmigung kein verbindliches Rechtsgeschäft zustandekommen, weil es im Aussenverhältnis wegen des unerlaubten Selbstkontrahierens bzw. der Doppelvertretung an einer gültigen Vollmacht fehlt (vgl. Hofstetter, 108/95 f.).

III. Sorgfalt und Haftung

Für allgemeine Ausführungen zum Verzug und zur Nichterfüllung, namentlich der objektiven bzw. subjektiven (verschuldeten) Unmöglichkeit vgl. BSK OR I-Weber N 19 f. Wichtigster Fall der Schlechterfüllung im Auftragsrecht ist die unsorgfältige Tätigkeit des Beauftragten (vgl. CR CO I-Werro, N 34). Dem Abs. 1, der seit der Revision des Arbeitsvertragsrechts von 1971 unverändert geblieben und noch problematischer geworden ist (vgl. Tercier, contrats spéciaux, N 4664: Abs. 1 betrifft nur die Haftungsvoraussetzungen an sich), kommt nur untergeordnete Bedeutung zu; er muss als blosse Verankerung der Pflicht zu einem berufsspezifischen Durchschnittsverhalten aufgefasst werden (BK-Fellmann, N 486: Haftung nach den selben Regeln wie im Arbeitsverhältnis, nicht mit der gleichen Sorgfalt wie ein Arbeitnehmer). 8

Im Einzelnen wird der Sorgfaltsbegriff im Obligationenrecht nicht konkretisiert (vgl. BK-Fellmann, N 16 ff.). Aus diesem Grunde sowie auch zur Vermeidung einer Gleichsetzung von Sorgfalt und Verschulden erscheint eine Aufgliederung notwendig (eingehend Weber, ZSR 1988 I, 46 ff., 51 f., 58): Einerseits beinhaltet die Sorgfaltspflicht als **auftragsrechtliches Tätigkeitsgebot** die zweckgerechte und erfolgsbezogene (d. h. «richtige») Verfolgung der Vertragsziele; Nichteinhaltung bedeutet Vertragsverletzung. Im Rahmen der Ausübung der Leistungspflichten stellt die Sorgfalt andererseits eine **Verhaltensmaxime** dar, und zwar in zweierlei Hinsicht: (a) Das Vorgehen des Beauftragten darf objektiviert betrachtet («Durchschnittsbürger») nicht fahrlässig und damit unter dem Verschuldensgesichtspunkt **vorwerfbar** sein (vgl. BK-Fellmann, N 463 ff.). (b) Für die allfällige Sorgfaltswidrigkeit muss der Beauftragte von seiner Persönlichkeit her betrachtet (subjektiv) **zurechnungsfähig** sein. 9

Sorgfalt ist Können, Unsorgfalt **Kunstfehler** (BGE 70 II 210 = Pra 1944, 424 f.; vgl. auch BGE 129 II 359 f.). Zur sorgfältigen Auftragsausführung gehören eine sachgerechte Analyse von Art, Umfang, Zeitdauer und Erfolgsaussichten des Auftrages, eine weitsichtige Planung sowie die Bearbeitung der sich stellenden Probleme mit hohem beruflichem Standard 10 (inkl. Weiterbildung bzw. Beizug eines Spezialisten) und – mittels kritischer Selbsteinschätzung – die Vermeidung eines Übernahmeverschuldens. Der Beauftragte hat einen angebotenen Auftrag abzulehnen, wenn er der Geschäftsbesorgung nicht gewachsen ist (BGE 124 III 162 ff). Beinhaltet das Leistungsprogramm des Beauftragten auch Unterlassungen, macht deren Verletzung ebenso schadenersatzpflichtig (SJZ 1981, 79 ff., 165; 1965, 10 f.; ZBGR 1944, 301 f.). Die tunliche Sorgfalt ist sowohl bezüglich der **Hauptpflicht** (vgl. BGE 113 II 431-433) wie auch der **Nebenpflichten** aufzubringen. Zu den Nebenpflichten bzw. allgemeinen **Treuepflichten** gehören beispielsweise die selbstständige und beförderliche Mandatsfortführung durch den Anwalt (BGE 106 II 174 f.); sowie die Pflicht zur Information und **Aufklärung** (z. B. bei Umwandlung der Honorarschuld in Darlehen SJZ 2007, 101 f. [verneint]; zur Honorarpflicht BJM 2000, 188 = AJP 2000, 1279; zu Anwalt betreffend Prozessaussichten und Kostenfolgen ZR 1994, 264). Sachgerecht ist, die Anforderungen an die Aufklärung je nach Kenntnisstand und Erfahrung des Auftraggebers zu variieren (BGer SZW 1991, 275).

11   Die auftragsrechtlich spezifisch relevante Komponente des Sorgfaltsbegriffes betrifft die als objektive «Norm» verstandene zweckgerechte und zweckmässige Handlungsweise des Beauftragten, der zwar nicht für den Erfolg einzustehen hat (ausser bei entsprechender «Garantie», BGE 93 II 311), aber erfolgsbezogen tätig werden muss (WEBER, 101). An das «Wirken» des Beauftragten ist ein **abstrakter Sorgfaltsmassstab** anzulegen, objektiviert betrachtet im Lichte des **berufsspezifischen Durchschnittsverhaltens** (vgl. BGE 127 III 359). Die bestimmenden objektivierten Faktoren ergeben sich aus der Art der vertragsgemäss zu verrichtenden Arbeit und der dazu erforderlichen **Fachkenntnis** (Regeln der Kunst). Eine **Haftung entfällt** hingegen, wenn der Schaden gestützt auf Ursachen, die nach dem gegenwärtigen Stand der Wissenschaft selbst bei aufmerksamer und gewissenhafter Prüfung nicht erkennbar sind, eintritt (BGE 93 II 19, Tierarzt; 66 II 34, Arzt).

IV. Kasuistik zur Haftung

12   **Arztvertrag**: Haftpflichtig machen widerrechtliche Schädigungen (Körpereingriffe) im Rahmen der Auftragsausführung, soweit sie nicht durch die Einwilligung des Patienten gedeckt sind (BGE 133 III 121 ff. = SJ 2007, 353 ff.; 120 II 248 ff.; vgl. auch HONSELL und KUHN in: HONSELL, Handbuch, 4 ff., 31 ff., 53 ff., 69 ff.; vgl. zum Ganzen auch ROGGO/STAFFELBACH, AJP 2006, 407 ff.; betreffend die zahnärztliche Praxis GRIEDER, HAVE 2006, 209 ff.). Eine gültige Einwilligung des Patienten setzt hinreichende Aufklärung voraus (BGE 119 II 458 = Pra 1995, 234 ff.). Operiert der Arzt ohne (gültige) Einwilligung, handelt er rechtswidrig und ist zum Ersatz allen

Schadens verpflichtet, auch wenn er sich keiner Sorgfaltspflichtverletzung
schuldig macht (BGer 4P.265/2002; BGE 108 II 59 = Pra 1982, 300 ff.). Der
Beweis der erfolgten Aufklärung und Einwilligung obliegt dem Arzt (BGE
117 Ib 202). Zur Haftung aufgrund fehlgeschlagener Sterilisation BGE 132
III 359 ff.

Architektenvertrag: Der Architekt haftet für einen ungenauen Kostenvor-   13
anschlag und eine Bausummenüberschreitung (BGE 127 III 328 ff.; BGer
4C.54/2006, E.2; ZEHNDER, Die Haftung des Architekten für die Überschreitung seines Kostenvoranschlages, Diss. Freiburg 1994; SCHUMACHER, Die
Haftung des Architekten für seine Kosteninformationen, recht, 1994, 126 ff.)
Zur Bedeutung der 10%-Toleranz-Klausel vgl. ZR 1992/93, 308 f.; zur Haftung für die Unterlassung der notwendigen Hangsicherung vgl. BGE 115
II 44; zur Auslegung des Art. 1.6 SIA-Norm 102 bzw. des «direkten Schadens» vgl. BGE 126 III 389 f.

Anwaltsvertrag: Der Anwalt wird haftpflichtig, wenn er bei Beurkundung   14
der Grundpfandverschreibung nicht auf die Risiken der fehlenden Darlehenshingabe hinweist (PKG 1987, 73 f.), wenn er ein Bauhandwerkerpfandrecht auf die falsche Parzelle einträgt (BGE 117 II 563 f. = Pra 1992, 683 ff.;
zu verspäteter Eintragung vgl. Urteil des KGer SG vom 6. September 2007),
wenn er gewisse Rechtswirkungen verkennt (BGE 127 III 357 ff.), eine Frist
versäumt (BGE 87 II 364; vgl. auch BGE 110 Ib 95 = Pra 1984, 331) oder die
Verjährung nicht rechtzeitig unterbricht (BGE 106 II 253 ff.), wenn er ein
Urteil nicht rechtzeitig an den Auftraggeber weiterleitet (GVP SG 1991,
84 ff. m. Bem. FISCHER, AJP 1992, 132 f.), ebenso bei Unkenntnis klaren
Rechts (BGE 127 III 357 ff.), nicht hingegen, wenn das Gericht seine Rechts-
auffassung nicht teilt (Anwaltsrevue 2001, 37 [keine Erfolgshaftung]) oder
wenn er die Umwandlung des Honorars in eine Darlehensforderung vorschlägt (SJZ 2007, 101 f.); allg. zum Umfang der Sorgfaltspflicht BGE 117
II 566; zur Haftung des **Notars** BGE 127 III 248 ff.

Bank: Eine sorgfältige Banktätigkeit setzt voraus, dass die Unterschriften   15
geprüft werden (BGE 125 IV 141); unsorgfältig ist die Entgegennahme un-
gedeckter Checks statt Bargeld (Rep. 1978, 141); zum grobfahrlässigen
Verhalten bei Ausführung von Kundenaufträgen vgl. BGE 132 III 449 = Pra
2007 195 ff.; ZR 1998, 213 = AJP 1999, 196. Zur Aufklärungspflicht des
Treuhänders, der (ähnlich einer Bank) u. a. als Sammelstelle für ein (fremdes) Anlagegeschäft dient, BGE 131 III 377 = Pra 2006, 216 ff. Zur Sorgfaltspflicht der zur Überweisung beauftragten Bank im Girovertrag vgl.
BGE 126 III 20 = AJP 2000, 725. Zur Gültigkeit von Saldierungsklauseln
BGE 127 III 150 f., dazu WIEGAND, ZBJV 2003, 854 ff. Zur Haftung im Ver-
mögensverwaltungsvertrag BGer 4C.323/2004; 4C.18/2004, dazu PACH-
MANN/VON DER CRONE, SZW 2005, 146 ff.; BGE 126 III 20; zum Beweis der
Verletzung von Sorgfaltspflichten im Anlagegeschäft GUTZWILLER, AJP

2004, 411 ff.; vgl. ferner THEVENOZ/ZOBL, SZW 2007, 315 ff. Zur Haftung
des Anlageberaters BGer 4C.194/2005, dazu SIBBERN/VON DER CRONE, SZW
2006, 70 ff.; BGE 124 III 165 f.; ZR 2007, 9 ff. Zu den Sorgfaltspflichten der
Bank in Kreditverhältnissen vgl. BGE 124 III 155 ff. (dazu WEBER, SZW
1998, 254 f.); zur Sorgfalt bei der privaten Pfandverwertung BGE 118
II 112 ff. = Pra 1992, 765 f. Im **Finanzmarktbereich** sind die Sorgfalts-,
aber auch die Informations- und Treuepflichten der Banken bzw. der Effektenhändler im Lichte weiterer Regelwerke auszulegen, etwa von Art. 11
BEHG, der als Doppelnorm sowohl verwaltungsrechtliche als auch privatrechtliche Wirkung zeitigt (BGE 133 III 99 f. E.5.2 m. w. Nw., dazu auch
VOISARD, AJP 2007, 915 bzw. SIBBERN/VON DER CRONE, SZW 2007, 173 ff.)
und der Selbstregulierungsnormen wie Art. 3 und Art. 8 der Richtlinien Effektenhandel 1997 (SBVg).

16   **Liegenschaftenverwaltungsvertrag**: Holt die Liegenschaftsverwalterin keine Auskünfte über die mögliche neue Mieterin ein, handelt sie sorgfaltswidrig (ZR 1998 148 ff.; zum Ganzen auch FISCHER, AJP 2000, 397 ff.).

V.   Folgen der Sorgfaltswidrigkeit

17   Sorgfaltswidrigkeit (Vertragsverletzung) führt zusammen mit dem Vorliegen eines Schadens (Art. 97; dazu BK-FELLMANN, N 333 ff.) und des Kausalzusammenhanges zwischen Vertragsverletzung und Schadenseintritt sowie
dem Verschulden des Beauftragten (BGE 132 III 363; TERCIER, contrats
spéciaux, N 4725 ff.) zu einem Schadenersatzanspruch des Auftraggebers.
Diesfalls ist das **positive Vertragsinteresse** (Erfüllungsinteresse) zu ersetzen (BGE 119 II 252 f.; GUTZWILLER, SJZ 2005, 361 f.; GAUCH, BR 1994, 49;
abweichend BGE 124 III 166). Bei Vorliegen eines deliktischen Sachverhalts besteht Anspruchskonkurrenz mit Art. 41 (BGE 71 II 114 = Pra 1945,
314 f.). Der **Auftraggeber** hat Schaden, Sorgfaltswidrigkeit und Kausalzusammenhang zwischen Sorgfaltswidrigkeit und Schadenseintritt zu beweisen (RVJ 1992, 381 f.; HONSELL, ZSR 1990 I, 144; WEBER, AJP 1992,
185; BK-FELLMANN, N 444 ff.; a. A. betr. Kausalzusammenhang SJZ 1989,
119 ff.). Zur Sorgfaltswidrigkeit gehört der Nachweis der Abweichung vom
vertraglichen Leistungsprogramm. Hingegen hat der **Beauftragte** darzutun, dass ihn kein Verschulden trifft (WEBER, 102; DERENDINGER, N 334 ff.;
SJZ 1980, 383 f.; abweichend und unklar z. T. die Rechtsprechung: BGE 108
Ib 192; 108 II 61 = Pra 1982, 301; 105 II 285 f.; RVJ 1992, 385 f.; SJZ
1983, 377). Die Schwierigkeiten der Rechtsprechung rühren v. a. von der
fehlenden klaren Unterscheidung zwischen Vertragsverletzung und Verschulden her (N 8); deren getrennte Erfassung und eine stärkere Subjektivierung des Verschuldensbegriffs i. S. der Vorwerfbarkeit (dazu W. FELL-
MANN, Der Verschuldensbegriff im Deliktsrecht, ZSR 1987 I, 339 ff.) führen
zu einer sachgerechten Beweislastverteilung (BSK OR I-WEBER, N 33).

VI. Sonderfragen

Schadenersatzansprüche **verjähren** in zehn Jahren (Art. 127). In Arztver- 18
trägen sind die zehn Jahre ab Beendigung einer Behandlung zu rechnen,
ein späteres Neuaufsuchen desselben Arztes führt nicht zu einer Verjährungsunterbrechung (BGE 87 II 155). Das sorgfältige Tätigwerden an
sich ist dem Auftragsrecht immanent und im Gegensatz zum Einstehenmüssen **unabdingbar**. **Haftungsbeschränkungen** kommen im Rahmen der
Art. 99 Abs. 2 und Art. 100/101 in Frage (dazu BSK OR I-WEBER, N 34 ff.);
unter den Begriff des «obrigkeitlich konzessionierten Gewerbes» (Art. 100
Abs. 2, 101 Abs. 3) können aber auch Tätigkeiten gestützt auf eine Polizei-
erlaubnis fallen (z.B. Banken; vgl. BGE 112 II 454 ff. = Pra 1987, 510 ff.;
109 II 119 f.).

Art. 399

Bei Übertragung der Besorgung auf einen Dritten

¹ Hat der Beauftragte die Besorgung des Geschäftes
unbefugterweise einem Dritten übertragen, so haftet
er für dessen Handlungen, wie wenn es seine eigenen wären.

² War er zur Übertragung befugt, so haftet er nur für
gehörige Sorgfalt bei der Wahl und Instruktion des
Dritten.

³ In beiden Fällen kann der Auftraggeber die Ansprüche, die dem Beauftragten gegen den Dritten
zustehen, unmittelbar gegen diesen geltend machen.

I. Haftungsregeln bei Substitution

Als Ausnahme vom Prinzip von Art. 68 hat der Beauftragte das Geschäft 1
grundsätzlich persönlich auszuführen (Art. 398 Abs. 2). Art. 399 regelt die
Folgen der befugten (Abs. 2) und unbefugten (Abs. 1) Substitution. Im Falle
einer befugten Substitution (Art. 398 N 1 ff.) haftet der Beauftragte nur für
die gehörige **Auswahl** und **Instruktion** (Abs. 2). Der befugten Substitution
gleichzustellen ist die *Vermittlung von Diensten* (HOFSTETTER, 99/86 f.). Haftungsbegründend ist also die Auswahl eines unfähigen Substituten oder die
Abgabe ungenügender/unrichtiger Instruktionen (im Einzelnen s. BK-FELL-
MANN, N 58 ff.); hingegen braucht der Beauftragte den Substituten nicht zu
überwachen (zu den Einschränkungen, z.B. Erteilung von Weisungen, vgl.
BK-FELLMANN, N 69 ff.).

2   Die gesetzliche Anordnung stellt eine Haftungserleichterung dar; die Regelung ist deshalb gerechtfertigt, weil die Überwachung oft praktisch nicht durchführbar ist. Die **Rechtsprechung** hat Abs. 2 immerhin insoweit **verschärft**, als der Beauftragte, falls die Substitution auch im eigenen Interesse erfolgt (z. B. Vergrösserung des Umsatzes oder der geschäftlichen Kapazität), für den «Erfolg» seiner Dienstleistung einzustehen hat (Art. 101 Abs. 1; BGE 112 II 347 ff.; kritisch Honsell, OR BT, 314 f.), nicht hingegen, wenn der Beizug im Interesse des Auftraggebers (z. B. Beizug eines Spezialisten) geschieht. Zusätzlich misst das Bundesgericht dem Kriterium der wirtschaftlichen Selbstständigkeit des Substituten Bedeutung zu (BGE 112 II 353 f.).

3   Eine Haftungswegbedingung ist im Rahmen von Art. 100/101 möglich (BSK OR I-Weber, N 3). Die Haftungsbeschränkung von Abs. 2 ist nur gerechtfertigt, wenn der Substitut spezifische Ausführungstätigkeiten ausübt, nicht z. B. bei einer Ablieferungsobligation (vgl. BGer, SJ 1994, 284 = SZW 1995, 30) oder wenn der Beauftragte die Leistung des Substituten als seine eigene Leistung ausgibt (Derendinger, N 317).

4   Zieht der Beauftragte unbefugt einen Substituten bei, haftet er für dessen Handlungen, wie wenn es seine eigenen wären (Abs. 1). Dieser Wortlaut ist ungenau, weil der unbefugte Beizug schon an sich eine **Vertragsverletzung** darstellt und einer Exkulpation nicht offen steht (Art. 97; BK-Fellmann, N 12). Das in der Lehre zum Teil zusätzlich herangezogene Kriterium der hypothetischen Vorwerfbarkeit, wonach dem Beauftragten das Verhalten des Substituten anzurechnen ist, wie wenn er selbst so gehandelt hätte (BK-Fellmann, N 22 f.), erweist sich im Rahmen von Abs. 1 als sachwidrig; Abs. 1 begründet vielmehr eine sog. milde Kausalhaftung (BK-Fellmann, N 30 f.).

II. Direktanspruch und Regress

5   Ähnlich einem Vertrag zugunsten Dritter (Art. 112) steht dem Auftraggeber ein Direktanspruch gegen den Substituten zu (BGE 121 III 314 f.). Im Verhältnis zum Auftraggeber ist der beigezogene Substitut **auftragsloser Geschäftsführer**, der für jede Fahrlässigkeit einzustehen hat (Art. 420 Abs. 1; vgl. auch BGE 110 II 183). Beauftragter und Substitut haften dem Auftraggeber **solidarisch** (vgl. BK-Fellmann, N 97; zur diesbezüglichen Unterscheidung zwischen echter/unechter Solidarität BSK OR I-Weber, N 6).

6   Bei der befugten Substitution dürfte sich i. d. R. die Lösung der **Regressfrage** aus dem Sachverhalt ergeben, weil die fehlerhafte Auftragsausführung entweder auf ungenügender Auswahl/Instruktion (Haftung des Beauftragten) oder Unsorgfalt des Substituten (Haftung des Substituten) beruht. Bei der unbefugten Substitution ist ein Regress des Beauftragten

gegen den Substituten im Ausmass der eigenen Beanspruchung durch den Auftraggeber unter Nachweis der Unsorgfalt des Substituten möglich (BK-FELLMANN, N 42, 90), doch kann der Substitut Gegenansprüche aus dem Unterauftrag zur Verrechnung bringen kann (ZBJV 1956, 71 f.).

Art. 400

Rechenschafts-ablegung

¹ **Der Beauftragte ist schuldig, auf Verlangen jederzeit über seine Geschäftsführung Rechenschaft abzulegen und alles, was ihm infolge derselben aus irgendeinem Grunde zugekommen ist, zu erstatten.**
² **Gelder mit deren Ablieferung er sich im Rückstande befindet, hat er zu verzinsen.**

I. Rechenschaftsablegungspflicht

a) Die Rechenschaftsablegung beinhaltet eine Abrechnungspflicht und eine **Informationspflicht** des Beauftragten. Der Auftraggeber ist über die Geschäftsführung (**aktiv**) zu benachrichtigen und es ist ihm (**passiv**) Auskunft zu erteilen (so § 666 BGB; dazu vgl. HAFNER, 44 ff.). Die aus der allgemeinen Treue- und Sorgfaltspflicht von Art. 398 fliessende Informationspflicht ist unaufgefordert zu erfüllen (BGE 110 II 372); sie ist die «Vorleistung» für die Abrechnung. Die Rechenschaftsablegungspflicht ist **nicht wegbedingbar** (ZR 2002, 100; vgl. auch BK-FELLMANN, N 58). Ein sorgfältig tätig werdender Beauftragter ist **jederzeit** in der Lage, seiner Informationspflicht nachzukommen (BGE 110 II 181). Die Information ist für den Auftraggeber Grundlage zur Beurteilung der Auftragsausführung des Beauftragten (JÖRG/ARTER, ST 2004, 297 ff.) bzw. der Geltendmachung eines Schadenersatzanspruches (BGE 110 II 182). Die Information, und zwar über alles, was für den Auftraggeber von Bedeutung sein kann, hat **rechtzeitig** zu erfolgen sowie **wahrheitsgetreu** und **vollständig** zu sein (BGE 115 II 67). Die Rechenschaftsablegung muss hinreichend ausführlich und verständlich sein, berichtsmässig alle wesentlichen Vorgänge umfassen, einschliesslich eigener Fehler (BK-FELLMANN, N 20, 27, 32; TAUPITZ, ZBJV 1993, 672 ff.). 1

Neben der Information über den konkreten Sachstand sind – im Rahmen einer allgemeinen Beratung (DERENDINGER, N 131 ff.) – auch Informationen über die **Zweckmässigkeit** der weiteren Verfolgung des Auftrages (BGE 115 II 67), der Ratschlag hinsichtlich möglicher Vorgehensweisen und Schutzvorkehren (BGE 111 II 72 ff.) und die **Abmahnung** bei unsachgemässen Weisungen (BGer, SZW 1991, 275; BGE 108 II 199), ungeachtet eigener Ho- 2 norarinteressen, von Bedeutung. Der **Arzt** hat dem Patienten Auskunft zu geben über Gesundheitszustand, Heilungschancen, Krankheitsverlauf, Ansteckungsgefahren, Folgen der Krankheit, Kosten usw. (Hofstetter, 117/105 f.; vgl. auch Art. 398 N 11). Die Rechtsprechung erlaubt aber dem Arzt, je nach Krankheitssituation und Zumutbarkeit der vollen Wahrheit auszuweichen (BGE 108 II 59 ff. = Pra 1982, 299 ff.). M. E. kann bei entsprechenden Patientenbegehren der vollen Aufklärung aber nicht langfristig ausgewichen werden (aus der Literatur BK-Fellmann, N 39 ff.; Kuhn, ZSR 1986 I, 477 ff.). Zur Informationspflicht des Anwalts gegenüber dem Klienten vgl. BGE 110 Ib 95 = Pra 1984, 331; Testa, 30 ff. zu diesbezüglichen Fragen bei Forschungs- und Entwicklungsverträgen vgl. Mondini/Berge, sic! 2008, 3 ff., 7.

3   Der Beauftragte hat dem Auftraggeber Abrechnung zu erstatten, um Aufschluss darüber zu geben, dass der Auftrag **fremdnützig** und **haushälterisch** ausgeführt worden ist. Regelmässig wird diese schriftlich mittels Erstellung einer Abrechnungsurkunde (Kontoauszug, Honorarrechnung) und gegebenenfalls unter Übergabe sachgerechter Belege erfolgen müssen (ZR 1992/93 261; SJZ 1966, 127; Anwalt: ZR 1995, 195 ff., zur Rechenschaftsablegungspflicht des anwaltlichen Willensvollstreckers während hängigem Mandat). Der Beauftragte hat deshalb Dokumente sorgfältig aufzubewahren und Buch zu führen. Die Abrechnung soll dem Auftraggeber eine **sachgerechte Kontrolle** der Beauftragtentätigkeiten ermöglichen. Der Arzt erfüllt seine Abrechnungspflicht, wenn er die Patientenkartei seinem Nachfolger übergibt (BGE 119 II 226; zur [auch datenschutzrechtlichen] Problematik Weber, ZBJV 1993, 697 f.; ferner Hafner, 138 ff; a. a. O., 109 ff. Hw. zu den einzelnen Berufsgruppen). Zur Abrechnung und Erstattung gegenüber den Betreibungsbehörden BGE 112 III 99.

4   Auch für den Beauftragten ist die Abrechnung wichtig, weil unter Umständen indirekt seine Gegenforderung (Verwendungsersatz, Honorar) anerkannt und gegebenenfalls Entlastung für seine Geschäftsführung gewährt wird, ohne dass hierauf ein Rechtsanspruch bestünde. Eine Saldoanerkennung seitens des Auftraggebers muss unmissverständlich sein. Die Abrechnungspflicht darf nicht gegen Treu und Glauben unangemessen ausführlich oder zu allen möglichen Zeiten geltend gemacht werden (BK-Fellmann, N 78 ff.). Im Falle eines *Gemeinsamkontos* hat jeder Kontoinhaber Anspruch auf Auskunft und Abrechnung (vgl. BGE 101 II 120). Ebenso haben unabhängig von der Kontoart Erben einen Auskunftsanspruch (BGE 133 III 664 = SJZ 2007, 584 ff.; SJ 1972, 537), ausser betreffend Tatsachen höchstpersönlicher Natur (SJZ 1965, 354 ff.; BK-Fellmann, N 103 ff.).

II. Ablieferungspflicht

Angesichts der Fremdnützigkeit des Auftrages ist das Erlangte dem Auf- **5**
traggeber abzuliefern. Bei Rechtshandlungsaufträgen ist die Ablieferungspflicht eine Hauptpflicht, bei Tathandlungsaufträgen eine Nebenpflicht; sie
ist nach neuester Rechtsprechung des BGer nicht zwingender Natur, doch
muss der Auftraggeber bei einem Verzicht auf zukünftige Ablieferungsansprüche über deren Einzelheiten wahrheitstreu informiert sein (BGE 132
III 460). Die erwähnte bundesgerichtliche Rechtsprechung zur Herausgabe
von **Retrozessionen** und «Finder's Fees» durch Vermögensverwalter hat zu
zahlreichen Diskussionen Anlass gegeben (ABEGGLEN, SZW 2007, 122 ff.;
DERS., recht 2007, 190 ff.; CAMP/BÜHRER, ST 2006, 527 ff.; GUGGENHEIM/
FAÏS, SZW 2007, 224 ff.; KILGUS/KUHN, TREX 2007, 39 ff.; KUHN, TREX
2007, 348 ff; LOMBARDINI/MACALUSO, AJP 2008, 180 ff.; NÄNNI/VON DER
CRONE, SZW 2006, 377 ff.; NOBEL/STRINIMANN, SZW 2007, 343 ff.; SCHMID,
Jusletter vom 21. Mai 2007; vgl. auch JÖRG/ARTER, ST 2004, 297 ff.).

Ablieferung meint **Sachleistung** mit **Erfolgshaftung** (im Gegensatz zur Aus- **6**
führungsobligation). In der Regel liegt eine Gattungsschuld vor (v. a. bei
Geld, Wertpapieren), ausser bei Liegenschaften und beweglichen Speziessachen. Forderungen sind zu zedieren bzw. zu retrozedieren (BGE 71 II 169).
Die Ablieferungspflicht besteht nicht erst gesamthaft bei Auftragsbeendigung.

Abzuliefern hat der Beauftragte alles, was ihm bei der Ausführung des Auf- **7**
trages vom Auftraggeber (z. B. Vorschuss) oder von Dritten zugekommen
und nicht bestimmungsgemäss verbraucht worden ist, somit **Vermögens-**
werte (Liberierungsbetrag für zu zeichnende Aktien: SJ 1960, 426 ff.; In-
kassobeträge: RVJ 1979, 135) und **Dokumente** (zur Aktenherausgabe-
pflicht BGE 122 IV 322 ff.). Der Rechtsanwalt ist stets verpflichtet, ein
Urteil, gegen das ein Rechtsmittel erhoben werden kann, an seinen Man-
danten weiterzuleiten, auch wenn dessen Ergreifung als aussichtslos erscheint (GVP SG 1991, 85). Nicht herauszugeben sind hingegen vorbereitende Studien und Dokumente für den internen Gebrauch (ZR 1994, 25 ff.;
vgl. ferner ZR 1981, 75 f.: Bank; SJ 1958 520: Buchhaltung). **Ärzte** haben
praxisgemäss Röntgenbilder herauszugeben (SJZ 1986, 144 ff.), können es
bei der Krankengeschichte eines Patienten i. d. R. aber mit deren Vorlegung und Erläuterung bewenden lassen (vgl. BJM 1986, 202 ff.; SJ 1948,
313 ff.; PAGE, Fardeau de la preuve ... in: Tercier (Hrsg.), Aspects du droit
médical, 2. Aufl., 1988, 107, 109 ff.; BK-FELLMANN, N 137 ff.). Grundsätzlich kann der Patient jedoch Kopien jener Passagen der Krankengeschichte
zu Eigenkosten verlangen, über welche der Arzt aufzuklären hat (vgl. BO-
RER-BENZ, 54 m. Hw.). Betreffend den unabhängigen Vermögensverwalter
vgl. JÖRG/ARTER, ST 2004, 297 ff. **Provisionen** und spezifische **Rabatte** sind

dem Auftraggeber abzuliefern (BGE 132 III 460: «Retrozessionen», dazu Art. 400 N 5), soweit dadurch nicht gemäss Abrede die Generalunkosten des Beauftragten gedeckt werden sollen; ebenso sind Mengenrabatte (pro rata) und Schmiergelder zu übergeben (HOFSTETTER, 120 f./109 m. Hw.).

8   Die Ablieferungspflicht wird mit dem Erwerb durch den Beauftragten **sofort fällig** (BK-FELLMANN, N 160); einer Mahnung bedarf es nicht. Ab Fälligkeit des Anspruchs trägt der Beauftragte die **Gefahr der Sache** (Art. 103). Mangels abweichender Regelung ergibt sich der Ablieferungsort aus Art. 74. Für jeden Rückstand mit der Ablieferung von Geldern ist der Beauftragte auch ohne Mahnung gemäss der ausdrücklichen Anordnung von Abs. 2 **zinspflichtig** (Rep. 1971, 306; unklar die Inverzugsetzung in BGE 94 II 314 319 = Pra 1969, 402 f.). Die in Abs. 2 angeordneten Zinsen betragen – ohne jährliche Kapitalisierung – 5 % gemäss Art. 104 (Rep. 1978, 303 f.). Die Ablieferung kann nicht von Bedingungen, wie etwa einer Déchargeerteilung, abhängig gemacht werden (BGE 78 II 378). Der Ablieferungspflicht steht das Anfertigen bzw. Behalten von Fotokopien durch den Beauftragten nicht entgegen.

9   Dem Beauftragten zustehende Gegenansprüche (z. B. Honorar, Verwendungs-, Schadenersatz), können mit gegenseitigen Geldforderungen verrechnet werden (BGE 81 II 365), abzuliefern ist diesfalls der geschuldete Saldo. Auch der Klient kann etwa seine Schadenersatzansprüche mit den Honorarforderungen seines Rechtsvertreters verrechnen (vgl. NZZ Nr. 82 vom 9. 4. 1996, 52).

10   Zur Sicherung seiner Ansprüche hat der Beauftragte ein **Retentionsrecht** bzw. ein obligatorisches Zurückbehaltungsrecht an den herauszugebenden Vermögenswerten (BGE 94 II 267 ff.). Kein Retentionsrecht besteht an nicht verwertbaren Urkunden (BGE 122 IV 322, 327 ff.); zu den Grenzen des Zurückbehaltungsrechts BK-FELLMANN, N 194 ff.

III. Sonderfragen

11   Die Rechenschaftsablegungs- und Ablieferungspflicht wird (spätestens) durch die **Auftragsbeendigung aktualisiert** (Art. 404) und überdauert – als Passivpflicht (N 1) – die Ausführungsobligation (vgl. BGE 101 II 120; SJZ 1955, 189 f. betr. Rechenschaftsablegung des Verwaltungsrates nach Déchargeerteilung durch Generalversammlung). Die Rechenschaftsablegungs- und Ablieferungsansprüche sind **abtretbar** sowie aktiv und passiv vererblich (im Einzelnen BK-FELLMANN, N 106, 153, 211 f.). Sie **verjähren** nach zehn Jahren ab Beendigung des Auftragsverhältnisses (vgl. BGE 133 III 37 = Pra 2007, 619 ff.; ZR 1981, 77; BGer SJ 1989, 232; BGE 91 II 451 [auch zur Beweislastverteilung]); vorbehalten bleibt der unverjährbare Vindikationsanspruch (BGE 48 II 46 f.).

Art. 401

Übergang der erworbenen Rechte

[1] Hat der Beauftragte für Rechnung des Auftraggebers in eigenem Namen Forderungsrechte gegen
Dritte erworben, so gehen sie auf den Auftraggeber
über, sobald dieser seinerseits allen Verbindlichkeiten aus dem Auftragsverhältnisse nachgekommen
ist.

[2] Dieses gilt auch gegenüber der Masse, wenn der Beauftragte in Konkurs gefallen ist.

[3] Ebenso kann der Auftraggeber im Konkurse des Beauftragten, unter Vorbehalt der Retentionsrechte
desselben, die beweglichen Sachen herausverlangen,
die dieser in eigenem Namen, aber für Rechnung des
Auftraggebers zu Eigentum erworben hat.

I. Allgemeines

Art. 401 ist zugeschnitten auf **Rechtshandlungsaufträge**, in denen der Beauftragte als indirekter Stellvertreter auftritt. Inhaltlich will Art. 401 eine
Annäherung an die direkte Stellvertretung verwirklichen (WEBER, 109;
SCHULIN/VOGT, BT, Tafel J 3A/B). Die getroffene Sonderregelung hat eine
Privilegierung des Auftraggebers im Zwangsvollstreckungsrecht zur Folge
(vgl. HOFSTETTER, 133/122). Forderungen, die der Beauftragte bei der Auftragsausführung erworben hat, gehen durch Legalzession (Subrogation)
bei Erfüllung der Verbindlichkeiten des Auftraggebers auf diesen über
(Abs. 1). Die Subrogation findet selbst im Konkurs des Beauftragten statt
(Abs. 2) und der Auftraggeber hat ein irreguläres Aussonderungsrecht an
beweglichen Sachen und individualisiertem Geld im Konkurs des Beauftragten (Abs. 3). Die Legalzession und das Aussonderungsrecht sind über
den Wortlaut von Art. 401 hinaus nicht nur im Falle des Konkurses, sondern ebenso bei Pfändung, Arrest und Nachlassvertrag anwendbar (BGE
122 III 364 f.).

1

Art. 401 regelt die spezifische Wirkung der Ablieferungsobligation bei Auftragsausführung in indirekter Stellvertretung (zu den abweichenden Regelungen in den Nachbarländern BK-FELLMANN, N 3). Anstatt auf die for-
malrechtliche Zuordnung des Rechtsgutes an den Beauftragten wird auf
die eigentliche **wirtschaftliche Zuordnung** abgestellt. Weil Art. 401 die
grundlegenden juristischen Unterschiede zwischen der direkten und der
indirekten Stellvertretung überbrückt, wird das Risiko des Auftraggebers

2

gemindert, das ihm aus der Rechtsgeschäftsabwicklung durch den Beauftragten entsteht (vgl. BGE 108 II 118 ff. = Pra 1982, 449 ff.; WEBER, 109).

II. Anwendungsbereich

3   Art. 401 findet Anwendung, wenn der Geschäftsführer im **eigenen Namen
für fremde Rechnung** Vermögensrechte erwirbt, z. B. als Einkaufskommissionär (Art. 425), Spediteur (Art. 439), geschäftsführender Gesellschafter
(Art. 543 Abs. 1). Ob ein Geschäft für fremde Rechnung getätigt wird, beurteilt sich nach dem Parteiwillen (BGE 122 III 367). Art. 401 gilt sowohl für
das kurzfristige Durchgangseigentum wie auch für die längerwährende fiduziarische Rechtsträgerschaft (BGE 130 III 316; HOFSTETTER, 136/124 f.
m. Hw.; Anwendung demgegenüber verneint in BGE 117 II 430, 115 II 470,
114 II 50 und 112 II 446).

4   Gemäss Gesetzeswortlaut fallen diejenigen Forderungen und beweglichen
Sachen nicht unter das Aussonderungsrecht, die der **Auftraggeber dem
Beauftragten übertragen** hat (BGE 117 II 429 ff.). Gegen eine solche wört-
liche Auslegung sprechen indessen sachliche Gründe (keine innere Rechtfertigung der Ungleichbehandlung je nach «Herkunft» der Vermögenswerte) und ein Blick auf verwandte Rechtsnormen, die keine mit Art. 401
deckungsgleiche Lösung vorsehen (z. B. Art. 201 SchKG, Art. 37d BankG;
BSK OR I-WEBER, N 5; so auch HONSELL, OR BT, 321 f., 351; BSK SchKG I-
RUSSENBERGER, Art. 242 N 23; a. A. BK-FELLMANN, N 36, 116).

5   Gegenstand der Legalzession sind **Forderungen** (dazu im Einzelnen BK-
FELLMANN, N 16 ff.), Gegenstand des Aussonderungsrechts sind **bewegliche
Sachen**, nicht aber Grundstücke (insoweit ist der öffentliche Glaube des
Grundbuchs massgebend, vgl. ZR 1978, 125; HOFSTETTER, 139/126 f. m. Hw.).
Nach dem schuldrechtlichen Erwerb, aber vor dem Eintrag im Grundbuch,
geht im Konkurs des Beauftragten der obligatorische Anspruch auf das
Grundstück kraft Legalzession auf den Auftraggeber über (Abs. 2; unklar
BGE 64 II 226). Aussonderungsfähig sind auch die von Substituten erworbenen beweglichen Vermögenswerte (Art. 399 Abs. 3). Bewegliche Sachen
(inkl. Wertpapiere), die Gegenstand der Ablieferungspflicht von Art. 400 sein
können, sind durch Besitzesübergabe auszusondern, Forderungsrechte gehen durch Legalzession über.

6   Die ältere Lehre hat dafür gehalten, dass **Mitgliedschaftsrechte** nicht Gegenstand der Legalzession sein können; für diese Auffassung sprechen der
Wortlaut von Art. 401 und die Gesetzesmaterialien (vgl. HEINI, 192). Teleologisch betrachtet erscheint diese Ansicht zweifelhaft (BÄR, ZBJV 1991, 271;
WEBER, AJP 1992, 181 f.). Die bundesgerichtliche Rechtsprechung hält nun
auch ausdrücklich fest (BGE 124 III 352 f.), dass die Legalzession gemäss
Art. 401 Abs. 1 auch gesellschaftsrechtliche Mitwirkungsrechte umfasst. Zur

Frage der Aussonderung eines fiduziarisch übertragenen Patentes vgl.
BGE 117 II 430.

III. Legalzession

Die Legalzession ist dogmatisch eine **Einzelrechtsnachfolge** ohne Zes-   7
sionsurkunde (vgl. SCHULIN/VOGT, BT, Tafel J 4B). Sind die Voraussetzungen
erfüllt, führt Art. 401 zum sofortigen Rechtsübergang, der Auftraggeber
braucht nicht gemäss Art. 400 einen Ablieferungsanspruch mit dem Risiko
einer zwischenzeitlichen Drittzession durch den Beauftragten geltend zu
machen. Der gesetzliche Übergang lässt sich aber vertraglich durch eine
Treuhandabrede modifizieren (BK-FELLMANN, N 65).

Voraussetzung der Legalzession ist die Erfüllung der Verbindlichkeiten   8
durch die Auftraggeber, d. h. die **Leistung des Auslagen- und Verwen-
dungsersatzes**, die Befreiung von eingegangenen Verbindlichkeiten sowie
die Bezahlung eines etwaigen Schadenersatzes und Entgelts (Abs. 1; BGE
102 II 301). Die Subrogation setzt weiter voraus, dass der Beauftragte die
Forderungen in ordentlicher Ausführung und in Erfüllung seines Auftrags
im eigenen Namen auf Rechnung des Auftraggebers erworben hat (BGE 102
II 109 = Pra 1976, 629). Die Subrogation tritt für den anerkannten Netto-
saldo ein; sind die gegenseitigen Forderungen streitig, muss der Auftraggeber allenfalls hinterlegen, um die Subrogation zu bewirken (BK-FELLMANN,
N 46 ff.). Zum längerfristigen Treuhandverhältnis vgl. BGE 115 II 468 ff. Der
Auftraggeber erwirbt die Forderungen gegen den Dritten, wie sie bestehen, d. h. mit allen Vorzugs- und Nebenrechten sowie mit **Einreden behaftet** (dazu BGE 130 III 316). Zur Wirkung der Legalzession gegenüber dem
Dritten bedarf es einer Notifikation, um eine anderweitige Leistung mit befreiender Wirkung zu vermeiden (BK-FELLMANN, N 71). Bei treuhänderisch
gehaltenen Geldern ist zu beachten, dass aus steuerrechtlichen Gründen
ein schriftlicher Treuhandvertrag, der eine minimale Treuhandkommis-
sion vorsieht, abgeschlossen werden muss (vgl. Merkblatt der Eidgenössischen Steuerverwaltung über Treuhandverhältnisse vom Oktober 1967).

IV. Aussonderung im Konkurs

Abs. 2 und 3 enthalten Schutzregeln für den Fall des Konkurses des Beauf-   9
tragten. Gemäss Abs. 2 gilt für Forderungen auch im Konkurs die Regelung
nach Abs. 1; somit kommt es ebenso zu einer Legalzession (vgl. N 9 ff.; ferner BK-FELLMANN, N 92 ff.). Bei beweglichen Sachen ist hingegen ein Aussonderungsanspruch gemäss Abs. 3 geltend zu machen. Hält die Konkursmasse den geltend gemachten Aussonderungsanspruch für unbegründet,
wird eine Frist zur Klageeinleitung angesetzt (Art. 242 Abs. 2 SchKG). Die
Legalzession von Forderungen bzw. die Aussonderung von beweglichen

Sachen setzt eine ausreichende **Individualisierung** voraus (BGE 127 III 275 f.). Der Aussonderungsanspruch ist ein obligatorischer Anspruch, es findet kein Eigentumsübergang von Gesetzes wegen statt.

10   a) Im Gegensatz zu den beweglichen Sachen ist **Geld** per se nicht individualisiert. Bei Vermischung mit dem Vermögen des Beauftragten ist grundsätzlich keine Aussonderung möglich (BGE 102 II 107 f. = Pra 1976, 627 f.), ausser wenn das «Geld» des Auftraggebers vom **«Geld»** des Beauftragten ausreichend **«getrennt»** (segregiert) wird. Die Rechtsprechung stellt strenge Anforderungen an die Individualisierung (BGer SJ 1990, 638 f.; Ausnahme BGE 99 II 393 ff. = Pra 1974, 362 ff.; vgl. Hofstetter, 141/129; BK-Fellmann, N 108 f.). Eine Aussonderung ist denkbar, wenn der Beauftragte das Geld sofort **gesondert aufbewahrt** oder es umgehend auf ein ausschliesslich für diesen Zweck begründetes Konto bei einem Dritten überweist (zur Begründung des Sonderkontos nach Erhalt der Gutschriftsanzeige vgl. BGE 102 II 103 f. = Pra 1976, 626 f.). Keine genügende Individualisierung von dem Auftraggeber zustehenden Geldern liegt vor, wenn der Beauftragte beliebig darüber verfügen kann (BGE 102 II 304) oder wenn kein genügender Auftrag für ein Sperrkonto vorliegt (vgl. BGE 102 II 109 = Pra 1976, 628 f. [problematisch, weil die Treuepflicht des Beauftragten evtl. die Einrichtung eines solchen gebieten würde]). Ebenso *genügt* eine *getrennte Buchhaltung nicht*, zumal wenn Gelder mehrerer Auftraggeber auf dem Konto liegen (BGE 102 II 110 = Pra 1976, 628 f.). Vorbehalten bleiben besondere Fälle des *Schutzes gutgläubiger Dritter* (BSK OR I-Weber, N 17).

Art. 402

III.   Verpflichtungen   ¹ **Der Auftraggeber ist schuldig, dem Beauftragten die**
des Auftraggebers   **Auslagen und Verwendungen, die dieser in richtiger**
Ausführung des Auftrages gemacht hat, samt Zinsen
zu ersetzen und ihn von den eingegangenen Verbind-
lichkeiten zu befreien.

² **Er haftet dem Beauftragten für den aus dem Auf-**
trage erwachsenen Schaden, soweit er nicht zu
beweisen vermag, dass der Schaden ohne sein Ver-
schulden entstanden ist.

I.   Auslagen- und Verwendungsersatz

1   Weil der Beauftragte fremde Interessen wahrt, soll ihm **kein Vermögens-nachteil** entstehen. Die in Abs. 1 erwähnten Auslagen und Verwendungen

sind im Gegensatz zu Abs. 2 gewollte (freiwillige) Vermögenseinbussen (BGE 59 II 256 f.). Der Anspruch auf Auslagen- und Verwendungsersatz ist ein Wertersatz-, nicht ein Schadenersatzanspruch. **Auslage** ist ein Geldaufwand, **Verwendung** ist Verbrauch von Sachen (BK-FELLMANN, N 15 f.). Zu den durch die Auftragsausführung veranlassten Auslagen können konkret – ungeachtet der sachenrechtlichen Ausgleichspflichten (z. B. Art. 939 ZGB) – Kosten, Unkosten, Spesen, Verwendungen, Aufwendungen usw. gehören (BGE 78 II 51). Die Auslagen müssen im Rahmen eines **konkreten Auftrags** entstehen. Nicht Gegenstand von Art. 402 sind Generalunkosten im Zusammenhang mit der Bereitstellung der beruflichen Infrastruktur des Beauftragten (z. B. Löhne, Büromiete, Anschaffungen usw.). Diese sind ggf. bei der Kalkulation der Honoraransätze (Art. 394 Abs. 3) zu berücksichtigen (BGE 93 I 122; WEBER, 66).

Zu ersetzen sind Auslagen und Verwendungen **«in richtiger Ausführung des Auftrages»**. Neben der Befolgung von Weisungen beinhaltet eine sorgfältige Tätigkeit, nur einen objektiv sinnvollen Aufwand zu betreiben (BGE 110 II 285 f.; vgl. TERCIER, contrats spéciaux, N 4755; zum Dokumentenakkreditiv vgl. BGE 132 III 620). Umfasst sind aber auch Verwendungen, die sich nachträglich wegen frühzeitiger Mandatsbeendigung als unnötig erweisen (vgl. Rep. 1970, 210). Erleidet der Beauftragte Auslagen in entschuldbarem Irrtum, lassen sich die verfehlten Kosten allenfalls als Schaden gemäss Abs. 2 einfordern (vgl. BGE 59 II 256 ff.). Vermögensverluste, die nicht vom Beauftragten zu vertreten sind, hat der Auftraggeber selbst zu tragen. Die Ersatzpflicht entsteht und wird fällig mit der Vermögenseinbusse (Kostentragung) des Beauftragten. Bei Geldleistungen hat der Auftraggeber – auch ohne Mahnung – von diesem Zeitpunkt an gemäss der ausdrücklichen Anordnung in Abs. 1 **Verwendungszinsen** zu bezahlen (BK-WEBER, Art. 73 N 94).

In Analogie zum Auslagen- und Verwendungsersatz und unter den gleichen Voraussetzungen hat der Beauftragte Anspruch auf Ablösung von Passiven (vgl. BK-FELLMANN, N 85 ff.), z. B. auf Befreiung von der Schadenersatzpflicht aus einem Vertrag zulasten Dritter (BGE 120 II 34 f. = Pra 1995, 477). Der Befreiungsanspruch entsteht, sobald der Beauftragte eine Verpflichtung in richtiger Auftragsausführung tatsächlich eingegangen ist (BGE 78 II 51). Für bedingt eingegangene Verpflichtungen gegenüber Dritten (z. B. Eröffnung Dokumentenakkreditiv, dazu BGE 130 III 461 f. = Pra 2005, 130 ff.) hat der Beauftragte erst mit deren Entstehung einen Deckungsanspruch (BGE 78 II 54 f.; BK-FELLMANN, N 119). Weil auch der Gläubiger der Forderung einer Schuldübernahme zustimmen muss (Art 176 Abs. 3, vgl. BGE 88 II 169 = Pra 1962, 426 f.), schlägt der Befreiungsanspruch faktisch oft in einen Verwendungsersatzanspruch um (vgl. auch BK-FELLMANN, N 100 ff.).

2

3

4   Der Beauftragte hat keinen klagbaren Anspruch auf einen Vorschuss; fehlt es an einer Absprache und ist keine Partei bereit, eine Vorleistung zu erbringen, bleibt der Auftrag unausgeführt (vgl. BK-FELLMANN, N 68). Leistet der Auftraggeber freiwillig oder gemäss Absprache einen Vorschuss, darf ihn der Beauftragte nur zu Zwecken der Auftragsausführung verwenden (vgl. GMÜR, N 263 ff.). Ein Überschuss ist zu erstatten (Art. 400). Eine Vorschussleistung beinhaltet **keine konkludente Anerkennung** späterer Honorarforderungen oder Ansprüche des Beauftragten (ZR 1995, 196).

II.   Schadenersatz

5   Abs. 2 verpflichtet den Auftraggeber, sofern ihn ein **Verschulden** trifft, zum Ersatz des vom Beauftragten erlittenen Schadens (Ersatz unfreiwilliger Vermögensverminderungen). Von Abs. 2 wird der Schaden, der durch die Verletzung einer vertraglichen Verhaltenspflicht des Auftraggebers entsteht, erfasst (BK-FELLMANN, N 151). Dogmatisch handelt es sich um eine Verschuldenshaftung mit umgekehrter Beweislast (BK-FELLMANN, N 136 146). Der Auftraggeber unterliegt der Nebenpflicht, alles Zumutbare zu unternehmen, um den Beauftragten vor **Schaden** zu **bewahren** (ZBJV 1963, 149; BK-FELLMANN, N 153 ff.). So hat er den Beauftragten auf bekannte bzw. zu erwartende Gefahren hinzuweisen (HOFSTETTER, 88/76; zur Schadloshaltung eines weisungsgebundenen Verwaltungsratsmitgliedes vgl. BAZZANI, 40 ff., 56). Zu ersetzen sind nur Schäden, die adäquat kausal mit der Mandatsführung zusammenhängen (z. B. widerrechtliche Hinderung an Verfügung über Akkreditiv-Dokumente, BGE 111 II 79 f. = Pra 1985, 526 f.; unrichtige Angaben des Auftraggebers, BJM 1954, 245 ff. [Schmuggelfall]; ungenügende Sicherheitsmassnahmen, SJ 1946, 193 ff.).

6   Abs. 2 basiert insoweit auf einem gesetzgeberischen Versehen, als der Beauftragte bei **Schuldlosigkeit des Auftraggebers**, der immerhin das Beweisrisiko des Nachweises mangelnden Verschuldens trägt, schlechter gestellt ist als der Geschäftsführer ohne Auftrag (Art. 422 Abs. 1). Das Bundesgericht hat schon frühzeitig (BGE 48 II 490 f.) eine Angleichung vorgenommen und einen **Schadenersatzanspruch** des Beauftragten selbst gegen den **schuldlosen Auftraggeber** anerkannt. In BGE 129 III 181, der zwar eine vertragliche Bindung verneint, hat das BGer nicht nur den Anwendungsbereich von Art. 422 weiter gezogen, sondern auch eine Unterscheidung zwischen besonderem Tätigkeitsrisiko und nicht erfasstem allgemeinem Lebensrisiko («Zufallsschäden») eingeführt (dazu GAUCH, FS Richli 2006, 191 ff., 215 ff.; ferner HONSELL, OR BT, 323).

7   Umfangmässig ist das **negative Vertragsinteresse**, nicht das Erfüllungsinteresse zu ersetzen (BGE 64 II 202); beim unentgeltlichen Auftrag ist in Analogie zu Art. 422 Abs. 1 ein richterlicher Ermessensentscheid zu fällen (BK-FELLMANN, N 193 ff.). Die gesetzlichen Anordnungen von Art. 402 sind

dispositiver Natur (BGer 4C.17/2003, E. 3.3.1; **a. A.** DERENDINGER, N 42). Bestehen seitens des Auftraggebers Ablieferungsansprüche, stehen dem Beauftragten die Einreden der **Verrechnung**, des **Retentionsrechts** und des nicht erfüllten Vertrags (Art. 82) offen (im Einzelnen BGE 113 III 32 f.). Die Ansprüche des Beauftragten unterliegen grundsätzlich der zehnjährigen Verjährungsfrist von Art. 127 (BK-FELLMANN, N 82, 134). Ersatzansprüche in Geld sind abtretbar sowie aktiv und passiv vererblich (BK-FELLMANN, N 83 f., 123 [restriktiver], 170, 201).

Art. 403

Haftung mehrerer	[1] **Haben mehrere Personen gemeinsam einen Auftrag gegeben, so haften sie dem Beauftragten solidarisch.**
	[2] **Haben mehrere Personen einen Auftrag gemeinschaftlich übernommen, so haften sie solidarisch und können den Auftraggeber, soweit sie nicht zur Übertragung der Besorgung an einen Dritten ermächtigt sind, nur durch gemeinschaftliches Handeln verpflichten.**

I. Allgemeines

Art. 403 ordnet bei einer Mehrheit von Auftraggebern oder Beauftragten Solidarität an. Als solche Personenmehrheiten kommen etwa Erbengemeinschaften, einfache Gesellschaften oder allenfalls Gemeinschaften von Konkursgläubigern (Art. 240 SchKG) bzw. Anleihensobligationären (Art. 1157) in Frage. Spezifische Regelungen zu den einzelnen Personen- und Interessengemeinschaften gehen der allgemeinen Regel von Art. 403 allerdings vor (z. B. Art. 608; BK-FELLMANN N 14). Art. 403 ist nur bei **Identität** des **Auftragsgegenstandes** und einem erkennbaren gemeinschaftlichen Interesse der Auftraggeber anwendbar (BK-FELLMANN, N 18 f.). Sind sowohl Architekt wie auch Ingenieur je beauftragt, auf ihrem angestammten Tätigkeitsfeld zu wirken, und zieht der Bauherr den Ingenieur zur Verantwortung, kommt mangels Identität des Auftragsgegenstands Art. 403 Abs. 2 nicht zur Anwendung (BGer Pra 1999, 808 f.). Art. 403 ist **dispositiver** Natur.

II. Personenmehrheit auf Auftraggeberseite

Die Regelung von Abs. 1 bewirkt, dass der Beauftragte von jedem der Auftraggeber einzeln die ganze Leistung (selbstständige Forderung) verlangen kann (im Einzelnen BK-FELLMANN, N 72 ff.). Das Gesetz begründet allerdings keine Solidargläubigerschaft mehrerer Auftraggeber gegenüber dem Beauftragten; oft ist aber die Leistung des Beauftragten an alle Auftraggeber gemeinsam zu verlangen, weil eine unteilbare Leistung (Art. 70) vorliegt; ausgenommen sind der Fall der Umwandlung in eine teilbare Forderung (Schadenersatz) und der Anspruch auf Rechenschaftsablegung (BK-FELLMANN, N 113 ff.). Überdies muss jeder Auftraggeber mit Wirkung für alle den **Auftrag widerrufen** können (BK-FELLMANN, N 118 ff., 192 ff.; a. A. BGE 101 II 120).

III. Personenmehrheit auf Beauftragtensseite

3 Mehrere Beauftragte können eine **Tathandlung gemeinschaftlich** (Identität des Auftragsgegenstandes) erbringen, wenn die Leistung nicht höchstpersönlicher Natur ist. Die **gemeinschaftliche Rechtsgeschäftsbesorgung** erfolgt durch mehrfache Ermächtigung; die zu einer identischen Aufgabe bevollmächtigten mehrfachen Beauftragten haben ihre Zusammenarbeit nach den Umständen zu organisieren (zur Abgrenzung von den Personengesellschaften und Interessengemeinschaften BK-FELLMANN, N 141 ff.). Grundsätzlich ist von einer gemeinschaftlichen Handlungspflicht auszugehen (BK-FELLMANN, N 144 und 169).

4 Mehrere Beauftragte haften für die Erfüllung der Arbeits-, Rechenschaftsablegungs- und Ablieferungsobligation solidarisch; die Hauptleistung ist i. d. R. unteilbar und es lässt sich von jedem Solidarschuldner die ganze Leistung fordern. Streitig ist hingegen, ob sich die Solidarität nach Abs. 2 auch auf das Einstehenmüssen für das Verschulden eines Mitbeauftragten erstreckt. Die herrschende Lehre verneint Solidarität mit dem Hinweis auf Art. 146 (VON TUHR/ESCHER, OR AT, 306 ff. m. Hw.; BK-FELLMANN, N 162; **a. A.** DERENDINGER, N 207 ff.). Gegenforderungen auf Verwendungsersatz und Honorar stehen den Beauftragten gemeinschaftlich zu (RVJ 1989, 330 f. m. Hw.), soweit nicht teilbar (BK-FELLMANN, N 189 ff.). Hingegen hat jeder einzelne Beauftragte das Recht, den Auftrag durch Kündigung aufzuheben (BK-FELLMANN, N 192).

5 Stirbt einer von mehreren Beauftragten, geht der vermutliche Parteiwille auf Auftragsfortführung, womit keine Universalsukzession auf die Erben, sondern eine **Anwachsung zugunsten** der **Mitbeauftragten** stattfindet (BGE 78 II 445 ff. [vgl. auch Art. 545 Ziff. 2 i. V. m. Art. 576 ZGB]; offen gelassen im Falle der Bestimmung eines Ersatzbeauftragten: BGE 78 II 452; BGE 78 II 455: bei konkursamtlicher Liquidation).

Art. 404

). Beendigung Gründe

. Widerruf, Kündigung

¹ Der Auftrag kann von jedem Teile jederzeit widerrufen oder gekündigt werden.

² Erfolgt dies jedoch zur Unzeit, so ist der zurücktretende Teil zum Ersatze des dem anderen verursachten Schadens verpflichtet.

I. Allgemeines

Art. 404 regelt die Auftragsbeendigung, d. h. den Wegfall der Pflicht zur fremdnützigen Geschäftsbesorgung (BGE 87 II 157), soweit nicht «Überbrückungstätigkeiten» kraft Treuepflicht erforderlich sind (Art. 405 Abs. 2). Nicht von Art. 404 geregelt wird demgegenüber das Erlöschen der während der Dauer des Auftrages entstandenen Obligationen, z. B. der Rechenschaftsablegungs- und Ablieferungs- sowie der Entschädigungspflicht (HOFSTETTER, 56/53; WEBER, 126). Eine Auftragsbeendigung aktualisiert allerdings grundsätzlich die noch **offenen Leistungsobligationen.**

Terminologisch spricht man beim Auftraggeber von **Widerruf** und beim Beauftragten von **Kündigung** eines Auftrages (vgl. BK-FELLMANN, N 11 ff.). Zu besonderen Widerrufsrechten vgl. Art. 40b und Art. 406d Ziff. 5. Obwohl ohne besondere gesetzliche Erwähnung, ist auch eine übereinstimmende Auftragsaufhebung möglich (HOFSTETTER, 57/54).

II. Widerruf und Kündigung

Widerruf und Kündigung sind **einseitig** ausübbare, **auflösende Gestaltungsrechte** (PEYER, 124 ff.). Die Ausübung braucht nicht durch einen objektiven Grund gerechtfertigt zu sein (BGE 106 II 160 = Pra 1980, 597) und besteht nach BGer auch bei Dauerverträgen (BGE 115 II 464 ff.; vgl. auch GAUCH, SJZ 2005, 522). Die Widerrufs- bzw. Kündigungserklärung ist dispositivrechtlich **formfrei** (vgl. z. B. BGE 57 II 190); sie ist **empfangsbedürftig** (HOFSTETTER, 58/54;), **unwiderruflich** (BGE 109 II 326) und, von den üblichen Ausnahmen (dazu BK-FELLMANN, N 37 ff.) abgesehen, **bedingungsfeindlich** (TERCIER, contrats spéciaux, N 4806; BK-FELLMANN, N 37 f.; **a. A.** VON BÜREN, OR BT 194 f.). Der Widerruf bzw. die Kündigung einer bereits durch Erfüllung untergegangenen Ausführungsobligation ist wirkungslos (ZR 1964, 335). Die Widerrufs- und Kündigungserklärung wirkt **ex nunc** und tritt ein, wenn die Erklärung zur Kenntnis der Gegenseite gelangt ist (vgl. Art. 406). Der Widerruf eines (Haupt-)Auftrags führt nicht auch zur Beendigung eines **Substitutionsauftrags**; dieser muss selbständig auf eine Weise beendet werden (vgl. dazu auch Art. 399 Abs. 3).

1

2

3

4 Gemäss BGE 98 II 308 f. entspricht das Kündigungsrecht des Beauftragten vollumfänglich dem Widerrufsrecht des Auftraggebers (**paritätische Regelung**). Aufgrund der unterschiedlichen Interessenlage ist der Schutzgedanke des Arbeitsrechts allerdings nicht zwingend auf das Auftragsrecht zu übertragen (VISCHER, SPR VII/1, III 163 f.; HOFSTETTER, 63/56 f.; BSK OR I-WEBER N 8; vgl. auch Art. 78 Abs. 2 KAG zur jederzeitigen Kündbarkeit von Fondsanteilen).

5 Das freie Widerrufs- und Kündigungsrecht ist gemäss weitgehend einhelliger Rechtsprechung **zwingender Natur** (BGer 4C.447/2004; BGer ZBJV 1997, 333 f., unter Ablehnung von Lehrmeinungen zur Relativierungen des zwingenden Charakters von Art. 404; BGE 117 II 392). Auf das jederzeitige Beendigungsrecht kann gemäss dieser Rechtsprechung **nicht verzichtet** werden, weil der Auftrag regelmässig durch eine ausgesprochene Vertrauensstellung geprägt sei, welche dessen Weiterführung bei Vertrauensstörungen nicht als sinnvoll erscheinen lasse (BGE 115 II 466; kritisch dazu GAUCH, recht 1992, 14). Für den Liegenschaftenverwaltungsvertrag: BGE 106 II 159 = Pra 1980, 596 f.; für den Managementvertrag: BGE 104 II 115 f.; für den Internatsvertrag: SJZ 1983, 247 und 1996, 67. Diese Rechtsprechung dient der Rechtssicherheit und entspricht der Offenheit bzw. Unbestimmtheit der Auftragsverhältnisse. Aufträge, denen ein relevantes Vertrauensverhältnis abgeht (z. B. Architekten-, Unterrichtsvertrag), sind allerdings fast ohne jegliche **Bindungswirkung** (vgl. BK-FELLMANN, Vorbem. zu Art. 394–406 N 142 ff.). In der kantonalen Rechtsprechung wird der Anwendung von Art. 404 durch die Annahme von gemischten Verträgen ausgewichen (BSK OR I-WEBER, N 9 m. Hw.).

6 Neuere kantonale Gerichtsentscheide (SJZ 1989, 215 f.; ZBJV 1990, 585 ff.) und die Mehrheitsauffassung in der Lehre (TERCIER, contrats spéciaux, N 4801 ff.; HONSELL, OR BT, 324 f.; BK-FELLMANN, N 115 ff.; a. A. HOFSTETTER, 60 f./55, 67 ff./62) unterscheiden zwischen den sog. **typischen** und **atypischen Aufträgen**. «Typisch» und damit zwingend frei widerruflich ist ein Auftrag dann, wenn er unentgeltlich oder – bei Entgeltlichkeit – höchstpersönlicher Natur ist (z. B. Arzt, Rechtsanwalt, Treuhänder; bei diesen Verträgen würde eine Bindung gegen die persönliche Freiheit verstossen; vgl. auch BK-FELLMANN, N 134 ff.). «Atypische» Aufträge ohne diese Merkmale können unter Ausschluss eines jederzeitigen Auflösungsrechts und in Übereinstimmung mit der Vertragsfreiheit vereinbart werden (v. a. bei Dauercharakter; vgl. WERRO, N 371 ff.). Die Rechtsprechung zur absolut zwingenden Natur von Art. 404 hat zu einer «Flucht aus dem Auftragsrecht» und hin zu gemischten Verträgen mit Auftragselementen geführt (PEYER, 166; HONSELL, OR BT, 326).

7 Beschränkungen der freien Widerrufbarkeit des Auftrags können sich auch aus dem **öffentlichen Berufsrecht** ergeben (z. B. amtlicher Verteidiger, Not-

fallarzt). Hingegen ist der Auftrag auch widerruflich/kündbar, wenn der Beauftragte eine *«Erfolgsgarantie»* abgibt; im Falle einer Kündigung zur Unzeit wird der Beauftragte aber aus Art. 404 Abs. 2 oder aus dem besonderen Garantieversprechen schadenersatzpflichtig. Das freie Widerrufs- und Kündigungsrecht darf nicht indirekt, z. B. durch **Konventionalstrafe**, eingeschränkt werden (BGE 110 II 383; vgl. ferner N 10; zur Zulässigkeit der unechten Konventionalstrafe MABILLARD, AJP 2005, 556 ff.). **Strafcharakter** ist anzunehmen, wenn trotz vorzeitiger Auftragsbeendigung das ganze Honorar bzw. die ganze Mäklerprovision geschuldet ist (Rep. 1976, 226 ff.).

III. Rechtsfolgen

Ein Widerruf bzw. eine Kündigung ist – unabhängig von der Frage der Vorwerfbarkeit des Verhaltens der Gegenseite – gerechtfertigt, wenn ein sachlich vertretbarer (nicht unbedingt objektiver oder gar wichtiger) Grund vorliegt (BSK OR I-WEBER, N 14; HONSELL, OR BT, 324); dabei spielen die gesamten Umstände und nicht nur der Zeitpunkt eine Rolle (BGE 55 II 18). Als Beendigungsgrund genügt z. B. eine unverschuldete und ohne Schadensfolge gebliebene Treue- oder Sorgfaltsverletzung. Unter solchen Umständen ausgesprochene Kündigungen bzw. Widerrufe sind nicht «zu Unzeit» erfolgt. Bei Auflösung «nicht zur Unzeit» endet die Ausführungsobligation, dafür **aktualisieren** sich die **Abwicklungspflichten** (z. B. aus Art. 394 Abs. 3, 400 oder 402). Auch Entschädigungsansprüche des abberufenen Verwaltungsrates bleiben vorbehalten (Art. 726 Abs. 3 OR, BGer 4C.234/2001, E. 1aa).   8

Eine **Auflösung zur Unzeit** liegt vor, wenn die beendigungswillige Partei **ohne Grund**, d. h. in einem ungünstigen Moment ohne sachlich ausreichende Rechtfertigung, der andern Partei besondere Nachteile verursacht (BGE 110 II 380; zur Problematik des Begriffs der «besonderen Nachteile» GAUCH, recht 1992, 12). Hingegen liegt keine Auflösung zur Unzeit vor, wenn der Beauftragte dem Auftraggeber begründeten Anlass zur Auftragsauflösung gegeben hat (BGE 109 II 469; allgemein bei Vorliegen eines «wichtigen Grundes» BK-FELLMANN, N 84). Eine Auflösung zur Unzeit aktualisiert nicht nur die allgemeinen Auflösungsfolgen (Abwicklungspflichten), sondern es können auch **Schadenersatzansprüche** entstehen (Abs. 2; zum Rechtsgrund diese Anspruchs vgl. BSK OR I-WEBER, N 16). Schadenersatzansprüche setzen voraus, dass nicht selbst vertragliche Pflichten verletzt oder sachlich vertretbare Gründe gesetzt worden sind (BGE 109 II 469). Schadenersatz ist – unabhängig vom Verschulden (DESSEMONTET, ZSR 1987 II, 187) – grundsätzlich auf der Basis des **negativen Vertragsinteresses** (Vertrauensschaden) zu leisten (BGE 110 II 386). Zu ersetzen ist (ungeachtet der klassischen Schadenskategorien) mithin alles, was die Gegenseite gehabt hätte, wenn der Widerruf bzw. die Kündigung nicht gerade   9 zur Unzeit erfolgt wäre (BK-Fellmann, N 71; zum Ganzen auch Werro, N 476 ff.).

10   Der Schadenersatz kann für den Fall des Widerrufs bzw. der Kündigung zur Unzeit durch Absprache einer Konventionalstrafe, soweit sie keinen Strafcharakter hat (N 13), **pauschaliert** werden (BGE 110 II 383; 109 II 467 f.; ungenügend ist blosser Verweis auf SIA-Normen: Rep. 1976, 226 ff.).

Art. 405

2. Tod, Handlungsunfähigkeit, Konkurs

[1] **Der Auftrag erlischt, sofern nicht das Gegenteil vereinbart ist oder aus der Natur des Geschäftes gefolgert werden muss, durch den Tod, durch eintretende Handlungsunfähigkeit und durch den Konkurs des Auftraggebers oder des Beauftragten.**

[2] **Falls jedoch das Erlöschen des Auftrages die Interessen des Auftraggebers gefährdet, so ist der Beauftragte, sein Erbe oder sein Vertreter verpflichtet, für die Fortführung des Geschäftes zu sorgen, bis der Auftraggeber, sein Erbe oder sein Vertreter in der Lage ist, es selbst zu tun.**

I.   Allgemeines

1   Art. 405 regelt gewisse spezifische Auftragsbeendigungsgründe sowie die Auftragsfortführung kraft Abrede bzw. Natur des Geschäfts und kraft Treuepflicht. Die Regelung von Art. 405 ist auf einzelne Auftraggeber/Beauftragte zugeschnitten. Bei **Personenmehrheit** ist aufgrund der Umstände zu beurteilen, ob eine Auftragsfortführung sachgerecht ist (vgl. Art. 403 N 3, 4, 6). Art. 405 ist **dispositiver Natur**. Die Beendigungsgründe entfalten ihre Wirkung erst mit der Kenntnisnahme durch die Gegenpartei (BSK OR I-Weber, N 14).

II.   Einzelne Beendigungsgründe (Abs. 1)

2   Weil Auftragsverhältnisse oft höchstpersönliche Rechte/Pflichten und meist ein Vertrauensverhältnis begründen, wird im Sinne einer gesetzlichen Vermutung (BK-Fellmann, N 16 f.) in Abs. 1 deren **Beendigung mit dem Tod** des Auftraggebers oder Beauftragten angeordnet (anders § 672 BGB). Dasselbe gilt bei Vorliegen einer **Verschollenenerklärung** (Art. 35 ZGB; sinngleich das Stellvertretungsrecht [Art. 35 Abs. 1]) und bei **Auflösung einer**

juristischen Person. Die Beendigungswirkung tritt für Tathandlungs-, Rechtshandlungs- sowie Treuhandaufträge ein und bedeutet den Abbruch der Ausführungsobligation, nicht aber den Untergang der gegenseitigen Ansprüche (BK-FELLMANN, N 61 f.). Diese gehen als aktiv und passiv vererbliche Vermögensrechte kraft Universalsukzession auf die Erben über.

Die Beendigung des Auftrages wegen **Handlungsunfähigkeit** des Auftraggebers oder Beauftragten ist auf den Rechtshandlungsauftrag zugeschnitten, kann aber auch einen Tathandlungsauftrag betreffen (im Einzelnen BK-FELLMANN, N 28 ff.). Eine Auftragsfortführung mit Zustimmung des gesetzlichen Vertreters ist möglich.   3

Der **Konkurs** des **Auftraggebers** beendet den Auftrag (Verlust der vermögensrechtlichen Dispositionsfähigkeit: Art. 197, 204 SchKG; BGE 46 II 411 f.), sofern die Konkursverwaltung den Auftrag nicht fortführen lassen will (BGE 64 II 224). Im Falle der Beendigung obliegt die Beurteilung von Ansprüchen und Gegenansprüchen dem Konkursrecht. Fällt der **Beauftragte** in Konkurs, endet der Rechtshandlungsauftrag wegen der konkursrechtlichen Beschränkungen in der Dispositionsfähigkeit. Tathandlungsaufträge brauchen bei Konkurs nicht zwingend zu enden (z. B. tätiger, konkursiter Arzt; Behandlung eines kranken Konkursiten), doch sind öffentlich-rechtliche Beschränkungen zu beachten (BK-FELLMANN, N 53).   4

III. Auftragsfortführung (Abs. 2)

Auftragsbeendigung tritt nach Abs. 1 nur ein, «sofern nicht das Gegenteil vereinbart ist oder aus der Natur des Geschäfts gefolgert werden muss». Dazu kommt der (selbstverständliche) Fall der Auftragsfortführung im **Konsens** mit den Erben (BGE 75 II 192), dem gesetzlichen Vertreter oder der Konkursverwaltung. Eine gegenteilige Vereinbarung kann **ausdrücklich** oder **konkludent** erfolgen; deren Zulässigkeit ist für den **Todesfall** unbestritten (BSK OR I-WEBER, N 9). Das **Handlungsfähigkeits-** und **Konkursrecht** hingegen soll nicht (zulasten von Drittpersonen) zur privatautonomen Disposition stehen. Dem lässt sich entgegenhalten, die vertragliche Vorsorge als solche (z. B. in den Bankformularen) sei nicht widerrechtlich, zumal der gesetzliche Vertreter bzw. die Konkursbehörde ein jederzeitiges Widerrufsrecht hat (vgl. auch WATTER, Art. 32 N 4, 6; BK-FELLMANN, N 92 ff., 103 ff.). Die Auftrags- und Vollmachtserteilung über eine spätere Urteilsunfähigkeit hinaus hat das BGer denn auch als zulässig angesehen, wenn damit dem allenfalls gewichtigen Interesse des Auftraggebers am Weiterbestand des Auftragsverhältnisses Rechnung getragen werden kann (BGE 132 III 225).   5

Aus der **Natur des Geschäfts** (dazu BK-FELLMANN, N 84) ergibt sich eine Auftragsfortführung v. a. bei über den Tod hinausgehenden Angelegen-   6 heiten (a. a. O.; N 11 f.); ein Weiterbestand ist auch die Regel im kaufmännischen Verkehr (z. B. Zuendeführung eines Geschäfts; BGE 97 I 275) und bei Bankgeschäften (BGE 101 II 120 f.) sowie bei Prozessvollmachten (BGE 110 V 391 f. = Pra 1985, 486 f.).

7   **Transmortale** Aufträge wollen ein Vertragsverhältnis über den Tod der Parteien hinaus andauern lassen; sie unterstehen den Regeln von Art. 404– 406 (AUBERT, SJ 1991, 286 f.). **Postmortale** Aufträge sollen hingegen erst nach dem Tod des Auftraggebers ausgeführt werden und können deshalb mit der **erbrechtlichen Ordnung** in Konflikt geraten (nicht möglich im Grundbuchverkehr: BGE 111 II 41 f.). Zulässig ist als erbrechtliches Geschäft z. B. der Willensvollstreckerauftrag (Art. 517 ZGB). Hingegen ist bei vermögenswirksamen Aufträgen zu prüfen, ob es sich um ein erbrechtliches Geschäft bzw. um eine unentgeltliche Zuwendung, die als Schenkung von Todes wegen gemäss Art. 245 Abs. 2 den erbrechtlichen Geschäften gleichgestellt ist, handelt, was die Notwendigkeit der Beachtung der erbrechtlichen Formvorschriften zur Folge hätte (zum Bankenverkehr EMCH/ RENZ/ARPAGAUS, 226 ff.). Setzt sich der Beauftragte bewusst über die erbrechtlichen Vorschriften hinweg, kann er schadenersatzpflichtig werden (BSK OR I-WEBER, N 12). Zur umstrittenen **Erbenausschlussklausel** bei postmortalen Aufträgen vgl. BGE 94 II 313 ff. = Pra 1969, 401 ff.

8   Trotz Eintritt und Kenntnis des Beendigungsgrundes haben der Beauftragte bzw. seine Erben oder Vertreter den Auftrag fortzuführen, bis eine Übernahme durch die Auftraggeberseite möglich ist. So ist etwa eine Bank nach dem Tod des Kunden weiterhin Beauftragte der Erben und diesen gegenüber an die Sorgfalts- und Treuepflicht gebunden (BGer 4C.234/1999, E. 3 d f. = Pra 2002, 424 f.). Der **Vorrang** des **Auftraggeberinteresses** verlängert also kraft Treuepflicht des Beauftragten die Ausführungsobligation (vgl. ZR 1957, 218).

Art. 406

II.	Wirkung des Erlöschens	Aus den Geschäften, die der Beauftragte führt, bevor er von dem Erlöschen des Auftrages Kenntnis erhalten hat, wird der Auftraggeber oder dessen Erbe verpflichtet, wie wenn der Auftrag noch bestanden hätte.

1   Art. 406 legt (vgl. Art. 37 für Vollmachten allgemein) fest, dass die **Wirkung** der Beendigungsgründe von der **Kenntnisnahme** durch die Gegenseite abhängt (im Einzelnen BK-FELLMANN, N 12 ff., 33 ff.). Dieser Grundsatz gilt

über den Wortlaut von Art. 406 hinaus nicht nur für die Pflichten des Auftraggebers, sondern auch für die Pflichten des Beauftragten. Beim Tathandlungs- und fiduziarischen Rechtshandlungsauftrag kommt es auf die Kenntnis des Beauftragten, beim Vollmachtsauftrag auf die (oft nicht deckungsgleiche) Kenntnis der Drittpartei an (vgl. SJ 1952, 435).

Vorbemerkungen zu Art. 406 *a* – 406 *h*

Literatur

BECKMANN, Ehevermittlung und sonstige Partnervorschlagsleistungen, Bielefeld 1988; BÖRSTINGHAUS, Das Recht der Partnerschaftsvermittlung, Herne/Berlin 1995; CARONI, Sklavinnen in der modernen Gesellschaft, NZZ Nr. 163 vom 15./16. Juli 2000, 87; GILLES, Eheanbahnung und Partnervermittlung, München 1985; HARTMANN, Die vorvertraglichen Informationspflichten und ihre Verletzung, Diss. Freiburg 2001; HÜRLIMANN, Prostitution – ihre Regelung im schweizerischen Recht und die Frage der Sittenwidrigkeit, Diss. Freiburg 2004; MIDDENDORF, Nachwirkende Vertragspflichten, Diss. Freiburg 2002; PETERS, Der Partnerschaftsvermittlungsvertrag, Diss. Göttingen, Frankfurt am Main/Bern/New York 1986; SCHINDLER, Die gewerbsmässige Heiratsvermittlung, Berlin 1901; SCHWERDTNER, Maklerrecht, 4. Aufl. München 1999; TERCIER, Le point sur la partie spéciale du droit des obligations, SJZ 2000, 322 ff.; WERRO, Concubinage, mariage et démariage, 5. Aufl. Berne 2000.

Materialien

Botschaft über die Änderung des Schweizerischen Zivilgesetzbuches vom 15. November 1995, BBl 1996 I 173 ff. (zit. Botschaft); AmtlBull StR 1996, 775 ff.; AmtlBull NR 1997, 2745 ff.; Begleitbericht zum Vernehmlassungsentwurf für eine Verordnung über die berufsmässige transnationale Ehe- oder Partnerschaftsvermittlung, Bern 1999 (zit. Begleitbericht).

Art. 416 aOR bestimmte, dass aus der Heiratsvermittlung kein klagbarer   1
Anspruch auf Mäklerlohn entsteht. Die Heirats- und Partnervermittlungsinstitute verlangten daher in der Regel Vorauszahlung zu gewähren. Der Kunde war damit stets am kürzeren Hebel, da er bei fehlgeschlagener oder gar ausgebliebener Vermittlungstätigkeit die Vorauszahlung zurückfordern musste, unter Umständen auf dem Prozessweg. Dazu kam es allerdings nur selten, weil die Partnersuche die Privatsphäre betrifft, deren Offenbarung von den Betroffenen gescheut wird. Etliche Vermittlungsinstitute missbrauchten diese Situation, indem sie bei ihren Kunden illusorische Hoffnungen weckten und oftmals Summen verlangten, die in keinem angemessenen Verhältnis zu ihrer Tätigkeit und ihren Leistungen standen.

2   Diese und weitere **Missstände**, insbesondere auch in der internationalen
Heiratsvermittlung, veranlassten den Gesetzgeber, gesetzliche Vorschriften
für die Ehe- und Partnerschaftsvermittlung aufzustellen. Diese wurden als
Art. 406a–406h ins OR eingefügt und sind am 1. Januar 2000 in Kraft getreten. Gleichzeitig wurde Art. 416 aOR aufgehoben.

3   Zum Schutze des Kunden wurde in den Art. 406a und 406d bis 406h der
Auftrag zur Ehe- oder zur Partnerschaftsvermittlung normiert. Es handelt sich dabei um eine Unterart des einfachen Auftrags, also um einen
Dienstleistungsvertrag, der klagbare Ansprüche beider Parteien begründet.
Dieser ist mit zwingenden **konsumentenrechtlichen Schutzinstrumenten**
ausgestattet, die der strukturellen Benachteiligung des Kunden gegenüber
dem Vermittler Rechnung tragen. Diese Schutzinstrumente sind:
–   **Schriftformerfordernis** für den Vertrag und **bestimmte zwingende
    Mindestangaben** in der Vertragsurkunde (Art. 406d);
–   siebentägiges, entschädigungsloses **Widerrufsrecht** des Auftraggebers
    (Art. 406e);
–   jederzeitiges entschädigungsloses **Kündigungsrecht** des Auftraggebers
    (406d Ziff. 7);
–   zwingende **Informationspflichten** des Beauftragten (Art. 406g Abs. 1);
–   strenge **Diskretionspflicht** des Beauftragten (Art. 406g Abs. 2);
–   gerichtliche **Herabsetzung** unverhältnismässig hoher Honorare und
    Kosten (Art. 406h).

4   Dazwischen geschoben sind Sonderbestimmungen über die **grenzüberschreitende Ehe- und Partnerschaftsvermittlung** (Art. 406b und 406c).
Diese dienen sowohl dem Schutz der zu vermittelnden Person als auch öffentlichen Interessen. Während sich die Missbräuche bei der Ehe- und
Partnerschaftsvermittlung innerhalb der Schweiz weitgehend auf das «Geschäft mit der Einsamkeit» beschränken, gehören Bereiche der internationalen Heiratsvermittlung zum von Rassismus, Sexismus und der Ausbeutung wirtschaftlicher Notlagen geprägten Frauenhandel (s. CARONI, 87).
Die Neuregelung statuiert deshalb für grenzüberschreitend tätige Vermittler eine **Bewilligungspflicht** und unterstellt sie der behördlichen Aufsicht
(Art. 406c). Zudem wird der zu vermittelnden Person, die aus dem Ausland
einreist oder ins Ausland ausreist, ein gesetzlicher Anspruch gegenüber
dem Vermittler auf **Bezahlung der Rückreise** gewährt (Art. 406b).

5   Auf eine besondere Regelung der sog. **Lockvogelannoncen** wurde verzichtet. Das vorhandene Instrumentarium (Art. 2 und Art. 3 lit. b und I UWG;
ferner Grundsatz 5.12. der Lauterkeitskommission) wurde als ausreichend
erachtet (Botschaft, 174).

Erster Abschnitt[bis]: Auftrag zur Ehe- oder zur Partnerschaftsvermittlung

Art. 406 *a*

Begriff und anwendbares Recht	[1] Wer einen Auftrag zur Ehe- oder zur Partnerschaftsvermittlung annimmt, verpflichtet sich, dem Auftraggeber gegen eine Vergütung Personen für die Ehe oder für eine feste Partnerschaft zu vermitteln.
	[2] Auf die Ehe- oder die Partnerschaftsvermittlung sind die Vorschriften über den einfachen Auftrag ergänzend anwendbar.

I. Gegenstand und Begriffsmerkmale (Abs. 1)

Beim Auftrag zur Ehe- oder zur Partnerschaftsvermittlung verpflichtet sich der Beauftragte, dem Auftraggeber gegen eine Vergütung Personen für die Ehe oder für eine feste Partnerschaft zu vermitteln (Art. 406a Abs. 1). **1**

Der Begriff der **Vermittlung** ist weit auszulegen. Er umfasst insbesondere auch den blossen Nachweis, wie z. B. die Bekanntgabe von Name und Kontaktdaten (Adresse, Telefonnummer, E-Mail). Vertragsgegenstand müssen **konkrete Partnervorschläge** sein. Wer bloss einen **«Club» für Freizeitgestaltung** betreibt und damit alleinstehenden Menschen die Gelegenheit bietet, selber andere Alleinstehende kennen zu lernen, vermittelt daher nicht (LG Frankfurt, NJW-RR 1992, 312f. – «Single-Club»), ebenso nicht, wer bloss eine **Online-Datenbank** bereitstellt, in die sich Interessenten eintragen und nach bestimmten Kriterien Abfragen durchführen können (HONSELL, OR BT, 347). **2**

Der Begriff der **festen Partnerschaft** war dem Schweizer Recht bislang unbekannt. Er ist ebenfalls **weit auszulegen** (WERRO, N 983; CR CO I-WERRO rt. 406a–406h N 3; HÜRLIMANN, 218). Erfasst werden **sämtliche Formen einer höchstpersönlichen, dauerhaften Lebensbeziehung**, sowohl zwischen heterosexuellen als auch zwischen **gleichgeschlechtlichen** Paaren (Botschaft, 175). Entscheidend ist, dass von vornherein die Absicht fester Bindung besteht, auch wenn die Partner in getrennten Wohnungen leben möchten (HONSELL, OR BT, 346; GUHL/SCHNYDER, § 50 N 32). Nicht unter die Art. 406aff. fällt die **Vermittlung kurzfristiger Kontakte** (Hostessen, Begleitungen, usw.) und von **Personen für bestimmte gemeinsame Tätigkeiten** (Wander-, Spiel-, Tanzpartner usw.; Botschaft, 175; HONSELL, OR BT, 346). **3**

4   Der Auftrag zur Ehe- oder zur Partnerschaftsvermittlung ist notwendig **ent-geltlich**. Der Auftraggeber hat nach Art. 406a Abs. 1 eine Vergütung zu be-zahlen. Bei unentgeltlicher Vermittlung von Personen für die Ehe- oder für eine feste Partnerschaft liegt je nach vertraglicher Ausgestaltung ein ein-facher Auftrag oder ein auftragsähnlicher Innominatvertrag vor; die Schutz-bestimmungen von Art. 406a ff. zugunsten des Auftraggebers sind nicht an-wendbar.

II.   Subsidiäre Anwendung des Auftragsrechts (Abs. 2)

5   Nach der Auffassung des Gesetzgebers handelt es sich beim Auftrag zur Ehe- oder zur Partnerschaftsvermittlung um eine Unterart des einfachen Auftrags und nicht um einen Maklervertrag (Botschaft, 174). Abs. 2 erklärt daher die Vorschriften über den **einfachen Auftrag** ergänzend anwendbar. Auf die klassische Heiratsvermittlung, bei der eine Vergütung nur für den Fall versprochen wird, dass es aufgrund der Vermittlungstätigkeit tatsäch-lich zu einer Eheschliessung kommt, findet jedoch primär das Recht des Mäklervertrags und nur subsidiär Auftragsrecht ergänzend Anwendung (HONSELL, OR BT, 347).

III.   Pflichten des Beauftragten

1.   Vermittlung

6   Den Beauftragten trifft gemäss Art. 406a Abs. 1 eine **Tätigkeitspflicht** (GUHL/SCHNYDER, § 50 N 34; HONSELL, OR BT, 348; WERRO, N 990). Er ist verpflichtet, dem Auftraggeber **geeignete Partnervorschläge** in der verein-barten Quantität, Qualität und Periodizität zu unterbreiten und allfällige weitere vereinbarte Leistungen zu erbringen, wie etwa die Anfertigung von Film- und Fotoportraits, das Verfassen von Liebesbriefen, die Aufgabe von Zeitungsannoncen, die Organisation und Durchführung von Nachtessen, Veranstaltungen, Kontaktseminaren, Reisen, Beratungsgesprächen usw. Ein **Erfolg** ist nicht **geschuldet**, sondern nur eine auf die Herbeiführung einer Ehe oder einer festen Partnerschaft gerichtete Tätigkeit (HONSELL, OR BT, 348 f.).

7   Der Auftraggeber hat einen Anspruch auf individuell auf seine Person zuge-schnittene Partnervorschläge. Der Beauftragte muss daher die persönlichen Lebensumstände beider Personen im erforderlichen Umfang feststellen und bei der Auswahl angemessen berücksichtigen (SCHWERDTNER, N 1063). **An-forderungen**, die der Auftraggeber an seinen Wunschpartner stellt (wie z. B. Geschlecht, Alter, Grösse, Bildung, Kinder, Raucher bzw. Nichtraucher, Ortsgebundenheit, Hobbys, usw., s. HONSELL, OR BT, 349), binden den Be-auftragten i. S. v. Art. 397 Abs. 1. Partnervorschläge, die nicht diesen Anfor-derungen entsprechen, sind ungeeignet und stellen eine **Schlechtleistung**

des Beauftragten dar. Gibt der Auftraggeber etwa an, ortsgebunden zu sein und mit seiner gewünschten Partnerin zusammenleben zu wollen, so kommen als Vorschlag nur Personen in Betracht, die entweder in der näheren Umgebung des Auftraggebers wohnen oder die bereit sind, ihren bisherigen Wohnort aufzugeben; letzteres hat der Beauftragte aufgrund seiner Sorgfaltspflicht nötigenfalls abzuklären (BezGerPräs Landquart, Urteil vom 27. Mai 2003, E. 4.b [nicht publ.]).

Der Beauftragte haftet für **sorgfältige und getreue Ausführung** (Art. 398   8
Abs. 2). Das Mass der Sorgfalt bestimmt sich dabei nach objektiven Kriterien, wobei auf ein **berufsspezifisches Durchschnittsverhalten** abzustellen ist (BK-FELLMANN, Art. 398 N 486). Zur sorgfältigen Auftragsausführung gehört, dass sich der Beauftragte ein eigenes Bild von den Personen macht und Angaben, die diese über sich in einem allfälligen Fragebogen machen, verifiziert.

2.   Nebenpflichten

Den Beauftragten treffen die allgemeinen auftragsrechtlichen **Neben-**   9
pflichten. Er muss insbesondere wahrheitsgemäss darüber Auskunft geben, wie viele Partnersuchende er in seiner Kartei führt und wie sich diese zusammensetzt, namentlich hinsichtlich Geschlecht und sozialer Struktur (BÖRSTINGHAUS, N 6). Bei risikobelasteten Vorschlagspartnern muss der Beauftragte von sich aus den Auftraggeber über allfällige Gefahren aufklären (HONSELL, OR BT, 349; BGHZ 25, 124 – Schadenersatz wegen Vermittlung eines vermögenslosen und u. a. wegen Bigamie und unberechtigter Führung von Titeln vorbestraften Metzgers, der von der Auftraggeberin uneinbringliche Darlehen erschwindelte). Art. 406g Abs. 1 sieht sodann eine besondere **Informationspflicht** für den Beauftragten vor und unterstellt ihn einer besonderen **Diskretionspflicht** (s. dort).

Als Ausfluss seiner auftragsrechtlichen Treuepflicht ist der Beauftragte zur   10
Vermeidung von Interessenkollisionen verpflichtet. Dies schliesst eine **Doppelvertretung** jedoch nicht aus (GUHL/SCHNYDER, § 50 N 34; CR CO I-WERRO, Art. 406a – 406h N 10).

IV.   Pflichten des Auftraggebers

1.   Zahlung einer Vergütung (Abs. 1)

Die **Hauptpflicht** des Auftraggebers ist die Pflicht zur **Zahlung einer Vergü-**   11
tung (Art. 406a Abs. 1). Die **Höhe der Vergütung** und die Zahlungsmodalitäten müssen schriftlich in der Vertragsurkunde festgehalten sein (Art. 406d Ziff. 2 und 4).

Verbreitet ist die Vereinbarung einer **Vorauszahlung**, also einer Vorleis-   12
tungspflicht des Auftraggebers (zu den Hintergründen s. Vorbem. zu Art.

406a–406h N 1). Dies ist auch nach der Neuregelung zulässig, doch darf der Beauftragte gemäss Art. 406e Abs. 2 die Vorauszahlung erst nach Ablauf der siebentägigen Widerrufsfrist entgegennehmen (s. Art. 406e N 9 f.).

13   Ist ein **Erfolgshonorar** vereinbart, so ist dieses nur dann geschuldet, wenn es zwischen dem Auftraggeber und der vermittelten Person zu einer Eheschliessung oder einer festen Partnerschaft kommt und dies mit den Bemühungen des Beauftragten ursächlich zusammenhängt. Die Kausalität fehlt beispielsweise, wenn der Auftraggeber die zu vermittelnde Person zufällig in den Räumlichkeiten des Beauftragten kennen lernt, ohne dass sie vom Beauftragten einander vorgestellt wurden (BezGer ZH, Urteil vom 28. Juni 2000, E. 2.3.2 [nicht publ.]). Aufgrund seines Persönlichkeitsrechts ist der Auftraggeber frei, einen Partnervorschlag anzunehmen oder abzulehnen; eine grundlose Ablehnung stellt keine treuwidrige Verhinderung des Bedingungseintritts für das Erfolgshonorar dar (OLG Koblenz, NJW-RR 1993, 888, 889; SCHWERDTNER, N 1055).

2.   Nebenpflichten

14   Den Auftraggeber treffen von Fall zu Fall unterschiedliche vorvertragliche, vertragliche oder aus Treu und Glauben fliessende **Sorgfalts-, Informations-, Diskretions- und sonstige Mitwirkungspflichten und Obliegenheiten** (HONSELL, OR BT, 351;). Er ist insbesondere zu **wahren und vollständigen Angaben hinsichtlich seiner Person und Verhältnisse** verpflichtet (SCHWERDTNER, N 1065). Über vermittlungsrelevante Veränderungen während der Vertragsdauer (z. B. Stellenverlust oder Krankheit) muss er den Beauftragten umgehend in Kenntnis setzen, ebenso, wenn er eine Partnerschaft eingegangen ist und am Kennenlernen weiterer Vorschlagspartner nicht mehr interessiert ist (HONSELL, OR BT, 351 m. w. Nw.).

15   Informationen über erhaltene Partnervorschläge muss der Auftraggeber vertraulich behandeln (SCHWERDTNER, N 1065 f.).

16   Aufgrund des subsidiär anwendbaren Auftragsrechts hat der Beauftragte grundsätzlich Anspruch auf **Ersatz der Auslagen** und Verwendungen und auf **Befreiung von den eingegangenen Verbindlichkeiten** (Art. 402 Abs. 1). Zu beachten ist allerdings Art. 406d, der diesen Anspruch einer zusätzlichen formellen Voraussetzung unterstellt. Da Art. 402 Abs. 1 und 406d kumulativ erfüllt sein müssen, führt die Angabe eines Höchstbetrages für Auslagen- und Verwendungsersatz in der Vertragsurkunde nicht dazu, dass der Auftraggeber dem Beauftragten auch solche Auslagen und Verwendungen ersetzen muss, für die dem Beauftragten gemäss Art. 402 Abs. 1 kein Ersatzanspruch zusteht (so aber CR CO I-WERRO, Art. 406a–406h N 15).

17   Die **Schadenersatzpflicht** des Auftraggebers richtet sich nach Art. 402 Abs. 2.

V. Vertragsbeendigung

1. Beendigungsgründe

Für die **Beendigung** des Auftrags zur Ehe- oder zur Partnerschaftsvermitt- 18
lung gelten aufgrund von Art. 406a Abs. 2 grundsätzlich die Art. 404 und
405 (HOFSTETTER, SPR VII/6, 152).

Ist eine bestimmte **Vertragsdauer vereinbart**, endigt der Auftrag zur Ehe- 19
oder zur Partnerschaftsvermittlung mit deren **Ablauf**. Ebenfalls zur Beendigung führen die **Eingehung einer Ehe oder die Begründung einer festen
Partnerschaft**, weil damit der Vertragszweck erreicht ist.

Sowohl der Auftraggeber als auch der Beauftragte ist gemäss Art. 404 Abs. 1 20
berechtigt, den Vertrag **jederzeit und entschädigungslos zu widerrufen
bzw. zu kündigen** (a. A. TERCIER, SJZ 2000, 323, der ein Kündigungsrecht
des Beauftragten ablehnt). Für das Widerrufsrecht des Auftraggebers bestimmt Art. 406d Ziff. 7 ausdrücklich dessen zwingenden Charakter; für das
Kündigungsrecht des Beauftragten folgt dies aus der bundesgerichtlichen
Rechtsprechung zu Art. 404. Abweichend von Art. 404 Abs. 1 bedürfen Widerruf und Kündigung jedoch der Schriftform (Art. 406f). Eine **Kündigung
zur Unzeit** verpflichtet den Auftraggeber wie auch den Beauftragten zu
Schadenersatz (Art. 404 Abs. 2 i. V. m. Art. 406a Abs. 2).

Aus der Natur des Geschäfts folgt, dass der **Tod des Auftraggebers** stets 21
zur Beendigung des Vertrages führt (BÖRSTINGHAUS, N 102; AmtsGer Dort-
mund, NJW-RR 1991, 689), nicht zwingend jedoch **Handlungsunfähigkeit
oder Konkurs** (vgl. BK-FELLMANN, Art. 405 N 85 ff.).

2. Rückforderung von Vorschüssen und Vorauszahlungen

Der Beauftragte darf für die vorzeitige Vertragsbeendigung keine Entschä- 22
digung verlangen (Art. 406d Ziff. 7). Der Auftraggeber hat nur die vom Beauftragten **bereits erbrachten Leistungen** zu vergüten (GMÜR, N 464; BK-
FELLMANN, Art. 394 N 552 f. je m. w. Nw.). **Vorschüsse und Vorauszahlungen** können daher insoweit zurückgefordert werden, als der Vorschuss den
Wert des zu vergütenden Arbeitsaufwandes übersteigt (DERENDINGER, Die
Nicht- und die nicht richtige Erfüllung des einfachen Auftrages, Diss. Freiburg 1988, N 431). Bei Zahlungen, die sich auf die gesamte Vertragsdauer
beziehen, besteht der Rückforderungsanspruch pro rata temporis (vgl.
BGH, NJW 1991, 2763 f.). Abreden, welche die Rückforderung von Vorschüssen oder der Einschreibegebühr generell ausschliessen, sind unzulässig.

VI. Prozessuales. IPR

Der **Gerichtsstand** bei Streitigkeiten aus einem Auftrag zur Ehe- oder 23
zur Partnerschaftsvermittlung bestimmt sich in Binnenverhältnissen nach

Art. 22 Abs. 2 GestG, in internationalen Verhältnissen nach Art. 114, 120 Abs. 1 IPRG bzw. Art. 13 Abs. 1 LugÜ (BSK OR I-Pietruszak, Vorbem. zu Art. 406a–406h N 8 ff. m. w. Nw.).

24   Bis zu einem Streitwert von CHF 20 000 findet das **Konsumentenschutzverfahren** (Schlichtungsverfahren oder einfaches und rasches Verfahren) Anwendung (Art. 1 der Verordnung über die Streitwertgrenze in Verfahren des Konsumentenschutzes und des unlauteren Wettbewerbs [SR 944.8]).

Art. 406 *b*

B. **Vermittlung von oder an Personen aus dem Ausland**

I. **Kosten der Rückreise**

[1] Reist die zu vermittelnde Person aus dem Ausland ein oder reist sie ins Ausland aus, so hat ihr der Beauftragte die Kosten der Rückreise zu vergüten, wenn diese innert sechs Monaten seit der Einreise erfolgt.

[2] Der Anspruch der zu vermittelnden Person gegen den Beauftragten geht mit allen Rechten auf das Gemeinwesen über, wenn dieses für die Rückreisekosten aufgekommen ist.

[3] Der Beauftragte kann vom Auftraggeber nur im Rahmen des im Vertrag vorgesehenen Höchstbetrags Ersatz für die Rückreisekosten verlangen.

I.   Allgemeines. Normzweck

1   Die Bestimmung bildet zusammen mit Art. 406c eine **Sonderregelung** für die Vermittlung von Personen aus oder an Personen im Ausland (sog. **transnationale Ehe- und Partnerschaftsvermittlung**). Sie regelt den Fall, dass die zu vermittelnde Person vom Vermittler veranlasst wird, von ihrem ausländischen Wohnsitz in die Schweiz oder von ihrem schweizerischen Wohnsitz ins Ausland zu reisen. Dabei bezahlt der Kunde meist die Kosten für die Hinreise und den Aufenthalt, nicht aber die Kosten für die Rückreise, wenn sich keine feste Beziehung ergibt. Häufig muss in solchen Situationen das Gemeinwesen für die Rückreisekosten aufkommen, vor allem bei Frauen, die aus Drittweltländern kommen und nicht über hinreichend eigene Mittel verfügen.

2   Abs. 1 gibt nun der zu vermittelnden Person einen Anspruch gegenüber dem Vermittler auf **Bezahlung der Rückreisekosten**, sofern die Rückreise innert sechs Monaten seit der Hinreise erfolgt. Dieser Anspruch geht auf

dem Wege der **Subrogation** auf das Gemeinwesen über, wenn dieses für die Rückreisekosten aufgekommen ist (Abs. 2). Der Vermittler seinerseits kann zwar beim Auftraggeber Regress nehmen, allerdings nur bis zu dem in der Vertragsurkunde vorgesehenen Höchstbetrag (Abs. 3). Mit dieser Regelung wird in erster Linie der Vermittler in die Pflicht genommen.

Die faktische Durchsetzung der Verpflichtung des Vermittlers aus Art. 406b Abs. 1 wird dadurch erleichtert, dass der Vermittler, wenn er berufsmässig handelt, als Voraussetzung für den Erhalt einer Bewilligung eine **Kaution** für die Rückreisekosten zu leisten hat (Art. 406c Abs. 2 lit. c). Im Gegensatz zur Kautionspflicht trifft die Pflicht zur Vergütung der Rückreisekosten aber auch den nicht berufsmässigen Vermittler (HONSELL, OR BT, 351). 3

II. Pflicht zur Vergütung der Rückreisekosten (Abs. 1)

Die zu vermittelnde Person kann vom Vermittler die Vergütung der Rückreisekosten verlangen, wenn dieser sie veranlasst hat, zum Zwecke der Vermittlung für eine Ehe oder eine feste Partnerschaft i. S. v. Art. 406a Abs. 1 aus dem Ausland ein- oder von der Schweiz ins Ausland auszureisen und die Rückreise innert sechs Monaten seit der Hinreise erfolgt. Bei mehreren aufeinander folgenden Ein- und Ausreisen ist für den Fristbeginn die letzte, vom Beauftragten veranlasste Hinreise massgebend. 4

Der Anspruch richtet sich gegen den Vermittler. Es handelt sich dabei um einen **gesetzlichen Anspruch**, der weder eine vertragliche Beziehung zwischen der zu vermittelnden Person und dem Vermittler voraussetzt noch einen gültigen Vermittlungsvertrag zwischen dem Vermittler und dem Auftraggeber (Begleitbericht, N 17; GUHL/SCHNYDER, § 50 N 39; HONSELL, OR BT, 351). 5

Welche Rückreisekosten der Vermittler im Einzelnen bezahlen muss, lässt die Bestimmung offen (dazu BSK OR I-PIETRUSZAK, N 11). 6

III. Subrogation auf das Gemeinwesen (Abs. 2)

Gemäss Abs. 2 geht der Anspruch der zu vermittelnden Person nach Abs. 1 mit allen Rechten auf das Gemeinwesen über, wenn dieses für die Rückreisekosten aufgekommen ist. Es handelt sich dabei um eine gesetzliche **Subrogation oder Legalzession** im Sinne von Art. 166. Nur das Gemeinwesen kann sich auf Abs. 2 berufen. Da dieses aber nur berechtigt ist, die Forderung der zu vermittelnden Person geltend zu machen, ist der Vermittler nicht verpflichtet, höhere Kosten, die dem Gemeinwesen etwa im Zusammenhang mit einer behördlichen Ausschaffung entstanden sind, zu ersetzen. 7

IV. Regressrecht des Beauftragten gegenüber dem Auftraggeber (Abs. 3)

8   Trägt der Beauftragte die Kosten für die Rückreise der zu vermittelnden Person, so handelt es sich dabei um Auslagen i.S.v. Art. 402 Abs. 1. Für diese ist der Auftraggeber grundsätzlich insoweit ersatzpflichtig, als sie «in richtiger Ausführung des Auftrages» angefallen sind. Daran fehlt es namentlich, wenn vereinbart ist, dass die zu vermittelnde Person ihren Wohnsitz oder Aufenthalt im selben Land haben muss wie der Auftraggeber. Ferner darf es sich nicht um eine **unnötig teure Rückreise** handeln, weil der Beauftragte an den Grundsatz der sparsamen Geschäftsführung gebunden ist (BK-FELLMANN, Art. 402 N 43).

9   Zusätzlich zu den materiellen Voraussetzungen nach Art. 402 Abs. 1 begrenzt Art. 406b Abs. 3 die Ersatzpflicht des Auftraggebers für die Rückreisekosten auf den **in der Vertragsurkunde vorgesehenen Höchstbetrag** (s. Art. 406d Ziff. 3 und Art. 406d N 10). Diese Schranke gilt auch für eine allfällige vom Beauftragten abgegebene **Garantieerklärung** gemäss Art. 6 und 7 der Verordnung über die Einreise und Anmeldung von Ausländerinnen und Ausländern (SR 142.211).

V. Abweichende Vereinbarungen

10   Art. 406b ist **teilzwingend. Ausgeschlossen** sind abweichende **Vereinbarungen zuungunsten der zu vermittelnden Person wie auch des Auftraggebers.** Insbesondere kann die zu vermittelnde Person im Voraus nicht gültig auf ihren Anspruch auf Vergütung der Rückreisekosten verzichten.

Art. 406 c

II.	Bewilligungs-pflicht	¹ **Die berufsmässige Ehe- oder Partnerschaftsvermittlung von Personen oder an Personen aus dem Ausland bedarf der Bewilligung einer vom kantonalen Recht bezeichneten Stelle und untersteht deren Aufsicht.**
		² **Der Bundesrat erlässt die Ausführungsvorschriften und regelt namentlich:**
		a. **die Voraussetzungen und die Dauer der Bewilligung;**
		b. **die Sanktionen, die bei Zuwiderhandlungen gegen den Beauftragten verhängt werden;**
		c. **die Pflicht des Beauftragten, die Kosten für die Rückreise der zu vermittelnden Personen sicherzustellen.**

I. Allgemeines. Normzweck

Die Vorschrift statuiert eine **Bewilligungspflicht** für die berufsmässige   1
transnationale Ehe- oder Partnerschaftsvermittlung und unterstellt die
betreffenden Vermittler einer behördlichen Aufsicht. Damit soll bewirkt
werden, dass nur Personen, die Gewähr für ein rechtmässiges Handeln und
für die Wahrung der Persönlichkeitsrechte der zu vermittelnden Personen
bieten, auf diesem Gebiet tätig werden. Übergeordnetes Ziel dieser Bewilligungspflicht ist die Bekämpfung des Frauenhandels.

Einzelheiten sind in der **Verordnung über die berufsmässige Vermittlung**   2
von Personen aus dem Ausland oder ins Ausland zu Ehe oder fester Part-
nerschaft vom 10. November 1999 (SR 221.218.2; im Folgenden zit. VO) geregelt, namentlich die Voraussetzungen der Erteilung, des Entzugs und der
Aufhebung der Bewilligung sowie deren Dauer und Umfang. Weiter regelt
sie die Höhe und die Form der Kaution, die der Vermittler zur Sicherung der
Kosten für die Rückreise der zu vermittelnden Personen leisten muss. Sie
legt ferner die Bedingungen fest, unter denen die Kaution dem Vermittler
oder der zu vermittelnden Person herausgegeben werden darf. Schliesslich
sieht sie Sanktionen bei Zuwiderhandlungen vor.

II. Bewilligungspflicht

1. Umfang der Bewilligungspflicht

Einer Bewilligung bedarf, wer berufsmässig im Rahmen eines Auftrags zur   3
Ehe- oder zur Partnerschaftsvermittlung i. S. v. Art. 406a Abs. 1 **einer Per-**
son in der Schweiz Personen aus dem Ausland oder einer Person im Aus-
land Personen aus der Schweiz vermittelt (Art. 2 Abs. 1 VO). Entscheidend
ist der unterschiedliche Wohnsitz oder gewöhnliche Aufenthalt des Auftraggebers und der zu vermittelnden Person in der Schweiz und im Ausland; die
Staatsangehörigkeit ist irrelevant (Begleitbericht, N 2; Werro, N 1033). Die
Bewilligungspflicht erstreckt sich über den Wortlaut von Art. 2 Abs. 1 VO
hinaus auch auf **grenzüberschreitende Vermittlungen im Ausland, wenn**
der Vermittler von der Schweiz aus tätig ist.

Gemäss Art. 2 Abs. 2 VO gilt im Hinblick auf die Bewilligungspflicht bereits   4
die **blosse Weitergabe von Namen und Adressen sowie von Katalogen mit**
Personenbeschreibungen oder Fotos an den Auftraggeber als Vermittlung.
Mit diesem gegenüber Art. 406a Abs. 1 erweiterten Vermittlungsbegriff soll
vermieden werden, dass die Bewilligungspflicht unterlaufen wird (Begleitbericht, N 8).

Der Bewilligungspflicht unterliegen **natürliche und juristische Personen**   5
sowie **Kollektiv- und Kommanditgesellschaften** mit Wohnsitz oder Sitz in
der Schweiz (Art. 2 Abs. 1 VO). Personen ohne Wohnsitz oder Sitz in der

Schweiz bedürfen einer Bewilligung, wenn sie in der Schweiz eine **Zweig-niederlassung** oder eine andere **Geschäftsstelle** haben (Art. 2 Abs. 3 VO).

6   **Berufsmässig** vermittelt, wer die Vermittlung haupt- oder nebenberuflich, regelmässig oder unregelmässig, selbstständig oder im Dienst oder Auftrag einer Drittperson, mit oder ohne öffentliche Werbung betreibt und dafür eine Vergütung verlangt (Art. 3 Abs. 1 VO). Wesentliches Element ist, dass die Vermittlungstätigkeit auf Dauer angelegt und auf Einkommenserzielung gerichtet ist, wobei auch erstmaliges Handeln in diesem Rahmen genügt. Um dem Einwand entgegenzutreten, nicht Vermittler, sondern blosse Hilfsperson zu sein, wird gemäss Art. 3 Abs. 2 bei Hilfspersonen, die nicht im Dienst von Personen mit Bewilligung tätig sind, berufsmässiges Handeln fingiert (Begleitbericht, N 8).

2.   Das Bewilligungsgesuch

7   Erforderlich ist ein formelles schriftliches Bewilligungsgesuch. Dieses ist bei der zuständigen Behörde des Kantons einzureichen, in dem der Gesuch-steller seinen Wohnsitz oder Sitz, oder bei Fehlen eines solchen, seine Zweigniederlassung oder Geschäftsstelle hat (Art. 5 Abs. 1 VO).

8   Art. 5 Abs. 2 legt im Einzelnen fest, welche Angaben das Bewilligungsge-such enthalten muss. Um den administrativen Aufwand für die zuständige Behörde möglichst gering zu halten, wird **allein aufgrund der eingereich-ten Akten entschieden**. Ein mangelhaftes Gesuch hat die Nichterteilung der Bewilligung zur Folge (Art. 6 lit. a VO).

3.   Erteilung der Bewilligung

9   **Objektive Voraussetzungen** der Bewilligung sind gemäss Art. 6 lit. a und c VO ein formelles Bewilligungsgesuch und die Leistung der Kaution (dazu unten N 13 ff.).

10   **In subjektiver Hinsicht** darf die Bewilligung nur erteilt werden, wenn an-zunehmen ist, dass die Vermittlungstätigkeit **sorgfältig und rechtmässig** sein wird (Art. 6 lit. b VO) und wenn keine **Unvereinbarkeit mit einer ande-ren Tätigkeit** i. S. v. Art. 4 VO vorliegt. Als mit der Vermittlungstätigkeit un-vereinbar gelten insbesondere der Betrieb eines Nachtclubs, in dem die zu vermittelnden Frauen als Tänzerinnen auftreten, die Vermittlung von Kre-diten für die Reise der zu vermittelnden Personen in die Schweiz oder für die zu vermittelnden Personen als Reisebüro tätig zu sein (Begleitbericht, N 15).

4.   Dauer und Umfang der Bewilligung

11   Dauer und Umfang der Bewilligung sind in Art. 7 VO geregelt, der sich an Art. 6 und 7 der Verordnung über die Adoptionsvermittlung (SR 211.221.36) anlehnt. Die Bewilligung wird stets **befristet und für höchstens fünf Jahre** erteilt und kann mit **Auflagen und Bedingungen** verbunden werden. Nach

Ablauf der Gültigkeitsdauer ist ein **Erneuerungsgesuch** erforderlich, das dieselben Anforderungen zu erfüllen hat wie das erstmalige Gesuch. Die Bewilligung wird nur für die Vermittlung von Personen aus oder an Personen **in bestimmten Ländern** erteilt. Sie berechtigt zur Vermittlung in der ganzen Schweiz. Soll die Vermittlung später auf zusätzliche Länder ausgedehnt werden, so ist ein **Ergänzungsgesuch** erforderlich, das sich auf die für die Ausweitung der Bewilligung relevanten Angaben beschränken kann (Begleitbericht, N 16).

Wird die Bewilligung einer juristischen Person oder einer Personengesellschaft erteilt, so gilt sie nur für die in der Bewilligung aufgeführten, für die Vermittlung verantwortlichen **natürlichen Personen** (Art. 7 Abs. 4 VO). **12**

5. Kaution für die Rückreisekosten

Der Vermittler muss für die Rückreisekosten der zu vermittelnden Person, zu deren Vergütung er gemäss Art. 406b Abs. 1 verpflichtet ist, eine hinreichende Kaution leisten. Die Leistung dieser Kaution ist zwingende **Voraussetzung für den Erhalt einer Bewilligung** (Art. 6 lit. c VO). **13**

Die zuständige Behörde bestimmt die **Höhe** der Kaution, unter Berücksichtigung des voraussichtlichen Geschäftsumfangs und der Entfernung der Länder, für die eine Bewilligung erteilt werden soll. Die **Mindestkaution beträgt CHF 10 000** (Art. 8 Abs. 2 VO). Nach Massgabe des Geschäftsganges oder aus anderen wichtigen Gründen, insbesondere wegen zwischenzeitlicher Beanspruchung der Kaution (Art. 10 Abs. 2 VO), kann die zuständige Behörde gemäss Art. 8 Abs. 3 VO die Kaution nachträglich anpassen und Nachschüsse verlangen, deren Nichtleistung den Entzug der Bewilligung zur Folge hat. Der Vermittler muss der Behörde einmal jährlich die Anzahl der vermittelten Personen, deren Geschlecht und die Länder, aus denen bzw. in die diese Personen vermittelt wurden, melden (Art. 16 Abs. 3 VO). **14**

Die **Freigabe** bzw. **Herausgabe** der Kaution erfolgt nach dem Vorbild der Regelung über die Herausgabe der Mietkaution (Art. 257e Abs. 3). Die Kaution wird der zu vermittelnden Person oder dem Gemeinwesen nur gestützt auf einen rechtskräftigen Zahlungsbefehl oder ein rechtskräftiges Gerichtsurteil freigegeben, sofern sich der Vermittler der Freigabe widersetzt. Der Vermittler kann die Herausgabe der Kaution erst **zwei Jahre nach Ablauf, Entzug oder Aufhebung der Bewilligung** verlangen, und auch dann nur insoweit, als in diesem Zeitpunkt nicht Ansprüche auf Vergütung der Rückreisekosten gegen ihn hängig sind (Art. 10 Abs. 3 VO). **15**

6. Entzug und Aufhebung der Bewilligung

Die Bewilligung wird gemäss Art. 11 VO entzogen, wenn sie durch **unwahre oder irreführende Angaben** oder durch das **Verschweigen wesentlicher Tatsachen** erwirkt oder aufrecht erhalten wurde. Ebenso, wenn der Ver- **16** mittler wiederholt oder in schwerer Weise gegen die Art. 406a – 406h oder gegen Vorschriften der VO verstösst oder wenn er einer Verletzung der massgebenden ausländerrechtlichen Bestimmungen, namentlich der Vorschriften über die Einreise und den Aufenthalt, Vorschub leistet.

7. Sanktionen

17 Wer vorsätzlich ohne die erforderliche Bewilligung die Vermittlung betreibt, wird mit **Busse bis zu CHF 50 000** bestraft, ebenso, wer durch unrichtige oder irreführende Angaben oder durch Verschweigen wesentlicher Tatsachen eine Bewilligung erwirkt oder deren Vollzug erschwert oder verhindert (Art. 18 Abs. 1 VO). Ob Art. 18 Abs. 1 VO für eine Busse in dieser Höhe eine genügende gesetzliche Grundlage ist, erscheint fraglich. Fahrlässige Begehung wird mit Busse bis zu CHF 5 000 bestraft (Art. 18 Abs. 2 VO).

8. Zuständige Behörden

18 Der Vollzug der Bewilligungspflicht und die Aufsicht sind Sache der **Kantone**, die hierfür eine zuständige Stelle zu bezeichnen haben.

Art. 406 *d*

C. Form und Inhalt

Der Vertrag bedarf zu seiner Gültigkeit der schriftlichen Form und hat folgende Angaben zu enthalten:

1. den Namen und Wohnsitz der Parteien;
2. die Anzahl und die Art der Leistungen, zu denen sich der Beauftragte verpflichtet, sowie die Höhe der Vergütung und der Kosten, die mit jeder Leistung verbunden sind, namentlich die Einschreibegebühr;
3. den Höchstbetrag der Entschädigung, die der Auftraggeber dem Beauftragten schuldet, wenn dieser bei der Vermittlung von oder an Personen aus dem Ausland die Kosten für die Rückreise getragen hat (Art. 406b);
4. die Zahlungsbedingungen;
5. das Recht des Auftraggebers, schriftlich und entschädigungslos innerhalb von sieben Tagen vom Vertrag zurückzutreten;
6. das Verbot für den Beauftragten, vor Ablauf der Frist von sieben Tagen eine Zahlung entgegenzunehmen;
7. das Recht des Auftraggebers, den Vertrag jederzeit entschädigungslos zu kündigen, unter Vorbehalt der Schadenersatzpflicht wegen Kündigung zur Unzeit.

I. Schriftformerfordernis

Der Auftrag zur Ehe- oder zur Partnerschaftsvermittlung bedarf gemäss **1**
Art. 406d zur Gültigkeit der **Schriftform**. Sie dient dem Schutz des Auftraggebers vor Übereilung und zu Beweiszwecken im Streitfall (Botschaft, 175).
Es gelten die Art. 12 ff. Abweichend von Art. 13 hat jedoch das dem Auftraggeber überlassene Vertragsdoppel die **Unterschriften beider Parteien** zu
enthalten (Art. 406e Abs. 1).

II. Mindestinhalt der Vertragsurkunde

Die Vertragsurkunde muss bestimmte Regelungen enthalten, damit der **2**
Vertrag gültig ist. Damit soll der wesentliche Vertragsinhalt transparent
gemacht und die Information des Auftraggebers über seine Rechte und
Pflichten verbessert werden (Botschaft, 175). Der Auftraggeber soll namentlich genauen Aufschluss über das Mass seiner finanziellen Verpflichtungen erhalten, die Angemessenheit der Vergütungen überprüfen können
(s. Art. 406h) und sichere Kenntnis seiner wichtigsten Rechte haben.

Ziff. 1: Name und Wohnsitz der Parteien. Aus den Angaben soll für den **3**
Auftraggeber die Identität des Beauftragten klar und unverwechselbar ersichtlich sein. Wird der im Handelsregister eingetragene Name des Beauftragten nur unvollständig auf der Vertragsurkunde aufgeführt, so führt dies
dann nicht zur Nichtigkeit des Vertrags, wenn der Beauftragte dennoch eindeutig identifizierbar ist (BezGerPräs Landquart, Urteil vom 27. Mai 2003,
E. 3 [nicht publ.]; i. c. fehlender Namenszusatz).

Ziff. 2: Leistungspflichten. Anzugeben sind die **Anzahl und die Art der** **4**
Leistungen, zu denen sich der Beauftragte verpflichtet, die **Höhe der Ver-**
gütung und der Kosten, die mit jeder Leistung verbunden sind, sowie eine
allfällige **Einschreibegebühr** (dazu BSK OR I-PIETRUSZAK, N 7). Der Auftraggeber soll sich dadurch Klarheit über die versprochenen Leistungen
sowie die gängigen Vergütungen verschaffen können (Botschaft, 176), und
er soll vor versteckten Tätigkeitsentgelten in Einschreibegebühren und Be-
arbeitungspauschalen geschützt werden. Es sind deshalb **sämtliche ver-**
sprochenen Leistungen des Beauftragten einzeln aufzulisten und ihrem
wesentlichen Inhalt nach zu umschreiben. Anzugeben sind etwa die Vertragsdauer, die Anzahl der Partnervorschläge, die dem Auftraggeber während dieses Zeitraums mindestens präsentiert werden, die Zeitabstände
zwischen den einzelnen Präsentationen, die Umstände, unter denen die
Leistungen erfolgen, Eigenschaften der zu vermittelnden Personen usw.
(Botschaft, 176). Die Vereinbarung eines **Pauschalhonorars**, bei dem mehrere oder sämtliche Leistungen des Beauftragten unter einem einzigen
Honorarbetrag zusammengefasst werden, ist nicht zulässig und führt nach
der Rechtsprechung zur Nichtigkeit des Vertrags (KantGerPräs Zug, Urteil

vom 12. Januar 2004 [EO 2003 205, nicht publ.]; ER am BezGer Zürich, Verfügung vom 11. August 2004 [EB041716, nicht publ.]).

5 **Ziff. 3: Höchstbetrag der vom Auftraggeber geschuldeten Entschädigung für die Rückreisekosten einer ins Ausland oder aus dem Ausland vermittelten Person** (siehe Art. 406b Abs. 3).

6 **Ziff. 4: Zahlungsbedingungen.** Anzugeben sind der **Zeitpunkt**, in dem die Zahlung fällig wird (z. B. «30 Tage nach Erhalt der Rechnung»; «7 Tage ab Inkrafttreten des Vertrages»; «mit dem Abruf eines Partnervorschlages» usw.) und die **Zahlungsmodalitäten** (z. B. «mittels Überweisung auf folgendes Konto»). Nicht erforderlich ist eine Belehrung über die Rechtsfolgen eines Zahlungsverzuges.

7 **Ziff. 5: Belehrung über siebentägiges Widerrufsrecht** (Art. 406e). Die Vertragsurkunde muss den Auftraggeber darüber informieren, dass dieser berechtigt ist, den Vertragsschluss innerhalb von sieben Tagen **schriftlich und entschädigungslos** zu widerrufen. Auf das Schriftformerfordernis des Widerrufs ist ausdrücklich hinzuweisen; ebenso ist ausdrücklich anzugeben, dass der Widerruf für den Auftraggeber mit keinerlei finanziellen Nachteilen verbunden ist (vgl. BGE 90 III 29, 31 f.).

8 **Ziff. 6: Verbot des Beauftragten zur Entgegennahme einer Zahlung vor Ablauf der siebentägigen Widerrufsfrist.** In der Vertragsurkunde muss festgehalten werden, dass der Beauftragte vor Ablauf der siebentägigen Rücktrittsfrist vom Auftraggeber keine Zahlungen entgegennehmen darf (s. Art. 406e Abs. 2). Der Gesetzeswortlaut verlangt nach einer Formulierung, die ausdrücklich ein **Verbot der Entgegennahme von Zahlungen** statuiert. Die Formulierung eines Verbotes, Zahlungen vor diesem Zeitpunkt zu verlangen, genügt nicht (s. Botschaft, 177).

9 **Ziff. 7: Belehrung über jederzeitiges Kündigungsrecht.** Die Vertragsurkunde muss den Auftraggeber darüber belehren, dass dieser berechtigt ist, den Vertrag jederzeit **schriftlich** (dies folgt aus dem französischen Wortlaut von Ziff. 7) **und entschädigungslos** zu kündigen, unter Vorbehalt der Schadenersatzpflicht wegen Kündigung zur Unzeit. Die Belehrungspflicht gilt nur für das Kündigungsrecht des Auftraggebers, nicht aber für das **Kündigungsrecht des Beauftragten** (dazu s. Art. 406a N 20).

III. Rechtsfolgen

10 Die Materialien und der Wortlaut der Bestimmung legen nahe, dass es sich sowohl bei der Schriftform als auch bei den vorgeschriebenen Mindestangaben um Gültigkeitserfordernisse für den Vertrag handelt (Botschaft, 175; ENGEL, 537; GUHL/SCHNYDER § 50 N 35; WERRO, N 985 f.; HANDKOMM-SCHWANDER, N 2). Nach der hier vertretenen Auffassung bestehen hiervon

jedoch die folgenden Ausnahmen: Fehlt in der Vertragsurkunde die Angabe des Höchstbetrags der vom Auftraggeber geschuldeten Entschädigung für die Rückreisekosten (Ziff. 4), so folgt im Umkehrschluss aus Art. 406b Abs. 3, dass der Beauftragte keinen Regressanspruch gegenüber dem Auftraggeber hat. Wird im Vertrag das Verbot der Entgegennahme von Zahlungen während der Rücktrittsfrist (Ziff. 6) nicht erwähnt und verstreicht die Rücktrittsfrist, ohne dass der Beauftragte tatsächlich Zahlungen verlangt oder entgegengenommen hat, so ist der Mangel nachträglich als geheilt zu betrachten.

Die Nichtigkeitsfolge ist **von Amtes wegen zu beachten** und tritt selbst dann 11 ein, wenn der Auftraggeber die verschwiegenen Informationen ohnehin kannte (HARTMANN, N 365 f.). Da die Norm einzig dem Schutz des Auftraggebers dient, ist dem Beauftragten die Berufung auf einen Mangel nach Art. 406d versagt (TERCIER, SJZ 2000, 322; CR CO I-WERRO, Art. 406a–406h N 21).

IV. Nachträgliche Vertragsänderungen

Die Vorschrift gilt nicht nur für den erstmaligen Abschluss, sondern 12 aufgrund ihres Beweiszwecks auch **für nachträgliche Änderungen des Vertrages** (mit Ausnahme ergänzender Nebenpunkte (Art. 12) und der Vertragsaufhebung (Art. 115). Dabei genügt es, wenn lediglich die Änderungen verurkundet werden, sofern eine zweifelsfreie Identifizierung des Vertrages, auf den sich die Änderungen beziehen, möglich ist.

Mit einem Formmangel behaftete Vertragsänderungen sind ungültig. Der 13 Vertrag gilt weiterhin ohne die beabsichtigten Änderungen.

Art. 406 e

Inkrafttreten, Rücktritt

[1] **Der Vertrag tritt für den Auftraggeber erst sieben Tage nach Erhalt eines beidseitig unterzeichneten Vertragsdoppels in Kraft. Innerhalb dieser Frist kann der Auftraggeber dem Beauftragten schriftlich seinen Rücktritt vom Vertrag erklären. Ein im Voraus erklärter Verzicht auf dieses Recht ist unverbindlich. Die Postaufgabe der Rücktrittserklärung am siebten Tag der Frist genügt.**

² **Vor Ablauf der Frist von sieben Tagen darf der Beauftragte vom Auftraggeber keine Zahlung entgegennehmen.**

³ **Tritt der Auftraggeber vom Vertrag zurück, so kann von ihm keine Entschädigung verlangt werden.**

I. Normzweck. Anwendungsbereich

1 Abs. 1 berechtigt den Auftraggeber, den Vertrag innerhalb von sieben Tagen schriftlich und entschädigungslos zu **widerrufen.** Der Auftraggeber soll dadurch vor einem übereilten und unüberlegten Vertragsschluss bewahrt werden. Der Grund hierfür liegt im Umstand, dass Personen, welche die Dienste eines Ehe- oder Partnerschaftsvermittlers in Anspruch nehmen, sich häufig einsam fühlen, beeinflussbar sind und zu schnell den vom Vermittler vorgeschlagenen Vertragsbedingungen zustimmen (Botschaft, 177 f). Das Gesetz gewährt dem Auftraggeber daher eine **«cooling-off period»,** die ihm dazu dienen soll, seine Entscheidung ausserhalb des Einflusses des Vermittlers in Ruhe zu überdenken und gegebenenfalls vom Vertrag Abstand zu nehmen.

2 Das Widerrufsrecht findet nicht nur auf den Auftrag zur Ehe- oder zur Partnerschaftsvermittlung i. S. v. Art. 406a Abs. 1 Anwendung, sondern auch auf Verträge, die mit ihm eine **wirtschaftliche Einheit** bilden, wie namentlich Pfandverträge zwecks Sicherstellung der Vergütung, eine abstrakte Schuldanerkennung des Auftraggebers (Gerichtskreis VI Signau-Trachselwald, Entscheid vom 18. Oktober 2005 [Z 05628 TOA, nicht publ.]) usw. Es gilt ebenfalls für Kreditverträge, die der Auftraggeber mit Dritten zwecks Finanzierung des Vermittlungsvertrages abgeschlossen hat, wenn der Beauftragte und der Dritte zusammenwirken mit dem Ziel, dem Auftraggeber wirtschaftlich den Abschluss eines Auftrags zur Ehe- oder zur Partnerschaftsvermittlung zu ermöglichen (BSK OR I-Pietruszak, N 7).

II. Widerrufsrecht (Abs. 1)

3 Entgegen dem Wortlaut des Gesetzes handelt es sich nicht um ein Rücktrittsrecht, sondern um ein Widerrufsrecht, da nicht ein bereits entstandenes Vertragsverhältnis beseitigt, sondern die Entstehung eines Vertragsverhältnisses verhindert wird (Schwenzer, N 28.75; Honsell, OR BT, 348). Der Vertrag wird unter der **aufschiebenden Rechtsbedingung** geschlossen, dass der Auftraggeber nicht innerhalb der gesetzlichen Frist von seinem Widerrufsrecht Gebrauch macht.

4 Die Widerrufsfrist beträgt **7 Tage.** Sie beginnt zu laufen, wenn der Auftraggeber ein beidseitig unterzeichnetes Vertragsdoppel erhalten hat. Aus dem Gesetzeswortlaut folgt, dass beide Parteien **auf derselben Vertragsurkunde**

unterschreiben müssen, dies in Abweichung vom allgemeinen Grundsatz, dass es beim Austausch von Vertragsdoppeln genügt, wenn jede Partei nur das für die andere Partei bestimmte Doppel unterzeichnet (BK-SCHMIDLIN, Art. 13 N 25). Da der Besitz eines beidseitig unterzeichneten Vertragsdoppels den Fristenlauf auslöst, kann der Auftraggeber bei Erhalt eines nur vom Beauftragten unterzeichneten Vertragsdoppels durch Nichtunterzeichnung die Dauer der Schwebezeit beliebig steuern. Der Beauftragte wird daher von Vorteil zuerst den Auftraggeber beide Vertragsdoppel unterschreiben und sich zurücksenden lassen, um anschliessend selbst zu unterzeichnen und dem Auftraggeber ein Vertragsdoppel zuzustellen (BK-GIGER, Art. 226c N 22).

Für den rechtzeitigen Widerruf genügt es, wenn die Widerrufserklärung am   5
siebten Tag der Post übergeben wird (**Absendeprinzip**). Mit unbenütztem Ablauf der Widerrufsfrist ist der Vorgang des Erklärungsaustausches beendet und der Vertrag tritt ex nunc in Kraft (Art. 151 analog).

Die Widerrufserklärung bedarf der **Schriftform**. Die Einhaltung der Schrift-   6
form ist **Gültigkeitserfordernis** für den Widerruf; ein bloss mündlicher Widerruf genügt nicht (vgl. BGE 108 II 296, 299 f.). Der Widerruf muss nicht begründet werden.

Die **Beweislast** für den frist- und formgerechten Widerruf trägt der Auf-   7
traggeber. Den Zeitpunkt, in dem die Widerrufsfrist zu laufen begann, hat er jedoch nur substanziiert zu behaupten; die Beweislast hierfür trägt der Beauftragte, weil andernfalls der Auftraggeber das unbestimmte Negativum nachweisen müsste, dass die Widerrufsfrist nicht schon zu einem früheren Zeitpunkt zu laufen begann.

Gemäss Abs. 1 kann der Auftraggeber im Voraus nicht gültig auf das Wider-   8
rufsrecht **verzichten**. Unwirksam ist damit ein vor oder bei Vertragsunterzeichnung erklärter Verzicht (BSK OR I-PIETRUSZAK, N 17). Hingegen kann der Auftraggeber während der Bedenkzeit den Vertrag genehmigen und damit auf sein Widerrufsrecht verzichten (Botschaft, 177).

III. Verbot der Entgegennahme von Zahlungen während der Schwebezeit (Abs. 2)

Abs. 2 untersagt es dem Beauftragten, **vor Ablauf der Widerrufsfrist** vom   9
Auftraggeber eine **Zahlung entgegenzunehmen**. Bietet der Auftraggeber von sich aus eine Zahlung an, muss sie der Beauftragte ablehnen. Damit soll verhindert werden, dass der Auftraggeber vor Ablauf der Widerrufsfrist zahlt und dies als konkludenter Verzicht auf das Widerrufsrecht verstanden werden könnte (Botschaft, 177).

10   Eine Sanktion bei Zuwiderhandlung gegen diese Bestimmung sieht das Gesetz nicht vor. Abs. 2 ist daher eine blosse **Ordnungsvorschrift**.

IV.   Rechtsfolgen des Widerrufs (Abs. 3)

11   Widerruft der Auftraggeber den Vertrag form- und fristgemäss, so ist dieser **ex tunc unwirksam**. Der Beauftragte darf vom Auftraggeber **keinerlei Zahlung** verlangen, auch nicht für bereits erbrachte Dienstleistungen. Abreden, die den widerrufenden Auftraggeber mit irgendwelchen finanziellen Nachteilen belasten, wie namentlich die Vereinbarung eines Reugelds (Art. 158 Abs. 3) oder einer Wandelpön (Art. 160 Abs. 3), sind ungültig.

V.   Abweichende Vereinbarungen

12   Die Vorschrift ist teilzwingend zugunsten des Auftraggebers.

Art. 406*f*

E.   Rücktrittserklärung und Kündigung   Die Rücktrittserklärung und die Kündigung bedürfen der Schriftform.

1   Die Vorschrift verlangt sowohl für die Widerrufserklärung gemäss Art. 406e als auch für die Kündigung des Vertrags gemäss Art. 406d Ziff. 7 bzw. 404 (siehe Art. 406a N 18 ff.) die **Schriftform**. Wie der Vertragsschluss (Art. 406d) soll auch die Auflösung des Vertrags für beide Parteien transparent und beweisbar sein (Botschaft, 177).

2   Verlangt wird einfache Schriftlichkeit im Sinne der Art. 13 ff. Dem Schriftformerfordernis unterliegen alle **wesentlichen Elemente** der Widerrufs- bzw. Kündigungserklärung, nämlich:
   – der Name der kündigenden Person oder ggf. Angabe eines Vertretungsverhältnisses;
   – der Name des Kündigungsempfängers;
   – die Bezeichnung des Vertrages;
   – die Erklärung, man erachte den Vertrag als aufgelöst, kündige ihn oder trete von ihm zurück.

3   Die Angabe eines Grundes für den Rücktritt oder für die Kündigung ist nicht erforderlich.

4   Eine Rücktritts- oder Kündigungserklärung, welche den Erfordernissen der Schriftform nicht genügt, ist **nichtig** und entfaltet somit **keine Rechtswir-**

kung (**a. A.** bezüglich der Kündigung des Auftraggebers Tercier, contrats spéciaux, N 4992 [blosse Ordnungsvorschrift]).

Auf den **Aufhebungsvertrag** ist Art. 406f nicht anwendbar (Art. 115 analog). 5

Art. 406 g

Information und Datenschutz

[1] **Der Beauftragte informiert den Auftraggeber vor der Vertragsunterzeichnung und während der Vertragsdauer über besondere Schwierigkeiten, die im Hinblick auf die persönlichen Verhältnisse des Auftraggebers bei der Auftragserfüllung auftreten können.**

[2] **Bei der Bearbeitung der Personendaten des Auftraggebers ist der Beauftragte zur Geheimhaltung verpflichtet; die Bestimmungen des Bundesgesetzes vom 19. Juni 1992 über den Datenschutz bleiben vorbehalten.**

I. Allgemeines. Normzweck

Die Vorschrift statuiert eine besondere **Aufklärungs- und Diskretionspflicht** für den Beauftragten. Sie ergänzt und konkretisiert damit die allgemeinen auftragsrechtlichen Nebenpflichten des Beauftragten für den Auftrag zur Ehe- oder zur Partnerschaftsvermittlung. 1

II. Informationspflicht (Abs. 1)

Der Beauftragte muss den Auftraggeber über **besondere Schwierigkeiten** informieren, die im Hinblick auf die persönlichen Verhältnisse des Auftraggebers bei der Auftragserfüllung auftreten können, um ihn vor allfälligen unrealistischen Erwartungen und Hoffnungen zu bewahren. Er hat ihn daher aufgrund der konkreten Umstände über die **Zweckmässigkeit** des Vermittlungsvertrages und über die zu erwartenden **Erfolgschancen** zu informieren. 2

Die Botschaft nennt als Beispiele für besondere Schwierigkeiten Männer mit einer Körpergrösse von weniger als 165 cm, Frauen mit einer Körpergrösse von mehr als 179 cm oder einem Alter von mehr als 40 Jahren, und körperliche oder geistige Behinderung (Botschaft, 178). Schwere Vermittelbarkeit kann auch vorliegen bei bestimmten Krankheiten, besonderen Neigungen und Vorlieben, fehlender Sozialkompetenz, Ortsgebundenheit, beruflich ausserordentlich starker Beanspruchung, Arbeitslosig- 3 keit, übertriebenen Wunschvorstellungen des Auftraggebers usw. (HONSELL, OR BT, 349). Nebst den persönlichen Verhältnissen des Auftraggebers sind auch der Tätigkeitsbereich des Beauftragten und die Zusammensetzung seiner Kundenkartei zu berücksichtigen. Gibt der Auftraggeber beispielsweise an, ortsgebunden zu sein und mit der gewünschten Partnerin zusammenleben zu wollen, so trifft den Beauftragten eine entsprechende Informationspflicht, wenn sich in seiner Kartei nicht hinreichend ortsungebundene Personen oder Personen aus der näheren Umgebung des Auftraggebers befinden (BezGerPräs Landquart, Urteil vom 27. Mai 2003, E. 4.b [nicht publ.]). Der Umfang der Informationspflicht ist im Einzelfall **nach Treu und Glauben zu konkretisieren** (HARTMANN, N 164). Letztlich verlangt Art. 406g Abs. 1 nichts anderes, als dass der Beauftragte den Auftraggeber über alle entscheiderheblichen Umstände zu informieren hat (HONSELL, OR BT, 349; HARTMANN, N 89). Dazu gehört auch eine Aufklärung über allfällige Schwierigkeiten aufgrund der Ausländergesetzgebung, wenn der Auftraggeber die Vermittlung einer Person aus dem Ausland wünscht (Begleitbericht, N 11).

4   Damit der Beauftragte die Informationspflicht erfüllen kann, ist er verpflichtet, die persönlichen Umstände des Auftraggebers und der zu vermittelnden Person festzustellen. Es trifft ihn diesbezüglich eine **Erkundigungspflicht** und den Auftraggeber eine korrelierende Mitwirkungsobliegenheit (s. Art. 406a N 14).

5   Die Informationspflicht besteht bereits **vor Vertragsunterzeichnung** und dauert während des Vertrages fort. Der Beauftragte hat deshalb den Auftraggeber aufzufordern, ihn über Änderungen in dessen persönlichen Verhältnissen (wie Stellenverlust, Erkrankung usw.) umgehend in Kenntnis zu setzen.

6   Der Beauftragte hat seiner Informationspflicht **ohne Verzug** nachzukommen, weil der Auftraggeber jederzeit berechtigt ist, den Vertrag zu kündigen (Art. 406d Ziff. 7). Von diesem Recht kann der Auftraggeber nur dann sinnvoll Gebrauch machen, wenn er stets über die relevanten Informationen verfügt.

III. Datenschutz (Abs. 2)

7   Abs. 2 verpflichtet den Beauftragten bei der Bearbeitung von Personendaten des Auftraggebers zur **Geheimhaltung**. Damit soll der kommerzielle Handel mit Daten alleinstehender Personen verhindert werden (Botschaft, 178). Die Vorschrift ergänzt das Datenschutzgesetz insoweit, als dieses keine allgemeine Geheimhaltungspflicht bei der Bearbeitung von Personendaten durch Private vorsieht. Nach Art. 12 Abs. 2 lit. c DSG ist nur (aber immerhin) die Bekanntgabe von besonders schützenswerten Personendaten

oder von Persönlichkeitsprofilen an Dritte verboten, nicht aber beispielsweise die Bekanntgabe des Namens und der Anschrift. Zudem verhindert Art. 406 g Abs. 2, dass der Beauftragte ohne Zustimmung des Auftraggebers die Datenbearbeitung an einen Dritten überträgt (Art. 10 Abs. 1 lit. b DSG). Eine solche Zustimmung des Auftraggebers ist dabei nur mit Zurückhaltung anzunehmen.

Die Begriffe der Personendaten und der Bearbeitung bestimmen sich nach Art. 3 DSG.   8

Der Beauftragte muss alle ihm überlassenen Unterlagen und Informationen   9
über den Auftraggeber **vertraulich** behandeln und über die Tatsache der
Kontaktaufnahme sowie die Beweggründe des Auftraggebers Stillschweigen bewahren (HONSELL, OR BT, 350). Inserate über den Auftraggeber hat er so zu gestalten, dass dieser nicht identifizierbar ist.

Die Geheimhaltungspflicht dauert **auch nach Vertragsbeendigung** fort. Nö-   10
tigenfalls hat der Beauftragte die erforderlichen Schutzvorkehrungen zu treffen (vgl. BK-FELLMANN, Art. 398 N 55). Sie besteht gegenüber jedermann, insbesondere auch gegenüber der zu vermittelnden Person.

IV. Rechtsfolgen

Verletzt der Beauftragte vor Vertragsschluss seine Informationspflicht, so   11
ist der Auftraggeber zur **Vertragsanfechtung** berechtigt und kann gestützt auf c.i.c. **Schadenersatz** verlangen (HARTMANN, N 494; TERCIER, contrats spéciaux, N 4966). Erfolgt die Pflichtverletzung während der Vertragsdauer, so ergeben sich die Rechtsfolgen aus Art. 97 Abs. 1. Ferner kommt eine **Honorarminderung** in Betracht (vgl. BGE 124 III 423, 425 f.; HONSELL, OR BT, 324 je m. w. Nw.).

Bei Verletzung der Geheimhaltungspflicht kann der Auftraggeber ebenfalls   12
Schadenersatz nach Art. 97 Abs. 1 verlangen und das **Honorar mindern**. Im Falle einer schweren Persönlichkeitsverletzung kommt ausserdem eine **Genugtuung** nach Art. 49 in Betracht. Bei einem Verstoss gegen die Vorschriften des Datenschutzgesetzes gelangen zudem dessen **Sanktionen** (Art. 15 und 34 DSG) zur Anwendung (WERRO, N 1000, 1009 f.).

V. Abweichende Vereinbarungen

Abs. 1 ist zum Schutz des Auftraggebers **zwingender Natur**.   13

Personendaten des Auftraggebers darf der Beauftragte nur mit dessen   14
ausdrücklicher Zustimmung an Dritte weitergeben. Der Auftraggeber erteilt eine solche Zustimmung in der Regel nur hinsichtlich einer konkreten, ihm vorgeschlagenen Person, die er kennen lernen will. Eine im Voraus er-

teilte, weitergehende Zustimmung ist deshalb restriktiv auszulegen. Eine entsprechende Klausel in den allgemeinen Geschäftsbedingungen des Beauftragten ist ungewöhnlich.

Art. 406 *h*

G.   **Herabsetzung**   **Sind unverhältnismässig hohe Vergütungen oder Kosten vereinbart worden, so kann sie das Gericht auf Antrag des Auftraggebers auf einen angemessenen Betrag herabsetzen.**

I.   Anwendungsbereich. Normzweck

1   Art. 406h statuiert eine **gerichtliche Wertparitätskontrolle von Preis und Gegenleistung**. Das Gesetz will damit den Auftraggeber davor schützen, dass seine emotionale Befindlichkeit bei der Partnersuche finanziell ausgenützt wird, indem etwa für bestimmte Leistungen Summen verlangt werden, die ein Vielfaches davon betragen, was für die gleichen oder vergleichbare Leistungen ausserhalb der Ehe- und Partnerschaftsvermittlung bezahlt wird (z. B. Preise für psychologische oder grafologische Gutachten, für die Erstellung von Fotodokumentationen oder die Organisation von Veranstaltungen).

2   Art. 406h setzt nur die **objektive Disparität** von Preis und Leistung voraus. Konkrete subjektive Willensbeeinträchtigungen müssen nicht nachgewiesen werden, sondern werden vom Gesetzgeber als strukturell gegeben betrachtet (TERCIER, SJZ 2000, 323).

3   Art. 406h ist aufgrund des Verweises in Art. 406a Abs. 2 primär anhand des Auftragsrechts auszulegen und zu konkretisieren und nicht anhand der Praxis zu Art. 417 (**a. A.** Botschaft, 178; GUHL/SCHNYDER, § 50 N 38; HANDKOMM-FRIZ, Art. 406 g N 1).

II.   Unverhältnismässig hohe Vergütungen oder Kosten

4   Die Vorschrift ermöglicht die Herabsetzung unverhältnismässig hoher Vergütungen oder Kosten. Damit ist die Inhaltskontrolle von vornherein auf das **Verhältnis zwischen Preis und Gegenleistung** beschränkt. Anknüpfend an Art. 406d Ziff. 2, wonach die Leistungen des Beauftragten in der Vertragsurkunde einzeln und unter Angabe der jeweiligen Kosten aufzulisten sind (s. Art. 406d N 4), lässt die Vorschrift zu, dass **jede einzelne Leistung** auf ihre Wertäquivalenz mit dem jeweils hierfür vereinbarten Betrag

hin überprüft wird und nicht – wie bei Art. 417 – bloss der Gesamtwert der erbrachten Leistungen mit der Gesamtvergütung.

Hinsichtlich der Vergütung erfolgt die Wertparitätskontrolle nach den Kriterien, wie sie Lehre und Rechtsprechung im Rahmen von Art. 394 Abs. 3 entwickelt haben. Massgebend für die Bestimmung der **üblichen Vergütung** sind demnach der Zeitaufwand, die Ausbildung und das Können des Beauftragten, die Schwierigkeit der Tätigkeit, die zu tragenden Risiken, die Erfolgabhängigkeit, Tarife für ähnliche Leistungen und die Deckung der effektiv anfallenden Generalunkosten (BSK OR I-Weber, Art. 394 N 39; BK-Fellmann, Art. 394 N 413 je m. w. Nw.). Zu berücksichtigen sind ferner die Anforderungen und Erwartungen des Auftraggebers. Diese sind höher, wenn die Vermittlung auf eine hochkarätige Klientel ausgerichtet ist, so dass hier eine höhere Vergütung gerechtfertigt sein kann (vgl. OLG Koblenz, NJW-RR 2004, 268 ff.). Übersteigt die vereinbarte Vergütung eine nach Massgabe dieser Kriterien übliche Vergütung, so ist sie unverhältnismässig hoch i. S. v. Art. 406h. So erachtete das BezGerPräs Landquart einen Ansatz von je CHF 500.– für die Aufnahme des Auftraggebers in die Adresskartei des Beauftragten und die Erstellung einer rudimentären Partneranalyse samt einer allfälligen Partnerberatung ohne tatsächliche Vermittlung als unverhältnismässig hoch und setzte die Honorarforderung auf die Hälfte herab (Urteil vom 27. Mai 2003, E. 4 [nicht publ.]).

5

Mit Bezug auf die Kosten sind dem Betrag, den der Auftraggeber nach der Vereinbarung zu ersetzen hat, die zur Ausführung des Auftrags objektiv erforderlichen Auslagen und Verwendungen nach Art. 402 Abs. 1 gegenüberzustellen. Übermässigkeit ist anzunehmen, wenn der vereinbarte Kostenersatz die tatsächlichen und zur Auftragsausführung **objektiv erforderlichen Auslagen und Verwendungen** übersteigt.

6

III. Antrag zur Herabsetzung. Prozessuales

Für die Herabsetzung von Vergütungen und Kosten ist ein «Antrag» des Auftraggebers an das Gericht erforderlich. Das Gericht darf daher die Herabsetzung nicht von Amtes wegen vornehmen sondern nur gestützt auf ein entsprechendes **Rechtsbegehren**. Zur Ausübung genügt es, wenn der Auftraggeber sich nicht darauf beschränkt, seine Schuld dem Grundsatze nach zu bestreiten, sondern auch ihre Höhe beanstandet unter Hinweis auf bestimmte Umstände, die eine Herabsetzung rechtfertigen (vgl. BGE 111 II 366, 369; BGE 83 II 151, 153 = Pra 1957, 271 betr. Art. 417).

7

Die **Beweislast** für das Vorliegen der Umstände, die eine Herabsetzung rechtfertigen, trägt nach Art. 8 ZGB der Auftraggeber (vgl. BGE 109 II 120, 122; 103 II 108, 109; 95 II 532, 539f. zu Art. 163 Abs. 3). Hingegen ist die Beurteilung, ob übermässig hohe Vergütungen und Kosten vereinbart wur-

8

den und welcher Betrag angemessen ist, eine Rechtsfrage, die vom Gericht nach freiem Ermessen (Art. 4 ZGB) zu entscheiden ist (BezGerPräs Landquart, Urteil vom 27. Mai 2003, E. 4.d [nicht publ.]; vgl. auch GAUCH/SCHLUEP/REY, N 3946 u. 3951 m. w. Nw. zu Art. 163 Abs. 3).

IV. Herabsetzung auf einen angemessenen Betrag

9   Ist das Gericht der Auffassung, die vereinbarten Vergütungen oder Kosten seien unverhältnismässig hoch, so ist es entgegen dem Wortlaut des Gesetzes **verpflichtet**, diese herabzusetzen, wenn ein entsprechender Antrag des Auftraggebers (s. o. N 7) vorliegt.

10   Die Herabsetzung erfolgt auf einen **angemessenen Betrag**, welcher der üblichen Vergütung gemäss Art. 394 Abs. 3 bzw. den für die richtige Ausführung des Auftrages objektiv erforderlichen Auslagen und Verwendungen des Beauftragten entspricht.

V. Verwirkung

11   Art. 406h setzt keine zeitliche Schranke für das Recht auf Herabsetzung. Da es sich beim Herabsetzungsrecht um ein Gestaltungsklagerecht und nicht um eine Forderung handelt, sind die **Bestimmungen über die Verjährung** (Art. 127 ff.) **nicht anwendbar**. Sachgerecht erscheint die analoge Anwendung der einjährigen Verwirkungsfrist des Art. 21 Abs. 1, wobei aber die Frist erst mit der Erbringung der überteuerten Leistung zu laufen beginnt (siehe BSK OR I-PIETRUSZAK, N 14; **a. A.** allerdings BGE 133 III 43, 51 f. betr. Art. 163 Abs. 3 – keine zeitliche Befristung).

12   Der Auftraggeber **verwirkt** sein Recht auf Herabsetzung, wenn er vorbehaltlos Zahlung leistet und damit seinen Verzicht auf die Herabsetzung oder die Anerkennung der Angemessenheit der betreffenden Vergütungen und Kosten zum Ausdruck bringt. Davon ist grundsätzlich auszugehen, wenn die Zahlung nach Erbringung der betreffenden Dienstleistung erfolgt. Wird jedoch – wie bei der Ehe- und Partnerschaftsvermittlung üblich – Vorauszahlung geleistet, so hat der Auftraggeber im Zeitpunkt der Zahlung keine sichere Kenntnis über die tatsächliche Wertrelation. In diesem Fall verbietet es sich, die Zahlung im vorgenannten Sinn zu interpretieren.

VI. Abweichende Vereinbarungen

13   Art. 406h ist **zwingendes Recht** (WERRO, N 1014; HOFSTETTER, SPR VII/6, 151; vgl. BGE 88 II 511, 513 zu Art. 417). Der Auftraggeber kann daher im Voraus nicht wirksam auf die Geltendmachung seines Herabsetzungsrechts verzichten (vgl. BGE 111 II 366, 370 zu Art. 417).

Zweiter Abschnitt: Der Kreditbrief und der Kreditauftrag

Art. 407

Kreditbrief

¹ Kreditbriefe, durch die der Adressant den Adressaten mit oder ohne Angabe eines Höchstbetrages beauftragt, einer bestimmten Person die verlangten Beträge auszubezahlen, werden nach den Vorschriften über den Auftrag und die Anweisung beurteilt.

² Wenn kein Höchstbetrag angegeben ist, so hat der Adressat bei Anforderungen, die den Verhältnissen der beteiligten Personen offenbar nicht entsprechen, den Adressanten zu benachrichtigen und bis zum Empfange einer Weisung desselben die Zahlung zu verweigern.

³ Der im Kreditbriefe enthaltene Auftrag gilt nur dann als angenommen, wenn die Annahme bezüglich eines bestimmten Betrages erklärt worden ist.

Literatur

KRAUSKOPF, Der Vertrag zugunsten Dritter, Diss. Freiburg 2000.

I. Allgemeines

In den Art. 407–411 werden **Kreditbrief** und **Kreditauftrag** geregelt. Diese Vertragsarten stellen **Dreiparteienverhältnisse** dar, die geschaffen werden, um einen Leistungsaustausch nicht direkt zwischen den Parteien des Grundverhältnisses, sondern über eine Drittperson abzuwickeln. Inhaltlich weisen Kreditbrief und Kreditauftrag Ähnlichkeiten zur Anweisung auf und hätten konsistenterweise mit Art. 466–471 geregelt werden sollen. **1**

Internationalprivatrechtlich sind Kreditbrief und Kreditauftrag am Wohnsitz/Geschäftsdomizil des Beauftragten (Adressaten) anzuknüpfen (BGE 67 II 181; ZK-SCHÖNENBERGER/JÄGGI, Allg. Einl. N 290ff.; BK-GAUTSCHI, N 33). **2**

II. Inhalt des Kreditbriefs

Der Kreditbrief ist ein Auftrag mit einer besonderen Ausführungsobligation, nämlich der **Pflicht zu einer Geldzahlung an einen Dritten** (vgl. BGer, SJ 1998, 207). Mit dem Kreditbrief wird der Adressat (Beauftragte) vom Briefempfänger auftrags des Briefausstellers (Adressat, Auftraggeber) ein- **3** geladen, einen **Zahlungsauftrag** zugunsten des Briefempfängers und zulasten des Briefausstellers zu **übernehmen.** Dementsprechend enthält der Kreditbrief Elemente des Auftrags und der Anweisung; die Regeln des **Anweisungsrechts** werden denn auch in Abs. 1 für anwendbar erklärt und sind insbesondere im Verhältnis zum Briefempfänger heranzuziehen.

4 Der Kreditbrief ist ein Zahlungs-, nicht ein Kreditmittel. Adressat und Briefaussteller sind i. d. R. Banken. Der Kreditbrief ist weder eine Schuldurkunde noch ein Wertpapier (BK-GAUTSCHI, N 32); der Kreditbrief ist auf eine **bestimmte Person** auszustellen, nicht zugunsten des Inhabers oder an Order. Dementsprechend ist der Kreditbrief nicht übertragbar (Abs. 1). Angesichts der immer stärkeren Verbreitung von elektronischen Zahlungsmitteln und Kreditkarten hat der Kreditbrief nur noch eine **geringe praktische Relevanz,** und zwar in der Form des Reisekreditbriefs bzw. Zirkularkreditbriefs.

5 Der Kreditbrief muss auf eine **bestimmte Geldsumme** lauten (mit oder ohne Angabe eines Höchstbetrages). Der Kreditbrief ist **schriftlich** abzufassen und eigenhändig zu unterzeichnen und sollte alle relevanten Ausführungsabreden und -anweisungen enthalten (BK-GAUTSCHI, N 28b/c). Der Kreditbrief ist jederzeit **widerrufbar,** solange der Adressat nicht bezahlt oder die Anweisung angenommen hat. In einem späteren Zeitpunkt bleibt der Briefaussteller im Ausmasse der vom Adressaten eingegangenen Verpflichtungen gebunden.

III. Einzelne Rechtsverhältnisse

6 Zwischen dem Briefaussteller und dem Adressaten entsteht mit Zustimmung zu einer Kreditbriefabwicklung ein **Auftragsverhältnis.** Der Adressat unterliegt auftragsrechtlichen Sorgfaltspflichten und hat z. B. bei der Präsentation eines Kreditbriefs nach (bank-)üblichen Sorgfaltskriterien die Echtheit des Kreditbriefs, die Identifikation des Zahlungsempfängers, den Auftragsinhalt gemäss Wortlaut des Kreditbriefs und die Gültigkeitsdauer zu prüfen. Er wird haftbar für falschen Rat bzw. Empfehlung zum Abschluss eines widerrechtlichen Geschäfts (ZR 1953, 356 ff.). Die objektiv richtige Ausführung des Zahlungsauftrags ist Voraussetzung für die Entstehung des **Deckungsanspruchs.** Diesfalls und bei Beanspruchung durch den Briefempfänger kann der Adressat den Briefaussteller mit dem ausbezahlten Betrag zuzüglich Auszahlungskommission und allfälligen Auslagen belasten (Art. 402; BK-GAUTSCHI, N 24a).

7 Die Annahme des Adressaten gegenüber dem Briefempfänger hat für einen **bestimmten Betrag** – entweder ausdrücklich oder konkludent durch Willensbetätigung – zu erfolgen (Abs. 3). Die Annahme erfolgt als indirekter Stellvertreter auf Rechnung des Briefausstellers; Teilakzepte sind möglich. Ob und wann der Briefempfänger einen eigenen **Zahlungsanspruch** er-

wirbt, beurteilt sich nach **Anweisungsrecht** (Art. 468). Der Kreditbrief ist grundsätzlich weder ein Vertrag zugunsten Dritter (BUCHER, OR BT, 270) noch ein Garantievertrag (BK-WEBER, Art. 111 N 97 ff.).

Geschäftsabwicklungen mittels Kreditbriefs sind i. d. R. in einem vorbestehenden Grundverhältnis zwischen Briefaussteller und Briefempfänger (z. B. Kauf-, Werk-, Schenkungsvertrag) begründet. Erfolgt eine Leistung aus einem Kreditbrief jedoch nicht zum Zwecke der Vertragerfüllung (causa solvendi), hat der Briefaussteller einen Regressanspruch gegen den Briefempfänger.   8

Art. 408

Kreditauftrag
Begriff und Form

[1] **Hat jemand den Auftrag erhalten und angenommen, in eigenem Namen und auf eigene Rechnung, jedoch unter Verantwortlichkeit des Auftraggebers, einem Dritten Kredit zu eröffnen oder zu erneuern, so haftet der Auftraggeber wie ein Bürge, sofern der Beauftragte die Grenzen des Kreditauftrages nicht überschritten hat.**

[2] **Für diese Verbindlichkeit bedarf es der schriftlichen Erklärung des Auftraggebers.**

I.   Inhalt des Kreditauftrag

Durch den Kreditauftrag verpflichtet sich der Beauftragte, in eigenem Namen und auf eigene Rechnung, jedoch unter der Verantwortlichkeit des Auftraggebers, einem Dritten Kredit zu gewähren oder zu erneuern. Gegenstand des Kreditauftrags sind somit **Kreditgewährung** bzw. **-erneuerung** (z. B. durch Stundung). Obwohl der Kreditauftraggeber «wie ein Bürge» haftet, ist diese Haftung im Unterschied zu jener aus Bürgschaft nicht akzessorisch (BGer 4C.217/2002, E. 2.1 = ZR 2006, 84; BSK OR I-PESTALOZZI, Art. 111 N 33; BK-WEBER, Art. 111 N 106; **a.A.** EMCH/RENZ/ARPAGAUS, 377).   1

Vom Garantievertrag unterscheidet sich der Kreditauftrag dadurch, dass der Auftraggeber nicht die Leistung eines Dritten garantiert, sondern durch die Auftragserteilung einen den Kreditnehmer begünstigenden Vertragsabschluss veranlasst und dafür die Verantwortung übernimmt (ZR 2006, 75 ff.; 84 ff.; dazu Übersicht bei ZOBL, SZW 2004, 332; LGVE 1983, 72 f.). Zur Bedeutung des Kreditauftrags beim Cash-Pooling vgl. BLUM, AJP 2005, 713 f.   2

II. Form

3   Die **Auftragserteilung** durch den Auftraggeber bedarf der **Schriftform** und der eigenhändigen Unterschrift (Abs. 2). Die Auftragsannahme durch den Beauftragten kann formfrei, d. h. stillschweigend, erfolgen, ebenso die Kreditgewährung an den Begünstigten (BK-GAUTSCHI, N 1c). Die Angabe eines Höchstbetrages ist nicht erforderlich; hingegen müssen Art und Umfang der Forderungen, die kreditiert werden, bestimmbar sein. Obwohl durch den Kreditauftrag die strengen Formvorschriften des Bürgschaftsrechts umgangen werden könnten, hat der Kreditauftrag kaum praktische Bedeutung erlangt (BSK OR I-WEBER, N 2).

4   Der Beauftragte hat unter Beachtung der **auftragsrechtlichen Sorgfaltspflicht** zu handeln (Art. 397/398; vgl. BGer 4C.217/2002, E. 2.2 = ZR 2006 75 ff.). Sorgfältig tätig werden meint auch, vorerst den offenen Kreditbetrag klageweise beim Kreditnehmer einzufordern und allfällige Sicherheiten zu verwerten (analog zu Art. 495 Abs. 2; BUCHER, OR BT, 270). Ferner treten zu den auftragsrechtlichen Pflichten (z. B. Informations- und Abrechnungspflichten, Art. 400) auch Pflichten hinzu, die dem Gläubiger gegenüber dem einfachen Bürgen auferlegt sind (BK-GAUTSCHI, N 3b; BSK OR I-WEBER, N 3; vgl. SJ 1970, 427 ff.).

5   Der Beauftragte handelt in eigenem Namen und auf eigene Rechnung; gemäss Abs. 2 «jedoch **unter der Verantwortung des Auftraggebers**», womit der Auftraggeber für den Schaden, der trotz richtiger Auftragsausführung eintritt, einzustehen hat, d. h. Auslagen, die dem Beauftragten aus der Kreditgewährung entstanden sind, übernehmen muss. Der Kreditauftrag kann jederzeit **widerrufen** werden, wodurch bereits gegenüber dem Kreditnehmer eingegangene Pflichten aber nicht tangiert werden. Die Folgen der in sorgfältiger Auftragsausführung erfolgten Kreditgewährung sind durch den Auftraggeber zu tragen (BGE 88 II 169 = Pra 1962, 426 f.).

Art. 409

II.	Vertragsun-fähigkeit des Dritten

Der Auftraggeber kann dem Beauftragten nicht die Einrede entgegensetzen, der Dritte sei zur Eingehung der Schuld persönlich unfähig gewesen.

1   Art. 409 hat zur Folge, dass der Auftraggeber sich nicht darauf berufen kann, der von ihm bezeichnete Kreditnehmer sei nicht vertragsfähig. In Abweichung vom Akzessorietätsprinzip trägt somit der Auftraggeber das in

der **Person** des **Kreditnehmers liegende Risiko.** Der Kreditauftraggeber trägt damit zusätzlich zum Insolvenzrisiko (Art. 408) auch das Vertragsunfähigkeitsrisiko.

Durch Umkehrschluss ergibt sich aus dem Gesagten, dass alle **anderen Einreden** gegen den Verwendungsersatzanspruch des Beauftragten vom Auftraggeber **erhoben** werden können (Durchsetzung von Sicherheiten gegenüber dem Kreditnehmer, unzureichende Sorgfalt des Beauftragten usw.). Unterlässt der Auftraggeber die Erhebung solcher Einreden, verliert er seinen «Bürgenregress» gegen den Kreditnehmer (BSK OR I-WEBER, N 2). Betreffend Willensmangel hinsichtlich der Person des Kreditnehmers vgl. BK-GAUTSCHI, N 2a.

       2

Art. 410

Eigenmächtige Stundung	**Die Haftpflicht des Auftraggebers erlischt, wenn der Beauftragte dem Dritten eigenmächtig Stundung gewährt oder es versäumt hat, gemäss den Weisungen des Auftraggebers gegen ihn vorzugehen.**

Der Beauftragte handelt unsorgfältig, wenn er gegen Weisungen des Auftraggebers verstösst (entsprechend der Regelung im Auftragsrecht: Art. 397); die eigenmächtige Gewährung einer Stundung an den Kreditnehmer ist demgemäss als mangelnde Sorgfalt zu werten; die Genehmigung einer Stundung seitens des Auftraggebers kann indessen auch stillschweigend erfolgen.

       1

Art. 411

Kreditnehmer und Auftraggeber	**Das Rechtsverhältnis des Auftraggebers zu dem Dritten, dem ein Kredit eröffnet worden ist, wird nach den Bestimmungen über das Rechtsverhältnis zwischen dem Bürgen und dem Hauptschuldner beurteilt.**

Bei Befriedigung des Beauftragten hat der Auftraggeber ein Recht auf Abtretung der Forderungen gegen den Kreditnehmer und auf Übertragung der Sicherheiten (im Konkurs des Beauftragten Legalzession gemäss Art. 401). Die Subrogation von Nebenrechten ist auf Sicherheiten beschränkt, die bei der Erteilung des schriftlichen Kreditauftrags dem Beauf-

       1

tragten bereits gestellt waren oder ihm nachträglich für die Forderung gestellt wurden (BK-GAUTSCHI, N 1b).

2   Der Kreditnehmer kann der abgetretenen oder subrogierten Forderung alle Einreden entgegensetzen, die der Forderung im Zeitpunkt der Subrogation bzw. im Zeitpunkt, als der Kreditnehmer von der Abtretung Kenntnis erhielt, entgegenstanden (Art. 169; anders Art. 502). Ein Regress des Auftraggebers gegen den Kreditnehmer ist weiter ausgeschlossen, wenn er eine wegen Willensmangels unverbindliche Schuld als Bürge an den Kreditgeber erfüllt hat (Art. 507 Abs. 6; BK-GAUTSCHI, N 3b). Hat der Auftraggeber den Beauftragten befriedigt, ist der Kreditnehmer zwecks Vermeidung einer Doppelzahlung zu benachrichtigen (Art. 508).

Dritter Abschnitt: Der Mäklervertrag

Art. 412

A.   Begriff und Form

¹ Durch den Mäklervertrag erhält der Mäkler den Auftrag, gegen eine Vergütung, Gelegenheit zum Abschlusse eines Vertrages nachzuweisen oder den Abschluss eines Vertrages zu vermitteln.

² Der Mäklervertrag steht im Allgemeinen unter den Vorschriften über den einfachen Auftrag.

Literatur

BAUMANN, Die Courtage des Versicherungsmaklers, Diss. Zürich 1996; FROMHERZ, [österreichisches] Maklergesetz Kommentar, 1997; J. HOFSTETTER, Der Auftrag und die Geschäftsführung ohne Auftrag, SPR VII/6, 2000; KLINGMANN, Maklerverträge im Internationalen Privatrecht, Frankfurt a. M. 1999; KRAMER, Aktuelle Judikatur zum Vertragsrecht der Absatz- und Geschäftsmittler, AJP 1997, 165 ff.; MARQUIS, Le contrat de courtage immobilier et le salaire du courtier, Diss. Lausanne 1993; REHBINDER, AVG, Kommentierte Textausgabe, 1992; SCHMID, Provisionsgarantie und Aufwendungsersatz im Mäklervertrag nach Obligationenrecht, SJZ 1950, 171 ff.; SCHWEIGER, Der Mäklerlohn, Voraussetzungen und Bemessung, Diss. Zürich 1986; SCHWEIZER VERBAND DER IMMOBILIENWIRTSCHAFT (Hrsg.), Maklerrecht in der Immobilienwirtschaft, 2005; R. H. WEBER, Praxis zum Auftragsrecht und zu den besonderen Auftragsarten, 1990, 141 ff.

I. Allgemeine Bemerkungen

Durch den Mäklervertrag (auch Maklervertrag) verspricht der Auftraggeber dem Mäkler einen Mäklerlohn (Provision), falls dessen Tätigwerden zu einem angestrebten Vertragsabschluss führt oder zumindest aktiv beiträgt (BSK OR I-AMMANN, N 1). Das Gesetz unterscheidet zwischen der **Vermittlungs-** und der blossen **Nachweismäkelei**; im ersten Fall obliegt dem Mäkler die Zusammenführung der Parteien, im zweiten Fall muss er dem Auftraggeber nur Interessenten nachweisen. Die Lehre hat als Zwischenstufe die **Zuführungsmäkelei** entwickelt, welche über den blossen Nachweis hinaus eine Zusammenführung der Parteien vorsieht (HANDKOMM-BURKHALTER/KOLB, N 3). Der Mäkler hat regelmässig nur faktische **Tathandlungen** zu erbringen (vermitteln, nachweisen); Rechtshandlungen wie Vertragsabschlüsse bilden dagegen grundsätzlich nicht Leistungsprogramm (BGE 124 III 481 ff.), können jedoch vereinbart werden (vgl. BGE 83 II 153: gegebenenfalls mit Vollmacht, Art. 396 Abs. 2 ist nicht anwendbar). Die Ehevermittlung ist in Art. 406a ff., die Arbeitsvermittlung durch das AVG spezialgesetzlich geregelt (betreffend Konsumkreditvermittlung vgl. KKG).

1

Gemäss Auffassung des BGer stellt die vertragliche Festlegung der Art der geschuldeten Mäkelei einen **objektiv wesentlichen Punkt** des Mäklervertrages dar (BGE 90 II 103; a.M. BUCHER, OR BT, 236). Der Mäklerlohn ist gemäss Art. 413 **erfolgsabhängig**.

2

II. Anwendungsbereich und Abgrenzungen

Der Mäklervertrag findet im Zusammenhang mit der Vermittlung verschiedenster Geschäfte Anwendung; typisch sind Grundstückkäufe, Miet- und Pachtverträge, Arbeitsverträge und generell Handelsgeschäfte (HONSELL, OR BT, 337).

3

Art. 412 Abs. 2 bestimmt, dass für den Mäklervertrag ergänzend die Bestimmungen zum einfachen Auftrag Anwendung finden. Weil diese beiden Vertragsarten strukturell jedoch verschieden sind (WEBER, 142), ist das einfache Auftragsrecht nur soweit mit den Eigenheiten des Mäklervertrages vereinbar beizuziehen (BSK OR I-AMMANN, N 16). Ist keine Vergütung vereinbart, liegt mangels eines wesentlichen Punktes des Mäklervertrages ein einfacher Auftrag vor (BGer Pra, 2004, 662). Wird Lohn nicht erfolgsabhängig, sondern ausschliesslich entsprechend den Bemühungen des «Mäklers» vereinbart, ist ebenfalls von einem einfachen Auftrag auszugehen (BGE 131 III 275 f. = Pra 2006, 148).

4

5   Zur **Agentur** (Art. 418a ff.) grenzt sich die Mäkelei einerseits durch das
Zeitelement ab, weil der Agent seine Tätigkeit in aller Regel dauernd aus-
führt. Zudem ist der Agent zum Tätigwerden verpflichtet und nimmt – als
Abschlussagent – auch Rechtshandlungen vor (HANDKOMM-BURKHALTER/
KOLB, N 12, vgl. N 9). Der Kommissionär als indirekter Stellvertreter ist im
Unterschied zum Mäkler ebenfalls zu Rechtshandlungen befugt; die **Kom-
mission** ist sachlich jedoch auf bewegliche Sachen oder Wertpapiere be-
grenzt (GUHL/SCHNYDER, § 50 N 12, § 51 N 3).

III.   Zustandekommen und Beendigung

6   Der Mäklervertrag kann **formlos** abgeschlossen werden (vgl. aber Art. 8
Abs. 1 AVG). Auch ein konkludenter Vertragsabschluss (BGE 131 III 275 ff. =
Pra 2006, 144 ff.), etwa durch blosse wissentliche Duldung einer Mäk-
lertätigkeit, ist möglich (BGE 75 II 53), was indessen nur mit Zurückhaltung
anzunehmen ist (GUHL/SCHNYDER, § 50 N 17 m. Nw.; BSK OR I-AMMANN,
N 5). Ein solcherweise stillschweigend geschlossener Mäklervertrag setzt
allerdings voraus, dass der Mäkler nicht bereits durch die Gegenpartei zur
Geschäftsvermittlung beauftragt worden ist (GUHL/SCHNYDER, a. a. O.).

7   Ein Mäklervertrag erlischt regelmässig durch Erfüllung (Geschäft kommt
zustande) oder durch Zeitablauf, falls eine Befristung vertraglich vorgesehen ist (BSK OR I-AMMANN, N 6). Darüber hinaus ist sowohl ein befristeter
wie auch unbefristeter Mäklervertrag gemäss Art. 404 **jederzeit fristlos
kündbar** (BGE 103 II 130, vgl. Art. 404 N 1). Dennoch ist die Vereinbarung
einer Konventionalstrafe nicht von vorneherein unwirksam, denn solange
der Vertrag nicht widerrufen ist, kann diese bei Vertragsverletzung gültig
verfallen, woran auch ein anschliessender Widerruf nichts ändert (BGE
104 II 110, vgl. HONSELL, OR BT, 340). Zum Mäklerlohn bei Widerruf vgl.
Art. 413 N 2.

8   Mäkelei nach Widerruf eines Mäklervertrages oder gegen ein vom Auftraggeber ausgesprochenes Verbot stellt eine Geschäftsanmassung i. S. v.
Art. 423 dar (BK-GAUTSCHI, N 5d).

IV.   Pflichten und Rechte

9   Dispositivrechtlich und im Gegensatz zum einfachen Auftrag trifft den Mäkler keine Pflicht zum **Tätigwerden** (BK-GAUTSCHI, N 12b). Die Aussicht auf
Erfolgsprovision soll als «Anreiz» genügen. Wird der Mäkler tätig, hat
er dies **sorgfältig** und in guten Treuen zu tun (WEBER, 150; eingehend
MARQUIS, 133 ff., der auf Art. 398 als Richtschnur hinweist). Dabei hat der
Mäkler grundsätzlich nicht für die gehörige Vertragserfüllung durch den
vermittelten Dritten einzustehen (SJ 1940, 240 f.). Hingegen untersteht er
einer allgemeinen **Interessenwahrungs-, Informations- und Diskretions-**

pflicht. So hat er seinen Auftraggeber auf die ihm offensichtlich bekannte Zahlungsunfähigkeit des Dritten hinzuweisen (BGE 110 II 277 f. = Pra 1984, 671 f.; zur diesbezüglichen Schadenersatzpflicht SJZ 1972, 97; ferner BGE 84 II 527 f. = Pra 1959, 143 f.). Aus dem Gesagten ergibt sich, dass **Doppelmäkelei** nur bei ausgeschlossenem Interessenkonflikt zulässig sein kann (BGE 111 II 367 f.; vgl. Art. 415 betreffend Rechtsfolgen). Zur Dauer der Treuepflichten des Mäklers vgl. Art. 415 N 2. Ob der Mäkler zur persönlichen Ausführung verpflichtet ist, ob also etwa der Zuzug eines Untermäklers zulässig ist, entscheidet sich nach auftragsrechtlichen Grundsätzen (BSK OR I-Ammann, N 9; dazu Art. 398 N 4).

Besonderes Augenmerk verdient die **Ausschliesslichkeitsklausel** bzw. der **10** exklusive Mäklervertrag, dessen Gültigkeit von Lehre und Rechtsprechung allgemein anerkannt wird (BGE 103 II 133 ff.; BGer 4c.120/2006 = BR 2007, 63; **a. M.** BK-Gautschi, N 3e, 6e; vgl. auch Art. 8 Abs. 2 lit. a AVG). Gemeint ist damit die Zusicherung des Auftraggebers, neben dem vertragschliessenden Mäkler keine weiteren Mäkler beauftragen zu wollen. Eine Verletzung dieser Unterlassungspflicht löst Schadenersatzfolgen aus oder verpflichtet zur Provisionszahlung, wenn ein Dritter das Geschäft schliesslich vermittelt (BGE 100 II 366 f.; Weber, 149 m. w. Nw.). Die Exklusivität kann auch nur eingeschränkt zugestanden werden, etwa für ein Gebiet oder einen bestimmten Interessentenkreis. Eine zeitliche Beschränkung der Exklusivität ist gemäss BGer unter Hinweis auf Art. 404 nicht notwendig (BGE 100 II 365 = Pra 1975, 6).

Wurde zwischen den Parteien Exklusivität vereinbart, muss der Mäkler als **11** Ausnahme von der Regel **tätig werden** (BGE 103 II 133; SJ 2000, 321 ff.). Weitergehend als die Ausschliesslichkeitsklausel ist der vertraglich vereinbarte **Verzicht auf die Kausalität** zwischen der Mäklertätigkeit und dem Abschluss des angestrebten (Haupt-)Geschäfts: Diesfalls entsteht dem Mäkler der Lohnanspruch bei Abschluss des Hauptgeschäfts, unbesehen ob dieser tatsächlich auf seine Aktivitäten zurückzuführen ist oder nicht (BGE 100 II 366 = Pra 1975, 6 f.: Gültigkeit, falls eine Mäklertätigkeit entfaltet worden ist).

Tritt der angestrebte Erfolg ein (Geschäftsabschluss), hat der Mäkler gegen- **12** über seinem Auftraggeber Anspruch auf den Mäklerlohn (Art. 413 N 1 ff.). Neben dieser Hauptverpflichtung treffen den Mäkler Treue- und Sorgfaltspflichten (Nebenpflichten): Der Auftraggeber untersteht hingegen keiner Abschlusspflicht. Er hat es in der Hand, die Vertragsverhandlungen mit dem vermittelten Dritten jederzeit und ohne Grundangabe abzubrechen, um etwa mit einem selbst ermittelten Interessenten abzuschliessen (Guhl/Schnyder, § 50 N 29; vgl. auch BGE 113 II 50; ZR 1980, 279).

V. Internationales Privatrecht und Rechtsvergleichung

13   Auf Mäklerverträge über internationale Sachverhalte findet mangels Rechtswahl **Art. 117 IPRG** Anwendung: Vermutungsweise gilt dabei die Dienstleistung des Mäklers als vertragscharakteristische Leistung, womit das Recht am gewöhnlichen Aufenthaltsort bzw. der Niederlassung des Mäklers zur Anwendung kommt (insb. Art. 117 Art. 3 lit. c IPRG; vgl. ZK-KELLER/KREN KOSTKIEWICZ, Art. 117 IPRG N 107 ff., vgl. aber SZIER 1991, 268 f.). Die Bewilligung zur Ausübung der Mäklertätigkeit beurteilt sich jedoch nach dem Recht des Ausübungsortes (ZK-KELLER/KREN KOSTKIEWICZ, Art. 117 IPRG N 108).

14   Das **deutsche Recht** regelt den Mäklervertrag in den §§ 652–656 BGB, und zwar nicht als besondere Form des Auftrags, sondern als Arbeitsverhältnis sui generis zwischen Auftrag und Werkvertrag (BSK OR I-AMMANN, N 16, m. Hw. auf die Bestimmungen über die Handelsmäkelei gemäss §§ 93–104 HGB). Trotz oftmaliger Ähnlichkeit der materiellen Bestimmungen ist daher aufgrund der unterschiedlichen Grundkonzepte Umsicht geboten beim Blick auf die diesbezüglichen Regeln des BGB. Anders als in Deutschland fehlte es im **österreichischen Recht** lange an einer umfassenden Regelung des Mäklervertrags (FROMHERZ, Einleitung). Dieses Defizit füllte das im Jahr 1996 geschaffene Maklergesetz (MaklerG), welches in einem Allgemeinen und einem Besonderen Teil die verschiedenen Typen des Maklervertrages regelt (zur Übersicht etwa OSTERMAYER/SCHUSTER, [österreichisches] Maklerrecht, 1996).

Art. 413

B.	**Mäklerlohn**
I.	**Begründung**

¹ Der Mäklerlohn ist verdient, sobald der Vertrag infolge des Nachweises oder infolge der Vermittlung des Mäklers zustande gekommen ist.

² Wird der Vertrag unter einer aufschiebenden Bedingung geschlossen, so kann der Mäklerlohn erst verlangt werden, wenn die Bedingung eingetreten ist.

³ Soweit dem Mäkler im Vertrage für Aufwendungen Ersatz zugesichert ist, kann er diesen auch dann verlangen, wenn das Geschäft nicht zustande kommt.

I. Arten und Höhe des Mäklerlohnes

Grundsätzlich können Art und Höhe des Mäklerlohnes frei **vereinbart** wer- 1
den (vgl. Art. 414). Vorbehalte betreffend die Höhe ergeben sich aus Art. 417
(Angemessenheit) und Art. 418 (Vorbehalt zugunsten des kantonalen
Rechts). Der Mäklerlohn kann in Geld oder in anderer geldwerter Form vereinbart werden; üblich ist etwa ein prozentualer Anteil des Transaktions-
wertes, aber auch eine Pauschale ist möglich (HANDKOMM-BURKHALTER/
KOLB, N 2). Haben die Parteien diesbezüglich nichts vereinbart, ist der Mäklerlohn in **Geld** geschuldet; die Betragshöhe richtet sich nach den Grundsätzen von Art. 414. Der gesetzlich umschriebene Mäklerlohn umfasst sowohl den Verwendungsersatz (Unkosten) wie auch das eigentliche Honorar (BK-GAUTSCHI, N 1b f.); vereinbarungsgemäss kann Verwendungsersatz
aber auch erfolgsunabhängig zugesichert werden (**Abs. 3**, WEBER, 147).

Wurde ein gültiger Mäklervertrag geschlossen, führen die folgenden **Vo-** 2
raussetzungen zur Entstehung des Mäklerlohnanspruchs: Der beabsichtigte Hauptvertrag zwischen Auftraggeber und Drittem muss geschlossen
worden sein und zwischen der Mäklertätigkeit und dem Hauptvertragsabschluss hat ein Kausalzusammenhang zu bestehen. Es ist für den Lohnanspruch jedoch unschädlich, wenn die genannten Voraussetzungen **erst**
nach Widerruf oder Ablauf des (befristeten) Mäklervertrages eintreten
(WEBER, 146; CR CO I-RAYROUX, N 27; vgl. auch BGE 84 II 546). Die mäkle-
rischen Bemühungen müssen diesfalls allerdings vor der Aufhebung des
Mäklervertrages erfolgt sein (BGE 97 II 357, 359).

II. Erfolgbedingtheit und Kausalität

Typisches dispositivrechtliches Merkmal des Mäklervertrages ist die Er- 3
folgsbedingtheit des Mäklerlohnes (vgl. BGE 113 II 51, 84 II 524); damit
entsteht der Mäklerlohnanspruch nur unter der **potestativen Suspensiv-**
bedingung des Vertragsabschlusses über das angestrebte Geschäft mit
einem Dritten (BSK OR I-AMMANN, N 2). Vertragsabschluss meint nicht
auch die Vertragserfüllung (BGE 106 II 224). Von wesentlicher Bedeutung
in diesem Zusammenhang ist die Frage, ob Nachweis- oder Vermittlungs-
mäkelei geschuldet war (vgl. Art. 412 N 1), denn bei letzterer genügt ein
Interessentennachweis und das spätere Zustandekommen des Hauptvertrages alleine nicht, um den Lohnanspruch entstehen zu lassen (BGE 90
II 96).

Der **Hauptvertrag** muss bezüglich Form wie auch inhaltlich **gültig zu-** 4
stande kommen – d. h. Einigung über die wesentlichen Punkte – und
gegebenenfalls die Zustimmung eines Dritten oder die Bewilligung der
zuständigen Behörde mit einschliessen (MARQUIS, 346 ff.; CR CO I-RAY-
ROUX, N 11). Wird der Hauptvertrag aufgrund einer **Anfechtung** ungültig

(Art. 23 ff.) oder nichtig (Art. 20), fällt auch der Mäklerlohn dahin (BGE 87 II 141) oder kann gestützt auf Art. 62 ff. zurückverlangt werden. Schwierigkeiten bei der Vertragserfüllung liegen jedoch regelmässig ausserhalb der Risikosphäre des Mäklers, weshalb das Ausbleiben der **gehörigen Erfüllung**, eine einvernehmliche Vertragsaufhebung oder die Ausübung eines Vorkaufsrechts durch einen Aussenstehenden keinen Einfluss auf den Mäklerlohn haben (CR CO I-RAYROUX, N 14 m. Hw. auf BGE 71 II 267). Schliesslich gilt der Erfolgsfall auch als eingetreten, wenn der Auftraggeber oder der Dritte eine von ihnen formell **verschiedene Person** als Hauptvertragspartei vorschieben, um die Provisionszahlung zu verhindern (BGE 76 II 383; WEBER, 145; GUHL/SCHNYDER, § 50 N 28). Zur qualitativen Übereinstimmung des Hauptvertrages mit dem angestrebten Ziel vgl. BGE 114 II 358 f.: Äquivalenz liegt vor, wenn sich der beabsichtigte wirtschaftliche Erfolg einstellt (z. B. Baurecht statt Kaufrecht).

5   Weitere Bedingung für die Entstehung des Mäklerlohnanspruches ist die **kausale Verbindung** zwischen der Mäklertätigkeit und dem Hauptvertragsabschluss. Das Zustandekommen des Geschäftes muss also auf die Bemühungen des Mäklers zurückgeführt werden können (BGE 97 II 359). Die Rechtsprechung geht hierbei von einem mittelbaren, psychologischen Zusammenhang aus (BGE 90 II 98; 84 II 523), dessen Anwendung im Zusammenhang mit dem Mäklervertrag eine grosse Rolle spielt und Schwierigkeiten bereiten kann (WEBER, 146; so auch CR CO I-RAYROUX, N 19). Der Mäkler verdient seinen vollen Lohn also auch dann, wenn der Auftraggeber die vom Mäkler begonnenen Verhandlungen später selbst an die Hand nimmt und es erst ihm gelingt, den Vertrag gestützt auf dem durch dem Mäkler erstellten Kontakt abzuschliessen (BGE 72 II 422). Im Fall der **Nachweismäkelei** ist der Kausalzusammenhang gegeben, wenn der Mäkler zu beweisen vermag, dass er als Erster den Interessenten genannt hat und diese Benennung Grundlage des Vertragsabschlusses bildet (CR CO I-RAYROUX, N 22; HANDKOMM-BURKHALTER/KOLB, N 13 m. Nw.: «natürliche Vermutung»). Auf das Erfordernis des Kausalzusammenhanges kann vertraglich verzichtet werden (BGE 97 II 357: in casu verneint).

III. Weitere Fragen

6   Grundsätzlich ist Mäklerlohn nur für die im Mäklervertrag vereinbarten Geschäftsvermittlungen auszurichten, nicht auch für indirekt durch die Mäklertätigkeit ermöglichte **spätere Geschäfte** zwischen denselben Parteien (BGE 75 II 54 f.; HOFSTETTER, 176; BK-GAUTSCHI, Art. 412 N 3 f.). Abweichende Vereinbarungen sind indessen möglich.

7   Kommt ein Geschäft nachweislich aufgrund des **Zusammenwirkens** mehrerer unabhängig tätiger Mäkler zustande, haben sie gemäss BGE 72 II 421 Anspruch auf Anteile am Mäklerlohn entsprechend ihrem Zutun zum

Erfolg, mithin nicht auf den gesamten individuell versprochenen Mäklerlohn (gl. M. GUHL/SCHNYDER, § 50 N 21; **a. M.** BK-GAUTSCHI, Art. 412 N 15; BUCHER, OR BT, 238). Zur bloss teilweise erfolgreichen Mäklertätigkeit und entsprechender Kürzung des Mäklerlohns vgl. BGE 114 II 359 f.

Zu den Auswirkungen einer allfälligen fehlenden kantonalen Bewilligung zur Ausübung der Mäklertätigkeit vgl. Art. 418 N 3.　　　　　8

Art. 414

Festsetzung　　**Wird der Betrag der Vergütung nicht festgesetzt, so gilt, wo eine Taxe besteht, diese und in Ermangelung einer solchen der übliche Lohn als vereinbart.**

I. Allgemeines

Art. 414 befasst sich mit der Frage der Höhe des geschuldeten Mäklerlohnes. Dass die Tätigkeit des Mäklers im Erfolgsfall vergütet wird, ist bereits in Art. 412 als grundlegendes Merkmal des Mäklervertrages bestimmt. Das Gesetz sieht zur Festlegung der Höhe der Vergütung die folgende Reihenfolge vor: **Vereinbarung**, Taxe (im Sinne eines **Tarifs**) oder **Übung**. Fehlt es an allen drei vorgenannten Quellen, greift – obwohl im Wortlaut nicht genannt – eine Festlegung der Vergütungssumme durch den Richter Platz (BSK OR I-AMMANN, N 5).　　　1

II. Vereinbarung

In erster Linie bestimmt die Parteivereinbarung die Höhe des Mäklerlohnes (GUHL/SCHNYDER, § 50 N 22). Verweisungen auf einen Tarif stellen eine Vereinbarung durch Übernahme dar (BK-GAUTSCHI, 2a). Die grundsätzlich bestehende Vertragsfreiheit (Art. 19) wird gegebenenfalls durch bestehende gesetzliche Tarife begrenzt (vgl. Art. 418): Zu beachten sind insbesondere behördliche **Höchsttarife**, wie sie etwa durch die bundesrechtliche Arbeitsvermittlungsgesetzgebung festgelegt werden (Art. 9 AVG; insb. GebV-AVG [SR 823.113]). Überschreitet eine Vereinbarung Höchsttarife, ist sie insoweit nichtig und über den Höchsttarif hinaus bereits Geleistetes kann gemäss Art. 62/63 zurückgefordert werden (BSK OR I-AMMANN, N 2).　　2

III. Tarif

Behördliche Tarife gehen Parteivereinbarungen vor (N 2). Davon zu unterscheiden sind Tarife, wie sie von Verbänden oder anderen Instanzen ohne　　3

Gesetzgebungsbefugnis veröffentlicht werden. Solchen Tarifen kommt entweder durch vertragliche Übernahme oder unter dem Titel der Üblichkeit Geltung zu (vgl. dazu N 4; ferner Art. 394 N 18; HOFSTETTER, 177).

IV. Übung

4   Für den **Liegenschaftenhandel** gilt an zahlreichen Orten eine **Provision von 2 %** des effektiven Kaufpreises als ortsüblich (BSK OR I-AMMANN, N 3 m. Hw.; vgl. ferner Kasuistik bei WEBER, 147); für Bauland können etwas erhöhte Ansätze zur Anwendung kommen (vgl. BGer 4C.121/2005; BGE 112 II 259). Betreffend Festlegung des in der Höhe nicht vereinbarten Honorars für die Vermittlung eines Mietvertrages vgl. SJ 1984, 366 f.

5   Durch Berufsverbände **autonom veröffentliche Tarife** können zur Bestimmung der Übung beigezogen werden (generell Art. 394 N 18), eine absolute Geltung kommt ihnen jedoch insbesondere dann nicht zu, wenn sie einseitig die Interessen nur einer Vertragspartei wahren (BGE 117 II 290; vgl. auch SJ 1984, 366).

V. Richterliche Festlegung

6   Ergibt sich die Höhe der geschuldeten Vergütung aus keiner der vorgenannten Quellen, hat der Richter darüber zu befinden. Die dogmatische Grundlage der richterlichen Festlegung wird kontrovers diskutiert (Art. 1 Abs. 2 ZGB, Art. 2 Abs. 2 ZGB oder durch ergänzende Vertragsauslegung; eingehend MARQUIS, 270 f.).

Art. 415

III. Verwirkung

Ist der Mäkler in einer Weise, die dem Vertrage widerspricht, für den andern tätig gewesen, oder hat er sich in einem Falle, wo es wider Treu und Glauben geht, auch von diesem Lohn versprechen lassen, so kann er von seinem Auftraggeber weder Lohn noch Ersatz für Aufwendungen beanspruchen.

I. Allgemeine Treue- und Sorgfalt

1   Der Mäkler muss sich seinem Auftraggeber gegenüber an gewisse **Treue- und Sorgfaltspflichten** halten (Art. 412 Abs. 2 i. V. m. Art. 398; vgl. Art 412 N 9). Diese gehen zwar weniger weit als im Recht des einfachen Auftrags, weil der Erfolg nicht in den Händen des Mäklers liegt, sondern viel-

mehr vom freien Abschlusswillen des Auftraggebers abhängt (BSK OR I-AMMANN, N 2). Der Mäkler darf aber abstrakt gefasst «nichts tun, was einen für seinen Auftraggeber günstigen Vertragsabschluss beeinträchtigen oder verunmöglichen kann» (BK-GAUTSCHI N 1b; vgl. BGE 83 II 149). Die spezifische Ausgestaltung muss sich nach den Umständen des Einzelfalles richten (BGE 110 II 277 f.). Art. 415 befasst sich expressis verbis mit einem besonderen Fall der Mäklertreue, der **Doppelmäkelei**, welche mit den Interessen des bzw. der Auftraggeber(s) in Konflikt geraten kann (MARQUIS, 155).

Das mit dem Mäkler geschlossene Treueverhältnis gilt grundsätzlich nur 2
für die **Dauer** des Vertrages, nicht darüber hinaus. Eine abweichende Vereinbarung ist jedoch möglich. Im Einzelfall lässt sich gegebenenfalls auch mangels Vereinbarung eine nachvertragliche Treuepflicht aus Art. 2 ZGB herleiten (zum Ganzen BGE 106 II 225 f.).

Grundannahme beim Mäklervertrag ist, dass der Mäkler Dritte zu vermit- 3
teln hat, mit welchen der Auftraggeber ein bestimmtes Geschäft abschliessen soll. Wird der Hauptvertrag allerdings statt mit einem Dritten mit dem Mäkler selbst abgeschlossen (**Selbsteintritt**), stellt sich die Frage nach den Auftraggeberinteressen. Überzeugender Ansicht zufolge soll diesfalls der Mäklervertrag als mittels **stillschweigender Übereinkunft** (Art. 115) durch den Hauptvertrag ersetzt angesehen werden (BSK OR I-AMMANN, N 5, mit Hinweis auf Art. 436 f.). Andere Lehrmeinungen wollen die Provision in diesem Fall nur bei Nachweismäkelei oder zuvor vom Auftraggeber definiertem Preis zugestehen (HOFSTETTER, 178; BUCHER, OR BT, 237). Will sich der Mäkler seine Provision jedenfalls sichern, muss er dies seinem Auftraggeber vor Abschluss des Hauptvertrages klar mitteilen (BGE 83 II 150).

II. Doppelmäkelei

In Art. 415 wird konkret der Fall anvisiert, dass sich der Mäkler zusätzlich 4
auch vom Dritten, der als Vertragspartei am Hauptvertrag auftritt, eine Provision versprechen lässt und somit im Rahmen der Vertragsvermittlung diese Drittinteressen ebenfalls zu wahren hat. Solche Doppelmäkelei ist grundsätzlich nicht verboten – diese kommt in gewissen Geschäftsbereichen oft vor (BGE 111 II 368 f.: zulässig bei Nachweismäkelei im Liegenschaftshandel) – darf jedoch keine Gefahr für die Auftraggeberinteressen darstellen (vgl. BGE 124 III 483; vgl. GUHL/SCHNYDER, § 50 N 26). Von einer **Interessenkollision** ist dann auszugehen, wenn der Auftraggeber vom Mäkler erwartet, dass ein möglichst vorteilhafter Preis erzielt wird (BSK OR I-AMMANN, N 4). Ob Doppelmäkelei nur bei der **Nachweis- und Zuführungsmäkelei** zulässig sein soll, hat BGE 111 II 366 ff. offen gelassen; von der h. L. wird dies postuliert (BSK OR I-AMMANN, N 4; GUHL/

Schnyder, § 50 N 26; Honsell, OR BT, 338). Im Zweifel soll der Mäkler seinen Auftraggeber über seine Stellung **aufklären** (BGE 111 II 369). In Österreich wird die Doppelmäkelei als zulässiger Geschäftsgebrauch in einzelnen Geschäftszweigen vom Gesetzgeber ausdrücklich gebilligt, so etwa für die Immobilienmäkler (vgl. § 17 MaklerG, Fromherz, § 5 N 8).

III. Rechtsfolge

5 Als Rechtsfolge von Treuepflichtverletzungen, insbesondere treuwidriger Doppelmäkelei, ordnet Art. 415 den **Verlust** des Anspruchs auf den **Mäklerlohn** und allfälligen **Auslagenersatz** (Art. 413 Abs. 3) an (Weber, 147). Eine darüber hinausgehende **Schadenersatzpflicht** bleibt vorbehalten (Guhl/Schnyder, § 50 N 27).

Art. 416

aufgehoben

Art. 417

V. Herabsetzung **Ist für den Nachweis der Gelegenheit zum Abschluss oder für die Vermittlung eines Einzelarbeitsvertrages oder eines Grundstückkaufes ein unverhältnismässig hoher Mäklerlohn vereinbart worden, so kann ihn der Richter auf Antrag des Schuldners auf einen angemessenen Betrag herabsetzen.**

I. Allgemeines und Anwendungsbereich

1 Der Auftraggeber soll durch Art. 417 vor einem unverhältnismässig hohen Mäklerlohn **geschützt** (privates Interesse) und ungerechtfertigt hohe Gewinne sollen verhindert werden, welche insbesondere auf dem Immobilienmarkt zu überhöhten Preisen (öffentliche Interessen) führen könnten (vgl. CR CO I-Rayroux, N 1). Art. 417 ist seiner Zielsetzung zufolge **zwingendes Recht** (BGE 111 II 370, 106 II 67: als Ausnahme einschränkend auszulegen).

2 Grundsätzlich ist die Anwendung von Art. 417 auf die Vermittlung von Einzelarbeitsverträgen (Art. 319 ff.) und Grundstückveräusserungsgeschäften

(Art. 216 ff.) zugeschnitten, doch sind im Zusammenhang mit Vermittlungs-
geschäften auch Sondervorschriften zu beachten, so die Vorschriften des
OR zur Ehevermittlung (Art. 406a ff.), das AVG für die Arbeitsvermittlung,
das KKG für den Kreditbereich sowie das BGBB betreffend Grundstücke des
landwirtschaftlichen Gewerbes. Durch Erlass des AVG begrenzt sich der
Anwendungsbereich von Art. 417 somit auf die **nichtgewerbsmässige Arbeitsvermittlung** (HANDKOMM-BURKHALTER/KOLB, N 1). Betreffend die
Grundstückgeschäfte hat die Bundesgerichtspraxis den Anwendungsbereich neben den eigentlichen Kaufgeschäften auf die Gewährung von **Kauf-
rechten** (BGE 83 II 153 = Pra 1957, 272) sowie auf **Baurechtsverträge**
(BGE 106 II 57; betreffend Immobiliengesellschaften vgl. BK-GAUTSCHI,
Art. 412 N 6d) ausgedehnt. Auf die Vermittlung von Mietverträgen ist die
Norm nicht anwendbar (vgl. SJ 1984, 366 f.). Ferner kommt eine Herabsetzung nur bei **vereinbartem Mäklerlohn** in Frage, nicht bei üblichem Mäklerlohn (Art. 414; BGE 117 II 289).

II. Unverhältnismässigkeit und Herabsetzung

Gemäss herrschender Lehre und Rechtsprechung ist für die Beurteilung   3
der Unverhältnismässigkeit nicht der Aufwand des Mäklers zu berücksichtigen, sondern der **wirtschaftliche Wert seiner Leistung** (BGer 4C.121/2005;
BGE 90 II 92; BSK OR I-AMMANN, N 4). Das BGer hat in seiner älteren Praxis auch die Tatsache berücksichtigt, dass ein nicht gewerblicher Mäkler
durch das (Erfolgs-)Honorar keine Aufwände auszugleichen hat, die ihm
bei erfolglosen Vermittlungsversuchen entstanden sind (BGE 83 II 153 f.).
Besteht ein üblicher Tarif, kann ein im Rahmen des Tarifs liegender Mäklerlohn nicht herabgesetzt werden (BK-GAUTSCHI, N 4a). Bei erlaubter **Doppelmäkelei** ist die Verhältnismässigkeit nach der Summe aller Provisionen
zu beurteilen (BGE 111 II 370; HONSELL, OR BT, 342). Zum üblichen Mäklerlohn vgl. Art. 414 N 4.

Im **Immobilienhandel** sind Provisionen von 1% bis höchstens 3%, für   4
überbaute Grundstücke bis zu 5% des Kaufpreises ortsüblich (BGer 4C.121/
2005; BGE 117 II 290; vgl. Kasuistik bei BSK OR I-AMMANN, N 5 und WE-
BER, N 147). Eine Provision von 11% wurde vom BGer als offensichtlich
übersetzt bezeichnet (BGE 83 II 153 = Pra 1957, 272). Zu kantonalen Vorschriften vgl. Art. 418 N 2. Für diesbezügliche Fragen des internationalen
Privatrechts vgl. KLINGMANN, 136 ff., 173 ff.

Kommt das Gericht zum Schluss, die vereinbarte Höhe des Mäklerloh-   5
nes sei unverhältnismässig, ist er bei bestehendem Tarif auf den höchs-
ten zulässigen Tarifsatz, ansonsten auf das übungsgemäss bestimmte
Höchstmass herabzusetzen (BK-GAUTSCHI, N 4b; a.M. offenbar BSK OR I-
AMMANN, N 4).

Art. 418

C. Vorbehalt kantonalen Rechtes

Es bleibt den Kantonen vorbehalten, über die Verrichtungen der Börsenmäkler, Sensale und Stellenvermittler besondere Vorschriften aufzustellen.

1 Der Vorbehalt zugunsten des kantonalen Rechts hat seine Bedeutung eingebüsst: **Börsenmäkler** (gleichbedeutend: «Sensale») sind in der Schweiz zum Börsenhandel nicht zugelassen (BSK OR I-AMMANN, N 1); Art. 48 BEHG schliesst eine entsprechende Gesetzgebung in diesem Bereich aus. Ferner ist auch der Vorbehalt betreffend die **Stellenvermittler** durch Änderung des Art. 110 Abs. 1 lit. c BV (damals Art. 31ter aBV) im Wesentlichen obsolet geworden (WEBER, 152), weil der Bund durch den Erlass des AVG die gewerbsmässige Personalvermittlung geregelt hat (dazu REHBINDER; RITTER, Das revidierte Arbeitsvermittlungsgesetz, Diss. Zürich 1993). Unter anderem schreibt das AVG für den Vermittlungsvertrag als Gültigkeitsvoraussetzung die **Schriftform** (Art. 8 AVG) vor und es werden **Maximalansätze** für Provision und Einschreibegebühr in der Gebührenverordnung zum AVG festgesetzt (vgl. GebV-AVG [SR 823.113]).

2 Über den Vorbehalt von Art. 418 hinaus dürfen die **Kantone** nicht in das Bundeszivilrecht eingreifen, etwa durch Erlass von Formvorschriften oder Höchsttarifen (BGE 65 I 79 ff. betreffend gewerbsmässige Liegenschaftenvermittlung; BGE 70 I 234 ff. betreffend gewerbsmässigen Handel mit Gülten und Schuldbriefen), wenn dies nicht durch ein öffentliches Interesse gerechtfertigt ist (BGE 110 Ia 113 Zürcher Tarifordnung für die gewerbsmässige Vermittlung von Wohn- und Geschäftsräumen; WEBER, 152). Bei Art. 418 handelt es sich somit um eine **nicht abschliessende Regelung** (BSK OR I-AMMANN, N 3).

3 Fehlt einem Mäkler die vorgeschriebene **kantonale Bewilligung** zur Berufsausübung, ist ein dennoch mit diesem geschlossener Mäklervertrag nicht ohne weiteres nichtig (Art. 20 OR), es sei denn, die entsprechende kantonale Berufsausübungsvorschrift sehe diese Folge ausdrücklich vor oder sie ergäbe sich aus deren Sinn und Zweck (BGE 117 II 286 in casu ohne Nichtigkeitsfolge; vgl. aber § 5 des zürcherischen Gesetzes über die Vermittlung von Wohn- und Geschäftsräumen).

Vierter Abschnitt: Der Agenturvertrag

Vorbemerkungen zu Art. 418 *a*–418 *v*

Literatur

BAUDENBACHER, Anspruch auf Kundschaftsentschädigung bei gesetzlich nicht geregelten Absatzmittlungsverträgen, FS Schluep, 1988, 81 ff.; BAUDRAZ, Le droit applicable au contrat d'agence en droit suisse, allemand, français et anglais, Etude de droit international privé et de droit comparé, Diss. Lausanne 1979; BLAUENSTEIN, Arrêt du tribunal fédéral concernant l'indemnité pour la clientèle de l'agent général, SVZ 1988, 305–312; BRUNNER, Das Rechtsverhältnis zwischen Versicherer und Vermittlungsagent und seine Drittwirkungen, Diss. Zürich 1981; BURNAND, Le contrat d'agence et le droit de l'agent d'assurances à une indemnité de clientèle selon l'Art. 418u CO, Diss. Lausanne 1977; DUBLER, Der Kommissionsagenturvertrag, Diss. Zürich 1995; DÜRR, Mäklervertrag und Agenturvertrag, Kommentar der Art. 412 bis 418v des Schweizerischen Obligationenrechts, 1959; GSTOEHL/SCHÖBI/THOUVENIN/WEH/WESTPHAL, Grenzüberschreitendes Vertragsrecht, DACH Schriftenreihe 11, 1999; J. HOFSTETTER, Le mandat et la gestion d'affaires, SPR VII/2/1, 1994, 173 ff.; MAIER, Das Handelsvertreterrecht in der Schweiz, in: Maier/Meyer-Marsilius/Regul (Hrsg.), Der Handelsvertreter in den Ländern der EWG und der EFTA, 1976; MAIER/MEYER-MARSILIUS, Der Agenturvertrag, Kommentierung mit Formulierungsvorschlägen für Agenturverträge, 2. Aufl. 1981; MEYER-MARSILIUS, Die wirtschaftliche Funktion des Handelsvertreters, in: Maier/Meyer-Marsilius/Regul (Hrsg.), Der Handelsvertreter in den Ländern der EWG und der EFTA, 1976; MUSTAKI/WYLER, La Lémenéntion de l'agent, in: Cherpillod/Iynedjian/Killias/Mustaki/Rapp, Les contrats de distribution, Mélanges Dessemontet, CEDIDAC 38 (1998), 46 ff.; RUGGLI, Agentur und Kommission im Kartellrecht, SIC! 2006, 159 ff.; THÜRER/WEBER/ZÄCH (Hrsg.), Handelsvertretungsvertrag Deutschland-Schweiz, 1993; DIES., Handelsmittler nach EG-Recht, FS Meyer-Marsilius, 1993 (zit. EG-Handelsmittler); WEBER, Praxis zum Auftragsrecht und zu den besonderen Auftragsarten, 1990, 152 ff.; ZÜRCHER, Der Provisionsanspruch des Agenten nach dem Bundesgesetz über den Agenturvertrag vom 4. 2. 1949, Diss. Bern 1952.

I. Charakterisierung und Historisches

Der Agent übernimmt die Verpflichtung, **dauernd** und **entgeltlich** für einen   1
(oder mehrere) Auftraggeber Geschäfte zu **vermitteln** (Vermittlungsagent)
oder im Namen des Auftraggebers **abzuschliessen** (Abschlussagent), ohne
hierbei in einem Arbeitsverhältnis zu stehen (BGE 108 II 120). Rechtlich ist
der Agent somit **selbstständig**. Der **Alleinvertriebsvertrag** ist ebenfalls ein

auf den Absatz von Gütern ausgerichtetes Dauerschuldverhältnis, bei welchem bisweilen gewisse Bestimmungen des Agenturvertrags analoge Anwendung finden (vgl. Anmerkungen bei der Kommentierung der einzelnen Artikel und die Übersicht bei WEBER, 162 ff.).

2   Die Art. 418a–418v haben im Jahr 1949 in das OR Eingang gefunden (in Kraft seit 1.1.1950). Zuvor wurde der Agenturvertrag als Sonderfall des einfachen Auftrages verstanden (vgl. dazu BURNAND, 13 ff.). Zweck der **Gesetzesnovelle** war die Einführung eines besseren Schutzes der Agenten, insbesondere der als Verkaufsagenten handelnden natürlichen Personen (BSK OR I-WETTENSCHWILER, N 2 f.).

II.   Internationales Privatrecht und Rechtsvergleichung

3   Vor Inkrafttreten des IPRG ordnete der mit der Gesetzesnovelle von 1949 eingeführte Art. 418b Abs. 2 als einseitige Kollisionsnorm an, dass auf den Agenturvertrag zwingend Schweizer Recht anzuwenden sei, wenn der Agent in der Schweiz tätig ist. Diese Bestimmung hat das IPRG ersetzt (vgl. Anhang IPRG Ziff. I lit. b); demnach untersteht der Agenturvertrag den allgemeinen Anknüpfungsregeln der Art. 116 **(Rechtswahl)** und 117 IPRG **(objektive Anknüpfung)**. Anwendbar ist damit bei Fehlen einer Rechtswahl auch bei Tätigkeiten in verschiedenen Staaten das Recht am Aufenthaltsort bzw. an der Geschäftsniederlassung des Agenten (Art. 117 Abs. 3 lit. c i.V.m. Art. 117 Abs. 2 IPRG; vgl. ZK-KELLER/KREN KOSTKIEWICZ, Art. 117 IPRG N 103 f.). Art. 418u **(Kundschaftsentschädigung)** hat keinen zwingenden ordre public-Charakter gemäss Art. 18 oder Art. 19 IPRG, denn der Sinn und Zweck der Norm verlangt dies nicht (so auch ZK-KELLER/KREN KOSTKIEWICZ, Art. 117 IPRG N 105).

4   Besonders hinzuweisen ist auf die durch den Rat der Europäischen Gemeinschaft am 18. Dezember 1986 erlassene **Richtlinie** betreffend die selbständigen Handelsvertreter (86/653 EWG; Abl. L382, 17 ff.). Diese EG-Richtlinie soll zur Vereinheitlichung des Handelsvertreterrechts der Mitgliedstaaten beitragen, um einen unverzerrten Wettbewerb sowie ein ausreichendes Schutzniveau durchzusetzen (EG-Handelsmittler 1). Das schweizerische Agenturrecht darf als europaverträglich bezeichnet werden, weil sich das für die europäische Normengebung Pate stehende deutsche Recht anfangs der fünfziger Jahre der Schweizer Regelung angenähert hatte (EG-Handelsmittler 33). Eingehender dazu BSK OR I-WETTENSCHWILER, Vorbem. N 6; CR CO I-DREYER, Intro. N 5 ff.; dort auch mit zahlreichen Bemerkungen zum Gemeinschaftsrecht bei der Kommentierung der einzelnen Artikel des Agenturvertrages.

Art. 418 *a*

Allgemeines
Begriff

¹ **Agent ist, wer die Verpflichtung übernimmt, dauernd für einen oder mehrere Auftraggeber Geschäfte zu vermitteln oder in ihrem Namen und für ihre Rechnung abzuschliessen, ohne zu den Auftraggebern in einem Arbeitsverhältnis zu stehen.**

² **Auf Agenten, die als solche bloss im Nebenberuf tätig sind, finden die Vorschriften dieses Abschnittes insoweit Anwendung, als die Parteien nicht schriftlich etwas anderes vereinbart haben. Die Vorschriften über das Delcredere, das Konkurrenzverbot und die Auflösung des Vertrages aus wichtigen Gründen dürfen nicht zum Nachteil des Agenten wegbedungen werden.**

I.   Begriff und Arten

Agent ist, wer sich dauernd verpflichtet, für seinen oder seine Auftraggeber Geschäfte zu vermitteln oder abzuschliessen, ohne dass ein Einzelarbeitsvertrag vorliegt. «Dauernd» bedeutet, dass sich die Verpflichtung auf mehr als nur ein bestimmtes Geschäft (anders als beim Mäkler) bezieht (**Dauerschuldverhältnis**, vgl. ZK-Bühler, N 6). Das jederzeitige Vertragsauflösungsrecht gemäss Art. 404 entfällt aufgrund der detailliert geregelten **Kündigungsordnung** der Art. 418p ff. Beim Agenten kann es sich sowohl um eine natürliche als auch um eine juristische Person handeln (HANDKOMM-Badertscher/Spoerri, N 2). Der Agent ist jedenfalls **selbständiger Gewerbetreibender**, der in seiner Arbeitszeiteinteilung frei und nicht weisungsgebunden ist (BGE 103 II 279 f.). Der Agent trägt daher grundsätzlich seine **Kosten und Auslagen** selbst (BGE 104 II 113 ff.; zum Ganzen Weber, 154). Indizien, welche in diesem Zusammenhang auf Agentur hinweisen, sind etwa die Eintragung ins Handelsregister, das Vorhandensein einer Buchhaltung, die Vertretung mehrerer Auftraggeber und die Beschäftigung von Hilfspersonal. Demgegenüber sprechen die Eingliederung in eine fremde Arbeitsorganisation, die Weisungsgebundenheit sowie die Zusicherung einer hohen Minimalprovision gegen eine Agentur (HANDKOMM-Badertscher/Spoerri, N 4).

1

Das Gesetz unterscheidet zwischen den **Vermittlungsagenten** und den **Abschlussagenten**. Die Unterscheidung ist sowohl für das Innen- wie auch für das Aussenverhältnis von Bedeutung. Gesetzlich ist im Zweifel von der weniger bindenden Vermittlungsagentur auszugehen (vgl. Art. 418e; BSK

2

OR I-Wettenschwiler, N 6). Der **Vermittlungsagent** ist verpflichtet, dem Auftraggeber Kunden zuzuführen; er soll diese durch psychische Einwirkung zu einem Vertragsabschluss mit seinem Auftraggeber bewegen, was mehr bedeutet als das blosse Nachweisen einer Gelegenheit zum Vertragsabschluss (Handkomm-Badertscher/Spoerri, N 2; vgl. aber Art. 418g N 3 betreffend blosser Werbung). Vor Vertragsabschluss kommt dem Vermittlungsagenten folglich keine Vertretungsbefugnis zu (vgl. aber Art. 418e N 2). Der **Abschlussagent** handelt dagegen als direkter Stellvertreter (Art. 32 Abs. 1) und kontrahiert verbindlich im Namen des Auftraggebers. Dementsprechend ist der Abschlussagent mit genügender **Abschlussvollmacht** auszustatten, was auch stillschweigend geschehen kann (BSK OR I-Wettenschwiler, N 6 ff. m. w. Hw.; vgl. auch Art. 418g N 2). Für das Innenverhältnis sind die getroffenen Bestimmungen des Agenturvertrages massgebend, das Aussenverhältnis ist jedoch vom Grundsatz von Treu und Glauben geprägt und bestimmt sich daher ungeachtet des Art. 418e entsprechend der Kundgabe bzw. dem Anschein wie vom gutgläubigen Dritten wahrgenommen (vgl. BK-Gautschi, N 6d, ZK-Bühler, N 15). Zu beachten ist der – je nachdem, ob Vermittlungs- oder Nachweisagentur vorliegt – unterschiedliche Verweis betreffend das **ergänzend anzuwendende Recht** in Art. 418b.

3   In der Praxis sind oft Verträge anzutreffen, die Vermittlungs- und Abschlussagentur **vermischen**, indem sie etwa für verschiedene Produkte oder Kundenkreise unterschiedlich weitgehende Vollmachten des Agenten vorsehen. Ferner sind **zusammengesetzte Agenturverträge** zu beachten, die Elemente anderer Vertragstypen miteinbeziehen (BSK OR I-Wettenschwiler, N 7; vgl. BGE 108 II 119 = Pra 1982, 450 ff.: Auftrag und Abschlussagentur)

4   In **Abs. 3** sieht das Gesetz eine Sonderbestimmung für die **nebenberufliche Agententätigkeit** vor, gemäss welcher die gesetzlichen Bestimmungen des Agenturrechts bei nebenberuflicher Tätigkeit grundsätzlich bloss **dispositiv** gelten. Die Vorschriften betreffend Delcredere (Art. 418c Abs. 3), Konkurrenzverbot (Art. 418d Abs. 2) und die Vertragsauflösung aus wichtigen Gründen (Art. 418r) dürfen allerdings auch diesfalls nicht zum Nachteil des Agenten wegbedungen werden, sind also einseitig zwingend. Tatsächlich haben die drei letztgenannten Bestimmungen allerdings praktisch beidseitig **zwingende Wirkung**; zudem dürfte Art. 418q Abs. 2 (beidseitig gleiche Kündigungsfrist) nicht gültig wegbedingbar sein (BSK OR I-Wettenschwiler, N 9). Historisch war die **Abbedingbarkeit der Kundschaftsentschädigung** (Art. 418u N 4) für nebenberuflich tätige Agenten umstritten (vgl. hierzu BK-Gautschi, N 15b).

5   Als **nebenberufliche** Agententätigkeit interpretierten die historischen Materialien eine Tätigkeit, für die der «Agent» weniger als seine halbe

Arbeitszeit aufwendet und weniger als die Hälfte seines Einkommens hieraus generiert (Botschaft BBl 1947 III 673). Diese Definition erscheint in der wiedergegebenen Form allerdings als zu absolut und es ist dem Richter bei der Bewertung ein weiter Ermessensspielraum unter Würdigung des Einzelfalls einzuräumen (BK-GAUTSCHI, N 15c; so auch CR CO I-DREYER, N 5).

II. Form

Der Abschluss des Agenturvertrages ist nicht an eine bestimmte **Form** ge-   6
bunden, doch sieht das Gesetz für gewisse vertraglich vereinbarte Abweichungen vom Gesetzesrecht die Schriftform vor (WEBER, 154 m. Nw.; vgl. Art. 418a Abs. 2, Art. 418c Abs. 2 und 3, Art. 418d Abs. 2 i. V. m. Art. 340 Abs. 1, Art. 418f Abs. 3, Art. 418g Abs. 1 und 3, Art. 418k Abs. 1, Art. 418q Abs. 1, Art. 418t Abs. 2).

III. Abgrenzungen

Im Gegensatz zum Agenten ist der **Mäkler** nicht «dauernd», sondern nur   7
in Bezug auf ein bestimmtes Geschäft tätig und es steht ihm i. d. R. für Nachfolgegeschäfte kein Provisionsanspruch zu (BGE 75 II 54 ff.; CR CO I-DREYER, N 3).

Der Agent ist selbstständiger Gewerbetreibender und geht daher mit sei-   8
nem Auftraggeber kein **Arbeitsverhältnis** ein (dazu N 1). Im Gegensatz dazu steht der **Handelsreisende** (Art. 347 ff.) als Arbeitnehmer in einem rechtlichen Unterordnungsverhältnis zu seinem «Auftraggeber» (BGE 129 III 668: Pflicht zur regelmässigen Berichterstattung, detailliert vorgegebene Kundenbesuche und zu erreichende Umsatzzahlen sprechen für den Handelsreisendenvertrag).

Der **Alleinvertreter** kauft und verkauft in **eigenem Namen und auf eigene**   9
Rechnung. Zudem beinhaltet der Alleinvertretervertrag eine Exklusivitätsklausel sowie i. d. R. eine allgemeine Pflicht zur Absatzförderung (BGer 4C.130/2004, E. 2.2 f.; ZK-BÜHLER, 40 ff.; KUHN, Der Alleinvertriebsvertrag im Verhältnis zum Agenturvertrag, FS Keller 1989, 187 ff.).

Auch ein **Franchisenehmer** ist im Gegensatz zur Agentur in **eigenem Na-**   10
men und auf eigene Rechnung tätig, hat aber seine Tätigkeit entsprechend dem vom Franchisegeber vorgegebenen Absatz- und Werbekonzept auszurichten und dieses zu verfolgen (ZK-BÜHLER, 46).

Gemäss Art. 425 ff. tätigt der **Kommissionär** seine Geschäfte in **eigenen Na-**   11
men für die Rechnung eines Anderen.

Der **einfache Auftrag** ist gemäss ständiger Bundesgerichtsrechtsprechung   12
jederzeit nach Art. 404 kündbar (vgl. Art. 404 N 5); der Agenturvertrag un-

tersteht dagegen einem besonderen **Beendigungsregime** und ist als Dauer-schuldverhältnis konzipiert (Art. 418p; vgl. N 1).

Art. 418*b*

II.   Anwendbares   ¹ **Auf den Vermittlungsagenten sind die Vorschriften**
      Recht   **über den Mäklervertrag, auf den Abschlussagenten**
                          diejenigen über die Kommission ergänzend anwend-
                          bar.

                       ² ...

1   Der Gesetzgeber hat für den Agenturvertrag relativ ausführliche Regeln aufgestellt. Art. 418b befasst sich zudem mit den **subsidiär** auf den Agenturvertrag anzuwendenden Vorschriften, falls den Art. 418a ff. keine Antwort zu entnehmen ist. Ergänzend soll auf den Vermittlungsagenten das **Mäklerrecht**, auf den Abschlussagenten das **Kommissionsrecht** Anwendung finden. Für die Anwendung dieser Verweisregel bleibt allerdings aufgrund der ausführlichen Regelung sowie wegen der Charakterisierung der Agentur als Dauervertragsverhältnis wenig Raum (BK-GAUTSCHI, N 5a ff. bzw. N 8a ff.).

2   Das BGer hat immerhin in **analoger Anwendung** von Art. 413 Abs. 1 befunden, dass eine Vermittlungsprovision verdient sei, wenn der Agent während der Vertragsdauer kausal tätig geworden ist, unbesehen darum, wann der Geschäftsabschluss mit dem Kunden erfolgt (BGE 84 II 546). Ferner kommen für den Vermittlungsagenten Art. 415 (Verwirkung der Provision) sowie für den Abschlussagenten Art. 427 (Rechtswahrung), Art. 429 (Kreditrisiko), Art. 433 (Verwirkung der Provision) und Art. 436 (Selbsteintritt) analog zur Anwendung (BSK OR I-WETTENSCHWILER, N 1 m. Hw. auf BK-GAUTSCHI, N 8c).

3   Mit Inkrafttreten des IPRG ist die international-privatrechtliche Kollisionsnorm des Art. 418b **Abs. 2 aufgehoben** worden (vgl. o. Vorbem. zu Art. 418a–418v N 3).

Art. 418 c

¹ Der Agent hat die Interessen des Auftraggebers mit der Sorgfalt eines ordentlichen Kaufmannes zu wahren.

² Er darf, falls es nicht schriftlich anders vereinbart ist, auch für andere Auftraggeber tätig sein.

³ Eine Verpflichtung, für die Zahlung oder anderweitige Erfüllung der Verbindlichkeiten des Kunden einzustehen oder die Kosten der Einbringung von Forderungen ganz oder teilweise zu tragen, kann er nur in schriftlicher Form übernehmen. Der Agent erhält dadurch einen unabdingbaren Anspruch auf ein angemessenes besonderes Entgelt.

I. Sorgfalts- und Treuepflicht

Der Agent hat wie der Mäkler oder der Beauftragte die **Interessen des Auftraggebers** nach besten Kräften zu wahren; im Gegensatz zum Mäkler ist er zur Vornahme der vertraglichen Tätigkeit verpflichtet (WEBER, 161). Der **Sorgfaltsmassstab** orientiert sich dem Wortlaut entsprechend am «ordentlichen Kaufmann»; die Lehre legt diesen Ausdruck dahin aus, dass grundsätzlich die strengen Voraussetzungen von Art. 398 OR zur Anwendung kommen, weil bei der berufs- oder gewerbsmässigen Ausführung von Aufträgen für alle Sorgfalt gehaftet werde (ZK-Bühler, N 10 m. Hw.; vgl. Art. 398 N 8). Spezifisch hat der Agent etwa auf eine ordentliche Buchhaltung und in gewissem Mass auf die Solvenz der vermittelten Kunden zu achten (BSK OR I-WETTENSCHWILER, N 3 m. Hw.). Die übliche Fachkunde darf von ihm erwartet werden (SJ 1963, 434).

Im Unterschied zu Art. 398 erwähnt Art. 418c die allgemeine **Treuepflicht** des Agenten nicht ausdrücklich, dennoch schuldet er seinem Auftraggeber Treue (HONSELL, OR BT, 356; ZK-BÜHLER, N 4). **Abs. 2** befasst sich mit dem **Mehrfirmenagenten**, der gleichzeitig Agententätigkeiten für verschiedene Auftraggeber, welche im Grundsatz zulässig ist (ZK-BÜHLER, N 6 und 17: abweichende Vereinbarung einer Einfirmenagentur möglich), entfaltet. Dieser Grundsatz erfährt immerhin folgende Einschränkungen: Die Tätigkeit für einen den ursprünglichen Auftraggeber **konkurrenzierenden** weiteren Auftraggeber ist mit der Treuepflicht unvereinbar und bedarf gegebenenfalls der (nicht unbedingt schriftlichen) Zustimmung (vgl. CR CO I-DREYER, N 14; ausführlich BK-GAUTSCHI, Art. 418d N 4c; demge-

1

2

genüber muss gemäss Art. 418d Abs. 2 ein nachvertragliches Konkurrenzverbot schriftlich vereinbart werden).

3   Zu unterscheiden von der beschriebenen Mehrfirmenagentur ist die **Doppelvertretung** durch den Agenten, d. h. der Sachverhalt, dass der Agent
gegen Provision für beide Parteien des zu vermittelnden Hauptgeschäftes
tätig wird. Eine solche Stellung des Agenten ist mit seiner **Treuepflicht
unvereinbar** (BSK OR I-WETTENSCHWILER, N 5). Ebenso ist ein **Selbsteintritt** des Agenten ohne Zustimmung des Auftraggebers grundsätzlich unstatthaft (CR CO I-DREYER, N 15 m. Hw.; Ausnahme aber bei Vorliegen von
Börsen- oder Marktpreisen).

II. Delcredere

4   Delcredere (ducroire) bezeichnet das **Einstehenmüssen des Agenten** für
die nicht richtige **Erfüllung** der Verpflichtungen durch die von ihm vermittelten Kunden bzw. für die **Einbringungskosten** (vgl. CR CO I-DREYER,
N 16). Diese Art der Haftungsübernahme durch den Agenten ist insbesondere im Distanzgeschäft für seinen Auftraggeber von Interesse, weil er die
geworbenen Kunden weniger gut als der Agent kennt und damit deren
Solvenz schwer prüfen kann (vgl. ZK-BÜHLER, N 35). Dispositivrechtlich
hat der Agent dieses Risiko nicht zu tragen, er kann sich jedoch gemäss
Abs. 3 zur vollständigen oder teilweisen Tragung (dazu vgl. BK-GAUTSCHI,
Art. N 8b) gegenüber seinem Auftraggeber verpflichten.

5   Eine solche **Verpflichtung** muss in **schriftlicher Form** erfolgen und ist
zwingend mit einem besonderen angemessenen **Entgelt** zugunsten des
Agenten verbunden. Dieses unabdingbare Entgelt ist bei Vereinbarung
über die Delcredere-Übernahme unabhängig davon geschuldet, ob der
Agent tatsächlich beansprucht wird oder nicht (BK-GAUTSCHI, Art. N 9a ff.).
Als Massstab für die Angemessenheit des Entgelts für die Risikoüber-
nahme kann auf die Prämie abgestellt werden, welche bei einem Kredit-
versicherer und entsprechendem Risiko zu bezahlen wäre (BSK OR I-WET-
TENSCHWILER, N 8). In der Lehre ist umstritten, ob die Erfolgshaftung für
das Delcredere einen Garantievertrag (Art. 111) oder eine Bürgschaft
(Art. 492 ff.) darstellt (vgl. Meinungsstand in HANDKOMM-BADERTSCHER/
SPOERRI, N 8).

Art. 418 d

¹ Der Agent darf Geschäftsgeheimnisse des Auftraggebers, die ihm anvertraut oder auf Grund des Agenturverhältnisses bekannt geworden sind, auch nach Beendigung des Vertrages nicht verwerten oder anderen mitteilen.

² Auf ein vertragliches Konkurrenzverbot sind die Bestimmungen über den Dienstvertrag entsprechend anwendbar. Ist ein Konkurrenzverbot vereinbart, so hat der Agent bei Auflösung des Vertrages einen unabdingbaren Anspruch auf ein angemessenes besonderes Entgelt.

I. Geheimhaltungspflicht

Entsprechend dem Wortlaut von Abs. 1 besteht für den Agenten sowohl **während** wie auch **nach Beendigung** des **Agenturverhältnisses** eine Pflicht zur Geheimhaltung. Die nachvertragliche Geheimhaltungspflicht ist nicht einer Verjährung unterworfen (BSK OR I-Wettenschwiler, N 3, vgl. auch BGE 80 IV 30). Ein Wegfall der Geheimhaltungspflicht kommt bei Wegfall des berechtigten Geheimhaltungsinteresses etwa aufgrund anderweitigem Bekanntwerden der Tatsachen in Frage (CR CO I-Dreyer, N 5). Die erlangten Fähigkeiten und Erfahrungen darf der Agent zu seinem späteren wirtschaftlichen Fortkommen verwenden, jedoch nicht missbrauchen (ZK-Bühler, N 18).

Umfangmässig richtet sich die Geheimhaltungspflicht nach den aus dem **Auftragsrecht** bekannten strengen **Grundsätzen** (Tercier, obligations, N 2995; vgl. Art. 398 N 6). Geschäftsgeheimnisse des Auftraggebers betreffen Tatsachen aus seinem wirtschaftlichen Privatbereich gemäss Art. 28 ZGB (BSK OR I-Wettenschwiler, N 1). Zu wahrende Geschäftsgeheimnisse sind etwa Kundenlisten, Buchhaltungsunterlagen, Kaufs- und Verkaufspreise sowie Fabrikationsgeheimnisse, die dem Agenten vom Auftraggeber anvertraut worden sind (Burnand, 40). **Keinen Geheimnischarakter** haben dagegen Kundenadressen, die der Agent erworben hat, sowie die Geschäfte, die auf die persönliche Tätigkeit des Agenten zurückzuführen sind (BGE 61 II 92 ff.; 44 II 56). Zu beachten ist darüber hinaus eine allfällige Strafbarkeit nach Art. 162 bzw. 273 StGB.

II.   Nachvertragliches Konkurrenzverbot

3   Geregelt wird durch **Abs. 2** nur die Vereinbarung eines **nachvertraglichen Konkurrenzverbotes**; die Konkurrenzierung während des Bestehens des Agenturvertrages ist Regelungsgegenstand von Art. 418c. Für die Vereinbarung eines nachvertraglichen Konkurrenzverbots sieht das Gesetz eine analoge Anwendung der entsprechenden **Bestimmungen zum Arbeitsvertrag** vor (Art. 340 ff.).

4   Gemäss Art. 340 Abs. 1 und Art. 340a Abs. 1 hat die Vereinbarung eines nachvertraglichen Konkurrenzverbotes **schriftlich** zu erfolgen und ist nach Ort, Zeit und Gegenstand **angemessen zu begrenzen**. Ferner muss der Agent **Einblick** in den Kundenkreis oder in die Fabrikations- und Geschäftsgeheimnisse des Auftraggebers gehabt haben, damit das Konkurrenzverbot verbindlich ist (Art. 340 Abs. 2; vgl. ZK-BÜHLER, N 32). Ein **übermässiges Konkurrenzverbot** kann durch den Richter – unter Berücksichtigung der Umstände wie etwa einer allfälligen Gegenleistung – eingeschränkt werden (Art. 340a Abs. 2, vgl. auch BGE 78 II 239, 234). Zu den **Rechtsfolgen einer Verletzung** des Konkurrenzverbotes vgl. Art. 340b (eingehend etwa ZK-BÜHLER, N 32).

5   Inwiefern Art. 340c bei **Wegfall des Konkurrenzverbots** analoge Anwendung findet, ist in BGE 95 II 143 ff. teilweise offen gelassen worden. Im Unterschied zum Arbeitsrecht ist beim Agenturvertrag gemäss **Abs. 2** die **Karenzentschädigung** zugunsten des Agenten **zwingend**, wenn ein nachvertragliches Konkurrenzverbot vereinbart ist (a. a. O. 149). Im erwähnten Entscheid berief sich der Auftraggeber auf den Wegfall seines eigenen Geheimhaltungsinteresses, um den Wegfall der Karenzentschädigung herbeizuführen. Diese Argumentation hat das BGer unter Hinweis auf den vorgenannten Unterschied zum Arbeitsrecht abgelehnt; offen gelassen hat es jedoch die Frage, ob sich der Agent unter Verzicht auf seine Entschädigung erfolgreich auf den Wegfall des auftraggeberischen Geheimhaltungsinteresses berufen könne (a. a. O. 151 f., mit Ausführungen zu vertraglicher Verzichtsmöglichkeiten für den Auftraggeber; kritisch zu diesem Entscheid BUCHER, OR BT, 242). Schliesslich ist Art. 340c Abs. 2 insofern nicht anwendbar, als auch der **kündigende Agent** Anspruch auf Karenzentschädigung hat (BGE 95 II 149 ff.).

6   Der **Betrag der Karenzentschädigung** muss nicht schriftlich vereinbart werden, jedoch angemessen sein (BSK OR I-WETTENSCHWILER, N 7). Dem Richter kommt bei der Bemessung des Entgelts für das Konkurrenzverbot ein weiter Ermessensspielraum zu (Art. 4 ZGB; vgl. BGE 95 II 152 ff. auch m. Hw. zur nicht unumstrittenen Berechnung). In der Lehre umstritten und bundesgerichtlich noch ungeklärt ist weiter das Verhältnis der Karenzentschädigung zur ebenfalls unabdingbaren **Kundschaftsentschä-**

digung nach Art. 418u, insbesondere die Frage nach möglicher **Kumulation** (dafür: Burnard, 103 ff., Honsell, OR BT, 346; dagegen: BK-Gautschi, N 6a; differenzierend BSK OR I-Wettenschwiler, N 9). Im Gegensatz zum Agenturvertrag findet diese Vorschrift zur zwingenden Karenzentschädigung keine analoge Anwendung auf den **Alleinvertretungsvertrag**; anwendbar sind aber die arbeitsrechtlichen Vorschriften von Art. 340–340c (ZK-Bühler, N 51 m. Hw.).

Art. 418 e

Vertretungsbefugnis

¹ Der Agent gilt nur als ermächtigt, Geschäfte zu vermitteln, Mängelrügen und andere Erklärungen, durch die der Kunde sein Recht aus mangelhafter Leistung des Auftraggebers geltend macht oder sich vorbehält, entgegenzunehmen und die dem Auftraggeber zustehenden Rechte auf Sicherstellung des Beweises geltend zu machen.

² Dagegen gilt er nicht als ermächtigt, Zahlungen entgegenzunehmen, Zahlungsfristen zu gewähren oder sonstige Änderungen des Vertrages mit den Kunden zu vereinbaren.

³ Die Artikel 34 und 44 Absatz 3 des Bundesgesetzes vom 2. April 1908 über den Versicherungsvertrag bleiben vorbehalten.

Ein Agent ist gemäss **gesetzlicher Vermutung** des Abs. 1 nur **Vermittlungsagent** und nicht Abschlussagent mit Vollmacht zur direkten Stellvertretung. Will der Auftraggeber einem Dritten gegenüber einen Vertrag nicht gelten lassen, muss der Dritte diese Vermutung umstossen (BSK OR I-Wettenschwiler, N 1; vgl. Art. 418a N 2).　　　**1**

Abgesehen von dieser Vermutung gilt der Vermittlungs- wie auch der Abschlussagent als **bevollmächtigt und verpflichtet**, Mängelrügen und weitere **Erklärungen** des Kunden an seinen Auftraggeber weiterzuleiten (vgl. Handkomm-Badertscher/Spoerri, N 3). Auch zur **Sicherung von Beweisen** ist der Agent von Gesetzes wegen bevollmächtigt, etwa zur Beantragung vorsorglicher Massnahmen durch das Gericht (BK-Gautschi, N 4d). Die Liste der gesetzlichen Vermutungen zur Vertretungsbefugnis ist **abschliessend** (ZK-Bühler, N 12).　　　**2**

Ausdrücklich nicht ermächtigt sind Vermittlungs- und Abschlussagenten gemäss der gesetzlichen Vermutung von **Abs. 2** zum **Inkasso** (vgl. Art. 418l　　　**3**

Abs. 1 zur Inkassoprovision) und generell zur **Abweichung** von den durch den Auftraggeber vorgegebenen **Vertragsbedingungen** (nicht zwingender **Negativkatalog**; ZK-Bühler, N 13 f.). Immerhin ist mit Bezug auf die Vertragsbedingungen zu **differenzieren**, ob es sich einerseits um einen Vermittlungs- oder Abschlussagenten sowie andererseits um einen Formularvertrag oder um einen auszuhandelnden Vertrag handelt: Abschlussagenten müssen bei auszuhandelnden Verträgen über einen gewissen Spielraum verfügen (vgl. dazu ZK-Bühler, N 19). Der Negativkatalog des Abs. 2 ist nicht zuletzt auch für den gutgläubigen Dritten (Kunden) von Bedeutung: Seinen Zahlungen direkt an den Agenten kommt vermutungsweise **keine befreiende Wirkung** zu; auf vom Agenten geänderte Vertragsbedingungen kann er sich nicht verlassen, es sei denn, besondere Umstände liessen auf eine solche Vollmacht des Agenten schliessen (BSK OR I-Wettenschwiler, N 4 f.; Dürr, 133 f.; BK-Gautschi, N 5a).

4   **Abs. 3** verweist mit Bezug auf den **Versicherungsagenten** auf die Vorschriften des VVG. Seit 1.1.2006 gilt der **neu** gefasste Art. 34 VVG, wonach der Versicherer gegenüber dem Versicherungsnehmer für das Verhalten seines Vermittlers wie für sein eigenes einzustehen hat (zur alten Rechtslage vgl. Gauch, Das Versicherungsvertragsgesetz: Alt und revisionsbedürftig!, recht 1990, 71).

Art. 418 *f*

D. **Pflichten des Auftraggebers**

I. **Im Allgemeinen**

[1] Der Auftraggeber hat alles zu tun, um dem Agenten die Ausübung einer erfolgreichen Tätigkeit zu ermöglichen. Er hat ihm insbesondere die nötigen Unterlagen zur Verfügung zu stellen.

[2] Er hat den Agenten unverzüglich zu benachrichtigen, wenn er voraussieht, dass Geschäfte nur in erheblich geringerem Umfange, als vereinbart oder nach den Umständen zu erwarten ist, abgeschlossen werden können oder sollen.

[3] Ist dem Agenten ein bestimmtes Gebiet oder ein bestimmter Kundenkreis zugewiesen, so ist er, soweit nicht schriftlich etwas anderes vereinbart wurde, unter Ausschluss anderer Personen beauftragt.

I. Interessenwahrungspflichten des Auftraggebers

Wie im Auftragsrecht (vgl. Art. 402 N 5) hat der Auftraggeber auch im Agen-   1
turverhältnis gewisse Interessenwahrungspflichten gegenüber dem Agenten
wahrzunehmen. Die Formulierung von Abs. 1 mag jedoch irreführend erscheinen: Es gilt im Agenturvertragsrecht das ebenfalls auftragsrechtliche
Prinzip (vgl. Vorbem. zu Art. 394–406 N 3), dass die **Beauftrageninteres-
sen** sich jenen des Auftraggebers **unterzuordnen** haben (HOFSTETTER,
181 ff.).

Wegen des **Dauerschuldverhältnis-Charakters** treffen den Auftraggeber   2
Unterlassungs- wie auch **gewisse positive Pflichten** gemäss dem Grundsatz, dass er eine den Umständen (z. B. Kundenpotenzial) entsprechend
erfolgreiche Tätigkeit des Agenten fördern soll (BSK OR I-WETTENSCHWI-
LER, N 1; BK-GAUTSCHI, N 2a). Dazu gehört die Übergabe der notwendigen
Unterlagen (ZK-BÜHLER, N 5: vorbehältlich abweichender Vereinbarung
kostenlos, z. B. Formulare, Preislisten, Manuale), die Annahme und grund-
sätzlich möglichst richtige Erfüllung der Kundenverträge (BGE 95 II 145 f.;
MAIER, 349) oder die Information des Agenten über wesentliche Tatsachen
(**Abs. 2**; BK-GAUTSCHI, N 4c: z. B. Auslaufenlassen eines Produktes).

Verletzt der Auftraggeber seine beschriebenen Pflichten, richten sich die   3
Rechtsfolgen nach Art. 418m Abs. 1 (CR CO I-DREYER, N 8; vgl. auch BGE
122 III 71 f., zu diesem Entscheid WIEGAND, ZBJV 1998, 222).

II. Vermutung zugunsten der Exklusivagentur

Wird dem Agenten ein bestimmter Kundenkreis oder ein bestimmtes Ge-   4
biet zugewiesen, vermutet das Gesetz, dass dem Agenten diesbezüglich
Exklusivität zukommt (BGE 122 III 70: Weiterführung einer vorbestehenden Agentur trotz Neuvergabe; ZK-BÜHLER, N 10). **Abweichende Vereinbarungen** können unter Wahrung der **Schriftform** getroffen werden. Die
direkte Geschäftsannahme durch den Auftraggeber bleibt erlaubt, sie ist
jedoch unter Vorbehalt abweichender schriftlicher Abrede nach Art. 418g
Abs. 2 provisionspflichtig (BSK OR I-WETTENSCHWILER, N 4; SJZ 1988,
420: nicht hingegen das Konkurrenzieren des Agenten durch ein verbun-
denes Unternehmen). Vgl. auch ZK-BÜHLER, N 11 zu diesbezüglichen EU-
kartellrechtlichen Fragestellungen.

Art. 418 *g*

¹ Der Agent hat Anspruch auf die vereinbarte oder übliche Vermittlungs- oder Abschlussprovision für alle Geschäfte, die er während des Agenturverhältnisses vermittelt oder abgeschlossen hat, sowie, mangels gegenteiliger schriftlicher Abrede, für solche Geschäfte, die während des Agenturverhältnisses ohne seine Mitwirkung vom Auftraggeber abgeschlossen werden, sofern er den Dritten als Kunden für Geschäfte dieser Art geworben hat.

² Der Agent, dem ein bestimmtes Gebiet oder ein bestimmter Kundenkreis ausschliesslich zugewiesen ist, hat Anspruch auf die vereinbarte oder, mangels Abrede, auf die übliche Provision für alle Geschäfte, die mit Kunden dieses Gebietes oder Kundenkreises während des Agenturverhältnisses abgeschlossen werden.

³ Soweit es nicht anders schriftlich vereinbart ist, entsteht der Anspruch auf die Provision, sobald das Geschäft mit dem Kunden rechtsgültig abgeschlossen ist.

I.   Vermittlungsagent

1   Der Vermittlungsagent verdient seine Provision, wenn er Geschäfte während bestehendem Agenturverhältnis **vermittelt**, unbesehen darum, ob der Vertragsabschluss des Hauptgeschäftes vor oder nach Beendigung der Agentur stattfindet (vgl. Art. 418b N 2; für Nachbestellungen vgl. Art. 418t). Die Aktivität des Vermittlungsagenten muss in einer **kausalen Verbindung** zum fraglichen Abschluss stehen. Gemäss ständiger Bundesgerichtspraxis genügt diesbezüglich ein **psychologischer Zusammenhang**: Der Vermittlungsagent muss den Dritten wenigstens mitbestimmt haben, der Abschluss braucht nicht die unmittelbare Folge seiner Tätigkeit zu sein (BGer 4C.359/2005, E. 3.3; BGE 84 II 548 f.; vgl. Art. 418 N 2). Die Lehre fordert teilweise strengere Anforderungen an das Kausalitätskriterium (DÜRR, 151 f.; ZK-BÜHLER, N 13).

II.   Abschlussagent

2   Die Abschlussprovision wird dadurch verdient, dass der Abschlussagent während des **Agenturverhältnisses** einen **rechtsgültigen Vertrag mit**

einem Dritten abschliesst (vgl. BSK OR I-WETTENSCHWILER, N 1 auch für den Fall der blossen Vermittlung durch den Abschlussagenten).

III. Werbungsprovision

Abweichend von den allgemeinen Grundsätzen, kann der Agent einen   3
Kunden auch **bloss werben** (Abs. 1 in fine), was ein Minus zum Vermitteln
und erst recht zum Abschliessen eines Geschäftes darstellt. Hat der Agent
folglich ohne direkten Einfluss auf den konkreten Vertragsabschluss einen
Kunden geworben, erhält er ebenfalls mangels **abweichender schriftlicher Abrede** eine Provision, wenn dieser Dritte mit seinem Auftraggeber
ein Geschäft abschliesst (BSK OR I-WETTENSCHWILER, N 3; ZK-BÜHLER,
N 27). In diesem Fall hat der Abschluss zur Zeit des **bestehenden Agenturverhältnisses** zu erfolgen (BGE 121 III 416 f.).

IV. Exklusivagent

Der Exklusivagent hat gemäss **Abs. 2** einen **Provisionsanspruch** auf jedem   4
Geschäft, welches in seinem Kundensegment oder Gebiet während bestehendem Agenturverhältnis abgeschlossen wird. Umfasst sind insbesondere auch Geschäftsabschlüsse **ohne seine Mitwirkung** sowie jene Geschäfte, die der **Auftraggeber direkt** abschliesst (vgl. BGE 121 III 416;
anders bei Alleinvertrieb gemäss BGer 4C.130/2004, E. 2.3). Zur Problematik beim Übergang auf einen nachfolgenden Exklusivagenten vgl.
BSK OR I-WETTENSCHWILER, N 4: grundsätzlich keine Pflicht zur mehrfachen Bezahlung der Provision. Vertragliche **Abweichungen** von Abs. 2 sind
möglich (ZK-BÜHLER, N 27: Schriftform nicht nötig; BK-GAUTSCHI, N 2g:
Schriftform).

V. Provision

Die Norm sagt zur konkreten Bestimmung der Provisionshöhe wenig (vgl.   5
HANDKOMM-BADERTSCHER/SPOERRI, N 2). In der überwiegenden Mehr-
zahl der praktischen Fälle wird eine schriftlich oder mündlich festgelegte
Vereinbarung vorliegen; üblich sind **Prozentbeträge**, etwa Umsatzpro-
zente (vgl. BSK OR I-WETTENSCHWILER, N 6 f.). Mangels einer solchen Ver-
einbarung ist eine **übliche Provision** geschuldet, deren Höhe sich etwa an
Verbandstarifen oder Branchengebräuchen orientieren kann (vgl. aber
Art. 414 N 5). Fehlt eine Übung, muss die Provision angemessen sein
(MAIER, 356 ff.). Die Vereinbarung von Mindestprovisionen ist möglich
(MAIER, 354). Festbeträge sind atypisch, doch stellt dies u. E. keinen genü-
genden Grund für deren Unzulässigkeit dar (gl. M. MAIER, a. a. O.; BSK OR I-
WETTENSCHWILER, N 7: «fraglich»).

6   Von Gesetzes wegen **entsteht** der Provisionsanspruch mit Vertragsabschluss, unter der Bedingung, dass der Vertragsabschluss weder nichtig
noch anfechtbar oder ungültig, eben rechtsgültig ist (**Abs. 3**, BK-GAUT-
SCHI, N 2, vgl. BGE 121 III 416). Ein nachträgliches Dahinfallen der entstandenen Provision ist aber nach Art. 418h möglich. Abweichungen von
dieser Bestimmung sind zulässig, jedoch nur mittels **schriftlicher Abrede**.
Zur **Fälligkeit** der Provision vgl. Art. 418i für alle Arten der Agentur.

Art. 418 *h*

b.   Dahinfallen

> [1] **Der Anspruch des Agenten auf Provision fällt nach-
> träglich insoweit dahin, als die Ausführung eines ab-
> geschlossenen Geschäftes aus einem vom Auftrag-
> geber nicht zu vertretenden Grunde unterbleibt.**
>
> [2] **Er fällt hingegen gänzlich dahin, wenn die Gegen-
> leistung für die vom Auftraggeber bereits erbrach-
> ten Leistungen ganz oder zu einem so grossen Teil
> unterbleibt, dass dem Auftraggeber die Bezahlung
> einer Provision nicht zugemutet werden kann.**

1   Art. 418h befasst sich mit dem **nachträglichen Dahinfallen** einer grundsätzlich gültig entstandenen Provision (vgl. Art. 322b OR). Wann und unter
welchen Umständen der Provisionsanspruch ursprünglich entsteht, ist
nach Art. 418g Abs. 3 zu beurteilen. In Art. 418h werden (nur) die Voraussetzungen geregelt, gemäss welchen die Schuld zur Bezahlung der Provisionssumme untergeht bzw. eine bereits geleistete Provisionssumme
zurückgefordert (Art. 62/63) werden kann (HANDKOMM-BADERTSCHER/
SPOERRI, N 2).

2   Gemäss ZK-BÜHLER (N 9f. m. Hw.) sind die folgenden **Fälle** möglichen Da-
hinfallens denkbar: **(i)** Das Geschäft wird angefochten und nachträglich
ungültig (Abs. 1); **(ii)** der Auftraggeber führt das Geschäft nicht aus (Abs. 1,
vgl. auch Art. 119 OR: nicht zu verantwortende Unmöglichkeit, z. B. Liefe-
rungsschwierigkeiten, Streiks, nicht jedoch Lieferung mangelhafter Ware
ohne Verschuldensnachweis); **(iii)** der Dritte (Kunde) erfüllt seine Verbindlichkeit nicht, ohne dass dies der Auftraggeber zu vertreten hätte (Abs. 2;
ZK-BÜHLER, N 15).

3   Lehre und Rechtsprechung verlangen auch unter **Abs. 2**, dass das Ausbleiben der Gegenleistung nicht vom Auftraggeber zu vertreten sein darf (ZK-
BÜHLER, N 15; ZBJV 1961, 108; ZR 1923, 176). Der Auftraggeber ist gehal-

ten, Geldleistungen zu mahnen und den Schuldner zu betreiben; Prozesse zu führen oder die Zwangsvollstreckung abzuschliessen braucht er hingegen nicht ohne weiteres (BSK OR I-WETTENSCHWILER, N 2; differenzierend ZK-BÜHLER, N 16).

Ferner sind auch für den Agenturvertrag über den Verweis von Art. 418b die **Art. 415** (Verwirkung der Mäklerprovision) und **Art. 433** (Verwirkung der Kommissionärsprovision) anwendbar, wenn der Agent wider die Interessen des Auftraggebers handelt (BSK OR I-WETTENSCHWILER, N 3; ZK-BÜHLER, N 18; vgl. LGVE 1982, I 22). **4**

Art. 418*i*

Fälligkeit

Soweit nicht etwas anderes vereinbart oder üblich ist, wird die Provision auf das Ende des Kalenderhalbjahres, in dem das Geschäft abgeschlossen wurde, im Versicherungsgeschäft jedoch nach Massgabe der Bezahlung der ersten Jahresprämie fällig.

Dispositivrechtlich werden die Provisionszahlungen bei bestehendem Agenturverhältnis (Vermittlungs- oder Abschlussagent) auf das Ende jenes Kalenderhalbjahres fällig, in welchem das provisionsauslösende Geschäft abgeschlossen wurde (ZK-BÜHLER, N 1). Die Fälligkeitsdaten sind also grundsätzlich der **30. Juni** und der **31. Dezember** (bei Feiertag vgl. a. a. O. N 6). Abweichende Regelungen zwischen den Parteien sind formfrei zulässig, gegebenenfalls kann auch ein übungsgemässer anderer Fälligkeitstermin gelten (HANDKOMM-BADERTSCHER/SPOERRI, N 2; vgl. BGE 121 III 416). Bei **Beendigung** des Agenturverhältnisses gilt Art. 418t Abs. 2. **1**

Wurden für allfällige **Delcredere-** (Art 418c Abs. 3) oder **Inkassoprovisionen** (Art 418 l Abs. 1) keine Fälligkeitstermine vereinbart – was wohl im Rahmen der diesbezüglichen schriftlichen Abreden üblich sein dürfte – ist ein gleichzeitiges Fälligwerden mit den hauptsächlichen Vermittlungs- oder Abschlussprovisionen anzunehmen (BSK OR I-WETTENSCHWILER, N 1). **2**

Periodisch abgerechnete Provisionsansprüche **verjähren innert fünf Jahren** seit Fälligkeit gemäss Art. 128 Ziff. 1 (BSK OR I-WETTENSCHWILER, N 1). Für die Versicherungsagentur gilt abweichend eine Fälligkeit bei Bezahlung der ersten Jahresprämie. Nach Eingang einer halben Jahresprämie wird folglich nur die entsprechende Hälfte der Provision fällig (ZK-BÜHLER, N 9 m. Hw.). **3**

Art. 418 *k*

d. Abrechnung	[1] Ist der Agent nicht durch schriftliche Abrede zur Aufstellung einer Provisionsabrechnung verpflichtet, so hat ihm der Auftraggeber auf jeden Fälligkeitstermin eine schriftliche Abrechnung unter Angabe der provisionspflichtigen Geschäfte zu übergeben. [2] Auf Verlangen ist dem Agenten Einsicht in die für die Abrechnung massgebenden Bücher und Belege zu gewähren. Auf dieses Recht kann der Agent nicht zum voraus verzichten.

1 Das Gesetz schreibt in erster Linie dem Auftraggeber vor, den Abschluss- und Vermittlungsagenten über provisionspflichtige, abgeschlossene Geschäfte und die entsprechenden Provisionsansprüche zu unterrichten. Auf jeden Fälligkeitstermin hin ist daher eine detaillierte schriftliche Abrechnung vorzulegen. Durch schriftliche Abrede kann die Abrechnungspflicht an den Agenten selbst überbunden werden, was dann sinnvollerweise mit einer Informationspflicht durch den Auftraggeber einhergehen sollte (BSK OR I-WETTENSCHWILER, N 1).

2 Beanstandet eine Partei die zugestellte Abrechnung nicht innert angemessener Frist, gilt diese als genehmigt (BGE 95 II 147).

3 Dem Agenten ist gemäss **Abs. 2** auf Verlangen Einsicht in die Bücher und Belege zu gewähren. Stehen Geschäftsgeheimnisse des Auftraggebers gegen eine Einsichtnahme, kann der Richter oder ein von diesem bezeichneter unabhängiger Dritter zugezogen werden (CR CO I-DREYER, N 4 m. Hw.). Ein Vorausverzicht des Agenten ist gemäss Wortlaut ungültig. Die Abrechnungspflicht endet nicht mit der Beendigung des Agenturverhältnisses (BSK OR I-WETTENSCHWILER, N 3).

Art. 418 *l*

2. Inkassoprovision	[1] Soweit nicht etwas anderes vereinbart oder üblich ist, hat der Agent Anspruch auf eine Inkassoprovision für die von ihm auftragsgemäss eingezogenen und abgelieferten Beträge.

² Mit Beendigung des Agenturverhältnisses fallen die Inkassoberechtigung des Agenten und sein Anspruch auf weitere Inkassoprovisionen dahin.

Weder der Vermittlungs- noch der Abschlussagent sind dispositivrechtlich   1
zum Inkasso ermächtigt (Art. 418e N 3). Der Agent benötigt daher einen
Inkassoauftrag bzw. Inkassovollmacht seitens seines Auftraggebers als
zusätzliches Rechtsverhältnis zur Agentur. Dieses Rechtsverhältnis stellt
einen einfachen Auftrag dar und ist gesondert jederzeit kündbar (BGE 108
II 120; BSK OR I-WETTENSCHWILER, N 1 und 3).

Ist der Agent mit dem Inkasso betraut, hat er unter Vorbehalt **abweichender**   2
Vereinbarung oder Übung **Anspruch auf eine Inkassoprovision** der einge-
zogenen Beträge, welche selbstverständlich an den Auftraggeber weiterzuleiten sind, gegebenenfalls unter Abschlag gerechtfertigter Abzüge.

Wird das Agenturverhältnis beendet, zieht dies im Zweifel auch das Ende   3
des Inkassoauftrages nach sich. Damit entfällt die Berechtigung des Agenten zu weiteren Inkassotätigkeiten (HANDKOMM-BADERTSCHER/SPOERRI,
N 5; vgl. auch Art. 418o Abs. 1).

Art. 418 *m*

**Verhinderung an
der Tätigkeit**

**¹ Der Auftraggeber hat dem Agenten eine angemes-
sene Entschädigung zu bezahlen, wenn er ihn durch
Verletzung seiner gesetzlichen oder vertraglichen
Pflichten schuldhaft daran verhindert, die Provision
in dem vereinbarten oder nach den Umständen zu
erwartenden Umfange zu verdienen. Eine gegenteilige Abrede ist ungültig.**

**² Wird ein Agent, der für keinen andern Auftraggeber
gleichzeitig tätig sein darf, durch Krankheit, schweizerischen obligatorischen Militärdienst oder ähnliche Gründe ohne sein Verschulden an seiner Tätigkeit verhindert, so hat er für verhältnismässig kurze
Zeit Anspruch auf eine angemessene Entschädigung
nach Massgabe des eingetretenen Verdienstaus-
falles, sofern das Agenturverhältnis mindestens ein
Jahr gedauert hat. Auf dieses Recht kann der Agent
nicht zum voraus verzichten.**

I.   Allgemeines

1   Art. 418m ist im Zusammenhang mit Art. 418f Abs. 1 zu lesen (Art. 418f N 3). Verletzt der Auftraggeber seine gesetzliche und gegebenenfalls vertragliche Pflicht zur Förderung der erfolgreichen Tätigkeit des Agenten (z. B. BGE 89 II 36 f), hat er **für entgangenen Gewinn Ersatz zu leisten** (BGE 122 III 72: voller Schadenersatz). Auf diesen Anspruch kann der Agent nicht vorweg verzichten (Art. 418 m Abs. 1 letzter Satz).

II.   Einfirmenagent und Erwerbsausfall

2   Verpflichtet sich ein Agent entgegen der dispositivrechtlichen Regelung von Art. 418c Abs. 2 zur Tätigkeit für nur einen Auftraggeber (Einfirmenagent), kommt ihm bei unverschuldeter Arbeitsverhinderung «für eine verhältnismässig kurze Zeit» ein Anspruch auf Erwerbsausfallentschädigung zu **(Abs. 2)**. Diese Norm ist ein Ausgleich für das in diesem Fall wohl regelmässig bestehende **wirtschaftliche Abhängigkeitsverhältnis** (HAND-KOMM-BADERTSCHER/SPOERRI, N 1). Die Regelung entspricht weitgehend dem **Art. 324a Abs. 1**, doch fallen u. U. auch juristische Personen in den Anwendungsbereich (ZK-BÜHLER, N 9 m. Hw. auf den nicht einheitlichen Meinungsstand).

3   Betreffend das **Verschulden** und abweichend vom Arbeitsvertragsrecht sind strengere Voraussetzungen an das Verhalten des Agenten zu stellen, der immerhin ein selbstständiger Gewerbetreibender ist. Damit kann ein rechtswirksames Verschulden eher vorliegen als bei einem Arbeitnehmer (dazu ZK-BÜHLER, N 15, BSK OR I-WETTENSCHWILER, N 2). Über den Passus der «verhältnismässig kurze[n] Zeit» ist sich die Lehre uneinig: Einerseits wird vorgeschlagen, auf Art. 324a und damit auf die einschlägigen Lohnskalen abzustellen (BSK OR I-WETTENSCHWILER, N 2), andererseits wird auf die eher zur Zurückhaltung neigenden Überlegungen bzw. Kriterien gemäss BGE 84 II 30 f. verwiesen (insb. ZK-BÜHLER, N 23).

4   Der Anspruch auf Erwerbsausfallentschädigung des Einfirmenagenten setzt indessen voraus, dass das Agenturverhältnis zum Zeitpunkt der Arbeitsverhinderung **mindestens ein Jahr** gedauert hat.

Art. 418 n

V.	Kosten und Auslagen

¹ **Soweit nicht etwas anderes vereinbart oder üblich ist, hat der Agent keinen Anspruch auf Ersatz für die im regelmässigen Betrieb seines Geschäftes entstandenen Kosten und Auslagen, wohl aber für solche, die er auf besondere Weisung des Auftraggebers oder als dessen Geschäftsführer ohne Auftrag auf sich genommen hat, wie Auslagen für Frachten und Zölle.**

² **Die Ersatzpflicht ist vom Zustandekommen des Rechtsgeschäftes unabhängig.**

Der Agent ist selbstständiger Geschäftsmann und trägt die Kosten und Aufwände seiner regelmässigen Tätigkeit selbst (BK-GAUTSCHI, N 1af.: Wesensmerkmal). Eine **abweichende Übung** oder entsprechende **Vereinbarungen** sind selten und können sogar ein Indiz für das Vorliegen eines anderen Vertragsverhältnisses als Agentur, z.B. einfacher Auftrag, darstellen (BGE 104 II 114f.; BK-GAUTSCHI, N 2b).   1

Erteilt der Auftraggeber dem Agenten jedoch besondere **Weisungen** oder wird der Agent als **Geschäftsführer ohne Auftrag** tätig, sind dem Agenten ähnlich wie gemäss Art. 402 Abs. 1 bzw. in Anwendung von Art. 422 Abs. 1 seine ausserordentlichen Kosten und Auslagen zu erstatten (BSK OR I-WETTENSCHWILER, N 2). Das Gesetz nennt diesbezüglich ausdrücklich die Auslagen für Frachtkosten und Zölle, welche typischerweise nur den Hauptvertrag zwischen Drittem und Auftraggeber betreffen und die Agentur nicht tangieren (ZK-BÜHLER, N 2 m.w. Bsp.). Auch die Kosten von Beweissicherungsvorkehren oder anderen angebrachte Massnahmen zum Schutz der Vertragsware sind unter diesem Titel zu erstatten (BSK OR I-WETTENSCHWILER, a.a.O.).   2

Der missverständlich formulierte **Abs. 2** meint nichts anderes, als dass die in Abs. 1 behandelte **Kostenerstattung** im Gegensatz etwa zur Agentenprovision **nicht erfolgsabhängig** ist (vgl. Art. 402 Abs. 1; HANDKOMM-BADERTSCHER/SPOERRI, N 4 m. Hw.).   3

Art. 418 *o*

V. Retentions-recht

¹ Zur Sicherung der fälligen Ansprüche aus dem Agenturverhältnis, bei Zahlungsunfähigkeit des Auftraggebers auch der nicht fälligen Ansprüche, hat der Agent an den beweglichen Sachen und Wertpapieren, die er auf Grund des Agenturverhältnisses besitzt, sowie an den kraft einer Inkassovollmacht entgegengenommenen Zahlungen Dritter ein Retentionsrecht, auf das er nicht zum voraus verzichten kann.

² An Preistarifen und Kundenverzeichnissen kann das Retentionsrecht nicht ausgeübt werden.

1 Der Agent verfügt über ein Retentionsrecht an **beweglichen Sachen** und **Wertpapieren** zur **Sicherung** seiner fälligen Forderungen bzw. bei Zahlungsunfähigkeit auch der noch nicht fälligen Ansprüche (HONSELL, OR BT, 359). Die Sicherstellung kann hinsichtlich Provisionsansprüchen, Auslagenersatz, Kundschafts- und Konkurrenzverbotsentschädigungen sowie generell Schadenersatzforderungen erfolgen (BSK OR I-WETTENSCHWILER, N 1).

2 Dem Agenten steht einerseits die Möglichkeit offen, allfällige Kundenzahlungen, welche er als Inkassobevollmächtigter entgegengenommen hat, zurückzubehalten (vgl. Art. 82) und diese zu verrechnen (Art. 120). Dogmatisch handelt es sich dabei um ein **obligatorisches** Retentionsrecht (eingehend ZK-BÜHLER, N 8 f.).

3 Andererseits verfügt der Agent auch über ein dingliches Retentionsrecht an beweglichen Sachen und Wertpapieren gemäss Art. 895 ff. ZGB. Retinierbar sind jedoch ausschliesslich **verwertbare Gegenstände**, weshalb das Gesetz zutreffend Preistarife und Kundenverzeichnisse ausnimmt (zum Ganzen BSK OR I-WETTENSCHWILER, N 2). Immaterialgüterrechte sind keine beweglichen Sachen und fallen daher ausser Betracht (BK-GAUTSCHI, Art. 418v N 1c). Es darf nur so viel zurückzubehalten werden, wie zur Sicherung und Befriedigung erforderlich ist (BGE 46 II 368 f.).

4 Gemäss **Abs. 2** kann der Agent auf das Retentionsrecht nicht im Voraus verzichten (SJ 1984, 24). Das Retentionsrecht ist auch bei vom Auftraggeber **bestrittenen Ansprüchen** ausübbar (SJ, a. a. O.).

Art. 418 *p*

¹ Ist der Agenturvertrag auf eine bestimmte Zeit abgeschlossen, oder geht eine solche aus seinem Zweck
hervor, so endigt er ohne Kündigung mit dem Ablauf
dieser Zeit.

² Wird ein auf eine bestimmte Zeit abgeschlossenes
Agenturverhältnis nach Ablauf dieser Zeit für beide
Teile stillschweigend fortgesetzt, so gilt der Vertrag
als für die gleiche Zeit erneuert, jedoch höchstens
für ein Jahr.

³ Hat der Auflösung des Vertrages eine Kündigung
vorauszugehen, so gilt ihre beiderseitige Unterlassung als Erneuerung des Vertrages.

I. Allgemeines

Die Art. 418p bis 418s befassen sich mit der Beendigung des Agenturver- 1
hältnisses. Grundsätzlich ist insoweit nicht das Auftragsrecht, insbesondere
nicht Art. 404, sondern das **Arbeitsrecht analog** anzuwenden (BK-GAUT-
SCHI, Art. N 1a; vgl. auch Art. 418r Abs. 2).

II. Befristetes Agenturverhältnis und Kündigung

Befristete Agenturverhältnisse enden gemäss den allgemeinen Grundsät- 2
zen i. d. R. ohne Kündigung, sondern **durch Zeitablauf (Abs. 1)**; gegebenenfalls endet das Agenturverhältnis auch mit seiner **Zweckerreichung**, falls
dies so vereinbart worden ist (ZK-BÜHLER, N 6; vgl. auch Art. 418q Abs. 1).
Eine Kündigung aus wichtigem Grund bleibt in diesen Fällen dennoch möglich (BGE 89 II 34).

Wird ein befristetes Agenturverhältnis trotz Zeitablauf **stillschweigend** 3
fortgesetzt, verlängert sich der Agenturvertrag nochmals um die gleiche
Frist, **maximal** jedoch um ein Jahr **(Abs. 2**; anders als Art. 334 Abs. 2 im Arbeitsrecht). Eine solche Verlängerung ist mehr als einmal nacheinander
möglich (vgl. MAIER, 340). Dies gilt indessen dann nicht, wenn trotz zeitlicher Beschränkung eine Kündigung des Agenturvertrags notwendig ist.
Diesfalls erneuert sich der abgeschlossene Agenturvertrag grundsätzlich
vollständig, d. h. mit identischer Befristung (vgl. illustratives Beispiel bei
ZK-BÜHLER, N 8). Umstritten ist, ob Art. 334 Abs. 3 analoge Anwendung finden soll, womit **«auf ewig» abgeschlossene Agenturverträge** nach Ablauf
von zehn Jahren mit Sechsmonatsfrist jederzeit kündbar sind (**dafür:** Botschaft BBl 1947 III 682; DÜRR 191; BK-GAUTSCHI N 4d; BURNAND 64; **dage-**

gen: ZK-BÜHLER, N 8; GAUCH, System der Beendigung von Dauerverträgen, 1968, 46; BSK OR I-WETTENSCHWILER, N 1). Unseres Erachtens soll hier nicht ohne Not von der Ansicht des historischen Gesetzgebers abgewichen werden und bloss der Schutz von Art. 27 ZGB (übermässige Vertragsbindung) gewährt werden.

III. Kündigungswirkung

4   Durch die Kündigung des Agenturvertrages endet das Recht und die Pflicht des Agenten, Geschäfte für den Auftraggeber zu vermitteln oder abzuschliessen. Entsprechend dazu hat auch der Auftraggeber keine weitere Pflicht mehr, eine erfolgreiche Agententätigkeit zu ermöglichen. Für die Zeit der Abwicklung bestehen jedoch die Informations- und Abrechnungspflichten, die Zahlungsansprüche aus Inkasso, die Provisions-, Auslagenersatz- sowie Schadenersatzansprüche weiter (BSK OR I-WETTENSCHWILER, N 2). Darüber hinaus bleibt der Agent der Wahrung der Geschäftsgeheimnisse und – falls vereinbart – dem Konkurrenzverbot verpflichtet (dazu BK-GAUTSCHI, N 2a ff.).

Art. 418 *q*

II. Kündigung	¹ Ist ein Agenturvertrag nicht auf bestimmte Zeit abgeschlossen, und geht eine solche auch nicht aus seinem Zwecke hervor, so kann er im ersten Jahr der Vertragsdauer beiderseits auf das Ende des der Kündigung folgenden Kalendermonates gekündigt werden. Die Vereinbarung einer kürzeren Kündigungsfrist bedarf der schriftlichen Form.
1. Im Allgemeinen	

¹ Ist ein Agenturvertrag nicht auf bestimmte Zeit abgeschlossen, und geht eine solche auch nicht aus seinem Zwecke hervor, so kann er im ersten Jahr der Vertragsdauer beiderseits auf das Ende des der Kündigung folgenden Kalendermonates gekündigt werden. Die Vereinbarung einer kürzeren Kündigungsfrist bedarf der schriftlichen Form.

² Wenn das Vertragsverhältnis mindestens ein Jahr gedauert hat, kann es mit einer Kündigungsfrist von zwei Monaten auf das Ende eines Kalendervierteljahres gekündigt werden. Es kann jedoch eine längere Kündigungsfrist oder ein anderer Endtermin vereinbart werden.

³ Für Auftraggeber und Agenten dürfen keine verschiedenen Kündigungsfristen vereinbart werden.

I. Allgemeines

1   Der jederzeitige Widerruf gemäss **Art. 404** ist wegen des Dauerschuldcharakters **kein möglicher Beendigungsgrund** für den Agenturvertrag (BGer

4C.270/2002; BK-GAUTSCHI, N 1a). Eine jederzeitige Kündigung kann auch nicht zwischen den Parteien vereinbart werden (BK-GAUTSCHI, N 2c). Zur Beendigung durch Zweckerreichung vgl. auch Art. 418p N 1.

II. Unbefristetes Agenturverhältnis und Kündigung

Abs. 1 regelt **dispositiv** die Kündigung des unbefristeten Agenturvertrages **während des ersten Vertragsjahres:** Die Kündigung ist nur auf das Ende des der Kündigung folgenden Monats möglich. Abweichende Vereinbarungen müssen in **Schriftform** vorliegen, soweit die Kündigungsfrist damit verkürzt wird; verlängerte Kündigungsfristen sind demgegenüber formlos gültig (ZK-BÜHLER, N 8). 2

Überjährige unbefristete Agenturverträge sind jeweils auf das Ende eines **Kalendervierteljahres** kündbar, wobei eine **Kündigungsfrist von zwei Monaten** einzuhalten ist. Eine **Vereinbarung** kürzerer Kündigungsfristen ist unzulässig (vgl. N 1), Verlängerungen oder abweichende Kündigungstermine sind dagegen zulässig (HANDKOMM-BADERTSCHER/SPOERRI, N 4 m. Hw.). Die Vereinbarung von verschiedenen Kündigungsfristen für Agent und Auftraggeber ist nicht zulässig, diesfalls kämen die gesetzlichen Fristen zur Anwendung (BSK OR I-WETTENSCHWILER, N 2). Wird ein unbefristeter Agenturvertrag gekündigt, dann jedoch stillschweigend fortgesetzt, gilt er als auf unbestimmte Dauer verlängert, erneute Kündigungen hätten nach Abs. 2 zu erfolgen (BK-GAUTSCHI, N 2d). Zu den Kündigungswirkungen Art. 418p N 4. Die Regeln des Art. 418q gelten analog für den **Alleinvertriebsvertrag** (BGE 89 II 33 m. w. Hw.). 3

Art. 418 *r*

Aus wichtigen Gründen	¹	**Aus wichtigen Gründen kann sowohl der Auftraggeber als auch der Agent jederzeit den Vertrag sofort auflösen.**
	²	**Die Bestimmungen über den Dienstvertrag sind entsprechend anwendbar.**

I. Allgemeines

Sowohl befristete wie auch unbefristete Agenturverträge können von beiden Parteien bei Vorliegen eines **wichtigen Grundes zwingend jederzeit fristlos** aufgelöst werden (BGer 4C.216/2002, E. 4; BGE 89 II 35; vgl. auch Art. 418a Abs. 2). Diese Kündigung wirkt ex nunc (BSK OR I-WETTENSCHWILER, N 1). 1

II.   Verweis auf Arbeitsrecht

2   Das Gesetz sieht in **Abs.** 2 ausdrücklich die analoge Anwendung der entsprechenden arbeitsrechtlichen Regelung vor (BGE 125 III 16, vgl. auch BGer 4C.216/2002, E. 4).

3   **Ein wichtiger Grund** ist analog zu Art. 337 Abs. 2 OR jeder Umstand, welcher die **Fortsetzung** des Agenturvertrages für die die Auflösung erklärende Partei als **unzumutbar** erscheinen lässt (GAUCH, System der Beendigung von Dauerverträgen, 1968, 178). **Beispiele** wichtiger Gründe (ZK-BÜHLER, N 4 ff.) waren in der Praxis etwa die Unsicherheit des Auftraggebers, ob und wann er würde liefern können (BGE 89 II 36); das Verschliessen des Warenlagers durch den Agenten aufgrund geringfügiger Meinungsverschiedenheiten (SJ 1984, 23); die ungerechtfertigte Verarrestierung der Kundenguthaben durch den Agenten (ZR 1984, 6); der Konkurs des Agenten (BK-GAUTSCHI, Art. 418s N 2b); die Untätigkeit des Agenten (BURNAND, 40). Wenn es sich nicht um eine gravierende Vertragsverletzung handelt, muss zuvor **abgemahnt** und ein Ausgleich gesucht werden (BGE 108 II 302 f., 446).

4   Seit der parlamentarischen Verabschiedung des Agenturvertragrechts hat sich das Arbeitsrecht gewandelt, was Ungewissheiten mit sich bringt. Umstritten ist etwa die Anwendung von Art. 337c auf die ungerechtfertigte Kündigung des Agenten, die den Agenten allein auf eine **Ersatzforderung** verweist (so BGE 125 III 16). An sich müsste diesfalls der Agenturvertrag nämlich bis zum nächsten ordentlichen Kündigungstermin oder bis zum bestimmten Zeitablauf weitergeführt werden (so die h. L. ZK-BÜHLER, N 8 m. Hw., zu den neuesten Entwicklungen vgl. BSK OR I-WETTENSCHWILER, N 2).

5   Liegt ein wichtiger Grund vor, wird die vertragsverletzende Partei **schadenersatzpflichtig** (BGE 99 II 312; eingehend ZK-BÜHLER, N 12).

6   Zu beachten ist schliesslich auch die **Zeitspanne zwischen Kenntnisnahme** des wichtigen Grundes und Aussprechung der fristlosen **Kündigung**. Ein einmonatiges Zuwarten gilt nicht mehr als «fristlos» (vgl. BGE 69 II 311, vgl. ZK-BÜHLER, N 9 f.). BGE 93 II 18 hat hingegen eine Frist von sieben Tagen noch als vertretbar erachtet. Art. 418r OR ist auf die fristlose Auflösung eines **Alleinvertretervertretungsvertrages** ebenfalls anwendbar (SJZ 1984, 322 f.; SJ 1975, 518 ff.).

Art. 418 s

II. **Tod, Handlungs-unfähigkeit, Konkurs**

¹ Das Agenturverhältnis erlischt durch den Tod und durch den Eintritt der Handlungsunfähigkeit des Agenten sowie durch den Konkurs des Auftraggebers.

² Durch den Tod des Auftraggebers erlischt das Agenturverhältnis, wenn der Auftrag wesentlich mit Rücksicht auf dessen Person eingegangen worden ist.

Art. 418s betrifft die **automatischen Beendigungsgründe**, die in der Person einer Vertragspartei liegen. Für den Agenten sind dies (i) Tod, (ii) Verschollenerklärung und (iii) Eintritt der Handlungsunfähigkeit. Bei der juristischen Person als Agentin ist dem Tod die Löschung im Handelsregister gleichzusetzen (ZK-Bühler, N 7). Diese Beendigungsgründe bewirken ohne weiteres das Ende der Agentur; Willenserklärungen sind nicht notwendig (HANDKOMM-Badertscher/Spoerri, N 2). Die Konkurseröffnung über den Agenten bewirkt demgegenüber kein automatisches Ende des Agenturverhältnisses, setzt jedoch einen wichtigen Grund, der zur Vertragsauflösung durch den Auftraggeber gemäss 418r herangezogen werden kann (Art. 418r N 3). Anderenfalls bedarf es für die Fortführung der Agentur der Zustimmung der Konkursverwaltung (Art. 237 Abs. 2 Ziff. 3 und 238 Abs. 1 SchKG).

Beendigungsgründe in der Person des **Auftraggebers** sind einerseits (i) die Konkurseröffnung (ZK-Bühler, N 10) und andererseits (ii) der Tod, soweit die Agentur mit Rücksicht auf die Person des Auftraggebers eingegangen worden ist. Der Konkursverwaltung steht die Möglichkeit offen, gemäss Art. 211 Abs. 2 SchKG im Konkurs des Auftraggebers zweiseitige Verträge gegen Sicherstellung des Agenten weiterzuführen (ZK-Bühler, N 10).

Art. 418 t

Ansprüche des Agenten
Provision

¹ Für Nachbestellungen eines vom Agenten während des Agenturverhältnisses geworbenen Kunden besteht, falls nicht etwas anderes vereinbart oder üblich ist, ein Anspruch auf Provision nur, wenn die Bestellungen vor Beendigung des Agenturvertrages eingelaufen sind.

² Mit der Beendigung des Agenturverhältnisses werden sämtliche Ansprüche des Agenten auf Provision oder Ersatz fällig.

³ Für Geschäfte, die ganz oder teilweise erst nach Beendigung des Agenturverhältnisses zu erfüllen sind, kann eine spätere Fälligkeit des Provisionsanspruches schriftlich vereinbart werden.

I. Provisionsanspruch bei Nachbestellungen

1 **Abs. 1** befasst sich mit Nachbestellungen von Kunden, die der Agent während bestehendem Agenturverhältnis «geworben» hat. Vorausgesetzt ist allerdings, dass die Kundenbestellung vor Beendigung des Agenturverhältnisses dem Auftraggeber zugeht (BGE 121 III 416 f.). **Nachbestellungen** sind – obwohl nicht restlos geklärt – als zusätzliche Bestellungen zu bereits vorher getätigten Bestellungen zu verstehen (**a. M.** HANDKOMM-BADERTSCHER/SPOERRI, N 5; zu «normalen» Bestellungen geworbener Kunden vgl. 418g N 3). Nachbestellungen erst nach Beendigung der Agentur **bloss geworbener Kunden** sind nicht mehr provisionsbegründend (BGE 84 II 546; BSK OR I-WETTENSCHWILER, N 1: Abweichendes gilt für **vermittelte** und erst nachträglich abgeschlossene Geschäfte, dazu auch Art. 418g N 1 ff.). Der Provisionsanspruch auf Nachbestellungen kann durch **Abrede** wegbedungen werden oder aufgrund von Unüblichkeit wegfallen.

II. Besondere Fälligkeitsregeln

2 Mit Beendigung des Agenturvertrages werden **alle bis dahin entstandenen Provisionsansprüche fällig.** Geschäfte, die bis dahin erst vermittelt wurden oder Nachbestellungen (Offerten zum Vertragsschluss) darstellen, deren Vertragsabschluss dem Ende des Agenturverhältnisses zeitlich nachgeht, werden erst zum späteren Zeitpunkt des Abschlusses fällig (BSK OR I-WETTENSCHWILER, N 2).

3 Auch alle **übrigen Ansprüche** des Agenten auf Ersatz werden mit der Beendigung des Agenturverhältnisses fällig: Es kommen Ansprüche für Erwerbsausfall (Art. 418m Abs. 2), für Verletzungen des Konkurrenzverbots (Art. 418d Abs. 2), für Kundschaft (Art. 418u), auf Auslagenersatz (Art. 418n) oder Schadenersatz (z. B. Art. 418r) in Frage (BSK OR I-WETTENSCHWILER, N 3).

4 **Ohne gegenteilige schriftliche Vereinbarung** werden auch Provisionsansprüche auf Geschäften, die **abgeschlossen**, aber noch nicht vollständig abgewickelt sind, und die möglicherweise auch nicht vollständig ausgeführt werden, fällig (BGE 121 III 419). Nachträglich hinfällig gewordene Geschäfte, die nicht zur Ausführung gelangen, lassen daher Rückforderungsansprüche des Auftraggeber entstehen (vgl. CR CO I-DREYER, N 4).

Art. 418 *u*

Entschädigung für die Kundschaft

¹ Hat der Agent durch seine Tätigkeit den Kundenkreis des Auftraggebers wesentlich erweitert, und erwachsen diesem oder seinem Rechtsnachfolger aus der Geschäftsverbindung mit der geworbenen Kundschaft auch nach Auflösung des Agenturverhältnisses erhebliche Vorteile, so haben der Agent oder seine Erben, soweit es nicht unbillig ist, einen unabdingbaren Anspruch auf eine angemessene Entschädigung.

² Dieser Anspruch beträgt höchstens einen Nettojahresverdienst aus diesem Vertragsverhältnis, berechnet nach dem Durchschnitt der letzten fünf Jahre oder, wenn das Verhältnis nicht so lange gedauert hat, nach demjenigen der ganzen Vertragsdauer.

³ Kein Anspruch besteht, wenn das Agenturverhältnis aus einem Grund aufgelöst worden ist, den der Agent zu vertreten hat.

I. Allgemeines

Die Kundschaftsentschädigung stellt einen **Ausgleich** für den Geschäftswert dar, den der Auftraggeber (oder Rechtsnachfolger, vgl. ZR 1968, 146) nach Beendigung des Agenturvertrages weiternutzen kann (WEBER, 160 f.). Es geht insbesondere **nicht** darum, dem Agenten einen **Schaden** zu vergüten, sondern «um eine Gegenleistung für einen Mehrwert, den der Auftraggeber nach Vertragsbeendigung aus der Tätigkeit des Agenten erhält» (BGE 122 III 72).   **1**

Die **Bundesgerichtspraxis** zur Zusprechung und Bemessung der Kundschaftsentschädigung des Agenten ist historisch **streng** (vgl. BGE 110 II 476; 110 II 280 = Pra 1984 573; 103 II 277; weitere Rechtsprechung bei BSK OR I-WETTENSCHWILER, N 1). Eine analoge Anwendung der Regelung von Art. 418u auf den **Alleinvertriebsvertrag** hat die Rechtsprechung in Übereinstimmung mit der Praxis zum Agenturvertrag – der als Ausnahme gelten soll – stets abgelehnt (vgl. BGE 88 II 171 = Pra 1962, 384; diesbezügliche **Kritik** in der Lehre bei BAUDENBACHER, 87 m. w. Hw.; HONSELL, OR BT, 346). In Anbetracht der nach Art. 116 IPRG möglichen **Rechtswahl** (dazu Vorbem. zu Art. 418a–418v N 2) gilt zu beachten, dass die Art. 418u entsprechende Regelung des deutschen Handelsvertreterrechts (§ 89b HGB) für den Agenten günstiger ist (EG-Handelsmittler, 36).   **2**

3   Der Anspruch des Agenten auf Kundschaftsentschädigung entsteht im **Zeit-punkt** der **Auftragsbeendigung,** unter der Voraussetzung, dass die Auflö-sung **nicht** auf einen vom **Agenten gesetzten Grund** (vgl. **Abs.3**) zurück-geht (BGE 103 II 280). Ein vom Agenten zu vertretender Grund liegt vor, wenn er zu einer fristlosen Kündigung Anlass gegeben hat, doch kommen auch weniger schwerwiegende Gründe in Frage (BGE 110 II 282 = Pra 1984, 574). Nicht zu vertreten hat der Agent nach überwiegender und rich-tiger Lehrmeinung Krankheit, Tod, unverschuldete Handlungsunfähigkeit sowie Zeitablauf (BSK OR I-WETTENSCHWILER, N 3 m.w.Hw.). Bei Aufhe-bung durch actus contrarius hingegen soll der Anspruch entfallen (CR CO I-DREYER, N 12). Die Verjährung beträgt zehn Jahre und richtet sich nach Art.127 (a.a.O., N 17).

4   Der Agent kann auf den Anspruch vor und während dem Agenturverhält-nis nicht verzichten. Abreden zur Bemessung hingegen sind möglich (ZK-BÜHLER, N 50). Ein **Verzicht** des Agenten **nach Beendigung** des Agentur-verhältnisses ist zulässig (BGE 85 II 118f.).

II. Voraussetzungen

5   Das Gesetz nennt die **wesentliche Erweiterung des Kundenkreises** durch den Agenten als Voraussetzung. Nicht jeder ehemalige Kunde ist dies-bezüglich zu berücksichtigen, sondern nur solche Kunden, die eine **Ge-schäftsbeziehung von gewisser Dauer** (vgl. SJZ 1971, 210) ermöglichen, sind relevant. Folglich scheiden Geschäftsmodelle, bei welchen grundsätz-lich nur Neukunden fokussiert werden, aus (ZK-BÜHLER, N 24f. m.w.Hw.; vgl. auch N 6). Wird durch den Agenten bloss ein Gleichgewicht zwischen vorbestehenden und neuen Kunden erhalten, gilt der Kundenkreis ebenso wenig als erweitert (BGE 103 II 278, BK-GAUTSCHI, N 3b; kritisch ZK-BÜHLER, N 28ff.).

6   Wie erwähnt, muss die **Erweiterung** des Kundenkreises **wesentlich** sein, was das BGer bei einer Zunahme von 85 auf 123 Kunden innert 17 Mona-ten als gegeben betrachtet hat (BGE 84 II 166 = Pra 1958, 328). BK-GAUT-SCHI (N 3b) postuliert einen **jährlichen Zuwachs** von 15% als Grenzwert für die Wesentlichkeit, was als eher an der oberen Grenze angesetzt erscheint (vgl. MAIER, 370). Diese Frage muss mit Blick auf den **Einzelfall** beantwor-tet werden: Bei einem dynamisch wachsenden Markt beispielsweise, der als Ganzes einen erheblichen Kundenzulauf verzeichnet, kann vom Agenten mehr erwartet werden als in einem gesättigten Marktumfeld (BSK OR I-WETTENSCHWILER, N 6).

7   Aus der Erweiterung des Kundenkreises muss der Auftraggeber (oder Rechtsnachfolger, vgl. ZR 1968, 146) **erhebliche Vorteile** ziehen können. Ob der Auftraggeber diesen Vorteil zu nutzen gedenkt, ist hingegen unerheb-

lich (BGE 103 II 281), doch erscheint unter besonderen Umständen wie einer anstehenden betrieblichen Veränderung ein Wegfall der Entschädigung als denkbar (BSK OR I-WETTENSCHWILER, N 7). Die zu **erwartende Kundentreue** spielt für dieses Kriterium eine herausragende Rolle. Diese Kundentreue kann i.d.R. nur bei Waren des **wiederkehrenden Bedarfs** erwartet werden (vgl. BGE 103 II 282: bei Markenkleidung bejaht; nicht hingegen bei Verkäufen im Party-System, vgl. SJZ 1971, 210).

Gemäss BGE 110 II 476 stellt das **Billigkeitserfordernis** eine **Anspruchs-**   8
voraussetzung dar. Unbilligkeit liegt vor, wenn der Agent bereits während seiner Tätigkeit ausreichend für die Erweiterung des Kundenkreises bezahlt worden ist, was neben besonders hohen Provisionsansätzen etwa durch die lange Dauer des Agenturverhältnisses gegeben sein kann, zumal wenn der Agent von der Kundenkreiserweiterung selbst ebenfalls profitieren konnte (BGE 110 II 479 m.w.Hw.). Eine zugunsten des Agenten geführte Altervorsorge kann ebenfalls zu Unbilligkeit führen (BGE 110 II 476). Hat der Agent einen Anspruch auf eine Entschädigung aus Konkurrenzverbot (Art. 418d Abs. 2), ist fraglich und höchstgerichtlich nicht entschieden, ob ihm kumulativ ein Anspruch auf eine Kundschaftsentschädigung zukommt. Eine Kumulation erscheint u.E. wenig sachgerecht, wenn sich die betroffenen Kundenkreise decken (BSK OR I-WETTENSCHWILER, Art. 418d N 9; ZK-BÜHLER, N 40ff.; HOFSTETTER, 187; **a.M.** BK-GAUTSCHI, N 6a; unklar BGE 103 II 282f., dazu WEBER, 161).

III. Höhe der Kundschaftsentschädigung

Gemäss **Abs. 2** wird als **Maximalsumme ein Jahresnettoverdienst** defi-   9
niert, der sich aus dem fünfjährigen Durchschnitt berechnet. Zum Jahresnettoverdienst zählen alle Vergütungen, die der Agent erhalten hat, also Pauschalsummen, Provisionen inkl. Direktgeschäfte und Inkassoprovisionen etc., nicht jedoch Delcredere-Provisionen, Provisions- und Schadenersatzbeträge (vgl. ZK-BÜHLER, N 55). Konnte der Agent keinen Verdienst erwirtschaften, entfällt zufolge des klaren Wortlautes jegliche Kundschaftsentschädigung (BGE 84 II 166 = Pra 1958, 329f.). Die Entschädigungssumme hat **angemessen** zu sein, d.h. sie muss in einem vernünftigen Verhältnis zum Jahresverdienst stehen (BGE 84 II 533; **a.M.** MAIER, 372f.). Dem Richter kommt bei der Festlegung freies Ermessen zu (BGE 84 II 531). Eine Herabsetzung der Kundschaftsentschädigung ist gerechtfertigt, wenn sie etwa durch eine besondere Altersvorsorge zugunsten des Agenten abgegolten worden ist (vgl. BGE 110 II 478ff.).

Eine über den Jahresnettoverdienst hinausgehende Kundschaftsentschädi-   10
gung ist mit der ratio legis der Norm vereinbar und ist daher zulässig (BGer 4C.66/2002 für die Vericherungsagentur). Dasselbe gilt auch für die Ver-

einbarung milderer Anspruchsvoraussetzungen zugunsten des Agenten, weil Art. 418u einen Minimalanspruch darstellt (BSK OR I-WETTENSCHWILER, N 17).

Art. 418 *v*

V.   **Rückgabe-**   **Jede Vertragspartei hat auf den Zeitpunkt der Been-**
      pflichten   **digung des Agenturverhältnisses der andern alles**
                          herauszugeben, was sie von ihr für die Dauer des Ver-
                          trages oder von Dritten für ihre Rechnung erhalten
                          hat. Vorbehalten bleiben die Retentionsrechte der Ver-
                          tragsparteien.

1   Unter Vorbehalt der Retensionsrechte (Art. 418o) hat der Agent dem Auftraggeber herauszugeben, was er von ihm oder von Dritten auf Rechnung des Auftraggebers (Inkassoguthaben) erhalten hat. Weil der Agent selbstständiger Gewerbetreibender ist, kann er dagegen seine selbst erschaffenen Betriebsunterlagen wie etwa Kundenverzeichnisse behalten (SJZ 1958, 156; ZK-BÜHLER, N 5).

2   Insbesondere hat der Agent **Schutzrechte**, die ihm vom Auftraggeber treuhänderisch übertragen worden sind, zurückzuübertragen (vgl. BGE 131 III 572; solche Schutzrechte sind auch nicht retinierbar, vgl. Art. 418o N 3). Wie es sich betreffend **Kundenkorrespondenz** verhält, ist umstritten: BK-GAUTSCHI, N 1b verneint eine entsprechende Herausgabepflicht, DÜRR, 224 möchte sich am Einzelfall und der Natur der Geschäftsbeziehung orientieren, ZK-BÜHLER, N 6 verweist auf vertragliche Vereinbarungen und mangels solcher auf den Handelsbrauch; der Meinung BÜHLERS ist u. E. der Vorrang zu geben.

Die Geschäftsführung ohne Auftrag

Vorbemerkungen zu Art. 419–424

Literatur

Bürgi-Wyss, Der unrechtmässig erworbene Vorteil im schweizerischen Privatrecht, Diss. Zürich 2005; Chappuis, La restitution des profites illégitimes: Le retour, in: Héritier/Lachat/Hirsch (éds.), De lege ferenda, Réflexions sur le droit désirable en l'honneur du profésseur Alain Hirsch, 2004, 342 ff.; dies., La remise du gain: les temps sont mûrs, in: Werro (Hrsg.), Quelques questions fondamentales du droit de la responsabilité civile: actualités et perspectives, 2002, 51 ff.; dies., Gestion d'affaires imparfaite (Geschäftsanmassung): de nouveau, SZW 2000, 201 ff.; dies., La restitution des profits illégitimes, Diss. Genf 1991; Dessemontet, L'enrichissement illégitime dans la propriété intellectuelle, in: FS Kummer, 1980, 191 ff.; Friedrich, Die Voraussetzungen der unechten Geschäftsführung ohne Auftrag, insbesondere bei Annahme einer für einen andern bestimmten Leistung, ZSR 1945 I, 9 ff.; Gauch, Bauernhilfe: Drei Fälle und wie das Bundesgericht dazu kam, die Schadenersatzregel des Art. 422 Abs. 1 OR auf den Auftrag und die Gefälligkeit anzuwenden, in: FS Paul Richli, 2006, 191 ff.; Gilliard, La disparition de l'enrichissement, Diss. Lausanne 1985; Hahn, Vergütungsansprüche für Dienstleistungen bei fehlender vertraglicher Grundlage, Diss. Fribourg 2004; Hilti, Die «ungeschriebene Tatbestandsvoraussetzung» der Bösgläubigkeit – der Anfang vom Ende des Gewinnherausgabeanspruchs?, AJP 2006, 695 ff.; Hofstetter, Der Auftrag und die Geschäftsführung ohne Auftrag, SPR VII/6, 2000/Le mandat et la gestion d'affaires, SPR VII/2/1, 1994 (zit. Hofstetter … /…); ders., Gewinnherausgabe und Aufwendungsersatz des unechten Geschäftsführers ohne Auftrag, ZBJV 1964, 221 ff.; Holenstein, Wertersatz oder Gewinnherausgabe?, Diss.

Zürich 1983; JENNY, Die Eingriffskondition bei Immaterialgüterrechtsverletzungen, unter Berücksichtigung der Ansprüche aus unerlaubter Handlung und unechter Geschäftsführung ohne Auftrag, Diss. Zürich 2005; LISCHER, Die Geschäftsführung ohne Auftrag im schweizerischen Recht, Diss. Basel 1990; MARADAN, Violation de droits de propriété intellectuelle et détermination du préjudice: dommages-intérêts vs. remise du gain, Jusletter vom 20. August 2007; MOSER, Die Herausgabe des widerrechtlich erzielten Gewinns, Diss. Zürich 1940; NERTZ, Der Anspruch auf Zahlung einer angemessenen Vergütung bei rechtswidriger Benutzung fremder Immaterialgüterrechte, 1995; NIETLISBACH, Zur Gewinnherausgabe im schweizerischen Privatrecht, Diss. Zürich 1994; OPPERMANN, Konstruktion und Rechtspraxis der Geschäftsführung ohne Auftrag – Zur Transformation eines bürgerlichrechtlichen Instituts in das Wettbewerbsrecht, AcP 1993, 497 ff.; OTT, Stellvertretung ohne Vollmacht versus Geschäftsführung ohne Auftrag – Normenkollision oder Normenkomplementarität?, in: FS Heini, Zürich 1995, 285 ff.; REICHARD, Negotium alienum und ungerechtfertigte Bereicherung, AcP 1993, 567 ff.; RÖSLER, Haftpflicht für Schäden aus Hilfeleistung, Diss. Bern 1981; SCHAUFELBERGER, Bereicherung durch unerlaubte Handlung, Diss. Zürich 1981; SCHLUEP, Über Eingriffskondiktionen, in: FS Piotet, 1990, 173 ff.; SCHMID, Die Geschäftsführung ohne Auftrag, in: GAUCH/SCHMID (Hrsg.), Die Rechtsentwicklung an der Schwelle zum 21. Jahrhundert, 2001, 421 ff. (zit. SCHMID GoA); DERS., Gewinnherausgabe bei unerlaubter Untermiete, recht 2000, 205 ff.; DERS., Fragen zur eigennützigen Geschäftsführung ohne Auftrag, ZBJV 1995, 261 ff.; DERS., Die Geschäftsführung ohne Auftrag, 1992; SPITZ, Überlegungen zum entgangenen Gewinn und zur Gewinnherausgabe im Bereich des gewerblichen Rechtsschutzes, sic! 2007, 795 ff.; STÖCKLI, Stellt eine Arbeitsleistung aus Geschäftsführung ohne Auftrag eine Verwendung nach Art. 422 OR dar?, SJZ 1979, 347 f.; STOLJAR, Restitution – unjust enrichment and negotiorum gestio, Int. Enc. Comp. Law, Vol. X, Chapt. 17, 1984; THUM, Die Geschäftsanmassung im deutschen, schweizerischen, französischen und belgischen Zivilrecht, Diss. Würzburg 1975; TISSOT, Essai sur la prescription de l'action en remis du gain de l'Art. 423 al.1 CO en proprieté intellectuelle, plädoyer 1997, 46 ff.; VISCHER/HUBER/OSER, Internationales Vertragsrecht, 2. Aufl., Bern 2000; WEBER, Gewinnherausgabe – Rechtsfigur zwischen Schadenersatz-, Geschäftsführungs- und Bereicherungsrecht, ZSR 1992 I, 333 ff.; DERS., Praxis zum Auftragsrecht und den besonderen Auftragsarten, 1990; WIDMER, Vermögensrechtliche Ansprüche des Inhabers und Lizenznehmers bei der Verletzung von Immaterialgüterrechten, Diss. Basel 1985; WIEGAND, Gefälligkeitshandlungen und Schadenersatz nach Art. 422 OR, BGE 129 III 181, ZBJV 2004, 861 ff.; WIRTH, Die Geschäftsführung ohne Auftrag im internationalen Privatrecht, Diss. Basel 1988.

I.   Allgemeines

Die echte Geschäftsführung ohne Auftrag (**GoA**) ist ein **gesetzliches Schuld-**   1
verhältnis, das entsteht, wenn jemand (Geschäftsführer) willentlich, aber
ohne vertragliche oder sonstwie **rechtserhebliche Veranlassung**, im **Inter-**
esse eines Dritten (Geschäftsherrn) **tätig** wird (BGE 75 II 226 = Pra 1950,
24; ZK-Schmid, Art. 422 N 33 ff.). Die Art. 419–424 sollen zwischen dem Interesse des Geschäftsherrn an der Nichteinmischung und dem Kompensa-
tionsinteresse des altruistisch Handelnden einen Ausgleich schaffen (vgl.
Friedrich, 12).

Die **echte GoA** (altruistische Fremdgeschäftsführung, dazu N 8) als Anwen-   2
dungsfall der Lehre vom faktischen Vertragsverhältnis (Gauch/Schluep/
Schmid/Rey, N 1186 f.; Schmid, N 31 ff.; Schmid, GoA, 422 f.) ist systema-
tisch als **«Quasi-Auftrag»** dem Auftragsrecht angegliedert (so auch § 677 ff.
BGB; § 1035 ff. ABGB) und nicht in den AT des OR eingeordnet (z. B. im Rahmen der Verbindlichkeiten ausser Vertrag: so Art. 1372 ff. CC fr.; Art. 2028 ff.
CC it.). Obwohl dogmatisch nicht unproblematisch, sprechen praktische
Gründe dafür, die genehmigte GoA wie einen Auftrag zu behandeln (Art.
424), weshalb die Regeln der Art. 419 ff. (nur) in den Fällen nachträglicher
Meinungsverschiedenheiten über die erbrachte Geschäftstätigkeit zur An-
wendung kommen.

Die egoistische Eigengeschäftsführung, d. h. die **Geschäftseinmischung** und   3
die **Geschäftsanmassung** (unberechtigte oder unechte GoA, dazu N 9) sind
hingegen, weil unerlaubterweise in die Rechtssphäre des Geschäftsherrn
eingegriffen wird, **quasi-deliktische Schuldverhältnisse,** deren Regelung
systematisch zutreffend in den AT des OR gehören würde (vgl. Bürgi-Wyss,
162 f.; Hofstetter, 236 f./230).

Die sechs der GoA gewidmeten Gesetzesartikel haben angesichts der unter-   4
schiedlichen Sachverhalte (z. B. Rettungsaktion, Gewinnabschöpfung bei
Immaterialgüterverletzung) z. T. wenig gemeinsam. Auch vermag die systematische Differenzierung der Stellung des Geschäftsführers (Art. 419–421)
und des Geschäftsherrn (Art. 422–424) nicht vollends zu befriedigen, kommen hierbei doch die einzelnen Geschäftsführungstypen ungenügend zum
Vorschein.

Gegenstand der GoA vermögen alle positiven, auf Befriedigung eines   5
menschlichen Bedürfnisses ausgerichteten **Tätigkeiten**, d. h. Tathandlungen
(z. B. Besorgungen, Suchaktionen, Hilfeleistungen) und Rechtshandlungen
(BGE 72 III 8) zu sein. Lehre und Rechtsprechung gehen von einem weit gefassten Geschäftsführungsbegriff aus, der die Besorgung ganzer Geschäfts-
komplexe (z. B. Verwaltungstätigkeit) mitumfassen kann (Hofstetter, 256/
252 f.; Bucher, OR BT 256; ZK-Schmid, Art. 419 N 8; zur GoA im Prozess-

und Betreibungsrecht BGE 80 III 124; GULDENER, 285). Nicht als Gegenstand der Geschäftsführung in Frage kommen (i) Handlungen, zu deren Vornahme es einer Vollmacht/Ermächtigung bedarf (MOSER, 130, 132), (ii) ein Unterlassen bzw. ein Dulden (BÜRGI-WYSS, 177 ff.;) und (iii) verbotene Handlungen (ZK-SCHMID, Art. 419 N 15). **Rechtshandlungen** können Gegenstand der GoA sein (z. B. Beauftragung eines Dritten mit der Vornahme bestimmter Tätigkeiten), soweit es sich nicht um vertretungsfeindliche Geschäfte, die sich nicht nachträglich genehmigen lassen, handelt (vgl. BGE 102 II 203). Der Geschäftsführer tritt dabei nicht im fremden, sondern im eigenen Namen auf und erwirbt einen Befreiungsanspruch (Art. 422, vgl. BSK OR I-WEBER, Vorbem. zu Art. 419–424 N 6).

II. Arten der Geschäftsführung ohne Auftrag

6   Die GoA wird allgemein in folgende Typen unterteilt (vgl. z. B. BSK OR I-WEBER Vorbem. zu Art. 419–424 N 7 ff.):

7   **(Echte) Geschäftsführung ohne Auftrag**: Willentliche Tätigkeit des Geschäftsführers im Interesse des Geschäftsherrn ohne rechtserhebliche, insbesondere ohne vertragliche Veranlassung (im Einzelnen Art. 419 N 2 ff.).

8   **Unberechtigte Geschäftsführung ohne Auftrag** (nicht gebotene altruistische GoA bzw. Geschäftseinmischung): Aus der Perspektive des Geschäftsherrn betrachtet geht es um eine nicht gebotene Tätigkeit des Geschäftsführers zum Vorteil und gemäss mutmasslicher Absicht des Geschäftsherrn. Verschuldensrelevant ist nur – aber immerhin – die **Fehleinschätzung** der **Interessenlage** durch den Geschäftsführer (HOFSTETTER, 266 f./260 f.): Er hätte wissen müssen, dass seine Tätigkeit zugunsten des Geschäftsherrn nicht geboten gewesen wäre. Allfällige Ansprüche sind deshalb ausservertraglich unter Delikts- und Bereicherungsrecht zu beurteilen, unter Vorbehalt der besonderen Haftungsregelung von Art. 420 (SCHMID, N 637 ff.).

9   **Geschäftseinmischung** (gutgläubige, eigennützige Geschäftsanmassung): Der Geschäftsführer tätigt objektiv ein fremdes Geschäft ohne Auftrag. Er ist jedoch der **Überzeugung**, in **eigener Angelegenheit** tätig zu werden (fehlender Fremdgeschäftsführungswille bzw. fehlendes Unrechtsbewusstsein). Massgebend ist, ob er von der Fremdheit des von ihm geführten Geschäfts Kenntnis hat oder hätte haben müssen (vgl. BK-GAUTSCHI, Vorbem. zu Art. 419–424 N 25). Fahrlässiger Irrtum bedeutet Bösgläubigkeit (HOFSTETTER, 271/265). Mangels Vorliegens des Fremdnützigkeitskriteriums handelt es sich bei der Geschäftseinmischung dogmatisch betrachtet nicht um einen Geschäftsführungstatbestand: der «Geschäftsführer» kann den erwirtschafteten Vorteil – unter Vorbehalt des Bereicherungsrechts – grundsätzlich für sich beanspruchen (LISCHER, 71 m. Nw., vgl. auch ZK-SCHMID, Art. 419 N 164 ff.).

Geschäftsanmassung (unechte GoA): Der Geschäftsführer macht fremde   10
Geschäfte ungeachtet des beachtlichen Interesses und mutmasslichen Willens des Geschäftsherrn (ausdrückliches oder implizites Verbot; vgl.
BGE 86 II 25 = Pra 1960, 147 f.; vgl. auch RVJ 1994, 292) willentlich und
bösgläubig zu eigenen Geschäften. Obwohl kein Geschäftsführungstatbestand vorliegt, ist die Geschäftsanmassung in Art. 423 geregelt, damit der
solcherweise unredliche Geschäftsführer nicht besser gestellt wird als der
redliche Geschäftsführer (vgl. Art. 423 N 1 f.).

III. Anwendungsbereich und Abgrenzung

Verweise auf die GoA finden sich in zahlreichen Bestimmungen des OR und   11
des ZGB sowie etwa im UWG und MSchG (dazu BSK OR I-WEBER Vorbem.
zu Art. 419–424 N 12). Die Grundsätze der GoA werden in bestimmten Zusammenhängen auf vertragliche Beziehungen übertragen, z. B. auf die Haftung gegenüber dem unentgeltlich tätigen Beauftragten (BGE 61 II 97 f.;
Art. 402 N 6), auf eine Ersatzpflicht im Mietrecht (BGE 61 II 38 f.), auf die
Begründung einer Entschädigungspflicht des Bestellers für ein vom Unternehmer nicht vollendetes Werk (BUCHER, OR BT 257) oder auf die Erfüllung
vertraglicher Nebenpflichten des Schuldners durch den Gläubiger im Interesse der Vertragsabwicklung (ZK-SCHMID, Art. 419 N 87). Art. 423 hat sich
zu einer allgemeinen Rechtsgrundlage für eine **Vorteilsherausgabe** entwickelt (vgl. Art. 423 N 13). Hingegen ist die Figur der GoA zur Begründung
von Regressansprüchen untauglich (BSK OR I-WEBER Vorbem. zu Art. 419–
424 N 13).

Im Gegensatz zur **Stellvertretung** betrifft das **Geschäftsführungsrecht** das   12
Innenverhältnis zwischen dem Geschäftsführer und dem Geschäftsherrn
(zum Ganzen OTT, 288 ff.). Handelt der Geschäftsführer mit Vollmacht im
fremden Namen (direkte Stellvertretung), sind bei gebotener Vollmachts-
überschreitung die Regeln der GoA anwendbar (vgl. BGer 4C.234/1999,
E. 6aa f. = Pra 2002, 429 f.); bei Handeln im eigenen Namen (indirekte Stellvertretung) wird der Geschäftsführer dem Dritten verpflichtet, der Dritte
hat somit keinen direkten Anspruch gegen den Geschäftsherrn (BGE 42 II
470 ff.). Handelt der Geschäftsführer ohne Vollmacht im fremden Namen,
kommt im Aussenverhältnis kein Geschäft zustande; intern können dem Geschäftsführer bei gebotenem Handeln Ansprüche aus Art. 39 und Art. 422
erwachsen (VON TUHR/PETER, OR AT, 402 FN 20; BK-GAUTSCHI, Vorbem. zu
Art. 419–424 N 9). Bei nicht gebotenem Handeln ist eine Kostenabwälzung
hingegen nicht möglich.

Die echte GoA geht **sachenrechtlichen Ansprüchen** wie beispielsweise   13
Art. 938 ff. ZGB (Besitz) sowie Art. 672 oder 678 vor (vgl. BGE 99 II 134 ff.).
Bei unberechtigter GoA oder Geschäftsanmassung sind hingegen grundsätz-
lich die Sachenrechtsregeln anzuwenden (vorbehältlich Vorteilsherausgabe

bei Weiterveräusserung einer Sache, BSK OR I-WEBER Vorbem. zu Art. 419–424 N 15 m. w. Nw.). Ansprüche aus GoA lassen sich geltend machen, wenn irrtümlich von einer **vertraglichen Bindung** ausgegangen wird (a. A. BGE 75 II 226 = Pra 1950, 23 f.) oder aber eine solche Behinderung sich als nichtig, ungültig oder beendet erweist (HOFSTETTER, 247f/243; vgl. auch SCHMID, N 1172 ff.). Zu Konkurrenzfragen vgl. die Hinweise bei BSK OR I-WEBER, Vorbem. zu Art. 419–424 N 16.

14 Sowohl bei der GoA wie bei der **ungerechtfertigten Bereicherung** fehlt es an einem Rechtsgrund für den Eingriff in eine fremde Rechtssphäre bzw. den Eintritt eines Vermögensvorteils. Ansprüche aus echter GoA (Quasi-Kontrakt) gehen grundsätzlich den als Ergänzung konzipierten Ansprüchen aus ungerechtfertigter Bereicherung (Quasi-Delikt) vor (zur Subsidiarität des Bereicherungsanspruches SCHLUEP, 185, 186). Bei der Bereicherung ist der Wert des Erlangten, nicht ein Gewinn herauszugeben; Art. 423 ist demgemäss insoweit umfassender, als nicht lediglich der *Bereicherungsgegenstand*, sondern die ganze *Vermögensvermehrung* herauszugeben ist (vgl. BGE 97 II 178).

15 Da sich Unrecht nicht lohnen soll (vgl. auch BGE 98 II 333), berechtigt ein Eingriff in eine fremde Rechtssphäre zur Geltendmachung von Ansprüchen aus GoA und **unerlaubter Handlung** (Anspruchskonkurrenz; vgl. Art. 421 Abs. 2; BK-GAUTSCHI, Vorbem. zu Art. 419–424, N 22a, 23). Gestützt auf Art. 423 hat ein Geschäftsanmasser den Gewinn herauszugeben, nach Art. 41 den Vermögensverlust des Geschädigten zu ersetzen (vgl. auch ZK-SCHMID, Art. 423 N 174 ff.). Zwischen den Ansprüchen besteht Alternativität bzw. gegenseitige Anrechnung (WIDMER, 98 ff., 103; DESSEMONTET, 207; missverständlich BGE 97 II 178).

IV. Internationales Privatrecht und Rechtsvergleichung

16 Das IPRG enthält keine umfassende Kollisionsnorm, nur spezifische Bestimmungen zu Immaterialgüterrechtsverletzungen (vgl. ZK-SCHMID, Vorbem. zu Art. 419–424 N 40 ff.). Die ältere Lehre sowie die Rechtsprechung knüpfen die GoA objektiv analog zum Auftrag an das Recht des Tätigwerdenden an (BGE 112 II 452 f. = Pra 1987, 506 f.; ZK-SCHÖNENBERGER/JÄGGI, Allg. Einl. N 302). Diese Auffassung wird jedenfalls der quasi-deliktischen Geschäftsanmassung nicht gerecht und verkennt auch für die echte GoA, dass i. d. R. die engste Beziehung zum Recht des Ortes besteht, an dem das *Geschäft besorgt* wird bzw. der *Erfolg eintritt* (ZK-SCHMID, Vorbem. zu Art. 419–424 N 72 f.; REITHMANN/MARTINY, Internationales Vertragsrecht, 4. Aufl. 1988, 266 f.).

17 **Rechtsvergleichung**: (vgl. auch ZK-SCHMID, Vorbem. zu Art. 419–424 N 2; BÜRGI-WYSS, 76 ff.; HAHN, 288 ff.;): Deutschland: § 677 ff. BGB; Österreich:

§ 1035 ff. ABGB; Frankreich: Art. 1372 ff. CC fr.; Italien: Art. 2028 ff. CC it.; im anglo-amerikanischen Recht fehlende Entsprechung (vgl. ZK-SCHMID, Vorbem. zu Art. 419–424 N 80 ff.; STOLJAR, Ziff. 57/58; DAWSON, Negotiorum gestio: The Altruistic Intermeddler, Harv. L. Rev. 1961, 817 ff., 1073 ff.).

Art. 419

A. **Stellung des Geschäftsführers Art der Ausführung**

Wer für einen anderen ein Geschäft besorgt, ohne von ihm beauftragt zu sein, ist verpflichtet, das unternommene Geschäft so zu führen, wie es dem Vorteile und der mutmasslichen Absicht des anderen entspricht.

I. Fremdes Geschäft

Geschäftsführung i. S. v. Art. 419 bedeutet die Besorgung **fremder**, nicht eigener **Angelegenheiten** (vgl. auch Art. 422); die Geschäftsbesorgung muss gutgläubig (vgl. BK-GAUTSCHI, N 5) vorgenommen werden sowie objektiv und subjektiv im Drittinteresse liegen. Wirkt der Geschäftsführer unmittelbar auf Rechte und Pflichten des Geschäftsherrn ein, führt er *objektiv* fremde Geschäfte (SCHMID, N 176 ff.; HOFSTETTER, 256/252 f.). **Subjektiv** muss ein **Fremdgeschäftsführungswille** vorliegen: Nach dem Willen des Geschäftsführers soll das Geschäft dem Rechts- und Interessenbereich des Geschäftsherrn zugeordnet sein (vgl. BGE 86 II 25 = Pra 1960, 147 f.). Untergeordnete mitwirkende Eigeninteressen sind zulässig (SCHMID, N 217 ff.).   1

Die neuere Lehrmeinung sieht bei Fällen echter GoA jedes Geschäft als «fremd» an, wenn es nicht ausschliesslich den Rechtsbereich des Handelnden beschlägt. Demgegenüber sind bei der Geschäftsanmassung nur Geschäfte fremd, an denen der Geschäftsherr die ausschliessliche Nutzungsberechtigung hat (LISCHER, 27, 30). Die Fremdnützigkeit kann sich auch darin ausdrücken, dass der Geschäftsführer keine Ansprüche gegen den Geschäftsherrn stellen will (BGE 83 II 536 f. = Pra 1958, 99 f.).   2

Beispiele (vgl. auch ZK-SCHMID, N 31 ff.; SCHMID, N 295 ff.): Im **Fremdinteresse** liegen die Suchaktion nach einem vermeintlich verunglückten Feriengast (SJZ 1950, 208 ff.), die Räumung eines teilweise eingestürzten Hauses und die Einlagerung des Mobiliars der Mieter (BJM 1969, 287), die Prozessführungsvertretung einer juristischen Person durch dafür nicht ordnungsgemäss bestellte Personen (BK-RIEMER, Art. 54/55 N 14), die Vornahme gewisser betreibungsrechtlicher Handlungen (AMONN/WALTHER, Grundriss des Schuldbetreibungs- und Konkursrechts, 7. Aufl., 2003, 64;   3 vgl. auch BGE 107 III 49), die ärztlich notwendige Erweiterung des Eingriffs während einer schwierigen Operation (vgl. Lotz, BJM 1968, 118f.), die Vornahme von Handlungen gestützt auf einen ungültigen Vertrag bzw. bei Überschreiten einer Vollmacht/Weisung, ebenso die Vornahme von freiwilligen Beiträgen zum Unterhalt eines Kindes, ohne unterhaltspflichtig zu sein (BGE 123 III 163ff. = Pra 1997, 575f.). **Nicht fremdnützig** sind hingegen ein Vorgehen nach Art. 98 oder Art. 256 Abs. 2 aOR/Art. 259b lit. b OR (BGE 61 II 38f.), die Einleitung der Widerspruchsklage durch den Eigentümer (ZR 1937, 230), die Tätigkeit des Rechtsvertreters der Ehefrau in Matrimonialangelegenheiten (ZR 1950, 359ff.). Auch die Entgegennahme einer Zahlung stellt grundsätzlich einen Geschäftsführungstatbestand dar (BGE 83 II 536f. = Pra 1958, 99f.). Für die Berechtigung zur Einbehaltung des vereinnahmten Geldes entscheidend ist der erkennbare Zuordnungswille des Schuldners (BSK OR I-Weber, N 6 m. w. Nw.).

II. Keine Handlungspflicht

4 Der Geschäftsführer muss **ohne Handlungspflicht** fremdnützig tätig werden (BGE 99 II 134; vgl. auch § 1035 ABGB). «Ohne Auftrag» bedeutet «ohne Rechtsgrund», d. h. ohne Vorliegen irgendeines Vertrags oder einer Tätigkeitspflicht gestützt auf eine gesetzliche oder behördliche Auflage (z. B. als Inhaber der elterlichen Gewalt, Willensvollstrecker [z. B. betr. Unterzeichnung des Teilungsvertrages: BGE 102 II 201ff.], Beamter; vgl. BK-Gautschi, Vorbem. zu Art. 419–424 N 2; ZK-Schmid, N 67). Die Regeln der GoA sind grundsätzlich auch anwendbar, wenn gesetzliche Hilfeleistungspflichten (z. B. Art. 128 StGB, Art. 51 Abs. 2 SVG, Art. 23 Abs. 2 BSG) bestehen (dazu Schmid, N 254ff.). Bei **Irrtum** des Geschäftsführers über das Vorliegen eines Auftrags will die Rechtsprechung die Regeln von Art. 419ff. nicht angewendet wissen (BGE 99 II 134; kritisch dazu BSK OR I-Weber, N 8 m. w. Nw.).

5 Unter Umständen kommt die GoA bei Vorliegen einer **sittlichen/moralischen Pflicht** zur Anwendung (z. B. Fürsorge unter Verwandten: BGE 57 II 101; vgl. auch BGE 83 II 536 = Pra 1958, 99f.). Verwandtenbesuche für den Fall der besseren Heilung hat das Bundesgericht im Sinne einer Schadensminderung durch die GoA zugunsten des Geschäftsherrn anerkannt und entsprechend den Schädiger zum Ersatz der Reisekosten verpflichtet (BGE 97 II 266f.). **Schenkungsabsicht** schliesst den Verwendungs-, nicht aber unbedingt den Schadenersatz aus (Weber, 219).

III. Gebotensein

6 Die Geschäftsführung muss aus **objektivierter** Sicht des Geschäftsführers betrachtet **geboten** (vgl. Art. 422 Abs. 1), nicht bloss nützlich sein (BGE 95 II 104; ZK-Schmid, Art. 422 N 11, von Tuhr/Peter, OR AT, 131). Ein tat-

sächlich geäusserte Wille des Geschäftsherrn geht einem vermeintlich objektiven Interesse allerdings vor (HOFSTETTER, 263/258). Geboten ist die Geschäftsführung zudem nur, wenn der Geschäftsherr sie nicht selbst besorgen kann.

Geboten sind z. B. Aufräum- und Sicherungsarbeiten nach dem Einstürzen   7
einer Brandmauer (BJM 1969, 289), die Suche nach einem vermissten Gast in einer Winternacht (SJZ 1950, 208 ff.), die Anschaffung nützlicher Betriebsgegenstände für ein Hotel durch dessen Leiterin (BGE 29 II 74 ff.), die Versendung der zu liefernden Ware auf einem alternativen Weg, wenn der vorgesehene Frachtweg wegen Kriegswirren unsicher ist (ZR 1922, 237 ff.). Ein bestehendes **Eigeninteresse** steht dem nicht entgegen: Die Beseitigung der Schäden an der Bahnstrecke durch die Bahngesellschaft, obwohl grundsätzlich der Kanton haftpflichtig ist (BGE 28 II 407) oder der Ersatz eines Ofens durch den Mieter auf Kosten des Vermieters (BGE 61 II 37 ff.) können als geboten gelten. Hingegen ist es nicht geboten, dass ein wegen einer bestimmten anderen Tätigkeit beigezogener Arbeitnehmer beim Abladen von Möbelstücken hilft (BGE 95 II 103 f.) oder dass der Geschäftsführer eine vom Geschäftsherrn bestrittene Schuld bezahlt (vgl. BGE 86 II 25 = Pra 1960, 147 f.).

Eine gebotene Geschäftsführung setzt zudem eine **Dringlichkeit** der Besorgung und eine gewisse Hilfsbedürftigkeit des Geschäftsherrn voraus (BGE 95   8
II 104; eingehender LISCHER, 60 f.; vgl. auch § 1035 ABGB). Wenn möglich sind vorab Rückfragen an den Geschäftsherrn zu richten (zur Patientenzustimmung BGE 108 II 62 f. = Pra 1982, 300 f.). Ein Irrtum über die Dringlichkeit des Handelns geht zulasten des Geschäftsführers (HOFSTETTER, 262 f./257). Für den Fall grosser Dringlichkeit (Notgeschäftsführung) sieht Art. 420 Abs. 2 eine sachgerechte Haftungsmilderung vor.

IV. Geschäftsführungs- und Wiedererlangungsabsicht

Beim Geschäftsführer muss das Bewusstsein und der **Wille** vorhanden sein,   9
«für einen anderen» zu handeln (animus alieni negotii gerendi), d. h. gewollt im Fremdinteresse tätig werden (BGE 86 II 25 f. = Pra 1960, 147 f.). Zutreffend wird allerdings in den französischen und italienischen Gesetzestexten vom Geschäft eines anderen und nicht vom Geschäft, das für einen anderen geführt wird, gesprochen: es kommt auf den auf Wahrung fremder Interessen gerichteten Handlungswillen an (TERCIER, contrats spéciaux, N 5297, 5319). Bei der Erfüllung fremder Verbindlichkeiten nimmt die h. L. in der Regel Geschäftsführungsabsicht an (GAUCH/SCHLUEP/SCHMID/REY, N 2044; BSK OR I-WEBER, N 15 f. m. w. Nw.). Die Beweislast für die Geschäftsführungsabsicht trägt der Geschäftsführer; bei ausschliesslich fremden Rechtsgütern ist von einer natürlichen Vermutung der Fremdnützigkeit auszugehen (ZK-SCHMID, N 27).

10   Der Geschäftsführer muss die **Absicht** haben, für seine Bemühungen (Auslagen und Verwendungen) **schadlos gehalten** zu werden, darf also nicht in Schenkungsabsicht handeln (vgl. BGE 83 II 536 f. = Pra 1958, 99 f.; zur Beweislastverteilung HOFSTETTER, 260/256 FN 15).

V.   Rechtsfolgen

11   Die Rechtsfolgen hängen in erster Linie vom Willen des Geschäftsherrn ab: Er kann die Tätigkeit des Geschäftsführers genehmigen und damit die Regelung des Auftragsrechts zur Anwendung bringen (Art. 424); andernfalls sind die Sonderregelungen von Art. 420 ff. anwendbar.

12   Der Geschäftsführer unterliegt m. E. einer allgemeinen **Treuepflicht**, welche jedoch nicht mit der auftragsrechtlich gesteigerten gleichzustellen ist (HOFSTETTER, 250/246; WEBER, 224; ZK-SCHMID, N 110; a. A. BK-GAUTSCHI, N 6a; Art. 1372 Abs. 2 CC fr.; Art. 2030 Abs. 1 CC it.). Er **haftet** gemäss der Anordnung von Art. 420, die seine Schadenersatzpflicht im Ausmass des fehlenden und nicht erlangten Vermögens für jede Sorgfaltspflichtverletzung vorsieht. Auf die Informations-, Auskunfts-, **Rechenschaftsablegungs-** und **Ablieferungspflichten** ist unbesehen einer Genehmigung Auftragsrecht (Art. 400) analog anzuwenden (BGE 112 II 458 f. = Pra 1987, 514; im Einzelnen ZK-SCHMID, N 123 ff.)

13   Dem Geschäftsherrn obliegt eine umfassende **Schadloshaltung** des Geschäftsführers gemäss Art. 422 (im Einzelnen Art. 422 N 3 ff.).

Art. 420

II.	Haftung des Geschäftsführers im Allgemeinen

[1] **Der Geschäftsführer haftet für jede Fahrlässigkeit.**

[2] **Seine Haftpflicht ist jedoch milder zu beurteilen, wenn er gehandelt hat, um einen dem Geschäftsherrn drohenden Schaden abzuwenden.**

[3] **Hat er die Geschäftsführung entgegen dem ausgesprochenen oder sonst erkennbaren Willen des Geschäftsherrn unternommen und war dessen Verbot nicht unsittlich oder rechtswidrig, so haftet er auch für den Zufall, sofern er nicht beweist, dass dieser auch ohne seine Einmischung eingetreten wäre.**

I.   Allgemeines

1   In Art. 420 wird die Haftung des Geschäftsführers bei der echten GoA (Abs. 1 und 2) und bei der Geschäftsanmassung (Abs. 3) geregelt. Bei unberech-

tigter GoA ist regelmässig Abs. 3, ausnahmsweise Abs. 2 (entgegenstehender Wille des Geschäftsherrn nicht erkennbar) anwendbar. Für die Geschäftseinmischung kommt Art. 420 nicht zur Anwendung.

II. Haftungsgrundregel, -milderung und -verschärfung

Ein durch unsorgfältige Geschäftsbesorgung kausal verursachter Schaden 2 ist vergleichbar mit der vertraglichen Haftung vom Geschäftsführer zu ersetzen. Trotz unterschiedlichen Wortlautes gehen Art. 420 **Abs. 1** («jede Fahrlässigkeit») und Art. 99 Abs. 1 («jedes Verschulden») vom gleichen Fahrlässigkeitsbegriff aus (Bucher, OR BT, 259); das **Verschulden** des Geschäftsführers wird vermutet (Tercier, contrats spéciaux, N 5345; a. A. BK-Gautschi, N 10a). Der Geschäftsführer haftet nicht, wenn der Schaden durch fachgerechte Hilfeleistung verursacht worden ist (keine Erfolgshaftung, vgl. Rösler, 68).

Liegen vertragliche **Haftungsbeschränkungen** vor, wirken sich diese auch 3 auf Ansprüche unter der GoA aus (BGE 107 II 168). Auf Erfüllungsgehilfen kommt die Haftungsnorm von Art. 101 zur Anwendung (BSK OR I-Weber, N 4 m. w. Nw.). Mehrere Geschäftsführer haften solidarisch, wenn sie bewusst und gewollt ein fremdes Geschäft gemeinschaftlich führen (BK-Gautschi, N 17). Die Verjährungsfrist für Ansprüche aus GoA beläuft sich auf 10 Jahre (BGE 30 II 87 ff.).

Als Billigkeitsnorm knüpft **Abs. 2** an subjektive Merkmale an (Schmid, 4 N 467 ff.). Gerechtfertigt ist die Milderung, weil der Geschäftsführer handelt, um vom Geschäftsherrn einen (vermeintlich) **drohenden Schaden abzuwenden** (fehlendes Übernahmeverschulden). Bei der Beurteilung der drohenden Gefahr ist auf die subjektive Einschätzung bzw. entschuldbare Fehleinschätzung des Geschäftsführers abzustellen (BK-Gautschi, N 8c). Rechtsfolge ist die Haftungsmilderung nach freiem richterlichem Ermessen (ZK-Schmid, N 31). Zum Verhältnis zu Art. 99 Abs. 2 vgl. Weber, 226.

Bei Vorliegen eines gültigen Einmischungsverbotes (dazu ZK-Schmid, 5 N 38 ff.) haftet der Geschäftsführer nach **Abs. 3** auch für den **Zufall**. Die **Haftungsverschärfung** betrifft somit jede Geschäftsführertätigkeit, die einem ausgesprochenen (BGE 72 III 8) oder sonst erkennbaren (BGE 95 II 103 f.) Willen bzw. Interesse des Geschäftsherrn zuwiderläuft. Ein **Übernahmeverschulden** wird also der Sorgfaltspflichtverletzung gleichgestellt. M. E. will somit Abs. 3 – entsprechend Art. 103 – den Verschuldensaspekt nicht aufgeben und knüpft an die unbefugte (unrechtmässige) Einmischung in die fremde Rechtssphäre an: Die subjektive Sorgfaltspflichtverletzung liegt im Übernahmeverschulden (umstritten, vgl. Hw. bei BSK OR I-Weber, N 10).

Unsittlich bzw. **rechtswidrig** ist ein «Verbot», wenn die Interessen des sich 6 einmischenden Geschäftsführers schützenswerter sind als diejenigen des

Geschäftsherrn (vgl. Schmid, N 336ff.; Weber, 234), z.B. Rettung eines Selbstmörders oder Erfüllung familienrechtlicher Pflichten (BGE 55 II 264f.).

7   Der **Exkulpationsbeweis** gelingt, wenn nachgewiesen werden kann, dass das unvorhergesehene Ereignis auch ohne Einmischung des Geschäftsführers eingetreten wäre. Bei Befolgung des mutmasslichen Willens (vgl. BGE 110 II 187 = Pra 1984, 492) des Geschäftsherrn hätte der Schaden also nicht eintreten dürfen. Eine Exkulpation ist auch möglich, wenn der Geschäftsführer vom (mutmasslichen) Willen des Geschäftsherrn wegen veränderten Umstände abweicht und eine Rückfrage unmöglich ist (ZR 1922, 240f.).

III. Umfang und Beweis des Schadens

8   Die Vermögensverminderung (damnum emergens) besteht in der Differenz zwischen dem Ablieferungsvermögen und dem Eingriffsverlust aus der Rechtssphärenverletzung. Der entsprechende Wertersatz entspricht dem negativen Vertragsinteresse im Deliktsrecht (BK-Gautschi, N 12a). Bei der echten und der unberechtigten GoA bedeutet die Anwendung angemessener Sorgfalt auch die **Erzielung** eines **möglichen Gewinns** (fehlende Vermögensvermehrung: vgl. BGE 84 II 380 = Pra 1958, 444).

9   Der Geschäftsherr muss den widerrechtlichen Eingriff in seine subjektiven Rechte, d.h. das Übernahmeverschulden oder die Sorgfaltspflichtverletzung, **beweisen** (BK-Gautschi, N 6a, 10a; ZK-Schmid, N 34). Dem Geschäftsführer steht der Gegenbeweis offen, dass eine vertragliche Beziehung vorliegt oder ein Entlastungsgrund gegeben ist. Die Person des Geschäftsführers betreffende Tatsachen entlasten ihn jedoch nicht, weil er nicht vom Geschäftsherrn ausgewählt worden ist (BSK OR I-Weber, N 15).

Art. 421

III.	Haftung des vertragsunfähigen Geschäftsführers

[1] War der Geschäftsführer unfähig, sich durch Verträge zu verpflichten, so haftet er aus der Geschäftsführung nur, soweit er bereichert ist oder auf böswillige Weise sich der Bereicherung entäussert hat.

[2] Vorbehalten bleibt eine weitergehende Haftung aus unerlaubten Handlungen.

1   Art. 421 statuiert für die Fremdgeschäftsführung zulasten des Geschäftsherrn eine eingeschränkte Haftung, wenn ein **vertragsunfähiger Geschäftsführer** handelt (v.a. Rechts-, aber auch Tathandlung). Dies gilt un-

besehen, ob der Geschäftsführer gut- oder bösgläubig ist (BGE 55 II 157 f.),
ob der Geschäftsherr um die Handlungsunfähigkeit des Geschäftsführers
weiss und ob die Geschäftsführung subjektiv oder objektiv geboten ist.
Art. 421 regelt damit nur das **interne Verhältnis** zwischen dem vertragsunfähigen Geschäftsführer und dem Geschäftsherrn.

Primär sind ohne Rechtsgrund verfügte Sachen zu **vindizieren** (kein gül-   2
tiger Erwerbsgrund beim Geschäftsführer und ersten Dritten). Solange die
Vindikation möglich bleibt, ist der Geschäftsherr nicht entreichert. Versagt
die Vindikation, bleibt nur noch der **subsidiäre Bereicherungsanspruch**
(Art. 421 Abs. 1). Der Bereicherungsanspruch ist insbesondere bei Eingriffen in fremde Forderungsrechte (Inkasso, Zession), in fremde Immaterialgüterrechte und in fremde Persönlichkeits- oder Wettbewerbsrechte anwendbar (BK-GAUTSCHI, N 6b/c). Zu kondizieren ist überdies Geld.

Der **vertragsunfähige Geschäftsführer** unterliegt keiner Schadenersatz-   3
pflicht sondern – im Sinne einer betragsmässigen Haftungsbeschränkung –
einer Rückerstattungspflicht der tatsächlich noch vorhandenen Bereicherung (BGE 73 II 108); bestehen bleiben hingegen Informations- und Ablieferungspflicht (SCHMID, N 480). Zudem ist auch diejenige Bereicherung zu
ersetzen, deren sich der Geschäftsführer **«auf böswillige Weise entäussert»** hat (BGE 82 II 436).

Abs. 2 verweist auf die allgemeine Deliktshaftung (Art. 41 ff.): Schadener-   4
satzansprüche können im Rahmen der **Deliktsfähigkeit** des vertragsunfähigen Geschäftsführers (Art. 54 OR, Art. 19 Abs. 3 ZGB) durchgesetzt werden (Art. 41 OR, Art. 940 ZGB).

Art. 422

**Stellung des
Geschäftsherrn**

**Geschäftsfüh-
rung im Inte-
resse des Ge-
schäftsherrn**

[1] **Wenn die Übernahme einer Geschäftsbesorgung
durch das Interesse des Geschäftsherrn geboten war,
so ist dieser verpflichtet, dem Geschäftsführer alle
Verwendungen, die notwendig oder nützlich und den
Verhältnissen angemessen waren, samt Zinsen zu
ersetzen und ihn in demselben Masse von den übernommenen Verbindlichkeiten zu befreien sowie für
andern Schaden ihm nach Ermessen des Richters Ersatz zu leisten.**

[2] **Diesen Anspruch hat der Geschäftsführer, wenn er
mit der gehörigen Sorgfalt handelte, auch in dem
Falle, wo der beabsichtigte Erfolg nicht eintritt.**

[3] Sind die Verwendungen dem Geschäftsführer nicht
zu ersetzen, so hat er das Recht der Wegnahme nach
den Vorschriften über die ungerechtfertigte Bereicherung.

I.   Allgemeine Bemerkungen

1   Art. 422 regelt die Stellung des Geschäftsherrn bei der **echten GoA**. Angeordnet werden der Verwendungsersatz, die Befreiung von Verbindlichkeiten und die Leistung von Schadenersatz. Diese Ersatzansprüche stehen
dem Geschäftsführer bei Anwendung der gebotenen Sorgfalt erfolgsunabhängig zu (Abs. 2), womit der Geschäftsherr das Risiko einer richtig
übernommenen und ausgeführten Geschäftsführung trägt (SJZ 1950, 209 f.:
vergebliche Suchaktion in den Bergen). Ausgeschlossen ist jedoch die Anwendung von Art. 422, wenn der Geschäftsführer in **Schenkungsabsicht**
gehandelt hat bzw. die Unentgeltlichkeit der Tätigkeit vereinbart worden ist
(vgl. BGE 83 II 537 = Pra 1958, 99 f.; Art. 419 N 5). Wird der Geschäftsführer für mehrere Geschäftsherren tätig, ist keine solidarische Einstehens-
pflicht anzunehmen, es sei denn, die Geschäftsherren treten gemeinschaftlich auf (WEBER, 216).

2   Die gebotene Fremdgeschäftsführung bringt ein gesetzliches Schuldverhältnis mit vertragsähnlichen Wirkungen zum Entstehen (ZK-SCHMID, N 33 ff.),
das aber nur Wirkungen im **Innenverhältnis** entfaltet. Die Ansprüche nach
Art. 422 sind als persönliche Ansprüche abtretbar sowie aktiv und passiv
vererblich (BK-GAUTSCHI, Vorbem. zu Art. 419–424 N 5d/e).

II.   Einzelne Ansprüche

3   Der im Interesse des Geschäftsherrn tätige Geschäftsführer hat Anspruch
auf **Ersatz** erwachsener Verwendungen und **Befreiung** von eingegangenen
Verbindlichkeiten (Abs. 1). Auf getätigte Auslagen sind ab dem Zeitpunkt
der Vornahme Zinsen zu bezahlen, weil dem uneigennützigen Geschäftsführer kein Nachteil erwachsen darf (VON TUHR/PETER, OR AT, 74, 133 f.).
Zu ersetzen sind **notwendige** und **nützliche** (d. h. objektiviert angemessene, vgl. ZK-SCHMID, N 44) **Verwendungen** (vgl. HOFSTETTER, ZBJV 1964,
245). Die Verwendungen müssen aus der Sicht des Geschäftsführers nach
Treu und Glauben im mutmasslichen Interesse des Geschäftsherrn liegen
(BGE 97 II 266 f.).

4   Für Verwendungen über das Mass von Abs. 1 hinaus kann kein Ersatzanspruch geltend gemacht werden; bezüglich gutgläubiger Verbesserungen
hat der Geschäftsführer jedoch unter den Voraussetzungen von Art. 65

Abs. 2 ein **Wegnahmerecht** im Ausmass der beim Geschäftsherrn eingetretenen ungerechtfertigten Bereicherung (Abs. 3).

Befreiung von **Verbindlichkeiten** bedeutet Übergang der vom Geschäftsführer als indirektem Stellvertreter gegenüber dem Dritten eingegangenen Pflichten (BGE 88 II 169 = Pra 1962, 426 f.) sowie allenfalls Genehmigung eines regelwidrig (z. B. vollmachtlos) zustandegekommenen Geschäfts (BUCHER, OR BT, 260). Regelmässig wandelt sich der Befreiungsanspruch mangels Zustimmung gemäss Art. 175/176 zu einem Verwendungsersatzanspruch.

5

Das Gesetz sieht dem Prinzip der Uneigennützigkeit gemäss keine Pflicht des Geschäftsherrn zur **Entschädigung** vor. Zutreffend soll jedoch v. a. der beruflich qualifizierte Geschäftsführer das Recht haben, analog zu den Regeln über das **negative Vertragsinteresse** geltend zu machen, er habe wegen der (unentgeltlichen) Geschäftsführung einen **Verdienstausfall** erlitten (so die h. L., vgl. Nw. bei BSK OR I-WEBER, N 15). Anspruch auf den üblichen Lohn (Art. 394 Abs. 3) entsteht aber, wenn ein Geschäftsführer ohne Auftrag die effektiv hilfeleistende Person seinerseits beauftragt (z. B. Hüttenwart beauftragt Helikopterpiloten; vgl. WEBER, 231 f.).

6

Der Geschäftsherr hat dem Geschäftsführer nach richterlichem Ermessen den **«anderen Schaden»** zu ersetzen (anders noch aOR). Weil der Geschäftsführer durch die uneigennützige, sorgfältig vorgenommene Geschäftsführung keinen Nachteil erleiden soll, setzt die Haftung **kein Verschulden** des Geschäftsherrn voraus (BGE 61 II 98; RÖSLER, 62 ff.); zur Anwendung von Art. 422 im Recht des einfachen Auftrags vgl. WEBER, Art. 402 N 14; BGE 48 II 490 f.; bestätigt in BGE 61 II 98). In extensiver Auslegung weitet BGE 129 III 18 ff. die Haftung nach Art. 422 auch auf (vertragslose) Gefälligkeitsverhältnisse aus, was bedeutet, dass die Ersatzpflicht nach richterlichem Ermessen den Charakter einer allgemeinen Haftungsnorm erhält (dazu GAUCH, FS Paul Richli, 215 ff.; AEPLI, BR 2003, 173). Zu Reflexschäden vgl. Art. 419 N 5; BSK OR I-WEBER, N 12.

7

Der Geschäftsführer hat ein Retentionsrecht gemäss Art. 418o Abs. 1 OR und Art. 895 ZGB an den herauszugebenden beweglichen Sachen und ein allgemeines Zurückbehaltungsrecht an Geld, solange der Geschäftsherr seine Ersatzpflichten nicht erfüllt (BK-GAUTSCHI, N 4). Im Konkurs des Geschäftsherrn gilt Art. 83 Abs. 2 OR analog (ZK-SCHMID, N 100); auch Art. 401 OR lässt sich im Geschäftsführungsrecht analog anwenden (ZK-SCHMID, N 94).

8

Mangels spezifischer Sondernorm gilt nach herrschender Lehre und Rechtsprechung für Ansprüche aus echter GoA wegen deren quasi-vertraglichen Charakters die **10-jährige Verjährungsfrist** (BGE 55 II 265; BUCHER, OR BT, 261; TERCIER, contrats spéciaux, N 5355; **a. A.** LISCHER, 118; krit. auch HOFSTETTER, 253 f./249 f.).

9

10　Ersatzansprüche des Geschäftsführer verwirken etwa wegen **Rechtsmiss-brauchs** (vgl. auch BGE 95 II 227) oder wenn er eine Rechtsverletzung (z. B. Verletzung von Immaterialgüterrechten) zunächst bewusst duldet und erst im Falle des Eintritts eines günstigen Ergebnisses den Erfolg beansprucht (WEBER, 231; im Einzelnen HOFSTETTER, 255/251 m. Nw.).

Art. 423

II.　Geschäftsführung im Interesse des Geschäftsführers

¹ **Wenn die Geschäftsführung nicht mit Rücksicht auf das Interesse des Geschäftsherrn unternommen wurde, so ist dieser gleichwohl berechtigt, die aus der Führung seiner Geschäfte entspringenden Vorteile sich anzueignen.**

² **Zur Ersatzleistung an den Geschäftsführer und zu dessen Entlastung ist der Geschäftsherr nur so weit verpflichtet, als er bereichert ist.**

I.　Allgemeines

1　Art. 423 befasst sich mit der **Geschäftsanmassung** (unechte GoA), genauer mit deren **Rechtsfolgen,** nämlich mit der Vorteilsherausgabe (Abs. 1) und dem Verwendungsersatz bzw. der Entlastung des Geschäftsführers (Abs. 2). Charakteristisch für die Geschäftsanmassung ist das Handeln im eigenen oder im Interesse eines Dritten (BGE 86 II 26 = Pra 1960, 147 f.; vgl. auch BGer 4C.234/1999, E. 6aa = Pra 2002, 429). Ein fremdnütziger Geschäftsführungswille fehlt (BGE 97 II 177 f.) womit die Geschäftsführung i. d. R. durch ein **Übernahmeverschulden** oder eine **Treueverletzung** belastet ist (Eingriff in Rechtssphäre des Geschäftsherrn; dazu CHAPPUIS, SZW 2000, 202 f.). Obwohl die Geschäftsanmassung keine eigentliche Geschäftsführung darstellt, wird sie dennoch in diesem Zusammenhang geregelt, weil der Geschäftsanmasser ansonsten besser gestellt wäre als ein echter Geschäftsführer. Zudem wird diskutiert, ob das allgemeine Gewinnabschöpfungsprinzip auf Art. 423 oder eher Art. 62 abzustützen sei (vgl. WEBER, ZSR 1992 I, 333 ff.; NIETLISBACH, 265 ff., 407 ff.; SCHMID, ZBJV 1995, 263 ff.). Art. 423 ist im Umfang der Herausgabepflicht jedenfalls umfassender als Art. 62, doch gilt Art. 423 nur für den bösgläubigen, nicht für den gutgläubigen Geschäftsanmasser. Zur Abgrenzung zum Bereicherungsrecht ferner BSK OR I-WEBER, N 9 ff.

II. Anwendungsbereich und Voraussetzungen

Weil Art. 423 **auf die unberechtigte GoA nicht anwendbar** ist («nicht mit 2
Rücksicht auf das Interesse des Geschäftsherrn»), steht der «Geschäftsherr» diesfalls oft vor dem schwierigen Entscheid, entweder die Geschäftsführung unter teilweiser Anwendung des Auftragsrechts zu genehmigen
(Art. 424) oder aber auf die Vorteilsaneignung zu verzichten (eingehender
und BSK OR I-WEBER, N 4 m.w. Nw.).

Praktische Bedeutung kommt der Geschäftsanmassung etwa in folgenden 3
Fällen zu (BSK OR I-WEBER, N 3): Geschäftsbesorgung **entgegen eines Verbots** des Geschäftsherrn, z.b. bewusste Abweichung von Ausführungswei-
sung oder Substitutionsverbot; (unentschuldbar) **fahrlässige Abweichung**
vom Geschäftsherrenwillen, z.B. Entgegennahme von Schmiergeldern; Geschäftsbesorgung unter **Verletzung der Treuepflicht** bzw. einer öffentlichrechtlich eingeräumten Stellung (Veruntreuung, Unterschlagung, ungetreue Geschäftsführung); bewusste oder (unentschuldbar) fahrlässige
Ausübung fremden Rechts durch Unbefugte, z.B. unerlaubte Ausübung
(Gebrauch, Nutzung, Verarbeitung, Verfügung) persönlicher oder dinglicher Rechte an fremden Sachen, unbefugte Ausübung fremder Immaterialgüterrechte; **Missbrauch** einer formell erteilten **Stellvertretungsbefug-
nis**, etwa durch eigeninteressierte Verwaltungshandlungen (BGer 4C.234/
1999, E. 6 = Pra 2002, 429 f.).

Zu den **objektiven Voraussetzungen** der Geschäftsanmassung gehören die 4
Besorgung eines fremden, nicht in der ausschliesslichen Nutzungsberechtigung des «Geschäftsführers» liegenden Geschäfts, das Fehlen einer Handlungspflicht (vgl. BGer SJZ 1997, 378) sowie der widerrechtliche Eingriff in
die Rechtssphäre des Geschäftsherrn im eigenen Interesse und schliesslich
das Vorliegen eines Kausalzusammenhanges zwischen Geschäftsanmassung und Gewinnerzielung (vgl. BÜRGI-WYSS, 182 ff.). Grundsätzlich kommt
sowohl die Verletzung absoluter wie auch relativer Rechtspositionen in
Frage (BGE 126 III 72 f. = Pra 2001, 62 ff.). Im Hinblick auf die **Vorteilsherausgabe** ist aber umstritten, ob die blosse **Verletzung relativer Rechte**, der
neueren Tendenz entsprechend, genügt (zum vorerwähnten BGE SCHMID,
recht 2000, 205 ff.; vgl. auch BSK OR I-WEBER, N 6 m.w. Nw.).

Subjektiv verfolgt der Geschäftsführer **eigene Interessen**, d.h. die Ge- 5
schäftsführung ist mindestens subjektiv nicht fremdnützig. Hieraus fliessende Vorteile sollen nicht dem Geschäftsführer zukommen. Umstritten ist,
ob der Geschäftsführer der Herausgabepflicht von Art. 423 nur unterliegt,
wenn er **bösgläubig** (Wissen oder Wissenmüssen) in die fremde Rechtssphäre eingreift. Vom Wortlaut ausgehend, kann der Verzicht auf diese Unterscheidung vertreten werden (so in BGE 97 II 177 f.). M.E. hat jedoch
Bösgläubigkeit vorzuliegen, weil auch verwandte privatrechtliche Rege-

lungen (z. B. Besitz) keine Gleichstellung des gutgläubigen mit dem bösgläubigen Geschäftsherrn vornehmen und sich die Problematik der vollen Vorteilsabschöpfung ohne Verschulden auftut (BSK OR I-WEBER, N 8 m. w. Nw.). Diese Frage stellt sich nicht, wenn das Bereicherungsrecht greift (Vorgehen des Berechtigten wahlweise gestützt auf Art. 423 oder Art. 62: sic! 1999, 632 f.; vgl. auch BGE 129 III 425 f.).

III. Rechtsfolgen

6   Weil der Geschäftsanmasser weiss, dass er fremde Geschäfte im eigenen Interesse führt, trifft ihn ein **Übernahmeverschulden;** er unterliegt deshalb der **Haftungsverschärfung** von Art. 420 Abs. 3 (BÜRGI-WYSS, 239 ff.). Zu ersetzen ist der effektiv erlittene Schaden (kein Vorteilsherausgabeanspruch). Erzielbarer Gewinn ist unter diesem Titel daher nur zu erstatten, wenn er schuldhaft nicht erzielt worden ist (WIDMER, 81).

7   Gemäss Abs. 1 hat der Geschäftsherr das Recht auf Gewinnabschöpfung aus der Geschäftsführung, welcher deliktsrechtlicher Natur ist (SCHMID, N 27, 826). Der Geschäftsanmasser ist informations- und rechenschaftsablegungspflichtig (Beweiserleichterung für den Geschäftsherrn; BK-GAUTSCHI, N 5; NERTZ, 21 ff.; FISCHER, 107). Das **Vorteilsaneignungsrecht** stellt – im Rahmen der Kausalität – einen obligatorischen Anspruch dar (keine gesetzliche Subrogation; WEBER, 240). Nicht vorausgesetzt ist, dass der Geschäftsherr den realisierten Gewinn selbst verdient hätte (AMREIN, 39). Gemäss BGE 97 II 178 schliessen sich Vorteilsherausgabeanspruch und Schadenersatzanspruch gegenseitig aus (zu Recht differenzierend SCHLUEP, 185; WIDMER, 102 f.). Ist eine rechnerische Gewinnermittlung nicht möglich, können Art. 42–44 analog angewendet werden (BÜRGI-WYSS, 227).

8   Die **Vorteilsherausgabe** ist von Bedeutung im **Persönlichkeitsrecht** (Art. 28a Abs. 3 ZGB; vgl. BGE 133 III 153, dazu CaS 2007, 226 f.); im **Lauterkeitsrecht** (Art. 9 Abs. 3 UWG; vgl. BGE 120 IV 158 f.); im **Kartellrecht** (z. B. Erzielung von Monopolgewinnen wegen Elimination eines Aussenseiters; NIETLISBACH, 434 ff.); im **Firmenrecht** (SCHMID, N 1060 ff.); im **Urheberrecht** (Art. 62 Abs. 2 URG; vgl. BGE 124 III 494); im **gewerblichen Rechtsschutz** (z. B. Art. 8 Abs. 1/Art. 73 Abs. 1 PatG; BGE 132 III 382 f., vgl. dazu AJP 2006, 1302 f.; zum Ganzen MARADAN, Jusletter vom 20. August 2007 sowie SPITZ, sic! 2007, 795 ff.; Art. 55 Abs. 2 MSchG, vgl. dazu sic! 2001, 640) sowie im **Designrecht** (WIDMER, 122); generell zur Bewertung von Ansprüchen aus unechter Geschäftsführung ohne Auftrag im Zusammenhang mit Immaterialgüterrechtsverletzungen JENNY, 131 ff.

9   Ansprüche aus Art. 423 **verjähren,** ihrer deliktischen Natur gemäss, in einem Jahr (Art. 60; BGE 126 III 386 f.; **a. A.** BÜRGI-WYSS, 244 f.; BK-GAUTSCHI, N 8d), was unbefriedigend ist, weil der bösgläubige Geschäftsführer

gegenüber dem gutgläubigen Geschäftsführer in verjährungsrechtlicher Hinsicht privilegiert wird (BSK OR I-WEBER, N 17). Bei Vorliegen einer gleichzeitigen Vertragsverletzung gilt aber die zehnjährige Verjährungsfrist von Art. 127 OR (SCHMID, recht 2000, 208). Zum Fristenlauf deliktsrechtlicher Schadenersatzansprüche aus Urheberrechtsverletzung vgl. BGE 126 III 384 f.

Wird der Geschäftsherr bei Aneignung des aufgedrängten Eingriffserfolges ungerechtfertigt bereichert, hat er dem Geschäftsanmasser gemäss **Abs. 2** (eigentlicher Verweis auf Art. 62 ff.) ausschliesslich im Bereicherungsumfang Ersatz zu leisten. Zu ersetzen sind die effektiven **Verwendungen** und der kausal erlittene **Schaden** (keine Generalunkosten: ZK-SCHMID, N 118; TERCIER, contrats spéciaux, N 5398 f.). Ein weitergehender Anspruch auf Schadenersatz oder Vergütung steht dem Geschäftsanmasser nicht zu (BGE 86 II 26 = Pra 1960, 147 f.). Gegebenenfalls vermag der Geschäftsanmasser neben Abs. 2 auch einen allgemeinen Bereicherungsanspruch geltend zu machen (BGE 86 II 26 = Pra 1960, 147 f.); zum Wegnahmerecht des bösgläubigen Geschäftsanmasser vgl. BGE 79 II 208.   **10**

Art. 424

Genehmigung der Geschäftsführung   Wenn die Geschäftsbesorgung nachträglich vom Geschäftsherrn gebilligt wird, so kommen die Vorschriften über den Auftrag zur Anwendung.

I. Allgemeine Bemerkungen

Art. 424 erklärt die Auftragsregeln im Falle einer nachträglichen Genehmigung bzw. Billigung der Geschäftsführung für anwendbar. Trotzdem wird hierdurch der Quasi-Kontrakt nicht in einen Vertrag umgewandelt und ist daher nicht in jedem Fall mit der Genehmigung gemäss Art. 38 gleichzusetzen (WEBER, 216); die Genehmigung der GoA betrifft grundsätzlich nur das Innenverhältnis (BGE 83 III 127).   **1**

Die Genehmigung durch ausdrückliche oder stillschweigende empfangsbedürftige Willenserklärung des Geschäftsherrn stellt einen **einseitigen Rechtsakt** dar; eine besondere Form ist nicht vorausgesetzt (vgl. BGer SJ 2003, 532). Genehmigung bedeutet **Ausübung** eines **Gestaltungsrechts** (HOFSTETTER, 253/249).   **2**

II. Rechtsfolgen

3 Gemäss Art. 424 sind auf die betreffende Geschäftsführung die Regeln des **Auftragsrechts ex tunc** anwendbar, insbesondere betroffen sind die Bestimmungen zur Ablieferungspflicht (Art. 400), zur Legalzession und zum Aussonderungsrecht (Art. 401) sowie zum Verwendungs- und Schadenersatz (Art. 402). Ein Honoraranspruch besteht nur ausnahmsweise basierend auf Vereinbarung oder Art. 394 Abs. 3 (vgl. Art. 422 N 6; HANDKOMM-RUDOLPH, N 3).

4 Durch die Genehmigung gilt die Geschäftsführung als geboten (der Vorwurf des Eingriffs in die fremde Rechtssphäre ist nicht mehr zu hören); ein als direkter Vertreter handelnder Geschäftsführer wird durch Genehmigung nachträglich ermächtigt (BGE 102 II 203). Zur Problematik einer Teilgenehmigung vgl. BK-GAUTSCHI, N 3a; LISCHER, 112. Bei echter GoA wie auch bei unberechtigter GoA ist aufgrund der Genehmigung hingegen nicht zu vermuten, dass damit auch die effektive Geschäftsausführung, d. h. die Anwendung der gebotenen Sorgfalt durch den Geschäftsführer, anerkannt würde (ZK-SCHMID, N 24 f.; WEBER, 216; a. A. LISCHER, 114, für die echte GoA).

5 Das Auftragsrecht gelangt **nicht ausnahmslos** zur Anwendung: Der «Geschäftsführer mit Genehmigung» darf nicht schlechter gestellt sein als ohne diese (ZK-SCHMID, N 700; BK-GAUTSCHI, N 4 f.). Durch die Genehmigung lebt keine verstärkte Treuepflicht des Geschäftsführers auf (vgl. Art. 419 N 12); die Haftungsbeschränkung des vertragsunfähigen Geschäftsführer bleibt bestehen (Art. 421); die Haftung des Geschäftsherrn gemäss Art. 422 Abs. 2 bleibt bestehen und abweichend von Art. 403 kommt es unter einer Mehrheit von Geschäftsführern bzw. Geschäftsherren nicht regelmässig zu solidarischer Haftung (vgl. Art. 422 N 1). Die Haftungsregelung im Auftragsrecht ist durch die bundesgerichtliche Rechtsprechung derjenigen der GoA ohnehin angeglichen worden (vgl. Art. 402 N 6).

Die Kommission

Vorbemerkungen zu Art. 425–438

Literatur

FEHR, La Commission, SJK Nr. 592, 1942; GUGGENHEIM, Die Verträge der schweizerischen Bankpraxis, 3. Aufl. 1986; DERS., Les contrats de la pratique bancaire suisse, 4. Aufl. 2000; GUTZWILLER, Der Vermögensverwaltungsvertrag, 1989; J. HOFSTETTER, Der Auftrag und die Geschäftsführung ohne Auftrag, SPR VII/6, 2000; LOMBARDINI, Droit bancaire suisse, 2004; NOBEL, Zur Problematik des sogenannten Kursschnittes beim Wertpapierhandel, FS Giger, 1989, 527 ff.; PACHE, Le contrat de commission appliqué au commerce des valeurs mobilières, 1956; RUGGLI, Agentur und Kommission im Kartellrecht, sic! 2006, 179 ff.; RÜEGG, Der Effektenbörsenauftrag unter spezieller Berücksichtigung der Treue-, Sorgfalts- und Rechenschaftspflicht, Diss. Zürich 1974; THALMANN, Die Sorgfaltspflicht der Bank im Privatrecht, insbesondere im Anlagegeschäft, ZSR 1994, 117 ff.; WEBER, Praxis zum Auftragsrecht und zu den besonderen Auftragsarten, 1990; ZOBL/KRAMER, Schweizerisches Kapitalmarktrecht, 2004.

I. Allgemeines

Bei der Kommission handelt es sich um einen **entgeltlichen Rechtshand-** 1 **lungsauftrag.** Der Kommissionär verpflichtet sich in **eigenem Namen** auf **Rechnung** des Kommittenten, bewegliche Sachen oder Wertpapiere zu kaufen oder zu verkaufen (WEBER, 168). Wissenschaftlicher Hintergrund ist die Tatsache, dass der Kommissionär über Marktnähe oder -zugang verfügt, die dem Kommittenten versagt ist; oft jedoch fehlt es dem Kommissionär hingegen an der notwendigen Kapitalkraft, um im Markt langfristig selbständig bestehen zu können. Auf dieser Interessenlage ist die **fiduziarische**

Konstruktion des Kommissionsvertrages aufgebaut (BSK OR I-VON PLANTA/ LENZ, Vorbem. zu Art. 425–438 N 1).

2 Für die praktische Anwendung der Kommission stehen folgende Bereiche im Vordergrund: Der wichtigste Fall ist der **Effektenhandel** der Banken, weil sich der An- und Verkauf von Wertpapieren in dieser Form vollzieht (vgl. Art. 433 N 2; Art. 436 N 8 f.). Ein weiterer Anwendungsbereich der Kommission ist der generelle Warenhandel, die sog. **Warenkommission**, welche in den letzten Jahrzehnten allerdings an Bedeutung zugunsten anderer Absatzformen eingebüsst hat (HONSELL, OR BT, 360). Schliesslich sind der **Kunst- und Antiquitätenhandel** sowie das **Verlagswesen** zu nennen (BSK OR I-VON PLANTA/LENZ, Vorbem. zu Art. 425–438 N 3).

II. Abgrenzungen

3 Im Gegensatz zum Kommissionär vermittelt der **Mäkler** nur Geschäfte; der **Agent** handelt im Namen des Auftraggebers und der **Trödler** (vgl. dazu BGE 55 II 39 = Pra 1929, 118; 69 II 110) schliesslich handelt im eigenen Namen und auf eigene Rechnung (keine Fremdgeschäftsführung; vgl. SJZ 1983, 230 f.). Die kaufmännischen **Handlungsbevollmächtigten** sind im fremden Namen tätig und stehen in einem Subordinationsverhältnis. Zur Differenzierung zwischen Kaufgeschäft und Kommission: Für **Kauf** spricht, wenn Nutzen und Gefahr beim Wiederverkäufer liegen, für Kommission hingegen, wenn der Kommissionär nur an der Provision interessiert ist (vgl. BGE 59 II 249; generell im Unterschied zum **Alleinvertrieb** bzw. **Eigenhändler**). Zur Kommission als Element in gemischten Verträgen vgl. BGE 101 II 123 (zum Ganzen WEBER, 168). Schliesslich ist die Kommission im Grundsatz **nicht** als **Dauerschuldverhältnis** konzipiert (BSK OR I-VON PLANTA/LENZ, Vorbem. zu Art. 425–438 N 5). Eine Verbindung der Kommission mit dem Hinterlegungsvertrag ist möglich (BGE 101 II 121).

III. Internationales Privatrecht

4 Der Kommissionsvertrag zwischen Kommissionär und Kommittent untersteht den allgemeinen Anknüpfungsregeln der Art. 116 (**Rechtswahl**) und 117 IPRG (objektive Anknüpfung). Die Kommissionärsleistung ist grundsätzlich als charakteristische Leistung anzusehen (vgl. Art. 117 Abs. 2 IPRG). Fehlt demnach eine Rechtswahl, ist das **Recht des gewöhnlichen Aufenthalts** bzw. der **Geschäftsniederlassung** des Kommissionärs anzuwenden (Art. 117 Abs. 3 lit. c; vgl. BGE 112 II 337 ff. = Pra 1987, 222 ff.; ZK-KELLER/ KREN KOSTKIEWICZ, Art. 117 IPRG N 110). Davon zu unterscheiden ist die Rechtsanwendung auf das zwischen dem Kommissionär in Ausübung seiner Verpflichtung als indirekter Stellvertreter und einem Dritten abgeschlossene Geschäft. Die Anknüpfung erfolg **gesondert**, d. h. es finden die für Verkaufsgeschäfte geltenden Regeln Anwendung (vgl. Art. 117 Abs. 3

lit. a, dazu BSK OR I-von Planta/Lenz, Vorbem. zu Art. 425–438 N 10; gegebenenfalls auch das **UN-Kaufrecht**, vgl. F. Ferrari, in: Schlechtriem/ Schwenzer (Hrsg.), Kommentar zum Einheitlichen UN-Kaufrecht, 4. Aufl., 2004, Art. 1 N 43). Betreffend die euro-internationale **Zuständigkeit** im Zusammenhang mit Verbrauchersachen vgl. BGE 121 III 336; zur Anmerkung gelangen Art. 5 bzw. Art. 112 IPRG.

Art. 425

Einkaufs- und Verkaufs- kommission **Begriff**	[1] **Einkaufs- oder Verkaufskommissionär ist, wer gegen eine Kommissionsgebühr (Provision) in eigenem Namen für Rechnung eines anderen (des Kommittenten) den Einkauf oder Verkauf von beweglichen Sachen oder Wertpapieren zu besorgen übernimmt.**
	[2] **Für das Kommissionsverhältnis kommen die Vorschriften über den Auftrag zur Anwendung, soweit nicht die Bestimmungen dieses Titels etwas anderes enthalten.**

I.   Kommissionsvertrag

Der Kommissionär verpflichtet sich dem Kommittenten gegenüber in eigenem Namen, jedoch auf Rechnung des Kommittenten, zum Abschluss von **Kauf- oder Verkaufsgeschäften** mit Dritten. Andere Vertragsabschlüsse als Kauf oder Verkauf in indirekter Stellvertretung sind nicht Gegenstand der Kommission; diesfalls kommen die Regeln zum einfachen Auftrag zur Anwendung (CR CO I-von Planta N 1). Die **Entgeltlichkeit** ist notwendiges Wesensmerkmal der Kommission, üblicherweise in Form einer prozentual bemessenen Provision (BGer 4C.89/2005, E. 3.2 m. Hw.).   [1]

Die Veräusserungsgeschäfte im Rahmen der Kommission können sich nur auf **bewegliche Sachen** oder **Wertpapiere** beziehen (**Abs. 1**). Der Kommission ansonsten ähnliche Verkaufsgeschäfte über andere Objekte wie etwa Grundstücke unterliegen dem einfachen Auftragsrecht (Guhl/Schnyder, § 51 N 1). Auch nicht als Wertpapier verbriefte Rechte können grundsätzlich nicht Gegenstand einer Kommission bilden; Art. 2 lit. a **BEHG** erweitert den Anwendungsbereich jedoch um **nichtverbriefte Wertrechte** und **Derivate** (Honsell, OR BT, 361; vgl. auch HANDKOMM-Bürgi, N 8; vgl. BGE 133 III 121 ff. = Pra 2007, 126 ff. betreffend «Mistrade»).   [2]

Rechtlich für die Kommission charakteristisch ist zudem die Stellung des Kommissionärs als **indirekter Stellvertreter**; praktisch hat dies zur Folge,   [3] dass sich Käufer und Verkäufer nicht zu kennen brauchen, was regelmässig auch beabsichtigt ist, z. B. im Wertpapierhandel (GUHL/SCHNYDER, § 51 N 3). Die **Wirkung der direkten Stellvertretung** tritt gemäss Art. 32 Abs. 2 insbesondere dann ein, wenn es der Gegenpartei gleichgültig war, mit wem sie den Vertrag schliesst (BGE 84 II 262; vgl. auch 102 III 100f.).

4   Zu den **Eigentumsverhältnissen** am Kommissionsgut: Der **Verkaufskommissionär** muss nur die Ermächtigung zur Eigentumsübertragung innehaben (vgl. Art. 396 Abs. 2), nicht selbst Eigentümer sein (ausser im Falle der Vermischung). Eigentum ist nicht zu vermuten. Erworbene Forderungen gehen kraft Legalzession (Art. 402 Abs. 1, bei Geld jedoch wegen Vermischung Eigentumserwerb des Kommissionärs) auf den Kommittenten über (WEBER, 171). Eigentumserwerb nach Art. 714 Abs. 2 i. V. m. Art. 933 ZGB ist möglich (HONSELL, OR BT, 363). Der **Einkaufskommissionär** erwirbt regelmässig vorerst Eigentum (gegebenenfalls Aussonderung gemäss Art. 401 Abs. 3). Kann jedoch eine dingliche Vertretung angenommen werden, weil die Voraussetzungen von Art. 32 Abs. 2 gegeben sind, erfolgt der Eigentumsübergang direkt an den Kommittenten (BGE 84 II 262). Ferner ist direkter Eigentumserwerb auch bei Vereinbarung eines Besitzeskonstituts, wie es bei einem Hinterlegungsvertrag zwischen Kommissionär und Kommittent besteht, möglich (oft im Börsengeschäft; HOFSTETTER, VII/6, 152; vgl. auch Art 434 N 2).

5   Erfüllt die Drittpartei des im Rahmen der Kommission geschlossenen Verkaufsgeschäftes ihre Leistung nicht vertragsgemäss, erleidet in erster Linie der **Kommittent** einen **Schaden**, zumal das Geschäft auf seine Rechnung getätigt worden ist (der Kommissionär ist nur im Umfang seiner Provision geschädigt). Mangels Parteistellung des Kommittenten erweist es sich als sachgerecht, unter Anwendung der Theorie der **Drittschadensliquidation**, den Kommissionär zur Geltendmachung auch des Schadens des Kommittenten zu ermächtigen (WEBER, 172; HONSELL, OR BT, 363f.).

II.   Anwendbarkeit auftragsrechtlicher Regeln

6   **Abs. 2** verweist auf die Regeln des **einfachen Auftrags**, soweit den Bestimmungen der Art. 425 ff. nichts zu entnehmen ist. Dieser **Verweis** bringt für die Kommission insbesondere die beiderseitige Anwendbarkeit des Art. 404 (**jederzeitige Widerrufbarkeit**) mit sich (TERCIER, contrats spéciaux, N 5284). Ferner ist Art. 398 Abs. 3 betreffend **Substitution** (eingehender BSK OR I-von PLANTA/LENZ, N 7: bei Gattungssachen ist Substitution i. d. R. übungsmässig zulässig), Art. 400 betreffend **Erstattungs- und Rechenschaftsablegungspflicht** (vgl. dazu Art. 426 N 2) sowie Art. 401 betreffend **Aussonderung** anwendbar (WEBER, 171). Die **Treue- und Sorgfaltspflichten** des Kommissionärs richten sich entsprechend dem Grund-

satz von Art. 398 Abs. 2, doch statuieren etwa die Art. 426/27 oder Art. 433 diesbezüglich **spezifische Regeln** (vgl. dazu BGE 124 III 159 ff.; eingehender dazu Art. 426 N 1 ff.).

Art. 426

<table>
<tr>
<td>**I.** Pflichten des Kommissionärs
1. Anzeigepflicht, Versicherung</td>
<td>¹ **Der Kommissionär hat dem Kommittenten die erforderlichen Nachrichten zu geben und insbesondere von der Ausführung des Auftrages sofort Anzeige zu machen.**
² **Er ist zur Versicherung des Kommissionsgutes nur verpflichtet, wenn er vom Kommittenten Auftrag dazu erhalten hat.**</td>
</tr>
</table>

I. Informationspflichten des Kommissionärs

In Ergänzung zu den Grundsätzen des einfachen Auftragsrechts konkretisiert Art. 426 die Aufklärungspflichten des Kommissionärs, seinen Auftraggeber rasch und vollständig über alles Wesentliche zu unterrichten. Als wesentlich erscheint alles, was für den Kommittenten für die Ausübung seines Weisungs- und Widerrufsrechts relevant sein kann (so z. B. die Preisentwicklung, welche u. U. früher gesetzte Preisvorgaben hinfällig machen kann: BGE 48 II 77; ferner 59 II 251; BSK OR I-von Planta/Lenz, N 1; weitere Beispiele bei ZK-Schönenberger, N 13). 1

Der Wortlaut des Gesetzes schreibt ausdrücklich vor, dass dem Kommittenten von der **Ausführung** von Geschäften **«sofort»** Anzeige zu machen ist (Abs. 1 in fine). Der Zweck dieser Anordnung liegt darin, dem Auftraggeber diesbezügliche weitere Dispositionen zu ermöglichen. Inhaltlich wird regelmässig nebst dem Abschluss an sich über den erzielten Preis, eventuell über Erfüllungsort und -zeit sowie über die **Person des Vertragspartners** zu informieren sein (ansonsten allenfalls ein Selbsteintritt gemäss Art. 437 zu vermuten ist; BK-Gautschi, N 2c; differenzierend ZK-Schönenberger, N 12). Ob vertraglich auf die Nennung des Vertragspartners gänzlich **verzichtet** werden kann, ist umstritten (dafür: HANDKOMM-Bürgi, N 5; BK-Becker, Art. 425 N 15; dagegen: BSK OR I-von Planta/Lenz, N 8 m. Hw.). Unseres Erachtens sollte ein vertraglicher Verzicht möglich sein (vgl. Art. 437 N 4). 2

Zu den bereits erwähnten Regeln über die **Treue- und Sorgfaltspflichten** ergeben sich im Bereich des **Effektenhandels** aus Art. 11 BEHG weitergehende **Informations-, Sorgfalts- und Treuepflichten**. Bei Art. 11 BEHG han- 3 delt es sich um eine Doppelnorm mit sowohl verwaltungsrechtlicher, aber auch privatrechtlicher Wirkung (vgl. HONSELL, OR BT, 361 f.; vgl. WEBER, Börsenrecht, 2001, 163 ff.). Diesbezüglich sind die Informations- und Aufklärungspflichten auf die Fachkenntnisse und die Erfahrung des Kunden (Kommittenten) abzustimmen und Interessenkonflikte zu vermeiden (vgl. Art. 3 f., Art. 8 ff. der Richtlinien Effektenhandel 1997 SBVg; ferner BGE 133 III 99 ff. E.5.2; 7.1.1).

II. Weisung betreffend Versicherung

4   Der Kommittent trägt das allgemeine **Untergangsrisiko** des Kommissionsgutes und ist entsprechend an einer Versicherung interessiert (BK-GAUTSCHI, N 3 f.). Das Gesetz sieht ausdrücklich vor, dass der Kommissionär, der gemäss den allgemeinen Interessenwahrungspflichten u. U. zum Abschluss einer Versicherung gehalten sein könnte, hierzu nicht verpflichtet ist (**Abs. 2**; BSK OR I-VON PLANTA/LENZ, N 4). Eine Versicherungspflicht kann sich für den Kommissionär daher nur aufgrund klarer **Weisung** des Kommittenten ergeben, nicht etwa durch Übung (ZK-SCHÖNENBERGER, N 15). Im Falle eines Versicherungsabschlusses durch den Kommissionär ist er berechtigt, vom Kommittenten eine Kostenerstattung zu verlangen oder im Falle eines Kostenvorschusses (Art. 431 bzw. Art. 422 oder 402 Abs. 1) seine Kosten zu verrechnen (BK-GAUTSCHI, N 3e). Dies gilt auch dann, wenn keine Weisung zur Versicherung vom Kommittenten vorlag, sofern es sich um eine nützliche Verwendung handelt, was i. d. R. zutreffen dürfte (vgl. BK-GAUTSCHI, N 3e).

III. Pflichtverletzungen des Kommissionärs

5   Verletzt der Kommissionär **schuldhaft** (Art. 97) seine **Informationspflicht**, geht das zuvor vom Kommittenten zu tragende Risiko auf ihn über (BK-GAUTSCHI, N 5a): Der Kommittent kann dem Einkaufskommissionär gegenüber die Abnahme der Ware sowie die Zahlung der Provision und der Verwendungen verweigern. Entsprechend hat auch der Verkaufskommissionär einen auf solche Weise entstandenen Schaden zu ersetzen. Das weisungswidrige Unterlassen der Versicherung führt zur Haftung des Kommissionärs aus eigenem Vermögen (zum Ganzen CR CO I-VON PLANTA, N 5 ff.).

Art. 427

2. Behandlung des Kommissionsgutes

¹ Wenn das zum Verkaufe zugesandte Kommissionsgut sich in einem erkennbar mangelhaften Zustande befindet, so hat der Kommissionär die Rechte gegen den Frachtführer zu wahren, für den Beweis des mangelhaften Zustandes und soweit möglich für Erhaltung des Gutes zu sorgen und dem Kommittenten ohne Verzug Nachricht zu geben.

² Versäumt der Kommissionär diese Pflichten, so ist er für den aus der Versäumnis entstandenen Schaden haftbar.

³ Zeigt sich Gefahr, dass das zum Verkaufe zugesandte Kommissionsgut schnell in Verderbnis gerate, so ist der Kommissionär berechtigt und, soweit die Interessen des Kommittenten es erfordern, auch verpflichtet, die Sache unter Mitwirkung der zuständigen Amtsstelle des Ortes, wo sie sich befindet, verkaufen zu lassen.

I. Rechtswahrungspflicht und deren Verletzung

Der Verkaufskommissionär muss gewisse Pflichten zur Rechtswahrung und Beweissicherung auf sich nehmen (**Abs. 1**). Aus dem allgemeinen Auftragsrecht (Art. 398) können sich solche Pflichten auch für den Einkaufskommissionär ergeben (z. B. Mängelrüge gemäss Art. 201), obwohl sich in diesem Fall der Kommittent meist durch eine Übernahmeverweigerung wird schützen können (BK-GAUTSCHI, N 1a; gegebenenfalls auch Übernahme der mangelhaften Ware unter Verrechnung des Schadens, vgl. BSK OR I-VON PLANTA/LENZ, N 1). Insgesamt ist Art. 427 jedoch nur auf die **«Distanzkommission»** anwendbar. Übergibt der Kommittent die Kommissionsware persönlich oder durch einen direkten Stellvertreter, muss ihn der Kommissionär lediglich über erkennbare Mängel oder Verderbnis informieren; dieser kann dann selbst die notwendigen Vorkehren treffen (BK-GAUTSCHI, N 1c).   1

Der Kommissionär hat sich ausdrücklich für die Wahrung der Rechte seines Auftraggebers einzusetzen: er muss die frachtvertraglichen Rügeobliegenheiten für den Kommittenten wahrnehmen, um der Verwirkung seiner Schadenersatzrechte entgegenzuwirken (konkret gemäss **Art. 452**). Neben dem Anbringen von Vorbehalten gegenüber dem Frachtführer hat der Kommissionär auch die notwendigen Beweise zu sichern (notfalls durch   2 gerichtliche vorsorgliche Beweisaufnahme; BSK OR I-von Planta/Lenz, N 2).

3   Das übersandte **Kommissionsgut** muss der Kommissionär entsprechend seiner Art behandeln, d. h. allgemein für dessen den Umstanden entsprechenden bestmöglichen **Erhalt** sorgen. Weil es sich hierbei um vom Kommittenten zugesandte Ware handelt, stellt die **Nichtannahme** der Ware eine Vertragsverletzung dar (BK-Gautschi, N 3e). Über den mangelhaften Zustand der Ware oder Unwägbarkeiten bei deren Erhalt ist dem Auftraggeber **umgehend Nachricht** zu geben, um diesem die Ausübung seines Weisungsrechts und das Ergreifen von eigenen Massnahmen zu ermöglichen (vgl. BSK OR I-von Planta/Lenz, N 3).

4   **Verletzung der Rechtswahrungspflichten** durch den Kommissionär haben dessen Schadenersatzpflicht zur Folge (**Abs. 2**). Resultierende Verluste des Kommittenten aufgrund verwirkter Rechte gegen den Frachtführer (Abs. 1) oder aus unterbliebenem Notverkauf (Abs. 3) gehen den Regeln von Art. 97 ff. entsprechend zulasten des Kommissionärs.

II. Notverkauf

5   Ein besonderer Fall der Rechtswahrung ist die Pflicht zum Notverkauf. Ist zugesandte Kommissionsware **schnellem Verderb** ausgesetzt, ist der Kommissionär berechtigt und bei entsprechender Interessenlage auch **verpflichtet**, die Sache unter Mitwirkung der zuständigen Amtsstelle zu veräussern. In erster Linie sind Weisungen des Auftraggebers einzuholen (Art. 428 Abs. 1; vgl. Art. 397 N 3). Ist dies nicht tunlich, kann ein Nothilfeverkauf gemäss **Abs. 3** erfolgen, doch darf von den ursprünglichen, den Notfall nicht berücksichtigenden Weisungen des Kommittenten nur soweit nötig abgewichen werden (vgl. BSK OR I-von Planta/Lenz, N 6).

6   Zuständig ist die **Amtsstelle** am Ort der gelegenen Sache, die Form der Mitwirkung ist dem kantonalen Recht zu entnehmen. In der Regel wird der Richter den freihändigen **Verkauf** bewilligen oder eine **öffentliche Versteigerung** anordnen (BK-Gautschi, N 5b).

Art. 428

3. **Preisansatz des Kommittenten**

¹ Hat der Verkaufskommissionär unter dem ihm gesetzten Mindestbetrag verkauft, so muss er dem Kommittenten den Preisunterschied vergüten, sofern er nicht beweist, dass durch den Verkauf von dem Kommittenten Schaden abgewendet worden ist und eine Anfrage bei dem Kommittenten nicht mehr tunlich war.

² Ausserdem hat er ihm im Falle seines Verschuldens allen weitern aus der Vertragsverletzung entstehenden Schaden zu ersetzen.

³ Hat der Kommissionär wohlfeiler gekauft, als der Kommittent vorausgesetzt, oder teurer verkauft, als er ihm vorgeschrieben hatte, so darf er den Gewinn nicht für sich behalten, sondern muss ihn dem Kommittenten anrechnen.

I. Abweichung von Preisvorgaben

Preisvorgaben des Kommittenten sind **Weisungen**, wie sie in allgemeiner Form aus dem Auftragsrecht bekannt und die für den Beauftragten grundsätzlich verbindlich sind (Art. 397 N 1 ff.). Art. 428 präzisiert diese Pflicht für den Kommittenten (BSK OR I-von PLANTA/LENZ, N 1). **1**

Der Verkaufskommissionär muss sich an die vom Auftraggeber gesetzte Preislimite halten, es sei denn, ein Verkauf unter der Preislimite (i) sei im Interesse des Kommittenten und (ii) das Einholen einer Weisung sei nicht tunlich (**Abs. 1**). Durch Festsetzung einer Preislimite will sich der Kommittent regelmässig preislich absichern. Das Bundesgericht schliesst daraus, dass der Verkaufskommissionär auch unter einem Mindestpreis verkaufen kann, wenn er die sich daraus ergebende **Differenz** selbst übernimmt, z. B. durch (teilweisen) Verzicht auf seine Provision (vgl. BGE 112 II 345; BGer 4C.343/2001, E. 4c). Ob diesbezüglich eine Schlechterfüllung vorliegen kann, ist **umstritten** (bejahend BSK OR I-von PLANTA/LENZ, N 2; TERCIER, contrats spéciaux, N 5238; **a. M.** BK-GAUTSCHI, N 3b). **2**

Kann der Verkaufskommissionär das Vorliegen der beiden Voraussetzungen in Abs. 1 nicht beweisen, schuldet er dem Kommittenten den **Ausgleich** zwischen dem tatsächlich bezahlten Kaufpreis und der gesetzten Preislimite. Bei Vornahme dieses Ausgleichs bleibt sein Provisionsanspruch bestehen (BSK OR I-von PLANTA/LENZ, N 3 f.). Zudem ist der Kommissionär bei Ver- **3** schulden auch für allen **weiteren Schaden** ersatzpflichtig (**Abs. 2**). Als Beispiel wird in der Literatur diesbezüglich oft der Fall einer Kartellbusse bei Mindestpreisunterschreitung angeführt, welche sich bei Kartellrechtswidrigkeit (Art. 5 Abs. 3 lit. a KG) aber als nichtig erweisen kann (HANDKOMM-BÜRGI, N 3). Materiell handelt sich um einen Anwendungsfall der Vertragshaftung gemäss Art. 97 ff. (ZK-SCHÖNENBERGER, N 3; **a. M.** BK-GAUTSCHI, N 5b).

II. Ablieferungspflicht

4   Auch für die Kommission gilt das Prinzip der Ablieferungspflicht (vgl. Art. 400 N 5 ff.). Die Festlegung einer Preislimite bedeutet demnach nicht, dass ein allfälliger Überschuss oder eine Ersparnis dem Kommissionär zukommen soll (**Abs. 3**). Die Verletzung der Ablieferungspflicht ist ein Modellfall unredlichen Verhaltens und führt zu den in Art. 433 umschriebenen Rechtsfolgen (BSK OR I-VON PLANTA/LENZ, N 9). Besteht für das Kommissionsgut aber ein bestimmbarer Marktpreis, steht dem Kommissionär allerdings der **Selbsteintritt** (vgl. Art. 436 N 1 ff.) offen. Tritt er selbst z. B. zum Mindestpreis ein und verkauft dann als Eigenhändler weiter, kann er den Mehrerlös für sich realisieren. Art. 428 Abs. 3 ist **dispositives** Recht (HANDKOMM-BÜRGI, N 5).

Art. 429

| 4. | Vorschuss- und Kreditgewährung an Dritte | [1] Der Kommissionär, der ohne Einwilligung des Kommittenten einem Dritten Vorschüsse macht oder Kredit gewährt, tut dieses auf eigene Gefahr.
[2] Soweit jedoch der Handelsgebrauch am Orte des Geschäftes das Kreditieren des Kaufpreises mit sich bringt, ist in Ermangelung einer anderen Bestimmung des Kommittenten auch der Kommissionär dazu berechtigt. |

1   Die Regelung von Art. 429 befasst sich mit einem Aspekt der Treuepflicht des Kommissionärs, nämlich der Minimierung des Kreditrisikos beim Kommittenten (BSK OR I-VON PLANTA/LENZ, N 1). Von Gesetzes wegen darf der Kommissionär **nur «Zug um Zug»-Geschäfte** vornehmen.

2   **Abweichungen** sind einerseits durch vertragliche **Vereinbarung** (Abs. 1), gegebenenfalls auch konkludent, möglich und insbesondere im Zusammen-

hang mit einer Abrede einer Delcredere-Provision denkbar (ZK-SCHÖNEN-
BERGER, N 2). Andererseits kann der Verkaufskommissionär bei entsprechend bestehender **Usanz** (Abs. 2) am Ort des Geschäftsabschlusses Kredit
gewähren (vgl. BK-GAUTSCHI, N 2a).

Die erwähnten Ausnahmen befreien den Kommissionär nicht von der Ein-   3
haltung der gebotenen **Sorgfalt** bei Bevorschussung und Kreditvergabe
(Art. 398), er muss etwa die Kreditwürdigkeit prüfen. Zudem hat der Kom-
missionär auch um eine **Sicherung** der gewährten Kredite besorgt zu sein:
In Frage kommt die Bestellung eines Eigentumsvorbehalts oder anderer
Sicherheiten auf den Namen des Kommittenten (BSK OR I-VON PLANTA/
LENZ, N 5).

Verletzt der Kommissionär die vorgenannten Pflichten, tut er dies «auf ei-   4
gene Gefahr» (vgl. Abs. 1); er hat für ausfallende Zahlungen oder Lieferungen mit seinem Vermögen einzustehen und verliert allfällige Erstat-
tungsansprüche.

Art. 430

Delcredere-   ¹ Abgesehen von dem Falle, wo der Kommissionär
Stehen   unbefugterweise Kredit gewährt, hat er für die
                       Zahlung oder anderweitige Erfüllung der Verbind-
                       lichkeiten des Schuldners nur dann einzustehen,
                       wenn er sich hierzu verpflichtet hat, oder wenn das
                       am Orte seiner Niederlassung Handelsgebrauch ist.
                     ² Der Kommissionär, der für den Schuldner einsteht,
                       ist zu einer Vergütung (Delcredere-Provision)
                       berechtigt.

Grundsätzlich ist der Kommissionär verpflichtet nur «Zug um Zug»-Ge-   1
schäfte vorzunehmen (vgl. Art. 429 N 1); damit sollen die Delcredere-Risiken weitgehend ausgeschlossen werden. Vereinbaren die Parteien jedoch diesbezüglich Abweichungen oder besteht eine entsprechende Usanz
(dazu Art. 429), hat gemäss **Abs. 1** dem Grundsatz nach der Kommittent
die gesamten Delcredere-Risiken (**Kredit- sowie Erfüllungsrisiko**) zu tragen (BSK-VON PLANTA/LENZ, N 1 f.).

Mit entsprechender Abrede (zu unterscheiden von Art. 429 Abs. 1) vermag   2
sich der Kommissionär seinem Auftraggeber gegenüber formlos zu verpflichten, zusätzlich auch die Delcredere-Risiken zu tragen (vgl. auch
Art. 418c). Die **Risikotragung durch den Kommissionär** kann sich alter-

nativ auch aus einer Handelsübung am Ort der Kommissionärsniederlassung ergeben (Abs. 1 in fine). Eine solche Usanz ist für das **Börsengeschäft** anzunehmen (ZOBL/KRAMER, N 1217; BK-GAUTSCHI, N 3c: generell zu vermuten, wenn der Kommissionär vorgängig eine Delcredere-Provision verlangt).

3 Abs. 2 sieht **dispositivrechtlich** (anders Art. 418c Abs. 3) eine zusätzliche, dem Risiko angemessene **Delcredere-Provision** für den Kommissionär vor, wenn er sich zur Risikoübernahme bereit erklärt (vgl. BK-GAUTSCHI, N 4b). In der Lehre umstritten ist, ob die Erfolgshaftung für das Delcredere (ducroire) einen Garantievertrag (Art. 111) oder eine Bürgschaft (Art. 492 ff.) darstellt (vgl. Meinungsstand bei BSK OR I-VON PLANTA/LENZ, N 5).

Art. 431

III.	Rechte des Kommissionärs	
1.	Ersatz für Vorschüsse und Auslagen	

[1] **Der Kommissionär ist berechtigt, für alle im Interesse des Kommittenten gemachten Vorschüsse, Auslagen und andere Verwendungen Ersatz zu fordern und von diesen Beträgen Zinse zu berechnen.**
[2] **Er kann auch die Vergütung für die benutzten Lagerräume und Transportmittel, nicht aber den Lohn seiner Angestellten in Rechnung bringen.**

1 Der **Auslagen- und Verwendungsersatz** des Kommissionärs wird generell in Art. 402 (vgl. 425 Abs. 2) und präzisiert in Art. 431 **dispositiv** geregelt (vgl. BGE 59 II 253). Führt der Kommissionär seine Tätigkeit objektiv pflichtgemäss durch, entsteht ihm erfolgsunabhängig ein Ersatzanspruch für seine Verwendungen (**Abs. 1**). Auslagen, die nicht der pflichtgemässen Vertragsausführung entspringen, sind nicht ersatzfähig (BGE 59 II 256 ff.), es sei denn, diese Geschäftsführung wäre vom Kommittenten genehmigt worden, oder sei in seinem Interesse geboten gewesen (vgl. Art. 422).

2 Der Kommittent schuldet dem Kommissionär gemäss Art. 402 i. V. m. 425 Abs. 2 auch generellen Schadenersatz für in richtiger Auftragsausführung erlittenen Schaden, falls er nicht nachzuweisen vermag, dass dieser Schaden ohne sein Verschulden entstanden ist (BGE 59 II 253 ff.; BSK OR I-VON PLANTA/LENZ, N 3 m. Hw.)

3 Die Auslagen des Kommissionärs sind zu **verzinsen** (**Abs. 1**), und zwar mit dem üblichen Verzugszinssatz von **5% p. a.** (Art. 73 Abs. 1). Es steht dem Kommissionär offen, seine Auslagen mit bei ihm befindlichen Guthaben

(z. B. aus «Inkasso», als indirekter Stellvertreter) des Kommittenten zu verrechnen.

Abs. 2 präzisiert den auftragsrechtlichen Grundsatz, wonach nur die mit   4
dem **spezifischen Geschäft zusammenhängenden Auslagen,** nicht jedoch
Generalunkosten des Kommissionärs (bzw. dessen Betriebs) zu erstatten
sind (Art. 402 N 1). Die Auslagen eines Unterbeauftragten oder Substituten
sind demgegenüber vom Kommittenten zu übernehmen, namentlich im
Bankgeschäft, in dem üblicherweise die Gebühren der Korrespondenzbank
dem Kunden belastet werden (CR CO I-VON PLANTA, N 9 m. Hw.).

Art. 432

Provision	¹ Der Kommissionär ist zur Forderung der Provision
Anspruch	berechtigt, wenn das Geschäft zur Ausführung ge-
	kommen oder aus einem in der Person des Kommit-
	tenten liegenden Grunde nicht ausgeführt worden
	ist.
	² Für Geschäfte, die aus einem andern Grunde nicht
	zur Ausführung gekommen sind, hat der Kommissio-
	när nur den ortsüblichen Anspruch auf Vergütung
	für seine Bemühungen.

I. Allgemeines

Die Kommission ist **zwingend entgeltlich.** Bei Unentgeltlichkeit kommt   1
Auftragsrecht zur Anwendung (vgl. Art. 425 N 1). Ist ein blosser Pauschal-
betrag vereinbart, wird regelmässig auf einen Arbeitsvertrag zu schliessen
sein (BSK OR I-VON PLANTA/LENZ, N 1; ZK-SCHÖNENBERGER, N 12).

II. Provisionsanspruch

Der Provisionsanspruch des Kommissionärs entsteht in erster Linie, wenn   2
das fragliche Geschäft erfüllt worden ist, d. h. wenn es im Wesentlichen erfolgreich abgewickelt ist. Die Kommissions-Provision ist also **erfolgsabhängig**: Konkret muss etwa ein Kaufpreis bezahlt oder eine Vertragsware
geliefert worden sein. Der blosse Vertragsabschluss genügt nicht, falls der
Kommissionär nicht ohnehin das Delcredere-Risiko (Art. 430) trägt (HAND-
KOMM-BÜRGI, N 3). Nicht zur erfolgreichen Abwicklung ist die **Ablieferung** des Verkaufserlöses oder der Kommissionsware zu zählen (ZK-SCHÖ-
NENBERGER, N 2), daher ist auch die Verrechnung des Provisionsanspruchs

mit abzuliefernden Geldsummen möglich. Bei nur teilweise erfolgreicher Abwicklung kann eine **Teilprovision** geschuldet sein, wenn der Teilleistung ein selbstständiger wirtschaftlicher Wert zukommt (vgl. ZK-SCHÖNENBERGER, N 4)

3   Die volle Provision steht dem Kommissionär ausnahmsweise trotz **nicht erfolgreichem Ausführungsgeschäft** zu, wenn dessen Scheitern «auf einen in der Person des Kommittenten liegenden Grunde» zurückzuführen ist. Damit wird in Präzisierung von Art. 404 Abs. 2 festgelegt, dass der Auftraggeber durch Widerruf der Kommission den Kommittenten nicht um die Provision prellen können soll (Widerruf zur Unzeit; vgl. GUHL/SCHNYDER, § 51 N 6; BK-GAUTSCHI, N 4b: ebenso für Tod, Handlungsunfähigkeit oder Konkurs des Kommittenten). Beweispflichtig für den in der Person des Kommittenten liegenden Grund ist der Kommissionär (BGE 40 II 393 f.).

4   Die **Provisionshöhe** ist durch Parteivereinbarung festzulegen. Kantonale Vorschriften über die Provisionshöhe sind **bundesrechtswidrig**, weil das Bundesprivatrecht die Kommission abschliessend regelt (BGE 70 I 235; anders für den Mäklervertrag Art. 418 N 2). Ein besonderes Herabsetzungsrecht, wie es Art. 417 für den Mäklervertrag vorsieht, besteht bei der Kommission nicht (BK-BECKER, N 9).

III. Entschädigung

5   Wird ein Geschäft zwar abgeschlossen, aber aus anderen, also in der Person des Kommittenten liegenden Gründen nicht zur Ausführung gebracht, kommt dem Kommissionär ein **erfolgsunabhängiger Entschädigungsanspruch** zu (Abs. 2). Der Wortlaut verweist zudem auf den Ortsgebrauch, welcher indessen kaum besteht (BK-GAUTSCHI, N 5a). VON PLANTA/LENZ plädieren vor diesem Hintergrund zu Recht für eine Verallgemeinerung des Entschädigungsanspruchs unabhängig vom Ortsgebrauch (N 6). Die **Höhe** der Entschädigung bestimmt sich nach den Umständen, also etwa nach den Gründen des Scheiterns und dem bereits vorliegenden Fortschritt in der Vertragserfüllung. Praktisch kaum denkbar ist, dass die Entschädigung die Höhe der festgesetzten Provision erreicht, weil dies einer Vereitelung des jederzeitigen Widerrufsrechtes gleichkäme (ZK-SCHÖNENBERGER, N 8).

Art. 433

Verwirkung und Umwandlung in Eigengeschäft

¹ Der Anspruch auf die Provision fällt dahin, wenn sich der Kommissionär einer unredlichen Handlungsweise gegenüber dem Kommittenten schuldig gemacht, insbesondere wenn er einen zu hohen Einkaufs- oder einen zu niedrigen Verkaufspreis in Rechnung gebracht hat.

² Überdies steht dem Kommittenten in den beiden letzterwähnten Fällen die Befugnis zu, den Kommissionär selbst als Verkäufer oder als Käufer in Anspruch zu nehmen.

Die Norm befasst sich mit Verstössen des Kommissionärs gegen seine **Treuepflicht** durch eine «unredliche Handlungsweise». Diesfalls verliert er seinen gesamten Provisionsanspruch. Unredliches Handeln bedeutet die absichtliche oder fahrlässige Treuepflichtverletzung. Generell geht es um die Abrechnung zu hoher Einkaufs- oder zu tiefer Verkaufspreise. **Beispiele** sind die Unterlassung der Bekanntgabe des Über- bzw. Unterschreitens von Mindest- oder Höchstpreisen oder das Einbehalten von erzielten Rabatten (vgl. BK-GAUTSCHI, N 1b; zu den Retrozessionen vgl. Art. 400 N 7).   1

Eine Treuepflichtverletzung liegt bei sog. **Kursschnitten** vor (Abrechnung zu einem nicht dem tatsächlich bezahlten Preis entsprechenden Kurs; vgl. ZOBL/KRAMER, N 811, ferner BGE 59 II 252 f.). Nicht jeder Kursschnitt ist jedoch unredlich in diesem Sinn; insbesondere die Abrechnung mit einem gewichteten Durchschnitt der effektiv erzielten Kurse einer Bank wird aus praktischen Beweggründen als zulässig angesehen (BSK OR I-VON PLANTA/LENZ, N 1; eingehender dazu THALMANN, 181; LOMBARDINI, 464 f.).   2

Doppelvertretung durch den Kommissionär ist aufgrund der Treuepflicht und mit dieser unvereinbaren offenbaren Interessenkonflikten grundsätzlich ausgeschlossen. Bei bestehendem Recht zum **Selbsteintritt** (Art. 436 Abs. 1) kann der Kommissionär aber für beide Parteien tätig sein, ohne seine Treuepflicht zu verletzen (BSK OR I-VON PLANTA/LENZ, N 4).   3

Rechtsfolge der **Treuepflichtverletzung** ist der Verlust des vollständigen Provisionsanspruches inklusive allfälliger Delcredere-Provision. Der Verwendungsersatzanspruch (Art. 431) bleibt indessen mangels Zusammenhangs mit der Treuepflicht bestehen (BK-GAUTSCHI, N 3a). Falls jedoch eine **Sorgfaltspflichtverletzung** vorliegt, entfällt auch dieser Anspruch. Die Grundsätze der Verschuldenshaftung gemäss Art. 97 ff. sind anwendbar.   4

5   Gemäss **Abs.** 2 kann der Kommittent den Kommissionär, der falsche Preise
abgerechnet hat, direkt **als Käufer oder Verkäufer in Anspruch nehmen.**
Der Einkaufskommissionär muss damit die Rechts- (Art. 192 ff.) und Sachgewährleistung (Art. 197 ff.) tragen (eingehender Engel, contrats, 563).
Ferner sind auch strafrechtliche Konsequenzen möglich (Art. 138, Art. 146
sowie Art. 158 StGB; vgl. Kasuistik bei BSK OR I-von Planta/Lenz, N 7).

Art. 434

3. **Retentionsrecht**   **Der Kommissionär hat an dem Kommissionsgute sowie an dem Verkaufserlöse ein Retentionsrecht.**

1   Über die dingliche Komponente eines eigentlichen **Retentionsrechts** hinaus (Art. 895 ZGB) wird unter Art 434 auch ein **Verrechnungsrecht** (vgl.
Art. 120) sowie ein **Rückbehaltungsrecht** analog zu Art. 82 subsumiert
(BSK OR I-von Planta/Lenz, N 1). Für die Sicherung der Kommissionärs-
ansprüche ist in erster Linie die sachenrechtliche Situation im Kommissionsverhältnis zu analysieren (vgl. Art. 425 N 4). Die Ausübung eines dinglichen Retentionsrechts kommt vor allem beim Einkaufskommissionär in
Frage, weil er regelmässig Eigentümerstellung am Kommissionsgut einnimmt (zur Verwertung vgl. BSK OR I-von Planta/Lenz, N 7).

2   Weil der **Einkaufskommissionär** im Regelfall Eigentümer wird, kann der
Kommittent im Konkurs der Kommissionärs – falls er nicht aufgrund von
Art. 32 Abs. 2 oder eines Besitzeskonstituts direkt Eigentümer geworden
ist – eine Aussonderung nach Art. 401 Abs. 3 anstreben oder entsprechend
Art. 401 Abs. 1 in die Ansprüche des Einkaufskommissionärs subrogieren.
Dazu muss er aber vorab seine Vertragsverpflichtungen erfüllen (vgl. HAND-
KOMM-Bürgi, N 3).

3   Beim **Verkaufskommissionär** ist Eigentum nicht zu vermuten (vgl. Art. 425
N 4). Kommissionsgut ist also vor der Auslieferung zu vindizieren; einer Berufung auf Art. 401 ohne Eigentümerstellung wäre gemäss Bundesgerichtspraxis kein Erfolg beschieden (BGE 117 II 429; vgl. Art. 401 N 11).

4   Durch den Kommittenten ausgerichtete **Vorschüsse** oder von Dritten an
den Kommissionär übergebene **Kaufpreiszahlungen** gehen i. d. R. durch
Vermischung in das Eigentum des Kommissionärs über, es sei denn, sie wären individualisierbar aufbewahrt (BGE 99 II 393: Sonderkonto; vgl. Art. 401
N 12).

Das Recht gemäss Art. 434 dient als Sicherung in Form eines (obligatorischen) **Verrechnungs-, Rückbehalts-** und (dinglichen) **Retentionsrechts** für alle dem Kommissionär zustehenden Entschädigungs- oder Erstattungsrechte, z. B. gemäss Art. 431 Abs. 1 und 2, Art. 432 Abs. 1 und 2, Art. 430 Abs. 2 und 402 Abs. 1 (BGE 67 II 229; BSK OR I-von Planta/Lenz, N 7 **actio mandati contraria**; vgl. Ausführungen zur Pfandverwertung bei dinglichem Retentionsrecht). Bei gegebenen Voraussetzungen kann eine Verwertung auch direkt gemäss Art. 435 erfolgen (Art. 435 N 2). 5

Art. 435

Versteigerung des Kommissionsgutes

¹ **Wenn bei Unverkäuflichkeit des Kommissionsgutes oder bei Widerruf des Auftrages der Kommittent mit der Zurücknahme des Gutes oder mit der Verfügung darüber ungebührlich zögert, so ist der Kommissionär berechtigt, bei der zuständigen Amtsstelle des Ortes, wo die Sache sich befindet, die Versteigerung zu verlangen.**

² **Die Versteigerung kann, wenn am Orte der gelegenen Sache weder der Kommittent noch ein Stellvertreter desselben anwesend ist, ohne Anhören der Gegenpartei angeordnet werden.**

³ **Der Versteigerung muss aber eine amtliche Mitteilung an den Kommittenten vorausgehen, sofern das Gut nicht einer schnellen Entwertung ausgesetzt ist.**

Die Regelung von Art. 435 befasst sich mit einem dem Selbsthilfeverkauf gemäss Art. 427 Abs. 3 ähnlichen Vorgang, allerdings in erster Linie nicht wegen Verderblichkeit, sondern wegen **Annahmeverzug** bezüglich der Kommissionsware durch den Kommittenten bzw. deren **Unverkäuflichkeit** (BSK OR I-von Planta/Lenz, N 1). Der herrschenden Lehre zufolge ist die Regelung nicht nur auf die **Verkaufs-**, sondern auch auf die **Einkaufskommission** anzuwenden (BK-Gautschi, N 1c; ZK-Schönenberger, N 1; a. M. Guhl/Schnyder, § 51 N 12). 1

BK-Gautschi (N 1c) nennt drei zu differenzierende Fälle für die Anwendung des Selbsthilfeverkaufs gemäss Abs. 1: **(i)** Das Kommissionsgut erweist sich unter den vertraglichen Bedingungen als unverkäuflich; **(ii)** Der Kommittent widerruft die Verkaufskommission, nimmt jedoch die übergebene Ware nicht innert zumutbarer Frist zurück; **(iii)** Der Kommittent wi- 2 derruft die Einkaufskommission, zögert jedoch ungebührlich mit seiner Verfügung über das abzuliefernde Kommissionsgut. Der letzte Fall ist im Zusammenhang mit dem Retentionsrecht gemäss Art. 434 zu sehen, denn es wird dem Kommissionär bei Vorliegen der Voraussetzungen eine Verwertungsmöglichkeit ausserhalb des Betreibungsverfahrens eröffnet (vgl. BSK OR I-von Planta/Lenz, N 3)

3   Der Selbsthilfeverkauf ist unter Mitwirkung der zuständigen **Amtsstelle am Ort der gelegenen Sache** vorzunehmen. Das kantonale Prozessrecht bestimmt die Ausgestaltung des Verfahrens. Auf die Anhörung des Kommittenten kann verzichtet werden, wenn weder dieser selbst noch sein Stellvertreter am Lageort greifbar ist (**Abs. 2**). Immerhin ist der Kommittent zu informieren, wenn nicht die schnelle Entwertung des Kommissionsgutes ein unverzügliches Handeln erfordert (**Abs. 3**, vgl. auch Art. 427 Abs. 3). Der Verkauf muss durch öffentliche Versteigerung (Art. 229 ff.) erfolgen (BSK OR I-von Planta/Lenz, N 4; ZK-Schönenberger, N 4: amtliche öffentliche Versteigerung).

Art. 436

5.   Eintritt als Eigenhändler

a.   Preisberechnung und Provision

[1] **Bei Kommissionen zum Einkauf oder zum Verkauf von Waren, Wechseln und anderen Wertpapieren, die einen Börsenpreis oder Marktpreis haben, ist der Kommissionär, wenn der Kommittent nicht etwas anderes bestimmt hat, befugt, das Gut, das er einkaufen soll, als Verkäufer selbst zu liefern, oder das Gut, das er zu verkaufen beauftragt ist, als Käufer für sich zu behalten.**

[2] **In diesen Fällen ist der Kommissionär verpflichtet, den zur Zeit der Ausführung des Auftrages geltenden Börsen- oder Marktpreis in Rechnung zu bringen und kann sowohl die gewöhnliche Provision als die bei Kommissionsgeschäften sonst regelmässig vorkommenden Unkosten berechnen.**

[3] **Im Übrigen ist das Geschäft als Kaufvertrag zu behandeln.**

I.   Allgemeines

1   Selbsteintritt bedeutet, dass der Kommissionär **selbst liefert** bzw. für sich **selbst kauft** (echter Selbsteintritt). Als **technischer Selbsteintritt** gilt,

wenn der Kommissionär zwei reziproke Kundenaufträge intern kompensiert («Internalisierung») oder sich der Selbsteintritt der ausbleibenden Benennung der Drittpartei gemäss Art. 437 ergibt (vgl. ZOBL/KRAMER, N 1225). Bei allen Arten des Selbsteintritts wird der Kommissionär jedenfalls zur direkten Kaufvertragspartei (vgl. BSK OR I-VON PLANTA/LENZ, N 2). Zur umstrittenen Rechtsnatur des Selbsteintritts vgl. BGE 114 II 63; HOFSTETTER, VII/6, 213; ZK-SCHÖNENBERGER, N 3)

Offensichtlich ist, dass der Selbsteintritt die Gefahr eines **Interessenkon** 2
flikts beim Kommissionär mit sich bringt, weil er einerseits die Pflicht hat, für den Kommittenten ein möglichst vorteilhaftes Geschäft abzuschliessen, andererseits aber auch für sich selbst ein möglichst günstiges Ergebnis erzielen möchte. Deshalb legt der Gesetzgeber in Art. 436 die Voraussetzungen fest, unter welchen der Selbsteintritt möglich ist und gleichzeitig Interessenkonflikten aus dem Weg gegangen wird (vgl. dazu WEBER, 173).

II. Voraussetzungen

Der Selbsteintritt ist für alle Arten von Geschäften zulässig, wenn das Ob 3
jekt der Kommission einen **Börsen- oder Marktwert** aufweist (Abs. 1). Es müssen also regelmässig gehandelte Güter sein, wie etwa kotierte Wertpapiere, für die ein Marktkurs zum Zeitpunkt des Selbsteintritts vorhanden ist (ZK-SCHÖNENBERGER, N 5). Nach BK-GAUTSCHI (N 3c) soll die Angabe eines Mindestpreises allerdings als Genehmigung zum Selbsteintritt zu diesem Preis gelten, also auch ohne Vorliegen eines anderweitig festgelegten Marktpreises. Generell ist es den Parteien zwar unbenommen, auf das **Erfordernis des Börsen- oder Marktwertes** zu verzichten, die blosse Festlegung eines Mindestpreises erscheint aber nicht geeignet, um in jedem Fall als Verzicht auf einen günstigeren Abschluss ausgelegt zu werden (gl. M. BSK OR I-VON PLANTA/LENZ, N 5; HOFSTETTER, VII/6, 211 f.).

Schliesst der Kommissionär das **Ausführungsgeschäft** ab, ist der Selbstein 4
tritt nicht mehr möglich (vgl. Art. 437 N 2). Dadurch sind Spekulationen zulasten des Kommittenten unterbunden (BK-GAUTSCHI, N 2c; HOFSTETTER, VII/6, 212). Auch kann der Selbsteintritt nicht nach gültig erfolgtem Widerruf oder Fristablauf erfolgen (vgl. BGE 71 IV 124: Kein Selbsteintritt bei Lotterielosen nach der Ziehung). Das Recht auf Selbsteintritt an sich kann aber vertraglich wegbedungen werden (BGE 71 IV 125: Vermutung einer solchen Vereinbarung bei erkennbarem Widerspruch zu den Kommittenteninteressen; HANDKOMM-BÜRGI, N 3 m. Hw.: ebenso bei zweifelhafter Solvenz des Kommissionärs).

III. Wirkung

5 Um Wirkung zu entfalten, muss der Selbsteintritt dem Kommittenten als Willenserklärung zugehen; die Erklärung ist unwiderruflich (ZOBL/KRAMER, N 1230). Wird der Selbsteintritt gültig erklärt, macht dies den Kommissionär zur Gegenpartei des Kommittenten im Kaufvertrag (daher **Abs. 3**). Er schuldet somit die Zahlung des Kaufpreises bzw. die Lieferung der Kaufsache und hat als Verkäufer Gewähr zu leisten (Art. 192 ff.; Art. 197 ff.; vgl. BSK OR I-VON PLANTA/LENZ, N 9).

6 Vom gültigen Selbsteintritt bleibt der **Provisionsanspruch** nach Art. 2 unberührt (eine zusätzliche Delcredere-Provision hingegen entfällt; BK-GAUTSCHI, N 4b). Selbst bei Doppelvertretung, die sich bei beidseitig bestehendem Selbsteintrittsrecht als zulässig erweist, ist die Provision von jedem der beiden Kommittenten geschuldet (ZOBL/KRAMER, N 1234 m. w. Nw.). Schliesslich führt der Selbsteintritt auch zu einer Beschränkung der Rechenschaftspflicht des Kommissionärs; insbesondere muss er über seine konkreten Auslagen nicht abrechnen und hat dennoch Anspruch auf Entschädigung der regelmässig vorkommenden **Unkosten** (BSK OR I-VON PLANTA/LENZ, N 10). Gemäss der wohl überwiegenden Lehrmeinung sind damit nicht nur die tatsächlich aufgewendeten Kosten gemeint, sondern es sind die in solchen Fällen üblichen Auslagen geschuldet, sogar wenn sie im einzelnen Fall nicht aufgewendet worden sind (BSK OR I-VON PLANTA/LENZ, a. a. O.; ZK-SCHÖNENBERGER, N 18). Immerhin ist der Kommissionär für die Üblichkeit geltend gemachter Aufwände beweispflichtig.

7 Selbsteintritt unter **Verletzung** der obenstehenden Voraussetzungen führt zur Ungültigkeit des Selbsteintritts und stellt eine Unredlichkeit i. S. von Art. 433 dar (vgl. Art. 433 N 3).

IV. Selbsteintritt im Börsengeschäft

8 Der Selbsteintritt ist namentlich im Börsengeschäft von grosser Bedeutung (CR CO I-VON PLANTA, N 6). Es sind diesbezüglich für den Selbsteintritt der Bank im Börsengeschäft die folgenden Grundsätze zu nennen: Bei **technischem Selbsteintritt** (Bank als Eigenhändlerin liefert ohne Nennung der Gegenpartei; vgl. N 1) ist dem Kunden der effektive Kurs anzurechnen, allenfalls ein gewichteter Durchschnitt (dazu Art. 433 N 2); bei **echtem Selbsteintritt** (Bank liefert selbst aus Nostro-Beständen) hat die Bank den zur Vertragsausführung geltenden Börsenkurs anzurechnen. Abweichungen von den dargelegten Grundsätzen gelten als «unredliche Verhaltensweisen» i. S. v. Art. 433 **(Kursschnitt)** und führen zum Verlust der Provision (vgl. Art. 433 N 2). Nicht zu unterschätzen sind allerdings die den Kommittenten treffenden Beweisschwierigkeiten (vgl. ZOBL/KRAMER, N 1230).

Der Selbsteintritt von Börsenteilnehmern wird darüber hinaus durch **Bör-** 9
senbestimmungen weiter konkretisiert: So etwa durch die Börsenpflicht
gemäss Art. 4.8 AGB SWX, Version 25.08.2006 (zum Ganzen Ausführungen zu «Front» und «Parallel Running» vgl. BSK OR I-von Planta/Lenz,
N 6f. m.w.Hw.). Ferner unterstehen die Effektenhändler **Informations-,**
Sorgfalts- und Treuepflichten gemäss BEHG (vgl. Art. 11) sowie den einschlägigen Standesregeln (vgl. Ausführungen bei Art. 426 N 3).

Art. 437

Vermutung
des Eintrittes

Meldet der Kommissionär in den Fällen, wo der Ein-
tritt als Eigenhändler zugestanden ist, die Ausführung
des Auftrages, ohne eine andere Person als Käufer
oder Verkäufer namhaft zu machen, so ist anzuneh-
men, dass er selbst die Verpflichtung eines Käufers
oder Verkäufers auf sich genommen habe.

Wenn der Kommissionär dem Kommittenten einen **Geschäftsabschluss** 1
ohne Nennung des Vertragspartners meldet, soll er die volle **Haftung** für
dieses Geschäft tragen (BSK OR I-von Planta/Lenz, N 1) und später weder
einen zahlungsunfähigen Dritten noch ein untergegangenes Kommissionsgut zulasten des Kommittenten bezeichnen können (Guhl/Schnyder, § 51
N 19; ZK-Schönenberger, N 1). Die Vermutung von Art. 437 ist **widerleg-**
bar (HANDKOMM-Bürgi, N 3). Die Ausführung von Geschäften ist dem
Kommittenten **sofort** anzuzeigen (Art. 426 Abs. 1).

Die Vermutung des Selbsteintritts kann nur dann greifen, wenn die grund- 2
sätzlichen Voraussetzungen für einen Selbsteintritt überhaupt vorliegen
(Art. 436 N 3) und ein Selbsteintritt zeitlich noch möglich ist (Art. 436 N 4).
Nach Abschluss des Geschäfts ist ein Selbsteintritt auch über Art. 437 nicht
mehr möglich (BSK OR I-von Planta/Lenz, N 2a).

Die **Wirkungen** des Selbsteintritts aufgrund von Art. 437 sind dieselben wie 3
beim echten Selbsteintritt gemäss Art. 436. So ist insbesondere die Kommis-
sionsprovision wie auch der übliche Auslagenersatz geschuldet (HAND-
KOMM-Bürgi, N 4). Im Übrigen kommt das Kaufrecht zur Anwendung
(Art. 436 Abs. 3).

Ob Art. 437 zwingendes Recht darstellt, ist umstritten. Die Beantwortung 4
dieser Frage hängt im Wesentlichen damit zusammen, ob man eine zwingende Pflicht des Kommissionärs zur Offenlegung der Identität des Dritt-
kontrahenten annimmt, oder nicht (vgl. Art. 426 N 2). Unseres Erachtens

stellt Art. 437 **dispositives Recht** dar, weil vertraglich sogar ein Selbsteintritt vereinbart werden kann (HANDKOMM-BÜRGI, N 5; **a. M.** BSK OR I-VON PLANTA/LENZ, N 5).

Art. 438

c. **Wegfall des Eintrittsrechtes**   **Wenn der Kommittent den Auftrag widerruft und der Widerruf bei dem Kommissionär eintrifft, bevor dieser die Anzeige der Ausführung abgesandt hat, so ist der Kommissionär nicht mehr befugt, selbst als Käufer oder Verkäufer einzutreten.**

1   Widerruft der Kommittent den Auftrag, fällt mit Erlöschen des Kommissionsverhältnisses auch das Recht des Kommissionärs auf Selbsteintritt weg. Die Regel gilt nicht nur bei Erlöschen zufolge Widerrufs, sondern auch für die übrigen Erlöschensgründe gemäss Art. 404 und 405 (BK-GAUTSCHI, N 1b). Nachträgliche Erklärungen des Selbsteintritts bleiben wirkungslos. Damit ist e **contrario** der Selbsteintritt wirksam, wenn der Kommissionär die Selbsteintrittserklärung vor Eintreffen des Widerrufs abschickt (ENGEL, contrats, 561).

Art. 439

B. **Speditionsvertrag**   **Wer gegen Vergütung die Versendung oder Weitersendung von Gütern für Rechnung des Versenders, aber in eigenem Namen, zu besorgen übernimmt (Spediteur), ist als Kommissionär zu betrachten, steht aber in Bezug auf den Transport der Güter unter den Bestimmungen über den Frachtvertrag.**

Literatur

HUGUENIN, Obligationenrecht BT, Zürich/Basel/Genf 2002; KOBEL, Die Haftungsrisiken des in der Schweiz domizilierten Spediteurs für Beschädigung oder Verlust des Speditionsgutes bei internationalen Strassentransporten, in: Risiko und Recht, Festgabe zum Schweizerischen Juristentag 2004, Bern 2004, 27 ff.; MONTANARO, Die Haftung des Spediteurs für Schäden an Gütern, Zürich, 2002; SCHNEEBERGER, Die Haftung des Frachtführers für Erfüllungsgehilfen, AJP 1987, 115 ff.

I. Inhalt und Abgrenzung

Grundsätzlich ist der Spediteur der Architekt bzw. Organisator des Güter- 1
transportes. Er besorgt für seinen Auftraggeber, den Versender, die Versendung und Weiterversendung von Gütern. Auf Personentransporte ist Art. 439 nicht anwendbar. Art. 439 ist der letzte des der Kommission gewidmeten 15. Titels des OR. Die Kommission verweist auf das Auftragsrecht (Art. 425 Abs. 2). Im OR finden sich nur drei Artikel, die spezifisch den Speditionsvertrag betreffen, nämlich Art. 439, Art. 456 und Art. 457.

Der Speditionsvertrag ist ein Auftrag, ein **Rechtshandlungsauftrag**, im Ge- 2
gensatz zum Frachtvertrag (sog. Tathandlungsauftrag), mit dem sich der Frachtführer zu einer Tathandlung – zum Transport eines Frachtgutes verpflichtet (BJM 2000, 311–320). Trotzdem wird der Spediteur kraft der materiellrechtlichen Weiterverweisung auf das Frachtrecht des OR «in Bezug auf den Transport der Güter» den Bestimmungen des Frachtvertrages unterstellt. Damit unterliegt der Spediteur grundsätzlich **zwei verschiedenen** rechtlichen Regimen, ergo auch **Haftungsordnungen**. Für Organisation und speditionelle Vorbereitungshandlungen unterliegt er dem **Kommissionsrecht** mit Weiterverweisung auf das Auftragsrecht (Art. 425 ff., insb. Art. 425 Abs. 2; s. N 7); in Bezug auf den Transport der Güter unterliegt er als sog. Transportschadensgarant (zum Begriff s. N 9) dem **Frachtrecht** (Art. 440 ff.; s. N 9).

Regelmässig beauftragt der Spediteur sog. öffentliche Transportanstalten 3
i. S. v. Art. 456 (vgl. dort). Der Spediteur unterliegt diesfalls nicht dem Frachtrecht des OR, sondern den für diese Transportanstalten geltenden **besonderen Bestimmungen** (Art. 456 Abs. 1). Das sind entweder nationale Spezialgesetze oder bei internationalen, grenzüberschreitenden Speditionen regelmässig multilaterale Staatsverträge, Geschäftsbedingungen sowie gegebenenfalls ausländisches Frachtrecht (BGE 48 II 278 ff. E. 1, Art. 456 N 9 ff.). Vgl. z. B. CMR, COTIF/CIM, MÜ, HV etc.

Der Spediteur übernimmt als indirekter Stellvertreter **im eigenen Namen** 4
die **Rolle seines Auftraggebers**, des Absenders. Seine Aufgabe umfasst die Organisation des Transportes. Dazu gehören z. B. Abschluss der Frachtverträge, Aufbewahrung des Frachtgutes bis zur Übergabe an den Frachtführer, Vortransport bis zum Frachtführer, Besorgung zollrechtlicher Formalitäten und Überwachung des Transportes. Der Spediteur handelt auf **fremde Rechnung**. Für seine Bemühungen erhält er eine Provision (Art. 432 Abs. 1). Weiter hat er Anspruch auf Ersatz seiner Auslagen (Art. 431). Das Element der Provision eignet sich schlecht als Abgrenzungskriterium vom Frachtver-

trag (Art. 440 N 5). Heute sind die Spediteure meist Leistungserbringer gegen eine feste Vergütung, gegen fixe Kosten. Eine Provision wird jedenfalls im Preis nicht gesondert ausgeworfen. Die feste Vergütung bzw. das Fehlen einer Provision allein machen den Spediteur weder automatisch zum Frachtführer bzw. den Speditionsvertrag zum Frachtvertrag, noch reicht sie allein aus, um einen Selbsteintritt zu begründen. Liegen sonst alle Elemente eines Speditionsvertrages vor, bleibt der Spediteur, der gegen eine feste Vergütung leistet, dem Speditionsrecht unterworfen (MONTANARO, 122 ff.). Das Bundesgericht liess die Frage in BGE 132 III 634 E. 3.4 offen.

5   Dem Spediteur obliegt das sorgfältige und richtige Ausstellen der **Transportdokumente**. Im von ihm abgeschlossenen Frachtvertrag erscheint er als Auftraggeber bzw. Absender. Der Spediteur kann auf ausdrückliche Instruktion des Auftraggebers hin auch seinen eigenen Auftraggeber (der z. B. der Hersteller/Verkäufer des Frachtgutes im Rahmen der hinter dem Transport stehenden Warentransaktion ist) als Absender einsetzen, mit oder ohne Angabe des Vertretungsverhältnisses. Dies kann in der Praxis unter Umständen zu Schwierigkeiten führen, wenn bestimmt werden muss, wer gegenüber dem Frachtführer die Rechte und Pflichten des Absenders hat bzw. wem gegenüber der Frachtführer verantwortlich ist.

6   Nimmt ein Spediteur Ware ohne konkrete, transportbezogene Versendungsanordnungen zur **vorläufigen Lagerung** entgegen, liegt lediglich ein Hinterlegungsvertrag, aber (noch) kein Speditionsvertrag vor (BGE 126 III 194 E. 2a, 2b).

II.   Haftung nach Kommissionsrecht

7   Für alle **vorbereitenden Rechtshandlungen** und die Organisation des Transportes haftet der Spediteur nach Kommissionsrecht (s. N 1). Der in der Literatur und Praxis häufig verwendete Begriff der Vorbereitungshandlung ist zu eng. Der Spediteur haftet auch für Handlungen, die während oder nach Abschluss des Transportes anfallen nach Kommissionsrecht, z. B. für die Überwachung oder eine kurzfristige Einlagerung (MONTANARO, 33 FN 167). Als Kommissionär untersteht der Spediteur einer **auftragsrechtlichen Verschuldenshaftung**. Der Ansprecher, d. h. der Versender muss ein Verschulden des Spediteurs beweisen.

8   Organisiert der Spediteur allerdings den **Vortransport der Güter** ab Werk des Versenders zum beigezogenen Frachtführer, was den Abschluss eines entsprechenden Frachtvertrages mit einem Frachtführer bedingt, haftet er nach dem Wortlaut von Art. 439 auch hierfür bereits nach demjenigen Frachtrecht, dem der für den Vortransport beauftragte Frachtführer unterliegt (vgl. BK-GAUTSCHI, N 6b).

III. Haftung nach Frachtrecht

Nach der Sonderregelung von Art. 439 haftet der Spediteur für die **phy-** 9
sische Ausführung des Transportes durch den beauftragten Frachtführer
wie der betreffende Frachtführer, sofern und soweit er auf diesen Rückgriff
nehmen kann (s. Art. 456 N 1; MONTANARO, 34). Insoweit verweist das Speditionsrecht des OR materiellrechtlich auf das jeweilige den vom Spediteur
abgeschlossenen Frachtvertrag bestimmende Recht. Der Spediteur wird dadurch aber nicht zum Frachtführer; ihm soll nur die Stellung eines sog.
Transportschadensgaranten zukommen. Der Spediteur übernimmt insoweit das Delkredere für den Frachtführer (KOBEL 33, HOFSTETTER SPR VII/2,
166).

Art. 439 verweist auf dasjenige Frachtrecht, welches konkret auf den vom 10
Spediteur abgeschlossenen Frachtvertrag anwendbar ist (vgl. Art. 456
N 9 ff.). Dabei handelt es sich nicht nur um die frachtrechtlichen Bestimmungen des OR, sondern jedes internationale auf den betreffenden Frachtvertrag anzuwendende Recht (z. B. CMR, COTIF/CIM, MÜ etc.). Soweit das
schweizerische Frachtrecht anwendbar ist, unterliegt der Spediteur einer
Kausalhaftung, gemildert durch die Möglichkeit eines vom Spediteur zu erbringenden Entlastungsbeweises (vgl. Art. 447 f.).

Die **Schnittstelle** zwischen Anwendbarkeit von Kommissionsrecht und 11
Frachtrecht ist oft nicht leicht zu definieren (vgl. BGE 48 II 333 E. 2, wo
streitig war, ob die Ausstellung der Begleitpapiere eine sich auf den Trans-
port beziehende Handlung sei). Jedenfalls kommen die Normen für den
Gütertransport **nur bezüglich des Transportes,** nicht aber bezüglich der
sich auf den Transport beziehenden Vorbereitungshandlungen zur Anwen-
dung (OGE BL vom 20. 12. 1988 unter Verweis auf BGE 48 II 333 E. 2 und
BGE 52 II 88). Die weitgehende Übereinstimmung der Begriffselemente und
Terminologie von Fracht- und Speditionsvertrag und die Tatsache, dass
Spediteure auch Frachtverträge abschliessen, erfordert für die Abgrenzung
die Auslegung des Parteiwillens (vgl. MONTANARO, 37 ff., N 7 u. 8; BGE 132
III 632).

Grundsätzlich beginnt die Frachtführerhaftung des Spediteurs (weil der 12
Spediteur ja nicht Frachtführer ist, oft bezeichnet als Transportschadensga-
rantie, vgl. N 9) mit Übergabe des Frachtgutes an den Frachtführer bzw. die
Transportanstalt (Ausnahme s. N 8); sie endet mit der gehörigen Abliefe-
rung des Speditionsgutes am vereinbarten Bestimmungsort (BGE 36 II 369;
BK-GAUTSCHI, N 12e).

IV. Sorgfaltsmassstab

Der Spediteur trägt bei der Organisation des Transportes und der Ausfüh- 13
rung aller speditioneller Vorbereitungshandlungen die Haftung für getreue

Ausführung (Art. 439, 425 Abs. 2, 398). Insbesondere wegen des gesetzlichen Verweises auf Bestimmungen des Einzelarbeitsvertrages (Art. 321e), häufig aber auch durch das Zusichern höchster Qualitätsmassstäbe durch den Spediteur während der Vertragsverhandlungen und bei Vertragsschluss, werden von den Gerichten mit steigender Tendenz **hohe Sorgfaltsansprüche** an den Spediteur gestellt. Dies hat erheblichen Einfluss bei der Beurteilung des Verschuldens des Spediteurs.

14   Der vom Hauptspediteur befugt beigezogene, mit der Organisation des Transportes betraute sog. **Zwischenspediteur** ist keine Hilfsperson, sondern **Substitut** gemäss Art. 398 Abs. 3 (BGE 103 II 61 E. 1a). Er erfüllt seine Aufgabe selbständig. Für die den Transport vorbereitenden Handlungen des Zwischenspediteurs bzw. für durch dessen Rechtshandlungen ausserhalb des Transportes entstehenden Schaden, haftet der Hauptspediteur lediglich für gehörige Sorgfalt bei der Wahl und Instruktion des befugt beigezogenen Zwischenspediteurs (Art. 399 Abs. 2; BGE 103 II 62 E. 1b; Schneeberger, 123). Entsteht allerdings ein Schaden während des Transportes, haftet der Hauptspediteur nach Frachtrecht für seinen Zwischenspediteur gemäss Art. 449 (Huguenin, Art. 129 N 12.6.2; Guhl/Schnyder § 53 N 2). Auch der Zwischenspediteur wird diesfalls zum Transportschadensgaranten. Diese Haftung des Zwischenspediteurs besteht auch direkt gegenüber dem Auftraggeber (Art. 399 Abs. 3). War der Einsatz des Zwischenspediteurs unbefugt, haftet der Hauptspediteur für ihn und seine Handlungen wie für eine Hilfsperson i. S. v. Art. 101.

15   Aus dem Speditionsrecht direkt auch ohne besondere Beauftragung ergibt sich die Pflicht des Spediteurs, die Abwicklung des Transportes während dessen Durchführung zu beaufsichtigen, d. h. zu **überwachen** (s. N 7); dazu gehört es, bei Verzögerung, Verlust oder Untergang die Rechte (Regressrechte) des Versender zu wahren (BSK OR I-Staehelin, N 2).

Der Frachtvertrag

Art. 440

Begriff	[1] Frachtführer ist, wer gegen Vergütung (Frachtlohn) den Transport von Sachen auszuführen übernimmt.
	[2] Für den Frachtvertrag kommen die Vorschriften über den Auftrag zur Anwendung, soweit nicht die Bestimmungen dieses Titels etwas anderes enthalten.

Literatur

AISSLINGER, Die Haftung des Strassenfrachtführers und die Frachtführerhaftpflichtversicherung, Zürich 1975; BENZ, in: Herber/Piper (Hrsg.), CMR-Kommentar zum Internationalen Strassentransportrecht, München 1996, 687 ff.; ERBE/SCHLIENGER, Der Multimodalvertrag im schweizerischen Recht, in: Transportrecht 2005, 421 ff.; HARTMANN, Die Stellung des Versenders gegenüber dem Spediteur und dem Frachtführer im Speditionsvertrag, Diss. Basel, 1944; HUGUENIN, Obligationenrecht BT, Zürich/Basel/Genf 2002; ISLER, Über die Voraussetzungen des Retentionsrechts, insbesondere jenes des Spediteurs und des Frachtführers, ZBJV 115, 1979, 401 ff. (zit. ISLER, Retentionsrecht); ISLER, Zur Rechtsnatur des Spediteurempfangsscheines, BJM 1978, 113 ff. (zit. ISLER, Rechtsnatur); MARCHAND, Der Frachtvertrag im Schweizer Recht, SJK Nr. 164, Genf 1999; MONTANARO, Die Haftung des Spediteurs für Schäden an Gütern, Zürich, 2002; ZUELLIG, Der CT (Combined Transport)-Vertrag im schweizerischen Recht, Zürich 1983.

I.   Inhalt und Abgrenzung

1   Der Frachtvertrag ist ein **formloser Konsensualvertrag**. Die Ausstellung eines Frachtbriefes ist nicht erforderlich (vgl. Art. 443 N 5). **Essentialia** sind die Einigung über das Frachtgut, die Person des Empfängers, der Ablieferungsort sowie mindestens das Prinzip der Entgeltlichkeit. Als Frachtgut in Frage kommen **nur Sachen** aller Art. Der Personentransport ist gesondert geregelt.

2   Der Frachtvertrag ist kein Werkvertrag, sondern ein **qualifizierter Auftrag**. Damit ist eine Erfolgshaftung des Frachtführers ausgeschlossen (BK-GAUTSCHI, N 5a). Er ist grundsätzlich **entgeltlich**. Entgeltlichkeit ist ein Essentiale (BGE 109 II 233 E. 3c). **Unentgeltliche Frachtverträge** richten sich nach Auftragsrecht. Der Frachtvertrag muss nicht gewerbsmässig ausgeführt werden.

3   Der Frachtvertrag ist ein **Tathandlungsauftrag**, mit dem sich der Frachtführer zum Transport eines Frachtgutes verpflichtet (AppG BS 12. 05. 2000 in BJM 2000, 311). Er ist unter gewissen Umständen bzw. im Zweifel ein echter **Vertrag zugunsten Dritter** (Art. 112 Abs. 2). Der Dritte ist der (nicht mit dem Absender identische) Empfänger (BGE 38 II 167 E. 4). Das **Forderungsrecht des** (nicht mit dem Absender identischen; BK-GAUTSCHI, Art. 443 N 16a) **Empfängers** (als Dritter) entsteht allerdings erst zu einem späteren Zeitpunkt nach Vertragsschluss im Laufe der Vertragsabwicklung (vgl. Art. 443).

4   Die Haftung des Frachtführers gegenüber dem Absender bzw. Empfänger ist eine **Kausalhaftung**, gemildert durch die Möglichkeit des Entlastungsbeweises (Art. 447, BGE 103 II 61 E. 1).

5   Die **Abgrenzung** vom Speditionsvertrag fällt nicht immer leicht (s. Art. 439 N 2, N 4). Der Speditionsvertrag ist ein Rechtshandlungsauftrag, gerichtet auf den Abschluss von Rechtshandlungen im Zuge der Organisation, Vorbereitung, Planung und Überwachung des Transportes, wie zum Beispiel Abschluss der Frachtverträge, Ausfüllen der Transportdokumente etc.

6   Die **Auslegung** von Bestand und Inhalt des Frachtvertrages folgt den allgemeinen Regeln des Vertragsrechtes (BGE 132 III 626 E. 3.1). Die blosse Bezeichnung als Speditionsvertrag hindert nicht, dass in Wirklichkeit ein Frachtvertrag vorliegt (AppG BS 12. 05. 2000 in BJM 2000, 313).

II. Beginn und Ende der Ausführungsobligation des Frachtführers

Grundsätzlich erstreckt sich die **Ausführungsobligation** vom Augenblick, in 7
dem der Frachtführer das Frachtgut in Besitz nimmt, bis zum Augenblick,
in dem er es dem Empfänger abliefert (BK-GAUTSCHI, Art. 447 N 6c).

Als qualifizierter Auftrag untersteht der Frachtvertrag subsidiär dem Auf- 8
tragsrecht; er kann grundsätzlich **jederzeit gekündet** oder widerrufen werden (Art. 404 Abs. 1), nur nicht zur Unzeit (Art. 404 Abs. 2; BGE 109 II 233
E. 3c). Kündigung und Widerruf erfolgen mit Wirkung ex nunc (BK-GAUT-
SCHI, Art. 441 N 7c; BSK OR I-STAEHELIN, N 10). Der ein Essentiale des Geschäftes darstellende Frachtlohn ist geschuldet für alle Leistungen, die bis
zur Kündigung oder dem Widerruf vom Frachtführer erbracht wurden
(BGE 109 II 233 E. 3c). **Voraussetzung** der Kündigung bzw. des Widerrufes
ist, dass der Kündigende noch über das reisende Gut verfügen kann
(Art. 443).

III. Dispositive Natur und Bedeutung des Frachtrechtes des OR

Das Frachtrecht ist zur Hauptsache **dispositiver Natur**, also mit einigen 9
Ausnahmen grundsätzlich nicht zwingend. Dies ergibt sich aus Art. 455. Die
Vertragsfreiheit ist nur zulasten derjenigen Transportanstalten, für deren
Betrieb es einer staatlichen Genehmigung bedarf, eingeschränkt (BGE 94
II 206 E. 13; zu den Ausnahmen s. Art. 447). Im nationalen Bereich ist die
Anwendung des OR zunächst durch Spezialgesetzgebung (Eisenbahn, Post
etc.) **beschränkt**. Im internationalen Warenverkehr ist die Bedeutung des
schweizerischen Frachtrechtes ebenfalls stark eingeschränkt. Im internationalen Luft-, See-, Strassen- und Binnenschifffahrtstransport gilt regelmässig vereinheitlichtes, multilaterales, materielles Staatsvertragsrecht (z. B.
MÜ, HV, CMR, COTIF/CIM, CMNI). Da solches Staatsvertragsrecht nie sämtliche Regelungsmaterien des betreffenden Transportmodus erfasst, bleibt
dennoch nicht zu vernachlässigender Raum für subsidiäre Anwendung des
anwendbaren nationalen Frachtrechtes (vgl. für das CMR BGE 132 III 635
E. 4.1). Dieses bestimmt sich nach den Regeln des internationalen Privat-
rechtes (Art. 117 IPRG). Anknüpfungsbegriff ist der gewöhnliche Aufenthalt
des Frachtführers (BGE 127 III 125 E. 2.c).

Art. 441

¹ **Der Absender hat dem Frachtführer die Adresse des Empfängers und den Ort der Ablieferung, die Anzahl, die Verpackung, den Inhalt und das Gewicht der Frachtstücke, die Lieferungszeit und den Transportweg sowie bei wertvollen Gegenständen auch deren Wert genau zu bezeichnen.**

² **Die aus Unterlassung oder Ungenauigkeit einer solchen Angabe entstehenden Nachteile fallen zu Lasten des Absenders.**

I.   Normzweck und praktische Bedeutung

1   Die Pflicht des Absenders, dem Frachtführer die in **Art. 441 Abs. 1** aufgezählten notwendigen Angaben mitzuteilen, entsteht erst, nachdem der Frachtvertrag als solcher gültig zustande gekommen ist (BSK OR I-STAEHELIN, N 1). Es handelt sich dabei nicht um essentialia negotii, sondern um **vertragliche Nebenpflichten** des Absenders (gl. M. HANDKOMM-VON ZIEGLER/MONTANARO, N 2; teilweise a. M. BSK OR I-STAEHELIN, N 1 in Bezug auf Empfänger, Ort der Ablieferung und Frachtgut). In der Praxis werden die meisten der in Art. 441 aufgezählten Angaben vom Frachtführer allerdings regelmässig bereits vor Abschluss des Frachtvertrages benötigt, insb. zur Berechnung des Frachtlohnes und zur Planung des Transportes.

2   Bei den Angaben gemäss Art. 441 handelt es sich um Instruktionen des Absenders an den Frachtführer, die der **Konkretisierung des Frachtvertrages** dienen. Die Aufzählung ist nicht abschliessend. Umgekehrt führt das Fehlen einzelner Angaben nicht dazu, dass der Frachtvertrag nachträglich dahinfällt (s. N 1).

3   Die notwendigen Absenderangaben müssen dem Frachtführer nicht ausdrücklich mitgeteilt werden. Sie können sich auch aus den dem Frachtführer übergebenen, die Warentransaktion betreffenden Dokumenten ergeben (s. dazu N 5).

II.   Vom Frachtvertrag abweichende Absenderangaben

4   Stimmen einzelne Angaben nicht mit dem Frachtvertrag überein, handelt es sich bei der Mitteilung dieser Angaben um einen Antrag zur Änderung des Frachtvertrages. Eine solche bedarf grundsätzlich der **Zustimmung des Frachtführers**, da der Frachtführer nicht dazu verpflichtet werden kann, vom Frachtvertrag abweichende Angaben zu befolgen (z. B. Transport der

Güter an einen anderen Bestimmungsort als den vertraglich vereinbarten; **a.M.** MARCHAND, 18). Eine **Ausnahme** davon besteht u.E. allerdings in denjenigen Fällen, in denen dem Frachtführer statt den vertragsmässigen Gütern andere Güter zum Transport für denselben Bestimmungsort übergeben werden, wenn dadurch die Lage des Frachtführers nicht erschwert wird (so ausdrücklich vorgesehen in § 562 HGB).

III. Sorgfaltspflicht des Frachtführers

Aus der sich aus dem **Auftragsrecht ableitenden Sorgfaltspflicht** ergibt sich für den Frachtführer die Pflicht, fehlende notwendige Angaben vom Absender – soweit ihm zumutbar – rechtzeitig einzuholen. Grundsätzlich darf sich der Frachtführer auf die Richtigkeit der Absenderangaben verlassen. Ist das rechtzeitige Einholen der notwendigen Angaben nicht möglich oder nicht zumutbar, so bestimmt der Frachtführer sie nach der Natur des zu besorgenden Geschäftes (vgl. Art. 396 Abs. 1).   5

Hätte der Frachtführer bei gehöriger Sorgfalt **unrichtige oder unvollständige Angaben** aber feststellen müssen (z.B. aus den ihm übergebenen Transportdokumenten), trägt er im Schadensfall eine Mitverantwortung, sofern der Schadenseintritt bei einer Richtigstellung der Absenderangaben hätte vermieden werden können. Die Rechtsprechung stellt an die Sorgfaltspflicht des Frachtführers, angesichts seines besonderen Fachwissens, **hohe Anforderungen** (vgl. BGE 93 II 350 E.4; 102 II 256 E. 2b «Golduhrendiebstahl»; siehe auch Art. 439 N 13; Art. 447 N 11 f.).   6

IV. Rechtsfolgen

Soweit einzelne Angaben zur Ausführung des Frachtvertrages notwendig sind, stellt deren nicht rechtzeitige oder unvollständige Bekanntgabe eine **Vertragsverletzung** dar. Die **Rechtsfolgen** dieser Vertragsverletzung sind in **Art. 441 Abs. 2** geregelt. Demnach hat der Absender die sich durch Unterlassung oder Ungenauigkeit einer solchen Angabe ergebenden Nachteile zu tragen. Zu den Nachteilen zählen etwa die Befreiung des Frachtführers von seiner (Kausal-)Haftung, wenn das Frachtgut aufgrund einer fehlenden oder unrichtigen Angabe verloren oder zugrunde geht. Ebenso die Haftung des Absenders gegenüber dem Frachtführer für den Schaden, der diesem aus der Unrichtigkeit der Absenderangaben entsteht, sofern der Absender nicht zu beweisen vermag, dass ihn kein Verschulden trifft (vgl. Art. 402 Abs. 2).   7

V. Beweislast

Die Beweislast dafür, dass die notwendigen Angaben dem Frachtführer rechtzeitig und vollständig mitgeteilt wurden, trägt der Absender. Dem   8

Frachtführer obliegt dagegen der Beweis, dass das Frachtgut infolge einer fehlerhaften Anweisung verloren oder zugrunde ging (Entlastungsbeweis gemäss Art. 447 Abs. 1).

Art. 442

2.   Verpackung

¹ **Für gehörige Verpackung des Gutes hat der Absender zu sorgen.**

² **Er haftet für die Folgen von äusserlich nicht erkennbaren Mängeln der Verpackung.**

³ **Dagegen trägt der Frachtführer die Folgen solcher Mängel, die äusserlich erkennbar waren, wenn er das Gut ohne Vorbehalt angenommen hat.**

I.   Allgemeines

1   Die Pflicht zur gehörigen Verpackung des Gutes obliegt dem Absender. Begründet wird die Verpackungspflicht des Absenders damit, dass er i.d.R. den Inhalt der Sendung am besten kennt. Art. 442 ist **dispositiver Natur.** Im Rahmen des Frachtvertrages oder mittels zusätzlicher Vereinbarung kann der Absender den Frachtführer auch mit der gehörigen Verpackung der Frachtgutes beauftragen (BSK OR I-STAEHELIN, N 6).

II.   Gehörige Verpackung

2   Das Gut ist so zu verpacken, dass es den Anforderungen des Transportes genügt, um vor Beschädigungen (Verkratzen, Feuchtigkeit, Druck, Geruchsschäden etc.) und Verlust (z.B. durch Verdunsten) geschützt zu werden. Massgebend sind die **Umstände des Einzelfalles,** wie etwa die Art des Transportmittels, die Transportdauer oder die Witterungsverhältnisse. Zu berücksichtigen ist auch die Beschaffenheit des zu transportierenden Gutes. Beim Transport von **gefährlichen Gütern** gelten besondere verkehrsbezogene nationale und internationale Verpackungs- und Kennzeichnungsvorschriften (Strasse: ADR, SDR; Schiene: RID, RSD; Schifffahrt: ADNR, IMDG; Luftrecht: DGR).

3   **Ungenügend** ist eine Verpackung dann, wenn das Gut bei einem vertragsgemäss durchgeführten Transport nicht den üblicherweise zu erwartenden äusseren oder inneren (vom Gut selbst ausgehenden) Einwirkungen standzuhalten vermag. Der Aufwand im Zusammenhang mit der Verpackungspflicht muss in einem **angemessenen Verhältnis** zu den üblicherweise zu

erwartenden Gefahren des Transportes stehen. Unverhältnismässig wäre es, vom Absender zu verlangen, die Ware gegen alle denkbaren Transportrisiken zu schützen (z. B. Unfall, Naturkatastrophen, Terroranschläge etc.).

III. Rechtsfolgen

Nach **Art. 442 Abs. 3** haftet der Frachtführer für einen Schaden als Folge eines äusserlich erkennbaren Mangels der Verpackung, wenn er das Gut ohne Vorbehalt angenommen hat. Daraus ergibt sich für den Frachtführer die **Pflicht**, die Verpackung des ihm übergebenen Gutes auf äusserlich erkennbare Mängel **zu überprüfen** und den Absender mit einem entsprechenden Vorbehalt auf allfällige erkennbare **Mängel hinzuweisen**.

4

Liegt kein äusserlich erkennbarer Mangel der Verpackung vor, **haftet der Absender** für allfällige Schäden infolge der mangelhaften Verpackung (**Art. 442 Abs. 2**). Gleiches gilt, wenn zwar ein äusserlich erkennbarer Mangel der Verpackung vorliegt und der Frachtführer einen Vorbehalt angebracht hat, der Absender aber auf eine Verbesserung der Verpackung verzichtet. In solchen Fällen nimmt der Absender eine Haftung für Schäden durch die mangelhafte Verpackung bewusst in Kauf. Eine Pflicht des Frachtführers, ein mangelhaft verpacktes Gut nicht zu transportieren, besteht allerdings nicht (**a. M.** BSK OR I-Staehelin, N 3).

5

IV. Beweislast

Die **Folgen von Verpackungsmängeln** sind grundsätzlich vom Absender zu tragen (**a. M.** BSK OR I-Staehelin, N 5). Aufgrund der in Art. 447 Abs. 1 statuierten Kausalhaftung obliegt es jedoch dem Frachtführer, den Beweis dafür zu erbringen, dass die Verpackung bei Übernahme des Gutes mangelhaft und dieser Mangel adäquat kausal für den Schaden war (Art. 447 Abs. 1 i. V. m. Art. 442 Abs. 2). Gelingt dem Frachtführer dieser Nachweis, haftet der Absender grundsätzlich für alle aus der mangelhaften Verpackung entstandenen Nachteile. Eine Ausnahme davon besteht lediglich dann, wenn es an einem Vorbehalt des Frachtführers fehlt und dem Absender der Nachweis gelingt, dass ein für den Frachtführer äusserlich erkennbarer Mangel i. S. v. Art. 442 Abs. 3 vorlag. Bei der Frage, ob der Frachtführer äusserliche Mängel hätte erkennen müssen, gilt es die besonderen Fachkenntnisse des Frachtführers mitzuberücksichtigen.

6

Soweit der Frachtführer keinen Vorbehalt angebracht hat, besteht eine **natürliche Vermutung**, dass die Verpackung bei Übergabe des Gutes mängelfrei war (BK-Gautschi, Art. 442 N 4a). Der Frachtführer trägt die Beweislast dafür, dass er einen Vorbehalt angebracht hat. Zu Beweiszwecken ist dem Frachtführer zu empfehlen, einen diesbezüglichen Vorbehalt gleich im Frachtbrief selbst anzubringen.

7

Art. 443

3. **Verfügung über das reisende Gut**

[1] Solange das Frachtgut noch in Händen des Frachtführers ist, hat der Absender das Recht, dasselbe gegen Entschädigung des Frachtführers für Auslagen oder für Nachteile, die aus der Rückziehung erwachsen, zurückzunehmen, ausgenommen:

1. wenn ein Frachtbrief vom Absender ausgestellt und vom Frachtführer an den Empfänger übergeben worden ist;
2. wenn der Absender sich vom Frachtführer einen Empfangsschein hat geben lassen und diesen nicht zurückgeben kann;
3. wenn der Frachtführer an den Empfänger eine schriftliche Anzeige von der Ankunft des Gutes zum Zwecke der Abholung abgesandt hat;
4. wenn der Empfänger nach Ankunft des Gutes am Bestimmungsorte die Ablieferung verlangt hat.

[2] In diesen Fällen hat der Frachtführer ausschliesslich die Anweisungen des Empfängers zu befolgen, ist jedoch hiezu, falls sich der Absender einen Empfangsschein hat geben lassen und das Gut noch nicht am Bestimmungsorte angekommen ist, nur dann verpflichtet, wenn dem Empfänger dieser Empfangsschein zugestellt worden ist.

I. Normzweck

1 Art. 443 regelt die Möglichkeit, über das reisende Frachtgut formfrei Verfügungen zu treffen. Das Recht des Absenders, über das Frachtgut Verfügungen zu treffen, ergibt sich bereits aus dem Auftragsrecht. Unter gewissen Voraussetzungen geht dieses Recht allerdings im Laufe der Vertragsabwicklung vom Absender auf den Empfänger über. Entgegen dem Wortlaut regelt Art. 443 nicht nur die Rücknahme bzw. den Rückzug des Frachtgutes durch den Absender, sondern auch (entsprechend dem Randtitel) die Möglichkeit, über das **reisende Frachtgut** Verfügungen zu treffen. Mit diesem Übergang des Verfügungsrechtes auf den Empfänger als Dritten wird der Frachtvertrag zum echten Vertrag zugunsten Dritter. Vorausgesetzt ist, dass der Empfänger mit der Person des Absenders nicht identisch ist (HUGUENIN, N 834).

II. Das Verfügungsrecht des Absenders

Das **Verfügungsrecht** umfasst das Recht, dem Frachtführer Weisungen zu   2
erteilen, insbesondere vom Frachtführer das Frachtgut zurückzuverlangen
bzw. herauszuverlangen. Das Verfügungsrecht über das Frachtgut steht
grundsätzlich dem Absenders zu, solange es noch in den Händen des Frachtführers ist, dieser also Besitz daran hat (Art. 443 Abs. 1; Art. 920 Abs. 2 ZGB).

Der **Besitz** des Frachtführers ist ein **unselbständiger** (BGE 93 II 376 E. 1b).   3
Der Frachtführer (und auch der Spediteur) besitzt im Zweifel während des
Transportes für seinen Auftraggeber, den Versender (BGE 38 II 167 E. 4).
Der Frachtführer bleibt selbst dann unselbständiger Besitzer für den Absender, wenn er den (Eisenbahn-)Frachtbrief bereits dem Empfänger übergeben hat. Der Frachtführer besitzt erst nach Ankunft des Frachtgutes am
Bestimmungsort für den Empfänger (BGE 38 II 168 E. 4). Besitz und Weisungsrecht gemäss Art. 443 können also auseinanderfallen, müssen also
nicht bei der gleichen Person liegen.

Übt der Absender das Rücknahmerecht aus, wird er dem Frachtführer nach   4
den Regeln des Auftragrechtes (Art. 404 Abs. 2) für daraus erwachsende
Auslagen oder Nachteile **entschädigungspflichtig**.

III. Übergang des Verfügungsrechts auf den Empfänger

Art. 443 Abs. 1 Ziff. 1 – 4 nennt vier gesetzliche Ausnahmefälle, in denen das   5
Verfügungsrecht des Absenders, trotz Besitz des Frachtführers, auf den
Empfänger übergeht.

Gemäss **Art. 443 Abs. 1 Ziff. 1** verliert der Absender sein Verfügungsrecht   6
zugunsten des Empfängers, nachdem ein vom Absender ausgestellter
Frachtbrief von ihm (dem Frachtführer) an den Empfänger übergeben worden ist. Unter Frachtbrief ist ein schriftlicher Beförderungsvertrag zu verstehen (vgl. z. B. Art. 4 CMR). Er ist im schweizerischen Recht regelmässig
kein Warenwertpapier (vgl. Art. 1153). Soweit ein Frachtbriefentwurf vom
Absender ausgestellt bzw. vorbereitet wird, wird er erst durch Unterzeichnung oder konkludente Verwendung durch den Frachtführer für die Zwecke des Transportes zur Beweisurkunde für den Beförderungsvertrag, also
zum eigentlichen Frachtbrief. Die Übergabe eines derartigen Frachtbriefes
durch den Frachtführer an den Empfänger ist im nationalen Transport-
geschäft heute eher selten.

Ebenso soll gemäss **Art. 443 Abs. 1 Ziff. 2** der Absender sein Verfügungs-   7
recht verlieren, wenn der Frachtführer einen sog. **Empfangsschein** ausstellt hat, diesen dem Absender (bei Übernahme der Ware zum Transport)
übergeben hat und letzterer den Empfangsschein bei Gelegenheit der Aus-

übung des Verfügungsrechtes dem Frachtführer nicht zurückgeben kann. Analog dem Spediteurempfangsschein ist der hier erwähnte Empfangsschein nur blosses Empfangsbekenntnis, schlichte **Beweisurkunde** (ISLER, Rechtsnatur, 121). Auch der Frachtbrief enthält eine Empfangsbestätigung (vgl. den in Art. 1155 erwähnten Empfangsschein).

8   In den Fällen von Art. 443 Abs. 1 Ziff. 1 und Ziff. 2 kann das Verfügungsrecht über das reisende Gut damit schon **vor Ankunft** des Frachtgutes am Bestimmungsort auf den Empfänger übergehen, sofern der Empfänger Empfangsschein oder Frachtbrief hat bzw. dem Frachtführer vorweisen kann (Art. 443 Abs. 2).

9   Nach Art. **443 Abs. 1 Ziff.** 3 geht das Verfügungsrecht als Folge einer schriftlichen **Anzeige** des Frachtführers von der Ankunft des Frachtgutes zum Zwecke der Abholung an den Empfänger an diesen über. Zu einer solchen Anzeige ist der Frachtführer gemäss Art. 450 verpflichtet. Der Absender verliert in diesem Fall nach Ankunft des Frachtgutes sein Verfügungsrecht bereits mit Versand der schriftlichen Anzeige. Der Versand einer schriftlichen Anzeige ist nach dem Gesetzeswortlaut Voraussetzung des Rechtsüberganges.

10   Gemäss **Art. 443 Abs. 1 Ziff.** 4 geht das Verfügungsrecht auf den Empfänger über, wenn dieser nach Ankunft des Frachtgutes am Bestimmungsort die **Auslieferung** verlangt (BGE 38 II 168 E. 4). Aus dem Gesetzeswortlaut folgt, dass Weisungen des Empfängers vor Ankunft des Frachtgutes mindestens dann, wenn er einen Frachtbrief oder Empfangsschein nicht vorweisen kann, wirkungslos sind (Art. 443 Abs. 2). Da gemäss Art. 443 Abs. 1 Ziff. 3 der Versand einer schriftlichen Ankunftsanzeige reicht, diese Anzeige also nicht empfangsbedürftig ist, sollte der Empfänger gegebenenfalls die Ankunft des Frachtgutes selbst überwachen und anschliessend zwecks sicheren raschen Erwerb des Verfügungsrechtes sofort die Auslieferung i. S. v. Art. 443 Abs. 1 Ziff. 4 verlangen.

IV. Inhalt des Verfügungsrechts des Empfängers

11   Der (nicht mit dem Absender identische) Empfänger kann dem Frachtführer grundsätzlich die nämlichen **einseitigen Weisungen** verbindlich erteilen, die der Absender vor Übergang des Verfügungsrechts erteilen konnte. Die Folge des Überganges des Verfügungsrechtes vom Absender auf den Empfänger ist der Untergang des Weisungsrechts des Absenders (BK-GAUTSCHI, N 16b). Legitimiert zu Verfügungen ist dann nur noch der Empfänger.

12   Der Empfänger kann grundsätzlich nur solche Weisungen erteilen, «die sich als Ausführung des vom Absender mit dem Frachtführer geschlossenen Frachtvertrages qualifizieren lassen und zu dessen Erfüllung durch Ablieferung an den ersten oder einen anderen Empfänger führen» (BK-

GAUTSCHI, N 19a). Anderenfalls schafft der Empfänger gegebenenfalls ein Ablieferungshindernis i. S. v. Art. 444 und 445.

Art. 444

<table>
<tr>
<td>

I. Stellung des Frachtführers

1. Behandlung des Frachtgutes

a. Verfahren bei Ablieferungshindernissen

</td>
<td>

¹ **Wenn das Frachtgut nicht angenommen oder die Zahlung der auf demselben haftenden Forderungen nicht geleistet wird oder wenn der Empfänger nicht ermittelt werden kann, so hat der Frachtführer den Absender hievon zu benachrichtigen und inzwischen das Frachtgut auf Gefahr und Kosten des Absenders aufzubewahren oder bei einem Dritten zu hinterlegen.**

² **Wird in einer den Umständen angemessenen Zeit weder vom Absender noch vom Empfänger über das Frachtgut verfügt, so kann der Frachtführer unter Mitwirkung der am Orte der gelegenen Sache zuständigen Amtsstelle das Frachtgut zugunsten des Berechtigten wie ein Kommissionär verkaufen lassen.**

</td>
</tr>
</table>

I. Normzweck

Art. 444 regelt die Rechte und Pflichten des Frachtführers beim Vorliegen einzelner **Ablieferungshindernisse**, namentlich bei (1) Annahmeverweigerung, (2) Zahlungsverweigerung und (3) Nicht-Ermittelbarkeit des Empfängers. Diese Aufzählung ist abschliessend. Treten andere Hindernisse auf, so gelten die allgemeinen Regeln des Obligationenrechts (BSK OR I-STAEHELIN, N 2).   1

Eine **Annahmeverweigerung** liegt vor, wenn sich der Empfänger weigert, das Frachtgut zum vereinbarten Zeitpunkt entgegenzunehmen. Weigert sich der Absender (Schuldner), die auf dem Frachtgut haftenden Forderungen fristgerecht zu bezahlen, liegt eine **Zahlungsverweigerung** vor. Der Frachtführer wird dann zumeist versuchen, diesen Betrag beim Empfänger einzufordern. Bei den auf dem **Frachtgut haftenden Forderungen** handelt es sich primär um den vereinbarten Frachtlohn. In Frage kommen aber auch weitere vom Frachtführer im Zusammenhang mit dem Frachtgut getätigte Aufwendungen wie Zölle, Abgaben oder Lagergebühren. Eine amtliche Hinterlegung der auf dem Frachtgut haftenden Forderungen ersetzt die umgehende Zahlungspflicht des Absenders und hebt das Ablieferungshindernis auf (vgl. Art. 451). Eine **Nicht-Ermittelbarkeit des Empfängers** ist   2 dann gegeben, wenn der Frachtführer den Empfänger am vereinbarten Ablieferungsort trotz zumutbarer Bemühungen nicht ermitteln kann. Zeitaufwendige oder teure Nachforschungen sind dem Frachtführer nicht zumutbar (BK-GAUTSCHI, N 8e). Nicht von Bedeutung sind die Gründe, die zum Ablieferungshindernis führen.

II. Rechtsfolgen

3   Liegt ein Ablieferungshindernis vor, hat der Frachtführer den Absender zu benachrichtigen und das Frachtgut einstweilen entweder selbst **aufzubewahren** oder bei einem Dritten zu **hinterlegen**. Dem Frachtführer ist es folglich von Gesetzes wegen untersagt, das Gut sich selbst zu überlassen. Die Lagerung des Frachtgutes erfolgt auf **Gefahr und Kosten** des Absenders (Art. 444 Abs. 1). Der Frachtführer hat die Kosten aber vorzuschiessen.

4   **Art. 444 Abs. 2** gewährt dem Frachtführer das Recht, das Frachtgut unter Mitwirkung der am Orte der gelegenen Sache zuständigen Amtsstelle (also nicht freihändig) zugunsten des Berechtigten wie ein Kommissionär versteigern zu lassen (sog. **Selbsthilfeverkauf**), sofern weder der Absender noch der Empfänger in einer den Umständen angemessenen Zeit seit Benachrichtigung des Absenders über das Frachtgut verfügt. Was eine den **Umständen angemessene Zeit** ist, beurteilt sich nach den Gegebenheiten des Einzelfalles, namentlich nach der Beschaffenheit des Gutes, der Interessenlage der Parteien, der Höhe der Lagerkosten sowie der objektiven Reaktionsmöglichkeit des Absenders oder des Frachtführers, über das Frachtgut zu verfügen. Bei verderblichen Gütern oder Gütern, deren vermutlicher Wert die darauf haftenden Kosten nicht decken, ist der Frachtführer berechtigt, nach vorgängiger Feststellung des Tatbestandes, das Frachtgut **ohne Verzug** von der zuständigen Amtsstelle versteigern zu lassen (sog. **Notverkauf**; siehe Art. 445 Abs. 1).

5   Die **sachliche Zuständigkeit** der für die Versteigerung des Frachtgutes zuständigen Amtsstelle ergibt sich aus dem jeweiligen kantonalen Recht. Zum Verfahren siehe Art. 445 N 4.

III. Beweislast

6   Der Frachtführer hat die Ablieferungshindernisse darzulegen und zu beweisen. Liegt ein Ablieferungshindernis vor, und entscheidet sich der Frachtführer dazu, das Frachtgut von der zuständigen Amtsstelle versteigern zu lassen, trägt er auch die Beweislast dafür, dass er den Absender über das Ablieferungshindernis informiert hat und alsdann weder der Absender noch der Empfänger während einer den Umständen angemessenen Zeitspanne über das Frachtgut verfügt haben.

Art. 445

b. **Verkauf**   [1] **Sind Frachtgüter schnellem Verderben ausgesetzt, oder deckt ihr vermutlicher Wert nicht die darauf haftenden Kosten, so hat der Frachtführer den Tatbestand ohne Verzug amtlich feststellen zu lassen und kann das Frachtgut in gleicher Weise wie bei Ablieferungshindernissen verkaufen lassen.**
[2] **Von der Anordnung des Verkaufes sind, soweit möglich, die Beteiligten zu benachrichtigen.**

I.   Normzweck

Art. 445 ist **lex specialis** zu Art. 444. Er räumt dem Frachtführer in zwei   1
weiteren Fällen das Recht zum Verkauf des Frachtgutes (sog. **Notverkauf**)
ein, nämlich dann, wenn (1) das Frachtgut schnellem Verderben ausgesetzt ist, oder (2) dessen vermutlicher Wert nicht die darauf haftenden
Kosten deckt. Mit dem raschen Verkauf soll sichergestellt werden, dass der
Frachtführer seine Kosten erhältlich machen kann (BSK OR I-Staehelin,
N 2). Das Vorliegen eines Ablieferungshindernisses i. S. v. Art. 444 bildet
keine Voraussetzung für die Anwendbarkeit von Art. 445, kann aber durchaus zusätzlich bestehen.

Verderblich ist ein Frachtgut, wenn es aufgrund seiner physikalischen und   2
chemischen Beschaffenheit dem schnellen Verderb ausgesetzt ist. Nicht erforderlich ist, dass das Frachtgut bereits verdorben ist. Jedoch muss die
konkrete Gefahr bestehen, dass es **vor Annahme durch den Empfänger**
zum Verderb kommen wird. Das Recht des Frachtführers zum Notverkauf
besteht folglich auch dann, wenn das Frachtgut am Bestimmungsort zwar
unverdorben ankommt, jedoch damit zu rechnen ist, dass es noch vor Annahme durch den Empfänger verderben wird (**a. M.** HANDKOMM-von
Ziegler/Montanaro, N 2; BSK OR I-Staehelin, N 4, die in Bezug auf die
Verderblichkeit auf den Zeitpunkt der Ankunft des Frachtgutes am Bestimmungsort abstellen; Letzterer jedoch widersprüchlich in Art. 445 N 5).

Der **vermutliche Wert des Frachtgutes** ist durch die für die Verwertung zu-   3
ständige Behörde (dazu s. N 4) nach **objektiven Kriterien** abzuschätzen.
Handelsrechnungen, Zollpapiere, Versicherungsdokumente etc. können dabei nützlich sein. Unter Umständen ist auch das Einholen eines Experten-
gutachtens geboten. Nur dann, wenn feststeht, dass der vermutliche Wert
des Frachtgutes die **darauf haftenden Kosten** (dazu s. Art. 444 N 2) nicht
deckt, ist der Frachtführer im zweiten Anwendungsfall von Art. 445 zum
Notverkauf des Frachtgutes berechtigt.

II. Verfahren

4   Sind die Voraussetzungen für den Notverkauf gegeben, hat der Frachtführer den Tatbestand **ohne Verzug** amtlich feststellen zu lassen und die öffentliche Versteigerung zu beantragen. Ein zu langes Zuwarten kann die
Haftung des Frachtführers nach Art. 446 auslösen. **Örtlich zuständig** ist
das Gericht am Ort, an dem sich das Frachtgut befindet (vgl. im Binnen-
verhältnis: Art. 33 GestG; im internationalen Verhältnis: Art. 10 IPRG resp.
Art. 24 LugÜ jeweils i. V. m. Art. 33 GestG). Die **sachliche Zuständigkeit** ergibt sich nach dem jeweiligen kantonalen Recht.

5   Das Gericht kann die Versteigerung ohne Anhören der Gegenpartei anordnen, wenn am Ort der gelegenen Sache weder der Absender noch ein Vertreter desselben anwesend ist (vgl. Art. 435 Abs. 2, auf den Art. 445 Abs. 1
i. V. m. Art. 444 Abs. 2 verweist). Die **beteiligten Parteien** sind jedoch, soweit möglich, über die gerichtliche Anordnung nachträglich durch amtliche Mitteilung in Kenntnis zu setzen (**Art. 445 Abs. 2**; vgl. auch Art. 435).
Ist das Frachtgut schneller Verderbnis ausgesetzt, kann auf eine solche
Mitteilung regelmässig verzichtet werden. Bei den beteiligten Parteien
handelt es sich i. d. R. um den Absender, den Empfänger sowie um den Eigentümer des Frachtgutes.

6   Ist die gerichtliche Anordnung rechtskräftig oder ist dem Rechtsmittel die
aufschiebende Wirkung entzogen, kann der Frachtführer das Frachtgut
unter Mitwirkung der **zuständigen Amtsstelle öffentlich versteigern** lassen. Die für die Versteigerung zuständige Amtsstelle braucht mit dem für
die Bewilligung des Notverkaufs zuständigen Gericht nicht identisch zu
sein (BSK OR I-Staehelin, N 12). Mangels anders lautender Vereinbarung
ist der Frachtführer nicht berechtigt, das Frachtgut freihändig zu verkaufen. Die Verwertung des Frachtgutes kann bis zur öffentlichen Versteigerung entweder durch Bezahlung oder amtliche Hinterlegung der auf dem
Frachtgut haftenden Forderungen abgewendet werden (vgl. Art. 451). Zu
der auf dem Frachtgut haftenden Forderungen zählen auch die vom Frachtführer getätigten Auslagen im Zusammenhang mit dem von ihm angestrebten Notverkauf.

Art. 446

**Verantwort-
lichkeit**

Der Frachtführer hat bei Ausübung der ihm in Bezug
auf die Behandlung des Frachtgutes eingeräumten
Befugnisse die Interessen des Eigentümers bestmöglich zu wahren und haftet bei Verschulden für Schadenersatz.

I. Normzweck

Art. 446 regelt die **Interessenwahrungspflicht** des Frachtführers in Fäl- 1
len, in denen ihm kraft Gesetz besondere Befugnisse in Bezug auf die Behandlung des Frachtgutes eingeräumt werden sowie die Rechtsfolgen bei
deren Verletzung. Das Gesetz lässt es hier nicht bei der allgemeinen, aus
dem Auftragsrecht ableitbaren Interessenwahrungspflicht des Frachtführers (Art. 398 Abs. 1 und 2) bewenden. Es konkretisiert diese teilweise für
diejenigen im Gesetz vorgesehenen Tatbestände, die dem Frachtführer
weitgehende Befugnisse in Bezug auf die Behandlung des Frachtgutes
einräumen und dadurch eine erhöhte Gefahrenlage für dessen Eigentümer schaffen. Es handelt sich dabei namentlich um den **Selbsthilfeverkauf** (Art. 444), den **Notverkauf** (Art. 445) sowie die Geltendmachung des
Retentionsrechts (Art. 451). Die hier, vom Gesetz im Auftragsrecht sonst
nicht gebrauchte Terminologie (vgl. Art. 398 i. V. m. Art 321e), berücksichtigt, dass der Frachtführer in Art. 444, 445 und 451 berechtigt wird, das
Frachtgut in einer Weise zu behandeln, die ausserhalb des verabredeten Inhaltes des Frachtvertrages liegen und so die dem Transport zu-
grundeliegende Warentransaktion direkt oder indirekt beeinflussen. Daher verpflichtet Art. 446 den Frachtführer zur bestmöglichen Wahrung
der **Eigentümerinteressen**. Bei dieser Optimierungsaufgabe ist **alle erforderliche Sorgfalt** anzuwenden (BGE 93 II 350 E. 4). Diese kann es anzeigt erscheinen lassen, dass der Frachtführer vor Ausübung der ihm
gesetzlich eingeräumten Befugnisse – zwecks Wahrung der Eigentümerinteressen – gegebenenfalls Absender und/oder Empfänger oder sogar
(sofern bekannt) den Transportversicherer kontaktiert.

Verursacht der Frachtführer durch Verletzung seiner Interessenwah- 2
rungspflicht schuldhaft einen Schaden, wird er **schadenersatzpflichtig**.
Eine solche Verletzung liegt etwa dann vor, wenn der Frachtführer den Eigentümer dadurch schädigt, indem er sein Retentionsrecht (Art. 451) nicht
auf das zur Deckung seiner Forderung notwendige Mass beschränkt
(BGE 46 II 389 E. 3; vgl. BK-GAUTSCHI, N 2b–d mit zahlreichen Beispielen).

Anders als Art. 447 setzt die Haftung nach Art. 446 ein Verschulden des Frachtführers voraus (siehe u. N 4). Im Unterschied zu Art. 447 haftet der Frachtführer aber unbeschränkt.

II.   Klagelegitimation und Beweislast

3   Zur Schadenersatzklage **legitimiert** ist nach h. L. derjenige, der über das Gut die Verfügungsberechtigung besitzt, d. h. entweder der Absender oder der Empfänger. Sind Warenwertpapiere ausgegeben, so ist der legitime Besitzer dieser Papiere zur Klage berechtigt (BK-Gautschi, N 3; BSK OR I-Staehelin, N 4).

4   Gemäss dem Wortlaut des Gesetzes ist Art. 446 als **Verschuldenshaftung** konzipiert. Folglich trägt der Schadenersatzkläger die Beweislast dafür, dass sämtliche Haftungsvoraussetzungen erfüllt sind (gl. M. ZK-Oser/Schönenberger, N 1; a. M. BSK OR I-Staehelin, N 6, der wohl von einer Kausalhaftung mit Entlastungsmöglichkeit ausgeht). Der Frachtführer hat hingegen darzulegen und zu beweisen, dass er zum Selbsthilfeverkauf, zum Notverkauf oder zur Geltendmachung des Retentionsrechts berechtigt war, falls dies vom Schadenersatzkläger im Prozess bestritten wird.

Art. 447

| 2. | Haftung des Frachtführers |
| a. | Verlust und Untergang des Gutes |

[1] Wenn ein Frachtgut verloren oder zugrunde gegangen ist, so hat der Frachtführer den vollen Wert zu ersetzen, sofern er nicht beweist, dass der Verlust oder Untergang durch die natürliche Beschaffenheit des Gutes oder durch ein Verschulden oder eine Anweisung des Absender oder des Empfängers verursacht sei oder auf Umständen beruhe, die durch die Sorgfalt eines ordentlichen Frachtführers nicht abgewendet werden konnten.

[2] Als ein Verschulden des Absenders ist zu betrachten, wenn er den Frachtführer von dem besonders hohen Wert des Frachtgutes nicht unterrichtet hat.

[3] Verabredungen, wonach ein den vollen Wert übersteigendes Interesse oder weniger als der volle Wert zu ersetzen ist, bleiben vorbehalten.

I. Normzweck und Bedeutung

Art. 447–449 enthalten eine durch die Möglichkeit des Entlastungsbeweises 1 gemilderte **Kausalhaftung** (BGE 103 II 61 E. 1).

Art. 447 betrifft nur Fälle von Verlust und Untergang des Frachtgutes, also 2 nur Fälle von **Totalschaden**. Nicht in Total- oder Teilverlust, vollständigem oder teilweisem Untergang oder Verspätung bestehende Vertragsverletzungen beurteilen sich gemäss Art. 440 Abs. 2 nach den Vorschriften des Auftragsrechtes. Teilverlust und Teiluntergang fallen unter Art. 448. Der Frachtführer haftet unabhängig von persönlichem Verschulden oder von Verschulden der für ihn handelnden Personen. Es genügt, dass er oder jene sich objektiv widerrechtlich verhalten haben (BGE 102 II 260 E. 2).

Das **Verschulden** bleibt aber dennoch zu beachten. Erstens gehört es zu 3 den Entlastungsgründen des Frachtführers (Art. 447 Abs. 1). Zweitens kann es das Mass der Haftung beeinflussen (Art. 44). Muss sich der Frachtführer Fahrlässigkeit vorwerfen lassen, ist für den Entlastungsbeweis ohnehin kein Raum. Diesfalls haftet der Frachtführer schon nach den Bestimmungen über die Verschuldenshaftung, die durch die strengere Kausalhaftung des Art. 447 Abs. 1 nicht ausgeschlossen wird (BGE 102 II 261 E. 2; vgl. aber N 11).

Dem Totalschaden entspricht der sog. **wirtschaftliche** oder (transportversi- 4 cherungs-rechtlich ausgedrückt) konstruktive **Totalschaden**. Ein solcher liegt vor, wenn die Wiederherstellungskosten den ursprünglichen Wert des Gutes übersteigen (KELLER II, 108; OFTINGER/STARK I, 368 N 366).

Verlust ist nicht nur physischer Verlust oder Zugrundegehen. Als verloren 5 gilt ein Frachtgut immer dann, wenn der Frachtführer nicht mehr in der Lage ist, es dem nach Frachtrecht Verfügungsberechtigten zur Verfügung zu stellen. Auf welchen Gründen diese **Unfähigkeit der Ablieferung** beruht, ist unerheblich. Art. 447 ist auch anwendbar «wenn die Ware einem nach dem Frachtvertrag nicht Berechtigten übergeben und insbesondere auch dann, wenn sie [...] nach erfolgtem Widerruf noch an den ursprünglich als Empfänger bezeichneten herausgegeben wurde» (BGE 47 II 330 E. 2).

II. Ersatzwert

Zu ersetzen ist der **volle Wert**. Gemeint ist der volle Wert des Frachtgutes. 6 Damit sind die allgemeinen Regeln über die Pflicht zum Schadenersatz wesentlich modifiziert (BGE 47 II 331 E. 3). Weder die Einrede des Frachtführers, der Schaden erreiche den vollen Wert nicht, noch diejenige des Absenders, der Schaden übersteige den Wert des Gutes, sind zulässig (BGE 47 II 331 E. 3). Es ist nicht auf den tatsächlich erlittenen Schaden abzustellen. Dadurch sollte eine klare, die rasche Erledigung solcher Ansprüche ermöglichende Rechtslage geschaffen werden (BGE 47 III 331 E. 3; MARCHAND, 30).

7   Der **Wert** der Ware berechnet sich nach dem Marktwert am Ablieferungsort zur Zeit der frachtvertragsgemässen Ablieferung (BGE 47 II 332 E. 3).

8   Im **internationalen** staatsvertraglich geregelten **Transportrecht** ist der Schadensbegriff regelmässig und zwingend definiert (z. B. Art. 23 Abs. 1 und 2 CMR, Art. 30 § 1 CIM). Endet ein derartiger internationaler Transport nach Grenzübertritt in der Schweiz und führt ein anderer Frachtführer die Zulieferung in der Schweiz unter einem separaten, dem OR unterstehenden Frachtvertrag durch, gehört zum vollen Wert auch der Frachtlohn sowie die bei der Einfuhr zu entrichtenden Zoll- und anderen Einfuhrabgaben (BSK OR I-STAEHELIN, N 7).

III. Entlastungsbeweis

9   Die Beweislast liegt nach dem Gesetzeswortlaut beim **Frachtführer**.

10   Erster **Entlastungsgrund** neben der natürlichen Beschaffenheit des Frachtgutes (innerer Verderb etc.) sind die Verletzung der gemäss Art. 441 und Art. 442 dem Absender obliegenden Pflichten. Darin eingeschlossen sind Anweisungen des Absenders oder (nach Übergang des Verfügungsrechtes) des Empfängers. Ein Verschulden des Verfügungsberechtigten ist nicht erforderlich; es genügt der Kausalzusammenhang zwischen der Anweisung und dem eingetretenen Verlust (BSK OR I-STAEHELIN, N 9). Ein Verschulden des Anweisenden ist aber gemäss Art. 447 Abs. 1 ein selbständiger Entlastungsgrund.

11   Eine Art **Auffangtatbestand** der Entlastung sind die Ursachen, die durch die Sorgfalt eines ordentlichen Frachtführers nicht abgewendet werden konnten. Die vom Gesetz geforderte Sorgfalt ist nicht etwa die übliche, sondern alle erforderliche Sorgfalt (BGE 93 II 350 E. 4). Anzuwenden vom Frachtführer ist dasjenige Mass an Sorgfalt, «das nach den konkreten Verhältnissen die sichere Beförderung des Frachtgutes und dessen Übergabe an den Empfänger gewährleistet» (BGE 93 II 350 E. 4).

12   Als Anwendungsfall von Art. 447 Abs. 1 (Verschulden oder Anweisung des Absenders) i. V. m. Art. 441 greift das Gesetz in Art. 447 Abs. 2 den Tatbestand heraus, dass der Absender den Frachtführer nicht vom besonders hohen Wert des Frachtgutes unterrichtet hat. Kennt der Frachtführer den hohen Wert des Frachtgutes, hat er eine **Wertsendung** unter möglichst sicheren Bedingungen zu transportieren (vgl. BGE 102 II 262 E. 2 für die Haftung des Spediteurs nach Frachtrecht für eine auf dem Transport verlorene Wertsendung).

IV. Abweichungen von der gesetzlichen Haftungsbeschränkung des vollen Wertes (Art. 447 Abs. 3)

Art. 447 Abs. 3 belegt, dass Art. 447 Abs. 1 bezüglich der gesetzlichen Be-   **13**
schränkung des Schadenersatzes auf den vollen Wert grundsätzlich dispositives Recht ist. **Verabredungen** abzielend darauf, dass der Frachtführer
bei Totalverlust mehr oder weniger als den vollen Wert zu ersetzen hat, sind
zulässig. Vom Gesetzeswortlaut her sind durch Parteiabrede jedoch nicht
abänderbar die gesetzlichen Voraussetzungen des Ersatzanspruches, die
gesetzlich vorgesehenen Entlastungsgründe und die gesetzliche Beweislastverteilung (BK-Gautschi, N 10a, BSK OR I-Staehelin, N 15). Damit ist Art.
447 jedenfalls in diesem Umfang zwingend.

Vertraglich vereinbarte Beschränkungen der Höchsthaftung können sich   **14**
aus allgemeinen **Vertragsbedingungen** ergeben, die von den Parteien gültig zum Vertragsbestandteil des Frachtvertrages erhoben wurden. Angesichts der auf den vollen Wert des Frachtguts beschränkten Haftung muss
eine **vertragliche Beschränkung** derselben auf weniger als den vollen Wert
der Regel von **Art. 100 Abs. 1** unterliegen (BGE 102 II 264 E. 4).

Das Frachtrecht des OR sieht nicht vor, dass die beschränkte Haftung des   **15**
Frachtführers bei grober Fahrlässigkeit oder Vorsatz gebrochen werden
kann (Marchand, 31). Bei grober Fahrlässigkeit ist daher **Unverbrüchlich-
keit** der Haftungslimite des vollen Wertes anzunehmen (Montanaro, 69;
Marchand, 31). Daher haftet bei Wegfall einer vertraglichen Haftungsbeschränkung der Frachtführer nur bis zum gesetzlichen Haftungsbetrag.

Die Vereinbarung, dass mehr als der volle Wert zu ersetzen ist, ist keine   **16**
Haftungsbeschränkung i. S. v. Art. 100 Abs. 1. Vielmehr liegt eine **Erweiterung** der gesetzlichen Haftung vor.

Die in der Literatur geäusserte Ansicht, die gesetzliche Haftungsbeschrän-   **17**
kung auf den vollen Wert des Frachtguts entfalle bei Nachweis von **Vorsatz**
und/oder **Grobfahrlässigkeit**, ist kontrovers und vom Bundesgericht nicht
bestätigt (vgl. Montanaro, 66 mit Literaturhinweisen). Der gelegentlich
dazu zitierte BGE 102 II 264 aus dem Jahr 1976 behandelt diese Frage
nicht. Im dort relevanten Speditionsvertrag waren die damals geltenden allgemeinen Bedingungen des schweizerischen Spediteurverbandes anwendbar. Deren Art. 8 Abs. 2 sah eine Haftungsbeschränkung pro Kilogramm vor;
der Entscheid betraf danach nur die Frage der **vertraglichen Beschränkung** der Haftungssumme, nicht die gesetzliche Beschränkung gemäss
Art. 447 und 448 auf den vollen Wert des Frachtgutes (vgl. Kummer, 226 f.).
Nach der **ratio legis** von Art. 447 und 448 und angesichts des Fehlens einer
ausdrücklichen Ausnahmeregelung (vgl. Art. 452, Abs. 1, Art. 454 Abs. 3)
muss es bei **allen Verschuldensformen** bei der **gesetzlichen Haftungsbeschränkung auf den vollen Wert** sein Bewenden haben. Daran ändert

nichts, dass dieser Wert an sich disponibel ist. Wird er durch Verabredung erhöht, gilt der verabredete Wert als voller Wert. Wird er beschränkt, unterliegt er der Kautel des Art. 100 Abs. 1. Einen Ausweg kann Anspruchskonkurrenz bieten, wenn im Verhalten des Frachtführers gleichzeitig eine unerlaubte Handlung liegt (ZK-Oser/Schönenberger, Art. 447 N 5).

18   Im internationalen Frachtrecht ist die **Anspruchskonkurrenz** häufig beseitigt (z. B. Art. 29 MÜ, Art. 28 Abs. 1 CMR). Im internationalen Lufttransportrecht des MÜ sind im Gütertransport die gesetzlichen Haftungslimiten bei keiner Verschuldensform brechbar (Art. 22 Abs. 3 und Abs. 5 MÜ).

Art. 448

b.   Verspätung, Beschädigung, teilweiser Untergang

¹ **Unter den gleichen Voraussetzungen und Vorbehalten wie beim Verlust des Gutes haftet der Frachtführer für allen Schaden, der aus Verspätung in der Ablieferung oder aus Beschädigung oder aus teilweisem Untergange des Gutes entstanden ist.**

² **Ohne besondere Verabredung kann ein höherer Schadenersatz als für gänzlichen Verlust nicht begehrt werden.**

I.   Normzweck und Bedeutung

1   Art. 448 regelt im Gegensatz zu den Fällen von Totalverlust (Verlust, Zugrundegehen, Art. 447) die Haftung für die **Unterfälle** von (1) Verspätung in der Ablieferung, (2) Beschädigung oder (3) teilweisem Untergang des Frachtgutes.

2   Das Haftungssystem (Kausalhaftung, gemildert durch die Möglichkeit eines Entlastungsbeweises), nach dem für diese Fälle gehaftet wird, ist Art. 447 entnommen. Gehaftet wird «unter den gleichen Voraussetzungen und Vorbehalten wie beim Verlust des Gutes», womit ausdrücklich auf Art. 447 verwiesen wird.

II.   Die einzelnen Haftungssachverhalte

3   *(1) Verspätung in der Ablieferung:* Die Lieferungszeit kann verabredet sein. Die **Angabe der Lieferungszeit** gehört gemäss Art. 441 zu den sog. notwendigen Absenderangaben, muss aber trotz des gesetzlichen Wortlautes nicht zwingend angegeben werden (ZK-Oser/Schönenberger, Art. 441

N 9). Eine Verspätung in der Ablieferung liegt vor, wenn die vereinbarte oder übliche Ablieferungszeit nicht eingehalten wird. Die Erhebung des entsprechenden Anspruches auf Schadenersatz setzt keine Mahnung voraus (BK-GAUTSCHI, N 2d; BSK OR I-STAEHELIN, N 2).

Ist die Lieferungszeit vertraglich bestimmt, stellt sie eine konkrete Ausführungsanweisung i. S. v. Art. 397 dar (BK-GAUTSCHI, Art. 441 N 7b). Wird keine derartige Anweisung erteilt, muss die Ablieferung innert der **üblichen Lieferfrist** erfolgen. Massstab dafür ist zunächst die Sorgfaltspflicht des Frachtführers (BK-GAUTSCHI, Art. 441 N 7b). Die Pflicht des Frachtführers, die Interessen des Absenders bzw. Eigentümers bei der Ausführung des Transportes «bestmöglich» zu wahren, gilt auch hier (HONSELL OR BT, 369). Oft kann aus einer Anweisung betreffend den Transportweg, das Transportmittel, die Art des Transportgutes, evtl. aus dem offenkundigen Interesse des Auftraggebers auf eine Frist für die Ablieferung geschlossen werden (ZK-OSER/SCHÖNENBERGER, Art. 441 N 9). Wer möglichst billig befördern lassen will, riskiert die Auslegung, er habe sich für eine Transportart mit geringerer Transportschnelligkeit entschieden (BK-GAUTSCHI, Art. 441 N 7a m.V. auf Entscheide zum Eisenbahntransportrecht). 4

Aus Vorstehendem ergibt sich, dass der für die Verspätung **beweispflichtige Auftraggeber** bzw. Eigentümer gut daran tut, Angaben über die Ablieferungszeit vertraglich festzuhalten bzw. entsprechende Beweise zu sichern. 5

(2) Beschädigung: Hierbei geht es um eine **teilweise Beschädigung**. Bei vollständiger Beschädigung liegt ein Anwendungsfall von Art. 447 (Totalverlust) vor. Beschädigt ist ein teilbares Frachtgut, wenn davon gewisse einzelne Teile nicht mehr bestimmungsgemäss verwendet werden können (BSK OR I-STAEHELIN, N 2). Der Frachtführer hat in Anwendung der allgemeinen Auffassung des haftpflichtrechtlich relevanten Schadens den Betrag der **Wertverminderung** zu zahlen, welche der Differenz zwischen dem Wert des Gutes bei der Übernahme und dem Wert infolge der Beschädigung entspricht (BGE 127 III 76 E. 4a). Die Beschädigung muss, wie auch der teilweise Untergang, während des Transportes eingetreten sein. 6

Die versehentliche **Vermischung** zweier Ölqualitäten bei der Ablieferung aus einem Tankschiff durch Pumpen des transportierten Öls in einen falschen Landtank wurde vom Bundesgericht nicht als Totalverlust, sondern als Beschädigung beurteilt (BGE 115 II 497 E. 3 für einen nach SSG beurteilten Fall). 7

(3) Teilweiser Untergang: **Teilweiser Untergang** ist teilweisem Verlust oder Teilbeschädigung gleichzusetzen. Vorausgesetzt ist erneut eine grundsätzliche Teilbarkeit des Frachtgutes. 8

III. Haftung und Ersatzwert

9   Haftung und Haftungsvoraussetzungen sind gemäss den Ausführungen zu Art. 447 zu beurteilen. Anders als in Art. 447 jedoch haftet der Frachtführer hier für «**allen Schaden**», der aus Verspätung, Beschädigung und Teilverlust entsteht.

10   Im Gegensatz zu Art. 447 ist nicht bloss der volle Wert, d. h. der Sachschaden zu ersetzen, sondern auch Nachteile anderer Art, also auch bloss **mittelbarer Schaden** (BGE 88 II 96 E. 4). Beschädigung oder teilweiser Untergang werden gleichbehandelt wie Verspätung. Bei letzterer ist anderer Schaden als mittelbarer gar nicht denkbar.

11   Die in Art. 448 Abs. 2 vorgesehene Begrenzung auf den Ersatz, der gemäss Art. 447 gefordert werden könnte, hat nur die Bedeutung einer **summenmässigen Schranke** (BGE 88 II 97 E. 4). Die Haftung gemäss Art. 448 ist also in jedem Fall auf den vollen Sachwert beschränkt, wovon aber durch Vertrag abgewichen werden kann (vgl. Art. 447).

Art. 449

c. **Haftung für Zwischenfrachtführer**

Der Frachtführer haftet für alle Unfälle und Fehler, die auf dem übernommenen Transporte vorkommen, gleichviel, ob er den Transport bis zu Ende selbst besorgt oder durch einen anderen Frachtführer ausführen lässt, unter Vorbehalt des Rückgriffes gegen den Frachtführer, dem er das Gut übergeben hat.

I. Allgemeines

1   Art. 449 regelt die Haftung des Frachtführers beim **Beizug von einem oder mehreren Zwischenfrachtführern**. Der Frachtführer ist grundsätzlich dazu berechtigt, Zwischenfrachtführer mit der Ausführung des Transportes oder einzelner Teile davon zu beauftragen (Art. 68). Eine Ausnahme besteht dort, wo eine persönliche Leistungserbringung des Frachtführers ausdrücklich vereinbart worden ist, oder der durchzuführende Transport stark durch die individuellen Eigenschaften (z. B. besondere Transporttechnik) des Frachtführers geprägt ist; beides dürfte in der Praxis selten der Fall sein.

2   Beim Zwischenfrachtführer handelt es sich nicht um einen Substituten (Art. 399). Seine Stellung ist mit derjenigen einer **Hilfsperson** i. S. v. Art. 101 zu vergleichen (BGE 107 II 238 E. 5b; nicht so der Zwischenspediteur, der

als Substitut gemäss Art. 399 zu behandeln ist; dazu BGE 103 II 61 E. 1 m. w.H.). Dies kommt in der Haftung des Frachtführers dann auch klar zum Ausdruck (s. N 3 f.).

II. Rechtsfolgen

Anders als beim Zwischenspediteur, ist die Haftung des Frachtführers für den Zwischenfrachtführer nicht auf die gehörige Auswahl und Instruktion beschränkt. Art. 449 sieht vor, dass der Frachtführer beim Beizug eines Zwischenfrachtführers gleich haftet, wie wenn er den Transport selbst besorgt hätte. Es steht dem Frachtführer aber offen, den **Entlastungsbeweis** gemäss Art. 447 anzutreten. Die Wegbedingung der Haftung des Frachtführers für die Handlungen des Zwischenfrachtführers ist jedoch zulässig (BGE 94 II 206 E. 13). 3

Handelt es sich beim Zwischenfrachtführer um eine **öffentliche Transportanstalt** (Art. 456 Abs. 1), so gelten für den Frachtführer in Bezug auf die entsprechende Teilstrecken die gleichen Haftungsbeschränkungen wie für die öffentliche Transportanstalt gemäss den geltenden Spezialvorschriften. Abweichende Vereinbarungen zwischen dem Frachtführer und dem Absender bleiben vorbehalten (Art. 456 Abs. 2). 4

Dem Frachtführer steht ein **Regressrecht** gegen den Zwischenfrachtführer nach Massgabe des unter ihnen bestehenden Frachtvertrages zu (BGE 107 II 238 E. 4; ZK-OSER/SCHÖNENBERGER, N 8). Die Regressordnung richtet sich nach Art. 50/51 (BK-GAUTSCHI, N 9b). Dem Absender steht es frei, sich an den Frachtführer oder direkt an den Zwischenfrachtführer zu halten (Art. 399 Abs. 3; BENZ, 691). Der Zwischenfrachtführer haftet mit dem Hauptfrachtführer solidarisch i. S. v. Art. 51 Abs. 1 (MARCHAND, 14). 5

Art. 450

Anzeigepflicht   Der Frachtführer hat sofort nach Ankunft des Gutes dem Empfänger Anzeige zu machen.

I. Anzeigepflicht

Der Frachtführer ist zur Anzeige an den Empfänger grundsätzlich verpflichtet. Art. 450 ist nicht zwingendes Recht. Eine anders lautende Vereinbarung ist somit zulässig. Wer **Empfänger** des Gutes ist, bestimmt der Absender (Art. 441 Abs. 1). Dessen Name und Kontaktdetails sind dem 1

Frachtführer spätestens bei Ankunft des Gutes bekannt zu geben (s. Art. 441 N 1). Der vom Absender genannte Empfänger (z. B. Empfangsspediteur) muss nicht identisch mit dem Endempfänger sein. Nicht als Empfänger gilt die in der Meldeadresse («**notify address**») genannte Person, sofern sie mit diesem nicht identisch ist.

2   Die Anzeige ist eine **empfangsbedürftige Erklärung.** Damit wird sie erst mit ihrem Zugehen beim Empfänger wirksam. Sie bedarf, wenn nicht ausdrücklich anders vereinbart, keiner bestimmten Form. Indessen bewirkt bereits der blosse Versand einer schriftliche Anzeige, dass das Verfügungsrecht über das Gut mit deren Versand auf den Empfänger übergeht (vgl. Art. 443 Abs. 1 Ziff. 3); nicht so bei einer mündlichen Anzeige (**a. M.** BSK OR I-Staehelin, N 1, anders jedoch in Art. 443 N 6). Ist der Empfänger nicht erreichbar oder nicht ermittelbar, liegt ein Ablieferungshindernis i. S. v. Art. 444 vor (s. Art. 444 N 2).

II.   Rechtsfolgen

3   Verletzt der Frachtführer seine Anzeigepflicht, begeht er eine **Vertragsverletzung.** Für den dadurch entstandenen Schaden haftet der Frachtführer grundsätzlich nach den allgemeinen auftragsrechtlichen Regeln (Art. 398). Bei Verlust, Beschädigung oder Verspätung der Güter richtet sich die Haftung des Frachtführers hingegen nach Art. 447 f.

Art. 451

4.   Retentionsrecht   ¹ **Bestreitet der Empfänger die auf dem Frachtgut haftende Forderung, so kann er die Ablieferung nur verlangen, wenn er den streitigen Betrag amtlich hinterlegt.**
² **Dieser Betrag tritt in Bezug auf das Retentionsrecht des Frachtführers an die Stelle des Frachtgutes.**

I.   Gegenstand des Retentionsrechts

1   Dem Frachtführer steht ein gesetzliches Retentionsrecht an den von ihm beförderten Gütern zu. Das Retentionsrecht dient ausschliesslich zur Sicherstellung der auf dem Frachtgut haftenden Forderung (dazu Art. 444 N 2). Es ist somit streng **akzessorisch,** d. h. vom Bestand der Retentionsforderung abhängig. Durch Abrede kann auf das Retentionsrecht verzichtet werden.

Das Retentionsrecht besteht nach den **allgemeinen Voraussetzungen** der Art. 895 ff. ZGB (BSK ZGB II-Rampini/Schulin/Vogt, Art. 895 N 13; Isler, Retentionsrecht, 401 ff.). Gegenstand des Retentionsrechts bildet das Frachtgut, beschränkt auf den Betrag der bestrittenen auf dem Frachtgut haftenden Forderung (**Retentionsforderung**). Der Frachtführer darf somit nur soviel des Frachtgutes zurückbehalten, als zur Sicherstellung und Befriedigung seiner bestrittenen Forderung erforderlich (BGE 46 II 388 E. 3); eine genaue Schätzung kann dem Frachtführer nicht zugemutet werden (BGE 46 II 388 E. 4). Weitere Forderungen des Frachtführers sowie Forderungen aus dem Grundverhältnis zwischen Absender und Empfänger können nicht mit dem Retentionsrecht des Frachtführers gesichert werden (BSK OR I-Staehelin, N 1). Übt der Frachtführer sein Retentionsrecht übermässig aus, und entsteht dadurch ein Schaden, wird er gegenüber dem Anspruchsberechtigten unter Umständen schadenersatzpflichtig (Art. 446; BGE 46 II 388 E. 3). 2

II. Dauer des Retentionsrechts

Das Retentionsrecht entsteht von Gesetztes wegen mit **Inbesitznahme** des Frachtgutes, sofern auch die übrigen gesetzlichen Voraussetzungen von Art. 451 erfüllt sind. Es geht unter, (1) bei **Besitzverlust**, sofern der Frachtführer den Retentionsgegenstand nicht nach den Regeln des Besitzesrechts zurückverlangen kann, (2) bei nachträglichem **Verzicht** auf das Retentionsrecht, (3) bei **Bezahlung** der Retentionsforderung oder (4) bei deren **Sicherstellung** durch amtliche Hinterlegung (vgl. Art. 451 Abs. 1). Die Bezahlung bzw. die Sicherstellung kann neben dem Empfänger auch von einem Dritten geleistet werden. Blosses Angebot der Sicherstellung genügt nicht; diese muss vollzogen sein, d. h. der streitige Betrag muss amtlich hinterlegt sein (BGE 46 II 388 E. 3). Ist die Retentionsforderung hinreichend amtlich hinterlegt worden, so ist der Frachtführer zur Herausgabe des Frachtgutes verpflichtet. Alsdann hat der Frachtführer die bestrittene Forderung klageweise im ordentlichen Gerichtsverfahren geltend zu machen (zum Verfahren s. BSK OR I-Staehelin, N 10 f.). 3

III. Verwertung des Retentionsgegenstandes

Sind die Voraussetzungen zur Geltendmachung des Retentionsrechts gegeben, und wird der streitige Betrag nicht amtlich hinterlegt, hat der Frachtführer das Recht, den Retentionsgegenstand unter Mitwirkung der **zuständigen Amtsstelle öffentlich versteigern** zu lassen und seine Forderung aus dem Erlös zu befriedigen. Das Verwertungsverfahren richtet sich nach den Regeln von Art. 444 Abs. 2. Mangels anders lautender Vereinbarung ist der Frachtführer nicht berechtigt, das Frachtgut freihändig zu verkaufen. 4

Art. 452

5.   Verwirkung der Haftungsansprüche

[1] Durch vorbehaltlose Annahme des Gutes und Bezahlung der Fracht erlöschen alle Ansprüche gegen den Frachtführer, die Fälle von absichtlicher Täuschung und grober Fahrlässigkeit ausgenommen.

[2] Ausserdem bleibt der Frachtführer haftbar für äusserlich nicht erkennbaren Schaden, falls der Empfänger solchen innerhalb der Zeit, in der ihm nach den Umständen die Prüfung möglich oder zuzumuten war, entdeckt und den Frachtführer sofort nach der Entdeckung davon benachrichtigt hat.

[3] Diese Benachrichtigung muss jedoch spätestens acht Tage nach der Ablieferung stattgefunden haben.

I.   Anwendungsbereich

1   Art. 452 regelt die Verwirkung aller Haftungsansprüche **gegen den Frachtführer** (BK-GAUTSCHI, N 1b); er betrifft nicht die Ansprüche des Frachtführers gegen den Absender bzw. Empfänger. Für die Ansprüche des Frachtführers selbst besteht die Verwirkungsfolge nicht (ZK-OSER/SCHÖNENBERGER, N 7; BSK OR I-STAEHELIN, N 1); diese unterliegen der 10-jährigen Verjährungsfrist des Art. 127. Die Anwendung von Art. 452 setzt grundsätzlich die Ankunft und Ablieferung voraus.

2   Es handelt sich um eine echte **Verwirkung**. Die Ansprüche erlöschen durch Verwirkung, d. h. sie gehen schlechthin unter (ZK-OSER/SCHÖNENBERGER, N 6). Die Verwirkung ist von Amtes wegen zu beachten.

II.   Voraussetzungen des Eintrittes der Verwirkung bei äusserlich erkennbaren Schäden

3   Vorausgesetzt sind kumulativ die vorbehaltlose Annahme des Gutes und die Bezahlung der Fracht (ZK-OSER/SCHÖNENBERGER, N 2). Beides zusammen schafft eine **unwiderlegliche Vermutung** für die gehörige Ablieferung.

4   Der Empfänger unterliegt keiner frachtvertraglichen Prüfungspflicht bei Ankunft bzw. Ablieferung des Frachtgutes. Er besitzt ein **Prüfungsrecht** (BK-GAUTSCHI, N 3a; BSK OR I-STAEHELIN, N 2), das er jedoch ausüben muss, will er die vorbehaltlose Annahme mit Verwirkungsfolge vermeiden bzw. sicherstellen, dass allfällige während des Transportes eingetretene Beschädigung oder Teilverluste festgestellt werden.

Ein allfälliger **Vorbehalt** muss so gemacht oder formuliert werden, dass er 5 die Rechtsfolge der Vermutung der gehörigen Ablieferung zerstört (ZK-OSER, Art. 1 N 70). Er muss begründet, d. h. quantitativ und qualitativ substantiiert erfolgen (BSK OR I-STAEHELIN, N 4). Der Vorbehalt ist ein einseitiges, aber empfangsbedürftiges Rechtsgeschäft (ZK-OSER/SCHÖNENBERGER, N 8).

Eine rechtzeitige sog. kontradiktorisch (unter geeignetem Einbezug des 6 Frachtführers) oder amtliche erfolgte Feststellung des Schadens oder Teilverlustes reicht aus (BK-GAUTSCHI, N 3d). Der **Beweissicherung** ist jedenfalls besondere Aufmerksamkeit zu schenken. Besondere Formvorschriften fordert das OR nicht; solche sind aber gemäss internationalem Frachtrecht (CMR, CIM, MÜ etc.) regelmässig zu beachten.

Die **Bezahlung** der Fracht kann sowohl durch den Absender, Empfänger als 7 auch durch Dritte erfolgen. Vorsicht ist am Platz, wenn die Fracht bereits zum Voraus oder im Zuge einer Erhebung per Frachtnachnahme bezahlt wird (HANDKOMM-VON ZIEGLER/MONTANARO, N 6). Diesfalls ist die zweite kumulative Voraussetzung bereits erfüllt und kommt alles auf den rechtzeitigen beweisbaren Vorbehalt an.

III. Äusserlich nicht erkennbare Schäden

Über äusserlich nicht erkennbare Schäden ist der Frachtführer im Sinne einer 8 relativen Verwirkungsfrist sofort nach der Entdeckung, spätestens aber 8 Tage nach der Ablieferung (im Sinne einer ergänzenden absoluten Verwirkungsfrist) zu benachrichtigen (Art. 452 Abs. 2 und Abs. 3). Für den Inhalt der **Benachrichtigung** gilt das zum Vorbehalt Gesagte (s. N 5). Die Verwirkung tritt also bezüglich äusserlich nicht erkennbarer Schäden trotz Annahme und Zahlung nicht ein, wenn die Prüfung des Frachtgutes und die Benachrichtigung rechtzeitig erfolgten.

Art. 452 Abs. 2 verlangt aufgrund der hier stipulierten **relativen Verwir-** 9 **kungsfrist** (Entdeckung innerhalb der Zeit, in der dem Empfänger nach den Umständen die Prüfung des Frachtgutes möglich oder zumutbar und Benachrichtigung des Frachtführers sofort nach Entdeckung) vom Empfänger höchste Diligenz beim Vorgang der Ablieferung, will er seine Ansprüche auf Schadenersatz gegenüber dem Frachtführer nicht verlieren. Die relative Verwirkungsfrist führt dazu, dass sich der Frachtführer gegenüber dem Empfänger auch auf Verwirkung berufen kann, wenn zwischen Ablieferung und Benachrichtigung weniger als 8 Tage vergangen sind.

Die **Beweislast** dafür, dass Transportschäden am Frachtgut nicht äusserlich 10 erkennbar waren sowie für die erfolgte Benachrichtigung, trägt der Empfänger bzw. Ansprecher (BK-GAUTSCHI, N 4a). Eine rasche Feststellung des Zustandes des Frachtgutes unmittelbar nach Ablieferung kann je nach Umständen entscheidend sein.

IV. Vorbehalt absichtlicher Täuschung und grober Fahrlässigkeit

11 Gemäss Art. 452 Abs. 1 entfällt bei absichtlicher Täuschung und grober Fahrlässigkeit die **Schutzwirkung** von Art. 452 Abs. 1 und Abs. 2 zulasten des Frachtführers; diesfalls gilt die ordentliche Verjährungsfrist von 10 Jahren (Art. 127). Ein absichtlich oder grobfahrlässig verursachter Schaden lässt auch die 8-tägige Verwirkungsfrist des Abs. 3 dahinfallen (BSK OR I-STAEHELIN, Art. 452 N 5).

Art. 453

6. Verfahren

¹ In allen Streitfällen kann die am Orte der gelegenen Sache zuständige Amtsstelle auf Begehren eines der beiden Teile Hinterlegung des Frachtgutes in dritte Hand oder nötigenfalls nach Feststellung des Zustandes den Verkauf anordnen.

² Der Verkauf kann durch Bezahlung oder Hinterlegung des Betrages aller angeblich auf dem Gute haftenden Forderungen abgewendet werden.

I. Mögliche Massnahmen und deren Voraussetzungen

1 Art. 453 ermächtigt die am Ort der gelegenen Sache zuständige Amtsstelle **in allen Streitfällen** (d. h. nicht nur solche gegen den Frachtführer) von Bundesrechts wegen zum Erlass zweier **Massnahmen**, nämlich (1.) die Hinterlegung des Frachtgutes bei einem Dritten sowie (2.) den Verkauf des Frachtgutes, nachdem dessen Zustand vorgängig festgestellt wurde. Der Erlass beider Massnahmen setzt voraus, dass sowohl eine **Streitigkeit** als auch ein entsprechender **Antrag** vorliegen. Letztere Massnahme verlangt darüber hinaus, dass die zuständige Amtsstelle den Verkauf des Frachtgutes, nachdem dessen Zustand vorgängig festgestellt wurde, für **notwendig** erachtet. Im Unterschied zum Notverkauf gemäss Art. 445 nennt Art. 453 keine objektiven Kriterien, wann der Verkauf des Frachtgutes als notwendig erscheint. Der Gesetzgeber räumt der zuständigen Amtsstelle in dieser Frage ein grosses Ermessen ein.

II. Verfahren

2 Der Massnahmenerlass erfolgt auf einseitiges Begehren hin. **Antragsberechtigt** ist jede an der Streitigkeit beteiligte Partei, d. h. je nach Art der

Streitigkeit der Absender, der Frachtführer oder der Empfänger. **Örtlich zuständig** für den Massnahmenerlass ist eine Amtsstelle am Ort der gelegenen Sache (Art. 453 Abs. 1). Die **sachliche Zuständigkeit** ergibt sich aus dem jeweiligen kantonalen Recht.

Bei der Wahl der Verkaufsform ist die zuständige Amtsstelle an keine bestimmte Form gebunden (gl. M. HANDKOMM-von ZIEGLER/MONTANARO, N 3; gemäss BK-GAUTSCHI, N 4d, bildet die Form der öffentlichen Versteigerung die Regel). 3

III. Verhinderung des Verkaufs

Der Verkauf des Frachtgutes kann durch Bezahlung oder Hinterlegung des Betrages **aller angeblich auf dem Gute haftenden Forderungen** (vgl. Art. 444 N 2) abgewendet werden (**Art. 453 Abs. 2**). Die Hinterlegung des Betrages hat, wenn auch in Art. 453 nicht ausdrücklich erwähnt, analog zu Art. 451 amtlich zu erfolgen (**a. M.** HANDKOMM-von ZIEGLER/MONTANARO, N 3); nur so können die Rechte des Frachtführers gehörig gewahrt werden. 4

Art. 454

Verjährung
der Ersatzklagen

¹ **Die Ersatzklagen gegen Frachtführer verjähren mit Ablauf eines Jahres, und zwar im Falle des Unterganges, des Verlustes oder der Verspätung von dem Tage hinweg, an dem die Ablieferung hätte geschehen sollen, im Falle der Beschädigung von dem Tage an, wo das Gut dem Adressaten übergeben worden ist.**

² **Im Wege der Einrede können der Empfänger oder der Absender ihre Ansprüche immer geltend machen, sofern sie innerhalb Jahresfrist reklamiert haben und der Anspruch nicht infolge Annahme des Gutes verwirkt ist.**

³ **Vorbehalten bleiben die Fälle von Arglist und grober Fahrlässigkeit des Frachtführers.**

I. Anwendungsbereich und Regelungszweck

Art. 454 regelt als **lex specialis** zu Art. 127 ff. die Verjährung der **Ersatzansprüche gegen den Frachtführer** aus Frachtvertrag wegen vollständigen 1 oder teilweisen Untergangs oder Verlusts resp. Beschädigung des Gutes (Urteil 4C.43/2004 des BGer vom 02.06.2004) oder wegen Verspätung in der Ablieferung (vgl. auch Art. 447 f.). Sonstige Ansprüche gegen den Frachtführer aufgrund des Frachtvertrages (z. B. Ansprüche auf Erfüllung des Frachtvertrages, wegen Nichtbefolgung von Weisungen, sofern kein Untergang, keinVerlust, keine Beschädigung oder keine Verspätung in der Ablieferung verursacht wurde) unterliegen dagegen der gewöhnlichen Verjährung (HARTMANN, 43).

2   Die relativ kurze Verjährungsfrist von einem Jahr bezweckt eine rasche Abwicklung allfälliger Schadensfälle und soll dem Frachtführer ermöglichen, sein Haftungsrisiko überschaubar zu halten. Nicht erfasst von Art. 454 werden die Ansprüche des Frachtführers gegen den Absender oder den Empfänger; diese unterliegen der allgemeinen 10-jährigen Verjährungsfrist (Art. 127). Art. 454 ist **dispositiver Natur**.

II. Beginn der Frist und Verjährungslauf

3   Der **Fristenlauf** beginnt bei Untergang, Verlust oder Verspätung mit dem Tage, an dem die Ablieferung vertraglich vereinbart wurde; bei Beschädigung, mit dem Tag der tatsächlichen Übergabe an den Adressaten (Art. 454 Abs. 1). Ergibt sich der Ersatzanspruch gegen den Frachtführer infolge eines beschädigten Gutes, das verspätet abgeliefert wurde, beginnt die Verjährung mit der tatsächlichen Übergabe an den Adressaten (BSK OR I-STAEHELIN, Art. 453 N 8). Für die **Unterbrechung** der Verjährung gelten die allgemeinen Vorschriften von Art. 134 ff.

III. Einrede als Ausnahme

4   **Einredeweise** können der Empfänger oder der Absender ihre Ansprüche über die einjährige Verjährungsfrist hinaus geltend machen, sofern sie (1) innerhalb der Jahresfrist reklamiert haben und (2) ihr Anspruch infolge Annahme des Gutes nicht bereits verwirkt ist (**Art. 454 Abs. 2**). Die beiden Voraussetzungen (1) und (2) müssen kumulativ erfüllt sein.

5   Mit **Reklamation** ist eine Mängelrüge in beliebiger Form gemeint. Diese hat den konkreten Mangel substantiiert zu bezeichnen. Adressat der Reklamation ist der Frachtführer oder ein Vertreter desselben. Die Reklamation soll den Frachtführer darauf aufmerksam machen, dass er zur Verantwortung gezogen wird und ihm ermöglichen, allfällige Regressansprüche zu sichern (BGE 48 II 334 E. 2).

6   Als negative Voraussetzung zur einredeweisen Geltendmachung der **Ansprüche** des Absenders oder des Empfängers, dürfen diese infolge Annahme des Gutes **nicht verwirkt** sein. Das Gut gilt als angenommen und die Ansprü-

che gegen den Frachtführer verwirkt, wenn der Empfänger das Gut **ohne Vorbehalt** annimmt und den **Frachtlohn bezahlt**. In Fällen, in denen die relativ kurzen Fristen gemäss Art. 452 für eine sorgfältige Güterkontrolle und Anbringung eines allfälligen Vorbehaltes nicht ausreichen, ist dem Empfänger zu empfehlen, entweder den Frachtlohn bis nach Durchführung der eingehenden Güterkontrolle zurückzubehalten oder die gesetzliche Rügefrist mit dem Frachtführer einvernehmlich zu verlängern. Von letzterer Möglichkeit wird der Empfänger insbesondere dann Gebrauch machen, wenn der Frachtführer wegen Nichtbezahlung des Frachtlohnes sein Retentionsrecht geltend macht (Art. 451). Macht der Frachtführer sein Retentionsrecht im letzteren Fall dennoch geltend, steht dem Empfänger immer noch die Möglichkeit offen, die Auslieferung des Frachtgutes durch amtliche Hinterlegung der auf dem Frachtgut haftenden Forderungen vom Frachtführer zu verlangen (Art. 451 Abs. 1).

IV. Vorbehalt bei Arglist und grober Fahrlässigkeit

Art. 454 Abs. 3 enthält einen Vorbehalt für Fälle, in denen der Frachtführer **arglistig** oder **grobfahrlässig** handelte. Damit wird verhindert, dass ein unrechtmässig oder fahrlässig handelnder Frachtführer zum Nachteil des Absenders oder Empfängers von der relativ kurzen einjährigen Verjährungsfrist profitiert. In solchen Fällen verlängert sich die Verjährungsfrist für allfällige Schadenersatzansprüche gegen den Frachtführer auf **10 Jahre** (BGE 88 II 94).   7

V. Internationale Vereinbarungen

Im internationalen Frachtrecht gelten ebenfalls relativ kurze Verjährungsfristen. Gemäss **Art. 32 CMR** verjähren Ansprüche aus dem internationalen Strassentransport grundsätzlich nach einem Jahr, bei Vorsatz oder einem qualifizierten Verschulden nach drei Jahren. Im internationalen Eisenbahntransportrecht beträgt die Verjährungsfrist gemäss **Art. 58 CIM**, von einigen wenigen im Gesetz aufgezählten Ausnahmenfällen abgesehen, ein Jahr. **Art. 35 MÜ** statuiert für Ansprüche aus einem internationalen Luftfrachtvertrag eine zweijährige Verwirkungsfrist. Im internationalen Seetransportrecht beträgt die Verwirkungsfrist gemäss **Art. 3 § 6 Abs. 4 HR** respektive **Art. 1 Ziff. 2 HVR** ein Jahr. Bei der internationalen Güterbeförderung auf Wasserstrassen (Binnenschifffahrt) beträgt die Verjährungsfrist, sofern kein qualifiziertes Verschulden vorliegt, ebenfalls ein Jahr (Art. 24 CMNI).   8

Art. 455

¹ Transportanstalten, zu deren Betrieb es einer staatlichen Genehmigung bedarf, sind nicht befugt, die Anwendung der gesetzlichen Bestimmungen über die Verantwortlichkeit des Frachtführers zu ihrem Vorteile durch besondere Übereinkunft oder durch Reglemente im voraus auszuschliessen oder zu beschränken.

² Jedoch bleiben abweichende Vertragsbestimmungen, die in diesem Titel als zulässig vorgesehen sind, vorbehalten.

³ Die besonderen Vorschriften für die Frachtverträge der Post, der Eisenbahnen und Dampfschiffe bleiben vorbehalten.

I. Normzweck

1 Diejenigen **privaten Transportanstalten**, die einer staatlichen Genehmigung bedürfen, sollen aufgrund ihrer begünstigten Stellung, die die Wahlfreiheit des Publikums bezüglich gewisser Transporte einschränkt, an die Bestimmungen über die Haftung des Frachtführers gebunden sein (ZK-Oser/Schönenberger, N 2, 3). Die einem Spezialgesetz unterstehenden staatlichen Transportanstalten hingegen werden von den Bestimmungen des Frachtrechts des OR ausgenommen (Abs. 3).

II. Begriff der staatlichen Genehmigung

2 Unter staatlich genehmigter Transportanstalt ist jede Anstalt zu verstehen, die zum Betrieb einer **staatlichen Konzession oder Polizeibewilligung** bedarf und nicht eine dem Spezialgesetz unterstehende staatliche Transportanstalt i. S. v. Art. 455 Abs. 3 ist.

3 Ein Betrieb fällt nicht schon bloss deswegen unter den **Begriff** der staatlich genehmigten Transportanstalt, weil beim Einsatz der Transportmittel polizeiliche Vorschriften zu beachten oder weil deren Einsatz nur mit vorgängiger polizeilicher Erlaubnis erfolgen darf (BGE 94 II 197 E. 15; abgehandelt am Beispiel des Binnenschiff-Frachtführers).

III. Haftpflichtrechtliche Sonderstellung der staatlich genehmigten Transportanstalt

Die staatlich genehmigten Transportanstalten (im Unterschied zu jenen, die einer Spezialgesetzgebung unterstehen) sind dem OR unterstellt. Sie dürfen grundsätzlich keine die Haftung betreffenden **Freizeichnungsklauseln** vereinbaren, die «die gesetzlichen Voraussetzungen der Haftung, die gesetzlichen Entlastungsgründe und die gesetzliche Beweislastverteilung» betreffen (BK-GAUTSCHI, N 4 und Art. 447 N 10a; BSK OR I-STAEHELIN, N 5). Insoweit besteht keine Parteiautonomie.   4

Hingegen dürfen Abänderungen, die gemäss Art. 447 Abs. 3 und Art. 448 Abs. 2 zugelassen sind, auch von staatlich genehmigten Transportanstalten gültig getroffen werden (Art. 455 Abs. 2).   5

IV. Staatliche Transportanstalten (Abs. 3)

Dies sind alle Transportanstalten, die aufgrund von **öffentlichem Recht** des Bundes, der Kantone oder der Gemeinden tätig sind. Darunter fallen neben den in Abs. 3 aufgezählten z. B. auch die Luftfahrt (BSK OR I-STAEHELIN, Art. 455 N 2).   6

Derartige staatliche Transportanstalten unterstehen nicht dem OR, sondern nur den für sie geltenden nationalen Spezialgesetzen.   7

Art. 456

Mitwirkung einer öffentlichen Transportanstalt

¹ Ein Frachtführer oder Spediteur, der sich zur Ausführung des von ihm übernommenen Transportes einer öffentlichen Transportanstalt bedient oder zur Ausführung des von einer solchen übernommenen Transportes mitwirkt, unterliegt den für diese geltenden besonderen Bestimmungen über den Frachtverkehr.

² Abweichende Vereinbarungen zwischen dem Frachtführer oder Spediteur und dem Auftraggeber bleiben jedoch vorbehalten.

³ Dieser Artikel findet keine Anwendung auf Camionneure.

I. Allgemeines

1 Art. 456 führt den Begriff den **öffentlichen Transportanstalt** ein. Die ratio legis von Art. 456 ist letztlich, die Haftung von Frachtführer und Spediteur bei Einsatz einer öffentlichen Transportanstalt mit der Haftung letzterer so zu verkoppeln, sodass Frachtführer und Spediteur dem Auftraggeber weder für mehr noch für weniger haften als der Haftung der beigezogenen öffentlichen Transportanstalt ihnen gegenüber entspricht (BSK OR I-STAEHE-LIN, N 5). Es geht also letztlich um eine Haftungsbeschränkung im Verhältnis Auftraggeber zu Frachtführer bzw. Spediteur. Gedacht ist an den Regress des Frachtführers oder Spediteurs auf die öffentliche Transportanstalt. Der Frachtführer oder Spediteur soll (in Abweichung von Art. 449) bei Beizug einer öffentlichen Transportanstalt dem Auftraggeber nur soweit haften, als er ein **Rückgriffsrecht** gegenüber der öffentlichen Transportanstalt hat (ZK-OSER/SCHÖNENBERGER, N 4).

II. Begriff der öffentlichen Transportanstalt

2 Er ist weiter als der der staatlichen Transportanstalt (Art. 455). Darunter fallen nicht nur die staatlichen oder staatlich genehmigten Transportanstalten (Art. 455), sondern **alle Transportanstalten**, die der Öffentlichkeit bzw. jedermann zur Verfügung und zur Benützung offen stehen (BGE 48 II 278 E. 1; BSK OR I-STAEHELIN, Art. 445 N 2). Ob es sich um ein schweizerisches oder ausländisches Unternehmen handelt, ist unerheblich (ZK-OSER/SCHÖNENBERGER, N 3).

III. Voraussetzungen der Geltendmachung der Haftungsbeschränkung

3 Vorausgesetzt ist, dass die öffentliche Transportanstalt bezüglich Haftung nicht dem OR, sondern **Spezialvorschriften** untersteht (BSK OR I-STAEHELIN, N 1 u. 2). Wo keine Spezialgesetze anwendbar sind, gilt OR. Das ist mit dem gesetzlichen Wortlaut «besondere Bedingungen über den Frachtverkehr» gemeint.

4 Zu derartigen besonderen Bestimmungen über den Frachtverkehr gehören auch allfällige **Vertragsbestimmungen**, die die Haftung einschränken oder ausschliessen (BGE 48 II 278 E. 1).

5 Der **Beizug** der öffentlichen Transportanstalt muss befugt erfolgt sein; bei unbefugtem Beizug gelten die Haftungsbeschränkungen der auf die öffentliche Transportanstalt anwendbaren Spezialgesetze zugunsten des Frachtführers bzw. Spediteurs nicht (BSK OR I-STAEHELIN, N 4, 7), wohl aber zugunsten der öffentlichen Transportanstalt.

IV. Rechtsfolgen

Bei befugtem Beizug einer öffentlichen Transportanstalt haftet der Fracht- 6
führer oder Spediteur dem Auftraggeber nur insoweit, als die öffentliche
Transportanstalt ihm haftet. Seine Haftung entspricht derjenigen der öffentlichen Transportanstalt (BSK OR I-Staehelin, N 5). Diese **Entsprechung
der Haftung** wirkt aber nur für Schäden, Verluste etc., die sich auf derjenigen Teilstrecke ereigneten, auf der die öffentliche Transportanstalt zum
Einsatz kam (ZK-Oser/Schönenberger, N 4; BSK OR I-Staehelin, N 6).
Ausserhalb des Bereiches der Anwendung der Spezialgesetze gilt allgemeines Frachtrecht. Werden verschiedene Teilstrecken von öffentlichen
Transportanstalten im Zuge eines Transportes nacheinander bedient und
kann der Ort des Schadenseintrittes lokalisiert werden, gilt das für den betreffenden Streckenabschnitt anwendbare Spezialgesetz.

V. Ausnahme, Art. 456 Abs. 2

Art. 456 trifft nicht zu, wenn im Aussenverhältnis zwischen Auftraggeber 7
und Frachtführer oder Spediteur eine davon **abweichende Regelung** getroffen wird. Art. 456 kann wegbedungen werden.

Nicht unter Art. 456 fallen die sogenannten **Camionneure**. Camionnage ist 8
Zufuhr zum Versandort und Abfuhr vom Bestimmungsort (z. B. Versandsta-
tion und Bestimmungsstation bei der Eisenbahn). Soweit ein Camionneur
nicht im Dienst der betreffenden öffentlichen Transportanstalt steht, gilt
Art. 456 für ihn nicht.

VI. Die internationale Bedeutung von Art. 456

Das OR unterstellt in Art. 439 die Haftung des Spediteurs für Verlust und 9
Beschädigung des Transportgutes durch den beigezogenen Frachtführer
dem Frachtvertragsrecht (BGE 102 II 256 E. 1). Für internationale grenzüberschreitende Strassen-, Eisenbahn- und Lufttransporte etc. wird dieses
Frachtvertragsrecht durch **als Landesrecht geltendes Staatsvertragsrecht**
geregelt (z. B. CMR, COTIF/CIM, MÜ etc.). Der Anwendung der speziellen internationalen frachtrechtlichen Haftungsnormen entspricht innerstaatlich
Art. 456, «welcher den Frachtführer oder Spediteur, welcher sich zur Ausführung eines übernommenen Transportes einer öffentlichen Transportanstalt bedient, im **innerstaatlichen Recht** dem Frachtrecht der öffentlichen
Transportanstalt und damit dem entsprechenden Spezialrecht unterstellt»
(AppG BS, 12. 05. 2000, in: BJM 2000 315).

Grundgedanke ist, dass die Haftung des beigezogenen Frachtführers gegen- 10
über dem Spediteur möglichst der Haftung des Spediteurs gegenüber dem
Versender entsprechen soll. Der Spediteur soll im gleichen Masse haften, in
dem er auch Rückgriff auf den eingesetzten Frachtführer nehmen kann

(AppG BS 12.05.2000, publ. in BJM 2000, 315; s. N 1 und Art. 439 N 9). Das rechtfertigt für internationale grenzüberschreitende Transporte die **Anwendbarkeit der** betreffenden staatsvertraglichen **internationalen Frachtrechte** für die Haftung des Spediteurs gegenüber dem Versender (AppG BS 12.05.2000 in BJM 2000 315). Art. 439 verweist daher im Zusammenhang mit Art. 456 grundsätzlich nicht nur auf Art. 440 ff. respektive das innerstaatliche Spezialrecht, sondern auf das Recht, welches konkret auf den vom Spediteur abgeschlossenen internationalen Frachtvertrag anzuwenden ist (KOBEL, 33).

11   Gleiches muss bei gleichem Verständnis von Art. 456 dann gelten, wenn ein **Hauptfrachtführer** für einen internationalen grenzüberschreitenden Transport einen weiteren Frachtführer beizieht, der in seinem Auftrag und an seiner Stelle den Frachtvertrag ausführt. Diesfalls haftet der Hauptfrachtführer nach dem auf den beigezogenen Frachtführer anwendbaren internationalen Frachtrecht. Schon innerstaatlich führt die Verwendung eines vom Hauptfrachtführer beigezogenen Unterfrachtführers grundsätzlich zur automatischen Anwendung des diesen betreffenden Sonderrechtes, selbst wenn spezifische Vereinbarungen über die Anwendbarkeit solchen Sonderrechtes fehlen (ZUELLIG, 56). Damit ist eine Schnittstelle zur Problematik des auf sog. kombinierte oder **multimodale** internationale **Transporte** anwendbaren Rechtes gegeben. Das sind internationale Transporte, die mit mindestens zwei verschiedenen Transportmitteln durchgeführt werden. Die in N 9 u. 10 dargestellte Anwendung des konkret anwendbaren internationalen Frachtrechts rechtfertigt es bei derartigen Transporten bei bekanntem Schadensort das auf die jeweilige Teilstrecke anwendbare internationale Frachtrecht anzuwenden (ZUELLIG, 57, **a. M.** ERBE/SCHLIENGER, 427).

Art. 457

E. Haftung des Spediteurs	**Der Spediteur, der sich zur Ausführung des Vertrages einer öffentlichen Transportanstalt bedient, kann seine Verantwortlichkeit nicht wegen mangelnden Rückgriffes ablehnen, wenn er selbst den Verlust des Rückgriffes verschuldet hat.**

I.   Bedeutung

1   Art. 457 regelt einen **besonderen Sachverhalt** im Rahmen der Transportschadensgarantie des Spediteurs. Ungeachtet der Tatsache, dass der Spediteur hinsichtlich der Durchführung des Transportes nach Art. 439 für den

Frachtführer einstehen muss (Delkredere), ist er eben nicht Frachtführer, sondern lediglich Transportschadensgarant (vgl. Art. 439 N 8 u. N 10; ZK-Oser/Schönenberger, Art. 439 N 5 u. 22).

Der Spediteur soll dem Auftraggeber für Transportschäden auch dann haf- 2 ten, wenn er selbst den **Verlust** seiner **Rückgriffsrechte** gegenüber dem von ihm eingesetzten Frachtführer verschuldet.

II. Allgemeines

Der Spediteur ist nach Kommissionsrecht (Art. 427) gehalten, die **Regress-** 3 **rechte** des Auftraggebers gegenüber dem Frachtführer zu **wahren** (ZK-Oser/Schönenberger, Art. 427 N 4, 457 N 1; BSK OR I-Staehelin, Art. 439 N 2). Art. 457 ist nicht nur anwendbar, wenn der Spediteur selbst den Verlust der Regressrechte verschuldet. Er gilt auch dann, wenn der Verlust der Regressrechte von einer Hilfsperson des Spediteurs zu verantworten ist, für die der Spediteur gemäss Art. 101 einstehen muss (BGE 48 II 278 E. 2).

In Anbetracht von Art. 456 bleibt es auch bei Verlust der Regressrechte des 4 Spediteurs gegenüber dem eingesetzten Frachtführer dabei, dass der Spediteur dem Auftraggeber nur soweit haftet, wie der beigezogene Frachtführer bei Fortbestand der Regressrechte des Spediteurs gehaftet hätte (HAND-KOMM-Von Ziegler/Montanaro, N 30; BK-Gautschi, N 2a). Die Haftung des Spediteurs im **Aussenverhältnis** gegenüber dem Auftraggeber wird also vom Verlust seiner eigenen Regressrechte nicht berührt.

Art. 457 gilt auch dann, wenn der Spediteur sich nicht einer öffentlichen 5 Transportanstalt i. S. v. Art. 456 bedient, sondern eines **privaten Frachtführers** (BK-Gautschi, N 1d, BSK OR I-Staehelin, N 3).

Der Spediteur kann vom **Auftraggeber** belangt werden, bevor er selber 6 Rückgriff auf den beauftragten Frachtführer genommen hat (ZK-Oser/Schönenberger, Art. 439 N 22). Andererseits ist er aber mit Erfolg auch nur dann belangbar, wenn der Frachtführer nach dem auf ihn anwendbaren Recht überhaupt verantwortlich ist (Hofstetter-SPR VII/2 166 Z. 2; ZK-Oser/Schönenberger, Art. 439 N 22).

Die Prokura und andere Handlungsvollmachten

Art. 458

A.   Prokura
I.   Begriff und
     Bestellung

[1] Wer von dem Inhaber eines Handels-, Fabrikations- oder eines anderen nach kaufmännischer Art geführten Gewerbes ausdrücklich oder stillschweigend ermächtigt ist, für ihn das Gewerbe zu betreiben und «per procura» die Firma zu zeichnen, ist Prokurist.

[2] Der Geschäftsherr hat die Erteilung der Prokura zur Eintragung in das Handelsregister anzumelden, wird jedoch schon vor der Eintragung durch die Handlungen des Prokuristen verpflichtet.

[3] Zur Betreibung anderer Gewerbe oder Geschäfte kann ein Prokurist nur durch Eintragung in das Handelsregister bestellt werden.

Literatur zu Art. 458–465 OR

Siehe auch die Hinweise zu Art. 32 und 33 OR; BUCHER E., Organschaft, Prokura, Stellvertretung, in: Boemle (Hrsg.), Lebendiges Aktienrecht, Festgabe für Wolfhart Friedrich Bürgi, Zürich 1971, 39 ff.; DITESHEIM, La représentation de la société anonyme par ses organes ordinaires, fondés de procuration et mandataires commerciaux, Bern 2001; FELLMANN, Geschäftsführung, Vertretung und Haftung bei den Personengesellschaften, in: Girsberger/Schmid (Hrsg.), Rechtsfragen rund um die KMU, Zürich 2003, 113 ff.; JACQUEROD, Procuration mixte – Halbseitige Prokura, SAG 1934/35, 197 ff.;

KNOEPFEL, Die Prokura nach schweizerischem Recht, Zürich 1954; WATTER, Die Verpflichtung der AG durch rechtsgeschäftliches Handeln ihrer Stellvertreter, Prokuristen und Organe speziell bei sog. «Missbrauch der Vertretungsmacht», Zürich 1985; DERS., Zur Vertretung im Handelsrecht, ZSR 1986 I, 541 ff.; ZOBL, Probleme der organschaftlichen Vertretungsmacht, ZBJV 1989, 289 ff.

I. Einführung

Die Handlungsvollmachten sind **Sonderformen der Vollmacht** als einer rechtsgeschäftlich erteilten und vom Grundverhältnis (Arbeitsvertrag, Auftrag) abstrakten Vertretungsmacht i.S.v. Art. 33 Abs. 2 OR (näher Art. 33 N 3 ff.). Die systematisch vom Gesetzgeber unzutreffend im OR-BT angeordneten Vorschriften über die Handlungsvollmachten (Prokura: Art. 458 ff. OR; Handlungsvollmacht i.e.S.: Art. 462 OR) enthalten Sonderregelungen zum subsidiär anwendbaren allgemeinen Stellvertretungsrecht (Art. 32–40 OR). Sie dienen insbesondere einem **verstärkten Drittschutz im Handelsverkehr,** der durch einen vom Gesetz zugunsten Gutgläubiger zwingend festgelegten Umfang der Vollmacht (Art. 459, 462 OR) und (nur bei der Prokura) mit Hilfe der Publizität (Art. 458 Abs. 2, 461 OR) und Beweiskraft (Art. 9 ZGB) des Handelsregistereintrags herbeigeführt wird. Für den internationalen Anwendungsbereich gilt Art. 126 IPRG. Weitere Regelungen insbesondere zum Umfang von besonderen Arten der Handlungsvollmacht finden sich in Art. 348b OR (Handelsreisender) und Art. 418e OR (Agent). 1

Der vom Gesetzgeber noch als «alter ego» des Betreibers eines kleineren Unternehmens betrachtete Prokurist ist heute zumeist ein auf der unteren Ebene der leitenden Angestellten angesiedelter **Mitarbeiter** in einem grösseren Unternehmen (s. CR CO I-CHAPPUIS, N 6). Unter den jeweiligen Voraussetzungen kann ihm dabei die Eigenschaft eines Erfüllungsgehilfen i.S.v. Art. 101 OR, eines Verrichtungsgehilfen i.S.v. Art. 55 OR und eines (faktischen) Organs i.S.v. Art. 55 ZGB bzw. Art. 722 OR etc. zukommen. Wegen ihres zwingenden Ausschlusses von der gesellschaftsrechtlichen Vertretung (Art. 603 OR) werden in der Praxis gelegentlich auch Kommanditäre zu Prokuristen bestellt. 2

II. Erteilung der Prokura

Als Sonderform der Vollmacht wird die Prokura durch eine empfangsbedürftige Willenserklärung des handlungsfähigen oder gesetzlich vertretenen Geschäftsherrn gegenüber dem Prokuristen als sog. **Innenvollmacht** erteilt (vgl. Art. 33 N 4 und zu Willensmängeln bei der Erteilung Art. 33 N 6). 3

Der unter seiner Firma eintragungspflichtige Inhaber (natürliche Person, Personenhandelsgesellschaft, Kapitalgesellschaft, Genossenschaft, 4 wirtschaftlicher Verein, unternehmenstragende Stiftung) eines kaufmännischen Gewerbes i.S.v. Art.934 Abs.1 OR kann die sog. **kaufmännische Prokura** auch im Hinblick auf den Abschluss formbedürftiger Rechtsgeschäfte (für eine Unanwendbarkeit auch von Art.493 Abs.6 OR auf generelle Vollmachten wie die Prokura BGE 81 II 60, 63f.) **formlos** und mithin auch stillschweigend (BGE 94 II 117: Auslegung nach dem Vertrauensgrundsatz aus der objektivierten Sicht des Prokuristen) erteilen (Art.458 Abs.1). Vertretungswirkungen können zudem aufgrund einer Duldung (BGE 96 II 439, 442f.; zur sog. Duldungsvollmacht s. Art.33 N 15) und kraft Rechtsscheins (50 II 123, 138f.; Cour GE SemJud 1985, 598; zur sog. Anscheinsvollmacht s. Art.33 N 16) eintreten, wobei für die Annahme einer **Duldungs- oder Anscheinsprokura** zumindest ein auf Dauer angelegtes und auch sonst einem Prokuristen entsprechendes Handeln des Vertreters erforderlich ist (BGE 120 II 197, 204f.: ansonsten und im Zweifel blosse Duldungs- oder Anscheinshandlungsvollmacht). Die **Eintragung** der kaufmännischen Prokura in das Handelsregister (zur Anmeldung s. Art.15ff. HRegV, Art.556, 597 OR) ist zwar obligatorisch («hat»), aber lediglich **deklaratorisch** und damit keine Entstehungsvoraussetzung (Art.458 Abs.2; 461 Abs.1 OR; BGE 94 II 117). Die Anmeldung zur Eintragung hat wie die Erteilung durch den Kaufmann selbst bzw. seine bereits bestellten Vertreter zu erfolgen. Der Prokurist kann weder als Einzel- noch als Gesamtprokurist die Anmeldung vornehmen.

5   Die von dem Inhaber (natürliche Person, einfache Gesellschaft) eines nichtkaufmännischen Gewerbes (Kleingewerbe mit Jahresroheinnahmen unter CHF 100 000,–, nicht kaufmännisch geführte freiberufliche, landwirtschaftliche, forstwirtschaftliche oder handwerkliche Unternehmen; näher bei Art.934 OR) erteilte sog. **nichtkaufmännische Prokura** entsteht hingegen erst mit ihrer konstitutiven **Eintragung** in das Handelsregister, (Art.458 Abs.3 OR, Art.149 HRegV). Bis zu ihrer Eintragung ist die nichtkaufmännische Prokura eine einfache Vollmacht i.S.v. Art.33 Abs.2 OR, da die Handlungsvollmacht nur von dem Inhaber eines kaufmännischen Gewerbes erteilt werden kann (Art.462 N 2). Idealvereine, nicht eingetragene Vereine, nicht gesellschaftsrechtlich verbundene Erbengemeinschaften, nicht unternehmenstragende Stiftungen und juristische Personen des öffentlichen Rechts können mangels Eintragung unter einer Firma bzw. Gewerbebetriebs (vgl. Art.60 Abs.1, 62, 59 ZGB) nur einfache Vollmachten (Art.33 Abs.1 und 2 OR), jedoch keine Prokura oder Handlungsvollmacht i.e.S. erteilen.

6   Aufgrund der **Publizitätswirkungen** des Handelsregistereintrags kann die nach Art.458 Abs.2 und 3 wirksam eingetragene Prokura auch den gutgläubig auf ihre Nichtexistenz vertrauenden Dritten entgegengehalten werden (Art.933 Abs.1 OR; zur Beweiskraft des Eintrags ferner Art.9 ZGB).

Andererseits sollte auch wegen des generell allerdings umstrittenen öffentlichen Glaubens des Handelsregisters (wie hier befürwortend Bär, Berner FG z. Schweiz. Juristentag 1979, 131 ff.; H.-U. Vogt, Der öffentliche Glaube des Handelsregisters, 2003, 773 ff.; ablehnend und für ein im Angesicht von Art. 973 ZGB qualifiziertes Schweigen in Art. 933 OR BGE 78 III 33, 45) eine eingetragene, in Wirklichkeit aber überhaupt nicht oder nicht in dieser Form bestehende Prokura von einem gutgläubigen Dritten dem Prinzipal entgegengehalten werden können, sofern diesem die unrichtige Eintragung zumindest zurechenbar ist (so auch BSK OR I-Watter, Art. N 18; ähnlich BK-Gautschi, Art. 461 N 6c).

Der Inhaber hat die Prokura grds. **persönlich** zu erteilen. Lediglich bei Ge- 7
sellschaften und handlungsunfähigen Geschäftsinhabern wird die Prokura von den Gesellschaftern (Art. 566, 598 Abs. 2, 804 Abs. 3 S. 1 OR) oder Vertretungsorganen (Art. 721, 804 Abs. 3 S. 2, 894, 897 ff. OR) bzw. von den gesetzlichen Vertretern verliehen. Die Erteilung der Prokura durch einen rechtsgeschäftlichen Vertreter ist damit ebenso ausgeschlossen wie die Erteilung einer Unterprokura (ZK-Klar, Art. N 18; **a. A.** und für die Möglichkeit einer Substitutionsprokura BK-Gautschi, Art. 459 N 5e).

Als Prokuristen können nur **urteilsfähige** (str.; s. Art. 32 N 9; vgl. auch 8
Art. 465 Abs. 2 OR) **natürliche** Personen (Art. 120 HRegV) bestellt werden. Sie dürfen mit dem Prinzipal zudem **nicht identisch** sein, da niemand sein eigener Vertreter sein kann. Fraglich wird diese eigentlich selbstverständliche Voraussetzung bei der Bestellung eines von der Vertretung ausgeschlossenen Gesamthandsgesellschafters oder eines Organmitglieds zum Prokuristen. Obwohl ein Gesamthandsgesellschafter nach der Gesamthandslehre nicht die Gesellschaft, sondern die Gesellschafter und damit auch sich selbst vertritt, wird auch hier die Erteilung einer Prokura (zumindest an einen Kommanditär) zugelassen, da der einzelne Gesellschafter letztlich nicht mit der von ihm vertretenen Gesamtheit der Gesellschafter identisch ist. Auch das Mitglied eines Vertretungsorgans kann zum Prokuristen der Gesellschaft bestellt werden, da es als Organ die Gesellschaft zwar repräsentiert, mit dieser als Prinzipal aber nicht identisch ist (z.B. BGE 86 I 105, 107 ff.: Bestellung eines kollektiv-vertretungsberechtigten Verwaltungsratsmitglieds zum Einzelprokuristen).

III. Handeln mit Prokura

Der Prokurist legt das Vertretungsverhältnis dadurch offen, dass er unter 9
der Firma seines Prinzipals mit seinem Namen und einem die Prokura andeutenden Zusatz (zumeist «pp»/«ppa» = per procura) zeichnet (vgl. auch Art. 458 Abs. 1 OR). Die Drittwirkungen des Vertretungsgeschäfts treten aber auch bei einer Missachtung dieser besonderen Offenkundigkeitsanforderungen (z. B. blosse Namensunterschrift) ein, sofern der Prokurist nur

eine Willenserklärung in fremdem Namen (näher Art. 32 N 10 ff.) abgegeben hat. Der Prokurist kann die Unterschrift bei unternehmensbezogenen Geschäften auch ohne Beifügung der Firma leisten (BK-Gautschi, Art. 459 N 13b).

Art. 459

II.	Umfang der Vollmacht	¹ **Der Prokurist gilt gutgläubigen Dritten gegenüber als ermächtigt, den Geschäftsherrn durch Wechsel-Zeichnungen zu verpflichten und in dessen Namen alle Arten von Rechtshandlungen vorzunehmen, die der Zweck des Gewerbes oder Geschäftes des Geschäftsherrn mit sich bringen kann.**
		² **Zur Veräusserung und Belastung von Grundstücken ist der Prokurist nur ermächtigt, wenn ihm diese Befugnis ausdrücklich erteilt worden ist.**

Literatur

PFÄFFLI, Die Verfügungsmacht des Prokuristen im Immobiliarsachenrecht, Jusletter v. 3.7.2006.

1 Art. 459 OR definiert den im Aussenverhältnis (zu internen Beschränkungen der Vertretungsbefugnis s. Art. 460 OR) **zwingenden Umfang der Prokura**. Der Prokurist gilt gutgläubigen Dritten gegenüber grds. (zu Ausnahmen N 3 ff.; zum Missbrauch der Prokura s. Art. 460 N 8 ff.) als ermächtigt, alle Arten von materiellen und prozessualen Rechtshandlungen (s. Art. 32 N 2 f.) vorzunehmen, die der Zweck des betreffenden Gewerbes oder Geschäfts mit sich bringen kann (Art. 459 Abs. 1 OR). Grundsätzlich sind alle Geschäfte erfasst, die nicht eindeutig geschäfts- bzw. zweckwidrig sind, wobei es ausdrücklich weder auf den Umfang und die Bedingungen des Geschäfts («alle *Arten* von Rechtshandlungen») noch auf den konkreten tatsächlichen Zuschnitt des Gewerbes bzw. Geschäfts («mit sich bringen *kann*») ankommt (BGE 38 II 103, 105; E. BUCHER, FS Bürgi, 57; vgl. zu Art. 718 OR auch BGE 111 II 284, 289). Die massgebliche Natur des Geschäfts (Einzelkaufmann, Personenhandelsgesellschaften) bzw. der massgebliche Zweck (juristische Personen) sind aus dem Handelsregister ersichtlich (vgl. Art. 118 Abs. 1 HRegV). Sofern es sich aus der Sicht des Geschäftspartners um **generell arttypische Geschäfte** handelt, sind auch unnütze, unvorteilhafte, aussergewöhnliche und formbedürftige (auch bei formloser Prokuraerteilung; s. Art.

458 N 4) Geschäfte von der Prokura gedeckt (BGE 38 II 103, 105; BGE 84 II 168, 170; BGE 96 II 439, 444). Die gesetzlich typisierte Vertretungsmacht des Prokuristen reicht damit fast so weit wie diejenige eines organschaftlichen Vertreters (vgl. dazu z. B. Art. 718a Abs. 1 OR) und deutlich weiter als die des Rechtshandlungsbeauftragten (vgl. Art. 396 Abs. 2 und 3 OR).

Beispiele möglicher Vertretungsgeschäfte sind Bürgschaftsübernahmen (BGE 81 II 60, 63), Check- und Postcheckzeichnungen, Treuhandgeschäfte (HK-Jermini, Art. 459 N 3), Gesellschaftsverträge (BK-Gautschi, Art. 459 N 5a), Prozesshandlungen (BGer 4P.184/2003 2.3.2), die Entgegennahme von Betreibungsurkunden (BGE 69 III 33, 37) sowie der Erwerb von Grundstücken (vgl. Art. 459 Abs. 2 OR). Art. 459 Abs. 1 OR erwähnt zudem ausdrücklich die Zeichnung von Wechseln, was jedoch nicht bedeutet, dass diese Geschäfte von der Prokura auch ausserhalb der allgemeinen Zweckgrenze gedeckt wären (BSK OR I-Watter, Art. 459 N 5; **a. A.** BK-Gautschi, Art. 459 N 2c; zum Schutz Dritter gilt Art. 1007 OR). **Nicht** mehr erfasst sind insbesondere umfangreichere Schenkungen (Zobl, ZBJV 1989, 289, 293), Schmiergeldzahlungen (OGer LU LGVE 1983 I 70), die Einrichtung einer Personalfürsorgestiftung (KGer SG ZBGR 1948, 256 ff.) und die ihrer Art nach nicht mehr zum Betrieb eines Gewerbes gehörenden Grundlagengeschäfte wie z. B. die Veräusserung, Verpachtung oder Liquidation des Geschäfts (vgl. zu Art. 718 OR BGE 116 II 320, 323 f.: Ausnahme lediglich bei Dringlichkeit), die Änderung der Firma oder des Unternehmensgegenstands, die Verlegung des Sitzes oder die Aufnahme eines Gesellschafters.

Neben der allgemeinen Bindung an den Unternehmenszweck sind der Reichweite der Prokura aber auch noch einige **spezielle gesetzliche Grenzen** gesetzt. Der Prokurist kann zunächst keine sog. **Inhabergeschäfte** tätigen, da diese kraft Gesetzes dem Inhaber, den Gesellschaftern bzw. den Organen selbst vorbehalten sind wie z. B. die Unterschrift unter die Jahresrechnung (Art. 961 OR) oder die Erteilung der Prokura (Art. 458 Abs. 1 OR).

Zur **Veräusserung und Belastung von Grundstücken** i. S. v. Art. 655 Abs. 2 ZGB des Prinzipals (**a. A.** und für Geltung auch bei Grundstücken Dritter OGer ZH ZBGR 1969, 225 ff.) bedarf der Prokurist einer gesonderten Vollmacht, die für den Einzelfall oder generell im Voraus (eintragungsfähige sog. Grundstücksklausel) durch ausdrückliche Erklärung (N 6) erteilt wurde (**Art. 459 Abs. 2**). Belastung meint nicht nur die Begründung von beschränkt dinglichen Rechten (Grundpfandrechte, Dienstbarkeiten, Grundlasten) zugunsten Dritter oder auch nur des Eigentümers, sondern auch die Einräumung von vormerkungsfähigen (Art. 959 ZGB) Miet-, Pacht-, Kaufs-, Rückkaufs- und Vorkaufsrechten. Unter die Begriffe «Veräusserung und Belastung» fallen dabei nach allgemeiner Ansicht auch die hierauf gerichteten Verpflichtungsgeschäfte, da anderenfalls der bezweckte Schutz des Prinzipals ins Leere liefe (teleologische Extension). Eine weitere Ausdehnung des

2

3

4

Tatbestands scheint bei der Übertragung von nicht als Grundstücken verselbständigten Baurechten i. S. v. Art. 675, 779 ZGB (BK-GAUTSCHI, Art. 459
N 4d) sowie für den Fall gerechtfertigt, dass eine zwar bereits, aber nur zugunsten des Eigentümers bestehende Belastung auf einen Dritten übertragen wird (so auch für die Verpfändung eines Eigentümerschuldbriefs ZOBL,
Grundbuchrecht, 2004, § 19 N 505). Keiner besonderen Vollmacht bedürfen nach dem eindeutigen Wortlaut von Art. 459 Abs. 2 OR hingegen der Erwerb, die vormerkungsfreie Vermietung bzw. Verpachtung eines Grundstücks sowie die Ablösung dinglicher Rechte. Auch die Bestellung eines
Restkaufgeldgrundpfandrechts im Zusammenhang mit dem Erwerb eines
Grundstücks sollte dem Prokuristen aufgrund einer teleologischen Reduktion von Art. 459 Abs. 2 OR möglich sein, da die Vorschrift den Prinzipal lediglich vor der nachteiligen Verfügung über wesentliche Betriebsmittel
schützen soll und sich der Prinzipal in den Fällen der besicherten Restkauf-
preisstundung wirtschaftlich nicht schlechter steht als bei dem einem Prokuristen ohne weiteres möglichen Erwerb eines bereits belasteten Grundstücks.

5   Auch für den Prokuristen gilt schliesslich bei Interessenkollisionen das allgemeine **Verbot des Selbstkontrahierens** und der unmittelbaren oder mittelbaren **Doppelvertretung** (BGE 89 II 321, 326). Ausnahmen bestehen nur
dann, wenn die Natur des Geschäfts eine Benachteiligung des Vertretenen
ausschliesst oder der Vertretene den Vertreter zum Insichgeschäft besonders ermächtigt oder dieses nachträglich genehmigt hat (näher Art. 32
N 17).

6   Sofern es sich nicht um höchstpersönliche Geschäfte handelt, kann dem
Prokuristen für die wirksame Vornahme von Geschäften ausserhalb der gesetzlich typisierten Reichweite der Prokura eine **gesonderte rechtsgeschäftliche Vertretungsmacht** erteilt werden. Diese kann auch stillschweigend erteilt werden, sofern sie nicht nach Art. 459 Abs. 2 (N 4) oder (zumeist
handelt es sich dann um eine Handlungsvollmacht i. e. S.) Art. 462 Abs. 2 OR
ausdrücklich erfolgen muss. Dem Erfordernis der Ausdrücklichkeit (vgl.
Art. 1 Abs. 2 OR) genügt nur eine Erklärung durch schriftliche bzw. mündliche Worte oder vereinbarte bzw. allgemein bekannte Zeichen, nicht jedoch
eine konkludente Erteilung oder blosse Duldung.

Art. 460

III. **Beschränk-barkeit**

¹ Die Prokura kann auf den Geschäftskreis einer Zweigniederlassung beschränkt werden.

² Sie kann mehreren Personen zu gemeinsamer Unterschrift erteilt werden (Kollektiv-Prokura), mit der Wirkung, dass die Unterschrift des Einzelnen ohne die vorgeschriebene Mitwirkung der übrigen nicht verbindlich ist.

³ Andere Beschränkungen der Prokura haben gegenüber gutgläubigen Dritten keine rechtliche Wirkung.

Literatur

Siehe auch die Hinweise vor Art. 458 und 33 OR; CHAPPUIS, L'abus de pouvoir du fondé de procuration, SZW 1994, 232 ff.; GAUCH, Der Zweigbetrieb im Schweizerischen Zivilrecht, Zürich 1974; GUTZWILLER, Einzelhandlungen des Kollektivvertreters, SAG 1983, 19 ff.; JACQUEROD, Procuration mixte – Halbseitige Prokura, SAG 1934/35, 197 ff.; ROTH, Strenges oder billiges Recht: Zum Umfang handelsrechtlicher Vertretungsmacht, ZSR 1985 I, 287 ff.; WATTER, Die Verpflichtung der AG durch rechtsgeschäftliches Handeln ihrer Stellvertreter, Prokuristen und Organe speziell bei sog. «Missbrauch der Vertretungsmacht», Zürich 1985.

Im Innenverhältnis kann der Prinzipal die Prokura beliebig (auch nachträglich; Art. 34 Abs. 1 OR) beschränken (s. Art. 33 N 7). Diese sog. **rechtsgeschäftlichen Grenzen der Prokura** können einem gutgläubigen Dritten grds. jedoch nicht entgegengehalten werden (Art. 460 Abs. 3 OR). Dieser Grundsatz wird durch die beiden in Art. 460 Abs. 1 OR (eingetragene sog. Filialprokura; N 2 ff.) und Art. 460 Abs. 2 OR (eingetragene sog. Kollektiv-Prokura; N 5 ff.) geregelten und auch zu kombinierenden (Kollektiv-Filialprokura; vgl. BGer 4P.184/2003 E.2.3.2) Ausnahmen sowie durch die Lehre vom Missbrauch der Vertretungsmacht (N 8 ff.) durchbrochen.   1

I.   Filialprokura

Bei der als solche im Handelsregister **eingetragenen** Filialprokura ist die Vertretungsmacht auch mit Wirkung gegenüber gutgläubigen Dritten (Art. 933 Abs. 1 OR und e contrario Art. 460 Abs. 3 OR) in sachlicher Hinsicht auf den erkennbaren **Geschäftskreis einer Zweigniederlassung oder** (über den Wortlaut hinaus; vgl. dazu etwa Art. 718a Abs. 2 OR) der **Hauptniederlassung** beschränkt (Art. 460 Abs. 1 OR; vgl. zur entsprechenden Be-   2 schränkungsmöglichkeit bei der organschaftlichen Vertretung Art. 718a Abs. 2, 814 Abs. 4, 899 Abs. 2 OR). Wurde die Filialprokura (noch) **nicht eingetragen**, tritt die durch sie bezweckte Beschränkung der Vertretungsmacht nur bei Kenntnis des Dritten ein (Art. 933 Abs. 2 OR analog; s. N 8 f.). Die Filialprokura kann zudem ausdrücklich oder stillschweigend sowie durch Duldung oder zurechenbaren Rechtsschein (bei Eintragung der Filialprokura muss der Rechtsschein wegen Art. 933 Abs. 1 OR aber eine besondere Intensität aufweisen) auf weitere (alle) Niederlassungen ausgedehnt werden (dazu auch BK-GAUTSCHI, Art. 458 N 11a).

3   Die **Niederlassung** ist der Ort, von dem aus ein Unternehmen ganz oder teilweise eigenständig geführt wird (vgl. etwa auch Art. 23 Abs. 3, Art. 74, 641, 935, 952 OR und Art. 5 GestG; zu Abweichungen zwischen dem hier massgeblichen unternehmensrechtlichen und dem internationalprivatrechtlichen Niederlassungsbegriff nach Art. 21 III IPRG s. SCHNYDER/LIATOWITSCH IPR 2. Aufl. N 557 ff.). Abzugrenzen ist die Niederlassung von der Betriebsstätte als einem blossen Produktionsort und der unselbständigen Unternehmensfiliale (BGE 68 I 107, 113). Das Gesetz unterscheidet zwischen Haupt- und Zweigniederlassung (vgl. Art. 935 OR, Art. 109 ff. HRegV). Die **Hauptniederlassung** (vgl. z. B. Art. 111 HRegV) wird vom Gesetz auch als Sitz (z. B. Art. 554 OR) bzw. Hauptsitz (vgl. z. B. Art. 935 OR) bezeichnet. Sie ist entweder als Ort der beruflichen Niederlassung bzw. Geschäftsleitung der Mittelpunkt des Unternehmens (Einzelfirma, Personenhandelsgesellschaften) oder der statutarisch bestimmte Sitz (Körperschaften). Die **Zweigniederlassung** ist ein Betrieb, der zwar ein rechtlich abhängiger Teil einer Hauptunternehmung ist, aber in eigenen Räumlichkeiten über eine gewisse wirtschaftliche und geschäftliche Selbständigkeit verfügt. Es handelt sich mithin um eine Zwischenform zwischen eigenständigem Unternehmen und unselbständiger Unternehmensabteilung. Die Zweigniederlassung ist bei dem für sie örtlich zuständigen Handelsregisteramt in das Handelsregister mit diversen Angaben zu ihr (u. a. auch Vertretungsverhältnisse) und zur Hauptniederlassung einzutragen (Art. 109 ff. HRegV).

4   Als **Geschäftskreis der Niederlassung** gilt die Gesamtheit der Rechtsgeschäfte und rechtsgeschäftsähnlichen Handlungen, die mit der betreffenden Niederlassung zusammenhängen *können* (GAUCH, Zweigbetrieb, N 952). Wie bei der Prokura für den gesamten Geschäftsbetrieb (Art. 459 N 1 ff.) kommt es auch insoweit weder auf den Umfang und die Bedingungen des konkreten Geschäfts (z. B. Erfassung auch aussergewöhnlicher Geschäfte) noch auf den durch die interne Organisation bedingten konkreten Zuschnitt der Geschäfte der Zweigniederlassung (z. B. Unbeachtlichkeit der dem Dritten unbekannten Beschränkung auf Geschäfte mit Vertragspartnern aus der Region der Zweigniederlassung) an. Nicht mehr gedeckt sind hingegen Geschäfte, die erkennbar und zweifellos nicht mehr zum Geschäftskreis der

Niederlassung gehören (z. B. Beschaffung von Produktionsmaschinen für eine andere Niederlassung).

II. Kollektiv-Prokura

Bei der als solche im Handelsregister **eingetragenen** Kollektiv-Prokura ist 5
die Vertretungsmacht auch mit Wirkung gegenüber gutgläubigen Dritten
(Art. 933 Abs. 1 OR und e contrario Art. 460 Abs. 3 OR) in funktionaler Hinsicht dahingehend beschränkt, dass der Prokurist nur **gemeinsam** mit
einem oder mehreren beliebigen anderen aus dem Kreis der Prokuristen
(Kollektiv-Prokura i. e. S.) bzw. allen anderen Prokuristen (seltene sog. Gesamt-Prokura) zur Vertretung ermächtigt ist (Art. 460 Abs. 2 OR). Wurde die
Kollektiv-Prokura (noch) **nicht eingetragen**, tritt die durch sie bezweckte
Beschränkung der Vertretungsmacht nur bei Kenntnis des Dritten ein
(Art. 933 Abs. 2 OR analog; s. N 8 f.).

Die Kollektiv-Prokura ist ein **Sonderfall** der Kollektivvollmacht (zur Ausübung und zum Erlöschen der Kollektiv-Prokura sowie zur Zurechnung 6
von Willensmängeln und von Wissen s. daher Art. 33 N 13), die in mehreren
Arten auftritt (zur Eintragungsfähigkeit diverser Kombinationen BGE 121
III 368 ff.). Eine sog. **echte und allseitige** Kollektiv-Prokura liegt vor, wenn
die Prokura im Aussenverhältnis nur durch mehrere (zumeist zwei) Prokuristen gemeinsam ausgeübt werden darf. Dies bedeutet aber nicht, dass sie
notwendig gleichzeitig oder in gleicher Weise agieren müssen. Die Kollektiv-Prokura kann auch «**halbseitig**» durch eine Kombination von Einzel-
und Kollektiv-Prokura angeordnet werden (BGE 60 I 55, 58). Dies führt
dazu, dass der eine Prokurist als Einzelprokurist den Kaufmann auch alleine vertreten kann, während der andere Prokurist auf die Mitwirkung seines Partners angewiesen ist. Darüber hinaus besteht bei den Handelsgesellschaften auch die Möglichkeit zu einer sog. **gemischten** Kollektiv-Prokura,
bei der der Prokurist gemeinsam mit einem vertretungsbefugten Gesellschafter (Art. 555 OR) oder organschaftlichen Vertreter (BGE 60 I 55, 58 f.)
handeln muss und bei der sich der Umfang der Kollektiv-Prokura dann
etwa bei einer Grundstücksveräusserung nach dem stärkeren Glied, d. h.
der gesellschaftsrechtlichen Vertretungsmacht, richtet (offen gelassen von
BGE 60 I 55, 58 f.). Schliesslich ist eine Kombination dieser Sonderformen
als **gemischt halbseitige** Kollektiv-Prokura zulässig (BGE 60 I 386, 394 f.).
In einem solchen Fall ist der Prokurist zwar an die Mitwirkung des organschaftlichen Vertreters gebunden, dieser kann aber auch ohne den Prokuristen auftreten. Hierdurch wird gewährleistet, dass die Gesellschaftsorgane die Gesellschaft auch ohne Mitwirkung des Prokuristen vertreten
können. Anderenfalls wäre die Organvertretung zu sehr eingeschränkt,
was nicht nur bei den Personenhandelsgesellschaften zu einem Konflikt mit
dem Grundsatz der Selbstorganschaft führen würde, sondern bei Fehlen

weiterer Organvertreter etwa auch den Widerruf der Prokura faktisch un-möglich machen würde. Die Bindung des Prokuristen an die nicht nur in-terne Mitwirkung des einzelkaufmännischen Prinzipals («Kollektiv-Pro-kura» mit dem Einzelkaufmann) ist generell unzulässig, da sie mit dem Wesen der Prokura als einer im Aussenverhältnis grds. unbeschränkbaren Vertretungsmacht unvereinbar ist.

7 Wie generell bei der Kollektivvollmacht kann auch bei der Kollektiv-Pro-kura das **Mitwirkungserfordernis** für ein bestimmtes Geschäft aufgrund einer Spezialvollmacht **entfallen**. Die Spezialvollmacht kann von einem an-deren Kollektiv-Prokuristen wiederum nicht alleine erteilt werden, da er auch hierfür der Mitwirkung des zu ermächtigenden anderen Prokuristen bedarf. Für den betroffenen Prokuristen stellt die Ermächtigung folglich ei-nen Fall des nur ausnahmsweise wirksamen Selbstkontrahierens (s. dazu Art. 32 N 17) dar. Die Kollektivvollmacht kann zudem ausdrücklich oder stillschweigend (BGE 50 II 123, 138; BGer SemJud 1985, 598 f.; allerdings nicht bei blossem Ausscheiden eines Kollektiv-Prokuristen) sowie durch Duldung (BGE 66 II 249, 254) oder zurechenbaren Rechtsschein (vgl. Art. 33 N 16) in eine generelle Einzel-Prokura umgewandelt werden (bei Eintragung der Kollektiv-Prokura muss der Rechtsschein wegen Art. 933 Abs. 1 OR aber eine besondere Intensität aufweisen).

III. Missbrauch der Prokura

8 In allen nicht von Art. 460 Abs. 1 oder 2 OR erfassten Fällen werden **gut-gläubige Dritte nach Art. 460 Abs. 3 OR** in ihrem Vertrauen auf die gesetz-lich durch Art. 459 OR typisierte Reichweite der Prokura **geschützt**. Die Gutgläubigkeit des Dritten wird dabei nach Art. 3 Abs. 1 ZGB vermutet. Bös-gläubig ist der Geschäftspartner jedenfalls dann, wenn der Vertretene die positive **Kenntnis** des Dritten von rechtsgeschäftlichen Beschränkungen der Vertretungsbefugnis darlegen und im Bestreitungsfalle beweisen kann. Im Übrigen ist fraglich, ob im Rahmen von Art. 460 Abs. 3 die allgemeine Regel von Art. 3 Abs. 2 ZGB (Bösgläubigkeit bereits bei einfach fahrlässi-ger Unkenntnis) oder der Schutz der negativen Handelsregisterpublizität nach Art. 933 Abs. 2 OR (Bösgläubigkeit nur bei Kenntnis) eingreift. Zur Be-antwortung dieser Frage ist zwischen den in Art. 460 Abs. 1 und 2 OR ge-nannten Beschränkungen und sonstigen Beschränkungen zu unterschei-den.

9 Die rechtsgeschäftlichen Schranken der Prokura i.S.v. **Art. 460 Abs. 1 und 2 OR** sind zwar keine eintragungspflichtigen Tatsachen i.S.v. Art. 933 Abs. 2 OR, doch handelt es sich immerhin um eintragungsfähige Tatsachen, so dass der Prinzipal die im Interesse des Drittschutzes gebotene, für ihn je-doch nachteilige Heraufsetzung der Bösgläubigkeitsschwelle nach **Art. 933 Abs. 2 OR analog** jederzeit durch eine Handelsregistereintragung und die

mit ihr nach Art. 933 Abs. 1 OR verbundene Kenntnisfiktion in ihr Gegenteil verkehren kann. Durch eine analoge Anwendung von Art. 933 Abs. 2 wird er effektiv zur entsprechenden Registerpublizität angehalten (für eine direkte Anwendung von Art. 933 Abs. 2 OR sogar BSK OR I-Watter, Art. N 5/11).

Was die **übrigen Beschränkungen** der Vertretungsbefugnis anbetrifft, kommt eine (analoge) Anwendung von Art. 933 Abs. 2 OR nicht in Betracht (implizit BGE 119 II 23, 26; a. A. für die eingetragene Prokura BK-Gautschi, Art. 459 N 8a). Angesichts der allgemeinen Regelung in ZGB 3 ist bereits das Vorhandensein einer Regelungslücke fraglich. Ausserdem sind die ungeregelten und die durch Art. 933 Abs. 2 OR geregelten Fälle nicht vergleichbar, da es sich bei den nicht von Art. 460 Abs. 1 und 2 OR erfassten rechtsgeschäftlichen Schranken der Prokura nicht einmal um eintragungsfähige Tatsachen handelt und der Vertretene damit nicht durch eine freiwillige Eintragung den weit reichenden Drittschutz von Art. 933 Abs. 2 OR abwenden kann. Auf der anderen Seite scheint es aber auch problematisch, dem Dritten schon bei einer nur leicht fahrlässigen Unkenntnis nach **Art. 3 Abs. 2 ZGB** die Berufung auf seine Gutgläubigkeit zu verwehren. Dies würde nämlich den von Art. 459 Abs. 1, 460 Abs. 3 OR bezweckten Verkehrsschutz wieder unterlaufen. Der Dritte hätte schon bei relativ schwachen Zweifeln Nachforschungen anzustellen. Er sollte daher im Rahmen von Art. 459 Abs. 1, 460 Abs. 3 OR nur dann als bösgläubig angesehen werden, wenn es für ihn **offensichtlich** war, dass der Prokurist die ihm gesetzten Grenzen der Vertretungsbefugnis überschritt (so auch Egger, FG Wieland, 47, 64). Aussergewöhnlich günstige Geschäftsbedingungen können einen Missbrauch nahe legen (BGE 119 II 23, 27, BGE 113 II 397, 399). Die in **BGE 119 II 23, 26** vorgenommene Differenzierung zwischen einem eigennützigen Missbrauch der Vertretungsmacht (dann zumindest grob fahrlässige Unkenntnis des Dritten erforderlich) und einem blossen Überschreiten der internen Vertretungsbefugnis (dann lediglich einfach fahrlässige Unkenntnis des Dritten erforderlich) ist abzulehnen. Sie stellt mit der subjektiven Einstellung des Prokuristen auf einen für das Verhältnis zwischen Prinzipal und Drittem unerheblichen und von beiden nicht zu beeinflussenden Umstand ab, der zudem im Gesetz keinen Niederschlag gefunden hat.

10

Sofern sich der Prinzipal gegenüber bösgläubigen Dritten auf interne Beschränkungen der Prokura berufen kann, fehlt dem Prokuristen die Vertretungsmacht. Es gilt **Art. 38 OR**, nicht jedoch (wegen der Bösgläubigkeit des Dritten) Art. 39 OR.

11

Art. 461

IV. **Löschung der Prokura**

¹ Das Erlöschen der Prokura ist in das Handelsregister einzutragen, auch wenn bei der Erteilung die Eintragung nicht stattgefunden hat.

² Solange die Löschung nicht erfolgt und bekannt gemacht worden ist, bleibt die Prokura gegenüber gutgläubigen Dritten in Kraft.

1   Art. 461 OR regelt die Rechtsfolgen bei einem Erlöschen der Prokura (zu den Erlöschensgründen s. Art. 465 OR sowie Art. 33 N 10, Art. 34 und 35 OR). Nach Abs. 1 ist das **Erlöschen** mit rein deklaratorischer Wirkung auch dann in das Handelsregister **einzutragen**, wenn die Erteilung selbst nicht eingetragen worden sein sollte. In entsprechender Anwendung sollte auch das «Erlöschen» einer nur aus Gründen des Vertrauensschutzes die Vertretungswirkungen herbeiführenden Duldungs- oder Anscheinsprokura (Art. 33 N 14 ff., Art. 458 N 4) eintragungsfähig sein, damit der Prinzipal den Vertrauenstatbestand mit Hilfe von Art. 933 Abs. 1 OR effektiv für die Zukunft zerstören kann.

2   Nach **Abs. 2** bleibt die Prokura gegenüber **gutgläubigen Dritten** bis zum Wirksamwerden ihrer Handelsregisterlöschung gegenüber Dritten (s. dazu Art. 932 Abs. 2 OR) bestehen. Da es sich um einen Sonderfall der negativen Handelsregisterpublizität handelt, kann sich der Dritte abweichend von der allgemeinen Regel von Art. 3 Abs. 2 ZGB sowie den entsprechend interpretierten Art. 34 Abs. 3 und 37 Abs. 2 OR auch auf seine auf Fahrlässigkeit beruhende Gutgläubigkeit berufen und ist damit nur bei Kenntnis bösgläubig (Art. 933 Abs. 2 OR; BSK OR I-WATTER, N 4 f.). Denkbar ist allenfalls noch eine teleologische Einschränkung des durch Art. 461 Abs. 2 OR gewährten Schutzes, wenn der Dritte wegen der Kürze des Bestehens der Prokura (z. B. Widerruf am Tag der Erteilung) nicht einmal abstrakt ein hinreichendes Vertrauen in das Bestehen der Prokura hat entwickeln können (vgl. dazu für das dt. Recht A. HUECK, AcP 118 [1920], 350).

Art. 462

3. **Andere Handlungsvollmachten**

¹ Wenn der Inhaber eines Handels-, Fabrikations- oder eines andern nach kaufmännischer Art geführten Gewerbes jemanden ohne Erteilung der Prokura, sei es zum Betriebe des ganzen Gewerbes, sei es zu bestimmten Geschäften in seinem Gewerbe als Vertreter bestellt, so erstreckt sich die Vollmacht auf alle Rechtshandlungen, die der Betrieb eines derartigen Gewerbes oder die Ausführung derartiger Geschäfte gewöhnlich mit sich bringt.

² Jedoch ist der Handlungsbevollmächtigte zum Eingehen von Wechselverbindlichkeiten, zur Aufnahme von Darlehen und zur Prozessführung nur ermächtigt, wenn ihm eine solche Befugnis ausdrücklich erteilt worden ist.

Literatur

Brutschin, Die Vollmacht des Handelsreisenden, Zürich 1933; Testuz, Les pouvoirs de représentation de l'agent d'assurance en droit suisse, Lausanne 1959; Wagner, Die Handlungsvollmachten nach Art. 462 des Obligationenrechts, Lachen 1945.

Die **Handlungsvollmacht i. e. S. ist** nach Art. 462 Abs. 1 OR jede von dem Inhaber eines kaufmännischen Gewerbes (Art. 934 Abs. 1 OR) im Rahmen seines Handelsgewerbes erteilte Vollmacht, die keine Prokura darstellt. Die Handlungsvollmacht i. e. S. nimmt eine Zwischenstellung zwischen der einfachen Vollmacht i. S. v. Art. 33 Abs. 2 OR und der Prokura i. S. v. Art. 458 ff. OR ein. Sie ermächtigt ihren Inhaber grds. zur Vornahme aller Rechtshandlungen, die der Betrieb eines derartigen Gewerbes (Generalhandlungsvollmacht) oder die Ausführung bestimmter Geschäfte (Spezialhandlungsvollmacht) gewöhnlich mit sich bringen (Art. 462 OR). Damit der von Art. 462 Abs. 1 OR angestrebte Verkehrsschutz nicht unterlaufen wird, kann der Inhaber eines kaufmännischen Gewerbes für dessen Betrieb keine über ein einzelnes Geschäft hinausreichende schlichte Vollmacht i. S. v. Art. 33 Abs. 2 OR erteilen.

1

I. Erteilung, Offenlegung und Erlöschen der Handlungsvollmacht

2 Die Handlungsvollmacht i. e. S. kann im Gegensatz zur Prokura (vgl. Art. 458 Abs. 3 OR) nur von dem **Inhaber eines kaufmännischen Gewerbes** erteilt werden (Art. 462 Abs. 1 OR; a. A. BK-Gautschi, Art. 462 N 3a). Der Prinzipal kann sich hierbei aber anders als bei der Prokura durchaus vertreten lassen (a. A. BK-Gautschi, Art. 462 N 3c), so dass auch die Begründung einer Unterhandlungsvollmacht möglich ist. Wie bei der Prokura können nur natürliche Personen als Handlungsbevollmächtigte fungieren (vgl. Art. 120 HRegV). Es sind hier zudem wie bei der Prokura wegen der grds. Formfreiheit (Ausnahme: Art. 348b OR) neben der stillschschweigenden Erteilung auch eine Duldungs- und Anscheinshandlungsvollmacht denkbar (BGE 120 II 197, 199 ff.). Bei den Personenhandelsgesellschaften bedarf die Bestellung eines Generalhandlungsbevollmächtigten der Zustimmung aller vertretungsberechtigten Gesellschafter (Art. 566, 598 Abs. 2 OR).

3 Die Tatsache der Erteilung einer Handlungsvollmacht i. e. S. ist im Handelsregister **weder eintragungspflichtig noch** nach h. M. auch nur **eintragungsfähig** (vgl. Art. 30 Abs. 1 HRegV; a. A. HGer ZH ZR 1987, 69, 71). Da für das Handeln des Handlungsbevollmächtigten i. e. S. keine Sonderregelungen bestehen, kann dieser das Vertretungsverhältnis in irgendeiner Form offen legen (vgl. Art. 32 Abs. 2 OR; s. dort N 10 ff.).

4 Die Handlungsvollmacht **erlischt** nach Art. 465 OR unter denselben Voraussetzungen wie die Prokura. Einer Eintragung bedarf das Erlöschen allerdings nicht.

II. Umfang der Handlungsvollmacht

5 Der **gesetzlich typisierte** Umfang der Handlungsvollmacht i. e. S. ist zunächst davon abhängig, ob eine Generalhandlungs- oder Spezialhandlungsvollmacht erteilt wurde. Art. 462 Abs. 1 OR schützt den Dritten nämlich nur in seinem Vertrauen auf den Umfang einer tatsächlich in der betreffenden Form erteilten Handlungsvollmacht, nicht aber auch hinsichtlich des Bestehens einer bestimmten Art oder des Bestehens der Handlungsvollmacht überhaupt.

6 Nach dem in Art. 462 Abs. 1 OR niedergelegten Grundsatz ermächtigt die **Generalhandlungsvollmacht** zu allen Rechtsgeschäften, die der Betrieb eines derartigen Gewerbes gewöhnlich mit sich bringt. Im Gegensatz zur Prokura werden also nicht alle zweckgerechten (d. h. generell arttypischen), sondern nur die für das konkrete Unternehmen nach der bisherigen Übung und Erfahrung aus der Sicht eines Dritten typischen Geschäfte erfasst (BGer 4C.348/2006 E.8.1). Aussergewöhnlich sind danach nicht nur die Grund-

lagengeschäfte und branchenunüblichen Geschäfte, sondern auch die erkennbar für das konkrete Unternehmen angesichts seines Bedarfs und seiner Mittel unüblichen (nicht bereits: nicht alltäglichen; BGE 76 I 338, 353)
Geschäfte. **Beispiele** aus der Rechtsprechung bilden für gedeckte Geschäfte
BGE 118 IV 167, 169f. (Strafantrag zum Schutz des Gesellschaftsvermö-
gens), RB des OGer TG 1990, 81 (Bestellung eines Akkreditivs für ein Han-
delsunternehmen) und BGE 76 I 338, 354 (Schiedsvereinbarung im Rahmen eines Export-Importgeschäfts) sowie für nicht mehr gedeckte Geschäfte
BGE 99 IV 1, 4f. (Strafantrag im Ehrverletzungsprozess unter Hinweis auf
Art. 462 Abs. 2 OR), BGE 25 II 583, 592 (Kreditgewährung und Differenzgeschäft bei Handelsgenossenschaft) und BGE 68 III 146, 153 (Erfordernis
einer gesonderten Vollmacht zum Empfang eines Zahlungsbefehls nach
Art. 66 Abs. 1 SchKG).

Die **Spezialhandlungsvollmacht**, die für eine durch ihren Anlass (z. B. Mes-   7
sebesuch) oder der Art nach (z. B. Inkassovollmacht) näher bestimmte
Gruppe von Geschäften erteilt wird, ermächtigt nach Art. 462 Abs. 1 OR
grds. zu allen Rechtshandlungen, die ein derartiges Geschäft gewöhnlich
mit sich bringt. Die Beschränkung auf eine bestimmte Art von Geschäften
kann sich hier insbesondere auch aus der Art des Anstellungsverhältnisses
des Bevollmächtigten ergeben. Sondergesetzlich geregelte **Beispiele** bilden
die Ermächtigung des als Abschlussvertreter eingesetzten Handlungsrei-
senden zum Geschäftsabschluss ohne Inkasso (Art. 348b Abs. 2 OR) und die
Ermächtigung des Agenten zur beschränkten Passivvertretung und zur Geltendmachung von Beweissicherungsrechten (Art. 418e OR). Praktisch wichtige Anwendungsbeispiele sind die Ermächtigung des Ladenverkäufers zu
den für den jeweiligen Laden typischen Verkäufen (BGE 120 II 197, 205;
vgl. auch § 56 dt. HGB) und die Ermächtigung der Kassiererin zur Entgegennahme von Kundenzahlungen.

Auch die Handlungsvollmacht i. e. S. kennt **gesetzliche Grenzen**. Selbst   8
wenn es sich im konkreten Fall um für das Unternehmen insgesamt bzw.
das konkrete Geschäft gewöhnliche Rechtshandlungen handelt, treten die
Stellvertretungswirkungen nur dann ein, wenn der Handlungsbevollmächtigte über eine entsprechende ausdrückliche Spezialvollmacht (s. Art. 459
N 6) verfügt. Zu diesen Geschäften gehören nach **Art. 462 Abs. 2 OR** das
Eingehen von Wechselverbindlichkeiten als Haupt- oder Garantieschuldner,
die Aufnahme von Darlehen sowie die aktive und passive Prozessführung.
Ausserdem dürfte hier wie bei der Prokura neben dem allgemeinen grds.
Verbot von Insichgeschäften (Art. 32 N 17) a maiore ad minus auch die Einschränkung von Art. 459 Abs. 2 OR analog gelten (**a. A.** und für die Wirksamkeit der Veräusserung und Belastung von Grundstücken, sofern diese
wie etwa bei einem Unternehmen des Liegenschaftshandels zum gewöhnlichen Geschäftsbetrieb gehören Zobl, Grundbuchrecht, 2004, § 19 N 507).

9   Allfällige anfängliche oder nachträgliche (Art. 34 Abs. 1 OR) **interne Beschränkungen** der Handlungsvollmacht i. e. S. (s. Art. 33 N 7) können Dritten nur dann (im Vergleich zur Prokura aber auch immerhin) entgegengehalten werden, wenn der Dritte die Beschränkung kannte oder bei gehöriger
Sorgfalt unter den gegebenen Umständen von ihnen Kenntnis hätte haben
müssen (Art. 3 ZGB). Dies gilt auch für die Filial- und Kollektiv-Handlungs-
vollmacht.

Art. 463

aufgehoben

Art. 464

D.   Konkurrenz-
verbot

¹ **Der Prokurist, sowie der Handlungsbevollmächtigte,
der zum Betrieb des ganzen Gewerbes bestellt ist
oder in einem Arbeitsverhältnis zum Inhaber des
Gewerbes steht, darf ohne Einwilligung des Geschäftsherrn weder für eigene Rechnung noch für
Rechnung eines Dritten Geschäfte machen, die zu
den Geschäftszweigen des Geschäftsherrn gehören.**
² **Bei Übertretung dieser Vorschrift kann der Geschäftsherr Ersatz des verursachten Schadens
fordern und die betreffenden Geschäfte auf eigene
Rechnung übernehmen.**

1   Art. 464 OR enthält ein das Innenverhältnis betreffendes und sich aus der
Treuepflicht ergebendes **Konkurrenzverbot** für Prokuristen, Generalhand-
lungsbevollmächtigte und spezialhandlungsbevollmächtigte Arbeitnehmer
des Prinzipals, wobei die Vorschrift auch bei Beschränkungen (z. B. Filialprokura) der betroffenen Vollmachten eingreift. Die über bedeutsamen Ge-
schäftseinblick verfügenden Betroffenen dürfen danach ohne Zustimmung
des Prinzipals weder für eigene Rechnung noch für Rechnung eines Dritten
irgendwelche Geschäfte abschliessen, die typischerweise in den Geschäfts-
zweig des von ihrem Prinzipal betriebenen Gewerbes gehören (näher dazu
bei Art. 321a und 340 OR). Art. 464 OR gilt nur für rechtsgeschäftliche und

damit anders als etwa Art. 321a Abs. 3 OR nicht für rein tatsächliche Kon-
kurrenzmassnahmen (BK-Gautschi, Art. N 5b, c).

Das Konkurrenzverbot **entsteht** mit der Erteilung (s. Art. 458 N 3 ff. und   2
Art. 462 N 2) und ggf. mit Abschluss des Arbeitsvertrages. Es **endet** mit dem
Erlöschen (s. Art. 465 OR) der entsprechenden Handlungsvollmacht oder
ggf. des Arbeitsvertrages. Ein allfällig daneben bestehendes (nach-)vertrag-
liches Konkurrenzverbot (z. B. Art. 321a Abs. 3, 340 ff., 536 i. V. m. 557
Abs. 2, 598 Abs. 2 OR) bleibt hiervon unberührt. Art. 340c OR sollte bei In-
teressewegfall des Prinzipals analog angewendet werden.

Art. 464 OR ist **dispositiv** und kann daher durch abweichende (auch still-   3
schweigende) Vereinbarungen aufgehoben, abgemildert oder in den Grenzen des Verfassungs- (Art. 27 BV), Zivil- (Art. 27 ZGB, Art. 19 f. OR) und Kar-
tellrechts (Art. 5 Abs. 1 KG) durch sachliche oder zeitliche Ausweitung
verschärft werden.

Das Konkurrenzverbot berechtigt den Prinzipal zunächst zur Unterlas-   4
sungsklage (**a. A.** BK-Gautschi, Art. 464 N 8d). Der Verstoss gegen das Konkurrenzverbot ist eine Pflichtverletzung im Innenverhältnis, die nach
Art. 464 Abs. 2 OR unter den übrigen Voraussetzungen zum **Schadenersatz**
wegen Nichterfüllung (pos. Interesse) verpflichtet. Der Prinzipal kann zudem die betreffenden Geschäfte unter Anrechnung auf den Schadenersatzanspruch auf eigene Rechnung **übernehmen** (Art. 464 Abs. 2 OR) sowie Gewinnherausgabe (Art. 423 Abs. 1 OR), eine schriftlich vereinbarte Beseitigung
(Art. 98 Abs. 3 OR, Art. 340b Abs. 3 OR analog), oder eine vereinbarte Konventionalstrafe (Art. 160 ff. OR) verlangen. Das Bereicherungsverbot steht
dabei dem Einstieg in ein vom Prokuristen etc. besonders vorteilhaft ausge-
handeltes Geschäft nicht entgegen (**a. A.** offenbar HK-Jermini, N 4). Da die
Übernahme nur im Innenverhältnis zwischen dem Prinzipal und dem Prokuristen etc. erfolgt («auf eigene Rechnung») und keine Vertragsübernahme
mit Aussenwirkung darstellt, bedarf es bei Eigengeschäften des Prokuristen
etc. keiner Zustimmung von Vertragspartnern (**a. A.** BSK OR I-Watter, N 8).
Nur wenn der Prokurist das verbotene Geschäft im Namen Dritter geschlossen hat, bedarf es zur Übertragung der wirtschaftlichen Wirkungen des Geschäfts deren Mitwirkung. Sofern es sich um eine grobe Pflichtverletzung
handelt, kann diese schliesslich eine **Kündigung** aus wichtigem Grund
rechtfertigen.

Art. 465

E. **Erlöschen der Prokura und der andern Handlungsvollmachten**

¹ **Die Prokura und die Handlungsvollmacht sind jederzeit widerruflich, unbeschadet der Rechte, die sich aus einem unter den Beteiligten bestehenden Einzelarbeitsvertrag, Gesellschaftsvertrag, Auftrag od. dgl. ergeben können.**

² **Der Tod des Geschäftsherrn oder der Eintritt seiner Handlungsunfähigkeit hat das Erlöschen der Prokura oder Handlungsvollmacht nicht zur Folge.**

1   Für die Handlungsvollmachten (Prokura, Handlungsvollmacht i. e. S.) als Sonderformen der Vollmacht gelten grds. die **allgemeinen Erlöschensgründe** (Abs. 1 und Art. 34 f. OR; s. Art. 33 N 10 sowie die Anm. zu Art. 34 und 35 OR). Eine Beschränkung der Handlungsvollmachten nach Art. 34 Abs. 1 OR ist ebenfalls möglich. Nach Art. 465 Abs. 2 OR sind von den Erlöschensgründen lediglich der Tod des Geschäftsherrn und der Eintritt seiner Handlungsunfähigkeit **ausgenommen**, damit der Prokurist bzw. der Handlungsbevollmächtigte als umfassend Vertretungsberechtigte zumindest bis zu einem etwaigen Widerruf durch die Erben bzw. den gesetzlichen Vertreter des Geschäftsherrn für die Fortführung des Unternehmens in der Übergangszeit sorgen können. Einen **zusätzlichen Erlöschensgrund** bildet stattdessen der Verlust der Geschäftsinhaberschaft des Erteilers durch Einstellung oder Veräusserung des kaufmännischen Gewerbes. Konkurs und Auflösung führen nach Art. 35 OR zum Untergang der Handlungsvollmachten, wobei (a. A. BK-GAUTSCHI, Art. 461 N 5d) jedoch die Konkursverwaltung bzw. die Liquidatoren erneut eine Handlungsvollmacht erteilen können, die auf den wegen des Konkurs- bzw. Liquidationsvermerks erkennbaren Abwicklungszweck beschränkt ist.

2   Das Erlöschen der Prokura ist eine eintragungspflichtige Tatsache (Art. 461 OR; s. dort), wobei die nichtkaufmännische Prokura in bestimmten Fällen auch von Amts wegen gelöscht wird (Art. 149 Abs. 3 S. 2 und Abs. 4 HRegV). Während dem Handlungsbevollmächtigten bei Erlöschen seiner Vollmacht der allgemeine Vertrauensschutztatbestand von **Art. 37 OR** zugute kommt, gilt für die Prokura die Spezialregelung von **Art. 461 OR**, die den Dritten (und damit mittelbar dem Vertreter) bis zur Eintragung einen stärkeren Vertrauensschutz gewährt (Art. 461 Abs. 2 OR, s. dort) und nach der Eintragung die Kenntnis und damit Bösgläubigkeit des ehemaligen Prokuristen (Art. 933 Abs. 1 OR) fingiert (**a. A.** HK-JERMINI, Art. 464 N 4).

Die Anweisung

Art. 466

Begriff

Durch die Anweisung wird der Angewiesene ermächtigt, Geld, Wertpapiere oder andere vertretbare Sachen auf Rechnung des Anweisenden an den Anweisungsempfänger zu leisten, und dieser, die Leistung von jenem in eigenem Namen zu erheben.

Literatur

BUIS, Die Banküberweisung und der Bereicherungsausgleich bei fehlgeschlagenen Banküberweisungen, Diss. Zürich 2001; BÜHLER, Sicherungsmittel im Zahlungsverkehr, Zürich 1997; DERS., Ein Kind der Praxis: Das Akkreditiv mit aufgeschobener Zahlung, SZW 2006, 42 ff.; DE GOTTRAU, Crédit documentaire et garantie bancaire: fraude dans l'accréditif à paiement différé et choix des parties citées dans les mesures provisionnelles, Journée 2001 de droit bancaire et financier, Bern 2002, 65 ff.; DERS., La lettre de crédit standby en droit suisse, SJ 2005, 3 ff.; GUGGENHEIM, Les contrats de la pratique bancaire suisse, 4. Aufl. 2000; GUTZWILLER, Bemerkungen zum Verhältnis zwischen Akkreditivbank und Korrespondenzbank, SJZ 1984, 157 ff.; HESS, Rechtliche Aspekte der Banküberweisung unter besonderer Berücksichtigung des Interbankzahlungsverkehrssystems Swiss Interbank Clearing (SIC), SZW 1991, 101 ff.; DERS., Bargeldlose Überweisung mit Hilfe von Interbankzahlungssystemen – Vertrauenshaftung im Zahlungsverkehrsrecht?, recht 1996, 144; KLEINER, Die Zahlungspflicht der Bank bei Garantien und unwiderruflichen Akkreditiven, SJZ 1976,

353 ff.; KOLLER/KISSLING, Anweisung und Dokumentenakkreditiv im Zahlungsverkehr, in: Wiegand (Hrsg.), Berner Bankrechtstag Bd. 7, Rechtliche Probleme des Zahlungsverkehrs, Bern 2000, 23 ff.; KRAMER, Rechtsprobleme des Interbanken-Zahlungsverkehrs, Diss. Zürich 2005; LOMBARDINI, Droit et pratique du crédit documentaire, Basel 2000; SCHÖNLE, Missbrauch von Akkreditiven und Bankgarantien, SJZ 1983, 53 ff.; STAUDER, Das Dokumentenakkreditiv mit hinausgeschobener Zahlung, in: Liber Amicorum A. Schnitzer, Genf 1979, 433 ff.; VOSER, Bereicherungsansprüche in Dreiecksverhältnissen: erläutert am Beispiel der Anweisung, Basel 2006.

I.   Begriff der Anweisung

1   Der deutsche und italienische Text von Art. 466 qualifiziert die **Anweisung als Doppelermächtigung,** an der drei Personen beteiligt sind (anders die fr. Bestimmung «l'assignation est un contrat»). Der Anweisende (Delegant, Assignant) ermächtigt einerseits den Angewiesenen (Delegat, Assignat), auf fremde Rechnung an den Anweisungsempfänger (Empfänger, Delegatar, Assignatar) zu leisten, und andererseits den Anweisungsempfänger, die Leistung in eigenem Namen vom Angewiesenen zu erheben. Lehre und Rsp. nehmen heute bez. der Rechtsnatur der Anweisung eine Doppelermächtigung an, welche als einseitiges Rechtsgeschäft **keinen Vertragscharakter** hat und somit keiner Annahme bedarf (BGE 132 III 616 f. m. Hw.; BSK OR I-KOLLER, N 1; vgl. auch den Wortlaut von § 783 BGB und § 1400 ABGB). Zu unterscheiden ist das **Deckungsverhältnis** zwischen dem Anweisenden und dem Angewiesenen, das **Valutaverhältnis** zwischen dem Anweisenden und dem Anweisungsempfänger und das **Leistungs- oder Einlösungsverhältnis** zwischen dem Angewiesenen und dem Anweisungsempfänger.

II.   Funktion und praktische Bedeutung des Anweisungsrechts

2   Die Anweisung dient in erster Linie als **indirektes Zahlungsmittel** (GUHL/SCHNYDER, § 54 N 2). Der Anweisende kann durch die Leistung eines Dritten (des Angewiesenen) entweder von seiner Schuld befreit werden oder selber Gläubiger werden. Bei der **Anweisung auf Kredit** wird der Angewiesene durch seine Leistung Gläubiger des Anweisenden (HONSELL, OR BT, 375). Ist der Angewiesene Schuldner des Anweisenden **(Anweisung auf Schuld),** so erfüllt jener mit seiner Leistung an den Empfänger sowohl seine eigene Verpflichtung gegenüber dem Anweisenden, als auch die Verpflichtung des Anweisenden gegenüber dem Anweisungsempfänger (vgl. HONSELL, OR BT, 376).

3   Das Anweisungsrecht bildet die rechtliche Grundlage für verschiedene **Rechtsinstitute des Bankenrechts** (bargeldloser Zahlungsverkehr, Kreditkartensysteme, Kreditbrief [Art. 407], gezogener Wechsel [Art. 991 ff.],

Check [Art. 1100 ff.], Reisecheck [zur Qualifizierung Pfister/von der Crone, SZW 2005, 276 ff. mit krit. Anm. zu BGE 130 III 417 = Pra 2005, 222]) und ist im **internationalen Warenverkehr** beim Dokumentenakkreditiv von zentraler Bedeutung. Beim gezogenen Wechsel (Art. 991 ff.) und Check (Art. 1100 ff.) ist die Anweisung in einem **Wertpapier** verkörpert (vgl. dazu Art. 471).

1. Banküberweisung

Die gewöhnliche **Banküberweisung** enthält keine Doppelermächtigung   4
i. S. v. Art. 466. Der Anweisende ermächtigt hier i. d. R. nur die Bank und nicht den Anweisungsempfänger, es sei denn, er übergebe diesem einen schriftlichen Zahlungsauftrag (so in BGE 121 III 109). Nach der Rsp. wird jedoch der Empfangsbedürftigkeit der zweiten Ermächtigung dadurch genügend Rechnung getragen, dass der Angewiesene dem Anweisungsempfänger die Kontogutschrift anzeigt (vgl. BGE 132 III 617; Buis 22 m. Nw.; die Bank als Botin des Anweisenden qualifizierend Voser, 285 FN 3). Jedenfalls beurteilt das BGer Rückabwicklungsfragen (insb. bereicherungsrechtliche Probleme) gleich wie im Anweisungsverhältnis (BGE 117 II 407 ff.; vgl. Koller/Kissling 32). Zur Frage, ob auch der WIR-Buchungsauftrag eine Anweisung darstellt, vgl. BGE 95 II 182 – Frage offen gelassen; bejahend ZR 2004, 66.

Zwischen dem Anweisenden und der Bank (Deckungsverhältnis) besteht ein   5
Girovertrag, der nach Auftragsrecht (Art. 394 ff.) zu beurteilen ist. Der Überweisungsauftrag ist eine Weisung an die beauftragte Bank und gleichzeitig eine Anweisung i. S. v. Art. 466 (BGE 126 III 22). Bei der in der Praxis häufig auftretenden **mehrgliedrigen Geldüberweisung (Kettenüberweisung)** erteilt die Absenderbank, welche keine Kontobeziehung zum Begünstigten hat, der Empfängerbank eine zweite Anweisung zugunsten des Begünstigten (BGE 124 III 256; 121 III 310 mit Bem. zu auftragsrechtlichen Fragen von Hess, recht 1996, 144 ff.; Fellmann/Schwarz, AJP 1996, 96 ff.; Wiegand, ZBJV 1997, 123 ff.).

2. Dokumentenakkreditiv

Mittels **Dokumentenakkreditivs** wird den Vertragspartnern im Distanzhan-   6
del (z. B. Import/Export) nach traditionellem Konzept die **Zug-um-Zug-Leistung** ermöglicht (Honsell, OR BT, 382). Die ordnungsgemässe Erbringung von Leistung und Gegenleistung wird durch die Einschaltung einer neutralen Bank so weit wie möglich sichergestellt **(Sicherungsfunktion)**. Das Akkreditiv beruht auf dem Grundsatz «Bezahlung gegen Dokumente» (BGE 122 III 77). Die Parteien erklären i. d. R. die Einheitlichen Richtlinien und Gebräuche für Dokumentenakkreditive der internationalen Handelskammer in Paris, ICC-Publikation Nr. 500, zum Vertragsinhalt (bei Eröffnung des Akkreditivs vor dem 01.07.2007 gelten weiterhin die ERA 500,

Fassung von 1993; bei Eröffnung des Akkreditivs ab 01.07.2007 gelten die ERA 600, ICC-Publikation Nr. 600). Ist schweizerisches Recht anwendbar, so findet das Anweisungsrecht (Art. 466 ff.) ergänzend Anwendung (vgl. BGE 132 III 622).

7   Der **Akkreditivsteller** ist der Anweisende, die **eröffnende Akkreditivbank** die Angewiesene und der **Akkreditierte** der Anweisungsempfänger (Begünstigter). Die Beziehung zwischen dem Akkreditivsteller und der eröffnenden Bank ist eine Kombination von Auftrag (Art. 394 ff.) und Anweisung (Art. 466 ff.; BGE 130 III 468 = Pra 2005, 135). Gemäss den ERA 500 kann das Akkreditiv widerruflich oder unwiderruflich sein. Vermutungsweise ist es **unwiderruflich** (Art. 6 lit. c ERA 500). In den neuen ERA 600 ist der Widerruf nicht mehr vorgesehen. In der Praxis bestätigt die Akkreditivbank das Akkreditiv meist nicht selber dem Begünstigten, sondern weist hierzu eine Korrespondenzbank an, wodurch ein **Viereksverhältnis** entsteht (zu den Gestaltungsformen Bühler, SZW 2006, 48; vgl. BGE 132 III 620 ff.; 131 III 222 ff. = Pra 2005, 822 ff.; BGE 130 III 462 ff. = Pra 2005, 130 ff.). Handelt die Korrespondenzbank als bestätigende Bank, so entsteht ein zweites Akkreditiv, bei dem die erste Bank die Stellung des Anweisenden und die zweite Bank diejenige des Angewiesenen erhält. Dem internen Deckungsverhältnis zwischen den Banken liegt ein Auftragsverhältnis zugrunde (vgl. BGE 130 III 468 f. = Pra 2005, 135 f.).

8   Die Verpflichtung der Bank gegenüber dem Begünstigten steht unter der **Bedingung**, dass die im Akkreditiv aufgezählten Dokumente ordnungsgemäss vorgelegt werden (Art. 151, vgl. BGE 131 III 224 = Pra 2005, 825). Für den Bedingungseintritt ist der Begünstigte beweispflichtig (vgl. Art. 151 N 10). Es gilt der **Grundsatz der Abstraktheit**, wonach die Verpflichtung vom Deckungs- und vom Valutaverhältnis unabhängig ist und die bestätigende Bank dem Begünstigten keine Einreden aus diesen Verhältnissen entgegenhalten kann (vgl. Art. 468 N 4). Damit verknüpft ist das **Prinzip der Dokumentenstrenge**, welches bedeutet, dass die einzige Bedingung für die Auszahlung die Akkreditivkonformität der Dokumente ist (unabhängig von deren materiellen Richtigkeit, vgl. BSK OR I-Koller, Anhang zum 18. Titel, N 17).

9   Verweigert die eröffnende Bank die Aufnahme der Dokumente wegen **mangelnder Akkreditivkonformität**, so darf sie über die Dokumente nicht verfügen, ansonsten sie sich widersprüchlich verhält und gegenüber der Korrespondenzbank Aufwendungsersatz schuldet (Art. 402 Abs. 1). Der Gebrauch der Dokumente zur Verfügung über die Ware wird in der Rsp. als Genehmigung der Dokumente qualifiziert (BGE 132 III 623).

10   Die Berufung auf die Abstraktheit oder die Dokumentenstrenge kann in Ausnahmefällen **rechtsmissbräuchlich** sein (Art. 2 Abs. 2 ZGB). Sind die Dokumente **akkreditivkonform**, handelt der Verkäufer aber offensichtlich be-

trügerisch, so darf Rechtsmissbrauch des Begünstigten bei ausgesprochen schwerwiegenden Umständen angenommen werden (BGE 100 II 145). Der Begünstigte muss wissen, dass er weder einen gegenwärtigen noch zukünftigen Anspruch gegenüber dem Akkreditivsteller hat. Dies ist z. B. der Fall, wenn feststeht, dass der im Valutaverhältnis bestehende Kaufvertrag Waren zum Gegenstand hat, welche nicht existieren oder weit weniger wert sind, als im Akkreditiv vereinbart. Die Widerrechtlichkeit bzw. Sittenwidrigkeit des Valutaverhältnisses muss im Zeitpunkt der Vorlegung der Dokumente aus unverzüglich verfügbaren Beweismitteln hervorgehen (BGE 131 III 225 = Pra 2005, 825 f.; 130 III 470 = Pra 2005, 137). Sind die Dokumente **nicht akkreditivkonform,** so handelt die Bank rechtsmissbräuchlich, wenn das Qualitätszertifikat fehlt, dieses aber unbestritten vom Rechtsvertreter des Akkreditivstellers direkt der Akkreditivbank zugestellt wurde (BGE 78 II 52 f.), oder wenn die Empfangsbestätigung (receipt) fehlt, obwohl deren Zweck erfüllt ist (BGE 115 II 70 ff.; krit. dazu LANZI/WILLE, SZW 1990, 56 ff.; BÄR, ZBJV 1991, 264 ff.). Bei **gefälschten Dokumenten** besteht keine Leistungspflicht der Bank. Der Begünstigte trägt die Beweislast für die Echtheit der Dokumente und somit das Fälschungsrisiko. Die Anforderungen an den Gegenbeweis der Bank bei gefälschten Dokumenten sollten nicht zu hoch sein, da der Grundsatz «erst zahlen, dann prozessieren» sich nicht gegen die Akkreditivbank, sondern gegen den Akkreditivsteller richtet (so WALTER, ZBJV 2006, 582). Leistet die Bank, weil sie die Fälschung nicht erkennt, so steht ihr ein Rückforderungsanspruch nach Art. 63 Abs. 1 zu (BGE 131 III 222 ff. = Pra 2005, 822 ff. – betr. Standby Letter of Credit).

Eine neuere Form des Akkreditivs ist das **Akkreditiv mit aufgeschobener Zahlung** (BGE 130 III 462 = Pra 2005, 130 ff.; dazu BÜHLER, SZW 2006, 42 ff.), bei dem der Zeitpunkt der Inanspruchnahme des Akkreditivs (d. h. Vorweisung der Dokumente) nicht dem Zeitpunkt der Zahlung entspricht. Zugleich wird der Käufer von der Zug-um-Zug-Verpflichtung befreit. Damit wird ihm die Finanzierung des Geschäfts aus dem Weiterverkauf der Ware ermöglicht (Kreditfunktion). Schreibt die Korrespondenzbank dem Begünstigten die Akkreditivsumme vor Fälligkeit gut (Art. 81 Abs. 1), so hat sie nach der Rsp. das damit verbundene Risiko selber zu tragen, wenn nach vorzeitiger Zahlung und vor Fälligkeit des Akkreditivs ein **Betrug** entdeckt wird (BGE 130 III 462 = Pra 2005, 130 ff. mit zust. Bem. v. SCHWANDER; PFISTER/VON DER CRONE, SZW 2005, 42 ff.; anders noch BGE 100 II 151 = Pra 1974, Nr. 278). 11

III. Begründung und Gegenstand der Anweisung

Zur **Begründung des Anweisungsverhältnisses** genügen zwei Ermächtigungen des Anweisenden als formlose empfangsbedürftige Willenserklärungen (anders § 783 BGB, der Schriftlichkeit fordert). Nimmt der Ange- 12 wiesene die Ermächtigung gegenüber dem Anweisenden an, so qualifiziert das BGer dies als Anweisungsvertrag (BGE 127 III 557 [«contrat d'assignation»] = Pra 2002, 224; vgl. zu dieser «sekundären» Rechtslage BUCHER, OR BT, 268). Damit nicht zu verwechseln ist die vorbehaltlose Annahmeerklärung des Angewiesenen gegenüber dem Anweisungsempfänger, welche eine abstrakte Schuld i.S.v. Art. 468 Abs. 1 begründet. Zu unterscheiden ist ferner die Annahme der Anweisung durch den Anweisungsempfänger mit der Rechtswirkung von Art. 467 Abs. 2.

13   Der **Gegenstand der Anweisung** kann in Geld, Wertpapieren oder anderen vertretbaren Sachen bestehen. In der Lehre ist umstritten, ob Art. 466 ff. auch bei **unvertretbaren Sachen** anzuwenden ist (befürwortend HONSELL, OR BT, 375 mit Hinweis auf den Grundsatz der Vertragsfreiheit und RGZ 101, 297; vgl. BSK OR I-KOLLER, N 7 m. w. Nw. zum Meinungsstand). Nach der Rsp. genügt es, wenn der Anweisungsgegenstand im Rahmen des Deckungsverhältnisses i.S.v. Art. 184 Abs. 3 **bestimmbar** ist (BGE 73 II 47 f. = Pra 1947, 197 f.). Damit wird bei der Anweisung auf Schuld der Bestand der Anweisung von der im Deckungsverhältnis bestehenden Schuld abhängig gemacht (**sog. titulierte [bedingte] Anweisung**; BGE 92 II 338 f. = Pra 1967, 251 f.).

IV.   Abgrenzungen

14   Im Unterschied zum **Inkassobevollmächtigten,** der als direkter Stellvertreter im Namen und im Auftrag des Vollmachtgebers handelt, kann der **Anweisungsempfänger** die Leistung des Angewiesenen im eigenen Namen erheben, sobald dieser die Anweisung gemäss Art. 468 Abs. 1 angenommen hat (zum unterschiedlichen Widerruf der Ermächtigungen vgl. Art. 404 Abs. 1 und Art. 470). Von der Anweisung unterscheidet sich ferner die Vereinbarung, dass sich der Schuldner durch **Leistung an eine Zahlstelle** befreien kann, was lediglich eine Befreiungsmöglichkeit des Schuldners begründet, jedoch kein Recht der Zahlstelle, vom Schuldner die Leistung zu fordern (vgl. BSK OR I-KOLLER, N 11). Wie der Anweisungsempfänger handelt auch der **Zessionar** im eigenen Namen. Dieser macht jedoch nicht eine abstrakte Forderung, sondern die frühere Forderung des Zedenten geltend (BSK OR I-KOLLER, N 10).

15   Ein Unterschied besteht auch zur **Besitzesanweisung** nach Art. 924 ZGB. Während der schuldrechtliche Anweisungsempfänger den Anweisungsgegenstand erst nach erfolgter Leistung (Tradition) des Angewiesenen zu Eigentum erwirbt, wird bei der Besitzesanweisung der unmittelbare Besitzer zur Vermittlung des Besitzes und somit zur Eigentumsübertragung an eine andere Person angewiesen, ohne dass eine Tradition erfolgen muss (vgl. zum Unterschied bei der Schenkung von Hand zu Hand, welche be-

reits durch Erteilung einer Besitzesanweisung, nicht aber einer schuldrechtlichen Anweisung als vollzogen gilt, BGE 105 II 107; BSK OR I-Koller,
N 12).

V. IPRG

Im **internationalen Verhältnis** unterstehen die drei Rechtsverhältnisse   16
nicht zwingend der gleichen Rechtsordnung. In erster Linie ist das von den
Parteien gewählte Recht massgebend (Art. 116 Abs. 1 IPRG). Fehlt eine
Rechtswahl, so findet das Recht des Staates Anwendung, in dem die Partei, welche die charakteristische Leistung erbringen soll, ihren gewöhnlichen Aufenthalt oder ihre Niederlassung hat (Art. 117 Abs. 2 IPRG). Bei
der Anweisung wird die charakteristische Leistung im **Deckungs- und Leistungsverhältnis** vom **Angewiesenen** erbracht (Dienstleistung i. S. v. Art. 117
Abs. 3 lit. c IPRG), weshalb für das anwendbare Recht dessen gewöhnlicher
Aufenthaltsort oder dessen Niederlassung massgebend ist (BGE 131 III 222;
127 III 556 = Pra 2002, 222 f.). Betrifft der Streit die Beziehungen zwischen
der eröffnenden Akkreditivbank und der Korrespondenzbank, so erbringt
die beauftragte Korrespondenzbank die charakteristische Leistung (BGE
130 III 467 = Pra 2005, 135; vgl. auch BGE 119 II 176 f.). Handelt es sich im
Deckungsverhältnis um einen Privatkontovertrag (Konsumentenvertrag),
so ist gegebenenfalls nach Art. 120 IPRG das Recht des Staates anzuwenden, in dem der Konsument seinen gewöhnlichen Aufenthalt hat (vgl.
BSK OR I-Koller, N 13).

Das **Rechtsverhältnis zwischen dem Anweisenden und dem Anweisungs-**   17
empfänger (Valutaverhältnis) beurteilt sich nach dem auf das Grundgeschäft anzuwendenden Recht (BGE 100 II 209; IPRG-Kommentar-Kren
Kostkiewicz, Art. 117 N 68).

Art. 467

Wirkungen **Verhältnis des** **Anweisenden** **zum Anweisungs-** **empfänger**	[1] **Soll mit der Anweisung eine Schuld des Anweisenden an den Empfänger getilgt werden, so erfolgt die Tilgung erst durch die von dem Angewiesenen geleistete Zahlung.** [2] **Doch kann der Empfänger, der die Anweisung angenommen hat, seine Forderung gegen den Anweisenden nur dann wieder geltend machen, wenn er die Zahlung vom Angewiesenen gefordert und nach Ablauf der in der Anweisung bestimmten Zeit nicht erhalten hat.**

³ Der Gläubiger, der eine von seinem Schuldner ihm
erteilte Anweisung nicht annehmen will, hat diesen
bei Vermeidung von Schadenersatz ohne Verzug hievon zu benachrichtigen.

Literatur

Siehe die Literaturhinweise zu Art. 466.

I.   Allgemeines

1   Art. 467 regelt die **Wirkungen der Anweisung im Verhältnis des Anweisenden zum Anweisungsempfänger (Valutaverhältnis).** Die dispositive Bestimmung bezieht sich auf den Fall, dass der Anweisende mit der Anweisung die Tilgung einer Schuld gegenüber dem Anweisungsempfänger
bezweckt. Der Rechtsgrund für die Leistung des Anweisenden besteht daher nicht in der Anweisung selbst, sondern ausschliesslich im **Grundgeschäft** (Kauf, Auftrag, Schenkung etc.).

2   Die Anweisung schafft im Valutaverhältnis grundsätzlich **keine Zahlungs-
garantie.** Verweigert der Angewiesene dem Anweisungsempfänger die
Leistung, so kann der Anweisungsempfänger nicht gestützt auf die Anweisung Rückgriff auf den Anweisenden nehmen, sondern nur gestützt auf
das Grundgeschäft (BGE 95 II 182 – Verweigerung der Auszahlung eines
WIR-Checks durch den Angewiesenen; ferner BGE 105 II 106). Anderes
gilt, wenn der Anweisende durch ein besonderes **Garantieversprechen** die
Haftung für die Leistungserbringung des Angewiesenen übernommen hat,
sowie beim Wechsel und Check (Art. 471 Abs. 2 i. V. m. Art. 999, 1033, 1128;
vgl. BSK OR I-KOLLER, N 4 m. Nw.).

II.   Schuldtilgung im Valutaverhältnis (Abs. 1)

3   Nach Abs. 1 erfolgt die **Schuldtilgung im Valutaverhältnis** nicht bereits mit
der Anweisung, sondern erst mit der **Leistung des Angewiesenen an den
Anweisungsempfänger** (z. B. Einlösung des Checks oder Wechsels). Die Anweisung selbst ist lediglich ein **Erfüllungsversuch** des Anweisenden (z. B.
Zahlung mittels eines Checks oder Wechsels; zum Zahlungsauftrag bei der
Banküberweisung vgl. BGE 105 II 106). Sie erfolgt deshalb ohne gegenteilige Abrede **erfüllungshalber** und nicht an Erfüllungs statt (vgl. zum gezogenen Wechsel Art. 116 Abs. 2; BGE 127 III 562 f.). Verweigert der Angewiesene die Auszahlung, so kann der Anweisungsempfänger weiterhin aus
dem Grundgeschäft gegen den Anweisenden vorgehen (BGE 119 II 230 f. –
betr. Übergabe von WIR-Buchungsaufträgen an den Anweisungsempfänger).

III. Annahme bzw. Ablehnung der Anweisung durch den Anweisungsempfänger (Abs. 2 und 3)

Nimmt der **Anweisungsempfänger** die Anweisung an, so hat er sich zunächst an den Angewiesenen zu halten und darf den Anweisenden nicht mehr direkt zur Zahlung auffordern. Die vom Anweisenden geschuldete eigene Leistung gilt als **gestundet** (pactum de non petendo in tempus). Die Stundung wird erst beendet, wenn der Angewiesene der Zahlungsaufforderung des Anweisungsempfängers nicht nachgekommen ist. Eine Pflicht des Anweisungsempfängers, gegen den Angewiesenen einen Prozess zu führen oder eine Betreibung einzuleiten, besteht nicht (BK-GAUTSCHI, N 7c; CR CO-TEVINI DU PASQUIER, N 10).   4

Aufgrund der **dispositiven Natur der Bestimmung** bleibt es dem Anweisenden unbenommen, mit dem Anweisungsempfänger erneut die persönliche Erfüllung zu vereinbaren (BGer 5C.16/2003 E. 2.3.3. = Pra 2004, 317). Abs. 2 ist analog auf die **Abtretung erfüllungshalber** anzuwenden und bewirkt demzufolge die Stundung der geschuldeten Leistung des Zedenten. Der Zessionar hat die abgetretene Forderung zunächst beim debitor cessus einzuziehen (BGE 118 II 146).   5

Der **Anweisungsempfänger ist zur Annahme der Anweisung nicht verpflichtet.** Lehnt er diese ab, so muss er es dem Anweisenden unverzüglich mitteilen. Ansonsten wird er schadenersatzpflichtig (z. B. für die durch die Anweisung entstandenen Kosten). Es handelt sich um eine Ausnahme vom Grundsatz, dass abgelehnte Offerten nicht beantwortet werden müssen (ZK-OSER/SCHÖNENBERGER, N 8). Eine Annahme wird in diesem Fall nicht fingiert (BSK OR I-KOLLER, N 6). Der Anweisende darf sich auf Abs. 3 nur berufen, wenn er zum Zeitpunkt der Anweisung bereits Schuldner des Anweisungsempfängers war (dazu CR CO-TEVINI DU PASQUIER, N 6). Der Anweisungsempfänger fällt nur in **Gläubigerverzug** (Art. 91 ff.), wenn der Anweisende die geschuldete Leistung gehörig anbietet und es bei der Leistung nicht auf seine Persönlichkeit ankommt (Art. 68; CR CO-TEVINI DU PASQUIER, N 7; BK-GAUTSCHI, N 6a).   6

IV. Rückabwicklung bei fehlerhaftem Anweisungsverhältnis

In der Dreiecksbeziehung kann die Rückabwicklung entweder entlang der Kausalverhältnisse (Deckungs- und Valutaverhältnis) oder im Leistungsverhältnis erfolgen. Bei der **Rückabwicklung entlang der Kausalverhältnisse** bleiben dem Anweisungsempfänger sämtliche Einreden aus dem Valutaverhältnis erhalten, während dies bei der **Rückabwicklung im Leistungsverhältnis** nur gilt, wenn der Angewiesene nicht mittels **Direktkondiktion** gegen den Empfänger vorgeht, sondern mittels **Durchgriffs-**   7

kondiktion (Kondiktionsanspruch des Anweisenden gegen den Anweisungsempfänger, den der Angewiesene geltend macht; vgl. HONSELL, AJP 1995, 1211) oder der Angewiesene sich die Kondiktion des Anweisenden zedieren lässt **(Kondiktion der Kondiktion).** Die Art der Rückabwicklung hängt davon ab, ob sich der Fehler auf die zugrundeliegenden Rechtsverhältnisse oder auf die Anweisung selber bezieht, wobei im letzten Fall zwischen Zurechnungs- und Gültigkeitsmangel unterschieden wird (BSK OR I-KOLLER, N 10).

8   Bei **Mängeln im Deckungs- und/oder Valutaverhältnis** hat die bereicherungsrechtliche Rückabwicklung bei wirksamer Anweisung **entlang des einen bzw. beider mangelhaften Kausalverhältnisse** zu erfolgen (BSK OR I-KOLLER, N 9; BGE 116 II 691; 121 III 113 = Pra 1995, 934; 124 III 257). Dies ergibt sich aus der Abstraktheit der Anweisung (zu den Ausnahmen bei kausaler Anweisung und beim Einwendungsdurchgriff, vgl. hinten Art. 468 N 4f.; VOSER 303 ff., 317 ff.; 334 ff.). Beim in der Praxis seltenen Doppelmangel trotz wirksamer Anweisung ist der Inhalt des bereicherungsrechtlichen Rückforderungsanspruchs des Angewiesenen gegen den Anweisenden in der Lehre umstritten (zur Kondiktion der Kondiktion bzw. Doppelkondiktion vgl. BSK OR I-SCHULIN, Art. 62 N 32; für Wertersatz VOSER 332 ff.).

9   **Fehlt von Anfang an eine (zurechenbare) Anweisung (Zurechnungsmangel),** z. B. bei irrtümlicher Doppelzahlung oder gefälschter Anweisung, so findet nach h. L. die **Rückabwicklung mittels Direktkondiktion im Leistungsverhältnis** statt (BGE 117 II 408; vgl. auch BGE 132 III 609; KOLLER/KISSLING 45 ff.; BSK OR I-KOLLER, N 11; VOSER 351 ff.).

10   Grundsätzlich gleich behandelt die h. L. den Fall, dass der Angewiesene trotz **nachträglich weggefallener Anweisung (Gültigkeitsmangel, z. B. wegen rechtzeitigen Widerrufs)** irrtümlich an den Anweisungsempfänger leistet (BSK OR I-KOLLER, N 12; zum Meinungsstand vgl. VOSER 386 ff.). Nach der Rsp. ist dem Angewiesenen die Direktkondiktion ausnahmsweise verwehrt, wenn der Anweisende einen Zurechnungsgrund für die Leistung gesetzt hat (z. B. Aushändigung des Zahlungsauftrags an den Anweisungsempfänger) und kumulativ der Anweisungsempfänger zur Zeit der Leistung vom Widerruf der Anweisung keine Kenntnis hat (Gutgläubigkeit; BGE 121 III 114 ff. = Pra 1995, 936; vgl. zu dieser Rechtsscheinshaftung BSK OR I-KOLLER, N 12; **a. M.** BSK OR I-SCHULIN, Art. 62 N 33). Die Kenntnis des Widerrufs bzw. den bösen Glauben des Anweisungsempfängers hat derjenige zu beweisen, der sich darauf beruft, also der Angewiesene, wenn er gegen den Empfänger klagt, und der Anweisende, wenn er vom Angewiesenen angegangen wird (BGE 121 III 115 = Pra 1995, 936 mit Verweis auf BGHZ 87, 399). Obwohl die angewiesene Bank einen Fehler begangen hat, muss sie sich nach der Rsp. ausnahmsweise aufgrund Vertrauensschutzes des Anweisungsempfängers an den Anweisenden halten. Der Inhalt des An-

spruchs des Angewiesenen gegen den Anweisenden richtet sich danach, ob im Valutaverhältnis eine Schuld durch die Leistung getilgt wurde (**Rückgriffskondiktion** der ersparten Aufwendungen des Anweisenden wegen Schuldbefreiung) oder nicht (**Kondiktion der Kondiktion** des Anweisenden gegen den Anweisungsempfänger; vgl. BGE 121 III 116 = Pra 1995, 937 mit krit. Bemerkungen von HONSELL, AJP 1995, 1209 ff.; KÖNDGEN, SZW 1996, 30 ff.; KOLLER, ZBJV 1995, 799 ff.; zum Meinungsstand ferner BUIS, 198 ff.). Bei mangelhaftem Valutaverhältnis sollte jedoch der angewiesenen Bank aus prozessökonomischen Gründen an Stelle der «Kondiktion der Kondiktion» ausnahmsweise aufgrund ihres fehlerhaften Verhaltens eine **Durchgriffskondiktion** gegen den Anweisungsempfänger gewährt werden (zum Begriff vgl. vorne, N 7; so im Ergebnis HONSELL, AJP 1995, 1209 ff.).

Art. 468

Verpflichtung des Angewiesenen

[1] **Der Angewiesene, der dem Anweisungsempfänger die Annahme ohne Vorbehalt erklärt, wird ihm zur Zahlung verpflichtet und kann ihm nur solche Einreden entgegensetzen, die sich aus ihrem persönlichen Verhältnisse oder aus dem Inhalte der Anweisung selbst ergeben, nicht aber solche aus seinem Verhältnisse zum Anweisenden.**

[2] **Soweit der Angewiesene Schuldner des Anweisenden ist und seine Lage dadurch, dass er an den Anweisungsempfänger Zahlung leisten soll, in keiner Weise verschlimmert wird, ist er zur Zahlung an diesen verpflichtet.**

[3] **Vor der Zahlung die Annahme zu erklären, ist der Angewiesene selbst in diesem Falle nicht verpflichtet, es sei denn, dass er es mit dem Anweisenden vereinbart hätte.**

Literatur

Siehe die Literaturhinweise zu Art. 466.

I. Die Rechtsstellung des Angewiesenen im Leistungsverhältnis (Abs. 1)

Abs. 1 ist die Anspruchsgrundlage des Anweisungsempfängers gegen den Angewiesenen im Leistungsverhältnis und begründet einen auf Anweisungsrecht gestützten Rechtsgrund für die Leistung des Angewiesenen. Die

1

Verpflichtung des Angewiesenen entsteht durch die Erklärung der **vorbehaltlosen Annahme** der Anweisung gegenüber dem Anweisungsempfänger (zur Qualifikation dieses Anspruchs vgl. Voser 339). Die Anweisung selber begründet keine Leistungspflicht, sondern ermächtigt den Angewiesenen nur zur Leistung an den Anweisungsempfänger (vgl. BSK OR I-Koller, N 3).

2   Die **vorbehaltlose Annahme** bedarf der Abgabe einer an den **Anweisungsempfänger** adressierten, einseitigen, empfangsbedürftigen Willenserklärung. Die Annahmeerklärung ist an keine Form gebunden und kann auch konkludent erfolgen (BGE 127 III 557 = Pra 2002, 224; vgl. BSK OR I-Koller, N 4; Voser 335). Der Angewiesene ist gemäss BGer auch an eine antizipiert abgegebene, suspensiv bedingte Annahmeerklärung vor Erhalt der Anweisung gebunden (BGer 4C.183/2002 E. 3.2.1.).

3   Ob der Angewiesene die Anweisung vor dessen Leistung gegenüber dem Anweisungsempfänger angenommen hat, beurteilt sich nach dem **Vertrauensprinzip** (vgl. Kramer 42; Voser 336). Der Anweisungsempfänger muss in guten Treuen davon ausgehen dürfen, dass der Angewiesene die **Absicht** hat, sich ihm gegenüber zu verpflichten (BSK OR I-Koller, N 4). Dies ist nach dem BGer zu verneinen, wenn die angewiesene Bank dem Anweisungsempfänger eine Kopie des Überweisungsauftrages aushändigt (BGE 127 III 557f. = Pra 2002, 223 ff.). Daraus kann nur auf eine Orientierungsabsicht der Bank und nicht auf eine Verpflichtungsabsicht geschlossen werden. Auch wenn der Angewiesene bereits mehrere Ratenzahlungen getätigt hat, gilt dies nicht als konkludente Annahme hinsichtlich des Gesamtbetrages der Anweisung (BGE 122 III 241 ff.). Bei der **mehrgliedrigen Geldüberweisung** erfolgt die Annahme der ersten Anweisung nicht durch Erklärung an den Begünstigten, sondern mittels einer zweiten Anweisung, welche die Absender- der Empfängerbank erteilt (vgl. BGE 124 III 256).

4   Der **Zeitpunkt der Annahme** ist entscheidend für die **Zulässigkeit des Widerrufes nach Art. 470 Abs. 2** (vgl. BGE 127 III 553 ff. = Pra 2002, 220 ff. mit Anm. von Wiegand, ZBJV 2003, 856 ff. und Buis, AJP 2002, 1107 ff.). Bei der Banküberweisung findet die Annahmeerklärung nach h.L. und Rsp. ihren konkludenten Ausdruck in der Auszahlung der angewiesenen Summe und gilt deshalb im Zeitpunkt der Kontogutschrift als erfolgt (BGE 121 III 112f. = Pra 1995, 934; zum unterschiedlichen Meinungsstand vgl. Buis, 94; Voser 336f.). Erfolgt die Gutschrift auf ein sog. **Konto pro Diverse**, besteht das Widerrufsrecht bis zur Anzeige der Gutschrift an den Empfänger (BGE 100 II 373). Verweigert die Bank die Auszahlung aufgrund ungenügender Kontodeckung, so ist dies bestenfalls als Annahme unter der aufschiebenden Bedingung der genügenden Kontodeckung zu qualifizieren. Die vorbehaltlose Annahme hindert eine aufschiebend bedingte Annahme

nicht (vgl. zur bedingten Annahme beim Akkreditiv Art. 466 N 9). Die Annahme setzt in diesem Fall voraus, dass der Angewiesene dem Empfänger die Erfüllung der Bedingung (z. B. die ausreichende Kontodeckung) zur Kenntnis bringt (BGE 121 III 112 f. = Pra 1995, 934).

Mit der vorbehaltlosen Annahme begründet der Angewiesene eine **abstrakte Schuld** gegenüber dem Anweisungsempfänger (BGE 130 III 469 f. = Pra 2005, 137). Diese besteht unabhängig vom Deckungs- und Valutaverhältnis, weshalb der Angewiesene gegenüber dem Empfänger keine Einreden aus diesen Verhältnissen entgegenhalten kann (BGE a. a. O.). Die Verpflichtung stützt sich allein auf die vorbehaltlose Annahme der Anweisung im Leistungsverhältnis. Einreden des Angewiesenen müssen sich daher aus dem Inhalte der Anweisung (z. B. Vorbehalte oder Bedingungen) oder aus dem persönlichen Verhältnis zum Anweisungsempfänger (z. B. Verrechnung, Stundung usw.) ergeben. Damit wird die Rechtssicherheit im internationalen Zahlungsverkehr, insbes. das Vertrauen des Anweisungsempfängers in das unbedingte Zahlungsversprechen des Angewiesenen geschützt. Eine gegenteilige Parteivereinbarung, welche die Leistungspflicht des Angewiesenen an den Bestand der Forderung aus dem Deckungs- oder Valutaverhältnis kausal verknüpft (sog. **titulierte Anweisung**), ist grundsätzlich möglich, wird jedoch von der jüngeren Rsp nur mit Zurückhaltung angenommen (BGE 122 III 244; zust. KOLLER, AJP 1996, 1299; vgl. VOSER, 303 ff., 317 ff.).

Der Einwendungsausschluss i. S. v. Art. 468 Abs. 1 kann unter sehr restriktiven Voraussetzungen über den **Einwand des Rechtsmissbrauchs** eingeschränkt werden (sog. Einwendungsdurchgriff). Erforderlich ist ein besonders schwerwiegender und offensichtlicher Mangel im Valutaverhältnis, der sofort liquide bewiesen werden kann (vgl. BGer 4C.172/2000 E. 4c – Rechtsmissbrauch wegen klarem Verstoss gegen die guten Sitten im internationalen Waffenhandel bejaht; vgl. dazu KOLLER, AJP 2002, 464 ff.; zum Rechtsmissbrauch beim Akkreditiv vgl. Art. 466 N 10).

II. Die Rechtsstellung des Angewiesenen im Deckungsverhältnis (Abs. 2 und Abs. 3)

Nach **Abs. 2** besteht eine **Zahlungspflicht des Angewiesenen an den Anweisungsempfänger**, wenn der Angewiesene Schuldner des Anweisenden ist (Anweisung auf Schuld) und seine Lage dadurch nicht verschlimmert wird. Die **Verpflichtung des Angewiesenen ist im Deckungsverhältnis** begründet, welchem meistens ein Auftrag (z. B. Girovertrag) zugrunde liegt. Keine Verpflichtung besteht, wenn sich die Lage des angewiesenen Schuldners durch die Leistung an den Anweisungsempfänger verschlechtern würde (vgl. die Parallele zu Art. 169), was in der Praxis bei Geldschulden selten anzunehmen ist (BSK OR I-KOLLER, N 10; BK-GAUTSCHI, N 12d). Kommt der Angewiesene seiner Pflicht gegenüber dem Anweisenden nicht nach, so wird er diesem **schadenersatzpflichtig**. Der Schaden besteht z. B. in der Höhe der Verzugszinsen (Art. 104), die dem Anweisenden im Valutaverhältnis entstehen, wenn der Angewiesene seiner Zahlungspflicht nicht nachkommt (BK-GAUTSCHI, N 13b).

8 Die **Verpflichtung aus dem Deckungsverhältnis** begründet **keinen Anspruch des Anweisungsempfängers** (BSK OR I-KOLLER, N 11). Dieser kann vom Angewiesenen weder Zahlung fordern noch die vorbehaltlose Annahme i. S. v. Art. 468 Abs. 1 verlangen. Nach **Abs. 3** ist der Angewiesene nicht verpflichtet, vor der Zahlung die Annahme zu erklären, wenn er dies nicht mit dem Anweisenden vereinbart hat. Selbst bei entsprechender Vereinbarung, wie z. B. beim Akkreditiv, wo die bestätigende Korrespondenzbank zur bedingten Annahme i. S. v. Art. 468 Abs. 1 verpflichtet wird, steht dieser Anspruch nur dem Anweisenden und nicht dem Anweisungsempfänger zu (vgl. BSK OR I-KOLLER, N 11).

Art. 469

III. Anzeigepflicht bei nicht erfolgter Zahlung

Verweigert der Angewiesene die vom Anweisungsempfänger geforderte Zahlung oder erklärt er zum voraus, an ihn nicht zahlen zu wollen, so ist dieser bei Vermeidung von Schadenersatz verpflichtet, den Anweisenden sofort zu benachrichtigen.

Literatur

Siehe die Literaturhinweise zu Art. 466.

1 Die Bestimmung statuiert eine **Benachrichtigungspflicht des Anweisungsempfängers** gegenüber dem Anweisenden für den Fall, dass der Angewiesene die Zahlung verweigert oder dies vorgängig erklärt. Die Benachrichtigungspflicht besteht selbst dann, wenn der Angewiesene die Anweisung i. S. v. Art. 468 Abs. 1 angenommen hat (BSK OR I-KOLLER, N 1; BK-GAUTSCHI, N 5a). Erfolgt keine rechtzeitige Benachrichtigung, so hat der Anweisungsempfänger für den dadurch entstandenen Schaden des Anweisenden einzustehen. Mit der Benachrichtigung des Anweisenden lebt die Leistungsverpflichtung im Valutaverhältnis wieder auf (vgl. BSK OR I-KOLLER, N 3).

Art. 470

C.   **Widerruf**   [1] Der Anweisende kann die Anweisung gegenüber dem Anweisungsempfänger widerrufen, wenn er sie nicht zur Tilgung seiner Schuld oder sonst zum Vorteile des Empfängers erteilt hat.
[2] Gegenüber dem Angewiesenen kann der Anweisende widerrufen, solange jener dem Empfänger seine Annahme nicht erklärt hat.
[3] Wird über den Anweisenden der Konkurs eröffnet, so gilt die noch nicht angenommene Anweisung als widerrufen.

Literatur

Siehe die Literaturhinweise zu Art. 466.

Art. 470 behandelt das **Erlöschen der Anweisung** bei deren **Widerruf** und   1
bei der **Konkurseröffnung über den Anweisenden**. Beim Widerruf handelt es sich um eine vom Anweisenden an den Anweisungsempfänger (Abs. 1) oder an den Angewiesenen (Abs. 2) gerichtete einseitige, empfangsbedürftige Willenserklärung. Gemäss Abs. 3 gilt auch die Konkurseröffnung über den Anweisenden als «Widerruf».

I. Der Widerruf gegenüber dem Anweisungsempfänger (Abs. 1)

Nach dem Wortlaut kann der **Anweisende gegenüber dem Anweisungs-**   2
empfänger nur widerrufen, wenn er die Anweisung «nicht zur Tilgung seiner Schuld oder sonst zum Vorteile» des Anweisungsempfängers erteilt hat. Der Widerruf wäre demnach nur zulässig, wenn der Anweisende die Anweisung ausschliesslich in seinem eigenen Interesse erteilt hat, wie z. B. bei der Inkassoermächtigung (BSK OR I-KOLLER, N 7). In der Lehre wird zu Recht darauf hingewiesen, dass der Widerruf auch in Fällen zulässig sein sollte, wo die Verweigerung der Leistung aufgrund des Valutaverhältnisses gerechtfertigt ist. Dies ist z. B. der Fall, wenn das Schenkungsversprechen nach Art. 250 widerrufen werden kann oder der Borger vor der Auszahlung des Darlehens i. S. v. Art. 316 zahlungsunfähig geworden ist (BSK OR I-KOLLER, N 7; BK-GAUTSCHI, N 3b; ZK-OSER/SCHÖNENBERGER, N 3 ff.). Bei der **schenkungshalber erteilten Anweisung** geht auch das BGer davon aus, dass der Schenker die Anweisung gegenüber dem Begünstigten widerrufen kann, wenn kein gültiges Schenkungsversprechen i. S. v. Art. 243

Abs. 1 vorliegt. Diese Formvorschrift dürfe nicht durch Erteilung einer einfachen Anweisung umgangen werden können (BGE 105 II 109; krit. dazu HONSELL, OR BT, 191).

3   Die **Unwiderruflichkeit der Anweisung gegenüber dem Anweisungsempfänger** hindert den Widerruf gegenüber dem Angewiesenen nicht (BGE 121 III 112 = Pra 1995, 933). Damit kann der Anweisende de facto die Leistung des Angewiesenen an den Anweisungsempfänger verhindern (vgl. ZK-OSER/ SCHÖNENBERGER, N 7 mit Hinweis auf die entsprechende Schadenersatzpflicht).

II.   Der Widerruf gegenüber dem Angewiesenen (Abs. 2)

4   Abs. 2 erlaubt dem Anweisenden, die Anweisung **gegenüber dem Angewiesenen** zu widerrufen, solange dieser nicht dem Anweisungsempfänger seine **Annahme i. S. v. Art. 468 Abs. 1** erklärt hat. Die Widerrufsmöglichkeit ist gleich wie bei der Vollmacht (Art. 34 Abs. 2) **zwingendes Recht** (BGE 127 III 557 = Pra 2002, 223). Der Anweisende kann deshalb auf das Widerrufsrecht nicht wirksam verzichten (BGE 122 II 244). Es besteht unabhängig von der Zulässigkeit des Widerrufs gegenüber dem Anweisungsempfänger (Abs. 1). Zur Rückabwicklung bei rechtzeitig widerrufener Anweisung vgl. Art. 467 N 10.

III.   Erlöschen der Anweisung bei Konkurseröffnung über den Anweisenden (Abs. 3)

5   Die Anweisung erlöscht im **Zeitpunkt der Konkurseröffnung über den Anweisenden** von Gesetzes wegen, wenn der Angewiesene dem Anweisungsempfänger noch nicht die Annahme erklärt hat (Abs. 3; BGE 88 II 26). Dies gilt auch bei Anweisung auf Schuld (Art. 468 Abs. 2), wo der Angewiesene eine im Deckungsverhältnis bestehende Forderung der Konkursmasse durch Leistung an einen Dritten tilgen würde (Art. 205 Abs. 1 SchKG; BSK OR I-KOLLER, N 8; a. M. BUCHER, OR BT, 270). Der **gute Glaube des Angewiesenen,** welcher in Unkenntnis der Konkurseröffnung leistet, wird nach Art. 205 Abs. 2 SchKG bis zur Publikation des Konkurses geschützt (vgl. BGE 40 III 400). Bei Pfändung der Forderung des Anweisenden gegen den Angewiesenen richtet sich dessen Rechtslage nach Art. 99 SchKG. Umgekehrt berühren Konkurs und Pfändung des Anweisungsempfängers die Anweisung nicht. Fällt der Angewiesene in Konkurs, so kann er die Anweisung nicht mehr zu Lasten seiner Konkursmasse gemäss Art. 468 Abs. 1 annehmen (ZK-OSER/SCHÖNENBERGER, N 1).

6   Im Unterschied zur Regel bei der Bevollmächtigung (Art. 35 Abs. 1) führt der **Tod des Anweisenden** nicht zum Dahinfallen der Anweisung, so dass der Angewiesene weiterhin zur Leistung an den Empfänger befugt ist

(BGE 105 II 108). Gleiches gilt bei Verlust der Handlungsfähigkeit (vgl. die ausdrückliche deutsche Regelung in § 791 BGB). Das Widerrufsrecht kann aber von den Erben bzw. vom gesetzlichen Vertreter ausgeübt werden (BSK OR I-Koller, N 10).

Art. 471

Anweisung bei Wertpapieren

¹ Schriftliche Anweisungen zur Zahlung an den jeweiligen Inhaber der Urkunde werden nach den Vorschriften dieses Titels beurteilt, in dem Sinne, dass dem Angewiesenen gegenüber jeder Inhaber als Anweisungsempfänger gilt, die Rechte zwischen dem Anweisenden und dem Empfänger dagegen nur für den jeweiligen Übergeber und Abnehmer begründet werden.
² Vorbehalten bleiben die besonderen Bestimmungen über den Check und die wechselähnlichen Anweisungen.

Literatur

Siehe die Literaturhinweise zu Art. 466.

I.   Die Inhaberanweisung (Abs. 1)

Abs. 1 regelt die in der Praxis weniger bedeutsame **Inhaberanweisung.** Der Unterschied zur gewöhnlichen Anweisung besteht zum einen im Erfordernis der Schriftform, zum anderen darin, dass die Rechte des Anweisungsempfängers nicht einer namentlich bezeichneten Person, sondern dem Inhaber der Urkunde zustehen. Der Inhaber kann sein Recht ohne die Urkunde weder geltend machen noch übertragen, weshalb es sich um ein **Wertpapier** handelt (Art. 965). Die Inhaberurkunde kann bei Verlust nach den Regeln über die Inhaberpapiere kraftlos erklärt werden (Art. 981; BSK OR I-Koller, N 1).

1

Gemäss Abs. 1 wird die Inhaberanweisung **nach Anweisungsrecht (Art. 466 ff.)** beurteilt. Dies bedeutet, dass die Vorschriften über die Inhaberpapiere nur zur Anwendung gelangen, sofern sie Art. 466 ff. nicht widersprechen. Insbesondere erfordert das Forderungsrecht des Inhabers die Annahme durch den Angewiesenen gemäss Art. 468 Abs. 1. Die Einreden des Angewiesenen richten sich nach Art. 468 Abs. 2 und nicht nach Art. 979. Der Angewiesene kann somit auch Einreden gegenüber allen früheren Inha-

2

bern geltend machen (vgl. BSK OR I-Koller, N 2). Eine Regressmöglichkeit des Inhabers gegenüber dem Anweisenden besteht nicht (BSK OR I- Koller, N 4).

3 Mit der Umschreibung, dass die Rechte zwischen dem Anweisenden und dem Anweisungsempfänger nur für den jeweiligen Übergeber und Abnehmer begründet werden, ist gemeint, dass jeder Anweisungsinhaber selber Anweisender seines Nachfolgers ist. Die Regeln über das Valutaverhältnis richten sich deshalb jeweils auf das Rechtsverhältnis in der Anweisungskette (vgl. BSK OR I-Koller, N 3; BK-Gautschi, N 5a). Wird der Anweisungsempfänger auf der Anweisungsurkunde namentlich genannt, so handelt es sich um eine **Rektaanweisung (Namenpapier).** Auch hier ist die gewöhnliche Einredeordnung des Anweisungsrechts anzuwenden (BSK OR I-Koller, N 5).

II. Vorbehalt für den Check und die wechselähnlichen Anweisungen (Abs. 2)

4 Die **Vorschriften über den Check und die wechselähnlichen Anweisungen** finden sich in Art. 1100 ff. und Art. 1147 ff. Beim gezogenen Wechsel haftet der Anweisende nicht nur für die Zahlung, sondern auch für die Annahme des Wechsels durch den Bezogenen (vgl. Meier-Hayoz/von der Crone 122). Ein formungültiger Check kann i.d.R. als Anweisung umgedeutet werden (vgl. BGE 80 II 87). Für andere Orderanweisungen gilt unter Vorbehalt der Art. 1145–1150 (insb. die Einredeordnung des Art. 1146) das allgemeine Anweisungsrecht.

Der Hinterlegungs-vertrag

Literatur

BAERLOCHER, Der Hinterlegungsvertrag, SPR VII/1, 1977, 647 ff.; BAUM-GARTNER, Depot- und Compte-joint unter besonderer Berücksichtigung des Innenverhältnisses, Diss. Basel 1977; BEJOTTA, Der Gastaufnahmevertrag, Diss. Zürich 2000; BERTSCHINGER, Zum neuen bankengesetzlichen Aussonderungsrecht (Art. 16 und 37b BankG), AJP 1995, 426 ff.; Botschaft zum Bucheffektengesetz sowie zum Haager Wertpapierübereinkommen vom 15. November 2006 (BBl 2006 9315 ff.) (zit. BOTSCHAFT BEG); BRETTON-CHEVALLIER, Haftung der Bank gegenüber ihren Kunden und externe Vermögensverwaltung, SZW 2003, 254 ff.; BRUNNER, Wertrechte – nicht verurkundete Rechte mit gleicher Funktion wie Wertpapiere, Diss. Bern 1996 (= BBA 1); BÜHLMANN, Die Pflicht des Gastwirtes zum Schutz der Sachen des Gastes und die Haftung bei einer Pflichtverletzung, Diss. Zürich 1975; CHAMMARTIN, La protection des déposants, in FS von der Crone, Zürich 2007, 385 ff.; EIGENBRODT, Der unregelmässige Hinterlegungsvertrag, insbesondere die Rechtsnatur des Sparkassavertrages, Diss. Zürich 1970; GERSTER, Das Escrow Agreement als obligationenrechtlicher Vertrag, Diss. Zürich 1991 (= ZSPR 87); GUGGENHEIM, Les contrats de la pratique bancaire suisse, 4. Aufl., Chêne-Bourg/Genève 2000; HUBER, Der Escrow in der Zwangsvollstreckung, SZW 2005, 285 ff.; ISLER, Escrow-Vertrag bei Unternehmensübernahmen, in Tschäni (Hrsg.), Mergers & Acquisitions II, Zürich 2000, 181 ff.; KUSTER, Die Haftung der Bank bei Global Custody-Verträgen mit Pensionskassen, AJP 1996, 36 ff.; LOMBARDINI, Droit bancaire suisse, Zürich 2002; MEIER-HAYOZ/VON DER CRONE, Wertpapierrecht, 2. Aufl., Bern 2000; SCHLEGEL, Die schweizerische Effekten-Giro AG und ihre Beziehung zum Bankkunden in der Verwahrung von Wertpapieren, Diss. Zürich, Bern 1983 (= BWF 84); THALMANN, Die Sorgfaltspflicht der Bank im Privatrecht

insbesondere im Anlagegeschäft, ZSR NF 113, 1994 II, 115 ff.; ZIMMER-
MANN, Die Sammelverwahrung von Edelmetallen, Diss. Zürich 1980; ZOBL,
Internationale Übertragung und Verwahrung von Wertpapieren (aus schweizerischer Sicht), SZW 2001, 105 ff.; ZOBL/LAMBERT, Zur Entmaterialisierung
der Wertpapiere, SZW 1991, 117 ff.

Art. 472

A. **Hinterlegung**
   im Allgemeinen
I. **Begriff**

[1] **Durch den Hinterlegungsvertrag verpflichtet sich
der Aufbewahrer dem Hinterleger, eine bewegliche
Sache, die dieser ihm anvertraut, zu übernehmen
und sie an einem sicheren Orte aufzubewahren.**
[2] **Eine Vergütung kann er nur dann fordern, wenn sie
ausdrücklich bedungen worden ist oder nach den
Umständen zu erwarten war.**

I.   Wesentliche Elemente (Abs. 1)

1   Beim Hinterlegungsvertrag handelt es sich um einen formlos gültigen
Dauervertrag, der folgende drei **wesentliche Elemente** aufweist: (1) der
Hinterleger vertraut dem Aufbewahrer eine bewegliche Sache an; (2) diese
hat der Aufbewahrer zu übernehmen und im Interesse des Hinterlegers
(BGE 98 II 217 E. 6) an einem sicheren Ort aufzubewahren; (3) die Sache ist
jederzeit rückforderbar (BGE 126 III 196 E. 2c = Pra 2001, 289 E. 2c). Für
einen konkludenten Vertragsabschluss muss sich insb. der Wille des Aufbewahrers manifestieren, die Sache unter seine Obhut zu nehmen (vgl. z. B.
BGE 109 II 236 f. E. 2 und BGE 108 II 453).

2   Hinterlegbar sind nach dem Gesetzeswortlaut nur **bewegliche Sachen**.
Es gilt dabei der Fahrnisbegriff nach Art. 713 ZGB. Auch Tiere (vgl.
Art. 641a ZGB; vgl. aber N 16) sowie Schiffe und Flugzeuge (CR CO I-BAR-
BEY, N 4) sind hinterlegungsfähig. Es können sowohl vertretbare (fungible)
wie auch unvertretbare Sachen Gegenstand der Hinterlegung sein. Bei ersteren kann ein depositum irregulare (Art. 481) oder ein Vermengungsdepot (Art. 484) vorliegen. Grundstücke, Forderungen, Rechte, Immaterialgüterrechte können dagegen grundsätzlich nicht hinterlegt werden, da
ihnen die Fahrnis- bzw. Sacheigenschaft fehlt. Entgegen der h. L. (BRUN-
NER, 224; ZOBL, 117; BSK OR I-KOLLER, N 16 m. w. H.) sind aber u. E. sog.
«entmaterialisierte» Wertpapiere (**Wertrechte**) ebenfalls hinterlegungsfähig. Angesichts der Dematerialisierung der Wertpapiere in ihren verschiedenen Formen (ZOBL/LAMBERT, 125 ff.) kann es für die Anwendung der

Art. 472 ff. nicht darauf ankommen, ob sammelverwahrte **Effekten** (Art. 2 lit. a BEHG) in einem Bankdepot als sammelverwahrte Einzelurkunden, Globalurkunden oder Wertrechte ausgestaltet sind (CR CO I-Barbey, N 5; Lombardini, 435; vgl. auch Art. 484 N 11). Gerade bei Effekten wird die Hinterlegung häufig nicht mittels Übergabe durch den Hinterleger, sondern mittels Einlieferung bzw. Gutschrift durch Dritte begründet. Das Konzept der einheitlichen Behandlung liegt auch dem **Bucheffektengesetz** zu Grunde (dazu Art. 484 N 12), mit dessen Einführung sich die hier besprochene obligatorische Qualifikation des Vertragsverhältnisses zwischen Hinterleger und Aufbewahrer grundsätzlich nicht ändert (vgl auch N 15).

Hauptpflicht des Verwahrers ist die Übernahme und die sorgfältige Aufbewahrung der Sache. Dabei bestimmen sich Umfang und Inhalt der **(Sorgfalts-)Pflicht** des Aufbewahrers primär nach der Vereinbarung der Parteien und subsidiär nach den Umständen des Einzelfalls, wobei beim Sorgfaltsmassstab auf einen für die fragliche Sache durchschnittlich qualifizierten Aufbewahrer abzustellen ist (BSK OR I-Koller, Art. 475 N 16; BGE 63 II 240). Strengere Massstäbe gelten somit grundsätzlich für professionelle Aufbewahrer (BGE 76 II 154 E. 5) oder bei der Entgegennahme von Preziosen (BGE 109 II 234 ff., in casu kanadischer Wildnerzmantel). Mildere Massstäbe gelten dagegen bei Unentgeltlichkeit oder bei erkennbarem Fehlen besonderer Qualifikationen des Aufbewahrers. Mit Blick auf die Restitution hat der Aufbewahrer bei der Übernahme die einzelnen hinterlegten Werte gehörig zu identifizieren und dies entsprechend zu dokumentieren (BGE 126 II 192 E. 2c; Bertschinger, 431). **Übernahme** bedeutet die sichere Entgegennahme und Unterbringung der Sache. Namentlich sind adäquate Sicherheitsvorkehrungen (Abschliessen des Verwahrungsortes, sichere Verwahrung des Schlüssels usw.) zu treffen. Zur **Aufbewahrung** gehört die Obhut, d. h. der Schutz gegen Beschädigung, Zerstörung und Verlust und soweit zumutbar bzw. üblich auch die für den Erhalt der Sache nach ihrer Art gebotenen Fürsorge. Diese umfasst etwa das Giessen von Pflanzen oder Reinigen von Material, um dieses vom Zerfall zu schützen. Falls zum Erhalt des Gegenstandes notwendig, z. B. bei Maschinen, kann ausnahmsweise auch dessen **Gebrauch** geschuldet sein. Bei aufwändigeren Aktivitäten liegt je nachdem eine auftragsrechtliche Komponente und somit ein gemischter Vertrag vor (vgl. N 14–16).

3

Vorbehältlich anderer Absprache kann die Sache auch bei einem **Dritten** untergebracht werden (z. B. Juwelen in einem Banksafe, ausländische Wertpapiere bei einem ausländischen Unterverwahrer). Lässt sich der Aufbewahrer eine Befugnis zur **Substitution** einräumen – was die Banken in ihren Depotreglementen regelmässig ausdrücklich tun (vgl. Baerlocher, 697; Guggenheim, 188, 197 ff.) –, so beschränkt sich seine Haftung bei entsprechender vertraglicher Vereinbarung analog Art. 399 Abs. 2 auf die sorg-

4

fältige Auswahl und Instruktion des Unterverwahrers. Jedoch ist der Hinterleger nicht berechtigt, aus seinem Verhältnis mit dem Aufbewahrer direkt gegen den Unterverwahrer vorzugehen (keine analoge Anwendung von Art. 399 Abs. 3; vgl. CR CO I-BARBEY, N 22).

5   Zu den **Nebenpflichten des Aufbewahrers** gehört die Pflicht, den Hinterleger über den Ort der Aufbewahrung zu informieren. Insbesondere im Bankgeschäft ist aber ausreichend, wenn der Kunde darauf hingewiesen wird, dass Wertschriften bei einem Dritten im In- oder Ausland aufbewahrt werden (können), ohne dass der Standort genauer zu spezifizieren wäre. Zudem hat der Aufbewahrer den Hinterleger bei Schädigung oder Verlust der Sache zu informieren. Es besteht jedoch **keine allgemeine Interessenwahrungs- oder Treuepflicht** wie etwa im Auftragsrecht (CR CO I-BARBEY, N 15 m. w. H; **a. M.** KUSTER, 37), weshalb z. B. die Depotbank nicht verpflichtet ist, den Kunden über mögliche Verlustrisiken betreffend die bei ihr hinterlegten Werte oder die Risiken der Einsetzung eines externen Vermögensverwalters (Interessenkonflikte, unberechtigte Verfügung usw.) aufzuklären (vgl. BRETTON-CHEVALLIER, 260 m. w. H.; CR CO I-BARBEY, N 15 m. w. H.). Ebenso wenig ist die Depotbank aus dem Hinterlegungsvertrag verpflichtet, an Dritte geleistete **Retrozessionen** oder ähnliche Vergütungen bzw. gewährte Vergünstigungen ihrem Kunden gegenüber offenzulegen (vgl. DE CAPITANI, Retrozessionen an externe Vermögensverwalter, in FS Chapius, Zürich 1998, 25 ff., 32; **str.**, vgl. HSU, Retrozessionen, Provisionen und Finder's Fees, Basel 2006, 47 ff.). Der Verwahrer ist ohne entsprechende Vereinbarung auch nicht verpflichtet, das hinterlegte Gut zu versichern (TERCIER, N 5882). Umgekehrt obliegt es dem **Hinterleger**, dem Aufbewahrer besondere Instruktionen zum Erhalt des Hinterlegungsguts (z. B. Fütterungshinweise bei Tieren) zu geben (vgl. auch Art. 473 N 4).

II.   Entgelt (Abs. 2)

6   Die Hinterlegung kann **unentgeltlich** oder **entgeltlich** sein (anders beim Lagergeschäft, vgl. Art. 482 N 2). Bei entgeltlicher Hinterlegung liegt ein vollkommen zweiseitiges (synallagmatisches) Rechtsgeschäft vor.

7   Ein Entgelt (in Geld oder anderer Form) ist nur dann geschuldet, wenn dies **ausdrücklich** vereinbart wurde oder nach den **Umständen** zu erwarten ist. Letzteres ist insb. dann anzunehmen, wenn der Aufbewahrer berufs- oder gewerbsmässig handelt (BUCHER, OR BT, 276; BGE 98 II 218 E. 7b), ebenso bei lange dauernden Hinterlegungen oder Verhältnissen, die dem Aufbewahrer erhebliche Pflege abverlangen (vgl. CR CO I-BARBEY, N 25). Fehlt es bei Entgeltlichkeit an einer Vereinbarung der Höhe des Entgelts, ist diese Vertragslücke vom Richter nach Treu und Glauben zu schliessen (BSK OR I-KOLLER, N 20). Dabei kommt ein Abstellen auf die Tarife des Aufbewahrers in Frage, soweit diese im Rahmen des Üblichen sind.

Wie beim Lagergeschäft (Art. 485 Abs. 3) hat der Aufbewahrer auch bei der Hinterlegung ein **dingliches Retentionsrecht** gemäss Art. 895 ZGB an den Hinterlegungsgegenständen (vgl. HONSELL, OR BT, 385). Er kann zudem zur Sicherung seines Anspruchs auf Entgelt wie auch seiner Ansprüche auf Auslagen- und Schadenersatz (Art. 473 N 2) die **Einrede des nicht erfüllten Vertrages** gemäss Art. 82 geltend machen. Dies gilt im Sinne des sog. «obligatorischen Retentionsrechts» auch gegenüber dem Rückerstattungsanspruch des Hinterlegers sowie analog auch bei unentgeltlicher Hinterlegung (vgl. SCHWENZER, OR AT, N 62.04). Die Einrede von Art. 82 (analog) steht auch dem **Hinterleger** mit Bezug auf den Auslagen- und Schadenersatz zu, solange der Aufbewahrer die Restitution der Sache verweigert (BSK OR I-KOLLER, N 22 f. und Art. 473 N 14 f.; HANDKOMM-VON BALLMOOS, Art. 473 N 5). 8

III. Anwendungen und Abgrenzungen

1. Abgrenzung zur Miete

Bei der (entgeltlichen) **Miete** oder der (unentgeltlichen) **Gebrauchsleihe** wird eine Sache zum Gebrauch überlassen, während bei der Hinterlegung dem Aufbewahrer der Gebrauch der Sache, soweit nicht anders vereinbart, untersagt ist (Art. 474 Abs. 1). Bei untersagtem Gebrauch liegt somit von vornherein keine Miete bzw. Leihe vor. Bei erlaubtem Gebrauch ist Hinterlegung anzunehmen, wenn die Übergabe der Sache primär im Interesse des Übergebers erfolgt (CR CO I-BARBEY, N 20) bzw. den Empfänger nach Meinung der Parteien eine Obhutspflicht trifft (vgl. BGE 76 II 157) und diese eine Hauptleistungspflicht darstellt – mit der Folge, dass die gewöhnlichen Kosten des Erhalts der Sache zulasten des Hinterlegers gehen (vgl. Art. 473 Abs. 1 im Gegensatz zu Art. 259 bzw. Art. 307 Abs. 1). Zahlt dagegen der Empfänger eine Entschädigung, liegt Miete vor. 9

Der Hinterlegungsvertrag setzt voraus, dass der Hinterleger seine **Sachherrschaft aufgibt** und der Verwahrer unmittelbaren Besitz erwirbt. Miete und nicht Hinterlegung liegt deshalb im Allgemeinen vor, wenn der Sacheinbringer die Sachherrschaft (z. B. durch Zweitschlüssel) (mit)behält. Hinterlegung setzt zudem voraus, dass der Aufbewahrer die Sache identifizieren und damit zurückgeben und nicht nur die Rückgabe ermöglichen kann (BGE 108 II 453 = Pra 1983, 145; BSK OR I-KOLLER, N 8). 10

Das BGer geht von Miete und nicht Hinterlegung aus, wenn dem Sacheinbringer ein **Raum exklusiv** zur Verfügung gestellt wird, da sich in diesem Fall eine besondere Obhut erübrigt, ja die Gegenpartei unter Umständen den Gegenstand nicht einmal kennt (BGE 102 Ib 318). So nimmt es Miete an, wenn der Hotelier dem Kunden einen eigenen **Safe** (BGE 95 II 543 f. E. 2 = Pra 1970, 313 f. E. 2; vgl. dazu Art. 488 N 4) oder der Garageinhaber 11 dem Einsteller eine Box zur Einstellung seines Fahrzeugs (BGE 76 II 156 ff. E. 1) zur Verfügung stellt, ebenso bei der Benutzung von Bahnhofschliessfächern (BGE 102 Ib 318). Mit der h.L. ist auch beim **Schrankfachgeschäft** der Banken von Miete auszugehen (BSK OR I-KOLLER, N 9 m.w.H.). Hinterlegungsrecht findet dagegen etwa bei «offener» **Handgepäckaufgabe** Anwendung (BSK OR I-KOLLER, Vorbem. zum 19. Titel N 5).

12 Beim Abstellen von Fahrzeugen in **Garagen** und auf **Parkplätzen** ist zu differenzieren. Das BGer geht beim Einstellen eines Fahrzeugs in einer nicht öffentlich zugänglichen Garage mit mehreren Einstellplätzen und Benutzern (Sammelgarage) von Hinterlegung aus, da das Fahrzeug vor Beschädigung und Entwendung zu schützen sei und somit eine besondere Obhutspflicht bestehe (BGE 72 II 156 ff. E. 1). Das BGer nimmt jedoch keine Hinterlegung, sondern blosse Haftung für eingebrachte Sachen nach Art. 487 an, wenn ein Hotelgast ein Fahrzeug in der Hotelgarage einstellt. Wird ein Fahrzeug auf einem öffentlichen Parkplatz oder in einem Parkhaus abgestellt, so liegt Miete vor (BGE 120 II 255 E. 2c = Pra 1995, 940 f. E. 2c; BSK OR I-KOLLER, N 10; vgl. auch Art. 487 N 3). Die Überwachung zum Zweck des Personenschutzes gilt u.E. nicht als Bewachung, da sie nicht der Inobhutnahme des Hinterlegungsobjektes dient.

2. Verwahrung als Nebenpflicht

13 Die Aufbewahrung der Sache kann eine Nebenpflicht des **Kaufvertrags, Auftrags, Werkvertrags** oder anderer Verträge darstellen. Kann der Käufer eine Sache nicht sogleich mitnehmen und belässt er sie deshalb beim Verkäufer, ist die Verwahrungspflicht eine Nebenpflicht des Kaufvertrages (HONSELL, OR BT, 384). Bei der Aufbewahrung eines Fahrzeugs durch den Garagisten zwecks Reparaturarbeiten ist die Verwahrungspflicht Nebenpflicht zum Werkvertrag, weshalb sich die Haftung nach den Bestimmungen zum Werkvertrag beurteilt (BGE 113 II 422 E. 1 = Pra 1988, 405 E. 1, in casu Diebstahl des Fahrzeugs). Wird die Ware dem Spediteur zum Versand übergeben, so stellt die Pflicht des Spediteurs, die Ware bis zum Versand aufzubewahren, eine Nebenpflicht des **Speditionsvertrags** dar. Wurde dagegen (noch) kein Versendungsauftrag erteilt, so liegt ein Hinterlegungsvertrag vor (126 III 194 f. E. 2a = Pra 2001, 287 f. E. 2a).

IV. Gemischte Verträge

14 Hinterlegungsrecht spielt insbesondere beim **Depotgeschäft** der Banken eine grosse Rolle (vgl. dazu Art. 484 N 9–12). Es gilt zu differenzieren: Beim sog. **geschlossenen Depot** wird der Bank der Depotgegenstand vom Bankkunden verschlossen zur Aufbewahrung an einem sicheren Ort übergeben (vgl. MEIER-HAYOZ/VON DER CRONE, § 25 N 3). Dabei handelt es sich um einen reinen Hinterlegungsvertrag (SCHLEGEL, 103; BSK BankG-HESS,

Art. 16 N 3). Dagegen verpflichtet sich die Bank beim sog. **offenen Depot** nicht nur zur sicheren Aufbewahrung der Wertpapiere, sondern auch zu einer Verwaltungstätigkeit technischer Art, wie Einzug von Zinsen und Dividenden, Überwachung von Kündigungen und Bezugsrechten von Wertpapieren etc. (vgl. MEIER-HAYOZ/VON DER CRONE, § 25 N 4). Das offene Depot gilt nach h. M. als gemischter Vertrag, auf den in Bezug auf die Aufbewahrung die Regeln der Hinterlegung und in Bezug auf die Verwaltungstätigkeit Auftragsrecht anwendbar sei (BGE 133 III 40 E. 3.1 = Pra 2007, 622 E. 3.1; BGE 102 II 301 E. 2b; GUGGENHEIM, 148 f.; MEIER-HAYOZ/VON DER CRONE, § 25 N 5; BSK BankG-HESS, Art. 16 N 3 m. w. H.; BSK OR I- KOLLER, N 16 m. w. H.). Richtiger erscheint es, solche technischen Verwaltungshandlungen als Nebenpflichten des Aufbewahrers zur aktiven (Wert-) Erhaltung der hinterlegten Effekten zu begreifen (CR CO I-BARBEY, N 21; BAERLOCHER, 683 f.; THALMANN, 174 ff.) und nur darüber hinausgehende Verpflichtungen wie z. B. die Ausübung von Bezugsrechten oder die Abwicklung von Effektenhandelsaufträgen auf Weisung des Kunden oder das konsolidierte «Reporting» im Rahmen von sog. Global Custody-Verträgen (KUSTER, 36) separat als Auftrag zu erfassen. Dies gilt umso mehr, als verschiedene auftragsrechtliche Normen (umfassende Treuepflicht i. S. v. Art. 398 Abs. 2, Art. 401, Art. 404, Art. 405) auf das Depot schlecht passen.

Charakteristikum des heutigen Depotgeschäfts ist, dass die Effekten von der   15
Bank mit Ermächtigung des Kunden direkt oder über eine ausländische Korrespondenzbank als **Unterverwahrer** («Subcustodian») bei einem Dritten (**Zentralverwahrstelle**) deponiert werden. In diesem Fall besteht nach h. L. zwischen der Bank und dem Dritten ebenfalls ein gemischter Vertrag mit Elementen des Hinterlegungsvertrages, des einfachen Auftrags und der Anweisung (ZOBL, 117; BOTSCHAFT BEG, 13). In der Schweiz wird die zentrale Verwahrung von Effekten durch die SIS SegaInterSettle AG vorgenommen, die mit den Banken sog. Teilnehmerverträge abschliesst. Zwischen dem Bankkunden und der Zentralverwahrstelle besteht kein vertragliches Rechtsverhältnis (SCHLEGEL, 109; BOTSCHAFT BEG, a. a. O.). Ebenso findet keine Legalzession der von der Bank gegen die Zentralverwahrstelle erworbenen Rechte i. S. v. Art. 401 statt, was auch hier gegen die Annahme eines gemischten Vertrages spricht (soeben N 14). Diese vertragsrechtlichen Qualifikationen gelten grundsätzlich auch unter Anwendung des **Bucheffektengesetzes** (vgl. N 2 und Art. 484 N 12). Spezialgesetzlich geregelt sind die Pflichten der Depotbank als Aufbewahrerin der Vermögenswerte von **kollektiven Kapitalanlagen** (vgl. Art. 73 KAG, Art. 104 KKV und Art. 55 KKV-EBK).

Auch die **Tierpension** stellt nach richtiger Auffassung einen gemischten   16
Vertrag dar, der hinterlegungs- und auftragsrechtliche Elemente beinhal-

tet, da dem Dienstleistungselement ein gewisses Gewicht zukommt (Honsell, OR BT, 383; BJM 1975, 195 ff. zur Pferdepension; a. M. BSK OR I-Koller, N 12: nur Auftrag; OGer ZH, ZR 1997, 15 ff.: nur Hinterlegung). Zum **Escrow Agreement** vgl. Art. 480 N 6–8.

V. Weiteres

17 Art. 472 ff. sind grundsätzlich anwendbar auf die **Hinterlegung bei Gläubigerverzug** gemäss Art. 92 sowie bei **Ungewissheit über die Person des Gläubigers** gemäss Art. 96 (BGE 72 I 15 E. 1), Art. 168 und Art. 444 (BSK OR I-Koller, Vorbem. zum 19. Titel N 6 m. w. H.; Baerlocher, 661: analoge Anwendung). Es handelt sich dabei um Hinterlegungen als Erfüllungssurrogate, die als ein Vertrag zugunsten Dritter auszugestalten sind (BSK OR I-Koller, a. a. O.). Zur Anwendung von Art. 472 ff. auf die **Sicherheitshinterlegung** und **Mietzinshinterlegung** vgl. Art. 480 N 4 und 5.

18 Art. 472 ff. ist grundsätzlich nur auf die **privatrechtliche Hinterlegung** anwendbar. Eine solche kann aber auch dann vorliegen, wenn eine **öffentlichrechtliche Körperschaft** beteiligt ist, etwa wenn diese Vermögenswerte bei einer Schweizer Bank deponiert (BGE 100 II 200 ff.) oder wenn Gegenstände an der Gepäckaufbewahrung der Schweizerischen Bundesbahnen abgegeben werden (CR CO I-Barbey, N 7 vor Art. 472 m. w. H.). Auch auf die Hinterlegung gemäss Art. 92 (vgl. N 17) bei einer öffentlichen Hinterlegungsstelle sind die Art. 472 ff. anwendbar (BGE 72 I 16). Ein **öffentlichrechtliches Verhältnis** liegt dagegen etwa beim Pflichtlagervertrag vor (dazu eingehender BSK OR I-Koller, Art. 482 N 3). Die Art. 472 ff. können bei öffentlich-rechtlicher Verwahrung aber immerhin analog zur Anwendung kommen (BGE 55 II 113 E. 4; BGE 86 II 296 f.: Vermögenswerte wurden vom Beschuldigten im Strafverfahren bei der Behörde deponiert; vgl. auch Baerlocher, 659; vgl. ferner in steuerrechtlichen Erlassen die Wertschriftenhinterlegung als Sicherungsmassnahme: etwa Art. 70 MWStG und Art. 169 DBG).

VI. IPR

19 Der Hinterlegungsvertrag untersteht in erster Linie dem von den Parteien **gewählten Recht** (Art. 116 IPRG). Eine Rechtswahlklausel findet sich i. d. R. in den Depotverträgen der Banken. Fehlt eine Rechtswahl, findet das Recht des Staates Anwendung, in dem der Aufbewahrer seinen gewöhnlichen **Aufenthalt** oder seine **Niederlassung** hat (Art. 117 Abs. 3 lit. c. IPRG). Bei Depotverträgen mit Banken ist somit der Ort der Bankniederlassung massgebend, die mit dem Kunden den Vertrag abgeschlossen hat (BGE 100 II 208 E. 5.a), unabhängig davon, wo die Depotwerte verwahrt werden (BSK OR I-Koller, Art. 472 N 25 m. w. H.). Bei Verträgen mit **auftragsrechtlicher Komponente** (Art. 117 Abs. 3 lit. d IPRG) ist keine gesonderte Anknüpfung erforderlich (BGE 133 III 39f. E. 2 = Pra 2007, 621 E. 2 zum «Oder-Depot»; vgl. auch Favre, Die Berechtigung von Depotkunden an auslandverwahrten Effekten, Diss. Zürich 2003, 233ff.; für die Eigentumsübertragung und Verpfändung vgl. Botschaft BEG, 16).

Im Zuge der Einführung des Bucheffektengesetzes (BEG) (vgl. Art. 484 N 12) **20** soll auch das **Haager Wertpapierübereinkommen** (HWpÜ; Übereinkommen über die auf bestimmte Rechte an Intermediär-verwahrten Wertpapieren anzuwendende Rechtsordnung) vom 5. Juli 2006 ratifiziert sowie ein neues **Kapitel 7a** ins **IPRG** eingefügt werden, welche beide besondere kollisionsrechtliche Bestimmungen für sämtliche bei einem Intermediär verwahrten Titel und damit auch Bucheffekten i.S. des BEG vorsehen (Botschaft BEG, 9400 und 9409f.; vgl. dazu auch Peyer, AJP 2007, 956ff. insbes. 960ff.).

Art. 473

Pflichten des Hinterlegers	[1] **Der Hinterleger haftet dem Aufbewahrer für die mit Erfüllung des Vertrages notwendig verbundenen Auslagen.**
	[2] **Er haftet ihm für den durch die Hinterlegung verursachten Schaden, sofern er nicht beweist, dass der Schaden ohne jedes Verschulden von seiner Seite entstanden sei.**

I. Allgemeines

Abs. 1 regelt den Auslagenersatz, Abs. 2 den Schadenersatz. Davon ist das **1** Entgelt gemäss Art. 472 Abs. 2 zu unterscheiden, das als weitere Leistung hinzukommen kann. Art. 473 stellt **dispositive** Regeln auf (vgl. BSK OR I-Weber, Art. 402 N 16). Da im Auftragsrecht eine ähnliche Regelung gilt (Art. 402), kann diese bei der Auslegung herangezogen werden.

Zum **Retentionsrecht** gemäss Art. 895 ZGB und der **Einrede des nichter- 2 füllten Vertrages** gemäss Art. 82 des Aufbewahrers zur Durchsetzung von Auslagen- und Schadenersatzansprüchen vgl. Art. 472 N 8.

II. Auslagenersatz (Abs. 1)

Auslagen sind Aufwendungen, die der Aufbewahrer in gehöriger Erfüllung **3** des Vertrages im Interesse des Hinterlegers oder zur Erhaltung der Sache gemacht hat (Baerlocher, 709). Inbegriffen ist nicht nur Geldaufwand, sondern wie gemäss Art. 402 Abs. 1 auch die Verwendung, d.h. der Ersatz für den Verbrauch von Sachen (BK-Gautschi, Vorbem. zu Art. 472ff.

N 2a, b). Welche Auslagen der Hinterleger dem Aufbewahrer zu ersetzen hat, beurteilt sich in erster Linie nach der Parteivereinbarung. Fehlt eine solche, hat der Hinterleger gemäss dem Gesetzeswortlaut nur für die **notwendigen Auslagen** aufzukommen, d. h. Aufwendungen, die der Aufbewahrer im Interesse des Hinterlegers als erforderlich erachten darf (vgl. BSK OR I-Koller, N 3; Baerlocher, a. a. O.; **a. M.** BK-Gautschi, N 4a). Zu den Aufwendungen sind die Kosten der Bewachung und Versicherung (vgl. Art 472 N 5), Mietzinse für Räume, Rettungs- und Reparaturkosten sowie Steuern zu zählen, soweit sie im Zusammenhang mit der Vertragserfüllung besonders anfallen. Nicht zu ersetzen sind dagegen bei entgeltlicher Hinterlegung unabhängig vom einzelnen Hinterlegungsvertrag anfallende **Generalunkosten** des Aufbewahrers, wie etwa allg. Personal-, Raum- und Versicherungskosten, Gebühren von Unterverwahrern von Effekten etc. (BK-Gautschi, N 4b; BSK OR I-Koller, N 4; im Einzelnen strittig). Notwendige Auslagen sind u. E. auch Kosten und Verluste, die ein Aufbewahrer erleidet, weil er ein Geschäftsrisiko im überwiegenden Interesse des Deponenten eingeht (vgl. BK-Fellmann, Art. 402 N 24; BGE 46 II 440 = Pra 1921, 111 betr. Folgen der Beschlagnahme im Ausland deponierter Wertpapiere; **a. M.** BSK OR I-Koller, N 7; differenzierend CR CO I-Barbey, N 6). Analog Art. 402 Abs. 1 dürfte der Anspruch auf Auslagenersatz auch den Anspruch auf Befreiung eingegangener Verbindlichkeiten umfassen. Der Ersatz **nützlicher Aufwendungen** kann unter Umständen nach den Regeln der Geschäftsführung ohne Auftrag oder aus Bereicherungsrecht geltend gemacht werden. Der Auslagenersatz wird, sofern nicht anders vereinbart, sofort **fällig** (Baerlocher, a. a. O.).

III. Schadenersatz (Abs. 2)

4   Nach Abs. 2 hat der Hinterleger dem Aufbewahrer den Schaden zu ersetzen, den Ersterer durch die Verletzung einer Vertragspflicht verursacht hat. Es handelt sich dabei um eine **Verschuldenshaftung** nach den Regeln von Art. 97 ff. (vgl. BSK OR I-Koller, N 9). Ein Verschulden des Hinterlegers liegt vor, wenn er nicht alles Zumutbare unternommen hat, um den Aufbewahrer vor Schaden zu bewahren. Er hat den Aufbewahrer insb. **auf besondere Risiken des Hinterlegungsguts** (Ansteckungsgefahr bei Tieren; Gefahr der strafrechtlichen Beschlagnahme von Vermögenswerten usw.) **hinzuweisen**, die dieser nicht kennt und bei Anwendung der gebotenen Sorgfalt auch nicht kennen muss (vgl. Art. 3 Abs. 2 ZGB), wobei das «Kennenmüssen» namentlich von der Profession und der erweckten Erwartungshaltung des Aufbewahrers abhängt (vgl. HANDKOMM-von Ballmoos, N 3). So hat der Hinterleger den Wirt eines Restaurants, der mit gehobener Kundschaft rechnen darf, nicht speziell auf die Kostbarkeit des hinterlegten Pelzmantels hinzuweisen (BGE 109 II 237 f. E. 2b, c).

Entgegen dem Wortlaut von Abs. 2 rechtfertigt es sich mit der h. L. aus Billigkeitsgründen, in Anlehnung an die Rsp. zum einfachen Auftrag (BGE 61 II 98) und analog zur Geschäftsführung ohne Auftrag, den Hinterleger bei unentgeltlicher Hinterlegung auch für **zufällig entstandenen Schaden** haften zu lassen (BSK OR I-Koller, N 11 m. w. H.).　　　　　　　　　5

Zu ersetzen ist bei Verschuldens- und Zufallshaftung nur das **negative Interesse** des Aufbewahrers. Bei vorbehaltloser Annahme der Sache ist nicht zu vermuten, auf Schadenersatz für erkennbare Schäden werde verzichtet (**a. M.** BK-Gautschi, N 7d).　　　　　　　　　6

Art. 474

I.	**Pflichten des Aufbewahrers**	¹ **Der Aufbewahrer darf die hinterlegte Sache ohne Einwilligung des Hinterlegers nicht gebrauchen.**
	Verbot des Gebrauchs	² **Andernfalls schuldet er dem Hinterleger entsprechende Vergütung und haftet auch für den Zufall, sofern er nicht beweist, dass dieser die Sache auch sonst getroffen hätte.**

I. Gebrauchsverbot (Abs. 1)

Abs. 1 statuiert ein Gebrauchsverbot für den Aufbewahrer. Dieses gilt nicht beim **depositum irregulare**, da dort der Aufbewahrer Eigentum an der hinterlegten Sache erwirbt (vgl. Art. 481 N 1). Im Übrigen ist das Verbot **dispositiver** Natur. Der Hinterleger kann dem Aufbewahrer ein **Recht zum Gebrauch** der Sache einräumen. Verwahrung bei einem Dritten stellt aber keinen solchen Gebrauch dar (**a. M.** Guggenheim, 151). Das Gebrauchsrecht kann im Einzelfall als Entgelt verstanden werden (Baerlocher, 702; SJZ 27, Nr. 5). Ist der Gebrauch der Sache zur pflichtgemässen Aufbewahrung derselben erforderlich (vgl. Art. 472 N 3), stellt er eine **Pflicht** des Aufbewahrers dar (BSK OR I-Koller, N 4).　　　　　　　　　1

Der Gebrauch muss der **Aufbewahrung untergeordnet** sein und kann somit nur ein Nebenrecht bzw. eine Nebenpflicht darstellen, da sonst ein anderer Vertragstyp oder zumindest ein gemischter Vertrag vorliegt. Hat der Aufbewahrer eine nicht nur untergeordnete Benutzungspflicht, ist (auch) **Auftragsrecht** anwendbar (vgl. auch Art. 472 N 3, 14–16). Zur Abgrenzung zur **Gebrauchsleihe** vgl. Art. 472 N 9.　　　　　　　　　2

II.   Rechtsfolgen bei unbefugtem Gebrauch (Abs. 2)

3   Bei unbefugtem Gebrauch der Sache schuldet der Aufbewahrer Vergütung und Schadenersatz. Die **Vergütung** ist kraft Gesetzes und unabhängig vom Eintritt eines Schadens geschuldet. Sie bemisst sich nach dem üblichen Mietzins, der bei Miete der Sache zu leisten wäre (BK-GAUTSCHI, N 3a). Die **unzulässige Veräusserung** des Hinterlegungsobjekts stellt u. E. keinen unbefugten Gebrauch dar, weshalb ein Anspruch auf Schadenersatz unter dem Titel von Art. 97 geltend zu machen ist (vgl. Art. 475 N 5).

4   Zur Vergütung kann ein **Schadenersatzanspruch** aus Vertragsverletzung hinzukommen. Art. 474 Abs. 2 regelt dabei nur die Haftung für Schäden, die durch unbefugten Gebrauch entstanden sind. Schäden aufgrund anderer Vertragsverletzungen sind nach Art. 97 geltend zu machen (BK-GAUTSCHI, N 4d). Gemäss Art. 474 Abs. 2 haftet der Aufbewahrer für **Verschulden** und **Zufall**. Bei zufälliger Beschädigung oder Zerstörung der Sache kann er den **Entlastungsnachweis** erbringen, dass der Zufall die Sache auch ohne unbefugten Gebrauch getroffen hätte (fehlender Kausalzusammenhang; BK-GAUTSCHI, N 4c). Da die Sache dem Aufbewahrer anvertraut wurde, kann bei Veruntreuung gemäss Art. 138 StGB **Anspruchskonkurrenz** zu Art. 41 bestehen.

Art. 475

2.   **Rückgabe**

a.   **Recht des Hinterlegers**

¹ **Der Hinterleger kann die hinterlegte Sache nebst allfälligem Zuwachs jederzeit zurückfordern, selbst wenn für die Aufbewahrung eine bestimmte Dauer vereinbart wurde.**

² **Jedoch hat er dem Aufbewahrer den Aufwand zu ersetzen, den dieser mit Rücksicht auf die vereinbarte Zeit gemacht hat.**

I.   Rückerstattungsanspruch (Abs. 1)

1   Der jederzeitige Rückerstattungsanspruch des Hinterlegers ist **Wesensmerkmal** des Hinterlegungsvertrages (Art. 472 N 1). Er ist nach dem Gesetzeswortlaut **zwingender Natur** (so auch die h. M.; vgl. ZR 1997, 156 ff.; BSK OR I-KOLLER, N 1 m. w. H.) und kann nicht unter Konventionalstrafe gestellt oder anderweitig erschwert werden (BK-GAUTSCHI, N 8c). Der Aufbewahrer kann das Hinterlegungsobjekt nur aufgrund eines eigenen Rechtstitels, z. B. Pfandbestellung, **Retention** oder aufgrund von Art. 82 (analog)

zurückbehalten (BUCHER, OR BT, 279; Art. 472 N 8; vgl. auch Art. 479). **Verrechnung** ist nur bei besonderer vertraglicher Vereinbarung möglich (SJ 1994, 600). Soweit dem Aufbewahrer nicht eine angemessene Frist zur Restitution zuzugestehen ist (z. B. bei zulässiger Verwahrung der Sache ausserhalb seiner Geschäftsräumlichkeiten oder in einem Sammeldepot), wird der Rückerstattungsanspruch sofort fällig. Eine spezielle Regelung gilt bei der Verwahrung **kollektiver Kapitalanlagen** durch die Depotbank: Eine jederzeitige Rücknahme der Depotwerte bzw. ein Wechsel der Depotbank (s. Art. 72 KAG) muss grundsätzlich im Interesse der Anleger liegen (vgl. noch zum AFG: AFG-WATTER, Art. 21 N 5). Der Rückerstattungsanspruch der Fondsleitung gegenüber der Depotbank ist damit eingeschränkt.

Die Geltendmachung des Rückerstattungsanspruchs ist eine Vertragskündigung. Wie bei Kündigung durch den Aufbewahrer (vgl. Art. 476 N 5) oder Ablauf der vereinbarten Vertragsdauer, (verschuldeter oder unverschuldeter) Unmöglichkeit der Vertragserfüllung infolge Zerstörung oder Verlusts der Sache (Art. 97 bzw. 119), Kündigung des Vertrags infolge Verzugs der Gegenpartei (Art. 107 ff.), Tod des unentgeltlich handelnden Aufbewahrers (Art. 252 analog) und anderen Fällen der **Beendigung des Hinterlegungsvertrags** (vgl. CR CO I-BARBEY, N 3) enden mit Fälligkeit des Rückerstattungsanspruchs die Aufbewahrungspflicht des Verwahrers und eine allfällige Vergütungspflicht des Hinterlegers. Der Dauervertrag wandelt sich in ein einfaches Schuldverhältnis zwecks Abwicklung der offenen Ansprüche (Rückerstattung der Sache, Liquidation offener Vergütungs- und Schadenersatzpflichten, usw.) um. 2

Nach Abs. 1 bezieht sich der Rückerstattungsanspruch auch auf den «**Zuwachs**», wozu neben den natürlichen Früchten und Zinsen auch Dividenden, Bezugsrechte usw. zählen (CR CO I-BARBEY, N 13). Weiter gehört auch die **Wertsteigerung** der Sache dazu, was für den Schadenersatz bei unmöglich gewordener Rückgabe bedeutsam ist (dazu N 14). 3

Der Rückerstattungsanspruch nach Abs. 1 ist ein **vertraglicher**. Er gilt bei regulärer und irregulärer Hinterlegung (BGE 78 II 257). Die Rückerstattungspflicht stellt bei regulärer Hinterlegung eine **Speziesschuld** dar (BK-GAUTSCHI, N 3a). Eine Ausnahme gilt jedoch beim Vermengungsdepot, das auch auf die Sammelverwahrung durch Banken anwendbar ist (vgl. Art. 484 N 1). 4

Ist der Hinterleger auch (Mit-)Eigentümer, konkurriert sein vertraglicher Rückerstattungsanspruch mit der **Vindikation** nach Art. 641 Abs. 2 ZGB (HONSELL, OR BT, 385). Steht das Eigentumsrecht dagegen einem Dritten zu, so kollidiert dessen Anspruch aus Vindikation mit dem vertraglichen Herausgabeanspruch des Hinterlegers (dazu Art. 479). Hat der Aufbewahrer die dem Hinterleger gehörende Sache **veräussert** und den Erlös ver- 5 mengt, so besteht kein dinglicher Ausscheidungsanspruch des Hinterlegers, sondern lediglich ein vertraglicher Anspruch auf den Erlös bzw. bei unbefugter Veräusserung ein Schadenersatzanspruch nach Art. 97 (vgl. BGE 78 II 254; Art. 474 N 3).

6   Der Vindikationsanspruch ist unverjährbar (BGE 78 II 252 E. 5). Der vertragliche Rückforderungsanspruch untersteht nach einhelliger Ansicht der zehnjährigen **Verjährungsfrist** gemäss Art. 127 (BGE 133 III 40 E. 3.1 = Pra 2007, 622 E. 3.1) und den allgemeinen Verjährungsregeln von Art. 127 ff. **Stillstand und Unterbrechung** der Frist beurteilt sich nach den Art. 134 f. (BSK OR I-Koller, N 9). Ein Verjährungsunterbruch erfolgt etwa durch periodische Rechenschaftsablegung (z. B. Depotauszug) oder andere Mitteilungen, die eine Schuldanerkennung i. S. v. Art. 135 Ziff. 1 darstellen.

7   Nach zutreffender bundesgerichtlicher Rechtsprechung (BGE 91 II 449 ff. E. 5; bestätigt in 122 III 116 ff. E. 5; zuletzt BGE 133 III 41 f. E. 3.2 = Pra 2007, 622 f. E. 3.2) **beginnt die Verjährung** erst mit der **Beendigung des Hinterlegungsvertrages** (vgl. dazu N 2), d. h. insb. durch Rückforderung der Sache durch den Hinterleger (**a. M.** insb. BSK OR I-Koller, N 12 f.). Besonderes gilt nach der bundesgerichtlichen Rechtsprechung für die **Beweislast**. Ist streitig oder nicht mehr abklärbar, ob und wann der Vertrag beendigt wurde bzw. die Rückerstattung erfolgt ist, so ist die Verjährungseinrede des Aufbewahrers zu schützen, wenn er oder sein Rechtsvorgänger glaubhaft behauptet, er habe die Sache vor mehr als zehn Jahren zurückgegeben und der Hinterleger dies nicht zu widerlegen vermag.

8   Nach ständiger Praxis des BGer ist der Vindikationsanspruch weder **pfändbar** noch **verarrestierbar** (BGE 108 III 97 E. 3) und nach neuester Praxis auch nicht abtretbar (BGE 132 III 160 ff. E. 6). Auch der vertragliche Restitutionsanspruch kann im Allgemeinen nicht gepfändet oder verarrestiert werden. Eine Ausnahme gilt jedoch bei Ansprüchen des Kunden gegenüber der Bank, wenn Letztere **Wertpapiere bei ausländischen Dritten** hinterlegt hat (BGE 108 III 97 f. E. 3). Ob der vertragliche Restitutionsanspruch abtretbar bzw. verpfändbar ist, bleibt offen, ist aber u. E. zu bejahen.

9   Im **Konkurs des Aufbewahrers** kann der Eigentümer die Aussonderung des Hinterlegungsobjektes gemäss Art. 242 SchKG geltend machen. Bei gemischten Verträgen mit Hinterlegungs- und Auftragscharakter besteht gemäss bundesgerichtlicher Rechtsprechung insofern kein Aussonderungsrecht nach Art. 401, als die Sache dem Aufbewahrer vom Hinterleger übertragen wurde (vgl. BGE 130 III 316). Im **Bankenkonkurs** hat der Deponent aber ein besonderes Recht auf Aussonderung der Depotwerte (Art. 16 i. V. m. Art. 37d BankG). Dasselbe gilt beim **Konkurs des Effektenhändlers** (Art. 36a BEHG).

II. Ersatz des Aufwands bei vorzeitiger Beendigung (Abs. 2)

Der Aufwand muss gemäss Gesetzeswortlaut «mit Rücksicht auf die verein-   10
barte Zeit» gemacht worden sein. Dies setzt voraus, dass eine **Dauer** vereinbart wurde (BJM 1975, 197). Der Anspruch auf Aufwandersatz besteht nur
bei entgeltlicher Hinterlegung, da der Aufbewahrer bei vereinbarter Unentgeltlichkeit nicht mit einem Aufwandersatz rechnen durfte. Zu unterscheiden ist der Aufwandersatz vom vereinbarten Entgelt, das, sofern nichts
Gegenteiliges vereinbart wurde, pro rata temporis der effektiven Hinterlegungsdauer zu entrichten ist (BK-GAUTSCHI, N 10b), sowie vom Auslagenersatz gemäss Art. 473 Abs. 1, welcher die besonderen Aufwendungen des
Aufbewahrers für die gesamte beabsichtigte Laufzeit des Vertrages abdeckt
(**a. M.** CR CO I-BARBEY, N 6). Mit «Aufwand» ist das **negative Interesse** des
Aufbewahrers gemeint. Dazu gehören namentlich Generalunkosten (Art. 473
N 3), welche ohne vorzeitige Beendigung über das vereinbarte Entgelt abgegolten worden wären. Ob daneben bei entsprechender Vereinbarung
auch das **Erfüllungsinteresse** ersetzt werden muss, ist in der Lehre umstritten (pro BUCHER, OR BT, 279; contra BSK OR I-KOLLER, N 21). U. E. lässt die
zwingende Natur des jederzeitigen Rückforderungsrechts dafür keinen
Raum.

Der **entgangene Gewinn** ist über das negative Interesse zu ersetzen, sofern   11
andere Hinterlegungsgeschäfte nachweisbar abgelehnt werden mussten
und sich keine anderweitige Kompensationsmöglichkeit ergeben hat (ähnlich HANDKOMM-VON BALLMOOS, N 4). Eine **Pauschalierung** des Aufwand-
ersatzes ist zulässig, sofern sie keinen Strafcharakter hat (vgl. BSK OR I-
KOLLER, N 22; zum Auftragsrecht vgl. BSK OR I-WEBER, Art. 404 N 18).

III. Haftung bei Verletzung der Aufbewahrungspflicht

Kann der Aufbewahrer die Sache **nicht oder nicht unversehrt zurückge-**   12
ben, so haftet er bei unsorgfältiger Aufbewahrung nach Art. 97 ff. Aus der
Rückerstattungspflicht wird alsdann eine Schadenersatzpflicht (BGE 98 II
219 f. E. 9). Entgegen der h. M. (BSK OR I-KOLLER, N 14 m. w. H.; THALMANN,
175 speziell für das Depotgeschäft der Banken) und analog zum Auftragsrecht (vgl. BSK OR I-WEBER, Art. 398 N 32) muss deshalb der Hinterleger
eine (objektive) Sorgfaltswidrigkeit nachweisen, worauf dem Aufbewahrer
der (nur schwierig zu erbringende) Nachweis offen steht, dass ihm am Untergang bzw. an der Beschädigung der Sache (subjektiv) keinerlei Verschulden trifft. Vorbehältlich besonderer Absprachen bemessen sich Umfang und
Inhalt der **Sorgfaltspflicht** des Aufbewahrers nach den Umständen des
Einzelfalles (insbes. Berücksichtigung der Schwierigkeit der Obhutnah-
me), wobei als Gradmesser ein für die hinterlegte Sache durchschnittlich

qualifizierter Aufbewahrer dient (Art. 472 N 3). Unentgeltlichkeit senkt im Allgemeinen den Sorgfaltsmassstab (N 14). Die in den Depotreglementen der Banken zu findenden Regelung, wonach die Bank die Depotwerte mit der gleichen Sorgfalt wie ihre eigenen Werte behandelt *(diligentia quam in suis)*, ist unter dem Gesichtspunkt von Art. 99 Abs. 1 nicht zu beanstanden (vgl. THALMANN, 176).

13   Der **Schaden** entspricht bei Verlust dem objektiven Wert der Sache und bei Beschädigung dem durch die Verletzung der Sorgfaltspflicht entstandenen Minderwert der Sache bzw. den entsprechenden Reparaturkosten, samt allfälligen Auslagen und anderen Vermögenseinbussen (CR CO I-BARBEY, N 26). Für andere Wertverminderungen, denen die Sache während der Hinterlegungsdauer ausgesetzt ist (normale Alterung bzw. Abnützung bei erlaubtem Gebrauch, Kursverfall bei Aktien usw.), hat der Aufbewahrer nicht einzustehen.

14   Für die **Schadensberechnung** ist nicht der Zeitpunkt, zu welchem die Rückgabe unmöglich geworden ist bzw. die Sache beschädigt wurde, sondern der Zeitpunkt, an dem die Sache zurückzugeben ist, massgebend. Dabei sind Wertsteigerungen, nicht aber -verminderungen, bis zum letzten kantonalen Urteil zu berücksichtigen (BGE 109 II 477 betr. Aktien). Die Unentgeltlichkeit ist u. E. sowohl beim Sorgfaltsmassstab (N 12) wie auch bei der Schadensbemessung zu berücksichtigen (Art. 99 Abs. 2).

Art. 476

b.   **Rechte des Aufbewahrers**

[1] Der Aufbewahrer kann die hinterlegte Sache vor Ablauf der bestimmten Zeit nur dann zurückgeben, wenn unvorhergesehene Umstände ihn ausserstand setzen, die Sache länger mit Sicherheit oder ohne eigenen Nachteil aufzubewahren.

[2] Ist keine Zeit für die Aufbewahrung bestimmt, so kann der Aufbewahrer die Sache jederzeit zurückgeben.

I.   Rückgaberecht des Aufbewahrers

1   Rücknahmerecht des Hinterlegers (Art. 475 Abs. 1) und Rückgaberecht des Aufbewahrers (Art. 476) sind ungleich. Das Rückgaberecht des Aufbewahrers ist beim befristeten Hinterlegungsvertrag beschränkt (Abs. 1) und gilt nur beim unbefristeten Hinterlegungsvertrag unbeschränkt (Abs. 2). U. E.

kann von der in Abs. 1 festgelegten Regel nur zu Gunsten des Aufbewahrers **abgewichen** werden, während Abs. 2 **dispositives** Recht darstellt (vgl. die deutsche Lehre zu § 696 BGB in MK-HÜFFER, § 696 BGB N 5).

Beim befristeten Hinterlegungsvertrag kann der Aufbewahrer das Hinter-   2
legungsobjekt zurückgeben, wenn «**unvorhergesehene Umstände** ihn ausser Stande setzen, die Sache länger mit Sicherheit oder ohne eigenen Nachteil aufzubewahren». Dabei reicht die **Gefahr** des Eintritts solcher Umstände
aus. Die Aufzählung ist abschliessend (BAERLOCHER, 702; a. m. CR CO I-
BARBEY, N 11). Diese Regel stellt einen gesetzlich geregelten Anwendungsfall der Kündigung aus wichtigem Grund bei Dauerverträgen dar.

Nach der h. L. ist diese Bestimmung beim **entgeltlichen** Hinterlegungsver-   3
trag einschränkend auszulegen. Bei gewerbsmässiger Aufbewahrung hat
der Aufbewahrer die allgemeinen Gefahren, die sich aus der Hinterlegung
ergeben, als Geschäftsrisiko zu tragen. Erhöhte Kosten für Sicherheitsvorkehrungen und andere Massnahmen hat der Aufbewahrer selbst zu tragen
(BSK OR I-KOLLER, N 6; **a. m.** BK-GAUTSCHI, N 2d). Nur besondere Gefahren, die er nicht kannte bzw. kennen musste, berechtigen ihn zur Rückgabe
(BSK OR I-KOLLER, a. a. O. m. w. H.). Einen (drohenden) Nachteil und somit
ein Rückgaberecht hat etwa die Bank – vorbehältlich der Pflichten unter
GwG – im Falle von Indizien auf Geldwäscherei (vgl. CR CO I-BARBEY, N 10
m. w. H.).

Eine mildere Beurteilung drängt sich bei der **unentgeltlichen** Hinterlegung   4
auf. Erschwerungen, mit denen der Aufbewahrer nicht ohne weiteres rech-
nen musste, sind diesem nicht zuzumuten (vgl. ZK-OSER/SCHÖNENBERGER,
N 1). Nach Treu und Glauben ist er jedoch gehalten, soweit zumutbar auf
Kosten des Hinterlegers für anderweitige Aufbewahrung zu sorgen (vgl.
BUCHER, OR BT, 278; BSK OR I-KOLLER, N 7).

II. Rechtsfolgen

Die Ausübung des Rückgaberechts stellt eine **Kündigung** dar. Mit der Rück-   5
gabe der Sache bzw. einer entsprechender Willenskundgabe des Aufbewahrers (BGE 78 II 243 E. 5d) wird der Hinterlegungsvertrag beendet (Art. 475
N 2). Eine solche Kündigung liegt insb. in der an den Hinterleger gerichteten Aufforderung, die Sache abzuholen. Eine vereinbarte Kündigungsfrist
gilt es, ausser im Fall von Art. 476 Abs. 1, zu beachten. Der **Vergütungsanspruch** besteht bis zur Beendigung des Vertrages und somit bis zum Wirksamwerden der Kündigung. Zur Verjährung vgl. Art. 475 N 6 und 7.

Kann die Sache gemäss Art. 476 vom Aufbewahrer zurückgegeben werden,   6
so hat sie der Hinterleger entgegenzunehmen, ansonsten er in **Gläubigerverzug** gerät und die Sache gemäss Art. 92 vom Aufbewahrer hinterlegt
werden kann (BAERLOCHER, 702).

Art. 477

Die hinterlegte Sache ist auf Kosten und Gefahr des Hinterlegers da zurückzugeben, wo sie aufbewahrt werden sollte.

1   Nach dieser **dispositiven** Bestimmung ist die Rückgabe des Hinterlegungsobjekts eine Holschuld. Sie geht den Regeln von Art. 74 Abs. 2 Ziff. 1 und – vor allem bei irregulärer Hinterlegung bedeutsam – von Ziff. 2 vor (BGE 100 II 158). Mangels anderer Abrede ist das **Domizil** des Aufbewahrers Aufbewahrungs- und somit Rückgabeort (BAERLOCHER, 708). Hat der Aufbewahrer das Recht, die Sache auch an anderen Orten aufzubewahren, so bleibt der primäre Aufbewahrungsort Rückgabeort (BSK OR I-KOLLER, N 3; a. M. wohl BK-GAUTSCHI, N 1a), da nicht ohne Not ein für den Hinterleger fremder und ungewisser Rückgabeort geschaffen werden soll. Beim **Bankdepot** spielt die Bestimmung kaum eine praktische Rolle, da Wertschriften i. d. R. zentralverwahrt sind (vgl. dazu Art. 484 N 9) und dem Kunden nicht physisch ausgehändigt werden (vgl. auch GUGGENHEIM, 152). Hier erfüllt die Bank ihre Pflicht, wenn sie für buchmässige Gutschrift der Titel nach Massgabe der Instruktion des Deponenten sorgt (BGE 90 II 158 E. 2).

2   Hat der Aufbewahrer das Hinterlegungsobjekt vom Aufbewahrungsort an einen anderen Ort zu **versenden**, so stellt dies eine Nebenpflicht aus dem Hinterlegungsvertrag dar, ohne dass im Allgemeinen Auftragsrecht anwendbar ist (BAERLOCHER, 709; BSK OR I-KOLLER, N 4 m. w. H.; **a. M.** BGE 30 II 424 E. 2 und CR CO I-BARBEY, N 1).

3   Da vorbehältlich Unsorgfältigkeit des Aufbewahrers (Art. 475 N 12) der Hinterleger die **Gefahr** des Verlusts, der Zerstörung und der Beschädigung der Sache trägt, kommt der Bestimmung in dieser Hinsicht keine zusätzliche Bedeutung zu (BK-GAUTSCHI, N 2b).

4   Die **Kosten** der Übergabe stellen Auslagen nach Art. 473 Abs. 1 dar und sind somit ohnehin vom Hinterleger zu tragen, sofern nichts anderes vereinbart wurde. Wurde die Sache nicht am vereinbarten bzw. gesetzlich vorgesehenen Aufbewahrungsort (vgl. N 1) verwahrt, so sind die Herbeischaffungskosten gemäss Art. 477 vom Hinterleger zu tragen (HANDKOMM-VON BALLMOOS, N 5).

Art. 478

Haftung mehrerer Aufbewahrer

Haben mehrere die Sache gemeinschaftlich zur Aufbewahrung erhalten, so haften sie solidarisch.

Die Bestimmung regelt den in der Praxis seltenen Fall der **Personenmehrheit auf Aufbewahrerseite**. Danach besteht von Gesetzes wegen Solidarität gemäss den Regeln von Art. 143 ff., wenn die Sache zur gemeinschaftlichen Aufbewahrung übergeben wurde. Art. 478 stellt einen Fall von Art. 143 Abs. 2 dar. Die Bestimmung ist **dispositiver** Natur. Es kann somit Teilhaftung anstatt Solidarität vereinbart werden (BSK OR I-KOLLER, N 2). Ob im Falle des Beizugs einer weiteren Person Substitution analog Art. 399 Abs. 2 (vgl. Art. 472 N 4) oder Solidarität gemäss Art. 478 vorliegt, beurteilt sich nach der Parteivereinbarung (vgl. CR CO I-BARBEY, N 1; so wohl auch BAERLOCHER, 709). 1

Anders als in Art. 403 Abs. 1 wird dagegen der in der Praxis häufigere Fall der **Personenmehrheit auf Hinterlegerseite** nicht geregelt. Er kommt insbesondere beim **Gemeinschaftskonto** vor, wobei es zu unterscheiden gilt: Beim sog. **«Oder-Depot»** («compte/depot joint») treten die Bankkunden gegenüber der Bank als Solidargläubiger auf. Gemäss Art. 150 Abs. 2 kann sich dabei die Bank durch Leistung an einen der Kontoinhaber (Deponenten) gültig befreien (BGE 110 III 26 E. 3; 112 III 98 E. 5; BAUMGARTNER, 13 ff.). Dagegen besteht beim sog. **«Und-Depot»** (Gesamthanddepot) nicht Solidargläubigerschaft, sondern Gläubigergemeinschaft. Die Bank kann sich deshalb nur durch Leistung an die Gläubiger gemeinsam oder an einen von diesen bezeichneten Vertreter befreien. Mangels anderer Abrede ist von Gläubigergemeinschaft auszugehen (BGE 94 II 167 E. 3). 2

Art. 479

Eigentumsansprüche Dritter

¹ **Wird an der hinterlegten Sache von einem Dritten Eigentum beansprucht, so ist der Aufbewahrer dennoch zur Rückgabe an den Hinterleger verpflichtet, sofern nicht gerichtlich Beschlag auf die Sache gelegt oder die Eigentumsklage gegen ihn anhängig gemacht worden ist.**

² **Von diesen Hindernissen hat er den Hinterleger sofort zu benachrichtigen.**

I. Tatbestand und Rechtsfolgen

1 Die Bestimmung regelt den Fall, bei dem der vertragliche Rückerstattungsanspruch des Hinterlegers mit dem Restitutionsanspruch anderer Personen
kollidiert. Art. 479 nennt zwar nur den Eigentumsanspruch als Kollisions-
anspruch. Die Bestimmung ist aber in gewissen Fällen (dazu N 6), auch bei
sich gegenüberstehenden obligatorischen Ansprüchen anwendbar. Um zu
verhindern, dass die Rückerstattungspflicht des Aufbewahrers durch die
blosse Behauptung eines Drittanspruchs blockiert werden kann, räumt die
Bestimmung dem Rückerstattungsanspruch des Hinterlegers den Vorrang
ein, sofern der Dritte keinen Beschlag legen lässt bzw. Klage anhebt. Im Übrigen braucht sich der Aufbewahrer um die Rechtsbeziehungen des Deponenten zu Dritten nicht zu kümmern. Der Aufbewahrer soll in einer solchen
Situation nicht Richter spielen müssen (THALMANN, 155). Immerhin hat er
im Falle des begründeten Verdachts auf strafrechtlich relevante Handlungen beim Erwerb der hinterlegten Sache durch den Dritten das Recht,
die Herausgabe auch ohne gerichtlichen Beschlag zu verweigern (vgl. BSK
OR I-KOLLER, N 10).

2 Art. 479 ist nur anwendbar, wenn verschiedene Personen unterschiedliche
Ansprüche vorbringen. Geht es dagegen um die Frage, wem ein einzelner
Anspruch zusteht, so liegt ein **Prätendentenstreit** vor, der den Aufbewahrer gemäss Art. 168 zur gerichtlichen Hinterlegung ermächtigt. Vgl. dazu
die Fälle in N 7.

3 **Gerichtlich Beschlag** wurde auf die Sache gelegt, wenn dem Aufbewahrer
durch eine behördliche Massnahme die Verfügung über die Sache untersagt
wird, wobei es sich nicht zwingend um eine gerichtliche Behörde handeln
muss (ZK-OSER/SCHÖNENBERGER, N 2). Als solche Massnahmen kommen
namentlich einstweilige Verfügungen, Pfändung, Arrest sowie strafrechtlich und verwaltungsrechtlich motivierte Beschlagnahmungen in Frage
(vgl. BSK OR I-KOLLER, N 13 m.w.H.).

4 Gemäss Gesetzeswortlaut muss eine **Eigentumsklage** gegen den Aufbewahrer **hängig** gemacht worden sein. Eine Rückgabe an den Hinterleger wird
mithin nicht schon dadurch unzulässig, dass ein Drittansprecher Eigentum
geltend macht – und zwar selbst dann nicht, wenn der Aufbewahrer weiss,
dass der Drittansprecher Eigentümer ist. Diese Regel bedarf in zweifacher
Hinsicht der **Auslegung**: Zum einen muss nicht zwingend eine Eigentumsklage vorliegen (vgl. N 6). Zum anderen muss die Klage nicht anhängig
gemacht worden sein, vielmehr genügt bereits die Klageanhebung (vgl.
BSK OR I-KOLLER, N 12; zum Begriff der Klageanhebung vgl. VOGEL/SPÜH-
LER, Grundriss des Zivilprozessrechts, 8. Aufl., Bern 2006, 12. Kap. N 23 ff.).
Nach Anhebung der Klage muss der Aufbewahrer berechtigt sein, die Sache
gerichtlich zu hinterlegen (BSK OR I-KOLLER, N 12).

Über die Klageanhebung bzw. den behördlichen Beschlag der Sache hat der   5
Aufbewahrer den Hinterleger unverzüglich zu **informieren** (Art. 479 Abs. 2).
Dies gilt nicht, wenn er sich dadurch strafbar machen würde (dazu
BSK OR I-KOLLER, N 16; GUGGENHEIM, 150) oder etwa wenn bei verhängter
Vermögenssperre nach Art. 10 GwG ein Meldeverbot besteht. Die Benachrichtigungspflicht entsteht erst durch den Eintritt vorgenannter Ereignisse
und nicht bereits vorher (differenzierend BSK OR I-KOLLER, a. a. O.). Erwächst dem Hinterleger aus unterlassener oder verspäteter Orientierung
(z. B. wegen verpasster Rechtsmittelfristen) ein Schaden, so ist der Aufbewahrer dafür **ersatzpflichtig** (BK-GAUTSCHI, N 4a). Allerdings wird ein
Schadenersatzanspruch i. d. R. den Nachweis voraussetzen, dass der Beschlag bzw. die Drittansprache unberechtigt war.

II.   Einzelne Anwendungsfälle

Zugeschnitten ist Art. 479 auf den Fall, bei dem der vertragliche Rück-   6
erstattungsanspruch einem dinglichen Drittanspruch gegenübersteht. Dies
trifft bei **regulärer Hinterlegung** zu, wenn ein Dritter aus Eigentum klagt
oder bei der bankrechtlichen **Sammelverwahrung** bzw. Verwahrung von
Globalurkunden, wo Miteigentum an der Sache geltend gemacht werden
kann (vgl. dazu Art. 484 N 9). Anwendbar ist Art. 479 auch, wenn ein Dritter ein **beschränktes dingliches Recht**, namentlich ein Pfandrecht oder
eine Nutzniessung an der Sache geltend macht (CR CO I-BARBEY, N 1
m. w. H.). Nach h. M. gilt Art. 479 zudem beim **depositum irregulare**, wenn
zwei vertragliche Rückerstattungsansprüche kollidieren (BGE 100 II 200 ff.;
BSK OR I-KOLLER, N 4 m. w. H.). Aufgrund des gesetzlichen Zwecks der
Verhinderung der Blockierung des Rückgabeanspruchs durch behauptete
Drittansprüche (N 1) sollte Art. 479 auch bei Wertrechten (vgl. Art. 472 N 2)
Anwendung finden, z. B. wenn ein Dritter behauptet, Aktionär einer Na-
mensaktie mit aufgehobenem Titeldruck zu sein. Art. 479 wird allgemein
auch auf das **Depotgeschäft** der Banken angewendet (BGE 100 II 214 f. E. 9;
THALMANN, 155 f.).

Nicht anwendbar ist Art. 479 dagegen, wenn verschiedene Personen die   7
Rückgabe aufgrund desselben Titels geltend machen. Hier liegt keine Kolli-
sion verschiedener Ansprüche vor. Nach der h. L. gilt die Bestimmung namentlich dann nicht, wenn unklar ist, wer rechtmässiger **Erbe** des Hinterlegers ist (auch beim Streit um Erbausschlussklauseln; vgl. BGE 94 II 167 ff.)
oder wem von **mehreren Personen** der Rückgabeanspruch zusteht (BAER-
LOCHER, 705 ff.; BSK OR I-KOLLER, N 6 m. w. H.). Art. 479 ist deshalb nicht
anwendbar, wenn die Person, welche die Sache vom Hinterleger **erworben**
hat, einen Anspruch gegenüber dem Aufbewahrer geltend macht (**a. M.**
wohl CR CO I-BARBEY, N 1 und BGE 25 II 151 E. 4). Die Bestimmung ist
auch dann nicht anwendbar, wenn neben dem Hinterleger, der als **Treu-**

händer handelt, der Treugeber einen Anspruch geltend macht (HAND-KOMM-VON BALLMOOS, N 5; **a.M.** CR CO I-BARBEY, a.a.O.; diesbezüglich unklar BGE 96 II 149 E.1 und 152 E.5), sofern das Eigentum im Rahmen der Fiducia nicht auf Letzteren übergegangen ist (vgl. Art.401 Abs.1). Der Aufbewahrer hat in diesen Fällen aber die Möglichkeit, die Sache gemäss Art.168 Abs.1 zu **hinterlegen** (vgl. CR CO I-BARBEY, N 2 m.w.H.).

Art. 480

IV. Sequester   **Haben mehrere eine Sache, deren Rechtsverhältnisse streitig oder unklar sind, zur Sicherung ihrer Ansprüche bei einem Dritten (dem Sequester) hinterlegt, so darf dieser die Sache nur mit Zustimmung der Beteiligten oder auf Geheiss des Richters herausgeben.**

I. Sequestration

1   Gemäss Art.480 dient die Sequestration der **Sicherung**, wenn die **Rechtsverhältnisse** an der Sache **strittig** oder **unklar** sind (BGE 102 Ia 232 E.2.a). Die Aufbewahrung steht somit nicht im Vordergrund. Die Sache wird gemeinsam durch mehrere Personen (Beteiligte) beim Sequester hinterlegt (vgl. BAERLOCHER, 662). Der Vertrag ist ein bilateraler; er wird zwischen den Gläubigern auf der einen Seite und dem Sequester auf der anderen Seite abgeschlossen. Das Verhältnis zwischen den Gläubigern und dem Sequester wird in erster Linie durch Parteivereinbarung geregelt. Die Bestimmungen des Hinterlegungsvertrages sind dabei subsidiär anwendbar (BK-GAUTSCHI, N 2).

2   Der Sequester hat die Sache dem berechtigten Gläubiger herauszugeben. Letzterer ist entweder durch die **Gläubiger zu bestimmen** oder durch **Richterspruch festzustellen**. Beim Streit der Gläubiger um die Herausgabe der Sache ist der Sequester nicht passivlegitimiert. Er kann aber im Entscheid angewiesen werden, die Sache der obsiegenden Partei zurückzugeben (SJZ 1964, 270; Rep. 1997, 227). Diese Aufforderung des Richters stellt allerdings keinen Vollstreckungstitel gegen den Sequester dar (BSK OR I-KOLLER, N 2).

3   Das Rückgaberecht von Art.476 wird insofern eingeschränkt, als der Sequester die Sache gemäss Art.480 nur auf **richterliches Geheiss** oder mit **Zustimmung aller Beteiligten** zurückgeben kann (vgl. BGE 102 Ia 232 E.2.a). Sind sich die Beteiligten bei Ausübung des Rückgaberechts durch

den Sequester nicht einig, an wen die Rückgabe zu erfolgen hat, so hat der Sequester das Recht, die Sache infolge **Gläubigerverzugs** nach Art. 92 zu hinterlegen (vgl. Art. 476 N 6; BSK OR I-KOLLER, N 4).

II. Abgrenzung zu verwandten Instituten

1. Sicherheitshinterlegung

Bei der (regulären und irregulären) Sicherheitshinterlegung (auch Hinter-　　4 legung sicherungshalber genannt) übergibt der Hinterleger dem Aufbewahrer bewegliche Sachen mit der Weisung, diese zwecks Sicherung einer Schuld des Hinterlegers oder eines Dritten im Interesse des Gläubigers zu verwahren und bei deren Fälligkeit Letzterem herauszugeben. Im Gegensatz zur Hingerlegung steht hier wie bei der Sequestration die Sicherung und nicht die Aufbewahrung im Vordergrund. Nach überwiegender Auffassung handelt es sich bei der Sicherheitshinterlegung jedoch um einen **Vertrag sui generis**, auf den in erster Linie **Pfandrecht** und subsidiär, soweit passend und unter Ausschluss von Art. 475, Hinterlegungsrecht anwendbar ist (BK-ZOBL, Syst. Teil zu Art. 884–887 ZGB N 1243; BAERLOCHER, 660; **a. M.** BSK OR I-Koller, Vorbem. zum 19. Titel N 8). Im Gegensatz zur Sequestration liegt bei der Sicherheitshinterlegung ein Dreiecksverhältnis vor. Das Rechtsverhältnis am Gegenstand ist dabei nicht unbedingt streitig oder unklar (BK-ZOBL, Syst. Teil zu Art. 884–887 ZGB N 1217 f. m. w. H; vgl. auch BGE 102 Ia 232 E. 2.a). Als Sicherheitshinterlegung ist auch das **Sperrkonto** anzusehen.

Entsprechendes gilt auch für die **Mietzinshinterlegung** nach Art. 257e un-　　5 ter Vorbehalt der abweichenden gesetzlichen Anordnung für die Errichtung (ZK-HIGI, Art. 257e OR N 25; **a. M.** PIETRUSZAK, AJP 2001, 1228 ff., 1232). Das BGer wendet Hinterlegungsrecht an, wenn der Vermieter die Mietzinskaution in seinem eigenen Vermögen belässt und somit keine gesetzeskonforme Kaution errichtet (BGE 127 III 273 ff., insbes. 275 f. E. 3.a).

2. Escrow Agreement

Das sog. Escrow Agreement kommt in der Praxis vor allem bei Käufen via　　6 Internet, Unternehmenskäufen und im Zusammenhang mit der Hinterlegung von sog. «Source Codes» bei Softwarelieferverträgen vor. Es dient dabei dem Vollzug des Vertrages, der Sicherung von Gewährleistungsansprüchen oder dem Zugriff des Erwerbers auf den Quellcode im Falle der Insolvenz des Softwareherstellers. Es wird zwischen Käufer, Verkäufer und dem sog. Escrow Agent (häufig ein Anwalt, eine Treuhandgesellschaft oder Bank) abgeschlossen und stellt somit ein **Dreiparteien-Verhältnis** dar (Is-LER, 185). Dient das Escrow der **Sicherung des Vollzugs** eines Unternehmenskaufs, zahlt der Käufer den Kaufpreis auf ein Konto des Escrow Agent ein, während der Verkäufer die Aktien bei diesem deponiert. Am Vollzugstag wird der Escrow Agent von beiden Parteien angewiesen, die Leistungen an die jeweilige Gegenpartei weiterzugeben. Häufiger bezweckt das Escrow Agreement jedoch die **Sicherung** allfälliger **Gewährleistungsansprüche** des Käufers. Der Käufer zahlt dabei einen Teil des Kaufpreises auf ein Konto des Escrow Agent ein, um sich auf diese Weise für allfällige Mängel am Kaufobjekt schadlos zu halten (ISLER, 182 f.; HUBER, 285).

7   Die **Abgrenzung** zu anderen Vertragstypen kann schwierig sein. Beim Escrow Agreement steht anders als bei der Hinterlegung nicht die Aufbewahrung, sondern der Sicherungs- und Abwicklungszweck im Vordergrund. Anders als die Sequestration hat das Escrow mehrere Parteien und dient nicht der Sicherstellung streitiger oder unklarer Ansprüche (GERSTER, 79 f.). Der Sicherungszweck rückt das Escrow in die Nähe der Sicherungshinterlegung, jedoch wird beim Escrow anders als bei der Sicherungshinterlegung der Vertragsgegenstand und nicht der Ersatzwert deponiert (GERSTER, 97 ff.).

8   Das Escrow Agreement ist als **gemischter Vertrag** zu qualifizieren. Auf die gemeinsame Nennung und Instruktion des Escrow Agent durch die Parteien ist vor allem Auftragsrecht anwendbar, während die Verwahrungspflicht des Escrow Agent hinterlegungsrechtliche Züge aufweist, wobei die hinterlegten Werte in Abweichung von Art. 475 nicht von der hinterlegenden Partei allein, sondern nur aufgrund gemeinsamer Instruktion durch Käufer und Verkäufer zurückverlangt werden kann. In Bezug auf die Geldhinterlegung liegt i. d. R. ein depositum irregulare vor. Meist wird jedoch in Abweichung von Art. 481 verabredet, dass Nutzen und Gefahr nicht auf den Escrow Agent übergehen (ISLER, 183 ff.; HUBER, 286; vgl. auch BSK OR I-SCHÄRER/MAURENBRECHER, Art. 312 N 34; ähnlich CR CO I-BARBEY, N 6 ff.).

Art. 481

B. **Die Hinterlegung vertretbarer Sachen**

[1] **Ist Geld mit der ausdrücklichen oder stillschweigenden Vereinbarung hinterlegt worden, dass der Aufbewahrer nicht dieselben Stücke, sondern nur die gleiche Geldsumme zurückzuerstatten habe, so geht Nutzen und Gefahr auf ihn über.**

[2] **Eine stillschweigende Vereinbarung in diesem Sinne ist zu vermuten, wenn die Geldsumme unversiegelt und unverschlossen übergeben wurde.**

³ **Werden andere vertretbare Sachen oder Wertpapiere hinterlegt, so darf der Aufbewahrer über die Gegenstände nur verfügen, wenn ihm diese Befugnis vom Hinterleger ausdrücklich eingeräumt worden ist.**

I. Voraussetzungen

Werden vertretbare Sachen hinterlegt und vereinbart, dass der Verwahrer Sachen gleicher Menge, Art und Güte zurückgeben darf, liegt eine unregelmässige Hinterlegung **(depositum irregulare)** vor. Von dieser besonderen Hinterlegungsart handelt Art. 481. Sie ist «irregulär», da sie die Eigentumsübertragung der Sache zur Folge hat (Baerlocher, 697). Ein depositum irregulare ist nur an **vertretbaren Sachen bzw. Effekten** (Art. 472 N 2) möglich und liegt bei solchen auch nur dann vor, wenn dies dem Willen der Parteien entspricht (Honsell, OR BT, 386). Sie kommt etwa bei der Hinterlegung von Mietzinsen nach Art. 259g ff. oder der Hinterlegung von Geld im Gläubigerverzug vor.   **1**

Wird eine **Geldsumme** unversiegelt und unverschlossen übergeben (z. B. im nicht zugeklebten Couvert), so ist gemäss Art. 481 Abs. 2 zu **vermuten**, dass stillschweigend ein depositum irregulare vereinbart wurde (BGE 118 Ib 314 E. 2c = Pra 1993, 235 E. 2.c; BGE 77 III 64). Die Vermutung betrifft nur den Vertragsinhalt, nicht aber auch den Vertragsschluss (BGE 117 II 406 E. 2).   **2**

Bei **Wertpapieren oder anderen vertretbaren Sachen** darf der Aufbewahrer über die Gegenstände gemäss Art. 481 Abs. 3 nur verfügen, wenn ihm dies vom Hinterleger ausdrücklich erlaubt wurde. Deshalb braucht z. B. eine Bank, die hinterlegte Effekten im Rahmen des sog. «Securities Lending» (dazu BSK OR I-Schärer/Maurenbrecher, Art. 312 N 31 m. w. Hw.) ausleihen möchte, die ausdrückliche Ermächtigung des Kunden. Aus der Einräumung der Verfügungsbefugnis ergibt sich diesfalls der Wille zur Eigentumsübertragung (Baerlocher, 698) und damit zur Begründung eines depositum irregulare. Zu Recht wird in der Lehre die Meinung vertreten, dass ein depositum irregulare auch **stillschweigend** vereinbart werden kann, wenn der Parteiwille dies unzweifelhaft erkennen lässt (BSK OR I-Koller, N 5; unklar BGE 98 II 217 E. 6).   **3**

Vermengt der Aufbewahrer ohne Erlaubnis vertretbare Sachen, gilt folgendes: Bei Geld wird der Aufbewahrer dennoch Alleineigentümer; der Hinterleger hat nur einen obligatorischen Rückerstattungs- und allenfalls einen Schadenersatzanspruch aus Vertragsverletzung. Bei anderen vertretbaren Sachen erhalten Hinterleger und Aufbewahrer Miteigentum; Ersterer wird allenfalls aus Vertragsverletzung schadenersatzpflichtig (zum Ganzen BSK OR I-Koller, N 4) vgl. auch Art. 484 N 5f.   **4**

II. Rechtsfolgen

5 Beim depositum irregulare erhält der Aufbewahrer – im Gegensatz zum Miteigentum nach Art. 484 – **alleiniges Eigentum** am Hinterlegungsobjekt und kann somit über die Sache frei verfügen (BAERLOCHER, 699). Art. 474 ist nicht anwendbar, wohl aber grundsätzlich Art. 473 (ZK-SCHÖNENBERGER, N 11; a. M. CR CO I-BARBEY, N 9). An die Stelle eines Vindikationsanspruchs tritt ein obligatorischer Rückerstattungsanspruch (BGE 102 II 300 E. 1; BSK OR I-KOLLER, N 6 m. w. H.). Dies gilt auch dann, wenn der Depositar die Sache gesondert aufbewahrt und nicht weiter darüber verfügt (vgl. BGE 118 Ib 314 E. 2.c = Pra 1993, 235 E. 2c, in casu wurden Geldbeträge in der Buchhaltung des Notars gesondert aufgeführt). Der Aufbewahrer hat nicht dieselben Sachen, sondern nur Sachen derselben Art und Güte zurückzugeben (**Gattungsschuld**). Eine Obhuts- oder Sorgfaltspflicht besteht nicht (BAERLOCHER, a. a. O.).

6 Gemäss Art. 481 Abs. 1 geht bei Geld **Nutzen und Gefahr** auf den Aufbewahrer über. Diese Bestimmung ist **dispositiver Natur** (CR CO I-BARBEY, N 11). Sie gilt nicht nur für hinterlegtes Geld, sondern ebenso für andere vertretbare Sachen (HONSELL, OR BT, 386).

7 **Gefahrenübergang** bedeutet, dass der Aufbewahrer dem Hinterleger gegenüber auch dann schadenersatzpflichtig wird, wenn die Sache ohne Unsorgfalt seinerseits oder durch **Zufall** beschädigt wird oder untergeht (BUCHER, OR BT, 281), soweit der Schaden nicht ausnahmsweise auch bei Eigenverwahrung durch den Hinterleger eingetreten wäre (so wohl auch BSK OR I-KOLLER, N 8 m. w. H.). Er haftet somit unabhängig davon, ob ihn ein Verschulden trifft, weshalb ihm der Entlastungsbeweis von Art. 97 nicht offen steht (BK-GAUTSCHI, N 4a; unzutreffend BGE 98 II 219 f. E. 9). Die Gefahr der Wertverminderung der Gattungssache trägt dagegen der Hinterleger (BK-GAUTSCHI, a. a. O.).

8 **Übergang des Nutzens** bedeutet nach neuerer Lehre, dass der Aufbewahrer dem Hinterleger die natürlichen und zivilen Früchte (wie etwa Zinsen bei Obligationen und Dividenden bei Aktien) dem Hinterleger nicht zu restituieren hat. Die Zuwachsregel von Art. 475 ist hier somit nicht anwendbar (BSK OR I-KOLLER, N 9 m. w. H.; HANDKOMM-VON BALLMOOS, N 3; **a. M.** die ältere Lit., vgl. etwa BAERLOCHER, 699; offengelassen in BGE 118 Ib 314 E. 2c). Bei gegenteiliger Verkehrsübung kann allerdings eine stillschweigend vereinbarte Restitutionspflicht vorliegen (HANDKOMM-VON BALLMOOS, a. a. O.).

9 Das **Verrechnungsverbot** von Art. 125 Ziff. 1 ist auch auf das depositum irregulare anwendbar (BGE 100 II 155 E. a). Es ist jedoch **dispositiver** Natur und kann deshalb in allgemeinen Geschäftsbedingungen wegbedungen

werden (SJ 1994, 603; BSK OR I-Peter, Art. 125 N 2; leicht einschränkend BSK OR I-Koller, N 10).

Strittig ist in der Lehre, ob der **Sparkassenvertrag**, der in der Form des 10
Sparkontos oder Sparhefts vorkommt, als depositum irregulare oder als
Darlehen zu qualifizieren ist. Ein Hinterlegungsvertrag liegt dann vor, wenn
die sichere Verwahrung im Vordergrund steht. Bei den heute im Bankgeschäft üblichen Sparkassenverträgen ist das Interesse des Einlegers an
der Verzinsung dem Vewahrungsinteresse zumindest gleichwertig. Zudem haben die Banken ein Kreditinteresse, da sie mit den Spareinlagen
traditionsgemäss einen Teil des Hypothekargeschäfts finanzieren. U. E. sind
deshalb die heute üblichen Sparkassenverträge grundsätzlich als **Darlehen** (Art. 312 ff.) zu qualifizieren (vgl. dazu BSK OR I-Schärer/Mauren-
brecher, Art. 312 N 32 ff. m. w. H.; **a. M.** HANDKOMM-von Ballmoos, N 5).
Das BGer ging dagegen zuletzt bei der Sparhefteinlage von einem unre-
gelmässigen Hinterlegungsvertrag aus (BGE 100 II 153 ff.).

Art. 482

Lagergeschäft **Berechtigung zur Ausgabe von Warenpapieren**	[1] Ein Lagerhalter, der sich öffentlich zur Aufbewahrung von Waren anerbietet, kann von der zuständigen Behörde die Bewilligung erwirken, für die gelagerten Güter Warenpapiere auszugeben. [2] Die Warenpapiere sind Wertpapiere und lauten auf die Herausgabe der gelagerten Güter. [3] Sie können als Namen-, Ordre- oder Inhaberpapiere ausgestellt sein.

Das Lagergeschäft ist eine **qualifizierte Hinterlegung** (vgl. BGE 43 II 546 1
E. 1). Der Vertrag wird als Einlagerungsvertrag bezeichnet. Der Einlagerungsvertrag kann eine reguläre wie auch irreguläre Hinterlegung enthalten (BK- Gautschi, N 5c). Für das Verhältnis zum Vermengungsdepot vgl.
Art. 484 N 1.

Das Lagergeschäft weist folgende **Merkmale** auf: Gemäss h. M. ist das La- 2
gergeschäft zwingend **entgeltlich** (BGE 126 III 194 E. 2.a = Pra 2001, 288
E. 2.a; BSK OR I-Koller, N 5 m. w. H.; **a. M.** Baerlocher, 713). Der Aufbewahrer muss sich **öffentlich** zur entgeltlichen Aufbewahrung von Waren
anbieten (Baerlocher, 712). Andernfalls liegt kein Lagergeschäft vor (krit.
BK-Gautschi, N 6b). Als Gegenstand der Aufbewahrung kommen nur **Waren (Güter)** in Frage, d. h. körperliche Sachen, die zum Handel bestimmt

sind (vgl. ZK-Oser/Schönenberger, N 2). Geld oder Wertpapiere können dagegen nicht Gegenstand des Lagergeschäfts bilden (CR CO I-Barbey, N 4). Im Gegensatz zur gewöhnlichen Hinterlegung kommt es beim Lagerge-schäft für den Einleger weniger auf das Vertrauen in die obhutspflichtige Person an, sondern mehr auf den Umstand, dass diese dem Einlagerer **Lagerungseinrichtungen**, wie etwa Lagerhäuser, Tanks (vgl. BGE 77 I 34 ff.) oder Stapelplätze zur Verfügung stellt. Muss deshalb der Aufbewahrer den Hinterlegungsgegenstand nicht in einem Lager aufbewahren, sondern kann er den Hinterlegungsort selbst bestimmen, so liegt kein Lagergeschäft, sondern gewöhnliche Hinterlegung vor (BK-Gautschi, N 6c und f; BSK OR I-Koller, a.a.O.).

3   Die Ausgabe von **Warenpapieren** bedarf gemäss Art. 482 Abs. 1 der Bewilligung durch die zuständige (kantonale) Behörde. Die Bestimmung stellt eine **Ordnungsvorschrift** dar; ein Zuwiderhandeln hat eine Ordnungsbusse bis zu Fr. 1000.– zur Folge (Art. 1155 Abs. 2; BSK OR I-Koller, N 7). Die Bewilligungspflicht gilt dagegen nicht für den Betrieb des Lagergeschäfts als solches.

4   Das Warenpapier kann als Namen-, Ordre- oder Inhaberpapier ausgestaltet sein (Art. 482 Abs. 3, Art. 1153 Ziff. 8) und stellt ein **gesetzliches Wertpapier** dar. Spezielle Regeln zum Formerfordernis sowie zur Übertragung und Verpfändung bzw. zum Pfandschein (Warrant) finden sich in den **Art. 1153–1155** sowie **Art. 902 und 925 ZGB**. In der Praxis stellen die meisten ausgegebenen Lagerscheine keine Wertpapiere, sondern blosse Empfangsscheine oder andere **Beweisurkunden** (Art. 1155 Abs. 1) dar (BSK OR I-Koller, N 6; vgl. BGE 43 II 546 E. 1). Die **Kraftloserklärung** des Warenpapiers erfolgt nach den üblichen Vorschriften, d. h. beim Inhaber- und Namenpapier (vgl. Art. 977) nach den Art. 981 ff. und beim Ordrepapier nach den Art. 1072 ff. Im internationalen Verhältnis beurteilt sich das auf Warenpapiere anwendbare Recht nach **Art. 106 IPRG**.

Art. 483

II.	Aufbewahrungs-pflicht des Lagerhalters	[1] **Der Lagerhalter ist zur Aufbewahrung der Güter verpflichtet wie ein Kommissionär.**
		[2] **Er hat dem Einlagerer, soweit tunlich, davon Mitteilung zu machen, wenn Veränderungen an den Waren eintreten, die weitere Massregeln als rätlich erscheinen lassen.**

³ **Er hat ihm die Besichtigung der Güter und Entnahme von Proben während der Geschäftszeit sowie jederzeit die nötigen Erhaltungsmassregeln zu gestatten.**

Art. 483 regelt die **Pflichten des Lagerhalters** und bildet dabei die grund-   1
sätzliche Haftungsnorm im Lagergeschäft (BSK OR I-KOLLER, N 1 und 4;
BK-GAUTSCHI, N 1b). Die Bestimmung sieht gewisse Kontroll- und Einwir-
kungspflichten für den Lagerhalter vor. Dessen Vertragspflichten gehen somit über diejenigen des Aufbewahrers bei gewöhnlicher Hinterlegung hinaus (BSK OR I-KOLLER, N 1f.; TERCIER, N 5880).

Art. 483 stellt **dispositives Recht** dar (BAERLOCHER, 715) und kann durch   2
Formularverträge abgeändert werden. Vgl. hierfür die in der Schweiz üblicherweise verwendeten Allgemeinen Bedingungen 2001 des Verbandes
schweizerischer Speditions- und Logistikunternehmen (SPEDLOGSWISS)
für die Lagerhaltung (http://www.spedlogswiss.com/pdf/ab_spe_lager_d.pdf).

In Abs. 1 wird für die **Aufbewahrungspflicht** des Lagerhalters auf Kommis-   3
sionsrecht verwiesen. Gemeint ist, dass den Lagerhalter zusätzlich zur sorgfältigen Aufbewahrung der Ware die Pflichten nach Art. 427 treffen. Nimmt
er Frachtgut entgegen, so hat er die Ware sorgfältig auf äusserlich erkennbare **Mängel** zu prüfen, solche Mängel sofort zu rügen, für den Beweis der
Mängel und, soweit möglich, für die Erhaltung der Ware zu sorgen sowie
den Hinterleger sofort zu benachrichtigen (vgl. Art. 427 Abs. 1). Bei Versäumnis wird er dem Einlagerer gegenüber **schadenersatzpflichtig** (Art. 427
Abs. 2). Die Pflicht zum **Notverkauf** gemäss Art. 427 Abs. 3 besteht, wenn
der Einleger nicht rechtzeitig benachrichtigt werden kann. Zur **Versicherung** der Ware (Art. 426 Abs. 2) ist der Lagerhalter nur verpflichtet, wenn er
vom Hinterleger Auftrag dazu erhalten hat (BAERLOCHER, 715; BSK OR I-
KOLLER, N 6). Dagegen hat der Lagerhalter **keine Pflicht zur Behandlung**
der Sache (BK-GAUTSCHI, N 7a).

Über äusserlich erkennbare Veränderungen an der Ware hat der Lagerhal-   4
ter den Einlagerer gemäss Art. 483 Abs. 2 zu **benachrichtigen**, nicht aber
z. B. über Preisschwankungen (ZK-OSER/SCHÖNENBERGER, N 1). Die Mitteilung hat sofort zu erfolgen, wenn durch rasches Handeln weitere Veränderungen vermieden werden können (vgl. CR CO I-BARBEY, N 6). Nebst dieser und der in N 3 erwähnten Informationspflicht bestehen u. E. aber keine
weitergehenden Informationspflichten (vgl. CR CO I-BARBEY, a.a.O.; **a. M.**
TERCIER, N 5881). Der Lagerhalter hat den Einlagerer z. B. nicht über Um-
lagerungen der Ware zu informieren (**a. M.** BK-GAUTSCHI, N 7b).

Gemäss Abs. 3 hat der Einlagerer ein **Zutrittsrecht zu den Waren**. Dem   5
Einlagerer sind, anderslautende Parteivereinbarungen vorbehalten, Be-

sichtigung und Probeentnahmen zu Geschäftszeiten (Art. 79) zu gestatten. Nötige Erhaltungsmassregeln sind ihm dagegen gemäss Gesetzeswortlaut jederzeit zu ermöglichen (BAERLOCHER, 715). Die Grenze bildet hier das Rechtsmissbrauchsverbot (Art. 2 Abs. 1 ZGB; vgl. CR CO I-BARBEY, N 7 m. w. H.).

Art. 484

III.	**Vermengung der Güter**	[1] Eine Vermengung vertretbarer Güter mit andern der gleichen Art und Güte darf der Lagerhalter nur vornehmen, wenn ihm dies ausdrücklich gestattet ist.

[1] Eine Vermengung vertretbarer Güter mit andern der gleichen Art und Güte darf der Lagerhalter nur vornehmen, wenn ihm dies ausdrücklich gestattet ist.

[2] Aus vermischten Gütern kann jeder Einlagerer eine seinem Beitrag entsprechende Menge herausverlangen.

[3] Der Lagerhalter darf die verlangte Ausscheidung ohne Mitwirkung der anderen Einlagerer vornehmen.

I. Allgemeines

1   Art. 484 regelt das sog. **Vermengungsdepot**. Nach bundesgerichtlicher Rechtsprechung (BGE 77 I 40) und einhelliger Lehre handelt es sich trotz der gesetzlichen Einbettung im Lagergeschäft um eine Bestimmung des **allgemeinen Hinterlegungsrechts** (ZK-HAAB/SIMONIUS/SCHERRER/ZOBL, Art. 727 ZGB N 94c). Sie ist also etwa auf die Banksammelverwahrung anwendbar, ohne dass die Bank als Lagerhalter zu qualifizieren wäre (BAERLOCHER, 688; BRUNNER, 7 ff.).

2   Art. 484 stellt eine Norm mit **obligationenrechtlichem** und **sachenrechtlichem Charakter** dar. Als lex specialis geht sie den Bestimmungen des ZGB zum Miteigentum grundsätzlich vor (vgl. BGE 112 II 415 f. E. 4.b; BAERLOCHER, 691).

II. Voraussetzungen und Rechtsfolgen

3   Gemäss dem Gesetzeswortlaut kann der Lagerhalter die Sache nur mit ausdrücklicher **Ermächtigung** vermengen. Als richtig erscheint es, zumindest in klaren Fällen auch die stillschweigende bzw. konkludente Zustimmung zuzulassen (BSK OR I-KOLLER, N 4 m. w. H.; **a. M.** etwa BAERLOCHER, 688; CR CO I-BARBEY, N 5). Im Zuge der Einführung des **Bucheffektengesetzes** (dazu N 12) soll im OR eine neue Bestimmung eingeführt werden (neu

Art. 973a), wonach zu vermuten ist, dass der Hinterleger bei vertretbaren Wertpapieren mit der Vermengung (Sammelverwahrung) einverstanden ist (BOTSCHAFT BEG, 9392).

Die zu vermengenden Sachen müssen nach Abs. 1 **vertretbar** sein. Die gleiche Voraussetzung findet sich beim **depositum irregulare** (Art. 481), was die Abgrenzung zu diesem erschweren kann, insb. wenn man in beiden Fällen auch die stillschweigende und konkludente Zustimmung zulässt (vgl. N 3 und Art. 481 N 2 und 3). Das depositum irregulare, durch welches der Verwahrer anders als bei der Vermengung Alleineigentümer wird, kann auch beim Lagergeschäft vereinbart werden. Zur Annahme eines depositum irregulare muss jedoch eine klare Vereinbarung vorliegen. Fehlt eine solche, ist bei befugter Vermengung Art. 484 direkt und bei unbefugter Vermengung Art. 484 analog anwendbar (dazu N 6).

Die Vermengung ist nach Abs. 1 nur bei vertretbaren Sachen **gleicher Art und Güte** möglich. Werden Sachen vermengt, die nach Verkehrsauffassung nicht gleicher Art und Güte sind, z. B. durch Zusammenschütten unterschiedlicher Qualitäten von Ölen, Weinen usw., so entsteht i. d. R. eine neue Sache (vgl. BSK OR I-KOLLER, N 5). In diesem Fall findet unabhängig davon, ob der Einlagerer der Vermengung zugestimmt hat oder nicht, Art. 727 Abs. 1 ZGB analog Anwendung, und es entsteht gewöhnliches Miteigentum. Art. 727 Abs. 2 ZGB (Alleineigentum) ist nach der h. L. bei vertretbaren Sachen dagegen nicht anwendbar (BSK ZGB II-SCHWANDER, Art. 727 N 5 m. w. H.). Hat der Lagerhalter vertragswidrig gehandelt, so wird er dem Einlagerer gegenüber nach Art. 727 Abs. 3 ZGB i. V. m. Art. 97 **schadenersatzpflichtig** (vgl. CR CO I-BARBEY, N 4). Die eingebrachte Sache kann durch die Vermengung beschädigt worden sein (BGE 125 II 497 ff. E. 3).

Die h. L. nimmt auch dann Miteigentum an, wenn vertretbare Sachen gleicher Art und Güte **unbefugterweise** durch den Lagerhalter **vermengt** werden. Das Miteigentum entsteht in diesem Fall nicht durch vertragliche Vereinbarung, sondern durch einen Realakt (vgl. ZK-HAAB/SIMONIUS/SCHERRER/ZOBL, Art. 727 ZGB N 28). Strittig ist jedoch, ob sich das Miteigentum aus Art. 727 ZGB (etwa BK-GAUTSCHI, N 2c) oder Art. 484 (etwa BSK OR I-KOLLER, N 12) ableitet. Da in diesem Fall aber keine neue Sache entsteht und sich die Sache aufteilen lässt, rechtfertigt es sich, Art. 484 analog anzuwenden. Im Ergebnis spielt es somit aus sachenrechtlicher Sicht keine Rolle, ob der Einlagerer der Vermengung zugestimmt hat oder nicht (BSK OR I-KOLLER, a.a.O.). Die unbefugte Vermengung stellt jedoch eine **Vertragsverletzung** dar. Es rechtfertigt sich dabei, Art. 474 Abs. 2 analog anzuwenden und den Lagerhalter auch für **Zufall** haften zu lassen, soweit er nicht beweisen kann, dass dieser die Sache auch bei separater Aufbewahrung getroffen hätte (BSK OR I-KOLLER, N 13 m. w. H.; CR CO I-BARBEY, N 11).

7 Schuldrechtlich hat die Vermengung zur Folge, dass der Einlagerer gemäss Abs. 2 und 3 ohne Mitwirkung der anderen Einlagerer eine Teilmenge entsprechend der eingelagerten Menge **herausverlangen** kann. Der Herausgabenspruch kann gemäss Art. 475 jederzeit geltend gemacht werden. Das **Verrechnungsverbot** nach Art. 125 Ziff. 1 gilt hier (wie beim depositum irregulare), kann jedoch vertraglich abbedungen werden (BSK OR I-KOLLER, N 6).

8 Aus sachenrechtlicher Sicht entsteht durch die Vermengung sog. **modifiziertes** und **labiles Miteigentum** (BGE 112 II 414 f. E. 4.a). Das Konzept wurde in erster Linie für die Sammelverwahrung von Wertpapieren geschaffen, ist aber auf das Vermengungsdepot allgemein anwendbar. Von modifiziertem Miteigentum wird deshalb gesprochen, da im Gegensatz zum gewöhnlichen Miteigentum zwischen den verschiedenen Miteigentumsberechtigten (Einlagerern) nur eine theoretische Rechtsbeziehung besteht. Labil ist das Miteigentum, weil die Teilung vom einzelnen Miteigentümer ohne Mitwirkung der übrigen Miteigentümer verlangt werden kann (vgl. BGE 112 II 415 E. 4a; ZOBL/LAMBERT, 126 f.).

III. Verwahrung im Bankgeschäft

9 Besondere praktische Relevanz hat das Vermengungsdepot bei der (Sammel-)Verwahrung von Effekten (vgl. Art. 472 N 2) und Edelmetallen durch Banken bzw. Zentralverwahrungsstellen. Erfolgt die Sammelverwahrung nicht durch die Bank selbst (**Haussammelverwahrung**), sondern einen Dritten (**Drittverwahrung**), so wird die Verwahrung, wie heute bei Effekten üblich, von einer **Zentralverwahrstelle**, in der Schweiz durch die SIS SegaInterSettle AG, vorgenommen. Das Konzept der **Sammelverwahrung** gründet nach der h. L. auf Art. 484 und Art. 727 ZGB. Es wird dadurch ermöglicht, dass der Kunde (im Depotvertrag) auf die Einzelverwahrung von Aktienzertifikaten, Goldbarren o. ä. und deren Rückgabe *in specie* verzichtet (BOTSCHAFT BEG, 12). Ein entsprechender Verzicht ist in der Ermächtigung zur Sammelverwahrung enthalten (MEIER-HAYOZ/VON DER CRONE, 327). Die Deponenten erhalten nach erfolgter Vermengung an sämtlichen hinterlegten Titeln gleicher Art und Güte **modifiziertes** und **labiles Miteigentum** im Verhältnis der von ihnen hinterlegten Anzahl der Titel zum jeweiligen Sammeldepotgesamtbestand. Bei fehlender Ermächtigung wird Miteigentum aufgrund analoger Anwendung von Art. 484 OR bzw. Art. 727 ZGB angenommen (BOTSCHAFT BEG, 13; MEIER-HAYOZ/VON DER CRONE, a. a. O.; ZOBL/LAMBERT, 126).

10 Werden die Titel bei Emission gemeinsam in einer Urkunde verbrieft, so liegt eine **Globalurkunde** vor. Das sachenrechtliche Konzept der Verwahrung von Globalurkunden ist ähnlich wie bei der Sammelverwahrung. Die Deponenten erhalten, gestützt auf Art. 484 OR und 727 ZGB, modifiziertes

Miteigentum an der Urkunde, wobei anders als bei der Sammelverwahrung das Miteigentumsobjekt nur aus einem Gegenstand besteht und das Miteigentum insoweit nicht labil ist (ZOBL/LAMBERT, 127 f.; BOTSCHAFT BEG, 14).

Entgegen der h.L. sollte u.E. das auf Art. 484 basierende Konzept ebenso bei der Verwahrung von **Wertrechten** Anwendung finden (vgl. dazu Art. 472 N 2), da diese Bestimmung auch einen obligatorischen Gehalt aufweist (vgl. N 2). Die anteilsmässige Berechtigung erstreckt sich hier auf den Anteil des Hinterlegers am Gesamtbestand der verwahrten Wertrechte.   11

Durch das **Bucheffektengesetz** (BEG) wird ein neues Vermögensobjekt *sui generis*, die sog. Bucheffekte, geschaffen, die grundsätzlich eigens durch das BEG geschaffenen Regeln untersteht. Das Konzept der Sammelverwahrung, Globalurkunde und Wertrechte, das auch dem BEG zugrunde liegt, wird dabei durch neue Bestimmungen im OR (neu Art. 973a–973c OR) kodifiziert (BOTSCHAFT BEG, 9339 f.). Mit der Einführung des BEG wird im Falle der Drittverwahrung die auf Art. 727 ZGB und Art. 484 basierende Miteigentumskonstruktion obsolet, da das Miteigentum bei Sammelverwahrung und Globalurkunde durch die genannten neuen Bestimmungen im OR ausdrücklich geregelt wird (BOTSCHAFT BEG, 9391 ff.).   12

Art. 485

¹ **Der Lagerhalter hat Anspruch auf das verabredete oder übliche Lagergeld, sowie auf Erstattung der Auslagen, die nicht aus der Aufbewahrung selbst erwachsen sind, wie Frachtlohn, Zoll, Ausbesserung.**

² **Die Auslagen sind sofort zu ersetzen, die Lagergelder je nach Ablauf von drei Monaten seit der Einlagerung und in jedem Fall bei der vollständigen oder teilweisen Zurücknahme des Gutes zu bezahlen.**

³ **Der Lagerhalter hat für seine Forderungen an dem Gute ein Retentionsrecht, solange er im Besitze des Gutes ist oder mit Warenpapier darüber verfügen kann.**

Der Lagerhalter hat Anspruch auf eine Vergütung, das sog. **Lagergeld**, das beim Lagergeschäft stets geschuldet ist (vgl. Art. 482 N 2). Auch ohne die ausdrückliche Regelung in Abs. 1 würden die verabredeten bzw. bei Fehlen   1 einer entsprechenden Vereinbarung die üblichen Ansätze gelten (vgl. Art. 472 N 7). **Auslagen**, die dem Lagerhalter nicht aus der Aufbewahrung erwachsen sind, wie Frachtlohn, Zoll, Ausbesserung oder Versicherungsprämien (vgl. Art. 483 N 3) kann dieser beim Einlagerer einfordern. Auslagen, die ihm aus der Aufbewahrung erwachsen sind, stellen i. d. R. Generalunkosten dar (vgl. Art. 473 N 3), die bereits mit dem Lagergeld abgegolten sind (BK-GAUTSCHI, N 3a). Die Auslagenregelung ist dispositiver Natur.

2 Die Bestimmung in Abs. 2 über die **Fälligkeit** von Auslagenersatz und geschuldete Lagergelder stellt dispositives Recht dar (ZK-OSER/SCHÖNENBERGER, N 6). Es kann etwa eine sofortige Fälligkeit für sämtliche Forderungen des Lagerhalters vereinbart werden (so etwa Art. 28 der in Art. 483 N 2 erwähnten AGB des Verbands schweizerischer Speditions- und Logistikunternehmen).

3 Ein **Retentionsrecht** besteht bereits bei gewöhnlicher Hinterlegung aufgrund von Art. 895 ZGB (vgl. Art. 472 N 8). Art. 485 Abs. 2 erwähnt das Retentionsrecht des Lagerhalters am Lagergut ausdrücklich. Diese Bestimmung hat jedoch keine selbstständige Bedeutung (vgl. BK-GAUTSCHI, N 5b; HANDKOMM-VON BALLMOOS, N 2; vgl. auch BGE 88 III 33).

Art. 486

V.	**Rückgabe der Güter**	[1] Der Lagerhalter hat das Gut gleich einem Aufbewahrer zurückzugeben, ist aber an die vertragsmässige Dauer der Aufbewahrung auch dann gebunden, wenn infolge unvorhergesehener Umstände ein gewöhnlicher Aufbewahrer vor Ablauf der bestimmten Zeit zur Rückgabe berechtigt wäre. [2] Ist ein Warenpapier ausgestellt, so darf und muss er das Gut nur an den aus dem Warenpapier Berechtigten herausgeben.

1 Abs. 1 ändert das in Art. 476 statuierte Rückgaberecht des Aufbewahrers für den Lagerhalter ab: Während das jederzeitige Rückgaberecht von Art. 476 Abs. 2 auch für den **unbefristeten Einlegervertrag** gilt, soll beim **befristeten Einlegervertrag** die vorzeitige Sachrückgabe in Abweichung von Art. 476 Abs. 1 grundsätzlich nicht denkbar sein. Eine vorzeitige Sachrückgabe ist beim befristeten Vertrag somit primär bei Irrtum oder nach den Regeln über *clausula rebus sic stantibus* möglich (vgl. BSK OR I-KOLLER, N 1). An eine Kündigung des Lagervertrags aus wichtigem Grund (vgl.

zu Dauerschuldverhältnissen BUCHER AT, 384 f.) sind dabei angesichts der
gesetzlichen Wertung von Abs. 1 besonders hohe Anforderungen zu stellen.

Die Bestimmung von Abs. 2, wonach das Lagergut nur an den aus dem War-   2
enpapier **Berechtigten** ausgegeben werden darf, gilt bereits aufgrund von
Art. 965. Gibt der Lagerhalter die Sache einer anderen Person heraus, so
verletzt er dadurch seine Restitutionspflicht und wird dem Einlagerer bzw.
dem aus dem Warenpapier Berechtigten gegenüber **schadenersatzpflichtig** (ZK-OSER/SCHÖNENBERGER, N 4a ff.). Zu beachten gilt es dabei insbesondere, dass der gutgläubige Erwerber gegenüber dem aus dem Warenpapier
Berechtigten in seinem Besitz geschützt wird. Letzterer hat sich beim Lagerhalter schadlos zu halten (BK-GAUTSCHI, N 4b; BSK OR I-KOLLER, N 3).
Kommt das Warenpapier abhanden, kann die Ware erst nach erfolgter
Kraftloserklärung (vgl. Art. 482 N 4) herausverlangt werden (ZK-OSER/
SCHÖNENBERGER, N 3).

Art. 487

<table>
<tr>
<td>Gast- und
Stallwirte

Haftung der
Gastwirte

Voraussetzung
und Umfang</td>
<td>¹ Gastwirte, die Fremde zur Beherbergung aufneh-
men, haften für jede Beschädigung, Vernichtung
oder Entwendung der von ihren Gästen einge-
brachten Sachen, sofern sie nicht beweisen, dass der
Schaden durch den Gast selbst oder seine Besucher,
Begleiter oder Dienstleute oder durch höhere Gewalt
oder durch die Beschaffenheit der Sache verursacht
worden ist.

² Diese Haftung besteht jedoch, wenn dem Gastwirte
oder seinen Dienstleuten kein Verschulden zur Last
fällt, für die Sachen eines jeden einzelnen Gastes nur
bis zum Betrage von 1000 Franken.</td>
</tr>
</table>

I. Voraussetzungen und Anwendungsbereich

Der **Gastaufnahme-** oder **Beherbergungsvertrag** ist ein aus Auftrags-,   1
Kauf- und Werkvertragselementen bestehender Innominatkontrakt, der
durch das Gesetz nicht weiter geregelt ist (BGE 120 II 253 E. 2.a = Pra 1995,
938 E. 2.a; BETTOJA, 120; BSK OR I-SCHLUEP/AMSTUTZ, Einl. vor Art. 184 ff.
N 346). Art. 487 regelt nur die Haftung des Gastwirts. Es handelt sich dabei
um eine **Kausalhaftung zwingender Natur** (strittig, vgl. Art. 489 N 2). Die
Haftung besteht unabhängig davon, ob sich der Gastwirt zur Aufbewahrung
der eingebrachten Sachen des Gastes vertraglich verpflichtet hat, und grün-

det daher nicht auf den Regeln zum Hinterlegungsvertrag (BSK OR I-KOL-LER, N 2).

2   Art. 487 setzt die **Gastaufnahme** und somit den Abschluss eines Gastauf-nahme- bzw. Beherbergungsvertrags voraus. Die Gastaufnahme hat ge-werblich und gegen Entgelt zu erfolgen (BAERLOCHER, 720; veraltet BGE 33 II 265 E. 3). Dabei muss dem Gast eine **Übernachtung** (Beherbergung, Unterkunft) angeboten werden (VON BÜREN, OR BT, 189), nicht jedoch auch Verköstigung (BSK OR I-KOLLER, N 3). Auf den Betreiber eines **Restaurants** ist die Haftungsnorm deshalb nicht anwendbar. Dessen Wille kann nur dann als Antrag zum Abschluss eines ordentlichen Hinterlegungsvertrages ge-deutet werden, wenn er einen solchen Bindungswillen klar zum Aus-druck gebracht hat (BGE 120 II 256 E. 2.d = Pra 1995, 941 E. 2.d; krit. BSK OR I-KOLLER, N 6). Ob der Gast ein Reisender ist (vgl. fr. Gesetzeswortlaut: «voyageur»), ist unbeachtlich (HANDKOMM-VON BALLMOOS, N 2). Die **Be-herbergung** muss nach h. L. **im Vordergrund** stehen, was etwa bei Kran-kenhäusern, Internaten, Schlafwagen und Schifffahrten nicht der Fall ist (HONSELL, OR BT, 389; BSK OR I-KOLLER, N 3). Die Haftung gilt aus Billig-keitsgründen auch nicht bei Jugendherbergen, die nicht Gewinn orientiert sind (CR CO I-BARBEY, N 3; **a. M.** wohl HANDKOMM-VON BALLMOOS, a. a. O.). Nicht anwendbar ist Art. 487 zudem bei der blossen Zimmervermietung (HONSELL, OR BT, a. a. O.).

3   Die Haftung setzt weiter das **Einbringen der Sachen** durch den Gast in den Gastbetrieb oder sonst wie in den Herrschaftsbereich des Gastwirts vo-raus, so dass dieser in der Lage ist, die Sachen zu überwachen (BGE 120 II 254 f. E. 2b = Pra 1995, 939 f. E. 2b; BETTOJA, 247). Dies ist etwa dann der Fall, wenn Gepäckstücke des Gasts am Bahnhof vom Hotelportier abgeholt werden (46 II 116 ff.). Beim Abstellen von **Fahrzeugen** ist zu differenzieren: Art. 487 ist anwendbar, wenn der Gast ein Fahrzeug in der Garage des Ho-tels abstellt (BGE 76 II 161 ff. E. 4); wird das Fahrzeug auf offener Strasse oder einem unbewachten Parkplatz abgestellt, trägt der Gastwirt keine Ver-antwortung; erfolgt das Parkieren gegen Zahlung, so liegt im Allgemeinen Miete vor; die Parteien können jedoch auch eine Hinterlegung vereinba-ren (BGE 120 II 255 E. 2c = Pra 1995, 940 f. E. 2c.; vgl. auch Art. 472 N 12). Miete liegt auch dann vor, wenn der Gast Sachen in ein eigenes **Schliess-fach** (Safe) legt (dazu Art. 472 N 11).

4   Als **eingebrachte Sachen** gelten alle Gegenstände, die nicht gemäss Art. 488 Wertsachen darstellen, wie etwa Koffer, Kleider, Gebrauchsgegenstände, Fotoapparate sowie Fahrzeuge (vgl. BGE 46 II 116; BETTOJA, 248). Im Nor-malfall geht es dabei um Sachen, die der Gast nicht zum Aufbewahren gibt, sondern in eigener Obhut behält (BGE 109 II 238 E. 2.c). Der Gast muss nicht Eigentümer der eingebrachten Sachen sein (BGE 46 II 118 E. 1). Er kann dann den Schaden des Eigentümers geltend machen, was zu einer

Drittschadensliquidation führt, wenn ein Anspruch des Eigentümers aus Art. 41 mangels Verschuldens nicht gegeben ist (Honsell, OR BT, 389).

Abs. 1 nennt die **Entlastungsgründe**, auf die sich der Gastwirt berufen kann. Er hat darzulegen, dass der Schaden durch den Gast selbst bzw. durch Personen, für die dieser verantwortlich ist, auf Grund der Beschaffenheit der Sache oder durch höhere Gewalt entstanden ist. Ist ein Entlastungsgrund gegeben, trifft den Gastwirt oder einen seiner Angestellten aber ein **eigenes Verschulden**, so entfällt die Schadenersatzpflicht nur, wenn der Entlastungsgrund die Kausalität gänzlich unterbricht. Ein leichtsinniges und sorgloses Verhalten und somit **Mitverschulden des Gastes** kann dagegen zu einer Reduktion des Schadenersatzes führen (BSK OR I-Koller, N 10 m. w. H.; Bettoja, 251; BGE 46 II 119 E. 4).   5

II. Rechtsfolgen und Beweislast

Die Haftung ist **kausal**, d. h. verschuldensunabhängig. Als Ausgleich zu dieser gesetzlichen Strenge ist sie auf einen Betrag von **Fr. 1000 pro Gast** beschränkt. Der Gast hat dabei nur für den Schaden an der eingebrachten Sache (Sachschaden), nicht dagegen für Folge- und Personenschäden einzustehen. Für den darüber hinausgehenden Schaden jeder Art haftet der Gastwirt nur für **Verschulden** (BGE 120 II 253 ff. E. 2 = Pra 1995, 939 ff. E. 2; BSK OR I-Koller, N 11 m. w. H.).   6

Die **Beweislastverteilung** gestaltet sich wie folgt: Den Schaden und die Schadenshöhe hat der Gast zu beweisen (BGE 39 II 728). Den Beweis für Entlastungs- und Reduktionsgründe hat dagegen der Gastwirt zu erbringen (BGE 39 II 424 E. 2; BSK OR I-Koller, N 12). Bei der **Verschuldenshaftung** hat gemäss Ansicht des BGer der Gast den Verschuldensnachweis zu erbringen (BGE 120 II 253 E. 2.a = Pra 1995, 939 E. 2.a), was der Regel von Art. 97 widerspricht und deshalb in der Lehre zu Recht kritisiert wird (BSK OR I-Koller, N 12 m. w. H.).   7

Art. 488

Haftung für Kostbarkeiten insbesondere

[1] Werden Kostbarkeiten, grössere Geldbeträge oder Wertpapiere dem Gastwirte nicht zur Aufbewahrung übergeben, so ist er für sie nur haftbar, wenn ihm oder seinen Dienstleuten ein Verschulden zur Last fällt.

[2] Hat er die Aufbewahrung übernommen oder lehnt er sie ab, so haftet er für den vollen Wert.

> ³ **Darf dem Gast die Übergabe solcher Gegenstände nicht zugemutet werden, so haftet der Gastwirt für sie wie für die andern Sachen des Gastes.**

1   Art. 488 stellt eine besondere Haftungsnorm für Kostbarkeiten, grössere Geldbeträge und Wertpapiere dar, die der Gast mit sich führt. Was eine **Kostbarkeit** bzw. einen **grösseren Geldbetrag** darstellt, gilt es **im Einzelfall** zu beurteilen. Bei Kostbarkeiten ist dabei auf den einzelnen Gegenstand und nicht auf den Gesamtwert abzustellen (BGE 46 II 118 E. 3). Für die Beurteilung sind weiter sowohl die Verhältnisse der Gäste als auch des Gasthofes in Betracht zu ziehen. So ist etwa wohlhabenden Leuten, die in erstklassigen Hotels logieren, nicht zuzumuten, Schmucksachen zum täglichen Gebrauch beim Gastwirt zur Aufbewahrung abzugeben (BGE 39 II 726 f.; BK-Gautschi, N 3c). Es macht allerdings Sinn, bei ca. Fr. 10 000 eine Grenze zu ziehen (CR CO I-Barbey, N 1). Kostbarkeiten werden in der Lehre als Sachen bezeichnet, die im Verhältnis zu ihrem Umfang von hohem Wert sind (BSK OR I-Koller, N 1 m. w. H.), wie insbesondere Schmuck und Kunstgegenstände. Fahrzeuge stellen keine Kostbarkeiten i. S. v. Art. 488 dar (BGE 120 II 254 f. E. 2.b = Pra 1995, 939 E. 2.b; BSK OR I-Koller, N 1).

2   Abs. 1 regelt den Fall, bei dem der Gast die Kostbarkeiten etc. dem Gastwirt **nicht zur Aufbewahrung anbietet**, obwohl ihm dies zuzumuten ist. Der Gastwirt haftet dann nur für Verschulden; die Kausalhaftung von Art. 487 entfällt (BSK OR I-Koller, N 3 m. w. H.).

3   Abs. 2 handelt von zwei gleich zu behandelnden Fällen, bei denen dem Wirt die Aufbewahrung angeboten wird. Im einen Fall **nimmt** der Gastwirt die Kostbarkeiten etc. **entgegen**, im anderen lehnt er die **Entgegennahme ab**. Nach der Lehre liegt in beiden Fällen ein Hinterlegungsvertrag gemäss Art. 472 ff. vor, bei Geld i. d. R. ein depositum irregulare (Art. 481) (BK-Gautschi, N 4a). Der Gastwirt haftet somit zum vollen Betrag nach Hinterlegungsrecht. Gemäss Lehre wird aber durch die Ablehnung die Beweisführung für Nichtverschulden von vornherein vereitelt (BSK OR I-Koller, N 5; **a. M.** von Büren, OR BT, 190, der Kausalhaftung annimmt). Insofern besteht für den Gastwirt ein **indirekter Kontrahierungszwang** (BK-Gautschi, N 2b). Immerhin kann er gemäss bundesgerichtlicher Praxis Öffnungszeiten für die Entgegennahme festlegen und gewisse Hilfspersonen als zur Entgegennahme nicht befugt erklären (BGE 105 II 113 f. E. 4 = Pra 1979, 440 E. 4). Den Beweis für Entgegennahme und Ablehnung durch den Gastwirt hat der Gast zu erbringen (vgl. CR CO I-Barbey, N 4).

4   Der Gastwirt hat die Alternative, dem Kunden ein **individuelles Schliessfach** (Safe) zur Verfügung zu stellen. Es ist dann **Mietrecht**, insbes. Art. 258 f., anwendbar (BGE 95 II 543 f. E. 1 f. = Pra 1970, 313 f. E. 1 f.; vgl. Art. 472

N 11). Der Gast kann jedoch stattdessen eine Hinterlegung verlangen, so dass sich die Haftung nach Art. 488 Abs. 2 beurteilt (BGE 95 II 545 E. 3a = Pra 1970, 314 f. E. 3a; BSK OR I-KOLLER, N 6).

Gemäss Abs. 3 findet die Kausalhaftung nach Art. 487 Anwendung, wenn 5 der Gast dem Gastwirt die Kostbarkeiten etc. nicht zur Aufbewahrung anbietet, weil dem Gast dies **nicht zugemutet** werden kann. Was zumutbar ist, beurteilt sich aufgrund der Umstände des Einzelfalls (vgl. N 1; BSK OR I-KOLLER, N 2 f.).

Art. 489

3. Aufhebung der Haftung

¹ **Die Ansprüche des Gastes erlöschen, wenn er den Schaden nicht sofort nach dessen Entdeckung dem Gastwirte anzeigt.**

² **Der Wirt kann sich seiner Verantwortlichkeit nicht dadurch entziehen, dass er sie durch Anschlag in den Räumen des Gasthofes ablehnt oder von Bedingungen abhängig macht, die im Gesetze nicht genannt sind.**

Nach Abs. 1 ist der Schadenersatzanspruch des Gastes **verwirkt**, wenn er 1 den Schaden nicht sofort geltend macht. Der Gast hat somit bei Rücknahme der Sache eine Obliegenheit zur Mängelprüfung und -rüge. Diese Regel gilt nur für die Gastwirtehaftung, nicht dagegen wenn ein Hinterlegungs- oder Mietvertrag (vgl. dazu Art. 488 N 4) vereinbart wurde (BSK OR I-KOLLER, N 3 m. w. H.; **a. M.** CR CO I-BARBEY, N 1 m. w. H.). Bei rechtzeitiger Anzeige **verjährt** der Schadenersatzanspruch gemäss den Regeln von 127 ff. nach zehn Jahren (BK-GAUTSCHI, N 1 f.). Der Gast trägt die **Beweislast** für die Anzeigeerhebung. Bringt der Gastwirt vor, die Anzeige sei nicht sofort erfolgt, so hat der Gast auch die Rechtzeitigkeit zu beweisen (CR CO I-BARBEY, N 2; **a. M.** BSK OR I-KOLLER, N 4).

Abs. 2 regelt die Frage der **Wegbedingung der Haftung**. Mit den dort ge- 2 nannten «Bedingungen» sind die Regeln von Art. 488 gemeint. Nach einem Teil der Lehre soll mit dieser Regelung verhindert werden, dass im Anschlag bzw. in deren Kenntnisnahme durch den Gast eine konkludente Wegbedingung der Haftung gesehen wird. Es wird daraus der Umkehrschluss gezogen, dass die Haftung durch unmissverständliche, vertragliche Vereinbarung im Rahmen von Art. 100 f. möglich sei (ZK-OSER/SCHÖNENBERGER, N 2; BK-GAUTSCHI, N 2a f.). Nach zutreffender Ansicht sind jedoch die Regeln der Gastwirtehaftung grundsätzlich **zwingender Natur** und somit weder durch Anschlag noch durch parteiliche Vereinbarung abdingbar (vgl. Tercier, N 5893, 5909; BSK OR I-Koller, N 5 m. w. H. zur Kontroverse; differenzierend CR CO I-Barbey, N 4). Allerdings kann der Gastwirt durch vertragliche Vereinbarung **Öffnungszeiten** zur Entgegennahme von Aufbewahrungsgegenständen vorsehen und bestimmte **Hilfspersonen** als nicht zur Entgegennahme berechtigt bezeichnen (vgl. Art. 488 N 3).

Art. 490

II. **Haftung der Stallwirte**

¹ **Stallwirte haften für die Beschädigung, Vernichtung oder Entwendung der bei ihnen eingestellten oder von ihnen oder ihren Leuten auf andere Weise übernommenen Tiere und Wagen und der dazu gehörigen Sachen, sofern sie nicht beweisen, dass der Schaden durch den Einbringenden selbst oder seine Besucher, Begleiter oder Dienstleute oder durch höhere Gewalt oder durch die Beschaffenheit der Sache verursacht worden ist.**

² **Diese Haftung besteht jedoch, wenn dem Stallwirte oder seinen Dienstleuten kein Verschulden zur Last fällt, für die übernommenen Tiere, Wagen und dazu gehörigen Sachen eines jeden Einbringenden nur bis zum Betrage von 1000 Franken.**

1 Die **Haftung für Stallwirte** ist diejenige des Gastwirtes mit Ausnahme der Bestimmung über Kostbarkeiten (Art. 488), weshalb auf die Kommentierung zu Art. 487 und 489 verwiesen werden kann (vgl. von Büren, OR BT, 189, 192).

2 Die Bestimmung ist auf die Unterbringung von **Pferden und Pferdefuhrwerken** ausgerichtet und wurde nach überholter bundesgerichtlicher Rsp. auch auf Motorfahrzeuge angewendet (vgl. BGE 76 II 158 E. 2). Da das BGer nach geltender Praxis das **Einstellen von Motorfahrzeugen** in eine Hotelgarage als Hinterlegung qualifiziert oder die Regeln über die Gastwirtehaftung anwendet (BGE 120 II 253 ff. E. 2 = Pra 1995, 939 ff. E. 2; vgl. dazu Art. 487 N 3) – und dasselbe auch für Fahrräder gelten muss –, ist die Bestimmung von Art. 490 praktisch bedeutungslos geworden. Zudem stellt die **Tierpension** einen gemischten Vertrag dar, auf welchen Hinterlegungs- und Auftragsrecht anwendbar ist (vgl. dazu Art. 472 N 16).

Art. 491

III.   Retentions-recht

¹ **Gastwirte und Stallwirte haben an den eingebrachten Sachen ein Retentionsrecht für die Forderungen, die ihnen aus der Beherbergung und Unterkunft zustehen.**
² **Die Bestimmungen über das Retentionsrecht des Vermieters finden entsprechende Anwendung.**

Art. 491 sieht für den Gast- und Stallwirt ein **Retentionsrecht** an den eingebrachten Sachen vor. Retentionsgesichert sind **alle Forderungen aus dem Beherbergungsvertrag**, wie insbesondere das Entgelt für die Unterkunft und Verköstigung sowie alle Nebenleistungen (BSK OR I-KOLLER, N 3 m. w. H.).   1

Die Bestimmungen zum **Retentionsrecht des Vermieters** von Geschäftsräumen sind analog anwendbar (TERCIER, N 5912). Es kann deshalb auf die Kommentierung zu Art. 268 bis 268b verwiesen werden. Für die Durchsetzung des Retentionsrechts gilt es Art. 283 f. SchKG zu beachten. Im Gegensatz zum Mietrecht (Art. 268 Abs. 1) gilt hier jedoch keine zeitliche Beschränkung der gesicherten Forderung. Das Retentionsrecht besteht aber nur soweit, als eine Deckung erforderlich ist (BK-GAUTSCHI, N 4b; ZK-OSER/ SCHÖNENBERGER, N 1).   2

Die Bürgschaft

Vorbemerkungen vor Art. 492–512

Literatur

BECK, Das neue Bürgschaftsrecht, Zürich 1942; BÜHLER, Sicherungsmittel im Zahlungsverkehr, Zürich 1997; ERNST, Interzession, in: Rechtsgeschichte und Rechtsdogmatik, 1999, 394 ff.; HABERSACK, Die Akzessorietät, JZ 1997, 857 ff.; KLEINER, Bankgarantie, Die Garantie unter besonderer Berücksichtigung des Bankgarantiegeschäfts, Zürich 4. Aufl. 1990; WIEGAND (Hrsg.), Berner Bankrechtstag 1997: Personalsicherheiten, Bürgschaft, Bankgarantie und verwandte Sicherungsgeschäfte im nationalen und internationalen Umfeld, 1997; EMMENEGGER, Garantie, Schuldbeitritt und Bürgschaft – vom bundesgerichtlichen Umgang mit gesetzgeberischen Inkohärenzen, ZBJV 2007, 561 ff.

I. Allgemeines

1 Die Bürgschaft ist der *einseitig* verpflichtende Vertrag, durch den der Bürge sich gegenüber dem Gläubiger des Hauptschuldners verpflichtet, für dessen Schuld einzustehen (Art. 492 Abs. 1). Sie sichert die Zahlungsfähigkeit des Schuldners oder die Erfüllung eines Vertrages (BGE 120 II 37 E. 3; 113 II 437 E. 2b). Die Bürgschaft ist ein Vertrag zwischen Bürge und Gläubiger. Die Bürgschaft begründet eine eigene Schuld des Bürgen gegenüber dem Gläubiger (BGE 70 II 273). Von der Bürgschaft als einem (einseitig verpflichtenden) Vertragsverhältnis zwischen Gläubiger und Bürge ist das Rechtsverhältnis Bürge–Hauptschuldner zu unterscheiden.

2 Das Bürgschaftsrecht wurde 1942 in Reaktion auf Missbräuche im Zusammenhang mit der Wirtschaftskrise der dreissiger Jahre erneuert (BG

vom 10.12.1941; ausf. BECK, N 3 ff.). Komplizierte und weithin zwingende
(Art. 492 Abs. 4) Schutzvorschriften erschweren Eingehung und Durchsetzung der Bürgschaft: Bürgschaftserklärungen natürlicher Personen mit
einem Haftungsbetrag ab CHF 2000.– bedürfen notarieller Beurkundung
(Art. 493 Abs. 2); Verheirate/eingetragene Partner benötigen für eine Verbürgung die Zustimmung des anderen (Art. 494); die Inanspruchnahme
auch des Solidarbürgen setzt die vorherige Mahnung des Hauptschuldners
voraus (Subsidiaritätsrest; Art. 496 Abs. 1); Bürgenmehrheit führt, soweit
nicht anderes vereinbart, zur Teilhaftung der Bürgen (Art. 497 Abs. 1 u. 2),
die blosse Vervielfachung der Bürgenzahl nützt dem Gläubiger insoweit
kaum; der Haftungsbetrag bei Bürgschaften natürlicher Personen verringert sich durch Zeitablauf (Art. 500), bis die Bürgschaft nach 20 Jahren
ganz dahin fällt (Art. 509 Abs. 3 Satz 1). Die Schutzvorschriften zugunsten
des Bürgen haben aber wohl verhindert, dass es in den letzten Jahrzehnten
zu denselben missbräuchlichen Anforderungen von Bürgschaften, insb. naher Angehöriger, gekommen ist, über die im Ausland geklagt wird (s. ERNST,
Interzession, in: Rechtsgeschichte und Rechtsdogmatik, 1999, 394 ff.).

Manche Schutzvorschriften des Bürgschaftsrechts knüpfen an den Status 3
des Bürgen als **natürliche Person** an: Art. 493 Abs. 2, 500, 509 Abs. 3, daneben an den Status als **verheiratet** oder in eingetragener Partnerschaft le-
bend: Art. 494 (s. auch EMMENEGGER, Geschlechterspezifische Aspekte des
Bürgschaftsrechts, in: Recht Richtung Frauen: Beiträge zur feministischen
Rechtswissenschaft, 2001, 91 ff.).

Arten: *Amts*bürgschaft (s. Art. 512 N 1); *Ausfall*bürgschaft (s. Art. 495 N 8); 4
*Dienst*bürgschaft (s. Art. 512 N 1); *einfache* Bürschaft (s. Art. 495); *Global*-
bürgschaft (s. Art. 492 N 14); *Kontokorrent*bürgschaft (s. Art. 492 N 14);
*Limit*bürgschaft (s. Art. 493 N 2); *Mit*bürgschaft (s. Art. 497); *Nach*bürgschaft (s. Art. 498 N 1); *Neben*bürgschaft (s. Art. 497 N 14); *Rück*bürgschaft
(s. Art. 498 N 4); *Schadlos*bürgschaft (s. Art. 495 N 8); *Solidar*bürgschaft
(s. Art. 496); *Teil*bürgschaft (s. Art. 497 N 5); *Wechsel*bürgschaft (s. unten
N 8; Art. 1020–1022); *Zeit*bürgschaft (s. Art. 510 N 3).

II. Abgrenzung der Bürgschaft von anderen Personal-
sicherheiten

Durch den (gesetzlich nicht geregelten) **Schuldbeitritt** verpflichtet sich ein 5
Dritter, dem Gläubiger neben dessen Schuldner solidarisch zu haften. Es
handelt sich dabei um eine eigene, selbstständige Verpflichtung, die zur
Verbindlichkeit des Schuldners hinzutritt; sog. kumulative Schuldüber-
nahme (BGE 129 III 704 E. 2.1). Der Schuldbeitritt ist formfrei (HONSELL,
OR BT, 396). Im Unterschied zur Garantieerklärung ist er vom Bestehen der
Hauptschuld abhängig; im Gegensatz zur Bürgschaft führt nicht jeder Un-
tergang der Hauptschuld auch zur Befreiung des Mitschuldners (BGE 115

III 305 f., 308). Schwierigkeiten bereitet die **Abgrenzung Bürgschaft–Schuldbeitritt** (s. Emmanegger, ZBJV 2007, 561 ff.), weil der Schuldbeitritt den Sicherungsgeber eher noch stärker verpflichtet als die Bürgschaft, zugleich aber ohne die Schutz- und Warnwirkung der Form abgeschlossen werden kann. Nach den Regeln der Solidarität (Art. 147; BGE 129 III 702 ff.) wird die Annahme eines Schuldbeitritts vom Bestehen eines erkennbaren eigenen Interesses des Beitretenden abhängig gemacht (BGer 4A 420/2007 E. 2.2; BGE 111 II 278 f.; 101 II 325 ff. E. 1a–d; BSK OR I-Pestalozzi, Art. 111 N 32). Der Mitschuldner muss aufgrund eines unmittelbaren und materiellen Eigeninteresses dem Geschäft beitreten und es sich zu eigen machen (BGE 129 III 710 f. E. 2.6), wie z. B. bei der Miete einer gemeinsamen Wohnung oder bei der Geldaufnahme durch den Ehegatten für gemeinsame Bedürfnisse (BGE 116 II 712 E. 3). Das BGer bejaht ein solches **Eigeninteresse** des Übernehmenden ausserdem, wenn der Schuldübernehmende mit dem Schuldner eine einfache Gesellschaft bildet und ein Geschäft besichert, das zur Erreichung des Geschäftszwecks eingegangen wird (BGer 4C.191/1999, E. 1a = SemJud 2000 I, 305 f.), oder wenn der Übernehmende eine stille Beteiligung am Geschäft oder an der Personengesellschaft hat, deren Schuld besichert wird (BGE 81 II 526 E. 3d). Unzureichend war bei der Besicherung des Geschäfts zwischen einer Einzelfirma und deren Gläubiger, dass der Übernehmende als Einzelunterschriftsberechtiger im Handelsregister eingetragen war (BGE 129 III 711 E. 2.6). Der klare Wortlaut einer solidarischen Verbindlichkeit schliesst jede Auslegung im Sinne einer Bürgschaft aus (BGE 111 II 287 f. E. 2). Unter Rückgriff auf den Parteienkonsens wurde hingegen die Übernahme einer «Solidarschuld» durch die geschäftsunerfahrene Tochter als Bürgschaft qualifiziert (BGE 129 III 702 ff.; krit. Honsell, OR BT, 395). Kein taugliches Kriterium zur Abgrenzung von Bürgschaft und Schuldbeitritt ist die vollumfängliche Übereinstimmung der Verpflichtung des Hauptschuldners und des bürgenden bzw. beitretenden Dritten (BGer 4C.259/2000, E. 4a). Aufgrund der teilweise zwingenden Normen des Bürgschaftsrechts zum Schutz der Bürgen ist die **Umdeutung** (Konversion) der ungültigen Bürgschaft in ein anderes Sicherungsgeschäft *nicht* zulässig (Honsell, OR BT, 392). In Zweifelsfällen ist für Bürgschaft zu entscheiden, um den gesetzlichen Formvorschriften des Bürgschaftsrechts zum Durchbruch zu verhelfen (BGer 4A 420/2007, E 2.4.1; BGE 129 III 710, E 2.5).

6 Die **Garantie** ist ein einseitiger Vertrag, in dem der Garant, häufig eine Bank (Bankgarantie), seinem Vertragspartner für den Fall Zahlung verspricht, dass ein bestimmter Erfolg ausbleibt. Die Garantie sichert, im Gegensatz zur Bürgschaft, die Leistung unabhängig davon, ob die Hauptschuld entstanden ist, besteht oder erzwingbar ist (BGE 125 III 308 E. 2; 113 II 436 E. 2a; 111 II 280). Sie sichert nicht nur, wie die Bürgschaft, die Zah-

lungsfähigkeit des Schuldners, sondern auch Bestand und Erzwingbarkeit der Schuld (BGE 75 II 51; 64 II 350; BSK OR I-Pestalozzi, N 14; BK-Giovanoli, N 13). Die Garantie unterliegt weder den Formvorschriften noch den übrigen zwingenden Normen des Bürgschaftsrechts. Der Garantievertrag unterscheidet sich schliesslich von der Bürgschaft durch das Fehlen der Akzessorietät (BGE 125 III 308 E. 2b = Pra 1999, 897; BGE 119 II 132 ff.; 113 II 437 E. 2b). Zur **Bankgarantie** s. insb. Wiegand, in Wiegand 1997; Bühler, 1997; zu Garantie und Verbürgung von Bauleistungen V. Aepli, Garantien und Bürgschaften, in: Schweizerische Baurechtstagung Freiburg 2005, 89 ff.; Spaini, Die Bankgarantie und ihre Erscheinungsformen bei Bauarbeiten, 2000.

Abgrenzung Bürgschaft – Garantie (s. Emmanegger, ZBJV 2007, 561 ff.;   7
Handschin, SZW 1994, 226 ff.). Abgrenzungskriterium zwischen Bürgschaft und Garantie ist die Akzessorietät: Ist Akzessorietät gegeben, liegt Bürgschaft vor; fehlt sie, ist Garantie vereinbart (BGE 113 II 437 E. 2b; 111 II 279 E. 2b; 75 II 50 E. 2). Ob Akzessorietät der Sicherung (also Bürgschaft) oder Garantie vereinbart ist, ist anhand des Wortlauts, des Zwecks (BGE 75 II 52 f.), der Interessenlage (BGE 72 II 24 f.) und den Umständen des Falles zu prüfen (BGE 101 II 325 E. 1, 128 III 303 f.). Weil das Gesetz das Bürgschaftsrecht und seine Schutzvorschriften trotz fehlender Akzessorietät auch auf Fälle nicht-akzessorischer Haftung ausdehnt (Art. 492 Abs. 3), ist dieser Schutzgedanke auch bei der Qualifikation des Sicherungsvertrags zu berücksichtigen (BGE 113 II 437 E. 2b). Im Zweifelsfall ist eher auf einen Bürgschaftsvertrag zu schliessen (BGE 113 II 437 E. 2c; 111 II 279). Dies gilt insbesondere für Erklärungen von Privaten. Bei Garantieerklärungen geschäftsgewandter Banken und bei der Besicherung von Auslandsgeschäften spricht eine Vermutung für die Garantie (BGE 131 III 525 E. 4.3; 117 III 78 E. 6b; 113 II 437 f. E. 2c; 111 II 279 ff. E. b und c). Für eine *Bürgschaft* spricht u. a. die vollumfängliche Übereinstimmung der Verpflichtungen von Hauptschuldner und des Dritten (BGE 125 III 309 E. 2b). Für eine *Garantie* sprechen: ein Versprechen nach Art. 171 Abs. 2 für die Zahlungsunfähigkeit des Schuldners einzustehen (BGE 68 II 180 f.); die Vorhersehbarkeit schon bei Eingehen der Sicherungsverpflichtung, dass der Hauptschuldner nicht leisten können werde (BGer 4C.274/2001, E. 3); die Formulierung «auf erstes Anfordern zu leisten» (BGE 131 III 525 E. 4.3); regelmässig ein Eigeninteresse des Dritten (BGE 128 III 303; 125 III 309; bei Schuldübernahmen BGE 129 III 710 E. 2.6), ohne allerdings Bürgschaft im Einzelfall auszuschliessen (BGE 111 II 280 E. 2b; 113 II 441 E. 3 g); zur Übernahme einer persönlichen Haftung für die Schulden einer AG durch den Hauptaktionär, die das BGer als Bürgschaft qualifiziert (BGE 125 III305 = Pra 88, 899; Rechtsprechungsänderung). Keine notwendigen Unterscheidungskriterien sind u. a.: die Bezeichnung des Vertrags (BGE 125 III 309 E. 2c = Pra 88,

899; 113 II 438 E. 3a; Ausnahme: Auslegung nach dem Wortlaut bei Erklärungen von Fachpersonen, BGE 129 III 707 E. 2.4); die Entgeltlichkeit (HONSELL, OR BT, 394; KLEINER, 61).

8   Sonstige Sicherungsgeschäfte (und keine Bürgschaften) sind: der **Kreditauftrag** (Art. 408 ff.; Hauptunterschied zur Bürgschaft ist seine jederzeitige Kündbarkeit, KLEINER, 121 ff.); die **Wechselbürgschaft** (Bürgschaft zur Sicherung einer Wechselschuld; Art. 1020–1022; BGE 96 III 39 E. 1; 79 II 80 E. 1); die **Solidarbürgschaft** nach Art. 277 SchKG (BGE 106 III 134 E. 2; BSK OR I-PESTALOZZI, Vor 492–512 N 7); **Patronatserklärungen** in CH: SCHNYDER, Patronatserklärungen als Grundlage für Konzernobergesellschaften, SJZ 1990, 57 ff. von Muttergesellschaften zugunsten von Tochtergesellschaften; deren Rechtswirkung – garantieähnliche Verpflichtung oder unverbindliche Erklärung («letter of comfort») – ist im Einzelfall zu beurteilen. Zu weitgehend wollen VON DER CRONE/WALTER, SZW 2001, 53 ff., die in BGE 120 II 331 «Swissair» anerkannte *culpa in contrahendo* aufgrund «erweckten Konzernvertrauens» zu einer allgemeinen Haftung für Konzernerklärungen aus «Reputationsleihe» ausweiten (dagegen zutr. HONSELL, OR BT, 395).

III. IPR

9   Die Bürgschaft untersteht nicht dem Recht der Hauptschuld, sondern wird **selbstständig angeknüpft** (BGE 111 II 278 E. 1c); s. auch Art. 501 N 7. Selbstständig wird auch das Rechtsverhältnis Schuldner–Bürge angeknüpft. Bei Fehlen einer Rechtswahl untersteht nach Art. 117 IPRG die Bürgschaft i. d. R. dem Recht desjenigen Staates, in dem der *Bürge* seinen gewöhnlichen Aufenthalt oder seine Niederlassung hat (vgl. Art. 117 Abs. 3 lit. d IPRG). Die Bürgschaft muss den Formvorschriften des Bürgschaftsstatuts *oder* denen der *lex loci actus* genügen; Art. 124 IPRG. Die Formvorschriften des Art. 493 stellen keine grundlegende Vorschrift der schweizerischen Rechtsordnung dar, sind also nicht Teil des schweizerischen *Ordre public* (BGE 111 II 178 E. 3a; 110 II 485 E. 1; 93 II 384 ff. E. 6; zu den Mindestanforderungen an das ausländische Recht s. BGE 93 II 386 E. 6c). Art. 124 Abs. 3 IPRG greift daher nicht ein (Weiteres s. ZK IPRG-KELLER/KREN KOSTKIEWICZ, Art. 117 N 136 ff.). Eine Modellregelung für Bankgarantien (N 6) enthält die **UN-Convention on Independent Guarantees and Stand-by Letters of Credit**, 1995; dazu MARKUS, UNO-Konvention über unabhängige Garantien usw., Diss. Zürich 1997.

Art. 492

A. Voraussetzungen

I. Begriff

¹ Durch den Bürgschaftsvertrag verpflichtet sich der Bürge gegenüber dem Gläubiger des Hauptschuldners, für die Erfüllung der Schuld einzustehen.

² Jede Bürgschaft setzt eine zu Recht bestehende Hauptschuld voraus. Für den Fall, dass die Hauptschuld wirksam werde, kann die Bürgschaft auch für eine künftige oder bedingte Schuld eingegangen werden.

³ Wer für die Schuld aus einem wegen Irrtums oder Vertragsunfähigkeit für den Hauptschuldner unverbindlichen Vertrag einzustehen erklärt, haftet unter den Voraussetzungen und nach den Grundsätzen des Bürgschaftsrechts, wenn er bei der Eingehung seiner Verpflichtung den Mangel gekannt hat. Dies gilt in gleicher Weise, wenn jemand sich verpflichtet, für die Erfüllung einer für den Hauptschuldner verjährten Schuld einzustehen.

⁴ Soweit sich aus dem Gesetz nicht etwas anderes ergibt, kann der Bürge auf die ihm in diesem Titel eingeräumten Rechte nicht zum voraus verzichten.

I. Bürgschaftsfähigkeit

Ausser natürlichen und juristischen Personen sind auch Kollektiv- und Kommanditgesellschaften, weil sie rechts- und parteifähig sind, bürgschaftsfähig (Beck, N 11). Die Verbürgung setzt Handlungsfähigkeit voraus (Art. 12 ZGB). Die Geschäftsfähigkeit speziell zur Übernahme einer Bürgschaft ist gesetzlich verschiedentlich beschränkt oder aufgehoben: **(1) Verheiratete** bedürfen der Zustimmung ihres Ehegatten, eingetragene Partner der ihres Partners (s. im Einzelnen Art. 494). **(2)** Eingehen von Bürgschaften zulasten von **Minderjährigen** unter elterlicher Sorge ist unzulässig (Art. 305 Abs. 1 ZGB; BGE 63 II 130 ff.; BSK OR I-Pestalozzi, N 5). Insoweit Minderjährigen unter elterlicher Sorge und Bevormundeten der selbstständige Betrieb eines Berufes oder Gewerbes erlaubt ist, können *diese selbst* gültig Bürgschaften eingehen (Art. 306 i.V.m Art. 412 ZGB; BGE 94 III 18 f.; BSK OR I-Pestalozzi, N 5). **(3)** Verbürgung zulasten des **Bevormundeten** (und allfällige Umgehungsgeschäfte; Beck, N 13 f.) ist unzulässig (Art. 408 ZGB) und somit nichtig (BSK OR I-Pestalozzi, N 6; BK-Giovanoli, N 38 ff.; in der Lehre wird teilweise einseitige Unverbindlichkeit/Anfechtbarkeit ver-

1

treten). Zulässig sind lediglich die Erneuerung bestehender Bürgschaften ohne die Begründung neuer Belastungen für das Mündelvermögen und der erbrechtlich bedingte Eintritt des Mündels in Bürgschaften des Erblassers (BSK OR I-Pestalozzi, N 4; BK-Giovanoli, N 35). Das Eingehen vieler Bürgschaften ohne zwingenden Grund kann ein Bevormundungsgrund sein (BGE 40 II 97 f. E. 1). **(4) Verheiratete** benötigen zum Eingehen einer Bürgschaft die Zustimmung des Beirats (Art. 392 Abs. 1 Ziff. 9 ZGB; BGE 54 II 80 ff.; BSK OR I-Pestalozzi, N 7). **(5)** Nach öffentlicher Bekanntgabe der Nachlassstundung sind Bürgschaften, die der Schuldner ohne Genehmigung des Nachlassrichters eingeht, nichtig (Art. 298 Abs. 2 SchKG; BGE 26 I 251), auch bei Zustimmung durch Sachwalter oder Gläubiger (BGE 51 III 76; 48 III 233 f.; BSK OR I-Pestalozzi, N 7; zur *ratio legis* vgl. BGE 77 III 46 ff. E. 2); im Fall der Notstundung (Art. 337 ff. SchKG) ist die Bürgschaftsfähigkeit eingeschränkt (Art. 345 SchKG; BK-Giovanoli, N 44 ff.). Einschränkungen der Bürgschaftsfähigkeit können sich auch aus Massnahmen nach Art. 25 ff. BankG (Massnahmen bei Insolvenzgefahr von Banken) ergeben.

II. Vertragsschluss

2 **Vertragsparteien** des Bürgschaftsvertrags sind der Bürge und der Gläubiger; nicht der Hauptschuldner (BGE 41 II 54 E. 3). Die Bürgschaft begründet, für sich genommen, kein Rechtsverhältnis zwischen Bürgen und Hauptschuldner (BSK OR I-Pestalozzi, N 2). Der Hauptschuldner muss den Bürgschaftsvertrag nicht kennen. Er kann beim Abschluss des Bürgschaftsvertrages als Vertreter des Bürgen oder des Gläubigers handeln. Die Bürgschaft ist regelmässig ein nur den Bürgen, d. h. ein **einseitig verpflichtender Vertrag.** Es kann aber auch der Gläubiger gegenüber dem Bürgen Leistungen versprechen (z. B. Stundung der Hauptschuld oder Freigabe von Pfändern, jeweils gegen Leistung der Bürgschaft); in diesem Fall stehen dem Bürgen, wenn der Gläubiger seinen Vertragspflichten nicht nachkommt, die Rechte aus Art. 107 ff. zu (BSK OR I-Pestalozzi, N 1; BK-Giovanoli, N 29). Gläubiger und Bürge müssen personenverschieden sein: Niemand kann für die eigene Schuld Bürge sein (s. auch Art. 509 N 3). Zur Beerbung des *Hauptschuldners* durch den Bürgen oder des Bürgen durch den Hauptschuldner s. Art. 509 N 8. Als Gläubiger kann jeder Rechtsfähige die Bürgschaftserklärung entgegennehmen (BSK OR I-Pestalozzi, N 8).

3 Für den Bürgschaftsvertrag gelten die für jedes Rechtsgeschäft bestehenden allgemeinen Gültigkeitsvoraussetzungen. Die Bürgschaft kommt durch übereinstimmende gegenseitige Willenserklärungen der Vertragsparteien (Bürge und Gläubiger) zustande (Art. 1 Abs. 1; s. auch BSK OR I-Pestalozzi, N 1; BK-Giovanoli, N 50, 52; ZK-Oser/Schönenberger, N 4). Geht die Offerte vom Bürgen aus, kommt die Bürgschaft erst mit deren still-

schweigender oder ausdrücklicher Annahme durch den Gläubiger zustande (BGE 56 II 101 E. 2; 45 II 172 f. E. 2; 15, 364 f. E. 3), die nach den allgemeinen Regeln wiederum dem Bürgen zugehen müsste; indes dürften sehr häufig die Voraussetzungen für eine stillschweigende Annahme (Art. 6) vorliegen.

Inhalt: Die Bürgschaftsurkunde muss die objektiv und subjektiv wesentlichen Elemente enthalten. Auf diese erstreckt sich auch das Formerfordernis (Art. 493). **Objektiv wesentlich** sind (kumulativ): **(1)** Die **Bürgschaftserklärung**, aus der der Wille, Bürge zu sein, eindeutig hervorgehen muss (BGE 66 II 27 ff.; BSK OR I-Pestalozzi, N 3). **(2)** Die **Unterschrift** des Bürgen (alternativ elektronische Signatur, Art. 14 Abs. 2bis). **(3)** Die Bezeichnung des **Gläubigers**, der bestimmt oder bestimmbar sein muss (dazu Abs. 2). **(4)** Die besicherte Hauptschuld (Abs. 2, s. N 11 ff.). **(5)** Die Angabe des zahlenmässig bestimmten **Höchstbetrags** der Bürgenhaftung (dazu Art. 493; BGE 117 II 493 E. 3). Die Verweisung auf einen Schuldschein oder blosse Bestimmbarkeit sind ungenügend (BSK OR I-Pestalozzi, Art. 493 N 10; BK-Giovanoli, Art. 493 N 21, 23 f.). **Subjektiv wesentlich** sind, jedenfalls soweit vereinbart, alle nach Art. 492 Abs. 4 zugelassenen Schlechterstellungen der gesetzlichen Bürgenstellung (BSK OR I-Pestalozzi, Art. 493 N 8).

   4

Stellvertretung. Der *Bürge* kann sich beim Abschluss des Bürgschaftsvertrags (auch durch den Hauptschuldner) vertreten lassen, wobei die Formvorschriften von Art. 493 Abs. 6 zu beachten sind (BGE 45 II 172 E. 2; 33 II 402 E. 2; BSK OR I-Pestalozzi, N 2; ZK-Oser/Schönenberger, N 81 f.). Seinem Vertreter kann auch die Auswahl des Gläubigers überlassen werden (BGE 45 II 172 f). Der Bürge muss sich die Kenntnis des wahren Sachverhalts durch seine Vertreter anrechnen lassen (BGE 56 II 105 f. E. 4; BSK OR I-Pestalozzi, N 2). Der *Gläubiger* kann einen allfälligen Vertreter formlos bestellen (BSK OR I-Pestalozzi, N 2).

   5

III. Nichtigkeit, Willensmängel

Die Verbürgung einer Busse ist nichtig (BGE 86 II 75 ff. E. 4). Keine Nichtigkeit nach Art. 27 Abs. 2 ZGB (und auch keine Ungültigkeit nach Art. 20 Abs. 1) liegt vor, wenn die Bürgschaft die finanzielle Leistungsfähigkeit des Bürgen übersteigt (BGE 95 II 57 ff.). Die Rechtsprechung im europäischen Ausland hat in jüngerer Zeit oft den gegenteiligen Standpunkt eingenommen und Bürgschaften, die von vermögenslosen Angehörigen des Hauptschuldners eingegangen wurden, als unwirksam (weil **sittenwidrig** entsprechend Art. 20 Abs. 1) verworfen (Rechtsvergleich: Jansen, in: Zimmermann [Hrsg.], Störungen der Willensbildung bei Vertragsschluss, 2007, 125 ff.; Fountoulakis, Interzession naher Angehöriger, Diss. Bern 2006).

   6

7   Die Bürgschaft kann nach Art. 23 ff. wegen Irrtums, Täuschung und Furcht-
erregung angefochten werden, wobei die Besonderheiten des Bürgschafts-
rechts zu beachten sind (BSK OR I-Pestalozzi, N 9; BK-Giovanoli, N 57 ff.;
ZK-Oser/Schönenberger, N 87 ff.). Wesentlich sind i. d. R. der **Irrtum** über
die Person des Hauptschuldners und der Irrtum über die Hauptschuld
(BGE 64 II 212 f. E. 3). Keinen wesentlichen Irrtum stellen dar: die falsche
Vorstellung über die Solvenz des Hauptschuldners (BGE 45 II 47 E. 2; BSK
OR I-Pestalozzi, N 9); falsche Vorstellung über das Risiko einer Bürgschaft
(BGE 45 II 43 ff., 47; BSK OR I-Pestalozzi, N 10); der Irrtum über Retentionsrechte Dritter an für die Hautschuld bestellten Pfändern, wenn sich aus
den Indizien ergibt, dass dieser Umstand für den Bürgen unwesentlich war
und er mit dem Entstehen von Retentionsrechten rechnen musste (BGE 56
II 102 E. 3); der Rechtsirrtum des Bürgen (über eine rechtsgültige Pfandbestellung) – vorbehaltlich der Täuschung durch den Gläubiger (BGE 48 II
380 f. E. 2). Die Pfandbestellung zur Besicherung der verbürgten Forderung
und die Freiheit der Pfänder von vorgehenden Pfand- und Retentionsrechten
kann nur im Einzelfall als notwendige Vertragsgrundlage angesehen werden (BGE 56 II 102 f. E. 3). Keine notwendige Vertragsgrundlage ist schliesslich die Zusicherung des Bürgen, mit dem verbürgten Darlehen allen Gläubigern, darunter auch dem Bürgen, 30 % ihrer bestehenden Forderungen
zu bezahlen (BGE 53 II 35 ff., 40 E. 2c). **Täuschung** des Bürgen durch den
Hauptschuldner ist Täuschung durch einen Dritten, die der Gläubiger nur
zu vertreten hat, wenn er bei Vertragsschluss davon wusste oder hätte wissen müssen (Art. 28 Abs. 2; ZR 1935, 378 ff.; SJZ 1971, 223 f.; BGE 41 II
54 f. E. 3). Wesentlich ist der **Rechtsirrtum**, der durch betrügerische, vom
Gläubiger zu vertretende Handlungen herbeigeführt wurde (BGE 48 II 380 f.
E. 2). Der Gläubiger haftet auch für die Zusicherung, für die vom Hauptschuldner versprochene Bestellung eines Pfandes zu sorgen (BGE 48 II 381 f.
E. 2). Weiss der Gläubiger, dass der Bürge bei Kenntnis des wahren Sachverhalts die Bürgschaft nicht leisten würde, ist er zur Aufklärung verpflichtet, widrigenfalls eine Täuschung durch absichtliches Verschweigen vorliegt
(BGE 59 II 242 E. 4; ZR 1936, 78 ff.). Ist für den Gläubiger erkennbar, dass
der Bürge über den wesentlichen Charakter der Hauptschuld (Kontokor-
rent- statt Baukredit) falsche Vorstellungen hat, so muss er ihn aufklären,
andernfalls entfällt die Bürgschaft (BGE 64 II 213 E. 3).

IV. Akzessorietät der Bürgschaft (Abs. 1 und 2)

8   Die Bürgschaft setzt eine gültig bestehende Hauptschuld voraus (Art. 492
Abs. 2). Sie ist akzessorisch (BGE 122 III 127 E. 2b; BSK OR I-Pestalozzi,
N 13). Die Bürgschaftsschuld hängt von **Entstehen, Bestand** (Art. 492 Abs. 2
Satz 1) und **Erzwingbarkeit** der Hauptschuld ab (BGE 125 III 437 E. 2a/bb
= Pra 2000, 707); sie teilt als Nebenrecht deren Schicksal (BGE 113 II 437;

BSK OR I-Pestalozzi, N 13). Keine Bürgschaft begründet daher das Versprechen, für den durch einen Dritten verursachten Schaden unabhängig vom Bestand der Hauptschuld einzustehen (BGE 47 II 211 E. 2, wo der Schaden durch den geisteskranken Sohn verursacht worden war). Bei Novation der Hauptschuld fällt die Bürgschaft weg (Honsell, OR BT, 399). Die Akzessorietät hat keine Auswirkungen auf die Bürgschaft als selbstständigen Vertrag; der leistende Bürge erfüllte nicht die Hauptschuld, sondern seine eigene Verpflichtung gegenüber dem Gläubiger (BGE 70 II 273 E. 4).

Dem Bürgen stehen die **Einreden** des Hauptschuldners zu. Der gegen den Bürgen vorgehende Gläubiger hat den Bestand der Hauptschuld zu beweisen (BGE 122 III 127 E. 2b).   **9**

Die Bürgschaft kann nur zusammen mit der verbürgten Hauptschuld abgetreten werden (BGE 78 II 59 f. = Pra 1952, 178 f.). Aufgrund ihrer Akzessorietät folgt die Bürgschaft als Nebenrecht im Falle der **Abtretung** der Hauptforderung, Art. 170.   **10**

V. Hauptschuld

Jede Bürgschaft setzt eine zu Recht bestehende Hauptschuld voraus (Abs. 2 Satz 1). Nach h. L. muss die Hauptschuld eine **Geldschuld** sein oder sich in eine solche umwandeln lassen (BSK OR I-Pestalozzi, N 17; BK-Giovanoli, N 10). Eine Bürgschaft kann nur für rechtmässig bestehende Forderungen eingegangen werden. Es gibt keine Bürgschaft für eine nichtige Hauptschuld (BSK OR I-Pestalozzi, N 20). Liegt eine Bürgschaft für eine anfechtbare Forderung vor, bleibt die Anfechtung der Hauptschuld dem Schuldner vorbehalten (BSK OR I-Pestalozzi, N 22), während der Bürge die **Anfechtbarkeit** einredeweise geltend machen kann und muss (Art. 502 Abs. 1 bis 3). Werden **künftige oder bedingte Schulden** verbürgt, wird der Bürge mit Abschluss des Bürgschaftsvertrags gültig verpflichtet (ZR 1934, 203 ff. E. 1; BSK OR I-Pestalozzi, N 23), die Bürgschaft wird aber nur mit Entstehen der Hauptschuld wirksam (Abs. 2 Satz 2; Beck, N 115 ff.). Zur Widerrufbarkeit von Bürgschaften für künftige Verpflichtungen s. Art. 510 Abs. 1.   **11**

Verbürgbar ist jede **geldwerte Verpflichtung** aus eidgenössischem oder kantonalem Recht (Art. 493 Abs. 3, Art. 500 Abs. 2, Art. 509 Abs. 1; BGE 46 II 95 ff.). Höchstpersönlichkeit der geschuldeten Leistungen steht dem nicht entgegen (BSK OR I-Pestalozzi, N 18; BK-Giovanoli, N 10). Schulden von Kollektivgesellschaften können durch den Kollektivgesellschafter, der gültig eine Solidarbürgschaft eingehen kann, verbürgt werden (BSK OR I-Pestalozzi, N 18). Die Kollektivgesellschaft kann sich für die Schuld des Gesellschafters verbürgen (BGE 60 II 332 ff.). Zulässig ist die Bürgschaft des Kommanditärs für die Kommanditgesellschaft über den Kommanditbetrag hinaus (BGE 52 II 362; BSK OR I-Pestalozzi, N 18); auch die Kommandit-   **12** gesellschaft kann sich für die Schuld ihrer Gesellschafter verbürgen (BGE 60 II 332 ff.). Zur Einmann-AG vgl. BGE 81 II 460 E. 2b (BSK OR I-Pestalozzi, N 18; Honsell, OR BT, 394 f., der für die Annahme einer ausnahmsweise akzessorischen Garantie eintritt). Zum Eigenwechsel s. BGE 127 III 559 (BSK OR I-Pestalozzi, N 18). Nicht verbürgt werden können Bussen (BGE 86 II 73 ff. E. 3 f.). Zulässig sind Sicherheitsleistungen durch Bürgschaften im Ermittlungsverfahren des Bundesstrafprozesses (Art. 54 BStP; BGE 96 IV 86 ff.).

13 Die Hauptschuld muss **bestimmt oder bestimmbar** sein (BSK OR I-Pestalozzi, N 19; Art. 493 N 7). Dazu gehört auch die Nennung des **Gläubigers** oder seine Bezeichnung in einer Weise, dass er bestimmt werden kann (BGE 46 II 97 f. E. 2; BSK OR I-Pestalozzi, N 19), aus der Bürgschaftsurkunde somit die Bürgschaftsübernahme für einen bestimmten (aber ungenannten) Hauptschuldner hervorgeht (ZR 1945, 68 ff.; RFJ 1996, 66; BSK OR I-Pestalozzi, Art. 493 N 7 Ziff. 3). Unzulässig sind die Bürgschaft für den «jeweiligen» Schuldner eines durch Grundpfand gesicherten Darlehens und eine im Voraus erteilte Zustimmung des Bürgen zu jedem beliebigen Schuldnerwechsel (Art. 493 Abs. 5 2. Satz; BGE 67 II 130 f. E. 3; BSK OR I-Pestalozzi, Art. 493 N 7 Ziff. 3.; BK-Giovanoli, Art. 493 N 15).

14 Zur Unterscheidung verschiedener Schulden des Hauptschuldners beim Gläubiger muss der **Schuldgrund** benannt sein. Gläubigerseitig erstrebenswert erscheint die **Globalbürgschaft**, die Bürgschaft für alle beliebigen zukünftigen Schulden «quelle qu'en soit la cause». Sie ist *unzulässig*, selbst wenn sie zahlenmässig begrenzt ist, weil sie gegen das Bestimmtheitserfordernis und gegen **Art. 27 Abs. 2 ZGB** (Persönlichkeitsrechtsverletzung) verstösst (BGE 120 II 41 E. 4b; krit. Bucher, recht 1994, 168, 180 ff.; Kramer, AJP 1994, 1042 ff.; Wiegand, ZBJV 1996, 334 ff.; s. auch Honsell, OR BT, 400). Zulässig ist aber die Verbürgung für eine beliebige Anzahl von Forderungen, die aus einem eindeutig identifizierten Rechtsverhältnis zwischen Gläubiger und Hauptschuldner entstehen, wie z. B. die **Kontokorrentbürgschaft**, BGE 128 III 435 ff. E. 3 (= AJP 2003, 707 mit zustimmenden Anm. v. Kramer und Wiegand, ZBJV 2003, 802, 858 ff.; umf. Gruber, Schutz des Bürgen vor globalen Haftungserklärungen, FS Honsell, 2002, 503 ff.).

VI. Bürgschaft für unverbindliche Verträge (Abs. 3)

15 Der Bürge haftet nur, wenn er wissentlich eine Bürgschaft für eine verjährte Schuld eingegangen ist oder wissentlich erklärt hat, für einen Vertrag einzustehen, der wegen Irrtums oder Vertragsunfähigkeit für den Hauptschuldner unverbindlich ist (Abs. 3; Durchbrechung der Akzessorietät). Die abschliessende Aufzählung enthält Fälle, in denen kraft Gesetzes die Vorschriften des Bürgschaftsrechts zum Schutz des Verpflichteten

auf Garantien angewendet werden (BSK OR I-Pestalozzi, N 25 m. w. Nw.)
Dies ergibt sich u. a. aus dem Wortlaut, nach dem der Verpflichtete «unter
den Voraussetzungen und nach den Grundsätzen des Bürgschaftsrechts»
haftet, aber nicht als Bürge bezeichnet wird; man sollte von einem **Garanten** sprechen. Der Gläubiger hat zu beweisen, dass der Garant vom
Mangel der Hauptschuld bei Vertragsabschluss Kenntnis hatte (BGE 81
II 16 = Pra 1955, 373 f.; BSK OR I-Pestalozzi, N 26; BK-Giovanoli, N 80,
83). Zum Regress des Garanten s. Art. 507 Abs. 6.

VII. Bürgschaftsrecht als zwingendes Recht (Abs. 4)

Der Bürge kann auf die ihm im 20. Titel eingeräumten Rechte nicht im Vo-   16
raus verzichten (generelle Unabdingbarkeit), soweit das Gesetz nichts anderes vorsieht (Art. 495 Abs. 4, Art. 496 Abs. 2; Art. 497 Abs. 2 und 4; Art. 499
Abs. 2; Art. 500 Abs. 1; Art. 501 Abs. 4; Art. 507 Abs. 2 und Abs. 4; Art. 512
Abs. 4). Zulässig ist hingegen ein **nachträglicher Verzicht** auf Schutzbestimmungen, nachdem sich der entsprechende Tatbestand verwirklicht hat
(BSK OR I-Pestalozzi, N 27). Vertragliche *Verbesserungen* der Bürgenstellung sind zulässig (BGE 108 II 203 E. 4a; BSK OR I-Pestalozzi, N 27).

Art. 493

| Form | ¹ Die Bürgschaft bedarf zu ihrer Gültigkeit der schrift-
lichen Erklärung des Bürgen und der Angabe des
zahlenmässig bestimmten Höchstbetrages seiner
Haftung in der Bürgschaftsurkunde selbst.

² Die Bürgschaftserklärung natürlicher Personen
bedarf ausserdem der öffentlichen Beurkundung,
die den am Ort ihrer Vornahme geltenden Vorschriften entspricht. Wenn aber der Haftungsbetrag
die Summe von 2000 Franken nicht übersteigt, so
genügt die eigenschriftliche Angabe des zahlenmässig bestimmten Haftungsbetrages und gegebenenfalls der solidarischen Haftung in der Bürgschaftsurkunde selbst.

³ Bürgschaften, die gegenüber der Eidgenossenschaft oder ihren öffentlich-rechtlichen Anstalten oder gegenüber einem Kanton für öffentlich-rechtliche Verpflichtungen, wie Zölle, Steuern u. dgl. oder für Frachten eingegangen werden, bedürfen in allen Fällen lediglich der schriftlichen Erklärung des Bürgen und der Angabe des zahlenmässig bestimmten Höchstbetrages seiner Haftung in der Bürgschaftsurkunde selbst.

⁴ Ist der Haftungsbetrag zur Umgehung der Form der öffentlichen Beurkundung in kleinere Beträge aufgeteilt worden, so ist für die Verbürgung der Teilbeträge die für den Gesamtbetrag vorgeschriebene Form notwendig.

⁵ Für nachträgliche Abänderungen der Bürgschaft, ausgenommen die Erhöhung des Haftungsbetrages und die Umwandlung einer einfachen Bürgschaft in eine solidarische, genügt die Schriftform. Wird die Hauptschuld von einem Dritten mit befreiender Wirkung für den Schuldner übernommen, so geht die Bürgschaft unter, wenn der Bürge dieser Schuldübernahme nicht schriftlich zugestimmt hat.

⁶ Der gleichen Form wie die Bürgschaft bedürfen auch die Erteilung einer besonderen Vollmacht zur Eingehung einer Bürgschaft und das Versprechen, dem Vertragsgegner oder einem Dritten Bürgschaft zu leisten. Durch schriftliche Abrede kann die Haftung auf denjenigen Teil der Hauptschuld beschränkt werden, der zuerst abgetragen wird.

⁷ Der Bundesrat kann die Höhe der Gebühren für die öffentliche Beurkundung beschränken.

I. Allgemeines

1 Die wirksame Verbürgung verlangt, je nach den Umständen, die Schriftlichkeit (Unterschriftsform, Art. 13 f.), eine (partielle) Eigenschriftlichkeit oder die öffentliche Beurkundung. Diese Formvorschriften bezwecken die **Warnung** des Bürgen, dem die Tragweite seiner Verpflichtung vor Augen geführt werden soll, um ihn derart vor übereilten Bürgschaftsversprechen abzuhalten (BGE 129 III 705 E. 2.2). Auch die Familie des Bürgen soll vor finanzieller Not geschützt werden (BGE 93 II 383 E. 4b; 84 I 124 E. 3). Die Schriftlichkeit dient danebst auch der Rechtssicherheit, da der Bestand der Bürgschaft anhand der Urkunde festgestellt werden kann.

II. Die Bürgschaftsformen

1. Schriftlichkeit (Abs. 1)

Jede Bürgschaft bedarf zu ihrer Gültigkeit mindestens der schriftlichen Er-   2
klärung des Bürgen (Abs. 1); also dessen Unterschrift auf einer Bürgschaftsurkunde (Einzelheiten Art. 13 ff.). Zur Bürgschaft in elektronischer Form
s. Art. 14 Abs. 2bis. Die Unterschriftsform ist erforderlich und ausreichend
für: **(1)** Bürgschaftserklärungen von juristischen Personen und von Personenhandelsgesellschaften (vgl. Art. 562); **(2)** die Verbürgung öffentlich-
rechtlicher Verbindlichkeiten (Abs. 3); sie gilt nicht für öffentlich-rechtliche
Anstalten der Kantone und für Gemeinden; diesen gewährte Bürgschaften
unterliegen den normalen Formvorschriften (BSK OR I-Pestalozzi, N 15);
(3) nachträgliche Änderungen der Bürgschaft (Abs. 6, dazu N 6); **(4)** die Zustimmung des Bürgen zur Übernahme der Hauptschuld durch einen Dritten
mit schuldbefreiender Wirkung für den Hauptschuldner (Abs. 5, dazu N 7);
(5) die Zustimmung des Ehegatten (Art. 494 Abs. 1) oder des eingetragenen
Partners (Art. 494 Abs. 4) zur Bürgschaft durch den Partner **(6)**; die Beschränkung der Bürgenhaftung auf jenes Element der Hauptschuld (Kapital, Zinsen, Kosten; s. i. E. Art. 85-87), das zuerst abgetragen wird (Abs. 6
Satz 2). Dies ist zu unterscheiden von der **Limitbürgschaft**, bei welcher der
Bürge mit der limitierten Summe haftet, bis der Gläubiger gänzlich befriedigt ist; für sie gelten die allgemeinen Formvorschriften.

2. Öffentliche Beurkundung (Abs. 2 Satz 1)

Bürgschaften natürlicher Personen, deren Haftungshöchstbetrag CHF   3
2000.– übersteigt, bedürfen nach Abs. 2 der öffentlichen Beurkundung. Die
Modalitäten der öffentlichen Beurkundung richten sich nach kantonalem
Recht (Art. 55 SchlT ZGB; RVJ 1981, 112 ff.). Massgeblich sind die Vorschriften des Ortes der Vornahme (BGer JdT 1993 III, 35 ff.). Bundesrechtlich bestehen Mindestanforderungen für öffentliche Beurkundungen, insbesondere zum Mindestinhalt der Urkunde (BGE 125 III 133 E. 4a; BSK
OR I-Pestalozzi, N 13). Nach kantonalem Recht sind Zuständigkeits- und
Verfahrensmängel der Beurkundung zu beurteilen (BGer JdT 1993 III,
35 ff.; BSK OR I-Pestalozzi, N 14). Die öffentliche Urkunde ist vom Bürgen
zu unterzeichnen (BSK OR I-Pestalozzi, N 13; ZK-Oser/Schönenberger,
N 32, 44, 68), die blosse Beglaubigung der Unterschrift des Bürgen ist unzureichend (BSK OR I-Pestalozzi, N 14; BK-Giovanoli, N 31). Von dem
Erfordernis öffentlicher Beurkundung ausgenommen sind die in Abs. 3 genannten Bürgschaften für öffentlich-rechtliche Forderungen. Der 1941 festgesetzte Grenzbetrag von CHF 2000.– ist inflationsbedingt nicht mehr zeit-
gemäss.

3.   Punktuelle Eigenschriftlichkeit (Abs. 2 Satz 2)

4   Für Bürgschaften natürlicher Personen bis zu einem Betrag von CHF 2000.–
ist die Schriftlichkeit (d. h. eine Unterschrift, Art. 13 f.) ausreichend, wenn
zugleich der zahlenmässig bestimmte Höchstbetrag der Haftung (Art. 499)
und eine allfällige solidarische Haftung (Art. 496) eigenschriftlich in die
Bürgschaftsurkunde eingefügt werden, Abs. 2. Entsprechendes gilt, wenn
der Haftungsbetrag einer bestehenden Bürgschaft erhöht oder eine einfache Bürgschaft in eine solidarische Bürgschaft umgewandelt wird (Abs. 5).
Bei mehreren Bürgen muss das Erfordernis der Eigenschriftlichkeit von jedem Mitbürgen erfüllt werden (BSK OR I-Pestalozzi, N 12; BK-Giovanoli,
N 31). Die Eigenschriftlichkeit kann durch die strengere Form der öffentlichen Beurkundung ersetzt werden (BSK OR I-Pestalozzi, N 12; BK-Giovanoli, N 29, 42 mit Hinweisen auf andere Meinungen).

III. Umfang der Formpflicht

5   Nur die Bürgschaftserklärung des Bürgen ist formgebunden; die Erklärung
des Gläubigers, die zum Abschluss des Bürgschaftsvertrages gehört, ist
formfrei (**halbseitige Form**). Von der Form müssen alle objektiv und subjektiv wesentlichen Elemente der Bürgschaftserklärung (s. Art. 492 N 4) gedeckt sein (BGE 125 III 131 E. 4b; 119 Ia 442 E. 2c), ebenso alle nach Art. 492
Abs. 4 zugelassenen Schlechterstellungen der gesetzlichen Bürgenstellung.
Formfrei sind Klauseln, die die Stellung des Bürgen verbessern (BGE 119 Ia
442 f. E. 2c; BSK OR I-Pestalozzi, N 8; kritisch Wiegand, in: Wiegand 1997,
192 ff.; Beispiele: BGE 50 II 248 ff. E. 2b: formlose zeitliche Beschränkung;
BGE 44 II 63 f. E. 3: bedingte Bürgschaft) und Nebenpunkte (BGE 125 III 133
E. 4b; 119 Ia 441 E. 2c). Nicht zu den wesentlichen und damit formgebundenen Punkten einer Bürgschaftserklärung gehören die Orts- und die
Datumsangabe (BGer 4C.314/2005, E. 2.3). In der Bürgschaftsurkunde ist
zwingend der zahlenmässig bestimmte Höchstbetrag der Bürgenhaftung
anzugeben (Art. 493 Abs. 1; BGE 117 II 493 E. 3); die Verweisung auf einen
Schuldschein oder blosse Bestimmbarkeit sind ungenügend (BSK OR I-Pestalozzi, N 10; BK-Giovanoli, N 21, 23 f.).

6   Für **nachträgliche Änderungen** der Bürgschaft genügt nach Abs. 5 Satz 1
die Schriftform, sofern die Änderung nicht in einer Erhöhung des Haftungsbetrags oder in der Umwandlung einer einfachen Bürgschaft in eine Solidarbürgschaft besteht; in diesen Fällen ist die jeweils nach Abs. 1–3 einschlägige Form einzuhalten; massgeblich ist die Bürgschaft in ihrer geänderten
Form. Die Aufzählung ist abschliessend (BSK OR I-Pestalozzi, N 17; ZK-
Oser/Schönenberger, N 83; kritisch dazu BK-Giovanoli, N 44). Unbeschadet von Abs. 5 bleibt es beim allfälligen Erfordernis der Zustimmung des
Ehegatten bzw. eingetragenen Partners nach Art. 494 Abs. 3 bis 4.

Wird die Hauptschuld mit befreiender Wirkung für den Hauptschuldner   7
von einem Dritten übernommen (**nachträglicher Hauptschuldnerwechsel**),
wird der Bürge frei, wenn er nicht schriftlich zustimmt, Abs. 5. Satz 2
(Änderung von Art. 178 Abs. 2). Bei Bürgschaften verheirateter Personen
oder eingetragener Partner ist ausserdem die Zustimmung des Ehepartners oder Partners notwendig (BSK OR I-PESTALOZZI, N 18; BK-GIOVANOLI,
N 45). Ungültig ist eine im Voraus erteilte Zustimmung zu jedem beliebigen
Schuldnerwechsel (BGE 67 II 130 ff.). Die Zustimmung muss spätestens
zum Zeitpunkt der Schuldübernahme vorliegen. Nach erfolgter Schuldübernahme kann eine Bürgschaft zugunsten des Schuldübernehmers nur durch
einen neuen Bürgschaftsvertrag eingegangen werden (BGer 4C.23/2002,
E. 2.2); auch eine nachträgliche Genehmigung ist nicht möglich, da die
Bürgschaft untergegangen ist (BGE 67 II 130 E. 2; 60 II 333 f. E. 2; BSK OR I-
PESTALOZZI, N 18). Nach Abs. 5 Satz 2 **zustimmungsbedürftig** sind: **(1)** Ent-
lassung eines Solidarschuldners und Übernahme der gesamten Haupt-
schuld durch den (anderen) Mitschuldner (BGE 106 II 164 f. E. 2 c; 60 II 333 f.
E. 2; BSK OR I-PESTALOZZI, N 19); **(2)** Rechtsformwechsel (BGE 36 II 519
E. 2; BSK OR I-PESTALOZZI, N 19); **(3)** Geschäfts- oder Vermögensübernah-
me mit Aktiven und Passiven (Art. 181), wenn die Bürgschaft auch nach
Wegfall der solidarischen Haftung des bisherigen Schuldners (nach drei
Jahren) weiter Bestand haben soll (BGE 63 II 15 f. E. 2). **Zustimmungsfrei**
sind die folgenden Veränderungen: **(1)** Schuldbeitritt (kumulative Schuld-
übernahme) durch einen Dritten (BSK OR I-PESTALOZZI, N 19); **(2)** gesetzlicher Schuldübergang, z. B. wenn im Konkursverfahren dem Erwerber der
Liegenschaft gemäss Art. 135 SchKG die nicht fälligen, grundbuchlich gedeckten Forderungen überbunden werden (BGE 47 III 146 E. 2; BSK OR I-
PESTALOZZI, N 19).

IV. Umgehungsgeschäfte, Bevollmächtigung, Bürgschafts-versprechen

Um einer **Umgehung** der Formvorschriften vorzubeugen, gilt für alle Bürg-   8
schaften die Form der öffentlichen Urkunde, wenn der Haftungsbetrag zur
Umgehung der öffentlichen Beurkundung in kleinere Beträge aufgeteilt
wird (Abs. 4). Damit Umgehung angenommen werden kann, muss die Umgehungsabsicht nachgewiesen werden (BSK OR I-PESTALOZZI, N 16), wobei
sachliche Gründe durchaus den Abschluss mehrerer Bürgschaften rechtfertigen können (ausführlich dazu BK-GIOVANOLI, N 43).

Besondere Vollmachten zur Eingehung einer Bürgschaft bedürfen der glei-   9
chen Form wie die Bürgschaft, Abs. 6 Satz 1. Die Vorschrift dient der Verhinderung von Umgehungsgeschäften. Aus der Vollmacht muss hervorgehen, was für eine Bürgschaft geschlossen werden soll; insbesondere muss
die Bürgschaft hinreichend individualisiert und der Bürgschaftswille des

Vollmachtgebers ersichtlich sein. Es müssen aber nicht alle inhaltlich wesentlichen Detailpunkte in die Vollmacht aufgenommen werden (BSK OR I-Pestalozzi, N 20; BK-Giovanoli, N 47a). Keine besondere Vollmacht i.S.v. Abs. 6 ist die Vollmacht mit gesetzlich umschriebenen Inhalt (BGE 81 II 63 f. E. 1b; BSK OR I-Pestalozzi, N 20). Personen, die für eine noch zu gründende Gesellschaft handeln, können diese ohne Vollmacht durch Bürgschaft verpflichten; sie selbst haften aus dem Bürgschaftsvertrag nur, wenn die für sie persönlich geltenden Formvorschriften eingehalten wurden (BGE 123 III 30 E. 3); die Bürgschaft selbst ist in der dafür vorgeschriebenen Form abzuschliessen.

10   Auch das Versprechen, dem Vertragsgegner oder einem Dritten Bürgschaft zu leisten (**Bürgschaftsversprechen**), unterliegt, um Umgehungsgeschäfte zu vermeiden, der für die Bürgschaft selbst vorgeschriebenen Form, Abs. 6 Satz 1. Dies gilt sinngemäss auch für die Vollmacht zum Bürgschaftsversprechen (BSK OR I-Pestalozzi, N 21). Die Bürgschaft selbst ist in der dafür vorgeschriebenen Form abzuschliessen.

V.   Rechtsfolgen des Formmangels

11   Die Missachtung der Formvorschriften bewirkt nach Art. 11 Abs. 2 **Nichtigkeit** (vgl. auch BGE 123 III 29 f. E. 2e). Einzelne Modalitäten der Bürgschaftsverpflichtung, die nicht in der gesetzlich vorgeschriebenen Form vereinbart worden sind, gelten als nicht vereinbart (BGer JdT 1993 III, 37 ff.; BSK OR I-Pestalozzi, N 8; ZK-Oser/Schönenberger, N 27; BK-Giovanoli, N 17; Tercier, SJZ 1995, 175), ausgenommen sind lediglich ergänzende, nicht im Widerspruch zur Bürgschaftsurkunde stehende Nebenabreden (BSK OR I-Pestalozzi, N 8). Fehlt bei einer Haftungssumme zulasten einer natürlichen Person von mehr als CHF 2000.– die Beurkundung, ist die Bürgschaft zu einem Betrag von CHF 2000.– gültig, sofern die dafür vorgesehenen Formvorschriften eingehalten wurden (Honsell, OR BT, 399; Wacke, SJZ 1978, 17 ff.). Fehlt bei Übernahme einer Solidarbürgschaft die Eigenschriftlichkeit (dazu Abs. 2), ist nach h. L. nur die solidarische Haftung ungültig (BSK OR I-Pestalozzi, N 3; BK-Giovanoli, N 11).

12   Die Berufung auf den Formmangel stellt einen **Rechtsmissbrauch** dar, wenn der Bürge den Mangel absichtlich herbeigeführt hat (BGE 65 II 236 ff. E. 2). Die freiwillige Zahlung in Kenntnis des Formmangels führt zur **Heilung** des Formmangels (Honsell, OR BT, 399; dazu auch Wacke, SJZ 1978, 20); leistet der Bürge in Unkenntnis des Formmangels, erhält er einen Rückforderungsanspruch gegen den Hauptschuldner aus ungerechtfertigter Bereicherung (Art. 63; BGE 70 II 271 ff. E. 4; BSK OR I-Pestalozzi, N 4; BK-Giovanoli, N 12, 39). Die formgültig von einem urteilsfähigen Unmündigen abgegebene Bürgschaft kann nach Erreichen der Mündigkeit von diesem formlos genehmigt werden (BGE 75 II 340 ff. E. 1).

Art. 494

III. **Zustimmung des Ehegatten**

¹ Die Bürgschaft einer verheirateten Person bedarf zu ihrer Gültigkeit der im einzelnen Fall vorgängig oder spätestens gleichzeitig abgegebenen schriftlichen Zustimmung des Ehegatten, wenn die Ehe nicht durch richterliches Urteil getrennt ist.

² ...

³ Für nachträgliche Abänderungen einer Bürgschaft ist die Zustimmung des andern Ehegatten nur erforderlich, wenn der Haftungsbetrag erhöht oder eine einfache Bürgschaft in eine Solidarbürgschaft umgewandelt werden soll, oder wenn die Änderung eine erhebliche Verminderung der Sicherheiten bedeutet.

⁴ Die gleiche Regelung gilt bei eingetragenen Partnerschaften sinngemäss.

Art. 494 bezweckt den **Schutz des Familienvermögens** vor finanzieller Not (BSK OR I-Pestalozzi, N 1). Dies wird durch eine Beschränkung der Bürgschaftsfähigkeit von Personen, die verheiratet oder eine registrierte Partnerschaft eingegangen sind, erreicht. Eine solche Beschränkung darf weder ausdehnend ausgelegt noch analog angewendet werden (BGE 79 II 84 E. 4b). Art. 494 enthält ein sog. *Weggebot*, nicht aber ein Ziel- oder Erfolgsverbot (BGE 79 II 86 E. 4b). Daher stellt das Eingehen einer Wechselbürgschaft keine unzulässige Umgehung von Art. 494 dar (BGE 79 II 80 ff. E. 1, 4; 83 II 213 f. E. 3a), da auf diese die Vorschriften des Bürgschaftsrechts nicht anwendbar sind.

1

Verheiratete Personen können ohne vorgängige oder gleichzeitige schriftliche Zustimmung des Ehegatten keine Bürgschaft eingehen, solange ihre Ehe nicht durch richterliches Urteil getrennt wurde (Abs. 1). Die gilt auch für die Zustimmung zu Bürgschaften nach Art. 493 Abs. 3 (BSK OR I-Pestalozzi, N 3). Die Regelung gilt sinngemäss für die **registrierte Partnerschaft**, Abs. 4.

2

Ausnahmen: Von der Zustimmung des Ehegatten wird nur abgesehen, wenn die Ehe durch richterliches Urteil getrennt ist (Art. 117 ZGB), nicht aber bei faktischer Trennung oder bei Trennung durch Verfügung des Eheschutzrichters (BSK OR I-Pestalozzi, N 4). Die Ausnahmeklausel am Ende von Abs. 1 ist abschliessend (BK-Giovanoli, N 17); daher bestehen seit Aufhebung von Abs. 2 (mit Wirkung per 1. 12. 2005; BG vom 17. 06. 2005, AS 2005, 5097) keine weiteren Fälle, in denen Verheiratete eine Bürgschaft ohne die Zustimmung des Ehegatten eingehen können.

3

4   Die **Zustimmung** muss für jede Bürgschaft einzeln erteilt werden; der Ehegatte kann auf das Zustimmungserfordernis nicht im Voraus verzichten (BSK OR I-Pestalozzi, N 1). Eine generelle Zustimmung für alle zukünftigen Bürgschaften ist unbeachtlich (BSK OR I-Pestalozzi, N 1). **Zeitpunkt:** Die Zustimmung muss «vorgängig oder spätestens gleichzeitig» zur Bürgschaftserklärung, also der Unterzeichnung des Bürgscheins vorliegen. Unerheblich ist ein u.U. späterer Zeitpunkt des Vertragschlusses bei nachfolgender Annahme der Bürgschaftserklärung durch den Gläubiger (BSK OR I-Pestalozzi, N 2; BK-Giovanoli, N 8). Als gleichzeitig gilt auch die Zustimmung, die unmittelbar nach der Bürgschaftserklärung erteilt wird (BSK OR I-Pestalozzi, N 2; BK-Giovanoli, N 8).

5   Für die Zustimmung des Ehegatten genügt die einfache **Schriftform** (vgl. Art. 493 N 2). Die Aufnahme der Zustimmung in die Bürgschaftsurkunde ist aus Beweisgründen empfehlenswert (BSK OR I-Pestalozzi, N 2; BK-Giovanoli, N 4). Zulässig ist die **Stellvertretung** des zustimmenden Ehegatten (BSK OR I-Pestalozzi, N 3; ZK-Oser/Schönenberger, N 32; BK-Giovanoli, N 14; offengelassen bei Beck, N 8). Auf die Fälle von Art. 493 Abs. 6 werden die Regelungen zur Zustimmung analog angewendet, wobei die erteilte Zustimmung wohl auch für den Abschluss der Bürgschaft selbst gilt (BSK OR I-Pestalozzi, N 3).

6   **Rechtsfolge** mangelnder Zustimmung: Die ohne Zustimmung eingegangene Bürgschaft ist **nichtig**. Das Vorliegen der Zustimmung ist von Amtes wegen zu prüfen (RBAR 1980, 31). Gegen die Verweigerung der Zustimmung besteht kein Rechts- oder Zwangsmittel. Art. 494 ist zwingender Natur, gehört aber nicht dem schweizerischen *Ordre public* an (BSK OR I-Pestalozzi, Art. 493 N 1; BK-Giovanoli, N 3a).

7   Eine **nachträgliche Änderung** der Bürgschaft ist gemäss Abs. 3 erneut zustimmungspflichtig, wenn – alternativ – **(1)** der Haftungsbetrag erhöht wird, **(2)** eine einfache in eine Solidarbürgschaft umgewandelt wird, **(3)** sich durch die Änderung eine erhebliche Minderung der Sicherheiten ergibt, z.B. durch die (teilweise) Freigabe von Pfändern; dies betrifft nicht Veränderungen infolge objektiver Tatsachen (z.B. Kursrückgang verpfändeter Wertpapiere; Beck, N 18f.). Die Erheblichkeit ist im Einzelfall zu klären. Der Begriff Sicherheit ist weit auszulegen. Daher ist die Zustimmung des Ehegatten für jede rechtliche Änderung erforderlich, die den Bürgen beschwert und einen Umstand betrifft, dessen Fehlen oder Vorhandensein den Ehegatten hätte veranlassen können, seine Zustimmung zur Bürgschaftserklärung zu verweigern (BSK OR I-Pestalozzi, N 5). Beispiele: Entlassung eines Solidarschuldners, Schuldnerwechsel (vgl. BGE 106 II 162 ff. = Pra 1981, 10 ff.). Fehlende Zustimmung zur Änderung führt zum **Erlöschen** der Bürgschaft (BGE 106 II 165 E. 2e).

Art. 495

[1] Der Gläubiger kann den einfachen Bürgen erst dann zur Zahlung anhalten, wenn nach Eingehung der Bürgschaft der Hauptschuldner in Konkurs geraten ist oder Nachlassstundung erhalten hat oder vom Gläubiger unter Anwendung der erforderlichen Sorgfalt bis zur Ausstellung eines definitiven Verlustscheines betrieben worden ist oder den Wohnsitz ins Ausland verlegt hat und in der Schweiz nicht mehr belangt werden kann, oder wenn infolge Verlegung seines Wohnsitzes im Ausland eine erhebliche Erschwerung der Rechtsverfolgung eingetreten ist.

[2] Bestehen für die verbürgte Forderung Pfandrechte, so kann der einfache Bürge, solange der Hauptschuldner nicht in Konkurs geraten ist oder Nachlassstundung erhalten hat, verlangen, dass der Gläubiger sich vorerst an diese halte.

[3] Hat sich der Bürge nur zur Deckung des Ausfalls verpflichtet (Schadlosbürgschaft), so kann er erst belangt werden, wenn gegen den Hauptschuldner ein definitiver Verlustschein vorliegt, oder wenn der Hauptschuldner den Wohnsitz ins Ausland verlegt hat und in der Schweiz nicht mehr belangt werden kann, oder wenn infolge Verlegung des Wohnsitzes im Ausland eine erhebliche Erschwerung der Rechtsverfolgung eingetreten ist. Ist ein Nachlassvertrag abgeschlossen worden, so kann der Bürge für den nachgelassenen Teil der Hauptschuld sofort nach Inkrafttreten des Nachlassvertrages belangt werden.

[4] Gegenteilige Vereinbarungen bleiben vorbehalten.

I. Allgemeines

Art. 495 regelt dispositiv (Abs. 4) die **einfache Bürgschaft** (Abs. 1, 2) und die **Schadlos- oder Ausfallsbürgschaft** (Abs. 3). Die einfache Bürgschaft begründet eine **subsidiäre Haftung** des Bürgen nach dem Gläubiger (HONSELL, OR BT, 400; BSK OR I-PESTALOZZI, N 1). Der Gläubiger muss, bevor er gegen den Bürgen vorgehen kann, zuvor (auch) den Hauptschuldner belangen (**Vorausklage**; Abs. 1) und allfällige **Pfänder** verwertet haben, Abs. 2 (BSK OR I-PESTALOZZI, N 1); dafür, dies getan zu haben, trägt der Gläubiger die Beweislast (Art. 8 ZGB; BSK OR I-Pestalozzi, N 2; BK-Giovanoli, N 9). Auch wenn der Bürge in Konkurs gerät, kann der Gläubiger die Auszahlung der Konkursdividende erst verlangen, wenn die oben genannten Voraussetzungen erfüllt sind (Art. 210 Abs. 1, 264 Abs. 3 SchKG; BGE 42 III 479 ff. E. 3, 4; BSK OR I-Pestalozzi, N 4).

II.   Vorausklage (Abs. 1)

2   Abs. 1 nennt vier Voraussetzungen, bei deren Gegebensein (alternativ) der einfache Bürge belangt werden kann (N 3–6). In allen anderen Fällen hat der Bürge die Einrede der Vorausklage (vgl. BGE 125 III 349 E. 2). Möglich ist ein **Verzicht** des Bürgen auf die Einrede (in BGE 47 II 349 E. 2 durch konkludentes Verhalten). Bei vollständigem Verzicht liegt Solidarbürgschaft vor, sofern die dafür vorgesehenen Formvorschriften eingehalten werden (BGE 47 II 349 E. 2; BSK OR I-Pestalozzi, N 10).

3   **Konkurs des Hauptschuldners** ist mit Eröffnung des Konkurses gegeben (BGE 94 III 1, 3 E. 3). Der Gläubiger kann auch nach dem Widerruf des Konkurses gegen den Bürgen vorgehen (Art. 195 SchKG). Stimmt der Gläubiger dem Widerruf ohne Einverständnis des Bürgen zu, kann er diesen nicht mehr belangen; war der Bürge einverstanden, hängt es von den Umständen des Einzelfalls ab, ob der Bürge auf die Einrede der Vorausklage verzichtet hat oder die Bürgschaft wie bisher weiterbesteht (BSK OR I-Pestalozzi, N 3; BK-Giovanoli, N 12).

4   **Nachlassstundung des Hauptschuldners:** ausreichend ist die Erteilung der Stundungsbewilligung, auch aufgrund eines besonderen Nachlassverfahrens; der Abschluss eines Nachlassvertrags ist nicht erforderlich (Art. 317–331 SchKG; BSK OR I-Pestalozzi, N 5). Liegt eine zeitlich befristete Notstundung (Art. 337–350 SchKG) vor, kann der einfache Bürge nur bei Unmöglichkeit der Fortsetzung der Betreibung gegen den Hauptschuldner belangt werden (BSK OR I-Pestalozzi, N 5).

5   Vorliegen eines **definitiven Verlustscheins** ist ausreichend, wenn der Gläubiger den Hauptschuldner mit der erforderlichen Sorgfalt betrieben hat. Zur Sorgfalt des Gläubigers gehört jedenfalls die behördliche Durchführung des Zwangsvollstreckungsverfahrens gegen den Hauptschuldner. Der Bürge kann den Verlustschein anfechten (ZR 1941, 23 f.; BSK OR I-Pestalozzi, N 6). Der Gläubiger ist für die fruchtlose Betreibung, der Bürge für mangelnde Sorgfalt bei der Betreibung beweispflichtig (BGE 47 II 352).

6   Bei schuldnerseitiger **Wohnsitzverlegung ins Ausland** ist der Gläubiger berechtigt, gegen den Bürgen vorzugehen, wenn kein Gerichtsstand des Gläubigers mehr im Inland gegeben ist (auch kein Arrestgerichtsstand; BSK OR I-Pestalozzi, N 7). Bei Wohnsitzverlegung im Ausland entfällt die Ein-

rede der Vorausklage, wenn durch den Umzug in einen anderen Staat die Rechtsverfolgung für den Gläubiger unzumutbar schwer wird.

III. Vorausgehende Pfandverwertung (Abs. 2)

Solange der Schuldner nicht in Konkurs geraten oder Nachlassstundung 7 bewilligt worden ist (BGE 94 III 3 f. E. 3: mit der Konkurseröffnung gegen den Hauptschuldner wird der Bürge belangbar), kann der Bürge überdies verlangen, dass der Gläubiger sich zuerst aus allfällig vorhandenen Pfandrechten befriedigt. Erforderlich ist die Pfandverwertung aller, auch von Dritten bestellten Pfandrechten (BK-GIOVANOLI, N 25) bis zur Ausstellung eines Pfandausfallscheines (Art. 148 SchKG; BSK OR I-PESTALOZZI, N 8). Pfandrechte i. S. v. Abs. 2 sind alle Realsicherheiten (Grundpfand-, Faustpfandrechte, Pfandrechte an Forderungen und anderen Rechten, Retentionsrechte und Pfändungspfandrechte, soweit letztere nicht im Konkurs gemäss Art. 199 SchKG untergehen; BSK OR I-PESTALOZZI, N 8; BK-GIOVANOLI, N 22). Das Bestehen eines Pfandrechts hat der die Einrede erhebende Bürge zu beweisen (BGE 47 II 352 E. 3; BSK OR I-PESTALOZZI, N 6). Nach Untergang der Pfandsache kann der Bürge die Einrede der Vorausverwertung nicht mehr erheben, aber u. U. (materiell-rechtlich) befreiend einwenden, der Gläubiger habe den Untergang verschuldet (BGE 47 II 352 = Pra 1921, 186; BSK OR I-PESTALOZZI, N 8).

IV. Schadlos- oder Ausfallsbürgschaft (Abs. 3)

Bei Vorliegen einer Schadlos- oder Ausfallsbürgschaft übernimmt der Bürge 8 nur den dem Gläubiger entstehenden definitiven Ausfall. Dies erfordert die Ausstellung eines definitiven Verlustscheins gegen den Hauptschuldner. Bei Abschluss eines Nachlassvertrags kann der Bürge nach Inkrafttreten des Vertrags für den nachgelassenen Teil der Hauptschuld belangt werden. Bei Wohnsitzverlegung ins oder im Ausland geht das Gesetz davon aus, dass der Bürge den Ausfall bereits erlitten hat (BSK OR I-PESTALOZZI, N 9).

Art. 496

**Solidarbürg-
schaft**

[1] **Wer sich als Bürge unter Beifügung des Wortes «solidarisch» oder mit andern gleichbedeutenden Ausdrücken verpflichtet, kann vor dem Hauptschuldner und vor der Verwertung der Grundpfänder belangt werden, sofern der Hauptschuldner mit seiner Leistung im Rückstand und erfolglos gemahnt worden oder seine Zahlungsunfähigkeit offenkundig ist.**

> ² **Vor der Verwertung der Faustpfand- und Forderungspfandrechte kann er nur belangt werden, soweit diese nach dem Ermessen des Richters voraussichtlich keine Deckung bieten, oder wenn dies so vereinbart worden oder der Hauptschuldner in Konkurs geraten ist oder Nachlassstundung erhalten hat.**

I. Allgemeines

1   Liegt eine Solidarbürgschaft vor, kann der Bürge nach Gutdünken des Gläubigers vor dem Hauptschuldner für einen Teil oder für den ganzen Haftungsbetrag belangt werden (BGE 81 II 65 E. 2). Ihm steht die Einrede der Vorausklage nicht zu. Auch bei der Solidarbürgschaft ist die Bürgschaftsverpflichtung noch **beschränkt subsidiär** (BK-Giovanoli, N 6): Bei der Solidarbürgschaft steht dem Bürgen die Einrede der vorausgehenden Verwertung der Faust- und Forderungspfandrechte zu (Art. 496 Abs. 2, dazu N 8); ebenso hat er bei Vorhandensein von mehreren Bürgen die Einrede der Teilung nach Art. 497 Abs. 2 und er kann gegen Leistung einer Realsicherung die Betreibungseinstellung bis zur Verwertung aller Grundpfänder, der Ausstellung eines definitiven Verlustscheins oder dem Abschluss eines Nachlassvertrags verlangen (Art. 501 Abs. 2). Weil Solidarbürge und Hauptschuldner dem Gläubiger «gleichstufig» haften, können auf die Solidarbürgschaft, soweit das Bürgschaftsrecht keine besonderen Vorschriften kennt, die Vorschriften über die Solidarität (Art. 143 ff.) analog angewendet werden (BSK OR I-Pestalozzi, N 3).

2   **Abgrenzung**: Von der Solidarbürgschaft zu unterscheiden sind die solidarische Mitschuldnerschaft gemäss Art. 143 ff., die u. a. nicht akzessorisch ist, und die Solidarität unter Mitbürgen (Art. 497 Abs. 2), die nicht notwendig mit einer Solidarhaftung zusammen mit dem Hauptschuldner zusammenfällt, gegebenenfalls also die Einrede der Vorausklage nicht ausschliesst (s. Art. 497 N 2, 6). Bei Vorliegen einer unklaren Bürgschaftserklärung ist im Zweifel Solidarbürgschaft anzunehmen (BGE 33 II 406 f. E. 5; 32 II 383 ff. E. 4; BSK OR I-Pestalozzi, N 4; BK-Giovanoli, N 14). In der Praxis der Banken wird regelmässig eine Kombination von Solidarbürgschaft und Solidarität unter den Mitbürgen vereinbart (BK-Giovanoli, N 13). Zu trennen ist die Solidarbürgschaft auch von der **Nebenbürgschaft** nach Art. 497, bei der im Unterschied zu solidarischen Mitbürgen kein Rechtsverhältnis zwischen den Bürgen besteht (BGE 119 Ia 443 E. 2c).

II. Vereinbarung der Solidarbürgschaft

Ob Solidarbürgschaft vorliegt, bestimmt sich nach dem wirklichen Partei- 3
willen und ist durch **Auslegung** u.a anhand der konkreten Umstände, des
wirtschaftlichen und rechtlichen Zwecks und der finanziellen Interessen zu
ermitteln (ZR 1962, 130; BGE 81 II 525 E. 2, 4). Die Solidarbürgschaft wird
durch die Verwendung des Wortes «solidarisch» oder eines gleichbedeutenden Ausdrucks begründet. In der von einer natürlichen Person abgegebenen Bürgschaftserklärung (Haftungsbetrag über CHF 2000.–) unterliegt
die Bestimmung als Solidarbürgschaft dem Erfordernis der **Eigenschriftlichkeit** (Art. 493 Abs. 2). In der Praxis wird der Solidarbürge auch (zulässigerweise) durch Ausdrücke wie «Zahler», «Selbstzahler», «Selbstschuld»
oder «Bürge und Selbstzahler» (ZR 1952, 136 ff.) bezeichnet (BSK OR I-
PESTALOZZI, N 6; BK-GIOVANOLI, N 9 f.). Nach BGE 47 II 349 E. 2 macht der
Verzicht auf die Einrede der Vorausklage die einfache Bürgschaft zu einer
solidarischen. Von einer einfachen Bürgschaft ist hingegen auszugehen,
wenn der Bürge eine nur subsidiäre Haftung eingehen wollte (BGE 39 II 772;
vgl. auch ZR 1913, 34 f.: «...für den Fall, dass X die Rückzahlung nicht vornehmen könnte und der gepfändete Gewinnanteil nicht für die Deckung der
Forderung genügen würde...»).

III. Voraussetzung der Bürgenhaftung (Subsidiaritätsrest)

Damit der Solidarbürge vom Gläubiger belangt werden kann, muss – alter- 4
nativ – eine der folgenden beiden Voraussetzungen (N 5–7) erfüllt sein:

Der Hauptschuldner muss im Rückstand und erfolglos **gemahnt** worden 5
sein. Wird die Schuld erst durch Kündigung fällig, ist die Kündigung auch
dem Bürgen zuzustellen (Art. 501). Der Gläubiger muss die Schuld beim
Hauptschuldner nach Fälligkeit zwingend und ausnahmslos (ZBJV 1948,
509 ff.; im Unterschied zum Verzug nach Art. 102 ff.; BSK OR I-PESTALOZZI,
N 7) mahnen. Der Gläubiger soll den Bürgen nicht überraschend beanspruchen. Ein Vorgehen gegen den Bürgen ist erst nach erfolgloser Mahnung
möglich (BSK OR I-PESTALOZZI, N 7; BK-GIOVANOLI, N 21 f.).

Offenkundige Zahlungsunfähigkeit des Hauptschuldners ist gegeben, 6
wenn **(1)** der Schuldner um Nachlassstundung ersucht; oder **(2)** Verlust-
scheine gegen den Schuldner ausgestellt werden; oder **(3)** über den Schuldner der Konkurs eröffnet bzw. ihm Nachlassstundung gewährt wurde. Keine
offenkundige Zahlungsunfähigkeit liegt hingegen bei Gewährung eines Konkursaufschubs vor (BSK OR I-PESTALOZZI, N 8a m. w. Nw.; anders DUBACH,
Der Konkursaufschub nach Art. 725a, SJZ 1998, 185 FN 118). Bei offenkundiger Zahlungsunfähigkeit des Hauptschuldners ist die Mahnung (Abs. 1)
keine Belangbarkeitsvoraussetzung (BSK OR I-PESTALOZZI, N 8; BK-GIOVA-
NOLI, N 22).

7   Nach h. L. (BSK OR I-Pestalozzi, N 9; BK-Giovanoli, N 22a) ist der Bürge ohne Mahnung des Hauptschuldners auch noch dann belangbar, wenn die Verfolgbarkeit des Hauptschuldners durch **Wohnsitzverlegung ins oder im Ausland** erheblich erschwert wurde, da dies auch für den einfachen Bürgen gilt.

IV. Vorausverwertung von Faust- und Forderungspfandrechten (Abs. 2)

8   Vor Inanspruchnahme des Solidarbürgen muss der Gläubiger *Faust- und Forderungs*pfandrechte verwerten: Diese sind – anders als Grundpfandrechte – rasch verwertbar (BSK OR I-Pestalozzi, N 11). Retentionsrechte sind wie Faustpfänder zu behandeln (BSK OR I-Pestalozzi, N 11; BK-Giovanoli, N 24 a. E.; differenzierend Beck, N 27). Der Solidarbürge hat keine Einrede der Vorausverwertung bestehender *Grund*pfandrechte (vgl. Abs. 1). Durch Nebenabrede kann formlos anderes vereinbart werden (BSK OR I-Pestalozzi, N 10).

9   Der Gläubiger kann den Bürgen ungeachtet bestehender *Faust- und Forderungs*pfandrechte sogleich belangen, wenn (alternativ) eine der drei folgenden Voraussetzungen erfüllt ist: **(1)** Die Faust- und Forderungspfandrechte bieten nach dem Ermessen des Richters (Art. 4 ZGB) voraussichtlich **keine ausreichende Deckung** (Art. 499). **(2)** Es ist so **verabredet**. Als Nebenabrede, die die Rechtsstellung des Bürgen verschlechtert, bedarf die Abrede der für die entsprechende Bürgschaft erforderlichen Form (BSK OR I-Pestalozzi, N 13; BK-Giovanoli, N 25). **(3)** Der Hauptschuldner ist in **Konkurs** geraten oder hat **Nachlassstundung** erhalten, und die Hauptschuld ist zu diesem Zeitpunkt effektiv fällig (Art. 501 Abs. 1; BSK OR I-Pestalozzi, N 14). Dies gilt auch für den Fall des Konkursaufschubs nach Art. 725a (BSK OR I-Pestalozzi, N 14 m. w. Nw.).

Art. 497

| 3. | Mitbürgschaft | [1] **Mehrere Bürgen, die gemeinsam die nämliche teilbare Hauptschuld verbürgt haben, haften für ihre Anteile als einfache Bürgen und für die Anteile der übrigen als Nachbürgen.** |

[2] Haben sie mit dem Hauptschuldner oder unter sich Solidarhaft übernommen, so haftet jeder für die ganze Schuld. Der Bürge kann jedoch die Leistung des über seinen Kopfanteil hinausgehenden Betrages verweigern, solange nicht gegen alle solidarisch neben ihm haftenden Mitbürgen, welche die Bürgschaft vor oder mit ihm eingegangen haben und für diese Schuld in der Schweiz belangt werden können, Betreibung eingeleitet worden ist. Das gleiche Recht steht ihm zu, soweit seine Mitbürgen für den auf sie entfallenden Teil Zahlung geleistet oder Realsicherheit gestellt haben. Für die geleisteten Zahlungen hat der Bürge, wenn nicht etwas anderes vereinbart worden ist, Rückgriff auf die solidarisch neben ihm haftenden Mitbürgen, soweit nicht jeder von ihnen den auf ihn entfallenden Teil bereits geleistet hat. Dieser kann dem Rückgriff auf den Hauptschuldner vorausgehen.

[3] Hat ein Bürge in der dem Gläubiger erkennbaren Voraussetzung, dass neben ihm für die gleiche Hauptschuld noch andere Bürgen sich verpflichten werden, die Bürgschaft eingegangen, so wird er befreit, wenn diese Voraussetzung nicht eintritt oder nachträglich ein solcher Mitbürge vom Gläubiger aus der Haftung entlassen oder seine Bürgschaft ungültig erklärt wird. In letzterem Falle kann der Richter, wenn es die Billigkeit verlangt, auch bloss auf angemessene Herabsetzung der Haftung erkennen.

[4] Haben mehrere Bürgen sich unabhängig voneinander für die gleiche Hauptschuld verbürgt, so haftet jeder für den ganzen von ihm verbürgten Betrag. Der Zahlende hat jedoch, soweit nicht etwas anderes vereinbart ist, anteilmässigen Rückgriff auf die andern.

I. Allgemeines

Bei der **Mitbürgschaft** verbürgen sich mehrere Bürgen gemeinsam (N 2)   1
für dieselbe Hauptschuld (Abs. 1–3). Die vom Gesetz vorgesehene Regelfolge (Abs. 1) ist die Teilhaftung der Mitbürgen: jeder haftet nur auf einen der Mitbürgenzahl entsprechenden Anteil. Für die Anteile der Übrigen haftet der Mitbürge dem Gläubiger nur als Nachbürge i.S.d. Art. 498 (s. Art. 498 N 1 ff.; im Folgenden N 3). Abs. 2 regelt die solidarische Mitbürgschaft

(s. N 6–12). Abs. 3 regelt das Ausbleiben einer erwarteten Mitbürgschaft (s. N 13). Verbürgen sich mehrere Bürgen unabhängig voneinander für dieselbe Hauptschuld, liegt **Nebenbürgschaft** vor (Abs. 4, dazu N 14). Die Vorschrift ist weitgehend zwingender Natur.

II. Gemeinsame Mitbürgschaft – Teilbürgschaft

2 **Gemeinsamkeit** i. S. v. Abs. 1 liegt bereits vor, wenn der Bürge wusste, dass auch andere Bürgen für dieselbe Hauptschuld einstehen (BK-GIOVANOLI, N 3). Rechtsfolge: Bei der gewöhnlichen gemeinsamen Bürgschaft haftet der Mitbürge für seinen Anteil als einfacher Bürge und für die Anteile der übrigen Bürgen (subsidiär) als Nachbürge. Gegenüber einer weitergehenden Inanspruchnahme steht ihm zunächst die **Einrede der Teilung** *(beneficium divisionis)* zu. Auf diese kann sich der Mitbürge berufen, er muss dies aber nicht (Folge: N 4). Beruft sich der Mitbürge auf die Einrede der Teilung, so kann er auf die Anteile der übrigen Mitbürgen erst in Anspruch genommen werden, wenn *hinsichtlich der Person des jeweiligen Mitbürgen* die Voraussetzungen des Art. 495 vorliegen (s. Art. 495 N 2–7). Ob dies der Fall ist, ist für jeden anderen Anteil/Mitbürgen getrennt zu beantworten. Unabhängig davon ist die Frage, ob der einzelne Mitbürge nur dann belangt werden kann, wenn im Verhältnis *zum Hauptschuldner* die Voraussetzungen des Art. 495 vorliegen; auf die dieser Vorschrift entspringenden Einreden kann der Mitbürge durch eine dementsprechend beschränkte Solidarerklärung (Art. 496) verzichten. Die gemeinsame Mitbürgschaft mit der für sie charakteristischen Anteilshaftung kann also im Verhältnis zum Hauptschuldner einfache oder solidarische Bürgschaft sein; s. auch N 6. Denkbar ist, dass von verschiedenen Mitbürgen manche für ihren Anteil mit, manche ohne die Einrede des Art. 495 haften.

3 Für die Anteile der Übrigen ist der Mitbürge trotz der Einrede der Teilung nicht vollständig haftungsfrei (dies ist nur der Fall bei der *Teil*bürgschaft, vgl. N 5). Vielmehr haftet der Mitbürge für die Anteile der Übrigen noch **als Nachbürge** (dazu Art. 498), d. h. er kann für die Anteile eines anderen Mitbürgen unter denselben Voraussetzungen in Anspruch genommen werden, unter denen ein einfacher Bürge neben einem Hauptschuldner haftet («Hauptschuld» ist hier die anteilige Bürgenschuld des anderen Mitbürgen; dieser entspricht dem «Hauptschuldner»).

4 Der zahlende Mitbürge hat für eine seinem Anteil entsprechende Zahlung den gewöhnlichen **Regress** gegen den Hauptschuldner (Art. 507). Soweit er mehr als seinen Kopfanteil bezahlt (sei es freiwillig wegen Nichterhebung der Teilungseinrede, sei es als Nachbürge für die Deckung des Ausfalls bei anderen Mitbürgen), steht ihm nach h. L. und Praxis insoweit ebenfalls das Rückgriffsrecht gegen den Hauptschuldner zu. Als Rechtgrundlage dienen Auftrag, Geschäftsführung ohne Auftrag oder Art. 507, wobei in letzterem

Fall auf den zahlenden Bürgen nicht nur die Rechte gegen den Hauptschuldner, sondern auch jene gegen die Mitbürgen übergehen (Art. 497 Abs. 1 i. V. m. Art. 498 Abs. 1; BGE 66 II 126 f. E. 1; 56 II 139 E. 2; 54 III 301; BSK OR I-PESTALOZZI, N 8; ZK-OSER/SCHÖNENBERGER, N 50). Für den Fall der Inanspruchnahme des Mitbürgen als Nachbürge für einen der anderen vgl. Art. 498 N 3.

Teilbürgschaft liegt vor, wenn die Bürgen nur die Haftung für eine jeweils 5 anteilige Quote übernommen haben und *nicht als Nachbürge* für die Anteile der Übrigen in Anspruch genommen werden können (BK-GIOVANOLI, N 5). Teilbürgschaft ist also Mitbürgschaft, bei der die Belangbarkeit des einzelnen Mitbürgen nicht die Nachverbürgung für die Anteile der anderen Mitbürgen einschliesst. Als Erleichterung der Bürgenstellung kann die Teilbürgschaft daher formlos vereinbart werden (vgl. BSK OR I-PESTALOZZI, N 2).

III. Solidarität unter Mitbürgen (Abs. 2)

Bei solidarischer Mitbürgschaft übernehmen die Bürgen solidarische Haf- 6 tung *mit dem Hauptschuldner* (**volle Solidarität**; N 8) oder nur *unter sich* (N 9), Abs. 2 Satz 1. Beide Aspekte der Solidarhaftung mehrerer Bürgen haben unterschiedliche rechtliche Bedeutung: Solidarität mit dem Hauptschuldner bedeutet nach Art. 496 für den Mitbürgen, dass ihm die Einrede der Vorausklage und der Verweisung auf die Pfänder nicht zusteht. Die Solidarität unter den Mitbürgen bedeutet, dass ihnen die Einrede der Teilung nicht (genauer: nur noch als aufschiebende Einrede der gleichzeitigen Belangung aller Mitbürgen; Abs. 2 Satz 2) zusteht. In beiden Fällen kann jeden Bürgen schlussendlich eine Haftung auf den vollen Forderungsbetrag treffen. Insgesamt sind danach folgende Möglichkeiten zu unterscheiden: **(1)** Mitbürgen haften als einfache Bürgen (jeweils mit der Einrede des Art. 495) und nur auf Kopfteile; s. oben N 2; **(2)** Mitbürgen haften solidarisch (mit dem Hauptschuldner), also jeweils ohne die Einrede des Art. 495, aber nur auf Kopfteile, s. oben N 2 a. E.; **(3)** Mitbürgen haften als einfache Bürgen, also mit der Einrede des Art. 495, auf den ganzen Betrag (solidarisch nur im Verhältnis untereinander), s. unten N 9; **(4)** Mitschuldner haften auf den ganzen Betrag (solidarisch untereinander) *und* ohne die Einrede des Art. 495 (also solidarisch mit dem Hauptschuldner): «volle Solidarität», s. unten N 8.

Vereinbarung. Da im Zweifelsfall einfache Bürgschaft vermutet wird (BSK 7 OR I-PESTALOZZI, N 2), bedarf es einer Solidarerklärung in der Bürgschaftsurkunde. Art. 493 Abs. 2 a. E. ist anzuwenden. Bei Übernahme solidarischer Bürgenhaftung durch mehrere Bürgen wird dann (in Abgrenzung zur auf die Mitbürgen eingeschränkten Solidarität, N 9) eher volle Subsidiarität vermutet (BGE 122 III 126 E. 2; BSK OR I-PESTALOZZI, N 6).

8 Rechtsstellung des solidarischen Mitbürgen (**volle Solidarität**): Der Gläubiger kann unter denselben Voraussetzungen wie bei der Solidarbürgschaft (Art. 496; Art. 495 Abs. 1) gegen jeden Mitbürgen vorgehen (BSK OR I-PESTALOZZI, N 5). Die Einrede der Teilung (vgl. N 2) steht dem solidarischen Mitbürgen in einer abgeschwächten Form, nämlich als aufschiebende (dilatorische) Einrede, zu: nach **Abs. 2 Satz 2** kann der solidarische Mitbürge die Leistung des Betrages, der seinen Kopfanteil übersteigt, verweigern, solange nicht gegen alle solidarisch haftenden, in der Schweiz belangbaren Mitbürgen, welche die Schuld vor oder mit ihm eingegangen sind, Betreibung eingeleitet worden ist. Der Gläubiger muss also, um einen solidarischen Mitbürgen auf die ganze Schuld belangen zu können, gleichzeitig gegen alle Mitbürgen vorgehen (**Einrede der gleichzeitigen Belangung aller Mitbürgen**). Es ist ausreichend, wenn den in der Schweiz belangbaren solidarischen Mitbürgen Zahlungsbefehle zugestellt worden sind; die Einreichung des Betreibungsbegehrens ist unzureichend (BSK OR I-PESTALOZZI, N 5). Nicht gefordert sind der Misserfolg der Betreibung und das Abwarten der Zahlungsfrist nach Art. 69 SchKG, da nach dem Wortlaut die Einleitung des Betreibungsverfahrens ausreicht (BSK OR I-PESTALOZZI, N 5; BK-GIOVANOLI, N 18a; anders: BECK, N 33; ZK-OSER/SCHÖNENBERGER, N 41). Die Befugnis, Zahlung über den eigenen Kopfteil zu verweigern, steht dem solidarischen Mitbürgen auch (erst recht) zu, soweit Mitbürgen gezahlt oder Realsicherheit (s. Art. 501 Abs. 2) geleistet hat (**Abs. 2 Satz 3**). – Abs. 2 Sätze 2–3 sind zwingend nach Art. 492 Abs. 4; der solidarische Mitbürge kann auf diese Einreden nicht im Voraus verzichten (BSK OR I-PESTALOZZI, N 6).

9 Besteht **Solidarität nur unter den Mitbürgen**, so haftet der Mitbürge auf (schlussendlich) den ganzen Betrag; dies wie ein einfacher Bürge, also mit den Einreden aus Art. 495. Aufgrund der solidarischen Haftung der Mitbürgern stehen ihm die Einreden nach Abs. 2 Satz 2 und 3 zu (BSK OR I-PESTALOZZI, N 7; BK-GIOVANOLI, N 7).

10 Dem zahlenden Solidarmitbürgen stehen für den **Regress** zwei Verpflichtete gegenüber: der/die Mitbürge(n) und der Hauptschuldner. Für den auf ihn selbst entfallenden Anteil haftet ihm im Rückgriff nur der Hauptschuldner (Art. 507); für das über diesen Anteil hinaus Gezahlte haften sowohl der Hauptschuldner als auch die Mitbürgen; letzteres bestimmt **Abs. 2 Satz 4**; dem Grundsatz nach gilt auch Art. 507 Abs. 1 (so BGE 54 III 301 ff. und 53 II 29 E. 1). Weitere Rechtsgrundlage für den Rückgriff auf die Mitbürgen, sofern zwischen ihnen kein Auftrag vorliegt, ist die Geschäftsführung ohne Auftrag (BGE 66 II 127 E. 1). Die Regelungen des Mitbürgenrückgriffs sind **dispositiver** Natur.

11 Der Rückgriff auf die Mitbürgen kann dem Rückgriff auf den Hauptschuldner vorausgehen, (Abs. 2 **Satz 5**); der Zahlende kann also zunächst die Aus-

gleichung unter den Bürgen verfolgen, so den (i. d. R. wenig aussichts-
reichen) Rückgriff auf den Hauptschuldner minimieren. Der zahlende
Mitbürge kann schon nach Teilleistungen ein (entspr. anteiliges) Rückgriffsrecht geltend machen (BSK OR I-PESTALOZZI, N 9). Soweit keine Sondervorschriften bestehen, sind die Art. 148 f. anwendbar (vgl. BGE 53 II 29 E. 1).
Für den Rückgriff auf die Mitbürgen besteht eine Anteilshaftung, d. h. der
über den Kopfteil hinausgehende Betrag wird auf die übrigen Mitbürgen,
die nicht gezahlt haben, nach Kopfteilen zerlegt; die säumigen Mitbürgen
haften dem regressberechtigten Mitbürgen also nicht wieder solidarisch.
Der Rückgriff auf die Mitbürgen erfordert die Ermittlung der auf diese entfallenden Anteile. Die regelmässige Verteilung **nach Köpfen** wird vermutet;
andere Regelungen sind beweispflichtig (BGE 53 II 31).

Allfällig vorhandene **Sicherheiten** gehen auf den zahlenden Mitbürgen über   12
(Art. 507 Abs. 2); der Bürge ist seinen Mitbürgen dafür nach den Regeln der
Geschäftsführung ohne Auftrag bzw. des Auftrags verantwortlich (BGE 94
III 3 E. 1 = Pra 57, 327). Bei Konkurs des Hauptschuldners kann er die an-
deren Solidarbürgen bereits vor Verwertung der Pfänder belangen (BGE 94
III 3 f. E. 3 = Pra 1968, 327 f.; offen gelassen wurde, ob die Bestimmung, die
Bürgen könnten vom Gläubiger vor der Pfandverwertung belangt werden,
auch auf das Verhältnis zwischen den Bürgen anwendbar ist). Ohne Bedeutung ist, welchem Vermögen die Zahlung entnommen wurde, solange es
sich dabei nicht um Vermögen des Mitbürgen handelt, gegen den sich der
Regress richtet (BGE 56 II 139 f. E. 2, 3). Keine Auswirkungen auf das Verhältnis unter den Solidarmitbürgen haben die Zession der Hauptschuld
(BGE 95 II 249 ff. E. 2) und die Verwertung eines durch einen Mitbürgen bestellten Pfandes (BGE 53 II 30).

IV. Ausbleiben erwarteter Mitbürgschaft (Abs. 3)

Ein Mitbürge kann die Bürgschaft unter der Voraussetzung eingehen, dass   13
sich neben ihm noch weitere Mitbürgen für die Schuld verpflichten, dass
also eine Aufteilung der Haftungslast erfolgt. Ist dies für den Gläubiger erkennbar, so wird der Bürge nach Abs. 3 Satz 1 befreit: **(1)** wenn diese Voraussetzung nicht eintritt; **(2)** wenn ein Mitbürge vom Gläubiger nachträglich aus der Haftung entlassen wird; **(3)** wenn die Bürgschaft eines Mitbürgen
für ungültig erklärt wird. Wird die Bürgschaft für ungültig erklärt (also nur
Fall 3), kann der Richter aus Billigkeit auf eine bloss angemessene *Herabsetzung* der Haftung erkennen, Art. 497 Abs. 3 Satz 2 (dazu BGE 63 II 168;
BSK OR I-PESTALOZZI, N 13; BK-GIOVANOLI, N 26 ff.). Auf Teilbürgschaften
ist Abs. 3 nicht anwendbar (HONSELL, OR BT, 403).

V. Nebenbürgschaft (Abs. 4)

14 Nebenbürgschaft (uneigentliche Mitbürgschaft) liegt vor, wenn sich mehrere Bürgen unabhängig voneinander (d. h. nicht «gemeinsam», s. N 2) für die gleiche Hauptschuld verbürgt haben (Abs. 4). Die Nebenbürgschaft ergibt sich einfach dadurch, dass die einzelnen Bürgen nichts voneinander wissen. Die Nebenbürgschaft kann aber auch vereinbart werden (HONSELL, OR BT, 403). Die Nebenbürgschaft unterliegt nicht den Vorschriften von Art. 497 Abs. 1 bis 3 (HONSELL, OR BT 403; BSK OR I-PESTALOZZI, N 15). Jeder Nebenbürge haftet für den ganzen von ihm verbürgten Betrag; eine dementsprechende Klarstellung in der Bürgschaftsurkunde ist nicht erforderlich (BGE 119 Ia 443 f. E. 2; BSK OR I-PESTALOZZI, N 15). Obschon die Nebenbürgen das Bürgenrisiko nicht gemeinsam eingegangen sind, gewährt Abs. 4 ihnen einen **anteilsmässigen Rückgriff** auf die anderen. Es kann (in der Verbürgung, also mit dem Gläubiger) etwas anderes vereinbart werden.

Art. 498

4. **Nachbürg-schaft und Rück-bürgschaft**

¹ Der Nachbürge, der sich dem Gläubiger für die Erfüllung der von den Vorbürgen übernommenen Verbindlichkeit verpflichtet hat, haftet neben diesem in gleicher Weise wie der einfache Bürge neben dem Hauptschuldner.

² Der Rückbürge ist verpflichtet, dem zahlenden Bürgen für den Rückgriff einzustehen, der diesem gegen den Hauptschuldner zusteht.

I. Nachbürgschaft (Abs. 1)

1 Nachbürgschaft ist die Verbürgung einer Bürgschaftsverpflichtung (= Vorbürgschaft): Der Nachbürge sichert den Gläubiger gegen die Zahlungsunfähigkeit des Vorbürgen (BSK OR I-PESTALOZZI, N 1). Die durch den Nachbürgen gesicherte Hauptschuld ist die Verpflichtung des Vorbürgen. Verbürgung für die Verbindlichkeit eines Gesellschafters ist daher nicht Nachbürgschaft, sondern einfache Bürgschaft (BGE 57 II 358 ff. E. 1; BSK OR I-PESTALOZZI, N 3).

2 Die Nachbürgschaft entsteht durch ausdrückliche Abmachung (Art. 498) oder durch Gesetz (Art. 497 Abs. 1). Die Nachbürgschaft wird nicht vermutet (BSK OR I-PESTALOZZI, N 1). Die Nachbürgschaft steht zur Vorbürgschaft

im Verhältnis der Akzessorietät: Ihr Bestand setzt eine gültige Verpflichtung des Vorbürgen voraus (BGE 57 II 358 ff. E. 1; BSK OR I-Pestalozzi, N 3); sie geht unter, wenn die Vorbürgschaft aus irgendeinem, auch bürgschafts-rechtlichen Grund untergeht (BGE 64 II 192 ff.; BSK OR I-Pestalozzi, N 3; ZK-Oser/Schönenberger, N 3). Der Nachbürge kann und muss, neben den Einreden aus der Nachbürgschaft selbst, die Einreden aus der Bürgschaft (Art. 502) und mittelbar die Einreden aus der Hauptschuld geltend machen (BGE 29 II 151; ZK-Oser/Schönenberger, N 5). Steht dem Vorbürgen die Einrede der Vorausklage zu, weil er einfacher Bürge ist (Art. 495), kann sich auch der Nachbürge auf diese Einrede berufen, wenn der Gläubiger *gegen-über dem Hauptschuldner* nicht die Voraussetzungen des Art. 495 herbeige-führt hat. Zu unterscheiden davon ist, ob *der Nachbürge* selbst als einfacher Bürge haftet (Belangbarkeit abhängig von der Vorausklage *gegen den Vor-bürgen*) oder als Solidarnachbürge, der vor dem Vorbürgen belangt werden kann (BGE 29 II 151; Beck, N 8). Für den Gläubiger ist der Solidarnach-bürge leichter belangbar als der solidare Mitbürge, denn dieser haftet nur bei gleichzeitigem Vorgehen des Gläubigers gegen alle Mitbürgen (Art. 497 Abs. 2 Satz 2 und 3).

Regress: Zahlt der Nachbürge an den Gläubiger, so geht nach Art. 507 die   3
Forderung des Gläubigers gegen den Vorbürgen auf ihn über; weil der Gläu-biger mit der Leistung das erhält, was ihm der Vorbürge hätte leisten müs-sen. Es geht aber zugleich (ebenfalls nach Art. 507) die Hauptschuld auf den Nachbürgen über; Hauptschuldner und Vorbürge haften dem regressbe-rechtigten Nachbürgen solidarisch (vgl. auch BSK OR I-Pestalozzi, N 5; ZK-Oser/Schönenberger, N 6). Auf den Vorbürgen kann der Nachbürge in voller Höhe Rückgriff nehmen, während Mitbürgen untereinander im Re-gresswege nur zur Ausgleichung auf ihre Anteile verpflichtet sind. Im Ver-hältnis von Vor- und Nachbürge liegt die endgültige Haftungslast allein beim Vorbürgen.

II. Rückbürgschaft (Abs. 2)

Die Rückbürgschaft ist die Verbürgung *für die Regressforderung*, die dem   4
leistenden Bürgen gegen den Hauptschuldner (vgl. Art. 507) erwächst (BGE 54 III 302; BSK OR I-Pestalozzi, N 6). Die Rückbürgschaft ist eine gewöhnliche Bürgschaft, auf die die entsprechenden Rechtsvorschriften, auch die Formvorschriften, angewendet werden (BGE 61 II 100 zur Anga-be des Haftungshöchstbetrags; BSK OR I-Pestalozzi, N 6). Rückbürgschaft entsteht durch gesonderte Abmachung, die sich aus einem Vertrag oder den Umständen ergeben kann (BGE 31 II 90 E. 3); andernfalls (und im Zweifel) ist von einer Bürgschaft für die Hauptschuld auszugehen. Die Rückbürg-schaft kann als einfache oder als solidarische Bürgschaft vereinbart wer-den (BSK OR I-Pestalozzi, N 6; ZK-Oser/Schönenberger, N 10). Weil die

Rückbürgschaft den Regress des Bürgen gegen den Hauptschuldner sichert, haftet der Rückbürge dem Bürgen nur insoweit die Regressforderung besteht (BGE 54 III 302 f.; 31 II 90 E. 3 f.; BSK OR I-Pestalozzi, N 6). Der Wegfall der Regressforderung befreit auch den Rückbürgen (BSK OR I-Pestalozzi, N 7; ZK-Oser/Schönenberger, N 12). Der Rückbürge kann und muss dem Bürgen gegenüber alle Einreden des Hauptschuldners geltend machen (Art. 502). **Regress:** Der zahlende Rückbürge erwirbt durch Subrogation die Rechte des primären Bürgen gegenüber dem Hauptschuldner und dessen allfälligen Mitbürgen (Art. 507; BSK OR I-Pestalozzi, N 7; ZK-Oser/Schönenberger, N 13).

Art. 499

II. Gemeinsamer Inhalt

1. Verhältnis des Bürgen zum Gläubiger

a. Umfang der Haftung

¹ Der Bürge haftet in allen Fällen nur bis zu dem in der Bürgschaftsurkunde angegebenen Höchstbetrag.

² Bis zu diesem Höchstbetrage haftet der Bürge, mangels anderer Abrede, für:

1. den jeweiligen Betrag der Hauptschuld, inbegriffen die gesetzlichen Folgen eines Verschuldens oder Verzuges des Hauptschuldners, jedoch für den aus dem Dahinfallen des Vertrages entstehenden Schaden und für eine Konventionalstrafe nur dann, wenn dies ausdrücklich vereinbart worden ist;

2. die Kosten der Betreibung und Ausklagung des Hauptschuldners, soweit dem Bürgen rechtzeitig Gelegenheit gegeben war, sie durch Befriedigung des Gläubigers zu vermeiden, sowie gegebenenfalls die Kosten für die Herausgabe von Pfändern und die Übertragung von Pfandrechten;

3. vertragsmässige Zinse bis zum Betrage des laufenden und eines verfallenen Jahreszinses, oder gegebenenfalls für eine laufende und eine verfallene Annuität.

³ Wenn sich nicht etwas anderes aus dem Bürgschaftsvertrag oder aus den Umständen ergibt, haftet der Bürge nur für die nach der Unterzeichnung der Bürgschaft eingegangenen Verpflichtungen des Hauptschuldners.

I.   Betragsmässige Haftungsobergrenze (Abs. 1)

Der Bürge haftet in allen Fällen nur bis zu dem in der Bürgschaftsurkunde angegebenen (und zwingend anzugebenden; Art. 493 Abs. 1) **Höchstbetrag**. In diesem enthalten sind auch alle Nebenforderungen (Abs. 2), weshalb in der Praxis bei Abschluss des Bürgschaftsvertrags meist ein Zuschlag von 20 % auf den Hauptschuldbetrag gemacht wird (BSK OR I-Pestalozzi, N 1 m. w. Nw.). Abs. 1 ist zwingendes Recht nach Art. 492 Abs. 4.

1

II.   Haftungsumfang (Abs. 2 und 3)

Vorbehaltlich anderer Vereinbarungen haftet der Bürge für die in Abs. 2 genannten Verbindlichkeiten (s. N 2–5). Einschränkungen der Bürgenhaftung können formlos erfolgen; für die Ausweitung gelten die Formvorschriften von Art. 493. Von der Haftungsobergrenze nicht erfasst sind Kosten für die Belangung des Bürgen selbst (BSK OR I-Pestalozzi, N 8).

2

Der Bürge haftet für die im Bürgschaftsvertrag festgelegte **Hauptschuld**, Abs. 2 Ziff. 1. Für Erhöhungen der Hauptschuld haftet er nur, soweit dies vertraglich oder gesetzlich festgelegt ist oder sich aus der Natur der Sache ergibt, z. B. Kontokorrentvertrag (BSK OR I-Pestalozzi, N 5; BK-Giovanoli, N 10; ZK-Oser/Schönenberger, N 13 ff.). Der Bürge haftet ausserdem für die typischen Erhöhungen der Hauptschuld infolge Nichterfüllung (Art. 97 ff.), nicht gehöriger Erfüllung und Verzug, s. Art. 102 ff. (BSK OR I-Pestalozzi, N 6); er hat für das Erfüllungsinteresse einzustehen (BSK OR I-Pestalozzi, N 6; ZK-Oser/Schönenberger, N 22 f.), für das negative Vertragsinteresse und Konventionalstrafen nur kraft ausdrücklicher Vereinbarung (krit. dazu Honsell, OR BT, 404). Vertraglich vereinbarte Verzugszinsen fallen unter die Verzugsfolgen gemäss Ziff. 1; die zeitliche Befristung in Ziff. 3 kommt nicht zur Anwendung (BGE 105 II 233 f. E. 4b). Wenn der Gläubiger aus dem Konkurs des Gläubigers eine Dividende erhält, ist diese auf die Bürgschaftsforderung anzurechnen, soweit es sich dabei um einen Teil der Hauptschuld handelt (BGE 39 II 389 f. E. 3).

3

Der Bürge hat für die **Kosten von Betreibung und Ausklagung des Hauptschuldners** und die Kosten der Herausgabe und gegebenenfalls (Art. 503 Abs. 3) auch einer **Übertragung von Pfandrechten** einzustehen, Abs. 2 Ziff. 2. Der Gläubiger muss die Kosten in guten Treuen aufgewendet haben. Dem Bürgen muss rechtzeitig Gelegenheit gegeben worden sein, diese durch Befriedigung des Gläubigers zu vermeiden. Es empfiehlt sich daher für den Gläubiger, den Bürgen über beabsichtigte gerichtliche Massnahmen zu orientieren und ihm eine angemessene Entscheidungsfrist einzuräumen (BSK OR I-Pestalozzi, N 8; ZK-Oser/Schönenberger, N 31 f.). Nach h. L. haftet der Bürge nicht für die Kosten von Betreibung und Ausklagung von Mitbürgen (BSK OR I-Pestalozzi, N 8; BK-Giovanoli, N 13; ZK-Oser/Schö-

4

NENBERGER, N 33). Erhält der Gläubiger aus dem Konkurs eine Dividende, ist diese auf die Bürgschaftsforderung anzurechnen, soweit die Dividende aus der Hauptschuld stammt (BGE 39 II 389 f. E. 3).

5   Der Bürge haftet für **Vertragszinsen** bis zum Betrag des laufenden und eines verfallenen Jahreszinses. Ziff. 3 gilt nicht für Verzugszinsen, auf die nur Ziff. 1 angewendet wird (BGE 105 II 233 f. E. 4 b.). Ziff. 3 ist auf *Annuitäten* anwendbar, in denen vertragliche Zinsen enthalten sind, nicht aber wenn es sich dabei um blosse Kapitalrückzahlung handelt (BSK OR I-PESTALOZZI, N 10; ZK-OSER/SCHÖNENBERGER, N 39).

III.   Haftung nur für zukünftige Verpflichtungen (Abs. 3)

6   Vorbehaltlich anderer Vereinbarungen haftet der Bürge nur für Verpflichtungen des Hauptschuldners, die dieser *nach* Abschluss des Bürgschaftsvertrag eingegangen ist (Abs. 3), da die Bürgschaft normalerweise der Beschaffung zusätzlichen Kredits dient (BSK OR I-PESTALOZZI, N 11; ZK-OSER/SCHÖNENBERGER, N 41). Der Gläubiger, der den Bürgen für eine schon vorher bestehende Forderung belangen will, hat zu beweisen, dass sich der Bürge für diese Forderung verpflichten wollte, wozu er zumindest die Kenntnis des Bürgen von der Forderung, nachweisen muss; diese kann sich auch aus den Umständen ergeben (BSK OR I-PESTALOZZI, N 11). Von Abs. 3 abweichende Vereinbarungen gelten als Erschwerung der Bürgenstellung mit der Folge des Formzwangs nach Art. 493 Abs. 3 (BGer JdT 1993 III, 37 ff.; vgl. dazu TERCIER, SJZ 1995, 175; BSK OR I-PESTALOZZI, N 12; a. M. ZK-OSER/SCHÖNENBERGER, N 43, aber wie hier Art. 493 N 27).

Art. 500

b.   Gesetzliche Verringerung des Haftungsbetrages

[1] Bei Bürgschaften natürlicher Personen verringert sich der Haftungsbetrag, soweit nicht von vorneherein oder nachträglich etwas anderes vereinbart wird, jedes Jahr um drei Hundertstel, wenn aber diese Forderungen durch Grundpfand gesichert sind, um einen Hundertstel des ursprünglichen Haftungsbetrages. In jedem Falle verringert er sich bei Bürgschaften natürlicher Personen mindestens im gleichen Verhältnis wie die Hauptschuld.

² Ausgenommen sind die gegenüber der Eidgenossenschaft oder ihren öffentlich-rechtlichen Anstalten
oder gegenüber einem Kanton eingegangenen Bürgschaften für öffentlich-rechtliche Verpflichtungen,
wie Zölle, Steuern und dgl. und für Frachten, sowie
die Amts- und Dienstbürgschaften und die Bürgschaften für Verpflichtungen mit wechselndem Betrag, wie Kontokorrent, Sukzessivlieferungsvertrag,
und für periodisch wiederkehrende Leistungen.

Die Vorschrift sorgt im Interesse des Bürgen (GIOVANOLI, ZSR 1941, 255 ff.)   1
für eine *Mindest*amortisation der *Bürgschafts*verpflichtung. Geschützt wird
der Bürge, der **natürliche Person** ist; auf juristische Personen sowie Kollek-
tiv- und Kommanditgesellschaften ist die Vorschrift nicht anwendbar (BSK
OR I-PESTALOZZI, N 2).

Rein **durch Zeitablauf** wird der *Haftungshöchstbetrag* (Art. 499 Abs. 1) je-   2
des Jahr um 3 % vermindert, **Abs. 1 Satz 1.** Dieser Minderungsbetrag wird
ein für alle Mal vom *ursprünglichen* Haftungshöchstbetrag gerechnet. Der
Minderungssatz beträgt lediglich 1 %, wenn die Forderung durch Grundpfand gesichert ist. Nicht zu den Grundpfändern werden Faustpfandrechte
an Grundpfandrechten gezählt (BSK OR I-PESTALOZZI, N 3; ZK-OSER/SCHÖ-
NENBERGER, N 7). Diese Verringerungen finden auch statt, wenn die Hauptschuld im betreffenden Jahr gar nicht (oder um einen Betrag von weniger
als 3 % resp. 1 %) getilgt wird (BSK OR I-PESTALOZZI, N 3); s. noch N 3. Nach
20 Jahren, wenn der Haftungshöchstbetrag der Bürgschaft (bei nicht grund-
pfandgesicherter Hauptschuld) auf 40 % gesunken ist, fällt die Bürgschaft
ganz hinweg (Art. 509 Abs. 3).

Nach Abs. 1 Satz 2 vermindert sich der Haftungshöchstbetrag entsprechend   3
der **Tilgung** der Hauptschuld (oder deren Absinken aus anderen Gründen), und zwar im gleichen Verhältnis wie die Hauptschuld. Wird z. B. die
Hauptschuld zu 50 % getilgt, vermindert sich der Haftungshöchstbetrag
ebenfalls um 50 %. Die Regelung verhindert, dass durch teilweise Tilgung
der Hauptschuld ein entsprechend grösser werdender Anteil des Haftungshöchstbetrags für Nebenansprüche (Art. 499 Abs. 2) ausgenutzt werden
kann; auch ohne die Anordnung des Abs. 1 Satz 2 vermindert sich ja akzessorietätsbedingt die Bürgschaftsverpflichtung mit jeder teilweisen Tilgung
der Hauptschuld. Für eine spätere Wiedererhöhung der bereits reduzierten Hauptschuld haftet der Bürge nicht mehr (BSK OR I-PESTALOZZI, N 14;
ZK-OSER/SCHÖNENBERGER, 14). Fraglich ist das Verhältnis der tilgungsbedingten (Satz 2) zur zeitabhängigen (Satz 1) Verminderung. Aus dem Wort
«mindestens» ergibt sich, dass es bei einem tilgungsbedingten Absenken
des Haftungshöchstbetrages, der über den (einschlägigen) Prozentsatz des

Satz 1 hinausgeht, bei der höheren, konkret tilgungsbedingten Minderung bleibt; nur soweit diese nicht den Prozentsatz des Satz 1 (gerechnet vom ursprünglichen Haftungshöchstbetrag) erreicht, tritt die gesetzliche Amortisation des Satz 1 ein (ZK-Oser/Schönenberger, N 15; BK-Giovanoli, N 6; offenbar für «Kumulation» beider Minderungen dagegen BSK OR I-Pestalozzi, N 4). Die verhältnismässige Reduktion des Haftungshöchstbetrags erfolgt zeitgleich mit jeder Tilgung; der fixe Abzug von 3 % (bzw. 1 %), erfolgt, soweit nach Satz 2 noch notwendig, jahresperiodisch am Tag der Begründung der Bürgschaft.

4   Von Abs. 1 Satz 1 **abweichende Vereinbarungen** sind – auch nach Abschluss des Bürgschaftsvertrags – zulässig. Sie bedürfen, soweit sie die Stellung des Bürgen verschlechtern, der Schriftform (Art. 493 Abs. 5). Eine Abweichung von Satz 2 (also vom tilgungsbedingten Abschmelzen des Haftungs*höchst*betrages) wird für unzulässig gehalten (BSK OR I-Pestalozzi, N 6; ZK-Oser/Schönenberger, N 13; kritisch *de le lege ferenda* Honsell, OR BT, 404).

5   Von der jährlichen Reduktion des Haftungsbetrags sind nach Abs. 2 **ausgenommen**: **(1)** Kautionsbürgschaften, vgl. Art. 493 Abs. 3; **(2)** Amts- und Dienstbürgschaften, vgl. Art. 512; **(3)** Bürgschaften für Verpflichtungen mit wechselndem Betrag, das Gesetz führt *beispielhaft* («wie») Kontokorrent (Art. 117) und Sukzessivlieferungsvertrag an (BSK OR I-Pestalozzi, N 5); **(4)** Bürgschaften für periodisch wiederkehrende Leistungen; diese Dauerverpflichtungen sind für die jährliche Reduktion ungeeignet (Beck, N 9).

Art. 501

c.   **Belangbarkeit des Bürgen**

¹ **Der Bürge kann wegen der Hauptschuld vor dem für ihre Bezahlung festgesetzten Zeitpunkt selbst dann nicht belangt werden, wenn die Fälligkeit durch den Konkurs des Hauptschuldners vorgerückt wird.**

² **Gegen Leistung von Realsicherheit kann der Bürge bei jeder Bürgschaftsart verlangen, dass der Richter die Betreibung gegen ihn einstellt, bis alle Pfänder verwertet sind und gegen den Hauptschuldner ein definitiver Verlustschein vorliegt oder ein Nachlassvertrag abgeschlossen worden ist.**

³ **Bedarf die Hauptschuld zu ihrer Fälligkeit der Kündigung durch den Gläubiger oder den Hauptschuldner, so beginnt die Frist für den Bürgen erst mit dem Tage zu laufen, an dem ihm diese Kündigung mitgeteilt wird.**

⁴ **Wird die Leistungspflicht eines im Ausland wohnhaften Hauptschuldners durch die ausländische Gesetzgebung aufgehoben oder eingeschränkt, wie beispielsweise durch Vorschriften über Verrechnungsverkehr oder durch Überweisungsverbote, so kann der in der Schweiz wohnhafte Bürge sich ebenfalls darauf berufen, soweit er auf diese Einrede nicht verzichtet hat.**

I. Fälligkeit der Hauptschuld (Abs. 1)

Wenn nicht anderes vereinbart worden ist, kann der Bürge (erst) mit **Fälligkeit der Hauptschuld** (Art. 75) belangt werden (BSK OR I-Pestalozzi, N 3; ZK-Oser/Schönenberger, N 7). Dies entspricht der Akzessorietät. Die Bürgschaft wird im Regelfall mit der Fälligkeit der Hauptschuld fällig. Steht die Hauptschuld unter Verfallsklausel, so hat der Bürge die durch die Verfallsklausel bewirkte Fälligkeit auch gegen sich gelten zu lassen (ZR 1941, 49 ff., 54). Zur vorzeitigen Fälligkeit bei Dahinfallen der Bürgschaft s. Art. 509 Abs. 4 und 6 (vgl. dort N 11). Ist im Bürgschaftsvertrag ein Kündigungsrecht vereinbart, so tritt durch Kündigung Fälligkeit ein; der Bürge kann aber erst nach Fälligkeit der Hauptschuld belangt werden. Bei Kündigung der Bürgschaft sind Art. 510 Abs. 3–5 entsprechend anwendbar (BSK OR I-Pestalozzi, N 5; ZK-Oser/Schönenberger, N 10).   1

In bestimmten Fällen kann für die Hauptschuld *kraft Gesetzes* Fälligkeit vor dem vertraglich vorgesehenen Zeitpunkt eintreten. Dies gilt dann für den Bürgen nicht; für ihn bleibt es bei dem ursprünglich absehbaren Fälligkeitstermin. Das Gesetz bestimmt dies in Abs. 1 für den Fall einer Vorverlegung der Fälligkeit durch **Konkurs** des Hauptschuldners (Art. 208 SchKG). Dem Bürgen gegenüber bleibt die Hauptforderung verzinslich, auch wenn dies für den Hauptschuldner nach Art. 209 SchKG nicht mehr gilt (BSK OR I-Pestalozzi, N 4; BK-Giovanoli, N 7). Wenn aber für die Hauptschuld kein Fälligkeitstermin vereinbart wurde, bewirkt der Konkurs des Hauptschuldners dem Bürgen gegenüber Fälligkeit (BSK OR I-Pestalozzi, N 3; ZK-Oser/Schönenberger, N 8). Die Regelung für den Konkurs gilt *per analogiam* bei Fälligwerden kraft **Arrestlegung** auf das Vermögen des Hauptschuldners (Art. 271 Abs. 2 SchKG; BSK OR I-Pestalozzi, N 4; BK-Giovanoli, N 6). Der Konkurs *des Bürgen* bewirkt Fälligkeit der Bürgschaft (Art. 215, 208 SchKG). Voraussetzung der Geltendmachung ist nur die Exis-   2 tenz der verbürgten Hauptschuld (BSK OR I-Pestalozzi, N 6). Der Konkursmasse stehen nach BGE 42 III 477 f. die Einreden der Vorausklage und der Verwertung von Pfandrechten zu.

3   Wenn Hauptschuldner und Gläubiger *vertraglich* den Fälligkeitszeitpunkt oder eine Kündigungsfrist (vgl. N 4) ändern, so wirkt dies, soweit die Fälligkeit hinausgeschoben wird, ohne weiteres auch zugunsten des Bürgen, soweit die Fälligkeit vorgezogen wird, nur bei formgebundener (Art. 493) Zustimmung des Bürgen (BSK OR I-Pestalozzi, N 3).

II. Kündigungsbedürftige Hauptschuld (Abs. 3)

4   Besteht für die Hauptschuld eine **Kündigungsfrist**, so beginnt die Frist für den Bürgen erst an dem Tag zu laufen, an dem ihm diese Kündigung mitgeteilt wurde (Abs. 3). Wenn die Hauptschuld erst nach Kündigung *seitens des Gläubigers* fällig wird, muss die Kündigung dem Bürgen, soll dieser belangt werden, mitgeteilt werden (auch bei Kündigungen, die – ohne Frist – *sofortige* Fälligkeit herbeiführen). Dies gilt auch gegenüber dem Solidarbürgen. Wenn die Kündigung *vom Hauptschuldner* ausgeht, ist es ebenfalls Sache des Gläubigers, dem Bürgen hiervon Mitteilung zu machen. Unterlässt der Gläubiger die nach Abs. 3 gebotene Mitteilung, hat der Bürge die Einrede der mangelnden Fälligkeit (BSK OR I-Pestalozzi, N 12; ZK-Oser/Schönenberger, N 9) und kann die Haftung für Betreibungs- und Ausklagungskosten verweigern (Art. 499 Abs. 2 Ziff. 2). Die Kündigung muss allen Mit- und Nachbürgen mitgeteilt werden.

III. Einstellung der Betreibung gegen Leistung von Realsicherheiten (Abs. 2)

5   Jeder Bürge kann gegen die Leistung einer Realsicherheit die Einstellung der Betreibung gegen sich verlangen, bis alle Pfänder verwertet sind und gegen den Hauptschuldner ein definitiver Verlustschein vorliegt oder ein Nachlassvertrag abgeschlossen worden ist. **Voraussetzungen**: Die Betreibung muss eingeleitet, d. h. der Zahlungsbefehl zugestellt sein (BSK OR I-Pestalozzi, N 8). Der Bürge hat eine Realsicherheit zu stellen, grundsätzlich bis zur Höhe der Bürgschaft (BSK OR I-Pestalozzi, N 9; BK-Giovanoli, N 13 f.; differenzierend Beck, N 22 f.; vgl. auch ZK-Oser/Schönenberger, N 15); wird die Realsicherheit (nachträglich) unzureichend, kann Nachdeckung verlangt werden (BSK OR I-Pestalozzi, N 9; BK-Giovanoli, N 15; ZK-Oser/Schönenberger, N 16). Die Solvenz des Hauptschuldners und des Bürgen dürfen beim richterlichen Entscheid über den Umfang der Realsicherheit nicht berücksichtigt werden (BSK OR I-Pestalozzi, N 9; BK-Giovanoli, N 12; anders Beck, N 25 und wohl auch ZK-Oser/Schönenberger, N 15).

Rechtsfolgen: Gegen den Bürgen hat die Einstellung der Betreibung die 6
Wirkung der betreibungsrechtlichen Stundung (Art. 85, 297 SchKG; BSK
OR I-Pestalozzi, N 10; ZK-Oser/Schönenberger, N 17). Die Einstellung
der Betreibung fällt dahin, wenn **(1)** die Pfänder verwertet wurden und
ein definitiver Verlustschein gegen den Hauptschuldner vorliegt (Art. 149,
115, 265 SchKG); oder **(2)** ein Nachlassvertrag durch die Nachlassbehörde
rechtskräftig bestätigt wurde (Art. 293 ff., 306 SchKG). Fällt die Einstellung der Betreibung dahin, kann der Gläubiger wahlweise die bisherige
Betreibung fortsetzen oder eine Betreibung auf Pfandverwertung hinsichtlich der Realsicherheiten einleiten (BSK OR I-Pestalozzi, N 10; BK-Giovanoli, N 18). Der Bürge, gegen den die Betreibung aufgeschoben wurde, bis
alle Pfänder verwertet sind und gegen den Hauptschuldner ein definitiver
Verlustschein vorliegt oder ein Nachlassvertrag abgeschlossen wurde, hat
die Stellung eines Ausfallbürgen nach Art. 495 Abs. 3 (BSK OR I-Pestalozzi, N 10; ZK-Oser/Schönenberger, N 17). Deswegen sollte er analog
Art. 495 Abs. 3 auch belangbar werden, wenn der Hauptschuldner seinen
Wohnsitz verlegt (BSK OR I-Pestalozzi, N 10; ZK-Oser/Schönenberger,
N 17).

IV. Aufhebung der Hauptschuld durch ausländische Gesetzgebung (Abs. 4)

Der in der Schweiz wohnhafte Bürge wird leistungsfrei, wenn die Verpflich- 7
tung des Hauptschuldners durch die ausländische Gesetzgebung eingeschränkt oder aufgehoben wird. Zweck der Vorschrift ist es, die Haftung des
Bürgen auf Fälle der Zahlungsunfähigkeit des Hautschuldners zu beschränken, während für Umstände, die von der Vermögenslage des Bürgen unabhängig sind, wie Clearingvorschriften, devisenrechtliche Zahlungsverbote
u. ä. die Haftung nur insoweit bestehen soll, als der Bürge sich dazu bewusst verpflichtet hat (BSK OR I-Pestalozzi, N 13; BK-Giovanoli, N 8).
Vorbehalten bleibt der schweizerische *Ordre public* (BGE 63 II 313; Kasuistik bei Beck, N 35). Die auf Abs. 4 gestützte Einrede ist verzichtbar; der Verzicht unterliegt den Formvorschriften des Art. 493.

Art. 502

d.   Einreden

¹ **Der Bürge ist berechtigt und verpflichtet, dem Gläubiger die Einreden entgegenzusetzen, die dem Hauptschuldner oder seinen Erben zustehen und sich nicht auf die Zahlungsunfähigkeit des Hauptschuldners stützen. Vorbehalten bleibt die Verbürgung einer für den Hauptschuldner wegen Irrtums oder Vertragsunfähigkeit unverbindlichen oder einer verjährten Schuld.**

² **Verzichtet der Hauptschuldner auf eine ihm zustehende Einrede, so kann der Bürge sie trotzdem geltend machen.**

³ **Unterlässt es der Bürge, Einreden des Hauptschuldners geltend zu machen, so verliert er seinen Rückgriff insoweit, als er sich durch diese Einreden hätte befreien können, wenn er nicht darzutun vermag, dass er sie ohne sein Verschulden nicht gekannt hat.**

⁴ **Dem Bürgen, der eine wegen Spiel und Wette unklagbare Schuld verbürgt hat, stehen, auch wenn er diesen Mangel kannte, die gleichen Einreden zu wie dem Hauptschuldner.**

I.   Einreden

1   Aus der Akzessorietät der Bürgschaftsforderung zur Hauptschuld ergibt sich, dass dem Bürgen die Einreden des Hauptschuldners aus eigenem Recht zustehen (BGE 60 II 304 f.). Der Bürge kann auf dieses Recht nicht verzichten (Art. 492 Abs. 4). Neben den Einreden im technischen Sinn kann der Bürge regelmässig alle Einreden und Einwendungen mit rechtshindernder oder rechtsvernichtender Wirkung erheben, die sich aus dem Grundverhältnis oder dem Gesetz ergeben (BECK, N 9). Dem Bürgen stehen jene Einreden zu, die sich auf die Entstehung, die Wirkung und den Inhalt sowie die Beendigung der Hauptschuld beziehen (BSK OR I-PESTALOZZI, N 6). Der Bürge kann und muss die Einrede der Verjährung (Art. 141 Abs. 2, heute miterfasst in Art. 502) erheben, sofern er sich nicht wissentlich für eine verjährte Schuld verbürgt hat (Art. 492 Abs. 2). Zur Einrede der mangelnden Fälligkeit vgl. Art. 501. Der Bürge hat auch die Einreden des Hauptschuldners, die sich auf die prozessuale Geltendmachung der Hauptschuld beziehen (BSK OR I-PESTALOZZI, N 8 m. Nw.). Hat sich der Bürge für Forderungen verbürgt, die wegen **Spiel und Wette** unklagbar sind, steht ihm die

Einrede der Unklagbarkeit auch dann zu, wenn er den Mangel der Durchsetzbarkeit gekannt hat (**Abs. 4**). Nicht geltend machen kann der Bürge Einreden in Bezug auf die Zahlungsfähigkeit des Hauptschuldners (BGE 60 II 305 ff.; Beispiele BSK OR I-Pestalozzi, N 9 f.). Für das Weiterhaften des Bürgen nach Abschluss eines Nachlassvertrags ist Art. 303 SchKG zu beachten (BGE 121 III 197 E. 4; 59 III 145 ff.).

Gestaltungsrechte des Hauptschuldners (Rücktrittsrecht, Widerrufsrecht, Anfechtungsrecht wegen Willensmängeln) sind keine Einreden i. S. v. Art. 502. Der Bürge kann und muss aber die Leistung verweigern, solange der Hauptschuldner die **Anfechtung wegen Willensmängeln** erheben kann (BSK OR I-Pestalozzi, N 5 m. w. Nw.; vgl. auch BGE 45 II 571 zur Einrede des nichterfüllten Vertrags). Nach Art. 121 kann er die Befriedigung des Gläubigers verweigern, soweit dem Hauptschuldner das Recht der **Verrechnung** zusteht. Wenn der Hauptschuldner ohne Zustimmung des Bürgen auf die Verrechnungsforderung verzichtet, so kann der Bürge die Leistung verweigern, weil sich der Verrechnungsverzicht und der Verzicht auf die Verrechnungsforderung in gleicher Weise erschwerend auf die Stellung des Bürgen auswirken (Art. 502 und Art. 121 *per analogiam*; Honsell, OR BT, 404 f.; offengelassen in BGE 126 III 28 E. 3b). Zur Novation der Hauptschuld beachte Art. 116 Abs. 2, 117 Abs. 2. Geht die Hauptschuld wegen nachträglicher Unmöglichkeit der Erfüllung unter (Art. 119), so erlischt auch die Bürgschaft (Art. 114 Abs. 1). 2

Ein rechtsgeschäftlicher **Verzicht** auf eine Einrede durch den *Hauptschuldner* nach Abschluss des Bürgschaftsvertrags belässt dem Bürgen die Möglichkeit, diese Einrede erheben (**Abs. 2**). Nicht erheben kann der Bürge Einreden, die durch **Verwirkung** untergegangen sind (z. B. Einrede der Täuschung, des Irrtums, Mangelrüge; BGE 45 II 571 f. E. 2). Der *Bürge* kann auf Einreden aus der Hauptschuld im Voraus nicht verzichten (BSK OR I-Pestalozzi, N 12 m. w. Nw.). 3

Neben den Einreden aus der Hauptschuld stehen dem Bürgen allfällige *eigene* Einreden aus dem Bürgschaftsvertrag selbst zu (Beispiele BSK OR I-Pestalozzi, N 2 f.). Auf seine eigene Einrede kann der Bürge im Voraus verzichten, soweit dies nach Art. 492 Abs. 4 möglich ist. Verzichtet der Bürge im Voraus auf Einreden, stellt sich allenfalls die Frage, ob statt Bürgschaft ein anderer Sicherungsvertrag vorliegt (BGE 113 II 440 E. 3d). 4

II. Einrede*pflicht* des Bürgen (Abs. 3)

Unterlässt es der Bürge schuldhaft, Einreden des Hauptschuldners geltend zu machen, so verliert er den Regress gegen diesen (Art. 507) in dem Umfang, als er sich durch die Einrede hätte befreien können (**Abs. 3**). Zahlt er durch Unterlassung der Einrede eine *Nicht*schuld, so kann er die Leistung 5 unter den Voraussetzungen von Art. 62 ff. und Art. 86 SchKG zurückfordern (BSK OR I-Pestalozzi, N 14; ZK-Oser/Schönenberger, N 31). Den Gläubiger trifft die Pflicht, den Bürgen über bestehende Einreden zu informieren, den Bürgen die Obliegenheit, sich vor Bezahlung der Schuld beim Gläubiger nach Einreden zu erkundigen (BSK OR I-Pestalozzi, N 14; BK-Giovanoli, N 19). Abs. 3 gilt nicht für eigene Einreden (N 4), die der Bürge nicht rechtzeitig geltend macht (BGE 57 II 522 E. 1).

Art. 503

e.   Sorgfalts- und Herausgabepflicht des Gläubigers

¹ Vermindert der Gläubiger zum Nachteil des Bürgen bei der Eingehung der Bürgschaft vorhandene oder vom Hauptschuldner nachträglich erlangte und eigens für die verbürgte Forderung bestimmte Pfandrechte oder anderweitige Sicherheiten und Vorzugsrechte, so verringert sich die Haftung des Bürgen um einen dieser Verminderung entsprechenden Betrag, soweit nicht nachgewiesen wird, dass der Schaden weniger hoch ist. Die Rückforderung des zuviel bezahlten Betrages bleibt vorbehalten.

² Bei der Amts- und Dienstbürgschaft ist der Gläubiger dem Bürgen überdies verantwortlich, wenn infolge Unterlassung der Aufsicht über den Arbeitnehmer, zu der er verpflichtet ist, oder der ihm sonst zumutbaren Sorgfalt die Schuld entstanden ist oder einen Umfang angenommen hat, den sie andernfalls nicht angenommen hätte.

³ Der Gläubiger hat dem Bürgen, der ihn befriedigt, die zur Geltendmachung seiner Rechte dienlichen Urkunden herauszugeben und die nötigen Aufschlüsse zu erteilen. Ebenso hat er ihm die bei der Eingehung der Bürgschaft vorhandenen oder vom Hauptschuldner nachträglich eigens für diese Forderung bestellten Pfänder und anderweitigen Sicherheiten herauszugeben oder die für ihre Übertragung erforderlichen Handlungen vorzunehmen. Die dem Gläubiger für andere Forderungen zustehenden Pfand- und Retentionsrechte bleiben vorbehalten, soweit sie denjenigen des Bürgen im Rang vorgehen.

⁴ **Weigert sich der Gläubiger ungerechtfertigterweise, diese Handlungen vorzunehmen, oder hat er sich der vorhandenen Beweismittel oder der Pfänder und sonstigen Sicherheiten, für die er verantwortlich ist, böswillig oder grobfahrlässig entäussert, so wird der Bürge frei. Er kann das Geleistete zurückfordern und für den ihm darüber hinaus erwachsenen Schaden Ersatz verlangen.**

I. Gläubigerpflichten gegenüber dem Bürgen

Obschon die Bürgschaft im Wesentlichen ein einseitig verpflichtender Vertrag ist, ist der Gläubiger doch verpflichtet, gewisse Interessen des Bürgen zu beachten. Der Gehalt und die Tragweite der jeweiligen Sorgfaltspflichten und Obliegenheiten sind anhand der konkreten Umstände im Einzelfall zu bestimmen (BGE 78 II 260 E. 5). Eine allgemeine und umfassende Sorgfaltspflicht des Gläubigers im Verhältnis zum Bürgen besteht indes nicht (BSK OR I-Pestalozzi, N 1; ZK-Oser/Schönenberger, N 3); sie würde den Wert der Bürgschaft als Sicherungsmittel erheblich mindern. Die Bestimmungen zu den Sorgfaltspflichten des Bürgen werden analog auf die Sorgfaltspflicht des zahlenden Solidarbürgen gegenüber den regresspflichtigen Bürgen angewendet (BGE 66 II 126 ff. E. 1). Die Vorschrift regelt die *Erhaltung* der Sicherheiten während der Zeit, in welcher die Bürgschaftssicherung besteht (Abs. 1), und die *Herausgabe* der Sicherheiten an den leistenden Bürgen (Abs. 3). Eine verschärfte Verantwortlichkeit (Einzelheiten BSK OR I-Pestalozzi, N 15 ff.) trifft den Gläubiger bei Amts- und Dienstbürgschaften (Abs. 2); s. zu ihnen auch Art. 512. **1**

II. Erhaltung der Sicherheiten (Abs. 1)

Der Bürge hat Anspruch, dass vorhandene Sicherheiten und Vorzugsrechte durch den Gläubiger nicht vermindert werden (Abs. 1), da diese nach Bezahlung der Hauptschuld auf ihn übergehen (Art. 503 Abs. 3). Im Hinblick auf die Sicherheiten steht der Gläubiger zum Bürgen in einem Verhältnis, das am ehesten mit einem Auftrag zu vergleichen ist (Wahrung *fremder* Interessen). **2**

Die Aufzählung der Sicherheiten in Abs. 1 ist nicht abschliessend (BGE 48 II 208 ff. E. 10–12; BSK OR I-Pestalozzi, N 5). Sicherheiten sind insbesondere jedes **Pfandrecht**, das **Retentionsrecht** (BGE 61 II 264), **Pfändungsrecht**, **Wechsel** (sofern daraus Dritte verpflichtet sind), der **Eigentumsvorbehalt** und allenfalls vorhandene weitere **Personalsicherheiten**. Der Gläubiger ist gegenüber dem Bürgen für jene Sicherheiten verantwortlich, die (1) bei Bürgschaftsübernahme schon bestanden haben oder zeitgleich **3** bestellt wurden, wenn die Bürgschaft speziell unter Bezugnahme auf die anderweitigen Sicherheiten eingegangen worden ist (BSK OR I-Pestalozzi, N 7; BK-Giovanoli, N 6; ZK-Oser/Schönenberger, N 13 f.). Für **diese** Sicherheiten spielt es keine Rolle, wenn sie auch andere Forderungen sicherten. (2) Sicherheiten, die vom Hauptschuldner, nicht aber von Dritten (BGE 50 III 84 ff.), nach Eingehen der Bürgschaft **speziell** für die verbürgte Schuld, bestellt wurden (BGE 48 II 207 f. E. 9.). Bei nachträglichen Sicherheiten, die ohne «ausschliessliche» Bezugnahme auf die verbürgte Forderung eingegangen worden sind (z. B. Pfandrechte «für alle bestehenden und zukünftigen Forderungen»), ist die Verantwortlichkeit streitig, denn Satz 1 spricht von den «eigens für die verbürgte Forderung» bestimmten Sicherungen (befürwortend Beck, N 10; ZK-Oser/Schönenberger, N 14; verneinend BSK OR I-Pestalozzi, N 9; BK-Giovanoli, N 9; vgl. auch BGE 48 II 212 f. E. 11).

4   Wenn dem Bürgen durch die schuldhafte (BSK OR I-Pestalozzi, N 11) Verminderung der Sicherheiten ein Schaden entsteht, verringert sich *ipso iure* die Bürgenhaftung um den betreffenden Minderbetrag, den der Bürge im Rückgriff weniger erlösen müsste; Abs. 1 Satz 1. Hat der Bürge in Unkenntnis dieser Betragsminderung voll gezahlt, ist er im entsprechenden Umfang zur Rückforderung berechtigt, Abs. 1 Satz 2 i. V. m. Art. 62 ff. Schuldhafte Verminderung, Schaden (BGE 66 II 130) und Kausalität sind vom Bürgen zu beweisen, während der Gläubiger beweisen kann, dass kein oder ein geringerer (BGE 66 II 130) Schaden vorliegt. Eine Verminderung der Sicherheiten liegt auch vor, wenn der Gläubiger die Sicherheiten eigenmächtig anderweitig verwendet (BGE 48 II 196, 210 E. 10c: Deckung anderer Forderungen); wenn sich vom Gläubiger verwahrte Sicherheiten nachteilig verändert haben (BGE 64 II 28 E. 3); bei Unterlassung der Geltendmachung eines Retentionsrechts (BGE 64 III 156 f. E. 5); bei Verzicht auf Pfändungsrechte (BGE 66 II 128 f. E. 2). Es fehlt am Schaden, wenn aufgrund der verspäteten Herausgabe eines Pfandausfallscheines die Fortführung der Betreibung eines neuen Zahlungsbefehls bedarf (Art. 158 SchKG; BGE 78 II 265: blosse Verminderung von Vorzugsrechten).

III. Informations- und Herausgabepflichten des Gläubigers

5   Der gesetzliche Übergang von Gläubigerrechten auf den leistenden Bürgen (Art. 507 Abs. 1) wird durch Informations- und Herausgabepflichten des Gläubigers effektiviert: Leistet der Bürge, so hat der Gläubiger alle zur Übergabe erforderlichen tatsächlichen und rechtlichen **Handlungen** (Art. 965 ZGB) vorzunehmen, Faustpfänder zu übergeben, Schuldbriefe o. ä. wertpapierrechtlich korrekt zu übertragen usw. (BGE 45 II 669 ff. zur Übertragung von Grundpfändern; BSK OR I-Pestalozzi, N 21; BK-Giovanoli, N 30; ZK-Oser/Schönenberger, N 32). Zur teilweisen Befriedigung vgl. BGE 78

II 261 f. E. 6. Weiterhin hat der Gläubiger dem Bürgen die zur Geltendmachung seiner Rechte nötigen **Urkunden** herauszugeben und die nötigen **Informationen** («Aufschlüsse») zu erteilen. Dies schliesst alle Beweismittel
(auch die Bürgschaftsurkunde selbst) und die Informationen tatsächlicher
Natur ein, die zur allfälligen Bildung eines Klagefundaments erforderlich
sind (BSK OR I-Pestalozzi, N 19 f.; BK-Giovanoli, N 26 f.). Keine Herausgabepflicht besteht, wenn die Sicherheiten in einem vorgehenden Rang andere Forderungen absichern (Abs. 3 Satz 3).

Durchsetzung. Der Bürge hat einen klagbaren Anspruch gegen den Gläubi-   6
ger. Der Bürge kann seine Zahlung von der Zug-um-Zug-Leistung aller
Handlungen, Urkundenherausgabe und Informationserteilung abhängig
machen, die er nach Abs. 3 beanspruchen kann (BGE 78 II 262 E. 7). Wenn
der Gläubiger «ungerechtfertigterweise» die Handlung nach Abs. 3 unterlässt (BGE 78 II 258 ff.: analoge Anwendung der Grundsätze zu Art. 91 und
504 Abs. 2), wird der Bürge nach **Abs. 4** frei, ohne dass noch ein Verschulden des Gläubigers nachzuweisen wäre (BGE 64 II 28 E. 2). Ebenfalls wird
er frei, wenn der Gläubiger grobfahrlässig oder böswillig Sicherheiten oder
Beweismittel veräussert. Der Bürge kann das Geleistete zurückfordern und
Ersatz des schuldhaft herbeigeführten Schadens verlangen (Abs. 4).

Art. 504

**Anspruch auf
Zahlungs-
annahme**

¹ Ist die Hauptschuld fällig, sei es auch infolge Konkurses des Hauptschuldners, so kann der Bürge jederzeit verlangen, dass der Gläubiger von ihm Befriedigung annehme. Haften für eine Forderung
mehrere Bürgen, so ist der Gläubiger auch zur Annahme einer blossen Teilzahlung verpflichtet, wenn
sie mindestens so gross ist wie der Kopfanteil des
zahlenden Bürgen.

² Der Bürge wird frei, wenn der Gläubiger die Annahme der Zahlung ungerechtfertigterweise verweigert.
In diesem Falle vermindert sich die Haftung allfälliger solidarischer Mitbürgen um den Betrag seines
Kopfanteils.

³ Der Bürge kann den Gläubiger auch vor der Fälligkeit der Hauptschuld befriedigen, wenn dieser zur
Annahme bereit ist. Der Rückgriff auf den Hauptschuldner kann aber erst nach Eintritt der Fälligkeit
geltend gemacht werden.

1 Die Vorschrift beinhaltet Sonderregelungen über die Verpflichtung des Gläubigers zur Annahme der Bürgenleistung. Daneben finden die allgemeinen Regelungen über den Annahmeverzug (Art. 91 ff.) nur noch Anwendung, soweit nicht Art. 504 als *lex specialis* vorgeht (BSK OR I-PESTALOZZI, N 1).

2 Bei Fälligkeit der Hauptschuld (Art. 75) kann der Bürge vom Gläubiger die Annahme der Befriedigung verlangen. Liegt Mitbürgschaft vor, hat der Gläubiger auch **Teilzahlungen** anzunehmen, die zumindest den Kopfanteil des zahlenden Bürgen abdecken (Abs. 1). Teilzahlungen des Bürgen muss der Gläubiger ausserdem annehmen, wenn der *Hauptschuldner* zu solchen berechtigt ist (dazu 69 N 1 ff.) oder der Bürge nur für einen Teil der Schuld haftet (BSK OR I-PESTALOZZI, N 3). Gleichgültig ist, aus welchem Grund die Fälligkeit der Hauptschuld eingetreten ist; Abs. 1 nennt noch den Konkurs des Hauptschuldners (Art. 208, 271 Abs. 2 SchKG).

3 Der Gläubiger ist zur Annahme auch dann verpflichtet, wenn der Bürge noch nicht zahlungspflichtig ist; dieser darf also **vorzeitig** leisten (vgl. ansonsten Art. 81). Soweit schon der *Hauptschuldner* zur vorzeitigen Erfüllung berechtigt ist (Art. 81), so auch der Bürge. Vorzeitige Leistung ist stets möglich, wenn sie mit Zustimmung des Gläubigers erfolgt. In diesem Fall steht dem Bürgen der Regress gegen den Hauptschuldner erst nach Fälligkeit der Hauptschuld zu (**Abs. 3**). Zur Anwendbarkeit von Art. 214 SchKG s. BGE 106 III 117 E. 4 = Pra 1981, 300 f.

4 Die ungerechtfertigt verweigerte Zahlungsannahme befreit den Bürgen (**Abs. 2**; Abweichung von den regulären Folgen des Gläubigerverzugs nach Art. 92 ff.); ein Verschuldensnachweis ist nicht erforderlich (BSK OR I-PESTALOZZI, N 4 m. w. Nw.). Bei solidarischer Mitbürgschaft (Art. 497) reduziert sich die Haftung der Mitbürgen um den Kopfanteil des Bürgen, der frei wird (Abs. 2 Satz 2).

Art. 505

g. Mitteilungspflicht des Gläubigers und Anmeldung im Konkurs und Nachlassverfahren des Schuldners

[1] Ist der Hauptschuldner mit der Bezahlung von Kapital, von Zinsen für ein halbes Jahr oder einer Jahresamortisation sechs Monate im Rückstand, so hat der Gläubiger dem Bürgen Mitteilung zu machen. Auf Verlangen hat er ihm jederzeit über den Stand der Hauptschuld Auskunft zu geben.

² Im Konkurs und beim Nachlassverfahren des Hauptschuldners hat der Gläubiger seine Forderung anzumelden und alles Weitere vorzukehren, was ihm zur
Wahrung der Rechte zugemutet werden kann. Den
Bürgen hat er vom Konkurs und von der Nachlassstundung zu benachrichtigen, sobald er von ihnen
Kenntnis erhält.

³ Unterlässt der Gläubiger eine dieser Handlungen, so
verliert er seine Ansprüche gegen den Bürgen insoweit, als diesem aus der Unterlassung ein Schaden
entstanden ist.

I. Allgemeines

Die Vorschrift statuiert im Zusammenhang mit kritischen Entwicklungen 1
der Hauptschuld zwingende (Art. 492 Abs. 4) **Sorgfaltspflichten des Gläubigers** im Verhältnis zum Bürgen.

II. Mitteilungs- und Auskunftspflichten des Gläubigers (Abs. 1)

Den Gläubiger trifft die Pflicht, den Bürgen über abschliessend bestimmte 2
Zahlungsrückstände (sechsmonatiger Zahlungsrückstand bei der Bezahlung von Kapital, Zinsen oder einer Jahresamortisation) zu informieren. Die
Sechsmonatsfrist läuft ab Fälligkeit der Hauptschuld, ohne dass der Schuldner in Verzug gesetzt (Art. 102) oder die Leistung gemahnt (Art. 496 Abs. 1)
sein müsste (BSK OR I-Pestalozzi, N 4 u. a.); eine vorherige Mitteilung ist
zulässig, eine erneute Mitteilung ist allerdings nach weiteren sechs Monaten notwendig, wenn sich die Vermögenslage seit der ersten Mitteilung
weiter verschlechtert hat (BSK OR I-Pestalozzi, N 4; BK-Giovanoli, N 3a;
anders Beck, N 10; ZK-Oser/Schönenberger, N 9). Eine allgemeine, über
Abs. 1 hinausgehende Pflicht des Gläubigers, den Bürgen von sich aus über
Verschlechterungen der Vermögenslage des Hauptschuldners zu unterrichten, besteht nicht (BSK OR I-Pestalozzi, N 3; ZK-Oser/Schönenberger,
N 5).

Der Gläubiger muss dem Bürgen auf dessen Verlangen **Auskunft** über den 3
Stand der Hauptschuld geben (Abs. 1 Satz 2). Diese Pflicht geht dem Bank-
geheimnis vor (BSK OR I-Pestalozzi, N 13; BK-Giovanoli, N 5).

III. Insbesondere bei Konkurs und Nachlassverfahren (Abs. 2)

Der Gläubiger hat den Bürgen vom Konkurs (Art. 159, 270 SchKG) und 4
der Bewilligung der Nachlassstundung (Art. 293 ff. SchKG; Beck, N 17) des

Hauptschuldners zu unterrichten, sobald er davon Kenntnis hat. Die Mitteilung muss aufzeigen, wohin sich der Bürge zu wenden hat, und zu einem Zeitpunkt erfolgen, zu welchem dem Bürgen noch genügend Zeit für die Anmeldung seiner Forderungen bleibt (BSK OR I-Pestalozzi, N 12); die Mitteilungspflicht entfällt, wenn der Bürge anderweitig Kenntnis vom Konkurs oder der Nachlassstundung erhalten hat (BGE 59 III 147).

5   Gerät der Hauptschuldner in Konkurs, ist der *Gläubiger* verpflichtet, die verbürgte Hauptschuld innert Monatsfrist ab Bekanntgabe des Konkurses beim Konkursamt anzumelden (Art. 232 Abs. 2 Ziff. 2, 251, 246 SchKG); die eigene Anmeldungsbefugnis des Bürgen ist streitig (Art. 217 Abs. 2 SchKG; BSK OR I-Pestalozzi, N 6; Beck, N 20; offenbar anders ZK-Oser/Schönenberger, N 20). Im Nachlassverfahren hat der Gläubiger seine Forderungen innerhalb von 20 Tagen ab öffentlicher Bekanntgabe durch den Sachwalter anzugeben (Art. 300 SchKG). Der Gläubiger kann ohne Rücksicht auf allfällige Zahlungen des Bürgen den gesamten Betrag der Hauptschuld anmelden (Art. 217 Abs. 1 SchKG; BGE 42 II 142). Er hat weiter die für die verbürgte Hauptschuld bestehenden Pfand- und Retentionsrechte und Pfänder anzumelden (BGE 64 III 156 f. E. 5 zum Retentionsrecht; Art. 232 Abs. 2 Ziff. 4 SchKG). Wenn der Bürge während des Konkursverfahrens Zahlungen an den Gläubiger leistet, erwirbt der Bürge dessen Rechte in deren jetzigem Rechtszustand; die Regressforderungen des Bürgen gegen den Hauptschuldner müssen also nicht neu angemeldet werden (BGE 58 III 126 f.; BSK OR I-Pestalozzi, N 7; ZK-Oser/Schönenberger, N 21).

6   Der Gläubiger hat ausserdem alles Weitere zur Wahrung der Rechte vorzunehmen, was ein sorgfältiger Gläubiger, der keinen Regress nehmen kann, vorkehren würde. Über den Umfang dieser erweiterten Treue- und Sorgfaltspflicht entscheidet der Richter nach Ermessen (BSK OR I-Pestalozzi, N 8; BK-Giovanoli, N 9 ff.). Als weitere Vorkehrungen können im Einzelfall in Betracht kommen: die Teilnahme an der Gläubigerversammlung, die Überwachung und Weiterleitung von Verfügungen der Konkursverwaltung und allfälligen Beschwerden dagegen, die Einsichtnahme in den Kollokationsplan und das Lastenverzeichnis und die Kollokationsklage bei Abweisung der Forderung des Gläubigers oder Nichtzulassung an privilegierter Stelle (Einzelheiten s. BSK OR I-Pestalozzi, N 9; BK-Giovanoli, N 12 ff.). Im Nachlassverfahren bestimmen sich die zumutbaren Vorkehrungen des Gläubigers ausserdem nach Art. 303 SchKG: Der Gläubiger, der dem Nachlassvertrag zustimmt, verliert seine Rechte gegen den Bürgen, wenn er diesem Ort und Zeit der Gläubigerversammlung nicht zumindest 10 Tage vorher bekannt gibt und ihm die Abtretung der Forderung gegen Zahlung anbietet oder dem Bürgen die Entscheidung über den Beitritt zum Nachlassvertrag anbietet (BSK OR I-Pestalozzi, N 10; BK-Giovanoli, N 14).

Die Bestimmungen sind auf den Konkurs und das Nachlassverfahren von   7
Mitbürgen nicht anwendbar (BSK OR I-PESTALOZZI, N 2 m. w. Nw.); wohl
aber im Verhältnis von Nachbürgen und Bürgen (BECK, N 6).

IV. Haftung (Abs. 3)

Wenn der Gläubiger die in Art. 505 vorgesehenen Handlungen unterlässt,   8
verliert er seinen Anspruch gegen den Bürgen, insoweit dem Bürgen bei
einem eventuellen Regress Schaden entstehen würde (Abs. 3). Es besteht,
obschon es im Wortlaut nicht zum Ausdruck kommt, ein Verschuldenserfordernis analog Art. 97 (BSK OR I-PESTALOZZI, N 13). Dementsprechend kann
ein Mitverschulden des Bürgen berücksichtigt werden (Art. 44 analog).

Art. 506

Verhältnis des Bürgen zum Hauptschuldner

Recht auf Sicherstellung und Befreiung

Der Bürge kann vom Hauptschuldner Sicherstellung
und, wenn die Hauptschuld fällig ist, Befreiung von
der Bürgschaft verlangen:

1. wenn der Hauptschuldner den mit dem Bürgen getroffenen Abreden zuwiderhandelt, namentlich die
   auf einen bestimmten Zeitpunkt versprochene Entlastung des Bürgen nicht bewirkt;
2. wenn der Hauptschuldner in Verzug kommt oder
   durch Verlegung seines Wohnsitzes in einen andern
   Staat seine rechtliche Verfolgung erheblich erschwert;
3. wenn durch Verschlimmerung der Vermögensverhältnisse des Hauptschuldners, durch Entwertung
   von Sicherheiten oder durch Verschulden des
   Hauptschuldners die Gefahr für den Bürgen erheblich grösser geworden ist, als sie bei der Eingehung
   der Bürgschaft war.

Unter bestimmten Umständen hat der Bürge das Recht, *vom Hauptschuld-*   1
ner Sicherstellung und – bei Fälligkeit (Art. 75) – Befreiung von der Bürgschaft zu verlangen (**Deckungs- oder Revalierungsanspruch**). Der Anspruch beruht – ungeschrieben – darauf, dass der Bürge kraft seines
Vertragsverhältnisses zum Hauptschuldner oder allenfalls als dessen auf-
tragloser Geschäftsführer (Art. 419 ff.) nach Leistung rückgriffsberechtigt
wäre. Ist dies nicht der Fall, entsteht auch kein Deckungsanspruch.

2   Das Gesetz nennt als Gründe: **(1)** Dem Hauptschuldner fällt ein **Verstoss gegen Abreden** zwischen ihm und dem Bürgen zur Last; Ziff. 1. **(2)** Der Hauptschuldner kommt in **Verzug**, Art. 102 f.; Ziff. 2. **(3)** Der Hauptschuldner erschwert seine rechtliche Verfolgung durch **Wohnsitzverlegung** in einen anderen Staat erheblich (vgl. Art. 495 Abs. 1, 3; Art. 495 N 6); Ziff. 2. **(4) Erhebliche Gefahrerhöhung** für den Bürgen, weil sich die Vermögensverhältnisse des Hauptschuldners erheblich verschlechtern oder die Sicherheiten entwertet werden oder der Hauptschuldner sich schuldhaft verhalten hat; Ziff. 3.

3   **Anspruchsinhalt:** Der Bürge hat Anspruch auf Sicherstellung der *gesamten* Regressforderung und nicht nur des drohenden Schadens. Der Sicherungsanspruch kann mittels Zwangsvollstreckung erzwungen werden (Art. 38 SchKG; BSK OR I-Pestalozzi, N 3). Als Sicherheiten kommen sowohl Personal- als auch Realsicherheiten in Frage (BSK OR I-Pestalozzi, N 3). Bei *Fälligkeit der Hauptschuld* kann der Bürge Befreiung von der Bürgschaft verlangen; dies bewirkt der Schuldner am einfachsten durch Befriedigung des Gläubigers.

Art. 507

b.   **Das Rückgriffsrecht des Bürgen**

aa.   **Im Allgemeinen**

[1] **Auf den Bürgen gehen in demselben Masse, als er den Gläubiger befriedigt hat, dessen Rechte über. Er kann sie sofort nach Eintritt der Fälligkeit geltend machen.**

[2] **Von den für die verbürgte Forderung haftenden Pfandrechten und andern Sicherheiten gehen aber, soweit nichts anderes vereinbart worden ist, nur diejenigen auf ihn über, die bei Eingehung der Bürgschaft vorhanden waren oder die vom Hauptschuldner nachträglich eigens für diese Forderung bestellt worden sind. Geht infolge bloss teilweiser Bezahlung der Schuld nur ein Teil eines Pfandrechtes auf den Bürgen über, so hat der dem Gläubiger verbleibende Teil vor demjenigen des Bürgen den Vorrang.**

[3] **Vorbehalten bleiben die besonderen Ansprüche und Einreden aus dem zwischen Bürgen und Hauptschuldner bestehenden Rechtsverhältnis.**

⁴ Wird ein für eine verbürgte Forderung bestelltes
Pfand in Anspruch genommen, oder bezahlt der
Pfandeigentümer freiwillig, so kann der Pfandeigentümer auf den Bürgen hiefür nur Rückgriff
nehmen, wenn dies zwischen dem Pfandbesteller
und dem Bürgen so vereinbart oder das Pfand
von einem Dritten nachträglich bestellt worden
ist.

⁵ Die Verjährung der Rückgriffsforderung beginnt mit
dem Zeitpunkt der Befriedigung des Gläubigers
durch den Bürgen zu laufen.

⁶ Für die Bezahlung einer unklagbaren Forderung
oder einer für den Hauptschuldner wegen Irrtums
oder Vertragsunfähigkeit unverbindlichen Schuld
steht dem Bürgen kein Rückgriffsrecht auf den
Hauptschuldner zu. Hat er jedoch die Haftung für
eine verjährte Schuld im Auftrag des Hauptschuldners übernommen, so haftet ihm dieser nach den
Grundsätzen über den Auftrag.

I. Allgemeines

Der zahlende Bürge ist berechtigt, beim befreiten Hauptschuldner Rück- 1
griff zu nehmen. Diese Berechtigung beruht primär auf dem jeweiligen,
zwischen Bürgen und Hauptschuldner bestehenden Rechtsverhältnis,
z. B. Auftrag, Art. 402, einem Tätigwerden des Bürgen als auftragslosem
Geschäftsführer des Hauptschuldners, Art. 422, oder auf ungerechtfertigter Bereicherung (Art. 62; BK-Giovanoli, N 1). Über diesen Rückgriffsanspruch, der vom Einzelfall abhängt, ist im Bürgschaftsrecht nichts
Besonderes bestimmt (s. aber Abs. 3). Art. 507 statuiert vielmehr als *weiteres*, sekundäres Rückgriffsmittel, dass die Rechte des Gläubigers, soweit
der Bürge diesen befriedigt, von Gesetzes wegen auf den Bürgen übergehen
(**gesetzliche Subrogation**; Art. 110, 166). Damit erhält der Bürge nach
Art. 110, 170 zur Absicherung seines Rückgriffs allfällige, dem Gläubiger
zustehende Nebenrechte (BGE 94 III 3 E. 1: Pfandrechte; ausserdem Retentionsrechte, Eigentumsvorbehalte, Betreibungsrechte, Rechte gegen Mitbürgen; vgl. auch BSK OR I-Pestalozzi, N 2). Der Erwerb dieser Nebenrechte ist der Hauptzweck der gesetzlichen Subrogation. Dadurch wird
der ohnehin bestehende Rückgriffsanspruch aus dem Rechtsverhältnis
Bürge–Hauptschuldner verstärkt. Zwischen dem jeweiligen Rückgriffsanspruch aus dem konkreten Bürge-Hauptschuldner-Verhältnis und dem nach
Art. 507 übergegangenen Gläubigeranspruch besteht Anspruchskonkurrenz (BSK OR I-Pestalozzi, N 1; ZK-Oser/Schönenberger, N 20 f.). Der

Rückgriffsanspruch aus dem Innenverhältnis begrenzt inhaltlich den kraft Subrogation erworbenen Anspruch, Abs. 3 und dazu N 6.

2   Die Vorschrift gilt für alle Bürgschaften (zur Nach- und Rückbürgschaft BECK, N 12; ZK-OSER/SCHÖNENBERGER, N 8); entsprechend auch für den Kreditauftrag (Art. 411). Keine Anwendung findet Art. 507 beim Rückgriff bezüglich der Mitbürgen (BGE 66 II 126 E. 1; 45 III 110 E. 2; s. dazu Art. 497 Abs. 2); auf Wechselbürgschaften (OGer LU, SJZ 1983, 129); auf den selbstständigen Garantievertrag (BSK OR I-PESTALOZZI, N 3); beachte ausserdem Abs. 6 und dazu N 12.

3   Die Vorschrift enthält weitgehend **zwingendes Recht**. Der Gläubiger kann die Subrogationsanordnung insofern unterlaufen, als er Sicherungen immer zugleich auf andere Forderungen erstreckt. Dispositiv sind Abs. 2 Satz 1 und Abs. 4.

II. Voraussetzungen

4   Es muss eine **gültige Bürgschaftsverpflichtung** bestanden haben, die seitens des Bürgen getilgt (nicht bloss gesichert oder verstärkt) wurde. Zahlungen, die nicht auf eine gültige Bürgschaftsverpflichtung hin geleistet werden, lösen die Subrogation nicht aus. Gläubigerbefriedigung kann auch durch **Erfüllungssurrogate** (z. B. Verrechnung) erfolgen (vgl. BSK OR I-PESTALOZZI, N 5). Teilbefriedigung ist möglich (Abs. 1; BSK OR I-PESTALOZZI, N 5, s. noch N 10). Weil die Bürgschaftsschuld bestanden haben muss, ist auch Bestand der Hauptschuld erforderlich (Ausnahmeregelung in Abs. 6). Der Bürge trägt die Beweispflicht für die Zahlung (BGE 53 II 29 f.).

III. Rechtsfolgen

1.   Forderungsübergang

5   Der Übergang erfolgt *ipso iure*. Gläubigermitwirkung ist nicht erforderlich; dieser kann den Übergang auch nicht hindern. Der Schuldner kann dem Bürgen alle Einreden entgegenhalten, die ihm gegenüber dem Gläubiger zustanden, Art. 166, 169. Für den Bürgen ist oder wird die Forderung **fällig**, wie es sich nach den für sie geltenden Regeln ergibt; Abs. 1 Satz 2 (s. aber N 6). Der Schuldner kann dem Bürgen alle Einreden aus dem Grundverhältnis zum Gläubiger entgegenhalten (vgl. Art. 169; BSK OR I-PESTALOZZI, N 6; ZK-OSER/SCHÖNENBERGER, N 30). Für die durch Subrogation erworbene Forderung hatte nach allgemeinen Regeln die **Verjährung** (Art. 127) bereits in der Person des Gläubigers zu laufen begonnen; diese Verjährung würde nach Art. 169, 166 auch gegenüber dem Bürgen weiterlaufen. Indes bestimmt **Abs. 5** einen Neubeginn der Rückgriffsforderung des Bürgen (nicht aber der Forderung des Gläubigers gegen den Hauptschuld-

ner); dieser erfolgt mit Befriedigung des Gläubigers durch den Bürgen (BSK OR I-Pestalozzi, N 12a; BK-Giovalnoli, N 16 f.).

Die Subrogation ist ohne Einfluss auf Einreden und Ansprüche aus dem **6 Rechtsverhältnis zwischen Bürgen und Hauptschuldner** (N 1); der Hauptschuldner kann diese weiterhin geltend machen (vgl. BGE 53 II 31 E. 2; 60 II 109 E. 4; Beispiele bei Beck, N 32; ausführlich ZK-Oser/Schönenberger, N 42 ff.). Dabei begrenzt aber das Innenverhältnis zwischen Bürge und Hauptschuldner (N 1) zugleich die subrogationsweise erworbenen Rechte (**Abs. 3**); z. B. kann für eine allfällige Regressleistung Ratenzahlung vereinbart sein; dies gilt dann auch für die hinzuerworbene Forderung des Gläubigers.

2. Übergang von Nebenrechten, Pfandrechten und anderen Sicherheiten

Auf den Bürgen gehen kraft Subrogation mit der Forderung all deren **Ne- 7 benrechte** über, einschliesslich der prozessrechtliche Status der Forderung. Mit der Forderung gehen, soweit sie nicht untrennbar mit der Person des Bürgen verbunden sind oder sich aus dem Bürgschaftsrecht Einschränkungen ergeben (BGE 94 III 3 E. 1; Beck, N 35), über: Nebenrechte, soweit der Bürge dafür haftet (Art. 499) und Zahlung geleistet hat (BGE 45 III 110 E. 2; z. B. Zinsen, Konventionalstrafen, Pfandrechte und andere Sicherheiten); der Forderung anhaftende Vorzugsrechte (Art. 170; z. B. Exekutionsrechte; Konkursprivilegien; BGE 45 III 18: die Befugnis, eine begonnene Betreibung fortzusetzen; s. auch BSK OR I-Pestalozzi, N 6). Rechte des Gläubigers gegen **Mitbürgen** gehen mit über (BSK OR I-Pestalozzi, N 7; BK-Giovanoli, N 5 f.; nach Beck, N 36 f., auch die für die Bürgschaft bestellten Pfänder), sind aber bei der regelmässigen Teilhaftung der Mitbürgen (Art. 497) gegenstandslos (wenn alle Bürgen bezahlen), weil sie nur auf Zahlung der auf die Mitbürgen entfallenden Teile gerichtet sind.

Insbesondere gehen die für die verbürgte Forderung haftenden **Pfand- 8 rechte und anderen Sicherheiten** über, die bei Bürgschaftsbestellung schon bestanden haben oder (nachträglich) *vom Hauptschuldner* (nicht: von Dritten) *eigens für diese Forderung* bestellt worden sind (**Abs. 2 Satz 1**). Erfasst sind Grund-, Faust-, Forderungspfandrechte, Retentionsrechte (BGE 64 III 156 f. E. 5; 56 II 106 f.) und Pfändungspfandrechte. Auch der Pfandrechtserwerb erfolgt *ipso iure*: Der Bürge erwirbt das **Faustpfand** auch ohne Sachübergabe. Der Gläubiger ist ihm zur Herausgabe verpflichtet (s. Art. 503 Abs. 3); s. auch Art. 503 N 5 f. zu ergänzenden Übertragungs-, Herausgabe- und Informationspflichten.

Die Regelung des Abs. 2 Satz 1 ist **halbdispositiv**: nach h. L. ist nur eine *Er- 9 weiterung* der auf den Bürgen übergehenden Rechte (z. B. auf nachträglich *durch Dritte* bestellte Pfandrechte) möglich (BSK OR I-Pestalozzi, N 7; Beck, N 13; Oser/Schönenberger, N 39; anders BK-Giovanoli, N 8).

3. Teilzahlung und Teilsubrogation

10 Eine Teilzahlung bewirkt eine (sofortige) verhältnismässige **Teilsubroga-tion**. Die Hauptschuld ist damit geteilt; der Hauptschuldner ist einer Teilfor-derung des Bürgen, einer weiteren des Gläubigers ausgesetzt. Im Konkurs des Hauptschuldners geniesst die Teilforderung des Gläubigers Vorrang (Art. 217 SchKG, *nemo subrogat contra se*). Teilsubrogation und **Pfand-recht**: Für den kraft Subrogation erworbenen Forderungsteil haftet das Pfand (auch soweit die bewegliche Pfandsache beim Gläubiger verbleibt). Hierzu bestimmt **Abs. 2 Satz 2**, dass das Pfandrecht des Bürgen nachrangig zu dem des Gläubigers ist (s. auch BGE 64 III 48 f.; 60 II 183). Eine Verein-barung, die den Rückgriff für Teilzahlungen bis zur vollständigen Befriedi-gung des Gläubigers aufschiebt (Ausschluss der Teilsubrogation), ist wegen des zwingenden Charakters der Vorschrift unwirksam (BSK OR I-PESTA-LOZZI, N 4; BECK, N 13; anders BK-GIOVANOLI, N 8).

IV. Pfandbesteller befriedigt Gläubiger (Abs. 4)

11 Abs. 4 regelt den Fall, dass der Gläubiger einer bürgschaftsgesicherten For-derung Befriedigung aufgrund eines ihm bestellten Pfandes erhält, sei es durch Pfandverwertung, sei es durch freiwillige Zahlung des Pfandeigen-tümers. In diesem Fall erwirbt der Pfandeigentümer nach Art. 126 die For-derung gegen den Hauptschuldner und es fragt sich, ob er zugleich (Art. 166, 170) die Forderung gegen den Bürgen erwirbt. Hierzu bestimmt Abs. 4, dass die Letzthaftung eher auf dem Pfandeigentümer als auf dem Bürgen liegt: Der Pfandeigentümer erhält im Grundsatz *keinen* Rückgriff auf den Bürgen. Ausnahmen: **(1)** Ein Rückgriff auf den Bürgen wurde vereinbart; **(2)** das Pfand wurde nach der Bürgschaft von einem Dritten (nicht dem Hauptschuldner) bestellt.

V. Ausschluss des Bürgenregresses (Abs. 6)

12 Nach Abs. 6 Satz 1 wird dem Bürgen der Rückgriff abgesprochen: im Falle der Bezahlung einer unklagbaren Forderung (vgl. Art. 502 Abs. 4); wenn der Bürge wissentlich für eine wegen Irrtums oder Vertragsunfähigkeit des Hauptschuldners unverbindliche Forderung gebürgt (vgl. die Garantiever-träge in Art. 492 Abs. 3) und auf diese gezahlt hat; in diesen Fällen soll der Hauptschuldner nicht auf dem Umweg über den Bürgen belangbar werden (BECK, N 24). Der Ausschluss des Rückgriffs muss den Anspruch aus dem Innenverhältnis Bürge–Hauptschuldner (N 1) und den kraft Subrogation erworbenen Anspruch erfassen. Hat der Bürge eine verjährte Forderung (Art. 492 Abs. 3) besichert, haftet ihm der Hauptschuldner gemäss Abs. 6 Satz 2 gemäss den Grundsätzen über den Auftrag (Art. 402), also wenn er weisungsgemäss oder wenigstens tunlich und mit mutmasslichem Einver-ständnis (Art. 397) gezahlt hat.

Art. 508

<table>
<tr>
<td>bb.</td>
<td>Anzeigepflicht des
Bürgen</td>
<td>

[1] Bezahlt der Bürge die Hauptschuld ganz oder teilweise, so hat er dem Hauptschuldner Mitteilung zu machen.

[2] Unterlässt er diese Mitteilung und bezahlt der Hauptschuldner, der die Tilgung nicht kannte und auch nicht kennen musste, die Schuld gleichfalls, so verliert der Bürge seinen Rückgriff auf ihn.

[3] Die Forderung gegen den Gläubiger aus ungerechtfertigter Bereicherung bleibt vorbehalten.

</td>
</tr>
</table>

Die Vorschrift dient der Vermeidung von **Doppelzahlungen** durch Bürgen und Hauptschuldner. Nach **Abs. 1** hat der Bürge dem Hauptschuldner Mitteilung zu geben, wenn er freiwillig bezahlt hat oder zur Zahlung gezwungen wurde (ZK-OSER/SCHÖNENBERGER, N 3), sofern für diese Zahlung ein Rückgriffsrecht gegen den Hauptschuldner besteht (BECK, N 7). Da der Bürge die Beweislast für die Mitteilung trägt, empfiehlt sich hierfür die Schriftform (BSK OR I-PESTALOZZI, N 2). Der Bürge verliert nach **Abs. 2** den Rückgriff (Art. 507), wenn er die Mitteilung *schuldhaft* (ungeschriebene Voraussetzung; BSK OR I-PESTALOZZI, N 3) unterlässt und der Hauptschuldner, der von der Tilgung weder Kenntnis hatte noch haben musste, die Schuld bezahlt. Zwischen der Unterlassung der Mitteilung und der Zahlung muss ein *adäquater Kausalzusammenhang* bestehen; die Beweislast hierfür liegt beim Hauptschuldner (BSK OR I-PESTALOZZI, N 3). Der Bürge, der sein Regressrecht verloren hat, ist nach **Abs. 3** auf die Ansprüche aus ungerechtfertiger Bereicherung (Art. 508 Abs. 3; Art. 62 ff.) gegen den Gläubiger und allenfalls auf die Rückforderungsklage nach Art. 86 SchKG verwiesen (BSK OR I-PESTALOZZI, N 4; ZK-OSER/SCHÖNENBERGER, N 6). — 1

Art. 509

<table>
<tr>
<td>C.</td>
<td>Beendigung der
Bürgschaft</td>
<td rowspan="2">

[1] Durch jedes Erlöschen der Hauptschuld wird der Bürge befreit.

[2] Vereinigen sich aber die Haftung als Hauptschuldner und diejenige aus der Bürgschaft in einer und derselben Person, so bleiben dem Gläubiger die ihm aus der Bürgschaft zustehenden besondern Vorteile gewahrt.

</td>
</tr>
<tr>
<td>.</td>
<td>Dahinfallen von
Gesetzes wegen</td>
</tr>
</table>

³ Jede Bürgschaft natürlicher Personen fällt nach Ablauf von 20 Jahren nach ihrer Eingehung dahin. Ausgenommen sind die gegenüber der Eidgenossenschaft oder ihren öffentlich-rechtlichen Anstalten oder gegenüber einem Kanton für öffentlich-rechtliche Verpflichtungen, wie Zölle, Steuern und dgl., und für Frachten eingegangenen Bürgschaften sowie die Amts- und Dienstbürgschaften und die Bürgschaften für periodisch wiederkehrende Leistungen.

⁴ Während des letzten Jahres dieser Frist kann die Bürgschaft, selbst wenn sie für eine längere Frist eingegangen worden ist, geltend gemacht werden, sofern der Bürge sie nicht vorher verlängert oder durch eine neue Bürgschaft ersetzt hat.

⁵ Eine Verlängerung kann durch schriftliche Erklärung des Bürgen für höchstens weitere zehn Jahre vorgenommen werden. Diese ist aber nur gültig, wenn sie nicht früher als ein Jahr vor dem Dahinfallen der Bürgschaft abgegeben wird.

⁶ Wird die Hauptschuld weniger als zwei Jahre vor dem Dahinfallen der Bürgschaft fällig, und konnte der Gläubiger nicht auf einen frühern Zeitpunkt kündigen, so kann der Bürge bei jeder Bürgschaftsart ohne vorherige Inanspruchnahme des Hauptschuldners oder der Pfänder belangt werden. Dem Bürgen steht aber das Rückgriffsrecht auf den Hauptschuldner schon vor der Fälligkeit der Hauptschuld zu.

I.   Beendigung der Bürgschaft im Allgemeinen

1   Art. 509–511 regeln das Erlöschen der Bürgschaft aus den folgenden Gründen: akzessorietätsbedingt durch Erlöschen der Hauptschuld (Art. 509 Abs. 1); nach besonderen Bürgenschutzvorschriften in Art. 509 Abs. 3–6, die eine zeitliche Begrenzung der Bürgenhaftung auf zwanzig Jahre statuieren; durch Widerruf wegen veränderter Umstände (bei Verbürgung für zukünftige Forderungen), Art. 510; durch eine Quasi-Kündigung nach Art. 511, 512 (bei Bürgschaft auf unbestimmte Zeit). Daneben erlischt die Bürgschaft nach den allgemeinen Grundsätzen des Obligationenrechts; eine Ausnahmevorschrift hierzu enthält Art. 509 Abs. 2. Hat *der Gläubiger* dem Bürgen eine Gegenleistung für die Bürgschaft versprochen, ist bei deren Ausbleiben ein Rücktritt des Bürgen nach Art. 107 ff. möglich (vgl. BSK OR I-Pestalozzi, Art. 510 N 2).

II. Erlöschen der Hauptschuld (Abs. 1)

Akzessorietätsbedingt wird der Bürge durch *jedes* Erlöschen der Haupt-   2
schuld befreit (Art. 509 Abs. 1; vgl. Art. 114 Abs. 1). Es ist unerheblich, ob
der Gläubiger befriedigt worden ist oder seine Forderung aus anderen
Gründen erloschen ist; Art. 147 Abs. 2 ist nicht anwendbar (BSK OR I-Pestalozzi, N 2; ZK-Oser/Schönenberger, N 3). Die Berufung auf einen selbstständigen Untergangsgrund ist nicht rechtsmissbräuchlich (BGE 64 II 289
E. 3). Teilweises Erlöschen bewirkt eine teilweise Befreiung des Bürgen (für
die Teilzahlung BSK OR I-Pestalozzi, N 3).

Hauptschuld und Bürgschaft **erlöschen** durch: Bezahlung, Verrechnung,   3
Hingabe an Zahlungs statt, Löschung des Schuldbriefs im Grundbuch (BGE
66 II 156 f. E. 2; BGE 64 II 286 f. E. 2a.); Schulderlassvertrag (vgl. Art. 115),
insb. auch den aussergerichtlichen Nachlassvertrag; durch objektive (nachträgliche), nicht vom Hauptschuldner oder vom Bürgen zu vertretende Unmöglichkeit der Leistung (BSK OR I-Pestalozzi, N 5; BK-Giovanoli, N 7;
ZK-Oser/Schönenberger, N 12; anders Beck, N 19); durch Schuldnerwechsel (Art. 175 ff.) ohne Zustimmung des Bürgen (Art. 493 Abs. 5, 178
Abs. 2; Ausnahmen vom Erfordernis der Zustimmung der Bürgen: Verwertung von Grundstücken nach Art. 135 Abs. 1 Satz 2 SchKG, Art. 130 Abs. 4
VZG; BGE 47 III 143); Inventarerrichtung durch den Erben des Hauptschuldners, wenn der Gläubiger die Forderung schuldhaft nicht anmeldet
(Art. 590 ZGB); durch Novation (Art. 116; BGE 64 II 287 f. E. 2b, d; 60 II 332
E. 2); durch Konfusion, d.h. *Zusammenfallen von Bürgen- und Gläubigerstellung* (Art. 118; zu Ausnahmen vgl. BSK OR I-Pestalozzi, N 7); beachte den unterschiedlichen Konfusionsfall Bürge–Hauptschuldner und
dazu Abs. 2 sowie N 8. Zur **Verjährung** *der Hauptschuld* s. Art. 492 Abs. 3,
502 Abs. 1 (Art. 136: Die *Unterbrechung* der Verjährung der Hauptschuld
unterbricht die Verjährung der Bürgschaft, aber nicht umgekehrt); s. noch
N 8 zur Verjährung *der Bürgschaft.*

Kein Erlöschen der Bürgschaft (vgl. BSK OR I-Pestalozzi, N 3): Haftung   4
des Bürgen nach Abschluss eines gerichtlichen Nachlassvertrags unter den
Voraussetzungen von Art. 303 SchKG (Art. 114. Abs. 3); Haftung für Zinsen,
obwohl die Verlustscheinforderung für den Hauptschuldner unverzinslich
ist (Art. 149 Abs. 4, Art. 265 SchKG); Haftung für Zinsen, die während des
Konkurses des Hauptschuldners fällig werden (Art. 209 SchKG); Weiterbestand der Bürgschaft für einzelne Posten trotz Saldoziehung (= Novation)
im Kontokorrentverhältnis, vorbehaltlich anderer Vereinbarungen (Art. 117
Abs. 3); Haftung der Bürgen auch dann, wenn durch amtliche Nachlass-
liquidation die Haftung des Erben des Hauptschuldners untergeht (BGE 60 II
304 f. E. 4a).

5   **Wiederaufleben** der Bürgschaft mit der Hauptschuld (BSK OR I-PESTA-LOZZI, N 4): Rücknahme der wegen Gläubigerverzugs hinterlegten Sachen (Art. 94 Abs. 3); Unwirksamkeit des Schuldübernahmevertrags (Art. 180 Abs. 1); Rückgängigmachen der Vereinigung (Art. 118 Abs. 2); Wiederentstehen der Forderung nach Art. 291 SchKG (Paulianische Anfechtung; BGE 89 III 22 f. E. 5b; 64 III 147 ff.; 61 III 49 ff.); Wiederaufleben der Hauptschuld nach erfolgreicher Anfechtung des Schuldenerlasses (Art. 115), wenn er – strittig – als kausales Geschäft qualifiziert wird (BSK OR I-PESTALOZZI, N 4; BECK, N 12; anders ZK-OSER/SCHÖNENBERGER, N 21).

6   Abs. 1 ist **zwingend** (Art. 492 Abs. 4). Er gilt auch für Garantieverträge nach Art. 492 Abs. 3 (BSK OR I-PESTALOZZI, N 2).

III. Selbstständiges Erlöschen der Bürgschaft; Verjährung

7   Selbstständig, d. h. nicht veranlasst durch Erlöschen der Hauptschuld, erlischt die Bürgschaft: nach den allgemeinen Bestimmungen von Art. 114 ff.; durch spezielle, gesetzliche Untergangsgründe (Art. 497 Abs. 3, 503 Abs. 4, 504 Abs. 2, 509 Abs. 3 ff., 510, 511, 512); durch Erfüllung (BGE 70 II 273); durch **Verrechnung** mit einer Gegenforderung des Bürgen gegen den Gläubiger (zur Verrechnungslage im Verhältnis Gläubiger–Hauptschuldner (s. Art. 121); durch (formlose) Entlassung aus der Bürgschaft (BGE 25 II 33); durch Novation; allenfalls durch Nachlassvertrag (BECK, N 45). Die **Kündigung der Bürgschaft** ist ohne entsprechende Vereinbarung nicht möglich. Bei **Tod des Bürgen** haftet dessen Nachlass (beachte Art. 560 Abs. 2 ZGB, dazu BGE 88 II 309 ff. E. 5; ausserdem Art. 591 ZGB, dazu BGE 65 III 31; Art. 596 f. ZGB).

8   Bei Konfusion in Form einer **Vereinigung von Bürge und Hauptschuldner** in einer Person (z. B. Bürge wird Alleinerbe des Hauptschuldners) bleiben die dem Gläubiger aus der Bürgschaft zustehenden besonderen Vorteile gewahrt (**Abs. 2**); dieser kann für die Bürgschaft bestellte Pfandrechte oder eine Nachbürgschaft geltend machen (BSK OR I-PESTALOZZI, N 10 m. w. Nw.).

9   Die Bürgschaftsforderung **verjährt** selbstständig nach 10 Jahren (Art. 127; beachte aber Art. 149a SchKG), selbst wenn die Hauptschuld unverjährbar geworden ist (z. B. Art. 807 ZGB; BGE 50 II 402). Die Unterbrechung der Verjährung der Hauptforderung unterbricht aber die Verjährung der Bürgschaft (Art. 136 Abs. 2).

IV. Gesetzliche Befristung der Bürgschaft (Abs. 3–6)

10   Bürgschaftsverpflichtungen natürlicher Personen fallen nach Ablauf von spätestens **20 Jahren** nach Abschluss des Bürgschaftsvertrags dahin

(Abs. 3). Zeitlich längere Bürgschaften gelten damit als auf 20 Jahre abgeschlossen (BSK OR I-Pestalozzi, N 12; BK-Giovanoli, N 24; zur Wirkung
des Zeitablaufs bei einfacher Mitbürgschaft und Solidarmitbürgschaft s. ZK-
Oser/Schönenberger, N 35). Die Vorschrift ist **zwingend** (Art. 492 Abs. 4).
Ausgenommen sind in Abs. 3 Satz 2: Bürgschaften für Forderungen öffentlich-rechtlicher Körperschaften (vgl. auch Art. 493 Abs. 3, 500 Abs. 2), Amts-
und Dienstbürgschaften (Art. 512) und Bürgschaften für periodisch wiederkehrende (z. B. Art. 73, 252, 257c, 281, 516, 981, 982) Leistungen (Art. 500
Abs. 2).

Abs. 3 enthält eine **Verwirkungsfrist**. Der Fristablauf ist von Amtes wegen   11
zu prüfen. Vermeidung der Verwirkungsfolge erfolgt durch Geltendmachung der Bürgschaft. Der Bürge muss seinen Anspruch vor Fälligkeit der
Bürgschaft rechtlich geltend machen und den Rechtsweg ohne wesentliche
Unterbrechung zügig fortsetzen (BGer 4C. 23/2002, E. 2.3). Ist die Geltendmachung fristgemäss überhaupt unmöglich, weil die Fälligkeit der Bürgschaft erst *nach* Ablauf des 20. Jahres eintreten würde, erlaubt **Abs. 4** dem
Gläubiger eine vorzeitige Geltendmachung schon während des letzten Jahres (Art. 77) der Frist, sofern diese nicht verlängert (Abs. 5, s. N 12) oder
Neuverbürgung gegenstandslos geworden ist. In diesem Fall gilt für den
Gläubiger ein **Beschleunigungsgebot** ähnlich wie bei Art. 510, s. dort N 7;
(vgl. BGer 4C. 23/2002, E. 2.3). Wird die Hauptschuld *vor* dem Dahinfallen
der Bürgschaft fällig, so muss der Gläubiger bei der einfachen Bürgschaft
in der verbleibenden Zeit für die Belangung des Bürgen erst noch die Voraussetzungen nach Art. 495 schaffen. Für diesen Fall (Fälligwerden der
Hauptschuld im 19. oder 20. Jahr des Bestehens der Bürgschaft) gestattet
es **Abs. 6** dem Gläubiger, der die Zeitnot nicht durch Kündigung vermeiden
kann, auch bei der einfachen Bürgschaft den Bürgen ohne vorherige Inanspruchnahme des Hauptschuldners oder der Pfänder zu belangen. Die
Lehre nimmt an, dass der Bürge auch in dieser Konstellation erst im 20.
Jahr beansprucht werden kann; Abs. 4 soll also auch im Fall des Abs. 6 beachtet werden (BSK OR I-Pestalozzi, N 14; BK-Giovanoli, N 36; ZK-Oser/
Schönenberger, N 38 ff.) Als Ausgleich steht auch dem Bürgen (bei ansonsten gegebenen Voraussetzungen) das Rückgriffsrecht (Art. 507) schon
vor Fälligkeit der Hauptschuld zu (Abs. 6 **Satz 2**).

Verlängerung (Abs. 5). Die Bürgschaft kann (frühestens) im 20. Jahre ihres   12
Bestehens schriftlich (Art. 13, 15) um maximal 10 Jahre (einmalig) **verlängert** werden (**Abs. 5**); öffentliche Beurkundung und Zustimmung des Ehegatten sind nicht erforderlich (vgl. Art. 494; BSK OR I-Pestalozzi, N 16).

Art. 510

¹ Ist eine zukünftige Forderung verbürgt, so kann der Bürge die Bürgschaft, solange die Forderung nicht entstanden ist, jederzeit durch eine schriftliche Erklärung an den Gläubiger widerrufen, sofern die Vermögensverhältnisse des Hauptschuldners sich seit der Unterzeichnung der Bürgschaft wesentlich verschlechtert haben oder wenn sich erst nachträglich herausstellt, dass seine Vermögenslage wesentlich schlechter ist, als der Bürge in guten Treuen angenommen hatte. Bei einer Amts- oder Dienstbürgschaft ist der Rücktritt nicht mehr möglich, wenn das Amts- oder Dienstverhältnis zustande gekommen ist.

² Der Bürge hat dem Gläubiger Ersatz zu leisten für den Schaden, der ihm daraus erwächst, dass er sich in guten Treuen auf die Bürgschaft verlassen hat.

³ Ist die Bürgschaft nur für eine bestimmte Zeit eingegangen, so erlischt die Verpflichtung des Bürgen, wenn der Gläubiger nicht binnen vier Wochen nach Ablauf der Frist seine Forderung rechtlich geltend macht und den Rechtsweg ohne erhebliche Unterbrechung verfolgt.

⁴ Ist in diesem Zeitpunkt die Forderung nicht fällig, so kann sich der Bürge nur durch Leistung von Realsicherheit von der Bürgschaft befreien.

⁵ Unterlässt er dies, so gilt die Bürgschaft unter Vorbehalt der Bestimmung über die Höchstdauer weiter, wie wenn sie bis zur Fälligkeit der Hauptschuld vereinbart worden wäre.

I. Bürgschaft für künftige Forderungen (Abs. 1 und 2)

1 Bei der Bürgschaft für eine künftige Forderung (Abs. 1 und 2; vgl. Art. 492 Abs. 2) behandelt die Vorschrift den Rücktritt als einen besonderen Erlöschensgrund; Abs. 3–5 regeln die Zeitbürgschaft; dazu ab N 3.

2 Ist (wie im Regelfall, vgl. Art. 499 Abs. 3, dort N 5) eine **zukünftige Forderung** verbürgt (s. auch Art. 492 Abs. 2), erlaubt **Abs. 1** dem Bürgen unter gewissen Umständen den (ansonsten unzulässigen) Rücktritt, solange die Forderung *noch nicht entstanden* ist (Abs. 1 Satz 1). Es müssen sich die Ver-

mögensverhältnisse des Hauptschuldners seit der Eingehung der Bürgschaft erheblich verschlechtert haben (Fall der *clausula rebus sic stantibus*). Die Feststellung der Erheblichkeit liegt im richterlichen Ermessen. Eine erhebliche Verschlechterung ist anzunehmen bei Zahlungsunfähigkeit des Hauptschuldners und in jenen Fällen, in denen der Bürge die Verpflichtung nicht eingegangen wäre, wenn er eine derartige Verschlechterung erwartet hätte (BSK OR I-Pestalozzi, N 6; ZK-Oser/Schönenberger, N 6). Weiter kann der Bürge zurücktreten, wenn sich nachträglich herausstellt, dass die Vermögenslage des Hauptschuldners erheblich schlechter ist, als der Bürge in guten Treuen angenommen hat (Abs. 1 Satz 1, 2. Alternative), der Bürge also *entschuldbar und gutgläubig* von wesentlich besseren Vermögensverhältnisse ausgegangen ist (eine Art Grundlagenirrtum; vgl. BK-Giovanoli, N 4). Die **Rücktrittserklärung** erfordert die Schriftform (Abs. 1; Art. 5, 13) und muss dem Gläubiger vor dem rechtsgültigen Zustandekommen der Forderung aus dem Grundverhältnis zugehen (Beck, N 13). **Rücktrittsfolge**: Die Bürgschaft wird *rückwirkend* aufgehoben (BSK OR I-Pestalozzi, N 7; ZK-Oser/Schönenberger, N 9). Mitbürgen werden unter den Voraussetzungen von Art. 497 Abs. 3 frei. Dem Gläubiger ist ein allfälliger **Vertrauensschaden** (negatives Vertragsinteresse) zu ersetzen (**Abs. 2**; BSK OR I-Pestalozzi, N 7 m. w. Nw.). Für Amts- und Dienstbürgschaften (Art. 512) schliesst Abs. 1 **Satz 2** den Rücktritt aus, nachdem das Amts- oder Dienstverhältnis zustande gekommen ist.

II. Zeitbürgschaft (Abs. 3–5)

Zeitbürgschaft ist eine «für eine bestimmte Zeit» eingegangene, also befristete Bürgschaft. Es geht nicht um eine zeitliche Begrenzung der Hauptschuld, die sich akzessorietätsbedingt auf die Bürgschaft überträgt, sondern um eine *eigenständige* Befristung der Bürgschaft bei typischerweise noch fortbestehender Hauptschuld. **3**

Zeitbürgschaft entsteht durch entsprechende Vereinbarung. Für die Befristung ist die objektive Bestimmbarkeit des Zeitpunkts des Erlöschens erforderlich (BGE 125 III 437 E. 2a/bb = Pra 2000, 708). Ob eine Bürgschaft befristet ist, ist durch *Auslegung* der Bürgschaftsurkunde – auch anhand der konkreten Umstände – zu entscheiden (BGE 125 III 435 E. 1; BGE 50 II 247), wobei im Zweifel eine unbefristete Bürgschaft vermutet wird (BGE 125 III 438 E. 2a/bb = Pra 2000, 708.). Als Erleichterung für den Bürgen kann die Befristung *formlos* vereinbart werden (BGE 125 III 438); allerdings trägt der Bürge dafür die Beweislast (ZBJV 1938, 525). Abzahlungsklauseln in der Bürgschaftsurkunde können auf eine Befristung hindeuten (BK-Giovanoli, N 10); Verfalltagsklauseln für die Hauptschuld erlauben nicht ohne weiteres den Schluss auf eine Zeitbürgschaft (BGE 50 II 247 E. 2a; vgl. auch BGE 125 III 437 E. 2a); überhaupt verleiht eine Befristung **4** der Hauptschuld der Bürgschaft nicht «automatisch» den Charakter einer Zeitbürgschaft.

5 Durch die Regelungen der Abs. 3 bis 5 wird der Gläubiger **nach Ablauf der Bürgschaftsdauer** angehalten, die Hauptschuld rechtlich geltend zu machen. Tut er dies, so hält er damit die Belangbarkeit des Bürgen trotz Fristablaufs aufrecht. Abs. 3 ist zwingendes Recht i. S. v. Art. 492 Abs. 4 (BGer 4C.114/2003, E. 2.2).

6 Voraussetzungen für die Aufrechterhaltung der Bürgenhaftung: Der Gläubiger muss **(1)** seine Forderung gegen den Hauptschuldner *innert 4 Wochen* nach Ablauf der Frist (Art. 77) **rechtlich geltend machen** und **(2)** anschliessend *ohne erhebliche Unterbrechung* **den Rechtsweg verfolgen**. «Rechtliche Geltendmachung» verlangt mehr als Mahnung von Hauptschuldner (oder Bürgen) und Kündigung der Hauptschuld (BGer 4C.114/2003, E. 2.3). Regelmassnahmen dürften **Klage** oder **Betreibung** (auch während der Betreibungsferien oder des Rechtsstillstands; BK-GIOVANOLI, N 11) sein. Damit ist vorausgesetzt, dass die Hauptschuld zu diesem Zeitpunkt bereits fällig ist (andernfalls s. Abs. 4 und dazu N 10). Anmeldung der Hauptforderung im Konkurs oder Nachlassverfahren genügen ebenfalls; weiterhin die Erhebung der entsprechenden Einreden vor Gericht oder Schiedsrichter (BECK, N 42), die Ladung zum Sühneverfahren, die Eingabe im Konkurs (Art. 232 SchKG; BGE 56 III 157) oder im Nachlassverfahren (Art. 300 SchKG) und der Schuldenruf des Erbrechts (Art. 582 ZGB; BK-GIOVANOLI, N 11). Das vom Gläubiger erwartete Vorgehen richtet sich gegen den Hauptschuldner. Kann der Gläubiger wahlweise unmittelbar gegen den Bürgen vorgehen, so genügt auch dies zur Aufrechterhaltung der Belangbarkeit des Bürgen nach Abs. 3 (ausführlich BSK OR I-PESTALOZZI, N 13 m. w. Nw.).

7 In der anschliessenden Verfolgung des Rechtswegs darf es – auch in der Zeit nach den ersten vier Wochen – zu keiner «erheblichen Unterbrechung» kommen; für den Gläubiger gilt ein **Beschleunigungsgebot**. Die Rechtsverfolgung muss zügig erfolgen (BGE 127 III 559; 125 III 322). Der Gläubiger darf nach dem Massstab eines sorgfältigen und umsichtigen Geschäftsmannes unter Berücksichtigung der Umstände (BGer 4C.2/2004, E. 2.3.1) keine erhebliche Unterbrechung des Rechtswegs zulassen (BGE 125 III 324 E. 2). Ihn trifft zum Schutz des Bürgen eine erhöhte, strengere Sorgfaltspflicht (BGE 64 II 191 ff.). Er darf bei Passivität der Amtsstelle nicht untätig bleiben (BGE 64 II 194 f. E. 4a). Eine erhebliche Unterbrechung tritt jedenfalls ein, wenn der Gläubiger erst sechs Monate nach Abschluss des Nachlassvertrags das Begehren auf Grundpfandverwertung erneuert (BGE 64 II 192 ff.). Der Bürge kann einer Verlängerung der Rechtsverfolgung zustimmen (BGE 108 II 201 f. E. 3).

Es kommt nach Abs. 3 zur **Verwirkung** der Rechte aus der Bürgschaft, wenn   8
der Gläubiger die 4 Wochen ab Fristablauf ohne rechtliche Geltendmachung verstreichen *oder* eine erhebliche Unterbrechung eintreten lässt. Der
Verlust der Bürgenhaftung tritt selbst dann ein, wenn der Gläubiger auch
bei rechtzeitigem Vorgehen gegen den Hauptschuldner unbefriedigt geblieben wäre, und unabhängig davon, ob dem Bürgen durch die Verzögerung
ein Schaden entstanden ist (BGE 61 II 154 E. 5c).

Das Beschleunigungsgebot (N 7) gilt für die Hauptschuld, nicht aber für die   9
subsidiäre Bürgschaftsforderung (BGE 125 III 325 ff. E. a–d). Eine Unterbrechung der Rechtsverfolgung *gegen den (einfachen) Bürgen* führt also
nicht zu dessen Freiwerden. Hinsichtlich des Verhältnisses zum Bürgen genügt es, wenn der Gläubiger dem Bürgen innert vier Wochen (Art. 510 Abs. 3
per analogiam; BSK OR I-PESTALOZZI, N 15a; BGE 125 III 325 ff. E. a–d)
oder auch schon vor Abschluss der Verfahrens gegen den Hauptschuldner
(vgl. RVJ 2000, 280 ff.) unzweideutig mitteilt, ihn in Anspruch nehmen zu
wollen. Die Forderung gegen den *Solidar*bürgen muss innert der Frist von
Abs. 3 rechtlich geltend gemacht werden (BGer 4C.114/2003, E. 3.3; BSK
OR I-PESTALOZZI, N 15a).

Abs. 4 und 5 regeln den Fall, dass die Hauptschuld bei Fristablauf der Bürg-   10
schaft **noch nicht fällig** ist (Art. 75). Der Bürge beendet hier gem. **Abs. 4**
seine Belangbarkeit mit Fristablauf, wenn er dem Gläubiger, gleichsam als
Ersatz, eine Realsicherheit leistet (s. Art. 793 ff., 884 ff. ZGB). Diese muss
aller Voraussicht nach ausreichen, den Gläubiger vor Schaden zu bewahren. Die Belangbarkeit des Bürgen beschränkt sich endgültig auf die bestellte Realsicherheit, unabhängig von der späteren Befriedigung des Gläubigers. Zur Nachdeckung ist der ehemalige Bürge nicht verpflichtet. (BSK
OR I-PESTALOZZI, N 16 m. w. Nw.). Bei der Verwertung der Realsicherheit
ergibt sich für den einstmaligen Eigentümer der Pfandsache (u. U. der Bürge
selbst) ein Rückgriffsanspruch gegen den Hauptschuldner (Vgl. Art. 110).
Leistet der Bürge die angemessene Realsicherheit *nicht*, haftet er vorbehaltlich Art. 509 Abs. 3 so, als ob die Bürgschaft bis zur Fälligkeit der Hauptschuld vereinbart worden wäre (**Abs. 5**); deren Zeitdauer *verlängert* sich
also. Abs. 3 findet Anwendung. Zulässig ist die Vereinbarung, dass die Bürgschaft nur dann weiter besteht, wenn der Gläubiger eine entsprechende
Mitteilung an den Bürgen richtet (BGE 108 II 203 E. 4a).

Art. 511

III. **Unbefristete Bürgschaft**

[1] Ist die Bürgschaft auf unbestimmte Zeit eingegangen, so kann der Bürge nach Eintritt der Fälligkeit der Hauptschuld vom Gläubiger verlangen, dass er, soweit es für seine Belangbarkeit Voraussetzung ist, binnen vier Wochen die Forderung gegenüber dem Hauptschuldner rechtlich geltend macht, die Verwertung allfälliger Pfänder einleitet und den Rechtsweg ohne erhebliche Unterbrechung verfolgt.

[2] Handelt es sich um eine Forderung, deren Fälligkeit durch Kündigung des Gläubigers herbeigeführt werden kann, so ist der Bürge nach Ablauf eines Jahres seit Eingehung der Bürgschaft zu dem Verlangen berechtigt, dass der Gläubiger die Kündigung vornehme und nach Eintritt der Fälligkeit seine Rechte im Sinne der vorstehenden Bestimmung geltend mache.

[3] Kommt der Gläubiger diesem Verlangen nicht nach, so wird der Bürge frei.

I. Bürgschaft auf unbestimmte Zeit (Abs. 1)

1 Ist die Bürgschaft *unbefristet* eingegangen, kann der Bürge nach Eintritt der Fälligkeit (Art. 75) der Hauptschuld vom Gläubiger verlangen, dass dieser, soweit dies für die Belangbarkeit des Bürgen Voraussetzung ist (Art. 495 Abs. 5, 496; also nicht bei der Solidarbürgschaft), innert 4 Wochen (Art. 77) die Forderung gegen den Hauptschuldner rechtlich geltend macht, die Verwertung allfälliger Pfänder einleitet und den Rechtsweg ohne erhebliche Verzögerungen verfolgt (**Abs. 1**). Verlangt werden kann derart die Liquidation der Hauptschuld, nicht aber die Entlassung aus der Bürgschaft (BGE 64 II 192 E. 1); die Entlassung aus der Bürgschaft ergibt sich vielmehr als gesetzliche Folge aus der Untätigkeit des Gläubigers (Abs. 3). Die Anordnungen dieser Vorschrift sind zwingend i.S.v. Art. 492 Abs. 4. Sie finden keine Anwendung auf den Regress unter Mitbürgen (BGE 66 II 126 E. 1); für Amts- und Dienstbürgschaften gilt als *lex specialis* Art. 512.

2 Die **Aufforderung** ist eine empfangsbedürftige Willenserklärung. Aus ihr muss mit genügender Bestimmbarkeit hervorgehen, dass vom Gläubiger ein Vorgehen nach Art. 511 verlangt wird (ZK-Oser/Schönenberger,N 15). Allzu strenge Massstäbe sind nicht anzulegen (BGE 54 II 293 f.). Ausrei-

chend sind Formulierungen wie «Vorgehen i. S. v. Art. 511» (BGE 64 II 192 f.; 54 II 292; weitere Beispiele bei BSK OR I-Pestalozzi, N 5); unzureichend ist hingegen ein blosses Entlassungsgesuch oder die «Kündigung» der Bürgschaft (BGE 64 II 192 E. 1). Eine Fristsetzung ist nicht erforderlich (BSK OR I-Pestalozzi, N 5; ZK-Oser/Schönenberger, N 15; Beck, N 21). Die Aufforderung kann schon vor Fälligkeit gültig an den Gläubiger gerichtet werden (h. L.). Es ist auch möglich, bereits im Bürgschaftsvertrag den Gläubiger zu einem Vorgehen entsprechend Art. 511 zu verpflichten (BSK OR I-Pestalozzi, N 5)

Zum Begriff «rechtlich geltend machen», s. Art. 510 N 6; zum Begriff der Verfolgung des Rechtswegs «ohne erhebliche Unterbrechungen», s. Art. 510 N 7. Bei Solidarbürgschaft hat der Gläubiger die Möglichkeit, gegen den Gläubiger oder, wenn die spezifischen Voraussetzungen dafür gegeben sind, gegen den Solidarbürgen oder gegen beide vorzugehen (BGE 54 II 292 E. 4; BGer 4C.58/2003, E. 2.3.1). Der Gläubiger muss ausserdem die **Pfandverwertung** einleiten, wenn dies Voraussetzung für die Belangbarkeit des Bürgen ist.   3

Die **Frist** von 4 Wochen beginnt mit dem Empfang der Aufforderung, bei Zugang der Aufforderung vor Fälligkeit der Hauptschuld frühestens mit Eintritt der Fälligkeit. Wird die Fälligkeit der Hauptschuld mit Zustimmung des Bürgen aufgeschoben oder geniesst der Schuldner Nachlassstundung (BGE 64 II 193 E. 2), läuft die Frist erst mit Ablauf der Stundung.   4

Liegt ein **Dauerschuldverhältnis** vor, aus dem sich, wie z. B. bei der Miete, fortlaufend verbürgte Forderungen ergeben, ist die Vorschrift auf die jeweils entstandenen Forderungen anwendbar (BSK OR I-Pestalozzi, N 3 m. w. Nw.).   5

Sanktion (Abs. 3): Wenn der Gläubiger seinen Verpflichtungen nach Art. 512 nicht nachkommt, wird der Bürge frei, ohne dass hierfür ein Schaden nachgewiesen werden müsste (BGE 64 II 197 E. 4d; vgl. auch BGE 108 II 201 ff. E. 3).   6

II. Insbesondere bei kündbaren Forderungen (Abs. 2)

Kann bei einer unbefristeten Bürgschaft der Gläubiger die Fälligkeit der Hauptschuld durch Kündigung herbeiführen, kann der Bürge **ein Jahr nach Abschluss des Bürgschaftsvertrags** (Art. 77) von ihm verlangen, dass er dem Hauptschuldner **kündigt** und nach Abs. 1 gegen diesen vorgeht (Abs. 2). Voraussetzung ist eine vertragliche oder gesetzliche Kündigungsmöglichkeit des Gläubigers, weshalb der Bürge sein Verlangen erst vorbringen kann, sobald dem Gläubiger ein Kündigungsrecht zusteht (BGE 54 II 292 ff. E. 5). Der Gläubiger hat die Hauptschuld nach Erhalt der Aufforderung *unverzüglich* zu kündigen und den Bürgen davon zu unterrichten   7

(Art. 501 Abs. 3). Nach Eintritt der Fälligkeit hat der Bürge nach Abs. 1 vorzugehen.

8   Kann ein Dauerschuldverhältnis gekündigt werden, wird Abs. 2 *analog* angewendet (BSK OR I-Pestalozzi, N 3; ZK-Oser/Schönenberger, N 8; zur
Interessensabwägung s. BGE 23 II 533 f. und BK-Giovanoli, N 2).

Art. 512

IV.   Amts- und
       Dienstbürgschaft

¹ **Eine auf unbestimmte Zeit eingegangene Amtsbürg-
schaft kann unter Wahrung einer Kündigungsfrist
von einem Jahr auf das Ende einer Amtsdauer
gekündigt werden.**

² **Besteht keine bestimmte Amtsdauer, so kann der
Amtsbürge die Bürgschaft je auf das Ende des
vierten Jahres nach dem Amtsantritt unter Wahrung einer Kündigungsfrist von einem Jahr kündigen.**

³ **Bei einer auf unbestimmte Zeit eingegangenen
Dienstbürgschaft steht dem Bürgen das gleiche Kündigungsrecht zu wie dem Amtsbürgen bei unbestimmter Amtsdauer.**

⁴ **Gegenteilige Vereinbarungen bleiben vorbehalten.**

1   **Amts- und Dienstbürgschaften** werden zur Sicherung allfälliger Schadenersatzansprüche aus pflichtwidrigem Verhalten von Beamten oder Arbeitnehmern eingegangen; besichert werden damit *mögliche künftige* Forderungen. Im Unterschied zum zugrunde liegenden Rechtsverhältnis, das sich
nach dem jeweils anwendbaren öffentlichen Recht (BGE 34 II 547 f. E. 4)
oder nach Arbeitsvertragsrecht richtet, unterstehen sie ausschliesslich
Bundesrecht (Art. 5 ZGB). Amtsbürgschaften für auf Zeit gewählte Beamte
gelten im Zweifel nur für deren Amtsdauer (BGE 16 432 E. 2). Die heutige
praktische Bedeutung ist gering.

2   Die Vorschrift regelt dispositiv (**Abs. 4**) die Beendigung von *auf unbestimmte
Zeit* eingegangenen Amts- und Dienstbürgschaften. Diese können mit einjähriger Kündigungsfrist auf das Ende der Amts- bzw. Dienstzeit gekündigt
werden (**Abs. 1**). Bei Wahl auf unbestimmte Zeit bzw. dem Vorliegen eines
unbefristeten Dienstverhältnisses kann die Kündigung jedes vierte Jahr ab
Amts- bzw. Dienstantritt mit einjähriger Kündigungsfrist gekündigt werden
(**Abs. 2**).

Für die Beendigung von *befristeten* Amts- und Dienstbürgschaften gilt 3
Art. 510 Abs. 3. Wird bei einer solchen ein durch den Hauptschuldner zu
verantwortender Schaden erst nach Ablauf der Bürgschaft bekannt, hat der
Gläubiger diesen innert 4 Wochen geltend zu machen und den Rechtsweg
ohne erheblichen Unterbruch zu verfolgen (BSK OR I-PESTALOZZI, N 3, 8;
Einzelheiten bei BECK, N 13).

Spiel und Wette

Vorbemerkungen zu Art. 513–515*a*

Literatur

AMONN, Spiel und spielartige Verträge, SPR VII/2, Basel/Stuttgart 1979, 459 ff.; BAUER, Börsenmässige Termingeschäfte und Differenzeinwand im schweizerischen und deutschen IPR, Diss. Basel 1988; BAUMANN, Justitia Ludens, SJZ 2003, 621; DUDERSTADT, Spiel, Wette und Differenzgeschäft (§§ 762–764 BGB) in der Rechtsprechung des Reichsgerichts und in der zeitgenössischen Literatur, Frankfurt etc. 2007; MATTI, Spiel und Wette, SJK OR XXI, Nr. 630, 631, 631a; POPP, Börsentermingeschäfte, Betrachtungen zu Spekulationen, AJP 1996, 668 ff.; STAUBER, Der Spieleinwand («Differenzeinwand») insbesondere bei Traded Options, Financial Futures und Devisenterminkontrakten, Diss. Zürich 1988. Für weitere Literaturhinweise s. BSK OR I-BAUER, vor den Vorbemerkungen zu Art. 513 ff.

1 Die Art. 513–515a befassen sich mit Spiel und Wette. Gemeint sind nur das **Gewinnspiel und die Gewinnwette**, also Verträge, welche dem Gewinner des Spiels bzw. der Wette einen geldwerten Vorteil (Gewinn) in Aussicht stellen. Dass jede der Parteien ein Gewinnversprechen abgibt, ist nicht erforderlich. Daher fallen auch einseitige Gewinnversprechen, bei denen der Versprechensempfänger keinerlei Leistung verspricht («Du bekommst CHF 100.–, wenn ich Unrecht habe»), unter Art. 513 ff. (AMONN, 463 Anm. 1; ZK-OSER/SCHÖNENBERGER, Art. 513 N 6; **a. A.** MK-HABERSACK, § 762 BGB N 5). Die Art. 513–515a gelten für beliebige Spiele und Wetten, sie erfassen daher – anders als die Spezialgesetzgebung (N 2) – nebst den Glücksspielen auch die Geschicklichkeitsspiele. Trotzdem kann die Unterscheidung von Bedeutung sein (N 2). Auch der Vertrag zwischen dem Veranstalter eines

Spiels oder einer Wette und den Spielenden bzw. Wettenden fällt unter
Art. 513 ff., unmittelbar, falls der Veranstalter ebenfalls am Spiel oder der
Wette teilnimmt, sonst analog. Daher kommen die Art. 513 ff. beispielsweise
bei einer Totalisator-Wette zur Anwendung, soweit sie nicht durch das LG
verdrängt werden.

Spiel und Wette werden häufig unter der Bezeichnung Spielverträge zu-   2
sammengefasst. Dementsprechend kann man Gewinnspiel und Gewinnwette als Gewinnspielverträge bezeichnen. Diese werden **in Art. 513–515a
nicht umfassend geregelt**. Daneben sind insbesondere das Lotteriegesetz
und das Spielbankengesetz zu beachten (s. dazu die Bemerkungen zu
Art. 515 und 515a). Diese Spezialgesetze verdrängen Art. 513 ff. weitgehend. Auch andere konkurrierende Normen können im Einzelfall den Vorrang haben, so etwa Art. 8 bei Veranstaltung eines Geschicklichkeitsspiels.
Wenn also beispielsweise ein Lehrer jenem Schüler, der ihn im Schach
schlägt, eine Flasche Mouton Rothschild Jg. 2000 verspricht, so entsteht gegebenenfalls – entgegen Art. 513 Abs. 1 – ein klagbarer Anspruch auf die
Flasche Wein (vgl. ZBJV 1964, 550 ff., Gewinnanspruch des Gewinners eines
Pferderennens).

Bei der **Wette** soll die Bedingung, von deren Erfüllung der vereinbarte Ge-   3
winn abhängig gemacht ist, nicht im ungewissen Ausgang eines Spiels
bestehen, «sondern in der Bewahrheitung von Behauptungen, welche die
Parteien in einem Meinungsstreit aufstellen, sei es zur Bekräftigung ihrer
Behauptungen, sei es aus ideellem Interesse an der Bestätigung ihrer Richtigkeit.» (AMONN, 463; MK-HABERSACK, § 762 BGB N 7). Bei vielen Wetten,
insbesondere den Sportwetten (Art. 33 LG), hängt jedoch das Gewinnversprechen durchaus vom Ausgang eines Spiels ab (sog. Spielwetten). Als Wesensmerkmal der Wette ist daher einzig das Abhängigmachen des Gewinns
von der Bewahrheitung einer (beliebigen) Behauptung anzuerkennen. Dementsprechend sind Spielwetten keine Spiele, sondern Wetten, jedenfalls in
der Terminologie des LG. Für das OR eine andere Terminologie zu wählen
(z. B. ZK-OSER/SCHÖNENBERGER, Art. 513 N 5), scheint nicht angebracht.
Die Abgrenzung ist allerdings für die Art. 513 ff. ohne praktische Bedeutung, da Spiel und Wette hier derselben rechtlichen Behandlung unterworfen werden.

Gewinnspielverträge lassen «nur allzuleicht ... natürlichen Spieltrieb in   4
Spielsucht entarten, die Erwerb – statt mit wirtschaftlich vernünftigem Einsatz von Arbeit und Kapital im Güteraustausch – im Risiko bloss vager Spie-
lerei sucht» (AMONN, 459 f.). Daher verbietet der Gesetzgeber – **aus sozialpolitischen und volkswirtschaftlichen Erwägungen** – gewisse Spiele,
andere lässt er zwar zu, macht sie aber von einer Bewilligung abhängig
(z. B. Art. 1–3 LG). Im Grundsatz aber hat er vorgesehen, dass zwar Spielverträge auch bei versprochener Gewinnaussicht ohne Bewilligung zulässig

sind, jedoch das Gewinnversprechen nur eine Naturalobligation erzeugt (Art. 513), also eine Forderung, die zwar erfüllbar, aber nicht klagbar ist. Spiele, welche einer Bewilligungspflicht unterliegen, begründen bei Vorliegen der erforderlichen Bewilligung durchsetzbare Gewinnversprechen, bei Fehlen der Bewilligung hingegen keinerlei Forderung, auch keine unklagbare (Art. 515 und 515a).

5　Das OR stellt den (Gewinn-)Spielverträgen gewisse andere Verträge gleich: Differenzgeschäfte und Lieferungsgeschäfte, die in spielerischer Absicht abgeschlossen werden (Art. 513 Abs. 2, 2. Satzhälfte), ebenso gewisse Hilfsgeschäfte, welche den Abschluss von Spiel- und spielartigen Verträgen ermöglichen oder begünstigen: Darlehen und Vorschüsse zum Zwecke des Spielbetriebs (Art. 513 Abs. 2, 1. Satzhälfte; Amonn, 460 f.). Sodann richtet sich Art. 514 Abs. 1 gegen Umgehungsgeschäfte: Unklagbare Forderungen aus Gewinnspielverträgen und diesen gleichgestellten Verträgen können nicht dadurch zu klagbaren gemacht werden, dass der Schuldner eine Schuldverschreibung oder eine Wechselverbindlichkeit eingeht (Art. 514 Abs. 1).

6　Zu Fragen des **IPR** s. BSK OR I-Bauer, vor Art. 513–515a N 7 ff.

Art. 513

<table>
<tr><td>A.　Unklagbarkeit
der Forderung</td><td>¹ Aus Spiel und Wette entsteht keine Forderung.
² Dasselbe gilt von Darlehen und Vorschüssen, die wissentlich zum Behufe des Spieles oder der Wette gemacht werden, sowie von Differenzgeschäften und solchen Lieferungsgeschäften über Waren oder Börsenpapiere, die den Charakter eines Spieles oder einer Wette haben.</td></tr>
</table>

I.　Überblick

1　Nach Art. 513 Abs. 1 entsteht aus Spiel und Wette «keine Forderung». Gemeint ist: Es entsteht keine klagbare Forderung (Marginalie). Die fehlende Klagbarkeit ist von Amtes wegen zu beachten (BGE 61 II 114 E. 1). Einer Einrede des Schuldners bedarf es – anders als im Falle der Verjährung – nicht. Der Ausdruck Spieleinrede ist insofern sprachlich ungenau. Spieleinwendung ist genauer, aber ungebräuchlich. Keine, auch keine unklagbare Forderung entsteht, wenn der Gewinnspielvertrag an einem Ungültigkeitsgrund leidet (Art. 20). Daher entsteht beispielsweise aus einer verbotenen Lotterie kein Gewinnanspruch (Art. 515 N 2).

Art. 513 Abs. 1 betrifft alle Forderungen aus einem Gewinnspielvertrag   2
(AMONN, 473). Die Klaglosigkeit bezieht sich daher nicht nur auf das Gewinnversprechen, sondern auch auf die Vornahme der Spielhandlung sowie
auf die Rückforderung des Spieleinsatzes (ZK-OSER/SCHÖNENBERGER, N 51).
Wie Spiel und Wette sind die in Art. 513 Abs. 2 erwähnten Verträge zu behandeln (dazu II. und III.).

Den von Art. 513 erfassten Forderungen fehlt nicht nur die Klagbarkeit, sie   3
können auch sonst nicht gegen den Willen des Schuldners durchgesetzt
werden. Ausgeschlossen ist daher insbesondere die Verrechnung von Seiten
des Spiel- oder Wettgläubigers mit einer Gegenforderung des Schuldners
(BGE 126 IV 165 E. 3c; vgl. demgegenüber Art. 120 Abs. 3 betr. die verjährte
Forderung); das Umgekehrte, also die Verrechnung seitens des Spielschuldners, ist hingegen möglich (N 4). «Auch das Retentionsrecht kann nicht ausgeübt werden.» (ZK-OSER/SCHÖNENBERGER, N 64).

Eine gemäss Art. 513 unklagbare Forderung ist erfüllbar. Eine einmal er   4
brachte Leistung erfolgt daher mit Rechtsgrund und kann dementsprechend
nicht – aus ungerechtfertigter Bereicherung (Art. 62) – zurückgefordert werden. Vorbehalten sind die in Art. 514 Abs. 2 erwähnten Ausnahmefälle. Danach ist Rückforderbarkeit insbesondere dann gegeben, wenn die Leistung
unfreiwillig – etwa infolge Drohung oder unter dem Druck einer Schuldbetreibung – erfolgt ist.

Der Leistung gleichgestellt sind Erfüllungssurrogate wie die Leistung an Er   5
füllungs statt, die Hinterlegung i. S. v. Art. 92/94 oder die Verrechnung seitens des Spiel- oder Wettschuldners. Eine Rückforderung ist also – vorbehältlich Art. 514 Abs. 2 – ausgeschlossen.

II. Darlehen, Vorschüsse und andere Geschäfte zu Spielzwecken

Aus Art. 514 Abs. 2 i. V. m. Art. 513 Abs. 1 folgt, dass aus Vorschüssen und   6
Darlehen, die wissentlich zur Förderung eines Gewinnspielvertrages gemacht werden, lediglich unklagbare Forderungen entstehen. Dasselbe
gilt – über den Gesetzeswortlaut hinaus – für Vorschüsse und Darlehen, die
wissentlich zur Förderung von Differenzgeschäften und Lieferungsverträgen mit spielartigem Charakter (Art. 513 Abs. 2) gemacht werden (BGE 19,
572). Auch die Förderung von gesetzlich nicht bewilligten Lotteriegeschäften durch Darlehen und Vorschüsse fällt unter Art. 513 Abs. 2 (ZK-OSER/
SCHÖNENBERGER, N 36). Der Darleiher, der durch Täuschung zur Darlehenshingabe bewogen wurde, ist zur Vertragsanfechtung befugt (Art. 28),
der Rückforderungsanspruch bleibt aber trotzdem unklagbar (vgl. BGE 93
IV 14).

7   Was mit dem Begriffspaar «Darlehen und Vorschüsse» gemeint ist, ist strittig (s. Amonn, 471 Anm. 1). Nach der hier vertretenen Ansicht ist damit jede Art leihweiser Hingabe von Geld sowie der Gewährung von Kredit gemeint; «nicht weniger, aber auch nicht mehr» (Stauber, 37). Das Darlehen (im Folgenden unter Einschluss des Vorschusses verstanden) kann einem Spielenden sowohl von einem Mitspielenden als auch von einem Dritten gewährt worden sein.

8   Nach Art. 513 Abs. 2 ist nur die *wissentliche* Förderung der Spiel- oder Wetttätigkeit verpönt. Fahrlässiges Nichtwissen genügt nicht. Noch weiter geht von Büren (OR BT, 228), der die Bestimmung nur anwenden will, «wo zum Spiel ermuntert worden war».

9   Unklagbar ist bei gegebenen Voraussetzungen nicht nur die Forderung auf Auszahlung des Darlehens, sondern auch der Anspruch auf Rückforderung des Geleisteten. Der Darleiher riskiert also, sein Darlehen nicht mehr zurückzuerhalten (BGE 129 IV 257 = Pra 2004, 67 ff.). Auf den Spielausgang kommt es nicht an. Auch der Gewinner kann sich also der Rückzahlung entziehen (h. M., Stauber, 37; a. A. von Büren, OR BT, 228). Immerhin muss das Darlehen zum Zwecke des Spiels (oder der Wette) tatsächlich verwendet worden sein. Daher ist der Rückgabeanspruch klagbar, wenn es nicht zur Durchführung des Spiels gekommen ist oder der Darlehensnehmer darauf verzichtet hat, das Darlehen für das Spiel zu verwenden (BGE 77 II 45, 48). «Das ergibt sich schon aus Art. 514 Abs. 2» (ZK-Oser/Schönenberger, N 39; SJZ 1917, 369; SJZ 1963, 344; Frage offen gelassen in BGE 129 IV 257, 262 a. E. = Pra 2004, 67 ff.).

10   Nicht unter Art. 513 fallen Darlehen, die erst nach der Durchführung des Spiels zwecks Tilgung der Spielschuld zugesagt werden. Hier sind sowohl die Auszahlungsforderung des Darlehensnehmers als auch die Rückzahlungsforderung des Darleihers klagbar. Das ist «selbstverständlich» (Amonn, 471) und allgemein anerkannt (BSK OR I-Bauer, N 14).

11   Auch andere Hilfsgeschäfte mit Spielcharakter (z. B. ein Auftrag) können in den Anwendungsbereich von Art. 513 fallen. S. dazu BK-Giovanoli, N 16 ff.; BSK OR I-Bauer, N 15; ZK-Oser/Schönenberger, N 42 ff.

III.   Differenzgeschäfte; Lieferungsgeschäfte mit Spielcharakter

12   Wie Spiel- und Wettschulden zu behandeln sind gemäss Art. 513 Abs. 2 auch Forderungen aus Differenzgeschäften und solchen Lieferungsgeschäften über Waren und Börsenpapiere, die den Charakter eines Spieles oder einer Wette haben. Nach herrschender Lehre und Rechtsprechung besagen Differenzgeschäft und spielartiges Lieferungsgeschäft dasselbe (ZK-Oser/Schö-

NENBERGER, N 8). Regelmässig ist daher einfach von Differenzgeschäften die Rede.

Beim Differenzgeschäft handelt sich um ein Lieferungsgeschäft, das in der Absicht geschlossen wird, ein zweites Geschäft mit dem ersten in der Weise zu verknüpfen, dass letzten Endes lediglich die Preisdifferenz zu begleichen ist. Den Parteien geht es also nicht um einen realen Güteraustausch, sondern darum, aus den unterschiedlichen Marktpreisen im Zeitpunkt des Vertragsabschlusses und zu einem späteren Termin einen Gewinn zu erzielen. Man kann auf steigende oder sinkende Preise setzen, also à la hausse oder à la baisse spekulieren (s. z. B. BGE 58 II 47 E. 3). «Im ersten Fall *kauft* man z. B. Aktien an einer Aktienbörse oder Waren an einer Warenbörse zum heutigen Preis mit späterem Liefertermin. Steigen die Preise, so kann man die Position im Lieferungszeitpunkt mit Gewinn verkaufen. ... Die Börse erlaubt in der Regel zu jedem Zeitpunkt Gegengeschäfte, mit denen man seine Position wieder glattstellen kann. Im umgekehrten Fall, bei der Spekulation à la baisse, *verkauft* man Waren oder Wertpapiere, die man gar nicht hat, zum heutigen Preis und zu einem späteren Liefertermin. Sinken die Preise tatsächlich, kann man im Lieferzeitpunkt einen Deckungskauf zu einem günstigeren Preis abschliessen und damit seine Position wiederum glattstellen.» (HONSELL, OR BT, 412 f.). 13

Zum *spielartigen* Lieferungsgeschäft und damit zum Differenzgeschäft wird ein Lieferungsgeschäft aufgrund der sog. «Differenzumstände», vorausgesetzt, diese Umstände sind dem Gegner des Spekulanten bekannt oder zumindest erkennbar (grundlegend BGE 65 II 21; ferner 78 II 61; 120 II 42; Einzelheiten bei BAUER 185 ff.; STAUBER, 23 ff.; BK-GIOVANOLI, N 9 ff.; ZK-OSER/SCHÖNENBERGER, N 14 ff.). Als Differenzumstände gelten im Wesentlichen: das völlige Missverhältnis zwischen der Vermögenslage des Spekulanten und dem Verlustrisiko, das sich aus der Abwicklung des eingegangenen Geschäftes für ihn ergeben kann; das Fehlen jeglichen Zusammenhangs zwischen dem Lieferungsgeschäft mit der Berufstätigkeit des Spekulanten; planloses Vorgehen des Spekulanten sowie – bei Börsengeschäften – das völlige Fehlen von Kenntnissen des Börsenwesens (BGE 120 II 42 E. 3). 14

Möglicher Gegenstand des Differenzgeschäfts bilden Waren oder Börsenpapiere. «Dabei gelten Fremdwährungen/Devisen als Waren» (STAUBER, 22; AMONN, 68). Über den Gesetzeswortlaut hinaus kann auch der Handel mit sog. Derivaten (Optionen, Futures) unter Art. 513 fallen (s. dazu HONSELL, OR BT, 413 f.; STAUBER, 39 f., 44 ff.). 15

Art. 514

B. Schuldver-
schreibungen und
freiwillige Zahlung

[1] Eine Schuldverschreibung oder Wechselverpflichtung, die der Spielende oder Wettende zur Deckung der Spiel- oder Wettsumme gezeichnet hat, kann trotz erfolgter Aushändigung, unter Vorbehalt der Rechte gutgläubiger Dritter aus Wertpapieren, nicht geltend gemacht werden.

[2] Eine freiwillig geleistete Zahlung kann nur zurückgefordert werden, wenn die planmässige Ausführung des Spieles oder der Wette durch Zufall oder durch den Empfänger vereitelt worden ist, oder wenn dieser sich einer Unredlichkeit schuldig gemacht hat.

1   Art. 514 enthält zwei unterschiedliche Regeln, welche miteinander nichts zu tun haben.

2   **Abs. 1** sieht vor, dass eine Spiel- und Wettschuld nicht mittels Ausstellung eines schriftlichen Schuldbekenntnisses («Schuldverschreibung») oder eines Wechsels zu einer vollgültigen Schuld gemacht werden kann: Die allenfalls von den Parteien beabsichtigte novierende Wirkung der Ausstellung bleibt aus. D. h. die neue Schuld teilt hinsichtlich der Klagbarkeit das Schicksal der alten (novierten). Prozessrechtlich ist hingegen zu beachten, dass ein abstraktes Schuldbekenntnis (wozu auch der Wechsel zählt) zu einer beweisrechtlichen Besserstellung des Spiel- oder Wettgläubigers führt: Während normalerweise der Gläubiger den Bestand einer klagbaren Forderung zu beweisen hat, muss hier der Schuldner die fehlende Klagbarkeit nachweisen (ZK-OSER/SCHÖNENBERGER, N 4). Weiteres zur Bestärkung einer Spiel- oder Wettschuld mittels Wechsels bei ZK-OSER/SCHÖNENBERGER, N 5.

3   Von Abs. 1 nicht erfasst ist ein Vergleich, wodurch der Streit darüber beseitigt werden soll, ob eine klagbare oder eine unklagbare (Spiel-)Schuld vorliege (ZK-OSER/SCHÖNENBERGER, Art. 513 N 61).

4   Unwirksam ist die Bestärkung einer von Art. 513 erfassten Forderung durch eine Konventionalstrafe. Das Strafversprechen ist zwar gültig, jedoch wie die zu bestärkende Forderung unklagbar. Schulden i. S. v. Art. 513 können zwar verbürgt werden, doch gewährt Art. 502 Abs. 4 dem Bürgen gegenüber dem Gläubiger die Einrede der Unklagbarkeit und versagt dem zahlenden Bürgen den Regress auf den Hauptschuldner (Art. 507 Abs. 6). Die Bestellung eines Pfandrechts durch den Spiel- oder Wettschuldner begrün-

det keinen Anspruch auf Pfandverwertung (vgl. demgegenüber Art. 140). Kommt es trotzdem zur Verwertung, so ist der Spiel- oder Wettgläubiger schadenersatzpflichtig. Anders nur dann, wenn die Verwertung mit Einverständnis des Pfandbestellers erfolgt ist. Diesfalls ist der Tatbestand von Art. 514 Abs. 2 (freiwillige Erfüllung) gegeben (BGE 39 II 524, 529; BSK OR I-BAUER, N 4; weiter gehend Honsell, OR BT, 412, der schon die Pfandbestellung durch den Spiel- oder Wettschuldner dem Art. 514 Abs. 2 unterstellt). Unerheblich ist, ob das Pfandrecht vor oder nach Entstehung der Spiel- oder Wettschuld begründet wurde (BGE 39 II 524, 529 unten/530).

b) Nach **Abs. 2** kann das, was auf eine nach Art. 513 unklagbare Forderung   5
geleistet wurde, grundsätzlich nicht zurückgefordert werden. Zulässig ist die Rückforderung – ausnahmsweise – insbesondere dann, wenn die Leistung unfreiwillig erfolgt ist. Der Begriff der Unfreiwilligkeit ist derselbe wie in Art. 63 Abs. 1 (dazu KOLLER OR AT I § 31 Rz 28). Rückforderbarkeit ist daher vor allem dann gegeben, wenn die Leistung im Wege der Zwangsvollstreckung erzwungen wurde.

Eine *freiwillig* erfolgte Leistung kann nur zurückgefordert werden, wenn   6
die planmässige Ausführung des Spieles oder der Wette durch Zufall oder durch den Empfänger vereitelt worden ist oder wenn dieser sich einer Unredlichkeit schuldig gemacht hat (ein Spieler hat z. B. mit gezinkten Karten gespielt; vgl. BGE 126 IV 165, Betrug bei einem Fernsehquiz). Wenn die Rückforderungsmöglichkeit schon bei zufälliger Vereitelung des planmässigen Spiels gegeben ist, so noch viel mehr bei Nichtdurchführung desselben (BGE 77 II 45 E. 4; Art. 513 N 9).

Umstritten ist, ob die Leistung – über den Wortlaut von Art. 514 Abs. 2 hi-   7
naus – auch dann rückforderbar ist, wenn sie irrtümlich erfolgt ist, d. h. der Schuldner von einer vollwertigen (klagbaren) Schuld ausgegangen ist und bei Kenntnis des Naturalcharakters nicht bezahlt hätte. M. E. ist dies – wie bei einer verjährten Schuld (KOLLER OR AT I § 30 Rz 23) – zu verneinen (zum Meinungsstand s. BSK OR I-BAUER, N 3).

Soweit Art. 514 Abs. 2 die Rückforderung ausschliesst, besteht keinerlei   8
Rückforderungsanspruch, auch kein unklagbarer. Eine trotzdem erfolgte Rückleistung erfolgt ohne Rechtsgrund und ist daher – vorbehältlich Art. 63 – rückforderbar (Art. 62). Wenn beispielsweise der Verlierer einer Jassrunde seine Schuld bezahlt, so kann er nichts zurückfordern. Tut er es trotzdem, und das mit Erfolg, so steht dem Belangten die Rückforderung zu. Nicht hierher gehört aber der Fall, dass ein zu Spielzwecken gewährtes Darlehen zurückbezahlt wird. Denn der Darleiher hat einen, wenn auch nicht klagbaren, Rückforderungsanspruch (Art. 513, N 9), wird also durch die Rückzahlung nicht ungerechtfertigt bereichert.

Art. 515

C.   Lotterie- und Ausspielgeschäfte

¹ Aus Lotterie- oder Ausspielgeschäften entsteht nur dann eine Forderung, wenn die Unternehmung von der zuständigen Behörde bewilligt worden ist.

² Fehlt diese Bewilligung, so wird eine solche Forderung wie eine Spielforderung behandelt.

³ Für auswärts gestattete Lotterien oder Ausspielverträge wird in der Schweiz ein Rechtsschutz nur gewährt, wenn die zuständige schweizerische Behörde den Vertrieb der Lose bewilligt hat.

I.   Normgehalt im Überblick

1   Art. 515 befasst sich mit einer besonderen Art von Spielverträgen, den Lotterieverträgen. Die in der Bestimmung noch erwähnten Ausspielgeschäfte sind nur eine Unterart davon. Die Besonderheit besteht darin, dass nicht Geld, sondern Waren als Gewinn ausgesetzt sind (Warenlotterie). Art. 515 enthält die privatrechtliche Regelung. Daneben sind die öffentlich-rechtlichen Regeln des LG zu beachten. Beides ist eng aufeinander bezogen und bedarf daher gemeinsamer Darstellung.

2   Es sind Tombolas (Art. 2 LG) und andere Lotterien zu unterscheiden. Tombolas unterstehen dem kantonalen Recht. Dieses kann die Tombolas verbieten oder zulassen. Aus einer zulässigen Tombola entsteht eine klagbare Forderung (Art. 515 Abs. 1), aus einer unzulässigen eine unklagbare (Art. 515 Abs. 2), soweit das kantonale Recht nichts Abweichendes vorsieht, insbesondere jede Forderung ausschliesst. Andere Lotterien (oder lotterieähnliche Veranstaltungen, Art. 43 Ziff. 2 LV) sind grundsätzlich verboten (Art. 1 LG), doch können gemeinnützige Lotterien und Prämienanleihen nach Massgabe von Art. 5 ff. und 17 ff. LG bewilligt werden. Aus einer verbotenen Lotterie entsteht keine, auch keine unklagbare Forderung (Art. 20); bereits erfolgte Leistungen können – entgegen Art. 513 – zurückgefordert werden (Art. 62), soweit nicht im Einzelfall eine Kondiktionssperre (Art. 63 Abs. 1, 66) eingreift. Unter das Lotterieverbot fallen nach herrschender Ansicht auch nicht bewilligte, bewilligungsfähige Lotterien (Art. 3 LG): «Was nicht bewilligt ist, bleibt verboten» (AMONN, 465; MATTI 631a 7 mit zutreffender Begründung; **a. A.** BK-GIOVANOLI, N 11; BSK OR I-BAUER, N 3, der Art. 515 Abs. 2 zur Anwendung bringt). Nach KOLLER THOMAS (Jahrbuch des Schweizerischen Konsumentenrechts 2001, 104) fällt auch eine nicht bewilligungsfähige und daher unzweifelhaft verbotene Lotterie nicht unter Art. 20 und demzufolge unter Art. 513.

Das Gesagte gilt entsprechend für die gewerbsmässigen Wetten (Art. 33 ff. **3** LG). Dementsprechend entsteht aus einer nicht bewilligten Wette keinerlei Forderung, wogegen bei Vorliegen der erforderlichen Bewilligung reguläre Forderungen entstehen (Art. 515 Abs. 1, der zwar die gewerbsmässigen Wetten nicht ausdrücklich erwähnt, darauf aber analog anwendbar ist). Ob eine Wette bewilligungsfähig (Art. 34 LG, Totalisator-Wette) ist oder nicht, spielt im vorliegenden Kontext keine Rolle (s. analog N 2).

Abs. 3 von Art. 515 ist obsolet, «weil das Lotteriegesetz (Art. 6) Lotterien von **4** Unternehmungen mit Sitz im Ausland, auf die jene Bestimmung sich bezieht, schlechthin verbietet» (AMONN, 465).

II. Der Begriff des Lotteriegeschäfts; lotterieähnliche Geschäfte

Der Begriff der Lotterie bestimmt sich nach Art. 1 Abs. 2 LG. Danach gilt als **5** Lotterie jede Veranstaltung, bei der gegen Leistung eines Einsatzes oder bei Abschluss eines Rechtsgeschäftes ein vermögensrechtlicher Vorteil als Gewinn in Aussicht gestellt wird, über dessen Erwerbung, Grösse oder Beschaffenheit planmässig durch Ziehung von Losen oder Nummern oder ein ähnliches auf Zufall gestelltes Mittel entschieden wird.

Der Einsatz besteht regelmässig in der Bezahlung einer Geldsumme. Er **6** kann jedoch auch im Abschluss eines Rechtsgeschäftes, namentlich eines Kaufs, liegen (vgl. Art. 43 Ziff. 2 LV). Der Kaufpreis braucht nicht über dem Marktpreis zu liegen. Es ist also «nicht ein Überpreis erforderlich, den der Teilnehmer einzuwerfen hätte» (VON BÜREN, OR BT, 232 Anm. 28). Einsatzcharakter hat aber selbstverständlich nur der Abschluss eines *neuen* Rechtsgeschäfts. Keine Lotterie liegt daher vor, wenn ein Gewinnversprechen an eine Person erfolgt, die früher ein Rechtsgeschäft getätigt hat und durch ein auf Zufall gestelltes Mittel aus anderen Personen als Gewinner ermittelt wird (ZBJV 1926, 469).

Zufall ist das, was ausserhalb der Berechnung steht (BGE 55 I 53, 60). Regelmässig ist der Gewinn als solcher auf Zufall gestellt, indes kann auch die **7** Grösse desselben auf Zufall gestellt sein. Um eine Lotterie geht es daher auch dann, wenn zwar jeder Teilnehmer gewinnt, die Gewinnhöhe aber vom Zufall abhängt (BGE 62 I 46 m. w. Nw.). Praxisbeispiele finden sich bei VON BÜREN (232 Anm. 28), s. ferner z. B. BGE 69 I 278 (wo ein Wettbewerb, bei dem an Hand von Photographien das Alter der abgebildeten Person auf das Jahr genau zu bestimmen war, als Lotterie aufgefasst wurde).

Den Lotterien gleichgestellt sind Wettbewerbe jeder Art, an denen nur nach **8** Leistung eines Einsatzes oder nach Abschluss eines Rechtsgeschäftes teilgenommen werden kann und bei denen der Erwerb oder die Höhe der ausgesetzten Gewinne wesentlich vom Zufall oder von Umständen abhängig ist, die der Teilnehmer nicht kennt (lotterieähnliches Geschäft; s. z.B. BGE 98 IV 293; 99 IV 25; 123 IV 175; SJZ 1985, 44 ff.; 1988, 179 ff.).

Art. 515 a

D. **Spiel in Spielbanken, Darlehen von Spielbanken**

Aus Glücksspielen in Spielbanken entstehen klagbare Forderungen, sofern die Spielbank von der zuständigen Behörde genehmigt wurde.

1   Nach dieser Bestimmung entstehen aus Glücksspielen in Spielbanken klagbare Forderungen, sofern die Spielbank von der zuständigen Behörde genehmigt wurde. Bei Fehlen dieser Genehmigung sind Glücksspiele verboten, die entsprechenden Verträge daher ungültig (Art. 20, s. analog Art. 515 N 2). «Dies gilt insbesondere für illegale Spielbanken, aber auch für Glücksspiele im Internet, Videotext oder Teletext» (BSK OR I-Bauer, N 4). Zur Abgrenzung Glücksspiel/Geschicklichkeitsspiel s. BGE 131 II 680.

2   Nach der Marginalie erfasst Art. 515a auch «Darlehen von Spielbanken». Damit wird der Eindruck erweckt, dass das Darlehen einer Spielbank an einen Spieler – entgegen der Regel (Art. 513 Abs. 1) – einen klagbaren Rückforderungsanspruch begründet. Indes darf die Spielbank keine Darlehen gewähren (Art. 27 SBG). Es handelt sich somit um ein redaktionelles Versehen (BSK OR I-Bauer, N 5).

3   Für Darlehen von dritter Seite gilt das in Art. 513 N 9 Gesagte. Wer daher wissentlich zum Behufe eines Glücksspiels in einer konzessionierten Spielbank ein Darlehen gewährt, hat grundsätzlich lediglich einen nicht klagbaren Rückforderungsanspruch. Vorbehalten sind Fälle, in denen das Darlehen nicht zum Spiel verwendet wurde.

Der Leibrentenvertrag und die Verpfründung

Vorbemerkungen zu Art. 516–529

Die im OR geregelten Leibrenten- (Art. 516–520) und Verpfründungsverträge (Art. 521–529) bezwecken die Daseinsvorsorge des Renten- oder Unterhaltsgläubigers. Weil die Dauer dieser Verträge auf die Lebenszeit des Gläubigers oder eines Dritten gestellt ist, spricht man von **aleatorischen Rechtsgeschäften** (HONSELL, OR BT, 416).   1

Beide im OR geregelten Vertragstypen haben heute eine geringe praktische Bedeutung. Dies ist darauf zurückzuführen, dass die mit ihnen wahrgenommene Versorgungsfunktion weitgehend von Sozialversicherungen, der beruflichen Vorsorge, Versicherungsverträgen und der Versorgung in Altersheimen und ähnlichen Institutionen übernommen wird (BSK OR I-BAUER, Vor Art. 516–520 N 2 und Vor Art. 521–529 N 2; HANDKOMM-BREITSCHMID, Vor Art. 516–529 N 1; BK-SCHAETZLE, Vor Art. 521–529 N 8). Dementsprechend existiert kaum neuere Judikatur zu diesen Vertragstypen. Zur schwindenden Bedeutung der im OR normierten Leibrente dürfte auch beigetragen haben, dass das Leibrentengeschäft heute überwiegend mit Versicherungsgesellschaften abgewickelt wird und solche Verträge in erster Linie dem VVG unterstellt sind (Art. 520).   2

Die charakteristische Leistung i. S. v. Art. 117 IPRG wird vom Leibrentenschuldner bzw. Pfrundgeber erbracht (BSK OR I-BAUER, Vor Art. 516–520 N 6 und Vor Art. 521–529 N 6). Werden Grundstücke übertragen, ist Art. 119 IPRG zu beachten.   3

Art. 516

A. Leibrenten- vertrag **I.** Inhalt	¹ Die Leibrente kann auf die Lebenszeit des Renten- gläubigers, des Rentenschuldners oder eines Dritten gestellt werden. ² In Ermangelung einer bestimmten Verabredung wird angenommen, sie sei auf die Lebenszeit des Renten- gläubigers versprochen. ³ Eine auf die Lebenszeit des Rentenschuldners oder eines Dritten gestellte Leibrente geht, sofern nicht etwas anderes verabredet ist, auf die Erben des Ren- tengläubigers über.

Literatur

SCHAETZLE/WEBER, Kapitalisieren, Handbuch zur Anwendung der Barwerttafeln, Zürich 2001; STOFER, Leibrentenversprechen und Verpfründungsvertrag, SPR VII/2, Basel 1979, 731 ff.

I. Begriff der Leibrente und Anwendungsbereich der gesetzlichen Bestimmungen

1 Der Leibrentenvertrag beinhaltet die Abrede, wonach der Leibrentenschuldner dem Leibrentengläubiger eine auf die Lebenszeit einer Person gestellte
periodische Rentenleistung in Form von Geld oder anderen vertretbaren
Gütern erbringt (BSK OR I-BAUER, N 1; zum Begriff aus steuerrechtlicher
Sicht BGE 131 I 409, 415). Typenprägendes Kriterium ist, dass die Dauer
der Rentenleistungspflicht von der **Lebenszeit** einer natürlichen Person abhängig ist, weshalb der Leibrentenvertrag zu den aleatorischen Rechtsgeschäften zählt (HONSELL, OR BT, 416). Neben der Lebensdauer kann ein
zusätzlicher Beendigungsgrund vereinbart werden, dessen Eintritt ungewiss ist, beispielsweise das Erreichen eines bestimmten Alters oder die
Wiederverheiratung (BK-SCHAETZLE, N 48). Die Übernahme der Rentenleistungspflicht kann als Gegenleistung für eine Vertragsleistung des Rentengläubigers (z. B. als Entgelt beim Grundstückerwerb) oder unentgeltlich eingeräumt werden (CR CO-JACCARD, Vor Art. 516–520 N 2). Wird die Rente
unentgeltlich eingeräumt, sind auch die Bestimmungen über den Schenkungsvertrag anwendbar (BGE 110 II 156, 158).

2 Art. 516–520 sind nach der h. M. nur auf **selbstständige Leibrentenversprechen** anwendbar, d. h. solche, die unabhängig von den übrigen Beziehungen der Parteien bestehen (BGE 70 III 65, 68; krit. BK-SCHAETZLE, N 30).
Die Leibrentenabrede ist dann selbstständig, wenn sie entweder unentgelt-

lich eingeräumt oder die Gegenleistung des Rentengläubigers ausschliesslich für die Einräumung der Rente erbracht wird (BSK OR I-Bauer, Vor Art. 516–520 N 3 m. Nw.; Honsell, OR BT, 416). Diese Selbstständigkeit fehlt beispielsweise bei gesetzlichen Rentenforderungen (Art. 125 ZGB; BGE 100 II 1, 3).

II. Parteien, Leistungsgegenstand und Vererblichkeit

In einem Leibrentenverhältnis sind zu unterscheiden der Rentengläubiger, der Rentenschuldner sowie jene natürliche Person, auf deren Lebenszeit die Dauer der Rentenleistungspflicht gestellt ist (Art. 516 Abs. 1). Diese Person braucht nicht identisch mit den Vertragsparteien zu sein. Wenn keine abweichende Abrede vorliegt, geht das Gesetz davon aus, die Rentenleistungspflicht erlösche mit dem Ableben des Rentengläubigers (Art. 516 Abs. 2). Die Person, auf deren Lebenszeit die Dauer der Rentenleistungspflicht gestellt ist, muss notwendigerweise eine natürliche Person sein (BSK OR I-Bauer, N 2). Demgegenüber können Rentenschuldner und -gläubiger auch juristische Personen sein, sofern die Rentendauer nicht nach ihrer «Lebensdauer» bemessen wird.

3

Die Rentenleistung hat periodisch zu erfolgen und kann aus **Geldzahlungen** oder der Leistung von anderen **vertretbaren Sachen** bestehen (BSK OR I-Bauer, N 3). Erbringt der Rentenschuldner hingegen Dienstleistungen wie die Pflege des Rentengläubigers, liegt ein Verpfründungsvertrag vor (Art. 521).

4

Bei der unentgeltlich eingeräumten Leibrente erlöscht die Leistungspflicht mit dem Tode des Rentenschuldners, sofern nichts Abweichendes vereinbart wurde (Art. 252). Dagegen ist bei einer entgeltlich eingeräumten Leibrente die Rentenverpflichtung mangels anderer Abrede **passiv vererblich**, wenn die Rentenleistungspflicht vom Leben des Rentengläubigers oder eines Dritten abhängt (BSK OR I-Bauer, N 6). Der Rentenanspruch des Rentengläubigers ist vorbehältlich einer anderen Abrede **aktiv vererblich**, wenn die Rente auf Lebzeiten des Rentenschuldners oder eines Dritten gestellt ist (Art. 516 Abs. 3).

5

Art. 517

Form der Entstehung

Der Leibrentenvertrag bedarf zu seiner Gültigkeit der schriftlichen Form.

1   Der Zweck der Formvorschrift liegt im **Übereilungsschutz** begründet (BK-SCHAETZLE, Art. 516 N 1). Die gemäss Art. 517 zu wahrende Form entspricht der **einfachen Schriftlichkeit** i. S. v. Art. 12 ff. Wird die Leibrente unentgeltlich eingeräumt, braucht nur der Rentenschuldner zu unterzeichnen (Art. 13 Abs. 1, BGE 110 II 156, 161). Untersteht die Erbringung der Gegenleistung des Rentengläubigers einer strengeren Formvorschrift, gilt diese auch für das Leibrentenversprechen, so beispielsweise die öffentliche Beurkundungspflicht bei Übertragung eines Grundstücks auf den Rentenschuldner (CR CO I-JACCARD, N 3).

2   Der Formzwang erstreckt sich auf die Nennung der Parteien, die Höhe der Rentenverpflichtung (einschliesslich Indexierung), die Person, von deren Leben sie abhängt und etwaige zusätzliche Beendigungsgründe (Art. 516 N 1). Die Gegenleistung des Rentengläubigers untersteht dagegen nur dann dem Formzwang, wenn sie im Zeitpunkt des Vertragsschlusses noch nicht erbracht wurde (BK-SCHAETZLE, N 8; CR CO I-JACCARD, N 4; **a. M.** BSK OR I-BAUER, N 5). Nicht erforderlich ist es, eine gegenüber Art. 518 abweichende Regelung der Rentenfälligkeit schriftlich zu fixieren (BK-SCHAETZLE, N 5), ebensowenig Abreden über die Vererblichkeit (**a. M.** BSK OR I-BAUER, N 4), wiewohl man diese aus Beweisgründen schriftlich festzuhalten haben wird. Der Grund ist, dass Art. 516 und 518 nicht vorschreiben, abweichende Abreden seien nur in Schriftform gültig (BK-SCHAETZLE, Art. 518 N 9, der zu Recht auf den *favor negotii* hinweist).

Art. 518

III.   Rechte des Gläubigers

1.   Geltendmachung des Anspruchs

[1] **Die Leibrente ist halbjährlich und zum voraus zu leisten, wenn nicht etwas anderes vereinbart ist.**

[2] **Stirbt die Person, auf deren Lebenszeit die Leibrente gestellt ist, vor dem Ablaufe der Periode, für die zum voraus die Rente zu entrichten ist, so wird der volle Betrag geschuldet.**

[3] **Fällt der Leibrentenschuldner in Konkurs, so ist der Leibrentengläubiger berechtigt, seine Ansprüche in Form einer Kapitalforderung geltend zu machen, deren Wert durch das Kapital bestimmt wird, womit die nämliche Leibrente zur Zeit der Konkurseröffnung bei einer soliden Rentenanstalt bestellt werden könnte.**

I. Regelung der Fälligkeit und der Beendigung der Rentenzahlungspflicht

Art. 518 Abs. 1 stellt die dispositive Regel auf, dass der Rentenschuldner **1** vorauszahlungspflichtig ist und die Rente dem Gläubiger zweimal jährlich auskehren muss. Die vom Gesetz vorgesehene **Vorleistungspflicht** bedeutet, dass die fällige Rente am ersten Tag der jeweiligen Zahlungsperiode geleistet werden muss (BK-SCHAETZLE, N 11). Gerät der Leibrentenschuldner mit der Leistung von Renten derart in **Verzug**, dass dadurch das Vertrauen des Rentengläubigers in die Leistungsbereitschaft des Schuldners unterminiert wird, so kann der Rentengläubiger gestützt auf Art. 107 ff. vom Leibrentenvertrag zurücktreten (BGE 82 II 441, 442 f. = Pra 1956 Nr. 178; TERCIER, contrats spéciaux, N 6441).

Abs. 2 befasst sich mit der Höhe der letzten Rentenzahlung, wenn die Person verstirbt, von deren Leben die Dauer der Rentenzahlungspflicht abhängt. Diese gleichermassen dispositive Bestimmung bezieht sich auf vorauszahlbare Renten und schliesst ein anteiliges Rückforderungsrecht aus. Die letzte Rente bleibt demnach trotz des Todes der massgebenden Person in vollem Umfang beim Rentengläubiger. **2**

II. Konkurs des Leibrentenschuldners

Fällt der Leibrentenschuldner in Konkurs, wandelt sich der Rentenanspruch **3** des Rentengläubigers *ex lege* in einen Anspruch auf Leistung einer entsprechenden **Kapitalsumme** um. Der Rentengläubiger hat Anspruch auf das noch offene **Erfüllungsinteresse,** das dem kapitalisierten Wert (Barwert) der noch nicht geleisteten Renten entspricht (ZK-OSER/SCHÖNENBERGER, N 5). Massgebend zur Errechnung des Barwerts ist nach dem Gesetz der Kapitalwert, der für die ausstehenden Leibrentenleistungen zur Zeit der Konkurseröffnung bei einer soliden Rentenanstalt (Versicherungsgesellschaft) bezahlt werden müsste. Zur konkreten Berechnung sind deshalb Versicherungstarife zu verwenden und nicht die Barwerttafeln (vgl. SCHAETZLE/WEBER, N 3.592). Die Kapitalforderung ist als Kurrentforderung zu kollozieren (BK-SCHAETZLE, N 22; **a. M.** BSK SchKG II-PETER, Art. 219 N 51). Erfolgte die Einräumung der Leibrente schenkungshalber, so wird der Leibrentenvertrag in Anwendung von Art. 250 Abs. 2 aufgehoben (CR CO I-JACCARD, N 6).

Art. 519

2.   Übertragbarkeit

¹ Der Leibrentengläubiger kann, sofern nicht etwas anderes vereinbart ist, die Ausübung seiner Rechte abtreten.

² ...

I.   Stammrecht und Einzelforderung

1   Im Leibrentenverhältnis ist das **Stammrecht** von der **Einzelforderung** zu unterscheiden. Anders als die einzelne Rentenforderung, die gemäss Art. 519 Abs. 1 abtretbar ist, ist das Stammrecht **unübertragbar** (HONSELL, OR BT, 415) und deshalb zwangsvollstreckungsfest. Es ist im Unterschied zur einzelnen Rentenforderung (Art. 93 Abs. 1 SchKG) unpfändbar (Art. 92 Abs. 1 Ziff. 7 SchKG) und wird im Konkurs des Rentengläubigers jenem zur freien Verfügung überlassen (Art. 224 SchKG). Die Pfändbarkeit künftiger Einzelforderungen ist gemäss Art. 93 Abs. 2 SchKG beschränkt auf ein Jahr ab Pfändungsvollzug (Art. 93 Abs. 2 SchKG).

2   Auch die Gläubiger des Leibrentengläubigers können die Einräumung der Rente unter den Voraussetzungen von Art. 286 ff. SchKG paulianisch anfechten (vgl. BGE 130 III 235, 237 zu Art. 286 Abs. 2 Ziff. 2 SchKG mit der Begründung, durch ein solches Rechtsgeschäft werde pfändbares in unpfändbares Vermögen umgewandelt).

3   Stammrecht und Einzelforderung werden auch **verjährungsrechtlich** unterschiedlich behandelt. Die Verjährungsfrist für das Stammrecht beträgt zehn Jahre und läuft ab Fälligkeit der ersten Rente, mit welcher der Schuldner in Verzug gerät (Art. 127, Art. 131 Abs. 1; BGE 124 III 449, 451 f.). Die Verjährung des Stammrechts umfasst auch die Einzelforderungen (Art. 131 Abs. 2), die davon abgesehen einer fünfjährigen Verjährungsfrist unterstehen (Art. 128 Ziff. 1).

II.   Abtretbarkeit der Einzelforderungen

4   Wie erwähnt, kann der Rentengläubiger die ihm zustehenden Rentenforderungen an Dritte abtreten, nicht jedoch das Stammrecht. Vorbehalten ist selbstverständlich die Verabredung eines Abtretungsverbots hinsichtlich der Einzelforderungen (Art. 164 Abs. 1). Ob die Abtretungsbefugnis auch für künftige Rentenforderungen gilt, ist streitig. Indessen spricht sich das Gesetz nirgends gegen eine solche Möglichkeit aus, weshalb nicht einsichtig ist, dass der Gläubiger im Rahmen von Art. 27 Abs. 2 ZGB nicht auch über seine künftigen Rentenansprüche solle verfügen können (gl. M. BSK OR I-BAUER, Art. 519 N 2 m. Nw.).

Art. 520

IV. Leibrenten
nach dem Gesetz
über den Versiche-
rungsvertrag

**Die Bestimmungen dieses Gesetzes über den Leibren-
tenvertrag finden keine Anwendung auf Leibrentenverträge, die unter dem Bundesgesetz vom 2. April
1908 über den Versicherungsvertrag stehen, vorbehältlich der Vorschrift betreffend die Entziehbarkeit
des Rentenanspruchs.**

Diese Norm stellt klar, dass Art. 516–520 nicht anzuwenden sind auf Leib- 1
rentenversicherungsverträge, die mit **Versicherungsgesellschaften** als Teil
des kommerziellen Versicherungsgeschäfts abgeschlossen werden (vgl.
BGE 131 I 409, 415). Das insoweit einschlägige VVG enthält eine Reihe von
anwendbaren Vorschriften (Überblick bei BK-SCHAETZLE, N 5; vgl. auch
BSK VVG-KUHN, Art. 73 N 26). Freilich findet sich in Art. 100 Abs. 1 VVG
eine Rückverweisung auf das OR, weshalb auch das Leibrentenvertrags-
recht des OR Anwendung finden kann (BK-SCHAETZLE, N 6).

Die Ausnahme, wonach die Vorschrift über die «Entziehbarkeit des Renten- 2
anspruchs» auf versicherungsrechtliche Leibrentenverträge anwendbar
sei, bezog sich auf Art. 519 Abs. 2, der im Zuge der am 1. Januar 1997 in
Kraft getretenen SchKG-Revision gestrichen wurde. Der Verweis ist deshalb
obsolet.

Art. 521

B. Verpfründung
1. Begriff

¹ **Durch den Verpfründungsvertrag verpflichtet sich
der Pfründer, dem Pfrundgeber ein Vermögen oder
einzelne Vermögenswerte zu übertragen, und dieser,
dem Pfründer Unterhalt und Pflege auf Lebenszeit
zu gewähren.**

² **Ist der Pfrundgeber als Erbe des Pfründers eingesetzt, so steht das ganze Verhältnis unter den Bestimmungen über den Erbvertrag.**

Literatur

SCHAETZLE/WEBER, Kapitalisieren, Handbuch zur Anwendung der Barwerttafeln, Zürich 2001; STOFER, Leibrentenversprechen und Verpfründungsvertrag, SPR VII/2, Basel 1979, 751 ff.

I.   Begriff des schuldrechtlichen Verpfründungsvertrages

1   Begriffswesentlich ist gemäss Art. 521 Abs. 1, dass in diesem Schuldverhältnis beide Parteien eine Leistung erbringen: der Pfründer verpflichtet sich,
dem Pfrundgeber **Vermögenswerte** zu übertragen, während letzterer es
übernimmt, dem Pfründer **Unterhalt und Pflege auf Lebenszeit** zu erbringen. Weil der Umfang der Leistungspflicht des Pfrundgebers von der Gesundheit und der Lebensdauer des Pfründers abhängt, handelt es sich wie
bei der Leibrente um ein aleatorisches Rechtsverhältnis (BSK OR I-Bauer,
Vor Art. 521–529 N 1). Kein Verpfründungsvertrag ist es, wenn der Pflege-
empfänger monatliche Beiträge für den Aufenthalt in einem Alters- oder
Pflegeheim bezahlt, weil die Leistung des Pfründers – anders als jene des
Pfrundgebers – nicht von der Lebenszeit des Pfründers abhängen darf
(BSK OR I-Bauer, N 3; BK-Schaetzle, N 36). Desgleichen sind die Bestimmungen über den Verpfründungsvertrag nicht einschlägig, wenn der Ar-
beitgeber sich im Arbeitsvertrag verpflichtet, dem Arbeitnehmer zu dessen
Lebzeiten Unterhalts- und Pflegeleistungen auszurichten (BGE 111 II 260,
261 f.).

2   Der Pfründer, auf dessen Leben der Verpfründungsvertrag gestellt ist, muss
notwendigerweise eine natürliche Person sein. Dies folgt auch aus der ihm
zu erbringenden Unterhalts- und Pflegeleistung. Dagegen kann der Pfrundgeber auch eine juristische Person sein, wie sich aus Art. 522 Abs. 2 ergibt.
Es kann auch vereinbart werden, die Pflegeleistung mehreren Personen zu
erbringen (Tercier, contrats spéciaux, N 6473).

3   Der Pfründer verpflichtet sich, ein Vermögen, das sein gesamtes Vermögen
darstellen kann, oder einzelne Vermögenswerte auf den Pfrundgeber zu
übertragen. Es genügt die Einräumung der Nutzniessung an den Vermögenswerten des Pfründers (BK-Schaetzle, N 35). Die **passiv vererbliche**
Leistung des Pfrundgebers besteht in der Erbringung von Unterhalt und
Pflege während der Lebenszeit des Pfründers. Neben diese Hauptleistungspflicht können weitere Nebenpflichten des Pfrundgebers treten, z. B. die
Übernahme einer Hypothek (BSK OR I-Bauer, N 5). Nach BGE 67 II 149,
155 f. soll es wegen Art. 527 Abs. 3 nichts an der Qualifikation als Verpfründungsvertrag ändern, wenn der Pfründer anstelle der Naturalleistungen die
Ausrichtung einer Rente verlangen darf (BGE 105 II 43, 45).

4   Der Abschluss eines Verpfründungsvertrages stellt aufgrund seiner Perso-
nenbezogenheit keinen Vorkaufsfall dar (BGE 118 II 401, 402).

II.   Die erbrechtliche Verpfründung

5   Eine erbrechtliche Verpfründung liegt vor, wenn die Gegenleistung des
Pfründers in einer erbrechtlichen Verfügung besteht, indem der Pfrundge-

ber oder ein Dritter als Erbe oder Vermächtnisnehmer des Pfründers eingesetzt wird. Diesfalls sind gemäss Art. 521 Abs. 2 die einschlägigen Bestimmungen des Erbrechts anzuwenden (BSK OR I-BAUER, N 7 f.).

Art. 522

II. Entstehung
1. Form

¹ **Der Verpfründungsvertrag bedarf zu seiner Gültigkeit, auch wenn keine Erbeinsetzung damit verbunden ist, derselben Form wie der Erbvertrag.**

² **Wird der Vertrag mit einer staatlich anerkannten Pfrundanstalt zu den von der zuständigen Behörde genehmigten Bedingungen abgeschlossen, so genügt die schriftliche Vereinbarung.**

Der Verpfründungsvertrag muss gemäss Art. 522 Abs. 1 das strenge, für den Erbvertrag geltende Formerfordernis erfüllen (Art. 512 i. V. m. Art. 499 ff. ZGB). Dies erklärt sich daraus, dass der Pfründer dem Pfrundgeber sein gesamtes Vermögen oder Teile davon überträgt (BK-SCHAETZLE, N 5). Formpflichtig sind alle wesentlichen Punkte des Verpfründungsvertrages (BK-SCHAETZLE, N 15). Die Erbvertragsform muss auch eingehalten werden, wenn der Pfründer ein Grundstück überträgt (BGE 105 II 43, 45; BK-SCHAETZLE, N 12). Die einfache Schriftform genügt dagegen, wenn der Verpfründungsvertrag mit einer staatlich anerkannten Pfrundanstalt geschlossen wird, deren Pfrundbedingungen behördlich genehmigt sind. Nicht formbedürftig ist die vertragliche Aufhebung des Verpfründungsvertrages (Art. 115; BGE 99 II 53, 55; BSK OR I-BAUER, N 6; **a. M.** BK-SCHAETZLE, N 20). 1

Ein **Formmangel** hat die **Nichtigkeit** des Verpfründungsvertrages zur Folge. Wurde der Vertrag indessen vom Pfründer durch Übergabe des Grundstückes erfüllt und vom Pfrundgeber teilweise erfüllt, ist nach allgemeinen formrechtlichen Grundsätzen die Berufung auf den Formmangel rechtsmissbräuchlich (illustrativ BGE 98 II 313, 316; allgemein SCHWENZER, OR AT, N 31.30 ff.). 2

Art. 523

2. Sicherstellung **Hat der Pfründer dem Pfrundgeber ein Grundstück übertragen, so steht ihm für seine Ansprüche das Recht auf ein gesetzliches Pfandrecht an diesem Grundstück gleich einem Verkäufer zu.**

1 Um den Anspruch des Pfründers auf Unterhalt und Pflege abzusichern, räumt ihm das Gesetz wie einem Grundstückverkäufer einen Anspruch auf Eintragung eines Grundpfandrechts ein (Art. 837 und Art. 838 ZGB) ein. Der Anspruch ist abdingbar (BK-BECKER, N 2).

2 Die Parteien können die Höhe des Pfandrechts selbst festlegen (vgl. das Berechnungsbeispiel Nr. 56 bei SCHAETZLE/WEBER). In der Zwangsvollstreckung geht allerdings die Berechnungsmethode des Art. 529 Abs. 2 vor (BK-SCHAETZLE, N 7).

Art. 524

III. Inhalt **¹ Der Pfründer tritt in häusliche Gemeinschaft mit dem Pfrundgeber, und dieser ist verpflichtet, ihm zu leisten, was der Pfründer nach dem Wert des Geleisteten und nach den Verhältnissen, in denen er bishin gestanden hat, billigerweise erwarten darf.**
² Er hat ihm Wohnung und Unterhalt in angemessener Weise zu leisten und schuldet ihm in Krankheitsfällen die nötige Pflege und ärztliche Behandlung.
³ Pfrundanstalten können diese Leistungen in ihren Hausordnungen unter Genehmigung durch die zuständige Behörde als Vertragsinhalt allgemein verbindlich festsetzen.

1 In Abs. 1 und 2 dieser Bestimmung konkretisiert das Gesetz mit einem hohen Detaillierungsgrad die **Pflichten des Pfrundgebers**. Die gesetzlichen Vorgaben werden namentlich dann zum Zuge kommen, wenn die Parteien einen Verpfründungsvertrag schliessen wollten, indessen die Pflichten des Pfrundgebers nicht umschrieben haben. Zugleich ist damit gesagt, dass ihnen freisteht, abweichende Abreden zu treffen. So kann beispielsweise die häusliche Gemeinschaft wegbedungen werden, die kein notwendiges

Element der Verpfründung darstellt (BSK OR I-Bauer, N 2). Bei Pfrundanstalten kann die behördlich genehmigte Hausordnung Vertragsinhalt werden (Art. 524 Abs. 3).

Es stellen sich Abgrenzungsfragen, wenn die vertraglich vereinbarte Leistungspflicht des Pfrundgebers geringer ist als die Vorgaben des Art. 524 Abs. 1 und 2. Sind die vom Pfrundgeber übernommenen Pflichten unter Berücksichtigung der Lebenserwartung des Pfründers wertmässig viel geringer als die Leistung des Pfründers, so kann ein aus Schenkung und Verpfründung gemischtes Vertragverhältnis gegeben sein, das indes den strengeren Verpfründungsbestimmungen untersteht (BSK OR I-Bauer, Vor Art. 521–529 N 4). Übernimmt der Pfrundgeber dagegen keinerlei Pflichten, liegt eine Schenkung vor (ZK-Oser/Schönenberger, Art. 521 N 7), die bereits in einfacher Schriftform oder in öffentlicher Beurkundung formwirksam ist (Art. 243). Aus diesem Grunde spielt es keine Rolle, wenn die Leistungspflichten des Pfrundgebers derart gering sind, dass nicht mehr eine Verpfründung vorliegen soll (krit. BSK OR I-Bauer, N 4). Gegebenenfalls kann das Vertragsverhältnis in extremen Konstellationen vom Pfründer wegen Täuschung oder Übervorteilung angefochten werden; bei einer Schenkung stehen zudem die schenkungsrechtlichen Korrekturbehelfe zur Verfügung (Art. 246, Art. 249 f.). 2

Der Anspruch des Pfrundgebers auf Übertragung des Vermögens oder der Vermögensteile des Pfründers untersteht der zehnjährigen Regelverjährungsfrist (Art. 127, BGE 89 II 256, 260). Die einzelnen Unterhalts- und Pflegeforderungen des Pfründers unterliegen gemäss Art. 128 Ziff. 1 der fünfjährigen Verjährungsfrist (BK-Schaetzle, Art. 521 N 42). 3

Art. 525

IV. Anfechtung und Herabsetzung

¹ Ein Verpfründungsvertrag kann von denjenigen Personen angefochten werden, denen ein gesetzlicher Unterstützungsanspruch gegen den Pfründer zusteht, wenn der Pfründer durch die Verpfründung sich der Möglichkeit beraubt, seiner Unterstützungspflicht nachzukommen.

² Anstatt den Vertrag aufzuheben, kann der Richter den Pfrundgeber zu der Unterstützung der Unterstützungsberechtigten verpflichten unter Anrechnung dieser Leistungen auf das, was der Pfrundgeber vertragsgemäss dem Pfründer zu entrichten hat.

³ Vorbehalten bleiben ferner die Klage der Erben auf
Herabsetzung und die Anfechtung durch die Gläubiger.

I. Anfechtungsrecht von unterstützungsberechtigten Personen

1 Die Entäusserung des Vermögens des Pfründers soll nicht auf Kosten von
Personen erfolgen, die ihm gegenüber einen Unterstützungsanspruch haben. Das Gesetz räumt ihnen deshalb das Recht ein, den Verpfründungsvertrag **anzufechten**, sofern aufgrund der wirtschaftlichen Verhältnisse der
unterstützungsberechtigten Personen tatsächlich ein Unterstützungsanspruch gegen den Pfründer besteht. Unerheblich ist, ob der Pfründer den
Verpfründungsvertrag mit oder ohne Benachteiligungsabsicht abschloss
(BSK OR I-Bauer, N 2; a.M. Stofer, SPR VII/2, 758).

2 **Anfechtungsberechtigt** sind der Ehegatte des Pfründers (Art. 163 ZGB),
seine Kinder (Art. 276 ZGB), andere unterstützungsberechtigte Verwandte
(Art. 328 ZGB) und auch der eingetragene Partner (Art. 13 PartG). Dem
Zweck von Art. 525 Abs. 1 entspricht auch, den rentenberechtigten geschiedenen Ehegatten (bzw. *mutatis mutandis* Partner) als anfechtungsberechtigt zu betrachten (BSK OR I-Bauer, N 2). **Anfechtungsbeklagte** sind der
Pfrundgeber, seine Erben und bösgläubige Dritte, die vom Pfrundgeber Vermögenswerte erhalten haben (ZK-Oser/Schönenberger, N 5).

3 Das Gericht kann den **Vertrag aufheben** (Art. 525 Abs. 2). Wie bei Übervorteilung und Willensmängeln wird man auch hier der **Ungültigkeitstheorie**
folgen. Die Leistungen sind rückabzuwickeln, wobei der Pfrundgeber als
Abgeltung für bereits erbrachte Unterhalts- und Pflegeleistungen einen entsprechenden Teil des rückzuerstattenden Vermögens behalten darf. Alternativ kann das Gericht gemäss Art. 525 Abs. 2 den Vertrag stehen lassen
und den Pfrundgeber verpflichten, direkt den unterstützungsbedürftigen
Personen Leistungen auszurichten, und zwar unter Anrechnung auf die
dem Pfründer zu erbringenden Leistungen.

II. Anfechtung durch Erben und Gläubiger des Pfründers (Art. 525 Abs. 3)

4 Die Pflichtteilserben des Pfründers können die mittels des Verpfründungsvertrages dem Pfrundgeber zugewendete Liberalität nach dem Tode des
Pfründers nach Massgabe der erbrechtlichen Herabsetzungsklage herabsetzen lassen (Art. 527 Ziff. 3 und 4 ZGB). Die Gläubiger des Pfründers können die unter dem Verpfründungsvertrag erfolgte Freigebigkeit unter den
Voraussetzungen der paulianischen Anfechtungsklagen (Art. 285 ff. SchKG)

rückgängig machen (TERCIER, contrats spéciaux, N 6490; BGE 130 III 235, 237 zu Art. 286 Abs. 2 Ziff. 2 SchKG).

Herabsetzungs- und Anfechtungsklage setzen voraus, dass der Pfründer dem Pfrundgeber letztlich eine **Schenkung** zuwendete. Um dies festzustellen, muss das **Äquivalenzverhältnis** des Verpfründungsvertrages bewertet werden. Zu vergleichen sind der Wert des vom Pfründer übertragenen Vermögens mit dem kapitalisierten Wert der vom Pfrundgeber ab Vertragsschluss zu erbringenden Unterhalts- und Pflegeleistungen. Dieser Berechnung ist die statistische Lebenserwartung des Pfründers sowie eine Schätzung des Unterhalts- und Pflegeaufwandes zugrunde zu legen (BGE 45 II 371, 379 f.). Eine Zuwendung liegt nur vor, wenn das vom Pfründer übertragene Vermögen wertmässig erheblich grösser ist als die kapitalisierten Unterhalts- und Pflegeleistungen (BSK OR I-BAUER, N 4; vgl. das Berechnungsbeispiel Nr. 56 bei SCHAETZLE/WEBER).

5

Art. 526

V.	Aufhebung
1.	Kündigung

¹ **Der Verpfründungsvertrag kann sowohl von dem Pfründer als dem Pfrundgeber jederzeit auf ein halbes Jahr gekündigt werden, wenn nach dem Vertrag die Leistung des einen dem Werte nach erheblich grösser ist, als die des andern, und der Empfänger der Mehrleistung nicht die Schenkungsabsicht des andern nachweisen kann.**

² **Massgebend ist hiefür das Verhältnis von Kapital und Leibrente nach den Grundsätzen einer soliden Rentenanstalt.**

³ **Was im Zeitpunkt der Aufhebung bereits geleistet ist, wird unter gegenseitiger Verrechnung von Kapitalwert und Zins zurückerstattet.**

Ist das **Äquivalenzverhältnis** des Verpfründungsvertrages unausgewogen, weil die eine Partei erheblich mehr zu leisten hat als die andere, kann die beschwerte Partei den Vertrag jederzeit unter Einhaltung einer sechsmonatigen Kündigungsfrist **kündigen**. Voraussetzung ist allerdings, dass das Leistungsmissverhältnis nicht auf den Schenkungswillen der beschwerten Partei zurückzuführen ist (Art. 526 Abs. 1).

1

Die Errechnung des Werts der Leistungen des Pfrundgebers erfolgt wie bei Art. 525 Abs. 3 (Art. 525 N 5). Entgegen dem Wortlaut von Art. 526 Abs. 2 ist es sachgerecht, die Leistungen des Pfrundgebers mit Barwerttafeln zu

2

kapitalisieren anstatt auf Versicherungstarife abzustellen, die einen Zuschlag für Verwaltungskosten enthalten (SCHAETZLE/WEBER N 3.592; BSK OR I-BAUER, N 2). Das Missverhältnis muss erheblich sein («manifestamente inferiore», BGE 70 II 54 = Pra 1944 Nr. 50). Eine Kapitalleistung des Pfründers, welche die kapitalisierten Leistungen des Pfrundgebers um weniger als 15 % übersteigt, begründet noch kein erhebliches Missverhältnis (GUHL/DRUEY, § 58 N 16). Aus Art. 526 Abs. 3 wird deutlich, dass die Rechtsfolge nicht eine ex nunc wirkende Kündigung des Vertragsverhältnisses ist, sondern das Gesetz einen **ex tunc** wirkenden **Rücktritt** anordnet (ZK-OSER/SCHÖNENBERGER, Art. 526 N 2; TERCIER, contrats spéciaux, N 6514). Von den erbrachten Unterhalts- und Pflegeleistungen ist deren Wert zu ermitteln, zu verzinsen und mit dem zurückzuerstattenden Vermögen zu verrechnen (Art. 526 Abs. 3).

3   Neben dem Kündigungsrecht gemäss Art. 526 besteht alternativ die Möglichkeit, den Verpfründungsvertrag wegen Übervorteilung (Art. 21) oder Willensmängeln (Art. 23 ff.) anzufechten (BSK OR I-BAUER, N 1).

Art. 527

2. Einseitige Aufhebung

¹ Sowohl der Pfründer als der Pfrundgeber kann die Verpfründung einseitig aufheben, wenn infolge von Verletzung der vertraglichen Pflichten das Verhältnis unerträglich geworden ist oder wenn andere wichtige Gründe dessen Fortsetzung übermässig erschweren oder unmöglich machen.

² Wird die Verpfründung aus einem solchen Grunde aufgehoben, so hat neben der Rückgabe des Geleisteten der schuldige Teil dem schuldlosen eine angemessene Entschädigung zu entrichten.

³ Anstatt den Vertrag vollständig aufzuheben, kann der Richter auf Begehren einer Partei oder von Amtes wegen die häusliche Gemeinschaft aufheben und dem Pfründer zum Ersatz dafür eine Leibrente zusprechen.

1   Wie in Art. 526 räumt das Gesetz in dieser Bestimmung ein **ex tunc** wirkendes **Rücktrittsrecht** ein (Art. 527 Abs. 1). Dieses Rücktrittsrecht kann von jener Partei beansprucht werden, der die Vertragsfortsetzung nicht mehr zuzumuten ist. Die Unzumutbarkeit kann aufgrund von Vertragsverlet-

zungen der Gegenseite (BGE 79 II 169, 170) wie auch auf andere wichtige Gründe zurückzuführen sein.

Art. 527 Abs. 2 ordnet die **Rückabwicklung** an, die gleich wie beim Rücktritt wegen Leistungsinäquivalenz durchzuführen ist (Art. 526 Abs. 3). Der in Art. 527 Abs. 2 erwähnte Schadenersatzanspruch sollte in Anbetracht der Rückabwicklung des Vertrages auf das **negative Interesse** beschränkt sein (GUHL/DRUEY, § 58 N 17; a. M. BSK OR I-BAUER, N 4 m. Nw.). **2**

Die in Art. 527 Abs. 3 vorgesehene Möglichkeit des Gerichts, auf Antrag oder ex officio die Hausgemeinschaft aufzuheben und dem Pfründer ersatzweise eine Leibrente in Höhe des Pfrundwerts (BK-SCHAETZLE, N 13) zuzusprechen, kann dem Pfründer nicht zugemutet werden, wenn der Pfrundgeber seine Pflichten grob verletzt hat oder seine Leistungsfähigkeit zweifelhaft ist (BGE 79 II 169, 171). **3**

Art. 528

3. **Aufhebung beim Tod des Pfrundgebers**	[1] **Beim Tode des Pfrundgebers kann der Pfründer innerhalb Jahresfrist die Aufhebung des Pfrundverhältnisses verlangen.**
	[2] **In diesem Falle kann er gegen die Erben eine Forderung geltend machen, wie sie im Konkurse des Pfrundgebers ihm zustände.**

Die Leistungspflicht des Pfrundgebers ist **passiv vererblich** (Art. 521 N 3). Wegen der naturgemäss engen persönlichen Beziehung zwischen Pfründer und Pfrundgeber ist der Pfründer indessen berechtigt, das Vertragsverhältnis innerhalb eines Jahres seit dem Tod des Pfrundgebers mit Wirkung ex nunc zu kündigen (Art. 528 Abs. 1; CR CO I-JACCARD, N 2). **1**

Kündigt der Pfründer das Vertragsverhältnis, kann er von den Erben des Pfrundgebers die Zahlung einer **kapitalisierten Leibrente** verlangen, die nach den Grundsätzen von Art. 529 Abs. 2 zu berechnen ist. Stirbt der Pfründer, endet der auf dessen Leben gestellte Verpfründungsvertrag. Verstirbt bei der Erbverpfründung der Pfrundgeber, so fällt der Vertrag nach Art. 515 Abs. 1 ZGB dahin (STOFER, SPR VII/2, 761). **2**

Art. 529

VI. Unübertragbarkeit, Geltendmachung bei Konkurs und Pfändung

¹ Der Anspruch des Pfründers ist nicht übertragbar.

² Im Konkurse des Pfrundgebers besteht die Forderung des Pfründers in dem Betrage, womit die Leistung des Pfrundgebers dem Werte nach bei einer soliden Rentenanstalt in Gestalt einer Leibrente erworben werden könnte.

³ Bei der Betreibung auf Pfändung kann der Pfründer für diese Forderung ohne vorgängige Betreibung an der Pfändung teilnehmen.

1   Die Forderungen des Pfründers auf Unterhalt und Pflege sind höchstpersönlicher Natur und deshalb **weder abtretbar** (Art. 529 Abs. 1) **noch verpfändbar** (BK-Zobl, Art. 899 ZGB N 62). Im Unterschied zur Leibrente sind beim Verpfründungsvertrag sowohl das **Stammrecht** als auch die **Einzelforderungen** unübertragbar (BK-Schaetzle, N 2) und bilden damit auch nicht Gegenstand der Zwangsvollstreckung gegen den Pfründer. Wird der Pfrundanspruch in eine Leibrente oder eine Kapitalforderung umgewandelt, entfällt die Abtretungsbeschränkung (BK-Schaetzle, N 2, 4).

2   Wie bei der Leibrente (Art. 518 Abs. 3) erfährt die Leistungspflicht des Pfrundgebers in dessen Konkurs eine Umwandlung. Der Wert der künftigen Naturalleistungspflichten – das **Erfüllungsinteresse** des Pfründers – ist unter Berücksichtigung seiner statistischen Lebenserwartung zu schätzen und nach Massgabe von Versicherungstarifen zu **kapitalisieren** (Art. 529 Abs. 2; vgl. Schaetzle/Weber, Berechnungsbeispiel Nr. 68). Die Berechnung der Kapitalforderung ist per Datum der Konkurseröffnung durchzuführen (BGE 98 II 313, 317).

Diese Kapitalforderung nimmt als Kurrentforderung am Konkurs des Pfrundgebers teil.

3   Das in Art. 529 Abs. 3 erwähnte Anschlussprivileg (Art. 111 Abs. 1 Ziff. 4 SchKG) erlaubt dem Pfründer, in der Pfändungsbetreibung gegen den Pfrundgeber für die nach Art. 529 Abs. 2 errechnete Kapitalforderung ohne vorgängige Betreibung an der Pfändung teilzunehmen.

Sachregister

Die erste Zahl bedeutet den betroffenen Artikel, anschliessend erfolgt die Aufzählung der interessierten Noten. Sind mehrere Artikel betroffen, werden die Noten des vorangegangenen Artikels gegenüber dem folgenden Artikel mittels eines Strichpunktes getrennt.